DICTIONNAIRE ÉTYMOLOGIQUE,

CRITIQUE, HISTORIQUE,

ANECDOTIQUE ET LITTÉRAIRE,

CONTENANT

Un choix d'Archaïsmes, de Néologismes, d'Euphémismes, d'expressions
figurées ou poétiques, de tours hardis, d'heureuses alliances
de mots, de solutions grammaticales, etc.

Pour servir à l'Histoire de la Langue Française.

PAR M. FR. NOËL,

Ancien membre du Conseil d'Instruction publique, Inspecteur-général honoraire,
Chevalier de la Légion-d'Honneur, Membre de plusieurs Sociétés savantes, auteur du *Cours
de Littérature comparée*, etc.;

ET M. L. J. CARPENTIER,

Membre de l'Université, auteur du *Gradus français*, etc.

*Multa renascentur quæ jam cecidére, cadentque
Quæ nunc sunt in honore vocabula, si volet usus,
Quem penes arbitrium est et jus et norma loquendi.*
HORACE, Art poét. v. 70-72.

PARIS.
LIBRAIRIE LE NORMANT, RUE DE SEINE, 8.

TIRAGE DE 1839.

DICTIONNAIRE ÉTYMOLOGIQUE,

CRITIQUE, HISTORIQUE,

ANECDOTIQUE ET LITTÉRAIRE.

TOME PREMIER.

PARIS. — IMPRIMERIE LE NORMANT,
rue de Seine, 8.

PRÉFACE.

Engagé, il y a beaucoup d'années, dans de longues recherches sur les proverbes, sur leur origine, sur leurs rapports avec ceux des autres nations, j'avais parcouru toute notre ancienne littérature, et en particulier nos vieux conteurs qui sont un ample répertoire de phrases proverbiales. Dans le cours de cet examen, j'avais eu souvent occasion de remarquer des termes et des locutions dont la perte avait beaucoup trop appauvri notre idiôme. Sans perdre de vue mon objet principal, je pris note des mots qu'il serait utile de reconquérir, les uns pour leur énergie, les autres pour leur précision, quelques uns pour leur gentillesse et leur naïveté. Insensiblement cette récolte promit de devenir assez abondante pour récompenser mes travaux, et cette perspective dut m'inspirer une nouvelle ardeur.

Bientôt, comme il arrive souvent, mes idées s'étendirent, et je conçus le projet de joindre à mon premier plan l'historique, en quelque sorte, des mots français, l'époque de leur admission dans la langue, et les chances diverses que plusieurs ont éprouvées avant leur adoption définitive.

Il est à regretter, en effet, qu'à la fin de chaque siècle, ou plutôt de chaque révolution de la langue, un littérateur érudit à la fois et homme de goût, ou, depuis la naissance de l'Académie, les membres de cette compagnie savante n'aient pas dressé une sorte d'inventaire de nos acquisitions. A la vérité, chaque édition du dictionnaire peut être considérée comme répondant à cette exigence ; mais en constatant la légitimité des termes avoués par l'usage, ces éditions se taisent sur l'époque où ils ont reçu le droit d'indigénat ; et d'ailleurs elles s'interdisent l'emploi des autorités qui auraient pu motiver leur décision.

Ce que l'Académie en corps n'a point fait, je n'avais pas la prétention de le faire. L'entreprise eût été immense et trop au-dessus des forces d'un seul homme. Heureusement un littérateur estimable, versé dans la connaissance de notre littérature ancienne et moderne, dont il a fait preuve dans son *Gradus français* *, s'occupait de son côté d'études analogues aux miennes, et tous deux, sans nous connaître, nous tendions constamment vers le même but. Réunis par la conformité de nos goûts et par le succès de nos efforts, nous convînmes aisément de mettre en commun nos richesses, et c'est de cette communication franche et sans réserve qu'est né l'ouvrage que nous présentons au public.

Une langue ne se distingue d'une autre que par ses mots, ses phrases et ses figures, disent tous les grammairiens. Notre plan devait donc embrasser ces trois objets. Mais, pour lui donner tout l'intérêt dont il était susceptible, nous avons cru ne pas devoir nous borner aux exemples empruntés des âges reculés, et pouvoir sans scrupule descendre à des époques plus voisines de nous, et même jusqu'à nos jours. C'était le moyen et de jeter une plus grande variété dans cette compilation et de rendre justice même à plusieurs de nos contemporains.

Nous avons cherché d'abord à faire revivre des locutions tombées en désuétude, et dont la plupart peuvent reparaître

---

* Cet ouvrage de M. Carpentier, qui a déjà eu plusieurs éditions, a paru pour la première fois en 1822, in-8°, et se trouve chez M. Alexandre Johanneau, libraire-éditeur, rue du Coq-Saint-Honoré, n° 8 (*bis*).

avec honneur, et donner à notre langue plus de grâce, de force ou d'abondance. Pour justifier notre choix, nous avons le plus souvent reproduit les citations mêmes où ces mots se trouvent enchâssés. Montaigne nous en a fourni la plus grande et la plus précieuse quantité ; et depuis lui, des écrivains, qui avaient le droit d'avoir un avis, ont exprimé le désir d'en voir renaître un certain nombre. La Bruyère leur a consacré une partie du chapitre XIV *; Marmontel a formé le même vœu dans son discours de l'*Autorité de l'usage sur la langue* **, et c'est dans cette vue que M. Pougens, qui a si bien mérité des lettres, a publié son *Archéologie française* ***. Les exemples multipliés que nous ont fournis nos poètes et nos prosateurs vont prouver jusqu'à quel point cette résurrection est possible, et doivent encourager les tentatives ultérieures qui n'auront peut-être pas moins de succès.

« Notre langue est une gueuse fière, à laquelle il faut faire l'aumône malgré elle, » a dit Voltaire. On doit donc quelque indulgence aux novateurs en ce genre, et même de la reconnaissance à ceux dont les hardiesses heureuses ont eu pour résultat de multiplier les signes de la pensée, de manière à la faire ressortir avec plus d'éclat ou plus d'énergie.

Les néologismes ont fixé notre attention d'une manière spéciale. On peut les ranger en trois classes : d'abord, ceux dont on peut à peu près fixer l'époque, qui dans leur temps ont paru des importations assez hardies pour appeler la critique, et dont Balzac disait : « Vous en userez trois fois la semaine, » mais qui depuis long-temps sont entrés dans le domaine de la langue ; en second lieu, ceux d'une date moins reculée, tels, par exemple, que ceux dont l'abbé Desfontaines a composé son *Dictionnaire néologique* ****, et qui, comme on l'a remarqué,

---

* *De quelques usages.*
** Lu dans la séance publique de l'Académie française, le 16 juin 1785.
*** 2 vol. in-8°, 1821 et 1825.
**** IIIe édition, in-12, 1728.

ont presque tous appelé de ses arrêts ; et enfin les créations que nos contemporains ont vues naître sous d'heureux ou de malheureux auspices. Nos guides dans le choix ont été Montaigne, Balzac, les écrivains de Port-Royal, qui tous ont contribué à l'enrichissement de notre idiôme ; Vaugelas, Thomas Corneille, le P. Bouhours, qui ont signalé la naissance et même l'admission future des mots qui venaient à peine d'éclore ; le *Dictionnaire critique* de l'abbé Féraud*, qui a constaté la statistique en quelque sorte de la langue ; et pourquoi pas Mercier **, malgré sa folle bizarrerie ?

Les néologismes consistent non seulement dans la création d'une terminologie nouvelle, mais encore dans les extensions de sens, ou les acceptions qui sont données à des mots anciens, et dans des alliances dont quelques unes ont fait dire que ces termes

> Hurlent d'effroi de se voir accouplés.

Nous en avons signalé un grand nombre, et toujours par des citations qui en justifient le succès, ou qui en attestent la disgrâce bien méritée.

Nous n'ignorons pas qu'il faut user de la plus grande réserve à cet égard, et nous sommes loin de nous déclarer les champions d'une licence illimitée. Sans doute on ne peut contester au génie le droit d'oser et de battre monnaie à son coin ; mais on peut désirer en général que les néologismes formés avec goût, avec discernement, se hasardent d'abord dans le laisser-aller de la conversation, passent de là dans la familiarité du commerce épistolaire, ne se produisent au grand jour de l'impression qu'avec les précautions nécessaires, et ne jettent enfin leurs lisières qu'après avoir été nationalisés par le souverain, c'est-à-dire par l'usage.

Il nous restait une tâche à remplir, et sans doute la plus agréa-

---

* 3 vol. in-4°, Marseille, 1787.
** *Néologie*, 2 vol. in-8°, 1801.

ble de toutes celles que nous nous sommes proposées : c'est le soin qu'exigeait de nous la gloire de notre littérature. Il n'est personne, sans doute, qui, en lisant les chefs-d'œuvre de nos grands maîtres, n'ait pris plaisir à se rendre compte des beautés qui s'y font remarquer. Mais, dans une lecture rapide, il échappe toujours, involontairement au moins, quelques uns de ces artifices de langage, quelques unes de ces hardiesses dont Racine surtout offre de si beaux et de si nombreux exemples, mais qui sont sauvées avec tant d'art, qu'elles se confondent dans l'élégance continue d'un style enchanteur. C'est sans doute la meilleure réponse à faire aux détracteurs de nos écrivains du premier ordre, que de remettre sous les yeux du public tout ce que leurs immortels écrits rassemblent d'images vives et gracieuses, de nuances délicates, d'expressions poétiques, de tours heureux, de figures hardies, d'alliances de mots que le goût ne réprouve jamais, enfin tout ce qu'a pu leur inspirer l'étude appelée au secours du génie. Nous aimons à penser que c'est ce que déploiera chaque page de notre recueil; et toutefois cette admiration n'est ni partiale ni exclusive. En restant fidèles au culte de nos demi-dieux, nous n'en rendons pas moins justice aux nobles élans d'une jeunesse ardente, avide d'émotions vives, pleine de la confiance de sa force, emportée par le mouvement général de l'époque, et qui, dans son enthousiasme, s'écrie aujourd'hui :

Il me faut du nouveau, n'en fût-il plus au monde!

Nous nous plaisons à reconnaître que quelques uns des chefs de la nouvelle école semblent appelés par un vrai talent à reculer les bornes de l'art; seulement nous faisons des vœux bien sincères pour que le goût et la raison n'aient jamais à rougir de leurs triomphes; et pour qu'ils ne perdent pas de vue que ce n'est pas atteindre le but que de le dépasser, et qu'en littérature, comme en politique, ce n'est pas être libre que de *traverser la liberté.*

Quoique les étymologies ne soient pas l'objet spécial de notre entreprise, nous avons cru cependant ne pas devoir négliger celles qui paraissent les plus plausibles ou les moins forcées. Nous nous y sommes déterminés surtout par la raison que l'Académie ne les admet pas dans la nouvelle édition de son dictionnaire. Nous rapportons quelquefois les opinions de différens étymologistes, et nous les laissons au choix du lecteur.

Nous n'avons pas exclu les anecdotes, mais nous avons donné la préférence à celles qui se rattachent à notre but spécial sous des rapports grammaticaux ou littéraires.

Nous avons été sobres de proverbes, parce que cette branche de la philologie nous a paru mériter d'être traitée à part, qu'elle a été, pour tous deux séparément, l'objet de longues recherches, et que nous comptons en publier quelque jour le recueil le plus complet qui ait encore paru. Nous n'avons guère admis que quelques phrases proverbiales, qu'on ne pouvait guère exclure, comme parties intégrantes de la langue, à raison, soit de leur antiquité, soit de leur originalité.

On ne s'étonnera pas de retrouver ici quelques unes de ces dénominations par lesquelles les partis distinguent leur bannière. Il faut bien les conserver dans l'histoire de la langue, puisqu'elles entrent malheureusement dans l'histoire de la nation.

Quoiqu'un ouvrage de cette nature soit défendu de la monotonie par le nombre et la variété des citations, on ne nous saura peut-être pas mauvais gré d'y avoir jeté par intervalles des maximes de nos plus ingénieux penseurs, et de petites pièces de vers, toutes les fois surtout que le mot y est heureusement placé.

Depuis quarante ans, le retour des assemblées nationales, l'affluence qu'elles ont amenée des provinces dans la capitale, les secousses et les mutations politiques, le besoin de rendre des idées et des méditations nées des circonstances; les développemens rapides du commerce et de l'industrie, les progrès des sciences et des arts, ont fait entrer dans la langue une foule de mots et de locutions nouvelles. L'idiôme s'est enrichi sous plus d'un rapport; mais toutes ces acquisitions sont-elles de véritables richesses? méritent-elles à un égal dégré l'approbation des esprits éclairés et la sanction de l'usage? On ne peut disconvenir qu'avec le volume d'eaux qui ont grossi son cours, le fleuve ne roule un peu de limon. Qui pourra rendre à ses ondes leur limpidité? Quelle main habile et sûre fera le départ de l'or et de l'alliage? L'époque actuelle n'est peut-être pas la plus favorable pour mettre à fin cette périlleuse entreprise. Nous serions heureux de penser que notre travail pourra du moins éveiller l'attention sur l'état critique de la langue et sur la nécessité d'opposer une digue à la barbarie qui la menace.

C'est sans doute au corps littéraire, chargé spécialement d'en maintenir la pureté et la dignité, qu'appartient ce soin plus important qu'on ne pense; car les mots ont sur les choses une puissance influente, et les uns ne peuvent s'altérer ou se corrompre, sans que les autres se faussent ou se dénaturent. Cependant des particuliers ont peut-être à certains égards quelque avantage sur des corps assujettis à des règles fixes, dont il leur est difficile de s'écarter, à des entraves qui gênent ou ralentissent leur marche. Comme les premiers ne peuvent s'arroger le droit de faire autorité, ils ont, par cette même raison, le champ plus libre et des allures plus franches. D'ailleurs ils doutent et ne prononcent pas. Ce sont des rapporteurs qui se bornent à mettre les pièces du procès sous les yeux des juges.

C'est à peu près le seul mérite que nous puissions réclamer. Mais peut-être ne verra-t-on pas avec une entière indifférence un ouvrage qui, loin d'être une improvisation précipitée, a coûté quinze à vingt ans à chacun des auteurs, et qui, présentant le résultat d'une lecture immense, fait quelquefois surnager sur le fleuve de l'oubli des noms qui méritaient d'être moins ignorés.

Nous manquerions à la reconnaissance et à la délicatesse des procédés, si nous ne nous empressions de payer un juste tribut aux auteurs vivans à qui nous avons fait plus d'un emprunt, mais sans jamais en cacher la source, et en particulier à M. de Pougens et à M. Charles Nodier.

Nous ne finirons pas non plus sans reconnaître les obligations que nous avons à M. Alph. Bocquet, qui a eu la complaisance de revoir toutes les épreuves, de relever plus d'une erreur, et même à qui nous devons des additions importantes.

Simples philologues dans cet ouvrage, nous n'avons la prétention, ni de la philosophie, ni de la politique ; mais, toutes les fois que l'occasion s'en est présentée, nous n'avons dissimulé ni nos principes ni nos sentimens. Comme citoyens, nos vœux sont pour la prospérité de notre patrie et le triomphe de toutes les idées sainement philanthropiques. Puissent, comme grammairiens, nos efforts ne pas être inutiles ! puisse notre langue, plus hardie sans audace, plus mâle sans rudesse, plus pure sans timidité, plus souple sans mollesse, plus gracieuse sans afféterie, être toujours l'idiôme des âmes fortes et des cœurs généreux ; et, pour tout dire, en un mot, mériter d'être plus que jamais la langue de la poésie, de l'éloquence et de la liberté !

PHILOLOGIE FRANÇAISE.

A

A, *s. m.* première lettre de l'alphabet. Covarruvias dit que le premier son que l'homme fait entendre en naissant, est le son de l'*a* ; ensuite il distingue, et dit que les garçons font entendre le son de l'*a* ; et les filles le son de l'*e*, chaque sexe faisant entendre le son qu'a la première lettre du nom des premières personnes de même sexe qu'il y a eu dans le monde (*A*dam et *E*ve).

« On a dit proverbialement *marqué à l'A*, pour désigner, dit La Curne Sainte-Palaye, *Glossaire de l'ancienne langue françoise*, pag. 1, col. 1, un homme d'une probité éminente, proprement un homme de la principale, de la meilleure fabrique, par allusion aux monnaies ; celles qui se fabriquent dans l'Hôtel des Monnaies à Paris, étant marquées de la lettre A. »

Nous disons proverbialement : *Il n'a pas fait une panse d'a*, pour dire il n'a pas formé une seule lettre, et figurément il n'a rien fait. Voiture, dans une de ses lettres à M. d'Avaux, qui est la 184°, lui écrit : « Si je voulois recevoir tous les ans vos quatre mille livres, sans *faire une panse d'A*, ni œuvre quelconque de mes mains pour votre service, vous seriez l'homme le plus propre à me laisser faire. » Ce mot *panse d'A*, selon Ménage, *Dict. étymologique*, au mot *panse*, ne se dit que d'un petit *a*, à cause de sa ressemblance avec une *panse* (ventre, gros ventre), et parce que l'*a*, comme il est dit dans le *Ducatiana*, édit. d'Amsterdam, pag. 449, commence à se former par une *panse*, ou par cette partie de la lettre qui est arrondie :

Un Belge épais de sens et de structure,
Ne sachant *panse d'a*, franc âne de nature,
Voyant son avocat les besicles au nez, etc.
L'abbé DOURNEAU, *les Lunettes flamandes*.

On dit encore, par une façon de parler proverbiale, *ne savoir ni A ni B*, pour dire ne savoir pas même les premières lettres de l'alphabet, être d'une ignorance profonde :

Je veux un mari qui ne sache A ni B.
MOLIÈRE, *les Femmes sav.* act. v, sc. 3.
Muses, venez m'aider, mais vous êtes pucelles,
Au joli jeu d'amour *ne sachant A ni B*.
LA FONTAINE, *le Tableau*, conte.

A, *prép.* qui exprime ordinairement une idée de tendance, et il vient alors du latin *ad* ; quand il exprime extraction, éloignement, il paraît venir du latin *à* ou *ab*, comme dans cet exemple : *J'ôte à mon cheval la selle que je lui avais mise*. Une preuve que *à*, dans le premier sens, vient du latin *ad*, c'est qu'on le trouve ainsi écrit dans nos anciens auteurs : « *Ad* ce soin m'avait conduit. » ALAIN CHARTIER. « La chose en est *ad* ce venue. » *Idem*. « Ardent désir *ad* mon cœur allume. » G. CRETIN. Cette préposition, que nous prenons fréquemment, et surtout en poésie, comme synonyme de *dans*, *en*, *sur*, *sous*, *vers*, *pour*, *auprès*, etc. :

D'amour impitoyable en ses emportemens,
Teint le fer d'une mère *au* sang de ses enfans.
RACINE.
Un pontife est assis *au* trône des Césars.
VOLTAIRE.

était employée autrefois dans le sens de *de* et d'*avec* : « Henri III, roi d'Angleterre, passa la mer *à* tout son host (*ãvec* toute son armée) pour faire la guerre à saint Louis. » ANON, *Vie de saint Louis*. « Ils vindrent *à* (avec) grande compagnie. » *Ibid*.

On disait, selon La Curne de Sainte-Palaye, *est du poil à un cerf*, pour *est du poil de cerf*. De là peuvent être venues ces locutions, *fauteuil à bras*, *tête à perruque*, *bonnet à poil*, etc. « Cassandre, autrement Alexandre fut *fille à Priam* (fille de Priam), roy des Troyens. » *Les Épithètes* de De la Porte, Paris (1571).

Comme nos ancêtres mettaient la préposition *à* pour *de*, il leur arrivait aussi de supprimer quelquefois l'un ou l'autre de ces mots, ou même tous les deux. On trouve dans le *Roman du Renard*, ouvrage du 13e siècle, vers 10060 :

« Foi que je doi l'ame mon père, »

pour foi que je dois *à* l'âme *de* mon père.

à avec un indéfini forme une locution particulière, et qui exprime une condition :

De son prêtre, *à t'ouïr*, un dieu venge l'injure.
LE BRUN, tr. du *début de l'Iliade*.

à t'ouïr, c'est-à-dire, si l'on t'entend, si l'on te croit :

La fortune, *à juger* par la seule apparence,
Entre tous les mortels met quelque différence.
DU RESNEL, tr. de *l'Es. sur l'Homme*, épit. IV.

à juger, c'est-à-dire si l'on juge, etc. *à dire vrai* signifie de même si l'on dit vrai.

AARBRER, *v*. C'est un ancien mot dont nos pères se servaient pour dire se cabrer, se dresser ; il est employé en ce sens dans le roman de Perceval. Les Italiens disent *inalberarsi*.

ABACO ou ABAQUE, *s. m.* Ce mot, qui signifie aujourd'hui la partie supérieure, ou le couronnement du chapiteau d'une colonne, et qui, par conséquent, est un terme d'architecture, se prenait autrefois dans la signification d'arithmétique, de l'art de calculer ; on le trouve en ce sens dans Rouillard. *Abaco* est un mot emprunté aux Italiens, qui s'en servent encore pour exprimer l'arithmétique, il est formé du latin *abacus* usité par les auteurs de la basse latinité qui donnaient ce nom à certaine table sur laquelle ils traçaient des figures et des nombres. Ce mot *abacus*, qu'on lit dans Vitruve, vient du grec ἄβαξ (*abax*), table, buffet, entablement.

AB ABRUPTO ou EX ABRUPTO, mots empruntés de la langue latine, qui signifient, inopinément, brusquement, sans préparation. Il a parlé *ex abrupto*. Il lui donna un soufflet *ab abrupto*. Il a fait une exorde *ab abrupto*. *Acad*.

ABAISSEMENT, *s. m.* Au propre diminution de hauteur, mais son plus fréquent usage est au figuré, où il signifie diminution de grandeur, de fortune, de crédit. Il se prend aussi pour l'état d'humiliation, de misère, que cet état soit forcé ou volontaire :

Ce triste *abaissement* convient à ma fortune.
RACINE.

Elle presse Marie entre ses bras vainqueurs,
Dans son *abaissement* voit encore une reine,
Et lui fait partager les suprêmes honneurs.
BAOUR DE LORMIAN.

. . . . . Tu m'as vue aux fers abandonnée
Dans un *abaissement* où je ne suis pas née.
CRÉBILLON.

ABAISSER, *v*. mettre plus bas, diminuer la hauteur. Quel usage gracieux La Fontaine a fait de ce verbe dans son poème de la *Captivité de Saint-Malc* :

Jamais l'ombre chez eux ne mit fin aux prières,
Ni la main du sommeil n'*abaissa* leurs paupières.

J. B. Rousseau l'a employé avec une heureuse hardiesse :

Grand Dieu ! c'est toi que je réclame,
Lève ton bras, lance ta flamme,
Abaisse la hauteur des cieux.
Trad. du psaume CXLVIII.

Il semble s'être pris anciennement dans le sens d'apaiser :

Mais ne pot souffrir tel desroi
Pallas qui la noise *abaisa*.

ABALOURDIR, *v*. abrutir, rendre stupide ; ce mot assez ancien dans notre langue, subsiste encore, mais il n'est plus que du style familier. La Curne de Sainte-Palaye regarde *abasourdir* comme une altération du premier.

ABANDON, *s. m.* délaissement,

état d'une personne ou d'une chose abandonnée. Ce mot paraît formé de l'ancien mot *bandon* et de la préposition *à*. On trouve dans les *Épithètes* de De la Porte (1571), *abandon* ou *bandon*, dans le *Glossaire du Roman du Renard*, *à bandon*, à discrétion, à volonté ; et dans celui du *Roman de la Rose* : *à bandon* pour librement ; *à leur bandon* pour à leur disposition, à leur discrétion.

« L'habitude de réunir cette préposition avec le mot *bandon*, a probablement fait confondre ces deux mots en un seul. » On trouve encore *à bandon* pour *à discrétion* dans G. Guiart.

« BAN OU BANDON signifie proprement *publication, proclamation publique, permission générale*. Le temps *du ban, bandon* ou *bannon*, était celui où il était libre de faire paitre les bestiaux en commun et sans pasteur, différent du temps où les terres étaient en *deffens*, pendant lequel on n'avait pas la même liberté (*bestes à bandon* sont des bestes sans garde). LAUR. *Gloss. du Dr. fr.* L'on disait aussi *à-bandonner*, pour livrer à discrétion, et on l'a écrit ensuite en un seul mot *abandonner*. » LA CURNE DE SAINTE-PALAYE, *Glossaire de l'ancienne langue françoise*, pag. 12.

Dans un tel *abandon* leur sombre inquiétude
Ne voit d'autre recours que le métier de prude.
MOLIÈRE.

Abandon, en parlant du discours, des ouvrages d'esprit, se dit d'une sorte d'abondance facile, de négligence aimable qui exclut toute recherche, toute affectation, et se laisse aller à l'inspiration de la pensée, au mouvement du sentiment :

La grace lui donna son facile *abandon*.
DELILLE.

On dit encore l'*abandon* d'une amante, d'un acteur, pour exprimer cet état où une amante, un acteur, s'oubliant en quelque sorte, obéissent aux divers mouvemens qui les maitrisent.

ABANDONNER, *v.* quitter, délaisser entièrement. Estienne Pasquier dérive ce mot de *ban* ; de *ban* on aurait fait *bannier*, taureau *bannier*, donner une chose *à ban*, l'exposer à la discrétion du public, et de-là *abandonner*, laisser quelque chose à la merci des uns et des autres. Remarquons que *mettre quelque chose à bandon*, pour dire la délaisser, l'abandonner, se trouve dans *Lancelot du Lac*.

« *Abbandonner*, dit Nicot, est un verbe fait de *abbandon* et signifie mettre *à bandon*, c'est-à-dire au plaisir et liberté d'un chascun pour en faire ce qu'il voudra, *cujusvis arbitrio ac libidini permittere*. Ainsi, dit-on, *il a abbandonné ses pastis, ses prez*, d'autant que celui qui met ou quitte une chose à qui premier en voudra, il la laisse, s'en départ et devest, et par réciprocation dudit verbe actif, qui se fait par le pronom *soy* ou *se*, il signifie se rendre captif, esclave à quelque chose vicieuse, comme : *s'abbandonner à plaisirs*, etc. » Voyez ABANDON.

ABASOURDIR, *v.* fatiguer les oreilles, assourdir, étourdir ; au figuré, accabler ; il parait venir de *sourd* ; *abasourdir* serait donc proprement rendre sourd. Il est familier.

ABÂTARDIR, *v.* que nos pères ont écrit *abastardir*, est dérivé de *bâtard*, altérer, faire dégénérer. Il s'emploie fréquemment avec le pronom réfléchi *s'abâtardir*, dégénérer. « Comme nostre esprit se fortifie par la communication des esprits vigoureux, il ne peut se dire combien il perd, et *s'abâtardit* par le continuel commerce et fréquentation que nous avons avec les esprits bas et maladifs. » MONTAIGNE.

A son fermier un jour Roch vantait sa noblesse;
Le manant, très sensé, sur-le-champ repartit.
Tant pis pour vous, car je vous le confesse,
Graine si vieille enfin *s'abâtardit*.

ABATIS, *s. m.* Il vient du verbe *abattre*, l'action d'abattre, et aussi ce qui est abattu. Il signifie encore un amas d'arbres, de pierres, etc., qu'on rassemble pour se mettre à l'abri des attaques de l'ennemi. Ce mot qu'on trouve écrit *abateis* dans Borel, et *abbatis* dans La Curne de Sainte-Palaye signifie proprement l'action des bouchers qui tuent des bestiaux.

ABATTOIR, *s. m.* Il y a à peu près vingt-cinq ans que ce mot s'est introduit dans la langue, où il désigne ces lieux vastes et commodes établis aux extrémités de Paris, pour abattre; pour tuer les bestiaux que les bouchers livrent à la consommation.

ABASTINES s'est dit autrefois pour le lieu où les bouchers abattaient les bestiaux.

ABBAYE, *s. f. abbatia* dans la basse latinité. Chaufepié et Moréri nous apprennent que ce nom fut donné aux monastères d'hommes et de femmes, lorsque leurs supérieurs prirent le titre d'*abbés* ou d'*abbesses*. *Abbaye* signifie donc proprement la maison de l'*abbé* ou de l'*abbesse*.

Comme il menait cette joyeuse vie,
Tel qu'un abbé dans sa grasse abbaye.
VOLTAIRE.

ABBÉ, *s. m.* Il a d'abord signifié supérieur d'une abbaye, et ensuite il a été donné comme une qualification à tout homme qui porte l'habit ecclésiastique. Il vient du latin *abbate*, ablatif d'*abbas*; aussi le trouve-t-on écrit *abbat* dans Du Cange, au mot *abbas laïcus*, et *abet* dans Duchesne; *abbas* suivant Ch. Bouilles (*de Originibus dictionum gallicarum*), vient du mot syriaque *abba* qui signifie *père*.

La signification propre du mot *abbé*, dit La Curne de Sainte-Palaye, est celle de *père*. C'est en ce sens que ce nom a été donné à Jésus-Christ, même en notre langue:

. . . . del bon *abé*
Jésus. . . . .

Anc. poèt. fr. ms. avant 1300, t. IV, p. 1317.

Une dissertation qui se trouve dans l'*Histoire de l'abbé Suger*, retrace les diverses significations que ce mot a eues en divers temps, comme titre donné aux personnes constituées en dignité, soit ecclésiastiques, soit laïques. L'usage le plus commun qu'on en a fait, a été pour désigner ceux qui possédaient les dignités ecclésiastiques, et plus particulièrement le supérieur d'un monastère.

Abbé, avons-nous déjà dit dans le *Nouv. Dict. des Origines*, pag. 2, est aussi un titre qu'ont porté différens magistrats ou autres personnes laïques. Parmi les Génois, un de leurs premiers magistrats était appelé l'*abbé du peuple*, nom honorable, puisque son véritable sens est *père du peuple*. A Milan, dans toutes les communautés de marchands ou d'artisans, il y en avait de préposés qu'on appelait *abbés*, et c'est apparemment de là qu'est venu *le jeu de l'abbé*, dont la règle est que, quand le premier a fait quelque chose, tous ceux qui suivent doivent l'imiter. En certains lieux de la Provence, on appelle *aba* (abbé) le chef des danses: c'est celui qui préside aux jeux, et qui prie à danser; il indique l'heure et le lieu du bal. Dans le comtat Venaissin, on le nomme l'*abbé de la jouinesse*.

Abbé de cour, « on entend par là un ecclésiastique, poli dans ses manières, et dans ses habits: cela marque du déréglement et quelque chose de prophane. BOUH. On y joint une idée de délicatesse, de volupté et de galanterie. On suppose d'ordinaire, plus de science du monde dans un *abbé de cour*, que d'étude de la théologie. » *Dict. de Trévoux*.

Pour un moine on ne laisse pas de faire un abbé, pour dire que l'opposition d'un particulier n'empêche pas la délibération d'une compagnie, ou la conclusion d'une affaire; de même que l'opposition d'un moine n'empêche pas de nommer un abbé. *On l'attend comme les moines font l'abbé*, proverbe qui signifie, que l'on n'attend pas plus une personne que les moines n'attendent leur abbé, dont l'absence ne les empêche pas de se mettre à table, quand l'heure des repas est arrivée. *Le moine répond comme l'abbé chante*, pour dire que les inférieurs tiennent le même langage, ou sont du même avis que leur supérieur.

ABBESSE, *s. f. abbatissa* dans la basse latinité. Ce ne fut qu'au quatrième siècle, que les vierges consacrées à Dieu commencèrent à se rassembler dans des monastères; l'institution des abbesses, et, par conséquent, l'usage du mot *abbatissa* dérivé d'*abbas, abbatis*, ne remontent pas plus haut que cette époque.

ABC, *s. m.* On nomme ainsi un petit livre où toutes les lettres de l'alphabet sont mises dans un ordre combiné, pour en faciliter l'étude aux enfans. Ce mot a été formé naturellement des trois premières lettres de notre alphabet, qu'on prononçait autrefois, et que quelques personnes prononcent encore *a, bé, cé; quòd primas litteras contineat,* dit Jacques Bourgoing.

Comme c'est par l'A B C, que l'on commence à apprendre à lire aux enfans, ce mot s'est pris métaphoriquement pour les premiers élémens d'une science, d'un art quelconque, pour le commencement d'une affaire; de là ces expressions proverbiales *n'être qu'à l'a b c*, pour dire être peu instruit, savoir peu; *mettre, remettre quelqu'un à l'a b c*, pour dire l'obliger à recommencer tout de nouveau; *renvoyer quelqu'un à l'a b c*, le traiter d'ignorant :

L'enchanteresse Nérie
Florissait lors, et Circé,
Au prix d'elle, en diablerie
N'eût été qu'à l'a b c.
LA FONTAINE, *la Coupe enchantée.*

C'était à soixante ans nous *mettre à l'a b c.*
Voyez pour tout un corps quel affront c'eût été.
REGNARD, *le Légataire*, act. 2, sc. 10.

« J'aime à soupirer en poste, c'est à faire à des écoliers à *se remettre* tous les jours *à l'a b c de la galanterie.* » *Théâtre italien de Ghérardi.*

Au lieu de *l'a b c,* on dit quelquefois *l'a b c d.*

C'est un prêtre mal décidé,
Moitié robe, moitié soutane,
Savant jusqu'à *l'a b c d.*
J. B. ROUSSEAU, épigr. XXX, liv. 3

ABÉCÉDAIRE, s. m. Ce mot, qui s'est dit *abecedarium* ou *abecedarius* dans la basse latinité, ainsi qu'on le trouve dans Du Cange, ne signifie aujourd'hui qu'un livre destiné à apprendre aux enfans les lettres de l'alphabet. Saint Augustin dans ses *Rétractations*, liv. 1, chap. 20, dit qu'on appelait *abécédaires, abecedarios*, les psaumes dans lesquels les premières lettres de chaque strophe, ou quelquefois de chaque vers, suivaient l'ordre alphabétique. Dans l'Écriture, le 118e psaume et les lamentations de Jérémie, sont de cette sorte. Il parait que les Hébreux ont été les premiers auteurs de cette sorte de poésie, inventée probablement pour aider la mémoire.

Abécédaire, adj. Il se dit des ouvrages qui traitent des lettres, par rapport à la lecture. Montaigne a dit : « Il y a une ignorance *abécédaire* qui va devant la science, une autre doctorale qui vient après. » *Ess.* liv. 1, chap. 54.

« On peut continuer à tout temps l'estude et non pas l'escholage. C'est une sotte chose qu'un vieillard *abécédaire.* » *Ibid.* liv. II, chap. 28.

On a donné le nom d'*abécédaire* à une secte d'anabaptistes, qui soutenaient que, pour ne pas être damné, l'homme ne devait pas même connaître les premières lettres de l'alphabet.

ABÉE, s. f. ouverture par laquelle coule l'eau qui fait aller un moulin. Laur. l'explique dans un sens contraire : « ouverture par où l'eau a son cours quand les moulins ne moulent pas. » *Gloss. du Droit français.* « Il semble qu'on peut inférer de là que ce mot a signifié en général l'ouverture par où coule l'eau du moulin, soit lorsqu'elle tombe sur la roue, soit lorsqu'elle s'en écarte; et en effet, les Bretons ont dit *aber*, pour embouchure de rivière. » LA CURNE SAINTE-PALAYE, *Gloss. de l'anc. lang. franç.* col. 19.

ABEILLE, s. f. du latin *apicula*, diminutif d'*apes*, qui a la même signification; nos pères ont dit *aboile* qui se trouve dans le *Dict.* de Borel, *aveille* et *avette* :

Desjà la diligente *avette*
Boit la marjolaine et le thyn (thym),
Et revient riche du butin
Qu'elle a pris sur le mont Hymette.
THÉOPHILE, *le Matin*, ode.

On a appelé *abeillage* un droit seigneurial sur les abeilles; *abollagium* dans la basse latinité, mot qui se trouve dans Du Cange.

ABÊTIR, v. rendre bête, plus bête, il dérive de *bête*; nos pères ont dit *abester* et *abestir.* Il signifie aussi devenir bête, plus bête. « Combien ai-je veu de mon temps d'hommes *abestir* par téméraire avidité de science. » MONTAIGNE, liv. 1, ch. 25. C'est ce que les Espagnols expriment par *abestialisar*, et les Italiens par *disumanarsi.*

AB HOC ET AB HAC, mots empruntés à la langue latine, et qui reviennent à peu près à notre expression *par ci, par là*. *Ab hoc et ab hac* signifie donc, dans notre langue, à tort et à travers, sans rime ni raison, confusément, sans ordre. Cette expression proverbiale, était déjà, selon Henri Estienne, fort usitée de son temps. « Les gens de justice qui prennent *ab hoc et ab hac*, ou *à dextris et à sinistris* (à droite et à gauche) comme parle Maillard. » H. ESTIENNE, *Apologie pour Hérodote.*

Ici gît monsieur de Clezac
Qui parlait ab hoc et ab hac.
MÉNAGE.

Il se pendrait plutôt que de ne pas parler,
Mais *ab hoc et ab hac*, sans bien savoir la chose.
TH. CORNEILLE.

Il décide de tout *et ab hoc et ab hac*.

ABHORRER, *v.* du latin *abhorrere*, qui a donné d'abord *abhorrir*, qui se trouve encore dans le *Dict.* de Philib. Monet.

J'*abhorrissois* les faveurs d'une amie.
Poés. de LOYS LE CARON, fol. 21, r°.

Oui, je cours abjurer un serment que *j'abhorre*.
RACINE.

Objet infortuné des vengeances célestes,
Je *m'abhorre* encor plus que tu ne me détestes.
Idem.

ABÎME, *s. m.* gouffre sans fond. « L'Océan était jaloux de voir sonder ses *abymes.* » ABLANC. On a dit anciennement *abisme* et *abysme*, qui se trouvent dans Brantôme, Molinet, et dans le *Dict.* de Philib. Monet. Ce mot, aujourd'hui masculin, s'est employé autrefois comme féminin :

Mers et *abismes* lointaines, etc.
MOLINET, pag. 124.

Il se prenait quelquefois en bonne part. « La faute qu'elle faisait de refuser un si grand parti, qui la mettait dans le fin fond et *abysme* de la grandeur, etc. » BRANT. *Dames Gal.* tom. II, pag. 156.

Il est lexiquement impossible de déduire *abîme* de *abyssus*, qui en latin signifie la même chose. *Abyssus* vient de l'*a* privatif des Grecs et de *byssos*, fond; c'est comme si l'on disait sans fond. Abime s'est bien écrit autrefois *abysme*, qui parait présenter la partie radicale *bys*, du primitif *byssos*; mais d'où viendrait l'*m* ? Sa présence dans *abysme* dérivé d'*abyssus* serait inexplicable.

« Dans notre ancienne orthographe, l'*y* remplaçait presque toujours l'*i*, surtout à la fin des mots, de manière que *abysme* peut être une altération orthographique de *abisme*. L's s'est d'ailleurs glissée abusivement dans mille mots sans aucune autorisation étymologique; d'où *abisme* peut être pareillement une corruption de *abime*. Or, *abime* peut être un composé de *ab*, signe d'éloignement, et de *imus*, fond. L'idée d'éloignement que représente *ab* ne peut qu'être corroborée par celle de *imus*, fond, signe naturel d'éloignement; c'est-à-dire qu'*à*, préposition dans ce composé, ne fait qu'exprimer l'idée d'éloignement indéfini, ou l'absence de fond. » BUTET, *Manuel des Amat. de la lang. franç.* 2e année, n° VIII, pag. 255.

Abime se prend encore au figuré pour abondance excessive, quantité prodigieuse, mais en mauvaise part : *un abime de maux, de malheurs*. Dans cette acception, ce mot n'a pas toujours besoin d'être déterminé par un complément, et le sens seul suffit ordinairement pour lui attribuer cette valeur.

Les *abimes* profonds qui s'ouvrent devant moi.
RACINE, *Esther*, act. III, sc. 1.

Quoi ! partout sous mes pas le sort creuse un *abime*.
VOLTAIRE, *Mérope*, act. 1, sc. 2.

Ma fougueuse jeunesse, ardente pour les crimes,
Me fit courir d'abord d'*abimes* en *abimes*.
L. RACINE.

« L'*abime* infini des temps. » BOSSUET.

On a dit de Charles Emanuel, duc de Savoie, dont Victor Amédée, père de la duchesse de Bourgogne, fut le digne fils, que « son cœur était rempli d'*abymes*, comme le sol de son pays. »

« Il avait une profondeur d'*abyme* », dit S. SIMON, *Hommes illust.* ch. III.

ABIMER, *v. a.* Il est dérivé d'*abime*, précipiter, tomber dans un abime, au figuré détruire, ruiner :

Pour soutenir tes droits que le ciel autorise,
Abime tout plutôt : c'est l'esprit de l'église.
BOILEAU.

La nef tourne, *s'abime*, et disparaît aux yeux.
DELILLE.

Je meurs pour lui qui ne vit plus pour moi,
Dieux de Memphis, prenez votre victime!
Elle s'écrie, et dans les flots s'abîme.
CAMPENON.

Fénélon a employé heureusement le participe *abîmé*, pour plongé : « J'étais *abîmé* dans la plus amère douleur. » *Télémaq.*

ABLATIF ABSOLU, c'est ainsi qu'on nomme, quoiqu'improprement, une construction particulière que nous avons empruntée aux latins : on l'a appelée *ablatif*, parce qu'effectivement, elle se met à ce cas dans la langue latine, et *absolu*, parce qu'elle est détachée (*absolutus*) des autres mots de la phrase; qu'elle paraît indépendante du reste du discours. Cette locution, fréquente dans nos anciens auteurs, ne se rencontre plus guère que dans nos poètes :

Eux domptés, on entrait en de nouveaux hasards,
Il fallait labourer les tristes champs de Mars.
CORNEILLE.

Je me fais un plaisir, à ne vous rien céler,
De pouvoir, *moi vivant*, dans peu les désoler.
BOILEAU, sat. X.

Huit ans déjà passés, une impie étrangère
Du sceptre de David usurpe tous les droits.
RACINE, *Athalie*, act. 1, sc. 1.

« Il ne faut pas, dit M. Geoffroy, consulter la grammaire, mais la poésie, sur le mérite de ce tour heureux et rapide. La grammaire voudrait : huit ans sont déjà passés depuis que... Malherbe a la gloire d'avoir créé cette façon de parler dans sa *Prosopopée d'Ostende*, qui commence par ces mots :

Trois ans déjà passés, etc. »

ABLE, s. m. ou **ABLETTE**, s. f. poisson, en latin *alburnus*; Nicot croit que le nom français et le nom latin viennent du latin *albus* (blanc), comme si nous disions par transposition de lettres *able* pour *albe*. *Ablette* est le diminutif d'*able*.

ABLERET, qui se trouve déjà dans le *Dict.* d'Oudin, est dérivé d'*able*, et signifie un filet carré qui sert à pêcher cette sorte de poissons.

ABOI ou **ABOIEMENT**, s. m. que nos pères on dit *abai*, *abay*. « C'est, dit M. Ch. Nodier, une des onomatopées qui expriment le cri du chien. Quelques étymologistes dérivent ce mot de *ad baubare*, formé de *baubare*, que les Latins ont dit, ainsi que *boare*. Ces mots eux-mêmes sont des onomatopées. On peut présumer, au reste, que les Grecs de la colonie de Massilia introduisirent dans les Gaules le mot *bauzein*, moins expressif qu'*aboier*, mais dont celui-ci doit être fait. » Ce mot a encore, selon La Curne Sainte-Palaye, exprimé le cri des mourans.

« On disoit *à l'abay*, comme nous disons *aux abois*, à l'agonie, à la dernière extrémité. C'est par une extension de cette acception que l'on a dit *tenir en aboy* pour *faire languir*. » *Glossaire de l'ancienne langue françoise*, pag. 10. Mais ces expressions, ainsi que les suivantes, sont empruntées de la chasse.

Le Cerf . . . .
Fournit assez, mais en fin print l'eschange
D'un grand estang, habandonnant les bois,
Et là dedans *il fut mis aux abbois*.
G. DUBOIS, *Alias* dit CRETIN, feuillet 51 tourné 1527.

« *Le cerf est aux abois, il rend les abois*. Cette défaillance du cerf s'appelle *abbois*, parce qu'il est contraint d'arrêter tout court, et de souffrir les *abbois* des chiens. » *Diction.* de Pomey, in-4°, 1716.

« Tant qu'elle durera, dit Montaigne de Paris qu'il affectionne singulièrement, je n'auray faute de retraite, où rendre mes *abois*. »

« Nous disons figurément d'une personne qui se meurt, ou d'une personne réduite à une fâcheuse extrémité qu'*elle est aux abois*; *mettre*, *réduire quelqu'un aux abois* :

Il met, comme le cerf, l'auditeur *aux abois*.
DELILLE, *l'Homme des champs*, ch. 1.

Viens secourir la pudeur *aux abois*.
VOLTAIRE.

Ami, n'accable plus un esprit malheureux,
Mais pardonne *aux abois* d'une vieille amitié.
CORNEILLE, *Cinna*, act. III, sc. 8.

Ces expressions *être aux abois*, *mettre*, *réduire aux abois*, ne sont aujourd'hui que du style familier. On s'en servait autrefois en parlant d'une ville, d'une place tellement pressée par l'ennemi, qu'elle ne pouvait plus se défendre, mais on n'oserait pas l'employer aujourd'hui dans la poésie élevée, et dire avec Corneille :

Le Parthe. . . . .
Nous surprend, nous assiége, et fait un tel effort,
Que, la ville *aux abois*, on lui parle d'accord.
Rodogune, act. I, sc. 6. »

Gradus français.

ABOIEMENT, *s. m.* En prose il est plus d'usage qu'*abois* qui ne s'emploie guère qu'au figuré ; mais nos poëtes ne font pas difficulté de s'en servir, et il se trouve dans La Fontaine, dans Delille, dans Le Brun, dans Desaintange. Il se prend au figuré pour exprimer des clameurs, des cris importuns, des poursuites réitérées et fatigantes.

J'entends les *aboiements* des auteurs faméliques.

ABOMINABLE, *adj*. Ce mot se disait autrefois de tout ce qui inspire de l'aversion, comme la laideur, la malpropreté, etc. De là *abominable* pour *hideux*, *affreux*. L'étymologie de ce mot, la même que celle d'*abominer* ci-après, donnera l'idée de sa vraie signification.

ABOMINER, *v*. Ce mot, aujourd'hui hors d'usage, signifiait proprement rejeter comme un mauvais présage, et, par extension, exécrer, abhorrer. Il est formé du latin *abominari*, comme qui dirait *ab omine rejicere*, et signifie proprement avoir en aversion une chose funeste, la rejeter comme étant de mauvais augure. De là l'acception générale d'*abhorrer*. « Il faut *abominer* les parolles tyranniques et barbares qui dispensent les souverains de toutes loix, raison, équité, obligation. » *Sagesse de Charron*, pag. 397. Par extension de l'idée de la cause à l'effet, *abominer* a signifié *maudire*. « Bénir la mémoire de Trajan et *abominer* celle de Néron. » *Essais de Montaigne*, tom. 2, pag. 547. LA CURNE SAINTE-PALAYE, *Gloss*. *de l'ancienne langue franç*. col. 34e. « Cela fait ils estimoient que la pierre en fust pollue, et l'*abominoient* comme chose interdite. » AMYOT, *tr. de Plut*.

Tant qu'ils savent *abominer*
Ce qu'on voit partout révérer.
SAINT-GELAIS.

Nous avons *abominable*, *abominablement*, *abomination*, pourquoi avoir laissé perdre *abominer* qui se trouve encore dans le *Dict*. de Philib. Monet (1637), et qui peut exprimer une nuance que ne marquent pas *détester*,

exécrer? M. Féraud prétend qu'il peut encore être employé dans le style burlesque et dans le genre marotique.

ABONDANCE, *s.f.* du latin *abundantia*, proprement affluence des eaux qui débordent, débordement, et, par extension, foison, grande quantité. « Il étoit dans une heureuse *abondance* de toutes choses. » PATRU.

On dit *de l'abondance du cœur la bouche parle*, pour exprimer qu'on suit dans ses discours l'impulsion de son cœur, ou bien qu'on est éloquent lorsqu'on est soi-même fortement persuadé. Cette expression qui se trouve dans Guill. Crétin est la traduction littérale de ces mots de l'Évangile : « *ex abundantiâ cordis os loquitur*. » s. LUC, 6, 45.

Ici voyez cet orateur de France
Qui le mieux sut haranguer *d'abondance*,
Jasant de tout, ayant sur chaque point
Parole assez, mais d'éloquence point.

Abondance signifie encore l'aisance, les richesses qui contribuent au bonheur, aux douceurs de la vie. « Tu épouseras une femme gentille qui fera venir l'*abondance* chez toi. » MOLIÈRE. « L'*abondance* des uns supplée à la nécessité des autres. » MASSIL.

En fait de style, *abondance* se dit d'une certaine richesse qui provient de la fécondité de l'esprit et du fonds des connaissances de l'auteur. « Il y a dans le style une *abondance* qui en fait la richesse et la beauté. » *Acad*. En ce sens, l'abondance portée à l'excès appauvrit le style au lieu de l'enrichir. C'est ce que Boileau, par une heureuse alliance de mots, appelle une *abondance stérile*.

ABONDANT, *adj*. Ce mot est dit pour *abondable* autrefois en usage. On disait *abondable de biens* pour *abondant en biens*, comme l'a observé La Curne Sainte-Palaye, au mot *abondable*.

« On l'employoit autrefois comme adverbe avec la préposition *de*, dit le même auteur, et l'on écrivoit *d'abondant*; en latin *ex abundanti*, DU CANGE, *plus*, *de plus*, *outre cela*, comme dans ce passage : « à une mesme heure avons retrouvé nostre filz si longuement perdu, et avec luy *d'abondant* une belle fille. » J. LE MAIRE,

Illustr. des Gaules, liv. 1, pag. 143.

D'abondant était déjà vieilli du temps de Vaugelas, ainsi que nous l'apprennent les remarques de l'Académie sur cet auteur.

ABONDER, *v.* vient du latin *abundare* formé lui-même de *unda*, et qui se dit proprement d'une rivière qui déborde et s'épanche hors de ses bornes, lorsqu'elle est enflée ou grossie par l'*affluence* des eaux qui viennent de la fonte des neiges, par les pluies, etc. De là l'acception figurée d'*abonder* pour *affluer*, venir en foule, avoir en grande quantité.

ABONNEMENT, ABORNEMENT, ABOURNEMENT, *s. m.* se trouve dans Sainte-Palaye, aussi bien qu'*abonnage*, *abornage*, *abournage*. « Ce mot, dit Sainte-Palaye, formé de *bonne* ou *borne*, signifie proprement *apposition de bornes*, *abornement*.... C'est par extension qu'il a signifié figurément une évaluation fixe d'une chose incertaine. Nous disons encore *abonnement* dans ce sens. Voy. Du Cange, *Gloss. lat.* au mot *abonamentum*. » LA CURNE SAINTE-PALAYE, *Glossaire de l'ancienne lang. françoise*, colonne 39. Ces mots se trouvent aussi dans l'*Abrégé du parallèle des langues françoise et latine*, par Philib. Monet.

ABONNER, ABORNER, ABOURNER *v.* le dernier n'est plus d'usage, et les deux premiers ne sont plus synonymes. *Abonner*, qui ne signifie aujourd'hui que prendre un abonnement, a eu autrefois plusieurs acceptions différentes : suivant De la Porte (*Epithètes*, Paris, 1571) qui le fait venir de *borne* ou *bonne*, il signifiait composer avec le fermier. Il exprimait encore évaluer à prix d'argent, affranchir un serf moyennant un certain prix, vendre un droit, un privilége, etc. « La signification propre d'*abonner* est, dit La Curne Sainte-Palaye, la même que celle d'*aborner*, mettre des bornes ; et l'on disoit : *aborner un chasseur*, pour *borner*, *limiter* le terrain sur lequel on lui accordoit le droit de chasse. Pasquier veut qu'on ait dit *abonner* par corruption, pour *aborner*. Ménage croit au contraire que le mot de *bonne*, étant très-ancien dans notre langue, l'on aura dit *aborner* au lieu d'*abonner*, et *borne* au lieu de *bonne*, dont ce verbe est formé. »

ABONNIR, *v.* rendre meilleur. Ce mot, qui est dérivé de *bon*, est fort ancien dans notre langue, puisqu'on le trouve déjà dans le *Roman du Renard*, ouvrage du treizième siècle.

ABONNIR (s'), *v.* devenir meilleur.

Vin s'abonist en fraische cave,
Bon vin s'aigrist en chaud célier.
Mém. de Baïf, 1581.

ABORD, *s. m.* Il vient de *bord* dans le sens de *rive*, *plage* ; et ensuite il a exprimé l'action d'aborder. « A notre *abord* dans l'isle nous fûmes attaqués. » ABLANC. Proprement *avoir abords* contre une rivière, c'est avoir *des terres au bord* d'une rivière. De là ce mot composé de la préposition *à* et de *bord*, pour signifier *rive* dans ce passage : « Est ordonné à un chascun ayans *abords* contre la grande rivière..... qu'ils ayent à les entretenir. » *Cout. de l'Angle*, au nouv. cout. gén. tom. 1, pag. 312. LA CURNE SAINTE-PALAYE, *Gloss. de l'ancienne langue françoise*, colon. 41.

De l'acception de ce mot dans le sens d'aborder à une côte, à un rivage, et figurément de l'action d'aborder quelqu'un pour lui parler, vient l'expression adverbiale *de prime abord*, pour *du premier abord*. Nos pères ont dit *de prime face* : « Quand Lancelot eut les lettres vues, il n'entendit pas *de prime face* qu'elles vouloient dire. » *Lancelot du Lac*.

ABORDER, *v.* est dérivé de *bord* ou *abord*. Tahureau prétend qu'il est emprunté de l'italien et qu'il était nouveau de son temps. *Dial.* fol. 34. « Je n'aime pas, dit La Bruyère, un homme que je ne puis *aborder* le premier. »

Aborder une question, la traiter sans biaiser ; cette expression figurée ne parait guère s'être accréditée que vers la fin du siècle dernier. »

ABORIGÈNES, *s. m. plur.* les premiers habitans, les naturels d'un pays, par opposition aux colonies et aux nouvelles races qui viennent s'y établir. Ce mot vient du Latin *aborigines* ; l'usage a changé l'*i* pénultième en e. *Quasi absque alid quàm primâ origine nati* (comme qui dirait nés d'une autre origine que la première). *Voy.* INDIGÈNES. Les *Aborigènes*, dit le célèbre prote de Poitiers, sont chez les Latins, ce qu'était chez les Grecs les *Autochthones*. La particule *ab* y est prise dans le sens de l'*a* privatif, pour signifier des peuples sans origine, c'est-à-dire, dont l'origine est inconnue.

ABORNER, ABOURNER. *Voy.* ABONNER.

ABORTIF, IVE, *adj. Voy.* AVORTON.

ABOUCHEMENT, *s. m.* Ce mot semble vieillir, quoiqu'on le trouve encore dans les dictionnaires; il vaut bien celui d'*entrevue*.

ABOUT, *s. m.* bout, extrémité. Ce mot que Du Cange dérive de *butum*, bout, borne, limite, signifie proprement et en général, une extrémité qui confine avec une autre; spécialement les aboutissans d'un héritage : « Sans particulière spécification des héritages, et sans désignation d'*abouts* et tenans. » *Cout. gén.* tom. 2, pag. 849.

ABOUTIR, *v.* On trouve aussi *abouter* dans La Curne Saint-Palaye, dérivé de *bout*. On dit encore en terme d'architecture *abouter*, joindre bout à bout deux pièces de bois. *Aboutir* s'est dit dans le sens de confiner, tenir à quelque chose par les extrémités, par le bout; d'où encore cette expression : *à quoi cela aboutira-t-il?* c'est-à-dire, à quoi cela tendra-t-il, reviendra-t-il?

Aboutir se dit d'un abcès quand il a formé un *bout* ou un *bouton* par où le pus s'écoule.

ABOYER, *v.* autrefois ABBAYER et ABAYER, proprement crier, en parlant des chiens. *Voy.* ABOI.

Aboyer après quelqu'un ou *aboyer quelqu'un* se dit au figuré et dans le style figuré, pour dire poursuivre quelqu'un avec des cris importuns, comme ferait un chien. « Cette ville de Turin sur laquelle ils *abbayent*, comme le chien après le cerf. » *Mém. de* DU BELLAY, fol. 281, *verso.* « Une demi-douzaine de gredins qui *aboyaient* sans cesse après lui. » VOLTAIRE.

Aboyer à la lune, ou *après la lune*, crier, tempêter en vain contre quelqu'un de puissant, de plus fort que soi.

ABRÉGEMENT, *s. m.* accourcissement, action d'abréger. « L'*abrégement* du discours le rend plus fort et plus convaincant. » MERCIER. Messieurs de Port-Royal avaient dit, dans le même sens, l'*abrégement* des paroles. Ce mot a été condamné par le P. Bouhours; il paraît difficile de s'en passer.

ABRÉGER, *v.* du latin *abbreviare* (rendre bref, rendre plus court), aussi trouve-t-on dans nos anciens auteurs, *abbrévier, abrever, abbréger*. On retrouve la raison d'étymologie dans *abréviateur* et *abréviation*, qui viennent du lat. *abbreviator* et *abbreviatio*, et ont par conséquent la même racine qu'*abréger*.

ABREUVEMENT, *s. m.* l'action d'abreuver. « Xercès assembla si grans armées, que par l'*abevreument* (abreuvement) de ses chevaux s'asseichèrent les fleuves ». AL. CHARTIER. Ce mot est à regretter; puisqu'aucun ne le remplace.

ABREUVER, *v.* On trouve dans La Curne de Sainte-Palaye, *Glos. de l'anc. langue franç.* abbréver, abbeuvrer, abivrer, aboivrer, abbuver, etc. il vient évidemment du latin *bibere* (boire), le second *b* changé en *v*. Le sens propre de ce mot est *faire boire*. Il se prend aussi au figuré. Montaigne a dit par un abus de mots assez piquant : « Quelque odeur que ce soit, c'est merveille; combien elle s'attache à moi, et combien j'ai la peau propre à m'en *abreuver*. » L. 1, c. 55. « Ce seroit chose bien longue de spécifier et nommer les folles opinions dont tout le monde est *abbreuvé*. » CHARR. l. 1, ch. 6. Il se construit avec le pronom personnel :

L'ame heureusement captive
Sous ton joug trouve la paix,
Et *s'abreuve* d'une eau vive
Qui ne s'épuise jamais.
J. B. ROUSSEAU.

Il jouit de lui-même, et *s'abreuve* à longs traits
Dans les sources de la sagesse.
Idem.

Patru avait dit avant lui : « Souvenez-vous de ces sources immortelles où vous vous êtes *abreuvés* des saintes eaux de la sagesse. »

ABREUVOIR, *s. m.* lieu où l'on mène boire les chevaux. On appelle figurément *abreuvoir à mouches* une grande plaie au visage ou à la tête; et cette expression, qui n'est que du style burlesque, vient de l'habitude où sont les mouches de venir sucer l'humeur qui distille des plaies :

Quand Hercule après maintes touches
Lui fit un *abreuvoir à mouches*.

SCARRON.

ABRI, ABRIS, ABRIT, ARBRI, toutes ces formes se trouvent dans Sainte-Palaye, qui cite les auteurs qui les ont employées.

« Ménage, dit Sainte-Palaye, fait venir *abri* du verbe *operire*, couvrir, et rejette l'étymologie tirée du mot *apricus*. Mais l'orthographe *arbri* semble nous indiquer une origine plus simple et plus naturelle. Nous croyons donc que ce mot est formé d'*arbre*, que son acception propre et primitive est le couvert que procurent les branches des arbres, et qu'ensuite, par extension, l'on a employé *abri* dans l'acception générale qui lui reste. Nous observerons d'ailleurs que non seulement on a écrit *arbri* pour *abri*; mais que l'on a aussi écrit *abre* pour *arbre*; ce qui paroît confirmer doublement l'étymologie que nous proposons. L'arbre de l'*abri* ou de l'*abris*, si souvent répété dans nos anciennes coutumes, étoit l'arbre situé à la porte des châteaux, sous lequel on se mettoit à *couvert* du soleil ou de la pluie. Dans la coutume de Courtray, au lieu d'*arbre de l'abri*, on lit l'*arbre pour se mettre à l'ombre*. » LA CURNE SAINTE-PALAYE, *Gloss. de l'anc. langue franç.* col. 51.

Je veux une coiffure en dépit de la mode
Sous qui toute ma tête ait un *abri* commode.

MOLIÈRE.

A l'*abri* d'une longue et sûre indifférence
Je jouis d'une paix plus douce qu'on ne pense.

Mme DESHOULIÈRES.

ABRIER, ABRITER, HABRIZER, *v.* Nos pères ayant dit *abri*, *abris* et *abrit*, ce dernier se trouve dans Rabelais; on en a formé *abrier*, *habrizer*, dans le *Dict.* de Cotgrave, et *abriter*, seul en usage aujourd'hui.

Abrier se trouve dans Montaigne, liv. 1 ch. 20; et Pasquier le regarde comme le créateur de ce terme. « Pourquoi, dit Coste, laisser perdre ce mot dont le sens est agréable ? »

Enfin, le bon Dieu nous *abrie*,
Et voici les convois de Beausse et de la Brie.

SAINT-AMAND.

« Heureux qui, pendant les tempêtes révolutionnaires, a pu s'*abriter* sous un toit inconnu ! » MERCIER.

ABROGER, *v.* vient du latin *abrogare*, annuler, abolir une loi; il signifie le contraire de *rogare* (présenter, proposer la loi). « Les magistrats, à Rome, dit M. Furgault, dans son *Recueil historique d'antiquités grecques et romaines*, se servaient de cette expression respectueuse, *rogare*, lorsqu'ils apportaient au peuple assemblé une loi à recevoir, et celui qui la proposait s'appelait *rogator legis*. »

ABRUPT, PTE, *adj.* du latin *abruptus, a* (rompu, haché). « On a trouvé le style *abrupt*, incorrect, et peut-être l'est-il. » DIDEROT.

Peut-être aurait-on dû conserver cet adjectif qui est expressif et qui rappelle cette locution : *abruptum dicendi genus* (style haché) qui se trouve dans Quintilien.

ABRUTIR, *v.* en latin *brutescere, obbrutescere* (s'abrutir), *abrutir*, c'est ravaler à la condition de la brute; et figurément intimider jusqu'à rendre stupide : « Votre silence m'*abrutit*, dit Galiani à mad. d'Epinay. »

Massillon s'est servi d'*abrutissant* comme adjectif : « Les plaisirs *abrutissans* de la table; » et Voltaire d'*abrutisseur* comme nom subst. : « Je voudrais bien, a-t-il dit, que les Turcs fussent chassés du pays des Périclès et des Platon. Il est vrai qu'ils ne sont pas persécuteurs, mais ils sont *abrutisseurs*, Dieu nous défasse des uns et des autres ! » Le besoin de ce mot s'est-il jamais plus fait sentir que de nos jours, et quelle circonstance pour le rétablir a jamais été plus favorable ?

ABSENCE, *s. f.* C'est un sentiment bien délicat que celui qu'exprime cette heureuse alliance de mots de mad. de Scudery : « Vous avez en ma présence des *absences* de cœur, bien pires que celles d'esprit. »

ABSENT, E, *adj.* On a dit par un néologisme que nous ne saurions blâmer, et qui trouve en ce temps surtout son application : « Déclamateur hypocrite, qui prêche une morale *absente* de son cœur. » *Ann. lit.*

ABSENTER (s'), *v.* euphémisme, pour dire être en faillite, faire banqueroute.

ABSINTHE, *s. f.* du latin *absinthium*, venu du grec αψίνθιον (*apsinthion*) sans douceur, plante amère et odoriférante. Mad. de Sévigné a fait un usage heureux de ce mot dans le sens d'amertume, chagrin : « La vie, a-t-elle dit, est cruellement mêlée d'*absinthe*; » et Regnard, avec non moins d'énergie :

Sa femme cependant, de cent frayeurs atteinte,
Boit chez elle à longs traits et le fiel et l'*absinthe*.

Malherbe avait dit : « Il adoucit toutes nos *absinthes*. » Mais ce pluriel n'a pas fait fortune.

ABSOLU, *part.* et *adj.* Ce mot, formé du latin *absolutus*, s'est employé pour *absous*.

Je voi ci que la mort m'attrape :
J'ai tant taillé et tant tolu
James n'en serai *absolu*.
Hist. de Fr. en vers mss. etc.

De là l'expression, *jeudi absolu*, pour le jeudi-saint, parce qu'autrefois dans l'église d'Occident, c'était en ce jour qu'on *absolvait* les pénitens publics. Comme dans les églises d'Orient, même dans quelques-unes d'Occident on *absolvait* le vendredi-saint, ce jour a aussi été nommé le *vendredi absolu*.

Nous employons encore dit La Curne Sainte-Palaye, ce mot dans le sens de *décisif*, dans quelques expressions, et nous disons *volonté absolue*. Autrefois on écrivait *absolute* au féminin.

Suivant La Harpe, dans un cas d'*absolue nécessité* est une phrase faite : ce qui peut-être a fait passer l'*absolu pouvoir*, permis en poésie, comme dans ce vers de la tragédie de *Brutus* :

Ah! quand il serait vrai que l'*absolu pouvoir*.
Cours de Littér. tom. IX, p. 141.

En prose on dit le *pouvoir absolu*, et cette expression est plus usitée que jamais ; elle exprime ce pouvoir royal qui s'élève au-dessus des lois, et qui ne reconnaît d'autre règle que son bon plaisir. De ce mot *absolu*, pris en ce sens, on a dérivé, dans ces derniers temps, *absolutisme*, pour exprimer ce système de gouvernement; et *absolutistes*, pour désigner les partisans de cette sorte de gouvernement opposé au régime constitutionnel.

ABSORBER, du latin *absorbere* (engloutir) ; aussi se trouve-t-il écrit *absorbir* dans les *Sermons franç.* de saint Bernard, et *assorbir* dans le *Roman de la Rose*.

ABSORPTION, *s. f.* du latin *absorptione* ablatif d'*absorptio* (action d'absorber). Volney a fait un usage remarquable de ce terme : « De même, dit-il, que, dans un Etat, un parti avait absorbé la nation, puis une famille le parti, puis un individu la famille, de même il s'était fait d'Etat à Etat un mouvement d'*absorption*. »

ABSOUDRE, *v.* On a dit *absoldre*, *assoler*, *assoudre*, *assoudrer*, *assouldre*; toutes ces formes se trouvent dans le *Gloss. de l'anc. langue franç.* de Sainte-Palaye. Ce mot vient du latin *absolvere* (delier) : « Droit est toujours plus près d'*absoudre* que de condamner. » Cette belle maxime, qui doit être gravée dans le cœur de tous les rois, comme dans celui de tous les juges, se trouve dans les Etablissemens de saint Louis.

ABSOUTE, *s. f.* qu'on trouve écrit *absolte* et *absoulte* dans nos anciens auteurs, se disait pour *absolution* :

Mais quand l'*absoulte* est la pensée
De cuer (cœur) et par confession,
Sa coulpe (faute) est en rémission.
EUST. DES CH. Poés. mss. fol. 534.

Ce terme est encore d'usage pour exprimer l'absolution générale donnée au peuple dans l'église romaine, le jeudi-saint.

ABSTÊME, *adj.* du latin *abstemius*, formé de *abs* qui marque éloignement, opposition, et de *temetum* (vin) qui ne boit pas de vin.

Vina fugit gaudetque meris abstemius undis..
OVID.

« Horace, dans le vers suivant de son Epître à Iccius :
Si fortè in medio positorum abstemius herbis,
étend cette acception à quelque espèce de mets que ce soit. Les anciens nous offrent très-peu de détails sur ce terme. C'est aux querelles théologiques des Calvinistes et des Luthériens qu'il doit sa célébrité. On l'emploie rarement en français. On ne sait pas pourquoi Rousseau s'en est servi préférablement à celui de *nazaréen* : c'est sans doute parce qu'il fut élevé parmi les sectes protestantes. Dans le deuxième livre de son *Emile*, il dit : « Nous serions tous *abstèmes*, si l'on ne nous eût donné du vin dans nos jeunes ans. » *Encyc. mod.* tom. 1, pag. 90 (1823).

ABSTINENCE, *s. f.* du latin *abstinentia*, proprement l'action de tenir une chose éloignée de soi, et par conséquent de s'en *abstenir*, de s'en priver. Le philosophe Bernier, qu'on appelait le joli philosophe, disait un jour à Saint-Évremont : « Je vais vous faire une confidence, que je ne ferais pas à mad. de la Sablière, ni même à Mlle de Lenclos, que je tiens d'un ordre supérieur : je vous dirai donc confidemment, que l'*abstinence* des plaisirs me paraît un grand péché. »

Abstinence dans le sens de *privation de viande* est d'un usage très-ancien. J. de Meung a dit en parlant des hypocrites ou faux dévots :

... Maints pour sembler plus honnestes,
Laissent à mangier chair de bestes
Tout temps, sous nom de pénitence,
Et font ainsi leur *abstinence*,
Si comme en Caresme faisons.
Roman de la Rose, v. 16081 et suiv.

ABSTRACTION, *s. f.* enlèvement ; c'est le sens propre du latin *abstrahere*, enlever par force : « Achilles tenant à grand'injure l'*abstraction* de sa concubine Briséis ». J. LE MAIRE, *Illustration des Gaules*, liv. 11, pag. 224.

Abstraction ne s'emploie depuis long-temps qu'au figuré, pour exprimer une opération de l'esprit par laquelle il considère séparément des choses unies : « Il faut dire que les justes ont le pouvoir prochain en faisant *abstraction* de tout sens. » PASC.

Une religieuse s'accusait d'avoir eu des *abstractions*. Dites des distractions, madame ; c'est assez pour une religieuse, lui dit son confesseur.

ABSTRAIRE, *v.* composé de *traire*, vient du latin *abstrahere*, également composé de *trahere* (traire). Abstraire, c'est tirer de, séparer, arracher. On le trouve employé au propre dans J. Le Maire, *Illustration des Gaules*, liv. 11, pag. 256 : « La noble pucelle Cassandre se voit *abstraire* par force et violence hors du temple de Minerve. » Regnier Desmarais remarque que déjà de son temps ce mot ne s'employait guère qu'à l'infinitif, et encore très-rarement. C'est aujourd'hui un terme didactique. Leibnitz a employé le participe avec un régime indirect : « Toute action, dit-il, est individuelle et non générale, ni *abstraite de ses circonstances.* » On doit, dit l'abbé Féraud, regarder ce mot, ainsi employé, comme un latinisme.

ABSTRAITEMENT, *adv.* d'une manière abstraite. C'est un mot de M. Necker : « Il n'a plus qu'à les considérer *abstraitement* ; » il met pour correctif, *pour ainsi dire*. L'Acad. ne porte pas ce mot ; il serait utile, et il manque à la langue. » L'ab. FÉRAUD.

ABUS, *s. m.* mot pris du latin *abusus* (mauvais usage). *Abusion* du latin *abusio* (action de mal user), se trouve pour abus dans Coquillart, auteur du 15e siècle.

« Nous remarquerons, dit La Curne Sainte-Palaye, que le mot *abus* a été introduit, dans notre langue, à l'occasion du plaidoyer de Cugnière et de Bertrand. Le premier s'étant servi des termes de *torts* et *entreprises* dont *usoit le clergé sur le roi ;* Bertrand, pour adoucir ces expressions, convertit le mot de *torts* en celui d'*abus*, que Gerson fit valoir dans son *Traité de la Puissance ecclésiastique*. De là l'expression *appel comme d'abus*. Voy. Pasquier, *Rech.* liv. III, pag. 255. »

Abus signifie aussi erreur :
Alléguer l'impossible aux rois, c'est un *abus*.
LA FONTAINE.

Abus ! s'écria-t-il, hé ! dévenez dévote.
Mme DESHOULIÈRES.

ABUSER, *v.* du latin *abusum*, supin d'*abuti* (faire un mauvais usage). La Curne Sainte-Palaye nous apprend que l'on disait autrefois *buser*, *masser* pour *abuser*, *amasser*, etc. On dit *abuser d'une fille*, en jouir après avoir employé des moyens de séduction. Cette locution se trouve dans la *Vulgate*, *Génèse*, ch. 19, v. 8, où Lot dit en ce sens aux habitans de Sodome : « *Habeo duas filias quæ necdùm cognoverunt virum; educam eas ad vos, et abutemini eis, sicut vobis placuerit* » (J'ai deux filles qui n'ont pas encore connu d'homme, je les amenerai vers vous, et vous en *abuserez* comme il vous plaira). Mad. de Sévigné a donné à ce mot un sens badin : « Ma fille, j'*abuse* de vous; voyez quels fagots je vous conte. »

ABUSEUR, *s. m.* celui qui abuse, se trouve dans les *Epithètes* de De la Porte, pag. 155. *Paris*, 1571, au mot *Mahomet;* il est dit : « C'est *abuseur* du peuple nasquit en une ville de l'Arabie heureuse, nommée la Mèque. » « C'estoient divinateurs, enchanteurs et *abuseurs* de simple peuple. » RABELAIS, t. IV, pag. 305, édit. de 1732. Bossuet l'a employé comme adjectif : « Nous aurions raison, dit-il, de l'attribuer aux esprits *abuseurs*. » Ce terme que l'*Acad.* n'admet qu'en le regardant comme familier, est peu usité de nos jours; il serait utile de le rajeunir sans en borner l'emploi.

ABUSION, *voyez* ABUS.

ABUTER, *v.* viser, tendre à un *but*, c'est le sens propre. « Il semble que l'ame ébranlée et émue se perde en soy-même, si on ne luy donne prise, et faut toujours lui fournir d'objet où elle s'*abutte* et agisse. » MONTAIGNE.

On l'emploie encore, suivant l'*Ac.* dans le sens de jeter des quilles ou des palets vers un but convenu, pour décider qui jouera le premier.

ACABIT, *s. m.* qualité bonne ou mauvaise. « On a dit *cap* pour *chef*, tête; *mauvais cap*, pour *méchef*, accident, malheur. De là peut-être *acabit*, formé de *cap*. Ménage semble avoir considéré ce mot comme une altération de l'orthographe *acapit*, en le faisant venir du latin *accapitum*. L'étymologie que nous proposons, nous a paru plus naturelle. » LA CURNE DE SAINTE-PALAYE, *Gloss. de l'anc. lang. franç.*

Acabit se dit proprement des fruits et des légumes : des fruits, des légumes d'un bon, d'un mauvais acabit. Par métaphore, et seulement dans le style familier, il peut se dire des personnes :

On s'en promet en vain quelque chose de mieux,
Il est d'un *acabit* malfaisant, vicieux;
Sur ce noir sauvageon c'est en vain que l'on greffe.

J. B. Rousseau a dit :

. . . . Ta plume baptise
De noms trop doux gens de tel *acabit*.

ACACIA, *s. m.* Suivant le P. Bouhours, ce mot nous est venu des pays étrangers avec l'arbre qui porte ce nom. « C'est proprement, avons-nous déjà dit dans notre *Nouveau Dict. des Origines*, l'arbre qui donne la gomme arabique, nommé par les Grecs l'*arbre sans malice*, parce que la piqûre de ses épines n'est suivie d'aucun fâcheux accident. Mais on le confond actuellement avec un arbre originaire de l'Amérique septentrionale, d'où il fut apporté en France, avant l'année 1600, par Vespasien-Robin, professeur de botanique au jardin royal des plantes de Paris, où il le démontrait sous le nom d'*acacia americana*. »

Cet arbre est aujourd'hui très multiplié dans nos jardins où il sert à former de très belles allées.

ACADÉMICIEN, *s. m.* Ce nom a d'abord été donné aux disciples de Platon parce qu'ils s'assemblaient dans un lieu nommé *Académie* (voyez ce mot). Ensuite le mot *académie* ayant servi à désigner des sociétés savantes, le nom d'*académicien* a été continué aux membres de ces sociétés. Beauchamp observe « que la comédie des *Académistes*, pour la réformation de la langue française en 1643... fut réimprimée depuis sous le titre des *Académiciens*. » *Rech. des Théâtres*, t. II, pag. 210. Ce passage porterait à croire que le mot *académiciens* ne serait pas antérieur à 1643, et que les membres de l'Académie française, instituée la première de nos académies (en 1635) auraient d'abord porté le nom d'*Académistes*. Le titre d'*académiste* a été conservé aux jeunes gens qui apprenaient l'équitation et l'escrime dans les écoles destinées à ces arts, depuis que ces écoles prirent fastueusement le nom d'*académie*; mais le titre d'académicien n'a été attaché par l'usage qu'aux gens de lettres et aux savans des quatre académies : la française, celle des sciences, celle des inscriptions et celle des beaux-arts?

ACADÉMICIENNE, *s. f.* d'académicien. « Ce mot a été établi au sujet et en faveur de Mme Deshoulières que l'académie d'Arles s'est fait honneur de compter au nombre de ses membres, et qui a été la première du beau sexe qui ait reçu, en France, des lettres d'académicienne, en 1689. » *Nouveau Dict. des Origines.*

ACADÉMICITÉ, *s. f.* titre, qualité d'académicien. C'est un terme plaisant dont Galiani a cru pouvoir se servir : « Présentez mes félicitations à l'abbé Arnaud sur son *académicité.* » On ne voit pas pourquoi on ferait difficulté d'employer ce mot dans le style badin ou dans le style épistolaire.

ACADÉMIE, *s. f.* en latin *academia*. Ce nom fut donné dans le principe à un lieu fort agréable et planté d'arbres, à six stades (un quart de lieue) de la ville d'Athènes, où Platon et ses disciples s'assemblaient pour converser sur des matières philosophiques. Le nom d'*académie* fut pris d'un nommé *Académus*, riche citoyen d'Athènes, qui en était possesseur, et vivait du temps de Thésée. « Academia *fuit locus nemorosus mille passibus distans ab Athenis, et ab* Academo *quondam Heroe denominatus. In hoc loco fuit villa ubi Plato natus et philosophatus est. Undè academici philosophi dicti sunt qui Platonem sequebantur.* » HERMANNUS TORRENTINUS, *Dictionarium poeticum*. Cicéron, chez les Romains, donna par allusion le nom d'*Académie* (*academia*) à une maison de campagne qu'il avait près de Pouzzol. Ce fut là qu'il composa les questions que pour cette raison il nomma *académi-*

ques. On a donné depuis le nom d'*académies* à différentes assemblées de savans qui s'appliquent à cultiver les langues, les sciences ou les arts. En ce sens, la première *académie* dont nous connaissions l'institution est celle que Charlemagne établit par le conseil d'Alcuin. La plupart des nations ont à présent des académies, et la France en compte plusieurs à Paris et quelques-unes dans les départemens.

Académie se dit encore, dans un sens particulier, des lieux où la jeunesse apprend à monter à cheval, et quelquefois à faire des armes, à danser, à voltiger, etc. « Gui Allard dit Pluvinel, élève de Pignatelli de Naples, fut le premier qui établit en France des *académies* pour monter à cheval. Ce fut lui qui apprit à monter à cheval à Louis XIII. Pour rendre ses écoliers habiles, Pluvinel eut chez lui des maîtres qui leur apprenaient à voltiger, à faire des armes, à manier la pique, à danser, à dessiner, à jouer du luth, les mathématiques et les autres sciences nécessaires à un homme de condition. Il honora son école du nom d'*académie*, et il paraît que c'est de là que cette qualification a été attribuée aux établissemens du même genre. »

« Le titre d'*Académie*, dit Voltaire, a été tellement prodigué en France, qu'on l'a donné pendant quelques années à des assemblées de joueurs qu'on appelait autrefois des *tripots*. On disait *académies de jeu*. » On a même dit *une académie d'amour*, pour exprimer en termes honnêtes un lieu de prostitution.

ACADÉMIÉ, ÉE. Il se trouve dans un de nos vieux conteurs : pour tenir en suspend : « Tournant ainsi à toutes légéretez et conseils, on demeurerait assez perplex, confus et *académié* pour ne rien entreprendre. » *Contes d'Eutrapel*, tom. II.

ACADÉMIFIÉ, ÉE, *part.* qui suppose le verbe *académifier*, faire académicien. Linguet a dit assez plaisamment : « J'ai l'honneur d'être à peu près autant *académifié* qu'on peut l'être, et je n'en suis pas plus fier. »

ACADÉMISER, *v.* Diderot, s'adressant

aux jeunes élèves de l'Académie de peinture, dessinant d'après un modèle que l'on force à garder la même position pendant tout le cours de la séance, leur dit : « Si vous perdez le sentiment de l'homme qui se présente en compagnie et de l'homme intéressé qui agit, de l'homme qui est seul et de l'homme qu'on regarde, jetez vos pinceaux au feu. Vous *académiserez*, vous redresserez, vous guinderez toutes vos figures. »

ACALIFOURCHONNÉ, ÉE, *part.* qui suppose le verbe *acalifourchonner*. Nous disons familièrement *être à califourchon* sur quelque chose, par exemple, *sur un bâton* ; et Ronsard a dit *être à calfourchon*. Cyrano de Bergerac a employé le mot *acalifourchonné* : « Le rustre, dit-il, s'était *acalifourchonné* sur mon cheval. » *Hist. Comique*.

ACARIÂTRE, *adj*. Ce mot qu'on trouve écrit *acariastre* et *achariastre* dans nos anciens auteurs, est un de ceux sur lesquels les étymologistes ne sont pas d'accord. Selon Nicot et Jacques Sylvius, il dérive de saint Acaire, évêque de Noyon, appelé en latin *Acarius*, auquel la superstition accordait la vertu de guérir l'humeur des personnes aigres et querelleuses, qu'on menait en pélerinage à sa chapelle :

Tu serois plus hors de sens
Que ceux qu'on mène à saint *Acaire*.
EUST. DES CH. *Poés*. mss. fol. 529, col. 2.

Jacques Bourgoing, qui écrit *achariastre* le dérive du grec ἄχαρις (*acharis*) sans grace, désagréable. La Curne Sainte-Palaye et le P. Labbe le font venir de l'ancien mot *care* (face, visage) d'où il nous reste encore le verbe *accarer*, opposer face à face, confronter. « *Acariâtre*, est-il dit, dans le *Mercure de France* du 15 juin 1779, pag. 133, au lieu de venir de saint Acaire, en latin *Acarius*, que l'on avait la simplicité d'invoquer autrefois pour qu'il daignât, par son intercession, faire changer le caractère des femmes indociles et revêches, vient naturellement et sans contrainte, et sans recourir à aucun miracle, de deux mots gallois, savoir du mot *car* ou *cor* (les voyelles se substituent mutuellement en celtique) qui signifie *tête*, et du mot bas-breton *atr*, par transposition pour *hart* ou *hardd* qui signifie *dur, difficile*. L'a, qui est la première lettre de ce mot, se met ou s'omet indifféremment, et est paragogique ou superflu. »

ACASANER, *v*. « Ne permet que leurs esprits s'abastardissent ou s'*acasanent* en voluptez. » EST. PASQUIER, *Pourparler du prince*.

ACCABLER, *v*. vient, selon les uns, du latin *cabulus*, espèce de bélier, de machine qui jetait de grosses pierres, d'où l'on avait fait *adcabulare*, ainsi *accabler* signifierait proprement écraser avec des pierres jetées avec cette machine. Selon les autres, il vient du mot gallois ou celtique *cablu* qui signifie opprimer. Quel usage heureux Corneille et Racine n'ont-ils pas fait de ce verbe dans les vers suivans !

A vaincre tant de fois les Etats s'affaiblissent,
Et la gloire du trône *accable* les sujets.

Je t'ai comblé de biens, je t'en veux *accabler*.

Ma rivale *accablant*, mon amant *de bienfaits*
Opposait un empire à mes faibles attraits.

ACCARER, *v*. du latin *cara* (visage) ; on a dit *care* qui se trouve dans nos anciens auteurs, et nous a donné le mot *chère* dans le sens d'accueil, et encore le verbe *accarer*, terme de palais qui signifie mettre les témoins, les co-accusés face à face, les confronter.

Accaration pour confrontation, dans le *Glossaire de l'ancienne langue françoise*, par La Curne Sainte-Palaye. On lit *accaratio* dans le même sens dans Du Cange, *Gloss. latin*.

ACCAPAREUR, *s. m*. de l'italien *caparra* (arrhes). Ce substantif n'était pas encore dans le *Dictionnaire de l'Académie* en 1787. Un écrivain moderne, M. de Salvandy, appelle Buonaparte « un *accapareur* de trônes. » *De la France et de la Coalition*, chap. XII.

ACCENT, *s. m*. dans l'acception la plus générale se dit de toute modification de la voix parlante. Il vient du latin *accentus*. Sergius nous donne la signification propre de ce mot : « il est appelé *accentus*, comme qui dirait *ad cantus* (pour le chant). » En effet, dans les langues grecque et latine qui avaient une prosodie plus marquée, l'accent indiquait les différentes inflexions de la voix, et la rendait en quelque sorte musicale et chantante. « Les *accens*, dit le président de Brosses, paraissent former, dans la nature, une espèce moyenne, intermédiaire entre la parole et le chant. » « L'*accent* du pays où l'on est né demeure dans l'esprit et dans le cœur comme dans le langage. » LA ROCHEFOUCAULD.

Ainsi que son esprit, tout peuple a son langage,
Ses sons et ses *accens* à sa voix ajustés,
Des mains de la nature exactement notés ;
L'oreille heureuse et juste en sent la différence.
VOLTAIRE.

ACCESSOIRE, *s. m.* Ce substantif n'est proprement qu'un adjectif de tout genre, qui devient substantif par ellipse (on a dit d'abord *un fait accessoire* pour un incident); il paraît formé du verbe latin *accedere*, arriver, approcher, ou *accidere*, arriver, survenir ; de là il a été employé comme terme de pratique dans le sens d'*incident*, point à débattre qui survient dans le cours d'un procès. Ce mot, qui, en ce sens, est très-ancien dans notre langue, était quelquefois féminin, parce qu'alors on sous-entendait le substantif *chose*, *affaire*, etc.

On laisse tout le principal
Pour venir à *une accessoire*.
EUST. DES CH. poés. mss., fol. 522, col. 2.

(Il a été pris aussi dans le sens de *conjoncture*); par extension (de cette acception), le mot *accessoire* signifiait l'embarras né d'une conjoncture désavantageuse : « Je pense bien que M. de Bressiure fut en grand *accessoire* après cette lettre reçue. » BRANT. *Cap. fr.* tom. 1, pag. 44. Molière l'a employé en ce sens :

Et tout ce qu'elle a pu, dans un tel *accessoire*,
Est de me renfermer dans une grande armoire.
École des Femmes, act. IV, sc. 6.

LA CURNE SAINTE-PALAYE, *Glossaire de l'anc. lang. franç.*

ACCIPER, *v.* prendre, du latin *accipere* (prendre devers soi, pour soi). C'est un vieux mot, trivial aujourd'hui, ou plutôt qui n'est plus en usage que parmi les écoliers : « *Accipez*-moi ce beau royaume de Micomicon qui vous tombe du ciel dans la main. » BOUCHON-DUBOURNIAL, *trad. de Don Quichotte.*

ACCISE, *s. f.* droit qu'on paie en Angleterre sur le vin, la bière et autres boissons. Il vient du latin *accisia*, mot de la basse latinité qui signifiait taille, impôt, et qui se trouve en ce sens dans le *Glossaire* de Du Cange. La Curne-Sainte-Palaye croit qu'il vient du latin *accidere* (retrancher).

ACCLAMATEUR, *s. m.* celui qui applaudit par acclamations : « L'ouvrage entraîne la foule des *acclamateurs*. » MERCIER. C'est un mot nouveau qu'il serait d'autant plus sage d'adopter qu'il n'a pas de synonyme.

ACCLAMPER, *v.* C'est aujourd'hui un terme de marine qui signifie fortifier un mât, une vergue, en y attachant des pièces de bois par les côtés. *Acclamper un mât*. Académie. Les pièces de bois dont on se sert en pareil cas sont appelées *clamps* en anglais ; d'où, selon La Curne Sainte-Palaye, on a pu faire *acclamper* dans la signification particulière qui subsiste. Mais en remontant à l'origine même de *clamps*, que Junius dérive avec assez de vraisemblance d'un mot anglo-saxon qui signifie *lier*, on trouve qu'*acclamper* a pu se prendre dans le sens générique de *lier*, *attacher* ; plus particulièrement *attacher avec des chevilles* ; c'est ainsi que l'explique Cotgrave. Il ajoute que ce mot est normand.

ACCLIMATEMENT, *s. m.* action d'acclimater ou état de ce qui s'acclimate. M. Grégoire, dans son *Essai historique* en tête du *Théâtre d'agriculture* d'Olivier de Serres, a dit : « L'*acclimatement* et la culture des plantes céréales. » C'est un terme nouveau qu'on ne doit pas laisser perdre.

ACCLIMATER, *v.* Ce mot a été employé pour la première fois par l'abbé Raynal, pour s'accoutumer à un nouveau climat. Le *Dictionn. de l'Acad.* ne l'a reconnu que dans son édit. de l'an VII.

ACCOINTABLE, *adj. des 2 genres*, accessible, facile à approcher, à ac-

cointer. Cet adjectif, qui se trouve dans le *Dict.* de Monet et dans celui de Nicot, n'a pas été conservé quoique le substantif *accointance* et le verbe *accointer* soient encore reçus dans le style familier.

ACCOINTANCE, *s. f.* habitude, familiarité qu'on entretient avec quelqu'un. Ce terme, si fréquent dans Montaigne et dans Marot, est encore d'usage dans le style familier.

Le bel esprit, au siècle de Marot,
Des grands seigneurs vous donnait l'*accointance*.
Mme DESHOULIÈRES.

Je sais que vous avez l'honneur,
Me dit-il, d'être des orgies
D'un certain aimable prieur
Dont les chansons sont si jolies,
Que Marot les retient par cœur,
Et que l'on m'en fait des copies.
Je suis bien aise, en vérité,
De cette honorable *accointance*.
VOLTAIRE, *Epître à M. le prince de Vendôme*.

ACCOINTER, *v.* entrer en liaison avec quelqu'un, l'aborder, le hanter, vivre familièrement avec lui. C'est, selon Nicot, un composé de *ad* et de *cointer* inusité. Jacques Bourgoing, dans son livre *De origine et usu vulgarium vocum*, le fait venir du latin *ad cum stare*, se tenir auprès et avec, être ensemble. Ecoutons à présent le P. Labbe, *Etym. des mots français*, pag. 153 : « Du latin *comptus* (coint, qui s'est dit autrefois pour paré, orné), est venu s'*accointer de quelqu'un*, se joindre à lui et le hanter, que d'autres aimeront mieux tirer de mettre coin à coin, *accuneare* ou d'*adcomitari*. » Cette dernière étymologie est celle que donne Ménage, qui le fait venir de *comitare*, *adcomitare* (se tenir auprès de quelqu'un et lui faire compagnie. De toutes ces étymologies nous préférerions celle du P. Labbe, parce qu'il nous semble trouver son simple dans le verbe *cointoier* expliqué par orner, qui se trouve dans le supplément de Du Cange, au mot *cointise*, où on lit encore, ce qui est bien plus fort, le composé *racointier* qui se dit du commerce illicite qu'une femme entretient avec un homme : « RACOINTIER *verò dicitur de liberiori commercio mulieris cum homine.* » Sur quoi l'auteur cite le passage suivant : « Le suppliant trouva icelle Jehannette couchée et endormie... la commença à baiser; et lors s'éveilla icelle fille... et lui dist qu'il s'en allast, ou qu'elle feroit noise : à quoy il lui dist qu'il sembloit qu'elle fust à *racointier*, et que se (si) ce fust son prestre, elle ne lui deist pas ainsi (elle ne lui parlerait pas ainsi). » Quelle que soit l'origine de ce mot, il est fort ancien dans notre langue, puisqu'on le trouve déjà dans un auteur du 13e siècle.

Si vos proi ne voilliés *accointier*
Fols losengiers dont vos aiés hontaige.
Mre GILLES DE VIÉS-MAISONS, *poés. mss.* tom. 3, pag. 1071.

Montaigne a dit : « Il appartient à un seul Socrate d'*accointer* la mort d'un visage ordinaire, s'en apprivoiser et s'en jouer. » Liv. III, ch. 4. Ce verbe n'est plus admis que dans le style familier.

ACCOISEMENT, *s. m.* ACCOISER, *v.* *Voyez* COI.

ACCOLADE, *s. f.* On a dit aussi ACCOLÉE. Ces mots, dérivés de *col*, ont exprimé d'abord une cérémonie qui consistait, dans l'ancienne chevalerie, à baiser à la joue gauche celui qu'on recevait chevalier, et à lui donner sur le *cou* ou sur l'épaule un coup du plat d'une épée nue. Les princes et les seigneurs donnaient l'accolade à ceux qu'ils faisaient chevaliers comme une marque qu'ils devenaient leurs hommes, comme on parlait en ces temps-là, et qu'ils acquéraient un droit particulier sur leurs personnes et sur leurs armes. « Cette cérémonie, avons-nous dit dans le *Nouv. Dict. des Origines*, était fondée sur un ancien usage des Français, parmi lesquels, quand un homme, suivant le rapport des anciennes formules, ne pouvait pas payer à son créancier les sommes qu'il lui devait, il se rendait volontairement son esclave jusqu'à l'entier paiement de sa dette; et, pour marque de son engagement, il prenait le bras de son patron, et se le passait autour du cou, comme une manière d'investiture de toute sa personne. » Ce mot *accolade* nous est resté dans le sens d'embrassade; dans les premières années de la révolution, on appelait *accolade fraternelle* un baiser que le président d'un corps constitué ou d'une société patriotique accordait à quelqu'un en signe de fraternité, d'amitié. De l'ancien mot *accolée*, on a dérivé *accoler* dans le sens d'embrasser.

« Si lui sault au col et *l'accolle* et l'embrasse. » Le roman de *Lancelot du Lac*. édit. de 1520. « Si tu n'*accoles* la mort, au moins tu luy touches en paulme une fois le mois. » MONTAIGNE, liv. III, ch. 13. Ce verbe ne s'emploie plus qu'en plaisantant.

ACCOMMODEUR, *s. m.* Bayle dans ses *Lettres*, appelle *accommodeurs* de religion, ceux qui voudraient réunir les diverses communions chrétiennes.

ACCOMPAGNATEUR, *s. m.* « Je chantais passablement, mais j'avais au clavecin le plus misérable *accompagnateur*. » SÉVIGNÉ. Ce mot, et même son féminin *accompagnatrice*, sont aujourd'hui reçus comme termes de musique. « Pourquoi le crime trouve-t-il plutôt un *accompagnateur* que la vertu elle-même? » NICOLE.

ACCOMPAGNER, *v.* Barbazan le dérive de *compagnie*. Son simple *compaigner* se lit dans le *Codicille de Jean de Meung*.

ACCOMPLIR, *v.* proprement, rendre complet, et par extension, finir, achever. C'est un composé de *complir* qui se trouve dans nos anc. auteurs.

ACCOQUINER, *v.* « Ce mot formé du latin *coquina* (cuisine), signifie proprement *allécher par la mangeaille*. » MONET, *Dict.* « Rendre quelqu'un ou quelque bête si privée en sa hantise, qu'elle ne veuille estre nulle part ailleurs. » NICOT, *Dict.* De là l'acception figurée *d'apprivoiser*, *accoutumer*, que ce verbe conserve encore aujourd'hui : « Les hommes sont *accoquinez* à leur estre misérable.... il n'est si rude condition qu'ils n'acceptent pour s'y conserver. » *Essais de Montaigne*, tom. II, pag. 773. « Je suis *accoquiné* à la vie, et quelque mauvais lieu que j'y habite, quelqu'incommodité que j'y reçoive, j'aurais de la peine à déménager. » BALZAC.

J'ai lu, je ne sais où, s'il m'en souvient, qu'un sage
N'est partout ici-bas qu'un oiseau de passage;
Que l'homme sur la terre est fait pour cheminer;
Et que, tout le temps qu'il l'habite,
Ce n'est qu'un voyageur, que la beauté du gîte
En aucun lieu jamais ne doit *accoquiner*.

Son simple *coquiner* a été employé dans le sens de mendier : « Le tyran voit les autres qui sont près de lui *coquinans* et mendians sa faveur. » ET. DE LA BOÉTIE, *de la Servitude volont*.

ACCORD, *s. m.* pour lequel on a dit aussi *accordance* qui se lit dans les *Epithètes* de De la Porte, et dans le *Dict.* de Philib. Monet. Il vient d'*accordum*, *accordium*, mots de la basse latinité, qui se trouvent dans le *Glossaire* de Du Cange, pour signifier pacte, convention, accord. Dans son acception première, il a dû se prendre pour harmonie, proportion : *L'accord de plusieurs voix*, *l'accord des instrumens*; de là ce mot a signifié figurément le rapport, la convenance, la proportion d'une chose avec une autre : *L'accord exact de toutes les parties forme un tout régulier*. Par extension et au moral, ce mot a signifié le rapport des humeurs, la sympathie dans les goûts, dans les opinions, et l'on a dit que *deux personnes étaient d'accord*, *s'accordaient*. *Mettre deux personnes d'accord*, *être d'accord avec quelqu'un*, *tomber d'accord*, *demeurer d'accord*.

De tout ce qu'il vous plaît je *demeure d'accord*,
Et vous avez raison, puisque vous êtes belle.
DE LA SABLIÈRE.

De ces locutions est venue cette expression elliptique et adverbiale *d'accord* :

LE CHEVALIER.
Enfin, ce n'est point là ma valise.
VALENTIN.
d'accord;
Cependant à la vôtre elle ressemble fort.
REGNARD, *les Ménechmes*, act. 1, sc. 2.

ACCORDER, *v.* « Ce mot, dans le sens propre et subsistant, signifie mettre des instrumens d'accord; d'où l'acception figurée *mettre d'accord*, *réconcilier*. On a même appliqué la signification propre d'*accorder*, aux *convenances* ou *proportions* que l'on observe dans l'arrangement et la disposition d'une armée..........

En étendant toujours la même acception, ce mot a signifié toutes sortes de *rapports* ou *convenances* ; et c'est dans le sens général de *convenir* que le verbe *accorder* exprime encore aujourd'hui la convenance, le rapport d'une chose avec une autre (ce que vous dites ne *s'accorde* pas avec ce que vous aviez écrit).... Il signifie aussi un rapport d'idées, de sentimens ou d'opinions sur le même objet. » LA CURNE SAINTE-PALAYE, *Glossaire de l'ancienne langue françoise*.

ACCORDER (s'), signifie aussi quelquefois un rapport d'inclination, une sympathie dans les goûts, d'où naît l'union, l'amitié.

ACCORNÉ, *adj.* qui a des cornes. Ce sens, qui est le sens propre, subsiste comme terme de blason. *Animal accorné* est un animal représenté avec ses cornes.

ACCORT, ORTE, *adj.* Il vient de l'italien *accorto* (clairvoyant, de bon jugement), et *accorto* est le participe du verbe *accorgere* qui signifie proprement s'aviser de quelque chose. Pasquier, dans ses *Lettres*, tom. 1, pag. 105, donne au mot *accort* la même origine, et témoigne qu'il était encore nouveau de son temps. Il paraît avoir passé dans la langue après les guerres d'Italie sous François Ier. En étendant cette première acception, l'on a dit *accort*, pour *subtil, adroit*, en parlant soit des personnes, soit des choses. « La plus fine, *accorte* et mieux disante damoiselle qu'il estoit possible. » DES ACC. *Escr. Dijonn.* pag. 46. Corneille a dit dans le même sens :

Son éloquence *accorte* enchaînant avec grace
L'excuse du silence à celle de l'audace.
Othon, act. I, sc. 1.

Cette complaisance, cette politesse qui sait plaire, suppose de la pénétration, de la finesse, de *l'adresse*. De là, on a dit *accort* pour *complaisant, civil*, et ce mot, dit La Curne Sainte-Palaye, n'est pas encore absolument hors d'usage en ce sens.

La douce Agnès, Agnès compatissante,
Toujours *accorte*, et toujours bien disante.
VOLTAIRE.

Et veut tirer à soi, par un courroux *accort*,
L'honneur de sa vengeance et le fruit de sa mort.
... CORNEILLE, *Pompée*, act. IV, sc. 1.

« *Accort*, dit Voltaire à l'occasion de ces vers de Corneille, signifie *conciliant*. Il vient *d'accorter;* c'est un mot qui n'est plus en usage dans le style noble, et on doit regretter qu'il n'y soit plus. »

ACCORTEMENT, *adv.* de l'italien *accortamente* (d'un esprit avisé), subtilement, adroitement. Ce mot, entièrement vieilli, se trouve plusieurs fois dans Corneille :

Ma bouche *accortement* saura s'en acquitter.
Médée, act. II, sc. 5.

Vous me jouez, mon frère, assez *accortement*.
La suite du Menteur, act. IV, sc. 2.

ACCORTISE, *s. f.* de l'italien *accortezza* (humeur civile, complaisante). Ce mot nouveau du temps de Pasquier, vieilli depuis, a été rétabli dans le *Dict. de l'Acad.* édit. de Smith, 1798. C'est un terme que nos écrivains devraient réhabiliter : Voltaire a si bien dit : « *L'accortise* italienne calme la vivacité française. »

ACCOSTER, ACCOSTOYER, ACCOTER, *v.* Ce verbe, suivant Nicot, est imité de l'italien *accostare;* mais selon La Curne Sainte-Palaye, c'est plutôt un composé de la préposition *à* réunie au verbe *costéer*. Il signifie, dans le sens propre, *se mettre à côté de quelqu'un, se ranger au côté de quelqu'un;* de là les acceptions subsistantes *accoster*, approcher quelqu'un, l'aborder. On a employé ce mot, même dans le sens générique *d'aborder*:

Quant à Douvre ne pot (pût) port prendre,
Le long de la mer a siglé,
Et le pays a *accosté*.
Rom. du Brut. ms. fol. 39.

On disait aussi *accoster, accôter*, pour appuyer, proprement *appuyer* en mettant une chose à côté d'une autre pour la soutenir. De là *s'accôter*, s'appuyer contre un arbre. NICOT, *Dict.* « Enguerrand de Marigny, pendant sa faveur, avait pris la hardiesse *d'accostoyer* sa statue de celle d'un Roi de France, au Palais-Royal de Paris. » PASQUIER, *Rech.* liv. v, ch. 4.

ACCOUCHEMENT, *n. m.* « C'était un *accouchement* pour lui, que de se déterminer. » SAINT-SIMON. *Hom. Ill.* Voyez ACCOUCHER, au figuré.

ACCOUCHER, v. Jacques Bourgoing, *De origine et usu vulgarium vocum*; feuillet 20, v°. in-4°, 1538, le fait venir de l'italien *conciare*, *acconciare* (parer, orner), à cause de la beauté du travail de l'enfantement, soit qu'on le considère sous le rapport de la nature, ou bien sous le rapport de l'art. *Le Dict.* de Trévoux le tire plus simplement du latin *accubare*, se mettre dans la couche, se mettre au lit; et Nicot le dérive de *couche*: « *Accoucher*, dit-il, est proprement se mettre en la couche, non ja pour une nuict, sans plus, ains pour plus long-temps, qu'on dit aussi *alliter*, comme il s'est accouché malade, et, par métaphore, délivrer d'enfant (*parere*); comme la reine est accouchée d'un fils; parce que les femmes après l'enfantement, tiennent ordinairement le lict, aussi dit-on les couches d'une femme, et une femme en couches, quand après son enfantement elle tient la couche ou le lict. » Ce dernier sentiment, partagé par La Curne Sainte-Palaye, paraît avoir été celui de l'Académie, lors de la première édition de son Dictionnaire; car, dans cette édition, où les mots sont rangés par racines, *accoucher*, *accouchement* sont portés sous le radical *couche*. Des exemples multipliés nous prouvent en effet, qu'*accoucher* signifiait autrefois, dans le sens propre, se coucher, garder le lit pour cause de maladie : « En la dite ville de Corbeil, le roy d'Angleterre *accoucha* malade de la maladie Sainct-Fiacre, dont il mourut. » ALAIN CHARTIER, *Hist. de Charles* VII, pag. 55. « Le roi de Navarre *accoucha* malade au lict de la mort. » *Chron. Saint-Denis*, t. II, fol. 88. « Il (Godefroy) *accoucha* d'une maladie qu'il avoit eue pour ses grands travaulx. » *Les Neuf Preux*, édit. de 1507.

Le simple *coucher*, pour *accoucher*, se trouve même dans *les Quinze Joyes de mariage*, pag. 34, La Haye, 1734 : « Les commères, nourrices et matrones qui y seront pour garder la dame tant comme elle *couchera* » (tant qu'elle sera en couche). Montaigne a dit au figuré : « Peu d'hommes savent faire *accoucher* les événemens. » Il se dit encore en ce sens en parlant de l'esprit et des productions de l'esprit : « Socrate disait qu'il faisait l'office de sage-femme, qu'il faisait *accoucher* les esprits. » *Acad.*

Le sort de ce sonnet a droit de vous toucher,
Car c'est dans votre cour que je viens d'*accoucher*.
MOLIÈRE.

. . . . . Mais enfin j'*accouche* d'un dessein
Qui passera l'effort de tout esprit humain.
REGNARD, *le Légataire*, act. IV, sc. 2.

Ces expressions figurées ne sont que du style familier.

ACCOUCHEUR, s. m. dérivé d'*accoucher*. L'usage de faire accoucher les femmes par des hommes, et par conséquent le mot *accoucheur*, ne sont pas fort anciens en France. *Matrone*, *levandière*, *sage-femme*, sont les seules expressions que nous ayons trouvées dans nos anciens auteurs. S'il faut en croire Astruc (*Art d'accoucher*, Paris, 1766, pag. 38, histoire sommaire), l'emploi des chirurgiens dans les accouchemens, ne remonte pas plus haut que les premières couches de Mme de La Vallière, en 1663. Comme elle souhaitait le plus grand secret, elle fit appeler Julien Clément, chirurgien, qui avait de la réputation. On le conduisit avec le plus grand mystère dans une maison où Mme de La Vallière avoit le visage couvert d'une coiffe, et où l'on prétend que le roi était enveloppé dans les rideaux du lit qui le couvraient. L'accouchement fut heureux, etc. . . . . Clément fut employé dans les autres couches de la même dame, qui ne furent pas aussi secrètes, mais qui eurent le même succès, ce qui donna de la réputation à l'*accoucheur* et mit les princesses dans le goût de se servir de chirurgiens dans leurs accouchemens. Comme cela se mit bientôt à la mode, on inventa le nom d'*accoucheurs* pour signifier cette classe de chirurgiens. Galiani l'a employé heureusement au figuré d'après Socrate : « Personne ne m'aide ici dans mes études. Voilà un grand mal pour ceux qui voudraient que j'enfantasse tous les jours quelque chose de nouveau, si j'avais des *accoucheurs*. »

Depuis quelques années plusieurs sages-femmes prennent le titre *d'accoucheuses*.

ACCOUER, ACOUER, *v.* approcher, proprement être à la *queue* ou à la *coue*, comme on écrivait autrefois : Quand il verra le cerf...... tourner la tête pour s'enfuir, il doit piquer son cheval et *l'accouer*, le plus près qu'il pourra. » FOUILLOUX, *Vén.* fol. 53, recto. Montaigne, dans son style énergique, l'a employé au figuré dans le sens de lier, attacher : « Nous n'avons pas faict marché, en nous mariant, de nous tenir continuellement *accouez* l'un à l'autre, etc. » *Essais*, tom. VIII, p. 92, Paris, 1793.

« *Accoués, attachés, accrochés*. Après avoir cherché inutilement dans nos vieux dictionnaires le mot *accoué*, je crus qu'il avoit été fabriqué par Montaigne : mais enfin j'ai appris qu'il est fort usité dans la plupart des provinces. En Champagne, par exemple, un fermier ordonne à son valet *d'accouer quatre, cinq chevaux*, c. à d. d'attacher le licou du second à la queue du premier, le licou du troisième à la queue du second, et ainsi du reste, afin qu'ils aillent tous à la file, à peu près sur une même ligne, sans embarrasser les chemins. *Accouer*, m'a-t-on assuré depuis, est le mot propre, et qui est aussi familier à tous les palefreniers de Paris, que les mots *palisser, greffer, étronçonner, évaser*, le sont aux jardiniers de Versailles, de Saint-Cloud, etc. Comme ces quatre termes de jardinage se trouvent dans nos dictionnaires, je ne vois pas pourquoi l'on n'y admettroit point celui *d'accouer*, si nous n'en avons point d'autre pour exprimer la manœuvre des fermiers, des palefreniers que je viens de décrire : sans prétendre qu'on dût autoriser l'usage que Montaigne a trouvé bon d'en faire. » COSTE, *sur Montaigne*, au lieu cité. Cette note intéressante nous a déterminés à porter ce mot, qui ne se trouve dans aucun de nos vocabulaires dans le sens que lui donnent ici Montaigne et son commentateur.

Pour *accouer*, terme de Vénerie, qui signifie donner le coup à un cerf au défaut de l'épaule, ou lui couper le jarret ; il se trouve dans plusieurs de nos dictionnaires.

ACCOUPLEMENT, *s. m.* Malherbe a dit :

Tu menois le blond Hyménée
Qui devoit solennellement
De ce fatal *accouplement*
Célébrer l'heureuse journée.

Selon Féraud (*Dict. crit. de la langue française*), ce mot ne s'emploie plus qu'en parlant des animaux. Dans ce sens d'union des deux sexes, il peut se dire des hommes ; dans le style soutenu et surtout en poésie, principalement s'il est modifié par une épithète qui, fixant plus fortement l'esprit que le nom lui-même, serve de correctif à l'idée trop physique que présente le mot *accouplement*. Pourrait-on, par exemple, blâmer le poète de dire :

Accouplement fatal et des dieux détesté.

ou du mariage d'un méchant homme et d'une méchante femme :

. . . . Quel monstre doit naître
De ce *fatal accouplement* ?

ACCOUSTRER, *v. a.* basse latinité, *acculturare*. « Toutes les sciences surhumaines *s'accoustrent* du style poétique. » MONTAIGNE, liv. II, ch. 12. « Je ne cognois autre et plus présente médecine (contre les passions) que de *s'accoustrer* de la philosophie. » *Contes d'Eutrapel*, t. II.

ACCOUTUMANCE, *s. f.* ou *accoustumance*, comme il est écrit dans le *Roman des Neuf Preux*, et dans Pierre Grognet :

Mainte chose desplaît nouvelle,
Qui par *accoustumance* est belle.

Ce qui prouve que ce mot est fort ancien dans notre langue. L'accoutumance est l'habitude que l'on contracte en réitérant plusieurs fois la même action, ou en éprouvant souvent la même sensation. « Il y a deux grands remèdes contre les maux, *l'accoutumance* pour le vulgaire grossier, et la méditation et la prévoyance pour le sage. » CHARRON. « L'*accoutumance* est une seconde nature. » MONTAIGNE.

> Le premier qui vit un chameau
> S'enfuit à cet objet nouveau ;
> Le second approcha, le troisième osa faire
> Un licou pour le dromadaire :
> L'*accoutumance* ainsi nous rend tout familier.
> LA FONTAINE.

Le sort de ce mot a éprouvé bien des variations. D'un usage très-fréquent du temps de Montaigne, il a ensuite passé de mode, et commençait à vieillir du temps de Vaugelas ; puis il s'est rétabli peu à peu, et plusieurs bons écrivains n'ont point fait difficulté de s'en servir, ainsi que nous l'apprend le P. Bouhours. L'Académie, édit. de 1762, prévient qu'il vieillit ; cet avis est répété dans l'édit. de Moutardier (1802), mais l'édit. de Smith (1813) ne confirme pas ce jugement. La Harpe dont le style est toujours soigné, a dit, *Cours de littérat.* t. XII, pag. 162 : « l'oreille étant de tous les sens le plus docile à l'*accoutumance*, et le plus rebelle à la nouveauté. » Il est certain que *coutume* ou *habitude* ne répondrait ni à l'idée de La Fontaine, ni à celle de La Harpe ; ces deux mots marquent une habitude formée, et *accoutumance* exprime les actes qui la forment.

ACCROCHER, *v. a.* On trouve deux exemples de l'emploi de ce verbe au figuré dans Molière et dans Hamilton :

> Dans l'âme elle est du monde, et ses soins tentent
> [tout,
> Pour *accrocher* quelqu'un, sans en venir à bout.
> *Tartufe.*

« Sa rivale n'avait pas manqué de l'*accrocher* de conversation. » *Mém. de Gramont.*

ACCROUPIR, *v.* On trouve déjà *cropir*, *croupir*, dont *accroupir* est le composé, dans le *Roman du Renard*, ouvrage du 13e siècle. Le Duchat le tire du latin *curvare* (courber), mais il paraît plutôt venir de *croupe*. S'*accroupir*, poser la croupe ou le derrière sur les talons. Il se serait dit d'abord des animaux qui prennent naturellement cette posture, quand ils s'asseyent, et il a été conservé en ce sens dans l'art héraldique où il se dit de l'animal qui s'assied sur les fesses, *de animali in clunes residente usurpatur*, lit-on dans le suppl. du *Gloss.* de Du Cange. L'Académie qui, dans la première édit. de son *Dict.* a porté ce mot sous la racine *croupe*, le définit dans celle de 1813, par se tenir dans une posture où, la plante des pieds touchant à terre, le derrière touche presque aux talons. « Sans nous *accroupir* de paresse. » EST. PASQUIER, *Pourparler du Prince*. Il paraît qu'il n'a pas toujours été pronominal : « Le mariage apoltronit et *accroupit* les bons et grands esprits. » CHARRON, liv. 1, c. 42.

ACCUEILLIR, RECUEILLIR, *v.* (en parlant de personnes, leur donner retraite). « Ce sens est le sens propre de ce mot composé de la préposition *à*, et du verbe *cueillir*. Ménage le dérive du latin *adcolligere*... *Accueillir* conserve encore la signification figurée de faire accueil ; *recueillir*, recevoir humainement, avec bonté. » LA CURNE SAINTE-PALAYE, *Glos. de l'anc. lang. franç.*

M. Mollevaut a dit : « Etranger à la révolte, Pétronius Turpilianus *accueille* mieux le repentir, calme l'orage, etc. » *Tr. de la Vie d'Agricola.*

ACCULER, *v.* dérivé d'*accul* dont la racine est *cul*, signifie proprement pousser quelqu'un ou quelque chose dans un lieu où on ne peut plus reculer. *Culer*, terme de marine, est le simple d'*acculer* ; et Pasquier a fait de ce verbe un emploi remarquable : « Le long et obstiné siége de Metz, *accula* toutes les victoires de Charles-Quint. » Liv. IV, lett. 20.

ACCUSATEUR, *s. m.* **ACCUSATRICE**, *s. f.* du latin *accusator* (celui qui accuse), *accusatrix* (celle qui accuse). Racine a été un des premiers à accréditer ce féminin :

> . . . . Par quel caprice
> Laissez-vous le champ libre à votre *accusatrice* ?
> *Phèdre.*

En poésie on peut employer ce mot adjectivement, et le joindre, comme épithète, même à un nom de chose ; par exemple, en parlant d'un glaive dont le meurtrier aurait été trouvé saisi, on dirait bien *le glaive accusateur*, *une épée accusatrice*.

ACERBE, *adj.* du latin *acerbus* (âpre, vert).

> *Nondùm matura est ; nolo acerbam sumere.*
> PHÈDRE.

(la grappe n'est pas encore mûre; je ne veux pas la prendre *verte*). « C'est, dit M. La Harpe, dans cette seule acception que ce mot latin est devenu français : *un vin acerbe, un fruit acerbe*, pour dire un vin, un fruit d'un goût sûr et âpre. Il faut espérer que l'usage fort étrange qu'on en a fait dans la langue révolutionnaire, n'étendra pas les acceptions de ce mot; mais on n'oubliera jamais *les formes acerbes de Joseph Lebon*. » *Cours de littérature*, t. XIII, p. 51. Oublions *les formes acerbes* de ce proconsul; mais ne nous privons pas d'un terme qu'on peut employer utilement, au figuré, pour *rude, fâcheux, dur*. L'acception de ce mot en ce sens est encore empruntée aux Latins; Tacite dit en parlant d'Agricola : « *Apud quosdam* acerbior *in conviciis narrabatur* » (quelques uns le trouvaient *trop dur* quand il faisait des reproches).

ACERBER (s'), *v.* du latin *acerbare* (aigrir, agacer en parlant des fruits). « Il s'acerba (s'aigrit, s'emporta) grandement. » PASQUIER, *Pourparler du Prince*. Claudien avait également employé le verbe *acerbare*, dans un sens figuré, pour *irriter*.

ACÉRÉ, ÉE, *part.* du verbe *acérer* qui se dit pour *aciérer*, puisqu'il est dérivé d'*acier*. *Acérer* c'est fortifier le fer en le mêlant avec de l'acier : *Admisto chalybe duritiem et firmitatem ferro addere*. Il se dit des armes, des instrumens, rendus tranchans, et perçans par le moyen de l'acier.

De ton bois abattu par la hache *acérée*,
Ils construisent des toits que respecte Borée.
DULARD.

Le fier Lathman, dans cet espoir trompeur,
Attaque Engist, et sa lance *acérée*
Du bouclier échancre la rondeur.
PARNY, *les Rose-Croix*, ch. VI.

Quelques écrivains ont dit au figuré une *langue acérée*, une *plume acérée*, *les traits acérés de la calomnie*, pour une langue, une plume mordante, les traits déchirans de la calomnie. « La pauvreté est un glaive bien *acéré*. » SAINT CHRYSOSTOME.

ACHARNEMENT, *s. m.* Il signifie proprement l'action ou l'appétit d'un animal qui se jette sur la chair, qui s'attache à sa proie. Il se dit par extension de la fureur opiniâtre avec laquelle des animaux ou même des hommes se battent l'un contre l'autre, et encore de l'emportement qu'on montre contre quelqu'un. Molière a dit, dans le dernier sens, que nous avons distingué :

Tous les dévots de cœur sont aisés à connaître.
Jamais contre un pécheur ils n'ont d'*acharnement*;
Ils attachent leur haine au péché seulement.
Le Tartufe.

Voir pour l'étymologie le mot ACHARNER.

ACHARNER, *v.* On trouve aussi *acarner* dans nos anciens auteurs. C'est, selon La Curne Sainte-Palaye, des mots *a carne* (au carnage), cri de guerre parmi les Italiens, que nous avons formé notre mot *s'acharner*, s'obstiner, comme nous avons fait *allarme* de leurs mots *all' arme* (aux armes).

Acharner doit venir du latin *carne* ablatif de *caro* (chair), et aurait signifié dans le principe, comme le verbe *acarner*, se jeter sur un animal pour se repaître de sa chair : « Aucuns aussi nomment *lougarous* les loups qui mangent les hommes, après qu'une fois *ils s'en sont acharnés*. » *Les Epithètes* de De la Porte, au mot *Lougarou*, pag. 151, Paris (1571). Les mots *carnage, charnier* semblent confirmer cette étymologie.

ACHEMINER, *v. a.* Combien ce verbe a pris de noblesse dans ces vers de Racine :

Depuis ce jour fatal, le pouvoir d'Agrippine
Vers sa chute à grands pas chaque jour *s'achemine*.

ACHÉRON, *n. propre m.* « Dans le siècle où vivait Racine, on prononçait *Akéron*. Le changement de son peut devenir nuisible aux écrivains, et surtout aux poètes. Lorsque l'auteur de *Phèdre* fit ce vers :

Et l'avare *Achéron* (*Akéron*) ne lâche point sa proie,

ké et *ché* portaient à l'oreille deux sons parfaitement distincts; mais le changement de *ké* en *ché* a un peu gâté ce beau vers : *ché* et *che*, qui sont si près l'un de l'autre, produisent une assonance désagréable dont le poète n'est pas coupable. » DOMERG. *Man. des étrang.* p. 472. J'ajouterai qu'il y a quelques années qu'on prononçait encore *Akéron*, au grand Opéra, quoique les acteurs de la Comédie Française prononçassent *Achéron*.

ACHÈVEMENT, *s. m.* « Vos trois lignes m'ont donné l'*achèvement* d'une extrême joie. » MAD. DE SÉVIGNÉ.

ACHEVER, *v.* nos pères ont dit *chef* ou *chief* pour fin, *faire chief*, faire la fin, finir, dans *le dit des rues de Paris*, par Guillot de Paris qui vivait vers la fin du 13ᵉ siècle, d'où *achever*, mener à fin, terminer. « Sire, luy respondit la dame, ne vous entremettez plus, car j'en *viendray* moult bien *à chef*. » *Lancelot du Lac*.

Venir à chef, *mener à chef*, pour *achever* ou *eschever*, comme on le trouve dans Alain Chartier, sont des expressions fréquentes dans nos anciens auteurs. Nous disons encore *venir à bout*.

ÉPIGRAMME.

Votre entretien est profitable
A la promenade, à la table ;
Vous charmez ceux que vous trouvez :
Mais où je vous trouve admirable,
Boindin, c'est quand vous *achevez*.

ACHOPPEMENT, *s. m.* « *Chopper* est un vieux mot qui a signifié heurter ; on a même dit *achopper* : sage n'*achope* à tous chicots. » M. DE BAÏF, liv. I.

« Ce mot, dit M. Ch. Nodier, qui était une onomatopée faite du bruit d'un corps qui en heurte un autre, ne s'emploie plus au sens propre. On ne s'en sert même que dans cette façon proverbiale de parler : une pierre d'*achoppement*, pour dire, un obstacle inattendu. » Nous aimerions mieux dire avec M. Chapsal que cette locution signifie l'occasion de faillir, de tomber dans l'erreur.

ACOSTABLE, *adj.* Ce mot a vieilli. Il est bien placé dans cette épigramme de Gombaud :

Les honneurs forcent l'ascendant :
Côme était civil, *acostable*,
Généreux, franc, et véritable :
Mais on l'a fait surintendant.

ACOUSTIQUE, *s. f.* du grec ἀκουστικὸς (*akoustikos*) dérivé d'ἀκούω (*akouō*) j'entends. M. Sauveur, de l'Académie des Sciences, est, suivant J. J. Rousseau, le premier qui se soit servi du mot *acoustique*, pour exprimer la théorie des sons.

ACQUIT, *s. m.* « Et n'est pas une commission par *acquit* à l'homme, de conduire l'homme selon sa condition. » MONT. liv. III. ch. 13.

ACQUITTEMENT, *s. m.* Ce mot était nouveau en 1787. « Ses emplois, ses dignités, ses richesses, ne lui paraissaient qu'une dette dont l'*acquittement* exigeait le sacrifice de sa vie entière. » *Le duc de Nivernois*, en parlant du maréchal de Belle-Isle.

ACRIMONIEUX, *adj.* « Les critiques de profession prouvent trop souvent qu'on peut être *acrimonieux* sans être piquant. » Voilà le premier exemple que nous connaissions de ce mot pris au figuré.

ACROSTICHE, *s. m.* petite pièce de poésie dont chaque vers commence par une des lettres du nom de la personne ou de la chose qui en fait le sujet. « *Acrostiches*, dit le seigneur Des Accords, en ses *Bigarrures*, p. 222 (1662), sont vers qui, en leurs premières lettres, contiennent quelque nom propre ou autre mot de chose intelligible. »

PORTRAIT DE LAURE.

Le ciel qui la sauva de son propre penchant
A la beauté du corps unit celle de l'âme ;
Un seul de ses regards, par un pouvoir touchant,
Rendait à la vertu le cœur de son amant.
Elle embellit l'amour en épurant sa flamme.

PORTRAIT DE PÉTRARQUE.

Par lui l'amour a vu relever ses autels,
Et son front fut couvert de lauriers éternels.
Tout lui faisait un dieu d'une simple mortelle,
Reine de tous les cœurs, mais trop maîtresse d'elle :
A la nature il semble inspirer ses transports ;
Ranimé par l'espoir de vaincre cette belle,
Quel Orphée a jamais égalé ses accords ?
Une beauté si sage, un amant si fidelle
Éternisent Vaucluse et font chérir ses bords.

On appelle *sonnet par acrostiche* un sonnet où chaque vers commence par une des lettres du nom qui fait le sujet de la pièce. Voici, disent les éditeurs de Trévoux, un exemple propre à faire sentir combien ces sortes de pièces gênaient l'esprit, parce qu'outre l'acrostiche du nom du roi au commencement des vers, il y a encore des échos à la fin. Il fut fait après la bataille de Marsaille :

SONNET.

Le bruit de ta grandeur, dont n'approche personne, *sonne;*
On sait le triste état où sont les ennemis *mis;*
Coudraient-ils s'élever, bien qu'ils soient terrassés *assez,*
Ils connaîtront toujours ta victoire immortelle *telle.*
Superbes alliés, vous suivrez les exemples *amples*
D'Alger et des Génois implorant d'un pardon *don;*
En vain toute l'Europe oppose ses efforts, *forts,*
Bataillons sont forcés et villes entreprises *prises.*
Oh! que par tant d'exploits vous serez embellis, *lis;*
Notre gloire en tous lieux du combat de Marsaille *aille*
Pendant la ligue entière, après mille combats, *bas.*
Belge, tu marcheras pareil à la Savoie, *voie,*
On te voit tout tremblant sous un tel souverain, *Rhin;*
Nous te verrons aussi sous un roi si célèbre, *Ebre.*

« Il y a beaucoup d'apparence qu'à la renaissance des lettres, sous François 1er, nos poètes qui se piquaient beaucoup d'imiter les Grecs, prirent, de cette forme de poésie, le dessin des acrostiches qu'on trouve si répandus dans leurs écrits, et dans ceux des rimeurs qui les ont suivis jusqu'au règne de Louis XIV. C'était affecter d'imposer de nouvelles entraves à l'imagination déjà suffisamment resserrée par la contrainte du vers, et chercher un mérite imaginaire dans des difficultés qu'on regarde aujourd'hui, et avec raison, comme puériles. » *Encyclopédie*, tom. 1, pag. 115. Pressé de nommer la personne qu'il aimait, un jeune homme s'en défendit, et récita l'acrostiche suivant, qui renferme le nom de cette personne :

Je ne saurais nommer celle qui me sait plaire;
Un fat peut se vanter, un amant doit se taire.
La pudeur qu'alarmait l'impétueux désir
Inventa sagement le voile du mystère,
Et l'amour étonné connut le vrai plaisir.

ACROSTICHE est aussi adjectif des deux genres. *Vers acrostiches, sonnets acrostiches,* vers ou sonnets dans lesquels il se trouve un ou plusieurs acrostiches. On dit des *lettres acrostiches,* pour les lettres initiales, ou qui commencent chaque vers d'un acrostiche.

ACTEUR, s. m. On trouve dans Bouhours : « Il a été un grand *acteur* dans cette affaire », pour : il y a pris une grande part. Ce mot ne paraît pas pouvoir s'employer aujourd'hui dans ce sens.

ACUITÉ, s. f. « Il n'y a point dans la langue française de corrélatif au mot de *gravité*; car celui d'*acuité* n'a pu passer ». J. J. ROUSSEAU, *Dict. de musique*. On dit la gravité d'un son, et on ne peut pas dire l'*acuité* d'un son, quoiqu'on dise un son *aigu*.

AD, *particule* initiale empruntée du latin et qui entre dans plusieurs mots qui nous viennent de cette langue, comme dans *admettre, administrer, admodier, admonester, adjacent, adjectif, adjouster, adjourner*. Ces deux derniers s'écrivent et se prononcent aujourd'hui, ajouter, ajourner; *advertir, advocat, advent,* aujourd'hui *avertir, avocat, avent.* C'est, comme l'a remarqué M. Lemarre, le mot qui en composition est le plus susceptible de subir les lois de l'attraction, c'est-à-dire de changer le *d* en la consonne initiale du mot auquel il est joint; c'est ainsi qu'*accomplir, accourir, affilié, apprendre, assignat, attablé* ont été formés de *ad* et de *complir, courir, fils, prendre, signer, table.*

ADAGE, s. m. (*Ad, agor, quòd agatur ad aliud signandum*, dit Scaliger, parce qu'on s'en sert pour signifier autre chose). « Dans notre vieux langage, on appelait *Adagaïre* un diseur de bons mots, de proverbes, et *Adagiaire*, un homme plaisant, facétieux. » *Gloss. de la langue Romane.*

ADEPTE, s. m. (*Adeptus*, participe d'*adipisci*, obtenir). Qui est parvenu à la connaissance du grand œuvre. J. B. Rousseau, a dit, *Ep.* VIII, en parlant des auteurs dramatiques qui veulent se singulariser en s'écartant des routes ordinaires :

Mais je voudrois dans ces nouveaux *adeptes*
Voir une humeur moins rétive aux préceptes.

On voit qu'il n'était pas romantique.

ADEXTRER, v. « Choisissez les officiers routiers au faict de la guerre, qui soient capables de dresser, façonner et *adextrer* les soldats. » NIC. PASQUIER, liv. VI, lettr. 8. *Adextrer* signifie ici dresser, rendre adroit. Nos pères ont dit *adextrer* pour donner la main droite, et par extension accompagner, se mettre à la droite et même placer à droite. « M. de Bourbon l'*addextroit* (addextroit Mad. la duchesse), et tous les autres chevaliers et gentils-hommes alloient devant. » *Les honneurs de la Cour*, imprimé d'après un manuscrit du 16ᵉ siècle.

« *Addextrer* signifie seulement mener, accompagner en donnant la main, sans distinction de la droite ou de la gauche. » LA CURNE DE SAINTE-PALAYE.

ADEZ, ou **ADÈS**, adv. ancien mot qui signifiait ores, maintenant, sur-le-champ. On dit en italien de même *adesso*. Alain Chartier, dans son *Parlement d'amour*, dit en parlant d'un amant qui jouait au dez avec sa dame :

Jamais n'eust fait adroit son point.
L'amant ; car ceste femme *adez*
Le faisoit jouer mal à point.

ADIEU, s. m. « A dieu, dist-il, damoiselle ; saluez-moy, madame, si tost que vous la verrez, et elle dit que si fera elle, si s'en partent (se séparent) l'ung de l'autre. » *Lancelot du Lac*, édit. de 1520.

A dieu de deux mots ; c'est de cette expression elliptique, qui signifie *je vous recommande* A DIEU, qu'on a fait *adieu* d'un seul mot qui est devenu un nom : *faire ses adieux, dire un éternel adieu* :

Ah ! dans ce *long adieu* dont la douleur s'irrite
Le cœur s'échappe en vain vers l'objet que l'on
[quitte.
LA HARPE.

Nous voyons dans nos anciens romans, et particulièrement dans *Lancelot du Lac*, que les personnages qui y sont introduits sont dans l'usage, en se quittant, de se dire *je vous commande* ou *je vous recommande à dieu*, et par ellipse *à dieu* comme dans l'exemple cité. Les Latins se servaient dans le même sens du mot *vale*, seconde personne du singulier du verbe *valere* (se porter bien, être en santé), dont ils faisaient un nom comme nous en faisons un de l'impératif du verbe se rendre, quand nous disons un *rendez-vous*.

Et longum, *formose*, vale, vale, inquit, Iola.
VIRGILE, *Eglog.* III.

(*Adieu*, charmant berger ; encore *adieu*, dit-elle.)
(*Trad. de M. Tissot.*)

Longum vale (un long portez-vous bien).

MÉDÉE, sur un char.

Je n'ai point préparé la pompe de ces lieux
Pour servir au bonheur d'un amour qui m'outrage ;
Je veux que les Enfers détruisent mon ouvrage,
C'est ainsi qu'en partant je vous fais mes adieux.
QUINAULT, *Thésée*, act. v, sc. 6. (Opéra représenté la première fois le 3 février 1675.)

J'ai entendu citer ce dernier vers tout entier et par forme de plaisanterie. J'ignore si c'est ce vers de l'opéra de Thésée qui a prêté à l'ironie ; j'avoue cependant que dans la situation ce vers ne me paraît ni trivial, ni dur ; pourquoi l'aurait-on blâmé ?

ADJECTIF, s. m. Voltaire a dit : « L'adjectif est le plus grand ennemi du substantif, quoiqu'ils s'accordent en genre, en nombre et en cas. » Mercier en a formé le verbe *adjectiver* : « *Adjectivez*, dit-il, le substantif, pour donner plus de force et d'expression à votre pensée. »

ADJURER, v. du latin *adjurare* (jurer, appeler les dieux comme témoins d'un serment), commander, sommer au nom de Dieu de dire ou de faire quelque chose. J. J. Rousseau est le premier qui ait employé *adjurer* en ce sens : « J'*adjure* tout homme sensé de dire, etc. »

ADJUTORIONS, *s. m. plur.* terme plaisamment employé par le traducteur de Gusman d'Alfarache (le fameux Chapelain), dans le sens de complément de parure. Il vient du latin *adjutorium* (aide, auxiliaire).

« Gusman d'Alfarache avec tous ses baillons leur eust esté moins dommageable, que le D. Juan de Gusman avec ses broderies et tous ses *adjutorions*. » *Gusm. d'Alf.* liv. II de la 2ᵉ part.

ADMIRANT, ANTE, *adj.* C'est comme l'on voit le participe du verbe admirer que Mad. de Sévigné a rendu adjectif : « Je vois, dit-elle, sa mine *admirante* et spirituelle, qui ne laisse point croire que son admiration soit fille de l'ignorance, comme aux autres. » Ne devrions-nous pas, à son exemple, user plus souvent de nos participes à la manière des adjectifs; cette hardiesse, prudente toutefois, enrichirait notre langue de plusieurs épithètes dont nous éprouvons souvent le besoin.

ADOLESCENT, *s. m.* **ADOLESCENTE**, *s. f.* Ils s'emploient quelquefois adjectivement, surtout en poésie, comme on le voit par ces vers de Regnard :

Est-ce donc pour s'aimer qu'on s'épouse à présent ?
Cela fut bon du temps du monde *adolescent*.
Les Ménechmes, act. v, sc. 1.

La Princesse de Gonzague dans un *voyage d'Italie*, en 1779 et années suivantes, a fait en prose un usage fort heureux de cette expression : « Pourquoi, dit-elle en parlant des sociétés de Paris, pourquoi cette nation française si aimable et si brillante a-t-elle changé de caractère ? que je regrette sa franchise, sa loyauté, sa gaîté, et même sa frivolité qu'elle a abandonnée pour une philosophie *adolescente* qui ne va point au bonheur et qui les empêche de rire ? »

ADOMBRER, *v.* « Pythagoras *adombra* la vérité de plus près, c'est-à-dire trouva une image plus approchant de la vérité. » MONTAIGNE, l. II, ch. 12.

ADOMESTIQUER (s'), *v.* se rendre maître : « Les Saxons ne se peurent si facilement *adomestiquer* de la Gaule, comme firent ces braves François. » PASQUIER, liv. I, ch. 6.

ADONC, *adv.* du latin *ad tunc* (alors). C'est un vieux mot que nos poètes peuvent encore employer dans le style marotique :

On pouvait voir à mon teint pâle et blême,
Qu'avais perdu, las ! mon plus cher appui.
Adonc mourais, quand par pitié celui
Qu'on nomme Amour me dit.....
POTHIER DE BIÈLE, *Epigr.* (*Alm. des Muses*, 1786.)

ADORATEUR, *s. m.* **ADORATRICE**, *s. f.*

Volage *adorateur* de mille objets divers.
RACINE, *Phèdre*.

Ailleurs il l'emploie élégamment comme adjectif. Bérénice dit en parlant de Titus :

. . . . Je n'ai percé qu'à peine
Les flots toujours nouveaux d'un peuple *adorateur*,
Qu'attire sur ses pas sa future grandeur.

ADORER, *v.* du latin *adorare* formé de *ad os* (à la bouche), qui a signifié proprement porter la main à la bouche par respect, et ensuite se courber, se mettre à genoux, saluer et enfin rendre un culte suprême. « L'usage de toucher la barbe de quelqu'un et de porter ensuite la main à la bouche, pour marquer la vénération qu'on a pour lui, existe encore dans l'Orient; c'est l'ancienne manière d'adoration; elle venait de ce que la *barbe mystique* formant un des caractères distinctifs de l'être primitif, on la touchait en l'invoquant et lui demandant des grâces. C'est l'origine de la cérémonie pratiquée dans l'acte d'*adoration* des Romains. Ils baisaient leur main en se tournant vers les dieux, et faisaient un tour sur eux-mêmes, comme le rapporte Plutarque. » D'HANCARVILLE, *Recherches sur l'origine et les progrès des arts de la Grèce*, liv. I, ch. 3, note (198).

Le simple *orer* pour le composé *adorer* se trouve dans Alain Chartier, auteur du 15ᵉ siècle. Nos pères ont dit aussi *aorer* pour prier. Le vendredi-saint était appelé anciennement le *vendredi aoré*.

On montrait à un jeune prince étranger le portrait d'une princesse de France qu'il devait épouser. Il s'écrie : « Ah divine! je l'adore!... il arrive à Versailles, voit la princesse... —Eh bien! qu'en pensez-vous?—Je la *désadore*... » et il retourne en poste dans son pays.

ADOSSER, *v. a.* Montesquieu a fait de ce verbe, pris au figuré, un usage presque prophétique : « Si aujourd'hui un prince faisait en Europe les mêmes ravages, les nations repoussées dans le nord, *adossées* aux limites de l'univers, y tiendraient ferme jusqu'au moment où elles inonderaient l'Europe une troisième fois. »

ADOUBER, *v.* ancienne expression dont se servaient nos pères pour dire armer quelqu'un chevalier, le vêtir de son armure. Le participe *adoubé*, en parlant d'un chevalier, signifiait revêtu de son armure.

Adouber proprement, habiller, équiper, armer, garnir, arranger, du mot latin *adaptare*, qui a ces significations, et non pas d'*adoptare*, adopter, comme le prétend M. Du Cange, dans le roman d'*Auberi* :

Raoul l'*adoube* qui estoit ses amis,
Premiers li chauce ses esperons massis,
Et puis li a le branc au costel mis.

On dit encore *adouber un vaisseau*, et ce terme usité au jeu de trictrac, est pour avertir que, lorsque l'on touche aux dames ou aux fichets, on ne les touche point pour jouer, mais pour les arranger.

ADOUCISSEMENT, *s. m.* « Il faut, dit Balzac (et cette observation n'est pas déplacée dans un ouvrage de la nature de celui-ci), apporter quelque *adoucissement* aux mots qui ne sont pas bien établis. »

AD PATRES, expression latine qui s'est introduite dans notre langue dans ces locutions *aller ad patres*, pour dire mourir; *envoyer quelqu'un ad patres*, pour dire envoyer quelqu'un dans l'autre monde; mot à mot, aller, envoyer quelqu'un vers ses pères, vers ceux qui sont morts. Ces locutions sont empruntées de la *Bible*; on trouve dans la *Vulgate*, Genèse, ch. 15, v. 15, *tu autem ibis ad patres in pace* (vous, vous irez en paix vers vos pères, *ad patres*), c'est-à-dire vous mourrez en paix, ce qui est un hébraïsme :

Il y (dans les Enfers) reconnaît Déiphobe
Qu'envoya sa femme *ad patres*.
Danchet aux Champs-Elysées (1748).

AD REM, expression empruntée du latin, pour rappeler quelqu'un au fait, à l'état de la question, lorsqu'il s'en écarte par des raisonnemens qui n'y ont pas de rapport. *Manuel lexique*, in-12, Paris, 1755.

ADRESSE (bureau d'adresse) se dit d'un homme qui recueille toutes les aventures d'une ville : d'un nouvelliste qui sait tout ce qui se passe, et dont l'occupation est d'en instruire les autres.

ADROIT, TE, *adj.* du latin *ad dexter* (à droit, du côté droit). « Nous disons un homme adroit, dit H. Estienne, ayant esgard à l'habilité de la main droicte au prix de la gauche, comme les Grecs δεξιός (*dexios*), adroit, subtil. » *Traité de la Conformité du langage français avec le grec*.

Adroit, dans le discours malin, se prend quelquefois pour un homme qui sait cacher ses ruses, ses artifices sous les dehors de la politesse et même de la bonne foi, en un mot pour ce qu'on appelle un honnête fripon.

ADULATOIRE, *adj. des 2 genres*, du latin *adulatorius, a* (qui appartient au flatteur). « Le *quidlibet audendi* accordé aux poètes, peut excuser cette fiction un peu *adulatoire*. » LAHARPE, *Cours de littérature*, tom. XIII, p. 245. Ce néologisme, que nous n'avons encore vu consigné dans aucun dictionnaire, mérite d'être observé et conservé.

ADULER, *v.* du latin *adulari* (flatter bassement et servilement). Diderot n'a pas créé ce mot, mais il l'a rajeuni : « Quoi! philosophe, dit-il à Sénèque, vous *adulez* bassement le souverain pendant sa vie, et vous l'insultez cruellement après sa mort. » Ce mot généralement reçu est beaucoup plus ancien :

Et jeunes folz qui tiennent résidence
Auprès de soy, le causent altérer
Par vaine et folle *adulée* évidence.
G. CRÉTIN, *Poés.* p. 119.

On a dit aussi mais moins heureusement, *Adulater*. « Une autre dame que j'ay connue, entretenant une grande dame plus qu'elle, et luy louant et exaltant ses beautez, elle luy dist après : non, Madame, ce que je vous en dis, ce n'est point pour vous *adultérer* (voulant dire *adulater*), comme elle le rhabilla ainsy. » BRANTÔME, *Dam. gal.* tom. I, p. 322.

« L'abbé Féraud, *Dict. critique*, considère le verbe *aduler* comme un néologisme, dont la langue est redevable à Diderot. On a vu plus haut, dit M. Pougens, *Archéologie franç.* que cette assertion n'est point fondée. Au reste ce mot a été employé non seulement par Diderot, mais aussi par d'autres écrivains modernes. » Remarquons que c'est de ce verbe *adulater* en usage du temps de Brantôme ou du latin *adulator* que nous avons formé *adulateur*.

D'*adulateurs* une cour importune
Venait en foule adorer sa fortune.
VOLTAIRE, *Epître à l'abbé Servien*.

De vingt maîtres divers *adulateur* banal.
MILLEVOYE.

ADULTÈRE, *adj. des 2 genr.* pris du latin *adulter*, a (altéré, falsifié).

Hélas ! ce peuple ingrat a méprisé ta loi,
La nation chérie a violé sa foi ;
Elle a répudié son époux et son père,
Pour rendre à d'autres dieux un honneur *adultère*.
RACINE.

Mais s'il m'aime, ce dieu, dans un désordre affreux,
Doit-il laisser languir un sujet malheureux ?
Pourquoi de tant d'honneur et de tant de misère
Réunit-il en moi l'assemblage *adultère* ?
L. RACINE.

Il se dit aussi de celui ou de celle qui viole la foi conjugale, et en ce sens il vient également du latin *adulter*, composé, selon J. Passerat, de *ad* et de *alter*, l'*a* changé en *u* ; l'adultère, dit-il, est celui qui va à une autre femme que sa femme légitime, ou qui va à la femme *d'un autre*, *qui ad alterius uxorem accedit*. Nous ne devons point cette expression aux Grecs. Ils appelaient l'adultère *moikeia* dont les Latins ont fait leur *mœchus*, que nous n'avons point francisé. « Nous ne le devons ni à la langue syriaque, ni à l'hébraïque, jargon du syriaque, qui nommait l'adultère *niuph*. Adultère signifiait en latin, *altération*, *adultération*, une chose mise pour une autre, un crime de faux, fausses clefs, faux contrats, faux seing ; *adulteratio*. De là celui qui se met dans le lit d'un autre fut nommé *adulter*, comme une fausse clef qui fouille dans la serrure d'autrui. » VOLTAIRE, *Dict. philosophique*, tom. I, au mot *adultère*.

Quand la perfide nef du berger *adultère*
Sur les flots enlevait Hélène à son époux.
DOMERGUE.

Sparte ainsi te vit-elle aborder son rivage,
Quand ta flotte *adultère*, en sillonnant les flots,
Allait ravir la femme et la sœur des héros.
AIGNAN, trad. de l'*Iliade*, liv. III.

Ce mot, si bien employé dans le style soutenu, n'est plus admis dans le discours familier. « Certainement, dit M. Petitot, quelqu'un qui se permettrait aujourd'hui de dire dans un cercle, en parlant d'une femme qui trahit la foi conjugale : *c'est une femme adultère*, paraîtrait beaucoup plus ridicule que s'il donnait franchement à l'époux le titre dont Molière a fait un si fréquent usage dans ses comédies. » *Répert. du Théât. franç.* tom. IX, coméd. 2. Not. sur Boursault.

ADULTÉRER, *v.* du latin *adulterare* (falsifier, altérer). Ce verbe qui se trouve en ce sens, dans Dumarsais, n'est point un néologisme : « Perpétuellement *adultérée* par le mensonge, la vérité devient méconnaissable ; c'est en la séparant de l'alliage de l'imposture que le sage la reconnaît. » *Œuvres complètes* tom. VI, pag. 84, édit. in-8°, Paris, 1797. Rabelais s'en était servi, liv. I chap. 24 ; et Regnier avait dit *adultériser* :

Voilà comme à présent chacun l'*adultérise*,
Et forme une vertu comme il plaît à sa guise.
Satire V.

En parlant des Arabes, De la Porte, dans ses *Epithètes* (Paris, 1571), dit : « Ils s'accouplent avec leurs mères et sœurs comme bestes, et penseroient *adultérer* s'ils prenoient femme d'autre sang. » Dans ce dernier exemple, *adultérer* est pris dans le sens de commettre un adultère.

AESTÉTIQUE, (αἴσθησις, action de sentir), art de sentir et de juger. Ce mot, usité depuis long-temps en Allemagne, a été introduit dans la langue française par Diderot.

AFFABLE, *adj.* du latin *affabilis*

pour *adfabilis*, dont la racine est *fari* (parler). L'homme *affable* est celui à qui on peut parler ou qui donne de bonnes paroles. Patru avait la plus grande aversion pour ce mot : Il est français, disait-il, mais laissons-le dire aux autres.

AFFADI, IE, *adj*. Montaigne a fait de ce mot un singulier usage : « Je suis si *affady* après la liberté, que qui me défendroit l'accès de quelque coin des Indes, j'en vivrois aucunement plus mal à mon aise. » L. III, c. 3.

AFFAIRE, *s. f.* C'est un composé de *faire*, en latin *facere*. Ce mot était autrefois masculin. Nous disons qu'une femme *a eu affaire avec un homme*, pour dire qu'elle s'est livrée à lui. Les Latins ont dit de même d'une femme, *rem habere cum aliquo*. On dit en parlant de bataille, de combat, *l'affaire a été chaude* pour dire qu'on s'est battu vivement, qu'il a péri bien du monde. On disait autrefois *un jour d'affaire* et *une grosse affaire* pour un jour de combat, un grand combat, ainsi que nous l'apprend M. de Caillière dans son ouvrage intitulé *Des mots à la mode*, etc. pag. 13. Paris, 1692... « On ne se sert pas seulement du mot *affaire* pour exprimer un combat, on s'en sert encore fort heureusement pour l'amour ; et quad un homme galant dit *j'ai une affaire*, cela veut dire parmi les courtisans, j'ai une galanterie... Ils entendent par *une affaire*, un commerce réglé, et un attachement de longue suite. » *Ibid.* pag. 15.

A demain les affaires, signifie amusons-nous aujourd'hui sans penser à aucun soin, à aucune affaire. Cette expression proverbiale, qui nous est venue de la Grèce, sert de titre au chap. 4 du 2ᵉ liv. des *Essais de Montaigne*.

Il vaut mieux avoir affaire à Dieu qu'à ses Saints; nous croyons devoir rapporter, au sujet de ce proverbe, un petit conte de Voltaire; il ne peut que plaire aux personnes de goût : « Il y avait autrefois un roi d'Espagne qui avait promis de distribuer des aumônes considérables à tous les habitans d'auprès de Burgos, qui avaient été ruinés par la guerre. Ils vinrent aux portes du palais, mais les huissiers ne voulurent les laisser entrer qu'à condition qu'ils partageraient avec eux. Le bon homme Cardéro se présenta le premier au monarque, se jeta à ses pieds et lui dit : Grand roi, je supplie Votre Altesse Royale de faire donner à chacun de nous cent coups d'étrivières. Voilà une plaisante demande, dit le roi ; pourquoi me faites-vous cette prière ? C'est, dit Cardéro, que vos gens veulent absolument avoir la moitié de ce que vous nous donnerez. Le roi rit beaucoup, et fit un présent considérable à Cardéro. De là vient le proverbe qu'*il vaut mieux avoir affaire à Dieu qu'à ses Saints*. » VOLTAIRE, *Préface de Catherine Vadé*, à la fin.

AFFAIREUSEMENT, *adv*. « Ma principale profession, en cette vie, estoit de la vivre mollement, et plustost laschement qu'*affaireusement*. » MONTAIGNE, l. III, c. 9.

AFFAIREUX, EUSE, *adj*. « La modération est vertu bien plus *affaireuse* que n'est la souffrance. » MONTAIGNE, l. II, c. 33. » « La multitude, l'abondance, est bien plus *affaireuse* que la solitude, la disette. » CHARRON, l. I, c. 50.

AFFAITER, *v*. vient, selon De la Monnaie, du latin *ad* et *factitare* (dresser, façonner); d'ailleurs ce mot et le mot *affaiterie* doivent être empruntés à la fauconnerie, où affaiter un faucon signifie le dresser.

Affaiter, apprivoiser un oiseau, c'est, dit Nicot, qui écrit affaicter, le rendre *faictiz*, privé et courtois. Et quant au mot *faictiz*, il le rend par le latin *factitius* : un corps beau et *faictiz*, c'est-à-dire *bien fait*.

AFFAMER, *v*. Il est formé du mot *faim*. « *Affamer*, dit Philippon de la Madelaine, est tous les jours dans la bouche du peuple ; » qu'il est beau dans celle d'Achille !

Si de sang et de morts le Ciel est *affamé*,
Jamais de plus de sang ses autels n'ont fumé.

Votre cœur *affamé* de sang et de victimes
M'a fait souiller ma main du plus affreux des crimes.

CRÉBILLON.

Ventre affamé n'a point d'oreilles, veut dire qu'on n'écoute point la raison quand on est pressé par la faim. *Jejunus venter non audit verba libenter.* Voy. la *Vie de Caton le censeur*, dans Plutarque, où il se sert de cette expression dans une de ses harangues au peuple romain. « Autrefois j'étais de ces *affamés* d'honneur, que le désir de vaincre inquiète jour et nuit. » BALZAC. « Pensez-vous que ce soit un homme *affamé* de femmes ? » MOLIÈRE.

On disait autrefois : une chose *affamée*, pour une chose malfaite, où la matière semble avoir manqué. C'était un mot de tailleur ou de couturière ; on le trouve en ce sens dans nos anciens auteurs : « Je vous ay escrit par trois fois, non point lettres *affamées* comme les vôtres, ains pleines de longs discours. » EST. PASQUIER, l. 1, *lett.* 13.

AFFECTER, *v.* du lat. *affectare*, fréquentatif d'*afficere*. *Affectare* signifie proprement faire des efforts réitérés pour atteindre, pour saisir quelque chose :

Noli adfectare *quod tibi non est datum.*
PHÈDRE, l. III, *fable* 18.

(N'*affectez* pas ce qui ne vous a pas été donné, restez dans votre naturel.) Dans le sens de rechercher une chose avec ambition : « Valère fut soupçonné par le peuple d'*affecter* la tyrannie. » BOSSUET, *Disc. sur l'hist. univers.* tom. I, pag. 49. Paris, 1771. « La puissance absolue que les papes ont *affectée.* » DU MARSAIS, *Œuvres complètes*, tom. VII, pag. 115, édit. in-8°, Paris, 1797. Cicéron a dit dans le même sens *quòd regnum affectaret* (parce qu'il affectait l'empire), 1re *Catilinaire.*

Affectâsse ferunt regnum cœleste Gigantes.
OVID.

(On rapporte que les géants *affectèrent* l'empire céleste).

AFFERMIR, *v.* du lat. *affirmare* (rendre ferme). Le simple *fermir* se trouve dans Montaigne : « La majesté si enflée de tant de cours et de grandeurs, nous *fermit* et assure la vie. » « L'homme se haste (hâte) naturellement d'en eschapper comme d'un pas où il ne peut *fermir* » (se fixer, s'arrêter). « César et Xénophon ont eu de quoi fonder et *fermir* leur narration. » *Essais de Montaigne*, t. VI, pag. 6, Paris, 1790.

« *Fermir*, appuyer, fortifier, c'est ce que signifie le mot latin *firmare*, d'où Montaigne a peut-être forgé celui de *fermir*, qui ne se trouve dans aucun de nos vieux dictionnaires. Pour *affermir* qui vient de la même source et signifie à peu près la même chose ; il est en usage depuis fort long-temps. » COSTE, *sur Montaigne*, note à l'endroit cité. On trouve *affermer* pour *affermir* dans le *Dict.* de Phil. Monet, et c'est la première forme que *affirmare* a dû donner à ce verbe qui, comme plusieurs autres, a changé de conjugaison.

Va, je l'arracherais (la couronne) *sur mon front*
[*affermie.*
VOLTAIRE, *Rome sauvée.*

« Cette construction est une espèce de latinisme dans le goût de ceux de Racine : c'est dire assez qu'il est poétique et qu'il ne blesse aucune convenance du langage. » La Harpe, *Cours de litt.* tom. x, pag. 288.

AFFÉRIR, *v.* toucher. Il AFFIERT, il importe, il convient, *Voy.* FÉRIR.

AFFÉTÉ, ÉE, *adj.* recherché, affecté. Ce mot pourrait venir de *affet*, vieux mot celtique, ou bas-breton, qui signifie *baiser* ; ce que cherchent les femmes coquettes et *affétées*, dit le caustique Furetière. On en a fait afféterie. « Les traits et *affeteries* de la rhétorique. » EST. PASQUIER, *Rech.* l. VI, c. I.

AFFICHER, *v.* du latin *affigere* (attacher à, poser, coller contre), c'est un composé de *ficher*, en latin *figere*. On a même dit *affiger* qui se trouve dans Corrozet : « Aucuns luthériens *affigèrent* par les carrefours libelles et placards. » *Antiquités de Paris.* Perceforest l'a pris dans le sens de fixer, poser : « Il se print, dit-il à soy *afficher* ès estriers. »

Affiche vient également de *affixa* participe de *affigere*, en sous-entendant un nom féminin comme *charta*, *charta affixa* (un placard, une feuille affichée). Par allusion à l'usage d'afficher les jugemens aux portes des tribunaux, les mandémens aux portes des églises, on dit d'une personne qui s'expose aux discours du public qu'*elle s'affiche*, qu'*elle prend plaisir à s'afficher*. Une acception assez moderne de ce verbe est celle de faire montre. « Véritable philosophe qui pratique sans l'*afficher* cette sagesse que tant d'autres *affichent* sans la pratiquer. » D'ALEMBERT.

AFFILER, *v.* Charron l'a employé au figuré : « C'est dans la solitude que les fols machinent de mauvais desseins, ourdissent des malencontres, aiguisent et *affilent* leurs passions et méchancetez. »

AFFINEMENT, *s. m.* « L'*affinement* des esprits, ce n'en est pas l'assagissement. » MONTAIGNE, l. III, c. 9.

AFFINER, *v.* proprement, rendre fin, rendre plus fin. « Les sangliers, dit Montaigne, *affinent* leurs défenses. » Le même lui a donné un sens figuré : « L'ame s'*affine* par l'usage. » *Affiner* se disait autrefois, au figuré, pour surprendre par quelque finesse. « Il ne faut jamais tromper ny *affiner*, mais bien se faut-il garder de l'être. » CHARRON. Il ne se dit plus en ce sens, que dans le style marotique.

Notre maître Mitis,
Pour la seconde fois les trompe et les *affine*.
LA FONTAINE, l. III, fable 18.

AFFIQUET, *s. m.* Nicot le fait venir de *affigendo*, gérondif d'*affigere* (fixer, afficher) : « Les *affiquets*, dit-il, s'affichent aux bonnets, aux chapeaux et choses semblables. » Jacques Bourgoing (*de Origine et Usu vulgarium linguarum*) le dérive de même du latin *affigere*, attacher, ficher à quelque chose. On appelle ainsi ces petits ornemens de femme, *affiquets* pour *affigetz*, quòd *affigantur* (parce qu'ils sont fichés, attachés), dit cet auteur, qui ajoute qu'il ne se dit que par mépris et des choses de peu de valeur.

Les *affiquets*, les habits à changer,
Joyaux, bijoux, ne manquaient à la dame.
LA FONTAINE, *le Calend. des vieill.*

Affique, du lat. *fibula* (agrafe), suivant M. Roquefort, *Gloss. de la lang. romane*, s'est dit pour boucle, agrafe, anneau.

Il fault fourrures
Il fault ferrures

Bagues et nicques.
Joyaulx, *affiques*.
Le Blason des faulses amours (15e siècle).

De ce mot *affique* n'aurait-on pas fait le diminutif *affiquet*, soit parce que ces *affiquets* auraient consisté en ces boucles, agrafes et anneaux, soit parce que ces menus ajustemens nommés *affiquets* auraient été attachés par des boucles, des agrafes appelées *affiques*? « C'est un *affiquet*, dit ironiquement Montaigne, l. I, c. 36, en parlant de la vertu, à pendre en un cabinet, ou au bout de la langue, comme au bout de l'oreille, pour parement. »

AFFIRMATION, *s. f.* « L'*affirmation* et l'opiniâtreté sont signes exprès de bestise. » MONT. l. III, c. 13.

AFFISTOLER, *v.* parer, endimancher. Il est trivial et ne se dit que dans le style comique. Ce mot a signifié d'abord tromper, piper, du latin *fistula*, flûte, pipeau avec lequel on contrefait la voix des oiseaux pour les faire tomber dans les filets. Les Italiens ont dit *fistola* d'où le verbe composé *affistoler*. « Ils (le galant et sa maitresse) accordent leurs chalumeaux, et entreprennent soy donner (de se donner) du bon temps. Ainsi se font les besongnes du bon homme de mary; ainsi est le bon homme bien *apistollé* » (pipé, leurré, trompé). *Les Quinze Joyes de mariage*, p. 87, La Haye, 1734.

Apistollé, ce mot, qui revient encore dans la suite, doit se lire *affistolé*, de l'italien *fistola*; et se dit proprement des oisillons que l'oiseleur pipe au son d'une flûte, pour les faire entrer dans ses filets. Guillaume Alexis, dans son *Blason des faulses amours* :

Homme pourveu,
Qui a tant veu
D'*affistolez*,
Bien est cornu
S'il s'est venu
Prendre aux filetz.

« Borel qui, dans ses *Ant. Gaul.* a omis les mots *affistolé* et *affistolure*, n'a pas entendu celui d'*affistoleur*. » LE DUCHAT, *note au bas de la page*.

AFFISTOLEUR, *s. m.* trompeur : COQUILLARD, *Droicts nouveaux* :

Que sçay-je un tas d'*affistoleurs*
Qui ont ouy le *fuict* conter,
En jetteront goulées plusieurs,
Et l'yront partout esventer.

AFFLICTION, *s. f.* Ces vers de Scarron, dans son *Virgile travesti*, sont une critique assez gaie du caractère d'Enée :

Il pleurait en perfection,
Et même sans *affliction*.

AFFOLAGE, *s. m.* Quoique nous ayons conservé *affoler*, ou au moins son participe, et le verbe *raffoler*, nous avons perdu *affolage*, mot si propre, dans le style léger, à exprimer une passion qui fait perdre l'esprit, une folie d'amour. Ce mot est heureusement employé dans cette chanson qui, malgré son ancienneté, n'a rien perdu de sa naïveté et de sa douceur :

Las! si j'avois pouvoir d'oublier
Sa beauté, son bien dire,
Et son tant doux, tant doux regarder;
Finirois mon martyre.
Mais, las! mon cœur je n'en puis oster,
Et grand *affolage*
M'est d'espérer, etc.

AFFOLER, *v.* rendre fou, **AFFOLIR**, rendre fou ou devenir fou Ces verbes sont dérivés de *fol* qui se disait pour fou avant le changement de *l* en *u*. Le simple *folier*, pour dire faire des folies, se trouve dans le *Roman de la Rose*; et le simple *foller*, dans le *Blason des faulses amours*.

Qui tant veult pour femme *foller* (faire des folies),
Que femme le fait *affoler* (devenir fou).
Ainsi disoit la nymphe qui m'*affolle* (qui me rend
 [fou).
Les Amours de Ronsard, 19ᵉ sonnet.

Affoler se trouve aussi dans nos anciens auteurs dans le sens de blesser. « Le chevalier qui chevauchoit hors de son lieu, estoit tenu pour récréant ou *affolé* » (rendu ou blessé). PERCEFOREST, vol. VI, fol. 39, verso, col. 2. « Et tandis Bertrand se mist entre ses ennemis une hache en sa main dont il *affoloit* ceux qu'il rencontroit sans mercy. » *Les Neuf Preux*, roman imprimé en 1507. « Il y a non seulement du plaisir, mais de la gloire encore d'*affolir* (rendre fou), et débaucher cette molle douceur. » *Essais de Montaigne*.

AFFOLIR, *v.* devenir fou. Cet homme *affolit* tous les jours. Pourquoi laisser perdre ce mot? ne fait il pas un bon effet dans cette phrase de Charron? « Tout ainsi que la beste sauvage et farouche ne se veut laisser prendre par l'homme, mais ou s'enfuit et se cache de lui, ou s'irrite ou s'élance contre lui, s'il en veut approcher, ainsi fait la folie revêche à la raison, et sauvage à la sagesse, contre laquelle elle s'irrite et s'*affolit* davantage. »

AFFOURCHER, *v.* saisir comme avec une fourche, en mettant une jambe d'un côté et une jambe de l'autre :

Et moi, d'un saut léger et prompt,
J'*affourchai* la quinteuse croupe
D'un des beaux mulets de la troupe.
L'En. liv. 2. *Dufr.*

C'est un mot expressif et qu'on devrait conserver.

AFFRANCHISSEUR, *s. m.* Amyot nomme Titus Quintius « le bienfaiteur et l'*affranchisseur* de la Grèce. » Ce mot qui épargnerait une circonlocution n'est-il pas à regretter?

AFFRÉRER (s'), *v.* s'unir d'un lien fraternel : « L'esprit s'est si étroitement *affréré* au corps, qu'il m'abandonne à tous coups, pour le suivre en sa nécessité. » MONT. liv. III, c. 5.

AFFRES, *s. f. pl.* effroi excessif. Encore un mot à reconquérir. M. de Sainte-Palaye, et après lui M. C. Nodier, croient ce mot l'expression imitative du son *fre* produit par le mouvement naturel qu'on fait dans le frisson. Les *affres* de la mort, les angoisses d'un cœur navré n'ont point été remplacées, dit Voltaire. D'*affres* a été dérivé l'adjectif *affreux* ; c'est le sentiment du P. Labbe et de M. C. Nodier; d'autres le dérivent d'*Afer*, Africain.

AFFRIANDER, *v.* « Ma fortune m'ayant duit et *affriandé* de jeunesse à une amitié seule et parfaite, m'a aucunement desgousté des autres. » MONT. liv. III, ch. 3.

Un financier voyant un homme de lettres ne refuser à table aucun des morceaux délicats qui lui étaient offerts, dit à la maitresse de la maison : « Mais, Madame, c'est trop *affriander* un philosophe? — Monsieur s'imagine sans doute, repartit ce dernier, que la nature n'a produit les bonnes choses que pour les sots. »

AFFRONTER, *v.* emprunté de l'espagnol, pour signifier aller au devant de quelque chose de redoutable, en braver le péril. Le zèle de la religion fait *affronter* la mort et les supplices.

Affronteur et *affronteuse* ont un autre sens. C'est celui ou celle qui trompent sans honte, avec beaucoup d'adresse et de malignité : « Nous trouverons qu'après tout cet esprit si vanté est et à soy et à autruy un très-dangereux outil, un furet qui est à craindre, un petit brouillon et trouble-feste, un esmérillon fâcheux et importun, et qui, comme un *affronteur* et joueur de passe-passe, sous ombre de quelque gentil mouvement subtil et gaillard, forge, invente et cause tous les maux du monde, et n'y en a que par luy. » CHARR. liv. I, ch. 16.

AFFUBLER, *v.* vêtir d'une manière extraordinaire ou ridicule, du latin *affibulare* (mettre des agrafes, des boucles); nos pères ont même dit *défubler* et *désaffubler* pour ôter les agrafes, les attaches; et, par extension, pour dépouiller : ils ont dit aussi *désaffubler* pour ôter une partie du vêtement. *Être tiré à quatre épingles*, revient en partie à l'expression *être affublé*. « Roy Jupiter, respondit Priapus *défeublant* son capussion. » RABELAIS, nouveau prologue du liv. IV. « Les enfans, femmes et esprits faibles sont *affeublez* d'opinions supersticieuses. » CHAR. l. 1, c. 6. « Ce prestre curé avoit sa teste *affublée* de simplesse si parfaite, qu'il ne sçavoit point annoncer les festes. » *Cent nouvelles Nouv.* nouv. 89.

AFFUTER, *v.* « Le médecin a besoin de trop de pièces, considérations et circonstances pour *affuster* justement son dessein. » MONT. liv. II, ch. 37.

AFIN QUE se dit pour *à la fin*, *à cette fin que*, ainsi qu'il se lit dans un ancien poëme sur la Chasse, par Gasse de la Bigne :

. . . . . Clochettes lui osta
A la fin qu'il ne fust repris.

AGA, mot trivial qui se rencontre dans quelques-unes de nos comédies, et ordinairement dans la bouche des paysans, pour marquer l'étonnement ou l'indignation. C'est, suivant M. de La Monnoye, une corruption d'*a-garde*, impératif de l'ancien verbe *agarder*, qui s'est dit pour *regarder*. *Agarder* se trouve dans nos anciens auteurs, et notamment dans les contes de Despériers :

Diable y ait part, aga quel prendre?
La Farce de maître Patelin.

Monsieur de Mesme harangua
D'un style qui fit dire aga !
Courrier de Paris, pendant la prison des Princes.

AGACER, *v.* (*Agasse*, pie, parce qu'il est aisé, en excitant les pies, de les faire crier l'une contre l'autre. On a écrit d'abord *agasser*). « Las de l'avoir inutilement *agacé* sur d'autres sujets, il crut qu'il en aurait quelque raison, en le mettant sur l'amour et la galanterie. » HAMILTON, *Mém. de Gramont*.

AGATHE, *s. f.* qu'on trouve aussi écrit dans nos anciens auteurs *acate* et *achate*, du latin *achates* qui a la même signification; pierre précieuse. « Les agathes, dit M. De la Porte, dans ses *Épithètes*, furent premièrement trouvées en Sicile auprès du fleuve Achates, dont elles ont pris leur nom en latin. »

Acate est ceste apelée
Por un eve à (pour un fleuve où) el est truvée,
Ke apelée est par cest num (nom).
En Cézile la trove l'um (la trouve-t-on).
Neir (noire) est, e (et) a plusurs figures
En li formées de nature.
MARBOBUS, *de gem.* art. 2.

AGÉ, ÉE, adj. Ce mot, qui ne se dit guère en prose que des personnes ou des animaux, peut en vers se dire des choses, pourvu qu'il soit accompagné d'un complément :

. . . . . Séjour des ames affligées,
Vieilles forêts *de trois siècles âgées*.
RACAN.

On apporta un jour à Voltaire un volume d'une nouvelle édition de ses œuvres. A l'ouverture du livre, il tombe sur son épître au chev. de B... et lit :

Croyez qu'un vieillard cacochyme
Agé de soixante et douze ans...

Voltaire entra en fureur et déchira le

feuillet, en s'écriant : « Barbare! dis donc *chargé* et non pas *âgé*; fais une image, et non pas un extrait-baptistère. »

AGENDA, s. m. est un mot emprunté du latin où il signifie *à faire*, *agenda* (les choses à faire ou qui doivent être faites), car *agenda* est le pluriel neutre d'*agendus*, *a*, *um*, participe futur passif d'*agere* (agir, faire). En prenant le contenu pour le contenant, ce mot signifie le livret sur lequel nous inscrivons les choses que nous avons à faire, que nous nous proposons de faire :

   Mentor, qui lit tout couramment
   Dans l'*agenda* des destinées.
   L'Élève de Minerve, chant XXIII.

AGGRAVER, v. (*gravis*, pesant). « De peur que je ne sèche, tarisse et m'*aggrave* de prudence, aux intervalles que mes maux me donnent, je gauchis tout doucement et desrobe ma veue de ce ciel orageux et nébuleux que j'ay devant moy. » MONT. liv. III, ch. 5, en parlant de la vieillesse. « Hâtons-nous de vaincre, disait Henri de Navarre à Henri III, affecté de l'excommunication lancée contre lui par la cour de Rome. Si nous battons nos ennemis, vous aurez bientôt l'absolution ; mais si nous sommes battus, nous serons toujours excommuniez et *aggravez*. »

AGIOS, s. m. plur. emprunté du grec ἅγιος (saint). « Voilà bien des *agios*, faire bien des *agios* ou une longue kirielle, pour dire faire un long discours, bien des affaires, bien de l'empêché. Ces façons de parler ont été prises de deux différentes prières ou litanies dans l'une desquelles est souvent répété le mot ἅγιος, et dans l'autre κυρίε ἐλέησον. » DE BRIEUX, *Origine de quelques coutumes et façons de parler*, pag. 172, Caen, 1672.

AGITATEUR, du latin *agitator* (celui qui agite). Mot nouveau. Tel *agitateur* d'un peuple est un grand homme ; tel autre n'est qu'un misérable stipendié...

AGITER, v. du latin *agitare*, fréquentatif d'*agere* (conduire, pousser); c'est Montesquieu qui le premier a employé ce verbe dans le sens de soulever, révolter. Ce néologisme n'en est plus un.

AGNÈS, s. f. terme ironique dont on se sert pour désigner une jeune fille très-innocente. Des raisons ridicules, dit le Duchat, nous ont fait attacher à certains noms propres des idées particulières. On a dit *Nicodème* pour sot, à cause de *nice* et de *nigaut*; *Agnès* pour innocente, comme tenant de l'*agneau*. C'est en vertu de l'idée attachée à ce mot *Agnès* que Destouches a intitulé une de ses comédies *la Fausse Agnès*. « Laisser le portrait d'un amant sur sa table, on le pardonnerait à une *Agnès*; mais une fille de votre âge..... ma foi c'est une honte. » *Théâtre italien de Ghérardi*.

AGONIE, s. f. Quoique ce mot ne se dise qu'en parlant des hommes, M. Perceval Grandmaison l'a heureusement appliqué à l'univers :

. . . . Le divin tableau
Où l'âme du Poussin nous trace ce fléau (le déluge)
Où j'admire, enflammé par son puissant génie,
De l'univers mourant l'effroyable *agonie*.

AGRANDITIF, s. m. « Et comment renoncerions-nous par exemple aux *agranditifs*? c'est la nature elle-même qui nous en fait une loi, et qui nous indique l'échelle des expressions. » MERCIER, *préface de la Néologie*. Ce mot ne paraît pas heureux ; mais que l'on réfléchisse qu'*augmentatif* offre une tout autre nuance. Les Italiens, plus hardis que nous, ont les deux, et, ce qu'il y a de mieux, en bien et en mal.

AGRÉABLE, s. J. J. Rousseau a dit des femmes de son temps : « On les flatte sans les aimer, on les sert sans les honorer ; elles sont entourées d'*agréables*, mais elles n'ont plus d'amans. »

AGRESSEUR, s. m. suppose le verbe *agresser* que l'on trouve dans Rabelais : « Il irritoit et *aggressoit* les procès. » Tom. III, pag. 266, édit. de 1732.

AGRESTE, adj. quoique réprouvé il y a cent ans par l'abbé Desfontaines, n'en a pas moins fait fortune.

AGRICOLE, AGRICULTEUR, s. m. **AGRICULTURE,** s. f. Ces mots ont eu de la peine à s'établir. Ils n'ont été insérés que dans la dernière édition du *Dict. de l'Acad.* On a dit que la pêche était l'*agriculture* de la mer.

AGRONOME, AGRONOMIE, du grec ἀγρὸς (*agros*) champs, et νόμος (*nomos*) règle, théorie de l'agriculture.

AGRONOMIQUE. Nous disons *agronome, agronomie*, pourquoi ne pas faire usage de l'adjectif *agronomique* que l'abbé Delille a employé dans sa note 43 du liv. 1 de sa *Traduction des Géorgiques* ? « Aucun des anciens écrivains *agronomiques*, dit-il, ne s'accorde avec Virgile sur le temps où il faut semer les fèves. »

AGUET, s. m. (à *guet*, en guettant). On disait autrefois venir d'*aguet*, avec ruse. « Et quand les galands voyent une belle jeune femme mariée à un vieil homme ou à un sotin, et qu'elle est jolie et gaye, ils y mettent leur *aguet*. » *Les Quinze Joyes du Mariage,* 14e j. « C'est un livre, dit la demoiselle de Gournay, dans la préface des *Essais de Montaigne*, qu'il faut lire d'*aguet*, » c'est-à-dire avec intention d'en profiter.

De ce substantif on avait fait le verbe AGUETTER : « Il ne pouvoit bonnement prendre la peine d'*aguetter* ses commoditez, comme font les jeunes gens. » BON. DESPÉRIERS, *Nouv.* X.

AGUIGNER, v. a. et n. « Ces faiseurs de bonnes mines par les rues, qui *aguignent* sous leur chapeau, si on les voit. » *Contes d'Eutrapel,* t. 1.

AGUIGNETTES, s. f. pl. Nous avons laissé perdre ce joli mot : « La dame et la chambrière les regardaient d'*aguignettes*. » BON. DESPÉRIERS ; *N.* LXVI.

AGUIMPÉ, ÉE, adj. c'est un mot de La Fontaine :

Tant ne songeoient au service divin,
Qu'à soi monstrer ès parloirs *aguimpées*,
Bien blanchement, comme droites poupées.

AH! exclamation. Le son de l'*a*, celui de tous qui se forme le plus aisément et qui n'est en quelque sorte qu'une aspiration, est l'expression naturelle du sentiment. Elle est mieux caractérisée en joignant à l'*a* la lettre *h*; et c'est ainsi que nous écrivons aujourd'hui cette exclamation. Autrefois on se contentait de la lettre *A*. Molière a fait un nom de cette exclamation :

Et faire du fracas
A tous les beaux endroits qui demandent des *ahs!*

AH! AH! ou saut de loup, ouverture sans grille, et au niveau des allées, avec un fossé au pié, ce qui étonne et fait crier : *Ah! ah!* On prétend que c'est Monseigneur, fils de Louis XIV, qui a inventé ce terme, en se promenant dans ses jardins de Meudon.

AHAN, s. m. **AHANER,** v. *Ahan*, proprement pris « est, dit Nicot, la voix souspireuse qu'en l'effort du travail les gens de pénible besongne jettent hors, et conséquemment se prend pour grand travail; c'est une onomatopée de *han*, son souspireux que rendent ceux qui ruent un grand coup de coignée ou autre outil, etc. » Selon E. Pasquier, *Recherches de la France,* liv. VIII, ch. 6, « *ahan* est une voix qui sort sans art du profond des bûcherons, ou autres manœuvres, quand avec toute force de bras et de corps ils employent leurs coignées à couper quelques pièces de bois, montrant par cette voix qu'ils poussent de tout leur reste; mot que nous avons mis en usage pour dénoter une grande peine et travail de corps, et *ahanner* pour travailler. » Le P. Labbe, qui regarde aussi ce mot comme une onomatopée, raconte à son sujet le propos plaisant d'un petit garçon qui disait à son père qui était filetoupier ou batteur de chanvre : battez, mon père, et je ferai *ahan* pour vous, pensant soulager son père d'une partie de son travail. « De *ahan*, dit M. Ch. Nodier, on a fait *ahaner*, travailler avec peine, avec *ahan*, comme dans ces vers de Dubellay, en ses *Jeux rustiques* :

De votre doulce haleine
Esventez cette plaine,
Esventez ce séjour,
Cependant que j'*ahane*
A mon blé que je vanne
En la chaleur du jour.

Ahaner un champ, s'est dit par extension pour cultiver une terre difficile. *Ahan*, est passé au style figuré pour exprimer de pénibles travaux d'esprit, et l'agitation d'un homme qui a de la peine à se résoudre à quelque chose. On a fait venir ce mot du grec ἀώ et du latin *anhelare*. C'est l'opinion de Du Cange. Ménage en a cherché l'étymologie dans l'italien *affanno*, peine, douleur. On aurait pu le retrouver tout entier dans le Dictionnaire des Caraïbes et dans beaucoup d'autres, puisqu'il est tiré du Dictionnaire de la Nature. C'est la plus évidente des onomatopées. Pasquier et Nicot ne s'y sont pas mépris. Dans des lettres de rémission de l'an 1375, on trouve : « Après ce que ledit Jehan fut deschaucié, entra ondit gué, et tant se y efforça pour mettre hors laditte charrette, que il y entra en fièvre en icelui gué, pour le grant *ahan* que il avoit eu. » On ne se sert plus de ce mot qui était très-familier à nos anciens écrivains. Rabelais, Montaigne, Amyot l'ont singulièrement affectionné. Il est encore dans Costar : « Jupiter, dit-il, en sua d'*ahan*. » *Dictionnaire des Onomatopées françaises*.

Ahan est un mot très-ancien, puisqu'il se trouve déjà dans les ouvrages du 13e siècle, tels que le *Roman du Renard* et le dit du *Lendit rimé*, on lit dans ce dernier, composé vers l'an 1290 :

   Assez y ot (eut) peine et *ahan*
   Marchans qui la sont assemblez.

« Je sçay combien *ahanne* (souffre, tressaille) mon ame en compagnie d'un corps si tendre, si sensible, etc. » *Essais de Montaigne*.

AHEURTÉ, ÉE, adj. et part. « Monseigneur qui la voit *aheurtée* en ceste opinion. » *Cent nouv. Nouv.* nouv. XVII.

AHONTIR, v. Ce vieux mot n'était pas sans énergie : « Ses enfans seront aucunement *ahontis* par la faute de leur mère. » *Les Quinze Joies du mariage*, XIIIe j.

AHURIR, v. étourdir, étonner. *Hurie* dans le *Roman du Renard*, poëme du 13e siècle, est traduit par M. Méon, par cri de plusieurs personnes ; de là *ahurir*, crier jusqu'à étourdir ; et le participe *ahuri*. C'est une onomatopée qui vient de *hu*, son que font entendre des personnes qui crient ; de là vient encore le mot *huée*. Causer une stupeur semblable à celle que pourrait produire l'aspect subit d'un sanglier avec sa *hure*. D'autres le dérivent de *a* priv. et de *heur*, dans le sens de *bonheur*.

AI et **OI** *diphthongues*. « Vaugelas, dit l'abbé d'Olivet, dans ses *Remarques sur Racine*, nous apprend que les gens de palais prononçaient encore de son temps, à *pleine bouche*, la diphthongue *oi* : et cette coutume, sans doute, s'était conservée jusqu'au temps de Racine, du moins parmi les vieux procureurs. Ainsi c'est à dessein et avec grâce qu'il fait parler de cette sorte Chicaneau, plaideur de profession. Jusqu'à l'arrivée de Catherine de Médicis en France, jamais cette diphthongue ne s'était prononcée autrement que comme dans *roi*, dans *exploit*, mais les Italiens, dont la cour fut alors inondée, n'ayant pas ce son dans leur idiôme, voulurent y substituer le son de l'E ouvert : et bientôt leur prononciation, affectée par le courtisan, pour plaire à la reine, fut adoptée par le bourgeois. On n'ose plus, selon un auteur (Henri Estienne) contemporain, dont voici les termes : « dire FRANÇOIS ou FRANÇOISE, *sur peine d'être appelé pédant ; mais faut dire* FRANCÉS et FRANCÈSES, *comme* ANGLÉS *et* ANGLÈSES, *pareillement, j'*ÉTÉS, *je* FAISÉS, *je* DISÉS, *j'*ALLÉS, *je* VENÉS : *non pas j'*ÉTOIS, *je* FAISOIS, *je* LISOIS, *j'*ALLOIS, *je* VENOIS : *et ainsi ès autres, il faut user du même changement.* » Théodore de Bèze mérite fort qu'on l'écoute là-dessus : « *Hujus diphthongi pinguiorem et latiorem sonum nonnulli vitantes expungunt* O, *et solam diphthongum* AI, *id est* E *apertum retinuerunt, ut Normanni, qui pro* FOI, FIDES, *scribunt et pronuntiant* BAI : *et vulgus Parisiensium*, PARLET, ALLET, VENET *pro* PARLOIT, ALLOIT, VENOIT : *et italo-franci pro* ANGLOIS, FRANÇOIS, *pronuntiant* ANGLÉS, FRANCÈS, *per* E *apertum, ab italis nominibus*, INGLESE, FRANCESE. *Nam ab hâc* *diphthongo sic abhorret italica lingua, ut* TOI, MOI, *et similia per dialysin, producto etiam* o, *pronuntient* TO-I *et* MO-I, *dissyllaba.* » *De rectâ franciæ linguæ pronuntiatione*, pag. 48.

Le changement opéré dans la prononciation n'avait pas eu lieu pour l'orthographe, ainsi on écrivit longtemps *oi*, quoiqu'on prononçât *ai* ou plutôt *è*. Il parait que Racine a été le premier à substituer *ai* à *oi* dans les personnes des verbes : « La catastrophe de ma pièce est peut-être un peu trop sanglante; en effet, il n'y paraît presque pas un acteur qui ne meure à la fin. » RACINE, *Préface de la Thébaïde*, représentée en 1664. « Louis Racine observe que son père écrivoit et imprimoit ainsi *connaître* et *paraître* ; et les éditions de 1687 et de 1702 en font foi. Voltaire n'était donc pas le premier auteur de cette innovation dans l'orthographe, qui a tant blessé le pédantisme grammatical, et qui est si conforme à la raison. Ou Voltaire a ignoré cette autorité dont il pouvait se prévaloir, ou il a préféré l'honneur et le danger de passer pour novateur. » LA HARPE, note au lieu cité, *Œuvres de J. Racine*, édit. de 1822. Quoi qu'il en soit, il est certain que c'est Voltaire qui a mis en vogue cette orthographe que l'on nomme encore l'*orthographe de Voltaire*.

AIDABLE, *adj.* qui est propre à aider. *Roman du Renard* (13e siècle) : pourquoi n'avoir pas conservé ce mot?

AIDANTS, *malgré lui et ses aidants. Voyez* DENTS.

AIDES, *s. f. pl.* On appela dans le principe du nom d'*aides* les deniers et les subsides que les rois levaient sur le peuple. On leur donna ce nom, dit Ménage, pour faire entendre que ce n'était que pour *aider* à subvenir aux nécessités de l'Etat et aux frais de la guerre. Ensuite on appela *aides* les subsides qui se levaient sur le vin et autres boissons. En 1355 ou 56, les super-intendans ou commissaires établis à l'effet de connaître des discussions qui pourraient naître au sujet de l'imposition et de la perception des nouveaux droits établis par le roi Jean, furent nommés généraux des *aides* ; et c'est de là que la *cour des aides* tirait son nom et son origine. Mais cette juridiction n'eut lieu que sous François 1er, lorsque ces généraux des aides, réunis en corps, commencèrent à former un tribunal. De cette institution nous est venue l'expression figurée et proverbiale *aller à la cour des aides*, qui se dit d'une personne qui va aux emprunts chez ses amis, d'un auteur qui se fait aider par un autre, ou d'une femme coquette qui ne se contente pas de son mari. « Quand on dit que bœufs portent cornes, on parle des vieux avocats, conseillers et autres gradués qui ont de belles jeunes femmes, lesquelles ne trouvant pas leurs maris assez vigoureux, *vont à la cour des aides*, etc. » *L'étym. des proverbes français*, par Bellingen, p. 182, édit. in-8°, à La Haye, 1656. Marin dit à Lisidor, qui est un vieillard : « Si vous l'épousiez, les parens courent grand risque de n'avoir jamais la joie de voir naitre d'elle de petits poupons... et maintenant que *la cour des aides est supprimée*... » *Crispin médecin*, com. d'Auteroche, act. I, s. I.

Bon droit a besoin d'aide. Ce proverbe existait en français avant l'an 1519, puisqu'il se trouve dans le *Recueil des proverbes français*, mis en vers latins, de Jean de la Véprie.

Indiget auxilio vel bona causa bono.

AÏEUL, *s. m.* grand-père, AÏEULE, *s. f.* grand-mère. *Aïeul*, dans le principe, comme on peut le voir par son étymologie, est un terme de mignardise, de courtoisie; *grand-père* est une expression de vénération et de respect; mais l'un et l'autre se prenant dans le sens général de l'auteur des jours du père ou de la mère, sont devenus synonymes, et l'un d'eux a dû vieillir. Le terme de mignardise prononcé par les enfans, a dû céder à la dénomination respectueuse familière aux petits-fils qui avaient atteint l'âge de raison. *Grand-père* a prévalu, et est devenu l'expression du dialogue et de la conversation ; *aïeul*, mutilé dans sa dérivation, a d'autant moins l'air d'un diminutif que son positif n'existe pas en français ; il rentre donc dans la signification générale de ce positif. C'est ce que l'on voit en terme de pratique dans les phrases *aïeul paternel, aïeul maternel.*

« *Avus* signifie grand-père. *Aviolus* en est un diminutif, et signifie littéralement *petit grand-papa,* expression enfantine, expression à l'occasion de laquelle on peut demander pourquoi les enfans se servent de diminutifs en sens de cajolerie, de caresses ou d'affection : c'est que ces expressions, dictées par le sentiment que l'on a de leur faiblesse, leur sont adressées en sens d'intérêt, de protection et de tendresse. Ils ne prennent ces expressions que dans ce sens ; et si on leur dit mon *petit* ami, qu'ils prennent pour mon *cher* ami, ils répondent mon *petit* papa pour mon *cher* papa. De là l'usage des diminutifs de prédilection : d'où *aviolus,* devenu successivement *aviol ; aïol* a été *aïeul,* d'où il est rentré par extension significative dans le sens de son positif qui manque ; comme nous avons *Dieu* de *Deolus,* pour *Deus* ; *Mathieu* de *Matheolus,* pour *Matheus* ; *hébreu* de *hebreolus,* pour *hebreus* ; *espagnol* de *hispaniolus,* pour *hispanius,* etc. Tous ces mots français sont autant de diminutifs pour la forme et de positifs pour le fond. » *Manuel des amateurs de la lang. franc.* 2ᵉ part. n° 9, art. de M. Butet (de la Sarthe).

Chênedollé a employé le mot *aïeule* en parlant de villes :

Nil ! quels sont ces débris sur les bords dévastés ?
C'est Thèbe aux cent palais, *l'aïeule* des cités.

Heureuse hardiesse, qui enrichit la langue poétique sans créer de mots nouveaux.

AIGRE-DOUX, CE, *adj.* C'est à Lazare Baïf que notre langue est redevable de ce mot, qui a eu de la peine à prendre. Montaigne en a fait usage : « En la jouissance des voluptés mesmes, les rois sont de pire condition que les hommes privez : d'autant que l'aysance et la facilité leur oste l'*aigre-doulce* poincte que nous y trouvons. » L. 1, c. 42. Regnard en a fait un substantif :

Il m'a reçu d'un air qui tient de l'*aigre-doux.*
Folies amour. act. 1, sc. 7.

AIGREFIN, *s. m.* (nom d'une petite monnaie qui avait cours en France, il y a plusieurs siècles) ; chevalier d'industrie. « Il s'est mis à dos tous les aigrefins de la ville. » *Théâtre italien, Cause des Femmes,* « On donnait autrefois ce nom à un petit officier d'infanterie ; lequel apparemment corrigeait la Fortune, comme le chevalier de Gramont. » V. *les Curieux de Compiègne.*

AIGRELET, AIGRET, ETTE. *adj.* Montaigne, l. 11, c. 37, dit « qu'il trouve dans Epaminondas son obstination à la pauvreté un peu *aigrette.* » Le premier a prévalu.

AIGRETTE, *s. f.* espèce d'oiseau qui ressemble au héron, mais plus petit ; il porte sur la tête une plume blanche et sur le corps des plumes très-fines qui se vendent fort cher. Cet oiseau a été nommé *aigrette,* selon Pomey, à cause de son cri *aigre.* Le P. Labbe préfère le tirer du latin *ardea,* aire, airon, puis airette ou aigrette, *ardeola.*

AIGRETTE, bouquet de plumes ou panache, vient probablement du nom de cet oiseau, comme on a dit un castor pour un chapeau fait de poil de castor, d'autant plus que les plumes de cet oiseau servent à composer ces bouquets ou panaches, ou bien parce que les aigrettes ou panaches ressemblent à cette plume blanche et droite que cette espèce de héron porte sur la tête.

AIGREUR, *s. f.* Ce mot ne s'emploie plus guère qu'au propre ; mais qui pourrait le blâmer dans les deux passages suivans : « Les *aigreurs,* comme les douceurs du mariage, se tiennent secrètes par les sages. » MONT. l. III, c. 5. « Il me vient encore des *aigreurs* au bout de ma plume. » SÉV.

AIGUE-MARINE, *s. f.* espèce de pierre précieuse, du latin *aqua marina* (eau marine ou de mer) ; elle est ainsi nommée parce qu'elle est couleur de vert de mer. Ce mot *aigue,* du latin *aqua,* se trouve encore dans Aigues-mortes (*aqua-mortua*). Aigue-Perse (*aqua sparsa,* eau éparse), petite ville d'Auvergne. Aigue pour eau se trouve dans une jolie chanson provençale, par M. Despourins.

Ny aïgues caoutes, ny aïgues fredes
Arré men maou n'om pot guary.
(Ni eaux chaudes, ni eaux froides,
Mon mal ne peuvent guérir.)

Cette étymologie est confirmée par les dérivés *aiguade, aiguière.*

AIGUIÈRE, s. f. vase où l'on met de l'eau. Il vient, selon Jacques Sylvius, du latin *aquarium*, dérivé d'*aqua* (eau). *Aquarium*, qui laisse sous-entendre *vas* (vase, vaisseau), neutre, doit donner en français un masculin; aussi trouvons-nous dans les *Honneurs de la cour*, ouvrage imprimé d'après un manuscrit du 16e siècle, le mot *aiguier* masculin au lieu d'*aiguière* féminin : « L'on apportait à laver à madame à tout (avec) un bassin et un *aiguier*. »

AIGUILLE, s. f. « La perte de la vie est imperceptible, c'est l'*aiguille* du cadran que nous ne voyons pas aller. » SÉVIGNÉ. « Un usage assez singulier d'un des colléges d'Oxford, est qu'au premier jour de l'an chaque étudiant reçoit une *aiguille* enfilée, et que la personne qui la lui donne lui dit : « Prenez ceci, et soyez économe. » *L'Angleterre et les Anglais*, tom. 1, 1817.

AIGUILLETTE, s. f. Ce mot, qui ne signifie plus aujourd'hui qu'une tresse ou cordon ferré par les deux bouts que portent les soldats et officiers de cavalerie, ou des morceaux de chair coupés ou arrachés en long, est un diminutif du mot aiguille. On trouve dans Gaultier d'Espinois, poète qui pouvait vivre environ dans le 13e siècle : « Tout autre si comme l'aimant déçoit l'*aguillette* par force de vertu » (tout ainsi que l'aimant attire, charme l'aiguillette par la force de sa vertu), où l'on voit qu'*aiguillette* est pris au propre et pour aiguille, petite aiguille. Cette tresse ou ce cordon est appelé aiguillette par les frangiers, à cause des aiguilles nommées *férets* qui se trouvent au bout de ce cordon; et ces morceaux de chair ne doivent leur nom qu'à leur exiguité qui leur donne quelque ressemblance avec une aiguille ou flèche.

Nouer l'aiguillette, ancienne expression qui exprimait l'effet d'un charme prétendu par lequel le peuple s'imaginait qu'on pouvait suspendre la vertu virile d'un mari. C'est en ce sens que Cyrano Bergerac fait dire à un prétendu sorcier : « Je montre aux bergers à *nouer l'aiguillette* le jour des nopces. » Tom. 1, pag. 66, Paris, 1699.

Ami lecteur, vous avez quelquefois
Ouï compter qu'on nouait l'aiguillette.
VOLTAIRE.

On portait autrefois des hauts de chausse attachés avec une *aiguillette*, et on disait d'un homme qui n'avait pu s'acquitter de son devoir, que *son aiguillette était nouée*. Les sorciers ont de tout temps passé pour avoir le pouvoir d'empêcher la consommation du mariage; cela s'appelait *nouer l'aiguillette*. La mode des *aiguillettes* passa sous Louis XIV, quand on mit des boutons aux braguettes. On a dit avant ce changement de mode, un homme *aiguilleté*, c'est-à-dire qui a l'air contraint et guindé. C'est en ce sens que *désaiguilleté, ée*, participe du verbe *désaiguilleter*, comme on dirait *déboutonné, ée*, se trouve dans un de nos anciens auteurs : « Hannibal alloit tousjours *des-aiguilleté* et l'estomac découvert. » BOUCHET, XIIIe siècle.

Courir l'aiguillette, ancienne expression. On lit dans le *Dict. Hist. de la ville de Paris*, par Hurtaut, t. III, p. 41 : « En 1420, Louis VIII, pour distinguer les filles publiques des honnêtes femmes, défendit aux premières de porter certains ajustemens qui étaient alors à la mode, et spécialement des *ceintures* dorées. On ne tint point la main à l'exécution de ces règlemens, et tout alla comme auparavant. Les honnêtes femmes s'en consolèrent par le témoignage de leur conscience, et c'est de là qu'est venu le proverbe : *Bonne renommée vaut mieux que ceinture dorée*. On obligeait néanmoins, en quelques endroits, les femmes de mauvaise vie de porter une aiguillette sur l'épaule, coutume que j'ai vu encore pratiquer à Toulouse, dit Pasquier, d'où est dérivé cet autre proverbe qu'une femme *court l'aiguillette*, pour dire qu'elle s'abandonne au premier venu. »

> . . . . . Je recherche une jeune fillette
> Experte dès long-temps à *courir l'éguillette*,
> Qui soit vive et ardente au combat amoureux.
> REGNIER, *satire* 16.

« Si la nature ne leur (aux femmes) eust arrosé le front d'ung peu de honte, vous les voyrriez, comme forcenées *courrir l'aguillette*, etc. » RABELAIS, tom. III, pag. 212, édit. de 1732. « *Courir l'aiguillette*, et par corruption *courir le guilledou* pourroit bien être proprement courir les grands corps de garde de tous temps pratiquez dans les portes des villes, sous des tours dont les flèches se terminoient en pointe comme l'aiguille d'un clocher. Une de ces portes de ville est appelée *guildou*, pag. 783 de l'Histoire du roi Charles VII, édition du Louvre, in-fol.; et dans l'Histoire du même prince attribuée à Alain Chartier, sur l'année 1446, il est parlé d'un château de Bretagne appellé *guilledou*, soit à cause de sa tour, ou peut-être parce qu'il étoit situé sur quelque pointe de montagne, comme quelques autres qui, pour la même raison, portent encore aujourd'hui le nom d'*eguillou*. Le vrai sens de cette ancienne façon de parler n'étant plus entendu du peuple, et la plupart s'imaginant qu'une créature n'étoit dite *courir l'aiguillette* qu'en tant qu'elle étoit d'une profession à faire *détacher l'aiguillette* à qui le cœur en disoit pour elle, les uns, comme à Toulouse, ordonnèrent que pour marque d'un si infâme métier, chaque coureuse porteroit sur l'épaule une *aiguillette*. » Voyez les *Recherches de Pasquier*, liv. VIII, ch. 35. « Ceux de Beaucaire, en Languedoc, instituèrent une course, où les prostituées du lieu, et celles qui seroient venues à la foire de la Madeleine, couroient nues en public, la veille de cette foire, et où celle de ces filles qui auroit le mieux couru auroit pour récompense quelques paquets d'*aiguillettes*..............
Il ne faut point douter que Rabelais ne fasse ici allusion à cette course. » LE DUCHAT, *sur Rabelais*, note 7, au bas de la page citée.

AIGUILLON, *s. m.* C'est un diminutif d'*aiguille*; il se dit au figuré de ce qui excite à faire quelque chose : « Une politesse languissante et énervée, qui ne laisse aucun *aiguillon* dans l'ame des auditeurs. » D'AGUESSEAU, *Discours sur l'union de l'éloquence et de la philosophie*. Cicéron avait dit : *relinquere aculeos in animis audientium* (laisser des aiguillons dans l'ame des auditeurs). Nous disons, en terme de morale religieuse, *sentir l'aiguillon de la chair*, *les aiguillons de la chair*, pour les désirs de la concupiscence, parce que ces désirs sont comme une espèce d'aiguillon qui excite les passions, ce que Ronsard a exprimé d'une manière très-physique :

> Or que Juppin *époint* de sa semence,
> Hume à longs traits les feux accoutumés.
> *Les Amours de Ronsard*, 154e sonnet.

« *Epoint*, piqué, chatouillé. *Metafore prinse* des animaux auxquels la semence, lorsqu'elle est copieuse, excite le désir d'engendrer. » MURET, *Commentaires sur les Amours de Ronsard*, pag. 187, Paris, 1553. Rabelais appelle *aiguillons de vin* les viandes salées qui provoquent à boire. Le livre qu'il place sous ce titre dans la bibliothèque de Saint-Victor, ainsi que celui qu'il intitule *l'Eperon de fromage*, est probablement un trait de satire contre les chanoines de cette abbaye, parce que le vin fait courir au fromage, et le fromage au vin; et qu'apparemment les Victorins de ce temps-là passaient volontiers de l'un à l'autre. « Laissez là ces viandes fades, et goûtons de cet *aiguillon de vin* » (de ce jambon de Bayonne). *Contes de la Reine de Navarre*, nouv. XXVIII.

AIGUISER *v.* « *J'aiguise* mon courage vers la patience; je l'affaiblis vers le désir. » MONT. l. III, c. 7.

> *Aiguiser* par la queue une épigramme folle.
> BOILEAU.

C'est encore une expression de Montaigne qui, l. II, c. 10, « préfère l'égale polissure et ceste perpétuelle douceur et beauté fleurissante de Catulle à tous les *esguillons* de quoy Martial *aiguise* la queue des siennes »

AILE, *s. f.* du latin *ala* qui a la même signification. Ce mot, qui ne se dit proprement que des oiseaux et des insectes qui volent, s'emploie souvent au figuré, *être sous l'aile de quelqu'un, couvrir quelqu'un de son aile*; toutes ces expressions figurées sont empruntées de la poule qui couvre ses petits de ses ailes, pour les protéger contre les oiseaux de proie.

« *Alarum protectio à gallinæ tutelaribus alis, sacro etiam testimonio perhibetur.* » JACQ. BOURGOING, *de Origine et usu vulgarium vocum*, feuillet 59 tourné, in-4°, Paris, 1583.

<small>Sous l'aile du Seigneur dans son temple élevé.
RACINE, *Athalie*.</small>

« Ô dieu des armées,..... *couvrez de votre aile cette troupe illustre.* » MASSILLON, *Discours pour la bénédiction des drapeaux du régiment de Catinat.*
« Dieu, *étendez les ailes de votre protection* sur l'enfant précieux, etc.... » *Idem*, *Oraison funèbre de Louis-le-Grand.*

On dit, par une métaphore empruntée des oiseaux, en parlant de quelqu'un dont on a diminué l'autorité ou les bénéfices, *qu'on lui a rogné les ailes*. Les Latins se sont servis de la même figure; et Cicéron dit dans le liv. IV de ses lettres à Atticus : *qui pennas mihi inciderunt, nolunt easdem renasci* (ceux qui m'ont coupé les ailes, ne veulent pas qu'elles repoussent).

Aile d'une armée; le corps de l'armée romaine était flanqué ou couvert de l'aile droite et de l'aile gauche, qui marchaient à ses côtés, et se trouvaient relativement au corps d'armée, comme les ailes se trouvent relativement au corps des oiseaux. Ces troupes étaient pour cette raison nommées *alares copiæ*, c. à. d. troupes formant les *ailes*. Cette métaphore nous est donc venue des Latins.

AIMABLE, *adj.* Son négatif nous manque. « Nous avons bien des gens *inaimables*, dit Voltaire, et cependant *inaimable* ne s'est point encore dit. » *Aimable*, pris subst. Les *aimables* de la cour. En ce sens, c'est un néologisme.

AIMABLEMENT, *adv.* « Vous me répondez trop *aimablement*; il faut que je fasse ce mot tout exprès pour l'article de votre lettre. » Mme DE SÉVIGNÉ. « Ce joli adverbe si affectionné de saint François de Sales, de Bourdaloue, de Fénélon, de Mad. de Sévigné, est accompagné, dit M. Ch. Nodier, par le rigoureux Saumaize, d'une note de proscription ; c'est peut-être par égard pour son autorité, qu'on l'a effacé du *Dictionn. de l'Acad.* »

AIMER, *v.* du lat. *amare* qui a la même signification. Nos pères écrivaient et prononçaient *amer*; ce qui a fait dire à d'Urfé dans son *Roman d'Astrée*, 4e partie, l. IX :

<small>Que nos sages Gaulois, savoient bien ta coustume,
Lorsque pour dire *aimer*, ils prononçoient *amer* !
Amers sont bien tes fruits, et pleines d'amertume
Sont toutes les douceurs qu'on a pour bien aimer.
Stances sur le desplaisir d'un départ.</small>

De cet ancien verbe *amer* il nous était resté le participe *amé*, usité en style de chancellerie jusqu'à l'époque de la révolution. M. Roquefort, dans son *Glossaire de la langue romane*, nous apprend que ce ne fut qu'à la fin du 15e siècle, qu'on a ajouté un *i* à ce verbe, c'est-à-dire, qu'on a dit *aimer* au lieu d'*amer*. Barbasan pense que ce changement n'eut guère lieu qu'au 16e siècle.

Aimer quelqu'un comme ses yeux, plus que ses yeux, ces locutions du style familier sont empruntées du latin : Catulle, en plaignant la mort d'un moineau, a dit : l'oiseau qui fesait les délices de ma belle, l'oiseau qu'elle *aimait plus que ses yeux*.

<small>*Passer deliciæ meæ puellæ,*
Quem plus illa oculis suis amabat.</small>

« Ceux qui vous *aiment* plus que moi vous *aiment* trop, » écrit Mme de Sévigné à sa fille.

Désaimer, « Les Italiens disent *disamare*; les Espagnols, *desamar*; les Anglais, *to dislike*, pourquoi les Français ne diraient-ils pas *désaimer*, quand ils aiment si vite, et qu'ils *désaiment* plus vite encore, d'après le caprice du moment? » MERCIER.

AÎNÉ, ÉE, *adj.* mot qu'on a écrit *aisné*, et d'abord *ains-né* du latin *antè natus* (avant né), né avant un autre, premier né, comme *puiné* de *post natus* (né après). Deux anciens proverbes rapportés par Barbasan confirment cette étymologie : « Qui *ains* naist, *ains* paist (qui *avant*, premier nait, premier souffre); on lie bien son sac *ains* qu'il soit plein (on lie bien son sac *avant* qu'il soit plein). »

Maisné se trouve dans nos anciens auteurs, et La Curne Sainte-Palaye, dans *les Honneurs de la cour*, où cette expression se trouve, la traduit par *cadet, puisné*.

AINS, *conj*. C'est un ancien mot qui signifie la même chose que *mais*, et qui peut encore trouver place dans le style marotique.

O douce Eglé, ne sais pas quand te voi
Si vois amour, *ains* ton regarder tendre
Fait palpiter mon cœur tout malgré moi.
JAME, *Madr. inséré dans l'Alm. des Muses* (1783).

AINSI, *conj.* selon Jacques Sylvius et M. Lemarre, et nous partageons leur opinion, vient du latin *in sic* (en cette manière, tellement, en tant); on trouve ce mot, écrit *ainsic* dans le *Roman de la Rose*. *ensi* dans Ville-Hardouin et dans l'*Ordène de chevalerie*, par Hue de Tabarie. Nos pères ont dit *ainsi que* pour *lorsque :* « Cette déesse fut si fort irritée, qu'Ajax fut par elle foudroyé *ainsi qu'il* s'en retournoit en Grèce. » *Les Épithètes de De la Porte, Paris,* 1561, au mot *Ajax*.

Qu'ainsi ne soit, ancienne façon de parler, encore en usage dans le style marotique :

Qu'ainsi ne soit, un fat apprivoisé
Parle de tout, sûr de la réussite.
J. B. ROUSSEAU.

C'est le cœur seul qui peut rendre tranquille,
Le cœur fait tout, le reste est inutile.
Qu'ainsi ne soit, voyons d'autres états.
LA FONTAINE, *Belphégor*.

« L'ellipse, dit Dumarsais, explique cette façon de parler; en voici la construction pleine : et afin que vous ne disiez point *que cela ne soit pas ainsi.* »

AIR, s. m. paraît venir du latin *aer* emprunté au grec ἀήρ (*aér*), qui a la même signification; d'autres préfèrent le faire venir du mot gallois et bas-breton *aer* qui signifie *mine, façon*, etc.

Le mot français *air*, en tant qu'il signifie l'élément liquide et léger qui environne le globe, vient, disent-ils, aussi de la même source, parce que le mot breton *ær* a aussi ce dernier sens. L'hébreu *aver*, le syriaque *air*, le grec et le latin *aer*, etc. qui tous ont les deux sens de notre mot français, viennent du même mot bas-breton et gallois *aër*. Nous disons proverbialement, on ne vit pas de l'*air* du temps. Virgile a dit, dans un sens un peu différent, il est vrai,

. . . . Si *vescitur aurâ*
Æthereâ . . . .
Ænéid. l. 1, v. 450.

(S'il se nourrit de l'air éthéré, s'il respire, s'il vit encore). Nous disons, dans le sens d'extérieur, de manières, de visage, un *air noble, doux, timide, modeste, haut, impertinent*. Horace a dit de même *alto vultu* (un visage haut, fier). En ce sens, des étymologistes le dérivent d'*area* (aire, surface :

Rejecit alto dona nocentium vultu

(il a rejeté avec fierté, *avec un visage haut*, les présens de ceux qui voudraient le corrompre).

« *Le bel air*, c'est, dit Le Roux, dans son *Dict. comique*, Amsterdam 1718, un mot à la mode parmi certaines personnes, à Paris, comme précieuses, abbez, petits-maîtres et autres personnes ridicules qui mettent leur unique occupation à estropier le beau langage; une preuve de cela est d'examiner combien de mots ridicules sont en usage pour juger que ce ne peut être l'Académie françoise, qui est composée de ce qu'il y a de plus beaux esprits de France, qui les ait inventez : soyez à Paris dans une compagnie de dames, d'abbez musquez ou de petits maîtres à plumetz, vous n'entendez continuellement et à tous propos que ces mots : assurément, c'est parler, rire, marcher, danser, se coiffer *du bel air*. Passe si on se servoit de ces mots-là avec modération; mais on en outre tellement l'usage, qu'on en néglige de parler selon la pureté de la langue, et on méprise les mots propres. » BARON, *Coq. trompé*. « Ecouter une comédie, cela n'est pas du *bel air*, » pour dire cela n'est pas à la mode, cela n'est pas de qualité. CAMPISTRON, *Coméd.* « Cherchant les courtisans et les gens du *bel air*. » « Souvenez-vous bien, vous, de venir, comme je vous ai dit, là, avec cet air qu'on nomme *le bel air*, peignant votre perruque, et grondant une petite chanson entre vos dents. » MOLIÈRE, *l'In-promptu de Versailles*, sc. III. Ce passage nous fait connaître précisément ce qu'on entendait alors par *bel air, gens du bel air.*

Parler en l'air, cette expression se trouve dans la 1re Epitre de saint Paul aux Corinthiens, c. 14, où il dit : « Si vous ne manifestez votre discours par l'organe de la parole, comment celui qui vous écoute saura-t-il ce qui est dit? car vous serez semblables à des gens qui *parlent en l'air* » (*eritis enim in aëra loquentes*). « Tous les poètes se donnoient une maitresse poétique ou une Iris *en l'air*, à laquelle ils faisoient honneur de leurs souffrances. » MERVESIN, *Hist. de la poésie françoise*, pag. 162.

En l'air, fantastique, imaginaire, sans réalité.

AIRAIN, *s. m.* métal. Les cuirasses des anciens étaient d'airain et les garantissaient des coups qui leur étaient portés; on a dit par métaphore un cœur *d'airain* pour un cœur dur, inexorable, en quelque sorte impénétrable aux traits de l'humanité; cette expression nous est venue de la lang. latine « *ahena corda* (des cœurs d'airain). » STACE, *Thébaïde*, 3 - 280. Horace avait dit *œs triplex circa pectus erat* (un triple airain était autour du cœur, etc.).

Un triple airain ceignoit le cœur du téméraire,
Le cœur de l'insensé mortel
Qui le premier, à l'océan cruel
Confia la barque légère.

DOMERGUE, *Trad. de la 3e ode d'Horace.*

Au vaisseau de Virgile partant pour la Grèce.

Mais ces discours du moins consolaient leur détresse
Et, comme *un triple airain* endurcissant leur cœur,
Nourrissaient, etc....

DELILLE, *Trad. du Paradis perdu*, l. II.

Mercier a fait une application assez gaie de ce passage « Ah! Dacier, *trois fois d'acier*, comme tu as étouffé les beautés d'Horace! » On dit que *le Ciel est d'airain*, pour dire inexorable, dur. « Quand *le Ciel seroit d'airain*, dit Rabelais, tom. V, pag. 29, édit. de 1732, et la terre de fer, encore vivres ne nous fauldroient. »

Les cieux par lui fermés et *devenus d'airain*.
RACINE, *Athalie*, act. 1, sc. 1re.

AISÉ, EE. C'est le participe de l'ancien verbe *aiser, s'aiser*, qui n'est plus en usage.

AAISIER, aider, secourir, *s'aaisier*, prendre ses aises. *Aaisié*, qui a des facilités, qui a ce qu'il désire.. *Gloss.* à la suite du *Roman du Renard*. (13e siècle). « Ce prince voulant *aiser* (rendre facile) la difficile prononciation des parolles françoises. » CL. FAUCHET, *Antiq. franç.* feuillet 225, tourné, Paris, 1599.

S'aiser, pour vivre, être à son aise, se mettre à son aise, se trouve souvent dans le *Roman des Neuf Preux*, imprimé en 1507 : « Et quand la damoiselle s'en retourna, si dist à Lancelot : Sire chevalier vaincu, or vous *aysez* huymais (prenez plus vos aises aujourd'hui), car jamais en autre lit que en cestuy (celui-ci) ne vous *ayserez vous*. » *Lancelot du Lac*, édit. de 1520, partie 2e, fol. 4, 2e col.

Un esprit aisé, des vers aisés, une taille aisée, toutes ces expressions étaient nouvelles du temps du P. Bouhours, ainsi qu'il nous l'apprend dans ses *Entretiens d'Ariste et d'Eugène*, pag. 101, édit. in-4o, Paris, 1671. Montaigne a encore fait usage du verbe : « Je voyois les difficultez de mon entreprise *s'aiser* et se planir. » L. II, c. 12.

AJUSTESSE, *s. f.* « Elle estoit tousjours quatre heures à la toilette à compasser son *ajustesse*. » *Contes de la Reine de Navarre*, Nouv. XXVI. Ce vieux mot ne manquait pas de grâce.

ALAIGRE, *adj.* des 2 genr. du lat. *alacer* (vif, éveillé); vieux mot à regretter et qu'il faudrait rajeunir. Ce mot manque surtout au style noble.

Les voyant tous passés je me sentis *alaigre*.
REGNIER, *Satires.*

ALAIGREMENT, *adv.* « Je festoye et caresse la vérité en quelque main que je la trouve, et m'y rends *alaigrement*. » MONTAIGNE, *Ess.* l. III, c. 8.

ALAMBIC, *s. m.* sorte de vaisseau qui sert à distiller. Le mot ἄμβιξ (*ambix*), selon Athénée, désignait chez les Grecs, le couvercle d'un pot dans lequel on fesait bouillir quelque liqueur. Les Arabes adoptèrent ensuite ce terme, mais ils y ajoutèrent le mot *al*, qui répond à notre article *le*, par lequel ils commencent la plupart de leurs noms, et formèrent le mot *alambic*. « Il paraît, dit M. Chaptal, *Chimie appliquée à l'agriculture*, tom. II, pag. 237, que c'est dans les écrits des Arabes que l'on trouve pour la première fois le mot *alambic*, qui dérive de leur propre langue et qu'ils le connaissaient avant le 10ᵉ siècle. »

ALANGOURI, IE, *adj.* rendu langoureux par une maladie, ou par une grande affliction. Ce mot énergique, qu'on trouve dans Pasquier, dans Mézeray, etc. ne mériterait-il pas d'être remis en usage ? « On voyoit les petits enfans mourir à la mammelle de leurs mères *allangouries*. » *Sat. Mén.* C'est le participe de l'ancien verbe *alangourir*, tomber en langueur, dont se sont également servis plusieurs auteurs respectables.

ALANGUISSEMENT, *s. m.* « Un tiède *alanguissement* énerve toutes mes facultés. » J. J. ROUSSEAU. Ce mot est d'une tout autre énergie que *langueur*. Le verbe *alanguir* se trouvait déjà dans Montaigne : « J'irais facilement couchant et *allanguissant* mon esprit et mon jugement sur les traces d'autrui, sans exercer leurs propres forces. » *Essais*, l. I, c. 9. « C'est pitié d'estre *alanguy* et affoibli jusques au souhaiter. » *Idem*, l. III, c. 13.

ALARMISTE, *s. m.* nom donné dans la révolution à ceux qu'on accusait de se faire un jeu de répandre des nouvelles fausses et alarmantes. Ce mot est resté dans la conversation.

ALBERT-LE-GRAND, né dans la Souabe en 1205 et mort en 1274 ; sa grande curiosité et son adresse le firent passer pour magicien.

ALBUM, *s. m.* mot emprunté du latin et qui signifie *blanc*, c'est un cahier que l'on porte en voyage, et sur lequel on prie les personnes que l'on considère, d'écrire quelque sentence accompagnée de leur nom.

J'ai toujours aimé les voyages ;
Un jour, ami lecteur, je vous dirai pourquoi,
En galoppant j'observe les usages,
Mon *album* se noircit de tout ce que je vois.
BÉRENGER, *la Charrette qui traîne ses vieilles roues.*

ALCALI, *Voy.* ALKALI.

ALCORAN, et mieux *le* CORAN, *s. m.* le livre qui contient les dogmes de la religion de Mahomet, mot arabe. Jusqu'à l'époque où M. Savary a publié sa traduction du code que Mahomet donna aux Arabes, traduction qu'il publia en 1783, on avait toujours dit et écrit *l'alcoran* ; mais comme ce mot composé de l'article *al* et de *coran*, qui vient du verbe *kara* (lire), signifie *la lecture*, M. Savary a cru devoir écrire *le Coran*. En effet, l'on écrit en italien *il libro*, et l'on ne dit pas en français *l'illibro*, parce que ce serait répéter en même temps l'article français et l'article italien. Depuis, M. Langlès a écrit *le qôran*.

ALCOVE, *s. f.* Ce mot, si l'on en croit l'Encyclopédie, vient de l'espagnol *alcoba*, lequel vient lui-même de l'arabe *elcauf*, qui signifie un cabinet, un lieu où l'on dort, ou d'*elcobat*, qui signifie une tente sous laquelle on dort, en latin *zeta*. Mais un article inséré dans le *Mercure de France*, du 15 juin 1779, prend ce mot de plus haut : « *Alcove*, y est-il dit, qui chez nous signifie un réduit pratiqué dans une chambre pour y placer un lit, vient, ainsi que le mot espagnol et arabe, du bas-breton (ou langue celtique) *alcof*, qui signifie alcove, niche propre à mettre un lit, l'*f* et l'*u* se substituant réciproquement en celtique, où du mot basque *alcoba*, qui à ce même sens, le *b* et l'*u* se substituant aussi réciproquement en celtique. »

ALCYON, *s. m.* oiseau de mer. Le Sage, *Avent. de Beauchêne*, a donné à ce mot un sens figuré assez gai : « Le capitaine entreprit de resserrer ses nymphes ; mais il était bien difficile d'empêcher tant d'*alcyons* de faire leurs nids sur les flots. »

ALENTIR (s'), *v.* « Alors commença ceste Rome à s'*alentir* en délices. » ET. PASQUIER, *Pourparler du prince.*

ALÉRION, *s. m.* terme de blason. Petit aiglon qu'on représente avec les ailes étendues, et sans bec ni pieds. « L'alérion, dit Alain Chartier, pag. 328, in-4°., Paris 1617, n'a point de pieds pour errer sur terre, mais tout son mouvement par aisles qui l'exhaussent en l'air. » Nous croyons avec Le Laboureur, *de l'Origine des armes*, pag. 209, Lyon 1658, que ce terme vient de l'allemand *adler*, qui signifie un aigle, avec la terminaison du diminutif.

ALEXANDRIN, *adj.* Il n'est d'usage que dans cette phrase *vers alexandrins*, qui sont des vers de douze syllabes. « Lambert le Court et Alexandre de Paris s'associèrent (dans le 12e siècle), pour traduire l'histoire d'Alexandre ; ils n'employèrent que des vers de douze syllabes, dont quelques auteurs s'étaient déjà servis, et dès lors on les appela *alexandrins*, du nom du héros et de celui d'un des deux poètes. » MERVESIN, *Hist. de la poésie franç.* Depuis le 12e siècle jusqu'à Dubellay et Ronsard, on ne se servit que très-rarement de cette espèce de vers. La noblesse qui est le caractère de ce vers, suivant la remarque de La Harpe, n'était pas encore celui de notre langue.

ALEZÉ, ÉE, *adj.* terme de blason : *chevron alezé.* « La croix *alezée*, dit Le Laboureur, *de l'Origine des armes*, est celle qui approche des bords, lizières ou *lez* de l'escu, c'est-à-dire, des costés ; du lat. *latus, lateris*, duquel nos anciens ont fait ce vieux mot *lez, de lez lui*, pour dire, *à costé de lui; de tous lez*, de tous costés ; à Lyon on dit *de tous laz*. La croix *alezée* est donc celle qui vient aboutir sur les costés de l'escu ou près d'iceux. »

ALFANGE, *s. f.* Nous portons ce mot, qui n'est pas français, parce que Voltaire en a fait usage dans une de ses tragédies :

De nos honteux soldats les *alfanges* errantes
A genoux ont jeté leurs armes impuissantes.
L'Orphelin de la Chine.

« *Alfange*, dit La Harpe, *Cours de Litt.* tom. x, pag. 332, est un vieux mot tiré de l'arabe, qui signifie *épée*. Voltaire, curieux apparemment de faire usage de ce mot étranger, parce qu'il est sonore, l'a détourné de son acception, et l'a employé pour *phalanges, bataillons*. Il valait mieux ne pas s'en servir. »

ALGARADE, *s. f.* Ce terme, selon Nicot, est une diction arabique qui signifie tumulte, émotion soudaine. L'Espagnol dit *algarada*. Bellingen, qui, d'après Oudin, le dérive du mot *Alger*, s'exprime ainsi : « *Faire une algarade*, c'est faire une course, ou une invasion soudaine et inespérée sur quelqu'un ou sur quelque lieu. Ce terme est emprunté d'*Alger*, qui est une ville maritime d'Afrique, laquelle fait souvent des *algarades*, c'est-à-dire des invasions subites et pillages inespérés dans le détroit de Gibraltar et sur toutes les côtes d'Espagne. » *L'Etym. des proverbes franç.* pag 213, édit. in-8°, La Haye, 1656.

ALGUAZIL, *s. m.* mot qui nous est venu des Espagnols qui l'avaient emprunté aux Arabes, chez lesquels *al* est un article qui répond à notre mot *le*, et *guazil* un officier de justice qui exécute les ordres d'un magistrat, ce qui revient à ce que nous nommons un sergent, un exempt.

Quatre *alguazils* amènent Dorothée
Nue en chemise, et de fer garrottée.
VOLTAIRE.

ALIBI, *s. m.* « Terme purement latin, qui signifie *ailleurs*. On l'a adopté comme terme de pratique et de palais, pour marquer la présence d'une personne dans un lieu éloigné de celui où l'on prétend qu'elle étoit dans le même temps. C'est proprement l'absence de l'accusé, par rapport au lieu où on l'accuse d'avoir commis le crime ou le délit. *Purgatio criminis ex absentiâ.* Prouver un *alibi*, prouver son *alibi*. Il a prouvé la fausseté de cette pièce par un *alibi*, c'est-à-dire, en faisant voir qu'il étoit dans un endroit éloigné à l'heure même où l'on prétend qu'il l'a signée. Ce mot ne prend point d's au pluriel. Les *alibi* ne sont guère reçus en matière criminelle. » *Dict.* de Trévoux.

ALIBIFORAIN, *s. m.* Nous appelons ainsi des excuses frivoles, de mauvaises défaites. Ce mot, s'est d'abord écrit de deux mots, dont le premier *alibi*, se trouve ci-dessus, et le second *forain*, vient du latin, *forensis*, dérivé de *forum* (barreau), proprement des *alibi* aussi frivoles que ceux qu'on présente ordinairement au barreau. Aussi Philibert Monet, qui écrit *alibi forein*, le définit-il, *tergiversation en fait de procès* (*importuna cavillatio in lite*). On dit *chercher des alibiforains* pour dire chercher de vaines défaites, des prétextes :

Cependant, par dépit, il semble qu'on me tire
Par la queue un matou, qui m'écrit sur les reins
Des griffes et des dents mille *alibi-forains*.
REGNIER, *Sat.* II.

ALIGNÉ, ÉE, *adj.* « Femme alignée, » BOREL, droite et bien mise.

ALIBORON, *Voy.* MAITRE.

ALKALI, *s. m.* terme de chimie. Le sel *alkali*, dit M. Dutens (*Origine des découvertes attribuées aux modernes*, tom. II, pag. 57, Paris, 1812), signifie proprement ce sel tiré, par l'action du feu, d'une plante égyptienne, appelée *kali* ; mais comme on en tire aussi, quoiqu'en moindre quantité, des autres végétaux, les chimistes entendent par ce mot tous les sels qui, comme celui de cette plante, attirent les acides, lesquels, par leur fome aiguë, les pénètrent, et s'y unissent étroitement. Le mot *alkali* vient donc du mot *kali*, nom de cette plante, auquel les Arabes ont joint leur adjectif propositif *al*(le), comme dans *alambic*, *alcoran*, etc.

ALLÉCHEMENT, *s. m.* amorce, appât.

ALLÉCHER, *v.* (*allicere*). Ces deux mots ont vieilli ; on cherche depuis quelque temps à les rajeunir, et avec raison, car *attirer*, *engager*, sont loin d'avoir la même force. « Les femmes s'aiment le mieux là où elles ont le plus de tort ; l'injustice les *allèche*. » MONTAIGNE.

ALLÉGATEUR, *s. m.* « Les sçavants, copistes, récitateurs, *allégateurs* perpétuels, ne disent rien ; ils ne font que redire : à peu près comme ces messagers d'Homère, qui rapportent toujours, en mêmes termes, le commandement qu'on leur a fait. » BALZAC, *Entret.* IX.

ALLÉGEANCE, *s. f.* proprement, diminution du poids, du fardeau ; au figuré, soulagement aux maux qu'on endure.

Le temps à mes douleurs promet une *allégeance*.
MALHERBE.

Où dois-je désormais chercher quelque *allégeance*.
CORNEILLE, *Médée*.

Il n'est plus d'usage que dans le style marotique. On doit regretter la perte de ce mot expressif et sonore.

ALLÉGER, en parlant de peines, aurait-il dû, ainsi que le remarque Marmontel, être interdit au langage du sentiment ?

ALLÉGORISEUR, *s. m.* Ce mot se dit en mauvaise part d'un homme qui cherche finesse à tout ce qu'on lui dit. Voltaire a dit dans le même sens :

ALLÉGORISTE. « Les honnêtes gens doivent rembarrer avec vigueur les méchans *allégoristes*, qui trouvent dans la tragédie des *Guèbres*, des allusions odieuses. Ces gens-là ne sont bons qu'à commenter l'Apocalypse. »

ALLÉLUIA, *s. m.* Ce mot vient de l'hébreu *hallelou Iah* qui signifie *louez Dieu*. Ce fut saint Jérôme qui, le premier, introduisit dans le service de l'église, ce chant d'allégresse. « Si vous écriviez à M. l'Archevêque d'Arles, un petit mot sur sa résurrection, d'un style d'*alléluia*. » Mme DE SÉVIGNÉ.

ALLER, *s. m.* « Aux amitiez communes je suis aucunement stérile et froid, car mon *aller* n'est pas naturel, s'il n'est à pleines voiles. » MONT. l. III. c. 3.

ALLEU, *Voy.* FRANC-ALLEU.

ALLIANCE *de mots*, c'est ainsi qu'on appelle en littérature le rapprochement de deux termes qui semblent s'exclure :

A votre vers heureux et plein de Polymnie
Voulez-vous imprimer le cachet du génie ?
D'une autre invention connaissez le secret :
Le bon goût en prescrit l'emploi sage et discret.
Une plume exercée habilement rassemble
Ces termes qui, surpris et charmés d'être ensemble,
D'un hymen favorable empruntant le secours,
Fécondent la pensée, échauffent le discours.
MILLEVOYE, *l'Invention poétique*.

C'est dans Corneille, c'est dans Racine surtout qu'on rencontre fréquemment de ces alliances de mots inusitées jusqu'à eux. Ces génies fé-

conds et actifs, trop à l'étroit dans leur langue, en ont heureusement étendu les limites, non en créant des mots nouveaux; mais en multipliant, en agrandissant la signification des termes connus. Racine, qui faisait admirer à ses enfans, ce beau vers de Corneille :
Et monté sur le faîte *il aspire à descendre*,
a dit avec une heureuse hardiesse :
Dans une longue enfance il l'aurait fait *vieillir*.
Britannicus.
Déjà de l'insolence *heureux* persécuteur.
PHÈDRE.

C'est ce qui a fait dire à La Motte : « Combien d'*alliances de mots*, inusitées jusqu'à Racine, et dont on n'a presque pas aperçu l'audace! »
J'entends; la *vanité* me déclare à *genoux*
Qu'un père malheureux n'est pas digne de vous.
DESTOUCHES, *le Glorieux*.
On voit, le long des murs que bat l'airain terrible,
En bulle se gonfler une laine flexible
Qui trompe le bélier sans relâche grondant,
Combat par sa mollesse, et résiste en cédant.
BAOUR-LORMIAN, *Jérusalem délivrée*, c. 2.

Lebrun, épître 2, l. 1, a dit :
S'élever en rampant, à d'indignes honneurs.

Ce poète offre plusieurs de ces alliances heureuses; ce qui lui a valu cet éloge non suspect :
D'un plaisir inquiet tu nous vois tressaillir
A ces expressions neuves, inattendues,
Richesses du langage en tes vers répandues,
A cet accord de mots jusqu'alors ennemis,
Qui, placés avec art, et désormais unis,
Portent sans murmurer une commune chaîne,
Et ne semblent surpris que de leurs vieilles haines.
CINGUENÉ, *Épître à M. Lebrun*.

ALLIÉ, *s. m.* La Fontaine a dit noblement, en parlant d'*alliés* :
Le lion en a trois qui ne lui coûtent rien,
Son courage, sa force avec sa vigilance.

ALLONGEABLE, *adj.* « Nostre raison est un instrument de plomb et de cire *allongeable*, ployable et accommodable à tout biais et à toute mesure. » MONT. liv. II, c. 12.

ALLONGEAIL, *s. m.* « Laisse, lecteur, encore courir ce coup d'essai, et ce troisième *allongeail* du reste des pièces de ma peinture. » MONT. l. III, ch. 9.

ALLONGER, *v.* « Socrate fit sagement et selon luy de ne corrompre une teneur de vie incorruptible, et une si saincte image de l'humaine forme, pour *allonger* d'un an sa décrépitude. » MONT. liv. III, ch. 12. « Les maux ne viendront pas assez tôt : leur vray estre ne nous dure pas assez; il faut que nostre esprit les estende et les *allonge*. » *Idem, ibid*.
. . . Sidrac à qui l'âge *allonge* le chemin.
BOILEAU.
L'impatience *allonge* les instans. PARNY.

ALLURE, *s. f.* manière d'aller, démarche. Montaigne a dit : « L'amitié n'est pas assez vigoureuse et généreuse, si elle n'est querelleuse; si elle est civilisée et artiste; si elle craint le heurt, et a ses *allures* contraintes. » Liv. III, ch. 8. « J'aime l'*allure* poétique à sauts et à gambades. » *Idem*, liv. III, ch. 9.
Vous nous offrez des gens d'une agréable *allure*, dit dans la comédie des *Mots à la mode* de Boursault, une jeune fille à qui son père offre un mari qui lui paraît au-dessous d'elle; ce qui prouve que ce mot n'était plus guère d'usage et qu'il y avait de l'affectation à l'employer. *Voy.* TOURNURE.

Allures, au pluriel, signifie des intrigues amoureuses, des connaissances qui vous entraînent dans des démarches qui rendent votre conduite suspecte. C'est en ce sens que Mme Du Hazard, dit en parlant de Jeannette, sa servante : « C'est une brave fille, ça n'a pas d'*allures*, et c'est un grand point. » *Les battus ne paient pas toujours l'amende*, prov. dram.. sc. 11.

ALLUVION, *s. f.* (*alluere*). « Les langues, dit un ancien auteur, se forment par *alluvion*. » Ce mot explique assez bien comment on peut « voir à jour les expressions se former, s'allier, s'adoucir, se compliquer ou se perdre par une continuelle succession de créations et de ruines. » CHASLES, *Tableau du 16ᵉ siècle*, 1828.

ALMANACH, *s. m.* Ce mot vient de l'arabe *al* (le) et de *manach*, qui signifie *compter*. Dans le calendrier on compte les jours et les mois. Quelques auteurs donnent une autre origine et une autre étymologie au mot *almanach*, et le tirent de l'allemand. Nos ancêtres, selon eux, traçaient le cours des lunes, pour toute l'année, sur un morceau de bois carré qu'ils appelaient *al monaght*, comme qui dirait contenant *toutes les lunes*. Olaüs Wormius, dans ses *Fastes danois*, parle, ainsi que nous l'avons déjà dit, dans notre *Dictionnaire des Origines*, tom. 1, pag. 34, Paris (1827) d'un bâton pareil, long, hexagone, divisé en deux parties parallèles, dont le premier côté représentait le cours de l'année, depuis la Circoncision jusqu'au 30 juin, l'autre depuis le 1er juillet jusqu'à la Saint-Sylvestre.

ALMANACH ROYAL. Fontenelle a dit de cet Almanach que c'était le livre qui contenait le moins d'erreurs.

« Voulez-vous faire promptement fortune, disait un père à son fils qui partait pour Paris, vous n'avez besoin que d'un livre : apprenez et sachez par cœur l'*Almanach royal*. »

ALOI, s. m. (*ad legem*). Ce mot semble avoir été nouveau du temps de Boursault, car il le place dans la bouche d'une bourgeoise ridicule qui a la manie de se servir de termes peu usités :

Cela sent le bourgeois du plus méchant *aloi*.
Coméd. des *Mots à la mode*, sc. III.

ALORS, *adv.* qui s'est écrit *à l'or* du latin *ad illam horam* (à l'heure, à cette heure), ce mot *hora* (heure) nous a donné autrefois *or, ore*.

Dès *or* commencerai l'estoire (l'histoire)
Et de la noise et du content (débat).
Le Roman du Renard, v. 18, édit. de Méon, 1826.

Dès *or*, dès à présent, dès cette heure : « Leurs mérites sont et durent jusqu'à *ore*. » ALAIN CHARTIER. Jusqu'à *ore*, jusqu'alors, jusqu'à cette heure.

ALOUETTE, *s. f.* du latin *alauda* on a dit d'abord *aloue* en changeant *au* en *ou* et syncopant *d*; d'*aloue* on a fait le diminutif *alouette* et le primitif *aloue* ayant cessé d'être usité, a été remplacé par son diminutif *alouette*, qui ne signifie plus une petite *aloue*, mais bien l'oiseau même qui portait autrefois ce dernier nom.

ALOE, dans le *Roman du Renard*, ouvrage du 13e siècle :

Les biens mondains, les honneurs et les gloires,
Qu'on aime tant, désire, prise et loue,
Ne sont qu'abus et choses transitoires,
Plutost passant que le vol d'une *alloue*. »
ALAIN CHARTIER, *Parlement d'Amour*.

ALOURDER, *v. a.* assommer. Régnier, le satirique : « Vous *alourdent* de vers. » C'est dommage que ce mot ait vieilli.

ALPES, *s. f. plur.* chaîne de montagnes entre la France, la Suisse et l'Italie, ou du latin *Alpus*, que les Sabins disaient pour *albus* (blanc), parce que ces montagnes sont toujours blanches de neige, ou du celtique *al* (haut, élevé) et *pen* (montagne, sommet d'une montagne). *Servius*, sur le 13e vers du xe livre de l'*Énéide*, confirme cette étymologie : les Gaulois, dit-il, appellent *Alpes* toutes hauteurs des montagnes. Hiérôme, moine camaldule, qui a fait la *Vie de saint Romuald*, y prend souvent le mot *Alpes* pour un nom appellatif qui signifie de hautes montagnes; on trouve même des exemples où *alpis* au singulier signifie *mons* (une montagne). Est-ce d'après ces autorités ou par une hardiesse poétique que Delille a pris le mot *Alpes* pour montagnes quelconques, et qu'il a dit, en parlant des avalanches :

Et sous le vent lointain de ces Alpes qui tombent,
Avant d'être frappés les voyageurs succombent.
L'Homme des Champs, ch. III.

ALPESTRE, *adj.* des Alpes, mot nouveau. « La lune... éclairait un paysage *alpestre*, composé de rochers et de beaux châtaigners, dans l'état où Salvator Rosa aimait à les peindre creusés jusqu'au cœur par les années et déchirés par la tempête. » L. SIMOND, *Voyage d'Italie et de Sicile*, pag. 158 (1828).

ALPHA, *s. m.* C'est le nom de la première lettre de l'alphabet grec. On emploie quelquefois ce mot au figuré, pour signifier ce qui est le premier, ce qui commence une chose, par opposition à *oméga* qui signifie le dernier, ce qui termine une chose. Cette locution se trouve dans la *Vulgate* : « *Ego sum alpha et oméga, primus et novissimus, principium et finis* » (Je suis l'*alpha* et l'*oméga*, le premier et le dernier, le commencement et la fin). Voilà probablement la source où nous avons puisé cette expression.

ALPHABET, *s. m.* Ce mot, qui signifie le catalogue des lettres usitées dans une nation pour la représentation des sons élémentaires de la langue qu'elle parle, vient d'*alpha*, *béta*, qui sont les deux premières lettres de la langue grecque.

Il paraît, d'après le témoignage de César, que les Gaulois se servaient de caractères grecs, *Græcis litteris utuntur*, dit cet historien. Quant à nous, nous tenons nos lettres des Latins; les Latins tenaient les leurs des Grecs, qui les avaient reçues des Phéniciens. Grégoire de Tours, liv. v, ch. 44, et Aimoin, liv. III, ch. 40, parlent, avons-nous déjà dit dans notre *Nouv. Diction. des Origines*, pag. 33, de plusieurs ordonnances de Chilpéric, touchant la langue. Ce prince fit ajouter à l'alphabet les quatre lettres grecques Õ, Ψ, Z, N. Aimoin dit que c'était Θ, Φ, X, Ω; et Fauchet prétend, sur la foi de Pithou et sur celle d'un manuscrit qui avait alors plus de cinq cents ans, que les caractères, qui furent ajoutés à l'alphabet, étaient l'Ω des Grecs, le Π, le Ψ et le Z des Hébreux; c'est ce qui peut faire penser que ces caractères furent introduits dans le Franck-teutch pour représenter des sons qui lui étaient particuliers, et non pas pour le latin, à qui ses propres caractères suffisaient. Il ne serait point étonnant que Chilpéric eût emprunté des caractères hébreux, si l'on fait attention qu'il y avait beaucoup de Juifs à sa cour. L'*I* et le *J* étaient autrefois confondus dans l'écriture et dans l'impression; l'on confondait de même l'*U* et le *V*. L'Académie n'a séparé et distingué ces quatre lettres que dans l'édition de son *Dictionnaire* de 1762, en sorte que notre alphabet, anciennement de vingt-trois lettres, en compte maintenant vingt-cinq.

ALTERCAS, *s. m.* « Il signifie la même chose qu'*altercation*, et n'est plus guère d'usage que dans le style marotique ou badin. » *Acad.*

Quoi qu'il en soit, cet *altercas*
Mit en combustion la salle et la cuisine.
LA FONTAINE, liv. XII, fab. 8.
Or, voyez bien qu'en tout cet *altercas*
One n'ai pu croire au bon Pythagoras.
LEBRUN.

ALTESSE, *s. f.* de l'italien ou de l'espagnol *altezza*, dont la racine est le mot latin *altissimus* (très élevé). « De nos jours on ne s'est pas contenté, dit de Caillères, des anciens titres; on en a créé de nouveaux; l'Italie fertile en ces sortes de productions, nous a donné l'*altesse* qui était inconnue en France il n'y a pas cent ans. » *Les Mots à la mode*, pag. 149. Paris, 1692. Un curé de Montferrat refusa le titre d'*altesse* au duc de Mantoue, parce que son Bréviaire ne le donnait qu'à Dieu : *Tu solus altissimus*.

ALTESSE ROYALE. L'usage de ce titre, est-il dit, dans le *Dictionnaire* de Moréri, a commencé en 1633, lorsque le cardinal-infant passa par l'Italie pour aller aux Pays-Bas; car, se voyant sur le point d'être environné d'une multitude d'*altesses*, avec lesquelles il était chagrin d'être confondu, il fit en sorte que le duc de Savoie convînt de le traiter d'*altesse royale*, et de n'en recevoir que l'*altesse*. Gaston de France, duc d'Orléans, qui était alors à Bruxelles, ne voulant pas souffrir qu'il y eût de distinction entre ce cardinal et lui, puisqu'ils étaient tous deux fils et frères de rois, prit aussitôt la même qualité. Les fils et petits-fils des rois, en France, en Angleterre et dans le Nord, ont aussi pris ce titre. Le prince de Condé est le premier qui ait pris, dans le même temps, le titre d'*altesse sérénissime*.

ALUMELLE, *s. f.* du latin *lamella* (petite lame) qui aura donné d'abord la *lamelle*, puis la *lumelle*, enfin l'*alumelle*. Ce mot qui ne signifie plus qu'une espèce de lame de couteau dont se servent les tabletiers, s'est pris anciennement pour lame, épée :

« Devant lui fut une espée toute droicte pendant le pommel dessoubs et l'*alumelle* vers le hault. » *Lancelot du Lac*, roman imprimé en 1520. Ce mot se trouve dans le *Diction.* de Philib. Monet, qui le définit par lame de fèrement, tranchant. *Alumel de couteau* (*cultri lamella*).

AMADIS, *s. m.* On appelle ainsi depuis quelques années, dit Ménage, la manche d'une veste d'homme serrée et boutonnée jusqu'au poignet; et elle a été ainsi appelée, parce qu'à la première représentation de l'opéra d'*Amadis*, héros fameux dont les aventures font la matière, les acteurs avaient de ces sortes de manches, qui devinrent à la mode.

AMADISER, *v.* Le brave La Noue dit en parlant du danger des *Amadis*, fort en vogue de son temps : « Je connais telles personnes, à qui, après avoir appris à *amadiser* de paroles, l'eau venait à la bouche, tant elles desiraient de tâter un petit morceau des friandises qui y sont si naïvement représentées. »

AMADOTE, *s. f.* sorte de poire, nommée ainsi pour *Dam' Oudotte*. « C'est le nom qu'on leur donne en Bourgogne, d'une femme qui se nommait *Dame Oudet*, au village de Démigny, entre Beaune et Châlons, et qui la première eut de ces fruits en ces pays-là. » *Traité manuscrit des Espaliers*, par J. Ferrand, président en la chambre des comptes de Rouen.

AMADOU, *s. m.* espèce de champignon long-temps froissé entre les mains pour le rendre souple. « Ce mot vient du latin *manus* (main); et l'on a dit *admanutum* pour signifier *manié*; on a fait de là *admatum*, d'où est venu le mot *amadou*. Le verbe *amadouer*, pour dire *flatter*, sort de la même racine. » *Mercure de France* du 25 avril 1779, pag. 252.

AMADOUEUR, *s. m.* pour dire celui qui amadoue, se trouve dans les *Épithètes* de De la Porte, Paris (1571).

AMARRER, *v.* terme de marine. « Ce mot, pour *lier*, ne viendrait-il pas plus naturellement d'*amarr*, lien, en celtique, que du grec ἅμα ? Mais D. Pezzon qualifie peut-être gratuitement le mot *amarr* du mot celtique. Il se dit dans le basbreton d'aujourd'hui, où il s'est glissé beaucoup de mots nouveaux, et on ne le trouve point dans les indices des anciens mots de cette langue. » FALCONET, *Mém. de l'Acad. des Inscrip. et Belles-Lett.* tom. XX, pag. 10, Paris (1753).

AMATEUR, *s. m.* du latin *amator* (celui qui a beaucoup de goût pour quelque chose). *Amateur* se dit bien sans complément : *c'est un amateur; ce spectacle attire les amateurs*. *Amateurs* prend bien pour complément un nom de chose, comme *amateurs des arts, amateurs de la musique*. Nous doutons qu'il puisse prendre un nom de personne et qu'on puisse dire *un amateur de Corneille, un amateur de Préville*. Cependant en morale on dit bien *c'est être trop amateur de soi-même*.

AMATRICE, *s. f.* du latin *amatrice*, ablat. de *amatrix*, se trouve déjà dans Amyot, dans Brantôme et dans le *Dict.* de Philip. Monet. J. J. Rousseau n'a donc pas créé ce féminin, mais il a réhabilité un mot qu'il ne fallait pas laisser perdre : « Paris est plein d'amateurs et surtout d'*amatrices*, qui font leurs ouvrages, comme M. Guillaume faisait ses couleurs. » « Comme l'observe très-ingénieusement M. Bréghot du Lut, dans son excellent rapport à l'Académie de Lyon, sur le tom. 1 de l'*Archéologie française*, les raisons que plusieurs puristes allèguent, pour bannir de notre langue le mot *amatrice*, rappellent les scrupules de quelques prudes que Molière a si plaisamment tournées en ridicule. » *Crit. de l'École des Femmes*, sc. VI. CH. POUGENS, *Archéologie française*, tom. II, pag. 277.

AMAZONES, *s. f. plur.* du latin *amazones*, pris du grec ἀμάζονες, formé d'ἀ privatif, et de μαζός (mamelle) *sans mamelle*, d'autant qu'elles se brûlaient, dit-on, la mamelle droite pour être plus habiles à tirer de l'arc. Les amazones étaient une nation de femmes guerrières; elles habitaient vers les bords du fleuve Thermodon, dans l'Asie mineure, avaient une reine à leur tête, et ne souffraient point d'hommes parmi elles. Les Latins ont, par imitation, donné le nom d'amazones à plusieurs héroïnes qui se sont distinguées par des exploits belliqueux; c'est ainsi que Virgile dit de Camille, reine des Volsques :

At medias inter cædes exsultat Amazon,
Unum exerta latus pugnæ, pharetrata Camilla.
Æneid. liv. IX. 648.

A l'exemple des anciens, nous nommons *Amazone* une femme d'un caractère mâle et guerrier, ou une femme qui fait effectivement la guerre. Balrac dit, en parlant de la véritable éloquence que « la muse est d'une *amazone*, plutôt que d'une coquette. » *De la grande éloquence.*

Soudain, dans son palais, déposant sa langueur,
Et d'un sexe plus mâle affectant la vigueur,
Sur ces chars la duchesse, *amazone* intrépide,
Dans ses bonds redoublés guide un coursier rapide.
DUPUY DES ILETS.

On appelle *habit d'amazone* une espèce de redingote que portent les femmes lorsqu'elles montent à cheval :

En *habit d'amazone*, au fond de mes déserts,
Je te vois arriver plus belle et plus brillante
Que la divinité qui naquit sur les mers.
VOLTAIRE, *Épître à mad. de Saint-Julien.*

AMBASSADEUR, *s. m.* dans la basse latinité *ambasciator.* G. Gley le fait venir du mot tudesque *ambaht* (gestion, affaire, emploi, ambassade). Il paraît que le verbe *ambassader* s'est dit autrefois. On lit dans Alain Chartier : « Tant *ambassada* le dit duc Guillaume d'une partie et d'autre, qu'il fut conclud, etc. » *Histoire de Charles* VII. « Je suis une *ambassadrice* de joie. » MOLIÈRE.

AMBIGU, *s. m.* mélange de choses opposées. « C'est un *ambigu* de précieuses et de coquettes que leur personne. » MOLIÈRE, *Précieuses ridicules*, sc. 1.

A son exemple Regnard a dit :

Un *ambigu* nouveau de prude et de coquette.
Le Joueur, act. 1, sc. 6.

AMBIDEXTRE, *adj.* et *s.* Du Cange dit qu'on donnait ce nom à un juge qui prend à droite et à gauche, qui reçoit des présens de l'une et de l'autre partie.

AMBITIONNER, *v.* Il est dérivé d'*ambition* qui vient du latin *ambitio*, et signifie proprement les circuits que l'on fait pour parvenir à un but. Ce mot était encore inusité du temps de Vaugelas, qui ne permet pas de faire à sa fantaisie des verbes tirés et formés des substantifs. Ménage le permet dans le style élevé. Avant Malherbe on ne le connaissait point. *Ambitionner* eut beaucoup de peine à s'introduire, et les difficultés qu'il éprouva vérifièrent, comme dit M. Pougens, le mot, si connu de Balzac : « S'il n'est pas français cette année, il le sera l'année prochaine. »

AMBRE, *s. m.* J. B. Rousseau exprime ainsi poétiquement la *rosée* :

Et sur tous les côteaux voisins
On voit briller l'*ambre* fertile
Dont elle dore nos raisins.

AMBRER, *v.* parfumer d'ambre. On a dit du Maréch. de R. « qu'il fut le premier en France qui sut *ambrer* le vice. »

AMBULANT, ANTE, *adj.* C'est le participe de l'ancien verbe *ambuler*, du latin *ambulare* (se promener). « Car par avant n'avez *ambulé* par semblable voie. » *Les Neuf Preux*, roman imprimé en 1507.

De ce verbe s'était formé *ambler*, aller l'amble :

De nature *amble* poulain.
Prov. en rimes, 1669.

AME, *s. f.* du latin *anima* qui vient du grec ἄνεμος, souffle, respiration. L'ame est le principe de la vie et se prend pour la vie même. Les Latins ont fait le même usage du mot *anima*. Virgile a dit : *animam exspiravit in ignes* (elle *rendit l'ame* dans les flammes). Un ami de Ninon Lenclos, refusant de voir son curé au moment de *rendre l'ame*, cette épicurienne lui mena ce prêtre, en lui disant : « Monsieur, faites votre devoir : je vous assure que, quoiqu'il raisonne, il n'en sait pas plus que vous. »

C'est une impolitesse à faire *rendre l'ame*.
BOURSAULT, com. des *Mots à la mode*, sc. 7.

« Je jure de n'en rien dire tant que l'*ame* vous battra dans le corps. » BOUCHON-DUBOURNIAL, trad. de *Don Quichotte*. Juvenal dans la 6e satire a pris le mot *anima* dans le sens de vie :

Tanquam famæ discrimen agatur
Aut animæ, tanti est quærendi cura decoris.

(on prend autant de soin de la toilette que s'il s'agissait de mettre en péril la réputation ou la *vie* (*animæ*).

Nous disons quelquefois *ame* pour personne :

Qu'on ne laisse monter aucune *ame* là-haut.
RACINE, *les Plaideurs*.

et Horace s'est servi du mot *animæ* (ames), dans le même sens : *Virgilius Variusque*, animæ *quales neque candidiores terra tulit* (Virgile et Varius les plus belles *ames* que la terre ait produites).

Ame se prend pour principe, essence :

La noble indépendance est l'ame des talens.
MILLEVOYE.

M. Desaintange dit en adressant la parole à la sensibilité :

Sois *l'ame de mon ame*, et guide tous mes pas.

Voltaire avait dit avant lui, dans son opéra de *Pandore*, scène dernière :

Vous qui vivez dans moi, vous *l'ame de mon ame*.

Et dans *Alzire*, act. II, sc. 3 :

Alzire, chère Alzire, ô toi que j'ai servie,
Toi pour qui j'ai tout fait, toi *l'ame de ma vie !*

Nos pères donnaient des diminutifs à ce mot ; *amelette*, pour petite ame, se trouve dans les *Epithètes* de De la Porte, Paris, 1571, et *amète* dans les *Essais de Montaigne*, liv. III, ch. 10 : « Quand ces *amètes* naines et chétives s'en vont embabouynant : et pensent espandre leur nom, pour avoir jugé à droict une affaire, ou continué l'ordre des gardes d'une porte de ville, ils en monstrent d'autant plus le cul, qu'ils en espèrent hausser la teste. »

Molière, pour ridiculiser les *Précieuses*, leur fait demander les *ames* des pieds, c'est-à-dire les violons.

AMÉ, ÉE, ancien terme de chancellerie. *Voyez* AIMER.

AMENDE, s. f. du latin *emendatio* (correction), peine pécuniaire imposée par la justice.

Anciennement, lorsque, pour prouver son innocence ou la justice de ses prétentions, le duel était en usage, il fallait se présenter devant le juge ; il examinait l'affaire, tâchait de découvrir qui avait tort ou raison, et s'il ne le pouvait pas, il ordonnait le combat ; alors l'accusateur et l'accusé déposaient entre ses mains une certaine somme pour indemniser le vainqueur du préjudice qu'il pouvait recevoir en sa personne ou ses armes. C'est de là probablement qu'est venu le proverbe : *les battus paient l'amende.*

AMÉNITÉ, s. f. du latin *amœnitas* (agrément, douceur). Ce mot, dont on n'osait encore se servir au commencement du 17e siècle, a été vivement défendu par Ménage qui n'en est pas l'inventeur, comme plusieurs le pensent, puisqu'il se trouve déjà dans Rabelais, épître au cardinal de Châtillon.

AMI, s. m. dans nos vieux conteurs, a un sens tout particulier : « Le marchand cogneust tantost qu'il estoit de nos amis, » c'est-à-dire que sa femme était infidèle. *Cent nouv. Nouv.* nouv. XIX.

« A Paris, naguères, vivait une femme qui fut mariée à ung bon simple homme qui tout son temps fut de nos *amis* si très bien qu'on ne pouoit plus. » *Ibid.* nouv. LI.

AMIDON, s. m. du grec ἄμυλον, d'ἀ privatif et de μύλη (meule de moulin), farine faite sans meule, parce que les anciens ne faisaient point moudre le grain dont ils tiraient l'amidon.

J. B. Rousseau a dit, *Epît.* VII, *l'amidon des parfumeurs de cour,* pour louange fausse, vain compliment ; mais cette métaphore n'a pas fait fortune.

AMIDONNER, v. Panard a été plus heureux dans la création de ce mot, comme on peut juger par ce couplet :

Qu'à s'ajuster du haut jusques en bas
Iris, pour paraître jolie,
Passe les trois quarts de sa vie,
Cela ne me surprend pas ;
Mais qu'un abbé tous les jours *s'amidonne,*
Et qu'à pas comptés ce poupin,
Sur la pointe d'un escarpin,
Marche toujours droit comme un pin,
C'est là ce qui m'étonne.

AMIGNARDER (s'), v. « *S'amignarder* dans le sein de leurs mères. » ET. PASQUIER.

AMIRAL, s. m. Ce mot, suivant H. Estienne, Barbasan, Cl. Fauchet et Roquefort, vient de l'arabe, et non du grec comme le prétend J. C. de Bernières. « Pour moi, dit le P. Labbe, j'ai toujours estimé que le sentiment de Fauchet, au chap. 9 du IIe livre de l'*Origine des dignités et magistrats de France*, et de plusieurs autres, est plus conforme à la vérité, et que ce mot nous est venu des voyages de nos rois et autres seigneurs françois en Orient. Il parle de la sorte : Je pense que le mot *admiral* est arabe, parce que les Sarrasins ont appelé *amiras* aucuns de leurs rois et scigneurs ; et Sigebert le chroniqueur, sous l'an 630, dit que Mahomet établit quatre préfets qui s'appelèrent *amir* ou *émir*, et lui *amiras*, comme premier du conseil. »

Les Sarrasins ont été les premiers qui aient donné le nom d'amiraux aux capitaines-généraux de leurs flottes ; après eux, les Siciliens et les Génois accordèrent ce titre à celui qui commandait leurs armées navales. Cette dignité ne fut point connue en France avant Florent de Varennes qui l'exerça par commission au passage d'outre-mer, en 1270.

AMITIÉ, *s. f.* « On a dit autrefois qu'un drap, qu'une étoffe n'a pas d'*amitié*, pour dire qu'ils sont durs, qu'ils ne sont pas maniables. » RICHELET, édit. de 1759.

AMMITONNÉ, ÉE, *adj.* On trouve ce mot dans Oudin (*Dict. des trois langues*), pour emmitouflé : *rinchiuso*, dit-il, *nella pelle come una gatta*. Montaigne l'a employé dans le même sens : « *Ammitonné* dans les mattes jusqu'aux oreilles. » Liv. I, ch. 35.

AMNISTIE, *s. f.* du grec ἀμνηςία (*amnéstia*), d'α privatif et de μνάομαι (*mnaomai*), *faire mention*.

« Les Spartiates, dit l'abbé Paul, dans sa traduction de *Velleius Paterculus*, s'étant rendus maîtres d'Athènes, en conférèrent le gouvernement à trente magistrats qui devinrent ensuite autant de tyrans. Ils furent chassés par Thrasybule, le restaurateur de la liberté, lequel porta une loi qui ordonnait de n'inquiéter personne sur le passé. Cette loi fut nommée *amnistie*, et c'est ce que Velleius Paterculus appelle un décret d'oubli. » Le P. Labbe nous donne à peu près l'époque de l'introduction de ce terme dans notre langue : « Ce mot, dit-il, est depuis quelque temps fort usité en France, pour signifier l'oubli des injures. » Il se serait donc établi chez nous vers le milieu du 17ᵉ siècle, et signifie, du moins aujourd'hui, pardon, accordé par une loi à des rebelles ou à des déserteurs.

AMOINDRIR, *v.* dérivé de *moindre*, *amoindrir* ; c'est rendre moindre, diminuer. « Notre imagination nous grossit tellement le temps, à force de faire des réflexions continuelles, et nous *amoindrit* tellement l'éternité, faute d'y faire réflexion, que nous faisons de l'éternité un néant, et d'un néant une éternité. » « Cette pensée si belle, dit Racine le fils, n'a pu faire vivre ces deux verbes dans ce sens. »

AMOLLIR, *v.* « J'ayme ces mots qui *amollissent* et modèrent la témérité de nos propositions : *à l'adventure, aucunement, quelque, on dit, je pense*, et semblables. » MONTAIGNE, liv. III, ch. 2.

AMONCELÉ, ÉE, *part.* « Nous sommes tous contraincts et *amoncellés* en nous, et aurons la veuë raccourcie à la longueur de nostre nez. » MONTAIGNE, liv. I, ch. 25.

AMONT, *s. m.* du latin *ad montem* (du côté de la montagne, du côté qui monte, en haut), il s'est écrit d'abord de deux mots. Le traducteur des *Dialogues* de saint Grégoire, dans le 12ᵉ siècle l'a écrit ainsi, et s'en est servi pour dire ci-devant, plus haut : « un poi plus à *mont* » (un peu plus haut).

« Lors lui oste elle-mesme l'escu de son col et le regarde *amont* et aval (en haut et en bas), et voit qu'il est fendu d'ung bout jusques à l'autre. » *Lancelot du Lac*, roman imprimé en 1520.

« L'eaue venant d'*amont* (d'en haut), demoura mobile à manière d'une haulte montaigne. *Les Neuf Preux*, roman imprimé en 1507.

AMORCER, *v.* « L'ambition, l'avarice, la cruauté, la vengeance n'ont point assez de propre et naturelle impétuosité ; *amorçons*-les et les attisons, par le glorieux titre de justice et de dévotion. » MONT. liv. III, c. 12. Qu'eût-dit Montaigne de nos jours ?

AMOUR, *s. m.* Il a fait faire des volumes, depuis l'in-folio jusqu'à l'in-32. Rami-Belleau l'appelle : L'enfant oiseau. »

Scarron le définit :

. . . . . Le petit dieu qui brûle
Les cœurs. . . . . .
Et qui n'a qu'à piquer d'un trait,
Pour faire porter la marotte
Au plus raisonnable Aristote.

Je sais bien que qui suit la Fortune et l'Amour
Gagne, perd, rit et pleure au moins six fois par jour.
CORNEILLE.

« Nous sommes dans un mois où tout fait l'*amour*, sans excepter les lions, les tigres et les philosophes. » BALZAC.

« L'*amour* est un état de guerre, c'est pour cela que tous les termes en sont militaires : *vaincu*, *vainqueur*, *chaîne*, *conquête*, etc. » M. DUBUCQ.

AMOURACHER. *Voyez* ENAMOURER.

AMOUREUX, EUSE, *adj.* qui a de la passion pour quelqu'un : « La raison des *amoureux* est une autre raison que celle des sages. » BALZAC. Il signifie aussi qui a une passion pour quelque chose, et alors il est suivi d'un complément :

Tous ces pompeux amas d'expressions frivoles
Sont d'un déclamateur *amoureux de paroles*.
BOILEAU, *Art poét.* ch. 3.

Je laisse fuir le lâche, *amoureux de la vie*.
AIGNAN, trad. de l'*Iliade*, liv. XIII.

L'aune et le peuplier, *amoureux des rivages*,
Couronnent les ruisseaux de leurs pâles feuillages.
ROSSET, l'*Agriculture*, ch. III.

Racine le fils l'a construit avec l'indéfini :

Amoureux de souffrir. . . . .
Les saints s'arment contre eux de rigueurs salu-
[taires.

Amoureux des onze mille vierges, se dit proverbialement d'un homme qui se prend d'une belle passion pour toutes les femmes qu'il voit ; n'est-ce pas une allusion aux prétendues onze mille vierges, compagnes de sainte Ursule? « Le capitaine Conan s'établit en Bretagne, vers l'an 383, avec deux légions qu'il y conduisit d'Angleterre, pour le service du tyran Maxime. Peu de temps après, il envoya, dit-on, en son pays chercher la princesse Ursule, sa fiancée, ainsi que onze mille vierges qu'il voulait marier avec les onze mille soldats qui formaient ses deux légions. On ajoute que ces filles, jettées par la tempête dans l'embouchure du Rhin, furent prises et martyrisées à Cologne, par les Huns qui servaient l'empereur Gratien contre Maxime. Selon l'historien Le Beau, tout ce que les légendaires racontent de Conan, de sainte Ursule et des onze mille vierges est également fabuleux, et a été réfuté par les plus savans critiques. » *L'Improvisateur français*, au mot *onze*.

M. Thomas demandait, vers la fin de l'hiver, à un bon paysan, pourquoi il n'avait pas encore ensemencé son champ. « J'attends, répondit celui-ci, que la terre soit *amoureuse*. »

AMPHIBIE, *adj.* et *s.* « Ouvrages *amphibies*, moitié romans, moitié histoires, qui font passer dans la tête des lecteurs un assortiment monstrueux de vérités et de mensonges. » L'ABBÉ DE LA BLETTERIE.

AMPHIBOLOGIE, *s. f.* du grec ἀμφί (*amphi*) des deux côtés; βάλλω (*ballô*) je jette; et de λόγος (*logos*) discours. L'amphibologie, dit M. Morin, est un discours obscur, dans lequel une même expression peut être prise en deux sens opposés. « La représentation de *Tartufe* avait été défendue par le premier président Harlay, qui se piquait de dévotion; Molière dit aux spectateurs : Messieurs, nous devions aujourd'hui, vous donner le Tartufe, mais M. le premier président ne veut pas qu'on *le* joue. Ce *le* présente deux sens, il peut se rapporter au Tartufe et au premier président. Cette amphibologie fait épigramme; mais ordinairement l'amphibologie est un vice de diction, qu'il faut soigneusement éviter. » DOMERGUE.

AMPHITRYON, *n. propre m.* Le nom de ce général Thébain, époux d'Alcmène, est devenu un nom commun et proverbial pour désigner celui qui traite, celui qui met la nappe, comme on dit vulgairement. Il est probable que ce terme est dû à Molière qui fait dire à Sosie :

Le véritable *Amphitryon*
Est l'Amphitryon où l'on dîne.
Amphitryon, act. III, sc. 5.

S'il est un rôle noble et bien digne d'envie,
Un agréable emploi dans le cours de la vie,
C'est celui d'un mortel qui fait en sa maison
Les honneurs de sa table en digne *Amphitryon*.
BERCHOUD, *la Gastronomie*, ch. 3.

AMPLITUDE, *s. f.* du latin *amplitudo* (grandeur, étendue). Ce mot qui n'est d'usage que dans l'artillerie et en astronomie, a été employé par d'Hancarville, dans un sens où il mériterait d'être conservé : « En place des statues dont on multipliait les têtes et les bras pour exprimer la puissance et la force, on en fit où la force se montra par l'*amplitude* des muscles, portée même au-delà de la vérité. » *Recherches sur l'origine et les progrès des arts de la Grèce*, préface, pag. XXII. Suétone avait dit, dans le même sens, *membrorum amplitudo* pour *des membres bien fournis*.

AMPOULE, *s. f.* fiole, petite bouteille. En ce sens il ne se dit plus que de la sainte *ampoule* de Reims où l'on conservait l'huile pour le sacre des rois de France. Ce mot vient du latin *ampulla* qui signifiait généralement un vase de verre à grosse panse, et particulièrement une fiole qui renfermait l'huile de senteur dont les anciens s'oignaient après le bain. *Voy.* Moréri au mot *Bain*.

Ampule, qui est le même qu'*ampoule*, se trouve pour fiole, bouteille, dans le *Roman des Neuf Preux*, imprimé en 1507.

AMPOULÉ, ÉE, *part.* qui suppose le verbe *ampouler*, du latin *ampullatus* (enflé). Nous ne l'employons qu'au figuré en parlant du style et du discours. Le style *ampoulé*, est celui où l'on l'emploie des termes, des images beaucoup plus grandes que ne le comporte la nature des idées. Les Latins appelaient *ampullæ*, des paroles empoulées, enflées.

Projicit ampullas, et sesquipedalia verba.
HORACE.

d'où ils disaient *ampullari*, parler d'un style enflé et ampoulé.

An tragicâ desævit et ampullatur in arte?
Idem.

AMPOULÉMENT, *adv.* d'une manière ampoulée : « Mots estranges, bouffis et enflez *ampoulément*. » NIC. PASQUIER, liv. VIII, lett. I. Cet adverbe n'a pu s'accréditer.

AMULETTE, *s. f.* du latin *amuletum*, dans Pline (préservatif contre les venins et les enchantemens); ce mot vient donc du latin *amuletum* ou plutôt *amoletum* ou *amolimentum*, dérivé de *amoliri* (écarter), parce que les Latins prétendaient que les amulettes avaient la vertu d'écarter ce qui était nuisible. C'était un remède superstitieux, ou une espèce de médicament composé de simples, ou de pierres précieuses que les anciens s'attachaient au col, par le moyen duquel ils prétendaient se préserver, ou se guérir de diverses maladies. Ainsi, c'était proprement un préservatif.

AMUSABLE, *adj.* qui est de mise, au moins dans une lettre, ou dans la conversation, est, comme on sait, un mot de Mme de Maintenon, qui disait, en parlant de Louis XIV : « Quel supplice d'amuser un homme qui n'est plus *amusable!* » *Voyez* INAMUSABLE.

AMUSEMENT, *s. m.* Une femme d'esprit disait : « M. de Fontenelle est mort avec la consolation de n'avoir jamais donné le moindre ridicule à la plus petite vertu ; moi je mourrai avec celle de n'avoir jamais montré le moindre dédain au moindre *amusement*. »

AMUSER, *v.* C'est un composé de l'ancien verbe *muser* qui se trouve encore dans cette locution *qui refuse muse*.
Qui en sa conscience voudroit souvent *muser*
(s'arrêter),
Assez y trouveroit de quoy soy accuser.
Le Codicille de Jean de Meung, v. 266.

Une femme aimable, à la suite de longs diners et de cohues obligées, écrivait à une de ses amies, de la campagne où elle s'était retirée : « Maintenant je *m'amuse* à être tranquille. »

AMUSEUR, *s. m.* Celui qui amuse. La Fontaine appelle Rabelais « le premier de tous les *amuseurs*. »

AMUSOIR, *s. m.* ce qui sert à amuser. Pasquier, *Rech.* liv. I, ch. 5, appelle le royaume de Naples « l'ancien et malheureux *amusoir* de l'ambition de nos princes. » Montaigne, liv. III, ch. 9, a féminisé ce mot, en parlant de chétives réformes sur les habillemens, la cuisine et la chicane, faites au milieu des troubles de la Ligue : « Ce sont *amusoires* de quoy on paist un peuple mal mené, pour dire qu'on ne l'a pas du tout mis en oubli; » et Scarron, *Virg. trav.* liv. V : « Neptune, dit-il,

Tout bonnement s'amusait,
La mer étant calme pour l'heure,
Faute d'*amusoire* meilleure,
A faire en mer des ricochets.

AN, s. m d'*annus* qui, chez les Latins signifie proprement un cercle ; mais qu'ils ont pris aussi figurément pour le cercle que le soleil décrit en parcourant les douze signes du zodiaque. « Il semble, dit Muret, que l'*an* se retourne en soy-mesme, comme un serpent, d'où même il a pris le nom ; car *an*, en composition des mots latins, signifie quelque rondeur. De là sont *annus, annulus, ambio, ambustus, ambesus*, et tels autres. Virgile :

Atque in se sua per vestigia volvitur annus.

« A cette occasion, les Egyptiens, comme tesmoigne Orus Apollo, voulans peindre l'an, peignaient un serpent mordant sa queue. » *Commentaires sur les Amours de Ronsard*, pag. 211, Paris 1553.

ANACHORÈTE, s. m. (ἀναχωρεῖν), se retirer. « Mon fils s'en est retourné chez lui avec un fond de philosophie chrétienne, chamarré d'un brin d'*anachorète*. » Mme DE SÉVIGNÉ.

ANACRÉONTIQUE, adj. qui est dans le goût d'Anacréon, poète érotique grec.

Vers anacréontiques, ode anacréontique. L'ode suivante, traduite de cet ancien poète, intitulée l'*Amour captif des Muses*, donnera une idée de la manière de ce poète gracieux :

Du volage dieu d'Amour,
Les Muses cherchaient les traces ;
La plus jeune, l'autre jour,
Le surprit dans un détour ;
Aussitôt aux pieds des Grâces
Fut enchaîné ce mutin :
Vénus triste et vagabonde
Va sa rançon à la main,
Et le cherche, mais en vain,
Au ciel, sur terre et sur l'onde.
De sa prison enchanté,
Au nœud charmant qui l'engage
Par son choix même arrêté,
Il trouve son esclavage
Plus doux que la liberté.

Ces jolies bagatelles demandent une imagination riante, un tour aisé et naturel, une versification douce et coulante ; rien de recherché, et surtout point d'esprit, car l'esprit fait fuir les grâces du sentiment.

ANACRÉONTISME, s. m. genre des poésies d'Anacréon. C'est un mot de J. J. Rousseau qui l'a pris en mauvaise part. Cet écrivain a dit en parlant de Gresset : « Je lui ai si fort conseillé de sortir de son *anacréontisme*, etc. » Gattel remarque que ce mot mérite d'être conservé, reste à savoir dans quel sens.

ANAGRAMME, s. f. en latin *anagramma*, venu du grec ἀνὰ (*ana*) en arrière, et γράμμα (*gramma*) lettre, dérivé de γράφειν (*graphein*) écrire, arrangement des lettres d'un mot, ordinairement d'un nom propre, disposées de telle sorte, qu'elles font un autre mot, et présentent quelque sens qui exprime les bonnes ou mauvaises qualités de la personne. L'anagramme de *Chante-loup* est *plantechou*. L'anagramme n'est parfaite que quand on ne change aucune lettre du mot sur lequel on la fait. « L'anagramme, dit M. Laveaux, est une pénible bagatelle dont la mode est passée depuis long-temps. » Colletet a très-bien exprimé le temps que l'on perd à faire des anagrammes dans les vers suivans adressés à Ménage :

Ménage, sans comparaison,
J'aimerais mieux tirer l'oison,
Et même tirer à la rame,
Que d'aller chercher la raison
Dans les replis d'une *anagramme*.
Cet exercice monacal
Ne trouve son point vertical
Que dans une tête blessée ;
Et sur Parnasse nous tenons
Que tous ces renverseurs de noms
Ont la cervelle renversée.

Cette espèce de jeu n'est pas fort ancien chez les modernes ; on prétend que Daurat, poète français du temps de Charles IX, en fut l'inventeur ; mais Calvin l'avait précédé à cet égard ; en mettant à la tête de ses *Institutions* l'anagramme de son nom, qui était *Calvinus*, dont il fit *Alcuinus*, et l'on trouve plusieurs anagrammes dans Rabelais, qui écrivait sous François Ier et sous Henri II. Un particulier ayant présenté à Henri IV l'anagramme de son nom, dans l'espoir d'une récompense, le roi lui demanda quelle était sa profession : « Sire, répondit-il, de faire des *anagrammes* ; mais je suis fort pauvre. Cela n'est pas étrange, reprit le roi, car vous faites là un pauvre métier. » Nous citerons quelques anagrammes plus ou moins heureuses :

Logica. = *Caligo.*
Jansenista. = *Est insania.*

Vigneron. = *Ivrogne.* Boucher, Série 1re.

Versaille. = *Ville sera.*

Marie Touchet, maitresse de Charles IX. = *Je charme tout.*

Voltaire. = *ô alte vir!*

Dans *Caius*, célèbre jurisconsulte romain, Etienne Pasquier trouve *Cujas*, célèbre jurisconsulte français.

Dans ces mots : *Louis XIII, roi de France et de Navarre*, on trouvait : *Roi très-rare estimé, Dieu de la Fauconnerie*; « et, par conséquent, disent les écrivains du temps, ce prince devait être grand chasseur; » ce qu'il fut en effet.

Borbonius. = *Orbi bonus.*

Sacramentum Eucharistiæ. = *Sacra Ceres in Jesum mutata.*

Marie-Thérèse d'Autriche, épouse de Louis XIV : *Mariée au Très-Chrétien.*

ANALOGIE, s. f. du grec ἀναλογία (*analogia*) rapport entre, avec. L'analogie, en matière de langues, n'est autre chose qu'un rapport qu'on veut établir en un usage généralement reçu et certains mots, certaines constructions qui n'ont point encore leur usage déclaré. Ce mot parait avoir été créé par Henri Estienne (voyez *Apologie pour Hérodote*, préface, pag. 29), qui ne l'employait qu'avec cette restriction, *si les oreilles françaises peuvent porter ce mot*; elles le supportaient, elles y étaient même accoutumées dès le commencement du 17e siècle, si nous en croyons La Curne de Sainte-Palaye.

ANATOMIE, s. f. On l'a souvent employé au figuré. « Faire telle *anatomie* qu'il luy a pleu de nostre réputation. » PASQUIER, liv. XII, liv. I. « On trouve dans Montaigne *l'anatomie* parfaite des passions des hommes, et de leurs mouvemens intérieurs. » LA DEMOISELLE DE GOURNAY, *Préface des Essais*. L'emploi de ce mot ne parait pas aussi heureux dans ce passage d'*Amelot de la Houssaie* : « La connaissance de la carte du pays qui est le théâtre de la guerre, est pour un général, la véritable *anatomie* militaire. » Mais il est tout-à-fait juste dans cette phrase de Mme de Sévigné : « Si l'on faisait l'*anatomie* de ces sortes de discours... »

ANATOMISER, v. « On proscrit pour impudique et dangereuse sa liberté d'*anatomiser* l'amour. » LA DEMOISELLE DE GOURNAY. *Préface des Essais*. « Dans plusieurs de nos romans modernes, le cœur des femmes est malignement *anatomisé*. »

ANATOMISTE, s. m. L'abbé Desfontaines appelle « *anatomiste* du bel-esprit » les faiseurs de parallèles.

ANCRER (s'), v. dérivé d'*ancre*, s'établir en quelque lieu :
Enfin, chez mon rival je m'*ancre* avec adresse.
MOLIÈRE, *l'Etourdi*, act. III, sc. 5.

ANCRÉ, ÉE, part. « La vanité est si *ancrée* dans le cœur de l'homme, qu'un goujat, un marmiton, un crocheteur se vante et veut avoir des admirateurs. » PASCAL. Montaigne avait dit avant lui (l. III, c. 2) : « On peut désavouer et dédire les vices qui nous surprennent, et vers lesquels les passions nous emportent; mais ceux qui par longue habitude, sont enracinez et *ancrez* en une volonté forte et vigoureuse, ne sont subjects à contradiction. »

ANDRIENNE, s. f. sorte de vêtement à l'usage des dames. La mode en vint d'une robe abattue que portait Mlle Dancourt la mère, qui jouait *l'Andrienne*, à la première représentation de la pièce de Baron qui porte ce titre; pièce qui fut jouée en 1701.

ÂNE, s. m. du latin *asinus*, qui a la même signification; aussi écrivait-on autrefois *asne*. On dit tous les jours de quelqu'un qui se trouve dans l'embarras d'un choix à faire : *il en est de lui comme de l'âne de Buridan*; et peu de personnes sont instruites de l'origine de ce dicton, ou pour mieux dire de cette comparaison; la voici : Jean Buridan, né à Béthune, en Artois, vers la fin du 13e siècle, recteur de l'Université de Paris, et fameux dialecticien, se rendit moins célèbre par ses *Commentaires sur Aristote*, que par son sophisme de l'*âne*. Il supposait un de ces animaux stupides, également pressé de la soif et de la faim, entre une mesure d'avoine et un seau d'eau, faisant une égale impression sur ses organes; ou simplement pressé par la faim, au milieu de deux picotins d'avoine tout semblables, également distans, agissant sur lui avec une égale force : le docteur demandait ensuite : *Que fera cet âne?* Si ceux qui voulaient bien discuter avec lui cette importante question, répondaient : *cet âne ne sera pas assez âne pour se laisser mourir de faim, donc*, continuait-il, *il se retournera plutôt d'un côté que de l'autre; donc, il a le franc arbitre.* Ce sophisme embarrassa les plus grands personnages de son temps, et son *âne* devint fameux parmi ceux de son école.

Connaissez-vous cette histoire frivole
D'un certain âne, illustre dans l'école?
Dans l'écurie on vint lui présenter,
Pour son dîner, deux mesures égales,
De même forme, à pareils intervalles :
Des deux côtés l'âne se vit tenter
Egalement, et baissant les oreilles,
Juste au milieu des deux formes pareilles,
De l'équilibre accomplissant les loix,
Mourut de faim de peur de faire un choix.
VOLTAIRE.

On dit quelquefois, assez mal à propos, d'un ignorant qui est assis dans un fauteuil : *ce sont les armes de Bourges, un âne dans une chaise*. L'origine de ce proverbe se trouve dans un manuscrit latin de la bibliothèque du Vatican, plein de remarques curieuses sur les Commentaires de César. On y lit que pendant le siége de Bourges, Vercingentorix, roi d'Auvergne et chef des Gaulois, donnait ses ordres dans la ville, comme s'il y eût été présent. Il commanda à un capitaine nommé *Asinius* de faire une sortie sur les troupes de César : celui-ci ne pouvant conduire lui-même ses soldats au combat, parce qu'il était fort incommodé de la goutte, envoya en sa place un lieutenant; mais une heure après, comme on vint lui dire que ce lieutenant lâchait le pied, il se fit porter dans une chaise aux portes de la ville, et anima tellement ses soldats par ses discours et par sa présence, qu'ils reprirent courage, retournèrent contre les Romains, et en tuèrent un grand nombre. Une si belle action fit dire qu'*Asinius* dans sa chaise avait autant contribué à la défaite de l'ennemi, que les *armes* de ses soldats, et qu'il avait sauvé la ville de Bourges. *Asinius in sellâ, unâ cum suis militibus armatis, inimicos terruit atque profligavit.* Par où l'on voit que le mot *armes* ne signifie pas *armoiries* dans ce proverbe, comme plusieurs l'ont cru sans fondement.

ÂNERIE, *s. f.* « Qui fagoteroit suffisamment un amas des *âneries* de l'humaine sapience, il diroit merveilles. » MONT. liv. II, ch. 12.

ANGARIER, *v.* forcer à une corvée, vexer, tourmenter.

« *Angariant*, ruinant, mal vexant et régissant avecq vergés de fer. » RABELAIS, liv. III, ch. 1. « Là où ceux qui sont endebtez, endurent et supportent que l'on les taille, que l'on les *angarie*, et qu'on les gehenne comme des esclaves que l'on faict fouiller aux mines. » AMYOT, *Plut. œuvr. mor.* t. II, p. 354 Ce mot a été quelquefois employé par nos écrivains classiques modernes :

L'*angariant*, le vexant, l'excédant
En cent façons.
J. B. ROUSSEAU.—*Epithal.*

CH. POUGENS. *Archéologie française*. Il vient du latin *angariare* (obliger à une corvée), dérivé lui-même du verbe latin *angere*, formé sur le grec ἀγχαρεύειν. »

ANGE, *s. m.* du latin *angelus* qui a la même signification, et qui a donné d'abord *angele*. « Un enfant en guise d'un *angele* portoit un escu d'azur à trois fleurs de lys d'or. » ALAIN CHARTIER, *Hist. de Charles* VII. De là les anciens diminutifs *angelet*, *angelot*. Sur ces expressions *son bon ange, son mauvais ange, c'est mon bon ange qui m'a inspiré cette pensée. Voyez* au mot GÉNIE.

Que mon bon ange aussi me débarrasse
De cet homme à prétention,
Qui, commandant l'attention,
A ses moindres propos attache une préface.
DELILLE.

Nous disons *chanter, lire, écrire,* etc. *comme un ange*, pour dire chanter, lire, écrire très-bien; on trouve pour la dernière de ces expressions, dans *l'Espr. des journ.* (1783), une explication que nous croyons devoir rapporter : « Ange Vergèce était un des plus habiles écrivains qu'il y ait eu. La bibliothèque nationale possède trois manuscrits grecs, écrits de sa main. C'est la belle écriture d'Ange Vergèce qui, selon Ménage, a donné lieu à l'expression proverbiale : *écrire comme un ange.* » « Nous couvrons nostre diable du plus bel *ange* que nous pouvons trouver, » c. à d. nous nous parons de beau dehors. *Contes de la reine de Navarre*, Nouv. XII. « Ils veulent se mettre hors d'eux, et eschapper à l'homme ; c'est folie : au lieu de se transformer en *anges*, ils se transforment en bestes ; au lieu de se hausser, ils s'abattent. » MONT. liv. III, ch. 13.

ANGELOT, *s. m.* diminutif d'*ange* (*v.* ce mot), monnaie française, du temps de saint Louis, qui portait l'image de saint Michel, avec un serpent sous ses pieds. Elle valait un écu d'or ; mais il y en eut ensuite de moindre prix. Les Anglais fabriquèrent des *angelots*, sous le règne de Henri V, et de Jacques Ier, où l'on voyait des écus de France et d'Angleterre : ils ne valaient que quinze sols.

Angelot est aussi le nom d'une espèce de petit fromage, ainsi nommé du pays d'*Auge* en Basse-Normandie, où il se fabrique. Ces fromages auront été nommés *augelots*, et par corruption *angelots*.

ANGELUS, *s. m.* prière des catholiques romains, ainsi nommée, parce qu'elle commence par ces mots : Angelus *Domini nunciavit Mariæ* etc. (l'ange du seigneur annonça à Marie, etc.). Il fut décidé par le pape Urbain, dans le concile tenu à Clermont, en 1095, qu'on sonnerait tous les jours la cloche, le matin, à midi et le soir, et qu'on dirait à chaque fois la Salutation Angélique ; c'est ce que l'on appelle *l'Angelus* ; et cela en commémoration de l'annonce que l'ange Gabriel fit à la Vierge.

J'oy (j'entends) la cloche de la Sorbonne,
Qui toujours à neuf heures sonne
Le salut que l'ange prédit.

VILLON, à la fin de son *Petit Testament.*

L'Angelus du duc de Bourgogne. Le duc de Bourgogne, après avoir fait assassiner le duc d'Orléans, le mercredi 23 novembre 1407, prit la fuite jusqu'à la frontière de Flandre. « Il arriva à Bapaume, dit M. de Barante (*Histoire des ducs de Bourgogne*, tom. III, pag. 93), vers une heure après midi ; et ordonna, en mémoire du péril auquel il croyait échapper, que dorénavant les cloches sonnassent à cette heure-là. Cela s'appela long-temps *l'Angelus du duc de Bourgogne.* »

ANGER, *v.* du latin *angere* (serrer). « Votre père se moque-t-il de vouloir vous *anger* de l'avocat ? » MOL. Ce mot a vieilli et se dirait tout au plus en conversation, ou dans la liberté du commerce épistolaire.

ANGOISSE, *s. f.* du latin *angustia* (rétrécissement). D'*angustia* nous avons fait d'abord, selon M. Butet (de la Sarthe), *angustie* qu'on retrouve dans Rabelais et dans Pasquier (*Recherches sur la France*, liv. V, ch. 43), puis *angussie*, puis *angusse*, puis *angosse*, et enfin *angoisse*. Mais le vieux mot *angoise* ou *angoisse*, qui signifie douleur, tristesse qui resserre le cœur, fâcheuse extrémité, frayeur, agonie, vient, ainsi que son latin *angustia*, du mot bas-breton *ancou* ou *angou* ; car le *c* et le *g* se substituent mutuellement en celtique, qui signifie trépas, angoisse, agonie, chagrin, etc. Ce mot bas-breton est formé des mots bas-breton *anc* ou *ang*, qui signifient *étroit, pressé, vexé*, ou des mots gallois *ing, yng*, qui sont les mêmes qu'*ang, anc*, et qui signifient la même chose.

L'air résonne des cris qu'au ciel chacun envoie.
Albe en jette d'*angoisse*, et les Romains de joie.

« On ne dit plus guère *angoisse*, observe *Voltaire* à l'occasion de ces vers de Corneille (*les Horaces*). Quel mot lui a-t-on substitué ? Douleur, peine, affliction ne sont pas des équivalens. *Angoisse* exprime la douleur pressante et la crainte à la fois. »

POIRE D'ANGOISSE. « Ce nom, est-il dit dans le *Mercure de France*, du 25 avril 1779, p. 253, n'a pas été donné à ces poires, par rapport à leur mauvais goût, car elles sont assez bonnes dans leur maturité, mais à cause d'une petite machine qui leur ressemble, et que les voleurs mettaient dans la bouche de ceux qu'ils voulaient dépouiller, pour les empêcher de crier. Un certain Gaucher, capitaine, servant du temps de la Ligue dans le parti espagnol, au pays du Luxembourg, fut l'inventeur de cette machine. » Suivant d'autres, elles ont pris leur nom du village du Limousin, nommé *Angoisserent*, où elles furent trouvées en 1094.

ANGOISSER, *v.* dérivé d'*angoisse*. Ce verbe *angoisser*, pour causer de l'angoisse, de la douleur, se trouve fréquemment dans nos vieux auteurs, ce qui prouve que le substantif *angoisse* est fort ancien.

Et quant le mal plus m'*angoissoit*,
Tant plus ma voulenté croissoit.
Roman de la Rose, v. 1766.

« L'homme est tourmenté par le présent, ennuyé du passé, *angoissé* par l'advenir. » CHARRON, liv. 1, ch. 6.

Angoisse n'est pas tout-à-fait abandonné, mais nous avons perdu *angoisser* qui a tant d'énergie. On en peut juger par ce passage de Montaigne : « La vue des maux d'autrui me tourmente, et les angoisses d'autrui m'*angoissent* matériellement. »

ANGOISSEUX, EUSE, *adj.* qui éprouve des angoisses, de la douleur, du chagrin, s'est dit anciennement; on lit dans *Lancelot du Lac*, roman imprimé en 1520, fol. 108 tourné : « Celle nuit fut la royne bien *angoisseuse* quant len (lon) lui dist qu'ils ne viendroient huy. » « Jusques aux portes d'une mort très *angoisseuse*. » MONT. liv. 1, ch. 20.

ANGUILLE, *s. f.* du latin *anguilla*, qui a la même signification, et dont la racine est *anguis* (serpent). On dit proverbialement de quelqu'un qui s'effraie sans sujet, qui se plaint avant de sentir le mal, *il ressemble aux anguilles de Melun; il crie avant qu'on l'écorche*. Il faudrait dire : *il ressemble à l'Anguille de Melun*. Un jeune homme nommé *l'Anguille*, représentait à Melun le personnage de saint Barthélemi; comme l'exécuteur s'approchait le couteau à la main, pour faire semblant de l'écorcher, il se mit à pousser des cris horribles, ce qui donna naissance au proverbe ci-dessus.

ANGUSTIE, Nos pères avaient francisé ce mot latin qu'*extrémité* ne rend que faiblement. *Voyez* ANGOISSE.

ANIER, ÈRE, *adj.* du latin *asinarius, a*, (d'âne, qui appartient à l'âne). « Je ne m'esmeus pas une fois l'an, des fautes de ceux sur lesquels j'ay puissance : mais sur le point de la bestise et opiniastreté de leurs allégations, excuses et défenses *asnières* et brutales, nous sommes tous les jours à nous en prendre à la gorge. » MONT. liv. III, ch. 8. Ce mot ne se prend plus que substantivement, pour désigner celui ou celle qui conduit un âne.

ANIMATION, *s. f.* du latin *animatio* dont la racine est *anima* (souffle de la vie). Ce terme didactique qui se dit de l'union de l'âme au corps, a été pris dans un sens remarquable par le Prince de Ligne. « Rosamonde, dit-il, ne doit qu'à l'esprit l'*animation* de ses traits (mot nouveau que je lui dédie), car ses traits ne paraissent pas assez prononcés, pour exprimer si bien. »

ANIMEUSEMENT. Cet adverbe qui rendait si bien l'*animosè* des Latins, était usité et se trouve dans les écrits du temps de la Ligue.

ANIMOSITÉ, *s. f.* du latin *animositas* (partie irascible de l'âme, mouvement de haine). « J'ai fait à mon ami Corbinelli toutes vos *animosités*; le mot est plaisant; il les a très-bien reçues. » Mme SÉVIGNÉ. Ainsi ce mot plaisant est de Mme de Grignan.

ANNATE, *s. f.* de *annata*, mot de la basse latinité, formé d'*annus* (année), droit que l'on payait au pape pour les bulles des évêchés et des abbayes, et qui consistait dans le revenu d'une année. Cette étymologie est confirmée par le passage suivant, qui se trouve dans le *Veterum scriptorum Collectio* (Martène), t. IV, pag. 586. « *Idem* (Bonifacius IX) *primi anni reditus omnium beneficiorum* (*quæ* annatæ *dicuntur*) *sibi suisque successoribus decreto suo assigna-*

vit (Boniface IX, par un décret assigna à lui et à ses successeurs, la première année du revenu de tous les bénéfices : ce qu'on appelle *annates*).

ANNIHILER, ANNICHILER, *v.* de *adnihilare*, *annihilare*, *adnichilare*, mots de la bassse latinité, dérivés de *nihil* (rien), *annihiler*, réduire à rien, anéantir. « *Ne vestræ dignitatis inter Orientales* adnichiletur *reverentia*, » lit-on dans une lettre écrite au pape Alexandre III, par Hugues, curé à Andrinople (de peur que le respect dû à votre dignité ne soit réduit à rien (*annihilé*) parmi les Orientaux). *Recueil de Bongars*, tom. II, pag. 1173. « Ç'a été la coutume autrefois d'écrire *ch* au lieu de *h* simplement, exemple *michi*, *nichil*, pour *mihi*, *nihil*, etc. » DUMAS, *Bibliothèque des enfans*, pag. 203, in-4°, Paris, 1733. De cet usage d'écrire *nichil* pour *nihil*, nous est venu l'ancien mot *annichiler* pour *annihiler*.

ANNONCER, *v.* Le simple *noncier* se trouve dans le *Gloss. des fabliaux* de Barbazan, publiés par M. Méon.

ANONCHALLI, IE, *part.* du verbe *anonchalir*. « Il n'y a rien, selon moy, plus illustre en la vie de Socrate, que d'avoir eu trente jours entiers à terminer le décret de sa mort : de l'avoir digérée tout ce temps-là, d'une très-certaine espérance, sans esmoy, sans altération, et d'un train d'action et de paroles, ravallé plustost et *anonchally*, que tendu et relevé par le poids d'une telle cogitation. » MONT. l. II, c. 13. « Je n'ay rien cher que le soucy et la peine : et ne cherche qu'à m'*anonchalir* et avachir. » *Idem*, l. III, c. 9.

ANONYMEMENT, *adv.* forgé par Beaumarchais.

ANSE, *s. f.* « J'ai compris qu'il y avait un certain art de souffrir les offenses, que la nature leur a donné des *anses* et des poignées, et que les sages, les prenant par là, n'en étaient pas incommodés comme le vulgaire. » COSTAR, *Apologie*.

ANTHOLOGIE, *s. f.* du grec ἄνθος (*anthos*) fleur, et de λέγω (*légo*) je cueille, je rassemble. Ce mot signifie proprement *recueil de fleurs*. On a donné ce nom à un recueil d'anciennes épigrammes, d'anciennes inscriptions grecques qui sont comme autant de fleurs poétiques. M. Chaussard dit en parlant de ce recueil précieux :

J'aime le pur éclat de ces bouquets attiques
Recueillis par le goût dans la corbeille d'or,
Que de l'esprit des Grecs la fleur parfume encor ;
Leur génie à la fois naïf, sublime et tendre,
Elevé sans effort, sait noblement descendre.
Poétique secondaire, ch. I.

ANTIDOTIER, *s. m.* mot fabriqué pour signifier un marchand d'antidotes, dit M. Lemarre, dans son *Cours de lang. franç.* tom. I, pag. 216 ; mais il ne dit ni qui a le premier employé ce mot, ni qui sont les auteurs qui s'en sont servis ; l'*Académie* ne le porte pas.

ANTIPODES, du lat. *antipodes*, dans Lucrèce : les Romains l'avaient pris du grec ἀντίποδαι (*antipodai*), formé d'ἀντί contre et de ποδός génitif de ποῦς, pied, contre pieds, qui ont les pieds opposés. Diogène de Laërce, l. III, c. 24, nous apprend que Platon a été le premier à se servir de ce mot grec : πρῶτος ἐν φιλοσοφία ἀντίποδας ὠνόμασε (le premier dans la philosophie, il a nommé les *antipodes*). On a dit que les Japonais sont nos *antipodes* moraux.

ANTITHÉSER, *v. n.* forgé par Scarron.

Rimeur qui sait *antithéser*,
Est ravi, quand il peut user
Ab hoc et ab hac d'*antithèse*.
Virg. trav. l. III.

ANUIT, *s. f.* ancien mot. Dans plusieurs de nos provinces on dit encore *anuit* (cette nuit), pour dire aujourd'hui, ce qui paraît venir de l'habitude où étaient les Germains, de qui nous descendons, de compter par nuit au lieu de compter par jour.

ANXIÉTÉ, *s. f.* du lat. *anxietas* (humeur inquiète). Ce mot, quoique déjà employé par de bons auteurs, n'était pas encore entièrement établi en 1759.

AOURNER, *v.* du lat. *adornare* (orner). Ce mot était encore en usage au 16e siècle. « Vous jurez, maistre Jean ? C'est, répond l'autre, pour *aourner* mon langage. » RABELAIS.

AOÛT, s. m. anciennement aoust, du lat. *augustus*; ce mois fut d'abord appelé par les Latins *sextilis* (sixième, sixième mois), parce qu'il était effectivement le sixième, lorsqu'on commençait l'année au mois de mars: il fut ensuite appelé *augustus*, à cause de l'empereur *Auguste*, d'où nous est venu le mot d'*auguste* et par contraction *août*. Il faut avouer que cette contraction n'est point heureuse, et que, si elle accourcit ce mot, elle en rend la prononciation extrêmement dure. On sait l'antipathie que Voltaire avait conçue pour ce mot *août*; son oreille délicate lui avait fait préférer le mot d'*auguste*, et c'est ainsi qu'il écrivait constamment; cependant il n'a pas toujours été fidèle à cette innovation, car une de ces lettres à M. Le Brun, de l'année 1761, porte pour date, 20 *août*, comme l'a remarqué l'éditeur, M. Ginguené.

« J'ai autrefois ouï dire à M. le premier président de Bellièvre, dit Ménage, *Observat. sur la lang. franç.* tom. 1, chap. 39, qu'il s'imaginoit entendre miauler des chats, quand il entendoit dire aux procureurs en l'audience : *la Notre-dame de la mi-aoust* (mi-a-oût). Ce qui a trompé ceux qui prononcent de la sorte, c'est qu'ils n'ont pas su que *aou* étoit une triphtongue qui n'a qu'un son simple. Il n'y a pas long-temps, au reste, que ce mot est monosyllabe parmi nous. » La moisson se fait ordinairement dans le mois d'août, de là par métonymie, on appelle la moisson l'*août*.
Remuez votre champ dès qu'on aura fait l'*août*.
LA FONTAINE, l. V, *fab.* 9.

APANAGE, s. m. suivant Du Cange, vient du lat. *apanagium*, qui s'est dit dans la basse latinité pour exprimer une pension, un revenu annuel, qu'on donne à un cadet de famille pour le dédommager de sa part dans une seigneurie qui reste à son aîné. Les avis sont partagés sur l'étymologie de ce mot: « Ceux, dit Henri Estienne, qui prononcent et escrivent *apanage*, ont opinion qu'il vient de pain, estant pris premièrement pour toute sorte d'alimens, et puis (en passant encore plus outre) pour tout ce qui est requis à l'entretenement de ceste vie : d'autant que l'*apanage* c'est la terre ou les terres que les pères donnent à leurs puisnez pour leur entretenement, pour en jouir eux et leurs hoirs. Mais spécialement et proprement on appelle *apanage* les terres et pays qu'un roy baille à ses puisnez, ou à ses frères, soyent duchez, comtez, ou autres sortes de seigneuries. Mais je ne sçay que je doy dire ni penser de ceste étymologie. Car je trouve bien que ce mot *affeuage*, pour lequel aucuns disent *affouage*, est de mesme forme. » *Dialogue du nouveau language françois italianisé*, pag. 254 (1579).

Apanage se dit figurément des choses qui sont les suites et les dépendances d'une autre. Les infirmités sont les *apanages*, ou mieux encore, l'*apanage* de la nature humaine. « C'était la jalousie avec tous ses *apanages*. » Mme DE STAËL.

Partage au moins avec ta sœur (la rose)
Son triomphe et notre suffrage;
L'amour l'adopte pour sa fleur,
De l'amitié sois l'*apanage*.
CONSTANT DUBOS, *la Violette*, idylle.

« L'Académie ne le dit point dans le sens ni avec le régime qu'il a dans les vers suivans :
Le présent seul est de notre *apanage*,
Et l'avenir peut consoler le sage,
Mais ne saurait altérer son repos.
VOLTAIRE, *Épître*. »

APARESSER, v. rendre paresseux. Ce mot n'a pu passer, quoiqu'il soit harmonieux et bien fait. « Pour garder que les forces de nostre estomac ne s'*aparessent*, disoit Silvius (médecin), il est bon une fois le mois les esveiller par l'excès du vin, et les piquer pour les garder de s'engourdir. » MONTAIGNE, l. 1, c. 2. « Le corps et l'esprit s'*aparessent* cruellement en moy, par la réplétion. » *Idem*, l. III, c. 13.

APATELER, v. (repaître) « de belles promesses. » ET. PASQ., *Plaid. contre les Jésuites.*

APAUVRIR, mieux APPAUVRIR. Ce verbe s'emploie bien au figuré :
Souvent trop d'abondance *apauvrit* la matière.
BOILEAU.

Apauvrir (s'), v. réc. « L'esprit s'*apauvrit* à mesure que la mémoire s'enrichit au delà des bornes. » L'abbé DESFONTAINES.

APENS, *Voy.* GUET-APENS.

APERCEVANCE, s. f. « Le sentiment de la vertu s'accroit et se fortifie par sa propre *apercevance*. » MERCIER. *Voy.* INAPERCEVANCE.

APERCEVOIR, v. c'est le composé de l'ancien verbe *percevoir*, du lat. *percipere* (prendre, saisir, sous-entendu *oculis*, avec les yeux), le *p* changé en *v*. « Quant les citoyens qui poursuivoient Josué, *perçeurent* (aperçurent) la fumée, etc. » *Les Neuf Preux*, roman imprimé en 1507. « Sire, respondit Bertrand, je m'en *perçois* mauvaisement. » Idem.

APERÇU, s. m. C'est un simple *aperçu*. L'usage de ce subst. n'est pas très-ancien.

APERTISE, s. f. dextérité, capacité. Ce mot, qu'il est fâcheux d'avoir laissé perdre, est en usage dans la Basse-Normandie, où l'on dit, pour se moquer d'un conseil ridicule, ou d'une imagination sotte : Voilà une belle *apertise*! Il était français du temps de Louis XI; car on trouve dans la dernière des *Cent nouvelles Nouvelles* : « Les pères et les mères prenoient grand plaisir à voir leurs enfans jouer et faire souplesses et *apertises*. »

APETISSER v. Scarron parle d'une femme avare qui faisait *apetisser* les trous de son sucrier. D'Alibray dit du fameux parasite Montmaur : « C'est un goinfre devant qui tout *apetisse*. » On ne dit plus que *rapetisser*.

API, s. m. sorte de pomme qui tire son nom d'un Romain nommé Appius, qui obtint ces pommes par la greffe; aussi Pline les appelle-t-il *appiana mala* (pommes d'Appius); en ôtant la terminaison latine, nous avons *pommes d'api*.

APITOYER, v. exciter la pitié.

Apitoyer (s'), v. être ému de pitié. « Auxquelles paroles le duc *se appitoya*, si que on lui véoit les larmes aux yeux. » MONSTRELET, *Chron.* vol. III, fol. 118, v°. « Ce mot qui ne se trouve point dans le *Dict.* de l'Acad. édit. de 1762, ni dans celle de 1718, est maintenant d'un usage général. » CH. POUGENS, *Archéologie française*, tom. II, pag. 278.

APLANIR, v. de *aplanare*, mot de la basse latinité qui se trouve dans Du Cange, et qui est un composé de *planare* qui a la même signification. Le simple *planir* se trouve dans Montaigne : « Je vois les difficultés de mon entreprinse s'aiser et se *planir*. »

APLATIR, v. « L'affaire des poisons est toute *applatie*. » Mme DE SÉVIGNÉ.

Aplatir (s'), v. « Les paroles que j'exprime au malheur, sont paroles de despit; mon courage se hérisse, au lieu de s'*applatir*. » MONT. l. III, c. 9.

APOCALYPSE, s. f. Mme du Deffant disait, mais avec plus d'humeur que de raison : « Le *Temple de Gnide* est l'*apocalypse* de la galanterie. »

APOCRYPHITÉ, s. f. du grec ἀποκρύπτω (*apokruptô*) je cache. Mot hasardé par Volney, mais sans succès : « Et les divers partis se démontrant réciproquement des contradictions, des invraisemblances, des *apocryphités*. » *Les Ruines*.

APOGÉE, s. f. du grec ἀπὸ γῆς (*apo gés*) loin de la terre. Gresset l'a employé dans un sens figuré :

Une ame libre et dégagée
Des préjugés contagieux,
Une fortune un peu rangée,
Un corps sain, un esprit joyeux,
Et quelque prose mélangée
De vers badins ou sérieux,
Me feront trouver l'*apogée*
De la félicité des dieux.

APOLTRONIR, v. rendre poltron. « Il n'est rien qui puisse si justement dégouster un subject, de se mettre en peine et en hazard pour le service de son prince, que de le voir *apoltrony* cependant luy-mesme à des occupations lasches et vaines. » MONT. l. II, c. 21. « Un jeune homme doit troubler ses reigles, pour esveiller sa vigueur, la garder de moisir et s'*apoltronir*. » Le même, l. III, c. 13. « Le mariage *apoltronit* et accroupit les bons et grands esprits. » CHARRON, l. 1, c. 42. C'est encore un terme de fauconnerie qui signifie couper à un oiseau de proie les ongles des pouces, parce que, privé de ces armes, l'oiseau devient naturellement poltron.

APOSTROPHE, *s. f.* du grec ἀποστροφή (*apostrophé*) détour; au figuré, vive interpellation, trait mortifiant adressé à quelqu'un. Dans le style comique, ce mot signifie quelquefois un coup porté soudain ; c'est en ce sens, qu'en parlant du combat de la Trimouille et de Christophe Arondel, Voltaire a dit :

Le Poitevin adresse une *apostrophe*
Droit au menton du superbe Christophe.

APPAREIL, *s. m.* « Nos premiers écrivains, moines pour la plupart, n'ont jamais entrepris de nous armer un roy d'un haut appareil. » ET. PASQ. *Rech.* l. 1, c. 2, c'est-à-dire de présenter son règne en paix et en guerre, de manière à exciter l'intérêt.

APPARIATION, *s. f.* « Notre arrogance nous remet tousiours en avant ceste blasphemeuse *appariation* » (de Dieu avec l'homme). MONT. l. II, c. 12.

APPARITION, *s. f.* « Il y a, dans les cours, des *apparitions* de gens aventuriers et hardis. » LA BRUYÈRE.

APPAROIR, *v.* du latin *apparere* (se montrer, être vu). Ce verbe a changé de conjugaison, comme on le voit dans *apparaître* qui s'écrivait et se prononçait *apparoître*.

« Il *pert* bien que vous n'estes guère sage. » *Les Quinze Joyes du mariage*, pag. 95, La Haye, 1734. Il *pert*, il paraît; cette forme s'est conservée dans le composé il *appert*, en style de pratique.

APPARTENANCE, *s. f.* « L'heur et la béatitude qui reluit en la vertu, remplit toutes ses *appartenances* et avenues, jusques à la première entrée et extrême barrière. » MONT. l. 1, c. 19.

APPATER, *v.* C'est un dérivé d'*appât*, que nos pères écrivaient *appast* et qui est le composé de *past*, du latin *pastus* (pâture, nourriture des animaux) qui se trouve dans les *Quinze Joyes du mariage* : « Pour la haste qu'il a de taster (tâter) du *past*. » et dans les *Epithètes* de De la Porte, Paris, 1571 : Un des souhaits de Montaigne, dans sa vieillesse, étoit de trouver un gendre qui sût *appâter* ses vieux ans et les endormir. L. III, c. 9.

APPEAU, *s. m.* Ce mot, qui signifie proprement un sifflet pour appeler les oiseaux, vient d'*appeler*. Le passage suivant, extrait du *Mercure de France*, du 15 mars 1779, pag. 153, ne laisse aucun doute sur l'étymologie de ce mot, qui d'abord a pu se dire appel, comme *coutel* s'est dit pour *couteau* : « Ces pinçons aveugles deviennent des chanteurs infatigables, et l'on s'en sert par préférence, suivant la remarque du naturaliste, comme d'*appeaux* ou d'*appelants*, pour attirer dans les piéges, les pinçons sauvages. »

APPENDICULE, *s. f.* « Le glorieux chef-d'œuvre de l'homme, c'est vivre à propos. Toutes autres choses, régner, thésauriser, bâtir, n'en sont qu'*appendicules* et adminicules pour le plus. » MONT. l. III, c. 13.

APPÉTIT, *s. m.* Nos auteurs ont varié l'usage de ce mot :

Les vastes *appétits* d'un faiseur de conquêtes.

On nous a révélé la beauté de ce vers de La Fontaine.

Mme de Sévigné dit gaiment : « M. le prince l'a lu d'un bout à l'autre du même *appétit*. » « Je me sentis tout d'un goût en *appétit* de fortune. » MARIVAUX.

« L'*appétit vient en mangeant*, disoit Angeston, mais la soif s'en va en buvant. » Remède contre la soif (Gargantua c. 5). Ce trait regarde apparemment Jérôme le Hangest, docteur de Paris, grand scholiaste, écrivain barbare de ce temps-là, et sert à faire voir que ce n'est pas, comme on l'a cru, Amyot, évêque d'Auxerre, qui le premier avait mis ce mot en crédit.

Appétits, « hareng soré, olives, raves, etc. qui aiguisent l'appétit. » *Dict.* de Pomey, in-4°, 1716. Ce mot est usité, en ce sens, dans les cris de Paris, et l'on entend des femmes qui vendent dans les rues des harengs saurés, crier : *appétits, appétits nouveaux.*

APPILER, *v.* Montaigne fait un fréquent usage de ce verbe : « Vous vous escoulez, dit-il, l. III, c. 9, vous vous respandez; *appilez-vous*, soustenez-vous; on vous trahit, on vous dissipe, on vous desrobe à vous. »

APPOINTEUR, *s. m.* Ce mot dans le sens de celui qui appointe, qui accommode un procès, un différent, se lit dans La Fontaine, l. XII, f. 27 :
Ces plaintes n'étoient rien au prix de l'embarras
Où se trouva réduit l'*appointeur* de débats.

Il avait déjà été employé par Froissart, *Chron.* vol. I, c. 64 : « Si se devoyent assembler ces *appointeurs* en une chapelle séant emmy les champs, etc. » par Rabelais, par Noël du Fail, dans les *Contes d'Eutrapel.* D'ailleurs *appointement* s'est dit anciennement pour accord, et *appointer* pour accorder, terminer un différent, un procès.

APPORT, *s. m.* du latin *portus* (port), est un ancien mot qui désignait le lieu où l'on apportait, des environs de Paris, les denrées et autres comestibles nécessaires à l'approvisionnement de la capitale. C'est ainsi qu'on disait autrefois *l'apport Baudoyer* en parlant de la place Baudoyer; il nous reste encore l'*apport Paris.*

APPRÉCIER, *v.* de *adpretiare* (donner le prix à une chose, l'estimer), mot de la basse latinité. « *Adpretiare* (dans le titre 53 de la loi Salique) est *pretium statuere, gallicè apprétier.* » *Recueil des historiens de France,* tom. IV, note au bas de la page 152, in-f°, Paris, 1741. On trouve aussi le verbe *appretiare* dans la *Bible.*

APPRENDRE, *v.* Regnard l'a employé avec une heureuse hardiesse :
On n'appréhendait point alors qu'une coquette
Apprît à ses soupirs, quand ils devaient sortir.
Epître à l'A.

APPRENTISSAGE, *s. m.* « *Apprentissage*, dit M. de la Madelaine, convient aux arts, aux métiers; c'est le mot technique de ceux qui en commencent la carrière; et certes un poëte vulgaire eût craint de s'en servir dans le genre élevé; mais Racine convertissait tout en or :
. . . . Voudrait-il qu'à mon âge
Je fisse de l'amour le vil *apprentissage*?
Bajazet.

Ériphile, parlant du pouvoir des yeux d'Iphigénie sur Achille, dit :
Ce héros si terrible au reste des humains,
Pour elle de la crainte a fait l'*apprentissage.*
Iphigénie, act. IV, sc. I. »
Essai sur la langue poétique, pag. 360.

APPRENTIVE, Boileau l'a fait *adj. f.*
De livres et d'écrits bourgeois admirateur,
Vais-je épouser ici quelque *apprentive* auteur?

APPRÊT, *s. m.* « Personne ne racontait avec plus de grâce et moins d'*apprêt*! » D'ALEMBERT.

APPRÊTÉ, ÉE, *adj. et part.* « Les anciens parlaient de l'humanité en phrases moins *apprêtées*, mais ils savaient mieux l'exercer. » J. J. ROUSS. Nous croyons que l'emploi de ces deux mots, en ce sens, n'est pas très-ancien.

APPRIVOISER, *v.* proprement, rendre privé; on a dit d'abord *apriver* qui se trouve dans le *Roman du Renard,* ouvrage du 13e siècle : « Cela choqua d'abord le public, mais le public s'accoutume à tout, et le temps sait *apprivoiser* la bienséance et même la morale. » HAM. *Mém. de Gram.* « On s'est *apprivoisé* à ce mot, » dit Vaugelas.

APPROCHER, *v.* « Je lui dis qu'il faut *approcher* de ses affaires, les connaître, les calculer, les régler. » Mme DE SÉVIGNÉ.

APPROCHES, *s. f. plur.* « Ó le vilain et sot estude d'estudier son argent, se plaire à le manier et recompter! c'est par là que l'avarice fait ses *approches.* » MONTAIGNE.

APPROFONDIR, *v.* La racine est *profond*; c'est proprement rendre plus profond; au figuré, c'est examiner à fond. *Profonder* pour approfondir, dans Montaigne : « Tantost il faut superficiellement manier les affaires, et tantost les *profonder.* »

APPROXIMATIF, IVE, *adj.*
APPROXIMATIVEMENT, *adv.* Ces deux mots sont très-nouveaux dans notre langue, quoiqu'*approximation* soit déjà reçu depuis long-temps « Pourquoi, lit-on dans le *Journal des Savans* (janvier 1817, pag. 13), *approximatif* et *approximativement,* ne se trouvent-ils pas dans le *Dictionnaire de l'Académie,* qui porte *approximation?* » M. Biot emploie le mot *approximativement* écrit en italique : « Des produits que l'on avait estimés *approximativement,* se trouvent au-dessous de leur évaluation. »

APPUYER, *v.* Mme de Sévigné a

fait de ce verbe un usage assez gai. Il est question d'un M. de Roquesante devenu fort dévot. « Pourquoi, dit-elle, tant de pénitences avec tant d'indulgences plénières qu'il a rapportées ? encore faut-il *appuyer* ces dernières sur quelque chose. » Nicole en a fait un emploi plus sérieux : « Il est étrange comment les hommes peuvent *s'appuyer* sur leur vie, comme sur quelque chose de solide. » *Essais de Morale*, tom. I. « Personne à la cour ne veut *entamer*; on s'offre *d'appuyer*, parce que jugeant des autres par soi-même, on espère que nul *n'entamera*, et qu'on sera ainsi dispensé *d'appuyer*; c'est une manière douce et polie de refuser son crédit, ses offices et sa médiation à qui en a besoin. » LA BRUYÈRE.

APRE, *adj.* (*asper*). « Le plus *aspre* et difficile mestier du monde, à mon gré, c'est faire dignement le roy. » MONT. liv. III, ch. 7.

APRETÉ, *s. f.* du latin *asperitas* (qualité de ce qui est rude au toucher). Au figuré, âpre, difficile. « *L'âpreté des chemins.* » *Acad.* Cicéron a dit *saxorum asperitates*, ce que d'Olivet a traduit par *l'âpreté des rochers* (*de Naturâ deorum*, liv. II, n° 91). « Le bonheur qui accompagna Timoléon aux *aspretez* qu'il eust à vaincre en ceste noble besongne, sembla luy estre envoyé par les dieux conspirants et favorables à sa justification ». MONTAIGNE, liv. III, ch. I:

   Toi. . . . .
   Qui par les leçons d'Aristippe
   De la sagesse de Chrysippe
   As su corriger l'*âpreté*.
          J. B. ROUSSEAU.

APRÈS. Le soldat français a donné à cet adverbe un sens sublime : lors de l'assaut de Berg-op-zoom, M. de Lowendal voulut faire distribuer de l'eau-de-vie aux grenadiers; ils répondirent unanimement : « *Après*, mon général. »

APTITUDE, *s. f.* du latin *aptitudo* (facilité). Ce mot paraissait encore d'un usage pédantesque en 1732. « Le génie, dit Buffon, n'est autre chose qu'une grande *aptitude* à la patience. »

AQUARELLE, *s. f.* du latin *aqua* (eau), peinture à l'aquarelle. Ce mot, qui veut dire ici petites eaux colorées, est nouveau dans notre langue.

AQUATIQUEMENT, *adv.* forgé par Scarron :
   Quantité d'oiseaux aquatiques,
   Sur ces rivages pacifiques,
   Voloient, nageoient joyeusement,
   Et chantoient *aquatiquement*.

AQUILON, *s. m.* du latin *aquilo* (vent du nord-est), et ce mot *aquilo* a pour racine, selon Festus, le latin *aquila* (aigle), à cause de la force de son souffle et de la rapidité de son vol. On ne peut mieux exprimer la vitesse d'un cheval, que La Fontaine ne l'a fait dans ce vers de son poëme d'*Adonis*:
   D'haleines en le suivant manquent les *aquilons*.
On a remarqué, avant nous, l'opposition poétique de cette expression de l'orgueil :
   Tout vous est *aquilon*, tout me semble zéphyr.
          Le même.

ARABE, *s. m.* C'est un *Arabe*, c'est un homme dur, impitoyable, qui exige son dû avec une rigueur extrême :
   Endurcis toi le cœur, sois *Arabe*, corsaire.
          BOILEAU, *Sat.*
Cette expression a été apportée de la Terre-Sainte, où les pèlerins étaient cruellement traités par les *Arabes*.

ARABLE, *adj.* qui peut être labouré, du latin *arabilis*, qui a la même signification. Ce mot qui se trouve dans le *Dict.* de l'Acad. édit. de Smith, 1798, n'est pas un néologisme; on le lit dans nos anciens auteurs :
   Coulombiers, prés, et mainte terre *arable*.
     EUST. DESCHAMPS, poés. mss. fol. 158.
Cet adjectif suppose le verbe *arer*, pour dire labourer, qui se trouve également :
   Il me vendra mes bués requerre
   Quant il voudra *arer* sa terre.
   COURTOIS D'ARRAS, *fab. de Boivin*, v. 43.

   Je disoie que buef (bœuf) d'*arer*
   Ne savoit tant con je de guile (comme moi
         [de tromperie).
   Le *Roman du Renard*, ouvrage du 13e siècle.

ARAIGNÉE, *s. f.* Le philosophe Ariston comparait les syllogismes des logiciens aux toiles d'*araignées* qui nous sont inutiles, quoique tissues avec beaucoup d'art. Aussi Voltaire dit : « Bayle a brodé des toiles d'*a-raignées* comme un autre. »

On verra sans peine ici cette ingénieuse moralité :

> La vie est proche de la mort,
> Lorsqu'on la croit plus éloignée.
> C'est une toile d'*araignée*,
> Qui se file avec peine et se rompt sans effort.

ARATOIRE, *adj.* qu'on pourrait regarder comme un mot nouveau, est ancien dans notre langue : « Bœufs *aratoires* et chevaux domptés n'ont point de carnalage. » *Cout. génér.* tom. II, pag. 687. Il est vrai que ce mot utile était abandonné depuis long-temps, et que l'usage n'en a repris qu'en 1787. Un académicien de Marseille a dit que les paysans étaient des machines *aratoires*.

ARBORER, *v.* Pasquier prétend que c'est à l'*amiral* de Chatillon que nous devons le mot *arborer*, qui ne s'emploie que dans le sens figuré, comme *arborer* pavillon, *arborer* l'étendard. Ce seigneur introduisit cette manière de parler, lorsqu'il était colonel de l'infanterie. Ce mot est noble, et s'emploie bien dans le style soutenu :

> . . . . . Il a de ses mains triomphantes
> *Arboré* de ses lis les enseignes flottantes.
> VOLTAIRE, *la Henriade*, chant VI.

Arbre, se disait autrefois du bâton qui sert à porter une enseigne ou drapeau. De là le mot *arbre* employé figurément pour l'enseigne même; d'où vient peut-être l'expression *arborer un étendard*. « M. le comte de Sommerives, connu sous le nom de comte de Tendes, après la mort de son père, eut un démêlé très-vif avec M. le comte de Brissac, colonel-général, qui souffroit impatiemment de voir un autre se vouloir parangonner à lui, et porter l'*enseigne* blanche.... mais tout s'appaisa par la volonté du roi, en faisant évanouir cet *arbre* blanc. » BRANT. *Cap. fr.* t. III, p. 423. « C'est la partie pour le tout. » LA CURNE SAINTE-PALAYE, *Gloss. de l'anc. lang. franç.*, col. 48.

ARBRE, *s. m.* du latin *arbor* qui a la même signification. Ce mot était autrefois des deux genres. On lit de *bonnes arbres*, dans Joinville, pag. 36; il est masculin et féminin dans le *Roman de la Rose*, vers 6191 et 6205.

On prononce encore *abre* en Normandie. Cette prononciation paraît avoir été d'un usage généralement reçu du temps de Monet. Il définit *arbre*, qu'on prononce ABRE, *plante fruitière ou non fruitière*. On a dit proverbialement : « *Faire de l'arbre d'un pressoir, le manche d'un cernoir* » se ruiner par de folles dépenses. COTGRAVE, *Dict.*

« Nous nommons figurément *arbre généalogique*, ce qu'on appelait autrefois *arbre de lignée*. C'est en effet une figure tracée en forme d'*arbre*, où l'on voit sortir comme d'un tronc diverses branches de parenté. » LA CURNE SAINTE-PALAYE, *Gloss. de l'anc. lang. franç.* col. 48.

ARC, *s. m.* instrument de guerre qui était en usage avant l'invention des armes à feu, et qui ne sert plus qu'à l'amusement des enfans, et à quelques sociétés qui portent le nom de *Compagnies de l'arc*. Comme la figure de cet instrument est courbe, on donne son nom à tout ce qui a la même forme. Ainsi les mathématiciens appellent *arc* une partie de la circonférence d'un cercle, et varient ce nom en mille manières. Les architectes nomment le cintre d'une voûte *arc* ou *arceau*, etc. De là vient *arcade* et *arche*, qui signifient une ouverture cintrée, entre les piliers d'un pont, ou de tout autre édifice. L'*arc-en-ciel* est un météore qui paraît au ciel en forme d'*arc*; il est formé par les rayons du soleil, dans une nuée, qui produit le même effet qu'un prisme, pour former cette variété de couleurs qu'on y admire.

ARCHAÏSME, *s. m.* du grec ἀρχαϊσμός (*archaismos*), vient d'ἀρχαῖος (*archaios*) ancien, dérivé d'ἀρχή (*arché*) principe, commencement, auquel on a ajouté la terminaison grecque ισμός (*ismos*) qui marque imitation. « Un *archaïsme* est l'emploi d'une expression ancienne, d'un tour imité des anciens, ou même qui n'a fait que vieillir et qui est remplacé par un autre. » M. TOULOTTE, notes à la suite de la *Gramm. franç.* de M. de Roy, 2ᵉ édit. pag. 367. *Detteur* pour débiteur, dans La Fontaine, *castel* pour château, dans Hamilton, sont des *archaïsmes*.

ARCHE, *s. f.* du latin *arca* qui, comme *arcus* (arc), paraît avoir pour racine *arcere* (contenir, retenir). Dieu voulut qu'on ne mît autre chose dans l'arche que Moïse avait fait construire, que les tables de la loi ; ce qui, selon le sieur de Royaumont, l'a fait appeler l'*arche du témoignage*, ou l'*arche d'alliance*, à cause de la loi qui est appelée de ces deux noms dans l'Ecriture.

ARCHER, *s. m.* Dans sa première signification, ce mot a exprimé celui qui tire de l'arc. Les poètes peuvent encore l'employer en ce sens dans tous les styles :

.... Tel qu'on voit un *archer*,
De son arc détendu quand la flèche s'envole,
Suivre de l'œil le trait qu'il vient de décocher.
DELILLE.

Ce mot a signifié ensuite une certaine milice qui combattait avec l'arc, et une partie de la garde du roi portait autrefois ce nom, ainsi qu'on le voit dans le *Thrésor des Hist. de France*, par Gilles Corrozet, ouvrage fait du temps de Henri III, liv. II, tit. 2. En dernier lieu, il a signifié des officiers de police, des exempts. On appelait encore avant la révolution les gens de la garde de Paris des *archers*, les *archers du guet*. En 1410, Charles VI créa soixante arbalétriers et cent vingt archers pour la garde de la ville de Paris, ce qui subsista en cet état jusqu'à François Ier ; de là probablement le nom d'*archer* aura été continué au guet de Paris, quoique depuis Charles IX, cette milice portât des arquebuses au lieu d'*arcs* et d'arbalètes qui n'étaient plus en usage.

Francs-archers, sorte de milice qui formait, selon Mézeray, un corps de vingt-deux à vingt-trois mille hommes. « Charles septiesme, dit M. De la Loupe, ordonna les *Francs-archers*; lesquels sont appelez *francs*, parce qu'ils ne payoyent aucune taille, et *archers* parce qu'ils portoyent à la guerre *arcs* et flesches. » *Origine des dignités, magistrats de France*, feuillet 15, tourné, Paris, 1573.

ARCHEROT, *s. m.* diminutif d'*archer*. Petit archer, enfant qui porte un arc. Expression souvent employée par nos anciens poètes pour signifier Cupidon ou l'Amour, à cause de l'arc qu'il porte, et des traits qu'il lance.

Mais de cent traits qu'un *archerot* vainqueur,
Par une voie en mes yeux recélée,
Sans y penser me ficha dans le cœur.
RONSARD.

ARCHET. *s. m.* est un diminutif d'*arc*; en effet les archets d'instrument sont un peu courbés et présentent assez la figure d'un arc ; et une preuve qu'*archet* s'est dit autrefois pour diminutif d'*arc*, c'est qu'une rue qui faisait la continuation de la rue des Teinturiers, était nommée *ruelle de l'archet*, à cause d'une arcade. Le Prince de Ligne (*Vie du prince Eugène*) fait un heureux usage de ce mot dans le récit de la bataille de Turin : « Toute notre artillerie donne un coup d'*archet* terrible. »

ARCHEVÊQUE, *s. m.* du grec ἀρχὴ (*arché*) primauté, puissance, et ἐπίσκοπος (*episkopos*) surveillant, évêque. Ce titre fut inconnu à la primitive église; on croit que saint Athanase fut le premier qui l'introduisit vers le milieu du quatrième siècle, en le donnant par occasion à l'évêque d'Alexandrie. Ce nom fut aussi donné quelquefois aux papes et à quelques évêques des plus grandes villes. Les églises de France n'avaient pas encore adopté ce titre au commencement du septième siècle, comme il paraît par saint Isidore de Séville, par les évêques qui souscrivirent au concile d'Orléans, tenu en 621, et par ceux qui souscrivirent à l'immunité de l'abbaye de Saint-Denis, en 659. Nul n'y prend le titre d'*archevêque*, quoique plusieurs prennent celui de métropolitain. « L'église d'Afrique avait proscrit cette dénomination comme pleine de faste et d'orgueil ; mais ce que ce terme semblait avoir d'odieux ayant disparu avec le temps, toute l'église d'Occident l'adopta, aussi bien que celle d'Orient, comme un terme propre à exprimer le degré d'honneur et de juridiction qu'ont les métropolitains sur les évêques leurs suffragans. Ce titre ne devint familier en France que sur la fin du neuvième siècle. » *Nouv. Dict. des Orig.* Paris, 1827.

ARCHILIGUÉ, ÉE, adj. C'est ainsi que la *Satire Ménippée* appelle les premiers chefs des ligueurs.

ARCHIPATELIN, s. m. formé du grec ἀρχή (*arché*), qui marque la primauté, la supériorité, et de *patelin*, nom donné au principal personnage d'une ancienne comédie. V. PATELIN. Un *archipatelin* est un patelin au suprême degré.

C'étoient deux vrais tartufs, deux *archipatelins*,
Deux francs patte-pelus, qui des frais du voyage,
Croquant mainte volaille, escroquant maint fromage,
S'indemnisaient à qui mieux mieux.
LA FONTAINE, *l.* IX, *fab.* 14.

ARCHITECTE, s. m. Ce ne fut que vers le milieu du seizième siècle que l'on commença à se servir du mot *architecte*, et à le substituer à celui de *maître des œuvres*, qu'on employait auparavant.

ARCHITRICLIN, s. m. Il vient du grec ἀρχή (*arché*), primauté, commandement, et de τρικλίνος (*triclinos*), salle à manger, composé lui-même de τρεῖς (*treis*) trois, et de κλίνη (*kliné*) lit, parce qu'on y plaçait trois lits, sur lesquels les convives mangeaient assis ou couchés. *Architriclin* désigne celui qui est chargé de l'ordonnance d'un festin, d'un repas :

Je m'érige aux repas en maître *architriclin*,
Je suis le *chansonnier* et l'âme du festin.
REGNARD, *le Joueur*, act. III, sc. 9.

Par extension, on donne ce nom à celui même qui traite, qui régale les convives.

Que ce réduit est agréable !
Mille plaisirs, nulle façon,
L'hôtesse en est toujours aimable,
Et le nom
De notre cher *architriclin*,
Rime à bon vin.
L'abbé DE CHAULIEU, *couplet d'une chanson de table*.

ARCIEN, s. m. Ce mot se trouve dans nos anciens auteurs.

Roys qui ne scet (qui est ignorant) est comm
[oisel (oiseau) en caige,
Mais quand il est clercs (savans) ou bons *arciens*
[(maître dans les arts)
Ainsi sur tous peut avoir avantaige.
EUSTACHE DESCHAMPS, *anc. poète franç.*

ARDÉLION. s. m. du latin *ardelio*, racine *ardere* (être actif, empressé), qui fait le bon valet et qui a plus de paroles que d'effet. Ce mot est admis par l'Académie Française, et devrait par conséquent être un peu plus usité. Fénélon l'a hasardé, en le soulignant, dans ce passage si vrai dans tous les temps : « Approfondissez la plupart des dévots, vous trouverez des hommes inquiets, critiques, ardens, toujours occupés du dehors, âpres et roides dans tous leurs désirs, délicats par des réflexions excessives, pleins de leurs pensées, impatiens dans les moindres contradictions, en un mot des *ardélions* spirituels, incommodés de tout, et presque toujours incommodes. »

Grands prometteurs de soins et de services,
Ardélions, sous le masque d'amis,
Sachez de moi que les meilleurs offices
Sont toujours ceux qu'on a le moins promis.
J. B. ROUSSEAU.

ARDENT, ENTE, adj. du latin *ardens*, participe des anciens verbes *arder*, *ardre* et *ardoir*, car tous les trois se sont dits, et viennent du latin *ardere* (brûler).

CHAMBRE ARDENTE. Mézeray, dans son *Abrégé chronologique de l'Hist. de France*, nous apprend que François II publia vers la mi-novembre (1559) un édit par lequel il défendait (aux protestans) toutes assemblées, sur peine de la vie. Ensuite, il créa dans chaque parlement une chambre qui ne connaissait que de ce cas-là. On les nomma *Chambres ardentes*, parce qu'en effet elles brûlaient sans miséricorde tous ceux qui s'en trouvaient convaincus.

MAL DES ARDENTS, maladie épidémique qui faisait mourir très-promptement ceux qui en étaient attaqués. « Pendant le règne de Louis sixième, dit P. Bonfons, *Antiquités de Paris*, en l'an 1130, il courut une étrange maladie par la ville de Paris et autres lieux circonvoisins, laquelle le vulgaire surnommait *le feu sacré* ou des *ardants*, pour la violence intérieure du mal, qui brûlait les entrailles de celui qui en était frappé. » De là cette ancienne expression proverbiale : *mau-feu vous arde* (mauvais feu vous brûle), imprécation qui se trouve dans un ouvrage du 13e siècle, intitulé le *Roman du Renard.* »

ARÈNE, *s. f.* du latin *arena* (sable, gravier). Ce mot est pris dans cette première acception dans les *Epithètes* de De la Porte, Paris, 1571 : « Le Pactole, dit-il, est un fleuve de Lydie, parmi les *arènes* duquel se trouve beaucoup d'or. » Pour les poètes il ne font pas de difficulté de s'en servir comme synonyme de sable :

J'aime mieux un ruisseau qui sur la molle *arène*,
Dans un pré plein de fleurs lentement se promène.
BOILEAU.

La partie du dedans du théâtre, chez les Romains, qui s'appelait *arena*, portait ce nom, parce qu'on y répandait du sable ; c'est donc par allusion que nous disons au figuré *descendre dans l'arène*, pour dire se présenter au combat, se mesurer avec quelqu'un.

ARÉNEUX, EUSE, *adj.* Quel dommage de perdre ce mot!

De ce pays brûlant les plages *aréneuses*.

ARER, *v.* du latin *arare* (labourer), qui a la même signification, se trouve dans le *Roman de la Rose*. Les marins ont conservé ce mot pour exprimer la marche d'un vaisseau qui traine l'ancre. *Voyez* ARABLE.

ARGENT, *s. m.* du latin *argentum* qui a la même signification.

Le mot *argent*, pour signifier la monnaie, encore en usage à présent, l'était également chez les Grecs et les Romains ; c'est en ce sens que Pline a dit, en parlant d'Erichthonius : *argentum invenit* (il a trouvé l'argent), ce qui signifie, comme le remarque très-bien d'Hancarville (*Recherches sur l'origine et les progrès des arts de la Grèce*), non qu'il découvrit les mines d'argent, *argenti fodinas*, mais qu'il inventa la manière de le monnoyer.

Nous disons *faire de l'argent*, *faire beaucoup d'argent* pour dire gagner de l'argent, et Cicéron a dit, dans le même sens, *innumerabilem pecuniam facere* (faire un argent considérable), *in Verrem*, 5, §. 21. Bertran Raiembaus ou Raibaux, ayant ordonné qu'on labourât avec douze paires de bœufs, le champ qui avait été destiné pour le tournoi qui eut lieu à Beaucaire, en 1174, y fit semer jusqu'à la somme de trente mille pièces d'argent (*solidorum*). Sur quoi La Curne de Sainte-Palaye fait cette question : « Notre expression, *semer de l'argent*, serait-elle aussi ancienne ? »

On dit *payer*, *jouer argent sous corde*, pour dire payer, jouer argent comptant. « Métaphore empruntée, dit M. Le Duchat, *Ducatiana*, t. II, pag. 452, Amsterdam 1738, du jeu de paume où l'on met l'argent sous la corde. » « Une magicienne, qui s'appelle l'Adversité, a cru faire tort à sa figure, en faisant tomber sur sa tête une pluie *d'argent*. » LE PR. DE LIGNE. Il est difficile de dire plus agréablement, qu'une dame a des cheveux blancs avant l'âge.

ARGENTELET, ARGENTIN, *adj.* jolis mots qu'il est fâcheux d'avoir laissé perdre.

ARGOT, *s. m.* langage usité parmi les filous. « Les sociétés de voleurs qui habitaient la Cour-des-Miracles, à Paris, sous Louis XIV, et longtemps avant lui, dit M. Dulaure (*Hist. de Paris*, tome VII, p. 144), avaient quelques lois, et les chefs un langage particulier appelé *argot*, langage qui existe encore parmi les habitans de Bicêtre. » Quant à l'étymologie de ce mot, quelques-uns la dérivent de Ragot, bélitre fameux du temps de Louis XII ; mais elle est incertaine. Il parait un mot fait à plaisir, comme une partie des termes qui composent ce jargon ; et tout ce que dit Grandval, dans le chant X de son *Poëme de Cartouche*, n'est qu'un badinage agréable. Ce langage est composé, ainsi qu'on peut le voir par le *Dictionn. argot-français* à la suite du poème que nous avons cité : 1° de mots factices ou faits à plaisir, comme *abloquir*, acheter ; *satou*, bois ; *tirou*, chemin, etc. : 2° de mots français, mais pris dans une acception différente de celle où on les emploie ordinairement : comme *apôtre*, doigt ; *canton*, prison ; *lance*, eau : 3° de mots français estropiés : comme *boutanche*, boutique ; *santu*, santé ; *toutime*, tout, etc. : 4° de mots factices, mais tirés de quelque attribut de l'objet qu'ils désignent, comme *cassantes*, noix, parce qu'on les casse; *cornant*, bœuf, à cause de ses cornes; *tournante*, clé, parce que la clé tourne dans la serrure. »

ARIDE, *adj.* Molière dit de son avare : « Rien de plus *aride* que ses bonnes grâces. »

ARISTARQUE, *n. propre m.* grand critique du temps de Ptolémée Philadelphe. Il fit la révision des poésies d'Homère, avec une extrême sévérité. Son nom est devenu celui des censeurs difficiles. Boileau, apostrophant les journalistes de Trévoux, les appelle ironiquement *grands Aristarques de Trévoux*.

. . . . . . L'*Aristarque* éclairé
Qui ramène au bon goût un auteur égaré.
DE CASTERA.

ARISTOCRATE, *s. f.* « Iphise est une *aristocrate* de vertu : elle ne parle qu'à des gens qui en ont, comme elle, seize quartiers. » LE PR. DE LIGNE.

ARISTOCRATIE, *s. f.* du grec ἄριστος (*aristos*) très-bon, κράτος (*kratos*) puissance, gouvernement des meilleurs, ou, pour mieux dire, des plus notables de l'Etat. Quelques plaisans de nos jours ont substitué le mot ἄριστον (*ariston*) diner, au mot *aristos*, et ont prétendu qu'*aristocratie* signifiait non pas la puissance des meilleurs; mais *la puissance des diners*. Peut-être cette légère érudition eût-elle prévenu bien des maux.

ARLEQUIN, *s. m.* de l'italien *arlequino*. De leur verbe *leccare* (lécher), les Italiens ont fait, selon M. Ch. Nodier, *il lecchino*, le gourmand, le lècheur de plats; et d'*il lecchino*, *al lecchino*, qui est devenu l'*arlequin* de nos théâtres; plaisante méprise d'un érudit qui, sur la foi d'un jeu de mots d'*arlequin*, fait dériver son nom de l'illustre famille de Harlay! « Sous le règne de Henri III, dit Ménage, dans son *Dict. étymol.* il vint à Paris une troupe de comédiens italiens, parmi lesquels il y avait un jeune homme fort dispos, qui hantait chez M. de *Harlay* de Chanvelon; d'où il fut appelé par ses compagnons *harlequino*, à la mode des Italiens qui donnent souvent le nom des maîtres aux valets,

et celui des patrons aux clients. » Il paraît par la lettre de Raulin, à Jean Standonk, que ce mot a une origine plus ancienne. On sait quelle réputation se fit dans ce rôle, le fameux Dominique, l'un des comédiens italiens que le cardinal Mazarin fit venir à Paris, vers l'an 1659.

ARMERET, *s. m.* « galant, poli; qui a la passion des armes et de la gloire. » *Gloss. de la lang. romane*. Joli mot, qui dit plus que *dameret*.

ARMES, ARMOIRIES, *s. plur. f.* Pierre de Blois, qui vivait dans le 12e siècle, dit, en parlant des chevaliers de son temps, leurs selles et leurs écus sont bigarrés de peintures, qui représentent des combats de cavalerie. De si belles images les transportent d'admiration; mais ils n'osent aujourd'hui regarder la guerre qu'en peinture : *Bella tamen et conflictus equestres depingi faciunt in sellis et clypeis, ut se quâdam imaginariâ visione delectent in pugnis quas actualiter videre et ingredi non audent.* La Curne de Sainte-Palaye qui rapporte ce passage, dans ses *Mémoires sur l'ancienne chevalerie*, tome II, pag. 46, Paris, 1781, ajoute : « Ces peintures indiquent visiblement les commencemens des *armoiries* de nos chevaliers. »

« *Armes*, dit le Laboureur, à proprement parler en termes de blason, ne sont autre chose que le blason mesme, en tant qu'il est brodé, tissu ou appliqué sur la cotte d'armes, laquelle toutefois n'est pas ainsi appelée à cause de ce blason dont elle est ornée et historiée, mais au contraire, les blasons ou enseignes militaires ont reçu ce nom d'*armes*, à cause du jasseron, des plattes, cuirasses ou autre harnois de guerre, sur lequel on vestoit cette cotte. De manière que nos chevaliers ou escuyers, n'allant jamais à la guerre sans ces cottes d'armes, et ces cottes étant toujours richement brodées du blason ou enseigne militaire du chevalier ou escuyer, le blason et la cotte ont reçu le nom d'*armes*, parce que l'un et l'autre estoient inséparables des armes deffensives dans l'usage du temps. Et de là est venue cette agréable façon de parler des anciens hérauts et historiens : « *Tel s'arme d'or, d'argent, de gueules, ou de pourpre à un lion ou autres pièces de métal*, pour dire tel porte sur ses armes une cotte, tunique ou heuque, de telle ou telle estoffe d'or, d'argent ou de soie, ornée de telle ou telle figure... Ainsi, tout considéré, il y auroit lieu de distinguer les *armes* des *armoiries*, que les anciens confondent néantmoins ; en sorte que les *armes*, seroient les escus et cottes d'armes figurées et ornées de nos blasons ; et les *armoiries* le blason mesme, considéré à part, abstraction faicte des boucliers, escus ou cottes d'armes. pour estre employés à divers usages domestiques et de paix, comme pour cacheter lettres missives, sceller chartes de toutes sortes, marquer vaisselles, tapisseries, et toute autre sorte de meubles, selon la pratique des grands. »

Il n'est pas de plus belles armes que les armes de vilain. Cette expression proverbiale vient de la recherche, du luxe, que des roturiers ou de nouveaux anoblis mirent dans le choix des armes qu'ils se donnaient, ainsi que nous l'apprend Mézeray, *Abrégé chronologique de l'Histoire de France*, tome II, pag. 493, in-12, Paris (1676) : « Ces glorieuses marques (les *armoiries*) n'appartenoient autrefois qu'aux vrais gentilshommes, c'est-à-dire, à ceux qui estoient tels par des services militaires, et elles faisoient l'une des plus illustres parties de la succession dans leurs maisons. Aujourd'hui tout le monde en porte ; les plus roturiers en sont les plus curieux. Ceux qui sont de profession contraire à celle des armes ne parlent que de leurs *armoiries*. Ils font passer des rébus de la vile populace, des allusions grossières sur leurs noms, des chiffres de marchands, des enseignes de boutiques et des outils d'artisans, dans les escus, à l'ombre des couronnes, des timbres, des cimiers et des supports ; ils ont par une hardiesse insupportable choisi les pièces les plus illustres, et donné sujet de dire qu'*il n'est point de plus belles armes que les armes de vilain.* »

M. Marin, premier président du parlement d'Aix, du temps de Mme de Grignan, homme spirituel et enjoué, se trouvait dans la bibliothèque d'un homme bien connu pour être d'origine juive. Il remarqua sur le dos de ses livres des *armoiries*, qui étaient fausses comme tant d'autres. « Que vois-je là ? dit-il. — Ce sont mes *armes*. — Je pensais, reprit le président, que ce fussent des caractères hébraïques. »

ARONDE. *Voyez* HIRONDELLE.

ARONDILLER, *v.* « Murmurer, de *aronde*, qu'on disait autrefois pour *hirondelle.* » *Gloss. de la lang. roman.*

ARPÉGE, *s. m.* terme de musique. Leçon et exemple d'arpégement, de l'italien *arpeggio*, dérivé de *arpa* (harpe), parce que c'est du jeu de harpe, suivant J. J. Rousseau, qu'on a tiré l'arpégement.

ARRACHER, *v.* Mme Necker critique ces vers de Racine :

Pour moi je suis trop fière, et fuis la *gloire aisée*
D'*arracher* un hommage à mille autres offert,
Et d'entrer dans un cœur de toutes parts ouvert.

Arracher, dit-elle, ne s'accorde point avec *gloire aisée*, car *arracher* suppose de la difficulté, et l'on n'en peut rencontrer à *entrer dans un cœur de toutes parts ouvert.*

ARRACHE-PIED (d'), *s. m.* On dit proverbialement *d'arrache-pied*, pour dire sans interruption. « J'ai travaillé à cela quinze jours *d'arrache-pied*, c. à d. que pendant tout ce temps-là j'ai travaillé sans bouger de place, et comme si mon pied y avait pris racine. On dit dans le même sens, *être cloué* sur un ouvrage. » *Ducatiana*, tom. II, pag. 453. Amsterdam 1738. « Et s'entredirent chascun une centaine de bonnes et fortes injures *d'arrache-pied.* » BONAV. DESPÉRIERS, *Nouv.* LXV.

ARRANGER (s'), *v.* Ce verbe a eu un sens fort singulier dû à la dépravation des mœurs. « Pour éviter les imprudences, on *s'arrangea* décemment. » MARMONTEL.

ARRÊT, *s. m.* qui s'écrivait autrefois *arrest.* « La force est dans le temps de l'*arrêt*, c. à d. : c'est à s'arrêter que consiste la force. » MONTAIGNE. Un grand conquérant eût dû méditer cette maxime.

ARRÊTER, *v. n.*
L'astre qui jamais n'*arrête :*

Ce vers a fait dire à un mauvais plaisant, que J. B. Rousseau avait pris le soleil pour un postillon.

ARRHE, *s. f.* ἀρραβών (*arrabón*) gage. « Concini commença, sur les *arrhes* de son crédit, à se rendre le ressort général des affaires. » N. PASQ. l. VI, l. 16.

ARRHER, *v.* « Le duc de Savoye (promettant au maréchal de Biron sa troisième fille en mariage), l'*arrhait* grandement pour estre de son party. » ET. PASQ. liv. XVII, lett. 4.

ARRIÈRE-BAN, *s. m.* nom que l'on donnait à la convocation qui se faisait des gentilshommes ou autres, qui tenaient des arrière-fiefs, à la charge de servir le prince à leurs dépens dans les guerres pour le besoin de l'Etat. Quelques-uns disent que le *ban*, était la première convocation, et l'*arrière-ban* la seconde, et comme une convocation réitérée pour ceux qui étaient demeurés derrière, ou en arrière, et qui n'étaient pas venus la première fois qu'ils avaient été appelés.

D'autres tiennent que ce mot d'arrière-ban vient de *heribannum*, comme qui dirait *convocation faite de la part du maître* ou *du seigneur*. Mais *heribannum* n'a pas seulement signifié *convocation*. Robertson, *Hist. de Charles V*, tom. I, preuv. et écl. not. VIII, rapporte un capitulaire de Charlemagne, où il est pris dans le sens d'*amende*. « Si un homme libre, y est-il dit, sommé de se mettre en campagne, refuse d'obéir, il sera condamné à payer l'*heribannum*, c'est-à-dire une amende de soixante couronnes. » Et plus bas il ajoute : « Si la personne condamnée est insolvable, elle sera réduite en servitude, et elle y restera jusqu'à ce que le prix de son travail s'élève à la valeur de l'*heribannum*. » Dans le *Lexicon Facciolati*, édition de Londres, 1828, on trouve ce mot traduit dans le même sens : *Heribannum Pœna non obtemperantis edicto eundi in hostem.*

ARRIÈRE-GARDE, *s. f.* proprement, la garde, la portion de l'armée qui marche derrière, qui marche la dernière. « La philosophie est l'*arrière-garde* des malheurs, des goûts et des passions. » LE PR. DE LIGNE. Hamilton a dit gaiment : « Dieu sait comme on donna sur son *arrière-garde!* » *Mémoires de Gram*.

ARRIVER, *v.* « Vous souvient-il de ce menuet que vous dansiez si bien, où vous *arriviez* si heureusement, et de ces autres créatures qui n'*arrivoient* que le lendemain ? » Mme DE SÉVIGNÉ.

ARROI. *Voyez* DÉSARROI.

ARRONDIR, *v.* « Il me semble que vous êtes assez comme moi, et que nous mettons au premier rang les choses qui nous regardent ; le reste vient après pour *arrondir* la dépêche. » Mme DE SÉVIGNÉ.

ARRONDISSEUR, *s. m.* Ce mot n'a pas encore reçu le droit de cité. Mais ne pourrait-on pas dire d'un écrivain à grandes phrases vides de sens : Ce n'est qu'un *arrondisseur* de périodes!

ARROSER, *v.* proprement répandre la rosée, figurément mouiller en versant légèrement de l'eau sur quelqu'un ou sur quelque chose. « J'ai *arrosé* tous les appartemens de vos souvenirs. » MAD. DE SÉVIGNÉ.

ARROUTER, *v.* « C'est chose difficile de fermer un propos et de le couper depuis qu'on est *arrouté*. » (en train de conter). MONT. liv. I, ch. 9. C'est un ancien mot qui, comme *dérouter*, suppose le simple *router*.

ARTIALISER, *v.* « Je ne recognois chez Aristote la pluspart de mes mouvemens. On les a couverts et revestus d'une autre robe, pour l'usage de l'eschole. Si j'estois du métier, je naturaliserois l'art, autant qu'ils *artialisent* la nature. » MONT. liv. III, ch. 5.

ARTICLE, *s. m.* Dans cette façon de parler, *à l'article de la mort*, article vient du latin *articulus*, pris aussi par les Latins pour temps, moment, point : « *in ipso articulo opprimere* » (surprendre à temps, à point nommé). TÉRENCE. On trouve dans un

Commentaire sur le pèlerinage des Danois dans la Terre-Sainte, en 1187, ledit Commentaire publié par Jean Kirchman, Amsterdam, 1684, cette phrase : « *Cùm verò mortis articulus immineret, nec uspiam spes aderat declinandi* » ch. xx, pag. 161 (comme *le moment de la mort* approchait, et qu'il ne restait aucune espérance de l'éviter).

ARTILLER, *v.* Nos pères ont dit : *artiller*, pour fortifier, munir, équiper; il nous en est resté le mot *artilleur*.

ARTISAN, *s. m.* se prend bien au figuré, comme quand on dit : *chacun est l'artisan de sa fortune*, locution empruntée à la langue latine. Salluste a dit de même : « *Est quisque suæ fortunæ faber.* » « Ces grands *artisans* de la parole. » LA BRUYÈRE.

ARTISTE, *s. m.* dérivé d'*art*. Montaigne et La Fontaine l'ont employé adjectivement; et il est à regretter en ce sens. « L'amitié n'est pas assez vigoureuse et généreuse, si elle n'est querelleuse : si elle est civilisée et *artiste* : si elle craint le heurt et a ses allures contraintes. » L. III, c. 8.

Quelquefois la quenouille et *l'artiste* fuseau
Lui délassaient l'esprit.
Capt. de Saint-Malc.

ASCENDANCE, *s. f.* « Ce fut le charme de l'amitié qui tempérait et calmait ma colère, par l'*ascendance* d'un sentiment plus doux. » J. J. ROUSSEAU.

ASPIRER, *v.* du latin *aspirare* (prétendre à). Nous disons *aspirer à quelque chose* pour chercher à se la procurer. Virgile a dit de même, *Enéid.* liv. XII, v. 352 :

.... *Nec equis aspirat Achillis.*

(et que Diomède *ne désire plus les chevaux* d'Achille).

Et monté sur le faîte il *aspire* à descendre.

« Racine, dit Voltaire, admirait ce vers de Corneille, et le faisait admirer à ses enfans : ce mot *aspirer*, qui d'ordinaire s'emploie pour *s'élever*, devient une beauté frappante, quand on le joint à *descendre*. »

ASSAGIR, *v.* « Je suis envieilli de nombre d'ans, depuis mes premières publications (de ses *Essais*) ; mais je fais doute que je sois *assagi* d'un pouce. » MONTAIGNE. « Il faut nous abestir, pour nous *assagir*, et nous esblouir, pour nous guider. » *Le même*, liv. II, ch. 12. « J'estudiay jeune pour l'ostentation ; depuis, un peu pour m'*assagir* : à cette heure, pour m'esbattre, jamais pour le quest » (gain). *Le même*, liv. III, ch. 3.

N'a-t-on pas eu tort de laisser perdre ce mot expressif pour dire *rendre sage ?*

ASSAGISSEMENT, *s. m.* « L'*assagissement* ou amendement qui vient par le chagrin, le dégoust et foiblesse, n'est pas vray ni consciencieux, mais lasche et catarrheux. » CHARR. liv. II, ch. 3. « L'affinement des esprits, ce n'en est pas l'*assagissement*. » MONT. liv. III, ch. 9.

ASSAILLIR, *v.* du latin *assilire* (proprement, sauter contre ou sur) ; il a aussi signifié livrer assaut, prendre d'assaut. Il se trouve en ce sens dans Froissart : « Les Flamands, dit-il, *assaillirent* souvent ceux de Tournay, et avoient fait nefs sur l'Escaut, beffroys et atournements d'assaut. » « Quand le jour approcha que on avait dénommé pour *assaillir* » (livrer l'assaut). *Les Neuf Preux*, roman imprimé en 1507.

ASSAINIR, *v.* rendre sain ; mot nouveau, ou renouvelé, et nécessaire.

ASSAINISSEMENT, *s. m.* « On ne peut douter que les dispositions faites par le général Friant pour l'*assainissement* d'Alexandrie, n'aient beaucoup contribué à y empêcher la peste. » D. COSTAZ. Même remarque que pour *assainir*.

ASSAISONNER, *v.* Il est dérivé de *saison*. « *Assaisonner*, conduire les cultures et façons de la terre selon les saisons, changer cet ordre, c'est *désaisonner.* » *Vocabulaire des mots anciens* à la suite du *Théâtre d'agriculture* d'Olivier de Serres, édit. de 1805. « Les saisons vont *désaisonnées*. » M. DE BAÏF, liv. I. « Il a esté *désaisonné* et cueilly avant le temps. » NIC. PASQ. liv. III, lettr. 4, c'est-à-dire, sa mort a été prématurée. Il ne se dit plus dans ce premier sens, mais pour préparer des alimens avec des ingrédiens qui les rendent agréables. On dit, au figuré, *assaisonner un discours, un ouvrage*, etc. *de bons mots, d'épigrammes, de plaisanteries.* Cicéron a dit de même *oratio festivitate condita* (un discours assaisonné d'enjoûment), *de Orat.* 227; et *facetiæ omnium sermonum condimenta* (les plaisanteries, assaisonnemens de tous les discours), *ibid.* 2171. « Les dames peuvent sans nous *assaisonner* un nenny de rudesse, de doute et de faveur. » MONTAIGNE, liv. III, ch. 3. « Un art d'*assaisonner* les grâces qui touchait plus que les grâces même. » MASSILLON. Mais du temps de Molière, il parait que l'emploi figuré de ce verbe semblait un peu précieux; car il fait dire à une de ses *Précieuses*: « qu'elle veut que l'esprit *assaisonne* la bravoure. » Cependant, un peu plus tard, Regnard s'en sert sans scrupule, *Folies amour.* act. II, sc. 5:

. . . . Il faut dans la vie
Assaisonner l'amour d'un peu de jalousie.

Depuis, cette locution a été entièrement reçue: « un art d'*assaisonner*, etc. »

Qu'un froid dissertateur *assaisonne* un sarcasme
Et fronde avec dédain ce noble enthousiasme.

Epître aux jeunes gens, insérée dans le *Mercure de France* du 25 novembre 1780.

ASSASSIN, *s. m.* Les auteurs ne sont pas d'accord sur l'étymologie de ce mot, avons-nous dit dans notre *Nouv. Dict. des Origines*, tom. I, pag. 77, où après avoir rapporté les différentes opinions, nous nous sommes arrêtés, avec les auteurs du *Dict. des découvertes en France*, de 1789 à la fin de 1820, à celle qui dérive ce mot du substantif *hassas*, au pluriel *hassassio*, qui est employé par le peuple de Syrie et même de la Basse-Egypte pour désigner un voleur de nuit, un homme de guet-apens. Ce mot *hassas* est un dérivé du verbe *hass* que Golius cite, colonne 607, avec les sens divers de *tuer, détruire, écouter aux portes, parler à voix basse* (comme les gens qui se cachent), *avoir de méchantes inclinations*; et tous ces caractères se trouvent réunis dans la secte entière des Ismaéliens. Il est donc naturel de croire que, parlant souvent d'eux et de leurs actions, on les aura appelés *hassassin* (les gens de guet-apens), plutôt que *haschischi* (les gens de l'herbe), comme le prétend M. Silvestre de Sacy, dans le *Mémoire sur la dynastie des assassins et sur l'origine de leur nom*, lu à la séance de l'Institut, le 7 juillet 1809. Quelle que soit d'ailleurs l'origine de ce mot, il est certain qu'il n'a été importé en France qu'à la suite des croisades. On le trouve déjà écrit *haussaci*, dans Joinville, et *assassini* et *assaxini*, dans Muratori (*rerum italicarum Scriptores*), pag. 616, tom. 7.

ASSASSINE, *s. f.* « L'épithète d'*assassine* n'avait jamais été donnée aux dames:

Puisque vous le voulez, Fulvie est *assassine*.
VOLTAIRE, *Triumvirat*.

Molière l'avait employée en plaisantant:

Que dit-elle de moi cette gente *assassine*?

ASSASSINER. *v.* « Il portait un grand fusil dont il avait *assassiné* plusieurs pies. » SCARRON, *Rom. com.* tom. I, ch. I.

ASSASSINEUR pour *assassin*, et ASSASSINEMENT pour *assassinat*, se trouvent dans les *Epithètes* de De la Porte, Paris, 1571. *Assassinateur* s'est même dit pour *assassin*: « Caïn fut le premier des *assassinateurs*. » LE MAÎTRE. C'est dans le style des *Précieuses* que Molière fait dire à Mascarille: « Je crains un *assassinat* de ma liberté. »

ASSAUT, *s. m. faire assaut*, métaph. tirée de l'escrime. « C'étaient des promenades où les beautés de la cour, à cheval, faisaient *assaut* de grâces et d'attraits. » HAMILTON, *Mém. de Gram.*

ASSAVOIR, *v.* C'est un composé de *savoir*, ancien mot qui se trouve souvent dans ces locutions, *faire assavoir*, faire savoir: « Il *fit assavoir* à ses bons amis qu'il vouloit prendre leur gouvernement. » ALAIN CHARTIER, *Hist. de Charles* VII, pag. 43. « C'est *assavoir* pour *savoir*. » *Ibid.*

Assavoir pour *savoir* plusieurs fois. Dans les *Epithètes* de De la Porte, 1571, au mot *liarre* ou *lierre*, par exemple, il dit: « Il y en a plusieurs sortes: *assavoir* blanc, noir et celui qui s'agrafe aux murailles. » Dans le *Dict.*

de Trévoux, cette expression adverbiale est écrite de deux mots *à savoir*.

ASSÉCHER, ou **ASSEICHER**, *v.* composé de *sécher*, du latin *siccare* (rendre sec); il se trouve dans le *Dict.* de Philibert Monet, Paris, 1637. « Xercès assembla si grans armées, que par l'abevruement (l'abreuvement) de ses chevaux s'*asseichèrent* les fleuves. » ALAIN CHARTIER. « Les roys de Perse, qui s'obligeoient de ne boire jamais autre eau, que celle du fleuve Choaspès, renonçoyent par sottise à leur droict d'usage en toutes les autres eaux, et *asséchoient*, par leur regard, tout le reste du monde. » MONT. l. III, c. 9.

ASSEMBLEUR, *s. m.* « L'*assembleur* de nuages. » C'est ainsi que La Fontaine a traduit le νεφεληγερέτα Ζεὺς d'Homère : « Je ne suis que Jupiter *assemble-nues*, » disait Bayle.

ASSÉNER, *v.* « J'aperçois, ce me semble, aux escrits des anciens, que celuy qui dit ce qu'il pense, l'*asséne* bien plus vivement que celuy qui se contrefait. » MONT.

ASSEOIR, *v.* « Mes pensées dorment, si je les *asseois*, » dit Montaigne, qui aimait à lire et à méditer en se promenant.

Cahusac lisait une de ses tragédies chez Mme Geoffrin. « J'ai tâché, dit-il modestement, d'éviter le gigantesque de Corneille et la fadeur de Racine.— Cela s'appelle, lui dit un homme de la cour, s'*asseoir* par terre entre deux chaises. »

ASSERVISSEMENT, *s. m.* L'abbé Féraud est le premier qui ait donné place dans son *Dict. crit.* publié en 1787, à ce mot si beau, au figuré surtout, si utile et si nécessaire à la langue.

ASSEZ, *adv.* du latin *ad satis*, d'où d'*adsés*, puis *assez*, à suffisance. *Satis* est un vieux nom substantif latin qu'on a ensuite employé comme adverbe, selon l'opinion de quelques savans grammairiens latins qui ajoutent qu'en sa qualité de nom il a conservé son génitif comme dans ces exemples : *satis pecuniæ*, assez d'argent; *satis verborum*, assez de paroles :

Jam *satis* terris *nivis* atque diræ
Grandinis misit pater.   HORACE.

(Déjà Jupiter a fait tomber sur la terre *assez de neige* et *de grêle*).

ASSIETTE, *s. f.* « Un bon escuyer ne redresse pas tant mon *assiette*, comme faict un procureur ou un Vénitien à cheval. » MONT. liv. III, c. 8.

ASSIGNABLE, *adj.* qui peut être assigné. « Le bonheur me suivait partout; il n'était dans aucune chose *assignable*, il était tout en moi-même, il ne pouvait me quitter un seul instant. » J. J. R. *Conf.* l. 6.

ASSIS, SE, *part.* du verbe *asseoir*. « Il (le maréchal de Biron) avait ce qui est requis en un chef de guerre, une teste bien faicte et un cœur bien assis. » NIC. PASQUIER, liv. VII, l. 10.

ASSOMBRIR, *v.* Le remords *assombrit* aux yeux du méchant toute la nature. Ce mot mérite de prévaloir.

ASSOMMER, *v.* dérivé de *somme* dans le sens de charge, fardeau, comme dans *bête de somme*. « S'ils se rabaissent à la conférence commune, et qu'on leur présente autre chose, qu'approbation et révérence, ils vous *assomment* de l'authorité de leur expérience : ils ont ouy, ils ont veu, ils ont faict : vous estes accablé d'exemples. » MONT. liv. III, ch. 8. « Ne vous remettez pas sitôt à vous *assommer* d'écrire. » Mme DE SÉV.

En France on fait, par un plaisant moyen,
Taire un auteur, quand d'écrits il *assomme*;
Dans un fauteuil d'académicien,
Lui quarantième, on fait asseoir mon homme :
Lors il s'endort, etc.   PIRON.

ASSORTI, IE, *part.* Des auteurs lui ont donné un privatif et un négatif qu'il serait bon de conserver. « Il me semble, dit Mme de Sévigné, que c'est une chose toute *désassortie* de porter dans cette diligence, que tous les diables emportent, une langueur amoureuse. » « On dirait bien, en disant : un composé de choses *inassorties* : ce qui est fort différent de *mal assorties*. » LA HARPE.

ASSORTIMENT, *s. m.* Mme de Sévigné a fait un singulier usage de ce mot : « Madame de Brissac, dit-elle, et son amie forment le plus bel *assortiment* de feu et d'eau que j'aie jamais vu. » La même a dit : « . . . . . mais la barbe faite, avec de grosses bottes crottées, est un *désassortiment* tout-à-fait ridicule. »

Nous avons *désassortir*, pourquoi n'avoir pas conservé son substantif *désassortiment ?*

ASSOTER, *v.* dérivé de *sot* (rendre sot, rendre fou). Ce mot est fort ancien dans notre langue, car il se trouve dans Froissart, dans la *Farce de maître Patelin*, etc.; et son composé *désassoter* dans l'ancien *Roman de la Rose.*

ASSOUPLIR, *v.* « C'était un esprit dur, une ame fière qu'il fallait *assouplir*. » L'abb. Desfontaines a blâmé cette phrase. La blâmerait-on aujourd'hui? M. Mollevaut a donné au participe *assoupli* un complément amené par la préposition *à :* « Les Gaulois supportent impatiemment l'outrage, *assouplis à l'obéissance*, non *à l'esclavage.* » Trad. de *la vie d'Agr.* p. 33.

ASTRE, *s. m.* Homère compare le jeune Astyanax à un astre brillant, et Musée dit, en parlant d'Héro et de Léandre : ἀμφότερων πολίων περικαλλέες ἀστέρες ἄμφω ἔικελοι ἀλλήλοισι (tous deux également beaux, leurs villes n'avaient pas d'astres plus éclatans). On lit dans Horace, l. III, ode 9 :

Quanquàm sidere pulchrior ille est.

(Quoique le jeune Calaïs soit *plus beau qu'un astre*). Et nous disons dans le discours familier que quelqu'un est *beau comme un astre*. Les Provençaux, en caressant un enfant, disent : « mon bel *astre*. »

ATELIER, *s. m.* « Ma fille est une savante, qui fait de ma maison un *attelier* de philosophie. » *Th. Ital.*

ATERMOÎMENT, *s. m.* ATERMOYER, *v.* viennent de *terme; atermoyer*, c'est prendre *terme*, prolonger le *terme* du paiement.

« *Attermoyeurs*, est-il dit dans les notes sur le *Roman de la Rose*, t. II, pag. 421, édit. de Paris, 1735. Ce sont des usuriers qui prêtoient à tant pour cent par chaque *terme.*

ATHÉISTIQUE, *adj.* d'athée, qui a rapport à l'athéisme. « Croirait-on, dit Voltaire, qu'un jésuite irlandais (Needham) a fourni des armes à la philosophie *athéistique*, en pré-

tendant que les animaux se formaient tout seuls. »

ATHENÉE, *s. m. Athenæum*, était un lieu public à Rome, bâti l'an 135, par l'empereur Adrien, pour servir d'auditoire aux savans, et à ceux qui voulaient lire leurs ouvrages en présence de beaucoup de monde. Ce lieu servait aussi de collége. Non seulement on y lisait des ouvrages, mais on y faisait encore des leçons. On a étendu le nom de ce lieu sur toutes sortes d'académies destinées à l'explication des sciences et des langues; car on les appelle en latin *Athenæa.* Nos *Athenées* sont établis à l'instar de ceux de Rome, et ce mot vient du latin *athenæum* qui lui-même est tiré du mot *Athènè* qui en grec signifie *Minerve.* « On trouva juste, dit Bayle, qu'un édifice fait en faveur des savants portât le nom de la déesse des beaux-arts et des sciences. »

ATLANTE, *s. m.* terme d'architecture, figure ou statue d'homme qui tient lieu de colonne, pour porter les entablemens. Ces figures ont été appelées *atlantes* du nom d'Atlas (*voy.* ce mot) que les poètes ont feint porter le ciel.

ATLAS *s. m.* recueil de cartes géographiques.

Atlas, fils de Jupiter et de Clymène, et roi de Mauritanie, excellait dans l'astrologie, et fut l'inventeur de la sphère. Les poètes ont feint, par cette raison, qu'il portait le ciel sur ses épaules, et par suite de cette allégorie, la mappemonde ou même les cartes particulières ayant été représentées avec un atlas qui supporte la terre, ou telle ou telle partie de l'univers, on a appelé par extension *atlas* une collection de cartes géographiques : *grand atlas, atlas portatif.* Et comme le poids du monde dans les peintures qui sont faites du fils de Clymène, pèse également sur ses épaules et sur son cou, on a aussi donné le nom d'*atlas* à la première vertèbre du cou.

ATOURNER, *v.* du latin *adornare*, orner, parer, le *d* changé en *t* qui sont deux lettres identiques. Ce mot ne s'est pas toujours dit par ironie, comme il se dit aujourd'hui. On lit dans le roman de *Lancelot du Lac* : « Ainsi la dame *attourna* (para , munit) Lancelot de tout ce que mestier lui fust » (besoin lui fut).

Et la vilaine s'*atourna*
Comme une vieille un jour de fête.
SCARRON.

Ce mot serait encore de mise dans la conversation ou dans la liberté du style épistolaire, comme l'a fait Voltaire.

ATRABILE, *s. f.* bile noire. « La raison, dit l'abbé Tallemant (*Recueil des décisions de l'Académie française*) voudrait qu'on pût dire l'*atrabile*, aussi bien qu'*atrabilaire*, mais ce mot ne plait pas à l'usage qui l'a laissé à la médecine. »

ATROCE, *s. m.* Montesquieu est le premier qui ait appliqué cet adjectif aux personnes : « Il faut éviter les lois pénales en fait de religion ; elles rendent les ames *atroces*. » *Espr. des Lois.*

ATTACHE, *s. f.* « De l'allemand *stanck* (pieu), vient aussi notre mot *attache*, duquel nous avons fait *attacher*, qu'un savant de ce temps a voulu dériver du latin *attexere*, mais en cela il s'est mépris. » On lit dans la vieille chronique de Flandres : « L'empereur avoit fait amener un char sur quatre roues... il y avoit au milieu une attache *de vingt pieds de haut, et il y avoit au dessus un aigle doré de moult riche ouvrage.* » Entre les violences et outrages que la Jaquerie de Beauvoisin exerça contre la noblesse, Froissart remarque « qu'ils prirent un chevalier, et le lièrent à une *estache* bien et fort. » « La pucelle Jeanne ayant aussi envoyé un héraut aux Anglois pour les sommer de se retirer de devant Orléans, et de sortir de France, ils prirent le héraut, et *jugèrent qu'il seroit ars, et firent faire* l'attache (c'est-à-dire le poteau), *pour le ardoir*. De ce mot *attache* ou *estache* vient l'*estanchot* du vulgaire lyonnois, et le françois *estançon* et *estançonner*, pour dire appuyer. » LE LABOUREUR, *de l'Origine des armes*, pag. 190, Lyon, 1658.

ATTAQUER, *v.* est le composé de *taquer*, usité parmi les imprimeurs, pour dire frapper avec un instrument qu'ils appellent *taquoir*, et qui provient de *tac*, onomatopée qui exprime le bruit d'un corps qui frappe sur un autre ; l'usage où sont encore les enfans de frapper sur leurs camarades, en disant je te donne mon *attaque*, confirme cette étymologie. Henri Estienne regarde *attaquer*, comme une corruption d'*attacher* rendu avec la prononciation picarde. « Car vous savez que les Picards, comme un cat et un kien, aussi disent-ils *attaquer* pour attacher. Tesmoin celuy qui estant mené au gibbet aima mieux y estre attaché ; pendu et estranglé, qu'espouser une fille qui estoit boiteuse. Car voyant qu'elle clochoit, prit incontinent sa résolution : et dit à l'exécuteur, *attaque, attaque : elle cloque*. » *Dial. du nouv. lang. fr. ital.*

ATTÉDIÉ, ÉE, *adj.* ennuyé « Lorsqu'ils estoient las et *attédiez*, de leurs favoris. » ESTIENNE PASQUIER. *Arch.* liv. 1, ch. 7 : mot à regretter.

ATTELAGE, *s. m.* « On reçoist ceste vérité avec tout son bastiment et *attelage* d'argumens et de preuves, comme un corps ferme et solide, qu'on n'esbranle plus, qu'on ne juge plus. » MONT. liv. II, ch. 12.

ATTELER, *v.* Regnard a bien ennobli ce verbe dans ces beaux vers :

Où les grands, les petits sont d'une ardeur commune,
Attelés jour et nuit au char de la Fortune.
Démocr. amoureux, act. III, sc. 4.

Mad. de Sévigné l'a employé toujours figurément, mais dans un sens familier : « Il faut qu'il ait de bonnes raisons pour se porter à l'extrémité de *s'atteler* (de se marier) avec quelqu'un. »

Tout le monde a retenu ce vers où M. Andrieux caractérise si bien ces esprits rétrogrades :

Au char de la Raison *s'attelant* par derrière.

ATTENDRE. *Voyez* ORME.

ATTENDRIR, *v.* On n'a pas blâmé dans Gilbert :

Du mot de tolérance *attendrir* une phrase.

ATTENTE, *s. f.* « L'*attente* est douce, mais elle s'aigrit comme le lait. » MONT.

Regnard a osé dire :

De rencontrer partout des visages d'*attente*,
Qui n'ont que l'espérance et les désirs pour rente.
Démocr. amoureux, act. II, sc. 5.

ATTENTIF, *s. m.* On a donné, en 1823, un sens tout particulier à ce mot, dont on a fait un substantif. Monsieur un tel, dit-on, est l'*attentif* de Madame une telle.

ATTERRER, *v.* « Il y a des maladies qui *atterrent* jusqu'à nos désirs et nostre cognoissance. » MONT. liv. II, ch. 21.

« Un père *atterré* d'années et de maux se faict tort et aux siens de couver inutilement un grand tas de richesses. » *Le même*, liv. II, ch. 8.

ATTICISME, *s. m.* du grec ἀττικισμός (*attikismos*), dérivé d'ἀττικός (*attikos*), attique, athénien; proprement finesse, délicatesse de goût et de langage particulière aux habitans d'Athènes qui était la ville de Grèce où l'on parlait le plus purement. Gresset dit de Saint-Aignan :

On croit entendre encore Horace,
Ou l'élégant Anacréon ;
Du Romain il a la justesse,
Du Grec l'*atticisme* charmant.

« Je dis aux citoyens de tous les départemens ! Voilà comme prononcent les amateurs de notre langue dans la grande Cité (Paris), où le concours de toutes les lumières a placé l'*atticisme français*. » DOMERGUE, *Manuel des étrangers*, pag. 376. De là l'adjectif *attique* employé dans plusieurs locutions. Le *sel attique* pour exprimer une raillerie fine et piquante qui semble se rapprocher de celle que les Athéniens employaient dans leur style.

ATTIQUE, *s. m.* Le dernier étage qui termine le haut d'une façade, et qui n'a pour l'ordinaire que la moitié ou les deux tiers de l'étage inférieur, se nomme *attique*, parce qu'à Athènes les bâtimens avaient à peu près cette proportion.

ATTIÉDIR, *v.* proprement rendre tiède :

Vos froids raisonnemens ne feront qu'*attiédir*
Un spectateur toujours paresseux d'applaudir.
BOILEAU.

Elle les renvoya. Ces gens l'embarrassoient,
L'*attiédissoient*, l'assadissoient,
L'endormoient en contant leur flamme.
LA FONTAINE, *le Petit Chien*, etc.

« Attendre le temps, par lequel toutes choses s'*attiédissent* et meurissent. » *Contes d'Eutrapel*, tom. 2. « Mon vif et tendre attachement pour elle, loin de s'*attiédir*, n'avait fait qu'augmenter de jour en jour. » J. J. ROUSS. *Confes.* liv. V. « Je sentis languir et s'*attiédir* mes douces rêveries » *Le même*, *Rêv.* 7e Promen.

ATTIÉDISSEMENT, *s. m.* Ce mot, au dire du P. Bouhours, n'était point encore reçu dans l'usage de son temps.

ATTIFAGE, *s. m.* parure surchargée, ridicule. On trouve ce mot dans des livres modernes, mais dont les auteurs ne font point autorité.

ATTIFER, *v.* parer, orner, dont le simple se trouve dans nos anciens auteurs. « Le mari la laisse en sa chambre où elle *se tiffe* et appareille joyeusement. » *Les Quinze Joyes du mariage*, pag. 91, La Haye, 1734 :

Ils *attifent* leurs mots, enjolivent leurs phrases.
REGNARD.

Et le participe *tiffé*, pour paré, accommodé, dans les *Epithètes* de De la Porte et dans le *Roman de la Rose* :

Si fust, si cointe et si *tiffée*,
Que sembloit estre une fée.

On en avait fait le substantif *attifet*, qui a vieilli, et qui serait de mise dans le style badin :

Lors Vénus, songeant à son fait,
S'ajusta de maint *attifet*.
SCARRON.

ATTIRER, *v.* Nos pères ont dit *attraire*, du latin *attrahere*, tirer à soi, attirer; *attraire* se trouve dans le *Roman de la Rose*. *Voyez* ATTRAITS, ATTRAYANT.

ATTRAIT, *s. m.* qu'on écrivait autrefois *attraict*, du latin *attractus* (action d'attirer, ce qui attire). Il a la même racine qu'*attraire*, en latin *attrahere* (attirer); les *attraits* d'une belle personne nous attirent, nous séduisent.

ATTRAPPE-PARTERRE, *s. m.* forgé par Voltaire en parlant de son *Tancrède* : « N'allez pas vous attendre à de grandes tirades, à de ces grands vers ronflans, à des sentences, à des *attrappe-parterre* ; style médiocre, marche simple, voilà ce que vous y trouverez. Mais, s'il y a de l'intérêt, tout est sauvé. »

ATTRAYANT, ANTE, *adj.* est le participe actif de l'ancien verbe *attraire*, en latin *attrahere* (attirer vers soi), dont le participe est *attrahens* d'où en français *attrayant*.

ATTREMPANCE, *s. f.* mot créé par Montaigne, et qui signifiait cette modération des passions qui vient avec l'usage. Nous avons laissé perdre ce mot que les Italiens ont conservé : « Ceux qui s'engagent aux troubles publics, le peuvent avec tel ordre et *attrempance*, que l'orage devra couler par dessus leur teste sans offense. » MONT. liv. III, ch. I. Est. Pasquier a dit dans le même sens : *Attremper ses passions*, les modifier suivant son intérêt. C'est un composé de *tremper*, du latin *temperare* (modérer); et (Liv. IV, let. 20), en parlant du Duc de Guise le Balafré : « Ne sçachant que c'estoit de crainte, et néanmoins si *attrempé* en toutes ses actions, que jamais la témérité ne lui fit passer les bornes de ce qu'il devoit. »

ATTRITION, *s. f.* du latin *attritio* (frottement, froissement), froissement, douleur d'avoir offensé Dieu, etc. Ce n'est qu'au commencement du 13e siècle que les théologiens imaginèrent le mot *attrition*.

ATTROTTER, *v.* joli mot. « Vecy bon Jacopin, qui *attrotte* en regardant derrière lui. » *Cent nouv. Nouv.* nouv. XLVI. Il est à regretter.

AU, plur. **AUX**, composé de la *prépos.* A et de l'*adj.* LE, LES. *Al* s'est dit d'abord par abréviation pour *à le*, ainsi qu'on le voit dans nos anciens auteurs, et notamment au commencement du *Roman d'Erée et Enide* :

Ce fu *el* tems (dans le temps) qu'arbres flo-
[rissent,
Foillent boscages (que les bocages se gar-
[nissent de feuilles) et prés verdissent,
Que cist oisel en lor latin (que les oiseaux
[en leur langage)
Dolcement chantent *al* (au) matin.

« Ils laissèrent aller les voiles *al* vent (au vent). » G. DE VILLEHARDOUIN, *De la Conqueste de Constantinople*, ouvrage composé au commencement du 13e siècle. Ensuite, changeant *l* en *u*, on a eu *au*, comme dans cheval, chevaux, etc.

À LE.
AL.
AU.

AUBE, *s. f.* long vêtement que portent les ministres du culte catholique, du latin *alba* (blanche), parce que les aubes sont blanches. Cette robe blanche n'était pas dans l'origine un habit particulier aux ecclésiastiques, puisque l'empereur Aurélien fit, au peuple romain, des largesses de ces sortes de tuniques. On appelait de même *aube*, dans la primitive église, le vêtement blanc qu'on donnait aux nouveaux baptisés la veille de pâques, et qu'ils devaient porter huit jours ; d'où vient qu'on appelait la semaine de pâques, *alba*, et le dimanche qui la terminait, *dominica in albis*.

On trouve encore ce mot dans le sens de linges blancs, de langes qu'on met à un enfant au berceau, dans les *Quinze Joyes du mariage* : « La dame, y est-il dit, va criant par la maison, et dit ainsi : maudite soit l'heure que je fus onc née, et que je ne mourus en mes *aubes*. »

AUBE signifie encore le point du jour, quand le ciel commence à *blanchir*. Ce mot est poétique, et les poètes ne doivent pas le laisser perdre. Nos pères en avaient fait *aubète*, qu'on trouve dans nos vieilles poésies. Rabelais (l. XVIII, c. 9) appelle l'*aube* des mouches, le soir, temps où les mouches commencent à piquer et à se faire sentir. C'est ce que les Italiens nomment l'*alba de' tafani*.

AUCUNEMENT, *adv.* Corneille ayant fait imprimer sa *Médée*, qui alors eut du succès au théâtre, dit à la personne à qui il dédie cette pièce : « J'espère qu'elle vous satisfera encore *aucunement* sur le papier. » Ce vieux mot qui signifie, *en quelque sorte, en partie, en quelque manière*, et qui se rencontre souvent dans nos anciens auteurs, valait mieux que ces périphrases. Au palais il s'emploie encore en ce sens.

AUDIENCE, *s. f.* Hamilton a donné un tour plaisant à cette expression : « La malicieuse petite bête avait soin que ceux qui avaient vu entrer ces billets, dans ses poches ou dans son manchon, les en vissent sortir, sans qu'elle leur eût donné la moindre *audience*. » *Mém. de Gram.*

AUGUSTIN. *Voy.* SAINT-AUGUSTIN, caractère d'imprimerie.

AUJOURD'HUI, *s. m.* composé des cinq mots *à le jour de hui*, comme qui dirait *au jour de ce jour*, car *hui* qui se trouve dans les anciens auteurs français, vient du lat. *hodie* pour *hoc die* (ce jour), en changeant *o* en *ui* comme dans le vieux mot *huis*, du latin *ostium*, *huit* de *octo*, *cuir* de *corium*. « *Hui* est li jors » (aujourd'hui est le jour). *Roman du Renard*, 13ᵉ siècle.

Amours, amours,
Par vos faux tours
Je suis destruict;
D'*hui* à toujours (d'aujourd'hui à toujours)
N'auray secours.
Le Loyer des folles amours.

« Mandez-lui que vous serez dedans sa terre de *huy* en un mois » (d'aujourd'hui, etc. de ce jour). *Lancelot du Lac*, roman imprimé en 1520. « Nous viendrons à lui le vendredi devant la sainct Jehan Baptiste, au plus tard, qui sera le dimanche, c'est du *jourd'hui* en huit jours. » *Idem.* « Messire James, ajouta-t-il encore, je et tous les nostres vous tenons *à la journée d'hui* pour le meilleur de notre costé. » FROISSART.

AUMÔNIÈRE ou AUMOSNIÈRE, *s. f.* C'est le nom qu'on donnait autrefois à un sac pendu à la ceinture, ou à une grande bourse ordinairement brodée que les dames étaient dans l'usage de porter.

AUNE, *s. f.* que nos pères écrivaient *aulne*, du lat. *ulna* (coudée), ancienne mesure de longueur.

Tout le long de l'aune, façon de parler figurée et proverbiale, pour dire, beaucoup, avec excès,

C'est véritablement la tour de Babylone,
Car chacun y babille, et *tout le long de l'aune*.
MOLIÈRE.

« *Au bout de l'aune faut le drap*, veut dire proprement que rien de ce qui est créé n'est infini. Dans Rabelais, c. 32 du l. II, ce proverbe signifie que, quelque grande que soit une pièce de drap, elle ne l'est jamais tant qu'on n'en voye enfin le bout, quand on se met à l'auner. C'est le *quidquid extremum breve* des Latins. » *Ducatiana*, tom. II, pag. 456, Amsterdam, 1738.

« Un petit homme est entier comme un grand; ny les hommes, ny leurs vices ne se mesurent *à l'aulne*. » CHARRON, l. II, c. 11. « Mesurons nos désirs *à l'aune* de la nécessité. » SAINT-EVREMONT. Cette locution n'a pas fait fortune.

AUPARAVANT, *adv.* formé des trois mots *au*, pour *à le*, *par avant*. « Car *par avant* n'avez ambulé par semblable voie. » *Les Neuf Preux*, roman imprimé gothique, Paris, 1507. Dans le récit de la mort et de la pompe funèbre d'Anne de Bretagne, reine de France, morte le 9 janvier 1518, récit écrit à l'époque même de cette mort, on lit : « Pendant que cette dame fut en sa salle, ou bien peu *paravant*, veint nouvelle, etc. » *Paravant*, d'un seul mot, se trouve de même dans Alain Chartier.

AURORE *s. f.* Voiture dit en parlant d'une jolie personne : « Je souhaite que cette *aurore* soit suivie d'un aussi beau jour qu'elle le mérite. » « Il était dans le temps de l'*aurore* du bon goût. » VOLTAIRE. Quel heureux emploi La Fontaine a fait de ce mot si prodigué, dans ces vers du *Vieillard et des trois jeunes hommes* !

Je puis enfin compter l'*aurore*,
Plus d'une fois sur vos tombeaux;

Et dans ceux-ci de *l'Abbesse malade* :

. . . . Elle redevient rose,
OEillet, *aurore*, et si quelque autre chose
De plus riant se peut imaginer

On a remarqué que presque tous les chants de *Saint-Louis*, poème du P. Le Moine, commencent par une description de l'*aurore*. « Comment pouvez-vous, disait-on à un poète, donner à votre belle le nom d'*Aurore* ? elle ne se lève jamais qu'à midi. »

AUPRÈS, *prép.* et *adv.* « La dépense du maréchal a été tout *auprès* d'être ridicule, à force d'être excessive. » SÉVIGNÉ.

AUSTÈRE, *adj. des 2 genr.* du latin, *austerus* (âpre au goût). Le rapport qui lie le sens physique et le sens moral du mot *austère*, est fondé sur la saveur astringente des choses qui sont *austères* au goût; ce qui est astringent resserre; la saveur astringente produit une sensation de resserrement sur les organes du goût; ainsi, des mœurs *austères*, sont des mœurs soumises à une règle étroite; une vie *austère*, est une vie dont les jouissances sont très-resserrées, si l'on peut parler ainsi.

AUSTRAL, E, *adj.* du lat. *auster* (vent du midi). Regnard, dans sa *Satire contre Boileau*, lui fait dire :
Et le cœur d'une Iris, pleine de mille attraits,
Est une terre *australe*, où je n'allai jamais.

AUTANT, *s. m.* Boire d'*autant*. Rabelais dit de Socrate. « Il estoit tousjours riant, tousjours *beuvant d'autant* à un chascun. » Selon Le Duchat, cette expression signifie boire et reboire aux uns et aux autres, et les inviter à en faire *autant*. Montaigne la prend dans une signification absolue, pour dire, beaucoup et souvent. « Jusques aux stoïciens, il y en a qui conseillent de se dispenser quelquefois à *boire d'autant*, et de s'enyvrer pour relascher l'ame. »

Boire d'autant et d'autel, ce rébus se trouve dans la viie des *Cent nouvelles Nouvelles*; au reste *autel* a signifié, tel, pareil, semblable. *Gloss. de la lang. romane*.

AUTEL, *s. m.* du lat. *altare* (autel élevé). « Les autels consacrés aux dieux du ciel, dit M. Furgault, *Dict. d'antiq. grecques et latines*, étaient les plus élevés : on les appelait *altaria*, des mots *alta ara*. Ceux qui étaient destinés aux dieux terrestres, *aræ*, avaient moins d'élévation; l'on enfonçait ceux des dieux des enfers, de façon qu'il fallait se baisser pour y mettre les offrandes. » Cette élévation des autels dressés aux dieux célestes ne doit pas s'entendre depuis le pied de l'autel jusqu'au dessus, car il n'était jamais si haut qu'un homme de taille ordinaire ne pût y sacrifier; mais cette hauteur se doit prendre de la surface de la terre au dessus de laquelle on élevait ces sortes d'autels, soit par des marchepieds à plusieurs degrés, soit en élevant le pavé des temples.

Dans les premiers temps, on mettait une distinction entre l'*église* et l'*autel*: on appelait l'*église*, les dixmes et autres revenus fixes; et l'*autel*, les revenus casuels. On dit même encore en ce sens que *le prêtre doit vivre de l'autel*; ce qui signifie qu'il est juste que se dévouant au service de Dieu, il puisse être sans inquiétude sur les besoins de la vie. « Mais, dit Guzman d'Alfarache, il faut qu'il vive de l'*autel* pour servir à l'*autel*, et non pas qu'il serve à l'*autel*, pour vivre de l'*autel*. » *Trad. du fameux Chapelain*, l. iii de la 2e partie.

AUTEUR, *s. m.* « J'ai bien vu des auteurs, mais je n'en n'ai point encore vu de si mal relié que vous. » PALAPRAT, *la Femme d'intrigue*. On trouve le féminin dans quelques uns de nos vieux auteurs : « L'assemblée *authrice* de tant de maux. » NIC. PASQ. l. IX, lett. 3.

AUTOCHTHONES, *s. m. plur.* αὐτός, soi-même; χθών, terre, qui est de la terre même; c'est ce que nous appelons *indigène*. Dans une lettre à Mayans-Ysiscar, ancien bibliothécaire du roi d'Espagne, Voltaire dit : « Je ne savais pas que vos auteurs eussent jamais rien pris, même des Italiens; je les croyais *autochthones* en fait de littérature. »

AUTOCRATE, plutôt qu'AUTOCRATEUR, du grec αὐτοχράτωρ, composé de αὐτός, soi-même, et de χράτωρ, régisseur, qui régit par lui-même, souverain absolu. C'est le titre que prend l'empereur de Russie; son féminin est *autocratrice*.

AUTO-DA-FÉ (acte de foi), jour de cérémonie de l'Inquisition, pour la punition des hérétiques, ou pour l'absolution des accusés. « La foi est, dit François de Neufchâteau, la première vertu théologale; c'est un don de Dieu qui fait acquiescer fermement aux vérités qu'il a révélées à son église. Mais, n'est-ce pas abuser d'un nom si auguste, que de l'appliquer au spectacle des supplices et à l'effusion du sang humain, dont l'église a horreur ? » *Notes sur Gil-Blas*, tom. III, pag. 304, édit. de 1825.
Un doux inquisiteur, un crucifix en main,
Au feu, par charité, fait jeter son prochain;
Et pleurant avec lui d'une fin si tragique,

Prend, pour s'en consoler, son argent qu'il s'ap-
[plique,
Tandis que, de la grâce ardent à se toucher,
Le peuple, en louant Dieu, danse autour du bûcher.
....
Mais grâces, en nos jours, à la philosophie
Qui de l'Europe au moins éclaire une partie,
Les mortels plus instruits en sont moins inhumains :
Le fer est émoussé, les bûchers sont éteints.
VOLTAIRE.

« On reprochait à Montézuma, d'immoler des captifs à ses dieux : qu'aurait-il dit, s'il eût vu un *auto-da-fé?* »
Le même.

AUTOMATE, s. m. en latin *automata*, venu du grec αὐτόματος (*automatos*), formé d'αὐτός soi-même, et μάω (*maó*) vouloir, qui agit de soi-même; de là

AUTOMATIQUE, adj. Ce mot est du célèbre Boerhaave; il l'a appliqué aux mouvemens qui dépendent de la structure du corps, et auxquels la volonté n'a point de part, tels que la respiration, la circulation du sang, etc.

AUTOMATISME, s. m. mot créé par Réaumur, pour exprimer la qualité d'*automate* dans l'animal, c'est-à-dire le système des mouvemens *automatiques*.

AUTOMNAL, E, adj. « Il me paraît que le vent devient *automnal*, comme dit l'almanac. » SÉVIGNÉ.

AUTOMNE, s. m. Zacharie, poète allemand, appelle le soir « l'*automne* du jour; » on conçoit qu'on puisse dire l'*automne* de la vie, puisqu'on dit le *printemps*, l'*été*, l'*hiver* de la vie; mais peut-on appeler *automne*, l'espace resserré d'une heure ou deux? c'est une bien malheureuse imitation.

AUTORICIDE, adj. Ce mot n'a pu être dit qu'en plaisantant. Dans les *Mariages du Canada*, opéra-com. de Le Sage, donné en 1734, un mauvais sujet, avant de partir pour ce pays, où l'envoie son père, libraire de Paris, a fait la nuit, main-basse sur le magasin et mutilé tous les livres ; « Ainsi, ajoute-t-il, en terminant ce récit :

Ainsi mes mains *autoricides*,
En une nuit, de son logis
Firent un hôtel d'invalides. »

AUTORIOLE, s. m. dimin. d'auteur. « En disant que l'homme est le chef-d'œuvre de la nature, chaque *autoriole* se nommera de préférence. » *Lettres du comte de Lamberg*, 1786. Ce terme a bien un mérite, celui de rimer richement à *gloriole*, mais il ne peut s'accréditer, d'abord parce qu'il n'est pas formé suivant l'analogie ; ensuite parce que l'auteur, homme d'esprit, mais étranger, ne peut faire autorité.

AUTOUR, prép. « *Autour*, dit M. Lemare, est évidemment pour *à le tour*. Le premier mot est une prétendue préposition dont nous donnerons plus bas l'étymologie ; le second un adjectif, et le dernier un substantif. *Autour* est toujours suivi d'un *de*, autre prétendue préposition que nous verrons aussi plus bas. *Tour* vient de *turnus*, d'où *tornare*, et notre verbe *tourner* : Ce ruisseau coule *autour* de la maison ; ce ruisseau coule *au* (ou *à le*) *tour* de la maison. »

AUTRUI, s. m. On a dit autrefois : *aller d'autrui*, pour, subsister aux dépens *d'autrui*.

AUVERNAT, s. m. gros vin d'Orléans, ainsi nommé parce que le plant est venu d'Auvergne :

Un laquais effronté m'apporte un rouge-bord
D'un *Auvernat* fumeux qui, mêlé de lignage,
Se vendait chez Crenet pour vin de l'hermitage.
BOILEAU, *Sat.* III, v. 73.

AVAL. Il est composé de la préposition *à* et du nom lat. *vallis* (vallée, descente), qui se trouve encore dans *val-de-grâce*, et dont nous avons conservé le diminutif *vallon*. Il se joint ordinairement avec *amont*, et signifie, en descendant le cours de la rivière. Ce mot, dit Barbazan, est écrit de suite dans les manuscrits, mais il faut lire *à val, ad vallem*, en descendant, en bas, d'où *avalement*, action de descendre et descente, et *avaler*, descendre qui n'est plus usité que pour exprimer l'action de faire descendre la nourriture et les boissons dans l'estomac ; et de là notre mot *carnaval*, c'est-à-dire, qui avale les viandes, *caro* et *vallis*.

AVALER, v. d'*avalare*, mot de la basse latinité qui signifie descendre. *Avalare*, dit Du Cange, c'est-à-dire descendre (*descendere*) ; aussi trouve-t-on ce mot en ce sens dans nos anciens auteurs :

Fortune ainsi va par le monde,
Quand l'un *avale*, l'autre monte.
Chron. de saint Clément.

et encore dans celui de *faire descendre* :

Tant va qu'il entre en un chemin
Qui vers une ville *avaloit*.
Le Roman du Renard (13e siècle).

« Quand le duc se fut party (se fut séparé) dudit varlet, si commença le val *avaller* (descendre le vallon), mais ainçois qu'il fust *avallé* convint descendre à pied, etc. » *Lancelot du Lac*, roman imprimé en 1520. « Godefroy fist *avaller* la partie du pont de son chasteau sur le mur. » *Les Neuf Preux*, roman imprimé en 1507. « Les promesses faictes, Raab *avala* les deux Israélites par une corde de soie rouge, pardessus le murs hors de la cité. »

Nous avons conservé *dévaler* dans la première acception. *Voy*. ce mot. On dit encore *avaler du vin dans la cave*, pour le descendre en pièce à la cave. Son acception vulgaire signifie aujourd'hui faire descendre quelque chose par le gosier dans l'estomac, ce qui ne s'éloigne pas de la première signification. *Voy*. AVAL.

On dit d'un homme qui mange goulument, *qu'il ne fait que tordre et avaler*; métaphore empruntée, suivant Le Duchat, des cordiers qui ne font autre chose que tordre et marcher à reculons. « Sa femme le venoit quérir à la taverne, et lui disoit mille injures; mais il les *avaloit* toutes avec un verre de vin. » DESPÉRIERS, Nouv. 79. « Plusieurs gladiateurs se sont vus au temps passé, après avoir couardement combattu, *avaler* courageusement la mort, offrans leur gosier au fer de l'ennemy, et le convians. » MONT. l. III, c. 12. « *J'avale* ce voyage comme une médecine. » Mme DE SÉVIGNÉ. « Il faut songer à ceux qui sont plus malheureux que nous, pour nous faire *avaler* nos tristes destinées. » *Idem*. « Je vais *avaler* la Bretagne, » c'est-à-dire, me hâter d'y faire un voyage. *Ibid*.

AVANCER, v. Louis XII et son ministre George d'Amboise, savaient que le plus sûr moyen de discerner et de choisir les hommes d'état, c'était de repousser ceux qui s'*avancent* et d'*avancer* ceux qui se retirent. On demandait à un ministre, pourquoi il n'*avançait* pas le mérite ? « Parce que, dit-il, ce n'est pas le mérite qui m'a *avancé*. »

AVANTAGEUX, EUSE, *adj*. qui se prévaut des *avantages* de la nature, de la fortune, etc. « Un grand nombre poussaient cet air *avantageux* et cette envie dominante de se faire valoir, jusqu'au plus grand ridicule. » VOLT. On prétend que ce mot n'est plus guère usité; ce qui prouve combien nous sommes devenus modestes.

AVANT-COUREUR *de vin, s. m.* Dans Rabelais, ce sont les viandes salées qui excitent à boire. Montaigne, l. 1, c. 40, lui a donné un féminin : « Ce que nous disons craindre principalement en la mort, c'est la douleur, son *avant-coureuse* coustumière. »

AVANT-PROPOS, *s. m.* P. Charron, auteur de dialogues, qui, par amour pour l'antiquité, se faisait appeler Charondas, et était contemporain de Ronsard, est le premier qui se soit servi de ce mot; ce qui lui valut bien des critiques. Pasquier dit que ce mot était nouveau de son temps.

AVÉ, *s. m.* (salut). L'auteur des *Contes d'Eutrapel*, dit plaisamment : « Il n'y a andouille à la cheminée, ne jambon au charnier, qui ne tremble à la simple prononciation et voix d'un petit et harmonieux *avé* (de frère quêteur), » tom. 11.

AVEC, *prép*. « Je m'en vais être *avec* moi, et *avec* votre cher et douloureux souvenir. » SÉVIGNÉ.

Les regrets *avec* la vieillesse,
Les erreurs *avec* la jeunesse,
La folie *avec* les amours,
C'est ce que l'on voit tous les jours :
L'enjoûment *avec* les affaires,
Les grâces *avec* le savoir,
Le plaisir *avec* le devoir,
C'est ce qu'on ne voit guères.
PANARD.

AVELINE, *s. f.* espèce de noisette, du lat. *avellana* sous-entendu *nux* (noix). Ces noisettes ont été ainsi appelées d'*Abella* ou *Avella*, aujourd'hui *Avellino*, petite ville du royaume de Naples, qui produit une grande quantité d'*avelines*.

AVENANT, TE, *adj.* agréable, qui plaît; il a vieilli et c'est dommage.

AVENIR, *s. m.* « On ne peut s'empêcher de se rendre l'*avenir* présent. » Mme DE GRIGNAN.

AVENT, *s. m.* qu'on trouve écrit *advent* dans le roman de *Lancelot du Lac*, du lat. *adventus* (arrivée, avènement), le temps destiné par l'église catholique pour se préparer à la fête de Noël. Il s'appelait autrefois le carême de la Saint-Martin, et commençait à cette époque.

AVENTUREUX, *adj.* qui est d'humeur à chercher des aventures. « Et vingt-cinq des plus aventureux de la maison. » RABELAIS. Tous les dictionnaires nous disent que ce mot a vieilli, et c'est tant pis pour la langue qui va toujours en s'appauvrissant. Ce mot est beau, sonore, et a une tout autre acception que celui d'*aventurier*. « *Aventureux*, dit Marmontel, n'aurait-il pas dû se soutenir à côté d'*aventure*? » Le maréchal de Fleuranges s'honorait de se surnommer lui-même, le *jeune adventureux*. « L'Arabe recommence ses courses *aventureuses* à travers cet océan de sable où la tempête est sans pluie, le vent sans fraîcheur et le ciel sans ombre et sans nuage. » AIMÉ-MARTIN, *Lettre* x, *à Sophie sur la physique*.

AVENTURIER, *s. m.* Cl. Fauchet nous apprend que ce nom fut donné par nos ancêtres, à une milice composée de gens levés, sous Louis XI, dans les villes et dans les villages. Ils furent nommés *aventuriers*, parce qu'ils allaient, comme dit cet auteur, chercher leur *aventure* par fortune de guerre. Cette milice, dont nos historiens nous apprennent les excès et l'indiscipline, fut supprimée, en 1558, sous Henri II, qui leva des troupes auxquelles il donna le nom de légions, et qui ne différaient en rien des corps qu'on a appelés depuis régimens. « En laquelle avant-garde feurent (furent) comptez trente mille et unze *adventuriers*. » RABELAIS, tom. I, pag. 211, édit. de 1732. « A l'égard des soldats que Rabelais nomme *aventuriers*, il est bon de voir ce que dit Brantôme de cette ancienne milice. Il remarque que dans les vieux romans de Louis XII et de François Ier, par les *avanturiers de guerre*, on entendait les fantassins, gens habillés *à la pendarde*, comme on disoit, c'est-à-dire, malproprement, portans des chemises à longues et grandes manches, qui leur duroient plus de deux ou trois mois sans changer, montrans leurs poitrines velues et pelues, et toutes découvertes; les chausses *bigarrées*, et *balafrées*, usans de ces mots, dit-il, que la plûpart montroient la chair de la cuisse, et même des fesses. Que d'autres plus propres avoient du taffetas en si grande quantité qu'ils doubloient ces chausses et les appeloient *bouffantes*, etc. Selon cet auteur, avant que le nom d'*avanturiers* fût en usage, quelques uns appeloient les soldats *laquais*, même, dit-il, dans Monstrelet, sous Louis XI on les appeloit de la sorte pour *allaquais*, comme voulant dire les gens de pié allans et marchans près de leurs capitaines : et c'étoient ces mêmes fantassins ou piétons qu'autrefois on appeloit aussi *rustres*. Voilà quels étoient ces soldats qu'on nommoit *avanturiers*, gens autant et plus maussades que le Thersite d'Homère. » LE DUCHAT, *sur Rabelais*, note au bas de la page. Ce mot qui signifiait donc, dans l'origine, un homme hardi, entreprenant, qui cherchait les entreprises difficiles, les aventures, au milieu des dangers de la guerre, ne se prend plus guère qu'en mauvaise part pour désigner un vagabond, un homme sans aveu. La Bruyère a fait de ce terme, qu'il a employé adjectivement, un usage piquant : « Combien de mots *aventuriers*, dit-il, qui paraissent subitement, qui durent un temps, et qu'on ne revoit plus! »

AVENTURIÈRE, *s. f.* « D'héroïne d'un grand parti, la duchesse de Longueville en devint l'*aventurière*. » LE CARD. DE RETZ.

AVENUE, *s. f.* « Je suis engagé dans les *avenues* de la vieillesse, ayant pieça franchy les quarante ans. » MONT. l. II, c. 17. L'abbé Poullé a dit noblement : « On le voit ouvrir à la vérité, toutes les *avenues* du trône. »

AVERSION, *s. f.* du verbe *avertere* (détourner), sentiment qui fait qu'on se *détourne* d'un objet odieux. « Les précieuses font consister leur plus grand mérite à aimer leurs amans sans en jouir, et à jouir de leurs maris avec *aversion*. » LA ROCHEFOUCAULD.

AVERTIN, *s. m.* qu'on trouve écrit *advertin* dans Coquillart, ne vient-il pas du latin *advertere* (tourner vers) vertige ; et au figuré maladie d'esprit qui rend furieux, opiniâtre ? J. B. Rousseau a attribué ce terme à celui qui est atteint de cette maladie :

O le plaisant *avertin*
D'un fou du pays latin,
Qui se travaille et se gêne,
Pour devenir à la fin
Sage comme Diogène!
Ode à M. l'abbé Courtin.

AVERTIR, *v.* du lat. *advertere* (tourner l'attention vers l'objet qu'on veut faire remarquer). Combien ce verbe acquiert de noblesse et d'énergie dans ces vers de Burrhus à la mère de Néron !

Souffrez quelques froideurs sans les faire éclater,
Et n'*avertissez* pas la cour de vous quitter.
RACINE, *Britannicus*.

AVETTE, *s. f.* Nos pères ont employé ce joli diminutif d'abeille.

Déjà la diligente *avette*
Boit la marjolaine et le thym
Et revient riche du butin
Qu'elle a pris sur le mont Hymette.
THÉOPHILE.

Nous devons regretter la perte de ce mot.

AVEU, *s. m.* Ce mot a signifié la reconnaissance que le vassal donnait à son seigneur pour raison des terres qu'il tenait de lui ; de là nous est venue cette expression d'*homme sans aveu*, pour dire un vagabond, un homme sans considération, sans personne qui l'avoue, sans patron. « La servitude était alors (dans le 14e siècle) si peu impérieuse, que même les hommes libres se choisissaient des seigneurs, quand ils n'étaient pas assez riches pour en être les vassaux, afin d'appartenir à quelqu'un, et de n'être pas un homme sans aveu. » *Dict. des origines*, tom. II, pag. 129, Paris, 1777.

AVEUGLE, *s.* et *adj. des 2 genres.* La plupart le dérivent d'*aboculus* (sans yeux), mot de la basse latinité.

Avule Aveugle, *Avuler Aveugler*; c'est ainsi que l'on écrivait ce mot dans le 13e siècle..... Ménage et autres prétendent qu'il vient de *ab oculis*, c'est-à-dire, sans yeux ; « mais tous les *aveugles*, dit Barbazan, ne sont pas sans yeux, quoiqu'ils ne voyent point ; qu'est un *aveugle*, sinon un homme privé de la lumière ? » L'ancienne orthographe (*avule*, *avuler*) nous dit qu'il vient d'*avulsus*, participe d'*avellere*; *avulsus à lumine* (séparé de la lumière). Regnard, dans sa *Satire contre les maris*, dit du jaloux :

Il est malgré ses soins et ses constantes veilles
Aveugle avec cent yeux, sourd avec cent oreilles.

« Il n'appartient de disputer, qu'à nous autres ignorans ; de même qu'il n'appartient qu'à des *aveugles*, qui ne voyent pas le but où ils vont, de s'entre-heurter dans un chemin. » FONTENELLE.

Sur la terre, aux cieux et sur l'onde,
Tout suit le caprice du sort.
Trois *aveugles* mènent le monde,
L'Amour, la Fortune et la Mort.
La vie est un bal que commence
La Fortune, tant bien que mal :
Vient l'Amour qui presse la danse,
Et puis la Mort ferme le bal.

On demandait à Johnson, pourquoi la vanité était le caractère de l'ignorance. « Ne remarquez-vous pas, répondit-il, que les *aveugles* portent la tête plus haute que ceux qui ont bonne vue ? »

Désaveugler, « ôter l'*aveuglement*. » RICHELET. Ce mot ne plait pas à nos maitres, disait Bouhours ; la raison en est toute simple ; c'est un mot de Port Royal, qui a dit : « La grâce *désaveugle* le pécheur. » L'Académie, en portant ce mot, prévient qu'il ne se prend qu'au figuré. Un auteur contemporain l'a employé au propre :

. . . . . . Et l'adroit Raphaël
Qui sut jadis avec un peu de fiel,
Désaveugler le bonhomme Tobie
PARNY.

AVEUGLETTÉ, ÉE, *participe* qui suppose l'ancien verbe *aveugletter*: « Bien va que l'on est dedans la vie, avant qu'en voir l'entrée, l'on y est porté tout *aveuglette.* » CHARR. l. I, c. 36.

Il nous reste encore *aveuglette, s. f.* qui ne s'emploie que dans cette locution *à l'aveuglette,* pour dire à tâtons, sans voir clair.

AVIDITÉ, *s. f.* du latin *aviditas* (désir ardent) formé du verbe *aveo* (je désire). C'était un mot nouveau du temps de Ronsard, qui s'excuse de s'en être servi; il passe pour en être le créateur.

AVIGNER, *v.* peupler de vignes. *Gloss. de la langue romane.*

AVIS, *s. m.* de l'italien *aviso* (opinion, manière de voir).

Se ranger de l'avis de quelqu'un, est une locution imitée des Latins qui disaient : *in alicujus sententiam descendere,* quitter sa place dans une délibération, pour aller se ranger du côté de celui qui avait proposé l'*avis* qu'on adoptait. C'est en ce sens que Cicéron a dit : « *Ire in sententiam alicujus,* et *descendere ad sententiam alicujus* » (les donneurs de conseils se soucient moins du succès de la chose que du succès de leur *avis*). BELLEGARDE. « Personne n'est de l'*avis* de celui qui est de l'*avis* de tout le monde. » CHATEAUBRIAND.

AVISEMENT, *s. m.* « Tous les *avisements* les moins prévus coulent de source pour qui veut capter. » SAINT-SIMON, *Hommes illustres,* tom. III. Ce mot a vieilli.

AVIVER, *v.* racine *vif,* proprement rendre plus vif, donner de la vivacité; ce mot parait être exclusivement du domaine des arts. Pourrait-on cependant blâmer J. J. Rousseau d'avoir dit : « La marche a quelque chose qui anime et *avive* mes idées. » *Confess.* l. IV; et Mirabeau : « Il est des secousses qui *avivent* les esprits politiques, et qui régénèrent les ressorts du gouvernement. » Roucher l'a employé au figuré avec le pronom personnel dans le sens de s'animer, prendre une nouvelle vie;

Tout germe devant toi (devant le printemps), tout
[se meut, tout s'*avive.*
Poème des Mois, ch. I.

Mais en même temps il a cru devoir excuser cette hardiesse. « Le mot s'*avive,* dit-il, révoltera sans doute; mais je prie ceux qui le proscrivent, d'observer qu'il manque à notre langue, depuis qu'on a cherché à l'épurer. En effet *revivre,* s'animer n'ont ni le même sens, ni la même énergie que s'*aviver.* D'ailleurs nos pères s'en servaient; quelle raison avons-nous eue pour le laisser tomber en désuétude? Ce n'est pas le seul mot ancien que j'ai tâché de rajeunir. »

« *Aviver,* dit l'abbé Féraud, est (dans ce vers) un néologisme; mais est-ce une heureuse hardiesse? Le temps nous l'apprendra. » Il nous semble que c'est aux poètes à enrichir notre langue poétique déjà si pauvre, et que c'est aux grammairiens, et aux critiques à faciliter l'adoption des termes nouveaux, lorsqu'ils sont d'ailleurs, comme celui-ci, agréables, expressifs, et surtout quand on les tire de la poudreuse richesse de nos anciens auteurs.

AVOCASSEAU, *s. m.* méchant avocat; italien *avvocatuccio* : de ce substantif on a fait

AVOCASSER, *v.* exercer la profession d'avocat, mais sans profit et sans gloire.

AVOCAT. Bussy-Rabutin en a fait un adjectif féminin. « Son mari a de l'esprit pour le palais; mais d'ailleurs sa figure est *avocate,* et plaide toujours contre lui. » Dans les anciennes pratiques et styles des cours, les *avocats* sont appelés *parliers,* ou *amparliers.* Si le mot a vieilli, d'aucuns prouvent qu'il n'en est pas de même de la chose. *Voy.* AVOUÉ.

AVOCATIÈRE, *s. f.* Rabelais appelle ainsi une appareilleuse qu'on nomme communément l'*avocate* des pécheurs.

AVOINE, *s. f.* (*avena*). « Ne croyez point que je sois assez sotte pour me laisser mourir de faim; on mange son *avoine* tristement; mais enfin on la mange. » SÉVIGNÉ.

AVOIR, *v.* du lat. *habere* (posséder). Dans ces locutions si fréquentes : *avoir à,* comme *avoir à dire, avoir à travailler, avoir à sortir,* le mot *affaire* nous semble sous-entendu. Montaigne a dit : « Ce n'est pas à dire que *je n'aye eu* affaire souvent à *gourmander* et brider mes passions. » L. III, c. 10. Ces locutions *avoir dix ans*, *avoir vingt ans*, etc. sont une imitation de ce qu'a dit Cicéron : *jam viginti annos habere* (avoir déjà vingt ans). *Pro Cæs.* 54. Les Latins se servaient quelquefois du participe passif avec le verbe *avoir*, au lieu d'employer le temps simple. On lit dans Térence, *Eun.* act. II, sc. 3 : *Nostram adolescentiam* habent despicatam (ils *ont méprisé* ou plutôt ils *méprisent* notre jeunesse, *despicantur*) : dans César : *Cæsar præmisit equitatum omnem quem ex omni provinciâ coactum habebat. De Bello Gallico*, lib. I, (César envoya au devant, toute la cavalerie qu'il *avait assemblée* de toute la province, *coegerat*); et ailleurs : *Etsi jam multis rebus perfidiam Æduorum* perspectam habebat. *De bello Gallico*, lib. 7, cap. 54, (quoiqu'il *eût déjà aperçu* dans beaucoup de circonstances, la perfidie des Bourguignons, *perspectam habebat* pour *perspexerat*). C'est donc à la langue latine que nous avons emprunté ces temps composés avec l'auxiliaire *avoir*: La lettre que j'*avais écrite* (*litteræ quas scriptas habebam*) et nous sommes d'autant plus portés à en juger ainsi, que tous ces participes, qui aujourd'hui sont déclinables ou indéclinables, suivant qu'ils sont précédés ou suivis de leur complément, étaient autrefois toujours déclinables, ainsi qu'on peut le voir dans nos anciens auteurs. Et cette déclinabilité ou indéclinabilité du participe avec *avoir*, suivant la place qu'occupe le régime, n'a guère été fixée que dans le 16ᵉ siècle. Ce qui a fait dire à Marot :

Enfans, oyez une leçon :
Nostre langue ha cette façon,
Que le terme qui va devant
Volontiers régit le suivant.
Les vieux exemples je suivrai
Pour le mieux : car, à dire vrai,
La chanson fut bien ordonnée,
Qui dit : *m'amour vous ai donnée* :
Et du bateau est étonné,
Qui dit : *m'amour vous ai donné*.
Voilà la force que possède
Le féminin, quand il précède.
Or prouveray par bons tesmoins,
Que tous pluriers n'en font pas moins :
Il faut dire en termes parfaits,
Dieu en ce monde *nous ha faits* :
Faut dire en parolles parfaites,
Dieu en ce monde *les ha faites*..
Et ne faut point dire en effect,
Dieu en ce monde *les ha fait* :
Ne (ni) nous ha fait pareillement,
Mais nous ha faits tout rondement.
L'Italien, dont la faconde
Passe les vulgaires du monde,
Son langage ha ainsi basti,
En disant : *Dio noi a fatti*.

CL. MAROT, pag. 457, édit. de 1571.

Que nous ayons emprunté l'auxiliaire *avoir* aux Italiens, ou que nous l'ayons pris directement des Latins, au moins est-il vrai de dire qu'il est tellement passé dans le génie de notre langue, qu'il s'est joint aux participes neutres, comme dans *j'ai dormi*, *nous avons couru*, où il n'y a pas possession. « Dans la suite, dit Dumarsais, dans ses *Tropes*, on s'est écarté de cette signification propre d'*avoir*, et on a joint ce verbe par métaphore et par abus, à un supin, à un participe ou adjectif, ce sont des termes abstraits dont on parle comme de choses réelles : *amavi*, j'aimai; *habeo amatum*; aimé est alors un supin, un nom qui marque le sentiment que le verbe signifie; je possède le sentiment d'aimer, comme un autre possède sa montre. On est si fort accoutumé à ces façons de parler, qu'on ne fait plus attention à l'ancienne signification propre d'*avoir*; on lui en donne une autre qui ne signifie *avoir* que par figure, et qui marque en deux mots le même sens que les Latins exprimoient en un seul mot.. »

Ce verbe a eu dans le cours du siècle dernier, une signification digne des mœurs de ce temps, témoin ces vers du *Méchant*, de Gresset :

Il faut l'*avoir* d'abord, c'est ce que vous devez,
Et vous l'estimerez après, si vous pouvez.

AVOISINER, *v.* racine *voisin*, être voisin, être proche. « Pour s'apprivoiser à la mort, il n'y a que de s'en *avoisiner*. » MONT. l. II, c. 6.

AVORTER, *v.* du latin *abortare*, mettre bas avant terme, faire une fausse couche.

AVORTON, *s. m.* du lat. *abortus*, c'est-à-dire *ortus ab tempore* (sorti avant le temps). *Aborti*, *abortin*, *abortif* (ce dernier vient d'*abortivus*), se trouvent tous les trois dans Sainte-

Palaye, qui sort (du ventre de sa mère ou de la terre) avant le temps; et comme les *avortons* meurent ordinairement en venant au monde ou sont morts auparavant, on a figurément donné cette dénomination d'*avorton*, à toutes les productions, même à celles de l'esprit, qui ne sont pas faites pour être de longue durée.

Avorton se dit figurément d'un petit homme mal fait et mal bâti :
Ces petits *avortons* ont tous l'humeur mutine.
REGNARD, le *Légataire*, act. II, sc. 2.

AVOUÉ, s. m. qu'on écrivait autrefois *advoué*, du latin *advocatus*, racine *ad vocare* (appeler à soi); le client appelait à lui, à son aide, l'avoué ou l'avocat pour défendre sa cause, ses intérêts. De ce mot *advocatus* vient aussi le mot *avocat*. L'auteur du *Dialogue sur les orateurs*, § 1, nous apprend que le nom d'*avocat* (*advocatus*) était employé, de son temps, pour désigner les orateurs qui se chargeaient de défendre les causes des particuliers : « *Horum autem temporum diserti, causidici, et advocati et patroni vocantur* » (mais les orateurs de nos jours sont appelés diserts, défenseurs de causes, avocats et patrons.

» *Advoüez* des églises, *advocati*, dit Moreri, nom que l'on donnoit à ceux qui défendoient en justice, les droits des églises, dont on leur avoit confié le soin; emploi qui leur fit aussi donner le titre de *défenseurs*. Les avouez n'étoient au commencement que de simples avocats, ou autres gens de justice. Dans la suite on chargea de leurs fonctions les seigneurs les plus braves et les plus puissans, qui étoient bien plus en état de résister par les armes, aux violences que l'on pouvoit exercer contre l'église..... » « Les évêques et les abbés, dit Voltaire, *Annales de l'empire*, s'emparent des droits régaliens : ils ont des *avoués*, c'est-à-dire, des capitaines qui leur prêtent serment, auxquels ils donnent des terres, et qui tantôt combattent pour eux, et tantôt les pillent. Ces avoués étaient auparavant des avocats des monastères; et les couvens étant devenus des principautés, les *avoués* devinrent des seigneurs (année 898). » L'histoire nous apprend aussi qu'il y a eu des *advoués* des villes et des provinces, soit qu'ils eussent le gouvernement général, ou qu'ils fussent seulement les défenseurs de toutes les églises ou abbayes qui y étoient situées. La maison de Béthune se fait honneur d'un Robert de Béthune avoué d'Arras; et le titre d'*avoué* était alors si honorable, que, selon l'auteur des notes sur les *Mémoires de Sully*, plusieurs souverains se sont fait honneur de le porter.

« Les Suisses appellent leurs juges *avoyers*, c'est-à-dire, *défenseurs de la justice et du peuple* opprimé. » DU CANGE, *Glossarium latinit*.

AVOYÉ, ÉE, adj. (*via*) mis en chemin. « Je suis mal aisé à esbranler, mais estant *avoyé*, je vais tant qu'on veut. » MONT. l. III, c. 3.

AVRIL, s. m. du lat. *aprilis*. Il désignait chez les Romains, d'abord le second mois de l'année qui commençait par mars, et qui n'avait que dix mois. Numa, avons-nous déjà dit, dans notre *Nouveau Dict. des origines*, tom. I, pag. 94, Paris, 1827, ajouta à cette année les deux mois de janvier et de février, et le mois d'*avril* se trouva le quatrième. Ce mois, qui, chez les Romains, était consacré à Vénus, ramenait chaque année un grand nombre de fêtes toutes relatives à la fécondité de la terre. Son nom même, *aprilis*, dérivé du lat. *aperire* (ouvrir), disait que la terre s'ouvrait alors à de plus douces influences, pour donner l'espérance des moissons et des fruits; et voilà pourquoi, selon Roucher, Virgile fait ouvrir l'année par le *taureau* qui n'est que le deuxième signe du zodiaque, quoique l'année astronomique commence par le *bélier*:
Candidus auratis aperit cum cornibus annum Taurus. . . . .

POISSON D'AVRIL, attrape, piége innocent que l'on tend à quelqu'un le premier jour d'avril. « Donner un *poisson d'avril*, c'est, dit l'abbé Tuet, faire faire à quelqu'un une démarche inutile, pour avoir occasion de se moquer de lui. »

Quand on perd son *avril*, en octobre on s'en plaint.
RONSARD.

Racan disait encore : « En l'*avril* de mes jours. » Qui blâmerait cette phrase de Chapelain dans sa traduction de *Guzman d'Alfarache*? « Je voyais des yeux de la pensée l'*avril* et la beauté des champs, sans en regarder l'automne. » L. 1 de la 1re part. Nos vieux poètes, du nom de ce mois, avaient fait l'adjectif *avrillier*, *ère*, qu'il est fâcheux de n'avoir pas conservé :.

J'étais alors en ma fleur *avrillière*,
VAUQUELIN DE LA FRESNAYE.

On disait aussi le temps *avrilleux*, pour le temps du mois d'*avril*. *Gloss. de la langue romane*.

B

BABEL. Le P. Caussin, dans sa *Cour sainte*, dit que « les hommes ont bâti la *tour de Babel*, et les femmes la *tour de Babil*. » Chateaubriand appelle l'*Encyclopédie* « cette Babel des sciences et de la raison. » On peut appeler les grandes capitales les *Babels* de la civilisation.

BAB-EL-MANDEL, détroit qui joint la Mer-Rouge à l'Océan indien. M. le chevalier Bruce remarque que le détroit par lequel on passe du golfe d'Arabie dans l'Océan indien, est appelé par les Portugais *Babelmandel*, mais que ce mot n'a aucun sens. Le nom que lui donnent les Orientaux est *Bab el madeb*, c'est-à-dire *le port de l'affliction*. M. Malte-Brun traduit le mot *bab* par *porte, cours*; ainsi il dit la *porte*, et non le *port de l'affliction*.

BABOUIN, s. m. espèce de gros singe. On appelle aussi *babouin* certaine figure ridicule, barbouillée sur la muraille d'un corps-de-garde, qu'on faisait baiser aux soldats qui faisaient quelque faute légère. De là cette expression proverbiale et figurée *faire baiser le babouin à quelqu'un*, pour dire le réduire à se soumettre, malgré qu'il en ait, à quelque espèce de honte. Ce mot paraît venir de l'italien *balbuino*, qui est le nom de ces petites figures grotesques que l'on met aux fontaines et qui versent de l'eau. M. Ch. Nodier le dérive, ainsi que *bambin*, du gallois *bach*, d'où vient, selon lui, le nom de Bacchus, qu'on représente ordinairement comme un enfant gros et joufflu.

Babouin signifie encore un jeune enfant qui articule à peine, et c'est en ce sens que M. Nodier lui a donné l'étymologie que nous venons de citer. Quant à cette dernière acception, le lecteur ne nous saura pas mauvais gré de lui rapporter un conte assez plaisant, relaté dans les *Illustres Proverbes*, ch. xx : « Un jeune fille estoit entrée dans un temple, et prosternée à deux genoux devant l'image de Vénus qui tenoit par la main son petit Cupidon, la prioit ardemment, et d'une voix assez intelligible, qu'il luy plust luy faire avoir en mariage un beau galant qu'elle aimoit. Par inadvertance, un certain fripon qui estoit caché derrière l'autel, lui respondit en raillant : *Ce n'est pas pour vous*. La jeune suppliante, croyant que ce fût Cupidon qui lui avoit fait cette répartie, répliqua en cholère : *Taisez-vous, petit babouin, laissez parler vostre mère qui est plus sage que vous.* »

BABOYE, s. f. Ce mot est de Charron, qui paraît l'employer dans le sens de *babiole*. « Bien vivre est notre grande affaire, aussi tout le reste n'est que *baboye*, choses accessoires et superficiaires. » L. III, c. 6.

BACCULER, v. (*baculus*) maltraiter avec un bâton. « En la parfin le bon chevalier se print aux cornes de ce diable, et lui en arracha une, dont il le *baccula* trop bien. » *Cent nouvelles Nouvelles*, nouv. LXX.

BACHA, s. m. L'origine de ce mot est turc, selon Leunclave ; car *bassa* ou *bassi* signifie *tête* dans la langue des Turcs ; les *bachas* étant les têtes, pour ainsi dire, ou les chefs des provinces, quand ils deviennent gouverneurs. « Le mot *pâchá*, dit M. François de Neufchâteau, particulier à la langue turque, a été changé en *bâcha* par les écrivains arabes qui n'ont pas de *p* dans leur langue, et en *bassa* par les Grecs, qui cherchent toujours à adoucir les mots étrangers, et qui ne peuvent prononcer ni le *j* ni le *ch*; ils substituent constamment, à ces deux prononciations, celle du *z* et de l's dure : de là les mots de *bassa*, au lieu de *páchá*; *saracin*, au lieu de *chérákin*, etc. La Fontaine a donc eu raison d'intituler *le Bassa et le Marchand*, une de ses fables, dont la scène est en Grèce (l. VIII, fable 18), puisque c'est ainsi que parlent les Grecs. »

BACHELIER, *s. m.* « Dans l'origine de la chevalerie on distinguait, dit Blanchard (*Beautés de l'hist. de France*, pag. 160, Paris, 1813), deux classes de chevaliers : les bannerets et les *bacheliers*. On nommait banneret, titre le plus haut et le plus relevé de la chevalerie, celui qui, noble de nom et d'armes, se trouvait assez riche et assez puissant pour lever et entretenir à ses dépens, cinquante hommes d'armes; il fallait que chacun de ces hommes d'armes eût, outre ses valets, deux cavaliers pour le servir. On appelait *bachelier* ou *bas chevalier*, celui qui n'avait ni assez de bien, ni assez de vassaux pour fournir à l'Etat un pareil nombre d'hommes. Comme les gentilshommes étaient *bacheliers* de bonne heure, on a nommé autrefois les jeunes gens *bacheliers* et les jeunes demoiselles *bachelettes*. » « Ce jeune et advisé *bachelier* qui m'avoit suivy une foiz de loing. » *Œuvres d'Alain Chartier*, pag. 263, in-4°, Paris, 1617.

« Les anciens prenoient le mot de *bachelier*, pour jeune adolescent, et qui commençoit d'entrer en l'âge de virilité. Le *Voyage d'outre-mer* du comte de Ponthieu, parlant de Thibault, filz de la dame de Dommar en Ponthieu, seur du comte de Saint-Pol : oirs fu de le comte de Saint-Pol, mais pouvres *bacelers* estoit, etc. » Le roman de Garin le Loheran en use aussi en pareille signification, quand il dit :

A Montagu en fet Morant aler
A bien soixante-dix qui lui (tous) sont *bachelers*
Pour le castel et ville garder.

Il appelle la jeunesse mesme *bachelerie*, en ce vers :

La flor de France et la *bachelerie*.

On lit dans le *Grand Testament* de Villon, composé en 1461 :

Mais que ce jeune *bachelier*
Laissast ces jeunes *bachelettes*.

Et dans La Fontaine :

Adonc, me dit la *bachelette*,
Que votre coq cherche poulette.

Le nom de *bachelier* n'est plus appliqué aujourd'hui, qu'à ceux qui ont obtenu, dans les facultés des lettres, de médecine, de droit ou de théologie, le premier des trois grades qui s'y confère, que l'on appelle *baccalauréat*.

BACULARDISES, *s. f. pl.* mot forgé, ouvrages dans le goût de ceux du sieur Arnaud de *Baculard*, où règne un étalage exagéré de sentiment.

BADAUD, *s. m.* BADAUDE, *s. f.* niais qui admire tout. Quant au sobriquet de *badaud* donné aux Parisiens, ce n'est point et ce ne fut jamais un terme de mépris, comme l'a pensé et le pense encore le vulgaire; mais il signifie simplement l'application de ce peuple à la navigation. Ce mot *badaut* ne vient point de ce qu'ils ont été battus au dos par les Normands, ni de l'ancienne porte *Baudaye* ou *Badaye*, comme le pense le père Labbe, mais il dérive des mots gallois *badawr*, *badwr* qui signifient *matelot*, *batelier*, et qui ont leur racine dans le mot gallois *bad* ou *bat* qui signifie *barque*, *bateau*, et dans le mot *wr* qui en gallois, en bas-breton et en langue de Cornouailles, signifie homme. *Badwr*, homme de bateau, batelier, matelot. « Si on a donné, dit Voltaire en bon Parisien, le nom de *badaud* au peuple de Paris, plus volontiers qu'à tout autre, c'est, uniquement, parce qu'il y a plus de monde à Paris qu'ailleurs, et par conséquent plus de gens inutiles, qui s'attroupent pour voir le premier objet auquel ils ne sont pas accoutumés, pour contempler un charlatan, ou un charretier, dont la charrette sera renversée, et qu'ils ne relèveront pas. »

Paris est un grand lieu plein de marchands mêlés,
L'effet n'y répond pas toujours à l'apparence :
On s'y laisse duper autant qu'en lieu de France,
Et parmi tant d'esprits plus polis et meilleurs,
Il y croît des *badauds* autant et plus qu'ailleurs.

CORNEILLE, *le Menteur*, act. 1, sc. 3.

BADAUDERIE, *s. f.* Journel, imprimeur de Paris, qui imprimait les *Origines de la langue françoise*, par Ménage, vit dans l'article *badaud*, un outrage à la gloire de sa ville natale, et refusa long-temps de l'imprimer, ce qui lui valut ce quatrain de l'auteur :

De peur d'offenser sa patrie,
Journel, mon imprimeur, digne enfant de Paris,
Ne veut rien imprimer sur la *badauderie* ;
Journel est bien de son pays.

BADAUDIQUE, *adj.* qui appartient aux *badauds*. « Le diable emporte toute la race *badaudique* (des badauds, des Parisiens), je n'ai jamais vu de gens plus curieux et plus insolens ; ils crient après moi : Il a chié au lit, il a chié au lit, comme si j'étois un masque. » *Le Divorce*, comédie, sc. II, act. I. *Théâtre italien* de Ghérardi, tom. II.

Badauderie, *badaudage*, subst. et le verbe *badauder*, se sont conservés, et *badaudique* n'a pu s'établir.

BADAUDISME, *s. m.* caractère de *badaud*. « Le peuple de Paris est fameux pour le *badaudisme* ; on dit que celui de Lyon le lui dispute. » L'abbé FÉRAUD, *Dict. crit. de la lang. franç.*

BADELAIRE, *s. f.* vieux mot qui exprimait une espèce d'arme et qu'on a conservé dans le blason où il signifie une pièce faite en sabre, c'est-à-dire courte, large et recourbée. Quant à l'étymologie, « je crois, dit Le Laboureur, que ce terme de *badelaire*, qui n'est plus usité maintenant, sinon en armoiries, vient de *bataille* et de *batailler* ; en sorte que ce *badelaire* soit une espée de combat et de bataille, comme qui diroit *batelaire* ou *bataillère*. Froissart, auquel ce terme est familier, parlant de la sédition émue en Angleterre par le prestre Vallée, dit : *à ces mots le maire de Londres tira un grand* badelaire *qu'il portoit, et frappa ledit Tillier si grand coup par la teste, qu'il l'abattit aux pieds de son cheval*; et ailleurs : *Si couppoient plançons de bois à leurs espées et* badelaires. » D'autres le font venir de *balteus* (baudrier), d'autant plus que le baudrier s'est appelé autrefois *baudel*.

BADELORY, *s. m.* Nos pères appelaient de ce nom un niais, un sot, qui regarde tout avec ébahissement et la bouche béante, *che bada a tutto*.

BAGAGE, *s. m.* équipage de voyage ou de guerre. Il est dérivé de l'allemand *pack* (paquet), ou ne serait-ce pas plutôt un dérivé du mot *bagues*, qui s'est dit anciennement pour effets, hardes, habillement, bagage ? « Ils abandonnèrent la place et y boutèrent le feu après qu'ils eurent prins (pris) les meilleures *bagues*. » *Le Roman des Neuf Preux*. *Voy.* BAGUES. « L'empereur Charles V ayant commandé de *trousser bagage*, ains que chacun estoit bien empesché à serrer les hardes, entra un bon compagnon, etc. » HENRI ESTIENNE, *Apologie pour Hérodote*, tom. I, pag. 232, La Haye, 1735.

A trousse-bagage, en toute hâte. Une satire du temps de Louis XIII, reproche au connétable de Luynes de mener le roi à *trousse-bagage* çà et là, où ses intérêts particuliers l'appellent. *Pièces de Luynes*, pag. 320, 1632. Nous disons encore, dans le même sens, *plier bagage* :

Avec sa Pénélope il a *plié* bagage
En fin fond de province il l'a contrainte à fuir.
LA CHAUSSÉE.

BAGATELLE, *s. f.* « Pour le mot *bagatelle*, dit Barbazan, *Dissert. sur l'orig. de la lang. franç.* pag. 26, Paris, 1759, l'auteur du *Journal des Savans*, qui le fait venir de l'arabe, me permettra de dire qu'il peut bien venir du latin *vagus* ou *vacuus*, aussi bien que de l'arabe *bawathel*; de *vagus* on avoit fait *badise* et *bade* dans notre langue française, qui signifient également des *bagatelles*, des choses vagues, sans fondement et inutiles, et cela avant que les auteurs, qui nous ont transmis les histoires des Croisades, nous eussent apporté des mots arabes. Car saint Bernard qui écrivoit vers 1137, a dit dans ses sermons françois (f° 125 du manuscrit des Feuillans) : « Ce sunt cil ki en l'encomencement » de lor conversion vuelent aper- » memes fructifier par une présump- » tuouse *badise*, » c'est-à-dire, ce sont ceux qui dans le commencement de leur conversion veulent aussitôt fructifier par une présomptueuse *vanité*. Adam de Suel qui nous a donné au commencement du 12e siècle, une traduction des *Distiques de Caton*, traduit ainsi le 30e distique du l. IV :

Chis mos ne fu mie dit en *bades*,
Pire est coie ieaue que la rade

(Ce mot ne fut pas dit en *vain*, l'eau qui dort est pire que celle qui court). » Mme de Sévigné appelait son fils : « le roi des *bagatelles*. » Ce mot, dans le style familier, se prend quelquefois pour exprimer les plaisirs des sens, de la chair :

« LA COMTESSE.

» J'ai obligé M. le comte à faire lit à part, car je suis présentement bien revenue de la *bagatelle*. » *Théâtre Italien* de Ghérardi, tom. III, pag. 168, Paris, 1741.

BAGUES, *s. f. plur.* s'est dit autrefois pour effets, hardes, bagage : « De ceux qui purent eschaper du carnage, aucuns entrèrent dans la rivière, et s'efforçans de la passer chargés de leurs harnois ou de leurs meilleures *bagues*, se voyoient emportez par l'impétuosité de l'eau. » CL. FAUCHET, *Antiquitez françoises*, feuillet 164, Paris, 1599. « Il est bien vray que celle qui est échappée *bagues sauves* d'un escholage libre, apporte bien plus de fiance de soy, que celle qui sort, saine, d'une eschole sévère et prisonnière. » MONTAIGNE, l. III, c. 5.

Se retirer, sortir vie et bagues sauves, se trouve souvent dans Mézeray, en parlant d'une ville prise par capitulation. Nous disons encore aujourd'hui, en termes de guerre, *sortir vie et bagues sauves*, pour dire sortir d'une place avec permission d'emporter sur soi ce que l'on peut. Et on dit figurément qu'*un homme est* sorti, *est revenu bagues sauves*, pour dire qu'il est heureusement sorti d'un péril.

De ce mot on avait formé *bagué*, pour nippé : « Dieu sçait si elle partit bien *baguée!* » *Cent nouvelles Nouvelles*, nouv. LXVII.

BAGUE signifie aussi l'anneau qu'on suspend vers le bout d'une carrière où se font les courses, et que ceux qui courent tâchaient autrefois d'emporter avec le bout de la lance; et aujourd'hui avec un stylet; c'est en ce sens que Mme de Sévigné a dit au figuré : « Nous sommes accoutumés à *courir la bague*, » pour dire, à avoir de beaux chemins.

BAGUENAUDER, *v.* C'est proprement faire claquer entre ses doigts le fruit du *baguenaudier*. De là ce mot s'emploie pour, s'amuser à la bagatelle. « C'est à nous à rêver et à *baguenauder*, et à la jeunesse à se tenir sur la réputation et sur le bon bout. » MONTAIGNE. Le même applique ce verbe, qu'il fait actif, à la philosophie de Diogène, « qui, dit-il, *baguenaudoit*, à part soi, le grand Alexandre. » « Ton goût est de *baguenauder* en amour. » HAMILTON, *Mém. de Gramont.*

BAGUENAUDERIE, *s. f.* futilités, discours frivoles. « Me suis trouvé avec des damoiselles qui se lavoient la gorge des *baguenauderies* que leur avoient ramagez leurs armez courtisans. » CHOLIÈRES, *Contes*, f° 220, v°. CH. POUGENS, *Archéologie française*. M. Pougens regrette ce mot avec d'autant plus de raison, qu'il nous est resté *baguenauder*. *Voy.* ce mot.

BAGUETTE, *s. f.* « Que faut-il aux dames, que vivre aimées et honorées? Elles n'ont et ne savent que trop pour cela... Avec cette science, elles commandent à *baguette* et régentent les régens et l'eschole. » MONT. l. III, c. 3.

Au théâtre, les rôles à *baguette* sont ceux des fées, magiciens, etc. dont on suppose que le pouvoir réside dans cet attribut de leur dignité. C'est à quoi Saint-Simon fait allusion dans ce portrait peu flatté : « Sa femme était une grande créature, maigre, jaune, qui riait niais et montrait de longues vilaines dents, dévote à outrance, d'un maintien composé, et à qui il ne manquait que la *baguette* pour être une parfaite sorcière. » *Hommes illustres français.*

BAHUTIER, *s. m.* faiseur de malles, coffretier, vient, selon François de Neufchâteau, de l'allemand *bahuten* (garder); mais le mot *bahut*, qui n'est pas tout-à-fait perdu, s'est dit, autrefois, et a donné naturellement le dérivé *bahutier*. Du Cange dérive *bahut* de *bahudum* qui s'est dit dans la basse latinité pour signifier une espèce de coffre; mais le latin *bahudum*, comme le français *bahut*, paraît venir du mot celtique *bahu* qui signifie un coffre dont le dessus est fait en rond. « Lequel vaut-il mieux, ou en ployant à toutes les volontez de son maistre, mourir sur les *bahuz*, au milieu de la corruption de la cour, ou bien rompre et faire une honneste retraite en sa maison, telle que fist le chancelier de l'Hospital? » ET. PASQ. l. XII, let. 7. D'ailleurs le mot *bahutier* n'est plus guère d'usage que dans cette expression proverbiale: *il ressemble aux bahutiers, il fait plus de bruit que de besogne*; ce qui se dit d'un homme qui fait beaucoup de bruit, beaucoup d'embarras et peu d'ouvrage. Cette expression vient de ce que les *bahutiers*, après avoir cogné un clou, donnent plusieurs coups de marteau inutiles avant d'en cogner un second.

BAI, *adj.* cheval *bai*, du lat. *badius* venu du grec βάϊς, branche de palmier, ou plutôt de *bagus* corrompu de *badius*, qui se trouve dans Du Cange pour cette couleur de cheval d'un rouge couleur de châtaigne.

BAIE, *s. f.* tromperie. Et. Pasquier le fait venir de la *Farce de Patelin*, où le berger répond tant au juge qu'à Patelin lui-même *bëe, bée*. Ne signifierait-il pas plutôt, une de ces petites graines, *bacca*, de peu d'utilité, qu'un affronteur aurait données pour des pièces d'argent?

BAIGNER (se), *v.* On l'employait souvent autrefois au figuré : « Je les vois les envieux se *baigner* en eau rose. » *Guzman d'Alfar*. trad. de Chapelain, liv. 1 de la 2ᵉ partie. On trouve encore dans Mᵐᵉ de Sévigné : « Elle paraît *baignée* dans l'excès de sa joie. » « Les autres sont au moins persuadés de leurs égaremens; pour lui, il se *baigne* dans la confiance. » Et dans Saint-Simon : « Le maréchal de Villeroi arrive avec cette pompe dans laquelle on le voyait *baigné*. » Tom. IV, liv. 1.

BAILLER, *v.* du grec βάλλειν (envoyer), donner. Ce verbe, après avoir eu cinq cents ans droit de bourgeoisie, avait déjà vieilli, même du temps de Ségrais; car il cite comme singulier le mot d'un Gascon, qui demandait un jour dans une compagnie : « Qui est-ce qui *baille* le bal? »

LA BAILLER BELLE, s'est dit pour en faire accroire. « C'est *baille luy belle* et du tout rien » (ce sont promesses sans effet). *Pièces de Luynes*, p. 401.

BÂILLER, *v.* (italien, *sbadigliare*). « Soyez assidu, flatteur, et ne *bâillez* pas; voilà tout le secret des cours » LE DUC DE LÉVIS, et par conséquent des succès des courtisans.

BÂILLERIE, *s. f.* mot forgé par Scarron.
Non moindre fut la *bâillerie*,
Qu'avait été l'ivrognerie.

BAILLI, *s. m.* qu'on écrivait autrefois *baillif*, d'où le féminin *baillive*, la femme du bailli :
Vous irez visiter, pour votre bien-venue,
Madame la *baillive* et madame l'élue.
MOLIÈRE, *Tartufe*, act. II, sc. 3.

Il paraît venir de *ballivus* (juge, gardien), mot de la basse latinité qui paraîtrait fait de *bajulus*, mais les auteurs ne sont pas d'accord sur cette étymologie. On lit dans le *Dict.* de Moréri : « *Bajule* (du latin *bajulus*), nom d'un ancien magistrat du Bas-Empire. Théodose le jeune étant à Constantinople, établit un certain Antiochus, intendant et grand-*bajule*, et depuis on trouve encore des magistrats de ce nom. Le grand-*bajule* étoit proprement, selon la force du terme latin, celui qui avoit comme porté dans ses bras l'empereur encore enfant, ou plutôt qui avait eu soin de son éducation; et l'*Histoire de France* remarque que Charlemagne donna Arnoud pour *bajule*, c'est-à-dire pour ministre, à son fils Louis, roi d'Aquitaine. On croit que de ce nom *bajulus* est venu celui de *bailli*, qui se donne en France aux juges des seigneurs. Les Vénitiens ont eu un *bajule* près des empereurs grecs (et leur ambassadeur à la Porte a porté le nom de *baile*, jusqu'à la révolution qui a mis fin à leur indépendance). On appelle les principaux officiers de l'Ordre de Saint-Jean de Jérusalem du nom de *bajuli* ou *baillis*. Il y a aussi des *bajules* ou *baillis*, officiers ecclésiastiques dans les églises et dans les abbayes. » Au mot *bajule*, Cl. Fauchet, liv. IV, feuillet 38, des *Anti-*

quitez françoises, Paris, 1569, semble confirmer cette opinion : « Au mesme temps, dit-il, Vaudelin, gouverneur du roy Childebert, durant son enfance, mourut, et personne ne fut mis en sa place, d'autant que la royne, sa mère, voulut elle mesme avoir ceste charge : l'on appela depuis ces nourrisciers (ces gouverneurs) *bajuli*, je crois, parce qu'ils portoient et présentoyent au peuple leurs petits rois ; et d'eux vient le mot de *bail*, pour gouverneur de pupille, et puis de *bailly*, de la charge desquels je parlerai autre part. » « Les *baillis*, dit Est. Pasquier, *Recherches sur la France*, liv. II, ch. 8, furent ainsi appelez, à mon jugement, pour autant que de leur première origine, ils estoient baillez et envoyez en diverses provinces par nos roys. Ou bien sans aucune altération de lettre, baillis, comme conservateurs et gardiens du bien du peuple encontre les offenses qu'il eût peu encourir des juges ordinaires..... Car ce mot *bailly* en vieil langage françois, ne signifioit autre chose que gardien, et *baillie*, garde. Jean de Meung, en son *Roman de la Rose* :

Cœur failly
Qui de tout deuil est bailly.

Et en autre endroit où Faux-semblant se vante que contrainte abstinence est en sa garde et protection :

Mamie contrainte abstinence
A besoin de ma pourveance,
Pieça fut morte ou mal sortie,
S'elle ne fut en ma baillie.

De la même façon voyons-nous que dans la plus grand part de noz coustumes de France nous appellons ceux *baillis* ou *baillistres* qui ont la garde noble ou bourgeoise de leurs enfans... Jean le Boutheiller, vieil autheur, en tout son Traité de Pratique qu'il intitule *Somme rurale*, appelle *baillies* seulement ce que nous appellons *bailliage*. » On trouve effectivement *baillie* pour garde dans le *Dict. des Rimes de J. Lefèvre*, imprimé à Paris, en 1588, et cet auteur a soin d'avertir que ce mot est vieux.

Baillie est traduit dans le Glossaire du *Roman du Renard*, par M. Méon, par puissance, possession, juridiction. Charles Bouilles, *de origine Dict. gall.* dérive *bailli à bajulo* (de porteur), *quia fert publicorum negotiorum onera* (parce qu'il porte le fardeau des affaires publiques).

BAIN, s. m. qu'on écrivait autrefois *baing*, d'où est dérivé le verbe *baigner* qu'on a dit *baingner*. On trouve dans une pièce de vers du 13e siècle, intitulée *Les Crieries de Paris* :

Seignor, car vous alez baingnier,
Et étuver sans déluier.
Li baing (les bains) son chaut, c'est sans mentir.

Bain vient du latin *balneum*, qui a à peu près la même signification, ou plutôt de *bagnum*, corrompu du premier, qui se trouve dans Du Cange.

Bain-Marie, s. m. « eau bouillante où l'on plonge un vase qui contient ce qu'on veut faire chauffer ou cuire. Ce mot, selon quelques-uns, vient de *balneum maris*, bain de mer ou bain marin, parce que le vaisseau est porté sur l'eau comme sur une mer. Dans ce cas, *marie* serait adjectif. D'autres disent que cette espèce de bain doit son nom à son inventrice, appelée *Marie* la prophétesse, ce que je n'ai pu vérifier. » A. BONIFACE, *Manuel des Amateurs de la langue franç.* 2e année, n° VIII.

BAISEMAINS, s. m. pl. Cette expression, comme synonyme de complimens, civilités, a été long-temps en usage ; elle provenait probablement de la coutume où était le vassal, sous le régime féodal, de baiser la main de son seigneur en lui rendant hommage pour son fief.

« Le *baise-main*, dit H. Estienne, *Dialogues du nouveau langage françois italianisé*, est fort commun en France, non pas de faict, mais de parole. Car quant on prend congé de quelcun, c'est l'ordinaire de dire *je vous baise la main*, ou *je baise la main de vostre seigneurie*, pour sentir doublement son italianisme. Et ceci a commancé dès long-temps. Car je voy que mesmement Joachim Du Bellay, en la fin de l'épistre dédicatoire qu'il met devant son Traité intitulé *La Défense et Illustration de la langue françoise*, dit au cardinal Du

Bellay : *Reçoy donc avec ceste accoustumée bonté les premiers fruicts, ou pour mieux dire, les premières fleurs du printemps de celui qui en toute révérence et humilité baise les mains de ta R. S.* J'oublie à vous dire qu'on a appliqué ces termes de *baiser la main*, encores à autre usage, de sorte qu'on dit communément, je vous baise la main, pour dire je vous remercie. »

En faisant le tableau des mœurs parisiennes, sous Louis XIII, M. Dulaure s'exprime ainsi : « Deux hommes qui se connaissaient à peine se rencontraient-ils ? on les voyait s'embrasser jusqu'à s'étouffer, se faire des protestations du plus entier dévouement, et se baiser réciproquement les mains : les *baise-mains* étaient alors fort à la mode, on en exécutait l'action à chaque rencontre, et le mot entrait dans toutes les formules de complimens. » *Histoire de Paris*, tom. VI, pag. 199 (2ᵉ édit.).

BAL, *s. m.* BALLER, *v.* BALLADIN, *s. m.* « On a fait venir d'Italie *bal*, *baller* et *balladin*, non pas toutesfois sans quelque changement, comme vous pouvez voir, car de *ballo* on a faict *bal*, et *ballare* a esté changé en *baller*; de *ballarino* ou *balladino* (car je croy que tous les deux se disent) a esté faict *balladin*. Mais notez qu'on a faict venir les personnes avec les noms, voire, non seulement des *balladins*, mais aussi des *balladines*. » HENRI ESTIENNE, *Dialogues du nouveau langage françois italianisé* (1579). Les balladins étaient des danseurs qui vinrent d'Italie en France dans le 16ᵉ siècle. De l'ancien verbe *baller* qui peut aussi bien venir de *ballare*, mot de la basse latinité dans Du Cange, qui le rend par *baller*, danser, former des chœurs de danse, que de l'italien *ballare*,

..... Il sait danser, baller,
Faire des tours de toute sorte.
LA FONTAINE, liv. IX, *fable* 3.

il nous reste le participe *ballant*, des *bras ballants* : on a dit autrefois : il est midi sonné et *ballé*,

Les dames, en vertugadin,
Promenaient la robe *ballante*.
DEMOUSTIER, *lett.* 76ᵉ sur la *Mythol.*

BALANT, *s. m.* terme de marine, la partie de la corde qui n'est pas halée, bandée, vient, comme *bras ballants*, de l'ancien verbe *baller*.

BALADINAGE, *s. m.* bouffonnerie, plaisanterie de mauvais goût. « Les *Lettres* de Voiture sont un *baladinage* de l'esprit. » VOLTAIRE.

BALAI, *s. m.* du latin *betula* (bouleau). Comme on suppose que les sorciers et les sorcières se rendent au sabbat montés sur des *balais*; qu'on allume un grand feu dans le lieu de leur réunion, il est présumable qu'après plusieurs voyages le balai d'un ancien sorcier doit, à force de s'être approché du feu, s'être rôti; de là cette expression *il a rôti le balai*, en parlant d'un homme ou d'une femme qu'on soupçonne d'avoir mené long-temps une vie déréglée.

BALANDRAN ou BALANDRAS, *s. m.* sorte d'habit ou de manteau fort ancien, puisque dès l'an 1226, dans la règle de saint Benoît, il est défendu aux religieux de porter des habits de laïques, tels que *balandrans* et surtouts, qui sont appelés *balandrana* et *supertoti*.

Et qu'il ait, sans espoir d'être mieux à la cour,
A son long balandran changé son manteau court.
REGNIER, satire 14.

Le soleil dissipe la nue,
Récrée et puis pénètre enfin le cavalier,
Sous son balandras fait qu'il sue.
LA FONTAINE, liv. VI, *fable* 3.

BALBUTIE, *s. f.* du latin barbare *balbuties* (bégaiement). « Voilà un exemple de la *balbucie* de cette enfance. » MONTAIGNE. « Le temps me poursuit, et voilà que je m'en retourne à la *balbutie*. » DIDEROT. Il avait déja dit, dans sa *Lettre sur les sourds et muets* : « Notre langue est celle qui a retenu le moins de ces négligences, que j'appellerais volontiers des restes de la *balbutie* des premiers âges. » « M. Bréghot du Lut observe avec justesse, dit M. C. Pougens, dans son *Archéologie française*, que le mot *balbutiement* qui se trouve dans le *Dict. de l'Acad.* édit. de 1762, ne saurait être considéré comme synonyme du vieux français *balbutie*. «Balbutiement, dit-il, exprime l'action, tandis que *balbutie* signifie un état habituel. »

BALBUTIEMENT, *s. m.* C'est un dérivě de *balbutier*. « Là tout en me promenant, je faisais ma prière, qui ne consistait pas dans un vain *balbutiement* de lèvres, mais dans une sincère élévation de cœur à l'auteur de cette aimable nature, dont les beautés étaient sous mes yeux. » J. J. R. *Conf.* liv. VI.

BALBUTIER, *v.* mal articuler les mots, du latin *balbutire*, qui a la même signification. Mouskes, parlant de Charles-le-Chauve, dit :

D'une femme ki fu gentius.
Avoit un fils ki fu soutius (subtil, rusé)
Loeys li *Baubes* ot non (il eut nom Louis le
[Baubes);
Et saciez (sachez) k'il ot cest sornon (qu'il
[eut ce surnom)
Pour cou qu'il estoit *baubatere* (balbutiant)
Mais il n'iere fos, ne abetere (mais il n'étoit
[ni fou ni hébété).

PH. MOUSKES, *ms.* pag. 328.

BALCON, *s. m.* Le père Le Moyne ouvre le 2e livre de son *Poème de Saint-Louis* par ce vers où le mot *balcon* fait une plaisante image :

A peine le Soleil, ramené par les Heures,
Parut sur le *balcon* des célestes demeures.

BALEINE, *s. f.* du latin *balæna*, venu du grec φάλαινα (*phalaina*).*ph* changé en *b*. Le nom de *baleine*, dit Roucher, qui signifie *seigneur des poissons*, nous est venu de la langue syriaque; et il faut avouer que la taille des baleines, leur force, et surtout leur voracité leur ont bien mérité ce titre. *Poème des Mois*, remarques sur le chant 3. Godeau appelle la *baleine* « un écueil vivant. »

BALISTE, *s. f.* du latin *balista*, venu du grec βάλλειν qui signifie jeter, lancer, parce qu'on se servait aux siéges des villes de ces sortes de machines pour lancer des traits et des pierres.

BALIVERNE, *s. f.* sottise, sornette, contes en l'air. L'étymologie donnée par Ménage est vraiment curieuse : « On dit parler comme un crocheteur, pour dire parler mal ; ce qui pourrait donner lieu de croire que *baliverne* aurait été formé de *bajulus*, *bajulivus*, *bajulivarius*, *bajulivarinus*. » Le Duchat le dérive de *bulla verna*, petite bulle qui s'élève sur l'eau pendant les rosées du printemps, ce qui est moins forcé sans être plus vrai. « Beau bailleur de *balivernes*, » RABELAIS, c'est-à-dire qui donne de belles paroles. « Je n'entends rien à toutes ces *balivernes*. » MOLIÈRE.

BALIVERNER, *v.* L'Académie ne porte ce mot que dans le sens de s'occuper de balivernes : *il ne fait que baliverner*. Montaigne le dit des conteurs qui s'égarent dans des circonstances inutiles : « Cependant qu'ils cherchent le point de clorre le pas, ils s'en vont *balivernant* et trainant comme des hommes qui défaillent de foiblesse. » Liv. I, ch. 9. Regnard l'a dit pour bercer avec des discours frivoles, et lui a donné un régime direct.

Mais, vous-même, ma mie, êtes-vous ivre ou folle,
De me *baliverner* avec vos contes bleus?

Menechmes, act. II, sc. 3.

BALLADE, *s. f.* espèce d'ancienne poésie française, composée de couplets faits sur les mêmes rimes, et qui finissent par le même vers. La *ballade* contient ordinairement trois strophes ou couplets et un envoi.

De *baller*, ancien mot qui s'est dit pour danser (*Voyez* BAL, BALLER), on a fait *ballade*, suivant le sentiment de Sebilet, *Art poétique françois*, pag. 102, Lyon, 1576, du célèbre Prote de Poitiers, *Traité de l'orthographe française*, et de la Frenaie Vauquelin :

. . . . Des troubadours
Fut la rime trouvée en chantant leurs amours ;
Et, quand leurs vers rimés ils mirent en estime,
Ils sonnaient, ils chantaient, ils *ballaient* sous
[leur rime :
Du *son* se fit *sonnet*, du *chant* se fit *chansons*,
Et du *bal* la *ballade*, en diverses façons.
Ces trouvères allaient par toutes les provinces
Sonner, chanter, danser leurs rimes chez les
[princes.

Art poétique, chant I.

« En suivant la marche de l'esprit humain, nous trouvons d'abord les premières poésies pastorales nommées *ballades* : ce sont des contes de village, des dialogues rustiques, des descriptions d'objets naturels ou des narrations d'incidens de la vie champêtre. Leur langage est celui de la nature, simple et sans recherche, l'imagination n'y invente rien : c'est l'histoire des mœurs de cabanes, la peinture des champs, et l'expression des émotions communes à toute l'humanité. » *Bibliothèque britannique*, nos 185-186. Dans les *ballades* de Clément Marot, les strophes ont huit, dix, et même quelquefois douze vers, et les vers sont tantôt de huit, tantôt de dix syllabes ; mais ils sont tous de la même mesure dans la même *ballade*. Les *ballades* les plus exactes ont toujours un envoi de quatre vers, lorsque les strophes sont de huit ; de cinq, lorsqu'elles sont de dix ; et de six, lorsqu'elles sont de douze, ce qui est rare. Cependant on trouve dans Voiture deux *ballades* qui n'ont point d'envoi.

BALLADE.

Plaisant assez, et de biens de fortune
Ung peu garny, me trouvai amoureux :
Voire si bien, que tant aime fort une,
Que, nuit et jour, j'en estois langoureux.
Mais tant y a, que je fus si *heureux*,
Que, moyennant vingt écus à la rose,
Je fis cela que chacun bien suppose.
Alors je dis, connoissant ce passage :
Au fait d'amour babil est peu de *chose*,
Riche amoureux à toujours l'avant*age*.

Or c'est ainsi que, durant ma pécune,
Je fus traité comme amy précieux ;
Mais tost après, sans dire chose aucune,
Cette vilaine alla jeter les yeux
Sur un vieillard riche, mais chassieux,
Laid *et* hideux, trop plus qu'on ne propose.
Ce néantmoins, il en jouit sa pose (tranquille-
[ment);
Dont moi confus, voyant un tel ouvrage,
Dessus ce texte allay bouter (mettre) en glose :
Riche amoureux a toujours l'avantage.

Or elle a tort, car noyse ny rancune
N'eut onc (jamais) de moi, tant lui fus gra-
[cieux,
Que s'elle (si elle) eust dit donne-moi de la
[lune,
J'eusse entrepris de monter jusqu'aux cieux :
Et non obstant son corps tant vicieux
Au service de ce vieillard expose.
Dont, ce voyant, un rondeau je compose,
Que lui transmets. Mais, en peu de langage,
Me répond franc : pauvreté te dépose,
Riche amoureux a toujours l'avantage.

Prince tout bel, trop mieux parlant qu'Orose,
Si vous n'avez toujours bourse déclose (ouverte),
Vous abusez. Car Meung*, docteur très-sage,
Nous a décrit que pour cueillir la rose,
Riche amoureux a toujours l'avantage.

Cette *ballade* est tirée d'un manuscrit du commencement du 16e siècle, et imprimée à la fin des OEuvres de

---
* Jean Clopinel, dit de Meung, lieu de sa naissance, continuateur du *Roman de la Rose*, commencé, vers l'an 1260, par Guillaume de Lorris.

François Villon, in-12, La Haye, 1742.

Il y a encore une espèce de *ballade* qui a deux refrains différens à chaque strophe, comme on le peut voir dans la suivante qui est de Clément Marot :

Pour courir en poste à la ville,
Vingt fois, cent fois, ne sçai combien,
Pour faire quelque chose vile,
Frère Lubin le fera bien :
Mais d'avoir honnête entretien,
Ou mener vie salutaire,
C'est à faire *à un* bon chrétien :
Frère Lubin ne le peut faire.

Pour mettre (comme un homme habile)
Le bien d'autrui avec le sien,
Et vous laisser sans croix ne pile,
Frère Lubin le fera bien.
On ha (a) beau dire je le tiens,
Et le presser de satisfaire,
Jamais ne vous en rendra rien :
Frère Lubin ne le peut faire.

Pour débaucher par un doux style
Quelque fille de bon maintien,
Point ne faut de vieille subtile ;
Frère Lubin le fera bien.
Il presche en théologien ;
Mais pour boire de belle eau claire,
Faites la boire à nostre chien :
Frère Lubin ne le peut faire.

Envoi.

Pour faire plus tost mal que bien,
Frère Lubin le fera bien :
Mais si c'est quelque bonne affaire,
Frère Lubin ne le peut faire.

Ext. du *Gradus franç.* p. 210, 2e édit.

BALLER, BALLADIN, BALLANT. *Voy.* BAL.

BALLON, *s. m.* « Les hommes ne s'enflent que de vent, et se manient à bonds comme les *ballons*. » MONT. liv. III, ch. 12.

Bisfat se compare au ballon,
Lequel estant frappé s'eslève ;
Mais il ne faut que l'esguillon
D'une espinglette qui le crève.
Touches du seigneur Des Accords.

« L'amour propre est un *ballon* gonflé de vent ; qu'on y fasse une piqûre, il en sort des tempêtes. » VOLTAIRE.

BALLON, légèreté, dans l'argot de l'Opéra : il y a du *ballon* dans sa danse.

BALLOTTER, *v.* On trouve un singulier emploi de ce verbe dans un roman anonyme intitulé *Néraïr et Melhoé*, tom. II : « Remarquez-vous cet homme à grosse tête, dans laquelle *ballotte* un sens fort mince ? »

BALOURDERIE, *s. f.* Linguet l'a

hasardé pour ne pas dire *balourdise* comme tout le monde.

BALUSTRE, *s. m.* du latin *balaustrum* (haut du calice de la fleur de grenadier) pilier de la balustrade. On disait entrer dans le *balustre*, pour avoir la liberté d'approcher un prince, lorsqu'il est à table, faveur qui n'est accordée qu'aux personnes du premier rang. C'est qu'ordinairement la table des rois est enfermée d'une balustrade, pour empêcher la trop grande affluence. « Et vous êtes admiré des sots qui vous voyent librement *entrer dans le balustre.* » D'ABLANCOURT, *trad. de Lucien.*

BAMBOCHADE, *s. f.* On appelle ainsi des tableaux où le peintre a représenté des scènes gaies et champêtres, des foires, des tabagies et autres objets semblables. L'étymologie de ce mot vient de *bamboche* dérivé de l'italien *bamboccie* (marionnettes) et dérivé lui-même de *bambo* (enfant); le surnom de *bamboche* avait été donné, à cause de la singulière conformation de sa figure, à Pierre de Laar, peintre hollandais du 17e siècle, qui a traité ce genre de peinture avec beaucoup de succès.

BAN, *s. m.* de *bannum* dans la basse latinité, mot tudesque d'origine, avec une terminaison latine, qui a signifié d'abord publication, proclamation publique, acception conservée quand on parle de *bans* de mariage. Estienne Pasquier se sert de *bannir* comme d'un ancien mot qui signifiait *publier*; et désigne le mot *ban* comme une vieille diction française qui voulait dire *publication.* Les Allemands prennent aussi le mot *ban* dans l'acception de *ban, bannissement*, juridiction : *Blutban*, juridiction criminelle, *einen in den ban thun*, mettre quelqu'un au *ban* de l'empire.

« Ernest, duc de Souabe, qui avait armé contre l'empereur, est mis au *ban* de l'empire (en 1030). *Ban* signifiait d'abord *bannière*, ensuite *édit, publication*; il signifia aussi depuis *bannissement.* C'est un des premiers exemples de cette proscription. La formule était : *Nous déclarons ta femme veuve, tes enfans orphelins, et nous t'envoyons, au nom du diable, aux quatre coins du monde.* » VOLTAIRE, *Annales de l'empire*, année 1030. Buonaparte avait voulu, *mettre* à tort ou à raison, l'Angleterre au *ban* de l'Europe.

BANDON s'est dit anciennement dans le même sens. Il s'est employé aussi dans le sens d'*abandon* : « Souvent advient chose qui a dangier, et plus chière tenue, que celle dont on a le *bandon.* » *Cent nouv. Nouv.* n. LXVII. *Voy.* BANNIR.

BANDÉ, ÉE, *adj. et part.* « Parler toujours *bandé*, et comme disent les Italiens *favellar in punta di forchetta.* » MONT. liv. III, ch. 3.

BANDER (se), *v.* se roidir. « Je me *bande* volontiers contre ces vaines circonstances qui pipent nostre jugement par les sens. » MONT. l. III, c. 8.

BANDOULIER, *s. m.* C'est le nom qu'on a originairement donné aux voleurs qui habitaient les monts Pyrénées : vraisemblablement, comme dit Borel, parce qu'ils alloient par *bandes.* Ils ont été les premiers qui ont porté de larges *bandes* de l'épaule gauche à la droite, auxquelles ils attachaient leurs armes et leurs munitions de guerre ; c'est ce qu'on a appelé des *bandoulières*, dont l'usage subsiste, quoique les *bandouliers* aient été détruits depuis long-temps. On a depuis entendu par ce nom, toute sorte de voleurs, de fripons, de déterminés. « Dedans le ressort de Toulouze, y avait un fameux *bandoulier*, lequel se faisoit appeler Cambaire : et avoit autrefois été au service du roy avec charge de gens de pied, là où il avoit acquis le renom de vaillant et hardy capitaine ; mais il avoit esté cassé avec d'autres, quand par despit et par nécessités'estoit rendu *bandoulier* des montaignes et des environs. » *Contes* de Despériers, tom. III, pag. 68, Amsterdam, 1735.

BANLIEUE, *s. f.* C'est l'étendue de la juridiction d'une ville et d'une prévôté, où un juge peut faire des proclamations environ une lieue autour de la ville. Brodeau, sur l'art. 85 de la *Coutume de Paris*, a observé que la banlieue est, à proprement parler, l'espace et district dans lequel on peut faire publier son ban, ou proclamation de justice, hors des murs de la ville ; et cet espace est ordinairement marqué par une croix, ou par quelque grande pierre haute.

Quelques coutumes se servent du terme *distroit* ou de *territoire*, pour *banlieue*. On voit donc que *banlieue* est un mot composé de *ban* (publication) et de *lieue*, certain espace de chemin. »

BANNEAU, *s. m.* petite banne. Il se dit aussi d'une mesure de liquides, et quelquefois d'un vaisseau propre à les transporter. Il vient, selon M. de La Monnoye, du mot celtique *benna*. Les dictionnaires, ajoute-t-il, écrivent *banne* et *benne*.

« BANNEAU (*benna*), qui est une sorte de charroi à ridelles closes pour porter du sablon, ou autre chose qu'on ne veut espandre par la voye, est un mot recogneu pour ancien gaulois, et qui signifie aujourd'hui la même chose que jadis. » CL. FAUCHET, *de l'Origine de la langue et poésie*.

BANNERET. C'était un titre que portaient autrefois certains chevaliers ; ce mot est dérivé de *bannière*. « La distinction de ces *bannerets*, dit la Curne Sainte-Palaye (*Mémoires sur la chevalerie*, tom. 1, pag. 304, Paris, 1781) consistait à porter une bannière quarrée au haut de leur lance, au lieu que celle des simples chevaliers était prolongée en deux cornettes ou pointes. » *Voy.* BACHELIER et BANNIÈRE.

BANNIÈRE ou BANDIÈRE vient de *bandiera* dérivé de *bandum*, mot de la basse latinité, qui signifie une large bande qui sert d'enseigne. Ce dernier vient de l'allemand *band* (lien, bande). « Les Huns, qui de l'Asie vinrent s'établir en Hongrie, la divisèrent, selon d'Hancarville (*Recherches sur l'origine et les progrès des arts de la Grèce*, liv. 1, ch. 4), en *banats* ou étendards, dont les chefs portent encore le nom de *bans*. Ce nom exprime les enseignes ou divisions sous lesquelles les peuples errants, comme les Scythes et les Tartares, se réunissaient pour vivre, pendant un temps, dans l'endroit où il leur plaisait de s'arrêter. C'est de là qu'est venu le mot *bannière* donné aux étendards, et celui de *bandiera* qui, chez les Italiens, marquait les divisions d'une armée. »

Le *pannon* était un étendard à longue queue, qu'un gentilhomme avait droit de porter à la guerre ; la *bannière* était une autre espèce d'étendard que les seigneurs bannerets avaient seuls droit de porter à la guerre, comme marque de leur dignité. La *bannière* était carrée, de sorte que quand on faisait un gentilhomme banneret, il suffisait de couper la queue de son *pannon* pour lui donner la forme carrée de la *bannière*, d'où est venu l'ancien proverbe : *faire de pannon bannière*, pour dire s'élever d'un grade, d'une dignité à un grade, à une dignité supérieure.

BANNIR, *v.* condamner à sortir d'un pays. De *ban* on a fait *abannir*, verbe qui s'est dit autrefois pour défendre par *ban*, par cri public, et ce mot passa ensuite dans la signification générale de défendre, prohiber. Ce verbe se trouve dans le *Gloss. de l'anc. lang. franç.* par La Curne Sainte-Palaye. Les Italiens expriment ce mot de *banni* pour un terme plus doux *fuoruscito*. Dans les troubles politiques, on devrait appeler *fuorusciti* tous ceux que l'esprit de parti, quelle que soit sa couleur, force de s'expatrier.

BANQUE, *s. f.* « Faire *banque* de paillardise et d'impudicité en sa maison, » ET. PASQ. *Rech.* liv. v, ch. 25, en parlant de Jeanne II, reine de Naples. « Les moines jouent contre le peuple, mais ils tiennent la *banque* contre lui, » MONT. liv. III, ch. 7, en parlant de ces corps qui se perpétuent sans fin.

BANQUEROUTE, *s f.* de l'italien *banca rotta*. L'italien dit que les marchands ont *rotta la banca*, c'est-à-dire *rompu la banque*, quand, ne trouvant pas de quoi satisfaire leurs créanciers, ils fuient sans les payer, laissant vide leur banque ou banc où ils avaient coutume d'exercer leur trafic. « Chaque négociant, dit Voltaire avait son banc dans la place du Change ; et, quand il avait mal fait ses affaires, qu'il se déclarait *fallito* (en faillite), son banc était cassé, *banco rotto, banca rotta*. » C'est à cet usage que Rabelais fait allusion, en disant, tom. 1, pag. 61, Paris, 1732, « Ces glorieux de court (cour), lesquels voulants en leurs divises (devises) signifier *bancqueroupte*, font portraire un *banc rompu*. » Corneille l'a employé dans un sens figuré :

Je fais par cet hymen *banqueroute* à tous autres.

BAPTISER, *v*. (βάπτειν, plonger), donner une qualification, un sobriquet. « Quand on juge d'une action particulière, il faut considérer plusieurs circonstances, et l'homme tout entier qui l'a produicte, avant la *baptiser*. » MONT. liv. 11, ch. 11.

. . . . Et ta plume *baptise*
De noms trop doux gens de tel acabit.
J. B. ROUSSEAU.

BAPTISTAIRE. *s. m.* « Vous allez en avant pour la gaité et l'agrément de l'esprit, et en reculant contre le *baptistaire*. » SÉVIGNÉ.

Une vieille coquette a beau se contrefaire,
Dans son œil qui s'enfonce on lit son *baptistaire*.
SANLECQUE.

BARAGOUIN, *s. m.* Il vient, selon M. Eloy Johanneau, de deux mots celtiques *para* (pain) et *guine* ou *gouine* (vin) ; de là sont dérivés *baragouinage, baragouiner*, etc. « Le colère Biscayen menaçait en *baragouinant* d'exterminer jusqu'à sa maitresse, si on ne le laissait faire. » *Don Quichotte*, trad. de BOUCHON DUBOURNIAL, t. 1, p. 138 ; Paris, 1807.

Qu'on parle *baragouin* et qu'on suive le vent,
Dans le temps d'aujourd'hui l'on est assez savant.
REGNIER, *Sat.* III.

BARAGOUINEUX, EUSE, *s.* « Deux *baragouineuses* me sont venues accuser de les avoir épousées toutes deux. » MOL. *Pourceaugnac*.

BARBACOLE, *s. m.* qui colit barbam (qui laisse croître sa barbe pour imprimer plus de respect). Maitre d'école.

Humains, il vous faudrait encore à soixante ans,
Renvoyer chez les *barbacoles*.

BARBARE, *adj.* des 2 genr. BAR-

BARISME, *s. m. Barbare* du latin *barbarus*, pris du grec βάρβαρος (étranger), c'est la première signification de ce terme ; c'est encore, dit M. Lanjuinais, le sens de ce mot en sanscrit ; les Grecs et les Romains l'étendirent à tous les peuples étrangers, ou qui ne parlaient pas leurs langues ; et depuis, ils désignèrent par ce même mot ceux dont les mœurs étaient cruelles et sauvages. C'est dans ce dernier sens que nous le prenons le plus souvent ; cependant nous disons encore un *terme barbare* pour dire un terme impropre et grossier, étranger à une langue ; et de *barbare*, pris en ce sens, est dérivé *barbarisme*, faute de diction, qui consiste à se servir d'un mot inusité, à employer une locution étrangère à une langue.

BARBARISER (se), *v.* se trouve dans Oudin, *Dict. des trois langues*, pour parler un langage barbare ; mais cet auteur ne fait point autorité, et le mot ne s'est pas conservé. Ce verbe est pris en un tout autre sens dans nos vieux conteurs... « Il se fit *barbariser* (faire la barbe) et ajuster à la mode. » *Facétieux Réveil-matin*.

BARBE. *Faire la barbe à quelqu'un* veut dire, dans le sens figuré, exercer sur lui sa supériorité, l'emporter sur lui ; c'est en ce sens que le cardinal de Richelieu disait, en parlant du fameux Père Joseph : « Je ne connais en Europe aucun ministre ni plénipotentiaire qui soit capable de *faire la barbe* à ce capucin, quoiqu'il y ait belle prise. » De *barbe* on a dérivé *barbu, barbifier* ; un auteur a employé assez plaisamment le négatif *débarbifier*. On lit dans la Gazette d'Utrecht, du vendredi 26 juin 1761 : « Les RR. PP. capucins d'Ascoli (ville de la Marche d'Ancône) n'ont maintenant plus de *barbe*. Un de leurs frères convers, cuisinier du couvent, ayant mis dans leurs alimens une dose suffisante d'opium, les a tous *débarbifiés* dans leur profond sommeil, et a jetté ensuite le froc aux orties. Les capucins sont si honteux de cette comique aventure, qu'ils n'osent plus se montrer en public. »

BARBELÉ, ÉE, *adj.* C'est ce que Jean de Meung appelle ailleurs *empenné*, pour marquer les barbes de plumes ou autres matières qui sont à l'extrémité des flèches pour les faire aller droit. « Pour dire il a gelé blanc, ceux de Blois disent, *il a barbelé*, et la gelée blanche est appelée conséquemment *barbelée*. Que l'on demande pourquoi, ils répondront que l'on disait anciennement une sagette, une flèche barbelée, parce qu'elle étoit garnie de *barbes* de plumes, et que la gelée blanche ressemble assez à ces barbes de plumes. Ce mot est bien éloigné d'être celtique et gaulois. » BARBAZAN, *Dissertation sur l'origine de la lang. franç.* pag. 29. Paris, 1759.

BARBETER, *v.* babiller. On trouve ce verbe en ce sens dans ces jolis vers d'un de nos anciens poètes :

> Tousiours un tas de petits ris,
> Un tas de petites sornettes,
> Tant de petites charivaris,
> Tant de petites façonètes,
> Petits gans, petites mainètes,
> Petite bouche à *barbeter*.
> Ba, ba, ba, font ces godinettes,
> Quand elles veulent caqueter.

COQUILLART. *Monologue de la Botte de foin.*

BARBONNAGE, *s. m.* dérivé de *barbon*, vieillard. C'est un mot de Bussy-Rabutin : « Pour l'humeur, écrit-il à Mme de Grignan, *Lett.* 76, je suis plus loin du *barbonnage* que vous. »

BARBOTER. Ce mot, dit Ménage, est formé du bruit que font les canes quand elles cherchent dans la boue de quoi manger, et on appelle de là *barboteur*, un canard privé. « *Barboter* en cette signification semble être une onomatopée. » CH. NODIER, *Onomatopées françaises.*

> En fait de vers, tous s'estiment docteurs ;
> Bourgeois, pédans, écoliers, colporteurs,
> Petits abbés qu'une verve insipide
> Fait *barboter* dans l'onde Aganippide.

J. B. ROUSSEAU.

Regnier lui a donné un sens actif :

> Grondant entre mes dents je *barbotte* une excuse.

Satire x.

BARBOTTAGE, *s. m.* « Sommes-nous malades, il n'est pas une simple femmelette dont nous n'employions les *barbottages* et les brevets. » MONT. liv. II, ch. 37.

BARBOUILLAGE, *s. m.* Montaigne l'emploie dans le sens de discours confus, embrouillés..... « Voit-on plus de *barbouillage* au caquet des harengères, qu'aux disputes publiques des hommes de cette profession ? » Liv. III, ch. 8.

BARBOUILLÉ, ÉE. « Il est fort *barbouillé* du plus grand deuil du monde, mais son cœur est fort à l'aise. » SÉVIG.

BARBOUILLEUR. J. J. Rousseau a risqué *barbouillon*. « Il était vraiment musicien, et je n'étais qu'un *barbouillon*. » *Conf.* liv. v. « En fait de flatterie, a dit quelqu'un, on aime mieux le *barbouilleur* que le peintre. » MAD. NECKER. *Mélanges*, an VI (1798).

BARBUSSER, *v.* Ce vieux mot paraît avoir le sens de *balbutier* dans ce passage des Mémoires d'Olivier de la Marche, chap. 6 : « Car de toucher à la fame et au renom de si saincte et haulte personne en chrétienté comme nostre Sainct-Père le Pape, l'entendement se doibt arrester de frayeur, la langue doibt *barbusser* de crainte, l'encre seicher, le papier fendre, et la plume plier. »

BARCAROLLE, *s. f.* chanson que les gondoliers de Venise composent quelquefois eux-mêmes, et qu'ils chantent dans leur dialecte. Ce mot semble venir de *barca*, barque, ou plutôt du diminutif, les gondoliers étant le plus souvent sur leurs barques, et y passant les nuits à chanter des barcarolles.

BARDE, *s. m.* en latin *bardus*. Les *bardes* étaient les premiers des Gaulois qui avaient fait des vers ; on les appelait ainsi, selon Mervesin, parce que Bard v, roi des Gaules, les avait mis en réputation. Leur emploi était de mettre en vers les hauts faits des grands hommes et de les chanter en public, pour inspirer le désir de la gloire aux jeunes gens. En Bretagne, où l'on a encore beaucoup de mots gaulois, on appelle *bards* les joueurs de vielle et de violon, qui vont chanter par les villages. Fréret qui distingue, comme Duclos, les druides en trois classes, ajoute une particularité sur la seconde de ces classes, c. à d. sur celle des *bardes* ou poètes qui composaient les hymnes et les cantiques en l'honneur des dieux et des héros. Il remarque que ce nom de *bardes*, tiré de l'ancien celtique, est encore en usage dans la langue du pays de Galles et de l'Irlande, ainsi que la fonction que ce titre exprimait. On y donne le nom de bardes à ceux que nos ancêtres appelaient *trouvères* ou *troubadours*. Au rapport de Lucain, les *bardes* chantaient en vers héroïques, au son de leurs lyres d'or, les belles actions des héros :

Vos quoque qui fortes animas belloque peremptas,
Laudibus, in longum, vates dimittitis ævum,
Plurima securi fudistis carmina bardi.
 LUCAN, *Phars.* lib. I.

BARDIT, s. m. en latin *barditus*. Ce mot est celtique : Tacite, *Mœurs des Germains*, ch. 3, dit : Ils ont aussi leurs vers dont le chant, appelé par eux *barditus*, enflamme les courages et pronostique quel sera le sort des combats ; « *sunt illis hæc quoque carmina quorum relatu, quem barditum vocant, accendunt animos, futuramque pugnæ fortunam ipso cantu augurantur.* »

BARGUIGNER, *v*. C'est proprement contester sur le prix. On dérive ce verbe de *barcaniare*. On lit dans les *Capitulaires* de Charles-le-Chauve : *Feminæ* barcaniare *solent* (les femmes aiment à marchander). Il existait déjà du temps de Charles VIII. « Et quiconque la *barguignoit*, il avoit aussi bien à créance (crédit) que à argent sec. » *Cent nouv. Nouv.* n. XCI. En anglais, le verbe *to bargain*, qui vraisemblablement a la même origine, signifie aussi marchander.

Bargaine, qui se trouve dans le *Roman du Renard* (13e siècle), est rendu par M. Méon par *cérémonie*, *façon* ; notre mot trivial *barguigner* me paraît avoir la même origine ; ce serait faire des cérémonies, des façons. Puis s'est mis Renart el retor (au retour). Qui n'a cure de cel *bargaigne*, le *Roman du Renard*, publié par Méon, v. 439 (qui se soucie peu de cette *cérémonie*) « Sans *barguigner* s'envindrent (s'en vinrent) dedens (dedans) leurs ennemis en escriant (criant) Guesclin Cliçon pour les plus esbahir. » *Les Neuf Preux*, roman imprimé en 1507. (Sans *barguigner*, sans hésiter).

BARIOLER et BARIOLÉ. *Voyez* VARIOLER.

BARON, homme fait ; *vir*, un homme à la suite d'un roi, un sujet puissant, un mari, vient du latin *vir*, à l'ablatif *viro* dont la basse latinité a fait *baro*. Le traducteur des Dialogues de saint Grégoire s'exprime ainsi : « Li *barons* rendet la dete à sa feme, et la feme semblablement à son *baron*. » *Uxori* vir debitum reddat, similiter et uxor viro. Dans les Sermons de saint Bernard les mots *virilis* et *viriliter* sont rendus en français par *bernil* et *bernilement*.

Baron pour époux, mari, se trouve dans le *Roman du Renard*, ouvrage du 13e siècle, vers 4850 de l'édit. publiée par M. Méon :

Avis li est tout a trouvé
Qant son *baron* a recovré.

Baron s'y trouve aussi pour homme en général.

BARRE, s. f. du latin *vara* (traverse), à moins qu'il ne vienne de *baar*, mot celtique qui signifie la même chose. Parmi les nombreuses acceptions de ce terme, nous remarquons celle de barrière où se tiennent les défenseurs et les personnes appelées devant les tribunaux ou une assemblée nationale. Cette expression, suivant Est. Pasquier, *Recherches sur la France*, liv. II, ch. 3, vient de ce que devant la porte du plaidoyer il y avait une grande *barre* sur laquelle s'appuyaient les conseillers se présentant aux parties qui avaient quelque petit différent à vuider. Ce sentiment est confirmé par P. Bonnefons, *Antiquités de Paris*, feuil. 327, Paris, 1608. « Les conseillers de la grand'chambre et des enquestes commencèrent (en 1453) à connoistre des requestes qu'on leur présenta, et à ceste fin, se vindrent présenter à la porte de la grand'chambre, appuyez sur une *barre* qu'on veoit (on voyait) encores près de cette porte en la grand'salle du Palais ; l'usage de laquelle *barre* estant perdue maintenant, nous sert seulement de remarque, que de là est venu que nous appellons encor' toutes instances fondées sur des requestes, *instances pendantes à la barre.* »

BARREAU, est dérivé de *barre*, et signifie proprement les bancs où se tiennent les avocats, auprès de la barre qui sépare les juges de l'auditoire.

BARRES, au pluriel, est un jeu de course entre des jeunes gens, et dans certaines limites. Les Grecs nommaient ce jeu παλαίστρα (*palaistra*) et les Latins après eux *palæstra*, et ce nom se donnait non seulement au jeu, mais encore à la lice, à la carrière que les jeunes gens parcouraient; *jouer aux barres, un homme a barres sur un autre, partir de barres, je n'ai fait que toucher barres.* Toutes ces expressions figurées viennent du jeu de barres, « lequel, dit Nicot, se joue par deux bandes, l'une front à front de l'autre en plaine campagne, saillans de leurs rangs les uns sur les autres file à file, pour tascher à se prendre prisonniers; là où le premier qui attaque l'escarmouche est sous les barres de celui de la bande opposite qui sort sur luy, et cestuy sous les barres de celuy qui de l'autre part saut (saute, sort, de *saillir*) en campagne sur luy, et ainsi les uns sur les autres, tant que les deux troupes soient entièrement meslées. Ayant par advanture tel jeu prins tel nom, parce que telles bandes estoient retenues de *barrières* qu'on leur ouvroit, quand il étoit proclamé qu'on laissast aller les vaillans joueurs, que les Latins appellent *carceres.* » Ce qui confirme encore cette étymologie, c'est que nos pères ont dit *barre* pour *barrières* :

Bien semble être la mer une *barre* assez forte.
MALHERBE.

BARRETADE, *s. f.* (ital. *berrettata*) « Mais bien souvent, pour avoir passe-temps, on lui attiltroit des salueurs qui luy faisoient de grandes révérences et *barretades.* » DESPÉRIERS, *Nouv.* XXIX.

BARRICADER, *v.* dérivé de *barricade*. Se *barricader* dans sa chambre; s'y enfermer pour ne voir personne. Saint-Simon donne à ce mot une autre acception, celle de se mettre en défense. « Les bâtards, dit-il, se *barricadèrent*, et portèrent leurs prétentions au parlement de Paris. » *Homm. Ill.* etc. tom. III.

BARRIÈRE, *s. f.* « Mme de Chevreuse a été repoussée sur la *barrière* à votre sujet. » Le card. DE RETZ. Métaphore tirée des tournois, dont le champ était environné de *barrières*. « Si vous aviez une fois rompu la *barrière* de l'honneur et de la bonne foi, cette perte seroit irréparable. » FÉNÉLON. « On ne trouvoit point autour d'elle cette *barrière* d'orgueil, de silence ou de dédain, qui fait souvent toute la majesté des grands. » MASSILLON. Les sergents au Châtelet se tenaient ordinairement appuyés sur la *barrière* qui était au devant du Châtelet, pour être prêts au premier ordre du juge, ou réquisitoire des parties; dans la suite on leur construisit, en différens quartiers de Paris, des corps-de-garde qui conservèrent le nom de *barrière des sergents*. C'est probablement de là que le lieu appelé la *barrière des sergents*, dans la rue Saint-Honoré, vis-à-vis celle du Coq, a pris son nom. On se rappelle encore d'avoir vu un corps-de-garde sur l'égout, qui est sur cette petite place; ce corps-de-garde était alors occupé par ce qu'on nommait le guet, ou la garde de Paris.

BARROYER, *v.* « terme vieux et burlesque, qui s'est dit par mépris des jeunes avocats qui plaident tellement quellement. » *Dict. de Trév.*

BAS, *s. m.* vêtement qui sert à couvrir le pied et la jambe. On a dit d'abord des *bas de chausses* par opposition à des hauts-de-chausses, puis simplement des *bas*, en sous-entendant *de chausses*.

Bas, adv. « Peu de gens gagnent à être vus de *bas* en haut. » Le duc DE LÉVIS. Et l'on peut ajouter qu'on se trompe souvent en regardant de haut en *bas*.

BASANÉ, ÉE. adj. J. B. Rousseau en a fait un bel usage dans une de ses odes :

De ses langueurs efféminées
Il recevra bientôt le prix,

Et déja ses mains *basanées*,
Aux palmes de Mars destinées,
Cueillent les myrtes de Cypris.

BASE, *s. f.* βάσις (*basis*), appui, base. « Les charges sont des *bases*, qui font voir les défauts, aussitôt que le mérite des statues qu'elles représentent. » LA MOTHE LE VAYER, lett. XLVII, *Des Magistrats*.

BASER, *v.* appuyer comme sur une *base*. Ce mot est tout nouveau, mais parait généralement adopté. « De quoi s'agit-il? dé *baser*, au moins sur des conventions, un Etat qui n'avait plus les lois pour appui. » MOREAU. Ce système est *basé* sur des faits constants. *Acad.* Voilà, dit l'abbé Féraud, un néologisme des plus remarquables dans la foule immense de ceux qui naissent tous les jours.

BASILIQUE, *s. f.* du latin *basilica* venu du grec βασιλικὸς (*basilicos*), royal. Ce mot qui signifiait autrefois une maison royale, a signifié depuis certaines églises principales, telles que la basilique de Saint-Pierre à Rome. « Les Romains, dit M. Dulaure, donnaient le nom de *basiliques* aux édifices publics, aux palais des empereurs, des proconsuls, aux édifices destinés à l'administration de la justice. »

BASIN, *s. m.* étoffe de fil et de coton.

BOMBAX, en latin signifie le coton, et cette matière est encore désignée par les mots *bombagia* et *bombazo* à Milan et en Sicile, ile où les occidentaux cultivèrent et travaillèrent le coton pour la première fois. De ce mot *bombazo*, ou de son diminutif, nous avons fait *bombasin* qu'on trouve écrit *bon basin* et *bon bacin*, par corruption, pour *bombacin* du grec βαμβάκινος (*bambakinos*), de coton.

BASKERVILLE. Les caractères d'imprimerie qui portent ce nom, furent fondus par l'anglais Baskerville qui exerça avec un grand succès la profession d'imprimeur à Birmingham, petite ville d'Angleterre où il mourut en 1775. Son édition de Virgile de 1756, in-4°, est une de celles qui ont contribué à sa réputation. En 1779, M. Beaumarchais fit l'acquisition des caractères de l'imprimerie du célèbre Baskerville, et les employa à une nouvelle édition des Œuvres de Voltaire; c'est cette édit. qu'on nomme *édition de Baskerville*.

BASOCHE, *s. f.* C'est ainsi qu'on nommait, avant la révolution, la communauté des clercs du parlement de Paris. L'Acad. Mornac, le *Dict. des Arts*, Furet. et Danet écrivent *basoche*, et disent que ce mot vient de *basilica*. D'autres le dérivent du grec *bazó*, qui signifie parler d'une manière goguenarde. Cette étymologie parait plus naturelle, parce que cette petite Cour subalterne n'a ordinairement pour juges et avocats que de jeunes clercs, qui n'ont guère de respect les uns pour les autres. C'est le sentiment de Ragueau. Ménage écrit indifféremment *bazoche* et *basoche*. « Cette juridiction avoit été établie par Philippe-le-Bel, vers l'an 1303, pour le jugement des procès entre les clercs des procureurs et les particuliers. Le chef de cette juridiction portoit autrefois le titre de *roi de la Basoche*; mais depuis l'édit de Henri III, qui défendit qu'aucun de ses sujets prit la qualité de roi, il se qualifioit *chancelier de la Basoche*. » *Recueil des Statuts, Ordonnances et Prérogatives du royaume de la Basoche*. In-12. Paris, 1644. Ce petit livre est rare.

BASSETTE, *s. f.* jeu de cartes, de l'italien *bassetta* qui signifie la même chose, et qui se trouve en cette signification dans les auteurs italiens qui vivaient il y a 300 ans.

BASSINET, *s. m.* diminutif de *bassin*; petite pièce creuse de la platine d'une arme à feu, ainsi nommée, parce qu'elle a la forme d'un petit bassin. On dit trivialement *cracher au bassinet*, pour donner de l'argent malgré soi, avec quelque répugnance. *Cracher au bassin* est un terme d'argot (*voyez* ce mot) qui, selon M. Dulaure, signifiait, dans le langage des gueux et des filous, venir déposer dans un bassin, qui était placé aux pieds de leur chef suprême, l'offrande ou rétribution à laquelle chacun des membres de leur société était tenu. C'est incontestablement de là que vient l'expression *cracher au bassinet*.

BASTANT, ANTE, *part.* et *adj.* de l'italien *bastante* (suffisant), et BASTER, *v.* de l'italien *bastare* (suffire) ne sont pas, quoique vieux, tout-à-fait hors d'usage. Brantôme a dit : « Je vous jure que je n'ai nommé nulles de ces dames et damoiselles, qui ne fussent fort belles, agréables, et bien accomplies, et toutes *bastantes* pour mettre le feu par tout le monde » (pour enflammer tous les hommes).

Renard n'en prit qu'une somme *bastante*
Pour regagner son logis promptement.
LA FONTAINE, *l'Oraison de saint Julien.*

BASTANCE, s'est dit anciennement pour suffisance.

BASTILLAGE, *s. m.* forgé par Linguet : « A Rome et à Venise, il existe des indices d'un pouvoir redoutable et d'un *bastillage* bien caractérisé. » *Voyez* le mot BASTILLE, dont il dérive.

BASTILLE, *s. f.* Ce mot dans l'origine était un nom commun qui appartenait à tout château fortifié. On lit dans Alain Chartier, *Hist. de Charles* VIII : « Ils ne purent lever le siége pour certaines *bastilles* et fossés que ledit Francisque avoit fait faire. »

BASTILLER, *v.* pour fortifier une place, se trouve dans nos anciens auteurs. *Bastillé, ée, adj.* nous en est resté. Il se dit, en termes de blason, des pièces qui ont des créneaux renversés, etc. A l'époque de la révolution, et long-temps avant, *Bastille* était un nom propre qui désignait un château fort qui était à Paris auprès de la Porte Saint-Antoine ; on y renfermait les prisonniers d'Etat et les victimes du pouvoir absolu. De ce mot, pris en ce sens, on avait formé le verbe *embastiller*, pour dire enfermer à la Bastille.

BASTONNABLE, *adj.* Scarron a dit : « Le héros de mon roman est très-*bastonnable* ; » et pourquoi ne le dirait-on pas après lui ?

BASTONNADE, *s. f.* Charron, liv. 1, ch. 7, parle d'un roi voisin de la France, « lequel ayant receu une *bastonnade* de Dieu, jura de s'en venger, et voulut que de dix ans on ne le priast et ne parlast-on de luy. »

BAS-VOULER ou BAS-VOLER, voler à rase terre.

Rase la mer, et d'un tour et retour,
Va *bavolant* des rives tout autour.
JOACHIM DU BELLAY.

Il se dit encore, en terme de chasse, des oiseaux qui n'ont pas le vol élevé. Un ancien poète a dit figurément :

Qui n'est maistre de *bas-vouler*,

c'est-à-dire qui ne sait pas s'humilier, faire le chien couchant.

BATAILLABLE, *adj.* « Les Romains appelaient leurs jours heureux, *dies præliares*, jours *bataillables*. » NIC. PASQUIER, liv. VIII, lett. 10.

BATAILLE, *s. f.* de *batualia*, dans la basse latinité, où il signifie le lieu où deux hommes s'exerçaient au combat. La *bataille* est une action générale entre deux armées rangées en *bataille* dans une plaine assez vaste pour que la plus grande partie des troupes puisse en venir aux mains. Ce mot a signifié autrefois un corps d'armée, un corps de troupes ; de là son diminutif *bataillon*. On lit dans Alain Chartier, *Hist. de Charles* VII, pag. 59 : « Il chevaucha tant lui et ses *batailles*, qu'il vint jusqu'à la justice dudit Verneuil. » Et à la page suivante : « Promptement marcha à pied le vicomte de Narbonne et toute sa *bataille*. » « Estant en plein champ de *bataille* d'injures verbales avec sa voisine. » *Contes d'Eutrapel*, tom. 1. « La cérémonie partout employée jusqu'à outrance est le cheval de *bataille* de la noblesse campagnarde. » HAMILTON, *Mém. de Gram.*

BATAILLEUR. J. J. en a fait un adjectif féminin. « On peut juger par quelques écrits polémiques faits de temps à autre pour ma défense, que si j'avais été d'humeur *batailleuse*, mes agresseurs auraient eu rarement les rieurs de leur côté. » *Conf.* 1. IV. Il est vrai de dire cependant que l'adjectif *batailleur, batailleresse* au fém. avait été employé anciennement dans le sens de guerrier.

Batailleur, s. pour soldat, homme de guerre, se trouve aussi dans Alain Chartier.

BÂTARD, E, *adj.* et *s.* « Les ames *bastardes* et vulgaires sont indignes de la philosophie. » MONT. l. 1, c. 24.

BATEAU, s. m. *bâtel* dans nos anciens auteurs, d'où les dérivés *batelier*, *batelet*, *batelée*, paraît venir du mot gallois ou celtique *bad* ou *bat*, qui signifie barque, bateau, d'où le sobriquet de *badeau*, c'est-à-dire homme de bateau, batelier, donné aux Parisiens.

> .... Votre serviteur Gille,
> Cousin et gendre de Bertrand,
> Singe du pape en son vivant,
> Tout fraîchement en cette ville,
> *Arrivé en trois bateaux* exprès pour vous parler.
> LA FONTAINE, liv. IX, *fable* 3.

BATELAGE, s. m. tour, propos de bateleur. « Chacun peut avoir part au *bastellage* en l'échaffaud (où jouent les bateleurs); mais au dedans et en sa poictrine, où tout nous est loisible, où tout est caché, d'y estre réglé, c'est là le poinct. » MONT. l. III, c. 2.

On lit en ce même sens *bastelerie*, dans la préface des *Essais* par la demoiselle de Gournay; et dans Et. Pasquier : « Laissons toutes ces *basteleries* à part. » L. X, lett. 1.

BATELÉE, s. f. la charge d'un bateau, autant qu'un bateau peut contenir. *Batelée de foin, de charbon*. L'Académie prévient qu'il se dit figurément et familièrement d'une multitude de gens ramassés. *Il vint une batelée de gens dans sa maison*. Montaigne a étendu l'acception figurée de ce mot : « Un conseiller de ma cognoissance ayant *desgorgé* une *batelée* de paragraphes d'une extrême contention et pareille ineptie, s'estant retiré de la chambre du conseil au *pissoir* du Palais, fut ouï marmotant entre les dents tout conscientieusement : *Non nobis, Domine, non nobis, sed nomini tuo da gloriam*. » L. III, c. 10.

BATELER, v. faire le bateleur. « Un bon apostre, qui estoit bien aise de faire *bateler* M. le juge. » DESPÉRIERS, *Nouv.* LXVIII, c'est-à-dire de lui faire dire des sottises comme en disent les bateleurs. « Et me faut ordinairement *basteler* par compagnie, à traiter des subjects et contes frivoles que je mescrois entièrement. » MONT. liv. II, ch. 10.

BATELERESQUE, adj. de bateleur. « Saults périlleux et autres mouvemens estranges et *basteleresques*. » MONT. liv. II, ch. 10.

BATELEUR, s. m. EUSE, s. f. (*balatro*, en esp. *batalores*), parce que ces sortes de gens faisaient des sauts surprenans avec des épées et autres armes. « Une *bateleuse* les vint trouver d'un village voisin. » LUCIEN, *Trad.* de d'Ablancourt.

Un écrivain a appelé les auteurs de romans des *bateleurs* en papier; ce qui n'est pas très-heureux. *Trévoux*.

BÂTER, v. « Ces exquises subtilitez ne sont bonnes qu'au presche : ce sont discours qui nous veulent envoyer tout *bastez* en l'autre monde. » MONT. l. III, c. 9.

BÂTIR, v. (*bâton*), parce que les premiers bâtimens n'étaient faits que de perches et de longs bâtons.

> Messer Gaster, dit Rabelais,
> Est un gros glouton qui demande
> Soir et matin nouvelle offrande,
> Et qui ne laisse point dame marmite en paix.
> Donc il est toujours bon de savoir où l'on dîne,
> Et partant tout homme d'esprit,
> Qui *bâtit*,
> Commence sagement par fonder la cuisine.

« Le perpétuel ouvrage de la vie est de *bâtir* la mort. » MONT. Dans les révolutions il y a des gens qui bâtissent si vite leur *fortune*, qu'on en voit le faîte aussitôt que les fondemens.

> L'homme est ainsi *bâti* : quand un sujet l'enflamme,
> L'impossibilité disparaît à son ame.
> LA FONTAINE, liv. VIII, *fable* 25.

Non seulement on dit, au physique, *un homme bien bâti, mal bâti*, pour bien ou mal fait, mais il se dit aussi au moral, comme dans cet exemple.

BÂTISSEUR, s. m. « La cohue des *bâtisseurs*, » des architectes sans talent. L'abbé LAUGIER.

BÂTON, s. m. qu'on écrivait autrefois *baston*, de *bustum* dans la basse latinité, tiré du grec βαστὸς (*bastos*), proprement un *bâton* à porter des fardeaux.

Jadis les gentilshommes se battaient entre eux à cheval et avec leurs armes, et les vilains se battaient à pied et avec le *bâton*. De là il suivit que le *bâton* était l'instrument des outrages, parce qu'un homme qui en avait été battu, avait été traité comme un vilain.

Anciennement, lorsqu'on laissait sortir la garnison d'une place qui avait été rendue à l'ennemi, on stipulait quelquefois dans la capitulation que les soldats qui la composaient se retireraient portant, au lieu de leurs armes qu'ils déposaient, un *bâton* à la main : de là l'expression figurée, *sortir, se retirer avec un bâton blanc à la main*, pour dire se retirer d'une entreprise, du commerce avec rien, être ruiné. Dans le récit que fait M. de Barante du siège et de la reddition de la ville de Rouen en 1419, on lit : « Il fut permis aux hommes d'armes qui ne voudraient pas prêter serment au roi d'Angleterre, de sortir de la ville, sans rien emporter de leurs biens, avec un *bâton* à la main, en promettant de ne point s'armer contre lui pendant une année. » *Hist. des Ducs de Bourgogne*, t. IV, p. 404.

Alain Chartier a dit dans le même sens : « Quand le sire de Tallebot et messire Jean Fastot sceurent que ledit Baugency estoit rendu, et que les Anglois (qui le tenoient) s'en estoient allez en Normandie, *avec un baston en leur poing*, etc. » *Hist. de Charles* VII, p. 72. « La raison humaine est un glaive double et dangereux, et en la main mesme de Socrate, son plus intime et familier amy, voyez combien ce *baston* a de bouts. » MONT. liv. II, ch. 17. Et Pasquier appelle l'excommunication « un *baston*, dont se sont escrimés un peu trop librement les supérieurs de l'Eglise, ce qui l'a fait tomber en nonchaloir. » *Rech.* l. III, c. 9.

Tour du bâton. On appelle ainsi les profits illicites qu'on fait secrètement et avec adresse dans une charge ou dans une commission, par une métaphore apparemment tirée des charlatans qui font mille subtilités qu'ils attribuent à la vertu de leur petit *bâton*. Bellingen croit que ce proverbe vient de ce qu'on parle à l'oreille et d'un *bas ton*, lorsqu'on fait des offres à quelque domestique pour le corrompre. D'autres disent qu'il vient des maîtres-d'hôtel qui portent un *bâton* pour marque de leur charge, parce qu'ils sont sujets à ferrer la mule.

BATTABLE, *adj.* qui peut être battu. « Les offenses d'autruy nous monstrent l'endroit par où nous sommes *battables*, afin de le remparer. » CHARRON, *de la Sagesse*, liv. III, ch. 20. Pourquoi n'avoir pas conservé cet adjectif qui se trouve aussi dans Monstrelet et dans le *Dict. de Phil. Monet?*

BATTANT NEUF, *adj.* Il se dit au propre d'un meuble ou autre objet qui a conservé toute la fraîcheur qu'il avait étant neuf. Nous croyons, avec les auteurs du *Dict. de Trévoux*, que cette expression vient de ce que d'abord on a dit *bastant neuf*, c. à d. valant un neuf, équivalant à un neuf, ce qui d'abord se disait non pas des choses toutes neuves, mais si bonnes, qu'elles valaient autant que si elles étaient neuves; ensuite on a prononcé *battant* en ôtant l's, et ce mot, ainsi changé, ne présentant plus la première idée de *bastant, valant*, et ne signifiant plus rien, on l'a attribué aux choses toutes neuves. Mme de Sévigné l'a employé au figuré : « C'est un petit esprit vif et tout *battant neuf*, que nous prenons le plaisir d'éclairer, » dit-elle, en parlant d'une jeune personne.

BATTEUR DE PAVÉS, pour *vagabond*, était déjà une expression en usage du temps de Rabelais, dans lequel on lit, liv. V, ch. 26 : « Aussi là nous fut dit estre une manière de gens, lesquels ils nommoyent guetteurs de chemins et *batteurs de pavez*. »
Crois-tu qu'un juge n'ait qu'à faire bonne chère,
Qu'à *buttre le pavé* comme un tas de galants, etc.
RACINE, *les Plaideurs*, act. 1, sc. 4.

BATTU UE, *adj.* et *part.* pris au figuré. « Les princes ont peu de cognoissance de la vraye louange, estant *battus* d'une si continuelle approbation et si uniforme. » MONT. liv. III, ch. 7.

BAVARDIN, dérivé de *bavard*. *Aller en bavardin*, façon de parler de quelques dames de la cour de Louis XIV, pour dire aller quêter des nouvelles et causer par la ville. Le *Dict. de Trévoux* observe que cette phrase n'a pas fait fortune; mais il aurait dû ajouter que Mme de Sévigné qui s'en sert, ne l'emploie jamais que par allusion aux *Lavardin*, dont elle fréquentait la maison dans le temps des Etats de Bretagne. « J'ai dîné en *bavardin*, écrivait-elle à sa fille, mais si purement que j'en ai pensé mourir. Tous nos commensaux nous ont fait faux bond; nous n'avons fait que *bavardiner*, et nous n'avons point causé comme les autres jours. » *Lettre* XLIV.

BAVARDISE, *s. f.* se trouve dans le *Dict. de Trévoux*; mais il n'est pas, comme ce Dict. semblerait l'indiquer, le synonyme de *bavarderie*. La *bavarderie* est le défaut, l'habitude de bavarder; le *bavardage* est l'action de bavarder; la *bavardise* est ce qui résulte du bavardage; les paroles vaines, impertinentes que le bavard profère. « Echauffez votre tête et travaillez, dit J. Jacques, vous aurez bientôt oublié les *bavardises* de société. » « Si V. M. était curieuse de voir le commencement de ma *bavardise* historique, j'aurais l'honneur de le lui envoyer.... » VOLT. *Lett. au roi de Prusse.*

BAVASSER, de *baver*, qui voulait dire autrefois babiller, d'où vient bavard. « Il semble que la coustume concède à la vieillesse plus de liberté de *bavasser*, et d'indiscrétion à parler de soy. » MONT. liv. III, ch. 2.

BAVETTES, pour bavardage, comme dans cette locution populaire *tailler des bavettes*, pour dire bavarder long-temps, vient de la même source.

BAYER. *Voyez* BÉER.

BAYONNETTE, *s. f.* Cette arme fut inventée à Bayonne, ville de France, d'où lui vient son nom.

Cette arme que jadis, pour dépeupler la terre,
Dans Bayonne inventa le démon de la guerre,
Rassemble en même temps, digne fruit de l'enfer,
Ce qu'ont de plus terrible et la flamme et le fer.
VOLTAIRE.

BÉATILLES, *s. f. plur.* dérivé de *béat*. « On appelle *béatilles*, dit M. Boniface, toutes sortes de petites choses délicates qu'on met dans les pâtés, dans les tourtes, et qui sont, pour ainsi dire, bonnes pour les *béats*, comme les confitures, les dragées dont les dévotes réconfortent les entrailles de leurs bienheureux confesseurs. » *Manuel des Amateurs de la lang. franç.* 2e année, n° x, p. 304. « *Béatilles* de l'hymen. » C'est ainsi que La Motte appelle les tracasseries de ménage.

BEAU, BELLE, *adj.* du latin *bellus, a.*

Non tibi, sed juveni cuidam vult bella videri.
TIBULLE, *Élégie* VIII.

(Ce n'est pas à tes yeux, mais aux yeux de quelque jouvenceau que ton épouse veut paraître *belle*). Anciennement, et jusqu'au règne de Louis XIII, les termes de *beau* et de *belle* qui précédaient ceux de fils, de fille, de père, de mère, de frère ou sœur, ne distinguaient point le degré d'alliance de celui de famille. Ils n'étaient qu'une marque de supériorité du père au fils, de l'oncle au neveu, des aînés aux cadets. « Lancelot, dès qu'il vit la mauvaise chère de Lyonnel, lui dit : ha, *beau* cousin, ne plorez ja pour terre avoir. » *Lancelot du Lac.* Nos rois surtout s'en servaient envers leurs propres enfans. Nous avons conservé des traces de ces expressions dans celles de *mon beau monsieur, ma belle dame*, qu'un supérieur adresse à un jeune homme, à une femme inférieure, qui croit qu'on donne à sa beauté ce qu'on refuse à son rang.

On disait autrefois faire *beau-beau*; faire des caresses affectées, des démonstrations peu sincères. « Ils me faisoient force *beau-beau*, mais je ne les pouvois gouster. » *Guzman d'Alfar.* liv. II, de la 2e part.

BEAUCOUP, *adv.* Il vient du latin *bella copia* (belle copie, beaucoup, belle quantité). « Demain doivent venir quatre mille Allemans chargés de vitailles (vivres) en grand *copie* » (en grand *copie*, en grande quantité (*magna copia*) beaucoup). *Les Neuf Preux*, roman imprimé en 1507. On lit dans l'historien qui écrit en vers l'histoire de Jean IV, duc de Bretagne, dit le Conquérant, en parlant du luxe des Français qui vinrent, en 1373, s'emparer de cette province :

Grand coup avoient de perleries (de perles).

BÉCARRE, s. m. terme de musique pour *B quarré* (*B quadratus*). C'est aujourd'hui un caractère de musique en forme de petit carré. On appelait autrefois *B quarré* ou *B dur*, dit Rousseau, en son *Dict. de musique*, le signe qu'on appelle aujourd'hui *béquarre*.

BEDEAU, s. m. Spelman croit que ce mot vient de l'anglais; mais Vossius pense avec raison, que bedeau, *bidellus* dans la basse latinité, pour *pedellus*, dérive de *pedum*, à cause de la verge, du bâton (*à pedo*) qu'ils portent comme marque de leur office. Les anciens livres saxons appellent les évêques les *bedeaux* de Dieu (*Dei bidelli*). Cl. Fauchet nous apprend que les *bedeaux* remplissaient autrefois auprès des justices subalternes les mêmes fonctions que les sergens aux justices royales.

BEDIER, s. m. BEDER, v. anciens mots. « Quand on trouva que Beda condamnoit un langage (le grec) duquel à grande peine connoissoit-il la première lettre, Beda fut déclaré *bedier*. » H. ESTIENNE, *Apologie pour Hérodote*, discours préliminaire, pag. 9, La Haye. 1735. H. Estienne, dit Le Duchat, use du mot de *bedier* encore au chap. XXIX : « Le dict Budé rembarra vaillamment le dict Beda, lui prouvant sur le champ qu'il estoit un *bedier*, auquel il n'appartenoit pas de juger de telles choses où il ne cognoissoit que le blanc et le noir. » Et il faut que ce mot fût autrefois bien connu dans notre langue, puisqu'il entroit même dans nos dictons :

Deniers avancent les *bediers*,
Et les premiers sont les derniers

dit à propos de la vénalité des charges, un vieux proverbe, pag. 70, du *Recueil* de Gabr. Meurier, in-16. Lyon, 1577. Un ami de Marot à Sagon, dans le *Marot commenté*, tom. IV, pag. 553 de l'édit. in-4° :

Tu eusses eu des plus gorriers
Coups de fouet pour ton chappeau,
Qu'oncque *bedier* eut sur la peau :
Et lors on t'eust montré au doigt,
Voilà l'*asne* qui tant mordoit.

Ce même mot, aussi dans la signification d'*asne* ou d'*ignorant*, a été pareillement employé par Innocent Gentillet, dans son *Anti-Machiavel*, part. III, max. 32, pag. 731 de l'édit. in-16, 1577; et il n'est pas jusqu'au verbe *beder*, fait de *bedier*, qu'on n'ait dit pour *réduire à recommencer, renvoyer d'où l'on est venu*. Les *Vigiles* du roi Charles VII, t. I, pag. 149, de la nouv. édit. parlant d'une sortie de la garnison anglaise de la Bastille, pour empêcher les Parisiens de livrer leur ville à ce prince :

Depuis s'en vindrent par la ville,
Pour François cuider suborner,
Mais on les fit sur pié sur bille
Bien-tost *beder* et retourner.

Et cependant le petit *Dict. français anglais* de Claude Desainliens, qui, dans ce livre, imprimé in-4°, à Londres, en 1593, s'est surnommé *Holyband*, en anglais, comme qui diroit *Saint-lien* ; ce petit livre, dis-je, est le seul Dictionnaire où j'aie trouvé le mot de *bedier*. Voici sous la lettre *B*, les termes de l'auteur : *Ce n'est que bedier. He is but a great calf*; c. à d. *ce n'est qu'un grand veau*. Il n'est donc pas étonnant que personne n'ait encore cherché l'origine à peu près oubliée depuis longtemps. Mais, comme par tous les passages ci-dessus rapportés, on voit ce que signifie ce vieux mot, je crois pouvoir à coup sûr le dériver par aphérèse et par syncope d'*abecedarius*, qui se trouve dans Du Cange. *Abecedarius*, *becedarius*, *bedarius*, *bedier*.

BÉER, ou plutôt BAYER, mot fait pour peindre une curiosité vaine et un peu niaise, qui se manifeste par la même émission vocale et par la même figuration de la bouche, appartenant à la même racine que *bâiller*, *bâillement*.

Bayer aux corneilles, est une expression proverbiale assez en usage dans notre langue. On lit dans un de nos plus anciens dictionnaires : *bayer à la mamelle*, *appetere mammam*. « C'est proprement ouvrir la bouche, mais parce que, quand plusieurs regardent par grande affection quelque chose, ils ouvrent la bouche; de là est que *bayer* signifie aucunes fois autant que regarder. »

Béer et *baer*, dans le *Roman du Renard*, est traduit par M. Méon par *ouvrir;* dans le *Vœu de Héron*, *bouche bée* est dit pour bouche béante (ouverte) :

Non la chaleur de la terre qui fume,
Béant de soif au creus (creux) de son profond.
Les Amours de Ronsard, 120ᵉ sonnet.

Béer au figuré s'est dit pour désirer quelque chose avec ardeur. « Qui ne *bée* point après la faveur des princes ? » MONT. liv. III, ch. 10. « L'homme va toujour *béant* après les choses futures. » *Idem.* « Je voulus aller dans la rue pour *béer* comme les autres. » SÉVIGNÉ.

BEFFROI, *s. m.* C'est, dit De la Porte dans ses *Epithètes*, Paris, 1571, un lieu très-haut, fait en une ville, pour *béer* et regarder, ou faire le guet en temps soupçonneux, et pour sonner à l'effroi. « *Beffroi*, quasi *bée effroi*, dit Nicot, car il est expressément fait pour *béer* et regarder, et pour sonner à *l'effroi.* » M. Ch. Nodier croit que l'anglais *belfrey*, et le français *beffroi*, pourraient venir d'un instrument d'airain creux et sonore, qui s'appelait *bel* en breton. L'autorité de Le Laboureur nous parait ici d'un bien grand poids. « *Beffray* ou *bafray*, dit-il, *Origine des armes*, pag. 146, Lyon, 1658, ne signifie rien moins qu'une cloche grande ou petite, ains une bastille, tour ou machine de bois, de laquelle on se servoit du temps de la vieille guerre, pour défendre quelque passage, ou pour favoriser les approches d'une ville assiégée. *Ainsi*, dit Joinville, *le roi eut conseil de faire faire une chaussée par à travers la rivière, pour passer aux Sarrasins; et pour garder ceux qui feroient ladite chaussée, il fit faire deux* baffrays, *qu'on appelle* chasteils. Et chez Froissart, parlant du siége de Tournay : *Et d'autre part les Flamans assaillirent souvent ceux de Tournay, et avoient fait nefs sur l'Escaut*, beffroys *et atournemens d'assaut*. Et en un autre endroit : *Les Anglois qui siégeoient devant la Réole avoient fait charpenter des* beffroys *de gros meyrien à trois estages, et séant chacun* beffroy *sur quatre réoles. Et plus bas : menèrent* les Anglois *à force d'hommes ces deux* beffroys *jusques aux murs de la ville*. J'avoue pourtant que *beffroy* se prend aussi pour clocher et pour toutes sortes de tours de pierre ou de bois, mais jamais pour cloche. Et en ce sens nous lisons dans le même Froissart que le comte de Haynaut, voyant brûler son pays par les François, *fit sonner les cloches au* beffroy *à la volée*. Et afin d'oster toute équivoque, vous verrez, dans la vieille chronique de Flandre, que les Flamans, ayant été défaits à Cassel par le roy Philippes de Valois, entre les autres peines dont il chastia ceux de la ville d'Ipre, il est remarqué qu'estant venu en cette ville, *il fit dépendre la cloche qui pendoit au* beffroy. »

BÈGUE, *adj.* BÉGAYER, *v.* Bègue. Nos pères ont dit *baube* du latin *balbus* qui a la même signification. *Bégayer*, pour lequel *bauboyer* se trouve dans nos anciens auteurs, du latin *balbutire*. « La haste de parler lui enterrompoit sa voix, et faisoit sa langue *bauboyer*. » *Œuvres d'Alain Chartier*, pag. 266, in-4°, Paris, 1617. *Balbutier* a la même origine. Despériers, N. 47, dit d'un bègue en colère : « Il luy respondoit en un langage *jurois*, tantost en *béguois*, tantost en tous deux. »

BÉGUEULE, *s. f.* sobriquet injurieux qui veut dire sotte bête, et qu'on donne aux femmes de basse condition, qu'on accuse d'avoir toujours la *gueule bée*. C'est ce que disent les dictionnaires; mais ce mot n'a plus guère ce sens-là, et plutôt celui d'une femme vaine, hautaine, impertinente; plus souvent encore on le prend pour *prude*, et alors il s'applique à la duchesse comme à la bourgeoise.

Voyez-vous pas de tous côtés
De très-décrépites beautés,
Pleurant de n'être plus aimables,
Dans leur besoin de passion,
S'affoler de dévotion,
Et rechercher l'ambition,
D'être *bégueules* respectables ? VOLTAIRE.

De ce mot, on a formé *bégueulerie*, action ou propos de *bégueule*, *bégueulisme*, caractère de *bégueule*,

Mais ce dernier n'a pas encore reçu son brevet d'indigénat.

BÉGUINE, *s. f.* Ce nom qu'on donne aujourd'hui à une dévote ridicule, désignait dans l'origine une espèce de religieuses des Pays-Bas, dont la première communauté fut fondée à Liége, en 1173, par Lambert *Berggh*, que Ménage, dans son *Diction. étymologique*, appelle Lambert le Bègue. Elles furent appelées *béguines* du nom de leur fondateur. De là les mots *béguinage* pour désigner la maison, la communauté occupée par les béguines, et *béguin* pour désigner d'abord l'espèce de capuchon que portaient les béguines ; et ensuite une coiffe que l'on met aux enfans.

De *béguin* on a fait *embéguiner*, coiffer d'un *béguin*, ou envelopper la tête de linge ou d'autre chose en forme de béguin. Au figuré, persuader, faire adopter une opinion. « De cette sorte de religieuses (les béguines), toutes les autres, dit Ménage, de quelque ordre qu'elles fussent, furent appelées *béguines* : d'où vient le verbe *embéguiner*, c. à d. persuader avec cajolerie, qui se dit maintenant de toutes sortes de gens ; mais qui du commencement ne s'entendait que des filles qui se laissaient persuader à prendre le béguin, c. à d. à se faire religieuses. » On a dit aussi, comme le remarque M. Pougens, *béguiner* pour faire le dévot, la dévote.

En *béguinant* faire la précieuse,
Pour empescher toute vie amoureuse.
EUST. DESCHAMPS, *Poés. mss.* fol. 334, col. 1.

BEHOURD, BEHOURT et **BOUHOUR**, *s. m. behordium* dans la basse latinité. Ce mot signifiait joûte, tournoi, course de lances ; quelques-uns pensent que ce mot vient du nom d'une armure qui couvrait le poitrail du cheval.

Après avoir parlé d'une joûte solennelle, publiée à Rennes en Bretagne, l'auteur du *Roman des Neuf Preux*, imprimé en 1507, dit : « à ce *behourt* vindrent (vinrent) moult de chevaliers, d'escuyers et de nobles hommes. » Cet auteur avait déjà dit plus haut à la même page : « Elle lui dist que s'il se vouloit essayer qu'il suivist (suivît) jouste et *bouhours*, avec les nobles de son estat. »

De *behourd* on avait dérivé *béhourdeis* ou *bouhordi*, pour exprimer les jours où cet exercice avait lieu, et *bébourder* et *béhorder* pour dire se livrer à ces sortes de jeux ou combats.

BÉJAUNE, *s. m.* qu'on écrivait autrefois *bec jaune*, est un terme de fauconnerie, qui veut dire un oiseau jeune et niais. Les oiseaux, avant d'être en état de sortir du nid, ont le bec jaune, et ne savent encore rien faire ; de là est venue l'expression figurée *montrer son bec jaune*, aujourd'hui *son béjaune*, pour dire montrer son ineptie, son peu d'expérience. C'est dans le même sens qu'on a dit *béjaune* pour bien-venue, le tablier, comme on parle dans certains états : *il a payé son béjaune*. Du Cange dit qu'en basse latinité, on a appelé *bejaunus* un jeune écolier de l'université, et *bejaunium* le festin qu'il payait pour sa bien-venue.

BÉLIER, *s. m.* machine de guerre dont on se servait anciennement pour enfoncer les portes des villes ; on les appelait ainsi de la conformation et de la ressemblance que la tête de la poutre, avec laquelle on frappait, avait avec la tête d'un bélier. « *Aries*, dit le Père de La Rue, sur le 492ᵉ vers du 2ᵉ liv. de l'Énéide : *machina cujus caput in arietis caput conformatum, in urbium portas magnâ vi librabatur* » (*bélier*, machine dont la tête est faite en forme de tête de bélier, était lancé avec force contre les portes des villes). On a figuré la tête d'un *bélier* de préférence à tout autre, parce que c'est avec sa tête que le *bélier* se bat.

BÉLIN, *s. m.* du latin *vellus* (toison), le *b* changé en *v*. C'est l'ancien nom du bélier ainsi nommé, parce qu'il *bêle* ; tandis qu'on l'appelait *belin* à cause de sa toison.

Le *bélier*, colonel de la laineuse troupe.
RONSARD.

« *Bélin*, dit M. Ch. Nodier, se dit encore en certains lieux, des agneaux, et il s'est conservé long-temps au figuré où il signifiait *doucereux.* C'est un nom d'amitié, que l'on donne aux enfans, mon *bélin*, ma *béline*; on a employé *béliner, faire le doucereux*, dans quelques occasions, et Rabelais l'a étendu à des acceptions très-variées. Il est absolument hors d'usage. » *Onomatopées françaises.*

BÉLÎTRE, *s. m.* qu'on écrivait autrefois *bélistre.* Ménage a remarqué que ce mot est celui de toute la langue dont l'origine est la plus incertaine. M. Huet le dérive du grec *blituri*, qui signifie un rien, d'où serait venu le mot *blitri* dont on se sert dans les écoles, pour signifier un homme sans nom, un quidam. M. Huet écrit *blitre*, conformément à l'étymologie qu'il donne au mot; mais tous les bons auteurs, qui ont employé ce mot, écrivent *bélitre.* Suivant d'autres, il vient du latin *balista*; les arquebusiers débandés dégénéraient en voleurs. Mais ne viendrait-il pas du latin *balatro* (dissipateur, maraud)?

Le mot français *bélitre*, comme Ménage l'a remarqué, n'a d'abord emporté aucune signification de mauvaises mœurs. *La Fontaine périlleuse*, vieux poëme imprimé, à Paris, en 1572, p. 21 et 22:

   Là comme curez et chanoines,
   Et tels qui souvent portent mitre,
   De toutes manières de moines
   Y en avoit un grand chapitre,
   Prêtres et clercs chantant l'épître,
   Y étoient tous tenus de court,
   Et les quatre ordres de *bélistres*,
   Ces Gorgias et gens de cour.

Les quatre ordres de *bélitres* sont les religieux mendians.

Une autre preuve que le mot français *bélitre* ne se prenait pas d'abord en mauvaise part, c'est qu'à Pontoise les confrères pèlerins de la Confrérie de Saint-Jacques ont long-temps porté le nom de *bélitres*, et ce nom n'était point odieux.

Montaigne, l. III, c. 10, a donné un féminin à ce mot : « Dédaignons cette faim d'honneur basse et *bélistresse*, qui nous le fait coquiner de toutes sortes de gens par moyens abjects et à quelque prix que ce soit; c'est déshonneur d'estre ainsi honoré. » Charron n'a pas manqué d'emprunter ce mot à son maître : « Flatterie, vice d'ame lasche, basse et *bélistresse.* » Liv. III, ch. 10.

De *bélitre* on a dérivé *bélitrer.*

BÉLITRER, *v.* mendier. On le trouve en ce sens dans nos vieux auteurs : « La noblesse alloit vicariant et *bélistrant* par les maisons, sans rien payer, à la mode de nos vieux chevaliers errans. » *Contes d'Eutrapel*, t. 2. « Avoir toujours une œuvre publique entreprise pour empescher les pauvres valides de *bélistrer.* » BOUCHEL, *Biblioth. du droit françois.*

BELLIGÉRANT, ANTE, *adj.* Ce mot qui est emprunté du latin *belligerans* (qui fait la guerre), n'est pas fort ancien dans notre langue. Ce n'est que vers le milieu du dernier siècle que les gazetiers l'ont mis en usage, pour désigner les puissances actuellement en guerre.

BELLONNE, *s. f.* plante qui doit son nom à Pierre Bellon, célèbre médecin, qui en fit la découverte.

BELVÉDER, *s. m.* Ce mot, de nouvelle date, nous vient de l'italien *belvédere* qui signifie beau-voir, belle-vue, lieu d'où l'on jouit d'une belle vue. C'est ordinairement un petit bâtiment situé au haut d'un logis ou à l'extrémité d'un jardin ou d'un parc, pour s'y mettre à couvert et y prendre le frais. On appelle aussi *belvéder*, en jardinage, un simple berceau élevé sur quelque montagne ou terrasse.

BÉNÉDICTION se dit quelquefois pour abondance, dans le discours familier, exemple : *Il a des écus, c'est bénédiction.* Cette expression est prise de la Bible, où le mot *bénédiction* est plusieurs fois employé dans le même sens : celui qui sème avec épargne, moissonnera peu; et celui qui sème avec *bénédiction*, moissonnera avec *bénédiction* (avec abondance).

BÉNÉFICIER, *v.* « Faites l'aumône; votre charité sera récompensée; car il est permis à l'homme de *bénéficier* avec le ciel. » NICOLE.

BENÊT, *s.* ou *adj. m.* du latin *benedictus* (béni, saint). On trouve *benoist* interprété par *sot*, *benêt*, dans le Glossaire du *Roman de la Rose* : « *Benêt*, est-il dit dans les *Variétés sur la langue française*, est le même mot que *benoît*, *benoist*, comme on écrivait autrefois. Ce mot, venant du latin *benedictus*, a d'abord signifié *béni*, *saint* : *La benoiste pucelle Marie*, la Sainte Vierge Marie.

Caillou noble sans doute et de racine ancienne,
Descendant du caillou du *benoît* saint Etienne.
SARRASIN.

Peut-être s'en est-on servi pour désigner une personne très-pieuse, comme nous disons dans ce sens-là : *une sainte personne*. Or, comme la simplicité, qui se trouve assez ordinairement chez les personnes très-pieuses, est quelquefois confondue, par les gens du monde, avec la *niaiserie*, que d'ailleurs une dévotion outrée peut dégénérer en imbécillité, on peut supposer que le même mot, qui d'abord a servi à désigner les personnes entièrement vouées à la piété, a pu ensuite être abusivement employé pour marquer une simplicité excessive et approchant de la niaiserie. » Au reste, ce mot est ancien dans la langue, témoin cette épigramme de Marot :

Benest, quand ne te cognoissoye,
Un grand monsieur je te pensoye,
Mais quand j'ay veu ce qui en est,
Je trouve que tu es *benest*.

BÉNIGNITÉ, *s. f.* « Nous devons la justice aux hommes, et la grâce et la *bénignité* aux autres créatures qui peuvent en être capables. » MONT. Ce mot a vieilli, et pourtant il est nécessaire, car *bonté* n'est pas absolument l'opposé de *malignité*.

BÉNISSON, *s. m.* Nous avions autrefois ce mot qui pouvait s'employer dans le style familier, comme *maudisson*, qui n'est pas encore tombé en désuétude.

BÉNIT, TE, *adj.* Régnier, en parlant d'une vieille hypocrite, *Sat.* XIII :
Son œil tout pénitent ne pleure qu'eau *bénite*.

BENJAMIN, *s. m.* On dit quelquefois d'un enfant, *c'est le benjamin de son père, de sa mère ; c'est leur benjamin*, pour dire c'est celui de leurs enfans qu'ils aiment le plus ; et cela se dit par allusion à Benjamin, le plus jeune des fils de Jacob, que son père affectionnait particulièrement. « C'est le *benjamin* de mon esprit. » BALZAC, en parlant de son *Aristippe*.

BERCEAU, *s. m.* Nos pères ont dit d'abord *bers* du latin *versus à vertendo* (tourner, mouvoir, agiter). De là le diminutif *berceau*, *versiolus* ou *berciolus* dans la basse latinité ; et *bercelet*. *Recueil des Hist. de France*. On trouve dans Pasquier *être en berceroles*, pour être au berceau. Liv. v. ch. 32. Quel dommage d'avoir laissé perdre ce joli mot! De *berceau* on a dérivé *bercer* : « La vie, dit Voltaire, est un enfant qu'il faut *bercer* jusqu'à ce qu'il s'endorme. »

J'étais sans crainte, sans désir,
Et des songes de l'avenir
Je *berçais* mon ame ravie.
AIMÉ-MARTIN, *Lettres à Sophie sur la physique*, 15me Lettre.

BERCER, signifie figurément amuser, tromper par de fausses paroles, par de fausses espérances.
Je sais bien les discours dont il le faut *bercer*.
MOLIÈRE, *l'Etourdi*, act. 1, sc. 6.

BERGAME, *s. f.* espèce de tapisserie ainsi nommée de la ville de Bergame en Italie, d'où sont venues les premières tapisseries de cette sorte.

BERGAMOTE, *s. f.* Il paraîtrait que le nom de cette poire ne vient pas de la ville de *Bergame* en Italie, Ménage et Du Perron donnent à ce mot une origine turque. On lit dans le *Perroniana* : « Je pensais que les poires que nous appelons *bergamotes* étaient ainsi nommées à cause de *Bergame*, et qu'elles étaient venues d'Italie ; mais elles viennent de Turquie, car, en langue turque, *beg* veut dire un seigneur, et *armot*, poire ; c'est donc à dire *poire du seigneur*. »

BERGER, *s. m.* BERGÈRE, *s. f.* du latin *vervex* ou *berbex* dans Pétrone (mouton) dont on a pu faire *vervicarius* ou *berbicarius* dans la basse latinité. D'autres le dérivent de l'allemand *berg*, montagne, parce que les pasteurs, en de certaines saisons, conduisent leurs troupeaux de la plaine sur les montagnes. Ce mot, si usité dans la langue des poètes, a pris autrefois plusieurs formes diminutives. On trouve dans nos anciens auteurs : *bergeret*, *bergerette* ; *bergerot*, qui se trouve encore dans les *Epithètes* de De la Porte et dans Th. Corneille; *bergeronnette*, dans Est. Pasquier : « Je suis, dit-il, tantost esclave d'une grande dame, tantost amy d'une *bergeronnette*. » Liv. XXII, *lettre* 4.

BERLINE, *s. f.* espèce de carrosse qui tire son nom de Berlin, capitale de la Prusse, où ces voitures furent d'abord fabriquées. Quelques-uns cependant attribuent l'invention de ces carrosses aux Italiens, et prétendent trouver l'étymologie de ce mot dans *berlina*, nom que ceux-ci donnent à une espèce d'échafaud sur lequel on faisait subir à des coupables une ignominie publique.

BERNABLE, *adj.* qui parait avoir été créé ou rajeuni par Voltaire dans l'*Enfant prodigue* :
Adolescent qui tranche du Caton,
Est, à mon sens, un animal *bernable*.

BERNE, *s. m.* vieux mot qui signifiait l'habillement militaire, *sagum*, avec lequel les soldats se *bernaient* entre eux :
Ibis ab excusso missus ad astra sago.
MARTIAL.

(Vous serez *berné*.) Maynard a imité cette expression dans ces vers :
Jamais sot ne mérita mieux
D'être poussé d'un coup de *berne*
Jusqu'à moitié chemin des cieux.

BERNEMENT, *s. m.* action de berner. Molière l'a employé au figuré : « Pour vous mettre au-dessus de tous les *bernemens*. »

BERNEUR, *s. m.* « Le berné n'a jamais manqué à aucun de ses devoirs envers son héros *berneur*. » VOLTAIRE, *au Maréch. de Richelieu.*

BERNIESQUE, et plus communément BERNESQUE, *adj.* style agréable et facétieux qui se rapproche du burlesque, mais qui est moins trivial et moins négligé. Il tire son nom de *Berni* ou *Bernia*, poëte italien du seizième siècle, qui mit l'*Orlando* dans ce style. Il s'emploie aussi substantivement. « Le *berniesque*, dit Domergue, dans son *Manuel des étrangers*, pag. 64,

ne doit pas être confondu avec le burlesque. »

BESACE, *s. f.* (*bis saccus*, double sac). Béroald de Verville appelle : « excuses à l'usage de *besace* » les formules banales dont usent les mendians, les frères quêteurs, etc.

BESACIER, *s. m.* qui porte la besace :
Le fabricateur souverain
Nous créa *besaciers* tous de même manière.
LA FONTAINE.

BESANT, *s. m.* pièce de monnaie ainsi nommée parce qu'on les fabriqua à Bysance, en latin *Bysantium*. On trouve dans Muratori (*rerum italicarum Scriptores*) tom. VII, p. 616 : « *Rex Guidoni Cypricum tradidit regnum viginti Bysantiorum millibus emptum* » (Le roi céda à Guidon le royaume de Chypre, acheté vingt mille *besants*); et dans Baldricus, évêque de Dol, liv. I de son *Hist. de Jérusalem* : « *Direxerunt itaque legationem Constantinopolim quæ vocabulo antiquiori Bysantium dicta fuit, undè et adhuc moneta civitatis illius Bysanteos vocamus.* » Sur quoi il est bon de remarquer que sous la seconde race des rois de France, les monnaies du Levant avaient grand cours dans le royaume, que cela a duré encore long-temps depuis, mais que le *bezant* a souvent varié de poids et de valeur ; du temps de saint Louis, il valait dix sous de notre monnaie.

BESICLES, *s. f. pl.* espèce de lunettes. Ce mot vient, dit M. Morin, dans son *Diction. étymologiq. des mots franç. dériv. du grec*, du latin *bis* (doublement) et du grec κύκλος (*kuklos*) cercle, qu'on prononce en latin *cyclos* et en français *cycle*, comme qui dirait *bicycles*, *becycles*.

Costar, écrivant à Voiture, lui dit : « Je suis de votre avis que *bigle* (louche) se dit quasi *binus oculus* ; mais ne croyez-vous pas aussi que *besicles*, que l'on prend quelquefois à Paris pour des lunettes, sont dites quasi *bis oculi*, c'est-à-dire doubles ou seconds yeux? C'était le sentiment d'Estienne Pasquier qui le dérive de *bis oculi* (deux yeux).

mais par allusion aux deux verres de forme ronde dont ces lunettes sont composées.

BESOGNE, s. m. occupation, travail.

BESOGNER, BESOIGNER, BESONGNER, v. ont été dits pour travailler; il nous reste le substantif *besogne* que nos pères ont aussi écrit *besoigne* et *besongne*. Tous ces mots semblent dérivés de *soin*, qu'on écrivit d'abord *soing*, tel qu'on le voit dans le *Roman du Renard* et dans le *Codicille* de Jean de Meung, d'où le verbe *soigner*, qui a signifié non-seulement cure, souci, mais même toutes sortes de travail d'esprit ou de corps :

>   Faut *besongner*
>   Pour esloigner (éloigner)
>   Oisiveté.
>   *Blason des Faulses Amours.*
>   Je connais qui *besongne* ou chomme.
>   VILLON, IIme ballade.

« Elle (Catherine de Médicis) passait son temps, les après-disnées à *besogner* après ses ouvrages de soie, etc. » BRANTOME, *les Dames illustres*, pag. 47, in-18, Leyde, 1699.

La Fontaine s'en est servi dans un de ses contes :

>   Si cet enfant avait plusieurs oreilles,
>   Ce ne serait à vous bien *besogné*.
>   *Le Faiseur d'oreilles.*

De *besogner* sont dérivés les vieux mots *embesognement* et *embesogner*, dont le participe *embesogné* pour occupé se dit encore dans le style familier.

EMBESOGNEMENT, s. m. « Le soing de dresser et nourrir les enfans est plein d'*embesognement* et de crainte. » MONTAIGNE, liv. I, ch. 25. « Le principal effect de la grandeur et de l'éminence, c'est de vous jetter en butte à l'importunité et *embesognement* des affaires d'aultrui. » *Ibid.* « Je hay quasi à pareille mesure une oysiveté croupie et endormie, comme un *embesongnement* espineux et pénible : l'un me pince, l'autre m'assoupit. » *Ibid.* liv. III, ch. 5. « Ils ne cherchent la besongne que pour *embesongnement.* » *Ibid.* liv. III, ch. 10.

EMBESOIGNER, EMBESONGNER, v. « Les sophistes s'*embesongnaient* après les paroles, les Lacédémoniens après les choses. » MONTAIGNE, liv. I, ch. 24. « Ce qui adviendra icy, quand je n'y seray plus. Les choses présentes m'*embesognent* assez. » *Ibid.* « Ce n'est pas à dire que ce ne soit une belle et bonne chose que le bien dire, mais non pas si bonne qu'on la fait, et suis despité de quoy nostre vie s'*embesoigne* toute à cela. » *Ibid.* « La gendarmerie romaine ayant perdu toute occasion d'*embesoigner* ailleurs sa jeune bouillonnante fureur..... » *C. d'Eutr.* tom. I. « Le roy, d'autre part, pour rompre ce mariage, estoit très *embesogné.* » COMINES, liv. III, ch. 8.

BESOIGNEUX, EUSE, adj. De *besoin* qu'on trouve écrit *besoing*, dans le *Codicille* de Jean de Meung, dans Cl. Marot, etc. on a dérivé *besoigner* (*voy.* BESOGNER) et *besoigneux*. « Il prit les douze besans si les départit as *besonious* (aux besoigneux, indigens). » SAINT GRÉGOIRE, *Dial.* liv. I. « Si devint si larges *besongneux* et sosfraiteus de plusieurs coses. » *Rom. des sept Sages de Rome.* Beaumarchais a voulu faire revivre ce mot : « Friponneau, *besoigneux*, à genoux devant un écu. » *Le Barbier de Séville*, act. I, sc. 6.

BÊTE, s. f. qu'on écrivait d'abord *beste*, du latin *bestia* (bête sauvage, féroce), a donné les diminutifs *bestelette* et *bestiole* qui se trouvent dans les *Epithètes* de De la Porte; *bételotte* s'est dit aussi :

>   Le pauvre *bestion* tous les jours déménage.
>   LA FONTAINE, *la Goutte et l'Araignée*, fable.

Notre fabuliste paraît avoir emprunté ce mot de l'italien; mais d'un augmentatif il a fait un diminutif. Le mot *bête* est un terme injurieux, comme quand on dit *tu es une bête*, *une mauvaise bête*, et cette expression se trouve dans Plaute : *mala tu es bestia* (tu es une mauvaise bête).

BÉTAIL et BESTIAUX ont la même origine. On a dit autrefois *bestial*. M. de Vaugelas, dans ses *Remarques sur la langue française*, dit même que *bestail* et *bestial* sont tous deux bons, quoique *bétail* soit beaucoup meilleur; de cet ancien singulier *bestial* est dérivé le pluriel *bestiaux* encore en usage.

Bestaille pour *bétail* se trouve dans une pièce de vers composée vers l'an 1290, intitulée *le Dit du Lendit rimé*.

BÊTERIE, *s. f.* « Tout leur savoir n'étoit que *besterie*, » dit Rabelais, en parlant des premiers instituteurs de Gargantua.

BEUGLEMENT, *s. m.* BEUGLER, *v.* cri du taureau, du bœuf, de la vache, mugir comme les taureaux. Ménage dérive ce mot de *baculare*, à *bacula* ; mais c'est une onomatopée qui est également dans le latin *boare*, d'où *bos* a été tiré.

Bœuf, est le nom d'un animal qui *beugle*.

Boa, est celui d'un serpent énorme dont le cri ressemble au *beuglement* des taureaux.

Meuglement, *Meugler*, qui se prononcent sur la même touche avec une bien légère modification, s'emploient indistinctement. On a même dit *muglement* en vieux langage, comme dans ce passage d'Amadis : « La blanche biche qui, en la forest craintive, eslevoit ses *muglements* contre le ciel, sera retirée et rappelée. » CHARLES NODIER, *Dict. des Onomatopées françaises*. Mme de Sévigné a donné un sens actif à ce verbe : « Ce chanteur nous a *beuglé* l'*Inconstant*. »

BEURRE, *s. m.* Montaigne, liv. II, ch. 18, dit modestement de ses *Essais* : « J'empescheray peut-estre que quelque coin de *beurre* ne se fonde au marché. »

BEUVREAU, *s. m. Sat. Mén.* Petit buveur, « qui fait le scrupuleux quand il faut payer chopine. »

BIAIS, AISE, *adj.* gaulois, *bihan* (de travers). « Les lois s'assortissent à chacun de nos affaires par une interprétation destournée ; contrainte et *biaise*. » MONT. liv. III, ch. 13. De là est formé le verbe

BIAISER. « Il y a des hommes qu'il ne faut prendre qu'en *biaisant*. » MOLIÈRE, *l'Avare*, act. 1, sc. 5.

BIBLIOMANIE, *s. f.* du grec βιβλίον (*biblion*) livre, et μανία (*mania*) manie, passion. Passion d'avoir des livres. Ce mot est de la façon de Gui-Patin. En 1727 on ne pouvait encore l'employer qu'en riant.

Bibliomane a la même origine.

BIBLIOTAPHE, du grec θάπτειν (*thaptein*), enterrer. On donne ce nom aux riches curieux qui n'acquièrent des livres rares que pour les entasser dans leur bibliothèque, sans leur laisser voir le jour. C'est un curieux de cette sorte qui avait mis à la porte de son cabinet : *ite ad vendentes*, bien différent de celui dont la devise était : *Mihi et amicis*.

BIBLIOTHÈQUE *s. f.* du grec βιβλίον (*biblion*) livre, et θήκη (*théké*), armoire.

Bibliothécaire en dérive.

Cicéron disoit de sa *bibliothèque* : *Mens addita videtur meis œdibus*. On a dit d'un savant dont le savoir était mal digéré, que « c'était une *bibliothèque* de livres dépareillés. » Nicole appelle les *bibliothèques*, « le magasin des fantaisies des hommes. » Quelques auteurs ont donné par extension et par métaphore le nom de *bibliothèque* à certains recueils qu'ils ont faits, ou à certaines compilations d'ouvrages, telles sont la *Bibliothèque* rabbinique, la *Bibliothèque* des auteurs ecclésiastiques, *Bibliotheca patrum*, la *Bibliothèque* germanique, etc. On disait autrefois *librairie* pour *bibliothèque*.

BICÊTRE, *s. m.* Ce château, qui avait d'abord été nommé *la Grange aux Queux* (*coqui*, cuisiniers) fut dans la suite possédé par un évêque de Winchester, d'où lui est venu le nom de *Maison de Winchestre*, et par corruption celui de *Vicestre* ou *Bicestre*, aujourd'hui *Bicêtre*. « Lesdits seigneurs du parti du duc d'Orléans se tenoient à *Vicestre*. » ALAIN-CHARTIER, *Histoire de Charles* VII. « *Vicestre*, chastel et dongeon » est-il dit dans le *Petit Testament* de F. Villon.

BICESTRE ou BICÊTRE s'est dit dans la signification de malheur par corruption de *bissexte*, parce que la superstition faisait autrefois regarder comme malheureuses les années bissextiles, et qu'on croyait qu'il y avait un mauvais sort attaché au jour nommé *bissexte*, qu'on ajoute au mois de février dans les années bissextiles.

Marchez avant, roy qui portez le ceptre
De tout François sans doubler le *bicestre*
Du grand dieu Mars, ne des Napolitains.
Le Verger d'honneur, folio 20.

Dans leur doublée, vipereuse menestre
Leur tour de maistre leur polite *bicestre*
N'est plus en estre. *Ibid. fol.* 37.

Hé bien, ne voilà pas mon enragé de maître?
Il va nous faire encor quelque nouveau *bicêtre*.
MOLIÈRE, *l'Etourdi*, act. 5, sc. 7.

BICHOF ou BISKOP; *s. m.* Ce mot, emprunté à la langue allemande, où il signifie *évêque*, s'est introduit dans la nôtre depuis plusieurs années, pour signifier une boisson froide composée d'eau, de vin, de sucre et d'orange.

BICHONS, *s. m.* Les *bichons*, dont nous avons fait le mot *bichonner*, sont de petits chiens au nez court et aux longues soies. Il se dit par abréviation pour *barbichon*, diminutif de *barbet*.
Un *bichon* contre un dogue a peine à se défendre.
BEFFROY DE REIGNY.

« S'il meurt à vos belles quelque sale *bichon*, on dégrade impunément le chien céleste pour le mettre en sa place. » *Théâtre italien* de Ghérardi, tom. II, pag. 411, Paris, 1741. Il est quelquefois terme d'amitié, et l'on dit dans le style familier *mon bichon*, comme on dit *mon chat, mon rat*, etc.

BICHONNER, *v.* parer avec un certain soin. Il n'est que du style très-familier. En parlant des occupations des religieuses, Gresset dit :

L'une découpe un agnus en losange,
Ou met du rouge à quelque bienheureux ;
L'autre *bichonne* une vierge aux yeux bleus.

« On ne sait plus ici où trouver de quoi se *bichonner*, et je suis toute déroutée, quand j'ai envie d'un coup de peigne. » *Don Quichotte*, trad. de BOUCHON-DUBOURNIAL, tom. III, pag. 209, Paris, 1807.

BICOQUE, *s. f.* petite ville mal fortifiée.

Tout me déplaît et tout me choque
Dans cette maudite *bicoque*.

Ce mot vient d'une place sur le chemin de Lodi à Milan, laquelle était une simple gentilhommière entourée de fossés ; les Impériaux s'y étant postés en 1522, y soutinrent le choc de l'armée française, commandée par M. de Lautrec, sous François Ier, et cette affaire s'appela la *Journée de la Bicoque*. Il se dit aussi d'une petite maison, d'une maison mauvaise et mal en ordre.

BIENDISANCE, *s. f.* le talent de bien dire. « Le desir de plaire, de faire montre de leur *biendisance*. » SAINT-JULIEN, *Meslanges historiques*.

Biendisance ne s'est pas maintenu, quoiqu'on ait conservé *médisance*, dans le sens de tenir contre quelqu'un des discours désavantageux.

BIEN-DISANT, TE, *adj.* qui parle bien :

Après ceux qui font des présens,
L'Amour est pour les *bien-disans*.
RÉGNIER.

C'est un amant *bien-disant* et matois.
VOITURE.

Ce mot n'est pas hors d'usage :

Un de ce dernier ordre,
Propre, toujours rasé, *bien-disant* et beau fils.
LA FONTAINE.

BIEN-ÊTRE, *s. m.* La langue est peut-être redevable de ce mot à M. d'Urfé, qui s'en est servi dans son épître au roi Henri IV, auquel il a dédié la première partie de son ouvrage. « Vous savez qu'on souffre tout, hors le *bien-être*. » SÉV. Mot profond, applicable à ceux dont on a dit qu'ils avaient le mal-aise du *bien-être*.

BIEN-FAIRE, *s. m.* « La contrariété et diversité roidit, resserre en soy le *bien-faire* et l'enflamme par la jalousie de l'opposition et par la gloire. » MONT. liv. III, ch. 9.

BIENFAISANCE. Ce mot, a-t-on dit, est de la création de l'abbé de Saint-Pierre, et ne remonte guère plus haut que 1727. Le lourd abbé Desfontaines le réprouve dans son *Dict. néologique*; mais Voltaire l'a célébré dans ces vers, qu'on retrouvera sans doute ici avec plaisir :

Certain législateur, dont la plume féconde
Fit tant de vains projets pour le bien de ce monde,
Et qui depuis trente ans écrit pour des ingrats,
Vient de créer un mot qui manque à Vaugelas :
Ce mot est *bienfaisance*, il me plaît, il rassemble,
Si le cœur en est cru, bien des vertus ensemble.
Petits grammairiens, grands précepteurs des sots,
Qui pesez la parole et mesurez les mots,
Pareille expression vous paraît hasardée,
Mais l'univers entier doit en chérir l'idée.

L'auteur d'un *Eloge de Gresset* en a fait honneur à son héros; mais on voit que cette assertion n'est pas fondée. Balzac avait créé ce mot avant l'abbé de Saint-Pierre et Gresset. En 1759, année où parut la dernière édition de Richelet, cette expression n'était pas encore généralement reçue. M. Sablier, dans son *Essai sur les langues* (1777), nous apprend à ce sujet une anecdote dramatique peu connue : c'est qu'en 1756, ce mot étonna les comédiens français à la lecture d'une pièce de La Chaussée. « J'ai entendu, dit M. Thomas, un grammairien célèbre, l'abbé d'Olivet, dire, il y a quelques années, que le mot de *bienfaisance* n'étoit pas français; mais la nation eut moins de rigueur; elle fut contente de pouvoir exprimer dans un seul mot, un devoir, une vertu et un plaisir. Ce mot, proscrit par l'abbé d'Olivet, fut dans tous les écrits, comme dans toutes les bouches. »

BIENHEURER, *v.* vieux mot qui avait de la grâce. On le trouve dans la *Sat. Mén.* dans Regnier, *Sat.* XIV.

N'avoir crainte de rien et ne rien espérer,
Amis, c'est ce qui peut les hommes *bienheurer*.

Dans Et. Pasquier, liv. VI, let. 5 : « Cette Dame Raison dont Dieu a voulu *bienheurer* les hommes; » et dans son fils Nicolas, l. VI, lett. 15 : « Cette tant haute et *bienheurée* entreprise. » On trouve *beneuré* pour bienheureux dans le *Roman de la Rose*, vers 17386, et *beneurée* pour bienheureuse, vers 8389.

BIENHEURETÉ, *s. f.* bonheur, qu'on trouve écrit *beneureté* dans le *Roman de la Rose*, vers 5076. « Ce grand flot de *bienheuretés* qui l'ont suivi jusqu'ici. » NIC. PASQUIER, l. V, lett. 14.

BIENSÉANCE, *s. f.* « Les femmes choisissent bien souvent la dévotion comme une *bienséance* de l'âge. » LA BRUYÈRE.

« La *bienséance* est la pudeur du vice, lorsqu'elle n'est pas la modestie de la vertu. » Le duc DE LÉVIS.

BIENVIENNER, *v.* féliciter quelqu'un sur son heureuse arrivée. Ce mot qui se trouve dans Montaigne, était très-commode. On l'a laissé perdre sans en mettre un autre à la place. Scarron a dit *bienveigner* :

Jupiter rien n'en témoigna,
Et le voyant le *bienveigna*.
Gigantomachie.

BIGARREMENT, *s. m.* d'opinions. ET. PASQUIER, liv. X, lett. 12.

BIGARRER, *v.* que quelques-uns dérivent du latin. *bis variare* (varier deux fois, doublement), mélanger de différentes couleurs, et BIGARRÉ, *part.* qu'on dérive alors du latin *bis variatus*. Ne viendrait-il pas d'une autre source? Sévère Sulpice, dans la *Vie de saint Martin*, dit que l'archidiacre de ce saint ne se pouvant plus dédire de faire l'aumône à un pauvre morfondu, qui lui avait été recommandé par son prélat, lui acheta *bigerrigam vestem* (un vêtement bigarré); et il est noté en marge que les Gaulois appelaient ainsi en leur langue *vestem diversis coloribus variegatam*. *Bigarré* pourrait donc être d'origine gauloise.

BIGOT, OTE, *adj.* faux dévot. Selon Cambden, ce nom fut d'abord donné aux Normands, et voici comment : Raoul, leur duc, recevant en mariage la fille de Charles-le-Simple, et avec elle l'investiture du duché de Normandie, refusa de baiser les pieds du roi, à moins que le monarque ne l'aidât lui-même à lui rendre cet hommage, et répondit à toutes les instances : *No, by God*. De là Charles prit occasion de l'appeler *Bigod*, ou *Bigot*, nom qui passa ensuite à ses sujets. Voici, selon Scarron, *Virg. trav.* liv. VI, quelle est la punition des *Bigotes* dans les enfers :

Les mangeuses de patenôtres,
Toujours en effroi pour les autres,
Pour elles en tranquillité,
Qui médisent par charité,
Disant que c'est blâmer le vice,
Endurent là pour tout supplice
D'être sans cesse à marmoter,
Sans qu'aucun les puisse noter;
Et ce tourment de n'être en vue,
Mille fois pour une, les tue.

BIHORE, terme, dit Cotgrave dans son *Dictionnaire*, dont se servent les charretiers, pour hâter leurs chevaux. « Nous avons beau crier *bihore*, dit Mont. liv. II, ch. 37, en parlant de l'ordre de la nature, c'est bien pour nous enrouer, mais non pour l'avancer. » Coste approuve l'usage de ce mot. « Montaigne nous apprend ici, dit-il, qu'il n'y a point de termes qu'un homme d'esprit ne puisse mettre à quelque usage. Ils sont tous bons pourvu, qu'on les employe à propos. »

BILAN, s. m. du latin *bilanx* (*balance*). « L'état du parquet est de peser, comparer les raisons des deux parties, et d'établir cette espèce de *bilan*, avec toutes les grâces et les fleurs de l'éloquence, sans que les juges sachent de quel côté l'avocat-général sera avant qu'il ait commencé à conclure. » SAINT-SIMON, *Hommes illustres*. Cette définition est un peu surannée; aussi ne la met-on ici que pour mémoire.

BILL, s. m. mot anglais qui est devenu français par l'usage que le gazetier en fit pour la première fois dans la gazette du mois de juin de l'année 1685. Il signifie un papier contenant les propositions qu'on veut faire passer par les chambres du parlement d'Angleterre, pour les présenter au roi, et en faire un acte, c'est-à-dire un règlement ou une loi.

BILLE, s. f. « Ménage fait venir ce mot de *pila*, balle à jouer, boule. Roquefort, qui pense de même, ajoute qu'en bas latin *billus* avait la même signification. Cette étymologie paraît si évidente que je n'ose émettre mon opinion; cependant qu'on me permette de faire observer que les enfans du peuple disent aussi *gobille* pour *bille* : quelle raison auraient-ils eue pour ajouter cette syllabe initiale *go*? Ce qui me fait croire que *bille* peut avoir deux origines, celle qu'ont donnée Ménage et Roquefort, et celle-ci que je hasarde : *bille* dérive de *gobille*, par aphérèse, ou retranchement de la syllabe initiale; *gobille* vient de *globille*, diminutif de *globe*, par le retranchement de l'*l*. Cependant on pourrait m'objecter, avec quelque raison, que *globe* est la racine de *gobille*, mot reçu dans le langage du peuple; mais que de ce mot on n'a point formé *bille* qui a une autre origine; d'où il suivrait que *bille* et *gobille* auraient deux origines différentes, ce que je n'oserai contester. A. BONIFACE, *Manuel des Amat. de la lang. franç.* 2ᵉ ann. nº x, pag. 301.

De *bille* est dérivé *billard*, et de *billard*, *billarder*, pousser les deux billes à la fois.

BILLEBAUDE, s. f. confusion, désordre. *C'est une billebaude que tout ce ménage-là.* L'Académie prévient qu'il est familier. Mad. de Sévigné a dit : « c'est une *billebaude* qui n'est point agréable. »

BILLET, s. m. paraît être un diminutif de l'anglais *bill*. *Voy.* ce mot.

Ninon tristement vertueuse
Pour son siècle n'eût rien été;
Ninon philosophe est fameuse,
Et passe à la postérité :
De ses talents sois idolâtre,
Promets toujours, toujours trahis,
Et que tes *billets* soient écrits
Comme le *billet* à la Châtre.

M. DOIGNY, *Epître à une femme de 18 ans*, pièce insérée dans l'*Alm. des Muses*, annn. 1785.

Billet à la Châtre. Cette expression, devenue proverbiale, tient à une anecdote assez piquante : le marquis de la Châtre, avant de partir pour un voyage qui devait le séparer pendant quelque temps de Ninon sa maitresse, exigea qu'elle lui remit un billet où elle s'engageait à lui être fidèle pendant son absence. M. de la Châtre obtint le billet; mais l'inconstante Ninon, pour charmer les ennuis de l'absence, fit une nouvelle conquête et dans un moment d'abandon, s'écria : *ah! le bon billet qu'a la Châtre*.

BILLETER, v. C'est attacher aux différentes marchandises des étiquettes qui indiquent leurs qualités et leurs prix : « Ah! si l'on pouvait ainsi *billeter* les hommes. » *La Promenade curieuse*.

BILLEVESÉE, s. f. discours frivole, sottise, vaines imaginations. « *Veze*, dit de La Monnoye, dans son *Gloss. des Noëls Bourguignons*, est une espèce de musette. Ce mot est souvent répété dans les *Noëls Poitevins*, et c'est de *veze* que vient *billevesée*, petite balle pleine de vent, comme celle dont parle Verville dans son *Moyen de parvenir*, c. VII. *Veze* pourrait bien venir de *vesica*, parce qu'on y fait entrer le vent, comme dans une vessie qu'on veut enfler. » Scarron les personnifie et les place dans les enfers : « Quantité de *billevesées*, monstres aujourd'hui fort fréquens. » « Ayez en révérence le cerveau caséiforme (dont la cervelle ressemble à du fromage mou, comme l'explique Le Duchat, qui vous paist de ces belles *bille-vezées*. » RABELAIS, *Prologue* du 1er liv. pag. 46, tom. 1, in-8°, 1732.

Bille-vezée. Bille, c'est une balle, et *vezer* s'est dit pour souffler, de *veze* dans la signification de musette. De là *billevesée*, comme l'explique fort bien Furetière, pour *balle soufflée, pleine de vent*. De là *gros vezé*, dans Monet, pour *gros boursouflé*. *Veze* est un mot fait par onomatopée. Le Duchat, note au bas de la page 46 du *prologue* du 1er liv. de Rabelais, tom. 1, édit. in-8°, 1732.

BIRIBI, *s. m.* Ce jeu et son nom nous viennent de l'Italie.

Il est au monde une aveugle déesse
Dont la police a brisé les autels :
C'est du Hocca la fille enchanteresse,
Qui sous l'appât d'une feinte caresse,
Va séduisant tous les cœurs des mortels.
De cent couleurs bizarrement ornée,
L'argent en main, elle marche la nuit ;
Au fond d'un sac, elle a la destinée
De ses suivans que l'intérêt séduit.
La froide crainte et l'espérance avide,
A ses côtés marchent d'un pas timide ;
Le repentir à chaque instant la suit,
Mordant ses doigts et grondant la perfide.
Belle Philis, que votre aimable cour,
A nos regards offre de différence !
Les vrais plaisirs brillent dans ce séjour,
Et pour jamais bannissent l'espérance ;
Toujours vos yeux y font régner l'amour.
Du *biribi*, la déesse infidèle,
Sur mon esprit n'aura plus de pouvoir :
J'aime encor mieux vous aimer sans espoir,
Que d'espérer nuit et jour avec elle.
VOLTAIRE.

BIS, BISE, *adj.* Le P. Labbe a remarqué, dans sa 2me partie des *Etymologies françoises*, que l'adverbe latin *bis* a fourni à notre langue l'expression *pain bis* lequel est *secundus, sive secundarius panis*. En effet le pain *bis* est la deuxième sorte de pain, le pain noir étant la première.

Mon doux ami, je vous apprends
Que ce n'est point une sottise,
En fait de certains appétits,
De changer son pain blanc en bis.
LA FONTAINE, *le Pâté d'anguilles*.

BISAÏEUL, *s. m.* du lat. *bis avus*, deux fois grand-père, grand-père pour la deuxième fois, père de l'aïeul. *Abave* et *abayeul*, du latin *abavus*, se trouvent dans nos anciens auteurs. *Bisante* pour grand'tante et *bisoncle* pour grand-oncle, dans d'Argentré, *Cout. de Bretagne*, pag. 1927 et 1980.

BISCUIT, *s. m.* du latin *bis* (deux fois) et *coctus* (cuit), pain qui a reçu une double cuisson ; d'où lui vient son nom, et dont on fait provision pour les voyages sur mer.

S'embarquer sans biscuit, au figuré, commencer une entreprise sans avoir pris ses précautions. Cette métaphore est empruntée des marins, qui, avant de s'embarquer, se munissent de la quantité de *biscuit* nécessaire pour le trajet qu'ils ont à parcourir. « Sachez que je suis homme qui ne *s'embarque point sans biscuit*, » c'est-à-dire que je n'entreprends jamais rien que je ne sois assuré d'y réussir. SCARRON, *le Roman comique*, tom. III, pag. 11, Paris, 1757.

BISQUE, *s. f.* du latin *bis* (deux fois) et *cocta* (cuite), parce que la *bisque* se faisant de plusieurs béatilles, il en faut faire plusieurs cuissons séparées.

Qu'est devenu ce teint dont la couleur fleurie
Semblait d'ortolans seuls et de *bisque* nourrie?
BOILEAU.

On dit figurément et familièrement *prendre sa bisque*, pour dire prendre son parti. Ce mot a alors une autre étymologie, et cette locution parait empruntée du jeu de paume. On en a donné cette autre origine qui parait un peu forcée. Du temps de Charles IX, un colonel d'infanterie ayant à tenir avec son régiment contre de la cavalerie, avait, entr'autres armes, une pique de *Biscaye* à la main. C'est de cette arme qu'on ne devait prendre qu'à propos, qu'est venue cette façon de parler.

Et! croyez-moi, le quart des filles de votre âge,
Qui, d'un jeune imposteur séduites bien souvent,
Ont choisi par dépit l'asile du couvent,
Enragent d'avoir pris trop promptement leurs
[*bisques*.
DESTOUCHES, coméd. du *Capricieux*.

BISSEXTE, *s. m.* du lat. *bis sexto* (deux fois six). J. César, dit M. Bouillet, *Dict. d'Ant.* ordonna que l'année serait de 365 jours 6 heures ; et comme ces six heures quatre fois répétées forment un jour, il fut ordonné que ce jour serait intercalé tous les quatre ans dans le mois de février, qui était de 28 jours, et qui se trouverait alors de 29. Ce jour se plaçait après le 6e des calendes de mars (qui répond au 24 février), et pour ne rien déranger au nom des autres jours, on comptait deux fois (*bis*) le 6ᵉ (*sextus*) jour des calendes; ce qui fit nommer ces années *bissextiles*.

BISTOURNER, *v.* On disait autrefois *bestourner*.

> Trop croire fisique (médecine) est folie,
> En l'an maint en perdent la vie :
> Pour ung que fisique en retorne,
> Je crois que deux elle *bestorne*.

BLAFARD, DE, *adj.* « Et le sort fit ce mariage, pour voir ce que produirait une union si *blaffarde*. » HAM. *Mém. de Gram.*

BLANC, *s. m.* monnoie ancienne, ainsi nommée par opposition aux sols qu'on appeloit *noirets*, et par altération *nérets*, à cause de leur couleur qui tiroit sur le cuivre. *Remarques de l'édition des Œuvres* de F. Villon, tom. 1, pag. 16, édit. de La Haye, 1742. De là on disait encore *six blancs* pour deux sous et demi ou trente deniers, avant la révolution; mais on trouve *quatre blancs*, dans *le Petit Testament* de F. Villon, qui est de 1456. « L'accordement..... entre gens lais est de *quatre blancs* qui valent vingt deniers tournois pour livre. » LA THAUMASSIÈRE, *Coutume de Berri*, pag. 286, c. 124.

> . . . . La toison
> Me cousta à la Magdelaine
> *Huit blancs*, par mon serment, de laine
> Que je souloye (j'avais coutume) avoir pour quatre.
> *La Farce de maistre Patelin.*

BLANC-MANGER, *s. m.* C'est une sorte de manger délicieux qui est véritablement *blanc*, composé d'amandes et de gelées faites du suc de fort bonnes viandes, et d'autres excellentes choses. « M. Nicole met trop de belles paroles dans son style ; cela fatigue et fait mal à la fin; c'est comme qui mangerait trop de *blanc-manger*. » Le marquis DE SÉVIGNÉ.

BLANDICES, *s. f. plur.* du latin *blanditiæ* (caresses, cajoleries).

> Par son parler, par sa *blandice*
> Le trouve si mol et si nice.
> EUST. DESCHAMPS.

Il se trouve aussi dans Montaigne et dans les *Epithètes* de De la Porte ; dans ce dernier on lit *blandices* et *blandissement*.

BLANDIR, *v.* du lat. *blandiri* (flatter).
> Tant l'a *blandi*, tant l'a proié (prié),
> Qu'Ysengrin li (lui) donne congié.
> *Roman du Renard*, vers 7857 (13ᵉ siècle).

BLANDISSANT, ANTE, *adj.* de l'ancien verbe *blandir*, se trouve plusieurs fois dans les *Epithètes* de De la Porte, Paris, 1571, dans le sens de flatteur, cajoleur, agréable. « Afin que fortune *blandissante* ne luy jouast quelque mauvais tour. » NIC. PASQUIER, l. III, lett. 7. Pourquoi avoir perdu ce joli verbe et son participe ?

BLANQUE, *s. f.* de l'italien *bianca* (blanche). Cette dénomination parait venir de l'ancien usage de tirer dans un livre dont une partie des pages est chiffrée, et l'autre blanche, c'est-à-dire, sans chiffres, et par conséquent n'apportant aucun lot. C'est une espèce de jeu de hasard en forme de loterie que nous avons reçu des Italiens. Etienne Pasquier, dans ses *Recherches sur la France*, l. VIII, c. 49, après avoir expliqué en quoi consistait ce jeu, rapporte le sonnet suivant qu'il composa dans sa jeunesse :

> Comme celui qui d'une *blanque* pense
> Tirer tel heur qu'il s'est en soi promis,
> Entre les mains de l'aveugle * a remis
> Tout le succès de sa douteuse chance ;
> Ainsi au sort d'une noble puissance
> Dessous l'amour, aveugle, j'ai soumis
> Et sous les ans, le meilleur qu'avoit mis
> Le ciel en moi dès ma folle naissance.
>
> Jamais d'amour je ne tirai butin,
> Quoiqu'un et un et autre buletin,
> De mon meilleur dans sa trousse je misse ;
>
> Mais toi, ô cours d'une postérité !
> Si ma clameur ne te rend irrité,
> Fais-moi trouver dans tes ans bénéfice.

> Notre fortune enfloit au gré de nos caprices,
> Et c'étoit une *blanque* à de bons bénéfices.
> CORN. *Epître à Ariste*.

On appelait *bénéfices* à ce jeu les billets portant désignation des bijoux échus, par opposition aux billets blancs ou mauvais billets. De là cette locution figurée : *Trouver blanque*, pour dire ne pas trouver dans un endroit ce qu'on croyait y devoir être.

> Est-il un financier, noble depuis un mois,
> Qui n'ait son dîner sûr chez madame Guerbois?
> Et que de vieux barons pour le leur trouvent
> [*blanque*.
> BOURSAULT, *les Mots à la mode*, sc. 8.

* C'était un aveugle qui tirait les devises renfermées dans des urnes.

BLASER, *v.* du grec βλάζειν (*blaz-ein*), être stupide, hébêté. « Ce terme, particulier d'abord à quelques provinces de France, et qui n'était que patois, pour dire brûler, dessécher, est devenu avec le temps très-usité, d'un très-bon usage, et très-significatif au figuré comme au propre. On se *blase* par les excès; on se *blase* sur les plaisirs. » *L'Improvisateur françois.*

BLASON, *s. m.* science des armoiries, l'art héraldique. *Blason*, est-il dit, dans le *Dict.* de Moréri, au mot *blason*, est un mot allemand qui signifie *sonner du cor ou de la trompe*, et on a pris de là le nom qu'on a donné à la description des armoiries, parce qu'anciennement ceux qui se présentoient aux lices pour les tournois, sonnoient du cor pour faire savoir leur venue. Les hérauts, après avoir reconnu s'ils étoient gentilshommes, sonnoient aussi de la trompe; ils crioient à haute voix, et décrivoient les armoiries de ceux qui se présentoient. Lorsqu'on avoit paru deux fois dans ces tournois solennels qui se faisoient, en Allemagne, de trois en trois ans, la noblesse étoit suffisamment reconnue et *blasonnée*, c'est-à-dire annoncée à son de trompe par les hérauts.

» Le mot *blason* s'est pris anciennement en France pour toute sorte de description, quelquefois pour éloge, et quelquefois pour blâme et médisance. *Blasen* est l'origine de toutes ces significations, parce dans les tournois on décrivoit les pièces de l'écu, on louoit, on blâmoit les chevaliers. » Extrait du *Nouveau Dict. des origines,* Paris, 1827.

De *blason* on a dérivé *blasonner* dans ces différentes acceptions; nous remarquerons que *blasonner* dans le sens de blâmer, critiquer, qui aujourd'hui est familier, s'employait autrefois dans le style soutenu.

En donnant l'ordre de chevalerie, on recommandait aux chevaliers de ne pas ouïr *blazonner* les dames et de ne pas le souffrir.

BLASON, *s. m.* C'est encore de ce nom que nos pères nommaient certaines petites pièces de poésie contenant l'éloge ou le blâme de la personne ou de la chose qui en était l'objet. « Le *blason*, dit Ch. Fontaine, *Abréviation de l'art poétique*, pag. 255, Lyon, 1576, est une composition contenant la louange ou vitupère d'autrui. Il est composé de dix vers ou moins; le plus abrégé est le meilleur. » A ce témoignage ajoutons celui de Sebilet, en son *Art poétique franç.* « Le *blason*, dit-il, est une perpétuelle louange ou vitupère de ce qu'on s'est proposé de *blasonner*. Je dy en l'une et en l'autre partie de louange et de vitupère, car autant bien se blasonne le laid comme le beau, et le mauvais comme le bon: tesmoin Marot en ses *Blasons du beau et du laid Tetin*: et sortent les deux d'une même source, comme louanges et invectives, et comme le peintre et le poète sont cousins germains par la règle: *Pictoribus atque poetis*, etc. (il est permis aux poètes et aux peintres de tout feindre), me faudroit peu pousser pour croire que le *blason* des couleurs aux armoiries, nous eût esté origine de peindre en poésie (ou de faire le *blason* de quelqu'un). »

BLASONNEMENT, action de blasonner, et BLASONNEUR, celui qui blasonne, qui blâme, qui diffame, se trouvent dans nos anciens auteurs.

BLÊCHE, *adj.* des 2 genr. homme sans caractère, qui n'a pas la force d'exécuter ce qu'il a promis. Suivant les auteurs du *Dict. de Trévoux*, on appelle ainsi en Normandie un homme de mauvaise foi. « On dit *blèche* pour *blaque*; c'est ainsi qu'on appeloit autrefois les Valaques. Froissart dit que les Valaques sont de fort mauvaises gens. » HUET.
Je ne sais ce que c'est que *de faire le blèche.*
Th. ital. de Ghérardi, t. III, p. 147, Paris, 1741.
C'est un mot trivial, qui n'est guère usité aujourd'hui que parmi les ouvriers imprimeurs. De *blèche* on a dérivé *blèchir*.

BLÉCHIR, *v.* se dédire, se dégager au moment qu'il faut tenir sa parole. Ce mot peut passer tout au plus dans une lettre ou en conversation.

BLÉMIR, *v.* Quel dommage que

nous ayons laissé perdre ce mot expressif, qui semble plus poétique que *pâlir*.

Qui porte un cœur de sang dessous un front
[*blesmy*.
RÉGNIER, *Sat*. VII.

BLÊMISSEMENT, *s. m.* Ce mot ne ferait-il pas un bel effet dans cette phrase? « Lorsqu'on annonça cette funeste nouvelle, il se fit un silence d'effroi, au milieu de cette grande assemblée, et le *blêmissement* devint général. »

BLESSER, *v.* du grec πλήσσειν (*plessein*), frapper; d'où on a dérivé *blessure*. C'est à l'exemple des Latins que nous employons le mot *blessure* dans un sens figuré. Tacite a dit dans la Vie d'Agricola: « *Sequens annus gravi* vulnere *animum domumque ejus adflixit* » (L'année suivante, une grave *blessure* fut faite à son cœur et à toute sa famille).

Morbleu! ce sont pour moi de mortelles *blessures*
De voir qu'avec le vice on garde des mesures.
MOLIÈRE, *Misanthrope*.

BLETTE, *adj. f.* se dit d'une poire molle et presque pourrie, du grec βλάξ (*blax*), mou. « A Paris, on disait *blosse* pour *blette*, du temps de Henri Etienne. Les Normands disent *blèque*. » MORIN, *Dict. des mots franç. dérivés du grec*.

BLONDELET, ETTE, *adj.* diminutif de *blond*.

Une bien jeune et toute *blondelette*
Conceut ung fils éthiopien sans père.
RABELAIS, liv. v, c. 13.

Cet adjectif, qui se trouve aussi dans Marot, méritait bien d'être conservé.

BLONDERIE, *s. f.* « Cette lettre fatale, où il ne lui parlait que de sa *blonderie*. » HAM. *Mém. de Gramont*.

BLONDIR, *v.* En se récriant sur le goût bizarre de ceux qui auraient pu rebuter ce verbe, Marmontel ajoute: « Si l'on disait:

Les épis ondoyans commençaient à *blondir*,

ne serait-on pas entendu? ne le serait-on pas même avec le plaisir qu'on éprouve à retrouver des biens que l'on croyait perdus? » *De l'autorité de l'usage sur la langue* (1785).

BLONDISSANT, E, *adj.* Régnier le satirique introduit dans un dialogue une bergère qui n'aime que deux bergers à la fois: .

L'un est brun, l'autre est blond, et son poil qui
[se dore
En filets *blondissans*, est semblable à l'aurore,
Quand toute échevelée, à nos yeux souriant,
Elle émaille de fleurs les portes d'orient.

BLONDOYER, *v.* tirer sur le blond. Voilà encore un joli mot que nous avons laissé perdre.

BLUTER, *v.* du latin *volutare*, fréquentatif de *volvere* (rouler, mouvoir rapidement), c'est passer la farine par le bluteau.

Blûter un sujet, une question, l'examiner. Cette expression est de Montaigne, liv. II, c. 12, qui écrit *beluter*. Rabelais l'a écrit de même.

BOCAGE, *s. m.* qu'on écrivait d'abord *boscage*, de l'italien *bosco* (bosquet, petit bois); de là sont dérivés:

BOCAGER, ÈRE, *adj.* qui appartient aux bois, qui hante les bois, les bocages.

Telle aux monts *bocagers*
Fuit à l'aspect du loup la biche aux pieds légers.
DESAINTANGE.

Le Léthé baigne en paix ces rives *bocagères*
DELILLE.

Diane au carquois d'or, déesse *bocagère*.
DE FONTANES.

L'Académie, édit. de Moutardier, 1802, dit que ce mot a vieilli, et les auteurs du *Dict. de Trévoux*, édit. de 1743, avaient déjà fait cette remarque; mais les exemples rapportés contredisent cette assertion. On lit dans le *Gradus français*: « Il serait malheureux de se priver d'un terme si utile, lorsqu'il s'agit de peindre les mœurs des habitans de la campagne ou de présenter des tableaux champêtres. »

BOCAGEUX, EUSE, *adj.* dont nos poëtes ont à regretter la perte.

Et le paisible et frais ombrage
D'un verd *bocageux* arbrisseau.
JAC. TAHUREAU.

BOCANE, *s. f.* ancienne danse grave et figurée, ainsi nommée de *Bocan*, maître à danser de la reine Anne d'Autriche, qui en fut l'inventeur.

BOIRE, *v.* qu'on trouve écrit *boivre* dans le *Roman du Renard* et dans les *Fabliaux* de Barbazan, du latin *bibere* qui a la même signification. Il se prend bien au figuré.

Partout le vin écume et coule à longs ruisseaux,
Et le peuple en chantant *boit l'oubli de ses maux*.
THOMAS, *la Pétréide*, chant de la France.

Racine et J. B. Rousseau l'ont employé dans le même sens, et non moins heureusement :

Et d'enfans à sa table une riante troupe
Semble *boire* avec lui la joie à pleine coupe.
RACINE.

De ces vautours de la société,
Qui comme l'eau *boivent* l'iniquité.
J. B. ROUSSEAU.

Nous disons dans notre langue *boire un affront*, pour dire le supporter. Les Latins ont dit aussi *boire* pour entendre, écouter : Properce dans la 5e *élégie* du liv. 3 :

Incipe, suspensis auribus ista bibam.

(Commencez, et je boirai d'une oreille attentive (j'écouterai) ce que vous direz); et Horace, ode 13 du 2e liv. :

Pugnas et exactos tyrannos
Densum humeris bibit aure vulgus.

(Le vulgaire se presse sur les épaules l'un de l'autre, et *boit* de l'oreille le récit des combats et l'histoire des tyrans chassés).

BOITER, *v.* marcher en baissant d'un côté. L'étymologie de ce mot est fort douteuse. Selon les uns, il dérive de *boëte* ou *boite*, parce que cette infirmité vient de ce que les os sortent de leurs boites, ou dans la hanche, ou dans le genou. Selon M. Eloy Johanneau, le mot *bot*, qui n'est plus usité qu'en composition (*pied-bot*), existe encore en poitevin et en picard, dans le sens de *sabot*, et est une variation du français *botte*. C'est, selon lui, de ce mot que viennent *boiter, sabot, savate* ; par conséquent *pied-bot* signifie *pied sabot, pied en sabot d'animal*.

BOITEUX, EUSE, *adj.* « Les boiteux sont mal propres aux exercices du corps, et aux exercices de l'esprit les ames *boiteuses*. » MONT. l. 1, c. 24. « Calomnie *boiteuse* des deux hanches. » OGIER, *Censure de Garasse*.

Montaigne s'est servi du substantif *esboitement* : « Notre justice n'en fait compte, comme si ces *esboitemens* et *eslochemens* n'estoient pas des membres de nostre chose publique. » *Ess.* t. VI, p. 151, Paris, 1790.

Esboitement et *eslochement*, termes synonymes qui signifient *dislocation*. Note de Coste, à l'endroit cité.

BOL, *s. m.* sorte de vase dans lequel on sert ordinairement le punch, vient du mot anglais *bowl* qui signifie une grande tasse à boire, un godet.

BOMBARDER, *v.* Saint-Simon, dans son style âpre, incorrect, mais souvent énergique, dit, en parlant d'une femme que Mme de Maintenon fit entrer de force dans la place de dame d'atours de la Dauphine : « Elle y *bombarda* Mme d'Arpajon à l'étonnement de toute la cour. » T. II, c. 12.

BOMBE, *s. f.* « Quelle *bombe* tombée au milieu des plaisirs et des tranquillités de votre automne ! » dit énergiquement Mme de Sévigné.

BON, BONNE, *adj.* Diderot, parlant un jour d'un de ces hommes *bons*, officieux, complaisans, sans distinction de temps, de circonstance et de personne, « C'est, dit-il, un imbécille qui porte de la *bonté* comme un pommier porte des pommes, sans le vouloir et sans s'en douter. »

Bon-homme semble s'être dit autrefois pour vassal, paysan. « Le fruit sauvage est au *bon-homme* ou *paysan*, et l'arbre fruitier au seigneur. » *Cout. de Gorze*, au nouveau *Cout. gén.* t. II, p. 1096. Il serait resté comme terme de mépris. « A peine trouve-t-on, est-il dit dans *la Réunion*, journal littéraire, du 11 janvier 1828, dans le monosyllabe *bon*, le dérivé pur et simple du mot *bonté*, en l'appliquant aux individus. Il est rare qu'on dise sérieusement un *bon homme*, et si l'on s'en rapportait à certains censeurs arbitraires, mon adjectif féminisé ne devrait jamais appartenir à ce sexe enchanteur, en qui Legouvé célébra... *des humains la plus belle moitié*. Le rigorisme de ces aristarques peu galans est poussé trop loin ; mais je parie qu'en général ces dames aimeraient mieux renoncer au bénéfice de l'épithète que de s'entendre appeler *bonnes femmes*. Quant à leurs maris, je n'en ai de ma vie rencontré un seul qu'on ait flatté en lui donnant le titre de *bon homme* : il semble se rattacher à cette qualification quelque chose de malin qui fasse naître l'idée d'une longanimité conjugale portée jusqu'à la sottise. Le discrédit du mot ne s'arrête pas là : dans toutes les relations sociales, un *bon homme* se fait accueillir avec ce sourire de pitié dont on gratifie pour l'ordinaire la simplicité : le *bon homme* est, dans nos cercles, le bouffon obligé des femmes à la mode, des dandys; c'est le niais du mélodrame de salon.

» Il peut cependant y avoir une certaine adresse, une certaine tendance spéculative, sous l'apparence de la candeur, à se laisser appeler *bon homme* : témoins les *bons hommes de lettres*, qui, sans médisance, ont plus d'un rapport avec ce *bon* M. Tartufe, et dans leur allure et dans leurs projets. Il faut prendre garde aussi de s'abuser sur le compte des *bons gendarmes* : si l'on jugeait ces honnêtes militaires d'après l'immobilité impassible de leur physionomie carrée, d'après le calme stoïque avec lequel ils font aligner la queue de nos spectacles, détournent le soir un fiacre audacieusement engagé dans une voie interdite aux équipages numérotés, ou jetant du haut d'un buffet des Champs-Élysées, un saucisson ministériel aux chiffonniers qui s'égaient par ordre, on pourrait sans doute croire à la bonté de ces régulateurs enrégimentés de nos plaisirs et de nos opinions. Mais quand on les a vus manœuvrer aux Petits-Pères, à la Sorbonne, au Grand-Cerf, il faut modifier un peu le jugement favorable qu'avait fait porter leur figure patelinée. On reconnait alors que *bon gendarme* est une façon de parler proverbiale, revenant à *bonne* charge de cavalerie, à *bons* coups de poing, *bon* rhume de cerveau, et généralement à tout ce qui nous moleste sous une désignation bénigne.

» L'adjectif *bon* reçoit dans les affaires une acception particulière dont nous dirons un mot : les us et coutumes du commerce veulent qu'un homme soit *bon* quand il possède un coffre bien garni : qu'il batte sa femme, assomme ses valets, fasse mourir de faim ses commis, vole ses cliens, il n'en est pas moins *bon*, excellent même, parce qu'il fait, tant que cela lui convient, honneur à sa signature. Par opposition, le père de famille, sans vices, sans intrigue, mais sans argent, est *mauvais*, excessivement mauvais ; *il ne vaut rien du tout*... s'il tarde huit jours à remplir ses engagemens ; on doit le poursuivre, vendre ses meubles, l'emprisonner, le pendre... non pas encore, mais cela pourra venir... Tout cela sera trouvé parfait; délicieux, et notre législation commerciale appuiera tout cela de sa lumineuse autorité... Revenez, après quelques années, dans le quartier qu'habitaient le négociant *si bon* et le particulier *si mauvais*, ce dernier aura payé ses dettes ou sera mort à la peine ; l'autre aura balancé ses comptes par un bilan, une allocation de 5 p. 100 à ses créanciers et un voyage d'agrément à Bruxelles, d'où il sera revenu plus riche, et conséquemment *meilleur* que jamais.

» Que de réflexions il y aurait à faire sur les *bons* pères de la foi; sur les *bonnes* brioches qu'ils ont commandées, à MM. tels et tels ; sur les *bons et loyaux services* qu'ils ont rendus à des gens qui veulent absolument que nous prenions pour *bon* tout ce qu'ils font, et qui, pourtant, n'ont ramené le *bon temps* que pour eux, et pour ceux qui ont digéré leurs *bons diners*! » Nous n'adoptons pas toutes les idées de cet article d'emprunt; cependant il y a du *bon*.

BON-CHRÉTIEN, *s. m.* (poires de). Ces poires ont été ainsi nommées, parce que nous les tenons de saint François de Paule qui, appelé du fond de la Calabre à la cour de Louis XI, apporta en France de la graine de ce fruit, et comme ce saint personnage était appelé à la cour *le bon chrétien*, on donna ce nom aux poires dont notre sol lui était redevable.

L'humble François de Paule étoit par excellence
Chez nous nommé *le bon chrétien*;
Et le fruit dont le saint fit part à notre France
De ce nom emprunta le sien.
Journal de Verdun, 1730.

BOND, *s. m.* « Les passions ne sont que *bonds* et volés. » CHARRON, liv. II, ch. 1. « Homme tout à sauts et à *bonds*, » dit Saint-Simon, *Homm. Ill.* tom. I.

BONDE, *s. f.* « Dieu ayant permis que Charles VI, croissant d'ans, diminuast de cerveau, les princes commencèrent de vouloir donner voie à leur ambition, comme la *bonde* leur étant pleinement ouverte. » ET. PASQUIER, *Rech.* liv. V, ch. 6.

BONDISSANT, E, *adj.* pris au figuré. On en trouve ce singulier exemple dans les *Contes d'Eutrapel*, tom. I. « Il eust crié : à la force, haro, ou quelque autre interjection *bondissante* et collégiale. »

BONHEUR, *s. m.* vient du latin *bona hora* (bonne heure), comme *malheur* du latin *mala hora* (mauvaise heure). On trouve fréquemment *heur* et *eur* pour félicité, chance, bonheur ; et *bon heur* écrit de deux mots dans nos anciens auteurs qui ont dit aussi *à la male heure* pour malheureusement. L'opinion vulgaire où l'on était jadis, que l'*heure* de la naissance influait sur tout le reste de la vie a fait prendre ce mot en cette acception, et de là les expressions de bonheur, *bona hora*, malheur ou mauvaise heure *mala hora*. « Guillot qui point d'*eur bon* n'as (Guillot qui n'a point de bonheur). *Le Dit des rues de Paris*, par Guillot de Paris, écrivain du treizième siècle. De ce mot *heur* pour bonheur nos pères avaient dérivé le verbe *heurer*, rendre heureux et le participe *heuré*, rendu heureux ; *bien heuré* et *mal heuré* pour heureux et malheureux. « Le malheur du *bonheur*. » Mot de Mad. de Grignan. Marivaux l'a hasardé au pluriel : « De combien de petits *bonheurs* l'homme du monde n'est-il pas entouré, et qu'il ne sent pas, parce qu'il est né pour eux ? » « En fait de *bonheur*, c'est souvent l'exception qui flatte. » FONTENELLE. « Il y aurait de quoi faire bien des heureux avec tout le *bonheur* qui se perd dans le monde. » Le duc DE LEVIS.

BONJOUR, *s. m.* « On ne rapporte de la cour que des *bonjours* enfilez. » *Sat. Ménip.* Nos pères avaient francisé les deux mots latins *bona dies* :

Pour cent *bonadies* s'arrester en la rue.
RÉGNIER, *Sat.* III.

BONNET VERT. Ce bonnet dans les 16ᵉ et 17ᵉ siècles était une marque infamante qu'étaient tenus de porter ceux qui avaient fait cession.

Et si je n'eusse enfin pour garantir mon corps
Trouvé du *bonnet vert* le secours salutaire,
Je n'aurois fait que d'impuissans efforts
Pour échapper au décret consulaire.
Th. ital. de Ghérardi, *Esope*, com. act. IV, sc. 6.

Sans attendre qu'ici la justice ennemie
L'enferme en un cachot le reste de sa vie,
Ou que d'un *bonnet vert* le salutaire affront
Flétrisse les lauriers qui lui couvrent le front.
BOILEAU, *Sat.* I, v. 15.

Du temps que cette satire fut faite (en 1660), un débiteur insolvable pouvait sortir de prison en faisant cession, c. à d. en souffrant qu'on lui mit en pleine rue un *bonnet vert* sur la tête, pour marquer, dit Pasquier, dans ses *Recherches*, liv. IV, ch. 10, que celui qui fait cession de biens est devenu pauvre par sa folie. Cette peine (empruntée de l'Italie) ne s'est introduite en France que depuis la fin du seizième siècle ; mais elle est abolie depuis long-temps.

BONNETADE, *s. f.* révérence, l'action de saluer servilement, de donner des coups de bonnet, car ce mot dérive de *bonnet*. Montaigne, liv. II, ch. 17, se moque de ces gens en place « à qui l'on ne peut apprendre à distinguer les *bonnetades* qui les regardent, de celles qui regardent leur commission, ou leur vanité, ou leur mule. »

Jean est chiche de *bonnetades*,
Et n'ôte jamais son chapeau.
Il ne le fait point par bravades,
Il craint d'esventer son cerveau.
Touches du seigneur Des Accords.

BONNETER, *v.* Il dérive comme le précédent, de *bonnet*, et signifie au propre donner des coups de bonnet, saluer ; et au figuré rendre des marques de respect, des devoirs assidus et serviles aux personnes dont on a besoin. « Les princes désirent estre assistez et accompagnez de sages et grands moqueurs, et non de ces flatteurs qui vont genouillans, idolastrans et *bonnetans* à l'entour d'eux. » *Contes d'Eutrapel*, tom. II.

S'il avoit des procès, qu'il estoit nécessaire
D'estre tousiours après ces Messieurs *bonneter*.
RÉGNIER, *Sat.* VIII.

BOQUILLON, *s. m.* pour *bosquillon*, dérivé de *bosquet* ; apprenti bû cheron, qui travaille aux bois, aux bosquets.

Et *boquillons* de perdre leur outil,
Et de crier pour se le faire rendre.
LA FONTAINE, liv. v, *fable* 1.

On disait autrefois *boquet* pour *bosquet* et *boquillon* pour *bosquillon*.

BORBORISME, ou BORBORYGME, s. m. du grec βορβορύζειν (*borboruzein*), faire un bruit sourd. Ce mot qui exprime un bruit sourd qui a lieu dans les intestins, n'est pas fort ancien dans notre langue.

L'évêque de *** était fort incommodé de *borborismes*, et son valet-de-chambre disait assez plaisamment que les *barbarismes* de son maitre l'empêchaient de dormir.

BORGNE, adj. et s. (celt. *born*). Mad. de Sévigné dit d'une femme qui n'avait qu'un œil :

Cet œil charmant, qui n'eut jamais
Son pareil en divins attraits.

C'est un plaisant euphémisme.

BORNE, s. f. Rivarol a dit du *Tableau de Paris* par Mercier : « Ouvrage pensé dans la rue et écrit sur une *borne*. » Le mot est piquant; mais, pour être juste, il faudrait reconnaitre à l'auteur le courage d'avoir signalé plus d'un abus, et le mérite de les avoir fait réformer.

BOTTE, s. f. Les *bottes* étaient autrefois la chaussure de tous les nobles ou chevaliers qui allaient à la guerre, puisqu'alors les roturiers seuls combattaient à pied. Ces chevaliers ou cavaliers ne revenaient pas toujours de ces expéditions dangereuses. De là l'expression proverbiale : *Il y a laissé ses bottes*, pour dire il n'en est pas revenu, il y est mort.

BOTTIFIER (se), v. mettre ses bottes.

Le jeudi se *bottifièrent*,
Et pour faire accord s'en allèrent.
Courrier burlesque de Paris.

Botte, terme d'escrime, en italien *botta*, qui a la même origine que *bouter* qui vient du latin *pulsare*, pousser. Une *botte* est un coup que l'on porte, que l'on pousse avec une épée ou avec un fleuret.

BOUCHE, s. f. du latin *bucca* qui a la même signification. Nos pères ont employé les mots *bouchette* et *bouchelette* pour petite bouche.

Et la *bouchette* coulourée,
L'alaine souef odourée.
Roman de la Rose.

Bouquette se dit encore pour petite bouche dans le patois des Pyrénées.

Un ancien proverbe dit : *Il arrive beaucoup de choses entre la* bouche *et le verre*, pour faire entendre qu'il ne faut qu'un moment pour faire manquer une affaire par un accident imprévu. Les Grecs disaient, dans le même sens : *Il y a bien des choses entre la coupe et le bord de la lèvre.* Ce proverbe se trouve déjà dans nos auteurs du 13e siècle :

Voir dist le vilain, ce me semble,
Qui dist qu'*entre* bouche *et* cuillier
Avient souvent grant encombrier.
Le Roman du Renard, publié par M. Méon, v. 5469.

(Vrai dit le villageois, ce me semble, qui dit qu'entre la *bouche* et la cuillère il arrive souvent un grand obstacle, un grand malheur.) « Cette façon de parler, est-il dit dans le *Dict. de Trévoux*, vient de ce qu'Ancée, roi d'Arcadie, portait son verre à la *bouche* pour boire, lorsqu'on vint lui dire qu'un sanglier était entré dans sa vigne et qu'il la ravageait. Aussitôt il quitte son verre, prend une arme, et va au sanglier qui se jette sur lui et le tue ; ce qui a donné lieu à ce vers latin :

Multa cadunt inter pocula supremaque labra.

Avoir continuellement une chose à la bouche, pour dire en parler continuellement. Cicéron a dit *omnibus horis aliquid* in ore habere (avoir à toute heure quelque chose à la *bouche*). *Ad Brut.* 17. *Semper in ore versus Euripidis habet* (il a toujours à la *bouche* les vers d'Euripide). *Id. Offic.* liv. III, 82.

BOUCHON, s. m. Boucher est un dérivé de *bouche*; le *bouchon* sert à boucher ou à clore la bouche ou l'ouverture d'un vase. Au figuré on appelle *bouchon*, de la paille ou du foin entortillé dont on bouche un vase ou que l'on met à la porte d'une maison pour indiquer qu'on y vend du vin ; et, par métonymie, on a appelé *bouchon* le lieu même où l'on vend du vin, un mauvais cabaret.

Ce malheur est venu de quelques jeunes veaux,
Qui mettent à l'encan l'honneur dans les bordeaux,
Et ravalant Phébus, les Muses et la Grâce,
Font un *bouchon* à vin du laurier du Parnasse.
RÉGNIER, *Sat.* IV.

De tout cet attirail la paresseuse allure
N'empêchait pas qu'ils (les charretiers) n'al-
[lassent chantant,
Et qu'à tous les *bouchons* ils ne hussent d'autant.
BÉRENGER, *la Charrette qui traîne ses vieilles roues.*

BOUCLE, s. f. « Pourveu qu'on puisse tenir l'appétit et la volonté sous *boucle*. » MONT. liv. III, ch. 5.

BOUCLER, v. « Ains fut la grandeur de sa fortune (d'Annibal) *bouclée* en celle du jeune Scipion. » ET. PASQ. liv. V, lett. 9.

BOUCLIER, s. m. du latin *bucula* (boucle), dans la basse latinité, parce que, suivant Isidore, on passait le bras dans une boucle pour tenir le bouclier ferme et serré contre soi : *ancile scuti* bucula *intùs, quâ ab intùs teneretur*.

Selon Cl. Fauchet, cette arme est ainsi nommée « à cause des *boucles* ou plutost des bosses de fer ou autre métal, que les Latins nommoient *buculæ* et *umbones*, dont les boucliers estoient garnis : tesmoing ce passage de Tite-Live : *Neminem totis mox castris quietum videres, acuere alii gladios, alii galeas* buculasque scutorum (Incontinent vous n'eussiez vu personne dans le camp à requoy (en repos), les uns aiguisoient et pointoient leurs espées, les autres leurs morions et les *bosses* de leurs escus). » « La crainte de déplaire lui fit faire *bouclier* de modestie et de ses fonctions de précepteur. » SAINT-SIMON, en parlant de l'évêque de Fréjus (depuis le card. de Fleury), *Homm. illustr.* etc. t. 2. « La paix se traite bien et heureusement sous le *bouclier*. » CHARRON, liv. III, c. 3.

BOUCON, s. m. de l'italien *boccone* (morceau qu'on met dans la bouche), ancien mot qui s'est dit pour poison, de là l'expression *donner le boucon* : « Etes-vous de ces gens-là ? *bâillez-vous le boucon* à ceux qui vont disner avec vous ? hélas ! le disner leur couste bien cher. » HENRI ETIENNE.

BOUCONNEUR, dans la signification d'empoisonneur, se trouve dans les *Epithètes* de De la Porte, Paris, 1571.

BOUE, s. f. Mme de Maintenon, étant à Fontainebleau, regardait en se promenant des carpes qu'on avait mises dans de l'eau claire. « Ces pauvres carpes, dit-elle, sont bien maigres ; elles regrettent leur *boue*. » Une expression physique s'ennoblit quand on l'emploie au moral ; c'est ainsi que *boue* et *fange* sont devenues nobles. Mme NECKER, t. III, *Mélanges*.

BOUFFER, v. BOUFFÉE s. f. BOUFFI, *partic.* du verbe *bouffir*, sont des onomatopées. « Ouf, dit M. Ch. Nodier, est le son radical converti en interjection pour exprimer l'émission de l'air, poussé par un homme essoufflé. Les Latins en avaient fait *buffare* ou *bouffare*, que nous avons fidèlement transporté en notre langue dans le vieux verbe *bouffer*.

Buffe se dit fort anciennement pour un soufflet, pour un coup sur les joues, comme en ce passage de Marot :

Vien donc, déclare toy
Qui de *buffes* renverses
Mes ennemis mordans
Et qui leur moult les dents
En leurs gueules perverses.

Et observez que *buffe* et soufflet ont été faits analogiquement, et, d'après le même principe, parce que la joue frappée paraît souffler ou *bouffer* sous la main qui la comprime.

On a employé *buffoi* au figuré, pour orgueil et présomption, et en perdant l'expression, nous avons conservé la métaphore. *Bouffi* de vanité, est une figure d'un usage très-commun. »

BOUFFÉE. L'effet de la douleur est de resserrer, au point d'ôter la force de respirer. Mais quand, par intervalles, notre ame se dilate, ses expressions en ont plus d'énergie. Mme de Sévigné écrit à sa fille qui avait répondu à la nouvelle qu'elle lui avait donnée de la mort de Turenne : « Vraiment, votre style est d'une énergie et d'une beauté extraordinaires ; vous étiez dans les *bouffées* d'éloquence que donne l'émotion de la douleur. » « Je ne puis jamais oublier cette *bouffée* de philosophie que vous me vîntes souffler ici la veille de mon départ. » *Ibid.*

BOUFFI, IE, *adj.* et *part.* Montaigne, l. 1, c. 24, dit des écoles des pédans : « Il (le jeune homme) en devait rapporter l'ame pleine, il ne l'en rapporte que *bouffie.*. »

BOUFFON, *s. m.* dérive de la même racine que *bouffer, bouffée*, en italien *bufone*, car cette sorte de farceurs, et le nom qui les désigne, nous sont venus de l'Italie. *Bouf*, dit de La Monnoye, est le bruit qu'on fait en enflant les joues : de là *boufer* et *boufons*, ces gens du néant qui, pour divertir le peuple, enflent les joues en plein théâtre pour recevoir des soufflets. « Ce mot *bouffon* est reçu depuis long-temps chez les Italiens et les Espagnols ; il signifiait *mimus, scurra, jaculator ;* mime, farceur, jongleur. Ménage, après Saumaise, le dérive de *bocca infiata*, boursouflé ; et en effet on veut dans un bouffon un visage rond et la joue rebondie. Les Italiens disent *bufo magro*, maigre bouffon, pour exprimer un mauvais plaisant qui ne vous fait pas rire. (Les nobles vénitiens donnaient par mépris ce nom aux bourgeois, et ce terme dans leur bouche était offensant. « *Via, buffone,* » disaient-ils.) » *Bouffon, Bouffonnerie* appartiennent au bas comique, à la Foire, à Gilles, à tout ce qui peut amuser la populace. » VOLTAIRE, *Dict. philos.* t. 2, au mot *bouffon*.

De *bouffon* sont dérivés le verbe *bouffonner* et le substantif *bouffonnerie*.

BOUFFONESQUE. Naudé s'est servi de cet adjectif dans son *Mascurat :* « Après avoir donné carrière à son humeur plaisante et *bouffonesque.* » Avant lui, Et. Pasquier l'avait employé : « Le cadavre d'Héliogabale fut jeté dans le Tibre, afin que lui et ses ordonnances *bouffonesques* s'en allassent par mesme moyen à vau-l'eau. » Liv. XIX, lett. 14.

BOUGE, *s. m.* espèce de cabinet, logement malpropre. Du Cange dérive ce mot de *bugia* qui, dans la basse latinité, a été employé pour désigner une maison fort petite.

Elle fuit, et de pleurs inondant son visage,
Seule, pour s'enfermer, vole au cinquième étage ;
Mais, d'un *bouge* prochain accourant à ce bruit,
Sa servante Alison la rattrape et la suit.
BOILEAU, *le Lutrin.*

Voyez BUDGET.

BOUILLANT, TE, *adj.* du latin *bulliens* qui a la même signification.

Quand le sang *bouillant* dans mes veines
Me donnoit de jeunes désirs.
MALHERBE.

« C'est d'un sang *bouillant* que naissent les héros et la goutte. » Mme DE SÉVIGNÉ. Nous disons *bouillant de rage, de colère.* Les Latins disaient, par une semblable métaphore, *fervidus irâ.* VIRG. *Enéid.* liv. VIII, v. 230.

BOUILLIR, *v.* du latin *bullire* qui a la même signification.

Ceux à qui la chaleur ne *bout* plus dans les veines
En vain dans les combats ont des soins diligens,
Mars est comme l'Amour. Ses travaux et ses peines
Veulent de jeunes gens.
MALHERBE.

« Avec la liberté, tout à coup se perd la vaillance. Les gens assujettis vont au danger comme attachés et tous engourdis et par manière d'acquit, et ne sentent point *bouillir* dans le cœur l'ardeur de la franchise qui fait mépriser le danger. » E. DE LA BOÉTIE, *de la Servitude volontaire.* « Si elles prennent un mari à qui la vigueur de l'âge *boult* encores, il fera gloire de l'espandre ailleurs. » MONTAIGNE, l. III, c. 5.

BOUILLON, *s. m.* Mme de Sévigné faisait tant de cas du traité de Nicole, *Sur les moyens de conserver la paix dans la société*, qu'elle écrivait à sa fille : « J'aime tant ce livre, que je voudrois en faire un *bouillon*, et l'avaler. »

BOUILLONNÉ, ÉE, *adj.* Montaigne, l. I, c. 51, donne à l'Arétin une façon de parler bouffie et *bouillonnée* de pointes ingénieuses à la vérité, mais recherchées de loin et fantastiques. »

BOUILLONNEUX, EUSE, *adj.* « J'arrivay bien *bouillonneux* et crotté. » *C. d'Eutrapel*, t. 1. Il paraît qu'on le disait en Bretagne dans le sens de *mouillé, trempé.*

BOULAIE, *s. m.* ancien mot qui signifiait un gros bâton, du latin *betula* (bouleau), parce que ces bâtons étaient probablement de ce bois. En parlant des mœurs des Français dans le Ve siècle, M. Dulaure dit : « Dans les fêtes et cérémonies publiques, on armait de gros bâtons, appelés *boulaies*, des sergens qui, pour écarter la foule, en frappaient à tour de bras à droite et à gauche. »

BOULANGER, *s. m.* Il paraît, dit J. Peuchet dans son *Dict. universel de géogr. commerçante*, que, dans notre langue, le mot *boulanger* vient de ce qu'autrefois on tournait les morceaux de pâte et qu'on faisait les pains ronds commes des *boules* ; il ne fait que confirmer l'opinion de Du Cange qui paraît la plus probable. Ce mot ne se trouve pas dans nos auteurs avant le 12e siècle; on rencontre, avant cette époque, les termes de *pestores*, de *panetiers*, de *talmeliers*; ce dernier est corrompu de *tamisiers*. Dans le 13e siècle on appelait encore les boulangers *tameliers*, du mot *tamis*, en latin *tamisium*. Véritablement la première fonction du boulanger, c'est, dit M. Monteil, *Hist. des Français*, etc. de *tamiser* la farine. On les a encore nommés *fourniers*, du latin *furnarius* dérivé de *furnus* (four).

BOULE, *s. f.* « La grandeur humaine n'est fondée que sur l'arrest d'une *boule*. » ÉT. PASQUIER, *Rech.* l. v, c. 39. « Vous croyez que je serois admirable en Provence, et que je ferois des merveilles sur ma petite *boule*. » SÉV. « Pour peu qu'on soit assez considéré dans le monde pour y jouer un rôle, on est lancé comme une *boule* qui ne reprend jamais sa tranquillité. » LE PRINCE DE LIGNE.

BOULEAU, *s. m.* « Le *bouleau* ne croît pas pour eux », dit Guzman d'Alfarache (l. ii de sa 2e partie) des grands qui font fouetter les petits.

BOULEUX, *s. m.* cheval trapu et propre à des services de fatigue. Au figuré, c'est un bon *bouleux*, c'est un homme d'un génie borné, mais qui fait bien son devoir dans l'occasion. *Trévoux*. On le disait encore en 1789.

C'est vraisemblablement dans le même sens qu'il faut prendre ce passage des *Propos rustiques* de Noël du Fail : « Et avecque ce sont estimez les meilleurs et plus suffisans *bouleurs* du pays. » Ch. x, édit. de 1732.

BOULEVARD ou BOULEVART, *s. m.* italien *bolvardo*, espagnol *bolvarte*, allemand *boulewart*, anglais *bulwark*, paraît composé du celte *bol* qui signifie élévation, grandeur, force, puissance, et de *ward*, garde, mot également celte ou theuton, littéralement conservé dans l'anglais et l'allemand. Cette étymologie, dit M. Roubaud, paraît infiniment plus naturelle et plus vraisemblable que celle de *boule sur le vard* et autres semblables. Ce sentiment est celui de M. Sablier, dans son *Essai sur les langues en général*, où il prétend qu'on doit aller chercher l'origine de ce mot dans l'allemand ou dans la langue celtique.

Dans plusieurs villes, et notamment à Paris, les boulevards ou fortifications qui les défendaient ayant été détruits, et le terrain converti en promenades, ces promenades ont conservé le nom de *boulevard*. Ce nom s'est même étendu à d'autres lieux plantés d'arbres, à l'imitation des promenades faites sur l'emplacement où il y avait eu précédemment des bastions, des courtines et autres ouvrages destinés à la défense des places, en un mot des *boulevards*.

Il se prend au figuré; un auteur moderne a dit : « Les lois, ferme soutien et principal *boulevard* de la liberté, y étaient exécutées avec une rigueur impartiale. » TOULOTTE, *Hist. philos. des Emp. rom.* t. II, p. 371.

BOULINGRIN, *s. m.* Nous avons emprunté aux Anglais ce mot qui a été formé de *bowl* qui signifie *boule*, et de *green*, vert pré ou gazon. « Les Anglais, dit Voltaire, ont appelé leur jeu de boule *boulin-green*, le verd du jeu de boule. Nous avons nommé, d'après eux, *boulingrins*, sans savoir la force du mot, les parterres de gazon que nous avons introduits dans nos jardins. »

« Le jeu de boule (en Angleterre) n'est d'usage que dans les belles saisons, et les lieux où l'on joue sont des promenades délicieuses; on les appelle *boulingrins*. Ce sont de petits prés en carré, dont le gazon n'est guère moins uni que le tapis d'un billard. » A. HAMILTON, *Mém. de Gramont*, t. II, ch. 4.

BOUQUER, *v.* Ce terme est plus que familier et ne s'emploie guère que dans cette manière de parler : *Faire bouquer quelqu'un*, pour dire le faire enrager, lui causer du dépit. Il se dit particulièrement du singe, lorsqu'on veut l'obliger à baiser quelque chose. *Bouquer* vient de *bouche* que les Picards prononcent *bouque*; et *bouquer*, autrefois, signifiait baiser quelqu'un de force; appliquer malgré lui les lèvres ou la bouche sur sa joue. (*Voy.* Richelet.) « C'est une glorieuse victoire de vaincre et faire *bouquer* l'ennemi par bienfaicts. » CHARR. liv. III, ch. 34. « Quoi, une paysanne inquiéteroit un homme qui *a fait bouquer les plus fières coquettes!* » *Théâtre* de Ghérardi. C'était une espèce de divertissement dont les marmitons étaient l'objet dans les grandes maisons. On leur faisait enfler les joues, puis, leur imprimant avec force le pouce sur la bouche, on leur appliquait deux soufflets du revers et du plat de la main, qui, sur ces joues tendues, faisaient un bruit comme celui d'un tambour.

BOURBIER, *s. m.* « Nous autres, ignorans, estions perdus, si ce livre (le Plutarque d'Amyot) ne nous eust relevez du *bourbier*. » MONTAIGNE, liv. II, ch. 4. « On ne voit personne demeurer au milieu d'un mois, parce qu'on ne sauroit venir à bout de le passer : ce sont des *bourbiers* d'où l'on sort : encore le *bourbier* nous arreste et le temps va. » SÉVIGNÉ.

BOURDE, *s. f.* Ce mot est fort ancien, ainsi que ses dérivés, *bourder* et *bourdeur*. Il signifie mensonge, défaite, raillerie; il se trouve dans le *Roman de la Rose*.

Ils bâillent pour raison des chansons et des *bourdes*.
RÉGNIER, *Sat.*

« Et que je prétends faire entrer dans une *bourde* que je veux faire à notre ridicule. » MOL. *Bourg. gentilhomme*.

BOURDER, *v.* dire des *bourdes*, mentir. « Et me semble que les barons d'Escosse leur dirent, et aucuns autres chevaliers, ainsi qu'on *bourde*, etc. » FROISSART. Enée dit à Apollon dans le *Virgile travesti* :

Dis-nous notre bonne aventure,
Mais dis-nous-la sans imposture,
Et sans en donner à garder;
Tu te plais souvent à *bourder*.
SCARRON.

MM. Pougens et Ch. Nodier regrettent avec raison ce verbe qui épargnait une périphrase. Un auteur ancien (le chevalier de la Tour) a dit : « comme bien que en présence on leur fasse honneur et courtoisie; quand l'en est parti d'elles (quand on est séparé d'elles) l'en *s'enbourde* » (l'on s'en moque, l'on en rit).

BOURDON, *s. m.* sorte de sonnerie. « Il écouta un instant le *bourdon* des applaudissemens. » SAINT-SIMON, tom. IV, ch. 1.

Bourdon, pour *bourdonnement*. « Les essaims de mauvaises femmes sont si pleins et fertiles que tout le monde est essourdé du *bourdon* de ces guêpes. » BOUCHET, *serée* III.

BOURDONNESQUE, *adj.* De *bourdon*, qui nous semble être une onomatopée, Et. Pasquier a dérivé *bourdonnesque* : « Quand la nuit s'approche, vous les oirez marmonner ensemble un petit bruit, comme si avant de reposer, elles vouloient rendre en leur langage *bourdonnesque*, quelque action de grâce au ciel » liv. X, lettr. 1, en parlant des abeilles.

BOURGEOISER, *v.* en parlant des acteurs, tomber dans le ton *bourgeois*, à force de vouloir paraître naturel. C'est un mot du Prince de Ligne qui ne convient pas mal à la nouvelle école. « Qu'en arrive-t-il de tout *bourgeoiser ?* »

BOURGEOISIE, *s. f.* mot nouveau du temps de Boursault.

C'est vers la *bourgeoisie* un reste de penchant
Que de souffrir ici la fille d'un marchand.
Mots à la mode, sc. VIII.

BOURGEONNER, *v.* C'est proprement pousser des bourgeons. Pourrait-on blâmer l'usage figuré qu'en ont fait d'anciens auteurs dans les phrases suivantes ? « Cet amour est plus humain et raisonnable, par lequel on aime les enfans, plus ou moins, à mesure que l'on y voit surgir et *bourgeonner* les semences de vertu, bonté, habileté. » CHARR. liv. III. ch. 14. Un autre écrivain,

(André Thève) en parlant des cours des grands princes, dit que les flatteurs y *bourgeonnent*.

BOURGILLONNE, s. f. terme de mépris, créé peut-être par Dancourt.

BOURREAU, s. m. On rapporte, à l'an 1260 ou 1261 l'origine du nom de *bourreau* donné aux exécuteurs de la haute justice. Ils le doivent, dit-on, à un clerc nommé Richard Borel, qui possédait le fief de Bellemcombre, à la charge de pendre les voleurs du canton. Sa qualité d'ecclésiastique le dispensait sans doute de les exécuter de sa propre main, mais il empruntait pour ces exécutions la main d'autrui. Suivant d'autres, il vient de *burrhus*, roux, parce qu'en plusieurs lieux les *bourreaux* devaient être habillés de rouge ou de jaune. Ce mot est bien placé dans ces vers de Racine le fils :

... Le remords fut le premier *bourreau*
Qui dans un sein coupable enfonça le couteau.

Nos pères lui avaient donné un féminin : « Les trois *bourrelles* de notre esprit, l'Amour, l'Ambition et l'Avarice. » ET. PASQ. liv. IX, *lett.* 5.

BOURRELLEMENT, s. m. action de bourreler, traitement cruel, torture telle que celle que ferait souffrir un bourreau. « Les Lacédémoniens mignardaient leur Diane par le *bourrellement* des jeunes garçons qu'ils faisoient fouetter en sa faveur. » MONT. liv. II, ch. 12.

BOURRELLERIE, s. f. art de bourreau, raffinement de cruauté. Montaigne, liv. III, ch. 4, appelle Tibère « un grand maistre en la science de *bourrellerie*. » Ce dernier se trouve dans Pomey et dans *Trévoux*.

BOURSE, s. f. mot dérivé du grec βύρσα qui signifie cuir, parce que l'on se servait de quelque peau pour faire des bourses. Les Latins en ont fait *bursa*, les Italiens *borsa*, les Espagnols *bolsa*, et nous *bourse*. On avait encore, sous Louis XIV, la vanité de porter sa bourse pendue à la ceinture ; aussi les voleurs, qui mettaient leur adresse à couper ces *bourses*, ont-ils donné lieu à cette expression *coupeur de bourses* qui n'a plus été dans la suite qu'une dénomination attribuée généralement à tous les filous. « Qui ne peut d'ailleurs, si se paye de sa *bourse*, » dit Montaigne, liv. III, ch. 10, en parlant de l'amour-propre, qui nous fait trouver en nous-mêmes les éloges que les autres nous refusent. « Quand on veut remplir sa *bourse*, il y faut mettre des pistoles légères ; on en trouve trop de peu de poids. » Mme DE SÉVIGNÉ, en parlant des amis de son temps ou de tous les temps.

Les Orientaux sont dans l'usage de compter par *bourses* quand il s'agit de forts paiemens. M. de Maillet, dans sa *Description de l'Egypte*, fait monter à quinze cents francs de notre monnaie la valeur de chaque *bourse*.

Bourse signifie aussi certains revenus affectés à la subsistance de pauvres écoliers. C'est par métonymie qu'on prend le contenant pour le contenu : c'est donc une certaine somme désignée par l'expression d'une *bourse* dont on se sert pour renfermer l'or ou l'argent qui composerait cette somme. De *bourse*, en ce sens, est dérivé *boursier*.

Bourse, lieu où s'assemblent les marchands et les banquiers pour traiter de leurs affaires. « Bruges, en Flandres, a été, dit Moréri, la première ville où l'on se soit servi du nom de *bourse* dans cette signification, à cause d'une ancienne maison qui appartenait à la famille des *Vander Bourse*, et qui était en face d'une place fort commode, où les marchands faisaient leurs assemblées. On y voit encore les armes de cette famille, qui sont trois bourses taillées sur une pierre. Depuis, le même nom de *bourse* a été donné à plusieurs autres places où les négocians se trouvent pour traiter de leurs affaires. »

BOURSETTE, s. f. diminutif de *bourse*, s'est dit anciennement :

Recevez en gré la *boursette*
Ouvrée de mainte couleur.
CL. MAROT.

BOURSICAUT, s. m. Ce mot, en usage dans le discours familier, est un diminutif de *bourse*. Ce terme est ancien dans notre langue :

Et croy pour vrai qu'il avoit de monnoye
Plus que d'escuz dedans son *boursicault*.
Chasse d'Amour, pag. 33.

BOURSICOTER, *v.* « Ils avaient par ensemble *boursicoté* jusques à six ou sept vingt escus. » *Contes d'Eutrapel*, tom. II. Il dérive de *boursicaut* et donne un diminutif à *boursiller*.

BOURSOUFFLER (se), *v.* « Dans la solitude, les objets se *boursoufflent* comme ce qu'on met dans la machine du vide. » Mᵐᵉ DE STAËL.

BOUT, *s. m.* (celt. *bod*, fond). « Le peuple se trompe; on va bien plus facilement par les *bouts* où l'extrémité sert de borne, d'arrest et de guide, que par la voye du milieu large et ouverte. » MONT. liv. III, ch. 13, en parlant de la manière de vivre de Socrate.

En pleurant l'époux qu'elle perd,
Iris vous fait pitié. Quelle erreur est la vôtre !
C'est comme un bâton de bois vert,
Qui brûle par un *bout*, quand il pleure par l'autre.

« Votre stérilité (la stérilité de la langue française) n'est-elle pas attestée par ces mots secs et barbares que vous employez à tout? *bout du pied*, *bout du doigt*, *bout d'oreille*, *bout du nez*, *bout du fil*, *bout du pont*, etc. tandis que les Grecs expriment toutes ces différentes choses par des termes énergiques et pleins d'harmonie? » VOLTAIRE, *Discours aux Velches*.

BOUTS-RIMÉS, *s. m.* C'est ainsi qu'on appelle des rimes données au hasard et souvent très-bizarres, pour faire des vers; l'auteur, obligé de les remplir, doit, dit l'auteur des *Amusemens philologiques*, faire en sorte que chaque vers, bien fait et présentant un sens suivi, soit terminé par un des mots donnés pour rimes. On fait remonter l'invention des *bouts-rimés* à Dulot, poète qui vivait au milieu du 17ᵉ siècle. Il y donna lieu, sans y penser, par les plaintes qu'il fit au sujet de trois cents sonnets qui lui avaient été dérobés, et qu'il regrettait fort, quoiqu'il n'en eût encore composé que les rimes, ayant pour habitude de les commencer toujours par là; ce qui parut si singulier aux auditeurs de ses lamentations, qu'ils résolurent de s'exercer d'abord à choisir des rimes bizarres, qu'ils s'amusaient à remplir ensuite de différentes manières, et sur divers sujets.

Les *bouts-rimés* avaient été en grande faveur sous le règne de Louis XIV; mais dès-lors on les avait abandonnés; cependant on a cherché à les reproduire vers 1782, et pendant un certain temps ils ont repris à la cour. En voici qui ont été donnés par Louis XVI au marquis de Montesquiou; ils sont assez heureusement remplis :

Je rencontrai dimanche un mort dans son *cercueil*,
Voyageant tristement sur le chemin *d'Arcueil*;
Au fond d'un corbillard, comme en un bon *fauteuil*,
Deux prêtres se carroient et le couvoient de *l'œil*.
Tout à coup l'essieu rompt; la bierre fut *l'écueil*,
Qui joignit mes vilains à feu monsieur *d'Auteuil*;
C'étoit le nom du mort : il fallut dans un *fiacre*
Emballer le défunt, les prêtres et le *diacre*.
Du sort qui nous attend voilà le *simulacre*,
Me dis-je; le Mogol sur son trône de *nacre*,
Le vaincu massacré, le vainqueur qui *massacre*,
Tôt ou tard de Caron remplissent la *polacre*.

« Nos actions sont des *bouts-rimés* que chacun tourne comme il lui plaît. » LA ROCHEFOUCAULD.

BOUTADE, ou BOUTÉE, *s. f.* comme on parlait autrefois, du latin, *pulsata*, saillie d'humeur. « Socrate se monta, non par *boutades*, mais par complexion, au dernier poinct de vigueur. » MONT. liv. III, ch. 12. On appelait les *Opuscules* de Lainez, les *Boutades* de Lainez, parce qu'il ne composait guère que de caprice et le verre en main. « La plupart de nos actions ne sont que saillies et *bouttées* poussées par quelques occasions; ce ne sont que pièces rapportées. » CHARRON, liv. I, ch. 5. Montaigne avait dit avant son imitateur : « Il y a bien à dire entre les *bouttées* et saillies de l'ame, ou une résolue et constante habitude. » Liv. II, ch. 29.

BOUTADEUX, EUSE, *adj.* capricieux, fantasque. Cet adjectif se trouve dans un ouvrage qui n'est pas fort ancien, mais qui n'a jamais pu faire autorité. « J'ai compensé les transports de ma jeunesse *boutadeuse.* » *Lucien en belle humeur,* tom. 1, Dialogue du prince de Condé et du cardinal Mazarin, pag. 106, 1701.

BOUTEHORS, *s. m.* facilité à parler. « Aussi voyons-nous qu'au don d'éloquence les uns ont le *boutehors* si aisé, qu'à chaque bout de champ ils sont prests. » MONT. Ce mot est pris en un autre sens dans ce passage que la passion des partis ne leur a jamais permis de méditer. « Les principes qui dominent aujourd'hui ne sont non plus exempts de *boutehors* qu'estoient leurs devanciers. » *Ibid.* liv. II, ch. 12.

BOUTER, *v.* dérive de *pulsare* par les formes intermédiaires *pulser, poulser, pousser* (qui est usité), *boulseir, boulter, boter* et *bouter*; tous ces mots se trouvent dans nos anciens dictionnaires. *Bouter* a signifié pousser, mettre, d'où *débouter* (littéralement *démettre*); *botte* (terme d'escrime), en italien *botta.* Le verbe *bouter,* dans le sens de mettre, se trouve dans les expressions *boute-en-train, boute-tout-cuire, boute-feu.* Les mots français *bouton, boutoir, boutade, bouterolle,* sont de la même famille. En anglais on dit, to *push,* pousser, to *put,* mettre, to *butt,* pousser, heurter. En latin, à ce que rapporte Quintilien, on a dit *pulsare* et *pultare* dans le même sens. *Manuel des Amat. de la lang. franç.* 2e année, n° 11, pag. 52. « Ils abandonnèrent la place et y *boutèrent* le feu après qu'ils en eurent prins (pris) les meilleures bagues. » *Les Neuf Preux,* roman imprimé en 1507. Il paraît que ce mot a signifié autrefois : pousser à bout, rendre stupéfait.

Qui des termes de l'art *boutent* mon ignorance.
HAUTEROCHE, *Crispin médecin.*

BOUTIQUE, *s. f.* Du grec ἀποθήκη (*apothéké*), les Latins ont fait *apotheca* (lieu où l'on garde, où l'on serre quelque chose) d'*apotheca* les Italiens ont fait *bottega,* et de *bottega* dérive le français *boutique.* Ant. Arnauld, dans son *Plaidoyer contre les Jésuites,* appelle l'Inquisition : « une *boutique* sanglante de toute cruauté. » « Nos actions se contredisent souvent de si estrange façon, qu'il semble impossible qu'elles soyent parties de mesme *boutique.* » CHARRON, liv. 1, ch. 5. « M. le Prince se trouva surpris de cette réponse (de Louis XIII), et se douta bien de quelle *boutique* elle venait. » *Mémoires de Bassompierre.* « Il se trouvera à la fin que moi, qui ne lève point *boutique* de philosophie, je serai plus philosophe qu'eux tous. » Mme DE SÉVIGNÉ.

BOUTON, *s. m.* (bout.) « C'est une rose qui ne laisse aucun regret de ne l'avoir pas vue *bouton,* » a-t-on dit d'une femme qui avait conservé beaucoup de fraicheur et de beauté.

BOUTONNET, *s. m.* dimin. de *bouton.*
Car je vouloye tout chercher
Jusques au fond du *boutonnet.*
Roman de la Rose.

Il est à désirer que quelque écrivain réhabilite ce joli mot dont Voltaire n'a pas fait difficulté de se servir :
Leur *boutonnet* a la couleur des roses.

BOXER, *v.* Une dame française, connue par la profondeur de son esprit dans le monde littéraire, et par la vivacité de ses saillies dans les cercles, fut invitée à Londres à un *rout* (assemblée fameuse et bruyante, cohue en usage chez les grands); on lui demanda ce qu'elle en pensait, au moment où la foule devenait plus qu'incommode. Elle répondit : « Je pense qu'on ne peut pas se faire *boxer* en meilleure compagnie. » *L'Angleterre vue à Londres et dans ses provinces,* par le gén. Pillet (1815).

BOYAU, *s. m.* Pour exprimer qu'on a pour quelqu'un une bien tendre amitié, on dit proverbialement : *Je l'aime comme mes petits boyaux.* Cette expression, bien basse, est pourtant très-ancienne. Ecoutez ce vers de Mécène à Horace :
Ni te visceribus meis, *Horati,*
Plus jam diligo.

BRACONNIER, *s. m.* Monstrelet

dit, en parlant de Louis XI : « Il aymoit merveilleusement à chasser, et donnoit largement à *braconniers* et à fauconniers qui lui faisoient son déduit. »

Braconnier n'est pas pris ici pour désigner celui qui chasse en fraude, mais pour signifier probablement les valets qui gouvernaient une espèce de chiens nommés *braques* et en opposition à *fauconniers* qui désigne les valets chargés de l'entretien et de l'éducation des faucons. Ceci nous porte à croire que *braconnier* dérive de *braque*, et a désigné d'abord celui qui avait soin des chiens *braques*, et ensuite celui qui avec un chien braque chasse furtivement.

BRAIE, *s. f.* De ce mot qui ne sert aujourd'hui qu'à désigner un linge dont on enveloppe le derrière des petits enfans, est venue cette locution figurée *sortir de quelque affaire les braies nettes*, pour dire s'en retirer heureusement : « Et nos libertés auront peine à *sortir* d'ici les *braies nettes*. » MOLIÈRE, *les Précieuses ridicules*, sc. 12.

Un noir pressentiment me fait trembler pour toi,
Et m'annonce, pleine d'effroi,
Que tu n'en sortiras jamais les bragues nettes.
Théâtre italien de Ghérardi.

Ce mot, disons-nous, rendu en latin par *bracca*, paraît gaulois d'origine, et servait à désigner des espèces de caleçons ou de hauts-de-chausses que portaient nos ancêtres.

Pline dit que les trousses ou *brayes* des Gaulois, qu'ils nommaient bragues, étaient en tout semblables à celles des Scythes : les uns les portaient amples et larges, comme les Helvétiens ; les autres étroites, comme les Celtibères d'Espagne. *Galli, Scytharum more,* braccis *induti sunt*, etc. PLIN. liv. III, ch. 3.

Dans certaines contrées de l'Armorique, les Bretons portent des hauts-de-chausses très-amples ; ils nomment encore de nos jours ces culottes, *bragues* ou *bragou* ; de là l'acception *braccæ* que l'on trouve dans César, qui désigne une partie des Gaules sous le nom de *Braccata*, à cause des grandes *bragues* ou *breyes* que portaient les Gaulois et dont ils étaient

les inventeurs. « Bracca, *vox autem gallica*. » DIOD. SIC.

De *braie* est dérivé *brayette* qui a la forme d'un diminutif, mais qui signifie la fente de devant d'un haut-de-chausse. Comme on dit *brague* pour *braie*, on a dit *braguette* pour *brayette*. « Comment Panurge désista de porter sa magnifique *braguette*. » RABELAIS. Le même auteur a dit *desbraguetter*, pour ôter sa *braguette*, se déculotter. On nommait *bragards*, au 14ᵉ siècle, les hommes qui se distinguaient par la magnificence de leurs braguettes. De là le sens figuré de ce mot pour *pimpant*, *vain*, *fier*. « Il n'y avoit celuy qui ne se haussast sur les orteils, pour se rendre plus *bragard* et de la riche taille. » *Contes d'Eutrapel*, tom. VIII.

On trouve *braguer* dans Cl. Marot, pour mener vie joyeuse.

BRANC ou BRAND, *s. m.* « Brand, dit De la Porte, dans ses *Épithètes*, Paris, 1571, pag. 40, vient de *brando*, mot italien qui signifie un coustelas ou autre espèce de glaive qu'on porte en guerre : autrement aussi peut-estre appellé massue. De *branc* ou *brand* nous avons tiré *brandir* et *branquer*. »

BRANCHAGE, *s. m.* « Les Romains faisaient quelquefois la guerre pour escourter et esclaircir le *branchage* de ce tige abondant en trop de gaillardise. » MONT. liv. II, ch. 23.

BRANCHE, *s. f.* (*brachium*). « Ce qui fait qu'on ne doute de guère de choses, c'est que les communes impressions, on ne les essaye jamais, on n'en sonde point le pied où gist la faute et la foiblesse, on ne débat que sur les *branches*. » MONT. liv. XI, ch. 12.

BRANDIR *v.* ancien mot, était plus sonore et plus énergique que le mot *secouer* que nous lui avons substitué. *Voy.* BRANC.

BRANDON, *s. m.* de l'allemand *brand* (embrasement). C'est un mot ancien qui signifie tison : d'où est dit : *le dimanche des brandons* (*dominica in brandonibus*). C'est le premier dimanche de carême. Guillaume Cretin, en son Epître à Charles VIII :

Laisseras-tu en deuil et ennuy celles
Que les *brandons* et vifves estincelles
De Cupido attouchent de si près?

Et ce dimanche était ainsi appelé, parce que ce jour-là les villageois allumaient des feux pour chasser le mauvais air de leurs vignes et de leurs terres et dansaient à l'entour. Ils parcouraient les arbres de leurs jardins et de leurs vergers, et les apostrophant les uns après les autres, les menaçaient de les couper par le pied et de les brûler, s'ils ne portaient point de fruit cette année-là.

BRANLE, *s. m.* « Renversez dans la plume, nous sentons nostre corps agité au *bransle* de nos imaginations, quelquesfois jusques à en expirer. » MONT. liv. 1, ch. 20. « Avec bien peu d'efforts, j'arreste ce premier *bransle* de mes émotions, et abandonne le subject qui commence à me poiser, et avant qu'il m'emporte. » *Ibid.* liv. III, ch. 10.

Ce mot n'est plus guère en usage. Il a cependant quelque énergie dans cette phrase de J. J. « Je ne puis presque penser quand je reste en place; il faut que mon corps soit en *branle* pour y mettre mon esprit. » *Conf.* liv. IV. *Voy.* BRANLOIRE.

Branle du bouquet. Cette danse, nouvelle du temps de Henri Estienne, ressemblait à celle que nous nommons *la boulangère*, d'après la description qu'en fait cet auteur. « Un nombre de gentils-hommes et de dames, dansans à une danse qui s'appelle le *branle du bouquet*, un de ces gentils-hommes et une de ces dames, estans les premiers en la danse, laissent les autres (qui cependant continuent la danse) et se mettans dedans ladicte compagnie, vont baisans par ordre toutes les personnes qui y sont, à savoir le gentil-homme les dames, et la dame les gentils-hommes. Puis ayans achevé leurs baisemens, au lieu qu'ils estoyent les premiers en la danse, se mettent les derniers. Et ceste façon de faire se continue par le gentil-homme et la dame qui sont les plus prochains, jusques à ce qu'on vienne aux derniers. » HENRI ESTIENNE, *Dialogues du nouveau langage françois italianisé*, pag. 387 (1597).

Branle de la torche. C'était celui que dansait un grand seigneur, parce qu'on tenait devant lui plusieurs torches allumées. Olivier de La Marche rapporte que l'empereur Sigismond étant venu voir le duc de Bourgogne, on lui donna un grand festin où il dansa, et que par honneur, on porta devant lui deux torches allumées.

BRANLOIRE, *s. f.* « Le monde n'est qu'une *branloire* pérenne : toutes choses y branlent sans cesse, la terre, les rochers du Caucase, les pyramides d'Égypte, et du branle public et du leur; la constance mesme n'est autre chose qu'un branle plus languissant. » MONT. liv. III, ch. 2.

BRAQUEMART, *s. m.* épée courte et large qu'on portait autrefois le long de la cuisse, du grec βραχεῖα μαχαίρα (*brachéia machaira*) courte épée; il s'emploie encore en plaisantant et par ironie :

Disant ces mots, il marche fièrement,
Branlant en l'air un *braquemart* tranchant.
VOLTAIRE.

BRAS, *s. m.* « J'ai tousiours accueilly les remontrances de mes amis, des *bras* de la courtoisie et de la recognoissance les plus ouverts. » MONT. liv. III, ch. 2. « Les hommes tendent aux conseils, non pas les *bras*, mais les griffes. » *Ibid.* liv. III, ch. 8.

« Mon père, en visant à me rallier avec le peuple, estimoit que je fusse tenu de regarder plustost vers celuy qui me *tend les bras*, que vers celuy qui me tourne le dos. » *Ibid.* liv. III, ch. 13. « Nous nous laissons si fort aller sur les *bras* d'autrui, que nous anéantissons nos forces. » *Ibid.* liv. 1, ch. 24. Cette expression métaphorique : *faire sentir à quelqu'un la force de son bras*, vient du temps de la chevalerie où dans les tournois ou dans les combats, la force du *bras* décidait souvent du succès, car cette force rompait ou détournait la lance ou l'épée de l'adversaire, ou lui portait un coup si rude qu'il le renversait. « Ses bonnes actions venaient de source, et n'étaient pas tirées à force de *bras*. » BALZAC, *Mécène*, V^e discours.

M. de Buffon critiquait ces vers de la Henriade :

Coligny languissait dans les *bras* du repos,
Et le sommeil trompeur lui versait ses pavots.

« *Bras* du repos est fort mal, dit-il, car les *bras* marquent quelque chose d'actif : on dirait bien le sein du repos, le sein est passif; d'ailleurs, si l'on voulait se servir du mot *bras*, il aurait fallu ne pas l'employer brusquement, mais nuancer l'idée en personnifiant le *repos* d'avance; le *sommeil* est un pléonasme, quand on a déjà parlé de *repos*. » *Mél. de M*^{me} *Necker*, tom. 1, pag. 326, 327.

BRASSÉE, *s. f.* « Il a eu sa *brassée* de bonheur toute comble; il n'en peut saisir davantage. » MONT. l. 1, ch. 47.

BRASSEUR, *s. m.* « *Brasseur*, dit M. Monteil, *Hist. des François*, etc. vient de *brasser*, qui veut dire remuer les bras, travailler des bras. On est obligé, dans ce métier, de remuer beaucoup plus les bras que dans les autres. Dès qu'on a rempli le cuvier d'eau, de marc d'orge ou de froment et d'une décoction de houblon, il faut le tenir dans une agitation continuelle, jusqu'à ce que la bière ou cervoise soit prête. » *Brasseur*, au figuré, qui s'entremet, qui intrigue pour faire réussir une chose. « Platon desirait qu'il y eût des *brasseurs* de mariage. » BOUCHET, IIIe *sérée*.

BRAVACHE, *s. m.* faux brave, anfaron.

Ils n'adorent que ce *bravache*
Qui de l'ombre de son panache
Conserve les Etats.
Comédie des Proverbes, act. III, sc. 5.

BRAVACHERIE, *s. f.* caractère du bravache. *Sat. Ménippée.*

Bravacherie, action, discours de bravache. « Les *bravacheries* du capitaine Spavente. » BEAUCHAMPS, *Rech. des Théâtres*. Il se trouve aussi dans la *Sat. Ménippée.*

BRAVADE, *s. f.*

Les *bravades* enfin sont des discours frivoles,
Et qui songe aux effets néglige les paroles.
CORNEILLE, *la Mort de Pompée*, act. II, sc. 4.

BRAVE, *adj.* vaillant, courageux, du grec βραβεῖον (*brabéion*), le prix de la victoire.

Il est de faux dévots, comme il est de faux *braves*.
MOLIÈRE.

« Le *brave*, dit Barbazan, est un homme qui, par sa valeur, par ses belles actions a mérité une récompense, le *brabeion* ou *bravium*, comme dans les Epitres de saint Paul aux Corinthiens. On sait que les récompenses de ceux qui emportoient le prix, consistoient souvent en des ornemens, soit des couronnes, soit des habillemens, et ils en étoient couverts ou revêtus sur le champ de bataille. De là, lorsque nous disons d'un homme qui est bien vêtu, il est bien *brave*, nous entendons dire qu'il est vêtu comme un homme qui a remporté le *bravium*. On s'est même servi en françois du mot *bravium* pour signifier récompense, comme dans le Prologue des *Actes des apôtres*, par personnages. « Car ce nous est un but de vertus et blanc d'innocence préfix, duquel qui plus approchera, plus juste sera et en portera le *bravion*, » et l'on cite ce passage de saint Paul : *Multi quidem currunt; sed unus accipit* bravium. « Que de tous temps les femmes ayent aimé à estre *braves*, autrement *braguardes*, les poètes le nous déclarent assez. » HENRY ESTIENNE, *Apologie pour Hérodote*, tom. 1, pag. 105, La Haye, 1735. SIMON (savetier, il parle de sa fille) : « Elle aura bientôt fait de *se faire brave*; un lendemain de fête, elle n'est pas encore bien décoiffée, c'est zune avance. » *Tout ce qui reluit n'est pas or*. Proverbe dramatique, sc. v, Recueil de Carmontel. *Brave* pour paré, bien habillé, qui se trouve dans les *Epithètes* de De la Porte et dans le *Roman comique* de Scarron, se prend encore en ce sens, mais seulement dans le style familier.

Comme nous prenons le mot *brave*, qui proprement signifie courageux, vaillant, pour homme de bien, homme probe, de même les Grecs ont pris leur mot ἀγαθὸς pour *brave*.

De *brave* sont dérivés, *bravement*, *braver*, *braverie*, *bravoure*, *bravade*, *bravache*, *bravacherie*, etc.

BRAVER (se), *v.* se vanter. « Un ancien, n'ayant d'autre auditeur de ses louanges, et content de sa valeur, *se bravoit* avec sa chambrière, en s'écriant : ô Perrette! le galant et suffisant maistre que tu as! » MONT. liv. III, c. 10.

BRAVERIE, *s. f.* « Qui establit son discours par *braverie* et commandement, montre que la raison y est foible. » MONT. liv. III, c. 11. « Si les maris s'étonnent de voir leurs femmes propres sans savoir d'où viennent leurs *braveries*, elles en sont quittes pour dire : oh dam, mon petit fils, c'est que je suis heureuse au jeu. » *Les Bains de la porte Saint-Bernard,* act. I, sc. 6. *Théat. italien* de Ghérardi. « Quinze ou vingt tables, un jeu continuel, des bals éternels, des comédies trois fois la semaine, une grande *braverie,* voilà les Etats. » Mme DE SÉVIGNÉ.

Braverie, pour magnificence en habits, quoique vieux, n'est pas encore tout-à-fait hors d'usage ; il peut encore être employé dans le style familier. Despériers s'est servi du mot *braveté* dans le sens de confiance, suffisance : « Et pour cela, dit-il, il s'en faisoit croire, et parloit d'une *braveté* grande, usant de mots qui remplissoient la bouche, afin de se faire estimer un grand docteur. » *Nouv.* 42.

BRÈCHE, *s. f.* all. *brechen* (rompre). « Le sort a de quoy ouvrir cent *brèches* à la pauvreté au travers de nos richesses. » MONT. liv. I, c. 40. « Les passions sont les *brèches* de l'ame, c'est par là que les vices y peuvent entrer. » SAINT-ÉVREMONT.

BRÉSILLER, *v.* (*brésil,* bois rouge et sec, qui se brise aisément), briser en plusieurs morceaux. Mme de Sév. l'a employé au figuré : « Mandez-moi, écrit-elle à sa fille, si vous dormez, si vous n'êtes point *brésillée,* etc. »

BRETÈCHE ou BRETESCHE, *s. f.* ancien mot qui signifiait une forteresse, une tour à créneaux. « Le chevalier blanc chevaucha jusques au vespre (au soir) et passa par devant une *bretesche* où il oüit chanter une damoiselle. » *Lancelot du Lac.* « Plusieurs engins et *bretesches* furent aux murs dressés, dont la ville fut fort adommagée. » *Les Neuf Preux,* roman. *Voy.* BRÉTESSÉ.

BRÉTESSÉ, ÉE, *adj.* terme de blason. « *Bretecé, breteschié* ou *bretesquié,* comme parlent les anciens hérauts et historiens; on dit à présent *brétessé,* c'est-à-dire, crénelé; pource que les anciennes forteresses, qu'on appelle aussi *bretesches,* estoient fermées de murailles crénelées pour tirer à l'ennemi. Ce terme de *bretesche,* que le sieur Ménage dérive de l'italien *bertesca,* s'est conservé en quelques lieux de France, où il y avait autrefois forteresse, comme à la *Bretosche* près Nangis en Brie qui est la même chose que la *bretesche.* Il y a aussi quelques familles nobles en Bretagne, qui portent le nom de *Bretesche,* à cause de ces maisons fortes où elles fesoient leur résidence. » LE LABOUREUR, *De l'Origine des armes,* pag. 191, Lyon, 1658.

BRETONS, *s. m.* L'origine des *Bretons* insulaires, remonte à une époque reculée : leur nom en latin *britanni,* celto-gallois *brithon,* vient, suivant Latour-d'Auvergne, du celtique *brith,* qui, dans cette langue, signifie *tacheté, moucheté.* Les anciens *Bretons* furent ainsi nommés de l'usage où ils étaient de se peindre le corps et le visage de pastel, soit par ostentation, soit pour paraître plus formidables aux yeux de leurs ennemis. « Chez eux (chez les Agathyrses), au rapport de Camden, le mot *brith,* d'où vient celui de *breton,* signifiait *pictus* (peint ; ils sont appelés ἀλλατοι, ou *peints,* par Appien ; Virgile leur donne aussi le titre de *picti* Agathyrsi ; et Jules César, *lib.* IV, observe que la couleur qu'ils employaient, pour se peindre, était la bleue : (*omnes vero se Britanni glasto inficiunt quod cœruleum efficit colorem*). Cette couleur est exactement celle que prenaient les Agathyrses. Les raisons pour lesquelles elle fut employée par les *Bretons;* leurs mœurs, leur religion, le nom de leur dieu principal, et celui que ces peuples portaient, contribuent à nous faire croire qu'ils descendaient de ces Agathyrses qui formèrent la branche ainée des Scythes. Ceux-ci doivent être venus en Angleterre à des temps dont j'aurai occasion de faire voir la surprenante antiquité. » D'HANCARVILLE, *Rech. sur l'origine et les progrès des arts de la Grèce*, liv. 1, c. 3, note (85).

BRETON-BRETONNANT, *s. m.* redoublement imaginé, selon Pasquier, liv. 1, c. XI, pour distinguer le langage des *Bretons*, voisins de la France, des *Bretons* du pays de Galles. « Il n'y a rien quelconque qui ne s'y puisse dire ou écrire, bien plus distinctement qu'en genevois, *breton-bretonnant*, ou en basque. » CLAUDE DURET, *Thrésor de l'hist. des langues.*

BRETTE, *s. f.* longue épée ainsi appelée parce que les premières armes de cette espèce furent fabriquées en Bretagne.

. . . Si vous m'aviez vu tantôt faire merveille,
En noble campagnard, le plumet sur l'oreille,
Avec un feutre gris, *longue brette au côté.*
REGNARD, *le Légataire*, act. III, sc. 7.

De *brette* on a dérivé *bretter* et *bretteur.*

BRETTER, *v.* dans le sens de ferrailler, avoir toujours l'épée au vent, ne se dit plus. Scarron l'a employé dans ces vers où il est question de la mort de Misène, précipité dans la mer, pour avoir défié un triton :

Il se piquait de bonne *brette,*
Autant que de bonne trompette :
Heureux s'il eût toujours *bretté,*
Et s'il n'eût jamais trompetté !
Virg. trav. liv. VI.

Bretter, s'est dit aussi pour jaser, parce qu'alors les Bretonnes, qu'on appelait *brettes*, passaient pour n'être pas muettes; cependant Villon dans sa ballade *des Femmes de Paris*, assure que

Brettes suysses n'y sçavent guères,
Il n'est bon bec que de Paris.

BRETTEUR, *s. m. Bretteux*, dans Ménage, celui qui porte ordinairement une longue brette, qui est toujours prêt à ferrailler.

BREVET, *s. m.* Suivant Scarron, les auteurs de son temps donnaient un *brevet* de demi-dieu pour un habit de drap de Hollande. Helvétius appelait les approbations des censeurs, des *brevets* de sottise.

BRÉVETER, *v.* du latin *breviare* (abréger), se trouve dans ce sens de rendre bref, abréger, dans Montaigne, liv. III, c. 13 : « J'aime, dit-il, à voir Brutus, ayant le ciel et la terre conspirez à l'encontre de luy et de la liberté romaine, desrober à ses rondes quelque heure de nuict, pour lire et *bréveter* Polybe en toute sécurité. »

BRIBES, *s. f. plur.* esp. *bribar* (mendier). « En ceste occasion de trousser mes *bribes* et de plier bagage, je prends plus particulièrement plaisir à n'apporter aux miens ny plaisir ny déplaisir en mourant. » MONTAIGNE, liv. III, c. 9.

BRICOLE, *s. f.* proprement, tour et détour d'un corps causé par les résistances qu'il rencontre dans son mouvement. Il vient de l'espagnol *brincar* (sauter, faire des bonds, des cabrioles), au figuré, tromperie, détours qu'on emploie.

Elle cuidoit avoir contant (comptant)
Force monnoie et parpignolles ;
Mais elle retourna pleurant,
Et ne fut payée qu'en parolles ;
Elle cuidoit user de *bricolles,*
Afin d'attraper et de mordre......
Poésies de G. Coquillart, pag. 46, Paris, 1723.

« La politique n'est qu'un jeu de *bricole*, et Mazarin était un maître à ce jeu-là. » MERCIER, *Néologie.*

BRICOLER, *v.* C'est, dit Richelet, faire aller de côté et d'autre, dans sa bouche, le morceau qui brûle et qu'on ne peut avaler.

Bricoler le chemin, dans le *Nouveau Don Quichotte* de Le Sage, c'est faire des esses comme un homme ivre. Les auteurs comiques l'ont employé dans le sens de *mettre en usage :*

Comment diable est-ce donc que cela se *bricole* ?
POISSON, *les Fous divertissans.*

BRIDE, *s. f.* partie du harnais, probablement du mot *brid*, qui, dans la langue celtique, a la même signification. Il s'emploie fréquemment au figuré. On dit proverbialement, *il faut aller bride en main*, pour dire, ne pas aller trop vite, modérer sa course, régler sa dépense sur sa fortune; c'est le contraire de l'expression proverbiale *aller bride abattue*. Mme de Sévigné a dit : « Ecrire à *bride abattue.* » Nous disons au figuré, *lâcher la bride à quelqu'un, lâcher la bride aux abus, aux passions,* etc. métaphore empruntée des chevaux, qui se livrent à toute leur fougue, à toute leur vivacité, lorsqu'on leur lâche la bride ; cette métaphore nous est venue des Latins. Dans Ovide, Neptune dit aux fleuves :

Fluminibus vestris totas immittite habenas.
  Métamorph. liv. 1, § 10.

(Lâchez entièrement les rênes à vos flots) ; et Virgile, *Énéide,* liv. v, vers 662 :

..... *Furit immissis Vulcanus* habenis
Transtra per, et remos, et pictas abiete puppes.

« J'userai sagement de cette *bride* qu'on m'a mise sur le cou. » sévigné.
« Se fâcher sous *bride.* » brantôme.
« Haut en *bride,* et insolent pour sa grande prospérité. » nic. pasquier, liv. vi, lett. 16. On appelle figurément et dans le style familier, *brides à veaux* de sottes raisons, de sots raisonnemens qui ne sont capables de persuader que des gens simples :

adrienne (paysanne).
C'est une *bride à viau* que Madame vous donne,
Que tous les papillons qu'elle vous boute là ;
Elle dépense mieux son argent que cela,
Fraîche comme un gardon, droite comme une
  [parche,
Bon, vrament, c'est bien là les bêtes qu'elle cherche.
Les femmes de Paris en savent bien plus long.
  boursault, *les Mots à la mode,* sc. 15.

BRIDER, *v.* dérivé de *bride. Abrider,* pour attacher avec la *bride,* se trouve dans la *Milice franç.* du P. Daniel, tom. 1, pag. 378. *Brider,* comme son primitif, se prend souvent au figuré. « N'est-ce pas quelque avantage de se trouver désengagé de la nécessité qui *bride* les autres ? » mont. liv. ii, c 12.
« N'est-ce pas à dire que je n'aie eu affaire souvent à gourmer et *brider* mes passions. » Id. liv. iii, c. 10.
La raison trop farouche, au milieu des plaisirs,
D'un remords importun vient *brider* nos désirs.
  boileau.

BRIDÉ, ÉE, *adj.* « Le plus plaisant des deux neveux (de Descartes) c'est un jésuite *bridé* entre les menaces de la société et son inclination naturelle pour la mémoire de son oncle. » sévigné.

BRID'OISON, *s. m.* niais, sot, stupide. C'est le nom que Beaumarchais donne, dans sa *Folle journée,* à un juge qu'il a voulu stigmatiser, et c'est peut-être de là que vient le sens qu'on lui donne ; car, suivant la force des termes, il devrait plutôt signifier celui qui attrape les autres, qui *bride* un *oison,* un sot.

BRIGAND, *s. m.* Les auteurs ne sont pas d'accord sur l'étymologie de ce mot. Cl. Fauchet, dans son *Origine de la milice et des armes,* pense qu'il vient de l'allemand *brig* ou *brug,* pris de l'ancien gaulois *brive,* qui signifie pont. On lit dans les *Illustres Proverbes,* pag. 131, Paris, 1660 : « La ville de Paris arma et solda à la sollicitation de Charles Dauphin de France, durant la détention du roi Jean, son père, prisonnier en Angleterre, l'an 1356, des soldats à pied nommez *brigands,* parce qu'ils estoient armez de *brigandines,* armes pour lors fort usitées, et d'autant que ces troupes se licencioient à toutes sortes de débordemens, pillans, volans, et faisans mille ravages partout où elles passoient ; le bruit de leur volerie fut tellement espandu, que le commun peuple croyoit que tous ceux qui faisoient profession de voler et piller, et mesme les voleurs qui voloient dans les forests et sur les grands chemins, estoient de ces troupes-là, et les nomma *brigands,* nom qui demeure jusqu'à présent. Toutefois, je croirois plustost que ce nom est plus ancien, et qu'il vient de certains peuples d'Allemagne, nommez anciennement *brigantins* ou *brigands,* qui habitoient sur les rives du lac de Constance, et voloient publiquement et impunément tout ce qu'ils rencontroient, sans différence d'amis ou d'ennemis. »

Ce dernier sentiment, suivi par Moréri et Le Duchat, est encore partagé par M. Roquefort, dans son *Gloss. de la lang. romane* : « C'est ainsi, ajoute-t-il, qu'en latin, *latro* désigna par la suite, un voleur, parce que les soldats en faisaient le métier. » Voltaire, en parlant des emprunts littéraires faits aux anciens ou aux modernes, dit : « Il ne faut pas être *brigand* à demi : quand on vole, il faut savoir assassiner. »

De *brigand,* sont dérivés, *brigan-*

deau, petit brigand ; *brigander*, voler, faire le *brigand* ; *brigandine*, sorte de corselet ou d'armure ; et vraisemblablement *brigantin*, petit vaisseau pour aller en course, à moins que ce dernier ne vienne de *brigentinus*, dans la basse latinité.

BRIGNOLE, *s. f.* sorte de prune qui tire son nom de *Brignoles*, ville du département du Var. On a dit d'abord des *prunes de Brignoles*, et ensuite simplement des *brignoles*. On trouve dans Des Accords, auteur du 16ᵉ siècle, des *prunes de Brignoles*.

BRIGUERIE, *s. f.* et **BRIGUEUR**, *s. m.* Ces mots, formés de *brigue*, ont vieilli. « Quoiqu'il ne fût *brigueur*, si est-ce que les dignités le suivoient. » ET. PASQ. l. VII, lett. 10. On le trouve encore dans Balzac : « Rien ne me choque et ne m'afflige plus que ces *brigueurs* d'éloges. » Pourquoi ne les ferait-on pas revivre ?

BRILLANTER, *v.* On dit en style de lapidaire, *brillanter* un diamant, pour dire, le tailler à facettes par dessus et par dessous. L'abbé Coyer a fait, au figuré, un heureux usage de ce verbe : « Un diamant brut est l'image d'un savant enseveli dans ses livres ; qu'il se taille, qu'il se *brillante* avec le monde ; car s'il veut l'instruire, il doit aussi lui plaire. » On dit depuis quelque temps, au figuré, *brillanter un ouvrage d'esprit*, pour dire, le semer de faux brillans, de pensées plus ingénieuses que solides. *Acad.* « Leurs blonds cheveux flottans, *brillantés* par les rayons du soleil, étaient entrelacés de guirlandes..... » *Don Quichotte*, trad. de Bouchon Dubournial.

BRILLER, *v.* Balzac dit sensément d'un conquérant : « La gloire qui lui en revient pèse pour le moins autant qu'elle *brille*. » Ce verbe est d'un bel effet dans ces vers de Racine :

Faut-il que sur le front d'un profane adultère
Brille de la vertu le sacré caractère ?
Phèdre, act. IV, sc. 2.

BRIMBALER, *v.* bas-bret. *brimbulat* (sonner). On a dit au figuré, *brimbaler quelqu'un*, se jouer de lui en le faisant courir de côté et d'autre sans nécessité.

BRIMBELETTES, *s. f. pl.* bagatelles, babioles ; joli mot à regretter.

BRIMBORION, *s. m.* terme de mépris qui sert à exprimer des choses de peu de valeur. Il sert aussi à désigner les petits meubles qui n'ont pas de nom. « Je ne vois que lait virginal, blancs d'œufs et autres *brimborions*. » MOLIÈRE. « Tous les *brimborions* d'amour que l'on peut imaginer, y étaient. » HAM. *Mém. de Gram.* Ce mot se prenait aussi dans le sens de patenôtres. « Dire ses *brimborions*. » ET. PASQ. liv. VII, c. 58. Il le dérive de *breviarium*, dont on aura fait d'abord *brebiarium*, qu'on prononçait *brebiarion*, puis *brimborion*. Ce substantif dans Oudin, *Dict. des trois langues*, 1674, signifie des prières dites sans attention, à peu près, comme le *breviaire*.

BRIMBOTTER, *v.* ital. *borbottare* (murmurer). OUDIN, *Dict. des trois langues*, 1674.

BRIN, *s. m.* petit jet de bois, petite tige des plantes. M. Huet dérive ce mot du latin *virga* (verge ; petite branche), d'où on a fait *virge*, *vrige*, *vringe*, *bringe*, *bring*, et enfin *brin*.

Un brin, se dit dans le discours familier pour une petite quantité, un peu.

Sans un petit *brin* d'amour
On s'ennuirait même à la cour.
Les Trois Fermiers, opéra-com.

« Il y a dans ce qui vient de vous autres, un petit *brin* d'impétuosité qui est la vraie marque de l'ouvrière. » SÉVIGNÉ. « Mandez-moi des nouvelles de votre santé, avec un demi *brin* de vos sentimens, pour voir seulement si vous êtes contente. » *Idem.*

Bonbec aimait une jeune leucote (poule blanche)
Autre poulette et qui n'était *brin* sotte.
Caquet-Bonbec, la Poule à ma tante, chant 2.

BRISÉES, *s. f. plur.* terme de vénerie. C'est ainsi qu'on appelle proprement, les rameaux que les chasseurs rompent et jettent dans les bois sur leur passage, pour remarquer le chemin où le gibier a passé. Ce mot, comme l'on voit, vient de *briser*, branches *brisées*.

« *Brisées*, rameaux que le veneur, quêtant la bête, sème sur son chemin, pour le reprendre après. » F. POMEY, *De la Vénerie*, en suite de son *Dict.* in-4°, 1716. De là ces expressions figurées, aller, marcher sur les *brisées* de quelqu'un, reprendre ses *brisées*, revenir sur ses *brisées*.

De quel front aujourd'hui vient-il sur nos brisées
Se revêtir encor de nos phrases usées?
BOILEAU.

L'auteur des *Contes d'Eutrapel*, tom. 1, dit d'un grand mangeur, « qu'il faisoit une terrible *brisée* sur ce qu'il attaquoit. »

BRISE-FOI, vieux mot que les modernes rajeunissent tous les jours; homme qui manque à sa parole. *Gloss. de la lang. romane.*

BRISEMENT, s. m. Il se dit figurément, en matière de piété, d'une véhémente douleur de ses péchés, de la contrition du cœur. *Le brisement de cœur est une marque de conversion.* Acad. « Cette humilité parfaite, qui ne consiste pas seulement dans un abaissement, mais dans un entier *brisement de cœur*. » P. A. DE MARSILLY, trad. des *Homélies de saint Chrysostôme*. Il parait que cette expression était alors nouvelle, ainsi que le témoigne le P. Bouhours, dans ses *Doutes sur la lang. franç.*

BRISURE, s. f. terme de blason, pièce d'armoiries que les cadets ajoutaient à l'écu des armes pleines. « La goutte et le rhumatisme sont frères, et ce dernier a seulement une *brisure* de cadet, parce qu'il ne revient pas comme cette cruelle goutte; mais pour l'humeur et les douleurs, c'est la même étoffe. » Mme DE SÉVIGNÉ.

« Le terme de *brisure*, comme nous l'entendons en armes, n'est pas fort éloigné des brisées des veneurs; car comme ceux-ci rompent ou brisent des rameaux, les jettent par les bois pour marquer leurs routes, ainsi les hérauts, par le moyen des *brisures* qu'ils adjoustent aux armes pleines, remarquent et reconnoissent les divers degrés de consanguinité, qui sont comme les routes et sentiers par où les familles ont passé depuis qu'elles sont sorties de la souche principale. » LE LABOUREUR, *de l'Origine des armes*, pag. 250, Lyon, 1658.

BROC, s. m. gros vaisseau propre à contenir du vin ou d'autres liqueurs. Selon le P. Pezron, c'est le mot celtique *broch*, qui a donné naissance à ce mot, et même au grec βρόχος (brochos). « Βρόχος, *vas vinarium, ἀπὸ τοῦ βρέχειν, id est à fundendo ; quod nos* broch *nominamus.* » JOACH. PERION, *de Linguæ gallicæ cum græcá cognatione*, pag. 56, Paris, 1555, (C'est-à-dire, βρόχος, vase à vin, de τοῦ βρέχειν, qui signifie verser; de là nous avons fait notre mot *broc*).

BROC, s'est dit aussi pour *broche* (*veru*), d'où il nous reste encore cette locution, *de broc en bouche*, aussitôt cuit, sorti de la broche pour entrer dans la bouche.

Rôti ne fut jamais ni meilleur, ni plus chaud;
Mais *de broc en bouche* il vous faut
En repaître à l'instant votre gueule affamée.
Les Deux Arlequins, act. II, sc. 5.
Théât. italien de Ghérardi.

Un gros prieur son petit-fils baisoit
Et mignardoit au matin à sa couche,
Tandis rostir sa perdris on faisoit.
Se lève, crache, esmeutit, et se mouche;
La perdris vire : au sel *de broque en bouche*
La dévora : bien sçavoit la science.
Puis, quand il eut prins sur sa conscience
Broc de vin blanc, du meilleur qu'on élise,
Bon Dieu, dit-il, donne-moy patience :
Qu'on a de maux pour servir sainte église!
CL. MAROT, *Epigramme* 86.

BROCANTER, v. BROCANTEUR, s. m. Ménage était au désespoir d'avoir vu naitre ces mots, et de mourir sans en avoir pu connaitre l'étymologie. Il parait toutefois qu'ils viennent de l'anglais *abroachment*, vieux mot que, dans la latinité du moyen-âge, on a traduit par le mot *abrocamentum*, ce qui signifiait achat en gros, et vente en détail. Le Duchat les dérive de *recantare*, se dédire, comme ces revendeurs qui ont 24 heures pour rendre ce qu'ils avaient comme acheté.

BROCARD, s. m. raillerie piquante. Doujat pense que ce mot a été formé du nom de *Burchard*, bénédictin d'une grande érudition, que l'empereur Conrad, dont il avait été le précepteur, nomma en 1012 à l'évêché de Worms. Les auteurs latins le nommèrent *Burchardus* ou *Brocardus*. Comme son ouvrage (*le grand volume des décrets*, MAGNUM VOLUMEN CANONICUM) est rempli d'une critique assez maligne, on donna le nom de *brocard* à ces réflexions et à ces traits malins, qui blessent l'amour-propre, et quelquefois la réputation de ceux qu'ils ont en vue.

. . . . . La Légende nous a conté
Que l'on vit sainte Thècle, au public exposée,
Suivant partout saint Paul, en homme déguisée,
Braver tous les *brocards* de la malignité.
VOLTAIRE.

Brocards sur lui tombent, Dieu sait la joie !
J. B. ROUSSEAU, *Midas*, allégorie.

De *brocard*, sont dérivés *brocarder*, *brocardeur*.

BROCARDEUR, EUSE, *adj.* celui, celle qui dit des *brocards*.

La vieille, qui est *brocardeuse*,
Cache sous un paisible front
Une guerre âpre et furieuse,
Et jusqu'aux os la laine tond.
Prov. des Tromperies, com. de *L'Arivey*.

BROCHER, *v.* On disait autrefois *brocher des éperons*, pour dire piquer un cheval avec des éperons. « Qu'ils débridassent leurs chevaux, et *brochassent* à toute force des esperons. » MONT. liv. I, ch. 48. Le duc de Beaufort appelait *brocher Bayard*, courir à toute bride après les chiens. SAINT-ÉVREMONT.

BROCHET, *s. m.* « Le *brochet* est l'image de certains princes : il est d'autant plus gros, qu'il a dévoré plus de petits poissons. » LA MOTTE LE VAYER.

BROCHURE, *s. f.* C'est apparemment de *brocher*, dans le sens de *faire à la hâte*, que ce substantif est dérivé. Les Espagnols appellent les brochures *folletos*. *Brochurier*, qui en est formé, emporte ordinairement une idée de frivolité, de satire, et quelquefois de cynisme.

BRODER, *v.* Il vient de *border* par transposition de lettres, et *border* est dérivé de *bord*. On ne mettait autrefois les broderies que sur le bord des étoffes. « Je ne sais comment les femmes des financiers l'entendent; mais j'aurais de la peine à *broder* mes jupes des malheurs du public. » *Pièces comiques*. « Cette princesse vous écrit de sa belle écriture; elle m'a montré la belle morale qu'elle vous a *brodée*. » MAD. DE SÉVIGNÉ.

Broder se dit dans un sens figuré pour embellir un récit :

A *broder* sans cesse on travaille :
L'orateur *brode* son discours,
Le guerrier *brode* une bataille,
Le fat *brode* un roman d'amours.
Le marchand *brode* son mémoire,
L'avocat *brode* un argument;
Bien *broder* est un grand talent,
Et l'on *brode* jusqu'à l'histoire.

BRODERIE, *s. f.* « Son écriture de cérémonie est une *broderie* qui ne se fait pas en courant. » MADAME DE SÉVIGNÉ. « Les leçons que l'on donnait aux initiés dans les orgies, et que l'on voilait sous la *broderie* du merveilleux. » DUPUIS, *Origine des cultes*.

Broderie signifie, dans ce dernier exemple, les circonstances, les fables que l'on ajoute à un récit pour l'embellir. *Brodeur* se prend aussi pour celui qui cherche à embellir par des circonstances, par des mensonges ce qu'il rapporte. C'est en ce sens que nous disons proverbialement : *autant pour le brodeur*.

« Le mot *brodeur*, dit Pasquier, que nous adaptons à un insigne menteur, quand un homme nous ayant payé d'une bourde, nous en souhaitons *autant pour le brodeur*, est dit par corruption de langage, au lieu de *bourdeur*; comme nous voyons en cas semblable le commun peuple user indifféremment de *pourmener* et *promener*, *forment* et *froment*, *formage* et *fromage*. Par quoi celuy qui premier voulut dire *autant pour le bourdeur*, souhaita de payer d'une pareille bourde le menteur que celle dont il avoit repeu une compagnie. » *Recherches de la France*, liv. VIII, ch. 62.

BRONCHER, *v.* « Il faut craindre sa raison, en sorte qu'on ne puisse sans honte *broncher* en sa présence. » MONTAIGNE.

« Ordinairement je trouve à douter, en ce que le commentaire n'a daigné toucher. Je *bronche* plus volontiers en pays plat : comme certains chevaux qui choppent plus souvent en pays uny. » *Idem*, l. III, c. 13.

BRONZER (se), *v.* Un homme, né avec une extrême sensibilité, disait : « plus je vois les hommes, plus je sens qu'il faut que le cœur se brise ou se *bronze.* »

BROSSER, *v.* traverser, errer. « L'amour de la chasse qui l'a fait *brosser* par les forêts. » D'ABLANCOURT, *Dial. de Lucien.*

BROUET, *s. m.* Ce mot, qui signifie une espèce de bouillon au lait et au sucre, vient, selon Ménage, de *brodettum,* diminutif de *brodum* qu'on a dit pour *brodium,* qui se trouve en cette signification dans quelques auteurs latins.

Brouet sert encore à désigner un certain potage qui faisait le fond des repas des Lacédémoniens, et leur meilleur ragoût. « C'était, dit M. Furgault, une certaine sauce noire, ζωμὸς μέλας, *jus nigrum,* qu'ils préféraient à tous les autres mets ; elle était faite, à ce que prétendent quelques auteurs, avec du sang et du jus de viande de porc, du vinaigre et fort peu d'épices. Cicéron raconte que Denys le Tyran, s'étant trouvé à un de ces repas, trouva ce ragoût fort fade. « Je ne m'en étonne pas, dit celui qui l'avait préparé ; l'assaisonnement y a manqué. — Et quel assaisonnement, reprit le Tyran ? — La course, la sueur, la fatigue, la faim et la soif ; car c'est là, ajouta le cuisinier, ce qui assaisonne ici tous les mets. »

BROUHAHA, *s. m.* acclamation de théâtre. « Et le moyen de connaître le beau vers, si le comédien ne s'y arrête et ne vous avertit qu'il faut faire le *brouhaha?* » MOLIÈRE. Ménage prétend que ce mot a été formé par onomatopée. Le Duchat le fait venir par corruption de l'hébreu *baraha,* que les Juifs emploient dans leurs acclamations du sabbat. « Et n'est permis, dit Antoine de Guevara dans ses *Epîtres dorées,* trad. en français, in-8º, Paris, 1565, se scandaliser de voir faire aux Mores leur *zala* le vendredi, et le samedi aux Juifs leur *baraha.* »

BROUILLARD, *s. m.* « Il y a un grand *brouillard* sur toutes ses expressions. » Mme DE SÉVIGNÉ.

Franklin, parlant de ceux qui ont embrassé des sectes différentes en matière de religion, disait : « Ce sont des voyageurs, qui voient le *brouillard* dont les autres sont environnés, sans voir celui qui les environne eux-mêmes. »

BROUILLER, *v.* ital. *brogliare,* de *broglio* (bois). Maximilien Ier intrigua pour se faire pape, « afin, disait-il, d'anéantir cette théologie, qui *brouille* tout le monde et l'Evangile. »

BROUILLIS. « Aux présens *brouillis* de cet estat, mon interest ne m'a faict mescognoistre ny les qualitez louables en nos adversaires, ny celles qui sont reprochables en ceulx que j'ay suyvis. » MONT. liv. III, ch. 10.

BROUILLON, *s. m.* « Vous savez que nous trouvons le temps un vrai *brouillon,* mettant, remettant, rangeant, dérangeant, imprimant, effaçant, approchant, éloignant et rendant toutes choses bonnes et mauvaises, et quasi toujours méconnaissables. » Mme DE SÉVIGNÉ. Théologie *brouillonne.* CÉRUTTI.

BROUSSAILLE, *s. f.* Marmontel a employé ce mot au singulier : « Les sots sont la *broussaille* du genre humain. »

BRUIRE, *v.* du latin *rugire,* en préposant un *b.* Pourquoi nous être privés des divers temps de ce verbe qui se trouvent dans nos anciens auteurs, notamment dans le *Roman du Renard* (13me siècle), et dont nous avons conservé l'indéfini, et le participe *bruyant?*

Un auteur déjà classique, dit M. Ch. Nodier, et qu'on peut appeler le Racine de la prose, a prouvé, par l'emploi qu'il a fait de certains temps du verbe *bruire,* qu'il serait d'une injuste délicatesse de le réduire à l'infinitif, comme quelques grammairiens y avaient paru disposés.

« La lune, dit M. Bernardin de Saint-Pierre, paraissait au milieu du firmament, entourée d'un rideau de nuages que ses rayons dissipaient par degrés. Sa lumière se répandait insensiblement sur les montagnes de l'île, et sur leurs pitons qui brillaient d'un vert argenté ; les vents retenaient leurs haleines. On entendait dans les bois, au fond des vallées, au haut des rochers, de petits cris, de doux murmures d'oiseaux qui se caressaient dans leurs nids, réjouis par la clarté de la nuit et la tranquillité de l'air. Tous, jusqu'aux insectes, *bruissaient* sous l'herbe. »

BRUISSEMENT, s. m. bruit sourd et confus. « Une femme entend-elle le *bruissement* d'un carrosse qui s'arrête à sa porte, elle prépare toute sa complaisance pour quiconque est dedans, sans le connaître. » LA BRUYÈRE.

« Des *bruissemens d'ondes*, de faibles gémissemens, de sourds meuglemens, de doux roucoulemens, remplissent ces déserts d'une tendre et sauvage harmonie. » CHATEAUBRIAND.

BRUIT. « Sa jeunesse lui *fait du bruit*, il n'entend pas, » dit Mme de Sévigné, en parlant de son petit-fils qui dans le feu de la première jeunesse n'avait pas encore le goût de la lecture. On estime le mérite des hommes par le *bruit* qu'ils font dans le monde : on met la trompette au-dessus du flageolet.

Cette fière raison, *dont on fait tant de bruit*,
Contre les passions n'est pas un sûr remède.
Un peu de vin la trouble, un enfant la séduit;
Et déchirer un cœur qui l'appelle à son aide,
Est tout l'effet qu'elle produit.
Mme DESHOULIÈRES.

Il n'était bruit que des scènes mignonnes
Du perroquet des bienheureuses nonnes.
GRESSET, *Vert-Vert*, chant 2.

ÉPITAPHE.

Cy gît la vieille Rodegonde
Qui fut jolie assez long-tems.
Cette maman, petite et ronde,
Fit beaucoup de *bruit* dans le monde ;
Elle y parla quatre-vingts ans.
LA REYNIE.

BRULABLE, *adj.* dérivé du verbe *brûler* qu'on écrivait autrefois *brusler*, qui peut être brûlé, qui mérite d'être brûlé. « C'est un hérétique *brûlable*. » RABELAIS. « Si vous voulez vous réjouir, parlez un peu de mon *brûlable* livre à quelques jansénistes, qui ne désespèreraient point de ma conversion, si je m'étais borné à écrire qu'il n'y a point de Dieu. » VOLTAIRE.

BRULERIE, s. f. BRÛLEMENT, s. m. pour signifier l'action de brûler, quoique peu usité, se trouve dans l'*Acad.* le *brûlement* d'un titre ; dans le *Nouv. Dict. de la lang. franç.* par Noël et Chapsal, le *brûlement de Moscou*, etc. M. Millin a dit : « Sous les empereurs, le *brûlement* des corps était accompagné, pour eux et les grands, de cérémonies pompeuses et magnifiques. » *Dict. des Beaux-Arts*, au mot *sarcophage*. Le premier est nécessaire ; mais *brûlerie* ne peut être employé que dans le style plaisant ou satirique.

Il fut, après la pleurerie,
Question de la *brûlerie*.
SCARRON.

« Toutes ces *brûleries*, dit J. J. Rousseau, en parlant de l'*Émile*, qu'on venait de brûler à La Haye et à Genève, sont si bêtes, qu'elles ne font plus que me faire rire. »

BRULOT, s. m. dérivé de *brûler*. « On peut comparer certains aventuriers de parti aux *brûlots* qu'on ne se met guère en peine de perdre, pourvu qu'on fasse sauter un gros vaisseau ennemi. » Le P. DANIEL.

BRUN, NE. *adj.* de l'allemand *braun*, qui a la même signification. Diderot parle d'une demoiselle aveugle presque de naissance, pour qui le son de la voix avait la même séduction ou la même répugnance que la physionomie pour celui qui voit. Quand elle entendait chanter, elle distinguait des voix *brunes* et des voix blondes.

BRUNETTE, s. f. sorte d'étoffe. De *brune* on a fait *brunette* qui se prend pour une étoffe fine, et de couleur tirant sur le noir, dont les personnes de qualité s'habillaient, et dont il est souvent parlé dans nos vieux auteurs. Dans le *Roman de la Rose*, *brunette* est opposé à *bureau* qui désignait une étoffe grossière. *Voyez* BUREAU.

Et sont aussi bien amourettes
Sous burreaulx comme sous *brunettes*.
Le Roman de la Rose.

BUCCINE, s. f. du latin *buccina* (espèce de trompette). Ce mot qui se trouve dans Ville-Hardouin, dans Froissart, dans le *Roman de la Rose*, etc. a encore été employé par Scarron :

Ils s'en vinrent à la sourdine
Sans tambour, flûte, ni *buccine*.

Oudin marque ce mot d'une étoile ;

ce qui prouve qu'il ne le croyait pas accrédité.

BUCCINATEUR, *s. m.* pour désigner celui qui sonne de la trompette, du latin *buccinator* (qui a la même signification), a été employé assez récemment par M. Toulotte. Il dit, en parlant de Mme de Genlis : « En *buccinateur* intrépide, elle travaillait alors, au bruit de sa trompette, au grand œuvre du renversement des monarchies féodales. » *La Cour et la Ville*, etc. t. 1, p. 121 (1828). Dans Oudin, le signe attaché à *buccine* l'est également à ce substantif dont on ne peut encore prévoir la destinée.

BUCHERONNER, *v.* faire le métier de bûcheron. OUDIN, *Dict. des trois langues.*

BUDGET, *s. m.* état des dépenses et des recettes annuelles d'un État, d'une administration. Nous croyons satisfaire la curiosité des lecteurs en leur mettant sous les yeux l'histoire et la généalogie de ce mot, dont l'adoption ne date chez nous, du moins dans l'acception que nous lui donnons aujourd'hui, que de la fin du dernier siècle, telles que nous les trouvons dans le *Mercure de France* (floréal, an ix [1801] pag. 280). « Parmi ceux, y est-il dit, qui ont introduit ce mot et qui le répètent, il en est peu, je crois, qui se doutent qu'il est d'origine française, et que nous avons la bonté de le recevoir, de seconde main, des Anglais, qui nous le renvoient défiguré et méconnaissable. Qui pourrait croire, en effet, qu'il vient du mot français *poche*, et que c'est là précisément ce qu'il signifie ? On dira qu'il a bien changé sur la route ; mais il n'est besoin que de la tracer pour se retrouver.

» Le mot *poche*, a fait le diminutif *pochette* ; et par la facilité qu'a le *p* de se changer en *b*, et réciproquement, ainsi que le *ch* de s'adoucir en *g*, *pochette* a insensiblement coulé en *bogète*, *bougette*, vieux mots français qui se retrouvent dans les anciens auteurs, conservés même, du moins le dernier, dans le *Dict. de l'Acad.* et dont il est resté *bouge*, qui tient à la même famille, et désigne, dans un appartement, un petit endroit propre à resserrer divers objets, ainsi que la *poche* en fait l'office dans l'habillement. Le mot latin *bulga*, qui se traduit par *enveloppe, bourse, valise*, est la racine de tous ces mots.

» A présent on doit trouver assez facile le passage de *bogète* en *budget*, surtout de la part des Anglais, qui donnent à l'*u* le son de l'*o*, et il est remarquable que ce mot se retrouve tout semblable dans le patois languedocien, où il est aussi le nom d'un petit endroit à resserrer, *lou budget*. Ainsi, lorsque dans le parlement d'Angleterre, et actuellement parmi nous, on procède à l'opération financière de la fixation de la dépense de l'année, par celle de la *quotité* de la *contribution*, de son *assiette*, ce qu'on appelle l'ouverture du *budget*, il faut entendre qu'on ouvre une *poche* ; on ne s'en doutait guère. Mais je demande si le fisc ne pourrait pas remplir sa *poche* et vider la nôtre, sans nous imposer encore cette expression rebutante, ignoble, moitié patoise, moitié anglaise, et qui, n'ayant plus d'analogue dans la langue, y fait rentrer un son qui lui répugne, et qu'elle avait rejeté en s'épurant ?

Quand on avait à choisir entre *quotité*, *assiette*, *contribution* même, qui étaient ou préparés par l'usage, ou qui sont le mot de la chose, et qui, tous enfin, ont la physionomie française, qu'on reconnait et qu'on avoue, par quelle inconcevable bizarrerie a-t-on pu donner la préférence à ce vilain mot de *budget* ? Serait-ce un reste de l'influence de l'esprit fiscal, ami de la barbarie ; parce qu'il l'est des ténèbres, et qui, tel qu'un pauvre honteux, s'enveloppe quand il demande, et déguise ce qu'il exige ? »

BUIS, *s. m.* On disait autrefois *bouis*, du latin *buxus* venu du grec πύξος (*puxos*). De *bouis* est dérivé le mot *boîte* qu'on écrivait anciennement *boueste*, parce que les boîtes se font ordinairement de buis.

Nous disons par métonymie le *buis* pour les instrumens faits de ce bois :

*L'ivoire trop hâté deux fois rompt sur sa tête,
Et deux fois de sa main le* buois *tombe en mor-*
[*ceaux.*
BOILEAU, *le Lutrin,* ch. 5.

Pour désigner ce jouet d'enfant vulgairement appelé *sabot,* Le Brun a dit :

. . . . . Là, dans sa vitesse immobile,
Le *buis* semblait dormir agité par mon bras.
Ode II, liv. 6.

Virgile a dit de même en parlant du *sabot* que des enfans s'amusent à faire tourner :

Impubesque manus mirata volubile buxum.
Enéid. liv. VII, v. 382.

(La troupe enfantine regarde avec admiration le *buis* (le sabot) qui tourne).

BUISSON, *s. m.* touffe d'arbrisseaux sauvages épineux, du latin *buxus* (buis), parce que ce nom désignait originairement, comme dit M. Morin, une clôture de jardin faite en buis. Cette expression proverbiale : *Il a battu les buissons, et un autre a pris les oiseaux,* pour dire il a pris toute la peine, et un autre en a eu tout le profit, se trouve déjà dans Coquillart qui vivait dans le 15ᵉ siècle :

*Que la simple bate le buisson,
Et ung aultre en oit les oiseaux.*
Poésies, pag. 75, Paris, 1723.

De là le diminutif *buissonnet* qui se trouve dans les *Epithètes* de De la Porte et dans Marot :

*Où pas à pas, le long des buissonnets,
Allois cherchant le nid des chardonnets.*
Eglogues à François 1ᵉʳ.

BUISSONNER, *v.* poursuivre de buisson en buisson. « L'ayant longuement chevalé, *buissonné* et espionné, luy donna par derrière un coup d'arquebuse. » *Contes d'Eutr.* t. 1.

Débuissonné, ée. adj. « Vagabonds comme lièvres *débuissonnés.* » *Sat. Ménip.*

BUISSONNEUX, EUSE, *adj.* qui est couvert de buissons.

*A travers les taillis, les rameaux buissonneux,
Euryale poursuit sa route embarrassée.*
DELILLE, trad. de *l'Enéide,* liv. IX.

*Là, du sommet lointain des roches buissonneuses,
Je vois la chèvre pendre.*
Id. les Jardins, ch. I.

*Je ne vous verrai plus, chèvres jadis heureuses,
Pendre au sommet lointain des roches buisson-*
[*neuses.*
TISSOT, trad. des *Bucoliques,* églog. 1.

On serait porté à regarder ce mot, dont la poésie a eu raison de s'enrichir, comme un néologisme, mais il se trouve déjà dans le *Parallèle des langues franç. et latine,* par Philib. Monet, et dans Oudin, *Dict. des trois langues.*

BUISSONNIER, IÈRE, *adj.* Il n'est guère d'usage que dans ces façons de parler, *lapins buissonniers,* pour désigner les lapins qui ont leur terrier dans les buissons ; *faire l'école buissonnière,* aller se divertir au lieu d'aller à l'école, en parlant des écoliers. « L'origine de cette expression vient, dit l'abbé Féraud, des écoles que les luthériens de Paris tenaient à la campagne, par la crainte d'être découverts par le chantre de l'église de Paris, qui présidait aux écoles. Sous Henri II, en 1552, le parlement, par arrêt du 6 août, défendit les *écoles buissonnières.* » Président HÉNAUT.

BURE, *s. f.* étoffe grossière. Ce mot vient du latin *burra* qui a la même signification, et est formé de *burrus* (roux), parce que cette étoffe grossière est ordinairement de cette couleur. Les diminutifs sont *bureau* qui se disait encore du temps de Boileau, *burat* et *burèle,* terme de blason.

*Un ordre de la nature
Soumet la pourpre et la* bure
Au même sujet de pleurs.
J. B. ROUSSEAU.

BUREAU, *s. m.* diminutif de *bure.* Ce mot, écrit *buriaus* dans le *Roman du Renard* (13ᵉ siècle) est, comme on voit, très-ancien dans notre langue. « Bertrand, pour doubte (dans la crainte) d'estre rencontré des Anglois, se vestit d'un *bureau* gris bien pauvrement. » *Les Neuf Preux.* « Lequel lui parloit le latin médicinal qui estoit en ce temps-là fin comme *bureau* teint. » *Contes de Despériers,* tom. II, pag. 192, Amsterdam, 1735.

Fin comme bureau teint, c'est-à-dire, très-grossier ; le bureau étant une étoffe de grosse laine, qui, lorsqu'elle est teinte, est encore pire. « Un poète, dit Domergue, qui croit que le secret de la poésie consiste surtout en accouplements bizarres de mots, disait un jour à un littérateur estimé : Que Boileau est hardi dans les choses les plus simples ! voyez le début de sa première satire :

Damon, ce grand auteur, dont la muse fertile
Amusa si long-temps et la cour et la ville,
Mais qui, n'étant vêtu que de simple *bureau*,
Passe l'été sans linge et l'hiver sans manteau.

Je ne vois là rien de hardi. — Quoi, vous ne voyez pas que Boileau parle d'un commis! — Non, il parle de François Cassandre, poète de ce temps. — C'est d'un commis, vous dis-je. — Hé bien, soit, puisque vous le voulez, qu'en concluez-vous? — Qu'il y a là une audace d'expression qui doit faire honte à notre timidité. Boileau, au lieu de dire froidement que ce commis étoit vêtu de l'argent qu'il tiroit de son *bureau*, le peint vêtu de son *bureau*, couvert de son *bureau*. — Mon pauvre poète, vous ne savez donc pas que vêtu d'un simple *bureau* est absolument la même chose que vêtu d'une simple bure; il s'agit tout bonnement d'une étoffe; c'est une expression bien simple, et le moindre tailleur, ayant la même idée à rendre, égale en hardiesse le hardi Boileau. À la vérité, on appelle *bureau* une table où écrit un commis; mais c'est à cause de la bure, ou, comme on disait autrefois du *bureau* qui la couvre; c'est ainsi que la petite toile qu'on étend sur la table où la coquette prend et dépose ses appas, fait donner à cette table le nom de toilette. Depuis, le rimeur corrigé ne trouve rien de trop hardi. » *Manuel des Etrangers*., pag. 112.

BUREAUCRATIE, *s. f.* esprit, régime, influence des bureaux. C'est un mot nouveau que l'usage a légitimé au moins dans un sens critique. Duclos parait être un des premiers qui l'aient employé dans son *Voyage d'Italie*. « A l'exemple du trône, le ministère voulut s'isoler, et eut aussi son étiquette, qu'on n'a pu définir que par le mot nouveau de *bureaucratie*. » LE MONTEY, *Monarchie de Louis* XIV.

BURELÉ, ÉE, *adj.* terme de blason, « Ce mot dit, Le Laboureur (*Origine des armes*, pag. 170, Lyon, 1658), tire son origine et sa dénomination d'une étoffe vile et grossière que nous appelons bure ou *bureau*, et en latin du temps *burellum* ou *burella*, d'où vient *burellé*; car, comme ce bureau pour l'ordinaire étoit traversé et tracé de deux couleurs, l'une blanche ou grise, et l'autre rousse ou noire, ainsi les cottes d'armes ou escussons rayés et entrecoupés de petits fasces de différents émaux, ont été dits *burellés*, pour ce qu'ils imitent la variété et bigarrure de cette étoffe rustique. »

BURIDAN. *Voyez* ÂNE.

BURIN, *s. m.* allem. *boren* (forer, percer), peut-être du verbe latin *forare*, qui a le même sens. « L'attention est le *burin* de la mémoire. » Le duc DE LÉVIS.

BURINER, *v.* dérivé de *burin*. « L'infidèle mémoire trace au crayon les bienfaits, et *burine* les injures. » Le comte DE SÉGUR. *Galerie*, v. 2.

BURLESQUE, *adj.* style burlesque, de l'italien *burlesco*, dérivé du verbe *burlar* (se moquer). Au lieu de *stile burlesco*, les Italiens inventeurs de ce genre d'ouvrages qu'ils ont introduit chez nous, ont aussi dit style *berniesco* et *bernesco*, de François *Bernia*, qui le premier s'est servi de ce style. Il y a cependant cette différence que le *berniesque* des Italiens a quelque chose de plus délicat et de plus fin que le *burlesque* des Français. « Il n'y a pas long-temps, dit Ménage, que le mot de *burlesque* est en usage dans notre langue. M. Sarrazin m'a dit autrefois, que c'étoit lui qui le premier s'en étoit servi. Mais ce mot se trouve dans le *Catholicon*, à la pag. 334 de la dernière édit. qui est de 1677. C'est M. Scarron qui le premier a pratiqué avec réputation ce genre d'écrire. Je souhaiterois qu'il ne l'eût point employé (non plus que Battista Lalli) dans la traduction de la divine Enéide. Je ne doute point qu'il ne s'en repente un jour, et qu'il ne dise avec Ausone : *Piget Virgiliani carminis dignitatem tam jocularis dehonestasse materiâ.* »

Portrait burlesque des femmes : « Voulez-vous bien connoitre une femme? figurez-vous un joli petit monstre qui charme les yeux et qui choque la raison, qui plait et qui rebute; qui est ange au dehors et harpie au dedans; mettez ensemble la tête d'une linote, la langue d'un serpent, les yeux d'un basilic, l'humeur d'un chat, l'adresse d'un singe, les inclinations nocturnes d'un hibou, le brillant du soleil, et l'inégalité de la lune : enveloppez tout cela d'une peau bien blanche, ajoutez-y des bras, des jambes, *et cætera*, vous aurez une femme toute complète. » *Arlequin défenseur du beau sexe*, scène dernière, *Théâtre italien* de Ghérardi, tom. v, pag. 262. Paris, 1741. « Ne saurait-on rire en bon français, dit Balzac, et en style raisonnable? on peut se travestir et se barbouiller au carnaval, mais le carnaval ne doit pas durer toute l'année. Scarron lui-même, demande que la punition du premier mauvais plaisant qui sera atteint et convaincu d'être *burlesque* relaps, soit d'être condamné comme tel, à travailler le reste de sa vie pour le Pont-Neuf. » « Ces très-burlables *burlesques*, » dit-il ailleurs.

BUSE, *s. f.* (*buteo*) oiseau qui passe pour le plus stupide des oiseaux de proie. De là le nom de *buse* donné à une personne sotte. Un avocat facétieux plaidait contre un de ses confrères, qui n'avait pas la réputation d'être fort spirituel : celui-ci, dans un plaidoyer ayant dit : « *arquebute*, » — « Dites *buse*, Me un tel, » cria le premier.

BUSTE, *s. m. Brust* est un mot allemand, qui signifie la poitrine, l'estomac (*pectus*). De ce mot *brust*, les Italiens ont fait *busto*, et les Français *buste*, le corps de l'homme pris depuis la tête jusqu'à la ceinture. La plupart des femmes qui écrivent leurs mémoires, ne se peignent qu'en *buste*. C'est un mot de Mme de Staël.

BUT, *s. m.* (basse latin. *butta*). « Celui qui passe le *but*, le manque, comme celui qui n'y atteint pas. » MONTAIGNE.

BUTIN, *s. m.* de l'allemand *beute* qui a la même signification. *Butin* se disait autrefois des prises faites sur l'ennemi. Dans les siècles de barbarie, et même dans des temps civilisés, mais reculés, la guerre était un pillage autorisé; on enlevait les propriétés du peuple contre lequel on combattait; on en faisait une masse qu'on se partageait; on appelait ce vol armé, *butin*. On faisait beaucoup de *butin* quand on pillait largement; aujourd'hui le pillage est défendu; le mot *butin* ne signifie plus, dans notre langue, que le contenu du havresac d'un soldat, ou du moins au propre; car il se dit au figuré, et surtout en poésie, de tout ce qu'on obtient par le travail, par une certaine violence qui constitue le droit de conquête. « Accroître la proie de la mort, lui enrichir son *butin*. » BOSSUET.

Tel on voit au printemps l'abeille diligente,
Chanceler sous le poids de la rose et du thym,
A l'ennemi commun disputer son *butin*.
GASTON.

Malherbe et du Bellay ont employé ce mot au pluriel. Le premier a dit :

A ce coup iront en fumée,
Les vœux que fesaient ces mutins
En leur ame encore affamée
De massacres et de *butins*.
Ode à la Reine.

et le second :

C'est toi, Paris, où s'assemble
La fleur des Grecs et Latins
Sur l'ignorance qui tremble
Parmi ces riches *butins*.

BUTINER, *v.* faire du *butin*. « Un Socrate et un Aristide ne croyoient point que l'envie d'un mesdisant pust *butiner* sur leur honneur. » *Le Politique fr.* 1604.

BUTOR, *s. m.* (*à boatu taurino*). Le butor est une espèce de gros oiseau maussade et maladroit, dont le cri est une sorte de mugissement, de là on a nommé *butor*, un homme inepte et lourdaud. « Peste soit du gros *butor*. » MOLIÈRE. Voltaire a employé le mot *butorderie* : « Je ferais, disait-il, un gros volume de mes sottises; mais je m'en console en considérant les *butorderies* de cet univers. »

BYSSE ou BYSSUS, *s. m.* terme employé dans l'écriture, pour signifier une matière précieuse dont certains vêtemens étaient tissus, du latin *byssus* venu du grec βύσσος (*bussos*), espèce de coton ou de lin très-fin.

Deux cents chameaux, caravane brillante,
Jusqu'à Memphis portaient les longs tissus
Du lin soyeux et du moelleux *byssus.*
CAMPENON, *l'Enfant prodigue*, chant 1.

« Il est probable que le *byssus* n'était autre chose que le coton. Un passage de Pline, le naturaliste, paraît confirmer cette opinion. *Pars Ægypti in Arabiam vergens gignit fruticem quem aliqui gossipion vocant, plures xylon* (le coton), *et ideò lina indè facta xylina. Parvus est, similemque barbatæ nucis defert fructum, cujus ex interiore bombyce lanugo netur, nec alia sunt eis candore mollitieve præferenda. Vestes indè sacerdotibus Ægypti gratissimæ.* PLIN. *Hist. nat.* lib. XIX, ch. 1. Jules Pollux, dans son *Onomasticon*, rapporte qu'en Egypte on trouve sur un arbrisseau une espèce de laine dont on fait des toiles, sur cet arbre vient un fruit qui ressemble assez à une noix. Ce fruit a trois capsules. Il se fend dans sa maturité, et alors on en tire quelque chose qui ressemble à de la laine. *J. Pollucis Onomasticon*, liv. VII, ch. 17.

Cette description peut très-bien s'appliquer au coton, et ne peut même guère s'appliquer qu'à ce végétal. Le *byssus* d'ailleurs, ou plutôt le coton, ne s'employait point, en Egypte, uniquement aux habits des prêtres, il servait aussi aux embaumemens. Dans les *Mém. de l'Acad. des Sciences*, M. Rouelle assure que la plupart des toiles qui enveloppent les momies qu'il a examinées, sont des étoffes de coton ; les morceaux de linge dont les oiseaux embaumés sont garnis afin de leur donner une figure plus élégante, sont également de coton. » Note du Chant 1, pag. 84, édition in-8°, 1811.

BYSSUS, espèce de mousse très-fine; elle s'attache surtout aux pierres, aux décombres et aux statues des jardins. « Quand l'homme, dit Poiret, *Hist. des plantes*, enlève avec humeur ces *byssus*, incrustés dans les marbres de son habitation, qu'il nettoie les ornemens de son architecture et fait disparaître de ses statues ce cachet de la vétusté, il ignore ou il oublie que c'est à ces mêmes plantes qu'il doit en partie la formation de ces sièges de gazon étendus sur les rochers, et même, avec le temps, ces forêts qui en couronnent le sommet. C'est donc à tort que l'homme se plaint de ces plantes importunes, tandis qu'elles s'empressent de remplir le but de la nature. Elle leur a imposé la loi de s'attacher aux bois à demi-pourris, pour en hâter la décomposition, de croître sur les pierres et les rochers, afin d'en masquer la nudité, d'y établir les bases de la végétation, et de les préparer à recevoir des végétaux d'un ordre plus élevé. » Les *byssus* offrent une grande variété dans leurs couleurs.

C.

ÇA, adv. se trouve dans nos anciens auteurs, et notamment dans le *Roman du Renard*, ouvrage du 13ᵉ siècle, pour *ici*; on dit encore dans le même sens : *viens-ça.*

CABALE, s. f. Ce mot, venu de l'hébreu, a signifié dans l'origine ce qu'on avait appris par tradition, une opinion transmise de père en fils.

« *Cabale*, au dire des Hébrieux, est le nom de leur science, doctrine ou tradition donnée par l'ouïe, non mise, ni rédigée par écrit, ou, à plus proprement parler, une réception ou tradition symbolique de révélation divine donnée de main en main par succession. « Ceste *cabale* est appelée en langue hébraïque *cabalah*, du verbe hébrieu *kibbel*, *accipere* (en latin), *apprendre* (en français). » CLAUDE DURET, *Thrésor de l'Histoire des Langues*, pag. 48, in-4°, 1619.

On appelle *cabale* au théâtre cette espèce de milice que lèvent les amis ou les ennemis d'un auteur, pour faire réussir ou tomber sa pièce.

Un auteur, ami du sergent de garde au Théâtre Français, lui avait recommandé de placer les sentinelles de manière à en imposer à la *cabale*. La pièce fut sifflée, et n'alla pas jusqu'à la fin ; l'auteur en fit des reproches au sergent, son ami, qui lui répondit naïvement : « Quand il n'y a que huit ou dix personnes de mauvaise volonté, on leur en impose ; mais que voulez-vous qu'on fasse contre une *cabale* de six cents personnes ? »

CABALÉE, ÉE, *adj.* et *part.* On a dit une réputation *cabalée* ; on ne le dit plus et c'est dommage. Heureusement que, si le mot est perdu, la chose ne l'est pas.

CABARET, *s. m.* (Bourdelot le dérive de l'herbe dont on faisait autrefois les bouchons qui se font aujourd'hui de liége, ou dont on pendait un paquet à la porte des endroits où l'on vend le vin. Suivant d'autres, cette plante n'est elle-même nommée *cabaret* en France, que parce qu'autrefois les ivrognes en buvaient pour se faire vomir, et se remettre en état de boire.)

Le roi de Prusse, voyant un de ses soldats balafré, lui dit : « Dans quel *cabaret* t'a-t-on équipé de la sorte ? — Dans un *cabaret*, où vous avez payé votre écot, à Coline. » Le roi, qui avait été battu à Coline, trouva le mot excellent.

CABARETER, *v.* « fréquenter les cabarets. » OUDIN, *Diction. des trois langues.*

CABASSER, *v.* amasser en mettant dans un *cabas*. Patelin dit à sa femme :

Sainte Marie ! Guillemette,
Pour quelque peine que je mette
A *cabasser*, n'a r'amasser,
Nous ne pouvons rien amasser.

Et dans Oudin, *Diction. des trois langues*, il s'est dit proprement du grain que les valets dérobent et qu'ils cachent dans des paniers, en attendant l'occasion de les vendre ; et figurément pour tromper.

Journellement chacun son cas pourchasse ;
Noises y sont, on y trompe et *cabasse*.

Dans quelques provinces il signifie rompre la tête : « Vous ne faites que me *cabasser*. » MÉNAGE. De là on avait fait *cabasseur*, trompeur.

Larron *cabasseur* de pécune.
La Passion à personnages, in-4°, fol. 136 recto.

CABOCHE, *s. f.* doit venir de l'italien *capocchia*, petite tête, qui doit être un diminutif de *capo*, tête, dont la racine est le latin *caput*, qui a la même signification.

Cabeça (tête). Nos pères ont dit *cavéche* pour tête : « rompre la *cavéche* à tout le monde. » *Satire Ménippée*. Il n'est que du style comique.

Voyez-vous, vous avez la *caboche* un peu dure.
MOLIÈRE, *l'Etourdi*.

Sur la fin du repas, Cartouche en sa *caboche*
Ruminant son dessein, vous tire de sa poche
Un sac plein de louis. . . . .
Cartouche, poëme par Grandval, chant 8.

CABRER (se), *v.* du latin *capra* (chèvre), le cheval qui se cabre, se lève sur les pieds de derrière à la manière des chèvres. On a dit, dans le même sens, *aarbrer* qui se trouve dans le roman de Perceval.

CABRI, *s. m.* le petit d'une chèvre ; on disait autrefois *cabrit* de *capritus* dans la latinité du moyen-âge, dérivé de *capra* (chèvre). Le titre 5 de la loi salique porte : « *Si quis capritum sive capram furatus fuerit* (si quelqu'un a volé un *cabri* ou une chèvre). *Recueil des Historiens de France*, note au bas de la pag. 207 du tom. IV, in-f°, Paris, 1741.

Cabriole, cabrioler, cabriolet ont également pour racine le mot *capra* (chèvre).

La *cabriole*, danse qu'on demandait autrefois à l'arlequin du théâtre italien, lorsqu'il annonçait, s'était introduite à la cour de Catherine de Médicis. Dans le *ballet des fées*, dansé au Louvre en 1625, une des fées se nommait la *caprioleuse*. Or le nom de chacune répondait au caractère qu'elle remplissait, et cette fée, dit l'abbé de Marolles, présidait à la danse.

Cabriolet ! ce mot est drôle :
Son origine, s'il vous plaît?
Mettez un *T* à *cabriole*,
Et vous aurez *cabriolet*.

CABUS, *adj. m.* du latin *capitatus* (qui a une tête, une pomme) ; il ne se dit plus qu'avec le mot *choux* : des *choux cabus* ; Pline a dit de même *capitati caules* (choux pommés). On trouve dans le *Dict.* de Pomey, laitue *cabuse*, lactuca *capitata* ; et, dans les *Epithètes* de De la Porte, celle de *cabuse* jointe à ce mot *laitue*. Rabelais suppose que ce fut d'une sueur de Jupiter que naquirent les choux *cabus*.

CACHOTERIE, *s. f.* mot de Mme de Sévigné : « Vous êtes bien plaisante de montrer mes lettres! Où est donc ce principe de *cachoterie* pour ce que vous aimez ? »

CADAVÉREUX, EUSE, *adj.* « Quel que soit le nombre des méchans sur la terre, il est peu de ces ames *cadavéreuses*, devenues insensibles, hors leur intérêt, à tout ce qui est juste et bon. » J. J. ROUSSEAU.

CADAVRE, *s. m.* « Il est des ames uniquement rabaissées vers les plaisirs terrestres et qui se dissipent par des amours physiques, ou par les voluptés de l'intempérance ; alors elles perdent le don de s'élever : c'est un aigle qui n'a plus la force d'ouvrir ses ailes, et de s'élancer vers le soleil ; tels sont ces *cadavres* ambulans qui sortent tout épuisés des repaires de la débauche, ou des salons de l'intempérance. » VIREY, *Dict. des Scienc. médic.* J. B. Rousseau a osé dire (cantate XIII) :

Arbres dépouillés de verdure,
Malheureux *cadavres* des bois,

pour exprimer des arbres morts; et L. Racine, Delille, Roucher et Chateaubriand, les *cadavres* des cités, pour exprimer leurs ruines. On a trouvé ces expressions plus hardies que nobles.

Cette dernière est d'un bel effet dans cette lettre de Sulpicius à Cicéron pour le consoler de la mort de sa fille : « Faibles mortels, nous sommes surpris si nous voyons mourir quelqu'un de nous, tandis qu'en un même lieu gisent épars les *cadavres de tant de cités* (tot oppidorum cadavera). » M. de Saussure, en décrivant sa périlleuse ascension du Mont-Blanc, a dit « qu'il a vu le *cadavre* de l'univers étendu sous ses pas. »

CADÉDIS, *s. m.* est une corruption de *cap de dis* qui s'est dit autrefois pour tête de Dieu ; c'était une espèce de jurement usité alors, comme *sang dis* dont on a fait ensuite *sandis* qui signifie : je jure par le *sang de Dieu!*

UN GASCON.
Eh! *cadédis*, Monseu, boyez qui l'on peut être.
QUINAULT, *Prologue des fêtes de l'Amour et de Bacchus.*

CADENASSER, *v.* « Le soin est pris d'un bout de l'Europe à l'autre d'enchaîner toutes les langues, de *cadenasser* toutes les bouches. » SALVANDY, *De la France et de la coalition.*

CADENCÉ, ÉE, *adj.* On dit familièrement d'un homme qui parle et se meut avec une sorte de *cadence*, que c'est un homme toujours *cadencé*.

CADENETTE, *s. f.* petite moustache de cheveux du côté droit, ainsi appelée d'Honoré d'Albert seigneur de *Cadenet*, maréchal de France, qui le premier porta de ces sortes de moustaches. MÉNAGE, *Dict. étymolog.*

Ce nom a été donné aussi aux anciennes perruques que les dames mettaient le matin avant d'être peignées. On s'est ensuite servi de ce mot pour exprimer des cheveux tressés en forme de chaîne.

CADI, lisez *cádhy*, et c'est ainsi que d'Herbelot l'écrit. Ce mot arabe, adopté par les Persans qui prononcent *cáxy*, signifie *magistrat*, *juge*. Les cadis sont des magistrats civils, mais avec un pouvoir arbitraire et presque absolu. FR. DE NEUFCHATEAU, *Note sur Gil Blas*, liv. V, ch. I, édit. de 1825.

CADRAN, *s. m.* Le cardinal de Retz (liv. III), après avoir parlé d'un événement qu'il ne peut expliquer, ajoute : « Ne doit-on pas admirer, après cela, l'insolence des historiens vulgaires, qui croiraient se faire tort, s'ils laissaient dans leurs ouvrages, un seul événement dont ils ne démêlassent pas tous les ressorts qu'ils montent et qu'ils relâchent presque toujours sur des *cadrans* de collèges. »

CADRE, *s. m.* « Mettez un *cadre* à

toute cette belle peinture, et vous en ferez le portrait d'une dame que je ne veux pas nommer. » Mme DE SÉVIGNÉ. « Malheur à qui, pour paraitre, a besoin d'un *cadre* doré! Combien d'hommes se rendent justice en se faisant *encadrer ainsi!* » J. J. ROUSSEAU, *Emile.* « La conduite équivoque du monarque également honteux d'avouer Mme de Maintenon pour épouse, ou de l'afficher pour maitresse, rapetisse les anciens prestiges de sa vie héroïque aux dimensions d'un *cadre* de comédie. » LE MONTEY, *de la Monarchie de Louis* XIV, 1819.

CADRER, *v.* du latin *quadrare*, proprement former le carré; c'est en ce sens propre que Virgile a dit :

. . . . *Nec seciùs omnis in unguem
Arboribus positis secto via limite quadret.*
          Géorg. liv. 2.

Figurément, s'accorder comme les quatre lignes ou les quatre angles d'un carré, convenir, être en rapport. Les Latins l'ont aussi employé figurément : « *conjunctionem verborum numerosè cadere et* quadrare *volumus.* » CIC. *de Orat.* 3, 173.

CADUCÉE, *s. m.* du latin *caduceum*. C'était une baguette entrelacée de serpens, et surmontée de deux ailerons, que Mercure avait reçue d'Apollon, en échange de la lyre, dont il lui avait fait présent. Ce mot vient du grec κηρύκιον par un léger changement de lettres, et κηρύκιον est dérivé de κήρυκες, *legati* (ambassadeurs), parce que, chez les Grecs, les ambassadeurs portaient le caducée comme signe de paix.

Dans les idées modernes, *porter le caducée* ne présente pas l'idée d'une fonction aussi honorable :

La charge est vraiment belle, et pour un tel
                          [dessein
Il ne me faudrait plus qu'un *caducée* en main.
       RÉGN. *Démoc. amour.* act. III, sc. 5.

CADUCITÉ, *s. f.* « La mort qui prévient la *caducité*, arrive plus à propos que celle qui la termine. » LA BRUYÈRE.

CAFARD, ARDE, *adj.* Rabelais a écrit *caphard*, Cl. Marot *capharderie*, et *caphardus* se trouve dans les *Sermons* de Maillard. Il se dit particulièrement des gens qui font leurs affaires sous prétexte de religion, en abusant de la simplicité et de la confiance des autres. Les auteurs du *Dict. de Trévoux* le font venir du verbe arabe *caphara* (nier).

CAFARDAGE, *s. m.* « Ils remplirent leur *Mercure* d'inepties et du plus plat *cafardage.* » J. J. ROUSSEAU, *Conf.* liv. XII.

CAFARDER, *v.* agir ou parler en hypocrite. Par ce mot on entendait autrefois : parler beaucoup et mal à propos, témoin ce que dit le juge dans Patelin.

Il n'y a rime ny raison
A tous tant que vous *cafardez.*

et ce qu'on lit dans *Amadis*, t. VI, c. 113 : « Je t'apprendrai à *cafarder* d'une autre sorte. » le *Roman de Tristan de Leonois*, pag. 225. « C'est trop *caphardé*, c'est-à-dire trop sermoné. *Cafar*, en ce sens, vient de *cape*; d'où *capuchon.* » LE DUCHAT.

CAFÉ, *s. m.* (arabe *kahoueh*, le vin en tant qu'il excite l'appétit). Galiani appelait Paris « le *café* de l'Europe. »

On disait, devant Fontenelle, que le *café* était un poison lent. « Très-lent en effet, repartit le philosophe, car il y a quatre-vingts ans que j'en prends. »

CAGNARD, DE, *adj.* et *s.* « En Languedoc, on appelle *cagnard* (de *canis*) tout endroit découvert, mais où l'on est à l'abri du vent et du froid, comme est le côté de la rue où donne le soleil, pendant que de l'autre côté il fait sombre et souvent froid. Les gueux choisissent volontiers ces endroits-là, pour s'y chauffer les bras croisés, aux dépens du bon Dieu, comme on dit. Or, comme les chiens choisissent les endroits où luit le soleil, pour s'y coucher tout de leur long, de là aussi *caignard* pour les endroits où le soleil attire les fainéans. Dans Rabelais, liv. VII, ch. 3, dormir en chien, c'est dormir à jeun, en plein soleil, comme font les chiens. De là aussi *caignard* dans la signification de gueux, fainéant. » *Ducatiana.*

Et. Pasquier (*Rech.* l. VIII, c. 42)

donne de ce mot cette autre origine : « En ma grande jeunesse, les fainéans avoient accoutumé au temps d'été, de se venir loger sous les ponts de Paris, garçons et garces pesle-mesle, et Dieu sçait quel ménage ils faisoient ensemble. Tant y a qu'il me souvient qu'autrefois par cri public, émané du prévost de Paris, il leur fut défendu, sous peine du fouet, de plus y hanter ; et comme quelques-uns furent désobéissans, j'en vis fouetter tout d'un coup plus d'une douzaine sous les mesmes ponts, depuis lequel ils en oublièrent le chemin. Ce lieu estoit appelé le *Caignard*, parce que, tout ainsi que les canards et ceux qui le fréquentoient, ils tenoient leur demeure à l'eau. » La première étymologie paraît la plus accréditée. Mener une vie *cagnarde*, fainéante.

Gens aimant leurs foyers et qu'on nomme *cagnards*.
HAUTEROCHE, *Nobles de Province*, acte v, sc. 1.

Ce mot pris substantivement paraît avoir un sens un peu différent dans ce passage de Montaigne (liv. III, c. 9) : « En ces voyages vous serez aresté misérablement en un *caignard* (méchant village), où tout vous manquera. » De là étaient dérivés *cagnarder*, *cagnardise*, *cagnardier*, qui ne se disent plus.

CAGNESQUE, *s. m.* langage de chien. « Car du temps que ce Regnard estoit à la ville, il avoit appris à parler bon *cagnesque* et les façons des chiens. » DESPÉRIERS, *Nouvelle* XXXI. Oudin, *Dict. des trois langues*, ne place ce mot, qu'il fait adjectif, qu'avec un astérisque.

CAGOT, E, *adj.* Le Duchat le dérive de *cano* (je chante), et de l'allem. *Gott* (Dieu). Les *cagots* affectent de louer Dieu à tous momens.

En Béarn, et dans quelques endroits de la Gascogne, on appelle *cagots* ou *capots*, des familles qu'on prétend descendues des Visigoths. Ceux qui les composent sont censés ladres et infects, et il leur était défendu, par la coutume de Béarn, sous les peines les plus sévères, de se mêler avec le reste des habitans. Ils ont une porte particulière pour entrer dans les églises, et des siéges séparés. Leurs maisons sont écartées des villes et des villages. Il y a des endroits où ils ne sont point admis à la confession. Ils ne sont pas reçus en témoignage ; anciennement on leur faisait la grâce de compter sept d'entr'eux pour un témoin ordinaire. Ils sont presque tous charpentiers. On fait venir leur nom de *caas Goths*, *chiens de Goths*. Cette dénomination injurieuse leur est restée avec le soupçon de ladrerie, en haine de l'arianisme dont les Goths faisaient profession. Il serait curieux de vérifier si la révolution a fait cesser cette barbare interdiction.

CAGOTERIE, *s. f.*
Oui, l'insolent orgueil de sa *cagoterie*
N'a triomphé que trop de mon juste courroux.
MOLIÈRE, *Tartufe*, acte III, sc. 3.

CAGOTISME, *s. m.*
Son *cagotisme* en tire à toute heure des sommes,
Et prend droit de gloser sur tous tant que nous
{ sommes.
Ibid. acte I, sc. 2.

CAGOULE, *s. f. cuculla* (capuchon de moine). « Il n'y a rien si vray que le froc et la *cagoule* tirent à soy les opprobres, injures et malédictions du peuple. » RABELAIS, l. I, ch. 40.

CAHORSAIN. *Voyez* ENLEVER.

CAHOT, *s. m.* et CAHOTER, *v.* de la secousse qu'on éprouve dans une voiture mal suspendue qui roule sur un chemin âpre et raboteux, et de l'effort qu'on fait pour reprendre la respiration durement interrompue. Les Latins ont dit *succussus*, qu'ils prononçaient *soucoussous*, et qui rendait la même idée. CH. NODIER. « Sa petite femme, grossièrement agréable, était *cahotée* à ses côtés. » VOLT. *Jeannot et Colin*. « Précipice affreux, où le Rhône *cahote* ses eaux à des profondeurs immenses. » *Voyage en Italie*. « La nature, en Suisse, se montre *cahotante*, scabreuse, et gigantesque. » *Ibid.* t. VI, lett. 41.

Incahotable, voiture où l'on ne peut être cahoté. Ce mot se trouve dans le *Richelet* de 1732, et commençait, dit-il, à prendre faveur. Il paraît que cette faveur ne s'est pas soutenue. On ne le retrouve plus dans l'édition de 1759.

CAILLE, *s. f.* « Ménage, après Scaliger, croit que ce nom a été donné à cet oiseau à cause de son chant, qui semble en prononcer la première syllabe. Ce mot vient apparemment de l'italien *quaglia*, ou s'est formé, aussi bien que celui-ci, de *quaquila* ou *quisquila* qui se trouvent dans la basse latinité pour exprimer cet oiseau, et qui sont des mots faits sur le chant des cailles. » *Dict. de Trévoux.* On a reconnu, dit Buffon, généralement plus de chaleur dans les cailles que dans les autres oiseaux, au point qu'en France; elle a passé en proverbe. On dit vulgairement *chaud comme une caille.* De ce primitif sont dérivés *cailletage*, *caillette*, *cailleter.*

CAILLÉ, ÉE, *adj.* « Gras et *caillé.* » Fort gras. BOUCHET, XXVIᵉ sérée. « Les Normands appellent : temps *caillé*, ce que nous appelons pommelé. » MÉNAGE.

CAILLETAGE, *s. m.* babillage continuel comme celui de la caille. Ce mot est de la création de J. J. Rousseau : « Le petit *cailletage* du parloir ne peut flatter un esprit toujours en mouvement. »

CAILLETTE, *s. f.* femme qui, comme la caille, babille continuellement. « Les dévotes font du bon Dieu une *caillette* du quartier, disoit l'autre jour la vieille duchesse de Liancourt. » Mᵐᵉ DE SÉVIGNÉ.

CAILLETER, *v. n.* « J'ai des lettres sans fin à écrire, que je n'écrirais pas si je *cailletais* plus long-temps avec toi. » Mᵐᵉ DE GRAFFIGNY.

CAILLOU, *s. m.* (*calculus*). « Je suis toute étonnée de ne plus trouver sur mon cœur, ni le jour ni la nuit, ce *caillou* que vous m'y aviez mis par l'inquiétude de votre accouchement. » SÉVIGNÉ.

CAJOLABLE, *adj.* susceptible d'être cajolé. « Mᵐᵉ de Warens se mit à cajoler Grossi, qui pourtant n'était pas trop *cajolable.* » J. J. R. *Confess.*

CAJOLER, *v.* Ce mot peut venir des oiseaux qui sont en cage. De là *cajolerie* et *cajoleur.*

Je craindrais bien plutôt que la *cajolerie*
Ne mît le feu dans la maison.
LA FONTAINE, *les Oyes du frère Philippe.*

CALAMITÉ, *s. f.* (en latin *calamitas*), dans sa signification primitive, n'est autre chose qu'un *orage*, qu'une *grêle* qui rompt les tuyaux de blé, du mot grec χάλαμος, ou latin *calamus* : c'est de cette signification restreinte à un malheur particulier, que ce mot est venu à signifier, par extension, toute sorte de malheurs ; et même, comme les poètes dramatiques ne voient pas de plus grand désastre qu'une grêle de sifflets et de murmures qui fait tomber leur pièce, la chute d'une comédie est appelée, dans Térence, *calamitas*. . . . . . .

« *Calamité* exprime dans son sens primitif un malheur causé par la disette de grains, *à calamis.* » M. DE FÉLETZ, *les Quatre Saisons du Parnasse*, Mélanges, pag. 152, tom. XIII, 4ᵉ année.

CALAMITEUX, EUSE, *adj.* « La plus *calamiteuse* et fragile de toutes les créatures, c'est l'homme. » MONTAIGNE, liv. II, ch. 12. L'Académie prévient que ce mot vieillit et qu'il ne se dit guère qu'en parlant des temps de peste, de guerre et de famine.

CALCUL., *s. m.* Costadau, dans son *Traité des signes*, tom. II, pag. 82, pense qu'on employa d'abord les différentes inflexions et positions des doigts pour signifier les différens nombres ; ensuite on compta avec des petits cailloux, en latin *calculus*; de là le mot *calcul.* « Il y a grande apparence, dit Goguet (*Origine des lois, des arts*, etc. tom. I, pag. 205), qu'originairement les petites pierres furent ce dont on fit le plus généralement usage pour les opérations arithmétiques. Le mot de *calcul*, que nous avons emprunté des Romains, a vraisemblablement rapport à l'ancienne pratique d'employer de petits cailloux dans les opérations un peu composées. Il en est de même en grec où le mot ψηφίζω, venant de la racine ψῆφος, *petite pierre* ou *caillou*, signifie entre autres choses *calculer.* » De *calcul* on a dérivé *calculer*, et de *calculer*, *calculateur.*

CALEMBOUR, *s. m.* jeu de mots souvent fort insipide, qui résulte du double sens que présente un terme ou une réunion de mots, ou de la double signification que présentent deux homonymes. Une dame qui chantait avec prétention, n'ayant pu achever sur le ton qu'elle l'avait pris, l'air qu'elle avait commencé, dit à un homme d'esprit, assis à côté d'elle : « Je vais le reprendre en *mi*. — Non, Madame, restez-en *là*, » lui repartit son voisin.

Un des plus jolis *calembours* est celui que fit M. de Bièvre à l'occasion d'une jolie femme qui l'avait quitté, et en faveur de laquelle il avait constitué une rente. Voyant entrer dans une compagnie son infidèle, vêtue d'une robe amaranthe, il s'écria, comme s'il eût admiré la couleur de la robe, mais effectivement avec le ton du regret : « *la belle a ma rente* (la belle amaranthe).

Racine aima long-temps Mlle de Champmeslé; il ne se dégoûta d'elle que lorsqu'elle l'eut quitté pour M. Clermont-Tonnerre : c'est ce qui fit dire alors de cette fameuse actrice qu'*un tonnerre l'avait déracinée*. Ces sortes de saillies n'ont de piquant que l'à-propos.

 Le *calembour*, enfant gâté
 Du mauvais goût et de l'oisiveté,
Qui va guettant, dans ses discours baroques,
De nos jargons nouveaux les termes équivoques;
 Et se jouant des phrases et des mots,
 D'un terme obscur fait tout l'esprit des sots.
  DELILLE, *la Conversation*, ch. I.

Voltaire, à son retour de Paris, blessé de l'abus que les jeunes gens faisaient du *calembour*, qu'il regardait comme l'éteignoir de l'esprit et le fléau de la conversation, engagea Mme du Deffand à se joindre à lui, pour l'en bannir : « Ne souffrons pas dit-il, qu'un tyran si bête usurpe l'empire du grand monde. »

CALEPIN, *s. m.* On entend par *calepin* un recueil de mots, de notes, d'extraits, qu'une personne a composé pour son usage.

Nous devons ce mot à Ambroise *Calepin*, religieux augustin, né à Calepio, bourg dans l'Etat de Venise, d'où il tirait peut-être son nom. Son *Dictionnaire*, augmenté depuis par Passerat, Lacerda, Chifflet et d'autres, fut imprimé pour la première fois en 1503. On en avait fait le verbe *calepiner*, faire des notes, des extraits. OUDIN, *Dictionn. des trois langues*.

CALER, *v.* du grec χαλᾶν (baisser, abaisser) : « *Caler la voile à la tempête.* » ET. PASQ. *Rech.* liv. 1, ch. 7.

« Eust-on ouy de la bouche de Socrate une voix suppliante? Ceste superbe vertu eust-elle *calé* au plus fort de sa montre? » MONTAIGNE, liv. III, ch. 12.

CALFEUTRER, *v.* du latin *calefrictare* (enduire de chaux). « Les premiers qui sont abreuvés de ce commencement d'estrangeté, venans à semer leur histoire, sentent par les oppositions qu'on leur faict, où loge la difficulté de la persuasion, et vont *calfeutrant* ces endroits de quelque pièce fausse. » MONT. l. III, c. 2.

CALIFE, *s. m.* de l'arabe *halapha* qui signifie succéder, être à la place d'un autre. Ce nom dans le sens de vicaire a été donné aux successeurs de Mahomet.

CALIFOURCHON, *s. m.* Ronsard a écrit *calfourchon*; il se dit pour signifier qu'on est assis sur quelque chose, jambe de-ça, jambe de-là. « Il y a apparence que c'était à *califourchon* qu'il était sur son âne. » *Don Quichotte*, trad. de Bouchon-Dubournial. Sterne, auteur anglais, a dit : « chacun a son *califourchon*, » pour sa manie, sa folie; comme on dit chacun a sa marotte.

 Chacun a son *califourchon*,
 A dit Sterne, et Sterne a raison.
 Ma maîtresse a sa fantaisie :
 Par moi son goût est respecté;
 Ma maîtresse, de son côté,
 Pardonne à ma métromanie.
  ARMAND CHARLEMAGNE.

CALLEUX, EUSE, *adj.* du latin *callosus* (qui a des cals, des durillons). « Voyez, dit Montaigne, comme l'amour va chancellant, chopant et follastrant. On le met aux ceps quand on le guide par art et sagesse : et contrainte en sa divine liberté, quand on le submet à ces mains barbues et *calleuses*. » Liv. III, ch. 5.

CALLIGRAPHIE, *s. f.* l'art de

tracer avec netteté et élégance les caractères de l'écriture, du grec καλὴ, belle, et γραφὴ, écriture. On ignore quel motif a empêché l'Académie de porter ce mot à son *Dictionnaire*, ainsi que le mot *calligraphe*. Les Allemands se servent avantageusement du premier : ils disent *une leçon de calligraphie*, et quant au second qui n'est point un néologisme, il nous est d'une absolue nécessité pour exprimer un homme qui se livre à l'art de la *calligraphie*. *Un bon écrivain* dans notre langue signifie un homme qui a un style pur, soigné, correct ; mais *un bon calligraphe* signifie un homme qui trace bien les caractères de l'écriture, ce que nous appelons avoir une belle, une bonne main. Ne disons-nous pas déjà *typographe*, *typographie* ; *géographe*, *géographie* etc. ?

CALLIGRAPHIER, *v. n.* Ce néologisme, un peu hardi, pouvait peut-être se tolérer dans le prospectus publié en 1782 (*Esprit des Journaux*, août 1782, pag. 242) par l'abbé Rive, d'un choix de miniatures et de *calligraphies* depuis le 14ᵉ jusqu'au 17ᵉ siècle.

CALMAR, *s. m.* étui où l'on met des plumes à écrire, du latin *calamus* (canne, roseau). C'est un vieux mot qui, selon Barbazan, a été forgé par Rabelais.

CALOMNIER, *v.* Un mauvais traducteur *calomnie* son original.

CALOMNIOGRAPHE, *s. m.* celui qui écrit des calomnies. Voltaire a employé ce mot dans le style familier : « Voilà, dit-il, l'état des choses, quant aux typographes ; à l'égard des *calomniographes*, j'en ris ; il y a cinquante ans que j'y suis accoutumé. »

CALOT avait beaucoup d'adresse à dessiner des grotesques ; ce qui a fait appeler *figure à Calot*, toute figure monstrueuse et ridicule.

Vous dont le visage fallot
Est le trône de la grimace,
Vous avez droit de prendre place
Dans les *Grotesques de Calot*.
SARRAZIN.

CALOTTE, CALOTIN, CALOTINE. Au propre, avons-nous déjà dit dans notre *Nouv. Dict. des Origines*, la calotte est une petite toque, un petit bonnet qui ne couvre que le haut de la tête ; de là on a dit *calotte* ; *calotin, calotine*. « *Donner la calotte* ou *un brevet de la calotte*, » c'était, dit Féraud, déclarer un homme fort extravagant. De là *calotin*, homme extravagant ou noté et décrié, et *calotine*, pièce de vers mordante et satirique. C'est en ce sens que Voltaire a dit dans sa 87ᵉ lettre (année 1746) : « Que dites-vous d'une infâme *calotte* qu'on a faite contre M. et Mᵐᵉ de la Popelinière, pour prix des fêtes qu'ils nous ont données ?

Que l'on me voie à Paris, anecdote,
Amphigouris, vaudeville insultant,
Piquant lardon, *brevet de la calotte*,
Tout sera mis sur mon compte à l'instant.
GRÉCOURT, *Epitre à M. le comte d'A....*

Voltaire est appelé dans *l'Anti-Mondain*, *cher calotin* de la première classe. On trouve dans le *Dict. des Passagers, calotin*, pour signifier un homme bizarre, fou, qui a un coup de hache.

Voici ce qui a donné lieu à cette plaisanterie : au commencement du 18ᵉ siècle, quelques beaux esprits de la cour de Louis XIV formèrent une société qui se nomma *le régiment de la calotte*. Leur but était de corriger les mœurs, et de réformer, en employant l'arme du ridicule, les travers soit dans la conduite, soit dans le langage ou dans le style. M. de Torsac, exempt des gardes-du-corps, M. Aimon, porte-manteau du roi, et divers autres officiers, ayant fait un jour mille plaisanteries sur un mal de tête dont l'un d'entre eux souffrait extrêmement, proposèrent une *calotte* de plomb au malade. La conversation s'étant échauffée, ils s'avisèrent de créer un régiment composé uniquement de personnes distinguées par l'extravagance de leurs discours, ou de leurs actions ; ils le nommèrent *le régiment de la calotte*, lui donnèrent pour enseigne les figures de Momus et de la Folie, surmontées d'une *calotte* de plomb ; et d'un consentement unanime, le sʳ Aimon en fut aussitôt élu général. Cette burlesque saillie fut poussée si loin, que l'on fit faire des étendards, et frapper des médailles sur cette institution, et il se trouva des beaux esprits qui mirent en vers les brevets que le régiment distribuait à tous ceux qui avaient fait quelque sottise éclatante *. Plusieurs personnes de distinction se rangèrent sous les étendards du régiment, et chacun se faisait une occupation sérieuse de relever, par des traits de raillerie, les défauts des gens les plus considérables, et les fautes qui leur échappaient. Cet établissement ayant fait du bruit, on voulut d'abord le saper par les fondemens, mais il para tous les coups qu'on lui porta, malgré le crédit de ceux qui s'intéressaient à sa destruction, et les assauts redoublés ne servirent qu'à le rendre plus florissant. Le régiment grossit en peu de temps, et la cour et la ville lui fournirent un nombre considérable de dignes sujets. Louis XIV, ayant été informé de cette plaisante milice, demanda un jour au s^r Aimon s'il ne ferait jamais défiler son régiment devant lui. « *Sire*, répondit le général des calotins, *il ne se trouverait peut-être personne pour le voir passer.* » On en avait fait le verbe

Calotiniser, enrôler dans le régiment de la *calotte*, en envoyant un de ces brevets dont nous avons parlé.

CALVAIRE, *s. m.* du latin *calvaria*. Le *Calvaire* était dans le principe une montagne située hors de Jérusalem, du côté du septentrion, où l'on exécutait les criminels.

On a appelé par imitation *Calvaire*, chez les chrétiens, une chapelle de dévotion où se trouve un crucifix, et qui est élevée sur une place proche d'une ville, à l'imitation de celui qui était proche de Jérusalem, et sur lequel le Christ fut mis en croix. On dérive ce nom de *calvus* (chauve), parce que, dit-on, cette éminence, à Jérusalem, était nue et sans verdure ; et c'est en effet ce que signifie le mot hébreu *golgotha* que les interprètes latins ont rendu par *calvariæ locus*.

CALVITIE, *s. f.* Ce mot nous manque ; il vient du latin *calvities*, qui a la même signification. Jules César, pour cacher sa *calvitie*, s'entoura la tête de feuilles de laurier.

CAMAÏEU, *s. m.* « Rien n'est plus insipide au théâtre que ces fades *camaïeux*, où tout est bleu, où tout est rose, où tout est l'auteur, quel qu'il soit. » BEAUMARCHAIS.

CAMARADERIE, *s. f.* terme de conversation dérivé de *camarade*. Familiarité de camarades. « La plupart des liaisons de société, la *camaraderie*, etc. tout cela est à l'amitié ce que le sigisbéisme est à l'amour. » CHAMFORT.

CAMÉE, *s. m.* pierre fine gravée en relief. On trouve sur le rivage de Trapani, en Sicile, une espèce de coquille qu'on appelle *came* ; elle est de deux ou trois pouces de diamètre, et d'une épaisseur de deux ou trois lignes ; elle est couverte communément d'une mousse semblable à un très-beau velours vert. On la travaille dans cette ville ; on en fait de petits bas-reliefs, qu'on porte en bagues ou en bracelets. C'est, selon M. Houel (*Voyage pittoresque des îles de Sicile*, etc., 1782), du nom de cette coquille qu'on a donné celui de *camée* à ces agates ou à ces compositions de deux ou trois couleurs, sur lesquelles on grave des têtes ou des sujets dans le goût de l'antique.

CAMÉLÉON, *s. m.* du grec χαμαιλέων (*chamaïléon*) petit lion. Ce nom, selon Licetus, lui a été donné, parce que, comme le lion fait la chasse aux autres animaux, le *caméléon* la fait aux mouches.

Le *caméléon* est un animal qui ressemble au lézard, et dont la couleur varie continuellement comme celle du pigeon, selon la réflexion des rayons du soleil, et la situation où il est par rapport à ceux qui le regardent. C'est là ce qui a fait donner le nom de *caméléon* à celui qui semble changer à volonté d'habit ou de figure.

---

* On a recueilli un grand nombre de ces pièces attribuées à Roy, à Gacon, à l'abbé Desfontaines, etc. en 4 pet. vol. sous le titre de *Mémoires pour servir à l'Histoire de la calotte*.

Je définis la cour un pays où les gens,
Tristes, gais, prêts à tout, à tout indifférens,
Sont ce qui plaît au prince, ou s'ils ne peuvent
[l'être,
Tâchent au moins de le paraître.
Peuple caméléon, peuple singe du maître.
LA FONTAINE.

CAMOUFLET, *s. m.* (chaud et mufle ; on disait autrefois chaumouflet, ou *calamo flatus*). « N'est-ce pas donner un *camouflet* à la nature ? » *Théâtre italien.*

CAMPAGNARD, DE, *adj.* et *s.*
C'est un franc *campagnard* avec longue rapière.
MOLIÈRE, *les Fâcheux*, act. II, sc. 6.
« Jamais on n'a vu la magnificence *campagnarde* si naturellement étalée. Le clinquant rouillé, les passemens ternis, le taffetas rayé ; de petits yeux et de grosses gorges brillaient partout. » HAMILTON, *Mém. de Gram.*

CAMUS, SE, *adj.* du latin *camurus* (courbé).
Didon, si l'on en croit Scarron,
Etait une grosse dondon,
Grasse, vigoureuse, bien saine,
Un peu *camuse* à l'Africaine,
Mais agréable au dernier point.

CAMUSERIE, *s. f.* état de ceux qui ont le nez camus. Bouchet s'est servi de ce mot : « Entre les Mores, la *camuserie*, la couleur noire, et avoir les cheveux recoquillez et frisez, leur est autant d'estime et de beauté, que d'avoir grand nez, nostre couleur blanche et nos cheveux longs, » XXIXe *sérée*.

CAMUSETTE, *s. f.* petite camuse, diminutif.
Une petite *camusette*,
Friponne, drue et joliette.
LA FONTAINE, *Epître pour Mignon.*

CAMUSON, *s. m.* Un auteur a employé cet autre diminutif :
Chantons, chantons le beau nom de Nanette,
Chantons, chantons le beau nom de Nanon ;
Elle est charmante, elle est bien faite,
C'est une aimable *camuson*.
Mercure, janvier 1729.

CANAPÉ, *s. m.* du latin *conopeum* qui se trouve dans Varron dans la signification de lit d'accouchée, et qui vient du grec κωνωπεῖον. « Le conopée, κωνωπεῖον, dit M. Dacier, était une tente, un pavillon dont les dames se servaient, en Egypte, pour se garantir des cousins qui y sont en grand nombre à cause du voisinage de la mer et des marais du Nil. » *Remarque* sur le 16e vers de l'*Ode* IX du Ve liv. d'Horace.

CANASTRE, *s. m.* On appelle tabac de *canastre* certain tabac à fumer que les Espagnols apportent des Indes dans des *canastres*, comme ils nomment une corbeille d'osier. Du latin *canistrum*, dont les Espagnols ont fait *canastre* en la même signification. LE DUCHAT.

CANCAN, *s. m.* bruit, tintamare. Ce mot s'est formé de la conjonction latine *quanquam*, parce que les longs discours et les longues périodes commencent souvent par *quanquam*. On a appelé un long discours un *quanquam*, d'où l'on a fait *cancan* ; il m'a fait un grand *cancan*, une longue plainte aigre et bruyante.

Ramus entreprit de réformer la prononciation de quelques mots latins, entre autres de ceux qui sont composés des pronoms *qui*, *quis*, etc. que de son temps on prononçait *ki*, *kuis*, etc. Le zèle de l'Université s'opposa vivement à cette innovation. Un jeune ecclésiastique ayant, dans une thèse, prononcé *quisquis, quanquàm*, etc., comme Ramus et les autres professeurs royaux, et non selon l'usage de l'Université, les docteurs scandalisés voulurent faire priver cet ecclésiastique d'un bénéfice qu'il possédait. L'affaire fut déférée au parlement, au tribunal duquel Ramus prit la défense de cet abbé. Il fut rendu un arrêt qui permettait à chacun de prononcer ce mot à son gré. Comme Ramus, dans son discours, avait souvent prononcé *cancan*, pour faire sentir le vice de la prononciation reçue, ce litige singulier donna lieu à quelqu'un des auditeurs de dire : « Voilà bien du *cancan* ! voilà un beau *cancan* ! » De là ce mot fut transporté à d'autres sujets, et surtout dans les occasions où l'on fait beaucoup de bruit pour rien. Suivant d'autres, ce mot a été fait, par onomatopée, du bruit que font les oies quand elles sont effrayées.

CANCELLARESQUE, *adj. Voy.* CHANCELIER.

CANDIDAT, s. m. vient du latin *candidatus* (blanc, vêtu de blanc). Ceux qui aspiraient aux charges publiques étaient tenus, chez les Romains, de porter une robe blanche pendant les deux années qu'ils postulaient ces charges, et de là ils étaient appelés *candidati*, d'où nous avons fait *candidat*, nom que l'on donne à celui qui se présente pour être élu à quelque charge, à quelque dignité.

CANETER, v. marcher comme les canes, en remuant les hanches. « Les boiteux marchent en *canetant*. » BOUCHET, XVIIIe *Sérée*.

CANON, s. m. « Les divers sens dans lesquels ce mot se prend en français, et s'est pris dans les langues anciennes, m'ont déterminé, dit M. J. B. Perrier, à en rechercher l'étymologie, et à le suivre dans les variations qu'il a éprouvées.

» Je distingue le mot canon, *règle*, du mot canon, *arme*. Ils paraissent avoir deux sources différentes; cependant je démontrerai qu'ils se rattachent à la même origine.

» 1° *Canon*, règle, vient du grec κανών (*kanón*), qui signifie proprement la partie qui est au haut d'une balance, qui en règle l'équilibre; c'est la languette du trébuchet et de la balance : ainsi, c'est le régulateur.

» 2° On a donné le nom de *canons*, dans les langues anciennes et dans la langue française, aux principes desquels on ne doit jamais s'écarter dans les arts : de là les *canons* en peinture, en sculpture, en médecine.

» 3° Les *canons* de la grammaire, ces préceptes immuables d'après lesquels le langage doit toujours être d'accord avec la logique.

» 4° Par analogie à cette signification, le mot *canon* se trouve dans Homère (*Iliade*, liv. XXI), pour signifier le tube de la navette du tisserand, sur lequel le fil se place et se coordonne régulièrement; et au liv. XIX, ce même auteur désigne par *canon* les baguettes ou brides qui servent à tenir droit le bouclier d'un guerrier. C'est toujours une règle, un régulateur.

» 5° L'abbé Barthélemi, dans le chap. 72 du *Voyage du jeune Anacharsis*, parle d'une fameuse statue de Polyclète, qui était à Gnide, et que l'on nommait le *canon* ou la règle.

» 6° Plusieurs auteurs grecs, et notamment Plutarque, l'ont employé pour signifier un morceau de bois droit, puis un espace mesuré par ce bois.

» 7° Saint Chrysostôme désigne par le mot *canon* les claies dans l'enceinte desquelles on enfermait les animaux.

» Dans tous ces sens, c'est toujours une règle, un point dont on ne peut s'écarter.

» 8° Il a encore signifié en grec la colonne d'un lit, *kanon klinès*. C'est la quenouille, le bois droit des anciens lits.

» 9° Chez les Latins, il a été pris pour l'étendue d'un champ au-delà duquel on ne pouvait pas labourer; ce qui est encore une règle, une mesure.

» 10° Par extension, le tribut, l'impôt que l'on payait au prince ou à l'Etat, parce que ce tribut était réglé et mesuré sur l'étendue du terrain.

» 11° Denys d'Halicarnasse et Quintilien ont dit que Démosthènes doit être le *canon* des orateurs, et Homère celui des poètes.

» 12° Dans les auteurs ecclésiastiques du christianisme, sans sortir de sa signification de règle, *canon* a été employé en grec moderne, en latin et en français, de diverses manières, savoir :

» Pour la règle de la police ecclésiastique et ses décrets en matière de dogme; c'est ainsi que l'on dit : les *canons* des conciles de Nice, de Latran, etc. Dans ce sens, l'Eglise grecque compte 85 *canons* apostoliques; l'Eglise latine n'en compte que 50, dont le plus grand nombre est rejeté par les protestans;

» Pour le catalogue des livres sacrés admissibles dans la religion;

» Pour les catalogues ou la liste de certains ministres de l'Eglise, désignés pour le service de tel ou tel jour ;

» Pour les catalogues des évêques et des martyrs dont on honorait la mémoire, en célébrant leur fête : d'où le mot *canoniser* ou mettre sur le catalogue de ceux que l'Eglise peut honorer en suivant la règle ou les *canons* ;

» Pour règle ou forme de la liturgie de la messe : d'où *canon* de la messe ;

» Pour le carton sur lequel les prières qui forment le *canon* sont inscrites.

» 13° On a donné le nom de *canon*, en musique, à une espèce de fugue qu'on appelle perpétuelle, parce que les parties, parlant l'une après l'autre, répètent sans cesse le même chant ; ce qui ramène toujours à l'idée de règle, de type, de principe.

» Quant au mot *canon*, arme, il vient du mot hébreu *kanen* (roseau, canne). Ménage le fait venir de l'italien *canone*, augmentatif de *canna* ; mais ce dernier vient lui-même de l'hébreu *kanen*. Ce mot, dit M. Morin, signifie non-seulement roseau, mais encore la mesure qui se faisait avec le roseau ou la canne ; ce qui ramène à la première étymologie grecque, règle, régulateur, mesure pour régulariser.

» Le *canon*, pris dans sa seconde signification principale, est

» 1° Une pièce d'artillerie de figure cylindrique, creusée par le milieu, qui imite une grande et grosse canne ou roseau.

» 2° Un *canon* de clef.

» 3° Un *canon* de plume.

» 4° En terme d'hippiatrique, c'est la partie de la jambe du cheval comprise entre le genou et le boulet, en latin, *tibia*, qui, dans cette langue, signifie roseau, flûte ; toujours par extension du mot *canon* ou roseau.

» 5° Il a signifié un demi-bas qui s'étendait depuis la moitié de la cuisse jusqu'à la jambe ; toujours d'après sa figure, sa ressemblance, soit avec le *canon* ordinaire, soit avec le *canon* du cheval.

» 6° C'est le nom d'un ornement qu'on attachait au-dessous du genou ; il était long, large, quelquefois garni de dentelles. Molière l'a consacré dans ce sens, par ces vers :

De ces larges *canons* où comme en des entraves,
On met tous les matins ses deux jambes esclaves.

» Le *Dictionnaire de Trévoux* dit que c'était un demi-bas, depuis la moitié de la cuisse, jusqu'à la moitié des jambes. *Tibialia longiora quæ femoribus astringuntur*. On en avait porté même avec des bottes. Ce mot *canon* ne se trouve pas, en ce sens, dans le *Vocab.* de Monet, de 1630 ; ce qui est une preuve que la chose et le mot, sous cette acception, étaient nouveaux du temps de Molière. On conte, à l'occasion de ce mot, qu'un auteur allemand, en donnant sur un théâtre de son pays, les *Précieuses*, qu'il avait traduites, faisait mettre dans les poches de Mascarille, des pistolets qu'il pût montrer en disant : que dites-vous de mes *canons* ?

» 7° Par imitation, ajoute M. Perrier, on a donné ce nom à de gros caractères d'imprimerie, à des tuyaux de cheveux bouclés, à une partie des orgues.

» 8° A une mesure destinée à contenir du vin, et par suite, au vin contenu dans cette mesure, un *canon de vin*, parce que ce petit vase ressemble à un petit *canon*. Peut-être aussi ce mot vient-il de la maçonnerie, et fait-il allusion à ce qu'on appelle *charger*. Il parait maintenant démontré que le mot *canon*, venant du grec κανών (*kanôn*), signifie règle, régulateur, balance ; et que le mot *canon*, arme, pris de l'italien *canone*, venant de l'hébreu *kanen*, roseau, mesure, et ses dérivés, doit être rapporté à la première étymologie, mesure, balance, attendu que le trébuchet de la balance avait pour *canon* ou régulateur, un bâton droit ou roseau. » *Manuel des Amateurs de la lang. franç.* 2ᵉ année, n° 8, pag. 246.

De *canon*, dans le sens de règle, sont dérivés, *canonial*, *canonique*, *canoniste*, *canonisation*, *canoniser*.

CANONISATION, CANONISER. Ces mots viennent de ce que la *canonisation* n'était autrefois qu'un ordre du souverain pontife ou des évêques, de placer dans le *canon* de la messe, les noms de ceux qui avaient mené une vie exemplaire, et on en faisait commémoration afin qu'ils priassent pour le peuple. Ce mot, *canonisation*, semble être d'une origine moins ancienne que la chose même ; on ne voit point qu'il ait été en usage avant le 12e siècle, quoique, dès le 11e, on trouve un décret ou une bulle de *canonisation* donnée à la prière de Lintolfe, évêque d'Augsbourg, par le pape Jean XV, pour mettre saint Ulderic ou Ulric au catalogue des saints.

CANONISABLE, *adj.* qui peut, qui doit être canonisé, se trouve dans Charron, *Sag.* liv. 1, c. 5.

CANTALOUPS, *s. m.* Ces melons à côtes, ont pris ce nom d'un lieu voisin de Rome, appelé *Cantalupi*, où l'on a commencé à les cultiver.

CANTATE, *s. f.* de l'ital. *cantata*, petit poème lyrique, fait pour être mis en musique. « La *cantate*, disent les auteurs du *Dict. de Trévoux*, a passé depuis peu d'Italie en France. C'est une étrangère fantasque et capricieuse qui aura de la peine à se faire naturaliser, à obtenir un long séjour parmi nous, et qui n'y plaira qu'autant de temps qu'une nouveauté bizarre y peut plaire. » « J. B. Rousseau voulut, dit Thomas, faire revivre l'ode ancienne tout entière, en y associant la musique ; mais dans ces odes connues sous le nom de *cantates*, il emprunta presque tous ses sujets de la mythologie, tant il était persuadé que ce genre, pour refleurir tel qu'il était autrefois, avait besoin, pour ainsi dire, d'être reporté sur son sol natal. Cependant il le rapprocha de nous par le fond des sujets, et par des idées de galanterie ou d'amour dont ces espèces d'allégories n'étaient que les voiles. »

CAPACITÉ, *s. f.* vient de *capere* (se saisir, prendre, contenir), et signifie proprement, la faculté qu'une chose a de contenir, et aussi la quantité qu'elle contient. On dit en physique remplir une fiole aux deux tiers de sa *capacité*. Il se prend plus souvent au figuré.

CAPARAÇON, *s. m.* Veut-on savoir comment Ménage le fait venir de *cappa* ? Rien n'est plus curieux : *cappa, cappara, capparacius, capparacio, onis*, ital. *capparacione, caparaçon*. « Mais que ferons-nous de ce Rameau (*Ramus*), et de ce Galand (*Gallandius*), qui, *caparassonez* de leurs marmitons, suppôts et astipulateurs, brouillent toute cette Académie de Paris ? RABELAIS, prol. du liv. IV.

CAPE, *s. f.* CAPOTTE, son diminutif, manteau à capuchon, comme on en portait autrefois. M. Roquefort fait venir ces mots du lat. *capella* (petite chèvre), parce qu'on employait le poil de chèvre à la fabrication des étoffes dont étaient faites ces sortes de vêtemens. Isidore prétend qu'on a appelé ce manteau, *cape*, parce qu'il enveloppe tout le corps de celui qui le porte : *capa, quòd totum capiat hominem*. De là cette expression : *rire sous cape*, c'est-à-dire, en se cachant pour n'être pas aperçu :

Il n'est pas, comme on dit, pire eau que l'eau qui [dort,
Et vous menez, *sous cape*, un train que je hais fort.
MOLIÈRE, *Tartufe*.

On dit figurément d'un homme de bonne maison, qui n'a pas de bien, *qu'il n'a que la cape et l'épée*.

Bien souvent la mâchoire est fort mal occupée,
A qui n'a, comme vous, que la *cape et l'épée*.
—Et la *cape et l'épée* auront toujours de quoi
Faire considérer un homme tel que moi.
THOMAS CORNEILLE.

CAPET (*Hugues*), 1er roi de la 3e race, « fut appelé ainsi de *capucium*, parce qu'étant jeune, son plaisir était d'ôter aux autres le capuchon qu'on portait alors, et qu'on appelait *cape* et *capet*. Encore aujourd'hui on nomme, en Auvergne, *chapets*, ceux qui tourmentent les autres par jeu et en badinant. » ET. PASQUIER, *Rech.* liv. VIII, c. 48. Rouillard, *Histoire de Melun*, dérive aussi ce nom de *capuce*, « parce que, dit-il, Hugues avait hérité de son père les biens d'une infinité d'abbayes et de monastères, dont les moines portaient dès lors des *capuces* ou *capuchons*. »

« Il est plus naturel de dériver ce surnom de *caput*, et de penser qu'il fut donné à Hugues, parce qu'il avait la tête grosse, ou parce qu'il l'avait bonne. *Capas* en vieux français, signifiait grosse tête, bonne tête. » *Gloss. de la lang. romane.*

Les Ecossais se servent du mot *capet*, dans le sens de têtu, opiniâtre.

CAPITAINE, *s. m.* De *chef*, du lat. *caput*, on a formé *chevet* qui s'est dit aussi pour *tête*, et signifie aujourd'hui la place du lit où repose la tête, et de *chevet*, dans le sens de tête, on a dérivé *chevetaine*, qui se trouve dans Joinville, en la *Vie de saint Louis*, et dans Alain Chartier, pour dire, celui qui est à la tête; et enfin *chevetaine*, en se rapprochant davantage de son étymologie *caput*, est devenu *capitaine*, pour désigner le chef ou celui qui est à la tête d'une compagnie de soldats.

CAPITAL, *s. m.* par opposition aux intérêts, du lat. *caput*. Les Romains nommaient ainsi la somme qu'ils plaçaient ou prêtaient; ils désignaient l'intérêt qu'ils en retiraient par le mot *merces*, c'est d'après cela qu'Horace a dit, dans la 2e satire du liv. 1:

Quinas hic capiti mercedes exsecat...

CAPITALE, *s. f.* « Avoir sa *capitale* au bout de son royaume, c'est avoir le cœur au bout des doigts. » DIDEROT.

CAPITEUX, EUSE, *adj.* qui porte à la tête. « Les éloges *capiteux* des journalistes. » COLLÉ.

CAPITOLE, *s. m.* forteresse de Rome, du lat. *capitolium*, nom donné à cette forteresse. « *Capitolium dictum, quòd hic, cùm fundamenta foderentur ædis Jovis*, caput *humanum inventum dicitur* » VARRO, *de Ling. latinâ*, lib. IV, pag. 13, 1581. (*Capitole*, ce nom vient de ce qu'on trouva, dit-on, une tête d'homme (*caput*) lorsqu'on creusa dans ce lieu les fondemens du temple de Jupiter). Ce nom, qui ne fut d'abord donné qu'à cette forteresse de Rome, pour la raison que nous en avons rapportée, passa, dit Moréri, sous les empereurs, aux temples des différentes villes, et surtout des colonies romaines; ainsi Constantinople, Milan, Autun, Nismes, Besançon, Toulouse, etc. avaient chacune leur *capitole*. Ce nom s'est encore conservé dans quelques villes. Le *barboon* de Balzac appelle sa tête, « le *capitole* de l'intelligence. »

CAPITOUL, *s. m.* Anciennement on appelait ainsi à Toulouse, ce qu'on appelait échevin dans d'autres villes. Ce nom leur fut donné, parce que le lieu où ils s'assemblaient était appelé *capitole*, comme nous l'avons dit à ce mot.

CAPITULAIRES, *s. m. plur.* du latin *capitularia*, dérivé de *caput* (chapitre). Les ordonnances des rois de France de la 1re et de la 2e race, sur les matières civiles et ecclésiastiques, sont nommées *capitulaires*, parce qu'elles sont rédigées par chapitres.

CAPITULER, *v.* « On peut bien *capituler* avec la vertu, et pourvu qu'on soit exact dans le solide, il n'est pas nécessaire de se gêner si fort à l'égard des bienséances. » SAINT-ÉVREMONT.

CAPON, *s. m.* homme qui se plie à tout, enfant qui rapporte contre ses camarades. Il est familier. « Philippe-le-Hardi, dit Hurtaut, dans son *Dict. hist. de la ville de Paris*, tom. IV, pag. 379, obligea les Juifs de porter une corne sur la tête. Il leur était défendu de se baigner dans la Seine; et, quand on les pendait, c'était toujours entre deux chiens. Sous le règne de Philippe-le-Bel, leur communauté s'appelait *societas caponum*, et la maison où ils s'assemblaient, *domus societatis caponum*, d'où est venu, sans doute, le mot injurieux *capon*. » Plus tard ce terme passa dans l'argot ou le langage des filous. « Les *capons*, dit M. Dulaure, étaient des filous qui mendiaient dans les cabarets, ou des jeunes gens qui jouaient sur le Pont-Neuf, et feignaient de perdre leur argent pour engager les passans à jouer avec eux, et à exposer le leur. »

De *capon*, le verbe *caponer*, agir en *capon*.

CAPRICE, *s. m.* fantaisie, boutade, nous est venu de l'ital. *capriccio*, qui, suivant Henri Estienne, viendrait du mot latin *capra* (chèvre). « On dit, ajoute cet auteur, que les chèvres ont ce naturel, que, quand l'une saute, subitement vient aux autres aussi la volonté de sauter, et sautent de compagnie. » Nous ajouterons que la pétulance, l'inquiétude, le désir continuel de changer de lieu, étant un des principaux caractères de la chèvre, les Italiens ont naturellement nommé *capriccio* (caprice), ce qui constitue l'homme fantasque. Le portrait que fait Buffon de cet animal, semble confirmer cette conjecture. « L'inconstance de son naturel se marque, dit-il, par l'irrégularité de ses actions; elle marche, elle s'arrête, elle court, elle bondit, elle saute, s'approche, s'éloigne, se montre, se cache ou fuit, comme par *caprice*, et sans autre cause déterminante que celle de la vivacité bizarre de son sentiment intérieur... » « Si la beauté est un poison, le *caprice* n'est qu'un travers de doigt, qui sert aux hommes d'antidote. » LA BRUYÈRE.

De là sont dérivés, l'adj. *capricieux* et l'adv. *capricieusement.*

CAPTIF, IVE, *adj.* et *s.* Il est d'un bel effet dans ces vers de La Fontaine, *Captiv. de Saint-Malc :*

Peu de jeunesse entr'eux, force vieillards craintifs,
Femmes, famille, enfans aux cœurs déjà *captifs.*

CAPTUREUR, *s. m.* Il est dérivé de *capturer* (*captare* en latin), celui qui fait métier de capturer. C'est un mot que Linguet a employé; il a dit, en parlant d'un huissier : « c'est le *captureur* le plus célèbre du pays. »

CAPUCE, *s. f.* couverture de tête, du latin *capitium*, dérivé de *caput* (tête), ce qui couvre la tête. De là sont dérivés, *capuchon; capucins*, frères mineurs, ainsi nommés, à cause de leurs capuchons; *capucinade*, discours de *capucin*; au figuré, discours plat et ennuyeux de morale, de dévotion, tel que pourrait en tenir un *capucin; capucine*, fleur potagère terminée par un éperon creux qui ressemble assez à un *capuchon*. Erasme comparait le *capuchon* des moines, à la charité, qui couvre une multitude de péchés.

CAQUET, CAQUETER. « Je ne veux oublier le *coqueter* des cocs et poules, qui est le langage dont ils nous rompent la tête, quand ils s'entrefont l'amour, et dont nous avons formé, par une belle métaphore, *caqueter*, lorsque quelques babillards nous repaissent de paroles vaines; et de là mesme les médisans ont appelé le *caquet* des femmes : mesme que l'on appelle une femme *coquette*, qui parle beaucoup, sans sujet. » ET. PASQUIER, *Rech.* liv. VIII, c. 6. « Ces mots se disent au propre, du bruit que font les poules quand elles sont prêtes à pondre, et au figuré, du babillage des personnes qui *caquettent* comme les poules. Cette onomatopée se retrouve très-fidèlement dans la langue grecque. On disait autrefois dans notre langue, *cluper* ou *gluper*, pour exprimer une espèce de *caquet* de la poule. Ce terme mériterait d'être renouvelé. » CH. NODIER. Linguet s'est servi du mot *caquetage*, en parlant du chancelier de l'Hospital. « Aucun ministre, dit-il, ne fit jamais convoquer autant de grandes assemblées; mais satisfait d'y étaler une éloquence prolixe et toujours mal-adroite, il les laissait toutes dégénérer en cohues tumultueuses ou en *caquetages* scandaleux, dont l'unique résultat était de constater la frivolité et l'impuissance du gouvernement. » Suivant Montaigne, liv. II, c. 10, « les harangues de Guicciardin sentent un peu le *caquet* scolastique. » La Fontaine, *Captiv. de Saint-Malc*, caractérise admirablement bien les *caquets* des domestiques, dans ces deux vers :

Les entretiens oisifs et féconds en malices,
Du mercenaire esclave ordinaires délices.

Gens qui, *caquetant* au plus dru,
Parlent de tout et n'ont rien vu.
Idem.

CAQUETEREAU, *s. m.* diminutif de *caqueteur.*

Tais-toy, ton chant me rompt la teste,
Caquetereau rossignolet.
Touches du seigneur Des Accords.

CAQUETERESSE, *s. f.* femme qui séduit par un joli babil. CHARRON, liv. I, c. 3.

CAQUETEUR, EUSE, *adj.* « Il semble que la science ne leur serve que de les rendre plus sots, mais encore plus arrogans, *caqueteurs*. » CHARRON, liv. I, c. 6.

CAQUETOI, *s. m.* forgé par Scarron.

Elle était de fort bon exemple,
Et qui jamais, en bonne foi,
Ne fit du temple un *caquetoi*.

CAQUETOIRE, *adj.* « Lieux communs extraits de ces vieux harangueurs et pics *caquetoires* de Rome. » ET. PASQ. *Pourparler du Prince.*

CAQUEUX, *s. m. pl.* Il y a eu en Bretagne, une espèce de gens que le reste du peuple a toujours regardée avec une extrême aversion, prétendant que c'était un reste des Juifs, et qu'ils étaient tous lépreux de père en fils. On les nommait *caqueux*, *cacosi*. « Il y a plus de 250 ans, dit Ménage, que les évêques, dans la même prévention, ont ordonné que les *caqueux* se tiendraient au bas des églises, et ne baiseraient la paix qu'après tous les autres, et leur ont défendu, sous peine de cent sous d'amende, de toucher aux vases de l'autel. Dans les registres de la chancellerie de Bretagne, de 1475, il y a un mandement contre les hommes et les femmes nommés *caqueux*, auxquels il est fait défense de voyager dans le duché, sans avoir sur leur robe, une pièce de drap rouge, pour prévenir le danger de toute communication avec eux. De plus il leur est défendu de se mêler d'aucun autre commerce que de fil et de chanvre, et d'exercer d'autre métier que celui de cordier. » Ménage ajoute que, de son temps, un savant jurisconsulte, nommé Hévin, prit leur défense, et même obtint un arrêt du parlement en leur faveur. Il y a une grande ressemblance entre les *caqueux* de Bretagne et les *cagots* du Béarn. On conjecture, avec assez de fondement, que les uns et les autres descendent de ces Sarrasins qui restèrent en France, après leur défaite par Charles Martel. Il faut croire, pour l'honneur de l'humanité, que la religion et la philosophie ont fait justice de ces catégories injurieuses. Dieu nous préserve des catégories !

CAR, *conj.* Quelques personnes le dérivent du grec γὰρ (*gar*) mais. Ce mot se trouve écrit *quar*, dans nos anciens auteurs :

Quar nus (nul) ne ceignoit branc d'acier
Adone, s'il n'estoit chevalier.
Roman de Blanchardin, ms. f° 1752, col. 3.

Et si n'avoit gaires appris
D'armes et de cevalerie ;

Mais ses cuers le semeut (son cœur l'invite) et prie,
Quar de linage (parenté) et de nature
Li venoit plus qu'en nourreture (éducation).
Phil. Mousk. ms. pag. 449.

Il vient du lat. *quâ re* (pour laquelle chose). « Comme dans les premiers temps de l'Académie françoise, quelques académiciens avoient affecté de ne point mettre *car* dans leurs ouvrages, cela avoit fait croire autrefois au public, que l'Académie prétendoit bannir *car* de la langue ; et c'est ce qui donna lieu, alors, à une des plus agréables lettres que Voiture ait écrite... et qui finit par, *Je vous assure que vous me devez cette grâce, car je suis...* Si on vouloit ôter le *car*, il n'y auroit plus de liaison de sens entre ces deux énonciations. » *Gram. de Regnier Desmarais*, pag. 718, in 4°, Paris, 1706. « Quelle persécution le *car* n'a-t-il pas essuyée, et s'il n'eût pas trouvé de la protection parmi les gens polis, il était banni honteusement de la langue, à qui il a rendu de si longs services, sans qu'on sût quel mot lui substituer. » LA BRUYÈRE. Gomberville le haïssait, parce, disait-il, qu'il venait du grec ; il prétendait ne s'en être point servi dans son *Polexandre* ; on l'y trouve jusqu'à trois fois. Saint-Evremont, dans sa comédie des *Académiciens*, lui fait dire :

Que ferons-nous, Messieurs, de car et de pourquoi ?
DES MARETS, répond :
Que deviendrait, sans *car*, * l'autorité du roi ?
GOMBERVILLE.
Le roi sera toujours ce que le roi doit être,
Et ce n'est pas un mot qui le rend notre maître.
GOMBAUD.
Beau titre que le *car*, au suprême pouvoir,
Pour prescrire au sujet la règle et le devoir !
DES MARETS.
Je vous connais, Gombaud, vous êtes hérétique,
Et partisan secret de toute république.
GOMBAUD.
Je suis fort bon sujet et le serai toujours,
Prêt à mourir pour *car*, après un tel discours.
DES MARETS.
De *car* viennent les lois ; sans *car*, point d'ordon-
[nance,
Et ce ne serait plus que désordre et licence.

« Une remarque particulière, dit La Monnoye, qu'on m'a garantie vraie, c'est que le mot *car*, par où

* *Car* tel est notre plaisir.

commence le *Moyen de parvenir*, n'y est, dans la suite, répété dans aucun endroit. » *Dissertation sur cet ouvrage.*

L'*Eloge de car*, est un badinage attribué à un certain Coquelet, qui a publié plusieurs bagatelles du même genre.

CARABIN, CARABINE, CARABINIER. Dans l'origine on nommait *calabriens*, une sorte d'argoulets, depuis appelés, par corruption, *carabins*, et leur arquebuse, *carabine*. Cette milice venait de Calabre. Au jeu du lansquenet, le *carabin* est celui qui hasarde une bagatelle, et se retire aussitôt, perte ou gain. On a donné aussi ce nom à celui qui, dans une dispute, jette quelques mots vifs, se tait, et s'en va.

CARACTÈRE, s. m. χαράσσειν (imprimer). « La douceur des formes n'exclud point la force de *caractère*; ainsi le câble flexible résiste à la fureur des flots et préserve du naufrage. » Le duc DE LÉVIS.

CARAT, s. m. poids qui exprime le degré de bonté de l'or. Ce mot, suivant M. Morin, *Dict. étymol. des mots franç. dérivés du grec*, vient de l'arabe *kirat*, poids qui vaut, à la Mecque, le vingt-quatrième d'un denier, et qui est dérivé du grec κεράτιον (*kération*) qui désigne une espèce de petit poids. On est dans l'usage de dire, en France, que l'or est à 24 *carats*, lorsqu'il est aussi pur que possible, quoiqu'à la rigueur, on ne puisse guère affiner l'or, que jusqu'à 23 *carats* 7/8. De là cette expression figurée, *fol à 24 carats*, qui se trouve dans Rabelais, et autres locutions semblables, pour dire, atteint de la folie la plus complète.

Enfin quoique ignorante à *vingt et trois carats*,
Elle passait pour un oracle.
LA FONTAINE, liv. VII, *fable* 15.

CARAVANE, s. f. (arabe, *karwan*). « Mon dictionnaire me parait, à l'égard de M. Despréaux, un vrai voyage de *caravane*, où l'on fait vingt ou trente lieues, sans trouver un arbre fruitier, ou une fontaine. » BAYLE, tom. II, lett. 167.

CARCASSE, s. f. Un homme disait d'une vieille coquette dont la laideur augmentait tous les jours : « Je voudrais bien savoir le cimetière où elle va renouveler de *carcasse*. » On dit au figuré et par mépris d'une personne extrêmement maigre, que *c'est une carcasse, qu'elle n'a que la carcasse*.

Sa jeunesse, son air, et sa gentille face
Commençoient d'échauffer cette vieille *carcasse*;
Toujours tomboit sur lui quelqu'amoureux regard.
GRANDVAL, *Cartouche*, poëme, chant 6.

Charpente comme *carcasse*, pour corps, corps humain, se dit quelquefois, or cette expression se trouve déjà, en ce sens, dans le *Roman du Renard*, ouvrage du 13ᵉ siècle :

Renard fait-el, biau très doz sire,
Grand péor ai de vos *charpent*.
Vers 7633.

(Renard, dit-elle, beau très-doux sire, j'ai grand peur pour votre *charpente*). Et M. Méon pense avec raison, que *charpent* est mis ici pour le corps; nous disons, dans le même sens, *avoir peur pour sa carcasse*.

CARÊME, s. m. *quadragesima*; on écrivait autrefois *quaresme*.

« Voici, ma sœur, le saint temps de *carême*,
Disait Chloé, nos péchés sont bien grands!
Il faut fléchir la justice suprême;
Que ferons-nous? — Faisons jeuner nos gens. »
BORDE.

CARÊME-PRENANT, s. m. carnaval, « Nous avons tempéré le brillant de *carême-prenant* avec la feuille morte de cette forêt. » SÉVIGNÉ.

CARESMEAU, s. m. s'est dit anciennement dans le sens de carnaval. « Je voue à Dieu qu'il en a prins ses *caresmeaux*. » *Cent nouvelles Nouvelles*, nouv. XXXIII.

CARESSER, v. Pasquier s'est servi de ce terme dans le sens de feuilleter : « Quant à ses *Essais*, que j'appelle des chefs-d'œuvre, dit-il en parlant de Montaigne, je n'ay livre entre les mains, que j'aye tant *caressé* que celui-là. »

CARIATIDES. *Voy.* CARYATIDES.

CARIE, d'où le verbe CARIER. Ce mot est tiré du latin *caries*, et signifie proprement la pourriture et la corruption des os. On dit un os *carié*, un os qui se *carie*. Ce terme se prend quelquefois au figuré. Machiavel appelle la noblesse des cours, une vermine qui *carie* la liberté des peuples.

CARILLON, s. m. Il vient, suivant Ménage, de l'espagnol *quadrilla*, qui signifie un petit escadron, diminutif de *quadra*, parce que les *carillons* se font d'ordinaire avec quatre cloches. « Les ouvrages de J. J. Rousseau pourraient être comparés à des pendules détraquées, mais enrichies d'un *carillon* magnifique et juste. Il ne faut pas écouter l'heure qu'elles sonnent, mais l'air qu'elles jouent. » CÉRUTTI.

Les carillons des toux, des nez, des paix-là, paix.
J'ai trouvé... ma foi, moi, j'ai trouvé tout mauvais.
PIRON, *la Métromanie.*

Il signifie, au figuré, bruit, tumulte, criaillerie.

Pour peu qu'un rien la blesse,
Cette vertu diablesse,
Dans votre maison
Fera sans cesse
Grand *carillon.*
ANSEAUME, dans *le Peint. amour.*

CARLIN, de l'italien *Carlino*, diminutif de *Carlo* (Charles). Ce nom est devenu commun pour désigner un arlequin. Il y a cent ans environ qu'un Italien, nommé *Carlo* Bertinazzi, élevé au séminaire de Rimini, passa en France, et devint un des meilleurs arlequins de la comédie italienne, où il fut plus connu sous le nom de *Carlin*, diminutif de *Carlo*, son nom de baptême.

Les petits chiens appelés *carlins* ont probablement été ainsi nommés à cause de leur museau noir et aplati qui leur donne en effet de la ressemblance avec un masque de *carlin* ou d'arlequin.

CARNAVAL, s. m. (ital. *carne*, *vale*; selon Du Cange, *carn-à-val*, même sens). Rabelais, qui écrit *carneval*, semble le faire venir de *carnis levamen*. Ferrari : *carnalia*, sous-ent. *festa*. « Voilà donc votre *Carnaval* échappé de la fureur des réjouissances publiques. » SÉVIGNÉ.

CAROCHAS. s. m. C'est ainsi que les Espagnols appellent des bonnets de carton élevés en forme de pain de sucre, et couverts de flammes et de figures diaboliques, que portent, dans l'*auto-da-fé*, les malheureux condamnés par le tribunal de l'Inquisition.

CAROLE, s. m. (*chorus*), ancien mot français qui signifiait *danse*. On en avait formé le verbe *caroler*, danser, se divertir, et *carolleur*, danseur, homme qui se divertit, qui mène une vie joyeuse. Tous les trois se trouvent dans le *Roman de la Rose.* « Lesquelles (damoiselles), ayant aggrandi la ronde *carolle*, commencèrent à dire force branles autour du bouquet » *Printemps* d'Yver, journ. III, p. 192, édit de 1582.

Et puis prirent à *caroler*,
Et la bergerette à chanter
Une chanson moult nouvellette.
Poésies, Froissart.

CAROLUS, s. m. Cette ancienne monnaie de billon de France tirait son origine de *Charles* VIII, sous le règne duquel elle a été frappée. La valeur du *carolus* a varié plusieurs fois; les derniers valaient dix deniers.

Henri IV fit une heureuse allusion au peu de valeur de cette monnaie, lorsqu'on vint avertir Henri III, en sa présence, que le duc de Mayenne (Charles) venait fondre sur eux avec 40,000 hommes. Henri III paraissant inquiet, « Mon cousin, lui dit le Béarnais, ne craignons rien ; un double *henri* (monnaie d'argent) vaut bien un *carolus*. »

On appelait aussi de ce nom une ancienne monnaie frappée en Angleterre, sous *Charles* 1er, et qui valait vingt-trois schelings.

CARREAU, s. m. est un diminutif de *carré*, en latin *quadratus* (carré). Dans le principe, les pierres dont on pavait le dedans des maisons étaient carrées, et anciennement les dalles des rues avaient la même forme. « Sous Philippe-Auguste, dit M. Dulaure, le pavé de Paris était composé de grosses dalles ou carreaux de grès, dont les dimensions en longueur et en largeur avaient environ trois pieds et demi sur à peu près six pouces d'épaisseur : *quadratis lapidibus*, suivant Guillaume-le-Breton. C'est sans doute du nom de ce pavé qu'est dérivé celui de la rue des *Petits-Carreaux*, et les expressions proverbiales : *laisser sur le carreau*, pour dire renverser l'ennemi que l'on combat ; *être sur le carreau*, pour dire être sans place, sans domicile, expression qu'on a depuis rendue par celle-ci : *être sur le pavé.* » *Hist. de la ville de Paris*, 2ᵉ édit. tom. II, pag. 289.

Au lieu de *carreau*, on a dit d'abord *carrel*, qui se trouve dans Jean de Meung, d'où l'on a dérivé *carreler*, *carreleur*, *carrelier*.

CARREAU. On a appelé encore de ce nom des espèces de flèches fortes et pesantes, qu'on tirait avec l'arbalète; on les nommait ainsi, parce que le fer en était carré, et c'est de là qu'on a appelé *carreau* une des quatre couleurs du jeu de cartes : *le roi, le valet de carreau*, etc. au propre, comme au figuré, *avoir garde à carreau*. « Lors commence l'assaut entour le palais, et vollent sagettes et *carreaulx* en l'air en grant habondance. » *Lancelot du Lac*, roman imprimé en 1520. « Le duc (Godefroy de Bouillon) un jour print (prit) une arbalestre et mist un *quarreau* dessus, attendant que le Turc retournast à sa garde, et tandis qu'il s'empeschoit à faire ses deffenses, le duc le férit (le frappa) en la bouche et l'abattit mort. » *Les Neuf Preux*, roman imprimé en 1507.

CARREAUX a signifié aussi de grosses pierres carrées que l'on jetait jadis dans les villes assiégées avec des machines appelées *mangonaux*. C'est probablement de là que sont venues ces expressions figurées : *les carreaux vengeurs de Jupiter, les carreaux du ciel*, pour le tonnerre, la foudre. « Dieu lance contre nous les *carreaux* de sa colère. » DE LA RUE, *Oraison funèbre du Dauphin et de la Dauphine*. Th. Corneille a, contre l'usage, employé ce mot au singulier, dans ce dernier sens :

Comment cent et cent fois il (le ciel) n'a pas sur
{ ma tête
Lancé l'affreux *carreau* qu'aux méchants il apprête.
Le Festin de Pierre.

CARRER, v. du latin *quadrare* (faire ou rendre carré). Scudéry, grand fanfaron, disait : « je sais mieux *carrer* les bataillons que les périodes. »

CARROSSE, s. m. L'usage et le nom des carrosses, dit Ménage, n'est pas fort ancien en France. Je ne sais si nous en avons pris le nom de l'italien *carrocio*, qui signifie un chariot à quatre roues, sur lequel les Italiens portoient anciennement leurs étendards à la guerre : ou bien si nous l'avons formé immédiatement du latin *carruca*, qui étoit un chariot servant à porter les hommes. Ce mot était autrefois du genre féminin. On lit dans le poète Théophile :

Du bruit de la *carrosse* importunant le Louvre.

CARROSSABLE, adj. Un écrivain moderne (Millin, *Voyage en Savoye*, tom. II) a risqué ce mot qu'il a imprimé en lettres italiques : « Il n'y a, dit-il, pag. 257, en parlant de Gênes, que la rue Balbi et la rue Neuve qui soient grandes et *carrossables*. » On dit bien *carrossière*, dans un autre sens ; mais nous ne pensons pas qu'on puisse dire rue *carrossable*.

CARROUSEL, s. m. espèce de tournoi qui consistait ordinairement en courses de bagues, de têtes, etc. entre plusieurs chevaliers partagés en différentes quadrilles, distinguées par la diversité des habits. « C'est apparemment, dit Moréri, de *currus solis, carro del sole* (char du soleil), que le mot *carrousel* a été formé, ou des chars et des carrosses qu'on y menait. » N'as-tu jamais vu l'hiver, à la comédie, ces jeunes officiers, qui font sans cesse *carrouzel* autour des jolies actrices ? » *Théât. italien*. « Personnage de théâtre et de *carrouzel*, dont le génie n'allait pas au-delà de la fatuité. » SAINT-SIMON, *Mém. secr. de la Rég.* liv. VI.

Carrousel se dit aussi de l'endroit où cet exercice a lieu ; et c'est de celui donné par Louis XIV, en 1662, sur la place devant les Tuileries, que ce lieu a retenu le nom de place du *Carrousel*.

CARROUSSE, s. f. Ce mot, qui n'est d'usage que dans cette locution familière *faire carrousse*, pour dire faire débauche, vient de l'allemand *gar-auss*, qui veut dire *tout vidé*, en sous-entendant *le verre*. On a dit d'abord *carous* ; c'est ainsi qu'il est écrit dans Rabelais, et ensuite *carrousse*.

« Nous pouvons en certains cas, dit H. Estienne, non seulement italianizer, mais aussi hespagnolizer, voire germanizer, ou (si vous aimez mieux un autre mot), alemanizer : comme aussi nous faisons, et notamment en un mot qui est introduict depuis peu de temps. PHIL. Quel mot? CEL. *carous*. Car j'ay ouy dire souventefois depuis mon retour, *faire carous*; et quelquefois tout en un mot aussi *carousser*. Et n'est-ce pas la raison de retenir le mot propre des Alemans, puisque le mestier vient d'eux? comme aussi desia nos ancestres avoyent pris d'eux ce proverbe, bon vin, bon cheval. » *Dialogue du nouv. lang. franç. italianisé.*

CARTE, *s. f.* du latin *charta* venu du grec χάρτης (*chartés*). Le papyrus, espèce de roseau d'Egypte, dont on fit d'abord usage pour l'écriture, était couvert d'une écorce qu'on séparait facilement en plusieurs feuilles légères et minces; mais, parce que l'encre s'y imbibait aisément, et qu'elles étaient trop faibles pour durer long-temps, on s'avisa d'en coller plusieurs ensemble, de les mettre en presse et de les lisser. Les Latins donnèrent à ces feuilles ainsi collées, le nom de *charta*, et de ce nom nous est venu celui de *carte* et ses dérivés *carton*, *cartel*, défi par écrit pour un combat singulier ; *cartouche*, charge d'une arme à feu enveloppée dans une carte, dans du carton, ou même dans du papier. « Une ame simple, dit Montaigne, l. II, ch. 12, est une *carte* blanche préparée à prendre du doigt de Dieu telle forme qu'il lui plaira d'y graver. » Pope appelle la vieillesse des femmes, « l'âge des *cartes*. » Tous les jeux de cartes sont à l'enseigne du roi David, ce qui a fait dire à Voltaire, dans une *Epître à Mme Denis* :

O roi David! ô ressource assurée !
Viens ranimer la langueur désœuvrée.
Grand roi David ! c'est toi dont les sixains
Fixent l'espoir et le goût des humains;
Sur un tapis, dès qu'on te voit paraître,
Noble, bourgeois, clerc, prélat, petit-maître,
Femme surtout, chacun met son espoir
Sur tes cartons peints de rouge ou de noir :
Leur ame avide est du moins amusée
Par l'avarice en plaisir déguisée.

« Nos projets de fortune, de grandeur, de pouvoir, de gloire et de félicité, sont les châteaux de *cartes* de notre enfance virile. » Le comte DE SÉGUR, *Galerie morale*, tom. II. « Une de nos folies a été de découvrir tous les dessous de *cartes* de toutes les choses que nous croyons voir, et que nous ne voyons point, tout ce qui se passe dans les familles, où nous trouverions de la haine, de la jalousie, de la rage, du mépris, au lieu de toutes les belles choses qu'on met au-dessus du panier, et qui passent pour des vérités. Je souhaitais un cabinet tout tapissé de *dessous de cartes*, au lieu de tableaux : cette folie nous mena bien loin, et nous divertit fort. » SÉV. Balzac a dit qu'il est aisé de naviguer sur la *carte* (géographique) c. à d. de donner des conseils loin des événemens et des dangers.

CARYATIDES, *s. f. pl.* du grec καρυάτιδες (*karuatidès*), terme d'architecture qui désigne ces statues de femmes dont la tête soutient une corniche. Vitruve, liv. I, ch. 1, rapporte que les habitans de *Carie*, ville du Péloponèse, s'étant joints autrefois avec les Perses qui faisaient la guerre aux autres peuples de la Grèce, ces derniers, après les avoir défaits, ruinèrent leur ville, passèrent les hommes au fil de l'épée, et emmenèrent les femmes captives; qu'enfin pour conserver un exemple éternel de la punition de ces femmes de Carie, les architectes de ce temps-là mirent, au lieu de colonnes, ces sortes de statues, appelées *caryatides*. « Dans les belles contrées de l'Allemagne les femmes transportent dans des paniers et sur leurs têtes les fruits, le lait, les herbages, qu'elles portent au marché; ce sont autant de belles *caryatides*, qui donneroient à quelque Callimaque du siècle, l'idée d'un nouvel ordre d'architecture échappé aux anciens. » *L. du comte de Lamberg.* « Le luxe, dit J. J. Rousseau, sert au soutien des Etats, comme les *caryatides* servent à soutenir les palais qu'elles décorent, ou plutôt comme des poutres dont on étaie les bâtimens pour-

CAS

ris, et qui achèvent de les renverser. » Mme de Staël met le clergé français (à l'époque de la révolution) au nombre des anciennes *caryatides* de l'autorité.

CAS, adj. s'est dit pour *cassé*. « As-tu pris garde? il parlait d'un ton *cas*, comme je crois que parle la famille de Lucifer. » LA FONT. *l'Hermite.*

CAS, s. m. (*casus*). « C'est un grand *cas*, » était l'expression favorite de Louis XIV, pour dire : « c'est une affaire importante. »

CASAQUE, s. f. sorte de vêtement. Scaliger dérive le mot *casaque* du gaulois *caracalla*, espèce de vêtement ou de tunique que l'empereur Antonin, à son retour des Gaules, rapporta à Rome, et mit fort en mode, ce qui lui fit donner le surnom de *Caracalla*. D'autres le font venir de *cosaque*, ou de *sagum*.

On dit au figuré *tourner casaque*, pour dire changer de parti. Cela vient de ce qu'un parti, une faction ayant adopté une couleur, celui qui quittait ce parti était obligé de *tourner sa casaque*, pour cacher une couleur qui l'aurait trahi et aurait fait connaitre la faction à laquelle il avait appartenu. « Il falloit, dit Le Laboureur, vaincre ou mourir, ou bien dévestir cette *casaque* (ou cotte d'armes qui par ses différentes couleurs et armoiries faisait connaître le chevalier qui la portait), ce qui arrivoit assez souvent, ou pour arrester les fascheuses suites d'un événement sinistre; ou bien cela se faisoit pour éviter la honte et l'infamie d'une lasche action, ce qui pourroit bien avoir donné origine à l'expression proverbiale : il a *tourné casaque*, laquelle se dit aujourd'hui de ceux qui changent de parti. » *De l'Origine des armes*, pag. 8, Lyon, 1658. On a dit de nos jours, à peu près dans le même sens, *tourner sa cocarde*.

CASAQUIN, s. m. est le diminutif de *casaque*.

CASCADE, s. f. Ménage en fait faire à ce mot une curieuse : de *cado, casum : casus, casicus, casica, casicare, cascare, cascatum*, ital. *cas-*

cata, chute d'eau d'un rocher, d'une montagne. Balzac a pris ce mot dans le sens de chute : « Jugement de l'auteur, où étiez-vous, quand vous fites cette magnifique *cascade*? » Le Prince de Ligne l'emploie en sa signification moderne, dans cette phrase digne d'être méditée : « Il faut que les souverains en imposent aux grands, pour que ceux-ci en imposent aux petits, et c'est le moyen d'établir une *cascade* de réputation. » *Vie du prince Eugène.*

CASCARET, s. m. homme d'apparence mesquine, sans consistance. Ce mot est encore en usage dans le style familier.

Ce vieux cynique estoit un vrai falot,
Cousin germain de sa dive lanterne,
Un *cascaret* ou bien un sibilot.
GARASSE, *Recherch. des Rech.* Epit. au lect.

Ch. Pougens, *Archéologie française.*

CASE, s. f. dans le sens de maison, cabane, qui a été sa première acception, du latin *casa* (loge), selon la propriété du mot, a été dit de *cavitate*, comme qui dirait un trou pour se cacher; ce qui distingue la signification de ce mot de celle de *maison*, en latin *domus*. Par *case* on a entendu une maison champêtre, bâtie légèrement, pour se mettre à couvert de l'injure du temps.

CASE, dans le sens de carré de l'échiquier au jeu d'échecs, ne viendrait-il pas du grec *kasoi* qui signifiait les petits carrés, les points de la table, où les Grecs promenaient de petites pierres dans l'ancien jeu qu'ils appelaient *plinthion*? « La providence toujours juste a disposé une *case* pour chacun. Il n'y a personne qui n'ait la sienne; mais la difficulté est de la savoir, et l'adresse est de s'y placer. » LE PRINCE DE LIGNE.

De ce mot *case*, dans le premier sens, est dérivé *casanier*, qui aime sa case, sa maison.

Il nous vaut mieux vivre au sein de nos lares,
Et conserver, paisibles *casaniers*,
Notre vertu dans nos propres foyers.
GRESSET, *Vert-Vert*, chant I.

Voltaire appelle *casaniers* de cafés, ces gens qui fréquentent les cafés, pour y conter des nouvelles, etc.

CASER (se), *v.* se placer. L'élévation de quelques personnes qui sont parties les unes d'une *case*, les autres d'une *caserne*, pour arriver dans un palais, a fait dire qu'elles se sont assez bien *casées*.

CASSONADE, *s. f.* Ce sucre qui n'est pas affiné, nous a d'abord été apporté du Brésil par les Portugais, et comme ils le mettaient dans des caisses qu'ils appellent *casses*, on lui a donné le nom de *cassonade*.

CASTELOGNE, *s. f.* sorte de couverture de lit. Furetière dérive ce mot de *casta lana*, parce que, dit-il, on les fait d'ordinaire de la toison des agneaux. D'autres, avec plus de vraisemblance, le dérivent de *Catalogne*, parce que ces couvertures sont venues de *Catalogne*, et qu'elles en retiennent le nom en diverses provinces de France. DE LA MONNOYE, Note à la pag. 123, tom. 1, des *Contes de Despériers*, in-12, Amsterdam, 1735.

CASTILLE, *s. f.* « Ce mot, dit La Curne de Sainte-Palaye, qui s'est conservé dans le langage familier, pour *dispute, querelle*, s'était dit anciennement de l'attaque d'une tour ou d'un château, et fut employé depuis pour les jeux militaires qui n'en étaient que la représentation........ La cour de France, en 1546, passant l'hiver à la Roche-Guyon, s'amusait à faire des *castilles* que l'on attaquait et défendait avec des pelottes de neige ; mais le bon ordre que Nitharda fait remarquer dans les jeux militaires de son temps, ne régnait point dans celui-ci. La division se mit entre les chefs ; la querelle s'échauffa, il en coûta la vie au duc d'Enghien. M. de Rosni, en 1606, pour la naissance du Dauphin, fit construire à la hâte une *castille* ou forteresse de bois qui fut vigoureusement attaquée et défendue, suivant M. de Thou. *Voy.* la Dissertation de Du Cange, à la suite de Joinville sur les Tournois. » *Mémoires sur l'ancienne chevalerie*, tom. 1, pag. 153, Paris, 1781.

CASUISTE, *s. m.* Bayle appelle la science des *casuistes* le laboratoire de la morale. On pourrait aussi la définir : l'art de chicaner avec Dieu. Plus récemment on l'a défini : « Un algébriste spirituel qui a su calculer et réduire en équations toutes les sottises que l'homme peut faire sans trop offenser la Divinité. »

Ne va point, *casuiste* ignorant et chagrin,
Damner, pour un ruban, ton innocent prochain.
DE VILLIERS, *Art de prêcher.*

Le plus sûr de tous les *casuistes* est la conscience d'un homme de bien.

CATACOMBES, *s. f. pl.* lieu destiné à la sépulture des morts. « Quelques-uns, dit le célèbre Prote de Poitiers, ont écrit *catatombes*, ce qui n'est pas conforme à l'étymologie de ce mot ; car Du Cange prouve amplement qu'on doit écrire en latin *catacumbæ*, non pas *catatumbæ*. Voici ce qu'on lit en cet endroit : *Codex Gregorii Magni* catatumbas *habet, non* catacumbas, *nisi mendum sit in editionibus, quod reor; nam et aliquot codd. mss. et cæteri scriptores constanter* catacumbas *passim habent. Videtur potior ratio existimandi sic dictas, quòd ad ejusmodi cryptas, et, ut ita dicam, valles, martyrum corpora deferrent christiani, qui dum rogarentur ubinam jacerent, respondebant* catacumbas, *seu ad cumbas, id est, ad cryptas vel ad valles.* Ou plutôt, ce mot vient tout simplement du latin *catacumbæ*, cavités souterraines. »

Catacumbæ a été formé du grec κατὰ (*kata*) dessous, et de κύμβος (*kumbos*) cavité, vallée, souterrain. « La réunion de ces deux mots heureusement mariés produit, dit M. Ch. Nodier, un des beaux effets d'imitation de la langue. Il est impossible de trouver une suite de sons plus pittoresques, pour rendre le retentissement du cercueil, roulant de degrés en degrés, sur les angles aigus des pierres, et s'arrêtant tout à coup au milieu des tombes. »

CATERREUX, EUSE, *adj.* « Le chagrin et la foiblesse nous impriment une vertu lasche et *caterreuse*. » MONT. l. III, c. 2. Charron, son perpétuel copiste, écrit *catarreux*. « L'assagissement, ou amendement, qui vient par chagrin, dégoust ou foiblesse, n'est pas vray ny consciencieux, mais lasche et *catarreux*. L. II, c. 3.

CATHÉDRALE, E, *adj.* (καθέδρα), qui sent la chaire.

Et pour quitter la morgue *cathédrale*.
J. B. ROUSSEAU.

CATHOLIQUE, *adj.* du grec καθολικὸς (*katholicos*) universel.

Et sans distinction, dans tout sein hérétique
Enfoncer avec joie un poignard *catholique*.
BOILEAU, *Satire* XII.

CATHOLIQUE, *s.* qui est de la religion catholique. On appelle proverbialement *catholique à gros grains* un catholique qui ne suit pas très-exactement les règles de la religion catholique, un catholique dont la foi est équivoque. Cette expression a probablement pris naissance du temps de la Ligue; du moins elle existait déjà dans ce temps, puisqu'on voit dans le procès instruit alors contre Ravaillac, assassin de Henri IV, que ce fanatique appelait le duc d'Épernon *catholique à gros grains*.

CATHOLIQUEMENT. Cet adverbe se trouve dans la *Satire Ménippée* : « La Sorbonne (ligueuse) boit plus *catholiquement* que le Consistoire de Rome. »

CATIMINI. « Je ne doute point, dit Ménage, que, dans ce mot, *mini* ne soit une production, comme en *grippimini* et *brouillamini*; mais je ne sais pas d'où il peut venir : n'aurait-il point été dit, par contraction, au lieu de *cachettimini*? Cette conjecture ne me déplaît pas. » « Faire quelque chose en *catimini*, ne signifie pas seulement en *cachette*, mais particulièrement sans bruit, comme fait le chat qui guette la souris; et, parce que le chat s'appelle aussi *minon*, cela me fait croire que ces deux mots sont renfermés dans celui de *catimini*, et que faire une chose en *catimini*, pourrait bien désigner l'imitation des démarches et du silence du *chat* ou *minon*, lorsqu'il chasse une souris. » LE DUCHAT. Ce mot ne pourrait-il pas venir en partie du vieux verbe *se catir*, que nos aïeux employaient pour *se blottir*?

Les autres poissons s'appetissent,
Et jusques au fond *se catissent*.
RICHER, *Ovide burlesque*, l. II, 1650.

CATONISER, *v.* faire le Caton. C'est un mot de la façon de Diderot. *Neveu de Rameau*.

CATUS, *s. m.*

Et s'étant fait raconter derechef
Tout le *catus*, elle fit l'irritée.
LA FONTAINE, *le Psautier*.

CAUCHEMAR, *s. m.* Ménage le dérive de *calca*, mot de la basse latinité pour *calcatio*, et de *mala*, mauvaise oppression. Nos pères disaient : la *cauchemare*.

Puissé-je avoir la *cauchemare*!
SCARRON.

Les Lyonnais ont dit *cauche-vieille*, et les Anglais l'appellent *night-mare* (cavale de nuit), et le représentent sous la forme d'une cavale, qui pèse sur le sein d'une jeune fille; ce qui donne lieu de croire que la véritable étymologie de ce mot est *calcans* et *mare*, cavale.

CAUDEBEC, *s. m.* chapeau de laine ainsi nommé de la ville de *Caudebec*, en Normandie, département de la Seine-Inférieure, où ces premiers chapeaux ont été fabriqués.

Pradon a mis au jour un livre contre vous,
Et chez le chapelier, au coin de notre place,
Autour d'un *caudebec*, j'en ai lu la préface.
BOILEAU, *Epître* VI.

CAUSANT, E, *adj.* Ce mot, de l'invention de Mad. de Sévigné, s'est conservé dans le style familier. « Je ne suis pas, dit-elle, si *causante* qu'à Paris. »

CAUSE, *s. f.* du latin *causa* (principe, source, origine). Nous disons *cause* pour motif, ce qui porte à faire quelque chose, et nous le disons à l'exemple des Latins qui donnaient à *causa* la même signification : « *Sibi patriam, conjuges, parentes; illis avaritiam et luxuriam causas belli esse.* » TACITUS, *in Agricolæ Vitâ* : mot à mot (Ils disaient que leur patrie, leurs épouses, leurs parens étaient pour eux les *causes* de la guerre, tandis que l'avarice et la luxure étaient les motifs qui portaient les Romains à se battre). « Il est important pour l'honneur des grands événements que les *causes* en soient cachées. » FONTENELLE.

CAUSE-FINALIER. « Si une horloge

n'est pas faite pour montrer l'heure, j'avouerai alors que les causes finales sont des chimères, et je trouverai fort bon qu'on m'appelle *cause-finalier*, c'est-à-dire imbécile. » VOLT.

CAUSER, *v.* du latin *causari* (alléguer des causes, des raisons).
Causando *nostros in longum ducis amores*.
VIRG. *Eclog.* IX.

« J'ai mille choses à vous conter, et je *causerais* volontiers, si l'on *causait* avec la main d'un autre. » Mme DE SÉV. *Lett. à Bussy-Rabutin*. « *Causer* avec un petit esprit, semble aussi difficile que de voyager à pied avec un cul-de-jatte. » Mlle DE SOMMERY, *Doutes sur la société*.

D'un voile ingénieux parant l'instruction,
Fille du doux *causer*, et souple dans son style,
L'Epître marche au gré d'un caprice fertile.
CHAUSSARD, *Poétique secondaire*, chant I.

CAUSERIE, *s. f.* l'action de causer, babil. Ce terme familier est peut-être de la création de Mad. de Sévigné. « Ceci, écrit-elle à Mad. de Coulanges, entre nous deux, car vous jugez bien que cette *causerie* seroit ridicule avec d'autres. » Cependant on trouve ce mot dans Oudin, *Dict. des trois langues*.

CAUSEUR, EUSE, *adj.* et *s.*
Efforçons-nous de vivre avec toute innocence,
Et laissons aux *causeurs* une pleine licence.
MOLIÈRE.

« La vraie éloquence est bien différente de cette *causeuse* des places publiques, et son style bien éloigné du jargon ambitieux des sophistes grecs. » BALZAC, *de la gr. Eloq.*

CAUT, AUTE, *adj.* du latin *cautus* (qui prend ses précautions, fin, rusé). C'est un vieux mot dont il nous reste encore les dérivés *cautèle, cauteleux, cauteleusement*, peu usités.

Son conseil faulx et frauduleux,
Cault, déceptif, et captieux.
Poésies de G. Coquillart, p. 46, Paris, 1723.

CAUTÈLE, *s. f.* finesse, ruse. Ce mot n'est plus d'usage que dans le style familier, et principalement dans le style marotique.

Entre tes bras, impatient Roger,
Pipé du fard de magique *cautèle*,
Pour refroidir ta chaleur immortelle,
Au soir, bien tard, Alcine vint loger.
Les Amours de Ronsard, CXVIII^e sonnet.

Qui veult entrer en grâce
Des dames bien avant,
En *cautelle* et fallace
Faut estre bien sçavant.
CL. MAROT.

CAUTELEUX, EUSE, *adj.* Il est vieux; mais il entre fort bien dans le style marotique.

Exigerai-je encore
Que le cadi sévère ait l'art du courtisan;
Que la mâle candeur dont le guerrier s'honore
S'allie au ton plus doux du *cauteleux* Iman?
DUAULT, *le Songe de Saadi*.

A voir son visage assassin
Et son œillade *cauteleuse*,
Elle a part au larcin.
VOITURE.

CAUTÉRISÉ, ÉE, *adj.* On dit figurément de la conscience d'un méchant homme qu'elle est *cautérisée*.

« Je ne crois pas, dit Mont. liv. II, ch. 5, qu'une ame *cautérisée* sceust contrefaire une telle asseurance. »

CAUTION, *s. f.* du latin *cautio* qui, selon Scaliger, se dit pour *cavitio* (précaution, sûreté, garantie) : de là les dérivés *cautionnement, cautionner, cautionnaire*, adj. des deux genres; donné à titre de caution, qui sert de caution. Ville *cautionnaire*. JEANNIN, *Négotiat.* tom. I, pag. 162. Ce dernier qui se trouve dans l'*Archéologie franç.* serait très-utile et éviterait une périphrase.

CAVALIER, *s. m.* CAVALERIE, *s. f.* n'est, selon Henri Estienne, qu'une prononciation italienne qui a remplacé les mots *chevalier, chevalerie*, dans le sens d'homme de cheval, troupe à cheval; il ajoute même que, de son temps, *chevalier*, en ce sens, n'était pas entièrement banni.

On s'est servi long-temps du mot *cavalier* simplement pour désigner un homme : « Il y avait deux dames et deux *cavaliers*, » parce qu'avant que les carrosses fussent devenus d'un usage presque général, le cheval était la monture ordinaire des citadins et des campagnards.

Il s'est dit ensuite adjectivement dans le sens de libre, hardi, etc. « Ce procédé est un peu trop *cavalier* pour un homme de bréviaire. » COSTAR. » De là :

CAVALIÈREMENT, *adv.* « Ils se mettent en possession de juger *cavalièrement* de toutes choses. » MALLEBRANCHE.

CAVEÇON, *s. m.* espag. *cabeça*, (tête). Nos pères disaient *cavéche* : « rompre la *cavéche* à tout le monde. » *Sat. Mén.* « Ta condition d'ecclésiastique voulait que tu misses un *caveçon* à tes calomnies. » NIC. PASQUIER, *au Jés. Garasse*, l. x, lett. 4.

Que sert donc aux mortels cette droite raison
Que le Ciel leur donna comme un sûr *caveçon*,
Si rien ne peut brider leur fougue et leur audace ?
REGNARD, *Epître au Marquis de...*

CAVERNE, *s. f.* Raynal appelle énergiquement l'ancienne Rome une *caverne* de héros. « L'opinion est la *caverne* d'où sortent les principaux vents, d'où naissent les tempestes de nostre ame, c'est-à-dire les passions. » CHARRON.

« Le front seul du colosse d'Aménophis, à Thèbes, qui, debout, aurait dépassé de toute la tête la hauteur du Louvre, est une montagne, et le sourire de ses lèvres est exprimé par une *caverne*. » *Voyage dans le Levant*, par M. le comte de Forbin, 1819.

CAVILLATION, *s. f.* du latin *cavillatio* (raisonnement captieux, subtilité contre laquelle il faut être en garde). « Il faut que la critique soit éclairée par le goût; autrement, ses observations dégénèrent en *cavillations*. » GROSIER. Ce mot, dit l'abbé Féraud, n'est d'usage que parmi les savans.

CAVILLEUX, EUSE, *adj.* du latin *cavillosus* (fin, rusé), se lit dans nos anciens auteurs : « Moult estoit belle femme la royne Frédégonde, en conseil sage et *cavilleuse*, en tricherie et malice n'avoit pareille, fors Brunehaut tant seulement. » *Chronique de Saint-Denis.* »

CECI, CELA, *pron.* Mme de Sévigné dit de sa belle-fille : « Dans les commencemens, je ne me trouve disposée à la louer que par les négatives; elle n'est point *ceci*, elle n'est point *cela*; avec le temps, je dirai peut-être : elle est *cela*. » Ailleurs elle dit : « On leur a donné la plus folle, la plus dissipatrice, la plus *ceci*, la plus *cela* qu'il soit possible d'imaginer. »

Cette locution familière se trouve dans les auteurs burlesques :

Pour elle aussi, sans la flatter,
J'oseray dire et protester
Que c'étoit bien la plus jolie,
La plus cointe, la plus polie,
La plus *ceci*, la plus *cela*....
DU FRESNOY, *Enéide travestie*, l. II, 1649.

CÉCITÉ, *s. f.* état de celui qui n'y voit point. OUDIN, *Dict. des trois lang.* Ce mot, n'était guères connu que par ces deux vers curieux sur l'abbé Delille :

Cet auteur si cité, malgré sa *cécité*,
Ira, tout comme Homère, à l'immortalité.

Il est pris au figuré dans Mont., liv. II, ch. 12 : « Parmi cette *cécité* universelle, je me fusse, ce me semble, plus volontiers attaché à ceux qui adoroient le soleil. »

Et dans *La Mothe le Vayer* qui le souligne : « Nous ne sçaurions bien comprendre les ténèbres, que par la lumière, et la *cécité*, que par les fonctions de l'œil et l'excellence de la vue. » *Lett.* 65, *d'un aveugle né.*

En 1787, il n'était encore permis qu'en conversation; mais depuis il a acquis le droit de bourgeoisie. Quelle ame sensible a oublié ces vers de l'abbé Delille ?

J'irai, je charmerai la Discorde inhumaine,
Ma triste *cécité*, les cris de mes rivaux.
Paradis perdu, liv. VII.

Sévère dans la ferme, humain dans la cité,
Il (le chien) soigne le malheur, conduit la *cécité*.
Le même.

« Homère, malgré sa *cécité*, a peint de si brillans spectacles, que depuis trois mille ans l'imagination ne nous a rien offert de pareil. » AIMÉ-MARTIN, *Lett. à Soph. sur la physique*, lett. 23.

CÉDILLE, *s. f.* petit *c* renversé qu'on met au dessous du *c*, pour lui donner le son du *s* : comme dans il *menaça, français, reçu*. Cédille, du mot espagnol *cedilla* qui signifie un petit *c*. Ce signe n'est pas ancien dans notre orthographe, car on ne le trouve guère établi avant le dix-septième siècle : Dans le *Roman des Neuf Preux*, Paris, 1507, on lit *receu* pour *reçu*; ils *aperceurent* pour ils *aperçurent*. On ne voit pas non plus cette cédille dans Le Laboureur, *Origine des armes*, et dans les *Epithètes* de De la Porte, Paris, 1571; mass nous remarquons que le c est adouci par l'interposition d'un e, comme nous le pratiquons encore pour adoucir le g dans il *mangea, drageoir*, etc.

CEINDRE, *v.* du latin *cingere* qui a la même signification. Nous disons *ceindre l'épée à quelqu'un*; Ovide a dit de même, *ense latus cinxit*, mot à mot : il ceignit son côté de son épée.

La Douleur aux traits vénéneux,
Comme d'un habit épineux,
Me *ceint* d'une horrible torture.
RÉGNIER, *le Satir.* stances.

CEINTURE *s. f.* a eu pour diminutif *ceinturette*, qui se trouve encore dans Cl. Marot :

Si j'aime bien les blanches *ceinturettes*,
J'aime bien mieux dames qui sont brunettes.

Bonne renommée vaut mieux que ceinture dorée. Si ce que l'on rapporte est vrai, ce proverbe serait fort ancien. C'était, dit-on, la coutume de se donner mutuellement à l'église le baiser de paix, quand le prêtre, qui disait la messe, avait prononcé ces paroles : « que la paix du Seigneur soit toujours avec vous ! » La reine Blanche, épouse de Louis VIII, ayant reçu ce baiser de paix, le rendit à une fille publique, dont l'habillement annonçait qu'elle était mariée, et d'une condition honnête. La reine, offensée de la méprise, obtint une ordonnance qui défendait à ces sortes de personnes, dont le nombre était alors très-considérable, de porter des robes à queue, à collets renversés, et avec une ceinture dorée. Ce règlement étant mal observé, les honnêtes femmes s'en consolèrent par ce proverbe : *bonne renommée vaut mieux que ceinture dorée.*

En parlant des abus de l'ancienne chevalerie, la Curne de Sainte-Palaye dit qu'elle devint le prix de l'adresse, de la force, et même de l'intrigue et de l'opulence, plutôt que du courage et de la vertu; et c'est peut-être, ajoute-t-il, pour cette espèce de chevaliers que fut mis en vogue ce proverbe : *bonne renommée vaut bien ceinture dorée*, que l'on a mal à propos appliqué seulement aux dames, puisque la ceinture ou le ceinturon d'or faisait également partie de l'habillement et de la parure des chevaliers.

CÉLADON, *s. m.* On appelle *céladon* un homme à beaux sentimens en matière de galanterie, comme s'exprime l'Academie (*voy.* son *Dict.* au mot *Céladon*).

Feu *Céladon*, je crois, vous a légué son ame.
DARTHE, *les Fausses Infidélités.*

Céladon était l'amant d'Astrée, suivant le roman du marquis d'Urfé, intitulé l'*Astrée*. Ce qui a fait dire à Lise dans la *Suite du Menteur* :

. . . . Je puis lire l'*Astrée*,
Je suis de son village; et j'ai de bons garans
Qu'elle et son *Céladon* étoient de mes parens.
P. CORNEILLE, *la Suite du Menteur*, act. IV, sc. 1.

Cet ancien roman se lisait encore dans les beaux jours de Louis XIV.

C'est ainsi que le nom propre de *Dulcinée*, villageoise du village du Toboso, suivant le roman de Michel Cervantes, dame de qui don Quichotte s'était déclaré le chevalier, est devenu nom commun pour désigner ironiquement l'amante dont un homme est épris : *c'est sa Dulcinée*.

CÉLADON, couleur entre le bleu et le vert. Par le caprice des dames de la cour, cette couleur a été ainsi appellée de *Céladon*, personnage du roman de l'*Astrée*. Ces dames, dit Ménage, ont de même appelé d'autres couleurs : *couleur d'astrée, couleur d'amarante*, etc.

CÉLADONISME, *s. m.* langage fade des amoureux, style de ruelle. C'est un mot de Rétif de la Bretonne; mais il n'est pas à dédaigner.

CÉLÉBRER, *v.* « Je ne veux point vous en parler davantage, ni *célébrer*, comme vous dites, toutes les pensées qui me pressent le cœur, » écrit Mme de Sévigné à sa fille; et ce mot, pris dans une acception si peu commune, donne quelque idée du genre d'esprit et de style de Mme de Grignan.

CÉLÉBRITÉ, *s. f.* Ce mot ne date dans la langue que du commencement du XVIIe siècle. « Il y a des *célébrités* factices, auxquelles on travaille toute sa vie, et qui finissent à la mort. Il y a des *célébrités* réelles, qui ne commencent qu'au tombeau et ne finissent plus. » Mme NECKER.

CÉLÉRITÉ, s. f. Ce mot ne s'est dit long-temps qu'au Palais, et ne s'est établi dans la langue que depuis le commencement du dernier siècle. Il est critiqué dans le *Dict. néologique* de l'abbé Desfontaines.

CÉLESTINS, s. m. pl. Ce nom designe un ordre de religieux réformés de l'ordre de Saint-Bernard. On a dit long-temps proverbialement *voilà un plaisant célestin*, pour dire un insigne impudent, un personnage d'un ridicule achevé. Le lecteur nous saura peut-être gré de lui mettre sous les yeux l'origine de ce proverbe. Richelet, dans son *Dictionnaire*, au mot *Célestins*, dit l'avoir appris du père Comte, *célestin*; voici comme il s'explique : « Il me disait qu'autrefois à Rouen, capitale de Normandie, les religieux de son ordre n'étaient exempts de payer l'entrée de leur boisson, qu'à la charge qu'un frère *célestin* marcherait à la tête de la première des charrettes sur lesquelles on conduisait le vin, et sauterait d'un air gai, en passant auprès de la maison du gouverneur de la ville. Il ajoutait qu'un jour un de leurs frères parut devant les charrettes plus gaillard que tous ceux qu'on avait vus auparavant, et que le gouverneur s'écria : *voilà encore un plaisant célestin!* c'est-à-dire un *célestin* qui, en matière de sauts et de gambades, l'emporte sur tous ses compagnons. On donne aussi un sens satirique à ce proverbe; car, lorsqu'on dit à un homme : *vous êtes un plaisant célestin*, on marque à cet homme qu'il n'a pas le sens tout-à-fait droit. »

CENDRE, s. f. Montaigne, dans une de ses lettres, se plaint de la fortune, qui a laissé son ami Estienne de la Boétie, tout du long de sa vie, croupir mesprisé ès *cendres* de son fouyer domestique. *La Macette*, de Régnier, *Sat.* XIII :

D'un long habit de *cendre* enveloppe sa flamme.

Massillon a placé heureusement ce mot. « Vous ne faites aujourd'hui que couvrir de *cendres* un feu perfide toujours prêt à prendre l'essor. » « C'est ainsi que la puissance divine justement irritée contre notre orgueil, le pousse *jusqu'au néant*, et que, pour égaler à jamais les conditions, elle ne fait de nous tous qu'*une même cendre.* » BOSSUET.

La cendre, les cendres des morts, que *sa cendre repose en paix*; ces expressions et d'autres semblables viennent de l'usage où étaient les Grecs et les Romains de brûler les morts et d'en recueillir les cendres dans des vases ou urnes.

ÉPITAPHE.

Ici gît l'égal d'Alexandre,
Moi, c'est-à-dire, un peu de *cendre*.

CENDREUIL, s. m. « Nos pères appelaient de ce nom un homme frileux qui a toujours les pieds dans les *cendres*. » *Gloss de la lang. romane*.

CENDRIOT. L'hérésiarque Vigilantius donnait le nom de *cendriots* aux catholiques, parce qu'ils honoraient les *cendres* des martyrs.

CENDROYEMENT, s. m. « Le roi vous fera porter la malenchère du funeste *cendroyement* de son royaume. » NIC. PASQUIER, liv. VIII, lett. I, *au duc d'Épernon*.

CENDROYER, v. réduire en cendres. « Si soudain les larmes n'eussent destrempé et les soupirs esventé ceste vive et ardente fournaise, en bref, vous eussiez esté *cendroyée*. » *Idem*. liv. VII, lett. 5, *à une veuve*.

CÉNOTAPHE, c'est-à-dire tombeau vide, où le corps n'était pas ; du grec χένος, vide, et τάφος, tombeau. C'était un monument que les anciens faisaient élever à la gloire de ceux qui étaient morts pour la patrie, lorsqu'ils avaient fait naufrage, ou qu'ils avaient péri dans une bataille.

CENSEUR, s. m. Boileau dit des *censeurs* qu'ils sont :

Plus enclins à blâmer, que savans à bien faire.

Bayle compare ingénieusement les auteurs sollicitant l'approbation des *censeurs* à ces ames errantes sur les bords du Styx, qui attendent impatiemment d'être transportées sur l'autre rive : il leur applique ces deux vers de Virgile, *Enéide*; liv. VI :

Tendebantque manus ripæ ulterioris amore :
Navita sed tristis nunc hos, nunc accipit illos.

CENSURABLE, adj. qui mérite la

censure. « Leur censure toute *censurable* qu'elle est, aura son effet. »
PASCAL. lett. III.

CENSURER, *v.*
Il faut être Psyché, pour *censurer* Vénus.
VOLTAIRE.

CENSURE, *s. f.* La plupart des femmes sont comme les beaux esprits, qui préfèrent l'éclat de la *censure* à la honte de l'oubli.

CENTAURES, *s. m. pl.* κεντεῖν (piquer). Scarron les définit assez plaisamment :

Notre auteur, esprit fin et rare,
A propos, ou non, les compare
A deux *centaures* mi-chevaux,
Alors que par monts et par vaux
Leur corps humain où gît leur tête,
Fait galoper leur corps de bête.
Virg. trav. liv. VII.

CENTENAIRES, *adj.* et *s.* Du vivant du card. de Fleury, les gazettes ne parlaient que de *centenaires*.

CENTI (qu'on prononce *santi*) vient du latin *centum* (cent). Ce mot qui entre dans la composition de plusieurs termes adoptés dans le nouveau système des poids et mesures, exprime le centième d'un poids ou d'une mesure générique ; ainsi le *centimètre* est la centième partie d'un mètre, le *centilitre* la centième partie d'un litre, le *centigramme* la centième partie du gramme.

CENTON, *s. m.* du latin *cento*. « *Centones dicuntur vestes è variis panniculis, ac diversis etiam interdum coloribus consarcinatæ*. » *Adages d'Erasme*, pag. 203, in-12, Lyon, 1544.
Cento, dit Dumarsais, en latin, signifie, dans le sens propre, une pièce de drap qui doit être cousue à quelqu'autre pièce, et plus souvent un manteau ou un habit fait de différentes pièces rapportées ; ensuite on a donné ce nom, par métaphore, à un ouvrage composé de plusieurs vers ou de plusieurs passages empruntés d'un ou de plusieurs auteurs. On prend ordinairement la moitié d'un vers, et on le lie par le sens avec la moitié d'un autre vers. On peut employer un vers tout entier et la moitié du suivant, mais on désapprouve qu'il y ait deux vers de suite du même auteur.

CENTURIE, *s. f.* du latin *centuria*. « *Centuria primo à centum jugeribus dicta; post duplicata retinuit nomen,* etc. » VARRON. (*Centurie* a été fait de *centum jugeribus*, cent arpens, ce nom est resté, quoique le nombre des arpens ait été doublé, etc.) Il se dit en histoire de la division du peuple romain.
On appelle les *Centuries* de Nostradamus les prédictions de cet auteur rangées par centaines de quatrains ou de sixains. On a appelé par imitation *centurie* des quatrains ou autres pièces de vers faits dans le genre de ceux de Nostradamus ; les vers suivans serviront d'exemple :

CENTURIE.

Lorsqu'à Saint-Maur on remettra
Croquets de Rheims dans les mains de Julie,
Deux choses lors, très-sagement fera :
La première est qu'elle les croquera,
Puis en après avoir fait chère lie,
S'elle (si elle) fait bien, à part soi se dira :
Cil qui me fait ce petit présent-là,
De me croquer long-temps a fantaisie ;
Et toutefois que croquer me pourra,
Très-bien je sai qu'à l'instant me vouera
Tout son avoir, même sa propre vie ;
Rien que plaisir il ne m'en coûtera ;
Pourquoi serait à moi grande folie
De refuser, à qui tant m'aimera,
Croquet que j'ai dont il a tant envie.

L'abbé DE CHAULIEU, *à Mad. la marquise de Lassay, en lui envoyant des croquets de Rheims.*

CEPENDANT, (*hocce pendente*, sous-ent. *tempore*), *adv.* qu'on écrivait d'abord *ce pendant*, laisse sous-entendre le mot qui se trouve dans nos anciens auteurs. « *Ce temps pendant* que le roi Perles et Lancelot parloient ensemble, Lancelot regarda et veit, etc. » *Lancelot du Lac*, édit. de 1520.

CERCLE, *s. m.* du latin *circulus*, diminutif de *circus*, pris du grec κίρκος (*kirkos*) tour, cercle, d'où les dérivés *cerceau*, *circulaire*, *circulation*, *circuler*. « Elle était née décidée, le *cercle* de son esprit était étroit. »
DIDEROT. « Les bons exemples des écrivains faits pour servir de modèles, sont enfermés dans un certain *cercle* d'années, hors duquel il n'y a rien qui ne soit, ou dans l'imperfection de ce qui commence, ou dans la cor-

ruption de ce qui vieillit. » BALZAC, *Apologie.*

CÉRÉBRIN, E, *adj. Voyez* CERVEAU.

CÉRÉMONIE, *s. f.* du latin *cœremonia*, c. à d. *Cereris munia* et mieux *Céré*, ville d'Etrurie, dont les Romains avaient emprunté les objets et les lois de leur culte. « Nous ne sommes que *cérémonie* ; la *cérémonie* nous emporte, et laissons la substance des choses : nous nous tenons aux branches, et abandonnons le tronc et le corps. » MONT. l. XXI, ch. 17. « Un long séjour en Italie lui avait communiqué la *cérémonie* dans le commerce des femmes, et la défiance dans celui des hommes. » HAMILT. *Mém. du chev. de Gramont.*

J'ai tort d'ériger le fripon (l'Amour)
En maître des *cérémonies*.
LA FONT. *Le Tableau.*

Il existe, sous le titre de *le Cérémonie*, une comédie de Scipion Maffei, où se trouvent des scènes plaisantes.

CÉRÉMONIEUX, EUSE. Cet adjectif n'est pas ancien dans la langue. La Bruyère le met encore en italique.

CERISIER, *s. m.* du latin *cerasus* (l'arbre qui porte des cerises). Cet arbre, déjà connu des Grecs depuis long-temps, était nouveau parmi les Romains du temps de Virgile. Pline nous apprend que Lucullus, après la défaite de Mithridate, le transporta en Italie, de *Cérasonte*, ville de Cappadoce. C'est de cette ville que cet arbre et ses fruits tirent leur nom.

Lucullus le premier cultiva de ses mains,
Les fruits de *Cérasonte* ignorés des Romains.
ROSSET, *l'Agriculture*, chant III.

CÉRULÉE, *adj. des 2 genr.* du latin *cœruleus* (azuré, bleu de ciel). « J'apperceu d'advantaige deux tables d'aimant indique, amples et espoisses en demie paulme, à couleur *cérulée*. » RABELAIS, liv. V, ch. 37. Ce mot méritait d'être conservé.

CERVEAU, *s. m.* qu'on disait *cervel*. « O gens testus, de dur *cervel*, obstinez et impersuasibles, etc. » *Hist. de la Toison d'or*, tom. II, fol. 145. « Ne la contraignez point de parler, car c'est grand péril à une femme qui a le *cervel* vuide. » *Les Quinze Joyes du mariage*, pag. 46, La Haye, 1734. D'où le diminutif *cervelet* et les dérivés *cervelas*, *cérébral*, *écervelé*. Il vient du latin *cerebrum* ou plutôt de son diminutif *cerebellum*.

Non content de ce songe, il y joint les atomes,
Enfans d'un *cerveau* creux, invisibles fantômes.
LA FONTAINE, liv. VIII, *Fable* 26.

CÉRÉBRIN, E, *adj.* qui appartient au cerveau. « Je ne veux point vous raconter les mescontentemens que nous apporte ceste raison *cérébrine*. » ET. PASQUIER, liv. X, lett I.

CERVELLE, *s. f.* aussi du latin *cerebellum*.

Tu te repens de ton funeste choix ;
Je m'en doutais ; mais, *tête sans cervelle*,
Avant d'écrire on y songe deux fois.
BAOUR DE LORMIAN, *Rustan*, conte oriental.

Corrigez-vous, dira quelque sage *cervelle*.
LA FONTAINE, liv. II, *fable* 14.

« Ceux qui ne sont pas accoustumés à cette façon de parler italienne, *tenir quelqu'un en cervelle* (*stare in cervello*), ne cognoistront pas, dit Henri Estienne (*Dialogues du nouv. lang. franc. italianisé*, pag. 86, édit. de 1579), que ceux qui disent *tenir quelqu'un en cervelle* italianisent. Or, me doit-il bien souvenir de ceste façon de parler ; car j'en eus bien les oreilles battues pour un coup, au premier-voyage que je fis en Italie. »

ISABELLE.
Un message à telle heure est chose assez nouvelle.
CLARINE.
C'est ce qui comme vous *me tient fort en cervelle*.
QUINAULT, *le Fantôme am.* tragi-com. act. II, sc. 1.

CERVOISE, *s. f.* s'est dit anciennement pour bière : aussi trouve-t-on dans une pièce de vers intitulée *le Lendit rimé*, et composée vers l'an 1290, le mot *cervoisiers* pour marchands de bière. « En général, dit Cl. Fauchet, les Gaulois aimoient le vin, et tout breuvage qui luy ressemble ; entre autres une composition qu'ils appeloient *cervisia* ou *zithum*, faicte d'orge et d'eau, en laquelle on avoit lavé le marc des ruches à miel. » *Antiquités gauloises*, feuillet 12 tourné (1599).

Le mot *cervoise* vient de *cervisia*, soit que ce mot soit gaulois ou latin d'origine.

Goths, Ostrogoths, Cimbres, Teutons, Vandales,
Pour réchauffer leurs espèces brutales,
Dans des tonneaux de *cervoise* et de vin,
Ont recherché ce feu pur et divin.
VOLTAIRE, *Lettre* 94, *au Prince royal de Prusse.*

CHACONNE, s. f. de l'italien *ciacona* formé de *cecone* (aveugle); c'est le nom d'un air de danse, ou d'une pièce de musique qui a son mouvement propre. On prétend qu'il fut inventé par un aveugle, et que c'est de là qu'il tire son nom.

Ce mot a signifié pendant quelque temps un ruban pendant, du col de la chemise, sur la poitrine de certains jeunes gens qui allaient à demi-déboutonnés. Cette mode vient de Pécourt, danseur de l'Opéra, qui y parut avec un ruban de cette sorte, en dansant une *chaconne*.

CHACUN, UNE, pron. qu'on a écrit *chascun* et *chaqu'un* dans nos anciens auteurs, vient de l'italien *ciascheduno*, dérivé lui-même de *quisque unus*. « Il ne faut pas se fascher, s'il arrive à quelqu'un ce qui peut advenir à *chacun*. » CHARRON, liv. III, ch. 22. Il s'est pris anciennement comme nom : *chacun* avait sa *chacune*.

Je me dis mère sainte église,
Je veux bien qu'*un chacun* le note.
La farce de Gringore.

« Elle conta à messire *chacun* le tour que n'avait joué sa maîtresse. » *Guzman d'Alfar.* liv. 1er de la 2e p.

Compagnons de Minerve, et *confis en science*,
Un *chacun d'eux* pense être une lumière de France.
REGNIER, *Satire* 2.

Un procureur avide disait : « *chacun* le sien, ce n'est pas assez. »

De *chacun* on a dérivé *chacunière*, dans le sens de maison, logis.

CHACUNIÈRE, s. f. Ce mot est très-ancien dans la langue. « Chacun s'en va à sa *chascunière*. De moi je prends mon chemin vers la porte. » RABELAIS, tom. 2, pag. 164, édit. de 1732. On le rencontre dans Montaigne, dans la *Sat. Ménippée*, dans Cyrano de Bergerac, dans Mme de Sévigné, etc.

CHAFFOURRER, v. Ce terme qui signifiait gâter, barbouiller, n'est plus en usage. « Puisqu'il me faut parler des dames, je ne me veux amuser aux anciennes dont les histoires sont toutes pleines, et ne seroit qu'*en chafourrer le papier en vain.* » BRANTÔME, *les Dames Illust.* Il ratissoit le papier, *chauffourroit* le parchemin, dit Rabelais en parlant de l'adolescence de Gargantua, liv I, ch. II. « L'idée mesme de l'amendement de la pluspart des hommes est *chafourrée*, *leur pénitence* malade et en coulpe, autant à peu près que leur péché. » MONT. liv. III, ch. 2.

Se *chaffourer*, se trouve dans Bouchet, 1re *Sérée*, s'enivrer. « Toujours se vaultroit par les fanges, et se mascaroit le nez, se *chauffourroit* le visaige. » RABELAIS, tom. 1, pag. 75, Paris, 1732.

CHAFFOURREUR, s. m. pour celui qui griffonne, qui barbouille, qui gâte. On lit dans Rabelais *chaffourreur* de parchemin.

CHAGRIN, adj. et s. m. (*Catus grunniens*, ou *chagrin*, peau rude (ital. *zigrino*); le visage d'un homme *chagrin* et renfrogné, ressemble en quelque façon, à cette peau inégale et raboteuse.)

CHAGRINEMENT, adv. forgé par Mme de Scudéry. « Je passe la vie à Paris *chagrinement*, etc. »

CHAGRINER, v. « Les déserts et la solitude *chagrinent* ceux qui sont vains, parce qu'ils ne leur parlent point d'eux-mêmes. » NICOLE.

CHAÎNE, s. f.
Chaîne d'argent, fer émaillé
A un cheval harnaché,
Ou à un homme attaché,
Ne sont plus que fer rouillé.
Proverbes en rimes.

« Il y a plus de constance à user sa *chaîne*, qu'à la rompre. » MONT. « Le chancelier de l'Hospital, après Homère, appelle la religion, la *chaîne* d'or, qui suspend la terre au trône de l'Éternel. On a critiqué ce mot de Diderot : *La chaîne du devoir brise toutes les autres chaînes*, parce que l'image est fausse ; une *chaîne* n'est point une hache pour détruire toutes les autres chaînes. » Mme NECKER.

CHAÎNON, s. m. « Plus il y aura de classes et de *chaînons*, depuis le roi jusqu'au portefaix, plus il y aura de tranquillité dans le monde. » LE PR. DE LIGNE.

CHAIR, s. f. écrit *char* dans nos anciens auteurs, du latin *caro* ; et *caro* vient, selon Pline, du verbe *carère* (manquer, être privé). Ce mot s'applique aux alimens provenans d'animaux privés de vie. *Caro, quasi qui caret animâ.* « Le sens esclaire et produit les paroles, non plus de vent ; ains de *chair* et d'os. » MONT. liv. III, ch. 5.

Filles de sang royal ne se déclarent guères ;
Tout se passe en leur cœur, cela les fâche bien :
Car elles sont de *chair*, ainsi que les bergères.
LA FONTAINE.

Rousseau a dit des *ames de chair* pour des esprits charnels, des hommes attachés à la terre, et aux besoins du corps, expression qui n'est bonne que dans le style de l'Ecriture :

Ce sont là les discours, ce sont là les pensées
De ces *ames de chair*, victimes insensées
De l'ange séducteur qui leur donne la mort.

Le célèbre Bordeau appelait le sang « une *chaire* coulante. »

CHAISE D'AFFAIRES, s. f. C'est ainsi qu'on nomme chez le roi la *chaise percée*. « Il y a des princes qui, pour depescher les affaires les plus importantes, font leur trône de leur *chaise percée*. » MONT. liv. I, ch. 3.

Scarron, dans son *Virg. trav.* dit plaisamment qu'à la prise de Troie,

Un Grec eut la tête cassée,
D'un coup de la *chaise percée*
Du roi Priam ; mais ce malheur
Fut récompensé par l'honneur.

Mme de Montespan disait du P. La Chaise, qu'elle soupçonnait de favoriser les amours de Louis XIV et de Mlle de Fontanges, que c'était une *chaise de commodité*, pour dire que c'était un confesseur commode.

« La duchesse d'Orléans (femme du régent) voulait paraître petite-fille de France, jusque sur la *chaise percée*. » SAINT-SIMON, *Mém. secr. de la Régence*, liv. I.

CHALAND, s. m. CHALANDISE, s. f. CHALOIR, v. Tous ces mots ont la même racine et viennent, ou du grec καλεῖν, appeler ; ou du latin *calere* (être chaud, être enflammé, au figuré s'empresser). *Chaland* vient

de *calens*, participe de *calere*. « Qu'est, en effet, dit Barbazan, un marchand qui a bien des *chalands*, sinon un homme qui a bien des gens qui sont empressés d'aller acheter chez lui? De la même source vient notre mot *non-chalant*, un homme qui n'a point d'ardeur, un homme mou. » *Dissert. sur l'origine de la lang. franç.*

« *Chaland* est le nom qu'on donnoit aux petits vaisseaux qui naviguoient sur la Seine ou sur la Loire ; d'où les Parisiens ont nommé *pain-chaland* celui qui leur étoit apporté par ces vaisseaux ; ceux qui en achetoient étoient nommés des *chalands*. Les marchands s'accoutumèrent insensiblement à appeler ainsi toutes leurs pratiques. » DU CANGE, *sur Joinville*, pag. 72.

M. Guillon le dérive de *capitulans*, qui marchande ce qu'il veut acheter.

CHALANDISE, s. f.

L'enseigne fait la *chalandise*.
LA FONTAINE.

CHALOIR, v. fort ancien dans notre langue, déjà depuis long-temps n'était plus d'usage du temps de Regnier Desmarais.

Moult petitet de nos li *chaut*. (Il se soucie
   [bien peu de nous.)
Le Roman du Renard, v. 5904.

On dit parmi le peuple : il ne m'en *chaut*, pour il ne m'importe. Le P. Du Cerceau a fait un assez ridicule usage de ce mot dans son épître à Mme de Chailli :

Peut-être fort peu vous en *chaut* :
Mais, ma *Chailli*, qu'il vous en *chaille*,
Ou qu'il ne vous en *chaille* pas,
Je vais tâcher, vaille que vaille,
De sortir de cet embarras.

CHALEMELER, v. jouer du chalumeau, de la flûte, du flageolet ; vieux mot qu'il serait bon de rajeunir. *Gloss. de la lang. rom.* ET. OUDIN, *Dictionn. des trois langues*.

CHALEUR, s. f. « Un feu égal a toujours donné *chaleur* aux affaires. » BALZAC, *Consolation au cardinal de la Valette*.

CHALEUREUX, adj. employé au figuré. Lanjuinais a dit, en parlant de Court de Gébelin : « Il fut le disciple chéri du célèbre docteur Quesnay; il en reçut l'enseignement comme un nouvel évangile, et s'en montra l'un des plus *chaleureux* propagateurs. » *Histoire de la parole*, discours préliminaire, pag. 7, d'où

CHALEUREUSEMENT, *adv.* avec chaleur. *Chartre de l'an* 1389; *Trés. des Chart.* reg. 137, ch. 30.

CHALOIR. *Voyez* CHALAND.

CHALUMER, *v.* aspirer du vin avec un *chalumeau*. Ce mot heureux se trouve dans Oudin, *Dictionn. des trois langues* et dans ce couplet bachique :

Esope quelquefois la nuit,
De concert avec la servante,
Chalumait, sans faire de bruit,
Les tonneaux de son maître Xanthe.
Il en eût mis dix pots sous sa large omoplate;
Il suivait Hippocrate
Qui dit qu'il faut à chaque mois
S'enivrer au moins une fois.

CHAMADE, *s. f.* terme de guerre, doit venir de l'italien *chiamata*, (appel); les Italiens disent *far la chiamata*, battre la chamade; du latin *clamare*, appeler, ils ont fait *chiamare*, appeler pour faire venir.

CHAMAILLER, *v.* se chamailler, se battre, s'escrimer, se disputer à grand bruit. L'on disait originairement *camailler*, frapper les ennemis à grands coups d'épée; parce que les principaux coups étaient donnés sur le *camail :* car le *camail* n'a pas toujours été un habillement de chanoine; il signifiait autrefois une armure qui couvrait la tête et le cou, et, dans ce sens, il est fort ancien. Dans les Poésies provençales, manuscrit d'Urfé, on lit :

E gardatz qu'il *capmail*
Faitz laissar per mesura.

(C'est-à-dire que votre *camail* ne soit ni trop lâche, ni trop serré; qu'il soit lacé bien juste.)

Et sans leur demander congé,
Chamailla comme un enragé.
SCARRON.

On dit aussi *chamailler* des dents pour bâfrer.

Mais ce sont de ces gens qui ne craignent personne,
Et *chamaillent* des dents.
HAUTEROCHE, *Nobles de Province*, com.

CHAMARRER, *v.* (esp. *camarra*, simarre). Ce mot, suivant les auteurs du *Dict. de Trévoux*, vient de *chamarre*, vieux mot qui signifiait autrefois un *hoqueton*, un habit de berger fait de peau de chèvre ou de mouton, sur les coutures duquel il y avait plusieurs bandes en guise de passement.

Maint petit diable *chamarré*.

C'est ainsi que Scarron désigne les pages.

Et d'un pédant *chamarré* de latin,
Elle fabrique un nouvel Augustin.
J. B. ROUSSEAU.

Un grand seigneur, tout *chamarré* d'orgueil.
VOLTAIRE.

« Les orateurs se *chamarrent* de métaphores, d'antithèses, etc. » L'abbé COYER, ch. 11.

« Trois corbillards, comblés de laquais grands comme des Suisses, et *chamarrés* de livrées tranchantes, parurent dans la cour et débarquèrent toute la nôce. » HAMILTON, *Mém. de Gramont.* « Le fond de ses discours est du poison *chamarré* d'un faux agrément. » Mme DE SÉVIGNÉ. « J'étais *chamarrée* de tendresse et d'admiration. » *Ibid.*

CHAMBELLANIE, *s. f.* charge, dignité de chambellan. Ce mot se trouve dans le *Dict. de Trévoux.* Thomas Corneille a dit :

Aussi je lui promets une *chambellanie*.

« Recevez, Madame, mes hommages, mes respects, mes souhaits, des gouttes d'Hoffman et des pilules de Sthal, par M. d'Amon, mon camarade en *chambellanie*, et mon très-supérieur en négociations. » VOLTAIRE.

CHAMBERLAN, *s. m.* qui travaille en chambre. Collé a fait un singulier usage de ce mot. « Je ne suis ni assez simple ni assez vain, pour m'être laissé tourner la tête par mes petits succès dramatiques, *chamberlans*, ou publics. »

CHAMBRE, *s. f.* (*camera*). Pascal dit, et Mme de Sévigné a répété : « Tous les maux viennent de ce qu'on ne sait pas garder sa *chambre*. »

CHAMBRE ARDENTE. Ce nom fut donné anciennement au lieu dans lequel on jugeait les criminels d'Etat, qui étaient de grande naissance. Cette chambre fut ainsi appelée, parce qu'elle était toute tendue de deuil, et n'était éclairée que par des flambeaux : de même qu'on a appelé *chapelle ardente*, le mausolée garni de flambeaux, que l'on dresse aux personnes de qualité le jour des services solennels que l'on fait pour honorer leur mémoire ; la grande obscurité du deuil faisant paraître les lumières plus ardentes qu'elles ne seraient sans l'opposition de cette nuit artificielle. *Encyclop.* au mot *Chambre ardente*.

CHAMP, *s. m.* Qui n'a retenu ces deux vers dignes de Boileau ?

Et rejetant la porte à son double battant,
Ouvrir à sa colère un *champ* libre en sortant.
RHULIÈRES, *les Disputes*.

On appelait *champclos* un terrain qu'on couvrait de sable, et qu'on entourait d'une double barrière avec des échafauds pour le roi et les juges du champ, pour les dames, les gens de la cour et le peuple. Ces espèces de théâtres, destinés à être arrosés du sang de la noblesse, se faisaient ordinairement aux dépens de l'accusateur ; quelquefois l'accusé avait la fierté de vouloir qu'ils se fissent à frais communs.

CHAMP, en terme de blason, est la face plane de l'écu ou de l'écusson ; ce nom lui vient de ce qu'elle est chargée des armes que l'on prenait sur l'ennemi dans un *champ de bataille*. On se sert maintenant plutôt des termes *écu* et *écusson*, que de celui de *champ*.

CHAMP DE MARS OU CHAMP DE MAI. C'est ainsi qu'on nommait, en France, les assemblées générales de la nation, que les rois de la première race convoquaient chaque année, en mars ou en mai, et dans lesquelles on délibérait sur les affaires de l'Etat.

CHAMPI, *s. m.* Costar, écrivant à Voiture, lui dit que dans le Poitou les bâtards sont appelés *champi* ; comme qui dirait : fait dans les *champs* ; il ajoute : « Il n'y a pas encore dix jours qu'un gentilhomme de ce pays-là me disait d'un de ses voisins qui lui contestait quelques honneurs dans l'église : c'est un coquin, je prouverai qu'il est *champi* de quatre races. » « Appelant un enfant, en présence de ses père et mère, *champi*, ou *avoistre*, c'est honnestement, tacitement dire le père c... et la mère ribaude. » RABELAIS, l. III, c. 14.

CHAMPIGNON, *s. m.* (ital. *campinione*, de *campus*). Scaliger appelait un cardinal « un *champignon* du Vatican. » Un homme d'esprit appelle *champignons* de l'esprit français, ces bons mots arrangés par les beaux esprits de Paris, et dont La Harpe et Grimm s'empressaient de régaler les Cours du Nord, qui en étaient très-friandes.

CHAMPION, *s. m.* c. à d. *pion du champ*, étymologie qui paraît être encore autorisée par la définition que Moréri donne de ce mot : « On appelait autrefois *champion*, dit-il, un combattant qui entrait dans le champ de bataille, pour vider quelque différent par un duel. » Et ce mot *pion* est un mot indien adopté par les Arabes. Il signifie soldat. « Brief on n'eust sceu (su) en ce monde chercher meilleur *pion* pour boire tost et tard. » *Œuvres de Villon*, pag. 70 de l'édit. de 1533.

Sur la peine du morion
Autant chevalier que *pion*.
SCARRON, *Virg. travesti*.

Dans ces temps de barbarie où le sort des armes décidait de la justice d'une cause, où le vaincu était jugé coupable du crime dont il était accusé ou dont il s'était porté l'accusateur, il y avait, quand les parties ne voulaient pas défendre leur cause elles-mêmes, des braves de profession, nommés *champions*, à qui elles confiaient la défense de leur cause et remettaient leurs destinées.

Un scélérat nommé *Sacrogorgon*,
De l'archevêque infâme *champion*.
VOLTAIRE.

Molière a donné un féminin à ce mot.

Tous viennent sur mes pas, hors les deux *cham-*
[*pionnes*.
L'Etourdi.

CHANCE, *s. f.* du latin *cadentia* (chute). Il a la même racine que choir, autrefois *cheoir*, *échéance*, *déchéance*. Pomey, dans son *Dict*. in-4°, 1716, définit ce mot : « les points qui se rencontrent au premier *jet* de dez. » C'est donc proprement la *chute*, la manière dont les dés *tombent*; de cette chute résulte le bonheur ou le malheur au jeu, et par extension, *hasard*, *bonheur*, *malheur*, en quelle que chose que ce soit; de là

Chanceux, *euse*, adj.

CHANCELIER, s. m. titre commun à plusieurs dignités et offices qui ont rapport à l'administration de la justice ou à l'ordre politique, du latin *cancellarius;* car cette charge, sans être fort importante, était cependant connue à Rome. Ces officiers, qui étaient des espèces de gardes des archives, de notaires ou d'huissiers, se tenaient renfermés dans des bureaux entourés de grilles ou barreaux, en latin *cancelli*, d'où leur nom est dérivé. « *Aiunt cancellos angustiores esse fenestras, quales utique hi qui libros describunt aptare sibi solent ad recipiendum lumen paginis*; *undè et puto cancellarios eos appellari qui chartis conscribendis ex officio deputantur.* » *Sancti Bernardi opera*, pag. 1459, in-fol. Paris, 1690.

D'autres pensent qu'il vient de ce que « cet officier examinait toutes les requêtes et suppliques qui étaient présentées au prince et les cancellait * quand elles n'étaient pas admissibles, ou de ce qu'il signait avec griffe et paraphe faite en forme de grillage, les lettres patentes, commissions et brevets accordés par l'empereur.

» Du Cange enfin, d'après Jean De la Porte, fait venir ce mot de la Palestine, où les faîtes des maisons étaient en terrasses bordées de parapets nommés *cancelli :* il dit qu'on appela *cancellarii* ceux qui montaient sur ces terrasses pour y réciter des harangues; que cette dénomination passa aussi à ceux qui plaidaient au barreau, qu'on les appelait *cancelli*

---

* Ce mot est formé du latin *cancellare*, croiser, traverser, parce qu'en biffant un acte par des raies tirées en différens sens, on forme une espèce de treillis.

forenses, ensuite au juge même qui présidait, et enfin au premier secrétaire du roi. » MERLIN, au mot *Chancelier*.

Chez les premiers Français établis dans les Gaules, les *chanceliers* étaient des hommes publics qui jouissaient déjà de quelque distinction à la cour de France, dès le sixième siècle. La charge de référendaire se confondit au septième siècle avec celle de *chancelier*. Erkambolde, l'un des *chanceliers* de Lothaire, est le premier qui, dans un précepte royal de 852, ait souscrit avec la qualification de *regiæ dignitatis cancellarius*.

De *chancelier* sont dérivés *chancelière*, *chancellerie* et l'ancien adjectif *cancellaresque*.

CHANDELLE, s. f. du latin *candela*. « Je vois dans Eustathe, dit Mad. Dacier, que le mot *chandelle* est purement grec; car il cite un ancien auteur qui a dit : ἀσσαρέου χανδήλας πρίου (*achète des chandelles pour une petite pièce d'argent*). » *Trad. de l'Odyssée*, remarques sur le 7e liv. tom. II, p. 158, Paris, 1756.

Chandelle pour cierge se trouve plusieurs fois dans le *Codicille* de Jean de Meung, et notamment vers 1190 :

Lors offre pain et vin couvert d'un pou (peu) de
[toille,
Et ung denier fichié dedans une *chandelle*.

« Un chaircuitier de Florence avoit accoutumé de venir faire ordinairement ses dévotions, et donner des *chandelles* à l'image d'un Jésus-Christ fort jeune, à-sçavoir de cest âge qu'il avoit quand sa mère le trouva au Temple, conférant avec les docteurs, et s'estoit ainsi entretenu en sa bonne grâce par l'espace de plus de vingt ans, au bout duquel temps advint qu'une tuile tomba sur la teste de son fils, et la luy accoustra de telle façon qu'on n'espéroit point qu'il en deust eschapper. Ce que luy voyant, il s'en vint trouver son jeune Jésus-Christ, luy apportant un assez beau *cierge*, au lieu qu'il n'avoit accoutumé de luy apporter que des *chandelles*, et luy fit ceste prière : Dolce Signore mio *Jesu Cristo*, *io te priego*, *renda la sanita*, *etc.* » H. ESTIENNE, *Apologie pour Hérodote*, t. II, p. 310, La Haye, 1735.

Les *chandelles* se donnaient autrefois aux saints; les plus opulens ou les plus généreux donnaient des cierges. Il nous reste encore de cet usage cette expression *devoir une chandelle à Dieu*. Brantôme nous apprend que Robert de la Mark faisait peindre sur ses enseignes sainte Marguerite avec le Diable, et lui-même agenouillé devant la Sainte, présentant deux *chandelles*, avec ces mots : « Si Dieu ne me veut aider, le Diable ne sçauroit me manquer. »

Chandelles des rois, c'est ainsi que l'on nommait avant la révolution des chandelles cannelées que les chandeliers étaient dans l'usage de donner pour étrennes à leurs pratiques, et on les appelait *chandelles des rois*, parce qu'ils les donnaient à l'époque de l'Epiphanie ou de la Fête des Rois.

CHANGE, *s. m.* de *cambium* dans la basse latinité où ce mot avait la même signification. On dit au figuré *donner le change à quelqu'un*, pour dire détourner adroitement quelqu'un du dessein, des vues qu'il peut avoir, en lui donnant lieu de croire une chose pour une autre. On dit de celui qui se laisse ainsi tromper, *qu'il a pris le change*. Ces expressions sont empruntées à la vénerie. « Le *change*, dit F. Pomey, c'est lorsque l'on prend un cerf pour un autre; lorsque les chiens et les veneurs quittent le cerf qu'ils avoient lancé, lequel s'appelle le droit, et s'arrêtent à un cerf de rencontre, lequel ils appellent le *change*; *prendre le change*. *Le cerf donne le change.* »

CHANGEOTTER, *v.* changer de temps en temps. Ce joli mot se trouve dans Richelet, édit. de 1759.

CHANGER, *v.* du latin *cambiare* pris dans le même sens dans le 40e titre de la loi Salique : « Cambiare *idem ac* permutare, commutare. Itali ex cambiare *fecerunt* cangiare, *et* Galli *changer et change*, *item* échanger, échange.» *Rec. des Histor. de France*, note au bas de la p. 144, t. IV, in-f°, Paris, 1741.

CHANOINE, *s. m.* du lat. *canonicus*, qui vient du grec χανὼν (*kanón*) canon, règle. Dans les premiers siècles de l'église, l'évêque avait auprès de lui les prêtres et les diacres nécessaires pour le service de son église; on les appelait *clercs canoniques*, parce qu'ils vivaient selon les *canons*, avec et sous la conduite de l'évêque, ou aussi, parce qu'ils étaient placés sur les *canons* ou matricules de l'église, pour être entretenus à ses frais; c'est de là qu'est venu le nom de *chanoine*.

Ses *chanoines* vermeils et brillans de santé
S'engraissaient d'une longue et sainte oisiveté.
BOILEAU, *le Lutrin.*

CHANSONNER, *v.* dérivé de chanson. *Chanter* se prend en bonne part, et *chansonner* en mauvaise. Favart a dit en parlant de Panard :

Il *chansonna* le vice et *chanta* la vertu.

La médisante envie. . . . .
Avec un air dévot déchirant son prochain,
Et *chansonnant* les gens, l'Evangile à la main.
VOLTAIRE.

CHANTEAU, *s. m.* « Guicciardin nous apprend qu'une sœur de Léon X eut le plus grand *chanteau* des deniers recueillis pour la croisade contre Sélim. » ET. PASQUIER, liv. XX, lett. 5.

CHANTE-PLEURE, *s. f.* (chanter et pleurer), le *chant* étant représenté par le bruit que fait l'eau en sortant par les petits trous de la *chante-pleure*, et les *pleurs*, par l'eau qu'elle répand.

ÉPIGRAMME.
Depuis deux jours on m'entretient
Pour savoir d'où vient *chante-pleure.*
Au chagrin que j'en ai, je meure!
Si je savais d'où ce mot vient,
Je l'y renverrais tout à l'heure.
Le chev. DE CAILLY.

CHANTER, *v.* (*cantare*, fréquentatif de *canere*). « Toutes nos anciennes Poésies provençales étaient faites pour être *chantées*, sans excepter nos plus longs romans en vers, d'où nous est venue cette façon de parler : que nous vient-il *chanter* ? » M. DE PAULMY, *Mélanges tirés d'une grande biblioth.*

CHANTONNER, *v.* chanter entre ses dents. « Louis XIV *chantonnait* les prologues des opéras qui contenoient son éloge. » SAINT-SIMON. Ce mot méritait d'être conservé.

CHANTONNERIE, *s. f.* Un amateur passionné de la musique italienne, appelle le chant français, « une plate et dégoûtante *chantonnerie*. » *Lettres d'Italie*, tom. v, 1780.

CHANT ROYAL, sorte d'ancienne poésie, composée de cinq strophes ou couplets, chacun de onze vers rangés comme on peut le remarquer dans l'exemple suivant, et terminé par un envoi. Les rimes du premier couplet règlent celles des couplets suivans, qui doivent être les mêmes et dans le même ordre, de sorte que toute la pièce composée de soixante-deux vers, y compris l'envoi, roule sur cinq rimes différentes dont les deux premières sont employées dix fois, la troisième et la dernière douze fois, et la quatrième dix-huit fois. Le dernier vers du premier couplet sert de refrain ou d'intercalaire pour les suivans qui doivent finir de la même manière. L'envoi est une sorte d'explication de l'allégorie; car le sujet qui fait le corps de cette pièce est pour l'ordinaire emprunté de la fable, des métamorphoses, ou de quelque trait éclatant de l'histoire, d'où l'on tire à la fin quelque moralité.

L'envoi se fait communément en sept vers, quelquefois en cinq, semblables, pour les rimes, à un pareil nombre de vers pris à la fin des couplets précédens. Les *chants royaux* se sont faits d'abord en vers de dix syllabes et ensuite en vers de douze, parce que les derniers sont plus propres aux pièces sérieuses. Toutes les règles doivent s'observer avec rigueur dans ce genre de poésie, sans qu'il soit permis, ainsi que l'observe le P. Morgues, de mettre le simple dans un couplet et le dérivé dans l'autre, ou de mettre deux fois un terme en même sens. Ce qui fait le prix du *chant royal*, c'est que, malgré cette contrainte, et la servitude de l'intercalaire ou refrain, que le sens doit ramener naturellement à la fin de chaque couplet, l'expression doit être noble et aisée, le tour poétique et majestueux ; tout ce qui sent la li-

cence en doit être banni. Pour donner à ce poème toute la perfection dont il est susceptible, il semble au P. Morgues et à Démandre qu'il faudrait couper les couplets en ménageant des repos après le quatrième et le septième vers, ainsi que l'on fait dans les dizains.

Le sujet du *chant royal* que l'on donne pour exemple, est tiré de la fable.

Antée, géant de la Libye, fils de Neptune et de la Terre, demeurait dans les déserts de son pays, où il attaquait tous les passans et les faisait mourir, ayant fait vœu d'élever à Neptune, un temple avec des crânes humains. Hercule combattit contre lui et le jeta trois fois à terre, mais inutilement, parce que sa mère lui donnait de nouvelles forces, de sorte qu'il se relevait avec plus de courage. Hercule, qui s'en aperçut, le souleva de terre, et l'étouffa entre ses bras.

ANTÉE, *chant royal*.

Modèle des héros, Alcide infatigable,
Toi qu'un père immortel rendit trop odieux,
Des fureurs de Junon écueil inébranlable,
Toujours haï du ciel, toujours digne des cieux,
Ta valeur se fit jour jusqu'au sombre rivage :
De l'Olympe et des dieux lorsqu'Atlas se soulage,
Tu soutiens le fardeau qui fait plier Atlas.
Après douze travaux, après mille combats,
Tu penses respirer au bout de ta carrière,
Et tu ne t'attends point à te voir sur les bras
Un tyran qui triomphe en mordant la poussière.

Ivre de sang humain, de sang insatiable,
Antée, affreux Titan, croit honorer les dieux,
Gardant pour leurs autels les reliefs de sa table :
Que ne couvre-t-on pas d'un zèle spécieux !
De crânes entassés par un triste carnage,
Il prépare à Neptune un sanguinaire hommage,
Tout un temple bâti de ce funeste amas.
Jusqu'où va la fureur des dévots scélérats !
A celle de ce monstre oppose une barrière,
Immole au dieu des flots, qui hait tels attentats,
Un tyran qui triomphe en mordant la poussière.

Vois, te tendant les mains, un reste déplorable
Des barbares repas du géant furieux ;
A la trace du sang, suis, vengeur équitable,
L'homicide altéré qui dépeuple ces lieux.
L'implacable Junon qui met tout en usage
Pour se venger sur toi de son époux volage,
Plus timide que toi, te précède où tu vas :
Brave de son courroux les impuissans éclats ;
Brave le désespoir d'une épreuve dernière
Qui garde pour trophée à ton bras déjà las
Un tyran qui triomphe en mordant la poussière.

Ah! je vous vois aux mains. Le Typhée effroyable,
Ecumant de la bouche, étincelant des yeux,
Te destine en son temple un endroit remarquable;
Il pense avoir ta tête, ornement curieux.
Mais qu'elle soutient mal, cette inutile rage,
De tes coups redoublés le foudroyant orage!
Il chancelle; c'est fait : il tombe; quel fracas!
Victoire! mais que vois-je? il se relève, hélas!
Et sa chute lui rend sa vigueur tout entière.
Je vois reprendre haleine, et raffermir ses pas
Un tyran qui triomphe en mordant la poussière.

La Terre en ce danger, mère trop pitoyable,
A son fils qui l'embrasse offre un secours pieux :
Etendu sur la poudre, il devient indomptable,
Et le coup qui l'abat le rend victorieux.
Héros! tu n'en es point à ton apprentissage,
Tu lui fais perdre terre; il perd son avantage :
Les dieux qu'il crut servir font gloire d'être ingrats.
Lors, moins rude lutteur que pesant embarras,
Il vomit dans les airs son ame carnassière ;
Ainsi devait trouver dans le ciel son trépas,
Un tyran qui triomphe en mordant la poussière.

Envoi.

Prince, l'antiquité, sous cette double image,
Nous a peint le plaisir assailli du courage :
Le souvenir du ciel affaiblit ses appas
Trop puissans sur un cœur voluptueux et bas,
Qui trouvent leur amorce au sein de la matière.
Terrestre, impérieux, le plaisir n'est-il pas
Un tyran qui triomphe en mordant la poussière?

CHAPE, s. f. Ce mot, avons-nous dit, dans notre *Dict. des Origines*, Paris, 1827, comme *cape*, *capuchon* et même *chapeau*, dérive du lat. *caput* (tête); il servait, dans l'origine, à désigner un grand manteau surmonté d'un chaperon qui se relevait sur la tête. Cet ornement d'église s'appelait autrefois *pluvial*, parce qu'il servait à garantir de la pluie. « Si j'avois quelque grande meschanceté à faire, la première chose estoit de me pourvoir d'une belle et grande *chape* de chœur, avec quoy la tenir couverte, pour d'autant mieux la cacher et la dissimuler sous le voile de sainteté. » *Guzman d'Alfar.* liv. III de la 2ᵉ p.

« *Se débattre de la chape à l'évêque*; en latin, *de capâ episcopi litigare* : c'est contester sur une chose à laquelle on n'a ni on ne peut avoir d'intérêt, ou se débattre à cause de quelque chose, pour en tirer chacun ce que l'on pourra. Ce proverbe, très ancien chez nous, est très-ordinaire en Berri, où subsiste encore la coutume qui apparemment y a donné lieu.

» Lorsque l'archevêque de Bourges met pour la première fois le pied dans sa cathédrale, pour en prendre possession, le peuple, qui est à la porte, se jette, dit-on, sur la *chape* dont ce prélat est revêtu, et qui ne tient qu'à un fil de soie ; et on la met en pièces, chacun se débattant à qui en aura un morceau..... Le P. Longueval (*Hist. de l'Eglise gallicane*) fait venir ce proverbe de l'abus de piller les meubles de l'évêque après sa mort. Cet abus subsistait en France dans le 9ᵉ siècle, et l'empereur Charles-le-Chauve en fit ordonner la suppression par le concile de Pontion. Ce qui était alors l'effet condamnable d'un vil intérêt, avait auparavant un motif louable. Dans la primitive Eglise, quand un évêque mourait, le peuple, pénétré de vénération pour ses vertus, pleurait amèrement sa mort, et chacun tâchait d'avoir la moindre partie de ses vêtemens, que l'on convoitait, non pour leur prix intrinsèque, qui était à peu près nul, mais parce qu'ils étaient la dépouille d'un saint. » L'abbé TUET.

On dit encore proverbialement : *Chercher chape-chute*, pour dire, chercher l'occasion de profiter de la négligence ou du malheur d'autrui.

Messer loup *attendait chape-chute à la porte.*
LA FONTAINE, liv. IV, *fable* 16.

Chape-chute, selon Le Duchat, signifie une aubaine, surtout en matière de bénéfice, comme si l'on trouvait la *chape* de quelqu'un qui l'aurait laissé tomber. Nos pères disaient : sous la *chape* du ciel. ET. PASQUIER, *Dial. d'Alex. et de Rabelais*. La Libye est une région fort ample, et contenant plusieurs peuples, tous menans vie sauvage et n'habitans la pluspart que soubs la *chappe* du ciel. *Les Epithètes* de De la Porte, pag. 148, Paris, 1571. On dit aujourd'hui dans le même sens, mais familièrement, *sous la calotte des cieux*.

CHAPÉ, adj. s'est dit pour revêtu d'une chape ; il se trouve encore dans le *Dict. de Trévoux*. *Enchapé* s'est dit dans le même sens : « Le mattoy, voyant son curé *enchappé*... » BOUCHET, XVᵉ *serée.*

CHAPEAU. *Voy.* CHAPELET.

CHAPECHUTER, v. « J'entendis

chapechuter tout bas derrière une grosse sépée. » LE SAGE, *Nouveau Don-Quichotte.*

CHAPELER, *v.* du pain, en ôter le dessus de la croûte, de *capulare*, qui, dans la basse latinité, s'est dit pour couper, tailler. « *Si quis vero pomarium furaverit aut* capulaverit, » *Loi Salique* titre 8. (Si quelqu'un a volé ou coupé un pommier [arbre], etc.). Il est dit dans la note (*d*), à l'endroit cité : « *Capulare est cædere, incidere. Undè* chapler. » *Recueil des historiens de France.* tom. IV, pag. 130, in-f°, Paris, 1741.

CHAPELET, CHAPEAU, *s. m.* Le second qui s'est dit d'abord *chapel*, ainsi qu'on le lit dans le *Roman du Renard*, et dans *Lancelot du Lac*, vient de *capellus*, qui s'est dit dans la basse latinité, comme synonyme de *caputium* (capuce), habillement de tête, dérivé lui-même de *caput* (tête), *quòd* capiti *imponitur* (parce qu'on le met sur la tête), dit de Brieux.

Chapelet est un diminutif de *chapeau*, et s'est dit d'abord de ce qui couvre la tête, comme une guirlande, une couronne; on a dit un *chapelet* de roses, pour une couronne de roses.

De Cupidon le diadesme
Est de roses un *chapelet*.
CL. MAROT.

On trouve dans Froissart (il parle d'Édouard, roi d'Angleterre) : « Si demoura le roi en sa salle entre les chevaliers françois et anglois, et estoit à nu chef et portoit un *chapelet* de fines perles sur son chef. » Et ailleurs, rapportant le discours que ce monarque tint au roi Jean, son prisonnier, il lui fait dire : « Tous ceux de nostre partie qui ont veu les uns et les autres, se sont par pleine conscience à ce accordez, et vous en donnent le prix et *chapelet*. » C'est-à-dire, vous donnent le prix et la couronne de cette journée.

Ung *chappel* de roses tout frais
Eut dessus ce *chappel* d'orfrais.
Roman de la Rose, v. 568.

ÉNIGME.
Lise me porte élégamment,
Le militaire fièrement,
Le petit maître lestement,
L'homme de robe gravement,
Le Quaker très-assidument,
Monsieur l'abbé négligemment,
Le financier insolemment,
Le bourgeois indifféremment,
Le villageois utilement.

« La dévotion de saint Dominique envers la sainte-Vierge, dit Bossuet, dans son *Hist. universelle*, lui fit inventer le rosaire, qui est comme une couronne ou *chapeau* de fleurs pour couronner la mère de Dieu; d'où est venu aussi le mot de *chapelet*. » Quant à ce mot *rosaire*, il vient du lat. *rosarium*, ou de l'italien *rosario* (chapeau de roses). Mme de Sévigné disait que le *chapelet* était une distraction plutôt qu'une dévotion.

Chapelet, rangée de boutons qui poussent à quelques personnes sur le front. Il se dit alors par allusion à cette couronne de romarin, que l'on nommait *chapelet*, et qu'on mettait anciennement sur le front des nouvelles mariées. Les guirlandes de fleurs d'oranger, qu'on leur fait porter aujourd'hui, sont une suite de cet usage. Nos pères disaient : *donner*, *bailler le chapelet à une fille*, pour dire la marier.

CHAPELLE, *s. f.* est dérivé de *chape. Voy.* ce mot.

L'oratoire de nos rois ayant été appelé *chapelle*, à cause de la *chape* de saint Martin, qu'on y conservait, les clercs destinés à desservir cet oratoire, furent appelés *chapelains*. Telle est l'origine des mots *chapelle* et *chapelain*. D'autres font venir *chapelle* de *capella* (tente de poil de chèvre), parce que c'était sous ces sortes de tentes que les rois se faisaient dire la messe au milieu de leur camp, pendant leurs expéditions militaires et leurs voyages. Il n'y avait alors que les rois qui se crussent en droit d'avoir une *chapelle* à leur suite.

Chapelle ardente. Voyez CHAMBRE ARDENTE.

Maître de chapelle, musicien gagé pour diriger la musique qui s'exécute dans la *chapelle* d'un prince. « En Italie, dit J. J. Rousseau, celui qui a composé un opéra, en dirige toujours l'exécution, non en battant la mesure, mais au clavecin, ainsi l'emploi de maître de musique n'a guère lieu que dans les églises; aussi ne dit-on point en Italie, *maître de musique*, mais *maître de chapelle*, dénomination qui commence à passer aussi en France. » *Dict. de Musique.* Ce mot *maître de chapelle*, dont Rousseau nous indique le moment de l'introduction chez nous, ne se trouve dans l'Académie, ni au mot *maître*, ni au mot *chapelle*.

CHAPELLERIE, *s. f.* profession de chapelier, commerce, fabrication de chapeaux. « Pourquoi le mot *chapellerie* ne se trouve-t-il dans aucun dictionnaire? — Le mot *chapellerie* est tout aussi français que *coutellerie*, *pelleterie*, *bonneterie*, etc.; c'est par oubli s'il ne se trouve pas dans les dictionnaires français. M. Boiste qui l'a également omis dans le sien, s'en est servi dans son *Dict. géographique*, à l'article *Paris*. Ce mot est réclamé par l'usage et l'analogie. » *Manuel des Amateurs de la langue française*, 2ᵉ année, n⁰ IV.

CHAPERON, *s. m.* en latin *capitium*, dérivé de *caput* (tête), ancien habillement ou couverture de tête, tant pour les hommes que pour les femmes, auquel ont succédé les bonnets, ensuite les chapeaux.

CHAPERONNER, *v.* Scarron l'emploie dans son premier sens de couvrir la tête d'un *chaperon*.

. . . . Sur sa chevelure
L'arbre d'immortelle verdure
Parut en chapeau façonné,
De même en fut *chaperonné*.
Virg. trav. liv. v.

Quand je l'aurai chaperonnée
Du couvre-chef de l'hyménée,
Rien n'ira sur mon compte.....
Esope, coméd. act. I, sc. 5.

Théât. Ital. de Ghérardi, tom. III, Paris, 1741.

Il a signifié aussi : ôter son *chaperon*, faire des révérences à quelqu'un qu'on a intérêt de ménager. Ainsi l'on disait : « Les juges veulent être bonnetez et *chaperonnez*. »

Il se dit encore en termes de fauconnerie, pour poser un chaperon sur la tête d'un oiseau de proie. En terme de maçonnerie *chaperonner* une muraille, c'est poser un chaperon au haut d'une muraille.

CHAPIER, *s. m.* Gresset a dit :

Les politiques rêveries
Des vieux *chapiers* des Tuileries.

CHAPITRE, *s. m.* (*capitulus*, de *caput*). « Il y a des conjonctures où la prudence même ordonne de ne consulter que le *chapitre* des accidens. » Le card. DE RETZ. Saint Augustin dit que « les *chapitres* d'un ouvrage reposent le lecteur, comme les hôtelleries reposent les voyageurs. »

Chapitre, corps de moines ou de chanoines. Ces sortes d'assemblées se faisaient anciennement derrière l'autel, par conséquent au *chevet* (*caput*) de l'église.

CHAPITRER, *v.* On fait venir ce verbe de *capitulare*, pris dans le même sens dans la basse latinité. En effet *chapitrer* quelqu'un, c'est faire ce que font les moines ou chanoines, quand en *chapitre* ils gourmandent quelques-uns des leurs.

On trouve en ce sens *capituler* dans la XXXIIIᵉ des *Cent nouvelles Nouvelles* : « Et ne pense pas que guères oncques femme fût mieulx *capitulée* qu'elle fut à l'heure. »

L'Histoire de Charles XII par Voltaire est divisée par *chapitres*. Cette manière d'écrire l'histoire excita dans le temps la critique, et donna lieu à quelques plaisans d'appeler le czar Pierre le Roi *chapitré*.

CHARADE, *s. f.* Ce mot ne s'est trouvé dans le *Dict.* de l'Académie que dans la 5ᵉ édition faite en l'an VI, lorsque l'Académie elle-même n'existait plus.

C'est en 1782 que l'on commença à mettre des *charades* dans le Mercure de France.

L'ingénieuse *charade* court à trois pieds après le bon sens, sans pouvoir jamais l'atteindre.

CHARBON, *s. m.* « Naples, dit Galiani, est comme la vapeur du *charbon* : on y meurt (d'ennui) en y restant, mais on n'a pas la force de s'en aller. »

CHARBONNER, *v.* noircir avec du charbon.

Charbonner de ses vers les murs d'un cabaret.
BOILEAU.

CHARBONNIER, ÈRE. « On dit proverbialement *charbonnier est maître chez soi*, *est maître en sa maison*. Ce proverbe vient de ce que François Ier, s'étant égaré à la chasse, entra sur les neuf heures du soir dans la cabane d'un charbonnier. Le mari étoit absent, il ne trouva que la femme accroupie auprès du feu. Le roi demanda une retraite pour la nuit et à souper. Il fallut attendre le retour du mari. Pendant ce temps, le roi se chauffa, assis sur une mauvaise chaise, la seule qu'il y eût dans la maison. Vers les dix heures arrive le charbonnier, las de son travail, fort affamé et tout mouillé. Le compliment d'entrée ne fut pas long. La femme exposa la chose à son mari, et tout fut dit. Mais à peine le charbonnier eut-il salué son hôte et secoué son chapeau, que, prenant la place la plus commode et le siége que le roi occupoit, il lui dit : *Monsieur, je prends votre place, parce que c'est celle où je me mets toujours, et cette chaise, parce qu'elle est à moi.* Puis, comme Sancho, il cita ce proverbe :

Et par droit et par raison,
Chacun est maître en sa maison.

François applaudit à la citation du charbonnier, et se plaça ailleurs sur une sellette de bois. On soupa, François mangea avec appétit, se coucha sur des feuilles, et dormit bien..... C'est à cette aventure qu'il faut rapporter l'origine du proverbe : *Charbonnier est maître chez lui*. » *Commentaires* de Blaise de Montluc.

On dit proverbialement *la foi du charbonnier*, pour dire la foi d'un homme simple qui croit sans examen tout ce que l'Eglise enseigne. On fait sur l'origine de ce proverbe le conte suivant : Le Diable, dit-on, tenant un charbonnier, lui demanda quelle était sa croyance. Il répondit : Je crois ce que l'Eglise croit. Etant pressé par le même Esprit de lui dire ce que croyait l'Eglise, il répliqua : elle croit ce que je crois ; et, ayant toujours persévéré dans les mêmes réponses, il rendit le Diable confus.

CHARCUTER, *v.* couper maladroitement de la viande à table. On le dit aussi d'un apprenti chirurgien, qui hache son malade. Dans les Enfers, dit Scarron, *Virg. trav.* l. VI,

Aux malheureux que l'on *charcute*
Revient une nouvelle peau,
Pour les *charcuter* de nouveau.

« J'ai été *charcuté* par des saignées et empoisonné par des médecins. » BALZAC, *Lettres à Conrard*, liv. IV, lettr. 14.

CHARGEANT, TE, *adj.* On disait encore vers 1759 : « Cet homme est bien *chargeant*, c'est-à-dire importun, ou qui engage à faire beaucoup de dépense. » RICHELET, édit. de 1759. « Mes cognoissants, et au-dessus et au-dessoubs de moy, sçavent s'ils en ont jamais veu de moins sollicitant, requérant, suppliant, ny moins *chargeant* sur autruy. » MONT. l. III, c. 9.

CHARGER, *v.* (ital. *caricare*). « Les vieillards louent le passé et blâment le présent, *chargeant* ainsi le monde du chagrin de leur âge. » MONT. Il n'est pas moins heureusement placé dans ces vers de La Fontaine, *le Vieillard et les trois jeunes hommes* :

A quoi bon *charger* votre vie
Des soins d'un avenir qui n'est pas fait pour vous ?

CHARITÉ, *s. f.* « Ne faites pas seulement l'aumône, faites la *charité*. » J. J. ROUSSEAU. « Il n'arrive que trop souvent que, pour vouloir sauver la foi, on perd la *charité*. » GANGANELLI. Rabelais donne le nom de *charité* à un masque dont les femmes couvraient leur visage. « Les anciens, dit-il, le nommaient ainsi, parce qu'il couvre en elles de péchés grande multitude. » *Charité*, en ce sens, paraît venir de *cara* (chère, face).

CHARIVARI, *s. m.* bruit tumultueux de poêles, poêlons, chaudrons, etc. accompagné de cris et de huées, que l'on faisait la nuit, dans quelques provinces, à la porte des femmes veuves et âgées qui se remariaient.

Du Cange dérive ce mot de *cari cari*, qui est un cri que font les Picards de Boulogne ou de Calais, pour soulever le peuple contre les exactions qu'on veut faire sur eux ; et, comme le bruit est grand et tumultueux, et que les Picards prononcent *ca* ce que ailleurs on prononce *cha*, on a appelé *charivari* le grand bruit que faisaient des masques ou des personnes déguisées pour faire insulte à quelqu'un.

Scaliger le dérive de *chalybarium*, parce que ce bruit se fait en frappant des vaisseaux d'airain.

> Jeune et belle, on est achetée ;
> Mais, sitôt qu'on est vieille, on achète un mari :
> Qui rebute, à son tour, est souvent rebutée,
> Et va par le mépris droit au *charivari*.
> LE NOBLE.

Au mois de février 1817, on appelait *charivari* ce paquet de breloques bruyantes que les jeunes gens portaient à leur montre. On le trouve dans nos vieux poètes, mais en un autre sens, celui de minauderies, de simagrées. Le Duchat le dérive de *cara*, mine, et de *varius*, varié. Un auteur moderne, mais qui ne fait point autorité, a hasardé *charivarier*.

> Ou la sotte cérémonie
> D'un époux qu'on *charivarie*.
> L'abbé LE NOBLE, *la Roussillonnade*.

CHARLATAN, *s. m.* (selon Ménage, *circulatanus*, dit pour *circulator*; selon *Trévoux*, *ceretano*, de *Ceretum*, bourg près de Spolète en Italie, d'où sont venus premièrement ces hâbleurs). « Machiavel, en ne faisant voir l'ambition que dans son beau jour, joue le rôle de *charlatan* du crime. » VOLTAIRE.

> Peu d'écrivains pratiquent la morale,
> Qu'ils débitent pieusement.
> Le *charlatan* prend rarement
> Les grands remèdes qu'il étale !

« Quand on veut éviter d'être *charlatan*, il faut fuir les tréteaux ; car si l'on y monte, on est bien forcé d'être *charlatan* : sans quoi l'assemblée vous jette des pierres. » CHAMFORT.

CHARLATANER, *v.* « *Charlataner* au bout du Pont-Neuf, cela est presque vil ; mais *charlataner* dans une grande salle ou au milieu de grandes sociétés savantes, cela est presque respectable. » MERCIER. Ce mot mérite de s'accréditer. Oudin lui a donné place dans son *Dict. des trois langues*.

CHARLATANERIE, *s. f.* CHARLATANISME, *s. m.* La première comprend le langage, les ruses, les manières, et le second, le caractère du charlatan.

CHARMEUR, *s. m.* celui qui a la vertu, le talent de charmer, se trouve dans Oudin, *Dict. des trois langues*, et dans le *Dict. de Trévoux*. Corneille (*Illusion comique*) s'est servi de son féminin :

> Juge alors quel désordre aux yeux de ma *charmeuse*.

Montaigne, l. III, c. 13, en a fait un adj. fém. « Platon accouple la douleur et la volupté, et veut que ce soit pareillement l'office de la fortitude de combattre à l'encontre de la douleur, et à l'encontre des immodérées et *charmeresses* blandices de la volupté. »

CHARNIER, *s. m.* du latin *carnarium* (lieu où l'on garde la chair, la viande) ; il est familier.

> Je vous ferai garnir votre *charnier* auguste
> De deux bons moutons gras, valant vingt francs
> [au juste.
> VOLTAIRE.

Charnier se dit encore d'un lieu couvert autour d'un cimetière, où l'on range les ossemens des morts. L'emplacement où est aujourd'hui le *Marché des Innocens*, rue Saint-Denis, était, avant la révolution, un cimetière entouré de vastes *charniers*, dont les greniers étaient remplis d'ossemens de morts ; sous ces greniers était une longue voûte où se tenaient dans les embrasures des fenêtres de malheureux écrivains publics. De là l'usage, si fréquent aux écrivains des deux derniers siècles, d'appeler les mauvais auteurs écrivains des *Charniers*. Voltaire, en parlant des vers qu'on glissait furtivement parmi les siens, les suppose composés par les écrivains des *Charniers* des Innocens, et s'exprime ainsi :

> Des bâtards indiscrets, rebut de la fortune,
> Nés le long du *Charnier* nommé des *Innocents*,
> Se glissent sous la presse avec mes vrais enfants.
> *Dialogue de Pégase et du Vieillard*.

> En Sorbonne, aux *Charniers*, tout se mêle d'écrire.
> *Le même*, *les Systèmes*.

> En ce temps-ci la gloire et les lauriers
> Sont dévolus *aux auteurs des Charniers*.
> *Le même*.

CHARNIÈRE, *s. f.* (*cardo*, *inis*, gond). « Faisant la révérence un doigt plus bas que la *charnière* de ses genoux n'avoit accoustumé de se ployer. » TABOUROT, *Escraignes Dijonnaises*.

CHARNU, UE, *adj.* au propre, garni de chair. « Tacite me semble plus *charnu*, Sénèque plus aigu. » MONT. liv. III, ch. 8. Le même dit des vers d'Est. La Béotie, « qu'ils sont autant *charnus*, pleins et moëlleux, qu'il s'en soit encore veu en nostre langue. »

CHARPENTE, *s. f.* (*carpentum*, char). « Les syllogismes sont la *charpente* d'un sermon. » *Mém. de Trévoux*, juillet, 1726. *Voy.* CARCASSE. On en avait fait le verbe.

CHARPENTER. « Et de la plus grosse se mit à *charpenter* sur... » *Don-Quichotte*, tom. 1.

CHARPIE, *s. f.* à *carpendo* (recueillir).

CHARADE.

Du haut de mon premier, en pompeux étalage,
Eglé chut l'autre jour et s'en mordit les doigts :
Quoique de mon second elle ait le bavardage,
Elle se tut alors pour la première fois;
Mais mon tout la guérit, elle en sera plus sage.

CHARRETÉE, *s. f.* la charge d'une charrette. On dit proverbialement *dire à quelqu'un une charretée d'injures*, pour dire l'en accabler. « Tous les ans, à Dijon, dit Mervesin, une troupe de gens de qualité, bizarrement habillés, montaient sur un charriot, en carnaval, et allaient par la ville chanter des chansons satiriques contre toutes sortes de gens : c'est de là qu'est venu ce proverbe : *dire un charriot d'injures.* » *Hist. de la poésie française.*

CHARRETTE, *s. f.* « A Bourbon, on est précisément comme un automate. Notre *charrette* mal graissée reçoit et fait des visites ; mais nous nous y gardons bien d'avoir une ame, cela nous importunerait trop pendant nos remèdes. » SÉVIGNÉ.

M. Turgot n'ayant pu, dans un poste éminent, se plier à l'empire des circonstances, le baron d'Holbach, lui parlant de son inflexible droiture : « Vous meniez, lui dit-il, très-bien votre *charrette*; mais vous aviez oublié la petite boëte de saindoux, pour graisser les essieux. »

CHARRETTERIE, *s. f.* Villon, dans son *Grand Testament* :

On dit, et il est vérité,
Que *charretterie* se boit toute.

Note de Marot. « Quelque vin que l'on charroye, soit bon, soit mauvais, se boit tout. »

CHARRIAGE, *s. m.* Ce mot qui signifie encore l'action de charrier, s'est pris autrefois pour exprimer les objets charriés : « Puis, quand la guerre est passée, il faut *charroyer* tout le *charriage* à l'hostel. » *Les Quinze Joyes du mariage.* Il s'employait même au figuré selon de La Monnoye. « *Carriage*, vieux mot, dit-il, qui proprement signifie charroi, voiture, conduite de bagage par charriot, mais qui au figuré se prend dans le langage familier pour tout le tracas, toute la suite d'une affaire. » *Glossaire alphabétique* à la suite des *Noëls bourguignons*, au mot *Cairiage*.

CHARRIER et **CHARROYER**, *v.* « Nos ames ont *charrié* si uniment ensemble », dit Montaigne, liv. I, ch. 27, en parlant de lui-même et de son ami La Boétie.

« Messire Marguerin confessoit un paysan au lit de la mort, et lui preschoit la résurrection, afin qu'il n'eût point de regret à cette vie ; et, suivant son propos, lui disoit, qu'après le jugement il n'y auroit ny montagnes, ny vallées : », — « o, o, dit le bonhomme, il sera donc beau *charroyer.* ». *Moyen de parvenir.*

CHARRUER, *v. Prop. Rust.* mener la *charrue*.

CHARTE ou **CHARTRE**, *s. f.* Le second se dit par corruption pour *charte*, du latin *charta* venu du grec χάρτης (*chartés*), gros papier sur lequel on écrivait anciennement les actes d'importance. Dans le sens figuré il signifie ce qui est écrit sur ce papier. Il se dit même des lois constitutionnelles d'un Etat. De *chartre* est dérivé *chartrier*.

Charte ou *chartre-partie* du latin *charta partita* (charte partagée) « ainsi appelée par la raison, dit le président Boyer, que *per medium charta incidebatur, et sic fiebat charta partita* (la carte étoit coupée par le milieu et devenait par là une *charte partagée* ou *partie*), parce qu'au temps que les notaires étoient moins connus, on n'expédioit qu'un acte de la convention qui servoit aux deux parties. On le coupoit en deux pour en donner à chacun sa portion. Elles les rassembloient au retour pour connoître si elles avoient satisfait à leurs obligations. »

CHARTON, s. m. ancien mot, synonyme de cocher, charretier.

Une chèvre, un mouton, avec un cochon gras,
Montés sur même char, s'en allaient à la foire...
Le charton n'avait pas dessein
De les mener voir Tabarin.
LA FONTAINE.

CHARTRE, s. f. du latin *carcer* (prison). C'est un vieux mot qui a effectivement signifié une prison. Saint-Denis de la *Chartre* est nommé, dans les anciens titres, *Sanctus Dionysius à carcere*, et ce surnom *à carcere* (de la Chartre), suivant M. Dulaure, *Hist. de Paris*, lui vient d'une prison ou *chartre* située dans le voisinage de cette église.

« Il se précipite aval le cours ravissant (rapide) d'un torrent de misères, qui l'emporte au destroit d'une *chartre* douloureuse, etc. » *Préface sur les Quinze Joyes du mariage*. « Il avoit veu (vu) à l'œil les tourmens et les fléaux des autres captifs détenus au profond de la *chartre*. » *Ibidem*, même page. « Et plains plusieurs gentilshommes qui, par la sottise de leurs médecins, se sont mis en *chartre* tout jeunes et entiers. » MONT. liv. III, ch. 13. Ce terme se trouve encore dans ces locutions : *tenir quelqu'un en chartre privée*; *être en chartre*, en langueur.

Ce mot apparemment, disent les auteurs du *Dictionn. de Trévoux*, en parlant de cette dernière expression, vient du précédent (de chartre, pris dans le sens de prison) parce que la prison cause de la tristesse et de la maigreur. Du Cange prétend qu'on appelait anciennement les malades *chartriers*, et en latin *carcerarii*. C'était par allusion de *chartre* à *chartreux* qu'à une chapelle des Chartreux de Paris, on portait, pour obtenir leur guérison, les enfans tombés en *chartre*.

CHASSERESSE, s. f. Ce mot, qui est le féminin de chasseur, s'emploie dans le style soutenu en vers comme en prose; dans le style familier on dit *chasseuse*. Il ne faut pas croire que *chasseresse* soit un terme nouveau; il se trouve dans Du Bellay, dans les *Epithètes* de De la Porte, et plus récemment dans Oudin, *Dict. des trois langues*. Delille a très-bien dit, *Enéide*, liv. 1 :

. . . . La jeune *chasseresse*,
Que vous nous dépeignez.

CHASSIEUX, EUSE, adj. L'étymologie que donne Ménage de ce mot est vraiment curieuse. *Cœcus, cœca, cœcacius, cœcaciosus, caciosus*. Le Duchat le dérive de *caseosus*, formé de *caseus*, fromage. On dit d'un *chassieux*, que ses yeux distillent le beurre et le fromage.

CHASTETÉ, s. f. (*castitas*). Saint Jérôme appelle la *chasteté* des veuves une *chasteté laborieuse*, parce qu'il leur faut combattre le souvenir des plaisirs qu'elles ont goûtés.

CHASTOY, s. m. châtiment.

Don d'ennemy, c'est mal encontre.
Chastoy d'amy, c'est bone encontre.
Mimes de Baïf.

CHAT, s. m. « C'était une mine de *chat fâché*, dont il avait le jeu, » dit Saint-Simon, de M. Pussort.

CHÂTAIGNE, s. f. Ronsard l'enveloppe le premier *d'un rempart épineux*.

CHÂTAIN, adj. *castanea* (châtaigne). Un auteur moderne prétend que c'est à l'amour des blondes pour les bruns, et des brunes pour les blonds que nous devons les *châtains*.

CHÂTIÉ, ÉE, part. du latin *castigatus* (puni). Voltaire disait du poète Roy, qui s'était fait mettre à Saint-Lazare : « C'est un homme d'esprit, mais ce n'est pas un auteur assez *châtié*. »

CHATONIE, s. f. niche, tour de page. DESPÉRIERS, *Nouv.* XII; et plus bas *chaterie*. « Et en allant s'avisa de jouer un tour de *chaterie* à son homme. »

CHATOUILLER, v. du latin *catullare*, qu'on a dit pour *catulire*; les Picards disent *catouiller*. Rien ne *chatouille* qui ne pince, dit Montaigne, liv. III, ch. 12. Avant Racine, Malherbe avait déjà dit :

Mais, ô rigueur du sort, tandis que je m'arrête
A *chatouiller* mon ame en ce contentement,
Je m'aperçois que le destin m'apprête
   Un autre partement.

Et Corneille avait cherché à ennoblir ce terme :

L'aise de voir la terre à son pouvoir soumise
Chatouillait malgré lui son ame avec surprise.
                        Pompée, act. III, sc. 1.

Il était réservé à Racine d'élever cette expression à la hauteur de la tragédie. Il offre, comme le remarque fort bien M. Raynouard (*Journal des Savants*, décembre 1816), une hardiesse différente. Il unit l'idée physique de chatouillement du cœur avec l'idée morale de chatouillement de l'orgueil ; cette sorte d'alliance de mots, qui ordinairement produit un mauvais effet, est admirable dans ce vers de Racine :

Ce nom de roi des rois et de chef de la Grèce,
Chatouillait de mon cœur l'orgueilleuse faiblesse.
                        Iphigénie, act. 1, sc. 1.

Et pourquoi ? c'est que le grand poète a ménagé adroitement sa transition du physique au moral par la disposition même des mots. S'il avait dit :

De mon cœur orgueilleux *chatouillait* la faiblesse,

il n'aurait fait qu'un vers condamnable, parce que l'image de *chatouiller* se serait portée sur le mot *faiblesse*. Mais Racine a eu soin de placer le mot *cœur* à côté de celui de *chatouiller*, et après celui-ci, un adjectif qui, présentant un sens indéterminé, rejette à la fin du vers le mot *faiblesse*, et cachant et adoucissant la hardiesse de l'expression, conserve toute la beauté de l'image. « Divers traits satiriques et malins propres à *chatouiller* la malignité du lecteur. » L'abbé DESFONTAINES.

CHATOUILLEUX, EUSE, *adj.* « Flanquer en lieux *chatouilleux* les troupes marchant en la campagne. » MONT. liv. III, ch. 6.

Chatouilleux signifie ici scabreux, dangereux. Rousseau donne à *chatouilleux* le sens d'agréable, de flatteur dans ces vers à Racine le fils :

J'en eusse été peut-être moins épris,
Si de tes vers la *chatouilleuse* amorce
N'eût secondé sa puissance et sa force ;

et Voltaire, le sens de gaillard, graveleux, licencieux, dans les vers suivans :

Souriant d'un souris badin
A ces paroles *chatouilleuses*
Qui font baisser un œil malin
A mesdames les précieuses.

CHATOYER, *v.* Ce style-là *chatoye*, mais après le premier coup d'œil, tous ces faux brillans disparaissent.

CHÂTRER, *v.* autrefois *chastrer*, du latin *castrare*, qui a la même signification. Montaigne, liv. III, ch. 12, en parlant du vœu d'ignorance, dit que « c'est aussi *chastrer* nos appétits désordonnez, d'esmousser cette cupidité qui nous espoinçonne à l'estude des livres ; et priver l'ame de ceste complaisance voluptueuse, qui nous chatouille par l'opinion de science. » « L'homme se taille de la besogne pour estre misérable,... employant et estendant sa misère, au lieu de la *chastrer* et la raccourcir. » CHARRON, liv. 1, ch. 6.

« C'est pour luy (pour leur galand) qu'elles (les servantes) destournent le pain, *chastrent* la marmite, escrement le poison de la bouillie, etc. » *Guzm. d'Alf.* liv. III de la 2ᵉ part. On se moque, dans le *Dict. néolog.*, de Moncrif qui appelle un animal *châtré* « un animal séparé de son être. »

L'ARRÊT CHÂTRÉ.

Un bon vieillard aux grands-jours demandoit
Qu'on lui baillast arrêt *chastré* et court :
Alors la Court, qui ce mot n'entendoit,
Le fait venir ; et le bon-homme y court,
Qui leur a dit : J'eus pieça de la Court
Un bel arrest et de longueur si grande,
Qu'engendré m'a de procès telle bande,
Qu'impossible est parfournir au surplus :
Voilà, Messieurs, pourquoi je vous demande
Arrest *chastré* et qui n'engendre plus.
Extrait des *Epithètes* de De la Porte, au mot *Procès*. Paris, 1571.

CHATTEMITE, *s. f.* du latin *catta* (chatte) et *mitis* (douce) qui prend un air doux et humble pour tromper.

Se (si) l'une est *chatte*, l'autre est *mite*.
Le Roman du Renard, publié par M. Méon, v. 144.

(L'auteur veut parler de la louve et de la femelle du renard. M. Méon

traduit ce mot *mite* par *hypocrite*.)
Ce roman est du 13e siècle.

Si voulez doncq' que desormais
Je face (fasse) de la *chatemite*,
Papelardant comme un hermite.
Le Blas. des faulces Amours, par Guil. Alexis.

De vos courtisans hypocrites
Mes chats me rappellent les tours ;
Les renards, autres *chatemites*,
Se glissant dans mes basses-cours,
Me font penser à des jésuites.
VOLTAIRE.

CHAUD, DE, *adj.* du latin *caldus* pour *calidus* qui a la même signification.

ÉPIGRAMME.

Certain avare arriva dans l'enfer :
« Eh ! quoi ! dit-il au seigneur Lucifer,
Le bois ici ne se ménage guère !
Voilà cent fois plus de feu qu'il n'en faut ;
Eteignez-en la moitié, mon confrère,
Il y pourra faire encore assez *chaud*. »

« Mort de ma vie ! il sait de tout, et il n'y a rien de si *chaud*, où il ne fourre le doigt ; » dit Sancho de son maître Don Quichotte. « La maréchale de La Ferté est tellement convertie, qu'on ne saurait l'être plus sincèrement... Elle ne trouve rien de trop *chaud* dans le service de Dieu. »
Mme DE SÉVIGNÉ.

Chaud, comme dit l'Académie, signifie quelquefois vif ; prompt, sans délai ; c'est ainsi qu'on dit proverbialement : *il le lui a rendu chaud comme braise ; il est accouru tout chaud et tout bouillant nous annoncer cette nouvelle ; il vous a fait un outrage, rendez-le-lui tout chaud*. Ce mot, en ce sens, a beaucoup d'analogie avec *flagrant* dans cette locution : *prendre quelqu'un en flagrant délit*. « Les récompenses toutes *chaudes* ont un prix merveilleux. » Mme DE SÉVIGNÉ.

A la chaude, sur l'heure, dans le premier moment. « Je reçois le lundi une de vos lettres ; j'y fais une réponse *à la chaude*. *Ibid.*

A la chaude-cole, d'un premier mouvement. ET. PASQUIER. Ce mot *chaude-cole* se trouve dans quelques anciennes ordonnances ; il signifie *chaude colère*, et il est formé de ces deux mots par abréviation. On lit dans les auteurs latins des siècles du Bas-Empire, et dans ceux qui ont écrit encore depuis, *calida cholera*, pour dire *chaude-cole*.

CHAUFFER, *v.* Nous admirons le style et les beautés des bons livres de morale, d'histoire et de philosophie, mais nous n'en profitons pas. « Nous ressemblons, dit Montaigne, à celuy qui, ayant besoin de feu, en irait quérir chez son voisin, et y en ayant trouvé un beau et grand s'arrêterait là à se *chauffer*, sans plus se souvenir d'en rapporter chez soy. »

CHAUSSANT, TE, *adj.* On a dit, et l'on ne dit plus, qu'un homme n'est point *chaussant*, point maniable, point facile en affaire.

CHAUSSER, *v.* qu'on a écrit *chaulcer, caucher, chaucier*, du latin *calceare*, qui a la même signification. « Considérant le pauvre mendiant à ma porte, souvent plus enjoué et plus sain que moy, je me plante en sa place ; j'essaye de *chausser* mon ame à son biais. » MONTAIGNE, liv. I, ch. 38. « Mon mirouer ne m'estonne pas : car en la jeunesse mesme, il m'est advenu plus d'une fois de *chausser* un teinct et un port trouble et de mauvais prognostic. » *Ibid.* liv. III, ch. 13.

« *Chausser* à tout poinct. » NAUDÉ, *Mascurat* (n'être point scrupuleux).

« Voulant, ce flatteur historiographe (*Paul Jove*) *chausser* tous hommes à la mesure et forme de son pied. » C. d'Eutr. tom. II. « De vray, celuy de qui les biens et fortunes sont ou petites ou brouillées, se fait mieux advancer et rendre honneste homme, que ceux qui sont naiz *chaussés* et vestus. » *Idem*, t. I.

CHAUVETÉ, *s. f.* état d'une personne chauve. Ce mot, qui se trouve encore dans Richelet et dans *Trévoux*, n'est point même omis dans le *Dict. de l'Acad.* édit. de 1802, mais il y est dit qu'il vieillit. Pourquoi donc le laisser vieillir, puisque *calvitie*, son synonyme, est abandonné aux médecins ?

CHAUX, *s. f.* du latin *calx* qui a la même signification. « Dieu, quand il veut, dit Nic. Pasquier, fait esvanouir en fumée tous les conseils que ces grands pensent avoir bâti à *chaux et à sable*. » Liv. VI, lettr. 16. « Quand on est une fois mariée, *cela tient à chaux et à ciment.* » *Théâtre italien* de Ghérardi.

CHEF-D'OEUVRE, s. m. « Le *chef-d'œuvre* de l'homme est de vivre à propos. »

CHEMER, v. (ital. *scemarsi*, diminuer). Ce mot populaire se dit particulièrement des enfans, que le chagrin, le dégoût, ou quelque mal inconnu empêche de profiter.

Comme un enfant de douleur il se *chesme*.
DESMARAIS.

CHEMIN, s. m. de l'ital. *camino* (sentier).

.... On les voit d'une ardeur non commune
Par le *chemin* du ciel courir à la fortune.
MOLIÈRE.

« Je suis toujours à trouver certaines choses fort mal rangées ; ce sont de grosses pierres dans le *chemin*, trop lourdes pour être déplacées : je crois que nous passerons par-dessus. » Mme DE SÉVIGNÉ. « Celui qui entre dans le *chemin de la fortune*, s'il ne veut point reculer, doit, ainsi qu'elle, avoir un bandeau sur les yeux. » GUICHARD.

Aricie a trouvé le *chemin* de mon cœur.
RACINE, *Phèdre*.

« *Je ne vais point par quatre chemins*, moi : j'aime la franchise. »
CARMONTEL, *Rec. de Prov. dramat.*

Et, sans aller par deux *chemins*,
Disons qu'à cette comédie
Les rats de la folle Thalie
Grignottaient mal ses brodequins.
PIRON, *Epître au comte de Livry.*

Chemin faisant (par occasion), expression adverbiale et figurée, c'est ainsi que M. J. Chénier a dit de l'aimable Ninon :

Afin de varier la vie,
Chemin faisant elle avait eu
Mainte faiblesse fort jolie.

CONTE.

Un directeur, dans les ponts-et-chaussées
Fit autrefois, c'est-à-dire au bon tems,
Fortune prompte et des mieux encaissées,
Ce qui faisait jaser un peu les gens.
Or il advint qu'en un beau jour de fête,
Où ses voisins en foule il convia,
Chacun s'enquiert, par quel secret il a
De la fortune atteint sitôt le faîte.

L'Amphitryon, à ces discours présent,
D'un ton léger répond à cette enquête :
« Cela s'est fait, Messieurs, *chemin faisant*. »

Tout chemin conduit à Rome, au figuré, pour dire que quelques moyens qu'on emploie on peut, en s'y prenant bien, arriver au but que l'on se propose.

Ce proverbe est le titre d'un proverbe dramatique inséré dans le *Recueil de Carmontel*.

Le chemin de Saint-Jacques, c'est le nom vulgaire que l'on donne à la *voie lactée* ou à cette suite, à cet amas d'étoiles qui font comme une espèce de trace blanche et lumineuse dans le ciel, et pronostiquent une continuation de beau temps. C'est en ce sens que Philippin dit dans la comédie des *Proverbes* : « Ciel pommelé et femme fardée ne sont pas de longue durée ; si je ne voy le *chemin de Saint-Jacques* écrit au temps, je m'y fie non plus qu'à un larron ma bourse, » act. III, sc. 7.

CHEMINER, v. dérivé de *chemin*. Le peuple disait autrefois : « Mon chemin *cheminois*. » Rabelais a fait une allégorie de l'île d'*Odos*, où les chemins *cheminent*, pour se moquer de cette phrase : « *où va ce chemin ?* » J. B. Rousseau a su ennoblir ce verbe.

Dans les routes ambiguës
Du bois le moins fréquenté,
Parmi des ronces aiguës,
Il (le juste) *chemine* en liberté.

Bossuet s'en est aussi servi très-avantageusement dans cette phrase de l'*Oraison funèbre de la Reine d'Angleterre* : « Voyez dans quel sentier la vertu *chemine*, doublement à l'étroit, et par elle-même, et par l'effort de ceux qui la persécutent. »

CHEMINÉE, s. f. du latin *caminata* (faite en forme de four) et qui s'est dit dans la basse latinité pour une chambre à feu, et *caminata* est le participe féminin de *camino*, venu du grec καίειν (*kaïein*) brûler. Suivant un grave auteur (Valeriana, médecin espagnol), le corps humain ressemble à un beau et vaste palais, où il y a plusieurs salles et cabinets, et dans ces salles, entr'autres, trois *cheminées* : le cerveau est celle de la salle du conseil, le cœur est la *cheminée* du cabinet de plaisir et de délices, et le foie est celle de la cuisine.

CHEMISE, *s. f.* du latin *camisia* formé de *cama* (lit) dans la basse latinité. Origène dit positivement : Camisias *vocamus, quòd in his dormiamus in camis, id est in stratis nostris* (nous les appelons *chemises*, parce que, enfermés en elles, nous dormons *in camis*, c'est-à-dire dans nos lits). « Nous ne sçavons point distinguer la peau de la *chemise*, c'est-à-dire la réalité de l'apparence. » MONT. liv. III, ch. 10. Sorbière disait des lettres amicales de Clément IX, qui le traitait en ami, mais qui ne fit jamais rien pour sa fortune, que c'était envoyer des manchettes à un homme qui n'a pas de *chemise*. « On a appelé l'ambition la dernière *chemise* de l'âme, car c'est le dernier vice duquel elle se dépouille. » CHARRON, liv. 1, ch. 22.

Donner, jouer, perdre jusqu'à sa chemise, expression proverbiale et figurée pour dire donner, jouer, perdre tout ce qu'on possède.

Quelle félicité d'avoir chez toi cette eau !
Si tu veux t'enrichir, permets que l'on y puise ;
Quelque tribut qu'il faille, il te sera porté :
J'en sais qui, pour avoir cette commodité,
  Donneront jusqu'à leur chemise.
LA FONTAINE, *les Amours de Psyché*, liv. 2.

On dit proverbialement *la peau est plus proche que la chemise*, pour dire que les intérêts personnels nous touchent plus que les autres ; que *la chemise est plus proche que le manteau, que le pourpoint*. Plaute a dit de même : *tunica propior pallio est* (la tunique est plus proche que le manteau).

ÉPIGRAMME.

Par testament, dame Denise,
Quoiqu'elle possédât un ample revenu,
Ordonna que son corps fût inhumé tout nu,
  Pour épargner une *chemise*.

Un des galériens, que délivre Don Quichotte, dit qu'il a troqué ses vieilles *chemises* contre des neuves, et qu'il en a pris d'autres en paiement de gens qui ne lui devaient rien. C'est une sorte d'euphémisme.

CHENAPAN, *s. m.* bandit, vaurien. Ce mot vient de l'allemand. « On appelle *schenapan* dans les armées d'Allemagne, du côté de la Lorraine, disent les auteurs du *Dict. de Trévoux*, des paysans retirés dans les bois, lesquels volent les passans, et qui, sans faire corps, s'attachent au parti qui est en campagne, duquel ils ont la permission de faire des courses. Voyez les *Voyages* de la Boulaye le Goux. C'est un mot allemand fait d'*abschnappen*, c'est-à-dire lâcher le chien d'un fusil ; et c'est comme qui dirait un fusilier. *Hahn* est une machine de fer dans les fusils, que nous appelons *un chien*. »

Si quelque vieux galant,
  Lent,
A moi s'adresse,
Je réserve au *ch'napan*,
  Pan,
Cette caresse.
PANARD, *Vaudeville*.

« Tout le monde veut que des *chenapans*, que nous avons, dit-on, trouvés en chemin, nous aient, vous et moi, greffés tous deux sur quelque vieux chêne. » DANCOURT, *le Galant Jardinier*, sc. VI.

CHÊNE, *s. m.* qui, en latin, se dit *quercus*, dérive de *quernus* (de chêne). « Voici, dit M. Boniface (*Man. des Am. de la lang. franç.* 2e ann. n° IX) les diverses variations qu'il a dû éprouver.

Quernus :

1° *Querne*, par le changement de la finale, comme trône de thron*us*. *Querne* est encore usité dans la Flandre. Le *quer-citron* est une écorce jaune d'un *chêne* d'Amérique.

2° *Quesne*, par le changement d'*r* en *s*, altération qui a lieu dans plusieurs autres mots ; par exemple, en latin on dit : *quæsitum* pour *quæritum*. Cette forme se trouve encore dans quelques noms propres. *Duquesne*, même nom que *Duchêne* ; *Quesnel* ; *Quesné* ; le *Quesnoy*, en latin *quercetum*, pays de chênes ; on y trouve la forêt de Mortmal. Enfin, *quesne*, dans le *Glossaire de Roquefort*, est employé pour *chêne*.

3° *Chesne*, par le changement de *qu* en *ch* dur, comme ayant la même prononciation ; d'où le *Chesne*, bourg de Champagne.

4° *Chêne*, par la suppression de l's,

qui est remplacé par l'accent circonflexe, comme dans *bête*, *fête*, etc. qu'on écrivait *beste*, *feste*; l's se retrouve encore dans *bestiaux*, *festin*.

Il est donc prouvé que *chêne* vient de *quernus*.

> Qui transplanter un vieux *chêne* prétend,
> Fait périr l'arbre, et du tout perd sa peine :
> Qui abolir un vieil abus prétend,
> Se faict-haïr, et l'abus il n'entraisne.
> GUILLAUME DE LA PERRIÈRE.

Cerizy, dans sa *Métamorphose des yeux de Philis en astres*, définit les *chênes* :

> Beaux ennemis du jour, dont les feuillages sombres
> Conservent le repos, le silence et les ombres,
> Confidens immortels des âges et des tems,
> Vieux enfans de la Terre, agréables Titans,
> Qui jusques dans le ciel, sans crainte du tonnerre,
> Allez faire au soleil une innocente guerre,
> *Chênes*, palais sacrés de nos premiers ayeux,
> Conseillers des humains, interprètes des Dieux.

CHENET, s. m. C'est un diminutif de *chien*, parce que cet ustensile de cuisine a d'abord porté pour ornement des têtes de petits chiens, comme les robinets des têtes de moutons.

Les Anglais appellent ce meuble *dog* (chien), et les Allemands, *feurhund* (chien de feu).

Chiennet pour petit chien. HERBERS, *Rom. de Dolopatos*. Exemple rapporté par M. Pougens, dans l'*Arch. franç.* et dans les *Fabliaux* de Barbazan.

CHENILLE, s. f. Les opinions sont partagées sur l'étymologie de ce mot. Ménage le fait dériver de *canicula*, petite chienne, à cause de la ressemblance qu'ont certaines *chenilles* avec de petits chiens. Aussi, ajoute Gattel qui admet cette origine, la chenille est-elle appelée en grec κύων, chienne, par le poète Antiphanès, dans l'*Anthologie manuscrite*. Morin, dans son *Dict. des mots français tirés du grec*, est aussi de la même opinion. Il paraît que c'est Huet qui le premier a donné cette origine, et qu'il s'est appuyé de l'autorité du poète Antiphanès.

Court de Gébelin fait venir ce mot du celte *chil*, *chesi*, petit, bas, rampant ; M. Johanneau, de *chêne*, et MM. Butet et Roquefort, de *chaîne* (*catena*), parce que cet insecte a le corps en forme d'anneaux, forme une petite chaîne : dans ce sens, *chenille* correspond assez bien à *insecte* et au grec *entomos*.

Comme je ne connais point de naturaliste qui ait parlé de ce rapport de ressemblance entre la *chenille* et le *chien*; que je me défie des origines celtiques de Court de Gébelin, et que la *chenille* se trouve aussi bien sur tous les autres arbres que sur le chêne, je préfère la dernière étymologie, qui me paraît d'autant plus raisonnable qu'il y a à la fois un rapport réel de sens et de forme entre la *chenille* et la *chaîne*. A. BONIFACE, *Man. des Amat. de la langue franç.* 2ᵉ année, n° x, pag. 302.

« Je laisserois ces ennuyeux et langards parler tout leur saoul, et quelqu'un pour leur répondre, hon, ouy, voylà grand cas, chose estrange, et semblables *chenilles*, pour soustenir telles longueurs. » *Contes d'Eutrapel*. « Il faut qu'il y ait des *chenilles*, dit Voltaire, en parlant des Zoïles, parce que les rossignols, dit-on, les mangent pour mieux chanter. »

CHENU, UE, adj. qu'on écrivait autrefois *chanu*, du latin *canus* (blanchi de vieillesse).

> A cest mot se sont tuit (tous) teu (tus)
> Et foible et fort, jone (jeune) et *chanu*
> (vieillard).
> *Roman du Renard*, vers 8926.

« Le roi regarde le chevalier et luy semble de moult grand aage, car il a le chef *chanu* et blanc. » *Lancelot du Lac*. Il n'est plus d'usage en prose ; mais nous devons savoir bon gré aux poètes d'avoir conservé ce mot expressif et commode.

> Ce vieillard *chenu* qui s'avance,
> Le Temps, dont je subis les lois,
> Sur ma lyre a glacé mes doigts.
> VOLTAIRE.

> Aux monts Idaliens un bois délicieux
> De ses arbres *chenus* semble toucher les cieux.
> LA FONTAINE, *Adonis*.

> Le pied du mont *chenu* de frimas s'environne.
> BAOUR-LORMIAN, *Jérusalem délivrée*.

CHER, ÈRE, adj. « Je ne trouve rien si *cher* que ce qui m'est donné. » MONT. liv. III, ch. 9.

Mon cher, terme de familiarité méprisant dont les parvenus de tous les temps aiment beaucoup à user, en parlant à leurs anciens camarades non parvenus.... quand ils leur parlent.

CHERCHE, *s. f.* « On appelait autrefois de ce nom, une religieuse qui faisait la ronde dans le monastère, pour voir s'il ne s'y passait rien contre la règle. » *Gloss. de la lang. romane.*

CHERCHER, *v.* du latin *circare* (tourner, aller autour). Nous disons proverbialement *chercher quelqu'un par terre et par mer.* Cicéron a dit : *conquirere aliquem terrá marique*, (chercher quelqu'un par terre et par mer). Nous disons de quelqu'un qui est lent à exécuter les commissions dont on le charge, qu'*il est bon à aller chercher la mort*, parce qu'un pareil message serait long à revenir. Cette expression, devenue proverbiale, se trouve dans le *Roman du Renard*, ouvrage du 13ᵉ siècle :

En lui avons bon mesagier (messager)
Por querre la mort et *cherchier*,
Que il revendroit moult à tart (tard).
v. 5895.

Les chanoines de l'église de Bayeux se levaient autrefois la nuit pour chanter les matines, et voici la manière singulière dont ils punissaient ceux qui manquaient à ce devoir les jours de grandes fêtes : Immédiatement après l'office, les habitués de l'église, avec la croix, la bannière et le bénitier, allaient au logis des chanoines absens, et faisaient par cette procession une espèce de mercuriale à la paresse. Cet usage qui durait encore à Bayeux en 1640, a donné lieu de dire à ceux qui se font attendre, qu'*on ira les chercher avec la croix et la bannière*.

CHERCHEUR, *s. m.* Après avoir fait l'éloge des campagnes solitaires, le P. Le Moyne, jésuite, ajoute : « J'en ai assez dit pour désabuser ces *chercheurs* de trouble et de bruit, qui croyent que les boues de Paris sont de meilleure odeur que les parfums de l'Arabie heureuse. »

« *Chercheurs* de mondes inconnus, voyageurs. » LA FONTAINE. « Un héros de roman, un *chercheur* d'aventures. » ROLLIN.

On a dit du célèbre La Grange, qu'il était doué d'une intelligence minemment *chercheuse*.

CHÉRE, *s. f.* dans le sens d'accueil, de l'italien *ciera* (visage, mine) : aussi le trouve-t-on écrit *chiere* dans nos anciens auteurs. On lit dans la *Mappemonde* de Gautier de Metz, écrivain du 13ᵉ siècle :

Par fausse *chière* et faus semblent.

(par visage faux, par mine hypocrite).

Le vilain fist moult lede *chière*.
Roman du Renard, vers 7868, 13ᵉ siècle.

Bertrand de *chière* non effrayée
Regardoit le duc moult (bien) fièrement.
Les Neuf Preux.

« Pour ce la reine *lui faisoit bonne chère* et l'entretenoit souvent. » BRANTÔME, *les Femmes illustres*.

CHÈRE, tout ce qu'on sert dans un repas, du latin *caro* (chair) :

Abbés de cour, charmans prédicateurs,
Faisant grand'*chère* et sablant les bons vins.
LE BRUN.

On appelle proverbialement *chère de commissaire*, un repas où l'on sert gras et maigre, de la chair et du poisson. Du temps que les commissaires huguenots et catholiques s'assemblaient pour tenir ensemble des conférences sur les matières qui divisaient les deux partis, on servait les jours d'abstinence dans l'église catholique, du maigre pour ceux qui étaient de cette religion, et du gras pour les huguenots; de sorte que la table, qui était commune, se trouvait servie en gras et en maigre. C'est de là qu'est venue l'expression : *faire chère de commissaire*.

CHERTÉ, *s. f.* du latin *caritate* ablatif de *caritas*, pris en ce sens par Cicéron : « *Repentè vilitas annonæ ex summâ inopiâ et caritate rei frumentariæ consecuta est* (le bled dont il y avait une extrême disette et la plus grande *cherté*, tomba tout à coup à un bas prix). *Pro lege Maniliâ*, nᵒ 44.

Chierté, qui se trouve dans le *Vœu du Héron*, poème composé dans le 14ᵉ siècle :

Du gentil roi de France s'apeloit-il cousin,
Et le tint en *chierté*, comme son loiel voisin,

est traduit par *amitié*, par La Curne Sainte-Palaye ; c'est ainsi que *cher*, *adj.* signifie encore aimé, chéri.

CHÉRUBIN, *s. m.* esprit céleste ou ange du second ordre de la première hiérarchie. Ce mot vient de l'hébreu *cherub*, dont le pluriel est *chérubin*.

Il y avait sur le propitiatoire ou couvercle, qui couvrait l'arche de proposition que Moïse avait fait construire, deux *chérubins* qui se regardaient l'un l'autre, et qui étendaient leurs ailes le long de l'arche, comme pour servir de trône à la majesté de Dieu; ce qui, selon M. de Royaumont, a donné lieu à ces manières de parler, si fréquentes dans l'Ecriture, qui représentent Dieu *assis sur les chérubins*. Les *chérubins* sont peints ordinairement avec le visage enflammé, pour exprimer l'amour de Dieu qui les anime; et de là on dit d'une personne haute en couleur, qu'*elle est rouge comme un chérubin*.

CHÉTIF, IVE, adj. de l'italien *cattivo* ou de *cadivus* dans la basse latinité, qui semblent l'un et l'autre venir du latin *captivus* (prisonnier, captif); *caitis*, selon Barbazan, s'est dit anciennement pour *chétif*, et *chaitis*, dans le *Gloss. du Roman du Renard*, par M. Méon, est rendu par *malheureux*, *infortuné*. « Cadivus s'est dit dans la latinité du moyen âge; et Bignonius, dans ses notes sur les *Formules de Marculf*, le traduit par *malus*, *improbus*. Cadivus hoc est malus, improbus : idioma italicum integrum retinet cattivo, undè et nostris chétif. » *Rec. des Hist. de France*, tom. IV, pag. 496, in-fol. Paris, 1741. Ce mot a vieilli; mais qu'il est heureusement employé dans ce beau vers de Corneille, en parlant du grand Pompée !

Dans quelque urne *chétive* en ramasser les cendres.

On trouve *chétiveté* pour misère, dans Oudin, *Dict. des trois lang.*

CHEVAL, s. m. du latin *caballus* (cheval de bagage, rosse).

La Curne Sainte-Palaye, après avoir dit que le chevalier en route ne montoit qu'un *cheval* d'une allure aisée et commode, roussin, courtaut, etc. ajoute : « Des *chevaux* de bataille, c'est-à-dire des *chevaux* d'une taille élevée, étoient dans le cours d'une route menés par des écuyers qui les tenoient à leur *droite*, d'où on les a appelés *destriers*: ils les donnoient à leur maître, lorsque l'ennemi paroissoit, ou que le danger sembloit l'appeler au combat; c'étoit ce qu'on appeloit *monter sur ses grands chevaux*, » expression que nous avons conservée, au figuré, pour dire se mettre en colère, parler avec hauteur. Nous trouvons également, dans cette explication, l'origine de cette expression figurée : *c'est son cheval de bataille, son grand cheval de bataille*, pour dire ce sur quoi quelqu'un s'appuie principalement.

. . . . A *cheval* donné,
On ne doit point la gueule ouvrir
Pour regarder s'il est aagé.

Poés. de G. Coquillart, pag. 21, Paris, 1723.

C'est notre proverbe, *à cheval donné on ne regarde pas à la bride ou à la bouche*. Nous disons aller à cheval sur un balai, sur un bâton; Horace a dit de même *equitare in arundine longâ* (aller à *cheval* sur un long bâton.) La Fontaine, liv. V, fable 8, en a tiré l'adjectif féminin qui suit :

J'ai, dit la bête *chevaline*,
Un apostume sous le pié.

CHEVALER, v. faire plusieurs allées et venues pour la réussite d'une affaire. Il est vieux. Mézeray l'a employé dans un sens actif, pour presser vivement. « Il les *chevala* tant qu'il leur donna sur la queue. »

On disait avant lui « *chevaler* une perdrix, *chevaler* les voyageurs pour les détrousser. » NICOT.

CHEVALERESSE, s. f. de l'italien *cavaleressa* dans Boccace. C'est un terme qui a été employé pour désigner la femme d'un chevalier, ou une femme décorée d'un ordre de chevalerie, comme ç'a été la coutume en Bretagne.

On trouve dans Oudin, *Dict. des trois lang.*, l'adverbe *chevaleureusement*, en brave chevalier; et l'adjectif, *chevaleureux*, même sens.

CHEVALERIE, s. f. Ce mot se prenait anciennement pour exploit. « Il seroit impossible, dit Pasquier, *Rech.* liv. I, chap. 2, de compter les hautes *chevaleries* que les premiers François mirent à fin. »

CHEVANCE, s. f. du latin *caben*-

tia dans Du Cange. Il paraît venir de *caput* (chef), le bien qu'on a de son chef. Cet ancien mot, qui se trouve dans le *Dict.* de Philib. Monet, y est défini par ce qu'on a de vaillant, nommément en fonds, « lui promettant qu'il lui seroit vray et loyal subject, et le serviroit de corps et de *chevance.* » ALAIN CHARTIER, *Hist. de Charles* VII, pag. 64.

Il se gardera bien de commettre une offense,
Craignant de perdre honneur, dignités et *chevance.*
RONSARD.

Il peut encore entrer dans le style marotique :

Il avoit dans la terre une somme enfouie,
Son cœur avec, n'ayant autre déduit
Que d'y ruminer jour et nuit,
Et rendre sa *chevance* à lui-même sacrée.
LA FONTAINE.

CHEVAUCHÉE, *s. f.* de *cavalcata* dans la basse latinité. Ce mot, qui s'est dit anciennement pour une compagnie de gens à cheval, se trouve dans les *Ordonnances de saint Louis* dans le sens de course hostile, course de gens armés.

CHEVAUCHER, *v.* de l'italien *cavalcare* (aller à cheval). *Chevalcher* se trouve dans Villehardouin.

Et se (si) ceste femme a touché (frappé)
Son mary, il *chevauchera*
L'asne tout au long du marché :
Ainsi chascun s'en mocquera.
Poés. de G. Coquillart, pag. 10, Paris, 1723.

« Un page qui *chevauchoit* un cheval. » ALAIN CHARTIER, *Hist. de Charles* VII, pag. 6.

Une remarque à faire sur *chevaucher*, c'est qu'on n'a guère commencé à donner une signification obscène à ce mot que sous François Ier. On s'en est néanmoins encore servi longtemps depuis, dans un sens honnête; mais enfin l'obscénité a prévalu.

CHEVAUCHEUR, pour cavalier, se trouve dans les *Épithètes* de De la Porte, dans le *Dictionnaire de Trévoux*, dans le *Roman des Neuf Preux* : « Le comte y envoya trente *chevaucheurs* et cinquante piétons; mais Godefroy en renvoya après pour doubte des aguets quarante *chevaucheurs* et cent piétons qui grand secours firent aux premiers. »

CHEVAUCHONS (à), jambe deçà, jambe de là. Pourquoi laisser perdre ce mot ?

« Ces gens qui se perchent à *chevauchons* sur l'épicycle de Mercure, qui voyent si avant dans le ciel, ils m'arrachent les dents. » MONTAIGNE, liv. II, ch. 17.

CHEVET, *s. m.* comme *chef*, vient du latin *caput* (tête). On trouve *chevecel* pour oreiller, chevet, dans le *Roman de la Rose*, vers 3759.

On lit dans les Annotations sur Alain Chartier, p. 858, in-4°, Paris, 1617 : « Les vieux auteurs françois ont traduit par *chef* et *chevet*, ce que les Latins nomment *caput* en leur langue. *La Vie de saincte Marie*, en vieille rime, parlant de saint Jean-Baptiste

Que Herode fit marturer (martyriser),
Li *chevet* (chef, tête) à un gleve trencher.

Ils ont aussi de là dit *chevet* pour le lieu où repose le *chef*; car au *Roman de Garin* il y a

Tôt maintenant l'ont fait ensevelir,
En une bierre . . . .
Plus de vingt croiz ont à son *chevés* mis ;

chevés (chevet), c'est-à-dire au haut de la bierre où estoit son *chef*. »

« O que c'est, dit Montaigne, un doux, mol et sain *chevet* que l'ignorance et l'incuriosité à reposer une tête bien faicte! » « Par notre discorde, nous hausserions le *chevet* (nous ferions reprendre cœur) aux mécontens abattus. » *Mém. de Bassompierre.* De là sont dérivés les anciens mots *chevetain*, *chevetaine*, qu'on dit aujourd'hui *capitaine*, et probablement *chevecier*, mot qui désignait celui qui avait la garde du chef, de la partie d'une église, qui est derrière le chœur (*à capitio ecclesiæ*).

CHEVIR, *v.* sortir d'une affaire, venir à bout. On trouve dans Jean de Meung, continuateur du *Roman de la Rose* : ils *cheviroient*, ils *cheviront*, il *chevit* (il vient à bout), ils *chevirent*, qu'il *chevisse*.

Monet le définit *venir à chef*, et il le dérive comme *achever* du mot *chef*. On a laissé perdre ce mot qui se trouve encore dans Montaigne.

Quelques gens de campagne disent encore : Je ne peux pas me *chevir* de ma main, c'est-à-dire m'en servir.

Cet enfant est si mutin qu'on ne peut *chevir* de lui.

CHÉVRE, *s. f.* du latin *capra* qui a la même signification, *p* changé en *v*. Festus fait venir *capra* de *carpere* (prendre, cueillir), parce que les chèvres arrachent toutes les branches : *capræ, carpæ, quæ omnia carpunt virgulta.*

« J'en ai veu *prendre la chèvre*, de ce qu'on leur trouvoit le visage frais et le pouls posé : contraindre leur ris, parce qu'il trahissoit leur guérison : et haïr la santé, de ce qu'elle n'estoit pas regrettable. » MONT. l. III, c. 9. « C'est un homme qui se met incontinent en cholère, et lequel *prend la chèvre* pour bien légère occasion. » H. ESTIENNE, *Dial. du nouveau lang. franç. italianisé.*

Cette expression vient probablement de ce que la *chèvre*, animal naturellement prompt et impatient, et qui ne demeure pas aisément en place, aime à sauter et à bondir, de sorte que *prendre la chèvre* ou *chevroter*, c'est comme si l'on disait imiter la *chèvre* dans ses sauts et ses bondissemens, parce que ceux qui se fâchent, changent brusquement de place, et font plusieurs mouvemens qui ne ressemblent pas mal à ceux de la *chèvre*.

Ce terme est encore usité entre les imprimeurs, pour dire se fâcher.

On dit proverbialement et figurément *sauver*, *ménager la* chèvre *et le chou*, pour dire pourvoir à deux inconvéniens contraires. Ce proverbe tire son origine d'un problème où l'on propose de passer une rivière avec un *chou*, une *chèvre* et un *loup*, sans que le loup mange la chèvre et sans que la chèvre mange le chou.

On a dit long-temps du vin de Bretigny, près Paris, qu'*il faisait danser les* chèvres, et cette manière de parler proverbiale est encore en usage pour exprimer la mauvaise qualité d'un vin. Voici l'origine que l'on donne à ce proverbe : Il y avait, dit-on, à Bretigny, un habitant nommé *Chèvre* ; c'était le coq du village, et une grande partie du vignoble lui appartenait. Cet homme aimait à boire, et, dans la gaîté que l'ivresse lui inspirait, il avait la folie de faire danser presqu'à toute heure sa femme et ses enfans. C'était ainsi que le vin de Bretigny faisait danser les *chèvres*. (*Bibl. de Société.*)

CHEVRIER, *s. m.* du latin *caprarius* (gardeur de chèvres). Nos pères ont dit *caprier* et *cabrier*.

La ville de Nismes, située près d'une lande très-vaste, actuellement en partie défrichée, nourrissait autrefois un grand nombre de chèvres ; ses habitans en conservent encore aujourd'hui le sobriquet de *cabriers de Nismes*.

CHEVROTINE, *s. f.* menu plomb, ainsi nommée, selon Le Duchat, parce qu'on s'en sert à la chasse du *chevreuil*.

CHEZ, *prép.* du latin *casa*, cabane, maison, d'où *chesa*, et en vieux français, *chesal*. « Il vaut mieux se soucier de ce qu'on est *chez soy*, que de ce qu'on est *chez les autres*. » MONTAIGNE. « Nous ne sommes jamais *chez* nous ; nous sommes toujours au-delà. » *Le même.*

On en a fait un substantif. Il n'est rien tel que d'avoir un *chez soi*. Veut-on voir cette idée commune présentée sous des images agréables, qu'on lise les vers suivans :

Un petit asile champêtre
Plaît toujours aux yeux de son maître...
Lorsque l'on se promène, il est doux de se dire :
Je marche en ce moment sur quelque chose à moi.
Ce ruisseau, dont le frais m'attire,
Ce tilleul, cet ormeau, qu'agite le zéphire,
Cette fleur que je sens, cette autre que je vois,
Sont autant de sujets à qui je fais la loi.
Tout rit où l'on a de l'empire,
Tout est charmant où l'on est roi.

CHIAOUX, *s. m.* corruption du mot turc *tchaouch*, envoyé. Les *tchaouchs* sont des espèces de messagers d'État, ou des envoyés de *tchaouch-bacha*, qui portent les ordres du Grand-Seigneur, ou introduisent en sa présence les ambassadeurs. C'est d'entre eux, dit Moréri, que l'on en choisit un pour porter les ordres du Grand-Seigneur, quand il veut faire mourir le visir, un bacha, ou quelque autre grand de l'empire. Ils portent cet ordre de mort enveloppé dans un satin noir, et exécutent l'ordre sur-le-champ.

Le *chiaoux*, homme de sens,
Lui dit : Je sais par renommée
Ce que chaque électeur peut de monde fournir.
LA FONTAINE, liv. 1, *fable* 12.

CHICANE, s. f. (esp. *chico*, menu, petit, ou anglo-saxon, *swica*, tromper). « *Chicane* philosophique, » a dit Balzac, pour sophistiquerie. « Les plaintes de délicatesse réveillent, celles de *chicane* fatiguent. » FONTENELLE. « C'est une étrange *chicane* que lui fait ce rhumatisme. » SÉVIGNÉ.

CHICANER, v. « Je ne sçais pas *chicaner* ma vie, disait le duc de Montmorency, décapité sous Louis XIII, après avoir lu, et déchirant un Mémoire de ses amis sur les moyens de prolonger son procès.

CHICANERIE, s.f. se disait autrefois pour *chicane*. « Au préjudice de ceste noble et sacro-saincte *chicanerie*. » *Contes d'Eutrapel*, tom. 1.

L'historien Du Haillan croit que la *chicanerie* de France est venue de celle de Rome, et s'est multipliée, lorsque le siége papal fut transféré à Avignon. « Car, dit-il, avant ladite translation, il y avoit en France peu de juges et peu de procès. »

CHICANOIS, s. m. « Nous tenons en notre pays de *chicanois*. » *Contes d'Eutrapel*, tom. 1.

CHICANOUX, s. m. pl. C'est le nom que Rabelais donne aux gens de palais.

CHICOTER, v. contester sur des bagatelles. « Ce ne sera jamais fait qui voudra *chicoter* tous les mots, ce que Cicéron appelle : *verba aucupari*. » TABOUROT, *Bigarrures*, etc.

CHICOTIN, s. m. C'est le peuple qui a fait ce mot par corruption de l'aloès *sucotrin*, ainsi nommé, parce qu'il vient de l'île de *Sucotora*, aux grandes Indes.

CHIEN, s. m. du grec κύων (*kuón*) qui a la même signification; les Picards prononcent encore *kien*.

Rompre les chiens est une expression figurée qui signifie interrompre un discours dont la suite pourrait être désagréable. Cette locution est empruntée à la vénerie, où *rompre les chiens* se dit du chasseur qui passe à travers des *chiens* pendant qu'ils courent, et leur fait perdre la voie. « Il y a apparence que cette raillerie eût épuisé tous ceux qui étoient dans la chambre, si le poète n'eût *rompu les chiens*, en disant... » SCARRON, *le Roman comique*, 1re part. ch. 16.

Entre chien et loup se dit pour marquer cette partie du soir où il fait encore assez clair pour voir les objets, mais où on ne peut pas les discerner si bien, qu'on ne puisse se méprendre entre ceux qui se ressemblent, et prendre, par exemple, un chien pour un loup, ou un loup pour un chien. « J'éclaircirai, autant qu'il me sera possible, l'*entre chien et loup* de nos bois. » Mme DE SÉVIGNÉ. Bautru, faisant allusion à ce proverbe, disait : « J'ai rencontré une femme *entre chienne et louve*. »

Il a été à Saint-Malo; les chiens lui ont mangé les os. Voici d'où vient ce dicton : Vingt-quatre dogues étoient autrefois destinés à la garde de Saint-Malo. Ces sentinelles aboyans étoient nourris et soignés par les vingt-quatre chanoines de la cathédrale, comme seigneurs de la ville. Les conducteurs de ces chiens redoutables les menoient hors des murs, au son d'une trompette bruyante, le soir, à la fermeture des portes; les dogues ne rentroient que le lendemain, lors de leur ouverture. *Improvisateur Français*, au mot *Dogue*.

Jean II, duc de Montmorency, voyant que la guerre alloit se rallumer entre Louis XI et le duc de Bourgogne, fit sommer, à son de trompe, ses deux fils, Jean de Nivelle et Louis de Fosseuse, de quitter la Flandre, où ils avaient des biens considérables, et de venir servir le roi. Ni l'un ni l'autre ne comparurent. Leur père irrité les traita de *chiens* et les déshérita. C'est de là qu'est venu le proverbe populaire : *Il ressemble au chien de Jean de Nivelle; il s'enfuit quand on l'appelle*. Le *Dictionnaire de Trévoux* donne une origine différente. Jean de Montmorency, seigneur de Nivelle, ayant donné un soufflet à son père, fut cité au parlement, proclamé et sommé à son de trompe, pour comparaitre en justice. Mais plus on l'appelait, plus il se hâtait de fuir du côté de la Flandre. On le traitait de *chien*, à cause de l'horreur que l'on avait de son crime et de son impiété. Ce proverbe est surtout très-commun en Flandre. La Fontaine l'a employé dans une de ses fables ; mais il parait avoir cru que c'était un chien appartenant à Jean de Nivelle qui avait fait naitre ce dicton.

Une traîtresse voix bien souvent vous appelle ;
Ne vous pressez donc nullement :
Ce n'était pas un sot, non, non, et croyez-m'en,
Que le *chien* de Jean de Nivelle.

CHIFFONNAGE, *s. m.* néologisme hasardé par l'auteur des *Lettres sur l'Italie*. « Sainte Thérèse (statue du cavalier Bernin), dans un *chiffonnage* de draperies encore plus outré, n'a pas plus l'air d'une sainte que d'une sibylle. » *Lettr.* v, 1780.

CHIFFONNER, *v.* (arabe, *cheffoun*, linge usé et déchiré, du verbe *schaffa*, amincir). On croit que ce mot nous vient des croisades. Alors les Sarrasins ne donnaient aux chrétiens qu'ils faisaient esclaves que de mauvais morceaux d'étoffes pour se couvrir. Une femme d'esprit disait d'un homme tout d'une pièce : « Cet homme-là auroit besoin d'être un peu *chiffonné.* » M. de R..., chef d'escadre, ne riait jamais : ses officiers lui en demandant la raison, il répondit : « Je ne suis pas moins aise que vous ; mais je n'aime point à me *chiffonner* le visage. »

CHIFFONNERIE, *s. f.* « Je veux éloigner toute *chiffonnerie* de ma tête et de mon cœur, pour être tout entière à vous et à moi. » *Mém. de Mad. d'Epinay*, tom III.

CHIFFONNIER, *s. m.* Au fig. qui ramasse et débite sans choix tout ce qu'il lit ou entend.

Comment nommer la rampante vermine
Des *chiffonniers* de la double colline.
VOLTAIRE.

CHIFFRE, *s. m.* Ce mot, selon plusieurs étymologistes, vient de *sephira*, ou *siffra*, dont la racine est *saphar*, tirée soit de l'arabe, soit de l'hébreu, où elle signifie *compter*.

CHIFFRER, *v.* On a dit autrefois avoir *chiffré* la messe, pour l'avoir manquée par sa négligence ; — sa leçon en sa chambre, pour avoir passé dans sa chambre le temps qu'on devait employer à entendre les leçons en classe ; — la moitié d'un pain, pour l'avoir dérobée ; — toute son épitre sur *Cicéron*, pour l'y avoir entièrement pillée. Toutes phrases qui ne se disaient qu'entre écoliers. *Voy.* Math. Cordier, *de Corr. Serm. Correct.*

CHILONE, *adj.* des 2 genres, à grosses lèvres, prononcez *kilone. Dict. universel* de Boiste.

« *Chilones*. Tout le monde sait que c'est ainsi que l'on appelle ceux qui ont de grosses lèvres, mais peu de personnes savent que cette expression tire son origine de *Chilon*, l'un des sept sages de la Grèce, qui les avoit ainsi. » *Dictionn. des Origines*, par une société de gens de lettres, in-8°. Paris, 1777, au mot *Chilones*.

CHIMÈRE, *s. f.* du grec χίμαιρα, monstre fabuleux. Parmi les peintures d'Herculanum, on a trouvé l'Espérance allaitant une *Chimère*.

CHIMÉRISER, *v.* se forger des chimères. Ce mot, qui se trouve dans Oudin, *Dict. des trois langues*, a été employé par Fontenelle, qui ne l'a pas accrédité.

CHIPOTER, *v.* (χειλοποτεῖν) boire du bout des lèvres. Il signifie aussi faire de mauvaises difficultés, barguigner. La Monnoye prétend qu'en ce sens, c'est *chicoter*, qu'il dérive de *chicot*. *Voyez* CHICOTER.

CHIRURGIENNE, *s. f.* (χείρ, main ; ἔργον, ouvrage) se trouve dans Perceforest et dans Ét. Pasquier, dans le sens de femme qui exerce la chirurgie.

CHOISIR, *v.* (allem. *kiesen*). « Parfoys c'est bien *choisir*, de ne choisir pas. » MONT. liv. III, c. 9.

ÉPIGRAMME.

Un Suisse un jour par un sien camarade
D'un coup de quarte eut le thorax percé.
Or, vous sentez qu'après cette estocade,
Il ne valoit pas mieux qu'un trépassé.
Certain Frater, après l'avoir pansé,
Lui dit : « Mon cher, vous voilà bien malade !
Mais si le coup dont on vous a blessé,

Etoit au bras, à la jambe, à la cuisse,
La'cure iroit au gré de mon désir.
— Que voulez-vous? lui répondit le Suisse,
Je n'étois pas le maître de *choisir*. »

CHOISISSABLE *adj.* qui peut, qui doit être choisi. « Tout ce qui est bon est *choisissable*, le *choisissable* est jouissable. » CHOLIÈRES, *Cont.* « Et quelle contrariété peult être plus grande que celle-cy, quant aux choses *choisissables* ou refusables? » AMYOT, trad. de *Plutarque.* Pourquoi n'avoir pas conservé cet adjectif?

CHOMMAGE, *s. m.* temps où le moulin ne moud pas. « Mad. de Richelieu me parut abattue; les fatigues de la cour ont rabaissé son caquet, son moulin me parut en *chommage*. » SÉVIG.

CHAUMER OU CHÔMER, *v.* être en repos, ne rien faire, manquer de besogne, d'où l'on a dit *chômer* les fêtes. « Ce mot s'écrivoit originairement *chaulmer*, du latin inusité *calamare*, qui vient de *calamus*, chaulme ou chaume, parce qu'aux jours de fêtes, les villageois n'allant pas travailler, demeurent en repos sous le chaulme, c'est-à-dire en leurs maisons couvertes de chaulme. » LA MONNOYE. « La justice a cognoissance et animadversion aussi sur ceux qui *chaument*. » MONT. liv. III, c. 9. « *Chômons*, » disent les Membres révoltés contre l'Estomac. LA FONTAINE.

CHOPINE, *s. f.* On dérive ce mot du phénicien *chopen*, paulme de la main, parce qu'en Phénicie, un marché était conclu, quand on avait frappé dans la main : après quoi on allait boire le *chopen*, ou le marché de la paulme. Ménage le fait venir beaucoup plus naturellement de *cupina*, dimin. de *cupa*; et d'autres des mots grecs χέω πίνειν, je verse à boire. De là.

CHOPINER, *v.* proprement boire une *chopine*. *Chopiner* théologalement. RABELAIS, l. I, ch. 15. Boire largement.

Monsieur s'en va *chopiner*, cependant
Qu'on se tourmente ici le corps et l'âme.
LA FONTAINE, *le Cuvier.*

CHOPPER, *v.* faire un faux pas en heurtant contre quelque chose.

On tombe, on glisse, on chet, on *choppe*.
Poésies de Coquillart.

Elle (ma haquenée) cuida tomber deux coups (2 fois)
Non pas tomber, mais el' *choppa*.
Ibidem.

« Mes conceptions et mon jugement ne marchent qu'à tastons, chancelant, bronchant et *choppant.* » MONT. l. I, c. 25. *Voyez* ACHOPPEMENT.

CHOPPEUR, *s. m.* « Un avertissement qui les empesche de chopper après les *choppeurs.* » La D^{lle} DE GOURNAY, *Préf. des Essais de Mont.*

CHOSE, *s. f.* qu'on trouve écrit *cose* dans le *Vœu du Héron*, de l'italien *cosa*.

La chose publique, expression longtemps usitée pour dire le bien commun, ce qui regarde l'Etat, et qui répond positivement au *respublica* (la chose publique ou la république) chez les Romains :

Il faut pour son pays un entier dévoûment
Et l'on doit rigoureusement,
Compte de ses talens à *la chose publique.*
L'abbé DE CHAULIEU.

Cette locution a été de nos jours nouvellement employée par quelques orateurs et quelques publicistes, et nul doute que le régime actuel n'en fasse sentir la nécessité et ne la mette en crédit. « Il y avait parmi ces sauvages un vieillard nommé Chactas qui par son âge, sa sagesse, sa science dans les *choses de la vie*, était l'amour et le patriarche des déserts. » CHATEAUBRIAND, *Prol. d'Atala.*

« *Les choses de la vie*; cette expression me parait heureuse: notre langue n'est pas riche; il est bon de reproduire d'anciennes expressions, ou d'en créer de nouvelles, pourvu qu'on le fasse convenablement et avec mesure. » *Manuel des Amateurs de la langue française*, 2e année, n° VIII, pag. 253.

Chose, terme trivial dont se sert le peuple, pour désigner une personne dont il a oublié le nom : *Monsieur chose*. « *Chose*... ce Romain... Régulus... » Cette plaisanterie de Mad. de Sévigné fait allusion au trait d'un M. de Sauvebœuf, qui, rendant compte à M. le Prince d'une négociation pour laquelle il était allé en Espagne, disait : « *Chose, chose*, le roi d'Espagne m'a dit... » Un particulier voulant désigner le cardinal de Fleury, dont le nom avait échappé à sa mémoire, disait : « *Chose*, précepteur de *chose*. » Pour faire sentir le ridicule de cette mauvaise habitude, l'abbé Féraud cite cette phrase : « Va dire à *chose* d'aller chercher la petite *chose*, qui est sur la grande *chose*. »

LUBIN.

« C'est le seigneur de notre pays, M. le *vicomte de chose*... foin, je ne me souviens jamais comment ils baragouinent ce nom-là. » MOLIÈRE, *George Dandin*, acte 1, sc. 2.

Il se dit aussi des choses :

GAUFICHON.

« Apporte-moi ma pertuisane qui est au chevet de mon lit.

PIERROT.

N'est-ce pas ce *grand chose de fer*, avec quoi vous faites le carrousel tant que la nuit dure ? » *Théâtre Italien* de Ghérardi.

CHOSETTE, s. f. diminutif de chose, de l'ital. *cosetta* dans Boccace. Ce mot a vieilli. *Cosarella* est un autre diminutif que les Italiens emploient volontiers. « Non pas que je recogneusse bien quelque *chosette* d'approchant. » *Guzm. d'Alf.* l. III de la 2ᵉ partie.

Et n'est pas que le bon seigneur,
Quoique d'ailleurs homme d'honneur,
N'ait dérobé quelque *chosette*,
Pour régaler quelque coquette,

dit Scarron, de Jupiter au sac de Troie.

CHOSIER, s. m. On dit familièrement : Il y a bien des choses dans un *chosier*; il y a bien à dire, bien à considérer aux choses de ce monde.

CHOU, s. m. qu'on trouve écrit *chol* dans le *Roman du Renard*, paraît venir du latin *caulis*, qui a la même signification. On dit proverbialement *faire ses choux gras* de quelque chose, pour dire qu'on en tire un grand profit, ou qu'on en fait ses délices. Cette expression se trouve déjà dans les *Poésies* de Coquillart.

Et n'est loisible aucunement
A homme ou femme, haut ou bas,
De le tenir secrètement,
Ne aussi *d'en faire ses choux gras*.

« Il vous conseille, dit Mad. de Sévigné, de *faire vos choux gras* vous-même de cet homme à qui vous trouvez de l'esprit. »

Dioclétien, après avoir, pendant vingt ans, supporté le poids et les dégoûts de la toute-puissance, quitta volontairement la capitale et le trône du monde, pour regagner la petite métairie de son père, et donna le premier exemple d'un empereur abdiquant librement l'empire. Il montra un jour aux députés du sénat, qui l'invitaient à remonter sur le trône, des *choux* plantés de sa main, en leur disant : Voilà mes nouveaux sujets, ils répondent à mes soins, et ne se montrent jamais indociles. Il donna peut-être, par là, naissance au proverbe *aller planter ses choux*, pour dire se retirer des affaires, des emplois publics.

CHOUAN, s. m. nom qu'on donnait aux habitans de la Vendée qui prirent les armes pour la cause du roi. « Otfride, qui écrivait à peu près vers l'an 870, en langue francique, c'est-à-dire tudesque, appelle, dit G. Gley, les Francs *chuani*, *kuani*, vaillans, fiers, valeureux par excellence. L'*u*, chez les Francs, se prononçant comme notre *ou*, j'agitai, en 1795, dans un journal allemand, la question, si ces royalistes que l'on appelait *chouans*, ne tiraient point leur nom du mot francique (tudesque) *chuan*; je m'appuyais, entre autres, sur une observation du savant Oberlin qui m'avait assuré avoir rencontré dans le bas-breton un grand nombre de mots qui dérivaient du francique. Mes conjectures sur l'origine du mot *chouan*, ne firent point fortune parmi les savans allemands. » *Langue et Littérature des anciens Francs*, pag. 275. Paris, 1814.

CHRÉTIEN, ENNE, adj. et subst. qui suit la religion du Christ; ce qui est conforme à cette religion, du latin *christianus* dérivé de *Christus*. Bernard Thesaurius (*de Acquisitione Terræ Sanctæ*, cap. 27) nous apprend que ce fut à Antioche que les fidèles furent d'abord appelés *chrétiens* (vers l'an 41). On les appelait auparavant Nazaréens, de la ville de Nazareth, que saint Pierre convertit d'abord à la foi. « *Ibi primùm*, dit notre auteur, *fideles vocati sunt christiani, priùs dicti* Nazaræi *à* Nazareth *civitate, quam primùm suâ prædicatione apostolorum claviger convertit ad fidem.* » MURATORI, *rerum italicarum Scriptores*, tom. VII, pag. 688.

Parler chrétien. Cette expression qui signifie parler un langage intelligible, soit qu'elle soit venue des Vénitiens, comme le prétend Le Duchat, soit qu'elle nous appartienne, est fort ancienne dans notre langue, puisqu'elle se trouve déjà dans la *Farce de Maistre Pathelin*, ainsi que la remarque en a été faite par H. Estienne dont nous allons rapporter textuellement le passage : « M. Philalethe, avez-vous pris garde au mot dont a usé M. Celtophile? luy qui se moque tant du nouveau langage, a usé d'une façon de parler audacieusement nouvelle : et ne doute pas que son esprit n'ait en un moment peregriné jusqu'au pays d'Itale, ou Italle (ou Italie, comme il veut que je die) quand il m'a taxé comme ne parlant pas *langage chrétien* ; car vous sçavez que les Italiens, et principalement Vénitiens, disent *parlate christian*, quand ils veulent dire, *parlez un autre langage, lequel je puisse entendre* : comme un langage qu'ils n'entendent pas, ne devet pas estre appelé *chrestien*. PHILAL. Il y a bien d'autres nouvelles. PHILAUS. Quelles? PHILAL. C'est que ceste façon de dire estoit aussi en usage à nos prédécesseurs : comme on voit par la *Farce de Pathelin*. CELT. Si ainsi est, je proteste alencontre de vous de l'injure que vous m'avez faicte en ce que vous m'avez objecté. PHILAL. Il ne faut pas dire, si ainsi est, mais puisqu'ainsi est; car il me souvient du passage du livre que je viens de nommer. Escoutez :

Saincte dame, comme il barbote.
Par le corps bieu, il barbelote
Ses mots, tant qu'on y entend rien,
Il ne parle pas *chrestien*,
Ne nul langage *qui appere.*

Dialogues du nouv. langage françois italianisé, pag. 611 (1579). Marivaux a employé le mot *chrétien* dans le sens de légitime, honnêtement acquis : « Cet argent qu'elle m'offroit n'étoit pas *chrétien*, je ne l'ignorois pas, et je participois au petit désordre de conduite en vertu duquel il avoit été acquis. » L'origine du titre de roi *très-chrétien*, que porte le roi de France, remonte, dit-on, à Childebert; ce qu'il y a de certain, c'est que Grégoire III donna ce titre à Charles Martel, et le pape Etienne II, à Pépin-le-Bref. En 754, ce pape tomba dangereusement malade dans le monastère de Saint-Denys. Il y recouvra la santé, et dans la relation qu'il fit de sa guérison miraculeuse, en parlant de Pépin, il le nomme *Roi Très-Chrétien*. C'est la première fois qu'on remarque cette qualité donnée par un pape à un roi de France; mais ce n'est que sous le pontificat de Paul II, l'an 1469, que ce titre est devenu une expression de formule dans les bulles et les brefs apostoliques adréssés aux rois de France.

CHRÉTIENNER, *v.* baptiser. « Et l'a fait le Marchand *chrestienner*, et si le tient à sien. » *Cent nouv. Nouv.* nouv. XXI.

CHRISTIANISER, *v.* rendre chrétien. « Il me semble que la charité épure, raffine et perfectionne la justice; elle la rend plus complète, et en même temps *christianise*, si j'ose faire un terme, des actions bonnes par elles-mêmes, mais qui n'ont souvent d'autres principes que l'humanité.» *Traité du vrai mérite*, par M. de Claville. Cet écrivain, comme le remarquent les auteurs du *Dict. de Trévoux*, n'est pas le premier qui ait introduit ce mot. On le trouve dans le *Journal des Savans* de 1716 : « M. de Dacier, y est-il dit, n'oublie pas de se justifier sur le reproche que quelques auteurs lui ont fait d'avoir *christianisé* les payens. » Cotgrave l'avait déjà mis dans son dictionnaire imprimé à Londres, en 1673. Philibert Monet avait dit *se chrestiener*, se faire chrétien, dans son *Abrégé du parallèle des lang. franç. et latine*, imprimé à Rouen, en 1637. Pourquoi avoir perdu le premier de ces deux termes qui évitait une circonlocution ?

CHRISTIAQUE, adj. « Chaque société *christiaque* eut ses mystères. » VOLTAIRE.

CHROMATIQUE, s. m. un des trois genres de musique chez les anciens, genre qui divisait chaque ton en trois. Il était appelé *chromatique* du grec χρῶμα, *couleur*, parce qu'il enseignait à distinguer plusieurs nuances entre deux tons, comme on en distingue entre deux couleurs voisines.

CHUCHILLEMENT. *Voyez* CHUCHOTERIE.

CHUCHOTER, v. parler bas à quelqu'un, et de manière à n'être entendu que de lui.

« *Chuchoter, chuchoterie, chuchoteur.* Du mot factice *st* qu'on a employé pour imposer silence, ou pour indiquer qu'il faut baisser la voix, et parler de manière à n'être pas entendu, on a fait *chut*, suivant l'usage de notre langue qui mouille ordinairement les sons sifflans, et de là le verbe *chuchotter*, qui présente une nouvelle onomatopée par le concours des syllabes sourdes qui le composent. On disait autrefois *chuchetter*. » CH. NODIER, *Dict. des Onomatopées françaises*.

CHUCHOTERIE, s. f. action de parler bas et de n'être entendu que de celui à qui l'on parle, et encore entretien de celui ou de ceux qui se parlent à l'oreille, de peur d'être entendus des autres. On a dit *chuchetement* qui se trouve dans le *Dict.* de Pomey. La Fontaine a dit *chuchillement* au lieu de *chuchoterie*.

Grand éclat de risée et grand *chuchillement*.

Mot expressif et à regretter.

CHUT, *interj.* pour faire faire silence ou faire parler bas, est une onomatopée, d'où *chucheter*; ce premier se trouve dans Bussy-Rabutin, ou *chuchoter, chucheteur ou chuchoteur, chuchoterie. Voy.* CHUCHOTER.

Une femme de 90 ans disoit à Fontenelle, âgé de 95, la mort nous a oubliés. *Chut*, lui répondit Fontenelle, en mettant le doigt sur sa bouche.

CHUTE, s. f. (ital. *caduta*). « Depuis que vous estes dans le précipice, il n'importe qui vous ait donné le branle : vous allez tousjours jusques au fond. La *cheute* se presse, s'esmeut, et se haste d'elle-mesme. » MONT. liv. II, ch. 31. « La faveur, dit La Bruyère, met l'homme au-dessus de ses égaux, et la *chute* au-dessous. » Gilbert a dit plaisamment, que La Harpe,

Tout meurtri des faux pas de sa muse tragique,
Tomba de *chute* en *chute* au trône académique.

Ce qu'il y a de singulier, c'est que Balzac avait dit long-temps avant lui : « Vous êtes si heureux, que vous avancez en faisant des *chutes*. »

CHYLIFIER, v. χυλὸς (*suc*). Quoique nous ayons *chylifère* et *chylification*, nous n'avons pas *chylifier*, faire le chyle, réduire en chyle. En parlant des *Essais* de Montaigne, Mlle de Gournay a dit : « OEuvre non à gouster par une attention superficielle, mais à digérer et *chylifier*, avec une application profonde : et de plus, par un très-bon estomach. »

CI, *adv.* C'est une abréviation d'*ici*:

Ci gît ma femme, ah ! qu'elle est bien
Pour son repos et pour le mien !

On a dit, et la cour disait encore du temps de Vaugelas, cet homme *ici*, ce temps *ici*, cette année *ici*.

CIBOIRE, s. m. du latin *ciborium* dans Horace. Il est pris du grec κιβώριον, feuille de la fève égyptienne, dont on faisait des vases à boire. « *Ciborium*, dit M. Dacier, dans sa remarque sur le 22e v. de l'ode VII du 2e liv. d'Horace, est un mot égyptien qui signifie proprement la gousse de la fève d'Egypte. Cette gousse, quand la fève en est sortie, est fort ouverte par le haut, et fort pointue par le bas. Elle servoit de coupe aux Egyptiens, et c'est de là que toutes les coupes de la même forme, de quelque matière qu'elles fussent, ont été appelées *ciboria*. L'église a retenu ce mot pour les vases dont elle se sert, qu'elle appelle *ciboires*. »

CICATRISÉ, ÉE, *part.* déchiré.

Pour moi, si mon habit partout *cicatrisé*
Ne me rendait du peuple et des grands méprisé,
Je prendrais patience. . . . .

RÉGNIER, *Sat.* IV.

CICÉRO, *s. m.* caractère d'imprimerie. Les premiers imprimeurs qui allèrent à Rome, dit M. de la Caille, *Hist. de l'imprimerie*, imprimèrent en 1467, les *Épîtres familières* de Cicéron, in-f° en latin, d'où vient le nom de caractère du *cicéro*.

CICÉRONIEN, ENNE, *adj.* à la manière de Cicéron, du latin *ciceronianus*, qui a la même signification. « Ce n'est que pour orner mon languaige. Ce sont des couleurs de rhétorique *cicéroniane*. » RABELAIS, l. 1, ch. 39.

A cette élégance troyenne,
Tant soit peu *Cicéronienne*,
Didon de rire s'éclata,
Toute la troupe l'imita.
SCARRON, *Virg. travesti*.

Ce mot se trouve aussi dans nos écrivains modernes : Voltaire, en parlant de l'abbé d'Olivet, dit : « C'était sans doute le plus grand *cicéronien*, de tous les Francs-Comtois, sans même en excepter l'abbé Bergier, malgré sa catilinaire contre Fréret. » *Lettre à d'Alembert*, 7 nov. 1768. « L'inflexible *cicéronien* répondit avec une sévérité chagrine : il a trop lu Tacite. » D'ALEMBERT, *Éloge de l'abbé d'Olivet*.

CICÉRONNERIE, *s. f.* Ce mot forgé peut tout au plus passer dans une lettre ; aussi c'est dans une lettre à son ami Falconet, célèbre statuaire, que Diderot l'a hasardé. « Je dépouillerai mes idées de tout le faste oratoire, parce que vous êtes ombrageux, et que ma *cicéronnerie* pourroit vous mettre en défiance. » *Lett.* IV.

CICURATION, *s. f.* l'action d'apprivoiser, de rendre privé. « Où puiser les détails circonstanciés de ce qu'ont fait les peuplades humaines pour vaincre les obstacles résultans du sol et du climat, pour l'irrigation des terrains secs, la *cicuration*, l'éducation, les maladies des animaux associés aux travaux et aux besoins de l'homme. » GRÉGOIRE, *Essai historique sur l'état de l'agriculture en Europe, au 16° siècle*, en tête du *Théâtre d'agriculture* d'Olivier de Serres, Paris, an XII (1804). « Je hasarde ce mot d'après le verbe latin *cicurare*. Notre langue n'offre rien qui le remplace : *apprivoisement* ne dit pas assez ; *domestication* serait barbare. » *Note à l'endroit cité*.

CID, *s. m.* Ce mot vient de l'arabe. « *Sidy*, dit M. François de Neufchâteau, signifie *Monsieur* en arabe (ne signifieroit-il pas plutôt *chef*, *commandant* ?) *Syd* ou *cid*, comme l'a écrit Corneille, est l'équivalent de *sieur* ou *seigneur*.

Ils t'ont nommé tous deux leur *cid* en ma présence,
Puisque *cid* en leur langue est autant que seigneur.
FR. DE NEUFCHATEAU, *Note sur Gil-Blas*, liv. v, ch. 1, édit. de 1825.

CIEL, *s. m.* du latin *cœlum* venu du grec χοῖλος (*koilos*), concave, parce qu'il nous parait comme une immense concavité. Il se dit pour Dieu même.

De l'intérêt du *Ciel* pourquoi vous chargez-vous?
Pour punir le coupable a-t-il besoin de nous?
MOLIÈRE.

Nous disons *la volonté du Ciel*, pour dire *la volonté de Dieu* ; par une figure semblable, les Perses donnaient, au rapport d'Hérodote, le nom de *Jupiter* à toute l'étendue du ciel.

O ciel! exclamation.

. . . . . O mare et terra, ardeo,
Quantum neque atro delibutus *Hercules*
Nessi cruore.
HORACE, *Ode* 17, *Epod.* vers 31.

(*O mer! O terre!* je sens plus de feux que le sang de Nessus n'en alluma sur le corps d'Hercule). *O mare et terra*. C'étoit un serment fort ordinaire : ô terre, ô mer. Térence :

O cœlum, ô terra, ô maria Neptuni.

Mais cela n'est pas en usage en notre langue qui nous permet seulement de dire, ô ciel. » DACIER, *Remarques sur Horace*, au lieu cité.

CIERGE, *s. m.* du latin *cereus*, dérivé de *cera* (cire) parce que les cierges sont faits de cire. De là viennent *ciergier* celui qui vend ou qui fait des cierges.

CIERGER, *v.* faire un cierge. « Je vous promets le plus beau cierge, qu'un vœu dévot ait jamais pu faire *cierger*. » RABELAIS. Il est inusité.

CIL (pour celui), « a été dans ses beaux jours le plus joli mot de la lang. franç.; il est douloureux pour les poètes qu'il ait vieilli. » LA BRUYÈRE.

CIL, *s. m.* du latin *cilium* (cil, poil

des paupières). On a dit autrefois *cil d'œil*, pour *clin* d'œil. « A un *cil* d'œil, il voit toutes ses opinions renversées. » ET. PASQ. liv. IX, lett. 7.

CILICE, *s. m.* du latin *cilicium* (de Cilicie, province de l'Asie mineure). Ce mot latin signifiait un tissu de poil de chèvre ou de chameau, qui servait de vêtement aux anciens Ciliciens. *Cilice* signifie chez nous une sorte de petite camisole faite de tissu de poil de chèvre, de crin de cheval, ou de quelqu'autre poil rude et piquant, que l'on porte sur la chair par mortification.

Et l'auteur de Joconde est armé d'un *cilice*.
L. RACINE.

« Judith pleura constamment la mort de son époux, dans le jeûne et dans le *cilice*. » MASSILLON.

On appelait encore *cilices* chez les anciens de gros draps tissus de crin de cheval et de poil de chèvre, piqués et remplis de bourre ou d'herbes marines que les assiégés tendaient et suspendaient devant les parapets, sur les brèches, pour amortir la violence des traits lancés par les catapultes.

CIME, *s. f.* du grec χῦμα (*kuma*) tige. « Il a découvert que ma grand-mère (Mme de Chantal) dans la *cime* de son ame, était toute distillée dans l'oraison. » SÉVIGNÉ.

CIMENT, *s. m.* (*cœmentum*). « Nos armées ne se lient et tiennent plus que par *ciment* étranger. » MONT. liv. III, ch. 12.

CIMETIÈRE, *s. m.* du grec κοιμητήριον, lieu où l'on dort, de κοιμᾶν (coucher, faire dormir). A cette étymologie toute simple et raisonnable, le Dr Guillaume Durand en substitue une qui paraît bien moins naturelle : *cimices*, punaises, *quià*, dit-il, *sunt vermes supra modum fœtentes*, « parce qu'il y a des vers d'une excessive puanteur. » Un marchand hollandais avait pour enseigne, un *cimetière* avec ces mots : « *A la paix perpétuelle.* »

CINGLER, *v.* « se dit pour, naviguer à pleines voiles, parce que la mer, ouverte vivement par le navire, rend un petit bruit de la même nature que *sangler*. Mais le son radical est ici moins emphatique, parce que le froissement qu'il représente est moins éclatant, et a lieu dans un milieu moins sonore. Cependant on a employé ce dernier verbe au même usage que l'autre en nombre d'occasions, et on le dit fort bien du vent du Nord et de la pluie chassée par un ouragan impétueux. » CH. NODIER, *Onomatopées françaises*.

CINQ, *adj.* numéral, *donner cinq et quatre, la moitié de dix-huit*, expression proverbiale, pour dire donner deux soufflets. Cette manière de parler vient de ce qu'appliquant à quelqu'un un soufflet sur chaque joue, on en donne un avec la paume de la main, où les cinq doigts assemblés frappent ensemble, et l'autre du revers de la même main, où il n'y a que quatre doigts qui frappent, parce que le pouce demeure en arrière sans action.

CINTRE, *s. m.*

Epousez-la : les anges ébaudis
Fête en feront sur le céleste *cintre*.
J. J. ROUSSEAU.

CIRCONFLEXE, *adj.* Scarron a dit en plaisantant de lui-même :

Ma poitrine est toute convexe ;
Enfin je suis tout *circonflexe*.

Rousseau a dit, en badinant, une jambe *circonflexe*, c. à d. tortue, qui a la figure de l'accent *circonflexe* des Grecs, d'un *s* couché.

CIRCONSPECT, E, *adj.* du latin *circumspicere* (regarder de tous côtés). « La prudence même ne doit pas être extrêmement *circonspecte*. » MONT.

CIRCULAIRE, *adj.* « La plus inepte de toutes les lettres, est une lettre *circulaire* ; ce qui peut s'appliquer à tous, ne pouvant justement s'appliquer à personne. » MAD. NECKER.

CIRE, *s. f.* du latin *cera* venu du grec κηρός (*kéros*), d'où *cirage*, *cirer*, *cirier*, *cireux*. « Lorsqu'on dit de deux hommes de même humeur, de même inclination, qu'*ils sont égaux comme de cire* ; et d'un habit fort bien fait, qu'*il est fait comme de cire*, qu'*il est comme de cire* ; dans ces phrases, qui sont extrêmement en usage, dit Regnier-Desmarais, il n'y a nulle construction; et pour en mettre quelqu'une, il faut sous-entendre, pour la première phrase, que les deux hommes sont égaux comme deux figures de cire qu'on auroit jetées dans un même moule : et, pour les deux autres, l'habit est fait comme le seroit l'habit d'une figure qui auroit été jetée dans un moule de *cire*. Les Espagnols se servent d'une expression fort semblable à ces deux dernières phrases, lorsqu'en parlant d'un habit qui vient extrêmement bien à la taille, ils disent : *le viene como de molde*, comme s'il sortoit du moule, comme s'il étoit moulé. »

« .... Voici mon âne qui, mieux que personne, peut vous en convaincre. Qu'on lui mette mon bât sur le dos ; *S'il ne lui va pas comme de cire*, s'il ne lui colle pas comme un bas de soie, je consens à n'être toute ma vie qu'un sot. » *Trad. du Don Quichotte*, par Bouchon Dubournial.

Comme de cire, fort à propos. « Ah ! vous voilà, infante de mon ame ! vous arrivez *comme de cire* : il y a long-temps que je vous attendois. » *La Naissance d'Amadis*, sc. 6, jouée en 1693. *Théâtre italien* de Ghérardi.

   Tels dons étaient pour des dieux ;
   Pour des rois, voulais-je dire.
   L'un et l'autre y vient de *cire*,
   Je ne sais quel est le mieux.
   LA FONTAINE, *le Roi Candaule*.

« On fait de tout tems en chaque république un nez de *cire* à la loi, la tirant chaque législateur à l'avantage de luy et de ses favoris. » ET. PASQUIER, *Pourparler du Prince*.

CIRON, *s. m.* du grec χείρειν (ronger). « L'homme ne sauroit forger un *ciron*, et forge des dieux à douzaine. » MONT. liv. II, ch. 12. « A cette nièce près, dit une madame D..., dans une lettre au comte de Bussy-Rabutin, en parlant de la mort d'une tante dont elle n'avait pas à se louer, les larmes qu'on lui a données dans la famille ne noyeraient pas un *ciron*. » Lettr. CXLVIII, 2e vol.

CITADELLE, *s. f.* (*civitadella*). « La *citadelle* de l'honneur, je veux dire le cœur. » *Contes de la reine de Navarre*, Nouv. XVII.

CITATION, *s. f.* Bayle dit d'un ouvrage érudit : « Il y a tant de *citations* dans ce livre qu'elles empêchent de le voir ; à peu près comme ce provincial, qui se plaignait un jour d'être sorti de Paris, sans l'avoir vu, les maisons l'en ayant empêché. »

CITÉ, *s. f.* du latin *civitas* (réunion de citoyens, Etat). « Il ne faut pas, dit J. J. Rousseau, prendre une ville pour une *cité*, ni un bourgeois pour un citoyen. Les maisons font la ville ; mais les citoyens font la *cité*. »

« A Sparte, disait un Lacédémonien célèbre, la *cité* sert de murs à la ville. » Il se dit cependant quelquefois pour ville ou partie d'une ville. »

   Le Seigneur a détruit la reine des *cités*.
                         RACINE.

Citoyen, *civil*, *civiliser*, *civilité*, *civique* ont la même racine. « Rousseau, disait Diderot, ne se fait appeler *citoyen* que parce qu'il ne peut se faire appeler monseigneur. » Un ancien auteur a fait un usage assez singulier du verbe *civiliser* : « Et leur pot *civilisé* de quelque lopin de lard aux choux. » *C. d'Eutr.* tom. II. « La *civilité* est une barrière que les hommes mettent entr'eux pour s'empêcher de se corrompre. » MONTESQ. *Esprit des Lois*, liv. XIX, ch. 16.

Une femme qui croyait avoir à se plaindre de M. de Rhulières, lui fit fermer sa porte. Il lui envoya la *civilité puérile et honnête* avec ce quatrain :

   Ce livret peut vous être utile,
   Et vous en avez grand besoin ;
   Peut-être il vous rendra *civile* ;
   Honnête, c'est un autre point.

CITER, *v.* « Il me semble qu'il n'appartient qu'à ceux qui n'espèrent jamais être *cités* de ne *citer* personne. » NAUDÉ. Mignard se plaignant un jour à Ninon de ce que sa fille n'avait pas de mémoire : « Que vous êtes heureux ! dit-elle, elle ne *citera* point. »

CITERNE, *s. f.* du latin *cisterna* composé de *cis* (sous) et de *terrena* (de terre, terrestre). « *Quod cis terram est* (*citerne* parce qu'elle est sous terre). » FESTUS, sur le mot *cisterna*.

CITOLE. Borel croit que ce mot vient du latin *cithara* (luth.). De là était dérivé le verbe

Citoler, qui se trouve dans le *Roman du Renard*.

C'était un instrument de musique dont le son devait être fort doux, suivant ce qu'en a écrit Guillaume Guiart dans les *Royaux Lignages*.

CITROUILLE, *s. f.* (tiré de sa couleur de citron). Hamilton a fait de ce mot un usage plaisant. « Je commençais à me sentir quelque remords sur l'argent que je devais gagner à une petite *citrouille* qui en savait si peu. » *Mém. de Gram.*

CIVIQUE. Cet adjectif n'était pas encore très accrédité en 1674; car Oudin, *Dict. des trois langues*, le marque d'un astérisque.

CLAIRONADE, *s. f.* mot de Voltaire, qui prouve l'admiration que la *Clairon* lui avait inspirée. « Ce sera, écrivait-il, en parlant de la belle tirade qui termine le rôle d'*Aménaïde* dans *Tancrède*, ce sera une *claironade* triomphante. »

CLAMART, *s. m.* cimetière voisin de Paris, où l'on porte les morts de l'Hôtel-Dieu.

> Ces rimailleurs de qui la foule obscure
> Est tous les mois inhumée au *Mercure*,
> Vaste *Clamart*, où tous nos trépassés
> Gisent en paix l'un sur l'autre entassés.
> ROBBÉ.

CLAMER, *v.* pour appeler à haute voix, du latin *clamare*, s'est dit anciennement, surtout pour citer en justice; il se trouve dans le *Vœu du Héron* et dans ces vers attribués à Clotilde de Surville:

> Tant de loin que de près n'est laide.
> La mort. La *clamait* à son aide
> Tojorz un povre bosquillon.

> Tel se fait maître aux arts *clamer*,
> Qui n'entend ne texte, ne glose.
> LE MOINE ALEXIS.

Ce mot, comme dit M. Ch. Nodier, est totalement rejeté par notre langue, qui a cependant conservé tous ses composés *déclamer*, *proclamer*, *réclamer*. Il était toutefois difficile à remplacer en certaines occasions.

> C'est elle qui a tant de prix
> Et tant est digne d'estre amée
> Qu'el' doit estre rose *clamée*.
> GUILLAUME DE LORRIS.

CLAMEUR, *s. f.* du latin *clamor* (grand cri, acclamation). On a dit d'abord *clamor* qui se trouve dans le *Roman du Renard*, et *clamour*, comme dans ces vers de Cl. Marot :

> Tous pélerins doivent faire requêtes,
> Offrandes, vœux, prières et *clamours*.

Il est beau au pluriel : le sage respecte le cri public, et méprise les *clameurs* des sots.

CLAMEUX, EUSE, *adj.* du latin *clamosus*. Buffon s'est servi plusieurs fois de cet adjectif bien plus doux à l'oreille que celui de *criard*, dont il est le synonyme. Si le premier était admis dans la langue française, il servirait à désigner proprement les oiseaux, tels que les hirondelles de mer, les martinets, etc. qui font entendre des sons élevés, aigus, des *clameurs*. La qualification de *criard* serait réservée aux oiseaux dont la voix est aigre, rude, désagréable, comme pies-grièches, pies, corbeaux, etc. Voici deux passages, entre plusieurs de Buffon, où cet écrivain s'est servi de l'adjectif *clameux*. Il parle, dans le premier, des hirondelles de mer : « Dans les temps des nichées, car elles sont alors plus inquiètes et plus *clameuses* que jamais, elles répètent et redoublent continuellement leurs mouvemens et leurs cris. » Dans un autre passage, où il parle de la guifette, espèce particulière du genre de ces hirondelles, il dit : « Elles sont peu *clameuses*, et n'importunent pas, comme les pierregarins, par leurs cris continuels. »

CLANPIN, *adj.* s'est dit autrefois pour *clopin*, boiteux. « Le duc du Maine, tout *clanpin* qu'il était. » Mme DES NOYERS, *Lettr. gal.*

CLAQUE, *s. f.* coup du plat de la main sur un corps retentissant, ou des deux mains frappées l'une contre l'autre. Court de Gébelin prétend que le son radical *claq* était un mot celtique qui signifiait grand bruit; nous croyons de même que le mot *claque* est une onomatopée.

> Son maistre vint; j'ouis le bruit:
> Dont viens-tu, clic, clac, sur ses joues,
> Il frappe, il cogne...

Poésies de G. Coquillart, p. 149. Paris, 1723.

La claque, les claqueurs. On appelle ainsi au théâtre les applaudisseurs par état, qui, moyennant salaire, consacrent au service des acteurs des mains exercées et sonores, et dont l'enthousiasme est en raison directe de la rétribution qu'ils ont reçue, ou de celle qu'ils espèrent.

De *claque* on a dérivé *claquer*, *claquement*, *claquet* de moulin, le fréquentatif *claqueter*, qu'on aurait dû conserver, et *claquetis*, qui se trouve dans Oudin, *Dict. des trois langues*. « Les *claquetoit* et fouettoit selon le sujet qu'elles lui donnoient. » BRANTÔME, *Dam. gal.* tom. 1, p. 319.

CLARTÉ, s. f. On disait devant l'abbé Arnaud que la *clarté* est le mérite de la langue française. — « Dites plutôt, répliqua-t-il, que la *clarté* est son grand besoin. »

CLASSIQUE, adj. du latin *classicus*. D'après le partage fait par Servius Tullius des citoyens romains en cinq classes, ceux de la première étaient désignés par le nom de *classici*, comme faisant partie de la première classe, de la classe par excellence. Aulu-Gelle a dit dans le même sens *classicus scriptor*, pour désigner un auteur excellent, du premier rang, de la *première classe*: or c'est dans le même sens que nous disons un auteur, un livre *classique*, et nullement par rapport aux classes de nos collèges, comme plusieurs se l'imaginent. « On appelle *livres classiques*, dit Rivarol, les livres qui font la gloire de chaque nation particulière, et qui composent ensemble la bibliothèque du genre humain. Ils ne sont pas très-nombreux. » *Prospectus d'un nouveau Dict. de la lang. franç.* On peut remarquer que ce mot en ce sens n'est pas très-ancien dans la langue, car Oudin le marque d'un astérisque, et le définit un *écolier* qui est en *classe*.

> Ainsi finit ses jours le *classique* héros.

C'est ainsi que Regnard appelle malignement Boileau. *Tombeau de Boil. Desp.* Nous disons *terre classique*: la Grèce est une terre *classique*.

CLAVECIN, s. m. Une femme d'esprit a dit que les hommes avaient dans la tête un *clavecin*, dont chaque touche sensible représentait une idée ou un sentiment.

CLÉCHÉE, ÉE, adj. terme de blason. Ce mot, omis dans l'*Acad.* édit. de Moutardier, se trouve dans le *Dict.* de Boiste.

« *Cleché*, c'est-à-dire percé à jour comme nos claies, desquelles j'ai cru autrefois qu'on pourroit bien avoir fait ce mot *clescher* et *cleschê*. Mais je suspens mon jugement, et pense que ce terme vient de plus loin; car j'apprens de M. Pithou qu'on dit *escleche* et *eslechement de fief*, que ce savant personnage tire de l'allemand *herisclis*, c'est-à-dire, *exercitûs scissio*; d'où il seroit aisé de colliger la signification de ces termes *escleche* et *esclechement de fief*, et ensuite de nostre croix *cleschée*. » LE LABOUREUR, *de l'Origine des armes*, pag. 187, Lyon, 1658.

CLEF, s. f. du latin *clavis* qui a la même signification. L'a de *clavis* se retrouve dans les dérivés *clavier*, *clavicule*, *clavecin*, etc. « Où sont vos meubles qui puissent répondre de mon loyer, et où irais-je prendre mon argent, si quelque beau matin vous veniez à *mettre la clef sous la porte*? » *Le Bienfait récompensé*, SC. II. CARMONTEL, *Rec. des Prov. dram.*

Mettre la clef sous la porte, pour dire déménager sans payer, parce que ceux qui déménagent ainsi, après avoir emporté leurs meubles, glissent ordinairement la clef sous la porte, qu'ils ont fermée, au lieu de remettre cette clef au propriétaire ou au principal locataire.

Ce mot se prend souvent au figuré: « Alexandrie, bâtie à l'entrée de l'Egypte, devint la *clef* du commerce des Indes, et le centre de celui de l'Occident. » *Encyclopédie* au mot *Commerce*.

La *clef* du coffre-fort et *des cœurs*, c'est la même.
LA FONTAINE.

« Les langues sont les *clefs* des sciences. » LA BRUYÈRE.

« Nos maistres qui se disent porter les *clefs* de la théologie et de nos consciences... » *Cont. d'Eutr.* t. II.

CLERC, *s. m.* Ce mot servait primitivement à distinguer des séculiers ceux qui étaient consacrés par état au service des autels. L'Ecriture était autrefois considérée comme une science, et ceux qui écrivaient étaient presque tous clercs, c'est-à-dire, ecclésiastiques ; de là le mot *clerc* a été assez long-temps le synonyme de *savant*, et nous disons encore qu'un homme *n'est pas grand clerc* pour dire qu'il n'est pas très-savant, ou qu'il n'est pas très-habile dans sa profession.

Un loup, quelque peu *clerc*.
LA FONTAINE, *les Animaux malades de la peste*.

C'est aussi à cause de l'instruction qu'on suppose aux jeunes gens qui travaillent chez les notaires ou chez les procureurs, qu'on les a nommés *clercs*.

« De cette asnerie ancienne de la noblesse, advint, dit Pasquier, que nous donnâmes plusieurs façons au mot de *clerc*, lequel, de sa naïve et originaire signification, appartient aux ecclésiastiques, et comme ainsi fut qu'il n'y eut qu'eux qui fissent profession des bonnes-lettres ; aussi, par une métaphore, nous appelâmes *grand-clerc* l'homme savant, *mau-clerc* celui qu'on tenoit pour bête, et la science fut appelée *clergie*. »
Dans le *Roman des Neuf Preux*, imprimé en 1507, il est dit, en parlant de Dagobert, « qu'il fut moult preud'homme et grand *clerc* en son temps. »

CLERGEON, *s. m.* « Le petit *clergeon* qui porte les sacs à ton advocat. » *Guzm. d'Alfar.* liv. II de la 2e partie.

CLERGEOT, *s. m.* apprenti clerc. Il est dit dans la *Satyre Ménippée* que Charles IX a fait d'un petit *clergeot* des vivres un duc et maréchal de Retz.

CLERGERESSE, *s. f.* nom que nos pères donnaient à une femme savante ou pédante, ce qui se ressemble fort. Italien *Donna saccente*.

CLERGESSE, *s. f.* même sens. « *Clergesse*, elle fait jà la leçon aux prescheurs. » REGN. S. XIII de la fameuse *Macette*.

CLERGIE, *s. f.* science « On était, dit Voltaire, si savant vers les 10e et 11e siècles qu'il s'introduisit une coutume, ayant force de loi, en France, en Allemagne, en Angleterre, de faire grâce de la corde à tout criminel condamné qui savait lire ; tant un homme de cette érudition était nécessaire à l'Etat. Guillaume le Conquérant porta cette coutume en Angleterre. Cela s'appela *le Bénéfice de clergie*. Aujourd'hui même encore, ce privilège subsiste, chez les Anglais, dans toute sa force, pour un meurtre involontaire, et pour un premier vol qui ne passe pas 500 livres sterl. Le criminel, qui sait lire, demande le *Bénéfice de clergie*; on ne peut le lui refuser. Le juge, qui était réputé par l'ancienne loi ne savoir pas lire lui-même, s'en rapporte au chapelain de la prison, qui présente un livre au condamné. Ensuite il demande au chapelain : *legitne ?* Le chapelain répond *legit ut clericus*. Et alors on se contente de faire marquer d'un fer chaud le criminel à la paulme de la main. »

CLICHAGE, *s. m.* CLICHÉ, *s. m.* CLICHER, *v.* Ces trois mots, que M. Boiste a portés le premier dans son *Dict.* édit. de 1819, sont nouveaux, puisqu'ils expriment un procédé qui n'est connu dans l'imprimerie que depuis la fin du dernier siècle.

Le *clichage* est l'action de clicher ; son effet, le *cliché*, est le produit du clichage, ou une planche de métal portant l'empreinte de caractères d'imprimerie.

Clicher, tirer une empreinte en enfonçant un texte mobile sur une masse de plomb fondu.

CLIGNE-MUSETTE. *Voy.* MUSSER.

CLIMAT, *s. m.* du latin *climate*, abl. de *clima*, venu du grec κλίμα (*klima*) inclinaison, descente.

On a divisé tout l'espace du globe, depuis l'équateur jusqu'à chaque pole, en portions qu'on appelle *climats*, d'un mot grec qui signifie *incliner*, parce que les différences que ces *climats* produisent dans la longueur des jours sont l'effet de l'inclinaison de la sphère.

CLIMATÉRIQUE, *adj.* *climatericus*, mot latinisé, du grec κλίμαξ, échelle, d'autant que les grands changemens dans la vie des hommes étaient censés arrivés comme par autant de dégrés de sept en sept, ou de neuf en neuf ans, et principalement au 63, qui est appelé par excellence l'*année climatérique*, parce qu'elle était regardée comme plus dangereuse que les autres, à cause du concours du sept et du neuf.

ÉPIGRAMME.

A soixante-trois ans un larron fut pendu,
 Ce que maître Blaise ayant su,
 Il dit, d'un air mélancholique :
« Ciel! voilà donc encore un homme mort
 Tout juste à cet âge critique !
 Qu'on dise à présent que j'ai tort
 De craindre ma *climatérique*. »

On a dit que les Etats avaient aussi leur *climatérique*. La question serait de savoir de combien d'années chacune se compose. On cite l'exemple des malheurs du règne de Henri IV, qui fut le 63ᵉ roi de France, à compter, avec Du Tillet, l'enfant posthume de Louis Hutin. C'est à quoi Malherbe fait allusion dans ces vers :

 Et mentiront les prophéties
 De tous ces visages pâlis,
 Dont la vaine étude s'applique
 A trouver la *climatérique*
 De l'éternelle fleur de lis.

CLINCAILLE, *s. f.* On a appelé populairement les sols et les liards de la *clinquaille*. Ce mot ne se trouve plus dans les dernières éditions du *Dict. de l'Acad.*

Despériers, *Nouv.* LXXX, prend ce mot dans le sens de *quincaillerie*. « Il alloit tousjours levant le museau, comme un vendeur de *clincailles*. » *Voy.* QUINCAILLE.

CLINQUANT, *s. m.* au figuré, faux brillant dans les ouvrages d'esprit ou dans les manières.

De ces grands mots, *clinquants* de l'oraison,
Enflés de vent et vides de raison.
   J. B. ROUSSEAU.

CLINQUANTER, *v.* « un habit, un ouvrage d'esprit. » RICHELET, édition de 1759.

CLIQUAILLE, *s. f.* vieux mot populaire pour monnaie. Menot, dans son sermon de l'*Enfant prodigue*, dit « que de son héritage il en fit de la *cliquaille*. »

CLIQUETER, *v.* faire un bruit semblable à celui du *cliquet* d'un moulin, et par extension faire un bruit quelconque, et surtout un petit bruit. Ce mot est ancien dans notre langue. « Vraiment, dit le sire de Roqueton, nous vous avons ouy de bien loing *cliqueter* ; escouteurs ne doivent avoir riens qui *cliquette*. » *Le Jouvencel*, fol. 62.

CLOCHE, *s. f.* (allem. *cloke* ; *cloca*, dans les Constitutions de Charlemagne. Suivant le président Fauchet, XII, 17, « ce mot est tout françois, et représente l'aller et venir de la campane esbranlée : d'où vient que l'alleure d'un boiteux eshanché s'appelle *clocher*. »

Cloches, si notre mère Eglise,
Ordonne que l'on vous baptise,
Le mystère en est délicat :
C'est de peur que le diable, à qui chacun vous
         [donne,
Lorsque trop long-temps on vous sonne,
Ne vous prît et vous emportât.

CLOÎTRE, *s. m.* du latin *claustrum* (clôture). On en a fait :

CLOITRIER, ÈRE, *adj.* et *s.*

Leurs *cloîtrières* excellences
Aimaient fort ces magnificences.
   LA FONTAINE, *le Tableau*.

« La *cloîtrière* sibylle », dit Gresset d'une vieille religieuse. Les moines qui aimaient à sortir appelaient par mépris les religieux sédentaires « de bons *cloîtriers*. »

CLOPER, *v.* boiter (allem. *klopfen*, frapper). « Ce qui convient au boiteux, lequel, dans sa démarche, frappe la terre du pied dont il boite. » LE DUCHAT.

CLOPIN-CLOPANT. *Voy.* ÉCLOPÉ.

CLOPINER, *v.* est le fréquentatif du précédent.

Le boiteux vient, *clopine* sur la tombe,
Crie hozanna, saute, gigotte et tombe.
VOLT. en parlant des miracles du diacre Pâris.

CLÔTURE, *s. f.* « Ce dernier ne voit rien en la raison, mais il vous tient assiégé sur la *closture* dialectique de ses clauses, et sur les formules de son art. » MONT. liv. III, ch. 8, en parlant des disputes.

« Nous ne descouvrons plus l'intelligence qu'à la mercy de tant de *clostures* et barrières. » *Ibid.* liv. III, ch. 13.

CLÔTURIER, *s. m.* mot nouveau. On a donné ce nom aux membres des assemblées délibérantes, qui, sur certains signes de leurs patrons, criaient : « *La clôture !* »

CLOU, *s. m.* du latin *clavus*, racine *claudere* (clore, fermer.) Il se prend souvent au figuré.

Toi que, pour un faux pas, un sort trop inhumain
Attache sur un lit avec des *clous* d'airain.
RÉGNIER, *Epître à M. Du Vaulx.*

Et. Pasquier, *Rech.* liv. V, ch. 5, dit, en parlant de l'édit de Charles V, qui fixe la majorité de nos rois à 14 ans, « que ce prince pensoit par là asseurer l'Estat aux siens à *clous* de diamants. »

River le clou à quelqu'un, c'est le mettre à la raison une bonne fois pour toutes. C'est une métaphore empruntée des galériens dont on rive les clous pour empêcher qu'ils ne se déchaînent.

Un clou chasse l'autre. Cicéron, dans sa quatrième *Tusculane*, dit : *Novo amore veterem amorem, tanquam* clavo clavum, ejiciendum putant (ils croient devoir remplacer un ancien amour par une nouvelle liaison, comme *un clou chasse l'autre*).

On mettait autrefois des *clous* dorés pour ornement aux soufflets de cheminée. Comme il est de la destination des *clous* de servir à attacher quelque chose, et que ces *clous*-là n'attachent rien, leur inutilité a donné lieu au proverbe : *Cela sert comme un clou à un soufflet.*

CLOUER, *v.* « Il ne faut pas se *clouer* si fort à ses humeurs et complexions. » MONT. liv. III, c. 3. « C'est aux bons et utiles escrits de *clouer* le langage à eux. » *Le même*, c. 9. C'est ce qui est arrivé aux *Essais*. « Je me porte très-bien, je ne sais que souhaiter de mieux, sinon de *clouer* ce bienheureux état. » Mme DE SÉVIGNÉ.

Balzac a dit énergiquement : « Ne permettre pas aux rois de s'humaniser quelquefois, c'est les lier à la grandeur de leur condition, et les *clouer* sur le thrône. » Et Charron, après Montaigne (liv. 1, c. 17) : « La crainte médiocre nous donne des aisles aux talons; la plus grande nous *cloue* les pieds et nous les entrave. » Liv. I, c. 35.

CLOUÉ, ÉE, *adj. et part.* « Une gravité *clouée* qui ne se dément point. » RICHELET. Ce mot n'a pas fait fortune.

CLUB, *s. m.* Ce mot qui ne s'est introduit dans notre langue que depuis la révolution, ne viendrait-il pas du latin *clavatus* (fermé), comme si on disait *clavata societas*, un lieu bien fermé où se tient une assemblée particulière ? « Ce mot, dit Domergue, nous vient de l'anglais où l'*u* bref a presque le son de l'*o*. Comme *ub* final n'a point d'analogue dans notre langue, et que ce mot nous a été donné tout fait, nous avons dû prononcer *clob*, qui d'ailleurs est plus noble, plus agréable que *club*. Cependant l'*u* est resté dans l'écriture, et les sociétés populaires, qui, au commencement de la révolution, couvrirent la France, trompées par l'orthographe, prononcèrent, les unes *club*, les autres *cloub*. Mais la véritable prononciation, celle qu'adoptent les amateurs éclairés de notre langue, est *clob*, qui rappelle et la prononciation anglaise et le mot latin *globus* d'où les Anglais ont tiré ce mot. Pour ramener tout le monde à la même prononciation, il faudrait écrire par *o* un mot où *o* doit se faire entendre, à l'exclusion de tout autre lettre. » *Manuel des Etrangers*, pag. 468.

CLYSTÈRE, *s. m.* (κλύζειν, laver). *Clystère* s'est dit le premier, mais il a vieilli et n'est plus de mise que dans le burlesque. *Lavement* qui lui succéda, n'eut pas un sort plus heureux, et sous le règne de Louis XIV, l'abbé de Saint-Cyran le mettait déjà au rang des mots déshonnêtes qu'il reprochait au P. Garasse; il n'est plus usité que dans les livres de médecine. De nos jours on lui a substitué le terme de *remède*; il est équivoque, et pour cela même il est honnête. *Voyez* LAVEMENT.

COALITION, s. f. Ce mot, que nous avons emprunté aux Anglais, n'est pas ancien dans notre langue. On disait autrefois *ligue, la ligue de Cambrai*. L'abbé Girard et l'abbé Roubaud ont traité des synonymes *alliance, ligue, confédération*; ils n'ont pas parlé de *coalition*.

COCAGNE, s. f. C'est le nom qu'on donne aux petits pains de pastel qu'on emploie en peinture.

On appelle au figuré *pays de cocagne*, un pays fertile, abondant en toutes choses, et où l'on fait grande chère.

Paris est pour un riche *un pays de Cocagne*,
Au milieu de la ville il trouve la campagne;
Il peut dans son jardin, tout peuplé d'arbres verts,
Recéler le printemps au milieu des hivers.
BOILEAU.

« Avant la découverte de l'indigo, qui ne commença à paraître en Europe, que dans les premières années du 17ᵉ siècle, les environs de Toulouse, et surtout le Lauraguais fournissaient une énorme quantité de pastel; les coques de pastel qu'on y préparait, jouissaient de la première réputation en Europe. Ce pays était devenu si riche qu'on l'a appelé *pays de Cocagne*, du nom de son industrie. Cette dénomination a passé en proverbe pour désigner un pays riche et très-fertile.

» Deux cent mille balles de coques étaient exportées chaque année par le seul port de Bordeaux; les étrangers en éprouvaient un si pressant besoin, que pendant les guerres que nous avions à soutenir, il était constamment convenu que ce commerce serait libre et protégé, et que les vaisseaux étrangers arriveraient désarmés dans nos ports pour y venir chercher ce produit. Les plus beaux établissemens de Toulouse ont été fondés par des fabricans de pastel. Lorsqu'il fallut assurer la rançon de François Iᵉʳ, prisonnier en Espagne, Charles-Quint exigea que le riche Beruni, fabricant de coques, servît de caution. » CHAPSAL, *Chimie appliquée à l'agriculture*, tom. II, p. 352.

Le pays de Cocagne ne serait-il pas plutôt un pays imaginaire qui se trouve décrit dans un des fabliaux publiés par Barbazan, intitulé: *C'est li fabliaus de Coquaigne*, édit. publiée par M. Méon, Paris, 1808, tom. IV.

Ce pays (dit l'auteur du fabliau) a nom *Coquaigne*
Qui plus i dort, plus i gaaigne.

« Les murs des maisons sont faits de barbeaux, de saumons et d'aloses; les chevrons sont d'esturgeons, les couvertures de lard, les lattes de saucisses. Il y coule une rivière dont un côté est de vin rouge, le meilleur qu'on puisse trouver à Beaune, et l'autre côté est de vin blanc, le meilleur qui vienne à Auxerre, La Rochelle et Tonnerre; chacun en peut boire à volonté. Il y pleut trois fois la semaine une ondée de flans chauds. » Tout le conte est du même genre; et il est vraisemblable, dit M. Méon, qu'il a servi de modèle à Rabelais pour faire la description du pays de Papimanie.

COCARDE, s. f. qu'on écrivait autrefois *coquarde*, dérivé de *coq*. M. Le Duchat croit, et M. Boniface est de son avis, que le nom de *cocarde* ont succédé aux plumes de *coq* que les Croates, appelés en France Cravates, et autres milices allemandes portent sur leurs bonnets, et qu'elles en sont une imitation.

COCHE, s. m. Il était autrefois du genre féminin. Jusqu'au temps de Henri IV, les carrosses ne paraissent pas avoir eu d'autre dénomination que celle de *coche*. « Je comptois aller vous voir, écrivoit ce prince à Sully, mais je ne le pourrai, attendu que ma femme se sert de ma *coche*. » Ce terme a servi ensuite à désigner une voiture publique qui transportait les voyageurs et leurs effets d'un lieu fixe à un autre; mais depuis trente ans environ, cette dénomination est restreinte aux *coches* d'eau.

Coche ne vient-il pas de l'allemand *kutsch* ou *gutsch*? L'ancien mot allemand *gustch* signifiait lit de repos; aussi lit-on, dans l'*Hist. de Charles-Quint*, que ce prince, dans ses attaques de goutte, avait coutume de dormir dans une voiture hongroise.

COCHER, *s. m.* dérivé de *coche*, nom que portèrent les premiers carrosses grossiers dont on faisait usage dans le 16e siècle. Le roi de Prusse appelait le duc de Choiseul, le *cocher* de l'Europe, faisant allusion à la politique de ce ministre, qui dirigeait à son gré la plupart des cabinets.

COCU, *s. m.* terme de dérision qui se dit de celui dont la femme manque à la fidélité conjugale. Ce mot, banni aujourd'hui du langage des honnêtes gens, était souvent employé autrefois. « Le jaloux souffre plus que le *cocu*, » dit Montaigne. Molière fait un fréquent usage de ce terme.

Ce mot parait venir du grec κόκκυξ, en latin *coccyx* (coucou), d'autant plus que ce terme injurieux, ainsi qu'on le verra plus bas, a signifié autrefois et celui qui souillait le lit d'autrui, et l'époux d'une femme infidèle. Ainsi, d'après l'opinion de Pline, qui prétend que le coucou pond toujours dans le nid des autres oiseaux : *semper parit in alienis nidis* (lib. x, cap. 11), on trouve une similitude assez frappante entre le coucou et le *cocu*, pris dans le sens actif, c'est-à-dire de *cocu cocuant* suivant l'expression de De la Porte.

« Mais, dit l'abbé Tuet, pourquoi s'est-on accoutumé à mépriser l'époux d'une femme infidèle, quoiqu'il n'y ait pas de sa faute? C'est, répond Saint-Foix, que, dans les premiers temps de la monarchie, le cas indiquait particulièrement un homme d'une condition servile, attendu que plusieurs seigneurs, même ecclésiastiques, prétendaient avoir le droit absurde de passer la première nuit des noces avec l'épousée de leurs *serfs* ou *hommes de corps*.

» Le mot que nous avons emprunté des Grecs pour désigner un mari déshonoré par sa femme, n'a point de féminin. On disait autrefois, *accoupi*, dans le même sens, et ce mot-ci était des deux genres. Une femme qui soupçonne d'infidélité son mari;

Si bien enchée (tombe) en jalousie
Qu'elle cuide en être acoupie.
Roman de la Rose. »

Matinées Sénonoises.

Il paraîtrait, d'après De la Porte, que ce mot a, selon le désir de H. Etienne, *Dialogues du nouveau langage françois italianisé*, pag. 93., édit. de 1579, signifié autrefois, et celui qui fait l'injure et celui qui la reçoit : « Le coucou pond toujours au nid d'autrui, pour la haine que lui portent les autres oiseaux. De là est advenu que non seulement ceux lesquels abusent des femmes d'autrui, mais aussi les maris abusés sont appelés *cocus* : tellement que ce nom étant actif et passif, nous disons *cocu cocuant* et *cocu coqué*. » *Les Epith.* de De la Porte, pag. 69, Paris, 1571.

COËRCER, *v.* Quoique *coërcible*, *coërcitif*, *coërcition* soient demeurés comme mots techniques, l'ancien verbe *coërcer* du latin *coercere* (resserrer, retenir, réprimer) employé par nos anciens auteurs, était tombé dans l'oubli. M. Pelletan a dit : « Les uns ayant la propriété chimique de tempérer le mouvement, en en *coërçant* le principe; les autres donnant à nos organes un ressort dont le principe est le même que celui de la chaleur. » *Clin. chirurg.* art. *Physiol.* t. II, p. 356.

COEUR, *s. m.* Voiture est le premier, selon Richelet, qui ait opposé le *cœur* à l'esprit. Le duc de La Rochefoucauld a enrichi sur lui dans les phrases suivantes : « L'esprit est toujours la dupe du *cœur*. » « Chacun dit du bien de son *cœur*, et personne n'en ose dire de son esprit. » L'esprit ne saurait jouer long-temps le personnage du *cœur*. » « Rien n'assure mieux le repos du *cœur* que le travail de l'esprit. » Le duc DE LÉVIS.

Vous ferez ce que le cœur vous dira, pour dire, ce que vous voudrez, ce que vous aurez envie de faire. Cette locution est fort ancienne. On lit dans le *Vœu du Héron*, poème du 14e siècle :

Mes que il ait voué que le cœur li dira

(dès qu'il ait fait le vœu que le cœur lui dira).

On dit proverbialement *de l'abondance du cœur la bouche parle*, pour dire, qu'on traite éloquemment d'un sujet dont le cœur est rempli; un auteur moderne a dit dans le même sens, *écrire du cœur:*

D'après elle (la nature) toujours voulant nous ré-
[former]
En écrivant du cœur Rousseau la fit aimer.
CHÉNIER, *Epître à Voltaire.*

L'expression, si ordinaire et si énergique à la fois, d'*apprendre par cœur* vient, dit M. Rivarol, de l'intérêt que nous prenons à ce qui nous touche et nous flatte. La mémoire, en effet, est toujours aux ordres du cœur.

Nous disons *mon cœur*, en parlant familièrement à un enfant ou à une femme, et cette expression de tendresse ou son équivalent, se trouve dans Cicéron, *Epist. familiar.* 16-14: *Vos, meæ charissimæ* animæ, *quàm sæpissimè ad me scribite* (mes très-chères *ames*, écrivez-moi le plus souvent que vous pourrez). Il a dit aussi dans le même sens: « *Tullius salutem dicit Terentiæ et Tulliolæ duabus* animis suis (Tullius salue Terentia et Tulliola ses deux *ames*).

De mon heureux printemps j'ai vu passer la fleur;
Le cœur pourtant me parle encore:
Du nom de *petit cœur* quand mon amant m'honore,
Je sens qu'il me fait trop d'honneur.
VOLTAIRE.

COFFRE, *s. m.* du lat. *cophinus*, pris du grec κόφινος (*kophinos*), panier d'osier, corbeille, d'où *coffin*; le *r* ajouté dans *coffre*, comme dans *trésor*, du lat. *thesaurus*; c'est le sentiment de Barbazan et de Ménage; mais ne viendrait-il pas de l'allemand *kuffer*, qui aurait donné *cofferum*, dans la basse latinité?

« Pratique les Macédoniens, écrivait Philippe à son fils Alexandre, des bienfaits de ta vertu et non des bienfaits de ton *coffre*. » MONT. l. III, ch. 6.

L'avarice bientôt au teint livide et blême,
Sur son *coffre* de fer va s'asseoir elle-même.
RÉGNIER, *Sat. contre les Maris.*

De *coffre*, le diminutif *coffret*, et le verbe *coffrer*, proprement mettre dans un coffre, et figurément renfermer dans une prison comme dans un coffre, emprisonner.

Demain on vous le *coffre* au faubourg Saint-Lau-
[rent.
PIRON, *la Métromanie.*

COGITATION, *s. f.* « Je ne vis jamais paysan de mes voisins entrer en *cogitation* de quelle contenance il passerait sa dernière heure. » MONT. Non seulement ce mot, qui se voit aussi dans Froissart, dans Amyot, dans Brantôme, etc. est tombé en désuétude, mais nous avons encore perdu les verbes *cogiter* (penser), *excogiter* (inventer), et le substantif *excogitateur* (inventeur), qui se trouvent dans nos anciens auteurs.

COGNÉE, *s. f.* qu'on a écrit *coignée*, vient, comme le mot *coin*, ou du latin *cuneus*, ou du grec γωνία (*gónia*) angle. On dit proverbialement, *il ne faut pas jeter le manche après la cognée*, ce qui signifie qu'il ne faut pas abandonner tout dans le malheur, se livrer au désespoir; comme ferait un bûcheron, qui, voyant la *cognée* se séparer de son manche et voler loin de lui, jetterait ce même manche après sa *cognée*, au lieu d'aller la chercher et de la r'emmancher.

COGNER, *v.* « Nous tâchons de *cogner* dans la tête de votre fils, l'envie de connaître un peu ce qui s'est passé avant lui. » Mme DE SÉVIGNÉ.

COGNE-FÉTU, *s. m.* On appelle ainsi proverbialement, celui qui n'avance à rien, celui qui se donne bien de la peine pour ne rien faire. « C'est proprement, dit Le Duchat, un homme qui se tuerait à vouloir enfoncer un fétu entre deux briques, en l'aiguisant aussi souvent qu'il s'épointerait. »

COI, COIE, *adj.* du latin *quietus* (tranquille).

Tu nous étourdis tous, que ne te tiens-tu *coi*?
LA FONTAINE.

Nos pères ont dit *accoiser*, pour rendre *coi*, apaiser, calmer; et *accoisement*, pour *calme, adoucissement, tranquillité*. Ce mot formé de *coi*, tranquille, subsiste encore en termes de médecine; *l'accoisement des humeurs*. Dict. de l'Acad.

COIEMENT, *adv.* doucement, lentement. « Je reculeray d'un autre pas, du second au tiers, du tiers au quart, si *coiement*, qu'il me faudra estre aveugle formé, avant que je sente la décadence et vieillesse de ma veue. » MONT. liv. III, c. 13. Cet adverbe se trouve dans Ant. Oudin, qui écrit *quoy*, *quoyement* et *quoyeté*.

COIFFÉ, ÉE, *part.* du verbe *coiffer*. « Elle était au lit, belle et *coiffée* à *coiffer* tout le monde. » SÉVIGNÉ. « A la première mort qui s'offrit *coiffée* d'un lustre d'honneur. » MONT. liv. I, c. 40. « L'esprit abreuvé et *coiffé* de quelques opinions fantasques, va tousiours et juge selon cela, sans regarder plus avant, ou reculer en arrière. » CHARR. liv. I, c. 16.

Suivant une opinion établie chez les anciens Romains, la membrane ou pellicule appelée coiffe, qui couvre la tête de quelques nouveau-nés, était un présage de bonheur pour les enfans qui naissaient pourvus de cette enveloppe. De là est venu le proverbe : *il est né coiffé*. Ceux qui portaient ces coiffes croyaient attirer le bonheur sur eux. Les avocats romains en achetaient pour gagner leurs causes, et devenir plus éloquens. Afin d'accroître l'efficacité de ce prétendu amulette, les chrétiens le faisaient bénir par un prêtre, sur l'autel, pendant qu'il disait la messe. « Dans les premiers siècles du christianisme, dit M. Toulotte, *Histoire philos. des Empereurs romains*, les fidèles accueillirent, avec leur foi qu'aucune extravagance ne rebutait, les idées superstitieuses attachées à cette membrane. Elles fixèrent l'attention du concile de Trullo. »

Coiffé d'un froc bien raffiné,
Et revêtu d'un doyenné
Qui lui rapporte de quoi frire,
Frère René devient messire,
Et vit comme un déterminé.
Un prélat riche et fortuné,
Sous un bonnet enluminé,
En est, s'il le faut ainsi dire,
Coiffé.

Ce n'est pas que frère René
D'aucun mérite soit orné,

Qu'il soit docte, qu'il sache écrire ;
Mais seulement c'est qu'*il est né
Coiffé.*

MALLEVILLE, *Rondeaux*.

COIN, *s. m.* du lat. *cuneus*. « Une idée nouvelle est un *coin*, qu'on ne peut faire entrer que par le gros bout. » FONTENELLE.

Un rieur était à la table
D'un financier, et n'avait *en son coin*
Que de petits poissons ; tous les gros étaient loin.

LA FONTAINE.

COINT, INTE, *adj.* du latin *comptus* (paré, attifé). Cointement armé, *comptè armatus*, dit le P. Labbe. De là *cointise*, s'accointer, se parer ; *cointerie*, affectation, afféterie, tous mots vieillis. « La sobriété, dit Montaigne, sert à nous rendre plus *coints*, plus damerets pour l'exercice de l'amour. »

Plus *cointes* sont que n'est une épousée.

SARRAZIN.

COINTISE, *s. f.* gentillesse, mignardise, tournure galante.

Chapeau de fleurs, gente *cointise.*

SARRAZIN.

D'une robe moult desguisée,
Qui fut en maint lieu incisée
Et découpée par *cointise.*

Roman de la Rose.

COÏON, COÏONNERIE. « Ce mot est une injure plus usitée dans la Provence que partout ailleurs. Les Provençaux l'ont pris de l'italien *coglione*, et les Italiens du grec : les Athéniens appelaient un lâche, *lakkokias* (*cui semper laxus erat testiculorum sacculus*). » MÉNAGE, *Dict. étymologique*.

COLÈRE, *s. f. chole* pour colère, s'est dit autrefois, et se trouve dans Rabelais, *Gargantua*, liv. I, c. 49. « Le vieux mot *cole* ou *chole* a signifié *bile*, dit M. Morin, dans son *Dict. des mots français dérivés du grec*, comme il paraît dans *chaude cole* (*calida cola*), qui veut dire *bile échauffée*, *bile émue*, et qui vient du grec χολὴ (*cholé*) bile, fiel, et aussi colère, parce que les anciens attribuaient la cause de la colère à l'agitation de la bile. Les Grecs ont appelé χολέρα (*choléra*), un violent débordement de bile. De là *colère* ou *colérique*, *adj.* qui est sujet à la colère, en grec χολερικός (*cholérikos*). »

Charron, liv. 1, c. 27, définit la colère « une maladie de l'esprit, qui le rend tendre et facile aux coups, comme les parties ulcérées du corps, où la santé intéressée s'estonne et blesse de peu de chose. »

COLÉRER (se), *v.* « C'est lascheté et foiblesse que se *colérer.* » CHARR. liv. 1, c. 27.

COLIFICHET, *adj.* et *s.*

De ces *colifichets*, de ces fades poupées.
MOLIÈRE, *le Misanthrope.*

L'éclat est le moyen de plaire
Dans ce siècle *colifichet;*
La raison semble roturière,
Et devant le faste se tait.

BOUFFLERS.

COLICAILLE, *s. f.* diminutif de *colique.* « Elle n'a plus de colique, elle dit seulement qu'elle a quelquefois encore de la *colicaille*, qui ne l'empêche ni de boire ni de manger. » M. DE COULANGES *à Mme de Sévigné*. Ce mot peut tout au plus passer en conversation.

COLIQUE, *s. f.* χολή (bile). « Vous nous apprenez le succès de cette *colique* d'économie, dont la tendresse paternelle doit être la sage-femme. » SÉVIGNÉ.

COLIQUEUX, EUSE, *adj.* « Je me tiens à cheval, sans desmonter, tout *choliqueux* que je suis, et sans m'y ennuyer, huict et dix heures. » MONTAIGNE, liv III, c. 9.

COLLABORATEUR, *s. m.* Ce terme était nouveau en 1787.

COLLATION, *s. f.* Ce mot, pour dire un léger repas, a été emprunté des religieux qui, après souper, allaient à la *collation*, c'est-à-dire, à la lecture des conférences des Saints-Pères, appelées en latin *collationes;* après quoi on leur permettait de boire, aux jours de jeûne, de l'eau ou un peu de vin, et ce léger rafraichissement se nommait aussi *collation.* Et. Pasquier en donne cette autre explication qui ne s'éloigne pas beaucoup de la première : « On lisoit au réfectoire des moines, pendant le diner, de grands ouvrages de dévotion, dont la longueur du repas donnoit le temps d'entendre des chapitres entiers; mais le souper de caresme ne consistant que dans du pain et de l'eau étoit fort court; on ne pouvoit y lire que de petits articles tirés d'un livre intitulé : les *Collations de l'hermite Jean Cassien;* et c'est cette lecture qui a donné le nom au repas.

COLLECTE, *s. f.* du latin *collecta*, (réunion). Le nom de *collecte* signifiait autrefois l'assemblée des fidèles. Les jours de fêtes s'appelaient des jours de *collectes*. Comme on faisait des quêtes en ces jours, le nom de *collecte* a été aussi donné aux quêtes que l'on faisait pour les pauvres. *Dict.* de Moréri. Le mot *collecta*, collecte, se trouve dans le sens de *quête*, dans la première épître de saint Paul aux Corinthiens, ch. XVI, v. 1 et 2.

On prend aussi le nom de *collecte* pour la prière que le prêtre récite après le *Gloria in excelsis*, et en général pour les oraisons, parce qu'il y parle au nom de tous les fidèles. Anciennement, lorsque le célébrant avait dit *oremus*, les assistans priaient pendant quelques momens, et le prêtre réunissait dans l'oraison leurs vœux pour les offrir à Dieu.

COLLECTEUR, *s. m.* du latin *collector*, celui qui recueille, qui amasse, parce que les collecteurs ramassent, recueillent les sommes dues par les contribuables. On a dit d'abord *collecteurs des subsides*, comme il se trouve dans Cl. Fauchet, *collecteurs des deniers du prince*, et ensuite *collecteurs* dans un sens absolu. Au fig. il se prend en mauvaise part : un *collecteur* d'anecdotes.

COLLÉGIAL, ALE, *adj.* du latin *collegialis.* Gresset lui a donné un pluriel, en parlant des poètes de collége :

Ecartons la muse empesée
Qui, se guindant sur de grands mots,
Préside à la prose toisée
Des poètes *collégiaux.*

COLLÉGIALEMENT, *adv.* à la manière des colléges. *Nouv. Cout. général*, tom. II, p. 134, col. 2. Pourquoi hésiterait-on à faire usage de ce mot, surtout dans le style critique ou satirique?

COLLER, *v.* « Que le reste du monde ne soit pas tellement joint et *collé* à nous, que nous ne puissions nous en détacher, sans nous escorcher. » MONTAIGNE.

COLLET, s. m. dérivé de *col*. Cette partie de l'habillement est autour du cou. « Les passions, dit Montaigne, ne nous sautent pas toujours au *collet* d'un plein sault, il y a de la menasse et des dégrez. »

Et quand la servitude a pris l'homme au *collet*,
J'estime que le prince est moins que le valet.
RÉGNIER, *Sat.* III.

On appelait autrefois *collet monté* un collet où il y avait de la carte ou du fil de fer pour le soutenir; et on dit *du temps des collets montés*, pour dire du vieux temps. On dit dans le même sens *cela est collet monté*, *est bien collet monté*, pour dire cela est antique, ou pour dire cela a un air contraint et guindé. On appelle aussi un homme ou une femme, qui affecte une gravité outrée, *un collet monté*. *Acad.*

CHRYSALE.

. . . .
Et vous n'avez nul soin, nulle *sollicitude*
Pour....
PHILAMINTE.
Ah! *sollicitude* à mon oreille est rude;
Il put étrangement son ancienneté.
BÉLISE.
Il est vrai que le mot *est bien collet monté*.
MOLIÈRE, *les Femmes Savantes*, act. II, sc. 7.

« Ah! fi, Monsieur le commandeur, ce mot sent *le collet monté*, et je l'ai entendu dire à ma grand'mère. » DE CAILLÈRES, *les Mots à la mode*, p. 48. Paris, 1692. Villon avait dit dans son *Grand Testament:*

Dames à *rebrassez colletz*.

Sur quoi Marot a dit : « l'habit des dames du temps de Villon; » l'éditeur de l'édition de 1742 a ajouté à cette interprétation : « *collets retroussés* fort haut, et au milieu desquels la tête étoit comme dans une niche. Cette mode a été long-temps en usage, comme il paroit par les tapisseries et les tableaux du temps. »

Nous ne doutons pas que de ces collets ne soit venue l'expression *être collet monté*, pour dire faire la réservée, la précieuse, qui se trouve dans les Lettres de Mad. de Sévigné et ailleurs.

Madame étoit un peu *collet monté*;
L'amour se plut à dompter sa fierté.
Il hait l'air prude...
VOLTAIRE.

Quand le rabat n'a point d'ailes pendantes, on l'appelle *collet*, et cette simple bande de toile a fait appeler les jeunes ecclésiastiques des *petits collets*.

Voilà de légers traits de la délicatesse
Où nos *petits collets* sont presque tous tombés.
Avouons donc que la mollesse
Est l'apanage des abbés.
La Cause des Femmes, com. sc. 3.

Théâtre italien de Ghérardi.

Si les Saturnales se fussent célébrées en France, on auroit vu

La charité régner chez les *petits-collets*,
La fraternité chez les moines,
Les maîtres servir leurs valets,
Les gouvernantes leurs chanoines.
DEMOUSTIER, Lett. 3e *sur la Mythologie*.

COLLIER, s. m. La *Satyre Ménippée*, en parlant des confréries du *Cordon*, etc. instituées par les jésuites, fait dire à l'archevêque de Lyon, grand ligueur : « Ce sont de bons *colliers* pour meneus gens. »

COLOMBE, s. f. du latin *columba*, venu du grec κολυμβᾶν (*kolumbain*), plonger, parce que cet oiseau aime à plonger le bec dans l'eau. « La *colombe* a apporté le rameau, » Mme DE SÉVIGNÉ, c'est-à-dire le brouillard et la pluie ont fait place au soleil. Comme cette image est gracieuse, et cependant sans rien perdre de la simplicité épistolaire!

Colombe s'emploie bien au fig. surtout dans le style de dévotion, pour exprimer de jeunes filles, de jeunes vierges, simples et timides. C'est ainsi que Racine a dit, en parlant des demoiselles reçues dans la maison de Saint-Cyr, que Louis XIV venait de fonder:

C'est lui qui rassembla ces *colombes* timides
Eparses en cent lieux, sans secours et sans guides.
Prologue d'Esther.

L'Esprit-Saint qui de Dieu fait entendre la voix,
Parle-t-il à ton cœur, a-t-il dicté ton choix,
Et, t'appelant parmi ses *colombes* fidèles,
Pour voler jusqu'à lui t'a-t-il prêté ses ailes?
DESAINTANGE, *Épître d'une religieuse à une novice.*

Nos pères se sont servis des diminutifs *colombeau* et *colombelle*, ce dernier est à regretter.

Les mignonnes *colombelles*,
Par la vague, doucement,
Esbranlent leurs blanches esles (ailes).
Vers à Louise Labé, à la suite de ses OEuvres.

COLOMBIER, s. m. du latin *columbarium*, lieu où l'on renferme des colombes, des pigeons. La Fontaine a dit au figuré :

Toute la bande des Amours
Revient au *colombier*...
La Jeune Veuve.

On trouve dans la *Volière*, allégorie de J. B. Rousseau, liv. I, ces vers qui semblent inspirés par ceux du fabuliste :

En ce lieu donc, Amours de tout plumage,
De toutes parts viennent se rallier,
Tels que pigeons, volans au *colombier*.

« Le commentaire est élégant, observe judicieusement M. Guillon, dans son édition de *La Fontaine*; la première idée réunit la précision à l'enjouement. »

On donne par dénigrement le nom de *colombier* à ce qu'on appelle ordinairement paradis dans les salles de spectacle. *Il est allé au* colombier. *Je ne veux pas aller au spectacle pour être placé au* colombier, *monter au* colombier. Ce nom a été donné à cette espèce d'amphithéâtre, parce qu'il est le lieu le plus élevé de la salle, qu'il est placé au-dessus des loges, comme le colombier est placé au haut de la maison. Les Italiens nomment cet endroit *piccionara* (pigeonnier) par la même raison.

COLOMBIN, INE, *adj.* couleur *colombine*. On dit aujourd'hui couleur gorge de pigeon. Il est vieux, et tant pis! n'est-il pas bien placé dans l'exemple suivant? « Il faut marier l'innocence *colombine*, en n'offensant personne, avec la prudence serpentine, en se préservant des embûches d'autrui. » CHARRON, liv. II, c. 10.

COLOREMENT *de l'ombre.* Cette locution d'Amyot appartient à la langue de la peinture. Les Grecs appelaient *colorer l'ombre*, la manière d'ombrer inventée par Apollodore. Ce peintre fut le premier qui puisa ses ombres, aussi bien que ses clairs, dans les teintes mêmes du modèle, et sut les fondre plus ou moins avec les teintes environnantes, de manière à obtenir des tons moyens, et à imiter par là le moelleux de la nature. ÉMERIC DAVID, article de *Zeuxis*, *Biographie Universelle*, t. LII, p. 305, col. 1.

COLORER, *v.* du latin *colorare*, donner la couleur. « L'éloquence des rois prend force de leur autorité, et se *colore* de l'éclat de leur fortune. » BALZAC, *de la Gr. Eloq.*

Vous nous payez ici d'excuses *colorées*.
MOLIÈRE, *Tartufe.*

« Je ne sçais pas ce qu'on peut dire pour *colorer* tant de violence. » PATRU.

« Dans les conversations des grandes sociétés, on apprend à *colorer* de sophismes subtils ses passions et ses préjugés. » J. J. ROUSSEAU.

Je ne veux point, dit-il, que le Toscan m'accuse
D'un refus *coloré* par une vaine excuse.
DESAINTANGE.

COLOSSE, s. m. du latin *colossus*, venu du grec. Ce mot a été dans le principe un nom propre qui désignait une statue d'une hauteur prodigieuse que les Rhodiens avaient élevée au bord de leur île. Il s'est dit ensuite par allusion d'un bâtiment, d'un homme, d'un animal d'une grandeur et d'une grosseur extraordinaires.

Dame fourmi trouva le ciron trop petit,
Se croyant pour elle un *colosse*.
LA FONTAINE.

Pourquoi diable avoir pris céans
Des valets jusqu'au moindre à taille gigantesque?
Des *colosses*! Eh! mais rien n'est-il plus grotesque
Que de voir un Pygmée entouré de géans!
LA CHAUSSÉE.

Le dérivé *colossal, ale, adj.* n'a point de plur. au masc. suivant l'Acad. M. de Rivarol a dit des hommes *colossaux*.

COLPORTER, *v.* C'est proprement porter au *cou* ou *col*. De là les dérivés *colportage*, *colporteur*. « Nous nommons aujourd'hui *colporteurs* des gens qui font métier de porter dans les maisons des marchandises, comme étoffes, pommades, linge, etc. ou de petits marchands qui crient leurs marchandises dans les rues. On les appelle ainsi, parce qu'ils portent ce qu'ils ont à vendre dans une petite manne ou cassette pendue à leur cou avec une large courroie de cuir ou une sangle; on appelle encore ainsi des gens qui font métier de porter des livres dans les maisons, ou de vendre des papiers publics dans les rues. » HURTAUT, *Dictionn. histor. de la ville de Paris*. Comme les livres que ces hommes portoient étoient souvent des satires ou des critiques sur les opérations du ministère, lesquelles, comme on le disoit alors, se vendoient sous le manteau, on a dit qu'ils étoient en quelque sorte les contre-poids du gouvernement.

COLURE, *s. m.* cercles de la sphère desquels il n'y a jamais que la moitié sur l'horizon, *coluri geographis et astronomis noti*. Racine κολὸς (*kolos*), coupé, et οὐρὰ (*oura*), queue. Les deux colures sont ainsi nommés, parce que, dit Macrobe (*Somn. Scip.* 1, 59), ils ne font pas tout le tour de la sphère. En effet, nous ne voyons jamais qu'une partie de ces cercles qui se rencontrent et se coupent à angles droits aux deux poles.

COMBAT, *s. m.* Il s'emploie au propre comme au figuré.

Crois qu'il m'en a coûté pour vaincre tant d'amour
Des combats dont mon cœur saignera plus d'un jour.
RACINE.

Nous disons un *combat singulier*, pour dire un combat d'homme à homme ; et Macrobe, comme l'observe M. Planche, a dit de même *certamen singulare* (un combat singulier). *Saturn.* 5-2.

COMBATTRE, *v.* « Autrefois on faisoit *combattre* les bêtes, pour amuser les hommes ; aujourd'hui ce sont les hommes qui *combattent* pour amuser les hommes. » DUCLOS. Nous disons *combattre* avec quelqu'un de civilité, d'honnêteté, de politesse. Virgile avait dit de même :

..... Officio ne te certâsse priorem
Pœniteat.....

COMBIEN, *adv.* Buffon en a fait un substantif : « La physique donne le *combien*, et la métaphysique le comment. »

L'homme juste, selon le Sage,
Pèche sept fois et davantage ;
Mais la femme juste, *combien?*
Ma foi ! le Sage n'en dit rien.

COMBLE, *s. m.* du latin *cumulus*, dérivé de *culmus* ou *culmen* (tige, tuyau de blé) parce que, chez les anciens, le comble ou le haut des maisons était couvert de chaume, comme il l'est encore dans nos campagnes. Nous disons c'est *le comble de l'infamie, de la perfidie*, etc. Ovide a dit de même *cumulum perfidiæ*.

..... Pretium rex inficiatur, et addit
Perfidiæ cumulum, falsis perjuria verbis.
Métamorph. liv. II, § 8, vers 13.

COMBLER, *v.* (*cumulare*). On disait autrefois dans le jargon des élégans : Je suis *comblé*, ravi, enchanté.

..... Ma foi ! si vous voulez
Que je vous parle aussi très-vrai, vous me *comblez*.
GRESSET, le *Méchant*.

Le duc d'Orléans, grand-père de Mgr. le duc d'Orléans actuel, était fort gros. Il dit un jour, en revenant de la chasse : « J'ai pensé tomber dans un fossé. — Monseigneur, répondit un de ses courtisans, il en eût été *comblé*. »

COMÉDATAIRES, *adj.* du latin *comedere* (manger) mot forgé par Richelet. « Les abbez *commendataires*, dit-il, devroient être plutôt nommés abbez *comédataires*, parce qu'ils mangent, sans rien faire, les biens des religieux. » Ce mot n'est pas de Richelet, il est de Ménot, qui dit, f° 100, col. 4 : *Secundò erit prior, abbas, commendatarius, et potiùs comedatarius, qui omnia comedit.*

COMÉDIE, *s. f.*

O pauvre *comédie* !.....
Si tu n'es qu'un portrait des actions humaines,
On te tire souvent sur un original
A qui, pour dire vrai, tu ressembles fort mal.

Quel arrêt que ces vers de Corneille (*Galerie du Palais*, act. 1, sc. 7) contre Messieurs tels et tels ! Balzac reproche aux auteurs comiques de son temps, d'avoir fait de la *comédie*, ce que les maitres font de leurs servantes quand ils les épousent : « Ils lui ont, dit-il, fait changer d'état et de condition ; ils sont cause que ce n'est plus elle. » *Du Caractère de la Comédie*.

COMITÉ, *s. m.* mot emprunté aux Anglais ; il vient du latin *comitium* qui était le nom du lieu où se tenaient à Rome les assemblées du peuple appelées *comitia*, de *cum*, (avec, ensemble) et de *ire* (aller) aller ensemble, se réunir.

COMITICULE, *s. m.* petit comité. Ce mot de Linguet n'a pas fait fortune.

COMMANDE, *s. f.* qui n'est en usage qu'en cette façon de parler, *de commande*, qui signifie feint, faux, supposé; c'est en ce dernier sens qu'on dit *des larmes de commande*; et Martial a dit de même *jussæ lacrymæ* (des larmes commandées).

> Qui de moi voudra de beaux vers,
> Que jamais il ne les demande ;
> Je ne fuis rien que de travers,
> Quand la besogne est *de commande*.
> Le chev. DE CAILLY.

COMMANDER, *v.*
Qui peut ce qu'il lui plaît, *commande* alors qu'il prie.
CORNEILLE.

COMMANDERESSE, *adj.* « Je laisse à mes souhaits autant de liberté et d'indiscrétion qu'un autre ; mais pourtant se jamais ne m'est-il advenu de souhaiter ny empire, ny royauté, ny l'éminence de ces haultes fortunes et *commanderesses*. » MONT. l. III, c. 7.

COMMANDEUR, *s. m.* Rabelais appelle des *commandeurs*, des oiseaux *gourmandeurs* qui ne chantent jamais, mais qui repaissent au double en récompense.

COMME, *adv.* C'est une abréviation de *comment*, *quâ mente*, de quel esprit, de quelle manière.

> Rien ne resta qu'une ferme au pauvre homme,
> Et peu d'amis, même amis Dieu sait *comme*.
> LA FONTAINE, *le Faucon*.

> Parmi les gens de cour
> Les femmes déclarent l'amour ;
> Parmi nous paysans, cela n'est pas.*tout comme*,
> Et la femme, morgué ! jamais n'agace l'homme.
> LEGRAND.

Un homme comme il faut. « Cette expression, dit de La Harpe, dans une lettre aux auteurs du *Mercure de France*, insérée dans le *Mercure* de décembre 1789, m'a toujours paru le symbole de l'impertinence. En effet, que peut signifier *un homme comme il faut?* Strictement parlant, c'est une phrase elliptique qui veut dire *un homme qui est comme il faut être*. Il y a là, comme vous voyez, bien du vague et une latitude bien commode ; car *comment faut-il être?* Honnête homme, homme de mérite, homme d'esprit, homme de talent, homme de qualité : excepté le premier qui est de devoir général, le reste n'est pas d'obligation que je sache ; et, s'il faut être honnête homme, ce n'est certainement pas ce qu'on entend par *homme comme il faut*. Que répondraient donc ceux qui avaient continuellement ce mot à la bouche, si on les pressait sur leur pensée, ils avoueraient que, dans leur idée, *un homme comme il faut* était celui qui, soit par sa naissance, soit par ses richesses, soit par ses places, soit par son crédit, était hors de cette classe commune sur laquelle la classe privilégiée devait avoir tous les genres de préférence : et remarquez bien que dans tout ce qui peut faire *un homme comme il faut*, jamais on n'a fait entrer le moins du monde aucune espèce de mérite ; cela n'est jamais venu dans l'esprit ni à ceux qui se servaient de cette expression, ni à ceux devant qui l'on parlait. Montesquieu était bien *un homme comme il faut*; mais ce n'était pas parce qu'il avait fait l'*Esprit des Lois*, c'est parce qu'il était président à mortier. Il n'en faut pas davantage pour caractériser pleinement un gouvernement aristocratique, c'est-à-dire un despotisme subdivisé, la pire de toutes les sortes de despotisme, puisqu'elle partage une nation en deux classes, le petit nombre qui abuse, et le grand nombre qui souffre. »

COMMENT, *adv. et s. m.* Voyez COMBIEN. En toute matière, le *comment* est toujours le point de la difficulté. Scarron l'a employé au lieu de *commentaire*.

> Ainsi que pédans plus de douze
> Ont écrit, je ne sais *comment*,
> En un certain petit *comment*.

Il se trouve aussi dans Oudin, *Dictionn. des trois langues*.

COMMENTAIRE, *s. m.* On a comparé les remarques d'un savant en *us* sur des poésies légères à ces plombs que la douane attache aux gazes d'Italie.

COMMENTATEUR, *s. m.* Despériers, *Nouv.* L, citant divers jurisconsultes, ajoute plaisamment : « et autres *tormentatores juris*. »

COMMER, *v.* dire qu'une chose est

comme une autre, faire une comparaison. De grâce, Monsieur, ne *commons point*. « Si je ne *comme* bien, a dit Montaigne, liv. 1, ch. 20, qu'un autre *comme* pour moi. »

Commer, et bien à propos,
Ne fait point mauvais propos.
Prov. en rimes.

Il est vieux et peu usité. « Il faudroit, dit M. Coste, le conserver, si l'on n'en a point d'autres à mettre à la place. Nos pères étoient plus sages que nous sur cet article. Ils faisoient des mots, quand ils en avoient besoin pour exprimer leurs pensées d'une manière vive et courte; et ils ne se dégoûtoient point de ceux dont ils avoient actuellement besoin. »

COMMERCE, *s. m.* du latin *commercium*, signifie à la lettre échange de marchandises, *commutatio mercium*. Il est formé de *cum*, avec, ensemble, et de *merx*, *mercis*, marchandise, qui vient de *mar*, *marc*, marque : car les marchandises portèrent d'abord une marque, la marque du *marchand*, ou d'une chose à vendre. Le *commerce* ne se fit d'abord que par échange immédiat. Dans tous les sens, ce mot exprime un échange, une communication réciproque. *Commercium*, dans le sens de trafic, commerce, se trouve dans Tacite, *Vie d'Agricola*. Nous disons au figuré avoir commerce avec quelqu'un, et nous trouvons dans Cicéron, *cum musis commercium habere* (avoir *commerce* avec les muses). *Tuscul. Quæst. lib.* 5-66.

« Il n'y a presque dans le monde qu'un *commerce* honteux de semblans d'amitié. » SAINT-ÉVREMONT.

COMMERCER, *v.* Fontenelle disait de son neveu, M. d'Aube, dur, colère, contredisant, pédant, bon homme néanmoins, officieux, généreux même; que, s'il étoit difficile à *commercer*, il étoit facile à vivre.

COMMÉRAGE, *s. m.* propos, conduite de *commère*. Ce mot n'était point encore naturalisé en 1776. On lit dans le *Journal encyclop.* de cette année : « Le mot *commérage* ne se trouve point dans nos dictionnaires, et nous ne l'avons entendu quelquefois prononcer qu'à des gens très-peu faits assurément pour être législateurs en matière de langage. »

« Le débrouillé de Mme de Sévigné et ses *commérages* allaient bien à une femme. » LE PR. DE LIGNE.

COMMÈRE, *s. f.* Grimm, à propos d'un ouvrage ennuyeux, dont l'auteur avait pris pour épigraphe ce vers de Piron :

La mère en prescrira la lecture à sa fille,

propose cet errata, qui plus d'une fois a son application : « La mère ! lisez : la *commère*. » « La police doit être une mère, et non pas une *commère*. » LE PR.-DE LIGNE.

COMMÉRER, *v.* fréquenter sa *commère*. OUDIN, *Dict. des trois langues*. Ce mot semble plutôt signifier : agir ou parler en *commère*.

COMMÈRERIE, *s. f.* esprit, bavardage de commère. C'est un mot du Prince de Ligne.

COMMISSAIRE, *s. m.* du latin *commissarius*, celui qui est commis pour remplir une charge, une fonction. La première ordonnance où l'on trouve le terme de *commissaires*, *commissarii*, est celle qui fut donnée par saint Louis, en 1254.

COMMODE, *s. f.* armoire. L'usage de ce mot ne remonte guère plus haut que le milieu du dernier siècle. On appelle ce meuble *commode* à cause de sa grande commodité.

COMMUN, E, *adj.*

IMPROMPTU
de Théophile à une femme.

Que me veut donc cette importune,
Que je la compare au soleil?
Il est *commun*, elle est *commune*,
Voilà ce qu'ils ont de pareil.

« C'est quelquefois l'aversion des Français pour les choses *communes*, qui les ramène aux choses simples. » J. J. ROUSSEAU.

COMMUNE, *s. f.* le corps des habitans d'un État, d'une ville, d'un village. « On a donné vers le commencement du 13e siècle, le nom de *commune*, à une espèce d'association que les habitans d'une même ville formaient entre eux pour être en état de se maintenir contre la tyrannie des seigneurs, les violences et les brigandages de la noblesse. Les communes furent dans quelques parties de la France le seul résultat de ces grands mouvemens qui agitèrent toute l'Europe pendant deux ou trois siècles, et qui donnèrent naissance aux petites républiques d'Italie, au tribunal secret et aux associations de tous genres en Allemagne, aux *hermandades* en Espagne, etc. et dont le motif ou le prétexte fut partout la nécessité de suppléer, par un gouvernement populaire fortement organisé à la faiblesse et à l'inhabileté de ceux qui tenaient en ce temps-là les rênes du gouvernement. Par l'établissement des *communes* les villes étant devenues presque indépendantes, formèrent chacune un corps séparé dans l'État, où elles avaient le droit de s'assembler et de nommer leurs officiers. Un tribunal dont les membres étaient choisis parmi les habitans, jugeait les affaires civiles et connaissait de tous les délits qui intéressaient la sûreté publique. » LUNIER, *Dict. des Arts et des Sciences.* On appelle en Angleterre *chambre des communes* la seconde chambre du parlement qui se compose des députés des provinces, des villes et des bourgs.

COMMUNIAL, ALE, *adj.* qui concerne la communion, où l'on communie. « On commença cette présente chronique au jour de pâques *communiaux*, l'an de grâce 1400. » MONSTRELET.

COMMUNICATIF, IVE, *adj.* « Vous savez que je suis *communicative*, et que je n'aime point à jouir d'un plaisir toute seule. » SÉVIGNÉ.

COMPAGNON, *s. m.* est dans l'origine le diminutif du mot *compaing* dont se servaient nos pères, et dont le féminin *compaigne* ou *compagne* subsiste encore. Or *compaing* vient de *compaganus* qu'on trouve dans les canons des dialectes de Caninius, au rapport de Vossius; et *paganus* est dérivé de *pagus* (pays, contrée), et signifie, au sens propre, habitant du pays avec un autre habitant du même pays; il répond à l'allemand *landsmann*.

COMPAGNIE, *s. f.* est dérivé de *compaing* ou de son féminin *compagne*, et de là le verbe *accompagner*.

Frédéric disait qu'un souverain était presque toujours l'homme de ses états, qui, par bienséance, voyait la plus mauvaise *compagnie*. On dit d'une belle personne, ornée de mille qualités : sa présence est une *compagnie*.

COMPARAÎTRE, *v.* On sait que la plupart des écrits de Diderot, copiés souvent par des mains furtives, se vendaient en manuscrits sous le manteau. La police, comme de raison, s'en prenait à lui : « On me les a dérobés, répondait-il, et cette excuse était souvent très réelle. Un jour qu'il était obligé d'y recourir encore, à la suite d'une longue conférence avec le garde des sceaux, ce magistrat lui dit : *Hé bien, monsieur, je vous défends d'être volé.* On racontait cette anecdote en présence du dernier prince de Condé : « Comment diable! dit-il, le garde des sceaux est bien hardi! il a osé *comparoître* devant Diderot. »

COMPAS, *s. m.* Michel-Ange disait qu'un artiste devait avoir le *compas* dans les yeux et non dans les mains; parce que c'est avec les yeux qu'on voit les défauts. « Luy donna advis de conduire sa fortune terre à terre, et de s'élever par *compas*. » NIC. PASQ. l. VI, *lett.* 16.

Nous disons encore *faire une chose par compas et par mesure*, pour dire la faire avec exactitude et avec circonspection. Nos pères disaient : *Boire sans compas*, avec excès.

Au *compas* du devoir il règle son courage.
RÉGNIER, *Sat.* X.

De *compas* sont dérivés *compassement, compasser.*

COMPASSEUR, *s. m.* C'est un mot de Montaigne, qui mériterait bien qu'on le fît revivre.

COMPASSIONNÉ, ÉE, *adj.* « Il semble, dit Montaigne, en parlant du trop d'estime que nous faisons de nous, il semble que l'universalité des choses souffre aucunement en nostre anéantissement, et qu'elle soit *compassionnée* à nostre estat. »

COMPASSIONNER (se), *v.* « Je me

compassionne fort aisément des afflictions d'autrui. » MONT. l. II, ch. 11.

COMPENDIEUSEMENT, d'une manière abrégée, adverbe dont Racine s'est servi :

Je vais, sans rien omettre, et sans prévariquer,
Compendieusement énoncer, expliquer, etc.
Les Plaideurs, act. III, sc. 3.

suppose l'adjectif *compendieux, euse*, qui se trouve effectivement dans Rabelais, liv. v, ch. 28.

COMPENSATION, *s. f.* « Puisque nous sommes en butte à des maux inévitables, la sagesse est devenue la science des *compensations*. » Le duc DE LÉVIS.

COMPILER, *v.* du latin *compilare* (piller, recueillir, colliger), *scrinia alterius compilare* (piller les manuscrits d'un autre). HORACE. Voltaire a donné de la célébrité à ce verbe :

Il compilait, compilait, compilait.
Le pauvre Diable.

Scarron avait dit avant lui :

Des gens qui riment, riment, riment,
Affaiblissant des vers qu'ils liment.

COMPLAINDRE (se), *v.* Nous disons encore *complainte* et *complaignant* ; ce dernier, il est vrai, est un terme de pratique :

Voilà-t-il pas de vos jérémiades,
De vos regrets, de vos *complaintes* fades ?
VOLTAIRE, l'Enfant prodigue.

Pourquoi n'avoir pas conservé le verbe ? « Il s'en vint à Paris *complaindre* au roi Philippe, son oncle. » FROISSART.

Quand quelque rossignol, se *complaignant* d'a-
[mour,
Anime de ses chants les forests d'alentour.
PH. DESPORTES.

COMPLEXIONNÉ, ÉE, *adj.* « Il faut, tant qu'il est possible, fuir la hantise et fréquentation du peuple, sot, impérit, mal *complexionné.* » CHARR. liv. II, ch. 1.

COMPLIMENT, *s. m.* Plaute appelle plaisamment ces vains dévoûmens, ces vaines protestations dont l'échange est si commun dans la société, des paroles qui ne donnent ni du pain, ni de quoi en avoir (*verba sine pecu et pecuniâ*).

Rengaîner un compliment. Nous sommes redevables, selon l'abbé Tuet, à Molière de cette expression proverbiale.

Le *compliment* sait parler un langage
Toujours trompeur et toujours écouté :
C'est un filet où le plus sage
Se trouve lui-même arrêté.
LE P. LOMBARD, Jés. 1750.

Compliment timbré ; c'est un exploit que La Motte appelle ainsi.

COMPLOTER, *v.* Des étymologistes disent que ce mot est formé par abréviation de *compelotter*, se passer la balle.

COMPOSÉ, ÉE, *part.* formé de plusieurs parties. On dit qu'un mot est composé, pour dire qu'il est formé de deux ou plusieurs mots joints ensemble, comme *passe-temps, prête-nom, garde-malade, chef d'œuvre, bienfait, juste-au-corps, embonpoint*, etc. La plus grande partie des mots composés sont formés d'une préposition placée devant un nom, un verbe, un adjectif ou un adverbe, comme *compère, transporter, infidèle, involontairement*, etc. Il est bon de remarquer que nous avons beaucoup de termes composés dont les simples sont hors d'usage. Nos pères ont dit *clamer*, il nous est resté *déclamer, proclamer* ; ils ont dit *confort, conforter*, il nous est resté *réconfort, réconforter* ; *compaigner, duire, fluer, mercier, novation, past, fiance, vaster, vastation, vendiquer*, etc. qui se sont dits autrefois, ont servi à former leurs composés *accompagner* ; *déduire, conduire, induire, produire, réduire* ; *refluer* ; *remercier* ; *innovation, rénovation* ; *repas* ; *confiance, défiance* ; *dévaster, dévastation* ; *revendiquer*.

COMPOSEUR, *s. m.* Ce mot se prend en mauvaise part. C'est un *composeur* de méchans vers. On pourrait s'en servir dans l'abandon du style épistolaire.

COMPOSITION, *s. f.* Mme de Sévigné, en parlant d'un prédicateur à morale sévère : « C'est un homme bien rude ; il ne fait aucune *composition*. »

« Je trouve déjà qu'il faut que votre mal soit de bonne *composition* pour souffrir tous vos voyages de Versailles. » *La même.*

COMPOTATEUR, *s. m.* compagnon de bouteille. Chaulieu a dit en riant du grand prieur de Vendôme :

De sa table, qui n'est pas mince,
A de joyeux *compotateurs*
Il fait lui-même les honneurs
Mieux qu'aucun seigneur de province.

COMPRÉHENSION, *s. f.* Bossuet donne au grand Condé « une prodigieuse *compréhension* de tout le détail et du plan universel de la guerre. »

COMPRIMER, *v.* « C'est lorsque je suis le plus *comprimé*, disait Frédéric, que je trouve le plus de ressources. »

COMPRIS, ISE, *part.* de *comprendre*, du latin *comprensus, a* dans Virg. par syncope pour *comprehensus, a*, part. de *comprehendere*. Aussi nos pères écrivaient-ils *comprins, comprinse*.

COMPROMIS, *s. m.* du latin *compromissum*. « J'ai dès tousiours eu la façon de fuyr à me justifier, excuser et interpréter, estimant que c'est mettre ma conscience en *compromis*, de playder pour elle. » MONT.

Cette locution *mettre en compromis* est toujours en usage.

COMPTANT, *partic.* « Qui croira que Platon aye voulu donner sa République, et ses idées, Pythagore ses nombres, Épicure ses atômes, pour argent *comptant* ? « CHARR. l. II, c. 2.
« Pour exceller dans la conversation, il faut avoir son esprit en argent *comptant*. » COSTAR.

COMPTER, *v.* (*computare*). » Les courtisans disent aux princes : Donnez-nous sans *compter* ; et le peuple leur dit : *Comptez* ce que nous vous donnons. » MARIE LECKSINSKA, *Reine de France*.

On proposait à Versailles de distinguer les honnêtes femmes par des marques honorifiques : « Ah ! dit une femme d'esprit, ne mettons pas les *filles* dans le cas de nous *compter*. »

Que de cocus dans notre ville,
Maître Simon, *sans vous compter !*
—Morbleu ! cessez de plaisanter ;
Un railleur m'échauffe la bile.
— Eh bien ! soit : je change de style ;
Déridez ce front mécontent :
Que de cocus dans notre ville,
Maître Simon, *en vous comptant !*
ANDRIEUX.

« Je *comptais de* les bien appliquer, etc. » LE SAGE, *Gil-Blas*, t. I, p. 326, édit. de 1826.

« Je *comptais de*... je faisais compte de... je me proposais de, je croyais être sûr de... Exemple de l'emploi de la préposition *de* après le verbe *compter*, dans le sens de *se flatter, s'imaginer*, etc. On supprimerait aujourd'hui la préposition. *Compter* alors veut dire *croire*, et semble plus affirmatif. Cette remarque ne se trouve dans aucun de nos dictionnaires. » FR. DE NEUFCHATEAU, *note* au bas de la page.

CONCENTRER, *v.* « Tant les courtisans sont habiles à *concentrer* l'État en eux-mêmes ! » LA BEAUMELLE.

CONCHE, *s. f.* de l'italien *concio*, ornement, manière d'être. « J'allois pour moy en bonne *conche*, replet et en tel bon point, qu'au plus maigre endroit je portois quatre doigts de graisse. » *Guzm. d'Alfar.* liv. II de la 2e partie.

CONCILIABULE, *s. m.* Ce mot se prend ordinairement en mauvaise part. Mad. de Sévigné dit en badinant : « Vous êtes tous sages ; votre *conciliabule* assemblé ; vous prendrez les bonnes résolutions. »

CONCILIATRICE, *s. f.* euphémisme. « Sa profession étoit d'être *conciliatrice* des volontés. » SCARRON.

CONCLUSION, *s. f.* On a dit de Bayle qu'il était l'avocat-général des philosophes, mais qu'il ne donnait pas de *conclusions*.

CONCOURIR, *v.* Ce mot était encore tout nouveau du temps de Montaigne ; du moins on ne le trouve ni dans Nicot, ni dans Cotgrave. On lit dans l'édition des *Essais* de Jean Petitpas, Paris, 1611 : « L'authorité y *concurre* quant et la raison. » L. II, ch. 17.

CONDAMNER, *v.* Delille a fait un usage hardi de ce verbe :

Les rois sont *condamnés* à la magnificence.

CONDITION, *s. f.* « Le luxe et la vanité n'ont plus de bornes, et chacun se fait de ses propres vices les vertus de sa *condition*. » FLÉCHIER. Ce mot se disait autrefois, en France, de l'état d'un homme considéré par rapport à sa naissance.

« Il semblait, dit M. Dureau de la Malle, note 8 du liv. 1er de sa traduction des *Annales* de Tacite, que la noblesse chez les Romains fût la liberté. Ceci, ajoute-t-il, donne, je crois, l'explication d'une phrase que nous employons souvent, et qui a quelque chose de bizarre. Nous disons *un homme de condition*, pour désigner *un noble* : c'est, je pense, la traduction de l'*ingenuus* des Romains, *homme de condition libre* ; et comme avec le temps les longues phrases s'abrégent, on a fini par dire *homme de condition* tout court. »

CONDITIONNER, *v.* C'est proprement mettre des conditions, et par extension, faire, accomplir une chose d'après les conditions établies, et par conséquent la bien faire, en sorte que la partie qui a fixé les conditions soit satisfaite : de là *une chose bien conditionnée*, pour bien faite, accomplie.

On dit d'un homme ivre : « Le voilà bien *conditionné* ! » LE SAGE, *Gil-Blas*.

CONDOLÉANCE, *s. f.* Si l'on en croit Vaugelas, ce mot n'était plus du bel usage lorsqu'il publia ses *Remarques*. Cependant il a appelé de cette proscription, et avec raison ; car il manquerait à la langue.

Se condouloir, pour dire prendre part à la douleur de quelqu'un, lui témoigner qu'on y prend part, qui est le composé de l'ancien verbe *se douloir*, quoiqu'aussi nécessaire que *condoléance*, et usité du temps de Vaugelas, est tombé en désuétude.

CONDUIRE, *v.* Montaigne dit de Plutarque et de Sénèque : « L'un nous *conduit* et l'autre nous pousse. »

CONDUITE, *s. f.*

ÉPIGRAMME.

Ta pièce, m'a-t-on dit, du premier jour proscrite,
Tout à plat est tombée. — Oui, mon cher oncle.
[— Mais
Que lui reproche-t-on ? — De manquer de *con-*
[*duite.*
— Ah ! qu'elle est bien de toi ! car tu n'en eus jamais.

CONFABULATION, *s. f.* du latin *confabulatio* (entretien familier). Ils étaient en *confabulation*.

CONFABULER, *v.* du latin *confabulari* (s'entretenir familièrement). Ces deux termes ne s'emploient qu'en plaisanterie. Et pourtant ne pourrait-on pas dire : Qui n'aime pas à *confabuler* le soir, au coin de l'âtre et les pieds sur les chenets, avec un homme qui a voyagé en observateur ?

On m'a conté (l'on m'a menti peut-être)
Qu'Apelle un jour vint, entre cinq et six,
Confabuler chez son ami Zeuxis.
VOLTAIRE.

CONFÈS, CONFESSE, *adj.* ancien mot qui signifiait celui, celle qui s'est confessé.

Le privatif *déconfès*, *esse*, sans confession, se disait de même.

CONFESSEUR, *s. m.* Pascal parle de quelqu'un qui avait deux *confesseurs*, l'un pour les péchés mortels, l'autre pour les véniels.

Un ministre luthérien, Vitus Theodorus, ne trouvant pas le mot *confessor* assez latin, a mis *auditor sordium Cæsaris*, pour exprimer le *confesseur* de Charles-Quint. *Epist.* 67, parmi celles de Calvin.

CONFESSION, *s. f.* « La *confession* généreuse et libre énerve le reproche et désarme l'injure. » MONT. l. III, c. 9.

CONFIANCE, *s. f.* est le composé de *fiance*, du latin *fiducia*, et *fiducia* vient, selon Jac. Sylvius, de *fidentia*. *Fiance* se trouve dans le *Roman du Renard*, dans celui des *Neuf Preux*, dans Froissart, dans Alain Chartier, etc.

CONFIDENCE, *s. f.* « Une *confidence* prouve aussi souvent l'indiscrétion que de la confiance. » ARNAULD.

M'est-il permis d'entrer dans votre confidence?
QUINAULT, *Phaéton*, opéra, act. 1, sc. 2.

On dit *être dans la confidence* de quelqu'un, pourquoi ne dirait-on pas *entrer dans sa confidence ?*

CONFIDENT, *s. m. et adj.* « Il arriva que le même homme (le marquis de Dangeau) fut à la fois le *confident* du roi et de Madame, dans ce commerce ingénieux. » VOLTAIRE.

Racine a fait un usage hardi de ce mot comme adjectif :

Prêt à faire sur vous éclater la vengeance
D'un geste *confident* de notre intelligence.
Britannicus.

CONFIDENTE, *s. f.* euphémisme, mot honnête pour exprimer un ministère qui ne l'est pas.

CONFIRE *des fruits, v.* Ce mot vient, suivant Regnier Desmarais, du latin *conficere* (faire ensemble, composer, confectionner).

« Ainsi se remplit le monde et se *confit* en fadeze et en mensonges. » MONT. l. II, c. 12.

CONFIT, E, *adj.* et *part.* Nos auteurs ont fait un grand usage de ce terme pris au figuré. « Nous en sommes tous *confits* (d'inanité et de fadaise), tant les uns que les autres. » MONT. liv. III, ch. 9. Le même, en parlant de la jalousie naturelle aux femmes : « Leur nature est toute *confite* en soupçon, vanité, curiosité. » « Les refus ne valent rien que *confits*; encore faut-il beaucoup de sucre, pour en ôter l'amertume. » COSTAR. « Est-ce pas une estrange et piteuse misère de l'humaine nature, qu'elle soit toute *confite* en erreur et aveuglement? » CHARRON. liv. I, ch. 6. Régnier. *Sat.* II, en parlant des mauvais poètes de son temps, s'exprime ainsi :

Compagnons de Minerve et *confits* en science.

La soubrette, dans *Tartufe*, prend plaisamment le langage de l'imposteur :

Cet hymen de tous biens comblera vos désirs ;
Il sera tout *confit* en douceurs et plaisirs.

Même convenance dans ce passage de *Vert-vert* :

Bien est-il vrai qu'il parlait comme un livre,
Toujours d'un ton *confit* en savoir-vivre.
GRESSET.

CONFISQUER, *v.* du latin *confiscare* dérivé de *fiscus* (fisc ou domaine du prince), d'autant que chez les Romains le sénat avait adjugé au prince les biens de ceux qui étaient convaincus du crime de lèse-majesté : or, le *fisc* (*fiscus*) était distinct du trésor public qu'on appelait *Ærarium publicum*.

Tâchons d'avoir du bien qui ne coure aucun risque ;
Un grand fonds de vertu rarement se *confisque*.
BOURSAULT.

CONFLAGRATION, *s. f.* incendie général. « Les géans voyans que tout leur camp estoit noyé emportèrent leur roy Anarche à leur col, le mieulx qu'ils peurent, hors du fort, comme feit Æneas son père Anchises, de la *conflagration* de Troye. » RABELAIS, liv. II, ch. 29. Oudin, *Dict. des trois langues*, le présente comme un mot douteux, et le marque d'une étoile. Un auteur du dernier siècle a employé ce mot qu'on a regardé comme un néologisme : « Vous périrez, et, dans la *conflagration* universelle, que vous ne craignez pas d'allumer, la perte de votre honneur ne sauvera pas une seule de vos détestables jouissances. » MIRABEAU.

CONFLIT, *s. m.* que nos pères écrivaient *conflict*, du latin *conflictus* (choc, combat). Au milieu de ce *conflit* d'espérance, de crainte et de honte, a dit M. Dureau de la Malle, trad. de *Tacite, Histoires*, liv. IV, ch. 59.

CONFLUER, *v.* du latin *cum* et *fluere* (couler ensemble, joindre ses eaux). « Comme plusieurs torrens qui *confluent* ensemble tout à coup sur une même place. » AMYOT. Nicolas Pasquier s'en est servi au figuré : « Si l'intention de ceux qui y sont appelez (aux Etats) *confluait* en un mesme vœu de réformation. » Liv. I, lett. 2. Pourquoi avoir perdu ce mot si utile au propre, si expressif au figuré, quand nous avons *fluer, refluer* et *confluent*?

CONFLUENT, *s. m.* C'est le lieu où deux rivières se joignent. Le village appelé *Conflans*, à deux lieues de Paris, est ainsi nommé, parce que la Seine et la Marne viennent s'unir auprès de ses murs. Ce nom de *conflans* est également commun à plusieurs autres villes ou villages situés au confluent de deux rivières, et ils ne le doivent qu'à la même cause.

CONFORT, *s. m.* secours, consolation, qui nous a donné son composé *réconfort*, n'est plus usité.

CONFORTABLE, *adj.* Nous devrions bien reprendre aux Anglais ce mot expressif qu'ils nous ont emprunté et qui nous manque.

CONFORTER, *v.* fortifier, consoler. Voilà encore un de ces simples dont nous sommes privés, du moins au figuré, tandis que nous avons encore les composés *déconforter*, *réconforter*. « Chacun à qui mieux mieux raplastrant et *confortant* la créance reçue de tout ce que peut sa raison. » MONT. liv. II, ch. 12. « Je me *conforte* de mes disgrâces en buvant de meilleur vin que le bonhomme Loth. » VOLT.

CONFUSION, *s. f.* Montaigne est le seul de nos écrivains qui ait donné à ce mot le sens énergique et touchant qu'il a dans le passage suivant : « En ce noble commerce (entre deux vrais amis), les offices et les bienfaits nourriciers des autres amitiés ne méritent pas seulement d'être mis en compte. Cette *confusion* si pleine de nos volontés, en est cause. »

On disait autrefois faire une *confusion*, pour une faute publique en lisant ou en chantant; c. à d. de nature à rendre *confus*.

CONGÉ, *s. m.* du latin *congiarium*. Les Romains appelaient ainsi une gratification que d'abord les consuls, et ensuite les empereurs accordaient au peuple, indépendamment des distributions gratuites de blé qui revenaient régulièrement tous les ans. Le *congiarium* fut d'abord donné en huile et en vin, puis en argent. *Congiarium* est dérivé de *congius* (conge) mot par lequel on exprimait une mesure romaine pour les liquides.

CONGLOMÉRER, *v.* « Que de républiques sont devenues des chênes dans de petits terrains, parce que la noblesse et le clergé s'y sont *conglomérés* avec le peuple, et n'ont avec lui qu'un intérêt commun. » BERN. DE SAINT-PIERRE.

CONGRÈS, *s. m.* du latin *congressus* (approche, jonction, commerce). Ce mot exprimait autrefois une épreuve de la puissance ou impuissance des gens mariés, ordonnée par justice en certaines occasions. Cette épreuve, avons-nous dit, dans notre *Nouv. Dict. des Origines*, t. 1, pag. 278, était autrefois usitée dans les officialités, quand on attaquait un mariage de nullité pour fait d'impuissance. Elle s'introduisit, vers le milieu du 16e siècle, par l'impudence d'un jeune homme qui, accusé d'impuissance, offrit de prouver le contraire en présence de chirurgiens et de matrones. L'official eut la faiblesse de déférer à sa demande, et cette singulière jurisprudence fut autorisée par les parlemens.

Le ridicule, l'indécence et le peu de certitude de cette épreuve, l'ont fait défendre le 18 février 1677, par un acte solennel, à l'occasion du mariage de Cordouan, marquis de Langey, avec une Saint-Simon Courtomer. Après trois ans d'habitation, le mariage fut déclaré nul pour cause d'impuissance. La femme épousa ensuite le marquis de Boësle-Caumont, et Langey épousa Diane de Montault de Noailles, dont il eut sept enfans.

On fait honneur de cette suppression à ces vers de Boileau, *Sat.* VIII.

Jamais la biche en rut n'a, pour fait d'impuissance,
Traîné du fond des bois un cerf à l'audience ;
Et jamais juge, entre eux ordonnant le *congrès*,
De ce burlesque mot n'a sali ses arrêts.

« Ces vers, dit Brossette, frappèrent le premier président, M. de Lamoignon. »

On entend aussi par *congrès* une assemblée de ministres de plusieurs puissances, réunis pour discuter et défendre les intérêts respectifs de leurs Cours ; c'est ainsi que l'on dit *congrès* d'Utrecht, de Cambrai, de Rastadt, de Vérone.

CONJECTURE, *s. f.* « Dans le monde, on n'agit que par *conjoncture*, et l'on ne parle que par *conjecture*. » Le maréchal DE CLEREMBAULT.

Conjectureur. Les journalistes de Trévoux ont hasardé le mot *conjectureur*, pour un homme hardi dans ses *conjectures*. Il est peu usité.

CONJONCTURE. *s. f.* Ce mot pris de l'ital. *congiuntura*, n'est venu en usage que du temps de la reine Catherine de Médicis. Vaugelas ajoute qu'on le trouvait déjà beau et expressif du temps du card. du Perron et de Malherbe, mais qu'on n'osait presque pas s'en servir.

CONJOUIR (se), *v.* est un mot qui

a vieilli. Il a fait *conjouissance* qui est encore en usage, *faire des complimens de conjouissance. Académ. sur Vaugelas*, Paris, 1704, pag. 235. Le verbe est tout-à-fait vieux, et le substantif est peu usité aujourd'hui.

CONJUNGO, *s. m.* mot fait à plaisir pour exprimer le mariage, la célébration du mariage ; il est emprunté du latin où il signifie *j'unis, je joins*, parce que dans la célébration du mariage, le prêtre emploie cette formule : *ego vos conjungo* (je vous unis).

> Couvert d'or, chargé de frisure,
> Un petit-maître à son curé
> Menait pour ses noces conclure,
> Une caillette au teint plâtré.
> Le pasteur voyant l'encolure
> De ce couple défiguré,
> Dit : or ça, race déguisée,
> Avant d'avoir un *conjungo*,
> Que je sache, sans qui-pro-quo,
> Qui de vous deux est l'épousée.

CONJURER, *v.* du latin *cum* et *jurare* (jurer ensemble) parce que les conjurés se lient par serment. Il signifie par extension se préserver de quelque chose, l'éloigner. Ce verbe était déjà usité du temps de Montaigne. « On *conjure*, dit-il, les maladies mieux par courtoisie que par braverie. » Liv. III, ch. 13.

CONNAÎTRE, *v.* qu'on a écrit *cognoistre*, du latin *cognocere* qui a la même signification. « Je regrette tous les jours un temps, où il est bien plus doux de sentir que de *connaître*. » SAINT-ÉVREMONT. Les gens fiers n'ont jamais d'amis, dans la prospérité, ils ne *connaissent* personne, et dans l'adversité, personne ne les *connaît*. « Chacun croit se *connaître*, et croit que les autres ne se *connaissent* pas. » L'abbé TRUBLET. « Je *connais* la tendresse de Mad. de Sénantes pour moi ; je *connais* sa sagesse envers tout le monde ; et plus que cela, je *connais* mon propre mérite. —Vous avez là de belles *connaissances*, M. le marquis, dit Matta, je les salue toutes trois ; à votre santé. » HAMILT. *Mém. de Gram.*

On dit *connaître une femme*, pour dire en jouir, la voir charnellement ; cette expression se trouve dans la Vulgate, Genèse, ch. IV, v. 1 : *Adam verò cognovit uxorem suam Hevam : quæ concepit Caïn* (Adam *connut* sa femme Eve, qui conçut Caïn) ; et ch. XIX, v. 8 : *Habeo duas filias quæ necdum cognoverunt virum* (j'ai deux filles qui n'ont pas encore connu d'homme).

CONNECTER, *v.* « Toutes ses propositions se suivent géométriquement, et *connectent* les unes avec les autres, comme les anneaux d'une chaîne. » FRÉDÉRIC II à Voltaire.

CONNÉTABLE, *s. m.* du latin *comes stabuli* (comte de l'écurie), le *comestable, comes stabuli*, et par corruption *connestabilis* avait la surintendance des écuries. « Celui qui, chez les Francs, était chargé de la surveillance des chevaux, des écuries et des étables, devint, dit M. Dulaure, le premier dignitaire de la monarchie française, sous le titre de *comes stabuli*, comte de l'étable ou *connétable*. » *Hist. de Paris*, tom. I, p. 193. 2ᵉ édit. De *connétable* est dérivé *connétablie*, qui s'est dit pour *connestablerie*, qui se trouve dans l'*Hist. de la maison de Montmorency*, Paris, 1624, pag. 421.

CONNIL, *s. m.* vieux mot, du latin *cuniculus* (lapin). On trouve aussi *connin* avec la même signification dans les Ordonnances de saint Louis. Le lapin est un animal faible et timide, qui n'échappe au danger que par la fuite ; de là sont dérivés les mots suivans, qui aujourd'hui sont hors d'usage.

CONNILLER, *v.* chercher des subterfuges dans un procès, dans une dispute. Ce terme était, selon Ménage, autrefois fort en usage en Anjou. « Comment la philosophie qui me doit roidir le courage pour fouler aux pieds les adversitez, vient à cette mollesse, de me faire *conniller* par des détours couards et ridicules ? » MONT. « Le roy (Henri III) réduit au petit pied, *connille*, tantost à Chartres, tantost à Vernon. » ET. PASQUIER, liv. XII, lett. 9.

CONNILLEUR, *s. m.* lâche, timide, qui use de détours. De ces mots, Montaigne a formé le suivant :

CONNILLIÈRE *s. f.* subterfuge,

échappatoire. « C'est aux dépens de nostre franchise et de l'honneur de nostre courage, que nous désavouons nostre pensée, et cherchons des *connillières* en la fausseté pour nous accorder. » MONT. liv. III, ch. 10.

CONQUÉRANT, *s. m.* « Un conquérant est un homme dont la tête se sert avec une habileté heureuse du bras d'autrui. » VOLTAIRE.

L'Académie ne connait de féminin à *conquérant* que quand il est adjectif : *une nation conquérante.* Cependant Fontenelle a dit : « Si j'avois à revivre, je voudrois être une petite *conquérante*; car la beauté a un droit naturel de commander aux hommes. » *Dial. des Morts.* Et depuis, M. Toulotte, *Hist. des Empereurs,* en parlant de la reine Zénobie : « Aurélien passa en Asie, pour reprendre les provinces que cette illustre *conquérante* avait envahies. » Et nous croyons qu'il a bien fait d'employer ce substantif féminin.

CONQUÉRIR, *v.* du latin *conquirere* (chercher avec empressement); on a dit aussi *conquester* et *conquéter,* du latin *conquestare,* dans la basse latinité.

CONSCIENCE, *s. f.* du latin *conscientia.* « Les sectes n'ont point de *conscience* politique; elles s'attachent à ceux qui favorisent d'abord leur liberté, et ensuite leur intolérance. » LE MONTEY, *Mém. de Louis* XIV. « On peut dire de bien des gens, et surtout des princes, ce qu'on disoit en Portugal du cardinal Henri, que, tout scrupuleux qu'il étoit, il avoit deux *consciences*, l'une pour ce qu'il vouloit, et l'autre pour ce qu'il ne vouloit pas. » AMELOT DE LA HOUSSAYE, *Notes sur les Ann. de Tacite.* « Quand la bourse se rétrécit, la *conscience* s'élargist. » *Contes d'Eutrapel,* tom. 2. « Un véritable ami est une seconde *conscience.* Il n'y a point de tribunal plus sévère que celui d'une bonne *conscience.* » SAINT-ÉVREMONT.

Conscience, tribunal secret,

Contre lequel il n'est point de refuge;
Il parle dans nos cœurs, rien n'étouffe sa voix,
Et de nos actions il est tout à la fois
La loi, l'accusateur, le témoin et le juge.

Conscience, se prend quelquefois pour l'estomac, parce que c'est sur la poitrine ou sur l'estomac que l'on pose la main en affirmant, que c'est la poitrine ou l'estomac que l'on frappe dans le repentir, comme si cette partie du corps était le siége de la *conscience* :

Puis quand il eut *mis sur sa conscience*
Broc de vin blanc du meilleur qu'on élise :
« Mon Dieu ! dit-il, donnez-moi patience,
Qu'on a de mal à servir sainte Eglise ! »
CL. MAROT.

Notre vieux curé chaque jour
Se mettoit sur la conscience
Un chapon de sa basse-cour.
Carême in-promptu.

CONSCIENCIEUSEMENT, *adv.* « Je ne sais si l'on n'auroit pas moins de dépit de se voir tuer brutalement par des gens emportés, que de se sentir *consciencieusement* poignarder par des gens dévots. » RICHELET.

CONSCIENCIEUX, EUSE, *adj.* « Montaigne dit que le mariage est une volupté sage et *consciencieuse.* »

CONSCRIPT, du latin *conscriptus* (écrit avec, ensemble).

Pères conscripts, en latin *patres conscripti,* nom qui servit d'abord à désigner les sénateurs que Junius Brutus, premier consul romain, créa. Ils furent nommés ainsi parce qu'ils furent inscrits sur la même liste que les premiers sénateurs créés par Romulus et par Tarquin l'Ancien.

On appelle aujourd'hui *conscrits*, mot qui a succédé à celui de *réquisitionnaires,* et tous deux sont nés de la révolution, les jeunes gens sujets à la conscription militaire.

CONSEIL, *s. m.* qu'on trouve écrit concile dans le *Roman du Renard,* du latin *consilium.* « Faites de l'amitié que vous avez pour moi le chef de votre *conseil.* » Mme DE SÉVIGNÉ. « Un jeune esprit a un extrême besoin d'être à l'abri de quelques *conseils,* comme les fleurs tendres ont besoin qu'on les couvre, pour les garantir du froid. » HALIFAX.

En conseil, s'est dit autrefois pour en secret. C'est en ce sens qu'un clerc de procureur, après avoir fait accroire à un paysan que son maître était sourd, et au procureur que le paysan avait perdu l'ouïe, dit : « Nos gens ne parleront pas tantost *en conseil*; » c'est-à-dire, crieront bien fort. » DESPÉRIERS, n° 12. *Voyez* CONSEILLER.

CONSEILLER, *v.* « Il étoit d'autant plus dangereux pour *conseiller* les grandes choses, qu'il les avoit beaucoup plus dans l'esprit que dans le cœur. Les gens de caractère n'exécutent rien, et, par cette raison, ils *conseillent* tout. » Le card. DE RETZ.

Joinville rapporte qu'étant à la table du roi, avec Robert de Sorbon, « l'un auprès de l'autre, et parlions, dit-il, *conseil* l'un à l'autre; quoy voyant, le bon roy nous reprint : vous faites mal de *conseiller* cy; parlez haut, afin que vos compagnons ne doutent que vous parlez d'eux en mal, etc. » M. Du Cange a observé, sur cet endroit, que *parler en conseil*, et *conseiller*, c'est parler en secret, et que cette façon de parler était commune en ce temps-là.

CONSEILLER, *s. m.* Le *conseiller* des Grâces (le miroir) phrase de précieuse. La Fontaine a dit :

Le *conseiller* muet dont se servent nos dames.

L'expression est ingénieuse et jolie.

CONSÉQUENCE, *s. f.* « Une des erreurs les plus communes est de prendre les suites pour les *conséquences*. » Le duc DE LÉVIS. *Voyez* CONSÉQUENT.

CONSÉQUENT, ENTE, *adj.* qui raisonne, qui agit conséquemment.

« J'entends dire de toute part, dit N. L. D. Emeric, *c'est conséquent, c'est une affaire conséquente. Monsieur un tel fait un mariage conséquent. Cette maison de commerce est conséquente. Madame une telle est ruinée; elle vient de perdre un procès conséquent. La pauvre femme! que va-t-elle devenir? Ses charmes ne sont plus conséquens.*

» Le mot *conséquent*, pris pour synonyme de *grand, considérable, riche, important*, tire son origine du commerce. Les négocians spéculent sur tout; et pour n'avoir pas la peine, soit dans la conversation, soit dans la correspondance, de faire les frais de plusieurs mots pour exprimer différentes choses, ces messieurs, qui sont très-*conséquens*, en ont adopté un seul sans autorité, et l'ont jeté dans le monde comme un aventurier qui, en jouant un rôle ridicule, devait pourtant favoriser leurs grands intérêts.

» Du commerce, le mot *conséquent* a passé dans le barreau. De là les avocats, les procureurs, les greffiers l'ont transmis d'un ton doctoral à leurs cliens; ceux-ci l'ont reçu avec une sorte de reconnaissance. Les gens à prétentions, à bons mots, à calembours, à logogryphes, les *incroyables*, les *mèrveilleuses* enfin, s'en sont emparés; et comme le nombre des ignorans a toujours été et sera toujours plus considérable que celui des gens instruits, ce mot est accueilli depuis dans toutes les sociétés, et voltige lourdement presque sur toutes les lèvres. Or, comme il n'est pas juste qu'un intrigant, un vagabond, un parasite occupe la place d'une infinité d'autres mots qui ont plus de grâce, plus de décence que lui, et qu'il subsiste à leurs dépens, je le dénonce aux yeux et aux oreilles de tous les gens éclairés, et je lui déclare la guerre, jusqu'à ce qu'il ait repris ses véritables fonctions, qu'il ne retrouvera qu'en morale et en logique.

» En morale, un homme qui agit contre ses principes ou contre sa conduite ordinaire, n'est pas *conséquent*. Une épouse infidèle n'est pas *conséquente*. Les suites de son infidélité peuvent être de conséquence, mais elles ne sont jamais *conséquentes*.

» L'intérêt est d'une grande conséquence; il agit sur tous les cœurs avec plus ou moins de force, et sa dangereuse impression fait que les hommes, en général, ne sont pas *conséquens*. Mais on est *conséquent*, et très-*conséquent*, lorsque les actions répondent aux opinions ou aux principes qu'on a toujours professés.

» Un raisonnement est, pour l'ordinaire, composé de trois propositions : la majeure, la mineure et la conclusion. Lorsque la dernière de ces propositions se trouve déduite avec justesse des deux autres, qu'on appelle aussi *prémisses*, alors on dit, en terme de logique, ce raisonnement est *conséquent*. Exemple :

» Tout homme qui fait une belle action, est récompensé par le gouvernement.

» Or, vous avez fait une belle action : donc, vous serez récompensé par le gouvernement.

» Voilà ce que j'avais à dire sur un mot que la plupart des gens prononcent avec tant de plaisir. Que ceux-là mêmes exercent leur imagination à me comprendre; et s'ils y parviennent, qu'ils se corrigent, et ils deviendront *conséquens.* »

On se sert du mot *conséquent*,
Sans en savoir la *conséquence*.
Cela, dit-on, est *conséquent*;
Mais, hélas! quelle *conséquence*!
Est-on grippé? c'est *conséquent*,
On tousse, on souffre en *conséquence*.
Vient un docteur très-*conséquent*,
Lequel vous traite en *conséquence*.
Admirez comme l'éloquence
S'embellit dans le temps présent!
On a fait le mot *conséquent*
Synonyme de *conséquence*,
Pour lui donner plus d'importance :
Aussi les hommes *conséquens*
Ne sont plus les gens de bon sens :
Ce sont les gens de *conséquence*.

CONSIDÉRATION, *s. f.* du latin *consideratio* (manière de considérer). « Si vous entendez *une femme* médire de l'amour, et *un homme de lettres* déprécier la *considération publique*, dites de *l'une* que ses charmes se passent, et de *l'autre* que son talent se perd. » DIDEROT.

« Il ne faut se servir du mot de *considération* que pour ses inférieurs; car, quand on *considère*, on apprécie quelqu'un. Un officier demandait une grâce au maréchal de.... il finit sa lettre par la *considération* : le maréchal accorda ce qu'il lui demandait, et finit ainsi sa lettre : *Au reste, je vous prie de garder votre considération pour vos inférieurs, votre attachement pour vos égaux, et un profond respect pour le maréchal de....* » Mme Necker, qui cite cette anecdote, aurait pu ajouter qu'on accorde la *considération* non seulement à ses inférieurs, mais à ses égaux, au moyen de l'épithète qui la modifie suivant les convenances.

Une *considération*, c'est ainsi qu'on appelait, il y a cinquante ans environ, une espèce de panier rempli de crin et fait de fer, que portaient les femmes.

CONSOLER, *v.* « Peu de chose nous *console*, parce que peu de chose nous afflige. » PASCAL. « Votre affliction me touche à un point que j'aurais besoin qu'on m'en *consolât*. » BUSSY-RABUTIN. « On se peut *consoler* de tout, quand on est médiocrement sage, ou médiocrement fou. » CORBINELLI.

ÉPIGRAMME.

Quand un objet fait résistance,
L'Anglais, fier et vain, s'en offense;
L'Italien est désolé;
L'Espagnol est inconsolable;
L'Allemand se *console* à table,
Le Français est tout *consolé*.

MADRIGAL.

Que mon destin est rigoureux!
Iris, l'aimable Iris a perdu la lumière;
Douce, obligeante, quoique fière,
Près d'elle je trouvais tout ce qui rend heureux.
Appuyé d'un recours si sûr et si fidèle,
De tous ses déplaisirs mon cœur venait à bout;
Iris me *consolait* de tout,
Et rien ne me *console* d'elle.

LA SABLIÈRE.

On parlait un jour à Fontenelle de la haute fortune que le cardinal Dubois avait faite, tandis que lui, qui n'était pas moins aimé du Régent, n'en avait fait aucune. « Cela est vrai, répondit le philosophe, mais je n'ai jamais eu besoin que le cardinal Dubois vînt me *consoler*. »

CONSONNER, *v.* Consonne, *consonnance* et surtout l'adjectif *consonnant*, supposent le verbe *consonner* dont s'est servi Bernardin de Saint-Pierre. « Le bouvreuil, dit-il, *consonne* et contraste très-agréablement avec l'épine blanche. »

CONSORCE, *consortium* (conformité de sort, de condition). « J'ayme à veoir ces ames principales (les philosophes de l'antiquité) ne se pouvoir desprendre de nostre *consorce*. Tant parfaicts hommes qu'ils soyent, ce sont tousiours bien lourdement des hommes. » MONTAIGNE, liv. III, ch. 4. L'autorité de Montaigne n'a pu faire passer ce mot, quoique nous ayons *consorts*, qui signifie, en terme de pratique, ceux qui ont le même intérêt, qui suivent le même sort dans une affaire.

CONSPIRER, *v.* du latin *conspirare* (proprement souffler ensemble, au figuré, agir de concert pour l'exécution d'un dessein); avec un régime direct, il se prend toujours en mauvaise part.

Qui croirait en effet. . . . .
Qu'un peuple tout entier tant de fois triomphant
N'eût daigné *conspirer* que la mort d'un enfant?
RACINE.

Mais avec un complément indirect, il se prend tantôt en bonne, tantôt en mauvaise part.

A mes nobles projets je vois tout *conspirer*.
RACINE.

Chaque syllabe mesurée
Par sa courte et lente durée
Conspirait aux plus doux accords.
L. RACINE, *Ode sur l'Harmonie*.

Conspirer a été également pris en bonne part par les Latins : *omnes ad majestatem populi romani defendendam* conspirare *videntur* (tous semblent *conspirer* à défendre la majesté du peuple romain). CICÉRON, *Philipp.* 1-13, et même le mot *conspiratio* (conspiration) : *Hanc concordiam et* conspirationem *omnium ordinum ad defendendam libertatem*. (Cet accord et cette *conspiration* de tous les ordres pour défendre la liberté.) *Le même.*

CONSTELLATION, *s. f.* Robertson, parlant des génies qu'a produits l'avant-dernier siècle, les appelle une *constellation* de grands hommes.

CONSTIPER, *v.* « Nostre esprit se *constipe* et s'espaissit en vieillissant. » MONTAIGNE.

CONSUBSTANTIEL, ELLE, *adj.* « Les biens et les maulx sont *consubstanciels* à nostre vie. Nostre estre ne peut sans ce meslange; et y est l'une bande non moins nécessaire que l'autre. » MONTAIGNE, liv. III, ch. 13.

CONSUMANT, TE, *part.* J. J. Rousseau fait souvent du participe un adjectif verbal, en voici un exemple : « La musique était pour moi une autre passion non moins fougueuse et non moins *consumante*

par l'ardeur avec laquelle je m'y livrais, etc. » *Conf.* liv. v.

CONSUMER, *v.* (*cum* et *sumere*, prendre tout à la fois). « Je n'aime la fièvre à rien : on dit qu'elle *consume*, mais c'est la vie. » SÉVIGNÉ.

CONTADIN, *s. m.* de l'ital. *contadino*. Ce mot, qui se trouve dans Montaigne, liv. I, ch. 35, valait bien notre mot *paysan*.

CONTAGION, *s. f.* « Les gens heureux fuyent les misérables; il semble qu'ils craignent de le devenir par *contagion*. » SAINT-ÉVREMONT.

CONTE, *s. m.* récit de choses badines ou fabuleuses. Nous disons des *contes de bonne femme*, *de grand'mère*, *de vieille femme*, des fables ridicules telles que sont celles dont les vieilles gens amusent les enfans. Quintilien a dit, dans le même sens, *aniles fabulæ* (des contes de vieille femme). Des *contes de ma mère l'Oie*. « Cette expression est prise d'un ancien fabliau, dans lequel on représente une mère *oie* instruisant des petits *oisons*, et leur faisant des contes dignes d'elle et d'eux. Ils les écoutent avec une telle attention, qu'ils semblent absorbés dans la situation qu'on leur peint, et bridés par l'intérêt qu'on leur inspire. » *Biblioth. des Rom.*

Une comédie, insérée dans le *Recueil des pièces italiennes* de Ghérardi, tom. 6, porte pour titre : *Les Fées*, ou *Les Contes de ma mère l'Oie*. Le conte de Perrault qui porte le titre de *Peau d'âne* a fait donner ce nom à tous les contes absurdes et faits seulement pour attirer l'attention des enfans.

Le *conte* de *Peau d'âne* est difficile à croire,
Mais, tant que dans le monde on aura des enfants,
Des mères et des mères grands,
On en gardera la mémoire.
CH. PERRAULT, *Peau d'âne*, conte.

Ici, *conte de Peau d'âne* n'est pas pris proverbialement, il est pris dans sa première signification, de même que dans ces vers de La Fontaine :

Si *Peau d'âne* m'était conté,
J'y prendrais un plaisir extrême.

Ce *conte* de Perrault est ainsi appelé du nom ou plutôt du sobriquet donné par l'auteur à la jeune princesse qui en est l'héroïne,

> Et que *Peau d'âne* l'on appelle,
> A cause de la peau qu'elle met sur son cou.
> PERRAULT, *Peau d'âne.*

On appelle encore *conte en l'air*, *conte bleu*, *conte jaune*, *conte borgne*, des contes ridicules et dénués de vraisemblance.

> Quoi, *des contes en l'air* et sur l'heure inventés?
> CORNEILLE, *le Menteur*, act. v, sc. 3.

LE CHEVALIER.

« Rien n'est si faux que cette prétendue perte au jeu, etc.

LE COMTE.

» Es-tu bien sûr que ce soit si fort un *conte bleu*? » COLLÉ, Prov. dram. *A femme galante, galant escroc*, sc. 1re.

Faire un conte signifie débiter des mensonges, en faire accroire. Comme on dit *en conter à une femme*, pour lui dire des fleurettes, la cajoler, on dit dans le même sens, *lui faire des contes.*

COLETTE (*jeune laitière*).

« Ces gens de la ville ça a toujours queuques *contes* à vous faire : ... Mamzelle, il est ben blanc votre lait. — Oui, Monsieur. — Mais, vous êtes encore pus blanche, vous, Mamzelle. — Monsieur, vous êtes bien bon. — Etes-vous aussi douce? voyons-ça. — A bas les mains, Monsieur, pas de gestes. » *Le faux Talisman*, Prov. dramat. sc. VI, *Recueil* de Carmontel.

CONTEMPLER, *v.* du latin *contemplari*, formé de *templum* qui désignait, chez les Romains, un espace de terre découvert, d'où les augures considéraient attentivement le vol des oiseaux. Cicéron a dit *id animo contemplare quod oculis non potes* (*contemplez* de l'esprit ce qui ne peut tomber sous les yeux).

« La nature est le trône extérieur de la magnificence divine : l'homme qui la *contemple*, qui l'étudie, s'élève par degrés au trône intérieur de la toute-puissance. » BUFFON.

De contempler vient *contemplateur*, *contemplatif*, *contemplation*.

CONTEMPLATEUR, TRICE, *s.* Boileau appelait Molière *le contemplateur* : c'était d'un seul mot faire son portrait et son éloge.

CONTEMPLATIF, IVE, *adj.*

> Elle s'assit sur l'herbe, et très-fort attentive
> Annette la *contemplative*,
> Regarda de son mieux.
> LA FONTAINE, *le Cas de conscience.*

CONTEMPORAIN, AINE, *adj.* La Motte, *Ode sur la Réputation*, a osé dire :

> D'une estime *contemporaine*
> Mon cœur eût été plus jaloux.

CONTEMPTEUR, *s. m.* du latin *contemptor* (celui qui méprise). Ce mot, comme *contemptible*, suppose le verbe *contemner* qui s'est effectivement dit, de même que *contemnement* pour mépris.

Contempteur des lois. Cette expression de Massillon fut censurée dans le temps : qui la blâmerait aujourd'hui? cependant La Bruyère avait dit avant lui : « Uni de goût et d'intérêt avec les *contempteurs* d'Homère, il attend paisiblement que les hommes détrompés lui préfèrent les poètes modernes. » Et Malherbe avait écrit dans une lettre : « C'est un jeune lion qui aura bientôt de la force aux ongles, et alors malheur aux oppresseurs du peuple et aux *contempteurs* de son autorité! » Et, plus anciennement encore, Charron avait appelé le vulgaire « *contempteur* de vertu. » Liv. 1, ch. 48. Cependant il paraissait encore rude en 1685. Aujourd'hui il est établi, mais il paraît réservé au style soutenu :

> Le *contempteur* des dieux, l'exemple des tyrans,
> Mezence le premier conduit ses fiers Toscans.
> DELILLE, trad. de l'*Enéid.* liv. VII.

> Ah! quand de nos captifs ils font une hécatombe,
> Le Germain, *contempteur* de tous les châtimens,
> Reçoit la mort, sourit et tombe.
> MOLLEVAUT, *chant des Bardes.*

CONTEMPTIBLE, digne de mépris. Ce mot a vieilli. « Ils passent ici pour les plus *contemptibles* de tous les hommes. » MAUCROIX, *Schisme d'Angleterre*, liv. III, pag. 496.

CONTENANCE, *s. f.* « Aux lieux de cérémonie, où chascun est si bandé en *contenance*. » MONT. liv. III, ch. 13. Charron a dit avec une énergie qu'on ne supporterait pas aujourd'hui : « L'on envoye sa conscience au b.... et l'on tient sa *contenance* en règle. » Liv. II, ch. 3.

CONTENDANT, ANTE, *adj.* et *s.* vient de l'ancien verbe *contendre* en latin *contendere* (tendre, prétendre à quelque chose avec quelqu'un). Cet infinitif *contendre* se trouve dans Brantôme et dans le *Vœu du Héron*, poème du 14ᵉ siècle. « L'empereur Alexis qui ne *contendoit* que de grever les pélerins, etc. » *Les Neuf Preux*.

On trouve même, dans ce roman, *contend* pour contestation, différent : « Disant que contre le roi Henri il ne vouloit avoir *contend* ne (ni) contre les François. » « La blancheur de son visage *contendoit* avec la blancheur de son voile, à qui l'emporteroit. » BRANTÔME, *les Dames illustres*. « Saladin mit l'un et l'autre des *contendans* hors de jeu, faisant contenance de vouloir gratifier à l'un d'eux. » ET. PASQUIER.

CONTENT, ENTE, *adj.*

O combien des auteurs les destins sont heureux!
Quels que soient leurs talens, leurs plaisirs sont
[extrêmes.
S'ils sont bons, le public alors est *content* d'eux :
Sont-ils mauvais? n'importe, ils sont *contens*
[d'eux-mêmes.
DOURNEAU.

Marié depuis peu ; *content*, je n'en sais rien.
LA FONTAINE.

« Il arrive souvent qu'après s'être satisfait, on n'est pas *content*. » GIRARD, *Syn. franç.*

« Personne n'est *content* de ceux qui ne sont *contens* de personne. » LA BRUYÈRE.

CONTENTEMENT, *s. m.* « Qui est pauvre en désirs est riche en *contentement*. » CHARRON, liv. II, ch. 6.

Mais vivre sans procès est-ce *contentement* ?
RACINE.

CONTENTIEUX, EUSE, *adj.* « La théologie est une science *contentieuse*. » SAINT-ÉVREMONT.

CONTER, *v.* raconter, narrer, faire un conte. « L'une des marques de la médiocrité de l'esprit est de toujours *conter*. » LA BRUYÈRE.

Conte-moi tes vertus, tes glorieux travaux.
CORNEILLE.

En conter signifie absolument et dans le discours familier en faire accroire, dire des mensonges. Il y a une jolie chanson de M. Piis, intitulée *les Faiseurs de contes*, et insérée dans le *Choix des Dîners du Vaudeville*, tom. 2, dont le refrain est :

Comme il en *conte* et comme il ment!

En conter à une femme a une autre nuance, et signifie lui conter fleurette, lui tenir des propos galans.

« Ce fat qui affecte de mépriser les femmes, et qui *en conte* assidument à *la* servante du cabaret où il va s'enivrer tous les jours. » *Théâtre italien* de Ghérardi, tom. v. *La Fontaine de Sapience*, sc. III. *Voy*. CONTE.

CONTEUR, EUSE, *s.* celui, celle qui fait un conte. Que de *conteurs* font dire :

Ce bavard, tout chargé d'histoire,
Me fait maudire à tout moment
Le malheur de son jugement,
Et le bonheur de sa mémoire.

« Les *conteurs* d'histoire ressemblent aux gens qui vivent d'emprunt ; leur crédit ne dure pas. » Le duc DE LÉVIS.

On appelait autrefois *conteurs*, *contours*, ou *contours*, les gens qui inventaient des contes agréables, qu'ils allaient réciter dans les châteaux, et ils différaient des Trouvères, en ce que ceux-ci composaient leurs contes en rimes, et les *conteors* en prose.

CONTEXTURE, *s. f.* « Veu la naturelle instabilité de nos mœurs et opinions, il m'a semblé souvent que les bons autheurs mesmes ont tort de s'opiniastrer à former de nous une constante et solide *contexture*. » MONT. liv II, ch. I.

« Tout ce qui branle ne tombe pas. La *contexture* d'un si grand corps tient a plus d'un clou, » dit le même à propos des troubles de la France. Liv. III, c. 9.

CONTINENT, ENTE, *adj.* qui a la vertu de la continence, du latin *continens*, participe de *continere*, employé en ce sens dans la *Vulgate* : « Qui se non *continet*, *nubat* (que celui qui ne peut *se contenir*, être *continent*, se marie).

CONTORSIONS, *s. f.* du latin, *torsio*, dans Pline, *Hist. nat.* On trouve même *torsions* dans le sens de mouvemens violens qui semblent tordre le corps, dans Amyot : « estans accompagnés de grands battemens de pouls et grandes *torsions*. » *Plut. Œuv. mor.* tom. xvii, pag. 99.

Non, je ne hais rien tant que les *contorsions*
De tous ces grands faiseurs de protestations.
MOLIÈRE.

« Il arrive rarement qu'un orateur se tire d'une période à plusieurs membres, sans donner quelque *contorsion* à la vérité, pour l'ajuster à sa figure. » *Port-Royal*. Ce mot semble plus heureusement placé dans le premier exemple que dans le second.

CONTOURNABLE, *adj.* « Nous avons une ame *contournable* en soi-même; elle se peut faire compagnie; elle a de quoi assaillir et de quoi défendre, de quoi recevoir et de quoi donner. » MONT. liv. I, ch. 38. « La raison humaine est un outil souple, *contournable* et accommodable à toute figure. » *Le même*, liv. II, ch. 12. Charron, grand imitateur de Montaigne, dit, liv. I, ch. 16, en parlant de l'esprit : « c'est un outil vagabond, muable, divers, *contournable*. »

CONTOURNER, *v.* Montaigne, liv. II, ch. 10, reproche aux *Mémoires* de M. Du Bellay « de *contourner* le jugement des événemens, souvent contre raison, à notre advantage. »

« On dit familièrement, observe l'abbé Féraud, *Dict. crit.* : *contourner* une personne, pour chercher à pénétrer ses desseins. » Il cite Marin ; mais est-ce une autorité ?

CONTRADICTION, *s. f.* « Il y a, dit Mme de Maintenon, plus de courage à souffrir des *contradictions* qu'à prendre des villes. » « Si quelque société de gens de lettres veut entreprendre le Dictionnaire des *contradictions*, je souscris, dit Voltaire, pour vingt volumes in-folio. » Les *contradictions* de Voltaire auraient bien pu faire le vingt-unième.

CONTRAINDRE, *v.* du latin *constringere* (serrer, presser). « Qu'est-ce que savoir vivre ? c'est savoir se *contraindre*, sans *contraindre* les autres. » Le P. BOUHOURS.

ÉPIGRAMME.

Une fois l'an il vient me voir,
Je lui rends le même devoir :
Nous sommes tous les deux à plaindre ;
Il se *contraint* pour me *contraindre*.
GOMBAUD.

CONTRAIGNANT, TE, *adj.* « Je vous plains des compagnies *contraignantes* que vous avez eues. » Mme DE SÉVIGNÉ.

CONTRARIANT. En Angleterre, on appela *contrarians* ceux qui prirent parti, avec le comte de Lancastre, contre le roi Edouard II. Le crédit dont ils jouissaient, fit qu'on n'osa leur donner le nom de rebelles.

CONTRARIER, *v.* Etre *contrarié* par le vent, se dit sur mer, pour avoir le vent contraire à la route qu'on veut tenir ; au figuré, être contrecarré dans ses desseins par les hommes ou par les choses.

CONTRASTE, *s. m.* Ce mot, dérivé de l'italien, était nouveau du temps de *Pasquier*, c'est-à-dire de Henri IV.

Les contradictions ne sont pas des *contrastes*.
DELILLE.

CONTREBANDE, *s. f.* (*contra bando*, contre le ban, la publication des dépenses). « Votre frère est tout-à-fait dans la dévotion... sa femme entre dans ses sentimens : je suis la plus méchante, mais pas assez pour être de *contrebande*. » Mme DE SÉVIGNÉ.

« Je n'osois prendre la liberté de regarder les autres de peur qu'on ne démêlât, dans mon peu d'assurance, que j'étois une figure de *contrebande*. » MARIVAUX, *le Paysan parvenu*.

CONTRE-CARRE, opposition, résistance en face, du latin *contrà* (contre) et *cara* (visage). « Tant que le Romain eut qui lui fit *contre-carre*. » ET. PASQUIER, *Pourparler du Prince*.

« De combien la santé me semble plus belle après la maladie, si voisine et si contiguë, que je les puis recognoistre en présence l'une de l'autre en leur plus haut appareil, où elles se mettent à l'envy comme pour se faire teste et *contre-carre!* » MONT. liv. III, ch. 13.

Nous avons perdu ce nom, qui se trouve dans le *Parallèle des langues française et latine* de Philib. Monet, mais nous avons conservé le verbe *contre-carrer* : « Dès ce soir je veux, pour la *contre-carrer*, vous marier toutes les deux. » MOLIÈRE.

CONTRE-COURROUCER (se), *v.* « Les femmes testues, dit Montaigne, ne se courroucent, qu'afin qu'on se *contre-courrouce.* » Liv. II, ch. 31.

CONTRE-DANSE, *s. f.* Ce mot vient de l'anglais *country-dance*, danse de la contrée, du pays; dans l'origine, les *contre-danses* étaient des danses de paysans, de villageois. Ce n'est que sous le règne de Louis XIV qu'elles ont passé d'Angleterre en France. Ceux qui contestent à cette danse une origine anglaise, dérivent ce mot de *contrà* (contre), étymologie assez juste, puisque les danseurs y figurent en face les uns des autres.

CONTREDIRE, *v.* « Nous n'apprenons à disputer que pour *contredire* : et chascun *contredisant* et estant *contredict* il en advient que le fruit du disputer, c'est perdre et anéantir la vérité. » MONT. liv. III, ch. 8.

Contredire, c'est souvent frapper à une porte, pour voir s'il y a quelqu'un au logis.

Nos pères disaient *contredire à quelqu'un*, et nous aurons lieu de remarquer que ce n'est pas le seul verbe qui ait changé de complément. On trouve dans le *Roman des Neuf Preux* : « le roy ne vouloit *contredire à Bertrand.* » Racine a cru devoir préférer cette ancienne locution dans *Britannicus* :

Les dieux ont prononcé. Loin de *leur* contredire,
C'est à vous de passer du côté de l'empire.
Act. II, sc. 3.

« *Contredire*, dans notre langue, a, dit La Harpe, le régime direct, soit avec les choses, soit avec les personnes. On *contredit* un auteur, on *contredit* les paroles, on *contredit* l'expérience, etc., le régime indirect est latin, *contradicere alicui*. Il est clair que Racine l'a choisi de préférence, puisque l'autre ne le gênait en rien. Ce n'est pas la seule fois qu'il fait usage des latinismes comme d'un moyen de plus pour différencier la poésie et la prose, et j'avoue que *leur contredire* ne me blesse nullement, sans doute à cause du rapport étymologique, comme dans ce beau vers de La Fontaine :

Celui de qui la tête *au ciel* était voisine.

On oublie qu'en français on est *voisin du ciel*, parce qu'on dirait en latin *vicinum cœlo caput.* »

CONTRE-FORCES, *s. f. pl.* mot employé au figuré par l'ab. Raynal. « Le peuple n'a point voulu attaquer la propriété; il a prétendu lui donner des entraves. Ces *contre-forces* ont presque toujours été mal assises. »

CONTRE-LORGNER, *v.* Regnard, sc. V, du prologue des *Folies amoureuses*, peint :

Un tas de ces faux mécontens
Et de la cour et du service,
Qui se plaignent de l'injustice
Qu'on leur fait depuis si long-temps ;
Qui, prenant un autre exercice,
Et méprisant de vains lauriers,
Bornent tous leurs exploits guerriers
A lorgner dans une coulisse,
Quelque belle au tendre regard,
Laquelle aussi n'est pas novice
A *contre-lorgner* de sa part.

CONTRE-LUSTRE, *s. m.* « Quiconque veut sçavoir ce que c'est de sentir au génie d'un livre qu'il est tout d'une main, l'apprenne par *contre-lustre*, aux escrits de Charron, perpétuel copiste de cettuy-cy. » La demoiselle DE GOURNAY, *Préf. des Essais.*

CONTREPESER, *v.* « Celuy-là certes est bien indigne de son accointance (de la vertu) qui *contrepoise* son coust à son fruit, et n'en cognoist ny les grâces, ny l'usage. » MONT. liv. I, ch. 19. « Si de la fréquentation des livres nous en perdons enfin la gayeté et la santé, nos meilleures pièces, quittons-les. Je suis de ceux qui pensent leur fruit ne pouvoir *contrepoiser* cette perte. » *Le même*, liv. I, ch. 38. « Il ne faut pas *contrepoiser* le soupçon à l'évidence. » *Le même*, liv. III, ch. 8. « Les emprunts de Montaigne sont si dextrement adaptez, que le bénéfice de l'application, ou mainte fois quelque enrichissement dont il les rehausse de son cru, *contrepèsent* ordinairement le bénéfice de l'invention. » La demoiselle DE GOURNAY, *Préf. des Essais*.

CONTRE-PIED. C'est au propre un terme de chasse qui s'emploie lorsque les chiens, étant tombés sur les voies de la bête, prennent pour la suivre le chemin qu'elle a fait, au lieu de celui qu'elle suit.

Contre-pied, au figuré, signifie le contraire de quelque chose.

CONTRE-POIDS, s. m. « L'adversité est une partie de la condition humaine, laquelle il faut porter avec le *contre-poids* de la raison. » NIC. PASQ. liv. VIII, lett. 2.

CONTRE-POIL, s. m. « Qu'est-ce que la raison ? Le *contre-poil* de l'opinion du vulgaire. » La demoiselle DE GOURNAY, *Préf. des Essais* de Mont.

Sans soin de l'avenir, je te laisse le bien
Qui vient à *contre-poil*, alors qu'on ne sent rien.
RÉGNIER, *Sat.* IV.

« Dieu luy a tourné l'entendement à *contre-poil*. » NIC. PASQ. l. IX, lett. 8.

CONTRE-POINT, s. m. terme de musique. « Le *contre-point*, dit M. Monteil (*Hist. des Français*, etc. aux notes, tom. II, pag. 439), a été ainsi nommé des doubles lignes de points qui figuraient les notes de la musique sur les portées : point, *contre-point*, consonnance d'une note avec une autre. « J'ai, ajoute cet auteur, un manuscrit de chant d'église, où les notes sont ainsi figurées. M. Lépine, etc. le croit du 11e siècle, c'est un des plus anciens monumens de la musique. »

CONTRE-POINTÉ, ÉE, adj. et part. « La face de ce grand ciel azuré, paré et *contre-pointé* de tant de beaux et reluisans diamans, se monstre tousiours à nous. » CHARRON, l. III, c. 22.

CONTRE-SIGNEUR, s. m. mot forgé par Voltaire, mais dans la liberté du commerce épistolaire : « J'ai l'honneur, monsieur, de vous renvoyer par M. d'Argental, le manuscrit que vous avez bien voulu me confier, il le fera *contre-signer* par M. le duc de Praslin, ou quelqu'autre *contre-signeur*. »

CONTRE-SOUFFLÉ, part. Ce mot se trouve dans un bouquin intitulé : *Anatomie mystique des grandeurs de la mère de Dieu*, Paris, 1624, et ne se trouve vraisemblablement que là. La phrase où il est placé, peut amuser un moment par l'excès du ridicule : « Les souspirs des patriarches, et conjurations des prophètes étaient trop entrecoupés et *contre-soufflés* de passions humains, pour frayer chemin à cet œuvre (la conversion du genre humain), si Marie ne les eût secondés, au grand desir des hommes et des anges. » BEAUQUEMARE, *Sermon* IV, pag. 76.

CONTRE-TÊTE. « Les ducs et comtes faisoient *contre-teste* à nos rois. » PASQ. *Recher.* liv. II, ch. I.

CONTRÔLE, s. m. qui se dit par syncope pour *contre-rolle*, que l'on trouve dans Montaigne : « Si Dieu s'est aucunement communiqué à toi, ce n'est pas pour se ravaler à ta petitesse, ny pour te donner le *contre-rolle* de son pouvoir. » Liv. II, c. 12.

CONTRÔLEUR, s. m. qui contrôle. Montaigne lui a donné un féminin, et a écrit *contre-rolleuse*, comme il a écrit *contre-rolle*. « C'est, dit-il, des philosophes que nous tenons que la raison humaine est *contre-rolleuse* générale de tout ce qui est au dehors et au dedans de la voûte céleste. » Liv. II, ch. 12.

CONTROVERSÉ, ÉE, part. qui suppose l'ancien verbe *controverser*, Pascal n'aimait pas la *controverse*; quand il entendait *controverser*, il s'en allait en disant : « Je n'aime pas la guerre civile. » On a senti l'utilité de ce terme, et il est employé depuis quelque temps à la tribune et dans les ouvrages périodiques. C'était un mot à revendiquer.

CONVALESCENCE, s. f. On a

appelé la mélancolie la *convalescence* de la douleur.

CONVERSABLE, *adj*. personne *conversable*, avec laquelle on peut converser. Ce mot de Voiture a vieilli.

CONVERSATION, *s. f.* « La *conversation* n'est pas un chemin qui conduise à la maison, mais un sentier où l'on se promène au hasard avec plaisir. » BACON. « L'art de la *conversation* est moins de montrer de l'esprit, que d'en faire trouver aux autres. » LA BRUYÈRE. Mad. de Sévigné dit que « Mme de Maintenon passait pour s'être attaché Louis XIV par une *conversation* sans contrainte et sans chicane. » On se devine souvent dans la *conversation*, plutôt qu'on ne s'entend.

« La *conversation* est un commerce; si vous y entrez sans fonds, le commerce ne peut avoir lieu. » STERNE.

« Sa *conversation* est un feu d'artifice bien servi, et sans interruption de lumière. » C'est ce qu'on pouvait dire de celle de Mad. de Staël. « En France, la *conversation* est un exercice dangereux, mais piquant, dans lequel il faut se jouer de tous les sujets, comme d'une balle lancée, qui doit revenir à temps dans la main du joueur. » MAD. DE STAËL, qui, par cette comparaison, a parfaitement caractérisé le genre de sa *conversation*.

CONVERTISSEUR, *s. m.* Celui qui s'applique à attirer les autres dans sa religion. Ce mot du style familier se prend ordinairement en mauvaise part. Il fut inventé par Théodore de Bèze, qui le donna le premier au cardinal du Perron; on le donna depuis à Pelisson. Les dragons, lors de la révocation de l'Edit de Nantes, étaient de rudes *convertisseurs*. Ce terme depuis quelques années a pu recevoir de justes et tristes applications. « Ce chrétien sublime qui conseille à nos *convertisseurs* des deux sexes, de tempérer les vertus de la foi par celles de la charité. » TOULOTTE, *la Cour et la Ville*, etc. t. 1, p. 286.

CONVIER, *v.* Ce mot, selon Ménage, a été formé de *convitare*, dans la basse latinité, venu de *cum* (avec) et *vivere* (vivre) vivre avec, vivre ensemble. C'est absolument le sens que présente *convive*, qui a la même racine.

Va, marche sur leurs pas, où l'honneur te *convie*.
CORNEILLE, *Cinna*, act 1, sc. 3.

« *Convie* est une très-belle expression; elle était très-usitée dans le grand siècle de Louis XIV. Il est à souhaiter que ce mot continue d'être en usage. » VOLTAIRE *sur Corneille*, au lieu cité:

Soyons amis, Cinna, c'est moi qui t'en *convie*.

« Substituez, dit Roubaud, à ce dernier mot celui d'*inviter*, comme vous refroidirez ce sentiment! comme vous gâterez ce beau vers! Cependant le mot *convier*, autrefois si justement préféré, par son énergie particulière, au mot vague d'*inviter*, lui a presque partout cédé la place, même lorsqu'il s'agit d'exprimer son idée propre et naturelle » (l'action de *convier*, dit-il plus haut, est une invitation affectueuse, amicale, pressante, engageante). « Serait-ce parce que c'est l'affection qui *convie* et la politesse qui *invite*? » *Dict. des Synonymes français*, n° 262. Mais, nous le demandons, quel est le poète où l'orateur qui ferait difficulté de se servir de ce terme si commode, si énergique, après les autorités que nous allons citer?

Puisque mon roi lui-même à parler me *convie*.
RACINE, *Esther*, act. III, sc. 4.

Au nom de votre fils, cessons de nous haïr;
A le sauver enfin c'est moi qui vous *convie*.
Le même, *Andromaque*, act III, sc. 7.

Après tant de détours,
Faut-il qu'à feindre encor votre amour me *convie*?
Le même, *Bajazet*, act. IV, sc. 1.

Chaque muse empressée à combler vos désirs
Sans cesse vous *convie* à de nouveaux plaisirs.
CASTEL.

C'est elle (l'espérance) qui sans cesse au banquet
[de la vie,
Telle qu'un hôte aimable, en riant nous *convie*.
DE FONTANES, trad. de l'*Essai de l'homme*.

CONVIVE, *s. m.* du latin *conviva* (celui qui vit avec quelqu'un, qui mange à la même table). Les poètes comparent volontiers l'homme, pendant son passage sur la terre, à un convive assis à un festin, et de là cette expression *le banquet de la vie*, pour la vie. C'est ainsi que Chénier a dit de l'homme naissant :

Il vient s'asseoir *au banquet de la vie.*

Qui ne sait par cœur ces vers si touchans de l'infortuné Gilbert?

Au banquet de la vie infortuné convive,
J'apparus un jour, et je meurs ;
Je meurs, et sur ma tombe, où lentement j'arrive,
Nul ne viendra verser des pleurs.

CONVOI, s. m. **CONVOYER**, v. Le simple *voyer* du latin *viare* (faire route, être en voie, en chemin) se trouve dans le *Roman du Renard* (13e siècle), et est trad. par M. Méon par conduire, diriger, guider, il nous reste les composés *envoyer*, *dévoyer*, *convoyer*, encore l'usage des deux derniers est-il fort borné. Nos pères se servaient de *convoyer* dans le sens général d'accompagner. « Merlin les *convoya* jusques à la mer. » *Le Rom. des Neuf Preux.* « Adonc (alors) fut appareillé un cheval sur lequel Helain monta pour *convoyer* mon seigneur Gauvain. » *Lancelot du Lac.* « Il les *convoya* depuis le gibet jusques au Monstier où ils furent enterrez » (il les accompagna, il fut à leur *convoi*). ALAIN CHARTIER, *Hist. de Charles* VII, pag. 14.

Convoyer, accompagner, faire la conduite, faire voie, faire chemin avec quelqu'un, *cum viare*. Il nous reste le substantif *convoi*, dernière conduite, dernier voyage qu'on fait avec un mort. Un *convoi* de marchandise et un *convoi* militaire présentent toujours l'idée de voie, de chemin et d'accompagnement.

CONVOITEUX, s. m. Ce mot expressif qui rendait l'ardeur criminelle de posséder et de parvenir à ses fins, à quelque prix que ce puisse être, a vieilli, et aucun autre ne l'a remplacé.

« *Convoiteux* et le verbe *convoiter*, suivant Ménage, viennent de *convotare*, mais où a-t-il pris, dit Barbazan, ce beau latin *convotare*? ne seroit-il pas plus naturel et plus juste de le dériver de *vovere, votum*, qui, dans Cicéron, signifie désirer ardemment, dont nous avons fait le composé *convoiter*; ou si l'on veut, de *concupire, concupitum*, qui, dans Cicéron, a la même signification ? J'observerai sur ce mot que le P. Joubert a pris à tâche de mépriser plusieurs mots de notre langue très-expressifs, et qu'il ne peut remplacer. Sur les mots *convoiter* et *convoitise*, il dit que ce sont *deux vieux et méchans mots*. Je lui réponds que, si on vouloit retrancher tous les vieux mots, il faudroit entièrement renouveler notre langue........ Je lui pardonnerois, s'il en indiquoit de plus expressifs ; *souhaiter* et *désirer* ne peuvent exprimer sans périphrase, ce que *convoiter* exprime par lui-même.» *Remarque sur un fabliau*, intitulé : *Du Convoiteux et de l'Envieux*, imprimé à la suite de l'*Ordène de chevalerie*, pag. 153, Paris, 1759. En effet quel verbe substitueroit-on bien à celui-ci dans ce vers de Molière ?

Vous épousez ma fille et *convoitez* ma femme.
Tartufe.

CONVOITISE, s. f. « La *convoitise* n'a rien si propre que d'être ingrate.» MONT. liv. III, ch. 6.

La *convoitise* perdit l'un,
L'autre périt par l'avarice.
LA FONTAINE.

CONVULSION, s. f. Mad. de Sévigné pour louer le style épistolaire du comte de Coligny, dit que sa lettre est droite, simple, disant ce qu'il veut dire d'un tour noble, et qui n'est point abimé dans la *convulsion* des complimens. *Lettre* 72e. « C'est un plaisir de voir les *convulsions* de la mauvaise foi, qui ne sait plus où se prendre, et qui est abandonnée de tous ses prétextes. » *La même.*

Et tandis que tous deux étaient précipités
Dans les *convulsions* de leurs civilités,
Je me suis doucement esquivé sans rien dire.
MOLIÈRE, *les Fâcheux.*

On ne s'y dit bon jour que par *convulsion*.
REGNARD, *le Joueur*, act. II, sc. 4.

Modérez les transports de vos *convulsions*.
Le même, *le Distrait*, act. 1, sc. 7.

COPIEUX, adj. s'est dit dans le vieux langage, pour celui qui contrefait les gestes et les manières d'une autre personne, afin de la tourner en ridicule. Les *copieux* de la Flèche en Anjou sont plusieurs fois cités dans les *Contes* de Bonav. Despériers.

On a dit *copier* dans le même sens. C'est une des injures que Rabelais, ch. 25 du liv. 1, fait dire aux bergers de Gargantua, par les fouaciers de Lerné.

COPULER, *v.* du latin *copulare* (lier, assembler); nous avons *copulatif* et *copulation*, et nous avons perdu *copuler*, qu'on trouve dans nos anciens auteurs, et dont la nécessité se fait souvent sentir.

COQ, *s. m.* le mâle de la poule. C'est, suivant Régnier Desmarais et Borel, un mot qui s'est conservé jusqu'à nous de l'ancienne langue gauloise; car pour *coq*, cuisinier d'un vaisseau, il vient du latin *coquus*, dont la racine est *coquere* (cuire). Brantôme appelle César « un *coq* à toutes poules. »

De *coq* on a dérivé *coquard*, vieillard qui fait le galant, le coquet.

Allez sorner à vos *coquards*
A qui vous vous voudrez jouer.
PATHELIN.

COQUARD, est encore un terme dont on se sert avec les petits enfans, pour désigner un œuf, un œuf à la coque.

COQUARDEAU, *s. m.* diminutif de *coquard* ci-dessus, mot ancien qui signifiait jeune galant. Un vieux poète a dit des courtisanes, *Blazon des fausses Amours* :

S'un coquardeau,
Qui soit nouviau,
Tombe en leurs mains,
C'est un oiseau,
Pris au gluau,
Ne plus ne moins.

COQ-À-L'ÂNE, *s. m.* discours qui n'a pas de suite, de liaison; discours incohérent, comme serait celui d'un homme qui, parlant du coq, viendrait brusquement à parler de l'âne, et sauterait ainsi, suivant notre ancien proverbe, *du coq à l'âne*.

Par mon serment,
De moy vraiment
Vous vous raillez.
Trop vous saillez (vous vous trompez);
Car vous saillez (sautez)
De coq en l'asne évidemment.
Le Loyer des folles Amours.

« Si traitant un tel argument, *je saulte* souvent *du cocq à l'asne*, comme on dit, cela ne devra estre trouvé estrange si on considère quel est mon subject. » H. EST. *Traicté de la conformité du langage françois avec le grec.* Ménage dit que Marot a inventé l'expression *coq-à-l'âne*, en donnant ce titre à une de ses *Épîtres.* D'autres prétendent que ce mot vient d'une vieille fable où l'on introduisait un *coq* raisonnant avec un âne. Comme cette fiction n'avait pas le sens commun, on a donné le nom de *coq-à-l'âne* à tous les raisonnemens aussi absurdes. Nos vieux poètes français ont appelé *coc-à-l'asne* (coq-à-l'âne) certaine espèce de satire pour la variété, comme dit Sebilet (*Art poétique français*), des non-cohérens propos, que les Français expriment par le proverbe du *sault du coq à l'asne*. Charles Fontaine dit : « *coqs-à-l'âne* sont bien nommés par leur bon parrain Marot, qui nomma le premier, non *coq-à-l'âne*, mais *Épître du coq à l'âne* : le nom pris sur le commun proverbe français, *sauter du coq à l'âne*, et le proverbe sur les apologues. »

Jacques le Pelletier du Mans, au chapitre de son second livre de l'*Art poétique*, où il traite de l'épître, de l'élégie, et de la satire, s'exprime ainsi : « Il n'est point ici besoin d'avertir ceux qui écrivent des satyres, qu'ils n'ayent point à usurper ce nom de *coq-à-l'âne*, car c'est chercher trop loin son titre chez le populaire; et encore moins *de l'âne au coq*, ny *du coq à la géline*; titres ridicules et ineptes, desquels se sont joués, tout un temps, je ne sçays quels rimeurs, qui ont fait courir leurs moqueries à l'imitation, ce leur sembloit, de Clément Marot; pensans qu'il eust fait un *cocq* escrivant à un *âne*; mais c'estoit que son épître sautoit du *cocq* en l'*asne*; ainsi que même il dist en la première qu'il fist, c. à d. de propos en autre : proverbe tiré du mauvais conteur, qui, en parlant de son *cocq*, tout soudain s'advisoit de son *âne*. » MÉNAGE, *Dict. étymologique.* Les curieux ne seront pas fâchés de trouver ici deux exemples du genre :

Je m'en allai à Bagnolet,
Où je trouvai un grand mulet
Qui plantait des carottes.
Ma Madelon, je t'aime tant,
Que quasi je radote.

Je m'en allai un peu plus loin,
Je trouvai une botte de foin
    Qui dansait la gavotte.
Ma Madelon, etc.

Le second exemple est une chanson en proverbes.

AIR : *L'avez-vous vu, mon bien-aimé?*

Trop parler nuit,
Trop gratter cuit,
Trop manger n'est pas sage.
    A barbon gris
    Jeune souris,
L'amour est de tout âge.
Enfans d' Paris, quel temps fait-il!
Il pleut là bas, il neige ici.
    Pendant la nuit
    Tous chats sont gris;
Pour faire route sûre,
    Si l'amour va
    Cahin, caha,
Ménage ta monture.

Sans aller par quatre chemins,
Car qui m'aime aime aussi mon chien;
    Un fin limier
    Franc du collier,
Sait, sans jamais perdre la tête,
    Prendre du poil de la bête.
    Trop parler, etc.

Moquez-vous du qu'en dira-t-on ;
Tâchons de sauter le bâton,
    L'occasion
    Fait le larron ;
Un petit mot pour rire.
    Aussitôt dit,
    Aussitôt pris,
Ça va comme de cire.
    Trop parler, etc.

Bien attaqué, bien défendu,
Et la tête emporte le cu;
    Pati, pata,
    Qui fera ça,
En faisant la p'tite bouche?
Comme on fait son lit on se couche.
    Trop parler, etc.

On se met dans de beaux draps blancs;
Petite pluie abat grand vent.
    Et mon petit chat;
    Et mon petit rat;
La fin couronne l'œuvre.
    Finissez donc,
    Mam'sell' Manon,
    Avalez la couleuvre.

COLLÉ.

COQUE, s. f. « Ce mot créé pour représenter l'enveloppe de l'œuf, pourrait bien, dit M. Ch. Nodier, dériver du nom de l'animal, de l'onomatopée de son chant. La poule entonne son chant favori à l'instant où elle vient de pondre. *Coq-coq*, suivant Leroux, exprime le bruit que fait la poule quand elle pond. Cette étymologie me paraît plus naturelle que celle qu'on attribue à ce terme, quand on le fait venir *à concha*. *Coquille* se dit aussi chez nous pour *coque*, mais c'est une terminaison diminutive, familière à notre langue. » *Onomatopées franc.* « Sentant encore la vile *coque* d'où il était sorti. » SAINT-SIMON. *Mém. secrets de la Rég.* liv. VI.

« Ce joli couplet sortoit de sa *coque* le jour que je sortis de Paris. » Mme DE SÉVIGNÉ.

Au demeurant il faisoit le cafard,
Se renfermoit, voyant une femelle,
Dedans sa *coque*; il baissoit la prunelle,
Vous n'auriez dit qu'il eût mangé le lard.
    LA FONTAINE, *l'Hermite*.

COQUECIGRUE. Huet dérive ce mot de *Néphélococcygie*, ville imaginaire qu'Aristophane fait bâtir en l'air par les oiseaux; et Ménage de *concha acuta*, proprement un hérisson de mer ou sa coquille. Comment ce mot, au pluriel, est-il parvenu à signifier des choses frivoles ou chimériques? « C'est, répond ce dernier, que ces coquilles, assez belles pour être recherchées par les curieux, n'ont que l'apparence et ne contiennent point de chair. A Dieppe et au Havre, les matelots appellent *coquecigrues* certaine matière gluante et semblable à l'empois pour la couleur et la consistance, que la mer jette sur le rivage. Or cette matière est belle aux yeux, mais fort inutile. » Enfin d'autres le forment de *coq*, *cygne* et *grue*. *A la venue des coquecigrues*, c'est-à-dire jamais.

« Mon fils veut amener Corbinelli; si cela est, nous vous manderons bien des *coquecigrues*. » SÉVIGNÉ.

Rabelais l'a appliqué à une personne. « Voyez le plaisant *coquecigrue !* »

COQUEFREDOUILLE, s. m. mot bas et comique, pour signifier, selon Cotgrave, *pauvre hère, misérable, malotru*, ou, selon l'auteur du *Dict. comique*, *sot*, *fat*, *sans esprit*.

L'Espagnol, ce *coquefredouille*,
Va toujours à l'école, et perd toujours bredouille.
    Mme DESHOULIÈRES.

Dict. de Trévoux.

« C'étoit un temps où la France

portoit des hommes mâles, et non des *coquefredouilles* embéguinés. » *La Fulminante*, pamphlet contre Sixte-Quint, publié après la mort d'Henri III.

COQUELINER, *v.* imiter le chant du coq, et courir après les jeunes filles. *Gloss. de la langue romane*.

COQUELINEUX, *s. m.* « On ne se doit pas esmerveiller, s'il est un petit *coquelineux*. » DESPÉRIERS, c. 4.

La Monnoye dérive ce mot de *coquer*, verbe ancien, pour *choquer*, *heurter*.

COQUELUCHE, *s. f.* et COQUELUCHON, *s. m.* s'est dit d'une espèce de coiffure que portaient les femmes : de là on a dit *être la coqueluche de quelqu'un*, pour dire lui tenir aussi près que son bonnet, en être aimé ; dans le même sens qu'on dit *être coiffé de quelqu'un*. On trouve dans *Ésope*, comédie représentée en 1691, acte III, sc. 3 (*Théâtre ital.* de Ghérardi, t. 3) :

Je prétends que Jaquet, avec sa froide mine,
Qui m'a joué d'un tour qui n'est ni bian ni biau,
En me *coqueluchant* de la jeune Glodine,
Reprendra la vache et le viau.

Monsieur, il ne faut pas disputer sur les goûts,
Ne vous y trompez pas, tel passe parmi nous
Pour un fat, un benêt, un nigaud, une cruche,
Qui des femmes souvent se voit la *coqueluche*.
LEGRAND.

De *coqueluche*, *coqueluchon* on a formé *coqueluchonné* qu'on trouvera plus bas.

Coqueluche, dans le sens de rhume accompagné de pituite, vient, selon Ménage, *Dict. étym.* et De la Faye, *Annales de Toulouse*, de ce que ce mal saisissait les gens par la *coque*, c'est-à-dire par la tête. Monet, Mézeray, Valériola et le Père Garasse pensent que ce nom fut donné à cette maladie, parce que ceux qui en étaient atteints portaient une *coqueluche* ou capuchon, pour se tenir chaudement. « Le nom de cette fluxion, dit ce dernier, *Rech. des Rech. sur Pasquier*, section 37, vient de ce que les enfans étant saisis de cette incommodité, pour leur tenir la tête chaude, on les affubloit d'un capuchon, lequel, en terme de populace, s'appelle un *coqueluchon*, et de là s'est dit *coqueluche*. »

Les Italiens ont appelé cette sorte de toux *tossa coccolina*.

De *coqueluche*, dans cette acception, on avait fait le verbe *coquelucher*, tousser. On le trouve en ce sens dans l'*Epître* de Guillaume Cretin à M. Macé de Villebresme, valet de chambre de Louis XII et de François Ier.

Pareillement m'advertis, si tous ceux
De ton quartier ont esté si tousseux,
Comme deçà on va *coqueluchant*.

COQUELUCHONNÉ, ÉE, *adj.* « Mlle de Méri déguisoit votre fils avec trois vieilles jupes noires, si bien rangées, si plaisamment *coqueluchonnées*, que tout le monde l'attaquoit. » SÉVIGNÉ.

COQUEPLUMET, *s. m.* L'auteur de la *Satire Ménipp.* parle de « maints gentilshommes qui se montrent vaillans *coqueplumets* sur le pavé de Paris, » c'est-à-dire qui, la plume de coq au chapeau, font les fendans, les fiers-à-bras.

COQUET, ETTE, *adj.* Ces noms ne sont pas anciens dans notre langue. Si l'on en croit Mlle de Scudéry, les *coquettes* sont une invention du règne de Catherine de Médicis. Voyez son *Hist. de la Coquetterie*, p. 755 du t. 2 de ses *Nouvelles Conversations de morale*.

La racine de ce mot est *coq*. Voyez au mot COQUETTERIE, article que nous avons emprunté à M. Ch. Nodier.

PORTRAIT D'UNE COQUETTE.

Une fille de Crète aborda l'immortelle (Vénus).
Des flots d'adorateurs s'empressaient autour d'elle :
A l'oreille de l'un elle parlait tout bas;
Elle accordait à l'autre un souris plein de charmes ;
Sur un troisième encore elle appuyait son bras.
O ciel! que dans la foule elle causa d'alarmes !
Combien elle était belle et parée avec art !
Sa voix était perfide, ainsi que son regard :
D'une divinité la démarche est moins fière.....
Mais Vénus lui cria : « Sors de mon sanctuaire :
» Oses-tu bien porter ton manége imposteur
» Jusqu'aux lieux où l'amour règne avec la candeur !
» Je veux qu'à ta beauté ce même orgueil survive.
» Je te laisse ton cœur, et détruis tes appas ;
» Les hommes te fuiront comme une ombre plain-
[tive,
» Et le mépris vengeur attaché sur tes pas
» Poursuivra chez les morts ton ame fugitive. »
LÉONARD, *le Temple de Gnide*, ch. II.

COQUETER, *v.* se plaire à cajoler ou à être cajolée.

Et si Jason n'eût *coqueté* Médée,
Il n'eût jamais en Grèce rapporté
Cette toison si fièrement gardée.
SARRAZIN.

Lorsqu'Adam vit cette jeune beauté
Faite pour lui d'une main immortelle,
S'il l'aima fort, elle de son côté,
Dont bien nous prend, ne lui fut pas cruelle.
Cher Charleval, je crois, en vérité,
Qu'il fut alors une femme fidèle :
Eh ! comme quoi ne l'aurait-elle été?
Elle n'avait qu'un seul homme avec elle.
Or en cela nous nous trompons tous deux ;
Car, bien qu'Adam fût jeune et vigoureux,
Bien fait de corps et d'esprit agréable,
Elle aima mieux, pour s'en faire conter,
Prêter l'oreille aux fleurettes du diable,
Que d'être femme et ne pas *coqueter*.
Le même.

Savez-vous que chez moi j'ai plus d'une fenêtre?
Et, si vous prétendez y venir *coqueter*,
Que vous y pourriez bien apprendre à *dessauter*.
MONTFLEURY, *la Femme juge et partie*, sc. IV.

COQUÉTISME, s. m. mot forgé par Scarron.

Mets-lui le *coquétisme* en tête.

COQUETTERIE, s. f. « *Coquetterie*, dit M. Ch. Nodier, et les mots qui se rapportent à cette idée, sont employés figurément par allusion aux mœurs du *coq*, à son inconstance et à ses amours. En effet, soit que nous l'ayons appelé *gal* comme dans le vieux langage, soit que nous l'ayons appelé *coq* comme aujourd'hui, on peut suivre facilement cette double dérivation, dont les rapports, tout curieux et tout piquants qu'ils sont, ont cependant, je crois, échappé à tous les étymologistes. *Galendé* signifiait orné, enrichi, embelli, comme dans ces vers du *Roman de la Rose* :

Belle fut et bien ajustée ;
D'un fil d'or étoit *galendée*.

» *Gallois* se prenait pour agréable et léger. Une belle, une franche *galloise*, selon Rabelais et les auteurs du même temps, c'était une femme éveillée et *coquette*.

Et puis s'en vont pour faire les *galloises*,
Lorsque devroyent vacquer en oraison.

» *Galeur* ou *galeure* a un sens analogue dans Coquillart :

Galeures portent escrevices
Et velours pour être mignons.

» Villon se sert du mot *galer*, pour se réjouir, et passer agréablement la vie.

Je plains le temps de ma jeunesse
Auquel ay plus qu'en autre temps *galé*.

» *Gaillard* et *galant* nous restent encore.

» Les dérivés du mot nouveau sont plus aisés à retrouver, et frapperont tout le monde. Remarquons seulement qu'ils remontent au premier emploi du mot *coq*, et qu'on les croirait inventés simultanément, tant l'extension en fut naturelle. Il y a plusieurs siècles que le mot *coquardeau*, désignant un jeune homme étourdi et *coquet* qui débute dans le monde, se lisait déjà dans le *Blazon des faulses Amours*. (*Voyez* plus haut ce mot.)

» Villon s'est servi de *quoquart* dans la même acception. » *Onomat. franç.*

COQUILLE, s. f. du latin *conchula*, dim. de *concha* (conque, coquille), qui paraît pris du grec κόγχος (kogchos) qui a la même signification.

On dit au figuré *faire rentrer quelqu'un dans sa coquille*, pour dire l'humilier et le rappeler à son premier état d'abjection, de nullité. Cette métaphore semble empruntée du limaçon qu'on fait facilement rentrer dans sa coquille.

On dit proverbialement à un homme qui veut en faire accroire, qui veut tromper sur la nature ou sur la valeur des marchandises qu'il offre : *Portez vos coquilles à d'autres ; c'est vendre des coquilles à ceux qui reviennent de Saint-Michel.* Ces expressions viennent de la friponnerie des pèlerins qui, à leur retour de Saint-Jacques ou de Saint-Michel, vendaient leurs coquilles ou autres minuties aux esprits crédules qui avaient la faiblesse de les leur acheter fort cher, et toujours au-dessus de leur valeur.

COQUILLE, ancienne coiffure de femme, d'où est venu le nom de la rue *Coquillière*. Le livret des *Pardons S. Trotet* :

Demoiselles, pour paraître gentilles,
Portent ennuyt de si justes *coquilles*,
Qu'il semble advis qu'elles soyent descoëffées.

COQUIN, INE, adj. et s. vient du latin *coquinus, a* (de cuisine). *Coquin* ; c'est-à-dire malheureux, bélître qui fréquente les cuisines.

C'est ce premier sens qu'il a dans ces vers de Pactrix, bien connus, mais qu'il n'est pas inutile de rappeler de temps en temps.

Je rêvais cette nuit que de mal consumé,
Côte à côte d'un pauvre on m'avait inhumé ;
Mais ne pouvant souffrir ce fâcheux voisinage,
En mort de qualité, je lui tins ce langage :
Retire-toi, *coquin*, va pourrir loin d'ici ;
Il ne t'appartient pas de m'approcher ainsi.
—*Coquin !* ce m'a-t-il dit d'une arrogance extrême,
Va chercher tes *coquins* ailleurs, *coquin* toi-même.
Ici tous sont égaux, je ne te dois plus rien ;
Je suis sur mon fumier, comme toi sur le tien.

De ce premier sens, le mot a passé, par une transition naturelle, à celui de malhonnête homme, parce que la misère est souvent une mauvaise conseillère.

Coquin est un nom ordinaire
Qu'on donne à qui nous est contraire.
MARIVAUX, *Iliade trav.* liv. III.

C'est surtout dans les temps de parti, que ces vers trouvent leur application. « Je voudrois pour le supplice d'un *coquin*, qu'il pût, durant quelques heures du jour, avoir le cœur d'un honnête homme. » SAINT-FOIX.

COQUINAILLE, *s. f.* troupe de gueux. *Glossaire de la lang. romane* et dans le *Dict.* de Pomey.

COQUINER, *v.* mener la vie d'un coquin, d'un gueux. Montaigne, dans ses *Essais*, l'a employé dans le sens de mendier, ainsi que son ami La Boétie : « Le tyran voit les autres qui sont près de lui *coquinans* et *mendians* sa faveur. » *De la Servitude volontaire.*

COQUINISME, *s. m.* caractère du coquin.

COR, *s. m.* instrument, du latin *cornu* (corne), soit parce qu'il était fait de corne, avant d'être d'airain ou de cuivre, soit parce que cet instrument est courbé en forme de corne.

Cornet en est le diminutif, et, en retenant le *n*, prouve cette étymologie.

A cor et à cri est une expression empruntée de la chasse où on poursuit quelquefois la bête, en l'effrayant par le bruit du cor et les cris des chasseurs. « Je ne connois, dit l'auteur de *la Chasse au fusil*, in-8°, Paris (1788), pag. 277, aucun pays où l'on chasse l'ours *à cor et à cri*, pour le forcer avec les chiens courans, etc. »

Aller, chevaucher, tempester,
Et courir *à cri et à cors*.
Poésies de G. Coquillart.

Un ancien concile défend aux ecclésiastiques de chasser *cum cornu et clamore* (à cor et à cri).

CORBEAU, *s. m. corbel* dans nos anciens auteurs, et notamment dans le *Roman du Renard*, vient du latin *corvus* ou de son diminutif, le *v* changé en *b*. « Le reste avoit pris l'essor du *corbeau*, en habits, en amours et en voyages. » *Guzm. d'Alf.* liv. II de la 2e part. c. 9. Allusion au *corbeau*, qui, lâché par Noé, ne revint plus dans l'arche.

Corbeaux est un sobriquet donné aux ecclésiastiques, et généralement à tous ceux qui enterrent les morts, parce qu'à l'exemple des corbeaux, ils semblent se nourrir de corps morts.

PLUTON.

« Il n'en coûte pas grand'chose pour faire enterrer une petite femme.

MEZZETIN.

Ah ! ces diables de *corbeaux*-là ne les mesurent pas à la toise ; et ils rançonnent si exorbitamment un pauvre mari, que souvent il aimeroit presque autant que sa femme ne mourût pas. » *La Descente de Mezzetin aux Enfers. Théâtre italien* de Ghérardi, tom. II.

On trouve, dans les *Epithètes* de De la Porte, p. 67 (1571), *corbeau* ou *corbin*. Ce dernier nom de cet oiseau donne l'explication de cette expression *canne à bec de corbin*. De ce mot *corbin*, on disait autrefois *corbiner*, pour dire dérober, arracher à la manière des *corbeaux*. « Qu'un chien ou un chat approchent du feu pour *corbiner* sur un plat. » ET. PASQ. liv. X, lett. I. Comme les *corbeaux* ont la robe noire et sont enclins à dérober, on a aussi appelé au Palais *corbineurs* ceux qui tiraient la pièce des plaideurs et ruinaient les parties ; on l'a dit pour trompeurs, voleurs. On appelle encore en plusieurs provinces *corbineurs* les flagorneurs, par allusion à la fable du Renard qui attrapa le Corbeau.

CORBILLON, *s. m.* pour *corbeillon* qui se trouve dans les *Epithètes* de De la Porte et dans le P. Labbe, est un diminutif de *corbeille*.

Le jeu du *corbillon* est, comme on sait, un jeu où l'on se passe quelque bijou de main en main, comme on passerait un *corbillon*, ou petite corbeille, premier objet qui a dû servir à ce jeu et lui donner son nom.

Non, non, je ne veux point d'un esprit qui soit haut,
Et femme qui compose, en sait plus qu'il ne faut.
Je prétends que la mienne, en clarté peu sublime,
Même ne sache pas ce que c'est qu'une rime.
Et, s'il faut qu'avec elle on joue au *corbillon*,
Et qu'on vienne lui dire, à son tour qu'y met-on ?
Je veux qu'elle réponde : Une tarte à la crème.
MOLIÈRE.

De là ce jeu que chacun aime,
Où l'on demande : *qu'y met-on ?*
Agnès répond, *tarte à la crème*,
Malgré la rime et la raison :
Vous trouverez mieux, je parie,
Rimeurs favoris d'Apollon :
Qu'y met-on ?... parlez, je vous prie !
Je vous passe le *corbillon*.
ARMAND-GOUFFÉ, *le Corbillon*, chanson.

CORBLEU, espèce de jurement, est dit par corruption pour *corps de Dieu*, comme *ventrebleu* pour ventre de Dieu, *morbleu* pour mort de Dieu ; car nos bons aïeux, intrépides jureurs, juraient par les parties du corps humain dont ils affublaient la divinité, et supprimaient la préposition *de*, comme nous le faisons encore dans *Hôtel-Dieu*, *rue Saint-Denis*, que nous disons pour *Hôtel de Dieu*, *rue de Saint-Denis*.

Par le corps bieu, cette expression se trouve souvent, comme une espèce de jurement, dans G. Coquillart ; écrivain du 15e siècle. *V.* JUREMENS.

CORDE, *s. f.* du latin *chorda*, dérivé du grec χορδὴ (*chordé*) qui, comme dit M. Morin, a signifié originairement *intestin*, et ensuite corde d'instrumens de musique, parce que ces sortes de cordes sont faites d'intestins d'animaux.

Ut satis impulsas tentavit pollice chordas.
OVID. *Métamorph.* 10.

Et probablement *corde*, dans toutes ses significations, vient de *chorda*.

« A l'enfourner, il n'y va que d'un peu d'avisement, mais depuis que vous estes embarqué, toutes les *cordes* tirent. » MONT. l. III, c. 10. « Autant que mon devoir me donne de *corde*, je l'employe à ma conservation. » *Le même*, l. III, c. 10. « Une seule *corde* ne m'arreste jamais assez. » *Le même*, l. III, c. 9. Bodin considère les différens ordres de l'Etat comme autant de *cordes* d'un même instrument. La *corde* du clergé est, selon lui, la plus délicate à toucher, et celle du tiers-état est celle sur laquelle on appuie l'archet, et que l'on pince le plus fortement. CHARRON, l. III, c. 2, après avoir recommandé aux princes de se fier à fort peu de gens et iceux cognus de longue main et essayés souvent, ajoute : « et encore ne faut-il qu'ils leur laschent et abandonnent tellement toute la *corde*, qu'ils ne la tiennent toujours par un bout et n'y ayent l'œil. » Anciennement, on pendait les criminels ou on les noyait après les avoir enfermés dans un sac ; de là cette expression proverbiale : *C'est un homme de sac et de corde* ; c'est-à-dire un scélérat qui mérite d'être pendu, d'être noyé.

Plus tard, on ne noyait plus, mais ou pendait encore, d'où ces locutions proverbiales : *il ne faut pas parler de corde dans la maison d'un pendu* ; *il a frisé la corde*, pour dire peu s'en est fallu qu'il n'ait été pendu ; *il y aura bien beau jeu, si la corde ne rompt*, c'est-à-dire, on verra de belles choses, si notre dessein n'avorte point. Cette locution fait encore allusion au jeu de paume : *Mettre à quelqu'un la corde au cou*, pour dire le réduire au dernier malheur.

Justice est sans miséricorde
A l'égard d'un petit larron ;
Mais au gros elle fait pardon,
Quand il se peut racheter de la *corde*.

On appelle *corde de bois* une certaine quantité de bois à brûler, parce que ce bois se mesurait autrefois avec une corde.

De ce mot sont dérivés *cordeau*, *cordage*, *corder* et ses composés *cordier*, *cordon*, *cordelier*, etc. et les anciens mots *cordelle* et *cordillon*.

CORDÉE, *s. f.* « D'advantage, quand cette preuve (cette observation médicale) auroit esté parfaicte, combien de fois fut-elle réitérée ? Et cette lonque *cordée* de fortunes et de rencontres, renflée? pour en conclure une règle? » MONT. l. II, c. 37.

CORDELIERS, *s. m.* Ces religieux de l'ordre de saint François d'Assises, furent institués au commencement du 13e siècle, et s'établirent en France sous le règne de saint Louis. On les a appelés *cordeliers*, parce qu'ils portent une ceinture de *corde* où il y a trois nœuds.

On disait autrefois proverbialement qu'on *avait pris le cheval des cordeliers*, pour dire qu'on avait voyagé à pied avec un bâton ; parce que c'était l'usage de ces moines de voyager ainsi.

CORDELLE, *s. f.* ancien mot qui signifiait société, liaison, parti. « Le stratagème duquel usa une femme d'Orléans pour parvenir à son intention qui estoit *d'attirer à sa cordelle* un jeune escholier duquel elle estoit amoureuse. » HENRI ESTIENNE, *Apologie pour Hérodote*.

CORDIALEMENT, *adv.* « Mme de Sévigné nous apprend que ce mot est dû à Mme de Chantal, sa grand-mère. » C'est un de ces mots auxquels les religieuses de son ordre étaient tellement attachées, qu'elles avaient obtenu un arrêt qui défendait de les traduire en meilleur français.

CORDIER, *s. m.*

ÉPITAPHE.

Cy gît, dont s'il te prend envie,
En deux mots tu sauras le sort :
Une Parque a filé sa vie ;
Un *cordier* a filé sa mort.

CORDILLON, *s. m.* diminutif de *corde*. Pybrac dit de la calomnie :

Quand une fois ce monstre nous attache,
Il sait si bien ses *cordillons* nouer,
Que bien qu'on puisse enfin les dénouer,
Restent toujours les marques de l'attache.

CORDONNIER, *s. m.* On a dit d'abord *cordouannier* qui se trouve dans les *Epithètes* de De la Porte, et ce mot est dérivé de *cordouan*, dénomination par laquelle on désignait des cuirs ou peaux de chèvre venus de *Cordoue*, ville de l'Andalousie. Ce mot *cordouan*, pour cuir, se trouve dans une pièce de vers : *le Lendit rimé*, composée vers l'an 1290. Une ancienne rue, que Sauval a nommée la rue de la *Cordonnerie*, se trouve appelée la rue de la *Cordouanerie* dans *le Dit des rues de Paris*, par Guillot de Paris, qui écrivait dans le 13e siècle.

CORINTHE, *s. f.* ville célèbre de la Grèce, ainsi nommée de Corinthus, fils de Jupiter. Nous portons ce nom de ville, parce qu'il entre dans un proverbe fort ancien, puisque nous l'avons emprunté des Romains, qui eux-mêmes l'avaient reçu des Grecs : *Il n'est pas permis à tout le monde d'aller à* Corinthe, pour dire qu'il n'est pas donné à tout le monde de faire quelque chose.

O que ne puis-je sur les ailes
Dont Dédale fut possesseur,
Voler aux lieux où tu m'appelles,
Et de tes chansons immortelles
Partager l'aimable douceur !

Mais une invincible contrainte,
Malgré moi fixe ici mes pas,
Tu sais quel est ce labyrinthe,
Et que pour aller à *Corinthe*,
Le désir seul ne suffit pas.

J. B. ROUSSEAU, liv. II, ode 5, à M. Duché.

M. Dacier, dans ses *remarques sur Horace*, liv. I, Épît. 17, prétend que ce proverbe : *non cuivis homini contingit adire* Corinthum, vient de ce que Laïs, fameuse courtisane de Corinthe, vendait ses faveurs si chèrement, qu'il n'y avait que les gens fort riches qui pussent y prétendre. « Ce proverbe vient, selon Strabon, de la facilité que trouvoient les étrangers de faire de grandes dépenses dans cette ville, et surtout de se ruiner avec les prêtresses de Vénus. » MIRABEAU, trad. des *Elégies de Tibulle*, tom. I, pag. 47, in-8°. Paris, 1798.

CORNE, *s. f.* « Si quelqu'un s'enivre de sa science, regardant sous soy, qu'il tourne les yeux au-dessus, vers les siècles passés, il baissera les *cornes*, y trouvant tant de milliers d'esprits qui le foulent aux pieds. » MONTAIGNE, liv. II, c. 7.

En Italie, le peuple appelle *boucs* les maris qui ont à se plaindre des infidélités de leurs femmes, parce que, dit G. Cousin, leurs femmes les détestent *tanquam hircosos*, ou parce que les boucs sont à l'épreuve de la jalousie. Quelques personnes croient que de là vient l'ornement de tête qu'on prête à ces époux. D'autres prétendent que c'est à la Grèce que nous sommes redevables de l'emblème des *cornes*, et qu'on y désignait par le titre de *bouc αἴξ* (*aix*) l'époux d'une femme lascive comme une chèvre. En effet, ils appelaient *fils de chèvre* les enfans illégitimes que notre canaille appelle fils de put... « Mais, dit Voltaire, ceux qui veulent s'instruire à fond, doivent savoir que nos *cornes* viennent des cornettes des dames*. Un mari qui se laissait tromper et gouverner par son insolente femme, était réputé porteur de *cornes*, cornu, cornard, par les bons bourgeois. C'est pour cette raison que cornard et sot étaient synonymes. Dans une de nos comédies on trouve ce vers :

Epouser une sotte est pour n'être pas sot.

CORNER, v. C'est proprement sonner du *cor*.

Li venéor (les chasseurs) lor (leur) cors cornant
Lesqex (lesquels) vont durement sonnant.
Le Roman du Renard, publié par M. Méon, v. 5498.

« Après la justice vient la prudence, qui faict meurement délibérer, avant que *corner* la guerre. » CHARR. t. III, c. 8. « Ceste histoire mérite d'être *cornée* aux aureilles d'une longue postérité. » PASQUIER, liv. VII, c. 52.

...... Gulphar alla tout droit
Conter ce cas, le *corner* par la ville.
LA FONT. *A femme avare galant escroc*.

« *Cornons* ici à son de flaccons et bouteilles que quiconque aura perdu sa soif, n'ait à la chercher céans. » RABELAIS, tom. I, pag. 31. Paris, 1732 (*Cornons ici à son de flaccons*. Allusion à l'ancienne coutume de

---

* Dans le 15e siècle, les *cornes* étoient le nom de la coiffure des femmes. Sous le règne malheureux de Charles VI, « quelque guerre il y eust, tempêtes et tribulations, les dames et damoiselles menoient grands et excessifs estats, et *cornes* merveilleuses, hautes et larges, et avoient de chacun costé, en lieu de bourlés, deux grandes oreilles si larges, que quand elles vouloient passer l'huis d'une chambre, il falloit qu'elles se tournassent de costé, et baissassent, ou elles n'eussent pu passer. » JUV. DES URSINS.

corner l'eau à l'heure des grands repas. Cette expression de *corner l'eau* se trouve dans Perceforest, vol. 1, ch. 26 et 37).

CORNET, *s. m.* est un diminutif de *corne* ou *cor*, parce que les cornets qui servaient de trompettes furent d'abord de corne, ainsi que nous l'apprend Varron, dans le 4e liv. *De la langue latine* : Cornua, quòd ea quæ nunc sunt ex ære, tunc fiebant ex bubulo cornu (On les appelle *cornets*, parce que ces trompettes, qui sont présentement d'airain, étaient alors de corne de bœuf). « *Cornets-à-bouquin*, appelez de la sorte, selon moi, à cause que de grandes *cornes de bouc* tinrent d'abord lieu de cet instrument tortueux qu'on appelle *cornet-à-bouquin*. » LE DUCHAT, note 1, liv. V, ch. 40 des *Œuvres* de Rabelais, édit. de 1732.

CORNETTE, *s. f.* Ce mot, dans toutes ses significations, est un diminutif de *corne*. Sorte de coiffure de femme. « Il y a trois ou quatre cents ans, dit M. de Laurière, dans ses *Remarques sur Fr. Villon*, in-12, La Haye, 1742, pag. 111, que les femmes, par une mode ridicule, se mirent, pour se coiffer, de si hautes *cornes* sur la tête, qu'il fallut exhausser toutes les portes des appartemens dans les grandes maisons. On voit encore de ces *cornes* dans les anciennes tapisseries, et entre autres, dans une qui est aux Bernardins de Paris. Les dames baissèrent ensuite peu à peu ces *cornes*, qui, par cette raison, furent nommées *cornettes*. »

Vous avez de riches manteaux,
Vous avez de belles *cornettes*,
Vous faites d'affiquets nouveaux
Toujours d'inutiles emplettes;
Mais de jeunesse, Iris, d'embonpoint et d'attraits,
N'en ferez-vous jamais ?
COULANGE.

Voyez ENCORNETER.

Cornette est aussi une longue et large bande de taffetas que les conseillers au parlement portaient autrefois au cou, pour marque d'honneur, et que François 1er accorda aux professeurs du collége royal de Paris.

Une *cornette* au col, debout, dans un parquet,
A tort et à travers je vendrois mon caquet.
RÉGNIER, *Satire* IV, v. 51.

« *Une cornette au col*, etc. On a appelé *cornette*, le chaperon que les docteurs et les avocats portoient autrefois sur leur tête ; dans la suite, on le mit autour du cou, comme le dit notre auteur ; et maintenant on le porte sur l'épaule. Ce nom de *cornette* lui est venu de ce que les extrémités formoient deux petites cornes. » BROSSETTE, *note* au bas de la pag. 49, édit. de 1730.

On appelait par plaisanterie *cornette de chanvre* la corde avec laquelle on pendait les criminels. Ce fut sous François Ier que l'on commença à se servir de corde pour cet usage. On employait auparavant la hart.

CORNETTE, *s. m.* On donnait autrefois ce nom à un officier de cavalerie qui portait l'étendard du régiment. Cet officier était ainsi nommé, parce que son poste dans une action était sur les ailes de l'armée qui forment une espèce de pointe où de *corne* appelée *cornu* par les Romains : *Equitatum in cornibus locare* (placer la cavalerie sur les *ailes*), dit Salluste.

CORNETTE, *s. f.* se disait autrefois de l'étendard d'une compagnie de cavalerie. C'est en ce sens qu'Henri IV dit aux troupes avant la bataille d'Ivry : « Enfans, si les *cornettes* vous manquent, ralliez-vous à mon panache blanc ; vous le trouverez toujours au chemin de l'honneur et de la gloire. »

CORNEUR, *s. m.* Voltaire appelle de mauvais poètes,

Rauques *corneurs* de leurs vers incommodes.

CORONATEUR, *s. m.* « Le *coronateur* de nos combats, dit le traducteur de saint Jean Climaque (ce traducteur est le célèbre Arnauld d'Andilly), est si bon. » Le Père Bouhours, après avoir loué le zèle des auteurs qui cherchent à enrichir notre langue, demande malignement si ce mot entrera dans le *Dict. de l'Académie ?*

CORPORATION, *s. f.* du latin *corporatio* (constitution du corps), mot emprunté de l'anglais, où il signifie les communautés municipales.

Nous entendons par *corporation* la réunion forcée d'individus exerçant un métier, un art, une profession. Ainsi, les collèges d'avocats, de médecins, les communautés de chirurgiens, de pharmaciens, étaient autrefois des *corporations*. Aujourd'hui même les collèges d'avocats, les chambres d'avoués, etc. ne sont que des *corporations*.

CORPS SAINT, ou CAHORSAIN. *Voyez* ENLEVER.

CORRIGER, *v.* (*cum, regere*). « Les hommes de mon temps n'ont pas le courage de *corriger*, parce qu'ils n'ont pas le courage de souffrir à l'estre. » MONT. l. III, c. 8.

CORRIVAL. *Voyez* RIVAL.

CORROBORATION, *s. f.* action de corroborer, ce qui sert à corroborer. Nous avons *corroboratif* et *corroborer*, tandis que *corroboration* semble banni de la littérature et appartenir exclusivement à la médecine. Cependant cet ancien mot n'est remplacé par aucun autre. « Pour *corroboration* et renfort de preuves, on devroit ramentevoir l'histoire de ceste dame de Mayence. » CHOLIÈRES, *Cont. 5e après disn.*

CORROBORER, *v.* est un composé de *roborer*, inusité, mais qui nous a donné *roboratif*. « Pour aider et *roborer* son jugement. » SEBILET, *Art poétique françois*, pag. 17. Lyon, 1576. Il vient du latin *corroborare*, rendre ferme et stable, donner des forces, qui est lui même un composé de *roborare*. *Roborare* vient de *robur*, rouvre, espèce de chêne fort dur, mot latin qui, par métaphore, a signifié force, dureté.

CORROMPRE, *v.* (*cum ; rumpere*). La Bruyère l'a employé dans un sens figuré bien hardi. « Le nouvelliste se couche le soir tranquillement sur une nouvelle qui se *corrompt* la nuit, et qu'il est obligé d'abandonner le matin à son réveil. »

CORSAGE, *s. m.* dérivé de *corps*.

Achille étoit haut de corsage.
MALHERBE, *Ode au duc de Bellegarde, Poésies*, liv. IV.

« Ce mot est vieux, mais il est beau,

et je ne sais pourquoi on ne s'en sert plus. M. de Voiture a dit dans un de ses rondeaux : *Rien n'est si droit que son corsage*. Mais ses rondeaux sont écrits en vieux style. » MÉNAGE, *Observations sur les poésies de Malherbe*. Il n'est pas vieux comme Ménage le prétend, mais il n'est admis aujourd'hui que dans le style familier :

Gentil *corsage* et minois fait au tour.

CORSAIRE, s. m. de l'italien *corsaro*. On trouve dans le *Dict*. de Pomey, *corsaire* et *coursaire*.

...... *Corsaires à corsaires,*
L'un l'autre s'attaquant, ne font pas leurs affaires.
RÉGNIER, *Satire* XII, v. 133.

C'est un proverbe espagnol : *de cosario a cosario no se llevan que los bariles* (de corsaire à corsaire, il n'y a que les barils d'eau à prendre).
La Fontaine, liv. IV, *fable* 12 :

Qu'eût-il fait? c'eût été lion contre lion ;
Et le proverbe dit : *corsaires à corsaires,*
L'un l'autre s'attaquant, ne font pas leurs affaires.

Boileau, *Epigr*. 27 :

Apprenez un mot de Régnier,
Notre célèbre devancier :
Corsaires attaquant corsaires,
Ne font pas, dit-il, *leurs affaires.*

CORTEGER, v. quelqu'un, lui faire cortége.

Le bon seigneur fut *cortégé*.
De maints monstres à face fière.
SCARRON.

CORVÉE, s. f. Ragueau le dérive de *corps* et *vée*, vieux mot gaulois signifiant peine, travail, comme qui dirait peine, travail de corps; mais *vée* ne serait-il pas formé du lat. *væ!* malheur à... !

Le mot *corvée*, avons-nous déjà dit, dans notre *Nouveau Dict. des Origines*, est très-ancien dans le système féodal; mais il y avait un autre sens; il y représentait certains travaux de la glèbe. Cet impôt vexatoire, dont on doit la suppression au vertueux Louis XVI, avait inspiré au chantre des saisons, les vers suivants :

J'ai vu le magistrat qui régit la province,
L'esclave de la cour et l'ennemi du prince,
Commander la *corvée* à de tristes cantons
Où Cérès et la faim commandaient les moissons.
On avait consumé les grains de l'autre année ;
Et je crois voir encor la veuve infortunée,
Le débile orphelin, le vieillard épuisé
Se traîner en pleurant au travail imposé.
Si quelques malheureux, languissans, hors d'haleine,
Cherchaient un gazon frais, le bord d'une fontaine,
Le piqueur inhumain qui préside aux travaux
Leur vendait à prix d'or un moment de repos.
SAINT-LAMBERT.

« Chose vérifiée par tant d'exemples, qu'il me semblerait faire *corvée* de te les vouloir raconter. » ET. PASQ. *Pourp. du Prince*. Il est de mise dans le sens figuré : « M. de Coulanges m'envoye proposer de le prendre pour aller dîner à Versailles, chez M. de Louvois; je vais donc faire cette petite *corvée*. » SÉVIGNÉ.

CORVÉABLE, adj. sujet à des corvées. « Au 18e siècle, dit l'auteur des *Mémoires de Louis* XIV, et dans le sein du parlement, on osa bien encore définir le tiers-état, *la gent corvéable* et taillable à merci et miséricorde*.* »

CORVOYEUR, s. m. « Ces routes étroites, mais excellentes, ne me rappellent les *corvoyeurs*, que pour gémir sur les pays où ils sont connus. » MIRABEAU, *Lettre à Chamfort*, 30 août 1784.

CORYPHÉE, s. m. du grec κορυφαῖος (koryphaïos), parce qu'il était placé au milieu du chœur des musiciens et dans une situation élevée pour être plus facilement vu et entendu de toute la troupe.

Le mot *coryphée*, que nous employons au figuré et par extension, a été pris de même par Cicéron, *de Natura Deorum*, 1-59 : « Zeno quem Philo coryphæum appellat epicureorum (Zénon que Philon appelle le *coryphée* des épicuriens). »

COSAQUERIE, s. f. « Cette expédition ne fut qu'une *cosaquerie*. » LE PRINCE DE LIGNE; c'est-à-dire, une incursion brusque, qui se réduisit à quelques pillages.

COSMOPOLISME, s. m. Celui qui est atteint de *cosmopolisme*, est privé des plus doux sentimens qui appartiennent au cœur de l'homme.

COSMOPOLITE, s. m. du grec κόσμος (univers) et πολίτης (citoyen) qui est citoyen de l'univers. C'est Socrate qui, le premier, a dit : je suis *cosmo-*

polite, parce qu'il était attaché à l'intérêt général de l'humanité, encore plus qu'à celui de sa patrie et de sa famille. On le dit en riant d'un homme qui n'a point de demeure fixe.

COSTUME, *s. m.* mot emprunté aux Italiens. Ils appellent dans les arts, *il costume*, cette observance des habits, des bâtimens, des armes et des mœurs des peuples que le poète ou le peintre veut représenter. « Poppea Sabina, femme de Néron, laquelle fut la plus profuse (prodigue) en toute sorte de superfluités, d'ornemens, de parures, de pompes, et de ses *costumes d'habits*. » BRANTÔME, *Dames gal.* tom. 1, pag. 347.

COSTUMÉ, pour habillé, paré, est un mot qui des coulisses est passé dans la langue du peuple.

COTARDIE. *Voy.* COTTE-HARDIE.

COTE, *s. f.* marque numérale. Si l'on consultait l'étymologie prise du latin *quota*, on écrirait *quote*; mais ce nom est tellement francisé, que l'Académie écrit *cote*, et de là le verbe *coter*; on tire aussi de ce mot l'expression *cote mal taillée*, par laquelle on entend un compte fait à peu près, approximativement. On lui a donné ce nom, parce qu'anciennement les comptes se marquaient sur des tailles de bois fendues en deux, en forme de côtes ou côtelettes, comme font encore à présent les boulangers. Quand les deux tailles rapprochées n'étaient pas justes, on disait que le compte ou la *cote* était mal taillée. De là sont dérivés le verbe *coter*. « Feuilleter papier, *quotter* cayers, remplir panier, et visiter procès. » RABELAIS, tom. III, pag. 260, édit. de 1732.

Quotter, qu'on écrit aujourd'hui *coter*, vient du latin *quot*, combien, c'est-à-dire, établir l'ordre et la quantité des papiers, des pièces, en faire inventaire, déterminer (*quot*) combien il y en a.

« Le mot *cote*, dans le sens de *cotiser* et de *cotisation*, a, dit M. Butet, servi de base au dérivé *cotier*, qui exerce le droit de *cote*-part. Les *cotiers* étaient des villageois qui se *cotisaient* pour tenir d'un seigneur un héritage, et, en cette qualité de *cotiers*, ils formaient *coterie*. Le bien était en *coterie*, tenu *cotièrement*; c'était un *lieu cotier*, une espèce de bien censier. Le bien censier, proprement dit, était en général possédé par un seul, moyennant le cens qu'il payait à son seigneur, et le bien *cotier* était possédé par une communauté moyennant le même cens, payé par des gens qui, isolément, n'auraient pas eu les moyens de devenir propriétaires censiers; d'où les *cotiers*, par l'infériorité de leurs ressources, avaient individuellement moins d'importance que les censiers proprement dits; d'où leurs associations ou les *coteries* ont joui d'une moindre considération parmi les propriétaires; d'où le même mot, par extension, se prend en mauvaise part aujourd'hui pour désigner une sorte de conventicule d'individus qui cherchent à produire, par la réunion de leurs moyens, ce que chacun d'eux est isolément incapable d'opérer. » *Manuel des Amat. de la lang. franç.* pag. 314.

. . . . Veux-tu que limité
Au petit cercle obscur d'une société,
J'aille m'ensevelir dans quelque *coterie*?
GRESSET, *le Méchant*, act. II, sc. 1.

Ce dernier mot était encore douteux en 1674; Oudin, *Dict. des trois lang.* le marque d'un astérisque.

CÔTE. « Sa tendresse voudrait se mêler d'aller *côte à côte* de la mienne. » Mme DE SÉVIGNÉ. « Je hais, écrit la même à sa fille devenue maigre, de voir si visiblement la *côte* d'Adam en votre personne. »

On disait autrefois de quelqu'un qui affectait des manières hautes, qui s'enorgueillissait de sa naissance, *il n'est pas sorti de la côte de saint Louis*. C'est-à-dire, il n'est pas descendu de saint Louis, il n'est pas du même sang que les rois de France.

Mme JOURDAIN.

« Que voulez-vous donc dire, avec votre gentilhomme? Est-ce que nous sommes, nous autres, de la *côte* de saint Louis? » MOLIÈRE, *le Bourgeois gentilhomme*, act. III, sc. 12.

CÔTÉ, *s. m.* Un grand seigneur affectait de faire sentir à un homme de lettres la supériorité de son rang : « Monsieur le duc, répondit le lettré, il vous est plus aisé d'être au-dessus de moi, qu'à *côté*. »

« J'ai trouvé, en arrivant ici, le mariage de Mlle de B.., avec M. de P... sur le *côté* (rompu). » M. DE COULANGES à Mme de Sévigné.

COTEAUX, *s. m. plur. Les coteaux, l'ordre des coteaux, chevaliers de l'ordre des coteaux.* Nom badin qui, dans l'avant-dernier siècle, avait été donné aux gens d'un goût fin et délicat, qui non seulement savaient distinguer les meilleurs vins, et de quel *coteau*, ou de quel vignoble ils venaient, mais qui avaient la même délicatesse de goût pour tout ce qui appartenait à la bonne chère. C'est de cette manière qu'il faut entendre ce passage de la lettre 124 de Mme de Sévigné : « Le diner de M. Valavoir effaça entièrement le nôtre, non par la quantité des viandes, mais par l'extrême délicatesse qui a surpassé celle de tous nos *coteaux*. » Et celui de La Bruyère : « Il y a des grands qui se laissent appauvrir et maitriser par des intendans, et qui se contentent d'être gourmets ou *coteaux*. »

Un profès de l'ordre des coteaux, ou simplement un *coteau*, était un gourmand du premier ordre, en faisant entrer dans cette idée tout ce qui fait les délices de la table.

Sur-tout certain hâbleur, à la gueule affamée,
Qui vint à ce festin conduit par la fumée,
Et qui s'est dit *profès dans l'ordre des coteaux*,
A fait, en bien mangeant, l'éloge des morceaux.
BOILEAU, *Satire* III.

. . . . Ces hommes admirables,
Ces petits délicats, ces vrais amis de tables,
Et qu'on en peut nommer les dignes souverains,
Savent tous les *coteaux* où croissent les bons vins,
Et leur goût leur ayant acquis cette science,
Du grand nom de *coteaux* on les appelle en France.
DE VILLIERS, *Com. des Coteaux.*

Voici comme on rapporte l'origine de ce sobriquet plaisant donné à de bons convives : « M. de Lavardin, évêque du Mans, donnait à dîner à M. le marquis de Bois-Dauphin, au comte d'Olonne, à l'abbé de Villarceaux, et à du Broussin. Ces messieurs dirent que son vin n'était pas bon. Le prélat dit que c'était des délicats qui ne voulaient du vin que de certains *coteaux*, là-dessus on les appela les *coteaux*. »

COTER, COTERIE. *Voy.* COTE.

COTHURNE, *s. m.* du lat. *cothurnus*, qui a la même signification, sorte de chaussure plus ou moins élevée, dont les acteurs se servaient chez les anciens, dans la tragédie.

. . . . Jadis dans le comique
Mon camarade et moi nous avions du crédit ;
Mais pour faire en tout genre admirer notre esprit,
Nous chaussons maintenant le *cothurne* tragique.
REGNARD, *les Souhaits*, sc. V.

A l'imitation des Latins, nous disons quelquefois le *cothurne*, pour la la tragédie :

*En erit, ut liceat totum mihi ferre per orbem
Sola Sophocleo tua carmina digna cothurno?*
VIRG. *Eglog.* VIII, vers 10.

Comme nous disons encore à leur imitation, le *brodequin* pour la comédie, ou le style comique ou familier :

*Indignatur item privatis ac prope socco
Dignis carminibus narrari cœna Thyestæ.*
HORATIUS, *De arte poeticâ*, vers 89.

Si l'on en croit le P. La Rue, Sophocle, poëte tragique grec, fut le premier qui introduisit sur le théâtre cette chaussure (le *cothurne*) dont les semelles très-élevées rehaussaient la taille de l'acteur.

Scarron, pour exprimer la misère des gens de lettres de son temps, dit : « Maintenant le *cothurne* et l'escarpin se crottent également. » *Epître à Guillemette, chienne de ma sœur.*

On dit figurément *chausser le cothurne*, pour dire faire des tragédies ; on se sert aussi de cette expression, pour un écrivain qui prend un style plus élevé que son sujet ne le demande.

COTICES, *s. f. plur.* terme de blason ; ce sont des bandelettes placées dans le même sens que la bande et à ses côtés ; d'où vient qu'elles sont appelées *cotices*.

COTIGNAC, *s. m.* sorte de confiture faite avec des coings. Le coing est dit en latin *cotoneum*, d'où vient le mot français qui a éprouvé plusieurs changemens. « Parachevant leur repas par quelque *confection de cotoniat.* RABELAIS, t. 1, pag. 183, édition de 1732.

« *Confection de cotoniat*, confitures de coins; autrefois *coudignac*, *codignat* et *codignat*, aujourd'hui *cotignac*. Les pédans disaient *cotoniat*, fait de *cotonium*, dit pour *cotoneum*. » LE DUCHAT, *sur Rabelais*, à l'endroit cité.

COTON, *s. m.* « Bien des femmes se donnent un embonpoint de *coton*. » MONT. liv. II, c. 12. « Un laquais qui était à la Trappe, est devenu demi-fou, n'ayant pu supporter ces austérités. On cherche un couvent de *coton*, pour le remettre. » SÉVIGNÉ. « Mettez bien, je vous prie, écrit la même à sa fille, votre petite poitrine dans du *coton*. » Le P. Le Moyne appelle la neige, « le *coton* des hivers, » mot plus burlesque que poétique.

COTONIAT. *Voyez* COTIGNAC.

COTOYER, *v.* est dérivé de *côte*, c'est proprement, aller côte à côte. « Il ne faut jamais tourner le dos à l'honnêste, mais bien quelquefois aller à l'entour et le *costoyer*. » CHARRON, liv. III, c. 2. « Le commerce des livres, dit Montaigne, l. III, c. 3, en parlant du charme de la lecture, *costoye* tout mon cours, et m'assiste par tout. » « Les argumens de la philosophie (au sujet de la mort) vont à tous coups *costoyans* et gauchissans la matière et à peine essuyans sa crouste. *Le même*, l. III, c. 4. « Il ne faut point, disait Bautru, s'abandonner aux plaisirs; il ne faut que les *côtoyer*. »

COTRET, *s. m.* « Les savans, dit M. Butet (de la Sarthe), dérivent ce mot du latin *constrictum*, parce que cette espèce de fagots est serrée dans son ensemble par deux liens qui les étreignent à leurs extrémités. Les règles de la lexicographie ne sont pas violées dans la transformation de *constrictum* en *cotret*. *Constrict* a pu devenir *constrect*, d'où *constret*, d'où *costret*, puis *cotret*. Mais *cotret* qu'on dit pour *coteret*, est une contraction de cette dernière forme, et celle-ci ne peut se déduire de *constrictum*, sans admettre l'épenthèse (l'intercalation d'une lettre dans un mot) de l'*e* qui suit le *t* dans coteret, ce dont il n'existe pas d'exemple en lexicographie.

« *Coteret*, fagot, ou sa forme contractée, *cotret*, par métonymie du nom du lieu donné à l'objet qui en vient, s'est dit du surnom de Villers-Coterets, d'où sont venus d'abord ces fagots, et où il s'en fait beaucoup. Or tout le monde sait que *coterets* est une corruption de la locution, *Côte de Rets*, désignation de Villers, situé dans la forêt de *Rets*. » *Manuel des Amat. de la lang. franç.* pag. 315.

COTTE-HARDIE, ou COTARDIE, *s. f.* vieux mot. « Le comte Amédée lui (à Froissart, poète français du 14ᵉ siècle) donna une bonne *cotte-hardie* de vingt florins d'or. *Dict. hist. et crit.* par de Chaufepié, au mot *Froissart*, aux notes, lettre (I).

Cotte-hardie, ou *cotardie*, espèce de cotte, habillement commun aux hommes et aux femmes, ici un pourpoint. C'était une des libéralités que les seigneurs étaient dans l'usage de faire; ils mettaient de l'argent dans la bourse qui, suivant l'usage du temps, y était attachée. » *Ibidem*, note marginale, sous le n° (41).

COU, *s. m.* « Ny double, ny souple, ny accommodant ma foy à la volonté d'autruy et aux occasions, plustost lairrais-je rompre le *col* aux affaires, que de plier ma foy pour leur service. » MONT. liv. II, c. 17. « Le *col* enflé de prospérité. » *Preuves de la sat. Ménip.* Voltaire, en parlant à un cafard, dit :

Que ton *col* tors, désormais redressé,
Sur son pivot garde un juste équilibre.

COUARD, *s. m.* lâche, poltron. Ce vieux mot vient du latin *caudatus* (*coué*, qui traîne sa queue); nos pères ont dit *coue* pour *queue*, du latin *cauda*, d'où les anciens termes *coué*, *couard*, *couardise*, *écoué* (*excaudatus*) à qui on a coupé la queue.

Caudatus (coué) indè *couard*, *couarde*, pour timide, *quasi qui trahit caudam*, etc. (*coué*, comme si on disait celui qui traîne sa *queue*).

JACQUES SYLVIUS, *Isagoge in linguam gallicam*, pag. 17, Paris, 1531. Ce mot, dit le P. Labbe, a été pris par métaphore des chiens peureux et lâches. « Il estait à doubter (à craindre) que les Espagnols, qui *couars* de nature estoient, ne tenissent (tinssent) pied avecqués ceulx de sa compagnie. » *Les Neuf Preux*.

Le plus *couard* oysel ay print, ce m'est avis.
Le vœu du Héron, poème du 14e siècle.

(Le plus lâche oiseau j'ai pris, à ce que je pense.) « C'est une humeur *couarde* et servile de s'aller desguiser et cacher sous un masque, etc. » *Essais de Montaigne*, tom. v, p. 470, Paris, 1789. « C'est une qualité tousiours nuisible, tousiours folle, et comme tousiours *couarde* et basse, les stoïciens en défendent le sentiment à leurs sages. » *Le même*. « Les lasches sont cruels; les chiens *couards* mordent et deschirent dans la maison les peaux des bestes sauvages qu'ils n'ont osé attaquer aux champs. » CHARRON, liv. I, c. 31.

De vaillant fait *couard*, de fidèle fait traître.
MALHERBE, *Poésies*, liv. II, *les Larmes de saint Pierre*.

« *Couard*, ce mot n'est plus de la belle poésie. Ronsard a dit dans l'épitaphe d'Antoine Chasteigner:

Et non mourir au lit, ou en la maison comme
Quelque pucelle, ou quelque *couard* homme. »

MÉNAGE, *Observations sur les Poésies de Malherbe*.

COUARDER, v. c'est-à-dire, être et se montrer *couard*; Ronsard en use. NICOT.

Estre vaillant et *couharder* de crainte.
Les Amours de Ronsard, 86e sonnet.

Avec le renard on renarde,
Avec le couard on *couarde*.
DE BAÏF, liv. I.

« En ce subject ne *couardez* de crainte. » NIC. PASQUIER, liv. VII, *lett*. 3. « Il lui demanda qui l'avoit ainsi changé et *encouardi* (rendu lâche). MONTAIGNE. *Couard* et *acouardi* se trouvent dans les *Epithètes* de De la Porte, au mot *Casanier*.

COUARDISE, s. f. dérivé de *couard*, lâcheté, faiblesse. « La vaillance humaine est une sage *couardise*, une crainte accompagnée de la science d'éviter un mal par un autre, colère est sa trempe et son fil. » CHARRON, liv. III, c. 19.

Ma *couardise* est extrême
D'avoir eu le moindre effroi.
LA FONTAINE, *Imit. d'Anacréon*.

Il vieillit; cependant Rousseau a encore dit : « Ils les huèrent, et, comme pour insulter à leur *couardise*, vinrent se ranger autour de moi. » *Emile*, tom. IV, liv. 5.

COUCHE, s. f. vient, selon Jacques Sylvius et Robert Estienne, du latin *cubile* (lit) en changeant u en ou et b en ch.

Des longs travaux du jour la terre est délassée,
Et le zéphyr du soir, le calme, la fraicheur
Te bercent sur ta *couche*, asile du bonheur.
BAOUR DE LORMIAN.

Comme un époux glorieux,
Qui, dès l'aube matinale,
De sa *couche* nuptiale
Sort brillant et radieux.
J. B. ROUSSEAU.

Il va du dieu des morts déshonorer la *couche*.
RACINE.

Ce mot, au propre, n'est usité qu'en poésie et dans quelques façons de parler consacrées. « Quant aux jeûneurs de carême, ils mangent par *couches*, comme les bonnes femmes qui mettent des herbes à distiller. Ils mangent le potage, puis des échaudés au beurre frais, des entrées, des pois, des fèves, des harengs, des pruneaux, puis le poisson, puis le dessert; et tout à cause du jeûne. » M. DE P.

Quant à ce mot pris pour le temps pendant lequel les femmes demeurent au lit à cause de l'enfantement, il y a long-temps qu'il ne s'emploie qu'au pluriel, ainsi que nous l'apprend Henri Estienne : « Il y a, dit-il, quelques mots qui sont demeurez en leur usage, ormis qu'on use du pluriel au lieu du singulier : ou du singulier au lieu du pluriel. Pour exemple, on diset, en usant du nombre singulier, en quel lieu madame fera-elle sa *couche*? maintenant il faut dire, (pour monstrer qu'on parle d'une où il y a quelque grandeur, ou pour le moins, à laquelle on veut attribuer quelque grandeur) *en quel lieu, madame fera-elle ses couches?* »

COUCHER, v. selon Jacques Sylvius, et Robert Estienne, vient du latin *cubare* (être ou se mettre au lit). « Quoy ! si les plus plattes raisons sont les mieux assises, les plus basses et lasches et les plus battues se *couchent* mieux aux affaires. » MONT. liv. III, c. 8. « Nous avons loy de nous appuyer, non pas de nous *coucher* si lourdement sur autruy, et nous estayer en leur ruine. » *Le même*, ibid. c. 9. « Le chancelier se *coucha* de peur d'être porté par terre ; c'est-à-dire, rendit les sceaux au roi avant qu'il les lui demandât » *Mém. de Bassompierre*. « Il me semble, que je n'ai rencontré guères de manières qui ne vaillent les nôtres. *Je couche de peu :* car à peine ay-je perdu mes girouettes de veuë. » MONT. l. III, c. 9.

Vous couchez d'imposture, et vous osez jurer.
P. CORNEILLE, *le Menteur*, act. III, sc. 5.

Vous couchez d'imposture, cette manière de s'exprimer n'est plus admise. Elle vient du jeu. On disait : *couché de vingt pistoles, de trente pistoles, couché de belle*. VOLTAIRE, *Remarques sur Corneille*, au lieu cité. A force d'avoir mis des homélies au net, j'avais appris à tourner une phrase ; j'étais devenu une espèce d'auteur. Le vieil officier, de son côté, se piquait de savoir bien *coucher par écrit*. *Gil-Blas*, liv. VII, c. 12. « *Coucher par écrit*, sans régime ou complément du verbe, est une expression qui paraît assez remarquable. Elle a vieilli depuis Le Sage. Boileau l'a employé avec un complément dans l'*Epître à son jardinier* ; mais c'était un mot qu'il prêtait aux gens de son village. » FRANÇOIS DE NEUFCHÂTEAU, *Note sur Gil-Blas*, édit. de 1826. « Le seigneur Brisacier crut que ces longues paupières de la Blake n'avoient jamais *couché* que lui en joue. » HAM. *Mém. de Gram*.

COUCHERIE, s. f. commerce avec une femme. « Je n'ai vu dans le monde, disait un homme qui y a long-temps vécu, que des dîners sans digestion, des soupers sans plaisir, des conversations sans confiance, des liaisons sans amitié et des *coucheries* sans amour. » « Il me semble que personne n'aura à se plaindre, si la presse, la religion et la *coucherie* sont également libres en France. » VOLTAIRE.

COUCHETTE, s. f. dimin. de *couche*. Suivant Saint-Foix, *Essais sur Paris*, on appelait autrefois les lits, *couches*, quand ils avaient dix ou douze pieds de long sur autant de large ; et *couchettes*, quand ils n'avaient que six pieds de long et six de large.

COUCI-COUCI. Cette façon de parler familière vient de l'italien *cosi, cosi*, qui équivaut à celles-ci : tellement quellement, comme ci, comme ça.

PRUDENT.
« Que pense-t-elle (ma femme) de moi ?

PIERROT.
» Hé, *cousi, cousi*.

PRUDENT.
» Je ne t'entends pas.

PIERROT.
» Mais *cousi, cousi*, veut dire la, la. » *La fausse Coquette*, act. II, sc. 2. *Théâtre italien* de Ghérardi.

Puisse l'enfant sans merci
Vous forcer à rendre hommage
A quelque Iris de village,
Dont le cœur fourbe et volage,
Vous aime *couci-couci !*
Mme DESHOULIÈRES.

Couci-couci. Cette expression nous rappelle le bon mot de quelques plaisans du parterre qui, à la première représentation d'*Adélaïde Duguesclin*, lorsqu'ils entendirent au dénouement le duc de Vendôme dire à Coucy : *es-tu content, Coucy ?* s'écrièrent, *couci-couci*.

COUCOU, s. m. « Voici, dit M. Ch. Nodier, les onomatopées équivalentes que d'autres langues me fournissent.
» En hébreu *kaath, kik, kakik, kakata, schaschaph* ; en grec *kokkus*, et par corruption *karkolix* ; et *kakakoz* ; en latin *cuccus, cuculus* ; en italien *cuculo, cucco, cucho* ; en espagnol *cuclillo* ; en allemand *gucker, kuckuch, guggauch, guckuser* ; en flamand *kockock, kockuut* ; en anglais *kuckow, cucoo* ; en turc *koukou* ; en syriaque *coco* ; en polonais *kukulka*,

kukawka; en danois *kuk*, *gioeg kukert*; en catalan *cocut*, *cugul*; en vieux français *coqu*; en Provence *coux*, *cocou*; en Sologne *coucouat*, pour indiquer le petit du *coucou*.

» Il n'y a point d'oiseau dont le nom ait été formé aussi généralement d'après son cri, et cela, peut-être, parce qu'il n'y en a aucun dont le cri soit plus analogue aux modulations de la voix humaine. » *Dict. des Onomatopées françaises.*

coucou. « Ce mot dont se servent les enfans, dont l'un se cache, et quand il croit être bien caché, crie à l'autre, *coucou*, pour lui dire cherchez-moi : ce mot, dis-je, ne viendroit-il pas de l'allemand? Les enfans de ce pays disent de même *kuckkuck*, *kuckcuk*, regardez; *kucken* en allemand signifie *regarder*. Notez que l'*u* se prononce *ou*. » SABLIER, *Essai sur les langues en général*, pag. 168, Paris, 1777.

COUDÉE, s. f. « Une obligation se paye quelquefois, mais elle ne dissout jamais : cruel garrotage, à qui ayme d'affranchir les *coudées* de sa liberté, en tout sens. » MONT. l. III, ch. 9.

COUDIGNAC. *Voyez* COTIGNAC.

COUDRE, v. du latin *consuere* (coudre avec) selon Robert Estienne qui écrit *cousdre* en changeant *n* en *u*, comme dans *couvent* de *conventus*, et en interposant un *d*, comme dans *pondre* de *ponere*. Les lingères et les couturières de Paris disent je *couserai*, ce qui fait croire, comme la remarque en a été faite par Ménage, qu'on a dit autrefois *couser* à l'infinitif, puisque le futur se forme de l'infinitif. « Quand j'appelle mon valet un badin, un veau, je n'entreprends pas de luy *coudre* à jamais ces titres. » MONT. liv. I, ch. 36. « Il ne s'y scauroit *coudre* amitié, où il y a si peu de relation et de correspondance. » *Le même*, l. 1, ch. 42. « A ceux-là mesme qui ne valent rien, il est si doux, ayant tiré l'usage d'une action vicieuse, y pouvoir hormais *coudre* en toute seureté quelque traict de bonté et de justice : comme par compensation et correction conscien- cieuse. » *Le même*, liv. III, ch. 1.
« La société des hommes se tient et se *coust* à quelque prix que ce soit. » *Le même*, liv. III, ch. 9.

Accoudre, coudre une chose à une autre, s'est dit, et un de nos anciens poëtes, parlant du mystère de l'incarnation, s'exprime ainsi :

Il *accousit* par pitié
Au sac de notre humanité,
La porpre (pourpre) de sa déité.
Miserere, ms. de Gaignat, fol. 212.

COULER, v. « Les cupiditez estrangères, que l'ignorance du bien et une fausse opinion ont *coulées* en nous, sont en si grand nombre, qu'elles chassent presque toutes les naturelles. » MONT. liv. II, ch. 12. « Il y a tant de mauvais pas que, pour le plus sûr, il faut un peu légèrement et superficiellement *couler* ce monde, le glisser et non l'enfoncer. » *Le même*, livre III, ch. 10.

Couler se dit aussi du temps, pour marquer par comparaison (avec les fluides), combien ses parties se suivent de près, et disparoissent rapidement : d'une période, d'un vers, d'un discours entier, pour indiquer qu'il ne s'y trouve rien de rude, ni qui blesse l'oreille, que les parties en sont bien liées, et se succèdent naturellement, comme les eaux d'un ruisseau *coulent* d'une manière naturelle et agréable, sur un fond uni et d'une pente uniforme et douce.

On dit figurément qu'un *homme est coulé à fond*, pour dire qu'il est ruiné : *cette entreprise*, *cette faillite le coulera à fond*, le ruinera; métaphore empruntée d'un vaisseau submergé ou d'un homme qui se noie.

Mais le calme ne tient qu'à l'éclaircissement,
Et *coulera* ton maître à fond dans le moment.
PIRON, *Métromanie*, acte IV, sc. 1.

COULEUR, s. f. « A quoi sert la lecture? » disait Louis XIV au duc de Vivonne, homme instruit, et qui avait de belles *couleurs*. « Sire, répondit le duc, la lecture fait à l'esprit ce que vos perdrix font à mes joues. » « Il n'a jamais vu une ame de cette *couleur* : celles des anciens Romains en avaient quelque chose. » Mme DE SÉVIGNÉ.

Certaine abbesse un certain mal avoit,
Pâles couleurs nommé parmi les filles;
Mal dangereux, et qui des plus gentilles
Détruit l'éclat, fait languir les attraits.
LA FONTAINE, *l'Abbesse malade.*

ÉPITAPHE.

La fille qui cause nos pleurs,
Est morte des *pâles couleurs*,
Au plus bel âge de sa vie :
Pauvre fille! que je te plains
De mourir d'une maladie
Dont il est tant de médecins!

« Je vous conjure, ma chère Pauline, de ne pas tant laisser tourner votre esprit du côté des choses frivoles, que vous n'en conserviez pour les solides, sans quoi votre goût aurait les *pâles couleurs*. » Mme DE SÉVIGNÉ.

Couleur, prétexte. Racine a. dit avec une grande hardiesse :

J'inventai des *couleurs*, j'armai la calomnie.
Athalie.

« C'est ici un monstre naissant (Néron), mais qui n'ose encore se déclarer, et qui *cherche des couleurs* à ses méchantes actions; *hactenùs Nero flagitiis et sceleribus velamenta quæsivit.* » RACINE, *Préf. de Britannicus.* Racine a rendu le *velamenta* par *couleurs*, qui cherche des couleurs à ses méchantes actions; ainsi *couleurs* est pris ici pour voiles; le mot *couleur* est souvent employé, en ce sens, par les auteurs contemporains de Racine, ou qui l'ont précédé; on trouve dans P. Corneille, dans Bossuet, dans Molière, etc. *sous couleurs*, pour *sous voile, sous apparence.* « Il (Charlemagne) voulait se faire un nouveau droit de l'hérésie prétendue de l'empereur, pour lui enlever Rome *sous couleur de justice.* » VOLTAIRE, *Essai sur les mœurs et l'esprit des nations.*

COULEUVRINE, s. f. pièce d'artillerie, est un dérivé de *couleuvre*. Elle est appelée de la sorte, selon Le Duchat, tant parce que son boulet, par l'impétuosité dont il part, imite le sifflement de la couleuvre, que parce que cette pièce, dans sa grosseur et dans sa largeur, a quelque proportion avec ce reptile. D'Urfé, dans son roman intitulé : *l'Astrée*, après avoir parlé de diverses machines de guerre qui servaient au siége d'une ville, ajoute : « Il y avoit aussi des *chats*, et des *chat-chastels*; il y avoit aussi des *taupes*, des *rats*, et des *renardeaux*, toutes machines avec lesquelles ils approchoient la muraille à couvert, et qui avoient pris leurs noms de la ressemblance qu'ils avoient à ces animaux. » 4e partie d'*Astrée*, liv. onzième.

COULPE, s. f. du latin *culpa* (faute). Nous avons conservé *coupable*, *culpabilité*, *inculper*, *disculper*, et nous avons perdu le substantif *coulpe*, qui ne peut plus entrer que dans le familier et dans le genre marotique : « Quand le roy eut dictes ces paroles, il regarda vers le ciel et *batit sa coulpe* (dit son *mea culpa*) et plora ses péchés devant le regard de nostre Seigneur. » *Lancelot du Lac*, feuille 4, colon. 1re, imprimé à Paris, en 1520.

Je fis hier larcin d'un baiser tendre ;
J'en dis ma *coulpe* avec contrition.
Voici les jours de restitution ;
De s'amender nul ne peut se défendre.
LE BRUN, liv. III, *Epigramme* 21.

Lors trouverai votre *coulpe* légère.
GINGUENÉ, *Epigramme.*

« Si malgré tout cela nous tombons dans l'erreur, nous n'en saurions porter la peine en bonne justice, puisque nous n'en aurons pas la *coulpe*. » ROUSS. *Confessions*, les *Rêveries*, 2e promenade. « Quelque grande qu'ait été mon offense envers elle, je crains peu d'en emporter la *coulpe* avec moi. » *Le même*, *Confess.* liv. II, à la fin.

COUP, s. m. comme *colpus* dans la basse latinité, et *colpo* en italien, paraît venir de l'allemand *kloppen* ou *klopfen* (frapper avec force). *Si quis alterum voluerit occidere, et* colpus *prætersalierit,* etc. *Loi Salique*, tit. 20. (Si quelqu'un en a voulu tuer un autre et qu'il l'ait chargé de coups). « *Colpus, ictus : et restat hoc sensu apud Italos* colpo *et apud Gallos* coup. *Pithæus et Bignonius à* colaphus *derivant, sed errant. Germanicum enim est. Habemus nos* (Germani habent) *verbum* kloppen, klopfen, *acriter ferire.* » Note au bas de la pag. 136, tom. IV du *Recueil des historiens de France*, in-fol. Paris, 1741.

Coup de Jarnac. Cette expression

tire son origine du combat singulier de Gui de Chabot de Jarnac et de François de Vivonne de la Chataigneraie. Ce combat se fit dans la cour du château de Saint-Germain-en-Laye, le 10 juillet 1547. Sous le règne de Henri II, Jarnac avait donné un démenti à la Chataigneraie; celui-ci le défia au combat. Le roi le permit, et voulut en être spectateur; il se flattait que la Chataigneraie, qu'il aimait, remporterait l'avantage; mais Jarnac, quoiqu'affaibli d'une fièvre lente qui le consumait, le renversa par terre d'un revers qu'il lui donna sur le jarret, et qu'on a depuis appelé le *coup de Jarnac*. On sépara les combattans; mais le vaincu, inconsolable d'avoir reçu cette honte à la vue du roi, ne voulut jamais que les chirurgiens bandassent sa plaie, et mourut quelques jours après. Henri fut si touché, qu'il jura solennellement de ne plus permettre de semblables combats.

COUPE, *s. f.* séparation d'un corps solide, vient, comme *coupon*, *couperet*, et le verbe *couper*, du grec χοπεῖν (*kopein*) 2ᵉ aoriste de κόπτειν (*koptein*) couper, diviser. On dit au propre *une coupe de bois*, *la coupe de la pierre*, *avoir la coupe heureuse*, en jouant aux cartes, etc. Voltaire s'est récrié contre le mot *coupe*, employé pour signifier la distribution d'un ouvrage de littérature, d'une pièce dramatique. « Avez-vous jamais dit, écrivait-il à l'abbé d'Olivet, que la *coupe* d'une tragédie de Racine était heureuse? » Ce mot, pris en ce sens, a obtenu depuis la sanction de l'Académie.

COUPE, du latin *cupa* (cuve, coupe, tasse), d'où le diminutif *cupella* dont nous avons fait *coupelle* et peut-être *coupole*.

On dit figurément *boire la coupe jusqu'à la lie*; cette allégorie parait empruntée des Hébreux. Il est dit dans le psaume 74, verset 9 : « Le Seigneur tient en sa main une *coupe* de vin pur, pleine d'amertume, et quoiqu'il en verse tantôt à l'un, tantôt à l'autre, la lie n'en est pas pourtant épuisée, tous les pêcheurs de la terre en boiront. » De là, cette expression usitée dans le style de la chaire : *la coupe de la colère de Dieu*.

COUPE-BOURSES, *s. m.* C'était le nom qu'on donnait sous Henri IV, à des filous qui coupaient, même en plein jour, la bourse aux passans qui portaient, suivant l'habitude d'alors, leurs bourses pendues à leur ceinture. On a dit depuis *coupeurs de bourses*. *Coupe-bourses* se trouve dans l'*Estoile* et dans les *Bigarrures* de Des Accords.

COUPELLE, *s. f.* diminutif de *coupe*. « Ces dames doivent avoir grand'honte de ne se sentir de bon ou que jusques à la *coupelle*, et continentes, que parce qu'elles ne rencontrent rien qui heurte la continence. » La demoiselle DE GOURNAY, *Pr. des Ess.* « C'est à la *coupelle* de l'adversité que la plupart des amitiés s'en vont en fumée, il reste peu d'or, mais il est pur. » J. J. ROUSS. *Déclar. relative à M. Vernet.*

COUPER, *v.* « La charité du prochain commence déjà à lui *couper les paroles*, par la moitié, » dit Mᵐᵉ de Sévigné, d'un homme que la dévotion rendait moins aimable. « *Couper jet* à la fortune, ne lui plus donner de prise. » BALZAC, *Entret.* 1.

COUPEUR DE BOURSES. *Voyez* COUPE-BOURSES.

COUPLET, *s. m.* certain nombre de vers qui forment une chanson ou partie d'une chanson. Des chansonniers de nos jours ont donné le nom de *couplets carrés* à des couplets de huit vers dont chacun est composé de huit syllabes.

EXEMPLE.

Pour égayer quelques instants
Le trajet qu'on nomme la vie,
D'abord j'attelle au char du Temps
L'Indépendance et la Folie :
La séduisante Volupté
Jette des fleurs sur mon passage,
Et me présente la Beauté
Pour ma compagne de voyage.
CHAZET, *les Voyages,* chanson.

COUPLETER, *v.* faire des couplets, surtout satiriques. Sous Louis XIV, on *coupletait* toutes les dames de la cour. L'épicurien Gallet, fameux chansonnier, fit ce couplet au moment de mourir d'une hydropisie :

> Rimeur *coupletant, coupletier,*
> De *couplets* j'ai fait mon métier.
> Quoique la mort soit à ma porte,
> Je rime, je *couplète* encor.
> Si le diable à la fin m'emporte,
> Il faut que ce soit *Couplegor.*

COUPLETEUR, *s. m.* Panard a dit de lui-même :

Chansonnier sans chanter, passable *coupleteur.*

COUPURE, *s. f.* séparation, division.

Et les chagrins du frère étaient ceux de la sœur.
RACINE, *les Frères ennemis,* act. II, sc. I.

« Racine, dit M. Geoffroy, *a fait après ce vers une coupure considérable.* Antigone disait dans les premières éditions :

Je le chéris toujours, etc. . . . . »
OEuvres de J. Racine, tom. I, pag. 37.

L'Académie ne donne aucun exemple de *coupure,* employé pour *retranchement* dans un ouvrage littéraire ; cependant cette expression est usitée en ce sens.

COUR, *s. f.* qu'on écrivait anciennement *court* et *cort,* vient de *curtis,* mot du latin barbare, et qui signifiait un lieu fermé, un enclos où se logeait le roi, ainsi que les officiers de la justice qui l'accompagnaient. Le *t* de *court* est toujours conservé dans *courtiser, courtisan.* Les Italiens disent *corte.* court. Ceux qui voudront connaître les différentes opinions de de La Monnoye, de Ménage, de Scaliger, de Saumaise, et du P. Labbe, n'ont qu'à lire la note qui se trouve au-dessous de la pag. 20, tom. I, des *Contes* de Bonaventure Despériers, in-12, Amsterdam, 1735. Ils pourront voir aussi le livre *de l'Antiquité de Reims,* par Bergier, pag. 317, 324 et 339, in-4°. Reims, 1635.

On lit dans le *Scaligeriana,* p. 79, édit. de 1666 : « Il appert des actes qui se faisoient en latin et en français, il y a cinq cents ans, que nos François, qui entendent mal leur langue, ont cessé d'escrire la *court* de parlement, et escrivent tous *cour,* parce que, disent-ils, il vient de *curia ;* mais que ne l'appellent-ils *curie,* et les courtisans *curiens* ou *curisans ?* Quand on parle de la *cour* du roy, il vient de *curtis,* en italien *corte : in curti nostrâ.* Les parlemens estoient partout où estoit le roi, et l'on dressoit un enclos qui s'appeloit *curtis,* et le roi écrivoit *de curti nostrâ.* » Balzac appelle les gens de cour, « les renards de *cour.* »

> Troys choses sont tout d'ung accord,
> L'église, la *court* et la mort,
> L'église prend du vif, du mort;
> La *court* prend le droict et le tord;
> La mort prend le foible et le fort.

> Je définis la *cour,* un pays où les gens,
> Tristes, gais, prêts à tout, à tout indifférens,
> Sont ce qu'il plaît au prince, ou, s'ils ne peuvent
> [l'être,
> Tâchent au moins de le paraître.
> LA FONTAINE.

« La vie de la *cour* est une vie qui se passe dans une antichambre, dans des cours, ou sur l'escalier. » LA BRUYÈRE. « La *cour* est comme un édifice bâti de marbre, je veux dire, qu'elle est composée d'hommes fort durs, mais fort polis. » *Le même.* Suivant le P. Bouhours, un homme de *cour* est toujours un fourbe et un scélérat, au lieu qu'un homme *de la cour* peut être un honnête homme. La nuance est vraiment subtile !

« *Eau-béniste de cour.* Il ne faut pas douter que ceste manière de parler n'ait été empruntée des cérémonies de nostre église, entre lesquelles il n'y a rien que l'on distribue avec tel abandon que l'eau béniste. C'est pourquoi on voulut aussi rapporter cela aux belles promesses, sans effect, dont les courtisans ne sont avaricieux. » EST. PASQUIER, *Recherches de la France,* liv. VIII, ch. 33.

COUR DU ROI PÉTAUD. *Voy.* PÉTAUD.

COURAGE, *s. m.* de *coragium,* dérivé du latin *cor* (cœur), et qui se trouve dans le supplément de Du Cange. Le mot *courage* exprimait autrefois non seulement cette disposition de l'ame qui nous porte à entreprendre des choses hardies, mais encore les différentes affections du cœur ; aussi le trouve-t-on souvent au pluriel.

La fortune ennemie a peur des grands *courages.*
CORNEILLE.

« Au temps de Corneille, on disait les *courages* pour les esprits ; on peut même encore se servir du mot courages, en ce sens. » VOLTAIRE. Boileau a dit :

Homère aux grands exploits anima les courages;

Bossuet : « Ce grand prince (le grand Condé) calma les courages émus; » et J. B. Rousseau.

Puissent-ils amollir vos superbes courages!

Il fait aussi un bon effet dans cette belle phrase de Vertot : « Ces courages si fiers, accoutumés dans les armées à un pouvoir absolu, rapportoient, avec la victoire, un esprit de hauteur, toujours à craindre dans un Etat libre. »

COURANT, s. m. « Sans regret pour le passé, ni crainte pour l'avenir, je laisse aller mon existence au courant de ma destinée. » LE PRINCE DE LIGNE.

COURBER, v. du latin curvare (rendre courbe, plier). « Ma raison n'est pas duicte à se courber et fléchir; ce sont mes genoux. » MONTAIGNE, liv. III, ch. 8. Ce verbe forme une image gracieuse dans ce joli vers de La Fontaine, Captivité de Saint-Malc :

Les larmes qu'il versait faisaient courber les fleurs.

« Toutes les fois qu'on pourra donner le ton du monde, et même l'air enjoué au plus mauvais rôle d'amoureux, on le fera passer. Mais on se courbe sous le malheur de le jouer, et il devient encore plus mauvais par celui qui le prend tristement. » LE PRINCE DE LIGNE.

COURBETTE, s. f. Il vient du latin curvatio (action de courber). Il se dit proprement du cheval qui lève également les deux pieds de devant et les rabat de suite; le cheval qui a ce mouvement paraît saluer : de là on a dit au figuré faire des courbettes, pour dire ramper, s'incliner, se courber, pour gagner les bonnes grâces de quelqu'un par les marques d'un respect affecté, d'une basse soumission.

COURBURE, s. f. du latin curvatura (la forme que prend une chose qu'on a courbée). Linguet a dit figurément : « N'ayant encore pris ni l'habitude de la discipline (militaire), ni la courbure servile qu'elle donne aux esprits en redressant les corps. »

COUREUR, s. m. COUREUSE, s. f. « La vie et la mort sont deux coureurs qui courent fort l'un contre l'autre, lesquels tantost se trouvent et rencontrent. » NIC. PASQU. l. III, lett. 1.

Nous disons une coureuse pour une prostituée, une fille de mauvaise vie. Il est bon d'observer que les Latins se sont servis du mot vaga (coureuse) dans le même sens :

Non est illa vagis similis conlata puellis.
PROPERCE, liv. I, élég. 5.

(Il ne faut pas la comparer à ces coureuses.)

COURIÈRE, s. f. Nos anciens poètes appellent ainsi la lune.

Et toi, sœur d'Apollon, vagabonde courière.
DESPORTES.
Des mois l'inégale courière.
MALHERBE.
Des nuits la blanche courière.
VOITURE.

COURIR, v. du latin currere, qui a donné aussi l'ancien verbe courre, qui se dit encore pour poursuivre quelque chose pour l'attraper : courre le cerf, courre la bague.

« Ceux qui courent un bénéfice ou un lièvre, ne courent pas. Ceux-là courent qui courent aux barres, et pour exercer leur course. » MONT. l. III, c. 9. « Les ambitieux, les avaricieux courent de pointe, et la course les emporte tousiours devant eux. » Le même, l. III, c. 10. « Les gens inquiets courent de tous côtés, et cependant ne viennent d'aucun endroit, et ne vont nulle part. » LA BRUYÈRE.

ÉPITAPHE.

Cy gît Jean de Sainte-Opportune,
Mort de lassitude et d'ennui,
De courir après la fortune,
Qui couroit toujours devant lui.

Nous disons courir la ville, courir les champs, etc. en sous-entendant la préposition.

J'ai couru les deux mers qui séparent Corinthe.
RACINE, Phèdre, act. I, sc. 1.

Les Latins sous-entendaient aussi quelquefois les prépositions per, in avec currere; Virgile a dit :

... Vastumque cavâ trabe currimus æquor.

COURONNE, *s. f.* Godeau appelle la neige « blanche *couronne* des montagnes. » « La *couronne* des rois est faite en cercle, pour les avertir des bornes du pouvoir humain. » ANT. PEREZ.

COURONNÉE (rime). C'est ainsi que l'on nommait une ancienne rime que l'on formait en la dernière ou les deux ou trois dernières syllabes du dernier mot de chaque vers. Le second couplet d'une chanson de Marot fournira un exemple de cette rime :

La blanche Colombelle, belle
Souvent je vay (je vois) priant, criant ;
Mais dessouz la cordelle d'elle
Me jette un œil friant, riant,
En me consumant, et sommant
A douleur qui ma face esface :
Dont suy (suis) le réclamant amant,
Qui pour l'outrepasse trespasse.

COURONNEMENT, *s. m.* On a dit autrefois *coronation*. « Et après Clément fut couronné en icelle ville par l'évêque de Mayence, à laquelle *coronation* plusieurs princes et seigneurs du pays firent grand'fête. » MONSTRELET, *Chroniques*, liv. 1, ch. 6.

COURONNER, *v.* « Deux sourcis hardiment dessinés *couronnaient* ses yeux étincelans. » MARMONTEL. « Pendant que ce prince *se couronnoit de gloire*. » BOSSUET.

Méléagre le presse, il attaque son flanc,
L'achève, et par sa mort couronne sa victoire.
DESAINTANGE.

C'est ainsi que nous disons *la fin couronne l'œuvre*, pour dire qu'elle y met la dernière main, qu'elle l'accomplit. Les Latins ont dit de même, par métaphore, *coronare*, pour remplir jusqu'au bord :

Ignis ubi in medio, et socii cratera coronant,
Te libans, Lenæe, vocat. . . . .
VIRGILE, *Géorgiques*, liv. II, v. 528.

Cette expression figurée se trouve aussi dans Homère :

Apporte un vase immense, un vase précieux,
Couronnes-en les bords d'un vin délicieux.
AIGNAN, trad. de l'*Iliade*, liv. I.

Rabelais a dit *couronner le vin*, pour emplir un verre de manière que le vin le *couronne*.

COURRE, *v.* Voy. COURIR. *Courre les têtes*, ce qu'on doit entendre par cette expression : « Le samedi dixième (le 10 mai 1664) Sa Majesté (Louis XIV) voulut *courre les têtes*. C'est un exercice que peu de personnes ignorent, et dont l'usage est venu d'Allemagne, fort bien inventé pour faire voir l'adresse d'un chevalier, tant à bien mener son cheval dans les passades de guerre, qu'à bien se servir d'une lance, d'un dard et d'une épée. Si quelqu'un ne les a pas vus *courre*, il en trouvera ici la description ; étant moins commune que la bague, et seulement ici depuis peu d'années ; et ceux qui en ont eu le plaisir ne s'ennuieront pas d'une narration si peu étendue :

« Les chevaliers entrent l'un après l'autre dans la lice, la lance à la main, un dard sous la cuisse droite ; et, après que l'un d'eux a *couru* et emporté une tête de gros carton peinte, et de la forme de celle d'un Turc, il donne sa lance à un page ; et, faisant la demi-volte, il revient à toute bride à la seconde tête qui a la couleur et la forme d'un Maure, l'emporte avec le dard qu'il lui jette en passant ; puis, reprenant une javeline peu différente de la forme du dard, dans une troisième passade, il la darde dans un bouclier où est peinte une tête de Méduse ; et achevant sa demi-volte, il tire l'épée, dont il emporte, en passant toujours à toute bride, une tête élevée à un demi-pied de terre, puis fait place à un autre : celui qui en ses courses en a remporté le plus a gagné le prix. » MOLIÈRE, *les Fêtes de Versailles*. tom. III, 4e journée, p. 217, Paris, 1786.

COURRIÈRE. *Voyez* COURIÈRE.

COURSE, *s. f.* « Ceci est un billet écrit à *course* de plume. » SÉVIGNÉ.

COURT, OURTE, *adj.* du latin *curtus*, qui a la même signification. « Vous plait-il voir comme ils tirent *court* d'un grain ? » MONTAIGNE, l. I, c. 38.

On disait autrefois *faire court*, pour dire abréger, raconter en peu de paroles.

La lice lui demande encore une quinzaine :
Ses petits ne marchaient, disait-elle, qu'à peine.
Pour *faire court*, elle l'obtient
LA FONTAINE, liv. II, *fable* 7.

PIERROT (*paysan*).

. . . .
Oh! donc tant qui a (tant il y a) qu'à la fin, *pour le faire court*, je l'ai tant sarmoné (sermoné), que, etc. MOLIÈRE, *le Festin de Pierre*, act. II, sc. I.

COURTAUD, *s. m.* dérivé de *court*; Nicot, dans son Dictionnaire, écrit *courtault*.

On appelle proverbialement *courtaud* de boutique un garçon marchand, un artisan, un homme du peuple qui travaille en boutique : ce qui vient de ce qu'autrefois tous les gens considérables de la ville portaient des habits longs ; il n'y avait que le peuple et les artisans qui fussent habillés d'une robe qui ne descendait pas plus bas que le genou ; on les appelait ainsi, parce que leurs habits étaient *courtauds*, écourtés.

. . . Il n'est crocheteur, ni *courtaut de boutique*
Qui n'estime à vertu l'art où sa main s'applique.
RÉGNIER, *Sat* V.

En terme d'argot, c'est-à-dire dans le langage des gueux, ceux qui ne mendiaient et ne filoutaient que l'hiver, étaient nommés, selon M. Dulaure, *courtaux de boulange*.

On appelle encore *courtaud* un cheval ou un chien à qui on a coupé la queue et les oreilles ; et il est bon de remarquer qu'Horace, vers 104, *Sat.* VI, liv. I, s'est servi du mot *curtus* en ce sens :

. . . . *Nunc mihi* curto
Ire licet mulo. . . . . .

(Je puis maintenant aller sur un mulet *courtaud*). Tous chevaux du roy soyent *courtaux* ou grans chevaux, etc. DE LA LOUPE, *Origine des dignités et magistrats de France*, Paris, 1573.

COURTE-POINTE, *s. f.* espèce de couverture piquée. Comme on a dit *contre-pointe*, et qu'on dit encore *contre-pointer*, on a dit que *courte*, dans cette expression, était une altération de *contre*; mais il est évident que *courte-pointe* et *contre-pointe* viennent tous deux de *culcitra puncta*, couverture pointée, piquée. *Culcitra* a éprouvé les altérations suivantes : *culcte*, *culte*, *coultre*, mots qui se trouvent dans le *Glossaire* de Roquefort; du dernier de ces mots (*coultre*), on a eu : 1° *courte* par le changement d'*l* en *r*; 2° *contre*, d'où *contre* dans *contre-pointe*. Ainsi dans *courte-pointe*, *courte* est originairement substantif, et *pointe*, pour *pointée*, est un adjectif.

COURTIER, *s. m.* qui s'entremet pour la vente de certaines marchandises ; on a dit d'abord couratier, de *corraterius*, qui dans la basse latinité avait la même signification.

Il devint en un jour sçavant en tel mestier,
Maquignon, revendeur, affronteur, *couratier*.
RONSARD, *Hymnes*, liv. II, hymne 10.

De ce mot on a fait COURTAGE, profession de courtier.

COURTILLE et COURTIL, qui se trouvent dans nos vieux auteurs, sont interprétés par jardin fermé de haies. Ce mot au féminin s'est conservé, mais comme nom propre, pour désigner un endroit situé à l'extrémité du faubourg du Temple, sur le chemin de Belleville. Il consiste en un grand nombre de cabarets où le peuple va se divertir les fêtes et les dimanches.

Courtille est un vieux mot, dit Hurtaut, dans son *Dict. histor. de la ville de Paris*, usité autrefois à Paris, qui signifiait un jardin champêtre où les bourgeois allaient se divertir, et qui apparemment, dit Sauval, venait de *courti*, dont se servent les Picards, pour signifier la même chose. C'est de là que furent formés les mots de *courtillia*, *cortilia*, *curtillia* et *cortillerii*, qu'on trouve dans les vieux titres, pour signifier des jardiniers, des jardins.

COURTINE, *s. f.* du latin *cortina* (rideau, tapis). « Il y avait un grand ciel de damas verd, lequel ciel comprenoit tous les deux grands licts, et y avoit *courtines* (rideaux) de demy satin verd tout autour ceste entrée des deux licts, et lesdictes *courtines* estoient cousues au ciel. » *Les Honneurs de la cour*, imprimé d'après un manuscrit du 16e siècle.

Ce mot, qui se trouve souvent dans Cl. Marot, remplaçait avantageusement celui de rideau qui manque de noblesse. Il peut encore être employé en vers, surtout dans la poésie légère :

> Vos jeunes mains cueillent des fleurs,
> Dont je n'ai plus que les épines ;
> Vous dormez *dessous* (sous) les *courtines*.
> Et des Grâces et des neuf sœurs.
> VOLTAIRE, *Epître* LXXIII, à *M. Desmahis*, 1750.

> .... Les noirs soucis agitent quelquefois
> Les *courtines* de pourpre où sommeillent les rois.
> CHÊNEDOLLÉ.

Dans le *Parnasse des Muses*, ce mot est pris pour le lit même, pour la chose sur laquelle on se couche; mais cet emploi est condamnable :

> Je fis tant que le pré
> Nous servit de *courtine*.

« Les goinfres disent du vin verd et aspre, qu'*il seroit bon pour faire courtines ;* parce qu'estant rouge ou blanc en couleur, verd et revesche en saveur, il ressemble en quelque manière aux *courtines* et tapisseries des anciens qui estoient ainsi bigarrées. » LE LABOUREUR, *de l'Origine des armes*, pag. 196, Lyon, 1658. Ce proverbe n'est plus d'usage.

COURTISAN, *s. m.* est dérivé de *cour* qu'on a écrit *court*. « Il y a, dit M. Panckoucke, dans notre langue, des mots dont la destinée est singulière. Celui de *courtisan* signifiait d'abord *un homme de cour* ; il a signifié ensuite *un homme qui fait sa cour* : son féminin *courtisane* n'a jamais signifié qu'une femme publique. »

> Les *courtisans* sont des jetons :
> Leur valeur dépend de leur place ;
> Dans la faveur des millions,
> Et des zéros dans la disgrâce.

« L'ambition dans l'oisiveté, la bassesse dans l'orgueil, le désir de s'enrichir sans travail, l'aversion pour la vérité, la flatterie, la trahison, la perfidie, l'abandon de tous ses engagemens, le mépris des devoirs du citoyen, la crainte de la vertu du prince, l'espérance de ses faiblesses, et plus que tout cela, le ridicule perpétuel jeté sur la vertu, forment, je crois, le caractère du plus grand nombre des *courtisans* marqué dans tous les temps et dans tous les lieux. » *Espr. des Lois*, liv. III, ch. 6.

« Les *courtisans* sont comme les enfans de tribut, qui ne reconnaissent point de parens. » Le chev. DE MÉRÉ. « On ne vit M. de Malesherbes *courtisan*, qu'au moment où son roi fut en prison. » M. DE SÉGUR. « Les vieux *courtisans* sont comme ces vieux vaisseaux qui ne servent plus que dans les ports. » J. LIPSE.

Recette pour devenir vrai courtisan.

« Prenez trois livres d'impudence, mais de la plus fine, qui croît en un rocher qu'on appelle *front d'airain ;*
Deux livres d'hypocrisie ;
Une livre de dissimulation ;
Trois livres de la science de flatter ;
Deux livres de bonne mine,
Le tout cuit au jus de bonne grâce par l'espace d'un jour et d'une nuit, afin que les drogues se puissent bien incorporer ensemble. Après, il faut passer cette décoction par une étamine de large conscience, puis quand elle est refroidie, y mettre six cuillerées d'eau de patience et trois d'eau de bonne espérance ; voilà un breuvage souverain pour devenir vrai *courtisan*, en toute perfection de *courtisanisme*. » HENRI ETIENNE, *Dialogues du langage français italianisé.*

COURTISANE, *s. f.* Ce terme nous est venu des Italiens qui appellent *cortisana* une prostituée ; ce mot, comme la remarque en a été faite à *courtisan*, ne répond donc pas à ce masculin : aussi Balzac s'est-il moqué avec raison d'un prédicateur qui disait de l'impératrice Livie, femme d'Auguste, *cette habile courtisane*, dans le sens où nous dirions *un habile courtisan*. Ce prédicateur, comme l'a remarqué le P. Bouhours, dans ses *Doutes sur la langue française*, disait une injure à l'impératrice en voulant lui faire un compliment. On l'a dit anciennement pour dame de la cour. Jean des Caurres, qui écrivait au 16e siècle, invectivant contre les miroirs portatifs, que les petites-maîtresses de ces temps-là avaient toujours à leur ceinture, finit par dire : « Bien qu'il n'y ait que les *courtisanes* et les damoiselles qui en usent, si est-ce que avec le temps n'y trouvera-t-on bourgeoise ou chambrière qui, par accoutumance, n'en veuille porter. »

D'anciens auteurs ont employé *courtisane* comme adjectif féminin. « On trouble, dit Charron, son repos, sa vie, pour ces vanités *courtisanes*. » Liv. 1, ch. 3. Et Pasquier, liv. 1, *lettr.* 8, reproche à Ronsard une servilité *demi-courtisane*.

COURTISANERIE, *s. f.* Les courtisans ont beau grimacer, la *courtisanerie* perce.

COURTISANIE, *s. f.* « Ostez de vostre teste ceste *courtisanie*, que je vois estre pratiquée à quelques-uns, qui ne se veulent charger de cause contre les grands, pour ne leur déplaire. » ET. PASQUIER, à son fils, qui se destinait au barreau. Liv. IX, *lettr.* 6.

Courtisanerie, *courtisanie*, et *courtisanisme*, dont s'est servi Henri Etienne, ainsi qu'on a pu le remarquer au mot *courtisan*, voilà trois mots pour exprimer la science, l'art du courtisan : on peut choisir ; mais nous croyons que le meilleur ne vaut pas grand'chose.

COURTISER, *v.* « Le premier où j'ay lu *courtiser* est dans la poésie d'Olivier de Magny : parole qui nous est aujourd'huy fort familière. » ET. PASQUIER, *Rech.* liv. VIII, ch. 3.

J. B. Rousseau a su ennoblir ce mot : il dit en parlant de la vertu :

Quel espoir de bonheur lui peut être permis,
Si, pour avoir la paix, il faut qu'elle s'abaisse
A toujours se contraindre, à *courtiser* sans cesse
Jusqu'à ses ennemis.

Heureux qui peut toujours tromper des infidèles !
C'est votre lot, vous *courtisez* des belles,
Et moi des rois : j'ai bien plus tort que vous.
VOLTAIRE, *lettre* XCIV, à M. de Cideville.

COURTOIS, SE, *adj.* ital. *cortese*, de *corte* (cour). « Cour, dit avec raison La Bruyère, aurait dû nous conserver *courtois*. » Et le P. Bouhours nous apprend que de son temps les mots *courtois* et *courtoisie* commençaient déjà à vieillir.

Le mot *courtois*, qui est aujourd'hui synonyme de poli, gracieux, a signifié dans l'origine un homme de la cour, un noble :

Encor valt miex (vaut mieux), ce m'est avis,
Un *courtois* mort qu'un vilain vis (vif).
Le Roman du Chevalier au Lyon, par Chrestien de Troye (13e siècle).

COURTOISIE, *s. f.* de l'ital. *cortesia*.

« Tant elles sont sèches de *courtoisie*. » M. DE P. *Discourtoises*. « J'ai vu souvent des hommes incivils par trop de civilité, et importuns de *courtoisie*. » MONT. liv. 1, ch. 14.

COUSIN, *s. m.* COUSINE, *s. f.* du latin *consobrinus*, *consobrina* qui ont la même signification. « De *consobrinus*, dit le P. Labbe, on a fait *consurin*, puis par corruption et raccourcissement familier à nostre langue *consin* ou *conrin*, et en adoucissant l'aspreté de la quatrième lettre *cousin* ou *courin*, selon les divers dialectes des païs, ainsi nous avons dit *coûter* de *constare*. » *Etymolog. des mots françois*. « Ces moqueries, piquantes *cousines* de l'amour de nous mesme, de la jalousie et de l'envie. » C. *d'Eutr.* tom. II.

Sire, dist-il, or esgardez (considérez),
De Renart con (comme) est mal voisins;
Bien nous tient or por ses *cosins*,
Qui tant nous fait ci acorber (lasser d'attendre).
Le Roman du Renard, publié par M. Méon, vers 5890.

Cosins, cousins, pour *amis* ; on dit encore, dans le langage familier, *ils ne sont pas cousins*, pour ils ne sont pas amis.

« L'orgueil et la fierté de la nation écossaise peuvent, dit H. Estienne, avoir donné lieu au proverbe *cousin du roi*. Un temps fut que la France se trouvoit fort bien du secours d'Ecosse contre les Anglois ; et alors, à tout autant de seigneurs ou de gentils-hommes écossois à qui le roi écrivoit, ou qui passoient la mer pour le servir, il donnoit libéralement le titre de *cousin*. Encore aujourd'hui, d'un homme fort vain, on dit qu'à *l'en croire le roi n'est pas son cousin*. » *Apologie pour Hérodote*.

On disait, au 12e siècle, d'une fille peu sage, qu'elle était de nos *cousines*. » Et qui en auroit à faire, on la trouveroit aujourd'hui au rang de nos *cousines*. » *Cent nouv. Nouv.*, Nouv. LV.

A Dijon, ce nom se donnait, du temps de La Monnoye, aux blanchisseuses et aux couturières. On entendait aussi par ce mot une courtisane. Il va voir les *cousines*, disait-on. C'est ce que Menot, dans ses

Sermons, entend par *ire ad commatres*.

COUSIN-GERMAIN, *s. m.* Régnier, *Sat.* x, parle du bon temps : « Alors, dit-il ,

Que le vray du propos estoit *cousin-germain*,
Et qu'un chacun parloit le cœur dedans la main.

On dit, en conversation, que le rhumatisme est le *cousin-germain* de la goutte.

COUSINAGE, *s. m.* « Ainsi y il a un grand voisinage et *cousinage* entre l'homme et les autres animaux. » CHARA. liv. I, ch. 8.

COUSINIÈRE, *s. f.* parenté nombreuse et à charge. Il m'a fallu régaler toute la *cousinière*.

Je n'ai fait de Paris ici presque qu'un saut,
Et n'y croyois jamais arriver assez tôt;
J'arrive, et n'y suis pas une journée entière,
Qu'abîmé tout d'un coup dans une *cousinière*,
Je pense , tant je souffre et d'esprit et de corps,
Que jamais assez tôt je n'en serai dehors.
DU CERCEAU.

COUSUE, UE, part. de *coudre*. « Diodore disoit que les hommes de son temps estoient tellement *cousus* aux conditions de leurs supérieurs, qu'ils les contrefaisoient en tout et partout. » BOUCHET, XIIIe *serée*.

Son voisin, au contraire, étant tout *cousu* d'or,
Chantoit peu, dormoit moins encor.
LA FONTAINE.

Allusion à la précaution que prennent ordinairement les avares de *coudre* leur argent dans leur ceinture, dans leurs habits, pour le mieux cacher.

COÛT, *s. m.* (*constare*, coûter). « Il y a des gens pour qui il n'est sauce que de cherté, le *coust* lui donnant bon goust. » BOUCHET, VIe *serée*.

COUTEAU, *s. m.* que nos pères écrivaient *coustel* et *coultel*, du latin *cultellus*, qui a la même signification : cette ancienne orthographe se retrouve dans les dérivés *coutelas*, *coutelier*, *coutellerie*.

« Il n'y a celuy de nous, qui ne *joue* fort bien *des cousteaux*, quand ce viendra au fait et au *joindre*. » ET. PASQ. liv. IX, *lettr.* 15. Cette expression *jouer des couteaux*, pour dire combattre, guerroyer, est fréquente dans cet auteur du 16e siècle.

« On vous a mandé comme était M. de Coetquen avec M. de Chaulnes : il était ouvertement avec lui aux épées et aux *couteaux*. » Mme DE SÉVIGNÉ. « Ce *couteau*, dont ils s'arment (les dévots vindicatifs), pour être pris sur l'autel, n'en égorge pas moins la victime. » L'abbé TERRASSON.

Racine, le fils, n'a pas moins réussi à donner de la noblesse à ce mot, par la manière dont il l'a placé.

. . . . . Est le premier bourreau
Qui dans un cœur coupable enfonce le *couteau*.

On dit figurément *être sous le couteau* pour dire être exposé à tous les dangers qui peuvent résulter d'une affaire, être en proie à toutes les railleries, à tous les mauvais traitemens. Cette locution est empruntée des Latins. Horace a dit :

. . . . . *Fugit improbus, ac me*
Sub cultro linquit.
Satire IX, liv. I, vers 74.

(Le méchant s'enfuit, et me laisse *sous le couteau* (dans l'embarras). M. Dacier, sur ce passage, fait la remarque suivante : « Les Latins ont dit en proverbe *sub cultro esse*, être sous le couteau, pour ce que les Grecs disoient ἐπὶ ξυροῦ, être sur le tranchant, sur le *fil* du rasoir. »

COUTUME, *s. f.* « La *coustume* est le breuvage de Circé, qui diversifie nostre nature comme bon lui semble. » MONT. liv. III, ch. 13. « La *coutume* adoucit les choses les plus rudes et apprivoise jusqu'aux maux. » ABLANCOURT.

COUTUMIER, IÈRE, *adj.*

Elle estait adès (alors) *coustumière*
De chanter en tous lieux première.
Roman de la Rose, vers 760.

« Alexandre estoit bon *coutumier* de se forboire (de s'enivrer). » EST. PASQUIER, *Pourparler du Prince*. Ce mot était noble, surtout en poésie. Corneille a dit :

Et mes yeux éclairés des célestes lumières
Ne trouvent plus aux siens leurs grâces *coutu-*
[*mières*.
Polyeucte, act. IV, sc. 2.

La Bruyère observe que *coutume*

aurait dû nous conserver *coutumier*, et Voltaire regrette avec raison que ce mot ne soit plus en usage que dans le burlesque. C'est aux poëtes à le reconquérir.

COUTUMIÈREMENT, *adv.* s'est dit autrefois pour habituellement, ordinairement. « Je fay *coutumièrement* entier ce que je fay, et marche tout d'une pièce. » MONTAIGNE.

COUTURE, *s. f.* du latin *consutura*, pour *sutura*, qui a la même signification.

« En l'amitié de quoy je parle, nos ames se meslent et confondent l'une en l'autre d'un meslange si universel, qu'elles effacent et ne retrouvent plus la *cousture* qui les a joinctes. » MONTAIGNE. « Tout cecy peut se rapporter à l'étroicte *cousture* de l'esprit et du corps s'entre-communiquants leur fortune. » *Le même*, liv. II, ch. 12. « Le sens de l'ouye, dont les sourds naturels sont privés, se rapporte à celuy du parler et tiennent ensemble d'une *cousture* naturelle. » *Le même*, liv. II, ch. 12. « Les vices mesme y trouvent leur rang (dans la conservation de la société) et s'employent à la *cousture* de nostre liaison, comme les venins à la conservation de nostre santé. » *Le même*, liv. III, ch. 1.

« Toute la *cousture* et conduite humaine est bastie et faicte de pièces maladives. » CHARR. liv. I, ch. 4.

« Mariage est un sage marché, un lien, et une *cousture* sainte et inviolable. » *Le même*, liv. I, ch. 42.

COUTURIERS, *s. m. pl.* C'est ainsi qu'on a d'abord nommés les *tailleurs* qui n'ont pris cette nouvelle dénomination que vers l'an 1578, ainsi que nous l'apprend Henri Estienne, *Dial. du nouv. lang. franç. italianisé*. « Le bon entendement est comme le *cousturier* qui a les ciseaux en la main et la pièce de drap en sa maison. » BOUCHET, IX.ᵉ *serée*.

COUVÉE, *s. f.* « Quelle joie, écrit Mᵐᵉ de Sévigné à sa fille, de voir partir une *couvée* de Provençaux, tels que vous me les nommez! »

COUVENT, *s. m.* vient du latin *conventus* (assemblée), formé du verbe *convenire*. On écrivait et l'on prononçait autrefois *convent*. Vaugelas, au chap. 500 de ses *Remarques sur la langue française*, dit encore qu'il faut écrire *convent* et prononcer *couvent*. Nous sommes aujourd'hui plus raisonnables, nous écrivons et prononçons *couvent*. Cassien prétend que le *couvent* est différent du *monastère*, en ce que ce dernier est l'habitation d'un seul religieux, au lieu que *couvent* ne peut se dire que de plusieurs religieux qui habitent ensemble et qui vivent en communauté; mais on confond assez ces deux mots.

COUVE-PLUMES, *s. m.* « Le laquais *couve-plumes*, qu'à coups de baston on tire du lict où sa fétardise le retient enseveli. » *Guzm. d'Afar.* préface de la 2ᵉ partie.

COUVER, *v.* du latin *cubare*, *incubare* (être couché sur). L'oiseau *couve* ses œufs en se couchant dessus. « Comme celuy qui continuellement me *couve* de mes pensées et les couche en moy, je suis à toute heure préparé (à la mort). » MONT. liv. I, ch. 19. « J'aymerois mieux produire mes passions que de les *couver* à mes despens. Elles s'élanguissent en s'esventant et en s'exprimant. Il vaut mieux que leur poincte agisse au-dehors, que de plier contre nous. » *Le même*, liv. III, ch. 9. « Qui ne *couve* point ses enfans ou ses honneurs d'une propension esclave, ne laisse pas de vivre commodément après leur perte. » *Le même*, liv. III, ch. 10.

« L'ambition cache bien quelquefois les vices, mais ne les oste pas pourtant, ains les *couve* pour un temps sous les trompeuses cendres d'une malicieuse feintise, avec espérance de les renflammer tout-à-faict, quand ils auront acquis assez d'authorité, pour les faire régner publiquement et avec impunité. » CHARR. liv. I, ch. 22. « Charles-Quint *couvoit* sous les vieilles cendres de son indignation je ne sçay quelle rancune contre le siége apostolique. » *Le Politique français*, 1604. « Je vous avoue que je *couve* une grande joye..... » Mᵐᵉ DE SÉVIGNÉ.

Couvrant l'affreux projet qui *couve* dans son âme.
DELILLE, trad. de *l'Enéid.* liv. IV.

COUVERCLE, *s. m.* (*operculum*).

Le cou de son pourpoint s'élargit en grand cercle,
Son chapeau de docteur s'aplatit en *couvercle.*

Ces deux vers de d'Alibray, sont remarquables, en ce que les deux seuls mots terminés en *ercle* qu'il y ait dans la langue, s'y trouvent heureusement placés pour rimer ensemble.

COUVERT, *s. m.* ce dont on couvre une table pour y manger.

« Quand Mad. la duchesse mangeoit là où M. le Dauphin estoit, on ne servoit point *à couvert*, et ne faisoit-on point d'essai devant elle, mais elle beuvoit en sa coupe sans *couvrir.* » « L'on servoit Mad. la Dauphine *à couvert*, et Mad. la duchesse de Bourgongne point. » *Les honneurs de la cour*, imprimé d'après un manuscrit du 16e siècle.

« *Couvrir et couvert*, dit la Curne Sainte-Palaye, dans une note sur ce passage, désignent l'usage où l'on était de *couvrir* les choses qu'on mettait devant les personnes à qui l'on devait rendre des honneurs particuliers, ou les choses qu'on leur présentait : on couvrait les plats, et peut-être le sel, le poivre et autres épiceries qu'on servait sur la table auprès d'elles : si on leur offrait des dragées, le drageoir était couvert d'une serviette. Le cadenas, qui n'appartient qu'aux personnes du plus haut rang, est encore conservé à la cour sur la table des princes, comme un reste de cette ancienne étiquette. »

De ce mot *à couvert* est venu le mot *couvert*, substantif pour désigner ce que l'on place devant quelqu'un, comme l'assiette, le couteau, la cuiller, la fourchette, la serviette, etc. *Mettre le couvert, donner un couvert.* Dans un sens plus restreint, *couvert* ne signifie quelquefois que la cuiller et la fourchette.

COUVRE-CHEF, *s. m.* ancien mot qui signifiait bonnet, chapeau, ce qui *couvre* le *chef* ou la tête. Il se trouve dans Montaigne, et on le dit encore aujourd'hui par plaisanterie.

Il fit à Typhon, leur grand chef,
D'une montagne un *couvre-chef.*
SCARRON, *Gigantomachie.*

COUVRIR, *v.* (*operire*). « Ceux qui pensent avoir appris de son livre même qu'il est basti des dépouilles de Plutarque et de Sénèque, trouveroient, s'ils avoient tourné le feuillet, qu'il entend que ces deux autheurs l'assistent, mais non pas qu'ils le *couvrent.* » La demoiselle DE GOURNAY, *Préf. des Ess. de Montaigne.* Qui ne croirait faits d'hier ces deux beaux vers de Molière contre ces dévots,

Qui pour perdre quelqu'un *couvrent* insolemment
De l'intérêt du ciel leur fier ressentiment ?

CRACHER, *v.* est généralement regardé comme une onomatopée. Ce mot a été souvent employé au figuré, malgré le sentiment de Balzac, qui pensait que *cracher* n'était pas assez beau pour en tirer des images et des métaphores.

Cracha du grec et du latin.
SCARRON, *Virg. trav.* liv. VI.

« Ces animaux-là ne sauraient s'empêcher de *cracher* du latin. » BRUEYS, *le Grondeur.*

Cracher, dans le style familier se dit pour donner de l'argent malgré soi, à contre-cœur : on lui a fait *cracher* cette somme, quoiqu'il soit dur à la desserre. On dit encore, en ce sens, *cracher au bassin, cracher au bassinet.* « Avez-vous jamais entendu que signifie *cracher au bassin ?* RABELAIS, ancien Prologue du VIe liv. pag. 24, édit. de 1732.

Cracher au bassin. Contribuer malgré soi à quelque dépense. Proverbe emprunté de ces aumônes qu'à certains jours solennels on ne peut honnêtement se dispenser de faire en jetant par compagnie quelque pièce d'argent dans le plat des marguilliers. » LE DUCHAT, note 53, au bas de la page. *Voy.* BASSINET.

CRACHÉ, ÉE, *part.*

« *Tout craché*, dit M. de La Monnoye, dans son *Glossaire des Noëls bourguignons*, est une façon de parler proverbiale, dont on se sert pour comparer une chose à une autre. On ne s'est pas contenté de dire que deux œufs, deux mouches, deux gouttes de lait, deux gouttes d'eau ne sont pas plus semblables, on a brusquement ajouté, qu'un crachat ne ressemble pas mieux à un crachat qu'un tel homme à un tel homme. » Et cette opinion paraît confirmée par ce passage de la *Farce de Pathelin* :

>Onc enfant ne ressembla mieulx
>A pere, quel menton fourché,
>Vraiment c'estes vous tout poché,
>Et qui diroit à vostre mere
>Que ne fussiez filz votre pere (de votre père)
>Il auroit grant sain de tancer,
>Sans faulte je ne puis penser
>Comment nature en ses ouvraiges
>Forma deux si pareilz visaiges
>Et l'ung comme l'aultre taché,
>Car quoi, *qui vous auroit craché*
>*Tous deux encontre la paroy* (muraille),
>*D'une maniere et d'ung arroy*,
>Si series vous sans difference.

Plus n'en voulut l'un ni l'autre être père.
Frère, dit l'un, ah ! vous ne sauriez faire
Que cet enfant *ne soit vous tout craché*.
LA FONTAINE, *les Deux Amis*, conte.

En le voyant, l'esprit le plus bouché
Y reconnut *mon portrait tout craché*.
VOLTAIRE, *la Crépinade*, conte.

CRAIE, s. f. sorte de terre calcaire, du latin *creta*, à cause de l'île de Crète, où il y en a une grande quantité. « La louange est la *craie* dont on marque les lieux où les Vertus habitent. » LA MOTHE LE VAYER, *de l'Estime et du Mépris*, Lett. 67.

CRAINDRE, v. **CRAINTE**, s. f. Ménage le fait venir du latin *cremere*, qu'on aurait dit pour *tremere* (craindre). Il prétend que les vieux auteurs ont dit *cremir*, *cremeur* et *cremeteux*, pour *craindre*, *crainte* et *craintif*. Il est certain que Monstrelet emploie très-fréquemment *crémeur*, pour *crainte*, dans ses *Chroniques*. Roubaud pense que le mot *crainte* est d'origine celtique ; suivant lui, le Breton et le Gallois disent *crain*, *cryn* : c'est cette affection inquiète excitée dans l'ame par l'image du mal. Il est pris en bonne ou mauvaise part ; car il y a des *craintes* faibles et puériles ; il y en a qui sont justes, et celui qui ne *craindrait* rien ne serait pas raisonnable.

Il ne faut *craindre* rien, quand on a tout à *craindre*.
CORNEILLE, *Héraclius*, act. 1, sc. 5.

En parlant d'un tyran :

S'il ne *craint*, il opprime, et s'il n'opprime, il *craint*.
Le même, act. v, sc. 6.

Je *crains* Dieu, cher Abner, et n'ai point d'autre
[*crainte*.
Athalie.

On a parodié ce beau vers de Racine, pour une femme excessivement peureuse :

Je *crains* tout, cher Abner, et j'ai mille autres
[*craintes*.

ÉPIGRAMME.

Eglé tremble que dans ce jour
L'Hymen, plus puissant que l'Amour,
N'enlève ses trésors, sans qu'elle ose s'en plaindre :
Elle a négligé mes avis ;
Si la belle les eût suivis,
Elle n'aurait plus rien à *craindre*.

AUTRE.

Au pauvre Jean prochaine bastonnade
Etait promise ; il n'allait qu'à tâtons.
Il ne rêvait, ne voyait que bâtons ;
Tous les recoins cachaient quelque embuscade.
Bâtons un jour s'escrimant sur sa peau
Firent beau bruit ; mais Jean, loin de se plaindre,
« Ah ! bon, dit-il, rajustant son manteau,
Dieu soit béni ! je n'ai plus rien à *craindre*. »

Ne pas craindre, paraît signifier quelquefois ne pas hésiter, ne pas faire de difficulté ; Horace a employé *non timidus* (qui ne craint pas) dans le même sens. Ode XIX, liv. 3.

Codrus pro patriâ non timidus *mori*.

(Codrus *qui ne craignit point de mourir pour sa patrie*.)

CRAMOISI, s. m. Saumaise et Beckmann supposent que ce mot vient de *kermès*, qui, en arabe, est le nom de l'insecte qui produit la cochenille. Le *cramoisi* est moins une couleur particulière, que la perfection de quelque couleur que ce soit. De là vient qu'on dit *rouge-cramoisi*, *violet-cramoisi*, et que *sot en cramoisi* est la même chose que *sot en perfection*. Cette locution paraît avoir été nouvelle du temps de Henri Estienne : « Je vous confesse, dit-il, qu'ils sont méchans en *cramoisi*, comme on parle aujourd'hui. » *Dialog. du nouveau lang. français italianisé*. Elle est aussi employée par Rabelais, chez qui rimer en *cramoisi*, c'est faire des vers aussi excellens dans leur genre, que l'est le *cramoisi* en fait de couleur. Cette locution ne se prend plus guère qu'en mauvaise part. Cependant une femme d'esprit disait des premières familles de la robe, « que c'était du velours rouge-cramoisi; » c'est-à-dire une belle, solide et honorable étoffe. Les Italiens prennent leur *cremesino* dans le même sens.

CRAMPON, *s. m.* « Son grand vol et ses nombreux *crampons* le tenaient en égale attention et défiance. » SAINT-SIMON, tom. v, liv. x, ch. 9.

CRAMPONNER (se). Ce verbe, dans la *Métromanie*, exprime bien l'acharnement d'un rimeur :

Je cours après mon homme, et s'il faut qu'il m'é-
[chappe,
Je me cramponne après le premier que j'attrape.

CRÂNE, *s. m.* du grec κρανίον, qui a la même signification. « Son *crâne* étroit n'était pas capable d'embrasser plus d'une affaire à la fois, » SAINT-SIMON, *Mém. secrets de la Régence*.

CRÂNERIE, *s. m.* dérivé de *crâne*, dans le sens de querelleur. Ce mot n'est pas ancien. « Tel est brave jusqu'à la témérité, jusqu'à ce point d'exagération qu'on appelle vulgairement *crânerie*.... » LARIVE, *Cours de Déclam.* ch. XIII, pag. 192. L'Académie, qui adopte le mot *crâne* dans le sens d'écervelé, de tapageur (*voy.* le *Dict.* édit. de l'an X-1802), ne dit rien du mot *crânerie*, aussi usité, qui désigne le caractère ou l'action d'un *crâne*, d'un homme toujours prêt à se battre, qui cherche les querelles.

CRAPAUD, *s. m.* (*crepo*, crever ; *repo*, ramper ; ou en allem. *krupen*, cuisse). Les *crapauds* marchent les jambes et les cuisses écartées : de là l'expression mettre des pigeons à la *crapaudine*, parce qu'après les avoir éventrés, on les fait griller ayant les cuisses écartées.

Je ne m'attendais pas qu'un *crapaud* du Parnasse
Eût pu, dans son bourbier, s'enfler de tant d'aus-
[dace.
VOLTAIRE.

Chamfort disait quelquefois : « Pour pouvoir supporter sans dégoût les sottises que l'on dit et que l'on fait chaque jour, il faut avaler un *crapaud* le matin. » Voltaire, dans le style familier et plaisant, a donné un féminin à ce mot : « Demandez, dit-il, au *crapaud* ce que c'est que la beauté, il vous répondra que c'est sa *crapaude*, avec deux gros yeux ronds sortant de sa petite tête. » *Dict. philos.* au mot *Beauté*.

CRAQUER, *v.* Il est à remarquer qu'en grec, le même verbe κράζειν signifie, comme en français, *craquer* et mentir.

CRAQUETER, *v.* comme l'observe M. Charles Nodier, dans ses *Onomatopées françaises*, s'est dit quelquefois au sujet d'une matière pétillante et très-sèche, qui éclate au feu, comme le sel ordinaire et les feuilles des arbres résineux. Il n'est point à dédaigner dans ce sens. Le poëte Théophile en a fait un mauvais usage, quand il a dit *j'entends craqueter le tonnerre*. Le signe est trop petit pour l'idée.

On ne se sert plus de *criquer* et de *criqueter* qui se prenaient autrefois dans un sens analogue. Les herbes sèches *criquent*, dit Nicod. *Herbæ aridæ rixantur*. Criqueter, *digitis concrepare*.

O si quelque hasard me ramène jamais
Ulysse ou quelque Grec complice de son crime ;
Si je peux de mes mains déchirer ma victime,
Dévorer de ses flancs, sous mes dents, écrasés,
Et la chair, et les os *craquetans* et brisés !
DESAINTANGE, trad. des *Métamorph.*, liv. XIV.

C'est la première fois que le verbe *craqueter* se trouve employé dans des vers d'une poésie soutenue. Mais qu'on y réfléchisse, on se convaincra que ce mot, qui fait onomatopée, est le seul qui convienne. Son élégance consiste dans sa propriété et dans son énergie.

Ronsard s'est servi du mot *craquetis*, plus imitatif que *craquement* :

Toujours d'un *craquetis* leur mâchoire cliquoit.
Hymne II° du liv. 1er.

CRASSE, *adj.* des deux genres. *Ignorance crasse* vient du latin *crassus, a, um, épais, lourd* : c'est positivement en ce sens que Cicéron a dit : « *Athenis tenue cœlum, ex quo etiam acutiores putantur Attici* ; crassum *Thebis, itaque pingues Thebani et valentes.* » *De Fato,* c. 4. (L'air qu'on respire à Athènes est subtil, aussi les Athéniens passent-ils pour avoir l'esprit plus fin ; celui qu'on respire à Thèbes est *épais*, c'est pourquoi les Thébains passent pour grossiers et vigoureux.)

Et du vilain l'ame terrestre et *crasse*.
VOLTAIRE.

CRAVATTE, *s. f.* Cette sorte de bande d'étoffe dont les hommes se garnissent le cou, ne fut en usage, en France, qu'en 1636, qu'on emprunta cette mode aux Croates, appelés en France *Cravates*, nom qu'on donna à cette espèce d'ornement qu'on avait emprunté d'eux.

N'oublions pas qu'une *cravatte* énorme,
Dont les deux bouts passent dans un anneau,
Entortillait le cou du damoiseau,
Et qu'il couvrit son chef d'un grand chapeau
Gris, rabattu, d'une bizarre forme.
M. BÉRENGER, *le Singe et le Petit-Maître*, conte inséré dans *l'Alman. des Muses*, année 1786.

CRAYONNER, *v.* (craie, de *creta*), esquisser. Boileau dit modestement en parlant de lui-même :

Que ce roi, dont le nom fait trembler tant de rois,
Voulut bien que ma main *crayonnât* ses exploits.

On voit que *peindre* ne rendrait pas l'idée du poëte, et c'est ici qu'on sent la justesse de ce vers :

D'un mot mis en sa place enseigna le pouvoir.

CRÉATURE, *s. m.* proprement un être créé. Henri Estienne nous apprend que ce mot, dans le sens d'une personne qui tient sa fortune, son élévation d'une autre, était nouveau dans son temps : « Dites-moi donc si, avant que vous partissiez de France, on usoit du mot *créature*, comme on en use aujourd'hui : car, notez qu'on dit : *un tel est créature d'un tel seigneur*, quand on veut donner à entendre qu'il a esté avancé en biens et honneurs par un tel seigneur, pour le moins qu'il est parvenu par sa faveur. J'attendois tousiours quand vous viendriez à ceste nouvelle signification que vous m'aviez promis m'apprendre. Or je vous respon que je n'ay aucune souvenance de l'avoir ouy dire pour signifier cela. PHIL. Je croirois aisément qu'alors il n'y avet que certains Romipétes qui en usassent ainsi : mais maintenant c'est un mot que tous les courtisans ont à la bouche. CELT. Pourquoy dites-vous que vous croiriez facilement qu'alors il n'y avoit que certains Romipétes qui en usassent ? PHIL. Pource que ce mot a esté premierement dict à Rome des cardinaux : l'un estre *créature* d'un tel pape, l'autre d'un tel. » *Dial. du nouv. lang. franç. italianisé.*

AGRIPPINE (*à Burrhus*).
Certes, plus je médite et moins je me figure
Que vous m'osiez compter pour *votre créature*.
RACINE, *Britannicus*, act. 1, sc. 2.

« *Créature* est un terme peu noble mais énergique, et propre pour désigner un protégé qui doit tout son avancement au crédit de son protecteur. Ce mot n'a rien de commun avec celui de *créature*, qu'on emploie quelquefois dans le style trivial pour désigner une femme méprisable. Ménechme dit, dans la comédie de Regnard, act. II, sc. 5 :

Et non pas pour dîner avec des *créatures*,
Qui viennent, comme vous, chercher des aventures.

Dans les derniers temps de la monarchie, le terme de *créature* s'était introduit dans le style de la conversation ; il était du bon ton de dire : *c'est une bonne créature*, *c'est la plus douce créature*. *Créature* ne signifiait qu'un individu quelconque. » GEOFFROY, *Œuvres de Racine*, au lieu cité.

CRÉDIT, *s. m.* (*credere*, confier). « Presque toutes les opinions que nous avons, nous ne les avons que par authorité ; nous croyons, jugeons, agissons, vivons et mourons à *crédit*. » CHARRON, liv. 1, ch. 18. Ce même auteur, liv. III, ch. 19, se moque de ces fanfarons « espouvantés veillaques, qui par un port hautain, fière contenance, et parole brave, veulent acquérir bruit de vaillance, si on leur vouloit tant prester à *crédit*, que de les en croire. »

Montaigne, l. II, c. 10, en parlant des emprunts qu'il fait aux anciens, sans les nommer, dit : « Il faut musser (cacher) ma foiblesse sous ces grands *crédits*. » « Mon fils devroit, tous les jours, baiser les pas que je fais dans cette allée; mais, comme elle contient douze cents pas, je lui *fais crédit* de cette reconnoissance. » DE SÉVIGNÉ. « Je ne suis point d'humeur à aimer à *crédit*, et à faire tous les frais. » MOLIÈRE.

Vois à la cour l'opulent Théophile !
Parmi les grands on le croirait admis :
Au bal, au jeu, partout il se faufile,
Ne fuit qu'un saut du ministre au commis.
Le connaît-on ? a-t-il là des amis ?
Lui ? Point du tout ; on le pousse, on le chasse,
Il est toujours bafoué, contredit.
Sont-ce les biens, les honneurs qu'il pourchasse ?
Non, mais plutôt l'air d'avoir du *crédit.*

MASSON DE MORVILLIERS.

« Le *crédit* est d'une nature délicate et mobile : comme le baromètre, il descend dans les temps d'orage. » *Le Conservateur*, n° VII, p. 340.

CRÉDULEMENT, *adv.* L'abbé Prévot, *Hist. des Stuarts* : « Sans parvenir à la fin qu'on s'étoit *crédulement* proposée. » L'abbé Féraud dit que ce mot n'est pas français, mais qu'il mériterait de l'être.

CRÉDULITÉ, *s. f.* « Quelque idée que l'on ait de la *crédulité* du peuple et de la bassesse des courtisans, on est toujours au-dessous de la vérité. » Le duc DE LÉVIS. « La *crédulité* est une mère que sa propre fécondité étouffe. » OXENSTIERN.

CRÉOLISER, *v.* est une espèce de nonchalance en usage dans les climats chauds, et fort à la mode parmi les dames des Indes Occidentales. Elles s'étendent dans un fauteuil à bras, placent leurs pieds sur un autre, passent toute la journée dans cet état d'apathie, sans aucune espèce d'occupation, et font tout au plus une courte promenade dans les environs, au coucher du soleil.

CRÊMEAU. *Voyez* CRESMEAU.

CRÊPE, *s. m.* du latin *crispus* (frisé, tors) parce que cette étoffe est faite avec de la soie torse. « Couvrir les objets d'une couverture de *crêpe*, à travers laquelle parait clairement ce qu'on veut cacher. » *Pièces contre Luynes*, pag. 366. « Quand on est à cent lieues l'un de l'autre, on ne peut guère se voir ou se parler qu'au travers d'un gros *crêpe*. » Mme DE GRIGNAN.

Il s'emploie élégamment au figuré dans le sens de *voile*, et dans celui de *ténèbres*.

. . . . Dès que l'ombre tranquille
Viendra d'un *crêpe* noir envelopper la ville.

BOILEAU.

Pour moi chétive créature,
La triste main de la nature
Etend un *crêpe* sur mes jours.

VOLTAIRE.

Fortune, à ton pouvoir qui ne se soumet pas ?
Tu couvres la pourpre royale
Des *crêpes* affreux du trépas.

LA HARPE.

L'auteur des *Lettres sur la guerre de Russie*, M. de Puibusque, en parlant des pertes immenses que la France a faites dans cette campagne, et du nombre de familles qui vont être plongées dans le deuil, ajoute énergiquement : « Il ne faut qu'un *crêpe* pour toute la France. » 1816. *Voyez* ENCRÉPER.

CRÊPELU, UE. « Ceux qui demeurent en un air humide n'ont point les cheveux *crespelus.* » BOUCHET, XXIXe *Sérée.*

Son poil noir et retors en gros flocons ondoye,
Et *crépelu*, ressemble une toison de soye.

RÉGNIER, *Sat.*

« Des cheveux dorés *crespelus* et mollement descendans sur les joues. » MURET, *Commentaires sur les Amours de Ronsard.*

CRÊPELURE, *s. f.* état des cheveux crêpés. BOUCHET, XXIXe *Sérée.*

CRÊPIN, *s. m.* Il n'est d'usage que dans ces façons de parler populaires: *Perdre son saint crépin*, pour dire perdre tout ce qu'on a ; *c'est tout son saint crépin*, pour dire tout son avoir ; on dit encore *porter tout son saint crépin*.

« Pour ne pas ignorer l'étymologie de ce mot assez vulgaire, il ne faut que savoir la coutume des compagnons cordonniers qui, allant d'une ville à l'autre pour battre, comme on dit, la semelle, ou voir du pays, portent dans un sac ou dans une boîte, leur marteau, leurs pinces et autres outils nécessaires, et qu'ils appellent tout ce petit équipage leur *saint crépin*..... Par comparaison tirée des compagnons cordonniers, nous disons de ceux qui portent, ou qui ont à leur commandement tout le petit attirail qui leur est nécessaire, qu'*ils portent tout leur saint crépin.* Or, ils (les cordonniers) appellent tout ce petit bagage *saint crépin*, parce qu'ils tiennent saint

Crépin martyr pour le patron de leur métier, ayant lui-même été cordonnier, à ce que dit leur légende. » *l'Etymologie des proverbes français*, par Bellingen, pag. 338, édit. in-8°, La Haye, 1656. « Quand on a fait saint Crépin cordonnier, et patron des cordonniers, je me persuade totalement qu'on s'est souvenu de *crepida*, mot latin pris du grec, qui signifie pantoufle; tellement que saint Crépin seroit autant à dire en bon françois, que saint Pantouflier. H. ESTIENNE, *Apologie pour Hérodote*.

CRÉPUSCULE, *s. m.* du latin *crepusculum*, nom dérivé de *creperus*, ancien mot latin, qui signifiait *incertain*, *douteux*, parce que le crépuscule, précédant le lever du soleil ou suivant son coucher, est le temps où l'on doute s'il est jour ou nuit; ce que M. Desaintange a rendu très-heureusement par ces vers :

C'était l'heure douteuse où la clarté s'enfuit,
L'heure où n'étant plus jour, il n'est pas encor nuit;*

et M. de Fontanes très-poétiquement par ceux-ci :

Timide enfant du soir ainsi que du matin,
Entre l'ombre et le jour il hésite incertain.

« L'aurore et le *crépuscule* sont une grâce que la nature nous fait. C'est une lumière que naturellement nous ne devrions pas avoir, et qu'elle nous donne par-dessus ce qui nous est dû. » FONTENELLE, *les Mondes*.

On a dit fort élégamment le *crépuscule* de la raison, pour le temps où commence l'usage de la raison « Au premier *crépuscule* de la civilisation russe. » L'abbé DE PRADT, *Les IV Concordats*, tom. I, pag. 393.

CRESMEAU. Cet ancien mot, qui se trouve dans les *Honneurs de la cour*, ouvrage composé vers la fin du 15ᵉ siècle, est interprété par la Curne de Sainte-Palaye, par *béguin*, *coiffe* ou *bonnet* qui se met sur la tête de l'enfant après qu'il a reçu le baptême : « doibt la sage-femme porter le *cresmeau*, et le bailler (donner) quand le prebstre (prêtre) le demande. »

* M. Desaintange n'a fait que retourner le vers de La Fontaine :

Et que n'étant plus nuit, il n'est pas encor jour.

CRÊTÉ, ÉE, du latin *cristatus* (qui a une crête), participe de l'ancien verbe *créter* qui se trouve encore dans Ronsard.

Et Cérès du ciel voit
Desjà *crester* le bled qui couronner la doit.
Poèmes, liv. 2.

Crété, employé dans le même sens que huppé. « En voicy deux des plus *crestés*, » dit Montaigne, liv. III, ch. 9, de Théod. de Beze et de Saint-Gelais.

CRETONNE, *s. f.* Cette toile dont la chaîne est de chanvre et la trame de lin, est ainsi nommée de celui qui en a fabriqué le premier. Il s'appelait Créton.

CREUSER, *v.*

A force de ragoûts et de mets succulens,
Il *creuse* son tombeau lui-même avec les dents.
REGNARD, *Démocrite amoureux*, acte III, sc. 7.

« Mad. de Maintenon, ayant manqué une seconde fois la déclaration de son mariage, eut assez de force sur elle-même, pour couler doucement par dessus, et ne pas se *creuser* une disgrâce, pour n'avoir pas été déclarée reine. » SAINT-SIMON, tom. II, ch. 15.

CREUSET, *s. m.* « Sa main est un *creuset* où l'argent se fond » a dit Mad. de Sévigné, de son fils qui avoit été un peu panier percé. « Quand nous voulons connaître grossièrement un morceau de métal, nous le mettons dans un *creuset*. Dans quel *creuset* mettons-nous notre ame, pour la connaître ? » VOLT. « Raffinez tous les plaisirs, subtilisez-les, mettez-les dans le *creuset*, de toutes ces transformations, il n'en sortira et n'en résultera jamais que l'ennui. » MASSILL. « De cet esprit sans corps, qui s'évapore dans le *creuset* du bon sens. » DES SABL.

CREUX, EUSE, *adj.* « Ne me plaignez que de n'avoir point ma chère fille, qui me fait une si aimable occupation, et sans laquelle ma vie est toute *creuse*. » Mᵐᵉ DE SÉVIGNÉ. Montaigne, liv. I, ch. 24, dit des pédans, « qu'ils ont la souvenance assez pleine, mais le jugement entièrement *creux*. » « Vous êtes insupportable de me pousser à bout avec un raisonnement aussi *creux* que celui-là. » FONTENELLE.

Je ne puis arracher du *creux* de ma cervelle
Que des vers plus forcés que ceux de la Pucelle.
BOILEAU.

Creux est substantif dans ce dernier exemple.

CREVER, *v.* du latin *crepare* (qui a la même signification). Le bruit s'étant répandu à Metz, qu'à la bataille de Montcontour, l'amiral de Chatillon avait été fait prisonnier, la grosse cloche, appelée *Mute*, sonna d'une si grande force, qu'elle se fendit. Ce bruit s'étant trouvé faux, quelqu'un dit fort bien que cette cloche avait mieux aimé *crever*, que mentir.

L'envie est, dites-vous, de mille maux la cause :
Holà ! mes amis, dites mieux,
L'envie est une bonne chose,
Elle fait *crever* l'envieux.

Je le verrois *crever* comme un vieux mousqueton.
REGNARD, *le Légataire*, act. II, sc. 10.

« Si vous voulez me promettre de m'épouser, je vous promets, moi, de faire *crever* ma femme dans deux jours, *comme un vieux mousquet.* » *La descente de Mezzetin aux enfers*, sc. 11. *Théâtre ital.* de Ghérardi.

Nos pères faisaient un substantif de cet infinitif et disaient des alchimistes :

Fol quiert jusques au *crever*
Ce qui ne se peut trouver.

CRI, CRIER. Je ne prends point, dit M. Ch. Nodier, ces mots comme imitatifs de la voix humaine ou de celle des animaux, mais comme des onomatopées d'un bruit purement mécanique qui résulte du frottement ou du brisement des corps. On se rappelle le superbe hémistiche du récit de Théramène :

L'essieu *crie* et se rompt.

M. Lalanne a fait un heureux emploi du même mot dans ces vers du poème intitulé *les Oiseaux de la Ferme* :

Qu'elle est lente à leur gré, qu'ils la trouvent tardive,
La main qui se refuse à leur ardeur captive !
Le doux bruit du loquet, long-temps importuné,
Vient enfin réjouir l'essaim emprisonné,
Un verrou reste encor, qui, trois fois indocile,
Trois fois tourne, en *criant*, sur la porte immobile.

De *cri*, *crier* sont dérivés *criailler*, *criaillerie*, *criailleur*.

Voltaire aurait voulu que le cri de chaque animal eût un terme particulier qui le distinguât. « C'est, dit-il, une disette insupportable de manquer d'expression pour le cri d'un oiseau, pour celui d'un enfant ; et d'appeler des choses si différentes du même nom. Le mot *vagissement*, dérivé du latin *vagitus*, aurait exprimé très-bien le cri des enfans au berceau. » *Diction. philosophiq.* au mot *Langues*, sect. 3. Rollin l'a employé sans contradiction, et ce mot paraît naturalisé maintenant. Oudin, *Dict. des trois langues*, ne met que *vagir*, et le marque comme encore douteux. Le père Labbe, à la fin de la 2e partie de ses *Etymolog. franç.*, Paris, 1661, et Pomey dans son *Diction*. 1716, ont donné une nomenclature latine des cris de différens animaux ; nous allons en donner une française plus étendue que toutes celles que nous connaissons.

CRIS DES ANIMAUX.

L'abeille...... *bourdonne.*
L'aigle........ *trompette* ou *glapit.*
L'alouette.... *grisolle.*
L'âne......... *brait.*
Le bœuf...... *beugle, mugit, meugle.*
La brebis..... *bêle.*
Le buffle..... *souffle, beugle.*
La caille..... *margotte.*
Le canard.... *nasille.*
Le cerf....... *brame.*
Le chat...... *miaule.*
Le cheval.... *hennit.*
Le chien..... *aboie, jappe, hurle.*
La chouette.. *hue.*
La cigale..... *craquette.*
La cigogne... *craquette* ou *claquette.*
Le cochon.... *grogne.*
La colombe.. *roucoule.*
Le coq....... *coquerique.*
Le corbeau... *croasse.*
La corneille.. *craille.*
Le crocodile.. *lamente.*
Le dindon... *glouglotte* ou *glougloute.*
L'éléphant... *barreye.*
Le faon...... *râle.*
Le geai...... *cageole.*
La gelinote.. *glousse.*
La grenouille. *coasse.*
La grue...... *glapit, trompette.*

L'hirondelle..	gazouille.
Le lapin......	glapit.
Le lion.......	rugit.
Le loup......	hurle.
Le merle.....	siffle.
Le moineau...	pépie.
La mouche...	bourdonne.
Le mouton...	bêle.
L'oie........	criaille.
L'ours.......	gronde.
Le paon......	braille ou criaille.
La perdrix....	cacabe.
Le perroquet.	parle.
La pie.......	jacasse.
Le pigeon....	roucoule.
Le pinson....	ramage.
La poule.....	piaule, glousse.
Le poulet.....	piaule.
Le ramier....	caracoule, roucoule.
Le renard....	glapit.
Le sanglier...	grommèle.
Le serpent....	siffle.
Le taureau....	mugit.
La tourterelle.	gémit.

CRI D'ARMES. Le cri d'armes était un cri de guerre, *une clameur belliqueuse,* suivant l'expression de Blanchard, *Beautés de l'hist. de France,* pag. 161, prononcé au commencement, ou au fort du combat, par un chef ou par tous les soldats ensemble, suivant les rencontres. Le cri d'armes de la maison royale de France était *Mont-Joie, Saint-Denis.* « L'écuyer d'honneur, dit la Curne de Sainte-Palaye, portait à la guerre la bannière de son maître, et criait le *cri d'armes* du même seigneur. » *Mémoires sur l'ancienne chevalerie.*

CRIAILLER, v. « Ma plume est enragée ; elle *criaille* et ne fait que des filets. » DE SÉVIGNÉ.

CRIAILLERIE, s. f. fréquentatif de *cri.* « La *criaillerie,* quand elle nous est ordinaire, passe en usage, et fait que chascun la méprise. Celle que vous employez contre un serviteur pour un larcin ne se sent point, d'autant que c'est celle mesme qu'il vous a vu employer cent fois contre luy, pour un verre mal rincé, ou pour avoir mal assis une escabelle. » MONT. « Juvénal a le feu de la *criaillerie,* il n'a pas la délicatesse du goût. » GALIANI.

CRIAILLEUR, s. m. « Non seulement il faut crier, mais il faut faire crier les *criailleurs* en faveur de la vérité. » VOLTAIRE.

CRIBLE, s. m. du latin *cribrum* (sas, tamis, crible) le second *r* changé en *l,* comme dans *mulot* formé du latin *mure,* ablatif de *mus* (rat).

Un tyran d'avare nature
A fait un *crible* de mon corps.
SCARRON.

« Qu'on me nourrisse bien et qu'on me fasse question sur question, si je ne les éclaircis comme un *crible,* dites que je suis une bête, » dit le gourmand Sancho. « Les rondeaux de Benserade sont fort mêlés ; avec un *crible,* il en demeurerait peu. » Mme DE SÉVIGNÉ. « A la paix qui suit une révolution, l'indulgence doit prendre son *crible,* y mettre toutes les fautes, tous les torts, tous les crimes même, et ne se plus apercevoir que de ceux qui ne peuvent pas passer. » ARNAULD.

CRIBLER, du latin *cribrare* (cribler) qui se trouve au ch. 22 de l'*Évangile* de saint Luc : *Simon, Simon, ecce Satanas expetivit vos, ut cribraret sicut triticum.*

Je *crible* mes raisons, pour en faire un bon choix.
RÉGNIER, *Satire* XIV.

« On l'a *criblé* d'épigrammes. *Criblé* des plus misérables préjugés. » MERCIER.

CRIER, v. *Voyez* CRI. Homère a dit dans le XIe livre de l'*Iliade,* en parlant d'Ulysse : Trois fois il cria autant que sa tête le permit : « Il semble, dit Mme Dacier, que notre langue ait tiré de là, *crier de toute sa tête ;* » nous ajouterons et *crier à pleine tête, crier à tue tête.*

Un auteur qui, pressé d'un besoin importun,
Le soir entend *crier* ses entrailles à jeun.
BOILEAU.

.... Un pain grossier et le vin de Formie
Sauront bien apaiser *votre estomac qui crie.*
P. DARU, trad. d'*Horace,* Satire II, liv. 2.

Il dit : du fond poudreux d'une armoire sacrée
Par les mains de Girot la crecelle est tirée.
Ils sortent à l'instant, et par d'heureux efforts,
Du lugubre instrument font *crier* les ressorts.
BOILEAU.

CRIMINEUX, EUSE, adj. Montaigne au 16e siècle, en parlant des tribunaux, s'écrie : « Combien ai-je vu de condamnations plus *crimineuses* que le crime ! » Liv. III, ch. 13.

CRINCRIN, *s. m.* C'était un instrument chargé de grelots, dont il n'est parlé que dans les *Fâcheux* de Molière :

Monsieur, ce sont des masques
Qui portent des *crincrins* et des tambours de basques.

« Ménage, qui rapporte ce terme et cette autorité, n'hésite pas à le regarder comme formé par onomatopée.

» M. de Roujoux pense que le peuple donne au violon le nom de *crincrin* par allusion aux *crins* qui forment l'archet ; il croit qu'il pourrait bien en être de même de cet instrument qu'il présume être celui dont se servent encore les enfans pour imiter la grenouille, et qui est formé d'un petit cylindre de carton, fermé à une de ses extrémités, et attaché par un crin à un bâton autour duquel on le fait tourner pour produire du bruit. Le mot alors, selon M. de Roujoux, ne serait pas une onomatopée, puisque l'instrument aurait pris son nom de sa principale partie. » CH. NODIER. *Onomatopées françaises.*

Ce mot, qui ne signifie plus qu'un mauvais violon, ou par dénigrement un mauvais joueur de violon, ne se trouvait dans aucun de nos dictionnaires, avant celui de M. Boiste, quoiqu'il eût été employé par Molière et par Vadé :

Oh, dit Jérôme, point d'chagrin,
Aussi ben, v'là monsieur crin-crin.
D'la joie ! Allons, père le Fève,
Raclez-nous ça.

La Pipe cassée, chant 4e.

CRINEUX, EUSE, *adj.* qui a beaucoup de crins ou de cheveux.

Quand plus *crineuse* elle (l'aurore) embellit le ciel.
Les Amours de Ronsard.

Muret, dans ses *Commentaires*, nous apprend que ce mot était nouveau ; il n'a pas plus fait fortune que celui de *crenu*, son synonyme, qui se trouve dans le *Roman de la Rose.*

CRISSER, *v.* Ce mot hors d'usage signifiait, selon Borel et Monet, faire un bruit aigu et âpre, comme les roues mal ointes. C'était un mot fort imitatif à conserver.

CRITIQUE, *s. m.* du latin *criticus* (censeur, critique), venu du grec κριτικὸς (kriticos) dont la racine est κρίνειν (krinein) juger, examiner. « Ce mot, dit La Harpe, s'applique au jugement qui s'exerce sur l'histoire, comme à celui qui a pour objet les ouvrages de goût et d'imagination. Les bons *critiques* en histoire sont ceux qui savent discerner les pièces authentiques des pièces supposées, celles qui méritent créance et celles qui n'en méritent point : peser et concilier les témoignages, choisir les autorités, vérifier les dates, éclaircir ou épurer les textes et les manuscrits. »

« Le critique est parmi les savans ce que les charlatans sont entre les médecins. » OXENSTIERN. « L'origine que les poètes attribuent à Momus, en le faisant fils de la Nuit et du Sommeil, ne représente pas mal la profession du *critique*, obscure et oisive. » *Le même.* « La plupart des *critiques* sont, parmi les gens de lettres, ce que les mineurs sont parmi les gens de guerre ; leur unique talent est de détruire... » L'abbé DU RESNEL.

CRITIQUE, *s. f.* « Le plaisir qu'on reçoit de la louange n'est pas égal à la peine que fait la *critique*. On prend l'une pour un compliment, et l'autre pour une vérité. » LE PRINCE DE LIGNE.

CRITIQUER, *v.*

Personne ne lit pour apprendre,
On ne lit que pour *critiquer*.
Mme DESHOULIÈRES.

M. d'Emeric, ministre de l'évêque de Ratisbonne à la diète de l'Empire, dans la préface de son livre contre les athées, publié en 1767, prie tous les souverains, rois, princes ou gouverneurs des peuples, de faire donner cent coups de bâton à quiconque se donnera les airs de *critiquer* son ouvrage.

CRITIQUEUR, *s. m.* On devrait distinguer les critiques des *critiqueurs*.

CROC, *s. m.* Ce mot, dit M. Ch. Nodier, ne fut probablement d'abord que le signe factice du déchirement d'un corps saisi par un instrument aigu ; et puis il devint, par une extension très-naturelle, le nom de cet instrument, du croc et du crochet.

Croc-en-jambe. C'est ce qu'on appelle aussi le tour de basque. Cela se pratique lorsqu'on veut faire tomber quelqu'un : on met ordinairement un pied derrière ou entre ceux de son adversaire; et lui appliquant en même temps un coup dans l'estomac, on le contraint de tomber à la renverse. Scarron, *Jod.* ou *Maître-Valet* :

D'un *croc-en-jambe* après,
Je le renverserai sur l'herbe.

Dans le style figuré et comique, c'est renverser les desseins de quelqu'un. *Théâtre italien*, Thèse des dames : « Donner le *croc-en-jambe* à la pudeur. » J'ai bien peur que la gloire ne donne le *croc-en-jambe* à l'amour. Mezzetin, grand Sophy de Perse, sc. 1, *Théâtre italien* de Ghérardi.

CROCHETER, *v.* C'est proprement un dérivé de *crochet*, qui lui-même, est un diminutif de *croc*. « La curiosité, cette passion avide et gourmande de nouvelles, qui nous fait perdre tout respect et contenance, pour *crocheter* soudain, où que nous soyons, les lettres qu'on nous apporte. » MONT. l. II, c. 4. « Horace ne se contente point d'une superficielle expression, elle le trahirait : il voit plus clair et plus outre dans les choses. Son esprit *crochète* et furette tout le magasin des mots et des figures, pour se représenter. » *Le même*, l. III, c. 5. « *Crocheter* les pensées d'autrui par des subtilités admirables. » *Cens. de Garasse.* « Les papes nous ont, depuis 200 ans, bien fait connoître qu'ils avoient reçu les clefs et la succession de saint Pierre, non pour ouvrir et dispenser les grâces et les bénédictions du ciel, mais pour *crocheter* tous les trésors de l'Orient et de l'Occident, et piller toutes les richesses du monde. » *Manifeste de la France aux Parisiens et à tout le peuple françois* ; pamphlet du temps de la Ligue.

CROCHETEUR, *s. m.* Ces portefaix sont ainsi appelés, du mot *crochet*, parce qu'ils se servent de *crocs* ou de *crochets*, pour remuer les ballots, et qu'ils portent les charges sur des espèces de châssis, appelés aussi *crochets*. « Est-ce un jeu ou une méprise de la nature de donner quelquefois une ame de prince à un *crocheteur*, et une ame de *crocheteur* à un prince? » OXENST. « Nous autres anatomistes, disait M. Méry, nous sommes comme les *crocheteurs* de Paris, qui en connaissent toutes les rues, mais qui ne savent pas ce qui se passe dans les maisons. »

CROCHETORAL, E, *adj.* de crocheteur, digne d'un crocheteur. Ce mot nouveau n'est pas encore adopté.

CROIRE, *v.* M. l'abbé de Choisy, dans son *Journal de l'Académie françoise*, *ff.* VII (il fit ce journal en 1696), nous dit qu'en prose on prononce *craire*, et qu'en poésie, quand on veut rimer, on rétablit la véritable prononciation, et qu'on prononce alors *croire*, de même que *gloire*. Cette prononciation *craire* est absolument condamnée aujourd'hui, mais il n'y a pas long-temps que l'usage était encore partagé sur la prononciation de *croire*. Les uns disaient *craire*, les autres *croire*.

Une actrice de province, qui avait adopté la première de ces deux prononciations, jouant le rôle d'une princesse, et apprenant par un envoyé l'arrivée du prince, son époux, qu'elle croyait mort, s'écria :

Le prince vit encore ! ô ciel, puis-je le *craire*?
— Oui, princesse ! il arrive, et tout couvert de
[*glaire*,

répond l'envoyé, soit par malice, soit par analogie, ou pour éviter une discordance de rime.

Ces expressions, *en croirai-je mes yeux*, *en croirai-je mon oreille*, qu'on trouve dans Racine, sont empruntées littéralement du latin : en *croire* plus ses yeux que ses oreilles, *oculis magis quàm auribus credere*. TIT. LIV. liv. VI, c. 26. *Vocabulaire des latinismes de la langue française* par J. Planche, pag. 11, col. 2. Scarron, à travers sa bouffonnerie, glisse quelquefois des traits fort sensés. Enéc, en parlant des mensonges de Sinon (*Virg. trav.* liv. II), ajoute :

A cause que la chose plut
On *crut* de lui ce qu'il voulut.

Croire s'est dit autrefois dans le sens de *confier*, *donner à crédit*. Pathelin, dans la farce qui porte ce nom, dit au drapier, à qui il demande de lui livrer six aunes de drap à crédit : *Or, Sire, les voulez-vous croire?* C'est de *croire*, pris dans cette signification, que nous viennent *créance*, *créancier*, *crédit*. *Crédence* se trouve pour *confiance*, *créance*, et *créditeur* pour *créancier* dans nos anciens auteurs.

CROISADE, *s. f.* CROISÉ, *s. m.* SE CROISER, *v.* Les expéditions qui eurent lieu pour chasser les infidèles de la Terre-Sainte furent appelées *croisades*, parce que ceux qui y prenaient part, portaient une *croix* d'étoffe rouge cousue sur l'épaule gauche, comme on peut encore le voir dans plusieurs anciens tableaux. Il en est de même de *se croiser* et de *croisé* dans le même sens. Le Laboureur, dans son *Discours de l'Origine des armes*, pag. 186, Lyon, 1658, nous apprend que les pèlerins de la Terre-Sainte cousaient des croix sur le dos de leurs robes ou manteaux avant leur départ, et sur leurs cottes d'armes, lorsqu'ils étaient dans le voyage. C'est de cette coutume même que leur est venu le nom de *croisés*.

CROISÉE, *adj. rime croisée.* Thomas Sebilet, dans son *Art poétique français*, pag. 51, Lyon, 1576, dit, en parlant de la rime croisée : « Ceste rime s'appelle *croisée*, pour ce que les vers y sont divisés par un entre-deux, comme les branches d'une *croix*. »

CROISÉES, *s. f.* On appelait ainsi ces anciennes fenêtres dont les châssis se croisaient l'un sur l'autre, et c'est par cela même qu'ils se croisaient, qu'on les a appelées *croisées*.

CROISEMENT, *s. m.* On lit dans un ouvrage imprimé avec beaucoup de luxe en 1820, et intitulé *Voyages pittoresques et romantiques dans l'ancienne France*, pag. 26 : « Le *croisement* tumultueux des torrens, et les détroits des mers. »

CROISER, *v.* est dérivé de *croix*. C'est proprement disposer en forme de croix, soit que l'on plie une bande d'étoffe sur une autre, ou que l'on tire deux barres sur le papier, etc.

Avoir les bras croisés, *croiser les bras.* C'est proprement les tenir croisés et appliqués sur la poitrine, en sorte que, les mains s'élevant vers les épaules, ils présentent la forme d'un X ou d'une *croix*. « Dites-moi si le bâtiment de Carcassonne aura toujours *les pattes croisées*. » Mme DE SÉVIGNÉ. Il en est de même de *croiser les jambes*, *avoir les jambes croisées*. Il n'était pas permis aux disciples de Pythagore de tenir *les jambes croisées*, parce que cette attitude était regardée comme un signe d'oisiveté.

CROISIÈRE, *s. f.* « Les *croisières* que tous ses desseins se font les uns aux autres. » SAINT-SIMON, *Hommes illustres*, t. III.

CROISURE, *s. f.* travail d'une étoffe croisée. P. Corneille l'a pris dans un autre sens, quand il a dit : « La diversité de la mesure et de la *croisure des vers* que j'y ai mêlés, me donne occasion de tâcher à les justifier. » *Examen d'Andromède*, en suite de la pièce. Par *croisure des vers*, il entend l'action de croiser les vers ou de faire des vers à rimes croisées, comme dans cette strophe d'*Andromède*, act. III, sc. 3 :

Courage, enfant des dieux, elle est votre conquête,
Et jamais amant ou guerrier
Ne vit ceindre sa tête
D'un si beau myrte, ou d'un si beau laurier.

CROÎT. Montaigne en a fait un substantif. « L'homme marche entier vers son *croist* et vers son *décroist*. » L. III, c. 2.

Que de filles, ô dieux! mes pièces de monnoie
Ont produites! Voyez : la plupart sont déjà
Aussi grandes que leurs mères.
Le *croît* m'en appartient. Il prit tout là-dessus.
LA FONTAINE, liv. IV, *fable* 12.

Cet homme possédoit un fertile héritage,
Et de plusieurs troupeaux dans l'ardente saison
Vendoit à ses voisins le *croît* et la toison.
Le même, la Captivité de Saint-Malc.

Ce substantif n'est reçu que dans ce dernier sens, c'est-à-dire dans celui d'augmentation du bétail par la génération : peut-être devrait-on en étendre la signification.

CROÎTRE, *v.* qu'on a écrit *croistre*, du latin *crescere*, qui a la même signification.

Quoique le verbe *croître*, dans la prose, soit toujours sans régime simple, il peut en avoir un en poésie. C'était même le sentiment de Voltaire, dans son commentaire sur ce vers de Corneille :

M'ordonner du repos, c'est *croître* mes douleurs.

Racine a dit dans *Bajazet* :

Je ne prends point plaisir à *croître* ma misère,

et dans *Esther* :

Que ce nouvel honneur va *croître* son audace !

« Que ce jeune héros *croisse* en vertu, comme une fleur que le printemps fait éclore. » FÉNÉLON, *le Rossignol et la Fauvette*, fable. « La phrase de *croître et d'embellir* sembloit n'avoir été faite que pour elle. » HAM. *Mem. de Gram.*

CROIX, *s. f.* du latin *crux* (croix) comme de *nux* on a fait *noix*. Par ce mot *crux*, les Romains entendaient un gibet fait en croix, sur lequel ils attachaient et faisaient mourir les esclaves condamnés à périr par ce supplice. C'est par suite de cette première acception que nous avons employé le mot *croix* pour peine, tourment, affliction. « *Ma plus grande croix* est de ne vous point voir. » *Lettre* de Fénélon au duc de Bourgogne. « Comment surmonterez-vous les *croix* que Dieu vous enverra dans le cours de votre vie (écrivait Mme de Maintenon à Mme de Maisonfort qui voulait trouver dans un confesseur de l'esprit, un accent pur) si un accent picard ou normand vous arrête ? »

Le passage suivant de Térence prouve que les Latins prenaient de même le mot *crux* (croix) au figuré et dans le sens de peine, tourment : « *Illis* crucibus *quæ nos nostramque adolescentiam habent despicatam.* » *Eun.* 2, 3.

Mascarille, comptant les bévues de Lélie, lui dit :

. . . . Et trois,
Quand nous serons à *dix*, nous ferons une *croix*.
MOLIÈRE, *l'Étourdi*, act. 1, sc. 2.

Ce proverbe vient peut-être de ce que, pour marquer dix en chiffres romains, on fait ce qu'on appelle une croix de Saint-André ou croix de Bourgogne, X.

Court de Gébelin, dans son excellente *Histoire de la Parole*, in-8°, pag. 123, dit que la *croix*, autre espèce de T primitif, fut la peinture de la perfection de dix, nombre parfait.

N'avoir ni croix ni pile, pour dire n'avoir point d'argent.

Combien au plus fort de mes maulx
En chevauchant *sans croix ne pile*, etc.
VILLON, *le Grand-Testament*, composé en 1461.

Sans croix ne pile. Ces termes ont été pris des monnoyes de saint Louis, dans lesquelles il y avait d'un côté une *croix*, et de l'autre des piles. Voyez ce mot.

Le bien d'autruy avec le sien
Pour mettre (comme un homme habile)
Et vous laisser *sans croix ne pile*,
Frère Lubin le fera bien.
On ha (a) beau dire je le tien,
Et le presser de satisfaire,
Jamais ne vous en rendra rien :
Frère Lubin ne le peut faire.
CL. MAROT, *Ballade de frère Lubin*.

Faire un mariage sur la *croix de l'épée*, c'est-à-dire brusque et furtif. Mme DE SÉVIGNÉ.

Que je ferois faire aux races futures
Signes de croix dessus vos aventures !
SCARR. *Épit.* à *M. le Prince.*

CROIX DE SAINT-ANDRÉ. Cette croix, composée de deux pièces de bois en sautoir, a été ainsi nommée, parce qu'elle a la forme de celle sur laquelle cet apôtre a souffert le martyre à Patras.

CROIX A LA JEANNETTE. L'actrice, qui, dans la pièce intitulée *Jérôme pointu*, remplissait le rôle de Jeannette, s'étant avisée de se présenter sur la scène avec une certaine croix au cou, cette nouveauté plut à tous les amateurs de la scène, bien moins pour la croix, qu'à cause de celle qui la portait. On appela les croix de l'espèce de celle que portait cette actrice qui les mit à la mode, *croix à* la *Jeannette*, ou, par abréviation, des *Jeannettes*.

CROIX DU TRAHOIR (à Paris). Les Etats-Généraux ayant condamné Brunehaut à être attachée par un bras et une jambe à la queue d'un cheval indompté et à être traînée par la ville de Paris, cette reine mourut couverte de meurtrissures et de plaies à l'endroit où il a été mis depuis une croix, appelée *croix du trahoir; a trahendo* (traire, tirer). Cette croix n'existe plus. Elle était au coin des rues de l'Arbre-Sec et Saint-Honoré, à la place où l'on a construit une fontaine.

CROQUADE, *s. f.* Les dames de la cour de Louis XIV donnaient ce nom aux infidélités qu'elles lui faisaient faire à ses maîtresses; elles appelaient cela : *croquer* le roi.

CROQUANT, *s. m.* un homme de néant, un misérable. *Acad.*

Passe un certain *croquant* qui marchoit les piés nuds.
LA FONTAINE, liv. II, *fable* 12.

Je lui contai tous les tours du *croquant*.
VOLTAIRE, le *Pauvre Diable*.

En 1593, il se fit, dit le P. Daniel, un soulèvement des paysans dans le Périgord, le Limousin et le Poitou. Ils s'attroupèrent, se firent des chefs et des officiers, refusèrent de payer les impôts, coururent la campagne, et ne faisaient aucun quartier aux gentilshommes qui tombaient entre leurs mains, pour se venger, disaient-ils, des violences qu'ils en avaient souffertes, et des extorsions des gouverneurs des villes et des châteaux. On leur donna le nom de *croquants*, parce qu'ils croquaient, c'est le terme populaire, c'est-à-dire qu'ils mangeaient et buvaient tout ce qu'ils trouvaient à manger et à boire dans les maisons des gentilshommes, et que tout leur butin était employé à faire bonne chère. Moréri ne donne pas tout-à-fait la même origine à ce mot. Selon lui, ce sobriquet fut donné à quelques gentilshommes de Guyenne, parce que durant les troubles qui agitèrent la France, au commencement du règne de Henri-le-Grand, ils dévoraient les pauvres gens de la campagne.

CROQUER, *v.* C'est une onomatopée formée du bruit que font certains alimens en se cassant sous la dent. La gimblette *croque* sous la dent. Il signifie aussi manger des choses qui *croquent sous la dent*.

Assaillir un poulet hérissé de lardons,
Fripper un bon morceau, *croquer* des macarons.

On dit figurément d'une jeune et jolie personne, qu'*elle est jolie à croquer*.

GABRION (*à Olivette, jeune fille poursuivie par Mezzetin*).

« Il pensoit vous *croquer* comme beaucoup d'autres, mais il voit bien qu'*il n'en cassera que d'une dent*. » *La Femme vengée*, act. II, sc. I. *Théâtre italien* de Ghérardi.

CROQUER, dérober. « Si le *croqua* si souplement, qu'il ne fut de ame aperçu. » *Cent nouv. Nouv.* nouv. III. *Voyez*, au mot CENTURIE, la pièce de vers adressée par l'abbé de Chaulieu à Mad. la marquise de Lassay.

De là sont dérivés *croqueur, croquet, croquignole*.

CROQUER, tracer à la hâte les traits d'un dessin, ou les premières idées d'un ouvrage d'esprit. « Je gâte cette pièce par la grossièreté dont je la *croque*. » Mme DE SÉV. en parlant de l'oraison funèbre du grand Condé, par le Père Bourdaloue. *Lettre au comte de Bussy-Rabutin*.

CROQUET, *s. m.* gâteau de pain d'épices dur et qui croque sous la dent, d'où lui vient son nom. C'est une onomatopée comme *croquer*, d'où il dérive. Les Picards disent *croque*, et nous le diminutif *croquet*.

CROQUEUR, *s. m.* celui qui croque.

Un vieux renard, mais des plus fins,
Grand *croqueur* de poulets, grand preneur de [lapins.
LA FONTAINE.

CROQUIGNOLE, *s. f.* pâtisserie croquante. Il signifie aussi une chiquenaude donnée sur le nez; aussi Scarron appelle-t-il des doigts vigoureux des *arbalètes à croquignoles*. « Si j'avois pu les exterminer, les hacher tous, je l'aurois fait; mais il n'y a pas eu moyen de leur détacher seulement une *croquignole*. » Don-Qui-

chotte, traduct. de Bouchon Dubournial.

Lorsque Voltaire donna son *Electre* aux Français, la pièce tomba. Le poète, témoin de la chute de sa tragédie qu'il avait imitée de Sophocle, dit : « J'ai prêté aujourd'hui mon visage à Sophocle, pour recevoir des *croquignoles*. » « Son père et sa mère qui la connoissoient belle et légère, craignoient qu'elle ne donnast une *croquignole* à la vertu. » *Contes de la Reine de Navarre*, nouv. XXV.

CROQUIGNOLER, verbe forgé par Scarron :

Et j'en rougis d'autant plus fort,
Quand on est noyé, qu'on est mort,
Quand on est mort, qu'on ne voit goute,
Malheur que surtout je redoute ;
Car, quand on ne voit goute, on est
Croquignolé par qui vous plaît.

CROSSE, s. f. de *crossa* et *crucca* dans la basse latinité, qui pourrait bien être une corruption du latin *crux* (croix), d'après le sentiment d'auteurs qui prétendent que les *crosses* n'étaient anciennement qu'un long bâton de bois qui, par en haut, se terminait en croix. D'après l'idée que la *crosse* des évêques pourrait être empruntée du bâton recourbé appelé *lituus* que portaient les augures romains, Voltaire a dit, en parlant de saint Denis :

Sa main portait ce bâton pastoral
Qui fut jadis *lituus* augural.

Un ancien proverbe, rapporté par Coquille, disait :

Au temps passé du siècle d'or,
Crosse de bois, évêque d'or :
Maintenant changent les lois,
Crosse d'or, évêque de bois.

Et l'impiété marche une *crosse* à la main.

Ce vers hardi de Clément de Dijon parut alors une chose toute simple. Avant lui, Boileau avait dit :

Le prélat, par la brigue aux honneurs parvenu,
Ne sut plus qu'abuser d'un ample revenu,
Et pour toutes vertus fit au dos d'un carrosse,
A côté d'une mitre, armorier sa crosse.
Le Lutrin, ch. VI.

CROTTEUX, EUSE, adj. « Par ces vœux sont jusques à présent demourés (demeurés) *croteux* et morveux. » RABELAIS, t. I, p. 148, édit. de 1732.

L'anonyme qui fit imprimer pour la première fois à Lyon, 1560, une traduction des *Dialogues* de Vivès, a rendu le mot *lutulentas* par *croteuses* ; mais dans une autre traduction des mêmes dialogues, l'auteur, qui est Benjamin Jamin, frère du poète Amadis Jamin, au lieu de *croteuses*, a mis *crotées*. « D'où j'infère, dit M. Le Duchat, que *croteux*, qui étoit bon encore en 1560, pouvoit avoir vieilli en 1578, lorsque cette dernière traduction fut imprimée. »

CROTTE, s. f. (*crusta*). Rabelais appelle les lois romaines, commentées par les jurisconsultes, une robe à fond d'or, bordée de *crotte*. Des critiques ont appliqué cette définition au livre même de l'auteur.

CROTTÉ, ÉE, adj.

L'Amour est nu, mais il n'est pas *crotté*.
LA FONTAINE, *l'Oraison de Saint-Julien*.

CROTU, UE, adj. marqué de petite vérole. Ce mot inusité se lit dans la *Nouv. Hél.* IVe part. lett. 8. « Je te trouve aussi fort bonne de vouloir qu'une prude, grave et formaliste comme moi, fasse les avances, et que, toute affaire cessant, je coure embrasser un visage noir et *crotu*. » C'est apparemment un mot génevois.

CROULEMENT, CROUSLE, s. m. « Ce *crouslement* de terre fut si grand que plusieurs citez périrent. » CL. FAUCHET, *Fleur de la Maison de Charlemaigne*, feuillet 9 tourné. Paris, 1601.

« *Croulement* se trouve encore quelques lignes plus haut, et encore à la page suivante : Pour le regard de la cause de ces tremblemens que nos anciens, par un mot tout grec, appeloient *crousles*, etc. »

« La cité de Bordeaux fut lors tellement esbranlée d'un *crousle* ou tremblement de terre, que ses murs cuidèrent tumber. » *Le même, Antiquitez franç.* feuillet 221.

« Nos mœurs sont, dit Montaigne, extrêmement corrompues, et penchent d'une merveilleuse inclination vers l'empirement de nos loix et usages ; il y en a plusieurs barbares et monstrueuses ; toutes fois pour la difficulté de nous mettre en meilleur état, et le danger de ce *croulement*, je pouvois planter une cheville à nostre roue, et l'arrester en ce poinct, je le ferois de bon cœur. » L. II, c. 17.

CROULER, *v. n.* (italien *crollare*). Montaigne l'a employé dans le sens d'*agiter*, *remuer*, et l'a fait actif. « J'oy journellement dire à des sots des mots non sots.... Ne les secondez pas, laissez les aller : ils manieront cette matière comme gens qui ont peur de s'eschauder ; ils n'osent luy changer d'assiette et de jour, ny l'enfoncer. *Croullez*-la tant soit peu, elle leur eschappe : ils vous la quittent, toute forte et belle qu'elle est. » L. III, c. 8.

CROUPE, *s. f.* allem. *grub* (gras, gros, épais). « Demeurer en *croupe*, » rester à moitié chemin. ET. PASQUIER, liv. I, *lett.* 2. On connaît le beau vers de Boileau :

Le chagrin monte en *croupe* et galoppe avec lui.

CROUPIÈRE, *s. f.* dérivé de *croupe*, partie du harnois qui va de la selle à la queue du cheval en traversant sa croupe.

On dit au figuré *tailler des croupières*. Cette métaphore est empruntée d'une armée mise en deroute, et dont on poursuit la cavalerie, en frappant à coups de sabre sur la croupe des chevaux et en coupant les *croupières*.

Les ennemis, pensant *nous tailler des croupières*,
Firent trois pelotons de leurs gens à cheval.
MOLIÈRE, *Amphitryon*, sc. I.

Les guerriers du roi très-chrétien
A qui vous taillez des croupières.
VOLT. Lettre à Frédéric-le-Grand, 2 mai 1758.

CROUPIR, *v.* ou CROPIR qui s'est dit autrefois.

Il te laissa, harpie et salle oiseau,
Cropir au fond du pandorin vaisseau.
Les Amours de Ronsard, CIII^e sonnet.

« J'escrivoy cecy environ le temps qu'une forte charge de nos troubles se *croupit* plusieurs mois, de tout son poids, droict sur moy. » MONT. l. III, ch. 12. « Laisser *croupir* la vengeance cinq ou six ans après sa mort. » NIC. PASQ. liv. X, *lettr.* 4. « On ne doit pas faire plus de cas des richesses *croupissantes* d'un avare, que de l'eau d'un infâme marais. » LA MOTHE LE VAYER, *lett.* XIX.

CROÛTE, *s. f.* du latin *crusta* qui a la même signification. On écrivit d'abord *crouste*, d'où viennent les mots *croustille*, *croustiller*, *croustilleux*, *crouton*. Montaigne, l. 1, c. 35, dit « qu'il n'a gousté des sciences que la *crouste* première en son enfance. »

CROÛTER, *v.* recouvrir d'une croûte. « L'ichneumon, quand il doit venir aux prises avec le crocodile, munit son corps, l'enduit et le *crouste* tout à l'entour de limon bien serré et bien paistri, comme d'une cuirasse. » MONTAIGNE, l. II, c. 12.

CROYABLE, *adj.* du lat. *credibilis*. *Crédible*, pour *croyable*, se trouve dans les *Antiquités de Paris*, par Bonfons.

CROYANCE et CRÉANCE, *s. f.* faits de *credentia*, selon R. Estienne, par imitation de *sapientia*, de *scientia*, etc. Nos pères ont dit *crédence* qui se trouve dans Guillaume Crétin, Jean le Maire de Belges, et ailleurs. « S'ils n'estoient guaris (guéris), ou c'estoit faute de *crédence*, ou le peu de foi qu'on avoit. » H. ESTIENNE, *Apologie pour Hérodote*. « Se (si) ou (au) cours de leur règne et pour le temps de leurs folles et imparfaictes *crédences*, ont voulu déifier, tenir et réputer comme dieux aulcuns hommes pour leurs glorieuses et vertueuses opérations. » *Lancelot du Lac*, roman imprimé en 1520, prologue. « Ma *créance*, dit Montaigne, ne se manie pas à coups de poings, » on peut ajouter : ni à coups de lois. « Il crut que l'innocence de sa vie devoit répondre de la pureté de sa *créance*. » FLÉCHIER, *Oraison funèbre de Turenne*, prononcée le 10 janvier 1676. *Créance* est le seul mot qui puisse avertir que cette oraison ait été prononcée il y a plus de cent cinquante ans ; aujourd'hui on dirait *croyance*.

« Dans le siècle dernier, dit Domergue, *Solutions grammaticales*, p. 364, les sentimens étoient partagés sur *croyance* et *créance*. L'usage a conservé ces deux mots, en assignant à chacun une signification différente.

» On dit : L'ambassadeur a exposé sa *créance* ; et cela signifie, qu'il a exposé ce qui lui étoit confié de la part de son souverain, pour en traiter avec celui auprès duquel il est envoyé.

» Une lettre de *créance* est une lettre qui assure une pleine confiance à celui qui en est porteur.

» Un chien de bonne *créance* est un chien sûr à la chasse ; un chien de peu de *créance*, un chien peu sûr.

» Une *créance* est aussi une somme confiée, prêtée à quelqu'un. De là vient *créancier*. »

Ainsi *créance* ne se dit que des choses confiées, et des choses auxquelles on peut se confier.

Mais lorsqu'il s'agit de ce qu'on croit, soit en fait de religion, soit en fait d'opinion, *créance* n'est plus d'usage ; le mot propre est *croyance*. M. Vernet, dans son instruction, s'est servi d'une expression surannée, lorsqu'il a dit : « L'expérience fait voir que la seule diversité de *créance* cause peu de trouble, quand l'autorité et la violence ne s'en mêlent pas, pour faire dominer un parti sur l'autre. » M. Pastoret, dans son savant Parallèle de Zoroastre, Confucius et Mahomet, emploie l'expression actuelle, lorsqu'en parlant de l'Arabie, dont les tribus les plus sages croyaient à la résurrection des morts et au jugement dernier, il dit : « Par une suite de cette *croyance* religieuse, ils liaient un chameau à la pierre sous laquelle le parent ou l'ami qu'ils avaient perdu, etc. »

ÉPIGRAMME.

Certain bourgeois instruisoit à parler,
Eh qui ? sa femme ! — Oh ! non pas, mais sa pie :
Quiconque entrait, mon oiseau d'appeler
Tel un c..., telle autre une toupie.
La prude Alix, qui trouve en tout du mal,
Se plaint au maître : « Eh ! fi ! c'est conscience
D'ainsi séduire un honnête animal ;
Il vaudrait mieux lui montrer sa *croyance*.
MASSON DE MORVILLIERS.

CRÛ, *s. m.* part. du verbe *croître*.

Du vin du *crû* que Dieu nous garde !
Est un dicton que je regarde
Comme mauvais ou bon, selon les cas divers.
Qu'un sot me débite ses vers,
En m'offrant le vin qu'à Nanterre,
Argenteuil, ou Chaillot, lui produisit sa terre,
Du vin du *crû* je dirai fi !
Mais si deux vignerons de Champagne, ou Bour-
[gogne,
Entr'eux se faisaient un défi
A qui de ses vins vieux rougiraient mieux ma trogne,
Si tout en trinquant, en buvant,

Les convives m'allaient lisant,
L'un les vers de Piron, l'autre de La Fontaine,
Je leur dirais : Lisez, versez,
Versez, ma tasse n'est pas pleine.
Versez, lisez toujours, encor, jamais assez.
Versez tout en lisant, mais en versant, qu'on lise ;
Vive le vin du *crû* ! deviendrait ma devise.
LE MONNIER.

A *cru* (*crudus*). Un homme, avant de mourir, fit mettre un linceul dans son tombeau. « Ces coquins-là, dit-il, en parlant de ses valets, ne manqueraient point de me faire enterrer à *cru*. »

CRUAUTÉ, *s. f.* « Dans Tacite, la *cruauté* est prudente, et la violence avisée. » SAINT-ÉVREMONT.

CRUCHE, *s. f.* allem. *krug* (vase à anse). Qui croirait que Malherbe a dit en parlant de l'aurore ?

Elle verse de l'autre une *cruche* de pleurs.

ÉPIGRAMME.

Un évêque * disait, à lui voyant venir
Un gros frère quêteur faisant la révérence,
« Une *cruche* et ce moine ont quelque ressem-
[blance :
Tous deux se baissent pour s'emplir. »

Tant va la cruche à l'eau qu'elle se brise. Le sens de cet adage se trouve dans une ancienne chronique manuscrite, qui paraît être du commencement du 14e siècle ; il y est dit, en parlant des Templiers :

Tozjours (toujours) achetoient sans vendre...
Nul riche en elz (eux) n'estoit de prise ;
Tant va pot à eue (eau) qu'il brise.

CRUCHERIE, *s. f.* sottise. On demandait à la marquise de Sablé pourquoi elle prenait des précautions singulières pour sa santé, et montrait tant d'appréhension de la mort ? « Hélas ! répondit-elle, c'est là ma *crucherie*. »

CRUÉLISER, *v.* traiter avec rigueur. « La multiplicité et nombre d'offices et chicaneurs est un gros appuy pour asservir et *cruéliser* ses sujets. » *Contes d'Eutr.* tom. 1. « J'aime les belles cruelles, disait un Gascon ; mais je ne veux pas qu'elles me *cruélisent* long-temps. »

CRUSCANTISME (de l'Académie de *la Crusca*, dont on connaît le Dictionnaire). C'est l'affectation du

* Le Camus, évêque de Belley.

purisme en parlant ou en écrivant l'italien. « On l'avait envoyé à l'Université de Sienne, où il avait resté plusieurs années, et dont il avait rapporté une assez forte dose de *cruscantisme*, pour être à peu près à Turin ce qu'était jadis à Paris l'abbé de Dangeau. » J. J. ROUSS. *Confess.* liv. III.

CRYSTAL, *s. m.* « Ce sont de ces jours de *crystal*, où l'on ne sent ni chaud, ni froid. » Mme DE SÉVIGNÉ, en parlant d'une belle journée d'automne.

CUEILLIR, *v.* (*colligere*). Dans une campagne, les dindons nichaient sur les arbres; le maître de la maison, voyant sa fille embarrassée à traiter une grande compagnie, lui dit : « Il faut *cueillir* cinq ou six dindons. » Ronsard a dit aussi poétiquement que hardiment, qu'il faut *cueillir* la jeunesse et *moissonner* les plaisirs.

CUIDER, *v.* Cet ancien mot vient du latin *cogitare* (penser). On a fait par degrés, dit M. de La Monnoye, *cogiter, coïter, coïder*, et enfin *cuider*. *Glossaire alphabétique*, à la suite des *Noëls bourguignons*, au mot *Cueude*. « Ce que par adventure *cuidiez* dict en gayeté de cueur (cœur). » RABELAIS, *prologe* du 1er liv. tom. I. « Prenant garde qu'ils marchoient en désordre, comme ceux qui *cuidoient* bien estre hors de tout danger, etc. » *Essais de Montaigne*.

Ce verbe a un sens particulier en Champagne, par rapport à la vendange. Les Champenois disent : « on *cuide*, » quand ils espèrent qu'elle sera bonne. S'ils se sont trompés, « on *décuide* cette année, » disent-ils. On voit que cette signification entre dans celle de *cuider*, qui ne voulait pas dire seulement *croire*, mais se flatter, avoir confiance.

De *cuider* il nous reste les composés *outrecuidance*, présomption, *outrecuidant*, présomptueux, celui qui pense outre, au-delà, plus de lui qu'il ne doit en penser, qui présume trop de lui-même.

CUIDEREAU, *s. m.* C'est un diminutif de *cuideur*, celui qui pense, qui croit trop légèrement.

A *cuidereaux* d'amours transis.
VILLON, f° 56, v°.
Un *cuydereau*, plumant chastaigne en l'astre.
Le Verger d'honneur, f° 116, r°.

CUILLÈRE, *s. f.* (*cochleare* de *cochlea*, coquille). On s'est servi d'abord de coquilles au même usage. Ustensile de table. On écrivait autrefois *cuiller*, et on prononçait *cuillé*; depuis on est convenu de prononcer l'*r*, comme dans *fer* et *mer*, et l'on a continué d'écrire *cuiller*, en prononçant *cuillere*; l'Académie même, dans son Dictionnaire, édit. de 1762, écrit encore *cuiller*, en avertissant qu'il faut y prononcer l'*r*. Mais dans le *Dictionnaire de Commerce*, édit. de 1741, on a mis *cuillère*; on l'a mis de même dans l'*Apparat royal*, édit. de Paris, 1765. La raison de cela est que dans les noms la terminaison en *er, ler, ller*, est communément masculine, et se prononce en *é*, et que pour la rendre féminine on y ajoute l'*e* muet, *ere, lere, llere*; *conseiller, conseillère, marguillier, marguillière; roturier, roturière*; puis donc que le nom dont il s'agit est féminin, et que l'on prononce *cuillère*, comme *soupière*, il est naturel de l'écrire ainsi, au lieu qu'il est fort étrange d'écrire *cuiller*, comme *marguillier*, lorsqu'en effet on le prononce tout autrement. Henri IV ayant dit à Malherbe que ce mot était masculin, le poète lui répondit : « Sire, vous êtes un grand roi et fort puissant; mais, avec tout votre pouvoir, vous ne sauriez faire qu'on dise *un cuiller* en deçà de la Loire. »

CUIR, *s. m.* du latin *corium* qui, si l'on en croit Rochefort, s'est dit pour *carium* de *caro* (chair), parce qu'il couvre la chair. Cette expression proverbiale : *faire du cuir d'autrui larges lanières* ou *larges courroies* est fort ancienne dans notre langue; on la trouve dans Helinand, qui paraît avoir vécu avant Philippe-Auguste :

Quer (car) certes c'est fous vasselage
Faire son preu (profit) d'autruy dommage,
Et d'autrui cuir larges correies.

Et dans les *Fabliaux de Barbazan* :

Et dit jà n'i sera repris
Qu'il n'i face un grant roie,

Quar d'autrui cuir large corroie.
Tom. IV, p. 195, édit. de 1808.

(On ne lui fera plus le reproche de n'y avoir point fait une grande raie, car du cuir d'autrui large courroie). « Comme si Pepin, *du cuir d'autrui faisoit* (ainsi que dit l'ancien proverbe) *trop large courroye.* » CLAUDE FAUCHET, *Fleur de la maison de Charlemaigne.*

« Les lois sont pour les jurisconsultes ce qu'est le *cuir* aux cordonniers : si le *cuir* est trop court et trop épais, les cordonniers le tirent avec les dents, l'allongent, le tournent à volonté ; ainsi les jurisconsultes étendent et contournent les lois suivant les besoins de leur cause. » LOUIS XII.

CUIRASSE, *s. f.* « ainsi appelée, dit Cl. Fauchet, *Origine de la milice et des armes,* Paris, 1600, feuillet 43, pource que les guerriers premièrement se couvrirent de cuir. »

On ne se servait point de *cuirasses* en France au commencement de la monarchie. Ce fut Charlemagne qui en prescrivit l'usage ; mais elles n'étaient alors que de cuir.

On dit figurément *trouver le défaut de la cuirasse,* pour dire découvrir le faible de quelqu'un. Ce qui vient de ce que dans le temps où l'on ne connaissait que les armes blanches, il fallait, pour blesser un gendarme ou un chevalier, le frapper au défaut de sa *cuirasse,* c. à d. à l'endroit où la cuirasse défaillait, manquait, et par conséquent laissait un jour, un intervalle.

Ils ne se cachent point sous ces *bustes d'acier,*
Des anciens chevaliers ornement honorable,
Eclatant à la vue, aux coups impénétrable.
VOLTAIRE, *la Henriade,* chant X.

CUIRASSÉ, ÉE, *adj.* et *part.* « Leurs grandes ames, dit le Prince de Ligne, en parlant de Marie-Thérèse et de Catherine II, étaient *cuirassées* contre les revers. »

CUIRE, *v.* du latin *coquere,* qui a la même signification, en retranchant *oq,* lettres qui se retrouvent dans *coq,* pour *cuisinier* de vaisseau, qui vient du latin *coquus.*

Alexandre VIII disait à ses neveux : « Faites *cuire* votre pain, pendant que le four est debout. » « C'est mettre ses conjectures à bien haut prix, que d'en faire *cuire* un homme tout vif. » Ce que dit Montaigne, liv. III, ch. 11, des sorciers, aurait bien pu s'appliquer aux dissidens que l'on faisait alors *cuire* en France, en Espagne, en Allemagne, etc. « Tu *cuis* trop mal mes propos, » c. à d. tu en juges trop à la légère. ÉT. PASQUIER, *Pourparler du Prince.* « Venez mettre *cuire* d'autres pensées. » SÉVIGNÉ. « Il luy faut en une si grande nécessité (dans les derniers momens de la vie) une main douce et accommodée à son sentiment, pour le *gratter* justement où il lui *cuit,* ou qu'on ne le *gratte* point du tout. » MONT. liv. III, c. 9.

CUISINE, *s. f.* du latin *coquina,* l'o changé en *u,* comme dans *cuisse* de *coxa,* et *qu* changé d'abord en *c, cuicine,* puis *cuisine.* « On *se rue en cuisine.* » La Fontaine, plein de son Rabelais, a emprunté cette expression de cet auteur, liv. IV, c. 10.

On lit dans les *Propos rustiques* du sieur de la Hérissaye, un des singes du curé de Meudon : « après avoir *rué* si brusquement *en cuisine,* » p. 31, édit. de 1732. « Vous êtes si jaloux, disait à Voltaire son ami Cideville, que, si vous vous amusiez quelquefois à faire la *cuisine,* vous ne pourriez souffrir votre cuisinier. » La grande *cuisine,* à vrai dire, n'est autre chose que l'art d'embaumer des cadavres.

ÉPIGRAMME.

Un vendredi, le frère Polycarpe
Au Prieur vint se présenter :
« Ne mangez pas, dit-il, de cette carpe,
Hier avec du lard je la vis apprêter. »
L'ardent Prieur, que ce discours chagrine,
Lui jetant un sombre regard :
« Morbleu ! dit-il, maudit bavard !
Qu'alliez-vous faire à la *cuisine* ? »

Messer Gaster, dit Rabelais,
Est un gros glouton qui demande,
Soir et matin quelque nouvelle offrande,
Et qui ne laisse point dame marmite en paix.
Donc il est toujours bon de savoir où l'on dîne,
Et partant tout homme d'esprit,
Qui bâtit,
Commence sagement par fonder la *cuisine.*

On appelait autrefois *cuisine* une boîte qui renfermait toutes sortes d'épiceries. Regnard, dans sa comédie du *Joueur* (1696), peint un de ces Apicius modernes, qu'il traite de *docteurs en soupers*,

Qui, de livres de Droit toujours débarrassé,
Porte cuisine en poche et poivre concassé.

CUISINIER, *s. m.* Il vient du latin *coquinarius*, comme l'ancien mot *queux*, qui se disait autrefois pour *cuisinier*, d'où la charge du *grand queux de France*, qui était l'ancien officier de la couronne, commandant tous les officiers de la bouche du roi. *Voyez* CUIRE.

Un *cuisinier* est un mortel divin.
VOLTAIRE.

« Ne soyez pas surpris, dit Sénèque, du nombre de maladies qui vous assiégent, comptez les *cuisiniers*. » Un *cuisinier* est plus à craindre pendant la santé, qu'un mauvais médecin pendant la maladie. « La langue française, dit Voltaire, a réussi, comme nos *cuisiniers*, en flattant le goût le plus général. »

Car vous aviez un *cuisinier*,
Que je ne saurais oublier;

dit tendrement Énée à Didon, quand il la revoit dans les enfers. SCARRON.

On y fit chère; il ne s'y servit plat,
Où maître Amour, *cuisinier* délicat,
N'eût mis la main.
LA FONTAINE, *les Troqueurs.*

CUISTRE, *s. m.* de l'allemand *küster* (marguillier, maître d'école). On le trouve écrit *coustre* dans les *Cent nouvelles Nouvelles*, ouvrage du 15e siècle. C'est un terme de dénigrement dont on se sert pour désigner un pédant, un valet de collége. « Il a l'air d'un vieux *cuistre*. » DESTOUCHES, *le Tambour nocturne.*

CUIT, ITE, *part.* du verbe *cuire*, du latin *coctus, a*, qui a la même signification. Nos pères écrivaient *cuict, cuicte*. Nous disons familièrement de quelqu'un qui a perdu tout son argent, qui est ruiné, qu'*il est cuit*. Perse a dit, dans le même sens, *hunc alea decoquit* (le jeu *cuit* (ruine) cet autre).

Le comte Caraccioli disait de l'Angleterre : « C'est un climat où il ne croit que des pommes *cuites*. » Il n'a pas la tête bien *cuite*; il n'est pas très-sensé. C'est en ce sens que Mme de Sévigné dit de son petit-fils : « Il n'est pas *cuit*; encore un petit bouillon au coin de votre feu lui fera tous les biens du monde. » « Ce gigot est *incuit*, disait à son hôte un homme qui faisait le beau parleur. Monsieur, répondit l'hôte, c'est par l'*insoin* de la cuisinière. »

CUL, *s. m.* du latin *culus*, venu du grec κsλιός (*kouléos*) gaîne, fourreau. De là les dérivés *culasse, culée, culier, acculer, éculer, reculer*. « Le sort peut envoyer *cul sur pointe* toutes nos défenses et levées. » MONT. liv. 1, c. 40. On dirait aujourd'hui *mettre, renverser cul par dessus tête*. « Et combien n'ont pas laissé d'en mourir, *ayant trois médecins à leur cul !* » Le même, liv. III, c. 13. « Il ne faut point être avide de gloire plus qu'on n'en est capable; de s'enfler et s'eslever pour toute action utile et bonne, c'est monstrer le *cul* en haussant la teste. » CHARRON, liv. 1, c. 22.

On dit proverbialement *être à cul*, pour dire ne savoir plus que devenir, être réduit aux derniers expédiens. « *Le diable est à cu*, c'est comme si on disait le diable est poussé à bout, il est réduit à demeurer, pour toute défense, le *cu* rangé contre un mur, il est acculé. On appelle *accul* le lieu où l'on est acculé. » DE LA MONNOYE, *Glossaire alphabétique*, à la suite des *Noëls bourguignons*. Selon d'autres, cette expression est empruntée des écoles de l'université de Paris, jonchées de paille, sur laquelle se mettaient les écoliers. Celui qui était vaincu dans la dispute était *mis à cul*, c. à d. obligé de se rasseoir sur la paille. « Il tint, dit Rabelais, liv. II, contre tous les régens et orateurs, et les *mit de cul*. »

Vous rebutez mes vœux et me mettez à bout;
Mais *un cul de couvent* me vengera de tout.
MOLIÈRE, *l'Ecole des Femmes*,
act. v, sc. 4.

On dit bien encore *un cul de basse fosse*; mais on ne dit plus *un cul de couvent*, pour *le fond d'un couvent*. Bret, dans ses observations sur l'*Ecole des Femmes*, au lieu cité, dit « M. de » Voltaire, qui s'est élevé contre les » expressions *cul-de-sac* et de *cul-de-» lampe*, n'aurait pas fait plus de

» grâce à celle de *cul de couvent*, si
» elle avait encore été d'usage. »

CUL-DE-SAC. *Voyez* IMPASSE.

CUL-DE-JATTE, homme qui, ne pouvant se servir de ses jambes, se traine, comme il peut, le derrière assis dans une grande écuelle de bois nommée *jatte*, du latin *gabata*.

CUL-DE-LAMPE, *s. m.* ornement qui imite une lampe d'église. On appelle encore *cul-de-lampe*, dans l'imprimerie, cet ancien arrangement de mots qu'on trouve fréquemment dans les ouvrages anciens, et qui consistait à diminuer les lignes en finissant un chapitre ou un livre, en sorte que cet ordre présentait la forme d'un *cul-de-lampe*. Le Traité de la ponctuation de la langue françoise, par Dolet, imprimé à Lyon, en 1576, finit en *cul-de-lampe* :

« Plusieurs grammairiens-latins en ont bâillé
» davantage; mais tu ne te dois amuser
» à leurs resveries. Et si tu entens,
» et observes bien les règles
» précédentes, tu ne
  » foudras à doc-
  »tement poinc-
    » tuer. »

CULAGE, *s. m.* ancien mot. « Le terme infâme de *culage*, dit Voltaire, signifiait le droit que s'étaient donné plusieurs seigneurs, dans les temps de la tyrannie féodale, d'avoir à leur choix les prémices de tous les mariages dans l'étendue de leurs terres. On substitua ensuite le mot de *cuissage* à celui de *culage*. » *Dict. philosoph.* Il est écrit *cullage* ou *culliage* dans le *Dict. de Trévoux*.

CULAISON, *s. f.* On appelait ainsi la saison des bains, et Ménage, à cette occasion, nous apprend que les femmes portaient des éventails à jour, nommés lorgnettes, lorsqu'elles allaient à la porte Saint-Bernard pour prendre le frais sur les bords de la rivière, et peut-être, ajoute-t-il, pour voir les baigneurs.

CULASSE, *s. f.* partie basse du canon, qui en forme la tête au delà de la lumière. « Sous Charles IX, les soldats nommaient une grosse pièce de canon renforcée sur la *culasse* la royne-mère, » qui était Catherine de Médicis.

CULBUTE, *s. f.* (Les Italiens disent *capitombolo*, et les Bourguignons *cutimblo*, de *culus* et *tumulus*, parce que les enfans qui font la *culbute*, après avoir fait passer leurs pieds par dessus leur tête, se trouvent étendus sur le derrière, *ità ut culus tumuletur*.) *Glossaire des Noëls bourguignons*.

CULBUTER. *v.* Il est, comme le suivant, dérivé de *culbute*. Marivaux dit, en parlant d'un bredouilleur : « Il avait la parole si rapide, que de quatre mots qu'il disait, il en *culbutait* la moitié. »

CULBUTIS, *s. m.* amas confus de choses culbutées.

  Hélas ! si contre quelque butte
  Il eût fait une culebutte,
  Par cet heureux *culebutis*
  Nous eussions été garantis,

dit Enée, dans *Scarron*, en parlant du cheval de Troie.

CULINAIRE, *adj.* du latin *culinarius* (qui appartient à la cuisine) *la science culinaire*, *l'art culinaire*. Ce terme est nouveau ou plutôt renouvelé; car on trouve dans Rabelais, liv. IV, ch. 39 : « Veu que combattre nous fault andouilles, vous inférez que c'est bataille *culinaire*, » et même liv. ch. 41 : « Et dit le conte que, si Dieu n'y eust pourveu, la génération andouillicque eust par ces souldars *culinaires* toute esté exterminée. » Il ne se trouve pas dans le *Dict. de l'Académie* de 1802; mais il est dans Oudin, qui le marque d'un astérisque. *Dict. des trois langues*.

CULOT, *s. m.* l'oiseau le dernier éclos d'une couvée, le dernier né d'une famille. « Nos paysans d'Anjou, dit Ménage, appellent *closcu* le poulet qui est le dernier éclos de la couvée; l'œuf dont il est éclos fermant le *cul* de la poule. A Paris, on l'appelle, par corruption, du mot de *culot*, qui est, comme on y appelle aussi, le dernier enfant d'une femme; et, en Basse-Normandie, on appelle ce dernier des enfans d'une femme *tirehec*, c. à d. *tireporte*; *hec*, parmi les Bas-Normands, signifie une porte coupée. » *Dict. étymologique*.

CULTIVATEUR, *s. m.* Ce mot,

en 1704 (*Dict. de Trév.*) était encore regardé comme un néologisme. Raynal, en l'employant comme adjectif, lui a donné un féminin : « Le premier fondement d'une société *cultivatrice* ou commerçante est la propriété. » *Hist. phil. des Deux Indes.* Aujourd'hui ce féminin est reçu.

CULTIVER, *v.* « Pour moy, j'ayme la vie, et la *cultive*, telle qu'il a pleu à Dieu nous l'octroyer. » MONTAIGNE, liv. III, c. 13.

CULTURE, *s. f.* du latin *cultura*, qui a la même signification. Il se dit au propre des soins qu'on donne à la terre pour la rendre plus fertile; au figuré, des soins qu'on prend des arts, des sciences, des facultés de l'esprit. On disait devant Socrate que les bons esprits n'avaient pas besoin d'instruction : « Tout au contraire, répondit-il, ce sont les meilleures terres qui ont besoin de *culture*. »

Le cœur, l'esprit, les mœurs, tout gagne à la
[*culture*.
VOLTAIRE.

J. le Maire de Belges l'a employé dans le sens de culte : « Elle lui fist deux requestes; l'une qu'en délaissant la *culture* des ydoles, il crust au Dieu seul qui créa le ciel et la terre. » *Illustrations des Gaules*, liv. III, feuillet 34. Paris, 1548. *Voy.* INCULTURE.

CUNCTATEUR, *s. m.* « Je reverrai *Mariamne* et *Zulime*, quand je retrouverai ma tête; j'entends ma tête poétique. A présent je fais tout en prose : me voilà *cunctateur*, attendons. » VOLTAIRE.

Voltaire a dérivé ce mot du latin *cunctator* (celui qui temporise, qui diffère). Brantôme s'était anciennement servi du mot *cunctation*, pour délai, action de temporiser : « Mais, comme un Fabius Maximus, par sa *cunctation* et son temporisement, il fit aller nos feux en vapeurs et fumées. » *Capit. estrang.* tom. I, p. 87.

CUPIDITÉ, *s. f.* du latin *cupiditas* (désir ardent). « Ces mots de *cupidité* et d'*avidité*, dit Ménage, ne sont pas anciens dans notre langue. Je ne sais pas précisément le temps de la naissance du premier. » Il n'en est pas de même de l'adjectif *cupide*, qui se trouve déjà dans deux anciens ouvrages cités par M. Ch. Pougens, dans son *Archéologie française* : « Plus encores infiniment estoit *cupide* et insatiable de richesses. » *Amant ressuscité*, p. 106.

Relevé, courageux et *cupide* d'honneurs.
MATH. RÉGNIER, *sat.* V.

CUPIDON, *n. pr. m.* Les Parisiens ont, par antiphrase, appelé *Cupidons du Nord* les Kalmoucks qui sont venus leur rendre visite en 1815.

CUPIDONÉ, ÉE, *adj.* joli, mignon, beau. *Gloss. de la langue romane.* Ce vieux mot est assez joli, pour qu'on essaye de le faire revivre.

CURABLE, *adj.* qui peut recevoir *cure* ou guérison. Ce mot ne se dit guère que parmi les médecins; et pourquoi, lorsque le négatif *incurable* est dans la bouche de tout le monde ? *Voyez* ce mot.

CURE, *s. f.* étendue d'une paroisse desservie par un curé, du latin *curia*, comme curé de *curatus*. *Curia* était le nom que portait chacune des divisions que Romulus avait faites du peuple romain. On sait qu'il l'avait divisé en trente curies (*curiæ*), et que chacune de ces tribus avait un prêtre ou sacrificateur nommé *curion*, *à sacris curandis*, parce qu'il avait soin des sacrifices.

CURE-DENT, *s. m.* (*curare dentes*).

. . . . Que le diable m'enchante,
Si dans tous ces bois-là qu'il ose vanter tant,
On trouverait de quoi se faire un *cure-dent* !

dit un des Gascons, des bois de son débiteur, dans la sc. VI du *Procureur arbitre*, de Poisson.

CURIEUSEMENT. *Voy.* INCURIEUSEMENT.

CURIEUX, EUSE, *adj.* « Je ne doute point que l'empereur Adrien, qu'on dit avoir été le plus *curieux* de tous les hommes, n'ait été le plus misérable. » LA MOTHE LE VAYER.

EPIGRAMME.

Il est des gens qu'on rencontre partout,
Courant Paris de l'un à l'autre bout,
Dont la figure au peuple est familière,
Comme une affiche, ou quelque enseigne à bière :
Toujours actifs, et parmi tant d'acteurs,
Dont tout l'emploi c'est d'être spectateurs.

Avoir des yeux est leur unique affaire,
Ils ne font rien de ce que l'on doit faire,
Ne savent rien de ce qu'on doit savoir,
Mais ils ont vu tout ce que l'on peut voir.

Voy. INCURIEUX.

CURIOSITÉ, *s. f.* « La curiosité qui porte sur les choses, annonce de l'élévation dans l'esprit; comme celle qui ne porte que sur les personnes, est une marque de petitesse. » Le duc DE LÉVIS.

CURRENTE CALAMO, expression proverbiale empruntée du latin, et qui signifie à plume courante, en suivant le mouvement et le cours de la plume, sans réflexion. C'est ainsi que M. Le Brun (le poète) termine la 61e lettre de sa correspondance, adressée à M. le comte de Brancas : « J'écris tout ceci, Monsieur le comte, *currente calamo.* La poste est prête à partir, etc. On se souvient d'un homme dont les méprises en ce genre sont renommées, et qui disait de son cheval, qu'il allait à Versailles en cinq quarts d'heure, *currente calamo*.

CUVE, *s. f.* du latin *cupa* (cuve, tonneau). « Il est perdu à fond de *cuve*; il n'a rien à répliquer. » *Contes d'Eutrapel*, liv. I.

CUVÉE, *s. f.* « Buveur de première *cuvée*; » du premier ordre. RABELAIS, *Prologue* du liv. III. La première *cuvée* se fait des meilleures grappes. « En voici d'une autre *cuvée*, » MONT. liv. I, c. 22, dit-on, lorsqu'après un conte plaisant on en fait un autre.

CUVER, *v.* dérivé de *cuve*. Il se dit au propre, du vin qui reste dans la cuve, pour s'y faire.

On dit au figuré d'un ivrogne, qu'il *cuve* son vin, pour faire entendre que le sommeil ou le repos fait évaporer les fumées du vin qu'il a bu.

Elle te r'aimera, tu rentreras en grâce
Dès qu'elle aura cuvé son vin.
VOLTAIRE, *les deux Tonneaux*, opéra com.

« Si vous prenez le chemin de vous éclaircir avec l'archevêque, au lieu de laisser *cuver* les chagrins qu'on veut vous donner de lui, vous viderez bien des affaires en peu de temps. » Mme DE SÉVIGNÉ.

Cuve ton or, criait énergiquement

Piron à un financier riche et insolent.

Partons; laissons ici ce monarque absolu,
Seul, sous ces pavillons, *cuvant l'or qu'il a bu*.
AIGNAN, trad. de l'*Iliade*, liv. II.

« Prenez patience, attendez qu'il ait *cuvé* son nord? » écrit Galiani à Mme d'Epinay, en parlant de Grimm.

CYGNE, *s. m.* du latin *cygnus*, venu du grec κύκνος (*kuknos*), qui a la même signification.

C'était une opinion reçue chez les anciens, que la mélodie des chants du *cygne*. On ne sait trop pourquoi, car son chant est un cri enroué et désagréable. On trouve dans le *Poème des Jardins*, une allusion charmante à cette ancienne erreur :

Le cygne à qui l'erreur prêta des chants aimables,
Et qui n'a pas besoin du mensonge des fables.

En parlant des derniers élans, des derniers travaux d'un beau génie près de s'éteindre, on dit proverbialement *c'est le chant du cygne*; cette expression est également fondée sur l'opinion où étaient les anciens, que le *cygne* chantait quand il était sur le point d'expirer.

Ce sera là que ma lyre,
Faisant un dernier effort,
Entreprendra de mieux dire
Qu'un *cygne* près de sa mort.
MALHERBE.

CYNIQUE, *adj.* du grec κυνικὸς (*kunikos*) de chien, qui appartient aux chiens « On a donné, dit M. Morin, dans son *Dict. des mots franç. dérivés du grec*, ce nom à une secte de philosophes qui bravaient les lois de la bienséance, parce qu'ils étaient mordans et sans pudeur, comme les chiens. Ils reconnaissaient Antisthène pour leur fondateur. Le mot *cynique* est devenu depuis le synonyme d'*impudent*, d'*effronté*. » Horace appelle Diogène *mordacem cynicum* (un cynique mordant). « Diogène, dit M. Dacier, fut appelé *cynique*, parce qu'il flattait ceux qui lui donnaient quelque chose, qu'il aboyait ceux qui ne lui donnaient rien, et qu'il mordait les vicieux et les méchans. » Les anciens donnaient au chien le défaut de pudeur, l'impudence, parce qu'il satisfait publiquement tous ses besoins physiques, qu'il ne se cache pas même pour s'accoupler. Dans Homère, Achille dit à Agamemnon, qu'il a l'impudence d'un chien dans les yeux. Probablement de cette idée est venu le mot *cynique*, qui ne s'emploie qu'au figuré, quoique J. B. Rousseau se soit exprimé ainsi :

Le docteur dit, je trouve ici deux cas,
Fièvre adurante et soif plus que *cynique*.
Epigramme v.

Il est aussi substantif. « Voudrait-on nous rétablir l'ordre des *cyniques*, cette philosophie médisante, cette profession publique de japper, de mordre, de déchirer, et cette métamorphose d'hommes en chiens ? » BALZAC.

Libre d'ambition, d'amour, de jalousie,
Cynique mitigé, je jouis de la vie.
REGNARD, *Ep*. vi, à *M*...

CYNISME, *s. m.* liberté impudente d'actions et de paroles. Ce mot n'est pas ancien dans la langue.

CZAR, *s. m.* titre du monarque de Russie ; on dit plus communément l'empereur de Russie. « Quant au titre de *czar*, dit Voltaire (*Hist. de l'empire de Russie, sous Pierre-le-Grand*), il se peut qu'il vienne des *tzars* ou *tchars* du royaume de Casan. Quand le souverain de Russie, Jean ou Ivan Basilidès, eut, au 16e siècle, conquis ce royaume subjugué par son aïeul, mais perdu ensuite, il en prit le titre qui est demeuré à ses successeurs. Le *czar* Michel Fédérowitz prit avec l'ambassade holstenoise, les titres de *grand seigneur* et *grand knès, conservateur de tous les Russes, prince de Volodimer, Moscou, Novogorod*, etc., *tzar de Casan*, *tzar d'Astracan*, *tzar de Sibérie*. Ce nom de *tzars* était donc le titre de ces princes orientaux ; il était donc vraisemblable qu'il dérivait plutôt des *tshas* de Perse que des *césars* de Rome, dont, probablement, les *tzars* sibériens n'avaient jamais entendu parler sur les bords du fleuve Oby. »

D

D, quatrième lettre de notre alphabet. Il se prononçait *dé* d'après l'ancienne épellation, et se prononce *de* suivant la nouvelle. Nous interposons un *d* euphonique dans *tendre*, qui vient du latin *tener*, dans *gendre*, qui vient du latin *gener*, etc. ; c'est ainsi que les Grecs, pour faciliter la prononciation, ont dit ἀνδρὸς (*andros*) génitif d'ἀνήρ (*anér*), au lieu de ἀνέρος (*anéros*), ou de ἀνρὸς (*anros*) en interposant un δ (*d*) euphonique.

D après ou au dessus des sommes, désignait par abréviation, suivant la manière de compter avant la révolution, *denier*, tant au singulier qu'au pluriel : 3ˡ 10ˢ 6ᵈ (3 livres 10 sous 6 *deniers*).

DA, *particule* qui ne se met jamais qu'après une affirmative ou une négative : *oui-da, nenni-da,* elle est du style familier. On écrivait anciennement *dea*. « Oui-*dea* (respondit Gargantua) mon roy, je rythme tant et plus. » RABELAIS. On a cessé de prononcer cet *e*, et depuis on l'a supprimé comme inutile. Garnier, dans sa tragédie de *Bradamante*, a commencé un vers par ce mot :

Dea, mon frère, eh ! pourquoi ne me l'aviez-vous
[dit ?

Dé, ou *di*, est un mot primitif, et le même que *da* (tous ces mots sont celtiques, selon Freret) qui signifie *bon*, *bien*. *Da* a conservé cette acception dans *oui-dà*, pour lequel on trouve *oui-bien* dans quelques écrivains. Boxhornius (*Origines gallicæ*, pag. 15, in-4°, 1654) dérive *da* ou *dea* du grec Δία (*Dia*), accusatif de Ζεὺς (*Zeus*) Jupiter ; comme si on disait νὴ Δία (*né Dia*) par Jupiter ; espèce de serment par lequel les Grecs prenaient Jupiter à témoin ; Borel, Trippault et M. Lemarre, le font venir du grec δὴ (*dé*) certes, assurément.

DADAIS, *s. m.* Une jeune personne venait de se promener au bois de Boulogne, rendez-vous des merveilleux et des élégantes. On lui demanda ce qu'elle pensait des cavaliers qu'elle y avait vus? — « Que ce sont de grands *dadais* sur de grands dadas. »

DADÉE, *s. f.* action de *dadais*, puérilité. Oudin, *Dict. des trois langues*, marque ce mot d'un astérisque; ce qui prouve qu'il n'était point encore admis, et il est peu probable qu'il le soit jamais.

DAGUE, *s. f.* ancienne épée courte et large ou espèce de poignard dont on se servait autrefois dans les combats singuliers. Il paraît tiré de *dagua* dans la basse latinité, qui pourrait venir de l'allemand *daggen*. Du Cange prétend qu'il vient du bas-breton *dager*, et qu'on l'appelait en vieux français *badelaire*.

A leur côté l'épée longue et large,
La courte *dague* pour son homme aborder.
SAINT-GELAIS.

La *dague* au poing, vers le bûcher s'avance
Le chef armé de fer et d'impudence.
VOLTAIRE.

De la Porte, dans ses *Epithètes*, Paris, 1571, appelle *dague à rouelle*, la femme qui fait le commerce infâme de prostituer des personnes du sexe.

DAGUES, *s. f. plur.* « cornes d'un jeune cerf de deux ans (lequel pour cela se nomme *daguet*); or ces cornes sont toutes simples, sans aucun cors, ni chevillure, un peu plates et pointues, ressemblant à des *dagues* ou poignards de corne. » F. POMEY, *de la Vénerie*, en suite de son *Dict.* in-4°, 1716.

DAGUET, *s. m.* jeune cerf ainsi appelé, du bois qui dès la seconde année pousse sur sa tête en forme de deux perches ou *dagues*. *Voy.* ce mot.

DAIS, *s. m.*
La satire bravant l'orgueil et l'injustice,
Va jusque sous le *dais* faire pâlir le vice.

DAM, *s. m.* du lat. *damnum* (dommage).

Et ne m'ont les destins, à mon *dam* trop constants,
Jamais, après la pluie, envoyé le beau temps.
RÉGNIER, *Satire* II.

. . . . Deux provinces conquises
Ont déjà fait preuve à leur *dan*.
MALHERBE, *Ode à la Reine*, sur sa bien-venue en France.

A leur dan; cette façon de parler a un peu vieilli. Ségrais s'en est pourtant servi dans son poème pastoral :
La bergère à *leur dan* toujours si vigilante.

Et Malleville, dans le *Discours d'Armide à Daphnis* :
Mais quand la renommée à mon *dam* trop fidelle,
De ta captivité m'eut appris la nouvelle.
MÉNAGE, *Observ. sur les Poésies de Malherbe*, pag. 377, Paris, 1666.

On ne se sert aujourd'hui du mot *dam* que dans le style marotique, ou dans cette phrase consacrée : *à ses dam, péril et fortune*. Remarquez que Malherbe et Ségrais ont écrit *dan* par un *n*; et c'est ainsi qu'on prononce encore aujourd'hui.

DAMAS, *s. m.* ville de Syrie qui a donné son nom à une espèce d'étoffe, et à une sorte de sabres ou de couteaux.

On a appelé d'abord *drap de Damas*, comme on le trouve dans nos anciens auteurs, et puis simplement *du damas*, une sorte d'étoffe de soie fabriquée originairement dans la ville de Damas, et connue en France, selon Barbazan, dès le 13° siècle. On a depuis imité cette étoffe à Venise, à Gênes, à Lyon, etc.; ainsi on dit *damas de Venise, damas de Gênes, damas de Lyon*, etc.

On a également appelé *sabres* ou *couteaux de Damas*, et ensuite simplement *damas*, des sabres ou des couteaux d'un acier très-fin et d'une trempe excellente, faits dans la ville de ce nom. *Il a un damas, un vrai damas*, c'est-à-dire, un sabre ou un couteau fabriqué à *Damas*.

Dumarsais pense que les *prunes de Damas* ont été ainsi nommées, parce qu'elles ont la peau fleurie de façon qu'elles imitent l'étoffe que nous appelons *damas*; mais leur nom vient de ce que les premières prunes de cette espèce ont été apportées de la ville de *Damas*, ce qui a fait dire à Roucher :

Et la prune conquise aux plaines de Damas.
Poëme des Mois, ch. IV.

Les premiers pruniers de Damas ont été apportés d'Arménie par les Romains, et, suivant ce qui est dit dans les *Mélanges tirés d'une grande bibliothèque*, ce sont les anciens comtes d'Anjou qui les ont transportés dans leur province, et c'est le bon roi René de Sicile, qui les a fait connaitre dans nos provinces méridionales.

De *damas* sont dérivés *damasquiner*, *damasquinerie*, *damasquineur*; *damasser*, *damassin*, *damassure*, etc.

DAMASQUINER, v. C'est faire cet ouvrage qu'on voit sur les épées et coutelas de *Damas*. Un ancien auteur a pris ce verbe au figuré : « La plus grande finesse qui soit en ce monde, est aller rondement à besogne, parler son vrai patois et naturel langage, sans le pourfiler et *damasquiner*, comme font nos refraisez et gaudronnez de ce jour. » *Contes d'Eutr.* tom. I.

DAMASQUINERIE, s. f. C'est l'art d'enjoliver le fer, l'acier, ou autres métaux, en les gravant ou les taillant, pour remplir ensuite, avec un fil d'or ou d'argent, les rainures qu'on y a faites. Le nom de cet art désigne assez qu'il a été inventé à Damas, ville fameuse du Levant, d'où sont sortis les ouvriers qui ont fait les plus parfaits ouvrages de *damasquinerie*.

DAMASSÉ, ÉE, adj. et part.
Si l'habit que Damon porte
Est de crotte *damassé*,
Il fut marqué de la sorte
Des crottes de l'an passé.

DAME, s. f. du lat. *domina* (maîtresse) ; aussi ce titre se donnait-il anciennement à une femme qui possédait un domaine, une seigneurie. C'est en ce sens de maîtresse, qui possède, qu'on lit dans un ancien roman : « Si m'osta mes riches robes, et fist tant que je n'estoye *dame* d'ung denier vaillant. » Lancelot du Lac.

Voy. DOM.

« Une cour sans *dames* est une année sans printems, un printems sans roses. » FRANÇOIS Ier. « Ah ! si ma *dame* me voyait ! » disait Fleuranges, en montant à l'assaut.

DAME, que l'Académie désigne comme une espèce d'adverbe :
Oh dame ! on ne court pas deux lièvres à la fois,
RACINE, *les Plaideurs*, act. III, sc. 3.

est dans la même catégorie que *morbleu*, *corbleu*, c'est un jurement par lequel on appelle, on invoque, on prend à témoin la Vierge, que nos pères appelaient *sainte Dame*, *notre Dame*, comme ils disaient Monsieur saint Denis, etc.

Mais que diable est-ce qu'il barbouille ?
Sainte Dame, comme il barbotte !
La Farce de maistre Pathelin, p. 46, Lyon, 1538.

Montaigne, liv. III, c. 5 de ses *Essais* : « ..... *Notre Dame*, fis-je, allons à cette heure étudier des phrases d'*Amadis* et des registres de Boccace et de l'Arétin, etc. » Guillaume Cretin, poète du 16e siècle, dans l'*Apparition du mareschal de Chabannes*, répond à Chabannes qui lui apprend que le roi est pris :

.... *Nostre Dame!*
Ce bon roy pris sans avoir secours d'ame.
Feuillet 101 tourné, Paris, 1527.

DAMER, v. « Je *dameray* vostre conte, » dit Panurge à Pantagruel. RABELAIS, liv. IV, c. 11. C'est-à-dire, je répondrai à votre conte par un autre du même genre.

DAMERET, s. m. coquet, efféminé. « Accoutumez vostre enfant à tout ; que ce ne soit pas un beau garçon et *dameret*, mais un garçon vert et vigoureux. » MONTAIGNE.

Un certain *dameret*, qui me veut supplanter,
Se sentira du don que j'ai, de bien frotter.
SCARRON.

Peindre Caton galant et Brutus *dameret*.
BOILEAU, *Art poétique*, c. 3.

DAMNÉ, ÉE, adj. et subst.
Malgré la pourpre et le chapeau de Rome,
D'un rhume affreux tout près de trépasser,
Un vieux prélat, comme eût fait un saint homme,
Honneurs, plaisirs s'en allait délaisser.
Les maux de Job et la terreur du gouffre
Vous l'assiégeaient secondés d'un docteur.
Vers l'homme noir il se tourne : ah ! je souffre
Comme un *damné*. — Quoi ! déjà, Monseigneur !

DAMNER, v. (*damnare*). « Je viens de me *damner*, » disait Gluck, après avoir composé son duo d'*Armide*.

DAMOISEAU, DAMOISEL, s. m. *Damoiseau*, comme *damoisel*, vient du lat. *dominicellus*, ou *domnicellus*, par abréviation, diminutifs de *dominus* (seigneur).

Damoiseau. Ce mot qui est aujourd'hui un terme de dénigrement pour désigner un petit-maître, un homme infatué de sa personne, était dans l'origine un titre d'honneur qui ne se donnait qu'aux fils de barons ou de gentilshommes qui n'étaient pas encore élus chevaliers; on le donnait même dans les 8e, 9e et 10e siècles aux enfans des rois et des princes souverains. « Quant aux princes séculiers et ecclésiastiques, dit le P. Garasse, on les appela *domnos*, et les reines *domnas*, les enfans *domnicellos*, les filles *domnulas* : car celui que nous appelons aujourd'hui en France le *dauphin*, en Angleterre le *prince de Wales*, en Espagne l'*infant*; celui-là, dis-je, par nos bons vieux Gaulois, s'appeloit *domnicellus* en latin, et en leur langue, *damoysel*. » *Recherches des Recherches* de Pasquier, section XXXIII.

DAMOISELER, *v*. fréquenter les demoiselles; vieux mot français. *Gloss. de la lang. romane.*

DAMOISELET, ETTE, *adj.* qui a rapport à un damoiseau, à une demoiselle, qui a les manières d'un damoiseau, d'une demoiselle. Ce mot se trouve dans Joachim du Bellay.

« *Jeux damoiselets.* » *Bigarr.* du Seigneur Des Accords. Joli mot à rajeunir.

DANAÏDES, *s. f. pl.* Bion se moquait du supplice de ces filles coupables, condamnées à verser incessamment de l'eau dans des tonneaux percés. « On les eût mieux punies, disait-il, en les condamnant à puiser de l'eau dans des vases non percés.

Des grandeurs et des biens ne soyons point avides:
Nous serions par le sort confondus et trahis.
Jamais l'ambition ne voit ses vœux remplis :
C'est le tonneau des *Danaïdes*.
LE BRUN.

DANCOURADES, *s. f. pl.* nom qu'on donnait aux petites comédies de Dancourt, fort gaies, mais ayant peu de fond.

DANDIN, *s. m.* DANDINER, *v.* Rabelais paraît s'être servi le premier du mot *dandin* : Perrin Dandin et Thénot Dandin sont les noms de deux personnages qu'il met en scène; depuis Molière nous a donné *George Dandin*. Ce surnom est devenu un nom commun pour désigner un niais, un homme décontenancé qui se *dandine* continuellement. Le Duchat dit que, sous le nom de *Dandin*, Rabelais désigne un homme qui donne à ses jambes un branle qui imite le mouvement des cloches lorsqu'elles font *din, dan, din.* Avant lui, Pasquier avait dérivé ce mot de *dindan* qui est un son de cloches agitées qui vont deçà et delà comme les *Dandins*.

De là le substantif *dandinement* et le verbe *dandiner* ou *se dandiner*, c'est-à-dire donner à son corps un mouvement semblable au son des cloches, lorsqu'elles font *din, dan.*

Je lui disais parfois : Monsieur Perrin *Dandin*,
Tout franc, vous vous levez tous les jours trop-
[matin.
RACINE, *les Plaideurs*, act. I, sc. I.

C'est pour parler tout à son aise,
Se *dandiner* sur une chaise,
Et se donner des rendez-vous.
Mme DESHOULIÈRES.

DANS, *prépos.* du latin *deintùs* qui se trouve dans la Bible et dans le titre 8 de la loi Salique; et *deintùs* est formé des deux mots *de* (de) et *intùs* (dans). *Intùs* nous a donné d'abord *ens* qui se trouve dans le *Roman de la Rose* :

Fist Néron un baing apprester,
Et fist *ens* le prud'homme mettre;

dans celui du *Renard*, dans *Lancelot du Lac*, etc.; *de intùs, dens* et *dedens* qu'on lit dans Villehardouin; *deans* qui se trouve souvent dans les lettres de Louis XII; et enfin notre mot *dans*.

DANSAILLERIE, *s. f.* « Jamais femme qui veut conserver son honneur, ne se trouveroit en ces belles *dansailleries*, à cause des bons et beaux tours qui s'y font. » BOUCHET, IVe *Sérée*.

DANSANT, TE. Mme de Sévigné a fait de ce participe un adjectif verbal. « Jamais je n'ai vu une petite fille si *dansante* naturellement. »

DANSE, *s. f.* de l'allemand *dantz*, qui signifie la même chose. « La mère qui sçait assez de la vieille *danse.* » *Les Quinze Joyes du Mariage*, XVe *Joye*.

ÉPIGRAMME.

Damon commande; il sait donc la tactique?
— Non, mais par cœur tout Grécourt et Rabé.
— Il connaît donc les mœurs, la politique?
—Non, mais son teint a la fraîcheur d'Hébé;
De nos Laïs il est le sigisbé;
Il joue encor le plus gros jeu de France.
Peut-être est-il poltron comme un abbé;
Mais il n'a pas son égal pour la *danse*.

MASSON DE MORVILLIERS.

« On connaît, dit M. Dulaure, plusieurs ouvrages qui portent le titre de *danse*. Outre la *danse macabre*, *danse des morts*, *danse des femmes*, que je viens de mentionner, il existe encore d'autres ouvrages qui portaient les titres de *danse des aveugles*, *danse aux aveugles*, etc. Ce mot *danse* était, au quinzième siècle, souvent employé dans le sens de correction, moralité, leçon, remontrances, reproches, etc. » Le vulgaire dit encore : *Je te donnerai ta danse*, pour dire je te châtierai. *Hist. de Paris*, t. III, pag. 444, 2ᵉ édit.

Ce spectacle appelé *danse* consistait en des scènes morales ou des leçons conformes aux titres. Il est incertain, dit M. Dulaure, si les personnages de ces tristes scènes étaient des êtres vivans ou des êtres en peinture. J'incline, ajoute-t-il, vers cette dernière opinion. Tous ces témoignages tendent à faire croire que les personnages de ce spectacle n'étaient qu'en peinture; et qu'un démonstrateur récitait au public les vers que la mort adressait aux divers individus, ainsi que les réponses qui lui étaient faites. *Loco citato*, pag. 443 et 444.

Scarron a dit : « Je vais *rentrer en danse* avec les neuf sœurs, » pour dire je vais recommencer à faire des vers.

Commencer la danse, expression figurée et familière qui signifie être le premier à entamer un procès, à entreprendre une affaire. Cette locution n'est pas nouvelle.

« Le plus grand argument de la vérité, c'est le général consentement du monde. Or le nombre des fols surpasse de beaucoup celui des sages; et puis comment est-on parvenu à ce consentement, que par contagion et applaudissement, donné sans jugement et cognoissance de cause, mais à la suite de quelques uns, qui ont commencé la *danse*? » CHARR. liv. 1, ch. 16.

DANSER, *v.* de l'allemand *dantzen* qui a la même signification. « Qu'ai-je affaire d'aller chez les Grecs, chez les Romains, pour en rapporter des exemples? nostre Estat a *dansé* à la mesme feste. » *Pamphlet de* 1604.

« Ma fille *danse* comme la pensée, » dit la bonne femme Rodriguès, dans le *Don Quichotte*. Nous le faisons quelquefois actif, nous disons *danser un branle*, *danser la gavotte*. Horace a dit de même *saltare cyclopa* (danser le cyclope).

L'auteur des *Propos Rustiques* (Noël du Faïl) le prend aussi activement, mais dans un autre sens : « N'y avoit garçon qui ne *dansât* (ne fit danser) toutes les filles.

DANSOTTER, *v.* Ce mot de Scarron n'imite pas mal le mouvement d'un vieillard qui ne danse plus que des genoux.

Priam même aussi *dansottoit*,
Quand en beau chemin il étoit.
Virg. trav.

DARDER, *v.* dérivé de *dard*. « Des traits échappés de science, mais rarement et comme *dardés* de plénitude involontaire; » dit Saint-Simon dans son style souvent bizarre, mais quelquefois énergique, en parlant du duc de Bourgogne.

DARIOLET, *s. m.* DARIOLETTE, *s. f.* confident; confidente.

Doncq' la même vertu le dressant au poulet,
De vertueux qu'il fut, le rend *dariolet*.
RÉGNIER, *Sat.* v, v. 200.

Dariolette, confidente d'Elisenne, dans l'*Amadis*, a fait nommer *dariolettes* toutes les confidentes et entremetteuses d'amour. Scarron, liv. IV de son *Virgile trav.* a dit de la sœur de Didon :

Qu'en un cas de nécessité,
Elle eût été *dariolette*.

DATE, *s. f.* du latin *data* (donnée) en sous-entendant un substantif féminin, comme *epistola* (lettre); désignation du temps où une action a été faite. Ce mot vient de ce qu'au bas d'une lettre ou d'un acte latin, on mettait *datum* ou *data tali die*, *tali loco*, donné en tel jour, en tel lieu, comme on le met encore dans les déclarations, les ordonnances, les édits. C'est de là que cette formule pour le lieu, et surtout pour le jour auquel un acte a été fait, s'est appelé *date*.

La séparation n'est pas de fraîche date,
Convenez-en : pendant l'intervalle écoulé
La Parque à la sourdine a diablement filé!
PIRON, *la Métromanie*, act. II, sc. I.

DAUBER, *v.* du grec δουπεῖν (faire du bruit) ou du teuton *dubba* (frapper); au figuré, railler, et surtout médire des absens.

Le loup en fait sa cour, daube au coucher du roi
Son camarade absent.
LA FONTAINE.

De *dauber*, dit M. Morin qui tire ce mot de τύπτω ou τυπέω (frapper, battre), nous avons appelé *daube* une viande cuite à petit feu dans une sauce de haut goût, parce qu'après avoir été battue, elle se macère dans la sauce où elle cuit et devient fort tendre.

DAUBEUR, *s. m.* médisant, railleur.

Messieurs les courtisans, cessez de vous détruire;
Faites, si vous pouvez, votre cour sans vous nuire.
Le mal se rend chez vous au quadruple du bien;
Les *daubeurs* ont leur tour d'une ou d'autre manière;
Vous êtes dans une carrière,
Où l'on ne se pardonne rien.
LA FONT. *Fable du Lion, du Loup et du Renard.*

DAUPHIN, *s. m.* du latin *delphinus* venu du grec δελφίν (*delphin*), nom donné à ce poisson de mer.

DAUPHIN, titre qu'on a donné, depuis le 12e siècle, aux princes qui possédaient le Viennois. Guigne IV est le premier prince de Viennois qui prit le titre de *dauphin*, que ses descendans ont continué de porter. La plupart de ceux qui ont cherché l'origine de ce titre ont donné trop d'essor à leur imagination; il est plus naturel de croire, d'après plusieurs historiens, que le nom de *dauphin*, que Guigne porta le premier, plut assez à ses successeurs, pour l'ajouter à leur nom, et pour s'en faire un titre qui s'est conservé ensuite parmi ses descendans. Rien n'était plus commun dans ces temps-là que de voir les noms propres devenir des noms de famille ou de dignité.

Les *dauphins* d'Auvergne n'ont eu ce nom qu'après les *dauphins* de Viennois, et l'ont même reçu d'eux.

Sous le règne de Philippe de Valois, Humbert, dernier *dauphin* de Viennois, ayant vu malheureusement périr son fils qu'il laissa tomber d'une fenêtre, donna la province du *Dauphiné* au roi de France, à la charge que les fils aînés de France porteraient leurs armes écartelées de France et de Dauphiné, et s'appelleraient *dauphins*. « L'an 1349, dit Gilles Corrozet (*Trésor des Histoires de Fr.* titre 29), le roy Philippe de Valois aquit de Imbert *dauphin* le païs de *Dauphiné*, moyennant la somme de quarante mille escus, pour une fois, et dix mille florins chacun an sa vie durant, souz telle condition que les rois de France ne le pourroient aliéner, et que l'aisné fils de France, si tost qu'il seroit né, en prendroit le nom et le titre. » Extrait du *Nouv. Dict. des Origines*, Paris, 1827.

DAUPHINERIE, *s. f.* mot forgé assez plaisamment par Scarron, *Virg. trav.* liv. V :

Ainsi que les dauphins agiles,
Dans la mer Libyque souvent
Alors qu'il ne fait point de vent,
Font entr'eux mille singeries,
Ou bien plutôt *dauphineries*.

DAVID. On dit le *Roi David* pour un jeu de cartes, parce que tous les jeux de cartes sont à l'enseigne du *Roi David*, ce qui a fait dire à Voltaire, dans une épître à Mad. Denis :

O *Roi David!* ô ressource assurée!
Viens ranimer la langueur désœuvrée.
Grand *roi David!* c'est toi dont les sixains
Fixent l'esprit et le goût des humains;
Dans un tapis, dès qu'on te voit paraître,
Noble, bourgeois, clerc, prélat, petit-maître,
Femme surtout, chacun met son espoir
Sur tes cartons peints de rouge et de noir :
Leur ame avide est du moins amusée
Par l'avarice en plaisir déguisée.

DE, *prép.* du latin *de*. Elle marque divers rapports comme la préposition latine. On dit le livre *de* Pierre, la mère *de* Paul; nos pères disaient, le livre *à* Pierre, la mère *à* Paul; il nous en reste encore ces locutions familières : la barque *à* Caron, la vache *à* Colas.

Non seulement nos ancêtres employaient *à* pour *de*, comme nous venons de le voir; mais, ainsi que nous l'apprend Ramus dans sa *Grammaire française*, ils sous-entendaient souvent la préposition *de* : ils disaient la mère Dieu, le fils Yvain, fils votre père, pour la mère *de* Dieu, le fils d'Yvain, fils *de* votre père ; la Bible Guyot pour la Bible *de* Guyot, etc.

Puisque la *Mère Dieu* le veut,
Ne le doi mie (je ne le dois pas) desvouloir.
Anc. Poët. fr. ms. de la Clayette, in-4°. fol. 798.

Onc enfant ne ressembla mieulx
A pere, quel menton fourché,
Vrayment c'estes vous tout poché (craché),
Et qui diroit a vostre mere
Que ne fussies *filz vostre pere*,
Il auroit grant fain de tancer.
La Farce de Pathelin, pag. 8, Lyon, 1538.

« Ce grand sainct Augustin tesmoigne avoir vu sur les *reliques sainct Gervais et Protaise*, à Milan, un enfant aveugle recouvrer la veue (vue). » MONT. *Essais*. « Une femme ayant touché la *châsse sainct Estienne*, etc. » *Ibid*. Pathelin dit de même, en supprimant *de*,

Je mourray de la *mort Roland*,

et l'auteur du *Roman de la Rose* :

La mort ne me graveroit mie,
Si je mourrois ès *bras m'amie*.

On trouve dans J. le Maire de Belges, écrivain du 16e siècle : *La veille Saint-Martin, l'incarnation Notre Seigneur*, pour *la veille de Saint-Martin, l'incarnation de Notre Seigneur*. « Pantagruel qui estoit logé à *l'hostel Sainct-Denis*. » RABELAIS, t. II, pag. 200, édit. de 1732.

C'est de ces façons de parler, où l'on supprimait le *de*, si fréquentes dans Rabelais et dans les anciens auteurs, que nous sont venues ces locutions familières : *l'hôtel-Dieu, le parvis Notre-Dame, la place Maubert, l'apport Paris, la porte Saint-Denis, la rue Saint-Martin*, etc. pour *l'hôtel de Dieu, le parvis de Notre-Dame, la place de Maubert, l'apport de Paris*, etc.

Comme nos anciens auteurs supprimaient la préposition *de* devant les noms, ils la sous-entendaient aussi devant les infinitifs, ou, pour mieux dire, nous avons interposé cette préposition devant un grand nombre d'infinitifs, quoique la plupart ne se présentassent que comme complémens directs des verbes précédens, et qu'ils semblaient, par conséquent, devoir rejeter toute préposition. C'est ainsi qu'on trouve dans Cl. Fauchet, auteur du 16e siècle : « Il commanda ouvrir sa chambre. Il défendit parler, etc. »

Si le roi par courroux,
Vous commandoit un jour vous *retirer* chez vous.
RONSARD, *Poëmes*, liv. II, p. 188, Paris, 1617.

« Il pria Jupiter lui *permettre départir* son immortalité avecque lui. » MURET, *Commentaires sur les Amours de Ronsard*. « Quelques hommes de sçavoir *s'efforcent les accorder*. » *Le même*.

Ces locutions *le mari des maris, l'homme des hommes, la perle des perles*, dont nous nous servons quelquefois dans le style familier, pour *le meilleur des maris, le meilleur des hommes, la plus précieuse, la plus belle perle des perles*, sont de véritables hébraïsmes. Elles marquent l'excellence du premier nom dans son genre, et équivalent à un superlatif. Les Hébreux ont dit : *le saint des saints*, pour *très-saint* ; *le cantique des cantiques*, pour *le cantique par excellence* ; *vanité des vanités*, pour *la plus grande des vanités*, etc.

A l'égard de ces façons de parler : un honnête homme *de* père, une bonne femme *de* mère, un chien *d'*ivrogne, etc., toutes du style familier, nous croyons, avec M. l'abbé d'Olivet, que ce sont des latinismes. Plaute a dit *scelus viri* (coquin d'homme), *monstrum mulieris* (monstre de femme).

. . . . *L'honnête homme de père !*
REGNARD, *le Joueur*, act. III, sc. 3.

« Elle vit sous la conduite *d'une bonne femme de mère* qui est presque toujours malade. » MOLIÈRE, *l'Avare*, acte I, sc. 2.

On disait autrefois *de moi* au lieu de *pour moi, quant à moi*. « *De moi*, je n'ai pas sceu (su) voir seulement sans desplaisir poursuivre et tuer une beste innocente. » MONT. *Essais*. « *De moi*, j'ai satisfait à tout ce qui estoit de mon devoir. » VAUGELAS. tr. de *Quinte-Curce*, p. 353, in-4°, Paris, 1653.

De moi, toutes les fois que j'arrête les yeux
A voir les ornemens dont tu pares les cieux.
MALHERBE, *Poésies*, l. I, paraphr. du *Psaume* VIII.

« Malherbe se sert souvent de cette

façon de parler (*de moi* au lieu de *pour moi*) et en prose et en vers.

» M. de Vaugelas estime que *de moi* est plus consacré à la poésie, et que *pour moi* est plus de prose. Je suis assez de son avis; et si j'ai dit, dans mon églogue intitulée *Christine* :
Pour moi, de qui le chant n'a rien de gracieux,

ç'a été pour éviter le mauvais son de ces deux *de*. Je n'entends pourtant pas blâmer les poètes qui disent *pour moi*; et ceux qui voudront parler de la sorte, pourront aussi autoriser leur façon de parler par l'exemple de Malherbe qui a dit :
Pour moi, dont la foiblesse à l'orage succombe. »

MÉNAGE, *Observations sur les Poésies de Malherbe.*

De, en composition, devient quelquefois négatif : *déparler*, ne plus parler, s'emploie toujours avec la négation : *c'est un homme qui ne déparle pas*, c'est-à-dire qui ne cesse jamais de parler, qui parle toujours. Molière a dit dans son *Amphitryon* :
La rigueur d'un pareil destin,
Monsieur, aujourd'hui nous talonne,
Et l'on me *dessosie* enfin,
Comme on vous *désamphitryonne.*

« La France ne fut tout-à-fait *désespagnolisée* qu'après la mort de tous ceux qui avoient eu part à la Ligue. » BAYLE. « Il nous est arrivé de Paris un prince de Nassau qui vous a *détartarisés.* » LE PRINCE DE LIGNE. C'est-à-dire qui vous a ôté la crainte de voir les Tartares vous attaquer.

DÉ, s. m. qu'on trouve écrit *dais* et *det* dans nos anciens auteurs, de l'italien *dadi*. *Eos qui aleas et dados tenent vel ludentibus accommodant, infames haberi*, disent les Constitutions siciliennes, liv. III, loi 57. L'auteur du *Roman de Gerard de Roussillon*, écrit en provençal, dit *joxs de dats* pour *jeu de dés*. « Que n'entreprendroit point l'homme, puisque la brefveté qui luy coupe le chemin, et luy rompt le *dé*, comme l'on dict... ne le peut arrester, vivant comme s'il avoit tousiours à vivre ? » CHARRON, liv. I, ch. 36.

« *Le dé en est jeté*, la résolution en est prise, il en faut tenter le hasard. Nous l'avons pris du latin *jacta est alea* : c'est ce que dit César étant prest de passer le Rubicon, et les Latins l'ont pris des Grecs : ἐῤῥίφθη ὁ κύβος. » DE BRIEUX, *Origines de diverses façons de parler triviales*, p. 138, Caen, 1672.

Je dis que l'on doit faire, ainsi qu'au jeu de dés,
Où, s'il ne vous vient pas ce que vous demandez,
Il faut jouer d'adresse, et d'une ame réduite
Corriger le hasard par la bonne conduite.
MOLIÈRE.

DÉAMBULATOIRE, adj. du lat. *deambulatorius* (changeant de place, susceptible de changer de place). « La preud'hommie (telle que la conçoivent les gens du monde) est en soy inégale, ondoyante et *déambulatoire*, selon les accès, recès et succès des affaires, des occasions, des personnes, comme le basteau poussé par le vent et les avirons, qui bransle et marche inégalement, par secousses, boutées et bouffées. » CHARRON, liv. II, c. 3.

DÉBAGOULER, v. vomir, rendre ce qu'on a sur le cœur; au figuré, c'est dire indistinctement toutes les injures qui viennent à la bouche, et ce qui se présente à l'imagination. ROQUEFORT, *Gloss. de la langue romane.* Le P. Labbe le fait venir de *goule.*

Ne pensas pas, lecteur, qu'un ignorant
Puisse soudain, en regardant ce livre,
Poétiser et devenir sçavant,
Pour quelque jour immortellement vivre.
Il pourra bien, comme une personne yvre,
Débagouler des vers sans jugement, etc.
ALEX. TABOUROT, *Sonnet au lecteur.*

Ce *Sonnet* se trouve dans la Collection des pièces de vers qui précèdent le *Dictionnaire des Rimes* de J. Lefevre, Paris, 1588.

« Je ne serai guères agréable à nos modernes qui, pour le moindre axiome qui se présente, *débagoulent* dix ou douze authoritez. » *Bigarrures* de Des Accords, préface, Paris, 1662. Il paraît que ce terme, fort ancien, n'était pas autrefois aussi bas qu'il l'est aujourd'hui.

PIERROT.

« Parbleu, Monsieur, quand vous devriez me tuer, il faut que je *débagoule* mon cœur. » *Théâtre italien* de Ghérardi, tom. I.

DÉBAPTISER, v. Il n'est d'usage

qu'en cette phrase du style familier, *il se ferait plutôt débaptiser, que de faire telle chose*, pour dire il renoncerait plutôt à son baptême.

Quelqu'un disait devant Mme Deshoulières qu'il s'appelait *Jean*. Cette dame lui adressa cet impromptu :

Il était sans doute en courroux
L'odieux parrain qui vous fit cette injure.
Fut-il jamais un nom de plus sinistre augure ?
Croyez-moi, *débaptisez-vous*.

Molière et Armand Charlemagne se sont servis de ce mot dans un autre sens pour signifier changer de nom. Le premier a dit :

Qui diable vous a fait aussi vous aviser
A quarante et deux ans de vous *débaptiser?*
École des Femmes.

Et le second :

Allons, bravo ! point de scrupule,
Débaptisons-nous, mes amis ;
S'appeler Jean, Pierre ou Denis,
Tenez, rien n'est plus ridicule. . . .

DÉBARBARISER, *v.* « Il daigne donc aussi protéger les comédiens et les curés que l'archevêque fait enfermer, parce qu'ils ont prié Dieu pour l'ame de Crébillon ? Eh bien ! Dieu le bénisse ! Il faut que nous lui ayons obligation d'être *débarbarisés*. » VOLTAIRE. « Nos Welches du parterre, qu'on a eu tant de peine à *débarbariser*, se doutent très-rarement si une pièce est bien écrite. » *Le même.*

DÉBARBIFIER, *v.* « On lit dans la Gazette d'Utrecht, du vendredi 26 juin 1761 : « Les RR. PP. capucins d'Ascoli (ville de la Marche d'Ancône) n'ont maintenant plus de barbe. Un de leurs frères convers, cuisinier du couvent, ayant mis dans leurs alimens une dose suffisante d'opium, les a tous *débarbifiés* dans leur profond sommeil, et a ensuite jeté le froc aux orties. Les capucins sont si honteux de cette comique aventure, qu'ils n'osent plus se montrer en public. »

DÉBARRASSER, *v.* (barre, barrer).

ÉPITAPHE.

Cy gît le seigneur de Posquière,
Qui, philosophe à sa manière,
Donnait à l'oubli le passé,
Le présent à l'indifférence,
Et, pour vivre *débarrassé*,
L'avenir à la Providence.

DÉBÂTIMENT, *s. m.* action de débâtir. « Le bastiment et le *desbastiment* des conditions de la divinité se forgent par l'homme selon la relation à soi. » MONTAIGNE, liv. II, ch. 14. Il veut dire les argumens en faveur du théisme et de l'athéisme.

DÉBATTABLE, *adj.* qui peut être débattu. « Pour combattre des erreurs contestées et *débattables*. » MONT. « Je ne me persuade pas aisément qu'Epicure, Platon, Pithagore nous aient donné pour argent comptant leurs atômes, leurs idées et leur nombre. Ils estoient trop sages pour establir leurs articles de foy de choses si incertaines et si *débattables*. » *Le même.*

DÉBAUCHE, *s. f.* au propre, excès dans le boire, dans le manger et dans les plaisirs. « Ces impressions superficielles nées de la *desbauche* d'un esprit desmanché. » MONT. liv. II, ch. 12. « Les *débauches* de lecture et d'esprit ne sont guères moins dangereuses que celles des sens. » SAINT-ÉVREMONT. « Vous soupez peut-être à l'heure qu'il est chez l'intendant. Vous n'y ferez pas, à mon avis, *débauche* de sincérité. » Mme DE SÉVIGNÉ.

DÉBAUCHÉ, *s. m.*

Sur un jeune débauché :

Cette tige sans fleur, caduque à son printems,
Expire de vieillesse à l'âge de vingt ans.

DÉBAUCHER, *v.* (bauche, enduit des murs ; c'est donc dépouiller quelqu'un des principes de sagesse et de vertu, dont on avait tâché de le revêtir. HUET.) « J'essaye à tenir mon ame et mes pensées en repos, et, si elles se *desbauchent* par fois à quelque impression rude et pénétrante, c'est à la vérité sans mon conseil. » MONT. liv. III ; ch. 10.

DÉBELLER, *v.* qui se trouve dans nos anciens auteurs, du latin *debellare*, mettre hors de combat.

Mettez sus dards, lances, picques, bourdons,
Artillerie, et tous autres bastons,
Pour *débeller* ces larrons inhumains.
J. MAROT.

DÉBELLATOIRE, *adj.* et DÉBELLEUR, *s.* se trouvent dans le même auteur.

« Tout le monde applaudit, et la maréchale encore *débellée* » (vaincue, battue). Mme DE SÉVIGNÉ, 520e *lettr.* 18 février 1689.

DÉBITER, *v.* « Les philosophes plus résolus ne sont que des charlatans, qui avalent le poison un peu de meilleure grâce que les autres, afin de mieux *débiter* leurs drogues. » SAINT-ÉVREMONT.

DÉBITEUR, *s. m.* qu'on a écrit *detteur* et *debteur*, du latin *debitor* (celui qui doit).

Dans Rabelais, Panurge fait l'éloge des *debteurs* et des emprunteurs.

Je connois maint *detteur*. . . . .
. . . . qui tous les jours se sauve
Par un escalier dérobé.
LA FONTAINE, liv. XII, *fable* 7.

Un bon sergent a l'ame indulgente ou cruelle,
Suivant que le *detteur* en use honnêtement.
Ésope, act. II, sc. 6.

Théâtre italien de Ghérardi, t. III.

DÉBOIRE, *s. m.* qui vient de *boire*, n'est jamais employé que comme un nom substantif, pour signifier, au propre, cette sensation désagréable qui reste au palais après avoir bu de mauvais vin ; et, au figuré certains dégousts, certaines mortifications qu'on a quelquefois à essuyer dans le commerce du monde. « Je me séparerois d'avec mon mari, s'il me laissoit avoir ce *déboire*-là. » *Les Bourgeoises de qualité*, par Dancourt, act. II, sc. 4.

CHARADE.

Celui qui trop se livre aux coups de mon premier,
Qui du matin au soir ne fait que mon dernier,
Finira, tôt ou tard, par trouver mon entier.

DÉBONNAIRE, *adj.* est un mot tiré de cet art (de la fauconnerie), et qui vient, selon Henri Estienne de *bonne* et d'*aire* qui signifie le nid de l'oiseau, comme qui diroit de bon lieu, de bonne naissance et de bon naturel. Ne viendrait-il pas plutôt du latin *bonus* (bon)?

Du temps de Montaigne, ce mot signifiait encore quelque chose de doux et d'humain. « Les historiens, dit Balzac, ont nommé le *débonnaire* celui qu'ils n'osaient nommer le sot. »

Je ne suis point battant de peur d'être battu,
Et l'humeur *débonnaire* est ma grande vertu.
MOLIÈRE.

Nous avons presque entièrement perdu le mot de *débonnaireté* aussi familier du temps de Montaigne que celui de bienfaisance l'est aujourd'hui. « Le titre de *débonnaire*, dit Roubaud, est certes un grand éloge ; mais comme la très-grande bonté, la très-grande facilité touche à l'excès, à la faiblesse, on poussa jusques-là son idée, et on en fit un défaut. Un auteur contemporain observe que, quand on appelle quelqu'un *débonnaire*, on ne sait si c'est pour le louer ou pour le blâmer. Que faire donc d'un mot équivoque en matière grave ? On évite de l'employer, il se perd. Quant à l'adverbe *débonnairement*, il vieillit.

DÉBORD, *s. m.* Ce mot, dont l'acception est très-restreinte aujourd'hui, se disait anciennement pour *débordement*.

Car eusses-tu porté l'abysme
Jusques où nous portons les yeux,
Et d'un *débord* prodigieux,
Trempé le ciel jusqu'à la cime.
THÉOPHILE, *Ode contre l'hiver*.

Le *débord* insolent de ses rapides eaux.
Le même.

DÉBORDÉE (à la). « Se laissant ainsi aller *à la débordée*, il sort aisément des gonds de soy-mesme. » NIC. PASQ. liv. VII, *lettr.* 10.

DÉBORDEMENT, *s. m.* proprement l'action par laquelle un fleuve, une rivière se débordent. Il s'emploie souvent au figuré. « L'Angleterre a tant changé qu'elle ne sait plus elle-même à quoi s'en tenir, et plus agitée en sa terre et dans ses ports même que l'Océan qui l'environne, elle se voit inondée par l'effroyable *débordement* de mille sectes bizarres. » BOSSUET.

DÉBORDÉMENT, *adv.* d'une manière débordée. « Si bien qu'on disoit qu'il lui avoit appris à jurer aussi *débordément* comme il faisoit. » BRANTÔME.

DÉBORDER, *v.* est dérivé de *bord* ; c'est proprement sortir de ses bords, s'élever au-dessus de ses bords, comme fait un fleuve, une rivière.

Au figuré, c'est franchir les limites que prescrivent la raison, les lois. « Leurs désirs, a dit J. J. Rousseau, ne *débordent* point la sphère des besoins physiques. » Il est neutre dans l'exemple suivant. « C'est de se taire plustost que de *desborder* en telles paroles. » ET. PASQUIER, *Pourparler du Prince*.

DÉBOUCLER, *v.* « Le peuple avoit espéré, sur votre parole, que vous *déboucleriez* la rivière. » *Sat. Ménippée*.

DÉBOURGEOISER, *v.* « Il est vrai que je n'ai pas mon pareil pour *débourgeoiser* un enfant de famille. » REGNARD, *le Retour imprévu*.

DÉBOURRER, *v.* Il signifie au propre, ôter la *bourre* : *débourrer un canon*, *un fusil*; au figuré, il signifie, faire perdre à quelqu'un le mauvais ton, les mauvaises manières ; le façonner. Cette métaphore est prise de la partie la plus grossière qui tombe des étoffes de laine lorsqu'on les tond « Il était grand, bien fait, d'une figure assez noble, mais très-gauche et ayant besoin d'être *débourré*, avant de paraître sur la scène. » MERCIER.

DEBOUT, expression adverbiale composée de la prépos. *de* et de *bout*, extrémité. On dit *être debout*, pour dire être sur ses pieds, comme les Poitevins et les Gascons disent *être de genou*, pour être à genou ; nos pères ont dit, en ce sens, *être sur bout*.

Maistres d'hostelz courent parmy la place
Paiges (pages) *sur bout*, il faut que tout desplace.
C. DUBOIS, *alias* dit CRÉTIN, feuillet 52 tourné, 1527.

J'en meurs *sur bout*, et n'eus onecques depuis
Aise de cœur, bon jour ne bonne nuiz (nuit).
ALAIN CHARTIER, pag. 568, in-4°, Paris, 1617.

Etre debout, mettre un morceau de bois *debout*, c'est appuyer un bout de ce morceau de bois à terre, tandis que le reste est en l'air. Un homme *debout* est un homme dont l'une des extrémités qui sont les pieds est à terre, tandis que le reste du corps est dressé, est droit. Huc de Tabarie a dit dans son *Ordene de chevalerie*, vers 340 :

Aprés chou s'est *levez en piez*.

(Après cela il s'est levé en pieds, sur ses pieds, il s'est mis debout.)

DÉBOUTER, *v.* est composé de la préposition *de* (dehors, hors) et *bouter*, vieux mot français qui signifie, *mettre* ; *débouter*, c'est donc *mettre dehors*.

. . . L'un de ces géans qui trop audacieux
Voulurent *débouter de leur siége les Dieux*.
RONSARD, 1er liv. des *Hymnes*, hymne 3.

Du temps que les jugemens se rendaient en latin, on disait en latin barbare, *debotare* pour *débouter*. Ce qui donna lieu à une plaisanterie d'un gentilhomme qui, étant interrogé par François 1er sur le succès d'un procès pour lequel il était venu en poste à Paris, répondit qu'aussitôt son arrivée la cour l'avait *débotté*, faisant allusion au dispositif de l'arrêt qui portait : *Dicta curia dictum actorem* debotavit *et* debotat. Le roi surpris d'un langage si bizarre, ordonna, peu de temps après, que les actes judiciaires seraient rédigés en français.

DÉBRIDER, *v.* ôter la bride ; au figuré dire de suite, énoncer brièvement.

Je m'en vais, palsangué, lui *débrider* ma chance.
REGNARD, *Dem. amour*. act. III, sc. 2.

En *débridant* matines à grand'erre.
LA FONTAINE, *ballade*.

DÉBRIDEUR, *s. m.* Rabelais appelle « frère Jean des Entomeurs un bon *débrideur* de matines. »

DÉBRIS, *s. m.* vient du mot *bris*; ce qui reste, les morceaux qui restent de ce qu'on a brisé. La Fontaine dit, en parlant du pot de terre :

Car il lui falloit si peu,
Si peu que la moindre chose
De *son débris* seroit cause.
Liv. v, *fable* 2.

« Ce furent des corsaires qui nous recueillirent ma mère et moi sur *un débris* de notre vaisseau. » MOLIÈRE, *l'Avare*, act. V. sc. 5. « L'empire romain qui s'était formé *du débris* de tant de monarchies. » MONTESQUIEU, *Lettres persanes*, lettr. 136. « Darius arriva sur le minuit en ce bourg-là, où la fortune avait jetté une grande partie de ses chefs et *du dé-*

bris de ses troupes. » VAUGELAS, trad.
de *Quinte-Curce.*

Il est presqu'abîmé (ruiné) j'en suis trop avertie,
Et j'ai *de ses débris* la meilleure partie.
DESTOUCHES, *le Dissipateur*, act. IV, sc. 1

« Louis offre au Dieu de ses ancêtres ce reste précieux de *sa maison royale ;* cet enfant sauvé *du débris* qui lui rappelle la perte encore récente de tant de princes. » MASSILL. *Oraison funèbre de Louis-le-Grand.*

Chargeant de mon *débris* les reliques plus chères,
Je méditais ma fuite aux terres étrangères.
RACINE, *Bajazet,* act. III, sc. 2.

« *Débris* se dit plus communément des choses ; les *débris* d'un mur, d'un édifice : appliqué aux personnes, il signifie *ruine ;* et cette hardiesse pourrait être permise. Cependant M. Delille ne paraît pas en avoir fait un usage très-heureux, lorsqu'il dit, en parlant de Marius assis sur les ruines de Carthage :

Et ces deux grands *débris* se consolaient entr'eux.
Les Jardins, chant IV.

Mais, dans le vers de Racine, *reliques* et *débris* signifient à peu près la même chose. Je crois qu'il eût mieux valu, au lieu du mot *débris,* en mettre un qui fût synonyme avec *fortune* : on peut dire *les reliques de ma fortune,* mais non *les reliques de mon débris ;* car c'est alors comme si l'on disait : *les débris de mon débris.* » GEOFFROY, *Œuvres de J. Racine,* au lieu cité. De là le verbe *débriser* dans le *Petit Testament de Villon :*

Me vint voulenté de briser
La très amoureuse prison
Qui faisoit mon cœur *desbriser.*

DÉBROUILLÉ, *s. m.* « Le *débrouillé* de Mad. de Sévigné, et ses commérages allaient bien à une femme. » LE PRINCE DE LIGNE.

DÉBROUILLEUR, *s. m.* Scarron appelle Calchas

Grand *débrouilleur* d'un cas obscur,
Et grand devineur du futur.

DÉBRUTALISER, *v.* Ce mot est de la création de la marquise de Rambouillet. Vaugelas le trouve heureusement inventé ; mais, malgré cette double autorité, l'usage ne l'a point confirmé.

DÉBRUTIR, *v.* dérivé de *brut,* signifie proprement dégrossir, commencer à polir une surface brute. Un auteur contemporain l'a heureusement employé au figuré : « Les peuples où la *société, à peine débrutie,* est encore dans sa première enfance. » DUBROCA, *l'Art de lire à haute voix.*

DÉBUCHER, *v.* C'est un terme de vénerie qui, comme *débusquer, embusquer, embûche, embuscade,* vient du latin *boscus* (bois, buisson). *Débucher* le cerf, c'est, dit Pomey, le faire sortir du buisson, de son fort. « Et jamais nous ne quittons la partie, que quand des gens d'épée nous *débusquent.* » *Théâtre italien.* « Dans cette carrière *glissante* (la cour), où tous les prétendans se pressent, se coudoyent, se *débusquent* sans scrupule et sans pitié... » LINGUET.

DÉBUISSONNÉ, ÉE, *adj.* « Vagabonds comme lièvres *débuissonnés.*» *Sat. Ménippée.*

DEÇA, du latin *de hâc* (de cette) sous-entendu *parte* (partie). On dit *deçà et delà,* tantôt d'un côté, tantôt de l'autre.

Il y a des gens qui sont toujours *en deçà* de la pensée et *au delà* de l'expression, ce qui fait un contraste tout-à-fait réjouissant. Les Normands restent toujours *en deçà* de la vérité, et les Gascons vont toujours *au delà.*

DÉCA, qui entre en composition dans les mots *décagramme, décalitre, décamètre,* vient du grec δέκα (*deca*), dix, et exprime une unité de mesure ou de poids, dix fois plus grande que l'unité génératrice ; ainsi *décagramme* signifie dix grammes ; *décalitre,* dix litres ; *décamètre,* dix mètres. Ce mot *déca,* établi depuis trente-cinq ans environ, c'est-à-dire depuis le nouveau système de nos poids et mesures, était déjà reçu dans *Décalogue,* livre qui renferme les dix commandemens de Dieu, *décagone,* figure géométrique qui a dix angles et dix côtés.

DÉCABOCHER, *v.* « Vous tireriez plutôt de l'huile d'un mur que de les *décabocher* de leurs préventions. » P. F. DE BRUSCAMBILLE. L'autorité n'est pas respectable, mais le mot est assez heureux.

DÉCACHETAGE, s. m. art de décacheter les lettres. Le mot n'est pas français, bien que la chose se soit pratiquée en France.

DÉCAGÉ, ÉE, adj. mis hors de cage ou de prison. « Me voilà donc décagé pour la troisième fois. » CYRANO DE BERGERAC.

DÉCALOGUE, s. m. Jacques Boileau, frère du satirique, n'aimait pas les jésuites; il les appelait des gens qui allongent le Symbole et qui raccourcissent le Décalogue.

DÉCAMPER. Voy. ESCAMPER.

DÉCANONISER, v. rayer du catalogue des saints, du latin barbare scanonizzare. « Le troisième exemple est des miracles d'un moine qui fut quasi aussitôt décanonizé que canonizé en la ville de Venise. » H. ESTIENNE, Apolog. d'Hérodote, tom. II, pag. 39.

DÉCAPITATION, s. f. action de décapiter, du latin barbare decapitatione, ablatif de decapitatio dans Muratori. Ce mot, qui est porté dans le Dict. de l'Acad., édit. de Smits, 1798, et qu'on ne trouve ni dans le Dict. de Philib. Monet, ni dans celui de Trévoux, n'est pas un néologisme, car on le rencontre dans Eust. Deschamps, Poésies mss. fol. 124, et dans Amyot. « Voilà, dit ce dernier, presque les principaux points de toute la fable, exceptez ceulx qui sont plus exécrables, comme le démembrement d'Orus et la décapitation d'Isis. » PLUT. Œuvres morales, tom. XVII, pag. 248.

DÉCASTER, v. Ce néologisme se trouve dans le n° d'avril (1829) de la Revue britann. Etat actuel et avenir de la Grande-Bretagne. « Les liens, y est-il dit, qui nous attachaient à nos parens, à nos amis, à nos voisins, ont perdu beaucoup de leur ancienne force. C'étaient autant de garanties que chaque individu donnait et recevait tour à tour de l'intégrité de sa conduite; on ne pouvait y renoncer sans être décasté, sans devenir

étranger au milieu de son propre pays. » Pag. 275.

DÉCATONISER, v. rendre capable de rire l'homme le plus grave. Ce mot de Scarron a paru heureux; et l'on n'a pas désapprouvé, dans Molière, l'endroit où Sosie dit à Amphitryon :

La rigueur d'un pareil destin,
Monsieur, aujourd'hui nous talonne,
Et l'on me dés-Sosie enfin,
Comme on vous dés-Amphitryonne.

DÉCÉDER, v. du latin decedere (sortir, se retirer.) sous-entendu vitâ (de la vie), passer de la vie à la mort. Quidam decedens tres reliquit filias (un homme en mourant laissa trois filles). PHÈDRE, liv. IV, fabl. 5.

DÉCEPTIF, IVE, adj. propre à décevoir. DÉCEPTEUR, s. m. trompeur. DÉCEVANCE, s. f. tromperie. Ce sont trois mots anciens que nous avons perdus, quoique nous ayons conservé déception, décevant, décevoir.

. . . . Ils sont menteurs,
Volages, inconstans, traistres et décepteurs.
RONSARD, 1er liv. des Hymnes, hymn. 7e.

Ce présent déceptif a lu toute leur force.
P. CORNEILLE, Médée, act. IV, sc. 2.

Si font bien diverses substances
Sans mirouers, grant décevances.
Roman de la Rose.

Partout il y a décevance.
CL. MAROT.

DÉCEVABLE, adj. dans le sens de trompeur et de facile à tromper, a été employé par nos anciens auteurs. On le trouve dans saint Bernard, Serm. franç. mss. fol. 144, dans le Roman de la Rose, etc. Ce mot est porté dans le Dict. de l'Acad. édit. de Smits, 1798.

DÉCEVANT, ANTE, adj. du latin decipiens (qui séduit, qui trompe).

. . . . . . J'ai peine à résister
Au charme décevant d'un si doux sacrifice.
DESTOUCHES, l'Ambitieux, act. III, sc. 12.

Quelles sauvages mœurs, quelle haine endurcie
Pourrait en vous voyant n'être point adoucie?
Ai-je pu résister au charme décevant. . . . .
RACINE, Phèdre, act. II, sc. 3.

Décevant, vieux mot qui signifie séduisant, et qui, dans sa vieillesse, a des grâces nouvelles. GEOFFROY, Œuvres de Racine, au lieu cité.

DÉCEVOIR, v. écrit décepvoir dans

nos anciens auteurs, du latin *decipere* (tromper), le *p* changé en *v*.

Par quelle trahison le cruel m'a *déçue* !
RACINE, *Iphigénie*, act. v, sc. 3.

L'appareil des grandeurs ne peut me *décevoir*.
FRÉDÉRIC-LE-GRAND, *Lettre à Voltaire*.

DÉCHANTER, *v*. changer d'avis, d'opinion ; ou rabattre de ses espérances.

Tu vois qu'à chaque instant il te fait *déchanter*.
MOLIÈRE, *l'Étourdi*, act. III, sc. I.

Chant de l'Amour, ta musique est brillante,
Rien de si beau que tes éclats ;
La tranquille Amitié chante d'un ton plus bas,
Mais jamais elle ne *déchante*.

DÉCHARGÉ, ÉE, *adj*. et *part*.
« Pourtant fut-ce l'opinion de César, que la moins préméditée mort estoit la plus heureuse et la plus *deschargée*. MONTAIGNE, liv. III, ch. 12.

DÉCHARMER, *v*. faire cesser le *charme*, désenchanter :

Et vieillesse qui tout *décharme*.
Roman de la Rose.

Qui nous dust *descharmer* de la feinte apparence
De ces ombres d'honneur qui vous vont décevant.
PHILIP. DESPORTES.

« Elle l'a tellement faé de ses enchantemens, que la bague de Roger ne serait pas suffisante pour le *décharmer*. » MURET, *Commentaires sur les Amours de Ronsard*.

DÉCHARNER, *v*. ôter la *chair* de dessus les os.

Ce vieillard n'a sauvé des ravages du temps
Qu'un peu d'os et de nerfs qu'ont *décharné* cent ans.
Corn. *Mus. Com.*

Style *décharné*, style sec et sans substance. « Mots vains et *décharnés*, où il n'y a pas de prise. » MONTAIGNE, liv. II, ch. 25.

DÉCHAUSSER, *v*. « Toutes vos Angéliques ne sont pas dignes de *déchausser* la sans-pareille Caroline. » SAINT-ÉVREMONT.

« Cela n'est pas digne de *déchausser* votre histoire amoureuse. » Mme DE SÉVIGNÉ.

DÉCHAUX, *adj. m*. du latin *discalceatus* (déchaussé). C'est un ancien mot qui se disait pour déchaussé, nupieds. « Elle trouva qu'il estoit encores en Cornouaille, tout forcené, nud et *deschault*. » *Lancelot du Lac*, édit. de 1520. Il ne se dit plus que de quelques ordres de religieux qui ne portent que des sandales sans bas : *Les carmes déchaux*.

DÉCHOIR, *v*. du latin *cadere* (tomber). « Chose légèrement venue légèrement *déchet*. » NIC. PASQUIER, liv. v, lett. 16. Le participe est *déchu*.

DÉCHET, *s. m*. « Il ne se peut nier qu'il ne se découvre évidemment en ces deux seigneurs ici un grand *déchet* de franchise, etc. » *Essais de Montaigne*.

Il laissa dans un grand *déchet*
Feu son compère le brochet.
VOITURE.

DÉCHEVELÉ, ÉE, *adj*. « Il n'y a p....n si *déchevelée* en particulier, qui ne soit bien aise en public de contrefaire la prude femme. » ET. PASQUIER, liv. IX, *lett*. 7.

Mainte veuve souvent fait la *déchevelée*,
Qui n'abandonne pas le soin du demeurant,
Et du bien qu'elle aura fait le compte en pleurant.
LA FONTAINE.

Dans le premier exemple il signifie dévergondée, et dans le second, désolée, transportée de douleur.

DÉCHEVELER, *v*.

Les Nymphes des lieux en hurlèrent,
Et leurs têtes *déchevelèrent*.
SCARRON.

DÉCHIFFRER, *v*. au propre, expliquer, venir à bout de lire ce qui est écrit en chiffre, en trouver l'alphabet ; par extension, lire une mauvaise écriture. Au figuré, démêler, faire connaître. « Ils sçavent leurs noms, ils *déchiffrent* leurs vices. EST. DE LA BÉOTIE, *de la Servitude volontaire*. « A mon arrivée, je me *déchiffray* fidèlement et conscientieusement, tel que je me sens estre. » MONT. liv. III, ch. 10.

DÉCHIQUETÉ, ÉE, *part*. du verbe *déchiqueter*, c'est-à-dire enlever *chiquet à chiquet*. Un critique du Père Garasse appelle son style « bastard, bizarre et *déchiqueté* partout de locutions et métaphores insolentes. » (1623.)

DÉCHIQUETEUR *du langage*, c'est le nom que Geoffroy Tory, auteur du 15e siècle, donne à ceux qui de son temps (sous le règne de François Ier) affectaient des tournures de phrases singulières.

DÉCHIRER, *v.* du latin *dilacerare* (mettre en pièces). En syncopant la syllabe *la*, on a *dicerare*, d'où *décirer* qui se trouve dans nos anciens auteurs, et, en suivant la prononciation picarde qui a prévalu, *déchirer*. Il faut découdre l'amitié et *déchirer* l'amour, disait le maréchal de Richelieu. « Vous me *déchirez* en me pleurant, » disait Fénélon à Bossuet. « On se sauve à *déchirer* le monde en général ; mais on se damne à *déchirer* les particuliers. » BUSSY-RABUTIN.

DÉCI, mot tiré du latin *decem* (dix) et qui entre dans la composition de plusieurs termes employés dans le nouveau système des poids et mesures ; il exprime la dixième partie d'une mesure ou d'un poids quelconque : ainsi un *décimètre* est le dixième d'un mètre, un *décilitre* est le dixième d'un litre, comme un *centimètre* est la centième partie d'un mètre, etc.

DÉCIDER, *v.* du latin *decidere*, dont la racine est *cædere* (couper). *Décider*, c'est couper, trancher la difficulté, la question. « Si les hommes ne se hâtaient point de *décider* après un examen superficiel, ils ne se tromperaient pas si souvent. » SAINT-ÉVREMONT.

Du Troyen ou de moi faites-le décider.
RACINE, *Andromaque,* act. II, sc. 2.

L'exactitude demande, *faites-le décider entre le Troyen et moi* ; mais la poésie autorise cette licence qui n'est point contraire à la clarté du sens, GEOFFROY, *Œuvres de Racine*, au lieu cité :

C'est un prêtre mal *décidé*,
Moitié robe, moitié soutane,
Savant jusqu'à l'a b c d.
J. B. ROUSSEAU, *Épigramme* XXX, liv. 3.

DÉCIDEUR, *s. m.* qui a un ton *décisif*. « *Décideur* impitoyable, pédagogue à phrases, raisonneur fourré, tu cherches les bornes de ton esprit, elles sont au bout de ton nez. » VOLTAIRE.

DÉCIMATION, *s. f.* « en latin *decimatio*, peine dont les Romains usoient en guerre envers les soldats qui avoient abandonné leur poste, ou excité quelque émeute dans le camp, ou qui s'étoient comportés lâchement dans le combat ; ce qu'ils pratiquoient ainsi : le général assembloit toutes les troupes ; alors le tribun lui amenoit les coupables : il les accusoit et leur reprochoit leur lâcheté et leur perfidie en présence de toute l'armée ; ensuite mettant leurs noms dans une urne ou dans un casque, il en tiroit cinq, dix ou vingt, suivant leur nombre, de sorte que le cinquième, le dixième ou le vingtième passoit par le fil de l'épée ; le reste étoit sauvé, et cela s'appeloit *décimer*. » *Dict. de Moreri*, au mot *Décimation*.

DÉCIME, DIXME et DIXIÈME, viennent du latin *decimus* ; mais ils ont une signification différente. La *décime*, ou plus communément les *décimes*, désigne ce que les ecclésiastiques donnaient au roi de leurs biens ecclésiastiques pour les besoins de l'Etat. La *dixme* signifie ce que les propriétaires donnaient aux ministres de l'Eglise, ou au seigneur. Le *dixième* signifie la dixième partie des revenus que le roi levoit sur le peuple. *Un dixième* est la dixième partie d'un tout.

Un décime désigne aujourd'hui le dixième, et *un centime*, le centième d'un franc.

DÉCIRCONCIRE, *v.* « Combien voit-on de monde, en la guerre des Turcs, accepter plustost la mort très-aspre, que de se *décirconcire* pour se baptiser. » MONTAIGNE, liv. 1, c. 40.

DÉCISIF, *adj.* L'intérêt est un casuiste fort *décisif*. » LE P. QUESNEL.

DÉCISIONNAIRE. L'auteur des *Lettres Persanes*, parlant d'un homme qui, en quatre minutes, venait de décider dix à douze questions, l'appelle le grand *décisionnaire*. Ce mot n'a pas fait fortune.

DÉCLAMATEUR, *s. m.* se prend toujours en mauvaise part et s'emploie pour exprimer un orateur emphatique, ampoulé.

Tous ces amas pompeux d'expressions frivoles,
Sont d'un *déclamateur* amoureux de paroles.
BOILEAU, *Art poét.* liv. III.

DÉCLAMATION, *s. f.* l'action de déclamer, parler à haute voix. Il se prend quelquefois en mauvaise part pour exprimer une fausse éloquence, une pompe et une affectation dans les termes que le sujet ne comporte pas. Il se prend aussi pour invectives. C'est dans ce sens que Boileau a dit :

Ah! finissez, ami, la *déclamation*.

DÉCLAMATOIRE, *s. m.* « Je ferai un feu de joie lorsque Diderot sera nommé à l'Académie, et je l'allumerai avec le réquisitoire de Joly de Fleury et le *déclamatoire* de Le Franc de Pompignan. » VOLTAIRE.

DÉCLAMER, *v.* est, comme *proclamer* et *réclamer*, un composé de l'ancien verbe *clamer* inusité.

« Quel supplice que celui d'entendre *déclamer* pompeusement un froid discours! » LA BRUYÈRE.

Les Latins ont dit de même *declamare*, composé de *clamare* (dire hautement). *Declamare* dans la première origine, dit M. Dacier dans sa remarque sur le 2º vers de la 11º épitre du 1ᵉʳ livre d'Horace, est un mot tiré de l'école des rhéteurs, et il signifie s'exercer à l'éloquence sur des sujets feints, pour paraître ensuite dans le barreau avec succès, en plaidant des causes véritables.

On dit au figuré *déclamer contre quelqu'un*, pour en dire du mal avec passion; c'est une locution empruntée à la langue latine : *contra me vehementissimè declamat* (il déclame contre moi avec la plus grande véhémense). CICERO, *in Verrem*, 6-149.

DÉCLARATEUR, *s. m.* du latin *declarator* (qui annonce, qui déclare). « Il est bien triste pour l'humanité, disait Voltaire en 1736, que ceux qui se disent les *déclarateurs* des commandemens célestes, les interprètes de la Divinité, en un mot, les théologiens, soient nos ennemis les plus dangereux. » L'autorité d'un tel écrivain devrait autoriser l'usage de ce mot, d'autant mieux que nous avons déjà *déclarer*, *déclaration*.

DÉCLIN, *s. m.* du grec κλίνειν (*klinein*) pencher, état d'une chose qui penche vers sa fin.

On dit le *déclin du jour*, *de la lune*, *de l'âge*; son pouvoir penche vers son *déclin*.

Cependant Claudius *penchait vers son déclin*.
RACINE, *Britannicus*, act. IV, sc. 2.

On s'en servait autrefois pour dire le penchant d'une montagne. Il est vieux en ce dernier sens.

DÉCLOITRER, *v.* tirer du cloître.

S'il est ainsi, *je me décloître*.....
VOLTAIRE, *le Pauvre Diable*, conte.

Décloîtrer n'est point admis par l'Académie; cependant ce mot, qu'il nous semble avoir entendu dire quelquefois, parait avoir toutes les qualités qui peuvent le faire admettre : analogie, douceur, expression propre, et nous avons le simple *cloîtrer*, enfermer dans un cloître.

DÉCLORE, *v.* ôter la clôture, composé de *clore*, du latin *claudere* (fermer). Il a été condamné à *déclore* son champ, son parc.

DÉCLOS, OSE, *part.* ce qui a cessé d'être clos. Il ne se dit que des lieux qui sont ordinairement clos. *Ce parc est déclos.* Telles sont les définitions et les exemples que présente l'Académie. Il parait que ce mot, du temps de Ronsard, et même avant, était d'un usage plus fréquent, et se prenait dans l'acception générale d'ouvrir, d'épanouir.

En la saison première, alors que toutes choses
Furent de leur chaos ordonnément *descloses*.
PHIL. DESPORTES, *Poésies*, pag. 346.

Et jà la belle Aurore, au visage de roses,
Les barrières du ciel partout *avoit décloses*.
RONSARD, 2ᵉ liv. des *Hymnes*, hymne V.

Mignonne, allons voir si la rose
Qui ce matin *avoit déclose*
Sa robe de pourpre au soleil,
A point perdu, cette vesprée (ce soir),
Les plis de sa robe pourprée,
Et son teint à vostre pareil.
Le même, *Ode à Cassandre*.

Nous avons le simple *clore* et son participe *clos*, *close*, *mi-close*, *demi-close*, etc., qui réclament en faveur de leurs composés *déclore* et *déclos*; ces mots doux et harmonieux semblent nés pour la poésie. On a même dit *déclôture* pour bris de clôture. « Qui oster ne se peuvent sans difformité ou vilaine rupture, fracture ou *desclosture.* » *Nouv. coustumes génér.* t. 11, pag. 989.

DÉCOCHER, *v.* faire partir la flèche de la *coche* ou rainure de l'arc. « Cet homme est civil à l'excès ; à chaque porte il *décoche* un compliment. » SAINT-ÉVREMONT.

DÉCOEUR, *s. m.* dégoût. Ce mot expressif est marqué d'un astérisque dans Oudin, *Dict. des trois langues* ; ce qui prouve qu'il n'était pas encore accrédité. Il paraît qu'il ne l'a jamais été.

DÉCONCERTEMENT, *s. m.* « Un morne silence, un *déconcertement* général régnaient dans l'armée. » ROLLIN. Pourquoi n'avoir pas admis ce mot nécessaire, d'après une autorité aussi respectable?

DÉCONFÈS, ESSE, *adj.* Ce mot, fréquemment employé par nos anciens auteurs, signifie dans l'origine qui n'a pas été confessé, et parfois il a voulu dire qui n'a point fait de testament, ce qu'on appelle aujourd'hui *intestat.* La raison pour laquelle on appelait *déconfès* celui qui n'avait point fait de testament, est qu'autrefois c'était la coutume que ceux qui étaient en danger de mort, fissent un don à l'église ; et, s'ils y manquaient, on leur refusait les sacremens et la sépulture en terre sainte, d'où l'on a appelé *déconfès,* c'est-à-dire *non-confessé,* celui qui n'avait point fait de don à l'église par testament. Ce mot est un composé de *confès* (confessé, qui s'est confessé) qu'on trouve dans le *Roman de la Rose,* dans celui du *Renard,* dans les *Sermons* de saint Bernard, etc.

DÉCONFIRE, *v.* dont le simple est *confire,* signifie défaire des troupes dans un combat ; et, dit Regnier Desmarais, comme ce sens parait très-éloigné de celui de *confire,* on a quelque peine à regarder l'autre comme dérivé de celui-ci. Cependant *confire* et *déconfire,* venant de *conficere* et de *deconficere,* de même que *dire* vient de *dicere,* on ne peut s'empêcher de regarder ici *confire* comme le simple et le primitif. Que si de plus on veut examiner un peu à fond le sens de ces deux verbes, on n'y trouvera pas peut-être tant d'éloignement qu'on y en avait trouvé d'abord. Car de même que *confire* se dit principalement de certaines choses dont avec le sucre on fait une espèce de composé, de tout ; de même *déconfire* ne se dit des troupes qu'on défait dans une bataille, que parce qu'elles formaient un corps, et un tout qui vient alors à être, pour ainsi dire, entièrement décomposé. Au reste *déconfire,* dans le sens qu'on vient de marquer, n'est plus guère maintenant en usage. On s'en sert quelquefois dans le discours familier ; et on dit qu'*on a déconfit son adversaire,* pour faire entendre qu'on l'a réduit à ne savoir plus que répondre ; d'ailleurs, le simple *conficere* a été pris aussi par les Latins pour tuer, exterminer ; c'est en ce dernier sens qu'on le trouve dans Cicéron. *Oraison pour Milon,* § 40.

DÉCONFITURE, *s. f.* ancien mot qui signifie déroute générale d'une armée. Il se dit encore dans le style familier.

Un chat nommé Rodilardus
Faisoit des rats telle *déconfiture,*
Que l'on n'en voyoit presque plus.
LA FONTAINE, liv. II, *fable* 2e.

Il se prend aussi pour la ruine d'un négociant. « Beaucoup de gens se ruinaient ; mais, dit Voltaire, cela ne s'appelait pas banqueroute : on disait *déconfiture ;* ce mot est plus doux à l'oreille. » *Dict. philosoph.* au mot *Banqueroute.*

DÉCONFORTÉ, ÉE, *adj.* et *part.* « J'ai vu Mad. de Saint-Géran, elle n'est nullement *déconfortée.* » SÉVIG.

DÉCONSEILLER, *s. m.* « Dans ce siècle où l'on donne tant et de si mauvais conseils, ne serait-il donc pas utile d'instituer des *déconseillers ?* »

DÉCONTENANCÉ, ÉE, *adj.* et *part.*

Le Roi Latin, pensif et morne,
Comme à qui survient une corne,
Demeura *décontenancé,*
Tête basse et sourcil froncé.
SCARRON.

DÉCONTENANCEMENT, *s. m.* Mad. de Sévigné a employé ce mot. « Son *dé-*

contenancement, dit-elle, me fait suer et lui aussi. »

DÉCORATEUR, *s. m.* DÉCORATRICE, *s. f.* « Cela n'a point empêché que la peinture ne soit devenue la *décoratrice* de la sculpture. » HUBERT, trad. de l'*Hist. de l'art de l'antiquité*, par Winckelmann, tom. 1, pag. 3. Paris, 1781. Ce féminin est une bonne acquisition à faire.

DÉCORATION, *s. f.* « La dévotion est une bienséance de la vieillesse ou de la mauvaise fortune; c'est un changement de *décoration* et de théâtre. » DE VILL.

DÉCORDER. *v.* détortiller une corde. Il est pris neutralement dans ce badinage :

Quand un cordier cordant veut accorder sa corde,
Pour sa corde accorder trois cordons il accorde :
Mais si l'un des cordons de la corde *décorde*,
Le cordon *décordant* fait *décorder* la corde.

DÉCORUM, *s. m.* terme emprunté du latin où il signifie *bienséance*, *convenance*.

. . . . Il faut sans cesse
Garder le *décorum* de la Divinité.
MOLIÈRE, *Prologue d'Amphitryon.*

J'ai sans m'intimider, en traitant cette affaire,
Gardé le *décorum*.
DUFRESNY, *le Mariage fait et rompu.*

DÉCOUCHER, *v.* composé de *coucher*, quand il est neutre, il ne signifie que coucher hors de chez soi, ou du lit où l'on couche ordinairement; il a encore été dit anciennement pour sortir de sa couche, de son lit, se lever. C'est en ce sens qu'il se trouve dans les *Cent nouv. Nouvelles.* « Le lendemain après que chascun fut *descouché* (sorti de son lit, levé), on disna. » J. LE MAIRE DE BELGES, *les Illustrations des Gaules.*

DÉCOUDRE, *v.* composé de *coudre*. Proprement défaire ce qui est cousu. Montaigne a dit au figuré : « L'unique et principale amitié *découst* toutes les autres obligations. »

En termes de chasse *découdre* se dit en parlant des plaies que font les sangliers avec leurs défenses.

Le sanglier, rappelant les restes de sa vie,
Vient à lui, le *découd*, meurt vengé sur son corps.
LA FONTAINE, liv. VIII, *fable* 27.

« *Découd*, terme technique des chasseurs, pour exprimer l'action du sanglier quand il déchire et blesse avec ses défenses. » On appelle *décousures*, les blessures que le sanglier a faites aux chiens avec ses défenses. » LANGLOIS, *Dict. des chasses*, pag. 66.

En découdre, combattre, en venir aux mains; il est familier. « Le Biscayen à l'exclamation et aux mouvemens menaçans de Don Quichotte s'apprêta de son côté à *en découdre* de toutes ses forces. » *Don Quichotte*, traduct. de Bouchon Dubournial.

« Ce pourrait bien être par rapport à ces doubles de toile (doubles toiles dont on formoit les jaques des soldats; c'étoient de longues chemisettes renflées de coton, à plusieurs doubles de toile, l'un sur l'autre, pour mieux résister aux coups d'épée et de lance) qu'il falloit en quelque façon désassembler pour pénétrer jusqu'à la chair, qu'*en découdre*, comme on parle, c'est se joindre de près, et combattre corps à corps. »

DÉCOUPER, *v.* formé de *dé* particule qui marque séparation, et de *couper.* « Vaudroit mieux certainement vivre sous la crainte et obéissance des anciennes loix, quoyqu'elles fussent peut-estre mauvaises, que d'en tailler et *découper* de jour à autre à son plaisir. » EST. PASQUIER, *Pourparler du Prince* « Lorsque les douanes, en embuscade sur les frontières de chacun des petits Etats qui *découpent* l'Italie et à l'entrée de toutes les villes de chaque Etat, obstruent la circulation des produits de l'industrie, cette industrie cesse d'être productive, et tout ce qui n'est pas prince devient mendiant. » L. SIMOND, *Voyages d'Italie et de Sicile*, t. 1, p. 139, 1828. « Deux cents paires de gladiateurs, qui se *découpoient* à grands coups d'épée. » BALZAC. « Comme les fantaisies humaines se *descoupent*! » MONT. liv. III, ch. 12.

DÉCOUPLER, *v.* détacher des chiens couplés : figurément *découpler* des gens après quelqu'un ; lâcher des gens après lui, pour lui faire de la peine. Le duc de Saint-Aignan, en offrant ses services à Bussy-Rabutin, lui écrit : « *Découplez*-moi, lorsque vous jugerez que je doive courir. Pardon de la comparaison ; mais, pour mes péchés, j'ai passé une partie de la journée avec le grand-veneur. » Or, on se rappelle que c'est un des *Fâcheux* de Molière.

DÉCOUPURE, *s. f.* Mézerai appelait les sections et les chapitres qui divisent un ouvrage historique, des *découpures*, qui gâtent l'étoffe. Tous ses ouvrages ne sont que des *découpures*, telles qu'il les fallait dans un siècle frivole.

DÉCOURONNÉ, ÉE, *adj.* Ce mot, peu usité, fait pourtant un bel effet dans cette phrase de Mercier. Il est question des rois en guerre avec Rome : « Il s'agissait d'être traînés, eux et leurs enfans, au char du vainqueur, et, la tête *découronnée*, de repaître les avides regards de la populace romaine. »

DÉCOUSU, *s. m.* défaut de liaison, de suite dans un ouvrage de littérature. « On passe le *décousu* à Montaigne, parce que tout lui va bien. » LE PRINCE DE LIGNE.

La Harpe a dit : « La multitude des traits détachés forme précisément le *décousu du style.*» *Cours de Littérature*, tom. III, 2ᵉ partie, pag. 293. « L'un et l'autre (Sénèque et Diderot) ont une exaltation froide, *un décousu* qui laisse douter s'ils savoient encore le lendemain ce qu'ils affirmoient la veille.» PETITOT, *Répertoire du Théâtre Français*, notice sur Diderot, t. VII, drames, pag. 18.

Ce substantif n'est encore porté dans aucun de nos dictionnaires, quoique d'un usage assez fréquent.

DÉCOUSURE, *s. f.* terme de vénerie. *Voyez* DÉCOUDRE.

DÉCOUVERTE, *s. f.* action de découvrir ou la chose découverte, parait être une abréviation de *découverture* qui s'est dit anciennement dans le même sens que *découverte*.

La feinte est un pays plein de terres désertes ;
Tous les jours nos auteurs y font des *découvertes*.
LA FONTAINE.

DÉCOUVREUR, *s. m.* celui qui découvre, qui a découvert. Ce mot dont s'était servi Voltaire : « Quel fut le prix des services inouïs de Cortez ? celui qu'eut Colomb ; il fut persécuté, et le même évêque de Fonseca, qui avait contribué à faire renvoyer le *découvreur* de l'Amérique chargé de fers, voulut faire traiter de même, celui qui en était le vainqueur, » *Essai sur les Mœurs et l'Esprit des Nations*, chap. 147, année 1521, et qui se trouve dans le *Dict. de l'Académie*, édit. de Smits, 1798, n'est pas un néologisme, c'est un mot rajeuni, qui évite une circonlocution, et qui anciennement avait été employé par plusieurs auteurs. On le lit dans Oudin, *Diction. des trois langues.* Voyez l'*Archéologie française*, par Ch. Pougens, tome I, page 148. M. Ch. Nodier emploie ce mot en le soulignant. Il nous semble qu'on pourrait s'en servir dans le style ironique ou satirique, comme l'a fait l'auteur des *Mélanges tirés d'une petite bibliothèque*, ouvrage extrêmement piquant, comme tout ce qui est sorti de sa plume. *Voy.* pag. 409.

DÉCRASSER, *v.* C'est au propre ôter la crasse. Il se prend fréquemment au figuré. « Il faut prendre garde d'effacer les caractères, quand on ne veut que les *décrasser.* » MONT. *Essais*, liv. III, ch. 9. « Ny une estuve, ny une leçon n'est d'aucun fruict, si elle ne nettoye et ne *décrasse.* » *Ibid.*

Décrasser quelqu'un au figuré, signifie encore lui ôter ce qu'il a de rude, de grossier ; lui donner les manières du monde poli. « Monsieur le marquis, voilà un homme que je vous donne à *décrasser.* » BOISSY, *le Français à Londres*, sc. IX. « J'avais cru qu'en épousant une fille de condition, cela *le décrasserait.*» D'ALLAINVAL, *l'École des Bourgeois*, act. I, sc. 2.

Se décrasser signifiait aussi, avant la révolution, passer de l'état de roturier dans lequel on était né, dans la classe des nobles ; et, pour jouir de cet avantage, si précieux aux yeux de quelques marguilliers de paroisse et de quelques sots marchands, il suffisait d'avoir assez de fortune pour acheter une de ces charges qui anoblissaient, et qu'on appelait ironiquement des *savonnettes à vilains*, c'est-à-dire, *à roturiers*. C'est en ce sens que Voltaire, dans *le Droit du seigneur*, fait dire à Mathurin :

> Car je suis riche... Or, beau-père, écoutez,
> Pour honorer en moi mon mariage,
> *Je me décrasse*, et j'achète ou bailliage
> L'emploi brillant de receveur royal
> Dans le grenier à sel. . . . . . .

DÉCRÉDITEMENT, *s. m.* se définit par action de décréditer, et peut fort bien se dire des personnes, tant au propre qu'au figuré. La mauvaise foi de ce marchand l'a fait tomber dans le *décréditement*. La Bruyère a dit dans son chapitre *Des jugemens* : « La manière dont on se récrie sur quelques uns qui se distinguent par la bonne foi, le désintéressement et la probité, n'est pas tant leur éloge, que le *décréditement* du genre humain. »

DÉCRÉDITER, *v.* « L'esprit de parti, dit Beauzée, décrie les personnes, pour venir plus aisément à bout de *décréditer* leurs opinions. » Le bon homme avait le don de prophétie.

DÉCRÉPITUDE, *s. f.* Ce mot était nouveau ou renouvelé du temps de Balzac, qui s'en moquait ; il a cependant prévalu. On le trouve dans Montaigne, liv. III, c. 9 : « La *décrépitude* est qualité solitaire. » « *Décrépitude* de mœurs qui annonce une révolution et qui souvent en a besoin. » MOREAU.

DÉCRIÉ, ÉE, *adj.* et *part*. On a dit d'un nom *décrié*, qu'il noircirait l'ivoire, et déshonorerait le marbre.

DÉCROIRE, *v.* ne pas croire ou cesser de croire. C'est un composé de *croire*. Il est peu usité. « C'est une plaisante chose que cette foi qui est plantée en nous ; elle ne croit ce qu'elle croit que pour n'avoir le courage de le *descroire*. » MONTAIGNE. « Il ne faut ni croire témérairement, ni *descroire* facilement. » *Le même*, liv. I, c. 25.

DÉCROÎTRE, *v.* composé de *croître*. Malherbe, dans une ode au roi, lui dit par un jeu de mots assez déplacé en pareil sujet :

> Je sais bien que les oracles
> Prédisent tous qu'à ton fils
> Sont réservés les miracles
> De la prise de Memphis,
> Et que c'est lui dont l'épée
> Au sang barbare trempée,
> Quelque jour apparoissant
> A la Grèce qui soupire,
> Fera *décroître* l'empire
> De l'infidèle *croissant*.

DÉCROTTER, *v.* « Le marbre eslevera vos titres tant qu'il vous plaira, pour avoir fait rapetasser un pan de mur, ou *descroter* un ruisseau public, mais non pas les hommes qui ont du sens. » MONTAIGNE, l. III, ch. 10.

Décrotter se dit figurément et familièrement, de la viande qu'on a mangée jusqu'aux os : *comme ils ont décrotté ce jambon, ce pâté!*

DÉCRUCHER, *v.* On l'a dit anciennement dans le sens de *supplanter*.

> Entre plusieurs règne l'envie,
> Chacun aguette en jalousie
> L'un l'autre pour se *décrucher*.

DÉDAIGNABLE, *adj.* « La moins *dédaignable* condition de gens me semble estre celle qui par simplesse tient le dernier rang. » MONTAIGNE, liv. II, c. 17.

DÉDALE, *s. m.* est le nom du fameux architecte qui bâtit le labyrinthe de Crète : par allusion à ce travail, on prend souvent son nom pour signifier au figuré ce que nous appelons labyrinthe : *Le cœur de l'homme est un* dédale *dont on ne connaîtra jamais tous les détours*.

> Dans les *dédales* verts que formoient les halliers.
> LA FONTAINE, *Captiv. de Saint-Malc.*

> On y voit tous les jours l'innocence aux abois
> Errer dans les détours d'un *dédale* de lois.
> BOILEAU.

> La règle austère et sûre est le fil de Thésée
> Qui dirige l'esprit au *dédale des arts*.
> VOLTAIRE.

Sur l'art d'aimer d'Ovide.

> Cette lecture est sans égale,
> Ce livre est un petit *dédale*,
> Où l'esprit prend plaisir d'errer.
> Philis, suivez les pas d'Ovide ;
> C'est le plus agréable guide
> Qu'on peut choisir pour s'égarer.

DÉDAMNER, *v.* Racine le fils, dans une satire peu connue contre les Jésuites, intitulée : *Apologie de*

DÉD 315 **DÉF**

l'Equivoque, a hasardé ce mot. Il dit en parlant des apôtres :

Ils ignoraient hélas! ces hommes trop sincères,
L'art facile et récent de *dédamner* nos pères.

DÉDICACE, *s. f.* du lat. *dedicatio* (consécration) : aussi nos pères ont-ils dit *dédication*, qui se trouve dans le *Roman des Neuf Preux*. La *dédicace* est l'acte, la cérémonie par laquelle on dédie un temple, un autel à quelque divinité, à quelque saint. On a dit ensuite par extension *la dédicace d'un livre, d'un ouvrage*, pour désigner l'épitre que l'on adresse à celui à qui on dédie ce livre, cet ouvrage. Furetière a dit : « L'inventeur des *dédicaces* n'a pu être qu'un mendiant. » Et Scarron appelle cela : faire le gueux en vers ou en prose.

Qu'un auteur importun que la faim embarrasse,
S'épuise en traits flatteurs dans une *dédicace*,
Ses éloges forcés ne sont pas mieux reçus
Que les sermons qu'il fait de ne composer plus.
DU RESNEL.

Car il a toutes les vertus
Qui dès long-temps n'existent plus
Que dans un coin de *dédicace*
Faite pour un ministre en place.
L'Elève de Minerve, chant XXIII.

DÉDORER (se) *v.* D'Assouci dit plaisamment dans son *Ovide travesti*, en parlant de l'âge d'or :

Cette heureuse saison dorée,
Par ce changement altérée,
Finalement se *dédora*,
Puis en argent dégénéra.

DÉDORÉ, ÉE, *adj.* « Le feu roi Frédéric-Guillaume, qui avait autrefois fait vendre tous les meubles magnifiques de son père, n'avait pu se défaire d'un énorme carrosse *dédoré*. »
VOLTAIRE.

DÉDOUBLER, *v.* Mme de Sévigné disait de Pélisson aussi laid qu'honnête homme : « Il est laid, mais qu'on le *dédouble*, on lui verra une belle ame. »

DÉDUIRE (se), *v.* composé de l'ancien verbe *duire*, du latin *ducere* (mener, conduire), est traduit, dans le *Gloss. du Roman du Renard*, par s'amuser, jouer, se divertir. On le trouve aussi dans plusieurs autres ouvrages anciens.

Et sage hom se *déduira*,
Qui des bons dis se set *déduire*.
Rom. de Charité.

DÉDUIT, *s. m.* qu'on a d'abord écrit *déduict*, du latin *deductus* (conduite) ; « *à deductu*, dit Charles Bouilles, *quia ad solatia deducimur*. » (Il vient de *deductu* (conduite) parce que par lui nous sommes *conduits* (*deducimur*) à l'allégement de nos maux). Il signifie plaisirs, divertissement, ébats, récréation, et nos anciens auteurs en font un fréquent usage ; ils ont dit, *le déduit des armes, de la chasse, de la pêche*, etc.

Si grans *déduis* ne si souveraine joie
N'est en cest mons con (comme) d'aimer loiaument.
Anc. Poët. franç. ms. du Vatican.

Car un regard d'elle vault mieux
Que d'autres les *déduys* entiers.
Roman de la Rose.

« Clotaire, 11e du nom, fut grand guerrier et preux aux armes, aymant le *déduit* des bois et de la chasse. »
Le Trésor des histoires de France.

Il a signifié quelquefois particulièrement les plaisirs de l'amour, l'œuvre de la chair.

Las ! il n'était pas tel quand pour sa chère épouse,
Il me prit chez mon père ; il n'avait autre chouse
[(chose)
Que l'amoureux *déduit*, duquel les mariés
Se trouvent bras à bras à leurs femmes liés.
RONSARD, 2e liv. des *Hymnes*, hymne IV.

Déduit, peut encore être employé avec avantage dans le style badin ou marotique.

Il avait dans la terre une somme enfouie,
Son cœur avec, n'ayant autre *déduit*
Que d'y ruminer jour et nuit,
Et rendre sa *chevance* à lui-même sacrée.
LA FONTAINE, liv IV, *fable* 20.

J. B. Rousseau a dit dans une épître marotique :

. . . . Menant joyeux *déduit*.

DÉFAILLANCE, *s. f.* dont le simple est *faillance* qui se trouve déjà dans le *Roman du Renard* (13e siècle) où il signifie faute, manque, comme le verbe *faillir* signifiait alors manquer, faire faute, d'où il nous reste encore cette locution proverbiale, *au bout de l'aune faut le drap*.

D'ui en deux ans sans *faillanche*
Arez rendu vo raencbon
U vous revenrez em prison.
L'Ordène de chevalerie, par Hue de Tabarie.

C'est-à-dire, d'aujourd'hui en deux ans, sans *faute*, aurez payé votre rançon, ou vous reviendrez en prison.

« Je suis dans une *défaillance* générale de toutes choses. » *Imitation de J. C.* liv. III, c. 40. « Ce n'est pas bien parler, pour dire toutes choses me manquent : *défaillance* ne signifie pas *manquement* et défaut en ce sens-là. On dit *défaillance de cœur*, *défaillance d'esprit*, *défaillance des astres* ; mais on ne dit pas *défaillance d'argent*, *défaillance d'habits*, *défaillance de choses nécessaires à la vie*. » BOUHOURS, *les Entretiens d'Ariste et d'Eugène*. Il eût été plus exact de dire que *défaillance* ne signifiait plus manque et défaut, car il est certain qu'il a eu d'abord cette valeur. A l'autorité de Montaigne, nous nous contenterons de joindre les deux exemples suivans : « Ils en furent finablement déjectez tant par *défaillance de vivres*, que par surprinse de Camille. » ET. PASQUIER, *Recherches sur la France*. « Crois que ceste *défaillance* d'œuvres grans et héroïques, etc. » SEBILET, *Art poétique*, pag. 140, Lyon, 1576.

DÉFAILLIR, *v.* Ce composé de *faillir* est peu usité aujourd'hui dans le sens de manquer, faire faute. « Pour pain trouver et guarder rien ne lui *défauldroit*. » RABELAIS. « A quoi défaillant, *défaudront* aussi telles utilités raisonnablement espérées. » OLIVIER DE SERRES, *Théâtre d'Agriculture*.

La passion *défaut*, lorsque l'objet n'est plus.
QUINAULT, *le Fantôme amoureux*, act. III, sc. 1.

DÉFAIRE, *v.* composé de *faire*.
Un prêtre audacieux fait et *défait* les rois.
CHÉNIER, *Charles IX*.

« A chaque opposition on ne regarde pas si elle est juste ; mais à tort, ou à droict, comment on s'en *défera*. » MONTAIGNE.

M'amuser, n'importe comment,
Fait toute ma philosophie ;
Je crois ne perdre aucun moment,
Hors le moment où je m'ennuie ;
Et je tiens ma tâche finie,
Pourvu qu'ainsi tout doucement
Je me *défasse* de la vie.

« *Défaisons*-nous de croire que nous ne puissions penser rien de juste sur l'avenir. » Mme DE SÉVIGNÉ.

DÉFAROUCHER, *v.* vieux mot, apprivoiser, rendre poli ou familier. *Glossaire de la langue romane*.

DÉFAUT, *s. m.* « Nous n'avouons nos petits *défauts* que pour faire comprendre que nous n'en avons pas de plus grands. » LA ROCHEFOUCAULD.

DÉFAVEUR, *s. f.* Richelet, édit. de 1728, prétend que ce mot est vieux et inusité ; mais il a appelé de cet arrêt, et est aujourd'hui du bel usage. « Pendant la faveur de fortune, il se faut préparer à sa *défaveur*. » MONTAIGNE.

DÉFAVORISER, *v.* composé de *favoriser*. Nous avons *défaveur*, et même *défavorable*, et nous avons perdu son verbe *défavoriser* (faire perdre la faveur), qui se trouve dans Amyot, dans Pasquier et autres anciens auteurs.

DÉFAVORISÉ, ÉE, *adj.* « Soudain qu'il les vit *défavorisez*, jamais homme ne leur fit de meilleurs offices que luy. » ET. PASQ. liv. VII, lett. 10.

DÉFECTUOSITÉ, *s. f.* Scarron a dit fort sensément :

Mais les princes, comme les autres,
Ont, grâce à l'humanité,
Quelque *défectuosité*,
Et sont hommes pour tout potage,
Nonobstant leur haut parentage.

DÉFENDABLE, DÉFENSABLE, DÉFENSIBLE, *adj.* qu'on peut défendre. Le premier, porté dans le *Dict. de l'Acad.* édit. de Smits, n'est pas un néologisme. On lit dans Joinville : « Touz ceulz qu'ils trouvèrent en armes *deffendables* occirent touz. » Le second se trouve dans le *Roman du Renard* (13e siècle). « Quand les murailles, dit Le Laboureur, ont à la cime un corridor qui déborde dedans et dehors, pour les rendre plus *deffensables*.

Indéfensable, se lit dans la *Critique de l'École des Femmes*, de Molière. Cl. Marot et Brantôme ont dit *deffensible*, et *indéfensible* se trouve dans Montaigne. *Défendable*, est celui qui se trouve le plus en analogie avec *défendre*, et doit être conservé, parce qu'il épargne une circonlocution.

DÉFENDU, UE, *adj* et *part.* « Il y a toujours dans l'ame des plus grands hommes, quelque endroit mal *défendu*. » VOLTAIRE.

DÉFERMER, *v.* cesser de fermer, ouvrir ce qui était fermé. Pourquoi n'avoir pas conservé ce mot, qui ne présente pas tout-à-fait la même idée qu'ouvrir, et qui est dans le *Roman du Renard*, dans celui de *la Rose*, dans Cl. Marot, etc. ?

DÉFEUILLÉ, ÉE, *adj.* L'auteur d'*Emile* a employé ce mot heureusement : « La campagne encore verte et riante, mais *défeuillée* en partie, offrait partout l'image de la solitude et des approches de l'hiver. »

DÉFIANCE, *s. f.* C'est un composé de *fiance*, du lat. *fidentia* (confiance). « La *fiance* de la bonté d'autrui est un non léger tesmoignage de la bonté propre. » MONTAIGNE, *Essais*. « On est souvent plus dupe par la *défiance*, que par la confiance. » Le cardinal DE RETZ.

DÉFIER, *v.* « Voyez à présent, comme elle est pâle et triste, elle, dont le teint pouvait *défier* toutes les fleurs du printemps. » MARMONTEL.

DÉFIGURÉ, ÉE, *adj.* et *part.* Un prédicateur crut faire merveille en divisant son sermon en ces trois points : « Jésus *figuré* dans le sein de sa mère, *transfiguré* sur le Thabor, *défiguré* sur le Calvaire. »

DÉFIGUREMENT, *s. m.* « Je voudrais bien, dit Mme de Sévigné, en parlant de la vieillesse, ne point avancer dans ce chemin des infirmités, des douleurs, des pertes de mémoire, des *défiguremens* qui sont près de m'outrager. »

DÉFINISSABLE, *adj.* Nous avons *indéfinissable*, qu'on ne peut définir ; et *définissable* nous manque.

DÉFINISSEUR, *s. m.* Le mot favori de Locke, était : *définissez* les termes ; aussi Voltaire lui avait donné l'épithète de *définisseur*.

DÉFINITION, *s. f.* « Les noms sont dans la bouche du peuple, des *définitions* abrégées, comme les *définitions* sont dans les écrits savans, des noms expliqués. » PÉLISSON. » « Il n'y a point de *définition* qui ne soit très-difficile à faire, les mots les plus communs sont presqu'impossibles à bien expli-

quer, et ce n'est pas trop des plus habiles écrivains, et des plus sçavans hommes, tels qu'il y en a dans l'Académie, pour y réussir. » M. l'abbé TALLEMANT, *Avertissement* en tête de son *Recueil des décisions de l'Académie française*.

DÉFLAGRATION, *s. f.* du latin *deflagratio* (embrasement), opération par laquelle un corps est brûlé. C'est un terme de chimie dont Mirabeau a su faire un heureux emploi : « Il n'y avait, dit-il, de régulier et de stable pour nous que la *déflagration* de tous les vices. »

« La *déflagration* est une opération de chimie par laquelle un corps est brûlé. Ce mot, dont l'Académie n'indique aucun emploi, au figuré, peint énergiquement le ravage que fait le vice, feu moral qui brûle et détruit la vertu. » DOMERGUE, *Solutions grammaticales*, pag. 326.

DÉFLÉCHIR, *v.* composé de *fléchir*, du latin *deflectere* (courber, plier). « Tous les premiers mouvemens de la nature sont bons et droits ; mais bientôt manquant de force pour suivre, à travers tant de résistance, leur première direction, ils se laissent *défléchir* par mille obstacles qui les détournent de leur vrai but. » J. J. ROUSSEAU.

DÉFLORAISON, DÉFLORATION, le premier ne se dit plus, du latin *defloratio* (l'action de cueillir des fleurs). *Défloration* ne s'emploie qu'au figuré, et signifie l'action par laquelle on ôte à une fille sa virginité.

Après parlon
Comment Amon
Thamar força,
Moult l'offensa,
Quand la chassa,
Lamentant sa *défloraison*.
Blason des fausses Amours.

DÉFLORATEUR, *s. m.* celui qui déflore, qui ôte à une fille sa virginité. « Les *déflorateurs* violentement des vierges. » *Anc. cout. de Normandie*, chap. 10.

Un grand *déflorateur* de filles,
Un grand ruineur de familles.
SCARRON.

DÉFORMATEUR, *s. m.* Nous

avons *déformer*, *déformation*, pourquoi ne pas adopter *déformateur*, celui qui déforme? Domergue a dit, *Manuel des étrangers*, pag. 414 : « Cette étymologie pédantesque, *déformatrice* des esprits. »

DÉFORTIFIER, *v.* « Un temps paisible requerra qu'on *défortifie* les chasteaux. » MONTAIGNE, liv. II, c. 15.

DÉFRAUDER, *v.* Ce mot disait plus que *priver*, puisqu'il emportait une idée de fraude et de tort. Nous avons laissé perdre ce terme créé peut-être par Montaigne : « Nous nous *défraudons* de nos propres utilitez, pour former les apparences à l'opinion commune. » L. III, c. 9.

On trouve dans Oudin, *Dictionn. des trois langues*, *défraudateur* et *défraudement*, qui ont eu le sort du verbe.

DÉFRAI, *s. m.* paiement de la dépense d'une maison, remboursement des frais. On a dit d'abord *defroy*, qui se trouve dans J. le Maire de Belges, et dans Est. Pasquier. « Ils furent contraints d'implorer la paix, moyennant certaine somme de deniers qu'ils fournirent pour le *defroy* de la guerre. » *Rech. sur la France*.

On a dit aussi *défrayement* : « Deux cent mille escus qu'ils payèrent pour le *défrayement* dudit siége. » MONSTRELET.

DÉFRAYER, *v.* C'est un composé de *frayer*, faire les frais, qui se trouve, en ce sens, dans le *Dict. des rimes*, de De la Noue, imprimé en 1596.

. . . . . . Pour vous l'ha ordonné
Et pour *frayer* à tout, prou or donné (il a donné
[beaucoup d'or).
RABELAIS, liv. I, ch. LIV.

L'un alléguoit que l'héritage
Etoit *frayant* et rude. . . . .
LA FONTAINE, liv. VI, *fable* 4.

« Héritage *frayant*, qu'on ne peut mettre en valeur sans faire de grosses dépenses. Les fermiers et les paysans de Champagne, et des environs de Château-Thierry, où est né La Fontaine, se servent fort communément des mots *frayant* et *frayer*. La vigne, disent-ils, et certaines terres labourables *frayent beaucoup*, c'est-à-dire, que la culture de la vigne et de certains champs exige des frais et des soins considérables....... Le mot de *frayer* est présentement inconnu à la langue françoise, dans ce sens-là ; et c'est pourtant de *frayer* qu'est venu *défrayer*, terme fort connu, fort usité, et dont le sens conserve un rapport très-sensible avec celui de *frayer*, que lui donnent les paysans de Champagne. » (*Note de Coste*, édit. de *La Fontaine*, Paris, 1667.)

Défrayer une compagnie, apprêter à rire à ses dépens. On le dit aussi en bonne part. « *Défrayer une compagnie de bons mots.* » MOLIÈRE.

DÉFRAYEUR, *s. m.* pour celui qui défraie. « La lignée Antiochide remporta le prix ; Aristides fut le *défrayeur* des jeux, et Archestratus le poète qui fit jouer ses comédies. » AMYOT.

DÉFRELOQUÉ, ÉE, *adj.* « Me laissant aller deschirée et *défreloquée* comme je suis. » *Guzman d'Alfarache*, liv. III de la 2e partie.

DÉFRICHEMENT, *s. m.* Ce mot, qui n'est pas dans les anciens vocabulaires, et notamment dans Oudin, *Dict. des trois langues*, est de la création de Balzac, un des écrivains qui ont travaillé le plus utilement au *défrichement* de la langue.

DÉFRICHER, *v.* du latin *defricare* (nettoyer en frottant). « Nous faisons un jeu de la *défricher* généralement sur tout, » dit Mme de Sévigné, en parlant d'une jeune personne fort peu instruite.

DÉFUBLER, *v.* ancien mot, qui signifiait dégrafer, déshabiller, ôter son chapeau, du latin *diffibulare* (ôter les agrafes).

On trouve *deffubler* dans Montaigne, l. II, c. 12, et l. III, c. 13. « Avant qu'on vous ait *deffublé* d'un couvre-chef, puis d'une calotte, etc. » Et se *défuler*, dans Danet, *Dict. fr.-latin*, « se découvrir pour saluer. »

DÉGAÎNER, *v.* proprement tirer de la gaîne. Les fourreaux des épées avaient ci-devant le nom de gaîne ; de là sont venus les termes de *dégaîner* et de *rengaîner*, pour dire tirer l'épée et remettre l'épée dans le fourreau.

Quelques auteurs l'ont pris au figuré : « Il commence donc à *desgaisner* quelque pièce de latin. » *Contes d'Eutr.* tom. 1. « Après avoir *dégainé* tant de grec et de latin ». NAUDÉ, *Mascurat.*

DÉGAINEUR, *s. m.* bretteur.

Tous ces grands *dégaineurs* sont gens que l'on
[évite.
HAUTEROCHE.

DÉGASCONNER, *v.* Malherbe se vantait d'avoir *dégasconné* la cour. Que n'avons-nous encore Malherbe!..

DÉGÂT, *s. m.* est écrit *dégast* dans nos anciens auteurs.

« Ainsi voyons-nous que lui revenant du *dégast* de Liége encontre Ambiorich, feit (fit) signifier, etc. » ESTIENNE PASQUIER, *Recherches sur la France.* « Les ducs et comtes entreprirent de faire levée de gens de guerre, de se mettre en campagne, donner bataille, assiéger les villes et places, faire le *dégast*, et généralement exercer tous actes d'hostilités. » CHANTEREAU LE FÈVRE, *Traité des Fiefs*, pag. 67.

Dégât, composé de *gast*, qu'on trouve aussi écrit *wast* dans le *Dict. de la lang. romane*, vient du latin *vastatio* (dévastation, ravage, ruine). « La nécessité des guerres porte à tous les coups de faire le *gast.* » MONTAIGNE, *Essais.*

« *Gast* ou *dégast*, comme on a mis dans les dernières éditions. Amyot, contemporain de Montaigne, a souvent employé *gast* pour *dégast* dans son aimable traduction des *Amours pastorales de Daphnis et Chloé* : « Ils déploroient non-seulement le *gast* du jardin, mais aussi le danger de leurs personnes. » Pag. 13 de l'édit. de 1718. (*Note de Coste sur Montaigne*, au lieu cité.) Le duc Etius, voyant le très-horrible *gast* et dépopulation que faisoient les Huns en sa province. » J. LE MAIRE DE BELGES, *Illustr. des Gaules.* De là *dévaster* dans le sens de ravager, et *gâter* dans le sens de souiller et même *dégaster* dans Rabelais : « Ce qu'il fait (le singe) est tout conchier et *dégaster.* » Tom. 1, pag. 296, édit. de 1732.

On disait de La Mothe le Vayer, dont les ouvrages sont remplis de citations, qu'il faisait le *dégât* dans les bons livres.

Faisant grand *dégât* de paroles,
Disant une chose deux fois.

SCARRON.

DÉGAUCHIR, *v.* Rien de mieux qu'une femme aimable pour *dégauchir* un jeune homme.

DÉGELER, *v.* « Ne *dégelez* pas les peuples froids, ce que vous leur donnerez gâtera ce qu'ils ont. » LE PRINCE DE LIGNE.

DÉGELÉ, ÉE, *adj. et part..*« Il me parut bien *dégelé* sur l'estime qu'il a pour lui. » Mme DE SÉVIGNÉ.

DÉGÉNÉRESCENCE, *s. f.* état d'une chose qui dégénère, tendance à dégénérer. « Cette *dégénérescence* politique et morale (s'il est permis de se servir de ce terme) qui, se manifestant à la fois dans toutes les parties du corps social, annonce sa dissolution prochaine. » LA HARPE, *Cours de Littérature*, t. x, p. 437. Néologisme hardi, et qu'il serait bon d'adopter.

DÉGINGANDAGE, DÉGINGANDEMENT, *s. m.* « Quelquefois nous voyons au théâtre des gestes et des mouvemens qui nous entraînent; s'ils nous laissaient le temps de réfléchir, nous les trouverions désordonnés, sans grâce, peut-être même désagréables; mais leur feu rapide échauffe, émeut, ravit le spectateur; ils sont l'ouvrage du désordre de l'ame, elle se peint dans cette espèce de *dégingandage*, plus beau, plus frappant que ne pourrait l'être toute l'adresse de l'art. » (*L'Art de lire à haute voix*, par Dubroca, pag. 387.)

L'Académie adopte *dégingandé*, pourquoi ne pas dire aussi *dégingandage*? *Dégingandement*, dans le sens d'état de ce qui est *dégingandé*, a été employé par le cardinal de Retz et par Mme de Sévigné.

DÉGINGANDÉ, ÉE, *adj.* qui n'a ni contenance, ni démarche assurée.

DÉG 320 DÉG

Le P. Labbe, pag. 250 de ses *Etymologies des Mots françois*, Paris, 1661, nous dit que *genvaden* signifie, en allemand, *vétir*; *dégingandé* n'en viendrait-il pas? Un homme *dégingandé* paraît comme déshabillé. D'autres le font venir de *quà hinc*, *quà hàc*, ou de *guingois*.

Mme de Sévigné le dit des choses. « Je vous écrirai quand vous m'écrirez, ou quand la fantaisie m'en prendra. Je pense qu'il ne faut rien de plus réglé à des conduites aussi *dégingandées* que les nôtres. » « Cette rage de m'éloigner de vous, et de voir, pour quelque temps, notre commerce *dégingandé*, me donne une véritable tristesse. » *La même*.

DÉGOISER, *v.* Il se dit proprement des oiseaux, et il est dérivé de *gosier*; *dégoiser*, tirer des chants de son gosier. De la Porte, dans ses *Epithètes*, Paris, 1571, dit de la linotte, qu'elle est *desgoisante*, pour exprimer qu'elle chante, qu'elle babille fréquemment; le même auteur dit que c'est le nom d'un oiseau fort petit, duquel le *desgoisement* (chant, ramage) est fort délectable. En ce sens il n'est plus guère d'usage; mais on l'emploie, au figuré, dans le style familier, pour dire parler inconsidérément, dire ce qu'il ne faudrait pas dire. « Peste! madame la nourrice, comme vous *dégoisez!* taisez-vous, je vous prie, etc. » MOLIÈRE, *le Médecin malgré lui*, act. II, sc. 2.

> C'étoit d'ailleurs un vieux routier,
> Et qui, dans sa décrépitude,
> *Dégoisoit* psaumes et leçons,
> Sans y faire tant de façons.
> GRESSET.

DÉGONDER, *v.* faire sauter hors des gonds. C'est un mot de Rabelais, qu'on aurait dû conserver.

DÉGORGER, *v.* dérivé de *gorge*, comme *engorger*, *regorger*. « Conjoignant et amassant infinis pleurs et lamentations qu'il *dégorgeoit* à gros sanglots pour trouver pardon. » *Eutr.* tom. II. « Ce vous sera une sagesse de ne vous *dégorger* en médisance contre aucun. » NIC. PASQUIER, l. I, lett. 16.

« Cette foule innombrable de clients ou de courtisans, dont la maison d'un ministre se *dégorge* plusieurs fois le jour. » LA BRUYÈRE.

> Je sens qu'en tons heureux ma verve se *dégorge*.
> RÉGNARD, *Folies amour.* act. II, sc. 7.

DÉGOURDIR, *v.* composé de *gourdir*, qui se trouve dans le *Dict.* de Phil. Monet, dérivé de *gourd*, du latin *gurdus*, sot, étourdi, « Je suis sain et *dégourt* : prest à boire, si voulez. » RABELAIS, *nouveau Prologue* du 4e liv.

On disait des moines, des chanoines mal rentés, qu'ils ont bientôt *dégourdi* leur office, leur bréviaire, etc.

DÉGOÛTER, *v.* « Puisqu'on se dégoûte quelquefois de soi-même, dit Saint-Évremont, il est encore plus aisé de se *dégoûter* des autres. »

DÉGOUTTER, *v.* « Il y a des gens si enivrés de la faveur des grands, que, quand on les presse, ils *dégouttent* l'orgueil, l'arrogance, la présomption. » LA BRUYÈRE.

DÉGOUTTURE, *s. f.* ce qui dégoutte. Ce mot utile et que l'usage semble admettre, ne se trouve dans aucun de nos dictionnaires, si l'on en excepte celui de l'*Acad.* édit. de Smits.

DÉGRADER, *v.* est composé, comme *rétrograder* du verbe *grader*, en latin *gradiri*. C'est proprement faire descendre du *grade*, du poste élevé où l'on était monté.

> Je vous *dégrade* ici *du rang de chevalier*.
> VOLTAIRE, *D. Pèdre*.

« C'est dans l'histoire que les rois, *dégradés* par les mains de la mort, viennent subir sans suite le jugement de tous les siècles. » BOSSUET.

DEGRÉ, *s. m.* du latin *gradus*, qui a la même signification; nos ancêtres ont dit le simple *gré*, pour *degré*, son composé; d'où il reste encore le nom de *Saint-Etienne des grés*, parce que cette église était élevée de plusieurs degrés. « Les *degrez* d'un escalier, dit De la Noue; et en général toute chose par laquelle on descroist ou augmente. » *Dict. des rimes*.

> De l'auguste chapelle ils *montent les degrés*.
> BOILEAU, *le Lutrin*, ch. III, v. 44.

« Nos cœurs nous répondent quasi de notre *degré* de parenté. » Mme DE

SÉVIGNÉ. « L'usage commun de nostre France, dit Est. Pasquier, est qu'au lieu que le latin, aux noms adjectifs, fait ses trois degrez de comparaison, *doctus, doctior, doctissimus*, nous disons *docte, plus docte et très-docte*: et ainsi de tous les autres. Toutefois, en empruntant quelque chose des Romains, quelques uns des nostres se dispensèrent, avec le temps, de faire ces superlatifs français, *doctissime, révérendissime, illustrissime*. Cela fut cause que Baïf et Nicolas Denisot (et spécialement Baïf) voulurent mettre en usage ces mots de *docte, doctieur, doctime*: *sçavant, sçavantieur, sçavantime*: *hardi, hardieur, hardime*, au lieu de ceux que porte nostre commun usage; qui occasionna Du Bellay sur la fin de ses Jeux rustiques de s'en moquer par ce sonnet qu'il envoya à Baïf, l'un de ses principaux amis :

Bravime esprit, sur tous *excellentime*,
Qui mesprisant ces *vanimes* abois,
As entonné d'une *hautime* voix,
Des *sçavantieurs* la troupe *bruiantime*.

De tes doux vers le style *coulantime*,
Tant estimé par les *doctieurs* françois
Justimement ordonne que tu sois
Par ton sçavoir à tous *révérendime*.

Nul mieux de toy *gentillime* poëte
(Heur que chacun *grandimement* souhaite)
Façonne un vers *doulcimement* naïf.

Et nul de toy *hardieurement* en France
Va deschassant l'*indoctime* ignorance,
Docte, *doctieur* et *doctime* Baïf.

» Vous voyez comme ce bel esprit se mocquoit fort à propos de ceste sotte nouveauté. Tellement que ces deux novateurs, recognoissants leur faute, supprimèrent les vers par eux tissus sur ceste trame. »

DÉGREVANCE, *s. f.* dommage.

Lès riches ont toute puissance
De vous faire aide ou *dégrevance*.

AMYOT.

Ce mot était beau, harmonieux, poétique ; il est fâcheux de l'avoir laissé perdre.

DÉGRINGOLER, *v.* « Si deux ou trois personnes ne soutenaient le bon goût à Paris, nous *dégringolerions* dans la barbarie. » VOLTAIRE.

DÉGRONDER, *v.* composé de *gronder*, ne pas cesser de gronder. « Vous ne *dégrondez* point ; vous êtes vilain comme lard jaune, bourru comme un diable. » *Théâtre italien de Ghérardi*, tom. I, pag. 333, 1717.

DÉGROSSIR, *v.* métaphore tirée de la sculpture. On est obligé d'abattre plusieurs pièces d'un bloc de marbre ou de bois, avant que de le travailler délicatement avec le ciseau. « C'étoit Puységur qui *dégrossissoit* les projets (du maréchal de Luxembourg). » SAINT-SIMON, *Hommes ill. etc.* tom. II.

DÉGUERPIR, *v.* quitter, abandonner. Il vient du simple *guerpir*, que les uns tirent de *verpire*, mot de la basse latinité, les autres de l'allemant *werpen*, et Barbazan du latin *discerpere*, diviser, séparer. « Ils ont mieux aimé laisser leur terre naturelle (natale), et *guerpir* le pays. » *Préface sur les Quinze Joyes du mariage*. « Quant virent l'ost venir, si *guerpirent* la cité, et fuirent es montaignes. » VILLEHARDOUIN, *de la Conqueste de Constantinople*. « Quant ceulx de cette terre verront que cette clef sera chute (sera tombée), ils *guerpiront* Espaigne. » *Les Neuf Preux*.

Gerpir et *guerpir*, pour abandonner, quitter, se séparer, se trouvent dans le *Roman du Renard* (13e siècle). « Il eut un fils nommé Karles, lequel *déguerpit* le siècle, et devint religieux. » *Les Neuf Preux*.

La maison est à vous ; gardez-vous d'en sortir,
Et priez seulement Ninon d'en *déguerpir*.

VOLTAIRE, *le Dépositaire*, act. II, sc. 3.

DÉGUEULER, *v.* terme populaire et bas, vomir. Il est ennobli en quelque sorte dans ce couplet bachique :

Aristote buvoit d'autant,
Et nous avons lieu de le croire
De ce qu'Alexandre-le-Grand,
Son disciple, aimoit tant à boire,
Il *dégueula* cent fois sur les bords de l'Euphrate.
Il suivoit Hippocrate
Qui dit qu'il faut par chaque mois
S'enivrer au moins une fois.

DÉHANCHÉ, ÉE, *adj.* qui a les hanches rompues. « La raison humaine, dit Montaigne, va toujours torte, boiteuse et *deshanchée*. »

DÉHARNACHER, *v.* On dit en

riant d'une personne à demi déshabillée, ou à l'ajustement de laquelle il manque quelque chose d'essentiel, qu'elle est *déharnachée*.

DÉHONTÉ, ÉE, adj. qui a perdu toute honte. « Je dis que les Parthes estoient culx-mesmes bien *deshontez* de blasmer ces livres des délices milésiennes, attendu qu'ils ont eu plusieurs roys de sang royal des Arsacides, nés de courtisanes ioniques et milésiennes. » AMYOT.

Déhonté ne devait-il pas se dire aussi long-temps que honte? Ce mot a été employé avec succès par quelques écrivains modernes.

Voyez cet homme *déhonté*,
Qui va portant dans tout son voisinage
Et son impudent verbiage,
Et son caractère effronté.
DELILLE, *la Conversation*, ch. II.

On a dit aussi *déhonter*, dans le sens de *déshonorer*.

Comment! dans un château, dont l'antiquité brille,
Venir de guet-à-pens *deshonter* une fille!
TH. CORNEILLE, *Bar. d'Albicrac*, act. IV, sc. 7.

Extrait de *l'Archéologie franç.* de M. Ch. Pougens.

DEHORS, qu'on a dit d'abord *defors*, du latin *de foris* (dehors, par dehors) *Defors*, pour *dehors* dans le *Roman du Renard*.

Dans la *Bible* du seigneur de Berzé, poème du 13ᵉ siècle, il est dit, en parlant des moines qui cachent leurs vices sous un extérieur de vertu:

Montrent biau semblant par *defors*.

DÉJA. *Voyez* JA.

DÉJEÛNER, v. C'est le négatif de *jeûner*, du latin *jejunare*, jeûner, faire abstinence.

Déjeûner, c'est proprement rompre le *jeûne*; car on est à jeun jusqu'au premier morceau que l'on mange, et la syllabe *de* est ici privative. *Déjeûner*, privation de *jeûne*. « Donc ceux-là, dit Laurent Joubert, abusent fort du mot, qui disent: j'ai *déjeûné* aujourd'hui deux fois, trois fois, etc. car on ne peut déjeûner, qui est à dire rompre le jeûne, qu'une fois le jour, et c'est au premier morceau. » *Les Erreurs populaires*.

On disait autrefois: n'avoir jamais été *déjeûné* d'une affaire, n'en avoir jamais ouï parler. Il a été *déjeûné* de cette nouvelle; c'est la première chose qu'on lui a dite ce matin. « La plus querelleuse réformation théologienne, de quoy le monde se soit *desjeûné* il y a long-temps. » MONT. liv. III, c. 9. « Vous m'avez *desjeûné* et salué de ce haut et terrible mot et grand océan de mariage. *Contes d'Eutrapel*, tom. II.

DÉJEÛNER OU **DÉJEÛNÉ**, s. m. n'est que l'infinitif du verbe pris comme nom.

On dit de quelque chose dont la quantité est beaucoup trop petite pour le besoin que l'on en a, que ce n'est que pour un *déjeûner*, parce que le *déjeûner* est un repas très-léger, où l'on consomme beaucoup moins que dans les autres.

On dit, dans le même sens à peu près, d'une étoffe d'une couleur dont la durée est beaucoup trop courte pour l'usage auquel on la destine, que ce n'est que pour un *déjeûner du soleil*, pour dire que la plus légère impression de l'air la fanera, la ternira, qu'elle ne durera, en quelque sorte, qu'un matin.

Déjeûné à la fourchette est un déjeûné où l'on mange de la viande et où l'on boit du vin, par opposition à un déjeûné où l'on ne fait que prendre du café, du chocolat, ou autre liqueur, et dans lequel, par conséquent, on n'a pas besoin de fourchette: *Elle prend d'abord son café, et trois heures après, elle fait un déjeûné à la fourchette. Les déjeûnés à la fourchette sont fort en usage depuis que nous dînons si tard.* On dit de même *déjeûner à la fourchette*.

DÉJOUER, v. « Il y a beaucoup de choses qu'il faut *déjouer*, en ne les remarquant pas. » LE PR. DE LIGNE.

DÉJUC, s. m. Le temps où les oiseaux juchés se réveillent et quittent le *juc*, comme on appelait autrefois la branche sur laquelle ils étaient perchés pendant la nuit; de là on a dérivé le verbe *déjucher*, sortir du juc, faire sortir du juc, qu'on a pris aussi substantivement; « Au *desju-*

cher, vous l'amenderez, etc. » RABELAIS, tom. III, pag. 71, édit. de 1732.

« Au *desjucher*, au matin, lorsque la volaille descend de la perche où elle avoit été *juchée* toute la nuit. Marot, dans sa ballade du jour de Noël :

Chantons Noël, tant au soir qu'au *déjusq*. »

LE DUCHAT, note 5 au bas de la page. Ce qu'a répété Sarrazin.

DELÀ, *adv*. et *prép*. Le roi d'Espagne prend la qualité de roi de deçà et *delà* les mers.

L'homme n'est jamais chez lui ; il est toujours au-*delà*.

DÉLABRER, *v*. « Sans moi, ses affaires étoient bien *délabrées*. » MOL. « Ses héritiers ne *délabrent* pas mal sa réputation. » PALAPRAT.

DÉLATEUR, *s. m*. du latin *delator*, celui qui défère, qui rapporte. Le délateur défère secrètement à la justice ce qui est à sa connaissance, ou ce qu'il invente, dans la seule intention de nuire ou de se procurer quelque avantage.

Raynal a dit *délatrice* au féminin. « Toutes les passions devinrent également *délatrices*, également écoutées. » *Histoire philosophique des Deux Indes*.

DÉLAYER, *v*. s'est pris autrefois dans le sens de retarder, de temporiser. « Ce que je veux faire pour le service de la mort, je l'ai toujours faict. Je n'oserois le *dislayer* d'un seul jour. » *Essais de Montaigne*, tom. VIII, pag. 3, Paris, 1793.

« *Dislayer*, différer. On a dit *dislayer* et *délayer* qui ne sont plus en usage, malgré *délai*, fort bon encore, qui aurait pu nous conserver *délayer*, mais que plus à propos peut-être l'usage a réservé uniquement à un autre emploi. » COSTE, sur *Montaigne*, note à l'endroit cité. « Comme médecin, j'ordonnerois l'amour à un homme de ma forme et condition, autant volontiers qu'aucune autre recepte, pour l'esveiller et tenir en force bien avant dans les ans, et le *dilayer* des prises de la vieillesse. » MONT. l. III, c. 5.

Seignor, car vous allez baingnier
Et étuver sans *délaier* (sans retarder).
Les Crieries de Paris (13e siècle).

« Ce gentil esprit de roy *les délayans* (leur donnant des délais) de mois en mois, leur donna occasion d'apprendre soigneusement le françois. » *Gramm*. de Ramus, p. 49, Paris, 1572.

Délayer, *dilayer*, différer, retarder, remettre à un autre temps. *Délai* est resté en ce sens. *Vocabulaire des mots anciens*, à la suite du *Théâtre d'Agriculture* d'Olivier de Serres, édit. de 1805.

DÉLAYER signifie aujourd'hui détremper, du latin *diluere*, qui a la même signification. Mme de Sévigné a dit au figuré : « La solitude et le repos sont très-propres à *délayer* les idées. »

DÉLIBÉRÉMENT, *adv*. « C'est le défaut de filtration du suc nerveux qui fait que les Anglois se tuent si *délibérément*. » VOLTAIRE.

DÉLIBÉRER, *v*. du latin *deliberare* (mettre en balance, peser) au figuré, être incertain sur le parti qu'on doit prendre, balancer le pour et le contre.

Nous *délibérerons* du parti qu'on doit prendre.
L'abbé GENEST, *Pénélope*, act. III, sc. 10.

Et jamais potentat n'a vu sous le soleil
Matière plus illustre agiter son conseil.
P. CORNEILLE, *Pompée*, act. I, sc. 1.

Dans les éditions subséquentes, il y a :

Et je puis dire enfin que jamais potentat
N'eut à *délibérer* d'un si grand coup d'État.

« L'usage veut aujourd'hui que *délibérer* soit suivi de *sur* ; mais le *de* est aussi permis. On *délibéra du sort* de Charles II dans le conseil du prince d'Orange ; mais je crois que la règle est de pouvoir employer *de*, quand on spécifie les intérêts dont on parle. On *délibère* aujourd'hui *de* la nécessité, ou *sur* la nécessité d'envoyer des secours en Allemagne ; on délibère *sur* de grands intérêts, *sur* des points importans. » VOLTAIRE, *Remarques sur Corneille*, au lieu cité.

Délibérer se prend absolument :

Une femme exécute où Junon *délibère*.

Beau vers de Rotrou, dans son *Hercule*.

On devient sacrilége alors qu'on *délibère*.
VOLTAIRE, *Mahomet*, act. III, sc. 6.

C'est une imitation éloignée de ce mot profond de Tacite : *Qui deliberant, desciverunt. Histor.* l. II, c. 77.

DÉLICAT, ATE, adj. du latin *delicatus, a.* Dans Cicéron : *hi pueri, tam lepidi ac* delicati (ces enfans si jolis et si *délicats*). 2ᵉ *Catilinaire*, chiffre 23.

Cicéron a dit de même : *homo* delicati *fastidii* (homme d'un goût fin, délicat). « La réputation des hommes est plus *délicate* et blonde que celle des femmes. » Mᵐᵉ DE SÉVIGNÉ, qui fait là l'application d'une phrase proverbiale.

Une jalousie importune
Ne fait rien qu'irriter l'amour par ses chagrins,
Et conduire au galop le galant à ses fins.

GÉRONTE.

Et qui laisse au galant une libre carrière,
Court-il moins de hasard?

ARLEQUIN.

Je trouve délicate une telle matière;
Mais......

Les deux *Arlequins*, act. I, sc. I.

Théâtre italien de Ghérardi, tom. III, Paris, 1741.

On dit qu'*un point est délicat*, qu'*une question*, qu'*une matière* est *délicate*, lorsqu'il est difficile d'y répondre, de la traiter, etc.

On l'emploie quelquefois substantivement :

Les *délicats* sont malheureux,
Rien ne sauroit les satisfaire.

LA FONTAINE.

DÉLICATESSE, s. f. « La *délicatesse* est la finesse du sentiment ; la finesse est la *délicatesse* de l'esprit. » MARMONTEL. « La *délicatesse* est comme une rose qu'on peut sentir, mais qu'il ne faut point toucher. » LE PR. DE LIGNE.

DÉLICE, s. m. au sing. *fém.* au plur.

« Pourquoi, dit Domergue, est-il masculin au singulier, et féminin au pluriel ? Nous devons cette bizarrerie à la langue latine. On dit au singulier *delicium, delicii*, neutre, et au pluriel *deliciæ, deliciarum*, féminin. En modulant notre langue sur celle des Romains, notre choix n'a pas toujours été sévère, ou plutôt nous n'avons pas fait de choix. Forcés de parler au milieu de leurs vainqueurs, nos pères ont mêlé les deux langues, et il en est sorti un idiome entaché de quelques défauts, que couvrent les beautés de nos grands écrivains. » *Manuel des étrangers*, pag. 107.

« Il n'y a point de *délices* qui ne perdent ce nom, quand l'abondance et la facilité les accompagnent. » Mᵐᵉ DE SÉVIGNÉ.

La terre ne fut plus un *jardin de délices*.
L. RACINE, *Poëme de la Religion*, ch. V.

Il est bon de remarquer que ce joli mot a été réprouvé il y a environ cent ans dans le *Dict. néologique* de l'abbé Desfontaines.

DÉLICIEUSEMENT, adv.

.... C'est un monde charmant,
Et Paris s'embellit *délicieusement*.

GRESSET, *le Méchant*.

DÉLICIEUX, EUSE, adj. Ce mot, comme le précédent, a été une de ces expressions à la mode parmi les gens du bel air. « C'est *délicieux*, disaient-ils, de quelque chose de fort ordinaire, ou même d'une rouerie, d'une bonne perfidie. »

DÉLIRER, v. du latin *delirare* (sortir, s'écarter du sillon) au figuré, extravaguer. *Lirare*, dérivé du latin *lira* (sillon) est, dit le président Des Brosses, un vieux mot latin qui signifie labourer un champ par raies. *Delirare* se disait des bœufs qui, en traçant le sillon, s'écartaient des raies déjà tracées. On a depuis appliqué ce terme aux écarts de l'esprit.

Ce mot dont se sont servis plusieurs écrivains modernes n'est point un néologisme ; il se trouve dans Rabelais : « A l'imitation du peuple judaïc en Égypte, si Lyra ne *délire*. » Liv. III, chap. I.

Délire, délirement, délirer sont marqués d'un astérisque dans Oudin, *Dict. des trois lang.* Ce qui semble indiquer que de son temps ils étaient regardés ou comme surannés, ou comme néologismes.

« Sentant que rien ne pouvait autoriser une pareille infidélité, je le laissai *délirer* à ses risques. » J. J.

« S'il te faut *délirer* au gré de l'amour, que ne partages-tu tes feux entre tant de beautés, sans te préparer par une passion exclusive des soucis et des tourmens inévitables. » MIRABEAU, *Trad. des Elég. de Tibulle*, Déiphire, dialogue à la suite de cette traduction, tom. III, p. 376, in-8°. Paris, 1798.

> Est-ce à vous qu'il sied de prêcher,
> Quand votre *grâce* enchanteresse,
> Sans doute, aurait fait *délirer*
> Jusqu'aux sept sages de la Grèce ?
> *Épître à Églée*, qui avait reproché à l'auteur de n'être pas toujours raisonnable ;
> PAR E. F. LANTIER.

« Car si les stoïciens *déliraient* en voulant faire de leur sage un dieu, ils avaient de la divinité des idées très-saines. » LA HARPE, *Cours de litt.* tom. III, 2ᵉ part. p. 135.

> Lorsque ta bouche avoue une faiblesse,
> De tout mon corps coule une âcre sueur ;
> J'aime, je hais, je *délire* sans cesse,
> Je veux mourir et tuer la traîtresse.
> MOLLEVAUT, *Trad. des Amours d'Ovide*, liv. III, élégie 8.

DÉLITER, *v.* faire vider les lits. Ce mot forgé figure assez gaîment dans le *Charlatan;* jolie pièce des boulevards. « Je ne suis pas un médecin, grâce à Dieu, je suis un *guérisseur;* quand on suit mes ordonnances, je *délite* tout un hôpital. »

DÉLIVRE, *adj. et subst.* ancien mot qui s'est dit pour *libre* et *liberté*. « N'ayant la langue si à *délivre*, pour se faire entendre. » DESPÉRIERS, *Nouvelle* 124. Si à *délivre*, si libre, si dégagée de tout embarras. « Nous sommes, dit Nicot, de tant plus à *délivre* que, etc. *Hoc liberiores et solutiores sumus, quòd*, etc. » « Je prends plaisir de voir un général d'armée au pied d'une brèche qu'il veut tantost attaquer, se prestant tout entier et *délivre*, à son disner, au devis, entre ses amis. » MONTAIGNE, liv. III, c. 13. « Ils se présentèrent tous nuds avec leurs armes de moins, cuidans par ce moyen estre plus à *délivre*. » C. FAUCHET, *Antiq. gauloises.*

DÉLIVREUR, *s. m.* Voiture dit, en riant, de Persée :

> Le *délivreur* d'Andromède
> Vit moins de monts et moins de vaux.

DÉLOGEMENT, *s. m.* Montaigne a employé ce mot dans le sens de mort. « Puisque Dieu nous donne loisir de disposer de nostre *desloge-ment*, préparons-nous-y, plions bagage. » Liv. I, c. 38.

DÉLOGER, *v.*

> L'âge la fit déchoir ; elle vit chaque jour
> *Déloger* quelques ris, quelques jeux, puis l'Amour.
> LA FONTAINE.

DÉLOYAL, ALE, *adj.* « Qui est *desloyal* envers la vérité, l'est aussi envers le mensonge, » dit Montaigne, liv. II, c. 17, en parlant de la dissimulation. *Voyez* LOYAL.

DÉLUGE, *s. m.* (*diluvium*) débordement universel des eaux, grande inondation ; au fig. grande quantité. « Et de là quel *déluge de maux* dans le peuple ! » MASSILLON, *sermon pour la fête de la Purification.*

> Mais que vois-je ! quels abymes
> S'entr'ouvrent autour de moi ?
> Quel *déluge de victimes*
> S'offre à mes yeux pleins d'effroi ?
> J. B. ROUSSEAU, *Ode* VI, liv. I.

« Il inondera son homme d'un *déluge de paroles.* » LA HARPE, *Cours de littérature.*

Nous disons proverbialement *après moi le déluge*, pour exprimer qu'on ne s'embarrasse pas de ce qui arrivera quand on sera mort ; ce qui répond à ce vers grec que l'empereur Tibère avait souvent à la bouche :

Ἐμοῦ θανόντος γαῖα μιχθήτω πυρί

(qu'après ma mort la terre se mêle avec le feu !) Vers bien propre à caractériser l'ame féroce et l'égoïsme de ce monstre couronné.

DÉLUSTRER, *v.* « Les Français délivrés d'un joug (celui de Louis XIV, vieux et bigot), que des minuties *délustraient* et aggravaient, ressemblèrent un moment à cette jeunesse folâtre, qui s'échappe de l'œil des surveillans et des barreaux qui la retiennent captive. » DE PRADT, *les quatre Concordats*, tom. I, p. 391.

DÉLUSTRÉ, ÉE, *part.* « Un nom illustré par la valeur ou par le génie ne saurait être *délustré*, ni par la calomnie, ni par le despotisme. » CÉRUTTI.

DEMAIN, du latin *de mane* (du matin) dont on a fait un seul mot, en sous-entendant *proximo* ou *crastino* (prochain ou du lendemain).

« *Demain*, du latin *de mane : quasi mane proximo intelligas. Undè addimus sœpè* demain au matin. » JACQUES SYLVIUS.

On trouve *demanne* pour *demain* dans le *Grand Testament* de Villon :

Ne leur chaille, ils viendront *demanne*.

Main pour *matin*, se disait anciennement. On lit dans les poésies manuscrites d'Eustache Deschamps :

Vous avez votre chapelain
Pour chanter votre messe au *main*.

« Car qui l'ensuit soir et *main*. » ALAIN CHARTIER, pag. 539, édit. in-4°. Paris, 1617.

« Les anciens usaient du mot *main* pour matin, l'empruntant de *manè*. Notre auteur, au livre des *Quatre Dames* :

Qui tant m'a escrit soir et *main*,
Deux mots de demain en demain.

» Et devant lui long-temps le Reclus de Molens :

Qui a le los de *main* lever
Bien peut dormir la matinée. »
Annot. sur Alain Chartier, ibid. p. 560.

Demain s'est dit au pluriel. *La Passion à personnage*, édit. gothique de 1532, f° 112, v°.

Le peuple qui pourroit d'emblée
S'esmouvoir un de ces *demains*.

Et Guillaume Cretin, édit. de 1723 :

Que trouverez un jour de ces *demains*.

A un soupé, poussé bien avant dans la nuit, on demande à un Suisse l'heure qu'il est ? Il regarde à sa montre, et voyant qu'il est plus de minuit : « Messieurs, dit-il, il est déjà *demain*. »

DÉMANCHER, *v.* DÉMANCHÉ, ÉE, *part.* Démancher, c'est proprement ôter le manche. Se démancher, sortir du manche. « Si leurs actions se *desmanchèrent*. » MONT. liv. I, c. 27. « Autre chose est un dogme sérieusement digéré, autre chose, ces impressions superficielles, lesquelles nées de la desbauche d'un esprit *desmanché*, vont nageant témérairement et incertainement en la fantaisie. » *Le même*, liv. II, c. 12. « J'auray mon jugement merveilleusement *desmanché*. » *Le même*, liv. XI, c. 37. « Ma machine n'est pas encore *démanchée*; mais elle se *démanche*, » disait Mme de Sévigné, en parlant de son âge.

DÉMANTELÉ, ÉE, *adj. et part.* qui a perdu son manteau. « Voyant le roy *démantelé* de sa suite. » ÉT. PASQUIER, liv. XIII, *lett.* 11.

DÉMARCATION, *s. f.* Il s'emploie le plus souvent avec le mot *ligne*, *ligne de démarcation*. C'est proprement la ligne que tracèrent l'Espagne et le Portugal, pour fixer les limites de leurs conquêtes dans les Indes. Elle a été ainsi nommée, parce qu'elle décline de la ligne de démarcation, ligne fictive que le pape Alexandre VI avait fait tracer sur le globe terrestre d'un pole à l'autre, et qui divisait les Indes orientales, assignées aux Portugais, des Indes occidentales, assignées aux Castillans. Cette ligne fut donc appelée *ligne de démarcation*, et de là vient qu'on se sert du mot *démarcation*, qui est usité aujourd'hui, même au figuré. Dans un Etat bien constitué, il faut qu'il y ait une *ligne de démarcation* bien marquée entre les différens pouvoirs. *Acad.*

DÉMARQUISER, *v.*

Je l'ai *démarquisé* bien loin de son attente.
REGNARD, *le Joueur*, act. V, sc. 6.

DÉMÂTER, *v.* C'est proprement abattre, rompre le mât d'un vaisseau. Saint-Simon a dit, au figuré, *démâter quelqu'un*, le déconcerter. *Mémoires secrets de la Régence*, liv. V.

DÉMÊLEMENT, *s. m.* action de démêler. « En partant, le priez-vous de remettre le *démeslement* de l'affaire de Madame sa sœur et de M. le comte de Soissons à un autre, ou à une autre fois ? » SULLY, *Mémoires*, t. I, ch. 44. « Tout cela me paraissait comme une machine que la Providence conduisait avec mille ressorts et mille cordes, dont je voyais le *démêlement*. » Mme DE SÉVIGNÉ.

DÉMÊLER, *v.* C'est un composé de *mêler*. « Au royaume de Narfinguc, non seulement les gens de guerre, mais aussi les artisans *démêlent* leurs querelles à coups d'espée. » MONT. liv. II, c. 27. « Je sais où vous êtes, et cette connaissance *démêle* un peu mon imagination qui sait où vous prendre à point nommé. » Mme DE SÉVIGNÉ.

DÉMEMBRER, *v.* « Fabius ayma mieux laisser *desmembrer* son authorité aux vaines fantaisies des hommes, que faire moins bien sa charge, avec favorable réputation et populaire consentement. » MONT. liv. II, c. 16. « À quoy faire *desmembrons*-nous en divorce un bastiment tissu d'une si joincte et fraternelle correspondance? au rebours, renouons-le par mutuels offices : que l'esprit resveille et vivifie la pesanteur du corps, le corps arreste la légèreté de l'esprit et la fixe. » *Le même*, liv. III, c. 13.

DÉMÉNAGER, *v.* « Je suis acoquiné à la vie, et quelque mauvais lieu que j'habite, quelque incommodité que j'y reçoive, j'aurois de la peine à *déménager*. » BALZAC, *Lettres à Conrard*, liv. III, lett. 17.

DÉMENER (se), *v. réc.* « Elle n'avait pas dans ses mouvemens cette pesanteur des femmes trop grasses, et l'on voyait cette masse *se démener* avec une vigueur qui lui tenait lieu de légèreté. » MARIVAUX.

DÉMENTI, *s. m.* « Nous nous *desmentons* nous-mesmes, pour sauver un *desmentir* que nous avons donné à un autre. » MONT. liv. III, c. 10.

DÉMENTIR, *v. a.*
Son livre, en paraissant, *dément* tous ses flatteurs.
BOILEAU.

DÉMESURE, *s. f.* excès. « Aussi ne seroit-elle pas contente s'il (son mari) n'avoit peine et meschef à *démesure*. » *Quinze Joyes du Mariage*, VIIIe Joye.

DEMEURANT, *s. m.* ce qui reste, ce qui demeure après que les autres parties ont disparu, le reste.

Voz corps, si comme vous devez,
Vestez, chaulciez, mangiez, buvez,
Et puis que rien n'en retenez ;
Donnez pour Dieu le demourant.
Le Testament de Jean de Meung,
vers 1635.

« Et puis il vint baiser *le demeurant* des dames et damoiselles de la cour. » *Les Honneurs de la Cour*, ouvrage composé vers la fin du 15e siècle. « Je veuil user le *demourant* de mes jours au service de Dieu. » *Lancelot du Lac*, roman imprimé en 1526.

J'avais un jour un valet de Gascogne,
Gourmand, ivrogne et assuré menteur,
Pipeur, larron, jureur, blasphémateur,
Sentant la hart de cent pas à la ronde.
Au demeurant le meilleur fils du monde.
CLÉMENT MAROT.

Ce vers si plaisant, après l'énumération des belles qualités de ce valet, est devenu proverbe, et se répète encore tous les jours dans le même sens. Ce n'est peut-être que cet endroit de Marot qui, selon Regnier Desmarais, a conservé *au demeurant* dans le style familier.

« Je sais *au demeurant* que M. le marquis vous aime. MARIVAUX, *le Legs*, sc. 14.

DÉMOLIR, *v.* du latin *moles* (masse). « Qu'avez-vous vu en Grèce ? » demandait-on à un voyageur qui en revenait.— « Le temps qui *démolissait* en silence. » On a pour les grands hommes, après leur chute, les mêmes égards que pour les temples *démolis*, dont on révère jusqu'aux ruines.

DÉMON, du latin *dæmon*, qui vient du grec δαίμων (génie bon ou mauvais), en grec et en latin. Ce mot signifie même chez les Grecs les dieux ; Minerve, dit Homère (*Iliade*, liv. I, v. 222), était remontée dans l'Olympe avec *les autres dieux*, μετὰ δαίμονας ἄλλους.

Beau parc, et beaux jardins, qui dans votre clôture
Avez toujours des fleurs et des ombrages-verds,
Non sans quelque *démon* qui défend aux hivers
D'en effacer jamais l'agréable peinture.
MALHERBE, *Poésies*, liv. v, sonnet 4.

« *Non sans quelque démon*, c'est ce que les Latins diroient *non sine genio loci*. Le mot de *démon*, au reste, est très-beau et très-poétique, et ne se prend point (toujours) en vers en mauvaise part. Notre poète (Malherbe) a dit ailleurs :

Que l'honneur de mon prince est cher aux destinées !
Que le *démon* est grand qui lui sert de support !
Et que visiblement un favorable sort
Tient ses prospérités l'une à l'autre enchaînées.
Sonnet à Monseigneur le Dauphin. »

MÉNAGE, *Observations sur les Poésies de Malherbe*.

O ciel! quel bon *démon* devers (vers) moi vous
[envoie?
CORNEILLE, *Héraclius*, act. v, sc. 2.

Ne craignez point, Seigneur, les tristes destinées:
Un plus puissant *démon* veille sur vos années.
Le même, Cinna, act. II, sc. I.

Nous le prenons encore dans le sens des anciens, pour génie, esprit, soit bon, soit mauvais. Ainsi on dit encore *le démon de Socrate,* pour le prétendu esprit familier dont les avertissemens détournaient ce philosophe des entreprises qui auraient pu lui être préjudiciables. On s'en sert aussi en d'autres façons de parler. *C'est un bon démon qui m'a inspiré cela.* Acad. *Quel démon vous agite? Idem.*

Dès lorsque son *démon* commence à l'agiter,
Tout, jusqu'à sa servante, est prêt à déserter.
BOILEAU.

La victime est offerte au *démon* tutélaire
Qui protége et défend cette terre étrangère.
DULARD, *la Fondation de Marseille,* chant IV.

On dit encore, surtout en poésie et dans le style oratoire, *le démon des vers; le démon des combats, de la guerre. Le démon du jeu; le démon de l'orgueil, de l'avarice, de l'envie.*

C'est là que j'ai trouvé quelques amis bien chers,
Possédés, comme moi, de ce *démon des vers.*
COLIN-D'HARLEVILLE.

Cette arme (la baïonnette) que jadis, pour dé-
[peupler la terre,
Dans Bayonne inventa *le démon de la guerre.*
VOLTAIRE, *la Henriade,* ch. VIII.

Hé! que serait-ce donc si *le démon du jeu*
Versait dans son esprit sa ruineuse rage!
BOILEAU, *Sat.* X.

Possédé du *démon de la propriété*
GRESSET, *le Méchant.*

Le démon de la chair se dit en style de dévotion, pour la concupiscence, les plaisirs sensuels:

Du *démon de la chair* vaincre tous les efforts.
L. RACINE.

Ce nom est passé dans le christianisme, pour signifier le diable que l'Écriture appelle encore *Satan.*

... Un libertin, qui, sans âme et sans foi,
Se fait de son plaisir une suprême loi,
Tient que les vieux propos, de *démons* et de flammes,
Sont bons pour étonner des enfans et des femmes.
BOILEAU.

DÉMONERIE, *s. f.* « Rien ne m'est fascheux à digérer en la vie de Socrate, que ses ecstases et ses *démoneries.* » MONTAIGNE, liv. III, c. 13.

DÉMONÉTISER, *v.* ôter le cours à une monnaie. Ce mot n'est pas très-ancien.

DÉMORALISER, *v.* « C'est *démoraliser* une ville que de corrompre les valets, pour rapporter ce qu'on dit à souper. » LE PRINCE DE LIGNE, *Vie du prince Eugène.*

DÉMOSTHENIQUE, *adj.* « Tu as été un orateur parfait, quand tu as été, comme moi, simple, grave, austère, sans art apparent, en un mot, *démosthénique,* » fait dire Fénélon à Démosthène, parlant à Cicéron.

DÉMOUVOIR, *v.* Montaigne, l. II, ch. 12, en a tiré le participe *dému.* « L'ame *desmue* de son assiette par les vapeurs d'une fièvre chaude. »

DÉMUNIR, *v.* « De vuider et *desmunir* la mémoire, est-ce pas le vray et propre chemin à l'ignorance? » MONTAIGNE, liv. II, c. 12.

DÉNATURER, *v.* On a dit anciennement *naturer* pour ressembler, ainsi qu'on le trouve dans le *Glossaire de la langue romane,* par M. Roquefort, d'où nous avons fait *dénaturer,* ôter la ressemblance, faire qu'une chose ne soit plus reconnaissable.

DÉNÉANTISE, *s. f.* Cotgrave, dans son *Dict. français et anglais,* interprète ce mot par *bussesse.* « L'inanité, la vanité et la *dénéantise* de l'homme. » MONT. liv. II, c. 12.

DÉNI, *s. m.* « Nostre volonté s'esguise par le contraste, se despite contre le *desny.* » CHARRON, l. I, c. 19.

DÉNIAISER, *v.* rendre moins niais.

M. TURCARET, *à la baronne.*
Ce garçon-là est bien *niais!*

LA BARONNE.
Il se *déniaisera* dans vos bureaux.
LE SAGE, *Turcaret,* act. V, sc. 3.

« L'expérience et hantise du monde sert fort à se *déniaiser* et mettre son esprit hors de page. » CHARRON, liv. I, c. 39.

« Quelle obligation n'avons-nous à la bénignité de nostre souverain créateur, pour avoir *desniaisé* nostre créance de ces vagabondes et arbitraires dévotions, et l'avoir logée sur l'éternelle base de sa saincte parole. » MONTAIGNE, liv. II, c. 12. « Qui *desniaiseroit* l'homme d'une si scrupuleuse superstition verbale, n'apporteroit pas grande perte au monde. » *Le même*, liv. III, c. 5.

DÉNICHEMENT, s. m. l'action de *dénicher*. « La conscience est comme un *dénigement* de héronnaulx. » RABELAIS, liv. IV, ch. 30.

Il dit *dénigement* pour *dénichement*, comme ailleurs il a dit *déniger* pour *dénicher* : « Il vous *dénigea* (dénicha) Messieurs les pélerins. — Ainsi les pélerins *dénigez* (dénichés) s'enfuirent. »

Pourquoi n'avoir pas conservé ce mot *dénichement* qu'aucun autre ne remplace?

DÉNICHER, v. est proprement le contraire de *nicher*, *défaire*, *déranger le nid*, et par extension, enlever le nid et les petits qui s'y trouvent, ou simplement les petits oiseaux, et par métaphore, découvrir quelqu'un qui s'était caché dans un endroit; et *dénicher* d'un lieu pour dire en sortir.

Dénichez de céans et sans cérémonie.
  MOLIÈRE, *le Tartufe*, act. IV, sc. 7.

« Si je n'avais pas le bonheur de vivre à Cirey, etc. *je dénicherais* bien vite de France. » VOLTAIRE, *Lettre à M. Thiriot*, 25 décembre 1735.

On a dit d'un M. Chatelain, qu'il déterrait les saints, et du docteur de Launoy, qu'il les *dénichait*.

DÉNICHEUR, s. m. M. Messier, célèbre astronome, a été surnommé le grand *dénicheur* de comètes.

Boursault raconte dans ses *Lettres*, qu'un jeune manant de vingt-deux ou vingt-trois ans, étant allé à confesse à son curé, s'accusa d'avoir rompu la haie de son voisin, pour aller reconnaître un nid de merles. Le curé lui demanda, si les merles étaient pris? — Non, lui répondit-il ; je ne les trouve pas assez forts, et je n'irai les *dénicher* que samedi au soir. Le curé plus alerte, y alla le samedi matin, et les *dénicha* lui-même. L'autre, ayant trouvé la place vide, ne douta point de la supercherie du curé ; mais il n'osa lui en rien dire. Un jubilé l'ayant obligé de retourner à confesse, trois ou quatre mois après, il s'accusa d'aimer une jeune paysanne extrêmement jolie, et d'en être assez aimé pour obtenir ses faveurs. Quel âge a-t-elle, dit le curé? — Dix-sept ans, lui répondit-il. — Belle, sans doute? — La plus jolie de tout le village, vous dis-je. — Hé! dans quelle rue demeure-t-elle, ajouta promptement le curé ? — A d'autres, *dénicheur de merles*, lui répliqua le manant, je ne me laisse pas attraper deux fois. Le chevalier de Fontenailles a rimé ce conte assez facilement :

  Devant messire Jean Chouard,
  Magister et coq du village,
  Pierrot se vanta par hasard
  D'avoir trouvé sous le feuillage
  Un nid de merles : « Par ma foi !
  C'est une fortune pour toi ;
  Il n'est pas loin d'ici, je gage.
  — Tenez, voyez-vous ce bocage?
—Oui, je le vois.—Eh bien, l'ormeau qui fuit le coin
Est le séjour du nid que je garde avec soin.
—Les petits sont-ils drus?—Bientôt, et leur ramage
Fait déjà habiller les échos d'alentour. »
Il n'en fallut pas davantage,
Pour être bien instruit; aussi dès qu'il fut jour,
Le lendemain, plus espiègle qu'un page,
  Messire Jean mit la nichée en cage,
Pierrot y vint trop tard, et se douta du tour...
  Qu'y faire? « Au premier qui l'occupe
  Un nid appartient, dit Pierrot,
  Et je suis vraiment pris pour dupe ;
  Je le vois, mais n'en disons mot,
Et ne publions pas que je ne suis qu'un sot. »
  Un mois après, par aventure,
  En devisant sur la verdure,
  Devant le traître confident,
  Il se vanta, l'amour est imprudent,
  Qu'il avait fait une maîtresse
  Aux environs. « Vas-tu la voir souvent?
Dit le fin oiseleur, que le cas intéresse.
  — Une fois chaque jour ; encor n'est-ce pas tant
Que je voudrais. — Est-elle jeune et belle?
  — Oui, Monsieur. — Où demeure-t-elle?
  — Oh! palsangué ! nous y voilà,
Sans doute, et ce n'est pas pour enfiler des perles
  Que vous me demandez cela;
  A d'autres, *dénicheur de merles!* »

DÉNIER, v. refuser, composé de *nier*. du latin *negare* (nier, refuser). « Créon fut par lui tué à cause qu'il *déniait* la sépulture aux corps morts en la guerre d'Argos. » *Épithètes* de De la Porte, Paris, 1571.

Se donne par ses mains l'encens qu'on lui dénie.
  BOILEAU.

Je ne souffrirai point que ce fils odieux,
Que je viens pour jamais de bannir de mes yeux,

Possédant une amour qui me fut *déniée*,
Vous fasse des Romains devenir l'alliée.
RACINE, *Mithridate*, act. III, sc. 5.

« *Déniée* pour *refusée*, vieux mot que la poésie a conservé, et dont Racine a fait usage dans *Iphigénie* :

Pour obtenir les vents que le ciel vous dénie.
Sc. I. »

GEOFFROY, *sur Racine*, au lieu cité.

DENIER, *s. m.* petite monnaie valant le douzième d'un sou, du latin *denarius*, nom d'une pièce de monnaie, qui, chez les Romains, valait dix as, ce qui lui fit donner ce nom : on la marquait avec un X.

Un vieillard, las de son veuvage,
Voulut, malgré ses soixante ans,
Tâter encor du mariage,
Et prit *à beaux deniers comptans*,
Jeune houri pour son usage.
IMBERT, *la Leçon du vieux Mari*, conte.

DENIER A DIEU. C'est, dit Moréri, dans son *Diction. historique*, au mot *Denier*, le peu d'argent que l'on donne à celui de qui on loue, ou de qui on achète quelque chose, pour arrhe et assurance que l'on tiendra le marché qu'on a fait avec lui. On appelle cet argent *denier à Dieu*, parce qu'on le donne principalement pour en faire aumône au pauvre. Pathelin, donnant un *denier* pour arrhes au drapier qui lui vend du drap, dit :

Dieu sera
Payé des premiers, c'est raison,
Voici un *denier*, ne faison (faisons)
Rien qui soit où Dieu ne se nomme.

LE DRAPIER.

Par Dieu vous dictes que bon homme.
(vous parlez comme un brave homme).
La Farce de Maistre Pathelin, p. 12, Lyon, 1538.

Et plus haut Pathelin répond à sa femme qui lui demande comment il a pu avoir tant de drap pour un denier :

Ce fut pour le *denier à Dieu*.

Ceci prouve l'usage où étaient nos ancêtres de donner au vendeur une légère pièce de monnaie, comme s'ils l'eussent donnée à Dieu, pour le rendre en quelque sorte garant et témoin du marché, inviolable sous peine de sacrilége ; et la raison qui fit donner à cette pièce le nom de *denier à Dieu*.

DÉNIGREMENT, *s. m.* mot très-français, et plus français que jamais aujourd'hui.

DÉNIGRER, *v.* noircir la réputation. Ce terme était vieux et bas du temps de Richelet ; aujourd'hui il a repris toute faveur.

Si les gens de latin des sots sont *dénigrés*.
RÉGNIER, *Sat.* III.

DÉNOUABLE, *adj.* qui peut être dénoué. Pourquoi n'avoir pas conservé ce mot qui se trouve dans un de nos anciens poëtes.

Par le lien du mariage
Non *desnouable* et plus estraint,
Qui toute franchise restraint,
Et n'en puet (peut) nul desnouer.
EUST. DESCHAMPS.

DÉNOUER, *v.* composé de *nouer*, vient du latin *denodare* qui a la même signification. « J'estime, dit Montaigne, liv. 1, chap. 17, que nos ames sont *desnouées* à vingt ans ce qu'elles doivent estre et qu'elles promettent tout ce qu'elles pourront. » « Je me *desnoue* partout ; mes adieux sont tantost faicts de chacun, sauf de moy. » MONT. liv. 1, ch. 19 ; en parlant de la mort.

Ma langue n'attend pas que l'argent la *dénoue*.
BOILEAU.

On dit de quelqu'un dont le mérite est bien inférieur à celui d'une autre personne qu'*il n'est pas digne de dénouer les cordons de ses souliers*. Cette expression proverbiale est empruntée de saint Jean qui dit, ch. 1, verset 27, en parlant du Christ : *Ego non sum dignus ut* solvam *ejus corrigiam calceamenti* (je ne suis pas digne de *dénouer* les cordons de ses souliers).

DENRÉE, *s. f.* Ce mot, selon Chantereau Lefèvre et M. Roquefort, vient de *denier*, parce que, dit le premier, dans son *Traité des fiefs*, durant les sept ou huit cents premières années de la monarchie française, on n'employait qu'une petite quantité de deniers à l'achat des denrées ; du latin *denarius*, dit le second, dans son *Gloss. de la lang. romane*, on a fait *denier*, et de celui-ci *denrée*, nom qu'on donnait à toutes les menues marchandises, parce qu'elles se vendaient à des prix médiocres.

Denrée, dans le *Gloss. du Roman du Renard*, est traduit par valeur d'un denier.

« Ceste non-chalance bestiale nous vend trop cher ses *denrées*. » MONT. liv. 1, ch. 59.

. . . . C'est chère *denrée*
Qu'un protecteur. . . . . .
          LA FONTAINE, liv. VIII, *fabl.* 18.

On le trouve employé dans *la Farce de Pathelin*, dans le sens de denier, argent :

. . . . Et sy prestoit
Ses *denrées* à qui le vouloit.

DENT, s. f. du latin *dens* qui a la même signification.

L'autre de faux cheveux compose sa coiffure;
Cette autre *de ses dents bâtit l'architecture*.
            REGNARD, *le Bal*, comédie, sc. 7.

Bâtir l'architecture de ses dents pour dire se composer un râtelier de fausses dents. Boileau a dit bien plus heureusement :

Ou qu'une main savante avec tant d'artifice
Bâtit de ses cheveux l'élégant *édifice*;

expression d'autant plus juste, qu'à une certaine époque du règne de Louis XIV, les coiffures étaient d'une haûteur démesurée, comme on peut le voir dans les gravures du temps.

Ce mot entre dans un grand nombre de locutions figurées et adverbiales; nous nous contenterons d'en expliquer quelques-unes.

On dit au figuré *ne pas desserrer les dents*, pour dire ne pas proférer une parole, ne rien dire; en suivant cette figure, Mme la marquise de la Fer*** a eu raison de dire, dans sa jolie fable *de la Pie et de l'Hirondelle*, en parlant de la tourterelle :

Elle reste avec moi toute l'après-dînée
Sans *desserrer le bec*, sans me dire un seul mot.

Homère a dit, dans le même sens : quelle parole vous est sortie *de la haie des dents?*

« *Avoir une dent de lait contre quelqu'un*, c'est-à-dire, selon de Brieux, une vieille inimitié : les *dents* se prennent métaphoriquement pour envie, malice, animosité. *Mordre et déchirer quelqu'un*, c'est l'offenser soit par faits, soit par paroles. *Montrer les dents*, c'est-à-dire témoigner qu'on a de la vigueur et de quoi se défendre. Les *dents de lait* sont celles qui naissent les premières : une *dent de lait* seroit donc en quelque façon, comme qui diroit une inimitié sucée avec le lait. » « Le Dictionnaire de l'Académie distingue entre *avoir* simplement *une dent*, et *avoir une dent de lait contre quelqu'un*; ce dernier, dit l'Académie, signifiant haïr quelqu'un *depuis long-temps*, comme qui diroit haïr dès le temps qu'on avoit encore *ses dents de lait*. Mais ces Messieurs se sont trompez, la dernière de ces expressions ne signifiant pas plus que l'autre. On a dit *dent de lait*, purement par allusion de *lait* à *le hait*. Bien des gens n'aspirent point l'*h* dans le verbe *haïr*, les Gascons surtout, et c'est vraisemblablement d'eux que vient le proverbe pour dire de quelqu'un, qu'on le hait assez pour lui donner dans l'occasion un coup de dent. » *Ducatiana*, tom. II, pag. 493, Amsterdam, 1738. « Je croyois que ceste vieille *dent* d'inimitié, que les Jésuites luy portoient, fust ostée par sa mort. » NIC. PASQUIER, en parlant de son père, liv. X, *lett.* 4.

Malgré lui, malgré ses dents, se dit par métaplasme ou abréviation de mots, pour malgré lui, malgré ses aidants. *Dict. de l'Académie* au mot *Métaplasme*, édition de Moutardier, 1802. « Cette non-chalance dans la prononciation, qui n'est pas incompatible avec l'impatience de s'exprimer, nous fait, dit M. Duclos, altérer jusqu'à la nature des mots, en les coupant de façon que le sens n'en est plus raisonnable. On dit, par exemple, aujourd'hui proverbialement, en dépit de lui et de ses *dens*, au lieu de ses *aidans*. Nous avons plus qu'on ne croit de ces mots raccourcis ou altérés par l'usage. » *Grammaire de Port-Royal*. Remarque, ch. 1, p. 10.

Cette remarque paraît d'autant plus juste, que nous lisons dans un roman fort ancien : « Il (Charlemagne) fit tondre (raser) Pepin en une abbaye, à ses *aidans* fist couper les testes. » *Roman des Neuf Preux*.

A une coquette surannée.

Il vous faudrait, Alix, pour mériter des soins,
Vingt *dents* de plus, vingt ans de moins.

DENTÉ, ÉE, adj. « Un mot *denté* et plein d'aiguillons. » NIC. PASQUIER, liv. 1, *lett*. 16.

DENTÉE, s. f. Ce mot a quelque énergie; mais on ne le trouve que dans un auteur qui ne fait point autorité, Richer, *Ovide Bouffon*, l. III :

Bref, sa peau de mainte *dentée*
En peu de temps est mouchetée.

DÉNUEMENT, s. m. Le P. Bouhours ne permettait l'usage de ce mot qu'aux dévots. Il est aujourd'hui sorti du langage ascétique.

DÉNUER, du latin *denudare* (mettre à nu, dépouiller des vêtemens). On le trouve en ce sens propre, dans un ouvrage du commencement du 17e siècle, intitulé *les Embrassemens amoureux*, premier embrassement : « Les petits Cupidons commencèrent à *desnuer* ma belle Calisto de ses vêtemens, l'un lui deslioit son ruban, etc. » .....

Il ne se prend plus qu'au figuré, pour priver. « La raison et la justice, *dénuées* de tous leurs ornemens, ni ne persuadent, ni n'intimident. » LA BRUYÈRE.

Le ciel n'a pas d'attraits *dénué* mon visage.
DOMERGUE, traduct. des *Eglogues de Virgile*.

DÉPAREILLÉ, ÉE, part. « Si une femme, dit Voltaire, n'a pas son amant, comme les autres, elle est ce qu'on appelle *dépareillée*; elle est honteuse, elle n'ose se montrer. »

DÉPARER, v. Un nez mal fait *dépare* un visage. Richelet blâme cette locution; elle est aujourd'hui en usage.

DÉPARLER, v. Hauteroche attaque ces bavards qui

Commencent de parler, pour ne *déparler* point.

DÉPART, s. m. éloignement, sortie, séparation. On a dit anciennement *départir*, *département*, et même *partement*; *départie* a aussi été en usage.

Je ne m'aperçois pas que le destin m'apprête
Un autre *partement*.
MALHERBE, *Stances pour Alcandre*, au retour d'Oranthe à Fontainebleau, *Poésies*, liv. 5.

Mon retour de bien peu suivra mon *partement*.
RACAN, *la Nymphe de la Seine*.

« Moult (bien) fut ceste *départie* piteuse. » *Les Neuf Preux*.

Cruelle *départie* !
Malheureux jour !
Que ne suis-je sans vie
Ou sans amour !

disoit Henri IV dans une chanson qu'il fit pour Gabrielle d'Estrées.

Que l'extrême regret ne m'ait point empêché
De me laisser résoudre à cette *départie*.
MALHERBE, *Poésies*, liv. V, 6e sonnet.

Malleville a dit de même dans une de ses épigrammes :

Je t'offrirais mon cœur à cette *départie*.

« *Départie* pour *départ* n'est plus en usage. » MÉNAGE, *Observations sur les poésies de Malherbe*.

DÉPART, dans le sens de *partage*, *séparation*, est aujourd'hui un terme de chimie qui signifie séparation des métaux par dissolution ; c'était autrefois un mot vulgaire, ainsi qu'on peut s'en convaincre par l'exemple suivant : « La rivière de Saone fait, depuis Lorraine jusques audict Lion, le *départ* de la duché de Bourgoigne. » *Les Epithètes* de De la Porte, p. 249, Paris, 1571.

DÉPARTIR, v. est un composé de *partir*, qui s'est dit anciennement pour *diviser*, *partager*, du latin *partiri* (distribuer, diviser par parties). Dans cette acception, *départir* n'est pas tout-à-fait hors d'usage.

Quand il fut venu au buisson,
Il cuida *partir* au bacon (il pensa avoir sa part du
[morceau de lard).
Roman du Renard, v. 7936 (13e siècle).

Compaignon se il sont ensemble
Et il trouvent rien, ce me semble
Ensemble doivent bien *partir*.
Ibid. v. 2369.

« Aristophane raconte que les hommes étoient au commencement doubles ; mais que Jupiter après les *partist* par le milieu. » MURET, *Commentaires sur les Amours de Ronsard*.

Départir pour dire séparer deux combattans, se trouve dans le roman de *Tristan, chevalier de la table ronde*, ouvrage imprimé dans le 16e siècle. « Lancelot d'elle se devoit *départir*, dont elle souspiroit et plouroit moult tendrement. » *Lancelot du Lac*. (*Se départir de quelqu'un*, s'en séparer).

« Cette parfaite amitié de quoy je parle, est indivisible : chacun se donne si entier à son amy, qu'il ne luy reste rien à *départir* ailleurs. » MONT. « J'ay peu me mesler des charges publiques, sans me *despartir* de moy de la largeur d'un ongle, et me donner à autruy, sans m'oster à moy. » *Le même*, liv. III, chap. 10. «: La vigilance estoit telle en lui, qu'il *départoit* la nuict à trois ou quatre parties, dont la moindre estoit celle qu'il donnoit au sommeil. » *Le même*. « Les Etats où la multitude gouverne..... se *départent* aussi facilement *des lois* que *du culte* de leurs pères. » MASSILLON, *Sermon pour le dimanche des Rameaux.*

DÉPAYSER, *v.* proprement faire changer de pays; au fig. donner le change. « Il ne manqua pas de se munir de circonspection et d'égards, pour *dépayser* le public, mais le public n'est pas si sot qu'on pense. » HAMILTON, *Mémoires de Gramont.*

« Que de talens elle aura pour *dépayser un jaloux!* » DESTOUCHES, *le Triple Mariage*, sc. VI.

DÉPECER, *v.* diviser par pièces, par morceaux.

Despecier se trouve dans le *Roman du Renard* (13ᵉ siècle) où il signifie briser, mettre en *pièces;* d'où *dépecer.* Du Cange le dérive de *depeditare* qui, dans la basse latinité, a signifié la même chose. « La guerre civile est de nature si maligne et ruineuse, qu'elle se ruine quant et quant le reste : et se deschire et *despèce* de rage. » MONTAIGNE, liv. III, ch. 12. « Un parlement *dépécé* et tremblant. » SAINT-SIMON, tom. IV, l. VIII, c. 10.

On dit *dépecer* une volaille pour dire la mettre en pièces afin de la partager aux convives. Un gentilhomme bas-normand avait mis une perdrix sur son assiette pour la *dépecer*, et la servir à ses voisins, M. de Montausier lui dit : « Eh! Monsieur, qui voudra manger de ce gibier, après qu'il a traîné sur votre assiette? Ce sera moi, Monseigneur, repartit le gentilhomme, qui avait l'esprit présent, et personne n'en sera dégoûté que moi seul. »

DÉPÊCHE, *s. f.* « Nous n'en demandions que la *dépêche.* » *Satyre Mén.* C'est-à-dire, à en être débarrassés.

DÉPÊCHER, *v.* que nos pères écrivaient *despecher*, vient de la même source qu'*empêcher*, du latin *impedicare*, dont la racine est *pes, pedis* (pied), et signifie littéralement, comme dit Roubaud, *tirer et hâter les pieds*, et, par un rapport très-sensible, il sert à désigner l'action d'*expédier* promptement, la sollicitude de se délivrer, au plus tôt, d'un soin, d'un embarras, d'un travail « Si jeusner fault, dist Pantagruel, expédient aultre n'y est, fors nous en *despecher* comme d'ung maulvais chemin. » RABELAIS, t. V, p. 5, édit. 1732. « *Despecher comme d'ung mauvais chemin.* Ainsi Ménage n'est pas le premier qui se soit aperçu de la signification du verbe *despescher.* » LE DUCHAT, sur *Rabelais*, note 15, au bas de la page. Remarquons que Le Duchat avait déjà dit à la note au bas de la page 218, tom. I, « se *dépêcher*, c'est proprement se débarrasser les pieds. »

Il signifie figurément expédier, faire à la hâte; envoyer promptement.

La nuit un coche ayant versé,
On tomba les uns sur les autres ;
Chacun se crut le col cassé,
Et *dépêchoit* ses patenôtres.
GRÉCOURT.

Son général cependant *lui dépêche*,
Pour le hâter, un jeune colonel.
VOLTAIRE, *Chant de Corisandre.*

« J'arrivai lorsque Julius Atticus, de nouveau *dépêché vers moi* par Hispala, me rencontre. » LA HARPE, *Cours de Littérature*, traduct. d'une lettre de Pline le jeune, pag. 263, tom. III.

Dépêcher, a aussi signifié *débarrasser.* « Lors dist Bertrand de Guesclin au roy, que s'il lui vouloit bailler la charge, il en (en, c'est-à-dire, d'une troupe d'aventuriers qui désolaient le royaume) *despêcheroit* le royaulme. » *Les Neuf Preux*, roman imprimé en 1507. Et par extension, tuer, faire mourir, parce que, comme dit Trufaldin, *tuer*, c'est le plus sûr moyen de se débarrasser des personnes qui gênent ou qui nuisent; c'est en ce sens que Cl. Fauchet a dit : « A quoi il ne pouvoit parvenir qu'en se *despeschant* de son père. » *Antiquitez françoises*, feuillet 147, Paris, 1599. « C'est un homme expéditif qui aime à *dépêcher* les malades, et quand on a à mourir, cela se fait avec lui le plus vite du monde. » MOLIÈRE. « Il les fit *despescher* tous trois : le premier soldat, parce qu'il avoit arrest contre lui; le second qui s'estoit égaré, parce qu'il estoit cause de la mort de son compaignon; et le bourreau pour n'avoir obéi au commandement qu'on lui avoit fait. » MONTAIGNE. « Le bourreau fist ses préparatoires (préparatifs) pour lui bouter la hart au col pour le *despescher*. » *Les Cent nouvelles Nouvelles*.

FLORINDE.

« *Dépêchons* de nous sauver.

PHILIPPIN.

Les *dépêchez* sont pendus. » *La comédie des Proverbes*, act. II, sc. 5.

DÉPÊCHEUR, s. m. « Frère Jean des Entommeures, jeune, gallant..... beau *despescheur* d'heures. » RABELAIS, tom. I, pag 218, édit. de 1732.

Despêcheur d'heures, celui qui expédie à la hâte et sans dévotion la lecture de certaines prières au récit desquelles il voudrait n'être point assujetti.

DÉPENDRE, v. composé de *pendre*, du latin *pendere* (dépendre, être soumis), qui s'est dit dans le sens de *dépendre*. « Il faut ribon ribaine, que tous les rois, empereurs, potentats et seigneurs *pendent* de luy (du pape), tiennent de luy, etc. » RABELAIS, tom. IV, pag. 283, édit. de 1732. « N'avons-nous point encore la cognoissance que nostre bien *pend* de nostre trespas. » D'URFÉ, l. I, de la 3e partie d'*Astrée*.

Bien qu'il m'eût à l'abord doucement fait entendre
Qu'il estoit mon valet à vendre et à *dépendre*.
RÉGNIER, *Satire* VIII.

Nous disons encore proverbialement : *Je suis à vous à vendre et à dépendre*. *Dépendre*, en ce sens, est pris dans son ancienne acception pour *dépenser*, comme qui dirait : je suis prêt à vendre tout pour vous, même ma propre personne, et à en *dépenser* le produit pour votre service. *Voy*. DÉPENSER.

DÉPENS, s. m. plur. « A grands frais et *dépens*. » *Chroniques* de Monstrelet. « Il y a quinze jours que vous *estes accouchée*, mamie; il faut regarder au moins perdre (il faut aviser à perdre le moins possible), car les *despens* sont grands. » *Les Quinze Joyes du Mariage*, pag. 42, La Haye, 1734.

Les *dépens*, les *dépenses*; ce mot *dépens*, s'est encore conservé au barreau, où l'on dit, *payer les dépens*, *condamner aux dépens*, etc.

O l'invention salutaire,
Que la justice avec *dépens* !
Vous disputez un pied de terre;
Il vous en coûte vingt arpens.

Dépens, s'emploie aussi dans quelques acceptions figurées et proverbiales.

Il fait des vers gais et plaisans;
Il rit en donnant des htailles :
On commence à craindre à Versailles
De le voir *rire à nos dépens*.
VOLTAIRE, *Epître* LIV, au roi de Prusse.

DÉPENSE, s. f. « Qu'avez-vous fait pour devenir aussi riche comme vous estes ?—Monsieur, je vous le diray en deux mots : c'est que j'ai fait grande diligence et petite *despense*. » DESPÉRIERS, *Nouv*. LV. « Au pis aller, courez tousiours par retranchement de *dépense*, au-devant de la pauvreté. » MONTAIGNE.

Et le bon seigneur souvent pense
Qu'il lui doit plus que sa *dépense*,

dit Scarron, en parlant des procédés de Didon à l'égard d'Enée.

DÉPENSER, v. que nos pères ont dit d'abord *despendre*, puis *dépendre*, du latin *dispendere*, qui a la même signification.

Moult il estoit avers (avare) et chiches,
Qar (car) de *despendre* n'avoit cure.
Le Roman du Renard (13e siècle).

On lit dans Monstrelet : « Car pour le temps, le roi *dépendoit* (dépensait) le moins qu'il povoit, et entendoit à assembler trésor, etc. » « Et prendray à gloyre qu'on die (disc) de moy que plus en vin aye *despendu* qu'en huyle. » RABELAIS, *prologue* du liv. 1. « Que feist (fit) Démosthènes, quand de lui on disoit que plus en huyle qu'en vin *despendoit*. » *Ibidem*.

Dépendre pour *dépenser*, se disait encore à la cour du temps de Vaugelas. Le duc de Bellegarde, gascon et entendant la raillerie, demanda un jour à Malherbe, lequel était le mieux dit de *dépensé* ou *dépendu*? Le poète répondit que *dépensé* était plus français ; mais que *dépendu*, *pendu*, *répendu* étaient plus propres pour les Gascons. « Elle n'est point la dupe de la sorte de tendresse et d'amitié qu'on y *dépense* (à la cour). » Mme DE SÉVIGNÉ.

On avait déjà dit *escompter la vie*, M. de Ségur a dit d'une manière aussi neuve que hardie, en parlant de l'homme dans l'ardeur de la jeunesse : « ....On dirait qu'il a hâte de *dépenser la vie*. » *Les Quatre Ages de la vie*.

DÉPENSIER, *s. m*. Linguet en a fait un adjectif féminin. « L'ineptie *dépensière* qui dirigeait malheureusement de son temps (de M. Necker) les forces navales du royaume. »

DÉPERSÉCUTER, *v*. « Peut-être y aura-t-il enfin des ames raisonnables qui rougiront de cet excès de barbarie au 18e siècle (le supplice du chevalier de la Barre), et qui tâcheront d'effacer cette flétrissure en faisant *dépersécuter* le compagnon de cet infortuné. » C'est dans une lettre que Voltaire a placé ce mot, et il ne peut guères en effet trouver place que là.

DÉPERSUADER, *v*. Ce mot, omis dans le *Dict. de l'Acad.* n'est point vieux, comme on le dit dans quelques autres. Il est familier, et signifie détruire la persuasion où l'on est de quelque chose. « Avant de le déclarer innocent, il faut que je le croye, et je crois si décidément le contraire, que vous aurez de la peine à me *dépersuader*. » J. J. ROUSSEAU.

DÉPÊTRER, *v*. Il ne se dit au propre que des pieds, quand ils sont embarrassés : aussi a-t-il *pes*, *pedis* (pied) pour racine, comme les verbes *dépêcher* et *empêtrer*.

Se dépêtrer d'un bourbier. Académ. Au figuré il signifie débarrasser, tirer d'embarras, délivrer. « La pauvreté est si gluante qu'on ne saurait s'en *dépêtrer*. » ABLANCOURT. On a dit *dépestrer*, et même *despiêtrer*; ce dernier se rapproche du mot *pied*. « Qu'il se soit *despiêtré* de ceste difficulté du mieux qu'il ait pu. » *Grammaire* de Ramus, pag. 17, Paris, 1572. « *Dépestrons*-nous de ces violentes prinses qui nous engagent ailleurs et esloignent de nous. » MONT. l. 1, c. 38. « Quand je considère la grandeur incomparable de cette ame (de César), j'excuse la victoire de ne s'estre peu *dépestrer* de luy, voire en cette très-injuste et très-inique cause. » *Le même*, liv. 11, c. 33.

DÉPÉTRIFIER, *v*. C'est un mot de Du Fresny. « *Dépétrifiez-vous*, » dit dans *le Mariage fait et rompu*, le gascon Glacignac à Valère, désolé de le voir au fait d'une intrigue ourdie pour favoriser son amour.

DÉPEUPLER, *v*. C'est un composé de *peupler*, du latin *depopulari* (rendre moins peuplé); on trouve même *dépopuler* pour *dépeupler*, ravager, dans J. le Maire de Belges. Il nous en reste *dépopulation*, état d'un pays dépeuplé.

On a dit aussi *dépopulateur*, *dépopulatrice*, pour celui, celle qui dépeuple, qui ravage. Ce mot utile, qu'on aimerait voir rétablir, a été employé par Raynal : « Les rennes et les élans se trouvent dans le Nouveau-Monde à de moindres latitudes, parce que ces nouvelles terres sont moins habitées par l'homme *dépopulateur*. » *Histoire philosophique des Deux Indes*.

DÉPICHE-MARCHÉ, *s. m*. Ce mot a vieilli; on disait autrefois d'un homme complaisant et de bonne humeur : Il n'est pas un *dépiche-marché*, il ne rompra pas la partie.

DÉPIQUER, *v*. composé de *piquer*; *dépiquer*, ôter à quelqu'un le chagrin, le dépit qu'il a de quelque chose, faire qu'il n'en soit plus piqué. « Il y a, dit de Caillères, un autre terme fort à la mode présentement, qui est *se dépicquer*, il ne me paroit.

pas si heureusement inventé que celui d'*impolitesse*, parce qu'il n'offre pas d'abord si clairement à l'esprit ce qu'il veut exprimer; mais puisqu'il sert à enrichir notre langue, je suis d'avis que nous nous en servions, à condition, toutefois, qu'on n'imitera pas la mauvaise affectation de certains jeunes gens qui le disent si souvent, que cela seroit capable d'en dégoûter, car les meilleures choses rebutent quand on en use avec excès. J'en ai vu un exemple à Versailles, en la personne d'un jeune courtisan si charmé de ce mot, qu'*il se dépicquoit* sur tout; j'ai, disoit-il, perdu mon argent à jouer au portique, je vais me *dépicquer* à jouer au trictrac ; je bus hier de mauvais vin de chez Rousseau, il faut que je me *dépicque* à en boire aujourd'hui de meilleur de chez Tribouleau, etc. » *Les Mots à la mode*, pag. 43, Paris, 1692. » Si j'ai été assez heureux pour trouver quelque place dans votre amitié, ce gain-là me *dépique* de toutes mes pertes. » VOITURE. « Je m'occupe du temps passé, pour me *dépiquer* du temps présent. » VOLTAIRE, *Lettres.*

Si quelque jour pour *vous* bien *dépiquer*
De la guenon qui fit votre conquête,
On vous offrait une personne honnête.
Le même, la Prude, comédie, act. III, sc. 2.

(*Vous dépiquer*, vous détacher de...)

DÉPITEUSEMENT, *adv.* avec dépit. « Je m'employe à mes affaires domestiques, mais *despiteusement*. » MONTAIGNE, liv. III, c. 9.

DÉPITEUX, EUSE, *adj.* qui se dépite. « C'est un fort *dépiteux* marmot. » VOITURE.

On a dit aussi *dépit, ite,* qui se trouve dans le *Dict.* de Philib. Monet, Rouen, 1637.

Et là, veuve, seule et *dépite*,
Ne reçoit aucune visite.
Menagii Miscellanea, pag. 99, in-4°, 1652.

De ces trois mots, *dépit, ite, dépiteusement* ne sont plus d'usage, et *dépiteux* est vieux.

DÉPLACÉ, ÉE, *adj.* C'est souvent lorsqu'on est en place, qu'on est le plus *déplacé*.

DÉPLAIRE, *v.* « Il faut inspirer aux enfans, non le désir de plaire, mais la crainte de *déplaire*. » Mme NECKER.

DÉPLAISANCE, *s. f.* « Il faut éviter la société des gens médiocres, et quand les circonstances nous obligent à la supporter, il ne faut jamais marquer l'ennui et la *déplaisance* qu'elle nous cause. » Mme NECKER.

DÉPLANCHÉ, ÉE, *adj.* « L'aultre monta, comme elle luy dict, en ce petit grenier, qui estoit d'ancien édifice, tout *desplanché*, tout deslatté et pertuisé et rompu en plusieurs lieux. » *Cent nouvelles Nouv.* nouvelle XXXIV.

DÉPLEURER, *v.* composé de *pleurer*. Il ne peut s'employer que dans le discours familier et avec la négation. *Ne pas cesser de pleurer*. « Depuis quelque temps elle ne *dépleure* pas. » *La Femme vengée*, act. 1, sc. 5. *Théâtre italien* de Ghérardi.

Et plus bas, Colombine dit à son époux : « Que ton absence m'a causé d'alarmes! il y a quatre mois que je ne *dépleure* pas. » *Ibidem*, act. 1, sc. 7.

DÉPLORABLE, *adj.* qui mérite d'être déploré, digne de compassion, de pitié.

Je te vis à regret, en cet état funeste,
Prêt à suivre partout le *déplorable* Oreste.
RACINE, *Andromaque*, act. 1, sc. 1.

« Le grammairien d'Olivet ne veut pas que l'épithète *déplorable* s'applique aux personnes; le *Diction. de l'Acad.* le défend ; mais la poésie s'affranchit quelquefois des entraves de la grammaire. Racine, dans ses meilleurs ouvrages, applique le mot *déplorable* aux personnes :

Vous voyez devant vous *un prince déplorable*.
Phèdre, act. II, sc. 2.

Phèdre épargnait plutôt *un père déplorable*.
Idem, act. IV, sc. 1.

Déplorable héritier de ces rois triomphans
Ochosias, etc. . . . .
Athalie, act. 1, sc. 1.

» Aujourd'hui aucun poète ne doit se faire un scrupule d'employer une expression consacrée dans les chefs-d'œuvre de Racine. » GEOFFROY, *Œuvres de J. Racine*, au lieu cité.

« Le mot *déplorer*, dit M. Aimé-Martin, dans ses *Notes sur Racine*, ne se dit guère que des choses ; on ne déplore pas les personnes, cependant, ajoute-t-il, il n'est pas inutile de remarquer que le mot *déplorable*, dans le style soutenu, peut s'appliquer aux personnes, et Racine l'a heureusement employé dans *Andromaque*, *Phèdre*, *Esther* et *Athalie*. » A ces autorités d'un grand poids, nous en joindrons deux non moins respectables :

Père, époux malheureux, famille *déplorable*.
VOLTAIRE, *la Henriade*, chant VIII.

Au départ de ses fils, leur *déplorable* père
Ne dut pas de leur songe expliquer le mystère.
AIGNAN, trad. de l'*Iliade*, liv. V.

DÉPLORATION, *s. f.* s'est dit autrefois pour lamentations, regret, doléance ; il se trouve en ce sens dans le *Parallèle des lang. franç. et lat.* de Phil. Monet, Rouen, 1637. Un de nos auteurs du dernier siècle n'a pas fait difficulté de se servir de cet ancien terme, et l'on ne peut blâmer l'usage qu'il en a fait : « Les pénitens de Lyon firent une grande pompe funèbre en *déploration* du massacre fait à Blois, sur Louis et Henri de Lorraine. » THOMAS.

Déploration ; on a aussi donné ce nom à une ancienne espèce de poème. « La *déploration*, dit Charles Fontaine, *Abréviation de l'Art poétique*, pag. 255, Lyon, 1576, est plainte sur quelque inconvénient escheu, non seulement appliquée aux élégies, ains (mais) aussi aux épitaphes, églogues et autres compositions. » On en trouve des exemples dans nos anciens poètes. Guillaume Cretin, qui vivait dans le commencement du 15e siècle, en a composé une sur le trépas d'Okergan, trésorier de Saint-Martin de Tours.

DÉPLOYER, *v.* « Et sur ce, le galand, qui a un peu de délay, *déploye* ses jambes et s'en va. » *Quinze Joyes du Mariage*, xve joyc.

DÉPLUMER, *v.* ôter les plumes, au propre. « Lors notre curé se voyant ainsi *déplumé* de amendes et confiscations, dit à Monseigneur l'official. » *Cent nouvelles Nouvelles*, nouvelle XCIV. Montaigne est si éloigné de vouloir s'approprier les pensées d'autrui, « qu'il aimerait, dit-il, quelqu'un qui le sceust *déplumer* par clarté de jugement, par la seule distinction de la force et beauté des paroles. » Liv. II, c. 10.

DÉPOLLUER, *v.* M. Sablier, dans son *Essai sur les langues*, propose de réhabiliter ce mot, dont Henri IV s'est servi. Mais ce mot tient à des idées peu honnêtes, et l'on sait que Corneille n'a pu faire passer l'expression d'*épouse impolluc*.

DÉPOPULATEUR, DÉPOPULATRICE, *adj.* et *subst. V.* DÉPEUPLER.

DÉPOSER, *v.* composé de *poser*. Il vient du latin *depositum*, supin de *deponere* (déposer, mettre bas). « *Ils déposoient les empereurs de leur siége*, gratifians de la couronne, etc. » ET. PASQUIER, *Recherches sur la France*.

Quand on dit *déposer* quelqu'un, ne sous-entend-on pas toujours, de son siége, de son trône, de sa place? Car *déposer*, signifie poser en bas, faire descendre. « Cette conduite fait que beaucoup de cités, jusqu'alors indépendantes, donnent des otages et *déposent leurs ressentimens*. » MOLLEVAUT, trad. de la *Vie d'Agricola*, pag. 53. Cette expression métaphorique est empruntée du latin ; Tacite dit de même en cet endroit : *iram posuére*. Cette locution n'est-elle pas prise des armes ? *arma ponere* veut dire *poser les armes*, *mettre bas les armes*, par conséquent ne plus faire la guerre, et par extension, ne plus se voir en ennemis, ne plus s'en vouloir, *déposer tout sentiment de haine* ?

Déposer, dans le sens de confier, également du latin *deponere*, par allusion à la semence qu'on enfouit, qu'on dépose dans le sein de la terre.

DÉPOSSÉDER, *v.* ôter la possession.

Le roi de son pouvoir se voit *déposséder*.
RACINE, *Iphigénie*, act. V, sc. 3.

N'espérez pas me nuire et me *déposséder*
Des droits que Rome accorde aux tribuns militaires.
VOLTAIRE, *les Guèbres*, act. I, sc. 3.

« Quand le grand Corneille voulut faire une *Sophonisbe*, trente ans après celle de Mairet, il ne put *la déposséder du théâtre*, et resta au-dessous de ce qu'il voulait effacer. » LA HARPE, *Cours de Littérature*, tom. IV, p. 203.

DÉPOUILLE, *s. f.* Il vient du latin *pellis* (peau, pelle, comme on parlait autrefois) et signifie proprement la peau ôtée du corps de certains animaux ; il est donc pris dans son acception première et rigoureuse dans les vers suivans :

> Là, corps-à-corps il avait combattu,
> Et plus adroit, à ses pieds abattu
> Un ours affreux, terreur de la contrée.
> De sa *dépouille* il fit un vêtement.
> PARNY, *les Rosecroix*, c. VI.

Il s'est dit figurément de ce qui servait à vêtir quelqu'un, comme la peau sert à couvrir les animaux ;

> Sur un saule courbé je suspends ma *dépouille* (mes vêtemens).
> DESAINTANGE, trad. des *Métam. d'Ovid.* l. V.

et par extension, des vêtemens ou autres objets qu'on enlève aux ennemis :

> La paix, rentrant au bruit des chants harmonieux,
> Traînait des camps voisins, dans les cités oisives,
> Les foudres désarmés, les *dépouilles* captives.
> THOMAS.

Par métaphore on a dit, dans le style soutenu, et surtout en poésie, *la dépouille des guérets*, pour les grains, *la dépouille des arbres*, pour les feuilles, *la dépouille des vergers*, pour les fruits, etc. ; parce que les grains couvrent les guérets, et leur servent en quelque sorte de vêtement, comme les feuilles font aux arbres et les fruits aux vergers.

> De la *dépouille* de nos bois
> L'automne avoit jonché la terre ;
> Le rossignol'étoit sans voix,
> Le bocage sans mystère.
> MILLEVOYE.

DÉPOUILLER, *v.* qu'on a écrit d'abord *despouiller*, du latin *despoliare* (ôter la peau).

> *Dépouillé* de sa peau, son corps n'est qu'une plaie.
> DESAINTANGE, trad. des *Métam. d'Ovid.*

> Tandis qu'aux bords Crétois le ravisseur d'Europe
> D'un taureau mensonger *dépouille* l'enveloppe.
> Le même.

> Eh bien ! *dépouille* enfin cette douceur contrainte.
> RACINE, *Alexandre*, act. IV, sc. 3.

« Racine, dans ses meilleurs ouvrages, se sert fréquemment du mot *dépouiller*, dans le sens actif : c'est un synonyme élégant et poétique de quitter, abjurer, abandonner, renoncer à, etc. Il ne peut pas avoir de meilleur titre pour être admis dans notre poésie, que l'usage qu'en fait notre plus grand poète. » GEOFFROY, *Œuvres de J. Racine*, au lieu cité.

> Non, il faut à tes yeux *dépouiller* l'artifice.
> RACINE, *Esther*, act. II, sc. I.

« Nous avons déjà vu Racine employer activement le verbe *dépouiller*, et nous le verrons encore dans *Athalie*, user de la même liberté, qu'on ne peut refuser aux poètes. En prose on dit *se dépouiller de quelque chose*. » GEOFFROY, *Œuvres de J. Racine*, au lieu cité.

> Je tremble qu'Athalie. . . . .
> Et d'un respect forcé ne *dépouille* les restes.
> RACINE, *Athalie*, act. I, sc. I.

> Liban, *dépouille*-toi de tes cèdres antiques.
> Le même, *Esther*, sc. dern.

> La terre se *dépouille*, et bientôt reverdit.
> COLIN-D'HARLEVILLE.

Nous disons figurément *dépouiller quelqu'un*, pour dire le ruiner, le voler, à l'exemple des Latins. On trouve dans Plaute *despoliare hominem* (voler quelqu'un).

DÉPOUILLÉ, ÉE, *part.* de *dépouiller*.

> Nu, *dépouillé* d'honneur et vide d'innocence,
> Je rougis de me voir, et je vais désormais
> Me cacher dans le sein des bois les plus épais.
> L. RACINE.

> Sur ce point elle vient, me prend et me détache,
> Et le pourpoint du dos par force elle m'arrache,
> Comme si nostre jeu fût *au roy despouillé*.
> REGNIER, *Satire* II.

Le jeu *du roy dépouillé* est un jeu où l'on enlève à l'un des joueurs, pièce par pièce, une partie de ses vêtemens.

« *Jouer au roi dépouillé*. Manière de parler qui vient d'un jeu qu'on nomme ainsi, où on dépouille, jusqu'à la chemise, celui que le sort a fait roi ; et, par raillerie, on applique cette manière de parler à une personne qui par hasard a été *dépouillée* par les voleurs, filous et autres vauriens, ou qui a perdu, par hasard, toutes ses nippes et tous ses effets. » LEROUX, *Dictionn. comique*, Amsterdam, 1718.

DÉPOURVU, UE, *part.* de l'ancien verbe *dépourvoir*, encore usité à l'infinitif, et le composé de *pourvoir*, du latin *providere*.

Et ne pouvant la frauder de sa pomme,
La veut par vous *despourvoir* de tout homme.
SAINT-GELAIS, pag. 47, Paris, 1719.

Au dépourvu est une façon de parler adverbiale qui signifie sans être préparé, sans être pourvu de ce qui est nécessaire; on a dit autrefois *à l'impourvu* dans le même sens : « Les soldats, les voleurs, les chasseurs et autres qui veulent surprendre sans bruit et *à l'impourveu*, se cachent, etc. » Le P. LABBE, *Etymol. des mots françois*, pag. 84, Paris, 1661.

DÉPRAVATION, *s. f.* Ce mot était vieux du temps de Richelet. Il est très-beau, très-harmonieux, d'un sens très-expressif, et méritait d'être rajeuni.

DÉPRENDRE, *v.* détacher, composé de *prendre*. « Considère combien artificieusement et doucement la nécessité te desgoûte et *desprend* du monde. » MONT. liv. III, ch. 13. « *Déprenons-nous* de toutes les liaisons qui nous attachent à autrui. » *Le même*, liv. 1, ch. 38. « J'ai réfléchi souvent à l'extrême malheur de se laisser entraîner à l'ivresse du monde, et au formidable état d'un ambitieux, que ni les richesses, ni le domestique le plus agréable, ni la dignité acquise, ni l'âge, ni l'impuissance corporelle n'en peuvent *déprendre*. » SAINT-SIMON, *Hommes illustres*, etc. tom. II. « Ils (les hommes) flottent au gré de l'inconstance des choses humaines, voulant sans cesse se fixer dans les créatures, et sans cesse obligés de s'en *déprendre*. » MASSILLON.

DÉPRESSER, *v.* composé de *presser*, qui ne s'emploie aujourd'hui que comme terme d'art, était autrefois un terme vulgaire pour dire tirer de presse. On a dit aussi, mais moins heureusement, comme l'observe M. Ch. Pougens, *désempresser*.

Dépresser, faire sortir un ouvrage de dessous la presse. « En attendant qu'avec la grâce de Dieu je te *dépresserai* quelque chose de plus sérieux. » *Sat. Ménippée*.

DÉPRIER, *v.* composé de *prier*; envoyer s'excuser envers les personnes qu'on avait invitées, les contremander. *Acad.* C'est en ce sens que Boissy a dit : « Je vais contremander le souper et *déprier* nos gens. » *Le Français à Londres*, sc. VI. « Le roi Midas se trouva accablé sous le poids de son désir (tout ce qu'il touchait se convertissant en or suivant la demande qu'il en avait faite aux dieux), et estrené d'une insupportable incommodité : il lui fallut *desprier* ses prières. » *Essais de Montaigne*, tom. V, pag. 169. Paris, 1789. « Le mot *desprier* vient si bien ici, qu'on n'en sauroit trouver un plus clair, plus court, ni plus expressif : et, par conséquent, il seroit ridicule de le bannir de nos Dictionnaires, il faudroit l'y conserver précieusement. Il se trouve dans le *Dict. de l'Acad. franç.* mais en un sens très-différent de celui qu'il a dans cet endroit de Montaigne. » COSTE, *note sur Montaigne*, au lieu cité.

DÉPRISER, *v.* composé de *priser*, pour témoigner qu'on fait peu de cas de quelqu'un, de quelque chose, se dit encore aujourd'hui ; mais nous avons perdu *déprisement*, l'action de *dépriser*, qui se trouve dans Rabelais, et l'adjectif *déprisable*, qui mérite d'être déprisé, dont s'est servi Alain Chartier.

DÉPRISONNER, *v.* tirer de prison, délivrer.

Quand il le veut *desprisonner*,
Et nous bouler par sermonner.
Roman de la Rose, v. 15867.

« *Déprisonner* les prisonniers. » LEFÈVRE DE SAINT-REMY, *Histoire de Charles* VII. « Je vous *déprisonnerai* de vostre veu. » JEHAN DE SAINTRÉ, pag. 319. *Archéologie française*, par Ch. Pougens. En conservant ce mot on aurait évité une périphrase.

DÉPROMETTRE, *v.* mot de mise dans le style comique et familier.

Vous vous êtes *promis*, il faut vous *dépromettre*.
REGNARD, *Mén. act.* 1, sc. 5.

LE BAILLI.

. . . . . ; elle eut de vous promesse
De l'épouser

MATHURIN.

Oh bien ! je *dépromets*.
VOLTAIRE, *le Droit du seigneur*, act. 1, sc. 1.

DÉRAISON, *s. f.* « M. Melon, le premier homme qui ait raisonné en France par la voie de l'imprimerie, après la *déraison* universelle du système de Law. » VOLTAIRE.

DÉRANGÉ, ÉE, *part.* de *déranger*. On a dit autrefois *je suis dérangé, je suis tout dérangé*, dans le sens de désorienté, déconcerté. « Pour moi, dit la jeune marquise, quoique j'aie beaucoup de chagrin d'être debout à la cour, il est vrai que je me trouve toute *dérangée* quand j'en suis trois jours absente. » DE CAILLÈRES, *les Mots à la mode*, pag. 8, Paris, 1692. « Ah! que veut dire, poursuivit le commandeur, cette autre extraordinaire façon de parler, je suis *toute dérangée*?..... Si vous disiez au moins que votre absence de la cour dérange tous vos desseins, ou votre manière de vivre, cela pourroit être supportable, et ne seroit encore guères bon, parce que le mot *déranger* ne doit être proprement appliqué qu'à des choses matérielles; et si, au lieu de dire, je suis toute dérangée, vous disiez, *je suis toute désorientée*, qui est un terme dont on se servoit autrefois, il me semble qu'il exprimeroit mieux ce que vous voulez dire. » *Le même*, pag. 45 et 48.

DÉROBER, *v.* composé de *rober*, qui s'est dit anciennement pour voler, du latin *orbare* (ôter, priver), par transposition de *or* en *ro*; et selon d'autres, de l'allem. *rauben*. « Iceux bouchers firent moult de maux, et *robèrent* et occirent moult de gens. » ALAIN CHARTIER, *Histoire de Charles* VII, pag. 27. « Ils vinrent en pillant et *robant* le pays, et prindrent villes et chasteaux sans adveu de nul seigneur. » *Le même*, pag. 112.

« Car si l'un prend, l'autre lui *robbe* et tolt. » G. DUBOIS, *aliàs* dit Gretin, feuillet 56, Paris, 1527. « On lui avait *robbé* une veze (sorte d'outre) pleine du vent que jadis, etc. » RABELAIS.

Roberie, pour vol, pillerie, se trouve dans nos anciens auteurs; et on voit *robe* pour butin, prise, proie, dépouille, dans le *Gloss. de la langue romane*, par M. Roquefort.

Quoi de plus touchant que ce que dit Montaigne, regrettant son ami La Boëtie? « Nous estions à moitié de tout; il me semble que je lui *desrobe* sa part. »

Ils nous ont *dérobé, dérobons* nos neveux,

dit le *Métromane* de Piron, en parlant des grands poètes ses devanciers.

DÉROGER, *v.* du latin *derogare* (diminuer une partie de ce qu'on avait lieu de demander, d'attendre de nous d'après le mérite de nos ancêtres).

L'oisiveté *déroge*, et jamais l'industrie.

DÉROMPRE, *v.* composé de *rompre*. On a d'abord écrit *desrompre*, et il vient du latin *disrumpere* (rompre en plusieurs morceaux). « Plusieurs nations estiment horrible et cruel de tourmenter et *desrompre* un homme, de la faute duquel vous êtes encore en doubte. » *Ess. de Mont.* tom. III, pag. 353, Paris, 1789.

Desrompre, rompre, disloquer, comme on faisait en administrant la question dont parle ici Montaigne. Il ne s'emploie plus que comme terme de fauconnerie, pour dire qu'un oiseau de proie heurte si rudement un autre oiseau, qu'il rompt son vol et le fait tomber.

DÉROUTE, *s. f.* composé de *route*, du latin *disrupta* (rompue, partagée, séparée) en sous-entendant *via* (voie, chemin). *Roupte* et *route*, pour *déroute*, se sont dits autrefois: « Quelle qu'ait été ceste *roupte*, il la faut plustost imputer à la famine qui long-temps auparavant batailloit contre nous qu'au capitaine Camille. » ESTIENNE PASQUIER, *Rech. sur la France*. « Ils armèrent quinze mille hommes de pied, et trois mille de cheval avec lesquels *ils mirent en route* les Getes et les Triballes. » CL. FAUCHET, *Antiq. gaul.* « Les Francs, joints avec les Allemans, *mirent en route* et blessèrent Constantin, lequel sauvé à Langres, etc. » *Le même.*

Déroute se prend souvent au figuré:

Et partout sur le Whal, ainsi que sur le Leck,
Le vers est en *déroute*, et le poète à sec.
BOILEAU.

C'est ainsi que souvent par une forcenée
Une triste famille, à l'hôpital traînée,
Voit ses biens en décret, sur tous les murs écrits,
De sa *déroute* illustre effrayer tout Paris.
Le même.

DÉROUTER, *v.* c'est détourner de la route, faire perdre la route. Il est formé de *route* comme *arrouter* qui se disait anciennement pour mettre en route, en chemin.

« C'est chose difficile, de fermer un propos et de le couper depuis qu'on est *arrouté* (qu'on est en train). » *Essais de Montaigne.*

« *Arouter*, faire route, s'acheminer. » *Rom. du Renard* (13ᵉ siècle).

DÈS, particule inséparable, qui marque le contraire de ce que marque le mot simple; par exemple, dans les adjectifs *désagréable*, *déshonnête*, et dans les verbes *désarmer*, *déshabiller*. L'abbé DE DANGEAU, *Opuscules sur la lang. franç.*

DÉSABUSEMENT, *s. m.* action de *désabuser*, effet de cette action. Ce mot, qui répond au *desengaño* des Espagnols a été hasardé du temps de Bussy-Rabutin par un bon écrivain : « Il y a, dit cet auteur, des erreurs agréables qui valent mieux que ce qu'on appellerait *désabusemens*. » Il a été employé par le secrétaire de l'Académie française dans la traduction de Rodriguez : « Lorsque un homme du monde se réduit à une forme de vie plus chrétienne et plus réglée qu'à l'ordinaire, on a accoutumé de dire qu'il est désabusé; et ce *désabusement*, si l'on peut parler ainsi, est un des principaux avantages que nous devions essayer de tirer de l'oraison. » « Il serait à souhaiter, dit le P. Bouhours, que le public reçût *désabusement*; c'est un mot fait selon les règles et dans l'esprit de la langue, c'est un mot harmonieux et qui contente l'oreille; enfin c'est un mot commode et même nécessaire en quelques rencontres. » *Suite des Remarques nouvelles sur la lang. franç.* pag. 156, Paris, 1692. Les souhaits du P. Bouhours sont accomplis, et ce mot, porté sans remarque, dans le *Dict. de l'Académie*, a acquis le droit de bourgeoisie.

DÉSACCOINTER, *v.* Puisqu'*accointer* a été réhabilité, pourquoi ne pas faire revivre *désaccointer*, désunir, rompre l'accointance, la société, mot expressif dont se sont servis Villehardouin et Alain Chartier?

DÉSACCORD, *s. m.* « Les médecins se devoient contenter du perpétuel *désaccord*, qui se trouve ès opinions des principaux maistres et autheurs anciens de cette science. » MONT. liv. II, ch. 37.

Nous avons conservé *désaccorder*, détruire l'accord, pourquoi n'avoir pas gardé le substantif *désaccord*? C'est bien mériter des muses françaises que de chercher à réhabiliter des mots nécessaires tombés en désuétude, sachons donc gré à M. Mollevaut d'avoir dit :

Dans mes pensers quels affreux *désaccords*!
Trad. des *Amours d'Ovide*, liv. III, élég. 7.

DÉSACCORDER, *v.* « La faculté d'agir (du philosophe) est comme la corde d'un instrument de musique, monté sur un certain ton; elle n'en sauroit produire un contraire : il craindroit de se *désaccorder* d'avec lui-même. » HELVÉTIUS.

DÉSACCOUTUMANCE, est dans Nicot et dans Pomey. Il est vieux, dit l'abbé Féraud, et c'est dommage; il vaudrait mieux que *désuétude*, qui ne fait que de naître, et qui n'a pas un sens si étendu. *Voy.* ACCOUTUMANCE.

DÉSACCOUTUMÉ, ÉE, *adj.* et *part.* « Vous êtes *désaccoutumé* de philosopher, mais non pas de raisonner. » Mᵐᵉ DE SÉVIGNÉ.

DÉSAFFAIRÉ, ÉE, *adj.* On dit bien : cet homme est toujours affairé; pourquoi ne dirait-on pas : il n'y a point d'homme au monde plus *désaffairé*?

DÉSAFFAMÉ, ÉE, *adj.* Nous avons altéré et désaltéré, et non pas *désaffamé*: pourquoi? On dit à un homme qui est à table, après avoir eu une grande faim : commencez-vous à vous rassasier? Le mot propre serait : commencez-vous à *désaffamer*, à être *désaffamé? Rassasié* est d'un degré au-delà. Les gourmands (et l'auteur de cette remarque de gueule ne l'était pas mal) sentiront bien cette distinction. » LA HARPE.

> Notre muse *des-affamée*
> Fera que votre renommée
> Galoppera par l'univers
> Sur le dos de mes petits vers.
> SCARRON, *Ep. à M. Tubeuf*, etc.

DÉSAFFECTIONNER (se), *v.* « pour quelque chose, ou pour quelqu'un, me semble aussi bon et aussi utile que *se désintéresser* qui n'est fait que depuis quelques années. » La Harpe se trompe. *Voyez* ce dernier mot.

DÉSAFFUBLER (se), *v.* détacher quelque partie du vêtement.

> Puis sa tête il *désaffubla*.
> SCARRON.

DÉFUBLER et AFFUBLER.

DÉSAGRAFER, *v.* Pourquoi ne pas faire usage de cet ancien mot, qu'on est obligé de remplacer par une périphrase?

> Puis après il *désagraffa*
> Son pourpoint. . . . .
> SCARRON.

On a vu plus haut *dégrafer* pris dans le même sens.

DÉSAGRÉMENT, *s. m.* Le P. Bouhours, qui a donné ses *Nouvelles Remarques sur la langue française*, vers la fin du 17e siècle, dit, en parlant de ce mot, qu'il est nouveau, et que *désagréable* et *désagréer* servent à l'adoucir. Il est certain que *désagréer* à quelqu'un, pour dire lui déplaire, se trouve déjà dans le *Vœu du Héron*, poëme du 14e siècle, et que *désagrément* est aujourd'hui tout-à-fait naturalisé. Mme de Sévigné appelait les dettes de vieux péchés qui n'ont que des *désagrémens*.

DÉSAIGUILLETÉ, ÉE, *adj.* « Hannibal alloit toujours *désaiguilleté*, et l'estomac découvert. » BOUCHET, XIIIe sérée.

DÉSAIMER, *v.* « Les Italiens disent *disamare*; les Espagnols, *desa-* mar; le Anglais, *to dislike* : pourquoi les Français ne diraient-ils pas *désaimer*, quand ils *aiment* si vite et *désaiment* si vite encore, d'après le caprice du moment? » MERCIER, *Néologie*. Il est dans Oudin, *Dict. des trois langues*.

DÉSAISONNÉ, ÉE, *adj.*

> Les saisons vont *désaisonnées*.
> Mimes de Baïf.

« Il a été *désaisonné* et cueilli avant le temps. » (Sa mort a été prématurée). NIC. PASQ. liv. III, *lett.* 4.

DÉSAJUSTER, *v.* « Les affaires étoient près d'être conclues; un accident imprévu a tout *désajusté*. » L'abbé FÉRAUD.

DÉSALLIER (se), *v.* Ce mot a été inventé par Mirabeau père, pour exprimer le mariage ou l'alliance de deux personnes qui, par leur état, leurs mœurs, leurs préjugés, etc. ne se conviennent point, quoiqu'il n'y ait pas entre elles toute la disproportion qui fait la *mésalliance*. « Un homme de cour, dit-il, et une fille de robe se *désallient*, sans se mésallier. » *L'Ami des hommes*. Ce mot serait peut-être bon à conserver.

DÉSALTÉRER, *v.* composé d'*altérer*, proprement ôter l'altération, la soif. Fénélon en a fait un heureux usage au figuré : « Il chantait les délicieuses nuits de l'été, où les zéphirs rafraîchissent les hommes, et où la rosée *désaltère* la nature. » *Télémaque*.

DÉSAMASSER, *v.* Un avare était au lit de la mort, parce que voulant toujours amasser, il se refusait toujours ce qui aurait pu lui conserver la vie. Quelqu'un lui dit avec dureté, mais avec raison : vous ne seriez point dans l'état où vous voilà, si vous aviez voulu *désamasser*. « Tailleboudin *désamassa* en peu de jours ce que le bonhomme Thenot avait acquis en toute sa vie. » *Prop. Rust.*

DÉSANIMÉ, ÉE, *adj.* omis et inusité. *Inanimé* se dit de ce qui ne jouit pas d'existence réfléchie, de sensibilité. *Désanimé* se dirait de ce qui l'a perdue.

De sorte qu'à présent deux corps *désanimés*
Termineront l'exploit de tant de gens armés
CORNEILLE.

CH. NODIER, *Exam. critiq. des Dict. de la lang. franç.*

DÉSAPPAUVRIR, *v.* Un fermier-général, à qui l'on demandait une place pour un homme dont la famille était dans la misère, disait : Croyez-vous que je puisse enrichir toutes les familles ? — Non, lui répondit-on, mais vous pouvez *désappauvrir* celle-ci, qui vous bénira toute sa vie.

DÉSAPPLIQUER, *v.* Le P. Bouhours proscrit ce mot, qui parait n'avoir pas appelé de son arrêt ; et cependant condamnerait-on cette phrase de Port-Royal ? « Le temps me *désappliquera* des objets qui m'occupent. » *Éduc. d'un prince*, p. 113.

DÉSAPPOINTEMENT, *s. m.* contre-temps, traverse. Ce mot, fort ancien dans notre langue, puisqu'il se trouve déjà dans une ordonnance de Charles v, du 5 mars 1368, était tombé en désuétude, quoique plusieurs auteurs anciens, et entre autres, Montaigne, Amyot, Et. Pasquier s'en fussent servis ; mais depuis plusieurs années quelques littérateurs l'ont employé dans le style familier. C'est un mot très-expressif que nous avons revendiqué aux Anglais qui en avaient fait leur profit, aussi bien que du participe *désappointé*.

DÉSAPPOINTER, *v.* DÉSAPPOINTÉ, ÉE, *part.* Ces mots ont été récemment pris de l'anglais, qui lui-même nous les avait empruntés. S'en ressaisir, c'est, comme dit M. Ch. Nodier, prendre son bien où on le trouve. « Que d'expressions, s'écrie Voltaire, nous manquent aujourd'hui, qui étaient énergiques du temps de Corneille, et que de pertes nous avons faites, soit par pure négligence, soit par trop de délicatesse ! On assignait, on *apointait* un temps, un rendez-vous ; celui qui, dans le moment marqué, arrivait au lieu convenu, et qu'il n'y trouvait point son *prometteur*, était *désapointé*. Nous n'avons aucun mot pour exprimer aujourd'hui cette situation d'un homme qui tient sa parole et à qui on en manque. » *Lett. à M. l'abbé d'Olivet*, 1761.

Ce verbe, jusqu'à la fin du siècle dernier, ne se disait en France que dans le sens d'ôter les appointemens. Porté en Angleterre, au temps de la conquête, il y avait conservé une signification que nous devions regretter. Depuis quelques années, ce terme a reparu avec son ancienne acception, et nous disons : je suis fort *désappointé*, fort trompé dans mes espérances.

Il est à remarquer qu'il se retrouve en ce dernier sens dans le *Dict. des trois langues*, d'Oudin.

DÉSAPPROBATEUR, *s. m.* mot de Montesquieu : « Je n'ai point naturellement l'esprit *désapprobateur*. » « Vous refusez du ton le plus *désapprobateur*. » LA BAUMELLE.

L'Académie donne le féminin *désapprobatrice*.

DÉSARMÉ, ÉE, *adj. et part.* du latin *dearmatus*, comme *désarmer*, du latin *dearmare*, qui a la même signification. « Pour *déarmer*, dit Robert Estienne, nous escrivons *désarmer*, interposant *s* entre les voyelles, pour parfaire et remplir le son. » Corneille a très-poétiquement dit dans *Sertorius* :

Et le front *désarmé* de ce regard terrible.

Cette hardiesse a depuis été souvent imitée, notamment par Crébillon dans *Rhadamiste* :

Le cœur, à son aspect, *désarmé* de courroux.

Les *Précieuses*, dans Molière, disent un chapeau *désarmé* de plumes.

DÉSARROI, *s. m.* désordre, confusion. Ce mot est un composé d'*arroi*, dérivé de *desroyer*, qui signifiait, comme dit Pasquier, tirer hors de *voie* ou de *roye*, qu'on disait autrefois pour *ornière* ou *sentier*. Comme on a dit *desroyer* pour faire sortir de la voie, on a dit *desroy* pour désordre. « Mais ne put souffrir tel *desroy* (désordre, Pallas qui la noise abaisa » (apaisa). *Traduct. d'Ovid.* manusc. cité par Borel, *Dict.*

Philibert Monet qui, dans son *Dictionnaire*, dit *arroi*, appareil, pompe, écrit de deux mots *des-arroi.* « Ils mirent et Anglois et Navarrois en tel *desarroi* qu'il y en eut un grand nombre occis. » *Les Neuf Preux.*

DÉSARROYER, DESROYER, *v.* Le premier a été employé par Est. Pasquier, liv. XIII, *lett.* 10. *Voy.* DÉSARROI.

DÉSASSEMBLER, *v.* séparer ce qui était assemblé. « J'espère, dit Énée à Hélénus, dans Scarron, *Virg. trav.* liv. III,

Que l'Epirote et le Romain,
Ainsi que les doigts de la main,
Seront toujours unis ensemble,
Sans que noise les *désassemble*.

« La grandeur de Charles v n'étoit qu'un composé de plusieurs hasards, et qui *désassembleroit* toutes les pièces dont elle étoit formée, vous le feroit voir bien clairement. » FONTENELLE.

DÉSASSOCIER, *v.* « Nostre esprit n'a volontiers pas assez d'autres heures, à faire ses besognes, sans se *désassocier* du corps en ce peu d'espace qu'il luy faut pour sa nécessité. » MONT. liv. III, c. 13.

DÉSASSORTI, IE, *adj. et part.* « Il me semble que c'est une chose toute *désassortie*, de porter dans cette diligence, que tous les diables emportent, une langueur amoureuse, etc. » SÉVIGNÉ.

DÉSASSORTIMENT, *s. m.* « Mais la barbe faite avec de grosses bottes crottées est un *désassortiment* tout-à-fait ridicule. » *La même.*

DÉSASSURER, *v.* « Il croit cela fermement, mais il faut l'en *désassurer*. » RICHELET.

DÉSASTRE, *s. m.* « Pour dire un inconvénient, un accident, un malheur, une malencontre. CELT. Il me souvient l'avoir ouy dire depuis que je suis de retour. Mais est-il beaucoup en usage? PHI. Autant qu'aucun autre mot nouveau; et sçay que quelcun voulant passer plus outre, a usé aussi de *désastrement*, en un sien escrit, au lieu de dire, par un *désastre*, par un malheur. Et un autre a dict, *désastrer*, pour infortuner, rendre malheureux, et *désastré*, pour

infortuné. » HENRI ESTIENNE, *Dialogue du nouveau langage françois italianisé.*

Ce que je vois me plait, et si je n'ai puissance,
Tant je suis *désastré* d'en avoir jouissance.
RONSARD, 11º liv. des *Poëmes*, p. 230, Paris, 1617.

Désastré, malheureux, tant j'ai les astres contraires, tant je suis né sous une mauvaise étoile, d'après l'opinion que les astres influaient sur le sort des hommes. On dit, dans le même sens, *désastre* pour *malheur*.

Désastre, désastreux. « *Natus sub infelicibus astris*, dit le P. Labbe, *quem nascentem non viderunt astra placido lumine, male sideratus.* » *Etymologies des mots françois.*

DÉSATTRISTER, *v.* composé d'*attrister.*

Donnez-lui le loisir de se *désattrister.*
MOLIÈRE, *l'Etourdi*, act. II, sc. 4.

Pourquoi ne pas adopter ce mot?

DÉSAUGMENTER, *v.* composé d'*augmenter.*

Voi (vois), s'il te plaît, que le tans (temps) qui
[s'absente,
Depuis set (sept) ans en rien ne *désaugmente*
Le plaisant mal que j'endure pour toi.
Les Amours de Ronsard, XCVIº sonnet.

DÉSAUMUSSÉ, *adj.* Dans les pièces satyriques contre le connétable de Luynes, on appelle Calvin un chanoine *désaumussé*, dans le même sens qu'on traite Luther de moine défroqué, pag. 193.

DÉSAUTORISER, *v.* faire perdre l'autorité, la considération. Ce verbe se trouve dans les écrits de la Ligue. Charron a dit aussi : « La coustume faict et desfaict, authorise et *désauthorise* tout ce qui lui plaist; » et Baïf, *Mimes*, liv. II :

Qui souffriroit, sans en mot dire,
De voir autorisé le pire,
Le meilleur *désautorisé*?

« Brunehaut, jalouse de ceste belle amitié, craignant d'estre *désauthorisée* ou discréditée, fait tant par ses charmes, que Thierry ne peut habiter avec sa femme. » PASQUIER, *Lett.* 3.

Cet ancien mot épargnerait une circonlocution.

DÉSAVEUGLER, *v. V.* AVEUGLE.

DESCENDRE, *v.* « Laissez à la

coustume de dresser vos enfans à la frugalité et à l'austérité, qu'ils ayent plustost à *descendre* de l'aspreté, qu'à monter vers elle. » MONTAIGNE, l. III, ch. 13.

Boileau, jeune encore, avait pour logement, dans la maison paternelle, une guérite au-dessus du grenier, et, quelque temps après, on le délogea pour le placer dans le grenier même, ce qui lui faisait dire qu'il avait commencé sa fortune par *descendre* au grenier.

Et monté sur le faîte, il aspire à *descendre*.

On aime à voir Racine faisant sentir à ses enfans la beauté de ce vers de Corneille.

Ils ne sont plus : laissez en paix leurs cendres :
Par d'indignes clameurs ces braves outragés
A se justifier n'ont pas voulu *descendre*,
Mais un seul jour les a vengés :
Ils sont tous morts pour nous défendre !
DELAVIGNE, 1re *Messénienne*.

DESCENTE, s. f. « Si quelqu'un prétend que ce terme de *descendere* (descendre) ne s'emploie dans l'Ecriture-Sainte que lorsqu'on va d'un lieu haut à un lieu bas, comme il est dit de Jérusalem à l'égard de Jéricho ; on en sera quitte pour dire aussi que Cana était plus haut que Capharnaüm..... Mais au fond, ce n'est qu'une façon de parler, comme nous disons en termes de palais : *faire une descente sur les lieux*, quand un officier de justice se transporte en quelque endroit pour informer. » *Discussion de la suite des Remarques nouvelles* du P. Bouhours *sur la langue franç*.

DÉSÉBORGNER, v. « O vous, l'apôtre de la vérité, écrit Voltaire à Frédéric, recevez les hommages du petit coin de mon esprit, purifié de la rouille de la superstition, et *déséborgnez* mes compagnons. »

DÉSEMBOITURE, s. f. l'art des expédiens, et, comme disent les Espagnols, la *désemboiture* fait tourner à son gré la roue de fortune.

DÉSEMPARER, v. « Ma mémoire *désempare* (oublie) ce que j'escry, comme ce que je ly. » MONT. liv. II, c. 17.

Ce verbe ne se dit plus que dans le sens de démâter un vaisseau, et se prend quelquefois au figuré dans le style familier.

DÉSEMPÊTRER, v. « Vostre premier soin sera de *désempestrer* vostre diocèse de l'ignorance de tant de prestres volans et sans tiltres. » NIC. PASQUIER, liv. VII, *lett*. 4.

DÉSEMPLIR, v. « Sa maison ne *désemplit* point de Normands. » BUSSY-RABUTIN.

DÉSENAMOURÉ, ÉE. *Voy*. ENAMOURER.

DÉSENCHANTER, v. rompre l'enchantement. L'abbé Féraud prétend que ce mot pouvait être à la mode vers la fin du 17e siècle, mais qu'à l'époque où il écrivait (en 1787), il était peu usité. Ce qu'il y a de certain, c'est qu'aucun auteur ne ferait difficulté de s'en servir aujourd'hui. Il a plus d'énergie que *désabuser*, dont il cesse souvent d'être le synonyme.

Et l'esprit inquiet *désenchante* les yeux.
DELILLE.

Vous-même, abandonnant, pour leurs âpres forêts,
Et vos salons dorés et vos ombrages frais,
Viendrez au milieu d'eux, dans une paix profonde,
Désenchanter vos cœurs des voluptés du monde.
Le même, les Jardins, ch. II.

DÉSENCHANTÉ, ÉE, adj. et part.

Juges moins prévenus, vos yeux *désenchantés*
Reverront ces écrits dans l'ivresse enfantés.
J. F. BARRAU, trad. de la *Poétique de Vida*, c. II.

« La terre *désenchantée* a perdu tout son éclat. » LE TOURNEUR. « La France est *désenchantée* des ruineuses illusions de la victoire. » SALVANDY, *de la France et de la Coalition*.

DÉSENCHANTEUR, adj. celui ou ce qui désenchante.

Tout, excepté le crime et l'innocence
Aux yeux *désenchanteurs* de la réalité,
Descend de sa haute importance
Dans l'éternelle égalité.
DELILLE, ode à *l'Immortalité*.

Puisque nous disons *désenchantement, désenchanter*, pourquoi ne dirait-on pas *désenchanteur* ? Sachons gré aux bons auteurs qui, en fécondant les racines des mots, augmentent leur famille et *désappauvrissent* ainsi notre langue.

DÉSENFLER, *v.* ôter ou diminuer l'enflure.

DÉSENFLÉ, ÉE, *part.* « Quelque temps après la bataille de Fontenoy, Louis XV, félicitant le maréchal de Saxe sur cette brillante journée, lui dit : « Monsieur le maréchal, vous y gagnez plus que nous tous ; car vous étiez enflé par tous les membres, et vous jouissez maintenant de la meilleure santé. » — « Il est vrai, Sire, dit le maréchal de Noâilles, M. le maréchal de Saxe est le premier homme que la gloire ait *désenflé*. »

DÉSENFORGÉ, ÉE, *adj.* ou plutôt *part.* qui suppose l'ancien verbe *désenforger*. « Accuse-t-il pas une pareille douceur et joie en son ame, pour estre *désenforgée* des incommodités passées. » *Essais de Montaigne*, tom. IV, p. 124, Paris, 1789.

Désenforgée, dégagée. Désenforgé se trouve dans le *Dictionnaire françois et anglois* de Cotgrave.

Cette expression de Montaigne est applicable à un prisonnier débarrassé de ses chaînes, ou à un malade soulagé des infirmités qui l'oppressaient et qui enchaînaient ses membres.

DÉSENIVRER, *v.* On dit d'un ivrogne qu'il ne *désenivre* pas. « Cette marche si désordonnée et si dissolue (d'Alexandre) dura sept jours, pendant lesquels l'armée ne *désenivra* pas. » ROLLIN. On a blâmé l'emploi de ce mot comme peu digne de la gravité de l'histoire.

DÉSENNUI, *s. m.* ce qui chasse l'ennui, absence de l'ennui.

Nous avons *désennuyer*, pourquoi n'avoir pas conservé *désennui* que regrette avec raison M. Pougens ? J. de Saint-Gelais avait dit, dans *l'Hist. de Louis* XII, pag. 179 : « Pour son passe-temps, et pour donner *desennuy* à son nepveu qui tant y prenoit plaisir. »

DÉSENNUYER, *v.*

ÉPITAPHE D'UN ANGLAIS.

Cy gît Jean Rosbif, écuyer,
Qui se pendit pour se *désennuyer*.

DÉSENSEIGNER, *v.* faire désapprendre. « Ses compagnons enseignent la sagesse, il (Montaigne) *désenseigne* la sottise. » La D^{lle} DE GOURNAY, *préf. des Essais*.

Ce mot se trouvait déjà dans les *anc. poët. franç. manusc. du Vatican*.

DÉSENTÊTER, *v.* C'est une opinion dont il ne peut se *désentêter*.

. . . . Il sera difficile
De le *désentêter* du traître Procinville.
DUFRESNY, *la Réconciliation normande*, act. IV, sc. 3.

« Ce mot, dit le P. Bouhours, n'est bien placé que dans la conversation et pour le style médiocre. »

DÉSÉPERONNER, *v.* « Concini entra arrogamment tout esperonné dans la salle du palais, où il fut *désesperonné* par les clercs. » NIC. PASQUIER, liv. VI, *lett.* 16.

DÉSERT, *s. m.* en latin *desertum* du verbe *deserere*, dont la racine est *serere* (semer, ensemencer). *Désert* signifie donc proprement un lieu où l'on ne sème plus, un lieu abandonné.

Jamais *désert* ne fut moins connu des humains,
A peine le soleil en savoit les chemins.
LA FONTAINE, *Captivité de Saint-Malc*.

« Vous ne vous lassez point de m'obliger, et vos grâces pleuvent continuellement au *désert*. » BALZAC, *Lett. à Conrard*, liv. III, lett. 2. « Potemkin est l'emblème de son immense empire, il est aussi composé de *déserts* et de mines d'or et de diamans. » LE PRINCE DE LIGNE.

Il se prend souvent au figuré : « Que d'écrivains, dit Buffon, prodiguent un déluge de mots dans un *désert* d'idées ! » « Dans le cours de cet ouvrage, j'ai plus d'une fois osé vous en indiquer les moyens ; mais je crains bien que *ma voix n'ait crié et ne crie encore dans le désert*. » RAYNAL, *Histoire philosophique des Deux Indes*, tom. V, pag. 140, édit. in-8°, Genève, 1781.

On dit proverbialement de celui qui parle sans pouvoir être entendu, ou sans qu'on veuille lui prêter une oreille favorable, que *c'est la voix qui crie dans le désert, qu'il prêche dans le désert*. C'est le *vox clamantis in deserto* de l'Ecriture-Sainte, pris dans une acception figurée.

DÉSERT, ERTE, *adj.* inhabité, solitaire.

Près de cet arbre en deuil qu'un vent léger balance,
Qui monte en pyramide élancé dans les airs,
Et croît, ami des monts, sur les tombeaux *déserts*,
Je pleurai le trépas du jeune Cyparisse.
DE FONTANES.

Arts, vous peuplez la terre ! et la terre est *déserte*
Des premières vertus.
LE BRUN, ode 1, livr 3.

Déserte au figuré pour vide, privée, suivi d'un complément, heureuse hardiesse.

DÉSESPAGNOLISÉ, ÉE, *adj.* et *part.* « La France ne fut tout-à-fait *désespagnolisée* qu'après la mort de tous ceux qui avaient pris part à la Ligue. »

DÉSESPÉRER, *v.* du latin *desperare*, perdre tout espoir.

Et, quæ
Desperat tractata nitescere posse, relinquit.
HORACE, *Art poét.* 140.

(Et il quitte ce qu'il *désespère* pouvoir éclaircir).

« Il faut espérer peu et ne *désespérer* jamais. » LA MOTHE LE VAYER, *lett.* 24. Hanway, philanthrope anglais, avait pris pour devise : « ne *désespère* jamais. » On raconte qu'un jeune homme de province, qui avait des talens, ayant épuisé à Londres presque toutes ses ressources pécuniaires, sans avoir trouvé d'emploi, se livrait au désespoir, lorsqu'il rencontra la voiture de cet excellent homme, sur laquelle cette devise était écrite. Il se sentit comme frappé, retrouva son courage, et vit bientôt ses affaires prendre un aspect plus favorable; il obtint enfin une place lucrative, et depuis est mort possesseur d'une grande fortune, dont il rapporta constamment l'origine à cette singulière rencontre.

DÉSESPÉRÉ, ÉE, *adj.* et *part.* Mme de Sévigné a réuni les deux sens du mot dans cette phrase, dont la précision ne peut justifier l'irrégularité : « Elle est *désespérée*, et des chirurgiens, et de mourir si jeune. » « Il a remis sur pied des teints aussi *désespérés* que les vôtres. » REGNARD, *Critique du Légataire*, sc. VIII.

Chapelain en a fait un substantif. « Je ne trouvois pas d'expédient meilleur que de me mettre dans l'asyle commun des *désespérez*, dans l'Eglise, ce veux-je dire. » *Guzman d'Alfar.* liv. III de la 2e partie.

DÉSESPÉRÉMENT. Cet adverbe est dans Oudin, *Dict. des trois langues*, et mériterait d'être rajeuni. Ne dirait-on pas bien : Il est *désespérément* amoureux ?

DÉSESPOIR, *s. m.* **DÉSESPÉRANCE**, *s. f.* Ces deux mots se trouvent encore dans le *Dict.* de Phil. Monet (1637).

La quinte fut *désespérance*
Pour mal faire fut sans doutance.
Roman de la Rose.

. . . . Amour me fait errer
Si hautement, que je n'ose espérer
De mon salut que la *désespérance*.
Les Amours de Ronsard.

. . . . . . Mais tout ce qu'elle fait
Ne me promet qu'une *désespérance*.
Idem.

Et tu verras mes feux changés en juste horreur,
Armer mes *désespoirs* et hâter ma fureur.
CORNEILLE, *Andromède*, act. V, sc. 1.

Et par les *désespoirs* d'une chaste amitié,
Nous aurions des deux camps tiré quelque pitié.
Le même, Horace, act. III, sc. 1.

« On n'emploie plus aujourd'hui *désespoir* au pluriel, il fait pourtant un très-bel effet. Mes déplaisirs, mes craintes, mes douleurs, mes ennuis disent plus que mon déplaisir, ma crainte, etc. Pourquoi ne pourrait-on pas dire mes *désespoirs*, comme on dit mes *espérances* ? ne peut-on pas désespérer de plusieurs choses, comme on peut espérer de plusieurs ? » VOLTAIRE, *remarques sur Corneille*.

On peut effectivement désespérer de plusieurs choses; mais pour cela on n'aurait pas plusieurs *désespoirs*. Le *désespoir* est l'état de l'ame dans laquelle il ne reste aucun espoir. Cet état est un, aussi ce pluriel en prose ne serait-il pas supportable; mais la poésie est hyperbolique, et les poètes emploient souvent le pluriel pour le singulier; c'est en vertu de cette licence que nous croyons devoir nous ranger de l'avis de Voltaire.

DÉSESTIMER, *v.* cesser d'estimer. « Les gens de guerre semblablement, qui estoient au camp à Samos, l'en *désestimèrent*, et commencèrent à parler mal de luy. » AMYOT. « Cicéron mesme, qui devoit au sçavoir tout son vaillant, Valerius dit que sur sa vieillesse, il commença à *désestimer* les lettrés. » MONTAIGNE, l. II, ch. 12.

Désestimer n'est pas la même chose que *mésestimer*; c'est un mot qu'il fallait conserver.

DESFERRE, s. f. Montaigne l'a dit dans le sens de *défroque*, habits que l'on quitte pour ne plus s'en servir. « Le roi de Mexique, dit-il, changeoit quatre fois par jour d'accoustrement, jamais ne les réitéroit, employant sa *desferre* à ses continuelles libéralités et récompenses. » *Essais de Montaigne*, tom. II, p. 285, Paris, 1789. « C'est un vieux mot qui désigne en général, les *hardes*, les habits que l'on ne veut plus porter. J'ai ouï dire à des femmes de chambre qu'elles s'étoient engagées au service d'une dame à tant par an, à condition qu'elles auroient sa *dépouille*, c'est-à-dire ses hardes, quand elle les quitteroit pour ne s'en plus servir: c'est le mot propre dans ce cas-là; et il exprime exactement ce que Montaigne entend ici par le mot de *desferre*, que Cotgrave explique ainsi dans son *Dictionnaire* françois et anglois. » *Note* de Coste *sur Montaigne*, au bas de la page.

DÉSHABILLÉ est le participe de *déshabiller* pris comme nom; on dit un *habit habillé*. L'usage a consacré cette locution, mais il ne permet pas de dire un habit *déshabillé*; il laisse sous-entendre le mot *habit* et présente son qualificatif seul qui a la force d'un nom. « Je trouve ses muses plus belles en leur simple *déshabillé*, que celles des autres aux jours de cérémonie. » BALZAC, *Lett. à Conrard*, lett. XXVI, l. 1.

DÉSHABILLER, v. Nous considérons les passions comme la poésie les pare, et non pas comme la morale les *déshabille*. » BALZAC, *de la Tragédie d'Hérode*.

DÉSHABITÉ, ÉE, part. de l'ancien verbe *déshabiter* inusité, qui n'est plus habité. « Les effroyables ruines d'un vieux château *des-habité*. » CYRANO DE BERGERAC.

Déshabité ne présente pas la même idée qu'*inhabité*, et ce participe, qu'adopte l'Académie, offre aux poètes une épithète commode et expressive.

Ayez dessein aux dieux: pour de moindres beautez
Ils ont laissé jadis les cieux *déshabitez*.
RÉGNIER, *Sat.* XIII.

DÉSHABITUDE, s. f. Nous avons *habituer* et *habitude*; pourquoi n'avons-nous pas *déshabitude*, puisque nous avons *déshabituer* ? Il ne manque à ce terme qu'une main habile qui le mette en usage, et qui lui donne le droit de bourgeoisie.

DÉSHALLÉ, ÉE, adj. « Cheval si maigre, si despris, si *déshallé*, qu'on s'ébahissoit comment il pouvoit seulement porter sa selle. » BOUCHET, XIe *Serée*.

DÉSHÉRITER, v. au propre priver d'un héritage. Mme de Staël a dit *déshériter l'avenir*. L'emploi de ce mot avait déjà été heureusement tenté par Balzac à l'occasion de Luc Holstenius, qui amassait beaucoup de matériaux et ne publiait rien. « Quoique je sache, dit-il, qu'il amasse pour la postérité, et qu'il enrichira nos neveux, il me semble qu'il ne devroit pas cependant nous *déshériter*, ni garder la meilleure partie de sa gloire pour un avenir qu'il ne verra point. » Plus anciennement, Nic. Pasquier en avait fait usage: « Choses, dit-il en parlant du mauvais style du P. Garasse, qui aydent grandement à *déshériter* ton livre de la part qu'il prétendoit à la postérité. » Liv. X, lett. 4.

Il voit avec douleur tous ces infortunés,
Déshérités du Ciel.
DELILLE, trad. du *Paradis perdu*, ch. I.

DÉSHEURER (se), v. « J'ai observé qu'à Paris, dans les émotions populaires, les plus échauffés ne veulent pas se *désheurer*. » *Mémoires du card. de Retz*, liv. II. Ce qui s'est passé dans la révolution française est une nouvelle preuve de la vérité de cette observation.

DÉSHONORABLE, adj. porté dans le *Dict. de l'Acad.* édit. de Smits,

Paris, 1798, n'est pas un néologisme, c'est un ancien mot restitué à la langue; il se trouve dans Froissart, dans Eust. Deschamps, etc.

DÉSHONORER un arbre, l'étêter. *Déshonorer* une terre, en couper les bois. Cette expression vient de ce qu'autrefois, lorsqu'un homme de qualité était condamné à une peine infamante, le tribunal des maréchaux de France ordonnait que tous ses bois seraient rasés.

DÉSHONTERIE, *s. f.* « Il n'y a point de moines en ce pays-là; et partant point de frocs, et par ainsi point d'instrumens de *déshonterie*. » M. DE P.

DÉSHUMANISER, *v.* dépouiller l'homme de ses sentimens naturels. Mot formé de l'italien *dishumanarsi*. Quoique Vaugelas le trouve heureusement inventé, quoique Saint-Evremont ait dit : « Il ne faut pas *déshumaniser* l'homme en faveur du héros, » ce mot n'a pas prévalu, et c'est dommage.

« Pères *deshumanisez*, qui avez mis hors de vous tout sentiment de piété, » dit Nic. Pasquier aux jésuites qu'il accuse d'avoir calomnié son père. L. x, lett. 5.

Ce mot porté dans les *Dictionnaires de Trévoux* et de Féraud, et dans le *Traité de l'Orthographe française*, par le célèbre Prote de Poitiers, a été rejeté par l'usage, quoique nous ayons le simple *humaniser*.

DÉSHUMILIER, *v.* faire cesser l'état d'humiliation dans lequel quelqu'un se trouve, comme dit le Prince de Ligne, en parlant des juifs.

DÉSILLUSIONNER, *v.* mot hasardé par l'auteur des *Mœurs russes* (M. Dupré de Saint-Maure, t. III, n° LVII, pag. 104, Paris, 1829). Ce verbe aura de la peine à se naturaliser; d'abord on n'a point encore dit *illusionner*, pour faire illusion; c'est un intermédiaire qui n'existe pas, et franchir d'un plein saut cette lacune, est une hardiesse qui pourrait n'être pas heureuse.

DÉSINTÉRESSER (se), *v.* « Un honnête homme se paye par ses mains de l'application qu'il a à son devoir, par le plaisir qu'il sent à le faire, et *se désintéresse* sur les éloges, l'estime et la reconnoissance; qui lui manquent quelquefois. » LA BRUYÈRE.

DÉSINVOLTE, *adj.* Voltaire a pris ce mot de l'italien *disinvolto*, qui signifie leste, dégagé. « Après toutes les scènes de carnage dont il venoit d'être témoin, Birton étoit aussi gai, aussi *désinvolte*, que s'il étoit revenu de la comédie. » *Jenny*, pag. 300, tom. XLV, in-8°, édit. de Gotha, 1787.

DÉSIR, *s. m.* du latin *desiderium* (regret) composé, selon Domergue, de *de* privatif et de *sidus* (astre). « *Desiderium*, dit-il, signifie disparition de l'astre que l'on considérait, cessation de l'astre favorable ; de là l'idée de regret attachée à ce mot. » *Manuel des étrangers*, p. 425. Le *désir* a toujours la bouche sèche et les mains vides. « La course de nos *désirs* doit se manier non en ligne droite, qui face bout ailleurs, mais en rond duquel les deux pointes se tiennent et terminent en nous, par un brief contour. » MONTAIGNE, l. III, c. 10.

Tous vos *désirs*, Esther, vous seront accordés.
RACINE, *Esther*, act. III, sc. 4.

« *Désirs* pour *demandes*, est une hardiesse permise aux poètes. On dit en prose *satisfaire, combler les désirs, accorder les demandes*. Racine emploie *le désir* pour *la chose désirée*. » GEOFFROY, *Œuvres de J. Racine*, au lieu cité.

DÉSIRER, *v.* « Tous les hommes ont l'habitude de se faire prier, même des choses qu'ils *désirent*. » Le card. DE RETZ.

DÉSIREUX, EUSE, *adj.* de l'italien *desideroso*.

Comme les bons maris de race *désireux*,
Qui bercent des enfans qui ne sont pas à eux.
RÉGNIER.

Désireux de l'honneur d'une si belle tombe.
MALHERBE.

Vaugelas s'était souvent servi de ce mot dans son *Quinte-Curce*; mais le P. Bouhours ne l'approuvait point. Il dit que ceux qui écrivaient bien ne s'en servaient plus de son temps, et qu'on pouvait tout au plus l'employer en matière de dévotion. Richelet a dit aussi qu'il vieillissait, et que de son temps il n'était presque plus en usage. La même remarque se trouve dans le *Dict. de Trévoux*, édition de 1743; l'*Académie*, édit. de Moutardier 1802, répète ce qu'elle avait dit dans les éditions précédentes : que ce mot n'est guère d'usage que dans le style soutenu..« Pourquoi, reprend sagement M. l'abbé Féraud, borner ainsi l'usage d'un mot utile et sonore, qui peut être nécessaire dans tous les styles ? » « Pourquoi un homme, *désireux* de la paix, ne la cherche-t-il pas dans l'Eglise ? » BOSSUET.

Ce mot, vieilli effectivement du temps de Ménage semble depuis quelque temps avoir repris un peu faveur.

Et *désireux* de gloire,
Son char rase les champs et vole à la victoire.
DELILLE, trad. de l'*Enéide*, liv. VII.

DÉSOCCUPATION, *s. f.* état d'une personne désoccupée. C'est un mot du célèbre Arnaud. « Elles vivent dans une si grande *désoccupation*, que je crains, etc. » CH. PERRAULT, *l'adroite Princesse*.

DÉSOCCUPER (se), *v.* « Ils s'appliquoient avec toute leur attention à ce qu'ils devoient à Dieu, et *se désoccupoient* de tout autre soin. » *Port-Royal, Catéch. du Jubilé*, pag. 203.

Ce mot (janséniste), dit le P. Bouhours, n'a pas le bonheur de plaire à nos maîtres (jésuites). Il est plus usité au participe, comme la remarque en a été faite par l'Académie. « Une vie indolente et *désoccupée*, » dit Rollin dans son *Histoire Ancienne*.

L'esprit *désoccupé* retombe en léthargie.
DELILLE, *les Jardins*, ch. I.

Désoccupé signifie qui cesse d'être occupé, et *inoccupé*, qui n'est pas occupé ; il est donc bon de les conserver tous deux.

DÉSOEUVRÉ, ÉE. C'est l'ancien participe du verbe *désœuvrer*, négatif d'*euvrer* ou *ouvrer*, venu du latin *operari* (travailler). *Désœuvrer*, dans le sens de cesser de travailler, se trouve dans Alain Chartier, p. 541, in-4°, 1617.

Désœuvré signifie qui n'a rien à faire, qui ne sait pas s'occuper. « Bien des gens, dit La Touche, emploient *désœuvré* pour *désoccupé*. Cette remarque prouve que ce terme n'est pas ancien dans notre langue, et qu'il était encore nouveau au commencement du siècle (le 17e) ; aujourd'hui il est plus en usage que *désoccupé*. »

« Ce mot commence à s'introduire. Il convient particulièrement à ceux qui ont accoutumé de faire quelque chose, et qui n'ont plus de quoi s'occuper. Les femmes se servent plus souvent de ce mot que les hommes. Elles diront par exemple : depuis que j'ai achevé mon ouvrage de tapisserie, de broderie ; depuis que j'ai achevé de lire un tel livre, je suis toute *désœuvrée*. » *Les Mots à la mode*.

DÉSOLATEUR, *s. m.*

Ce *désolateur* de campagne
Est aussi grand qu'une montaigne,

dit Scarron, du géant Polyphème. « Le *désolateur* de tout un royaume. « Sarrazin est peut-être le seul qui se soit servi de ce terme, dit Richelet, édit. de 1759. On voit qu'il se trompe. Ce mot est beau et trouve bien sa place dans le style noble. « Ce conquérant fut le *désolateur* de l'Asie. » *Dict. de l'Académie*.

Dulard a dit du requin :

Monstre, des vastes mers affreux *désolateur*.
Les Merveilles de la Nature, ch. II.

DÉSOLER, *v.* du latin *desolare* (rendre désert, laisser seul, dépeupler, désoler). Dans le sens de ravager, nous lui donnons pour complément un nom de chose ; les Latins avaient dit de même *agros desolare* (désoler les campagnes). COLUM. l. 1, c. 3. *Urbem desolavimus* (nous avons désolé la ville). STAT. *Theb.* 6-904.

Désoler est un de ces mots auxquels un fréquent usage a fait perdre toute la force de leur sens primitif. Ainsi dire qu'on est *désolé* de n'avoir pu faire quelque chose pour quelqu'un, de ne s'être pas trouvé chez soi, etc., c'est une simple formule de politesse qui ne trompe personne.

DÉSORDONNÉ, ÉE, est le participe du verbe *désordonner*, déranger l'ordre, qui se trouve dans nos anciens auteurs. « Toutes grandes mutations, dit Montaigne, esbranlent un Estat et le *désordonnent.* » L. III, ch. 9. L'abbé Delille s'en est heureusement servi dans les vers suivans :

La nature distille, et dissout, et mélange,
Décompose, construit, fond, *désordonne*, arrange.
Les Trois Règnes de la Nature, ch. II.

. . . . Une raison hardie,
De l'état social *désordonne* les rangs.
Le même, le Malheur et la Pitié, chant IV.

DÉSORDRE, s. m. Un moine ne pouvant obtenir d'entrer chez Sixte V, força la garde. Le pape, qui le vit venir, au lieu de lui demander de quel ordre il était, lui dit : « De quel *désordre* êtes-vous ? »

DÉSORIENTER. C'est proprement faire perdre la connaissance de l'orient, du côté du ciel où le soleil se lève, par rapport au pays où l'on est, ou dont on parle. Il s'emploie bien au figuré, pour dire dérouter quelqu'un, lui faire perdre de vue le point où il voulait conduire un raisonnement, une entreprise. « Une coquetterie maligne et railleuse *désoriente* encore plus les soupirans que le silence et le mépris. » J. J. ROUSS.

DÉSORIENTÉ, ÉE, *part.* « Si au lieu de dire, *je suis toute dérangée*, vous disiez je suis toute *désorientée*, qui est un terme dont on se servoit autrefois, il me semble qu'il exprimeroit mieux ce que vous voulez dire. — Ah fi, M. le commandeur, *désorientée.* Ce mot sent le collet monté, et je l'ai entendu dire à ma grand'mère » DE CAILLÈRES, *les Mots à la mode.* Le mot *désorienté*, quoiqu'il fût déjà vieux du temps de de Caillères, est encore employé de nos jours dans le style familier, pour signifier *déconcerté.*

DÉSORMAIS, *adv.* composé des trois mots *dé*, *or* ou *ore* et *mais*; en interposant *s* euphonique entre *de* et *or*: *de* vient du latin *de*, qui marque le point de départ; *or* ou *ore*, du latin *hora* (heure); *mais*, du latin *magis* (plus); *désormais* signifie donc *de* (à partir *de*, de ce point, de cette époque, de cette heure (*horâ*) plus. « Je ne le verrai pas *désormais*, c'est-à-dire *dès cette heure-ci*, plus je ne le verrai. » LEMARRE, *Cours de langue française*, tom. I, p. 147. Il en est de même de *dorénavant*, composé de *de ore en avant*. Voyez ce mot.

Ore, qui se trouve dans le *Vœu du Héron*, poème du 14e siècle, est rendu par la Curne Sainte-Palaye par *temps, heure.*

Or, à présent; *desor*, dès à présent. *Glossaire du Roman de la Rose.*

« Il s'en vengeroit à la reine, en telle manière qu'il en seroit parlé à *tous-joursmais.* » *Lancelot du Lac*, la tierce partie, f° 136, col. 2, édit. de 1520.

Je vous otroi (octroie, accorde) sans contredit,
Que ne soie (que je ne sois) *mès* vostre amie.
Le Roman du Renard, publié par M. Méon, v. 1519.

Mès, mais (*magis*) davantage, dorénavant; c'est ce *mès* ou *mais* qu'on retrouve dans *désormais*. « Il est si doux, ayant tiré l'usage d'une action vicieuse, y pouvoir *hormais* coudre quelque traict de bonté. » *Essais de Montaigne.*

DÉSOSSÉ, ÉE. On dit du jargon vénitien, mignard, efféminé, et qui supprime les consonnes, que c'est une langue *désossée.* On a dit aussi de Quinault, qu'il avait *désossé* la langue.

DÉSOUCI, *s. m.* « Panard, Gallet et compagnie ont poussé au plus haut degré le *désouci* de la vie. » GRIMM. Diderot avait dit avant lui, que Sénèque, dans sa XIIIe lettre, traitait du *désouci* de la vie; néologisme qui lui fut vivement reproché.

DÉSOURDIR. *v.* « Pénélope *désourdissait* la nuit la toile qu'elle avait faite le jour. » RICHELET. Pourquoi laisser perdre ce mot?

DESPOTIE, DESPOTICITÉ, *s. f.* DESPOTIQUE, *adj.* DESPOTISME, *s. m.* « L'établissement du vizirat devrait avoir été fait lors de l'établissement de la *despotie.* » VOLT.

« Ceux qui parmi nous remplirent le parterre, se crurent, dit M. de Beauchamps, aux droits des Grecs et des Romains, et se mirent à exercer la même jurisdiction, avec plus ou moins de *despoticité*, selon qu'ils furent plus ou moins frappés des défauts ou des beautés des pièces. » *Observ. sur les écr. mod.* « Quelles grandes démarches ne fait-on pas au *despotique* par cette indulgence? » LA BRUYÈRE. « Il n'y a point de patrie dans le *despotique.* » *Le même.*

Voltaire est le seul qui se soit servi de *despotie. Despoticité* et *despotique*, subst. ne sont plus français; *despotisme* seul a prévalu. « Le *despotisme* tyrannique des souverains est un attentat sur les droits de la fraternité humaine. » FÉNÉLON, *Dir. pour la consc. d'un R.* p. 88.

DESSAQUER, *v.* vider ses sacs. Il a *dessaqué* ses écus, dit-on d'un avare forcé de faire une grosse dépense.

DESSÉCHER, *v.* « Heureux l'esprit que la philosophie ne peut *dessécher!* » VOLTAIRE.

DESSERT, *s. m.* C'est un composé de *sert* pour désigner ce que l'on met sur la table; *dessert* exprime donc le dernier service qu'on porte sur table, quand on dessert, quand on enlève les viandes et autres mets. « Tout le *sert* et *dessert* feut (fut) porté par les filles pucelles mariables du lieu. » RABELAIS, t. IV, p. 263, édit. de 1732.

Plusieurs, dit l'abbé Féraud, dédaignent le mot *dessert*, et le trouvent trop bourgeois : ils veulent qu'on dise *le fruit* (la même remarque se trouve dans le *Dict. de Trévoux*). L'Académie avait d'abord dit qu'à la cour on dit *le fruit*, et que c'est le bel usage. Dans la dernière édition (1762) elle se contente de dire qu'on dit plus communément *le fruit.*

DESSERVICE, *s. m.* pour mauvais service. On dit bien *desservir* quelqu'un. Pourquoi le substantif ne s'établiroit-il pas? Saint-Simon l'a hasardé, t III, c. 7. Mézeray et Pasquier s'en étaient déjà servis. « Le roy, dit ce dernier, *Lett.* tom. II, p. 362, avoit desployé sa miséricorde envers une infinité de rebelles dont il n'avoit jamais reçu que des *desservices.* »

DESSINER, *v.* du latin *designare* (tracer, rendre les traits). On trouve le simple *signer*, pour dessiner, tracer, dans Rabelais : « Icellui avoit à Gargantua laissé et *signé* en sa grande et universelle hydrographie la route qu'il tiendroit, etc. »

Que tu fus téméraire, ô toi dont le pinceau
Osa bien *desseigner* les traicts de ma bergère!
Astrée, livre XII de la 3e partie, sonnet.

« Vous verrez de quel air la nature a *dessiné* sa personne, » dit Molière, en parlant de Pourceaugnac. « Un homme poli *dessine* bien une révérence. » L'a. COYER, *Ile frivole.* L'auteur se moque de l'expression, tout en l'employant. « Deux sourcils hardiment *dessinés* couronnaient ses yeux étincelans. » MARMONTEL.

DESSOUDE, *s. f. en dessoude*, soudainement, à l'improviste; ancienne expression adverbiale. « Quand elle (la mort) arrive, ou à eux ou à leurs femmes, enfans et amis, les surprenant *en dessoude* et au découvert, quels tourmens, etc. ». MONT. *Essais*, tom. I, p. 158, Paris, 1789. « Il y a dans l'édition in-4° de 1588, *à l'improveu*, ce que je remarque en faveur de ceux qui, comme moi, pourront ne pas savoir ce que c'est qu'*en dessoude.* C'est une expression, m'a-t-on dit depuis, qui se trouve assez souvent dans nos vieux romans, où elle signifie *soudainement.* Si cela est, de *soudain* on aura formé *dessoude*, de *subitò.* Je viens de trouver *en dessoude* dans le *Dict. franç. et angl.* de Cotgrave, qui l'explique par *à l'écart, en désordre.* Mais j'aime mieux en croire Amyot qui, dans sa traduction de la *Vie de Jules César*, par Plutarque, s'est servi de cette expression dans le premier sens. Parlant des Nerviens, peuple très-belliqueux, il dit qu'*ils vinrent un jour en dessoude courir sus à César*, ainsi comme il se logeoit, et qu'il entendoit à faire fortifier son camp, ne se doutant de rien moins que d'avoir bataille ce jour-là. Les Nerviens ne firent pas cette attaque *en désordre*, mais si *subitement* que César eut besoin de toute sa valeur pour sauver ses troupes d'une déroute entière. *Vie de César*, ch. 6. » *Note* de Coste sur *Montaigne*, à l'endroit cité.

DESSOUS, qu'on a écrit *dessoubs*, vient du latin *de sub* (de sous) : *de sub tecto* (dessous le toit) se trouve dans le titre IX de la loi Salique; de là le français *dessous*. « Elle avoit à toute heure la haire vestue par *dessoubs* la chemise. » *Lancelot du Lac.*
« Ceux qui nous régissent et commandent sont bien loing au-*dessous* de nous, s'ils ne sont bien loing au-dessus. » MONTAIGNE, liv. III, c. 8.

« Le *dessous* de mon humeur dépend fort du temps, de sorte que, pour savoir comme je suis, vous n'avez qu'à consulter les astres. » Mme DE SÉVIGNÉ.

ÉPITAPHE D'UN IVROGNE

Enterré sous une table de pierre :

Cy git *dessous*, qui but dessus.

DESSUS, du latin *de sursùm* (de en haut).

Je vois (je vais) en paradis là sus (là haut),
Et tu vas en enfer là jus (en bas).
Roman du Renard (13e siècle).

« Les sages, dit Montaigne, sont au-*dessus*, et les sots sont au-dessous des maux. »

Le régent s'amusait un jour à conter ses exploits galans à Fontenelle. Le philosophe lui dit en souriant : « Monseigneur fait toujours des choses au-*dessus* de son âge. »

« Craignant que pour ce mescontentement il ne se rangeaste du costé des roys, et ne fuste cause de mettre la ville sans (sens) *dessus dessous*. » AMYOT, *Publicola*, ch. III.

DESTOURBIER, ou **DÉTOURBIER**, comme il est écrit dans le *Dict.* de Philib. Monet, de *disturbium*, *deturbarium* pour *disturbatorium*, dans la basse latinité, dérivé de *disturbare* (troubler, bouleverser); il paraît même que le verbe *destourber* s'est dit anciennement pour *empêcher*, puisqu'on lit dans J. le Maire de Belges : « Il en fut *destourbé* par le populaire (le peuple). » *Illustrations des Gaules*, liv. II, c. 23, Paris, 1548. Oudin le place dans son *Dict. des trois langues*, mais en le marquant d'une étoile. *Destourbier* signifie donc ce qui trouble, ce qui bouleverse, obstacle, empêchement, embarras, malheur. C'est en ces divers sens qu'il se trouve dans les *Cent nouvelles Nouvelles*, édit. de 1455.

Item, je laisse à mon barbier
La rongneure de mes cheveulx,
Plainement et sans *destourbier*.
FR. VILLON, *le Petit Testament*. 1456.

« L'avarice n'a point de plus grand *destourbier* que soy-mesme. » MONT. liv. III, c. 10. « La licence des jugemens est un grand *destourbier* aux grandes affaires. » *Le même.*

« M. de Guise n'avoit plus aucun *destourbier* de sa grandeur, tous ses corrivaux estant pris ou tués. EST. PASQUIER, liv. XV, lett. 19.

DESTRIER, *s. m.* cheval de bataille. Si ce mot est vieux, dit Coste, dans ses *Remarques sur les Essais de Montaigne*, il faudroit le conserver jusqu'à ce qu'on en eût mis un autre à la place. Dans les marches, les chevaliers ne montoient qu'un cheval d'une allure aisée; mais lorsque le danger les appeloit au combat, ils prenoient des chevaux de bataille. Ces chevaux, d'une taille élevée, étoient, dans le cours d'une route, menés par des écuyers qui les tenoient à leur droite, d'où on les a appelés *destriers*.

« Il me semble, dit Montaigne, avoir ouï dire que les Romains avoient des chevaux qu'ils appeloient *funales* ou *dextrarios*, qui se menoient à dextre ou à relais, pour les prendre tous frais au besoing; et de là vient que nous appelons *destriers* les chevaux de service. » *Essais*, tom. III, p. 142, Paris, 1789.

Ce mot peut encore être employé dans le style badin ou satirique. M. Millevoye a pu l'introduire dans un poème où il nous peint les mœurs de nos anciens chevaliers :

De ces guerriers à l'éclatante armure
Le roi des preux s'avance environné.
Eblouissant de pourpre et de dorure,
Un *destrier*, à la haute encolure,
Parmi la foule en pompe est amené.
C'est *Fulfurin*. Son pied frappe la poudre;
Son flanc jamais n'a senti l'aiguillon;
Fier de son maître, il vole, et de la foudre
A la vitesse, et le choc, et le nom.
Charlemagne à Pavie, ch. II.

Pour les combats, l'un exerce en champ clos
Son *destrier* fatigué du repos.
Le même, Charlemagne, ch. III.

DESTRUCTIF, VE, *adj.* Ce mot n'est pas ancien dans la langue; mais il s'est bientôt accrédité.

DÉSUÉTUDE, *s. f.* Ce substantif paraît n'avoir pas été encore tout-à-fait accrédité en 1674; car Oudin, *Dict. des trois langues*, le marque d'un astérisque.

DÉSUSITÉ, ÉE. Voltaire a cherché à nous donner ce mot qui manque à la langue. En effet, *inusité* signifie seulement qui n'est point en usage, sans aucun autre rapport, au lieu que *désusité* signifie la même chose, avec rapport à un usage antérieur. « Son confesseur l'avait assujetti à ces pratiques peu convenables et aujourd'hui *désusitées*. » *Siècle de Louis* XIV.

DÉTAIL, *s. m.* « Malheur aux *détails*! c'est une vermine qui tue les grands ouvrages. » VOLTAIRE.

DÉTAILLER, *v.* « Les Romains dressoient le peuple à la vaillance et au mespris des dangers et de la mort, par ces furieux spectacles de gladiateurs et escrimeurs à outrance, qui se combattoient, *détailloient* et entretuoient en leur présence. » MONT. liv. II, c. 23.

DÉTAILLISTE, *s. m.* Qui aime qu'un historien entre dans les *détails*, qu'il rapporte les particularités d'une affaire. *Merc. de France*, sept. 1736. Ce mot n'a pas fait fortune.

DÉTENDU, UE, *adj.* et *part.* « La façon de Plutarque, d'autant qu'elle est plus desdaigneuse et *destendue*, elle est, selon moy, d'autant plus virile et persuasive. » MONT. l. III, c. 12.

DÉTERRÉ, ÉE, *part.* de *déterrer*. Nous disons : il a l'air d'un *déterré*, un visage de *déterré*. Térence a dit de même *cadaverosa facies* (le visage d'un cadavre).

DÉTORDRE, *v.* composé de *tordre*. « Je tors bien plus volontiers une belle sentence, pour la coudre sur moy, que je ne *destors* mon fil, pour l'aller querir. » MONT. liv. I, c. 25. « Tant les Parques *destordent* artificiellement nostre vie! » *Le même*, liv. III, c. 13.

DÉTOURBIER. *V.* DESTOURBIER.

DÉTOURNEMENT, *s. m.* action de détourner. « Il y avoit l'autre jour des femmes à cette comédie, qui par les mines qu'elles affectèrent durant toute la pièce, leurs *détournemens* de tête, etc. firent dire de tous côtés cent sottises de leur conduite, etc. » MOLIÈRE, *la Critique de l'École des Femmes*, sc. III.

Si ce mot s'est dit autrefois, il fallait le conserver, puisque nous n'en avons pas d'autres pour exprimer l'action de détourner. Si Molière l'a créé, on devait l'adopter.

DÉTRAQUER (se) *v.* « Je seray tousiours du party de ceux qui suivront le grand chemin de la raison, sans *se détraquer* à quartier, pour cuider contenter le vulgaire. » EST. PASQUIER, liv. I, *lettre* 3.

DÉTRAQUÉ, ÉE. « Il fait un temps entièrement *détraqué*. » DE SÉVIGNÉ.

DÉTREMPE, *s. f.* La Monnoye dit d'un poème de Le Noble, intitulé *les Noyers*, où se trouvent de plaisantes imitations de Virgile, que c'est proprement le *Lutrin* en *détrempe*.

La Haine peint à l'huile, et l'Amour en *détrempe*.

DÉTREMPER, *v.* C'est un composé de *tremper*. « Avoit-il (Epaminondas) pas emprunté de ses ennemis (les Lacédémoniens) l'usage de sacrifier aux Muses, allant à la guerre, pour *destremper* par leur douceur et gayeté cette furie et aspreté martiale. » MONTAIGNE, liv. III, c. I. « Nous ouvrons la matière et l'estendons en la *destrempant*. » *Le même*, l. III, c. 13.

« Le plaisir n'est jamais pur, ains tousiours *destrempé* et meslé avec quelque aigreur. » CHARR. liv. I, c. 6.

On m'envoya chercher, un de ces jours passés,
Pour *détremper* un peu l'humeur mélancholique
D'un homme dès long-temps au lit paralytique.
RÉGNARD, *Folies amour.* act. II, sc. 7.

DÉTRESSE, *s. f.* Ce mot apparemment nouveau au commencement du dernier siècle, était condamné par l'abbé Desfontaines, dans son *Dict. néologique*; mais les mots qu'il a proscrits en ont souvent appelé

DÉTROIT, *s. m.* « Il vous est plus honorable de mourir dans le *détroict* des afflictions, qu'avec impatience souffrir le mal que Dieu vous envoye. » NICOL. PASQUIER, liv. VIII, lett. 11.

DÉTROMPER, *v.* Ce mot si nécessaire à la langue ne s'est établi que du temps de Vaugelas, qui dit l'avoir vu venir à la cour. « On est quelquefois moins malheureux d'être trompé de ce qu'on aime, que d'être *détrompé*. » LA ROCHEFOUCAULD.

DÉTROUSSÉMENT, *adv.* « Platon dit tout *destroussément* (ouvertement) en sa République, que pour le profit des hommes, il est souvent besoin de les piper (tromper). » MONT. liv. II, c. 12.

DÉTROUSSEMENT, *s. m.* « Auxquels *destroussements* il dit qu'ils estoient peu entendus et clairvoyans aux affaires. » NIC. PASQ. liv. VI, lett. 16.

DÉTROUSSER, *v.* On trouve dans le *Dict.* de Philib. Monet *destrousse*, *détrousse*, *détroussement*, *détrousseur*, pour volerie, brigandage, voleur. Tous ces mots paraissent venir de *trousse*, faisceaux de hardes ou autres choses liées ensemble ; en sorte que *détrousser*, c'est emporter le bagage qu'un voyageur à cheval a accoutumé de porter en trousse, comme *dévaliser* est emporter la valise.

« Ces coureurs ne purent faire autre chose que *destrousser* quelques chevaux et chameaux chargez d'or et d'argent, prendre les mal-montez et piller les biens des gens du plat pays. » CL. FAUCHET, *Antiq. franç.* feuillet 28 tourné, liv. IV, Paris, 1599.

« Ces deux hommes que vous voyez sont de la troupe des voleurs qui *nous ont détroussés* sur le grand chemin. » LE SAGE, *Hist. de Gil Blas*, liv. V, c. 1.

DÉTRUIRE, *v.* du latin *destruere*. C'est le contraire de *construire*, élever un monceau, un édifice. *Détruire* signifie donc rompre les parties d'une masse, les diviser, et, par leur séparation, amener la ruine entière de l'édifice, et figurément, d'une chose quelconque.

Oui, j'ai cherché Porus; mais, quoi qu'on puisse [dire,
Je ne le cherchais pas afin de le *détruire*.
RACINE, *Alexandre*, act. IV, sc. 2.

Détruire ne se dit pas d'un homme comme d'une ville ou d'un édifice; cependant, quand il est question d'un grand roi, ce peut être une ellipse, au lieu de *détruire sa puissance*. C'est même quelquefois une grande beauté :

Vous-même n'allez pas, de contrée en contrée,
Montrer aux nations *Mithridate détruit*.
Mithridate, act. III, sc. 1.

Mithridate détruit est, comme la remarque en a été faite par M. Geoffroy, une image sublime. « Cette expression, *détruisons ses honneurs*, dans le *Mithridate* de Racine, paraît empruntée de ce vers d'Ovide, dans l'Epître à Livie :

Nec juvenis positi supremos destrue honores. »
J. PLANCHE, *Vocabulaire des latinismes de la langue française*, p. 12, col. 2.

DETTE, *s. f.* que nos pères écrivaient et prononçaient *debte*, vient du latin *debitum*, participe passif neutre du verbe *debere* (devoir). *Dette* signifie proprement *dû*, sous-entendu *æs* (argent), argent dû. Aussi ce mot, conformément à son étymolog. a-t-il d'abord été masculin.

« Un qu'on menoit au gibet, disoit que ce ne fust par telle rue, car il y avoit danger qu'un marchand lui fist mettre la main sur le collet à cause d'*un vieux debte*. » MONT. *Essais*. « *Un si gros debte*, comme *celuy* de ma totale conservation. » *Ibidem*.

De cet ancien mot *debte* nos pères avaient dérivé l'ancien substantif *debteur* qui, en se rapprochant du latin *debitor*, a donné le français *débiteur*.

Je connois maint *detteur* qui n'est ni *souris-chauve*,
Ni buisson, ni canard, etc.
LA FONTAINE, liv. XII, *fable* 7.

A l'occasion de ce vers, on trouve la note suivante dans les Œuvres de La Fontaine, édit. Dupont. « On disait autrefois *debteur* ou *detteur*, au lieu de *débiteur*; un commentateur de notre poète a eu tort d'avancer que ce mot était de l'invention de Rabelais : jusqu'au commencement du 17e siècle on n'en connaissait pas d'autre pour exprimer le mot *debitor* des Latins. Dans Nicot, *Thrésor de la langue françoise*, 1606, in-fol. pag. 178, on trouve *debteur* et non pas *débiteur*. Mais ce dernier mot fut peu de temps après substitué à l'autre, qui se trouva en quelque sorte proscrit par une décision de Vaugelas (Voy. *Remarq. sur la langue françoise*, édit. 1687, in-8º, au mot *Detteur*). »

La Fortune est comme les grands seigneurs qui aiment mieux faire des libéralités que de payer leurs *dettes*.

Diderot dit du chevalier Servandoni, aussi grand dissipateur que grand artiste, et que le roi, la nation, le public avaient renoncé au projet de tirer de la misère : « On lui aime autant les *dettes* qu'il a, que celles qu'il ferait. »

DEUTÉRONOME, s. m. ainsi appelé du grec δεύτερος, *second*, et νόμος, *loi*, parce qu'il contient, entre autres choses, la répétition abrégée des lois renfermées dans les livres précédens du Pentateuque.

DEUIL, s. m. (ital. *doglia*, du verbe latin *dolere*). « Les hommes n'accommodent pas leur *deuil* à leur douleur, mais à l'opinion de ceux avec qui ils vivent. » CHARR. l. 1, c. 33.

Déjà la nuit commence à s'habiller de *deuil*.
REGNARD, *le Bal*, sc. 1.

DEUX, adj.

Dans les nœuds de l'hymen à quoi bon s'engager !
Je suis *un*, cela doit suffire ;
Si j'étois *deux*, mon état seroit pire ;
C'est bien assez de moi pour me faire enrager.

O la maudite compagnie,
Que celle de certain fâcheux,
Dont la nullité vous ennuie !
On n'est pas seul, on n'est pas *deux*.
LE BRUN, 1794.

DÉVALER, v. Du latin *vallis* (vallée ou *val*, comme nos pères disaient), on a fait, dans la basse latinité, *devallare* (faire descendre ou descendre un val, une vallée), d'où le français *dévaler*, pour dire descendre, aller ou faire aller de mont à val, de haut en bas.

Voilà le nuage crevé ;
Oh ! comme à grands flots il *dévale* !
SAINT-AMAND, 1re part. p. 113, in-4º. 1651.

« Fesant *dévaler* les navires jusques à la bouche de Seine. » CL. FAUCHET, *Antiquitez gauloises*, feuill. 40, 1599.

Je semble au mort qu'on *dévale* en la fosse.
Les Amours de Ronsard, XCIVe sonnet.

Ce verbe, qui est aujourd'hui populaire, était encore employé dans le style soutenu du temps de Corneille :

On ne montera point au rang dont je *dévale*.
Rodogune, act. II, sc. 2.

Voyez AVALER.

DEVANCIER, s. m. Ce mot, si l'on en croit Est. Pasquier, n'est pas ancien dans notre langue. « De mon temps j'ai vu, dit-il, plusieurs mots mis en usage qui n'estoient recogneus par nos devanciers, et peut estre le même mot de *devancier*. *Recherches de la France*, l. VIII, c. 3.

La Harpe a employé ce terme adjectivement : « C'est une sorte de respect que nous devons aux siècles *devanciers*, de ne pas croire que toute la sagesse humaine soit le partage exclusif du nôtre. » *Cours de littérature*, tom. XIV, p. 3.

DEVANT, selon Sylvius, Robert Estienne, Charles Bouilles et le Père Labbe, vient du latin *de ante*, et s'est dit pour *deant*; M. Lemarre prétend qu'il est pour *de avant*, et qu'il renferme ces trois mots latins *de*, *ab*, *ante*; nous nous rangeons volontiers à ce dernier avis.

« Cen dessus dessous, cen *davant darrière*. » RABEL. t. 1, p. 78, édit. de 1732. Nous écrivons sens dessus dessous, sens *devant derrière*.

Davant semble prouver que *devant* s'est formé de *de avant*, qu'on aura d'abord dit *d'avant* et ensuite *devant* en supprimant la voyelle initiale du mot *avant*, au lieu d'élider l'e de *de*, comme dans *d'avant*. La même observation a lieu pour *derrière* au lieu de *d'arrière*. « On ne peut, disait Henri IV, être trop humble *devant* Dieu, ni trop brave *devant* les hommes. »

Si, *devant* que mourir, la triste Bérénice
Vous veut de son trépas laisser quelque vengeur,
Je ne le cherche, ingrat, qu'au fond de votre cœur.
RACINE, *Bérénice*, act. IV, sc. 5.

Du temps de Racine, on disait indifféremment *devant que* pour *avant*

DÉV 357 **DÉV**

de. Aujourd'hui *devant* ne peut plus s'employer que comme préposition de lieu ou d'ordre, ou pour signifier *en présence de*, et il n'est plus permis de l'employer comme préposition de temps. » AIMÉ-MARTIN, *Œuvres de Racine*, édit. de 1822, note au lieu cité.

> Non un pain qui vous repaisse,
> Mais une ombre qui vous laisse
> Plus affamé que *devant*.
> RACINE, *Cantique* IV, sur les vaines occupations des gens du siècle.

« *Devant* pour *auparavant* ne se dit plus, et avait déjà tout-à-fait vieilli lorsque Racine a fait ce cantique. » GEOFFROY, *Œuvres de J. Racine*, tom. V, pag. 558.

On dit proverbialement que quelqu'un *ne sortira d'un lieu que les pieds devant*, pour faire entendre qu'il n'en sortira que quand il sera mort, parce qu'effectivement on est dans l'usage de descendre les morts les pieds devant. Cette locution est fort ancienne, puisqu'on la trouve déjà dans la *Farce de maître Pathelin*. Guillemette voulant dire que son mari est si malade, qu'il ne sortira jamais que quand il sera mort et enveloppé d'un linceul, s'exprime ainsi :

> Jamais robbe ne vestira
> Que de blanc, ne (ni) ne partira
> Dont (d'où) il est, que *les pieds devant*.

DÉVASTATEUR, *s. m.* Ce mot était encore nouveau en 1787. « En dépeuplant les régions de l'Amérique, les *dévastateurs* n'ont-ils rien perdu eux-mêmes ? » RAYNAL. Il est adjectif et fait un bel effet dans cette phrase du nouvel historien de Venise, M. Daru : « La Pannonie, inépuisable source de torrens *dévastateurs* ; » et dans les vers que nous allons citer :

> Aux flots *dévastateurs* qui grondent vers les plages.
> BÉRENGER.

> Et la perche azurée, et le brochet avide
> Tyran *dévastateur* de l'empire liquide.
> BOISJOSLIN.

L'Académie adopte, avec raison, le féminin *dévastatrice*.

DÉVELOPPER, *v.* « Je n'ai jamais eu avec lui de ces liaisons qui *développent* les hommes. » ROY.

DÉVERGONDEMENT, *s. m.* du latin *verecundia* (pudeur, honte). « Quand la débauche et le *dévergondement* sont poussés à un certain point de scandale, je suis persuadée que cet excès fait plus de tort aux hommes qu'aux femmes. » SÉVIGNÉ. Ce mot est beau, pourquoi le laisser perdre ?

DÉVERGONDER, *v.* vieux mot, ôter l'honneur à une personne du sexe. N'est-ce pas le même que l'ancien verbe *dévergogner*, fouler aux pieds toute honte, qui se trouve encore dans le *Dict. des Proverbes français*, édit. d'Utrecht, 1751, et qui est le composé de *vergogner* ou *vergongner*, couvrir de honte; ce dernier se trouve dans le *Dict*. de Philib. Monet, Rouen, 1637. *Dévergogner*, serait devenu *dévergonder*, par le changement de *g* en *d*, comme dans *peindre*, du latin *pingere*. Lorsque Jean de Carouges fut près de se battre en duel contre Jacques le Gris, ainsi qu'il avait été ordonné par le Parlement de Paris, il s'adressa encore une fois à sa femme, et voulut savoir positivement, si elle ne s'était point trompée, et si véritablement Jacques le Gris était coupable du crime qu'elle lui imputait : elle lui répondit en ces termes, dit Froissart, « combattez, combattez, mon mari, Jacquet m'a *dévergondée*. »

De *dévergonder*, il nous est resté le participe *dévergondé, ée*, qui n'a point de honte.

DÉVERSER, *v.* mot né de la révolution, et qui devrait bien ne pas lui survivre. Il ne s'emploie qu'en mauvaise part.

DÉVÊTU, UE, *part.* du verbe *dévêtir*.

> Et le prudent sera de raison *desvestu*,
> S'il se montre trop chaud à suivre la vertu.
> RÉGNIER, *Sat.* XVI.

« Nous verrions là dedans les pères conscrits désembarrassés de leurs cliens, *desvestus* de leurs longues robes, tels qu'ils étoient dans les plaisirs de la bonne chère, et dans la liberté d'après souper. » BALZAC, 2ᵉ *Discours sur les Romains*.

DÉVÊTEMENT, *s. m.* action de dévêtir, état de celui qui est dévêtu. « Elles avoient donné leurs joyaulx et leurs habits de si grant cuer aux chevaliers, qu'elles ne se apperceyoient de leur desnuement et *dévestement*. » PERCEFOREST. Nous avons *dévêtir* et même *vêtement*, pourquoi n'avons-nous pas conservé *dévêtement*, d'autant plus que *dévêtissement* est un terme de pratique, qui a tout un autre sens?

DÉVIDER, *v.* Ne vient-il pas du latin *viduare* (vider). Jacques Sylvius le tire de *vacuare*. « Vacuare, *vider*, *undè dévider à devacuare, quo significamus filum ex girgillo (quem ob id dévidoir à devacuatorium; et tornete à tornando vocamus) glomerare.* » *Isagoge in linguam gallicam.*

Sur tout pour leur commune joie
Devide aux ans de leur Dauphin,
A longs filets d'or et de soie;
Un bonheur qui n'ait point de fin.
MALHERBE, *Ode sur l'attentat commis sur Henri-le-Grand.*

« Il n'est que de trouver le bout du fil, on en *desvide* tant qu'on veut, » dit Montaigne, liv. III, c. 11, en parlant de quelques miracles de son temps. « *Dévider* une fourbe, » a dit Mézeray, ce qui n'est pas très-heureux, et ne peut faire autorité. Mme de Sévigné appelait converser sur toutes sortes de sujets, *dévider* des chapitres. Elle écrivait à sa fille : « J'employe mon temps à penser à vous; sans cesse je vous parcours, je vous *dévide*, et je vous *redévide*. » Elle disait dans le même sens : « Le passé est un écheveau bien difficile à *dévider*. » Une personne de sa société ayant défini son esprit, un esprit juste et carré, composé et étudié; une femme présente dit : « voilà un esprit on ne peut mieux *dévidé*. » Le délassement de Jacques, roi d'Ecosse, était de *dévider* (*lanea glomerare fila*), singulier amusement pour un roi! Son historien observe pourtant qu'on ne lui en faisait point un crime.

DÉVIDEUSE, *s. f.* « Les *dévideuses* de la vie, » les Parques. RICHER, *Ovide bouffon*, liv. v. L'auteur est sans autorités; mais l'expression est assez jolie.

DÉVIDOIR, *s. m.* du latin *devacuatorium*, selon Jacques Sylvius. *Voy.* au mot DÉVIDER.

Les femmes. . . . . ou tournent le fuseau
Ou roulent le filet autour d'un *devideau*.
RONSARD, liv. 1 des *Hymnes*, hymne 2.

« Si on ne le faisait, on troublerait toutes les fusées du grand *dévidoir* du destin. » M. DE P.

DEVIN, *s. m.* vient du latin *divinus*. Horace a dit, sat. 9, l. 1, v. 30 :

. . . . . divinâ motâ anus urnâ.

(Une vieille, après avoir remué l'urne *devineresse*), comme l'a traduit M. Dacier. Cet exemple et les exemples suivans prouveront que plusieurs auteurs ont pris ce mot adjectivement. « Je ne suis ni sorcière, ni *devine*. » SCARRON.

Il faut que les rayons de tes flammes divines
Illuminent les cœurs des sibylles *devines*.
RONSARD, liv. 1 des *Hymnes*, hymne 6.

Sur l'yeuse au vieux tronc à gauche croassant,
Trois fois l'oiseau *devin* me parut menaçant.
DOMERGUE, trad. de la 1re *Églogue de Virgile.*

Rabelais a dit *divinateur* : « C'estoient *divinateurs*, enchanteurs, et abuseurs de simple peuple; » et Montaigne, liv. III, c. 13 : « Pluton dit que c'est l'office de la prudence, de tirer des songes des instructions *divinatrices* pour l'advenir. »

Divinateur, et son féminin *divinatrice*, se trouvent dans quelques écrivains modernes.

Enfin c'est cet instinct, ce sens *divinateur*,
Qui donne au grand talent son vol dominateur.
DELILLE.

« D'autres rapportaient cette vertu *divinatrice* aux vapeurs des cavernes qu'elles habitaient. » VOLTAIRE. Scarron appelle Calchas

Grand débrouilleur de cas obscur
Et grand *devineur* du futur.

Quant au féminin, *devineresse* seul est admis aujourd'hui. La Fontaine a employé *devineuse* dans la fable des *Devineresses* :

Chez la *devineuse* on courait,
Pour se faire annoncer ce que l'on désirait.

« Le poète, comme le remarque M. Féraud, a dit *devineuse*, plutôt que *devineresse*, parce que cela l'accommodait; mais, indépendamment de cela, dans ce style badin et critique, il aurait pu le dire : car, puisque en plaisantant et en se moquant, on dit *devineur*, plutôt que *devin*, pourquoi ne dirait-on pas, pour se moquer, *devineuse* au lieu de *devineresse?* » *Dict. critique de la langue française.*

DEVINABLE, *adj.* qui peut être deviné ; pourquoi ne pas employer ce mot, et son privatif *indevinable* dont se sont servis Montaigne et Chamfort ?

DEVINAILLE, *s. f.* art ou profession de devin. Ce mot, marqué d'un astérisque dans le *Dict.* d'Oudin, s'employait long-temps avant lui dans le style satirique et comique.

Il faut en *devinaille* estre maistre Gonin.
REGNIER, *Sat.* x.

DEVINER, *v.* du lat. *divinare* (prophétiser, prédire, deviner). La reine Marie Leczinska se plaisait à la conversation du président Hénault, dans la société duquel elle trouvait tous les agrémens d'un courtisan aimable et d'un homme d'esprit, et ne négligeait aucune occasion de lui donner des marques d'intérêt. Un jour qu'elle entra chez une duchesse, au moment que cette dame écrivait au Président, elle mit au bas du billet : « *Devinez* la main qui vous souhaite ce petit bonjour. » Le Président termina sa réponse par ce quatrain :

Ces mots, tracés par une main divine,
Ne m'ont causé que trouble et qu'embarras :
C'est trop oser, si mon cœur les *devine* ;
C'est être ingrat, que ne *deviner* pas.

« On aime bien à *deviner* les autres, mais on n'aime pas à être *deviné*. »
LA ROCHEFOUCAULD.

Jadis un charlatan, docteur en médecine,
Devina, car chez eux vous savez qu'on *devine*.
SANLECQUE.

« Les ames tendres se *devinent* les unes les autres. » Mme DE TENCIN.

DÉVIRGINER, *v.* du latin *devirginare* (ôter la virginité). « Comme je en alleguerois plusieurs exemples de plusieurs *dévirginées* en telles enfances sans qu'elles en soient mortes. » BRANTÔME.

DÉVIRGINEUR, *s. m.* celui qui ôte la virginité. « Un conte en vers sans nom d'auteur (Amsterdam ; 1765) porte pour titre, *les Dévirgineurs.* Ce sont trois frères, la terreur des filles du canton dont ils obtiennent par violence ou autrement les premières faveurs :

. . . . Vrais fléaux des familles,
A travers prés, dans leur emportement,
Ils s'en allaient donnant la chasse aux filles,
Qu'ils violaient impitoyablement.
Rien ne pouvait lasser leur convoitise :
On les nommait les trois *dévirgineurs.*

...Le merle blanc (cet oiseau était le beau Fédor qu'une fée avait changé en merle blanc),.

Comme il parlait, entre dans la cuisine,
Et le vieillard saisit sa carabine
Pour ajuster l'oiseau *dévirgineur.*
BAOUR-LORMIAN, *l'Atlantide*, chant IV.

« Il est permis dans le style badin, de créer des mots expressifs et plaisans, lorsqu'ils peignent bien l'idée et sont en analogie avec des termes existans ; c'est ainsi que Molière a dit *tartufier*, *désamphitryonner*. Mais ces mots de fantaisie sont bannis du style sérieux. » *Grad. franç.* pag. 397.

DEVIS, *s. m.* Ce mot signifiait autrefois discours, entretien familier, et même accord.

Les deux puchelles (pucelles) cantent (chantent)
Aussi coin (comme) par devis (accord).
Le Vœu du Héron (14e siècle).

« Si votre *devis* est sur quelque chose de particulier entre vous, je ne vous dis mot. » *Œuvres de Théophile*, pag. 54, Rouen, 1661.

« J'ay veu de mon temps, les plus sages testes de ce royaume, assemblées avec grande cérémonie, et publique despence, pour des traictez et accords, desquels la vraye décision despendoit cependant en toute souveraineté, des *devis* du cabinet des dames, et inclination de quelque femmelette. » MONTAIGNE, liv. III, c. 16, à l'application. « C'est par manière de *devis* que je parle de tout, et de rien par manière d'advis. » *Le même*, liv. III, c. 11. Quoique vieux en ce sens, ce mot peut entrer avec grâce dans le style marotique, ou dans le genre badin.

Elle a seize ans, je vous le dis,
Des yeux à vous tourner la tête,
Folâtre humeur, joyeux *devis*, etc.
LE GRAND D'AUSSY.

DEVISER, *v.* s'est dit anciennement pour converser, parler, s'entretenir. « Ils commençoient à *deviser* joyeusement ensemble. » RABELAIS. « Je *devisois* si la façon d'aller tout nud est une façon forcée par la chaude température de l'air. » MONTAIGNE. Ce mot s'est pris quelquefois pour dire se faire la cour, se caresser, en parlant d'un homme et d'une femme; on le trouve souvent employé en ce sens, dans les *Cent nouvelles Nouvelles*. Il n'est pas tellement banni de notre langue, qu'il ne puisse encore être employé dans le style badin, et qu'il n'ait même quelque grâce dans le genre marotique.

Nos voyageurs *devisaient* en chemin.
VOLTAIRE, *la Guerre civile de Genève*, c. IV.

De ce pays les citadins
Disent tous que dans les jardins
On voit encor son ombre fière
Deviser sous les marronniers
Avec Diane de Poitiers, etc.
Le même, *Epître* XIII, *au prince de Vendôme*.

DÉVOIEMENT, *s. f.* Ce mot s'est pris anciennement dans une acception bien différente de celle où on le prend aujourd'hui. Il a signifié ce qui écarte de la voie. « La forest est grande et longue : si y a assez vaulx et monts et autre *dévoyemens* où il peut être. » *Lancelot du Lac*.

Le médecin Sorbière disait, dans le style de son état, en parlant des hérésies, que les maladies du corps ecclésiastique ont été causées par les débauches de l'esprit humain, et que la plénitude de quelques prélats ou l'inanition de quelques mécontens qui ne se croient pas assez bien partagés, ont ému la bile, et causé le *dévoiement* des hérésies. *Voy.* DÉVOYABLE, DÉVOYER.

DEVOIR, *v. debere* (avoir des dettes). « Comme ceux qui tiennent le monde en leur main promettent plus, ils *doivent* aussi plus. » MONT. liv. III. c. 8.

Je vois d'illustres cavaliers
Avec laquais, carrosse et page;
Mais ils *doivent* leur équipage,
Et je ne *dois* pas mes souliers.

Une ville assez pauvre fit une dépense considérable pour célébrer le passage de son prince; il en parut lui-même étonné. « Elle n'a, dit un flatteur, fait que ce qu'elle *devait*. — Il est vrai, reprit un seigneur mieux intentionné, mais elle *doit* tout ce qu'elle a fait. » On demandait à un homme, quel était l'état de sa fortune : « Je n'ai rien, dit-il, mais je *dois*. »

Devoir, être dans l'obligation de. « Vas où tu peux, meurs où tu *dois*. » *Roman* de Perceforest.

DEVOIR, *s. m.* formé du verbe. « Le *devoir* est l'action conforme à l'obligation. » ROUBAUD. « En amour, non plus qu'à la guerre, on fait trop peu quand on ne fait que son *devoir*. » BUSSY-RABUTIN.

DÉVORANT, E, *adj.* Massillon en a fait un adjectif verbal : « De l'ambition naissent les jalousies *dévorantes*. »

DÉVORER, *v.* du latin *devorare* (dévorer, avaler sans mâcher). *Devorare* est un composé de *vorare*, dont il augmente la signification.

Dévorer, se dit au propre, d'un animal carnassier. Quelle force et quelle noblesse Corneille a su donner à ce verbe dans ces quatre vers sublimes :

On les voyait tous trois s'empresser sous un maître
Qui, chargé d'un long âge, a peu de temps à l'être,
Et tous trois à l'envi s'empresser ardemment
A qui *dévorerait ce règne* d'un moment.
Othon, tragédie.

Il est question de trois ministres pervers qui se disputaient les dépouilles de l'empire romain, sous le règne du vieux Galba. « La beauté de ce dernier vers consiste dans cette métaphore rapide du mot *dévorer*; tout autre terme eût été faible. » VOLTAIRE.

« *Dévorer un règne !* Quelle effrayante énergie d'expression ! et cependant elle est claire, juste et naturelle : c'est le sublime. » Cette réflexion sur le passage cité, est de La Harpe, *Cours de Littérature*, tom. I, c. 2.

D'un roi, né son pupille, il (Mazarin) parut le tuteur,
Et *dévorant* en paix mon immense héritage,
Cherchait à m'endurcir dans un long esclavage.
THOMAS, *la Pétréide*, chant II.

Pour exprimer la prodigieuse facilité avec laquelle le cavalier Bernin travaillait, des auteurs italiens ont dit qu'il *dévorait* le marbre.

Dévorer (cacher). *Dévorer* ses larmes, *lacrymas devorare*, OVID. *Fast.* 4-846. Toujours verser des pleurs qu'il faut que je *dévore* (dans Racine). J. PLANCHE, *Vocabulaire des latinismes de la langue franç.* p. 13, col. 1.

Dévorer son cœur, concentrer son chagrin, tour grec que Mme Dacier n'a pas réussi à faire passer dans notre langue, mais qu'on ne repousserait peut-être pas aujourd'hui.

Dévorer les livres, en lire beaucoup, mais sans réflexion et sans profit. « Ce savant a raison de dire qu'il *dévore les livres;* on voit bien qu'il n'a pas eu le temps de les digérer. » LE PAYS.

DÉVOREUR, s. m. DÉVOREUSE, s. f. DÉVORATEUR, s. m. DÉVORATRICE, s. f. celui, celle qui dévore. « Une petite lettre, dit Balzac, coûte plus qu'un gros livre à ce *dévoreur* de livres. » *Lettre* XII, liv. I, *à Conrard*. *Dévoreur de livres*, c'est ce que Cicéron appelle *helluo librorum* (glouton de livres). « Pour Pauline, cette *dévoreuse de livres*, j'aime mieux qu'elle en lise de mauvais (de mal écrits), que si elle n'aimait point à lire. » Mme DE SÉVIGNÉ.

« Dans les festins d'Homère, on tue un bœuf pour régaler ses hôtes, comme on tuerait, de nos jours, un cochon de lait. En lisant qu'Abraham servit un veau à trois personnes, qu'Eumée fit rôtir deux chevreaux pour le dîner d'Ulysse, et qu'autant en fit Rebecca pour celui de son mari, on peut juger quels terribles *dévoreurs* de viande étaient les hommes de ces temps-là. » J. J. ROUSS.

« Le temps glouton *dévorateur* de l'humaine excellence. » BONAV. DESPÉRIERS. « Ces gens de bien qui s'appellent *dévorateurs* et mangeurs des péchez du peuple. » NOEL DUFAIL, *Contes d'Eutrapel*. L'Académie, édit. de Moutardier, ne porte que *dévorateur*, en avertissant qu'il est familier; elle prétend cependant qu'on peut dire *dévorateur* ou *dévoreur* de livres.

DÉVOT, OTE, adj. et subs. du latin *devotus*, a (dévoué, donné, consacré par un vœu). « Ce mot s'est dit premièrement des femmes et des filles qui avaient fait vœu de chasteté, *quasi Deo votœ* (comme *dévouées* à Dieu). » *Dict. de Trévoux*. Ordinairement quand on dit, un *dévot*, les *dévots*, on entend parler de ceux qui font profession de dévotion, et qui ne sont dévots qu'en apparence.

L'Evangile aux chrétiens ne dit en aucun lieu :
Sois *dévot*. Il lui dit : sois doux, simple, équitable.
BOILEAU, *Sat*. XI.

Abus ! s'écria-t-il, hé ! devenez *dévote* !
Ne le devient-on pas à la ville, à la cour ?
—Moi *dévote* ! Qui, moi ? m'écriai je à mon tour,
L'esprit blessé d'un terme employé d'ordinaire
Lorsque d'un hypocrite on parle sans détour.
Mme DESHOULIÈRES.

Fâche-t-on un *dévot* ? C'est Dieu qu'on fâche en lui.
La même.

ÉPIGRAMME.

Un *dévot*, je ne sais pourquoi,
A quelque chose contre moi,
Qui jamais n'offensai personne.
Je suis mal à ce que je vois :
Un *dévot* jamais ne pardonne.
DE CAILLY.

« Un *dévot* est celui qui, sous un roi athée, serait athée. » LA BRUYÈRE.

« *Dévote* en titre d'office et d'orgueil. » SAINT-SIMON, *Hommes illustres*, tom. III. « C'était une créature suffisante, aigre, altière, en un mot, une franche *dévote*. » *Id. Ibid.* « Les femmes qui ne sont pas *dévotes* n'osent rien dire ni rien faire; elles sont comme les filous qui croient voir partout des archers de police après eux. » *Vie du prince Eugène*.

DÉVOTEMENT, adv.

Il soupa lui tout seul, et fort *dévotement*
Il mangea deux perdrix.....
MOLIÈRE, *Tartufe*.

« C'est un plaisir de voir le lever de l'aurore et de dire *dévotement* les sonnets qui la représentent. » SÉVIGNÉ.

On a dit anciennement, *dévotieux, euse*, adj. et *dévotieusement*, adv. « Le plus apparent d'eux tous venait *dévotieusement* murmurer et dire quelque chose de néant en l'aureille. » *Contes d'Eutrapel*, tom. I.

DÉVOTION, s. f. Ce mot qui, dans son origine, a signifié attachement au culte de Dieu, manifesté par l'exercice constant des pratiques religieuses, a reçu encore, dans le 16e siècle, une signification particulière. Il s'est dit en parlant d'une personne, pour dévouement entier à son service; et, en parlant des choses, pour la confiance qu'elles nous inspirent.

« On souloit, dit H. Estienne, user du mot *dévotion*, quand on parloit de Dieu (asçavoir de l'affection qu'on avoit au service de Dieu), et maintenant on en use aussi quand on parle des hommes; car on dit *cestuy-ci est à la dévotion d'un tel seigneur*. On entend par là que, quand il plaira à ce seigneur l'honorer de ses commandemens (car on parle ainsi maintenant), il s'estimera bien heureux de lui pouvoir faire humble service, qu'il est sa créature. » *Dialogues du nouv. lang. franç. italianisé.*

Les convoqués sont gens à ma *dévotion*.
CYRANO BERGERAC, *Agrippine*, act. v, sc. 1.

« Comme ce n'est qu'une fièvre intermittente et fort légère, il (M. Boileau) s'en retirera aisément par le quinquina, *auquel il a grande dévotion*. » *Lettre* XLVII *de J. Racine à son fils*, 31 septembre 1698. « Dans le paganisme, tous les péchés étoient de *dévotion*; il y avoit des ivrogneries solemnelles et des fornications religieuses. » SAINT-ÉVREMONT.

DÉVOTIONNETTE, *s. f.* pratique minutieuse. Ce mot est de Caraccioli (*Lett. de Ganganelli*); et, quoiqu'on lui en ait fait un crime, il rend assez bien ces momeries espagnoles ou portugaises, qui se concilient très-bien avec tous les crimes, et qu'on veut remettre à la mode.

DÉVOULOIR, *v.* cesser de vouloir, avoir une volonté contraire. « Ne vous, sire, n'estes mesme de vostre service, et que chascun de nous cuide faire son prouffit en l'eschange, vous ne le devés *desvouloir*, ains vous doit plaire, et le devés octroier. » *Ass. de Jérusal.* c. 194.

Mais amors me met en balance,
Quar ce que plus me fait doloir,
Me fait mon voloir *desvoloir*.
Amour et Jalousie, ms. de Saint-Germain.

« Car ce l'un vouloit une semaine, l'autre le *dévouloit*, et si vous monstreray la raison. » FROISSART, *Chron.* vol. III, ch. 95.

Ménage prétend que ce fut Malherbe qui introduisit dans la langue le verbe *dévouloir*. « Serait-il possible, dit-il, que celui-là voulût, qui peut *dévouloir* en un moment? » Voyez *Observat. sur la lang. franç.* tom. 1, ch. 48.

« Cette opinion a été adoptée par Marmontel. « *Dévouloir*, proposé par Malherbe, pour dire *cesser de vouloir*, dit l'illustre auteur de *Bélisaire*, n'a pas été reçu; mais que deux ou trois bons écrivains l'eussent adopté, il faisait fortune, et la langue y gagnait un mot clair et précis. » *Elémens de littérature, Œuvr.* tom. x, pag. 418. Je dois observer que ce mot, comme on a pu le voir par les exemples rapportés plus haut, existait dans notre langue bien antérieurement à Malherbe. » CH. POUGENS, *Archéol. française*, p. 137.

DÉVOYER, *v.* basse latin. *deviare*, du latin *via* (voie, chemin), s'écarter, s'éloigner du chemin; égarer, détourner de la voie. *Fourvoyer, envoyer, renvoyer* ont la même racine, ainsi qu'*avoyer*, conduire, mettre dans le chemin, qui se trouve dans le *Roman du Renard* (13e siècle). « Un espie (espion) qui s'en alla par chemins *desvoyés* devers Tonlette. » *Les Neuf Preux*. « Se desvoyant du chemin par luy tenu jusques là. » CL. FAUCHET, *Antiquit. franç*. « Mille routes *desvoyent* (dévoient) du blanc: une y va. » MONT. *Essais*. « J'ai vû aussi pour cet effect de divertir les opinions et conjectures du peuple et *desvoyer* les parleurs, des femmes couvrir leurs vraies affections par des affections-contrefaictes. » *Ibid*. « Chacun doit avoir juré à soy-mesme ce que les roys d'Egypte faisoient solennellement jurer à leurs juges, qu'ils ne se *desvoyeroient* de leur conscience, pour quelque commandement qu'eux-mesmes leur en fissent. » *Idem*, l. III, ch. 1. « Employez toutes vos forces à rappeler dans cette unité tout ce qui s'en est *dévoyé*. » BOSSUET, *Disc. sur l'hist. univ*. « Esprit sacré des Immaüms, tu pleures nuit et jour sur les enfans du Prophète que le détestable Omar a *dévoyés*. » MONTES-

QUIEU, *Lettr. Persanes*, lett. CXXIII.

. . . . En ces lieux envoyé
Pour mettre en bon sentier votre esprit *dévoyé*.
LA FONTAINE, *le Florent*, sc. VIII.

DÉVOYABLE, adj. « Le chemin qu'elle a pris est grandement *dévoyable*. » NIC. PASQUIER, liv. IX, lett. 8.

DEXTRE, adj. et s. f. pour main droite, vieux et inusité ; d'où *adextré*, terme de blason, participe de l'ancien verbe *adextrer*, marcher, accompagner à droite ; *destrier*, cheval de main que l'écuyer conduisait à sa droite, jusqu'au moment de la bataille où le chevalier montait ce cheval.

A ton *dextre* côté la jeunesse se tient.
RONSARD, l. 1er des *Hymnes*, hymn. 1re.

Cette belle jeunesse. . . . .
Dans un vase doré te donne de la *destre*
A boire du nectar, afin de te faire estre
Toujours saine, etc.
Ibidem.

DEXTROCHÈRE, s. m. terme de blason, du latin *dextrocherium*, composé du latin *dextra* (droite) et du grec χεῖρ (*chéir*) main, main droite. Il se dit, en terme de blason, du bras droit représenté dans un écu avec la main.

« Tout le monde sait, dit Le Laboureur, que les *dextrochères* ou brasselets estoient des ornemens dont les dames de condition paroient leurs bras qu'elles portoient demi-nuds, de sorte que ces *dextrochères* estoient aux bras des dames ce que les périscélides ou jarretières estoient aux jambes, les anneaux aux doigts, et les colliers ou carquans au col. » *De l'Origine des armes*, p. 86, in-4°, Lyon, 1658.

DI, à la fin des mots *lundi*, *mardi*, *mercredi*, *jeudi*, etc. signifie *jour*, et vient du lat. *dies* qui a la même signification. Les Picards disent *di* pour *jour* ; chez eux, *bon di* signifie bon jour.

Qui puis se *di* tourna à grant encombrement
(qui depuis ce *jour* tourna à grande adversité).
Le Vœu du Héron, poëme du 14e siècle.

On trouve dans le *Serment* prêté en 842 par Louis de Germanie, serment qui est un des plus anciens fragmens qui nous aient été conservés, le mot *di* pour jour : dist *di* en avant (de ce *jour* en avant). Ce mot, à l'imitation des mots *lundi*, *mardi*, etc., se trouvait dans ceux qui composaient la nomenclature des jours de la décade républicaine : *primidi*, *duodi*, *décadi*, etc. (premier jour, second jour, dixième jour, etc.).

Diemaine, dans les *Fabliaux* de Barbazan. M. Méon le traduit par *dimanche* ; ce sont effectivement les mots *die dominicâ*.

DI ou DIS. *Voyez* DIS.

DIA, interj. à *dia*, à *hue* (à gauche, à droite) mots dont les charretiers se servent : à *dia*, dit le Dictionnaire de l'Académie, édit. de Moutardier 1802, signifie alors à *gauche*. Ménage, dans son *Dict. étymologique*, rapporte ces vers extraits d'un poëme de M. Bernier de Blois, intitulé *le Bal de Blois* :

Dansent l'une à *dia*, l'autre à *hu*,
Et personne n'est boucahu.

De ce que les charretiers disent *dia*, pour faire aller leurs chevaux à gauche, et *hurhau*, pour les faire aller à droite, on dit proverbialement qu'un homme *n'entend ni à dia ni à hurhau*, pour dire qu'il n'entend aucune raison, qu'on ne peut rien lui faire comprendre et qu'ainsi il est plus borné qu'un cheval qui entend la valeur de ces sons.

DIA, particule inséparable, est la même que la préposition grecque διά (*dia*), à travers, avec, de, par, comme dans *diacoustique*, *diadème*, *dialecte*, *dialogue*, *diamètre*, *diaphane*, *diaphragme*, *diatonique*, etc.

DIABLE, s. m. du grec διάβολος, calomniateur. Menot et Maillard en donnent cette curieuse étymologie : « Ce mot, disent-ils, vient de *dia quod est duo et bolus* ; *id est*, *morcellus*, comme ne faisant que deux bouchées de nous, une du corps, l'autre de l'âme. »

DIABLESSE, s. f. Dame Junon, dit Scarron, *Virg. trav.* liv. VIII,

Qui toute déesse qu'elle est,
Est *diablesse* quand il lui plaît.

Ces dragons de vertu, ces honnêtes *diablesses*.
MOLIÈRE.

Le même l'a fait adjectif.

Je veux une vertu qui ne soit point *diablesse*.

De là ont été formés les diminutifs

diableteau, diablon, diablotin. » *Diabloteau de chœur*, de l'âge et de la taille d'un petit enfant de chœur. » RABELAIS, liv. IV, c. 46. « *Diabloteau de chambre* parvenu à la moitié de sa crue. » *Ibid.*

Je veux d'ici renvoyer de tout point
Ce *diableteau* ; c'est un jeune novice
Qui n'a rien vu.....
LA FONTAINE, *le Diable de Papef.*

« Voici un *diablon* qui vient rompre leur alembic (des alchymistes), lequel est plein de cette matière précieuse.... » DESPÉRIERS, *Nouv.* XV. « Il y a sans doute un petit *diablotin* entre cy et Paris, qui n'est occupé qu'à troubler notre commerce et qu'à me faire des niches. » BALZAC, *Lettr. à Conrard*, liv. III, lett. I.

De ces trois diminutifs, le dernier seul a survécu.

DIABLIFIER (se), *v.* mot forgé par Scarron, qui dit de la Sibylle, *Virg. travesti,* liv. VI :

La vierge, tandis qu'il prioit,
Diablement se *diablifioit.*

DIALECTE, *s. f.* idiôme, langage d'un pays. L'*Académie* fait ce mot du masculin, et dit que la langue grecque a *différens dialectes.* Furetière est du même sentiment ; mais Richelet observe que MM. de Port-Royal, dans leur *Grammaire grecque,* le font féminin, et il est de leur avis. Il y a cependant variété sur cela dans les différentes éditions de cette grammaire. Dès l'édition de 1682, qui est une des meilleures, on y trouve ce mot communément au masculin ; et il y reste cependant encore quelque vestige du féminin. C'est qu'en grec et en latin, quoique ce mot ait la terminaison masculine, il est cependant réputé féminin : il doit donc l'être aussi en français.

Les Latins, qui savaient aussi le grec, ont donné à *dialectus* le genre féminin, et conséquemment aussi MM. de Port-Royal et Dumarsais ont fait *dialecte* féminin.

DIALECTIQUE, *s. f.* du latin *dialectica*, qui vient du grec διαλεκτικὴ, sous-entendu τέχνη (art), l'art de raisonner, de faire usage du dialogue pour connaître la vérité. La manière du dialogue où l'on explique un sujet par demandes et par réponses est très-propre à insinuer ce que l'on a en vue d'enseigner : c'est de là qu'a tiré son nom la *dialectique,* parce que Zénon d'Elée, qui trouva le premier cette suite naturelle de principes et de conséquences, en forma un art en forme de dialogue.

DIALOGIQUE, *adj.* qui tient de la nature du dialogue. « M. Pluche (dans le *Spectacle de la Nature*) a employé la forme *dialogique,* d'une manière qui mérite d'autant plus d'indulgence, qu'il était très-difficile de composer des entretiens sur la matière dont il s'agit. » L'abbé DESFONTAINES.

DIALOGUE, *s. m.* (διάλογος). Un docteur dérivait ce mot de l'ânesse de Balaam, nommée *Logos,* dit-il, parce qu'elle parla, lorsque son maître, la battant de toute sa force pour la faire avancer, lui criait *dia.*

On dit des bavards qu'ils n'aiment point le *dialogue.*

Dialogue, entretien supposé entre deux personnages célèbres. « Il faut de l'opposition et du jeu dans un *dialogue* ; autrement, c'est un *dialogue* où il n'y a qu'une personne qui parle. » FONTENELLE.

DIALOGUÉ, ÉE, *adj.* Le *Dictionnaire néologique* critique ce participe qui a pourtant appelé de l'arrêt du censeur. Car on dit : Une scène bien *dialoguée.* » Il y a long-temps qu'on ne voit paraître sur le théâtre de Melpomène que des romans *dialogués.* » *Année littéraire.*

DIAMANT, *s. m.* (*adamas,* d'à privatif et de δαμάω, je dompte). Les courtisans sont comme les *diamans,* durs et polis.

Mme Cornuel appelait les *diamans* des femmes laides : « du lard dans la souricière. »

DIANTRE, *s. m.* C'est un euphémisme dont on se sert dans le discours familier, pour éviter de prononcer le mot *diable.* D'autres croient que ce mot vient de Dinant, ville des Pays-Bas. Certains coureurs, venus de cette ville, marchant la tête couverte, la barbe entortillée, vêtus d'un gros habit noir qui leur descendoit jusqu'aux talons, et nu-pieds, ayant l'air de vrais démons, furent appelés *Deonanti*, de *Deonantum*, nom latin de Dinant, d'où se forma par corruption le mot *diantre*. « Vous avez passé ce *diantre de Rhône*, si fier, si orgueilleux, si turbulent. » SÉVIGNÉ.

Rabelais, liv. III, chap. 3, dit : « Créature du grand vilain *diantre* d'enfer. » « Ta maitresse dit qu'il ronfle à présent *comme tous les diantres*. » MOLIÈRE, *George Dandin*, act. III, sc. 3.

Diantre soit de la folle avec ses visions!
Le même, *les Femmes savantes*, act. 1, c. 5.

Ah! te voilà Crispin, et d'où *diantre* viens-tu?
REGNARD, *le Légataire*, act. II, sc. 6.

DIAPHANE, *adj.* du grec διὰ-φαίνειν (briller au travers). C'est Ronsard qui a introduit ce mot dans la langue.

. . . . . La paisible Diane,
Promenant son char *diaphane*,
De ses feux argente les airs.
LE BRUN.

DIAPRÉ, ÉE, *part.* de l'ancien verbe *diaprer* qui n'est plus en usage. « *Diapré*, dit Ménage, signifie bigarré de diverses couleurs; bien que proprement il signifie *vert*. *Diapré* a vieilli, ajoute-t-il, mais c'est un beau vieillard, et je n'ai point fait difficulté de m'en servir dans cet endroit de mon idylle du pêcheur :

Là se tut Alexis, et d'un torrent de pleurs,
De son amour témoins, témoins de ses douleurs,
Du fleuve il inonda la rive *diaprée*,
Et grossit le tribut qu'il portoit à Nérée.

Ils arrivèrent dans un pré
Tout bordé de ruisseaux, de fleurs tout *diapré*.
LA FONTAINE, liv. IV, *fable* 12.

DICACITÉ, *s. f.* bavardage, penchant à bavarder, à railler. Ce mot que nos dictionnaires ont omis n'est pas un néologisme; il mérite d'être conservé. Il vient du latin *dicacitas*, (causticité, penchant à la raillerie). « Epistre de jeu se faict par joyeulx langaige, risible, faisant plaisant babil ou *dicacité*. » FABRY, *Art de Rhétorique*. L'abbé De la Porte a dit, en parlant de l'abbé Desfontaines : « Il sentoit, mieux que personne, les travers et les ridicules, ce qui donnoit souvent matière à ses *dicacités*. »

A ce monde faux et frivole,
Et des vrais plaisirs dégoûté,
Laissons une odieuse école.
De luxe et de *dicacité*.
BÉRANGER, *les Boulevards de province*, pièce insérée dans le *Mercure de France* du 21 juill. 1781.

DICTATEUR, *s. m.* du latin *dictator*, magistrat souverain, que Rome créait pour un temps dans des circonstances difficiles. Il était au-dessus de toutes les magistratures, au-dessus même des lois. « Dictator, cui dicto audientes omnes essent, » dit Varron.

Dictateur, qui dicte à un autre, terme de plaisanterie. M. Pélisson, qui, à cause de ses mauvais yeux, n'écrivait point, mais dictait toujours, disait : « Je suis comme Jules-César, *dictateur* perpétuel. »

DICTATURE, *s. f.* magistrature du dictateur, temps de cette magistrature. Il se prend aussi au figuré : « Cet orgueilleux critique vouloit usurper dans la république des lettres une *dictature* perpétuelle. » BALZAC.

DICTION, *s. f.* choix et arrangement des mots. « Les grâces de la *diction*, soit en éloquence, soit en poésie, dépendent du choix des mots, de l'harmonie des phrases, et encore plus de la délicatesse des idées et des descriptions riantes. L'abus des grâces est l'afféterie, comme l'abus du sublime est l'ampoulé; toute perfection est près d'un défaut. » VOLTAIRE, *Dictionnaire philosophique*, au mot *Grâce*. « Il faut distinguer, dit M. Geoffroy, le *style* de la *diction* par la même raison qu'on distingue l'éloquence de la prose, et la versification de la poésie. C'est de la justesse de ce discernement qu'on peut tirer quelque règle pour classer les divers ordres de beautés que le génie découvre et que le goût fait sentir chez les grands écrivains.

» Le mérite de la *diction* se borne à suivre les principes de sa langue et le goût de sa nation, pour le choix et la propriété des termes, pour l'ordre et la clarté des constructions, pour le nombre et l'harmonie des périodes;

enfin pour tout ce qui forme le tissu du discours. Mais le *style* est ce qui donne l'ame et la vie à tout cela : sa beauté ne consiste pas uniquement dans *le rapport de l'expression à la pensée*, comme l'établit M. de La Harpe; car, dira-t-on d'un homme qui pense aussi médiocrement qu'il écrit, et dont les expressions, par conséquent, sont dans le plus parfait rapport avec ses idées; dira-t-on pour cela que ce soit un modèle de style? Le talent du style suppose une certaine énergie et une certaine hauteur dans l'expression, parce que cette hauteur et cette énergie sont dans l'ame de l'écrivain. De là vient qu'on peut écrire très-purement, on peut assembler des mots élégans et harmonieux, et cependant n'avoir pas de style, parce qu'il n'y aura rien que de fade dans cette élégance, rien que de vide dans cette harmonie. De là vient aussi que des morceaux écrits avec force, mais sans art, pleins de traits sublimes et négligés, auront le mérite du style sans avoir celui de la *diction*, parce qu'en effet, il y a une grande différence entre écrire sa langue avec pureté et l'écrire avec génie.

» Les hommes rares, les hommes laborieux, qui ont possédé ce double mérite, ou plutôt ces deux grandes parties de l'art d'écrire, sont les seuls modèles dans cet art si difficile, et c'est, pour le dire en un mot, ce qui met les auteurs classiques absolument hors de pair; mais le second rang appartient de droit aux écrivains de génie qui les ont souvent égalés par l'éloquence du style, sans pouvoir atteindre à la pureté de leur *diction*. » *Feuilleton du Journal de l'Empire*, du vendredi 7 mars 1806.

DICTIONNAIRE, *s. m.* On définit les *dictionnaires*, la science des ignorans et le *memento* des savans.

On trouve ces quatre vers singuliers dans un *courier burlesque*, production du temps de la Fronde :

Elle a pourtant aversion
Pour ce mot nouveau d'union,
Qui n'est point au *dictionnaire*
Qu'on apprend dans le ministère.

DICTIONNARISTE, *s. m. Dictionn.* de *Trévoux*. L'usage n'a point encore adopté ce mot, qui serait d'un usage plus commode que lexicographe.

DICTON, *s. m.* mot sentencieux passé en proverbe, qu'il ne faut pas confondre avec *dictum*, dispositif d'une sentence, parait venir de ces deux mots *dict on* (*dicitur* en latin). « Il a oublié, *dict-on*, cette prière ou cette promesse. » *Essais de Montaigne*. De cette ancienne manière d'écrire et de prononcer *dict-on*, comme on écrivait *on dict*, est sûrement venu le mot *dicton*, pour exprimer un mot ou une sentence qui a passé en proverbe. Comme on est dans l'usage d'ajouter à ces expressions proverbiales ces mots *dit-on*, et alors *dict-on*, pour indiquer qu'elles sont devenues proverbes, on aura fini par donner à ces expressions mêmes le nom de *dictons*, et par n'en faire qu'un mot. C'est ainsi que *on dit* est quelquefois regardé comme un nom, *les on dit*, *on dit est un sot*. « Il y a là dedans des *dictons* assez jolis. » MOLIÈRE, *Bourgeois gentilh.* act. 1, sc. 2.

Quant au substantif *dictum*, il est emprunté du latin, parce que les dispositifs des jugemens commençaient par ces mots *dictum fuit*, etc. (il a été dit) dans le temps que les jugemens se rendaient en latin.

Du conseiller Mathieu l'ouvrage est de valeur
Et plein de beaux *dictons* à retenir par cœur.

DIÈTE, *s. f.* de *diæta*, mot latinisé, dit le P. Labbe, du grec δίαιτα (genre de vie). M. Daubenton aimait la lecture des romans : il appelait cela mettre son esprit à la *diète*.

ÉPIGRAMME.

Sur les détails d'une gazette
Chacun dissertoit mal ou bien
Chez un vieux prieur sourd, gourmand, ne sachant
[rien
Que des bons ragoûts la recette,
Que boire à larges verres pleins ;
Remplir et vider son assiette :
On lui crie : « En Pologne, ils sont tous à la *diète*.
— Bon Dieu ! dit-il, que je les plains ? »
Le marquis DE FULVY.

DIEU, *s. m.* de *Deus*, ou plutôt de l'ancien mot latin *Dius* qui venait de Δίος, génitif de Ζεύς (Jupiter). De cet ancien mot, les Latins ont conservé au pluriel *dii* et *diis*. D'ailleurs le grec Θεος ou διος paraît être le même que le *Teut* ou *Diw* des Celtes qui désignaient sous ce nom le Dieu générateur dont la plupart se disaient descendus.

Ces expressions *homme de Dieu*, *jour de Dieu*, *vin de Dieu*, *maison de Dieu*, etc. sont des hébraïsmes qui marquent le plus haut degré d'excellence. On lit dans l'Ecriture-Sainte *misericordiam Dei*, *montes Dei*, *cedri Dei*, pour une très-grande miséricorde, des montagnes très-hautes, de très-grands cèdres. Ninive est appelée *civitas Dei*, c'est-à-dire ville très-grande. Les Latins paraissent avoir imité les premiers ces hébraïsmes, mais en employant le pluriel selon leur théologie : pour exprimer des *nuits délicieuses*, des *soupers* exquis, Horace a dit (*Sat.* vi, liv. 2, v. 65) : *O noctes, cœnæque Deûm* (ô nuits, ô soupers des dieux!)

« Rien, dit M. de La Monnoye, n'est plus commun dans la bouche des bonnes vieilles que ces espèces d'hébraïsmes : il m'en coûte un bel *écu de Dieu* ; il ne me reste que ce pauvre *enfant de Dieu* ; donnez-moi une bénite *aumône de Dieu*. Quelquefois aussi, dans un sens tout ironique, on dira : je n'ai gagné à son service qu'une belle *sciatique de Dieu*. » Note à la page 107, tom. II, des *Contes* de Despériers

> Pardonne, lui dit (dit à l'ermite) la belle,
> Ah! pardonne, *homme de Dieu!*
> Si, de ma peine cruelle,
> J'ose troubler ce saint lieu....
> ANDRIEUX, *l'Hermite*, romance insérée dans l'*Almanach des Muses*, année 1787.

> *Jour de Dieu!* je saurai vous frotter les oreilles.
> MOLIÈRE, *Tartufe*, sc. 1.

On dit familièrement qu'une personne *est tout en Dieu*, pour dire qu'elle lui rapporte toutes ses pensées, toutes ses actions, qu'elle est plongée dans une profonde dévotion ; c'est en ce sens que Gentil Bernard a dit, en parlant de Gresset, après que ce dernier eut écrit sa lettre sur la comédie :

> Plus de La Farc, encor moins de Chaulieu ;
> Piron s'endort, Gresset *est tout en Dieu*.

DIEUTELET, petit dieu. Ce diminutif de la façon de Ronsard, n'a pas fait fortune.

> Qui d'un nain, d'un bastard, d'un archerot sans yeux,
> Font, non un *dieutelet*, mais un maistre des dieux.

DIFFAMER, v.

> Par cent cruels repas cet antre *diffamé*
> Se trouvoit en tout temps de carnage semé.
> LA FONTAINE, *Captiv. de Saint-Malc.*

Il est hardi et poétique dans ces vers de Boileau :

> Le Parnasse surtout fécond en imposteurs,
> *Diffama* le papier par ses propos menteurs.

J. B. Rousseau en a fait un singulier usage :

> L'affligé Bucéphale,
> Qui, saccadé par la bride fatale,
> Se sent encor *diffamer* les côtés
> Par deux talons, de pointes ergotés.
> *Epître.*

DIFFÉRENT, s. m. s'écrivait autrefois par *end* ; cette orthographe n'est plus usitée ; c'est l'adjectif pris substantivement : un avis différent, un *différent* ; par extension, *différent* a signifié débat, contestation : la concurrence des intérêts cause les *différens* ; vider, apaiser, accommoder, assoupir un *différent* ; avoir un *différent* avec quelqu'un, partager un *différent* par la moitié. « Je demandois à mon maître mon congé et mes gages, *il a partagé le différend par moitié* ; il m'a donné mon congé, et il me retient mes gages. » REGNARD, *Attendez-moi sous l'orme*, sc. 3.

DIFFÉRENTER, v. « Et le *différente* l'on à soi-même selon le *différent* cours des choses. » *Essais de Montaigne*. « Et on le met en opposition à *lui-même*, etc. C'est ce qu'emporte le mot *différenter* que je n'ai pu trouver que dans le *Dictionnaire françois et anglois* de Cotgrave. » Note de Coste sur Montaigne.

Il est pris aussi dans le sens de diversifier : « Ne s'apercevant pas que ces flatteurs mesloyent ceste privauté de parler franchement à luy parmy leur flatterie, comme une ruse de desguiser et *différenter* les viandes avec quelque saulse aigre et picquante. » AMYOT, *Vie d'Antonius*, chap. XXIX.

DIFFICILE, adj. « Qu'un sot est *difficile* à vivre! » dit Florise, dans le

Méchant de Gresset; tour irrégulier, mais piquant.

DIFFICULTÉ, s. f. « La *difficulté* est une monnoye, que les sçavans employent comme les joueurs de passe-passe, pour ne descouvrir la vanité de leur art. » MONTAIGNE, liv. II, c. 12. « Il en est de la littérature comme de la musique; les *difficultés* vaincues empêchent d'apercevoir, si l'on est vraiment bon musicien; un air simple ne permet pas de s'y tromper. » LE PRINCE DE LIGNE.

DIFFICULTER, v. faire difficulté. « Aucunes personnes *difficulteront* à chascun pas. » JACQUES BOURGOING, *Epître au Roi*, en tête de son livre de *Origine vulgarium vocum linguæ gallicæ*, Paris, 1583.

N'aurait-on pas dû conserver ce verbe, dont on ne peut rendre la valeur que par une périphrase?

DIFFICULTUEUX, EUSE, adj. Ce mot n'a pas cent trente ans d'ancienneté dans la langue. Le P. Bouhours, dans ses *Remarques nouvelles*, dit qu'il n'étoit pas encore passé dans les livres, mais qu'il y avoit apparence que cela arriveroit. On le dit surtout des personnes. « Ah! ma comtesse n'est pas *difficultueuse*. » LE SAGE, *Turcaret*, act. IV, sc. 2.

DIFFORME, adj. (de priv. *forma*). Il est quelquefois piquant de le placer avant le substantif qu'il modifie. « On n'y trouve plus (dans l'homme) que le *difforme* contraste de la passion qui croit raisonner et de l'entendement en délire. » J. J. ROUSSEAU.

DIFFORMITÉ, s. f. *Déformité*, qui se disoit autrefois, étoit déjà suranné du temps de Voiture. « *Déformité*, dit-il, est mort depuis dix ou douze ans. » *Lettres à Costar*.

DIGÉRER, v. du latin *digerere*, (faire la digestion). Il se prend aussi au figuré : un compilateur exact et habile présente les ouvrages tout *digérés* aux lecteurs superficiels qui n'ont point le loisir de lire les originaux. « Voltaire, dit M. de La Harpe, eut des connoissances assez étendues, mais extrêmement superficielles, vu le caractère de son esprit qui dévoroit beaucoup plus qu'il ne *digéroit*. » *Cours de Littérature*, tom. XIII, p. 131.

« Les passions qui se laissent gouster et *digérer*, sont médiocres. » MONT. « On se couche à la cour, et l'on se lève sur l'intérêt : c'est ce qu'on *digère* le matin et le soir, le jour et la nuit. » LA BRUYÈRE.

« Faisons accroire à Nicodème que, moyennant ce flageolet, on paie avec des sons : qu'on va chez un marchand, par exemple, qu'on lui prend sa marchandise, qu'on lui joue un petit air, qu'il se trouve bien payé, et qu'il vous remercie.

BASILE.

» Oh! je devine; mais sçavoir s'il croira ça. C'est un peu dur à *digérer*. » *Le Faux Talisman*, proverbe dramatique, sc. 13, recueil de Carmontel.

DIGESTION ; s. f. « L'une ou l'autre de ces propositions vous semblera de prime face de fascheuse *digestion*. » EST. PASQUIER, liv. I, lett. 9.

ÉPIGRAMME.

A son évêque un jour le gros Lucas
   Disait en étendant les bras :
« Boire, manger, dormir et ne rien faire,
   Le doux métier ! que je le ferais bien !
— Faquin ! lui dit le prélat en colère :
Et la *digestion* ! la comptes-tu pour rien? »

DIGNITÉ, s. f. « Nous jugeons d'un homme eslevé en *dignité*, non selon sa valeur, mais à la mode des jetons, selon la prérogative de son rang. » MONTAIGNE, liv. III, c. 8.

Mme de Sévigné disait de Mme de Coulanges, que son esprit étoit une *dignité*. « Les *dignités* sont comme les roches escarpées : les aigles ou les reptiles peuvent seuls y parvenir. » Mme NECKER.

DILATER, v. du latin *dilatare*, formé de *latus* (côté). *Dilater*, c'est au propre étendre les côtés, étendre une chose de côté et d'autre. Bergier dit, dans son livre de l'*Antiquité de Reims* : « Romulus, en vingt-huit ans que dura sa domination, ne peut oncques *dilater* son royaume de plus de six milles, qui sont trois lieues françoises. » Pag. 148, in-4°. Reims, 1635. « Cette pensée me *dilatoit le cœur* que la tristesse avoit serré. » MARMONTEL, *Bélisaire*, chap. XV.

Dilater le cœur, l'ame, les réjouir. On dit dans un sens approchant, que le *cœur*, que *l'ame s'épanouit*, pour dire qu'ils s'ouvrent au sentiment du plaisir, comme une fleur aux rayons bienfaisans du soleil.

DILAYER, *v. (diluere).* « Comme médecin, j'ordonnerois l'amour à un homme de ma forme et condition, autant volontiers qu'aucune autre recepte, pour l'éveiller et le tenir en force bien avant dans les ans, et le *dilayer* des prises de la vieillesse. » MONTAIGNE, liv. III, c. 5.

Il signifie quelquefois, temporiser, gagner du temps : « Si bien que, *dilayant* ainsi soubs ces couleurs, ilz corrompirent deux des meilleures et plus anciennes maisons de la ville. » AMYOT, *Vie de Publicola*, ch. v.

DILIGENCE, *s. f.* célérité dans l'exécution. Malherbe a employé *diligence* pour vigilance.

>Puissance, quiconque tu sois,
>Dont la fatale *diligence*
>Préside à l'empire françois.

>Ah ! quittez d'un censeur la triste *diligence*.
>RACINE, *Britannicus*, act. I, sc. 2.

« *Diligence*, expression, dit La Harpe, qui est ici plus latine que françoise. *Diligence*, en français, signifie promptitude, activité. En latin, il signifie proprement exactitude d'attention et de soin. *La diligence d'un censeur* est donc prise ici pour l'attention à reprendre, et je crois qu'à la faveur de l'étymologie cet exemple peut être suivi, et donner à notre poésie un terme de plus. »

DILIGENTER, *v.* dérivé de *diligent.* « Il n'y a pas même jusqu'à la lenteur de cette tortue, qui n'ait son utilité. Si elle *diligentoit* davantage, combien d'animaux manqueroient leur repas ! » PLUCHE.

Ce verbe a vieilli.

DILUVIEN, ENNE, *adj.* qui a rapport au déluge. Ce mot était nouveau en 1787 ; il est aujourd'hui tout-à-fait naturalisé.

DILUVIÉ, ÉE, *part.* qui suppose le verbe *diluvier*, noyer par un déluge, a été employé par un ancien poète

>Toute seroit *diluviée*,
>Et la gent perdue et noyée.
>EUST. DESCHAMPS.

DIMANCHE, *s. m.* du latin *dies dominica* (le jour du Seigneur). Ce jour est ainsi appelé, parce que, chez les chrétiens, il est plus particulièrement consacré au service du Seigneur, au service divin. On a dit *diemaine*, qui se trouve dans les *Fabliaux* de Barbazan, *dominge*, *dimainge*, *dimainche*, et enfin *dimanche*.

>Elle avoit son beau collet mis
>De samis,
>Son beau surcot rouge et *ses manches*
>*Des dimanches*.
>SAINT-GELAIS.

Ses manches des dimanches, on dit de même aujourd'hui familièrement l'habit, la robe, le chapeau *des dimanches*, pour dire de plus grande parure.

Dimanche-gras. « Il y a un petit air de *dimanche-gras* répandu sur cette lettre, qui la rend d'un goût non-pareil. » Mme DE SÉVIGNÉ.

DIMINUTIF, *s. m.* Dans la langue italienne, les *diminutifs* en produisent d'autres jusqu'à la 3e et 4e génération. Exemple : *Bambino, Bambinello, Bambinelluccio.* « Ce sont, a dit un Français, des pygmées qui multiplient et qui font des enfans encore plus petits qu'eux. » *Voyez* SUPERLATIF.

La langue française a perdu presque tous les siens, et ceux qu'elle a conservés ne sont pas du style noble ; de là l'extrême difficulté d'écrire noblement sans ennui, et gaiment sans trivialité.

Nous trouvons dans nos anciens auteurs *amelette, bouchette, gorgette, perlette, nymphette, pucelette,* etc. *Joliet, doucelet, rondelet, nouvellet, oiselet, rossignolet, ruisselet, jumelet,* etc. Avouons qu'une grande partie de ces diminutifs était assez jolie pour mériter d'être conservée.

On ne peut aujourd'hui se servir que de ceux qui sont admis par l'usage, du moins dans le genre sérieux ; dans le style badin ou marotique, il est permis de ressusciter un grand nombre des anciens diminutifs, et même d'en créer de nouveaux.

L'innocence, simple et *jeunette*,
Portant *fleurette* dans son sein,
Dans sa panetière du pain,
Cheminait un jour *seulette*.

SÉLIS, *l'Innocence*, Alm. des Muses (1792).

« Parlez, disait un grammairien, le moins que vous pourrez de vous au superlatif, si vous ne voulez pas qu'on parle de vous au *diminutif*. »

DINANDERIE, *s. f.* **DINANDIER**, *s. m.* Ces deux mots, usités autrefois pour ouvrages de chaudronnier, et l'ouvrier qui les fait, viennent de Dinant, ville sur la Meuse.

DINARCHIE, *s. f.* (δὶς, deux fois ; ἀρχή, commandement). Ce mot se trouve dans Oudin, *Dict. des trois langues*, pour exprimer le gouvernement de deux princes revêtus d'une égale autorité.

DINATOIRE, *adj.* qui a rapport au dîner. Il ne s'emploie guère qu'avec le mot déjeûner : un *déjeûner dinatoire* est un déjeûner qui se prolonge et qui tient lieu de dîner ; car *heure dinatoire* est tout au plus un terme de province.

M. de Caillères, en blâmant l'usage des gens qui emploient dans la conversation des termes de leurs professions, ou qui donnent à des mots ordinaires les terminaisons de ces termes, en cite un exemple qui trouvera naturellement sa place ici ; et qui ne déplaira pas au lecteur : « M. le mareschal de . . . étoit allé visiter un surintendant des finances à l'heure de son dîner, celui-ci ne le reconduisit que jusque sur le haut de son escalier, et il lui dit, vous m'excuserez bien, Monsieur, si je ne descends pas vous reconduire jusqu'à votre carrosse, car vous savez qu'il est heure *dinatoire* ; le mareschal, qui était naturellement railleur, se conformant à son langage, lui répondit : Il est vrai, Monsieur, et de plus la rue est fort *crottatoire*. » *Des Mots à la mode*, pag. 91, Paris, 1692.

DINDON, *s. m.* Ducis le définit :

Un oiseau gourmand, très-peu fin,
Que l'on doit pourtant aux Jésuites.
Multipliez surtout cette nouvelle race
Que de l'Inde ont porté les compagnons d'Ignace.

ROSSET, *l'Agriculture*, chant VI.

C'est aux Jésuites que nous devons les coqs d'Inde ou dindons, que pour cette raison on appelle encore quelquefois *jésuites*. Ces religieux les ont apportés des Indes orientales. Leur nom ne se trouve point dans Oudin, *Dict. des trois langues*, éd. de 1674.

DIOCÈSE, *s. m.* du latin *diœcesis* formé du grec διοίκησις (*dioikésis*), administration, juridiction.

« *Diœcesis*, dit le cardinal du Perron, n'estoit pas anciennement ce que nous appelons en françois *diocèse*, c'estoit une grande province, une région ; et *exarchus diœcesis*, c'est-à-dire le patriarche. » Chez les Grecs on entendait par διοίκησις, et chez les Romains par *diœcesis* une étendue de pays soumise à la juridiction d'un juge ou magistrat. Les ecclésiastiques sentirent de bonne heure l'avantage qu'ils pouvaient retirer de régler leur gouvernement sur le modèle de l'administration civile, et dès l'an 266, le pape Denys le divisa en *diocèses*, terme qui dès-lors a servi à désigner une étendue de pays sous la surveillance d'un évêque.

DIOGÉNISME, *s. m.* cynisme. « L'auteur du *Pornographe* (Rétif de la Bretonne) peut se vanter d'avoir produit le complément de l'extravagance et du *diogénisme*. » *Mém. secr. de la républ. des lettr.*

DIPLOMATE, *s. m.* **DIPLOMATIE**, *s. f.* Le premier désigne un homme versé dans la diplomatie, et le second exprime la science des rapports et des intérêts respectifs des États ; tous deux sont nouveaux dans notre langue. L'*Acad.* édit. de Smits, porte le mot *diplomatie*, mais elle n'admet pas celui de *diplomaie* ; l'usage l'a naturalisé, en attendant que l'Académie prononce. Ils viennent tous deux du grec δίπλωμα (*diplóma*) double copie d'un acte.

DIRE, *v.* (*dicere*). On a dit de Montaigne, que c'était l'homme du monde qui savait le moins ce qu'il allait *dire*, et qui savait le mieux ce qu'il *disait*. Scarron, *Virg. trav.* liv. IV, exprime aussi pudiquement, mais plus gaiment que Virgile, l'aventure d'Énée et de Didon :

Enéas, comme un homme sage,
N'en a jamais *dit* davantage,
Et Didon n'a jamais rien *dit*
De ce qu'en la grotte elle fit.

Le secret d'ennuyer est celui de tout *dire*.

DIRE, *s. m.* Xénophon et César ont cherché à recommander, non leur *dire*, mais leur faire. » MONTAIGNE.

Tous les gens querelleurs, jusqu'aux simples mâtins,
Au *dire* de chacun, étaient de petits saints.
LA FONTAINE.

DIRECTEUR, *s..m.* Il y a des femmes qui ont des *directeurs* dont elles se servent comme de leurs cochers, pour les conduire où elles veulent. L'exactitude minutieuse du P. Bouhours l'a fait comparer, en matière de langage, à ces *directeurs* rigides qui troublent les consciences pour vouloir trop les épurer.

DIS, DI, particule inséparable qui vient tantôt de la préposition grecque διά (*dia*) qui se prend en plusieurs significations différentes qu'on ne peut faire bien entendre que par des exemples. Notre *dis* ou *di* signifie plus souvent *division*, *séparation*, *distinction*, *distraction*; par exemple, joindre, *dis*joindre, paraître, *dis*paraître; grâce, *dis*grâce; parité, *dis*parité. Quelquefois elle augmente la signification du primitif; *di*later, *di*minuer, *di*vulguer, *dis*simuler, *dis*soudre; tantôt elle vient du grec δις (*dis*) deux fois, comme dans *di*phthongue, *dis*syllabe, *dis*tique, etc.

DISCERNEMENT, *s. m.* « Après l'esprit de *discernement*, ce qu'il y a de plus rare au monde, ce sont les diamans et les perles. » LA BRUYÈRE.

DISCIPLINE, *s. f.* (*discere*, apprendre), instruction, éducation.

Contre une austère *discipline*,
Jeune homme, pourquoi t'élever?
Ignores-tu qu'on entoure d'épine
L'arbre que l'on veut conserver?

DISCORD, *s. m.* différent, dispute, proprement division des cœurs, des sentimens. « Elle se mocquoit de nous et de nos *discords*. » BRANTÔME, *les Dames illustres*.

Un ancien poëte avait dit :

Quand le *discord* règne dans la cité,
Le plus méchant tient lieu d'autorité.

Et Corneille après lui :

Puisque chacun, dit-il, s'échauffe en ce *discord*,
Consultons des grands dieux la majesté sacrée.

L'Académie se contente de dire qu'il n'est guère d'usage qu'en vers. Le P. Bouhours, au contraire, a dit depuis long-temps que les bons poëtes ne s'en servaient plus. Racine, qui l'avait employé dans *les Frères ennemis*, ne l'employa plus dans ses autres tragédies.

Il falloit entre vous mettre un plus grand espace,
Et que le ciel vous mit, pour finir vos *discords*,
L'un parmi les vivans, l'autre parmi les morts.
Act. v, sc. 2.

(Le critique pouvait ajouter que Racine s'en était encore servi dans la *Nymphe de la Seine* :

Je parus un jour sur mes bords,
Pensant aux funestes *discords*
Qui m'ont si long-temps outragée.)

On s'en servait ordinairement au pluriel; Malherbe l'a pourtant employé au singulier :

Mais après lui notre *discord*
N'aura plus qui dompte sa rage.
Ode III, liv. I.

Et ailleurs :

Le *discord* sortant des enfers.

Ménage dit que le mot est beau, et que tous les meilleurs poëtes modernes (de son temps) ne font point difficulté de s'en servir.

. . . . Et m'adressant alors
A l'homme que la loi rend maître en ces *discords*.
FABRE-D'ÉGLANTINE, *le Philinte de Molière*,
act. v, sc. 3.

Grave Clio, que m'offrent tes annales?
De longs *discords*, des tempêtes rivales.
PARNY, *les Rosecroix*, ch. I.

De deux camps ennemis descendus sur ces bords,
La fierté s'abandonne à de bouillans *discords*.
AIGNAN, trad. de l'*Iliade*, liv. XVIII.

Rallumer le volcan de nos affreux *discords*.
CHAUSSARD.

Concluons, avec Voltaire et Féraud, que ce mot est à regretter, et sachons gré aux poëtes qui ont voulu le faire revivre.

DISCORD, *adj.* qui n'est point d'accord; du latin *discors*, qui a la même signification.

La France est un colosse, assemblage confus
De principes *discords* et d'antiques abus.
LE BRUN, *Discours en vers*, à l'occasion de l'*Assemblée des notables*.

« La joie pure des habitans des champs qu'une musette ou un violon *discord* fait sauter en rond avec des mouvemens que la légèreté ne conduit pas. » MOREAU DE SAINT-MÉRY, *de la Danse*.

DISCORDAMMENT, *adv.* « A l'adventure ay-je quelque obligation particulière, à ne dire qu'à demy, à dire confusément, à dire *discordamment*. » MONT. liv. III, ch. 9.

DISCORDANCE, *s. f.* défaut d'accord. « Il s'en faut tant que je m'effarouche de voir de la *discordance* de mes jugemens à ceux d'autrui, et que je me regarde incompatible à la société des hommes, pour estre d'autre sens et party que le mien. » MONT.

Nous disons *discordance* pour désaccord; nos pères ont dit *accordance* pour accord, convention; cette expression se trouve dans le *Roman du Renard* (13e siècle).

DISCOUREUR, *s. m.* DISCOUREUSE, *s. f.*

Philosophes : que dis-je? antiques *discoureurs*,
C'est prêter trop long-temps l'oreille à vos erreurs.
LOUIS RACINE, *le Poëme de la Religion*, ch. 2.

« Paix! *discoureuse*. » MOLIÈRE.

Linguet l'a fait adjectif; il appelle les Parlemens d'Angleterre « des assemblées *discoureuses*. »

DISCOURS, *s. m.* assemblage de paroles pour exprimer sa pensée. « La foiblesse de mon *discours* me gardoit d'en rien juger, et celle de mon corps d'en rien sentir. » *Essais de Montaigne*. De mon *discours*, c'est-à-dire, *de ma raison*. « Montaigne emploie souvent le mot *discours* dans ce sens-là ; et c'était l'usage de son temps, comme il me serait aisé de le prouver par plusieurs passages de Plutarque, d'Amyot. » COSTE, *note sur Montaigne*.

Marivaux dit assez plaisamment dans l'*Iliade travestie*, liv. VIII :

Car, quand ses *discours* étoient longs,
Sur la fin ils n'étoient pas bons.

« Les longs *discours* n'avancent pas plus les affaires, qu'une robe traînante n'aide à la course. » BACON.

DISCOURTOIS, OISE, *adj.* impoli, inofficieux ; négatif de *courtois*; ce mot, ainsi que son primitif et son dérivé *discourtoisie*, n'est plus guère usité. « Ces dames qui d'un mot arrêtaient, à l'entrée de la lice, le *discourtois* chevalier dont une seule avait à se plaindre. » CHAMFORT.

Parle, est-ce toi, *discourtois* chevalier,
Dont la main faible aurait, etc.
VOLTAIRE.

« Ce seroit une notable *discourtoisie* de faillir à vous trouver chez vous, etc. » *Ess. de Montaigne*. Les poètes doivent regretter ces mots sonores.

DISCRÉDIT, *s. m.* Ce terme ne fut guère employé dans le commerce avant 1719. On s'en est servi dans divers arrêts du conseil ; pour exprimer la perte que l'on faisait sur les actions de la Compagnie des Indes, les billets de banque, et le peu de confiance que le public avait en ces effets.

DISCULPER, *v.* (ital. *discolpare*, justifier d'une faute). « Il y a toute apparence qu'on doit ce mot au cardinal Mazarin. » Le P. BOUHOURS. « Il est bien droit (juste) que len (l'on) oye (entende) de vostre bouche se (si) vous vouldriez *découlper* de ceste chose. » *Lancelot du Lac*.

DISCUTER, *v.* Qui n'a retenu ce vers de Rhulières :

Qui *discute* a raison, et qui dispute a tort.

Il vient du latin *disceptare*. « *Discepto*, dit le président de Brosses, (*dis-capto* joint à la préposition qui désigne la séparation et la distinction) exprime que l'on *prend* les choses à part les unes des autres, ou de part et d'autre sans les mêler. *Disceptare*, au figuré, *discuter*, disputer, examiner de part et d'autre, juger avec examen. » *Méchanisme du langage*, tom. II, pag. 223.

DISETTEUX, EUSE, *adj.* « Ils travaillent à rendre la langue pauvre et *disetteuse*. » *Factum* de Furetière. Ce mot a vieilli ; cependant quelques auteurs contemporains en ont fait usage : « La classe laborieuse et *disetteuse*, dit Linguet, est composée de familles où il se trouve des enfans qui n'ont pas encore la force de rien gagner. » « La vie pauvre et *disetteuse* des sauvages. » RAYNAL.

DISEUR, s. m. **DISEUSE**, s. f. Ces mots ne sont guère d'usage que dans quelques locutions familières et suivis d'un complément indirect.

Dieu ne créa que pour les sots
Les mauvais *diseurs de bons mots*.
LA FONTAINE, liv. VIII, *fable* 8.

« Cette Cornélie, dans *la Mort de Pompée*, n'est-elle pas, en cent endroits, une *diseuse de galimatias* ? » VOLTAIRE. Cependant Mme de Sévigné a dit sans complément : « Vous n'êtes point une *diseuse*, vous êtes assez sincère. »

DISGRÂCE, s. f. de l'ital. *disgrazia* qui, non seulement signifie malencontre, malheur, mais aussi mauvaise grâce ; nous l'avons emprunté des Italiens dans le 16e siècle ; mais nous lui avons donné le sens de *défaveur*.

DISGRACIÉ, ÉE, part. du verbe *disgracier*. Il vient de l'italien, et semble s'être introduit en France dans le même siècle que le mot *disgrâce*.

« Je vous confesse que *disgracié* a vraiment son origine du langage italien, qui dit *disgratiato* (tellement qu'on peut dire qu'entre nous courtisans italianizons en ceste parole : c'est-à-dire, que nous l'empruntons des Italiens, et puis l'habillons à la francese) ; mais quelques-uns, par ignorance, l'appliquent à un autre usage que l'Italie n'a appliqué son *disgratiato*. Car, au lieu que *disgratiato* signifie malencontreux, ou malheureux, quelcun qui, en passant, avet ouy ce mot *disgratié*, de la bouche de quelque emprunteur (qui n'estet pas si ignorant) mais n'avet entendu ce qu'il voulet dire, et toutesfois désiret puis après parer son langage de ce mot nouvellement appris, eut bien grand' haste de dire, *il est disgratié* : non pas pour signifier il est malencontreux, ou, il est malheureux : mais au lieu de dire, il est hors de grace : ou, il n'est plus en grace. » HENRI ESTIENNE, *Dialogues du nouv. lang. franç. italianisé*.

« Le *disgracié* de la nature croit qu'il a de l'esprit. Le *disgracié* de la cour croit qu'il a du mérite. Les beaux sont toujours bêtes, dit le premier ; les gens médiocres sont toujours en faveur, dit le second. » LE PRINCE DE LIGNE. On a appelé provinces *disgraciées* toutes ces provinces méridionales, où le français se prononce d'une manière si rude et si choquante. »

DISGRACIEUX, EUSE, adj. désagréable. « M. Targe, dit l'abbé Féraud, lui donne le sens de *qui n'est pas gracieux, affable*. Il dit, d'après Smollet, de Guillaume III : froid parent, mari indifférent, homme désagréable, prince *disgracieux*. En ce sens c'est un anglicisme. » Ce critique aurait pu ajouter que Boissy avait donné, contre l'usage, la même valeur à cet adjectif : « C'est bien l'Anglais le plus *disgracieux*, le plus taciturne, le plus impoli que je connoisse. » *Le François à Londres*, sc. 5.

DISPARAISSANT, TE. Ce participe, pris adjectivement, fait un bel effet dans cette phrase de Fléchier : « Il (David) regarde la vie... comme l'ombre, qui s'étend, se rétrécit, se dissipe : sombre, vide et *disparoissante* figure. »

DISPENSAIRE, s. m. Par ce mot on désigne quelquefois les lieux où l'on fait la dispensation des substances qui entrent dans les médicamens composés. C'est aussi le nom d'un établissement particulier créé par la Société Philanthropique de Paris, pour le soulagement de cette classe d'hommes laborieux qui, sans être réduits à l'indigence, ne peuvent supporter les dépenses extraordinaires d'une maladie, et répugnent à se séparer de leur famille pour entrer dans les hôpitaux.

DISPOS, adj. m. du latin *dispositus* (disposé, agile) ; aussi a-t-on dit d'abord *dispost*. « Il est sûr, dit M. de La Monnoye, dans ses *Notes sur Bonaventure Despériers*, que si *dispos* avoit un féminin, ce seroit *disposte* qu'il faudroit dire. » La Noue, dans son *Diction. des rimes*, entre les rimes en *oste* où le *s* se prononce, a mis *disposte*. On trouve dans les *Epithètes* de De la Porte, Paris, 1571, au mot *Gambade*, *disposte*, comme féminin de *dispos*.

Ronsard s'est même servi de ce féminin :

. . . . Afin de te faire estre
Toujours saine et *disposte*, et afin que ton front
Ne soit jamais ridé comme les nôtres sont.

1er liv. des *Hymnes*, hymne 1re, de l'Eternité.

Et Montaigne, du mot *impost* comme négatif de *dispos*, pour dire, peu agile, peu *dispos* : « Un gentilhomme *impost* de sa personne, et ne trouvant cheval capable de son poids (capable de soutenir son poids, de le porter), marchoit par pays en coche. » *Essais*, tom. VII, pag. 292, Paris, 1791. Benserade a dit : *dispos* de la langue ; ce qui peut se tolérer dans le style comique.

DISPUTAILLERIE, s. f. *Trévoux*. Ce mot peut être de mise dans le style critique, et d'autant mieux que nous avons *disputailler*, *disputailleur*.

DISPUTANT, s. m.

J'ai dit aux *disputans*, l'un sur l'autre acharnés :
Cessez, impertinens, cessez, infortunés ;
Très-sots enfans de Dieu, chérissez-vous en frères,
Et ne vous mordez pas pour d'absurdes chimères.
VOLTAIRE.

Fréron a aussi employé ce substantif.

DISPUTANT, TE, adj. mot nouveau, en 1787. « Athènes fut subtile et *disputante*. » MERCIER.

DISPUTE, s. f. « La *dispute* a la vraisemblance pour principe dans ses commencemens, l'opiniâtreté dans ses progrès, et pour fin l'emportement. » OXENSTIERN.

DISPUTEUR, s. m. Balzac a été un des premiers à faire usage de ce mot. « Je ne puis, dit-il, souffrir ces violens *disputeurs* qui se jettent d'abord dans la dernière extrémité, soit du blâme, soit de la louange. » Quelques auteurs l'ont employé comme adjectif, et lui ont même donné un féminin. « A force de disputer contre l'Eglise romaine, le clergé protestant a pris l'esprit *disputeur* et pointilleux. » J. J. ROUSSEAU.

Il en est de certains philosophes *disputeurs*, comme de la sèche, qui, serrée de trop près par quelque poisson ennemi, trouble et noircit toute l'eau qui l'environne jusqu'à ce qu'elle devienne invisible. « On se querellait depuis long-temps sur la Trinité, lorsqu'Arius se mêla de la querelle, dans la *disputeuse* ville d'Alexandrie, où Euclide n'avait pu parvenir à rendre les esprits tranquilles et justes. » VOLTAIRE.

DISPUTOISON, s. f. dispute de sots, d'oisons. Ce terme qu'on lit dans les *Antiquités gauloises et françoises*, est bon à renouveler : « Le roy (Philippe-Auguste), ennuyé de leur *disputoison*, s'en va un matin, sans prendre congé des légats. » NIC. GILLES.

DISSENTIEUX, EUSE, adj. Nous avons *dissension* et nous n'avons pas gardé *dissentieux* (qui produit, qui fait naître des dissensions) dont s'était servi Montaigne : « Pour ne guérir le cerveau au préjudice de l'estomach, et empirer le cerveau par ces drogues tumultuaires et *dissentieuses*. » *Essais*, liv. II, ch. 37.

DISSENTIMENT, s. m. différence de sentiment. Nous croyons que Montaigne est le premier qui se soit servi de ce mot : « La vengeance divine, dit-il, présuppose nostre *dissentiment* entier pour la justice. » *Essais*, liv. II, ch. 12.

DISSÉQUER, v. vient du latin *dissecare* composé de *secare* (couper). *Disséquer* c'est proprement *couper* en séparant. Il se dit au figuré : « Les mains de ces froids calculateurs sont bien plus propres à *disséquer* le sentiment qu'à le faire naître. » *Journal de Monsieur*.

DISSERTATIF, IVE, adj. mot nouveau en 1787. Ce discours est écrit d'un style plus *dissertatif* qu'oratoire. « Cette histoire peut prêter à la critique, relativement à sa forme un peu *dissertative*. » *Année littér*.

DISSERTER, v. du latin *dissertare* (discourir).

Un homme qui *disserte* est un homme à noyer.
LA CHAUSSÉE.

DISSERTEUSE, s. f. En écrivant à Mme du Deffand, Voltaire lui dit : « Tout l'ouvrage de Pope fourmille d'obscurités. Il y a cent éclairs admirables qui percent à tout moment cette nuit. Ce qui est beau et lumineux est votre élément; ne craignez cependant pas de faire la *disserteuse*, et ne rougissez point de joindre aux grâces de votre personne la force de votre esprit. »

DISSIMULATEUR, *s. m.* « mot peu usité, dit l'abb. Féraud, en 1787, mais qui mérite de l'être; sonore, énergique, utile, il a le mérite d'épargner une périphrase. Les plus grands politiques sont les plus grands *dissimulateurs.* » Il ne faut pas cependant regarder ce mot comme un néologisme, car il se trouve dans le *Dict.* de Phil. Monet, 1637, et dans celui d'Oudin, 1674; son féminin, *dissimulatrice*, dans celui de Pomey, 1716.

DISSIMULATION, *s. f.* « La *dissimulation* est un joyau de la couronne. » Le marquis D'HALIFAX.

DISSIMULER, *v.* du latin *dissimulare* (feindre). Le chef d'œuvre d'un courtisan consiste à *dissimuler* même l'art nécessaire de la dissimulation.

DISSIPER, *v.* du latin *dissipare* (jeter de côté et d'autre) dont la racine est *sipo*, je jette. On dit au figuré, *dissiper* les ennuis, les chagrins, les alarmes, la douleur, etc. Les Latins employaient de même *dissipare* :

Dissipat Evius curas edaces.
(Bacchus *dissipe les soucis* rongeurs).
HORACE, liv. II, Ode 2e.

Il se prend aussi absolument pour mal employer son bien, le prodiguer à tort et à travers. Il y a des gens qui *dissipent* et qui ne savent pas donner. Il se construit aussi avec le pronom réfléchi.

Elle voit *dissiper* sa jeunesse en regrets,
Son amour en fumée et son bien en procès.
RACINE, *les Plaideurs*, act. I, sc. 5.

« L'exactitude grammaticale demanderait *se dissiper*; Racine a supprimé le pronom *se* pour la commodité de la versification. Les deux vers, qui sont très-bien faits, demandent grâce pour cette légère faute. Peut-être ce mot *dissiper* ne s'applique-t-il pas bien ici à *l'amour*; car l'amour réduit à la fumée de l'espérance, se fortifie quelquefois au lieu de se dissiper. Cependant comme il convient parfaitement à la *jeunesse* et au *bien*, cette inexactitude ne s'aperçoit pas entre deux autres applications très-justes; et même alors elle est permise. » GEOFFROY, *Œuvres de J. Racine*, au lieu cité.

DISSOLU, UE, ancien participe de *dissoudre*, du latin *dissolutus, a*, délié, relâché, participe du verbe *dissolvere* (délier, lâcher, relâcher). Nous disons des *mœurs dissolues* à l'exemple des Latins, mais non pas dans le même sens :

Clamore magno Regem petiére ab Jove,
Qui dissolutos mores vi compesceret.
PHÈDRE, liv. I, *fable* 2.

(Les grenouilles demandèrent à grands cris à Jupiter un roi qui réprimât par la force les mœurs *dissolues*);

DISSONANCE, *s. f.* « Un système mal lié et plein de *dissonances.* » LEIBNITZ.

DISSONANT, E, *adj.* « Tout ce mien procédé est un peu bien *dissonant* à nos formes. MONT. liv. III, ch. I.

DISTILLATEUR, *s. m.* Quelques auteurs ont pris ce mot au figuré. Balzac appelle *distillateurs de Tacite*, ces politiques qui trouvent du mystère à tout. « Ils étaient rares chez nos pères les *distillateurs* d'esprit. » L'abbé COYER.

Distillation a également été pris au figuré par Mad. de Sévigné; elle dit, en parlant du cardinal de Retz : « Il passe le reste du temps dans les *distillations* et les distinctions de métaphysique qui le font mourir. »

DISTILLER, *v.* du latin *distillare*, composé de *stillare* (tomber goutte à goutte).

. . . . *Lentum distillat ab inguine virus.*
(Une liqueur lente *distille* de l'aine).
VIRGILIUS, Georg. III, v. 281.

« Il y a toujours eu dans le monde des alchymistes et des souffleurs qui ont *distillé* les choses humaines, et donné plus de liberté qu'ils ne devoient à leurs conjectures et à leurs soupçons. » BALZAC, *Aristippe.*

La colère dans l'ame et le feu dans les yeux,
Il *distilla* sa rage en ces tristes adieux.
BOILEAU, *Satire* Ire.

En blâmant ses écrits, ai-je d'un style affreux
Distillé sur sa vie un venin dangereux ?
BOILEAU.

Ce sont-là les billets qu'il faut négocier,
Et non pas vos poulets, vos chiffons de papier,
Où l'amour se *distille* en de fades paroles.
REGNARD, *les Ménechmes*, act. IV, sc. 8.

Mais je m'arrête trop, et je laisse mon maître
Se *distiller* en pleurs, et s'enivrer peut-être.
Le même, *le Bal*, sc. IV.

Les gens de lois *distillent* les pauvres plaideurs bien plus habilement que ne ferait un chimiste, et les réduisent plus sûrement que lui au *caput mortuum*. « Villars se *distilla* chez lui en respects pour le maréchal de Boufflers. » SAINT-SIMON, *Hommes illust.* tom. IV. « Il a découvert que ma grand'mère (Mme de Chantal) dans la *cime* de son ame, étoit toute *distillée* dans l'oraison. » Mme DE SÉVIGNÉ.

DISTIQUE. s. m. du latin *distichum* qui vient du grec δίς, deux, et στίχος, ligne, vers; deux vers qui forment un sens. Dans la poésie latine, on donne ce nom à deux vers, l'un hexamètre, l'autre pentamètre, réunis et formant un sens, une sentence.

Une élégance noble est l'ame des *distiques*.
CHAUSSARD.

Le distique sert souvent d'inscription, soit sur un bâtiment, soit au bas d'un tableau. Le *distique* suivant, fait par M. Guichard, et destiné à être mis au bas du portrait de La Fontaine, a la concision et la noblesse que réclame le genre :

Dans la fable et le conte, il n'eut point de rivaux ;
Il peignit la nature et garda ses pinceaux.

DISTRAIT, E, adj. (*dis, trahere*. tirer en sens opposé). « J'aime les gens *distraits* ; c'est une marque qu'ils ont des idées et qu'ils sont bons ; car les sots et les méchans ont toujours de la présence d'esprit. » LE PRINCE DE LIGNE.

DISTRAYANT, E, adj. On a dit : « Les fonctions les plus *distrayantes*. » Mais ce mot a-t-il prévalu ?

DISTRIBUER, v. « Personne ne *distribue* son argent à autruy. Chacun y *distribue* son temps et sa vie. » MONTAIGNE, liv. III, ch. 10.

DISTRIBUTIF, IVE. Le savant Budée est le premier qui ait donné à la justice des rois, l'épithète la plus propre à exprimer l'usage qu'ils en doivent faire. Il l'appelle justice *distributive*.

DITO. C'est une expression italienne que nous avons conservée dans la langue du commerce. Elle signifie en général que la marchandise dont on parle est de la même espèce que celle qui vient d'être nommée, qu'elle porte le même nom, quoique d'une autre qualité et de prix différent.

DIVAGATION, s. f. Ce mot ne se trouve pas dans le *Dict. de l'Acad.* pas même dans l'édition de Moutardier ; il est admis dans le *Supplément*, in-4°, 2e édit. publiée en 1827, et paraît tout-à-fait naturalisé.

DIVAGUER, v. du latin *divagari* (s'éloigner du chemin, quitter le fil du discours, faire des digressions). C'est un composé de *vaguer* (*vagari*) peu usité aujourd'hui. « Nos roys déléguoient certains gentilhommes de leur cour, qui avoient tous leurs territoires distincts, desquels l'office estoit de *vaguer* par leur ressort, et cognoistre si les comtes exerçoient bien et duement leurs offices. » EST. PASQUIER, liv. II, ch. 8, de ses *Recherches sur la France*. « Les Scythes n'avoient aucune demeurance (*demeure*) certaine, mais *vaguoient* par lieux inhabités, menans devant eux leur bestiail. » *Epithètes* de De la porte, Paris, 1571. « Pasquier vient enfin sur les Histoires de France, ayant *vagué* par toute l'Europe, etc. » Le P. GARASSE, *Recherches des Recherches* de Pasquier.

DIVAN, s. m. Gresset l'a plaisamment appliqué à un conseil de nonnes, qu'il appelle : « le vieux *Divan*. »

DIVE, s. f. du latin *diva* (déesse). « J'ai pitié des princes qui sont si lâches et si peu courageux, qu'ils ne dédaignent pas de se soumettre à la *dive* fortune, et, pour un peu de crédit, adorer le veau d'or. » GUI-PATIN. « Qui est celui de vous qui veut avoir le mot de la *dive* bouteille ? » RABELAIS.

DIVERGER, v. s'écarter, s'éloigner. L'Académie, qui dans l'édition de Smits, porte le verbe *converger*, garde le silence sur *diverger*, qui paraît aussi nécessaire que son opposé *converger*. Bernardin de Saint-Pierre s'est servi de l'un et de l'autre : « Ainsi toute leur collection, loin de faire *converger* chaque proposition vers un centre commun, suivant les termes de l'instruction, les ferait *diverger* l'une de l'autre, sans qu'il fût possible de les rapprocher. » *La Chaumière indienne*. Plus bas il dit : « La fameuse pagode de Jagrenat s'élevait au centre de neuf avenues d'arbres toujours verts, qui *divergent* vers autant de royaumes. »

A l'aide du palais ma langue a prononcé
Le son qui, sur ma lèvre impatient d'éclore,
Diverge ses rayons, forme un cône sonore.
LE BRUN, *la Nature*, chant III.

Remarquons que l'on dit cependant *divergent* et *divergence*. Le verbe se trouve dans le *Supplément*, déjà cité, art. *divagation*.

DIVERSION, *s. f.* C'est Montaigne qui a créé ce mot, mais il n'y attachait pas tout-à-fait le même sens qu'on y attache à présent, quand on dit : faire *diversion* à une chose. Pasquier lui reproche ce terme comme insolite et d'un sens trop indéterminé.

DIVERTIR, *v.* du latin *divertere* (détourner, tourner d'un autre côté).

Après de si beaux coups qu'il a su *divertir*.
MOLIÈRE, *l'Etourdi*, act. III, sc. 1.

On disait bien autrefois *divertir quelqu'un de quelque chose* : « Pour *divertir* leur père de sa promesse. » *Contes* de Despériers. « Il le pric d'employer tous les secrets pour *divertir* Artenice de cette nouvelle affection. » RACAN. « Pour *divertir* un peu son esprit de cette tristesse, il entreprit un voyage, etc. » DURYER, traduction du *supplément de Freinshemius*, à la fin de la traduction du *Quinte-Curce* de Vaugelas.

DIVIN, E, *adj.* « J'allai dîner à Lyon, il faisait *divin* ; je me promenai délicieusement. » SÉVIGNÉ.

On se l'arrache au moins : je l'ai vu quelquefois
A des soupers *divins* retenu pour un mois.
GRESSET, *le Méchant*.

« Il y a encore 200 ans, dit Cl. Fauchet, que nous appelions les docteurs en théologie, *divins* et *maistres en divinité* : tesmoin ces vers de la Complainte de sainte Eglise, par maistre Guillaume de Saint-Amour.

Vous *devin* et vous decretistre,
Je vous jete fors de mon titre.
Origine de la langue et poésie franç.

DIVINATEUR, TRICE, *s.* « Platon dit que c'est l'office de la prudence de tirer des songes des instructions *divinatrices* pour l'advenir. » MONT. liv. III, ch. 13. *Voyez* DEVIN.

DIVINATION, *s. f.* « Sa prudence était une espèce de *divination*. » LA BLETTERIE.

DIVINEMENT, *adv.* Comme on a dit *divin* pour bon, excellent, on a dit *divinement* pour parfaitement. Il paraît que ces expressions exagérées se sont établies du temps de H. Estienne. « Maintenant, dit-il, dans ses *Dialog. du lang. franç. ital.* on use de ce mot *divinement* à tous propos, jusques à dire, non pas seulement, il parle *divinement* bien, il lit *divinement* bien, il escrit *divinement* bien (au lieu que on soulet dire, il escrit comme un ange), il chante *divinement* bien ; mais aussi, il joue du lut *divinement* bien, il bale *divinement* bien. Et quelques uns se contentent de dire *divinement*, sans adjouster *bien*. On dira aussi : Vela une viande *divinement* bonne, vela du vin *divinement* bon. Voire me souvient-il d'avoir ouy dire, c'est un *divinement* bon cheval. »

DIVISION, *s. f.* Fénélon dit de la *division* des sermons : « Vous voyez un homme qui entreprend d'abord de vous éblouir ; qui vous débite trois épigrammes, trois énigmes ; qui les tourne et retourne avec subtilité ; vous croyez voir des tours de passe-passe. Est-ce là un air sérieux et grave à vous faire espérer quelque chose d'utile et d'important ? »

DIVORCE, *s. m.* C'est proprement la séparation de deux époux, par la rupture légale du mariage.

Trop heureux, si bientôt la faveur d'un *divorce*
Me soulageait d'un joug qu'on m'imposa par force.
RACINE.

Ce mot, dans le style oratoire ou poétique, se prend pour désunion, dissension.

Ils ont assez long-temps joui de nos *divorces*.
CORNEILLE.

Que cet instant commence
Le *divorce* éternel de la terre et des cieux.
VOLTAIRE, *Pandore*, opéra, act. IV.

De Jupiter ainsi l'éternelle puissance
Accomplit ses décrets, lorsque l'injuste offense
Eut consommé soudain le *divorce* odieux
D'*Atride*, roi des rois, d'*Achille*, fils des dieux.
AIGNAN, trad. de l'*Iliade*, liv. I.

« C'est le *divortium* des Latins. Ils disaient le *divorce* des eaux, des sectes, des amis. La langue française, elle-même, n'a pas toujours restreint à la rupture du mariage la signification de ce mot. Racan l'emploie, en parlant de sa querelle avec Malherbe. J'ai cru qu'il était ici d'autant plus juste et plus énergique, que le serment qui liait les chefs de la Grèce à la vengeance de Ménélas, recevait de la sainteté même du nœud conjugal, sa force et sa solennité. » *Note du traducteur.*

As-tu jamais, soit de gré, soit de force,
Pour imposer à la foule des sots,
Bizarrement accouplé de grands mots
Dont le bon sens réclame le *divorce*?
BAOUR DE LORMIAN, *Rustan*, conte oriental.

Le *divorce* est en pratique
Aujourd'hui pour bien des gens;
Plus d'un grave politique
Divorce avec le bon sens :
Le financier qui nous pille
Divorce avec le crédit;
Et plus d'un auteur qui brille
Fait *divorce* avec l'esprit.
ÉTIENNE.

DIVORCER, *v.* dérivé de *divorce*, faire divorce. Ce mot, avant d'être d'un usage fréquent, avait déjà été employé par quelques auteurs assez anciens : « Vous avez mis en butte Cicéron, comme s'il estoit à louer de s'estre *divorcé* d'avec sa femme Terentia. » CHOLIÈRES, *Contes*.

DIVORCÉ, ÉE, *adj. et part*. « Les deux époux sont réellement *divorcés*, et cependant ils ne peuvent se pourvoir ailleurs. » VOLT. Ce terme traité de barbarisme par l'abbé Féraud, a depuis appelé de cet arrêt. La chose a fait passer le mot.

DIVULGUÉ, ÉE, *adj. et part*. du latin *vulgare* (rendre public). « Il n'y a point d'affaire *divulguée* qui réussisse, mais surtout les affaires des malheureux. » BUSSY-RABUTIN.

DOCTE, *adj.* Le négatif *indocte* a été employé par Desmarets : « Ce n'est pas pour toi que j'écris, *indocte* et stupide vulgaire. » *Les Visionnaires*, comédie; et le superlatif *doctissime*, mais en plaisantant, par du Bellay, dans un sonnet dédié à Baïf.

DOCTEUR, *s. m.* C'est celui qui, dans une université, est élevé au plus haut degré d'une faculté. Furetière dit qu'un bachelier est un homme qui apprend, et qu'un *docteur* est un homme qui oublie. « Sénèque étoit un *docteur* de cour, qui philosophoit dans la pourpre, et causoit à son aise de la vertu. » BALZAC, *Mécénas*, Discours V.

Il se dit de même au féminin : « Les femmes *docteurs* ne sont point de mon goût. » MOLIÈRE, *les Femmes Savantes*, act. I, sc. 3. J. J. Rousseau a hasardé le mot *doctoresse* : « L'aspect de la nature défaillante est hideuse aux yeux des enfans; leur répugnance que j'aperçois me navre, et j'aime mieux m'abstenir de les caresser, que de leur donner de la gêne et du dégoût. Ce motif, qui n'agit que sur les ames vraiment aimantes, est nul pour tous nos docteurs et *doctoresses*. »

Mon *docteur* de menestre en sa mine altérée,
Avoit deux fois autant de mains que Briarée.
RÉGNIER, *Satire* X, v. 291.

Le mot italien, *minestra*, signifie une soupe, d'où nous avons fait un *docteur de menestre*.

L'ingrat époux lui fit tâter
D'une *menestre* empoisonnée.
SCARRON, *Satire contre un nommé Baron*.

Nous disons trivialement dans le même sens, un *docteur en soupe salée*, pour dire un gourmand, un homme ignorant, qui n'est bon qu'à juger si la soupe est salée à point.

DOCTORISER, *v.* conférer le grade, le titre de docteur. Un anonyme a dit, et pas trop mal, ce semble : « Que de charlatans *doctorisés* à peu de frais de science et d'argent! »

DOCTRINAIRE, *s. m.* Faiseur de système. « Ce n'était point l'étendard de la vérité que tenaient entre leurs mains certains *doctrinaires* exagérés. » NECKER. L'abbé Féraud blâme l'emploi de ce terme en ce sens. N'est-ce pas la signification que lui donne aujourd'hui un parti opposé?

DODELINER, *v.* mot ancien qui vient de l'italien *dondolare* (imprimer un léger mouvement), ou de notre mot enfantin *dodo*, parce qu'on remue légèrement le berceau des enfans, pour les endormir ou pour leur faire faire dodo, comme on dit trivialement.

Dodiner, qui parait être une contraction de *dodeliner*, doit avoir la même origine. Le premier de ces mots est souvent employé par Rabelais : « Lui-même se bersoit en *dodelinant* de la teste. » T. 1, p. 44, Paris, 1732. « Pantagruel apperceut Panurge rêvassant et *dodelinant de la teste*, etc. » *Le même*, tom. III, pag. 239. « S'il *dodelinoit de la teste*, c'étoient charrettes ferrées. » *Le même*, tom. IV, pag. 172. Une chanson picarde dit que le soleil *dodine* la nature (la caresse, la réchauffe).

DOGUER (se), *v.* se heurter de la tête comme les béliers. Ce verbe n'est point dans le *Dict. de l'Acad.* Le Supplément dit qu'il est vieux ; mais il est expressif.

DOIGT. *s. m.* Ce mot entre dans beaucoup de phrases proverbiales. Nous disons, par exemple : *Avoir de l'esprit au bout des doigts*. Nous avons emprunté, selon H. Estienne, cette façon de parler des Italiens, qui l'appliquent surtout aux Allemands. « J'ai découvert un ouvrier, qui a de l'esprit au bout des *doigts*. » BALZAC. *Lett. à Conr.* liv. IV, lett. 19. « Il y a hyperbole en ceste façon de parler, il n'y daigneroit pas *toucher du bout du doigt :* laquelle il me souvient avoir lue en quelque ancien auteur grec, et se trouve en saint Mathieu. » H. ESTIENNE, *Traicté de la conformité du langage françois avec le grec.*

Nous disons *savoir quelque chose sur le bout du doigt*, pour dire la savoir parfaitement ; les Latins disaient dans le même sens, sur l'ongle (*ad unguem*).

Il sait tout son Cujas *sur le bout de son doigt.*
REGNARD, *le Bal*, comédie, sc. 8.

Molière fait dire à Sganarelle, valet de don Juan, dans *le Festin de Pierre*, act. 1, sc. 2 : « Hé! mon Dieu! je sais mon don Juan *sur le bout du doigt.* »

Montrer quelqu'un au doigt, pour dire honnir, mépriser, rendre quelqu'un la fable de tout le monde. Cette locution se trouve dans Horace :

Quod monstror digito prætereuntium.

(Les passans me montrent au *doigt*). Et dans Ovide :

Sæpe aliquis digito vatem designat euntem.
Lib. III, *Elegia* 1.

(Poète amoureux, lorsque tu passes dans les carrefours, on te montre souvent au *doigt*) ; mais cette expression qui chez nous indique le mépris était chez les Romains une marque d'estime.

Entre l'arbre et l'écorce il ne faut pas mettre le doigt, proverbe qui signifie qu'on ne doit point se mêler des affaires entre mari et femme. Sganarelle, dans *le Médecin malgré lui*, act. 1, sc. 2, travestit plaisamment ce proverbe, en disant : *entre l'arbre et le doigt il ne faut pas mettre l'écorce*. « C'est grande imprudence de mettre les gens entre leur conscience et leur intérêt, et comme le *doigt* entre deux pierres. » CHARRON, liv. II, ch. 10. « Les femmes s'entreregardoient et se cachoient les yeux à *doigts* entr'ouverts. » *Contes* de Despériers. *Nouv.* XXXVII.

Depuis on a dit assez gaîment dans un conte :

Sœur Béatrix, sœur Claude à qui mieux mieux
Ouvrent les *doigts*, pour se boucher les yeux.

Mon petit doigt me l'a dit, locution dont on se sert, en parlant aux enfans, pour leur faire entendre qu'on est instruit de leurs fautes, de leurs espiègleries. Molière, dans *le Malade imaginaire*, a employé cette expression qu'il met dans la bouche d'Argon, interpellant la petite Louison, qui lui répond finement : *votre petit doigt est un menteur.*

« Quelques-uns, dit le P. Labbe, dans la 2ᵉ partie de ses *Etymologies françoises*, pag. 34, Paris, 1661, ont estimé qu'il falloit expliquer ce proverbe vulgaire *mon petit doigt me l'a dit*, par *mon petit dé* (*dé* pour *dex*, comme parloient nos ancêtres, *Dieu*) *me l'a dit*, faisant allusion au génie de Socrate, à la nymphe Egérie de Numa et autres démons familiers. Ces démons étoient présumés inspirer ceux qu'ils favorisoient et leur parler à l'oreille. »

D'autres rapportent l'origine de cette locution proverbiale à l'usage de se gratter l'oreille avec le petit *doigt*. Un père, en se grattant ainsi, aura reproché à son fils quelque faute grave, et ne pouvant la lui faire avouer, il aura ajouté, comme le *malade imaginaire* : « J'ai pourtant là un petit *doigt* qui me dit encore quelque chose. » C'est ainsi que la moindre circonstance amène une coutume qui se propage et se perpétue.

On dit au figuré donner sur les *doigts* à quelqu'un, pour dire le réprimander, le tancer, et même le corriger. Cette expression vient de l'usage où étaient quelques maîtres d'école de donner des coups de règle ou de martinet sur les *doigts* des élèves qu'ils vouloient châtier. C'est en ce sens que M. Vastey a dit, dans une satire, en parlant d'un folliculaire dont les critiques amères n'étaient pas toujours justes :

Je ne pourrai braver un pédant ridicule,
Lui donner, sur les *doigts*, de sa propre férule !

« Vous êtes une véritable tendresse, et tout ce qui me plaît le plus au monde : il ne me faut qu'un *doigt* pour compter ce qui est sur ce ton-là. » Mme DE SÉVIGNÉ. « M. de Marseille (de Janson) vint hier me voir : nous dînons chez lui ; c'est l'affaire des deux *doigts* de la main. » La même.

Le doigt mouillé. C'est ainsi qu'on nomme un jeu d'enfans, où l'un d'eux, après avoir mouillé un de ses *doigts*, les présente tous à ses camarades pour qu'ils en choisissent chacun un ; et celui qui, par hasard, prend le *doigt* qui est mouillé, gagne ou perd, suivant qu'il a été convenu.

Ils veulent partager comme de bons amis ;
Chacun en garde six ; il en reste un treizième ;
L'aîné le veut, l'autre le veut aussi.

-Tirons au doigt mouillé. - Parbleu non ! - Parbleu si !
- Cède, ou bien tu verras. - Mais tu verras toi-même !
De propos en propos l'aîné peu patient,
Jette à la tête de son frère
Le perdreau disputé ; le cadet en colère
D'un des siens riposte à l'instant.
FLORIAN, *les Enfans et les Perdreaux*, fable.

DOLENT, ENTE, du latin *dolens*, participe de *dolere* (se plaindre) dont nos pères ont fait l'ancien verbe *se douloir*. « De ceste nouvelle fust Ségurades si *dolent*, qu'il s'en alla en une abbaye et illec *accoucha* malade de dueil. » *Tristan, chevalier de la Table Ronde.*

N'ois-tu (n'entends-tu pas?) ses *dolens* cris, et ses
[tristes sanglots?
RONSARD, *Elégie d'Antoine Chasteigner.*

On ne voit plus sa fille ; et la pauvre Isabelle,
Invisible et *dolente*, est en prison chez elle.
RACINE, *les Plaideurs*, act. 1, sc. 5.

L'usage semble restreindre aujourd'hui la signification du mot *dolente* à celle d'une femme langoureuse, et d'humeur chagrine et plaintive ; autrefois il signifiait *triste et affligée*.

DOM ou **DON**, *s. m.* titre d'honneur que l'on donne aux personnes de distinction en Espagne et en Portugal, avec cette différence qu'en Espagne on écrit *don* et en Portugal *dom*. *Don* Sanche, *don* Fernand, *don* Gusman. La modestie des moines leur a fait usurper ce titre honorifique ; et, dans plusieurs ordres, au lieu de dire père André, père François, on dit *dom* André, *dom* François. Ce mot vient du latin *domnus*, par abréviation de *Dominus* (Seigneur). *Domnus*, en ce sens, se trouve dans les auteurs cités dans le *Rec. des Histor. de France*.

Ainsi qu'en votre cour *Sanche* fut son vrai nom,
Et l'on n'en retrancha que cet illustre *dom*.
P. CORNEILLE, *D. Sanche d'Aragon*, act. v, sc. dern.

La Fontaine a placé cette qualification avec sa malice naïve :

Dom pourceau raisonnoit en subtil personnage.
Livre VIII, fable 12.

Et d'après notre fabuliste, M. Dumoustier a dit :

J'espère aussi loger en même gîte
Dame génisse auprès de *don* pourceau :
Puisqu'il se plut avec un vieil hermite,
Il doit se plaire avec la jeune Io.
Lettre LXXIII sur la mythologie.

On disait autrefois *dam* pour *dom*, comme *Dam-Pierre*, *Dam-Ville*, *Dam-Gilon*, etc. *Damoisel* pour *domoisel* (*domicellus*), *dame* pour *domne* (*domina*) : ce dernier nous est resté. On trouve dans les sermons de Maurice, évêque de Paris, écrits environ en 1200, *Dame Deu* pour Seigneur Dieu. « Quand la nonnain sœur Fessue feut (fut) par le jeune Briffault *dam* Roydimet engrossie. » RABELAIS, t. III, p. 127, édit. de 1732.

DOMESTIQUE, *s. m.* du latin *domesticus*, formé de *domus*, maison ; les *domestiques* sont les gens de la maison : nous disons encore les *gens de maison* pour désigner cette classe. Ce mot ne présenta pas d'abord le sens que nous lui donnons aujourd'hui ; il signifiait ceux de la maison, de la famille, les familiers. « Arcas, *domestique* de Mithridate. » Dans toutes les éditions de Racine, cet Arcas n'est désigné que sous le nom de *domestique*. Eurybate et Arcas n'ont pas un titre plus relevé dans *Iphigénie en Aulide* : sur la liste des personnages, ils sont qualifiés de *domestiques* d'Agamemnon. GEOFFROY, *sur Racine*.

« Il ne faut pas prendre le titre de *domestique* dans le sens restreint qu'on donne maintenant à ce mot. Autrefois, et même encore du temps de Racine, les personnes attachées aux princes, même dans des charges considérables, étaient souvent désignées sous le nom de *domestiques*. Montaigne qualifie de *domestique de saint Louis*, le sire de Joinville, qui était un très-grand seigneur. » *Variétés sur la Lang. franç.*, en suite des *Lettres academ. sur la Lang. franç.* pag. 65.

Amyot l'a employé dans le sens de *vivant avec lui* : « Il eut bien toujours en grande admiration le philosophe Antiochus de la ville d'Ascalon, mais il se feit familier de son frère Ariston, et le voulut avoir pour *domestique*. » *Vie de Brutus*, ch. 11.

Pris adjectivement, il conserve encore son ancienne signification : « Par l'esprit qui doit régner dans le gouvernement *domestique*, n'aurait-on pas pu juger de celui qu'on devait porter dans le gouvernement politique et civil ? » MONTESQUIEU, liv. VI, ch. 13.

DOMESTIQUER, *v.* (rendre domestique, familier). « Il faut, dit Montaigne, ôter à la mort son estrangeté et la *domestiquer* à force d'y penser. »

DOMINATEUR, *s. m.* DOMINATRICE, *s. f.* « C'est donc à juste titre que parmi ses contemporains il (Cicéron) a passé pour le *dominateur du barreau*. » LA HARPE, *Cours de Littér.* trad. d'un passage de Quintilien, t. III, p. 155, 1re part. Le féminin *dominatrice* n'était pas dans le *Dict. de l'Acad.* en 1787 ; cependant Voltaire et Linguet s'en étaient servis. Le premier avait dit : « cette nation (l'Angleterre), la *dominatrice* de l'Océan. » *Panégyr. de Louis* XV. « Colbert qui rendit la France la *dominatrice* des mers. » *Éloge funèbre des officiers morts dans la guerre de 1741*. Et le second, en parlant de l'Angleterre : « ses flottes ne sont plus les *dominatrices* des mers. » « Nul n'a fait servir une éloquence plus *dominatrice* à convertir en actes et en lois les hautes pensées de la philosophie. » CARAT, en parlant de Mirabeau.

DOMINICALE (Lettre), du latin *dominicalis*, formé de *dominicus* (du Seigneur), parce que ces lettres indiquent, dans les livres d'église, les dimanches, ou les jours consacrés au Seigneur, pendant tout le cours de l'année ; elles sont au nombre de sept, savoir : A, B, C, D, E, F, G.

DOMMAGER, *v.* causer du *dommage*. J. LEMAIRE DE BELGES (16e siècle). Du simple *dommager* nous avons *dédommager*, *endommager* ; l'adj. *dommageable* se dit encore. *Dommageablement*, adv. d'une manière dommageable, MONT. *Essais*, l. 1er, c. 25.

DOMPTEUR, *s. m.* « Grand dompteur de chevaux. » SCARRON. Ségrais a traduit *equûm domitor*, épithète que Virgile donne à Messape, par ce vers bizarre :

Le *dompteur* indompté d'un cheval *indomptable*.

DON, *s. m.* « Le *don* d'être ami, » expression créée par La Fontaine, et qui prouve à quel degré il avait reçu lui-même de la nature ce *don* si rare.

Savez-vous pourquoi *Jérémie*
Jadis si fort se lamentait?
C'est qu'il savait par *don* de prophétie,
Qu'un jour d'*Arnauld* le traduirait.

DONATION, *v*. On a comparé le véritable amour à une *donation* pure et simple, et l'amitié à une *donation* mutuelle, ce qui n'exprime pas mal ces caractères différens.

DON. *Voyez* DOM.

DONDON, *s. f.* femme grosse et grasse, à qui la graisse rend la peau tendue comme le cuir d'un ballon. On dérive ce mot d'un ancien instrument de guerre gros et court, appelé *dondaine*, dont on se servait pour lancer des pierres rondes.

Scarron, *Virg. trav.* liv. IV :

Cependant la reine Didon
Perdait sa face de *dondon*.

DONNÉE, *s. f.* Ce mot, en 1785, commençait à sortir de la langue géométrique, non sans exciter de vives réclamations des ennemis du néologisme. *Voyez* MESURE.

DONNER, *v*. « Mon opinion est qu'il faut se prester à autruy, et ne se *donner* qu'à soy-mesme. » MONTAIGNE. « Dans un temps où la reine ne *donnoit* rien, à force de ne rien refuser. » Le card. DE RETZ. « Si l'homme riche ne *donne* pas ce qu'il est obligé de *donner*, il passe pour un fripon ; s'il ne *donne* que cela, il passe pour un avare ; s'il *donne* plus, il passe pour une dupe. » LE PRINCE DE LIGNE.

Donner et pardonner était la devise de l'abbé de Saint-Pierre ; c'était, à son avis, celle de l'homme vertueux et la base de toute morale.

« *Donner* est un plaisir, payer est un devoir : il n'y a donc de mérite à *donner*, que lorsqu'on se prive. » Le duc DE LÉVIS. Un maitre avare menaçant son valet de lui *donner* des coups de bâton, celui-ci lui répondit : « Je n'en crois rien, parce que ce serait *donner* quelque chose. »

« *Donner*, dit le P. Bouhours, se dit depuis quelque temps en plusieurs façons fort élégantes. *Donner* dans le sens de quelqu'un ; *donner* dans le galimatias. *Donner* un méchant jour aux actions d'une personne. *Donner* dans le panneau ; il a *donné* dedans ; il y a *donné de tout son cœur*, en parlant d'une personne qui croit légèrement. *Je ne donne pas là dedans*, pour dire je ne crois pas cela ; *donner aux apparences*. Cette dernière phrase a deux significations, l'une garder les dehors, et l'autre se laisser persuader par les apparences. » *Entr. d'Ariste et d'Eug.*

Ah ! ah ! l'homme de bien, *vous m'en vouliez donner*.
Comme aux tentations s'abandonne votre ame !
Vous épousiez ma fille, et convoitiez ma femme !
MOLIÈRE, *le Tartufe*, act. IV, sc. 7.

Si tous les sots
Dont les sanglots
Mal à propos
Ont éteint l'existence,
Redevenaient
Ce qu'ils étaient,
Dieu sait, je pense,
Comme ils s'en *donneraient*!
DÉSAUGIERS.

DONNER, *s. m.* « Comme le *donner* est de qualité ambitieuse et de prérogative, aussi est l'accepter, qualité de soumission. » MONTAIGNE.

DONNEUR, *s. m.* celui qui donne.

Beaux *dons* donnent los aux *donneurs* ;
Mais ils empirent les preneurs.
Roman de la Rose.

Montaigne, l. III, c. 13, a su ennoblir ce mot : « On fait, dit-il, tort à ce grand et tout-puissant *donneur* de refuser son don, l'annuler et le desfigurer. » « Ils ne se souciaient point qu'on les remarquât dans la foule des *donneurs* de bons-jours. » BALZAC.

DONT, qu'on trouve écrit *d'ond* et *d'ont* dans nos anciens auteurs, vient de l'italien *donde*, formé sur le latin *de undè* (d'où). «Cependant Grandgousier interroguoit les pélerins de quel pays ils estoient, *dond*' ils venoient, et où ils alloient. » RABELAIS.

Les monts enflez d'enfanter prests seront :
Un rat naistra, *d'ond* plusieurs gens riront.
CH. FONTAINES.

Le même auteur, dans son *Quintil' Censeur*, pag. 160, Lyon, 1576, reprend Joach. Du Bellay d'avoir écrit, dans son livre intitulé *la Défense et l'Illustration de la langue française*, *dont* au lieu de *d'ond* qui, dit-il, vient de *undè*.

Si celle que jadis servoye (je servois)
De si bon cueur et loyaument,
D'ont tant de maulx et griefz j'avoye,
M'eust dit, etc.
VILLON, *le Grant Testament*, p. 43, éd. de 1533.

D'ailleurs *dont* pour *d'où* s'est dit anciennement. *Dont* viens-tu ?. pour *d'où* viens-tu dans G. Coquillart, écrivain du 15e siècle? « *Dont* procède ce mal. » H. ESTIENNE, *Apologie pour Hérodote*, disc. préliminaire.

« *Dont*, dit Dumarsais, vient de *undè*, ou plutôt de *de undè*, comme nous disons *delà*, *dedans*. *Aliquid dederis* undè *utatur*, donne-lui un peu d'argent *dont* il puisse vivre, en le mettant à profit. Ce mot ne se prend plus aujourd'hui dans sa signification primitive; on ne dit pas *la ville* dont *je viens*, mais *d'où je viens*. »

DORÉNAVANT, *adv.* qu'on a écrit *dès ores en avant*, *d'ores en avant*, *d'orénavant*, et enfin *dorénavant*. Cette expression est formée, dans le principe, de quatre mots, du latin *de horâ in abante* (de cette heure en avant); on trouve dans le *Serment* de Louis, roi de Germanie, prêté en 842, et qui nous a été conservé dans la langue alors vulgairement parlée en France, c'est-à-dire en langue romane ou *Romanum rusticum*, une expression équivalente : *dist di en avant* (en lat. *de istâ die in abante*; en français, *de ce jour en avant*): Ainsi *dorénavant*, calqué sur cette construction, est donc *de or en avant* (*de horâ*, sous-entendu *istâ*, *in abante*; *de cette heure (horâ) en avant*). Nous lisons *d'heure en avant* pour *dorénavant* dans les *Neuf Preux*, roman imprimé en 1507. *Dès ores en avant* je te ferai chevalier le jour de la Saint-Jehan. *Lancelot du Lac*. « Sachiez que *des hore en avant* il ne vous tiegne ne pour seignor ne pour ami. » VILLEHARDOUIN (Geoffroi), *de la Conqueste de Constantinople*, ouvrage composé au commencement du 13e siècle.

Bone loiauté me rendroiz
D'or en avant, et il est droiz (il est juste).
Roman du Renard (13e siècle), v. 4108.

« Aussi mon cœur *d'ores-en-avant* tournera-t-il toujours vers les astres resplendissans de vos yeux adorables. » MOLIÈRE, *le Malade imagin.* act. II, sc. 6.

D'ores en avant était déjà vieilli, lorsque Molière composa cette pièce; mais c'est à dessein qu'il lui a conservé son air de vétusté dans le discours du pédant *Thomas Diafoirus*.

DORER, *v.* « Votre Eminence aurait-elle dessein de *dorer* un siècle de fer? » BALZAC, *au card. Mazarin*.

Que j'aime à voir le bon Horace
Dorant sa médiocrité !
ROBBÉ.

C'est une assez heureuse imitation de l'*auream mediocritatem*.

L'abbé Féraud cite cet exemple de précieux ridicule : « Ils ne craignent point le sarcasme que les grands *dorent* d'un clinquant de politesse. »

Mots *dorés* font tout en amour,
C'est une maxime constante.
LA FONTAINE, *le Pâté d'anguilles*.

DORLOTER, *v.* mignarder quelqu'un. Il vient de *dorelot*, vieux mot français, et *dorelot* signifie un enfant que l'on gâte. « J'avois une femme jeune... laquelle me traitoit et entretenoit mignonnement comme un petit *dorelot*. » RABELAIS, liv. III, ch. 14.

Ung fin mignon, ung *dorelot*,

est-il dit dans le *Monologue de la Botte de foing. Poés.* de G. Coquillart.

Se dorloter, prendre ses aises. On a dit, après Rabelais, en parlant de la barbe d'un médecin :

Dorlotant une longue barbe,
Dont le parfum est de rhubarbe,
De coloquinte et d'opium.
L'Espadon satyrique, attribué au baron de Fourquevaux.

« Comme j'aime à être *dorlotée*, je ne suis pas fâchée que vous me plaigniez. » Mme DE SÉVIGNÉ. « Qui me *dorlotera* et me viendra frotter, lorsque je serai vieux ? » MOLIÈRE.

DORMANT, TE, *adj.* et *s. m.* « Les bons historiens fuyent, comme une eau *dormante* et mer morte, des narrations calmes, pour regaigner les séditions, les guerres, où ils sçavent que nous les appellons. » MONT. liv. III, ch. 12.

« Des visions que Boort veit (vit) en son *dormant*, et comment il vainquit Priadam le noir chevalier. » *Lancelot du Lac*, la tierce partie, fol. 97 v°, col. 1, édit. de 1520. *En son dormant* (*dormiendo*), le gérondif n'est effectivement qu'un nom comme l'infinitif.

Nous disons proverbialement de quelqu'un à qui il arrive quelque chose d'heureux, ou à qui la fortune vient sans qu'il se donne de peine, que *le bien lui vient, lui est venu* en dormant. Cicéron a dit dans le même sens : « *Quibus omnia populi romani beneficia* dormientibus *deferuntur* » (ceux à qui les bienfaits du peuple romain arrivent *en dormant*). *In Verrem, de Suppliciis*, ff. 180.

DORMILLEUSE, *s. f.* C'est ainsi que nos pères appelaient la torpille.

DORMIR, *v.* « Non pas la chose, mais l'apparence paye les hommes. S'ils n'oyent du bruict, il leur semble qu'on *dorme*. » MONT. liv. III, ch. 10. « Je n'accuse pas un magistrat qui *dorme*, pourveu que ceux qui sont soubs sa main *dorment* quant et luy. » Idem. La Fontaine, *Epître à M. de Bonrepaux*, dit des *Quarante* :

Nous sommes tout autant, qui *dormons* comme
[d'autres
Aux ouvrages d'autrui, quelquefois même aux nôtres.

Cette expression ; *dormir sur les deux oreilles*, *dormir sur l'une et l'autre oreille*, pour dire être dans une grande sécurité, croire n'avoir rien à craindre, vient du latin : *dormire in aurem utramvis* (dormir sur l'une et l'autre oreille) a dit Térence dans son *Heautontimorumenos*, act. II, sc. 3. « Il y a long-temps qu'on *dort* sur ce costé, et qu'on s'y couche, qu'on en a pris l'habitude. » *Guzman d'Alfar.* liv. III de la 1re partie.

Qui dort dîne. Cette façon de parler, dit de Brieux, est tirée de l'Ecole de médecine, où l'on enseigne que le sommeil tient lieu d'aliment, lorsque l'estomac étant plein de crudités, il faut dégager la nature, et lui donner loisir de les cuire, sans la surcharger de nouvelles viandes.

Racine a fait *dormir* les vents :

Mais tout *dort*, et les vents et l'armée et Neptune.

Mais avec quelle adresse le poëte a mis les vents entre l'armée et Neptune, afin d'adoucir l'un par l'autre !

La Fontaine a dit pareillement :

Son chien *dormait* aussi, comme aussi sa musette.

Quel art d'avoir sous-entendu le mot *dormait* dans ce second hémistiche !

Le feu qui semble éteint souvent *dort* sous la cendre.
Qui l'ose réveiller peut s'en laisser surprendre.
CORNEILLE, *Rodogune*, act. III, sc. 4.

Dédormir, cesser de dormir, a été employé par Scarron :

Durant ce discours d'ennemi
Turnus n'avoit pas *dédormi*.
Virgile travesti.

DORMIR, *s. m.* Dans La Fontaine, le financier se plaint

Que les soins de la Providence
N'eussent pas au marché fait vendre le *dormir*,
Comme le manger et le boire.
Liv. VIII, Fab. 2.

DORMITIF, *s. m.*

Bons *dormitifs* en or comme en argent
Aux douagnas et bonne sentinelle.
LA FONT. *le Magnifique*.

DOROPHAGE, *s. m.* du grec δῶρον (*dóron*) présent, et φάγειν (*phagein*) manger ; qui vit de présens. Mot forgé par Rabelais pour désigner les gens de justice.

DOS, *s. m.* du latin *dorsum* ; le r supprimé pour adoucir la prononciation, reparait dans *dorsal*, terme d'anatomie ; on trouve même *dours* pour *dos*, dans Rabelais : « Au demourant courbatu, espaultré et froissé, teste, nucque, *dours*, poictrine, bras et tout. » Etre mis *dos à dos* ; terme de palais qui exprime que les deux parties sont renvoyées sans avoir gagné ni perdu.

ÉPIGRAMME.

Amynte et Philémon, époux depuis quatre ans,
Jeunes tous deux, n'ont point d'enfans.
Là dessus grand procès intenté par Amynte.
Philémon se défend et cite ses travaux ;
Mais la Cour les met *dos à dos* ;
Plaisant remède au sujet de la plainte.

« Louis XIV, qui s'était flatté toute sa vie de faire pénitence sur le *dos* d'autrui. » SAINT-SIMON, tom. IV, liv. VIII, c. 10.

Le dos de la plaine liquide, dans la *Phèdre* de Racine, parait, dit M. Planche, emprunté de Virgile :

Dorsum *immane mari summo.* . . . . . .
Æneid. liv. 1, vers 286.

DOSE, *s. f.* du grec δόσις, de δόω (je donne). « Son teint avoit doublé la *dose* de son incarnat naturel. » SCARRON. « Je crois pourtant qu'il y a une *dose* de tendresse qui tient à votre personne, et dont les autres mères ne latent pas. » Mme DE SÉVIGNÉ. « Dans ce livre la *dose* des paroles est beaucoup plus forte, par rapport à celle des choses. » FONTENELLE.

DOSER, *v.* mettre la dose, la régler. « En politique, comme en médecine, les bons remèdes sont assez communs ; mais l'art consiste à savoir les *doser* comme il faut, et les appliquer à propos. GUICCIARDIN. » Ce n'est pas un néologisme, mais un mot réhabilité : « On parle de Thadée, médecin florentin, lequel, estant appelé par aucuns princes italiens, n'eût pas *dosé* à moins de cinquante écus par jour. » CHOLIÈRES, *Contes*, f° 49, v°. *Doser*, signifie ici exercer la médecine.

DOT, *s. f.* du latin *dos*, venu du grec δὸς (*dòs*), ce qu'une femme donne, apporte en mariage. Il était anciennement masculin. « Aller chercher une femme qui se charge d'*un grand dot.* » MONTAIGNE, *Essais*. « N'ai-je pas franchy les bornes de ce *grand dot* qu'il me promet ? » VAUGELAS, trad. de *Quinte-Curce*, pag. 336, in-4°, Paris 1653. M. de La Monnoye nous apprend que ce mot n'a commencé à prendre le genre féminin que vers 1680.

DOTATION, *s. f.* vient de *dotatione*, ablatif de *dotatio* (biens donnés en dot à un établissement). *Dotation*, se trouve déjà dans l'*Histoire de Charles* VII, attribuée à Alain ou à J. Chartier, pag. 192, ainsi que la remarque en a été faite par M. Pougens.

DOTER, *v.* C'est proprement donner à une fille de quoi se marier, lui assurer, lui constituer une dot. Il se prend au figuré, ainsi que son participe *doté, ée.*

Je veux que la valeur de ses aïeux antiques
Ait fourni la matière aux plus vieilles chroniques,
Et que l'un des Capets, pour honorer leur nom,
Ait de trois fleurs de lis *doté* leur écusson.
BOILEAU, *Satire* V.

Peut-être espères-tu, fille de tant de rois,
Dans un cercueil *doté* de présens funéraires,
Mêler ta cendre vierge aux cendres de tes pères.
DESAINTANGE, trad. des *Métam.* liv. XIII.

Doté sur vos journaux d'une rente d'injures.
GILBERT.

DOUANE, *s. f.* italien *dogana*, de *douana* et *doana*, mots de la basse latinité, qui se trouvent dans Du Cange : « Doana, *ædes in quibus fiscales reditus, vectigalia, portoria, et cætera id genus tributa pro mercibus, et mercium transvectione inferuntur* (douane, maison dans laquelle les revenus du fisc, les droits d'entrée, de sortie et de transport des marchandises étaient apportés). » Le palais de Thémis est une *douane*, où cent exacteurs avides se succèdent l'un à l'autre, pour dévorer la substance de l'infortuné plaideur. Les pensées ne paient point de *douane* : non... Mais Sainte-Pélagie.

DOUBLE, *adj.* du latin *duplus*, qui a la même signification ; le *p* changé en *b*. « Insensiblement je me sentis isolé dans cette même maison, dont auparavant j'étais l'âme, et où je vivais, pour ainsi dire, de *double*. » J. J. ROUSSEAU, *Confes.* liv. VI.

Nous appelons *double*, un homme qui pense d'une manière et qui parle de l'autre ; les Latins ont dit *duplex*, dans le même sens. Horace, en parlant d'Ulysse, également appelé διπλοῦς par les Grecs, a dit :

Nec cursus duplicis *per mare Ulyssei.*
Liv. 1, Ode 6.

« Les hommes *doubles* sont utiles, en ce qu'ils apportent, mais il se faut garder qu'ils n'emportent que le moins qu'on peut. » MONT. l. III, c. 1.

Nous disons proverbialement, fin contre fin n'est pas bon à faire *doublure* ; le sens de ce proverbe se trouve dans le *Roman du Renard* (13ᵉ siècle), où on lit : *Vezie encontre vezie recuit* (fin contre fin madré).

Etre en *double*. « Patrocle se jette sur Thestor, qui, saisi de frayeur, sur son char magnifique, était tout en *double*. » Mme DACIER. Cette expression basse et populaire, l'était apparemment un peu moins de son temps.

DOUBLE-FRONT, *s. m.* Janus.

Du temple du dieu *double-front*,
Les portes se condamneront.
Parnasse des Muses.

Scarron l'appelle le dieu à la *double caboche*.

DOUBLEMENT, s. m. Ce mot ancien, qui se trouve dans Oudin, *Dict. des trois langues*, et qui paraissait nouveau en 1787, s'est depuis accrédité, témoin le *doublement* des impôts.

DOUBLIER, s. m. Ce mot, du *Roman* de Perceforest, s'y trouve dans la signification, tantôt d'un grand essuie-mains, dont les deux bouts sont cousus ensemble, ou noués à des rubans, et tantôt d'un tablier à deux lez, destiné à couvrir le devant et le derrière. Au chap. 35 du vol. VI du même *Roman*, « avoir aureille à *doublière*, se prend pour, être abusé par une personne qui fait profession d'infidélité en amour. » LE DUCHAT. Ce mot, dans Oudin, *Dict. des trois langues*, est marqué d'un astérisque.

DOUCEURS, s. f. plur. conter, dire des *douceurs*. Les Latins disaient : *dulcia verba loqui, dicere blanditias*.

Mollibus est verbis mollis alendus amor.
ÓVIDE.

S'en aller à l'abri d'une perruque blonde,
De ses froides *douceurs* fatiguer tout le monde.
BOILEAU.

Mme de Sévigné le dit de femme à femme : « J'ai dit à Mme de Coulanges toutes vos *douceurs*. » Ces expressions *dire des douceurs*, *écouter les douceurs de quelqu'un*, ne sont que du style familier ; Quinault ne devait donc pas dire dans une tragédie :

On peut douter d'abord des *douceurs* qu'on écoute.
Pausanias, act. 1, sc. 4.

DOUILLET, TE, adj. « Ces mots qui leur sembloient un peu revesches au goust des *douillets* du siècle. « La d^{lle} DE GOURNAY, Préface des *Essais de Montaigne*.

DOULEUR, s. f. « La nature nous a presté la *douleur* pour l'honneur et service de la volupté et indolence. » MONTAIGNE, liv. III, c. 13. A l'imitation des Latins qui disaient *curæ ingentes*, nous disons de grandes *douleurs*.

Curæ loquuntur leves, ingentes stupent.
SENECA, Trag.

(Les faibles douleurs trouvent des expressions, les grandes douleurs sont muettes). Un joueur avare, après une grosse perte, se vantait d'avoir perdu sans dire mot. On lui répondit : c'est que les grandes *douleurs* sont muettes.

DOULOIR ou DOLOIR (se), v. du lat. *dolere* (éprouver de la douleur, se plaindre de la douleur qu'on éprouve). Il *deult* dolet, ils *deulent* dolent, il *deuloit* ou *douloit* dolebat, ils *douloient* dolebant, il *dolut* doluit, ils *dolurent* doluerunt, il *dolera* dolebit, ils *doleront* dolebunt, qu'il *deule* doleat, qu'ils *deulent* doleant, il *doleroit* doleret, ils *doleroient* dolerent, il *dolusse* doluisset, ils *dolussent* doluissent.

Dolent, te, dolens ; *dolu*, *dolue*, dolitus, a, um. JACQUES SYLVIUS, *Gramm. latine françoise*, pag. 138, in-4°, Paris, 1531.

Si tu te *deuils* de mon absence,
C'est un supplice d'amitié.
ŒUVRES de Théophile, p. 196, Rouen, 1661.

Femme se plaint, femme se *deult*,
Femme pleure quand elle veut.

Borel rapporte cet ancien proverbe. La Bruyère regrette ce mot. On trouve dans nos vieux conteurs, un mot qui n'est pas moins à regretter : « Et trouve sa femme qui se plaignoit et *doulousoit* très-fort. » *Cent nouvelles Nouvelles*, nouv. XX. « Certes, puisque femme se est (s'est) donnée au service de nostre Seigneur, elle ne se doit *doulouser*, fors (excepté) tant seulement de ses péchés. » *Lancelot du Lac*, roman imprimé en 1520, feuillet 12, 2e col.

DOUTE, s. m. et DOUTANCE, s. f. Le second est vieux, mais il trouverait encore sa place dans le style marotique ; il s'est écrit d'abord *doubtance*, comme *doute* s'est écrit *doubte* : « Toutes *doubtes* esclaircies, » lit-on dans J. le Maire de Belges.

Nos *doutes* seront *éclaircies*.
MALHERBE, *Ode à la Reine*, sur sa bien-venue en France, 2e strophe, *Poésies*, l. III.

« Malherbe a toujours fait le mot *doute* féminin, et en prose et en vers. voici les autres exemples de ce mot en ce genre, qui se trouvent dans ses poésies :

C'est la doute que j'ai que ce dernier effort.
C'est la doute que j'ai qu'un malheur ne m'assaille.

Coïffeteau en a usé de même, comme l'a remarqué M. de Vaugelas. J'ajoute à l'observation de M. Vaugelas, que M. de Gombaud, en son *Amarante*, act. v, sc. 1, et dans ses *Danaïdes*, act. 1, sc. 1, en a aussi usé de la sorte ; et que les Espagnols disent *la duda*, qu'ils ont formé du latin barbare *dubita*, qu'on a dit pour *dubitatio*, dont nous avons aussi fait notre mot *doute* (et d'abord *dubitation*, qui se trouve en ce sens dans Montaigne, *Essais*, liv. III, c. 13). M. de Balzac, dans son *Socrate chrétien*, se moque plaisamment d'un vieux pédagogue de Cour, que l'an climatérique surprit délibérant si *erreur* et *doute* étaient masculins ou féminins. Mais pour en parler sérieusement, *doute*, aujourd'hui, n'est que du masculin. » MÉNAGE, *Observations sur les Poésies de Malherbe*.

« L'orgueil repousse le *doute*, et la raison l'accueille. » Le duc DE LÉVIS.

DOUTER, v. Nos pères écrivaient *doubter*, du latin *dubitare*, qui a la même signification. « Beaucoup savoir apprend à beaucoup *douter*. » ARISTOTE. « Le beaucoup sçavoir, a répété Montaigne, liv. II, c. 12, apporte l'occasion de plus *doubter*. » Il dit ailleurs : « Philosopher, c'est *doubter*. » « C'est avoir beaucoup avancé, que d'avoir seulement appris à *douter*. » MALLEBRANCHE. « Descartes, dit Voltaire, nous a si bien enseigné à *douter* de la philosophie des anciens, qu'il nous a appris à *douter* de la sienne. »

« Roland qui oncques homme ne *doubta*, demanda la bataille contre le géant. » *Les Neuf Preux*, roman imprimé en 1507. Nous dirions aujourd'hui *redouta*.

DOUTEUR, s. m. « Quelques gens de lettres qui ont étudié l'encyclopédie, ne proposent ici que des questions et ne demandent que des éclaircissemens ; ils se déclarent *douteurs*, et non docteurs. » VOLTAIRE.

DOUTEUSEMENT, adv. « Les gens de bonne foi devraient traiter *douteusement* des choses douteuses. » Le chev.

DE MÉRÉ. Cet adverbe a vieilli, mais il est nécessaire, comme le prouve cet exemple d'un grand sens.

DOUX, DOUCE, adj. Tout-doux, ne vous emportez pas. « *Tout-doux*, répondit l'autre, avec chagrin, laissons-là les réflexions sur le commis. » MARIVAUX. Voltaire a donné à cette locution un autre sens, dans ces jolis vers en parlant d'un chat :

Marchant *tout-doux*, la terre ne sent pas
L'impression de ses pieds délicats.

L'*eau douce*, se dit par opposition de la mer dont l'eau est salée : poisson *d'eau douce*, c'est-à-dire, de fleuve, de rivière ou de lac. C'est en ce sens que le maréchal de Vivonne disait à son cheval, au passage du Rhin : « *Jean-le-blanc*, ne souffre pas qu'un général de galères soit noyé dans l'*eau douce*. »

DOUX-COULANT, E, adj. « La pente est si *doux-coulante*, que chacun s'y laisse aller. » NIC. PASQUIER, liv. 1, lett. 2.

DOUX-FLEURANT, E, adj. « Si peut-on y arriver (à la vertu), qui en sçait l'adresse, par des routes ombrageuses, gazonnées et *doux-fleurantes*. » MONTAIGNE, liv. 1, c. 25.

DRAGÉE, s. f. du grec τράγημα (*tragéma*), *dragées* au lieu de *tragées*, comme *drogues* au lieu de *trogues*, du verbe grec τρώγω (je mange). Les Grecs appelaient τραγήματα, tout ce qui se servait à la fin du repas et se mangeait au dessert. Maintenant par le mot *dragées* on entend seulement ces menues friandises faites de sucre avec de l'anis, des amandes, ou de la cannelle par les confiseurs.

Il paraît qu'il s'est dit autrefois pour pièces de monnaie d'or ou d'argent. « Par provision, j'empocheray ceste *dragée* perlée, laquelle se fait tant chercher (cette somme d'argent). » *Contes d'Eutrapel*, tom. 1. « Bayard se fit apporter les valises, et mettre en monceau les ducats sur une table, puis dit à Tardieu : camarade, voilà de belles *dragées* ! » *Hist. de Bayard*, liv. II, pag 119.

DRAGME, s. f. (δράχμα). « Il me semble qu'il y a dans cette lettre cinq ou six *dragmes* d'amour. » VOLTAIRE.

DRAGON, *s. m.* espèce de monstre à qui la fable donne des griffes, des ailes et une queue de serpent, du lat. *draco*, pris du grec ἔδρακον, deuxième aoriste du verbe δέρκω (je vois), parce que cet animal fabuleux passait pour avoir la vue très-perçante.

On appelle hyperboliquement et familièrement *dragons*, les personnes d'humeur fâcheuse et acariâtre, les enfans mutins et méchans; et *dragon de vertu*, une femme dont la vertu est austère et farouche.

La madame Grognac est pire qu'un *dragon*.
REGNARD, *le Distrait*, act. IV, sc. 4.

Elle me fait trembler dès qu'elle prend son ton,
Je ne sais où me mettre, et c'est un vrai *dragon*.
MOLIÈRE, *les Femmes savantes*, act. II, sc. 9.

Ces *dragons de vertu*, ces honnêtes diablesses.
Le même.

Camille, au reste, entendait raillerie,
Et n'était pas de ces *dragons d'honneur*,
Que les douceurs font entrer en furie.
SÉNECÉ, *Camille, ou la manière de filer le parfait amour*, conte.

Dragon, se dit encore quelquefois au figuré pour signifier un surveillant incommode, un argus, une duègne ou autre personne qui veille sur la conduite d'une femme. Cette expression, qui se prend toujours en mauvaise part, et qui est du style familier, fait allusion au dragon ailé qui gardait la fameuse toison d'or.

Afin qu'elle eût quelque valable excuse
Pour éloigner son *dragon* quelque temps.
Un sien galant, ami de là-dedans,
Tout aussitôt profita de la ruse.
LA FONTAINE, *On ne s'avise jamais de tout*, conte.

La toison d'or, c'est-à-dire, la toison du bélier sur lequel Phryxus avait abordé dans la Colchide, ayant été suspendue aux branches d'un hêtre dans une forêt consacrée à Mars, la garde en fut confiée à un dragon qui veillait jour et nuit.

.... Un *dragon* furieux
Fait dans ce lieu terrible une garde constante;
Jamais le doux sommeil n'approcha de ses yeux;
Rien ne saurait tromper sa fureur vigilante.
J. B. ROUSSEAU.

Madame de Sévigné emploie souvent ce mot dans le sens de souci, chagrin, inquiétude: « Je me fais des *dragons* aussi bien que les autres, » dit-elle, dans une *lettre* du 9 février 1671. « Vous savez comme je hais les remords; *ce m'eût été un dragon perpétuel*, que de n'avoir pas rendu les derniers devoirs à ma pauvre tante. » *La même*, Lettre XXIV, juin 1672. « Vous ne voudriez pas qu'on vous détournât un moment des *dragons* que je vois tout prêts à vous dévorer; cet état m'en fait aussi beaucoup qui me dévoreront; mais nos *dragons* ne se mordront pas; car je vois que je m'en irai en Bretagne. » *La même*.

DRAGON, *s. m.* corps de milice qui combat également à pied et à cheval. L'opinion la plus vraisemblable sur l'origine du mot *dragon*, est, dit Voltaire, qu'ils portèrent un dragon dans leurs étendards, sous le maréchal de Brissac, qui institua ce corps dans les guerres du Piémont.

L'emblème du *dragon* ou du serpent est, dit d'Hancarville, dans ses *Recherches sur l'origine et les progrès des arts de la Grèce*, liv. 1, c. 3, la plus ancienne forme des enseignes militaires; les Romains en les prenant des Scythes donnèrent le nom de *draconaires* (*draconarii*) à ceux qui les portaient. Ce nom de *draconaire*, ajoute-t-il, dont nous avons fait celui de *dragon*, est passé chez nous à une troupe qui combat à pied et à cheval, suivant un usage que les Scythes tenaient des Sacques.

DRAGONNADE, persécution qui eut lieu dans les Cévennes contre les protestans. « Vers la fin de 1684, tandis que Louis XIV toujours puissamment armé, ne craignait aucun de ses voisins, les troupes furent envoyées dans toutes les villes et dans tous les châteaux, où il y avait le plus de protestans; et comme les dragons, assez mal disciplinés dans ce temps-là, furent ceux qui commirent le plus d'excès, on appela cette exécution *la dragonnade*. » VOLTAIRE, *Siècle de Louis XIV*, ch. 36.

DRAGONNE, *s. f.* conversions à la *dragonne*, celles qui se firent en France par le ministère des *dragons*. C'est ce que Bayle appelle une mission *dragonne*.

DRAGONNER, *v.* contraindre par la

douce persuasion des *dragons* à changer de religion. De là *dragonner*, en style de conversation, harceler, importuner, et se *dragonner*, se faire des *dragons*. « Vous qui êtes si habile à vous *dragonner*. » DE SÉVIGNÉ.

DRAMATISER, *v*. « Un ami de Mirabeau, qui était présent dans ses derniers momens, trouva qu'il *dramatisait bien la mort*; mais chacun, sans être Mirabeau, *dramatise* dans son petit coin et cherche à s'en faire accroire sur quelque chose. » L. SIMOND, *Voyage d'Italie*, etc. tom. 1, pag. 371.

DRAMATURGE, *s. m*. mot formé tout exprès pour Mercier, grand fabricateur de drames. M. Rigoley de Juvigny a dit; mais moins heureusement, *dramatiste*. Ce dernier est moins usité que le premier.

DRAME, *s. m*. du latin *drama*, venu lui-même du grec δρᾶμα, qui vient de l'éolique δράω ou δρᾶν, lequel signifie *agir*, parce que dans cette espèce de poésie, on ne raconte point l'action comme dans l'épopée ; mais qu'on la montre elle-même dans ceux qui la représentent. Le *drame* en général, dit le Batteux, est le spectacle poétique d'une action intéressante.

Voici l'origine du mot *drame*, appliqué particulièrement à ces comédies larmoyantes que Palissot avait qualifiées du nom de *cothurne bourgeois* (*Dunciade*, c. 1): L'abbé Desfontaines donna des éloges à Nivelle de La Chaussée, relativement à sa pièce intitulée *le Préjugé à la mode*, représentée pour la première fois, le 3 février 1735 ; mais il le blâma d'appeler *comédies*, des pièces où l'on ne riait jamais ; il l'engagea à les nommer *drames* ou *romédies;* le premier titre prévalut dans le public pour ces sortes d'ouvrages, quoique le second expliquât beaucoup mieux leur nature et leur objet. La Chaussée n'eut aucun égard aux avis de Desfontaines ; il continua à nommer *comédies*, ses pièces larmoyantes.

Cet hermaphrodite (le *drame*) qui, même avant sa naissance, avait été condamné par le législateur du Parnasse français, a résisté aux traits réitérés de la satire et aux cris fréquens du bon goût alarmé.

ORIGINE DU DRAME, *conte*.

Quand de Sapho les jeunes prosélytes,
Au cœur brûlant, aux regards hypocrites,
Par les douceurs d'un art tout féminin,
Charmaient l'oubli du sexe masculin,
On n'a point vu leur fureur libertine
Se féconder de leurs baisers menteurs ;
Et de tout temps la matrone Lucine
A dédaigné leurs stériles ardeurs.
Mais de nos jours, au milieu du Parnasse,
De deux tendrons le couple fortuné,
Au grand regret de Phébus étonné,
Vient de donner un germe de sa race.
Au seul récit de cet étrange hymen,
Mon cher lecteur, sans beaucoup d'examen,
A reconnu Melpomène et Thalie,
L'une si belle, et l'autre si jolie,
Et pour leur fils, le *Drame* basané,
Rieur amer et pleureur forcené.
Le nouveau-né suivit la double trace
De ses parens, et leurs diverses lois :
Mais, voulant rire et pleurer à la fois,
On dit qu'il fit une horrible grimace.
A son aspect tout le Pinde frémit ;
A ses accens, Apollon le maudit.
Ses deux mamans de honte se cachèrent,
Et pour leur fils trois fois le renièrent.
Mais un conseil qui bientôt s'assembla,
Fixa le sort du nouveau phénomène ;
Sous les lauriers qui bordent l'Hippocrène,
Le blond Phébus en ces termes parla :
Puisque ce monstre, enfant de deux pucelles,
Est né chez nous, qu'il y reste avec elles ;
Mais en vertu de notre autorité,
Nous l'excluons de l'immortalité ;
Et si jamais une muse facile
S'amourachait de ce *Drame* éhonté,
De par le Styx, elle sera stérile ;
Monstre jamais n'eut de postérité.
HOFFMAN.

DRAMOMANIE, *s. f.* la manie de composer des drames. Mot nouveau tolérable dans le style de la critique.

Où, malgré Momus et Thalie,
La lugubre *dramomanie*,
Au parterre trop ennuyé
De cette longue épidémie,
Inspire plus que la pitié.
BODKIN, *Mercure*.

DRAP, *s. m*. de *drappus* dans la basse latinité. *Drappus* se trouve dans le premier livre des *Formules* de Marculf (*Marculfus*), moine qui a écrit vers 640. Ces formules sont réunies dans le *Recueil des historiens de France*, tom. IV, et au bas de la page 473 où se trouve ce mot, il y a cette note : « *Drappus, panni genus cujus hodiè nomen retinetur*, drap. »

« L'imagination compose les plaisirs

à sa poste, et se les *taille en plein drap.* » MONTAIGNE, liv. III, c. 13. « E. Pasquier, l. 1, *lett.* 10, appelle les privautés des gens mariés « une jouissance à plein *drap.* »

DRAPEAU, *s. m.* que nos pères ont dit *drapel*, est un diminutif de *drap*. *Drapille*, pour habillement de *drap*, se trouve dans le *Grand-Testament* de Villon.

Tant lui batent et os et pel
Que plus fu mol d'un viez *drapel*.
Roman du Renard, vers 9254.

(Ils lui battent tant les os et la peau, qu'il fut plus mou qu'un vieux chiffon.)

« Un nommé Jacques Le Blond, crieur et chercheur de vieils fers et *drapeaux*, fut brûlé vif au parvis Nostre-Dame. » *Antiquités de Paris*, par P. Bonfons (1608). « Assurez-vous que jamais vent de bise ne troussa mieux vos *drapeaux* ; » c'est-à-dire que vous ne fûtes jamais plus mal menés, plus confondus. *Œufs de Pâques adressés au ministre Dumoulin.*

Drapeau, enseigne d'infanterie, de l'italien *drapello*. Henri Estienne, qui prend soin de nous avertir que c'est de son temps que le mot *drapeau* a été substitué à celui d'enseigne, ajoute : « Je pense donc que ce qui a fait dire *drapeau* au lieu d'*enseigne*, ç'a esté que celuy qui la porte, ne s'appelle plus portenseigne, mais seulement enseigne; et pource que ce changement apportoit quelquesfois une ambiguité, ce mot enseigne ayant double signification, afin que ceste ambiguité fust ostée, on s'est advisé d'appeler *drapeau* ce que premièrement on appellet enseigne. » *Dialogues du nouv. langage français italianisé*, pag. 289, 1579.

Ce mot fut transporté de l'italien dans le français par les capitaines qui tenaient à honneur d'avoir fait les guerres d'Italie, sous François 1er. Ils créèrent ce mot pour exprimer que leur bannière avait été déchirée.

DRAPER, *v.* censurer, critiquer.
On dit qu'on l'a *drapé* dans certaine satire.
BOILEAU.

Voici l'auteur de l'ingénu,
Pigal nous le fait voir à nu;
Monsieur Fréron le *drapera*.
Alleluia.

Dans ce sens, ce verbe a trois origines : 1° Borel le dérive du vieux mot français *drappier*, pinceur, tailleur, parce qu'on pinçait les *draps* en les préparant, 2° Danet prétend que c'est une métaphore prise de ce que les foulons couchent le poil des *draps* avec des chardons ; 3° d'autres croient que ce mot vient de la *Farce de Pathelin*, où l'avocat dupe un *drapier*, en l'amusant de belles paroles.

Brantôme dit à peu près dans le même sens, *se mettre sur la draperie de quelqu'un*; nous disons aujourd'hui *tomber, se jeter sur sa friperie.*

DRAPÉ, ÉE, *adj.* et *part.* de ce verbe. « Vin bien *drapé* et de bonne laine. » Rabelais semble, par cette métaphore, faire allusion à cet endroit de la *Farce de Pathelin*, où le matois, faisant mine d'acheter certain drap qu'il manie, dit au marchand :

Cestuy-ci est-il tainct en laine?
Il est fort comme un cordoüen.

LE MARCHAND.

C'est un très-bon drap de Roüen,
Je vous promets, et bien *drapé*.

DRESSIÈRE, *s. f.* « O la belle *dressière* que la faute d'un autre, si nous sçavons bien retirer nostre espingle du jeu ! » *Le Politique françois*, pamphlet de 1604.

DRILLE, *s. m.* C'est un pauvre *drille*, c'est un bon *drille*. Ce mot est gaulois et signifie un haillon, un habit qui s'en va par lambeaux, tels qu'en portent ordinairement les méchans soldats.

« De *drap*, dit M. Boniface, on a fait *drapaille*, chiffons, haillons, par l'addition de la finale augmentative et dépréciative *aille*, comme dans *muraille, ferraille, canaille*. Mais comme le *p* final de *drap* ne se prononce pas, on aura fait aussi le mot *draille* ; c'est ainsi que d'*habit* dérive *habiller*, de *numéro, numéroter*, etc. Ceci posé, je dis que *draille*, dépréciatif de *drap*, s'est changé en *drille*, par l'altération de *ai* en *i*, ce qui a eu lieu dans *grille*, autrefois *grail*, mot qu'on trouve dans Roquefort, dérivé de *graticulum.*

» D'où *drille*, 1° *s. f.* chiffon.

» 2° *s. m.* homme couvert de *drilles*, homme du commun, mal habillé, soldat : un pauvre *drille*, un bon *drille*, un vieux *drille*. Autrefois, dans le même sens, on disait un *drilleux*. On appelait *drillier* celui qui ramassait les *drilles*, les petits chiffons, d'où le peuple dit *driller*, pour courir çà et là, comme les lingers au petit crochet. » *Manuel des Amateurs de la langue française*, 2e année, n° 10, pag. 300.

DRILLEUX, *s. m.* dans Pomey, signifie un homme mal vêtu, ce qui semble confirmer cette première étymologie du mot *drille*. D'autres le dérivent du grec ὅλος, seul, et le grand Condé s'amusait à en répéter la généalogie. D'*holos*, on a fait *solus*, *solidus*, *solidatus*, *soldat*, *soudard*, *soudrille*, *drille*.

« J'oserais conjecturer, dit M. Ch. Nodier, dans son *Dict. des Onomatopées françaises*, que ce mot a été fait du bruit que produisaient les pièces d'une vieille armure, qui, mal unies et agitées au moindre mouvement, se choquaient les unes contre les autres. Par une de ces extensions qui sont familières à toutes les langues, et surtout à la nôtre, ce mot a signifié depuis un habit militaire en lambeaux, puis le soldat qui le portait, et finalement de mauvais haillons. Les traces de cette génération existent encore, puisqu'il est conservé sous toutes ses acceptions. »

Drille, en terme d'argot, signifiait, selon M. Dulaure, un soldat qui demandait l'aumône l'épée au côté.

DRILLER, *v.* courir comme un *drille*. « Toute la cour *drille* vers la Guyenne. » SCARRON.

DRILLE, *s. f.* chiffon pour faire du papier, paraît être une syncope de *drapille* qui se trouve dans le *Grand-Testament* de Villon.

DROGUERIE, *s. f.* « Quand je voy les dames attachées à la rhétorique, à la judiciaire, à la logique et semblables *drogueries*, si vaines et inutiles à leur besoing, j'entre en crainste que les hommes qui le leur conseillent, le facent pour avoir loy de les régenter sous ce titre. » MONT. liv. III, c. 3. « Les théâtres, les jeux, les farces, les spectacles, les gladiateurs, les bestes estranges, les médailles, les tableaux et autres telles *drogueries*, estoyent aux peuples anciens les appasts de la servitude, le prix de leur liberté, les outils de la tyrannie. » E. DE LA BOÉTIE, *de la Servitude volontaire.*

DROIT, *s. m.* Nos pères disaient *droict*, et il vient du latin *rectum*, ou plutôt *directum* (réglé, qui ne s'écarte pas plus d'un côté que de l'autre). « *Quod Latini* JUS *vocant, Galli* rectum *appellaverunt, quòd jus à naturæ voluntate ac ratione quæ recta est, profectum sit.* » JOACH. PERION, *de linguæ gallicæ cum græcâ Cognatione*, pag. 79, Paris, 1555.

« Le peuple entra dans le sanctuaire ; il leva le voile qui doit toujours couvrir tout ce qu'on peut dire et tout ce qu'on peut croire du *droit* des peuples et de celui des rois qui ne s'accordent jamais bien ensemble que dans le silence. » Le card. DE RETZ.

« Pour la plus grande instruction du public, il est bon de connoître les grands hommes à *droit* et à gauche. » BAYLE.

Il paraît qu'anciennement on disait *à droit* ; Mme Dacier a employé cette expression adverbiale, et Boileau a encore dit dans une satire :

Les voyageurs sans guide assez souvent s'égarent,
L'un à *droit*, l'autre à gauche, et courant vainement,
La même erreur les fait errer diversement.

Mais il a dit aussi dans son *Lutrin* :

Il l'observe de l'œil, et tirant vers la *droite*,
Tout d'un coup tourne à gauche.....

Aujourd'hui que l'usage est fixé pour *à droite*, la mesure du vers n'était pas un motif suffisant pour autoriser M. Desaintange à dire :

Et le cercle des mois, sous des signes divers,
Six à *droit*, six à gauche, embrassent l'univers.

D'ailleurs *droit* ou *droite* est ici adjectif : le premier laisse sous-entendre le mot *côté*, et le second le mot *main*.

DROICTEUR, *s. f.* « Comme par le feu et violence des coins, nous ramenons un bois tortu à sa *droicteur*. » MONTAIGNE, liv. III, c. 12.

Ce mot nous manque, puisque *droiture* ne se prend qu'en un sens moral.

DROITURIER, ÈRE, *adj.* « La voye battue et *droicturière*. » MONTAIGNE. « Si les escrits de Tacite rapportent aucune chose de ses conditions : c'estoit un grand personnage, *droicturier* et courageux, non d'une vertu superstitieuse, mais philosophique et généreuse. » *Le même*, liv. III, chap. 8. « Rien n'empêcheroit que les juges ne rendissent une *droicturière* justice. » NIC. PASQUIER, l. VII, *lett.* 6.

DROLE, *s. m.* « C'est le nom que les peuples plus avancez vers le septentrion donnent aux diables familiers qui conversent dans leurs maisons, et servent en leurs ménages. On dit que ces lutins, appelez *droles* par ceux de ces contrées-là, habitent dans leur logis, vivent familièrement entre eux, pansent leurs rennes, ont soin de leur autre bestail, et leur rendent plusieurs services domestiques.... et que bien souvent ils font des tours de gaillardise pour resjouir et faire rire. On trouve aussi quelques Moscovites qui se vantent d'estre ainsi servis ; mais ils les nomment *coluzki*.

....
» La connoissance de ces bons valets ayant esté divulguée parmy les autres nations, quand on a vu quelques bons compagnons qui sçavoient faire rire, et amuser le monde, qui estoient fins, adroits et madrez, on les a nommez *droles*, à l'imitation de ces diables folets. » *Les illustres Proverbes*, pag. 34 et 35, Paris, 1660.

DRONOS. « Expression familière de l'Anjou et du Languedoc ; ce sont des coups : donner, faire *dronos*, c'est battre quelqu'un, lui donner des horions. » *Gloss.* pour les *Œuvres de Rabel.* édit. de Desoër. « Donner *dronos* sur les doigts est une expression fort triviale que je trouve dans Rabelais. Le Duchat la regarde comme une onomatopée du bruit que rend un corps dur et retentissant ; mais dans le cas où l'imagination des lecteurs ne voudrait pas se prêter à l'explication qu'il plaît au savant commentateur d'en donner, ils sont libres de la ranger parmi les mots sans nombre que cet auteur a formés, sans autre règle que son caprice, véritables termes macaroniques, dans la construction desquels il n'a cherché qu'à être original et bizarre, et auxquels il s'est peu soucié d'attacher un sens. Voilà pourquoi un commentaire dans le genre de celui de M. Le Duchat, où l'on prétend tout expliquer, est une des entreprises les plus ridicules qu'on ait pu faire sur Rabelais. » CH. NODIER, *Onomatopées françaises.*

DRU, UE, *adj.* vif, brave, hardi, éveillé. « Les barons sont nommez *druds* (drudi) au capitulaire que les évesques des provinces de Reims et de Rouen envoyèrent à Louis, roy de Germanie, l'an 858. Et Gasse, en la vie de Richard Ier, duc de Normandie, les désigne par mesme tiltre, disant :

A Rouen fu li roys à joie recheus
Bien cuide avoir Normans matez et confonduz,
Et tous les cuide avoir sans bataille vaincuz,
Grand joie et grand gabeiz en Meine entre ses *druz*.

Car il entend par le mot *druz* les barons de la cour du roy Louys d'outremer, qui lui estoient plus fidèles et plus affectionnez. L'auteur de la vie de saint Udalric, remarque aussi que *ce sainct visitoit souvent l'empereur Othon avec des présens dignes de sa majesté impériale, et mettoit peine d'acquérir la bienveillance de ses* druds *par des dons convenables à leur grandeur.* Là où quelques uns interprètent le mot *druds* pour les favoris et principaux conseillers d'Othon, le dérivant d'une ancienne diction germanique qui signifie *foy.* Et de là même les romans ont formé *druement* et *druerie*, pour signifier une loyale et fidelle amitié. » *Histoire généalogique de la maison de Montmorency*, p. 45, in-fol. Paris, 1624.

D'autres font venir *dru* de *dur* par métathèse, c'est-à-dire du latin *durus* (dur), « avec cette différence, dit M. de La Monnoye, que ce qui est *dru* n'est pas *dur* d'une dureté de pierre, mais seulement épais, serré ;

ainsi *fille drue* est celle qui a la peau ferme; *herbe drue*, quand elle est épaisse. »

DRUÏDE, s. m. ancien prêtre gaulois. Les Celtes consacrèrent à leur Dieu, qu'ils nommaient *Teut*, le chêne qui, dans leur langue, s'appelait *derw*, de là probablement est venu le mot *druide*. La vénération que les druïdes avaient pour le chêne, et surtout pour le gui de chêne, semble autoriser cette étymologie. Nous croyons donc ici, avec M. Morin, *Dictionn. étymologique des mots français dérivés du grec*, que ce n'est point dans le grec δρῦς (*drus*), quoique ce mot signifie également *chêne*, qu'il faut aller chercher, comme le pense Pline, et d'après lui Boxhonius (*Origines gallicæ*, pag. 18, Paris, 1654), la racine de ce mot *druïde*. « Comme les *druïdes*, dit M. Morin, étoient les philosophes et les prêtres des anciens Gaulois, il semble que c'est dans leur langue, et non dans aucune autre, qu'il faut chercher l'origine de leur nom. La ressemblance des mots *derw* et δρῦς (*drus*) prouve seulement qu'ils ont une origine commune, et non pas que l'un vienne de l'autre. »

Les *druïdes*, comme nous l'avons dit, étaient les prêtres et bien souvent les juges des Gaulois; ils mettaient leur théologie et leur jurisprudence en vers, et les faisaient passer des uns aux autres, sans le secours de l'écriture : ils faisaient leurs demeures au milieu des forêts. Ils exerçaient aussi la médecine, afin de s'attirer la vénération des peuples; car dans l'antiquité, l'art de guérir était considéré comme une science qui rapprochait les hommes de la Divinité.

Il y avait aussi un collège de *druïdesses*, que les Gaulois appelaient *Cènes*. Ces prêtresses, au nombre de neuf, gardaient une perpétuelle virginité. « Les Francs, à ce que dit Saint-Foix, croyoient que ces filles ou *druïdesses* avoient pénétré dans les secrets de la nature, et qu'elles avoient le pouvoir d'accorder aux hommes le don de se métamorphoser en loups et en toutes sortes d'animaux. Au commencement du onzième siècle, on appeloit cette métamorphose *Uvervoulf.* »

DRUÏSER, v. parler comme un *druïde*, parler en homme capable et expérimenté. Pour que la formation de ce mot fût régulière, il faudrait dire : *druïdiser*. Au reste, ce mot n'est guère sorti du roman de l'*Astrée*, tom. II, p. 372.

DU. C'est une contraction de *de le*. On trouve fréquemment, dans les auteurs des 12e et 13e siècles, *de le* et *del*, pour *du*, comme on parle aujourd'hui. « *De le* jour que nous départirons *del* port de Venise. » G. DE VILLEHARDOUIN, *de la Conquête de Constantinople*.

Les Allemands contractent de même la préposition *von* (de) avec l'article *dem* (le) et disent *vom* pour *von dem*.

DUC, s. m. du latin *dux* (celui qui conduit, capitaine). Ce mot, qui est aujourd'hui un titre honorifique, n'a d'abord signifié qu'un général d'armée ou un gouverneur de province. « Les François, dit Est. Pasquier, s'estants impatronisez de la Gaule, apprindrent des Romains à user de ce nom de *duc* pour un gouverneur de province, ainsi que nous apprennons de noz vieilles histoires françoises. » « Vous trouverez que Périclès, *duc* des Athéniens, voulut, etc. » RABELAIS, tom. 1, pag. 71, Paris, 1732.

Bergier, dans son livre de l'*Antiquité de Reims*, dit en parlant de César : « La tierce légion il envoya à Treveres, et d'icelle fut *duc* Titus Labienus. Et en Beauvoisin, il en envoya trois, desquelles furent *ducs* et capitaines Publius Crassus, Lucius Municius et C. Trebonius, etc. p. 211, in-4°, Reims, 1635.

DUCHÉ, s. m. du latin *ducatus* (commandement militaire, dignité, fonction de général). Ce mot qui signifie chez nous la dignité de duc, était anciennement féminin; Ronsard, Al. Chartier, Rabelais ne lui donnent pas d'autre genre. Bossuet, dans son *Hist. universelle*, fait ce mot tantôt masculin, tantôt féminin.

DUCATON, s. m. diminutif de ducat, demi-ducat. Ducat (*ducatus aureus*). « Longinus, gouverneur d'Italie, s'étant révolté contre l'empereur Justin-le-Jeune, se fit *duc* de Ravenne, et prit la qualité d'exarque, c'est-à-dire *sans seigneur*. Pour soutenir son titre, il fit frapper à son nom et à ses armes des espèces d'or à vingt-quatre karats qui furent appelées *ducats*. » Voilà l'origine de ce mot.

  Un ignorant hérita
  D'un manuscrit qu'il porta
  Chez son voisin le libraire.
  Je crois, dit-il, qu'il est bon ;
  Mais le moindre *ducaton*
  Seroit bien mieux mon affaire.
   LA FONTAINE, liv. I, *fable* 20.

 Au temps de la gaîté, l'Amour et la Raison,
  En manière de badinage
  Parièrent un *ducaton*
  A qui pèserait davantage.
HOFFMAN, *Thémis, l'Amour et la Raison*, fable.

DUELLER (se), *v.* se battre en duel. « On se *duella* pour des bagatelles, pour des mots, pour des riens. » *Lett. du comte de Lamberg*.

DUIRE, *v.* du latin *decere* (convenir), vieux mot qui n'est plus en usage qu'à la troisième personne du singulier, et encore dans le style très-familier : *cela me duit*. *Acad.* De là l'ancien proverbe : ce qui nuit à l'un *duit* à l'autre.

 Et ce tiltre (titre) d'espoux
Duisoit mal à ton aage, et pour vous allier
Il eust (eût) fallu la terre au ciel apparier.
OEuvres de Théophile, pag. 250, Rouen, 1661.

« Cet archiduc n'est point harnois qui nous soit *duisant*. » *Satire Ménippée*.

 Genre de mort qui ne *duit* pas
A gens peu curieux de goûter le trépas.
  LA FONTAINE, liv. IX, *fable* 16.

Car s'il n'est qu'un phénix, ou, soit dit entre nous,
Qu'une femme fidèle à qui ce nom convienne,
Eh bien, chaque mari jaloux
N'a qu'à croire que c'est la sienne.
Mesdames, si cela vous *duit*,
Bonjour, bonsoir, et bonne nuit.
 Le Phénix, scène dernière.

Théâtre italien de Ghérardi.

Ce mot que La Bruyère met au nombre de ceux qu'il regrette, peut encore être employé dans le genre marotique :

  . . . . Tout *duit*
Aux gens heureux ; car aux autres tout nuit.
   LA FONTAINE.

Tout me convient, tout me plaît, tout me *duit*.
  VOLTAIRE.

« Vous fîtes bien de changer, puisque changement vous *duisoit*. » DIDEROT, *Jacques le Fataliste*.

L'adjectif *duisible*, qui duit, qui convient, se trouve dans Al. Chartier et dans Cl. Marot.

DUIRE, *v.* du latin *ducere* (conduire, tirer de). Ce simple et son participe se trouvent dans nos anciens auteurs. « Ceux qui sont *duits* à la monarchie en font de mesme. » *Essais de Montaigne*, t. 1, p. 245, Paris, 1789. « Peuples également *duicts* à l'estimation des armes et mespris des lettres. » *Le même*. « Ils sont accoustumez et *duits* à la guerre contre les Germains. » CL. FAUCHET, *Antiquitez françoises*, feuillet 64 (1599).

Il nous en reste les composés *conduire, induire, introduire, réduire, traduire.*

DULCINÉE, n. propre f. est devenu un nom commun dont on se sert dans le style familier et ironique, pour exprimer une femme pour laquelle on se passionne ridiculement, par allusion à la fameuse *Dulcinée du Toboso*, dont l'extravagant Don Quichotte avait fait la dame de ses pensées. Suivant Michel Cervantes, dans son immortel roman, 1re partie, ch. 1, c'était tout bonnement une paysanne qui s'appelait *Aldonza Lorenzo*, et à qui notre chevalier errant avait donné le nom de *Dulcinée*, en y ajoutant le surnom *du Toboso*, du village où elle était née.

 Combien de maris pleins d'ardeur,
 Assis près de leur *Dulcinée*,
 N'ont jamais eu d'autre chaleur
 Que celle de la cheminée !

DUN ou **DON**, terminaisons, comme dans Châteaudun, Verdun, Don-le-Roy, Calydon, etc. « La terminaison latine *dunum* ou *don*, qui est celle de plusieurs anciennes cités de l'Europe et de l'Asie, est prise, dit Latour d'Auvergne, *Origines gauloises*, pag. 277 et suiv. par le plus grand nombre des étymologistes, dans le sens du français *élevé* (*altus*) ; et désigne dans leur opinion, des villes situées sur des hauteurs. Mais comme

les fautes des savans sont contagieuses, et qu'il est des erreurs qu'il est important de relever pour l'avantage de l'histoire, j'observerai que la terminaison latine *dunum* se rapporte toujours au primitif celtique *don* et *doun*; gallois, *dwfu*; latin, *profundus*, *produna*, id est, *loca in vallibus posita* (sic Plinius). *Brodunum*, au rapport de Pline, désignait, dans la langue des Celtes, un pays enfoncé; ce qu'annonce visiblement ce mot formé de *bro*, en breton, *terre*, *pays*, *région*, et de *don*, id est, *profundus*; de là le surnom de la ville de Digne en Dauphiné, *Dinia*, *civitas* EBRODUNTIONUM, Digne, chef-lieu, ou cité des HABITANS-DU-PLAT-PAYS. *Segi*DUNUM, Sémendrie, ville de la Servie, sur le Danube; *Campo*DUNUM, sive *Campidona*, ville d'Allemagne, sur Liler; *Cæsaro*DUNUM, Tours, sur la Loire; *Regio*DUNUM; Don-le-Roi, ville du Berri, sur l'Auron; DUNUM, le *Don*, ville de Lorraine, sur la Meuse..... .... Si nous nous arrêtons à l'étymologie du mot *Lugdunum*, Lyon, nous découvrons que cette ville, située, pour l'avantage de son commerce, au confluent du Rhône et de la Saône, ne fut pas bâtie dans l'origine sur une hauteur, comme on l'a avancé par erreur, mais dans un lieu bas, enfoncé. Sa dénomination, celle de *Lugdunum*, se rapporte évidemment au celto-breton *loc-don*, en latin *locus profundus*; du celtique *loc don*, sive *loc-doun*, les Latins ont fait par imitation *Lugdunum*.............
On ne saurait admettre d'exception à la règle qu'on vient d'établir, concernant la terminaison *dunum*, interprétée par le celtique *don*, *doun* et *dwfu*, id est *profundus*, que pour les villes ou pour les habitations qui se trouvent situées sur de très-petites élévations. La terminaison latine du nom de ces villes peut alors se rapporter au celtique *dunen*, sive *duchen*, qui, dans notre langue, signifie un monticule, une petite éminence; de là, sans doute, la dénomination de *dunes*, donnée aux falaises des côtes de Flandre, aux monticules factices que l'on voit près de Furnes, entre Dunkerque et Nieuport; ainsi qu'à toutes les collines sablonneuses qui règnent sur les côtes de l'Océan et de la Méditerranée. DUYNEN (belgis), id est, *cumulus arenæ*, sive *mons arenarius*. DUNEN et DUYNEN *vocantur arenosi montes Oceano in Hollandiá et Flandriá objecti.*

» *Aberdeen* ou *Aberdon*, ville d'Écosse, sur le Don; *Teredon*, ville de l'Arabie Déserte; *Rugindon*, en Pannonie; *Scardon*, en Dalmatie; *Calydon*, dans l'Achaïe; *Capedon*, dans la Basse-Hongrie, etc. Toutes ces dénominations celto-scythiques désignent des villes situées dans des lieux bas, enfoncés.

» *Chalcedon*, je cite ce seul exemple, est un mot formé du celto-breton *calz*, en français *beaucoup*; et de *don*, *profond*, id est, *valdè descendens*. »

DUNE, s. f. petite montagne de sable. *Voyez* DUN, terminaison.

DUPE, s. f. facile à tromper. Ce mot, suivant les auteurs du *Dictionnaire de Trévoux*, vient de *hupe*, oiseau sot et niais, qu'en plusieurs lieux on appelle *dupe*.

On trouve dans Rabelais, tom. 1, pag. 154, édit. de 1732, *duppe* pour *huppe*; sur quoi Le Duchat a fait la remarque suivante : « la *duppe*, appelée communément *huppe*, est cet oiseau niais, presque sans langue, etc. »

En parlant du jeu, Mme Deshoulières dit :

On commence par être *dupe*,
On finit par être fripon.
Stances morales.

« J'admire combien l'esprit est la *dupe* du cœur. » Mme DE SÉVIGNÉ.

On appela la *Journée des dupes* le 11 novembre 1630, parce que ce jour-là le cardinal de Richelieu reprit son ascendant sur le roi, au grand désappointement des courtisans qui le croyaient perdu. Cette journée se renouvelle assez souvent dans les cours.

DUPEUR d'oreilles. C'est un mot de Montaigne; il appelle ainsi un beau prêcheur de morale, qui ne pratique guère ce qu'il prêche. C'est un grand *dupeur d'oreilles*; il débite ses vers, il déclame avec tant d'art, de grâce, de charme, qu'il fait paraître ses ouvrages meilleurs qu'ils ne sont en effet. Bois-Robert s'appelait lui-même un grand *dupeur d'oreilles*.

DUPLICATA, s. m. Ce mot, pris du latin, signifie une seconde expédition d'un acte, d'un brevet, etc. Lorsqu'on rédigeait tous les actes en latin (ce qui s'est pratiqué jusqu'au règne de François 1er), ils avaient chacun leur dénomination latine, et l'on appelait *duplicata* une double expédition tirée sur la minute. La copie collationnée ne se tire ordinairement que sur l'expédition, et diffère par là du *duplicata*.

DUPLIQUER, v. « Il *duplique* à la contre-critique qu'on a faite de sa critique d'un article de Chaufepié. » VOLTAIRE.

DUR, E, adj. « Il ne faut pas dire durement les choses *dures*. » NICOLE.

DURANDAL, s. m. C'est le nom de l'épée de Roland, héros de l'Arioste. On s'en sert en cette phrase proverbiale, pour faire entendre qu'une viande est fort dure, on dit que « c'est *durandal*, l'épée de Roland. »

« Advint que Roland dans la grant ire (colère) où il estoit; choisit un Sarrazin entre les autres plus grants, auquel il donna un si grant coup de *durandal*, sa bonne espée, que, moyennant la grâce de Dieu, il fendit le Sarrazin tout oultre le corps en deux pièces, et le cheval aussi. » *Les Neuf Preux*, roman imprimé en 1507.

DURCIR, v. « Nous n'avons que faire de *durcir* nos courages par ces lames de fer, c'est assez que nos espaules le soyent : c'est assez de tremper nos plumes en encre, sans les tremper en sang, » dit énergiquement Montaigne, liv. III, c. 1, en parlant des guerres civiles. Puisse cet avis n'être pas perdu pour la quatrième fois!

DUSIL, s. m. petite cheville qui sert à boucher le trou fait à un tonneau. Ce nom est formé du latin *duciculus*, qui se trouve souvent dans la basse latinité. De *duciculus* on a fait *duciclus*, *dusiculus*, qui se trouve aussi ; de là *dusicle*, *dusil*. *Duciculus* s'est dit *ab educendo* (de tirer), parce que, par le moyen d'un *dusil*, on tire le vin. Rabelais a écrit *douzil*. « Il faudra tordre le *douzil*, et bouche close. » Tom. 1, pag. 19, in-8°, 1732. « Le *douzil*, c'est le fausset d'un tonneau. Rabelais veut dire que, passé le troisième mois de veuvage d'une femme, il ne faudra plus avoir de privautez avec elle, si on ne veut bien courir le risque du scandale qui pourra s'ensuivre ; et il appelle cela *tordre le douzil*, par une métaphore prise de ce qu'après avoir goûté le vin d'un muid, on y met, pour boucher le trou, un fausset qu'on rompt en le tordant. » LE DUCHAT, sur *Rabelais*, au lieu cité.

DUVET, s. m. « L'atmosphère est le *duvet* de notre coque. » FONTENELLE.

DYNAMIQUE, s. f. du grec δύναμις (*dunamis*), force, puissance. La *dynamique* est la science des forces qui meuvent les corps. Leibnitz s'est servi le premier de ce terme pour désigner la partie la plus transcendante de la mécanique.

E

Une des particularités de la langue française est notre *e* muet qui ne se trouve, ni dans le grec, ni dans le latin, ni dans l'espagnol, ni dans l'italien ; il contribue beaucoup à cette variété de sons et de terminaisons, qui fait une des plus grandes beautés de notre langue. « Vous nous reprochez, dit Voltaire, nos *e* muets; comme un son triste et sourd, qui expire dans notre bouche ; mais c'est précisément dans ces *e* muets que consiste la grande harmonie de notre prose et de nos vers. *Empire*, couronne, *diadème*, *flamme*, *tendresse*, *victoire*, toutes ces désinences heureuses laissent dans l'oreille un son qui subsiste encore après le mot prononcé, comme un clavecin qui résonne encore, quand les doigts ne frappent plus les touches. »

Nos pères, pour adoucir la prononciation des mots, qu'ils tiraient de la langue latine, lorsque ces mots commençaient par un *s* suivi d'une autre consonne, placèrent un *e* devant le *s*, et, en séparant cette lettre de la voyelle suivante, firent deux syllabes au lieu d'une; ainsi *schola* en latin fit *escole* en français; *scribere*, *escripre*; *spiritus*, *esprit*; *specialis*, *espécial*; *spada*, *espée*; *studium*, *estude*, etc.

« Pour autant que nos Gaulois apprenoient malaisément le latin, comme une langue non accordante avec la leur; de ces mots *scribere*, *schola*, *species*, et autres qui de soy estoient de difficile prononciation, pour la rencontre de deux consonnantes, afin de se la rendre facile, ils dirent *escripre*, *escole*, *espèce*, en la même façon que nous voyons encore le Gascon et Auvergnac pour *schola* et *Stephanus*, dire *eschola* et *Estephanus*. » PASQ. *Recherches de la France*, liv. VIII, ch. 1. Mais ensuite cet *e* préposé prit, dans la plupart des mots, la place du *s*, et, en s'écartant de l'étymologie, rendit encore la prononciation plus douce, comme on le voit dans *école*, *écrire*, *épée*, *étude*, etc.

E, ES ou EX, particule initiale, du latin *e* ou *ex*. Cet *e* ajoute au mot qu'il sert à former une idée de sortie : *écosser*, faire *sortir* de la cosse; *érafler*, faire *sortir*, ôter la rafle; *écheniller*, faire *sortir*, ôter les chenilles. Ses variétés sont *es* et *ex*: *escompter*, faire *sortir* du compte; *exhumer*, faire *sortir* de terre; *exporter*, porter dehors. L'initiale *ex*, toujours dans le sens de *sortir*, nous donne *ex-jésuite*, qui est *sorti* des jésuites; *ex-professeur*, qui est *sorti* du professorat; *ex-administrateur*, qui n'est plus administrateur, qui est sorti de l'administration, etc.

EAU, s. f. du latin *aqua*; mais ce terme a éprouvé bien des variations, car on lit dans nos anciens auteurs *aique*, *aigue*, *awe*, *iaue*, *cauve*, *eve*, *caue*. Ce mot entre dans plusieurs expressions proverbiales : *porter de l'eau à la rivière*, pour dire porter quelque chose dans un endroit où il n'y a déjà que trop de cette même chose, et où, par conséquent, il est inutile d'en porter. Cela revient positivement à ce proverbe latin, *in silvam ne ligna feras* (ne portez point de bois à la forêt).

Il n'est pas de pire eau que l'eau qui dort. Ce proverbe est fort ancien dans notre langue. Adam de Suel qui nous a donné au commencement du 12e siècle, une traduction des *Distiques* de Caton, traduit ainsi le xxxe distique du 4e livre :

Chis mos ne fu mie dit en bades !
Pire est coie ieaue que la rade.

(Ce mot ne fut pas dit en vain : *l'eau qui dort est pire que celle qui court*.)

Les eaux sont basses chez lui : métaphore empruntée de la pêche. « Comme la pêche ne vaut rien où les *eaux* sont basses, il en est de même d'un homme chez qui l'on dit que les *eaux* sont basses. On n'y trouve non plus d'argent que de poisson dans une *eau* basse. »

Eau de Cologne. Cette *eau* est ainsi nommée parce qu'elle se fabrique à Cologne, ville d'Allemagne, située sur le Rhin.

Eau-de-vie, du latin *aqua vitæ*. « *Ab aliis dicitur* aqua vitæ, *eò quòd vitam humanam à corruptione conservet*. » *Cœlum Philosophorum*, *seu Secreta Naturæ*, pag. 2, Paris, 1544. (D'autres l'appellent *eau-de-vie*, parce qu'elle préserve la vie humaine de la corruption.)

EAU-BÉNITER (s'), v. s'asperger d'eau bénite.

D'eau de puits il s'eau-bénita,
Et le rameau d'or présenta.

SCARRON.

ÉBAHI, IE, part. (*expavire* pour *expavere*). Jouer à l'*ébahi*, c'est un des jeux de Gargantua. Depuis, cette expression a signifié *être* ou *feindre d'être frappé d'étonnement*; on le trouve en ce sens dans la *Sat. Ménipp.* Harangue de M. d'Aubray.

Saint-Amand a dit, en parlant du passage des Israélites au travers de la mer Rouge.

Les poissons *ébahis* les regardent passer.

Imitation, non pas de la belle image qu'offre Catulle dans ces vers :

Emersére feri candenti è gurgite vultus
Æquoreæ monstrum Nereides admirantes;

(Les monstres de la mer, les Néréides étonnées, s'élancent du sein des ondes pour admirer ce prodige [*le navire Argo*]), mais du jésuite Millieu qui, dans son *Moses Viator*, dit :

Hinc indè attoniti *liquido stant marmore pisces.*

Aussi Boileau a-t-il eu raison de se moquer de Saint-Amand, en disant qu'il

Met, pour les voir passer, les poissons aux fenêtres.

Jacques Grevin donna, en 1561, une comédie qui a pour titre : *Les Esbahis.* Ce mot ne trouve plus guère aujourd'hui sa place que dans le style satirique ou comique.

ÉBAHISSEMENT, s. m. Ce serait une vraie conquête que le rajeunissement de ce mot plus énergique que surprise.

ÉBANOYER (s'), v. celtique *benna.* (*banne,* panier). Quand le couvercle d'une banne était levé, on disait qu'elle était *ébanée,* et de là figurément s'*ébanir* et s'*ébanoyer,* pour se réjouir, parce que le propre de la joie est d'ouvrir, de dilater.

O vous qui du sacré Dyndime
Vous *ébanoyez* sur la cime. *I.*

EBATEMENT, s. m. Nos pères appelaient : « Hostel d'*esbatement,* » une belle et agréable maison.

ÉBATTRE (s'), v. On écrivait autrefois *esbattre* et *esbat.* On trouve *embattre* dans le même sens, c'est-à-dire dans celui de se divertir, dans le glossaire du *Roman de la Rose.*

« Il fait laid se battre en s'*esbatant.* » MONT. liv. III, ch. 8, en parlant des jeux de mains qu'il reproche aux Français, comme ayant eu souvent des suites funestes.

ÉBAUBI, IE. C'est le participe de l'ancien verbe *ébaubir,* étonner, étourdir.

On voit bien avenir,
Par acostumance,
Qu'elles font pour *abaubir*
Cruel contenance.
P. CORBIES, poèt. franc. avant 1300.

Ebaubir, abaudir, abaubir. Ce mot subsiste encore au participe passif, sous la première orthographe, dans le discours familier. Il signifie proprement frapper d'étonnement; de là s'*ébaubir,* pour s'*ébahir, demeurer stupéfait.*

..... Chacun de vo valour
S'*abaubit* et s'umelie.
Anc. Poët. franç. ms. avant 1300. t. IV, p. 1393.

J'étais tout *ébaudi* de voir cela.
MOLIÈRE.

Alors tout *ébaubi,* j'ai détourné la tête.
LA CHAUSSÉE, *l'Ecole des Mères,* act. I, sc. G.

..... Je suis émerveillée,
Toute *ébaubie,* et toute consolée.
VOLTAIRE, *l'Enfant prodigue,* act. V, sc. 7.

Poton, la Hire et Dunois *ébahis*
Ouvrent tous trois de grands yeux *ébaubis.*
Le même.

ÉBAUCHE, s. f. ÉBAUCHER, v. Nicot croit que ce mot signifiait autrefois *déniaiser,* et qu'il vient de *bouch* qui, en Languedoc, signifie *sot, grossier,* et que, par translation, il a été dit des ouvrages qui ne sont pas encore polis.

Mais pour mon frère l'ours, on ne l'a qu'*ébauché*;
Jamais, s'il veut m'en croire, il ne se fera peindre.
LA FONTAINE.

« Dans les amusemens même de son enfance, on découvrit presque les *ébauches* de ses grandes qualités. »
MASSILLON.

ÉBAUDIR, v. Ce mot, selon Ménage, vient de *baut* ou *baud* et *bauderie* qui signifient *joyeux* et *joie.* « *Baus* en vieil français, lit-on dans les *Annotations sur Alain Chartier,* pag. 858, signifie *joyeux, bauderie* joie et réjouissance; de là les mots composés *esbaudir, esbaudissement, rebaudi.* Thibaut roy de Navarre en une sienne chanson :

Qui li prent de faus cuer
Baudement esbaudis.

Et Alain Chartier, au *Débat de deux fortunes d'amour :*

Et sembloit bien porter cueur maladis,
Et n'estoit riens dont il fut *rebaudis.* »

« Il attribue l'honneur de la victoire au jeune homme qui aura le plus *esbaudi* et réjoui, etc. » *Essais de Montaigne*, tom. 7. Ce mot, synonyme de *réjouir*, *divertir*, n'est plus que du style familier.

J'ébaudirai votre excellence
Par des airs de mon flageolet.
VOLTAIRE, *lettres en vers et en prose*, lettre 1re, 1716.

L'*Académie*, édit. de Moutardier, n'emploie le verbe *ébaudir* que comme réfléchi, *s'ébaudir*. « Vous êtes tout *ébaudi* de recevoir de moi une lettre datée de Sans-Souci. » VOLTAIRE, *lettre à M. Darget*, 9 août, 1750.

ÉBAUDISSEMENT, *s. m.* joie, ébat, qui se trouve dans Alain Chartier et dans Dufresne, est un vieux mot.

ÉBÈNE, *s. f.* du latin *ebenus*, venu du grec ἔβενος (*ébénos*), bois de l'arbre appelé ébénier.

Sola India nigrum
Fert ebenum.
VIRGILE, *Georg.* liv. II, v. 117.

Sur les rives du Gange, on voit noircir l'*ébène*.

Voltaire a fait ce mot masculin :

Je vis Martin Fréron à la mordre attaché
Consumer de ses dents tout l'ébène ébréché.

Balzac comparait l'obscurité du style de Tertullien au noir de l'*ébène*, qui jette un grand éclat. On a, de nos jours, appliqué ce mot à certains ouvrages de Diderot. Un auteur anglais, Fuller, dit, en parlant des Noirs, que Dieu les a taillés dans l'*ébène* à son image.

L'*ébène* étant d'un beau noir, les poètes se servent volontiers de ce mot pour désigner cette couleur : Des cheveux, des sourcils d'*ébène* ; l'*ébène* de ses cheveux, de ses sourcils ; un teint d'*ébène* ; des ailes d'*ébène*.

L'Afrique, au teint d'ébène, a l'air un peu sau-
[*vage.*
CASTEL, *les Plantes*, ch. IV.

Telle, aux rayons d'un soleil enflammé,
Du bord des mers, quand la jeune Africaine
Croit découvrir la pirogue lointaine
Qui lui rendra l'aspect du bien-aimé.
Les flots en vain mouillent ses pieds d'ébène ;
Fixés toujours sur cette image vaine,
Ses longs regards n'ont pu s'en détacher :
La vague enfin la soulève et l'entraîne.
MILLEVOYE, *Charlemagne*, chant IV.

Dans un ravin profond j'ai surpris avec peine
Deux chevreaux dont la robe a des taches d'ébène.
TISSOT, trad. des *Bucoliques*.

EBERLUER, *v.* donner la berlue. « Le pauvre mari en demeure tout *éberlué*. » *Contes de Cholières*, t. I.

ÉBERNEUR, *s. m.* ÉBERNEUSE, *s. f.* celui, celle qui éberne un enfant. Voltaire a dit, en parlant de Le Franc de Pompignan : « Eh pardieu! laissez-le devenir historiographe, instituteur, correcteur, *éberneur* des enfans de France, et tout ce qu'il voudra. »

ÉBLOUISSANT, TE, *adj.* « *Éblouissante* de vivacité et de fraîcheur. » MARMONTEL.

ÉBLOUISSEMENT, *s. m.* « Les extrémitez de nostre perquisition tombent toutes en *esblouyssemens*. » MONT. liv. II, ch. 12.

ÉBORGNER, *v.* rendre borgne.

Vous qui, parfait amy, vos amis espargnez,
Et de mauvais discours leurs vertus n'esborgnez.
RÉGNIER, *sat.* VIII.

Scarron dit de La Rancune qu'il étoit homme à s'*éborgner* pour faire perdre l'œil à un autre.

Voltaire a dit *déséborgner* en plaisantant. « O vous, l'apôtre de la vérité, écrit-il à Frédéric, recevez les hommages du petit coin de mon esprit, purifié de la rouille de la superstition, et *déséborgnez* mes compagnons. »

ÉBOURIFFÉ, ÉE, *adj.* qui a la barbe, les cheveux en désordre, dérivé de *bourre*.

. . . . *Tu vas dardant*
Dessus moy ton courroux ardent,
Qui ne suis qu'un bourrier qui vole.
RÉGNIER, *Stances*.

Brossette, dans ses *Commentaires sur Régnier*, fait venir ce mot de *bourrier*, espèce de chardon, dont la tête est couverte d'une houpe de *bourre* ou de duvet, qui est emporté par le vent.

Mme de Grignan avait donné cette épithète d'*ébouriffée* à la barbe de son mari, et Mme de Sévigné la lui rappelle, en lui disant qu'avec sa touffe *ébouriffée* sa femme le trouvait plus beau qu'Adonis. Ailleurs elle lui dit : « J'embrasse Grignan et le baise à la joue droite au-dessous de sa touffe-*ébouriffée*. »

ÉBRANCHER, v. « Le tyran arrache l'arbre, disait le sage Alphonse x, et le sage monarque l'*ébranche*. »

ÉBRILLADE, s. f. C'est le terme qu'a imaginé Salomon de La Broue, le premier écuyer français qui ait fait un *Traité du manége*, pour désigner la secousse que le cavalier donne avec l'une et l'autre des rênes, lorsqu'il veut retenir son cheval ou le faire tourner.

ÉBROUER (s'), v. se dit du cheval qui souffle avec force, qui ronfle par frayeur. « C'est, dit M. Ch. Nodier, une onomatopée assez précieuse, qui représente l'action d'un cheval ardent, soufflant avec force pour chasser l'humeur qui l'incommode, et pour reprendre facilement haleine. » *Dict. des Onomatopées françaises*.

ÉBULLITION, s. f. « Je ne puis souffrir les *ébullitions* de cerveau de nos jeunes marquis. » MOLIÈRE. A l'exemple de Molière, un auteur moderne a dit : « Les *ébullitions* de l'amour-propre. » JAY, *le Glaneur*.

ÉCACHÉ, ÉE, adj. (espagnol, *escachar*, écraser). Nez *écaché*, camus, peu élevé et large par le bas.

ÉCAFIGNON, s. m. mot employé par Saint-Amand pour exprimer une odeur rebutante.

Gousset, *écafignon*, faguenas, cambouis,
Qui formez ce présent que mes yeux réjouis,
Sous l'adveu de mon nez, lorgnent comme un fro-
[mage
A qui la puanteur doit mesme rendre hommage.
2me partie, pag. 47, in-4º, Paris, 1651.

ÉCAFLOTE, s. f. On appelle ainsi la peau des pois ou autre légume qui reste dans la passoire après que la purée a passé par les trous. L'Académie a omis ce mot, dont se sert Ménage en ce sens. Voy. *Dictionnaire étymol.* édit. de 1750, au mot *Purée*.

ÉCARBOUILLER, v. terme populaire, qu'on écrivait autrefois *escarbouiller*. Il vient, selon Le Duchat, de *garbouil*, vieux mot fait apparemment de l'italien *garbuglio* : *escarbouiller*, c'est, dit-il, bouleverser, brouiller comme on brouille des œufs, écacher. « La persuasion première (d'un fait miraculeux, d'une révélation, d'une apparition, etc.) prinse du subject mesme, saisit les simples, mais elle est si tendre et si fresle que le moindre heurt, mesconte ou mesgarde, qui y surviendroit, *escarbouilleroit* tout, mais ensuite elle s'enfle et grossit merveilleusement. » CHARRON, liv. 1, ch. 7.

ÉCARLATE, s. f. Au quinzième siècle, on appelait la noblesse du Dauphiné l'*écarlate* des gentilshommes de France.

ÉCARQUILLER, v. (*divaricare*). *Ecarquiller les jambes*, les écarter d'une manière peu décente. « Ils marchent *écarquillés*, ainsi que des volans. » MOLIÈRE. « Comme il *écarquille* les yeux ! » *Le même*.

ÉCART, s. m. « Après quoi je sortis de chez le traiteur, faisant des *écarts* de poitrine, comme un jeune homme fort content de sa personne. » LE SAGE, *Gil-Blas*.

ÉCARTER, v. dérivé d'*écart*, mettre à l'écart, éloigner. « Aussitôt qu'il sort, elle se met à le suivre sans cesse, et si de fortune (par hasard) elle l'*écarte*, elle va errant çà et là, etc. » *Ess. de Montaigne*, tom. IV. pag. 279, Paris, 1789. « On trouve dans Nicot, s'*écarter* pour s'égarer, mais *écarter quelqu'un* pour dire *l'abandonner*, *le perdre par accident*, auquel sens Montaigne l'emploie ici, je ne l'ai pu trouver, ni dans aucun de nos vieux dictionnaires, ni ailleurs. » COSTE, *Note sur Montaigne*, à l'endroit cité.

Quiconque ne sait pas dévorer un affront
Loin de l'aspect des rois, qu'il s'*écarte*, qu'il fuie.
RACINE, *Esther*, act. III, sc. I.

Ecarter au piquet. M. de la Mothe, évêque d'Amiens, ayant à dîner quatre grandes dames, se trouvait embarrassé pour les placer plus ou moins près de lui. « Mesdames, leur dit-il, quand j'ai un quatorze de dames, je ne puis me résoudre à l'*écarter* ; voyez donc à vous placer toutes quatre. » Ce bon mot le tira d'affaire ; on laissa l'étiquette de côté, et on se plaça sans cérémonie.

ÉCERVELÉ, ÉE, est le participe de l'ancien verbe *écerveler*, qui se trouve, dans le sens de briser la cervelle, dans Eust. Deschamps, dans les *Chroniques* de saint Denis, dans Est. Pasquier, etc.

ÉCHAFAUD, *s. m.* de l'italien *catafalco*, qui pourrait venir de *escafaldus* ou *eschafaudus*, qui se sont dits dans la basse latinité; Du Cange, qui paraît tenir à cette dernière étymologie, rapporte cette phrase de René Benoist, sur l'ordre qu'on garde au sacre des rois de France : *Primò paratur solium in modum* eschafaudi *aliquantulùm eminens* (d'abord on prépare un trône en manière d'*échafaud*, il est un peu élevé).» D'ailleurs ce mot écrit *escharfault* dans J. le Maire de Belges, est écrit *échaffaut* dans d'autres anciens auteurs. « Ces provinces serviront d'un *échafaud* tout public et sanglant, où se joueront tous les actes de cette grande tragédie. » NIC. PASQ. liv. VIII; *lettr.* 2.

VERS D'UN ANCIEN POÈTE.

Ses plus beaux jours sont teints d'une noire vapeur.
Il a tout offensé, tout aussi lui fait peur,
Et son trône devient, ô misère du vice,
Le public *échaffaud* de son secret supplice.

La péroraison de l'éloge de Descartes, par Thomas, fit pleurer Voltaire à Ferney. Un homme de talent écrivit à Thomas, au sujet de ce morceau sublime : « Vous nous envoyez à la gloire comme à l'*échafaud.* »

ÉCHAFAUDAGE, *s. m.* « Les détracteurs de cet art salutaire (la médecine) ne le regardent que comme un *échafaudage* d'ignorance et d'imposture. » VOLLONE. « Elle était arrêtée par l'*échafaudage* de sa chevelure. » BERQUIN.

ÉCHAFAUDER, *v.* quelqu'un ou quelque chose; l'exposer en public, à la risée, au mépris. Ce mot se trouve en ce sens dans les auteurs du 16e siècle.

Une puissance illégitime;
Qui s'*échafaude* sur le crime,
Ne peut se soutenir long-temps.
L'Élève de Minerve, chant IX.

Des maçons voyant leur curé être long-temps à préparer son calice et son Missel, avant de commencer la messe, disaient entr'eux, que le curé était long-temps à *échafauder*.

ÉCHANCRER, *v.* La Fontaine a fait un usage ingénieux de ce verbe, dans ces vers, où il exprime si poétiquement le croissant :

Le temps qui toujours marche, avait pendant deux
{ nuits,
Echancré, selon l'ordinaire,
De Pastre au front d'argent la face circulaire.

ÉCHANGER, *v. Echanger des coups de fusil;* escarmoucher. Expression moderne.

ÉCHANSON, *s. m.* qu'on a écrit *eschanson*, du latin barbare *scantio*, qui, selon M. de La Monnoye, vient de l'allemand *schenck* (officier qui fait l'essai du vin). *Scantio* se trouve en ce sens dans le titre 2 de la *loi Salique*.

ÉCHANSONNER, *v.* essayer, éprouver, comme les échansons goûtent le vin.

« Lisez hardiment, dames et damoyselles, il n'y a rien qui ne soit honeste; mais si d'aventure, il y en a quelques-unes d'entre vous qui soient trop tendrettes, et qui ayent peur de tomber en quelques passages trop gaillards, je leur conseille qu'elles se les fassent *eschansonner* par leurs frères ou par leurs cousins. » *Contes* de Bonaventure Despériers.

ÉCHANTILLON, *s. m.* diminutif de *chanteau*, ou de *canthus* (coin).

« Le droit civil n'est basty d'une seule pièce, ains recouzu de divers *eschantillons.* » EST. PASQUIER, *Pourparler du Prince.* « Et peut bien estre que ses parens l'eussent plus haultement mariée et ne l'eussent pas baillée au bonhomme, ce ne fust qu'un petit *échantillon* qu'elle a fait en sa jeunesse. » *Les Quinze Joyes du mariage*, joye Ve.

Arlequin portait une grosse pierre sous son bras; on lui demande ce que c'est ? — C'est, répondit-il, un *échantillon* d'une maison que je veux vendre.

ÉCHANTILLONNER, *v.* lever des échantillons. « Voire mesmes, quand il tailloit un habillement pour soy, il lui estoit d'advis, que son drap n'eust pas esté bien employé, s'il n'en eust *eschantillonné* quelque lopin, » dit Despériers d'un tailleur. *Nouv.* XLVIII.

« Les nations estrangères *eschantillonnèrent* en parcelles l'Estat de Rome. » PASQ. *Rech.* liv. 1, ch. 7.

« Les grands, dit Nic. Pasquier, liv. VII, *lettr.* 2, se prestent l'espaule pour *eschantillonner* l'Estat à parcelles, et l'esmorciller à pièces à leur profit. »

« A la fin, il (Louis XI) depeça et *eschantillonna* si bien la maison de son hoste (le duc de Bourgogne), qu'il lui en demeura de belles pièces. » *Contes d'Eutr.* tom. I.

ÉCHAPPATOIRE, s. f. moyen adroit pour échapper, pour sortir d'embarras. « Ce fin renard qui a tant été battu de telles *eschappatoires.* » *Contes d'Eutrap.* tom. II.

Linguet l'a fait adjectif, ce qui était et est encore un néologisme.

ÉCHARPE, s. f. « Marquerons-nous toujours nos passions de nos *escharpes?* aurons-nous autant de livrées que d'hommes? » Ces mots, d'un pamphlet du temps d'Henri IV, trouvent en tout temps leur application.

Plusieurs se sont trouvés qui, d'*écharpe* chan-
[geans,
Aux dangers, ainsi qu'elle, ont souvent fait la figue.
Le sage dit, selon les gens :
Vive le roi! vive la ligue.
LA FONTAINE, liv. II, *fable* 5.

Changer d'écharpe, dans le sens de changer de parti, comme l'on dirait aujourd'hui *changer de cocarde*, *retourner sa cocarde.* Cette expression figurée parait venir des *écharpes* que les gens de guerre portèrent sous Henri II, *écharpes* qui furent substituées alors aux casaques d'ordonnance, qui marquaient les différens corps par la couleur dont elles étaient.

Sous Henri III, les hommes d'armes portèrent donc deux *écharpes* : l'une marquant la livrée des Français, était toujours de la même couleur; l'autre désignait l'uniforme du corps auquel on appartenait, et était de la couleur qu'il plaisait au commandant.

ÉCHARPILLER, v. diminutif d'*écharper.* « Il parait que les Russes ont été *écharpillés* dans l'Archipel par les Turcs et par les vents. » GALIANI.

ÉCHARS, ARSE, adj. chiche, trop économe. Ce vieux mot est fort ancien dans notre langue, puisque *eschars* et *escharseté*, pour avarice, lésinerie, se trouvent dans le *Roman du Renard* (13ᵉ siècle). Les Italiens disent *scarso*, dont les étymologistes proposent diverses origines. *Scardus* dans la signification d'*avare*, se trouve dans Rathérius, écrivain du 10ᵉ siècle. *Voy.* Du Cange, Ménage, et Furetière; le premier aux mots *Scardus* et *Scarpsus*; les deux autres à *Eschars.* « Les Espagnols sont fort chiches et *eschars* en leur vivre. » *Les Epithètes* de De la Porte, au mot *Espagnols.* Paris, 1751.

ÉCHARSEMENT, adv. mesquinement, chichement, avec trop d'épargne; vieux mot. « Les vaisseaux leur furent fournis *escharchement.* »

« J'en sçay qui donnent plustost qu'ils ne rendent : prestent plustost qu'ils ne payent : font plus *escharsement* bien à celuy à qui ils en sont tenus. » MONT. liv. III, ch. 9.

De la même racine viennent le substantif *écharseté* qui s'est dit pour avarice, et qui se dit encore pour défaut d'une pièce de monnoie qui n'est pas du titre ordinaire, et l'ancien verbe *écharser*, diminuer le titre d'une pièce de monnoie, qui se trouve dans les *Ordonnances des rois de France*, tom. II, pag. 428.

ÉCHASSE, s. f. du latin *scala* (échelle); il est dit pour *échalasse*, selon le P. Labbe. « Si avons beau monter sur des *échasses*, encore faut-il marcher sur nos jambes. » MONT. liv. III, ch. 13.

Damis, monté sur une haute *échasse*,
Criait sans cesse à ses contemporains :
« Voyez-moi ! les géans en hauteur surpasse. »
L'*échasse* un jour rompit : Damis est à sa place.
Il se trouve petit, même parmi les nains.

« Si vous étiez grand, vous ne monteriez pas sur des *échasses.* » Le duc DE LÉVIS.

ÉCHAUBOULURE. s. f. comme qui dirait *échauboule*, du latin *calida bulla*, élevure, enflure qui vient sur la peau en forme de bulles ou vessies causées par une brûlure ou par échauffement.

ÉCHAUDÉ, *s. m.* sorte de pâtisserie faite de pâte échaudée, de *eschaudatus* dans la basse latinité, fait d'*excaldatus*, participe d'*excaldare* (échauder) en sous-entendant *panis* (pain). Une Charte de l'Eglise de Paris, de l'année 1202, fait mention des *échaudés* sous le nom de *panes leves qui dicuntur* echaudati (pains légers qu'on appelle *échaudés*).

ÉCHAUDER, *v.* du latin *excaldare*, proprement, tremper dans l'eau chaude, arroser d'eau chaude.

« Je veux, dit Montaigne, qui copie souvent les anciens, sans les citer, que mes critiques s'*échaudent* (se trompent, s'attrapent eux-mêmes), à injurier Sénèque en moy. » « Les plus curieux s'*eschaudent* en leurs recherches, et tombent bien souvent en un sens réprouvé. » *Le Politique franç.* pamphlet de 1604. « Il s'*échaudoit* pour faire brûler autrui. » *Mémoires de Bassompierre.*

Vont s'*échauder* en des provinces
Pour le profit de quelques rois.
LA FONTAINE.

Montaigne a dit *échaudure* pour l'état de ce qui est échaudé, brûlure légère. « Lors il disoit avoir ouy des voix, mais comme venant de loin, et s'appercevoit de ses *eschaudures* et meurtrissures. » *Essais*, l. III, c. 20. C'était un mot qu'il fallait conserver.

ÉCHAUFFAISON, *s. f.*

Si j'avais suivi ma raison,
Et moins cru mon *échauffaison*.
SCARRON.

Ce mot ne pourrait-il pas encore être de mise dans le style badin?

ECHAUGUETTE, *s. f.* guérite, petite loge au haut d'un fort, pour découvrir ce qui se passe aux environs, de l'allemand *schauerwachter*. « Fit tant Banin par sa proesse qu'il fust des cinquante chevaliers de l'*eschauguette*. » *Lancelot du Lac*. « Les guerres civiles ont cela de pire que les autres guerres, de nous mettre chascun en *eschauguette* dans sa propre maison. MONT. liv. III, ch. 9. « Estre en *eschauguette*, à veoir de quel côté tombera la fortune. » *Le même*, liv. III, ch. 1. « *Eschauguette*, dit Nicot, c'est la tourelle où est assise la guette, c'est-à-dire, celui qui est établi pour faire le guet. » COSTE, note sur *Montaigne*, au lieu cité.

« Voyons, comme d'une *eschauguette*, de quelle façon les affaires tourneront. » EST. PASQ. l. XVI, lettr. 1.

ÉCHEC, *s. m.* « Ce jeu, dit le P. Mabillon, a été ainsi appelé, soit du mot arabe ou persan *scach*, qui signifie *roi*, qui est la principale pièce de ce jeu; soit de l'allemand *schach*, c'est-à-dire, *voleur* ou *filou* (*latrunculus* en latin), d'où ce jeu a été dit *latrunculorum ludus. Voy.* le *Glossaire* de Du Cange, note (*a*), sur saint Bernard. » *Sancti Bernardi Opera*, tom. I, pag. 548, in-fol. Paris, 1690. Les Italiens, dont la plupart sont Allemands d'origine, ont appelé les *échecs scacchi*, et l'échiquier *scacchiero*. Nos vieux Gaulois ne disoient point *eschiquetté*, mais *eschaquetté*. Ainsi, dans le *Roman de Saintré*, le seigneur de Vantadour portoit *eschaquetté* d'or et de gueulles. La vieille *Chronique* de Flandres et la Marche, en divers endroits, écrivent aussi *eschaquetté*, conformément aux derniers Latins qui ont dit *scaci*, d'où *vestes scacatæ* deffendues aux clercs par les Canons. »

Le nom de plusieurs des pièces de ce jeu, qui n'ont de signification raisonnable que dans les langues de l'Orient, confirme l'opinion proposée sur son origine orientale. La seconde pièce des *échecs*, après le roi, est nommée aujourd'hui *reine* ou *dame*; mais elle n'a pas toujours porté ce nom. Dans des vers latins du 12e siècle, elle est nommée *fercia*. Nos vieux poëtes français, comme l'auteur du *Roman de la Rose*, nomment cette pièce *fierce, fierche* et *fierge* : ces mêmes termes se trouvent employés dans plusieurs anciens Traités manuscrits du jeu des *échecs*, qui sont à la Bibliothèque du Roi.

Nous avons deux poëmes français sur le jeu des *échecs* : l'un, en vers de six pieds, par Cerutti; l'autre, en vers de cinq, par l'abbé de Roman.

« Je n'aime pas ce jeu, disait Montaigne, parce qu'il n'est pas assez jeu. » Mme de Sévigné le trouvait fort difficile, et adressait souvent à Corbinelli, qui le lui apprenait, ces vers de Racine ainsi parodiés :

Seigneur, trop de prudence entraîne trop de soin :
Je ne sais pas prévoir un *échec* de si loin.

Echec et mat. Voy. MAT.

ECHELLE, *s. f.* du latin *scala*, qui a la même signification ; aussi trouve-t-on *échale* ou échelle dans le P. Labbe, *Etymologies des mots français* : de là les dérivés *escalier*, *escalade*, *escalader* ou *écheler*, etc.

« L'ambition est une *échelle* vermoulue, enduite d'un vernis attrayant ; vous y montez avec confiance ; êtes-vous au dernier *échelon*, il se brise et vous renverse. » GUICHARD.

On a dit *sentir l'échelle*, pour mériter la potence. « Je sais me démêler adroitement des galanteries, qui sentent tant soit peu l'*échelle*. » MOLIÈRE.

On dit proverbialement *après lui il faut tirer l'échelle*, pour donner à entendre que celui dont on parle s'est tellement élevé dans les choses dont il s'agit, que personne ne peut prétendre à l'égaler. Cette expression vient de l'usage où l'on était de pendre, lorsqu'il y avait plusieurs complices, le plus coupable le dernier, et, par conséquent, de tirer l'échelle après lui, après qu'on l'avait pendu, puisqu'il n'y avait plus personne à pendre.

« Avez-vous la taille aussi dégagée que la mienne ? Vous sauriez-vous donner des airs penchés comme moi ? Pour ce qui est de la démarche, *après moi il faut tirer l'échelle*. » *Critique de la Cause des femmes*, sc. IV, *Théâtre italien* de Ghérardi, tom. 2.

ÉCHELLER, *v.* « Nos opinions s'entent les unes sur les autres : la première sert de tige à la deuxième, la deuxième à la troisième. Nous *eschellons* ainsi de degré en degré ; et advient de là que le plus haut monté a souvent plus d'honneur que de mérite ; car il n'est monté que d'un grain sur les épaules du pénultième. » MONT. liv. III, c. 13.

ÉCHELLEUR, *s. m.* « Qui pourroit supporter ces nouveaux Titans du siècle, ces *escheleurs* de ciel, qui pensent circonscrire Dieu, ses œuvres et leur créance aux limites de leur perquisition et de leur raison, ne voulant rien tenir pour vray, s'il ne leur semble vraisemblable ? » La D^{lle} DE GOURNAY, *Préf. des Essais*.

ÉCHELON, *s. m.* « Leurs propos montoient par *eschelons*, de degré en degré, jusqu'au siége de la colère. » *Contes d'Eut.* tom. 1.

ÉPIGRAMME.

Un maçon tomba d'une échelle :
« Êtes-vous blessé ? lui dit-on.
—Moi ? point du tout.—Le saut est bon ;
Dieu vous a fait, mon cher, une grâce bien belle.
—Grâce ! reprit le compagnon,
Pas seulement d'un *échelon*. »

ÉCHELONNÉ, ÉE, *adj.* « C'est faute de certains diminutifs et de mots *échelonnés*, gradués, soit qu'ils montent, soit qu'ils descendent, que toutes les nuances si nécessaires nous échappent, que les erreurs naissent, et que les mauvais raisonnemens s'ensuivent. » MERCIER.

ÉCHENILLER, *v.* ôter les chenilles. Innocent X, allant à la campagne, vit une vigne désolée par les chenilles. Le paysan à qui la vigne appartenait, le pria de la bénir. Le Saint-Père lui donna sa bénédiction ; mais il ajouta : « Mon ami, ne laissez pas d'*écheniller* votre vigne. »

ÉCHEVEAU, *s. m.* Le mot *écheveau*, qui signifie un paquet de fil dévidé, paraît avoir la même origine que le bourguignon *échaivou*, petit dévidoir dont on se sert pour dévider à la main. De *scapulus* et de *scapellus*, formés de *scapus*, le bourguignon *échaivou*, de même que le français *écheveau*, anciennement *échevel*, ont pu aisément venir ; il pourrait encore venir du latin *capillus* (cheveu). « On n'aurait jamais fait à retourner sur le passé ; c'est un *écheveau* qui ne finirait point. » Mme DE SÉVIGNÉ.

ÉCHEVELER, *v.* du latin *excapillare* (ôter, arracher les cheveux). Le simple *cheveler* se trouve avoir le même sens dans le *Roman du Renard* (13e siècle).

ÉCHEVER ou **ESCHEVER**, *v.* qui a signifié *éviter*. Il paraît formé de l'ancien mot *chef*, dans le sens de *tête*, et avoir proprement signifié détourner la tête pour éviter un coup. *Echevez-le*, pour évitez-le, dans le *Grand Testament* de Villon.

« Il y a, dit Montaigne, de la consolation à *eschever* tantost l'un, tantost l'autre des maux qui nous guignent de suite, et assènent ailleurs autour de nous. » Oudin, *Dict. des trois langues*, le marque d'un astérisque; ce qui indique qu'il était peu usité. Il se trouve encore dans le *Dict. de Trévoux*; mais on avertit qu'il est vieux.

ÉCHEVIN, *s. m.* C'était, avant la révolution, le nom que portait un officier municipal chargé de veiller aux intérêts de certaines villes. Parmi les différentes étymologies qu'on a données à ce mot, nous adoptons celle qui le tire de l'allemand *schaben* ou *scheben*, qui signifie juge, prud'homme. Il aurait été dit *scabinus* en latin barbare, et les Francs l'auraient apporté dans les Gaules. Tabourot, dans ses *Bigarrures*, appelle burlesquement et par dénigrement les échevins *lechevins*, parce qu'autrefois ils devaient goûter les vins pour y mettre le taux.

Item donne à sire Denys,
Hesselin, esleu (élu) de Paris
Quatorze muys de vin d'Aulnis.
VILLON, *le Gr. Testam.* p. 59, éd. de 1533.

ÉCHINE, *s. f.* (ital. *schiena*). « C'est luy (le Tout-Puissant) qui fait *eschine* aux plus petits, pour abattre les plus grands, quand il luy plaist. » *Le Politique françois*, 1604.

ÉCHINER, *v.* rompre l'échine. « De ces gens qui ne parlent que d'*échiner*. » MOLIÈRE.

ÉCHIQUIER, *s. m.* est dérivé d'*échecs*, tablier à jouer aux *échecs*. On a dit autrefois eschequier, comme on disait eschecs et *échéquier*. Il se trouve de ces deux manières dans le *Dictionnaire* de Monet.

DESCRIPTION DE L'ÉCHIQUIER.

. . . . Connaissez l'*échiquier*,
Il n'offre aux yeux qu'un très-petit espace,
Mais assez grand pour le plus long combat:
On s'y poursuit, on s'évite, on se chasse,
On se rencontre, on se mêle, on se bat;
C'est une table et polie et carrée,
De deux couleurs, avec art bigarrée,
Et partagée en deux fois trente-deux,
Postes égaux et carrés; chacun d'eux
Est blanc ou noir : après la case noire
Suivra toujours une case d'ivoire.
Sur ce théâtre, où les échecs épars,
Du jeu souvent risqueront les hasards,
Vous trouverez huit bandes parallèles
Qui, se croisant, et semblables entre elles,
Dans tous les sens offrent à vos regards
Le même plan borné de toutes parts.
    L'abbé DE ROMAN, *Poëme sur les échecs.*

« Si vous voulez endurer, que vostre royaume soit l'*échiquier* de l'ambition. » *Le Politique françois*, 1604.

« Le cœur humain est semblable à un *échiquier*, entremêlé par égales portions de cases noires et blanches, selon que celles-ci ou celles-là sont plus ou moins apparentes, il mérite plus d'éloges ou de blâme ; mais il ne lui arrive jamais de n'en avoir que de blanches. » *Avent. du chev. Shroop*, roman anglais, 1751.

Le tribunal de Rouen qui, au commencement du 16e siècle, portait le nom de Cour de l'*Echiquier*, et prit ensuite celui de Parlement, fut appelé l'*échiquier*, probablement par allusion à la configuration symétrique des pavés au-dessus desquels il siégeait, comme la *junte* des Espagnols, et la *rote* de Rome ; métaphore bizarre et cependant commune, que rappelle encore le *parquet* de nos cours de justice.

ÉCHO, *s. m.* du latin *echo* venu du grec ἦχος (son).

« Les dialogues des solitaires avec l'*écho* sont des entretiens très-imparfaits, et, quelque rares que soient les choses dont ils lui font le récit, ils n'apprennent rien de nouveau des réponses qu'il leur fait. » BALZAC, *Entret.* I.

La Renommée a cela de commun avec l'*écho*, que, comme celui-ci ne prononce que les dernières paroles, elle ne considère et ne publie que nos dernières actions.

. . . . Le parterre en *écho*,
Avec tous mes amis répèterait bravo.
    VIGÉE, *les Visites*.

*Echo rit, écho pleure, écho jure, écho chante,
Echo dit non, écho dit oui,*

Tour à tour, sans effort, toujours d'après autrui.
Des gens sans caractère image assez plaisante.
M. L. F. D. C. 1819.

Vers en écho, ou *rime en écho*. Ce qu'on appelait autrefois *écho* ou *rime en écho* était, comme le dit Th. Sebilet, dans son *Art poétique français*, une espèce de rime couronnée; mais, au lieu que les mots qui constituent la rime couronnée soient répétés à la fin de chaque vers, ici la couronne est hors de la mesure et de la composition du vers. Sebilet donne pour exemple cette épigramme :

Réponds, écho, et, bien que tu sois *femme*,
Dy vérité : qui feit (fit) mordre la fâme ?
Qui est la chose au monde plus *infâme* ?
Qui plus à l'homme engendre de *diffame* ?
Qui plus tost homme et maison riche *affame* ?
Qui feit Amour grand dieu et grand *blasphême* ?
Qui gripe biens, ograppe corps, griffe *ame* ?
Femme.

C'est ce mot *femme*, hors de la mesure, qui est l'*écho*.

Nos premiers poètes saisirent avidement ces puérilités. Elles étaient fort en vogue sous François 1er et sous Henri II. On trouve plusieurs *vers en écho* à la fin du second livre du *Poème de la Magdeleine* par le Père Pierre de Saint-Louis. Joachim du Bellay a composé un dialogue en *écho*, et ces efforts d'esprit, qui annoncent peu de goût, ont exercé le génie de Ronsard et de ses successeurs; mais, depuis le siècle de Louis XIV, le bon goût a fait justice de ces bagatelles laborieuses, sans que les rimes en *écho* aient cependant été entièrement abandonnées. Nous pouvons citer parmi des pièces de poésie où cette espèce de jeu de mots fait un joli effet, un vaudeville de Panard, dont nous ne citerons que le dernier couplet :

Paris est un séjour charmant,
Où promptement
L'on s'avance.
Là, par un manége secret,
Le gain qu'on fait
Est immense ;
On y voit des commis
Mis
Comme des princes,
Après être venus
Nus
De leurs provinces.

Et le dernier couplet d'une chanson connue de nos jours sous le nom de l'*écho* :

Comment nomme-t-on à la ronde
Un époux commode, indulgent?
Jean, Jean, Jean.
Et que dirait-on dans le monde
De mes équipages de prix?
Pris, pris, pris.
Et, si dans un cercle on me nomme,
J'entendrai dire tout à coup
Cou, cou, cou.
J'aime mieux rester honnête homme,
Le remords éveille en sursaut.
Sot, sot, sot.
De Paris je sortirai comme
Comme en entrant je suis venu.
Nu, nu, nu.

ÉCLAIR, *s. m.* On a dit de Tacite qu'il ressemble aux *éclairs* dont la lumière éclaire moins qu'elle n'éblouit. « Des ministres légers, sans soucis, sans nuages, voyant tout par *éclair*, et décidant de même. » NECKER.

ÉCLAIRCISSEMENT, *s. m.* « On dit d'un homme susceptible et querelleur, que c'est un homme à *éclaircissemens*. » BOUHOURS.

Je conjure mon bon génie
De me tirer de la manie
Des tireurs d'*éclaircissement*.
MAYNARD.

ÉCLAIRER, *v.* On a dit d'un auteur dont le génie et le zèle étaient ardens : « Il brûle, mais il *éclaire*. » « Ceux qui demandent conseil, le font plus souvent pour être applaudis, que pour être *éclairés*. » ST. ÉVREMONT. « Je pardonne au passé en faveur de l'avenir ; puisqu'il est *éclairé* par l'espérance. » Mme DE SÉVIGNÉ.

« Vos vertus étouffées n'*éclaireront* jamais les yeux de l'avenir. » ROUSS.

On sait que quand ce verbe se prend au propre, c. à d. dans le sens d'apporter de la lumière à quelqu'un, pour lui faire voir clair, il est joint par la préposition *à* à son complément indirect : *Eclairez à Monsieur*, c. à d. suivant M. Chapsal, *Eclairez l'escalier à Monsieur*. Comme on le voit, il y a dans cette phrase une ellipse, car ce n'est pas la personne qu'on doit *éclairer*, mais le lieu où elle passe. C'est dans ce sens-là qu'on dit qu'un appartement, qu'un salon sont bien *éclairés*. *Nouv. Dict. gramm.*

Une servante de Fontenelle apportait de la lumière à un académicien de Marseille, La Visclède ; comme elle l'*éclairait* fort mal, l'académicien lui dit : *faites-moi lumière, je ne m'y vois pas dans les escaliers.* Ce jargon n'était pas compris par la servante qui n'*éclairait* pas mieux. « Excusez, Monsieur, cette pauvre fille, dit Fontenelle au Provençal, elle n'entend que le français. »

ÉCLAT, *s. m.* Ce mot qui s'écrivait anciennement *esclat* vient, selon Est. Pasquier, le président des Brosses, et le P. Labbe, du bruit que fait un corps dur quand il se rompt. A ce sentiment nous joindrons celui de M. Ch. Nodier : « Il y a long-temps, dit-il, que les glossateurs et les étymologistes ont reconnu que ces mots étaient faits du son que rend le bois, par exemple, quand on le met en pièces, comme cela se remarquait au brisement des lances dans les tournois. On lit au deuxième livre d'Amadis : « Adonc baissèrent leurs lances, et donnans des esperons à leurs chevaux, coururent l'un contre l'autre de si grande roideur, que leur bois vola en *esclats*. »

» Les Grecs ont dit *klao* pour *frango*, et de là, chez les Latins, un éclat de bois s'est quelquefois appelé *clasma*. *Clao* signifiait en celtique une espèce de ferrement, et le bruit qu'il rendait sous le marteau. » *Dict. des Onomatopées franç.*

Il paraît que ce sont MM. de Port-Royal qui les premiers ont appliqué ce mot aux pensées. « M. Nicole dit que l'éloquence et la facilité de parler donnent un certain *éclat* aux pensées : cette expression m'a paru belle et naturelle ; le mot d'*éclat* est bien placé ; ne le trouvez-vous pas ? »
Mme DE SÉVIGNÉ.

ÉCLIPSE, *s. f.* εκλείπειν (défaillir). Elizabeth disait un jour à son conseil : « Sachez que la France ne peut souffrir d'*éclipse* qui ne soit funeste à l'Angleterre, et que son dernier jour serait un présage de notre prochaine nuit. »

Il n'y a point de gloire, si éclatante qu'elle soit, qui ne soit sujette à souffrir de temps en temps quelques *éclipses*.

« En cas qu'il l'interrogeât sur la petite *éclipse* qu'il venoit de faire. »
SAINT-ÉVREMONT.

Eclipse, dans ce dernier exemple, signifie disparition.

ÉCLIPTIQUE, *s. f.* ligne qui partage le zodiaque en deux parties égales, etc.

Phébus eut un ordre formel
De revenir en poste au ciel,
Pour reprendre dans l'*écliptique*
Au plus tôt sa course elliptique.
L'Elève de Minerve, ch. II.

Un évêque ne devrait jamais sortir de son diocèse, semblable au soleil, qui ne sort jamais de son *écliptique*.

ÉCLOPÉ, ÉE, *adj.* boiteux, qui marche avec peine. « Je crois que c'est le seul mot qui nous reste de cette racine, qu'on peut croire formée par imitation du bruit inégal et lourd de la marche d'un boiteux.

» Rabelais a dit *cloper*; et *clopiner* se trouve dans des auteurs d'un style assez pur. J'ai lu *clanpin* dans des Mémoires de la fin du dix-septième siècle, où l'on désignait ainsi le duc du Maine.

» *Claudicare,* qui signifiait boiter chez les Latins, n'aurait-il pas la même origine, et de là n'aurait-on pas fait le nom de la *cloche,* parce que son mouvement ressemble à la marche des boiteux ? Ce qu'il y a de certain, c'est qu'on dit encore *clocher* pour *boiter,* et qu'on appelle vulgairement *cloche* une espèce d'ampoule qui survient aux pieds d'un homme fatigué, et qui le fait *clocher*.

» *Clopin, clopant* est un mot factice, construit par onomatopée du pas des boiteux. La Fontaine s'en est servi dans la fable du *Pot de terre et du Pot de fer* :

Mes gens s'en vont à trois pieds,
Clopin, clopant comme ils peuvent,
L'un contre l'autre jetés,
Au moindre hoquet qu'ils treuvent. »
Liv. V, *fable* 2.

CH. NODIER, *Onomatopées franç.*

Claude Fauchet dit, en parlant de Jehan Clopinel, continuateur du *Roman de la Rose,* commencé par

Guillaume de Lorris, *Clopinel*, c. à d. boiteux, dont vient *esclopé*, celuy qui en allant traine sa jambe.

ÉCLORE, v. *excludere*. Boileau l'a employé au figuré :

Dès que l'impression fait *éclore* un poète,
Il est esclave né de quiconque l'achète.

ÉCLUSE, s. f. du latin *sclusa*, qui se trouve dans la *loi Salique*, titre 25 : « *Si quis* sclusam *de farinario alieno ruperit.* » (Si quelqu'un a rompu l'*écluse* du moulin d'autrui).

« *Sclusa, gallicè* escluse, *locus ubi concluduntur aquæ.* » *Recueil des historiens de France*, t. IV, p. 137, in-f°, Paris, 1741.

ÉCOLAGE, s. m. « Il est bien vray que celle qui est eschappée bagues sauves d'un *escholage* libre, aporte bien plus de fiance de soy, que celle qui sort saine d'une eschole sévère et prisonnière. » MONT. liv. III, c. 5.

ÉCOLE, s. f. du latin *schola*, venu du grec σχολὴ (*scholé*). « C'est une violente et traistresse maistresse d'escole, que la coustume. » MONT. liv. I, c. 22. « Ces bons maistres d'*escole*, nature, jeunesse, santé. » *Le même* liv. III, c. 5.

Sedaine a tiré de ce passage le refrain du vaudeville de *Rose et Colas*:

Nature, jeunesse, santé,
Sont trois bons maîtres d'*école*.

Les botanistes appellent le bouleau le sceptre des maîtres d'*école*.

ÉCOLIER, s. m. ÉCOLIÈRE, s. f. qu'on écrivait jadis *escolier*, *escolière*, du latin *scholaris* (étudiant).

La Fontaine a dit :

N'allez pas de l'Amour devenir *écolière*.

L'abbé Desfontaines, après Montaigne, l'a fait adjectif : « Nulles pensées puériles, point d'antithèses *écolières*, » et ce néologisme ne parait pas trop choquant.

Baron plaisait encore à soixante-quinze ans, dans le rôle du *menteur*, et lorsqu'il disait à son valet ce vers :

Ne vois-tu rien en moi qui sente l'*écolier* ?

Le public, toujours tenté de rire, s'en abstenait cependant par égard pour celui qui le prononçait.

On comptait, il y a quelques années, environ cent trente ouvrages, tant en prose qu'en vers, dont le titre était l'*école* ou l'*écolier*.

ÉCONDUIRE, v. du latin *ex* (dehors), et *conducere* (conduire). On a dit d'abord *esconduire*.

Econduire un lion rarement se pratique.
LA FONTAINE.

On peut sans bruit *éconduire* les gens :
Un air froid avertit les moins intelligens.
DE BIÈVRE, *le Séducteur*, act. 1, sc. 2.

ÉCONDUISEUR, s. m. celui qui éconduit.

On dit qu'à ung bon demandeur
Qui est hardi de demander
Ne faut qu'ung bon *esconduiseur*,
Qui le sache bien refuser.
AL. CHARTIER.

« Le chevalier Voisin était *éconduiseur*. » SAINT-SIMON, t. V, liv. X, c. 8.

ÉCONDUITE, s. f. action d'éconduire, refus, se trouve dans l'*Archéologie française*, par M. Pougens, qui rapporte plusieurs exemples des mots *esconduit*, et même *éconduisement*, pris dans le même sens. Nous avons *conduite*, *éconduire*, pourquoi ne pas faire usage du substantif *éconduite* ? Ne pourrait-on pas dire, par exemple : « D'après une pareille *éconduite*, oserait-il se présenter encore ? »

ÉCONOME, s. m. du latin *œconomus*, qui vient du grec οἰκονόμος, R. οἶκος (maison) et νέμειν (administrer) celui qui administre les biens d'une maison, régisseur.

Econome a signifié autrefois *défenseur*, *protecteur*, *avocat* : on le disait de ceux qui défendaient les droits et les biens des églises, des abbayes et des monastères. Ce nom a été aussi celui d'un officier ecclésiastique qui avait soin des bâtimens et des réparations de l'église, de recevoir les aumônes et de les distribuer selon les intentions de l'évêque.

ÉCONOMIE, s. f. οἶκος (maison) νόμος (règle). « Épicure vouloit que la sobriété fût une *économie* de l'appétit. » SAINT-ÉVREMONT.

« La sordide avarice et la folle prodigalité, tempérées l'une par l'autre, produisent la sage *économie*. » LA BRUYÈRE.

« J'aime mieux, disait Louis XII, pressé de punir des bateleurs qui l'avaient joué comme avare, voir rire mon peuple de mon *économie*, que de le voir pleurer de ma prodigalité. »

Un littérateur peu fortuné disait que le *Voyage d'Anacharsis* était une véritable *économie*. « L'*économie* est fille de l'ordre et de l'assiduité. » Le duc DE LÉVIS.

« On voit sans cesse Bossuet éclaircir l'ancien Testament par le nouveau, saisir l'*économie de la religion*, et en balancer les parties, pour en faire un tout harmonieux et sublime. » L'abbé MAURY, *Réflexions sur les Sermons de Bossuet*.

ÉCONOMISTIFICATION, s. f. « Ah! que l'*économistification* est une belle chose en théorie. » L'abbé GALIANI, qui n'aimait pas les économistes.

ÉCORCE, s. f. du latin *cortex*, qui a la même signification. M. de Guerle, en parlant du jeune Salix, métamorphosé en saule, dit poétiquement :

Une prison d'écorce enveloppe son corps.

« A toute autre communication (que la lecture et la méditation) je ne preste que l'*escorce* de mon attention. » MONTAIGNE, liv. III, c. 3. « On peut s'arrester à l'*escorce*; mais c'est après qu'on en a retiré la mouelle. » *Le même*, liv. III, c. 9.

Un jour quelqu'un me demandoit,
Qui est ce brave porte-épée,
Qui a la chausse descoupée,
Que je voy marcher ainsi droict?
J'estime qu'il est bien adroit,
Et qu'il a vigoureuse force :
C'est Canelle, dis-je, qu'on voit;
Le meilleur de luy, c'est l'*escorce*.

Touches du seigneur Des Accords.

En 1731, le roi de Prusse, Frédéric II, causant avec La Métrie, lui dit, en parlant de Voltaire : « J'aurai besoin de lui encore un an au plus : quand on a pressé l'orange, on jette l'*écorce*. »

« Une sève maligne et corrompue se cache souvent sous l'*écorce* de la politesse. » LA BRUYÈRE.

Ce mot, comme on voit, se dit fort bien, dans un sens figuré, pour *dehors, apparence, superficie*.

Rousseau appelle la glace l'*écorce des eaux*. Cette expression, dit M. Feraud, est poétique, et ne peut être admise qu'en vers :

L'hiver qui si long-temps avait blanchi nos plaines,
N'enchaîne plus le cours des paisibles ruisseaux,
Et les jeunes Zéphyrs, de leurs chaudes haleines,
Ont fondu l'*écorce des eaux*.
J. B. ROUSSEAU, ode VI, liv. 3.

L'*écorce des eaux* pour la glace est, en effet, une périphrase poétique; mais M. Feraud n'a rien dit de *fondre l'écorce*, qui est une expression impropre.

ÉCORCEMENT. Ce mot ne se trouve pas dans le *Dict. de l'Acad.* édit. de Smits. « On doit défendre l'*écorcement* pour les bois taillis, et le permettre pour les futaies. » BUFFON.

ÉCORCHER, v. (*escorchier*, dans le *Roman du Renard*, 13e siècle) du latin *excoriare* (enlever le cuir, la peau). Nous trouvons dans Muratori *decoriare* pour *écorcher*.

« Estre à soy, n'espouser que soy, et jouir du reste, sans y estre attaché et collé, de manière que nous puissions nous en détacher, sans nous *escorcher*, et croire qu'il y a dans la vie des accidens plus difficiles à supporter que la mort même. » Tels sont les trois principes auxquels se réduit la morale de Montaigne.

Il ne tirera point d'une main inhumaine
Le sang avec le lait, la chair avec la laine;
Il permettra de tondre, et non pas d'*écorcher*,
De recueillir le fruit, mais sans l'arbre arracher.
LE P. LE MOYNE.

Les Arabes, les Juifs! ouf! ouf! je n'en puis plus!
Ose-t-on *écorcher* les gens de cette sorte!
Pour enterrer ma femme exiger cent écus!
J'aimerais presqu'autant qu'elle ne fût pas morte.
PONS DE VERDUN.

Louis XV disait un jour au Dauphin que Mme de Pompadour parlait parfaitement l'allemand : oui, Sire, lui dit le prince, mais on trouve qu'elle *écorche* furieusement le français.

ÉCORNE, s. m. vieux mot qui signifiait autrefois *affront, perte* ou *dommage*. Ménage le tire de l'italien *scorno*, les auteurs du *Dictionnaire de Trévoux* le font venir de l'allemand *schern*, qui signifie *moquerie*.

Sire Apollon dépité contre moi,
De ce qu'avois fait *écorne* à sa gloire,

ÉCO   410   ÉCO

En le quittant pour suivre une autre loi,
Me joua d'une, etc.
LE P. DU CERCEAU.

« Je ne saurois imaginer qui nous a fait cet *écorne*. » (Il s'agit de celui qui a enlevé une fille). *La comédie des Proverbes*, act. 1, sc. 6.

ÉCORNER, *v.* « Au quartier par où les Portugais *escornèrent* les Indes. » MONT. liv. 1, c. 14.

« Lorsque la fortune journalière ne lui avoit encore joué aucun tour dont elle sçait *escorner* les plus braves. » EST. PASQUIER, liv. IV, *lett.* 20.

Tout confus d'un édit qui rogne mes finances,
Sur mes biens *écornés* je règle mes dépenses.
VOLTAIRE.

Ma femme ne fut pas Vestale ;
Je lui pardonne toutefois
D'*avoir*, avec certain grivois,
Écorné la foi conjugale.
Le Tombeau de Maître André, sc. VII.

Théâtre italien de Ghérardi.

Ecorner la foi conjugale, lui faire une brèche, métaphore empruntée d'un gâteau, d'un pâté, etc. dont on ôte une corne, un angle, un morceau.

Ecorner, pour *éluder*. « De cette façon, François 1er *escorna* l'impudence de quelques Italiens. » PASQ. *Pourp. du Prince*.

ÉCORNIFLER, *v.* Selon le Père Labbe, *écornifler*, c'est chercher à remplir les cornes ou le bout de quelque bonne table. Ménage fait venir ce mot du vieux verbe latin *excorniculare*, dérivé de *cornicula* (corneille) ; ce qui a quelque rapport avec le nom de corbeau, que les Grecs donnaient aux parasites. Diodore de Synope dit dans *Athénée*, que « l'*écorniflerie* et la flatterie sont les sœurs bâtardes de l'amitié. »

L'*écornifleur* sent de loin les dîners ; il les aspire, il les renifle, il les *écorne*, quand il ne peut les avaler tout entiers. « Les *écornifleurs*, n'entendant jamais sonner midi, ne se précautionneront pas pour dîner en ville. » *Arlequin misantrope*, act. III, s. 3. *Théât. ital.* de Guérardi.

« Je m'en vais *écorniflant* par-cy par-là des livres, les sentences qui me plaisent. » MONTAIGNE, liv. 1, ch. 24.

Écornifleuse, s. f.

Aussitôt que l'on eut servi,
Tout, aussitôt, nous fut ravi
Par ces franches *écornifleuses*.

dit Scarron des Harpies.

ÉCOT, *s. m.* (*quota pars*). La Fontaine a dit de la Fortune :

Il n'arrive rien dans le monde
Qu'il ne faille qu'elle en réponde ;
Nous la faisons de tous *écots*.

Escoter, dans le *Credo au Ribaut*, v. 198, pièce insérée dans les *Fabliaux* de Barbazan, édit. de 1808, signifie *contribuer à un écot, en payer sa part*.

ÉCOUTE, *s. f.* lieu où l'on écoute sans être vu. Jacques Sylvius qui écrit *escoulte*, et Robert Estienne qui écrit *escoute*, le font venir du latin *auscultatio*. Être aux *écoutes*.

Les *écoutes* sont proprement des lieux secrets où l'on peut se cacher pour entendre ce qui se dit, comme quand on applique son oreille aux portes, ce que Jacques Bourgoing exprime fort bien par *subauscultandi latebræ*.

ÉCOUTE S'IL PLEUT, *s. m.* Moulin qui va par des écluses. Cette expression vient proprement de ce qu'un pareil moulin manquant d'eau, reste en repos, et ne battant pas, semble écouter s'il tombera de l'eau pour le faire mouvoir ; et de là on aura dit c'est un *écoute s'il pleut*, *écoute s'il pleut*, pour dire que l'on espère dans des choses qui n'arriveront peut-être pas.

ÉCOUTER, *v.* On a dit autrefois *accouster* et *escouster*, du latin *auscultare* (prêter l'oreille).

« L'éloquence expire, disait à Voltaire le théatin Boyer, évêque de Mirepoix ; en vain j'ai voulu la ressusciter par mes sermons, personne ne m'a secondé : dites *écouté*, repartit le poète. » « Bien *écouter*, c'est presque répondre. » MARIVAUX.

S'écouter parler se dit de quelqu'un qui met de la prétention, une recherche affectée dans ses discours.

Un fat, un ignorant. . . . .
Qui *s'écoute parler*, qui s'applaudit lui-même
Pindarisant ses mots avec un soin extrême.
DE LAFOND, *les Trois Frères rivaux*, sc. 2.

La première fois que le célèbre

Cochin plaida au Parlement de Paris, Le Normand l'aborda au sortir de l'audience, et lui protesta que de sa vie il n'avait rien entendu de si éloquent. « On voit bien, répondit le modeste débutant, que vous n'êtes pas du nombre de ceux qui *s'écoutent.* »

Sonne comme il écoute.
La Comédie des Proverbes, act. III, sc. 5.

Expression proverbiale et ironique dont on se sert le plus souvent pour inviter quelqu'un à écouter lorsqu'il ne se fait aucun bruit, lorsqu'aucun son n'est rendu. L'ironie est énoncée par l'inversion des mots dont l'énonciation sérieuse serait *écoute comme il sonne.*

ÉCOUTEUR, s. m. du latin *auscultator* (celui qui prête l'oreille, qui écoute). « Vraiment, dit le sire de Roqueton, nous vous avons ouy de bien loing cliqueter, *escouteurs* ne doivent avoir riens qui cliquette. » *Le Jouvencel*, f° 162, v°.

Le substantif *écouteur*, comme l'observe M. Pougens, a été employé aussi par quelques uns de nos auteurs modernes. « Vous me savez assez alerte pour voir les gens sans qu'ils m'aperçoivent, et assez maligne pour persifler les *écouteurs*. » J. J. ROUSSEAU. « L'inquisition ministérielle avait mis des *écouteurs* dans tous les cabinets. » NECKER. Un ancien proverbe dit *à fol conteur sage écouteur.*

ÉCOUTOIR, s. m. M. Delille s'est servi de ce mot qui ne se trouve dans aucun dictionnaire, pour exprimer un cornet de fer-blanc, ou d'autre matière, que les sourds approchent de leurs oreilles pour mieux entendre.

Déjà le cercle entier a, par un doux murmure,
Invité le lecteur qui se met en devoir;
Déjà pour secourir son oreille peu sûre,
Orgon vers lui tourne son *écoutoir.*
La Conversation, chant I.

C'est un néologisme que l'autorité du poète, et l'utilité du terme doivent faire adopter.

ÉCRAIGNE, s. f. veillée de village. Il est principalement d'usage au pluriel. *Dict. de l'Académie.*

« En tout le pays de Bourgongne, dit Tabourot, mesmes ès bonnes villes, à cause qu'elles sont peuplées de beaucoup de pauvres vignerons qui n'ont pas le moyen d'acheter du bois pour se deffendre de l'injure de l'hyver, la nécessité a appris cette invention de faire en quelque rue escartée un taudis, ou bastiment composé de plusieurs perches fichées en terre en forme ronde, repliées par le dessus, et à la sommité, en telle sorte qu'elles représentent la testière d'un chapeau, lequel après on recouvre de forces mottes, gazon et fumier, si bien lié et meslé, que l'eau ne le peut pénétrer. En ce taudis, entre deux perches, du costé qui est le plus deffendu des vents, on laisse une petite ouverture de largeur par advanture d'un pied, et hauteur de deux pour servir d'entrée, et tout à l'entour des siéges pour y asseoir plusieurs personnes. Là, ordinairement les après-soupées s'assemblent les plus belles filles de ces vignerons avec leurs quenouilles et autres ouvrages, et y font la veillée jusques à la minuict. Quelquefois, s'il fait beau temps, elles vont d'*escraigne* à autre se visiter, et là font des demandes les unes aux autres...... En patois bourguignon, on appelle ce taudis une *escraigne*, par dérivation de ce mot d'*escrin* (écrin), qui en ce pays vaut autant à dire comme un petit coffre : combien que d'autres pensant que le vray bourguignon vienne du latin, le dérivent du mot *scrinium*, ce qui est vraisemblable. » *Les Escraignes dijonnoises*, prol. Paris, 1662.

M. de La Monnoye donne une autre étymologie à ce mot. « On le tire, dit-il, de *screuna* ou *screona* dans la signification de *maisonnette*. *Si tres homines*, dit la loi Salique, titre XIV, § 1, *ingenuam puellam de casâ aut de screonâ rapuerint* (c'est-à-dire, si trois hommes ont enlevé une jeune fille honnête de sa case ou de son *écraigne*). *Ecraigne* se prend et pour le lieu de l'assemblée, et pour l'assemblée même. Les pauvres gens ne bâtissent plus à Dijon de ces sortes de taudis. Ils tiennent leurs veillées l'hiver en quelques caves, et ces assemblées conservent encore le nom d'*écraigne*. » *Glossaire alphabétique* à la suite des *Noëls bourguignons*, au mot *Ecraigne*.

ÉCRASANT, E, adj. « L'insolence de la politesse froide est plus *écrasante* cent fois que la hauteur. » LE PRINCE DE LIGNE. « Cette somme modique (de trente mille ducats) qu'un seul marchand aurait pu fournir quelques années auparavant, parut alors *écrasante* pour la ville entière. » L'abbé GARNIER, *Histoire de France*.

Ces exemples suffisent pour prouver l'utilité de ce néologisme.

ÉCRASER, v. Ménage et le Père Labbe, le dérivent du latin barbare *exrasare*, qui aurait eu la même signification. J. J. Rousseau l'a employé au figuré avec une hardiesse remarquable. « J'écrasais, dit-il, leurs petits bons mots avec mes sentences, comme *j'écraserais* un insecte entre mes doigts. » *Confess.* liv. IX.

ÉCREVISSE, s. f. du latin *carabus*, venu du grec χάραβος (kàrabos), crabe, ou de l'allemand *krebs*, qui a la même signification. Delille dit, en parlant de l'écrevisse :

. . . . Cet animal aux longs crocs, au pas lent,
Dont le cours rétrograde avance en reculant.
Les Trois Règnes de la Nature, ch. VII.

« Il faut éviter en propos communs, les questions subtiles et aiguës qui ressemblent aux *escrevisses*, où y a plus à esplucher, qu'à manger. » CHARRON, liv. III, ch. 43.

ÉCRIN, s. m. que nos aïeux écrivaient *escrin*, du latin *scrinium*, petit coffre où les Romains renfermaient les objets précieux. *Scrinium* dans Horace, est pris pour une espèce de portefeuille ou de nécessaire, dans lequel ils mettaient leur canne à écrire, leurs tablettes et quelques livres. Ces portefeuilles, suivant M. Furgault, fermaient à clef. « J'estois l'un de ses plus grands amys, et dans le sein duquel il desployoit plus volontiers l'*escrain* de ses pensées. » EST. PASQ. liv. VIII, *Lett*.

ÉCRIRE, v. qu'on a écrit d'abord *escripre*, *escrire*, enfin *écrire*, du latin *scribere*. Qui reconnaîtrait Pradon dans ce joli quatrain :

Vous n'écrivez que pour écrire,
C'est pour vous un amusement.
Moi, qui vous aime tendrement,
Je n'écris que pour vous le dire?

Là régnait Despréaux, leur maître en l'art d'*écrire*,
Lui qu'arma la raison des traits de la satire,
Qui, donnant le précepte et l'exemple à la fois,
Établit d'Apollon les rigoureuses lois.
VOLTAIRE.

Ou sachez vous connaître, ou gardez-vous d'*écrire*.
Le même, le Temple du Goût.

ÉCRITOIRE, s. f. « Ecrire contre quelqu'un en pleine *écritoire*. » SAINT-SIMON, tom. IV, ch. 1; c'est-à-dire, sans ménagement.

On dit que le lamentable d'Arnaud pleurait dans son *écritoire*, quand il vouloit faire un écrit bien larmoyant. La noblesse d'épée appelait autrefois par mépris les gens de robe des nobles d'*écritoire*.

ÉCRIVAILLERIE, ÉCRIVAILLEUR, ÉCRIVASSIER. Tous ces mots sont dus à Montaigne. Le premier, qui répond à *écrivailleur*, signifie ce fatras de mauvais écrits dont nous inondent les méchans écrivains.

« L'*escrivaillerie* semble estre quelque symptôme d'un siècle desbordé. » *Essais de Montaigne*, tom. VIII, p. 4, Paris, 1793. « La censure qu'on feroit aujourd'hui de l'*écrivaillerie* de notre temps n'atteindroit ni Buffon, ni Voltaire, ni d'Alembert, ni beaucoup d'autres. » BRET, avertissement sur *le Malade imaginaire*.

Écrivailleur, s. m. mauvais auteur qui écrit à tort et à travers. « Je demandai un autre censeur, et, pour le mettre à couvert de la tourbe des *écrivailleurs*, je priai le magistrat qui présidait alors à la librairie de m'en donner un qui gardât l'anonyme. » FRÉRON. « Quel dommage qu'une idée si heureuse fût tombée dans l'esprit d'un *écrivailleur*! » *Le même*.

Écrivassier, s. m. mauvais auteur qui vous inonde de ses écrits. « Bien différent de ces *écrivassiers* qui ne cessent de faire des livres sur des livres, et de ressasser des idées qu'on trouve partout. » L'abbé DE FONTENAY.

ÉCRIVANT, ANTE, adj. « La secte *écrivante*, cabalante, intrigante, dirigeante de l'Encyclopédie. » LINGUET.

ÉCRIVEUX, EUSE, adj. qui écrit volontiers. « Vous avez de l'obligation à Langlade; ce n'est point un *écriveux*; mais il paroît votre ami en toute occasion. » « La maréchale de Villeroi n'est pas *écriveuse*. » Mme de Sévigné met ces deux mots en italique.

ÉCU, *s. m.* Nos anciens auteurs l'ont écrit *escut* et *escu*, du latin *scutum* qui, chez les Romains, désignait un bouclier plus long que celui qu'ils appelaient *clypeus*; et le mot *scutum* vient du grec σκύτος (cuir) parce que, dans l'origine, les boucliers étaient faits, ou du moins couverts de cuir ou peau de bœuf. Nous avons appelé du nom d'*écu* les boucliers de nos anciens chevaliers. « Les nouveaux chevaliers en celui temps avoient de coustume le premier de porter l'*escu* de une seule couleur. » *Lancelot du Lac.*

ÉCU, pièce de monnaie, a la même origine. Ces pièces ont été nommées ainsi, parce que les monnaies, dit Cl. Fauchet, représentent les armoiries des seigneurs qui les font graver dans une forme d'*escus* et de *targes*, ou parce qu'elles sont chargées de l'*écu*, c'est-à-dire des armoiries des rois de France.

On trouve *écu*, pour pièce d'argent, exprimé par *scutum*, dans le livre intitulé, *Notitia regni Franciæ à Johanne Limnæo.*

ÉCUEIL, *s. m.* (ital. *scoglio*). « La haine et la flatterie sont deux *écueils*, où la vérité fait naufrage.» LA ROCHEFOUCAULD. « Les princes et les ministres sont entre deux *écueils*, la paresse et les détails. » Le duc DE LÉVIS.

Sous un calme trompeur le monde a mille *écueils*.
THÉOPHILE.

ÉCUELLE, *s. f.* Jadis *escuelle*, du latin *scutella* (petit plat), diminutif de *scuta* (plat). « Les bons et les riches ne mangent guères en une mesme *escuelle*. » BOUCHET, XXXIe *Sérée.*

Cette phrase fait allusion à un ancien usage. Au temps de la chevalerie, la galanterie avait imaginé de placer à table les convives par couple, homme et femme. L'habileté du maître et de la maîtresse du logis consistait, alors comme aujourd'hui, à savoir arranger leur monde de manière que chaque couple fût content, et c'était là un mérite dont tout hôte galant devait se piquer. Les deux personnes placées ensemble, n'avaient à elles deux, pour chaque mets, qu'une assiette commune; ce qui s'appelait *manger à la même écuelle.* L'ancien *Roman* de Perceforest, faisant l'éloge et la description d'un grand festin, auquel furent traités à la fois huit cents chevaliers, ajoute : « Et si n'y eut celuy qui n'eust une dame ou une pucelle à son *escuelle.* » LE GRAND D'AUSSY, *Vie privée des Français,* tom. III, ch. 7. Même un gueux aime l'odeur de son *écuelle.*

Et descendre là bas, où, sans choix de personnes,
Les *escuelles* de bois s'égalent aux couronnes.
RÉGNIER.

« Un gueux à qui l'on prend son *écuelle* de bois, est aussi affligé qu'un roi, à qui l'on prend sa couronne. » Mme CORNUEL.

Qui s'attend à l'écuelle d'autrui, dîne souvent par cœur, pour dire que celui qui croit dîner ailleurs que chez lui, ne trouve souvent rien à manger, et ne dîne pas. Ce proverbe sert de titre à un proverbe dramatique, inséré dans le *Recueil* de Carmontel, tom. XI, in-12, 1785.

« *Propre comme une écuelle à chat.* Le chat récure lui-même son *écuelle* qui, quelque nette qu'elle paroisse, n'est jamais propre. » *Ducatiana,* t. II, pag. 480, Amsterdam, 1738.

« *Allons mettre tout par écuelle* pour solemniser la noce. » *La Comédie des Proverbes*, act. III, sc. 7.

Mettre tout par écuelle, servir à manger avec profusion; on dit, dans le même sens, *mettre les grands plats dans les petits.* On appelait autrefois *écuelles* ce qu'on nomme *plats* aujourd'hui.

C'était sous le nom d'*écuelle* qu'on désignait anciennement le droit des pauvres dans les biens du roi, en forme de denier à Dieu et d'aumône; de là les archers des pauvres ou ceux qui étaient chargés d'arrêter les mendians, étaient autrefois appelés *archers de l'écuelle.*

ÉCUME, s. f. Nos pères disaient *escume*, du latin *spuma* qui a la même signification, le *p* changé en *c*, comme dans *roche* venu de *rupa*. « Je n'employe à mes voyages que l'*escume* et ma réserve ; temporisant et différant selon qu'elle vient. » MONTAIGNE, liv. III, ch. 9. « Ces torrens de la fausse éloquence, au lieu d'apporter de l'abondance avec eux, ne laissent après eux, que de l'*escume*. » BALZAC, *de la grande Eloquence*. « De cette *écume du genre humain* sortit un peuple de héros. RAYNAL, *Hist. philosophique des Deux Indes*.

Écume se prend au figuré pour la partie la plus abjecte de la société, les vagabonds.

ÉCUMER, *v.* du latin *spumare* (jeter de l'écume) le *p* changé en *c*; on a dit d'abord *escumer*. « La tempérance est le frein de nostre ame et l'instrument propre à *escumer* les bouillons qui s'eslèvent par la chaleur et intempérance du sang. » CHARRON, l. III, ch. 36. « De qui tiens-tu ceste fausse maxime qu'il faille *escumer* un royaume par une guerre estrangère ? » *Le Pacifique*, 1604.

Au point qu'*il écuma sa rage*, etc.
MALHERBE, *Poésies*, liv. II, Ode sur l'attentat commis sur Henri-le-Grand, le 19 décembre 1605.

« J'ai, dit Ménage, quelque pensée d'avoir lu dans quelque ancien le mot d'*écumer* en cette signification active. M. de Racan dans son *Ode* qui commence par *Il me faut désormais d'une juste contrainte*, l'a employé en cette même signification :

Celui qui sur les eaux va tenter la fortune,
  Le calme de Neptune
L'assure pour un temps des injures du sort ;
Mais à la fin les flots, en *écumant leur rage*,
  S'enflent d'un tel orage,
Qu'ils lui font regretter les délices du port.

Et Maynard, dans l'*Ode au roi Henri-le-Grand* :

  Tel qu'en sa plus forte rage
  Aquilon émeut les flots,
  Et d'un assuré naufrage
  Menace les matelots :
  Ou tel que lève ses cornes
  Le Pô, quand hors de ses bornes
  Il écume sa fureur. »

Observations sur les poésies de Malherbe.

« Je voudrais, s'il était possible, *écumer* votre cœur, comme j'*écumais* votre chambre des fâcheux dont je la voyais remplie. » SÉVIGNÉ.

La même appelait *écumer* son pot, faire les honneurs des *Rochers* à une compagnie nombreuse. « J'attendrai Gorde avec impatience, et laisserai bien sûrement *écumer* mon pot à qui le voudra, pour lui demander comment se porte ma fille, et que fait-elle ? »

Saint-Simon a employé ce mot dans le sens de flairer, de découvrir. « Maulevrier *écuma* des premiers ce qui se passait à l'écart de Nangis. » Tom. III, ch. 13.

ÉCUMEUR, s. m. celui qui écume. Il ne se dit qu'au figuré. Ménage appelle *écumeurs* de mercuriales, ceux qui venaient quelquefois chez lui aux assemblées qui s'y tenaient le mercredi, pour voir ce qui s'y faisait.

Un auteur du 16e siècle, Geoffroy Tory, dans un ouvrage intitulé *Champ Fleury*, impr. en 1529, appelle *écumeurs* de latin, ceux qui transportent tous les mots latins dans le français qu'ils parlent : pour se moquer d'eux, il dit : « Qu'ils transfretent la verbocination latiale, par les quadrivies et platées de Lutèce. »

« *Les écumeurs de la littérature* recueillent avec avidité ces petites pièces dont le principal mérite, est dans l'à-propos, et en chargent leurs feuilles, etc. » VOLTAIRE, *Supplément au Siècle de Louis* XIV.

. . . . Un fripon de libraire
Des beaux esprits écumeur mercenaire.
  Le même, le Temple du Goût.

ÉCUMEUX, EUSE, adj. « Je ne me flatte pas de rendre avec toute leur emphase les expressions *écumeuses* de M. de... » LINGUET.

ÉCURER, *v.* nettoyer. « Il se faut premier *escurer* l'estomach des superfluitez et excremens. » RABELAIS, t. I, pag. 303, édit. de 1732.

S'écurer, se purger. *Cures* se prend dans le style de fauconnerie pour les excrémens des oiseaux : de là *curer*, *récurer*, nettoyer. D'autres le font venir d'*exscoriare*, *scorias tollere* (écorcher).

ÉCUSSON, *s. m.* que nos pères disaient *escusson*, diminutif d'*écu*. « Le visage est la monstre et l'image de l'ame, c'est son *escusson* à plusieurs quartiers, représentant le recueil de tous les titres de sa noblesse, planté et colloqué sur la porte et au frontispice, afin que l'on sache que c'est là sa demeure et son palais. » CHARRON, liv. 1, ch. 11.

Sous ces vénérables donjons,
Bordés de piques, d'*écussons*,
L'amour de la chevalerie
Dictait aux Renauds, aux Rolans,
Aux Tancrèdes, aux Azolans,
Les lois de la galanterie.
DEMOUSTIER.

ÉCUYER, *s. m.* du latin *scutarius*, dérivé de *scutum* (écu). La principale fonction des écuyers, dans le temps de la chevalerie, était de porter l'*écu* ou bouclier des chevaliers qu'ils accompagnaient. « Celui, dit de La Loupe, *Origine des dignités et magistrats de France*, qui estoit appelé, en la court des empereurs de Constantinople, *scutarius*, portoit le bouclier de l'empereur devant lui, dont je pense qu'est descendu ce mot d'*escuyer*. » Selon Barbazan, *Dissertation sur l'origine de la lang. franç.* il y a trois sortes d'*écuyers* : *scutifer*, qui porte les armes, de *scutum* (écu) comme nous avons dit; *écuyer*, qui a soin des écuries, du latin *equus* (cheval); *écuyer* tranchant, *escarius*, du latin *esca* (nourriture). »

Nous avons transporté le mot d'*écuyer* dans l'agriculture, pour signifier, dit la Curne de Sainte-Palaye, dans ses *Mémoires sur l'ancienne chevalerie*, le rejeton qui pousse au pied d'un cep de vigne; ce rejeton, ajoute-t-il, eût été un emblème très-juste pour figurer cette nouvelle race destinée à représenter la tige précieuse dont elle sortait, à l'égaler un jour, à reproduire, à multiplier l'espèce. Cette métaphore vient donc, d'après l'avis de Sainte-Palaye, de ce que le rejeton doit reproduire le cep de vigne, comme le jeune *écuyer* devait égaler un jour en valeur et remplacer en quelque sorte le chevalier, au service duquel il était attaché.

Ce mot *écuyer*, lit-on dans le même ouvrage, note 18, sur la 1re partie, est encore employé par les chasseurs dans une signification qui s'accorde parfaitement avec l'idée que nous devons avoir de l'attachement et de la subordination des *écuyers* à l'égard des chevaliers, dont ils suivaient tous les pas et observaient toutes les démarches. *Ecuyer*, en terme de chasse, jeune cerf qui accompagne et suit un vieux cerf.

ÉDENTER, *v.* « Si pour préoccuper moy-mesme l'accusation et la descouverte de mes imperfections, il semble à qui me veut injurier, que je luy *esdente* sa morsure, c'est raison qu'il prenne son droict vers l'amplification et extension, et que les vices de quoy je luy monstre des racines chez moy, il les grossisse en arbres. » MONTAIGNE, liv. III, ch 9.

ÉDIFICE, *s. m.* du latin *ædificium*, racine *ædes* (maison). Un édifice est une belle maison, un temple, un palais. Ce mot se prend bien au figuré. Dans les affaires, il faut avoir la faveur des ministres, sans quoi l'*édifice* est bientôt à bas.

Ou qu'une main savante avec tant d'artifice
Bâtit de ses cheveux l'élégant *édifice*.
BOILEAU.

C'est une heureuse imitation de ce passage de Juvénal :

Tot premit ordinibus, tot adhuc compagibus altum
Ædificat caput. . . . .
Sat. VI. v. 502.

Ovide avait dit aussi :

Ædificat mirâ floribus arte caput.

Dupuy des Islets, en imitant Boileau, a dit :

De ses cheveux en arc s'élève l'*édifice*.

« Il faut enfin que cet *édifice* d'orgueil et d'injustice s'écroule. » MASSILLON.

ÉDILE, *s. m.* magistrat romain qui, entre autres attributions, avait celle de surveiller les édifices et la voie publique; du latin *ædilis* qui a la même signification, et vient du mot latin *ædes* (maison), parce que ces magistrats avaient surtout l'inspection sur les édifices publics et particuliers (*ædilis qui ædes sacras et privatas* *procurat*). VARRO, *de Linguâ latinâ*, lib. IV, pag. 22, 1581. Ce mot remplace utilement, dans le style noble et surtout en poésie, les termes trop familiers de préfet, de maire, de municipal.

ÉDITER, *v.* On a voulu, depuis la révolution, créer ce mot; mais il n'a pas fait fortune.

ÉDITEUR, *s. m.* du latin *editor*, celui qui donne, qui présente, qui met au jour les ouvrages d'autrui. Ce mot était encore nouveau en 1732.

ÉDITION, *s. f.* « Vous avez donc été marié bien jeune? — J'en suis à ma première *édition*. » PALAPRAT.

ÉDUCATEUR, *s. m.* du latin *educator* (celui qui élève, qui instruit). Ce terme est nouveau. Quoiqu'on lise dans le *Dict. de l'Acad.* édit. de 1802, au mot *Pâtre* : « Berger n'indique qu'un gardien de moutons ou de brebis, ou plutôt il en est l'*éducateur*, » ce mot ne se trouve point à son ordre dans ce dictionnaire. L'abbé Féraud, Boiste, Noël et Chapsal l'ont porté dans leurs dictionnaires. « Plan d'éducation pour former des *éducateurs*. » *Journ. de Monsieur*.

ÉDUCATION, *s. f.* « Rien ne donne une meilleure *éducation* qu'une petite fortune, pourvu qu'elle soit aidée de quelque talent. » FONTENELLE.

« Quand on manque d'*éducation*, il n'y paraît jamais tant, que quand on en veut montrer. » MARIVAUX.

ÉDUQUER, *v. a.* du latin *educare* (instruire, élever). Ce mot, contre lequel Voltaire s'est si souvent élevé, s'il n'est pas du style soutenu, est du moins populaire aujourd'hui. « La langue s'embellit tous les jours, dit ironiquement Voltaire, dans une lettre à M. Linguet, du 15 mars 1769, on commence à *éduquer* les enfans au lieu de les élever. » Il avait déjà écrit à l'abbé d'Olivet, en 1767 : « On va jusqu'à imprimer que les princes sont quelquefois mal *éduqués*. Il paraît que ceux qui parlent ainsi ont reçu eux-mêmes une fort mauvaise éducation. »

Fréron, comme la remarque en a été faite par l'abbé Féraud, blâme, dans Cailhava, le mot *éduquer*; il le laisse passer dans Dorat :

Pauvres sujets ! que naîtra-t-il d'utile
D'un pareil choix ! Un tigre *éduquer* un lion !

EFFACEMENT, *s. m.* action d'effacer : « Il a bien voulu encore, après avoir déjà pris la chair du péché, prendre dans cette chair la marque même du péché, pour l'*effacement* duquel la circoncision avait été ordonnée. » *Hist. du vieux et du nouv. Test.* par M. de Royaumont, pag. 385, in-12, 1670. Ce mot nécessaire n'a point été admis malgré l'autorité de l'écrivain.

Port-Royal a dit encore : « Le jeûne est l'*effacement* de nos offenses. »

EFFACER, *v.* dérivé de *face*, proprement ôter la face, la figure, les traits. « Ce qui n'est écrit que sur le marbre et sur l'airain est bientôt *effacé*. » MASSILLON.

« En vain les histoires parleront de nous ; nous serons *effacés* du livre de vie et des histoires éternelles. » BOSSUET.

« Il (Dieu) ne permet pas à sa colère d'*effacer de la terre la race humaine*. » L. RACINE, trad. du *Paradis perdu*, tom. III, pag. 84, in-8°, Paris, 1755.

EFFAROUCHER, *v.* dérivé de *farouche*.

Je connais sa vertu prompte à s'*effaroucher*.
RACINE, *Bajazet*, act. 1, sc. 4.

« *La vertu qui s'effarouche*. Racine est le premier qui se soit servi de cette expression, devenue aujourd'hui d'un usage habituel. » Note de M. Aimé-Martin, *Œuvres de Racine*, édit. de 1822, au lieu cité. Corneille a dit :

Faut-il que malgré moi votre ame *effarouchée*...

« Ces assemblées si *effarouchantes* ne seront point rétablies. » Cet adjectif verbal pourrait être utile.

EFFECTIF, IVE, *adj.* C'est un homme *effectif*; solide, essentiel. *Voy.* EFFET. C'est un mot de Mme de Maintenon. « Il faut savoir se donner des heures d'une solitude *effective*. » BOSSUET.

EFFECTUER, *v.* Les dérivés des substantifs transformés en verbes, qui manquaient à la langue, furent une amélioration utile qui paraît dater des règnes de François 1er et Henri II ; ainsi *effet*, donne *effectuer*; *occasion*, *occasionner*; *médicament*, *médicamenter*; *diligence*, *diligenter*, qui a vieilli, etc.

EFFÉMINER, *v.* du latin *effœminare*, qui se trouve positivement dans le sens que nous l'employons, dans les *Commentaires de César*, liv. IV. Cicéron, en parlant de Clodius, l'appelle *homo effœminatus* (homme efféminé). *Oraison pour Milon*, § 89. « L'étude des sciences, dit Montaigne, amollit et *effémine* les courages, plus qu'il ne les fermit et aguerrit. » « Ils énervoient et *efféminoient* la douleur au lieu de l'aguerrir, et d'en tirer du service. » BALZAC, *Consolation au cardinal de la Valette*. « *Efféminer* la verité, sous prétexte de l'embellir. » TOURREIL.

EFFERVESCENCE, *s. f.* du lat. *effervescentia* (bouillonnement). « Des *effervescences* d'humeur, voilà, dit Mme de Sévigné, un mot dont je n'avais jamais entendu parler ; mais il est de votre père Descartes, je l'honore à cause de vous. » Depuis quelque temps, dit M. l'abbé Féraud, ce mot est devenu à la mode, et une femme d'esprit aurait honte de dire aujourd'hui qu'elle n'en a pas entendu parler. On l'emploie au figuré pour une émotion vive dans les esprits. « On s'intéressait, on raisonnait ; peu à peu on s'échauffait. En général, dans toutes les affaires susceptibles de discussion, c'est un malheur que cette *effervescence*. » LINGUET. « *Effervescence* causée par un zèle de parti et par d'odieuses animosités. » TARGE.

EFFET, *s. m.* qu'on écrivait autrefois *effect*, d'où encore les dérivés *effectif*, *effectuer*, du latin *effectus*, qui a la même signification, « L'auteur a su se rendre maitre des événemens, et les disposer de la façon la plus propre à *faire effet*. » SABATIER. C'est une locution nouvelle.

EFFEUILLER, *v.* « Tout auteur est d'avis que, louanger autrui en sa présence, c'est *effeuiller* sa couronne de laurier. »

EFFICACITÉ, *s. f.* Ce terme était nouveau du temps du Père Bouhours, qui ne l'admettait pas encore, et préférait le substantif *efficace* qui aujourd'hui est beaucoup moins usité que le premier.

EFFLEURER, *v.* Il tire son étymologie du latin *flos* (fleur), comme si l'on disait *efflorare*, c'est enlever quelque peu de la fleur, de la superficie de quelque chose. Il s'est dit par métaphore pour raser quelque chose en passant auprès, *effleurer l'eau*. Il se prend au figuré en parlant d'objets moraux, *effleurer une matière*, ne la traiter que superficiellement. « La fortune ne vous a pas seulement *effleuré* la peau. » COSTAR. « Un air de contentement qui *effleure* le visage. » *Mémoires de Mad. d'Epinay*.

Ce verbe paraît avoir un autre sens dans cette phrase. « Ce trait de générosité n'*effleura* pas l'ame de Pison. » LA BLETTERIE.

« Si quelquefois encore une image de bonheur *effleura* mes désirs, ce bonheur n'était plus celui qui m'était propre. » J. J. ROUSSEAU, *Conf.* liv. VI.

Diderot a donné à ce verbe une autre signification : « Après avoir *effleuré* ce grand homme, pour esquisser son portrait. »

EFFRONTÉ, ÉE, *adj.* Comme le front est le siége de la pudeur, on a dit que les impudens n'avaient point de front. *Effrons*, se trouve dans Vopiscus, et l'on a fait ensuite en latin barbare *effrontatus* (effronté). Boileau a fait de cet adjectif un usage hardi dans ces vers de la xe satire :

T'accommodes-tu mieux de ces douces Ménades
Qui, dans leurs vains chagrins, sans mal toujours
[malades,
Se font, des mois entiers, sur un lit *effronté*,
Traiter d'une visible et parfaite santé ?

Thomas a dit après lui, en parlant de Messaline :

C'est là que dévorée à d'infâmes caresses,
Des muletiers de Rome épuisant les tendresses,
Noble Britannicus, sur un lit *effronté*,
Elle étale à leurs yeux les flancs qui t'ont porté.

EFFRONTÉE, *s. f.* sorte de coiffure de femme.

La coiffure en arrière et que l'on fait exprès,
Pour laisser de l'oreille entrevoir les attraits,

Sentant la jeune folle et la tête éventée,
Est ce que par le monde on appelle *effrontée*.
BOURSAULT, Coméd. des *Mots à la mode*, sc. XV.

EFFUSION, *s. f.* du latin *effusio* (épanchement). En parlant de Dieu, on dit *l'effusion de sa grâce, l'effusion de sa colère*. On dit aussi *effusion de cœur*, pour vive et sincère démonstration de confiance et d'amitié. *Dieu punira les pécheurs dans toute l'effusion de sa colère.* « Si celui qui a dit, *Dieu punira les pécheurs dans toute l'effusion de sa colère,* a dit le premier opinant, le prend toujours sur le même ton, dans un ouvrage de piété; s'il se sert toujours de façons de parler de l'Écriture, telle qu'est celle-ci, il parle bien, il parle noblement; *effusion* disant plus qu'*épanchement*, parce que ce mot marque *épancher avec rapidité*. Ceux qui ont opiné ensuite, ont été de même avis, et ont dit qu'*effusion de sa colère,* est bon dans le langage de l'Écriture, mais ne peut guères servir en tout autre style. » *Journal de l'Académie franç.* par M. l'abbé de Choisy, § 24.

J. J. Rousseau a dit: « Si l'ardeur d'un sang qui s'enflamme le rend vif, emporté, colère, on voit le moment d'après, toute la bonté de son cœur, dans l'*effusion* de son repentir. » *Émile.* « Une riche *effusion* de couleurs que verse le soleil en se retirant. » BALZAC.

ÉGAL, ALE, *adj.* du lat. *æqualis*, le *q* changé en *g*, comme dans *aiguière*, fait d'*aquarium*; Montaigne a même dit *équable* pour *égal*: « Toutesfois au maniement elle vous semble *équable* en largeur et partout pareille. » *Essais*, tom. V, pag. 233, Paris, 1789. « Des mœurs ou si *équables* ou si douces, etc. » *Le même,* tom. VI, pag. 385.

. . . . Vos superbes rivales,
Qui disputaient mon cœur et marchaient vos *égales.*
VOLTAIRE, *Zaïre.*

Cette expression est devenue commune; Voltaire surtout l'a fréquemment employée. N'oublions pas qu'elle appartient originairement à Racine qui, le premier, a rendu d'une manière si heureuse le vers de Virgile:

Ast ego quæ divûm incedo regina...

Je ceignis la tiare et *marchai son égal.*
Athalie, act. III, sc. 3.

Il ne leur (aux marbres, aux statues mutilés) reste
[plus que le nom précieux
D'un héros que l'on vit *marcher égal aux Dieux.*
CRÉBILLON, *le Triumvirat,* act. III, sc. 1.

Égal, se prend substantivement; c'est ainsi que Voltaire a dit dans *Nanine*:

On aime mieux son *égal* que son maître.

Des *égaux!* dès long-temps Mahomet n'en a plus.
Le même, Mahomet, act. II, sc. 5.

A l'égal de, cette expression adverbiale, synonyme de *autant que, non moins que, comme, de même que,* était familière autrefois. « Vostre estime n'est rien *à l'égal de* vostre amitié. » *Lett. chois.* de Balzac, l. IV, lett. 13. « Il n'y a personne que j'honore *à l'égal de vous.* » MOLIÈRE, *l'Impromptu de Versailles*, sc. 3. « Un homme que je hais *à l'égal de la mort.* » *Le même, l'École des Maris,* act. II, sc. 2. Elle est réservée aujourd'hui à la poésie et au style oratoire:

A l'égal des Persans je veux qu'on les honore.
RACINE, *Esther,* act. III, sc. 7.

Comètes, que l'on craint *à l'égal du tonnerre,*
Cessez d'épouvanter les peuples de la terre.
VOLTAIRE.

Sa voix éclate et gronde *à l'égal du tonnerre.*
BAOUR-LORMIAN.

EGARD, *s. m.* « On doit des *égards* aux vivans, on ne doit que la justice aux morts. » LA MOTHE. On a tant abusé du second membre de cette phrase, qu'on a fini par oublier le premier. Les *égards* sont moins sujets que les services à trouver des ingrats.

ÉGAREMENT, *s. m.*

Il m'avait par Arcas envoyé cette lettre;
Arcas s'est vu trompé par notre *égarement,*
Et vient de me la rendre en ce même moment.
RACINE, *Iphigénie,* act. II, sc. 4.

« *Egarement,* ne se prend qu'au figuré, pour désigner les désordres de l'esprit et du cœur. Il n'est pas en usage pour signifier l'erreur qui fait qu'on s'égare en route. L'autorité de Racine et la pauvreté de notre langue poétique sont peut-être deux motifs pour l'admettre dans les vers. M. de La Harpe cite un exemple de sa façon pour prouver qu'on pourrait aussi recevoir ce mot dans la prose;

et son exemple même est une preuve contre lui. » GEOFFROY, *sur Racine*, au lieu cité. L'Académie, et, d'après elle, M. Féraud, dans son *Dictionn. critique*, adoptent ce mot dans le sens de méprise d'un voyageur qui s'écarte de sa route, c'est-à-dire, dans la signification que Racine lui a donnée : Après un long *égarement*, ils revinrent dans leur chemin. Cependant il est vrai de dire qu'en prose surtout, il n'est guère d'usage qu'au figuré :

D'un tendre *égarement* victime intéressante
LAYA.

ÉGAYER, *v.* Lors des troubles de la Fronde, Gaston, frère de Louis XIII, faisait insulter et houspiller les conseillers par la populace; il appelait cela : « *Égayer* le parlement. »

ÉGAYER (s'), *v.* « Les médecins *s'égayent* bien sur notre corps. » MOLIÈRE.

ÉGAYÉ, ÉE, dans l'argot comique, signifie *sifflé*.

ÉGLANTINE, *s. f.* une des trois fleurs que l'on donne aux poètes qui ont remporté un prix aux jeux floraux de Toulouse. Selon le langage ancien, on disait : *dicter à l'églantine*, pour réciter, ou faire des vers. *Voy.* FLORAUX (jeux floraux).

EGLOGUE, *s. f.* sorte de poésie pastorale où d'ordinaire on fait parler des bergers; du latin *ecloga*, venu du grec ἐκλογή (éklogé) choix, *pièce choisie*. Nous avons, d'après les Latins, restreint ce terme aux poésies pastorales.

« S'il y a quelque différence entre les idylles et les *églogues*, dit Batteux, *Cours de litt.* tom. II, pag. 7, Paris, 1805, elle est fort légère. Les auteurs les confondent souvent. Cependant il semble que l'usage veut plus d'action et de mouvement dans l'*églogue*, et que, dans l'idylle, on se contente de trouver des images, des récits ou des sentimens seulement. Si l'*églogue* est épique ou dramatique, ajoute le même auteur, pag. 9, c'est-à-dire, en récit ou en spectacle, elle a essentiellement une action. Si elle est lyrique, ou qu'elle ne peigne que le sentiment....., il ne me paraît pas qu'elle ait besoin d'action. Une passion suffit, c'est-à-dire, une passion pastorale, qui s'exhale en plaintes, en reproches modérés, si elle est triste; ou en expressions contraires, si c'est la joie, l'espérance, la tendresse, le bonheur, etc. »

Le style des *églogues* doit être simple, doux, naïf, puisque pour l'ordinaire il s'agit de peindre la vie innocente et la douce oisiveté dont jouissent les bergers. Ce n'est pas que l'*églogue*, comme l'a fort bien remarqué Batteux, ne puisse quelquefois prendre l'essor et chanter les actions des héros, ou des sujets nobles et élevés; mais il faut toujours que ce soit avec une sorte de timidité et d'étonnement, qui fasse sentir leur simplicité au milieu d'un récit pompeux.

Mais souvent dans ce style un rimeur aux abois
Jette là de dépit la flûte et le haut-bois,
Et follement pompeux dans sa verve indiscrète,
Au milieu d'une *églogue*, entonne la trompette.
BOILEAU.

« Ordinairement, dit Demandre, *Dict. de l'Elocution française*, on emploie dans l'*églogue* des vers alexandrins, et à rimes suivies; mais souvent la mesure varie, et les vers sont mêlés. Mme Deshoulières a des *églogues* où les vers sont libres. » Ségrais est, selon Fontenelle, le modèle le plus excellent que nous ayons de la poésie pastorale; et dans ce jugement l'académicien est d'accord avec Despréaux, qui a dit,

Que Ségrais dans l'*églogue* enchante les forêts.

Voici quelques morceaux de sa première églogue :

Tircis était touché des attraits de Climène,
Sans que d'aucun espoir il pût flatter sa peine :
Ce berger accablé de son mortel ennui,
Ne se plaisait qu'aux lieux aussi tristes que lui.
Errant à la merci de ses inquiétudes,
Sa douleur l'entraînait aux noires solitudes;
Et des tendres accens de sa mourante voix,
Il faisait retentir les rochers et les bois.

Climène! disait-il, ô trop belle Climène!
Vous surpassez autant les nymphes de la Seine,
Que ces chênes hautains et si verts et si beaux,
Des humides marais surpassent les roseaux.
. . . .
Je ne m'en dédis point, je n'aimerai que vous.

Mais Iris m'assurait d'un empire plus doux,
Et je me sens si las de votre tyrannie,
Que j'ai presque regret à la fière Uranie.
J'ai regret à Philis, encor qu'elle aime mieux
L'indiscret Alidor, la honte de ces lieux,
Qu'elle soit mille fois plus changeante que l'onde,
Qu'elle soit brune encore, et que vous soyez blonde.
Pan a soin des brebis, Pan a soin des pasteurs,
Et Pan me peut venger de toutes vos rigueurs.
Il aime, je le sais, il aime ma musette ;
De mes rustiques airs aucuns il ne rejette.
. . . .
. . . .
Sous ces feuillages verts, venez, venez m'entendre ;
Si ma chanson vous plaît, je vous la veux apprendre.
Que n'eût point fait Iris pour en apprendre autant,
Iris que j'abandonne, Iris qui m'aimait tant !
Si vous vouliez venir, ô miracle des belles !
Je vous enseignerais un nid de tourterelles :
Je veux vous les donner pour gage de ma foi,
Car on dit qu'elles sont fidèles comme moi.

Climène, il ne faut point mépriser nos bocages ;
Les dieux ont autrefois aimé nos pâturages,
Et leurs divines mains aux rivages des eaux
Ont porté la houlette et conduit les troupeaux.
L'aimable déité qu'on adore à Cythère,
Du berger Adonis se faisait la bergère ;
Hélène aima Pâris, et Pâris fut berger.

Chaque *églogue* doit avoir une scène particulière et conforme aux personnages qui la remplissent, car les yeux se lassent bientôt d'une perspective sans variété. Pour éviter cette uniformité choquante, on emploie des comparaisons tirées de ce que la nature a de plus séduisant, des apostrophes aux objets champêtres, et quelques digressions où respirent la grâce et l'enjouement ; il suffit quelquefois d'insister sur certaines circonstances, d'ajouter à une peinture badine, un trait léger et délicat ; enfin d'orner son style d'expressions nobles, et de tours élégans, soutenus par un rhythme mélodieux et presque musical : de là naît dans la poésie pastorale le charme touchant de l'harmonie.

ÉGOÏSER, *v.* racine *ego* en latin, *je* ou *moi* ; parler trop de soi. Quoiqu'*égoïsme* et *égoïste*, soient d'un usage fréquent, *égoïser* est peu usité. « Quand on *égoïse* ainsi brièvement et bonnement, il n'y a pas si grand mal. » BERTIER.

ÉGOÏSME, *s. m.* est dérivé du latin *ego* (*je* ou *moi*). Ce mot ne présente probablement plus, comme à sa création, l'action simple d'un bavard qui se cite sans cesse dans la conversation, puisqu'il est devenu synonyme d'*amour de soi*, d'*amour propre*, d'*intérêt personnel*. *Voy.* ÉGOTISME.

ÉGOÏSTE, *s. m.* L'*égoïste* est l'homme qui parle sans cesse de lui, qui dit toujours *moi* (en latin *ego*). Bacon l'a défini un homme qui mettrait le feu à une maison, pour faire cuire un œuf. Voici comme le poète italien Bondi peint l'*égoïste* qui parle sans cesse de lui-même : « Voyez-vous celui-ci qui entre, ne songeant qu'à lui seul ? ses profondes pensées ne l'occupent que de lui-même ; il prend tant de soin de lui qu'il en dispense les autres. Son nom est *moi* ; jamais aucun autre mot ne sort de sa bouche si fréquemment, ni avec tant d'emphase. La nature l'a formé seulement d'air et très-rempli de lui-même. Ensuite elle lui a dit : règne, vis en te constituant le centre de l'univers ; tous les mortels tireront de toi la lumière ; occupe toujours tous les autres de toi ; que ton nom soit placé dans tous tes discours. Occupe de tous les événemens qui te seront personnels ceux qui ne te demanderont jamais à les connaître qu'à contre-temps ; que toujours retentisse dans ta bouche le respectable *moi*. Ainsi dit la nature ; et lui, il prit son vol en sortant de ses mains ; il s'empressa de ne parler que de lui-même, répandant au loin dans les appartemens et dans les cercles babillards le *moi* qu'il répétoit sans cesse... »

L'*égoïste* est comme l'araignée au milieu de sa toile : son amour-propre vit dans chacun des fils dont il est le centre, et il est toujours prêt à attraper toutes les mouches qui en approchent. Un *égoïste* disait ingénument : « je ne sais pourquoi je rencontre partout cet homme qui ne peut m'être bon à rien ; je m'étonne qu'il ose se montrer où je suis. »

ÉGOÏSTIQUE, *adj.* « Le philosophisme *égoïstique* de nos jours. » L'abbé GUÉNÉE.

ÉGOLOGIE, *s. f.* louanges qu'un auteur se donne à lui-même. Sabatier met ce mot en italique. « Les auteurs emploient quelquefois le pronom *nous* dans les préfaces et les avertissemens, pour éviter l'*égologie*. » L'abb. FÉRAUD.

ÉGOMISME, *s. m.* sorte de pyrrhonisme insensé, où chacun se croit le seul être existant.

ÉGORGER, *v.* dérivé de *gorge*, proprement couper la gorge ; au figuré ruiner, causer un grand dommage.

Le sénat. . . . .
Eleva jusqu'au ciel sa générosité,
Et nomma, sans rougir, père de la patrie
Celui qui l'*égorgeait* chaque jour de sa vie.
CRÉBILLON, *Catilina*, act. IV, sc. I.

Fuir Paris ce serait m'*égorger* de ma main,
Quand je puis m'avancer et faire mon chemin.
GRESSET, *le Méchant*, act. II, sc. 7.

ÉGORGETER, *v.* diminutif d'*égorger*, dont s'est servi Rabelais, pour dire couper la gorge avec de petits couteaux.

ÉGOSILLER (s'), *v.* Il dérive de *gosier*, se fatiguer le gosier à force de crier. On disait autrefois *esgargaté* de crier, d'un homme qui avait une extinction de voix. Le simple *gosiller* se trouve dans l'*Académie*, comme terme de distillateur. « Le voleur le remercie de l'aisance qu'il a trouvée à *desgosiller* un passant. » *Essais de Montaigne*, tom. III, page 239, Paris, 1789. *Desgosiller* ou *esgosiller* veut dire ici *égorger* ; mais *desgosiller* est tout-à-fait hors d'usage, et *esgosiller* n'est plus en usage dans ce sens-là. *Note de Coste sur Montaigne*, au lieu cité.

ÉGOTISME, *s. m.* « C'est un mot anglais qui manque à notre langue ; car il n'a pas le sens odieux de notre *égoïsme*, et ne s'emploie que pour caractériser la manie, ou quelquefois la nécessité de mettre au premier rang dans un récit, les pronoms personnels *je* et *moi*. » *Mém. d'une Contemporaine*, t. VII, l. xx, p. 356, 1828.

ÉGRIGNÉ, ÉE, *adj.* « Des dents *égrignées*, » un peu entamées. SCARRON.

ÉHONTÉ, ÉE, *adj.* sans honte. On a remarqué avec raison que ce mot, qui a vieilli, a beaucoup plus d'énergie qu'*effronté*, qui ne le remplace pas. Beaucoup d'auteurs l'ont employé dans le cours du siècle dernier, et c'est un de ces mots qu'il faut tâcher de rendre à la langue. Voltaire, dans *les Filles de Minée*, appelle Mars le dieu très-*éhonté*.

Et si jamais une muse facile
S'amourachait de ce drame *éhonté*,
De par le Styx, elle sera stérile,
Monstre jamais n'eut de postérité.
HOFFMAN, *Contes*, *l'Origine du Drame*.

ÉHONTÉMENT, *adv.* d'une manière éhontée. « Ayant, en plein auditoire, monstré *eshontément* ce que la plus noire nuict ne peut assez cacher. » *Contes d'Eutrapel*, tom. II « Vit-on jamais tant d'incestes *éhontément* débordés ? » EST. PASQUIER, *Recherches*, liv. v, c. 5.

ÉJACULATEUR, ÉJACULATRICE, *adj.* « Les tortues et les autruches couvent leurs œufs de la seule veue, signe qu'ils ont quelque vertu *éjaculatrice*. » MONTAIGNE, l. I, c. 20.

ÉJOUIR (s'), *v.* « Celui qui veut se jouer et prendre son plaisir, disait Plutarque, il faut, par raison, ce me semble, qu'il en use avec ses compagnons de manière que ceux-ci *s'éjouissent* du même passe-temps que luy, et ne pas faire comme ces petits enfans qui jettent des pierres aux grenouilles, tandis qu'elles ne prennent point plaisir à ce jeu-là, d'autant qu'elles en meurent à bon escient, les pauvres bestes ! » AMYOT. Ce mot est à regretter, comme plus naïf que *réjouir*. Il est dans le *Dict.* de Nicot, 1606, in-f°, et La Fontaine en a fait usage, liv. IV, fable 21, en parlant du cerf :

On l'emporte, on la sale, on en fait maint repas
Dont maint voisin *s'éjouit* d'être.

On ne le trouve plus dans la 2e édition du *Dict. de l'Académie*.

EL. C'était autrefois la terminaison de presque tous les substantifs terminés aujourd'hui en *eau* ; ainsi *couteau, ciseau, ormeau, oiseau, ruisseau*, etc. se disaient *coutel, cisel, ormel, oisel, ruissel*, etc. et cette première forme se retrouve encore dans *coutelier, coutellerie* ; *ciselet, ciseler, ciselure* ; *oiselet, oiseleur, oisillon* ; *ruisseler*. Le changement de *l* en *u* est tout-à-fait dans le génie de notre langue. De *à le*, nous avons fait *au*, de *de le*, *du*; de *altus*, haut; de *bel*, *beau*; de *cheval*, *chevaux*, etc.

ÉLABORÉ, ÉE, et **ÉLABOURÉ, ÉE**, *adj.* du latin *elaboratus* (travaillé avec soin); le second est le participe de l'ancien verbe *élabourer*. Ce participe ne se dit plus qu'en plaisantant et dans cette phrase : *artistement élabouré*. « Les autres, plus tardifs, ne parlent jamais rien qu'*élabouré* et prémédité. » *Essais de Montaigne*. « Un tableau *élabouré* de toute sa suffisance. » *Ibid.* « L'ouvrage de cet édifice est *élabouré* avec tant d'art, que, etc. » CYRANO-BERGERAC.

ÉLANCEMENT, *s. m.*

Il faisait des soupirs, de grands *élancemens*.
MOLIÈRE.

« Agir tantôt par des réflexions profondes, tantôt par ces *illuminations* soudaines qui sont les *élancemens* du génie. » THOMAS.

ÉLANCER, *v.* C'est un composé de *lancer*, dont la racine est *lance*. « Il nous eschoit à nous mesmes qui ne sommes qu'avortons d'hommes, d'*eslancer* par fois nostre ame, esveillée par les discours ou exemples d'autruy, bien loing au-delà de son ordinaire. » MONTAIGNE, liv. II, c. 29. « Sénèque, plus aigu, nous pique et nous *eslance* en sursaut : Plutarque, plus solide, nous informe, establit et conforte constamment. » *Le même*, liv. III, c. 12.

C'est ce noble avenir qui. . . . .
De l'homme vers le ciel *élance* tous les vœux.
DELILLE, *Ode à l'Immortalité*.

Elancer (s'). « Sully y puisa cet orgueil généreux qui *s'élance* à la gloire par la vertu. » THOMAS.

D'un cours précipité sur la brèche ils *s'élancent*.
VOLTAIRE, *la Henriade*, chant VI.

Là *s'élance* en grondant la cascade écumante.
DELILLE.

ÉLARGISSEMENT, *s. m.* « A travers la candeur et la piété la plus pure, un reste d'humanité, inséparable de l'homme, faisait goûter au duc de Beauvilliers (à la mort du grand Dauphin dont le duc de Bourgogne, son élève, prenait la place) un *élargissement* de cœur et d'esprit imprévu. » SAINT-SIMON. tom. V, liv. XII, c. 17.

ÉLECTEUR, *s. m.* vient du latin *elector*, formé du verbe *eligere* (choisir). Les *électeurs* sont ceux qui choisissent, qui ont droit de choisir. Les princes d'Allemagne qui portent ce titre, le doivent au droit qu'ils ont d'élire l'empereur. Ce mot, depuis la révolution, est devenu d'un usage fréquent et désigne les citoyens qui ont le droit d'élire les députés.

Il fait au féminin *électrice*. Voltaire a dit l'*électrice* de Bavière. On lit dans le *Dictionnaire histor.* de Chaufepié : l'*électrice* d'Hanovre, l'*électrice* de Brandebourg.

ÉLECTION, *s. f.* du latin *electio* (action d'élire, choix). L'Académie définit le mot *élection*, « choix fait par plusieurs personnes. »

L'ardeur qu'allume en nous une flamme si pure,
Préfère votre choix au choix de la nature,
Et vient sacrifier à votre *élection*
Toute notre espérance et notre ambition.
P. CORNEILLE, *Rodogune*, act. III, sc. 4.

« *Election* ne peut être employé pour choix : *Election d'un empereur, d'un pape*, suppose plusieurs suffrages. » VOLTAIRE, *Remarques sur Corneille*, au lieu cité.

Corneille s'est encore servi de ce mot dans le même sens, dans la *suite du Menteur* :

Vraiment, je suis ravi que mon *élection*
Ait enfin mérité ton approbation.

Ce qu'il y a de certain, c'est que ce mot s'était pris et se prenait encore alors pour choix, prédilection : « L'*élection* qu'on allait faire d'un gouverneur pour le prince de Castille. » *Acad. Sentiment sur le Cid*. « Parlez un peu au cardinal de vos machines ; des machines qui aiment, qui ont une *élection* pour quelqu'un. » Mme DE SÉVIGNÉ.

ÉLÉGANCE, *s. f.* « Ce mot, selon quelques uns, vient, dit Voltaire, d'*electus* (choisi). On ne voit pas qu'aucun autre mot latin puisse être son étymologie : en effet, il y a du choix dans tout ce qui est élégant. L'*élegance* est un résultat de la justesse et de l'agrément. . . . .

» La sévérité des anciens Romains donna à ce mot *elegantia* un sens odieux. Ils regardaient l'*élégance* en tout genre comme une *afféterie*, comme une politesse recherchée, indigne de la gravité des premiers temps : *Vitii, non laudis fuit*, dit Aulu-Gelle. Ils appelaient *un homme élégant* à peu près ce que nous appelons aujourd'hui un petit-maître, *bellus homuncio*, et ce que les Anglais appellent un *beau*; mais vers le temps de Cicéron, quand les mœurs eurent reçu le dernier degré de politesse, *elegans* était toujours une louange. Cicéron se sert en cent endroits de ce mot pour exprimer un homme, un discours poli ; on disait même alors un *repas élégant*; ce qui ne se dirait guère parmi nous. » *Dictionnaire philosophique*, tom. III, au mot *Élégance*.

Voyez ÉLÉGANT.

ÉLÉGANT, ANTE, *adj.* du latin *elegante*, ablatif d'*elegans* qui, selon Cicéron, *de Naturâ Deorum*, n° 68, vient d'*eligere* (choisir). Ce mot *elegans* se trouve plusieurs fois dans Cicéron, pour exprimer un homme, un discours poli. Les Latins opposaient *elegans signum* à *signum rigens*; le premier exprimait une figure proportionnée, dont les contours arrondis étaient exprimés avec mollesse ; le second une figure trop roide et mal terminée.

« Martial nous a tracé expressément la peinture de ce qu'on entendait à Rome par un *élégant*, un *bellus homo*. Je citerai le texte pour la satisfaction de ceux qui pourraient soupçonner la traduction d'être trop modernisée :

Cotile, bellus homo es : dicunt hoc, Cotile, multi.
Audio : sed quid sit, dic mihi, bellus homo ?
—*Bellus homo est, flexos qui digerit ordine crines :*
Balsama qui semper, cinnama semper olet :
Cantica qui Nili, qui Gaditana susurrat :
Qui movet in varios brachia volsa modos :
Inter femineas totâ qui luce cathedras
Desidet, atque aliquâ semper in aure sonat :
Qui legit hinc illinc missas, scribitque tabellas :
Pallia vicini qui refugit cubiti :
Qui scit, quam quis amet; qui per convivia currit :
Hirpini veteres qui benè novit avos.
—*Quidnarras? hoc est, hoc est homo, Cotile, bellus?*
Res pertricosa est, Cotile, bellus homo.

« Cotilus, j'entends tout le monde dire que vous êtes un *élégant*. Mais, dites-moi, qu'est-ce qu'un *élégant* ? — Un *élégant*, mon cher Martial, est un homme qui arrange avec symétrie sa chevelure bouclée, qui exhale le baume de l'Arabie et le cinnamome de l'Inde, qui fredonne les chansons voluptueuses d'Alexandrie et de Gades ; qui meut, comme en mesure, ses bras épilés ; qui passe toute la journée assis dans la causeuse d'une dame, et qui ne cesse de parler bas, tantôt à une femme, tantôt à l'autre ; qui est toujours occupé à lire ou à écrire des billets doux ; qui a soin de ne pas rencontrer l'habit de son voisin ; qui, courant d'un souper à l'autre, sait nommer la maîtresse de chacun, et qui sait retracer la généalogie de nos fameux chevaux de course. — Que me dites-vous, Cotilus ? c'est donc là ce que Rome appelle un *élégant*. Je vois que votre art est la science des bagatelles. » *Traduction* de Malte-Brun, feuilleton du *Journal de l'Empire*, du 12 décembre 1811.

ÉLÉGIAQUE, *adj.* terme de la poésie latine ou grecque, qui appartient à l'élégie, *elegiacus*. Les vers *élégiaques*, *elegi*, sont alternativement hexamètres et pentamètres. Quintilien regarde Tibulle comme le premier des poètes *élégiaques*; mais le jeune Pline donne l'avantage à Properce. Ils ont raison l'un et l'autre en un sens différent, et l'on pourrait trouver encore un troisième sentiment qui serait véritable. *Élégiaque* se met quelquefois seul au pluriel, et on dit des *élégiaques*, pour des vers *élégiaques*.

ÉLÉGIE, *s. f.* du latin *elegeia*, venu du grec ἐλεγεία (*élégéia*) qui, selon Didyme, est formé de ἒ ἒ λέγειν (*dire hélas*). « Cette étymologie, est-il dit dans le *Dictionnaire* de Moréri, paraît beaucoup plus vraie que toutes les autres que l'on a données à ce mot. L'élégie fut ainsi nommée, parce qu'elle était remplie de l'exclamation ἒ ἒ (*hé, hé*) qui marque la douleur, si familière aux poètes tragiques, et qui échappe si naturellement aux personnes affligées. » *Supplément à l'édition* de 1732.

Horace avoue qu'il ne sait pas quel

est l'inventeur de l'*élégie*. On dit que ce fut un certain Théocles de Naxi, ou, selon d'autres, d'Erétrie, qui, dans ses fureurs, produisit le premier cette espèce de vers. *Voyez* Scaliger, *Poét.* liv. 1, c. 50. Callimaque, Parthenius, Euphorion chez les Grecs; et chez les Latins, Ovide, Catulle, Tibulle et Properce, sont les princes de l'*élégie*. Les Flamands se sont distingués de nos jours dans ce genre de vers latins; et les *élégies* de Biderman, de Grotius, mais surtout de Sidronius et de Wallius, ne seraient point indignes de la meilleure antiquité. Nous avons aussi d'excellentes *élégies* dans notre langue; la comtesse de la Suze s'est distinguée entre tous ceux qui ont travaillé dans ce genre de poésie. Pasquier a fait une *élégie* française en vers hexamètres et pentamètres. Les *élégies* françaises se font en vers alexandrins, et on n'y souffre point l'entrelacement des rimes; c'est-à-dire, qu'il faut que les rimes masculines et féminines y soient rangées deux à deux, sans s'entrelacer les unes avec les autres.

Une des plus touchantes *élégies* que nous ayons dans notre langue, est celle de La Fontaine, sur la disgrâce du surintendant Fouquet. Nous allons en présenter quelques fragmens, sa longueur ne permettant pas de l'insérer tout entière :

Pleurez, mes yeux, pleurez, Oronte est malheureux :
Oronte attend de vous ce devoir généreux.
Vous l'avez vu naguère, au bord de ces fontaines,
Qui, sans craindre du sort les faveurs incertaines,
Plein d'éclat, plein de gloire, adoré des mortels,
Recevait des honneurs qu'on ne doit qu'aux autels.
Hélas ! qu'il est déchu de ce bonheur suprême !
. . . .
Pour lui les plus beaux jours sont de secondes nuits.
Les soucis dévorans, les regrets, les ennuis,
Hôtes infortunés d'sa triste demeure (sa prison),
En des gouffres de maux le plongent à toute heure.
Voilà le précipice où l'ont enfin jeté
Les appas enchanteurs de la prospérité.
Dans les palais des rois cette plainte est commune;
On n'y connaît que trop les jeux de la fortune,
Ses trompeuses faveurs, ses appas inconstans ;
Mais on ne les connaît que quand il n'est plus temps.
Lorsque sur cette mer on vogue à pleines voiles,
Qu'on croit avoir pour soi les vents et les étoiles,
Il est bien malaisé de régler ses désirs ;
Le plus sage s'endort sur la foi des zéphyrs.
. . . .
Oronte est à présent un objet de clémence ;

S'il a cru les conseils d'une aveugle puissance,
Il est assez puni par son sort rigoureux,
Et c'est être innocent que d'être malheureux.

C'est, selon Joachim du Bellay, Lazare de Baïf qui a donné à notre langue le mot *élégie*.

L'*élégie* est donc un petit poème dont les plaintes et la douleur sont le principal caractère. Je dis le principal caractère, car bien que ce poème traite ordinairement les objets lugubres, il ne s'y borne pas uniquement.

D'un ton un peu plus haut (que celui de l'idylle),
[mais pourtant sans audace,
La plaintive *élégie*, en longs habits de deuil,
Sait, les cheveux épars, gémir sur un cercueil :
Elle peint des amans la joie et la tristesse,
Flatte, menace, irrite, apaise une maîtresse.
Mais, pour bien exprimer ces caprices heureux,
C'est peu d'être poète, il faut être amoureux.
BOILEAU, *Art poétique*, c. II.

Dans des vers qui ne dépareront pas ceux de Boileau, M. Chaussard a expliqué plus particulièrement les objets sur lesquels s'exerce la muse élégiaque :

Soit que sa voix déplore un malheur domestique,
Soit que son deuil consacre une perte publique,
L'héroïque *élégie*, en ses mâles douleurs,
Par l'admiration sait tempérer les pleurs ;
Elle aime à présenter des illustres spectacles ;
Le génie opprimé triomphant des obstacles,
L'indomptable vertu qui foule aux pieds le sort,
Et l'immortalité conquise par la mort.
. . . .
Faites choix d'un sujet moral et dramatique :
L'*élégie* est la sœur de la muse tragique ;
Mais des récits plaintifs bannissant la terreur,
Aux scènes de pitié ne mêlez point l'horreur.
Poétique secondaire, chant II.

Le style de l'*élégie* doit être simple, délicat, et surtout naturel, parce que le sentiment parle sans affectation.

Il faut que le cœur seul parle dans l'*élégie*.
BOILEAU.

« Elle (l'*élégie*), dit Batteux, gémit et se plaint à peu près comme *Phèdre* dans Racine :

Que ces vains ornemens, que ces voiles me pèsent !
Quelle importune main, en formant tous ces nœuds,
A pris soin sur mon front d'assembler mes cheveux ?
Tout m'afflige et me nuit, et conspire à me nuire. »
Phèdre, act. 1, sc. 3.

ÉLÉMENTAIRE, adj. M. de Wailly l'a employé substantivement: « Je ne m'en suis pas tenu au pur *élémentaire* de la grammaire. »

ÉLÉPHANT, *s. m.* du latin *elephantus*, venu du grec ἐλέφας (*eléphas*), qui a la même signification.

L'admirable *éléphant* dont le colosse énorme
Cache un esprit si fin dans sa masse difforme,
Que, pour son rare instinct, dans un corps si grossier,
Presque pour ses vertus, adore un peuple entier;
L'*éléphant*, en un mot, qui sait si bien connaître
L'injure, le bienfait, ses tyrans et son maître.
DELILLE, *les Trois Règnes de la Nature*, ch. VII.

« Les vrais philosophes font comme les *éléphans*, qui, en marchant, ne posent jamais le second pied à terre, que le premier n'y soit bien affermi. » FONTENELLE.

Faire d'une mouche un éléphant, expression proverbiale qui signifie vouloir faire d'une chose fort petite, qui a fort peu de valeur, une affaire importante. Ce proverbe vient du grec, car Lucien a dit : ἐλέφαντα ἐκ μυᾶς ποιεῖς (d'une mouche tu fais un éléphant).

ÉLÉPHANTIN, INE, *adj.* qui a rapport à l'éléphant. Quoiqu'il ne se dise que de certains livres qui contenaient les arrêts, les édits du sénat romain, les actes des magistrats de Rome, livres qu'on appelait *éléphantins*, parce qu'ils étaient faits de tablettes d'ivoire, M. Bérenger a dit, dans le style badin, *la bête éléphantine*, pour l'éléphant.

ÉLÉVATION, *s. f.* du latin *elevatio*, qui a la même signification. L'*élévation* est à la vertu ce que l'or et les pierreries sont sur une belle personne.

Elation, dans le sens d'action de s'élever, de fierté, d'orgueil, se trouve dans la règle de saint Benoit, ch. 62.

Elèvement, pour élévation, dans la traduction des *Confessions* de saint Augustin, par Arnauld d'Andilly, in-12, 1656, aux pages 58 et 318, et encore dans la traduction des *Homélies* de saint Chrysostôme sur saint Mathieu, tom. 1, pag. 335, in-8°, 1666.

ÉLEVER, *v.* du latin *elevare* (hausser). *Eleva hunc lapidem.* PLAUTE. (Ramassez cette pierre). Ce mot, dit M. Fleuri de Saint-Constant, est emprunté de la balance dont le bassin le plus *léger* s'élève : il vient donc du mot latin *levis* (léger) suivant cet auteur.

Nous disons au figuré *élever quelqu'un jusqu'au ciel*, pour dire lui donner de grandes louanges, expression empruntée de la langue latine où nous trouvons dans Cicéron, *laudibus extollere aliquem ad cœlum* (élever, par des louanges, quelqu'un jusqu'au ciel).

Elever un enfant signifie au figuré en prendre soin, suivre son éducation. Les Latins disaient à peu près dans le même sens, *tollere puerum* (élever un enfant).

Fabricium... et... Curium...
Utilem bello tulit, et Camillum
Sæva paupertas......
HORACE, *ode* XI, liv. I, v. 42.

(Fabricius, Curius et Camille que la pauvreté prit soin d'*élever*.)

« *Tulit*, a élevé. Ce mot, dit M. Dacier, est pris de la coutume des anciens qui mettoient leurs enfans à terre, dès qu'ils étoient nez, et ne relevoient que ceux qu'ils vouloient conserver : ce qu'ils appeloient proprement *tollere* (élever) ; car il leur étoit permis d'exposer les autres. C'est de là qu'Horace a tiré cette belle idée qu'il donne, comme si la pauvreté avoit elle-même pris ces hommes entre ses bras d'abord après leur naissance pour les *élever* et pour les nourrir. » *Remarque* de M. Dacier au vers cité.

Nous n'avons pas suivi la coutume barbare des anciens, mais nous avons emprunté d'eux le mot *élever* dans le sens de soigner l'éducation d'un enfant.

Le duc de Chartres, depuis régent, ayant perdu deux gouverneurs en moins de quatre ans, savoir le comte d'Estrade et le duc de Vieuville, Benserade dit à cette occasion : « On ne sauroit *élever* des gouverneurs à M. de Chartres. »

ÉLIDER, *v.* du latin *elidere* (blesser, trancher). Ce mot ne s'emploie que pour exprimer la suppression qu'on fait d'une voyelle. Montaigne s'en est servi dans le sens de *détruire*. « Il me semble qu'on est pardonnable de mescroire une merveille, autant au moins qu'on peut en destourner et *élider* la vérification par voye non merveilleuse. » *Essais*, l. III, c. 11.

ÉLIMÉ, ÉE, *adj.* « C'est bien la petite passion la plus *élimée*! » CRÉBILLON fils.

ÉLIMINER, *v.* né de la révolution, du latin *eliminare* (faire sortir des limites, mettre dehors).

On a dit du sénat :

Et va toujours *éliminant,*
En attendant qu'on l'*élimine.*

Ce qui est arrivé.

ÉLISION, *s. f.* du latin *elisio.* Nous le prenons comme terme de grammaire, pour supression de lettres devant une voyelle. Cette suppression, en usage chez les Grecs et chez les Latins, s'est conservée dans la langue française ; elle a d'abord été fort irrégulière comme le jargon que parlaient nos ancêtres, et quoique l'*élision* commençât à être assez exactement observée dès le 16e siècle, le signe d'*élision* n'a été connu que postérieurement. On ne trouve point de signe d'*élision* dans l'*Entretenement de vie*, par Jean Gœvrot, médecin de François Ier. On n'en trouve pas davantage dans *Lancelot du Lac*, roman imprimé en 1520, ni dans la *Farce de maistre Pathelin*, imprimée en 1538. On lit dans le premier de ces ouvrages *leaue* pour l'eau, *eaue dalun* pour eau *d'alun*, six aulbins *dœufs*, pour six aulbins *d'œufs*, etc. dans le second, *lun* pour *l'un*, *lautre* pour *l'autre*, *lescu* pour *l'écu*, *cest* pour *c'est*, *lhostel* pour *l'hôtel*, *sil* pour *s'il*, etc. dans le troisième, *quil* pour *qu'il*, *nen* déplaise pour *n'en* déplaise, *jai* pour *j'ai*, *tu mas* donné pour tu *m'as* donné, etc.

ÉLITE, *s. f.* du latin *electus* (ce qui a été choisi), ce qu'il y a de meilleur. Nos pères ont dit *élit, élite*, qu'on dit aujourd'hui *élu, élue, éluet* dans Jacques Sylvius, qui le fait venir avec raison d'*electus*; c'est le participe d'*élire*; il nous en est resté *élite* pris substantivement. *Eslit* pour *élu*, se trouve dans Villehardouin, *Conquête de Constantinople.*

Si riche gemme (perle) en Orient *élite*.
Les Amours de Ronsard, CLXXXVIIIe sonnet.

ÉLITER, *v.* Ce mot ne se dit guère que par le petit peuple. Vous *élitez* ma marchandise ; vous prenez l'*élite*, ce qu'il y a de meilleur.

Esligier, pour choisir, élire, du latin *eligere*, se trouve dans les *Fabliaux de Barbazan*. M. Boiste le porte dans son Dictionnaire, mais il prévient qu'il est vieux.

ÉLIXIR, *s. m.* liqueur spiritueuse extraite d'une ou de plusieurs substances. Il vient, selon le président de Brosses, de l'arabe *al-icsir* (l'essence), selon d'autres, du grec ἑλκέιν (*elkéin*), tirer. Il se prend, mais rarement, au figuré pour ce qu'il y a de meilleur dans quelque chose.

Le bel honneur au roi d'avoir à son service
Le précis, l'*élixir* de la milice !

dit *l'Esope* de Boursault.

« Vous m'ouvrez votre cœur, que je vois brûler aux flammes d'un *élixir* de sentimens, de vertus et d'héroïsme. » GALIANI.

Cette phrase ne frise-t-elle pas un peu le précieux?

ELLÉBORE, *s. m.* du grec ἐλλέβορος (*helléboros*) qui est le nom de cette plante. « L'Acad. Furetière, Danet, Joub. le *Dict. des Arts*, Monet, Binet, Baudouin, Dupuys et autres écrivent de la sorte, parce que ce mot vient du grec que les Latins ont imité en écrivant *helleborum*; ce qui a donné lieu à quelques uns d'écrire *hellébore*, et à Richelet d'écrire *hélébore*, ce qui ne vaut absolument rien. Ce mot doit être écrit avec deux l. La lettre h devroit y être conservée, puisqu'elle vient de l'aspiration rude en grec ; mais comme cette aspiration ne s'exprime chez les Grecs que par une espèce d'accent, on l'a négligée d'abord en latin, où l'on trouve quelquefois *elleborum*, et ensuite en françois on prononce *ellébore* sans aspiration. » *Traité de l'orthographe franç.* par M. Roy, revu par Restaut.

Pour faire entendre que quelqu'un est atteint de folie, on dit proverbialement qu'*il faut lui donner de l'ellébore*, parce que les médecins se servaient autrefois de cette plante pour purger le cerveau de ceux qui étaient fous. Cette expression nous vient des Latins ; Horace, *Sat.* III, liv. 2, dit qu'il faut donner une forte dose d'*ellébore* aux avares :

Danda est ellebori multò pars maxima avaris.

Et comme cette plante était tirée de l'île d'Anticyre, on disait proverbialement de celui dont le cerveau était troublé, *qu'il aille à Anticyre (naviget Anticyram).*

Le lièvre dit à la tortue qu'il croit folle de vouloir arriver aussitôt que lui au but :

Ma commère, *il vous faut purger*
Avec quatre grains d'ellébore.
LA FONTAINE, liv. VI, *fable* 10.

Souvent notre bon sens malgré nous s'évapore,
Et nous aurions besoin tous d'un peu d'*ellébore.*
REGNARD, *Epître à M*me *la marquise de* ***.

. . . . Il vous faudroit encore
Malgré vos cheveux gris, *quelques grains d'ellébore.*
Le même, le Légataire, act. II, sc. 10.

ELLIPSE, *s. f.* C'est une figure de construction, ainsi appelée du grec ἔλλειψις (*elléipsis*), manquement, omission : on parle par *ellipse*, lorsque l'on retranche des mots qui seraient nécessaires pour rendre la construction pleine. Ce retranchement est en usage dans la construction usuelle de toutes les langues ; il abrége le discours, et le rend plus vif et plus soutenu ; mais il doit être autorisé par l'usage, ce qui arrive quand le retranchement n'apporte ni équivoque ni obscurité dans le discours, et qu'il ne donne pas à l'esprit la peine de deviner ce qu'on veut dire, et ne l'expose pas à se méprendre. Dans une phrase elliptique, les mots exprimés doivent réveiller l'idée de ceux qui sont sous-entendus, afin que l'esprit puisse, par analogie, faire la construction de toute la phrase, et apercevoir les divers rapports que les mots ont entre eux : par exemple, lorsque nous disons qu'un Romain demandait à un autre, où allez-vous ? et que celui-ci répondait *ad Castoris*, la terminaison de *Castoris* fait voir que ce génitif ne saurait être le complément de la préposition *ad*, qu'ainsi il y a quelque mot de sous-entendu ; les circonstances font connaître que

ce mot est *ædem*, et que par conséquent, la construction pleine est *co ad ædem Castoris* (je vais au temple de Castor).

La pensée n'a qu'un instant, c'est un point de vue de l'esprit, mais il faut des mots pour la faire passer dans l'esprit des autres ; or, on omet souvent ceux qui peuvent être aisément suppléés, et c'est l'*ellipse*, ou, pour nous servir de la phrase de l'abbé Sicard, *Art de la parole, séance des Ecoles Normales*, tom. 1, pag. 334, le retranchement de tout ce qui peut être entendu, et qui donne plus de rapidité à l'expression de la pensée. Au reste, comme la remarque en a été faite par La Harpe, quoique cette figure soit une des plus communes du langage ordinaire, les *ellipses* oratoires et poétiques sont plus difficiles dans notre langue, que dans celles des anciens, parce que ses procédés sont plus méthodiques, et qu'elle est, par sa nature, forcée à la clarté.

Je t'aimais inconstant, qu'aurais-je fait *fidèle* ?
RACINE, *Andromaque*, act. IV, sc. 5.

Voilà, dit La Harpe, de toutes les *ellipses* connues la plus hardie et la plus naturelle. Elle a toujours été admirée, parce que le génie l'a placée dans un de ces élans d'éloquence passionnée, qui ne permettent pas une parole inutile ; et c'est cette éloquence des passions qui a créé toutes les figures de diction et de pensée, de manière qu'en négligeant quelques formes du langage ordinaire, elles ne violent jamais la logique générale des langues.

« On ne rappelle plus les critiques des grammairiens que pour les plaindre de n'avoir pas senti le prodigieux mérite des fautes de Racine contre la grammaire. Racine fixait alors notre langue poétique, et son autorité en poésie est plus respectable que celle de l'Académie française. C'est le génie qui lui a dicté la plupart de ces incorrections, et particulièrement cette *ellipse* si audacieuse :

. . . . Qu'aurais-je fait *fidèle* ?

C'est à l'aide de pareils tours que la langue française s'approche quelquefois de la précision, de la force et de la variété des langues anciennes. » GEOFFROY, *Œuvres de J. Racine*, au lieu cité.

ÉLOCUTION, s. f. du latin *elocutio* (manière de parler, caractère du discours). En ce sens il ne s'emploie guère qu'en parlant de la conversation; les mots *style* et *diction* étant consacrés aux ouvrages ou aux discours oratoires. On dit d'un homme qui parle bien, qu'il a une belle *élocution*, et d'un écrivain ou d'un orateur, que sa diction est correcte, que son style est élégant.

Elocution, dans un sens moins vulgaire, signifie cette partie de la rhétorique qui traite de la diction et du style de l'orateur. Employer les expressions et les tours qui, par leur vivacité et leur variété, contribuent le plus à l'agrément et à la force du discours, voilà l'*élocution*.

ÉLOGE, s. m. du latin *elogium* formé du grec εὖ (*eu*) bien, et de λέγειν (*legein*) dire, dire du bien « Jamais il n'y eut moins d'estime et plus d'éloge. » DUCLOS.

« L'*éloge* reçu de la bouche d'un ami est le plus doux des *éloges*; celui qui sort de la bouche d'un ennemi est le plus sûr. Il faut soi-même être digne de beaucoup d'*éloges*, pour supporter particulièrement l'*éloge* d'autrui. » MONTESQUIEU.

ÉLOGIER, ÉLOGISTE, s. m. faiseur d'éloges; mots de satire et de journaux. Le premier est de Linguet, qui l'applique à d'Alembert; le second de l'abbé de Fontenay.

On trouve *élogiste* dans *Trévoux*, dans Pomey et dans le Père Labbe, ce qui prouve que ce mot est déjà assez ancien. « Quelques auteurs, dit Voltaire, qui ont parlé allobroge en français, ou dit *élogier* au lieu de louer, ou faire un éloge. » *Dict. philosophique*, au mot *Français*, 2e section *Langue française*.

ÉLOIGNEMENT, s. m. On le trouve écrit *eslongement* et *esloingnement* dans des auteurs anciens. « Tout *éloignement* est en droit de nous en imposer, » dit Fontenelle en parlant des Chinois; il n'a fait que déguiser le proverbe : *A beau mentir qui vient de loin*.

ÉLOIGNER, v. du latin *elongare* (prolonger, étendre). Nos pères ont dit *eslongier* et *eslongner* : le premier se trouve dans le *Gloss. de la langue romane*, par M. Roquefort, et dans le *Glossaire* que M. Méon a mis à la fin de l'édition qu'il a donnée en 1808, des *Fabliaux* de Barbazan; le second dans le *Blazon des Faulses Amours*, dans les *Erreurs populaires*, dans Claude Duret, etc. *Élonger* est encore usité comme terme de marine, pour signifier, aller, se placer le long de quelque chose.

Faut besongner
Pour *eslongner* (éloigner)
Oisiveté.
Blazon des Faulses Amours, pag. 282.

O bien heureux qui a passé son aage
Dedans le clos de son propre héritage,
Et n'a de veue *eslongné* sa maison !
SAINT-GELAIS.

Le soleil qui dédaigne une telle carrière,
Puisqu'il faut qu'il déloge, *éloigne* sa barrière.
MALHERBE, *Poésies*, liv. I, *les Larmes de Saint-Pierre*.

« Cette façon de parler, dit Ménage, est ancienne; Baïf, Bertaut, Desportes s'en sont servis; mais comme elle est belle, nos modernes n'ont point fait de difficulté de s'en servir. M. Corneille dans son *Pompée*, act. III, sc. 1 :

Ses vaisseaux en bon ordre *ont éloigné la ville*.

» M. de Ségrais, traduction de l'*Enéide*, liv. IX :

Du camp du Rutulois *éloignant les quartiers*.

Je me suis aussi servi de cette façon de parler dans l'idylle de l'*Oiseleur* :

Si bientôt l'insensible *éloignoit ces beaux lieux*. »

Observations sur les Poésies de Malherbe.

Les exemples rapportés par Ménage, celui de Saint-Gelais qui les précède, auxquels nous en joindrons deux autres, justifieront Corneille condamné trop légèrement par son commentateur, pour le vers cité plus haut (Voy. *Corneille commenté par Voltaire*, *Pompée*, act. III, sc. 1), et prouveront que du temps du père de notre tragédie, le verbe *éloigner* avait encore une signification active.

> Nous regagnâmes nos galères,
> Puis poussés par des vents prospères,
> *Eloignâmes*, bien ébahis,
> Cet abominable pays.
> SCARRON, *Enéide* III.

> Allons donc, mes amis, courage,
> *Eloignons* ce fâcheux rivage.
> Le même, *Enéide* IV.

Il est sûr qu'aujourd'hui on ne s'exprimerait pas ainsi, peut-être a-t-on eu tort de perdre cette locution.

ÉLOISE, *s. f.* vieux mot qui signifie proprement un *éclair*, cette lumière vive et éclatante qui précède le tonnerre. « Cet instant qui n'est qu'une *éloise* dans le cours infini d'une nuict (nuit) éternelle. » MONT. *Essais*, tom. v, pag. 7, Paris, 1789. Une *éloise*, c'est-à-dire, un *éclair*. Borel, qui sur ce mot cite Montaigne, le fait venir de *elucere*. En Languedoc, ajoute-t-il, *un lious* veut dire un éclair ; et *lieussa*, faire des éclairs : deux mots qui viennent aussi du latin *lucere*. *Note de Coste sur Montaigne*, à l'endroit cité.

ÉLOQUENCE, *s. f.* « L'*éloquence* d'affaires et d'action, nourrie au soleil et à la lumière du grand monde, plus forte sans comparaison, que la rhétorique des sophistes, quoiqu'elle sache mieux cacher et dissimuler sa force. » BALZAC, *Mécène*, v^e discours. Ailleurs il appelle cette dernière : « Une *éloquence* de montre et de vanité. » *De la grande Eloquence*. On ne sera pas fâché de retrouver ici ce joli triolet :

> Quand on est véritable amant,
> On n'a pas besoin d'*éloquence* :
> On dit : « J'aime » tout simplement
> Quand on est véritable amant.
> L'Amour est un petit enfant,
> Qui dit tout nûment ce qu'il pense :
> Quand on est véritable amant,
> On n'a pas besoin d'*éloquence*.

ÉLOQUENT, ENTE, *adj.* du latin *eloquens*. *Eloquens qui copiosè loquitur*, dit Varron (l'homme *éloquent* est celui qui parle avec abondance); nous ajouterons que l'homme *éloquent* a de la force dans l'expression, de l'élévation dans les pensées, de la chaleur dans les mouvemens.

Loqui, chez les Latins, signifiait *parler*, et *eloqui*, son composé, *bien parler*, être éloquent; ce qui fait que Cornelius Fronto dit, dans une de ses *lettres* à Marc-Aurèle, qui avait été son disciple : « loqui *quàm* eloqui malles! » (vous aimeriez mieux être un *parleur* que d'être un *orateur*).

ÉLOURDIR, *v.* dérivé de *lourd*, comme *alourdir* seul en usage aujourd'hui. « Il nous faut souvent tromper, afin que nous ne nous trompions, et siller nostre vue, *eslourdir* nostre entendement, pour les redresser et amender. » MONT. liv. III, chap. 10.

ÉLU, *s. m.* officier d'une élection, du latin *electus* (choisi) participe du verbe *eligere* (choisir, élire). « Ces officiers, dit P. Bonfons, furent appelez *esleuz*, parce que de fait ils estoient *esleuz* et choisis en chacun diocèse et évesché, pour faire les levées et receptes des deniers desdits aydes : ou bien pour autant qu'ils estoient esleuz et députez par les trois Estats pour garder lesdits deniers. » *Antiq. de Paris*, feuillet 342, Paris, 1608.

ÉLYSÉE, *s. m.* du latin *elysium*, venu du grec ἠλύσιον (élusion), séjour de délices dans les enfers où, selon l'opinion des anciens, reposaient les âmes des héros et des hommes vertueux. La Mothe appelle l'Hôtel des Invalides « un *élysée* décerné, pour ainsi dire, aux ombres guerrières. » Gresset se sert d'*élysée* sans article :

> Sous ces lauriers, vainqueurs du sort,
> Que les citoyens d'*Elysée*
> Sauvent du souffle de la mort.

ÉLYSIENS, *adj. pl. m.* Ce mot n'est d'usage qu'en vers.

> La Fayette et Ségrais, couple sublime et tendre,
> Le modèle, avant vous, de nos galans écrits,
> Des *champs élysiens*, sur les ailes des ris,
> Vinrent depuis peu dans Paris.
> VOLTAIRE, *Epître à Mme la comtesse de Fontaine*.

> Telle on dit que notre ame aux *champs élysiens*
> Garde ses souvenirs en brisant ses liens.
> DELILLE, *les Trois Règnes de la Nature*, ch. VII.

> D'Enée et de son père aux *champs élysiens*
> Qui pourrait censurer les profonds entretiens?
> J. F. BARRAU, trad. de la *Poétique de Vida*, c. II.

ÉMAIL, *s. m.* de l'italien *smalto*, selon Ménage. D'autres le dérivent de l'hébreu *hhasmal*, traduit par *elec-*

trum, sorte d'émail composé d'or et d'argent ; les Latins de la basse latinité en ont fait *smaltum*, d'où est venu *émail*.

ÉMAILLER, *v.* dérivé d'*émail*. « Mille fleurs naissantes *émailloient* les tapis verts dont la grotte étoit environnée. » FÉNÉLON.

Le bleuet qui, bravant l'ardente Canicule,
Émaillera les champs de la blonde Cérès.
BOUCHER, *le Poème des Mois*, chant III.

« Je preste plus attentivement l'oreille aux livres, depuis que je guette si j'en pourray friponner quelque chose de quoy *esmailler* ou estayer le mien. » MONT. liv. II, ch. 18. « J'emprunteray présentement, s'il me plaist, d'une douzaine de tels ravaudeurs, gens que je ne feuillette guères, de quoy *esmailler* le Traicté de la *Physionomie*. » *Le même*, l. III, chap. 12. « Cet ouvrage est *émaillé* de tours fins et de réflexions délicates.» *Mém. de Trev.* crit. avec raison dans le *Diction. néol.* J. B. Rousseau avait dit, et mal, ce nous semble :

Ces argumens *émaillés* d'antithèses.

ÉMAYOLER, *v.* donner le *mai*.

Pour ce vous veur, Madame, *émayoler*,
En lieu de may, d'un loyal cœur que j'ay.
FROISSART.

Ce mot est joli, et mériterait de renaître.

EMBABOUINER, *v.* Il est trivial et dérivé de *babouin* (petit garçon) cajoler, engager par des caresses comme on ferait avec un enfant. « La jeunesse *embabouinée* de la fureur d'amour. » MONTAIGNE, liv. I, ch. 39. Julien l'Apostat estoit aussi *embabouyné* de la science divinatrice, et donnoit autorité à toute façon de pronostics. *Le même*, liv. II, ch. 19.

EMBANDÉ, ÉE, *adj.* «Infailliblement un enfant, dont le corps et les bras sont libres, pleurera moins qu'un enfant *embandé* dans un maillot. » J. J. ROUSSEAU.

EMBARBÉ, ÉE, *part.* « Il était si copieusement *embarbé*, que sa barbe était assez ample pour faire un bouchon de taverne. » *Pièces comiques*.

EMBARBOUILLER, *v.* «Sénèque *s'embarbouille* sur le suicide ; il le conseille, et puis il se moque de ce qu'il appelle la passion de la mort. » LE PRINCE DE LIGNE.

EMBARQUEMENT, *s. m.* liaison galante. « On dépeint votre *embarquement* le plus bas où se soit jamais mis une personne de votre qualité. » BUSSY-RABUTIN. La Touche ne désapprouvait pas cette expression en ce sens ; l'abbé Féraud dit, avec raison, qu'elle ne serait pas du goût d'aujourd'hui.

Messieurs, voulez-vous bien suivre mon sentiment,
Ne vous *embarquez* nullement
Dans ces douceurs congratulantes,
C'est un mauvais *embarquement*;
Et d'une et d'autre part, pour un tel compliment,
Les phrases sont embarrassantes.
MOLIÈRE, *Amphitryon*, sc. dernière.

EMBARQUER, *v.* dérivé de *barque*, au propre, mettre dans une barque. « *S'embarquer*, dit le P. Bouhours, a beaucoup de grâce, et est fort de la cour dans un sens métaphorique. » *S'embarquer dans une affaire, il s'est embarqué un peu légèrement*, pour dire il s'est engagé (légèrement dans une affaire) ; *embarquer quelqu'un dans une entreprise périlleuse*. On dit aussi depuis peu, *embarquer quelque chose* : *J'ai embarqué l'affaire ; l'affaire est embarquée* : mais cette dernière phrase n'est pas encore fort reçue (elle n'a pas fait fortune, et j'hésiterais de m'en servir aujourd'hui). » *Les Entretiens d'Ariste et d'Eugène*.

« Voilà ce que c'est de m'être *embarquée* à vous compter ce que vous saviez déjà. » SÉVIGNÉ. « Le pauvre Matta fut obligé de *s'embarquer* avec l'homme qui lui revenait le moins. » HAMILTON, *Mémoires de Gramont*.

Les grands *embarquent* les petits dans leurs querelles et les oublient dans les accommodemens.

Florise s'en défend ; son faible caractère
Ne sait point embrasser un parti courageux ;
Embarquons-la si bien, qu'amenée où je veux,
Mon projet soit pour elle un parti nécessaire.
GRESSET, *le Méchant*, act. II ; sc. 9.

« Voilà votre fils *embarqué* dans une aventure qui va vous donner bien du chagrin. » DIDEROT, *le Père de famille*, act. 1, sc. 7.

EMB

Donnerai-je l'exemple à la témérité?
Et *dans un fol amour ma jeunesse embarquée...*
RACINE, *Phèdre*, act. I, sc. I.

« On dit dans la conversation : *Vous vous embarquez dans une mauvaise affaire* ; mais la tragédie n'admet point cette façon de parler trop peu noble : *ma jeunesse embarquée.* » GEOFFROY, *Œuvres de J. Racine*, au lieu cité.

EMBARRASSER, *v.* « Virgile, doux, modeste et même timide, était *embarrassé* de sa gloire. » VOLTAIRE.

EMBARRÉ, ÉE, *adj.* « Or est-il en la nasse bien *embarré?* » *Quinze Joyes du Mariage*, 11e Joye ; c'est-à-dire enfermé comme dans une prison dont on a *barré* la porte.

EMBASTILLER, *v.* qui a signifié originairement enfermer quelqu'un à la *Bastille*, s'est dit ensuite pour mettre dans une prison quelconque par l'effet d'un abus de pouvoir. L'Académie a omis ce mot qui se rencontre cependant très-fréquemment.

EMBATTRE, *v.* composé de *battre*. Il a signifié anciennement se divertir, se réjouir, se délecter ; c'est ainsi qu'il est traduit dans le *Glossaire du Roman de la Rose*. Nous disons encore *s'ébattre* dans le même sens.

Il s'est dit aussi pour fourrer dedans, plonger, selon Philib. Monet, qui donne cet exemple : *il lui a embatu l'espée jusques aux gardes*. Et pour aborder quelque part avec presse, se fourrer dedans : *s'embatre par mégarde dans des embûches. Le même.* « Je m'*embatis* sur une caverne cachée et inaccessible, et me jettai dedans. » *Essais de Montaigne*, t. IV, pag. 273, Paris, 1789. *Je m'embatis sur une caverne, je rencontrai une caverne*, etc.

Embatre signifie arriver en quelque lieu, soit par dessein, soit par des aventures : « *Qui sont ces gens qui ainsi se sont embattus en ces pays*, c'est-à-dire, *sont entrés* ou *se sont rués dedans.* » NICOT. « *Je m'embattis sur lui, je le rencontrai par hasard.* » COTGRAVE.

EMB

EMBÉGUINER, *v.* dérivé de *béguin* ; au propre, coiffer d'un béguin ; dans le style satirique, couvrir d'une coiffure quelconque.

D'un crêpe noir Hécube *embéguinée*,
Lamente, pleure et grimace toujours.
RACINE, *sonnet sur la Troade de Pradon.*

On y voyait l'aveugle Bélisaire,
Embéguiné du bonnet doctoral.
PALISSOT, *la Dunciade*, ch. 6.

Embéguiner, au figuré, *persuader. Voy.* BÉGUINE. On dit, *s'embéguiner de quelqu'un* dans le même sens qu'on dit *en être coiffé.*

« Est-il possible que vous serez toujours *embéguiné* de vos apothicaires et de vos médecins? » MOLIÈRE, *Malad. imag.* act. III, sc. 3. « Vous avez bien opéré avec ce beau Monsieur le Comte dont vous êtes *embéguiné.* » *Le même, le Bourg. gent.* act. III, sc. 3.

EMBELINER, *v.* « Ce maistre homme sceut si bien *embeliner* ceste fille qu'elle le creut. » TABOUROT, *Escraignes dijonnoises.*

EMBELLIR, *v.* « Il n'y a que Dieu qui puisse *embellir* une carmélite, » dit Bussy-Rabutin de Mme de La Vallière, plus belle dans son couvent qu'à la cour. « Ce qui ne doit être *embelli* que jusqu'à un certain point est ce qui coûte le plus à *embellir.* » FONTENELLE.

EMBERLUCOQUER (s'), *v.* se coiffer d'une opinion, en être tellement préoccupé, qu'on en juge aussi mal que si on avait la *berlue.*

On a dit aussi *emberloquer* et *embrelicoquer.* « A quoi bon s'aller *embrelicoquer* l'esprit de ces bâtards de noms? » HAUTEROCHE. Ces termes sont bas.

EMBESOGNEMENT, *s. m.* et EMBESOGNER, *v.* « Le soin de dresser et nourrir les enfans est plein d'*embesognement* et de crainte. » MONTAIGNE, liv. I, ch. 25.

« Je me console aisément de ce qui adviendra icy, quand je n'y seray plus ; les choses présentes m'*embesongnent* assez. » *Le même.*

Le participe *embesogné, ée*, est seul resté, et encore ne se dit-il que dans le style comique ; on a dit autrefois, dans le style sérieux, *embesogné*, occupé à quelque travail, à quelque besogne, et *embesogner*, pour occuper à quelque besogne. « Le roy, d'autre part, pour rompre ce mariage, estoit très-*embesogné*. » COMINES, liv. III, ch. 8. *Voy.* BESOGNE et BESOGNER.

EMBÊTER, *v.* dérivé de *bête*. Ce mot trivial n'est pas nouveau dans notre langue. « Quand ils sont mariez, je les regarde *embrider* et *embester* mieux que les autres. » *Les Quinze Joyes du Mariage*.

EMBLAVER, ABLAIER, dans le *Glossaire* de Du Cange, ABLAYER, *Cout. génér.* tom. I, pag. 608; de *imbladare, abladiare* dans la basse latinité, formé du latin *bladum* (blé) : *emblaver*, c'est semer une terre en blé.

EMBLAYER, *v.* ancien mot qui a signifié *empécher, encombrer*.

EMBLÉE (d'), expression adverbiale, par surprise et du premier effort. *D'emblée*, c'est autant que *à la dérobée*, lit-on dans le *Dict. des Rimes* de La Noue, pag. 36, 1596. Il vient d'*embler*. « Une sédition . . . . leur donna lieu d'*emporter la ville d'emblée*. » VAUGELAS, trad. de *Quinte-Curce*, pag. 300, in-4°, Paris, 1653.

EMBLER, *v.* du grec ἐμβάλλειν sous-entendu χείρα (mettre la main sur). Barbazan préférerait le tirer du latin *evellere* (enlever). Ménage prétend qu'il vient de *involare* qui, selon Servius, a été fait de *vola*, qui signifie la paume de la main. C'est un ancien mot qui signifiait voler, enlever, prendre, ôter. On lit dans les anciens commandemens de Dieu :

Les biens d'autrui tu n'*embleras*
Ne retiendras à escient.

Toujours femme doit mettre cure
Qu'el' puist la louve ressembler,
Quand el' veut la brebis *embler*.
    Roman de la Rose.

« Ou se il li *a emblé* ses connins en sa garenne » (ou s'il lui a pris ses lapins dans sa garenne. *Ordonnances de saint Louis*. « Vos armes vous avaient esté *emblées*, ce disiez-vous. » *Lancelot du Lac*.

Bien est lerres qu'à (qui à) larron *emble*,
    Fabliaux de Barbazan.

(Est bien larron qui enlève à larron.)

« Chacun des deux (Colbert et Louvois) tendaient toujours à *embler* la besogne d'autrui. » SAINT-SIMON, *Hommes illustres*, tom. III.

S'en embler, se soustraire, s'enfuir, se trouve dans le *Roman du Renard* (13ᵉ siècle).

EMBOBELINER, *v.* engeoler. *Satire Ménippée*.

EMBOÎTÉ, ÉE, participe d'*emboîter* dont la racine est *boîte*; renfermer comme dans une boîte.

« Les Angloises sont *emboîtées* et guindées dans leur taille. » MIRABEAU.

EMBOÎTURE, *s. f.* « Comme les os se plaisent en leur *emboîture* naturelle, ainsi les hommes au pays qui les a vus naître. » MONT.

EMBONPOINT, *s. m.* On a dit d'abord que quelqu'un était *en bon point*, c'est-à-dire qu'il était gras et en bonne santé; puis de ces trois mots on en a formé un seul, *embonpoint*, pour désigner cet état même d'une personne qui est *en bon point*. « Le varlet (valet) regarde cette hacquenée, qui la trouvoit toute telle, excepté qu'elle n'estoit pas *en si bon point*. » *Contes* de Despériers, tom. I, pag. 278, in-12, Amsterdam, 1735. « Bien sachez que je suis sain et *en bon point*. » *Lancelot du Lac*. « Voyez ceste perchée d'oiseaulx, comme ils sont douilletz et *en bon poinct*, etc. » RABELAIS, liv. V, ch. 6. « Poinct soupper seroit le meilleur, attendu vostre *bon en poinct* et habitude. » *Le même*. « La vieille estoit *mal en poinct*, mal vestue, mal nourrie, édentée, chassieuse, etc. » *Le même*.

Ces jours passés je pris certaine dame
Dont les cheveux sont quelque peu châtains,
Grande de taille, *en bon point*, jeune et fraîche.
    LA FONTAINE, *le Calendrier des Vieillards*.

Ce discours que soutient l'*embonpoint* du visage
Rétablit l'appétit, réchauffe le courage.
    BOILEAU, *le Lutrin*, ch. IV, v. 205.

« Law crut avoir rendu à la France son *embonpoint*; il ne la rendit que bouffie. » MONTESQUIEU.

L'*Ami des hommes* (Mirabeau père) indique les évacuations qu'il serait bon de procurer à la capitale pour rétablir l'*embonpoint* des provinces.

EMBOUCHURE, *s. f.* Il vient comme *emboucher*, *v. embouchoir*, et même *embouquer*, terme de marine, du mot *bouche*. Il signifie la partie d'un instrument à vent qu'on entre dans la bouche, l'ouverture d'un vase.

On servit, pour l'embarrasser,
En un vase à long col et d'étroite *embouchure*.
LA FONTAINE, liv. 1, *fab.* 18.

C'est aussi l'entrée d'une rivière dans une autre, ou dans la mer, etc. « Lyon, *emboucheure* de toutes nouvelles, qui viennent, tant par la voye de Rome, que du Pied-Mont. » EST. PASQ. liv. 1, *lettr.* 14.

EMBOUER, *v.* racine *boue*; couvrir, salir de *boue*.

Luxure est si *enboant* hoe,
Que le corps soille, et l'ame *enboe*.
GAUTIER DE COINSI, *Mir. de N. D.* liv. 1, ch. 33.

« Qui se loe, si s'*enboe*. » *Anc. Prov.*

Et vient avecques nous jouer,
Sans guerres ses pieds *embouer*.
Roman de la Rose, v. 13168.

« Et tant estoit *emboé* de l'ordure de ce rien, que en lui ne avoit congnoissance nulle. » PERCEFOREST, vol. III, fol. 137 v°, col. 2.

Ces exemples, rapportés par M. Pougens, dans son *Archéologie française*, prouvent que ce terme, si bas, dit l'abbé Féraud, qu'on n'oserait le dire, était employé autrefois. Pourquoi se priver d'un mot qui épargne une circonlocution?

On trouve encore dans les *Contes de Bonav. Despériers*. « Aga! le vilain! comme il a *emboué* ma paillace de ses pieds. » *Nouv.* VIII.

EMBOURBER, *v.* « J'aime à les laisser (les sots suffisans) *embourber* et empêtrer encore plus qu'ils ne sont, et si avant, s'il est possible, qu'enfin ils se recognoissent. » MONT. liv. III, ch. 8.

EMBOURRURE, *s. f.* « Ceux qui ont le corps gresle, le grossissent d'*embourrures*. Ceux qui ont la matière exile, l'enflent de paroles. » MONT. liv. 1, ch. 25.

EMBOURSER, *v.* mettre en bourse.

. . . . Et si, dans la province,
Il se donnait en tout vingt coups de nerfs de bœuf,
Mon père, pour sa part, en *emboursait* dix-neuf.
RACINE, *les Plaideurs*, act. 1, sc. 5.

Ce trait comique est emprunté de Rabelais, qui avait dit: « Et que, si en tout le territoire, n'estoyent que trente coups de bastons à guaigner, il en *emboursoyt* tousiours vingt-huit et demy, » *Pantagr.* liv. IV, c. 16.

EMBRACELER, *v.* Ce mot, ainsi que les deux suivans, est forgé par Henri Etienne, qui dit, en parlant des gens de palais: « On ne s'est pas contenté de laisser *embraceler*, enchaîner ou *embaguer* sa femme sans faire semblant d'en voir rien..... » *Apologie pour Hérod.* ch. 17.

EMBRASSADE, *s. f.* Le *Misanthrope* de Molière, act. 1, sc. 1, dit qu'il ne hait rien tant que

Ces affables donneurs d'*embrassades* frivoles.

EMBRASSEMENT, *s. m.* Ce substantif, pris au figuré, fait une belle image dans ce vers de J. Du Bellay, où il décrit la grâce flexible des contours de la vigne:

Du cep lascif les longs *embrassemens*.

EMBRASSER, *v.* de *imbrachiare*, mot de la basse latinité, formé de *brachium* (bras); *embrasser*, c'est proprement serrer dans ses bras, *brachiis amplecti*, *brachiis circumligare*, dit Jacques Sylvius dans sa *Grammaire latine-françoise*, pag. 117, Paris, 1531. De *imbrachiare*, on a fait d'abord *embracher*, qui se trouve dans le P. Labbe, et dont les Picards se servent encore.

« Ce petit enfant se mit à l'*embrasser avec les deux mains*, dont le roi se sentit touché et admirant son assurance, etc. » VAUGELAS, trad. de *Quinte-Curce*, in-4°, 1653, pag. 260.

Racine a relevé cette expression dans les *Remarques* qu'il a écrites de sa propre main sur quelques phrases de Vaugelas, dans son *Quinte-*

Curce (mss. de J. Racine, à la Bibliothèque royale).

J'embrasse mon rival, mais c'est pour l'étouffer.
RACINE, *Britannicus*, act. IV, sc. 3.

On dit encore tous les jours, en parlant d'un faux ami qui trahit quelqu'un au moment où il le caresse : *il l'embrasse, mais c'est pour l'étouffer.*

J'allais, seigneur, pleurer un moment avec lui :
Je ne l'ai point encore embrassé d'aujourd'hui.
Andromaque, act. 1, sc. 4.

Embrasser est du style familier; mais que Racine sait bien placer ces mots familiers !

Hé bien, ma fille! embrassez votre père;
Il vous aime toujours.
Iphigénie, act. II, sc. 2.

EMBRICONER, *v.* dérivé de *bricon*, venu de l'italien *bricone* (fripon, trompeur). L'abbé Féraud prétend que ce verbe, qui signifie *tromper*, a été introduit dans notre langue par le cardinal Mazarin, c'est une erreur puisque *bricon* se trouve déjà dans *Thiébaut de Navarre*, dans les *Fabliaux* de Barbazan, et que *briconner* se trouve, suivant M. Pougens, dans le *Recueil des poët. franç.* avant 1300, mss. tom. I, pag. 429. — *Poëtes français*, mss. du Vatican, n° 1490, fol. 102 v°.

Ce vieux mot n'a guère survécu au cardinal Mazarin, voilà ce qui est vrai.

EMBROGLIE, *s. m.* mot italien, dit l'abbé Féraud, habillé à la française : *embroglio* (embrouillement). « Ces droits forment un *embroglie* pour l'administration. » NECKER. C'est un néologisme.

EMBRONCHER, *v.* vieux mot. Broncher. On disait aussi *embronchier*. Plus anciennement on avait dit *embruncher*, mais, dans un autre sens, pour dire couvrir de tuiles, et par extension couvrir de quoi que ce soit. « *Solier,* dit Rabelais, c'est-à-dire plancher d'en haut, *embrunché* de sapin. De là, par métaphore, on a dit *embrunché,* puis *embronché* pour *chagrin, mal-content.* » LA MONNOYE.

EMBROUILLER, *v.* « Combien de fois *embrouillons*-nous nostre esprit de colère ou de tristesse, par telles ombres, et nous insérons en des passions fantastiques qui nous altèrent et l'ame et le corps. » MONT. liv. III, ch. 4.

« Nous aymons à nous *embrouiller* en la vanité, comme conforme à nostre estre. » *Le même,* liv. III, ch. II.

EMBROUILLURE, *s. f.* « Puisque je ne puis arrester l'attention du lecteur par le poids, *manco male,* s'il advient que je l'arreste par mon *embrouilleure.* » MONT. liv. III, ch. 9.

EMBUCHE, *s. f.* du latin *in* (en) et *boscus* (bois) ou de l'italien *bosco* qui a la même signification ; nos pères écrivaient *embusche.* « Les bonnes *embusches,* dit Nicot, se font dans les bois pour être mieux caché, et moins vu. »

« Le mari et le gentilhomme son parent *estoient en embusche* en un destroit par où nostre bon curé devoit passer. » *Les Cent nouvelles Nouvelles,* nouvelle LVIe.

Va-t'en faire venir ceux que je viens de dire,
Pour les mettre en embûche aux lieux que je désire.
MOLIÈRE, *les Fâcheux,* act. III, sc. 5.

On ne dirait aujourd'hui ni *être en embûche,* ni *mettre en embûche ;* mais bien *être* et *mettre en embuscade.*

Un poète moderne a personnifié l'*embûche.*

L'âge de fer, souillé des plus noirs attentats,
Amenant l'Avarice et l'Embuche homicide,
Chassa la Foi sincère et la Pudeur timide.

L'abbé Féraud approuve cette nouveauté, et nous sommes de son avis. Notre poésie est si timide, qu'il faut encourager les hardiesses, quand le goût ne les repousse pas.

EMBUCHER (s'), terme de vénerie.

Embûcher. C'est proprement faire rentrer la bête, le cerf dans le bois, dans son buisson, dans son gîte. *Embûcher,* comme *débûcher* vient du latin *boscus* (bois, buisson), et est dérivé d'*embûche.*

EMBUFFLER, *v.* mener par le nez comme un *buffle.* « Je ne m'estonne plus de ceux que les singeries d'Apolonius et de Mahumed *embufflèrent.* » MONTAIGNE, liv. III, ch. 10. Il est dans le *Dictionnaire français et anglais* de Cotgrave.

EMBURELUCOCQUER, *v.* Il signifie proprement, dit Le Duchat, s'emplir la tête de chimères semblables à celles que les moines ont coutume de loger sous leurs *capuchons de bure*. « N'*emburelucocquez* jamais vos esprits de ces vaines pensées. » RABELAIS, liv. I, ch. 6. Le verbe *emburelucocquer* revient encore liv. II, ch. 13 et liv. III, ch. 22.

« Et lorsque la fumée du vin commençoit *emburelucocquer* (offusquer) les parties du cerveau. » *Prop. rust.*

EMBUSCADE, *s. f.* Ce mot, qu'on trouve écrit *emboscade* dans les *Epithètes* de De la Porte, Paris, 1571, est dérivé de l'italien *imboscata* dont la racine est *boscus* (bois) en latin. Ce terme fut introduit dans notre langue après nos guerres d'Italie sous François 1er.

EMBUSQUER, *v.* qu'on trouve écrit *embuscher* dans nos anciens auteurs, est dérivé d'*embûche* ; *s'embusquer* ou *s'embûcher*, c'est, comme dit Nicot, se mettre, se cacher dans le *bois* pour surprendre son ennemi.

« Il vint s'*embuscher* (s'embusquer) dedens (dans) le boys du costé du dit Louviers. » ALAIN CHARTIER, *Hist. de Charles* VII, pag. 168, in-4°, Paris, 1617. « Il se *embuscha* en la forest, etc. » *Lancelot du Lac*, édit. de 1520.

« Notre marchant s'*embuscha* en une chambre de son hostel dont lui seul avoit la clef, et veoit (voyait) ladite chambre sus la cour, et par aulcuns secrets pertuis et plusieurs treilles regardoit, etc. » *Les Cent nouvelles Nouvelles*, nouv. XLIXe.

ÉMERIL, *s. m.* pierre métallique qui sert à polir et à brunir l'or. « M. de Salvoison, grand capitaine, disoit qu'il n'y avoit au monde si bon *émeril*, pour bien faire luire les armes que les lettres, paroles dignes des Césars. » BRANTÔME.

Il ne faut pas s'étonner que quelquefois l'ignorant, par son babil, l'emporte sur le savant ; l'*émeril* use les pierres précieuses.

ÉMÉRILLONNÉ, ÉE, *adj.* gai, vif, par allusion à l'*émerillon*, qui a l'œil vif.

Oui, tu m'as friponné
Mon cœur infriponnable, œil *émérillonné*.
SCARRON, *Dom Japhet*, act. II, sc. 1.

« Vous nous feriez plaisir de nous donner cette petite *émérillonnée*. » Mme DE SÉVIGNÉ.

ÉMERVEILLABLE, *adj.* Ce mot avait quelque chose de plus sonore et de plus poétique qu'*étonnant*. On le trouve dans Malherbe, et l'on devrait l'y reprendre.

Thétis ne suivit-elle pas
Ta bonne grâce et tes appas
Comme un objet *émerveillable?*
Ode VI, liv. I.

« Chose que nous tenions pour très-*esmerveillable*. » EST. PASQ. liv. X, lettr. 1. Ce mot a aussi été employé par Cl. Fauchet ; il se trouvait dans les premières éditions du *Dict. de l'Acad.*

ÉMERVEILLEMENT, *s. m.* état d'une personne émerveillée. « Mon *émerveillement*, dit Voltaire, dure toujours que le fils de Samuel Bernard nous ait fait banqueroute, et qu'il ait trouvé le secret de fricasser huit millions obscurément et sans plaisir. »

ÉMERVEILLER, *v.* dérivé de *merveille* comme le simple *merveiller* qui se trouve dans Villehardouin, *Conquête de Constantinople*, dans le *Dict. des Rimes*, par J. Lefèvre.

Chascuns homs s'en devroit *merveiller*,

lit-on dans le *Codicille de Jean de Meung* ; v. 1896.

ÉMIGRANT, ANTE, *adj.* et *subst.* mot créé au commencement de la révolution pour désigner celui ou celle qui sortait de France par opposition au nouveau gouvernement.

ÉMIGRATION, *s. f.* du latin *emigratio* (action d'émigrer). Ce terme, comme le premier et le suivant, est dû à la révolution.

ÉMIGRER, *v.* du latin *emigrare* (sortir de son pays pour s'établir ailleurs).

ÉMINENCE, *s. f.* du latin *eminentia* (élévation). Ce fut le pape Urbain VIII qui accorda aux cardinaux le titre d'*éminence*, le 10 janvier 1631 ; jusque là ils étaient traités d'*illustrissimes*. « Les cardinaux, dit de Caillères, *les Mots à la mode*, pag. 150, Paris, 1692, ont quitté, il n'y a que soixante ans, les titres d'*illustrissimes* et *révérendissimes* pour prendre le titre pompeux d'*éminence*. »

EMMAILLOTTEMENT, *s. m.* action d'emmaillotter, manière d'emmaillotter. « Les liaisons et *emmaillottemens* des enfans, dit Montaigne, ne sont plus nécessaires, et les mères lacédémoniennes eslevoient les leurs en toute liberté de mouvemens de membre, sans les attacher ni plier. » *Essais*, liv. II, ch. 12.

EMMAILLOTTER, *v.* Garnier, poëte tragique, oublié aujourd'hui, rivalise quelquefois avec Malherbe dans le chœurs de ses tragédies, qui sont de véritables odes. Il y joint souvent le sublime d'idées au sublime d'expression et d'image. S'il veut, par exemple, parler d'un enfant qui meurt en naissant, il représente la mort l'*emmaillottant* dans le tombeau.

EMMANCHÉ, ÉE, *adj.* « Ce sont belles armes, mais elles sont mal *emmanchées*. » MONT. liv. III, ch. 8, en parlant d'un mot heureux qui échappe à un sot. Ce mot fait image dans ce beau vers de La Fontaine :

Le héron au long bec *emmanché* d'un long cou.

« Il est sage naturellement, et, par une suite de pensées *emmanchées* à gauche, il joue le fou et le débauché. » Mme DE SÉVIGNÉ.

EMMANTELÉ, ÉE, *adj.* joli mot. Ronsard dit à l'Alouette :

Tu portes aux tiens la béchée.
A tes fils non encor ailez
D'un blond duvet *emmantelez*.

EMMÊLER, *v.* EMMÊLÉ, ÉE, *part.* Cet ancien mot se trouve dans Amyot et dans Pluche. « Rien, dit ce dernier, de si *emmêlé* que la marche des planètes dans le système de Ptolémée. »

EMMASQUER, *v.* couvrir d'un masque. « Le tout est couvert et *emmasqué* de fausses et vaines doctrines. » *Cont. d'Eutr.* tom. II.

EMMI, *prép.* On le trouve écrit *en mi* de deux mots et *enmi* d'un seul dans nos anciens auteurs ; il vient du latin *in* (en, dans) et *medio, milieu* : il signifie donc *au milieu*. Le *n* d'*en*, s'étant changé en *m* par la règle d'attraction, on a dit *enmi* pour *enmi*.

Puis va *en mi* la rue ester (se tenir)
Por (pour) son mari abeveter (prévenir).
Fable mss. du R. n° 7218, fol. 189 v°, col. 1.

Je l'entreveiz (l'entrevis) filant *en my* la rue.
Le Loyer des folles Amours.

Là vit Renard un moult bel estre
En mi le pré de l'autre part.
Le Roman du Renard, vers 7191 (13e siècle).

Un puis avoit *en mi* la cort.
Ibidem, vers 6601.

(Il y avait un puits au milieu de la cour).

Et ce semble qu'il ne sauldroit
Qu'abattre femme *emmy* les rues.
Poésies de G. Coquillart.

« Quant au mot *emmi*, qui s'est dit autrefois pour *au milieu*, il n'est plus usité que parmi le peuple dans cette façon de parler, *emmi la place*. » *Grammaire française* de Regnier-Desmarais, pag. 649, in-4°, Paris, 1706. Il est vieux et n'a point été remplacé. A l'idée principale exprimée par *dans*, il joignait accessoirement l'idée d'un être isolé, ou négligé, ou abandonné.

EMMIELLÉ, ÉE, *part.*

Un parler *emmiellé* de sa lèvre couloit.
RONSARD.

EMMIELLER, *v.* proprement frotter, remplir de miel. Au figuré, *paroles emmiellées*, discours flatteur et d'une douceur fade. Le poëte Regnier a dit :

O Muse ! je t'invoque, *emmielle*-moi le bec.

« Ce sont des mocqueurs qui se plient à nostre bestise, pour nous *emmieller* et attirer par ces opinions et espérances convenables à nostre mortel appétit. » MONTAIGNE, liv. II, c. 12, en parlant du paradis de Mahomet.

EMMITOUFLER, *v.* envelopper de fourrures. Montaigne a dit, dans ce sens, *emmitonner* ; ne viendrait-il pas de *mitaine*, ou *miton*, espèce de gants fourrés et sans doigts, et ne signifierait-il pas fourré, enveloppé comme les mains le sont dans des mitaines? « C'étoit autrefois, dit Le Duchat, la coutume en France, que lorsque les gens d'une noce bourgeoise étoient sur le point de se séparer, chacun gantoit ses mitaines, et on se donnoit les uns aux autres des coups orbes (des coups qui font des contusions qui ne viennent pas d'instrumens tranchans. *Voy.* ORBE, *adj. Dict. de Trévoux.*) avec la main fermée et ainsi *emmitouflée*; on appeloit cela *donner des nôces*, etc. » *Note sur Villon*, pag. 76, édit. in-12, La Haye, 1742.

EMMURER, *v.* de *immurare* (entourer, environner de murs), dans la basse latinité.

Sortir y fit fontaines et ruisseaux,
Qui vont coulant, et passent et murmurent.
Entre les monts qui les plaines *emmurent*.
CL. MAROT.

« La nature nous laisse aller par le monde, tous libres et délics; mais nous-mesmes nous lions, nous emprisonnons et *emmurons* en nous estreignans et réduisans à peu de petite et estroicte place. » AMYOT.

EMMURÉ, ÉE, *part.* « Une vallée *emmurée* dans de hautes murailles. » AMYOT. Mots que leur énergie et leur précision doivent faire regretter.

EMMUSELER, *v.* figurément amorcer, séduire. « Les moyens dont les imposteurs se servent pour l'*emmuseler* et le conduire où ils veulent. » *Lett. Nouv.* de J. B. Rousseau, tom. I, pag. 40. « Chacun *emmuselé* de son manteau. » *Contes d'Eutrapel*, t. 1. Dans ce dernier exemple, il signifie le visage caché dans son manteau.

EMOI, *s. m.* vieux mot qui signifiait peine, souci, chagrin, tourment; on a dit aussi *esmoy* et *esmayer*, d'où l'ancien verbe *s'esmoyer* ou *s'esmayer*, pour se chagriner, se tourmenter; ce dernier dans les *Fabliaux* de Barbazan.

. . . . . , ... Il s'est logé chez toi,
Chez toi franc de soucis, de peines et d'*esmoi*.
RONSARD, 1er liv. des *Hymnes*, hymne 8e.

« Il n'y a rien plus illustre en la vie de Socrate, que de l'avoir digérée (avoir digéré sa mort) tout ce temps-là sans *émoi*, sans altération. » MONT.

Mal, tourment ou martyre en amour:
Compagne de mon mal, assiste mon *émoy*.
REGNIER.

Ce fut au temps du mois de may
Qu'on doit chasser deuil et *esmay*.
BOREL.

« L'éphore qui coupa si rudement les deux cordes que Phrinys avoit adjoutées à la musique ne s'*esmoye* pas; si elle en vaut mieux, ou si ses accords en sont mieux remplis. » MONTAIGNE.

Il peut encore être employé dans le style marotique.

Rustan, témoin de l'invincible effroi
Qui s'emparait de toute l'assemblée,
Cherche lui-même à cacher son *émoi*.
BAOUR-LORMIAN, *Rustan*, conte oriental.

Grand Jupiter, disait dans son *émoi*
Une brebis au maître du tonnerre,
Las! tout ce qui peuple la terre
De tous les temps s'est ligué contre moi.
MONVEL, *Jupiter et la Brebis*, fable.

Pourquoi avoir banni du style soutenu un mot sonore qui ne manque ni de grâce, ni de noblesse?

ÉMONDEUR, *s. m.* celui qui émonde, qui ôte les branches superflues. Nos dictionnaires portent les mots *émonder* et *émondes* en ce sens, mais aucun ne parle d'*émondeur*. Cependant nous pouvons citer deux autorités respectables en faveur de ce mot. Domergue a dit:

L'*émondeur* élancé fredonnera dans l'air.
Trad. des *Eglogues de Virgile*, églog. I, v. 63.

Et M. Tissot:

Du haut de ces rochers, et d'échos en échos,
Entends de l'*émondeur* la voix retentissante.
Trad. des *Bucoliques*, églog. Ire.

EMORCELEMENT, *s. m.* « Estoit leur traité un *émorcelement* du royaume de France en plusieurs pièces souveraines. » EST. PASQUIER, liv. XVII, *lett.* 2.

ÉMORCELER, *v.* « C'est *émorceler* la majesté du roi en autant de parcelles, comme vous faites de chambres. » EST. PASQUIER, liv. XIV., *lettre* 3.

Son fils a dit *esmorsiller*, à peu près dans le même sens: « Les grands se prestent l'espaule pour eschantillonner l'Estat à parcelles, et l'*esmorsiller* en pièces à leur profit. » NIC. PASQUIER, liv. VII, *lett.* 2. Les deux premiers sont formés du subst. *morceau*, et le dernier parait plutôt venir de *morsure*.

ÉMOUCHER, *v.* chasser les mouches. Nous sommes redevables de ce mot à Rabelais qui écrit *esmoucher* et qui en fait un fréquent usage.

ÉMOUCHEUR, *s. m.* La Fontaine, fable 10e du VIIIe liv. a employé le mot *émoucheur* pour désigner celui qui chasse les mouches :

L'ours allait à la chasse, apportait du gibier;
Faisait son principal métier
D'être bon *émoucheur*, écartait du visage
De son ami dormant ce parasite ailé
Que nous avons mouche appelé.
. . . .
Aussitôt fait que dit ; le fidèle *émoucheur*
Vous empoigne un pavé, le lance avec roideur.

Emoucheteur, dans le même sens, se trouve dans Rabelais, l. II, c. 15.

ÉMOTION, *s. f.* « De tous les besoins factices, le plus dangereux est celui des *émotions*. » Le duc DE LÉVIS.

ÉMOULU, UE, *adj.* Combattre à *fer émoulu*, au propre et au figuré. « Socrate conservoit pour son exercice la malignité de sa femme, qui est un essay à *fer émoulu*. » MONT. liv. II, c. 11.

ÉMOUSSER, *v.* au propre rendre un instrument moins perçant, moins tranchant. Au figuré énerver, affaiblir. « La libéralité des dames est trop profuse au mariage et *esmousse* la poincte de l'affection et du désir. » MONTAIGNE, liv. III, ch. 5. « Qui a ses mœurs establies en réglement au-dessus de son siècle : ou qu'il torde et *esmousse* ses régles : ou, ce que je luy conseille plustost, qu'il se retire à quartier, et ne se mesle point de nous. » *Le même*, liv. III, c. 9. « Il y a cent traits qui s'*émoussent* sur un cœur noble ; il en vient un enfin qui porte le coup de la mort... » VOLTAIRE.

ÉMOUSTILLER, *v.* « Sa mère en lui donnant un jeune maître de chant, faisait tout de son mieux pour l'*émoustiller*. » J. J. ROUSSEAU.

ÉMOUVEUR, *s. m.* celui qui émeut, qui agite. « Le duc de Bourgogne fit pendre dedans Paris plusieurs de leurs complices, et des principaux *émouveurs* du commun, auxquels il fit couper les têtes. » *Chroniques de Monstrelet*, liv. 1, c. 204.

Emouveurs du commun (agitateurs du peuple).

ÉMOUVOIR, *v.* Nos pères ont dit *esmouvoir*. Il vient du latin *emovere* (faire changer de lieu, et, par conséquent, mettre en mouvement). « Le mot et le ton blessent, comme les exclamations des prescheurs *esmouvent* leur auditoire, etc. » *Essais de Montaigne*.

On dirait aujourd'hui *émeuvent*. Prétendre *émouvoir* la multitude par des traits fins et délicats, c'est essayer de couper du marbre avec un rasoir.

EMPALETOCQUÉ, ÉE, *adj.* mot dont s'est servi Rabelais pour dire affublé d'un *paletot*, ce qui signifiait un petit manteau, au derrière duquel pendait un capuchon.

« Enveloppé, entortillé. Le paletocq était une espèce de casaque à coqueluchon, dont la pointe ressemblait à la tête d'une huppe ; voilà pourquoi Rabelais dit *empaletoqué* comme une duppe (huppe). On a depuis appelé *paletoquets*, des gens sans aveu, parce que le *paletot* servait aux gens de guerre ; c'était aussi l'habillement des laquais. Le mot *palletocq* est espagnol. » *Gloss. de Rabelais*, édit. Desoër.

EMPAPINÉ, ÉE, *adj.* « Ils ouvrirent le casier (garde-manger), où ils trouvèrent ce poure prisonnier doré et *empapiné* d'œufs, de fromage, de lait et aultres choses, plus de cent. » *Cent nouvelles Nouvelles*, nouv. LXXIII.

EMPAQUETÉ, ÉE, *part.* d'*empaqueter* : au propre, mis en paquet ; au figuré, enveloppé comme un paquet. « Pourquoi, estimant un homme, l'estimez-vous tant enveloppé et *empaqueté?* » MONT. liv. 1, c. 42. « Si l'hiver couvre de neiges les campagnes d'Albe, votre poète lira tout courbé et bien *empaqueté* dans sa robe de chambre. » DACIER, trad. de la VII° *Epître* du 1er liv. d'Horace.

Il signifie aussi pressé, foulé : « Nous étions six *empaquetés* dans un carrosse. » LAVEAUX.

EMPARADISER, *v*. *L'art d'emparadiser les ames*, c'est le titre d'un ouvrage ascétique d'un bon Mathurin (Gabriel le Febvre), Caen, 1674.

EMPARLÉ, ÉE, *adj*. qui a la parole à la main. « Un prince bien *emparlé*. » EST. PASQUIER, *Pourparler du Prince*.

EMPARLIER, *s. m.* Cet ancien mot avait le même sens qu'*avocat*.

EMPAS, *s. m.* « Et durera ce temps de passe-passe, jusques à tant que mars ait mis les *empas*. » RABELAIS, t. I, p. 12, in-8°, 1732. « *Empas*, entraves; *impastoiare*, en italien, c'est mettre des entraves. » LE DUCHAT, *sur Rabelais*, note à l'endroit cité.

EMPASTURER. *Voy.* EMPÂTURER.

EMPATELINER, *v*. dérivé de *patelin* (*Voy.* ce mot); comme *pateliner* dont il est le composé. Caresser, séduire par des manières souples et artificieuses, comme dit M. Ch. Pougens à qui nous devons l'exemple que nous allons citer :

Il l'a si bien mitouinée,
Et si bien *empatelinde*,
Qu'il a fait ce qu'il a voulu.
R. BELLEAU, *OEuvres*, tom. II, pag. 135.

EMPATENÔTRÉ, fourni de *patenôtres*. OUDIN, *Dict. des trois lang*.

« Quand ces siècles ont porté de ces fols, la France a porté des sages qui leur ont bien fait cognoistre que les royautez ny les empires ne sont matière de marmousets *empatenostrez* (de moines à chapelet). » *La Fulminante*, pamphlet contre Sixte V et la Ligue.

EMPÂTER, *v*. racine, *pâte*. « La nature en Hollande, monotone, accablante, pèse sur les facultés, et *empâte* l'existence humaine. » *Lettres sur l'Italie*, liv. XLI, tom. VI, 1780.

EMPÂTURER ou EMPASTURER, *v*. faire paître, mener paître.

L'idée que présente cet ancien verbe, ne peut plus être rendue que par une périphrase.

EMPAUMER, *v*. racine, *paume*. C'est proprement, prendre, saisir dans la paume de la main, *in palmas assumere*; il a donc été formé de *paume*, comme empoigner l'a été de *poing*. Il signifie au figuré, séduire quelqu'un, se rendre maître de son esprit.

Le maître étant bon compagnon,
Eut bientôt *empaumé* la dame.
LA FONTAINE.

Tu connais l'art d'*empaumer* une fille.
VOLTAIRE, *l'Enfant prodigue*, act. III, sc. 2.

N'auriez-vous point été tenté
D'*empaumer* le cœur de la belle ?
Le même, les *Deux Tonneaux*, act. 1, sc. 1.

Je vois que vous avez *empaumé* le beau-père.
DESTOUCHES, *le Glorieux*, act. III, sc. 1.

(*Empaumé*, gagné, enjôlé le beau-père).

EMPÊCHÉ, ÉE, *adj*. qui s'employait fréquemment autrefois dans le sens d'embarrassé, contrarié, ne se dit guère aujourd'hui que dans ces locutions *empêché de sa personne*, *empêché de sa contenance*, pour dire, un homme qui est dans un grand embarras d'esprit, ou un homme qui ne sait comment se tenir. « M. le curé, un jour de bonne feste, estoit monté en chaire pour sermonner, là où il estoit fort empesché à ne dire guères bien. » DESPÉRIERS, n° 32. Un ecclésiastique reçut un jour une lettre avec cette subscription : « A Mr Mr P***, confesseur fort occupé, et prédicateur fort *empêché*. »

Jeunes cœurs sont bien *empêchés*
A tenir leurs secrets cachés.
LA FONTAINE.

Cela se dit dans le courroux :
Mais aux hommes par trop vous êtes accrochées ;
Et vous seriez, ma foi, toutes bien *empêchées*
Si le diable les prenait tous.
MOLIÈRE, *Amphitryon*, act. II, sc. 5.

BRINDAVOINE.

« Monsieur, il y a là un homme qui veut vous parler.

HARPAGON.

» Dis-lui que je suis *empêché*, et qu'il revienne une autre fois. » *Le même*, *l'Avare*, act. III, sc. 13.

EMPÊCHER, *v.* du latin *impedicare*, dont la racine est *pes*, *pedis* (pied). *Empêcher*, c'est retenir en quelque sorte quelqu'un par les pieds, comme s'ils étaient serrés dans des filets, dans des entraves. « Nous *empeschons* nos pensées du général et des causes et conduites universelles, qui se conduisent très-bien sans nous : et laissons en arrière nostre faict. » MONTAIGNE, liv. III, c. 9.

Le même a dit, *s'entr'empêcher*. « La paillardise et l'ivrognerie sont deux occupations qui *s'entr'empeschent* en leur vigueur. » Liv. II, c. 2. « *S'empêcher* du pensement (de la pensée) de chose si éloignée, ce seroit folie. » *Le même*. « La raison en est belle ; et c'est par-là qu'il *s'empécheroit* des choses. » MOLIÈRE, *le Festin de Pierre*, act. I, sc. 1.

S'empêcher de quelque chose, comme *empêcher* quelqu'un de quelque chose, ne se dirait pas aujourd'hui.

Dans le sens d'*occupé*, Mme de Sévigné lui a donné un complément amené par la préposition *à* : « Il est fort *empêché à* tromper sa femme, qui croit son fils en santé à Epoisses, et il est mort. » CCCLXVII^e *Lettre*, 21 octobre 1677.

EMPENNER, *v. Penne* du latin *penna* (plume d'oiseau), s'est dit anciennement; il se trouve, en ce sens, dans les *Cent nouvelles Nouvelles*, d'où l'on a dérivé *empenner*, garnir de plumes. On dit encore, une flèche *empennée* :

Mortellement atteint d'une flèche *empennée*,
Un oiseau déplorait sa triste destinée.
LA FONTAINE, liv. II, *fable* 6.

« On nous plaque les sentences de Cicéron en la mémoire toutes *empennées* comme des oracles, où les lettres et les syllabes sont de la substance de la chose. » MONTAIGNE, l. I, c. 25. « Imaginez la grand'presse, à qui auroit ce privilége, d'être porté tout *empenné*, sans yeux et sans langue, sur le poing de chacune qui l'accepteroit. » *Le même*, liv III, c. 5. « Opinions incertaines, desreiglées et *empennées* de trompeuses espérances. » NIC. PASQUIER, liv. VII, *lett.* 10. « Les libéralités désordonnées des souverains sont comme les plumes que l'aigle s'arrache, dont on *empenne* les traits qu'on lui tire. » *Pièces contre Luynes*, pag. 23, 1632.

EMPEREUR, *s. m.* EMPERIÈRE, IMPÉRATRICE, *s. f.* Le mot latin *imperator*, dont nous avons fait *empereur*, était dans le principe un titre que les soldats romains donnaient à tout général d'armée, et particulièrement celui qui avait remporté une victoire signalée sur les ennemis; mais Jules César s'étant fait nommer dictateur perpétuel, l'an de Rome 708, et le peuple lui ayant déféré le titre d'*empereur*, pour marque de l'autorité absolue dont il jouissait, dès lors le nom d'*empereur* commença à être un titre de dignité. « Et avec raison, Pindarus appelle la coutume, la royne et *emperière* du monde. » *Essais de Montaigne*. « Est-il possible de rien imaginer de si ridicule, que cette misérable et chétive créature, qui n'est pas seulement maistresse de soy, exposée aux offenses de toutes choses, se die maistresse et *emperière* de l'univers, duquel il n'est pas en sa puissance de cognoistre la moindre partie, tant s'en faut de la commander ! » MONTAIGNE. Nicot se plaint que l'on quitte *emperière*, qui est tout français, pour *impératrice* qui est latin.

Ce dernier a prévalu.

EMPÉRIÈRE (rime). La *rime empérière* est une espèce de rime couronnée, ainsi nommée par nos pères qui disaient *empérière* pour *impératrice*, parce qu'elle a en quelque sorte une triple couronne. « Ceste ne se fait que d'une syllabe répétée deux fois après le mot qu'elle couronne. De ceste n'a point usé Marot ni les célèbres poëtes de ce temps ; pour ce suy-je contraint d'en donner yci exemple :

En grand *remord mort mord*
Ceux qui *parfais fais fais*
Ont par *effort fort fort*
De clers et *frais, rais, rès*.

SEBILET, *Art poët. franç.* pag. 150, Lyon, 1576.

« Certes, de tels tours de force dont il résultait si peu d'agrément, ne font pas regretter ces sortes de jeux, auxquels s'exerçait l'esprit patient de nos aïeux. » *Gradus français*, tom. 1, pag. 439.

EMPERLER, *v.* orner de perles. « L'aurore, dit Scarron, est une fort honnête dame, qui, tous les matins de ses pleurs *emperle*, ce dit-on, les fleurs. »

« L'une travestie en garçon, coiffée d'un morion luisant, l'autre vestue en garce, coiffée d'un attifet *emperlé*. » MONTAIGNE, liv. 1, c. 25.

Ils disent que Malherbe *emperle* trop son style.
COURVAL, *Sat. du temps.*

EMPESER, *v.* du lat. *impicare*, racine, *pix* (poix), d'où le participe *empesé*, *impicatus*; on a dit aussi *empoisé* et *empoiser*, qui se trouvent dans les *Epithètes* de De la Porte. *Empesé*, proprement, pris dans de la poix, dans de la glue. Rabelais a dit *empeigée* : « Il demeurait empestré comme la souris *empeigée*, ou ung nulan pris au lasset. » Tom. 11, p. 27, édition de 1732. Et encore, liv. III, chap. 37 : « Vous me semblez à une souris *empeigée*; tant plus elle s'efforce soi despestrer de la *poix*, tant plus elle s'en embrenne. » *Empeigée* (*impicata*).

« Il y a des gens pleins d'esprit, mais *empesés* jusqu'au ridicule : or, chez ces sortes de gens, tenez-vous à l'esprit, sans vous prendre à l'*empois*. » *Traité du vrai Mérite*.

Ecartons la muse *empesée*,
Qui, se guindant sur de grands mots,
Préside à la prose toisée
Des poètes collégiaux.
GRESSET.

EMPESEUR, *s. m.* M. l'abbé de La Chambre appelait le P. Bouhours, en qui l'on prétendait qu'il y avait plus d'art et de contrainte que de naturel, l'*empeseur* des Muses.

EMPÊTRER, *v.* Ce mot, au propre, et dans sa première signification, a exprimé, suivant M. Simon Valhébert, être embarrassé dans un lieu pierreux ; il le fait venir d'*impetrare*, composé de *in* et de *petra*. Ne viendrait-il pas plutôt du latin *pes*, *pedis* (pied), engager, embarrasser les pieds? « On donne d'abord à la cour le nom de marquis par civilité; mais il y a toujours quelque rebelle; on les réduit bientôt, en *empêtrant* de ce nom ses amis et ses valets. » Mme DE MAINTENON.

« Les plus doctes en la langue latine sont quelquefois bien empeschez à se démesler des passages de Tertullien, et de son style africain, abrégé et *empestré*. » *Censure de Garasse*. « On est quelquefois *empêtré* dans son orgueil. » Mme DE SÉVIGNÉ.

« La raison (dans la colère) lors empestrée des passions, ne nous sert non plus que les ailes aux oyseaux englués par les pieds. » CHARRON, liv. III, c. 31.

« J'ayme à les laisser (les sots suffisans) embourber et *empestrer* encore plus qu'ils ne sont, et si avant, s'il est possible, qu'enfin ils se recoignoissent. » MONTAIGNE, liv. III, c. 8.
» L'esprit humain ne faict que fureter et quester, et va sans cesse tournoyant, bastissant, et *s'empestrant*, en sa besongne, comme nos vers à soye, et s'y étouffe. » *Ibidem*, c. 13.
« Ainsi se ruinent (de santé) ceux qui se laissent *empestrer* à des régimes contraints, et s'y astreignent superstitieusement. » *Ibidem*.

Oui, Nérine, je suis à l'imbécille maître
Qui s'est accoquiné, dans ce taudis champêtre,
A la triste moitié, dont il *s'est empêtré*.
LA CHAUSSÉE, *le Préjugé à la mode*, act. III, sc. 8.

EMPHASE, *s. f.* du grec ἔμφασις (*emphasis*) formé de ἐμφαίνειν (*emphaínein*), faire briller; affectation outrée dans l'expression, dans le ton de la voix. Mot créé par Ronsard.

Boissy a dit *emphaser quelque chose à quelqu'un*, lui en parler avec emphase :

Je vais. . . . .
Te peindre ces devoirs qu'ici tu nous *emphases*.
Les Dehors trompeurs, act. II, sc. 10.

et J. B. Rousseau, *ton emphasé* pour *ton d'emphase* :

Ni les grands mots, ni le ton *emphasé*
Au sens commun n'ont jamais imposé.
Epigramme VII.

On ne voit pas que leur exemple ait autorisé l'emploi de ces mots.

EMPIÉTEMENT, *s. m.* action d'*empiéter*, ses effets. Ce mot qui s'accrédite de jour en jour mériterait bien d'être définitivement naturalisé.

EMPIÉTER, v. C'est proprement avancer le pied dans, gagner du terrain pied à pied : aussi vient-il du latin *pes*, *pedis* (pied). Ce qui confirme cette étymologie, c'est cette expression employée dans la fauconnerie, où *empiéter le gibier* signifie le lier, l'arrêter avec les serres, *prædam unguibus illigare*, *implicare*, comme dit François Pomey dans son *Traité de la Fauconnerie*.

«Les Guises soudain après la mort du roi Henri, *empiétèrent* le maniement de toutes les affaires du royaume.» PASQUIER, liv. VII, ch. 52. «Le peuple leur laissa *empiéter le pouvoir* suprême dont ils usèrent tyranniquement.» BOSSUET, *Discours sur l'hist. universelle*.

EMPIREMENT, s. m. action d'empirer, état de ce qui empire.

Qu'il me va par *empirement*,
Car douleur m'assault fièrement.
AL. CHARTIER.

«Si, au lieu de la guarison, il (Dieu) nous envoye la mort ou l'*empirement* de nos maux, il le fait par les raisons de sa providence.» MONTAIGNE, *Ess.* liv. II, c. 12.

«Nos mœurs sont extrèmement corrompues, et penchent d'une fatale inclination vers l'*empirement*.» *Ibid.* ch. 17. «Gens fanatiqués, qui pensent honorer leur nature en se desnaturant; qui se prisent de leur mespris, et s'amendent de leur *empirement*.» *Le même*.

On aurait dû conserver ce mot dont le besoin se fait souvent sentir.

EMPIRIQUEMENT, adv. par la pratique. «Je crois qu'il faut commencer par connoître *empiriquement* un certain nombre d'espèces, pour déterminer les autres.» J. J. ROUSS. *Lettr. sur la Botanique*.

EMPLÂTRE, s. m. qu'on écrivait autrefois *emplastre*, du latin *emplastrum*, venu du grec ἔμπλαστρον qui a la même signification; rac. ἔμπλασσω (enduire par-dessus), parce qu'on l'étend sur le morceau de cuir ou de toile qu'on applique sur la partie malade, comme dit M. Planche dans son *Dictionnaire grec*.

«Le temps, *emplastre* commun et très-puissant à tous maux.» CHARR. liv. II, ch. 7.

EMPLOI, s. m. «Ceux qui sont dans les *emplois* ressemblent à ceux qui sont en mer : ils ne sont jamais leurs maîtres, et sont obligés de se soumettre au caprice des vents et des marées.» Le chevalier TEMPLE. «Les *emplois* font valoir les hommes, et les hommes font valoir les *emplois*.»

On a comparé ceux qui sont dans de grands *emplois* aux corps célestes qui ont beaucoup d'éclat, mais peu de repos.

Les *emplois* sont en petit nombre; cependant il y a encore plus d'*emplois* que d'hommes capables de les remplir.

EMPLUMER, v. garnir de plumes. «Jadis on *emplumait* un homme surpris en adultère.» *Glossaire de la langue romane*. «Couchées dans ces beaux licts *emplumez* d'œillets et de roses.» *Guzm. d'Alfar.* liv. III de la 2e partie.

Il se dit quelquefois au figuré, surtout avec le pronom réfléchi, dans le sens de s'enrichir : il s'est bien *emplumé* dans cette maison, dans cette charge, dans cette place.

«Se voyant investy et *emplumé* des despouilles de son ennemy.» *Contes d'Eutr.* t. I. Une satire du temps de Louis XIII définit les gens de Palais, une petite vermine *emplumée* qui mord jusqu'au sang.» *Pièces de Luynes*, pag. 208.

EMPLUMASSER, v. Bouchet, XXe Sér. s'est servi de ce mot, pour dire *emplumer*.

EMPOIGNER, v. dérivé de *poing*; c'est proprement saisir, serrer avec le poing. «J'ayme mieux estre moins long-temps vieil, que d'estre vieil avant que de l'estre : jusques aux moindres occasions de plaisir, que je puis rencontrer, je les *empoigne*.» MONTAIGNE, liv. III, chap. 5. «Naturellement chasque ouvrier se sent plus roide en certaine partie de son art, et les plus heureux sont ceulx qui se sont *empoignez* à la plus noble. » *Le même.* « Ils ne peuvent sortir d'un conte, quand à une issue de table, ils l'auront *empoigné*, se ruans à toute rencontre en leur histoire et contes de leurs faicts. » *Cont. d'Eutr.* tom. 1.

EMPOISONNER, *v.* dérivé de *poison.* C'est proprement mettre du poison dans quelque chose, ou faire prendre du poison à quelqu'un.

« *Empoisonner, envenimer* sont devenus de beaux mots en devenant métaphoriques.... Les médisans *empoisonnent, enveniment* tout, jusqu'aux actions les plus innocentes ; *des louanges empoisonnées ; un cœur envenimé.* » BOUHOURS, *les Entretiens d'Ariste et d'Eugène.* « Les paroles du Provincial sont innocentes, et elles le seront toujours, pourvu qu'*on ne les empoisonne point.* » *Le même*, *Remarques nouvelles sur la langue françoise,* pag. 412, Paris, 1676. « Il avait un fonds de mauvaise humeur capable d'*empoisonner* toutes les joyes du monde. » SAINT-ÉVREMONT.

Racine a dit avec une heureuse hardiesse :

Pallas de ses conseils *empoisonne* ma mère.

Phèdre, dans la tragédie de ce nom, act. IV, sc. 6, dit à OEnone, sa confidente :

Qu'entends-je ! quels conseils ose-t-on me donner ?
Ainsi donc jusqu'au bout tu veux m'*empoisonner* ?

EMPOISONNEUR, *s. m.* celui qui empoisonne. Boileau l'a employé au figuré dans deux acceptions différentes : d'abord dans celle de mauvais cuisinier :

Car Mignot, c'est tout dire, et dans le monde entier,
Jamais *empoisonneur* ne sut mieux son métier ;

et dans celle de corrupteur :

Traitent d'*empoisonneurs* et Rodrigue et Chimène.

Empoisonneuse se dit aussi substantivement; La Fontaine l'a employé comme adjectif :

L'*empoisonneuse* coupe.

EMPORTEMENT, *s. m.* Il ne se dit qu'au figuré. Il n'exprime pas l'action d'emporter, mais l'état de celui qui est emporté.

Le P. Bouhours nous apprend que le mot *emportement* est né de son temps sans qu'on sût précisément qui en était l'auteur. Né durant les guerres civiles, on ne le prit d'abord, dit-il, que pour un mouvement et un transport de colère.

EMPOUPER, *v.* Les vents *empoupent* le vaisseau, a dit Ronsard ; et cette expression remarquable par sa précision et son énergie est à regretter. On la retrouve dans Oudin, *Dict. des trois langues*, et dans Nic. Pasquier, liv. VII, *lett.* 4 : « Puissiez-vous *empouper* votre navire d'un vent heureux ! etc. »

EMPOURPRER, *v.* racine *pourpre*; *empourprer*, c'est colorer de rouge ou de pourpre.

Dès que l'aube *empourprait* les bords de l'horizon,
Ils menaient leurs troupeaux, etc.
LA FONTAINE, *Captivité de Saint-Malc.*

Pourpre se dit, en vers, pour sang, parce que la couleur du sang ressemble à celle de la pourpre :

Il tombe : de ses traits, que la mort a pâlis,
Un long ruisseau de *pourpre* ensanglante les lis.
LE BRUN, *les Veillées du Parnasse.*

Et les poètes on dit *empourprer*, pour teindre de sang, ensanglanter.

Tout fleuve, tout ruisseau de sang teignit son onde ;
Chaque arbre en *empourpra* son écorce et son cœur.
CHAPELAIN, *Ode au card. Mazarin.*

J'*empourprerais* mes plumes dans mon sang.
RONSARD, CXLII^e *Sonnet.*

« Et que ceste engeance serpentine, née en la ruine du dragon de la Ligue, n'*empourpre* les plaines du sang innocent. » *Le Politique français.*

Il n'est d'usage qu'en poésie, où même il vieillit, dit l'Académie; mais, comme l'a remarqué M. l'abbé Féraud, c'est un des privilèges et des charmes de la poésie d'employer de vieux mots à propos et avec goût.

EMPREINTE, *s. f.* La Fontaine, *Songe* :

L'herbe l'aurait portée, une fleur n'aurait pas
Reçu l'*empreinte* de ses pas.

C'est imiter en grand maître ces deux beaux vers où Virgile peint la légèreté de Camille, *Énéide*, liv. VII.

*Illa vel intactæ segetis per summa volaret
Gramina, nec teneras cursu læsisset aristas,*

ainsi rendus par Delille :

EMPRESSÉ, faire l'*empressé*; faire le nécessaire. C'est ce que les Latins appelaient *ardelio*. « Ne se moquerait-on pas d'un homme qui, en allant de Vienne à Paris, se ferait coiffer à chaque poste, en changeant de chevaux? Eh bien, c'est l'histoire des *empressés*, qui font des projets et se donnent bien du mouvement dans le voyage qu'ils font du berceau au tombeau. » LE PR. DE LIGNE.

EMPRESSEMENT, *s. m.* mouvement d'une personne empressée.

Seigneur, où courez-vous; et quels *empressemens*
Vous dérobent sitôt à nos embrassemens?
RACINE, *Iphigénie*, act. II, sc. 2.

Empressemens, est peu usité au pluriel; et il est encore moins permis de l'employer pour signifier *une affaire pressée*. GEOFFROY, *Œuvres de J. Racine*, au lieu cité.

EMPRISE, *s. f.* ancien mot, ou *entreprise*.

« En 1414, Jean de Bourbon, pour éviter l'oisiveté, acquérir de la gloire et la bonne grâce de sa dame, fit vœu, lui avec seize autres chevaliers et écuyers de nom et d'armes, de porter, pendant deux ans, tous les dimanches, à la jambe gauche, un fer de prisonnier, savoir : en or pour les chevaliers, et en argent pour les écuyers, jusqu'à ce qu'ils eussent trouvé pareil nombre de chevaliers et d'écuyers, pour les combattre. » *Mémoire sur la chevalerie*.

« Ces marques de captivité volontaire, dit la Bletterie, se nommaient *emprises*, c'est-à-dire *entreprises*, parce qu'elles prouvaient que celui qui les portait était résolu de les garder jusqu'à ce qu'il eût accompli le dessein qu'il avait formé. De là vient, si je ne me trompe, que notre mot français *entrepris*, signifie quelquefois *embarrassé*, *perclus*. »

« Depuis, ajoute Dureau de la Malle, note 22, sur sa traduction des *Mœurs des Germains* par Tacite, on mêla à cet héroïsme un peu féroce, de la galanterie. Il y eut ce qu'on appelait des *emprises* ou *entreprises* d'amour. On se parait d'un don de sa dame, d'une bague, d'un bracelet, etc., et on le portait jusqu'à ce qu'un chevalier plus adroit ou plus heureux eût remporté sur vous, dans un tournoi, quelque avantage; ce qui s'appelait assez improprement *délivrer*. Alors ce don de votre maîtresse passait au vainqueur. Voyez le joli roman du comte de Tressan : *Petit Jehan de Saintré*, où il y a plusieurs descriptions de ces *entreprises* d'amour. »

EMPRUNTER, *v.* On donne quelquefois des avis, de peur d'en recevoir, comme celui qui *emprunte* le premier de peur qu'on ne le lui demande.

EMPRUNTEUR, *s. m.* **EMPRUNTEUSE**, *s. f.* celui, celle qui a accoutumé d'emprunter. Ils se prennent aussi adjectivement. « Depuis que je travaille pour vous, les ressorts de mon esprit *emprunteur* sont diablement usés. » REGNARD, *la Sérénade*, sc. XI.

Ici gît un prélat d'*emprunteuse* mémoire,
Qui toujours prit, et jamais ne rendit.
Seigneur, s'il est dans votre gloire,
Ce ne peut être qu'à crédit.

EMPUTAIGNÉ, ÉE, *adj.* La *Bible françoise* du 12ᵉ siècle, manuscrit de la Bibliothèque du Roi, n° 6701, parlant des villes de la Pentapole, dit « qu'elles ne pouvoient éviter le courroux céleste, parce qu'elles estoient *emputaignées* de toutes sortes de vices. »

ÉMULATION, *s. f.* Platon dit que l'envie est la fille de l'*émulation*.

« L'*émulation* étouffe l'envie. » Le duc DE LÉVIS. Un ancien philosophe disait que la meilleure forme d'Etat était celle où il y avait beaucoup d'*émulation* et peu d'envie.

ÉMULER, *v.* C'est un présent qu'un anglais, M. Sherlock, a voulu nous faire, en disant : « Le roi de Prusse a *émulé* Horace; » mais nous ne l'avons point accepté.

EN, *prép.* vient ou du latin *in*, formé sur le grec ἐν (*en*), et marque une idée générale de contenu, d'intériorité : je suis *en* France ; il est *en* robe. Il paraîtrait, d'après la remarque du Père Bouhours, que ce n'est que du temps de Ménage qu'on a commencé à mettre *à* pour *en* devant les noms propres de villes commençant par une consonne; si l'on remonte plus haut, c'est-à-dire au 16e siècle et au-delà, on ne rencontre que confusion dans l'emploi des prépositions *à* et *en*.

« Je sais bien, dit le Père Bouhours, que nos anciens, comme a remarqué M. Ménage, disoient *en Paris, en Rouen, en Bordeaux*, à l'imitation des Italiens, qui disent *in Roma in Venezia, in Milano*. Ils dirent ensuite à la française, *à Paris, à Rouen, à Bordeaux*; ils conservèrent seulement *en* devant les noms de villes qui commencent par une voyelle; *en Avignon, en Arles, en Anvers*: mais, si nous en croyons M. Ménage, depuis quelques années, on met *à* partout; et il faut dire, sans craindre la rencontre de deux voyelles, *à Avignon, à Arras, à Arles, à Anvers*. » *Doutes sur la langue française*, proposés à Messieurs de l'Académie, par un gentilhomme de province.

L'un des trois jouvenceaux
Se noya dès le port allant *à l'Amérique*.
LA FONTAINE, liv. XI, *fable* 8.

On dirait aujourd'hui allant *en Amérique*.

Ou cette préposition *en*, que, selon M. Huet, on écrivait anciennement *end*, et qu'on trouve écrit *ent* dans le *Roman du Renard*, vient du latin *indè* (de là), et marque le point de départ : j'*en* reviens (je reviens de là), *indè redeo*.

Dans l'une et l'autre signification, elle se met devant plusieurs mots avec lesquels elle se joint :

1º Dans le sens de *in* (dans), *enterrer* (mettre *en* terre), *importer* (porter *en*, dans), *empaqueter* (mettre *en* paquet), *enfermer* (fermer *en*, dans), etc.

2º Dans le sens de *indè* (de là), *s'enfuir* (fuir *de là*), *emporter* (porter *de là*), *emmener* (mener *de là*). J'*emmène* mes troupeaux, je mène mes troupeaux, dit Domergue, en les faisant partir du lieu où je suis.

En se disait anciennement pour *on*, ainsi qu'il se voit dans le *Gloss. des Fabliaux* de Barbazan : l'*en* dit, pour l'*on* dit, et le peuple se sert encore de ce mot en quelques endroits.

« *En* est aussi un mot employé devant les noms propres, pour dire *monsieur* ou *madame*. Cela se voit en la Dispute de Sordem et Guillem, poètes provençaux, que Vigenère rapporte. Elle commence ainsi :

En Sordel que vous es semblan
De la pros comtessa prisan?

c'est-à-dire, Sordel, que vous semblé de la vaillante comtesse tant prisée? On parle encore ainsi aux villages de Pui-Laurens, Revel, Sorèse et en Laurageois, où l'on dit *en* Pierre, *en* Jean; et pour les femmes ils mettent *na*, et disent *na* Jeanne, *na* Catherine. De là vient que, lorsque nous ne savons pas le nom d'une personne au vrai, nous mettons une *N* capitale, au lieu de ce nom. » *Dict. de Trévoux*.

ÉNAMOURER, *v*. d'*inamorare* dans la basse latinité, ou de l'italien *innamorare*, causer de l'amour, dans le *Roman de la Rose*, dans Froissart.

Enamoura le plus pur de mon ame.
LOUISE LABÉ, *Elégie* II.

Bref, mon esprit, sans cognoissance d'ame,
Vivoit alors sur la bouche à madame,
Dont se mouroit le corps *énamouré*.
CL. MAROT.

On le trouve plus fréquemment avec le pronom réfléchi, *s'énamourer* (devenir amoureux).

De cil qui par *s'énamourer*,
De moy s'est tant fait honnourer.
AL. CHARTIER.

Flore dont le printemps estoit *énamouré*.
RONSARD, IIe liv. des *Hymnes*, hymne 3e.

« La femme du roi, nommée Antie, *s'énamoura* de lui (de Bellérophon) si fort, que laissant la honte en tels cas requise, elle lui offrit la jouissance de son corps. » MURET, *Commentaires sur les Amours de Ronsard*.

Durant que son bel œil ces lieux embellissait,
L'agréable printemps sous ses pieds florissait,
Tout riait auprès d'elle, et la terre parée
Estoit *énamourée*..
RÉGNIER.

« L'autre hier, j'avisais au sermon

tes œillades *énamourées*, et tes soupirs aller à ma sœur Blanche. » SAUVIGNY.

Ce mot *s'énamourer*, dont se servaient nos anciens, n'est-il pas plus doux, comme la remarque en a été faite par M. Sablier, *Essai sur les langues en général*, Paris, 1777, que notre mot *s'enmouracher*, qui d'ailleurs ne se prend guère qu'en mauvaise part? Molière a dit *désenamouré*, pour qui a cessé d'être amoureux :

Mais est-ce un coup bien sûr que votre seigneurie
Soit *désenamourée*, ou si c'est raillerie?
Le Dépit amoureux, acte 1, sc. 4.

Il paraît tiré de l'espagnol *enamorado*. L'usage n'a point adopté ce privatif qui avait le mérite de rendre une périphrase inutile.

ÉNARBRER (s'), *v*. se cabrer. Nos pères avaient tiré ce mot de l'italien *inalberarsi*.

ÉNARRABLE, *adj*. qu'on peut raconter, ne se dit pas, et son privatif *inénarrable* est français ; quand serons-nous conséquens?

ÉNASER, *v*. couper, arracher le nez. « Au lieu qu'on doit moucher l'enfant, cela s'appelle l'*énaser*. » MONTAIGNE, liv. II, ch. 6.

ÉNASÉ, ÉE, *part*. qui a perdu le nez. « Justinien tout essaurillé et *énazé* qu'il estoit, est réintégré en sa couronne. » PASQ. liv. III, chap. 4.

ENCADENASSER, *v*. dérivé de *cadenas*, diminutif de *cadène*, du latin *catena* (chaîne). *Cadène*, pour chaîne de fer, se trouve dans le *Dict*. de Philibert Monet. « Je fus *encadenassé* plus rigoureusement que les autres captifs. » *Recueil de pièces comiques*.

ENCAGER, *v*. « Don Quichotte se considérant ainsi *encagé*. » *Ancienne traduction*.

ENCALIFOURCHONNÉ, ÉE, *adj*.

Un ramoneur de cheminée
Me tient *encalifourchonnée*,

dit Proserpine, en parlant de Pluton qui l'enlève. D'ASSOUCY, *Ravissement de Proserpine*.

ENCAN, *s. m*. terme de jurisprudence, vente de meubles qui se fait par autorité de justice, au plus offrant et dernier enchérisseur. Ce mot vient du latin *in quantum*, d'où l'on a fait *inquant*, terme qui est encore usité dans quelques provinces ; et en d'autres, par corruption, on a dit *encan*. Ménage et Du Cange font venir ce mot d'*incantare* qui signifie crier ; mais l'autre étymologie paraît plus naturelle. « Mettre sa sagesse à l'*encan*. » D'ABLANCOURT.

ENCANAILLER (s'), *v*. dérivé de *canaille* ; hanter la *canaille*.

« Il est vrai que le goût des gens est étrangement gâté là-dessus, et que le siècle *s'encanaille* furieusement.

ÉLISE.

» Celui-là est joli encore, *s'encanaille!* est-ce vous qui l'avez inventé, madame?

CLIMÈNE.

» Hé!

ÉLISE.

« Je m'en suis bien doutée. » MOL. *la Critique de l'École des Femmes*, sc. VII.

Il semble par ce passage que Molière est l'auteur du mot *s'encanailler*, ou que ce mot, mis dans la bouche de la précieuse Climène, fut un de ces termes nouveaux qui prenaient naissance dans les ruelles des précieuses. Dans l'*École des Bourgeois*, le marquis, sur le point d'épouser la fille d'un banquier, écrit à un de ses amis : « Mon cher duc, c'est ce soir que je m'*encanaille*. »

« A quel point le mérite *s'encanaille!* » disait une femme d'esprit, en voyant un homme de lettres célèbre attendre, dans une antichambre, un grand qu'il était obligé de visiter.

ENCAPUCHONNER (s'), *v*. se couvrir la tête d'un capuchon.

ENCAPUCHONNÉ, ÉE, *part*. « Jamais tête *encapuchonnée* ne fut propre à notre métier, » dit Gui-Patin ; c'est-à-dire que les moines n'auraient jamais dû se mêler de médecine.

ENCAQUER, *v*. mettre des harengs en caque ; au figuré, entasser comme des harengs dans une *caque*. « On m'a conté qu'il (Henri IV) avait *encaqué* dans la Bastille plus de 50 millions de notre monnaie d'aujourd'hui. » VOLTAIRE, *l'Homme aux quarante écus.*

ENCENS, *s. m.* du latin *incensum*, participe d'*incendere* (brûler), sous-entendu *thus* (encens), *thus incensum* (encens brûlé), et le dernier mot *incensum* a conservé la force du second, et nous a donné le substantif *encens.*

Nous disons de l'*encens mâle*, Virgile a dit de même *mascula thura*, *Eglog.* VIII, v. 65.

Verbenasque adoles pingues et mascula thura.

(Brûler de la verveine et de l'*encens mâle*). Sur quoi le P. de La Rue fait la remarque suivante : « Mascula thura, *non sexu, nullum enim est fœmineum, sed bonitate »* (ce n'est point à cause de la différence du sexe, car il n'y a pas d'encens femelle, mais à cause de sa bonté). « Il est difficile qu'on ne mêle pas quelques grains de son propre *encens* à celui qu'on reçoit des autres. » FLÉCHIER.

Je ne puis, en esclave, à la suite des grands,
A des dieux sans vertus prodiguer *mon encens.*
BOILEAU.

Mais quoique *vos encens* le traitent d'immortel.
CORNEILLE, *Pompée,* act. I, sc. I.

« *Encens* ne souffre pas de pluriel. On offre l'*encens* aux immortels, mais l'*encens* ne traite pas d'immortel. » VOLTAIRE, *Remarques sur Corneille*, au lieu cité.

Quoi ! dormir sur un trône entouré de plaisirs ;
Parer ses mains d'un sceptre, et, méprisable idole,
D'un peuple désarmé *boire l'encens* frivole ;
Quoi ! c'est donc là régner ? . . . .
DE LA NOUE, *Mahomet* II, act. V, sc. 3.

Boire l'encens, n'est pas l'expression propre, on ne boit pas plus l'encens qu'on ne le mange.

On jetait quelques grains d'*encens* sur l'autel où l'on voulait immoler des victimes ; un médisant commence par dire du bien de la personne qu'il veut déchirer.

On nous pardonnera sans doute de donner ici place à cette jolie fable :

Le Grain d'encens et la Poudre à canon.

Un baril de poudre à canon,
Dans un coin d'arsenal, s'accoutumait d'avance
A parler sur un très-haut ton.
Trop vain, trop fier d'une existence,
Qui devait la ravir peut-être à bien des gens,
Il insultait un grain d'*encens*,
Qui réclamait sur lui le droit de préséance.
Il le taxait de suffisance
D'oser même prétendre à la comparaison.
Il faisait avec complaisance,
La longue énumération
Des ravages affreux qu'il nommait ses conquêtes.
L'*encens* d'un mot sut l'arrêter.
« Crois-moi, dit-il, je gâte plus de têtes,
Que tu n'en peux faire sauter. »
LANDRIN.

ENCENSER, *v.* « Pour gagner les hommes, il faut donner dans les maximes des hommes et *encenser* leurs défauts. » MOLIÈRE, *l'Avare*, act. I, sc. I.

Aspasie, en beaux vers, célébrait la sagesse,
Et Socrate amoureux *encensait* la beauté.
J. DELILLE, *la Conversation*, prologue.

ENCENSEUR, *s. m.* « C'était autrefois la coutume de louer les gens en face ; mais c'était une mauvaise coutume, qui exposait l'*encenseur* et l'encensé aux méchantes langues. » VOLTAIRE.

ENCENSOIR, *s. m.* Lorsqu'on parlait à Balzac de ses écrits, il fallait toujours avoir l'*encensoir* à la main.

L'abbé de Longuerue disait : « Je ne puis souffrir que ceux qui tiennent l'*encensoir* de la main droite, fassent égorger ceux qui ont le malheur de le tenir de la main gauche.

Mais un auteur *novice* à répandre l'*encens*
Souvent à son héros, dans un bizarre ouvrage,
Donne de l'*encensoir* au travers du visage.
BOILEAU, *Epître* IX, v. 20.

Les poètes disent l'*encensoir*, l'*autel* pour le sacerdoce, le pontificat, la dignité de grand-prêtre, pour l'église et la religion même.

Qu'est-il besoin, Nabal, qu'à tes yeux je rappelle
De Joad et de moi la fameuse querelle,
Quand j'osai contre lui disputer l'*encensoir*?
RACINE, *Athalie,* act. III, sc. 3.

Quel droit as-tu reçu d'enseigner, de prédire,
De porter l'*encensoir,* et d'affecter l'empire?
VOLTAIRE, *Mahomet,* act. II, sc. 5.

ENCHAÎNÉE (rime). C'était une ancienne espèce de rime où les vers étaient enchaînés par gradation. « De ceste (de cette rime), dit Sebilet, a usé Marot au dernier couplet d'une chanson, disant ainsi :

> Dieu des amans, de mort me garde,
> Me gardant, donne-moi bonheur :
> Et le me donnant pren ta darde,
> Et la prenant, navre son cœur :
> En le navrant me tiendras seur (sûr)
> En seur'té suivray l'accointance :
> En l'accointant ton serviteur
> En servant aura jouissance. »

Art. poétiq. franç. p. 148, Lyon, 1576.

ENCHAÎNEMENT, *s. m.* « Nous appelons opéra un certain enchaînement de danses et de musique qui n'ont pas un rapport bien juste. » SAINT-ÉVREMONT.

ENCHAÎNER, *v.* du latin *incatenare* (mettre dans les chaînes).

Quoi ! toujours *enchaîné* de ma gloire passée.
RACINE, *Britannicus*, act. IV, sc. 3.

Enchaîné de ma gloire, enchaîné par ma gloire, esclave de ma gloire.

Maudit soit le premier dont la verve insensée
Voulut avec la rime *enchaîner* la raison.
BOILEAU.

ENCHANTER, *v.* du latin *incantare*, composé de *cantare*. Virgile a dit :

Cantando rumpitur anguis.

(On fait crever un serpent en l'enchantant).

ENCHANTÉ, ÉE. Au 14e siècle, ce participe était une injure que la mort seule pouvait expier. C'est qu'alors les charmes, les enchantemens, étant punis du feu, sans merci, ces mots, à cause de l'horreur qu'ils inspiraient, ne pouvaient être employés métaphoriquement dans un sens poli. Le Père Bouhours, dans ses *Remarques sur la langue française*, à l'article *Enchanté*, dit que ce mot est nouvellement en usage ; mais il observe qu'il est un peu précieux.

ENCHANTEUR, *s. m.* du latin *incantator*, pris pour *magicien*, dans le *Deuteron.* XVIII, v. 10.

Mlle Scudéry était allée visiter Versailles, pendant l'absence du roi (Louis XIV). « Ce palais, lui dit-on, est vraiment un Palais *enchanté*. — Oui, répondit-elle, mais il faut que l'*enchanteur* y soit. »

ENCHANTEUR, ERESSE, *adj.*

D'un regard *enchanteur* connaît-il le poison ?
RACINE, *Brit.* act. II, sc. 2.

ENCHARBOTÉ, embarrassé, confus. Ce mot que Tabourot, dijonnais, emploie comme français, est bourguignon. La Monnoye le dérive de *carpere* dont on aura fait *charper*, prendre avec violence, par conséquent chiffonner ; le fréquentatif *charpoter* et *charboter*, par le changement ordinaire du *p* en *b*. *Gloss. des Noëls Bourguignons*.

ENCHÂSSER, *v.* dérivé de *châsse*, en latin *capsa* (caisse, coffre), mettre en châsse. « La main est le vray instrument par lequel nous *enchâssons* nos œuvres au temple de l'Immortalité. » EST. PASQ. liv. VIII, *lett.* 10. « La parole est à la pensée, ce que l'or est aux diamans : l'or est nécessaire pour les *enchâsser* ; mais il en faut peu. »

Mme de Hautefort, chez laquelle l'abbé Dubois avait demeuré, disait : « Quand il sortira une vérité de la bouche de ce petit abbé, je la ferai *enchâsser*. »

ENCHÂSSURE, *s. f.* Le *Dict. néologique* n'approuve pas ce mot au figuré. L'abbé Desfontaines, qui a augmenté ce dictionnaire, n'a pourtant pas fait difficulté de l'employer en ce sens : « Ces réflexions sont pour la plupart ingénieuses, et ne sont défectueuses que par leur forme et leur *enchâssure*. » Cet emploi paraît assez heureux à l'abbé Féraud, mais on ne peut pas dire que le mot soit naturalisé.

ENCHÉRISSEMENT, *s. m.* Le simple *chérissement* et *enchériment* se sont dits autrefois. « Le *chérissement* des tiens et l'amour des étrangers. » J. LE MAIRE DE BELGES (16e siècle).

Chérissement, amour, comme *chérir*, aimer ; *renchérissement*, *enchérir*, *renchérir* ne signifient autre chose que *chérir*, avoir cher, plus cher. « Ces *enchérimens* deshontés que la chaleur première nous suggère en ce jeu (les plaisirs de l'amour) sont non indécemment seulement, mais dommageablement employés envers nos femmes. » *Essais de Montaigne*, tom. II, pag. 205, Paris, 1789.

Caresses effrontées. *Cherer* ou *che*-

rir, blandiri alicui. NICOT. De *cherer* on a fait *encheriment* (caresse). Marot, dans une de ses épigrammes :

> Ne vous forcez de me *cherer*,
> Chère ne quiert point violence.

ENCHEVÊTRER, *v.* qu'on écrivait autrefois *enchevestrer*, du latin *incapistrare*, proprement mettre un *chevêtre*, *capistrum*, un licou à un cheval, et, figurément, s'engager dans un pas, dans une affaire difficile.

Périodes *enchevêtrées*, embarrassées comme celles du P. Maimbourg.

ENCLAVÉ, ÉE, adj. (*clavis*, clef). On le trouve pris en sens figuré dans les *Contes d'Eutrapel*, t. II : « Remaschant telle indignité et l'ayant *enclavée* sur son cœur. »

ENCLOÎTRER, *v.* proprement renfermer dans un *cloître*. « Il est clair, dit Voltaire, que si tous les garçons et toutes les filles *s'encloîtraient*, le monde périrait ; donc la moinerie est, par cela seul, l'ennemie de la nature humaine. » *L'Homme aux quarante écus.*

ENCLOS, s. m. du latin *in* et *claustrum* (clos dans), lieu renfermé dans une clôture.

> De ton champêtre *enclos* sentinelle assidue,
> A toute heure, en tout sens, il (le chien) parcourt l'étendue.
> DELILLE.

P. Corneille dit dans *Sertorius* :

> Je n'appelle plus Rome un *enclos* de murailles. »

Ce mot *enclos*, qui ailleurs est si commun, et même bas, s'ennoblit et fait un très-beau contraste avec ce vers admirable du héros romain :

> Rome n'est plus dans Rome, elle est tout où je suis.
> VOLTAIRE.

Panard dit de la chicane dans sa comédie des *Tableaux* :

> Elle déjeûne d'un *enclos*,
> Et dîne d'une métairie.

ENCLOUER, *v.* Comme *clouer* est formé de *clou*, *enclouer* un canon c'est faire entrer de force un clou d'acier dans la lumière de ce canon, afin qu'on ne puisse plus s'en servir. « La douleur *encloue* l'esprit comme le courage, et arrache le masque à la gravité. » BALZAC.

Enclouer, interrompre ce qu'on a commencé : « Mes *Origines* de la langue italienne ont été long-temps *enclouées*. » MÉNAGE. « Je vous y prends, Monseigneur ; voilà que *vous vous enclouez* vous-même. Puisqu'il étoit dans son accès de folie, vous ne deviez pas faire cas de ce qu'il disoit. » *Don Quichotte*, trad. de Bouchon-Dubournial.

S'enclouer, au figuré, s'enferrer, se prendre dans ses propres lacs, dans ses argumens.

ENCLOUURE, s. f. blessure d'un cheval encloué.

Voilà l'enclouure, au figuré, c'est-à-dire le point de la difficulté.

> . . . . Il n'est plus question
> Que de gagner son frère ; et *c'est là l'enclouure*.
> DESTOUCHES, *l'Homme singulier*, act. III, sc. 3.

Terme emprunté de l'art du maréchal.

L'enclouure, au propre, est un terme de manège et de maréchalerie, et signifie une blessure faite au pied du cheval par le maréchal qui le ferre : la difficulté de reconnaître le clou qui pique le pied de l'animal, c'est-à-dire le clou d'où résulte *l'enclouure*, a fait prendre ce terme au figuré pour signifier la difficulté, le point de la difficulté.

Enclouure, au figuré, dans le sens de difficulté, obstacle, embarras, se trouve déjà dans *Tristan, chevalier de la Table ronde*, roman imprimé dans le 16ᵉ siècle :

> . . . . . D'autre lieu vient *l'encloueure*.
> Feuille 105.

ENCLUME, s. f. masse de fer sur laquelle on bat les métaux, du latin *incude*, ablatif d'*incus* ; racine, *in* (sur), et *cudere* (forger).

Théodore de Beze disait : La religion réformée est une *enclume* qui a déjà usé bien des marteaux. C'est d'après cette idée que *l'Hist. ecclés.* de Beze représente, au-devant de chaque tome, son église sous l'emblème d'une *enclume* et de trois hommes armés qui usent inutilement et rompent leurs marteaux à frapper dessus.

J. B. Rousseau disait de Racine le fils : « Il a bien l'*enclume* de son père, mais il n'a pas son marteau. »

Etre entre l'enclume et le marteau, c'est être également froissé, tourmenté par deux partis opposés, être le souffre-douleur. Un précepteur, dans une éducation privée, est ordinairement *entre l'enclume et le marteau*, car il a à souffrir de l'insolence des valets et de l'orgueil des parens. « Ce proverbe, dit Nicot, est tiré du latin en mesmes mots et signification, *inter incudem et malleum*, et se dit des personnes qui sont tellement enveloppez de fascherie et anxiété, que de quelque costé qu'elles se tournent, ne reçoivent que peine et affliction, comme un fer qu'on bat sur l'*enclume*; lequel, au-dessous, sent la dureté d'icelle, et par-dessus la pesanteur des coups de marteau tombant sur luy. » *Explications d'anciens proverbes*.

ENCOFFRER, *v*. « Le président qui enrageoit et se mordoit le bout des doigts qu'il n'*encoffroit* ces dis escus. » *Contes d'Eutrapel*, tom. I.

Il s'est pris aussi dans le sens de mettre en prison. « Quinze jours après, les archers l'*encoffrèrent*. » SOREL, *Hist. comique de Francion*.

ENCOIGNURE, *s. f.* « La vertu assignée aux affaires du monde est une vertu à plusieurs plis, *encoignures* et coudes, pour s'appliquer à joindre l'humaine foiblesse. » MONTAIGNE, liv. III, c. 9.

ENCOMBRE, *s. m.* embarras, obstacle, accident, malheur. Au rapport de Ménage, il nous vient du latin barbare *incombrare*, fait de *combri*, qui signifie un abattis de bois. *Encombrier* ci-dessous semblerait confirmer cette étymologie tirée d'*incombrare*. « Le roy de Soissons, trop foible contre deux tant puissans ennemis, se retira au pays d'Orléans et vint en un lieu appelé *Combros*.... Coupant tout à l'entour de la place où il étoit campé, des arbres : par une ruse de guerre commune aux François et aux Germains, de toute ancienneté (un abrégé dit, *fecit Cumbros*, dont possible vient *encombrier*) laquelle fortification il prattiqua lors, attendant que son frère fist paix avec lui, ou que les trouppes que d'heure à autre il cuidoit joindre, fussent venues. » CL. FAUCHET, *Antiquitez françoises*, feuillet 168, Paris, 1599.

L'Académie, dans son *Dictionn.* dit qu'il est vieux ; il est certain qu'il n'est plus que familier, et qu'il fait bien dans le style plaisant ou critique.

Perrette, sur sa tête ayant un pot au lait,
Bien posé sur un coussinet,
Prétendoit arriver sans *encombre* à la ville.
LA FONTAINE, liv. VII, *fable* 10.

Nos pères ont dit *encombrier* dans le même sens que *encombre*.

Entre bouche et quillier
Avient souvent grand *encombrier*.
Roman du Renard (13e siècle).

« Cestuy (cet) hommage ne voulut faire le comte de Thoulouse, dont moult d'*encombriers* lui advint, etc. » *Les Neuf Preux*. « L'ame bien parée contre la mort, la superstition, les douleurs, et autres *encombriers* de l'humaine nécessité. » MONTAIGNE, liv. III, c. 7.

EMCOMBREUX, EUSE, *adj*. dérivé d'*encombre*, s'est dit anciennement pour embarrassant, difficile, fâcheux. M. Pougens rapporte, dans son *Archéologie française*, deux exemples de ce mot :

Je la trouve si *encombreuse*,
Si grevaine et si ennuieuse.
Roman de la Rose, v. 9270.

« Se il vient baillier cuves, ou huches ou gros merriens, ou tiex choses qui sont *encombreuses* à manoier. » BEAUMANOIR, *Cont. de Beauv*. ch. LIV.

ENCORNETER (s') *v*. mettre une cornette.

Messire Bon se couvrit d'une jupe,
S'*encorneta*. . . . . . .
LA FONTAINE.

ENCOUARDIR, *v*. rendre couard, lâche, poltron. *Voyez* COUARDER.

ENCOURIR, *v*. du latin *incurrere*, attirer sur soi, mériter. L'auteur de *la Coalition et de la France* (Salvandy), février 1817, a fait un usage hardi de ce verbe dans la phrase suivante : « La France avait, par l'usurpation du 20 mars, *encouru* la protection des puissances voisines. »

ENCOURTINER, *v*. (courtine,

cortina), au fig. entourer. « Celuy qui *encourtina* de murs les bourgades. » EST. PASQUIER, *Pourparler du Prince*.

ENCRE, *s. f.* de l'italien *inchiostro*, dérivé du latin *encaustum*. Dans Du Cange, on trouve *incaustum* pour *encaustum*, d'où les Italiens ont fait *inchiostro*, et les Français *encre*. Il paraît que, d'après son étymologie, ce mot a été d'abord du masculin, puisqu'on trouve dans Rabelais, tom. II, pag. 147, édit de 1732, *fin ancre*, au lieu de *fine encre*. Molière fait dire à un de ses pédans : « Je crèverois plutôt que d'avouer ce que tu dis, et je soutiendrai mon opinion jusqu'à la dernière goutte de mon *encre*. » « L'égoïsme écrit à l'*encre* le mal qu'on lui cause, au crayon le bien qu'on lui fait. » SÉGUR, *Gal.* etc. tom. II.

ENCRIER, *s. m.* « Savez-vous à quoi je compare cette mort de Marie-Thérèse ? A un *encrier* qu'on a renversé sur la carte géographique de l'Europe. » GALIANI.

ENCRÊPER (s'), *v.* prendre le deuil.

Allez vous *encrêper*, sans perdre un seul instant.
REGNARD, *les Ménechmes*, act. II, sc. I.

ENCRÊTER, *v.* (rac. crête, de *crista*). « Nostre roy *encrestera* le heaume de sa Minerve de palmes et de lauriers. » *L'Anti-pseudo-pacifique*, pamphlet de 1604.

ENCROÛTÉ, ÉE, fig. *encroûté* de préjugés.

Montaigne, liv. I, c. 35, a dit au propre : « *encrouster* les pores contre les coups de l'air et du vent gelés. »

ENCYCLOPÉDIE, *s. f.* du grec ἐγκυκλοπαιδεία (*egkuklopaïdéia*), cercle, enchaînement des sciences. Richelet dit que de son temps ce mot avait vieilli et qu'il ne s'employait plus que dans le burlesque; il a fait depuis une tout autre fortune. « Ce terme, observe M. Morin, dans son excellent *Dict des mots français dérivés du grec*, est spécialement affecté au titre d'un livre fort connu, et rédigé par une société de savans pour être le dépôt de toutes les connoissances humaines. » Voltaire dit de l'*Encyclopédie*, que c'est un habit d'arlequin, où il y a quelques morceaux de bonne étoffe, et trop de haillons.

Encyclopédie s'emploie quelquefois pour savoir universel; c'est ainsi qu'on dit d'un homme dont les connaissances sont universelles, que *sa tête est une encyclopédie*. Charles Bonnet appelait Leibnitz une *encyclopédie vivante*.

ENCYCLOPÉDISTES. Cette dénomination a été donnée depuis l'apparition de l'*Encyclopédie* aux divers auteurs de cet ouvrage qui, malgré ses imperfections, a tant contribué aux progrès des lumières.

ENDENTÉ, ÉE, qui a de bonnes dents.

Tous gens bien *endentés*.
LA FONTAINE.

ENDÊVER, *v.* avoir grand dépit de quelque chose; c'est un composé de *déver* ou *desver*, comme on parlait autrefois, qui vient lui-même du latin *deviare*.

Il s'en va si fort grumelant (murmurant)
Qu'il semble qu'il daive *desver*.
La Farce de Maistre Pathelin, p. 37, Lyon, 1538.

Elle saut sus (saute à terre, se lève) comme *desvée*,
Toute nue et eschevelée.
Le Roman du Renard, publié par Méon, v. 287.

M. Méon traduit ce mot *desvée* par rempli de chagrin, fou, *hors de sens*. Ce dernier paraît le plus proche de l'étymologie, car il vient de *deviare, deviatus* (s'écarter du chemin, au figuré sortir de sens), d'où nous tirons *endêver*, être dépité, être impatienté, rendu comme fou, fait sortir du droit sens, de la raison. Ménage le fait venir de *indivare*, comme qui dirait *à Deo aut à dœmone corrigi*. « Où a-t-il pris, dit Barbazan, ce beau latin et de si belles choses ? Que signifie *endêver*, ou le simple *desver*, sinon faire sortir de la voie, faire perdre la tramontane ? et ne vient-il pas naturellement de *deviare* ? » *Dissertation sur l'Origine de la langue française*, pag. 77, Paris, 1759. Le Père Labbe, *Etymologies des mots franç.* pag. 205, Paris, 1661, fait venir également *desver* ou son composé *endéver*, du latin *deviare* (s'éloigner du droit chemin) formé de *via* (voie, chemin, route).

On trouve dans le *Glossaire du Roman du Renard*, *desvé* traduit par fou, hors de sens ; *desverie*, par folie, extravagance.

ENDIABLÉ, ÉE, *adj.* « Sa fortune est à sa manière aussi *endiablée* que la mienne. » BUSSY-RABUTIN.

ENDIMANCHER (s'), *v.* Les Gascons disent *s'endimenja*.

Le lendemain, le baron *s'endimanche*,
Pour assister au banquet solennel.
BAOUR DE LORMIAN.

. . . . Plus d'un vin, rebut de nos gourmets,
Du peuple *endimanché* vient charmer les banquets.
DELILLE, *les Trois Règnes de la nature*, ch. 6.

ENDIZELER, *v.* ranger par dixaines, selon Nicot. Mot à raviver.

ENDOCTRINEUR, *s. m.* celui qui endoctrine ou qui cherche à endoctriner. Mot de conversation forgé en 1787 par des journalistes sans autorité. Il ne pourrait être employé que dans le style comique ou satirique.

ENDOLORI, IE, *adj.* On attribue l'invention de ce mot à J. J. Rousseau. Il a un autre sens que *douloureux*, qui signifie, qui cause de la douleur ; un membre *endolori* est celui qui ressent de la douleur. Nos pères ont dit *s'adolorer*, éprouver de la douleur. L'italien *addolorare* a dû donner *adolorer*. « Saint Augustin même, en lisant le quatrième livre de l'*Enéide*, où sont contenues les amours et la mort de Didon, ne s'en émut-il pas de compassion et ne s'en *adolora* ? » BRANTÔME, *Dames galantes*.

Le participe *endolori*, qui suppose le verbe *endolorir*, est plus doux à l'oreille qu'*adolorer* et *endolorer* qui s'est dit aussi. « Sa main douce et légère sait aller chercher tout ce qui les blesse, et faire poser plus mollement leurs membres *endoloris*. » J. J. ROUSSEAU.

L'abbé Féraud doute que ce mot ait prévalu : nous ne sommes pas de son avis.

ENDORMIR, *v.* C'est un composé de *dormir*, du latin *dormire* qui a la même signification ; au propre, faire dormir ; il se prend bien au figuré.

La Bruyère dit que le son des cloches, qui réveille les chantres et les enfans de chœur, *endort* les chanoines. « Petronius et Tigellinus, engagez à se donner la mort, l'ont comme *endormie* par la mollesse de leurs apprests. » MONTAIGNE, liv. III, c. 9. « Où ils ne peuvent guérir la plaie, ils sont contens de l'*endormir* et pallier. » *Le même*, liv. II, c. 12. « Je vous *endormirai* quelque jour des affaires de cette province. » Mme DE SÉVIGNÉ. « J'ai été à la campagne, où je n'ai songé qu'à *endormir* mon esprit. » Mme DE SCUDÉRY.

Se dormir, pour *s'endormir*, s'est dit anciennement. « Puis entre en la maison, et se couche sur son escu et *se dort*. » *Tristan, chevalier de la Table ronde*.

Le plus sage *s'endort* sur la foi des zéphyrs.
LA FONTAINE, *Elégie sur la disgrâce de Fouquet*.

« Le remords *s'endort* durant un destin prospère, et s'aigrit dans l'adversité. » J. J. ROUSSEAU, *Confess.* liv. II.

« Monsieur a l'air *d'un vivant qui ne s'endort pas sur le rôti.* » *A bon chat bon rat*, sc. XIX. *Recueil des Proverbes dramatiques de Carmontel*.

ENDOS, ENDOSSER, ENDOSSEUR viennent de *dos*, parce que les cessions ou transports des billets ou lettres de change s'écrivent sur le dos même de ces billets ou de ces lettres.

ENDROIT, *s. m.* qu'on a d'abord écrit *en droict*, du latin *in directum*.

On a dit autrefois *à l'endroit de*, pour à l'égard de, envers, mais cette locution était déjà vieillie du temps de Vaugelas. « Toutes les choses que la nature a créées, tous les arts et sciences en toutes les quatre parties du monde, sont *chacune endroict* soi une mesme chose. » JOACHIM DU BELLAY, *Illustration de la langue françoise*, chap. 1, Paris, 1549. « J'essayerois de nourrir en mes enfans une vive amitié et bienveillance non feinte *en mon endroit.* » *Ess. de Mont.*

« C'est aussi folie et injustice de priver les enfans qui sont en aage de la familiarité des pères, et vouloir maintenir *en leur endroit* une morgue austère et desdaigneuse, etc. » *Le même.* « Le roi Louis XI en usa ainsi à *l'endroit* de Pierre de Médicis, souverain magistrat de la république de Florence, auquel il donna permission, etc. » LE LABOUREUR, *de l'Origine des Armes*, pag. 42, 1658.

Cette expression se trouve encore dans Corneille, dans Molière et dans La Fontaine.

Et le peuple inégal *à l'endroit des tyrans*,
S'il les déteste morts, les adore vivans.
P. CORNEILLE, *Cinna*, act. I, sc. 3.

Le pauvre chat dit : Cher ami,
Les marques de la bienveillance
Sont communes *en mon endroit*.
LA FONTAINE, liv. VIII, *fable* 22.

ENDUIT, E, adj. et part. « Mais si ses intentions sont seulement *enduites* du bien public. » NIC. PASQUIER, liv. I, *lett.* 21.

ENDURCIR, v. du latin *indurescere* (devenir dur ou rendre dur.)

Le carme, le feuillant *s'endurcit* aux travaux.
BOILEAU, *le Lutrin*, ch. III.

Massillon a fait de ce verbe un usage hardi : « La prospérité *endurcit* le grand au plaisir, et ne lui laisse de sensibilité que pour la peine. »

ENDURER, v. dans le sens de supporter, du latin *indurare*, composé de *durare*. Virgile a dit dans ce sens ;

Patiar quemvis durare laborem

(je pourrai *endurer* (supporter,) toute sorte de maux).

ÉNERVER, v. du latin *enervare* (ôter, affaiblir les nerfs). « Tout ce qui rend l'autorité injuste et odieuse l'*énerve* et la diminue. » MASSILLON. Ronsard a dit *desnerver* pour rompre les nerfs :

Or s'il te plait, fai moi languir en peine,
Tant que la mort me *desnerve* et desveine.
Les Amours de Ronsard, LIVe sonnet.

ÉNÉTIQUE, s. f. mot forgé par allusion à l'émétique, *ab enecando*, tuer. Gui-Patin, grand ennemi de ce remède, prétend qu'on aurait dû l'appeler *hérétique*, pour le schisme qu'il a causé dans la médecine.

ENFANÇON (petit enfant) est très-ancien dans notre langue. *Voyez* ce mot dans l'*Archéologie française* de Ch. Pougens. C'est un mot dont se sont servis La Fontaine, J. B. Rousseau et Delille.

Par testament, il déclara la dame
Son héritière, advenant le décès
De l'*enfançon*. . . . . . .
LA FONTAINE, *le Faucon*.

Et ce qui plus l'attention réveille,
Quand vous voyez ces petits *enfançons*.
J. B. ROUSSEAU.

Il n'a point d'un badaud la bourgeoise tendresse,
Ne vous parle point des leçons
Que l'on donne à ses *enfançons*.
J. DELILLE, *la Conversation*, chant III.

Les diminutifs *enfanteau, enfançonnet, enfantelet* se trouvent dans nos anciens auteurs et dans les *Epithètes* de De la Porte, Paris, 1571. « Des là le père dit à ses amis, que cet *enfantelet* (Côme de Médicis) seroit un jour grand, comme il fut. » NIC. PASQUIER., l. VI, *lettr.* 5. Qu'il serait gracieux de suivre avec différens termes les gradations de l'enfance !

ENFANT, s. m. vient du latin *infans*, qui est le participe actif du verbe *fari* (parler) pris négativement : ainsi *infans* est proprement l'enfant qui ne parle pas encore. Juvénal l'a pris comme adjectif ou participe, quand il a dit :

Sed peccaturo obsistat tibi filius infans,

(que le respect que tu dois à ton fils en bas âge [qui ne parle pas encore] t'arrête lorsque tu es près de commettre une action indécente).

On lit dans Valère-Maxime *puerum infantem* (un enfant qui ne peut parler), et dans Tacite *infantibus liberis* (à ses enfans qui ne parlent pas encore, à ses enfans au berceau).

Nos *enfans*, messieurs et mesdames,
A quinze ans passent nos souhaits :
Tous nos fils sont des hommes faits,
Et toutes nos filles sont femmes.

Les *enfans* sont ce que nous sommes,
Ils ont les mêmes sentimens.
Les *enfans* sont de petits hommes,
Et les hommes de grands *enfans*.

« Les hommes en vieillissant deviennent des femmes, et les femmes des *enfans.* » RAYNAL.

M. de La Monnoye, dans son *Gloss. sur les Noëls bourguignons,* pag. 312, Dijon, 1720, rapporte cette épigramme :

> Si tôt qu'eut parlé Gabriel,
> La Vierge conçut l'Eternel
> Par une divine merveille.
> L'Archange ainsi le lui prédit,
> Et de là peut-être a-t-on dit
> Faire des enfans par l'oreille.

A quoi il ajoute qu'on lit dans une ancienne prose :

> Gaude, Virgo, mater Christi,
> Quæ per aurem concepisti,

c'est-à-dire : Réjouissez-vous, Vierge mère de Christ, qui *avez conçu par l'oreille.* « La philosophie faict bien l'*enfant,* à mon gré, quand elle se met sur ses ergots pour nous prescher. » MONT. liv. III, ch. 13.

On dit proverbialement : *il n'y a plus d'enfans,* quand on voit des *enfans* faire ou dire des choses qui sont au-dessus de la portée de leur âge.

> Dans ce siècle rusé l'on ne voit plus d'enfans.
> Une fille à quinze ans
> Pénètre jusqu'au fond de l'amoureux mystère
> Les secrets les plus curieux.
> A cet âge elle en sait tout autant que sa mère,
> Et l'exécute beaucoup mieux.
>   *Théâtre italien* de Ghérardi.

On appelle *enfant de l'amour,* un enfant né hors mariage :

> Charmant bâtard, cœur noble, ame sublime,
> Le tendre amour me faisait sa victime ;
> Mon salut vient d'*un enfant de l'amour.*
>   VOLTAIRE.

> Du lien conjugal telle est la destinée,
> Que le meilleur époux, en dépit qu'il en ait,
> Préfère toujours en secret
> Les enfans de l'amour à ceux de l'hyménée.
>   DEMOUSTIER, lettre LXXX *sur la mythologie.*

Enfant se prend bien au figuré. « C'était un Monde *enfant,* » dit Montaigne, en parlant de l'Amérique, liv. III, ch. 6.

> L'amour est *l'enfant* du loisir.
>   BENSERADE.

> Sous le ciel éclatant de cette ardente zone,
> Montrez-nous l'Orénoque et l'immense Amazone,
> Qui, fiers *enfans* des monts, nobles rivaux des mers,
> Et baignant la moitié de ce vaste univers,
> Epuisent, pour former les trésors de leur onde,
> Les plus vastes sommets qui dominent le monde.
>   DELILLE.

Et principalement en parlant des arts et des productions du génie :

> Les arts sont les *enfans* de la nécessité.
>   LA FONTAINE, *le Quinquina,* ch. 2.

> Il (Boileau) revoit ses *enfans* avec un œil sévère :
> De la triste *Equivoque* il rougit d'être père,
> Et rit des traits manqués du pinceau faible et dur
> Dont il défigura le vainqueur de Namur.
>   VOLTAIRE.

> Ce grand, ce sublime Corneille,
> Qui plut bien moins à notre oreille
> Qu'à notre esprit qu'il étonna ;
> Ce Corneille qui crayonna
> L'ame d'Auguste et de Cinna,
> De Pompée et de Cornélie,
> Jetait au feu sa Pulchérie,
> Agésilas et Suréna,
> Et sacrifiait sans faiblesse
> Tous ces *enfans* infortunés,
> Fruits languissans de sa vieillesse,
> Trop indignes de leurs aînés.
>   *Le même, le Temple du Goût.*

ENFANTEMENT, *s. m.* On a comparé la muse de Malherbe, qui composait péniblement, à une belle femme dans les douleurs de l'*enfantement.* « C'est le ridicule *enfantement* des montagnes. » PATRU, XIIe *Plaidoyer.*

> Et de l'*enfantement* d'un vers lourd et maussade,
> Je me sauve en faisant un tour de promenade.
>   VIGÉE, *Ma Journée.*

> L'inflexible Destin, secondant son orgueil,
> De rivage en rivage, et d'écueil en écueil
> Prolongeait leur exil. Tant dut coûter de peine
> Ce long *enfantement* de la grandeur romaine !
>   DELILLE, trad. de *l'Enéide,* liv. 1.

Enfantement, dans le sens de fondation ; c'est la traduction de ce vers :

> *Tantæ molis erat romanam condere gentem !*

ENFANTER, *v.* En prose il ne se dit que de la femme qui accouche d'un enfant ; mais en vers il peut se dire des animaux qui mettent bas leur portée :

> Elle (cette chèvre) a dans la coudraie *enfanté*
>   deux jumeaux.
>   DOMERGUE, trad. de la 1re *Eglogue de Virgile.*

Il est beau au figuré dans le sens de créer, produire, composer :

> Cieux, répandez votre rosée,
> Et que la terre *enfante* son *Sauveur.*
>   RACINE, *Athalie,* act. III, sc. 7.

« Il (J. C.) nous ouvre les portes de l'immortalité que le péché nous avoit fermées ; et le sein même de son tombeau *enfante* tous les hommes à la vie éternelle. » MASSILLON, *Sermon pour le jour de Pâques.*

> Celui de qui la voix *enfanta* l'Univers,
> Qui peut anéantir et la terre et les mers,
> Vous ordonne par moi de courir à la gloire.
>   DUCHÉ, *Jonathas,* tragédie.

De la Ligue en cent lieux, les villes alarmées,
Contre moi, dans la France, *enfantaient des ar-*
[*mées.*
VOLTAIRE, *la Henriade,* chant III, v. 144.

Boileau a dit :

Bienheureux Scudéri, dont la fertile plume
Peut tous les mois sans peine *enfanter un volume ;*

et M. Constant Dubos :

A l'honneur *d'enfanter un livre,*
Je préfère mes doux loisirs,
Et, peu jaloux de me survivre,
J'écris pour chanter mes plaisirs.

Et quel affreux projet *avez-vous enfanté ?*
RACINE, *Phèdre,* act. 1, sc. 3.

Les Ménades en foule inondoient les campagnes,
Frappoient l'airain sonnant, hurloient sur les mon-
[tagnes,
Et l'ivresse, *enfantant une coupable erreur,*
Changeoit leur culte en crime, et leur zèle en fureur.
ROSSET, *l'Agriculture,* ch. II.

ENFANTILLAGE, s. m. C'est à Montaigne que la langue est redevable de ce mot.

ENFANTILLER, v. faire des enfantillages, jouer d'une manière enfantine. « Je désire, dit Nic. Pasquier, que le précepteur *enfantille* aucunement avec mes nepveux. » Liv. VII, lett. 12.

ENFARINER, v. ENFARINÉ, ÉE, part. C'est proprement poudrer de farine. Les bouffons *s'enfarinent* le visage. « La plupart de nos vacations sont autant de farces ; il faut jouer duement notre rôle, mais comme rôle d'un personnage emprunté. C'est assez de *s'enfariner* le visage, sans *s'enfariner* la poitrine. » MONTAIGNE, liv. III, ch. 10.

On dit, dans le style plaisant, *s'enfariner* d'une science quelconque pour dire n'en prendre qu'une connaissance superficielle ; c'est en ce sens que l'abbé de Bonzi, raillé de ce qu'il ne savait pas de théologie, répondit qu'il suffisait aux Italiens d'*infarinarsi di teologia,* mais qu'il leur fallait *far fondo di politica,* moyen plus sûr d'arriver aux dignités ecclésiastiques.

« Vous m'obligerez d'aller au-devant du déplaisir que je recevrois, si l'on m'imprimoit ainsi barbouillé et *enfariné.* » BALZAC, liv. IV, lett. 19. C'est-à-dire farci de citations comme les *Œuvres* de la Mothe le Vayer.

« Aux champs, les filles ne sont encore *enfarinées* de ces belles furtives amourettes des villes. » *Contes d'Eut.* tom. II.

Les gens de grec *enfarinés*
Connaîtront Macare et Thélème.
VOLTAIRE, *Thélème et Macare.*

Venir la gueule enfarinée, c'est-à-dire avec ardeur, avec empressement, plein de confiance ; métaphore empruntée des boulangers. Avant que d'enfourner, ils sèment de la farine à l'entrée de leur four, et jugent, par la manière dont elle s'allume, si le four est en bon état. *Ducatiana,* t. II, pag. 495, Amsterdam, 1738.

« Je hais ce style de dire toujours que tout est de nos amis ; c'est un air *de gueule enfarinée,* qui n'appartient qu'à qui vous savez. » Mme DE SÉVIGNÉ, CCXXXVIIIe *Lettre,* 18 novembre 1675. « Mongobert m'a fait rire du respect qu'elle a eu pour M. de Grignan ; elle avoit mis (écrit) qu'il vînt à ce bal *la gueule enfarinée ;* tout d'un coup elle s'est reprise, elle a effacé *la gueule,* et a mis *la bouche,* tellement que c'est *la bouche enfarinée.* » *La même,* CCCCVe *Lettre,* 14 février 1680.

Les expressions proverbiales ne peuvent être changées ; ce sont des termes consacrés qui ne signifient plus rien si on les altère : ainsi Mad. de Sévigné riait avec raison de la délicatesse de Mad. Mongobert.

ENFER, s. m. « L'*enfer* pour les femmes est la vieillesse. » S.-ÉVREMONT.

Ce monde, hélas ! est bien un autre *enfer.*
VOLTAIRE.

L'exil de la cour est l'*enfer* des courtisans. « Voulez-vous savoir combien le pouvoir de l'imagination l'emporte sur les sens ? songez que ce qui paraît le plus effrayant à la plupart des hommes est ce qu'ils n'ont jamais vu, et ne peuvent jamais voir....... l'*enfer.* » M. DE LÉVIS.

Un jeune auteur allemand, M. Lenz, connu dans sa patrie par la fougue de son imagination, sa sensibilité et ses malheurs, descendu sur l'échafaudage d'où l'on contemple la cataracte du Rhin, à un quart de lieue de Schaffouse, se jeta à genoux, en s'écriant : C'est un *enfer* d'eau ! puis resta un quart d'heure entier immobile dans cette pénible situation.

L'*enfer* s'émeut au bruit de Neptune en furie.
Pluton sort de son trône ; il pâlit, il s'écrie :
Il a peur que ce dieu, dans cet affreux séjour,
D'un coup de son trident ne fasse entrer le jour,
Et par le centre ouvert de la terre ébranlée,
Ne fasse voir du Styx la rive désolée,
Ne découvre aux vivans cet empire odieux
Abhorré des mortels et craint même des dieux.
BOILEAU.

ENFERMEUR, s. m. « La princesse de Conti qui le chérissait, lui donna chez elle un asile impénétrable aux recherches du cardinal *enfermeur*. » LINGUET.

ENFERRER, v. proprement percer d'un *fer*. Rabelais l'a pris dans le sens de charger de fer, de chaînes : « Puis le feit lier et *enferrer* de grosses chaînes : finablement le feit occire. » Tom. IV, p. 195, édit. de 1732. « On les couchoit *enforgés* de pieds et de mains. » MONT. *Essais*, t. II, p. 233, Paris, 1789. « *Enforgés* ou *enferrés*, comme on parlait anciennement. *Enforgé* ne se trouve dans aucun des dictionnaires que j'ai consultés. » *Note de Coste sur Montaigne*, au lieu cité.

S'enferrer, au propre, signifie venir se jeter dans le fer de son ennemi, et au figuré, donner dans le piége qui nous est dressé.

« Il peut advenir que nous nous *enferrons*, et aydons au coup, outre sa portée. » MONT. liv. III, ch. 8. En parlant de l'avantage qu'un homme d'esprit laisse prendre quelquefois sur lui dans la conversation. Voy. *Revirade*, mot d'escrime qui éclaircit sa pensée par une comparaison tirée de cet art.

« Je trouve que nous ne sommes pas seulement lasches à nous défendre de la piperie, mais que nous cherchons et convions à nous y *enferrer*. » *Ibid*. c. 11. « *Enferré* bien avant aux brevets des marchands, usuriers, et autres gens de mainmise et d'intérest. » *Contes d'Eut*. t. I.

ENFIELLER, v. proprement, mêler de fiel ; figurément, rendre malheureux.

Pour *enfieller* le plus doux miel des hommes.
RONSARD, CIII^e Sonnet.

« On doit ensucrer les viandes salubres à l'enfant, et *enfieller* celles qui lui sont nuisibles. » MONT. l. I, c. 25.

Tout semblable à l'*envie*, à qui l'estrange rage
De l'heur de son voisin *enfielle* le courage.
RÉGNIER, *Epître* I.

« La tristesse *enfielle* nostre vie, et empoisonne toutes nos actions. » CHARRON, liv. I, c. 33. Le participe passé de ce verbe se trouve dans Ronsard. Linguet a voulu le rajeunir, mais sans succès. Nous disons *emmieller* ; pourquoi ne pas dire *enfieller* ?

ENFIÉVRER, v. ENFIÉVRÉ, ÉE, part. vieux mots dont le premier signifiait au propre, rendre malade de la fièvre, et le second, malade de la fièvre. « En temps de peste, dit Montaigne, l'imagination vous exerce à sa mode, et *enfièvre* votre santé même. » Liv. III, c. 12. Beaumarchais a voulu faire revivre ce mot ; hardiesse qui a excité, dit-il, la plus vive indignation parmi les puritains littéraires : « D'en parler seulement, il exhale un tel feu, qu'il m'a presque *enfiévré* de sa passion, moi qui n'y ai que voir. » *Barbier de Séville*, act. II, sc. 2. Gattel propose de le conserver dans le style familier, pour *transporté d'une passion violente*.

ENFILURE, s. f. action d'enfiler, suite de choses enfilées. « Je ne m'entends pas en lettres cérémonieuses qui n'ont d'autre substance que d'une belle *enfileure* de paroles courtoises. » MONTAIGNE, liv. I, ch. 39. « Les premières cruautez s'exercent pour elles-mêmes : de là s'engendre la crainte d'une juste revanche, qui produict après une *enfileure* de nouvelles cruautez, pour les estouffer les unes par les autres. » *Le même*, liv. II, ch. 27. « Luy remonstre d'un plat de langue bourgeoise et affinée une longue *enfileure* de bourdes. » *Contes d'Eutrapel*, t. II. « Qu'est-ce que tout cela, dit Charron d'ouvrages de son temps qui ressemblent beaucoup à ceux du nôtre, qu'un entassement et *enfilure* d'allégations, un recueil et ramas du bien d'autruy avec quelques poinctes et un bel agencement, et voila tout ? » Liv. I, c. 6.

ENFIN, adv. du latin *in* (en) et *fine* (fin) : aussi nos anciens auteurs l'écrivaient-ils de deux mots. On trouve *en la fin* pour *enfin*, dans le *Roman du Renard*, et Rabelais a dit *en fin* de pour *à la fin de*. « *En fin de* table Homenaz nous donna grand nombre de grosses et belles poires. » Tom. IV, pag. 285, édit. de 1732.

ENFLER, *v*. ENFLURE, *s. f.* onomatopées composées de la préposition, et du bruit de l'haleine chassée avec effort.

Enfler s'est dit d'abord pour l'action de remplir d'air un corps vide et flasque, jusqu'à ce qu'il ait acquis un certain degré de tension ; puis, *enflé*, s'est dit en général de tous les corps qui ont une grosseur inusitée ou accidentelle. Les Latins disaient *inflare* qui a la même racine et la même valeur.

Gonfler, que nous avons de plus qu'eux, est peut-être plus imitatif, parce qu'il est plus emphatique, et qu'on ne peut le prononcer sans une assez forte émission du souffle. CH. NODIER ; *Onomatopées françaises*. « Ils (les gens en place) *enflent* et grossissent leur ame et leur discours naturel selon la hauteur de leur siège magistral. » MONTAIGNE, liv. III, c. 10. « Ceux qui n'ont en soy rien de recommandable, que cette noblesse de chair et de sang, la font valloir, l'ont toujours en bouche, en *enflent* les joues et le cœur... » CHARRON, liv. I, c. 55.

. . . . Tu verras les auteurs
De tes titres pompeux *enfler* leurs dédicaces.
BOILEAU.

ENFLURE, *s. f.* « L'orgueil est une *enflure* du cœur qui se grossit lui-même ; c'est pourquoi il faut piquer cette *enflure*, pour en faire sortir le vent qui la cause. » Cette expression neuve de Nicole, choqua d'abord Mme de Sévigné et sa fille ; mais elles ne tardèrent pas à changer d'avis. « J'ai pardonné l'*enflure* du cœur, mandait peu après la première, et je maintiens qu'on ne peut exprimer mieux la vanité et l'orgueil qui ne sont à proprement parler, que du vent. »

L'*enflure* du style ressemble à l'embonpoint de ces malades qu'une fluxion a bouffis.

ENFONCER, *v*. racine, *fond*, proprement pousser au fond. Aussi a-t-on dit anciennement *enfondrer*. « Des chemins j'en évite volontiers les costez pendans et glissans, et me jette dans le battu le plus boueux, et *enfondrant*, d'où je ne puisse aller plus bas. » MONTAIGNE, *Essais*, l. II, chap. 17. « La qualité de roy estouffe et consomme les autres qualitez vrayes et essentielles : elles sont *enfoncées* dans la royauté : et ne leur laisse à eux faire valoir que les actions qui la touchent directement et qui luy servent, les offices de leur charge. » *Le même*, liv. III, ch. 7. « Les bons escrivains n'apportent point de mots à la langue, mais ils enrichissent les leurs, appesantissent et *enfoncent* leur signification et leur usage. » *Le même*, liv. III, c. 5. Molière fait dire à Cathos, dans les *Précieuses ridicules* : « Mon Dieu, ma chère, que ton père a la forme *enfoncée* dans la matière ! que son intelligence est épaisse, et qu'il fait sombre dans son ame ! »

On dit dans le même sens, dans le style familier et critique, *avoir l'esprit enfoncé dans la matière*. « Il y a des gens qui ne payent que de mine : ils n'ont pas, si je l'ose dire, deux pouces de profondeur. Si vous les *enfoncez*, vous rencontrerez le tuf. » LA BRUYÈRE.

Sachez qu'il ne faut que glisser
Sur les plaisirs ; ce sont des terres
Marécageuses et légères,
Où l'on doit craindre d'*enfoncer*.
NIVERNOIS.

Ce mot, dans ces derniers temps, a pris en conversation une acception toute particulière : il est *enfoncé*, dit-on, il est surpassé, déjoué, ou ruiné.

ENFONÇURE, *s. f.* « Dans les sciences mesmes qui sont à nostre usage, il y a des estendues et *enfonceures* très-inutiles que nous ferions mieux de laisser là. » MONTAIGNE, liv. I, c. 25.

ENFORESTÉ, ÉE, *adj.* enfoncé dans une forêt, à ne savoir pas comment en sortir.

ENFOURCHER, *v*. dérive de *fourche*, en latin *furca*. Le simple *furcher*, pour enlever avec une fourche, se trouve dans le *Roman du Rénard* (13ᵉ siècle).

ENFOURNER, *v.* racine, *four*; c'est proprement pousser, mettre dans le four. « Ma raison refuse de m'*enfourner* à ce plaisir. » MONTAIGNE, liv. III, c. 2. « *A mal enfourner, on fait les pains cornus*, Régnier avait en vue ce proverbe, lorsqu'il dit, *Satire* x :

Pour bien faire du pain, il faut bien *enfourner*.

» *A l'enfourner on fait les pains cornus*, c'est-à-dire qu'il faut bien dresser et projeter les commencemens de tous affaires, de peur d'encourir le proverbe latin *impingere in limine*, c'est-à-dire, se heurter le pied au seuil de la porte, dès le premier pas qu'on fait pour sortir de la maison. Cette similitude est prise des fourniers (boulangers), lesquels se gardent, tant qu'ils peuvent, mettans le pain dans le four pour cuire, de heurter à chose qui puisse difformer leur pain estant encore tendre. Car quand il est cuit et endurcy au feu, il ne se peut redresser. Ainsi en est-il de quelque faute faite dès le commencement d'une affaire, laquelle ne se peut, par après, rhabiller. » NICOT, *Explications d'anciens proverbes. etc.*

ENFRASQUER, *v.* italien *infrascare* (couvrir de feuillage, et métaph. embrouiller, embarrasser). « Vaut-il pas mieux demeurer en suspens, que de s'*infrasquer* en tant d'erreurs que l'humaine fantasie a produictes ? » MONTAIGNE, liv. II, c. 12. « Les princes de cet art (de la jurisprudence), s'appliquans d'une péculière attention, à trier des mots solemnels et former des clauses artistes, ont tant poisé chasque syllabe, espluché si primement chasque espèce de cousture, que les voilà *enfrasquez* et embrouillez en l'infinité des figures et si menues partitions, qu'elles ne peuvent plus tomber sous aucun reiglement et prescription, ny aucune certaine intelligence. » *Le même*.

ENFREINDRE, *v.* du latin *infringere* (rompre, briser). Il ne se dit guère que des lois et des traités. Le simple *fraindre*, par un *a*, de *frangere*, se trouve dans le *Roman du Renard* (13ᵉ siècle), et *refraindre*, pour, arrêter, modérer, dans Cl. Fauchet: « La crainte qui me pouvoit *refraindre*. » *Antiquités gauloises et françoises*, fº 1 tourné (1599).

ENFRÉNER, *v.* du latin *infrenare* (mettre un frein), dans nos anciens auteurs. « Leurs chevaus tous enselez et tous *enfrénez* de lorainz (brides, rênes) dorez. » *Chron. de Saint-Denis*, liv. III, c. 18. « Quant le roy veit son cheval *enfréné*, il saillit sus. » PERCEFOREST. Nous avons conservé *refréner*, qui ne se dit plus qu'au figuré : *refréner ses passions*. *Enfréner*, au propre, aurait remplacé une circonlocution.

ENFUIR (s'), *v.* composé de *en*, du latin *indè* (de là), et de *fugere* (fuir). *Il s'est enfui de sa prison.* « Toutes les fois, dit Demandre, qu'il y a un nom de lieu après *enfuir*, c'est une espèce de pléonasme, car *en* qui est joint à ce verbe, marque déjà que c'est d'un lieu qu'on fuit. » *Dict. de l'Elocution franç.* Boileau avait mis d'abord dans sa 1ʳᵉ *Satire*, vers 10 :

S'en est *enfui* chargé de sa seule misère.

Il a corrigé ainsi :

Vient de s'*enfuir* chargé, etc.

Enfuir, s'écrivait anciennement de deux mots : « Lequel s'en estoit *fui* et retiré au Pays-Bas. » *Essais de Montaigne.* On trouve dans Hugues Salel, auteur d'une vieille trad. de l'*Iliade*, liv. VIII :

. . . . . C'est par force et contrainte,
Diomédès, qu'il nous faut déloger.
Fuyons-nous-en : vois-tu pas le danger ?

ENGAGEANTE, *s. f.* nom qu'on a donné autrefois à une espèce de manches de femmes.

. . . . Et ces manches galantes,
Laissant voir un beau bras, ont le nom d'*enga-*
[*geantes*.
BOURSAULT, *les Mots à la mode*, coméd. sc. 15.

Agnès en vain cherche ses *engageantes*,
Son beau collier de perles jaunissantes.
VOLTAIRE.

ENGAGEMENT, *s. m.* action d'engager ses effets. « *Les engage-*

mens du monde, prendre des engagemens avec quelqu'un, sont des termes de nouvelle création. « BOUHOURS, *les Entretiens d'Ariste et d'Eugène*.

ENGEANCE, *s. f.* (gens), mot de mépris.

Babillard, censeur et pédant,
Sont en plus grand nombre qu'on pense,
Chacun des trois fait un peuple fort grand,
Le créateur en a béni l'*engeance*.
LA FONTAINE.

ENGEIGNER, ENGINGNER, ENGINGNIER, ENGIGNIER, ENGANNER, *v.* de l'italien *ingannare* (tromper, duper), à moins qu'il ne dérive d'*engin*, qu'on trouve écrit *enging* (finesse, tromperie) dans le *Roman du Renard* (13ᵉ siècle) :

Se par *enging* ou par savoir
Ne me fusse de vos estors (soustrait).
Vers 5488.

Ce mot est très-ancien dans notre langue, et se lit, sous ces différentes formes, dans nos vieux auteurs.

N'a encor guères qu'il cuida
Tel *engignier* qui l'*engigna*.
Le Roman du Renard, publié par M. Méon, vers 2166.

(Il n'y a pas long-temps qu'il pensa tel tromper qui le trompa.) Expression, devenue proverbiale, dont La Fontaine a usé, *fable* xi, liv. 4, comme nous verrons plus bas. La Monnoye regrette beaucoup ce mot qu'aucun, dans notre langue, n'a pu remplacer. Aussi, La Fontaine, après en avoir fait usage dans ces vers,

Tel, comme dit Merlin, cuide *engeigner* autrui,
Qui souvent s'*engeigne* lui-même,

ajoute :

J'ai regret que ce mot soit trop vieux aujourd'hui ;
Il m'a toujours semblé d'une énergie extrême.

ENGENDARMER (s'), *v.* se livrer aux exercices, prendre les manières d'un homme de guerre. BRANTÔME.

ENGENDRER, *v.* Gendrer, pour, *engendrer*, produire, se trouve dans le *Roman du Renard* (13ᵉ siècle), d'où le composé *engendrer*. Le simple doit venir du latin *gignere*, qui a la même signification, le *g* changé en *d*.

Piron, pour faire entendre que le style de Moncrif ne pouvait servir de modèle, disait : « Fontenelle a *engendré* Marivaux ; Marivaux a *engendré* Moncrif ; Moncrif n'*engendrera* personne. »

Engendrer, donner pour gendre.

TOINETTE (à *Argan*).

« Voici monsieur Diafoirus, le père, et monsieur Diafoirus, le fils, qui viennent vous rendre visite. Que vous serez bien *engendré* ! » MOLIÈRE, *le Malade imaginaire*, sc. v. Cette expression, créée par Molière, est fort plaisante dans l'ironie ; notre comique avait déjà dit dans l'*Étourdi*, act. II, sc. 6 :

Ma foi, je m'*engendrais* d'une belle manière.

Richelet a donc eu tort, comme l'observe M. Bret, de dire dans son *Dictionnaire*, au mot *engendré*, que ce mot factice et burlesque ne se trouvait que dans le *Malade imaginaire*.

Voulez-vous que Chrysante ait le cerveau perclus
Au point de s'*engendrer* d'un cadet tout au plus,
Qui ne possède rien. . . . .
J. B. ROUSSEAU, *le Flatteur*, act. II, sc. I.

. . . . Par là je contredis ma femme
Qui voudrait m'*engendrer* d'un grand complimenteur.
DESTOUCHES, *le Glorieux*, ac. II, sc. I. 16.

ENGER, *v.* (*ingignere*). « Votre père se moque-t-il, de vouloir vous *enger* de son avocat de Limoges ? » MOLIÈRE, *M. de Pourceaugnac*.

ENGIN, *s. m.* Engein, enging, engaigne. Ce mot, écrit de ces différentes manières dans nos anciens auteurs, vient du latin *ingenium* (esprit, génie) et a signifié esprit, adresse, ruse, subtilité, tromperie. « Un *engin* (esprit) moyen conduit esgallement et suffit aux exécutions de grand et de petit poids. » *Essais de Montaigne*, tom. VI, pag. 42, Paris, 1790. « Vous ne povez si bien exploicter par force comme par *engin* (ruse, adresse). » *Lancelot du Lac*, roman imprimé en 1520. « Vos *engins* (esprits) travaillent à acquérir finances. » *Œuvres d'Alain Chartier*, pag. 414, in-4°, Paris, 1617. On lit dans les *Annotations sur Al. Chartier*, ibid. pag. 856 : « Ce que les Latins disent *ingenium*, les vieux François l'ont traduit par *engin*. Le Reclus de Molens :

Hom qui raison as et *engien*.

« Et en un vieil fragment, la force vient de bon sens et de bon *engien*, plus que de grandeur de membres. De là *ingénieurs*, ceux qui appliquent leur esprit à fabriquer les machines de guerre, appelées aussi pour ce sujet, *engins* ; ce que le *Roman de Garin* comprend en ce vers :

Li (les) *engignierres* (ingénieurs) qui ont l'*engin*
[basti. »

Il est évident qu'*engignierre*, *engengnier* ou *engignour*, comme on parlait autrefois, et *ingénieur*, comme on dit aujourd'hui, dérivent d'*engin*. On les trouve fréquemment dans Froissart.

Engin, dans le sens de machine de guerre, vient donc aussi du latin *ingenium*. On appelait même en mauvais latin ces machines, *ingenia*. *Hi se clauserunt propè ripas ingeniorum*, dit Guillaume le Breton, dans l'Histoire, en vers, de Philippe-Auguste, en parlant du quartier où étaient les machines.

Non seulement ce mot *engin*, s'est pris pour machine de guerre, mais même pour machine, instrument en général. En parlant du tyran Phalaris, il est dit dans les *Epithètes* de De la Porte : « Il prenoit plaisir d'avoir plusieurs *engins* propres à tourmenter les criminels. »

Dans le sens d'esprit, ce mot s'est encore conservé dans cette expression adverbiale : *mieux vaut engin que force*. Dans le sens de machine, il se dit encore de machines pour enlever, pour porter des fardeaux. Il exprime aussi, en termes de pêche et de chasse, des filets, pour prendre des poissons et des oiseaux :

De là naîtront *engins* à vous envelopper.
LA FONTAINE, liv. I, *fable* 8.

ENGINGNER ou **ENGINGNIER**, *v. Voy.* ENGEIGNER.

ENGONCÉ, ÉE, *adj.* ne vient point de l'*ingonnicatus* de Ménage, mot forgé par lui, mais du lat. *abscondere*. On disait anciennement *absconcer*, *esconcer*, pour dire le soleil se cache, disparaît, il s'*engonce* ; une tête ou une chose *engoncée*, c'est qu'elle semble vouloir se cacher.

ENGOUEMENT, *s. m.* Ce mot s'est établi, quoique réprouvé par l'abbé Desfontaines.

Le meilleur caractère a souvent sa manie ;
La sienne est l'*engoûment*. . . . .
PALISSOT.

ENGOUER, *v.* (*guttur*). Ce mot était apparemment encore nouveau du temps de Mme de Sévigné ; car elle le relève, quoique sans le désapprouver : « Mme de La Fayette me mande qu'elle est *engouée* de vous ; c'est son mot. »

Engouer (s'), *v.* C'est proprement s'étouffer, s'étrangler en mangeant trop goulument.

Il ne mange pas, il dévore ;
Et le fait tant avidement,
Qu'il s'*engoue* ordinairement.
SCARRON.

Et figurément, se saisir d'un enthousiasme irréfléchi pour un objet qui nous plait et qui nous étourdit. Nos pères disaient *engamer*, qui paraissait venir du mot anglais *game*, jeu, comme *engouer* pourrait venir de *jouer*.

ENGOUFFRÉ, ÉE, *adj.* « La vérité est *engouffrée* en de profonds abymes, où la vue humaine ne peut pénétrer. » MONTAIGNE, liv. II, c. 12.

ENGOURDIR, *v.* « Il se prenoit à tout ce qui pouvoit *engourdir* son impatience, en attendant l'heureux moment de son retour. » HAM. *Mém. de Gramont*.

ENGRAISSER, *v.* **ENGRAISSÉ, ÉE,** *part.* ; du lat. *incrassatus*, qui suppose le verbe *incrassare*. On a dit *encressier*, qui se trouve dans les *Fabliaux* de Barbazan, et *encrassié*, dans le *Roman du Renard*. Louis XII avait coutume de dire : « Un bon pasteur ne saurait trop *engraisser* son troupeau. »

ENGUENILLÉ, ÉE, *adj.* tout en guenille.

Tout le phébus qu'on reproche à Brébeuf,
Enguenillé des rimes du Pont-Neuf.
J. B. ROUSSEAU, *Epître* VII.

L'Académie ne porte pas ce mot ; il est, dit l'abbé Féraud, du style plaisant et moqueur.

ENHARMONIQUE, *adj.* « Le style imitatif du désordre ou de la difformité entasse les spondées et les élisions, et Virgile étonne lorsqu'il dit :

Monstrum horrendum, informe, ingens, cui lu-
[*men ademptum.*

» Son vers donne à Polyphème une grandeur démesurée, et plus il est *enharmonique*, plus il est beau. » DIDEROT. Ne serait-ce pas plutôt *inharmonique* qu'il faudrait dire ?

ENHARNACHER, *v.* « Vous moquez-vous du monde de vous être fait *enharnacher* de la sorte ? » MOLIÈRE.

ENHASÉ, ÉE, *adj.* On disait autrefois faire *l'enhasé*, du verbe espagnol *haser*, faire. OUDIN.

Ainsi le drôle déguisé,
Et contrefaisant l'*enhasé*,
Lui vint dire tout hors d'haleine.....
RICHER, *Ovide bouffon*, liv. II.

ENHERBER, *v.* On se servait anciennement de ce mot comme synonyme d'empoisonner, parce que les poisons se tiraient ordinairement des mauvaises herbes.

Enfans qui cueillez les florettes
Et les fraises fresches et nettes,
Soubz gyst le frès serpent en l'herbe ;
Fuyez, enfans, car il *enherbe*,
Et empoisonne et envenyme
Tout homme qui de lui s'aprime.
Roman de la Rose.

Le *Roman de Pépin* dit aussi *enherber* pour empoisonner.

Il s'est pris aussi pour, *mettre une bête à l'herbe*, comme on dirait aujourd'hui la mettre au vert : « *Enherber un poulain, le mettre aux herbages*, » lit-on dans le *Dictionnaire* de Philib. Monet.

De nos jours on a donné à ce verbe une valeur nouvelle ; on lui a fait signifier, mettre en herbe : *enherber un terrain*.

ENHUILER, *v.* administrer l'extrême-onction. *Glossaire de la langue romane.*

ÉNIGME, *s. f.* du grec αἴνιγμα (*ainigma*) discours obscur ; *énigme*. Ce mot a changé de genre, car nos pères le faisaient masculin. « Je ne veulx oublier vous descripre (décrire) ung *enigme* qui fut *trouvé*, etc. » RABELAIS, tom. I, pag. 384, édit. de 1732.

Cette espèce de description allégorique qui laisse deviner la chose décrite par ses qualités, ses propriétés, son origine ou ses effets, date de la plus haute antiquité. Après avoir exercé pendant des siècles la sagacité des Orientaux, les *énigmes* passèrent entièrement de mode. Elles étaient depuis longtemps ensevelies dans l'oubli le plus profond, lorsqu'elles reparurent dans le 17ᵉ siècle ; Sebilet, qui écrivait un peu avant cette époque, établit, dans son *Art poétique français*, les conditions que doit avoir cette espèce de parabole.

« La forme de l'*énigme* est, dit-il, une perpétuelle description ; car, en l'*énigme* on ne touche pas seulement les qualités et propriétés de la chose, mais aussi son origine, son usage, sa puissance et ses effets. Les plus courts sont les plus élégans ; et la vertu de l'*énigme* est l'obscurité tant lucide que le bon esprit la puisse éclaircir après s'y estre quelque peu appliqué ; et le vice est de faire telle description qu'elle se puisse adapter à plus d'une chose. »

On habilla pour lors en Europe, et particulièrement en France, les *énigmes* avec plus d'art, de finesse et de goût qu'elles ne l'avaient été dans l'Asie, et on les soumit, comme les autres poèmes, à des lois et à des règles dont le P. Ménestrier a publié un traité particulier.

Le duc de Saint-Simon dit avec beaucoup de sens de Mᵐᵉ de Maintenon, qui n'avait pu réussir à se faire déclarer reine : « Elle eût peut-être succombé sous le poids de l'éclat de ce qu'elle avait voulu paraître ; elle s'établit de plus en plus par la confirmation de sa transparente *énigme*. » Tom. II, ch. 15.

Au figuré, chose obscure, paroles dont on ne pénètre pas bien le sens. « O moment heureux, où nous sortirons des ombres et des *énigmes* pour voir la vérité manifeste ! » BOSSUET.

« Leurs projets se détruisent les uns les autres ; il faut les deviner :

ils sont une *énigme* inexplicable à eux-mêmes. » MASSILLON.

Nos *clartés* ici-bas ne sont qu'*énigmes* sombres.
J. RACINE, *Cantique à la louange de la Charité.*

L'Univers est une *énigme* dont Dieu est le mot.

ENIVRANT, E, *adj.* « La vapeur *enivrante* du laurier ne vaut jamais la liqueur douce et salutaire de l'olivier. » LINGUET.

ENIVREMENT, *s. m.* « L'aveuglement et l'*enyvrement* où ils se trouvent ne leur permet pas de discerner ce qu'ils font. » DU BEUIL, trad. de l'*Imitation de J. C.* pag. 206 (1663).

« L'*enyvrement* de l'amour et des divertissemens du monde. » *Le même*, pag. 230.

Le P. Bouhours, après avoir consulté l'Académie sur cette expression et sur plusieurs autres, s'écrie : « Pleust à Dieu que ce fust parler françois que de parler de la sorte! » *Doutes sur la langue françoise*, proposés à MM. de l'Académie, par un gentilhomme de province, pag. 16, in-12, Paris, 1674. Les vœux de ce zélé grammairien ont été exaucés.

ENIVRER, *v.* du latin, *inebriare* (rendre ivre). On trouve dans le *Codicille de Jean de Meung*, continuateur du *Roman de la Rose* : boire jusqu'à *yvrer* ; il ne nous reste que le composé *enivrer*.

Ce verbe est beau au figuré :

Ce Dieu que tu bravais en nos mains t'a livrée :
Rends-lui compte *du sang dont tu t'es enivrée.*
RACINE, *Athalie*, act. v, sc. 5.

Tel un amant presse une amante chère,
Tel *de baisers* Mars *enivre* Vénus.
MOLLEVAUT, trad. des *Amours d'Ovide*, liv. II, *élégie* 3.

« La louange, comme le vin, augmente les forces, quand elle n'*enivre* pas. » *Esprit de l'Encyclopédie*. « Je n'aime point à m'*enivrer d'écriture*. » Mme DE SÉVIGNÉ. Le chevalier de Chatellux disait de la *Vie de Sénèque*, par Diderot : « Ce sont des phrases qui se *sont enivrées*, et qui se sont mises à courir les unes après les autres. »

ENIVRÉ, ÉE, *part.* du latin *inebriatus*. « Au bout de tout cela, je crains qu'ayant tant de fois appris le chemin pour nous venir voir, *enivrez* et de nos vins et de la commodité de nostre pays, ils n'oublient tout-à-fait le retour du leur. » EST. PASQ. liv. X, *lettr.* 6. Le bon Pasquier a été presque prophète.

Nous disons au figuré *enivré de sa gloire, de ses succès, de sa fortune.* Horace a dit de même en parlant de Cléopâtre : *fortunâque dulci ebria* (cette reine *enivrée de son bonheur*). *Ode* XXXVII, l. 1.

ENJALOUSER (s') *v.* devenir jaloux ou jalouse. « Vous n'avez cause en rien de vous *enjalouser*. » *Les Cent nouvelles Nouvelles*, Nouv. VIII. « On fait courroucer, craindre, fuir les dieux, s'*enjalouser*, se douloir et se passionner, pour les honorer de ces vertus qui se bastissent en nous de ces imperfections. » MONT. liv. III, ch. 7.

ENJAMBER, *v.* « J'ay plustost fuy, qu'autrement d'*enjamber* par dessus le degré de fortune, auquel Dieu logea ma naissance. » MONT. liv. III, ch. 7. Montaigne *enjamba* par son génie, sur les siècles à venir.

ENJAMBONNER (s'), *v.* « Ma prophétie est qu'à la longue vous vous *enjambonnerez* et resterez sèche et bien portante jusqu'à la décrépitude. » GALIANI.

ENJÔLER, *v.* Oudin écrit *engeoler*; caresser, endormir par de beaux discours. Métaphore prise des oiseleurs qui attirent les oiseaux dans leurs filets par le chant d'autres oiseaux. « Les caresses qu'il vous fait ne sont que pour vous *enjôler*. » MOLIÈRE.

ENJÔLEUR, *s. m.* « Vous autres, courtisans, vous êtes des *enjôleurs*. » *Le même*. M. Marin a prétendu qu'à la cour, à Paris et dans la bonne compagnie, on prononçait *enjôleur*.

ENJONCHER, *v.* plus expressif que *joncher*, dont il est le composé.

De Turcs et de turbans *enjonche* la campagne.
RÉGNIER, *Epître* I.

ENJOUÉ, ÉE, *adj.* Ce mot aujourd'hui si généralement reçu, est dû à Montaigne. Non seulement il nous figure une personne qui aime le plaisir et le jeu, mais il la représente lorsque la joie brille sur ses joues. SOREL, *Bibl. franç.*

ENKIRIDION ou **ENCHIRIDION**, *s. m.* petit livre portatif, contenant des remarques, des préceptes, des principes secrets. *L'enkiridion des alchimistes. Acad.* Ce mot, emprunté du grec ἐγχειρίδιον (*egchéiridion*), est composé d'ἐν (*eg*) dans, et de χείρ (*chéir*) main; c'est-à-dire livre qui, à cause de sa petitesse, peut facilement être porté à la main, *manuel.* « Libellus qui *ob brevitatem manu facilè gestari potest,* » est-il dit dans les notes grammaticales sur l'*Enkiridion* d'Epictète.

ENLACER, *v.* racine *lacs*; enfermer dans un lacs, dans un lacet.

« Tandis que mon cœur ouvert et confiant s'épanchait avec des amis et des frères, des traitres m'*enlaçaient* en silence de rets forgés au fond des enfers. » J. J. ROUSS. *Rêv.* 3e prom.

ENLAIDIR, *v.* est le composé de *laidir* que Barbazan tire du latin *lædere* (blesser, insulter). Ce simple *laidir* s'est dit autrefois. «Cette fièvre *laidit* et corrompt tout ce qu'elles ont de bel et de bon d'ailleurs. » *Essais de Montaigne*, tom. VII, pag. 187, Paris, 1791.

Je crains fort de vous voir comme un géant gran-
[dir,
Et tout votre visage affreusement *laidir.*
MOLIÈRE, *l'Etourdi*, act. II, sc. V.

ENLEVER, *v.* du latin *levare* (lever), même dans le sens d'emporter, d'ôter; enlever c'est *lever de...* Pour emporter une chose, il faut la *lever* de l'endroit où elle était.

On dit proverbialement *on l'a enlevé comme un corps-saint.* Quelques-uns prétendent qu'il faut dire *enlevé comme un corsin*, et non pas comme un *corps-saint*, qu'ils croient être une corruption que la ressemblance des mots a produite. Les *corsins* ou les *caorsins* furent des marchands d'Italie, fameux au 13e siècle, par leurs usures en France et en Angleterre, dans les Pays-Bas et en Sicile. Saint Louis fit un édit contre les *caorsins* en 1268; Henri III les chassa d'Angleterre en 1240; Henri III, duc de Brabant, ordonna par son testament qu'on les chassât aussi de ses Etats. On dit qu'ils prirent leur nom de Cahors, capitale du Querci, où ils faisaient un grand commerce. D'autres pensent qu'ils tirent leur origine d'une famille de gros négocians de Florence nommés les *Corsins*. Quoi qu'il en soit, comme on enlevait souvent ces marchands, comme des usuriers, pour les mettre en prison, de là est venue cette manière de parler proverbiale : *enlever comme un corsin.*

L'Académie a porté cette locution à *corps*, et écrit *corps saint* en faisant la remarque que c'est pour *cahorsain.*

ENLUMINER, *v.* du latin *illuminare* (éclairer), dans le style familier. Il se dit au figuré de ceux qui se rougissent le visage à force de boire : *S'enluminer la trogne.*

Je m'*enlumine* le museau
De ce trait que je bois sans eau.
SAINT-AMAND.

La vertu du vieux Caton,
Chez les Romains tant prônée,
Etait souvent, nous dit-on,
De Falerne *enluminée.*
J. B. ROUSSEAU.

C'est une imitation de ce passage d'Horace :

*Narratur et prisci Catonis
Sæpe mero caluisse virtus.*

ENLUMINEUR, *s. m.* celui qui enlumine, qui applique des couleurs sur des estampes, des cartes, etc.

Montaigne a dit au figuré : « Si j'étois grand *enlumineur* de mes actions..... » Liv. I, ch. 25.

ENLUMINURE, *s. f.* Au propre, l'art d'enluminer, estampe enluminée.

Balzac dit au figuré, dans le sens que nous avons donné au verbe *enluminer*, en parlant de son *Barbon* : « qu'il n'est pas moins connu par la confusion et les ténèbres de son esprit, que par l'éclat et l'*enluminure* de son visage. »

Enluminure se prend aussi pour ornement recherché dans les ouvrages d'esprit ; c'est en ce sens que Gresset dit de certains auteurs :

> Quittant le ton de la nature,
> Répandent sur tous leurs discours
> L'académique enluminure,
> Et le vernis des nouveaux tours.

ENNEMI, IE, adj. et s. inimicus. « Il faut marcher dans le monde comme en pays ennemi. » SAINT-ÉVREMONT. « Les ennemis injustes font du bien. » MONTESQUIEU.

Notre vanité est plus satisfaite de dire nos ennemis, que notre cœur n'est content de dire : nos amis.

ENNOBLIR, v. vient du latin nobilitare (rendre illustre) dans Cicéron. « Mot employé, dit M. Pougens, par les écrivains de la basse latinité, dans le sens d'élever un roturier au rang de la noblesse. » Au figuré on dit ennoblir un terme, une expression ; c'est l'entourer de mots nobles et harmonieux qui font disparaître ce que ce terme ou cette expression avait d'ignoble, de trivial, de rebutant.

L'Ecriture dit que les chiens léchèrent le sang de Jézabel. Cette image était dégoûtante. Racine a dit :

Dans son sang inhumain les chiens désaltérés.
Athalie, act. 1, sc. 1.

Et l'élégance et l'harmonie ont ennobli cette idée. C'est surtout dans ce poète, qui avait le merveilleux talent de convertir en or tout ce qu'il touchait, qu'on trouve des exemples fréquents de termes ennoblis.

ENNOCER, v. inviter à être de noces, ou plutôt engager dans les liens du mariage. « Quatre marquis de mes amis que vous avez ennocés. » PALAPRAT. Ce terme ne peut guère être de mise que dans le style badin ou comique.

ENNUI, s. m. langueur d'esprit, déplaisir, souci. « Il peut venir, dit M. Morin, *Dict. étymolog. des mots français dérivés du grec*, de ἔννοια (ennoia) qui signifie une forte application de l'esprit à quelque chose, d'où les Espagnols et les Provençaux ont fait ennojar, ennuyer ; ou peut-être de ἀνία (ania). chagrin, tristesse, en doublant la lettre v, d'où l'on a fait ἀνιάω (aniaó) et ἀνιάζω, (aniazó) chagriner, ennuyer.

« L'ennui est une des choses que la nature n'a point faites, mais que l'homme a inventées pour son propre tourment. » OXENSTIERN. « Si cette femme se couchait sans être assurée d'un divertissement pour le lendemain, elle mourrait d'ennui, de la seule peur de s'ennuyer. » Mme DE SCUDÉRI. « On se tire de l'ennui, comme des mauvais chemins. » Mme DE SÉVIGNÉ. « L'ennui est entré dans le monde par la paresse. » LA BRUYÈRE. L'ennui est l'avorton de la paresse.

« Il y a une belle différence entre l'ennui et les souffrances. On engraisse dans l'ennui ; on est un cheval dans l'écurie d'un grand seigneur. Celui qui souffre est un cheval de fiacre. » GALIANI. On peut dire de nos jours, avec bien plus de raison que La Fontaine, *poème du Quinquina*, ch. 2 :

. . . . Aussi bien aujourd'hui,
Dans nos chants les plus courts on trouve un long
[ennui.

PORTRAIT DE L'ENNUI.

C'est un gros dieu lourd et pesant
D'un entretien froid et glaçant,
Qui ne rit jamais, toujours bâille ;
Et qui, depuis cinq ou six ans,
Dans la foule des courtisans
Se trouvait toujours à Versaille.
VOLTAIRE, *Lettres en vers et en prose*, lett. VI.

ENNUYER, v. dérivé d'ennui. « Il y a des circonstances dans la vie, où il n'y a rien de si nécessaire que de savoir s'ennuyer. Tout ce qui occupe un Français est bien près de l'ennuyer. Il y a des parleurs à mine insolente, qui ennuyent les yeux autant que les oreilles.

« Le régent était né ennuyé. Ce mot de Saint-Simon peint à merveille la maladie des grands et des riches. » *Mém. secr. de la Rég.* liv. 1. « Ce qui coûte le plus, pour plaire, c'est de cacher que l'on s'ennuie. » LE PRINCE DE LIGNE.

Le secret d'ennuyer est celui de tout dire.
VOLTAIRE.

ENNUYEUSEMENT, adv. « Combien de malheureux, à qui il ne reste d'autre consolation que de redire *ennuyeusement* leurs misères. » FLÉCHIER.

ÉNORME, *adj.* du latin *enormis*, (hors de la règle, démesuré); *enormis*, d'où *énorme*, est donc formé de *e* (dehors) et de *norma* (règle). On a dit dans la basse latinité *innormis* pour dire *immensus*, *énorme*, *sans règle*. Borel témoigne qu'on disait autrefois *anorme* et *anormal* pour dire contre la règle commune. Il est certain qu'*énormal*, *adj.* se trouve dans le *Roman de la Rose*, dans le sens de contraire aux règles.

ÉNORMISSIME. Montaigne, liv. III, ch. 5, se plaint de la nature qui, dit-il, « l'a traité (sous certain rapport) illégitimement et incivilement, et d'une lésion *énormissime*. »

Ce superlatif vient des Italiens qui disent de même *enormissimo*; peut-être aurait-on dû le conserver, il ajoute à l'idée que présente le mot *énorme*.

« M. Bréghot du Lut remarque que l'on appelle encore au barreau *lésion énormissime*, celle qui excède la moitié du juste prix. C'est, ajoute-t-il, un mot consacré. » CH. P OUGENS, *Archéol. franç.*

ENQUÊTANT, ANTE, *adj.* « Si j'avois eu à dresser des enfans, je leur aurais mis sans cesse à la bouche une façon de répondre *enquestante* et non résolutive. J'eusse mieux aimé qu'ils eussent gardé la forme d'apprentis à soixante ans, que de représenter des docteurs à dix ans. » MONTAIGNE, liv. III, ch. 11.

Nous avons *enquérant*, *ante*, peu usité il est vrai, qui présente le même sens.

ENQUINAUDER, *v.* mot forgé par La Fontaine sur le nom propre de Quinault, et qui signifie, chez notre fabuliste, engager quelqu'un à prendre le style de Quinault, à imiter ses opéras. C'est en ce sens que La Fontaine dit de Lulli :

> Il me persuada,
> A tort, à droit me demanda
> Du doux, du tendre et semblables sornettes,
> Petits mots, jargons d'amourettes
> Confits au miel; bref il m'*enquinauda*.
> *Conte du Florentin.*

On s'est donc mépris en supposant que ce mot signifiait séduire, tromper, et Voltaire paraît avoir partagé cette opinion commune, quand il a dit : « A quinze ans un jésuite m'*enquinauda*; je fus novice, on m'abêtit pendant deux ans. »

ENRAYER, *v.* garnir une roue de raies, l'arrêter par les raies. « Il faut, dit Ménage, faire aux grands parleurs ce qu'on fait aux roues des carrosses, à la descente d'une montagne : il les faut *enrayer*. »

Une dame, à l'occasion des rues escarpées de Lausanne, disait : « Je faisais *enrayer* mes jambes. » Mme NECKER, *Mél.* tom. III.

ENREGISTRABLE, *adj.* « J'ai assez duré pour rendre ma durée remarquable et *enregistrable*. » MONT. liv. II, ch. 15.

ENREGISTRER, *v.* « M. de Tracy n'est point de ceux qui refusent d'examiner les idées vraies ou fausses que, suivant l'énergique expression de Hobbes, ils ont authentiquement *enregistrées* dans leur esprit. » CHÉNIER, *Tableau de la littérat. franç.*

ENRHUMER, *v.* (ῥεῦμα, fluxion). Un ambassadeur, à qui l'on demandait s'il était vrai que les Polonaises fussent aussi blanches et aussi froides que leur climat, répondit : « Cela est si vrai, que souvent leur seule présence m'a *enrhumé*. »

ENRICHIR, *v.* Piron, malgré les sollicitations de sa famille, avait toujours refusé d'entrer dans la finance, opposant qu'il en craignait trop l'aller et le revenir, c'est-à-dire, la manière de s'y *enrichir*, et la honte de s'y être *enrichi*.

ENRICHISSEMENT, *s. m.* Ceux qui sont indulgens pour les mots inusités procurent l'*enrichissement* de la langue. Ce terme paraît ne se prendre qu'au figuré.

ENRÔLER, *v.* (rôle). Guzman d'Alfarache parle d'un registre où l'on enrôle ceux qui ont fait quelque chose de conforme à l'édit des sottises qui y est mentionné. C'est à peu près notre régiment de la Calotte.

« Corbinelli me trouve un peu enrôlée dans la sacrée paresse. » Mme DE SÉVIGNÉ.

ENROUILLER, *v.* dérivé de *rouille* : au propre rendre rouillé, devenir rouillé ; au figuré, s'abâtardir, se relâcher.

« La tristesse, avec le temps, enrouille et moisit l'ame, abâtardit tout l'homme, endort et assoupit sa vertu, lorsqu'il est faudroit esveiller pour s'opposer au mal qui le meine et le presse. » CHARR. liv. 1, c. 33.

« Je viens d'un pays où je me suis fort *enrouillé*. » VOITURE.

ENSABOTÉ, ÉE, *adj.* racine, *sabot*. « Je suis épouvanté de voir tous les jours des villageois pieds nus ou *ensabotés*. Ce mot doit bien passer, puisqu'*encapuchonné* a passé. » JEAN RACINE, *lettre à M. Vitart*, du 15 novembre 1661.

ENSACHER, *v.* proprement mettre dans un *sac*. « Vous *ensachez* le mal en le remuant, comme les pals s'enfoncent plus avant et s'affermissent en les branslant et secouant. » MONT. liv. 1, ch. 38.

ENSAFRANER, *v.* ENSAFRANÉ, ÉE, *part. Ensafraner*, pour teindre en *safran*, se trouve dans Pomey et dans le *Dict.* de Philib. Monet.

Il est effacé dans les additions du *Dict. de l'Acad.* Effectivement, disent les auteurs du *Dict. de Trévoux*, on ne s'en sert guère, peut-être parce qu'on n'en a pas beaucoup d'occasions.

Scarron a dit, en parlant de l'aurore :

Lorsque la rive basanée
Fut d'elle toute *ensafranée*.

ENSEIGNE, *s. f.* du latin *insigne* (signe, marque).

« L'enfant estoit une fille, avec laquelle avoyent esté exposées quelques bagues et *enseignes* pour pouvoir la recognoistre à l'avenir. » AMYOT, *Daph. et Chloé*. L. 1. « Ainsi estant tous deux d'accord de l'eslever, ils serrèrent les joyaux et *enseignes* de recognoissance que l'on avoit exposez avec l'enfant. » *Id. ibid.*

Nous sommes tous de bonne maison, quand celle où nous logeons a la vertu pour *enseigne*.

Les dames qui assistaient aux tournois étaient dans l'usage de donner publiquement au chevalier qui se déclarait leur serviteur, quelque pièce détachée de leur parure. Ce présent, dont le chevalier ornait le haut de son heaume ou de sa lance, se nommait *faveur* ou *enseigne*, et servait, dans la mêlée, à faire reconnaître à sa dame le chevalier qui l'avait choisie, et dont elle était par conséquent appelée à partager la gloire.

L'usage de ces *enseignes*, appelées d'autrefois *connaissances*, c'est-à-dire signes pour se reconnaître, a produit dans notre langue, si l'on en croit la Curne de Sainte-Palaye, ces façons de parler *à telles enseignes, à bonnes enseignes*, pour dire d'après des indices certains, des marques sûres. « Guntchram, croyant qu'il n'y avoit point de fils de Chilpéric, ou que c'estoit quelque fils de leurs vassaux qu'on appeloit Leudes, car s'il estoit du sang royal, on le lui eust apporté. A ceste cause, il estoit délibéré de ne le recognoistre qu'à bonnes enseignes. » CL. FAUCHET, *Antiquitez françoises*, liv. IV, feuillet 34 tourné, Paris, 1599. « Oui, Madame, (vous aurez de la musique) *à telles enseignes* que j'ai ordre de commander cent bouteilles de Surène pour abreuver la symphonie. » *Turcaret*, comédie de Le Sage, act. II, sc. 3.

NICODÈME (*jardinier*).

J'avons été cinq ans à de vrais gentilshommes :
A telle enseigne, ardez (voyez) qu'ils n'avoient
[pas le sou.
BOURSAULT, *les Mots à la mode*, sc. 15.

« Giles, évesque de Reims, auquel, entre autres crimes, on imputoit qu'il jouissoit *à fausses enseignes* de quelques terres appartenant au roi. » EST. PASQUIER, *Recherches sur la France*, pag. 129, Paris, 1569.

ENSEIGNER, *v.* Ce mot vient, selon Saumaise, de *insinuare*, dont les Latins se sont servis en cette signification. Ménage croit qu'il vient de *insignare*, qu'on a fait de *signum*.

« J'ai dit que ce grand Dieu *enseigne*

les rois, et en leur donnant, et en leur ôtant leur puissance. « BOSSUET.

Caïn, après avoir tué Abel, son frère, s'écrie :

C'en est fait, il n'est plus!.. et ma main criminelle
Vient d'*enseigner le meurtre* à la race mortelle.
GILBERT, *la Mort d'Abel*, chant VII.

Enseigner le meurtre est une expression belle et hardie.

ENSEIGNEUR, s. m. celui qui enseigne. « Grand et notable *enseigneur* de loix, s'il en fut onc, etc. » *Contes d'Eutrapel*, tom. I.

ENSEMBLE, *adv.* du latin *in*, dans, et *similis* ou *simul*, semblable, même; en même lieu ou temps. Un grand nombre de mots français se sont formés du latin par le retranchement d'une syllabe; c'est ainsi que de *vivere*, *visibilis*, etc. on a fait *vivre*, *visible*.

Lorsqu'après le retranchement de la voyelle ou syllabe pénultième, le mot est trop dur à prononcer, ou qu'il en résulte un rapprochement contraire au génie de notre langue, un des moyens qu'on emploie souvent pour détruire cette fâcheuse rencontre, c'est l'*inter-addition* d'une lettre. C'est ainsi que de *numerus*, numre, nomre; de *humilis*, humle, on a fait *nombre*, *humble*. Il est donc certain que de *insimile*, on a fait *insimle*, ensemle, ensemble. LEMARRE, *Cours de langue française*, tom. I, pag. 148.

Nos pères ont dit aussi *ensemblement*, *adv.* qui se trouve dans Cl. Fauchet (1581) et dans le *Dict.* de Philib. Monet (1637).

ENSEMENCER, *v.* Pindare consultait quelquefois Corinne, qui avait comme lui reçu d'Hésiode des leçons de poésie. Un jour que, dans une ode, ce poète avait prodigué les épithètes, Corinne lui dit : « Vous avez pris un sac de grains, pour *ensemencer* une pièce de terre, et au lieu de semer avec la main, vous avez, dès les premiers pas, renversé le sac. » *Voyage du Jeune Anacharsis*.

ENSÉPULTURÉ, ÉE, *part.* qui suppose le verbe *ensépulturer*, donner la sépulture. Ce mot *ensépulturé*, lit-on dans le *Dictionn. de Trévoux*, est à sa place, quand il se trouve en la compagnie de plusieurs autres qui ne sont pas moins vieux, comme dans cet exemple :

A tant se tut le Normand philosophe (Saint-
[Evremont),
De son temps gentil clerc, ains gaudisseur juré,
Et que pieça, dit-on, aviez pour tout curé,
Mais dont prônes meshuy pas ne sont de l'étoffe
D'un pasteur *ensépulturé*.
Le comte D'HAMILTON, *Epître au chevalier de Gramont*.

Ce mot peut encore trouver sa place dans le style marotique et dans le genre badin.

ENSERRER, *v.* du latin *serare* (proprement fermer sous clef). Racine *sera* (serrure). *Enserrer* signifie donc enfermer, enclaver, et par extension, comprendre, embrasser, contenir.

Quand il eut dit, une pierre il ameine
Au seuil de l'huis, et la dresse à grand' peine;
Monta dessus, et la corde attacha
A un crampon, que bien haut il ficha :
D'un nœud coulant son gosier il *enserre*,
Puis de ses pieds il rejette la pierre.
BAÏF, *Amour Vengeur*.

La poésie est restée en possession de ce vieux mot dont la prose ne fait plus d'usage.

Le ministre fameux que cette tombe *enserre*
Ne témoigne que trop aux yeux de l'univers
Que la pourpre est sujette à l'injure des vers.
MALLEVILLE, *Sonnet sur la Mort du cardinal de Richelieu*.

Il retourne chez lui; dans sa cave il *enserre*
L'argent et sa joie à la fois.
LA FONTAINE, liv. VIII, *fable* 2.

Les cieux instruisent la terre
A révérer leur auteur;
Tout ce que leur globe *enserre*
Célèbre un Dieu créateur.
J. B. ROUSSEAU.

Milon entr'ouvre un chêne aussi vieux que la terre,
Mais l'arbre tout à coup se rejoint et l'*enserre*.
LEMIERRE, poème de *la Peinture*, ch. I.

Contemple tous ces monts que ta planète *enserre*.
ROUCHER, poème des *Mois*, ch. X.

Tels, d'un toit élevé portant le poids immense,
Deux chênes vigoureux, l'un dans l'autre *enserrés*,
Résistent aux fureurs des autans conjurés.
AIGNAN, trad. de l'*Iliade*, liv. XXIII.

Le lion montre aux yeux la moitié de son corps;
Le reste pour sortir tente de longs efforts,
Et, cherchant à briser la prison qui l'*enserre*,
De sa griffe tranchante il déchire la terre.
DELILLE, trad. du *Paradis perdu*, ch. VII.

ENSEVELIR, *v*. du latin *sepelire* (proprement envelopper un corps mort dans un linceul. Il est écrit *ensepelir* dans Villehardouin. Au figuré il est beau dans le sens d'engloutir, de perdre.

Il tombe *enseveli* dans l'abîme liquide.
LÉONARD.

Lorsqu'un gros de soldats, se jetant entre nous, Nous a fait dans la foule *ensevelir* nos coups.
RACINE, *Alexandre*, act. III, sc. 6.

Ici la métaphore est bien hardie ! « Si la Providence daignait exaucer mes vœux, ce désert serait mon *tombeau*. J'y *ensevelirais* jusqu'au souvenir d'une infortunée qui ne peut plus attendre ailleurs que le désespoir et l'ignominie. » *Don Quichotte*, traduct. de Bouchon Dubournial.

ENSOUTANÉ, ÉE, *part.* qui suppose le verbe *ensoutaner*, vêtu d'une soutane. Mot de Scarron, qu'on pourrait employer dans le style satirique.

ENSUAIRER, *v*. dérivé de *suaire*, venu du latin *suere* (coudre). « Ce furieux Egyptien eschauffé après la charongne d'une morte qu'il embaumoit *ensuéroit*. » *Essais de Montaigne*, tom. VII, pag. 239, Paris, 1791.

« *Ensuerer* ou *ensuairer*. C'est le même mot différemment orthographié comme il se trouve dans Cotgrave. Il vient de *suaire*, *linceul*, dit Nicot, dont on plie les trépassés, et signifie envelopper d'un linceul un corps mort, le couvrir, l'habiller, selon l'usage établi dans le pays où il doit être enterré. *Ensuairer*, fort usité du temps de Montaigne, ne l'est plus aujourd'hui ; et pourquoi ? je n'en sais rien. » COSTE, sur *Montaigne*, note au bas de la page.

ENSUCRER, *v*. racine *sucre* ; mettre du sucre dans. « On doit, dit Montaigne, *ensucrer* les viandes salutaires à l'enfant, et enfieller celles qui lui sont nuisibles. » Nous avons effectivement *sucrer*, mais *ensucrer* ne présente-t-il pas une nuance que n'offre pas le dernier ?

ENTACHÉ, ÉE, *part.* d'*entacher*, tacher, souiller. Ce mot, en 1685, n'était pas au gré de Vaugelas qui le trouvait bas. Il semble s'être ennobli. La Mothe le Vayer le trouvait significatif et digne d'être conservé. Chapelain l'approuvait ; Th. Corneille ne l'admettait que dans le style familier.

ENTALENTÉ, ÉE, *part.* d'*entalenter*. *Entalenté*, prêt, disposé, résolu. « Vous ne vistes (vîtes) oncques gens si *entalentés* de mal faire. » *Lancelot du Lac*, roman imprimé en 1520. « Quarante chevaliers tous *entalentés* de eux deffendre se (si) aucuns les assaillent. » *Ibid.* « Chascun d'eux a esté *entalenté* de bien vivre en faisant du bien à tous. » NIC. PASQUIER, liv. III, *lettre* 7. « Aucun de ces auteurs ne se trouve *mal entalenté* contre la dignité du Saint-Siége. » EST. PASQUIER, liv. XII, *lett.* 10.

ENTAMER, *v*. du grec ἐνταμειν, formé d'ἐντεμνειν (couper). La Bruyère a donné à ce verbe un sens particulier. « Personne à la cour ne veut *entamer*, on s'offre d'appuyer, parce que jugeant des autres par soi-même, on espère que nul n'*entamera*, et qu'on sera ainsi dispensé d'appuyer ; c'est une manière douce et polie de refuser son crédit, ses offices, sa médiation à qui en a besoin. »

ENTASSER, *v*. « Il est des dieux si chétifs et si populaires, qu'il en faut *entasser* bien cinq ou six à produire un espi de bled. » MONTAIGNE, liv. II, ch. 12.

Lui qui de mille auteurs retracés mot pour mot
Dans sa tête *entassés*, n'a souvent fait qu'un sot.
BOILEAU.

ENTENDEMENT, *s. m.* « Le bon *entendement* est comme le cousturier, qui a les ciseaux en la main, et la pièce de drap en sa maison. » BOUCHET, IXe *Sérée*.

ENTENDEUR, *s. m.*

Or n'est-il si fort *entendeur*.
Qui ne trouve plus fort vendeur.
La Farce de maistre Pathelin.

Entendeur ne se dit plus que dans des phrases faites comme *à bon entendeur demi-mot*, ou *à bon entendeur peu de paroles*.

ENTENDOURINETTE, *s. f.* jeune fille qui écoute en secret les propos de deux amans. Ce mot doux et joli serait bon à reprendre.

ENTENDRE, v. du latin *intendere* (tendre à... vers) sous-entendu *animum* (son esprit), *tendre son esprit à, vers*; aussi trouve-t-on, dans nos anciens auteurs, ce verbe construit avec *à* et un complément indirect : Cl. Marot dit, *entends à moi, entends à mes clameurs, à ma prière*. Cette construction s'est conservée dans cette façon de parler, *ne savoir auquel entendre*.

Ils parlent tous ensemble, et d'une voix si tendre,
Que mon cœur tout ému ne sait *auquel entendre*.
BONNEVILLE, *Dialogue entre un Paysan et son Seigneur*.

Dans le sens de *consentir*, il conserve encore ce complément : *entendre à un arrangement*. La première règle pour se faire *entendre* aux autres, c'est de s'*entendre* soi-même. « En écrivant, disait Fontenelle, j'ai toujours tâché de m'*entendre*. » « Rarement ce que l'on n'*entend* pas sans peine, vaut-il la peine d'être *entendu*. » Le duc DE LÉVIS.

« Huissiers, qu'on fasse silence, »
Dit en tenant l'audience
Un président de Bangé ;
C'est un bruit à tête fendre :
Nous avons déjà jugé
Dix causes sans les *entendre*.
BARATON.

ENTER, v. du latin *insitum*, supin d'*inserere* (planter dans) ; il se dit proprement des arbres : *enter un pommier sur un prunier*. Au figuré : « Nos opinions s'*entent* les unes sur les autres ; la première sert de tige à la seconde, et celle-ci à la tierce ; et advient de là que le plus haut monté a plus d'honneur que de mérite. » MONTAIGNE.

Lisimon, nouveau riche et fils d'un père heureux,
Souhaite de s'*enter* sur la vieille noblesse.
DESTOUCHES, *le Glorieux*, act. III, sc. 1.

Autre et dernier effort de ma théologie,
Heureuse en mes secrets, en dépit du sultan,
J'*ente* un chrétien caché, sur un mahométan.
Apologie de l'Equivoque, par ***

.... Il me craint (haut), vous faites le plongeon,
Petit noble à nasarde, *enté* sur sauvageon.
REGNARD, *le Joueur*, act. III, sc. 9.

ENTÉRIN, INE, adj. entier, entière, du latin *integer* (entier, ce à quoi on n'a pas touché). De là nous sont venus *entérinement, entériner*, termes de jurisprudence, parce que l'entérinement rend en quelque sorte parfaites, entières les requêtes, les grâces. *Entérin* et *entérine* se trouvent dans le *Gloss. du Roman de la Rose* et dans celui du *Roman du Renard*.

ENTÊTER, v. « Il fallait effacer la trace de cette diversité innumérable d'opinions (de jurisprudence) : non point s'en parer et en *entêter* la postérité. » MONT. liv. III, c. 13.

ENTHOUSIASME, s. m. mot purement grec, ἐνθουσιασμὸς, qui signifie inspiration divine. Il vient du mot ἔνθεος, ἔνθυς, *qui cum deo vel in deo est*. Ἐνθουσιασμὸς ne doit point avoir été latinisé par les Romains, puisque Cicéron se sert du mot grec même, pour dire qu'il n'a point l'*enthousiasme* poétique : *abest* ἐνθουσιασμός. Il se disait proprement, de l'espèce d'obsession intérieure, de la fureur divine qu'on attribuait aux prêtres, aux prêtresses, aux sibylles qui rendaient des oracles. Les anciens ne l'ont guère employé que dans ce sens : les modernes, dit La Harpe, l'ont ridiculement prodigué dans le sens métaphorique ; il est devenu, comme le mot *chaleur*, le refrain des plus froids écrivains.

Voltaire définit l'*enthousiasme*, cette émotion interne qui agite l'esprit, et qui transforme l'auteur dans le personnage qu'il fait parler. Il consiste, dit-il, dans l'émotion et dans les images : alors l'auteur dit les mêmes choses que dirait la personne qu'il introduit :

Je le vis, je rougis, je pâlis à sa vue ;
Un trouble s'éleva dans mon ame éperdue ;
Mes yeux ne voyaient plus, je ne pouvais parler.
Dict. phil. au mot *Imagination*, S. 1.

« L'enthousiasme est un mal épidémique qui se communique comme un rhume au cerveau. » SCHAFTESBURY.

ENTICHÉ, ÉE, adj. « Quand les philosophes sont une fois *entichés* d'un préjugé, ils sont plus incurables que le peuple même, parce qu'ils sont également *entichés* et du préjugé et des fausses raisons dont ils le soutiennent. » FONTENELLE, *Hist. des Oracles*.

ENTIER, IÈRE, adj. du latin *integer*, en syncopant le *g*. *Voyez* ENTÉRIN.

On dit familièrement, *être tout entier à quelque chose*, pour, en être entièrement occupé, y donner toute son attention, tous ses soins. Horace a dit de même :

Ibam forte viâ Sacrâ, sicut meus est mos,
Nescio quid meditans nugarum, et totus in illis.

Voudrais-je de la terre inutile fardeau
. . . .
Ne laisser aucun nom, et mourir *tout entier !*
RACINE, *Iphigénie,* act. 1, sc. 2.

Horace avait dit, lib. III, od. 30 :

Non omnis moriar. . . . .

(je ne mourrai pas tout *entier*).

. . . . . Sur cet amour, que je prévois sincère,
Je vais vous découvrir mon ame *tout entière.*
CRÉBILLON, *Pyrrhus*, act. II, sc. 1.

ENTOMBÉ, ÉE, adj. « Leurs œuvres sont *entombez* avec leurs corps, leurs vies et leurs noms. » NIC. PASQUIER, liv. VII, *lett.* 9.

ENTOMEURES, s. f. C'est un mot forgé par Rabelais. Frère Jean des *Entomures ;* du verbe *entamer*, couper, trancher, toutes actions fort convenables à ce bon frère que l'auteur dit aimer à se ruer en cuisine et à jouer de couteaux.

ENTONNER, v. (*ton*). « Si je me semblois bon et sage tout-à-fait, je l'*entonnerois* à pleine teste. » MONT. liv. III, c. 6.

ENTONNOIR, s. m. (*tonneau*). « On ne cesse de criailler à nos oreilles, comme qui verseroit dans un *entonnoir*, et nostre charge, ce n'est que redire ce qu'on nous a dit. » *Le même*, liv. I, c. 25.

ENTOURÉ, ÉE, adj. et *part.* On dit souvent, pour excuser les rois : c'est qu'ils sont mal *entourés ;* ceux qui sont habiles font leurs alentours. » LE PRINCE DE LIGNE, *Vie du prince Eugène.*

ENTR'ACTE, s. m. « Une liaison de cœur, disait Ninon, est de toutes les pièces celle où les *entr'actes* sont les plus longs et les actes les plus courts. De quoi remplir les intermèdes, sinon par des talens ? »

ENTRAILLES, s. f. plur. de *interalia*, dans la basse latinité, comme qui dirait *interialia*, selon le Père Labbe, et qui pourrait venir du grec ἔντερα (*intestins*).

. . . . Le superbe animal (le serpent)
Lutte contre le bec qui perce ses *entrailles ;*
La rage sur son corps a dressé ses écailles.
DELILLE.

Cet exemple donne un démenti formel à la première partie de la remarque du fils de notre tragique ; c'est par cela même que les deux autorités sont respectables, que nous transcrivons littéralement la réflexion de Racine le fils, en nous rangeant du côté du célèbre traducteur des *Géorgiques.* Ce mot *entrailles*, que, dans la signification propre, ne veut point recevoir le style noble, où, quoiqu'on dise *percer le cœur*, *percer le sein*, on ne dit point *percer les entrailles ;* ce mot, employé par Corneille dans le style figuré, plaît :

Où Rome par ses mains *déchiroit ses entrailles..*

Et il exprime la tendresse paternelle dans ce vers que Thésée adresse à son fils,

Je t'aimois, et je sens que, malgré ton offense,
Mes entrailles, pour toi, *se troublent* par avance.
RACINE, *Phèdre,* act. IV, sc. 3.

L. RACINE, *Réflexions sur la poésie,* ch. IU.

Je sens, à chaque instant, que mes craintes re-
[doublent,
Que pour vous, en secret, *mes entrailles se trou-*
[*blent.*
CRÉBILLON, *Atrée et Thyeste*, act. IV, sc. 3.

. . . . Je suis vif et sévère
Mais j'ai toujours pour vous des *entrailles de père.*
DESTOUCHES, *l'Homme singulier,* act. V, sc. 6.

On dit au figuré, *avoir pour quelqu'un des entrailles de père,* pour dire l'aimer comme son fils ; on dit dans le même sens, *ses entrailles furent émues ;* mais un étranger, croyant qu'*entrailles* et *boyaux* sont synonymes, écrivait à Fénélon : Monseigneur, vous avez pour moi des *boyaux de père.* « *Les entrailles de la miséricorde de Dieu.* » MASSILLON. Cette locution est tirée de l'Écriture-Sainte. On lit, *per viscera misericordiæ Dei nostri*, dans le *Cantique* de Zacharie.

ENTRAÎNANT, E, adj. Ce mot

paraissait encore nouveau en 1787; et cependant M. le duc de Nivernois avait dit : « M. de Belle-Isle s'exprimait avec cette facilité *entraînante* que donne la parfaite possession des choses qu'on traite. »

ENTRAÎNEMENT, *s. m.* action d'entraîner, force qui entraîne, état de ce qui est entraîné. L'évêque de Chartres (Desmarais) paraît en avoir fait usage le premier, dans une lettre à Mme de Maintenon : « Tant que vous ne consentirez pas à ces distractions, l'*entraînement* involontaire de votre imagination n'interrompra pas le mérite de votre action. » Ce mot, critiqué dans le *Dict. néolog.* 1728, et que l'abbé Féraud regardait comme un mot forgé peu heureusement, était utile; aussi est-il français aujourd'hui.

ENTRANT, ANTE, *adj.* insinuant, engageant, qui s'introduit volontiers, intrigant.

Sois *entrant*, effronté et sans cesse importun,
En ce temps l'impudence eslève la fortune.
REGNIER, *satire* III.

Il est peu usité.

ENTRAVES, *s. f. pl.* du latin *trabs*, *trabis* (chaînes, liens).

Tous les hommes vivans sont ici-bas esclaves,
Mais suivant ce qu'ils sont, ils diffèrent d'*entraves*;
Les uns les portent d'or, et les autres de fer.
REGNIER.

Qu'est-ce qu'un favori si fier de ses *entraves*?
Le second des tyrans, le premier des esclaves.
LE BRUN.

ENTRE, du latin *inter*. « Il est employé comme particule initiale, dit Domergue, et marque, ainsi que *inter*, l'espace qui va d'un point à l'autre ; *entresol*, étage qui va du rez-de-chaussée au premier étage ; *entr'acte*, temps qui s'écoule d'un acte à un autre ; ils *s'entr'aident*, ils aident l'un à l'autre, ils portent le secours de l'un à l'autre, de manière qu'il est pour deux ; de là s'*entr'aimer*, s'*entre-choquer*, et tous les analogues, qui éveillent l'idée de réciprocité. » *Solutions grammaticales*, p. 60.

Cette préposition, disons-nous, entre dans la composition de plusieurs mots, comme *entrecouper*, *entremettre*, *entreprendre*, *entre-coupe*, *entremise*, *entreprise*, *entrelarder*, *entrefaites*, *entremets*, etc. Mais ces compositions de mots ont été faites par les Français mêmes, car pour les mots que nous avons pris tout composés des Latins, nous ne nous servons pas de la préposition française *entre*, formée du latin *inter*, mais bien de la préposition latine *inter*, comme il se voit dans *interrègne*, *interrompre*, *interruption*, *interposer*, *intervalle*, *interdire*, *interroger*, etc. qui viennent de ces mots que les Latins avaient déjà composés avec la préposition *inter* : *interregnum*, *interrumpere*, *interruptio*, *interpositum*, *intervallum*, *interdicere*, *interrogare*, etc.

Nos anciens auteurs faisaient un fréquent usage de mots où cette préposition entrait en composition. Il suffira d'en citer quelques uns que l'usage n'a pas conservés. On trouve dans Amyot *s'entre-accoler*, *entrebâillure*, *s'entrebattre*, *s'entre-pousser*, etc. dans Montaigne, *s'entre-chercher*, *s'entre-festoyer*, *s'entre-piller*, *entre-luire* ; dans Cl. Marot, *s'entr'écrire*, *s'entre-navrer*, etc. Scarron a dit *s'entrepousser*; Est. Pasquier, *entresuite* ; H. Estienne, *s'entresouvenir*, se souvenir imparfaitement.

Suivant l'abbé Féraud, Corneille, Brébeuf et Pluche sont ceux qui ont montré plus de prédilection pour ces verbes précédés de la préposition *entre*. Il cite ce vers curieux d'une tragédie représentée et non imprimée :

Pour nous *entrevenger*, nous *entretuerons*-nous?

La vérité est qu'ils ne faisaient que suivre les traces de ceux qui les avaient précédés.

Entre les deux se dit d'une chose qui n'est ni bonne, ni mauvaise, dont on ne peut parler ni en bien, ni en mal.

Dans le triste siècle où nous sommes,
Les trois quarts et demi des hommes
Sont ou méchans ou malheureux.
Plaignons les uns, aidons les autres,
Et surtout rendons grâce aux dieux,
Quand, par hasard, nous et les nôtres
Sommes placés *entre les deux*.

On dit dans le discours familier : *entre nous*, *entre vous et moi*, pour marquer qu'on ne voudrait pas que ce qu'on a dit fût rapporté, fût répété à d'autres. Il y a ellipse, et la proposition pleine est *que cela reste dit, renfermé entre nous, entre vous et moi.*

Ils ont tous de l'esprit, et lui n'en avait pas.
Le bon homme, *entre nous*, n'avait que du génie.
VIGÉE, *Ma Journée.*

Entre, dans les exemples suivans, est un hébraïsme que les poètes n'ont pas tout-à-fait abandonné :

Un mot de votre bouche, en terminant nos peines,
Peut rendre Esther *heureuse entre toutes les reines.*
RACINE, *Esther*, act. II, sc. 7.

Pithon, serpent *énorme entre tous les serpens.*
DESAINTANGE, Trad. des *Métamorph.* l. 1, § 18.

C'est-à-dire *la plus heureuse des reines, le plus énorme des serpens.* Montaigne avait dit long-temps auparavant : « Ma librairie, qui est *des belles entre les librairies* de village, est assise à un coin de ma maison. » *Essais*, tom. v, p. 480, Paris, 1789.

ENTRECHAT, *s. m.* On disait de l'éloquence coupée de M... : Son éloquence ne procède que par *entrechats.* Mme NECKER, *Mél.* t. II, p. 152.

ENTRE-CHERCHER (s'), *v.* mot de Rollin : « Les Athéniens s'*entrecherchoient* sans pouvoir se rencontrer. »

ENTRE-COUPEMENT, *s. m.* Encore un mot que nous avons laissé perdre. Ronsard, *Elégie* :

. . . . Je regardois les fleurs,
Feuilles, tiges, rameaux, espèces et couleurs,
Et l'*entre-coupement* de leurs formes diverses,
Peintes de cent façons, jaunes, rouges et perses.

ENTRE-DÉROBER (s'), *v.* « Nous allons voir les chefs plus habiles à s'*entre-dérober* des partisans, qu'à conserver ceux qu'ils avoient. » L'abbé GARNIER, *Hist. de France.*

ENTREGENT, *s. m.* ancien mot très-expressif, qui signifie manière adroite de s'insinuer, de se conduire dans le monde. « Savoir son *entregent*, c'est, dit de La Noue, savoir la manière de converser et pratiquer parmi les compagnies, ou *entre les gens.* » *Dict. des rimes*, p. 299 (1596).

« C'est une très-utile science que celle de l'*entregent*; elle est, comme la beauté, conciliatrice des premiers abords de la société. » MONTAIGNE.

« Il n'estoit pas si docteur, qu'il n'entendit bien la civilité et l'*entregent*, qui le faisoit être bien venu en toutes compagnies honnestes. » *Contes de Despériers*, t. II, p. 52, Amsterdam, 1735. Ce mot est encore d'usage dans le style familier :

Elle avait . . . .
Peu d'*entregent*, beaucoup d'honnêteté.
LA FONTAINE.

Il se trouve aussi dans J. J. Rousseau.

ENTREGENTER (s'), *v.* « Tant il *se sçavoit* bien *entregenter* en toutes compagnies. » DESPÉRIERS, n. 105.

ENTREGLOSER, *v.* « Il y a plus de livres sur les livres que sur les choses dont les livres parlent; nous ne faisons que nous *entregloser*, » a dit Montaigne, dont la critique n'a corrigé personne. Il faudrait donc conserver le mot, puisqu'on est loin d'avoir perdu la chose.

ENTREJECT, *s. m.* « La nature mesme voulut séparer l'Italie et la France d'un grand *entreject* de montaignes. » EST. PASQUIER, *Pourparler de la Loy.*

ENTRELACER, *v.* enlacer l'un dans l'autre.

J'essaye encor mille autres jeux nouveaulx :
Diversement mes plaisirs j'*entrelasse*,
Ores je pesche, or' je vay à la chasse,
Et or' je dresse embuscade aux oiseaulx.
DESPORTES.

Il est composé de *entre* et de *lacer*, comme *entrelacs*, de *entre* et de *lacs.* On trouve dans une lettre d'Estienne Pasquier à Ramus, *entre-las* pour *entrelacs* : « esprit que l'on ne peut bonnement occuper sans quelque *entrelas* de passion, selon la diversité des objets. » Liv. II, lett. 4.

Entre-lacs s'est conservé comme terme d'architecture.

ENTRELARDER, *v.* proprement mettre du lard entre les chairs.

Entrelarder toujours quelque mot de latin.

Le P. Menot, cordelier, prêchant au commencement du 16e siècle, devant des abbés et des prélats, disait : « Les bûcherons coupent de grosses et petites branches dans les forêts et en font des fagots ; ainsi nos ecclésiastiques entassent gros et petits bénéfices. Le chapeau de cardinal est *entrelardé* d'évêchés, les évêchés *entrelardés* d'abbayes et de prieurés, et le tout *entrelardé* de diables, etc... »

« Force pastenostres *entrelardez* de longs *Ave Maria*. » RABELAIS.

ENTRELASSE, s. f. « J'entends que la matière se distingue soymesme. Elle monstre assez où elle se change, où elle conclud, où elle commence, où elle se reprend : sans l'*entrelasse* de paroles, de liaison et de cousture, introduictes pour le service des oreilles foibles ou nonchallantes. » MONTAIGNE, liv. III, ch. 9.

ENTRELASSURE, s. f. « Il me semble, dit Montaigne, de cette implication et *entrelasseure* de langage par où nous pressent les docteurs, qu'il en va comme des joueurs de passe-passe : leur souplesse combat et force nos sens, mais elle n'esbranle aucunement nostre créance : hors ce bastelage, ils ne font rien qui ne soit commun et vil. » Liv. III, ch. 8.

ENTRELIRE, v. lire imparfaitement, à demi. Mot de la création de Beaumarchais, dans ses *Mémoires*. Gattel pense qu'il pourrait être conservé.

ENTRE-LUIRE, v. luire à demi, projeter une lumière indécise et intermittente. Ce mot, qui se trouve déjà dans Montaigne : « La nature, dit-il (liv. II, ch. 12), est comme une peinture voilée et ténébreuse, *entre-luisant* d'une infinie variété de faux jours, à exercer nos conjectures ; » ce mot, disons-nous, s'est heureusement conservé jusqu'à nos jours : *on voyait la lune entre-luire à travers le feuillage* ; exemple rapporté par l'Académie et approuvé par nos lexicographes.

ENTRE-MANGER (s'), v. se manger l'un l'autre : « Depuis le plus grand des animaux que les eaux produisent, jusqu'aux plus petits, tout est en action et en guerre... On s'y *entre-mange*, on s'y entre-pille sans pudeur ni mesure. » PLUCHE. Ce mot est encore en usage.

ENTRE-MANGERIE, s. f. Bayle, dans une de ses *Lettres*, appelle les querelles qui existaient de son temps dans les Académies de Leyde : « des *entre-mangeries* professorales. »

ENTRE-MÊLÉ, ÉE, adj. et part. « De la corruption d'une monarchie, J. Brutus bastit un Estat *entre-meslé* de l'autorité des potentats et du peuple. » EST. PASQ. liv. IX, lettr. 7.

ENTRE-MESURER (s'), v.
Je vois de tous côtés des partis et des ligues,
Chacun s'*entre-mesure* et forme des intrigues.
CORNEILLE, *Pulchérie*.

ENTREMETS, s. m. service avant le dessert.

Entremets, avons-nous déjà dit dans notre *nouv. Dict. des Origines*, tom. I, pag. 397, s'est dit long-temps pour intermède dans nos pièces de théâtre : *Entremets de la tragédie de Sophonisbe*, lit-on dans les Œuvres de Baïf ; ce mot signifiait alors une espèce de spectacle muet, accompagné de machines, une représentation comme théâtrale, où l'on voyait des hommes et des bêtes exprimer une action ; quelquefois des bateleurs et autres gens de cette espèce y faisaient leurs tours. « Pour revenir aux fêtes de la cour, au 13e siècle, on appelait *entremets*, dit Saint-Foix, dans ses *Essais historiques sur Paris*, des décorations qu'on faisait rouler dans la salle du festin, et qui représentaient des villes, des châteaux et des jardins avec des fontaines, d'où coulaient toutes sortes de liqueurs. » Ces divertissemens avaient été imaginés pour occuper les convives dans l'intervalle des services d'un grand festin, dans l'entre-deux d'un mets ou service à un autre mets, d'où ce mot *entremets*.

Ces *entremets* ou divertissemens, dont l'usage s'était vraisemblablement introduit avant le règne de saint Louis, furent employés aux noces de son frère Robert, en 1237. On pourrait citer un grand nombre de ces espèces de représentations qui furent long-temps à la mode dans nos cours. On voyait les restes de cette ancienne magnificence, aux noces du prince de Navarre, en 1572, suivant la Curne Sainte-Palaye. *Mémoires sur l'ancienne chevalerie.*

Olivier de la Marche, dans la description du festin que le duc Philippe de Bourgogne donna à l'Isle, en 1453, dit que parmi les *entremets* de ce superbe banquet, il introduisit un géant ayant sur sa tête une tresque (une tresse) à la guise des Sarrasins de Grenade, ce qui prouve que le mot *entremets* n'a pas toujours signifié, comme aujourd'hui, le service qui est entre le rôt et le fruit.

ENTR'EMPÊCHER (s'), *v.* « La paillardise et l'ivrognerie sont deux occupations qui *s'entr'empêchent* en leur vigueur. » MONT. liv. II, ch. 2.

ENTREPILLER (s'), *v.* « La supériorité et l'infériorité, la maîtrise et la subjection, sont obligées à une naturelle envie et contestation : il faut qu'elles *s'entrepillent* perpétuellement. » MONT. liv. III, ch. 7.

ENTR'OEILLADER (s'), *v.* se lancer réciproquement des œillades, se trouve dans Bouchet, XIX *Sérée.*

ENTREPÔT, *s. m.* pour *interpos*, qu'on écrivait anciennement *entrepost*, du latin *interpositus* (posé entre) *locus* (lieu) sous-entendu. On appelle *entrepôt* le lieu où l'on dépose une marchandise, où elle reste posée en passant du vendeur à l'acheteur.

ENTREPRENDRE, *v.* composé de *prendre.* « Ce verbe, dit Demandre, dans son *Dict. de l'élocut. française*, paraît peindre l'action de prendre entre ses bras, d'embrasser, de se charger d'une chose qu'on a à cœur ; quelquefois aussi l'action de saisir quelqu'un par le milieu du corps, de manière qu'il a peine à se défendre. De là ces différentes significations figurées : *entreprendre un ouvrage*, *une affaire*, pour dire, s'en charger ; *entreprendre quelqu'un*, pour dire, l'embarrasser.

Quelle pitié de voir l'orateur *entrepris*
Relire dans la voûte un sermon mal appris !

Lorsqu'on fait suivre *entreprendre* par la préposition *sur*, alors il signifie *empiéter* : *vous entreprenez sur ma juridiction.* »

Comme on dit *entreprendre quelque chose*, on disait autrefois entreprendre avec un indéfini pour complément direct. « Quand Philippe, roy de Macédoine, *entreprint assiéger* et *ruiner* Corinthe, etc. » RABELAIS, *Prologue du liv.* III. Nous dirions aujourd'hui entrepris *d'assiéger* et *de ruiner*.

« *Entreprenez* froidement, disoit Bias, mais poursuivez ardemment. » MONTAIGNE, liv. III, c. 10.

ENTREPRENEUR, *s. m.* L'auteur de *Gil-Blas* appelle gaîment les artisans en chef d'une friponnerie « Messieurs les *entrepreneurs*. »

ENTRE-PRODUIRE (s'), *v.* « Il semble que ces deux vertus se soient *entre-produites* dans son ame. » CORNEILLE.

ENTRER, *v.* du latin *intrare*, dérivé de *intra* (entre).

« *Entrer* a plusieurs significations fines. *Entrer dans le sens de quelqu'un ; entrer dans la pensée d'un auteur ; entrer dans le monde :* un jeune homme qui *entre* bien *dans le monde ; entrer dans les secrets, dans les plaisirs, dans les intérêts de quelqu'un. Entrer dans une affaire*, pour dire s'y engager. *Je ne veux entrer dans aucun détail avec vous.* Le latin n'*entre* guères dans le commerce du grand monde..... En parlant d'un homme qui ne dit mot en compagnie, on dit : *il n'entre point dans la conversation.* » BOUHOURS, *les Entretiens d'Ariste et d'Eugène*, 2e entretien.

On dit encore *entrer en pour-parler, entrer en arrangement.* « J'attends vos lettres comme la seule joie de mon esprit ; je suis ravie d'*entrer* dans tout ce que vous me dites, et de *sortir* un peu de tout ce que je dis. » Mme DE SÉV.

« Il *entre* dans des soupçons et dans des frayeurs dont nous ignorons le sujet. » MASCARON, *Oraison funèbre de M. de Turenne.*

J'*entre* dans vos raisons, elles sont très-plausibles.
REGNARD, *le Légataire*, act. IV, sc. 1.

La tendresse que j'ai lieu d'attendre de vous, doit vous inspirer la bonté d'*entrer* un peu dans mes sentimens. » DESTOUCHES, *la Fausse Agnès*, act. I, sc. 3.

Entrer dans les sentimens de quelqu'un, comme les Latins disaient *descendere in sententiam alicujus*, comme on dit *se ranger de l'avis de quelqu'un.*

.... Dans tous vos discours, le cœur n'entre pour
[rien.
DE LA MOTTE, *la Coquette corrigée*, act. III, sc. 3.

ENTRE-RABOTER (s'), v. Le duc de Montausier avait l'extérieur rude : le premier dauphin, dont l'éducation lui fut confiée, était opiniâtre et fier. Chacun disait : comment ces deux personnages-là s'arrangeront-ils ? « Laissez-les faire, dit Mme de Sablé, ils s'*entre-raboteront* et se poliront. »

ENTRE-REGARDER (s'), v.

S'*entreregardaient* comme au rut
Les gros matous s'*entreregardent*,
Ou de leurs griffes s'entrelardent.
SCARRON.

ENTRE-REPOS, s. m. mot du P. La Rue, que l'usage n'a point admis.

ENTRESEMER, v. « Les anciens estendoient ce plaisir naturel (celuy de la table) à plus de loisir et d'usage, y *entresemans* divers offices de conversations utiles et agréables. » MONT. liv. III, ch. 13. « Ils *entresèment* leur style de cadences dogmatistes. » *Le même*, liv. II, ch. 12.

ENTRESOL, s. m. c'est-à-dire l'appartement, les appartemens qui sont *entre* le premier étage et le *sol*, ou la terre.

ENTRE-SOUTENIR (s'), v.

Il faut donner aux bons, pour s'*entre-soutenir*,
Le temps de se remettre et de se réunir.
CORNEILLE.

ENTRESOUVENIR (s'), v. se souvenir imparfaitement, à demi. « Laquelle histoire me fait souvenir, ou, pour mieux dire, *entresouvenir* d'une autre. » H. ESTIENNE, *Apologie d'Hérodote.*

ENTRE-SUITE, s. f. « Lascher la bonde à une *entre-suite* de pleurs. » NIC. PASQ. liv. III, lettr. 4.

ENTRETALONNER (s'), v. « Quand les malheurs commencent, ils s'*entretalonnent*, les uns venant, quand les autres s'en vont. » *Guzm. d'Alf.* liv. I de la 1re part. ch. 7.

ENTRETÈNEMENT, s. m. Ce terme, qui n'est plus employé qu'au Palais, était autrefois d'un usage commun soit au propre, soit au figuré. « Ces sommes immenses d'or et d'argent, destinées pour l'*entretènement* de cette effroyable multitude de gens de guerre, etc. » VAUGELAS, trad. de *Quinte-Curce*, in-4°, 1653, pag. 263.

Racine a souligné *entretènement* dans les *Remarques* qu'il a écrites sur quelques phrases de Vaugelas, dans son Quinte-Curce. (*Manuscrits de J. Racine, déposés à la Bibliothèque du Roi.*)

« Par le conquest et *entretènement* de la paix. » JACQUES BOURGOING, *Epître au roi*, en tête de son livre de *Origine vulgarium vocum linguæ gallicæ*, Paris, 1583.

On lit dans Cl. Fauchet : « l'*entretènement* des lettres. »

Ce terme est quelquefois employé par Balzac au moral. C'est ainsi qu'il dit dans sa lettre du 4 juin 1641, à M. de la Nauve : « Vous faites tort à ma passion de croire qu'elle ait besoin de vostre éloquence pour l'*entretènement* de sa chaleur. »

« L'amitié de cet oncle ne va pas toute seule, il y faut de l'*entretènement*. » Mme DE SÉVIGNÉ.

Ce mot est remplacé aujourd'hui par *entretien* dans le sens de dépense pour entretenir, action d'entretenir.

ENTRETENEUR, s. m. celui qui entretient une femme; qui fournit aux dépenses d'une femme qui, en récompense, lui accorde ses faveurs. Cette femme a un riche *entreteneur*. Il est familier; pourquoi a-t-il été omis par l'Académie et par tous nos lexicographes, si l'on en excepte M. Boiste ?

ENTRETIEN, s. m. dans le sens de discours, conversation, ce qui est le sujet dont on s'entretient. « Conservez le souvenir de ce héros, etc. ; ainsi puisse-t-il toujours vous être un cher *entretien* ! » BOSSUET.

O vous, à ma douleur objet terrible et tendre,
Eternel *entretien* de haine et de pitié,
Restes du grand Pompée, etc.
CORNEILLE.

Comme ce mot est ennobli dans ce vers de Racine !

Et ce triomphe heureux qui s'en va devenir
L'éternel *entretien* des siècles à venir.
Britannicus.

ENTREVOIR, *v.* « A ceste fin que le dormir mesme ne m'eschappast stupidement, j'ay autres-fois trouvé bon qu'on me le troublast, afin que je l'*entrevisse*. » MONT. l. III, c. 13.

ENTR'EXCITER (s'), *v.*
Par de nouveaux efforts les rameurs *s'entr'excitent*.
BRÉBEUF.

ENTR'EXHORTER (s'), *v.*
A l'exemple du chef, les soldats *s'entr'exhortent*.
CORNEILLE.

ENTR'INJURIER (s'), *v.* « Le roi défendait de s'*entr'injurier* pour cause de religion. » L'abb. GARNIER, *Hist. de France.*

ENTRIPAILLÉ, ÉE, *adj.* qui a un gros ventre, une grosse panse ; mot burlesque forgé par Molière :

« Il faut un roi qui soit gros et gras comme quatre; un roi, morbleu! qui soit *entripaillé* comme il faut ; un roi d'une vaste circonférence, et qui puisse remplir un trône de la belle manière. » *L'Impromptu de Versailles*, sc. 1.

ENTR'OUÏR, *v.* ouïr, entendre imparfaitement, à demi.

J'*entr'oy* déjà la guitere (guitare),
J'oy la terre
Qui tressaute sous leurs pas.
RONSARD, *Gayetés*, le Voyage d'Hercueil.

« J'ai *entr'ouï* sa voix ; j'ai *entr'ouï* quelque chose de ce que vous dites là. » *Acad.* L'Académie, en portant ce composé, prouve, par les exemples, que la dureté de ce verbe ne permet de s'en servir qu'aux temps composés; nous pourrions ajouter : et à l'indéfini. Je n'ai fait qu'*entr'ouïr* ce que vous m'avez dit.

ÉNUMÉRATEUR, *s. m.* mot risqué par La Bruyère. « Depuis trente années, on prête l'oreille aux rhéteurs, aux déclamateurs, aux *énumérateurs*. »

Depuis long-temps nous avons *énumération*; *énumératif* est dans l'*Académie*; *énumérer* s'accrédite, pourquoi ne pas adopter *énumérateur*? Nous l'avons déjà dit : épuisons les racines quand l'oreille et l'analogie ne s'y opposent pas, et notre langue, affranchie des circonlocutions, deviendra et plus riche et moins traînante.

ÉNUMÉRER, *v.* du latin *enumerare* (faire l'énumération, dénombrer); mot créé par Linguet, et qui paraît adopté. Il y a quarante-cinq ans environ que l'abbé Féraud disait en parlant de ce verbe : « Pour *énumérer*, son utilité le fera peut-être recevoir. Il serait plus court et plus commode que la périphrase, *faire l'énumération de....* »

Un grammairien, que nous regrettons, et dont l'autorité doit être d'un grand poids, M. Laveaux, a dit « *énumérer* toutes les circonstances. » Avant ce dernier, l'académicien Mercier avait dit : « L'Académie française a rejeté ce mot ; mais qui pourra *énumérer* ses oublis et toutes les petitesses de ses obstinées pédanteries? »

ENVAHISSANT, TE, *adj.* qui envahit. « Soumis à la volonté d'un voisin si supérieur et si *envahissant*. » *Histoire d'Angleterre.* C'est un néologisme, aussi bien que le mot *envahisseur*; mais ce dernier ne serait pas agréable au féminin, tandis que nous dirions sans scrupule : *une ambition envahissante.*

ENVAHISSEMENT, *s. m.* est fort ancien dans notre langue, puisque M. Pougens, dans son *Archéologie française*, nous apprend qu'il se trouve dans une lettre de Jean I ou Jean II, janvier 1355, et dans une charte de l'année 1445.

ENVAHISSEUR, *s. m.* mot nouveau en 1787, selon l'abbé Féraud, qui devait se contenter de le rapporter comme un ancien mot remis en usage, puisque M. Pougens en cite deux exemples dans son *Archéol. franç.* : « Si aucun estant envahy, tué, mutilé ou navré son *envahisseur*, en son corps deffendant. » *Cout. génér.* t. 1, pag. 781. « Si en ont finablement les

deffendeurs prouffit et discipline, et les *envahysseurs* dommage et ruine. »
AL. CHARTIER. C'était plutôt un mot renouvelé « Ne se jugeant pas assez fort pour aller au-devant de cet *envahisseur*. » *Journ. de Gén.*

« Il croyait que toutes les avances pour une réconciliation devaient être faites par le pouvoir *envahisseur* au pouvoir envahi. » *Ibid.*

Dans ce dernier exemple il est pris adjectivement.

ENVELOPPANT, ANTE, *adj.* tiré du verbe *envelopper.* Cet adjectif, qui a été employé par J. J. Rousseau, peut, selon M. Laveaux, être utile. *La partie enveloppante.*

ENVELOPPER, *v.* Montaigne, lorsqu'il montait à cheval, portait, depuis la perte de son père, un manteau qui lui avait appartenu. « Ce n'est point, disait-il, par commodité, mais par délices : il me semble m'*envelopper* de lui. »

De l'orgueilleux bienfait il (J. J. Rousseau) re-
[pousse l'outrage ;
Il fuit *enveloppé* de sa vertu sauvage.
MILLEVOYE.

La fortune en vain m'est cruelle,
Disait avec orgueil un sage prétendu :
Je sais, pour m'affermir contre elle,
M'*envelopper* de ma vertu. . . .
— Voilà, dit un plaisant, ce qui s'appelle
Etre légèrement vêtu.

ENVELOPPEUR, *s. m.* « Quelque bon *enveloppeur* que soit La Fontaine, il y a dans ses *Contes* des endroits un peu trop gaillards. » BUSSY-RABUTIN.

ENVERMILLONNER (s'), *v.* joli mot ; s'enluminer le visage à force de boire.

ENVERS, *prép.* est un composé de *en* et de *vers.* « C'est le *versus in,* ou le *in.... versus* des Latins. Il ne s'emploie que pour signifier *à l'égard de* : la perfidie est noble *envers* la tyrannie. La perfidie est noble, tournée contre la tyrannie. » LEMARE, *Cours de langue franç.* t. 1, p. 127.

On trouve souvent *vers* pour *envers* dans nos anciens auteurs ; ce qui serait une faute aujourd'hui. « Il étoit courroucé *vers* lui de ce qu'il avoit tant demouré (demeuré) » *Lancelot du Lac.*

« *Envers tous et contre tous* est une espèce de formule par laquelle on marque que l'on n'excepte personne : ainsi promettre à quelqu'un de le servir *envers tous et contre tous,* c'est lui promettre de le servir, s'il le faut, contre tout le reste du monde. » REGNIER-DESMARAIS, *Gramm.* pag. 636, in-4°, Paris, 1706. « Il lui promist secours et assistence *envers tous et contre tous.* » J. LE MAIRE DE BELGES, *Illustration des Gaules.*

Nous disons depuis, par ellipse, *envers et contre tous.*

Envers et contre tous je protège Dorante.
PIRON, *la Métromanie,* act. v, sc. 1.

ENVIE, *s. f.* du latin *invidia.* « Invidia *non in eo qui invidet solùm dicitur, sed etiam in eo cui invidetur.* » CIC. (L'*envie* ne se dit pas seulement de celui qui porte *envie,* mais encore de celui à qui on porte *envie*).

« Le sage doit aussi bien supporter les vices des meschans sans cholere, que leur prosperité sans *envie.* » CHARRON, l. 1, ch. 27.

L'*envie* naît à la cour, s'élève dans le cloître, et meurt à l'hôpital.

L'*envie* se change en vénération, quand le mérite est supérieur ; elle ressemble à la fumée qui cesse quand le feu est grand.

PORTRAIT DE L'ENVIE.

Là gît la sombre *Envie* à l'œil timide et louche,
Versant sur des lauriers les poisons de sa bouche.
Le jour blesse ses yeux dans l'ombre étincelans.
Triste amante des morts, elle hait les vivans.
Elle aperçoit Henri, se détourne et soupire.
Auprès d'elle est l'Orgueil qui se plaît et s'admire ;
La Faiblesse au teint pâle, aux regards abattus,
Tyran qui cède au crime et détruit les vertus ;
L'Ambition sanglante, inquiète, égarée,
De trônes, de tombeaux, d'esclaves entourée ;
La tendre Hypocrisie aux yeux pleins de douceur,
(Le ciel est dans ses yeux, l'enfer est dans son cœur.)
Le faux Zèle étalant ses barbares maximes ;
Et l'Intérêt enfin, père de tous les crimes.
VOLTAIRE, *la Henriade,* chant VII.

L'*envie* est, dites-vous, de mille maux la cause ;
Holà ! mes amis, dites mieux,
L'*envie* est une bonne chose,
Elle fait crever l'envieux.

ENVIEILLIR, *v.* racine, *vieil*, rendre vieux ou devenir vieux. Ce mot est fort ancien dans notre langue.

Le temps si *envieillist* nos pères,
Et vieillit roys et emperères,
Et aussi nous *envieillira*,
Ou la mort jeunes nous prendra.
Roman de la Rose.

Mais nature ne peult souffrir
Que nul vive sans *envieillir*.
Ibidem.

« J'ay laissé *envieillir* et mourir en moy, de mort naturelle, des reumes, fluxions, etc. » MONT. liv. III, c. 13.

La rigueur de ses lois, après tant de licence,
Redonnera le cœur à la foible innocence
Que dedans la misère on faisoit *envieillir*.
MALHERBE, *Stances pour Henri-le-Grand*.

ENVIEILLI, IE, *part.* « Nous sommes, tantost par la longue licence de ces guerres civiles, *envieillis* en une forme d'Estat si desbordée, qu'à la vérité, c'est merveille qu'elle se puisse maintenir. MONT. liv. III, c. 9. « Des pécheurs *envieillis*, tout sortans de leurs infamies. » PASCAL, *Lettres provinciales*, XVIe lettre.

ENVIRON, que nous regardons aujourd'hui comme un adverbe, est composé de la préposition *en* (in, en latin) et de l'ancien substantif *viron*. Il n'y a guère plus de cent ans qu'on disait, *viron* pour *environ*. Charles de Bourgueville, dans ses *Antiquités de la ville de Caen*, liv. II, pag. 78 : « *Viron* ce temps-là, M. Charles de Bretigny, évêque de Castres, et abbé de Caen, etc. » *Viron* a été fait de *gyrus*, venu du grec γῦρος (*guros*), cercle, comme on a fait *virer* de *gyrare*. MÉNAGE, *Dict. étymologique*.

Les Bas-Normands disent encore *viron* pour *environ*, dont le dérivé est *environner*.

Environner, c'est proprement, se tenir autour, comme le *cercle* autour de son *centre*; aussi *environ* s'est-il dit pour, *autour de... à l'entour*.

. . . . . Chist esperon (ces éperons).
Qui dorés sont *tout environ* (tout autour).
L'Ordène de chevalerie, par Hue de Tabarie.

« Nous appelons conseil privé, celui qui se tient *environ la personne* du roy. » EST. PASQUIER, *Rech. sur la France*, f° 121 tourné, Paris, 1569.

ENVIRONNANT, E. Cet adjectif verbal paraissait nouveau en 1787. L'abbé Féraud remarque à cette occasion, que c'est peut-être le deux millième adjectif de cette sorte, introduit dans la langue depuis vingt ans, c'est-à-dire, depuis 1767. « Le pont et les rues *environnantes* étaient couverts des monceaux de ces malheureux. » L'abbé GARNIER, *Hist. de France*.

ENVIS, ancien mot français, du latin *invitus* (à contre-cœur, contre son gré, involontairement, à peine). « Il semble que les philosophes se deffassent plus tard et plus *envis* de celle-ci. » MONT. *Essais*, tom. II, pag. 58, Paris, 1789. « Je vendois un cheval avec bien moins de contrainte et moins *envis*. » *Ibidem*, tom. III, pag. 49. (Et moins *envis*, c'est-à-dire, et moins à *contre cœur*.) Froissart, parlant d'un fameux tournoy qu'Edouard III fit faire à Londres, pour y attirer la comtesse de Salisbury, dit, « qu'elle y vint moult *envis*; car elle pensoit bien pourquoi c'estoit; et ne l'osoit découvrir à son mary. » Vol. I, c. 90. *Note de Coste sur Montaigne*, au lieu cité.

ENVOI, *s. m.* terme de poésie ancienne. C'est ainsi qu'on appelait la strophe par laquelle on terminait les chants royaux et les balades. *Voyez* ces mots.

ÉPAIS, AISSE, *adj.* qu'on trouve écrit *espois* et *espais* dans nos anciens auteurs; du latin *spissus*, qui a la même signification.

Un Belge *épais* de sens et de structure,
Ne sachant panse d'*a*, franc âne de nature.
L'abbé DOURNEAU, *les Lunettes flamandes*.

ÉPAISSEUR, *s. f.* « Comme son esprit étoit de la portée de tous les esprits qu'il vouloit, il faut voir comme il s'insinua dans l'*épaisseur* de celui des opulens échevins, et dans la délicatesse de celui de leurs tendres et très-magnifiques moitiés. » HAMILT. *Mém. de Gram.*

ÉPANCHEMENT, *s. m.* Colardeau, en parlant de l'art d'écrire, a dit :

Ecris-moi, je le veux : ce commerce enchanteur,
Aimable *épanchement* de l'esprit et du cœur,
Cet art de converser sans se voir, sans s'entendre,
Ce muet entretien, si charmant et si tendre.

ÉPANCHER, *v.*

Le temps amènera la fin de toutes choses,
Et ce beau ciel, cé lambris azuré,

ÉPA   479   ÉPA

Ce théastre où l'aurore *espanche* tant de roses,
Sera bruslé des feux dont il est éclairé.
MAYNARD, *Ode*.

On dit figurément *épancher son cœur*, pour dire l'ouvrir avec sincérité, avec confiance.

Mon cœur, pour s'*épancher*, n'a que vous et les
[dieux.
RACINE.

ÉPANDRE, *v.* du latin *expandere* (répandre çà et là, disperser); on disait autrefois *espandre*; Montaigne a dit *espandable*, adj. Voyez ce mot.

Elle a soif de mon sang, elle a voulu l'*épandre*.
CORNEILLE, *Rodogune*.

« *Epandre*, dit Voltaire, était un terme heureux, qu'on employait au besoin, au lieu de *répandre*, il a vieilli : pourquoi ne pas le rajeunir ? » L'Académie dit également qu'il est vieux. Cela est vrai dans le style familier et surtout en prose ; mais, en vers et même dans la prose poétique ou oratoire, il peut utilement remplacer le verbe *répandre* : il a même plus de noblesse que ce dernier.

Daigne du juste ciel la bonté souveraine
Et n'*épandre* sur vous que des prospérités.
CORNEILLE, *Rodogune*, act. II, sc. 3.

Ce fleuve *épand* ses eaux dans les vertes prairies.

Le char s'est arrêté près des murs de Pergame,
Aux bords où le Scamandre *épand* ses flots d'argent.
AIGNAN, trad. de l'*Iliade*, liv. XIV.

Quand quelquefois je porterai mes pas
Où le Permesse *épand* ses eaux chéries.
GRESSET, *Epître à ma Muse*.

Et l'olive onctueuse *épandait* ses flots d'or.
MILLEVOYE.

L'astre éclatant sur son trône de flamme,
Des nuits en vain bannit l'obscurité.
Quand sur le monde il *épand* sa clarté
L'ombre des nuits est encor dans mon ame.
Le même, *Chant d'amour*, tiré du poème d'*Emma et Eginard*.

Le Rhône dont les flots s'*épandent* dans les plaines,
Sort des flancs tortueux de ces roches lointaines.
LA HARPE, *Epître à M. le comte de Schowaloff*.

« Ce fut alors que sa charité, comme un fleuve, etc... s'*épandit* sur tant de terres arides. » FLÉCHIER, *Oraison funèbre de Mme d'Aiguillon*. « Il (le fleuve) s'*épand* dans un lit de gravier fort pur. » VAUGELAS, trad. de *Quinte-Curce*, in-4°, 1653, pag. 222. *S'épand dans un lit*, est souligné par Racine, dans ses remarques sur quelques phrases de cette traduction. *Manuscrit de J. Racine*, à la Bibliothèque du Roi.

ÉPANOUIR, *v.* ouvrir, étendre ; il se dit proprement des fleurs, lorsque les pétales commencent à sortir du calice. Il nous paraît venir de l'ancien mot français *esbanir*, *esbanoyer* (élargir, dilater). « *Ebanée*, dit M. de La Monnoye, vient de *banne*, vieux mot interprété *panier*, dans Nicot, Monet, Oudin et ailleurs. Quand le couvercle d'une banne étoit levé, on disoit qu'elle étoit *ébanée*, et de là figurément, *s'ébanir* et *s'ébanoyer*, pour se réjouir, parce que le propre de la joie est d'ouvrir, de dilater. » *Gloss. alphab.* à la suite des *Noëls bourguignons*, au mot *Ebanée*.

D'*ébanir*, n'aurait-on pas fait *épanouir*, *s'épanouir la rate* ? Ou plutôt *épanouir* ne serait-il pas dit proprement des fleurs, et ensuite aurait été dit figurément du cœur, de la rate dans la joie ?

« Là-dessus la rate s'est *épanouie* d'un rire extravagant. » DE SÉVIGNÉ.
« Elle étoit dans cet heureux âge où les charmes du beau sexe commencent à s'*épanouir*. » HAM. *Mém. de Gram.*

« Jamais en aucun temps de ma vie il n'appartint à l'intérêt ni à l'indigence de m'*épanouir*, ou de me serrer le cœur. » J. J. ROUSSEAU, *Confessions*, liv. III.

C'est toi, divin café, dont l'aimable liqueur
Sans altérer la tête, *épanouit* le cœur.
DELILLE.

ÉPARGNE, *s. f.* Mme de Sévigné l'a employé dans un sens figuré : « Elle prétend jouir de ses *épargnes* et vivre sur sa réputation acquise. »

ÉPARGNER, *v.* que nos pères disaient *espargner*, ainsi qu'on le voit dans Cl. Fauchet et dans P. Bonfons, vient d'*exparcinare*, selon Saumaise et Ménage ; mot de la basse latinité, formé sur *parcere*, qui a la même signification. Il se dit au propre et au figuré, dans des acceptions différentes, dont le lecteur saisira le sens.

Un avare, ayant appris qu'un autre avare avait hérité de cent mille livres de rentes, s'écria : « Comme il va *épargner!* »

Il est temps d'*épargner* un meurtre à votre époux.
VOLTAIRE, *Marianne*, act. II, sc. 4.

On trouve dans les *Essais de Montaigne* : *s'épargner de quelque chose*, dans le sens de *s'abstenir de quelque chose*.

Les injustices des pervers
Servent souvent d'excuse aux nôtres;
Telle est la loi de l'univers:
Si tu veux qu'on t'*épargne, épargne* aussi les autres.
LA FONTAINE.

Dans ce dernier exemple, il est pris dans le sens d'avoir des égards, des ménagemens.

ÉPARPILLÉ, ÉE, *adj.* et *part.* « Nous trouvons notre pauvre secret *éparpillé* partout. » Mme DE SÉVIGNÉ.

ÉPARS, ARSE, *adj.* qu'on a dit d'abord *espars*, du latin *sparsus* (dispersé). Une femme de beaucoup d'esprit disait d'un homme fort répandu, et pour l'excuser de manquer souvent de parole : « M. un tel est si *épars!* »

ÉPAULE, *s. f.* qu'on écrivait d'abord *espaule*, du latin *scapulæ*, qui a la même signification. « Bayard, dans toutes les escarmouches, se trouvoit tousiours à la pointe, pour faire teste à l'ennemy, et aux retraites, le dernier, pour servir d'*espaule* aux siens. » PASQUIER, *Rech.* liv. V, c. 20. « Elle leur feit *espaule* à succéder aux Estats de leur pére, » dit Montaigne, liv. I, c. 30, en parlant de la tendresse de Stratonice, femme du roi Déjotarus, pour les enfans naturels de son mari. « Les stoïciens disent que les vices sont utilement introduits pour donner prix et faire *espaule* à la vertu. » *Le méme*, liv. III, c. 13. Je leur eusse, pour leur honneur, volontiers souhaité des charges, des occupations publiques et guerrières qui n'estoient plus pour leurs *espaules*. » *Le méme*, liv. II, c. 8. « Ma présence, toute ignorante et desdaigneuse qu'elle est, preste *espaule* à mes affaires domestiques. » *Le méme*, liv. III, c. 9. Corneille a osé dire dans la *Mort de Pompée*, act. I, sc. 1 :

Pourra prêter l'*épaule* au monde chancelant.

« Les grandes entreprises ne veulent point être menées à demi, et poussées, comme on dit, avec une *espaule*. » Le maréchal DE BIRON, *Maximes et Instructions pour la guerre*. Saint-Simon, en parlant du déconcertement des ministres, lorsque Louis XIV leur ordonna de travailler avec son petit-fils le duc de Bourgogne, devenu dauphin, dit : « Ils n'eurent donc plus d'autre parti à prendre que de ployer les *épaules* à leur tour; ces *épaules* roidies à la consistance du fer. » Tom. V, liv. XII, chap. 17.

CLÉANDRE.
Tu dis que j'ai bien fait?

PHILIPIN (*valet*).
Oui, par-dessus l'*épaule*.
QUINAULT, *l'Amant indiscret*, act. IV, sc. 3.

« Vous en avez fait tout plein, mais c'est comme les Suisses portent la hallebarde, *par-dessus l'épaule*. « *La Comédie des proverbes*, act. I, sc. 6.

« Anciennement, est-il dit dans le *Ducatiana*, tom. II, pag. 496, lorsque quelcun vouloit faire faillite, il ramassoit la poussière des quatre coins de sa maison ; puis, de dessus le seuil de la porte, il jettoit cette poussière de dessus son *épaule* et tiroit chemin. De là, si nous en croyons Seb. Roulliard, cette expression proverbiale : *par-dessus l'épaule*; mais cette origine est tirée de bien loin ; » et de si loin, que nous donnerions la préférence à l'origine que lui suppose Pasquier, dont nous rapporterons les propres expressions :

« Nous disons *un homme estre riche* ou *vertueux par-dessus l'espaule*, nous mocquàns de luy, et voulans signifier n'y avoir pas grands traicts de vertu, ou richesse en luy. Duquel dire appris-je l'origine et dérivaison par quelques joueurs de flux : car comme ainsi fut qu'en ce jeu, l'as soit la principale carte (qui est celle en laquelle il y a une unité au milieu), il advint qu'un quidam en se riant, dist qu'il avoit deux as en son jeu, et les exhibant sur la table, fut trouvé que c'estoient deux varlets, chacun desquels, comme l'on sçait, porte une unité sur l'*espaule* : à quoi ayant appresté par son mensonge à rire à la compagnie, il respondit véritablement qu'il en avoit deux, mais que c'estoit *par-dessus l'espaule*. Qui, est prendre ce propos (dont nous faisons un proverbe) en sa vraye signification : car, comme je disois maintenant chasque teste, soit cœurs, careaux, trefle et picque, a un as dessus l'espaule, pour faire cognoistre de quel jeu ils sont roys, roynes ou varlets, et toutesfois, ceste unité ne représente pas un as : par quoy si nous voulons rapporter ce commun proverbe à ce jeu, nous le trouverons estre dit avec quelque fondement de raison, combien qu'autrement il semble avoir esté inventé à crédit, et par une témérité populaire. » *Recherches de la France*, liv. VIII, c. 47.

ÉPAULETÉE ou ÉPAULETTE, dans Cotgrave *espauletée*. Ces deux mots sont synonymes; l'un et l'autre se trouvent dans Nicot, qui l'explique par : « Boutée et reprinse en faisant quelque chose par intervalles. Ainsi en fait de maçonnerie on dit reprendre ou refaire un mur par *espauletées*, c'est-à-dire, par parcelles, sans l'abattre. » De là, Montaigne a dit. liv. III, c. 8 : « Mais d'entreprendre à suivre un auteur par *espaulettes* : et de jugement exprès et trié, vouloir remarquer par où un bon autheur se surmonte : poisant les mots, les phrases, les inventions et ses diverses vertus l'une après l'autre : ostez-vous de là. »

ÉPAVE, adj. des 2 genr. Il se prend aussi substantivement pour choses égarées. On invoquait pour les recouvrer, saint Antoine de Padoue, parce qu'en ancien langage italien, on appelait *Pava* cette ville où repose le corps de saint Antoine, dit de Pade ou de Padoue, quoiqu'il soit né à Lisbonne en Portugal.

« Il faut éviter les mots *espaves*, en pareille diligence que les patrons de navire évitent les rochiers de mer. » RABELAIS, liv. II, ch. 6. « Par ces mots *espaves*, Rabelais veut dire les mots inusités, *perdus*; comme les bêtes *épaves*, qui, s'égarant du troupeau, ne pouvaient plus retrouver leur étable. Barbazan dérive ce mot de *expavere*, comme qui dirait bête éperdue, épouvantée. » *Gloss. de Rabelais*, édit. Desoer.

ÉPEAUTRE, s. m. écrit *épeautré* et *épeaute* dans *Trévoux*, qui le dit féminin, en faisant la remarque que quelques-uns le font masculin, du latin *spelta*, qui désigne cette sorte de froment. M. Eloy Johanneau dérive ce mot de l'allemand *spelten* ou *spelte* qui a la même signification.

ÉPÉE, s. f. du latin *spatha* ou de l'italien *spada*, dérivé du premier qui vient lui-même du grec σπάθη (*spathé*).

L'épée des Romains, qu'ils nommaient *gladius*, n'avait, suivant Le Beau, que dix-huit à vingt pouces de long; mais elle était fort pesante. « Cette épée, dit M. Dureau de la Malle, dans la note 6 du liv. II de sa trad. des *Annales* de Tacite, fut le principal instrument des victoires des Romains; mais, pour manier avec succès une arme pesante, il fallait des bras nerveux et exercés; pour qu'une arme aussi courte fût avantageuse, il fallait joindre de très-près l'ennemi. Quand les soldats dégénérèrent, dans la décadence de l'empire, leur premier soin fut d'alonger leur épée, qui dès lors s'appela *spatha*, d'où s'est formé le mot italien de *spada*. » De là vient notre mot *épée*, *espadon*.

On dit d'un guerrier : qu'il est *brave comme son épée*, *comme l'épée qu'il porte*; ce qui rappelle ces jolis vers de Sarrazin au duc d'Enghien :

Achille, beau comme le jour
Et *vaillant comme son épée*,
Pleura neuf mois pour son amour
Comme un enfant pour sa poupée.

« Ma lettre eut mieux rangée, quoiqu'écrite impétueusement; le chevalier en eut les yeux rouges en la lisant; et pour moi, je me blessai tellement de ma propre *épée*, que j'en pleurai de tout mon cœur. » SÉVIGNÉ. « Je me suis trouvée en vous quittant au milieu de mille *épées*, dont on se blesse, quelque soin qu'on prenne de les éviter. » *La même*. « Charles-Quint qui *n'avait pas encore tiré l'épée*, tient en prison à Madrid, non seulement un roi, mais un héros. » VOLTAIRE, *Essai sur les mœurs et l'esprit des nations*. tom. III, c. 124. *Qui n'avait pas encore tiré l'épée*, c'est-à-dire, qui n'avait point encore fait personnellement la guerre. On dit qu'*un tel prince tire l'épée*, pour dire qu'il fait la guerre, même aussi quand ce serait par ses généraux.

On dit *à la pointe de l'épée* pour dire avec violence, par la force. Avec cet homme on n'a rien, on n'obtient rien qu'*à la pointe de l'épée*. C'est en ce sens que La Fontaine dit :

Car quoi! rien d'assuré ; point de franche lippée ;
Tout à la pointe de l'épée.
Liv. 1, *fable* 5.

« Toujours parler d'argent! voilà leur *épée* de chevet, de l'argent! » MOLIÈRE, *l'Avare*, act. III, sc. 5.

A la fin j'ai quitté la robe pour l'épée.
P. CORNEILLE, *le Menteur*, act. 1, sc. 1

Un bedeau devint suisse dans la même église; il dit qu'il avait quitté la *robe* pour l'*épée*.

Dans la robe ils voulaient me choisir un parti ;
Mais c'est à quoi mon cœur n'a jamais consenti :
Ils voudront bien enfin, ou je suis bien trompée,
Pour seconder mes vœux, prendre un gendre d'épée.
LAFOND, *les Trois Frères rivaux*, sc. 2.

« Il faudroit mettre du côté de l'*épée*, le million que vous cherchez pour marier votre fille, etc. » *Scènes françoises du Banqueroutier*. Recueil de Ghérardi.

FRIQUET.

« Et le damas caffar, qu'on a porté chez cet organiste?

MEZZETIN.

» Il en enverra demain l'argent par son commis. (*à part*) j'ai encore mis cela du côté de l'*épée*. » *Le marchand dupé*, act. 1, sc. 3, *Théâtre italien* de Ghérardi, tom. II, Paris, 1741.

Mettre quelque chose du côté de l'*épée*, le mettre dans sa poche, le prendre, en faire son profit. Cette expression vient de l'usage où l'on était autrefois de porter du côté de l'épée ou à gauche, une bourse pendante dans laquelle on mettait son argent.

Quand on conteste sur une chose qui n'est pas en notre puissance, on dit qu'on se bat de l'*épée* qui est chez le fourbisseur.

ÉPELER, *v*. L'Académie dit que « c'est former des syllabes en assemblant les lettres l'une avec l'autre. » Tel est le sens étymologique de ce mot. Cicéron a dit : *Nam de sono vocis et suavitate litterarum* appellandarum *noli exspectare quid dicam. De clar. orat.* c. 35. Et Quintilien : *Laudatur in Catulo suavis* appellatio *litterarum.* II, c. 13. « Il est donc évident, dit M. Lemarre, qu'*épeler* et *épellation* viennent du latin *appellare*, *appellatio*, et qu'*épeler* signifie nommer ou appeler les lettres. » *Cours de langue française*, tom. I, pag. 448.

ÉPERDU, UE. C'est le participe de l'ancien verbe *éperdre*, qui ne se dit plus, et qu'on trouve dans Ant. Baïf et dans Est. Pasquier.

ÉPERON, *s. m.* On a dit d'abord *esperon*; Ménage le dérive de l'italien *sperone*, fait de l'allemand *sporen*, qui a la même signification. Diderot exprime vivement les sentimens d'enthousiasme et d'émulation que lui fait éprouver l'espoir de vivre dans le souvenir de la postérité, par cette image : « Cette ambition, qui porte mes vues au-delà de mon existence et de celle de mes contemporains, est une pointe de plus à mon *éperon*. » *Lettre* VII, à Falconet.

Vilain ne sait ce que valent éperons : ancien proverbe qui vient de ce qu'autrefois la noblesse seule servait à cheval, tandis que les roturiers servaient à pied.

ÉPERONNER, *v*. ÉPERONNÉ, ÉE, *part*. Le verbe ne se trouve pas dans le *Dict. de l'Académie*, quoiqu'il soit dans celui de *Trévoux* : on lit dans le premier *éperonné*, *adj*. pour dire qui a des éperons aux talons : Il est *botté et éperonné*, tout prêt à monter à cheval. Il est bien ridicule que le participe soit français et que le verbe dont il semble dériver naturellement ne le soit pas : pourquoi ne pas dire *éperonner* comme les Allemands disent *ahspornen*? Au moins devrait-il s'employer dans le sens de mettre les *éperons* à quelqu'un, pour répondre à celui qu'on a donné à son participe, comme on dit botter quelqu'un. Ce n'est pas qu'il serait plus utile dans la signification allemande pour dire, donner des éperons, des coups d'éperons à un cheval. Quelques lexicographes modernes ont réhabilité ce mot : il faut leur en savoir gré.

Le roi d'Espagne ayant donné au célèbre Farinelli l'ordre de Calatrava, ce soprano fut armé chevalier avec les cérémonies ordinaires, et, suivant l'usage, on lui mit les éperons ; sur quoi l'ambassadeur d'Angleterre dit : « Chaque pays, chaque mode ; en Angleterre, on *éperonne* les coqs ; à Madrid, on *éperonne* les chapons. »

Nic. Pasquier s'est servi de *déséperonner*, pour dire, ôter les éperons. Ce verbe ne nous paraît pas d'une moindre utilité que *débotter* : « Concini, dit-il, entra arrogamment tout *esperonné* dans la salle du palais, où il fut *desesperonné* par les clercs. » Liv. VI, lett. 16.

ÉPERVIER, s. m. « Les seigneurs de Guise sont abandonnés par les *espreviers* de cour qui ne suivent que le vent. » EST. PASQ. liv. XI, lett. 19.

ÉPHÉMÈRE, adj. (grec, ἐπὶ, pour ; ἡμέρα, jour) qui ne dure qu'un jour. « Ouvrages *éphémères*. » J. J. ROUSSEAU. « Qui m'eût dit que je ne les reverrais de ma vie, et que là finiraient nos *éphémères* amours ? » *Le même, Confessions*, liv. IV. C'est une grande hardiesse de le dire des personnes. « Qu'ils embrassent ce fantôme (de la gloire), ces immortels *éphémères*. » L'abbé DE BOULOGNE, *Éloge du Dauphin*. « Les Flibustiers, peuple *éphémère*, qui ne brilla qu'un instant. » RAYNAL. Cette phrase nous paraît moins affectée que la précédente.

ÉPHÉMÈRE, s. f. est aussi le nom d'une fleur de couleur violette qui ne dure qu'un jour et même que l'espace de quelques heures, ce qui lui a fait donner ce nom.

ÉPI, particule initiale qui entre dans la composition de plusieurs mots français, du grec ἐπὶ (*épi*) sur. Elle éveille, comme dit Domergue, l'idée de position supérieure, comme dans *épicarpe*, topique qu'on applique *sur* le carpe, le poignet ; *épidémie*, maladie *sur* le peuple, *sur* la multitude ; *épizootie*, maladie *sur* les animaux ; *épiderme*, la partie *supérieure* de la peau ; *épigramme*, dans le sens des anciens, inscription en général ; *épigramme*, dans le sens moderne, pensée fine et satirique dirigée *sur* quelqu'un ; *épigraphe*, sentence au frontispice d'un livre, *à la tête* d'un livre ; *épitaphe*, paroles mises *sur* un tombeau ; *épithalame*, chant ou vers *sur* un mariage ; *épilepsie*, maladie qui saisit à l'improviste, qui surprend ; *épithète*, adjectif placé *sur* un nom pour lui communiquer de la grâce ou de la force ; *épisode*, événement qui *survient*, et se lie à l'action principale ; *épiscopat*, dignité de celui qui a inspection *sur*, qui a la *sur*intendance d'un diocèse.

ÉPI, s. m. que nos pères écrivaient *espic*, du latin *spica*, qui a la même signification. « Il est advenu aux gens véritablement sçavans, ce qui advient aux *espics* de bled : ils vont s'eslevant et se haussant la teste droicte et fière, tant qu'ils sont vuides ; mais quand ils sont pleins et grossis de grain en leur maturité, ils commencent à s'humilier et baisser les cornes. » MONTAIGNE, liv. II, c. 12.

ÉPICE, s. f. qu'on trouve écrit *espice*, dans nos anciens auteurs et même *espèce*, dans Rabelais, du latin *species* (espèce). « On comprenoit (anciennement) sous cette dénomination, dit M. Roquefort, le sucre, les dragées, les confitures et toutes les épiceries, du latin *species* (espèces). Le défaut de relations commerciales avec les Indes, rendoit les *épices* tellement rares, que l'on en présentoit aux rois, aux princes et aux grands seigneurs, à la fin des repas ; on en donnoit aux personnes dont on vouloit capter la bienveillance et la protection, comme aux juges, aux commissaires rapporteurs des procès, aux professeurs. Ces présens, faits d'abord par honnêteté, devinrent obligatoires, et furent convertis en argent :

de là on a conservé au Palais le terme d'*épices*, pour la récompense due à celui qui a suivi une affaire ou s'y est intéressé. » *Gloss. de la langue romane.*

« Le contract est passé et minuté, d'ung cousté sont apportez vin et *espices*. » RABELAIS, tom. IV, pag. 81, édit. de 1732. « Ces *épices*, dit Le Duchat, sont proprement des dragées, comme les juges en recevoient autrefois à la place des *épices* qu'ils se sont fait payer depuis. » La 35ᵉ des *Cent nouvelles Nouvelles* : « Et estoit le beau buffet garni d'*espices*, de confitures, et de bon vin de plusieurs façons. » Froissart, vol. II, emploie toujours les mots *vin* et *espices*, dans le sens d'une collation accompagnée de confitures, et c'est ce qu'encore aujourd'hui on entend à Paris, dans les festins solemnels des écoles de théologie, lorsque sur le dessert on demande le vin et les *épices*. » Note 8, au bas de la page.

Loiseau, liv. I, des *Offices*, ch. 8, s'exprime ainsi : « En France, du commencement, les juges ne prenoient aucun salaire des parties, au moins par forme de taxe et contre leur volonté : car les *espices* étoient lors un présent volontaire que celui qui avoit gagné sa cause, faisoit par courtoisie à son juge ou rapporteur, de quelques dragées, confitures ou autres *épices*..... A succession de temps, les *espices* ou *espiceries* furent converties en or ; et ce qui se bailloit par courtoisie et libéralité, fut tourné en taxe et nécessité. »

L'origine de cet ancien droit, alloué encore aux juges avant la révolution, nous paraît suffisamment expliquée ; et l'assertion de Loiseau, de M. Roquefort et de Le Duchat, est appuyée de l'autorité d'Est. Pasquier, *Rech. sur la France*, pag. 90, Paris, 1569; et de celle de Mézeray, *Abrégé chronologique de l'His. de France*, tom. V, pag. 225, in-12, 1677.

ÉPICER, v. dérivé d'*épice*.

« Ce temps, dit L'Estoile (1578), tous les états de France se vendoient au plus offrant, principalement de la justice ; ce qui étoit la cause que l'on revendoit en détail ce qu'on avoit acheté en gros, et qu'on *épiçoit* si bien les sentences aux pauvres parties, qu'elles n'avoient garde de pourrir. »

ÉPIGRAMME.
Si cet officier de justice
Boit si souvent à ses repas,
Ami, ne t'en étonne pas ;
Il ne vit souvent que d'épice.

ÉPICÉ, ÉE, *adj.* et *part.* « Il seroit expédient pour le soulagement du pauvre monde, que les procès fussent si *épicés* et si salés, qu'il n'y eût homme, non pas diable, qui en pût avaler. » H. ESTIENNE, *Apologie pour Hérodote.*

ÉPICIER, *s. m.* celui qui vend des épices. Nous disons qu'un ouvrage est bon à porter à l'*épicier*, à la beurrière, pour dire qu'il est mauvais, d'après l'usage où l'on est de vendre aux *épiciers* le papier inutile, pour leur servir à envelopper leurs épices. Cette expression et cet usage étaient connus des Romains. Horace dit :

Nec pravè factis decorari versibus opto :
Ne rubeam pingui donatus munere ; et unà
Cum scriptore meo, capsâ porrectus apertâ,
Deferar in vicum vendentem thus et odores,
Et piper, et quidquid chartis amicitur ineptis.
   Epître 1, liv. 2, à la fin.

« Je n'ambitionne pas non plus l'honneur d'être célébré dans de mauvais vers, de peur d'avoir à rougir d'un encens trop grossier, et d'aller, avec mon panégyriste, étendu tout de mon long dans une caisse ouverte, chez le marchand qui débite le poivre, les parfums, et tout ce qu'on enveloppe d'impertinens écrits. » Binet ajoute cette remarque : « C'est un chemin bien frayé et connu depuis long-temps aux méchans ouvrages, que celui des beurrières et des *épiciers.* »

C'est en ce sens que Boileau a dit, en parlant du sonnet, *Art poétique*, chant II :

A peine dans Gombaut, Maynard et Malleville,
En peut-on admirer deux ou trois entre mille ;
Le reste, aussi peu lu que ceux de Pelletier,
N'a fait de chez Sercy, qu'un saut chez l'*épicier.*

ÉPIDÉMIQUE, *adj.* dérivé d'*épidémie*, venu du grec ἐπὶ (*épi*) sur, et δῆμος (*démos*) le peuple ; maladie qui se répand sur le peuple. « Les esprits, dit Bayle, sont sujets aux maladies *épidémiques*, comme les corps; un seul homme infatue tout un pays en peu de temps. »

ÉPIDERME, *s. m.* du grec ἐπί (*épi*) sur ; δέρμα (*derma*) la peau ; pellicule fine et transparente, qui couvre extérieurement la peau.

La beauté du visage est un frêle ornement,
Une fleur passagère, un éclat d'un moment,
Et qui n'est attaché qu'à la simple *épiderme*.
MOLIÈRE, *les Femmes savantes*, act. IIIe, sc. 6.

Molière, en faisant ce mot féminin, ne s'est point exprimé comme l'usage l'exige ; mais il s'est conformé, comme la remarque en a été faite par MM. Domergue et Chapsal, à l'étymologie grecque ; où *epidermis, epidermidos*, est du genre féminin.

« Il y a dans le monde littéraire des cirons qui grattent l'*épiderme* des bons ouvrages, pour faire naître des ampoules. » LINGUET. « Madame de Bouillon n'avoit pour son mari qu'un *épiderme* de bienséance.. » *Note manuscr. sur les Mém. de Dangeau*.

ÉPIGRAMME, *s. f.* du latin *epigramma*, venu du grec ἐπί (*épi*) sur ; γράμμα (*gramma*) lettre, écrit, inscription. Ce mot que Rabelais, Montaigne et encore Boileau, *Art poét.*, chant II, ont fait masculin, était autrefois des deux genres, ce qui a fait dire à Balzac, tom. II, p. 626 de ses Œuvres, in-f°, 1665, en parlant des *épigrammes* de l'*Anthologie* : « Pour *une* de haut goust, combien y en a-t-il d'insipides et de *froids* ? car je vous apprends qu'*épigramme* est masle et femelle. »

Suivant l'étymologie du mot, les *épigrammes*, chez les Grecs, n'étaient guère, comme dit M. Morin, que des inscriptions pour des tombeaux, des statues ou des monumens : elles étaient en vers, la plupart d'une grande simplicité, et n'avaient rien de commun avec l'acception que l'on donne aujourd'hui à ce mot. Comme il y a dans l'*Anthologie grecque* plusieurs *épigrammes* qui n'ont pas beaucoup de sel, on a appelé pendant quelque temps *épigramme* à la grecque, une *épigramme* qui n'est pas bonne, qui n'a point de sel. Quelques unes cependant sont fines et gracieuses ; nous en citerons deux traduites par Voltaire avec une brièveté dont on a souvent reproché à notre langue d'être privée.

SUR LAÏS
qui remit son miroir dans le temple de Vénus.

Je le donne à Vénus, puisqu'elle est toujours belle,
Il redouble mes ennuis :
Je ne saurais me voir dans ce miroir fidèle,
Ni telle que j'étais, ni telle que je suis.

SUR UNE STATUE DE VÉNUS.

Oui, je me montrai toute nue
Au dieu Mars, au bel Adonis,
A Vulcain même, et j'en rougis ;
Mais Praxitèle ! où m'a-t-il vue?

« L'*épigramme*, dit M. Pommereul, a pu n'être d'abord que ce qu'indique son nom, une simple inscription. Bornée à un ou deux vers, les différens sujets auxquels on crut pouvoir l'appliquer avec succès ne tardèrent pas à la faire étendre jusqu'à dix, et même jusqu'à vingt, et au-delà, nombre qui semble excéder sa juste mesure. L'un de ses grands mérites étant de pouvoir se graver facilement dans la mémoire, elle s'expose à le perdre, si sa longueur peut la fatiguer. La brièveté, la concision sont ses principaux attributs ; l'élégance, la singularité et le piquant de son expression achèvent de la rendre recommandable.

» Le nom de ce petit poème s'est appliqué à divers genres. Par sa brièveté, il convenait aux inscriptions, aux épitaphes, à un trait satirique, à un court éloge, à une description succincte, à un récit très-abrégé, terminé par un trait saillant, à l'énoncé d'une maxime importante ; et tous ces sujets sont successivement entrés dans son domaine. Cependant une opinion assez générale le restreint, et une épigramme n'est guère pour nous qu'un trait de satire ou de critique, ou un jeu de mots qui n'est souvent qu'un abus du genre.

» Nous avons distingué et nommé madrigaux ceux de ces petits poèmes dont l'éloge est le but, et ceux qui ne sont que l'expression de passions douces et de sentimens délicats.

» Nous laissons le nom d'inscriptions à ceux qui n'ont en effet que cet objet à remplir ; celui d'épitaphes à ceux qu'on peut inscrire sur les tombeaux ; et enfin celui de maximes ou sentences à ceux qui ont un but moral.

» Les anciens n'ont fait aucune de ces divisions, et ont indifféremment appliqué à leurs recueils de poèmes de tous les genres, le nom général d'*épigrammes.* » Notice sur Martial, en tête de sa *traduction de quelques épigrammes de Martial,* à Ixelles (1818).

L'*épigramme* n'est pas toujours satirique, et lorsqu'elle n'est point assaisonnée du sel mordant de la satire, elle doit, et c'est ce qui la distingue des autres pièces de poésie, renfermer un trait délicat de sentiment ou une moralité piquante. Entr'autres exemples de ce genre d'*épigramme* nous citerons la suivante tirée du livre premier des *Épigrammes* du poète Le Brun.

LE POÈTE RÉSIGNÉ.

La foudre en main quand Jupiter fait rage,
Sur des lauriers tomba-t-elle jamais ?
Ses feux, dit-on, en respectent l'ombrage ;
Mais de l'Amour comment parer les traits ?
Amour peut tout : Phébus, Jupiter même
Contre un enfant ne sauraient prévaloir.
Il fit Adèle ; il prétend que je l'aime :
Ce qu'Amour veut, il faut bien le vouloir.

Quelquefois aussi l'*épigramme* renferme une historiette plaisante ou le récit d'un fait sérieux. Les deux *épigrammes* suivantes empruntées à Marot, fourniront des preuves de ce que nous avançons :

Un gros prieur son petit-fils baisoit
Et mignardoit au matin en sa couche,
Tandis rôtir sa perdrix l'on fesoit :
Se lève, crache, esmeutit (éternue) et se mouche ;
La perdrix vire (considère) : au sel de broc en
[bouche,
La dévora, bien sçavoit la science ;
Puis, quand il eut prins (pris) sur sa conscience
Broc de vin blanc, du meilleur qu'on élise,
Bon Dieu, dit-il, donne-moi patience !
Qu'on a de maux pour servir sainte église !

Lorsque Maillard, juge d'enfer, menoit
A Montfaucon Samblançai l'ame rendre,
A votre avis, lequel des deux tenoit
Meilleur maintien ? Pour vous le faire entendre,
Maillard sembloit homme que mort va prendre,
Et Samblançai fut si ferme vieillard,
Que l'on cuidoit (pensoit) pour vrai qu'il menât
[pendre
A Montfaucon le lieutenant Maillard.

« Voilà, dit Voltaire, en parlant de cette dernière pièce, de toutes les *épigrammes,* dans le goût noble, celle à qui je donnerais la préférence. »

Il est vrai cependant de dire qu'une opinion assez générale restreint ce genre de poésie, et qu'une *épigramme* n'est guère pour nous qu'un trait de satire ou de critique.

Mes malades jamais ne se plaignent de moi,
Disait un médecin d'ignorance profonde.
Ah ! repartit un plaisant, je le croi,
Vous les envoyez tous se plaindre en l'autre monde.

La pointe de l'*épigramme* n'est jamais plus piquante que lorsqu'elle est si détournée, qu'elle en devient, pour ainsi dire, imprévue.

L'*épigramme* est un jeu d'escrime :
L'adresse à la force s'y joint.
Qui sait mal déguiser sa rime
De la cuirasse offre le joint.
On évite aisément l'atteinte
D'un coup pesant et porté droit ;
Mais comment esquiver la feinte
Que vous glisse un tireur adroit ?
LE BRUN.

Qui croirait que c'est l'immortel auteur d'*Iphigénie* et de *Phèdre* qui, par cette *épigramme* si connue, nous a donné, en ce genre, le meilleur modèle que nous ayons :

A sa *Judith,* Boyer, par aventure,
Etoit assis près d'un riche caissier ;
Bien aise étoit, car le bon financier
S'attendrissoit et pleuroit sans mesure.
Bon gré vous sais, lui dit le vieux rimeur ;
Le beau vous touche, et ne seriez d'humeur
A vous saisir pour une baliverne.
Lors le richard en larmoyant lui dit :
Je pleure, hélas ! pour ce pauvre Holopherne,
Si méchamment mis à mort par Judith.

Chez nous les meilleurs épigrammatistes sont Cl. Marot, J. B. Rousseau, Maynard, Boileau, Piron, Le Brun, Pons (de Verdun).

La Monnoye, à l'occasion d'une traduction en prose de Martial, dit qu'une *épigramme* en prose est un cavalier démonté.

L'abbé Gobelin, confesseur de Mme de Coulanges, directeur célèbre dans son temps, disait de sa pénitente, femme de beaucoup d'esprit, que chaque péché dont elle s'accusait était une *épigramme.*

« La vie est une *épigramme* dont la mort est la pointe. » Le P. GASTEL.

ÉPIGRAMMATISER, *v.* mot nouveau en 1787, mais qui ne parait pas encore établi. « *Epigrammatiser* les ministres de la religion. » *Journal de Monsieur.*

ÉPINE, *s. f.* autrefois *espine*, du latin *spina*, qui a la même signification. « A mesure que ces *espines* domestiques sont drues et desliées, elles nous mordent plus aigu et sans menaces, nous surprenant facilement à l'impourveu. » MONT., liv. III, ch. 9.

« Un homme n'est pas à son aise, qui sent des *épines* sur des matelas de satin. » BALZAC, *Entret.* XXVIII.

Un ami de cet écrivain disait qu'un fagot d'*épines* fleurissait entre ses mains. *Ibid.* « Je n'ai jamais vu de fagot d'*épines* si révolté. » Mme DE SÉVIGNÉ, en parlant d'une personne exigeante et susceptible.

Une femme galante est un rosier dont chaque amant prend une rose. Que reste-t-il au mari ? Les *épines*.

Milton, devenu aveugle, avait épousé, en troisièmes noces, une femme fort belle, mais d'une humeur difficile et d'un caractère violent. Lord Buckingham dit un jour à ce poète, que sa femme était une rose. « Je n'en puis juger par les couleurs, répondit-il ; mais j'en juge par les *épines.* »

ÉPINETTE, *s. f.* que Saint-Gelais a écrit *espinette*, est un diminutif d'*épine* ; on le trouve en ce sens dans les poésies de Coquillart :

Quand elle marche sur *espinettes*,
Elle faict un tas de minettes (petites mines) :
On dit ceste femme n'y touche.

Il signifie aujourd'hui une espèce de clavecin, qui a été ainsi nommé parce que les petits becs de plumes qui viennent frapper les cordes lorsqu'on touche le clavier, sont comme de petites *épines*.

ÉPINGLE, *s. f.* du latin *spinula*, selon Robert Estienne, qui écrit *espingle*. On interpose un *g* entre *n* et *l*, comme on a interposé un *b* entre *m* et *l* dans *comble* de *cumulus* à la place de l'*u*.

« O la belle *dressière* que la faute d'un autre, si nous sçavons bien retirer nostre *espingle* du jeu ! » *Le Politique françois*, 1604.

« Une *épingle* ne seroit pas tombée dans tout le parterre. » SAINT-SIMON, *Mém. secrets de la Rég.* liv. v.

La nature a créé les épines pour punir l'indiscret qui attente à la fraicheur des roses. L'art a dû inventer les *épingles*, pour punir le téméraire qui attente à la pudeur des femmes.

Nous appelons *épingles*, certaines gratifications qui se donnent aux femmes en quelques circonstances ; par une expression approchante, les soldats romains nommaient *clavarium* (rétribution, gratification pour les clous de leurs souliers) une gratification qui leur était accordée en dehors de la solde.

ÉPINOCHER, *v.* terme populaire, qui se dit quand on prend des viandes ou autre aliment en petite quantité et par parcelles, comme en témoignant du dégoût. On dit d'une personne qu'au lieu de manger *elle ne fait qu'épinocher*. Ce mot vient d'*épinoche* (*épinoche*, petit poisson, qui est ainsi appelé du mot *épine*, parce qu'il a sur le dos des espèces de petites épines qui lui servent de défenses). *Épinocher*, c'est donc comme qui dirait prendre garde aux épines de ce poisson, éplucher en mangeant. Ce mot, omis par tous nos dictionnaires, si l'on en excepte celui de *Trévoux* et celui de Boiste, se prend aussi au figuré, pour éplucher, pointiller, chicaner. « De s'arrester en si peu de temps, c'est *épinocher* en histoire. » EST. PASQUIER, l. XX, *lettr.* 5. « Mille autres vétilles où ils s'amusent à *épinocher* et pointiller sur les syllabes et paroles, au lieu de s'attacher à la substance des choses. » *Lettre de M. Favreau*, conseiller à la Cour des Aydes, *à Malherbe*, sur sa traduction de l'*Épithalame du Cavalier Marin*.

ÉPIQUE, *adj.* du grec ἔπος (*épos*), parole, discours. L'usage a attaché ce nom particulièrement à des récits en vers d'aventures héroïques ; comme le mot d'*oratio*, chez les Romains, qui d'abord signifiait aussi *discours*, ne servit dans la suite que pour les discours d'apparat.

ÉPISCOPISER, *v.* aspirer à l'épiscopat, ou se donner des airs d'évêque.

Les auteurs du *Dict. de Trévoux*

qui portent *épiscopisant* dans le premier sens : La cour est toujours remplie de plusieurs abbés *épiscopisans*, ajoutent : « On pourroit dire de même *épiscopiser*. L'abbé tel *épiscopise* depuis long-temps ; mais cela n'est bon que dans un discours bien familier. »

ÉPISODIER, *v.* étendre par des épisodes. Ce verbe est dans *Trévoux*, et n'est probablement que là.

ÉPISTOLIER, *s. m.* celui qui compose, qui écrit beaucoup de lettres. Ce terme a été créé par Ménage qui, dans ses *Observations sur les Poésies de Malherbe*, a appelé M. de Balzac le grand *épistolier*, ce qui ne veut pas dire qu'il a excellé dans le style épistolaire.

Ce mot, qui n'a pas fait fortune, pourrait cependant être employé dans le style plaisant ou critique.

ÉPITAPHE, *s. f.* du latin *epitaphium*, venu du grec ἐπί (*épi*) sur, et τάφος (*taphos*) tombeau. Ce mot, dit M. Morin, désignait anciennement les vers que l'on chantait en l'honneur des morts, le jour de leurs funérailles, et que l'on répétait tous les ans à la même époque ; mais aujourd'hui on ne le dit que des inscriptions des tombeaux.

Epitaphe, féminin aujourd'hui, était encore des deux genres du temps de Vaugelas.

« La dernière des vanités de l'homme est l'*épitaphe*. » OXENSTIERN.

Il serait à souhaiter que chacun fît son *épitaphe* de bonne heure, qu'il la fît dans les termes les plus honorables, et qu'il s'étudiât ensuite toute sa vie à la mériter.

Un poète présenta au grand Condé l'*épitaphe* de Molière : « Plût à Dieu, lui dit ce prince en la recevant, que Molière me présentât la vôtre ! »

ÉPITHÈTE, *s. f.* du latin *epithetum* dans Quintilien, venu du grec ἐπίθετος (*épithétos*), ajouté. Nos pères l'ont fait masculin ; Vaugelas veut qu'il soit plutôt féminin que masculin. M. de Balzac a dit des *épithètes oisifs*. L'Académie, qui l'avait fait du même genre dans ses Remarques sur *le Cid*, l'a fait féminin dans son *Dict.* (1740) ; et cet usage a prévalu.

« L'Académie, dit M. de Rivarol, aurait dû fixer la place des *épithètes*, et dire pourquoi on écrit également *paisibles bois* et *bois paisibles* ; et pourquoi on dit des *choses possibles*, et non de *possibles choses* : elle connaissait sans doute la règle et ses exceptions. » *Prospectus d'un nouv. Dict. de la langue française*.

« Parmi nos *épithètes*, ajoute plus bas M. de Rivarol, les unes sont fixes et les autres mobiles ; cette règle est tellement inhérente au fond de la langue française, que c'est de la place de l'*épithète* qu'elle a su tirer un si grand parti pour se faire une foule d'expressions variées, qui ne dépendent que du lieu que l'*épithète* occupe : comme *galant homme* et *homme galant* ; *sage femme* et *femme sage*, etc. »

Anciennement les Français donnaient des *épithètes* aux personnes avec assez de liberté ; ces *épithètes*, tirées des qualités ou des défauts, soit de l'esprit, soit du corps, devenaient des surnoms. Les rois eux-mêmes n'en étaient pas exempts. De là viennent ces *épithètes* si fréquentes dans l'histoire : Charles-*le-Simple*, Philippe-*le-Bel*, Louis-*le-Gros*, Louis-*le-Fainéant*, Pépin-*le-Bref*, etc. Plusieurs de ces *épithètes* ont même été dans le principe, ou sont devenues par la suite des noms propres. *Voyez* NOMS PROPRES.

« Amas d'*épithètes*, mauvaises louanges. » LA BRUYÈRE.

ÉPITOME, *s. m.* en latin *epitoma*, venu du grec ἐπιτομή (coupure dans un ouvrage, retranchement), exposition succincte d'un livre, et particulièrement d'une histoire : *Epitome* de l'Histoire romaine par Eutrope.

Ce mot, dit l'abbé Girard, n'est employé que par les gens de lettres pour le titre de certains ouvrages.

ÉPÎTRE DÉDICATOIRE. Un auteur espagnol, qui n'avait pas à se louer de la générosité de son héros, à la 2ᵉ édition de ses ouvrages, mit dans l'errata l'*épître dédicatoire* au nombre des principales fautes. GRACIAN, *Critic.* III, § 6.

ÉPLUCHER, *v.* qu'on a écrit *esplucher*, d'*expellicare*, selon Ménage, mot qui se serait dit dans la basse latinité, pour ôter, enlever la peau.

« Les philosophes anciens n'ont voulu *esplucher* au vif les communes opinions, aux fins de n'engendrer du trouble en l'obéissance des loix et coustumes de leur pays. » MONT. l. II, c. 12. « *Esplucher* les mystères secrets et divins des choses naturelles. » *Contes d'Eutr.* t. II.

« Il faut éviter en propos communs les questions subtiles et aiguës, qui ressemblent aux écrevisses, où y a plus à *esplucher* qu'à manger. » CHARRON, l. III, c. 43.

De Beausse et moi, criailleurs effrontés,
Dans un souper clabaudions à merveille,
Et tour à tour *épluchions les beautés*
Et les défauts de Racine et Corneille.
VOLTAIRE, *Epigramme*.

ÉPLUCHEUR, *s. m.* Vaugelas a dit : *éplucheur* de phrases.

Ce diable était tout yeux et tout oreilles,
Grand *éplucheur*, clairvoyant à merveilles.
LA FONTAINE, *Belphégor*.

ÉPLUCHURE, *s. f.* Mad. Geoffrin disait de deux personnages de son temps : « Ces deux hommes-là ne sont que les *épluchures* des grands vices. » Le piquant de son esprit consistait toujours à rendre des idées ingénieuses par des images triviales, et, pour ainsi dire, de ménage.

ÉPOINÇONNEMENT, *s. m.* dérivé de *poinçon*, aiguillon, action d'exciter. « Ce sont douloureux *espoinçonnemens* qui traversent le corps et l'ame d'un homme. » NIC. PASQUIER, liv. V, *lettr.* 8.

ÉPOINÇONNER, *v.* ÉPOINÇONNÉ, ÉE, *part.* vieux mot, pour exciter, aiguillonner.

Jadis un loup que la faim *espoinçonne*.
RÉGNIER, *Satire* III.

« Théoxéna, *espoinçonnée* d'une charité maternelle envers ses nepveux. » MONT. liv. II, c. 27. « *Epoinçonné* du désir. » *Préface des Propos rustiques*.

ÉPONGE, *s. f.* du latin *spongia*, pris du grec σπόγγος (*spoggos*) qui a la même signification.

« Cet endroit qui fait trembler, dit Mad. de Sévigné en parlant de la révolte du grand Condé et de son oraison funèbre par Bourdaloue, que tout le monde évite, qui fait qu'on tire les rideaux, qu'on passe des *éponges*, il s'y est jeté à corps perdu, etc. » *Lettr.* XVII du 2ᵉ vol. *au comte de Bussy*.

Quand la sagesse divine dit au peuple juif : « Je vous ai donné des préceptes qui ne sont pas bons, cela signifie qu'ils n'avaient qu'une bonté relative ; ce qui est l'*éponge* de toutes les difficultés que l'on peut faire sur les lois de Moïse. » MONTESQUIEU, liv. XIX, c. 22.

On n'oserait pas dire aujourd'hui, comme Corneille :

Sur les noires couleurs d'un si triste tableau
Il faut *passer l'éponge* et tirer le rideau.

« Relisez un morceau de cette harangue sur laquelle heureusement le temps n'a point *passé l'éponge de l'oubli*. » LA HARPE, *Cours de littérat.* t. III, p. 204.

« Dans l'Europe moderne, les bourses particulières peuvent être comparées à des *éponges* que le fisc presse, lorsque l'industrie les a remplies ; mais elles perdent leur ressort et ne peuvent plus se gonfler de nouveau, si elles ont été trop fortement pressées. » Le duc DE LÉVIS.

La Lande qui aimait à faire parler de lui, n'importe comment, disait de lui-même « qu'il était une toile cirée pour les injures, et une *éponge* pour les louanges. »

ÉPONGER, *v. Epongez* la vie, à mesure qu'elle s'écoule.

ÉPONGIER, *s. m.* qui porte les éponges ; mot créé par La Fontaine, l. II, *fable* 10 :

Camarade *épongier* prit exemple sur lui.

ÉPOPÉE, *s. f.* du grec ἔπος (*epos*) parole, vers, et ποιέω (*poiéo*) je fais. L'épopée est le récit en vers d'actions héroïques.

Il y a l'*épopée* proprement dite et l'*épopée* badine. Boileau a traité de l'*épopée* dans son *Art poétiq.* ch. III, vers 260 et suiv., et M. Chaussard, de l'*épopée badine* :

La badine épopée, en son tour ironique,
Suit l'inspiration d'un caprice comique :
Art finement léger, qui, dans ses jeux plaisans,
Renverse des objets la figure et le sens.
Tel sur l'orbe incliné d'une glace magique
Voltige ce rayon dont la lumière oblique,
Par d'imprévus reflets aux regards étonnés,
Allonge le visage, ou raccourcit le nez.

Tel est l'esprit moqueur; il se rit du sublime,
Prête à de vains objets une maligne estime,
Du sujet le plus grave abaisse la hauteur,
Et se joue à la fois de l'art et du lecteur.
Que vois-je ? de sa pompe Homère se dépouille :
Il anime aux combats le rat et la grenouille.
Jupiter, en dormant, prend les balances d'or,
Où flottaient les destins et d'Achille et d'Hector,
Et de Méridarpax il y pèse la vie;
L'Iliade se change en folle parodie.
Poétique secondaire, ch. III.

Jusqu'au règne de François 1er, on n'avait rien vu, en langue française, du poëme épique, que des traductions de l'*Iliade* et de l'*Énéide* par Octavien de Saint-Gelais. « On a long-temps, dit Voltaire, accusé notre langue de n'être pas assez sublime pour la poésie épique. Il est vrai que chaque langue a son génie formé en partie par le génie même du peuple qui la parle, et en partie par la construction de ses phrases, par la longueur ou la brièveté des mots, etc. Il est vrai que le latin et le grec étaient des langues plus poétiques et plus harmonieuses que celles de l'Europe moderne; mais, sans entrer dans un plus long détail, il est aisé de finir cette dispute en deux mots. Il est certain que notre langue est plus forte que l'italienne et plus douce que l'anglaise. Les Anglais et les Italiens ont des poèmes épiques; il est donc clair que si nous n'en n'avions pas, ce ne serait pas la faute de la langue française. »

Le chevalier Temple compare l'*épopée* à un arbre qui produirait tout à la fois des fleurs et des fruits, ou à un métal qui, pour recevoir de riches ciselures, demande l'emploi du feu, du marteau, du ciseau et de la lime.

ÉPOQUE, *s. f.* du grec ἐποχή (*épochè*), racine ἐπέχειν (*épéchein*), arrêter, retenir. Les *époques* sont dans l'histoire des points fixes, ou, si l'on veut, des barrières qui séparent l'immensité des temps, et en partagent la durée en arrêtant l'esprit sur les événemens les plus célèbres.

EPOUSER, *v.* qu'on écrivait autrefois *espouser*, du latin *sponsare* (faire promesse de mariage). « C'est trahison, se marier sans s'*espouser*. » MONT. liv. III, ch. 5.

« Pour bien faire, il ne faut pas seulement loger en soy la science, il la faut *espouser*. » *Le même*, liv. I, ch. 25.

« Toute opinion est assez forte pour se faire *espouser* au péril de la vie. » *Le même*, liv. I, ch. 40.

Dois-je *épouser* ses droits contre un père irrité?
RACINE, *Phèdre*, sc. I.

ÉPIGRAMME.

Mariez-vous. - J'aime à vivre garçon.
- J'aurais pourtant un parti. - Dieu m'en garde !
-Tout doux! peut-être il vous plaira. - Chanson !
- Quinze ans. - Tant pis ! -Fille d'esprit. -Bavarde.
- Sage. - Grimace. - Et belle. - Autre danger.
- Grand nom.-Orgueil.-Le cœur tendre.-Jalouse.
- Des talens. - Trop pour me faire enrager.
- Et par delà cent mille écus. - J'épouse.

ÉPOUSEUR, *s. m.* Il se dit plutôt par ironie ou par critique.

SGANARELLE
(*à Charlotte et à Mathurine.*)

« Mon maître est un fourbe; il n'a dessein que de vous abuser, et en a bien abusé d'autres : *c'est l'épouseur du genre humain*. » MOLIÈRE, *le Festin de Pierre*, act. II, sc. 7.

...... Un marquis de même caractère,
Grand *épouseur* aussi, la galope et la flaire.
REGNARD, *le Joueur*, act. I, sc. 6.

ÉPOUVANTABLE, *adj.* Il est heureusement placé dans cet endroit de *Candide*, où l'auteur, après avoir peint l'état hideux du docteur Pangloss, rassemble, en un mot, tous les traits du tableau, et l'appelle : « cet *épouvantable* gueux. »

ÉPOUVANTABLEMENT, *adv.* d'une manière épouvantable. Ce mot ne paraît pas ancien dans notre langue.

LE BARON *(parlant de sa fille qui s'est mise au jeu et a gagné beaucoup :)*
A-t-elle eu du bonheur?

FINETTE.
Epouvantablement.

LE BARON.
L'expression est neuve.
DESTOUCHES, *le Dissipateur,* act. v, sc. 2.

ÉPOUVANTAIL, *s. m.* au propre haillon pour effrayer les oiseaux. « Ce chapeau gras qui postule depuis longtemps pour servir d'*épouvantail* de chenevière. » *Théâtre italien* de Ghérardi, t. II, pag. 381, Paris, 1741. C'est en parlant de ces *épouvantails*, que M. Campenon a dit :

Il est pourtant une ruse en usage,
Qui loin des fruits dans leur maturité
Chasse parfois ce voleur effronté (le moineau).
Eprouvez-la ; qu'au travers du feuillage
Un long fantôme, habillé de lambeaux ;
Lève la tête, et du sein des rameaux,
De nos vergers sentinelle assidue,
Tout à l'entour semble porter la vue.
Trompé d'abord par ce faux surveillant,
L'oiseau s'abstient d'un larcin difficile ;
Mais l'erreur cesse, et bientôt moins tremblant,
Vous le verrez frapper d'un bec agile
Le fruit que garde un géant immobile,
Puis revenir, et, vainqueur insolent,
S'aller percher sur le spectre inutile.
La Maison des Champs.

« Un vieillard qui veut se faire craindre est un vrai *épouvantail de chenevière.* » MONTAIGNE.

« Vos tonnerres ont un éclat et une majesté au-dessus de tous les autres. Lucien n'aurait pas osé appeler cette foudre un vain *épouvantail de chenevière.* » Mme DE SÉVIGNÉ.

ÉPOUVANTÉ, ÉE, *part.* d'épouvanter. M. de Buffon a critiqué ce vers de Racine :

Le flot qui l'apporta recule *épouvanté.*

Ce vers n'est pas bon, dit-il, car ce mot moral *épouvanté* ne pouvait convenir à celui de *flot.* « M. de Buffon, répond judicieusement Mme Necker, jugeait trop sévèrement ; car le vers, le mouvement et le langage étaient si beaux, qu'on pouvait bien faire une exception à la règle et personnifier les flots de la mer. » *Mélanges*, t. I, p. 141-142.

On peut ajouter que Racine, plein de la lecture des anciens, s'est rappelé sans doute le beau vers de Virgile :

Refluitque exterritus amnis

(le fleuve recule épouvanté).

ÉPOUX, du latin *sponsus*, comme ÉPOUSE, du féminin *sponsa*, qui viennent tous deux du verbe *spondere* (promettre) : ainsi ces mots ne signifiaient seulement, chez les Romains, que des personnes promises en mariage, des *fiancés.* « *Sponsæ vel* sponsi *nomen ab eo quod est* spondere *grammatici derivant. Dicuntur autem sponsus et sponsa, quia se sibi alterutrum spondent, ut nec ille, nec illa alteri nubat. Porrò inter diem desponsationis hujus interponitur aliquandò breve spatium, aliquandò et productum ; et tamen definita ac denominata est dies, quâ debeant convenire.* » *Opera Sancti Bernardi*, tom. II, pag. 710, édit. in-fol. *Parisiis*, 1690.

(Les grammairiens dérivent le mot *époux* ou *épouse*, du latin *spondere* (promettre, engager sa parole). On les appelle donc *époux* et *épouse*, parce que chacun des deux se promet à l'autre, et donne sa parole de ne pas se marier à une autre personne. Quoiqu'on mette quelquefois un court ou même un long intervalle entre le jour de cette promesse et celui du mariage, cependant l'époque du mariage est toujours fixée et déterminée.)

La vigne de l'ormeau décore le feuillage,
L'ormeau soutient la vigne et garantit son fruit :
Epoux, soyez de même au sein du mariage,
Servez-vous constamment d'ornement et d'appui.

ÉPREINDRE, *v.* (*exprimere*, ou *exprendere*). « Partisans, vrays hommes de contrebande et escumeurs des finances du roy, qui par leurs nouvelles inventions *espreignent* et tirent la dernière goutte de la substance du peuple, de laquelle ils s'engraissent. » NIC. PASQUIER, liv. VIII, lett. 5.

ÉPREINTE, *s. f.* « Les cris que le peuple rend sous l'*épreinte* de tant de subsides. » *Le même*, l. VIII, lettr. 6. Ces deux mots sont énergiques et à regretter. On sait que le dernier n'est plus usité qu'au pluriel et dans un tout autre sens.

ÉPROUVER, *v.* qu'on a écrit *esprouver* et *esprover* dans le *Roman du Renard*, du latin *exprobare*.

« On dit qu'il faut *éprouver* ses amis. Ne les *éprouvez* pas, si vous voulez les conserver. » LE PRINCE DE LIGNE.

Cruelle, si l'amour *vous éprouve inflexible*,
A ma triste amitié soyez du moins sensible.
CRÉBILLON, *Rhadamiste et Zénobie*, act. I, sc. I.

ÉQU

Dieux vengeurs des forfaits..........
Si ma juste douleur *vous éprouve inflexibles.*
   Le même, *Pyrrhus,* act. 1, sc. 1.

(*Vous éprouve inflexibles,* pour *éprouve votre inflexibilité* ou *vous trouve inflexibles*). Il y a plusieurs autres exemples dans Crébillon du qualificatif après le verbe *éprouver*.

EPUISER, *v.* « Il *épuisoit* les affaires d'une manière surprenante. » SAINT-SIMON, *Hommes illustres,* etc. tom. 1.

ÉPURATION, *s. f.* action d'épurer, de purifier. Ce terme, créé depuis la révolution, signifie une opération chimique dont le résultat est souvent de retirer les ordures d'un corps pour en substituer d'autres. Souvent aussi les chimistes ont fini par subir la même opération.

ÉQUERRE, *s. f.* C'est proprement un instrument pour mesurer les angles droits.

« La prudence est l'*esquierre* et la reigle de tous affaires. » CHARRON, l. III, c. 1. « Faictes donc qu'à l'*esquierre* de cette preude femme vous dressiez vos mœurs. » NIC. PASQUIER, l. III, *lettr.* 8.

EQUI, particule inséparable, du latin *æquus* (égal). Elle entre dans la composition de plusieurs mots, comme dans *équinoxe, équilibre, équipollent, équivalent, équivaloir, équivoque, équiparer,* ancien mot, pour comparer, dans Rabelais, etc.

EQUILIBRE, *s. m.* (*æquus,* égal; *libra,* balance).

Connaissez-vous cette histoire frivole,
D'un certain âne, illustre dans l'école ?
Dans l'écurie on vint lui présenter,
Pour son dîner, deux mesures égales,
De même forme, à pareils intervalles.
Des deux côtés l'âne se vit tenter
Également, et baissant les oreilles,
Juste au milieu des deux formes pareilles,
De l'*équilibre* accomplissant les loix,
Mourut de faim, de peur de faire un choix.
N'imitez pas cette philosophie.
   VOLTAIRE.

ÉQUINOXE, *s. m.* du latin *æquinoctium.* « *Quòd dies æquus sit ac nox, æquinoctium dictum.* » VARRO. (L'*équinoxe* est ainsi appelé, parce que le jour et la nuit sont égaux, d'égale durée.)

ÉQU

ÉQUIPAGE, *s. m.* train, suite, provision, carrosse.

Fontenelle, devenu sourd et aveugle sur la fin de sa vie, disait, avec son calme et sa gaîté ordinaires : « J'envoie devant moi mes gros *équipages.* »

Je vins nu sur la terre, et, durant mon séjour,
Je n'ai d'aucuns biens eu l'usage :
Pourquoi m'en tourmenter sur la fin du voyage ?
Je suis venu sans *équipage ;*
Il n'en faut point pour mon retour.
   LA MENARDIÈRE.

« Ces petites libertés, qu'il prenoit à Rome, le contraignirent à se sauver en France, en fort mauvais *équipage,* sans argent, mal vêtu, et à beau pied sans lance. » *Particularités de la vie de Fr. Rabelais,* p. 36.

ÉQUIPOLLER, *v.* du latin *æqui-pollere* (valoir autant). On avait voulu mettre ce terme à la mode du temps de Boursault qui s'en moque dans ces vers de la scène X de sa comédie des *Mots à la mode :*

Car je ne pense pas que votre orgueil vous porte
A vous *équipoller* aux gens de notre sorte.

Il n'est guère usité que dans le commerce et au barreau.

ÉQUIPONDÉRANT, TE, *adj.* « Article essentiel, article *équipondérant* à tous ceux qui vous sont contraires. » L'abbé Féraud observe que ce néologisme n'a pas fait fortune.

ÉQUIVOQUE, *s. f.* du lat. *æquivocus* (à double sens). Ce mot était encore d'un genre douteux du temps que Boileau écrivait :

Du langage français bizarre hermaphrodite,
De quel genre te faire, *équivoque* maudite
Ou maudit ? car sans peine aux rimeurs hasardeux
L'usage encor, je crois, laisse le choix des deux.
   Satire XII.

« Pourquoi *équivoque* a-t-il été long-temps d'un genre indécis ? c'est que les uns sous-entendaient *mot, terme :* un mot *équivoque,* un terme *équivoque,* et les autres, *expression :* une expression *équivoque. Expression* ayant plus d'étendue que *mot* et *terme,* on a bien fait de faire d'*équivoque* l'attribut d'*expression.* » *Manuel des étrangers,* p. 130.

L'Académie, dans son *Dict.* édit. de 1762, a donné à ce mot le genre féminin, et l'usage a confirmé cette décision.

D'un calembour l'*équivoque* grossière
Vaut, à son gré, tout le sel de Molière.

« Un signe (un mot) dont l'acception est changeante et incertaine, et qui prend deux sens divers dans le cours de la même déduction, ne ressemble pas mal, dit M. Dégérando, à un truchement perfide qui, se plaçant entre deux individus étrangers l'un à l'autre par leurs idiômes, dénature les discours qu'ils s'adressent, en semblant les traduire. » *Des Signes de l'art de penser*, t. IV, p. 42.

Une dissertation du Père Daniel, jésuite, pour justifier l'usage de l'*équivoque* et des restrictions mentales, le fit nommer l'avocat des *équivoques*.

« En histoire, en morale, en jurisprudence, en médecine, mais surtout en théologie, gardez-vous des *équivoques*. » VOLTAIRE.

ÉQUIVOQUE, *adj*. L'abbé Féraud prétend qu'il ne se dit que des choses; il a oublié ce vers de Racine le fils :

Très-*équivoque* ami du jeune Alcibiade.

Équivoque (rime). Elle consistait dans une *équivoque* ou jeu de mots auquel donnaient lieu les mots en rime. En voici un exemple :

Bref, c'est pitié entre nous *rimailleurs*,
Car, vous trouvez assez de *rime ailleurs*.
MAROT.

Depuis long-temps la raison et le goût ont fait justice de ces puérilités, qui n'avaient souvent de mérite que la difficulté vaincue, et qui ne valaient jamais la peine qu'elles coûtaient.

ÉQUIVOQUER, *v*. du latin *æquivocare* (faire des équivoques, user d'équivoques).

DORANTE.
. . . . Je ne puis consentir
A feindre...

NÉRINE.
Equivoquez, et laissez-moi mentir.
DUFRESNY, *la Réconciliation Normande*, act. III, sc. 2.

On dit quelquefois *je me suis équivoqué*, quand on a pris un mot pour l'autre, dit Henri Estienne; ce qui prouve que cette expression *s'équivo-* quer étoit nouvelle dans le 16e siècle.

Il s'est pris depuis, et se prend encore au figuré, pour se tromper, se méprendre.

Et je dois être bien moqué
De m'être tant *équivoqué*.
SCARRON.

« C'est dans ce sens que j'ai dit que l'idolâtrie avoit pris naissance de l'équivoque ; les hommes, à mon avis, ne pouvant pas *s'équivoquer* plus lourdement, que de prendre des pierres, de l'or et du cuivre, pour Dieu. » BOILEAU, *Avertiss. sur sa* XIIe *satire*.

ÈRE, *s. f.* terme latin, *æra*, inconnu chez les anciens Romains, dans la signification qu'on lui donne aujourd'hui. Les auteurs espagnols l'ont introduit dans la chronologie, pour exprimer le commencement de quelque changement extraordinaire, comme celui des règnes, de l'établissement des nations.

« *Ère*, dit Bossuet, signifie un dénombrement d'années commencé à un certain point que quelque grand événement fait remarquer. » *Discours sur l'hist. universelle*.

ÉRÉNER, *v*. Sylvius, Nicot et Ménage le dérivent du latin *erenare*, formé de *renes* (les reins), comme qui dirait *briser les reins*.

On trouve *éreinter* ou *érener* dans le *Dict. de Trévoux*, qui pourtant ajoute : « Mais *éreinter* est plus en usage ; » ajoutons qu'il est le seul usité depuis long-temps.

« Brutus disoit de l'éloquence de Cicéron qu'elle estoit cassée et *esrénée*, *fractum et elumbem*. » MONT. liv. II, ch. 10.

Suivant les auteurs du *Dict. de Trévoux*, *érener* s'est dit figurément d'une plume que l'on gâte en l'appuyant trop fort sur le papier.

« J'aurois beaucoup de choses à vous ajouter ; mais ma plume *érénée*, etc. m'oblige à finir. » La M. LEV. LIX. *Des Rem. sur la lang. française*.

ÉRÉTISME ou ÉRÉTHISME, *s. m.* du grec ἐρέθισμα (*eréthisma*) irritation ; terme de médecine dont un auteur moderne a cru pouvoir se servir dans un sens figuré et au moral. « Loin de rien ôter à nos forces, on nous a faits plus terribles de tout ce qu'il y a de violent dans l'exaltation de la fierté blessée et tout à l'heure dans l'*érétisme* du désespoir. » *De la France et de la Coalition*, part. II, c. 3.

ERGO-GLU, locution familière dont on se sert pour se moquer des grands raisonnemens qui ne concluent rien; composé des mots latins *ergò* (donc) dont on se sert dans l'argumentation, et de *glux* ou *glus*.

On disait autrefois *ergo-gluc*.

« Ce *gluc*, dit le célèbre Prote de Poitiers, dans son *Traité de l'orthographe française*, semble venir de l'ancien mot latin *glux*, *glucis*, qui signifie *glu*; en sorte que cette expression semble signifier une conséquence à laquelle on tient comme si c'était de la *glu*. »

« *Ergo-glu* est, selon l'abbé Féraud, l'abrégé de *ergo glu capiuntur aves* (donc on prend les oiseaux avec de la glu), et cela revient à ce que Molière fait dire au *médecin malgré lui* : Et voilà justement pourquoi votre fille est muette. »

Gluck, est aussi un mot dont usent les Allemands pour souhaiter à quelqu'un que Dieu l'assiste; et en ce sens, il se peut qu'après eux on l'ait appliqué à un logicien timide, et que, le voyant dans les convulsions de son *ergo*, on lui ait dit : *gluck*, pour l'encourager, c'est-à-dire, bon, courage, poussez ferme votre argument. LE DUCHAT.

ERGOT, *s. m.* ongle pointu derrière le pied de quelques animaux. Le P. Labbe tire ce mot du latin *erigo* (je me dresse), parce que c'est, dit-il, le propre du coq de se dresser sur ses ongles; et de là, ajoute-t-il, est venue la façon de parler si commune en France : *il monte, il se dresse, il se plante sur ses ergots*, pour dire, parler avec colère et d'un ton fier et élevé. « Cettuy-ci aura donné du nez en terre cent fois pour un jour : le voilà sur ses *ergots* aussi résolu et entier que devant. Vous diriez qu'il luy advient, comme à cet ancien fils de la Terre qui reprenoit nouvelle fermeté et se renforçoit par sa cheute. » MONTAIGNE, liv. III, c. 13.

ERGOTER, *v.* Il vient du latin *ergò* (donc), parce que ce mot est constamment employé par ceux qui argumentent, avec la forme du syllogisme qui est la plus fréquente dans les écoles. On a dit un *ergoteur* pour un pédant qui vous poursuit par des raisonnemens continuels et pointilleux, et *ergoter* pour pointiller. « Vous avez tant *ergoté* de Dieu et de ses saints, que la moitié ne croit en rien. » *Rép. de M*^e *Guill. au soldat françois*, 1604.

ERGOTERIE, *s. f.* manie d'ergoter, mauvaise chicane.

ERGOTEUR, *s. m.* celui qui ergote, pointilleur. C'est un *ergoteur* insupportable. L'*ergoteur* est donc le pédant qui vous pousse des raisonnemens, qui vous tire continuellement des conséquences à la manière des dialecticiens. C'est en ce sens que Regnier a dit, *Satire* X :

Il se faschoit qu'un Jean, blessé de la logique,
Luy barbouilloit l'esprit d'un *ergo* sophistique.

« Et fut un très-mauvais voisin et *ergoteux*. » *Contes d'Eutrap.* tom. II. « Le génie *ergoteur* des Réformés. » *Hist. d'Angleterre*.

L'Académie a dit *ergoteuse* au féminin.

ERGOTISME, *s. m.* manie d'ergoter. « Je crois que ces *ergotismes* en sont cause, qui ont saisi ses avenues (de la philosophie). » MONTAIGNE, *Essais*, liv. I, c. 25.

Sur les bancs de Paphos faut-il argumenter?
Le sexe nous terrasse en ce doux *ergotisme*.
GRÉCOURT.

Tu sais encore discuter,
Non comme un lourd pédant armé du syllogisme,
Mais avec la raison qui fuit tout *ergotisme*.
PARSEVAL-GRANDMAISON, *vers adressés à M. Delille*.

« Dans quelques années d'ici, personne ne se souciera de mes *ergotismes*. » VOLTAIRE.

Après de semblables autorités, qui hésiterait à se servir de ce mot dans le style plaisant ou critique?

ERGOTISTE, *s. m.* celui qui a l'habitude, la manie d'ergoter. « Cicéron disoit que quand il vivroit la vie de deux hommes, il ne prendroit pas le loisir d'estudier les poètes lyriques; et je trouve les *ergotistes* plus tristement encore inutiles. » MONT. *Essais*, liv. I, c. 25.

ERRATA, *s. m.* mot emprunté du latin, et qui est le pluriel d'*erratum*, qui, dans cette langue, signifie *faute*. *Errata* signifie donc les fautes d'impression d'un ouvrage. Le P. Le Vasseur n'ayant trouvé qu'une faute dans un de ses ouvrages, consulta s'il fallait mettre *errata* ou *erratum*. Le P. Sirmond lui dit : « Donnez-le-moi, j'en trouverai encore une, et on mettra *errata*. »

« Une femme galante, disait Sophie Arnould, est un recueil d'historiettes dont l'introduction est le plus joli chapitre : on se le prête, on s'en amuse; mais ce livre est bientôt lu. Enfin il se délabre; il ne reste aux curieux que l'*errata*. »

ERRATIQUE, *adj.* du latin *erraticus* (errant, vagabond). « Il n'est rien si souple et *erratique* que nostre entendement. » MONT. liv. III, c. 2. Mais ce terme est resté dans le domaine de la médecine et de l'histoire naturelle.

ERRE, *s. f.* qui se trouve dans les *Fabliaux* de Barbazan, est traduit par M. Méon, dans le *Glossaire*, par *chemin*, *route*. « Il tira son espée et s'en alla grant *erre* vers les lyons. » *Lancelot du Lac*, édit. de 1520. « Il se sauvoit belle *erre* sur une jument arabesque. » *Essais de Montaigne*, tom III, p. 164, Paris, 1789.

« *Erre*, chemin, *grand'erre*, *belle erre*, magnis itineribus, *en grand'haste*, dans Nicot. *Grand'erre* et *belle erre*, sont encore en usage. *Dict. de l'Académie française.* » COSTE, *Note sur Montaigne*, au lieu cité.

Erres, en terme de vénerie, signifie les voies du cerf, les traces de ses pas imprimées sur le chemin qu'il a tenu, où il a erré, *ses erremens*; si ce terme était français en ce sens. Ce mot paraît venir d'*errare*, marcher à l'aventure, et sans suivre une route certaine. De là on a dit au propre, *le cerf va hautes erres* ou *de hautes erres*, pour dire qu'il a repris ses anciennes voies ; *démêler*, *redresser les erres du cerf*, pour distinguer les nouvelles traces de celles qui sont anciennes. Et au figuré, *aller grand'erre*, pour dire vite, et aussi pour dire faire trop grande dépense.

Suivre les erres, *aller sur les erres*, *marcher sur les erres de quelqu'un*, pour dire, suivre la marche, la conduite qu'il a tenue.

. . . . Aucuns à coups de pierre,
Poursuivirent le dieu qui s'enfuit *à grande erre*.
LA FONTAINE, *le Fleuve Scamandre*, conte.

« Il (M. de Chauvelin) soutient tant qu'il peut l'honneur de notre nation qui s'en va *grand'erre*. » VOLTAIRE, *Lettre à M. de Formont*, 8 septembre 1731.

ERREMENT, *s. m.* dans les *Fabliaux* de Barbazan, est traduit par M. Méon, dans son *Glossaire*, par *conduite*, *manières*. Il semble dérivé de *erre* (chemin, route), ce serait manière de cheminer, de se conduire, d'aller ; d'autant mieux qu'*errer* y est dit pour voyager, agir.

« Il reprit ses derniers *erremens*. » VILLARET, *Hist de France*. Voltaire s'est élevé avec force contre cette expression vicieuse ; et il ne semble pas qu'un historien osât aujourd'hui en faire usage.

ERRER, *v.* « Laisser *errer* sa pensée sur un objet. » Cette phrase de M. Necker paraissait hardie en 1787.

ERREUR, *s. f.* Ce mot, anciennement masculin, n'a commencé à être du genre féminin, que peu de temps avant Vaugelas.

« L'*erreur* particulière fait premièrement l'*erreur* publique : et à son tour après l'*erreur* publique fait l'*erreur* particulière. » MONT. l. III, c. 11. « Quand il se rencontre sur votre chemin une *erreur* populaire, ne manquez pas de la détruire en passant, comme un voyageur coupe une ronce, ou tue un serpent. » BACON.

L'*erreur* au double front, le dévorant ennui,
Les funestes soupçons volent autour de lui;

dit Regnard, du jaloux, *Satire contre les Maris*.

Erreurs, s'est dit anciennement pour courses, voyages. « Tels qu'étaient les Israélites, lorsqu'après de longues *erreurs*, ils mirent enfin le pied dans la Terre promise. » LA RUE. Les poëtes sont restés en possession de ce terme pour exprimer de longs voyages remplis de traverses :

Contez-moi d'Ilion les terribles assauts,
Et vos longues *erreurs* sur la terre et sur l'onde.
DELILLE, trad. de l'*Enéide*, chant I.

Quels sont ces bords ? quelle est cette antique patrie,
Où le sort nous appelle, où le ciel pour toujours
De nos longues *erreurs* doit terminer le cours ?
Le même, chant III.

Circé nous prédisait que des périls nouveaux,
Que les longues *erreurs* d'une route pénible
Nous attendaient encor sur l'élément terrible.
DESAINTANGE, trad. des *Métam*. ch. XIV.

Les premiers fondateurs des fameuses cités,
Par un fleuve, un ruisseau tout à coup arrêtés,
Terminaient les *erreurs* d'une pénible course.
DE FONTANES, *le Verger*.

Assis auprès de ce ruisseau
Qui tombe d'une grotte et fuit dans la prairie,
Je sens naître dans moi la vague rêverie
Qui suit les *erreurs* de son eau.
LA HARPE.

. . . . Le doux murmure
D'un ruisseau qui s'enfuit sur la molle verdure,
Et promène en courant ses aimables *erreurs*.
PARSEVAL-GRANDMAISON.

ERRONÉMENT, *adv*. mot à reprendre. Dans Patru, *Plaid*. XV : « Sur des faits erronés, les souverains pontifes ont *erronément* prononcé. »

ÉRUDIT, ITE, *adj*. et *s*. du latin *eruditus* (rendu moins grossier; poli, instruit). Ce mot était encore nouveau du temps de l'abbé Desfontaines qui le relève comme un néologisme.

Messieurs les Arts, vous me ferez crédit :
Je vous dois plus que je ne saurais dire,
Puisque c'est vous qui m'avez *érudit*.
CAZOTTE, *l'Art de se corriger*, fable XXIV.

« On dit en latin *erudivisti me*; en italien, *m'avete erudito*; plus convenable ici qu'instruit, enseigné, endoctriné. » Note au bas de l'endroit cité.

ÉRUDITION, *s. f.* On disait autrefois, une *érudition*, pour un trait d'*érudition*. » Il y a trente *érudition*s par page dans mon *Hist. de Sablé*. » MÉNAGE.

ÈS, c'est une contraction des mots *en les*, qui n'est plus en usage que dans cette locution, *maître-ès-arts*, titre par lequel on désigne encore celui qui, avant la révolution, avait reçu, dans une université, les degrés qui donnent pouvoir d'enseigner. Nos pères en faisaient un usage très-fréquent. « Dictes moi s'il est *ès* mains (dans les mains) de ses ennemis, ou se (si) tels gens ne lui veulent que bien. » *Lancelot du Lac*. « Il se print à soy afficher *ès* étriers. » (Il se mit à se fixer dans les étriers.) PERCEFOREST. « L'aimant se trouve souvent *ès* (dans les) mines de fer. » *Les Epithètes* de De la Porte, 1571.

« *Ès* mains, *ès* prisons, *ès* lois, *ès* arts. Cette façon de parler, qui étoit si élégante autrefois, est devenue barbare; et il faut bien prendre garde de s'en servir, même dans le Palais. Ce mot d'*ès*, au reste, pour le marquer en passant, a été dit par syncope, au lieu de *en les* : *en les* mains, *en les* prisons, *en les* lois, *en les* arts. *Des* a été dit de même au lieu de *de les* : la vertu *de les* hommes, la vertu *des* hommes. » MÉNAGE, *Observ. sur la lang. franç.* t. 1, c. 354. Cependant ce mot peut encore être employé dans le style badin ou marotique.

Que s'il advient que ces petits vers-ci
Tombent *ès* mains de quelque galant homme,
C'est bien raison qu'il ait quelque souci
De les cacher, s'il fait voyage à Rome.
VOLTAIRE, *la Mule du Pape*, conte.

Si revenez *ès* bords de la Gironde,
. . . .
Verrez châtel sis à dextre de l'onde.
A. HAM. *Mém. du comte de Gram*. épître à ce comte, en tête de l'ouvrage.

ES, au commencement des mots. *Voyez* E.

ESBALAFRER (s'), *v*. « Les mahométans *s'esbalafrent* le visage pour gratifier leur prophète. » MONTAIGNE, liv. II, c. 12.

ESBANOYER, ancien mot qui a signifié réjouir, récréer. *Voy*. ÉPANOUIR.

ESCADRON, *s. m.* qu'on trouve écrit *scadron*, dans J. du Bellay et dans Cl. Fauchet; et *esquadron*, dans de La Noue, vient de l'italien *squa-*

drone (carré). « Dans la première origine, lit-on dans le *Dict. de Trévoux*, l'*escadron* étoit toujours carré, et les Latins l'appellent *agmen quadratum* (bataillon carré), qui se disoit de l'infanterie aussi bien que de la cavalerie. »

« Dieu, disait Bussy-Rabutin, est d'ordinaire pour les gros *escadrons* contre les petits. » Henri IV se trouvant dans un bal où dansaient les plus belles femmes de la cour, dit au nonce du pape qui s'y trouvait aussi : « Monsieur le nonce, voilà l'*escadron* le plus périlleux que j'aye vu de ma vie. »

Il trouve de pédans un *escadron* fourré.
BOILEAU.

Et partout des plaideurs les *escadrons* épars.
Le même.

« Les gros *escadrons* de belles paroles dont sont composées les épîtres liminaires. » SCARRON.

ESCAFIGNON, *s. m.* Cet ancien mot se trouve dans les *Epithètes* de De la Porte (1571), et dans l'*Abrégé du parallèle des langues française et latine*, par Philib. Monet, qui le définit escarpin, soulier à simple semelle, de cuir délié, joignant fort au pied.

« Maintenant il ne se dit qu'en mauvaise part, de la puanteur qui s'exhale des pieds de ceux qui ont beaucoup marché. Cela sent l'*escafignon*, c'est-à-dire, le pied de messager, ou sent mauvais. Ce mot vient de *scafa* (*scapha* en latin, esquif en français), parce que les souliers de ce temps-là étaient faits en forme de petits vaisseaux, et avaient une pointe qui s'avançait fort loin au-delà du pied, qu'on appelait *poulaine*, à l'imitation de la poulaine des navires. » *Dict. de Trévoux.*

ESCALABREUX, vieux mot français qui signifie fier, hautain, qui, comme le dit Brantôme, porte sur la pointe de son épée l'honneur de sa dame.

ESCALADE, *s. f.* du latin *scala* (échelle), et d'*escalade* on a fait *escalader*, monter à l'assaut avec des échelles. On a dit autrefois : prendre une ville d'*échelle*, pour la prendre d'*escalade*; et *escheller* pour *escalader*. « Les Anglois prindre la ville de Pontoise, et la prindre d'*eschelle*. » AL. CHARTIER, *Hist. de Charles* VII, pag. 46. « Vint le sire de Tallebot à la ville de Laval, et la prit d'*eschelles*. » *Ibidem*, p. 66.

Et toutefois, on dict que les géants
Trouvèrent voie à *escheller* les cieux.
Imagination poétique, pag. 76, Lyon, 1552.

« Laissez-le venir, ce géant qui menace d'*escheller* les cieux. » *L'Astrée*, 4ᵉ partie, liv. II. « La maison qu'il veut *escheller* ou pétarder. » *Essais de Montaigne.*

Escalader les superlatifs, les prodiguer, les entasser les uns sur les autres, comme les Italiens, avec leurs *colendissimo*, *reverendissimo*, etc.

ESCALE, *s. f.* terme de marine, de l'italien *scala*, emprunté du latin, et qui signifie *échelle*. Les Italiens disent *far scala*, d'où nous avons dit *faire escale*, c'est-à-dire, mettre l'échelle à terre, pour y descendre, prendre port. « Je retourne faire *scalle* au port dont suis issu. » RABELAIS, tom. I, pag. 66, Paris, 1732.

« Faire *scalle*, *escale*, en terme de marine, est une arrivée ou mouillage dans un port pour éviter la tempête ou les ennemis. » LE DUCHAT, *Sur Rabelais*, note au lieu cité.

ESCALIER, *s. m.* du latin *scalaria*, dans Vitruve; ou, selon Du Cange, d'*escalarium*, qui a signifié la même chose dans la basse latinité. D'ailleurs ils viennent l'un et l'autre du latin *scala* (échelle, degré, escalier). *Escale*, pour *degré*, *escalier*, se trouve dans les *Fabliaux* de Barbazan

Scalis habito tribus sed altis.
Factus in hâc ego sum jam regione senex.
MARTIAL.

On voit que Martial prend ici *scalis* pour *escaliers*, étages. On s'avise souvent sur l'*escalier* d'un bon mot qu'on a manqué de dire dans la chambre.

On appelle *escalier dérobé*, un escalier peu apparent et placé dans les endroits cachés d'une maison.

Je connois maint detteur. . . . .
. . . . Qui tous les jours se sauve

Par un *escalier dérobé*.
LA FONTAINE, liv. XII., *fable* 7.

ESCAMBARLAT, *s. m.* c'était, au dire de La Noue, le nom qu'on donnait en Languedoc, au temps des guerres civiles, à ceux qui étaient autant d'un parti que de l'autre, c'est-à-dire, ayant une jambe (cambe) d'un côté, et l'autre de l'autre; si nous n'avons plus le mot, nous avons de temps en temps la chose, et cela fait compensation, comme dit M. Azaïs.

ESCAMOTER, *v.* Il est dérivé d'*escamote*, qui signifie une petite balle de liége, que celui qui escamote prend subtilement entre ses doigts. Troi-Ville, un des capitaines des gardes exilé par Richelieu, disait après son retour, au roi qui lui parlait de la mort édifiante du prélat : « Sire, si le cardinal est en paradis, il faut que le diable se le soit laissé *escamoter* en chemin. »

L'avenir, toujours séduisant,
Ainsi qu'un charlatan habile,
Qui trompe le peuple facile,
Nous *escamote* le présent.

ESCAMPATIVOS, *s. m.* terme populaire, qu'on emploie pour signifier qu'un homme s'enfuit, se dérobe secrètement. Ce banqueroutier a fait *escampativos*, a pris de la poudre d'*escampativos*. *Trévoux*.

« Je vous y prends donc, madame ma femme; et vous faites des *escampativos* pendant que je dors. » MOLIÈRE, *George Dandin*, act. III, sc. 8.

ESCAMPER, *v.* C'est un vieux mot populaire, qui vient de *ex campo* (hors du camp), comme qui dirait sortir du champ, ou du camp, décamper; ou de l'italien *scampare* (fuir subtilement). « Assurez-vous que si le gentilhomme n'eût aussitôt *escampé*, il eût été très-mal; il ne parut à la cour qu'après la mort du roi. » BRANTÔME, *Vies des Dames galantes*, tom. II, pag. 467. « L'asne commençoit à *escamper* du lieu à grand'erre. » RABELAIS, tom. V, p. 36, édit de 1732.

ESCAPADE, *s. f.* Faire une *escapade*, sortir de la règle du devoir. « O dieu! que ces gaillardes *escapades*, que cette variation a de beauté : et plus, lorsque plus elle retire au nonchalant et fortuit! » dit Montaigne, liv. III, c. 9, en voulant justifier ses digressions par l'exemple des anciens.

ESCARBILLARD, ARDE, *adj.* éveillé, gai, de bonne humeur. Vieux mot inusité.

Escarrabilhat, dans le *Dict. Toulousain*, est expliqué par *alaigre, dispos*. « On écrit communément, dit M. de La Monnoye, sur les *Contes* de Bonaventure Despériers, *escarbillat*, terme populaire par lequel on entend un homme non seulement *alaigre* et *dispos*, mais étourdi, trop vif, remuant, jusqu'à en être incommode. De l'espagnol *escarapelar*, qui signifie se remuer avec véhémence, s'agiter. » « Je ne sçay qui demandoit à un de nos gueux, qu'il voyoit en chemise en plein hiver, aussi *scarbillat* que tel qui se tient amitonné dans des martres jusques aux oreilles, etc. » *Essais de Montaigne*.

« *Scarbillat* ou *escarbillat*, comme on parle aujourd'hui ; car ce mot qui, selon toutes les apparences, n'était que gascon du temps de Montaigne, est devenu bon français. » *Note* de Coste *sur Montaigne*.

Et avez-vous l'humeur de ces plaisans vieillards,
Qui, pour cacher leurs ans, font les *escarbillards*?
HAUTEROCHE.

ESCARBOUILLER, *v.* populaire, écraser. « La persuasion première (d'un fait miraculeux, d'une révélation, d'une apparition, etc.) prinse du subject mesme saisit les simples, mais elle est si tendre et si fresle, que le moindre heurt, mesconte, ou mesgarde, qui y surviendroit, *escarbouilleroit* tout, mais ensuite elle s'enfle et grossit merveilleusement, etc. » CHARRON, liv. I, c. 7.

ESCARCELLE, *s. f.* Selon M. Johanneau, *eschars* est un vieux mot français, qui signifie chiche, avare. On a dit aussi *escharseté*, avarice. En anglais *scarcity*, pénurie; en italien on dit *scarso*, chiche, *scarsella*, d'où le français *escarcelle*, espèce de bourse que les femmes pendaient à leur ceinture, et dans laquelle elles mettaient de petites pièces de monnaie pour faire l'aumône. L'*escarcelle* a sans doute eu d'abord le même usage que la *tire-lire*, l'*esquipot*, d'où les expressions *remplir l'escarcelle*, *vider l'escarcelle*.

« Adonc frère Jean descend en terre, dit Rabelais, *Pantagruel*, l. IV, ch. 16, mit la main à son *escarcelle*, en tira vingt écus au soleil. »

La fille du logis, qu'on vous voie, approchez :
Quand la marierons-nous? Quand aurons-nous des
[gendres?
Bon-homme, c'est ce coup qu'il faut, vous m'en-
[tendez,
Qu'il faut fouiller à l'*escarcelle*.
LA FONTAINE, liv. IV, *fable* 4.

Pour tout carquois, d'une large *escarcelle*,
En ce pays, le dieu d'amour se sert.
Le même, *Richard Minutolo*.

Nos dames viennent de rajeunir ce vieux mot, en reprenant la bourse de leurs bisaïeules. D'aucuns prétendent que ce meuble, qui caractérisait le ménage (l'épargne) n'a pas tout-à-fait aujourd'hui la même destination.

ESCARMOUCHER, *v.* paraît venir de l'allemand *scharmützen*, qui a la même signification. « Si est-il vray, qu'à qui me veut loyalement injurier, il me semble fournir bien suffisamment, où mordre en mes imperfections advouées; et de quoy s'y saouler, sans s'*escarmoucher* au vent. » MONTAIGNE, liv. III, c. 9. « Et s'*escarmouche* le monde, en mille questions, desquelles, et le pour et le contre. » *Le même*, liv. III, c. 11. « N'allez pas lui conter tout ceci; *escarmouchez* seulement avec lui, selon que vous le trouverez disposé. » Mme DE SÉVIGNÉ.

ESCAROUFLER (s'), *v.* « De la teste d'un clou je m'*escarouflay* toute la fesse gauche. » *Contes d'Eutrap.* tom. II.

ESCARPIN, *s. m.* ital. *scarpino*, du latin *carpi*, sorte de souliers découpés; *carpisculi*, dans Vopiscus.

On trouve dans un recueil de *Pièces comiques*, *escarpiner*, pour courir vite et légèrement, comme font ceux qui sont chaussés d'escarpins. « Le poids de son argent ne l'empêche point d'*escarpiner*. »

Oudin a donné place à ce mot dans le sens de fuir, de s'évader, dans son *Dict. des trois langues*.

ESCARPOLETTE, *s. f.* espèce de jeu dont l'origine est fort ancienne, puisqu'elle remonte au temps d'Icarius. Ce prince, fils d'OEbalus, roi de Laconie, père d'Erigone et de Pénélope, ayant appris de Bacchus l'usage de la vigne, fit boire du vin à ses paysans, qui, dans leur ivresse, croyant avoir pris du poison, tuèrent Icarius. « A peine ce crime eut-il été commis, dit M. Demoustier, que les épouses des meurtriers furent saisies d'un transport de fureur et de rage que rien ne put calmer. L'Oracle consulté ordonna pour expier le crime de leurs époux, que l'on instituât des fêtes en l'honneur d'Icarius. Ces fêtes furent nommées les jeux Icariens. On les célébrait en se balançant sur une corde attachée à deux arbres. C'est ce que nous appelons aujourd'hui l'*escarpolette*. Je ne regarde jamais cet exercice, sans me rappeler avec plaisir l'ancienneté de son origine :

Ainsi, lorsque dans un verger,
Sur une corde balancée;
Avec Flore et Zéphyr vous semblez voltiger,
Sur vos divins appas si ma vue est fixée,
Si je suis dans les airs votre taille élancée,
Et ce pied que Zéphyr vient de me déceler,
Et ce voile qui va peut-être s'envoler !....
Ah! que votre pudeur ne soit pas offensée;
Je ne pénètre pas des charmes inconnus
J'élève vers le ciel mes yeux et ma pensée
Pour invoquer Icarius. »
Lettre XLIe *sur la Mythologie*.

« Lorsqu'on a, comme Mme des Ursins, des mœurs à l'*escarpolette*, on ne devroit pas attaquer son prochain à tort et à travers comme elle fait. » Le marquis DE LOUVILLE, *au duc de Beauvilliers*.

ESCHARS. *Voyez* ÉCHARS.

ESCHARSEMENT. *Voy*. ÉCHARSEMENT.

ESCHARSETÉ. *Voyez* ÉCHARSETÉ.

ESCHAUGUETTE. *Voyez* ÉCHAUGUETTE.

ESCHELER. *Voyez* ESCALADE.

ESCHEVER. *Voyez* ESQUIVER.

ESCIENT, *s. m.* du latin *sciens* (qui sait, qui a connaissance). On a dit autrefois *scir* à l'indéfini, du latin *scire*, et, par conséquent, je *scis* nous *scissons*, etc. au lieu de *savoir*, venu de *sapere*, je sais, nous savons, et de là il nous est resté le participe *scient*, ou *escient* en interposant un *e*, comme dans *échole*, de *schola* ; *étude*, de *studium*, qu'on écrivait anciennement *eschole*, *estude*. Thiebault de Mailli, poète qui vivait probablement vers la fin du 12e siècle, a dit :

Ains sçai à *escient* qu'ils auront plus honté,
Que n'en ot (eut) saint Thomas qui fut occis pour
[Dé (Dieu).

Il est dit dans les commandemens du Décalogue mis en rimes :

Les biens d'autrui tu n'embleras,
Ne retiendras à *escient*.

« Je n'ay jamais veu ni leu de guerre entreprise pour le bien public, qu'en effect le profit particulier n'y ait esté à bon *escient* entre-lassé. » NIC. PASQUIER, liv. VII, *lett.* 15.

Il ne s'emploie plus qu'avec un adjectif possessif : *à son escient*, ou avec l'adjectif *bon* : *à bon escient*, et encore est-il familier.

ESCLAVAGE, *s. m.* était encore nouveau du temps de Vaugelas, qui conseille d'en faire rarement usage. Malherbe ne pouvait le souffrir et avait voulu établir *esclavitude*. Thomas Corneille et Chapelain se déclarent en faveur du premier, et proscrivent le dernier, que Malherbe avait apparemment pris en Provence, où ce terme est encore usité parmi le peuple. « L'*esclavage*, proprement dit, est l'établissement d'un droit qui rend un homme tellement propre à un autre homme, qu'il est le maître absolu de sa vie et de ses biens. » MONTESQUIEU.

ESCLAVE, *s.* et *adj.* Ménage fait venir ce mot de *sclavus*, formé de l'allemand *slaef* ou *slave*, qui, selon Vossius, a été la dénomination donnée aux Esclavons que Charlemagne avait condamnés à une servitude perpétuelle. Voltaire adopte cette étymologie, mais il lui assigne une cause différente : « Pourquoi, dit-il, appelons-nous *esclaves*, ceux que les Romains appelaient *servi*, et les Grecs, δᾶλοι. L'étymologie est ici fort en défaut.....

» Le plus ancien monument que nous ayons de ce nom d'*esclave*, est le testament d'un Ermangaut, archevêque de Narbonne, qui lègue à l'évêque Frédelon, son esclave Anaph, *Anaphum sclavonium*..... Il n'est pas hors de vraisemblance que les Slavons étant venus du fond du Nord avec tant de peuples indigens et conquérans, piller ce que l'empire romain avait ravi aux nations, et surtout la Dalmatie et l'Illyrie, les Italiens aient appelé *schiavita*, le malheur de tomber entre leurs mains, et *schiavi*, ceux qui étaient en captivité dans leurs nouveaux repaires. » *Dict. philosophique*, tom. IV, au mot *Esclave*.

Nous disons *être esclave de sa gloire, de sa renommée, être esclave des lois, être esclave de sa parole, de ses passions*, etc. et nous trouvons dans Cicéron, *servus cupiditatum, servus legum* (esclave de ses passions, esclave des lois):

.... *Esclaves* que nous sommes,
Et des rigueurs du sort et des discours des hommes.
RACINE.

ESCLAVER, *v.* Cet ancien mot, que nous avons perdu, est dérivé d'*esclave*, et signifiait, comme dit Nicot, rendre serf et esclave, asservir. « La philosophie (poussée à l'extrême) dit Montaigne, liv. 1, c. 29, *esclave* nostre naturelle franchise. » « Le Grand-Seigneur d'Asie, sous une injuste tyrannie, *esclave* la volonté des chrétiens qui sont en ses fers. » *Le Polit. françois*, 1604.

Ni ses beautés en mille cœurs écrites
N'ont *esclavé* ma libre affection.
Les Amours de Ronsard, XLIXe Sonnet.

ESCLAVON, *s. m.* Galiani, en traçant l'*Histoire* de l'an 1900, prétend que le français sera la langue générale, et l'*esclavon*, la langue de la cour. Pour celle-ci, il n'est pas besoin d'attendre le siècle suivant.

ESCOBARDER, *v.* C'est éviter avec adresse le point difficile d'un raisonnement qu'on sent ne pouvoir attaquer avec franchise, et résoudre à son avantage. Ce mot vient d'*Escobar*, fameux jésuite espagnol, qui mettait plus de subtilité que de bonne foi dans ses raisonnemens. Ainsi, *escobarder*, c'est raisonner, discuter à la manière d'*Escobar*.

La publication des *Lettres provinciales*, fit tomber dans le mépris les ouvrages des casuistes relâchés. La *Théologie morale* d'Escobar, qui avait été imprimée trente-neuf fois, comme bonne, avant les *Provinciales*, fut imprimée une quarantième fois après, comme mauvaise. La Fontaine dit alors, dans une *ballade* qui fut fort courue :

Veut-on monter sur les célestes tours?
Escobar fait un chemin de velours;

et le nom de ce jésuite fournit même à notre langue un verbe familier (*escobarder*), qui n'est pas plus honorable pour l'auteur qui l'a fait naître, que le mot de *machiavélisme* n'est flatteur pour la mémoire de Machiavel.

ESCOBARDERIE, *s. f.* dérivé, comme *escobarder*, du nom d'*Escobar. Voy.* ESCOBARDER. Manière d'escobarder; subterfuge, mensonge adroit.

« Se serait-on attendu à trouver dans une tragédie les *subtilités* qui nous ont tant fait rire dans les *Provinciales*, aux dépens d'Escobar, et qui depuis ont conservé le nom d'*escobarderies* ? » LA HARPE, *Cours de Littérature*, t. II, 1re partie, p. 22.

ESCOFFION, *s. m.* qu'on trouve écrit *scofion* dans les *Épithètes* de De la Porte, du grec κουφία (*kouphia*), coiffe. Ce mot, qui se trouve dans Molière :

D'abord leurs *escoffions* ont volé par la place;
L'Étourdi, act. v, sc. 14;

s'est dit pour coiffure de femmes communes, de femmes des halles.

Il est encore en usage dans le midi de la France.

ESCOGRIFFE, *s. m.* M. A. F. Jault croit qu'il a été formé d'*escroc* et de *griffe*, et qu'au lieu d'*escrocgriffe*, on aura dit pour la facilité de la prononciation, *escogriffe*, en retranchant r et c du mot *escroc*. Par le mot *escogriffe*, qui est un terme populaire de raillerie ou d'injure, on a voulu désigner un *escroc* qui est comme armé de *griffes*, qui cherche à prendre et à attraper de tous côtés. Il se dit aussi par raillerie d'un homme d'une grande taille et mal bâti. « Ils sont trois ou quatre grands *escogriffes* et autant de valets..... Ce ne sont pas des hommes, ce sont des diables. » DANCOURT, *la Maison de campagne*, sc. 7. On ne s'est guère servi de ce mot avant 1640, dit M. de La Monnoye, et après lui, l'abbé Féraud.

ESCOMPTER, *v.* autrefois *excompter*, faire sortir du compte. On a dit au figuré *escompter la vie*, pour dire la faire courte et bonne.

Courir de maîtresse en maîtresse,
Passer ses jours, en libertin,
Dans la continuelle ivresse
Qui naît de l'amour et du vin;
Par des liqueurs de toute espèce
Se brûler du soir au matin,

C'est, en terme de banque, *escompter* sa jeunesse.
PANARD.

ESCOPETTE, ESCOPETTERIE, *s. f.* du bruit éclatant des mousquets. Ce mot a donné lieu au plus ridicule des vers factices :

Schiopettus tuf taf : bom bom colubrina sboronat.

(L'*escopette* perce l'air avec ses *tuf taf*, et la couleuvrine avec ses *bom bom*.)

Perse avait dit *sclopus*, pour, le son que rend la bouche, quand on frappe sur les joues gonflées d'air :

Nec sclopo tumidas intendis rumpere buccas.

De là le diminutif macaronique *schiopettus*, et le français *escopette*, qui sont des onomatopées formées sur un son de la même espèce. C'est l'opinion de Paradin et de Polydore Virgile. CH. NODIER, *Dict. des Onomatopées françaises*.

Le cardinal de Retz appelle l'*escopetterie* des enquêtes, les incartades des jeunes conseillers.

ESCORTE, *s. f.* de l'italien *scorta*, de *corte* (cour, suite). « Elles s'abandonnèrent à la fortune, sans autre *escorte* que celle du caprice et de l'indiscrétion. » HAM. *Mém. de Gram.*

ESCORTER, *v.*
Le mérite est un sot, si l'argent ne l'*escorte*.

ESCOURGÉE, *s. f.* Ce mot, qui

signifie un fouet fait de plusieurs lanières de cuir, commençait à vieillir au milieu du dernier siècle; il est aujourd'hui hors d'usage. Borel le dérive du vieux mot français *courgie*, qu'on trouve dans Perceval, qui signifiait une verge ou sangle de cuir, propre à châtier; Du Cange le tire de *scoriata*. Il vient plutôt du langage celtique ou bas-breton, où *scourges* signifie fouet, et *scourgeza*, fouetter. « Tel qu'elle avoit convié à son lict à coup d'*escourgée*. » MONTAIGNE, *Essais*, tom. VII, pag. 209, Paris, 1791.

ESCOURGER, *v.* pour frapper avec une escourgée, fouetter, dans Le Laboureur, *Voyage de la reine de Pologne*, pag. 208. On a dit aussi *escourgeon*, dans le même sens.

Et à ce malostru Changeon,
. . . .
(Je) laisse trois coups d'ung *escourgeon*.
Le Petit Testament de F. Villon, 1456.

Escourgeon, fouet, diminutif d'*escourgée*, lanière de cuir, avec laquelle on châtioit les criminels et les esclaves. *Remarques sur Villon*, édit. de La Haye, 1742.

ESCOUSSE, *s. f.* Suivant *Trévoux*, ce mot se dit par corruption pour *secousse*.

Prendre son *escousse*, reculer quelques pas pour s'élancer avec plus de force. « Ne prenez pas de si loin votre *escousse* pour être en peine : ne donnez pas à votre imagination la liberté de vous inquiéter. » Mme DE SÉVIGNÉ.

ESCRIME, *s. f.* de *scrama*, dans la basse latinité, qui a signifié, selon Du Cange, une épée large et tranchante. « Deux valets, enchantez par Fredegonde, et enyvrez de vin, frappèrent ce roy par les deux costez avec des glaives appellez *scramasaxes* (*massacrer* en pourroit venir, n'étoit que les lois gothiques appellent *scrama*, un ferrement ou arme, et les Allemans, *scram*, ce que nous disons *escrime*), de sorte qu'il rendit l'esprit dans le lieu. » CL. FAUCHET, *Antiq. franç.* feuillet 203, Paris, 1599.

« Il n'y a si belle *escrime* (si belle montre de courage), qui ne se perde quand on en vient là (à la mort). » MONTAIGNE, liv. I, c. 19. « Cet avaricieux estoit bien aise de manger les autres, mais quand il estoit question d'aller chez lui, il sçavoit des destours d'*escrime* pour se sauver. » TABOUROT. *Ecraignes dijonnoises*.

L'abbé Delille a dit, en parlant du disputeur :

Sa vie est un combat, son commerce une *escrime*.
La Conversation, chant II.

Dans les combats d'esprit fameux maître d'*escrime*.
BOILEAU.

On a dit d'abord *maître d'escrime*, et nous voyons qu'on parlait ainsi du temps de Boileau; *maître en fait d'armes*, lui a succédé, et était encore en usage avant la révolution; on ne dit plus guère aujourd'hui que *maître d'armes*.

D'*escrime*, sont dérivés *escrémie*, qui s'est pris anciennement pour débat, *escrimer*, *escrimeur*.

Tant a duré leur *escremie*
Per orgueil et per aatie (jalousie)
Qu'il on tourné le jeu à ire.
Rom. de Brut. ms.

Le chat étoit souvent agacé par l'oiseau,
L'un s'*escrimait* du bec, l'autre jouait des pattes.
LA FONTAINE, liv. III, *fable* 2.

L'un fut bon chevalier, l'autre bon *escrimeur*.
RONSARD, liv. I des *Hymnes*, hymne 4.

« Brutus est un *escrimeur* de philosophie, qu'un mauvais succès met en désordre, qui oublie ses leçons et perd sa science sur le pré. » BALZ. l. v.

ESCROUPIONNER (s'), *v.* « Une bonne commère tirant un peu sur l'âge, estant tombée, s'estoit *escroupionnée*. » BOUCHET, IIIe *Serée*.

ESJOUISSANCE, *s. f.* gaité tranquille et constante. « La plus expresse marque de la sagesse, c'est une *esjouissance* constante : son estat est comme des choses au-dessus de la lune, toujours serein. » MONT. liv. I, ch. 25.

Ce mot n'était-il pas plus expressif que toutes les périphrases que nous sommes obligés d'employer pour rendre ce qu'il veut dire ?

ESLOCHEMENT, *s. m.* ESLOCHER, *v. Voyez* LOCHER.

ESME, ancien mot. *Voyez* ESTIME.

ESMORCILLER, v. « Et feurent les piéces (de l'héritage de la maison d'Anjou) *esmorcillées* à divers princes. » PASQ. *Rech.* liv. v, ch. 27.

ESPAGNOLÉ, ÉE, *adj.* « Corps bien *espagnolé*. » MONT. l. 1, ch. 40. C'est-à-dire mince, élancé. Dans Rabelais corps d'*Espaignole* veut dire maigre.

ESPANDABLE, *adj.* qui peut être espandu, répandu. *Voyez* ÉPANDRE. « Ce carnage dura jusques à la dernière goutte de sang *espandable*. » MONT. liv. 1, ch. 1.

ESPÈCE, *s. f.* Ce terme méprisant a été quelque temps à l'usage des gens du beau monde.

Que diable voulez-vous ; quelqu'un qui me conseille
De m'empêtrer ici d'une *espèce* pareille,
M'aime-t-il ?
GRESSET, *le Méchant*.

ESPÉRABLE, *adj.* Ce mot est de Montaigne, à qui la langue en doit tant d'autres, mais il n'a pas eu le même sort. « Toutes choses sont *espérables* à un homme pendant qu'il vit. »

ESPÉRANCE, *s. f.* du latin barbare *sperantia*.

Sur un nuage d'or l'*Espérance* est assise.

L'*Espérance* a fort bonne mine ;
Son œil est creux, mais animé ;
Elle cache sa taille fine
Sous un manteau vert, d'or semé.
Elle sourit à tout le monde,
Et ne fait pas payer bien cher
Le lait doux dont son sein abonde ;
Il est vrai qu'il est un peu clair.

L'*espérance* est la chemise de l'âme ; c'est ce qui meurt en nous le dernier.

« La crainte gouverne le monde ; l'*espérance* le console. » Duc DE LÉVIS.

Grâce aux dieux, mon malheur passe mon *espérance* !
RACINE, *Andromaque*, act. v, sc. 5.

Espérance pour attente est poétique, par la raison même qu'on n'*espère* point le malheur. C'est la même figure employée dans ce vers de Didon :

Hunc ego si potui tantum *sperare* dolorem.
Æneid. lib. IV.

Quoi, déjà de Titus *épouse en espérance*,
Ce rang entre elle et vous met-il tant de distance ?
RACINE, *Bérénice*, act. 1, sc. 1.

« *Espouse en espérance*, expression heureuse et neuve dont Racine enrichit la langue, et que, par conséquent, on critiqua beaucoup d'abord. Remarquez encore qu'*épouse* suppose *étant épouse*. C'est une ellipse heureuse en poésie. Ces finesses sont le charme de la diction. » (*Note* de Voltaire). Ce tour a été souvent imité par les successeurs de Racine.

Je n'achète pas l'espérance à deniers comptans, expression proverbiale empruntée du latin *spem pretio non emo*. TÉRENCE, *Adelph.* act. II, sc. 2.

ESPÉRER, v. du latin *sperare* qui a la même signification.

Qui cesse d'*espérer*, il cesse aussi de craindre.
MALHERBE.

« Le commun des hommes *espère* en gros et désespère en détail. » BUSSY-RABUTIN.

« Jouissez de ce que vous possédez ; *espérez* ce qui vous manque. » Le duc DE LÉVIS.

Mme de Sévigné écrit à sa fille : « Je lis, je me promène, je vous *espère*. »

« Une grande bizarrerie de la langue française est qu'elle a des verbes quelquefois actifs et quelquefois neutres : ainsi l'on dit bien : j'*espère* un immense héritage, mais non, j'*espère* cent mille écus ; il semble que le mot j'*espère* n'est actif que lorsqu'on l'unit à une expression vague comme l'*espérance* : tant l'accord parfait des mots est nécessaire pour bien écrire dans cette langue ! » Mme NECKER.

ESPÉRÉ, ÉE, *adj. et part.* Cl. Marot en a fait un substantif qui n'est pas sans grâce :

Si le loisir tu as avec l'envie
De me revoir, ô ma jeune *espérée* !

EXPERLUCAT, *s. m.* (*experrectus ante lucem*, éveillé avant le jour). Homme éveillé, fin, adroit, plus propre à tromper qu'à être trompé. Oudin, *Dict. des trois langues*, marque ce mot d'un astérisque.

ESPIÈGLE. *adj.* et *s.* « Nous appelons ainsi, dit Ménage, un homme qui fait de petites tromperies ingénieuses. L'origine de ce mot est fort cachée ; mais je l'ai enfin découverte. « Un Allemand, du pays de Saxe, nommé *Tiel Ulespiègle*, qui vivoit vers 1480, étoit un homme célèbre en ces petites tromperies ingénieuses. Sa Vie ayant été composée en allemand, on a appelé de son nom, dans l'Allemagne, *Ulespiegel* un fourbe ingénieux. Ce mot a passé ensuite en France dans la même signification; cette Vie ayant été traduite en français et imprimée avec ce titre: *Histoire joyeuse et récréative de Tiel Ulespiègle, lequel, par aucunes fallaces, ne se laissa surprendre ni tromper**. » *Dictionn. étymol.* édit. in-fol. Paris, 1750, au mot *Espiègle*.

Les auteurs du *Dict. de Trévoux* n'ont pas adopté cette étymologie. Ce mot, suivant eux, vient du mot allemand *spiegel*, qui signifie *miroir*, et qui sert de titre à un petit roman où l'on décrit plusieurs tours de malice et de friponnerie.

Chacun fuit au hasard, hormis l'*espiègle* Lise,
Qui dans les bras d'Alain se trouve sans surprise.
CHAUSSARD, *Poétique secondaire*, chant IV.

ESPION, *s. m.* est le diminutif d'*espie*, qui s'est dit d'abord, d'où on a fait *épier*, ou plutôt *espier*, comme parlaient nos pères; comme d'*espion* en usage aujourd'hui on a dérivé *espionner*: *épieur* se trouve aussi dans le dictionnaire de Frédéric Morel « Un libraire qui servoit d'*espie* à ces deux persécuteurs, etc. » H. ESTIENNE, *Apologie pour Hérodote*.

M. Roquefort fait venir *espie* du latin *inspicere* (observer).

On dit qu'on a vu même, en ce désordre affreux,
Le Noir qui d'*espions* garnissoit tous les lieux.
RIVAROL, parodie du *Récit de Théramène*.

Un *espion* qu'on nomme ambassadeur.
PALISSOT, *la Dunciade*, chant VIII.

ESPOIR, et son composé **DÉSESPOIR**, *s. m.* viennent de l'infinitif *sperare* et *desperare* (espérer et désespérer). Le P. LABBE, *Etymol. des mots françois*.

« Vous trouverez généralement l'*espoir* appliqué à de grands objets, tandis que l'*espérance* s'abaisse jusqu'aux plus petits. » L'abbé ROUBAUD, *Synonymes français*.

* Il existe de ce roman deux imitations latines, une en vers iambiques, de 1563, l'autre en vers élégiaques, de 1567, toutes deux très-rares. Cette dernière est ornée de figures en bois.

ESPRIT, *s. m.* « Dans la langue philosophique, l'*esprit*, dit La Harpe, *Cours de Littérature*, tom. VII, ch. 3, sect. 2, n'est que l'entendement, la faculté pensante...... Dans l'usage commun, le manque d'expressions nécessaires pour rendre chacune de nos idées, a fait donner génériquement ce nom d'*esprit* à l'une de ses qualités, dont l'effet est le plus sensible dans la société, à *la vivacité des conceptions*. C'est là ce qu'on nomme communément *esprit*, soit en parlant, soit en écrivant; et je crois qu'on a eu raison de le distinguer du *jugement*. Celui-ci désigne une autre qualité, *la solidité des conceptions*, et l'on sait combien l'une se rencontre souvent sans l'autre. »

Rien n'est cependant plus moderne que le sens que l'on donne au mot *esprit*, et à celui de *génie* qu'on lui oppose. Il est bien certain que, dans tout le siècle de Louis XIV, on ne trouverait pas une seule phrase où l'*esprit* fût considéré de cette manière sans l'addition d'une épithète. Alors le mot *génie* signifiait plutôt l'aptitude naturelle que nous avons à telle ou telle chose. On disait d'un homme : son *génie* le porte aux mathématiques, à la littérature, à tel ou tel art : c'était, en quelque sorte, un synonyme noble de *vocation*; mais jamais il n'était employé pour signifier la supériorité sur l'*esprit* même. Cette distinction est toute nouvelle, et nous la devons peut-être à l'article *Esprit* que Voltaire fit pour le *Dictionn. encyclopédique*.

Bel-esprit se prenait autrefois en bonne part, et ce n'est que par suite qu'il est devenu un terme d'injure. Certes, quand Boileau a dit :

O vous donc qui, brûlant d'une ardeur périlleuse,
Courez du *bel-esprit* la carrière épineuse,

il prenait, dit M. J. B. Perrier, ce terme en bonne part; car il ne se serait pas amusé à donner des leçons aux beaux-esprits, dans le sens que nous attachons à ces mots. *Manuel des Amat. de la lang. franç.* ann. 1813.

Le *bel-esprit* au siècle de Marot,
Des dons du ciel passoit pour le gros lot;
Des grands seigneurs il donnoit accointance,
Menoit parfois à noble jouissance,

Et qui plus est faisoit bouillir le pot.
Or est passé ce temps où d'un bon mot,
Stance ou dizain, on payoit son écot :
Plus n'en voyez qui prennent pour finance
       Le bel-esprit.

A prix d'argent l'auteur, comme le sot,
Boit sa chopine et mange son gigot;
Heureux encor d'en avoir suffisance !
Maints ont le chef plus rempli que la panse :
Dame Ignorance a fait enfin capot
       Le bel-esprit.
      DESHOULIÈRES.

« Ce n'est pas un grand avantage d'avoir l'*esprit* vif, si l'on ne l'a juste. La perfection d'une pendule n'est pas d'aller vite, mais d'être réglée. » VAUVENARGUES.

Les gens d'*esprit* sont quelquefois bien bêtes,
A dit certain rimeur dans un certain écrit :
Que les sots pour cela ne s'en fassent point fêtes,
Car les bêtes jamais ne sont des gens d'*esprit.*

Un provincial croyait faire un compliment à Racine, en l'appelant un *bel-esprit*. — Qu'appelez-vous, monsieur ! bel-esprit vous-même ! lui répartit brusquement l'auteur d'*Athalie*.

« Une des plus agréables histoires, et sans doute la plus philosophique, est celle des progrès de l'*esprit* humain. » FONTENELLE.

« Le goût et la délicatesse demandent, dans les divertissemens et dans les spectacles, de l'idée, de l'imagination, et que la joie ait de l'*esprit* en quelque sorte. » *Le même.*

Mme de Sévigné disait ne craindre rien tant qu'un homme qui a de l'*esprit* tous les jours.

« L'*esprit* consiste à reconnaître la ressemblance des choses diverses et la différence des choses semblables. » MONTESQUIEU.

« Voltaire, disait le même, a, plus que personne, l'*esprit* que tout le monde a. »

Les petits *esprits* ressemblent à des vases à goulot étroit, qui font d'autant plus de bruit lorsqu'on les vide, qu'ils contiennent moins de liqueur.

« L'*esprit* est comme l'or, c'est l'usage qui en fait le prix. » DESMAHIS.

Il est difficile de se soutenir longtemps, quand il faut tout faire à la pointe de l'*esprit*.

Esprit-fort. Cette expression, inventée dans le 17e siècle, est venue, en fait de religion, à peu près synonyme d'incrédule, et, en fait de gouvernement, à peu près synonyme de frondeur ; il signifie les hommes qui expriment librement leurs opinions sur la religion et sur la politique.

« Il ne faut pas oublier de dire ici en combien de sens différens le mot *esprit* s'emploie ; ce n'est point un défaut de la langue ; c'est, au contraire, un avantage d'avoir ainsi des racines qui se ramifient en plusieurs branches :

Esprit d'un corps, d'une société, pour exprimer les usages, la manière de parler, de se conduire, les préjugés d'un corps.

Esprit de parti, qui est à l'*esprit* d'un corps ce que sont les passions aux sentimens ordinaires.

Esprit d'une loi, pour en distinguer l'intention. C'est en ce sens qu'on a dit : *la lettre tue, et l'esprit vivifie.*

Esprit d'un ouvrage, pour en faire concevoir le caractère et le but.

Esprit de vengeance, pour signifier *désir* et *intention* de se venger.

Esprit de discorde, esprit de révolte, etc. . . . .

Esprit familier, se dit dans un autre sens, et signifie ces êtres mitoyens, ces génies, ces démons admis dans l'antiquité, comme l'*esprit de Socrate*, etc.

Esprit signifie quelquefois la plus subtile partie de la matière ; l'on dit *esprits animaux, esprits vitaux,* pour signifier ce qu'on n'a jamais vu, et ce qui donne le mouvement et la vie.
. . . .

Esprit en chimie, est encore un terme qui reçoit plusieurs acceptions différentes, mais qui signifie toujours la partie subtile de la matière. » VOLTAIRE, *Dict. philosoph.* tom. IV, au mot *Esprit.*

« Remettre des *esprits* dans sa tête, dit Mme de Sévigné, pour se reposer à la campagne des longs repas et de la cohue de la ville. »

ESPRITÉ, ÉE, *adj.* qui a de l'esprit. On a tenté, à plusieurs reprises, d'introduire ce mot dans la langue.

On le trouve dans le *Voyage de Chapelle et de Bachaumont* :

Elle est jeune, riche, *espritée*.

Il ne parait pas avoir été adopté.

ESQUIF, *s. m.* du latin *scapha*, formé du grec σκάφη (*scaphé*), bateau, chaloupe. De là est dérivé s'*esquiver*, comme qui dirait s'enfuir dans un *esquif*.

« Quand le vaisseau a fait naufrage, dit le P. Labbe, on se sauve dans l'*esquif*. »

ESQUISSE, *s. f.* ébauche d'un tableau, d'une statue ; au figuré, d'un ouvrage d'esprit. E*squisse* vient de l'italien *schizzo* (éclaboussure), parce que l'*esquisse*, dans la peinture, ne représente que comme des taches de couleurs.

ESQUISSER, *v.* faire une esquisse ; il se dit aussi au figuré : *esquisser un poème*, en tracer le plan avant de le soumettre au style mesuré :

Esquissez le poème en prose figurée.
J. F. BARREAU, trad. de la *Poétique* de Vida.

« Le seul tort de Joseph II a été de tout *esquisser*, le bien comme le mal. » LE PRINCE DE LIGNE. C'est souvent le tort des souverains.

Ces mots n'ont été dits pendant long-temps que par les peintres et les sculpteurs, comme la remarque en a été faite par l'abbé Féraud. Depuis le milieu du dernier siècle, ils ont été appliqués aux ouvrages de l'esprit, et même à des actions morales. Nos écrivains modernes, qui ne font pas difficulté d'emprunter leurs métaphores des sciences les plus abstraites, n'avaient garde de négliger des termes appartenant à des arts agréables.

ESQUIVER, *v.* que nos pères ont dit *eschever* et *eschiver*, pour échapper à un danger, l'éviter.

Ces mots sont dérivés d'*esquif* ; *esquiver*, se sauver dans un *esquif*. *Voy.* ce mot.

« Maints autres qui *eschivèrent* le passage de Venise, por le grant péril qui i ere. » GEOFFROY DE VILLEHARDOUIN, *de la Conquête de Constantinople*, pag. 8, in-f°.

LE FAUX DANIS.
Me soupçonneroit-on ? Pour peu qu'on me soupçonne,
Ma foi, pour *esquiver*, regagnons notre *esquif*.
DUFRESNY, *le Mariage fait et rompu*.

« Pour *eschever* les émeutes dessus dites, furent envoyés, etc. » *Chroniques de Monstrelet*, liv. 1, ch. 204.

On a dit d'abord *eschever*, puis *esquiver*, mot pittoresque que nous avons encore, et qui appartient, comme tant d'autres signalés par M. Chasles dans son *Tableau du seizième siècle*, au retour des guerres d'Italie, après le règne de François 1er.

ESSAIM, *s. m.* du latin *examen*, qui a la même signification. De là le dérivé *essaimer*.

« Ce qui n'est pas utile à l'*essaim*, n'est pas utile à l'abeille. » MARC-AURÈLE.

Nous prenons ce mot au figuré, pour troupe, grande quantité, à l'exemple des Latins. Cicéron a dit : *servorum* examina (des *essaims* d'esclaves) ; Pline, *infantium* examina (des *essaims* d'enfans), et Horace *juvenum recens* examen (un *essaim* de soldats nouvellement levés).

Ciel ! quel nombreux *essaim* d'innocentes beautés!
RACINE, *Esther*, act. 1, sc. 2.

Dès le matin aux tentes de Ruben
On voit courir les vierges de Gessen ;
Le jeune *essaim* choisit dans la prairie
Les épis d'or et la vigne fleurie.
CAMPENON, *l'Enfant prodigue*, chant 1.

Parmi les plis de ce magique ouvrage
Erre toujours un *essaim de plaisirs*.
IMBERT, *Jugement de Pâris*.

ESSART, *s. m.* **ESSARTER**. *v. Essart*, vieux mot, par lequel on désignait une terre dont on a arraché les bois, les épines, pour la mettre en culture. Il vient, selon Du Cange, de *essartum, assartum, sartum, sartus*, mots de la basse latinité qui signifient tous, *forêt coupée et défrichée*. De là les lieux et les cantons défrichés ont été appelés des *essarts* : ainsi il ne faut point s'étonner s'il y a en France beaucoup de villages et de familles qui portent ce nom.

D'*essart*, est dérivé le verbe *essarter*, défricher, en arrachant les bois, les broussailles ; terme d'agriculture qui est encore d'usage.

« L'Espagnol *essarte* et ruine toutes ces principautés voisines, etc. » NIC. PASQUIER, liv. IV, *lett*. 1.

ESSAI, *s. m.* « Tel se conduit bien qui ne conduit pas bien les autres, et fait des *essais*, qui ne sauroit faire des effects. » MONT. liv. III, c. 9.

ESSAYER, *v.* Ce verbe ne s'est dit d'abord qu'en parlant des habits. Saye, *sagum*, comme si l'on disait : éprouver si un habit sied bien. Les Italiens en ont fait *assaggiare*. Ménage le dérive d'*assa porare*, auquel il fait, suivant son usage, subir d'étranges métamorphoses. La première étymologie paraît plus naturelle.
– Delille et M. Laya ont employé ce verbe dans une acception nouvelle et hardie. Le premier a dit :

La jeune Galatée enchantait les regards,
Lorsqu'*essayant* la vie et son ame naissante, etc.

et le second :

Tu vis comme mon ame, *essayant* son courage,
Sut opposer au sort l'égide du malheur,
La constance..............

Scarron aimait à lire ses ouvrages à ses amis, à mesure qu'il les composait ; il appelait cela *essayer* ses livres.

ESSÉMINER, *v.* « La fourmi *essémina* les graines des hauts cyprès. » BERN. DE S.-PIERRE, *Harmonies de la Nature*, t. II, p. 501.

ESSENCE, *s. f.* (*esse*, être). On vint dire à Lainez que deux vers de sa façon avaient fourni à un de ses amis la matière de deux volumes. « Le drôle, dit le poète, a pris une goutte de mon *essence*, pour mettre dans un muid d'eau. »

ESSENCÉ, ÉE, *adj*: « Ces esprits qui sont *essencés* ou aromatiques dans bien des fleurs, se dispersent aisément dans un air raréfié par les chaleurs. » PLUCHE, *Spect. de la Nature*. Ce néologisme n'a pas été heureux.

ESSEULÉ, ÉE, laissé seul. C'est le participe de l'ancien verbe *esseuler*, qui s'est même dit dans un sens réfléchi : *s'esseuler*, se tenir seul, à l'écart, rapporté dans l'*Archéologie française* de M. Pougens. « *Asseulé* de toutes gens. » XXIVe des *Cent nouvelles Nouvelles*.

« Avec plus de mérite que femme du monde, on vous trouve aussi *esseulée* qu'un favori disgracié. » *L'Eté des Coquettes*, comédie de Dancourt, sc. 12.

ESSIEU, *s. m.* qu'on a écrit aussi *aissieu*, après avoir dit *esseuil*, *aisseul*, qui se trouve dans Nicot, et *aisseau*; du latin *axiculus*, diminutif d'*axis* (axe).

« Il tira aussi de l'*esseuil* de chacune porte un cordon de saye (soie). » RABELAIS, t. V, p. 220, édit. de 1732.

« Pélops suborna Myrtile chartier d'OEnomaüs à ce qu'il mit à son chariot des *aisseaux* faciles à rompre. » *Les Epithètes* de De la Porte, p. 200, Paris, 1571.

« Comme le chariot de l'espousée sortoit de la porte, un *aisseau* se rompit. » CL. FAUCHET, *Antiquités françoises*, liv. IV, feuillet 15 tourné, Paris, 1599.

ESSIMER, *v.* C'est encore un terme de fauconnerie dont Montaigne s'est servi assez heureusement : « Les médecins disent que la perfection de santé trop alaigre et vigoureuse, il nous la faut *essimer* et rabattre par art, etc. » *Essais*, t. VI.

« *Essimer* veut dire proprement amaigrir, rendre maigre : ainsi on dit, en fauconnerie, *essimer un faulcon*, quand, pour lui ôter la graisse excessive et l'emmaigrir, on lui baille diverses cures, comme si on disait *essuimer*, c'est-à-dire abaisser ou ôter le suif. » NICOT.

« J'aimeroy presque esgalement qu'on m'ostast la vie, que si on me l'*essimoit* et retranchoit bien loing de l'estat auquel je l'ai vescuc si longtemps. » *Essais*, t. VIII.

On me l'*essimoit*, on me l'amaigrissoit, on me *privoit* d'une bonne partie des douceurs, des commodités de la *vie*, etc.

ESSOINE. *Voy.* EXOINE.

ESSONNIER, *s. m.* terme de blason, double orle ou filet qui couvre l'écu dans le sens de la bordure. Ce mot, à ce que prétend M. Morin (*Dict. des mots français dérivés du* grec, t. 1, p. 360), vient par corruption de ζώνη (zóné), bande, ceinture. En effet, c'était autrefois une ceinture ou enceinte où les chevaux des chevaliers étaient placés, en attendant qu'ils en eussent besoin pour le tournoi, et où ils étaient séparés par des barres ou traverses, comme ils sont à présent dans les écuries.

« *Essonnier*, dit Le Laboureur (*de l'Origine des armes*, p. 199, Lyon, 1658), c'est-à-dire empescheur ou empeschement, selon l'ancienne façon de parler de nos pères (parce que, bordant l'écu, l'*essonnier*, selon lui, enferme la pièce d'armes et l'empêche d'en sortir). Aux siècles passés, ajoute cet auteur, *exoine*, *essoine* ou *ensoigne*, signifioit toute sorte d'empeschement............ tant il y a qu'*essonier* vient d'*essoine* ou *ensoigne*, et celui-ci de nostre vieux mot gaulois *soin*, duquel les autheurs qu'on appelle *medii temporis* ont fait l'ancien *sunnis*, qui signifie non seulement cure ou souci, comme on le prend ordinairement, mais encore toute sorte de travail de corps ou d'esprit; de cette même racine nous avons fait *ensoigne*, *ensoigner* ou *ensonnier*. »

ESSOR, s. m. « Et ainsi mettant sa fortune à l'*essor*, l'ambitieux luy facilite une voye à un malheureux précipice. » EST. PASQ. liv. I, lettr. 6.

ESSORÉ, ÉE, adj. « L'esprit de Perséus, roi de Macédoine, alloit errant par tout genre de vie, et représentant des mœurs si *essorées* et vagabondes, qu'il n'estoit connu ny de luy, ny d'autre. » MONT. liv. III, c. 13.

ESSORILLER, v. couper une oreille ou deux; familier, couper les cheveux fort courts.

Jacques Sylvius, qui écrit *exoreiler*, le fait venir de *exauriculare*, qui se serait dit dans la basse latinité, pour couper les oreilles.

« Un tas de larronceaux et d'*essorillez*. » EST. DE LA BOÉTIE, *de la Servitude volontaire*, c'est-à-dire de gens repris de justice. C'était le supplice des filous.

« Au commencement du règne de Charles VIII, dit Mézeray, on *essorilla* Dojac qui avoit été l'un des ministres de Louis XI. »

ESTACADE, s. f. digue faite avec des pieux. Il est dérivé d'*estaches*, ancien mot qui s'est dit pour *pieux*, *poteaux*. On lit dans Guiart, qui est en manuscrit à la Bibliothèque du Roi :

A douloueres et hasches
Vont desrompant pieu et *estaches*.

L'épitaphe de Pierre de Carville, maire de Rouen, enterré dans l'abbaye de Saint-Ouen, finit ainsi :

Or priez que merchi li fache
Chil qui fui battu en l'*estache*.

Ce mot pourrait bien venir de *staca*, qui, selon Du Cange, a signifié, dans la basse latinité, un pieu fiché en terre.

« Un honnête homme de ma cognoissance estant tombé comme il se battoit en *estacade*, et se sentant daguer à terre par son ennemi de neuf ou dix coups, etc. » MONT. *Essais*, t. VII, p. 93, Paris, 1791.

« Ayant cherché *estacade* dans Cotgrave, j'y ai trouvé que l'explication qu'il donne de ce mot répond exactement à ce que Montaigne nous dit ici que ce gentilhomme *se battoit en estacade*, c'est-à-dire dans *une espèce de lice environnée d'une barrière où les champions se renfermoient* en présence du peuple pour se battre à outrance. Cotgrave ne donne point d'autre sens au mot d'*estacade*. C'étoit de son temps le mot propre pour désigner ce lieu-là..... Nous dirions aujourd'hui, *il se battoit en champ clos*. » COSTE sur *Mont.* au lieu cité.

ESTAFILADE, s. f. (allemand *staff*, coup de bâton) coupure faite avec un instrument tranchant.

Sais-tu pourquoi, cher camarade,
Le beau sexe n'est point barbu? —
Babillard comme il est, on n'aurait jamais pu
Le raser sans *estafilade*.

On en avait fait le verbe *estafiluder*.

« Il y eut plus d'une mâchoire *estafiladée*. » D. Quich. trad. de Filleau de Saint-Martin.

ESTER, *v.* terme de palais ; comparaître en justice.

« *Ester à droict*, qui est fort familier en pratique, est, dit Est. Pasquier, un raccourcissement d'*assister à droict* ; ce que vous trouverez vérifié par deux passages de l'histoire médisante de Louys Unziesme, comme si on eust voulu dire *judicio sistere*, et dans Froissart, chap. 246 du premier tome de son histoire, où il dit qu'il fut ordonné que le prince de Galles seroit adjourné à comparoir, à Paris, en la chambre des pairs de France, *pour assister à droict*, et respondre aux requestes contre lui faites. » *Recherches de la France*, l. VIII, c. 37.

Malgré cette autorité, nous pensons avec le Père Labbe et avec les auteurs du Dictionnaire de Trévoux qu'il vient du latin *stare* (demeurer, s'arrêter). Ce mot était autrefois d'un usage fréquent ; il se trouve dans le *Roman du Renard* dans le sens de demeurer, rester, subsister, comparaître.

« Dame, laissez *ester* ceste parolle, car je scay bien que Lancelot oncques ne advisa ce que ceste damoiselle en a dit. » *Lancelot du Lac*, roman imprimé en 1520.

Ester a signifié aussi *hésiter* ; ce qui confirme l'étymologie de *stare*. C'est en ce sens que Charles VI fit une devise en rébus d'une plante de genêt, avec ce mot, « Je n'*este* jamais, c'est-à-dire, je n'*hésite* point. Il en fit un ordre de chevalerie, composé de deux gousses de genêt, l'une blanche et l'autre verte, dont l'une étoit le symbole de la vieillesse, et l'autre celui de la jeunesse. » Le P. MÉNÉTRIER.

ESTIFLET, *s. m.* chalumeau, de *stipula* (paille) : « Je n'ai pas tâté un *estiflet* de ce que j'avais eu tant de peine à amasser. » *D. Quich.*

ESTEUF. *Voy.* ÉTEUF.

ESTIME, *s. f. Estime*, comme *estimation*, vient du latin *æstimatio* ; *estimation* s'est même dit pour *estime*, on le trouve encore en ce sens dans Montaigne : « L'*estimation*, non plus que l'affection, nous ne la devons qu'à leur vertu. » *Essais*, l. 1, c. 3.

Estimation ne se dit plus que du prix assigné, du prix que l'on croit devoir donner à une chose vénale : j'ai acheté une maison au prix de l'*estimation*.

Estime se dit au figuré des choses et des personnes : telle pièce dramatique a l'*estime* des gens de l'art, qui n'a pas celle du parterre. On ne peut pas toujours obtenir l'*estime* publique, mais il faut toujours la mériter.

Vaugelas prétendait qu'*estime* avait le sens tantôt actif et tantôt passif, et que *mon estime* signifie également bien, que j'estime, et que je suis estimé. Th. Corneille n'est pas de ce sentiment, et avec raison. *Estime*, dit-il, est un mot qui approche de considération ; et, comme on ne saurait dire *sa considération diminue*, pour dire *la considération qu'on a pour lui*, on ne peut pas dire non plus *son estime diminue*, dans le même sens qu'on dit *sa réputation diminue*. On ne faisait pas autrefois cette distinction, et l'on employait *estime* dans le sens de *gloire*, *honneur*. « Non content de l'*estime* d'être un des plus braves hommes de France, il a voulu avoir encore *celle d'écrire* et *de parler* mieux que personne. » VOITURE. Mallebranche dit, dans le même sens, de Sénèque : « Cet auteur *a beaucoup d'estime* dans le monde, » pour dire qu'*il est beaucoup estimé* ; et Pierre Corneille :

Et vous ne deviez pas envelopper d'un crime
Ce que votre victoire ajoute à votre *estime*.
Nicomède.

(C'est-à-dire *à l'estime qu'on fait de vous*, à votre réputation). Pluche a encore dit : « La haute *estime* où nous les plaçons ne nous ôte pas la liberté d'apercevoir leurs méprises. » « Tout cela, dit l'abbé Féraud, est contre l'usage actuel, et même contre le génie et l'analogie de la langue. »

En ce siècle bienheureux
Où vivaient les demi-dieux,
L'*Estime* était inconnue,
Et l'Amitié toute nue,
Seule maîtresse des cœurs.
Quand la foi, quand les paroles
Furent de vaines idées :

L'*Estime* en ce changement

Pour père eut le Compliment,
Pour mère l'Indifférence.
PÉLISSON.

J'ai mal connu César, mais puisqu'en son estime
Un si rare service est un énorme crime, etc.
P. CORNEILLE. *Pompée*, act. IV, sc. 1, édit. de 1765.

« *En son estime*; *estime* signifie ici opinion. C'est un terme qui n'est en usage que dans la marine. L'*estime* du pilote veut dire le calcul présumé par le pilote. » VOLT. *Remarques sur Corneille*, au lieu cité.

Esme s'est dit anciennement par abréviation pour *estime* dans la signification d'opinion, de jugement, de sentiment. « Ce mot, dit Le Duchat, est fréquent dans nos anciens Gaulois qui écrivent toujours *esme*. Les paysannes de Bourgogne disent d'un homme qui ne leur témoigne nulle bonne volonté, qui ne leur fait nul signe d'amitié, *qu'il n'a point d'esme.* » Jean Bouchet finit ainsi sa 34e épitre :

Escript soudain en brief et lourd propos.
Après souper qu'on perd souvent son *esme*, etc.

où *esme* signifie netteté de sens, génie, présence d'esprit. Le même, épître 84, a dit dans la même signification, *si je n'ay perdu l'esme*. Mais dans ces vers de l'épître 13 :

Et si l'espouse au roy Loys unzième
Fille d'Escosse, eut telle estime et *esme*
De Charretier, qu'en dormant elle touche
D'un doulx baiser son éloquente bouche,
Pour les bons mots qui en estoient issus,

esme n'est qu'un synonyme d'estime. *Note* au bas de la pag. 72, tom. 1 des *Œuvres* de Rabelais, édit. de Paris, 1732.

ESTIMER, v. du latin *æstimare* (priser, mettre de l'argent, évaluer). Il s'applique aux choses dont on peut faire l'acquisition, et par extension, aux personnes et aux choses auxquelles on met un prix moral.

Sur quelque préférence une estime se fonde,
Et c'est n'*estimer* rien qu'*estimer* tout le monde.
MOLIÈRE.

« Il y a autant de vices qui viennent de ce qu'on ne s'*estime* pas assez, que de ce que l'on s'*estime* trop. » MONTESQUIEU.

ESTOC, s. m. de l'allemand *stock* (tronc, souche, bâton). On a dit aussi *estoc* pour une épée longue et étroite qui servait à percer ; d'où sont dérivés *estocade*, *estocader*. *Estoc*, selon Barbazan, n'est en usage que depuis le 15e siècle.

Estoc a signifié encore la pointe d'une arme (*punctum*, *acies*): d'où l'expression, *frapper d'estoc et de taille*. Frapper *d'estoc*, c'est donc frapper de la pointe, pointer ; frapper de *taille*, c'est frapper du taillant de l'arme. *Voyez* ESTOCADE.

« On peult user de l'espée en deux manières : l'on peult occire de la poincte en l'*extoquant*, et si peult-on férir des deux tranchans à dextre et à senestre. » *Lancelot du Lac*, rom. imprimé en 1520, feuillet XXX tourné, 2e colonne.

Le voilà *d'estoc et de taille*
A ferrailler contre le mur.
GRÉCOURT, *l'Ivrogne*, conte.

Mais comment diantre le faire (le récit),
Si je ne m'y trouvai pas?
N'importe, parlons-en *et d'estoc et de taille*,
Comme oculaire témoin.
MOLIÈRE, *Amphitryon*, act. I, sc. 1.

Estoc, pour *tronc*, *souche*, se trouve dans Olivier de Serres, écrivain du 16e siècle, et cette acception qui est la plus près de l'origine de ce mot, l'a fait prendre figurément dans le sens de ligne d'extraction, lignée, souche commune entre plusieurs parens.

« Comme s'il ne suffisoit pas que par double *estoc* Platon fust descendu des dieux. » MONT. *Essais*. Par *double estoc*, des deux côtés, du côté paternel et maternel.

« Ces François estoyent encore du vieil *estoc* des Gaulois, qui, sous le prince Sigovése, avoient choisi leur demeure ès environs de la forest Hercinienne. » EST. PASQ. *Recherch. sur la France*, liv. 1, ch. 7.

ESTOCADE, s. f. dérivé d'*estoc*. Longue épée ancienne.

Estocade, botte, coup de pointe ; *alonger*, *parer une estocade*.

Flavius Végèce a appelé l'*estocade*, *puncta*, et la taillade, *cæsa*. (*Voyez* ESTOC, dans le sens de pointe d'une arme.) C'est dans le 12e chap. de son 1er liv. *De re militari*, où il soutient qu'il faut accoutumer les soldats à frapper d'*estoc*, et non point de taille; que les Romains ont toujours frappé d'*estoc*, et sont venus aisément à bout des ennemis qui ne frappaient que de taille. Les raisons qu'il en apporte, peuvent être encore d'usage en ces temps-ci, par rapport à la manière dont se battent plusieurs nations de l'Europe. L'*estocade*, dit-il, pour peu qu'elle enfonce, est mortelle, au lieu que la taillade ne l'est guère; parce que les armes et les os l'empêchent de pénétrer jusqu'aux parties vitales. De plus, la taillade découvre celui qui s'en sert; il est obligé de lever le bras droit, et de dégarnir tout son côté droit; au lieu que l'*estocade* couvre toujours son homme, et blesse l'ennemi avant qu'il puisse se parer, ou même s'en apercevoir.

Depuis, *estocade* s'est pris pour demande d'argent.

Dieu nous garde de tous présenteurs d'*estocade* !
SCARRON.

Les auteurs badins en ont fait le verbe *estocader*, et le substantif *estocadeur*.

Estocadeurs à toute outrance,
D'argent comptant grands amateurs.
Le même, en parlant des auteurs qui dédient leurs livres.

ESTOMAC, s. m. (*stomachus*). Bacon appelle l'*estomach*, le père de famille, parce qu'il nourrit tous les autres membres.

ESTOMAQUER (s'), v. du latin *stomachari*, pour *irasci* (se mettre en colère). Les Latins ont dit *stomachum movere*, *stomachum facere* (émouvoir l'estomac, pour, *iratum facere* (irriter, mettre en colère).

Que dira votre père? il s'*estomaquera*.
HAUTEROCHE.

Mme de Genlis l'emploie au passif avec un complément indirect : « Votre chère mère est-elle bien *estomaquée contre elle*? » *Théât. d'éducation*.

ESTOMMI. *Voyez* ÉTOURDI.

ESTOUR ou ESTOR, s. m. C'est un ancien mot qui a signifié choc, combat, mélée. « *Sturm*, en allemand, c'est, dit Du Cange, tempête, orage, et aussi alarme, assaut. L'italien *stormo* et notre *estour* viennent de là. » « L'évêque de Vilaines commença l'*estour* sur les Sarrazins dont il occist (tua) leur chef. » *Les Neuf Preux*, roman imprimé en 1507.

« Alors recommença l'*estour* merveilleux et mortel d'un costé et d'autre. » J. LE MAIRE DE BELGES, *Illustration des Gaules*. « Ceux qui auront esté bien frottés (battus) en quelque *estour* de guerre. » MONT. *Essais*.

« Un *estour*, dit Nicot, c'est un conflict et combat: ainsi dit-on : *l'estour de la bataille*, c'est-à-dire, la menée et démenée de la bataille et du combat. »

Estour, s'est dit aussi pour tournoi, parce qu'on s'y exerçait à des combats.

Et faisoit-on joustes, festes, *estours*.
EUSTACHE DESCHAMPS.

« Le dit jour qu'ils sont venus, l'*estour* estoit ja commencé. » *Lancelot du Lac*. Il est encore traduit dans le *Gloss. du Roman de la Rose*, par coup de lance porté dans un tournoi. *Voyez* ÉTOURDI.

ESTOURBILLON, s. m. s'est dit pour *tourbillon*. « Ainsi s'esvanouit ceste entreprise comme un *estourbillon*. » EST. PASQUIER, *Recherches*, etc, liv. VII, c. 25.

ESTRADE, s. f. de l'italien *strada* (chemin). Il s'emploie dans cette locution, *battre l'estrade*, qui se dit des gens de guerre qui battent la campagne pour avoir connaissance de la position de l'ennemi.

« Ils disent, *battre l'estrade*, ou, *battre l'extrade*, au lieu de dire, *battre la strade*: estant *strada* (comme vous sçavez) le mot italien, dont on s'est voulu servir. CEL. Je sçay que *strada* est le mot italien : mais je voudrois bien qu'en passant vous m'apprissiez d'où il vient. Car je ne pense pas qu'il soit tiré du langage latin. PHIL. Si est. CEL. De quel mot? PHIL. De *strata*. CEL. Je trouve cela estre assez vray semblable : car il me souvient qu'on dit *via strata*. PHIL. Cela est fort commun : mais je vous apprendray quelque chose qui n'est pas ainsi commune : c'est qu'au dernier aage de la langue latine on a dit aussi strata, sans adjouster *via*. Pour le moins il me souvient de l'avoir leu en l'historien Eutrope en ceste signification. CEL. Je vous remercie de ce que vous m'avez appris touchant ce mot : et en récompense je vous veux faire un conte touchant ceux qui prononcent *extrade* ou *estrade*. C'est qu'un jour il m'advint de reprendre familièrement un gentilhomme mien ami, de ce qu'il disoit aussi ou l'*extrade*, ou l'*estrade*: quelquefois l'un, quelquefois l'autre. Il me confessa que l'*extrade* estoit mal dit: mais que l'*estrade* se trouvoit en un bon poète françois. Et de faict, il m'apporta des rhymes imprimées depuis peu de temps, où il y avoit,

Si vivre en doute, et faire longues traites,
Par mil'dangers, sans argent ni retraittes,
Battre l'*estrade* à la pluye et au froid. »

HENRI ESTIENNE, *Dialogues du nouveau langage françois italianisé*, p. 33, Anvers, 1579.

Puis à la première boutade
Elle courut battre l'*estrade*.
SCARRON.

ESTRAMAÇON, s. m. sorte d'épée large qu'on portait autrefois. Il n'est plus guère d'usage que dans cette phrase du style familier : *donner, recevoir un coup d'estramaçon*, pour dire un coup du tranchant de l'épée.

Et déjà sa main assassine
A d'un puissant *estramaçon*
Amoindri son nez d'un tronçon.
SCARRON.

. . . . Nos illustres Bretons
Ont dégaîné leurs fiers *estramaçons*.
VOLTAIRE, *Chant de Corisandre*.

Grégoire de Tours appelle ces armes *scramasaxos*, ce qui fait penser à Ménage que ce mot est vieux gaulois; mais Borel le croit dérivé de l'allemand *scram* (escrime); et a pu nous donner ce dernier mot. *Voy.* ESCRIME. D'autres le font venir d'*extrema acies*.

ESTRAPADE, s. f. supplice militaire qui consiste à élever très-haut et à laisser tomber le patient tout près de terre, en sorte que le poids de son corps lui fait disloquer les bras.

« *Strapade*, ordinairement *estrapade*, comme *stratopade* ou *strato-pede*, du grec στρατοπέδιον (armée, infanterie); un genre de supplice proposé aux gens de guerre à pied, lorsqu'ils ont délinqué (manqué) en leurs charges et fonctions. » J. C. DE BERNIÈRES, *Etymologie des mots françois*.

Les auteurs du *Dict. de Trévoux* le font venir du vieux mot français *estréper*, qui signifiait autrefois *briser, extirper*.

Il signifie aussi l'arbre ou espèce de potence dont on se sert pour donner l'*estrapade*. On dit aussi figurément et familièrement, *donner l'estrapade à son esprit*, pour dire se fatiguer l'esprit à quelque chose de fort difficile. *Acad*.

On a perdu la veine de Clément (Marot);
C'étoit un maître, il rimoit aisément,
Point ne donnoit à ses vers l'*estrapade*.
L'abbé DE CHAULIEU.

Dans Rabelais, liv. II, c. 12 : bailler l'*estrapade* au vin, c'est le précipiter du haut du gosier, jusqu'à ce qu'il s'arrête dans l'estomac, comme s'arrêtait à un ou deux pieds du pavé le malheureux auquel on donnait l'*estrapade*.

ESTRIF, s. m. querelle, noise, débat. On le trouve écrit *estris*, dans *les Honneurs de la cour*, ouvrage composé à la fin du 15e siècle : « Il y eut grand *estris*. » « Là où n'est femme, le malade est en grand *estrif*. » RABELAIS, tom. III, pag. 62, édit. de 1732. « En cestuy (cet) *estrif* commença crier, prier, invoquer Jupiter. » *Le même, Nouveau Prologue du* IVe *liv.*

Hélas en cet *estrif* combien ay-j'enduré !

23e *Sonnet* d'Estienne de la Boétie, à Mme de Gramont, inséré dans les *Essais de Montaigne*.

ESTRIVER, v. dérivé d'*estrif*. Il signifiait quereller, se débattre de paroles.

Avecque tes voisins jour et nuict *estriver*.
REGNIER, *Satire* XIIIe, v. 296.

Mais les significations de cet ancien mot étaient susceptibles de varier, ainsi que nous allons le voir par les exemples :

« Comme si la vigne eust *estrivé* avec les arbres, à qui porteroit du plus beau fruict. » AMYOT. « La philosophie n'*estrive* point contre les voluptez naturelles, pourveu que la mesure y soit jointe : et en presche la modération, non la fuite. » MONTAIGNE, liv. III, c. 5. « On les hurloit et maudissoit, si on les voyoit *estriver* à recevoir la mort. » *Le même*, *Essais*, tom. VI, p. 69, Paris, 1790.

Coste, dans ses *Notes sur Montaigne*, explique ici *estriver*, par résister, témoigner de la répugnance, et dans le passage suivant : « Si le condamné *estrivoit* à leur ordonnance, ils menoyent des gens propres à l'exécution. » *Ibidem*, pag. 255. Il le rend par *refusait de se soumettre*. « J'*estrive* autant aux petites entreprises qu'aux grandes. » MONT. *Essais*. « Je me tourmente autant pour les petites entreprises que pour les grandes. » COSTE, *sur Montaigne*.

Estrif, et son dérivé *estriver*, viennent, selon Nicot, d'*estrier* (étrier), parce que les gens qui se battent à cheval, se tiennent fermes sur leurs étriers. Il dit aussi qu'*estriver*, dans le sens propre, est mettre le pied dans l'étrier, en sorte que l'autre signification d'*estriver*, pour dire se débattre, se quereller, etc. n'est que métaphorique.

ESTROPIER, *v.* de l'italien *stroppiare*, fait, selon M. Morin, du grec στρέπειν (*strépein*), tourner, tordre, comme l'on feroit pour ôter l'usage d'un membre. Les courtisans font à l'esprit des princes, ce que les gueux font aux membres des enfans qu'ils *estropient*, pour en faire leur gagne-pain.

Le pape Grégoire XIV disait que les nouveaux ministres ne font qu'*estropier* les affaires, jusqu'à ce qu'ils se soient mis en état de les entendre.

Nous disons *estropier un mot, une langue*, pour dire le prononcer d'une manière vicieuse, mal parler une langue. Horace a dit dans le même sens, satire 3, liv. II, v. 274 :

. . . *Quum balba feris annoso verba palato.*

(Lorsque vous *frappez* des paroles enfantines d'une voix cassée par les ans, lorsque d'une voix cassée par la vieillesse, vous affectez de bégayer à la manière des enfans).

Ah ! comme à chaque mot que ta bouche *estropie*
Il murmure, en secret, de ton audace impie !
FRANÇOIS DE NEUFCHATEAU.

Et ces traits fastueux d'une morale usée,
Et ces enjambemens, cette prose brisée
Dont Ronsard autrefois *estropia* nos vers.
DE MAISONNEUVE, *l'Exemple inutile*.

ESVOLÉ, ÉE, *adj.* « D'une opinion *esvolée :* » c'est-à-dire, prise à la légère. EST. PASQ. *Rech.* l. 1, c. 2.

ÉTABLER, *v.* du latin *stabulare*, (loger, mettre dans une étable). « Le chef n'avoit voulu qu'on establast son cheval. » MONTAIGNE, liv. III, c. 12. Ce mot n'a pas cessé d'être d'usage en ce sens.

ÉTABLISSEMENT, *s. m.* Faire un *établissement*, s'arranger de son mieux pour dormir ou reposer. « Madame veut-elle une chaise ? — Non, je ne compte pas faire un long *établissement* ici. » Mme DE GENLIS, *Théâtre d'éducation*.

ÉTAGE, *s. m.* du grec στηγή (plancher). « Je louerois une ame à divers *estages*, qui sçache et se tendre et se desmonter. » MONT. liv. III, ch. 3.

Bacon disait en parlant des gens de haute stature, qu'ils ressemblaient communément à ces maisons de quatre ou cinq *étages*, dont le plus haut appartement est toujours le plus mal meublé.

« Vous savez combien je suis loin de la radoterie qui fait passer violemment l'amour maternel aux enfans. Le mien est demeuré tout court au premier *étage*, et je n'aime ce petit peuple que pour l'amour de vous. »
SÉVIGNÉ.

Tu languis, cher abbé ; je vois malgré tes soins,
Que ton triple menton, *l'honneur* de ton Chapitre,
Aura bientôt deux *étages* de moins.
VOLTAIRE, *Epître* VI, à M. l'abbé de***, en 1715.

LE COMTE.

Quoi, j'aurai pour rival un pareil personnage !
Un campagnard, un sot !

LISETTE.

Il l'est à triple *étage*.
DESTOUCHES, *l'Homme singulier*, act. III, sc. 3.

ÉTALER, *v.* qu'on a d'abord écrit *estaller*, semble venir de *stallare* dérivé de *stallum*, étau (table, établi). C'est proprement mettre sur l'établi, sur l'étau de la boutique, sur la table, afin que la marchandise, que l'objet soit mieux vu, et de là *détaler*, ôter de dessus l'établi ou de dessus la table. « A mesure qu'un bon effect est plus esclatant, je rabats de sa bonté, le soupçon en quoy j'entre qu'il soit produict, plus pour estre esclatant que pour estre bon : *estalé*, il est à demy-vendu. » MONT. liv. III, ch. 10.

« On ouvre et l'on *étale* tous les matins, pour tromper son monde; et l'on ferme le soir, après avoir trompé tout le jour. » LA BRUYÈRE.

« Le savant qui ne parle que pour instruire les autres, et qu'autant qu'ils veulent être instruits, fait une grâce, au lieu que, lorsqu'il ne parle que pour *étaler*, on lui fait une grâce si on l'écoute. » FONTENELLE.

ÉTANCHER, *v.* « Je me fusse grandement estonné si ces changemens se fussent *estanchez* par la nouvelle réconciliation faite entre luy (Henri III) et ses subjects. » EST. PASQ. liv. XIII, lett. 1.

ÉTANÇON, *s. m.* étaie, appui, qu'on trouve écrit *estançon* dans Le Laboureur, paraît venir de l'allemand *stanck* (pieu, pal); de là est dérivé le verbe *étançonner*.

« Ils ont manié leur ame à tout sens et à tout biais, l'ont appuyée et *estançonnée* de tout le secours estranger qui lui a été propre. » MONTAIGNE, liv. II, ch. 12.

« Mon bonhomme, c'est fait, dit Montaigne à un vieillard qui voudroit qu'on lui rendît sa santé entière et vigoureuse : on ne vous sçauroit redresser; on vous plastrera pour le plus, et *estançonnera* un peu, et allongera l'on de quelque heure vostre misère. » Liv. III, ch. 13.

« Il a employé toute son opinion à s'*estançonner* par ses inventions. » Le même.

ÉTAT, *s. m.* (gouvernement). Les crimes d'*État* sont les crimes ordinaires des innocens qu'on veut opprimer. Corneille a dit :

C'est un crime d'*État* que d'en pouvoir commettre.

Et nous avons vu de nos jours des légistes qui se croyaient des publicistes ressusciter cette maxime digne du règne des Tibère :

La justice n'est pas une vertu d'*État*.
CORNEILLE.

Tant pis?

On a comparé l'*État* à un arbre aux branches duquel s'attachent le fléau de la chicane pour en dévorer les fruits, et le fléau de la finance, pour le ronger jusqu'aux racines.

ÉTATS, dénomination qu'on donna aux assemblées du clergé et de la noblesse convoquées par nos rois pour délibérer sur les nécessités du royaume. Ce ne fut que sous la troisième race que les personnes les plus notables parmi le peuple furent appelées sous le nom de *tiers-état* (*tertius ordo*) à faire partie de ces assemblées, qui, selon Legendre, ne furent nommées *États Généraux* que depuis que le peuple y eut entrée.

« Depuis l'établissement des fiefs, ces convocations et assemblées (les convocations et assemblées que les rois ordonnaient pour avoir, comme s'exprime l'auteur, avis et conseil des mieux sensés de leur empire) ont été nommées *estats*, terme qui signifie être indépendant et subsistant par soi-même. » CHANTEREAU-LEFÈVRE, *Traité des Fiefs*, p. 69, Paris, 1662.

État, estime : *faire état de....* ; locution vieillie.

Avez-vous su l'*état* qu'on fait de Curiace?
Les Horaces.

« L'*état* ne se dit plus, et je voudrais qu'on le dît : notre langue n'est pas assez riche pour bannir tant de termes dont Corneille s'est servi heureusement. » VOLTAIRE.

ÉTEIGNEUR, *s. m.* celui qui éteint; du latin *exstinctor* qui a la même signification. « Nos *esteingneurs* furent appareillés pour esteindre le feu. » JOINVILLE.

Nous avons *allumeur*, pourquoi n'avoir pas conservé *éteigneur* ? Nous ne ferions aucune difficulté de nous en servir dans le style plaisant ou familier.

ÉTEIGNOIR, *s. m.* Ce n'est qu'à

ÉTE   545   ÉTE

cause du sens moral dans lequel on prend ce mot, que nous le portons ici, en observant qu'on a dit anciennement *éteindoir.*

« Porter l'*éteignoir* sur quelqu'un. »
SAINT-SIMON, *Hommes illust.* tom. I.

Plus je relis et j'examine
Vos vers sensés et très-plaisans,
Plus j'y trouve un fonds de doctrine
Tout propre à messieurs les savans,
Non pas à messieurs les pédans
De qui la science chagrine
Est l'*éteignoir* des sentimens.
VOLTAIRE, *Epître au marquis de Villette,* 1777.

Un docte sot est l'horreur d'Apollon ;
Et c'est vraiment l'*éteignoir* du génie.
LE BRUN, *Epigramme* LXIII, liv. I.

« Sans la causerie, c'est un *éteignoir* de société qu'un jeu de commerce. » *Vie du prince Eugène.*

Ce mot a pris de nos jours une acception toute nouvelle. Dans ce sens un *éteignoir* est une personne toujours prête à troubler la bonne humeur d'une compagnie, à nuire à l'effet d'un bon mot, ou par un caractère chagrin, ou par un esprit critique et la manie d'épiloguer sur tout, ou par l'étalage d'une morale pédantesque, ou enfin par l'habitude de l'égoïsme le plus fatigant.

Il se dit aussi d'une personne qui, par fanatisme ou par esprit de parti, reste attaché à de vieilles erreurs, et s'efforce d'arrêter les progrès des lumières.

ÉTEINT, E *adj.* et *part.* Corneille a fort bien dit :

Le feu qui semble *éteint* dort souvent sous la cendre.

Mais combien cette métaphore est au-dessous de cette hardiesse de Racine !

Et de David *éteint* rallumer le flambeau.

Aux pleurs d'Iphigénie intéresser la scène,
Et de Corneille *éteint* consoler Melpomène.
VIGÉE, *Epître à Legouvé, sur l'utilité de la critiq.*

ÉTENDARD, *s. m.* vient d'*étendre.*
« Il est fait, est-il dit dans l'Esprit de l'*Encyclopédie*, au mot *Enseigne*, pour être vu *étendu* ; car il est attaché à sa lance de soutien de manière à paraître tel, soit au moyen du vent, ou par le moyen d'une verge de fer à laquelle le chiffon, qui fait proprement l'*étendard*, peut être attaché comme il l'était autrefois : un *étendard* ainsi envergé restait bien étendu au haut de sa pique; et il y tournait tout d'une pièce comme une girouette. »

On dit : *Lever l'étendard de la guerre, de la révolte;* Mme de Sévigné a dit : « Elle est trop bien conseillée pour lever l'*étendard* d'une telle perfidie. »

ÉTERNEL, ELLE, *adj.* se prend quelquefois en mauvaise part, et signifie ce qui est long, jusqu'à ennuyer, fatiguer, ce qui ne cesse pas ; c'est en ce sens que M. Vigée a dit, dans son joli poème intitulé *Ma journée :*

Je rencontre toujours la bouillotte *éternelle*.

On avait dit avant lui :

Tant de gens *éternels* dont le public est las.
GRESSET.

C'est l'*éternelle* Célimène
Qui depuis vingt ans se promène,
Boude et rit, sans savoir pourquoi.
Mercure.

La tragédie, suivant Ovide, est un travail *éternel* : *Tu, labor œternus.*

ÉTERNISER. *v.* Fontenelle, en parlant des préparations anatomiques de Ruysch, dit qu'il avait trouvé le secret d'*éterniser* la vie, tandis que l'art des Égyptiens n'était propre qu'à *éterniser* la mort.

ÉTERNITÉ. *s. f.* L'empereur Constance s'appelait lui-même mon *éternité.* Vers la fin de la vie du cardinal de Fleury, un prélat très-âgé vint lui recommander ses neveux. Le cardinal lui dit : « Soyez tranquille, s'ils ont le malheur de vous perdre, je serai leur oncle. — Monseigneur, reprit le prélat, je les recommande donc à votre *éternité.* »

« Notre vie est un point entre deux *éternités*, » a dit Pascal après Platon.

Ah ! combien ces momens *de quoi* vous me flattez,
Alors pour mon supplice auraient d'*éternités* !
P. CORNEILLE, *Héraclius*, act. III, sc. I.

« On n'a jamais dû, dans aucune langue, mettre le mot d'*éternité* au pluriel, excepté dans le dogmatique, quand on distingue mal à propos l'*éternité* passée et l'*éternité* à venir; comme lorsque Platon dit que notre vie est un point entre *deux éternités*; pensée sublime, quoique dans la rigueur métaphysique elle soit fausse.

Remarquez encore qu'on ne dit pas *ces momens de quoi vous me flattez*, cela n'est pas français; il faut *ces momens dont vous me flattez.* » VOLT. *Remarques sur Corneille*, au lieu cité.

ÉTERNUMENT, *s. m.* du latin *sternutamentum*, qui a la même signification. On a dit d'abord *esternuer* et *esternument*, il nous reste encore l'adj. *sternutatoire* où le *s* est conservé. « L'*esternuement*, qui vient de la tête, étant sans blasme, nous lui faisons un honneste accueil. Ne vous mocquez pas de cette subtilité; elle est d'Aristote. » MONTAIGNE.

ÉTEUF, *s. m.* balle pour jouer à la longue paume. On disait autrefois *esteuf*, du latin *stupa* (étoupe), parce qu'on les fait d'étoupes, de bourre, d'étoffe et autres choses semblables.

« Les éteufs, dit M. de La Monnoye, étaient garnis de touffes de bourre, et c'est de là qu'on a dit *éteuf*. »

On lit dans Guillaume Coquillart, écrivain du 15ᵉ siècle :

Se semblent raquettes cousues
Pour frapper au loin un *esteuf*.

ÉTINCELANT, E, *adj.* « Le poème de la *Henriade* est partout *étincelant*, et s'il n'éclaire pas toujours, il ne cesse d'éblouir. » *Le Chevalier des Sablons*.

ÉTINCELER, *v.* du latin *scintillare* (jeter des étincelles). On en a formé d'abord *scintiller*, qui n'est pas tout-à-fait hors d'usage, dont il nous reste le participe *scintillant*.

« On voyait toute sa contenance *étinceler* malgré lui. » SAINT-SIMON, *Mém. secr. de la Rég.* liv. VI.

Ainsi du Dieu vivant la colère *étincelle*.
RACINE, *Esther*, act. II. sc. 3.

« *La colère étincelle*; expression hardie et poétique, dont Racine a pu trouver l'idée dans Virgile : *ignescunt iræ* (*Æneid*, lib. IX, v. 66), mais qui, bien des siècles avant Virgile, avait été consacrée par l'usage qu'en fait l'Écriture : *Exardescet, sicut ignis, ira tua* (Psal. 88, vers. 45.) » GEOFFROY, *Œuvres de J. Racine*, au lieu cité.

ÉTINCELLE, *s. f.* du latin *scintilla*, qui a la même signification. De *scintilla* on a fait d'abord *scintille* : « Comme d'une petite *scintille* allumant et enflammant la génération. » AMYOT, trad. de *Plutarque*. Puis, par transposition du *c* et du *t*, *estincelle*, et enfin *étincelle*.

On trouve dans les *Epithètes* de De la Porte, Paris, 1571, *scintille* comme synonyme d'*étincelle*, qu'il écrit *estincelle*.

Ac primum silici scintillam *excudit Achates.*
VIRGIL. *Æneid*. lib. I.

Achate, au même instant prend un caillou qu'il
[frappe,
La rapide *étincelle* en pétillant s'échappe.
DELILLE, traduct. de l'*Enéide*, liv. I.

. . . . Qu'une heureuse industrie
Saisisse du soleil la chaleur amortie,
Soit que ses feux unis dans un étroit foyer (un
[verre ardent)
Enflamment d'un bois sec le débris nourricier,
Soit que des corps choqués où dort la flamme oisive
S'échappe en pétillant l'*étincelle* captive.
Le même, trad. du *Paradis perdu*, liv. X.

« Physionomie d'où sortoient sans cesse des *étincelles* de feu et d'esprit. » SAINT-SIMON, *Homm. Ill.* t. III.

Croire qu'un faible ennemi ne peut pas nuire, c'est croire qu'une *étincelle* ne peut pas causer un incendie.

Les demi-savans ont plus de vivacité que ceux qui excellent dans une science quelconque. L'*étincelle* brille avec plus d'éclat que le charbon, dont elle emprunte sa lumière.

ÉTINCELETTE, *s. f.* petite étincelle. « Ceste goutelette, ceste *estincelette* de bien eut à l'instant son payement. » *Guzman d'Alfarache*, liv. III de la 2ᵉ partie. Pourquoi avoir perdu ce diminutif?

ÉTIQUE, *adj.* du grec ἑκτικὸς (*hectikos*) habituel.

Là, sur des tas poudreux de sacs et de pratique,
Hurle tous les matins une sibylle *étique* :
On l'appelle Chicane, et ce monstre odieux
Jamais pour l'équité n'eut d'oreilles ni d'yeux.
BOILEAU.

« Toutes jouissances ne sont pas unes. Il y a des jouissances *éthiques* et languissantes. » MONTAIGNE, l. III, ch. 5.

ÉTIQUETTE. *s. f.* « Les opinions sont partagées sur l'origine de ce mot.

ÉTI   ÉTO

Court-de-Gébelin le range dans la famille de *tac*, etc. En anglais *ticket* signifie *étiquette*, *note*, *billet*. On a dit en français *étiquer témoin*, c'est-à-dire, donner au juge une *note* concernant chacun des témoins, les *noter*. Quant à l'*é*, ajouté au commencement, il est assez difficile de le justifier ; la prothèse de l'*é* n'ayant eu lieu que dans les mots commençant par *s* suivi d'une consonne, comme on le voit dans *esprit*, de *spiritus*. Il est possible qu'on ait dit *atiqueté* comme *attaché*, et que l'*a* se soit changé en *é* ; c'est ainsi que le peuple dit en *errière* pour en *arrière*, des *errhes* pour des *arrhes*. » A. BONIFACE, *Manuel des Amateurs de la langue française*.

Le mot *étiquette* vient du temps où les procédures se rédigeaient en latin. Les praticiens écrivaient sur le sac : *Est hîc quæstio inter N... et N...* et souvent il arrivait que le mot *quæstio* n'était pas écrit tout au long, et qu'on mettait seulement *quæst.*, ce qui faisait *est hîc quæst.* ; d'où, par corruption, l'on a fait *étiquette*. *Dict. des Origines*, in-12. Paris, 1777, t. II, p. 159.

Nous pensons avec Huet et avec M. Morin, qu'il vient du grec ςίχος (*stichos*) ordre, rang.

« L'*étiquette* est une ligne de circonvallation dans laquelle les courtisans tiennent leur roi prisonnier et hors de toute communication avec le peuple et avec la vérité. » LE MONTEY, *Mon. de Louis* XIV.

ÉTIRER, *v.* racine *tirer* ; étendre, allonger en tirant. « *Estirons*, dit Montaigne, *estirons*, et grossissons les qualitez humaines tant qu'il nous plaira. Enfle-toy, pauvre homme ! et encore, et encore, et encore. » *Essais*, liv. II, c. 12.

« Pour léger subject qu'on donne à mon ame, elle le grossit volontiers et l'*estire*, jusques au point où elle ait à s'y embesongner de toute sa force. » *Le même*, liv. III, c. 3.

« Le maniement et employte des beaux esprits donne prix à la langue, non pas l'innovant tant, comme la remplissant de plus vigoureux et divers services ; l'*estirant* et ployant. » *Le même*, liv. III, c. 5.

ÉTISIE, *s. f.* consomption. Mᵐᵉ de Maintenon l'emploie dans le sens de maigreur : « L'embonpoint sied mieux à la vieillesse que l'*étisie.* »

ÉTOFFE, *s. f.* Vossius et Ménage le dérivent de l'allemand *stoffe* ; aussi l'écrivait-on anciennement *estoffe*.

« Raisons certes dignes de vous, et qui ne sont de petite *estoffe*. » EST. PASQ. liv. I, *lett.* 2.

« On attache aussi bien toute la philosophie morale à une vie volontaire et privée, qu'à une vie de plus riche *estoffe*. » MONT. liv. III, c. 2.

« En nostre langage je trouve assez d'*estoffe*, mais un peu faute de façon. » *Le même*, liv. III, c. 5.

« Un sot n'a pas assez d'*étoffe* pour être bon. » *Maximes de la Rochefoucauld*.

« Tout ce que vous me mandez sur ce sujet est l'*étoffe* de dix épigrammes. » Mᵐᵉ DE SÉVIGNÉ.

« Il y a bien des gens à qui l'*étoffe* manque au point qu'ils voient à tout moment le bout de leur esprit. Pour vous, ma fille, vous avez de l'esprit assez pour en gratifier six personnes : au reste, employez cette *étoffe* ; il est toujours bon d'en avoir. » *La même*.

« Je prends un intérêt aussi vif à ce procès, que ma tendresse pour vous est vive ; c'est la même *étoffe*. » *La même*.

« Il y a des gens d'une certaine *étoffe*, avec qui il ne faut jamais se commettre. » LA BRUYÈRE.

ÉTOFFÉ, ÉE, *adj.* « Qu'ils nous fassent voir ailleurs des preuves mieux tissues, mieux *estoffées*. MONT. liv. II, c. 12.

« Exprimer la conception d'un grand ouvrier, *estoffée* de telles qualitez d'élocution,... ce n'est pas léger effort. » La Nᵉˡˡᵉ DE GOURNAY, *préf. des Essais de Montaigne*.

« Faites paroistre en l'exercice de votre charge vos vertus seules *estoffées* d'honneur. NIC. PASQ. liv. V. III, *lett.* 6.

ÉTOFFER, *v.* « Si j'*estoffois* l'un

de mes discours de ces riches dépouilles, il esclaireroit par trop la bestise des autres. » MONT. liv. 1, c. 25, en parlant des citations des anciens.

« Nostre discours est capable d'*estoffer* cent autres mondes; et d'en trouver les principes et la contexture. » *Le même*, liv. III, c. 11.

« Ainsi va tout ce bastiment (le progrès de l'erreur), s'*estoffant* et formant de main en main : de manière que le plus eslongné tesmoin en est mieux instruit que le plus voisin, et le dernier informé, mieux persuadé que le premier. » *Le même*, *ibid.*

ÉTOILE, *s. f.* que nos pères disaient *estoile*, du latin *stella* qui a la même signification.

Le cavalier Marini appelle les *étoiles* « les lampes d'or du firmament, les flambeaux des funérailles du jour, les miroirs du monde et de la nature, les fleurs immortelles des campagnes célestes. »

« Il y a, dit Voltaire, un point passé lequel les recherches ne sont plus que pour la curiosité. Ces vérités ingénieuses et stériles ressemblent à des *étoiles* qui, placées loin de nous, ne nous donnent point de clarté. »

O pouvoir de l'erreur! Mortel, ta liberté
N'a qu'un choix inutile, et sur ta volonté
Les *astres* souverains exercent un empire
Que ta faible raison tente en vain de détruire.
L'*étoile* dominante, arbitre de ton sort,
Règle le bien, le mal, et la vie et la mort.
ROSSET, *l'Agriculture*, chant I.

C'est de cette erreur, où étaient nos pères d'attribuer aux astres une influence sur le sort et sur la volonté des hommes, que sont venues ces expressions : *Être né sous une bonne*, *sous une malheureuse* étoile ; *qu'on ne peut résister à son* étoile, etc.

« C'est mon *étoile* et non pas mon choix qui m'oblige à vous aimer. » BUSSY-RABUTIN.

Mme de Gourville parlait un jour de son *étoile* devant Ségrais. Elle disait que son *étoile* avait fait ceci, avait fait cela. Ségrais se réveilla comme d'un sommeil, et lui dit : « Mais, madame, pensez-vous avoir une *étoile* à vous toute seule? Je n'entends que des gens qui parlent de leur *étoile* ; il semble qu'ils ne disent rien : savez-vous bien qu'il n'y a que mille vingt-deux *étoiles* ? Voyez s'il peut y en avoir pour tout le monde. » Il dit cela, ajoute Mme de Sévigné, si plaisamment et si sérieusement, que l'affliction de la Gourville en fut toute déconcertée.

Son étoile commence à pâlir; cette phrase, aujourd'hui si rebattue, était, à ce qu'il paraît, peu commune avant la révolution. Car Mme de Necker, dans les *Mélanges extraits de ses manuscrits*, la cite comme une expression agréable, dit-elle, pour marquer la chute prochaine d'un homme en faveur. Elle met *blanchir* au lieu de *pâlir*, qui vaut incontestablement mieux. Tom. II, p. 39. Cependant il y avait long-temps qu'on lisait dans Mme de Sévigné : « L'*étoile* de M. de Lauzun repâlit : il n'a point de logement, il n'a point ses anciennes entrées. »

La Fontaine, en parlant de l'astrologie, dit, d'une manière aussi poétique que philosophique :

Auroit-il (Dieu) imprimé sur le front des *étoiles*,
Ce que la nuit des temps enferme dans ses voiles?

« Assaisonner la marmite d'un morceau de lard étique qu'on n'y pût remarquer une seule *estoile* de graisse, quelque bon astronome qu'on l'on fust. » *Guzman d'Alf.* liv. III de la 2e partie.

Regnier, *sat.* x, avait dit, d'un potage maigre, qu'avec un astrolabe
On n'y pouvoit trouver une *étoile* de graisse.

ÉTOILER, *v.* du latin *stellare* (avoir l'éclat des étoiles ou semer d'étoiles). L'Académie ne porte ce verbe que comme pronominal dans le sens de se *fêler en forme d'étoile*. Un écrivain contemporain l'a employé activement pour couvrir, parsemer d'étoiles.

Tu meurs, Argus, tu perds la lumière du jour :
Tes yeux toujours ouverts sont fermés sans retour;
Mais Junon veut du moins que leur vivante imago
De son oiseau superbe *étoile le plumage*.
DESAINTANGE, trad. des *Métam*. l. 1, § XXII.

Sachons-lui gré de cette heureuse hardiesse ; c'est le second sens que présente le latin *stellare*.

ÉTONNEMENT, *s. m.* « J'en vou-

ÉTO   519   ÉTO

drois qui pussent me donner de grands *étonnemens.* » Mme DE SÉVIGNÉ. Ce mot fait très-bien ici au pluriel. Corneille l'emploie souvent au même nombre :

Dans ces *étonnemens* dont mon ame est frappée.

L'abbé Féraud dit qu'il vieillit, et c'est dommage.

ÉTONNER, *v.* composé de *tonner,* du latin *attonare* (faire un grand bruit auprès de quelqu'un et l'effrayer par ce bruit).

Quoi déjà votre foi s'affaiblit et *s'étonne?*
      RACINE, *Athalie,* act. 1, sc. 2.

« La nature n'est jamais plus *étonnante* que dans les petites choses ; ce qui a donné lieu de dire : Le savant est *étonné* là où le peuple n'est pas même surpris. » ROUBAUD.

Cet adjectif verbal est bien placé dans ces vers de Racine le fils, en parlant du limaçon :

Mais qu'on doit t'admirer, lorsque tu développes
Les *étonnans* ressorts de tes longs télescopes !

« Êtes-vous *étonnés* de voir mourir des hommes ? » Dernières paroles de Descartes, mourant, à ceux qui étaient auprès de lui.

« La première fois qu'on joignit ces deux mots, dit Balzac, ils durent *s'étonner* de se trouver ensemble. »

ÉTOUPE, *s. f.* que nos pères ont dit *estoupe,* vient du latin *stupa,* qui signifiait la partie la plus grossière du lin, de la filasse dont on se sert pour boucher les fentes des vaisseaux ; et le latin *stupa* paraît venir du grec στύπη, dont la racine est στύφειν (*stupheïn*) presser, serrer.

. . . . *Udo sub robore vivit*
Stupa *vomens tardum fumum.* . . . . .

dit Virgile en parlant de l'embrasement des vaisseaux des Troyens, *Enéide,* l. v, v. 682. (Renfermée sous le bois humide, l'*étoupe* répand une noire fumée.)

ÉTOUPER, *v.* du latin *stipare* pour *stupare* (garnir, boucher avec des étoupes) ; nos pères ont dit *estouper.*

« Je romps et *estoupe* le cours à mille fantasies, qui se vouloient loger en mon estomach. » *Contes d'Eutrapel,* t. I.

« Je ne puis pas imaginer, dit Montaigne en regrettant que l'usage des bains eût été abandonné, que nous ne vaillions beaucoup moins, de tenir ainsi nos membres encroustez et nos pores *estouppez* de crasse. » Liv. II, ch. 37.

ÉTOURDI, IE, *adj.* Il vient, suivant la Curne de Sainte-Palaye, de l'ancien mot *estour :* « Dans l'ardeur du combat on finit quelquefois, dit-il, par ne plus savoir ce que l'on fait. » Ce sentiment est partagé par Cl. Fauchet et par le Père Labbe.

« Pour mieux représenter la guerre, ce jeu (l'exercice des tournois) se renforça, et ils coururent les uns contre les autres et encores en foulle, frisans à coups de masses. Ce qui fut appelé *estour :* et dont possible vient *estourdy;* celui qui de coups receuz en ces lieux estoit affoibly et comme endormy. » CL. FAUCHET, *de l'Origine des chévaliers,* feuillet 9 tourné, Paris, 1600.

« *Etourdi, étourdir, étourdissement* viennent de l'*étour,* combat, rude méslée, où les combattans se donnoient de grands coups. Robert, fils de S. Louis, reçut un si grand coup d'*étour.* » Le P. LABBE, 2e part. de ses *Etymologies,* p. 156.

« Quand nous disons qu'*un homme est plus estourdy que le premier coup de matines,* c'est que les religieux estant endormis, ne se peuvent aisément resveiller au premier coup de cloche que l'on sonne, pour les sommer d'aller à matines. » EST. PASQ. *Recherches de la France,* l. VIII, c. 33.

ÉTOURDIR, *v.* « Lors les haratz (haras) qui estoyent *estommis* triompheront en royal palefroy. » RABELAIS, t. I, p. 12, in-8°, 1732.

Ci-dessous encore, l. I, c. 43 : « Et n'y a meilleur remède de salut à gens *estommis* et recreus (harassés), que de n'espérer salut aucun. » *Estormis,* c. à d. étourdis. L'ancien mot était *estormir,* de l'allemand *sturmen,* donner l'alarme, d'où vient l'italien *stormire.* En allemand, *sturm,* c'est tempête, orage, et aussi alarme, assaut. L'italien *stormo* et notre *estour* viennent de là. *Du Cange,* au mot *Stormus*. LE DUCHAT *sur Rabelais*, note à l'endroit cité. Borel qui croit que d'*estour* on a fait *étourdir*, cite des exemples d'*estormir* tirés de Perceval ; il pourrait, ajoute Le Duchat, en citer un autre du *Moyen de parvenir*. On a dit d'abord *extorber*, d'*exturbare*, puis *estormer*, *estormir*, et enfin *estommir*.

« A l'aide des trésors qu'avoit amassés la prudente économie de Henri IV, Marie de Médicis, assaillie par les courtisans, put *étourdir*, suivant une expression énergique de Richelieu, la grosse faim de leur avarice. »

« *Estourdissant* d'un coup de dent tout ce qu'il rencontroit. » *Contes d'Eutrapel*, t. I.

Despériers dit d'un grand mangeur « qu'il ne faisoit qu'*étourdir* ses morceaux. » *Nouv.* LXXV.

« Je vous diray ce que je pense le meilleur, pour *estourdir* ceste affaire. » NIC. PASQ. l. II, *lett*. 9.

« Les hommes croient qu'*étourdir* sa vie, c'est en jouir. » J. J. ROUSS.

ÉTOURDERIE, *s. f.* Ce mot, du temps du P. Bouhours, et même en 1732, n'était point encore tout-à-fait reçu, et pouvait s'employer tout au plus dans le style épistolaire et familier. Il ne tarda pourtant pas à s'accréditer, puisque la première représentation de l'*Etourderie*, comédie de Fagan, est du 15 juillet 1737.

ÉTRANGE, *adj.* qu'on écrivait d'abord *estrange*, du latin *extraneus* (de dehors) hors de la règle commune, des usages reçus, du droit sens.

Etrange vertu qui se forme
Souvent de l'assemblage énorme
Des vices les plus détestés !
J. B. ROUSSEAU, *Ode à la Fortune*.

« C'est un *étrange* homme que ton père ; toujours occupé sans savoir de quoi. » DIDEROT, *le Père de famille*, act. V, sc. 5.

On a dit autrefois *étrange* pour *étranger*.

Que te sert, grand Pompée, en un climat étrange,
D'armer pour ta querelle et l'Euphrate et le Gange ?
BRÉBEUF.

Garnier fait dire à César :

Par tant de gloire acquise aux nations étranges.

Peu de nos chants, peu de nos vers,
Par un encens flatteur amusent l'univers,
Et se font écouter des nations étranges.
LA FONTAINE.

Messieurs de l'Académie avaient dit d'abord que, dans ce sens-là, *étrange* est en usage dans ces phrases : *terres étranges, nations étranges, venu d'étranges pays*, mais ils ajoutaient qu'il est meilleur en poésie. Ils disaient aussi : « Vous pouvez entrer, il n'y a personne d'*étrange*, » et ils remarquaient qu'il est en cet exemple du style familier. *Etrange* ne se dit plus pour *étranger*, ainsi que l'Académie semble le reconnaître elle-même, puisqu'elle ne le porte nullement en ce sens dans les dernières éditions de son Dictionnaire.

ÉTRANGER, ÈRE, *adj.* et *subst.* On écrivait anciennement *estranger*, et il est dérivé d'*étrange*.

« Tout est en désordre dans ce monde ; les honnêtes gens y sont comme en pays *étranger*. » SAINT-ÉVREMONT.

Plus je vis l'étranger, plus j'aimai mon pays.
DU BELLOY.

Des gentilshommes français dînaient en Allemagne à la table d'un prince ; il n'y avait pas d'autres convives. Un d'eux s'écria : « Voilà qui est plaisant ; il n'y a ici d'*étranger* que Monseigneur ! »

Etranger signifie quelquefois inconnu, dont on n'a point de connaissance, ce qu'on ne sait pas. C'est en ce sens que M. Toulotte a dit : « La bravoure et la discipline des troupes de terre ne suffisent point dans les combats navals, pour vaincre des flottes montées par des soldats auxquels ne sont point *étrangères* les manœuvres de la marine. » *Hist. philos. des Empereurs romains*, t. III, p. 331. L'Académie ne fait pas mention de l'acception de ce mot en ce sens.

ÉTRANGER, *v.* C'est un mot vieilli qu'on aurait dû conserver.

Cheveux, qui sceustes (sûtes) estranger
Moy de moy-même, et me changer, etc.
SAINT GELAIS, p. 26, in-12, Paris, 1719.

« Ils ne voyent autre moyen, pour asseurer la nouvelle tyrannie, que d'estendre fort la servitude, et *estranger* tant les sujets de la liberté, encore que la mémoire en soit fresche, qu'ils la leur puissent faire perdre. » EST. DE LA BOÉTIE, *de la Servit. volont.*

« Je suis résolu d'*étranger* d'ici les joueurs et les poètes. » *La cause des femmes*, sc. 1. *Théâtre Italien*, de Ghérardi, tom II.

ÉTRANGETÉ, *s. f.* caractère de ce qui est étrange. « On disait autrefois *estrangeté*, vieux mot qui signifiait, dit Laveaux, merveille, rareté, nouveauté, chose étonnante, extraordinaire. »

« Nous n'avons que faire d'aller trier des miracles et des difficultez estrangères. Il me semble que parmi les choses que nous voyons ordinairement, il y a des *estrangetez* si incompréhensibles, qu'elles surpassent toute la difficulté des miracles. » MONTAIGNE.

Le même, en parlant des écrivains de son siècle : « Il ne s'y voit qu'une misérable affectation d'*estrangeté*. » L. III, c. 5. Qu'eût-il dit des romantiques du nôtre?

« Estimer et recommander les choses à cause de leur nouvelleté ou *estrangiété* ou difficulté. » CHARRON, *Sagesse*, l. 1, c. 6.

« N'ayant rien qui les rende différens de nous que l'*étrangeté* de leurs habillemens. » CL. FAUCHET.

Quelques écrivains modernes, et entre autres l'auteur d'*Emile*, ont cherché à rajeunir cet ancien mot. « Dans les arts, dit Thomas, lorsqu'on emprunte ou des idées, ou des images étrangères, il faut qu'elles ne le soient pas tout-à-fait; *leur étrangeté*, pour me servir de l'expression de Montaigne, les rend piquantes; la connoissance que nous en avons déjà, les rend vraisemblables autant qu'il le faut. » *Œuv. posth.* tom. II, p. 100.

« Il (Ronsard) n'a pas quatre vers de suite qui puissent être retenus, grâces à l'*étrangeté* de sa diction (s'il est permis de se servir de ce mot né- cessaire, et que l'exemple de plusieurs grands écrivains de nos jours devrait avoir déjà consacré). » LA HARPE, *Cours de Littér.* t. IV, p. 105.

ÉTRANGLANT, ANTE, *part.* d'*étrangler*, dont Mme de Sévigné a fait un adjectif : « Si vous étiez à Paris (où on la pressait de retourner) ah! ce serait une raison *étranglante*; mais vous n'y êtes pas. »

Elle dit ailleurs : « J'admire la gaieté de votre esprit au milieu de tant d'affaires épineuses, accablantes, *étranglantes*. »

ÉTRANGLER, *v.* (*strangulare*.). « Quelle justesse de raisonnement! comme cela *étrangle* son homme à tout moment. » SÉVIGNÉ.

« Voilà le seul chapitre qui ne fût point *étranglé*. » *La même*.

ÊTRE, *v.* que nos pères ont dit *estre* et *ester*, du latin *stare* (se tenir debout), venu probablement du grec στάω (je demeure).

Puis va en mi la rue *ester* (se tenir)
Por (pour) son mari abeveter (prévenir).
Fabl. ms. du R. n° 7218, fol. 169 v°, col. 1.

« La philosophie nous dresse pour nous, non pour autruy; pour *estre*, non pour sembler. » MONT. l. II, c. 37.

« On songe plus à paraître ce que l'on n'est pas, qu'à *être* ce que l'on veut paraître. » SAINT-ÉVREMONT.

Pour vouloir trop *être*, Lycas,
Plat singe d'un sot petit-maître,
Est toujours tout ce qu'il n'*est* pas,
Et jamais ce qu'il pourrait *être*.

« C'est assez que d'*être*, » disait Mme de La Fayette, qui entendait par là que, pour *être* heureux, il fallait vivre sans ambition et sans passion, au moins sans passions violentes.

INSCRIPTION
POUR LA STATUE DE L'AMOUR.

Qui que tu sois, voici ton maître;
Il l'*est*, le *fut*, ou le doit *être*. VOLTAIRE.

DISTIQUES.

Pourquoi contre la mort tant de cris superflus?
Je *suis*, elle n'*est* point; elle *est*, je ne *suis* plus.

Je ne souffrirois pas, *si j'étois que de vous*,
Que jamais d'Henriette il pût *être* l'époux.
MOLIÈRE, *les Femmes savantes*.

« Ma foi, commère, *si j'étois que de vous*, je ne barguignerois pas, je prendrois M. de la Plume au mot. » *A bon chat bon rat*, sc. 10. Recueil des *Proverbes dramatiques* de Carmontel.

Le président Rose nous apprend sur ce gallicisme l'anecdote suivante : Au voyage de la paix des Pyrénées, le maréchal de Clérambault, le duc de Créqui et M. de Lionne causaient un jour dans la chambre du cardinal Mazarin; le duc de Créqui, en parlant au maréchal Clérambault, lui dit, dans la chaleur de la conversation : « Monsieur le maréchal, *si j'étois que de vous*, j'irois me pendre tout à l'heure. » — « *Eh bien!* répliqua le maréchal, *soyez que de moi.* »

« D'Olivet, dans ses *Remarques sur Racine*, cite, est-il dit dans les *Variétés sur la langue française*, p. 20, les deux vers de Molière où se trouve cette expression ; il ajoute qu'au moyen de l'ellipse, elle rentre dans les règles de la syntaxe ordinaire.

» Nous disons habituellement : *si j'étois de vous*, en supprimant le *que*. Destouches, dans le *Curieux impertinent*, a dit : *si j'étois vous*, en supprimant *de*. C'est ainsi que Quinte-Curce fait dire à Parménion : *si j'étois Alexandre, j'accepterois les offres de Darius*; c'est ainsi que la chronique scandaleuse fait dire à Louis XV : *si j'étois lieutenant de police, j'empêcherois les cabriolets de rouler dans Paris.*

» Mais il y a des circonstances où la préposition *de* est nécessaire. *Si j'étois roi*, et *si j'étois du roi* ne présentent pas le même sens. La dernière phrase ne signifie pas que je me suppose roi, elle fait entendre seulement que je me suppose pour le moment à la place du roi : *si j'étois quelque chose de ce qu'est le roi.*

» Alexandre pouvait répondre à Parménion : *j'accepterois aussi les offres de Darius, si je n'étois que Parménion*. Le sens restrictif exprimé par *ne que* aurait fait ressortir le caractère altier du prince, et la différence de son ambition avec celle d'un sujet.

» Un supérieur peut donc, dans certains cas, dire à un inférieur : *si je n'étois que de vous*; mais un inférieur lui dira : *si j'étois de vous*. Ces deux locutions sont également françaises; mais il est possible que, sans faire attention à leur différence, on ait préféré anciennement, dans le langage familier, celle qui présente un sens plus restreint, en y supprimant la négative. Cette suppression était alors très-usitée et permise même en prose; elle contribuait à la naïveté du vieux langage. Nous la trouvons encore aujourd'hui dans le parler négligé de certains enfans, dans celui des habitans de la campagne, et nos poètes n'y manquent pas, quand ils veulent imiter le style de Marot.

» Nous pensons donc, sauf meilleure explication, que cette expression : *si j'étois que de vous*, n'est que l'ellipse de celle-ci : *si je n'étois que de vous*, que nous croyons régulière et conforme à notre syntaxe.

» Molière s'est servi de cette locution, comme il a fait de beaucoup d'autres; cependant il paraît qu'elle était déjà condamnée de son temps, à cause de la suppression de la négative, puisque nous voyons le maréchal de Clérambault, quinze ans avant la première représentation des *Femmes savantes*, la tourner en ridicule pour répondre à une mauvaise plaisanterie par une autre plus mauvaise encore. »

Ce que c'est que de nous! autre locution proverbiale qui se rapproche de la précédente et qui revient à cette expression *que notre nature, que notre espèce est faible, est peu de chose, que nous sommes misérables!*

Ce que c'est de nous? Moi, cela me confond.
REGNARD, *le Légataire*.

Ciel! que dis-tu? Quoi! cet homme si doux
Use envers moi de menaces pareilles,
Lui qui cent fois me fit boire à grands coups
De son vin vieux les meilleures bouteilles!
Ah! Jeanneton, ce que c'est que de nous!
PONS DE VERDUN, *les deux Perdrix*, conte.

« Il semble que le verbe auxiliaire *être* s'applique surtout aux choses qui existent encore, et *avoir* à celles qui sont passées; ainsi l'on répond à la question, où est-il? il *est* monté chez lui ; mais l'on dirait : il *a monté chez lui avant de partir* ; *a* marque alors une action déjà passée. Si l'on veut fixer l'attention sur la chose, on doit se servir du verbe *être*.

» On parle mal quand on dit : *il s'en fut* pour *il s'en alla; fut* vient du verbe *être*, exister, et ce n'est pas un verbe de mouvement. » Mme NECKER.

N'y être pour personne, y être pour quelqu'un; locutions familières dont la première signifie ne vouloir recevoir personne, fermer sa porte à tout le monde.

Eh ! oui ; c'est vainement qu'à ma porte l'on sonne,
Je vous l'ai déjà dit, je *n'y suis pour personne*.
VIGÉE, *les Visites*.

et la seconde, *être* visible pour quelqu'un, tandis qu'on se fait clore pour tous les autres. Cette manière de parler nous rappelle l'anecdote suivante : « Mme de M*** avait donné un jour à son suisse l'ordre de dire qu'elle n'y était pas. Le soir, dans le nombre des personnes qui s'étaient présentées, le suisse lui nomme Mme V*** sa sœur. « Eh ! dit-elle ; ne vous ai-je pas dit que, quelqu'ordre que je vous donne, j'*y suis toujours pour elle*? » Le lendemain Mme de M*** sort, Mme V*** revient. « Ma sœur y est-elle ? — Oui, madame, répond le suisse. » Mme V*** monte, elle frappe, et long-temps. Elle redescend : « Il faut bien que ma sœur n'y soit pas ? — Non, madame, dit le suisse, mais *elle y est toujours pour vous*. »

On trouve quelquefois dans nos vieux auteurs le verbe *être* avec la réduplication, et on aurait dû la conserver. « Quand les dix écus *refurent* en la main dont ils *estoient partis*. » *Cent nouvelles Nouvelles*, Nouvelle XVIII.

ÊTRE, *s. m.* « Ce que je seray doresnavant, ce ne sera plus qu'un demy-*estre* : ce ne sera plus moy. » MONT. l. II, c. 27.

ÊTRES. *Voy.* ce mot à son ordre alphabétique.

ÉTRÉCIR, *v.* que l'on trouve écrit *estroisser* dans les *Erreurs populaires*, par Laurent Joubert, est dérivé d'*étroit*, et signifie proprement rendre étroit, plus étroit.

« On a *estressy* souvent, outre la raison universelle, les préceptes et loix de nostre vie. » MONT. l. III, c. 9.

« *Estrécir* le champ des fautes aux compositeurs. » La D^{lle} DE GOURNAY, *Pr. des Essais*.

ÉTREINDRE, *v.* Nos pères disaient *estreindre*; il vient du latin *stringere* (serrer avec force).

« Nous embrassons tout, mais nous n'*estreignons* que du vent. » MONT. l. III, c. 9.

On a dit que ce verbe avait vieilli. Les bons écrivains savent bien le rajeunir, témoin ce vers où Delille peint Hercule étouffant Cacus :

Il le prend, il *l'étreint* entre ses bras nerveux.
Trad. de l'*Énéide*, liv. VIII.

Soit qu'*autour* du Palmier le Jasmin *s'entrelace*,
Ou que le Cep errant, le souple *Chèvre-feuil*,
De leurs bras amoureux *étreignent* le Tilleul.
Le même, trad. du *Paradis perdu*, l. IX.

Il tombe. Son vainqueur dont le genou le serre,
Sous son lourd bouclier l'*étreint contre la terre*.
DESAINTANGE, trad. des *Métam.* d'*Ov.* l. XII.

Qui trop embrasse mal étreint; locution proverbiale qui signifie celui qui entreprend trop ne réussit pas. Elle est fort ancienne ; on trouve déjà dans le *Roman du Renard*, ouvrage du 13e siècle :

Cil qui tot covoite, tot pert;

dans Rabelais, l. I, ch. 46 : « C'est, dist Grandgousier, trop entreprins ; *qui trop embrasse peu estrainct*. » Et dans G. Coquillart, écrivain du quinzième siècle :

Mais d'embrasser tant de matières
En ung coup, tout n'est pas empraint :
Qui trop embrasse, mal estraint.
Poésies, p. 66, Paris, 1723.

ÉTREINTE, *s. f.* « La condamnation que je fais de moy est plus vifve et roide que n'est celle des juges, qui ne me prennent que par le visage de l'obligation commune ; l'*estreinte* de ma conscience est plus serrée et plus sévère. » MONT. liv. III, ch. 9.

Serre d'une *étreinte* si ferme
Ce nœud de leurs chastes amours,
Que la mort seule soit le terme
Qui puisse en arrêter le cours.
MALHERBE.

La Naïade, dans l'onde élancée à son tour,
Saisit le beau nageur rebelle à son amour,
Tient malgré lui l'ingrat qui résiste et qui lutte,
Dérobe avidement des baisers qu'il dispute,
L'enlace dans ses bras, s'enlace dans les siens,
De ses mains, de ses pieds resserre les liens,
Et pressant sur le sien son corps souple et flexible,
L'enchaîne, tout entier, d'une *étreinte* invincible.
DESAINTANGE.

J. J. Rousseau a fait un fréquent usage de ce mot auquel on peut appliquer ce que nous avons dit du verbe *étreindre*.

ÉTRENNES, *s. f. pl.* qu'on écrivait anciennement *estrennes*, en latin *strenæ* (présens qu'on faisait au premier jour de l'an). Suétone, dans la *Vie de Tibère*, dit, en parlant de ce prince : « *Prohibuit* strenarum *usum, ne ultra calendas januarias exercerentur* » (il défendit de prolonger l'usage des *étrennes* au-delà des calendes de janvier). Ce passage est rapporté par Est. Pasquier dans ses *Recherches sur la France*, l. IV, c. 9.

L'usage de donner des *étrennes* remonte jusqu'à Tatius qui régna conjointement avec Romulus, fondateur de Rome. Ce prince, étant allé cueillir le premier, ou ayant reçu comme bon augure des branches coupées au renouvellement de l'année, dans un bois consacré à la déesse *Strenia*, autorisa cette coutume que les Romains observèrent dans la suite ; et ces présens, qu'on accompagnait de souhaits de bonheur pour toute l'année, furent appelés *stren*, d'où nous avons fait le mot *étrenne*, en l'honneur de la déesse *Strenia*.

. . . Nous savons que des chênes épais
Couvraient du Cœlius les agrestes sommets ;
Que Rome à *Strenia* consacrait ces retraites ;
Qu'un jour où de Janus ils célébraient les fêtes,
Des Sabins, dans ce bois coupant quelques rameaux,
Vinrent à Tatius présenter ces cadeaux ;
Et ce prince, y voyant un fortuné présage,
Voulut à l'avenir en prescrire l'usage.
VIENNET, *Epître sur le premier jour de l'an.*

La 1re élégie de Tibulle, liv. III, a été composée à l'occasion du renouvellement de l'année ; elle commence ainsi :

Mes yeux ont vu briller cette heureuse journée,
Du temps de nos aïeux, en pompe ouvrant l'année ;
Et la foule s'empresse, et les plus riches *dons*
Parcourent la cité, remplissent les maisons.
Muses, qui m'inspirez, daignez m'apprendre encore
Quels *présens* peuvent plaire à celle que j'adore...
Trad. de Mollevaut.

Cette coutume passa ensuite des Romains chez les étrangers. Les *étrennes* des druides étaient du gui de chêne ; et c'est de là qu'est venue l'exclamation proverbiale : *au gui, l'an neuf ;* c'est-à-dire, venez chercher du gui, l'année commence, se renouvelle.

EPITAPHE.

Cy-gît dessous ce marbre blanc
Le plus avare homme de Rennes,
Qui trépassa le dernier jour de l'an,
De peur de donner des *étrennes*.

ÉTRENNES MIGNONNES, nom par lequel on désigne ces petits almanachs qui se donnent pour cadeaux, pour *étrennes* au jour de l'an. La petitesse de leur format, l'élégance de leur reliure leur a fait donner le nom de *mignonnes*.

ÉTRENNER, *v.* « Nous prestons nos biens et nos vies au besoin de nos amis ; mais de communiquer son honneur, et d'*estrener* autruy de sa gloire, il ne se voit guères. » MONT. l. I, c. 41.

« L'ancienneté pensa, ce croy-je, faire quelque chose pour la grandeur divine de l'apparier à l'homme, la vestir de ses facultez et *estrener* de ses belles humeurs et plus honteuses nécessitez. » *Le même*, l. II, c. 12.

« Parce que nos occupations nous chargent, Straton a *estrené* les dieux de toute immunité d'offices, comme sont leurs prestres. » *Ibidem*.

Il eut beau faire et beau dire,
Beau se plaindre et fulminer,
Apollon avec sa lyre
S'en alla sans *étrenner*.
BOURSAULT, *Esope à la Cour*, act. I, sc. 5.

ÊTRES, *s. m. pl.* les degrés, corridors, salles, chambres, etc. d'une maison ; et son plus grand usage est dans ces phrases : *il sait tous les* êtres *de cette maison, il connaît les* êtres. *Académ*.

« *Aitres* (architecture), vieux mot qui signifie les dépendances d'un bâtiment : de là est venu *connaître les* êtres *d'une maison*. » *Encyclop. mod.* t. I, pag. 459, 1823.

On lit dans le *Dict. de Trévoux*, où il est écrit *aitre*, *s. m.* « Terme bas et populaire, dont le peuple et les bourgeois se servent pour exprimer les appartemens, les pièces d'appartemens, les chambres et autres endroits d'une maison. Ce mot vient d'*atrium*, d'où l'on a formé *astrum* dans la basse latinité. »

« *Aitre* se prend encore pour *cour*, dans la Bible *atrium*. Ce mot est vieux en ce sens. A Rouen on dit l'*aitre* de la cathédrale, pour exprimer ce qu'on appelle à Paris le *Parvis*. »

C'est en ce dernier sens qu'on trouve le mot *atre* dans les *Neuf Preux*, roman fort ancien qui n'a été imprimé qu'en 1507 : « Grand nombre de Turcs s'enfuirent à refuge en l'*atre* (entrée, porche, vestibule) du temple qui estoit une forte place. »

On trouve dans les *Repues franches* attribuées à François Villon, *estre* pour *demeure* :

Il pria et requist au maistre
Qu'aucun se voulsist entremettre
D'apporter après luy courant
Le pain chappellé en son *estre*.

ÉTRILLER, *v*. du latin *strigillare* (frotter avec une étrille).

RUSTAUT (*cocher*).

« Quand une femme fait la diablesse, on la peut *étriller* tout son saoûl. » LEGRAND, *le Galant Coureur*, sc. 9.

Épictète, en plaignant les grands de leur orgueil, dit : « L'intérêt seul nous dicte le respect que nous feignons pour eux ; ils sont comme les ânes que l'on *étrille* pour en tirer service. »

ÉTRILLÉ, ÉE, *adj*. et *part*. En Espagne, la beauté est *vuidée* et *estrillée* ; en Italie, grosse et massive. » CHARR. liv. 1, ch. 11.

ÉTRIQUÉ, ÉE, *adj*. qui n'a pas l'ampleur nécessaire.

Farceurs à manteaux *étriqués*.
VOLTAIRE.

ÉTROIT, OITE, *adj*. qu'on écrivait autrefois *estroict*, du latin *strictus* (serré, étroit).

Bourdaloue, dans son sermon de la *Fausse conscience*, dit : « Souvenez-vous que le chemin du ciel est *étroit*, et qu'un chemin *étroit* ne peut avoir de proportion avec une conscience large. » Antithèse qui n'est guère de bon goût.

« Voyez dans quel sentier la vertu chemine, doublement à l'*étroit*, et par elle-même, et par l'effort de ceux qui la persécutent ! » BOSSUET, *Oraison funèbre de la reine d'Angleterre*.

ÉTROITESSE, *s. f*. état de ce qui est étroit. Ce néologisme, heureusement hasardé par deux écrivains recommandables, MM. Pelletan et Richerand, nous manque, et la langue ne peut guère s'en passer. M. Pougens dit, avec raison, qu'il est moins âpre et plus sonore qu'*étroiteté*, qui se trouve dans Perceforest.

ÉTUDE, *s. f*. Ce mot, que nos pères écrivaient *estude*, vient du latin *studium*, du genre neutre ; aussi *étude* était-il autrefois masculin.

« O *le vilain* et *sot estude* d'estudier son argent ! » MONTAIGNE, *Essais*.

« Son plus laborieux et principal *estude*, c'est s'*estudier* soi-même. » Le même.

« Puis se remettoit à son *estude* principal. » RABELAIS.

. . . . Tous ces visages pâlis
Dont le vain *estude* s'applique
A chercher, etc. . . . . . .

MALHERBE, *Ode à la reine Marie de Médicis*, liv. 1, 3e Ode, composée en 1600.

Hélas ! j'ai fait de l'homme une assez longue *étude*,
Pour n'être pas surpris de cette ingratitude.

FRANÇOIS DE NEUFCHATEAU, *Dial. entre Phocion et Démosthène*.

« L'*étude*, dit Aristote, est à l'ame ce que l'air est aux yeux du corps, elle nous transmet la lumière. »

Il est un bien réel, doux charme de nos mœurs,
Dont on sent dès l'abord la paix enchanteresse,
Dont on jouit sans trouble et non pas sans ivresse,
Qui suit l'homme, en dépit des destins inconstans,
A tout âge, en tous lieux, et dans tous les instans,
Qui, sans cesse nouveau, s'accroît par l'habitude,
Plein de calme, d'oubli, d'innocence... : l'*étude*,
L'*étude*, plaisir vrai dont la source est en nous,
L'*étude*, heureux trésor qui les remplace tous.
Qu'on ne le borne pas aux seuls besoins du sage,
Il n'est aucun mortel qui n'en trouve l'usage.
Quel que soit notre sort, illustre ou sans éclat,
Monarque, citoyen, guerrier ou magistrat,
Jeune ou vieux, riche ou pauvre, heureux ou misé-
[rable,
L'*étude*, utile à tous, est à tous agréable.
Elle allége les grands du poids de la grandeur,
Sauve au riche l'ennui de son triste bonheur,
Fait du peuple ou des rois oublier le caprice,
Tranquillise le cœur qu'irrita l'injustice,
Console doucement l'homme persécuté,
Des affronts, de l'exil, et de la pauvreté.
Hôte aimable des champs, compagne de voyage,

ÉTY

Du cabinet des rois, de la maison du sage,
Jusques dans les camps même elle conduit ses pas;
Catinat et Condé ne la dédaignaient pas;
Et, voyageur armé pour conquérir la terre,
Alexandre en Asie emportait son Homère.

M. P. LE BRUN, *le Bonheur que procure l'étude*, etc. poëme qui a remporté le prix de l'Académie française, pour l'année 1817.

ÉTUDIER, *v.* du latin *studere*, qui signifie proprement avoir du goût, de l'inclination pour quelque chose : aussi ce verbe, que nos pères écrivaient *estudier*, a-t-il pris d'abord un complément indirect, comme le *studere* des Latins.

« Le philosophe qui auroit si bien *estudié à la sagesse* toute sa vie, se trouveroit à sa mort un vray fol. » *Œuvres de Théophile*, pag. 81, Rouen, 1661.

« Il y a des gens de lettres qui *étudient* les ouvrages, et d'autres qui ne font que les feuilleter, et qui *étudient* des mains. » FONTENELLE.

Sur son vaisseau brisé, tel Vernet, sans pâlir,
Étudiait le flot prêt à l'ensevelir.
MILLEVOYE.

« Dans la cuisine où il (M. de Pourceaugnac) est descendu pour déjeuner, *je l'ai étudié* une bonne demi-heure, et je le sais déjà par cœur. » MOLIÈRE, *M. de Pourceaugnac*, act. 1, sc. 4.

ÉTUI, *s. m.* « C'est le réceptacle et l'*estuy* de la science que la mémoire. » MONT. liv. II, ch. 17.

« Dieu merci ! j'ai toujours dormi dans mon *étui*, sur belle terre et à ciel découvert, » dit Sancho, à propos des mésaventures de la chevalerie errante.

« Son visage étoit des plus mignons, mais c'étoit toujours le même visage : on eût dit qu'elle le retiroit le matin d'un *étui*, pour l'y remettre en se couchant, sans s'en être servie durant la journée. » HAM. *Mém. de Gramont*.

« Un artiste du dernier siècle, homme d'esprit, pour exprimer d'un seul mot la différence et le rapport qui se trouvent à la fois entre deux grands maîtres dans le caractère de leur dessin, dont l'un semble, en effet, n'être que l'enveloppe ou l'écorce, un peu rude de l'autre, a dit plaisamment, que le dessin du Carrache était l'*étui* de celui de Raphaël. » GIRODET, 1817.

Grand roi, la longue maladie
Qui va rongeant l'*étui* mal-sain
De mon ame assez engourdie,
Et de plus une comédie
Que je fais pour notre dauphin,
Et que j'ai peur qui ne l'ennuie,
Tout cela retenait ma main.
VOLTAIRE.

Voyez ÉTUYER.

ÉTUVE, *s. f.* qu'on écrivait autrefois *estuve*, de *stufa* ou *stuva*, dans la basse latinité, qui pourrait venir du celtique *stoufa* (boucher).

« Ny une *estuve*, ny une leçon n'est d'aucun fruict, si elle ne nettoye et ne décrasse. » MONT. liv. III, ch. 9.

« Et Dieu sçait s'il n'apprit pas bien à monsieur l'*estuvier* à jouer le roy, et s'il n'eust pas bien voulu estre à chauffer ses *estuves*. » BONAVENTURE DESPÉRIERS.

Il y a long-temps qu'on ne dit plus qu'*étuviste* : « Je ne me souviens pas même, dit M. de La Monnoye, d'avoir lu *étuvier* ailleurs qu'ici et dans le *Dict.* d'Oudin. »

ÉTUYER, *v.* dérivé d'*étui*. On écrivait autrefois *estuyer*, comme on disait *estui*. « *Etuyer*, c'est, dit Philibert Monet, serrer une chose en son réservoir. »

« Les fuyards seront contraints *estuier* et rengainer leurs chicaneries. » *Contes d'Eutrap*. t. 1.

« Nulle drogue n'est assez forte pour se préserver sans altération et corruption selon le vice du vase qui l'*estuye* » (qui l'*estuye*, où elle est renfermée). *Essais de Montaigne*.

D'*estui* on a fait *estuyer* qui signifie cacher, renfermer, mettre dans un *estui*. Voyez dans le *Trésor des Recherches gauloises* de Borel, les mots *Estoyer* et *s'Estuyer*.

ÉTUIÉ, ÉE, *part.* « La philosophie paroist et inutile et vicieuse, quand elle est mal *estuyée* » (mal logée, mal placée). MONT. liv. III, c. 8.

ÉTYMOLOGIE, *s. f.* du grec ἐτυμολογία, racine ἔτυμος (*étumos*) véritable, λόγος (*logos*) mot, indication de l'origine et de la vraie signification d'un mot.

L'*étymologie*, dit Cicéron, touche de bien près la force et la substance des choses.

Il en est, a-t-on dit, des *étymologies* comme des bons mots : plus on les recherche, moins on les trouve.

« Il n'y a jamais eu sur la terre ni sang pur, ni langue sans alliage. *Quand il nous manque un mot*, disoient les Latins, *nous l'empruntons des Grecs* : tous les peuples en ont pu dire autant. La plupart des mots ont quelquefois une généalogie si bizarre, qu'il faut la deviner au hasard, et la plus vraisemblable est souvent la moins vraie. Un usage, une plaisanterie, un événement dont il ne reste plus de traces, ont établi des expressions nouvelles, ou détourné le sens des anciennes. Comment donc se flatter d'avoir trouvé la vraie racine d'un mot ? Si vous me la montrez dans le grec, un autre la verra dans le syriaque ; tel autre dans l'arabe. C'est ainsi qu'un Français voit le nord en Allemagne, le Germain le voit en Suède, et le Suédois en Laponie. Souvent un radical vous a guidé heureusement d'une première à une seconde, ensuite à une troisième langue, et tout à coup il disparoît comme un flambeau qui s'éteint au milieu de la nuit : il n'y a donc que quelques onomatopées, quelques sons bien imitatifs qu'on retrouve chez toutes les nations ; leur recueil ne peut être qu'un objet de curiosité. »

» Cette remarque vraie, lorsqu'on veut remonter à la première origine des mots, en les suivant dans le labyrinthe des langues où ils ont successivement passé, n'interdit pas la faculté de rechercher leurs plus prochaines *étymologies*, d'autant mieux que ces dernières coïncident davantage avec leurs acceptions, et que la plupart de nos mots, dérivant du grec ou du latin, ne laissent aucun doute sur la vérité des *étymologies* qu'on leur assigne.

» Les mots latins, qui entroient dans les différens jargons de l'Europe, furent toujours mutilés comme les obélisques et les statues qui tomboient entre les mains des barbares. Cela vient de ce que, les Latins ayant placé les nuances de la déclinaison et de la conjugaison dans les finales des mots, nos ancêtres qui avoient leurs articles, leurs pronoms et leurs verbes auxiliaires, tronquèrent ces finales qui leur étoient inutiles, et qui défiguroient le mot à leurs yeux ; mais, dans les emprunts que les langues modernes se font entre elles, le mot ne s'altère que dans la prononciation. » RIVAROL, *de l'Universalité de la langue française*, p. 53.

» Les mots françois sont presque tous tirés du latin en cinq manières. Ce qu'on peut dire aussi des mots italiens et espagnols à proportion.

1. La première se fait en changeant une lettre en une autre.

EXEMPLES :

a masc.	*Papa*,	*Poeta*,	*Propheta*,	*Hypocrita*.	
en *e*.	Pape,	Poète,	Prophète,	Hypocrite.	
a fém.	*Rosa*,	*Terra*,	*Asia*,	*Philosophia*.	
en *e*.	Rose,	Terre,	Asie,	Philosophie.	
a neut.	*Dogma*,	*Thema*,	*Systema*.		
en *e*.	Dogme,	Thème,	Système.		
o	*Imago*,	*Carthago*,	*Multitudo*.		
en *e*.	Image,	Carthage,	Multitude.		
s	*Prudens*,	*Constans*,	*Diligens*,	*Frons*,	*Pons*.
en *t*.	Prudent,	Constant,	Diligent,	Front,	Pont.

Ou en changeant une syllabe en une autre :

or	*Honor*,	*Doctor*,	*Actor*,	*Lector*.
en *eur*.	Honneur,	Docteur,	Acteur,	Lecteur.
tas	*Trinitas*,	*Pietas*,	*Humilitas*,	*Voluptas*.
en *té*.	Trinité,	Piété,	Humilité,	Volupté.

2. La seconde manière se fait, en ajoutant quelque lettre au commencement d'un mot, et changeant la dernière lettre ou syllabe, comme :

Schola,	*Spiritus*,	*Status*,	*Studium*.
Ecole,	Esprit,	Etat,	Etude.

Ou en ajoutant quelque lettre ou syllabe à la fin du mot, comme :

Cicero,	*Pollio*,	*Actio*,	*Passio*.
Cicéron,	Pollion,	Action,	Passion.

3. La troisième manière se fait en retranchant quelques lettres ou syllabes ; particulièrement aux mots terminés en *is*, *e*, *us* et *um*, qui deviennent tous françois, en retranchant ces dernières syllabes :

Advocatus,	*Senatus*,	*Magistratus*,	*Ingratus*.
Avocat,	Sénat,	Magistrat,	Ingrat.
Fortis,	*Generalis*,	*Divinus*,	*Vinum*.
Fort,	Général,	Divin,	Vin.
Testamentum,	*Firmamentum*,	*Monumentum*,	*Instrumentum*.
Testament,	Firmament,	Monument,	Instrument.

4. La quatrième manière se fait en transportant une lettre devant une autre :

Minister,	*Sylvester*,	*Noster*.
Ministre,	Sylvestre,	Notre.

5. La cinquième manière se fait en interposant, quand, dans un mot latin où il y a à la fin un *a* devant *m* ou *n*, on a interposé un *i* :

Panis,	*Manus*,	*Germanus*.
Pain,	Main,	Germain.

Outre ces cinq manières générales dont les anciens se sont servis pour former et diversifier notre langue, en la tirant du latin, ils ont encore fait d'autres changemens ; par exemple, dans la prononciation ils ont changé *ca* en *cha* :

Caritas,	*Carbo*,	*Capo*,	*Arca*,	*Canis*.
Charité,	Charbon,	Chapon,	Arche,	Chien.

Ils ont fait d'autres plus grands changemens dans certains mots, comme dans les participes passifs en *atus*, *a*, *um* ; ils ont retranché la dernière syllabe, et changé l'*a* qui le précède en *é* :

Natus,	*Baptizatus*,	*Confirmatus*.
Né,	Baptizé,	Confirmé. »

Dictionnaire des rimes de Richelet, corrigé et augmenté par Bertholin, édition de 1778, à l'*Avis*, p. x et xi.

« L'*étymologie* est aux mots ce que la généalogie est pour les familles : on doit la respecter, mais non pas en être esclave. Elle a embarrassé la langue de beaucoup de lettres inutiles, dont il est à souhaiter qu'on la débarrasse peu à peu. » FÉRAUD, *Dictionnaire critique de la langue française*.

ÉTYMOLOGISER, *v.* chercher l'étymologie ; mot forgé en plaisantant par Sarrazin :

Martin aura mon grand manteau,
Quo mante à eau j'*étymologisois*.

ÉTYMOLOGISTE, *s. m.* celui qui s'applique à la recherche des étymologies.

« On n'accorde point en général, dit Dégérando, assez d'estime aux travaux de ceux qui se livrent aux recherches étymologiques ; on n'y voit guère qu'un motif de curiosité ; on ne réfléchit pas que les étymologies sont, à l'histoire de la pensée, ce que les médailles et les inscriptions antiques sont à l'histoire de la société humaine ; on ne remarque pas que les étymologies rendent l'étude de la langue plus facile, enseignent à mieux l'employer, découvrent mieux sa véritable physionomie, et, en fixant d'une manière plus marquée le sens des mots, concourent efficacement à en prévenir l'abus. Il est vrai que la manière dont les *étymologistes* ont exécuté ce travail a pu très-souvent justifier ce préjugé. On les a vus s'attacher plus à la ressemblance matérielle des mots qu'à la secrète analogie des idées, etc. » *Des signes de l'art de penser*, tom. IV, pag. 108.

EU, EUE, *part. d'avoir*, du latin *habitus*, participe passif de *habere* (avoir) : aussi nos pères ont-ils écrit *heu*. Il est des provinces où l'on dit j'ai *é-u* pour j'ai *u*. Un homme disait un jour à M. de Boufflers : Vous avez *é-u* ma sœur dans votre société. Pourquoi pas, répondit gaîment M. de Boufflers? Jupiter *a é u i o* dans la sienne.

EUCHARISTIE, *s. f.* (εὖ, bien, χάρις, grace). « Une moitié de l'Europe a anathématisé l'autre au sujet de l'*Eucharistie ;* le sang a coulé des rivages de la mer Baltique au pied des Pyrénées, pendant près de deux cents ans, pour un mot qui signifie *douce charité.* » VOLTAIRE.

EUNUQUE, *s. m.* du latin *eunuchus*, venu du grec εὐνοῦχος (*eunouchos*) gardien du lit; formé de εὐνή (*euné*) lit, et de ἔχειν (*échein*) garder, parce que la charge principale des *eunuques* était de veiller à la chasteté des femmes.

Les Saints-Pères ne se fiaient pas aux mutilations. Ils comparaient l'*eunuque* à un bœuf auquel on a coupé les cornes, et qui ne laisse pas de donner des coups de tête.

Tel ignorant portant perruque,
D'une bibliothèque a voulu se charger;
Apparemment qu'il a voulu prouver
Que le soin du sérail appartient à l'*eunuque*.

« Les flegmatiques sont les *eunuques* de l'esprit, trop froids pour engendrer. » *Voyage d'Italie*.

EUPHÉMISME, *s. m.* du grec εὐφημισμός, composé de εὖ (bien) et de φημί (je dis). L'*euphémisme* est une figure de langage par laquelle on déguise des idées tristes ou peu honnêtes sous des expressions plus douces, plus réservées qui adoucissent ce que les idées ont en elles-mêmes de désagréable ou de choquant ; toutes les langues ont employé cette figure, et la nôtre, plus réservée que les autres, en a dû faire un fréquent usage. Nous nous contenterons d'en citer un seul exemple dont le cardinal Maury vante avec raison la nouveauté, l'exactitude, la couleur et la mesure. Le Père Elisée, célèbre prédicateur, dans son *Oraison funèbre du Dauphin*, avait à dire que l'Infante d'Espagne, première épouse de ce prince, était morte en couche à la naissance de son premier enfant, et voici avec quelle pudeur il rappelle un événement qu'il semblait embarrassant d'exposer en chaire avec convenance : « Hélas! dit-il, ces liens, que l'innocence des penchans fortifiait encore, n'eurent que la durée d'un instant Semblable à la fleur qui tombe dès qu'elle montre son fruit, le premier gage de sa fécondité devint le signal de sa mort. »

EUPHONIE, *s. f.* du grec εὖ (*eu*) bien, et de φωνή (*phôné*) son. En termes de grammaire, c'est une prononciation ou une structure de mots facile, douce, agréable à l'oreille. De là vient *Euphonique, adj.*

« Pour éviter le bâillement ou concours désagréable de deux voyelles qui se choquent, le méchanisme de la parole a introduit dans toutes les langues, dit Dumarsais, ou l'élision de la voyelle du mot précédent, ou une consonne *euphonique* entre les deux voyelles. C'est donc par *euphonie* qu'on dit *l'*homme pour *le* homme, *l'*ame pour *la* ame, *mon* ame pour *ma* ame. Quelques lettres *euphoniques* se sont peu à peu introduites. Aime-*t*-il? aima-*t*-il? chante-*t*-il? chanta-*t*-il? je voi*s* un ciel serein, je souri*s* au printemps, va-*t*-y, donne-*t*-y tous tes soins, cache-*n* la blessure : toutes ces constructions, ennemies du rhythme poétique, se présentent sans cesse, ont sollicité l'admission d'une lettre qui levât des obstacles sans cesse renaissans, et les poètes, bientôt suivis des prosateurs, ont dit : aime-*t*-il? chante-*t*-il? aima-*t*-il? chanta-*t*-il? je vo*is* un jour serein, je sour*is* au printemps, vas-*y*, donne*s*-y tous tes soins, caches-*en* la blessure. Le besoin a introduit ces lettres *euphoniques*, et l'usage universel les a consacrées. »

ÉVAN. *Voyez* ÉVOHÉ.

ÉVANGÉLISER, *v.* du latin *evangelizare* dans la Vulgate; formé sur le grec εὐαγγελίζειν (apporter une bonne nouvelle), prêcher l'Évangile. Ce mot n'est entré dans la langue française que vers la fin du 17e siècle. « Fondet-elle des hôpitaux, elle y joint des missions, afin que les pauvres soient nourris et *soient évangélisés* tout ensemble. » FLÉCHIER, *Oraison funèbre de la duchesse d'Aiguillon.*

ÉVANGÉLISTE, *s. m.* du latin *evangelista.* « Il y a des femmes qui sont bien aises d'avoir des *évangélistes* pour prêcher leur vertu et leur chasteté. » *Contes de la Reine de Navarre,* nouv. XX.

ÉVANGILE, *s. m.* du grec εὐαγγέλιον (*euaggélion*); racine, εὖ (*eu*), bien, et ἀγγέλλω (*aggelló*), j'annonce. Ce mot, qui n'est aujourd'hui que du genre masculin, était, du temps de Boileau, et même long-temps après, des deux genres. Ce poète dit, dans sa XIe satire :

L'*Evangile* au chrétien ne dit en aucun lieu :
Sois dévot; elle dit : Sois doux, simple, équitable.

On a fait ensuite une distinction assez oiseuse :

Le saint Évangile, masculin, la Loi de Jésus-Christ. *Les évêques sont les vrais ministres du saint Évangile.*

Évangile, féminin, parlant de l'Évangile qui se dit à une messe. *La première Évangile est dite.* L'Académie, édition de 1762, le fait toujours masculin.

« L'intérêt et les passions nous ont fait un *évangile* nouveau que Jésus-Christ ne connaît plus. » Ne dirait-on pas que Bossuet a écrit cette phrase pour ce temps-ci ?

On a dit des *Offices* de Cicéron, que c'étoit l'*Évangile* de la loi naturelle.

ÉVANOUIR, *v.* du latin *evanescere* (devenir à rien, se perdre, disparaître); le simple *vanoïer* pour *vanouir*, du latin *vanescere*, se trouve dans un de nos anciens poètes.

Mais cet amadoüeur, qui me tient à la bride,
Me voyant approcher du lieu de mon secours,
Maugré moi tout soudain fait *vanoier* mon cours.
 Les Amours de Ronsard, LXXVIIe sonnet.

« Quand Joseph eut ce dit, il s'*esvanouit* d'entre eulx tellement que ilz ne sceurent qu'il devint. » *Lancelot du Lac, la Tierce-partie,* fol. 114, c. 11, édit. de 1520.

« A ces mots Panurge *esvanouit* de la compagnie. » RABELAIS, t. IV, p. 350, édit. de 1732.

En ce disant pour un cry qu'elle ouyt,
Soubdainement du lieu s'*evanouyt*.
 C. DUBOIS, *alias* dit Crétin, feuillet 32, Paris, 1527.

S'*évanouir* d'un lieu, pour disparaître, s'en aller, ne se dit plus. J. B. Rousseau a dit sans complément :

Et le héros s'*évanouit* (disparaît).

Et Voltaire, dans le style badin :

Jeanne portait une vue attentive
Sur cet Anglais; l'Anglais s'*évanouit*
A ses regards.

ÉVANOUI, IE, *part.* « Une si grande flotte, après ce premier coup de Dieu, s'estant, sans rien faire, *esvanouye* comme une fumée, etc. » *Le Polit. franç.* 1604.

Je cherchais en vain le reste
De mes jours *évanouis.*
 J. B. ROUSSEAU.

Ici *évanouis* signifie dissipés, passés comme l'ombre.

ÉVAPORER, *v.* du latin *evaporare* (se résoudre en vapeurs). « Ces esprits raffinés qui, à force de subtiliser, s'*évaporent en des imaginations vaines et chimériques.* » BOUHOURS, *Entret. d'Ariste et d'Eug.* IVe entret.

Sais-tu que depuis peu ton bon sens s'*évapore*?
 HAUTEROCHE.

« Il ne faut point subtiliser en matière de reconnaissance ; elle s'*évapore* en subtilisant. » NICOLE.

Lamprias, grand-père de Plutarque, avait beaucoup d'esprit, mais surtout à table, au milieu de ses amis. Aussi disait-il que la chaleur du vin faisait sur son esprit le même effet que le feu produit sur l'encens, dont il fait *évaporer* ce qu'il y a de plus fin et de plus exquis.

On dit bien, peut-être, quand il s'agit d'un alambic, l'*évaporation des esprits*; mais peut-on dire, en matière de morale, l'*évaporation de l'esprit*, comme on dit *un esprit évaporé*? Le P. BOUHOURS, *Doutes sur la lang. franç. proposés à MM. de l'Acad. fr. par un gentilhomme de province.*

L'Académie, dans son Dictionnaire, a résolu affirmativement cette question.

ÉVASIVEMENT, d'une manière évasive ; cet adverbe n'est pas encore naturalisé : il éviterait une circonlocution.

ÉVÊCHÉ, s. m. était autrefois féminin ; c'est pourquoi Ronsard a dit :

Et le dos empesché
Sous le pesant fardeau d'*une lourde évesché.*

Le genre de ce mot n'était pas même encore bien fixé du temps de Ménage, ainsi qu'on le voit dans sa *Requête des Dictionnaires*, imprimée en 1649.

ÉVÉNEMENT, *s. m.* du latin *eventus* (ce qui arrive). On trouve dans l'*Art poétique* de Vauquelin de La Fresnaye, poète qui florissait sous Henri III, plusieurs fois le mot *évent*, du latin *eventus*, pour *événement*.

La différence qu'il y a entre *événement* et *accident*, c'est 1° que l'*événement* peut être ou n'être pas prévu, et que l'accident ne l'est jamais; 2° que l'*événement* peut être heureux ou malheureux, et que l'accident est toujours fâcheux.

« Peu d'hommes sçavent faire accoucher les *événemens*. » MONT.

« Il n'y a pour l'homme que trois *événemens* : naître, vivre et mourir ; il ne se sent pas naître, il souffre à mourir, et il oublie à vivre. » LA BRUYÈRE.

ÉVENTABLE, *adj.* qui peut être éventé. « Montaigne esvente cent mines nouvelles, mais combien difficilement *esventables*. » D^{lle} DE GOURNAY, *Préf. des Essais.*

ÉVENTAIL, *s. m.* instrument qui sert à *éventer*. Nous l'avons pris des Italiens qui disent *ventaglio* dans le même sens. Remarquons que nos pères ont dit *éventoir* : « Les dames romaines se servaient d'*éventoirs* faits des ailes de paon, pour se rafraîchir. » *Tristan*, tom. 1, p. 603.

L'ÉVENTAIL (*envoyé à une dame*).

Au milieu des chaleurs extrêmes,
Heureux d'amuser vos loisirs,
J'aurai soin près de vous d'amener les Zéphirs;
Les Amours y viendront d'eux-mêmes.

L'*éventail* d'une belle est le sceptre du monde.

ÉVENTER, *v.* racine *vent*, faire du vent, donner de l'air, etc. porter son nez au vent, découvrir.

« Il interprétoit les négatives, ce que les médecins prohibent, comme ne boire point de vin, ne manger du fruit, ne *s'esventer*, et semblables. » LAURENT JOUBERT, *les Erreurs populaires*, p. 52, édit. de 1587.

(*S'éventer*, s'exposer au vent, se livrer au vent, à un trop grand air, pris au propre).

. . . . Ils portent des chapeaux
Qui laissent *éventer* leurs débiles cerveaux.
MOLIÈRE.

« Les Romains faisoient souvent la guerre, pour *esventer* un peu la chaleur trop véhémente de leur jeunesse. » MONT. liv. II, ch. 23.

« Lorsqu'il (le loup) veut sortir du bois, jamais il ne manque de prendre le vent : il s'arrête sur la lisière, *évente* de tous côtés, et reçoit ainsi les émanations des corps morts ou vivans que le vent lui apporte de loin. » BUFFON, *Morceaux choisis.* (*Evente*, porte son nez au vent.)

J'*évente* les beautés, et leur plaist d'une lieue.
REGNARD, *le Joueur*, act. III, sc. II.

« Ceux qui veulent mettre de l'esprit partout, ont pour l'ordinaire le cerveau un peu *éventé*; ils ressemblent à ces flacons d'eau de Luce ou de sel d'Angleterre, qu'on débouche trop souvent. » Le marquis DE CULANT, 1783.

ÉVÊQUE, *s. m.* du latin *episcopus*, dérivé du grec ἐπίσκοπος, et signifie en latin *speculator*, en français *surveillant* : c'est le titre que les Grecs donnaient aux gouverneurs de leurs colo-

ÉVO

nies ou de leurs provinces; les Romains le donnaient aussi à certains magistrats. Il fut appliqué aux successeurs des apôtres, parce qu'ils étaient les surveillans des fidèles; mais il n'annonçait pas une dignité qui fût particulière à l'église.

ÉVERDILLONNER, *v.* émoustiller, ragaillardir. On dit d'une personne qui a l'air enjoué et capable, qu'elle est *everdillonnée*. « Le vin blanc *éverdillonne* les têtes faibles. » *Dict. du bas langage*, Paris, 1808.

Ce mot est joli, et mérite de sortir de la classe des locutions basses et triviales.

ÉVERTUER (s'), *v.* Boileau a donné à la fois l'exemple et le précepte dans ces vers de l'*Art poétique*, en parlant de la rime :

Lorsqu'à la bien chercher d'abord on s'*évertue*,
L'esprit à la trouver aisément s'habitue.

ÉVITABLE, *adj.* des deux genres.

Oui, par là seulement sa perte est *évitable*.
CORNEILLE, *Pompée*, act. IV, SC. I.

« *Inévitable*, est très-français; *évitable*, comme on voit, l'a été; pourquoi, par quelle bizarrerie, ne l'est-il plus? N'est-ce pas une inconséquence bien ridicule d'admettre le composé et de rejeter le radical? » VOLTAIRE.

ÉVITER, *v.* « Le désir de s'*éviter* soi-même est la source de toutes les occupations tumultueuses des hommes. » PASCAL.

ÉVOHÉ, ÉVOÉ, ÉVOE ou **ÉVAN**, « c'est-à-dire *bon fils*, ou *courage, mon fils*. » On surnommait ainsi Bacchus, parce que, s'étant changé en lion dans la guerre contre les Géants, Jupiter l'avait excité par ces paroles. Du moins, est-ce l'opinion généralement reçue; opinion qui n'est pas partagée par d'Hancarville. « Les cris d'*évan*, d'*évoé*, employés par les Grecs dans les fêtes de Bacchus, étaient, dit-il, étrangers à leur langue. » Suivant cet auteur, ces mots auraient signifié *le serpent* et *la vie*, dont ce reptile était l'emblème. « Le cri *évan*, *évoé*, dit-il, dans ses *Recherches sur l'Origine et les Progrès des Arts de la Grèce*, l. 1, c. 3, note 85,

EX

s'est conservé dans celui de *viva* que les Italiens prononcent *evviva* : ils l'emploient pour marquer leur satisfaction et la joie que leur cause ce qu'ils applaudissent. Ce cri, marquait, dans son origine, la vie donnée aux êtres animés par le dieu générateur de tout, qu'on en reconnaissait pour l'auteur. » C'était le cri que répétaient les adorateurs de Bacchus au milieu des orgies.

Des habitans de nos campagnes
Le dieu du vin jamais loué,
N'y vient pas, aux cris d'*Evoé*,
Suivi de ses folles compagnes,
Le thyrse en main, cueillir les fruits
Qui ne mûrissent qu'en vos treilles;
Jamais de leurs grappes vermeilles
Nos pressoirs n'ont été rougis.

DUAULT, *le Souhait*, pièce insérée dans l'*Almanach des Muses*, 1790.

Et la *Thyade*, en sa fougue nouvelle,
Chante *évohé*, danse, boit et chancelle.
BERNARD, *l'Art d'aimer*, chant III.

ÉVOLUTION, *s. f.* (*evolvere*). Quelqu'un disait que la journée du 18 brumaire (qui fit arriver Buonaparte au pouvoir) était une révolution.— « Pas tout-à-fait, répondit-on; ce n'est guère qu'une *évolution*. »

EX. Cette prépos. qui entre dans la composition de plusieurs de nos mots; vient du latin *ex*, qui exprime extraction, sortie : *ex*prêtre, *ex*professeur, etc. c'est-à-dire celui qui est sorti de la prêtrise, du professorat. Cette préposition se trouve encore dans *ex*traire, traire, tirer dehors; *ex*porter, porter dehors; *ex*primer, faire sortir en pressant, comme quand on exprime le jus d'un citron. Dans les mots tirés du grec, cette préposition vient du grec ἐξ (*ex*) qui a la même valeur que le *ex* des Latins. « *Exergue*, dit Domergue, dans ses *Solutions grammaticales*, pag. 59, espace ménagé *hors* de l'ouvrage, *hors* du type, au bas d'une médaille; *Ex*ode, histoire de la sortie d'Egypte; *ex*orcisme, prière qui, selon les catholiques, a la vertu de faire *sortir* le diable du corps d'un possédé; plante *ex*otique, plante qui vient de *dehors*, plante étrangère. »

« M'entretenant un jour (dit Ménage, au chap. 84 de la 2ᵉ part. de ses

Observ. sur la lang. franç.), avec M. de Mézeray, d'un partisan fort riche, qui faisoit beaucoup de dépenses, et qui avoit été laquais, je lui citai ces vers de M. Gombault :

A voir la splendeur non commune
Dont ce maraud est revêtu,
Diroit-on pas que la fortune
Veut faire enrager la vertu?

M. de Mézeray, me parlant à son tour de ce partisan, me dit en riant que c'étoit un *ex-laquais*. Ce mot, qui seroit très-mauvais étant dit sérieusement à des personnes qui ne sauroient ce que c'est qu'*ex*-consul, *ex*-préteur, *ex*-provincial, me parut très-plaisant, et comme j'ai fait ce conte à plusieurs personnes, plusieurs personnes se servent présentement du mot *ex-laquais*, en parlant des laquais qui ont fait fortune. »

ISABELLE *(à Arlequin).*

Penses-tu que mon cœur soit si fort au rabais,
Que de borner son vol aux vœux d'un *ex-laquais*?
Les Souhaits, sc. VI, *Théâtre italien* de
Ghérardi, tom. 5, Paris, 1741.

Ex-duc se trouve déjà dans Grégoire de Tours.

Cette particule initiale, déjà usitée dans quelques mots, est devenue fréquente dans notre langue pendant et depuis la révolution. Comme il s'agissait d'exprimer ce que les personnes avaient été et ce qu'elles n'étaient plus, on a dit *ex*-prêtre, *ex*-noble, *ex*-général, *ex*-député, *ex*-législateur, *ex*-consul, *ex*-ministre, etc.

EXACTEUR, *s. m.* On l'a dit autrefois pour collecteur, percepteur. « Receveurs et *exacteurs*, gens fins, cruels, à six mains et trois testes. » CHARRON, liv. III, ch. 3.

EXACTITUDE, *s. f.* « Pour *exactitude*, dit Vaugelas, *Rem. sur la lang. franç.* ch. 227, c'est un mot que j'ai vu naître comme un monstre contre qui tout le monde s'écrioit ; mais enfin on s'y est apprivoisé, et dès-lors j'en fis ce jugement, qui se peut faire en beaucoup d'autres mots, qu'à cause qu'on en avoit besoin, et qu'il étoit commode, il ne manqueroit pas de s'établir. » En effet, le besoin l'a fait passer ; et l'autorité du docteur Arnaud n'a pu mettre en crédit *exacteté*, parce qu'on avait mieux dans *exactitude*.

On a appelé l'Académie française l'*Académie de l'exactitude.*

Louis XVIII a dit : « L'*exactitude* est la politesse des rois. »

EXAGÉRATEUR, *s. m.* EXAGÉRATRICE, *s. f.* « Joseph est long dans ses harangues et *exagérateur* dans ses récits. » *Dict. hist.*

« Toutes les passions sont *exagératrices*, et elles ne sont passions que parce qu'elles exagèrent. » CHAMFORT.

Mme de Sévigné dit en riant : *exagéreuse*.

EXAGÉRATION, *s. f.* « Vous avez lu les vers louangeurs de l'abbé Testu ; l'*exagération* m'y paraît exagérée. » *La même.*

EXAGÉRER, *v.* (*ex*; *agger*, amas, monceau).

En *exagérant* tout, on ne définit rien.
VOLTAIRE.

On affaiblit toujours tout ce qu'on *exagère*.
LA HARPE.

EXAMEN, *s. m.* « La vie est un *examen* perpétuel. » L'abbé DE SAINT-PIERRE.

EXAMINATEUR, *s. m.* « On a des *examinateurs*, à proportion qu'on est élevé. » SAINT-ÉVREMONT.

EXANGUE, *adj.* des deux genres. « Des paroles si *exangues*, si descharnées, si vuides de matière et de sens. » MONTAIGNE, *Essais.*

Ce mot qui vient du latin *exsanguis* (sans sang) signifie *sec, maigre*, lorsqu'on l'applique à un discours. » *Note de Coste sur Montaigne.*

EXCÉDÉ, ÉE. Ce participe devint fort à la mode vers 1780. L'abbé Coyer le signale dans cette phrase : « Etes-vous un peu fatiguée ? il faut être *excédée*, anéantie. »

EXCELLENCE, *s. f. excellenza.* Ce mot qui est un titre d'honneur chez les Italiens, nous a donné le français *excellence*. Les ambassadeurs ne sont en possession de ce titre que depuis 1593, lorsqu'Henri IV, roi de France, envoya le duc de Nevers en ambassade auprès du Pape, où il fut d'abord complimenté du titre d'*excellence*. Dans la suite on donna le même titre à tous les ambassadeurs résidant dans cette cour, d'où cet usage s'est répandu dans les autres.

EXCELLENTISSIME, *adj.* très-excellent. Ce mot nous vient aussi de l'Italie ; il est du petit nombre des superlatifs que nous avons conservés : encore n'est-il que du style familier.

EXCELLER, *v.* « La plupart de ceux qui ont *excellé* en quelque genre, n'y ont point eu de maîtres. » FONTENELLE.

EXCEPTÉ, que quelques uns qualifient de préposition, n'est que le participe du verbe *excepter*. Il vient du latin *exceptus*, formé de *ex*, qui signifie séparation, extraction, et de *captus* (pris), c'est la même chose que *hormis*, c. à d. *pris*, *mis dehors* On l'a joint à des noms, et il a formé, avec ces noms, ce qu'on appelle improprement des ablatifs absolus.

Tout est charmant, *excepté la maîtresse.*
BAOUR-LORMIAN.

(C. à d. *la maîtresse étant exceptée.*)

On a dit d'abord *exceptée* la maîtresse, comme on dit encore la maîtresse *exceptée ;* mais ensuite on a cessé de faire accorder le participe, quand il précède le nom, et on a dit *excepté la maîtresse* : c'est ainsi qu'en suivant la forme de ces prétendus ablatifs absolus, Virgile a dit :

Filius huic juxtà Lausus, quo pulchrior alter Non fuit, excepto Laurentis corpore Turni.
Æneid. lib. VII, v. 650.

(A ses côtés marche son fils Lausus le plus beau des guerriers, *excepté Turnus*) (Turnus étant excepté, si l'on en excepte Turnus).

Excepté que : cette locution est toute latine. Horace, *Epître* x du liv. 1er, à la fin :

Excepto quòd *non simul esses, cetera lætus.*

(N'ayant rien qui pût troubler ma joie, *excepté que* vous n'étiez pas avec moi. *Traduct. de Dacier.*)

Le traducteur de Strabon a dit aussi : « *Nulla pars Galliæ inculta jacet,* excepto *duntaxat* quòd *paludes et sylvæ coli prohibent* » (aucune partie de la Gaule ne reste inculte, *excepté* seulement ce que les marais et les forêts empêchent de cultiver). Dans cet *excepto quòd*, c'est-à-dire *eo excepto quòd* (cela étant excepté), on retrouve l'ablatif absolu.

EXCOGITER, *v.* du latin *excogitare* (imaginer). Ant. Arnauld, dans son *Plaidoyer contre les Jésuites*, appelle l'Inquisition « une boutique sanglante de toute cruauté, eschafaud de toutes les hideurs et horreurs tragiques qui se peuvent *excogiter* au monde. »

Le substantif *excogitation* avait été employé ; on le trouve dans le *Trés. des Chart.*, reg. 96, ch. 323.

EXCUSABLEMENT, *adv.* d'une manière excusable.

« Qui est infidèle à soy-mesme, dit Montaigne, l'est *excusablement* à son maitre. » *Essais*, liv. III, ch. I.

EXCUSE, *s. f.* du latin *excusatio* (excuse, prétexte); aussi a-t-on dit d'abord *excusation* qui se trouve dans les *Chroniques* de Monstrelet (quinzième siècle).

EXCUSER, *v.* du latin *excusare* (disculper).

« C'est alors (lorsque le temps eut fait succéder des usages plus doux aux procédés barbares de l'ancienne chevalerie des Germains) qu'on réduisit en science la pratique du combat singulier, et que les formes en furent adoptées dans toute l'Europe. Un chevalier fut appelé au combat pour des paroles, comme pour des actions injurieuses : on se querella non seulement sur une expression, mais encore sur le ton dont elle avait été prononcée......... Un démenti était devenu une chose si grave, qu'une personne prudente n'osait plus se servir de particules négatives, de crainte que les casuistes ne la transformassent en une manière indirecte de donner un démenti. On ne pouvait pas dire à un homme : *vous êtes mal informé*, sans s'exposer à un duel. De là ces formules déterminées : *excusez-moi, monsieur; je vous demande pardon*, etc. expressions qui sont encore en usage parmi le beau monde de France et d'Italie..»

Variétés littér. par Arnaud et Suard, t. III, p. 335, in-12, 1768.

EXCUSATEUR, EXCUSEUR, *s. m.*
H. Estienne s'est servi du premier, « Je demande à vous, Monsieur, qui êtes son *excusateur*, si pource que les forussits d'Italie ont des priviléges que n'ont pas les bannis de France... » *Langage françois italianisé.*

Voiture a dit en riant, dans une lettre à Chapelain : « Quand je pense que cette lettre s'adresse au plus indulgent de tous les hommes, à l'*excuseur* de toutes les fautes, etc. »

EXÉCUTABLE, *adj.* mot de Leibnitz, qu'il ne faudrait pas laisser perdre.

EXÉCUTER, *v.* s'*exécuter* soi-même, subir de bonne grâce ce à quoi l'on serait forcé.

Crébillon, après la chute d'une de ses tragédies, descend au foyer, demande leurs rôles aux comédiens, et jette son manuscrit au feu en présence d'une foule de spectateurs : « Voilà, dit-il, comme il faut s'*exécuter*, quand on n'a pas le bonheur de plaire au public. »

On propose au ministre Turgot un impôt progressif.... Turgot écrit en marge : « C'est l'auteur, et non le projet qu'il faut *exécuter*. »

EXÉCUTEUR, *s. m.* Voltaire a employé le féminin, « On regardait les Furies comme les *exécutrices* et non les victimes des vengeances divines. »

EXEMPLE, *s. m.* Ce qui peut servir de modèle. « L'*exemple* est un mirouer vague, universel et à tout sens. » MONT. liv. III, ch. 13.

« Les *exemples* sont comme de bonnes lunettes d'approche, par le moyen desquelles on peut distinguer de loin le bien d'avec le mal. » OXENSTIERN.

« On a condamné *instruisez-le d'exemple* (dans Corneille). Je trouve cette hardiesse très-heureuse. *Instruisez-le par exemple*, serait languissant ; c'est ce qu'on appelle *une expression trouvée*, comme dit Despréaux. J'ai osé imiter cette expression dans *la Henriade* :

Il m'instruisait d'exemple au grand art des héros.

et cela n'a révolté personne. » VOLTAIRE, *Lettre à M. Duclos*, 25 décembre 1761.

EXEMPT, TE, *adj.* Un mauvais plaisant proposa, à un contrôleur-général, de mettre des impôts sur l'esprit. « Tout le monde, disait-il, s'empressera de payer, personne ne voulant passer pour sot. » Le ministre répondit : « J'adopte votre projet, je vous promets que vous serez exempt de la taxe. » VOLTAIRE, *l'Homme aux Quarante écus.*

EXERCER, *v.* du latin *exercitare*, fréquentatif d'*exercere* (donner de l'exercice, occuper). Nos pères ont dit *exerciter* : « ils s'*exercitoient* à la chasse. » J. LE MAIRE DE BELGES.

Ainsi plaist au Seigneur de nous exerciter.
RONSARD, *Discours des misères de ce temps.*

Ils ont dit de même, au participe, *exercité* pour *exercé*, du latin *exercitatus*. « Les guerres en quoy les Parisiens se sont *exercitez*. » G. CORROZET, *les Antiquitez de Paris.*

« Aucuns autres plus *exercitez* au faict de la guerre. » DE LA LOUPE, *Origine des dignitez et magistrats de France.*

Exercite pour armée, dans nos anciens auteurs, et notamment dans les *Chroniques* de Monstrelet.

EXHUMER, *v.* du latin *exhumare* (tirer, faire sortir de terre), comme *inhumer*, de *inhumare* (mettre en terre, donner la sépulture).

« *Exhumer*, présente, dit M. Ph. de la Madelaine, une idée triste, fâcheuse même : le poète Le Brun, qui a dit que l'*inexorable Histoire exhumerait ces rois* dont la flatterie avait divinisé les crimes ou les faiblesses, a élevé ce mot à la hauteur de l'épopée. »

EXIGENCE, *s. f.* caractère de l'homme exigeant. « Les diverses sectes varient dans leurs dogmes, sans varier dans leurs *exigences*, parce que le caprice a produit ceux-ci, tandis que l'intérêt des prêtres, qui est toujours le même, guide celles-là. » MIRABEAU.

« L'amitié obtient, l'importunité

arrache, mais l'*exigence* repousse. »
Le duc DE LÉVIS.

EXIGUITÉ, *s. f.* Ce terme n'était guère de mise avant 1780. L'abbé Féraud le note comme un terme nouveau. « Les Génevois ne demandent, pour consolation de leur *exiguité*, que l'assurance de ne pas subir des métamorphoses. » LINGUET.

EXIL, *s. m.* du latin *exsilium*; et le latin *exsilium* a été formé, selon M. Dacier (remarque sur le 27e vers de la 3e Ode du liv. II d'Horace), de la préposition *ex*, et du mot *solum* (terre), de sorte qu'un exilé n'est autre chose qu'un homme chassé de sa terre, de sa patrie.

« Sous le règne de Tibère, les emplois éloignés étaient des *exils* mystérieux. » SAINT-ÉVREMONT.

EXILER, *v.* du latin *exsulare* (être banni, exilé), ou de *exiliare* (envoyer en exil), qui s'est dit dans la basse latinité. L'Académie, comme la remarque en a été faite par M. Laveaux, ne le met point au figuré; cependant Voiture a dit :

Ma raison loin de moi se tenait *exilée*.

Racine, dans *Bérénice* :

... Laissez-moi du moins partir persuadée
Que déjà de votre ame *exilée* en secret, etc.

Et M. de Fontanes, dans l'*Epître à M. Ducis* :

Tu rappelles OEdipe ; il se lève, et je vois
. . . .
Cet auguste vieillard d'ombres environné,
Par des fils criminels *exilé* de son trône,
S'avancer appuyé sur le bras d'Antigone.

EXILEUR. Linguet dit que son père, bon janséniste, fut martyr du despotisme *exileur*, comme son fils l'a été du despotisme rayeur.

EXILE, *adj.* du latin *exilis* (menu, mince, délié, grêle. « Ceux qui ont le corps gresle, le grossissent d'embourrures; ceux qui ont la matière *exile*, l'enflent de paroles. » MONT.

Nous avons déjà *exilité*, pourquoi n'avoir pas adopté l'adjectif, qui pourrait offrir une nuance que ses synonymes ne présentent pas ?

EXISTENCE, *s. f.* On la distingue de la vie : ce sont les sots privés de sentiment qui ont donné lieu à cette distinction

ÉPITAPHE.

La mort mit dans ce monument
L'époux de la sublime Hortense,
Dont le billet d'enterrement
A manifesté l'*existence*.

EX-LAQUAIS, *s. m.* On attribue à Mézeray l'invention de ce mot. *Voyez* EX.

EXOINE, *s. f.* terme de jurisprudence, acte ou certificat qui prouve l'impossibilité de comparaître en personne. On n'est point d'accord sur l'étymologie de cet ancien mot, qui n'a pas toujours été renfermé dans les limites du barreau, et qui, selon Le Laboureur, s'écrivait *exoine*, *essoine*, *ensoigne*, et signifiait toute sorte d'empêchement, soit qu'il vînt de maladie, de blessure ou d'affaires. Jac. Bourgoing le dérive du latin *exonerari* (être déchargé d'un fardeau) : « *Veteres nostri forenses* exonier *pro* exonerer, exonerari, *inquam, et excusari à juris vocationis onere post judicis concessionem vocaverunt; ipsamque absentiæ excusationem* exoine. » *De Origine et usu vulgarium vocum*, pag. 14, Paris, in-4°, 1583.

Du Cange prétend qu'il vient de *essonia*, *exonia*, *exonium*, qu'on a dit au même sens dans la basse latinité. Cl. Marot semble avoir pris *essoine* dans le sens de peine, effort, dans les vers suivans :

.... Il n'a pas grand *essoine*
A comprendre les sacrifices :
Car d'amourettes les services
Sont faits en termes si très-clairs,
Que les apprentis et novices
En sçavent plus que les grands clercs.

« Je ressemble, dit Voltaire, à un de ses défenseurs, à ces vieux chevaliers qui ne pouvaient plus combattre en champ clos; ils étaient *exoines*, comme dit la chronique, et un jeune chevalier, plein de courage, prenait leur défense. »

EXORABLE, *adj.* du latin *exorabilis* (qu'on peut fléchir par des prières). Les deux Corneille (Pierre et Thomas) ont employé fort énergiquement le mot *exorable* que l'Aca-

EXO 537 **EXP**

démie semble avoir relégué dans la classe des mots surannés.

O dieux!................
Rendez-la, comme vous, à mes vœux *exorable*.
                   Cinna, act. III, sc. 3.

« *Exorable* devrait se dire ; c'est un terme sonore, intelligible, nécessaire. Il est bien étrange qu'on dise *implacable*, et non *placable* ; une ame *inaltérable*, et non pas une ame *altérable* ; un héros *indomptable*, et non un héros *domptable*. » VOLT. *Remarques sur Corneille*, au lieu cité.

Le ciel à mon amour serait-il favorable
Jusqu'à rendre si tôt Ariane *exorable* ?
                  TH. CORNEILLE.

« Ce mot ne s'est pas soutenu, quoiqu'employé par Corneille (le critique pouvait dire par les deux Corneille), quoique sonore et énergique ; et son composé, *inexorable*, s'est si bien établi, qu'il est employé dans le style le plus noble. J'avoue que je regrette *exorable*, et que j'en désire la résurrection. » FÉRAUD, *Dict. crit. de la Langue française*.

« Qu'*exorable* à la prière, le prince soit ferme contre les demandes. » MONTESQUIEU.

Mirabeau a dit, en parlant du peuple : « Violent, mais *exorable* ; excessif, mais généreux. »

Si le sort *exorable* aux vœux de l'innocence
Replace dans mes mains la suprême puissance,
Oui, tu verras toujours, etc.
     BAOUR-LORMIAN, *Jérusalem délivrée*, ch. v.

M. Mollevaut a employé *exorable* dans sa traduction de la *Vie d'Agricola*, p. 41 : « Grand homme d'ailleurs, Paullinus traitait les vaincus avec dureté et arrogance, vengeant sa propre injure. On lui substitue Petronius Turpilianus, comme plus *exorable*, etc. »

EXORDE, s. m. du latin *exordium* (commencement), première partie d'un discours oratoire :

Il s'assied, il élève un front majestueux,
Et son air, son regard, le beau feu qui l'anime,
De son adroit discours sont l'*exorde* sublime.
Ainsi, parmi les Grecs ou ces fameux Romains,
Quand Rome, libre encor, commandait aux humains,
Du geste, du regard la muette éloquence
D'un discours séducteur préparait la puissance ;
Des plus grands intérêts profondément rempli,
L'orateur en lui-même un instant recueilli,

Méditait de son art les brillantes merveilles,
Par le plaisir des yeux prévenait les oreilles,
S'arrêtait à propos, se taisait à dessein,
S'exprimait d'un regard, et parlait de la main ;
Tantôt insinuant, circonspect et timide,
Préludait lentement ; tantôt brusque et rapide,
Et d'un *exorde* adroit dédaignant les lenteurs,
Partait comme l'éclair, et tonnait dans les cœurs.
Tel prélude Satan, etc.
    DELILLE, trad. du *Paradis perdu*, l. IX.

J. B. Rousseau l'a employé au figuré :

Ainsi des dieux le suprême vouloir
De l'harmonie établit le pouvoir ;
Elle éteignit par ce sublime *exorde*
Le règne obscur de l'affreuse Discorde.

L'expression, comme le remarque l'abbé Féraud, est hardie et noble.

EXPANSIF, IVE, adj. L'usage de ce mot n'est pas très-ancien. L'abbé de Boulogne lui a donné un sens figuré : « L'ame du Dauphin fut peut-être moins *expansive* ; il eut plus de ce caractère touchant d'une vertu qui se cache. » *Éloge du Dauphin*.

Comme il est bien placé dans cette phrase de J. J. Rousseau ! « Jeune, vigoureux, plein de santé, de sécurité, de confiance en moi et aux autres, j'étais dans ce court mais précieux moment de la vie où sa plénitude *expansive* étend, pour ainsi dire, notre être par toutes nos sensations, et embellit à nos yeux la nature entière du charme de notre existence. » *Confessions*, l.

EXPANSION, s. f. Ce substantif a suivi le sort de l'adjectif *expansif*, c'est-à-dire que du domaine des sciences exactes, il a passé dans la langue vulgaire, où on l'emploie depuis quelque temps dans un sens moral. « Il y a, dit M. Laveaux, dans le caractère du Français une *expansion* originale. Voyagez deux jours dans une voiture publique ; lorsqu'on en descend, vous diriez, aux mutuelles démonstrations d'amitié, que ce sont des amis de vingt ans qui se séparent. »

EXPATRIATION, s. f. action de s'expatrier, ou état de celui qui est expatrié. C'est un vieux mot tombé en désuétude qu'on a réhabilité.

« Si doys sçavoir que selon le droit escript, ils ne sont que trois manières d'*expatriations*. » BOUTILLIER, *Somm. rur.* tit. LIV.

« Cette dénonciation exposa Voltaire au danger d'une nouvelle *expatriation*. » CONDORCET, *Vie de Voltaire.*

EXPECTANCE, *s. f.* « On a voulu mettre ce mot en usage ; mais nous avons *expectative*. Cependant *expectance* n'indique-t-il pas une attente qui est plus dans l'esprit, dans le désir ; et *expectative* une attente positive, fondée sur quelque chose de plus certain, sur des droits ? » J. CH. LAVEAUX, *Dict. des difficultés de la Langue française.*

Expectation, que l'on trouve dans Al. Chartier et dans Montaigne, n'est plus usité, si ce n'est comme terme de médecine.

EXPÉDITIF, IVE, *adj.* « Il n'est pas de ces médecins qui marchandent les malades, c'est un homme *expéditif*, qui aime à dépêcher les malades, et quand on a à mourir, cela se fait avec lui le plus vite du monde. » MOLIÈRE.

EXPÉRIENCE, *s. f.* « Ce n'est pas assez de compter les *expériences* ; il les faut poiser et assortir : et les faut avoir digérées et alambiquées, pour en tirer les raisons et les conclusions qu'elles portent. » MONT. l. III, c. 8.

L'*expérience* n'est pas tant le fruit du grand nombre d'années que l'on a vécu, que du grand nombre de momens où l'on a observé.

L'*expérience* est chose qu'on peut emprunter commodément, mais qui coûte souvent fort cher lorsqu'on l'achète.

L'*expérience* des siècles passés est perdue pour les siècles qui les suivent. Les États profitent bien moins de leurs fautes que les particuliers.

Expériment pour *expérience*, dans Al. Chartier et dans les *Fabliaux* de Barbazan, d'où *expérimenter*.

EXPÉRIMENTER, *v.* éprouver par expérience ou par *expériment*, comme on a dit autrefois. « Ayant souvent *expérimenté* l'incontinence de ma langue, tu ne t'en es point donné de garde. » MONT.

« Il démontre les contraires effets qu'amour produit en lui, lesquels nul ne peut au vrai entendre, qui ne *les ait expérimentés* en soi-même. » MURET, *Commentaires sur les Amours de Ronsard*, p. 12, édition de Paris, 1553.

Bref, il n'est sur la terre
Espèce de malheur,
Qui, me faisant la guerre,
N'*expérimente* en moi ce que peut la douleur.
BERTAUT.

« Notre souverain monarque, pour *expérimenter* notre prompte obéissance, nous chargea d'exécuter ses ordres divins. » LOUIS RACINE, trad. du *Paradis perdu.*

Expérimenter est peu usité ; il n'en est pas de même de son participe *expérimenté*, qui, en parlant des personnes, signifie instruit par l'expérience.

EXPIATEUR, *s. m.* EXPIATRICE, *s. f.* celui, celle qui expie. Ce substantif, se trouve dans Raynal, en parlant du flibustier Monbard, qui fut surnommé le grand *expiateur*, à cause du carnage qu'il faisait des Espagnols, pour leur faire expier, disait-il, les cruautés qu'ils avaient commises dans le Nouveau Monde ; il a été employé par M. Aignan :

Les pontifes divins *expiateurs* des crimes.
Trad. de l'*Iliade*, liv. 1.

Cet auteur l'a même employé comme adjectif au féminin :

Et que de cent taureaux l'offrande *expiatrice*,
Par le vaillant Ajax ou par le sage Ulysse,
Ou par toi-même enfin soit conduite à l'autel.
Trad. de l'*Iliade*, liv. 1.

Gradus français.

EXPIER, *v.* du latin *expiare* (purifier, se purger d'un crime par un sacrifice, par un acte de dévotion).

Dieu le vit ; et bientôt au glaive abandonné
Israël *expia son temple profané*.
DELILLE, trad. du *Paradis perdu*, ch. 1.

Expia son temple profané ; le poète veut dire, *expia la profanation de son temple* ; expression vive et hardie.

L'Académie n'indique pas qu'il peut s'employer avec le pronom personnel ; cependant Voltaire a dit, dans *Sémiramis*, act. 1, sc. 5 :

Et peut-être il est temps que le crime s'*expie*;

et dans *Oreste*, act. III, sc. 6 :

Le sang qu'on a versé doit s'*expier*, seigneur.

EXPLOIT, *s. m.* acte d'huissier. Les premières ordonnances des rois de la troisième race, où il est question des sergens, ne donnent point à leurs actes le nom d'*exploits*. La plus ancienne où l'on trouve ce terme, est celle qui fut publiée l'an 1350 par le roi Jean.

EXPLOITEUR, *s. m.* L'Académie porte ce mot, et le définit celui qui fait exploiter des terres, des mines. Dufresny lui a donné une tout autre signification ; mais c'est dans le style comique :

A la plume, à l'épée *exploiteurs* à deux mains.
Réconcil. Normande.

EXPLORATEUR, *s. m.* du latin *explorator* (celui qui explore, qui observe). Ce mot, rajeuni de nos jours, n'aurait jamais dû tomber en désuétude. C'était le regret de l'auteur des *Réflexions sur l'usage de la Langue française* : « Il y a, dit-il, des mots inusités qui ont quelque chose de noble et de hardi qui plaît d'abord : il semble que l'usage ait tort de ne pas les recevoir. *Explorateur* paraît assez de ce caractère. Je crois qu'un peu d'adresse à le reproduire lui ferait faire aisément fortune, et que l'usage, tout tyran qu'il est, se laisserait fléchir en sa faveur. »

Explorateur se trouve déjà dans le *Roman des Neuf Preux*.

« Les *explorateurs* que Moïse avait envoyés pour reconnaître le pays, etc. » *Hist. du Commerce et de la Navigation*, par Huet, évêque d'Avranches, t. 1, p. 13, Paris, 1716.

Dulard a dit, en parlant de don Vasco de Gama, qui le premier doubla le cap de Bonne-Espérance :

Le Lusitain, jaloux des succès de l'Ibère,
Heureux *explorateur* d'un nouvel hémisphère,
Voulut, par l'Océan, pénétrer aux climats
Où le vainqueur d'Arbelle avait porté ses pas.
Établiss. de la Religion dans les Indes, c. 1.

Dans sa témérité
Il (l'homme) ose du Très-Haut sonder l'immensité,
Et porte ses regards, *explorateur* sublime,
Dans les obscurités de cet auguste abîme.
Le même, les Merveilles de la Nature, c. VII.

Voyez-vous ce vaisseau qui, flottant sur les ondes,
Des états de l'aurore accourt victorieux?
Dominateur des mers, *explorateur* des mondes,
Sur la vague orgueilleuse il semble atteindre aux
[cieux.
THÉODORE DÉSORGUES, *les Fêtes du Génie.*

Pourquoi ne dirait-on pas au féminin *exploratrice*, comme les Latins ont dit *exploratrix* ?

EXPLORER, *v.* du latin *explorare* (examiner, observer), a été employé par M. Malte-Brun et par quelques autres géographes en parlant de voyageurs qui parcourent un pays pour en connaître la position, l'étendue, etc. ; par M. Mollevaut : « Redoutant un soulèvement général au-delà de Bodotrie et les chemins infestés d'ennemis, il *explore* les vastes cités avec sa flotte. » Trad. de la *Vie d'Agricola*, pag. 61.

On pourrait le regarder comme un néologisme heureux, s'il ne se trouvait pas déjà dans Rabelais : « Apportez-moy les OEuvres de Virgile, et par troys foys avecq l'ongle les ouvrans, *explorerons*, par les vers du nombre entre nous convenu, le sort futur de votre mariage. » Liv. III, ch. 10.

Espérons qu'*explorateur* et *explorer* nous donneront *exploration*, dont nous sentons aujourd'hui le besoin.

EXPLOSER, *v.* faire explosion. Mot nouveau que Mercier voudrait que l'usage adoptât. « Ce verbe est d'autant plus admissible, dit-il, qu'il peut être souvent et diversement employé. *De tant d'événemens inattendus, on verra* exploser *une funeste catastrophe. La domination maritime des Anglais ne peut manquer de faire* exploser *et fondre sur leur gouvernement l'indignation et la vengeance de tous les peuples de l'Europe.* » Ce mot nouveau n'a pas été reçu favorablement. CH. LAVEAUX, *Dict. des difficultés de la Langue française.*

EXPRESSION, *s. f.* manière d'exprimer la pensée. « Les *expressions*, dit Le Batteux, sont aux pensées ce que les pensées sont aux choses qu'elles représentent..... Les choses font naître la pensée et lui donnent sa configuration ; la pensée à son tour produit l'*expression*..... La pensée est une image intérieure des choses ; l'*expression* est une image extérieure des pensées. L'obscurité des *expressions* marque nécessairement de l'obscurité dans la pensée. »

Selon que notre idée est plus ou moins obscure,
L'*expression* la suit ou plus nette ou plus pure;
Ce que l'on conçoit bien s'énonce clairement,
Et les mots pour le dire arrivent aisément.
BOILEAU.

« Quand on est bien pénétré d'une idée, quand un esprit juste et plein de chaleur possède bien sa pensée, elle sort de son cerveau tout ornée des *expressions* convenables, comme Minerve sortit tout armée du cerveau de Jupiter. » VOLT.

« La force de l'*expression* est en raison de l'énergie de la pensée, comme la force d'un *jet-d'eau* indique la hauteur du réservoir. » Le duc DE LÉVIS.

La plupart de nos *expressions* ressemblent à ces rouleaux de monnaie, qui circulent, sans jamais être comptés.

EXPRIMER, *v.* dans toutes ses significations vient du latin *exprimere* (faire sortir en pressant).

*Hasce igitur penitus voces cùm corpore nostro
Exprimimus, rectoque forás emittimus ore.*
LUCRÈCE

...... *Utilitas* expressit *nomina rerum.*
Le même.

(L'utilité *a exprimé* le nom des choses).

« Nous pensons plus fortement que nous ne nous *exprimons* ; il y a toujours une partie de notre pensée qui nous demeure. » SAINT-ÉVREMONT.

EX-PROFESSO, *adv.* terme lat. dont on se sert en français : traiter une matière, une question, *ex-professo*, c'est la traiter exprès, avec tout le détail, et toute l'attention possible.

EXPROPRIER, *v.* dépouiller de la propriété. Ce mot est de Thouret, et date de la révolution.

Son substantif *expropriation* est usité dans la pratique ; un titre entier du Code civil est contraire à *l'expropriation forcée.*

EXTATIQUE, *adj.* (ἐξ, στάσις, état) qui tient de l'extase.

D'un faux dévot la grimace *extatique.*
J. B. ROUSSEAU.

EXTERMINATEUR, *adj. m.* L'ange *exterminateur*, le glaive *exterminateur.*

Ainsi le glaive fidèle
De l'ange *exterminateur*
Plongea dans l'ombre éternelle
Un peuple profanateur.
J. B. ROUSSEAU, liv. III, ode 10.

Grand Dieu ! . . . .
Délivre-nous d'un roi donné dans ta colère.
Viens, des cieux enflammés abaisse la hauteur ;
Fais marcher devant toi l'ange *exterminateur.*
VOLTAIRE, *la Henriade*, chant V.

Il est aussi substantif. *Hercule a été l'*exterminateur *des monstres de son temps.* Acad.

. . . . . . Ce toit reçut le grand Alcide,
Des monstres, des brigands, noble *exterminateur.*
DELILLE, trad. de l'*Enéide*, liv. VIII.

M. La Harpe a dit *exterminatrice* au féminin :

« Ces innombrables monumens d'une rage *exterminatrice.* » *Cours de Littérature*, t. VIII, p. 13.

EXTERMINER, *v.* du latin *exterminare*, proprement chasser, pousser hors des bornes, des limites; figurément, faire sortir des limites du monde, de la vie, par conséquent, faire périr.

« Je serois d'avis de l'*exterminer* de tout point *de ceste nostre compagnie.* » ESTIENNE PASQUIER, écrivain du 16e siècle, en son *Pourparler du prince.*

Du milieu de mon peuple *exterminez* les crimes..
RACINE.

Exterminez, grand Dieu, de la terre où nous sommes,
Quiconque avec plaisir répand le sang des hommes.
VOLTAIRE.

Fuis ; et puissent les dieux t'*exterminer du monde*,
Te priver de la terre, et de l'air, et de l'onde !
DESAINTANGE.

EXTINCTEUR, *s. m.* du latin *exstinctor* (celui qui éteint, destructeur).

Moi qui, de mon aîné réprimant les ardeurs,
Forçant au célibat même jusqu'à mes sœurs,
Dans l'histoire voulois, pour distinguer ma place,
Y mériter le nom d'*extincteur* de ma race !
DUFRESNY, *le Dédit*, sc. 6.

Nous avons *extinction*, pourquoi ne pas admettre *extincteur*, mot sonore, dont le besoin se fait sentir, et qui serait d'un bel effet dans la haute poésie et dans le style soutenu ?

EXTINCTION, *s. f.* action d'éteindre, état de ce qui est éteint.

Suivant La Touche, on a toujours dit *extinction de voix*, *extinction de chaleur naturelle* ; je poursuivrai cette affaire *jusqu'à extinction* ; mais ce n'est que depuis le commencement du siècle (du 18e siècle) qu'on a commencé de dire, *extinction de piété, de raison, de l'esprit de pénitence*, etc. Encore y avait-il des gens qui n'approuvaient pas ces façons de parler. L'Académie n'en parle pas. Mais, ajoute l'abbé Féraud, je n'oserais les condamner.

EXTORSIONNER, *v.* « Commettre des *extorsions*. » LE PRINCE DE LIGNE, *Vie du prince Eugène*.

EXTRA, particule initiale, du latin *extra* (hors de). « Il ajoute, dit Domergue, au mot qu'il sert à former une idée de *sortie* qui va *au-delà* du terme : *extravagant*, qui erre en allant au-delà des idées raisonnables ; *extraordinaire*, qui va au-delà de ce qui est ordinaire ; *extravasé*, qui est sorti, qui est allé au-delà du vase où il doit être contenu. » *Solutions grammaticales*, p. 61.

EXTRA, *s. m.* Ce mot emprunté du latin, comme nous venons de le dire ci-dessus, et qui signifie, outre, par-delà, par-dessus, commence à s'accréditer en français, pour dire ce que l'on prend au-delà de ce qui est réglé, ordinaire, convenu : *L'ordinaire du restaurateur ne lui suffit pas, c'est pourquoi il prend deux plats d'extra. Il a payé deux francs pour son dîner et trente sous pour une bouteille d'extra*; c'est-à-dire pour une bouteille qu'il a consommée outre, au delà du vin qui entrait dans la portion assignée. Les Allemands font un usage fréquent du mot *extra* en ce sens.

EXTRAIT, *s. m.* n'est, comme l'a remarqué M. Butet, que l'adjectif *extrait* pris substantivement par ellipse : un *extrait*, dit-il, est pour un *passage* ou un *morceau extrait*.

« La cour est, pour ainsi dire, l'*extrait* de tout le royaume ; tout ce qu'il y a de plus fin et de plus pur s'y rencontre. » SAINT-ÉVREMONT.

De plus *fin*, peut-être ; de plus *pur*, c'est selon.

« Un pygmée, un *extrait d'homme* comme vous!.... » REGNARD, *Crit. du Légat.* sc. 8.

EXTRAIT, *adj.* « est la traduction directe du latin *extractus, a, um*, par l'intermédiaire des deux formes lexiques *extract, extraict*, de même signification *.

» *Extractus* adjectif, pour *extrahitus*, est le participe passif d'*extrahere*, et a pour base le supin *extractum* pour *extrahitum*.

» *Extrahere*, dont *extraire* est la traduction ; par les intermédiaires *extrahere, extrare*, est formé de *ex* et de *trahere*.

» *Extrahere*, extraire, c'est *traire* ou *tirer au-dehors, tirer hors de, faire sortir par l'action de tirer*.

» *Trahere, traire, tirer, trier* (car ces trois mots ne sont que trois variétés de cette forme primitive), paraît être, suivant Vossius, formé de *trans*, au-delà, et de *vehere*, porter, traîner, d'où *transvehere, travehere*, comme *transdare, transducere*, sont devenus *tradere, traducere*. Il ne reste donc à justifier que la syncope de *v*, ce qui est très-facile, cette syncope de *v* étant assez fréquente

---

* *Extraict* est dans le *Dictionnaire de la langue romane*, par M. Roquefort. *Extract* formé directement d'*extractus*, se retrouve dans l'anglais. Il est bon d'observer que les mots latins qui sont passés dans cette langue, ont éprouvé bien moins d'altérations que dans la nôtre : de *debitum, epistola*, les Anglais ont fait *debt, epistle* ; et nous, de ces mêmes mots latins, nous avons eu d'abord *debte, epistole*, et ensuite *dette, epistre*, puis *épître* : nous avons cependant conservé les formes intermédiaires dans *débiteur, épistolaire*.

en latin, et de latin en français : tous les prétérits des verbes latins en *ii* sont pour *ivi*, *adii* ou *adivi*, *petii* ou *petivi*. C'est ainsi que *avunculus*, devenu *avuncule*, puis *avuncle*, en éprouvant la syncope du *v*, a donné *auncle*, *uncle* * (en anglais, *uncle*), puis en dernière forme, *oncle*.

» *Vehere*, suivant le même Vossius, paraît être un dérivé de l'hébreu. » BUTET, de la Sarthe, *Manuel des amateurs de la langue française*, 2ᵉ année (1814), nᵒ 1, pag. 18.

EXTRAVASER (s'), *v.* sortir, se répandre hors du *vase*. Un auteur moderne en a fait un emploi assez hardi.

« Pendant vingt ans on n'a vu que la France s'*extravasant* dans son voisinage, etc. et pendant ce temps, l'Angleterre, etc. s'avançait le trident à la main, etc. » L'abbé DE PRADT, *des Colonies*, pag. 77.

EXTRAVASION, *s. f.* Linguet l'a employé dans le sens de digression. Parlant des discussions du parlement d'Angleterre : «Hommes assez heureux, dit-il, pour pouvoir influer sur les opérations du gouvernement, ne perdez pas dans des *extravasions* puériles votre temps et votre enthousiasme. »

EXTRÉMITÉ, *s.f.* « Vous verrez dans une seule vie toutes les *extrémités* des choses humaines, la félicité sans bornes, aussi bien que les misères. » BOSSUET.

Sans les femmes, les deux *extrémités* de la vie seraient sans secours, et le milieu sans plaisir.

EXUBÉRANCE, *s. f.* « L'*exubérance* de Piron et son feu roulant me fatiguent et m'éblouissent. » J. J. ROUSSEAU.

EXULTATION, *s. f.* L'Académie française a proposé ce mot dans le sens d'allégresse. Par exemple : il y eut une grande *exultation* dans tout le royaume après le gain de cette bataille. Pour sentir le mérite de ce mot, qu'on substitue celle-ci : après le départ de nos ennemis les alliés, et on sera de l'avis de l'Académie.

Le verbe *exulter*, pour tressaillir de joie, se trouve dans l'*Archéologie française* par M. Pougens, et dans le *Dictionnaire de Trévoux*.

EX-VOTO, *s. m.* Cette expression latine, que l'usage a fait passer dans notre langue, désigne et les offrandes promises par un vœu, et les tableaux qui représentent ces offrandes ; à l'exemple des anciens qui en ornaient leurs temples, et qui quelquefois en confiaient l'exécution à leurs meilleurs artistes.

Ces sortes de tableaux portaient, chez les Romains, le nom d'*ex-voto* (par le vœu), pour marquer que l'auteur rendait public un bienfait qu'il avait reçu de la bonté des dieux, ou qu'il s'acquittait de la promesse qu'il avait faite à quelque divinité dans un extrême danger dont il était heureusement échappé.

Un soldat prussien, catholique, est condamné à mort comme suffisamment convaincu d'avoir volé un *ex-voto* saisi sur lui, et qu'il soutenait lui avoir été donné par la Sainte-Vierge. Frédéric-le-Grand, informé du jugement et de la défense de l'accusé, fait surseoir à l'exécution de la sentence. Il assemble quelques docteurs en théologie, et leur demande s'ils croyaient possible que la Vierge fît don d'un *ex-voto* à un pauvre soldat qui implore sa protection. Les docteurs répondent que, chrétiennement parlant, un pareil miracle n'est pas au-dessus de la puissance de la Vierge. « Il suffit, dit le roi; la possibilité du don, jointe à la déclaration du soldat, doit l'emporter sur toutes les présomptions de vol. Je fais grâce au condamné; mais qu'il lui soit enjoint de ne plus recevoir à l'avenir d'*ex-voto* de quelque saint que ce soit, sous peine d'être pendu. » *Nouveau Dictionnaire des Origines.*

---

* C'est ainsi que *août*, du latin *Augustus* (en anglais *August*), qui, naguère, se prononçait *a-oût*, se prononce aujourd'hui et même commence à s'écrire *oût*.

F

F, *s. m.* selon la nouvelle appellation où l'on prononce *fe*, et *s. f.* selon l'ancienne, où l'on prononçait *ef*.

Cette lettre est imitative, et l'accumulation des *f* exprime bien le souffle des vents, le frémissement des ondes, etc.

Fille d'un son fatal que souffle la menace,
L'*f* en fureur frémit, frappe, froisse, fracasse,
Elle exprime la foudre et la fuite du vent ;
Le fer lui doit sa force ; elle fouille, elle fend,
Elle enfante le feu, la flamme, la fumée,
Et féconde en frimas, au froid elle est formée ;
D'une étoffe qu'on froisse elle fournit l'effet,
Et le frémissement de la fronde et du fouet.
PILS, Harmonie imitative.

Dans le discours familier ou badin, on dit les *bé*, les *ef*, et alors on se sert de l'ancienne dénomination de ces lettres (les *b*, les *f*) pour exprimer certaines expressions grossières qui commencent par ces lettres.

Les *b*, les *f* voltigeaient sur son bec,
Et les nonnains crurent qu'il parlait grec.
GRESSET, Vert-Vert.

Un grave docteur en médecine, qui a traduit *Ververt* en vers latins, a rendu énergiquement le premier de ces deux vers :

Intonat horrendum B, F.

Les *b*, les *f* cousus à chaque mot,
Font cent fois au couple dévot
Invoquer tous les saints, inscrits dans la légende.
IMBERT, les Deux Dévotes, conte.

Or, de ses sens on n'est pas toujours maître ;
Je lâche une *f*, j'en lâche deux peut-être,
Et mon voisin, qui n'aimait pas les *f*,
Par un soufflet me répartit en bref.
PONS DE VERDUN, les Suites d'une affaire.

Ce que Bois-Robert a dit du *Dictionnaire de l'Académie*, pourrait se dire encore, et à aussi juste titre, de l'édition nouvelle que cette compagnie promet depuis vingt-cinq ans.

Depuis dix ans *dessus* l'F on travaille,
Et le Destin m'aurait fort obligé,
S'il m'avait dit : tu vivras jusqu'au G.

FABLE, *s. f.* du latin *fabula*, formé de *fari* (parler). La *fable* est un discours ou un récit allégorique qui renferme une vérité morale. Nous remarquerons que *fabula* ne s'est pas toujours pris chez les Latins pour une histoire fabuleuse.

« Les *fables* des poètes sont les mystères des philosophes. » BALZAC, *le Romain*.

« Les hommes aiment tant les *fables*, que quand ils ne peuvent en faire, ils en copient, ou en lisent. » VOLTAIRE.

« Quel bonheur pour l'homme que les animaux ne parlent que dans les *Fables* d'Ésope ! Cela lui épargne bien de la confusion. » OXENSTIERN.

On dit être la *fable* de la ville, du quartier, pour exprimer être en butte aux discours de la ville, du quartier. Nous avons emprunté cette locution aux Latins : on trouve dans Cicéron, *ridiculus est aliorumque fabula* (il est ridicule et la *fable* des autres).

Heu ! me, per urbem. . . . . . .
Fabula *quanta fui*.
HORACE, Epod. xi.

(Ah malheureux ! quel sujet de *fable* n'ai-je point été dans toute la ville !)

Quelle noblesse cette expression familière n'acquiert-elle pas dans la bouche d'Achille ?

Suis-je, sans le savoir, la *fable* de l'armée ?
RACINE, Iphigénie, act. II, sc. 7.

Plus le héros est fier, plus cette locution familière a d'énergie ; c'était le propre de Racine de convertir tout en or.

FABLIAU, *s. m.* qu'on a dit *fabel* et *fableau*, est un diminutif de *fable*, et signifie ces petits contes en rimes plutôt qu'en vers, composés par nos anciens poètes provençaux nommés troubadours.

« Il y avoit alors (sous le règne de saint Louis) des fables et des historiettes qu'on appeloit *fabels* ou *fa-*

bliaux; tel fut celui que fit Yves Pianceles pour un mari en divorce avec sa femme. Il commence ainsi :

> Yves Pianceles qui trouva
> Cil *fabel*, par raison prouva
> Que cil qui a femme robeste (opiniâtre)
> Est garni de mauvaise beste, etc. »
>
> MERVESIN, *Histoire de la Poésie françoise*, pag. 82, in-12. Paris, 1706.

Des *fabliaux* et des chansons, voilà les premiers essais poétiques qu'offre notre littérature. Ce qui prouve que ces contes ne sont dépourvus ni de gaîté ni d'imagination, c'est que La Fontaine en a tiré plusieurs de ses plus jolis contes, Boccace un assez grand nombre de ses nouvelles, et Molière quelques-unes de ses scènes.

FABLIER, *s. m.* mot inventé par Mme de la Sablière, qui appelait La Fontaine son *fablier*, pour exprimer qu'il produisait des fables aussi naturellement que le pommier porte des pommes.

> De notre aimable *fablier* (La Fontaine)
> Empruntant le simple langage,
> Je redisais au jardinier, etc.
>
> J. DELILLE, *la Conversation*, ch. III.

FABRICATEUR, *s. m.* du latin *fabricator* (celui qui forge, qui fabrique). Son usage le plus fréquent est au figuré, où il se prend le plus souvent en mauvaise part : *fabricateur de nouvelles, de mensonges, de calomnies.* Virgile a dit de même, *doli fabricator* (le fabricateur de la fourberie).

La Fontaine dit, en parlant du cheval de Troie :

> Stratagème inouï qui des *fabricateurs*
> Paya la constance et la peine.
>
> Liv. II, fable 1.

Et le *fabricateur souverain*, en parlant de Dieu, comme on dit, par périphrase, le *souverain architecte*, l'*éternel créateur*.

> On se voit d'un autre œil qu'on ne voit son prochain ;
> Le *fabricateur souverain*
> Nous créa besaciers tous de même manière, etc.

Louis Racine dit, en parlant des poètes :

> Hardis *fabricateurs* de mensonges utiles.

FABULISER, *v.* ajouter des traits fabuleux à un récit vrai. Cette tentative de l'abbé Desfontaines n'a pas réussi.

FABULISTE, *s. m.* Ce mot ne se trouve ni dans les auteurs de notre ancien langage, ni dans le *Dict.* de Nicot, et l'Académie française ne l'avait pas encore admis dans la seconde édition de son Dictionnaire, publiée après la mort de La Fontaine, qui s'en était servi dans la préface qu'il avait mise à la tête de ses Fables, mais il n'est pas dû à cet auteur, comme le prétendent La Mothe et les auteurs du *Dict. de Trév.* Naudé l'avait déjà employé dans son *Apologie des grands hommes.*

FABULOSITÉ, *s. f.* qualité de ce qui est fabuleux, du latin *fabulositas* (fiction, récit fabuleux); terme dont s'est servi Amyot dans sa traduction de *Plutarque.*

« Quelques-uns interprétant un peu plus gracieusement la *fabulosité* de ce conte, disent que ce ne fut pas par imprécation qu'il attira la marine. » *Œuvres morales*, t. XVI, p. 151.

FAÇADE, *s. f.* face d'un grand bâtiment, de l'italien *facciata*, formé du latin *facies* (face).

« Les deux plus belles *façades* que je connaisse, disait un bon juge, c'est la colonnade du Louvre, et la préface de l'*Encyclopédie.* »

« Il y a des gens qui n'ont que la *façade*, ainsi que les maisons qu'on n'a pas achevé de bâtir, faute de fonds; l'entrée sent le palais, et le logement la cabane. » GRACIAN.

Mme de Bourdic, peu jolie, mais d'une taille élégante, disait, en parlant d'elle-même, que « l'architecte avait manqué la *façade*. »

Les possessions prussiennes, assimilées à un long ruban, n'ont, suivant l'expression pittoresque de l'abbé de Pradt, qu'une *façade* sur l'Europe.

FACE, *s. f.* du latin *facies* (visage, face).

> Pyrrhus m'a reconnu, mais sans *changer de face:*
> Il semblait que ma vue excitât son audace.
>
> RACINE, *Andromaque*, act. V, sc. 3.

« L'usage n'admet plus dans le style

noble *changer de face*, on dit changer de visage. *Face* n'est plus reçu que dans ces phrases, *soutenir en face*, *résister en face* : c'est une tyrannie bizarre. Notre langue n'est pas assez riche en synonymes pour qu'elle puisse se priver de ceux qu'elle a ; il faut surtout éviter d'appauvrir le langage poétique, et ne pas multiplier les entraves de la versification. » GEOFFROY, *Œuvres de Racine*.

Nos anciens poètes n'avaient pas ces bizarres scrupules ; ce mot se trouve fréquemment, en ce sens, dans Malherbe et dans les auteurs contemporains. Aujourd'hui *changer de face* s'entend, dans notre langue, des choses qui changent d'état :

L'hiver tout *change de face*,
La beauté des cieux s'efface.
FAVART.

Un seul homme a changé la *face* de la terre.
CRÉBILLON, *Catilina*, act. 1, sc. 2.

L'ambition prépare les explosions qui changent la *face* des États.

Face à face; cette expression est empruntée de l'Écriture Sainte, *facie ad faciem* (face à face). *Épître de saint Paul aux Corinthiens*, c. XIII, v. 12.

« Combien sont heureux, disoit l'abbé Arnaud, ceux qui peuvent voir Homère *face à face* ! »

Se marier en face de l'église ne signifiait, dans le principe, suivant Du Cange, que se marier devant la façade de l'église : *ante faciem ecclesiæ*, c'est-à-dire *ante limen, ante ostium ecclesiæ*, devant la porte, ou sous le portail de l'église. Mais les saisons, ajoute ce glossateur, n'étant pas toujours les mêmes, il y eut des jours où la cérémonie du mariage n'était pas faisable devant la *façade*; il fallait donc pénétrer plus avant.

« Quant Lancelot eut les lettres vues, il n'entendit pas de *prime face* qu'elles vouloient dire. » *Lancelot du Lac*, édit. de 1520.

Au lieu de *prime face*, on dirait aujourd'hui *prime abord*.

FACETTE, *s. f.* diminutif de *face*. « C'est un homme à *facettes*; on peut juger de lui comme on veut. » Mme DE SÉVIGNÉ.

Les panégyristes devraient bien méditer cette sage réflexion de la même dame. « Qui passe, perd, et les louanges sont des satires, quand elles peuvent être soupçonnées de n'être pas sincères. Toutes les choses du monde sont à *facettes*. » Lett. LXXXII.

FÂCHER, *v.* (*fascis*, faisceau).

Fâche-t-on un dévot? C'est Dieu qu'on *fâche* en
[lui.
Mme DESHOULIÈRES.

« Il était emporté, sans être bouder ; je l'ai vu souvent en colère ; mais je ne l'ai jamais vu *fâché*. »
J. J. ROUSSEAU.

FÂCHERIE, *s. f.* Voltaire a rajeuni ce mot dans sa Lettre à Maupertuis : « Je suis très-mortifié, monsieur, que vous soyez assez Leibnitzien pour imaginer que vous avez une raison suffisante d'être en colère contre moi. Je crois que votre *fâcherie* est un de ces effets de la liberté de l'homme dont il n'y a point de raison à rendre. »

FÂCHEUX, EUSE, *adj.* qui cause du déplaisir ; il est aussi substantif masculin ; il se dit alors des personnes, et est synonyme d'*importun*.

O la maudite compagnie,
Que celle de certain *fâcheux*
Dont la nullité vous ennuie !
On n'est pas seul, on n'est pas deux.
LE BRUN.

Le Père Bouhours, dans ses *Entretiens d'Ariste et d'Eugène*, nous apprend que de son temps ce mot était nouveau dans ce sens. Cependant si nous nous reportons à la date du livre du Père Bouhours, qui parut en 1671, et que nous la rapprochions de l'époque où Molière fit jouer sa pièce des *Fâcheux* (en 1661), nous pourrions supposer que ce mot n'était pas si nouveau. Molière l'emploie dans la préface de sa comédie, comme un mot très en usage ; et les nombreux portraits qu'il nous a laissés de ces importuns, prouvent au reste, que l'espèce n'en était pas moins variée, ni moins répandue que de nos jours.

FÂCHEUSEMENT, *adv.* d'une manière fâcheuse, dans Montaigne et dans Amyot.

FACIENDAIRE, *s. m.* Pasquier,

liv. v, c. 25, appelle le pape Pie II « homme grand *faciendaire*, » c'est-à-dire versé dans les affaires.

Ce mot, dans la *Sat. Ménipp.*, se prend pour *agent, instrument.*

Sully l'a employé dans ce dernier sens.

FACIENDE, *s. f.* Le Dictionnaire de l'Académie porte ce mot, quoiqu'il ne soit plus usité, et l'explique par cabale, intrigue.

« Ils savent toutes vos *faciendes*, » dit le recteur Rose au duc de Mayenne dans la *Sat. Ménipp.*

FACILE, *adj.* « Le terme de *facile* est une injure pour une femme, et quelquefois dans la société une louange pour un homme; c'est souvent un défaut dans un homme d'État.

« Les mœurs d'Atticus étaient *faciles*, c'était le plus aimable des Romains. La *facile* Cléopâtre se donna à Antoine aussi aisément qu'à César. Le *facile* Claude se laissait gouverner par Agrippine. *Facile* n'est là par rapport à Claude qu'un adoucissement; le mot propre est *faible*.

» Un homme *facile* est en général un esprit qui se rend aisément à la raison, aux remontrances; un cœur qui se laisse fléchir aux prières : et *faible* est celui qui laisse prendre sur lui trop d'autorité. » VOLTAIRE, *Dictionnaire philosoph.*, au mot *Facile*.

FACILITÉ, *s. f.*

Et la *facilité*, la grâce du génie.
LA HARPE.

C'est trop souvent aussi le cachet de la médiocrité.

FAÇON, *s. f.* du latin *factio* (manière de faire, d'agir). Les manières de la cour deviennent *façons* dans la province : arrêt dont il est permis à la province d'appeler.

Aux Anglais, les services; aux Français, les égards; aux Italiens, les *façons*.

FACONDE, *s. f.* du latin *facundia* (facilité de s'exprimer, éloquence). C'est un vieux mot qui peut encore être employé dans les poésies badines, et surtout dans le genre marotique.

Il fut doué d'une douce *faconde*,
Devint accort, attentif, avisé.
VOLTAIRE.

. . . . . . Chez l'espèce femelle
Il brille encor, malgré son poil grison;
Et n'est Caillette en honnête maison
Qui ne se pâme à sa douce *faconde*.
En vérité, Caillettes ont raison;
C'est le pédant le plus joli du monde.
J. B. ROUSSEAU, *Epigramme* 15, liv. II.

Facond, *adj.* est un vieux mot qu'on rencontre dans Ronsard et ailleurs :

Tu devins. . . . .
Discret, *facond*, bien-parlant, bien-disant.
RONSARD, 1er l. *des Poëmes*, p. 98. Paris, 1617.

FAÇONNER, *v.* dérivé de *façon*. « On *façonne* les plantes par la culture, les hommes par l'éducation. »
J. J. ROUSSEAU.

Au joug, depuis long-temps, ils se sont *façonnés*;
Ils adorent la main qui les tient enchaînés.
RACINE, *Britannicus*, act. IV, sc. 4.

A l'art des souverains *façonnés* par des prêtres.
CHÉNIER, *Charles IX*, act. I, sc. 2.

Façonner, faire des *façons*, barguigner.

C'est en vain qu'on *façonne*;
Tout fléchit sous l'Amour, il n'exempte personne.
BENSERADE.

Ce verbe n'est plus usité dans ce sens.

FAÇONNIER, IÈRE, *adj.* qui fait des façons.

De tous vos *façonniers*, je ne suis point l'esclave.
MOLIÈRE.

« C'est la plus grande *façonnière* du monde. » *Le même.*

Eh! morbleu! point de cérémonies. Vous savez que je ne suis pas *façonnier*. » BRUEYS, *le Muet*, act. V, sc. 3.

FAC-SIMILE, *s. m.* Ce mot purement latin, et qui signifie la parfaite imitation d'une écriture, n'est naturalisé chez nous que depuis peu d'années et après avoir été en usage chez les Anglais et chez les Allemands. L'édition du Dictionnaire de l'Académie donnée par Moutardier, en 1802, ne porte pas encore ce mot.

« Les personnes célèbres, dit un auteur contemporain, communiquent leur importance aux choses même les plus insignifiantes. Les *fac-simile*, comme les portraits, sont faits pour plaire à tout le monde; ils éveillent un souvenir et satisfont une curiosité. »

« Les Anglais sont très-curieux de ce genre de collections (de la collection des lettres autographes). Ils les composent à grands frais, et les confient à des graveurs habiles qui les reproduisent en *fac-simile* pour les amateurs en sous-ordre, dont la fortune entière ne suffirait pas à l'acquisition des originaux. » *L'Hermite de la Chaussée d'Antin*, tom. II, p. 2, Paris, 1815.

FAC-SIMILER, *v.* hasardé par M. C. Nodier, *Mélanges tirés d'une petite Bibliothèque, etc.* Il semble que, dans un temps où le goût des autographes et des *fac simile* est poussé jusqu'à la manie, la naturalisation de ce mot doit être assez facile, quoiqu'au premier coup d'œil la formation n'en paraisse pas être très-heureuse.

FACTEUR, *s. m.* Ce mot a un sens peu commun dans ce passage d'une lettre de l'abbé de Coulanges à Bussy-Rabutin : « Cela seroit plaisant, si je n'étois qu'un *facteur* de cérémonies, et qu'on ne se servit de moi que pour les bagatelles. »

FACTICE. Cet adjectif, pris au figuré, était fort à la mode de 1780 à 1790.

FACTION, *s. f.* Ce mot ne s'est introduit dans notre langue que vers le milieu du 16e siècle.

« La principale acception de ce terme signifie un parti séditieux dans un Etat. Le terme de *parti* par lui-même n'a rien d'odieux, celui de *faction* l'est toujours.

» Un grand homme et un médiocre peuvent avoir aisément un parti à la cour, dans l'armée, à la ville, dans la littérature.

» On peut avoir un parti par son mérite, par la chaleur et le nombre de ses amis, sans être chef de parti.

» Le maréchal Catinat, peu considéré à la cour, s'était fait un grand parti dans l'armée, sans y prétendre.

» Un chef de parti est toujours un chef de *faction* : tels ont été le cardinal de Retz, Henri duc de Guise et tant d'autres.

» Un parti séditieux, quand il est encore faible, quand il ne partage pas tout l'Etat, n'est qu'une *faction*....

» Descartes eut long-temps un parti en France ; on ne peut dire qu'il eût une *faction*. » VOLTAIRE, *Dict. philosophique*, au mot Faction.

FACTURE, *s. f.* en parlant des vers, était un néologisme en 1787.

FADAISE, *s. f.* « Il n'est à la vérité point de plus grande *fadèse* et plus constante, que de s'esmouvoir et piquer des *fadèses* du monde, ny plus hétéroclite. » MONT. l. III, c. 8.

FADEUR, *s. f.* Il est, comme le précédent, dérivé de *fade* pris du latin *fatuus* (sans sel, sans saveur). La Bruyère est un des premiers qui se soient servis de ce mot dans le sens d'insipidité.

Empressé sans *fadeur*, gai sans être caustique.
BARTHE.

FAER, *v.* FAÉ, *part. Voy.* FÉER.

FAGOT, *s. m.* faisceau de menu bois. « Quelques uns, dit M. Morin, *Dict. des mots franç. dérivés du grec*, dérivent ce mot de *fascis*, faisceau, comme qui dirait *facot*, diminutif, *fasciculus*, que les Latins ont fait de φάχος (*phakos*) qui ne se trouve point, mais dont le diminutif φάκελλος (*phakellos*) ou φάκελος (*phakelos*) a signifié aussi faisceau, selon le témoignage d'Ammonius. M. de Caseneuve dérive *fagot* de *fagus*, hêtre, prétendant que les premiers *fagots* ont été faits de branches de hêtre. Mais, dans l'un et l'autre cas, ce mot ne peut manquer de venir du grec, puisque le latin *fagus* est dérivé de φαγός (*phagos*) en dorique, pour φηγός (*phégos*) qui est aussi en grec le nom du hêtre. »

Que d'ouvrages auxquels on peut appliquer ce passage de Montaigne ! « L'auteur se contentant pour sa part d'en avoir projetté le dessein, et lié par son industrie ce *fagot* de provisions incogneues. »

« Entasser les histoires l'une sur l'autre à guise de *fagots*. » *Cens. de Garasse*.

« Il y a *fagots* et *fagots* ; mais pour ceux que je fais..... » MOLIÈRE, *le Médecin malgré lui*, act. 1, sc. 6.

Est-ce de là que viendrait le proverbe *il y a fagots et fagots*, pour dire qu'il y a de la marchandise à tout prix, que la qualité et la façon des objets suivent le prix qu'on y met? « N'est-ce point abuser du loisir d'une dame de votre qualité, que de *vous conter de tels fagots*, car *il y a fagots et fagots* ?....... » Mme DE SÉVIGNÉ. CCXL^e. *Lettr.* du jour de Noël, 1675.

On dit figurément et proverbialement qu'un homme *sent le fagot* pour faire entendre que sa religion est suspecte. Cette expression vient de ce que les chambres ardentes, créées par François II, condamnaient au feu ceux qui étaient convaincus d'hérésie.

Un païen qui *sentait* quelque peu *le fagot*,
Et qui croyait en Dieu, pour user de ce mot,
Par bénéfice d'inventaire.
LA FONTAINE, liv. IV, *fable* 19.

Ainsi l'ont dit les malins huguenots
Qui du papisme ont blasonné l'histoire,
Mais ces gens-là *sentent bien les fagots*.
VOLTAIRE, *la Mule du Pape*, conte.

« Je vous ai *conté tous ces fagots*, comme vous me contez quelquefois les vôtres. » Mme DE SÉVIGNÉ, CCCCLIV *Lettre*, 4 septembre 1680.

Voici l'hiver, il fait froid, l'on s'ennuie,
Et c'est l'instant de conter les bons mots,
De vous citer les différens *fagots*
Que chacun fait dans cette courte vie.
La Pendule allemande, conte inséré dans
l'*Almanach des Muses*, année 1788.

Conter des fagots, faire des contes en l'air, dire des mensonges.

« C'est, dit-on, la *Gazette* de Renaudot qui a donné lieu à l'expression proverbiale *conter des fagots*. On criait et on vendait sa feuille dans les rues. Il arriva un jour qu'un marchand de *fagots* criait sa marchandise, en même temps que le vendeur de gazettes criait la sienne ; et toutes les fois que celui-ci annonçait à haute voix *la gazette*, l'autre articulait aussi ses *fagots*. Depuis, ces deux mots, réunis par le hasard ou la malice, devinrent synonymes, et quiconque rapporte une nouvelle apocryphe est un *conteur de fagots*.

» Cette origine, quoique répétée dans plusieurs ouvrages, n'en est pas moins fausse. Il est évident que, si, avant Renaudot, l'expression *conter des fagots*, n'avait pas été employée pour signifier *tromper, en imposer, dire des mensonges*, etc. personne ne se serait avisé de faire le moindre rapprochement, lorsque le colporteur et le marchand criaient, l'un sa gazette, et l'autre ses *fagots*. Ce n'est donc point la *Gazette* de Renaudot qui a donné lieu à l'expression. Je crois qu'il y a une méprise quant à l'orthographe du verbe, qu'il faudrait écrire ainsi, *compter*, c'est-à-dire, vendre, débiter, *compter des fagots*. Une erreur semblable a été commise par Gattel, qui, guidé par une fausse étymologie, écrit *compter des fleurettes*, pour *conter des fleurettes*.

» Voici, je crois, ce qui a donné naissance à ce proverbe. Ceux qui font les *fagots* ont soin de mettre en évidence les meilleurs morceaux de bois qui entourent de mauvaises broutilles, et les cachent aux yeux des acheteurs. Cet exemple est soigneusement suivi par les marchands d'asperges, de carottes, etc. C'est ce qu'on appelle *parer* la marchandise. Ces *fagots* ont excité la méfiance des acheteurs, d'où l'on a dit : *cela sent le fagot*, pour dire : cela est trompeur ; et tout débiteur de mensonges a été appelé débiteur ou compteur de *fagots*, d'où l'expression *compter des fagots*, pour débiter, dire des mensonges.

» Des gens de lettres, dit l'abbé Tuet, assemblés chez Mme de Forgeville, intime amie de Fontenelle, discouraient de plusieurs objets, et prononçaient souvent le nom de philosophie. La dame les interrompit, pour demander quel bien avaient fait à l'humanité les philosophes du siècle, qu'elle entendait vanter sans cesse. « Quel bien ils lui ont fait, Madame ? répondit d'Alembert : Ils ont abattu la forêt des préjugés qui la séparait du chemin de la vérité. » Je ne suis plus surprise, répliqua la dame en riant, si vous nous *débitez ici tant de fagots*. » *Manuel de Amateurs de la langue française*, 2e année, n° VII, pag. 204.

FAGOTAGE, s. m. au propre, travail d'un faiseur de fagots ; au figuré, des idées frivoles et mal rangées, mal assorties.

Montaigne, liv. II, c. 37, appelle ses *Essais* un *fagottage* de diverses pièces.

« J'admire quelquefois les riens que ma plume veut dire; je ne la contrains point : je suis bienheureuse que de tels *fagotages* vous plaisent. » Mme DE SÉVIGNÉ, CXXIV^e *Lettre*, 4 mars, 1672.

FAGOTEUR, *s. m.* au propre, faiseur de fagots, bûcheron : on a dit autrefois *fagoteux*.

Molière, avant ses grands succès, avait composé, pour la province, une farce sous le titre du *Fagoteux*; c'est en partie sur cette pièce qu'il composa ensuite son *Médecin malgré lui*.

FAGOTIN, *s. m.* valet d'opérateur qui monte sur les tréteaux, pour amuser les sots et les oisifs.

Là, dans le carnaval, vous pourrez espérer
Le bal et la grand'bande, à sçavoir deux musettes,
Et parfois *fagotin*, et les marionnettes.
MOLIÈRE.

Fagotin a été aussi le nom d'un singe qui a paru à Paris, et dont on a admiré l'adresse; ce qui a fait dire à La Fontaine :

Qu'un mois durant le roi tiendrait
Cour plénière, dont l'ouverture
Devait être un fort grand festin
Suivi des tours de *Fagotin*.

FAGUENAS, *s. m.* « sorte de mauvaise odeur, telle que celle d'un crocheteur échauffé. *Faquin*, de l'italien *facchino*, se disait autrefois pour *crocheteur*. Ainsi *faguenas* serait une odeur de *faquin*, comme qui dirait *faquena*. » DE LA MONNOYE, *Glossaire alphabétique*, à la suite des *Noëls bourguignons*.

Gousset, écafignon, *faguenas*, cambouis,
Qui formez ce présent que mes yeux resjouis,
Sous l'adveu de mon nez, lorgnent comme un fro-
[mage
A qui la puanteur doit mesme rendre hommage.
SAINT-AMAND, 2e part. p. 47, in-4°, Paris, 1651.

FAIBLE, *adj.* du latin *flebilis* (qui est à plaindre), selon Ch. Bouilles et Jacques Sylvius; et de *flexibilis* (flexible, aisé à plier), selon Barbazan. On écrivait, il y a cinquante ans, presque généralement *foible* et *foiblesse*, quelques personnes écrivent encore de la sorte; on attribue à Voltaire ce changement dans notre orthographe. *Voyez* AI et OI *diphthongues*.

Dans le dictionnaire des grands, *faible* et *opprimé* sont synonymes.

J'ai observé que les gens *faibles* ne plient jamais, quand ils le doivent.

« Les hommes *faibles* tournent si court, quand ils changent de sentiment, qu'ils ne mesurent plus leurs allures; ils sautent au lieu de marcher. » Le cardinal DE RETZ.

Faible se dit figurément de l'esprit. « L'homme est *faible* et vain. » NICOLE.

« L'esprit *faible* reçoit les impressions sans les combattre, embrasse les opinions sans examen, s'effraie sans cause, tombe naturellement dans la superstition......................

» Toute harangue est *faible*, quand elle n'est pas relevée par des tours ingénieux, et par des expressions énergiques.

» Un plaidoyer est *faible*, quand avec tout le secours de l'éloquence, et toute la véhémence de l'action, il manque de raison.

» Nul ouvrage philosophique n'est *faible*, malgré la faiblesse d'un style lâche, quand le raisonnement est juste et profond.

» Une tragédie est *faible*, quoique le style en soit fort, quand l'intérêt n'est pas soutenu.

» La comédie la mieux écrite est *faible*, si elle manque de ce que les Latins appelaient *vis comica*, la force comique.

» Les *faibles* vers ne sont pas ceux qui pèchent contre les règles, mais contre le génie; qui, dans leur mécanisme, sont sans variété, sans choix de termes, sans heureuses inversions, et qui, dans leur poésie, conservent trop la simplicité de la prose. » VOLTAIRE, *Dict. philosoph.* au mot *Faible*.

FAIBLET, ETTE, diminutif de *faible*, se trouve dans Scarron :

La comparaison est *faiblette*,
N'en déplaise à si grand poète.

FAIBLESSE, *s. f.* Il se dit au physique et au moral. La *faiblesse* des organes.

La *Faiblesse* au teint pâle, aux regards abattus,
Tyran qui cède au crime et détruit les vertus.
VOLTAIRE.

« La *faiblesse* est plus opposée à la vertu que le vice. » LA ROCHEFOUCAULD.

On appelle aussi *faiblesses*, ces momens d'abandon où une femme n'a pas la force de résister à l'homme qui la convoite, qui la presse de se rendre.

M. J. Chénier, dans son *Épître à Eugénie*, dit, en parlant de l'aimable Ninon :

Afin de varier la vie,
Chemin faisant elle avait eu
Mainte *faiblesse* fort jolie :
On parlait peu de sa vertu,
Mais on l'aimait à la folie.

FAILLE, s. f. vieux mot qui s'est dit autrefois pour *faute*. *Sans faille*, pour *sans faute*.

De celle vous ay dit *sans faille*
Toute la façon et la taille,
C'est le soleil *sans nulle faille*.
Roman de la Rose.

FAILLIR, v. du latin *fallere*. Il ne se dit plus qu'à certains temps et au figuré. *Faillir*, c'est tomber dans une erreur, une faute, une méprise, une omission, un manquement ; faire un faux pas, risquer de tomber, etc. Le latin *fallere*, l'allemand *fallen*, l'anglais *fall*, etc. signifient *tomber* : de là les mots *faux*, *faute*, *défaut* ; de *faillir* vient *défaillir*, tomber doucement, insensiblement.

« Dieu sait que nous *faudrons*, parce que nous aurons voulu *faillir*. » MONTAIGNE, *Essais*, tom. VI, pag. 136, Paris, 1790.

Je croirais sans *faillir* pouvoir aimer Placide.
P. CORNEILLE, *Théodore*, act. II, sc. 4.

Qu'aucuns monstres par moi domptés jusqu'au-
[jourd'hui,
Ne m'ont acquis le droit de *faillir* comme lui.
RACINE, *Phèdre*, act. I, sc. I.

« *Faillir*, expression consacrée par Corneille et Racine, et qui, par conséquent, ne peut vieillir en poésie ; je pense même qu'on peut la placer heureusement dans la prose élevée. » GEOFFROY, *Œuvres de J. Racine*, au lieu cité.

« Les poètes ont fait les dieux vicieux, pour *faillir* avec exemple. » SAINT-ÉVREMONT.

Nos lois, nos chevaliers, un tribunal auguste,
Nous avons *failli* tous ; elle seule était juste.
VOLTAIRE, *Tancrède*, act. V, sc. 6.

Ton époux n'oserait *faillir* en ta présence.
DELILLE, trad. du *Paradis perdu*.

Il s'est dit anciennement dans le sens de manquer, faire faute, d'où il nous reste ces expressions : *au bout de l'aune faut le drap ; le cœur lui a failli*, etc.

« Or ne me *fault* rien de toute ma joie fors que je trouvasse à qui jouster, pour savoir si je pourrai aucune chose valoir. » PERCEFOREST, vol. I, fol. 106 verso, col. 2.

« Or convient, dit-elle, que vous ne portiez autre escu devant ung an et ung jour que celluy illec (celui-là) : si lui monstrer l'escu. Et quand il vous *fauldra*, faictes en faire ung autre. » *Lancelot du Lac*, édit. de 1520.

« Quand sa lance lui *fault*, il met la main à l'espée, etc. » *Le même*.

« Paour n'ayez que le vin *faille*. » RABELAIS, *Prologue* du IIIᵉ liv. p. 20, édit. de 1732.

Soyez amant, vous serez inventif,
Tour ni détour, ruse ni stratagème
Ne vous *faudront*. . . . .
LA FONTAINE, *le Cuvier*, conte.

FAIM, s. f. du latin *fames*, qui a la même signification. « Il n'est rien qui nous jette tant aux dangers, qu'une *faim* inconsidérée de nous en mettre hors. » MONT. liv. III, ch. 6.

Joachim du Bellay dit, dans son *Illustr. de la lang. franç.* en parlant des Romains : « Leur ambition et insatiable *faim* de gloire. »

« Voilà ce que l'homme dut imaginer et sentir la première fois qu'il eut *faim* d'une bête en vie. »

« Vous n'avez *faim* que des bêtes innocentes et douces. » J. J. ROUSSEAU, morceau imité de Plutarque.

On demandait à un poète, pauvre et sobre, pourquoi il mangeait si peu ? — « C'est, répondit-il, de peur de mourir de *faim*. »

« La *faim* est un nuage d'où tombe une pluie d'or et d'éloquence. » PLATON.

A l'aide des trésors qu'avait amassés la prudente économie de Henri IV,

Marie de Médicis, assaillie par les courtisans, put *étourdir*, suivant une vive expression de Richelieu, *la grosse* FAIM de leur avarice.

« *C'est la faim qui épouse la soif.* Feu M. le duc d'Orléans disoit d'un homme gueux qui avoit épousé une femme gueuse, que *c'étoit la faim qui avoit épousé la soif*; et ce mot a été si bien reçu, qu'il passe présentement en proverbe. » MÉNAGE, *Observ. sur la lang. franç.* 2e part. ch. 7.

La faim chasse le loup hors du bois. Cette expression proverbiale se trouve déjà dans un ouvrage du 13e siècle, intitulé le *Roman du Renard*:

Més la *faim* qu'il avoit as denz,
Qui enchace le leu du bois, etc.

Vers 4909 de l'édition publiée par M. Méon.

(Mais la *faim* qu'il avoit aux dents, qui chassé le loup du bois, etc.)

On lit dans *le Grand Testament* de Villon, composé en 1461 :

Nécessité fait gens mesprendre,
Et *faim* saillir le loup des bois.

FAIM-VALLE, *s. f.* On dit aussi *faim-galle* et *fraim-galle*, par l'intercalation du *r*, comme dans *trésor*, du latin *thesaurus*.

« La *faim-valle*, dit M. Eloi Johanneau, est un mal subit qui consiste en une *faim* désordonnée, et fait tomber d'inanition et d'épuisement ceux qui en sont atteints ; ce mal attaque particulièrement les chevaux. »

« Ménage définit la *faim-valle* une *faim* canine, et prétend que de son temps ce mot ne se disait plus à Paris que de la *boulimie* des chevaux. C'est ce qui lui à fait croire que *faim-valle* a été formé de *fames caballa*, pour *fames caballina*, de cette manière : *fame caballa*, *fame cavalla*, *fame valla*, *faim-valle* ; et tous les lexicographes de copier cette belle étymologie, comme ils auraient répété, d'après lui, qu'*alfana* vient d'*equus*, sans l'épigramme de d'Aceilly. Pour la détruire, il suffit de faire remarquer 1° qu'on n'a jamais dit, ni pu dire, quoiqu'il le prétende, *caballus* pour *caballinus* ; que l'exemple de *gallus* pour *gallicus* qu'il cite ne prouve rien, puisque ce nom, ainsi que tous les noms de peuples, était, dans l'origine, un adjectif, et que ce n'est au contraire, qu'en le prenant ensuite pour un substantif, qu'on en a fait l'adjectif *gallicus* ; 2° qu'une altération aussi forte que celle du changement supposé de *fames caballina*, où même de *fames caballa* en *faim-valle*, est impossible aux yeux de tous ceux qui ont quelque connaissance des principes étymologiques, quelque expérience dans cette science difficile et trompeuse, puisqu'elle suppose en outre la perte de l'initiale *ca*, et le changement du *b* en *v* dans *faim-valle*, en *g* dans *faim-galle* ; qu'en pareil cas, ce ne serait pas le *c* initial de *cavalla* qui se serait perdu, mais le *v* médial, parce que, tenant de la voyelle, et se trouvant entre deux voyelles, il aurait dû se perdre par la contraction ; tandis que le contraire serait arrivé, si cette étymologie était véritable.

» J'accorde à l'auteur que le mot *faim-valle* est un terme de maréchal, qui ne se dit plus guère que de la boulimie des chevaux ; que sa signification a été restreinte, et qu'il a vieilli ; mais je soutiens qu'il est de fait qu'on s'en sert encore généralement, même à Paris, dans le langage de la conversation, pour exprimer une *faim* désordonnée (dans ce sens, on dit plus communément la *fraim-galle*) ; que, par conséquent, il est faux que ce mot ne se dise plus que de la boulimie des chevaux, puisque ce savant nous apprend lui-même qu'il a souvent ouï dire, en Anjou : Ce petit garçon ne fait que manger ; je crois qu'il a la *faim-valle*. L'étymologie que je vais en donner est d'accord avec l'usage, et le confirme : la voici :

» Je suis persuadé que le mot *faim-valle*, *faim-galle* ou *fraim-galle*, que Ménage dit être particulièrement usité en Anjou, province limitrophe de la Haute-Bretagne, où le langage populaire est mêlé de mots français et de mots bretons, est composé du français *faim*, et du celto-breton *gwall*, en construction *wall* ou *vall*, mauvais, et signifie par conséquent à la lettre, *faim mauvaise* ; ce qui est arrivé par la perte du *g* initial avant le *w* dans le mot *faim-valle* pour *faim-gwalle*, comme dans les mots bretons *diwall* ou *divall*, sans malice, *diwalla* ou *divalla*, préserver de mal, composés de *di* privatif, et de *gwall*, mauvais; dans *faim-galle*, par la conservation du *g* initial du radical, et la contraction de la voyelle *w* qui le suit. Ce qui me le prouve, c'est que je vois dans le Dictionnaire français-breton du dialecte de Vannes, in-8°, 1744, au mot *Boulimie*, qu'on appelle la *faim-valle*, dans ce dialecte, *drouknann*, mot composé de *drouk*, mauvais (d'où le français *drogue*), et de *nann*, faim; et *drouknannek*, celui qui a la *faim-valle*; qu'en vieux français on la nommait aussi *male-faim*, mauvaise faim; que c'est ainsi qu'on dit en breton *tan-gwall*, à la lettre feu mauvais, pour incendie; que c'est ainsi que nous avons fait le mot *galerne*, nom du vent du nord-ouest, qui est très-pernicieux, très-mauvais, du breton *gwallarn*, qui a la même signification, et qui est également composé de *gwall*, mauvais, et d'*arne*, *arneu* ou *arnef*, temps d'orage, *argne*, comme on l'appelle encore en Sologne. » *Manuel des Amateurs de la langue française*, p. 20, n° 1, année 1814.

« L'étymologie de ce mot est assez difficile à trouver. Il faut peut-être la chercher dans cette vieille expression, employée par Baïf, feuillet 22 des *Mimes et Enseignemens* (1581):

Tout l'été chanta la cigale,
Et l'hiver elle eut la *faim-vale*.

» *Vale* est ici adverbe, et vient de *valdè*; ou adjectif, et vient de *valens*, ou de *valida*. » CH. NODIER, *Examen crit. des Dict. de la langue française*, 1828.

FAINÉANT, ANTE, adj. et s. celui qui ne fait rien. *Néant* s'est dit anciennement pour rien. Nos pères ont dit de deux mots *fait-néant*, comme on a dit *fait-tard* et *faitard*, pour qui *tard fait*, pour paresseux.

« Il me respondit que ce seroit très-malfaict; parce que les galères estoyent dédiées pour les *fait-néants* et vauriens, etc. » EST. PASQUIER, *Lettres*, t. 1, p. 108, Paris, 1619.

Les rois fainéans, c'est le nom par lequel nos ancêtres ont désigné cette suite de rois de France descendans de Clovis, qui ne conservaient que le nom de *rois*, et abandonnaient tout le pouvoir aux maires du palais.

Quand un roi *fainéant*, la vergogne des princes.
MALHERBE, *Poésies*, liv. II, *Prière pour le roi Henri-le-Grand*.

« Ce mot, dit Ménage, n'est point bas, comme quelques-uns croient. M. Maynard s'en est servi depuis Malherbe dans ses belles stances pour Alcippe :

L'herbe est plus haute que les tours
Où Paris cacha ses amours,
Et d'où ce *fainéant* vit tant de funérailles. »
Observ. sur les Poésies de Malherbe.

Ce mot pouvait, du temps de Ménage, être bon dans le style soutenu; mais il est certain qu'il n'est aujourd'hui que familier.

FAINÉANTER, *v*. Ce mot n'est pas d'un bon usage, et ne se prend qu'en mauvaise part, tandis que le *far niente* des Italiens est doux et agréable.

FAINÉANTISE, *s. f. néantise*, pour nullité, paresse, se rencontre dans Estienne Pasquier : « Nos rois commencèrent par leur *néantize* à s'abastardir. » *Recherches sur la France*, f° 68 tourné, Paris, 1569.

« On accuse ma *fainéance* de n'avoir passé outre. » MONT. *Essais*, l. III, c. 9.

Fainéance et *fainéantise* sont synonymes dans Cotgrave. Depuis longtemps *fainéance* est tout-à-fait barbare.

FAIRE, *v*. du latin *facere*, qui a la même signification. « *Proprio nomine dicitur facere à facie, quòd rei, quam facit, imponit faciem.* » VARRO, *de Ling. latinâ*, l. v, p. 60, 1581. (Le mot *facere* (faire) vient proprement de *facie* (face, figure), parce que celui qui fait donne une face, une figure à la chose qu'il fait).

Notre plan n'est pas de suivre dans toutes ses acceptions ce verbe, le plus étendu de notre langue, et dont le sens varie à l'infini, suivant les noms et les verbes auxquels il s'unit. Nous l'employons devant l'infinitif d'un verbe transitif ou intransitif : *faire entrer, faire sortir, faire peindre*; on trouve de même, dans la *Bible*, le mot *facere* suivi d'un infinitif : « *Deus autem omnipotens benedicat tibi, et crescere te faciat.* » (Que Dieu tout-puissant te bénisse, et te *fasse croître*). *Genèse* (Vulgate), ch. XXVIII, v. 3.

Ce tour n'était pas étranger aux Latins; témoin ce passage de Virgile, *Æneid*, l. VIII, v. 630 :

Fecerat *et viridi fœtam Mavortis in antro* Procubuisse *lupam.*

(mot à mot : il *avait fait coucher* dans l'antre vert de Mars une louve qui avait mis bas ses petits).

L'abbé Arnaud observait que ces phrases : j'ai *fait* un projet, j'ai *fait* un mur, j'ai *fait* un fossé, seraient platement écrites; car il faut toujours choisir le verbe qui fait image par les idées accessoires; ainsi l'on dit fort bien : j'ai *conçu* un projet, j'ai *élevé* un mur, j'ai *creusé* un fossé.

« Cette attention, ajoute Mme Necker, indispensable même dans le style le plus simple, et pour rendre les idées usuelles les plus communes, doit, à plus forte raison, occuper dans la composition d'un ouvrage où chaque paragraphe doit être remarquable et par la pensée et par le coloris. »

Faire que.... est une locution toute latine : *fac ut pereat* (*fais qu'il périsse*).

Ordonne son triomphe, et marche devant lui; Que Suse par ta voix de son nom retentisse, Et *fais* à son aspect *que tout genou fléchisse.*
RACINE, *Esther*, act. II, sc. 5.

« *Faire que sage*, agir prudemment; *faire que desloiax*, manquer à la bonne foi. » *Glossaire du Roman du Renard.*

Ces locutions *faire que*, suivies d'un adjectif, fréquentes dans nos anciens auteurs, nous paraissent elliptiques et signifier *faire de même, faire ce que sage, déloyal ferait.*

« Le plus *âpre et difficile mestier du monde, à mon gré, c'est faire dignement le Roy.* » MONT. l. III, c. 7.

« Il n'est rien si beau et si légitime, que de *faire* bien l'homme et deuëment. » *Le même*, l. III, c. 13.

Là l'on *fait* mal, là pas trop bien, Là, fort peu de chose, et là, rien.

Scarron, dans ces deux vers, a fait l'histoire universelle.

« Je lui répondis, que j'avois, toute ma vie, estimé les hommes plus par ce qu'ils ne *faisoient* pas en certaines occasions, que par tout ce qu'ils y pussent *faire*. » Le card. DE RETZ.

« Je disois de M. de la Trémouille, qu'il n'y avoit personne qui sût mieux ce qu'il ne *falloit* pas *faire*. » MONTESQUIEU.

Trop de loisir aux vertus est contraire; Qui ne *fait* rien, n'est pas loin de mal *faire.*
PANNARD.

Le censeur dit tout ce qu'il sait, L'étourdi ce qu'il ne sait guère, Les jeunes, ce qu'ils *font*, les vieux, ce qu'ils ont [*fait,* Et les sots ce qu'ils veulent *faire*.

Pour trouver beaux les enfans qui sont laids, Pour trouver bons les vers qui sont mauvais, Il n'est rien tel que de les avoir *faits*.

Quand on pense à la mort, on est sûr de bien *faire,* Disait toujours madame Claire. Hier, en y pensant, elle est morte en effet; Son mari dit qu'elle a bien *fait.*
PONS DE VERDUN.

CONSEIL À UN JEUNE POËTE

qui faisait trop de vers, et qui les faisait trop vite.

Faites moins, *faites* mieux, s'il se peut, *faites* bien. Qui *fait* bien, *fait* beaucoup, qui *fait* mal, ne *fait* [rien.
DROBECQ, 1817.

Henri IV se contentait de dire aux gens qu'il menait au combat : « *Faites*, comme je *ferai.* »

Le pape Alexandre VI ne *faisait* rien de tout ce qu'il disait, et César Borgia, son fils, ne disait rien de ce qu'il *faisait.*

« On se *fait* des devoirs, on se *fait* des chagrins, on se *fait* des affaires, on se *fait* des maux, on se *fait* des voyages, on se *fait* des amours, on se *fait* des mariages, on se *fait*..... que ne se *fait*-on pas? » LE PRINCE DE LIGNE.

Faire pour *dire*, employé fréquemment par nos anciens auteurs, se trouve encore dans Molière et dans La Fontaine; quelques comiques modernes placent encore ces expressions dans la bouche des paysans qu'ils introduisent sur la scène.

« C'est la vérité ce que madame dit, ce *fit* (dit) une demoiselle de haut parage. » *Le Caquet de l'accouchée.*

« Quoi donc, *faisoit-il*, sera-t-il dict que je demeurerai en crainte et en allarme? » MONT. *Essais.*

On lit dans cet auteur *faict-on* pour dit-on, *fit-il* pour dit-il; dans *la Farce de maistre Pathelin, fais-je* pour dis-je, *ferez-vous* pour direz-vous, etc.

Monsieur, au nom de Dieu, lui *fais-je* assez sou-
[vent,
Cessez de vous laisser conduire au premier vent.
MOLIÈRE, *l'Etourdi*, act. I, sc. 9.

Moi, j'ai blessé quelqu'un! *fis-je* tout étonnée...

Hé! mon Dieu! ma surprise est, *fis-je*, sans se-
[conde.
Le même, *l'Ecole des Femmes*, act. II, sc. 6.

. . . . . N'y savez-vous remède? —
Si dà, *fit-il*, je vous puis donner aide.
LA FONTAINE, *le Faiseur d'oreilles*, etc.

FAIRE, s. m. « L'abstinence de faire, est souvent aussi généreuse que le *faire*: mais elle est moins au jour. » MONT. l. III, c. 10.

« Je me représente le *penser* comme un petit enfant courant à cheval sur un bâton par une place unie, un estendard de papier à la main, et le *faire* un vieux bonhomme chauve, manchot et boiteux, qui, se promenant sur deux potences, va à l'assaut d'un fort bien défendu. » *Guzman d'Alfar.* trad. par Chapelain (1632).

FAISEUR, EUSE, s. celui, celle qui fait.

Vous mentez aussi hardiment
Qu'un *faiseur d'oraison funèbre*.
BOURSAULT, *Esope à la Cour*, act. IV, sc. 5.

L'abbé Blanchet appelait des *faiseurs d'hommes* les pères qui négligeaient de veiller à l'éducation de leurs enfans, et ceux qui en prenaient soin par eux-mêmes, des *faiseurs de citoyens*.

« Leur coterie (la coterie de la cour) était conduite par une association d'intrigans subalternes qu'on appelle, dans le style moderne, *des faiseurs.* » MERCIER, *le Nouveau Paris*, t. I, c. 6, p. 38.

FAITARD, ARDE, adj. en latin *tardè faciens.*

Je prierai pour lui de bon cueur (cœur).
Mais quoi? Ce sera donc par cueur,
Car de lire je suis *faitard.*
VILLON, *le Grand Testament*, pag. 13, édit. de 1533.

Faitard. « Paresseux, qui *fait tard* sa besogne. » CL. MAROT, *Note* à la marge du passage cité.

Plus bas, page 69, Villon dit encore :

De bien boire ne fut onques *faitard.*

C'est ainsi que nous disons encore *fainéant.*

FAITARDISE, s. f. paresse, fainéantise; il est dérivé de *faitard.* C'est un vieux mot que portent encore nos Dictionnaires, quoiqu'ils omettent l'adjectif *faitard.*

« Vous laissez par *fétardise* flétrir la vigueur de nos forces. » *Le Polit. fr.* 1604.

« Le laquais *couve-plumes*, qu'à coups de bastons l'on tire du profond sommeil où sa *fétardise* le retient enseveli. » *Guzm. d'Alfar.* Préf. de la 2e partie.

FAKIR, s. m. moine de l'Inde. « Ce *fakir* littéraire, qui a passé sa vie à regarder des cirons au bout de son nez. » MERCIER.

FALBALA, s. m. Ce mot n'est pas fort ancien dans notre langue, il date du milieu du dix-septième siècle.

Ce que M. de Caillères dit de l'étymologie de ce mot mérite d'être rapporté. C'est à la page 168 de son *Traité des mots à la mode*; voici comme il s'exprime :

« Puisque nous sommes sur l'invention des modes, aussi bien que sur celle des mots nouveaux, dit le duc, M. le commandeur sçait-il ce que c'est qu'un *falbala*? Non, dit le commandeur. Un *falbala*, reprit le duc, est une bande d'étoffe plissée que les femmes mettent au bas de leurs juppes, ou autour de ces petits tabliers qu'elles portent présentement. C'est, sans doute, répliqua le commandeur, quelque marchand turc ou arménien qui lui a donné ce nom de la langue de son pays, de même

-qu'on appelle *sofa* une espèce de lit de repos à la manière des Turcs. Nullement, repartit le duc, et je crois pouvoir vous assurer que le courtisan qui a enrichi notre langue du mot de *falbala*, n'est pas savant dans les langues orientales. »

Ce courtisan, c'est M. de Langlée, maréchal-des-logis de la maison du roi. « Il a, dit Ménage, enrichi sans y penser notre langue de ce mot. Étant avec une couturière qui lui montrait une jupe au bas de laquelle il y avait une bande pliée, il lui dit, en plaisantant, que le *falbala* était admirable, en lui faisant accroire qu'on appelait ainsi à la cour ces sortes de bandes. La couturière apprit ensuite ce mot à une de ses compagnes, qui l'apprit à une autre, et ainsi de bouche en bouche le mot passa bientôt en usage. » *Dictionnaire étymologique*.

Une autre historiette, rapportée dans le *Dict. de l'Encyclopédie méthodique*, au mot *Étymologie*, attribue également au hasard l'origine du mot *falbala*.

« Un seigneur étranger était étonné de voir un si grand nombre de boutiques de toute espèce dans les salles du Palais à Paris; quelqu'un de sa suite lui dit : ce qui est encore plus surprenant, c'est qu'on y trouve tout ce qu'on demande, quand même la chose n'aurait jamais existé. Le seigneur se mit à rire, et voulut se convaincre du fait. Il s'approche d'une marchande, et lui demande si elle a des:.... des *falbalas*. — Oui, monsieur; et sur-le-champ, sans se faire expliquer ce que signifiait ce mot qu'elle n'entendait pas, elle lui montre des garnitures de robes de femme : voilà ce que vous demandez; ce qu'on appelle des *falbalas*. Ce mot fit fortune, et fut toujours depuis en usage. »

Le président de Brosses, après avoir rapporté le conte que M. de Caillères attribue à M. de Langlée sur l'origine de ce mot, rejette cette anecdote pour s'en tenir, avec Le Duchat, à l'étymologie qui le rapporte à l'allemand *fald-plat*, qui signifie, selon Leibnitz, *jupe plissée*, ou plus littéralement, *feuille plissée*.

« Le mot français *falbala*, dit M. Éloi Johanneau, désigne, comme tout le monde le sait, une garniture en bande plissée au bas d'une robe. Le mot anglais *furbelow*, qui se prononce *forbelo*, a aujourd'hui la même signification usuelle; et si je le décompose dans les deux radicaux *fur* ou *furr*, fourrure, et *below* en bas, fourrure d'en bas, fourrure du bas d'une robe, il m'offre la signification primordiale dont toutes les autres sont dérivées.

» Ce qui me confirme que le mot anglais *furbelow* est le prototype du mot français *falbala*, c'est 1° que le *Dict. des rimes anglaises* de Walker l'explique ainsi : *furbelow*, *fur sewed on petticoats*; *furbelow*, fourrure cousue sur des jupes; c'est 2° que ce mot n'est pas le seul de sa famille en anglais, qu'il y a formé le verbe *to furbelow*, plisser, faire en *falbala*, garnir de *falbalas*, mettre des *falbalas*, et le participe *furbelowed*, fait en *falbala*; c'est 3° que les deux radicaux qui le composent existent dans cette langue, sans altération, et avec la même signification qu'ils ont hors de la composition; c'est 4° qu'il n'y a rien de plus ordinaire que de voir l'*r* se changer en *l*, l'*o* et l'*e* en *a*.

» Je crois donc avoir prouvé que le mot *falbala* ne vient ni de l'allemand, ni du hongrois, ni de l'espagnol; que ce n'est point un courtisan ni un prince qui a inventé et imaginé à plaisir ce mot, sous le règne de Louis XIV; qu'il existait probablement avant eux, et qu'ils n'ont pu, tout au plus, que l'introduire d'Angleterre en France; que ce mot est d'origine anglaise, ainsi que la mode; que par conséquent la signification primordiale du mot *furbelow* est celle de fourrure du bas d'une robe; que sa prononciation primitive est celle de *forbelo*; et que c'est sans doute en passant dans la bouche des couturières et des marchandes de mode qu'elle se sera altérée et changée en celle de *falbala*. » *Manuel des Amateurs de la langue française* (1813).

FALIGOTERIE, s. f. sottise, niaiserie. « Ce petit Léandre, qui venait tous les jours lui chanter mille *faligoteries* sous ses fenêtres. » *Théâtre italien*.

FALLACE, *s. f.* du latin *fallacia* (tromperie, fourberie).

Qui s'étudie à user de *fallace*
En ma maison point ne trouvera place.
MAROT.

Elle lui mit au sein la fraude et la *fallace*.
RÉGNIER.

C'est un terme vieilli, qui ne pourrait être de mise que dans le genre badin ou dans le style marotique.

FALLACIEUX, EUSE, *adj.* du latin *fallaciosus* (trompeur, fourbe); mot vieux, mais qui n'a pas les inconvéniens de la décrépitude. Il se lit déjà dans Marot :

Je pense en vous et au *fallacieux*
Enfant Amour, qui par trop sottement
A fait mon cœur aimer si hautement.

Oudin lui a donné place dans son *Dict. des trois. langues*. L'abbé Desfontaines se trompait donc, lorsqu'il le regardait comme un néologisme; ce n'était qu'un mot rajeuni.

Sermens *fallacieux*, salutaire contrainte
Que m'imposa la force, et qu'accepta la crainte.
P. CORNEILLE, *Rodogune*, act. II, sc. 1.

Une actrice célèbre, qui faisait le rôle de Cléopâtre, crut devoir, en prononçant ces vers, substituer *sermens vains et trompeurs*, à *sermens fallacieux*. Le public, révolté, lui fit connaître par un murmure général, qu'il ne lui était pas permis de corriger Corneille.

Bossuet est le seul de nos écrivains (du moins jusque passé le milieu du dernier siècle) qui se soit servi, après Corneille, de cette belle épithète. « Un mot, s'écrie Voltaire, consacré par Corneille et Bossuet, peut-il être abandonné! »

J. J. Rousseau a tenté de le rétablir : « Ce seroit un droit illusoire et *fallacieux*. »

L'abbé Garnier en a fait aussi un heureux usage : « Ces idées s'accordoient avec la politique *fallacieuse* qui dominoit alors dans toutes les cours de l'Europe. »

Roucher, dans ses *Notes* sur le chant 1er de son *Poëme des Mois*, prévient qu'il a cherché à rajeunir ce mot.

L'abbé Roubaud trouve ce terme beau, noble, suffisamment autorisé, et même nécessaire.

Cette opinion a prévalu, et *fallacieux* a tout-à-fait repris faveur.

FALLOIR, *v.* Il vient, comme *faillir*, du latin *fallere* (manquer, faire faute). « *Il me faut* est, dit Ménage, la même chose que *il me manque*. *Il me faut du pain* est la même chose que *il me manque du pain*. »

« *Falloir* être bon pour être heureux. *Falloir* être sage pour être tranquille. » AMYOT.

On demandait à Aristote comment on jugeait du mérite d'un livre. Il répondit : « Si un auteur dit tout ce qu'il *faut*; s'il ne dit que ce qu'il *faut*; s'il le dit comme il *faut*. »

Au bon droit il *faut* du secours,
A l'esprit il *faut* du génie,
A la beauté quelques atours .
Aux talens un peu d'industrie;
A l'art il *faut* du naturel,
A la morale un peu de sel :
S'il *faut* aux filles peu d'absence,
Il en *faut* beaucoup aux jaloux;
Il *faut* aux amans complaisance,
Il *faut* patience aux époux.
PANNARD.

Des gens comme il faut, un homme comme il faut; expression inventée par l'orgueil pour désigner des personnes, un homme au-dessus du commun; autrement, des gens, un homme de la bonne société.

Gens *comme il faut* se font toujours attendre.
M. DE PARNY.

« *Des gens comme il faut*, c'est-à-dire, trop souvent des gens comme il ne faudrait pas. » LINGUET.

FALSIFIABLE, *adj.* qui peut être falsifié. « Nos sens, dit Montaigne, sont incertains et *falsifiables* à toutes circonstances. » *Essais*, l. II, c. 12.

FAME, *s. f.* renommée, réputation, du latin *fama*, qui a la même signification, et vient du grec φήμη (phémé) renommée, qui s'est dit φάμα (phama) suivant les Doriens, dont la racine est φημί (phémi) dire, parler.

Mais la *fame* qui vole et parle librement.
RONSARD, 1er liv. des *Hymnes*, hymne 4.

Ce mot, fort ancien dans notre langue, puisqu'il se trouve dans les *Fabliaux* de Barbazan, est tout-à-fait tombé en désuétude.

FAMÉ, ÉE, *adj.* est le participe de l'ancien verbe *famer*, qui se trouve encore dans le *Dict. des rimes* de De La Noue, imprimé en 1596, et qui nous a laissé le composé *diffamer*.

Marot et telz *famés* poëtes.
SEBILET, *Art poétique françois.* Lyon, 1576.

Famé ne se dit plus qu'avec *bien* ou *mal* : *bien famé*, qui a une bonne réputation ; *mal famé*, qui a une mauvaise réputation.

FAMILIARISER, *v.* rendre familier. « Il est difficile de *familiariser* une nation avec de nouveaux usages. » *Académie.*

Boileau a dit *se familiariser quelque chose*, pour dire se le rendre familier : « Pour revenir à Pindare, il ne seroit pas difficile d'en faire sentir les beautés à des gens qui *se seroient* un peu *familiarisé le grec*. » *Discours sur l'ode.*

On disait anciennement *familiariser* pour *se familiariser* : « Gardez une humble et douce gravité sans *familiariser* avec ceux qui vous parleront. » S. FRANÇOIS DE SALES.

Je hais, je fuis ces gens qui font les délicats,
Dont la fière grandeur d'un rien se formalise,
Et qui craint qu'*avec elle on ne familiarise.*
DESTOUCHES, *le Glorieux*, act. II, sc. 16.

Cette manière de parler, autorisée du temps de François de Sales, n'était plus permise du temps de Destouches, qui devait s'exprimer comme l'auteur des *Caractères* : « Il se trouve des hommes qui soutiennent facilement le poids de l'autorité, et qui *se familiarisent* avec leur propre grandeur. » LA BRUYÈRE.

FAMILIER, ÈRE, *adj.* du latin *familiaris* (qui est de la famille, de la maison). Pour être sinon heureux, au moins tranquille, il faut être ami de tous et *familier* de peu.

Nos pères faisaient un fréquent usage de ce mot, au masculin, dans le sens de celui avec qui on vit familièrement, d'ami intime, de favori : « Lambert, évesque d'Utrect, jadis *familier* du roy Childeric. » CL. FAUCHET.

« Les *familiers* du philosophe Stilpo disoient qu'estant nai (né) subject au vin et aux femmes, il s'estoit rendu par estude très-abstinent de l'un et de l'autre. » MONT. *Essais.*

« Et faisant approcher ses *familiers*. » VAUGELAS, trad. de *Quinte-Curce*, in-4°, 1653, pag. 734.

Racine a souligné ce mot *familiers*, qui n'est d'ailleurs que le latin *familiares*, pris substantivement et dans le même sens. *Remarques écrites par J. Racine sur quelques phrases de Vaugelas dans son Quinte-Curce. Manuscrit de la Bibliothèque du Roi.*

FAMINE, *s. f.* « La nature donne les vivres, et les hommes font la *famine*. » DUCLOS.

FAMOSITÉ, *s. f.* du latin *famositas* (infamie). « Il tomba entre les mains de ces pirates à qui le brigandage donnait une effrayante *famosité*. » TOULOTTE, *Hist. philosoph. des empereurs romains*, t. 1, p. 10.

« Sans la valeur, les lumières et les vertus du plus grand homme d'État de son siècle, Octave n'aurait peut-être acquis que cette odieuse *famosité*, prix et punition des attentats d'une politique fourbe et sanguinaire. » *Ibidem*, pag. 224.

Ce néologisme manque à la langue ; il serait aux mauvaises actions, ce que la célébrité est aux bonnes.

FANAL, *s. m.* (φαίνειν, luire). « Les vices de certaine nature servent, pour ainsi dire, de *fanal* à la vertu ; ils l'éclairent, ils lui montrent les bornes qu'elle ne doit point passer, et les précipices qu'elle trouverait au-delà. » L'abbé PRÉVOST.

FANATIQUE, *adj.* qui se croit inspiré, visionnaire, du latin *fanaticus*, dérivé de *fanum* (temple). Il est aussi substantif.

« Il y avait, dit M. Furgault, des *fanatiques* chez les Grecs et chez les Romains. Ils demeuraient dans les temples, et entraient dans une espèce d'enthousiasme, comme s'ils eussent été inspirés par la divinité qu'ils servaient. Souvent ils prononçaient des oracles, en s'agitant et branlant la tête d'une manière extraordinaire. A Rome, les *fanatiques* faisaient leur résidence ordinaire dans le temple de Bellone, où ils paraissaient remplis de sa fureur, comme le dit Juvénal, *Satire* IV :

Sed fanaticus *œstro*
Percussus, Bellona, tuo.

Ils se tailladaient les bras avec des poignards, et faisaient des sacrifices de leur sang à la déesse. Il y en avait aussi dans les temples d'autres dieux que Bellone, qui éprouvaient les mêmes fureurs. Le nom de *fanatique* se trouve presque toujours en mauvaise part dans les auteurs. Cicéron dit de certains philosophes qu'ils sont superstitieux et presque *fanatiques*. *Ipsos esse superstitiosos ac penè* fanaticos. (*De Divinat.* liv. II.) » *Dict. d'antiquités grecques et latines.*

Voy. FANATISME.

FANATISER, *v.* rendre fanatique; terme nouveau, dont l'introduction remonte aux premières années de la révolution. Dans une brochure sur le langage révolutionnaire, La Harpe s'éleva contre ce verbe qu'il voulait proscrire, par la raison, disait-il, qu'aucun adjectif en *ique* ne pouvait produire un verbe en *iser*. Chénier, qui prit le parti du mot *fanatiser*, lui répondit par ces vers :

Quand par une muse électrique
L'auditeur est électrisé,
Votre muse paralytique
L'a trop souvent paralysé.
Mais quand il est tyrannisé,
Parfois il devient tyrannique :
Vous avez trop dogmatisé,
Renoncez au ton dogmatique;
Mais restez toujours canonique,
Et vous serez canonisé.

FANATISME, *s. m.* zèle religieux outré. Il est dérivé, comme l'adjectif *fanatique*, du latin *fanum* (temple). « Si cette expression, *fanatisme*, tient encore à son origine, ce n'est, dit Voltaire, que par un filet bien mince. »

« *Fanaticus*, disent les antiquaires de Trévoux, était un titre honorable; il signifiait *desservant* ou *bienfaiteur d'un temple*; ils ont trouvé, ajoutent-ils, des inscriptions dans lesquelles des Romains considérables prenaient ce titre de *fanaticus*; » « mais, dit M. Le Clerc, dans une note relative à ce passage, ils avaient sans doute en vue cette inscription du recueil de Gruter : Q. *Cæcilio Apollinari*, fanatico *de œde Bellonæ.* Mais quels étaient ces *fanatiques* de Bellone ? Lactance en fait le portrait, *Inst. div.* I, 21 : *sectis humeris, et utrâque manu districtos gladios exerentes, currunt, efferuntur, insaniunt.* Ce mot est plus souvent pris en mauvais part. Cicéron, *de Divin.* II, 57, appelle les stoïciens des *fanatiques*, parce qu'ils croyaient aux oracles. C'est donc une expression dont le sens est douteux, comme dans notre langue, celles de dévot, enthousiaste, inspiré, etc. »

« Dans la harangue de Cicéron, *pro domo suâ*, il y a un passage où le mot *fanaticus* me parait difficile à expliquer :

» *Aspicite, pontifices. aspicite hominem religiosum, monete eum modum esse religionis nimium, esse superstitiosum non oportere; quid tibi necesse fuit anili superstitione, homo* fanatice, *sacrificium quod alienæ domi fieret, inviscere ?* (Regardez, pontifes, regardez cet homme religieux, avertissez-le que la religion même a ses bornes, qu'il ne faut pas être si scrupuleux. Quel besoin, vous consécrateur, vous *fanatique*, quel besoin avez-vous de recourir à des superstitions de vieille pour assister à un sacrifice qui se ferait dans une maison étrangère ?)

» Cicéron appelle Clodius homme religieux, l'ironie doit donc être soutenue dans tout ce passage. Il se sert de termes honorables pour mieux faire sentir la honte de Clodius. Il me parait donc qu'il emploie le mot *fanatique* comme un mot honorable, comme un mot qui emporte avec lui l'idée de consécrateur, de pieux, de zélé desservant d'un temple.

» On put depuis donner ce nom à ceux qui se crurent inspirés par les dieux. » *Dict. philosophique*, au mot *Fanatisme*, section 2º.

« Le *fanatisme* de ces gens à illumi-

« Le *fanatisme* est à la superstition ce que le transport est à la fièvre, ce que la rage est à la colère. » VOLTAIRE, *Dict. philosophique.*

FANER, *v.* du latin *fœnum* (foin). *Fain* pour *foin* s'est dit autrefois, et se trouve dans un ancien *Fabliau* intitulé *Du Provoire qui mangea les meures.*

Comme on voit se *faner* le feuillage d'automne,
Ainsi le temps, précipitant son cours,
Belles, sur votre front *funera* la couronne
Dont vous ornèrent les Amours.

Mme de Maintenon n'aimait pas qu'on baisât les enfans, parce que, disait-elle, ces baisers les *fanaient.*

Nos pères ont dit *fanir* pour *faner*; ce n'est pas, comme nous l'avons déjà remarqué, le seul verbe qui ait changé de conjugaison.

« Les royaumes, les républiques naissent, fleurissent et *funissent* de vieillesse comme nous. » MONT. l. II, c. 23.

. . . . Ainsi qu'on voit *fanir*
La rose par le chaud, ainsi, mal gouvernée,
La jeunesse s'enfuit sans jamais revenir.
Les derniers vers de P. Ronsard, *Stances.*

« Des œillets et des roses qui se fussent *fanies.* » *Oraison funèbre de Ronsard*, par du Perron, depuis évêque d'Évreux et cardinal.

FANFARE, *s. f.* « La plupart des instrumens à vent sont caractérisés par la lettre *f*, parce que cette consonne produite par l'émission de l'air chassé entre les dents, est l'expression du soufflement ou du sifflement. De là, *fanfare*, qui est un chant de trompette.

» Rabelais en avait fait le verbe *fanfarer*, que je ne me souviens pas d'avoir vu ailleurs. » CH. NODIER, *Onomatopées franç.*

Est. Pasquier regarde de même *fanfare* comme une onomatopée tirée du bruit des clairons.

« Faictes comme l'entendez. Je resteray ici attendant l'issue de ces *fanfares.* » RABELAIS, t. IV, p. 209, édit. de 1732.

« *Fanfares*, fanfaronnades, rodomontades. » LE DUCHAT, *Note* à l'endroit cité.

Mézeray a pris ce mot dans le même sens : « Les charmes des dames et les flatteries des courtisans lui (à François Ier) gastèrent l'esprit, et l'espanchèrent presque tout au dehors dans de vaines *fanfares* et de fastueuses apparences, etc. » *Abrégé chronol. de l'hist. de France,* t. V, p. 227, in-12, 1677.

On a dit *faire fanfare* de quelque chose, pour s'en vanter, en faire grand bruit :

Pour espoir des grands soins dont il *fera fanfare.*
SCARRON.

FANFARERIE, *s. f.* jactance, vanterie. « Je m'efforçay de despouiller la *fanfarerie*, et mis bas toute vanité. » *Guzm. d'Alf.* liv. II de la 1re partie, ch. 10.

FANFARON, *s.* et *adj. m.* FANFARONNE, *adj. f.*

Fanfare, dont nous avons fait *fanfaron*, et même *fanfarer*, se dit proprement, suivant Nicot, de ceux qui, voulant joûter, se montrent en la lice avec trompettes et clairons.

Que *fanfare* soit pris, au propre, pour le bruit des clairons, ou, au figuré, pour vanterie, rodomontades, toujours est-il vrai de dire qu'il a donné *fanfarer* et *fanfaron*, et que de *fanfaron* sont dérivés *fanfaronnade* et *fanfaronnerie.*

« Pour un vertueux, il y a mille *fanfarons* de vertu. » BALZAC, *Lettre à Conrard*, liv. III, lett. 31.

Ce ne sont point du tout *fanfarons* de vertu.
MOLIÈRE.

« Le monde est tout plein d'hypocrites et de *fanfarons* en amitié. » SAINT-ÉVREMONT.

« *Fanfaron* de doctrine et d'érudition. » BAYLE.

Louis XIV disait du duc d'Orléans, depuis régent, que « c'était un *fanfaron* de crime. »

« La langue castillane abonde en expressions hautaines et *fanfaronnes.* » LE P. BOUHOURS.

« Quel homme de sens peut être dupe de cette déclamation *fanfaron-*

ne? » LA HARPE, *Cours de Littérat.* tom. III, 2e partie, pag. 218.

FANFARONNADE, *s. f.* action de fanfaron.

Oh! que j'étais tenté, par quelqu'estafilade,
De punir son orgueil et sa *fanfaronnade* !

FANFARONNER, *v.* tout au plus du style comique.

Priam s'assit de bon courage,
Sans *fanfaronner* davantage.
SCARRON.

FANFARONNERIE, *s. f.* caractère du fanfaron.

C'est pure *fanfaronnerie*
De vouloir profiter de la poltronnerie
De ceux qu'attaque notre bras.
MOLIÈRE, *Amphitryon.*

FANFIOLE, *s. f.* C'est un mot de Diderot : « Toutes les *fanfioles* de la toilette. »

FANFRELUCHE, *s. f.* ital. *fanfaluga* (flammèche qui s'élève en l'air, quand on brûle des feuilles). Anciennement on disait *farfelues*, *fafelues*. Le 2e chapitre de Rabelais est intitulé *Fanfreluches antidotées*. M. de La Crose entend par ce mot un papillon qui vient se brûler à la chandelle. Le dernier commentateur de Rabelais, M. Eloi Johanneau, a démêlé dans ce poème qui parait si peu intelligible, des allusions aux règnes de Louis XII, de François Ier et de Henri II; et il faut convenir que ses conjectures sont souvent heureuses.

FANTAISIE, *s. f.* que nos pères écrivaient *phantasie*, et c'est ainsi qu'il se trouve dans Philib. Monet. Il vient du latin *phantasia* dans Cicéron, fait sur le grec φαντασία (*phantasia*) imagination, dont la racine est φαίνω (*phainó*) paraître, se faire voir. Aussi ce mot dans sa première acception ne signifiait-il qu'*imagination;* on ne s'en servait guère, comme l'a remarqué Voltaire, que pour exprimer cette faculté de l'ame qui reçoit les objets sensibles.

« Les plus grands et ordinaires maux sont ceux que la *fantaisie* nous charge. » MONT. liv. III, ch. 13.

« Descartes, Gassendi et tous les philosophes de leur temps disent que les espèces, les images des choses se peignent en la *fantaisie*; et c'est de là que vient le mot *fantôme*. Mais la plupart des termes abstraits sont reçus à la longue dans un sens différent de leur origine.

» *Fantaisie* veut dire aujourd'hui un désir singulier, un goût passager : il a eu la *fantaisie* d'aller à la Chine ; la *fantaisie* du jeu, du bal, lui a passé.

» Un peintre fait un portrait de *fantaisie*, qui n'est d'après aucun modèle. Avoir des *fantaisies*, c'est avoir des goûts extraordinaires qui ne sont pas de longue durée. *Fantaisie*, en ce sens, est moins que bizarrerie et que caprice.

» Le caprice peut signifier un dégoût subit et déraisonnable; il a eu la *fantaisie* de la musique, et il s'en est dégoûté par caprice.

» La bizarrerie donne une idée d'inconséquence et de mauvais goût, que la *fantaisie* n'exprime pas; il a eu la *fantaisie* de bâtir, mais il a construit sa maison dans un goût bizarre.

» Il y a encore des nuances entre avoir des *fantaisies* et être *fantasque* : le *fantasque* approche beaucoup du bizarre.

» Le mot *fantasque* désigne un caractère inégal et brusque; l'idée d'agrément est exclue du mot *fantasque*, au lieu qu'il y a des *fantaisies* agréables.

» On dit quelquefois en conversation familière, des *fantaisies musquées; musquées*, en cette occasion, est une explétive qui ajoute à la force du mot, comme on dit *sottise pommée*, *folie fieffée*. » VOLT. *Dict. philos.* au mot *Fantaisie*.

« *Caprices*, dit Le Duchat, qui entêtent comme le musc. »

« Vous me paroissez folle de votre fils ; j'en suis fort aise : on ne sauroit trop avoir de *fantaisies musquées*, ou point *musquées*; il n'importe. » Mme DE SÉVIGNÉ, CXIII *Lettre*, 20 janvier 1672.

Les mots *fantasier*, *fantasque*, *fantastique*, *fantôme*, ont la même origine que *fantaisie*.

FANTASIER, *v.* du grec φαντάζομαι

(*phantazomai*) s'imaginer ; rac. φαίνω (*phainô*) paraître. Cet ancien mot *fantasier* signifiait imaginer, se troubler l'imagination, s'inquiéter.

Et me *fantasier* le cerveau de souci.
RÉGNIER.

« Il y a danger que nous *fantasions* des offices nouveaux pour excuser nostre négligence envers les naturels offices, et pour les confondre. » MONT. liv. III, ch. 5. « Nous en *fantasions* les formes à nostre appétit. » *Le même*.

FANTASMAGORIE. *Voyez* PHANTASMAGORIE.

FANTASTIQUE, adj. du latin *phantasticus*, selon Jacques Sylvius, fait sur le grec φανταστικός (*phantastikos*) qui a des visions, qui n'existe que dans l'imagination.

Tous ces dieux mensongers, ces monstres *fantas-*
                                         [*tiques*,
Dont la Fable effraya les nations antiques.
BAOUR-LORMIAN, *Jérusalem délivrée*, ch. IV.

De là est dérivé *fantastiquer*.

FANTASTIQUER, ancien verbe qui est peut-être à regretter, et qui signifiait imaginer en son esprit, suivre sa fantaisie dans un dessin, dans un ouvrage, sans s'astreindre aux règles de l'art.

Et pour ma dame, au parfait concevoir,
Sur les plus beaux *fantastique* un exemple.
Les Amours de Ronsard, CXXXIIIe sonnet.

« Niaiser et *fantastiquer*, comme je fais, doit être douter. » MONT. *Essais*, au commencement du chapitre III du livre 2.

FANTÔME, s. m. que l'on trouve écrit *fantasme* ou *fantosme* dans les *Epithètes* de De la Porte, Paris, 1571, et dans le *Parallèle des langues françoise et latine* de Philib. Monet, Rouen, 1637, φάντασμα (*phantasma*) bien rendu en latin par *phantasma* (vision, spectre).

« Furetière et Danet, dit le célèbre Prote de Poitiers dans le *Traité de l'orthographe*, attribué à Restaut, écrivent *fantôme* et *phantôme*; dans quelques dictionnaires on ne trouve ce mot écrit qu'avec une *f*, et l'Académie s'est décidée pour *fantôme*, *fantaisie*, etc. Cependant ces mots nous viennent du grec rendu en latin par *phantasia*, *phantasma* : en sorte qu'il est assez étonnant que tant de savans ayent écrit ces mots par une *f*. On ne peut pas dire qu'en cela ils ayent eu plus d'égard à la prononciation françoise qu'à l'étymologie grecque ; car ces mots se prononcent de même, soit qu'on les écrive avec une *f*, ou avec un *ph*. On prononce fort bien *fénix*, *fare*, *fisicien*, *filosophe*, quoiqu'on trouve chez ces mêmes auteurs *phénix*, *phare*, *physicien*, *philosophe* : pourquoi donc ne l'avoir pas conservé dans ces mots, *phaisan*, *phantaisie* et *phantôme* ? Il semble que c'est parce qu'ils sont devenus plus vulgaires ; car il est remarquable que, plus un mot devient vulgaire, plus il s'éloigne de son étymologie, au lieu qu'il s'en rapproche d'autant plus qu'il est moins vulgaire. »

FAQUIN, s. m. de l'ital. *facchino* (homme vil, sans mérite) qui paraît être un diminutif du latin *fatuus*, qui nous a donné le mot *fat*, vain, impertinent. Ce mot aurait eu autrefois deux significations différentes : par la première, nos pères entendaient un buste mobile sur un pivot, tenant un bouclier de la main gauche, et de la droite une épée, ou un sabre, ou un bâton, ou un sac rempli de sable ou de son. Il s'agissait de lancer des dards ou de rompre des lances contre le buste, qui, atteint par l'assaillant au front, entre les yeux, dans l'œil, sur le nez, au menton, demeurait ferme et inébranlable ; mais qui, frappé partout ailleurs, tournait avec une telle rapidité, que le cavalier avait une peine extrême à esquiver le coup auquel la mobilité du buste, dont la main droite était armée, l'exposait, dès qu'il avait ajusté.

Court le *faquin*, la bague, escrime des fleurets.
RÉGNIER, *Satire* V.

« Le *faquin*, dit Brossette, est un fantôme, ou un homme de bois, contre lequel on court pour l'atteindre avec une lance. Cette figure est plantée sur un pivot mobile ; et, quand on ne l'atteint pas au milieu, elle tourne facilement, et frappe le cavalier, d'un sabre de bois, ou d'un sac plein de terre, qui est attaché à la main de cette figure; ce qui donne à rire aux spectateurs. On l'appelle aussi *quintaine*; mais la *quintaine* est plus proprement un écusson ou un bouclier mobile sur un pivot, qui fait à peu près le même effet. Au reste, depuis l'invention des armes à feu, la lance ayant été bannie des véritables combats, on ne s'exerce guère plus aux courses de bague et du *faquin*, ou de la quintaine, ces jeux n'ayant été inventés que pour mesurer les coups de lance. » *Note*, à l'endroit cité.

Faquin a aussi signifié un crocheteur, un porte-faix. On le trouve en ce sens dans Rabelais, l. III, c. 36, dans Nicot et dans Philib. Monet.

Comme ung faquin porte-faix
Ainsi un baston, la paix.

C'est aujourd'hui un terme de mépris dont nous nous servons pour désigner un homme vil, impertinent, présomptueux, sans mérite; ou un homme mis avec une certaine élégance que les gens du commun affectent dans leur parure.

Alors le noble altier, *pressé de l'indigence*,
Humblement du *faquin* rechercha l'alliance.
BOILEAU, Satire V, vers 122.

Qu'on fasse d'un *faquin* un conseiller du roi,
Il se ressent toujours de son premier emploi.

Vers prophétiques de Boileau.

FAQUINERIE, *s. f.* La *faquinerie* est un composé de ridicule et de bassesse.

FAQUINISME, *s. m.* caractère, profession ouverte de *faquin*; mot de La Morlière dans *Angola*, et cette autorité n'est pas très-respectable.

FARCE, *s. f.* comédie bouffonne. Ce mot n'a-t-il pas été dit par métaphore de la *farce* (*fartum*), qui est un mélange de diverses viandes, parce que ces comédies ne sont composées que de scènes décousues, comme les anciennes pièces de la comédie italienne?

« Le vrai sujet de la *farce* ou *sottie* françoise, sont badineries, nigauderies, et toutes sotties esmouvantes à ris et plaisir. » SEBILET, *Art. poétiq. franç.* pag. 124, Paris, 1576.

Selon quelques auteurs, ce mot vient de *facetia* (plaisanterie, discours bouffons), d'où nous avons tiré le mot *facétie*. Suivant les auteurs du *Dict. de Trévoux*, il viendrait plutôt de *farco*, qui, en langue celtique ou bas-breton, signifie *moquerie*, où on appelle aussi un bouffon *faruel*.

Nos vieux poètes ont fait grand cas de la *Farce de Maistre Pathelin*, faite et jouée à Paris, vers l'an 1470, sous le règne de Louis XI, et imprimée pour la première fois dans la même ville, chez Simon Vostre, in-8°, sans date, et reproduite sur la scène française en 1691, par Brueys, sous la dénomination de *l'Avocat Patelin*, avec les changemens que réclamaient les mœurs et le langage de cette époque. Pasquier, dans ses *Recherches sur la France*, liv. VIII, ch. 59, égale, ou pour parler comme lui, oppose la *Farce de Maistre Pierre Pathelin* à toutes les comédies grecques.

« O homme, disoit Apollon, tu es le scrutateur sans connoissance, le magistrat sans jurisdiction, et, après tout, le badin de la *farce*. » MONT. liv. III, ch. 9.

Ce monde-ci n'est qu'une œuvre comique,
Où chacun fait ses rôles différens.
Là, sur la scène, en habit dramatique,
Brillent prélats, ministres, conquérans.
Pour nous, vil peuple, assis aux derniers rangs,
Troupe futile, et des grands rebutée,
Par nous d'en bas la pièce est écoutée.
Mais nous payons, utiles spectateurs;
Et quand la *farce* est mal représentée,
Pour notre argent nous sifflons les acteurs.

Nous disons proverbialement: *tirez le rideau, la farce est jouée*, pour dire c'en est fait, tout est terminé. *Acta est comœdia* (la comédie est jouée), dernières paroles d'Auguste au moment de sa mort.

« Nous relevâmes, il y a quelques jours, une faute de grammaire si grossière, qu'on *en fit des farces* par tous les carrefours. » *Lettres persanes*, lett. III.

N'était-ce pas le mauvais emploi de l'adjectif *conséquent*?

FARCER, *v.* s'est dit autrefois pour se moquer: « Molière *a* bien *farcé* les coquets et les coquettes. » CHAPELLE, *Poésies*.

« *Vous vous êtes* bien joué et *farcé* de moi. » *Les Cent nouv. Nouvelles*, Nouv. XVIIIe.

« Le mot *farcer*, v. dit M. Pougens, est encore en usage parmi les gens du peuple; cependant je ne pense pas que le verbe *farcer*, ni le substantif *farcereau*, soient de nature à être réintégrés dans le langage moderne. »

FARCESQUE, adj. qui tient de la *farce*. « La pluspart de nos vacations sont *farcesques*. » MONTAIGNE, liv. III, ch. 10.

« (Ce) n'est pas une commission *farcesque* à l'homme de se conduire la vie selon sa condition naturelle. » CHARRON, liv. II, ch. 6.

FARCEUR, s. m. acteur qui ne joue que des farces; au figuré, homme qui cherche à faire rire par des bouffonneries.

On trouve dans les *Repues franches*, ouvrage faussement attribué à François Villon, mais composé de son temps, c'est-à-dire vers le milieu du 15e siècle, le mot *farceur* dans le sens de *facétieux*, *enjoué* :

Toutes manières de *farseurs*
Anciens et jeunes mocqueurs.

Quelle gloire, en effet, pour tout être qui pense,
De vieillir dans ces jeux d'enfantine démence,
D'avilir son esprit, noble présent des dieux,
Au rôle indigne et plat d'un *farceur* ennuyeux,
Qui, payant son écot en équivoques fades,
Envie à Taconnet l'honneur de ses parades,
Et même en cheveux gris, parasite bouffon,
Transporte ses tréteaux chez les gens du bon ton.

LE BRUN, *Epître à un ami, sur la bonne et la mauvaise plaisanterie*.

« Celui qui a refusé pour moi tant de princesses, m'abandonne pour une *farceuse des Gaules*. » VOLTAIRE, *la Princesse de Babylone*.

Farceuse, féminin de *farceur*.

FARCIR, v. proprement remplir de *farce*; au figuré, remplir avec excès: en ce dernier sens il ne se prend qu'en mauvaise part.

« Il ne faut que l'épistre liminaire d'un Allemand, pour me *farcir* d'allégations : et nous allons quester par là une friande gloire à piper le sot monde. » MONTAIGNE, liv. III, ch. 12.

« Tout *farcy* d'excuses, révérences et baisemains. » *Contes d'Eutr.* t. 1.

« Un médecin allemand *farci* de secrets merveilleux et de remèdes infaillibles. » HAMILTON, *Mémoires de Gramont*.

FARCISSURE, s. f. « Il y paroist à la *farcissure* de mes exemples. » MONTAIGNE, liv. 1, ch. 19, c'est-à-dire aux exemples dont mon livre est *farci*.

FARD, s. m. (en allemand *farb*, couleur). Montaigne, liv. III, ch. 3, blâme les dames de cacher et couvrir leurs beautés sous des beautés étrangères. « C'est, dit-il, qu'elles ne se cognoissent point assez : le monde n'a rien de plus beau; c'est à elles d'honorer les arts, et de farder le *fard*. »

L'ambition son courage n'attise;
D'un *fard* trompeur son ame il ne déguise;
Il ne se plaist à violer sa foy;
Des grands seigneurs, l'oreille il n'importune.
DESPORTES.

De ce substantif a été formé le verbe *farder*. Racine lui a donné un sens figuré dans ces beaux vers :

Je répondrai, Madame, avec la liberté,
D'un soldat qui sait mal *farder* la vérité.

FARDEAU, s. m. (φορτίον, de φέρειν, porter.) « Il se faut souvenir que, pour lever un *fardeau*, il faut avoir plus de force que le *fardeau*; autrement, on est contraint ou de le laisser, ou de succomber dessous. » CHARRON, liv. II, ch. 4.

FARFADET, s. m. anciennement lutin, esprit follet; aujourd'hui homme vain, frivole, sans consistance. Cette signification est assez récente; mais le passage d'un sens à l'autre n'a rien de brusque et de forcé.

Rabelais entend presque toujours par ce mot, les moines mendians.

FARIBOLE, s. f. chose frivole et vaine.

Faribole s'est dit autrefois pour *parabole*. Ce qui nous porte à croire, avec H. Estienne, de La Monnoye et Tripault, qu'il vient du grec παραβολὴ (*parabolé*), comparaison, allusion, discours voilé. L'étymologie donnée par Ménage est curieuse. *Frivola*, dit-il, *ferivola*, *farivola*, *fariboles*.

Diantre! où veux-tu que mon esprit
T'aille chercher des *fariboles?*
Quinze ans de mariage épuisent les paroles.
MOLIÈRE, *Amphitryon.*

Ces chimériques *fariboles*
De grandeur et de dignité.
GRESSET.

FARINE, s. f. du latin *farina,* dont la racine est *far;* mot par lequel les Romains désignaient le blé que nous nommons froment. Nous disons par dénigrement, c'est un homme *de même farine;* Perse a dit de même, *cùm fueris nostræ farinæ* (après *avoir été de notre farine*), c'est-à-dire de même condition que nous.

« Jamais il n'a voulu comprendre ni écouter les raisons et les expériences des prétendues découvertes de notre siècle touchant la circulation du sang et autres opinions *de même farine.* » MOLIÈRE, *le Malade imaginaire*, act. II, sc. 6.

Clément VIII, parlant de Farinas, qui passait pour être débauché, et qui avait fait des livres fort estimés, dit que la *farine* était bonne, mais que le sac n'en valait rien.

FARINER, v. Massieu, élève de l'abbé Sicard, a créé ce mot pour signifier l'action de réduire en farine, *fariner le blé*, a-t-il dit.

FASHIONABLE, s. m. C'est un néologisme que nos journaux ont depuis peu introduit dans la langue, pour désigner un exact observateur des modes. Nous avons emprunté ce terme aux Anglais, qui s'en servent dans le même sens, et qui l'ont dérivé de leur mot *fashion* (façon, manière, mode); et comme leur *fashion* n'est que notre mot *façon*, qu'eux-mêmes nous avaient emprunté, nous n'avons fait que reprendre notre bien.

FASTE, s. m. vient originairement du latin *fasti*, jours de fête: c'est en ce sens qu'Ovide l'entend dans son poème intitulé *les Fastes.*

Les *fastes* des magistrats étaient les jours où il était permis de plaider; et ceux auxquels on ne plaidait pas s'appelaient *nefasti* (néfastes), parce qu'alors on ne pouvait parler (*fari*) en justice.

Ce mot *nefastus,* en ce sens, ne signifiait pas *malheureux;* au contraire, *nefastus* et *nefandus* furent l'attribut des jours infortunés, en un autre sens, qui signifiait jours dont on ne doit pas parler, jours dignes de l'oubli; *ille nefasto te posuit die.*

On a toujours cherché dans ces jours de solennité à étaler quelque appareil dans ses vêtemens, dans sa suite, dans ses festins. Cet appareil étalé dans d'autres jours, s'est appelé *faste*. Il n'exprime que la magnificence dans ceux qui, par leur état, doivent représenter; il exprime la vanité dans les autres.

Quoique le mot de *faste* ne soit pas toujours injurieux, *fastueux* l'est toujours. VOLTAIRE, *Dict. philosoph.* au mot *Faste.*

Le *faste* de la sagesse est une ostentation plus grande encore que le *faste* de l'opulence, disait Socrate.

Toujours un peu de *faste* entre parmi les pleurs.
LA FONTAINE.

Dans les récits qu'on est obligé de faire de soi, il faut s'éloigner du *faste* de la modestie, autant que du *faste* de l'orgueil.

FASTIDIEUX, EUSE, adj. du latin *fastidiosus* (qui inspire du dégoût). *Fastidieux* ne s'emploie qu'au figuré, c'est-à-dire en parlant des personnes ou des choses qui causent du dégoût à l'esprit.

Un homme *fastidieux*, dit M. Ch. Laveaux, est un homme ennuyeux, importun, fatigant par ses discours, par ses manières ou par ses actions. Il y a des ouvrages *fastidieux*. Ce qui rend les entretiens ordinaires si *fastidieux*, c'est l'applaudissement qu'on donne à des sottises. Ce mot n'était pas bien établi du temps de l'abbé de Choisy. Il remarque que la liberté de la conversation souffre des mots qui ne sont pas encore en usage, ou qui paraîtraient pédantesques, si l'on s'en servait en parlant sérieusement. « Je vois, dit-il, beaucoup de gens à la cour, qui, se servant de cette liberté, ne font point de difficulté de dire, *cet homme est fastidieux*, pour dire ennuyeux, et qui n'oseraient l'écrire. » *Journal de l'Académie française*, Opuscules sur la langue française, pag. 253, Paris, 1754.

FAT, s. et adj. m. du latin *fatuus*, dont la racine est *fari* (rendre des oracles). Que de mots, dit Voltaire (*Lettre à M. Guyot*, 7 auguste, 1767), sont éloignés de leur origine! de *fatuus*, qui signifiait *prophète*, on a fait un *fat*. »

Rabelais dit, dans la préface du 5e livre, que *fat* est un vocable de Languedoc, et signifie non salé, insipide, fade, et par métaphore, fol, niais, esventé du cerveau.

« Le *fat* est entre l'impertinent et le sot; il est composé de l'un et de l'autre. » LA BRUYÈRE.

Fontenelle disait, aujourd'hui tout est *fat*, jusqu'aux sots.

La pièce du *Fat* donnée aux Français, en 1751, tomba, parce que l'auteur n'avait pas bien saisi les nuances de ce caractère, quoiqu'il eût lui-même une assez forte dose de *fatuité*. Ce qui fit dire à Piron : « Jamais un homme ne se connaît assez pour se peindre au naturel. »

FATAL, ALE, adj. du latin *fatalis* (voulu, ordonné par le Destin). C'est la première signification que ce mot, qui se prenait en bonne comme en mauvaise part, a eue d'abord dans notre langue, ainsi qu'on peut s'en convaincre par plusieurs passages de Malherbe, et par les vers suivans, tirés d'une ode très-belle faite à l'occasion de l'attentat commis sur Henri IV, le 19 décembre 1605 :

O bienheureuse intelligence,
Puissance, quiconque tu sois,
Dont la *fatale* diligence
Préside à l'empire françois!

Mais, depuis, ce mot ne s'est pris qu'en mauvaise part, et est devenu synonyme de *funeste*, *malheureux*, *tragique*, etc.

L'Académie, l'abbé Féraud, et M. Laveaux prétendent que ce mot n'a pas de pluriel masculin; cependant Saint-Lambert a dit :

Fuyez, volez, instans *fatals* à mes désirs;
Mais, hélas! espérances vaines !

Le temps qui fuit sur nos plaisirs
Semble s'arrêter sur nos peines.

Et nous pensons, avec M. Chapsal, que personne ne fera un crime à l'auteur *des Saisons* d'avoir employé ce mot au pluriel.

FATALISER, v. « prédestiner, régler par un arrêt irrévocable de la destinée, de la fatalité. Perceforest, vol. v, fol. 13 r°., col. 2. Henri Estienne s'est élevé contre l'introduction de ce verbe, et entraîne dans la même proscription les mots *fatal*, *fatalité*. » CH. POUGENS, *Archéologie française*.

FATISTE, s. m. ancien mot dont nos pères se servaient pour désigner un poète. Sous nos premiers rois, dit Mervesin, il y eut des poètes auxquels on donna le nom de *fatistes*. Ils composaient, ajoute cet auteur, de petits ouvrages qu'ils faisaient chanter à des chœurs. Nos pères, ajoute Est. Pasquier, les nommèrent ainsi d'un mot français symbolisant avec le grec. Il était fait à l'imitation du grec ποιητής (*poiètès*) dont nous avons fait *poète*, c'est-à-dire *faiseur*, et signifiait celui qui fait, qui compose des vers.

FATRAS, s. m. pour *fartas*, augmentatif de *fartum* pour *farcitum*, de *farcire* (farcir), d'où *farce*, mélange. Comme on a dit aussi *farat*, le mot *fatras*, ajoute M. Boniface, pourrait être l'augmentatif du latin *far*, grain, farine, d'où *feurre*, *fouarre*; il serait pris dans le même sens que le latin *farrago*, mélange de plusieurs grains ou de plusieurs matières dont on traite sans ordre : *fatras*, ramas, compilation.

Jetons au feu nos vains *fatras* de lois.
VOLTAIRE.

De *fatras* on trouve *fatrouiller*, faire du *fatras*, du bruit, du carillon, dans l'*Enqueste* de Coquillart :

L'une crie et l'autre *fatrouille*,
L'une avoit ung escouvillon
De four, l'une l'autre brouille,
Et l'autre portoit ung pillon.

Il y avait autrefois une sorte de poésie qu'on nommait *fatras*. Le *Verger d'honneur* imprimé au commencement du 16e siècle, ou même sur la fin du 15e, contient, f° 133, une pièce intitulée *double* Fatras *fatrouillé*, et une ballade en vers du même genre. Dans cette espèce de poésie on répète souvent un ou plusieurs vers, comme dans le *chant royal*. *Voyez* ce mot.

« Épilogue, dit Pierre Lefevre, est un terme grec qui signifie récapitulation ou reprise de choses devant dictes, ainsi nommé par nos pères, espèce ou manier de rithmer que les Piccards appellent, en leur langage, *fatras*.

> Tout ainsi se faict épylogue
> Du *fatras* comme je l'applique,
> Tout ainsi se faict épylogue
> Soit en forme de monologue
> Ou par manière de dupplique;
> Tout ainsi qu'il plaist au prologue,
> Parler peult ou par dyalogue;
> En ce ne fault poinct de réplique,
> Mais qu'on ne soit tant fantastique
> Ou de presumption si rogue
> Qu'à son propre sens on desrogue :
> Épylogue donc se explique
> Du *fatras* comme je l'applique.

FATRAS PICART DE GADIFFER.

> L'amant doibt faire bonne chère
> A ce jour de Sainct-Valentin,
> L'amant doibt faire bonne chère
> Pour l'amour de sa dame chère;
> Car s'il entend bien son latin
> D'elle ne sera poinct arrière,
> Mais se doibt de pensée entière
> Apparoître soir et matin
> Et lui manier le t....
> Pour foullier en sa pennetière
> Et ce nonce mal Sainct-Quentin
> A ce jour de Sainct-Valentin.

> A ce jour de Sainct-Valentin
> L'amant doibt faire bonne chère,
> A ce jour de Sainct-Valentin
> Guillot, Arnoul, Sohyer, Betin,
> Ou autre, sans faire prière,
> Doibt taster des biens du Cretin ;
> De sa dame c'est la manière,
> Combien qu'elle soit grande et fière,
> Et fust-ell' vestue de satin,
> Si doibt-ell' lever la cr.......,
> Car, sans estre villain mâtin,
> L'amant doibt faire bonne chère,
> Pour l'amour de sa dame chère,
> Car, s'il entend bien son latin,
> L'amant doibt faire bonne chère
> Pour l'amour de sa dame chère, etc.

Est à garder expressément que chascune ligne (chaque vers) ayt sa sentence parfaicte et bien rentraincte. » *Art de pleine rhétorique*, par maistre Pierre Lefevre, feuillet 29, verso, du 2e livre, édition gothique, Rouen, 1521.

FATRISER, *v.* vieux mot qui s'est dit pour, faire des pièces de vers appelées *fatras*. *Voyez* ce mot.

FATUISME, *s. m.* esprit et caractère du fat. Ce mot, forgé par l'abbé de Chaulieu, a fait place à *fatuité*, qui offre cependant une nuance assez différente.

« Le vieillard de Ferney pense que l'idiotisme est l'état d'un idiot, comme le pédantisme est l'état d'un pédant. Le vieillard n'a pas le *fatuisme* de croire avoir raison. » VOLTAIRE.

Jusqu'à présent le *Dict. de Trévoux* est la seule autorité en faveur de ce mot.

FATUITÉ, *s. f.* du latin *fatuitas* (sottise, impertinence). Ce mot était nouveau du temps du P. Bouhours, ainsi que nous le voyons dans ses *Doutes sur la langue franç.* proposés à l'Académie par un gentilhomme de province.

« Que dites-vous de *fatuité* ? C'est un mot latin comme urbanité et vénusté ; mais est-il françois. Un auteur célèbre (M. de Chanteresne) en use dans un ouvrage qui a eu l'approbation du public (*Education d'un Prince*, p. 104, in-12, 1670 : « Un de ces voluptueux de Rome, dit-il, se faisant reporter du bain dans une chaise, demandoit à ses valets, suis-je assis ? c'est à peu près comme celui qui, estant à la chasse, demandoit à ses gens, ai-je du plaisir ? Ce sont des *fatuités* des grands, qu'il est bon de remarquer. » *Doutes sur la lang. franç.* pag. 7, Paris, 1674.

Duclos avait dit : La *fatuité* tombera comme les grands empires, par l'excès même de sa puissance. « Nous avons vu cette révolution, ajoute Suard ; mais la *fatuité* qui faisait rire a fait place à la rusticité qui révolte. »

« Il fut un temps en France, où la dépravation avait fait de tels progrès, qu'on se vantait de sa honte, qu'on s'enorgueillissait de ses faiblesses! On avait inventé la *fatuité* du vice ; Mme la marquise de Lambert cite Mme C... qui disait : Je veux jouir de la perte de ma réputation ! » DE SÉGUR, *Galerie morale et politique*, t. 1.

La lettre de Philippe-le-Bel au pape Boniface VIII commence par ces mots : *Sciat fatuitas vestra* (que votre *fatuité* apprenne).

FAUBOURG, s. m. partie d'une ville hors de ses portes, au-delà de son enceinte. Quelques uns le font venir de *faux-bourg*, ce qui n'est pas le vrai bourg, mais ce qui l'environne ; en effet on trouve écrit *faulx bourg* (*falsus burgus*) dans les *Cent nouvelles Nouvelles* ; *faux-bourg* dans Cl. Fauchet, dans les *Antiquités de Paris*, par Bonfons, et dans les auteurs que nous allons citer :

« Je regarde comme heureux ceux qui ne languissent pas long-temps dans les *fauxbourgs* de la mort. » *Contes de la Reine de Nav.* n. XL.

« Vous qui savez combien ce feu fait de chemin en peu de temps, dès qu'une fois il commence à brûler les *fauxbourgs* du cœur....... » *Ibidem*, n. XVIII.

« La juridiction première des ecclésiastiques estoit limitée ès choses qui concernoient le spirituel. Toutesfois ils l'avoient estendue en tant d'affaires et matières, que les *fauxbourgs* estoient trois fois plus grands que la ville. » PASQUIER, *Rech.* l. III, c. 26.

« Pendant que nous n'en sommes qu'aux *fauxbourgs*, que le pouls bat encore, nous avons besoing d'estre sollicitez et chatouillez par quelque agitation mordicante, comme est cette-cy (l'amour). » MONT. liv. III, c. 5.

D'autres le font venir de *foris* (dehors) et de *burgus* (bourg) maisons et rues qui sont hors de la ville, au-delà des portes de la ville, du bourg, comme dit le P. Labbe, et nous partageons d'autant plus volontiers ce sentiment, que ce mot est écrit *forbour* dans une ordonnance de Charles V, du mois de janvier 1374, qu'on lit *forsbourg* pour *faubourg* dans Nicot ; et qu'on trouve *suborbie* (sous-ville), comme on a dit *forsbourg*, puis *faubourg*, pour *hors du bourg*.

Enfin, dans les *Mémoires* d'Antoine Loisel, relatifs au Beauvaisis, il est dit : « Depuis s'accompagnant d'aulcun de ses vassaux et noblesse du pays, il fit battre et tuer aulcuns des habitans trouvez par les champs, brusler leurs maisons et les *forsbourgs*, se faisant guerre ouverte, et à toute outrance, les uns contre les autres. »

Dans le détail des fondations que fit le duc Gérard avec Berthe, sa femme, on lit : « A Auxerre, tout droit dedans la *suborbie*, fondèrent-ils aussi une riche abbaye. La Curne Sainte-Palaye traduit ce mot par *faubourg*. Ce mot vient du latin *sub urbe* (sous-ville, sous la ville, la ville basse).

FAUBOURIEN, ENNE, adj. et s. né dans un faubourg, habitant d'un faubourg ; qui appartient, qui a rapport aux faubourgs. Néologisme qui n'est encore que populaire et trivial, mais que son utilité fera sans doute admettre.

FAUCONNERIE, s. f. l'art de dresser et gouverner les faucons et autres oiseaux de proie. Ce mot est dérivé de *faucon*.

« Cet art, dit Pomey, prend son nom d'une particulière espèce d'oiseaux, et de la plus noble, qui est le *faucon*, quoique l'affaitage et la volerie se pratiquent avec toute autre sorte d'oiseaux de chasse. »

FAUFILER, v. Cette expression était nouvelle du temps de Boursault, qui la souligne dans ces vers de la scène IV de sa comédie des *Mots à la mode* :

Et Monsieur Rodillard, avec qui l'on m'assemble,
Ne fera-t-il pas beau nous *faufiler* ensemble ?

Ce mot qui, au figuré, signifie s'insinuer, s'introduire adroitement dans la société de quelqu'un, exprime assez bien l'action de la couturière qui, à l'aide de l'aiguille, passe légèrement un *faux fil*, en attendant qu'elle fasse sa couture.

« Et sache que je *faufile* avec ducs et marquis. » *Théâtre Italien*.

« De tout temps la Comédie s'est *faufilée* avec les gens du beau monde. » LE SAGE, *Gil Blas*.

Etre bien ou mal *faufilé*, avoir des liaisons particulières avec des gens dignes d'estime ou de mépris.

FAUSSÉ, ÉE, adj. et part. « Des esprits déjà *faussés* par les subtilités de l'Ecole. » DUSSAULX.

FAUSSÉE ou **FAULSÉE,** s. f. C'est un vieux mot qui est interprété par choc, charge, incursion, irruption, dans le *Dict. franç. et angl.* de Cotgrave.

« Pour faire une plus vive *faussée* dans la troupe. » *Ess. de Montaigne.*

Cet auteur a pris ce nom au figuré : mais comment, dit-il, une impression spirituelle face une telle *faussée* dans un subject. massif et solide, jamais homme ne l'a sceu. » MONT. liv. II, ch. 12.

FAUSSET, s. m. terme de musicien. On écrit de la sorte pour répondre au latin *vox falsa*, parce que ces voix sont ordinairement fausses ou forcées. « Si ce mot, dit J. J. Rousseau dans son *Dict. de musique*, vient du français *faux* opposé à *juste*, il faut l'écrire comme je fais, ici en suivant l'orthographe de l'*Encyclopédie*; mais, s'il vient, comme je crois, du latin *faux*, *faucis*, la gorge, il fallait, au lieu de deux *ss* qu'on a substituées, laisser le *c* que j'y avais mis : *faucet.* »

Loin de ces *faussets* du Parnasse
Qui, pour avoir glapi parfois
Quelque épithalame à la glace
Dans un petit monde bourgeois,
Ne causent plus qu'en folles rimes,
Ne vous parlent que d'Apollon,
De Pégase et de Cupidon,
Et telles fadeurs synonymes, etc.
  GRESSET.

FAUSSETÉ, s. f. « C'est le contraire de la vérité; ce n'est pas proprement le mensonge dans lequel il entre toujours du dessein.

» On dit : il y a eu cent mille hommes écrasés dans le tremblement de terre de Lisbonne, ce n'est pas un mensonge, c'est une *fausseté*.

» La *fausseté* est presque toujours encore plus qu'erreur. La *fausseté* tombe plus sur les faits, l'erreur sur les opinions.

» C'est une erreur de croire que le soleil tourne autour de la terre; c'est *une fausseté* d'avancer que Louis XIV dicta le testament de Charles II.

» La *fausseté* d'un acte est un crime plus grand que le simple mensonge; elle désigne une imposture juridique, un larcin fait avec la plume.

» Un homme a de la *fausseté* dans l'esprit, quand il prend presque toujours à gauche; quand, ne considérant pas l'objet entier, il attribue à un côté de l'objet ce qui appartient à l'autre, et que ce vice de jugement est tourné chez lui en habitude.

» Il y a de la *fausseté* dans le cœur, quand on s'est accoutumé à flatter et à se parer de sentimens qu'on n'a pas; cette *fausseté* est pire que la dissimulation, et c'est ce que les Latins appelaient *simulatio*.

» Il y a beaucoup de *fausseté* dans les historiens, des erreurs chez les philosophes, des mensonges dans presque tous les écrits polémiques, et encore plus dans les satiriques.

» Les esprits *faux* sont insupportables, et les cœurs *faux* sont en horreur. » VOLTAIRE, *Dict. philosoph.*

FAUTE, s. f. « Les *fautes* sont innocentes, qui sont plus anciennes que les loix. » BALZAC.

« Les succès couvrent les *fautes*; les revers les rappellent. » Le duc DE LÉVIS.

Faute se trouve dans nos anciens auteurs, pour signifier manque, défaut. « L'ung d'eux, tastant avec son bourdon le pays, à sçavoir s'ils étaient en seureté, frappa rudement en la *faulte* d'une dent creuse. » RABELAIS, liv. II, ch. 38. Dans ce sens il a vieilli, ou du moins, il ne s'emploie plus qu'adverbialement, comme dans cet exemple de Corneille :

Et le combat cessa *faute* de combattans.

On dit aussi *sans faute* dans le sens d'immanquablement.

ÉPIGRAMME.

Si vous lisez dans l'épitaphe
De Fabrice, qu'il fut toujours homme de *bien*,
C'est une *faute* d'orthographe;
Passons, lisez : homme de *rien*.
Si vous lisez qu'il aima la justice,
Qu'à tout le monde il la *rendit*,

C'est une *faute* encor, je connaissais Fabrice :
Passans, lisez : qu'il la *vendit*.
LE BRUN.

Le sénat me consulte, et nos tristes provinces
Ont payé trop long-temps les *fautes* de leurs
[princes.
CRÉBILLON, *Atrée et Thyeste*, act. I, sc. 1.

Payer les fautes, c'est un latinisme (*solvere*, *luere pœnas*) passé dans la langue française.

Fautelette, pour petite *faute* : ce diminutif se trouve dans Bonaventure Despériers, *Nouv.* XLVIIIe.

FAUTER, v. faire des fautes, des sottises. Ce mot ne se dit pas encore, même en conversation, quoique Montaigne l'ait employé. *Voyez* FAUTIER.

FAUTEUIL, s. m. de *faldistorium*, qui, dans la basse latinité, signifiait la chaise que l'on plaçait pour le célébrant à côté de l'autel ; aussi trouve-t-on *fauldeteuil* dans Nicod, *faudeteuil* dans Ph. Monet. « D'autre part étoit assise sur un *faudesteuil* une noble dame. » *R. de Merlin*.

Nous disons *le fauteuil académique*, pour désigner la place d'académicien. *Obtenir le fauteuil académique*, c'est-à-dire être nommé académicien.

Une dame de province, nouvellement arrivée à Paris, demandait à Fontenelle : « Monsieur, qu'est-ce donc que ce *fauteuil*, académique, dont j'ai tant entendu parler ? — Madame, lui répondit le philosophe, c'est un lit de repos où le bel-esprit sommeille. »

C'est la pensée de l'épigramme de Piron, qui fut faite à l'occasion de l'entrée de Gresset à l'Académie française, et qui malheureusement devint une prophétie.

En France, on fuit, par un plaisant moyen,
Faire un auteur, quand d'écrits il assomme.
Dans un *fauteuil* d'académicien,
Lui quarantième on fait asseoir mon homme ;
Lors il s'endort, et ne fait plus qu'un somme.
Plus n'en avez prose, ni madrigal.
Au bel-esprit, ce *fauteuil* est en somme,
Ce qu'à l'amour est le lit conjugal.

Mais je veux dénoncer, à l'ami des talens,
Ces cercles orgueilleux, ces tribunaux brillans,
Où sous des habits d'or va siéger la sottise ;
Où souvent Alcidas en son nom prophétise,
Et d'un jeune marquis parcourant le recueil,
D'avance lui promet les honneurs du *fauteuil*.
SAURIN, *Épître à M. le marquis du Chastelet*, insérée dans l'*Alm. des Muses*, année 1788.

« Le cardinal d'Estrées, devenu très-infirme, et cherchant un adoucissement à son état dans l'assiduité aux assemblées de l'Académie dont il était membre, demanda qu'il lui fût permis de faire apporter un siége plus commode que les chaises qui étaient encore en usage ; car il n'y avait eu jusqu'alors qu'un *fauteuil*, et il appartenait exclusivement au directeur. On en rendit compte à Louis XIV, qui, prévoyant les conséquences d'une pareille distinction, ordonna à l'intendant du Garde-Meuble de faire porter quarante *fauteuils* à l'Académie ; et consacra ainsi, pour toujours, l'égalité qui doit régner partout où les gens de lettres se rassemblent. » *Nouv. Dict. des Origines*, t. 1, p. 444.

Gilbert a dit *le trône académique*, pour *le fauteuil académique* :

Qui, tout meurtri des coups de sa muse tragique,
Tomba de chute en chute au *trône académique*.

FAUTIER, adj. et s. m. FAUTIÈRE, adj. f. Il est dérivé de *faute*, comme le verbe *fauter* ci-dessus, sujet à faillir. « La loi divine nous appelle à soy, ainsi *fautiers* et détestables comme nous sommes. » MONTAIGNE, liv. 1, ch. 57.

« Nostre vertu mesme est *fautière* et repentable. » *Le même*, l. II, c. 6.

« Il n'est rien si lourdement et largement *fautier* que les loix, ny si ordinairement. » *Le même*, l. III. c. 13.

Quand le *fautier* faut, il faut par tous les vices ensemble. *Le même, Essais*, tom. IV, pag. 134, Paris, 1789.

Le *fautier* ou le *vicieux*, comme on a mis dans les dernières éditions. *Fautier* ou *faultier* (car on trouve l'un et l'autre dans Cotgrave), c'est celui *qui est sujet à mal faire, à faillir, à se tromper*, etc. *Note de Coste sur Montaigne*, au bas de la page.

FAUX, AUSSE, adj.

L'esprit n'est plus qu'un *faux* brillant,
La beauté qu'un *faux* étalage,
Les caresses qu'un *faux* semblant,
Les promesses qu'un *faux* langage.
Fausse gloire, *fausse* grandeur
Logent partout le *faux* honneur.
Partout on voit *fausse* noblesse,
Fausse apparence, *faux* dehors,
Faux airs, *fausse* délicatesse,
Faux bruits, *faux* avis, *faux* rapports.

Le cœur est *faux* chez Amaranthe,
Iris nous montre un *faux* maintien,
Lise est une *fausse* ignorante,
Lindor un *faux* homme de bien.
PANARD.

Le musicien Simonide priait Thémistocle de faire, à sa recommandation, quelque chose d'injuste. « Si je vous proposais de chanter *faux* en plein théâtre, y consentiriez-vous? lui dit Thémistocle. »

Diderot dit de Boucher : « C'est un *faux* bon peintre, comme on est un *faux* bel-esprit. »

FAVEUR, s. f. du latin *favor* (l'action de favoriser, d'être favorable); ce mot *favor* était nouveau du temps de Cicéron.

« La *faveur* des princes n'exclut point le mérite, mais elle ne le suppose pas aussi. » LA BRUYÈRE.

« Il y a des gens à qui la *faveur* arrive, comme aux autres un accident. Ils en sont surpris les premiers. » *Le même.*

Vous me demandez pourquoi tel homme est en *faveur* ? Dites-moi pourquoi son laquais a eu le gros lot ?

Nous disons *être en faveur auprès de quelqu'un* ; Cicéron a dit dans le même sens : *in gratiâ esse cum aliquo* (être en grâce avec quelqu'un).

« La *faveur*, dit Voltaire, suppose plutôt un bienfait qu'une récompense.

» On brigue sourdement la *faveur*; on mérite et on demande hautement des récompenses.

» Le dieu *Faveur*, chez les mythologistes romains, était fils de la Beauté et de la Fortune.

» Toute *faveur* porte l'idée de quelque chose de gratuit....

» *Faveur* diffère beaucoup de grâce. Cet homme est en *faveur* auprès du roi, et cependant il n'en a point encore obtenu de grâces.

» On dit *il a été reçu en grâce*; on ne dit point *il a été reçu en faveur*, quoiqu'on dise *être en faveur* : c'est que la *faveur* suppose un goût habituel, et que *faire grâce*, *recevoir en grâce*, c'est pardonner, c'est moins que donner sa *faveur*.

» Obtenir *grâce*, c'est l'effet d'un moment ; obtenir la *faveur* est l'effet du temps. Cependant on dit également : faites-moi la *grâce*, faites-moi la *faveur* de recommander mon ami.

» Des lettres de recommandation s'appelaient autrefois des *lettres de faveur*. Sévère dit dans la tragédie de *Polyeucte* :

Je mourrais mille fois plutôt que d'abuser
Des *lettres de faveur* que j'ai pour l'épouser.

» Cette expression *faveur*, signifiant une bienveillance gratuite qu'on cherche à obtenir du prince ou du public, la galanterie l'a étendue à la complaisance des femmes ; et, quoiqu'on ne dise point : il a eu des *faveurs* du roi, on dit : il a eu les *faveurs* d'une dame.

» L'équivalent de cette expression n'est point connu en Asie, où les femmes sont moins reines.

» On appelait autrefois *faveurs* des rubans, des gants, des boucles, des nœuds d'épée, donnés par une dame. »

Chaque chevalier qui se présentait pour combattre dans les tournois, nommait hautement la dame dont il se déclarait l'esclave ou le serviteur. A ce titre, dit la Curne Sainte-Palaye, les dames daignoient joindre ordinairement ce qu'on appeloit *faveur*, *joyau*, *nobloy* ou *enseigne*.

Ces expressions du style de la galanterie *avoir les faveurs d'une femme*, *recevoir ses dernières faveurs*, semblent venir des usages de l'ancienne chevalerie, où l'on appelait *faveurs* ces cadeaux dont les dames gratifiaient, dans les tournois, les chevaliers, qui, selon l'expression du temps, s'étaient déclarés leurs *esclaves* ou leurs *serviteurs* ; ces cadeaux ou *faveurs* consistaient ordinairement en rubans, manchettes, guimpes, chaperons, nœuds, etc. qu'elles détachaient successivement de leurs propres vêtemens pendant l'ardeur de la joute, pour en orner leurs chevaliers et animer ou soutenir leur courage.

Le comte d'Essex portait à son chapeau un gant de la reine Elisabeth, qu'il appelait *faveur de la reine*.

Le cardinal de Bayane disait au pape qui, après une foule de sacrifices faits à la nécessité, refusait de consentir à la sécularisation des biens de l'Eglise italienne : « Votre Sainteté est comme une jolie femme, qui, après avoir accordé les *dernières faveurs*, se fâche pour un baiser. »

Enfin l'ironie se servit de ce mot pour signifier les suites fâcheuses d'un commerce hasardé : *faveurs de Vénus, faveurs cuisantes*.

FAVORI, ITE, *s. et adj.* Ne serait-ce pas le participe de l'ancien verbe *favorir* qui se trouve dans Montaigne ? *Voyez* FAVORISER.

Cet auteur a dit *favorie* au féminin. « Quand les Scythes enterroient leur roi, ils estrangloient sur son corps la plus *favorie* de ses concubines, etc. » *Essais*, t. IV, p. 221, Paris, 1789.

On lit d'ailleurs *favorit* dans Estienne Pasquier, d'où le féminin *favorite*.

« *Favori* et *favorite*. Ces mots ont un sens tantôt plus resserré, tantôt plus étendu. Quelquefois *favori* emporte l'idée de puissance, quelquefois seulement il signifie un homme qui plaît à son maître.

» Henri III eut des *favoris* qui n'étaient que des mignons; il en eut qui gouvernèrent l'État, comme Joyeuse et d'Epernon....

» On appelle les bons poètes *les favoris des Muses*, comme les gens heureux, *les favoris de la Fortune*, parce qu'on suppose que les uns et les autres ont reçu ces dons sans travail....

» La femme qui plaît le plus au sultan s'appelle parmi nous la *sultane favorite*....

» *Favori* d'une dame ne se trouve plus que dans les romans et les historiettes du siècle passé. » VOLT. *Dict. philos.* au mot *Favori*.

« Le *favori* du prince est un miroir où chacun des courtisans voit ses propres défauts et a la sincérité de les blâmer. » OXENST.

On a dit de Versailles, que c'était un *favori* sans mérite.

Le *favori* est un cadran solaire, qu'on va consulter quand le soleil de l'État l'éclaire, et qu'on ne regarde plus, dès qu'il lui retire ses rayons.

Et *Favori* ? qu'est cela ? C'est un Être
Qui ne connoît rien de froid ni de chaud ;
Et qui se rend précieux à son maître
Par ce qu'il coûte et non par ce qu'il vaut.
J. B. ROUSSEAU.

FAVORISER, *v.* du latin *favere* (être favorable), qui a dû donner d'abord *favorir*.

« Cette marque peut-elle désigner et *favorir* l'inanité ? » MONT. *Essais*, tom. V, pag. 412, Paris, 1789.

On lit encore *favorir*, pour *favoriser*, à la page 420.

« *Favorir*, que Montaigne a peut-être forgé lui-même du latin *favere* (favoriser), ne se trouve ni dans Cotgrave ni dans Nicod. » *Note* de Coste sur *Montaigne*, à l'endroit cité plus haut.

Il est vrai ; mais il se rencontre dans les *Erreurs populaires* par Laurent Joubert, édition de 1587.

Il parait que nos pères, à l'exemple des Latins, ont dit *favoriser* à quelqu'un (*favere alicui*). « Calliope *favorise aux poètes* composans en vers héroïques. » Les *Epithètes* de De la Porte, Paris, 1571, pag. 44.

« Les anciens ont cru que Mars *favorisoit aux hommes* en guerre, et l'ont estimé dieu d'icelle. » *Ibidem*, au mot *Mars*.

« *Vous leur favorisez.* » RABELAIS, nouveau prologue du IVᵉ livre.

« *Favorisans aux vivans*, ils apportoient grand dommage à ceux qui avoient à les suivre. » EST. PASQ. *Recherches sur la France*.

« Si Dieu *favorise à mes desseins.* » Préface de Muret sur ses Commentaires des *Amours de Ronsard*.

FAVORITISME. C'est un mot de la création de M. l'abbé de Pradt, qui le définit : « Besoin et habitude de la part d'un prince d'abandonner la direction de ses affaires à l'homme qui s'est emparé de son esprit, soit par la confiance qui naît de l'amitié, soit par les manœuvres et les séductions qui font arriver auprès des princes et qui y maintiennent. » *Mémoires historiques sur la révolution d'Espagne*, 1816, pag. 126.

FÉAL, ALE, *adj.* du latin *fidelis* (à qui on peut ajouter foi, fidèle, à qui on peut se fier). Nos ancêtres, ayant dit *fé* pour *foi*, *ma fé*, ma foi, comme on parle encore dans quelques départemens, ont naturellement de l'adjectif *fidelis* formé *féal*, comme de *fides* ils avaient fait *fé*.

« J'ai remontré comment l'urine est peu *féale* à signifier la disposition des parties qui sont par-dessus le foye. » LAURENT JOUBERT, *les Erreurs populaires*, p. 122, édit. de 1587.

C'est Annebaut de la France amiral,
Utile au peuple, à son prince *féal*.
RONSARD, *Epitaphe de François de Viel-Pont*.

C'est Grisbourdon notre *féal* ami.
VOLTAIRE.

Ce mot, très-ancien dans notre langue, et qu'on trouve écrit *féel* dans le *Roman du Renard*, était, long-temps avant la révolution, relégué dans le style de chancellerie; depuis il n'est presque plus usité, si ce n'est dans cette locution familière : *c'est mon féal*, pour dire *mon intime ami*.

FÉAUTÉ, qu'on a écrit aussi *féaulté*, du latin *fidelitas* (fidélité), ancien terme qui signifiait le serment que le vassal devait à son seigneur de lui être *féal*, c'est-à-dire *fidèle*. Ce mot, pour *foi*, *fidélité*, se trouve dans les ordonnances de saint Louis.

« *Féal*, ce nom, ou cette épithète, est donné aux chevaliers, dit la Curne de Sainte-Palaye, parce qu'ils ont tous fait serment au roi de *féauté* et hommage. »

« Chascun luy fist hommage et *féaulté*, » est-il dit dans *Tristan, chevalier de la Table ronde*, roman imprimé dans le 16ᵉ siècle.

FÉCONDATION, *s. f.* action de féconder, est un mot nouveau qui se trouve déjà dans le *Dictionnaire de l'Académie* de 1802; il est dérivé de *féconder*, qui lui-même n'est pas fort ancien.

FÉDÉRALISER, *v.* Ce mot et les cinq suivans sont dus aux premières années de la révolution. Former une fédération, établir un gouvernement fédératif.

FÉDÉRALISME, *s. m.* système, doctrine du gouvernement fédératif.

FÉDÉRALISTE, *s. m.* partisan du gouvernement fédératif. Nom donné, dans les premières années de la révolution, à ceux qu'on accusait de vouloir imposer à la France un gouvernement fédératif.

FÉDÉRATIF, IVE, *adj.* qui appartient, qui a rapport à une alliance, à une confédération.

Gouvernement fédératif, gouvernement composé de plusieurs États unis par une alliance générale, tels que les *États-Unis* d'Amérique.

FÉDÉRATION, *s. f.* union, alliance, dans le sens d'association politique ou commerciale, n'est pas un terme nouveau. On a appelé *la fédération*, *la fête de la Fédération*, la solennité qui a réuni au Champ-de-Mars les fédérés de tous les départemens de la France lors de l'acceptation par le roi de la constitution de 1791.

FÉDÉRÉ, *s. m.* du latin *fœderatus* (allié, uni) membre d'une fédération. On a nommé ainsi les commissaires envoyés à Paris par tous les départemens de la France, pour assister à l'acceptation de la première constitution. *Voyez* FÉDÉRATION.

FÉE, *s. f.* du latin *fata*, c'est-à-dire *fatidica* (sibylle, devineresse, magicienne, sorcière) dont la racine est *fatum* (destin) ou plutôt *fari* (parler, prédire). « Il y a plus de six vingts ans, dit le Père Labbe dans ses *Etymologies des mots françois*, que Charles Bouille, pag. 60, avait averti ses lecteurs de cette origine : « *Fées*, y est-il dit, *juxtà fabulam antiquitatis, à fato erant enim mulieres hominibus fata bonæ vel sinistræ fortunæ aut dantes, aut annunciantes.* » (Les *fées*, selon l'antiquité fabuleuse, vient de *fatum*, c'étaient en effet des femmes qui procuraient ou prédisaient aux hommes la bonne ou la mauvaise fortune). Ce mot s'est écrit d'abord *faé*, ce qui était plus près de son étymologie *fata*.

« La damoiselle qui Lancelot porta au lac estoit une *fée*, et en cellny temps estoient appelées *faées* toutes celles qui s'entremettoient d'enchantemens et de charmes. » *Lancelot du Lac*, roman imprimé en 1520.

« Les romanciers les ont divisées en *fées* bienfaisantes et malfaisantes. Ils leur ont donné une reine qui convoque tous les ans une assemblée générale des *fées*, leur fait rendre compte de leurs actions, punit celles qui ont abusé de leur pouvoir, et récompense celles qui n'en ont usé que pour protéger l'innocence. Elles sont immortelles, mais assujetties à une loi bizarre qui, tous les ans, les force à prendre, pour quelques jours, la forme d'un animal, et les expose à tous les hasards, et même à la mort. »
NOEL, *Dict. de la Fable*.

Les plus célèbres étaient la *fée* Morgane, la *fée* Alcine.

Morgane approche : elle invoque la Nuit ;
Divinité favorable au prestige,
Cueille un rameau qui verdit sur sa tige,
Et des jardins rapidement s'enfuit.
A l'escorter sa cour est préparée :
Quatre lutins, à l'aile diaprée,
Sont les coursiers de son char nébuleux ;
Et dans sa main la branche balancée,
Sceptre léger, ressemble au caducée
Qui mène au Styx les mânes fabuleux.
MILLEVOYE.

Les anciens poètes donnaient ce nom aux Muses. Ronsard l'a donné aux Naïades.

Et vous, Dryades, et vous, *Fées*,
Qui, de joncs simplement coiffées,
Nagez par le cristal des eaux.
RONSARD.

Les Muses, les neuf belles *Fées*.
MALHERBE.

Tout ce que les neuf doctes *Fées*
Voudront leur inspirer de beau.
MAYNARD.

Filles du Ciel, chastes et doctes *Fées*,
Qui, des héros consacrant les trophées,
Garantissez du naufrage des temps
Les noms fameux et les noms éclatans.
J. B. ROUSSEAU.

Ménage trouvait ce nom de *fée* fort beau. On ne s'en sert plus aujourd'hui dans la haute poésie. Il ne peut plus avoir lieu que dans le style badin, ou burlesque, ou marotique.

FÉER, *v.* qu'on écrivait autrefois *faer*, du latin *fari* (parler, prophétiser) qui vient du grec φάω (*phaó*) je parle, est un vieux mot qui se disait anciennement, en parlant de certains enchantemens qu'on attribuait aux *fées*, enchanter, charmer.

« Il dit que sa dame *l'a* tellement *fée* de ses enchantemens, que la bague de Roger ne serait pas suffisante pour le décharmer. » MURET, *Comm. sur les Amours de Ronsard*, p. 88, Paris, 1553. Ce verbe n'est guère d'usage que dans les vieux Contes de Fées, où l'on dit : « Je vous *fée* et refée. »

FÉÉ, ÉE, OU FAÉ, ÉE, comme on a dit d'abord, *part.* de l'ancien verbe *faer* ou *féer*. Ensorcelé, enchanté, inventé, fabuleux, dans le *Gloss. du Roman de la Rose*. « Il falloit qu'ils conquestassent les chevaux *faez* du roy Rhesus de Thrace. » J. LE MAIRE DE BELGES, *Illustration des Gaules*, liv. II, ch. 20, Paris, 1548.

« Il me semble voir ces paladins du temps passé, se présentans aux joustes et aux combats avec des corps et des armes *faées*. » *Ess. de Montaigne.*

....

« Si ainsi estoit *phée*, et deust ores ton heur et repos prendre fin, falloit-il que ce feust en incommodant à mon roy ? » RABELAIS, tom. I, pag. 237, édit. de 1732.

FEINDRE, *v.* du latin *fingere* (imaginer, façonner) venu du grec φέγγω (*pheggó*), rendre apparent, imiter, contrefaire.

Savoir *feindre*, c'est savoir vivre.
Mme DESHOULIÈRES.

Euphorbe vous a *feint* que je m'étais noyé.
CORNEILLE, *Cinna*, sc. dernière.

Feindre, dit Voltaire dans ses Remarques, ne peut gouverner le datif : on ne dit pas, selon lui, *feindre* à quelqu'un. Nous opposerons à l'opinion de Voltaire, un peu légèrement avancée, reproche qu'on peut lui faire quelquefois dans ses mêmes Remarques sur le père de notre tragédie, une autorité bien puissante, celle de Racine, et l'avis de son commentateur qui doit être de quelque poids.

Il lui *feint* qu'en un lieu que vous seul connaissez,
Vous cachez des trésors par David amassés.
RACINE, *Athalie*, act. I, sc. I.

« *Il lui feint* est un tour hardi, vif et précis, emprunté du latin pour signifier *il suppose faussement*, *il lui fait accroire, il la trompe en lui persuadant.* Notre versification a les plus grandes obligations à Racine, qui l'a enrichie et animée par ces façons de parler qui s'élèvent au-dessus du langage ordinaire, et que de froids grammairiens ont la témérité de condamner comme des fautes de français. » GEOFFROY, *Œuvres de J. Racine*, au lieu cité.

Autrefois, pour dire qu'un homme s'employait à une chose avec chaleur, on disait qu'il ne s'y *feignait* pas. Rien n'était encore plus commun en Bourgogne que cette locution, vers 1772. On fait à ce sujet le conte d'un marchand de Dijon, qu'un de ses voisins félicitait d'avoir des enfans dodus : « Parguié, dit-il, ç'a que je n'y répargne ren (épargne rien). — Et moi, dit sa femme, qui voulut avoir sa part de l'honneur, à ce que je m'y *foin* (feins) ? »

FEINTE, *s. f.* La Fontaine l'emploie dans le sens de *fiction :*

La *Feinte* est un pays plein de terres désertes.

et J. B. Rousseau dans celui de *calomnie :*

Voilà quel fut celui qui t'adresse sa plainte,
Victime abandonnée à l'odieuse *feinte*,
De sa seule innocence en vain accompagné.

La difficulté de la rime ne peut justifier cette impropriété de terme.

FEINTISE, *s. f.* pour *feinte*, déguisement. Ce mot a vieilli ; la poésie doit le regretter.

Ces yeux de qui les mignardises
M'ont souvent contraint d'espérer,
Encores que pleins de *faintises*,
Veulent-ils bien se parjurer?

L'Astrée, tom. 1, pag. 149, Lyon, 1631.

FÉLICITATION, *s. f.* action de complimenter, compliment qu'on fait à quelqu'un sur le bonheur qui lui est arrivé.

« On voudrait aller plus loin (Thomas Corneille, qui vient de parler du verbe *féliciter*, entend par là qu'on voudrait trouver un nom qui exprimât l'action de féliciter), et une personne dont les ouvrages sont très-estimés, a mis depuis peu dans une lettre : *Je lui ai écrit un compliment de félicité*, pour dire *je lui ai marqué la joie que j'avais de ses avantages.* J'ai peine à croire que ce mot-là s'établisse dans le sens où il est employé en cette lettre, à cause que *félicité* pour dire *bonheur*, est tous les jours dans la bouche de tout le monde. Je hasarderais plutôt, avec l'adoucissement nécessaire, et seulement pour me faire mieux entendre : *Je lui ai écrit un compliment de félicitation*, s'il est permis de parler ainsi. » T. CORNEILLE, note sur le chap. 205 des *Remarques de Vaugelas sur la langue française.*

Dans son *Art épistolaire* Furetière s'exprime ainsi : « J'ai cru pouvoir faire *félicitation* de mon autorité, depuis que *félicité* a été autorisé par l'usage. » En 1732, ce mot n'était pas encore tout-à-fait établi.

FÉLICITÉ, *s. f.* Thalès, l'un des sept sages de la Grèce, faisait consister la *félicité* du corps dans la santé, et la *félicité* de l'esprit dans la science.

« *Félicité* est l'état permanent, du moins pour quelque temps, d'une ame contente ; et cet état est bien rare.

» Le bonheur vient du dehors, c'est originairement une *bonne heure :* un *bonheur vient*, on a *un bon heur* ; mais on ne peut pas dire : *il m'est venu une félicité*, *j'ai eu une félicité* ; et quand on dit : *cet homme jouit d'une félicité parfaite*, *une* n'est pas pris numériquement, et signifie seulement qu'on croit que sa *félicité* est parfaite. On peut avoir un bonheur sans être heureux...............

» Il y a encore de la différence entre UN *bonheur* et LE *bonheur*, différence que le mot *félicité* n'admet point.

» UN *bonheur* est un événement heureux ;

» LE *bonheur*, pris indécisivement, signifie une suite de ces événemens.

» Le plaisir est un sentiment agréable et passager : le *bonheur*, considéré comme sentiment, est une suite de plaisir ; la *prospérité*, une suite d'heureux événemens ; la *félicité*, une jouissance intime de sa prospérité.

» *Félicité*. Ce mot ne se dit guère en

prose au pluriel, par la raison que c'est un état de l'ame, comme tranquillité, sagesse, repos; cependant la poésie, qui s'élève au-dessus de la prose, permet qu'on dise dans *Polyeucte*, acte IV, sc. 5:

Où *leurs félicités* doivent être infinies.

Que *vos félicités*, s'il se peut, soient parfaites.
Zaïre, act. 1, sc. 1. »

VOLTAIRE, *Dictionnaire philosoph.* au mot *Félicité*.

LES HUIT FÉLICITÉS DU PHILOSOPHE.

Heureux celui qui, retiré du monde
Et de ses plaisirs dégoûté,
Jouit dans une paix profonde
Des douceurs de la liberté!

Heureux celui qui, de la solitude
Mettant à profit les loisirs,
De son cœur fait l'unique étude,
De ses livres fait ses plaisirs!

Heureux celui qui, maître de soi-même
Et dégagé d'ambition,
N'aspire qu'au bonheur suprême
D'une simple condition!

Heureux celui qui connaissant abhorre,
Amour, tes dangereux appas:
Plus heureux mille fois encore
Celui qui ne les connaît pas!

Heureux celui qui peu jaloux de plaire
Et de captiver les esprits,
D'un seul ami, tendre et sincère,
Goûte l'inestimable prix!

Heureux celui qui, cherchant l'art utile
De commander aux passions,
Peut, indépendant et tranquille,
Régner sur leurs impressions!

Heureux celui qui, dans la douce ivresse
D'un cœur nullement combattu,
N'a pour objet que la sagesse,
N'a pour guide que la vertu!

Heureux enfin celui qui sans envie
Et sans murmurer peut souffrir,
Et qui ne désire la vie
Que pour apprendre à bien mourir!

Voyez INFÉLICITÉ.

FÉLICITER, *v.* Ce mot, quoique très-commun en plusieurs provinces de France, était tenu pour barbare à la cour, lorsque Balzac entreprit de l'y accréditer. « Si le mot *féliciter* n'est pas encore français, écrivait-il, il le sera l'année prochaine, et M. de Vaugelas m'a promis de lui être favorable. » Ainsi l'acquisition de ce mot est une des obligations que la langue eut à cet auteur.

FÉLON, ONNE, *adj.* qui manque à la foi, à la fidélité jurée, déloyal, traître, perfide. On voit *fel* pour *félon*, dans les *Fabliaux de Barbazan*, dans le *Roman de la Rose* et dans celui *du Renard*. Ce vieux mot, qui n'est plus en usage, paraît venir de l'allemand *fehlen* (manquer, faire une faute).

« Cupidon est un dieu *félon*. Il fait son jeu à imiter la dévotion et la justice. » MONT. liv. III, ch. 5. « Et en outre le chargeant de *félonnes* paroles et contumélieuses. » *Le même.* « L'air de ce pays m'a donné je ne sais quoi de *félon*. » VOITURE.

De *félon* on a formé *enfellonner*, rendre *félon*, qui se trouve dans la *Satyre Ménippée*:

Enfellonnant nos cœurs.

Et dérivé le substantif *félonie* et l'adverbe *félonnement*, qui se trouve dans Rabelais, dans H. Estienne, etc.

FEMELLE, *s. f.* Mme de Sévigné se sert volontiers de ce mot en badinant: « La bonne Troche est toujours la bonté même et allante et venante; on dit qu'elle est la *femelle* de d'Hacqueville. » « Nous la trouvâmes (Mme de Chaulnes) accompagnée, pour le moins, de quarante femmes ou filles de qualité..... La plupart étoient les *femelles* de ceux qui étoient venus au-devant de nous. » *La même.* « Mme de L... se décrie si fort que l'on commence à la regarder comme la *femelle* du duc de Mazarin (si fameux alors par ses extravagances). » M. DE COULANGES.

Famail. Ce mot se trouve dans les *Mémoires de Vieilleville*, pour troupe de femmes.

FÉMININ, INE, *adj.* du latin *femininus* (de femme) dans la *Vulgate*. « *Quidquid masculini sexûs natum fuerit, in flumen projicite: quidquid feminini reservate.* » (Jetez dans le fleuve tout ce qui naîtra du sexe masculin: conservez tout ce qui naîtra du sexe *féminin*.) *Exode*, chap. 1, v. 22.

De tous ces damoiseaux on sait trop les coutumes,
. . . .
Et ce sont vrais satans dont la gueule altérée
De l'honneur *féminin* cherche à *faire curée*.
MOLIÈRE, *l'Ecole des Femmes*, act. III, sc. I.

Vous verrez aussitôt le peuple *féminin*
S'élever à grands cris et sonner le tocsin.
LA CHAUSSÉE.

FÉMINISER, *v*. Ce mot a été inventé par Ménage, dans le sens de rendre *féminins* des mots originairement masculins. « Messire Honoré d'Urfé, dit-il, *a féminisé* au contraire le nom d'Amynte, et ceux de Daphnis et d'Alexis... J'ai aussi *féminisé* dans mes poésies italiennes le nom d'Iola. » MÉNAGE, *Observations sur les Poésies de Malherbe*, pag. 518, édit. in-8°, Paris, 1666. Rousseau lui a donné un autre sens. *Féminiser* un peu ces anges nus, c'est-à-dire leur donner un autre sexe.

FEMME, *s. f.* « Quand on a été *femme* à Paris, on ne peut pas être *femme* ailleurs. » MONTESQUIEU.

« Une cour sans *femmes*, disait François 1er, est une année sans printemps et un printemps sans roses. »

Nous disons *une femme publique* pour dire *une prostituée*. Ovide a dit dans le même sens : *puella vulgaris* (une *fille publique*). Lorsque nos jeunes gens appellent du nom de *petites femmes*, les femmes à parties, les femmes galantes, ils sont loin d'imaginer que cette expression était prise dans le même sens par les Romains, où le diminutif de *mulier* (femme), *muliercula* (petite femme) signifie quelquefois une concubine, une femme d'une moyenne vertu. Cicéron dit en parlant de Verrès : « *Tametsi in actá cum* mulierculis *jacebat ebrius.* » IIe *Oraison contre Verrès, touchant les supplices*, 63. (Quoiqu'il fût plongé dans la débauche, sur le bord de la mer, avec des *courtisanes*.) *Traduction revue* par M. de Wailly.

FENDILLER, *v*. diminutif ou fréquentatif de *fendre*.

« Et sommes advertis que le massif se desment, quand nous voyons *fendiller* l'enduict et la crouste de nos parois. » MONTAIGNE, *Essais*, liv. I, chap. 43.

Ce mot, créé probablement par Montaigne, et employé par quelques écrivains modernes, mérite bien d'être conservé. « La surface de ce bloc immense, dit Buffon, s'est divisée, fêlée, *fendillée*, réduite en poudre par l'impression des agens extérieurs. »

FENDRE, *v*. (*fendere*). « Je ne veux ny débattre avec un huissier de porte, misérable incognu, ny faire *fendre* en adoration les presses où je passe. » MONTAIGNE, liv. III, chap. 7.

FENÊTRAGE, *s. m.* disposition, symétrie des fenêtres. Nous avons laissé perdre ce mot, comme tant d'autres. On le trouve encore dans le *Guzman d'Alfarache*, traduit par Chapelain, liv. II de la 2e partie, et aussi dans Oudin, *Dict. des trois langues*, et dans le *Dict. de Trévoux*, édit. de 1743, où il est en outre appelé *terme collectif* dont on se sert pour parler de toutes les fenêtres d'un bâtiment. *Universæ ædium fenestræ*. Le *fenêtrage* de la Sainte-Chapelle est extraordinaire.

FENÊTRE, *s. f.* que nos pères écrivaient *fenestre*, du latin *fenestra*, dérivé probablement, du grec φαίνειν, montrer. « Quand la pauvreté entre dans une maison par la porte, l'estime, l'amitié, les égards en sortent par la *fenêtre*. » OXENSTIERN.

Sans lui donner le temps seulement de crier,
Pour lui votre *fenêtre* eût servi d'escalier.
REGNARD, *le Joueur*, act. IV, sc. 9.

« Ceux qui font de fausses antithèses en forçant les mots, imitent ceux qui font de fausses *fenêtres* pour la symétrie. » PASCAL.

Chamfort dit aux gens de lettres qui s'attaquent dans leurs écrits : « Messieurs, ne vous battez pas dans la rue, voilà les sots aux *fenêtres*. »

Les écrivains qui laissent des mémoires de leur vie, ne s'y peignent guère qu'à mi-corps, et comme de la *fenêtre*.

FER, *s. m.* du latin *ferrum* qui a la même signification

Mais las de dépouiller les chênes de leurs glands,
Il (l'homme) essaya le *fer* sur l'animal timide.
L. RACINE.

« Il est de la prudence de ne point mettre la main sur l'avenir, non plus que sur un *fer* chaud. » BAYLE. Recourir au *fer* sans une extrême nécessité, n'est ni d'un grand médecin, ni d'un grand politique; c'est annoncer dans l'un comme dans l'autre une grande ignorance de l'art.

On dit figurément : il faut être *de fer* pour tenir à ce travail, à cette fatigue; ou, il faut avoir un tempérament *de fer*. Un corps *de fer*, pour dire un corps robuste, se trouve dans Homère, *Odyssée*, liv. XII.

Il se dit aussi au moral : il faut être *de fer* pour supporter un spectacle si touchant, sans en être ému, pour voir cela d'un œil sec. Cicéron a dit dans ce dernier sens : *nec tamen ego sum ille ferreus, qui fratris carissimi atque amantissimi præsentis mœrore non movear.* IVᵉ *Catilinaire*, 3. « Je ne pousse pas cependant la dureté, je ne suis pas *de fer* jusqu'à n'être pas ému de la douleur, dont est pénétré à mes yeux un frère qui m'est cher, et à qui je le suis. » Trad. de d'Olivet.

« *Fer de cheval*, se dit d'un fer qu'on met au pied d'un cheval. *Fer à cheval* est un terme de fortification. Il y a pourtant des enseignes de marchands, représentant un fer de cheval, avec ces mots : *au fer à cheval*. » MÉNAGE, *Observations sur la langue française*.

FÈRE, *terminaison*, du latin *ferre* (porter). *Mortifère*, qui *porte* la mort; *somnifère* ou *soporifère*, qui *porte*, qui cause le sommeil; *lactifère*, qui *porte* du lait; *célérifère*, voiture publique qui *transporte* avec célérité; *vélocifère*, espèce de diligence qui transporte avec rapidité.

FÉRIR, *v.* du latin *ferire* (frapper), que nous n'avons conservé que dans cette locution, *sans coup férir*, est d'un usage très-fréquent dans nos anciens auteurs. On trouve dans le *Roman du Renard* (13ᵉ siècle), je *fière*, tu *fiers*, il *fiert*, au présent : il *feroit* à l'imparfait; ils *ferroient*, au conditionnel; vous *ferrez*, au futur, etc. Ramus et Robert Estienne donnent dans leurs grammaires françaises, la conjugaison entière de ce verbe.

« L'enfant ne le regarda oncques : ainçois (mais) *ferit* des esperons. » *Lancelot du Lac*, édit. de 1520. « Après ce, il *fiert* le cheval des esperons. » PERCEFOREST. « La sentence pressée aux pieds nombreux de la poésie me *fiert* d'une plus vive secousse. » *Essais de Montaigne*.

« Quoi, tu penserois que tes yeux eussent *féru* ma poitrine au défaut de la cuirasse? » CYRANO-BERGERAC, *le Pédant joué*, act. III, sc. I.

De *férir*, on avait fait le composé *afférir*, de *ad* et de *ferire*, qui signifiait toucher, convenir, appartenir. « Tel est vestu de cappe hespagnole, qui en son couraige (courage) nullement n'*affiert* à Hespaigne (Hespagne). » *Œuvres de Rabelais*, prologue du 1ᵉʳ liv. tom. 1, pag. 39, édition in-8°, 1732.

« Nullement n'*affiert* à Hespaigne. » *Froissart*, vol. IV, chap. 105 : Richard de Bordeaux (ce sont les mutins de Londres qui parlent) veut déshériter le royaume d'Angleterre des nobles et vaillans hommes qui bien y *affièrent*, c'est-à-dire, qui *touchent* de près à cette monarchie, et qui en sont les principaux membres. Cela me *touche*, dit-on aujourd'hui dans le même sens. » LE DUCHAT, *sur Rabelais*, au lieu cité.

Ce mot se prenait souvent impersonnellement : « Comme il n'*affiert* (il ne convient, il n'appartient) qu'aux grands poètes, dit Montaigne, d'user des licences de l'art. »

FÉRU, UE, part. de l'ancien verbe *férir*. Il signifie *frappé*, *blessé*, *atteint*. « J'aurai apperçu des grâces excellentes qui *auront féru* mon ame. » *Essais de Montaigne*.

« Corèbe (fils de Mygdon) *féru* de l'amour de Cassandre, était venu au secours des Troyens. » MURET, Commentaires sur *les Amours de Ronsard*.

On disait, du temps de Ménage, qu'un homme était *féru* d'une femme, pour dire qu'il avait de la passion pour elle; et aussi *féru* pour *choqué;* c'est en ce dernier sens que le P. du Cerceau a dit de Juvénal :

On sait que c'est un vieux bourru,
Dont l'âpre et bouillante colère,
Quand une fois il est *féru,*
Ne feroit pas grâce à son père.

FERME, adj. (*firmus*). « Il est des esprits rudes et qui pensent être *fermes.* » SAINT-ÉVREMONT.

FERME, adv.

Allons *ferme,* mon cœur, point de faiblesse hu-
[maine!
MOLIÈRE.

Ferme! Continuez à ne pas vous entendre.
LA CHAUSSÉE.

FERMER, v. (*firmare*). Saint-Evremont trouvait étrange l'expression *fermer la porte.* Dans la comédie des *Académiciens,* il s'exprime ainsi :

Pour avoir moins de froid, à la fin de décembre,
On va *pousser sa porte,* et l'on *ferme sa chambre.*

« Le duc de N. ne trouva plus que des portes *fermées* et des visages qui le furent encore plus. » SAINT-SIMON, tom. v, liv. XII, chap. 17.

FERMENTÉ, ÉE, part. « Il faut que les grands seigneurs imposent par beaucoup de faste à un peuple vif, *fermenté* et capable de se remuer, si l'on ne le retient pas par plusieurs cordes. » LE PRINCE DE LIGNE.

FERMETÉ, s. f. *Fermeté* de style. Le P. Bouhours, qui avait employé cette expression : « Ceux qui écrivent le mieux ont un style également serré et poli; ils joignent, dans le français, la pureté de César et la *fermeté* de Tacite, » *les Entretiens d'Ariste et d'Eugène,* pag. 64, in-4°, Paris, 1671, s'est depuis critiqué lui-même. Voltaire, qui la défend, la trouve hasardée, mais placée, en parlant de Tacite. L'abbé Féraud remarque avec raison, qu'on peut s'en servir par analogie, puisqu'on dit un style *ferme,* et qu'au reste elle est reçue par l'usage.

FERMIR, v. du latin *firmare* (rendre ferme, fortifier). « L'étude des sciences, dit Montaigne, amollit et effémine les courages, plus qu'il ne les *fermit* et aguerrit. » « César et Xénophon ont eu de quoi fonder et fer- mir leur narration en la grandeur de leurs faits, comme en une base juste et solide. » *Le même,* liv. II, ch. 18. *Voyez* AFFERMIR.

FERRE-MULE, s. et adj. « Un serviteur malin, menteur et *ferremule,* » c'est-à-dire, qui trompe sur le prix des achats qu'il fait pour son maître. *Guzman d'Alfarache,* liv. II de la 1re partie, chap. 4.

FERTÉ, s. f. pour *fermeté,* du latin *firmitas* (force, solidité) forteresse. *Ferté,* dans le *Glossaire du Roman du Renard,* est rendu par *fort, forteresse.* Ce vieux mot a été conservé à la tête de plusieurs noms propres de ville. Les premiers Français avaient, comme nous, des places de guerre destinées à arrêter l'ennemi, places qui furent long-temps appelées *fermetés, firmitates,* et ensuite *fertés.* De là vient que plusieurs villes portent encore le nom de la *ferté,* comme la *Ferté-Milon,* la *Ferté-sur-Aube,* la *Ferté-sous-Jouarre,* c'est-à-dire, la *forteresse* de Milon, la *forteresse* sur Aube, la *forteresse* sous Jouarre.

FERTILE, adj. du latin *fertilis* (qui porte, qui produit).

On tient que ce plaisir est *fertile de peines.*
MALHERBE, *Stances pour une mascarade,* poésies, liv. VI.

« *Fertile de peines,* c'est un latinisme, *fertilis pœnarum.* » MÉNAGE, *Observations sur les poésies de Malherbe.*

Racine, d'après Malherbe, l'a employé au figuré, et l'a fait précéder de la préposition *en,* et c'est la seule locution admise aujourd'hui :

La cour de Claudius, *en esclaves fertile,*
Pour deux que l'on cherchait en eût présenté mille.
Britannicus, act. I, sc. 2.

Eh! quel temps fut jamais plus *fertile en miracles?*
Athalie, sc. I.

FERTILISATION, s. f. action de *fertiliser.* Ce terme n'est point encore porté dans le *Dict. de l'Académie,* édit. de 1802; il est nouveau, mais son utilité lui a servi de lettres de naturalisation. Il exprime l'action par laquelle on fertilise; la *fertilité* en est le résultat, ou, si l'on veut, la *fertilisation* produit la *fertilité*. « Au moment où il (l'éther, le ciel) fait couler les germes de la *fertilisation* dans les pluies qui arrosent la terre. » DUPUIS, *l'Origine des cultes*, p. 407, tom. I, 2e partie.

FERTILISER, *v.* rendre fertile. Ce mot n'est pas fort ancien.

« On compare la charité à un grand fleuve qui, roulant ses eaux sans bruit, *fertilise* les campagnes, et porte l'abondance dans les villes. » Le P. BOUHOURS.

FÉRULE, *s. f.* du latin *ferula* (nom d'une plante ombellifère, que nous nommons également *férale*), c'est une plante creuse que le feu consume lentement, et qui peut tenir lieu d'agaric ou d'amadou. Anciennement on châtiait les enfans avec ces plantes qu'on appelle *férules :* et c'est de là que le mot *férule* est demeuré à l'instrument, soit de bois, soit de cuir, qui sert à infliger ce châtiment :

Et nos ergò manum ferulæ subduximus.
JUVENAL.

Férule chère aux pédans rigoureux,
Des écoliers si détestée,
Je suis ce bois que Prométhée
Par son présent rendit fameux.
E. JOHANNEAU, trad. de la 80e *Épigr.* du XIVe liv. de Martial.

Tu vas passer pour ridicule
Chez les rois du pays latin,
Dont le sceptre est une *férule*.
MAYNARD.

C'est un mot de Martial qui appelle la *férule*, *sceptrum pedagogicum*.

L'auteur d'un joli badinage, intitulé : *la Férule enlevée*, 1826, la nomme aussi :

Ce sceptre, appui du maître, et l'effroi des mutins.
Chap. III.

Perrault a appelé les pédagogues, « *la gent porte-férule.* »

Maître ne sais meilleur pour enseigner
Que Cupidon : l'ame la moins subtile
Sous sa *férule* apprend plus en un jour,
Qu'un maître ès-arts en dix ans aux écoles.
LA FONTAINE, *le Muletier*.

FERVEUR, *s. f.* du latin *fervor* (ardeur, chaleur), zèle ardent pour les pratiques, pour les choses de piété.

Ce mot en usage depuis long-temps, n'avait pas encore un genre déterminé du temps de Rabelais. Car on le trouve dans cet auteur au féminin, et au masculin, comme le mot latin, d'où il est emprunté. « La *ferveur* de tes estudes requéroit que de long-temps ne te révocasse de cestuy philosophicque repous. » RABELAIS, liv. I, ch. 29. « Vous avez veu de quelle dévotion il le guette ; de quel soing il le garde, de quel *ferveur* il le tient. » *Id. Prol. du l. 1er.*

Il ne faut pas confondre la *ferveur* d'une piété raisonnable avec les excès d'un zèle indiscret. » BOSSUET.

Ferveur de novice, ardeur qu'inspire la nouveauté. « Il a une *ferveur de novice* pour toutes les petites pratiques de cour. » LA BRUYÈRE.

FESSE-MATHIEU, *s. m.*

« On traite de *fesse-mathieu*, un usurier, peut-être par corruption pour *feste-Mathieu*, comme qui diroit un homme qui chomme la feste de S. Mathieu, qu'on suppose avoir été banquier. *Sedebat in telonio*. Enrichir S. Mathieu, par la même raison, c'est faire gagner les usuriers. *Joachim du Bellay*, f° 189 :

Et puis mettre tout en gage
Pour enrichir saint Mathieu. »
Ducatiana, tom. II, pag. 517, Amsterdam, 1738.

« Cette expression se dit d'un *usurier*. Comme S. Mathieu était publicain, et prêtait à usure avant sa conversion, on l'a désigné pour le patron des usuriers ; et parce qu'on prétend les reconnaître tous à leur physionomie, à leur *face*, dans le principe on dit d'un usurier : c'est une *face à Mathieu*; d'où un *face-Mathieu*, et, par corruption, un *fesse-Mathieu*. Cette étymologie (que Ménage attribue à Le Duchat, dans son *Dict. étymologique*) paraît assez certaine ; cependant on en donne aussi une autre qu'on va développer ici. On a dit un *fait-néant*, un *fait-tard* (un paresseux) ; d'où *fainéant*, *faitard*. Ces locutions sont composées de la troisième personne du singulier du verbe *faire*, et d'un complément. Cette troisième personne se disait *face* (de *facit*), *fas*, *fesse*, comme on a dit *fesson* pour *fa-*

con. Tous ces mots se trouvent dans le *Glossaire de la langue romane.* D'où les expressions :

» 1° *Un fesse-cahiers*, celui qui gagne sa vie à faire des cahiers, des rôles d'écriture, et qui les fait le plus au large qu'il peut; d'où l'expression technique d'écrivain, *fesser le cahier*, qui sans doute, pour certaine raison, a été remplacée par *fouetter* le cahier, l'écrire rapidement, le grossoyer, comme le fait un *fesse-cahiers.*

» 2° *Un fesse-pinte*, expression populaire signifiant un ivrogne, un intrépide buveur, un homme qui a bientôt *fait*, dépêché ou vidé sa *pinte.*

» C'est d'après cette analogie qu'on peut dire que dans *fesse-Mathieu*, le premier dérive du verbe *faire*; et que, par conséquent, un *fesse-Mathieu* est un homme qui fait le *Mathieu*, le *saint Mathieu*; c'est ainsi qu'on dit : il *fait le fou, le sot, le méchant.* (C'est l'origine que Bellingen donne à cette expression, dans son *Etymologie des proverbes françois*, pag. 226, La Haye, 1656.)

» Dans le *Glossaire de la langue romane*, on trouve *fesse-maille*, employé dans le sens d'avare, de vilain. Je ne sais si ce mot a été fait par analogie avec *fesse-Mathieu*, ou si la première partie de cette locution dérive d'un autre mot que *faire*. Ce qui me porte à le croire, c'est qu'on dit familièrement d'un avare : il se ferait *fesser* pour un liard; il couperait, il partagerait, il *fendrait* un liard en deux; d'où l'expression *fesse-maille* pourrait signifier ou un homme qui se ferait *fesser* pour une *maille* (petite pièce de monnaie), ou un homme qui *fendrait une maille.* C'est à peu près dans ce sens qu'on dit *un pince-maille.* On sait que *fendre* vient de *findere*, dont le supin est *fissum*; d'où plusieurs mots français, *fissure*, *fissipède*, *fesse.*

Je sais que pour un sou, d'une ardeur héroïque,
Vous vous feriez *fesser* dans la place publique.
Vous avez, dit-on, même acquis en plus d'un lieu
Le titre d'usurier et de *fesse-Mathieu.*
REGNARD, *le Légataire.* »

A. BONIFACE, *Manuel des Amat. de la lang. franç.* 2e année, n° 10, p. 317.

FESTINER, *v.* Il est dérivé de *festin*; faire faire *festin* à quelqu'un, le régaler. *Voyez* FÊTE.

Mme JOURDAIN (*à M. Jourdain*).

« C'est ainsi que *vous festinez les dames* en mon absence, et que vous leur donnez la musique et la comédie, etc. » MOLIÈRE, *le Bourgeois-Gentilhomme*, act. IV, SC. 2.

« Et de *festiner* nos amis dans Babylone, etc. » D'ABLANCOURT.

Ce mot, que l'on trouve déjà dans Brantôme, écrivain du 15e siècle, a été employé neutralement par Scarron et par La Fontaine :

Enéas se mit en débauche,
Table à droite, et puis table à gauche,
Neuf jours entiers on *festina.*
Virg. trav.

Il vient : l'on *festine*, l'on mange.
Chacun étoit en belle humeur.
Liv. 1, *fable* 14.

FESTON, *s. m. Voyez* FÊTE.

FESTONNER, *v.* « Cette mer qui roule autour de nous, et qui *festonne* tous nos rivages, etc. » *État actuel et à venir de la Gr.-Bret.*, *Revue Britann.* d'avril 1829. Cette expression, qui vraisemblablement n'est que traduite de l'anglais, offre une image gracieuse; mais peut-être n'est-elle pas assez en rapport avec celles que réveille l'idée d'un élément terrible et majestueux comme la mer. Ne dirait-on pas mieux : Cette rivière qui *festonne* les rives de cette île, etc. ?

L'emploi de ce verbe paraît plus approprié à l'objet, dans ce passage de l'article intitulé : *Scènes de la Propontide et du Bosphore* : « Dès que la nuit est tombée, dans le ramadan, les minarets se *festonnent* de verres de couleur. » Même n°, p. 311-312.

FÉTARD, *s. m.* FÉTARDISE, *s. f. Voyez* FAITARD, FAITARDISE.

FÊTE. *s. f.* qu'autrefois on écrivait *feste*, du latin *festum*, dont la racine pourrait être *feriari* (être oisif, chômer, fêter); de *feste*, on a dérivé *fester* ou *fêter*; *festoyer* ou *fêtoyer*, *festin*, *festiner*, *feston*; « d'autant, comme dit le P. Labbe, que les bouquets se font ordinairement les jours de *festes*, qu'en ces jours-là on a coustume d'entourer et orner de couronnes et de guirlandes de fleurs les autels et les images des saints dans les églises. »

Comines dit des courtisans qui font les entendus, sans être honorés de la confiance de leurs maîtres : « Advient que le plus souvent ils ne vont que pour parer la *fête*. » Liv. I, ch. 16.

Jamais de l'indigence on n'a chômé la *fête*.
BOURSAULT, *Esope à la Cour*, act. 1, sc. 5.

FÊTER, *v.* dérivé de *fête*. On disait anciennement *fester*. On trouve déjà *festier* dans les *Fabliaux* de Barbazan.

Il n'est que deux maux dans la vie :
Défaut d'argent et de santé.
Sans l'un on *fête* mal sa mie,
Sans l'autre on en est mal *fêté*.
DE LA PLACE.

Il *fête* en ses sermens tous les saints de l'église.
BOILEAU.

FETFA, *s. m.* mot persan ou arabe, qui signifie mandement du mufti ou chef de la religion.

On m'a trop accusé d'aimer peu Moustapha ;
Ses visirs, ses divans, son muphti, ses *fetfa* ;
Fetfa ! ce mot arabe est bien dur à l'oreille ;
On ne le trouve point chez Racine et Corneille.
Du dieu de l'harmonie il fait frémir l'archet.
On l'exprime en français par *lettres de cachet*.
VOLTAIRE, *Epître à l'impératrice de Russie*.

FÊTOYER, *v.* qu'on écrivait anciennement *festoyer*, est dérivé de *fête*. Dès le milieu du 17e siècle, ce mot commençait à vieillir. La Bruyère le met au nombre de ceux qu'il regrette ; il s'est pourtant soutenu, mais seulement dans le style familier ou badin.

« Je *festoye* et caresse la vérité, en quelque main que je la trouve, et m'y rends alaigrement et luy tends mes armes vaincues, de loing que je les vois approcher. » MONTAIGNE, liv. III, ch. 8.

FÊTU, *s. m.* autrefois *festu*, du latin *festuca*. « Du latin *festuca*, qui signifie le brin d'un jeune rameau, nous avons fait le mot françois *festu* que nous approprions aux brins de la paille. » PASQUIER, *Recherches de la France*, liv. VIII, ch. 58.

« La vanité a esté donnée à l'homme en partage. Il court, il bruict, il meurt, il fuit, il chasse, il prend un' ombre, il adore le vent ; un *festu* est le gaing de son jour. » CHARRON, liv. I, ch. 3.

De *fétu* un ancien auteur a dérivé *fétuser*, chatouiller comme avec un fêtu, avec une paille.

« Puis avec une plume il lui vint *fetuser* le nez par plusieurs fois. »
TABOUROT, *Ecraignes Dijonnoises*.

On dit proverbialement d'une chose dont on ne fait nul cas, *je n'en donnerais pas un fêtu* ; les Latins disaient dans le même sens : *ne festuca quidem* (pas même un *fêtu*).

FEU, *s. m.* du latin *focus* (foyer, âtre), comme *jeu* de *jocus*, parce que, comme dit le Père Labbe, après Charles Bouilles, on allume le *feu* dans le foyer.

On dit figurément et proverbialement *faire feu qui dure*, pour dire ménager son bien, sa santé, etc.

Buvez, mangez, dormez, et *faisons feu qui dure*.
RACINE, *les Plaideurs*, act. III, sc. 3.

L'amour est seul l'auteur de ce silence-là ;
Et j'en mettrais au *feu* cette main que voilà.
BOISSY, *les Dehors trompeurs*, act. IV, sc. 4.

J'en mettrais la main au feu, espèce de serment, de proverbe dont on se sert pour affirmer quelque chose, et qui vient de l'usage où l'on était anciennement de faire mettre la main dans l'huile ou l'eau bouillante, ou de faire tenir une barre de fer rouge à celui qui était accusé de quelque crime, dans la persuasion que, s'il était innocent, le *feu* ne lui ferait aucun mal : c'est ce que l'on appelait *l'épreuve du feu*.

« Nous usons d'une hyperbole qui est venue des Grecs, quand nous disons de quelque viande, laquelle n'ha besoing de demeurer long-temps au *feu*, mais est incontinent rostie, *il ne faut que lui faire voir le feu*, ou *il ne faut que la monstrer au feu*. Or que ceste locution soit venue des Grecs, leur proverbe ὅδε πῦρ ἀφύα, en rend suffisant tesmoignage. » HENRY ESTIENNE, *Traicté de la conformité du langage françois avec le grec*, p. 139, Paris, 1569.

« On voyait un vénérable vieillard, illustré par plusieurs triomphes, manger, *au coin de son feu*, les légumes qu'il avait lui-même cultivés et cueillis dans son jardin. » ROLLIN, *De la manière d'enseigner et d'étudier les belles-lettres*, tom. 1, pag. 21.

Nous disons *au coin du feu*, les Latins disaient *ad focum* : « *Curio ad focum sedenti magnum auri pondus Samnites cùm attulissent, repudiati ab eo sunt.* » CICERO, *de Senectute*, n° 55.

Le *feu* qui semble éteint, souvent *dort sous la*
  [*cendre*.
CORNEILLE, *Rodogune*, act. III, sc. 4.

Dans le style soutenu on dit que *le feu est assoupi*, et *réveiller le feu*, même au propre.

« En disant ces mots, il réveille le *feu assoupi* sous la cendre, etc. » BINET, trad. de l'*Enéide*, liv. v, v. 743.

Virgile avait dit aussi *sopitos ignes* (*des feux assoupis*).

Que le courroux du ciel allumé par mes vœux
Fasse pleuvoir sur elle *un déluge de feux* !
  CORNEILLE, *les Horaces*.

De Zopire éperdu la cabale impuissante
Vomit en vain *les feux de sa rage* expirante.
  VOLTAIRE, *Mahomet*, act. , sc.

On dit bien *le feu de la colère*; c'est un trope que tout le monde entend. Mais *vomir les feux de sa rage* présente-t-il une image claire et distincte? Je ne le crois pas, et je trouve dans ces expressions plus d'emphase que de justesse et d'effet. LA HARPE, *Cours de littérature*, t. IX, p. 455.

J'aime à voir ce sage heureux,
Dans son bourg de quatre *feux*,
Chercher l'ombre et le silence.
  M. DARU.

Ὅσσαι γὰρ Τρώων πυρὸς ἐσχάραι, οἷσιν
  [ἀνάγκη,
Οἱ δὲ ἐγρηγόρθασι.
  HOMÈRE, *Iliade*, l. x, v. 318. (mot à mot, autant il y a de *feux* de Troyens, autant de Troyens font la garde, veillent).

Feux est là pour *maisons*. Sur ce passage Mme Dacier fait cette remarque fort juste : « Homère prend ce mot *feux* dans le même sens que nous lui donnons en disant qu'il y a tant de *feux* dans un village, dans un bourg. »

FEU SACRÉ. *Voy.* MAL DES ARDENS.

FEU SAINT-ANTOINE. On donna ce nom à une cruelle maladie qui se fit sentir en France dans les 11e et 12e siècles.

« L'an 1090, le feu sacré, qu'ils nommoient le *feu Saint-Antoine*, se rallumant plus furieusement que jamais, causa d'horribles désolations dans la haute et basse Lorraine. On y voyoit partout, dans les chemins, dans les fossez et aux portes des églises, des personnes ou mourantes, ou à qui la douleur insupportable du mal faisoit jeter les hauts cris, d'autres à qui cette peste ardente avoit dévoré les pieds ou les bras, ou une partie du visage. » *Abrégé chronologique de l'histoire de France*, tom. II, pag. 474, Paris, 1676.

En 1093, le pape Urbain II fonda les chanoines réguliers de Saint-Augustin de la congrégation de Saint-Antoine de Viennois, pour soigner ceux qui étaient attaqués de ce mal. On voyait encore, avant la révolution, dans la maison qu'ils avaient en Dauphiné, des membres desséchés de personnes mortes de cette maladie.

Le feu Saint-Antoine te arde (te brûle); imprécation fréquente chez nos anciens auteurs.

« Que *le feu Sainct-Antoine* arde le boyau culier de l'orfebvre qui les feit (fit). » RABELAIS, t. I, p. 90, édit. de 1732.

FEUILLAGE, *s. m.* les feuilles d'un arbre, d'une branche d'arbre, etc. M. Blin-de-Sainmore s'est servi de ce mot dans le sens de renouvellement annuel des feuilles :

Mon cœur depuis quatre *feuillages*
Brûle pour toi des mêmes feux.
  Epître à Rosine.

Quatre feuillages pour quatre années. « Expression poétique et nouvelle, » disent les éditeurs de l'*Almanach des Muses*, année 1767; cependant cette expression ne semble-t-elle pas se rapprocher de cette autre consacrée : *du vin de deux feuilles, de trois feuilles*?

FEUILLARD, *s. m.* large feuille. « Il faisoit enfler le potage et farcir le soupe de grands *feuillards* de laictues. » *Guzman d'Alfar.* liv. III de la 2e partie.

FEUILLE, *s. f.* qu'on trouve écrit *foille* dans le *Roman du Renard* (13e siècle), du latin *folium*, venu du grec φύλλον (*phullon*), qui a la même signification.

« Ils trouveront prou de prétextes honnêtes pour donner *feuilles* à leurs possessions et jouissances. » EST. PASQ. *Dial. d'Alexandre et de Rabelais.*

« Pour donner *feuille* à ce beau diamant. » *Cens. de Garasse.*

Vive le bois de Boulogne,
Vivent tous ces tapis verts,
Où l'on vient rougir sa trogne,
Et *voir la feuille à l'envers.*
Théâtre italien de Ghérardi, t. VI, p. 85.

« Le monde est un grand livre dont celui qui n'a vu que son pays natal, n'a lu qu'une *feuille.* » OXENST.

« Les *feuilles* (périodiques) qui veulent se parer des fleurs les plus éclatantes, sont celles qui se voient le plus tôt condamnées par la raison à porter la plus triste de toutes les couleurs, celle de *feuille-morte.* » Le comte DE SÉGUR, *Gal.* t. II.

FEUILLET, *s. m.* diminutif de *feuille*, dans le sens qu'on dit une feuille de papier.

Le monde est un grand livre écrit de la main de Dieu, qui n'a que trois *feuillets*, le ciel, la terre et la mer.

Une fille qui ne se mariait point disait : « Vous verrez que si mon mariage est écrit au ciel, c'est au dernier *feuillet.* »

On lisait sur le livre que le lion de Saint-Marc à Venise tenait entre ses griffes : « La paix soit avec toi, Marc, mon évangéliste. » Les Français vainqueurs y substituèrent ces mots : « Droits de l'homme et du citoyen ; » ce qui fit dire à un gondolier que le lion avait enfin retourné le *feuillet.*

FEUILLETER, *v.* dérive de *feuillet.* « Il y a des voyageurs qui étudient un pays, et d'autres qui ne font que le *feuilleter.* » GALIANI.

« Puisque son époux aimait mieux vaquer à ses études, qu'aux devoirs du ménage, *feuilleter* de vieux livres que de jeunes appas, et songer à ses amusemens plutôt qu'à ceux de sa femme, il lui serait permis d'écouter quelque amant nécessiteux, par charité réciproque, etc.... » HAMILTON, *Mém. de Gramont.*

FEUILLETTE, *s. f.* petite feuille d'arbre. Ce diminutif, qu'on aurait dû conserver, se trouve dans Jean le Maire de Belges, écrivain du 16e siècle.

FEUILLIR, *v.* de *foliari* (pousser des feuilles, se couvrir de feuilles), dans la basse latinité. Ce mot, à regretter, se trouve dans le *Roman de la Rose* et dans Borel.

Toutes herbes, toutes fleurettes,
Que valetons et pucellettes
Vont en printemps ès bois cueillir,
Que flourir voyent et *feuillir.*
Roman de la Rose.

FEUILLISTE, *s. m.* auteur de méchantes feuilles, de pamphlets. Ce terme de dénigrement est de la création de Beaumarchais.

FEURRE, *s. m.* de *foderum*, dans la basse latinité. Ce mot, qu'on trouve écrit dans les anciens livres *fuerre*, *foerre*, *foarre*, signifiait paille longue de tout blé ; de ce dernier mot, il nous reste le nom de la rue *du Fouarre*, qui, selon Ménage, fut ainsi appelée parce qu'on y vendait de la paille ; de là encore l'adjectif *foarreux* dans les *Epithètes* de De la Porte, au mot *Chaume :* le chaume *foarreux.*

En celle rue, ce me semble,
Vent-on et fain et *fuerre* ensemble (on vend foin
[et *paille*).
Le Dit des rues de Paris, par Guillot de Paris,
qui vivait sur la fin du 13e siècle.

« Godefroy fist approcher son chasteau si près du mur qu'il bouta le feu aux sacs pleins de coton et de *feurre* que les Turcs avoient pendus, etc.. » *Les Neuf Preux,* roman imprimé en 1507.

Ce mot n'est plus usité que dans cette phrase proverbiale, *faire à Dieu barbe de foerre*, pour dire, lui offrir ce qu'on a de pire, ou une gerbe qui n'a que la paille sans grain.

Rabelais dit, en parlant de Gargantua : « *Il faisoit gerbe de feurre aux dieux.* » Liv. I, c. 11.

« Ceux qui disent *faire barbe de fouerre à Dieu*, en usent abusivement, au lieu de *gerbe de fouerre*, qui est un proverbe tiré de la *Bible*, et usurpé contre ceux qui offroient seulement à Dieu *des gerbes de paille*, feignans offrir *gerbes de bled*, pensans appaiser Dieu par une tromperie. » PASQUIER, *Recherches de la France*, liv. VIII, ch. 62.

« Il ne faut point *faire barbe de foerre à Dieu* comme on dict. » MONT.

L'on trompa son prochain, la médisance eut lieu,
Et l'hypocrite *fist barbe de paille à Dieu*.
REGNIER, *Satire* VI.

FEUTRE, *s. m.* qu'on a écrit *feaultre* et *feautre*, du latin *feltrum* ou *filtrum*, selon Ménage. Il signifie une étoffe de laine ou de poil simplement foulée, et par extension, un chapeau.

Quand un des campagnards relevant sa moustache,
Et son *feutre* à grands poils ombragé d'un panache.
BOILEAU, *Satire* III, v. 173.

vec un *feutre* gris, longue brette au côté.
REGNARD, *le Légataire*, act. III, sc. 7.

Anciennement on disait un *chapeau de feautre*. Témoin Villon et Bonaventure Despériers. Le premier dit dans une double ballade :

Abusé m'a, et fait entendre
Toujours de ung, que c'est un autre :
De farine que ce fust cendre;
D'un mortier un *chapeau de feautre*.

On trouve dans le *Cymbalum mundi* du second, dialogue 3 : « Mais au diable l'une qui me die : tiens, Mercure, voilà pour avoir un *feautre de chapeau.* »

FÈVE, *s. f.* du latin *faba*, qui a la même signification.

Corneille disait de ses critiques : « S'ils me disent pois, je leur répondrai *fèves*. »

C'est à ces paroles que Voltaire fait allusion dans ses *Honnêtetés littéraires*, quand il dit : « Corneille eût mieux fait de s'envelopper dans sa gloire et dans sa modestie, que de répondre *fèves* à l'abbé d'Aubignac qui lui avait dit *pois*. »

FÉVRIER, *s. m.* du latin *februarius*, le *b* changé en *v*, comme dans *fève*; du latin *faba*. Le mot *februa-*

rius fut formé de *februalia*, nom que les Romains donnaient aux sacrifices expiatoires, ou aux lustrations que le peuple pratiquait pendant le dernier mois, pour se laver des fautes commises dans le cours de l'année. Quoiqu'en général le nom de lustrations fût donné par les anciens aux sacrifices expiatoires, au propre il s'employait pour désigner les sacrifices offerts pour apaiser les dieux, lorsque quelque grand crime avait été commis, ou bien pour appeler leur bénédiction sur les biens de la terre.

Dans ce mois le soleil entre dans le signe des Poissons, ce qui a fait dire à M. Desaintange :

Sitôt que du Bélier l'étoile radieuse
Efface des Poissons l'écaille pluvieuse,
Tous les ans, dans nos prés, tu renais, tu fleuris.

FI, *interj.* qui marque le dégoût, le mépris. « Ce mot, dit M. Morin, peut venir de l'interjection latine *phy*, qui a le même sens, et qui peut avoir été faite de l'interjection grecque φεῦ (*pheu*), qui s'emploie quelquefois pour marquer l'horreur, l'indignation. On écrivait autrefois *phi*, ce qui rapproche davantage du latin et du grec. Les Italiens disent *fi*, comme nous, les Espagnols *fai*, les Anglais *fie*, les Allemands *pfui*, les Flamands *foei*; mots qui viennent apparemment de la même source : ou peut-être, ce sont des mots que la nature dicte elle-même à tous les hommes, pour exprimer les mouvemens de leur ame. » *Dict. étymol. des mots français dérivés du grec.*

Ce dernier avis est celui de Le Duchat, qui regarde ce mot comme une onomatopée qui imite le souffle que nous poussons naturellement dès que quelque forte puanteur vient nous saisir l'odorat. « Et comme ce souffle redouble à mesure que la mauvaise odeur continue à se faire sentir, de là on a appelé *maître fifi* un gadouard en qui la puanteur est comme inhérente. » LE DUCHAT, *sur Rabelais*, note à la pag. 197 du tom. II, édit. de 1732.

Ma robe vous fait honte : un fils de juge! ah! *fi!*
RACINE, *les Plaideurs*.

*Fi du plaisir
Que la crainte peut corrompre.*
LA FONTAINE, liv. 1, *fable* 9.

La première femme de Louis XI mourut à vingt ans, déjà lasse de vivre ; son dernier mot fut : « *Fi* de la vie, qu'on ne m'en parle plus ! »

« *Fi, fi* de la grace ! » disait la reine Marie-Thérèse d'Autriche, dans l'excès de son zèle contre les jansénistes. M. de Tressan apercevant Mme de Bassompierre qui était fort belle et fort désagréable, s'écria : « *Fi !* qu'elle est belle ! »

FIABLE, *adj. Voyez* INFIABLE.

FIACRE, *s. m.* L'établissement des carrosses publics à Paris, date de 1650. Le P. Labat, jésuite, qui mourut en 1738, dit, en parlant des *fiacres* : « Je me souviens d'avoir vu le premier carrosse de louage qu'il y ait eu à Paris. On l'appelait *le carrosse à cinq sous*, parce qu'on ne payait que cinq sous par heure. Six personnes y pouvaient être, parce qu'il y avait des portières qui se baissaient, comme on en avait aux coches et carrosses de voiture. Le carrosse avait une lanterne placée sur une verge de fer au coin de l'impériale, sur la gauche du cocher. Il logeait à l'image *Saint Fiacre* (rue Saint-Martin, dans une maison qui avait pour enseigne l'image de saint *Fiacre*) d'où il prit son nom en peu de temps, nom qu'il a ensuite communiqué à tous ceux qui l'ont suivi. »

Rencontrer quatre vers heureux dans un mauvais poète, un homme d'esprit appelait cela rencontrer quatre princes dans un *fiacre*.

ÉNIGME.

On vous propose une maison
A louer en toute saison :
Elle a deux portes, trois fenêtres ;
Elle peut loger quatre maîtres,
Et même cinq en un besoin ;
Deux caves, un grenier à foin.
Peut-être le quartier pourrait vous en déplaire ;
En ce cas le propriétaire,
Avec sa verge d'enchanteur,
Et certains mots qui vous font peur,
Enlevera meubles et locataire,
Qu'aussitôt il transportera
Dans le quartier qu'il vous plaira.
On reconnaît son nom célèbre

A son écriteau singulier,
Tiré de Barême et d'algèbre.
On voit dans le Calendrier
Son nom et celui du sorcier.
L'abbé BLANCHET.

FIANCE, *s. f.* Cet ancien mot, dont il nous reste encore les composés *confiance, défiance, méfiance*, se trouve dans le roman de *Lancelot du Lac* et dans Saint-Gelais, pour confiance, sûreté, assurance.

« Mais à tant avons nous assez parlé de la *fiance* qu'il avoit en la faveur des Dieux. » AMYOT, *Vie de Sylla*, XII.

FIANCER, *v.* Ce mot qui ne signifie plus que promettre mariage devant un prêtre, s'est dit autrefois pour promettre, donner sa foi, donner confiance, garantir.

Pès ont fête quele que soit :
Devant le roi l'ont *fiancée*,
Mais moult aura courte durée.
Le Roman du Renard, publié par M. Méon, vers 5692.

(Ils ont fait une paix, quelle qu'elle soit, ils l'ont promise, assurée, jurée devant le roi, mais elle sera de bien courte durée.)

« Le chevalier se rend à lui et lui baille son espée et lui *fiance* (s'engage, s'oblige) à tenir prison. » *Lancelot du Lac*, feuillet 100, tourné, col. 1re.

FIAT, mot emprunté du latin, dont on se sert quelquefois pour dire *soit* ; il est pris aussi comme *subst. masc.* dans cette expression populaire : *il n'y a pas de fiat*, c'est-à-dire il n'y a pas de confiance à avoir.

DODINET.

« Mais ne vous avoit-y pas promis que'que chose dans c'temps-là ?

PERRETTE.

» Bon ! les promesses que les garçons font aux filles, il n'y a pas de *fiat* à y prendre. » *Tout ce qui reluit n'est pas or*, proverbe dramatique, sc. X. *Recueil* de Carmontel. « Par quoi *il n'y a grand fiat* (comme on dit) aux urines. » LAURENT JOUBERT, *les Erreurs populaires*.

« L'empereur lui demandera celuy

(l'argent) du duc de Ferrare, lequel ne tient qu'à un *fiat*. » *Les Epîtres de François Rabelais*, épitr. XIV (*A un fiat*, à la confiance qu'on y a).

FIBRE, *s. f.* Chamfort, pour donner une idée de l'infériorité des femmes, dit « qu'elles ont dans la tête une case de moins et dans le cœur une *fibre* de plus. »

FICHER, *v.* (*figere*). « Si c'estoit à moi à me dresser à ma mode, il n'est aucune si bonne façon, où je voulusse estre *fiché*, pour ne m'en sçavoir desprendre. » MONT. liv. III, ch. 3.

FICHTRE,— exclamation dont le peuple se sert quelquefois, et qui est l'adoucissement d'un mot fort grossier.

Dumarsais donnait un jour une leçon de grammaire française à un jeune seigneur qui, n'entendant pas d'abord la profonde métaphysique de son maître, s'écria avec vivacité : « *fichtre*! je n'en viendrai jamais à bout. » Dumarsais lui repartit d'un ton flegmatique : « Monsieur, ce mot n'est pas français ; on dit *f.....*, mais il n'y a que la canaille qui s'en serve. »

FICHU, UE, *adj.* mal fait, mal tourné, impertinent.

« Voilà, disent les femmes, *un fichu nés* (nez), *un fichu concert*, *un fichu repas*. Tous ces *fichus* ne sont qu'un déguisement d'un terme plus libre. » DE LA MONNOYE, note à la pag. 63, tom. II des *Contes* de Bonaventure Despériers, in-12, Amsterdam, 1735.

« C'est beaucoup que de n'avoir pas l'esprit *fichu*, ni de travers, et de voir les choses comme elles sont. » Mme DE SÉVIGNÉ. « Il a gâté les merveilles qu'il avait faites aux Etats par un goût *fichu*, et par un amour sans amour entièrement ridicule. » *La même*. M. Le Brun, dans sa XXXIe épigramme, liv. 5, sur une femme poète, morte d'une petite épigramme, s'exprime ainsi :

Du poète en jupe, en gaze,
Voilà donc l'espoir *fichu*!
Las! de son petit Pégase
Le petit poète est chu.

FIDÈLE, *adj.* vient du latin *fidelis*, dérivé de *fides* (foi), ainsi *fidèle* est proprement la personne ou la chose digne de foi ; à qui l'on peut ajouter foi.

Fidèle s'applique même à des choses inanimées : sa *fidèle épée*, pour dire l'épée sur laquelle un guerrier peut compter, qui le sert utilement dans l'occasion. Virgile fait dire de même à Déiphobe :

Egregia intereà conjux arma omnia tectis
Emovet, et fidum capiti subduxerat ensem.
Enéide, liv. VI, v. 524.

(Mon épouse avait enlevé de ma maison toutes les armes, et retiré de dessous mon chevet *ma fidèle épée*.)

Cette épithète se prend ordinairement en bonne part. Racine est peut-être le seul qui ait osé l'allier à un mot odieux. Il dit, en parlant de Mithridate :

D'abord il a tenté les atteintes mortelles
Des *poisons* que lui-même a crus les plus *fidèles*.

FIDELIUM, *s. m.* mot emprunté du latin.

Passer quelque chose par un fidelium, expression proverbiale, pour dire s'acquitter légèrement des commissions à nous données. C'est un proverbe pris, selon Pasquier, dont nous allons rapporter le passage, de la nonchalance des curés qui, obligés de dire plusieurs messes pour les trépassés, les enveloppent toutes sous un *fidelium* et sous un *requiem*. « Quand au lieu de nous acquitter de plusieurs charges, esquelles nous sommes obligez, nous les passons à la légère, on dit que nous les avons passées par un *fidelium*. Il ne faut point faire de doute que nous avons emprunté ce commun dire des fautes qui sont faites par nos curez, quand ils ne rendent le devoir qu'ils doivent aux morts. Car comme il advient que l'on ait fondé plusieurs obits en une église, esquels par long laps de temps, par la multitude d'iceux, il seroit impossible de fournir, ou bien que la négligence des ecclésiastiques soit telle, nos anciens dirent que tout cela se passoit par un *fidelium*, qui est la dernière oraison dont on ferme les prières des morts : voulans dire que l'on avoit employé une seule messe des morts pour toutes les autres : aussi fut employé ce mesme proverbe en toutes autres affaires où l'on commettoit pareilles fautes. » ESTIENNE PASQUIER, *Recherches de la France*, liv. VIII, ch. 33.

FIEF, *s. m.* mot encore usité avant la révolution, pour signifier un domaine noble relevant d'un souverain ou d'un seigneur dominant. « Les Goths, Saxons, Francs et autres peuples septentrionaux appelaient, dit Chantereau Lefèvre (*Traité des Fiefs*, pag. 8) les terres qu'ils donnaient à leurs gens de guerre *fe-od*, qui signifie la jouissance de la solde, ainsi que nous l'apprend le savant Grotius, ambassadeur de Suède. Du teuton *fe-od*, on a fait le latin barbare *feodum*, qui se trouve dans le IXe tome de D. Bouquet, ou *feudum*, d'où est dérivé notre mot *fief*.

L'origine des *fiefs* n'est pas bien connue. Les uns l'ont rapportée au Droit romain ; d'autres ont prétendu que les *fiefs* devaient leur origine aux Lombards ; mais l'opinion la plus commune est que l'institution des *fiefs* est purement française. Dumoulin, Legrand, Lalande et plusieurs autres auteurs ont suivi cette opinion que nous croyons la meilleure. Ils disent que les Français s'étant rendus maîtres des Gaules, nos premiers rois, qui avaient amené avec eux de grands seigneurs et beaucoup de milice, leur distribuèrent toutes les terres conquises ; les concessions qu'ils en firent furent appelées *benefices*, et ceux qui les possédaient *beneficiarii*, terme que les Lombards empruntèrent ; car, dit Dumoulin, loin que nous ayons reçu des Lombards l'usage des *fiefs*, c'est de nous qu'ils l'ont appris. Le plus ancien monument dans lequel le mot *fief* est employé, est une Constitution de Charles-le-Gros, qui mourut en 888; et dans cette pièce on voit, comme nous l'avons dit, que les mots *fief* et *bénéfice* étaient synonymes.

FIEFFÉ, ÉE, *adj.* C'est dans l'origine le participe du verbe *fieffer*, donner en fief. *Fieffé* signifiait donc, au propre, celui qui possédait un fief. On a aussi appelé *fieffés*, certains officiers qui tenaient leurs offices en fief. Vers le commencement de la troisième race, on donna en fief la plupart des offices, et jusqu'aux *sergenteries*, comme on parlait alors : de là le titre d'*huissiers fieffés*, que portaient encore avant la révolution, quatre sergens ou huissiers du Châtelet, quoique depuis long-temps ces offices ne fussent plus tenus en fief. Il est assez probable que c'est de là que vient l'épithète de *fieffé*, que nous joignons à quelques mots, mais en mauvaise part, comme quand nous disons *fripon fieffé*, etc., pour dire fripon au suprême degré, c'est-à-dire, à qui il ne manque rien d'un tel vice, de la même façon qu'il ne manquait rien pour posséder un fief à celui qui en avait été établi propriétaire par le seigneur féodal, avec toutes les formalités requises.

Comme un fripon *fieffé* je vais vous faire pendre.
LAFOND, *les trois Frères rivaux*, sc. 14.

De ces brutaux *fieffés* qui . . . .
Et du nom de maris fièrement se parans
Leur rompent en visière aux yeux des soupirans.
MOLIÈRE, *l'École des Maris*, act. 1, sc. 6.

FIEL, *s. m.* du latin *fel* qui a la même signification.

« Comme les rivières d'eau douce courent et vont mourir en la mer salée, ainsi le miel des voluptés se termine en *fiel* de douleur. » CHARRON, l. III, ch. 38. » Des torrens de *fiel* et de bile coulent de sa plume. » SAINT-ÉVREMONT.

Nous disons *fiel* pour ressentiment, haine, colère ; les anciens croyaient aussi que la colère était produite par l'action de cette liqueur :

Hic verò Alcidæ furiis exarserat atro
Felle dolor.
VIRGIL. Æneid. lib. VIII, v. 220.

Un *fiel* noir et brûlant allume sa fureur.
Trad. de Delille.

Tant de *fiel* entre-t-il dans l'ame des dévots ?
BOILEAU.

Une injure récente aigrit encor son *fiel*.
DESAINTANGE, trad. des *Métamorph.* liv. III.

De *fiel* on a formé l'adjectif *fielleux*, pour dire amer comme du *fiel*, qui se trouve dans les *Amours de Ronsard* :

De cette douce et *fielleuse* pasture
Dont le surnom s'appelle trop-aimer.
CLI^e *sonnet.*

Et le verbe *enfieller*, remplir, enduire de *fiel. Voy.* ENFIELLER.

FIER, terminaison de plusieurs verbes venus, les uns de verbes latins terminés en *ficare* dont nous avons fait *fier*, comme *œdificare* (édifier), *fructificare* (fructifier), *petrificare* (pétrifier), *sanctificare* (sanctifier); les autres faits à l'imitation des premiers, comme *identifier*, *personnifier*, etc.

FIER, ÈRE, *adj.* du latin *ferus* (farouche) venu de *fera* (bête sauvage), parce que les bêtes féroces ne se laissent pas facilement dompter, et ont une allure plus assurée et plus hardie que les animaux domestiques, en latin *pecus*.

Le P. Labbe, dans ses *Etymologies des mots français*, observe avec raison que ce mot, dans nos anciens auteurs, signifie *hardi*, *généreux*, *courageux* ; c'est aussi le sens de *ferox*, en latin.

Fier se prend encore quelquefois en bonne part, pour dire plein d'une noble fierté, qui peut s'allier à la douceur, et même à la modestie :

Voyez ce *fier* Saxon qu'on croit né sous sa loi.
VOLTAIRE, *Poëme sur la bataille de Fontenoy.*

Le Français généreux, si *fier* et si traitable,
Dont le goût pour la gloire est le seul goût durable.
Le même, Ode à la Reine de Hong.

LA COMTESSE.

J'ai beau m'armer *de fier*, je vois de toutes parts,
Mille cœurs amoureux suivre mes étendards.
REGNARD, *le Joueur*, act. II, sc. 2.

S'armer de fier pour *s'armer de fierté*, n'est pas français. Nous disons proverbialement *fier* comme un Ecossais : la fierté naturelle à ceux de cette nation a donné lieu à cette expression :

Il est toujours gourmé, renfermé dans lui-même,
Toujours portant au vent, *fier comme un Ecossais.*
DESTOUCHES, *le Glorieux*, sc. I.

Rabelais a dit *efférée*, du latin *efferata* (rendue féroce, devenue cruelle) :

« De toute mémoire n'a été ligue tant *efférée*, ou superbe, qui ait ausé courir sus vos terres. » Tom. 1, pag. 236, édit. de 1732.

FIER-À-BRAS, *s. m.* fanfaron. C'est le nom donné au Matamore dans l'ancienne comédie des *Proverbes*.

« *Fierabras*, nom d'un fameux géant qui, dans son combat contre Olivier pair de France, quelque mortelles blessures qu'il reçût, les guérissoit en un moment par le moyen d'un merveilleus baume qu'il avoit. Le *Roman des douze Pairs*, où ce combat est décrit fort au long, étant très-commun, il est bien plus probable que le peuple, à qui ce livre a toujours été familier, en a tiré le nom de *Fierabras*, que de l'histoire obscure d'un Guillaume comte de Poitiers, dit *Fierabras*, en latin *Ferribrachius* (bras de fer). Cervantes, qui très-assurément n'avoit jamais vu cette histoire, mais qui connoissoit fort le roman, a retenu en espagnol le mot *fierabras* dans son *Don-Quichotte. Faire le fierabras*, c'est faire le brave. *Fierabras* se doit écrire en un seul mot, et non pas en trois, *fier-à-bras.* » DE LA MONNOYE, *Gloss. alphabét.* à la suite des *Noëls bourguignons*, au mot *Fierabras*.

Il est effectivement parlé de la vertu merveilleuse de ce prétendu *baume de fierabras* dans *Don-Quichotte*, traduction de Bouchon Dubournial, tom. 1, p. 159.

M. Boniface donne une autre étymologie à cette expression. Selon lui *fier* est originairement un verbe ; il vient de *fiert*, troisième personne du singulier du verbe *férir*, frapper : un *fier-à-bras*, ajoute-t-il, est proprement dit d'un homme qui *frappe* à tour de bras. M. Lemare, *Cours de langue française*, t. 1, p. 348, partage cette opinion.

FIERTÉ, *s. f.* « L'extérieur d'un philosophe, dit Montaigne, doit être armé d'une gracieuse *fierté*. »

« La *fierté* de Montaigne est une fierté d'honnête homme. » MALEBRANCHE.

De deux camps ennemis descendus sur ses bords,
La *fierté* s'abandonne à de bouillans discords.
AIGNAN, trad. de l'*Iliade*, liv. XVIII.

« *Fierté*, est une de ces expressions qui, n'ayant d'abord été employées que dans un sens odieux, ont été ensuite détournées à un sens favorable.

» C'est un crime, quand ce mot signifie la vanité hautaine, altière, orgueilleuse, dédaigneuse. C'est presque une louange, quand il signifie la hauteur d'une ame noble.

» Les nuances sont si délicates, qu'*esprit fier* est un blâme, *ame fière* une louange; c'est que par *esprit fier* on entend un homme qui pense avantageusement de soi-même; et par *ame fière* on entend des sentimens élevés.

. . . .

» La *fierté* n'est pas simplement la *vanité* qui consiste à se faire valoir par les petites choses; elle n'est pas la *présomption*, qui se croit capable de grandes; elle n'est pas le *dédain*, qui ajoute encore le mépris des autres à l'air de la grande opinion de soi-même, mais elle s'allie intimement avec tous ces défauts.

» On s'est servi de ce mot dans les romans et dans les vers, surtout dans les opéras, pour exprimer la sévérité de la pudeur; on y rencontre partout, *vaine fierté*, *rigoureuse fierté*.

» Les poètes ont eu peut-être plus de raison qu'ils ne pensaient. La *fierté* d'une femme n'est pas simplement la pudeur sévère, l'amour du devoir, mais le haut prix que son amour-propre met à sa beauté.

» On a dit, quelquefois, la *fierté du pinceau*, pour signifier des touches libres et hardies. » VOLTAIRE, *Dict. philosophique.*

FIEU, *s. m.* est un mot picard, dont on use envers un enfant qu'on veut caresser, du latin *filiolus*, diminutif de *filius* (fils). La Fontaine, dans une de ses fables :

Biaux chires leups, n'escoutez mie,
Mere tenchent chen *fieux* qui crie.

FIÈVRE, *s. f.* « Nostre *fièvre* est survenue en un corps, qu'elle n'a de guères empiré; le feu y estoit, la flamme s'y est prinse. » Montaigne, liv. III, ch. 9, fait là, en deux mots, l'histoire de toutes les révolutions.

« L'avare est aux richesses, non elles à luy, et il est tout avoir des biens, comme la *fièvre*, laquelle tient et gourmande l'homme, non luy elle. » CHARRON, liv. I, ch. 23.

C'est la *Fièvre*, autrefois espérance trop sûre
A Clothon, quand ses mains se lassoient de filer.
LA FONTAINE, poème du *Quinquina*, chant 1er.

Un vieillard qui regrette le temps de sa jeunesse est un homme qui se plaint de n'avoir plus de *fièvre*.

Grétry demandait à J. J. Rousseau s'il était occupé de quelque ouvrage ? « Je deviens vieux, répondit l'auteur d'*Emile*, je n'ai plus le courage de me donner la *fièvre*. »

Montaigne a dit *enfiévrer* pour donner la *fièvre*. On aurait dû conserver ce mot.

FIÉVREUX, EUSE, *adj.* qui cause la fièvre, ou qui est causé par la fièvre.

La langue se dessèche, et la bouche avec peine
Aspire en haletant *une fiévreuse haleine*.
DESAINTANGE, trad. des *Métam.* d'Ovide, l. 7.

« Cette *fiévreuse* sollicitude que nous avons de la chasteté des femmes, fait qu'une bonne femme, une femme de bien, et femme d'honneur et de vertu, ce ne soit en effet à dire autre chose pour nous, qu'une femme chaste. » MONT. l. II, c. 7.

« Nos partis *fiévreux*, » dit le même, l. III, c. 10, en parlant des troubles de la Ligue.

« Ce sont des excès *fiévreux* de nostre esprit : instrument brouillon et inquiet, » dit encore Montaigne, l. III, c. 12, en parlant de notre avidité de savoir.

FIFI. *Voy.* FI.

FIFRE, *s. m.* « La voyelle, resserrée entre deux lettres sifflantes, donne, dit M. Ch. Nodier, une idée très-juste du bruit aigu de cet instrument, et la désinence roulante marque son éclat un peu rauque.

» Les Allemands l'ont nommé *pfeifer*, par analogie à l'onomatopée *pfei-*

fen, qui signifie siffler. Cette dénomination a été exactement transportée dans notre langue et dans la plupart des autres. Nous avons même dit *pifre*, comme en ce passage de la traduction d'*Amadis* par Gabriel Chapuis : « Plusieurs sont des *pifres* et autres instrumens. » Et en cet autre de Rabelais : « Puis soubdain retourne, et nous asseure avoir à gausche descouvert une embuscade d'andouilles farfelues, et du cousté droict à demi-lieüe loing de là, ung gros bataillon d'aultres puissantes et gigantales andouilles, le long d'une petite colline furieusement en bataille, marchantes vers nous au son des vèzes et piboles, des guogues et des vessies, des joyeulx *pifres* et tabours, des trompettes et clairons. » *Dict. des Onomatopées françaises.*

Suivant d'autres, ce terme vient du colonel *Pfiffer*, dont le régiment fut le premier à faire usage de cette flûte, à la bataille de Marignan, du temps de François 1er.

FIGER, *v.* « Sa lettre est *figée*, » dit Mme de Sévigné en parlant d'un homme qui se bat les flancs pour répondre des tendresses à une femme qu'il n'aime plus.

« Je suis d'avis que vous aimiez mes lettres. Je ne pense point qu'elles soient aussi agréables que vous le dites ; mais il est vrai que, pour *figées*, elles ne le sont pas. » *La même.*

« La langue se transit, et la voix *se fige* à son heure. » MONT. l. I, c. 20.

Ah ! vous me faites peur, et tout mon sang *se fige*.
MOLIÈRE.

FIGUE, *s. f.* du latin *ficus*, qui a la même signification.

Faire la figue. Cette expression est bien ancienne dans notre langue, car elle se trouve déjà dans *la Bible Guyot*, ouvrage du 13e siècle.

« L'ung d'eulx voyant le portraict papal, *luy feit* (fit) *la figue*, qui est en icelluy pays signe de contemnement (mépris) et dérision manifeste. » RABELAIS, tom. LV, pag. 233, édit. de 1732.

Plusieurs se sont trouvés qui, d'écharpe changeans,
Aux dangers qui, ainsi qu'elle, *ont souvent fait la*
[*figue*.
LA FONTAINE, liv. II, *fable* 5.

« Cette expression, dit l'abbé Tuet dans ses *Matinées sénonaises*, signifie se moquer de quelqu'un, en faisant quelques grimaces, et vient de l'italien *far la fica*. Les Milanais s'étant révoltés contre Frédéric, avaient chassé de leur ville l'impératrice son épouse, montée sur une vieille mule nommée Tacor, et ayant le dos tourné vers la tête de la mule et le visage vers la queue. Frédéric les ayant subjugués, fit enfoncer une *figue* sous la queue de Tacor, et obligea tous les Milanais captifs d'arracher publiquement cette *figue* avec les dents, et de la remettre au même lieu sans l'aide de leurs mains, sous peine d'être pendus sur-le-champ ; et ils étaient obligés de dire au bourreau qui était présent, *ecco la fica*. La plus grande injure qu'on puisse faire aux Milanais est de *leur faire la figue*, en montrant le bout du pouce serré entre les deux doigts voisins. De là ce proverbe a passé aux autres nations. »

FIGUIER, *s. m.*

ÉPIGRAMME.

D'une simple gaze vêtue,
Lise en public se montrait presque nue.
Un jour elle reçoit un très-joli panier : —
Et quoi dedans ? — Des feuilles de *figuier*.

FIGURE, *s. f.* du latin *figura* (forme).

ÉPIGRAMME.

Certain cadet de la Garonne,
Que l'on disait d'humeur poltronne,
D'un tel renom fut offensé,
Et pour l'honneur de sa personne,
Il s'écria tout courroucé :
Cadédis ! j'ai si bien l'allure
D'un hommé dé cur, qu'au miroir
Jé né puis seulement mé voir,
Sans avoir pur dé ma *figure*.

Être bien de *figure*. Cette expression était nouvelle en 1787, et ne s'employait guère qu'en conversation. « Il était assez bien de *figure*, mais sans élégance et sans grâce. »

Figure de rhétorique, c'est ce que Cicéron appelle *dicendi figura*. « La pauvreté d'une langue, dit M. Dégérando, est toujours une des causes principales qui nécessitent l'usage fréquent des expressions figurées; car moins il y a d'idées qui possèdent leurs signes propres et particuliers, plus on est forcé de multiplier les acceptions des signes qui existent, et lorsqu'on ne peut nommer les choses, il faut du moins les donner à entendre. » *Des Signes de l'art de penser*, t. II, p. 300.

Cette assertion ne paraît-elle pas de nature à être contestée? Quelque riche que soit une langue, les personnes dont l'imagination est vive, et l'ame passionnée, emprunteront plus souvent des images de tout ce qui tombe sous les sens, et par conséquent leur langage sera plus ou moins figuré.

Cette opinion semble être celle des auteurs des passages suivans.

« Je suis persuadé, disait Dumarsais, qu'il se fait plus de *figures* un jour de marché à la Halle, qu'il ne s'en fait en plusieurs jours d'assemblées académiques. »

« J'ai pris souvent plaisir à entendre des paysans s'entretenir avec des *figures* de discours si variées, si vives, si éloignées du vulgaire, que j'avais honte d'avoir si long-temps étudié l'éloquence, voyant en eux une certaine rhétorique de nature beaucoup plus persuasive et plus éloquente que toutes nos rhétoriques artificielles. » DE BRETTEVILLE, *Eloquence de la chaire et du barreau*, l. III, c. 1.

Un de nos plus illustres écrivains, M. Thomas, demandait vers la fin de l'hiver, à un bon paysan, pourquoi il n'avait point encore ensemencé son champ? Celui-ci répondit : *j'attends que la terre soit amoureuse.*

« Moi-même, dit l'auteur du *Poème des mois*, je parlais un jour à un villageois, d'un tilleul de belle venue : *oui*, me dit cet homme, *il pousse d'orgueil.* »

« Il n'y a qu'un géomètre ou qu'un sot qui puisse parler sans *figures*. » J. J. ROUSSEAU.

Figurer son style, l'orner de figures. Ce verbe, en ce sens, serait emprunté aux arts du dessin. Racine a dit dans *Britannicus* :

Certes, plus je médite, et moins je me figure
Que vous m'osiez compter pour votre créature.

Ce verbe semble mieux placé dans ce vers d'*Andromaque*. :

Figure-toi Pyrrhus, les yeux étincelans, etc.

FIL, *s. m.* du latin *filum* qui a la même signification.

« Un *fil* de langage mal tissu. » PASQUIER, *Recherches*, liv. 1, ch. 2.

Filum orationis (le fil du discours), se trouve dans Cicéron, *de Oratore,* lib. 3-101 et lib. 2-93.

« On fait peu choquer à l'ame les maux droict *fil*: on ne lui en fait ny soustenir, ny rabattre l'atteinte, on la luy fait décliner et gauchir. » MONTAIGNE, liv. III, ch. 4.

« Rangez vos façons de faire au droict *fil* de la raison. » NIC. PASQ. liv. III, *lett.* 3.

Au figuré, suite, liaison. « Il leur était impossible de se former une idée exacte des incidens, des objections, des réponses qui coupaient à tout moment *le fil de l'affaire.* » VOLTAIRE, *Procès criminel du général Lalli.*

« On dit que je vais reprendre le *fil* de ma belle santé. » Mme DE SÉV.

FILANDIÈRE, *s. f.* femme ou fille dont le métier est de filer.

« Arachne, fille d'Idmon, fut la première *filandière* du monde. » *Les Epithètes* de De la Porte, Paris, 1571.

De là, faut que chacun
Souffre l'arrêt commun
Des Parques *filandières*.
RONSARD, 1er liv. des *Hymnes*, hymne 10.

Ce mot n'est plus souffert que dans le style badin ou marotique, c'est une perte pour la haute poésie.

. . . .
Depuis l'épie au passage
Tant que la trouvai filant.
. . . .
Dieu garde la *filandière*
Et celui qui la surprend !
Chanson insérée dans l'*Almanach des Muses,* année 1769.

Dame Arachné la *filandière,*
De son métier très-subtile ouvrière,
Mais vaine aussi de son talent,
Se construisait un petit logement.
CHABANON, *l'Araignée et le Ver à soie*, fable.

Dans le palais comme sous la chaumière,
Pour revêtir la veuve et l'orphelin,
Berthe filait et le chanvre et le lin :
On la nomma *Berthe la filandière*.
MILLEVOYE, *Charlemagne*, chant IX.

(Berthe, épouse de Pépin et mère de Charlemagne).

M. Millevoye déclare dans une note que l'épisode d'où sont extraits ces quatre vers est tiré d'un roman en vers d'Adenès, ancien troubadour.

Dans la poésie légère et burlesque on appelle les Parques, les sœurs *filandières* :

Elles filoient si bien que *les sœurs filandières*
Ne faisoient que brouiller auprès de celles-ci.
LA FONTAINE.

On me montra *les trois sœurs filandières*
Qui font le sort des peuples et des rois.
VOLTAIRE, *le Songe-creux*, conte.

FILANDREUX, EUSE. adj. Un écrivain moderne a fait un usage tout-à-fait neuf de ce mot. Il dit que M. Jer. Bon. a la parole *filandreuse*.

FILE, s. f. rangée de personnes ou de choses à la suite les unes des autres : *aller, marcher à la file*. Nous devons, selon de La Noue, cette expression aux Italiens.

Trois cents soldats sur deux *files* rangés
Penchent leurs fronts *de tristesse chargés*.
PARNY, *les Rosecroix*, chant VIII.

« Mon Dieu ! que vous dites bien sur la mort de M. de La Rochefoucauld et de tous les autres! on serre *les files*, il n'y paraît plus. » Mme DE SÉVIGNÉ.

Dans une action un peu chaude, un officier novice alla se mettre derrière un gros chêne ; ce qui lui fit dire par un vieux grenadier : « Mon officier, vous avez là un bon chef *de file*. »

File à file. « Lequel propos se tirant *file à file* plus loin. » EST. PASQ. *Pourparler du Prince.*

« On en verra les maux sortir *file à file*, et un malheur presser l'autre. » NIC. PASQ. l. IX, lett. I.

Au lieu de *file à file* qui se trouve encore dans le *Dict. de Trévoux*, on dit aujourd'hui *à la file*.

FILER, v.

« Les princes doivent faire *filer* tout doucement la libéralité, et non donner tout à coup. » CHARR. l. III, c. 2.

« Vous voulez toujours *filer* votre lieutenance, » dit d'Aubray au duc de Mayenne, dans la *Sat. Mén.*

Pasquier, dans son *Pourparler du Prince*, dit que « Paul Jove *file* ou plus doux ou plus rude, selon la diminution des salaires de ceux desquels il étoit à gages. »

Filer un son, c'est, en chantant, ménager sa voix, en sorte qu'on puisse le prolonger long-temps sans reprendre haleine (l'Académie a omis cette expression, dont la définition, qui paraît fort bonne, est de J. J. Rousseau, dans son *Dictionnaire de musique*).

FILET, s. m. diminutif de fil, petit fil.

« Ceux qui nous jugent et touchent au-dedans, ne font pas grand' recette de la lueur de nos actions publiques, et voyent que ce ne sont que *filets* et pointes d'eau fine rejaillies d'un fond au demeurant limoneux et poisant. » MONT. l. III, c. 2.

« Je n'ay jamais rompu avec elles (avec les dames), tant que j'y tenois, ne fust que par le bout d'un *filet*. » *Le même*, l. III, c. 5.

Saint-Simon dit, en parlant d'une action très-coupable, que, pour la commettre, il ne fallait pas tenir à sa patrie par le moindre *filet*. F. VI, l. XIII, c. 15.

« Les hommes sont faits comme les oiseaux; ils se laissent toujours prendre aux mêmes *filets*, où l'on a déjà pris mille oiseaux de leur espèce. » FONTENELLE.

Chrysippe appelait les syllogismes des *filets* à prendre les hommes.

« Rompre *les filets d'un sophisme*, dans lesquels se retranche l'ignorance ou s'enveloppe la mauvaise foi. » LA HARPE, *Cours de littérature*, t. II, p. 412.

Molière était fort lié avec l'avocat Fourcroy, homme redoutable par sa force et la capacité de ses poumons. Ils eurent une dispute à table, en présence de Despréaux. Molière se tourna du côté du satirique, et dit : « Qu'est-ce que la raison avec un *filet* de voix, contre une gueule comme celle-là ? »

FILIATION, *s. f.* « Il faut juger des grands hommes à l'inverse des nobles. Ceux-ci doivent prouver leur noblesse par leur *filiation* ; les autres doivent démontrer qu'ils sont tout par eux-mêmes, et rien par leurs aïeux. » Mme NECKER.

FILLAGE, *s. m.* état d'une fille qui vit dans le célibat.

Craignez, pères, craignez les périls du *fillage*,
   La vertu souvent
   Fait naufrage
Avant que d'arriver au port du mariage.
   Prévenez l'orage
   Du tempérament.
Craignez, pères, craignez les périls du *fillage*.
  Pasquin et Marforio, *médecins des mœurs*.
   Théâtre italien.

FILLASTRE, *s. m.* Ce mot était en usage chez nos pères, pour désigner le fils du mari ou de la femme issu d'autre mariage. Pourquoi l'avoir laissé perdre?

FILLE, *s. f.* Ce mot employé absolument, c'est-à-dire sans déterminatif, comme *la fille d'Agamemnon* ; *moi, fille de vos rois*, etc. appartient au style familier, et semble peu propre à entrer dans le genre noble ; cependant Racine l'a employé avec avantage pour exprimer l'état même d'abaissement où est tombée Junie :

Il n'a point détourné ses regards d'une *fille*,
Seul reste du débris d'une illustre famille.
   Britannicus, act. II, sc. 3.

Et plus bas encore dans la même scène :

Et pouvez-vous, seigneur, souhaiter qu'une *fille*
Qui vit presqu'en naissant éteindre sa famille,
Qui dans l'obscurité nourrissant sa douleur,
S'est fait une vertu conforme à son malheur,
Passe subitement de cette nuit profonde
Dans un rang qui l'expose aux yeux de tout le monde ?

Cette chute est relevée par les vers qui suivent.

L'épouse du chancelier Séguier, mort en 1672, lui survécut, et parvint à un âge très-avancé. Elle vit marier Mlle De Rochefort, son arrière-petite-*fille*. C'est de celle-ci que Mme de Sévigné disait : « Si elle a bientôt des enfans, Mme la chancelière pourra dire : Ma *fille*, allez dire à votre *fille*, que la *fille* de sa *fille* crie. »

Un particulier se présente un jour à Ferney, et s'annonce comme homme de lettres. « J'ai, dit-il à Voltaire, l'honneur d'être de l'Académie de Châlons ; elle est, comme vous savez, monsieur, *fille* de l'Académie française. — Oh ! oui, monsieur, reprit Voltaire, et une brave *fille*, qui n'a jamais fait parler d'elle. »

Fille, prostituée. Pourquoi avoir détourné ce mot de sa véritable acception ? — On en use avec certaines pensées comme avec certains hommes ; pour les introduire dans la bonne compagnie, on les habille décemment.

« Pour ce qui est d'être hardie, ce n'est pas là ce qui lui manque ; elle a l'air un peu *fille*. » *Un clou chasse l'autre*, sc. VI. *Recueil des Proverbes dramatiques* de Carmontel, t. XI.

Dans Paris quelquefois un commis à la phrase
Me dit : « A mon bureau venez vous adresser;
Sans l'agrément du roi vous ne pouvez penser
Pour avoir de l'esprit allez à la police;
Les *filles* y vont bien, sans qu'aucune en rougisse. »
  VOLTAIRE, *Épître au roi de Danemarck.*

FILLERET, *s. m.* Bouchet, XIXe *Sérée*, emploie ce mot dans le sens de *dameret*.

FILOU, *s. m.* « Ce mot a signifié originairement un petit bâton d'ivoire, long de trois pouces, de la grosseur du petit doigt, à six pans marqués comme un dé, sur chaque face, qu'on appelait un cochonet, et avec lequel on jouait. Or, comme il était facile de piper à ce jeu, et qu'on y pipait ordinairement, on appela à Paris, il y a environ 70 ou 80 ans, *filoux* et *filoutiers* ceux qui pipaient et escroquaient en quelque occasion que ce fût. » MÉNAGE.

FILOUTAGE, *s. m.* « Le cardinal Mazarin porta le *filoutage* dans le ministère ; ce qui n'est jamais arrivé qu'à lui. » Le card. DE RETZ.

FILS, *s. m.* (*filius*).

Nous disons d'un homme qui ne doit qu'à son mérite, qu'à ses exploits la considération dont il jouit, le haut rang où il est élevé, qu'*il est*

FIN   594   FIN

fils de ses œuvres; expression dont le sens se trouve dans Tacite, *Annales*, l. XI, c. 21, où cet historien fait dire à Tibère, en parlant de Curtius Rufus, pour cacher la bassesse de l'extraction de ce fils d'un gladiateur : « *Rufus videtur mihi ex se natus.* » (Rufus me paraît né de lui-même.)

On appelle familièrement *beau fils* un homme bien fait de sa personne, et qui a une toilette recherchée ; il se dit aussi par ironie d'un homme qui fait le damoret, qui affecte des manières efféminées.

. . . . Un de ce dernier ordre
Passoit dans la maison pour être des amis;
Propre, toujours rasé, bien disant et *beau fils*.
LA FONTAINE, *le Tableau*, conte.

On trouve également, dans Martial, *bellus homo* (bel homme), dans le sens d'un homme bien fait de sa personne, d'un élégant, d'un petit-maître.

FIN, s. f. du latin *finis* (achèvement, terme, bout).

« En *fin finalle* la vérité est cogneue et honnorée. » RAMUS, *Gramm.* p. 55, Paris, 1572.

« J'espère qu'à *la fin des fins* vous nous en direz quelque petit mot. » Mᵐᵉ DE SÉVIGNÉ, 410ᵉ *lettre*, 6 mars 1680.

Ces deux exemples ne sauraient servir aujourd'hui d'autorité que pour le style plaisant ou du moins très-familier.

Nous disons bien la *fin* pour le terme, le dernier période d'une chose. Virgile a dit de même, *Æneid.* lib. II, v. 554 :

Hæc finis Priami fatorum. . . . . . .

(telle fut la *fin* des destins de Priam).

Nos pères disaient *à celle fin que*, on dit aujourd'hui *afin que*.

FIN, E, *adj.* Suivant le P. Labbe, le mot *fin*, en italien *fino*, se dit de ce qui est parfait en son espèce : *fin* or, *fin* lin, *fine* espice, etc. et ensuite, ajoute-t-il, un homme *fin*, c'est-à-dire, parfait en ruses et tromperies.... d'où *finesse*, *finet*, *affiner*, *raffiner*, etc. Une peinture est un ouvrage *fini*, c'est-à-dire, conduit à perfection. Ne serait-il pas plus vrai de dire que le français *fin* et l'italien *fino* viennent de l'allemand *fein*, qui a la même signification ?

« Le grand art de l'homme *fin*, dit Montaigne, est de ne le point paroître ; où est l'apparence de la finesse, l'effet n'y est plus. »

J'ai vu ces gens si *fins* plus attrapés que d'autres.
GRESSET, *le Méchant*.

Le mot *fin* s'emploie encore par le peuple d'une façon singulière. On dit je connais le *fin fond* de cette affaire. Cette expression était autrefois familière. Ils étaient, dit Philippe de Comines, au *fin bord* de la rivière de Seine. Marot a dit, dans son épigramme au roi de Navarre (parlant de sa haquenée) :

La povre beste, au signe que je voi,
Dit qu'à grand'peine ira jusqu'à Narbonne :
Si me voulez en donner une bonne,
Savez comment Marot l'acceptera,
D'aussi bon cœur comme la sienne il donne
Au *fin* premier qui la demandera.

« Et puis on danse aujourd'hui, il faut ben faire voir la *fine* jambe et le *fin* bas blanc. » *A bon chat bon rat*, scène IV. CARMONTEL, *Rec. de Prov. dramatiques*.

Tout fin s'est dit anciennement pour absolument, entièrement, tout-à-fait :

« Un bon et grand pot de laict *tout fin* couvert de belles fraieres. » RABELAIS, *Nouv. Prologue du livre* IV.

Fraieres, c'est, selon Le Duchat, la plante même chargée de fraises.

« Si je me fusse cru, j'eusse parlé *tout fin seul*. » MONTAIGNE, *Essais*.

Le petit P. André, prêchant dans l'église des Jésuites, le jour de la fête de leur patron, prit pour texte de son sermon : *Vos estis fines terræ*, qu'il rendit par ce français équivoque : « Vous êtes les *fins* de la terre. »

FINAL, ALE, *adj.* qui finit, qui termine. L'abbé Féraud prétend que le masculin n'a pas de pluriel ; mais on lit dans le *Manuel des Amat. de la Lang. franç.* 2ᵉ ann. n° IV, p. 119 : « Depuis long-temps les grammairiens disent des sons *finals*. » Nous ne voyons pas pourquoi on hésiterait de se servir de ce pluriel que le besoin réclame.

FINANCE, *s. f.* de *financia*, dans la basse latinité, qui paraît venir de *finire* (finir, arrêter un compte); *finer* (*Voyez* FINIR), a aussi signifié *financer*, suivant Le Duchat, qui cite, à l'appui de son assertion, ce passage de Bèze, psaume 49:

<small>Car le rachat de leur ame est trop cher
Pour en *finer*.</small>

« *Finer*, dit le P. Labbe, c'est aussi *fournir*; d'où sont venus *finance*, *financer*, *financier*. » *Etymologies des mots françois*, au mot *Fin*.

Le sublime de la *finance* est de faire payer l'impôt par ceux qui n'ont rien.

<small>Mais de ce grand sénat les saintes ordonnances
Eussent peu fait pour nous, seigneur, sans vos
[*finances*.
CORNEILLE, *Pompée*, act. III, sc. 2.</small>

« Le mot de *finances* n'est pas plus fait pour la tragédie que celui de *caissier*. » VOLT. *Remarques sur Pompée*.

FINANCIEL, ELLE, *adj.* qui concerne les finances, qui appartient aux finances.

« Je n'ai pu me refuser le plaisir de rapporter ici cette anecdote, à cause de certaines applications qu'on pourrait en faire aujourd'hui à des événemens politiques et *financiels* assez modernes. » CH. POUGENS, *Lettr. philosophiques*, lettre XIX.

Pourquoi n'adopterait-on pas un néologisme dont le besoin se fait sentir tous les jours?

FINANCIER, *s. m.* « Le mot de *financier*, qui vient de *finer*, payer, est d'origine moderne. Je doute qu'il ait été en usage avant le treizième ou douzième siècle, mais il l'était au quatorzième, ainsi qu'on le voit dans les ordonnances de ce temps. » M. MONTEIL, *Hist. des Français*, t. II, aux notes, p. 491.

D'ailleurs, par ce mot, on entendait alors les receveurs ou les fermiers du fisc.

FINASSER, *v.* user de subterfuges. Ménage prétendait qu'il fallait dire *finesser*; le premier a prévalu.

On disait d'un homme qui n'était pas arrivé à ses fins, pour avoir plus songé à s'avancer par ses ruses, que par des offres d'argent, qu'il avait trop *finassé* et trop peu financé.

FINEMENT, *adv.* Un casuiste a dit qu'il y avait moins de péché à faillir *finement* et subtilement. Enfans de Loyola, vous oubliez que le royaume des cieux est ouvert aux pauvres d'esprit.

FINER. *Voyez* FINIR.

FINESSE, *s. f.* n'a signifié d'abord qu'artifice, subtilité, sorte de prudence. Ce mot a acquis la signification de délicatesse, de perfection. On dit *finesse* d'esprit, *finesse* de l'art.

<small>Tous savent l'art, peu savent les *finesses*.
J. B. ROUSSEAU.</small>

« La *finesse* à la défensive est autant louable, comme déshonnête à l'offensive. » CHARR. l. XI, c. 10.

« La *finesse* tient le milieu entre la prudence et la tromperie. » PASQUIER.

« On ne se sert de *finesse* qu'au défaut d'habileté. » LA ROCHEFOUCAULD.

« Les plus habiles affectent de blâmer les *finesses*, pour s'en servir dans quelque grande occasion. » *Le même*.

« La *finesse* n'a guère plus de peine à tromper l'esprit qu'à duper la bêtise. » Le duc DE LÉVIS.

« La *finesse* n'est pas tout-à-fait la subtilité. On tend un piège avec *finesse*, on en échappe avec subtilité; on a une conduite *fine*, on joue un tour subtil.....

» La *finesse* dans la conversation, dans les écrits, diffère de la délicatesse: la première s'étend également aux choses piquantes et agréables, au blâme et à la louange même, aux choses même indécentes, couvertes d'un voile à travers lequel on les voit sans rougir.

» On dit des choses hardies avec *finesse*.

» La délicatesse exprime des sentimens doux et agréables, des louanges fines; ainsi la *finesse* convient plus à l'épigramme, la délicatesse au madrigal. Il entre de la délicatesse dans les jalousies des amans; il n'y entre point de *finesse.*

» Les louanges que donnait Despréaux à Louis XIV ne sont pas toujours également délicates. Les satires ne sont pas toujours assez *fines.* » VOLTAIRE, *Dict. philosophique*, au mot *Finesse.*

FINET, ETTE, diminutif.

Lise rêvait; Nanette comprit bien,
Comme elle était clairvoyante et *finette,*
Que Lise alors ne rêvait pas pour rien.
LA FONTAINE, *Comment l'esprit vient aux filles.*

FINI, IE, *adj.* et *part.* Ce qu'on peut mieux faire, n'est pas parfait; ce qu'on peut encore travailler, n'est pas *fini.*

FINIR, *v.* du lat. *finire* (mettre fin, terminer). On a dit autrefois *finer*, qui se trouve dans les *Fabliaux de Barbazan*, pour cesser.

« Et là la couverture *finoit* en pavillon. » RABELAIS, t. I, p. 364, édition de 1782.

« *Finer*, dit Le Duchat, au lieu cité, verbe de la première conjugaison, qui depuis long-temps est devenu de la quatrième par métaplasme. »

« Laissons en dire à la raison, qui est inflexible et impassible, quand nous en pourrons *finer.* » *Essais de Montaigne*, tom. VII, pag. 343, Paris, 1791, (*quand nous pourrons en disposer*).

« *Finer*, vieux mot qui signifie *trouver. On ne peut finer de lui*, hic gravatè *sui copiam facit.* NICOT.

« *Le roi*, dit Comines, en parlant de Louis XI, *envoya au roi d'Angleterre trois cents chariots de vin, des meilleurs qu'il fust possible de* finer. » COSTE, note au bas de la page.

On lit dans une *Chronique* du 13e siècle, en parlant de la dame de Faiel : « Elle *fina* sa vie et mourut. »

Finir. Pour s'excuser de la vitesse avec laquelle il travaillait, Scudéry disait qu'il avait ordre de *finir.*

La reine de Suède, Christine, ayant essuyé une longue harangue, dit qu'elle devait récompenser l'auteur, à cause qu'il avait *fini.*

Nous disons *finir ses jours* pour *mourir*; les Latins disaient dans le même sens *finire vitam* (finir sa vie). Nous disons aussi *finir*, absolument pour mourir : *Il a fini comme il a vécu.*

FINISSEMENT, s. m. ancien mot qui s'est dit pour fin, achèvement. « Les songes, est-il dit dans les *Contes d'Entrapel*, tom. I, survenus aux grands sur le *finissement* de la nuit, se résolvent volontiers en quelque aventure de haute-lice. »

FION, s. m. Nous n'avons trouvé ce mot que dans le *Dict. du bas-langage*, Paris, 1808, où il est dit que c'est un mot vulgaire dont le sens est fort borné, et qui équivaut à peu près à poli, retouché, le dernier soin que l'on donne à un ouvrage, afin de le perfectionner : *il faut lui donner encore un petit fion.*

« Un François, dit Mercier, enseignoit à des mains royales à faire des boutons; quand le bouton étoit fait, l'artiste disoit : *à présent, Sire, il faut lui donner le fion.* A quelques mois de là, le mot revint dans la tête du roi, il se mit à compulser tous les dictionnaires français, Richelet, *Trévoux*, Furetière, l'*Académie françoise*, et il n'y trouva pas le mot dont il cherchoit l'explication. Il appela un Neuchatelois qui étoit à la cour, et lui dit : dites-moi ce que c'est que le *fion* dans la langue françoise? Sire, reprit le Neuchatelois, le *fion*, c'est la bonne grâce. » *Tableau de Paris*, tom. V, chap. 70.

FIRMAMENT, s. m. du latin *firmamentum*, dans la Bible, fait de *firmamen* (appui, soutien), parce qu'il est comme la base sur laquelle sont placées les étoiles.

Dès que sur l'univers la nuit tendant ses voiles
Ceindra le *firmament* d'une écharpe d'étoiles.
DE BRIDEL.

Figeac, savez-vous la nouvelle?
— Non, mon général, quelle est-elle?
— Une étoile que l'on mettra
Sur l'habit du preux le plus digne,
Dorénavant annoncera
Chaque trait de valeur insigne.
— Sandis! pour cet arrangement,
Combien jé dois au ministère,
Avant qu'il soit un an dé guerre,
Jé semblérai lé *firmament.*

FISC, *s. m.* le trésor public.

« *Fisci, fiscinæ* et *fiscellæ*, dit Asconius *in* 1 *Verrinam*, *spartea sunt utensilia ad majoris summæ pecuniæ capiendas : undè quià major summa est pecuniæ publicæ, quàm privatæ, ut pro censu privato loculos et arcam et saccellos dicimus. sic pro publico thesauro ærarii dicitur* fiscus. « *Fisci, fiscinæ* et *fiscellæ*, sont des paniers de jonc, propres à contenir des sommes considérables d'argent : de là, pour exprimer la différence qui existe entre les biens de l'Etat et ceux des particuliers, nous avons employé le mot *fiscus* (panier) pour désigner le trésor public, comme nous disons *loculos, arcam* et *saccellos* (bourse, coffre, et petits sacs), en parlant d'une fortune particulière. »

« Le mot *fiscus*, dit M. Toulotte, ne fut employé dans l'acception de trésor public, revenu de l'Etat, *fisc*, qu'à l'époque où les empereurs s'appliquèrent la confiscation des biens des condamnés. » *Histoire philos. des empereurs romains*, tom. 1, pag. 303. « Ce qui revient au prince par amende ou par confiscation. Il y a cette différence entre le *fisc* et le trésor public, que tous les cas extraordinaires appartiennent au premier, et que tous les droits annuels et ordinaires, comme les tailles, les aides, les douanes et les gabelles, sont affectés au second. Le nom de *fisc* vient du latin *fiscus*, c'est-à-dire, un *panier*, parce que l'on y mettoit les deniers du prince. Néanmoins les noms de *fisc* et de *trésor public*, sont pris quelquefois indifféremment dans les auteurs. » *Dict. de Moréri*.

De *fiscus* les Latins ont fait *confiscare*, et de *confiscare* nous avons fait *confisquer*, proprement réunir au *fisc*, adjuger au profit du *fisc*.

<small>Le *fisc* inexorable a dicté ton arrêt.
DELILLE, *le Malheur et la Pitié*, ch. III.</small>

FIT-IL, FIT-ELLE, pour *dit-il, dit-elle*, s'employait par nos anciens auteurs, et n'est plus d'usage que parmi les villageois et les gens du peuple. Cette locution peut venir du latin *infit*, vieux mot qui a le même sens, et qui se trouve dans Virgile et dans Tite-Live. *Voyez* FAIRE.

FIXER, *v.* de *fixare* dans la basse latinité, formé de *fixum*, supin de *figere* (rendre fixe, affermir). « Aucun auteur du bon siècle (du siècle de Louis XIV), n'usa du mot *fixer*, que pour signifier arrêter, rendre stable, invariable :

<small>Et *fixant* de ses vœux l'inconstance fatale,
Phèdre depuis long-temps ne craint plus de rivale.

C'est à ce jour heureux qu'il *fixa* son retour.

Egayer la chagrine et *fixer* la volage.</small>

» Quelques Gascons hasardèrent de dire : *j'ai fixé cette dame*, pour je l'ai regardée fixement, j'ai fixé mes yeux sur elle. De là est venue la mode de dire : *fixer une personne*. Alors vous ne savez point si on entend par ce mot : j'ai rendu cette personne moins incertaine, moins volage; ou si on entend : je l'ai observée, j'ai *fixé* mes regards sur elle. Voilà un nouveau sens attaché à un mot reçu, et une nouvelle source d'équivoques. » VOLT. *Dict. philosophique*, au mot *Français*, section 2e. « La langue s'embellit tous les jours, dit-il ironiquement, dans une lettre à M. Linguet, datée du 15 mars 1769, *on fixe une femme* au lieu de *fixer les yeux sur elle.* »

« Le mot *fixer*, dit M. Nodier, n'est point français dans le sens de regarder fixement, d'attacher un regard fixe sur une personne ou sur une chose ; mais c'est une de ces expressions que l'usage devrait avoir consacrées. Ce verbe offre une des figures les plus énergiques, une des hyperboles les plus éloquentes de la langue; c'est non seulement saisir l'objet sur lequel nous portons la vue, c'est encore l'arrêter, le rendre immobile, nous l'approprier, nous l'identifier par le seul effet de nos regards : *habere in oculis*, disaient tout aussi hardiment les Latins.

» Jean-Jacques Rousseau, Duclos, Rivarol, Mme de Genlis l'ont fréquemment employé (à ces noms l'auteur; dans son *Examen critique des Dictionnaires de la lang. franç.*, Paris, 1828, ajoute ceux de Diderot, de Delille, d'Anquetil, de Thiébault). M. de Chateaubriand, tout en le condamnant dans un autre, l'avait laissé échapper deux fois dans la première édition du *Génie du Christianisme*; et les termes qu'il y a substitués depuis, sont bien loin de racheter le sacrifice que cet écrivain a cru devoir en faire à la correction. Il lui appartenait, il appartient à quelques hommes qui doivent à leurs talens le privilége de donner aux mots le droit de cité, d'accueillir celui-ci dont rien ne nous offre l'équivalent : je le recommande aux lexicographes. » *Dict. des Onomatopées françaises*, note au bas de la pag. 186, Paris, 1808.

FLACON, *s. m.* vient de *flasco*, qui est probablement un mot de la langue romanse vulgaire, c. à d. de la basse latinité. Saint Grégoire-le-Grand, qui vivait dans le 6ᵉ siècle, dit en parlant d'un certain Exilaratus : *Exilaratus transmissus a Domino suo fuerat, ut Dei viro in monasterium vino plena duo vascula, quæ vulgò* flascones *vocantur, deferret* (*Dialogues*, livr. 11, ch. 18), c'est-à-dire, Exilaratus avait été envoyé par son seigneur pour porter à l'homme de Dieu, dans le monastère, deux vases de moyenne grandeur, pleins de vin, ces vases sont appelés *flacons* (*flascones*) par le peuple.

Une traduction très-ancienne, et qui parait bien antérieure au 12ᵉ siècle (c'est un manuscrit de la Bibliothèque du Roi, qui, précédemment, faisait partie de celle de Paris, in-4° cote A, n° 3), rend le mot *flascones* (*flacons*) par celui de *flaisches* : « Dous vesselez pleins de vin ki del pople sont apeleit *flaisches*. »

Ce mot *flaisches* est le même que le mot allemand *flasche* qui signifie bouteille, carafe.

« Flodoart dit que saint Remy donna à Clovis, allant combattre les Visigots, une bouteille de vin par lui béniste, et adjouste ces trois mots : *quam* flasconem *vocant.* » EST. PASQUIER, *Rech. sur la France*, liv. VIII, chap. 2.

Pasquier augure de là que le mot *flacon* serait gaulois.

M. Ch. Nodier regarde ce mot comme une onomatopée tirée du bruit de la liqueur versée hors du *flacon*, et qui tombe de quelque hauteur dans un vase sonore. « Une observation qui, dit-il, donne du poids à cette conjecture, c'est que *flacquer* s'est dit autrefois pour vider un verre, en jetant la liqueur qu'il contient. » La Bruyère en fournit un exemple dans ce passage : « S'il trouve qu'on lui a donné trop de vin, il en *flacque* plus de la moitié au visage de celui qui est à sa droite, et boit le reste tranquillement. » *Onomatopées françaises*.

FLAGEOLER, *v.* dérivé de *flageol* (*Voy.* FLAGEOLET) jouer du flageolet; au figuré, tromper, piper.

« Les courtisans n'ont accoustumé que de *flageoler* et fleureter en l'oreille des princes. » COMINES, liv. V, ch. 18.

Ronsard lui a donné un sens actif qui est à regretter :

Pasteur, qui conduiras en ce lieu ton troupeau,
Flageolant une églogue en ton tuyau d'aveine,
Attache tous les ans à cest arbre un tableau.

Ce verbe a un tout autre sens dans ce passage :

« Je sens un froid mortel courir dans mes veines; les jambes me *flageolent*, et près de me trouver mal, je m'asseye. » J. J. ROUSSEAU, *Conf.* liv. VII, tom. 3.

FLAGEOLER, *s. m.*

Crains bel esprit et beau parler;
Souvent l'éloquence est semblable
A l'oiseleur qui doux, affable,
Prend l'oiseau par beau *flageoler*.
F. GROGNET.

C'est la traduction de ce vers latin :

Fistula dulce canit, volucrem dùm decipit auceps.

FLAGEOLERIE, *s. f.* l'art, le métier du joueur de flageolet, dans le *Quintil censeur*.

FLAGEOLET, *s. m.* du grec πλαγίαυλος (*plagiaulos*) flûte oblique, flûte traversière. Nos pères ont dit d'abord *flageol*, d'où le diminutif *flageolet*.

Prenons chacun panetière et bissac,
Flûte, *flageol*, cornemuse et rebec.
MAROT, *Balade sur le jour de Noël*.

Cette Diane encor, qu'un pasteur espagnol
Bergère mène aux champs avecques le *flageol*.
LA FRESNAIE-VAUQUELIN, *Art poétique*, liv. II.

On trouve *flagel* dans Du Bellay.

FLAGEOLEUR, s. m. proprement celui qui joue du *flageol*, du *flageolet*; figurément, trompeur, pipeur. Ce vieux mot se trouve encore dans le premier sens, dans le *Dictionnaire de Trévoux*, édit. de 1743.

FLAGORNER, FLAGORNERIE, FLAGORNEUR. Boiste dérive ces mots de *falgrio*, flaireur de mets, et Barbazan de *flagitare*, demander avec importunité.

Flagorner, dans la *Farce de Pathelin*, est pris dans le sens de dire des riens, de conter des sornettes. Guillemette, jouant l'affligée, dit au drapier :

Hélas! sire,
Chacun n'a pas si faim de rire,
Comme vous, ne de *flagorner*.

FLAGRANT, TE, adj. du latin *flagrante* ablatif de *flagrans*, participe de *flagrare* (brûler). Ce mot n'est d'usage que dans cette expression, *prendre en flagrant délit*, pour dire *prendre sur le fait* : le délit étant encore *brûlant*, *fumant*, en sorte qu'on n'en peut nier l'existence. On en fait aussi quelquefois usage par plaisanterie. « Vous voilà donc pris, Monsieur notre maître, en *flagrant* barbarisme. » HUET.

FLAMBEAU, s. m. « Les témérités heureuses sont des *flambeaux* allumés sur des écueils qui font faire naufrage aux nouveaux pilotes. » BALZAC.

On a comparé les sciences à un *flambeau*, qui peut communiquer la lumière à un autre combustible, sans rien perdre de la sienne propre.

FLAMBER, v. « Je vis l'autre jour, de mes propres yeux *flamber* un pauvre célestin. » Mme DE SÉVIGNÉ, en parlant d'une belle Mme de Brancas, qui se plaisait à tourner les têtes sans distinction et sans choix.

Régnier (sat. XI) en a fait un substantif : « Au *flamber* du feu. »

La nouveauté? — *Flambée*. PIRON, *la Métromanie*.

FLAMBERGE. s. f. épée, style plaisant.

Les anciens chevaliers donnaient des noms à leurs *épées* : celle de Roland s'appelait *durandale*; celle d'Olivier, *haute-claire*; celle d'Ogier, *courtin*; et celle de Renauld de Montauban, *flamberge*. Charlemagne appelait la sienne *sa joyeuse*. C'est donc le nom donné d'abord à l'épée de Renauld qui est devenu un nom commun; il vient de *flamber*, parce qu'en agitant une épée, elle étincelle et semble jeter des flammes.

Flambe (gens de la petite flambe ou de la courte épée) terme d'argot.

On dit, dans le style familier, et le plus souvent par ironie *mettre flamberge au vent*, pour tirer l'épée, dégaîner : ce qui nous rappelle ces vers imités de l'épigramme 44, I, de Sannazar.

Flamberge au vent, deux Suisses but à but,
Après bon vin, se battaient dans la rue, etc.

Je mets *flamberge au vent*, et plus prompt qu'un [éclair,
J'en fay le moulinet, j'en estocade l'air.
SAINT-AMANT, Ire part. pag. 104, in-4°, 1651.

FLAMME, s. f. du latin *flamma* qui a la même signification. Vraisemblablement que l'*a* se prononçait d'abord faible, et laissait entendre les deux *m*; mais ensuite il est devenu plus ouvert, et, en s'allongeant, il n'a plus laissé entendre qu'un seul *m*; car on prononce *flâme* comme *âme*; mais on y conserve les deux *m* à cause de l'étymologie. De *flamme* sont dérivés *flamber*, au lieu duquel on a dit *flammer*, d'où il nous reste encore *enflammer*.

Foyer qui fume
S'aucun (si aucun) l'allume,
Tantost il *flamme*.
Le Blason des faulces amours, par G. Alexis.

De *flamme*, sont dérivés *flamboyer*, *flambeau*, *flammèche*, *flamberge*.

On trouve dans Oudin, *Dict. des trois lang.* *flambelot*, pour petite torche, et *flambillon* pour flamme légère, mais le premier est marqué d'un astérisque.

Lorsqu'en un bois, au pied d'épais ormeaux,
Une étincelle tombe et fuit sous des rameaux,
La *flamme* dans leur sein paraissant endormie,

S'étend de proche en proche, accroît, se fortifie.
Bientôt elle s'élance à replis ondoyans;
D'arbre en arbre elle roule à torrens flamboyans,
Et son activité, des obstacles aigrie,
Est par son aliment reproduite et nourrie.
DULARD, *la Fondation de Marseille*, ch. III.

Et *la flamme à la main*, effaçons tous ces noms
Que Rome y consacrait à d'éternels affronts.
RACINE, *Mithridate*, act. III, sc. I.

Flamme se prend figurément pour la passion de l'amour, à l'exemple des Latins : c'est ainsi que Didon, *Æneid.* lib. IV, v. 23, dit :

Agnosco veteris vestigia flammæ.

(je reconnais les traces de mon ancien amour).

L'un peut tracer en vers une amoureuse *flamme*.
BOILEAU, *Art poétique*, ch. I.

Ma *flamme* par Hector fut jadis allumée;
Dans la tombe avec lui qu'elle soit renfermée.
RACINE, *Andromaque*.

« Nous faisons courir *la flamme de l'amour* dans les veines :

Je sens de veine en veine une subtile *flamme*.
BOILEAU.

Mais nous ne pouvons la faire couler jusque *dans la moelle des os*, comme a fait Virgile : it *flamma medullas*. » L. RACINE, *Réflexions sur la poésie*, chap. III.

Tes *flammes* désormais doivent être étouffées.
CORNEILLE, *Horace*, act. IV, sc. 5.

Que l'ardeur de Clarisse est égale à vos *flammes*.
Le même, le Menteur, act. III, sc. 2.

« Ce mot au pluriel était alors d'usage. Et en effet, pourquoi ne pas dire à *vos flammes*, aussi bien qu'à *vos feux*, à *vos amours*? » VOLTAIRE, *Remarques sur Corneille*, au lieu cité.

Henri de l'amitié sentit les nobles *flammes*.
Le même, la Henriade.

FLAMMÈCHE, s. f. « Désir qui est la *flammesche* et l'entretenement de l'amour. » EST. PASQ, liv. I, *lettr.* 10.

FLAN, s. m. sorte de gâteau, pièce de pâtisserie qui se fait avec de la farine, du beurre, du lait et des œufs, en basse latinité *flado*, *flanto*. Barbazan pense que ce mot de *flan*, soit gâteau, soit les flancs de l'homme ou des bêtes, vient du latin *flatus* (vent, souffle); les gâteaux, ajoute-t-il, ne sont que du vent; les flancs respirent et aspirent toujours. Dans la première acception de ce mot, son nom aurait pu venir de sa couleur jaune, et être formé de *flavens*. Borel rapporte que ce sont de petites tartes, dites aussi *flandrelets*, ou plutôt *flans de let*, pour avoir été inventées en Flandre ; or, dit-il, elles sont faites de lait et d'œufs mêlés ensemble et mis en pâte. On les cuit aussi sous le même nom entre deux plats. J'estime, continue Borel, qu'on appelait ces gâteaux *flaons*, et on a prononcé *flans*, comme on dit pour *faon*, *fan*; *paon*, *pan*; *Laon*, *Lan*, etc. » ROQUEFORT, *Glossaire de la langue romane*.

On trouve en effet *flaon* dans les *Fabliaux* de Barbazan et dans le *Roman de la Rose*.

FLANC, s. m. Les uns le font venir de l'allemand *flanke*, qui a la même signification; les autres, et c'est l'avis de Ménage, le dérivent du grec λαγὼν (*lagón*) en ajoutant le digamma éolique φλαγὼν (*flagón*), qui signifie la même chose.

Nous disons au figuré *prêter le flanc*, pour dire donner prise à son ennemi, s'exposer à quelque danger. Horace, *sat.* 3, liv. I, a dit de même :

Hic fugit omnes
Insidias, nullique malo latus obdit apertum

(celui-ci fuit toutes les embûches, et ne *présente le flanc découvert* à aucun malheur).

FLATTER, v. Nicod le dérive de *flatare*, fréquentatif de *flare*, souffler, parce que les flatteurs soufflent toujours quelque chose aux oreilles de ceux qui veulent les ouïr, et les enflent de la bonne opinion d'eux-mêmes, ou parce qu'ils soufflent le froid et le chaud.

Ménage le dérive aussi du latin, mais de *flagitare*; d'autres enfin de *flatra* qui, en bas-breton, signifie *flatter*.

Les rois et les flatteurs étant de même date,
Il n'est dans l'univers aucun roi qu'on ne *flatte*.

Il a été substantif, et, dit M. Pougens, il est peut-être susceptible de l'être encore, comme la plupart des infinitifs.

Les muses hautaines et braves
Tiennent le *flatter* odieux.
MALHERBE.

De ce verbe, nos pères avaient fait les adjectifs *flattereaux* et *flatteresses*, qui sont tous deux dans Oudin, *Dict. des trois langues*, mais le premier comme substantif qu'il interprète par *petit flatteur*.

« Ils amadouent le lecteur d'infinis épithètes *flattereaux*. » *Préface* du Seigneur des Accords.

« Elle disoit au contraire que sa partie adverse n'étoit qu'une *flatteresse* et baveresse. » *Arresta Amorum*, A. 29.

FLATTERIE, s. f. La *flatterie* est un parfum qui réjouit toujours le cœur, quoiqu'il fasse mal à la tête.

« Quand, par hasard, la *flatterie* ne réussit pas, ce n'est pas sa faute, c'est celle du flatteur. » Le duc DE LÉVIS.

« La *flatterie* n'a tant de charme, que parce qu'elle nous paraît confirmer le jugement de notre amour-propre. » *Le même*.

FLATTEUR, s. m. « Balzac dit que les morts n'ont pas de *flatteurs*. » Cela n'est pas vrai ; voyez l'histoire.

« On ne ferme jamais entièrement la porte aux *flatteurs* ; tout au plus on la pousse doucement sur eux, mais on la laisse toujours entr'ouverte. » Le chevalier TEMPLE.

« Le *flatteur* n'a pas assez bonne opinion de soi ni des autres. » LA BRUYÈRE.

« Un *flatteur* est un esclave qui n'est bon pour aucun maître. » MONTESQUIEU.

Détestables *flatteurs*, présent le plus funeste,
Que puisse faire aux rois la colère céleste.
RACINE, *Phèdre*.

« Il n'y a pas loin de la mauvaise foi du *flatteur* à celle du rebelle. » MASSILLON.

FLÉAU, s. m. que nos pères ont dit *flael*, et c'est ainsi qu'on le trouve dans le *Roman du Renard* et dans les *Fabliaux* de Barbazan ; du latin *flagellum* (fouet).

FLÉBILE, adj.

« L'élégie est triste et *flébile*, dit Thomas Sebilet, en son *Art poétiq. françois*, pag. 116, Paris, 1576. »

Pourquoi n'avoir pas conservé ce mot *flébile* qui vient tout naturellement du latin *flebilis* (qui mérite, qui doit être pleuré, lamentable) ?

FLÈCHE, s. f. mot factice formé, selon M. Nodier, sur le son de la *flèche* chassée de sa corde, et qui fuit en sifflant. C'est l'opinion de Nicod, du temps duquel on disait encore indifféremment *flèche*, *flic* ou *flis*.

En espagnol, c'est *flecha*, en allemand *pfeil*, en anglo-saxon *fla*.

FLÉCHIR, v. du latin *flexum*, supin de *flectere* (plier, courber).

« Il y a des mots, dit le P. Bouhours, qui sont bons dans le figuré, et qui ne valent rien dans le propre. *Fléchir* et *inflexible* sont de cette espèce. On dit bien *fléchir un homme*, *un juge inflexible* : ce seroit mal parler que de dire *fléchir un arbre*, *une branche inflexible*. » *Doutes sur la langue française*, proposés à MM. de l'Académie par un gentilhomme de province.

L'Académie prétend que l'on dit à l'actif *fléchir le genou* ; mais dans cette locution il est encore pris au figuré, comme l'a très-bien remarqué le P. Bouhours, et signifie *adorer*, et non pas simplement *plier le genou*.

« Il venoit d'épouser la nièce d'un ministre devant qui tous *genoux fléchissoient* » HAM. *Mém. de Gram*.

Au neutre il se dit au propre et au figuré : Cette poutre commence à *fléchir*. *Acad*.

L'herbe à peine *fléchit* sous le daim qui l'effleure.
DELILLE.

Vous seriez libre alors, seigneur, et devant vous
Ces maîtres orgueilleux *fléchiraient* comme nous.
RACINE, *Britannicus*.

FLÉCHISSABLE, adj. qui peut être fléchi. Il ne se dit qu'au propre : une branche *fléchissable*. Mercier prétend qu'on peut le dire au figuré : quelque chose que vous lui disiez en faveur de son neveu, il n'est pas *fléchissable*. Je ne crois pas, dit M. Laveaux, que cette expression puisse être adoptée ; on dit bien mieux : il est *inflexible*. Ce mot, qui ne se trouve que dans Catineau et dans Boiste, ne se dit ni au propre ni au figuré.

FLEUR, s. f. du latin *flore*, ablatif de *flos* qui a la même signification. Nos pères ont dit flor pour fleur, florir pour fleurir. On trouve dans une chanson du 13e siècle :

> Quand *florist* la violette,
> La rose et la *flor* de glai, etc.

« Dieu a semé les *fleurs* avec profusion, comme les jouissances dans la vie, et nous les foulons de même sans daigner les cueillir. » Mme VICTORINE DE CHASTENAY. « La maxime de Voltaire,

> Qui n'a pas l'esprit de son âge,
> De son âge a tout le malheur.

n'est vraie que pour la dernière moitié de la vie : l'on demande à ses enfans plus de fruits que de *fleurs*; car les *fleurs* font peu de plaisir dans l'âge mûr; on les quitte avec le rouge et les couleurs éclatantes. » Mme NECKER.

Nous disons *la fleur de la jeunesse, de l'âge*, à l'exemple des Latins qui ont dit *flos œtatis* (la *fleur* de l'âge). Nous disons également *la fleur* pour l'élite; Cicéron a dit de même *flos nobilitatis* (la *fleur* de la noblesse). On voit dans Virgile, Æneid. l. VIII, v. 500 :

> Flos *veterum virtusque virûm*.......

(vous la *fleur* des anciens héros).

« Un grand nombre de navires qu'il chargea de la *fleur* de ses troupes. » VAUGELAS, traduct. de *Quinte-Curce*, pag. 291, in-4°, Paris, 1653.

> J'ai perdu sous ses murs la *fleur* de mon armée.
> DE BELLOY, *le Siége de Calais*, act. III, sc. 2.

> COLOMBINE, à Arlequin.
> Des bons valets, adieu, la fine fleur.
> Les deux Arlequins, act. I, sc. 3.

Théâtre italien de Ghérardi.

Fleur, suivant l'encadrement, se prend pour *virginité*, on dit même la *fleur de la virginité*; et le mot *flos* a été pris dans le même sens chez les Romains :

> Sic virgo............
> Quum castum amisit polluto corpore florem.
> CATULLE, *Chant nuptial*.

> Ainsi la jeune vierge à plaire destinée,
> Perdant la chaste *fleur* que l'on perd sans retour.
> Traduction de Mollevaut.

« Ainsi sont les deux vierges mis ensemble, filz de roi et fille de roi, et ce dont ils n'avoient rien sceu leur apprent nature. Si se entre approuchent si charnellement, que les *fleurs de virginité* sont espandues. » *Lancelot du Lac*, édit. de 1520, seconde partie, fol. 30, v°, col. 2.

Dans le VIIIe chant de la *Dunciade*, Apollon dit aux Muses :

> Quoi! sous mes yeux craindre qu'un ravisseur
> De vos appas ne profane la *fleur*!

FLEUR *de la passion* (c'est ainsi que l'Académie porte ce mot). Cette fleur, originaire du Pérou, a reçu ce nom des jésuites, et celui de *grenadille* de la part des Espagnols, parce que l'intérieur de son fruit a quelque ressemblance avec celui des grenades. Le rapprochement qu'on a fait des diverses parties de sa fleur aux instrumens qui ont servi à la passion du Christ, lui a fait donner le premier nom. « Du milieu de cette fleur, dit M. Constant Dubos (*les Fleurs*, idylles morales, aux notes) s'élève un pistil garni de cinq étamines qui, chargées de leurs sarmens, représentent en quelque sorte des marteaux; il soutient un jeune fruit qui figure le poteau où Jésus-Christ fut attaché. Ce jeune fruit est surmonté de trois petits corps qui sont les styles, et que l'on compare aux clous; entre la corolle et l'ovaire, qui porte les organes de la fécondation, est placée une couronne colorée, composée de deux ou trois rangées circulaires de filamens longs et inégaux; c'est ce qui rappelle la couronne d'épines. »

Grenadille, ou fleur de la passion.

> De quel sombre appareil sa tête s'environne!
> Auprès d'un pal sinistre, et de clous hérissé,
> Repose un lourd marteau qu'une affreuse couronne
> Dans ses replis tient embrassé.
> . . . .
> Mais quel affreux tableau vient déchirer mon ame?
> Je vois, je vois Solyme et ce funeste lieu,
> Où, par mille tourmens, sur une croix infâme,
> Des bourreaux immolent un Dieu.
> . . . .
> Toi, qui de son trépas nous retrace l'image,
> Funèbre *Grenadille*, à nos yeux, chaque jour
> Que tes tristes couleurs offrent le témoignage
> De nos forfaits, de ton amour.
> *Les Fleurs*, idylles morales, par M. Constant Dubos, pag. 113, Paris, 1808.

FLEURER, v. dérive de *fleur*, répandre, exhaler une odeur. Quoique ce verbe se trouve dans tous les dictionnaires, et qu'il ait même trouvé place dans le *Dict.* de l'Académie, il est cependant peu usité. Nous devons le regretter; car il est heureusement employé dans les poésies de nos anciens poètes :

> Douce et belle bouchelette
> Plus fraische et plus vermeillette
> Que le bouton ayglantin
> Au matin,
> Plus suave et mieux *fleurante*
> Que l'immortelle amaranthe
> Et plus mignarde cent fois
> Que n'est la douce rosée,
> Dont la terre est arrosée
> Goutte à goutte au plus doux mois.
> *Stances* de Remy Belleau.

On dit proverbialement et figurément d'une affaire qui paraît bonne et avantageuse : cela *fleure comme baume*.

FLEURET, *s. m.* « Ce nom, dit Le Duchat, vient apparemment de ce qu'autrefois les *fleurets* étaient rebouchés avec une figure de bouton de *fleur.* » Note 15 à la page 324, tom. II, des *Œuvres* de Rabelais, édit. de 1732.

FLEURETER, *v.* Est. Pasquier, liv. XIX, *lett.* 16, blâme « la commune usance des médecins, qui vont *fleureter* de maison en maison sans arrest. »

FLEURETTE, *s. f.* Ce mot, dans l'origine, a été un diminutif de *fleur*, et a, par conséquent, signifié une petite fleur.

> Toutes herbes, toutes *fleurettes*
> Que valetons et pucelettes
> Vont en printemps ès bois cueillir.
> *Roman de la Rose.*

Ils n'apparaissent plus cela qu'ils ont été,
Non plus qu'une *fleurette* après le chaud d'été.
RONSARD, IIe liv. des *Hymnes*, hymne 9.

Il n'est guère d'usage que dans la poésie pastorale. *Cueillir les fleurettes des prés. Acad.*

> Ici l'ombre des ormeaux
> Donne un teint frais aux herbettes,
> Et les bords de ces ruisseaux
> Brillent de mille *fleurettes.*
> MOLIÈRE, *Fête de Versailles*, a. III, s. 4, interm.

> L'innocence simple et jeunette,
> Portant *fleurette* dans son sein,
> Dans sa panetière du pain,
> Cheminait un jour seulette.
> SÉLIS, *l'Innocence*, pièce insérée dans *l'Alm. des Muses* (1792).

Si ce terme a presque entièrement perdu sa première signification, la galanterie lui en a attribué une figurée dans ces locutions du style familier : *conter fleurette, dire des fleurettes.* « La *fleurette*, est-il dit dans *l'Esprit de l'Encyclopédie*, est un jeu de l'esprit ; c'est un sujet galant ; c'est une jolie chose que dit à une femme aimable l'homme qui veut lui plaire. La *fleurette* n'a pas un grand éclat : c'est une simple fleur, mais elle est toujours agréable, lorsqu'elle réunit une expression ingénieuse à une idée riante. » « Le duc était auprès de Mlle Churchill, non pas à lui *conter fleurette*, mais à la gronder. » A. HAMILTON, *Mémoires de Gramont.* « Je renoncerais aux douceurs de *conter des fleurettes* à tout ce que je rencontrerais d'aimable. » LE GRAND, *le Galant Coureur*, sc. 4.

A en croire les auteurs du *Dict. de Trévoux*, cette expression viendrait de ce qu'on emploie les ornemens du langage, les *fleurs* et, pour ainsi dire, les roses de la rhétorique, afin de s'insinuer plus doucement ; ou bien, suivant la remarque de Lenoble, de ce qu'il y avait en France, sous Charles VI, une espèce de monnaie marquée de plusieurs petites fleurs, que Monstrelet appelle *florettes*. Ces pièces valaient 20 deniers tournois. De sorte que *conter des fleurettes*, c'était compter de la monnaie, chemin le plus court pour arriver au cœur ; car dit La Fontaine,

La clef du coffre-fort et des cœurs c'est la même.

La première origine paraîtra plus naturelle, et le beau sexe sera de notre avis. Les anciens disaient *rosas loqui*, pour dire tenir des discours agréables, dire des choses flatteuses. On trouve, dans les *Nuées* d'Aristophane, act. III, sc. 2 : ῥόδα εἴπειν (*rhóda eirein*) dire des roses. Plaute dit en sens contraire, *lapides loqueris*, comme nous disons, vos discours m'assomment. « Je présentai un petit tableau de mon industrie, assez bien escript et enluminé de vignettes et *florettes.* » J. LE MAIRE DE BELGES, *le Temple de Vénus.*

Conter fleurette ou *florette* ne viendrait-il pas de l'usage où on aurait été d'écrire les billets doux sur du papier où des *fleurs*, de petites fleurs étaient peintes ou découpées, tels qu'on en voit aujourd'hui. On aurait d'abord dit *écrire*, *envoyer des florettes*, et ensuite *dire*, *conter des florettes* ou *fleurettes*, c'est-à-dire conter des propos doux semblables à ceux qu'on écrivait.

FLEURIR, FLORIR, *v.* Le dernier est vieux, du latin *florere* (être en fleur).

Florir, *florissante*, se disaient autrefois des arbres et des plantes qui sont en fleurs :

Faites de vous comme le figuier faict,
Qui, sans *florir*, porte fruits et largesse ;
Semblablement ses amis par effect
Faut secourir, sans user de promesse.
GUILL. DE LA PÉRIÈRE.

Aujourd'hui on dit plus ordinairement *fleurir* au propre, et *florir* au figuré, si ce n'est à l'infinitif, c'est au moins dans les autres modes de ce verbe ; alors il signifie être en crédit, en honneur, en réputation : Pétrarque *florissait* vers le milieu du 14e siècle. Une armée *florissante*, un empire *florissant*. « La langue grecque, dit Mme Dacier, se maintint assez *florissante* jusqu'à la prise de Constantinople. »

Nous prenons le verbe *fleurir* ou *florir* au figuré, à l'exemple des Latins ; on trouve dans Cicéron : *Musici qui in Græciá* floruerunt (les musiciens qui ont *fleuri* dans la Grèce), *florens respublica* (une république *florissante*).

C'est par moi que *fleurit* cette heureuse culture.
THOMAS, *Pétréide.*

Hé ! quel chant nous rendroit les naïades propices ?
Qui *fleuriroit* la terre ? ombrageroit les eaux ?
DOMERGUE, traduct. des *Églog. de Virgile.*

« Il y a en nostre ame quelque naturelle semence de raison, qui, entretenue par bon conseil et coustume, *fleurit* en vertu. » ESTIENNE DE LA BOÉTIE, *de la Servitude volontaire.*
« D'une infinité de hautes et rares connoissances sortent et *fleurissent* les diverses grâces de ses paroles (de l'orateur), comme de leur tige et de leur racine. » BALZAC, *de la grande Éloquence.*

FLEURISME, *s. m.* manie des fleuristes. Ce mot mérite de prévaloir au moins dans le sens propre. M. Roquefort lui a donné place dans son *Dict. étym.* (1829), ainsi que le *Supplément au Dict. de l'Acad.* (B). Ce dernier lui donne de plus un sens figuré. « C'est, dit-il, le *fleuri*, le brillant d'un poème, d'un discours, etc. mais nous ne connaissons point d'autorité qui justifie cette signification. »

FLEURONNER, *v. Fleurir*, être en *fleur*, joli mot à conserver.

Au printemps que tout *fleuronne*,
Je dormais dessus les *fleurs*.
Parnasse des Muses.

Tandis que votre âge *fleuronne*
En sa plus verte nouveauté.
RONSARD, *Ode à Cassandre.*

FLEUVE, *s. m.* du latin *fluvius*. « *Fluvius* quòd *fluit*, dit Varron » (on l'appelle *fleuve*, parce qu'il coule, *fluit*). L'esprit de l'homme est de la nature des *fleuves* ; il trouve son repos dans le mouvement.

On dit figurément :

Songe aux *fleuves* de sang où ton bras s'est baigné.
CORNEILLE.

« Nous ne trouvons rien de plus étonnant dans la nature que ces fournaises du mont Etna, qui quelquefois jettent, du fond de ses abîmes,

Des pierres, des rochers et des *fleuves* de flamme. »
BOILEAU, *Traité du sublime.*

FLIBUSTIER, *s. m.* Ce nom, donné à des pirates d'Amérique qui étaient de toutes les nations, vient, selon M. Sablier, *Essai sur les langues en général*, pag. 170, du flamand *vliboot* qui, chez ce peuple, signifiait une sorte de petit navire. Il pense que comme les forbans ou pirates qui formèrent une espèce de société dans l'avant-dernier siècle, pour aller écumer les mers de l'Amérique, ne se servirent, dans les commencemens, que de ces *vliboot*, que nous nommons *flibots*, que leur fournissaient les Hollandais, on s'accoutuma à leur donner le nom du petit bâtiment qu'ils montaient.

M. Roquefort dérive *flibot* de l'anglais *fly*, léger, et de *boat*, bateau. Quant à *flibustier*, il le fait venir de l'anglais *frec*, franc, et de *booter*, pillard, voleur. La première étymologie parait plus simple.

FLIC-FLAC, s. m. onomatopée qui imite le bruit que font plusieurs coups de fouet ou plusieurs soufflets donnés de suite, etc. « Bon pied, bon œil; et *flic et flac*, tiens, c'est pour toi. » SCARRON.

FLOCON, s. m. petite touffe de laine ou d'autre matière, est un diminutif de *floc*, qui se trouve dans Claude Fauchet : « Cestuy-ci nay (né) en France et nourri comme les enfans des rois, à qui on laissoit croistre les *flocz* de leurs cheveux, et pendre derrière le dos. » *Antiquitez françoises*, liv. IV, feuillet 6 tourné, Paris, 1599.

Floc vient du latin *floccus*, fait sur le grec πλόκος (*plocos*), enlacement, touffe.

FLOCONNER, v. « Le temps *floconne*; la neige tombe par petits *flocons*. » MERCIER.

FLOFLOTTER, v. *Voyez* FLOTTER.

FLON-FLON, onomatopée. M. de La Monnoye nous apprend que c'est le refrain d'un vaudeville de 1687, qui consistait en des couplets de quatre vers dont le refrain était *flon flon, larida dondaine, flon flon larida dondon*. Il est aisé d'entendre ce que signifiait ce *flon flon*, par le quatrain qui le précédait. Dans celui-ci, par exemple :

> Si ta femme est méchante,
> Apprends-lui la chanson,
> Voici comme on la chante
> Avec un bon bâton.
> *Flon flon*, etc.

Le refrain marquait la vigueur avec laquelle il fallait frapper. Mais dans cet autre quatrain :

> Vous devenez, Lisette,
> Plus jaune que souci,
> Savez-vous la recette?
> Lisette, la voici :
> *flon-flon*, etc.

Le *flon-flon* signifiait autre chose. *Glossaire alphabétique* à la suite des *Noëls bourguignons*.

FLORAUX, adj. m. pl. du latin *florales* (de Flore), *ludi florales* (les jeux floraux), ou d'un seul mot *floralia*. Les jeux *floraux* étaient des jeux que les anciens célébraient en l'honneur de Flore, dont le culte avait été apporté à Rome par Tatius. Ce ne fut qu'en l'an de Rome 580, que ces jeux devinrent annuels, à l'occasion d'une stérilité qui dura plusieurs années. Le sénat, pour fléchir Flore et obtenir de meilleures récoltes, ordonna que les jeux *floraux* fussent célébrés tous les ans régulièrement à la fin d'avril. Le dérèglement des mœurs était ce qui les caractérisait. On ne se contentait pas des chants les plus obscènes; on y rassemblait les courtisannes nues au son de la flûte, et elles s'y prostituaient sous les yeux du peuple. On sait que le grave Caton lui-même en sortit un jour pour ne pas troubler les plaisirs publics.

Plutarque rapporte différemment l'origine de ces jeux. *Dem. Rom.* XXXV: « Acca, célèbre courtisanne, sous le règne d'Ancus Martius, ayant passé la nuit dans le temple d'Hercule, ce dieu lui ordonna de se rendre le lendemain matin sur la place, et de s'attacher au premier homme qu'elle rencontrerait. Etant sortie le matin, Acca rencontra Tarrutius, homme puissamment riche, et déjà sur le retour de l'âge, qui, l'ayant vue, en devint amoureux, l'épousa, et à sa mort, la laissa maîtresse de sa fortune. Depuis, elle-même étant venue à décéder, elle fit le peuple romain son héritier, et racheta par ses libéralités, les taches qui déshonoraient la première partie de sa vie; elle fut inscrite dans les fastes de l'État, et l'on institua des fêtes en son honneur, sous le nom de la déesse Flore. »

FLORAUX (*Académie des jeux floraux*). Nos pères ont donné le nom de *jeux floraux* à un noble exercice qui se renouvelle tous les ans dans la ville de Toulouse, où des prix sont distribués aux poètes qui produisent les meilleures pièces de vers. Nous croyons ne pas déplaire à plusieurs de nos lecteurs, en leur faisant connaître l'origine d'une si noble institution, qu'on peut regarder comme la plus ancienne académie qui ait été fondée en France. « En 1324, dit Mervesin, *Histoire de la Poésie française*, pag. 94, Paris, 1706, dame Clémence Isaure, de la maison des comtes de Toulouse, convoqua en cette ville tous les poëtes et les trouvères du voisinage, et promit de donner une violette d'or à celui qui ferait les plus beaux vers. Elle donna ensuite un fonds dont le revenu devait être employé à ce prix. Après la mort de cette dame, dont la mémoire est si célèbre, les magistrats de Toulouse, où l'esprit est si généralement répandu, ordonnèrent que tout ce qu'elle avait institué serait exactement observé à l'avenir.

» Ceux qui jugeaient des ouvrages étaient appelés *les mainteneurs de la gaie science*; le lieu où l'on s'assemblait était orné de fleurs; le prix était une violette; on la donnait le premier jour de mai : toutes ces raisons firent appeler cette institution *jeux floraux*. Pour donner plus d'émulation aux poëtes, on ajouta encore deux prix, qui furent un *souci* et une *églantine*, qui est une espèce de rose : celui qui remportait les trois fleurs était reçu docteur en *science gaie*. On demandait le doctorat, on était reçu, et les lettres étaient expédiées en vers. »

Maintenant, l'Académie des jeux floraux célèbre la fête des fleurs le troisième jour de mai de chaque année. C'est une espèce de tournoi littéraire, où une amaranthe d'or est donnée en prix à la meilleure ode; une violette d'argent au meilleur poëme de soixante vers au moins et de cent au plus; un souci d'argent à une élégie, une idylle ou une églogue; une églantine d'argent à une pièce d'éloquence, et un lis d'argent à un sonnet en l'honneur de la Vierge. Ce qui a fait dire à un de nos jeunes poëtes, dans une pièce qui annonce d'heureuses dispositions :

Aujourd'hui l'*amaranthe* et l'humble *violette*,
Le *souci* pâlissant, l'*églantine* et le *lis*
Des poëtes vainqueurs sont encore le prix.
ARNAUD ABADIE, *les Pyrénées de la Bigorre*, ch. 1.

FLORÉAL, *s. m.* nom donné au huitième mois de l'année dans le calendrier républicain. Il commençait le 20 avril et finissait le 19 mai. Ce mois tire son nom de ces brillantes filles de Flore qui, au commencement du printemps, viennent parfumer le sein de la terre et servir de berceau aux fruits qu'elles promettent.

Alors Zéphyr, plein de douceurs,
Vient éveiller l'aimable Flore ;
La rose qu'elle fait éclore
Annonce la saison des fleurs.

FLORIDITÉ, *s. f.* « Me semble qu'il ait encore quelque chose de nouveau et de péculier, en délices et *floridité* perpétuelle. » La D^{lle} DE GOURNAY, en parlant de Montaigne, *Préface des Essais*.

FLORIR. *Voyez* FLEURIR.

FLOT, *s. m.* du latin *fluctus*, qui a la même signification.

Cette foule de gens qui s'en vont chaque jour
Saluer à longs *flots* le soleil de la cour.
LA FONTAINE, *Elégie pour Fouquet*.

C'est une heureuse imitation de ces beaux vers de Virgile, *Georg.* lib. II, v. 461-62 :

Si non ingentem foribus domus alta superbis
Mane salutantûm totis vomit ædibus undam.

FLOTTE, *s. f.* Jacques Sylvius dérive *flotte*, comme *flot*, du latin *fluitare* (flotter, être porté sur les flots) : « *Fluitare*, flotter, *undè* flot, *pro congerie aquarum*, et flotte, *pro numerosâ multitudine, præsertim navium et pro ipsâ fluitatione.* » *Isagoge in linguam gallicam*, pag. 32, in-4°, Paris, 1531.

Ce mot est fort ancien dans la langue, dans la signification d'affluence, foule, troupe, grand nombre. On le trouve déjà en ce sens dans le *Roman du Renard* et dans les *Fabliaux* de Barbazan. « La povre fille, de sa mère réconfortée, c'est à la grande *flotte* de ses larmes. » *Cent nouv. Nouv.* N. xx. « Tous ses serviteurs et amis le sont venus trouver en *flotte*. » EST. PASQUIER, liv. xiii, *lettr.* 1. « D'une terrible impétuosité juvénile se mist parmy eulx, ainsi comme un lyon furieux en *une flotte de brebis*. » J. LE MAIRE DE BELGES, *Illustrations des Gaules*, liv. 1, ch. 23. « Quand les Troyens veirent Pâris si mal atourné, ils s'avancèrent tous à *une flotte* (en

FLO 607 FLU

foule) pour recouvrer le corps de la main des Grecz à vive force, afin qu'ilz ne luy feissent oultrage. » *Ibid.* liv. II, ch. 21, Paris, 1548. « Cependant une *flotte* de Normands entrant par le Vaal, se fortifia à loisir dans le palais royal de Nimègue. » MÉZERAY, *Abrégé chronologique de l'Hist. de France*, pag. 150, tom. II, in-12, 1676.

Flotte, dans le sens de nombre considérable de vaisseaux de guerre ou de commerce réunis, n'a, si nous en croyons H. Estienne, été introduit dans notre langue que vers le milieu du 16e siècle. Nous l'aurions emprunté de l'italien *flotta*, qui avait la même signification, venu aussi du latin *fluctus* (flot), parce que la flotte est portée sur les flots.

FLOTTEMENT, *s. m.* Un auteur contemporain l'a employé dans le sens d'hésitation, d'irrésolution.

« Votre fierté ne doit pas même vous permettre le moindre *flottement* entre ce qui est digne de louange et ce qui peut mériter le blâme. » DE SÉGUR, *les Quatre Ages de la Vie*, pag. 153, in-12, Paris, 1820.

FLOTTER, *v.* du latin *fluitare* (être porté sur les flots), au figuré être agité, tourmenté comme les flots le sont par le vent.

« Les Grecs se trouvèrent longtemps *flotter* en dissensions populaires. » EST. PASQ. liv. X, *lett.* 6.

Par une métaphore empruntée de l'agitation de la mer, on dit : Qu'un homme *flotte* entre deux partis, qu'un esprit est *flottant*. Virgile dit de même :

Curarum fluctuat æstu.

(il *flotte* agité par mille inquiétudes).

Son cœur, toujours *flottant* entre mille embarras,
Ne sait ni ce qu'il veut, ni ce qu'il ne veut pas.
BOILEAU.

Je l'ai vu. . . . .
Entre l'impatience et la crainte *flottant*.
RACINE, *Britannicus*, act. II, sc. 2.

Princesse, en leur faveur employez mon crédit :
Le Roi, vous le voyez, *flotte* encore interdit.
Le même, Esther, act. III, sc. 5.

Flotté, ée, part. de *flotter*.

Le bois *flotté* est ainsi appelé, parce qu'il vient à *flot* sur la rivière, parce qu'on le voiture par radeau sur la Seine et sur la Loire.

Avoir un visage de bois flotté. « Le bois *flotté* a beau se sécher, il n'est jamais si bon à brûler que l'autre. De même, avoir un visage de bois *flotté*, c'est avoir le visage d'une couleur et en un état qui marquent qu'on ne guérira jamais bien. » *Ducatiana*, tom. II, pag. 466, Amsterdam, 1738.

« *Floflotter*, qui est tout-à-fait perdu, est cependant une assez heureuse onomatopée du choc des flots en rumeur.

» Dubartas a écrit le *floflottant* Nérée, et c'est, je crois, ce qui a fait dire à Pasquier, au huitième livre de ses *Recherches* : « *Floflotter* est mis en usage par les poètes de notre temps pour représenter le heurt tumultuaire des *flots* d'une mer, ou grande rivière courroucée. »

» Je ne sais personne, au reste, qui ait employé ce terme depuis Pasquier, si ce n'est l'extravagant Desmarets dans sa comédie des *Visionnaires*, où il le donne pour épithète au *fleuve* Nérée, comme avait fait Dubartas :

Déjà de toutes parts j'entrevois les brigades
De ces Dieux chèvre-pieds et des folles Ménades
Qui s'en vont célébrer le mystère orgien
En l'honneur immortel du père Bromien.
Je vois ce cuisse-né suivi du bon Silène,
Qui du gosier exhale une vineuse haleine,
Et son âne fuyant parmi les Mimallons,
Qui les bras enthyrsés courent par les vallons.
Mais où va cette troupe ?... Elle s'est égarée
Aux solitaires bords du *floflottant* Nérée. »

CH. NODIER, *Dict. des Onomat. franç.*

FLUANT, E, adj. « Le présent est un point indivisible et *fluant*, sur lequel l'homme ne peut non plus se tenir que sur la pointe d'une aiguille. » DIDEROT, *lett.* 9, à *Falconet*.

FLUCTUATION, *s. f.* proprement état de ce qui flotte, de ce qui est agité par les flots. *Fluctuer*, pour *flotter*, se trouve dans J. le Maire de Belges. Il nous reste encore *fluctuation*, balancement d'un liquide, et *fluctueux*, adjectif.

L'usage de *fluctuation*, dans un sens figuré, est assez récent, remarque l'abbé Féraud : « Entretenue dans une *fluctuation* continuelle, la langue finirait par s'appauvrir, ou par se dessécher en se polissant, si les gens de lettres et les bons auteurs ne concouraient à la fixer et à l'enrichir. » L'abbé ARNAUD.

FLUENCE, *s. f.* néologisme proposé par Mercier. Il propose de dire *la fluence du temps*, pour dire la rapidité du temps, la course rapide du temps. M. Laveaux pense que ces dernières expressions sont préférables, et peignent mieux l'idée.

FLUIDE, *adj.* « Mon langage n'a rien de facile et *fluide* : il est aspre, ayant ses dispositions libres et desréglées. » MONT. liv. II, c. 17.

FLÛTE, *s. f.* du latin *fistula*, qui a la même signification. On disait anciennement *fluste*. « L'orateur, dit Théophraste, est le vrai médecin des esprits auquel appartient de guérir la morsure des serpens par le chant des *flûtes*, c'est-à-dire, les calomnies des meschans par l'harmonie de la raison. » CHARR. l. III. c. 43.

Flûte, a aussi signifié un verre long et étroit qui, selon les auteurs du *Dictionnaire de Trévoux*, contenait une chopine. Il nous reste encore de ce mot le verbe *flûter*. « Comme nous avons, dit Ménage, de grands verres faits en forme de *flûte*, nous avons dit *flûter* figurément, pour dire *boire à longs traits*; et ce mot est encore aujourd'hui en usage parmi le peuple en cette signification. » *Dict. étymologique*, au mot *Larigot*.

La *flûte* dont le dieu Mercure
Se servit autrefois pour endormir Argus,
Fut par le conseil de Bacchus,
Un verre de bonne mesure.
Argus, heureux berger, ah! que ton sort fut doux,
Si profitant de l'aventure,
Pour fermer tes cent yeux, tu bus autant de coups!
LA MONNOYE.

Alors grand'merveille sera
De voir *flûter* le vin de Champagne.
L'abbé DE CHAULIEU.

FLÛTISTE, *s. m.* mot nouveau qui remplace la périphrase *joueur de flûte*, et le substantif *flûteur*, dont on ne se servait que par ironie. « Voilà, dit M. Ch. Nodier, dans son *Examen critique des Dictionnaires*, en parlant des mots *harpiste*, *flûtiste*, *violoniste*, des néologismes bien introduits dans l'usage, et qu'il est difficile d'en chasser. »

FLUX, *s. m.* « Le bonheur consiste dans le *flux* et le reflux du donner et du recevoir. » LAVATER.

« Mettre l'Etat au *flux* et reflux des misères. » EST. PASQ., liv. VIII, lett. 1.

Malherbe a dit d'une femme :

. . . . Que son ame incertaine,
A, comme l'Océan, son *flux* et son reflux.

Ménage blâme cette métaphore. Elle semble cependant juste et naturelle; mais il faut convenir qu'elle est bien mieux amenée dans les vers de J. B. Rousseau :

L'ame d'un vrai héros, tranquille, courageuse,
Sait comme il faut souffrir d'une vie orageuse
Le *Flux* et le *Reflux*.

FOARRE. *Voyez* FEURRE.

FOI, *s. f.* que nos pères ont dit *fic* et *fé*, du latin *fides*, qui a la même signification.

« Le prince qui rompt sa *foy*, ne trouve point de *foy*. » NIC. PASQUIER, liv. VIII, lett. 2.

Marivaux disait à milord Bolingbroke, aussi crédule pour les futilités qu'incrédule pour les matières religieuses : « Milord, si vous ne croyez pas, on ne saurait dire que ce soit faute de *foi*. »

« Bien des Français ont une *foi* politique, toute bonne, de charité, toute heureuse d'esperance. » *De la France et de la Coalition*, ch. XIII.

Sanum futurum, meâ ego id promitto fide.
PLAUTE.

(il guérira, c'est moi qui vous le promets sur ma *foi*).

Les Latins ont donc dit *promittere suâ fide*, promettre *sur sa foi*, sur sa parole, avant nous.

Je vous paîrai, lui dit-elle,
Avant l'aout (oût); *foi* d'animal,
Intérêt et capital.
LA FONTAINE.

Lorsque l'on a pour soi le vent et les étoiles,
Il est bien malaisé de régler ses désirs;
Le plus sage s'endort sur la *foi* des zéphirs.
Le même, Elégie pour Fouquet.

Ma *foi*! un censeur scrupuleux taxa un jour cette interjection dans une comédie, comme peu respectueuse pour la *foi* de l'Eglise.

FOI, la première des trois vertus théologales.

Quelque trouble ici-bas que mon ame ressente,
La *Foi*, fille du Ciel, devant moi se présente.
Sur une ancre appuyée, elle a le front voilé,
Et m'éclairant du feu dont son cœur est brûlé,
«Viens, dit-elle, suis-moi. L'éclat que je fais luire,
Quand tu baisses les yeux, suffit pour te conduire.
Est-ce le temps de voir, que le temps de la nuit?
En attendant le jour, docile à qui t'instruit,
Tu dois, à chaque pas, plus adorer qu'entendre,
Plus croire que savoir, et plus aimer qu'apprendre.»
L. RACINE, *la Religion*, chant v.

FOIE, *s. m.* du latin *focus* (foyer). «.Si quelquefois on m'a poussé au maniement d'affaires estrangères, j'ay promis de les prendre en main, non pas au poulmon et au *foye*.» MONTAIGNE, liv. III, ch. 10.

FOIN, *s. m.* du latin *fœnum*, qui a la même signification.

Lorsqu'on soutenait au P. Malebranche que les animaux avaient une ame, et qu'ils étaient sensibles à la douleur, il répondait en plaisantant, qu'apparemment ils avaient mangé du *foin* défendu.

« Je fais précisément comme celui qui, voulant avoir un équipage, commença par acheter le *foin*. » GALIANI.

Foin est aussi une espèce d'interjection qui marque le dépit ou le mépris.

On connaît l'anecdote de ce prédicateur qui, ayant pris pour texte : *Omnis caro fœnum*, et prêchant devant la cour, commença son discours ainsi : *Foin* du roi, *foin* de la reine, *foin* de M. le cardinal, *foin* de vous tous, *foin* de moi-même, *omnis caro fœnum*.

LÉANDRE.
Pris en flagrant délit, affaire criminelle.
CHICANEAU.
Foin de moi!
RACINE, *les Plaideurs*, act. II, sc. 5.

FOIRE, *s. f.* du latin *forum* (marché, place publique), venu, comme le verbe *ferre*, du grec φέρειν (*phérein*), porter. Une foire est le lieu où l'on porte les marchandises pour les vendre. Le P. Labbe donne une autre origine à ce mot. « *Foires* viennent, dit-il, du latin *feriæ* (fêtes), d'autant que les marchez, abords ou apports de monde ont encore coustume de se faire aux jours de festes des saints patrons des paroisses et autres honorez particulièrement en quelques endroits, aux dédicaces des églises, ou bien à leurs veilles et octaves, *in diebus feriatis*. » *Etymol. des mots françois*.

« Il y a une grande différence entre *foires* et marchés : les *foires* sont des assemblées générales et publiques qui se tiennent en temps et lieux certains, où tous marchands peuvent librement se trouver et trafiquer, et jouir des franchises et immunités qui y sont attribuées ; et les marchés sont des lieux ordonnés pour exposer en vente les choses vénales d'une ville, ou d'un bourg et des environs. » *La Généralité de Paris, divisée en vingt-deux élections.* — *Des Foires et Marchés*.

« Ce vilain et pernicieux mestier de plaiderie, qui est une *foire* ouverte, un légitime brigandage. » CHARRON, liv. III, ch. 2.

« Délibérer de vivre, quand il ne faut plus vivre, c'est ressembler à ceux qui attendent à vendre et acheter, jusques après que la *foire* est passée. » *Le même*, liv. III, ch. 6.

FOIS, *s. f.* du latin *vicis* (alternative, retour, succession de choses). Nos pères ont dit *fies* et *foies* pour *fois* (voyez les *Fabliaux* de Barbazan) le *f* changé en *v*; mais on trouve aussi *voyes* pour *fois* (*vices*) dans un manuscrit du temps de Philippe-le-Hardi ; *toutevoie* pour *toutefois* dans le *Roman du Renard* (13e siècle) :

Mès (mais) *toutevoie* ai tant ovré (j'ai tant travaillé)
Que nous en sommes délivré.
Vers 5987, édit. de 1826.

Mès *toutes voies* plus à mal aise
Fu (fut) royne de Navarre.
Chroniq. rimée, par Godefroy de Paris.

Toutes voies et *toutesvoyes* se lisent aussi dans le roman de *Tristan*, chevalier de la *Table Ronde*, et dans celui de *Lancelot du Lac*.

Les Hébreux, pour exprimer l'ampliatif ou superlatif, répétaient trois *fois* le mot ; d'où viennent encore, dans notre liturgie, ces expressions : *alleluia, alleluia, alleluia* (rendez de très-grandes louanges au Seigneur), *sanctus, sanctus, sanctus* (très-saint). Les Grecs et les Latins avaient des terminaisons propres à marquer ce degré ; et, quant à nous, notre mot *très*, c'est-à-dire trois fois, que nous mettons devant l'adjectif, se rapproche du tour hébreu. Cependant l'hébraïsme n'a pas été tout-à-fait abandonné par les anciens qui l'ont regardé comme plus expressif, plus hyperbolique que leur superlatif.

Homère a dit, au cinquième livre de l'*Odyssée* :

Τρὶς μάκαρ Δαναοὶ καὶ τετράκις.

(*Trois et quatre fois heureux lés Grecs.*)

Et Virgile après Homère :

O terque quaterque beati
Queis ante patrum, Trojæ sub mœnibus altis,
Contigit oppetere.

(*Trois et quatre fois heureux* ceux qui sont morts sous les murs de Troie et sous les yeux de leurs parens !)

« O que *trois et quatre fois heureux* sont ceulx qui plantent choulx ! » RABELAIS, t. IV, p. 105, édit. de 1732.

ÉLECTRE *(à Oreste).*

Je vous revois enfin, cher objet de mes vœux,
Momens tant souhaités! ô jour *trois fois heureux!*
CRÉBILLON, *Électre*, act. IV, sc. 2.

Il s'enflamme, il s'écrie : *Heureux, heureux trois*
[*fois*
L'amant, s'il en est un, digne un jour de ton choix!
DESAINTANGE.

FOLÂTRERIE, s. f. Ce mot est peu d'usage, dit le *Dictionnaire de l'Académie.* L'abbé Féraud le défend, et il est difficile de n'être pas de son avis.

FOLER et FOLIER se sont dits anciennement pour faire des folies, extravaguer. Le premier est dans les *Fabliaux* de Barbazan.

Sage est qui par conseil *folie*.
M. DE BAÏF, liv. 1.

« Il est permis de *folier* avec les petits enfans. » CHARRON, liv. 1, ch. 4.
Nos pères disaient aussi *foloyer.*

Amour, qui te fait *foloyer,*
Te donne-t-il de quoi payer?

Ce dernier a aussi été pris pour mener une vie déréglée, *faire la folie, être folle de son corps*, ou simplement *folle* : comme on parlait alors d'une femme dévergondée, d'une fille publique. « Ils se logèrent en la maison d'une tavernière, nommée Raab, qui *folle* femme estoit. » *Les Neuf Preux*, roman imprimé gothique ; Paris, 1507. *Voyez* FOLIE.

FOLIE, s. f. « Il faut avoir un peu de *folie*, qui ne veut avoir plus de sottise. » MONT. liv. III, ch. 9.

« La plus subtile *folie* se fait de la plus subtile sagesse ; il n'y a qu'un demy-tour de cheville à passer de l'une à l'autre. » *Le même.*

« Comme il y a une *folie* composée et mélancholique, il y a une sagesse libre et joyeuse. » BALZAC, *Mécène*, Disc. V^e.

Faire la folie, s'est dit anciennement pour exprimer qu'une femme se livrait au libertinage, à la prostitution.

« Puisqu'elle avoit commencé à *faire la folie*, que fort seroit de l'en retirer. » *Les Cent nouv. Nouvelles*, Nouv. LXVIIIe.

« Il lui eschappa un jour de *faire la folie* avec les garçons, comme telle espèce du sexe y est sujette. » BRANTÔME, *les Dames illustres.*

« Ni le droict civil des Romains, ni la raison commune ne veulent que la vefve (veuve) *faisant folie de son corps* perde son douaire. » ESTIENNE PASQUIER, *Lettres*, t. I, p. 121, Paris, 1619.

Faire folie de son corps. Nos pères ont dit de même une fille *folle de son corps*, pour une prostituée.

La Fontaine s'est encore servi de cette expression, mais en parlant d'un homme :

Qui t'a mis là? sont-ce filles? dis-moi :
Avec quelqu'une as-tu fait la *folie?*
Les Lunettes, conte.

Dans un coin, sans flambeau, sans témoins et
[sans bruit,
Nous venons de passer la nuit
Avec deux femmes fort jolies!
Il n'est point ici bas de plaisir bien parfait :
Nous avons dit mille *folies*,
Mais las! nous n'en avons point fait.
MONTREUIL.

FON 611 FON

FOLLICULAIRE, *s. m.* Ce mot est dérivé de *feuille*, ou plutôt de son diminutif. Un *folliculaire* est un auteur, un faiseur de feuilles, de feuilles périodiques. Ce mot passe pour être de la création de Voltaire :

Nous ne pardonnons pas à ces *folliculaires*,
De libelles affreux écrivains téméraires,
Qui, ne pouvant apprendre un honnête métier,
S'occupent, jour par jour, à salir du papier.

L'abbé Féraud dit plus sensément que ce mot n'appartient pas à la langue, mais seulement au jargon des auteurs disgraciés, ou de leurs benins protecteurs.

FONCIER, ÈRE, *adj.* « Nostre amitié est *foncière*. » EST. PASQUIER, liv. xv, lettr. 13.

FONCTIONNER, *v.* « Quand l'estomac *fonctionne* bien. » TISSOT. On ne voit pas que ce mot se soit accrédité.

FOND, *s. m.* du latin *fundum* (la partie la plus basse d'une chose). « Ne trouvant l'ambitieux jamais *fond* ni rive sur lesquels il puisse seurement asseoir ses pieds. » EST. PASQUIER, liv. I, lettr. 6.

Avec sa *Pénélope* il a plié bagage ;
En fin *fond* de province il l'a contrainte à fuir.
LA CHAUSSÉE, *le Préjugé à la mode*, act. II, sc. 4.

FONDS, somme d'argent, capital, du latin *fundus* (fonds de terre).

« Mettre sa lecture à *fonds* perdu ; » lire un livre mal fait, ennuyeux. AMELOT DE LA HOUSSAIE.

ÉPITAPHE.

Cy gît Saint-Evremont, de célèbre mémoire,
Qui sut également rire, manger et boire ;
Par un grand roi proscrit et dans Londres reçu,
Il mit, comme son bien, son ame à *fonds* perdu.

FONDEMENT, *s. m.* du latin *fundamentum* (fondement, base).

Virgile a dit, au propre, *Æneid.* lib. IV, v. 266 :

Tu nunc Carthaginis altæ Fundamenta locas?

(Jettes-tu donc les *fondemens* de Carthage ?)

Un fermier voulant mander à un prieur que l'église de son prieuré était tombée, lui écrivit : « Le clocher est allé rendre visite aux *fondemens*. »

La vérité est à la pensée ce que les *fondemens* sont aux édifices.

FONDRE, *v.* du latin *fundere* (jeter en fonte).

Le cardinal de R.... ayant paru à Rome en qualité d'ambassadeur, afficha le plus grand luxe ; il disait, pour justifier sa dépense, que le soleil du pays faisait *fondre* les louis d'or. *Vie du pape Benoît XIV.*

« Ni la parenté, ni le commerce continuel et indispensable d'affaires n'avaient pu *fondre* les glaces qui s'étaient mises entr'eux. » SAINT-SIMON, tom. V, liv. XII, ch. 16.

« C'est ainsi que je *fonds* et eschappe à moy, » dit Montaigne, liv. III, ch. 13, en parlant de l'affaiblissement de la vieillesse.

« Dans le figuré, dit avec raison le P. Bouhours, *fondre* se dit de toute sorte de malheurs qui surprennent et qui accablent tout à coup. *La colère de Dieu va fondre sur vous. Toutes les maladies viennent fondre sur lui*, dit le nouveau traducteur des Satires de Perse et de Juvénal, en parlant d'un vieillard. » Suite des *Remarques nouvelles sur la langue française*.

« Il n'y a point d'ouvrage si accompli, qui ne *fondît* tout entier au milieu de la critique, si l'auteur voulait en croire tous les censeurs, qui ôtent chacun l'endroit qui leur plaît le moins. » LA BRUYÈRE.

FONDRER, *v.* inusité, dont nous avons conservé le composé *effondrer*, dans Villehardouin : « Cum ils virent ces hautes yglises et ces palais riches *fondrer* et abaisser. » *De la Conqueste de Constantinople*, ouvrage composé au commencement du 13e siècle (Lorsqu'ils virent ces hautes églises et ces riches palais *effondrer* et s'affaisser..... par l'effet de l'incendie).

FONDRIÈRE, *s. f.* « Précipiter en une profonde *fondrière* de désolation et de misère. » NIC. PASQUIER, liv. IX, lettre 6.

FONTAINE, *s. f.* du latin *fons*,

(source d'eau qui se répand, qui sort de terre), comme si on disait *fontana*, selon Jacq. Sylvius et Ménage.

Livrer *fontaine*, dans nos vieux romanciers, c'est accorder ses faveurs.

Faire ses *fontaines*, sorte de jeu qui se faisait le 4e Dimanche de Carême. *Gloss. de la langue romane.*

« La douleur et la volupté sont deux *fontaines*, auxquelles qui puise, d'où, quand et combien il faut, soit cité, soit homme, soit beste, il est bienheureux. » MONT. liv. III, ch. 13.

« Il y avait un petit page qui devenait *fontaine*, » dit heureusement Mme de Sévigné, pour exprimer l'excès de sa douleur, l'abondance de ses larmes, après la mort de M. de Turenne.

FONTANGE, *s. f.* Cette parure, qui est un nœud de ruban sur le devant de la coiffure des femmes, tire son nom de Mme la duchesse de Fontange. Cette personne, une des plus belles de la cour de Louis XIV, donnait le ton à toutes les modes. À une partie de chasse, le vent ayant détaché la coiffure de cette dame, elle la fit attacher avec un ruban dont les nœuds lui tombaient sur le front, et cette mode passa dans toute l'Europe avec le nom de la belle duchesse.

Combien n'a-t-on point vu de belles aux doux yeux.
. . . .
Et découvrant l'orgueil de leurs rudes esprits,
Sous leur *fontange* altière asservir leurs maris?
BOILEAU, *sat.* X, v. 372.

FONTE, *s. f.* « La cabale qui obsédait Monseigneur, regardait la *fonte* de ses glaces (la cessation de ses froideurs) comme trop dangereuse, etc., pour souffrir que la fille de la maison (la duchesse de Bourgogne) se remit en grâces. » SAINT-SIMON, tom. V, liv. XII, ch. 7.

FONTS, *s. m. plur.* vient, comme fontaine, du latin *fons*. Les *fonts baptismaux*. Tenir un enfant sur les *fonts*. Nos pères se sont servis de ce mot au singulier.

« Droit devant le grand autel estoit fait un *font*, et y avoit un bassin d'argent mis sur un bois aussi haut qu'un *font*, etc. » *Les Honneurs de la cour*, ouvrage composé vers la fin du 15e siècle.

FOR, *s. m.* Comme quand on dit le *for intérieur* pour la conscience. C'est un terme de jurisprudence qui vient du latin *forum*, dans le sens de *juridiction, tribunal.*

FOR, ou plutôt FORS, particule presque toujours inséparable, venue du latin *foris* (dehors). Elle ajoute au mot, selon Domergue, une idée de position en dehors. « Vendre à *forfait*, c'est, dit il, vendre à un prix hors des règles ordinaires; commettre un *forfait*, commettre une action hors des lois; *fortuit*, ce qui arrive dehors; *fourvoyé*, ce qui est hors du chemin; cheval *fourbu*, cheval qui est hors de son état de souplesse ordinaire : *four* est une variété de *for*. » *Solut. gramm.* pag. 61.

Nous avons perdu beaucoup de mots commençant par cette particule : *forclorre* est resté au Palais, *forligner, forlonger, fortraire, se formarier, formener* ne sont plus d'usage. *Voy.* FORBOIRE.

FORAGE, *s. m.* ancien terme de coutume qui tenait au gouvernement féodal. C'est, lit-on dans le *Dict. de Trévoux*, un droit que le seigneur lève sur ses sujets, vendant vin en broc, ou en détail et en gros. En Berry, on l'appelle *jallage*. Borel dit que le *forage* est un impôt sur le vin qui vient de dehors, et il insinue par là que *forage* vient du latin *foràs* (dehors).

« Selon Grégoire de Tours, liv. IX, et Aimonius, liv. II, Chilpéric 1er exigea la huitième partie du vin du crû de chacun. La mesure se nommait *amphora*, d'où est venu le nom de droit de *forage* que quelques seigneurs lèvent encore sur leurs terres. » *Les Loisirs du chevalier d'Eon*, tom. II, pag. 120, Amsterdam, in-8°, 1774.

FORAIN, NE, *adj.* Jacques Sylvius le fait venir de *foranus*, qui serait un mot de la basse latinité, qu'il dérive de *foris* (dehors); *foranus pro externo*, dit-il (du *dehors* pour *étranger*). Ce mot s'est effectivement dit pour *étranger*, et c'est ainsi qu'il est interprété dans le *Gloss. du Roman de la Rose* et dans celui du *Roman du Renard*.

« Qu'à faute de guerres *foraines*, nous ne facions guerres civiles. » EST. PASQ. *Pourparler du Prince.*

« Le duc de Mayenne leur promet à tous la couronne, et en fait du marchand *forain*, sans toutefois clorre aucun marché, quelque prix ou condition qu'on lui puisse offrir. » *Dialogue du maheustre et du manant.*

FORBOIRE (se), *v.* s'enivrer. « Alexandre estoit bon coutumier de se *forboire*. » EST. PASQ. *Pourparler du Prince.*

FORÇAT, *s. m.* vient de *forcer*, comme *légat* de *léguer*, *soldat* de *solder*.

« Trop mieulx sont traictez les *forcés* entre les Maures et Tartares. » RABELAIS, tom. I, pag. 273, édit. de 1732.

« Les *forcés*, c'est ainsi qu'on lit dans toutes les éditions (de Rabelais) jusqu'à celle de 1553 inclusivement. Le mot *forsaire* qu'on lui a substitué dans les suivantes a, aussi bien que l'autre, fait place à celui de *forçat*, qui vient de l'italien *forzato*, et qui ne veut dire autre chose que *forsaire* et *forcé* dans la signification d'homme *forcé* de ramer. » LE DUCHAT, *sur Rabelais*, au lieu cité?

« Nous appelons, dit Vincent de la Loupe, ces pauvres gens attachez aux bancs *forsats*, parce qu'ils rament par *force*. » *Origine des dignités et magistrats de France*, Paris, 1573.

L'ambition, l'amour, l'avarice, la haine,
Tiennent, comme un *forçat*, son esprit à la chaîne.
BOILEAU.

FORCE, *s. f.* du latin *forcia* dans la basse latinité, pour *fortitudo*, qui d'abord a donné *fortitude*.

« Socrates se moque de Lachès qui avait défini la *fortitude*, se tenir ferme en son rang contre les ennemis. » *Essais de Montaigne.*

« Platon accouple la douleur et la volupté, et veut que ce soit pareillement l'office de la *fortitude*, combattre à l'encontre de la douleur et à l'encontre des immoderées et charmeresses blandices de la volupté. » *Le même*, liv. III, ch. 13.

« La jeune dame fut vaincue d'une *force* volontaire : » DESPÉRIERS, n° 18.

Ovide a dit :
Victa est non ægrè proditione suâ.

« Il faut croire, dit Montaigne, en parlant des femmes et des charmes de la pudeur, liv. II, ch. 15, que leur cœur frémit d'effroi, que le son de nos maux blesse la pureté de leurs oreilles, qu'elles nous en haïssent, et s'accordent à notre importunité d'une *force forcée*. »

« On ne peut appeler *force* (courage), dit Cicéron, que ce qu'aucune *force* ne peut forcer. »

M. de Rohan disait que Louis XIII n'était jaloux de son autorité qu'à *force* de ne la pas connaître.

Forces se prend quelquefois pour moyens, facultés pécuniaires : *Il fait des dépenses au-dessus de ses* forces. *Ses* forces *ne lui permettront pas longtemps de tenir un pareil train de maison.* Horace a dit de même, épît. XVIII, du liv. I, v. 22.

Gloria quem supra vires et vestit et ungit.

(celui qui, par vanité, fait, dans son habillement, des dépenses *au-dessus de ses forces*).

FORCÉNÉ, ÉE. C'est le participe de l'ancien verbe *forcener*. *Voyez* ce mot.

Ceux qui écrivent ce mot avec une *s*, se fondent sur ce qu'il vient de *forsen*, vieux mot qui signifie emportement sans raison; et *forsen* est composé du vieux mot *fors*, qui signifie *dehors*, et du mot *sens*, comme qui dirait *hors de sens*. On a dit aussi *forsenage*, pour *folie* et *extravagance*; et en terme de blason, *forsené* se dit d'un cheval éfaré. Cette remarque est tirée du Dictionnaire des Arts.

Barbazan pense que *forsené* serait mieux que *forcené*, parce qu'il vient de *foras* et de *sensus*; un *forsené* est un homme *hors de sens*.

On trouve dans les *Illustrations des*

Gaules, par Jean le Maire de Belges, écrivain du commencement du 16e siècle, liv. II, ch. 21 : « La nymphe Pegasis OEnone, furieuse, *forsenée* et aliénée totalement de raison. » La raison réclamait un *s*, et l'usage a adopté un *c*. La Harpe a donné aussi un complément indirect à ce mot : « Si Clytemnestre était *forcenée de jalousie* comme Hermione, ou *d'ambition* comme Cléopâtre, je pourrais concevoir son crime. » *Cours de littérature*, tom. I, pag. 322.

FORCÈNEMENT, *s. m.* a été employé par Corneille :

Et fuyez un tyran dont le *forcènement*
Joindrait votre supplice à mon bannissement.
Médée, act. IV, sc. 6.

FORCENER, *v.* être furieux, hors de sens, dont il nous reste encore le participe *forcené* ; est écrit *forsaner* dans le *Roman du Renard* (13e siècle) et *forsener* dans le *Roman de la Rose*. « Et se commencèrent à *forsener* plus aigrement que ils n'avoient onques mez fait. » NANGIS, *Annales*, pag. 283. Cette orthographe, avec *s*, est plus conforme à l'étymologie. *Voy.* FORCENÉ.

Evoé, je *forcène* : oh, je sens ma poitrine
Chaude de gros bouillons de ta fureur divine.
RONSARD, IIe liv. des *Hymnes*, hymne 8.

« Je veux que l'advantage soit pour nous; mais je ne me *forcène* point, s'il ne l'est. » *Essais de Montaigne*, tom. VIII, pag. 195, Paris, 1793.

« Je ne m'emporte point. *Forcené* est encore en usage : mais on a laissé perdre *forcener*, qui signifie dans Nicot, comme dans cet endroit de Montaigne, *être enragé, furieux*. » COSTE, sur *Montaigne*, note au bas de la page.

Je *forcène* de voir que sur votre retour
Ce traître assure ainsi ma perte et son amour.
CORNEILLE, *la Veuve*, comédie, act. V, sc. 9.

« Le despotisme du peuple, dit Fénélon, est une puissance folle et aveugle, qui se *forcène* contre elle-même, qui ne se rend absolue et ne se met au-dessus des lois, que pour achever de se détruire. »

M. Pougens remarque que le verbe *forcener* s'est pris aussi activement dans le sens de rendre forcené, faire perdre la raison.

« Je voy un chevalier cy-devant en ce tournoi qui *forcène* tous de la prouesse qui est en luy. » PERCEFOREST, vol. I, fol. 136 r°, col. 1.

FORCENERIE, *s. f.* Ce terme, synonyme de délire, fureur, n'est pas, comme le prétend M. l'abbé Féraud, un mot de M. le marquis de Sévigné, qui a dit : « J'ai fort envie le plaisir qu'elle avait de tenir compagnie à ma mère, et je l'aurais préféré de bon cœur à la *forcenerie* des Etats (de Bretagne). »

Ce terme est fort ancien dans notre langue; il se trouve déjà dans les sermons de saint Bernard : « Ensi que que nos refreniens la *forsènerie* de tos pervers cuvises. » *Serm. franç. mss.* fol. 38.

« Et semble que cette *forcenerie* est voisine à celle de ce garçon qui alla saillir par amour la belle image de Vénus que Praxitèles avait faicte. » MONTAIGNE, liv. III, ch. 5.

Quoique *forcènement* ait été employé par Phil. Desportes et par Corneille, M. Ch. Pougens ne le croit pas susceptible d'être réintégré dans notre langue. « Je préférerais, dit-il, le mot *forcenerie*. » Un auteur contemporain a cru pouvoir faire usage de ce dernier :

« Las de s'entendre dire qu'ils sont les porte-faix de la littérature et des beaux-arts, les Allemands veulent à toute force se faire une réputation d'excentricité dans les idées, comme de *forcenerie* dans les passions, au lieu du flegme qui leur était attribué. » L. SIMOND, *Voyage d'Italie et de Sicile*, ch. I, p. 342, 1828.

FORCES, *s. f. pl.* espèce de grands ciseaux; du latin *forcipes* (tenailles). Il est encore usité dans quelques professions.

« On a long-temps appelé *forces* de grands ciseaux; et c'est pourquoi, dans les états de la Ligue, on fit une estampe de l'ambassadeur d'Espagne, cherchant avec ses lunettes ses ciseaux qui étaient à terre, avec ce jeu de mots pour inscription : *J'ai perdu mes forces.* » VOLT. *Dictionn. philosophique*, au mot *Force*.

FORCHANGER. *v.* « Tantost nous voyons les empires estre demourez en un lieu, tantost avoir *forchangé* de main, comme il plaist au souverain Maistre. » PASQ. *Rech.* l. 1, c. 7.

FORCLORRE, *v.* composé du lat. *foris* (dehors) et de *claudere* (clore), en quelque sorte clore dehors, exclure. « Mon état présent m'en *forclost*. » MONTAIGNE.

Ce verbe n'était déjà plus d'usage du temps de Régnier-Desmarais, si ce n'était, comme le dit ce grammairien, qu'en parlant de certaines formalités judiciaires, et encore n'avait-il d'usage qu'à l'infinitif et aux temps formés du participe : *se laisser forclorre faute d'être venu à temps ; il a été forclos ; on l'a forclos de produire*.

FORCLOS, OSE, part. de *forclorre*, exclu, privé.

« Les nobles et chevaliers, atteintz et convaincus, estoient *forclos* de l'entrée des tournois. » CL. FAUCHET, *de l'Origine des chevaliers*, feuillet 10, Paris, 1600.

« Vivre aux villes, c'est estre au monde, banny et *forclos* du monde. » CHARRON, liv. 1, ch. 52.

« Afin qu'où leurs peuples ou leurs écoliers, *forclos* de la communication des escrits, feissent (fissent) registres de leur mémoire, non de papiers. » EST. PASQUIER, *Rech. sur la France*, liv. 1, ch. 1.

« Les amans *forclos* de jouissance. » MURET, commentaires sur les *Amours de Ronsard*, p. 42, Paris, 1553.

« Qu'on arrive, dit Voltaire, aux portes d'une ville fermée, on est quoi ?... Nous n'avons plus de mot pour exprimer cette situation : nous disions autrefois *forclos* ; ce mot très-expressif n'est demeuré qu'au barreau. » *Lettre à M. l'abbé d'Olivet*, 1761.

FORESTIER, IÈRE, *adj.* dérivé de *forêt* qu'on écrivait anciennement, *forest*. Cet adjectif, qui se trouve fort restreint aujourd'hui, puisqu'il ne s'emploie que dans ces locutions consacrées, garde *forestier*, lois *forestières*, villes *forestières*, se disait généralement autrefois de tout ce qui appartient aux forêts.

Dans les *Epithètes* de De la Porte, Paris, 1571, l'épithète de *forestier* est donnée au dieu Pan, celle de *forestières* aux Nymphes ; on y voit le *gland forestier*.

L'autre philosophie. . . . .
Et au chant de sa lyre a fait sortir des bois
Les hommes *forestiers* pour leur bailler des lois.
RONSARD, 11ᵉ liv. des *Hymnes*, hymne 6.

C'est aux poètes à regretter la perte de ce mot.

FORÊT, *s. f.* de *foresta* dans la basse latinité, qui se trouve dans les Capitulaires, et qui est dérivé du mot tudesque *forst*, ayant la même signification, qu'on lit dans D. Bouquet, *Recueil des Hist. des Gaules*. Ockam fait venir ce mot du latin *ferarum statio* (la demeure des bêtes sauvages) ; mais nous sommes loin de nous arrêter à cette étymologie.

Une dame de cour traversant une grande *forêt*, s'écria : « Quel dommage qu'une si belle *forêt* soit en campagne ! »

Enforesté, ée, enfoncé dans une *forêt*, à ne plus savoir comment en sortir. Vieux terme inusité.

FORFAIRE, *v.* de *forefacere*, mot de la basse latinité, qui se trouve dans saint Bernard. *Traité sur les erreurs d'Abeilard*, ch. 6.

Forefecit, id est, offendit, peccavit; quasi facere *foras, id est, extra rationem, ex Glossario Cangiano et aliis* (il a *forfait*, c'est-à-dire, il a commis une offense ; un péché, comme qui dirait *faire au-delà*, c'est-à-dire, au-delà de la raison, d'après le *Glossaire* de Du Cange et les sentimens d'autres auteurs). » Le P. MABILLON, *Opera S. Bernardi*, in-fol. Paris, 1690, t. 1, p. 652, note (a).

Forfaire, comme a dit depuis longtemps Regnier-Desmarais, n'est en usage qu'à l'infinitif et au participe.

« Encore ne se sert-on de *forfaire* qu'en certaines phrases de style de pratique. Ainsi on dit : *si un juge vient à forfaire ; une fille qui a forfait à son honneur* ; et dans ces deux phrases, *forfaire*, qui signifie *prévariquer*, est neutre.

» Mais il est actif dans cette autre phrase, aussi du style de pratique, *forfaire un fief*, qui signifie rendre un fief confiscable de plein droit, suivant la disposition de la coutume. *Grammaire de Regnier-Desmarais*, pag. 456, in-4°, Paris, 1706.

FORFAITEUR, *s. m.* Ce mot se trouve dans Amyot, pour désigner celui qui commet un forfait : « et davantage ayant forfait contre les saincts mystères, et en estant appelé en justice, il en fut absolu, à la charge de donner à cognoistre et déclarer les *forfaicteurs*. » Trad. de *Plutarque*.

FORFAITURE, *s. f.* du latin *foris* ou *foras* (dehors), et de *faiture* ou *féture*; le premier se trouve dans *l'Ordène de Chevalerie*, par Hue de Tabarie, vers 176; et le second dans les *Fabliaux* de Barbazan : l'un et l'autre viennent, comme le mot *facture*, du latin *factura* (façon). De ce simple *faiture* vieilli, on a fait le composé *forfaiture*; ce qui est fait, action faite hors des lois, contre la loi.

FORFANTE, *s. m.* fanfaron, charlatan.

Ce mot est emprunté de l'italien, *forfante*, qui signifie, dans cette langue, maraud, coquin. De ce mot hors d'usage, nos pères ont formé le verbe *forfanter*, dont on ne se sert plus, et le substantif *forfanterie*, hâblerie, charlatanerie, qui est du style familier.

FORGE, *s. f.* peut-être de *fornax*. « Les grands s'aident toujours du prétexte du bien public, comme la *forge* où tous les ressorts des malheurs d'un royaume prennent leur trempe. » NIC. PASQUIER, liv. VIII, lett. 1.

FORGER, *v.* dérivé de *forge*.

« J'aime mieux *forger* mon ame que la meubler. » MONTAIGNE, l. III, ch. 3.

Le nonce Quirini, étant allé à Fresne faire visite au chancelier d'Aguesseau, dit : « C'est ici que se *forgent* les armes contre la cour de Rome. — Non, répondit le chancelier, on n'y *forge* que les boucliers. »

Nous disons au figuré, *forger un* conte, *un mensonge*. Plaute a dit, dans le même sens, *procudere dolos* (forger des fourberies).

On vous aura *forgé* cent sots contes de lui.
MOLIÈRE, *Tartufe*, act. v, sc. 3.

Se forger, se prend aussi au figuré pour se figurer quelque chose : *Il se forge des idées.*

Le loup déjà se *forge* une félicité
Qui le fait pleurer de tendresse.
LA FONTAINE, liv. 1, *fable* 5.

FORGEUR, *s. m.* proprement celui qui forge.

« L'esprit humain n'est pas seulement rabat-joye, trouble-feste, ennemy de ses appétits naturels et justes plaisirs, mais encore, il est *forgeur* de maux. » CHARR, liv. 1, c. 6.

FORLIGNEMENT, *s. m.* action de *forligner*, dans Bouchet, XXIII *Sérée*.

FORLIGNER, *v.* c'est-à-dire, suivre sa route, sa ligne, hors du chemin tracé par nos pères, de *foris* (hors, fors), et de *lineare* (tracer une ligne), figurément, démentir son origine.

Car elle dédaignoit d'estre ici-bas suivie
Des hommes *forlignans* de leur première vie.
RONSARD, liv. 1 des *Hymnes*, hymne 6.

« Jour de Dieu! je l'étranglerais de mes mains, s'il fallait qu'elle *forlignât* de l'honnêteté de sa mère. » MOLIÈRE, *George Dandin*.

FORMALITÉ, *s. f.* règle de droit. Rabelais dit en riant une chose bien vraie : C'est que « les *formalités* détruisent les matérialités. »

« Ce composé de *formalités*, de bienséances et de circonspections peut bien former un pédant politique, mais non pas un parfait ambassadeur, qui doit être un galant homme. »
WICQUEFORT.

Sous sa brillante bannière,
Bien escortés de présens,
Marchent les sots Complimens,
Et la Façon minaudière :
En dame de qualité,
Levant une tête altière,
Paraît la *Formalité*.
Mercure de Fr., février 1750.

FORMATEUR, TRICE, *s.* Celui ou celle qui forme, du latin *formator*, qui a la même signification.

« La philosophie *formatrice* des ju-

FOR 617 FOR

gemens et des mœurs. » MONTAIGNE, liv. 1, c. 25.

Ce mot, dit M. Ch. Pougens, a été employé par nos écrivains modernes, et sous la forme adjective.

« Nous sommes tellement vos frères, que le grand Être, l'Être éternel et *formateur*, ayant fait un pacte avec les hommes, nous comprit expressément dans le traité. » VOLTAIRE, *Princesse de Babylone*, §. 3.

« Le très-grand nombre, en voyant les astres et les animaux organisés, reconnaîtra toujours la puissance *formatrice* des astres et de l'homme. » *Le même*, *Lettre à Bolingbroke*.

On a dit aussi, mais moins heureusement, *formeur*.

« Remembre-toy de ton *formeour* ès-jours de ta *jouvente*, einz que le tenz du turment viegne. » Anc. trad. de *la Bible*, *Eccl.* c. XII, v. 1.

« Le souverain des roys, le sire du ciel et de la terre, *formeur* et ordonnateur de toutes choses. » FROISSART, *Chron.* vol. IV, c. 43. — *Archéolog. franç.* par Ch. Pougens.

FORME, s. f. « C'est une maxime au palais, que la *forme* emporte le fond : c'est la maxime directement contraire qui devrait être véritable. » LA BRUYÈRE.

Montesquieu prétend que la *forme* est presque toujours l'excès de la démence humaine.

« La matière se prépare de tous côtez à recevoir une estrange *forme*, dit Balzac, en parlant des troubles qui alloient arriver en France. » *Lett. à Conrard*, liv. II, lettre 21.

FORS, *préposit.*, du latin *foris* (dehors), qui chez les Romains était souvent mis en opposition avec *domi* : *domi et foris* (à la maison et dehors), c'est-à-dire *chez nous* et *chez les étrangers*. Ce mot est fort ancien dans notre langue. Il se trouve déjà dans le *Roman du Renard*, dans les *Fabliaux* de Barbazan, etc.

Tiens-toi certain qu'en l'homme tout périt,
Fors seulement les biens de l'esprit.
CL. MAROT, *ép.* LIII.

« Ils (les compagnons d'Ulysse) furent tous changés en porcs, *fors* leur conducteur Euryloch. » MURET, *Commentaires sur les Amours de Ronsard*.

« Tout est perdu *fors* l'honneur, » écrivait François Ier, après la bataille de Pavie. Ce mot, qui nous a donné *hors*, le *f* changé en aspiration *h*, et qui commençait déjà à vieillir du temps de Robert Estienne, ou du moins qui n'était plus admis que dans quelques façons de parler, ne s'emploie plus que dans le style marotique.

Oyez le reste, et sachez que nature
A mis remède à tout, *fors* à la mort.
LA FONTAINE, *la Mandragore*.

. . . . Il ne lui manquait rien,
Fors que d'avoir un ami digne d'elle.
Le même, *le C. battu et content*.

Voyez FOR. particule.

FORSAIRE, se disait autrefois pour *forçat*. « Pour à laquelle aller, il avoit bien bien assez de vaisseaux, mais de *forsaires*, et de gens de rame, non. » AMYOT, *Vie de Pyrrh.* 51. *Voyez* FORÇAT.

FORT, E, *adj.*

Je m'attachai sans crainte à servir la princesse,
Fier de mes cheveux blancs et *fort* de ma faiblesse.
CORNEILLE, *Pulchérie*.

« Sénantes, *fort* en généalogie, comme tous les sots qui ont de la mémoire. » HAM. *Mém. de Gram.*

Il se prend aussi substantivement :

La justice a gravé sur le trône des rois :
Le *fort* a des devoirs, et le faible a des droits.
DROBECQ.

FORT, s. m. forteresse.

Dans un *fort* éloigné du temple et du palais.
RACINE.

Fort, dans nos vieux livres, se prend tantôt pour un camp fortifié, comme dans *Amadis*, tom. IV, c. 17, et tantôt, comme dans Rabelais, *Gargantua*, liv. 1, c. 48, pour un château bâti moins pour y attendre l'ennemi, que pour y jouir avec quelque sûreté des douceurs de la paix.

Quand on dit *c'est son fort*, *fort* n'est-il pas pris dans le sens de château-fort, de lieu fortifié où l'on se retranche? Cicéron a dit, dans le même sens, *castellum philosophiæ* (le *fort* de la philosophie) son dernier retranchement; *castellum forensis la*-

trocinii (boulevard des brigandages de la chicane).

FORTELET, s. m. Petit fort. OUDIN, *Diction. des trois langues*.

FORTIFIER, v. du latin *fortificare* (rendre fort).

On trouve dans nos anciens auteurs *fermer*, dans le sens de rendre ferme, de fortifier (*firmare*).

Près de la marche (du bord) de la mer,
Avoit fait son castel *fermer* (fortifier).

Fermer, dans le sens de clore, vient également du latin *firmare*; pour fermer une place, pour en défendre l'approche ou l'entrée aux ennemis, il faut la fortifier (*firmare*).

FORTRAIRE, v. composé de *foris* (dehors) et de *trahere*, tirer, c'est tirer dehors, faire sortir. « Et disoit davantage César, qu'Antonius n'estoit pas maistre de soy, ains que Cléopatra par quelques charmes et poisons amatoires l'avoit *fortrait* de son bon sens. » AMYOT, *Vie d'Ant.* 77.

FORTUNE, s. f. « De courir *fortune*, il y a du danger, et veut *fortune* estre cherchée, courue point. » MONTAIGNE.

« La *fortune* est une folle incorrigible, et les dernières de ses folies sont toujours les plus grandes. » BALZAC, *Entr.* xxv.

« La *fortune* ne paraît jamais si aveugle qu'à ceux à qui elle ne fait pas de bien. » LA ROCHEFOUCAULD.

« Rien, à mon avis, n'est meilleur pour un honnête homme, que d'avoir à recommencer une *fortune* toute entière. » Mme DE SÉVIGNÉ, *à Bussy-Rabutin*.

« L'entrée du palais de la *Fortune* est bien basse; pour y pénétrer facilement, il faut être souple et rampant. »

On dit *les jeux de la fortune* pour ses caprices, son inconstance. Cette expression figurée est empruntée du latin. Horace a dit, ode 29, liv. III :

Fortuna *sævo læta negotio, et*
Ludum *insolentem ludere pertinax*.

Nous disons *la roue de fortune*, Cicéron, dans son discours contre Pison, a dit de même, en parlant de Gabinius, *fortunæ rotam pertimescebat* (il craignait la roue de *fortune*).

Tout a changé de face et doit changer encor.
Ainsi l'âge de fer a suivi l'âge d'or.
Ainsi le sol lui-même a changé de *fortune*.
DESAINTANGE, *Métamorph.*, chant xv, c. 6.

Le mot *fortune* a, dans ce vers, la même extension que dans le vers d'Ovide :

Sic toties versa est fortuna locorum,

où il signifie situation, façon d'être sujette au changement. La poésie se réserve l'emploi de certaines expressions que la prose n'ose pas admettre. Il faut savoir se prêter à ces expressions, et en prendre le goût, bien que d'ailleurs il fût aisé d'y trouver à reprendre, si on ne les regardait pas sous le jour qu'elles demandent, et qu'on les examinât comme simple grammairien. La règle grammaticale n'est pas toujours la mesure de la justesse poétique. *Aliud latinè, aliud grammaticè loqui*. Idem, *Remarques sur le chant* xv.

Nos pères ont dit *de fortune* pour *par hasard*, les exemples en sont fréquens dans Ronsard et dans Montaigne.

« OEdipe estant venu *de fortune* à Thèbes, parce qu'il n'avoit aucune cognoissance de ses parens, il tua son père et espousa sa mère. » *Les épithètes* de De la Porte, au mot Œ*dipe*, Paris, 1571.

FORTUNÉ, ÉE, adj. ancien participe du verbe *fortuner*. « Bien traité de la fortune ou du sort; et comme cela signifie riche, dans la logique du peuple, un homme *fortuné* signifie nécessairement un homme riche dans sa grammaire. C'est un barbarisme très-commun dans la langue, et qui provient d'une erreur très-commune dans la morale. » CH. NODIER, *Examen critique des Dict.* etc.

FORTUNEUX, EUSE, adj. sujet aux vicissitudes de la fortune, s'est dit anciennement, de même que le verbe *fortuner*, dont il nous reste le participe *fortuné*.

FORUM, s. m. mot latin, qui désignait chez les Romains une place où s'assemblait le peuple pour les affaires, les élections, etc. Il vient de *ferre* (porter) ; marché où l'on vend (et où l'on apporte en conséquence) toutes sortes de marchandises. *Forum* se prend pour le barreau, où l'on jugeait les procès, parce que c'était sous les portiques du *forum* que les causes se plaidaient.

FOR-VÊTU, s. m. du latin *foràs vestitus* (vêtu fors ou hors sa condition).

Je hais ces *for-vêtus* qui, malgré tout leur bien,
Sont un jour quelque chose et le lendemain rien.
REGNARD, *le Distrait*, act. 1, sc. 1.

FOSSÉ, s. m. Le cardinal de Bernis disait : « Les vers nous servent dans la jeunesse, comme d'un bâton pour sauter un *fossé* : le *fossé* sauté, on laisse le bâton. »

FOSSELU, UE. On trouve joue *fosselue* dans les poètes du 16e siècle.

FOSSETTE, s. f. diminutif de *fosse*.

Le mot *fossette*, dans le sens de petit trou au menton ou aux joues, est fort ancien dans notre langue. On lit dans le *Roman de la Rose*, v. 550 :

La bouche petite et grossette,
Et au menton une *fossette*.

Ni de sa joue une et l'autre *fossette*.
Les Amours de Ronsard, XLIIe sonnet.

« *Une et l'autre fossette.* C'est une chose bien séante aux demoiselles, lorsqu'elles mignardent leurs ris, de faire deux petites fosselettes aux deux côtés de la bouche. Ovide, homme bien entendu en telles affaires, le commande :

*Sint modici rictus, parvæque utrinque lacunæ,
Et summos dentes ima labella tegant.* »
MURET, Commentaires sur les *Amours de Ronsard*, pag. 59, Paris, 1553.

Nicot dit que les *fossettes* étaient regardées comme une marque d'agréablété au visage féminin.

Varron appelle la *fossette* du menton, *sigilla in mento impressa Amoris digitulo*.

LES PETITS TROUS.
CONTE.

Ainsi qu'Hébé, la jeune Pompadour,
 A deux jolis trous sur la joue ;
Deux trous charmans où le plaisir se joue,
Qui furent faits par la main de l'Amour.
L'enfant ailé, sous un rideau de gaze,
La vit dormir, et la prit pour Psyché.
Qu'elle était belle ! A l'instant il s'embrase ;
Sur ses appas il demeure attaché.
Plus il la voit, plus son délire augmente.
Et pénétré d'une si douce erreur,
Il veut mourir sur sa bouche charmante ;
Heureux encor de mourir son vainqueur !
 Enchanté des roses nouvelles
 D'un teint, dont l'éclat éblouit,
Il les touche du doigt, elles en sont plus belles ;
Chaque fleur sous sa main s'ouvre et s'épanouit.
Pompadour se réveille, et l'Amour en soupire ;
Il perd tout son bonheur en perdant son délire ;
L'empreinte de son doigt forma ce joli trou,
 Séjour aimable du sourire,
 Dont le plus sage serait fou.
Le cardinal DE BERNIS.

FOSSOYÉ, ÉE, adj. et part. environné de fossés. « Estant *fossoyez* de toutes parts, et remparez de la commodité de leurs eaux. » EST. PASQ. *Recherches*, liv. 1, c. 6.

FOU, FOLLE, adj. Suivant Ménage, de *follus*, dans la basse latinité, venu de *follis* (soufflet), parce que la tête d'un *fou* est pleine de vent, comme un soufflet. On a dit, dans la basse latinité, *follescit*, d'un homme qui devenait fou.

« Charles IV (30e roi de France), ne recouvra pas son autorité, et il n'avait pas assez de force d'esprit pour la soutenir ; aussi luy donna-t-on le surnom de *simple* et de *follus*, c'est-à-dire *fou*. » MÉZERAY, *Abrégé chronologique de l'Histoire de France*, sous l'année 922.

Ce mot *follus*, qui doit être de la basse latinité, a probablement donné le mot *fou* ou *fol*, et *falot*, *falote*, qui parait être le diminutif de *fol*.

FOU (au jeu des échecs). C'est la troisième pièce des échecs chez les Orientaux ; elle avait la figure d'un éléphant ; elle en porte le nom, *fil*. De ce nom on avait formé celui d'*alphillus*, employé par d'anciens poètes latins, et dont nos poètes français avaient fait *auphin* et *dauphin*. Les Espagnols nommaient cette pièce *delfil* et *arfil* ; mais dans la suite ils changèrent ce nom en celui d'*alferez*, et les Italiens en celui d'*alfiere* (sergent de bataille). L'auteur du *Roman de la Rose* donne à cette pièce le nom de *fou*, et ce nom, qui approche du mot *fil*, est demeuré en usage jusqu'à présent.

Mais pourquoi
Le nommer *fou?* C'est qu'il est près du roi,
Reprit Jean-Jacque, et pour ne vous rien taire,
Au jeu d'échecs tous les peuples ont mis
Les animaux communs dans leurs pays :
L'Arabe y met le léger dromadaire,
Et l'Indien l'éléphant ; quant à nous,
Peuple *falot*, nous y mettons les *fous*.

On dit proverbialement qu'*aux échecs les fous sont les plus proches du roi*.

FOUDRE, s. f. du latin *fulgure*, ablatif de *fulgur*, qui a la même signification, le g changé en d, comme dans *peindre*, du latin *pingere*. Ce mot était autrefois des deux genres, au propre et au singulier : Corneille en fournit encore plusieurs exemples.

Foudre, au singulier et sans épithète, est ordinairement féminin ; au pluriel, ou avec épithète, il est masculin ou féminin, au gré de celui qui l'emploie. Le *foudre* vengeur, la *foudre* vengeresse.

Ses *foudres* impuissans s'éteignent dans les airs.

Allez vaincre l'Espagne, et sachez qu'un grand
                [homme
Ne doit point redouter les vains *foudres* de Rome.
    VOLTAIRE, *la Henriade*, ch. III.

« Les *foudres* de Rome, quand elles sont injustes, ne sont que les *foudres* des Salmonées. » MÉZERAY.

« En vain les évêques anathématisent tous les ans, à Pâques, les personnes engagées dans ces liens illicites. Que peuvent ces *vains foudres* contre l'amour, contre l'usage ? etc.... » RAYNAL, *Hist. philosoph. des Deux-Indes*.

« Ils dressèrent leur édit (du dixième) tout hérissé de *foudres* contre les délinquans. » SAINT-SIMON.

Nous disons d'un grand général, que *c'est un foudre de guerre*, et cette locution est empruntée de la langue latine :

Quis Gracchi genus? aut geminos, duo fulmina
                [belli,
Scipiadas, cladem Libyæ.
    VIRGILE, *Æneid*. lib. VI, v. 842.

(Comment ne pas parler de la famille des Gracques ou de l'un et de l'autre Scipion, ces deux *foudres de guerre*, nés pour la ruine de la Libye?)

FOUET, s. m. qu'on aurait écrit *fouest*, vient, suivant Ch. Bouille, du latin *fustis* (bâton).

Tout Picard que j'étais, j'étais un bon apôtre,
Et je faisais claquer mon *fouet* tout comme un autre.
    RACINE, *les Plaideurs*, act. I, sc. 1.

Pourquoi cet homme d'importance,
Superbe et bouffi d'arrogance,
Fait-il si bien claquer son *fouet*?
—C'est qu'il est fils d'un cocher fort adroit.

FOUETTER, v. « Nous n'osons la *fouetter* (l'action conservatrice du genre humain) qu'en périphrase et peinture. » MONT. l. III, c. 5.

« Tel pourroit n'offenser pas les loix, que la philosophie feroit trèsbien de *fouetter*. » *Le même*, liv. III, c. 9.

« C'estoit un monde enfant (l'Amérique) ; si ne l'avons-nous pas *fouetté* et sousmis à nostre discipline par l'advantage de nostre valeur et forces naturelles, ny ne l'avons subjugué par nostre magnanimité. » *Le même*, l. III, c. 6.

Fouetter d'un vers sanglant ces grands hommes d'un
                [jour.
    GILBERT.

Et sa muse eût un jour de son terrible vers
Châtié la sottise et *fouetté* nos travers.
    DELILLE, *l'Homme des champs*, c. I.

FOUGÈRE, s. f.
On se rappelle toujours avec plaisir les deux jolis couplets suivans :

1.

Vous n'avez pas, humble *fougère*,
L'éclat des fleurs qui parent le printemps ;
Mais leur éclat ne dure guère,
Et le vôtre brille en tout temps.
Vous offrez des secours charmans
Aux plaisirs les plus doux qu'on goûte sur la terre :
Vous servez de lit aux amans ;
Aux buveurs vous servez de verre.

2.

Je ne donnerais pas pour la coupe des rois
    Le petit verre que tu vois :
Ami, c'est qu'il est fait de la même *fougère*
Sur laquelle cent fois reposa ma bergère.

FOUILLOUSE, s. f. Rabelais, liv. III, c. 29 : « Plus d'aubert n'étoit en *fouillouse* pour solliciter et poursuivre ; » c'est-à-dire, il n'avait plus d'argent en bourse. « *Fouillouse* vient de *folliculosa*, fait de *follis*. C'est un mot de l'argot. » LE DUCHAT.

FOUINER, v. s'échapper, se glisser, s'esquiver.

Ce verbe, fort usité parmi le peuple, doit sans doute son origine à la *fouine*, espèce de grosse belette; mot qui vient lui-même du latin *fœnum* (foin), *mustela fœnaria*, parce qu'elle aime à se cacher, à se rouler dans le foin, *quòd in fœno versari gaudeat*, comme dit Sylvius. Il exprime, comme on voit, l'action d'une personne qui se retire à dessein, qui s'esquive à bas bruit d'un lieu où elle était retenue; ainsi que le pratique la fouine, pour surprendre les oiseaux dans la chasse qu'elle leur fait.

FOULE, *s. f.* (angl. *full*, plein). « Le sage doit au-dedans tirer son ame de la *foule*. » MONT.

FOULER, *v.* (*fullo*, foulon). « Je *foule* l'orgueil de Platon, » disait Diogène en marchant sur les magnifiques tapis de Platon : « Oui, répondit ce philosophe, mais par un plus grand orgueil. »

« Ce crédit, cette authorité si puissante, *foule* mon imagination. » MONT. l. III, c. 7.

« Les maux me *foulent* selon qu'ils poisent : et poisent selon la forme, comme selon la matière : et souvent plus. » *Le même*, l. III, c. 9.

On dit *fouler aux pieds* les lois, les préjugés, etc. Virgile s'est servi de la même locution :

Felix qui potuit rerum cognoscere causas,
Atque metus omnes et inexorabile fatum
Subjecit pedibus.
Georg. lib. II, v. 490.

Il sait qu'il me doit tout, et que, pour sa grandeur,
J'ai foulé sous les pieds remords, crainte, pudeur.
RACINE, *Esther*, act. III, sc. 1.

Voltaire a donné à ce verbe un sens différent dans ces vers de la *Henriade* :

Des prêtres fortunés foulent d'un pied tranquille
Les tombeaux des Catons et la cendre d'Émile.

FOUPIR, *v.* (fouler avec le pied), chiffonner, froisser. « Monstrans leurs paniers rompus, leurs bonnets *foupis*, leurs robes déchirées. » RABELAIS, l. I, c. 26.

Ce verbe était encore usité du temps de Scarron :

En me criant : « Vilain, tu *foupis* tout mon linge. »

Et ailleurs :

Le collet *foupi* d'accolades,
Et les bras froissés d'embrassades.

Il se trouve aussi dans le *Dict. des trois langues*, d'Oudin.

FOURBE, *s. f.* fourberie. Ce mot, venu de l'italien, méritait d'être conservé; il n'a pas, comme la remarque en a été faite par M. Nodier, tout-à-fait le même sens que *fourberie*.

Fourberie, dit ce judicieux critique, indique une action déterminée, et *fourbe*, un penchant, un vice habituel.

Cependant on lit dans Corneille, *Mort de Pompée* :

Le héros voit la *fourbe* et s'en moque dans l'ame;

dans Boileau :

Que George vive ici, puisque George y sait vivre,
Qu'un million comptant, par ses *fourbes* acquis,
De clerc, jadis laquais, a fait comte et marquis;

et dans Delille, *Enéide*, liv. II :

Qu'importe qu'on triomphe ou par force ou par ruse?
Eux-mêmes ont trompé, leur *fourbe* est notre excuse.

FOURBE, *adj.* de l'italien *furbo*, qui a la même signification.

A l'exemple des Italiens, quelques auteurs ont employé le superlatif *fourbissime*.

« N..., qui était déjà un habile *fourbe*, rappela tout son esprit depuis son aventure, pour devenir *fourbissime*. » Mlle L'HÉRITIER.

Ce superlatif se trouve aussi dans Molière et dans Ch. Perrault.

FOURBU, UE, *adj.* attaqué de la fourbure. Cheval *forbu*, du latin *foras bibitum* : « *Equos* forbeos *dicimus, quòd extra et præter modum biberunt.* » JOACH. PÉRION. (Nous disons que des chevaux sont *forbus*, parce qu'ils ont bu au-delà et hors de saison, à contre-temps.)

Le maréchal de Saxe, se promenant un jour avec un officier général dans l'antichambre d'un ministre, qui l'avait fait prier d'attendre un instant : « Monsieur, dit-il à cet officier, asseyons-nous; on prétend que dans ce pays-ci (à la cour) les hommes sont tous fourbes ou *fourbus*. Nous ne sommes pas, Dieu merci! du nombre des premiers; tâchons de ne pas être du nombre des seconds. » *Histoire de Maurice.*

FOURCHE, *s. f.* du latin *furca*, qui a la même signification.

Fourches patibulaires. C'est ainsi qu'on nommait des colonnes de pierre qui soutenaient des pièces de bois auxquelles on attachait les criminels après l'exécution.

On leur a donné le nom de *fourches*, parce qu'autrefois, au lieu de piliers de pierre, on posait deux pièces de bois faisant par en haut la *fourche*, pour retenir celle qui se met en travers.

Un chien de cour l'arrête; épieux et *fourches fières*
L'ajustent de toutes manières.
LA FONTAINE, liv. IV, *fable* 16.

Fourches fières. Ce mot signifie, selon Le Duchat, des *fourches de fer* attachées à de longues perches, pour renverser les échelles à un assaut ou à une escalade.

FOURMILLER, *v.* du latin *formiculare*, diminutif de *formicare*, être en grand nombre, à la manière des fourmis.

Il faut fendre la presse
D'un peuple d'importuns qui *fourmillent* sans cesse.
BOILEAU.

Hors les toits *fourmillans* de l'avare cité.

Ce vers de La Fontaine, *Captivité de Saint-Malc*, ne peint-il pas bien une fourmilière?

Fourmiller de..... avoir en abondance, être plein.

« C'était une femme extrêmement aimable, et qui *fourmillait* d'amies et d'amis. » SAINT-SIMON, *Hommes illustres*, etc. t. IV.

Buffon dit poétiquement, qu'au printemps la terre *fourmille* de vie.

FOURMILIÈRE, *s. f.* « Cela fait une *fourmilière* de dits, de redits, d'allées, de venues, de justification; et tout cela ne pèse pas un grain. » Mme DE SÉVIGNÉ.

« Vous savez que cette *fourmilière* (Genève) demande au roi un ministre qui règle le pas des fourmis. » VOLT.

FOURNIR, *v.* dérive, comme *fournée* et *fournier*, qui s'est dit pour boulanger, du latin *furnus* (four).

« L'italien *fornire* et le français *fournir* sont, dit le président de Brosses, également tirés du latin *furnus*, four où l'on fait cuire le pain. « Après que la farine est cuite au four, le pain, aliment nécessaire, est la principale provision dont on a soin de *fournir* sa maison. Mais on généralise cette expression *fournir*. On l'emploie pour *apporter des provisions quelconques, se pourvoir de quelque chose que ce soit.* De plus, on emploie ce mot en des significations impropres: on va jusqu'à dire qu'*un cheval a bien fourni sa carrière*, pour exprimer qu'il a bien fini sa course: on le dit aussi d'un homme qui a vécu avec honneur, lorsqu'il a bien fini sa vie. » *Mécanisme du langage*, t. II, p. 340, Paris, 1765.

FOURNISSEUR, *s. m.* L'abbé Guénée donne ce nom aux gens de lettres que Voltaire chargeait de faire des recherches pour lui.

FOURRAGER, *v.* proprement, aller au fourrage; figurément, ruiner, dévaster. Cette expression, en ce sens, vient, selon de La Noue, *Dict. des rimes*, p. 42, Paris, 1596, de ce que la plupart des soldats, sous ombre d'aller quérir du fourrage pour leurs chevaux, prennent tout ce qu'ils peuvent emporter, et gâtent ou brûlent le reste.

FOURRIER, *s. m.* (*foderagium*, de *fodrum*, fourrage), mot de la basse latinité.

Montaigne appelle les *fourriers* de la mer les sables qu'elle pousse en avant dans les terres.

L'amour-propre à l'amour sert souvent de *fourrier*.

FOURVOIEMENT, *s. m.* « Hippomène laisse eschapper une de ces pommes d'or, une seconde, et une tierce, jusqu'à ce que par ce *fourvoyement* et divertissement, l'avantage de la course luy demeura. » MONT. l. III, c. 4.

FOURVOYER, *v.* du latin *foras* (dehors), et *viare* (marcher). *Fourvoyer*, c'est faire marcher, mener hors de la voic; *se fourvoyer*, marcher hors de la voie, s'écarter de la route, s'égarer.

Va-t'en. . . . .
Sans *fourvoyer* par ta parolle lente
Ce povre humain hors la voye d'honneur.
CL. MAROT, p. 139, édition de 1571.

« Ils s'esgarèrent et *fourvoyèrent* des chemins. » CL. FAUCHET, *Antiquités franç.*

« Un cœur qui s'est desja déclaré traistre toujours *se fourvoye* de l'équité et de la raison. » Le même.

On va bien loin, pour peu qu'on *se fourvoie*.
VOLTAIRE.

Scarron, *Virg. trav.* liv. v, quoiqu'en style burlesque, exprime assez bien les détours d'un labyrinthe :

Force murailles tournoyantes,
Et force routes *fourvoyantes*,
Par des détours entrelassés
Embarrassoient les plus sensés.

FOYER, *s. m.* du latin *focus* (âtre, lieu où l'on fait le feu), venu du grec φλέγειν (*phlegein*), brûler.

« Quand un royaume est agité, la cour est toujours le *foyer* du feu qui le dévore. » DE BRIENNE.

« Les métropoles des empires sont les *foyers* de l'esprit national, c'est-à-dire les endroits où il se montre avec le plus d'énergie dans le discours, etc. » RAYNAL, *Hist. philosoph. des Deux-Indes.*

Foyers, au pluriel, se prend, par métonymie, pour la maison, pour les intérêts, pour les affaires privées et domestiques, comme quand nous disons, arracher quelqu'un de ses *foyers*, défendre ses *foyers*. Les Latins ont dit de même, *pugnare pro aris et focis* (combattre pour les autels et pour ses foyers). Virgile paraît avoir pris *focos* dans le même sens, v. 134, Æneid. lib. III :

Et lætam cognomine gentem
Hortor amare focos, arcemque attollere tectis.

Je l'invite à chérir sa *demeure* nouvelle (ses*foyers*),
A bâtir de ses mains sa haute citadelle.
Trad. de Delille.

Cicéron avait dit *repetere focos* (regagner ses *foyers*, y rentrer); et La Mothe, dans une de ses fables, a dit le premier *rentrer dans ses foyers*; sur quoi l'auteur du *Dict. néolog.* fit cette remarque : c'est comme si on disait : *rentrer dans sa cheminée*; plaisanterie qui n'a pas empêché que l'expression employée par La Mothe ne soit restée dans la langue.

FRACAS ; *s. m.* C'est une onomatopée, selon le président de Brosses et M. Ch. Nodier.

Nous sommes loin de croire, avec plusieurs critiques, que ce mot ne soit que du style familier; les exemples multipliés que nous pourrions offrir de l'emploi de ce mot pris au propre, c'est-à-dire pour exprimer le bruit d'un corps qui tombe avec force et se brise, prouveraient que ce mot appartient à tous les styles. On lit dans Bossuet : « Quand vous voyez les Assyriens, les Mèdes, les Perses, les Grecs et les Romains, tomber, pour ainsi dire, les uns sur les autres, ce *fracas* effroyable, etc. » on croit, dit L. Racine dans ses *Réflexions sur la poésie*, où il approuve cette hardiesse, on croit, dit-il, entendre un *fracas* d'empires qui tombent.

Que le bruit, que le choc, que le *fracas* des armes
Retentisse de toutes parts!
QUINAULT.

Plus loin des malheureux sous le fouet gémissans
Traînent avec des cris leurs fers retentissans :
Énée est assourdi d'un long *fracas* de chaînes.
VAYOLLE.

Le *fracas* d'un torrent qui, sur des monts de glace,
De rochers en rochers, tombe, écume et mugit.
LUCE DE LANCIVAL.

De son lit embrasé, tantôt l'affreuse bombe
En longs sillons de feu part, s'élève et retombe,
Se roule, se déchire avec un long *fracas*,
De son globe de fer disperse les éclats.
DELILLE.

Pris au figuré, pour tumulte, éclat, nous avouons qu'il est familier :

Ce tourbillon, qu'on appelle le monde,
Est si frivole, en tant d'erreurs abonde,
Qu'il n'est permis d'en aimer le *fracas*
Qu'à l'étourdi qui ne le connaît pas.
VOLTAIRE.

FRAGILE, *adj.* (*frangere*, briser). « Il faut que l'amitié soit délicate, sans être *fragile*. » SAINT-ÉVREMONT.

FRAIMGALLE. *Voy.* FAIM-VALLE.

FRAIS, *s. m. pl.* (*fredum*, prix, somme, dans Grégoire de Tours) Tous les hommes veulent être heureux, et voudraient l'être à peu de frais. » FONTENELLE.

FRAMBOISE, *s. f.* (*fragum bosci*, petit fruit rouge, etc. fraise de bois, Bourdelot; ou *francus rubus*, Saumaise et Ménage).

« Quand les bons gourmets, tastans d'un bon vin, disent qu'*il sent la framboise*, lorsqu'ils le veulent haut louer, ne s'advisans pas toutesfois que, si un vin sentoit sa *framboise*, il n'y a celuy qui en voulust boîre aisément. Par quoy il faut indubitablement dire d'un bon vin, qu'*il sent son franc boire*, c'est-à-dire, qu'il n'a aucun vice. » PASQ. *Recherches sur la France*, 1. VIII, c. 62.

FRAMÉE, *s. f.* en latin, *framea*. Ce mot *framée* désignait chez les Germains une espèce de javelot dont ce peuple se servait à pied et à cheval.

FRANC, FRANCHE, *adj.* sincère.

Être *franc*, ce n'est pas dire tout ce qu'on pense;
C'est ne dire jamais ce qu'on ne pense pas.
DUFRESNY.

On disait autrefois : refuser tout à *franc*, c'est-à-dire tout net.

FRANCS (peuple). *Voy.* FRANÇAIS.

FRANC, *s. m.* (monnaie). Cette pièce, de la valeur de 100 cent. ou de 20 sous, tire son nom de la figure qu'elle représentait dans son origine. C'était celle d'un *Franc* ou *Français* à pied ou à cheval. Les Francs commencèrent, sous le roi Jean, à porter d'un côté l'image du roi, et de l'autre une croix fleurdelisée. Ces pièces, fabriquées en 1360, pesaient soixante grains.

Les *francs* qui furent frappés du temps de Charles VII, étaient aussi à très-bon titre; mais ils étaient beaucoup plus légers, puisqu'il en fallait quatre-vingts pour composer un marc. Henri VI, roi d'Angleterre, en fit frapper de pareils pendant son séjour en France, et ces espèces eurent le plus grand cours.

Il y eut aussi des *francs*, des demi-*francs*, des quarts de *franc*. Cette monnaie d'argent fabriquée en 1575, la seconde année du règne de Henri III, avait cours pour vingt sous. Le *franc* ne fut ensuite qu'une monnaie de compte de même valeur que la livre; et ce qu'il y avait de bizarre, c'est que ce mot n'était d'usage ni au singulier, ni avec les adjectifs numéraux *un*, *deux*, *trois* et *cinq*, quoiqu'on s'en servit bien avec les autres nombres. On disait bien : *quatre francs*, *six francs*, etc. *vingt francs*, *cent francs*, *mille francs*, etc. mais il fallait dire : *une livre*, *deux livres*, *trois livres*, *cinq livres*. On employait encore le mot *livre*, quand il devait suivre une fraction : *quatre livres dix sous*, *six livres quatre sous*, etc.

Cette bizarrerie de notre langue, qui adoptait tantôt le mot *livre* et tantôt le mot *franc* après les nombres, a disparu entièrement depuis la nouvelle dénomination des monnaies, et la différence établie entre la livre (autrement appelée *livre tournois*) et le *franc*. On emploie donc le mot *franc*, même quand il devrait être suivi d'une fraction, si cette fraction appartient à la nouvelle nomenclature : ainsi, quoiqu'il faudrait dire une livre dix sous, quatre livres cinq sous, on dirait et il faudrait dire, un franc cinquante centimes, quatre francs vingt-cinq centim. etc.

FRANÇAIS, *s. m.* Ce ne fut guère que vers le dixième siècle que l'on commença à connaître le nom de *Français*, qui n'est qu'une dérivation de celui de *Franc*; et les *Francs* eux-mêmes, avant leur transmigration dans la Gaule, étaient appelés Germains. « *Hi verò Franci dicebantur olim Germani* » (ceux que nous nommons *Francs* étaient appelés autrefois *Germains*), est-il dit dans les *Excerpta ex Procopii historiis*, *de Francis*.

Il paraît d'ailleurs que les Romains, dès l'année 241, et même avant, désignaient sous le nom de *Francs* les peuples de la Germanie qui s'étaient jetés dans les Gaules.

« Les *Francs* commençaient alors (année 274 de l'ère chrétienne) à se faire craindre. C'était une ligue de peuples germains qui habitaient le long du Rhin. Leur nom montre qu'ils étaient unis par l'amour de la liberté. » BOSSUET, *Discours sur l'histoire universelle.*

Plusieurs étymologies de ce mot sont offertes par les savans; mais l'opinion la plus probable est que plusieurs peuples situés entre le Rhin, le Mein et l'Elbe, se sont unis et ligués pour se garantir ou se délivrer du joug des Romains, et qu'ils ont pris le nom de *Francs*, qui, dans la langue germanique, et encore dans la nôtre, signifie un homme libre, pour faire voir qu'ils voulaient ou éviter la servitude ou s'en affranchir. Ce sentiment est conforme à celui de Latour-d'Auvergne.

« Les *Francs*, dit Voltaire, étaient au nombre de ces peuples affamés et féroces qui couraient au pillage de l'Empire. Ils subsistaient de brigandage, quoique la contrée où ils s'étaient établis fût très-belle et très-fertile. Ils ne savaient pas la cultiver. Ce pays est marqué dans l'ancienne carte conservée à Vienne. On y voit les *Francs* établis depuis l'embouchure du Mein jusqu'à la Frise, et dans une partie de la Westphalie, *Franci seu Chamavi*. Ce n'est que par les anciens Romains mêmes que les Français, quand ils surent lire, connurent un peu leur origine. » *Annales de l'Empire*, Introduction, pag. 33.

FRANÇAISE (*langue*). Le celtique fut le premier idiome des Gaulois, comme des autres peuples de l'Europe; mais dès que César eut achevé de soumettre les Gaules, on commença à y parler latin, et ce changement de langue fit oublier tout ce qu'avaient fait les Bardes et les Druides; il paraît même que le celtique était déjà corrompu du temps de ce conquérant, ou du moins qu'il n'était pas parlé partout, chaque pays ayant son langage particulier, soit le celtique, soit le *franc*, soit l'aquitanique, soit le belgique; car César écrit que ces langues étaient différentes, c'est-à-dire, selon Strabon, comme les divers dialectes d'une même langue.

Il est probable que la langue latine, imposée par les Romains, ne fut pas long-temps à s'altérer, en supposant toutefois qu'elle ait jamais été purement parlée par les peuples qui habitaient les Gaules.

« Les Gaulois, et ensuite les François, la prononçant et l'écrivant mal, formèrent, dit Barbazan, une langue que l'on a appelée *langue romanse vulgaire*, et qui par la suite des temps s'est appelée *langue françoise*.

» Cette langue romanse vulgaire, c'est-à-dire langue corrompue du latin, ne tarda pas à se former en France après l'établissement de la monarchie, et cette langue vulgaire n'étoit point ignorée à Rome. S. Grégoire-le-Grand, qui vivoit dans le sixième siècle, nous prouve qu'il y avoit alors une langue vulgaire. » *Dissertation sur l'origine de la langue françoise*, pag. 9.

« Il est constant que cette langue romanse vulgaire, et à qui on donna le surnom de rustique dans les sixième et septième siècles, avoit fait un grand progrès, et qu'elle étoit en usage parmi tout le peuple. Grégoire de Tours, historiographe de France, qui écrivoit avant 572, se plaint, dans sa préface, que la langue vulgaire rustique étoit plus en vogue que la latine, qui étoit celle des sçavans.

» Enfin, dans le neuvième siècle, la langue romanse, qui est notre langue françoise, avoit fait un tel progrès, et étoit parvenue à un tel degré, qu'elle ne ressembloit presque plus à la latine dont elle étoit formée; elle étoit si fort en usage, que tous les laïcs, et tout le peuple en général, n'entendoient plus le latin. » *Ibidem*, pag. 11.

Ce ne fut que vers le onzième siècle que cette langue, formée d'un mélange du celte et du latin, commença à s'appeler *langue française*, quoiqu'elle eût déjà quelque forme et adopté des articles dès le siècle précédent.

Dans le 14e siècle, on avait divisé toute la France en deux langues, la langue d'*oïl* dont Paris était la capitale, et la langue d'*oc* dont Toulouse était également la capitale. Le fondement de cette division était que l'on disait *oc* pour *oui* dans le midi de la France, tandis que dans le nord cette particule affirmative se prononçait *oïl*.

> Beveroit-il à ma fontaine,
> Fait-ele, sege li metoie?
> *Oïl*, fait-il. . . . .
> *Fabliaux* de Barbazan. *De la Pucelle qui abevra le polain.*

(Buvrait-il à ma fontaine, fait-elle, si je l'y mettais? *Oui* (*oïl*) dit-il).

Informe jusqu'au 12e siècle, la langue française resta dans sa barbarie jusqu'au règne de François Ier. C'est sous ce prince qu'elle commença à prendre une marche régulière. Il y contribua beaucoup par son amour pour les lettres, mais surtout par l'édit de Villers-Cotterets, donné en 1539. Jusqu'alors tous les actes publics avaient été écrits en latin; toutes les procédures se faisaient en latin, et les procès du peuple étaient plaidés et jugés dans une langue qu'ils ne comprenaient point. François Ier, par cet édit salutaire, obligea les Français d'étudier leur propre langue. Mais elle n'était, comme le remarque Voltaire, ni noble ni régulière. La syntaxe était abandonnée au caprice. Cette langue, dont la naïveté avait été le caractère distinctif sous la plume des auteurs des *Fabliaux*, de nos vieux romanciers, d'Amyot même, acquit quelque vigueur sous celle de Montaigne; ce fut enfin dans le siècle de Louis XIV qu'elle parvint à ce degré de pureté, d'élégance et d'harmonie dont elle est redevable à la plume de Corneille, de Racine, de Pascal, de Bossuet, de Fénélon, et d'autres auteurs qui ont illustré le 17e siècle et servi de modèles aux écrivains du 18e.

> Il (le café) déride le front de ce savant austère
> Amoureux de la langue et du pays d'Homère,
> Qui, fondant sur le grec sa gloire et ses succès,
> Se dédommage ainsi d'être un sot *en français*.
> BERCHOUX, *la Gastronomie.*

FRANC-ALLEU, *s. m.* C'est le nom qu'on donnait, sous l'ancien régime, à une terre exempte de droits féodaux.

Dans le neuvième tome du *Recueil des historiens des Gaules* par D. Bouquet, tome qui contient les monumens appartenant à la fin de la seconde dynastie et au commencement de la troisième (de l'an 877 à 991), on trouve *alodes* ou *alodium*, terre qui n'est point fief. Selon M. Gley, ce mot *alodium* est un mot tudesque, avec une terminaison latine.

« Ceste diction d'*alleud* prit, selon mon jugement, sa première source d'un ancien mot françois, *leud*, qui signifioit un sujet. » EST. PASQUIER, *Recherches sur la France*, liv. II, folio 157 tourné, Paris, 1569. Et plus bas, folio 158 tourné : « De ce mot vient que nos anciens rois de France faisans ès Gaules le département général des terres, appellèrent celles être tenues *en alleud* qui devoient cens et redevance. Estant à mon jugement cest *alleud*, la pension que l'on païoit pour recognoissance des héritages en signe de subjection.... » Plus bas encore, page 159 : « On employa le mot de *franc alleud* à toutes terres indifféremment que, par possession immémoriale, on maintenoit estre exemptes de cens et rentes. »

Quant à l'étymologie du mot *alleu*, les opinions sont partagées; mais nous nous en tenons à celle que nous en a donnée M. Johanneau; il fait venir ce mot, qui s'est dit *aleud*, *alod*, en vieux français, *allodium* en bas-latin, du celto-breton *al lod*, le lot, la portion, la part d'héritage, de bien patrimonial. On voit que c'est aussi de ce mot celto-breton que vient notre mot français *lot*, autrefois *lod*, d'où l'on dit encore *lods et ventes*.

On trouve dans Rabelais *alloy* pour *alleu* : « Je lui cède la mestairie (métairie) de la Pomardière, à perpétuité pour luy et les siens, possédable en franc *alloy*. » Liv. I, ch. 32.

FRANCE, *s. f.* grand royaume de l'Europe.

On nomme les Gaules le pays compris entre l'Océan Britannique au nord; le Rhin, la grande Germanie, une partie des Alpes avec l'Italie, à l'orient; la mer Méditerranée, les Pyrénées et l'Espagne, au midi; le grand Océan, à l'occident. Les Francs, qui s'incorporèrent aux Gaulois, ont occupé plus ou moins d'espace dans cette étendue, selon les temps et les circonstances, et ont fait prendre à leur empire le nom de *France*. Tous les historiens tombent d'accord que ce fut Mérovée qui le premier changea le nom de *Gaule* en celui de *France*, environ l'an 454 de l'ère vulgaire, après s'être rendu maitre des villes de Paris, de Sens et d'Orléans.

FRANCHISE, s. f. « Je crois bien, dit Claude Fauchet, que *franchise* vient de *Franc*, et qu'il y a de l'apparence que ce peuple ayant occupé une partie de la Gaule, il ne se voulut assujétir de payer semblables imposts que les anciens habitans des terres par eux conquises; et que depuis, si quelcun descendu de ces Francs, estoit molesté par les collecteurs de subsides, il se disoit issu des Francs, et par conséquent exempt de tribut, dont est venu le mot *franchise*. » *Antiquitez franç.* feuillet 64 tourné, Paris, 1599.

« *Franchise*, mot qui donne toujours une idée de liberté dans quelque sens qu'on le prenne; mot venu des *Francs* qui étaient libres. Il est si ancien que, lorsque le Cid assiégea et prit Tolède dans le onzième siècle, on donna des *franchies* ou *franchises* aux Français qui étaient venus à cette expédition, et qui s'établirent à Tolède. » VOLTAIRE.

Ce mot s'est long-temps pris dans sa première acception, c'est-à-dire comme synonyme de *liberté*.

« Cratès se jetta en la *franchise* de la pauvreté, pour se deffaire des indignitez et cures du mesnage. » MONT. liv. III, ch. 9.

Je vai de toutes parts pour offrir ma *franchise*
A ces yeux inconnus dont mon ame est éprise.
DESMARETS, *Les Visionnaires*, act. v, sc. 5.

Je ne veux point dépendre, et veux être ma reine;
Ou ma *franchise* enfin, si jamais je la perds,
Veut choisir son vainqueur et connaître ses fers.
ROTROU, *Venceslas*, act. II, sec. 2.

. . . . . Et soudain par sa prise,
Don Raimond prisonnier recouvrait sa *franchise*.
P. CORNEILLE, *D. Sanche d'Aragon*, act. v, sc. 3.

Cesse de soupirer, Rome, pour ta *franchise*,
Si je t'ai mise aux fers, moi-même je les brise.
Le même, Cinna, act. IV, sc. 4.

« Cette *franchise*, ajoute Voltaire, qui exprime ordinairement la liberté d'une nation, d'une ville, d'un corps, a bientôt après signifié la liberté d'un discours, d'un conseil qu'on donne, d'un procédé dans une affaire; mais il y a une grande nuance entre *parler avec franchise*, et *parler avec liberté*. Dans un discours à son supérieur, la *liberté* est une hardiesse ou mesurée ou trop forte; la *franchise* se tient plus dans les justes bornes, et est accompagnée de candeur. Dire son avis avec *liberté*, c'est ne pas craindre; le dire avec *franchise*, c'est se conduire ouvertement et noblement. Parler avec trop de *liberté*, c'est marquer de l'audace; parler avec trop de *franchise*, c'est trop ouvrir son cœur. » *Dict. philosoph.* au mot *Franchise*.

Franchise (sincérité). « Il y a encore plus de gens qui disent leurs avis avec *franchise*, qu'il n'y en a qui les demandent de cette sorte. » VAUGELAS.

« Il n'y a presque plus d'amitié qui soit à l'épreuve de la *franchise* d'un ami. » FLÉCHIER.

La *franchise* ressemble à un grand chemin uni et battu, qui conduit plustôt et plus sûrement au but, que des sentiers détournés, où l'on risque de s'égarer.

Un excès de *franchise* est une indécence comme la nudité.

FRANCISER, v. donner la forme et la terminaison française à un mot étranger. Ce terme ne commence à figurer dans les dictionnaires que vers 1732.

Cependant on trouve plusieurs fois, mais dans un autre sens, *françoisé* pour *francisé*, dans le *Dict. des rimes françoises*, par J. Lefèvre, imprimé à Paris en 1588.

FRANCISQUE, s. f. hache d'armes à deux tranchans, en usage autrefois chez les Francs, qui l'avaient nommée ainsi du nom de leur nation; ils l'appelaient aussi *ancon*.

« Un de la troupe, plus écervelé,

lève sa *francisque* ou *ancon* (ainsi s'appelloit un baston des François fait en forme de hache), et en frappa le vaisseau. » CL. FAUCHET, *Antiquitez franç.* feuillet 113, Paris, 1599.

Isidore de Séville dit, dans ses *Origines*, liv. XVIII, ch. 6, que l'on avait donné le nom de *franciques* à ces haches longues dont les *Francs* se servaient à la guerre. Ces haches avaient la même dénomination du temps du roi Clovis. Faisant la revue de l'armée, ce prince reprochait à un soldat qu'il n'avait pas soin de ses armes, il lui arracha sa *francique*, et la jeta par terre, etc.

FRANC-PARLER, *s. m.* On dit familièrement qu'une personne *a son franc-parler*, quand on lui accorde ou quand elle s'arroge la liberté de dire tout ce qu'elle pense.

Bernardin de Saint-Pierre se renfermoit, disoit-il, dans son *franc-taire*.

Un bègue, homme d'esprit, voyant rire de sa difficulté de s'exprimer, disoit gaiment : « on n'a pas ici son *franc-bégayer*. »

FRANC-RÉAL, *s. m.* C'est le nom d'une sorte de poires pluriel, des *francs-réals*. Il y a un *franc-réal* d'été et un *franc-réal* d'hiver.

« Le mot *réal* signifie royal. On disait la galère *réale*, le médecin *réal*, etc. On ne dirait pas des *francs-réaux*, on croirait en quelque sorte changer le nom de ce fruit, à peu près comme si l'on disait *M. Réal*, et les *MM. Réaux.* » LE MARE, *Cours de langue française*, t. 1, pag. 348.

FRANGE, *s. f.* du latin *fimbria* (extrémité, bord, *frange*). On trouve *fringe* pour *frange*, dans les *Dialogues* de S. Grégoire, liv. II, ch. 4 : « Un noirs enfezons le traioit fors (un petit enfant noir le traînoit dehors) par la *fringe* de son vestiment. » (*quidam niger puerulus per vestimenti* fimbriam *foras traheret*).

FRANGÉ, ÉE, garni de *franges*.

Despériers, n° 43, en parlant d'un homme qu'un charretier a maltraité à coups de fouet, dit qu'il avait les jambes toutes *frangées*.

FRANGIPANE, *s. f.* parfum exquis qu'on donne à des peaux pour faire des gants, des sachets, etc. Ce nom vient de celui de l'inventeur, le comte Frangipani. Ce seigneur italien, maréchal de camp des armées du roi, sous Louis XIII, et petit-fils de Mutio Frangipani, d'une famille romaine très ancienne, inventa la composition du parfum et des odeurs qui retiennent encore le nom de *frangipane*.

Dans les *Mélanges* tirés d'une grande bibliothèque, on attribue au même seigneur italien l'invention de cette espèce de pâtisserie qui porte également son nom, et qui est faite de crème, d'amandes et autres friandises.

FRAPPART, *s. m.* sobriquet donné le plus souvent aux moines, *père Frappart, frère Frappart*, ce qui désigne un moine livré à la luxure, à la débauche, et doué d'une certaine force qui fait son principal mérite auprès des femmes.

« Le train que mènent ordinairement les bons frères *frappars*, encore qu'ils n'ayent pas tels moyens que les prélats. » H. ESTIENNE, *Apologie pour Hérodote*, t. II, page 484, La Haye, 1735.

« *Frère frappart*, dit Le Duchat à la note au bas de la page, est un sobriquet injurieux qui se donne aujourd'hui à tout religieux qui ne garde point les bienséances de son état; mais qui, dans son origine, ne regarde que les *franciscains*, lesquels, obligés par leur règle à mettre des pièces à leurs robes, quelque neuves qu'elles soient, n'en mettent pas même à leurs robes, lorsqu'elles sont *frippées*, et cela pour donner tout leur temps à plus d'une sorte de débauches. » *Le Roman de la Rose*, au feuillet 84-*b* de l'édition de 1531, où l'auteur parle de ces *frappars* d'entre les cordeliers et des freloques de leurs robes.

Mais beguins à grands chaperons,
Aux chères (mines) busses et alises (de *ad*
 [*latus*, regardant de côté)
Qui ont ces larges robes grises
Toutes *frételées* (rompues) de crottes,
Housaulx froncis et larges bottes.

» *Frappart*, qu'une pure allusion dans Rabelais m'a fait croire autrefois venir de *frapper*,

Haires, cagots, caphars, empantouflez,
Gueux mitouflez, *frappars* escornillez.
RABELAIS, liv. 1, ch. 54.

me paroit présentement un synonyme de *pénillon*, comme dans Rabelais, 5, 29, Epistémon appelle par mépris ce bélitre de frère Frédon avec lequel Panurge avoit lié conversation : et comme *pénillon* signifie proprement une guenille, je ne doute point que *frère Frappart* ne soit l'opposé du moine *frère Jean*, lequel, liv. 1, c. 42 de Rabelais, est loué principalement de ce qu'il n'étoit ni bigot, ni *dessiré*. D'une femme bien faite et apétissante, que l'italien qualifie de *buona robba*, ne dit-on pas dans le même sens, qu'elle n'est pas *déchirée*? Sur ce pied-là, *frappart* viendroit du latin barbare *frappare*, fait de l'aleman *werpen*, d'où *frippé* pour un habit qui n'est plus bon qu'à jetter. L'italien dit *frappare* pour *fripper* un habit : or, comme d'ailleurs, dans les *Mémoires de l'Etat de France* sous Charles IX, tome 1, au feuillet 253 de la 2e édition, les *frappiers* d'Orléans ont tout l'air d'être les frippiers de cette ville-là, *frappier* pourroit bien estre l'ancien mot, d'où seroit aussi venu *frapponille*, comme à Metz on appelle une guenille, un haillon. On sait au reste que frère *Frappart* se trouve déjà dans Marot ; mais il n'est pas l'inventeur de ce sobriquet. Coquillart, dans son *Monologue des Perruques*, ayant dit long-temps avant lui d'un certain frère Bérulle :

Après on reclost les courtines,
On accole *frère Frappart,*
En baisant ils joignent tetines,
Le grant diable y puisse avoir part. »

La note suivante, que nous allons rapporter, donne une autre étymologie à ce mot ; mais celle de Le Duchat parait préférable.

O des *frapparts* ornement véritable !
VOLTAIRE.

« *Frapart*, est-il dit à la note (d) du chant v de la *Pucelle*, édit. complète des *Œuvres de Voltaire*, in-8°, Gotha, 1785, nom d'amitié que les cordeliers se donnèrent entre eux dès le 15e siècle. Les doctes sont partagés sur l'étymologie de ce mot ; il signifie certainement *frappeur*, robuste, roide jouteur. »

Il n'est pourtant pas invraisemblable que ce sobriquet, dans l'origine, ait été donné sans mauvaise intention aux moines quêteurs, parce qu'ils *frappaient* aux portes.

FRAPPER, v. M. Morin pense qu'il pourrait venir du grec ραπίζειν, (*frapper* avec une baguette), de ραπίς (verge ou bâton) ; en mettant le digamma éolique à la place de l'esprit rude φραπίζειν (*phrapizein*).

« En fait d'ouvrages dramatiques, il faut chercher à *frapper* fort, plutôt qu'à *frapper* juste. » VOLTAIRE.

FRASQUE, s. f. tour malin, tour plaisant, action extravagante, de l'italien *frasca* (branche d'arbre, buisson). Les Italiens disent au figuré *fraschetta*, pour une petite fille étourdie.

Malheur à qui nous fera quelque *frasque*.
BRUEYS, *le Grondeur*, act. 11, sc. 9.

Les Italiens disent encore *infrascare*, pour couvrir de feuillage, et par métaphore embrouiller, d'où Montaigne a fait *s'infrasquer*, pour dire s'embrouiller, s'embarrasser.

« Vaut-il pas mieux, dit-il, demeurer en suspens, que de *s'infrasquer* en tant d'erreurs ? »

FRATERNISÉE, adj. f. (rime fraternisée)-ancienne espèce de rime dont nos auteurs ont fait usage, mais entièrement tombée en désuétude.

« *Rime fraternisée*, est nommée celle en laquelle les vers fraternisent de telle manière, que le dernier mot du carme (vers) précédent, est répété entier au commencement du mètre (vers) suivant, soit en équivoque ou autrement. De cette rime a usé Marot en l'épigramme adressant à Charon :

Metz voile au vent, cingle vers nous, Charon :
Car on t'attend ; et quand seras en tente,
Tant et plus boy (bois) *bonum vinum charum*
Qu'aurons pour vray : donques sans longue attente
Tente les pieds à sa décente sente (sentier),
Sans te fâcher ; mais en sois content tant
Qu'en ce faisant nous le soyons autant. »
SEBILET, *Art poétique franç.* p. 147, Lyon, 1576.

FRATESQUE, *adj.* qui appartient, qui convient aux moines, de l'italien *fratesco*, qui a la même signification.

« Le parler que j'aime, c'est un parler non pédantesque, non *fratesque*, non plaideresque, mais plutôt soldatesque, comme Suétone appelle celui de Julius-César » MONTAIGNE, liv. I, ch. 25.

FRAYANT, ANTE, *adj.* La Fontaine l'a employé dans le sens de qui entraîne des frais, qui est coûteux à faire valoir.

L'un alléguoit que l'héritage
Etoit *frayant* et rude.
Liv. VI, *fable* 4.

Ce mot, qui ne se trouve dans aucun de nos dictionnaires, vient de l'ancien verbe *frayer*, fournir aux frais, qui se trouve encore dans le *Dict.* de Philib. Monet (1637), et dans celui de Furetière.

Les habitants de Saint-Malo, dans leur députation de Louis XII, disent : « Outre que tous les habitants ont pu payer et *frayer* de leur bien, se sont constitués débiteurs à plusieurs personnes en grandes et importantes sommes d'argent. » *Hist. de Bretagne*, tom. II, pag. 1556.

De ce verbe, encore usité en Champagne, il nous reste le composé *défrayer*, payer les frais, la dépense de quelqu'un.

FREDAINE, *s. f.* Ce mot ne viendrait-il pas de l'allemand, *frey* (libre), *freyheit* (liberté) ? Furetière propose *fraudana*, de *fraus, fraudis*. « N'avez-vous pas, dans votre jeunesse, fait des *fredaines* comme les autres ? » MOLIÈRE.

FREDON, *s. m.* C'est une onomatopée, selon le P. Labbe, le président de Brosses et M. Ch. Nodier. « En chassant, dit ce dernier, l'air de la bouche, avec un roulement pressé de la langue, et un petit frémissement des lèvres, on produit le bruit sourd ou le chant confus qu'expriment les mots *fredon, fredonner*. Guichard, ajoute-t-il, a rencontré assez heureusement, quand il les a dérivés du *fritinnire* des Latins, excellente onomatopée qui a la même racine, et qui avait été faite pour représenter le murmure des hirondelles. »

« Le prescheur ou orateur seroit une peinture relevée en bosse seulement, si avec le *fredon* de sa langue il ne jouoit aussi des mains. » EST. PASQ. liv. VIII, *lett.* 10.

« La véritable éloquence ne cherche pas dans ses discours des *fredons* efféminés et une mollesse compassée. » BALZ. *de la gr. Eloq.*

Et le *fredon* de nos charmans accords
N'amollit pas vos esprits, ni vos corps.
COLLETET, *les Bergers.* Idyll.

L'un traîne en longs *fredons* une voix glapissante.
BOILEAU.

Quel plaisir ne serait-ce point d'entendre un beau plaidoyer en musique, et de voir ensuite un juge vénérable prononcer un arrêt en faisant mille *fredons* agréables dans sa gorge ? » *Théâtre italien* de Ghérardi, tom. III, pag. 511.

On dirait que Ronsard, sur ses pipeaux rustiques,
Vient encor *fredonner* ses idylles gothiques.
BOILEAU.

FREIN, *s. m.* du latin *frenum*, qui signifie proprement un morceau de fer que l'on met dans la bouche du cheval pour gouverner ses mouvemens. Nous prenons souvent ce mot au figuré, à l'exemple des Latins.

Horace a dit, en parlant d'un esprit violent (*ép.* II, liv. I, v. 63) :

Hunc frenis, hunc tu compesce catena.,

(mettez-lui un *frein*, chargez-le de chaînes).

C'est ainsi que nous disons : *mettre un frein à ses passions*.

Frenum *solvit pristinam licentia*.
PHÈDRE, liv. I, *fable* 2.

(La licence secoua l'ancien *frein*).

FRELAMPIER, *s. m.*

« Autrefois, celui qui avait la charge d'entretenir et allumer les lampes des églises, était appelé *frelampier*, mot dérivé par corruption de *frère lampier*; et, parce que ceux qui exerçaient ces bas offices étaient hommes de basse étoffe et de petite considération, la dénomination qu'ils prenaient de leur exercice étant tombée en mépris par la bassesse de leur condition et de leur emploi, quand on parle d'un homme de peu ou de rien, on dit c'est un *frelampier*. » *Etymol. des proverbes franç.* par Bellingen.

D'autres le dérivent de *frélampe*, menue monnaie de 12 ou 15 deniers, qui d'ordinaire était entre les mains des pauvres gens. Borel l'explique par *charlatan*.

« Elle est amoureuse d'un grand *ferlampié* qui vous la pourchasse d'une diable de force. » *Théâtre italien* de Ghérardi, tom. 1, page 448.

FRELATÉ, ÉE, *part.* de *frelater* (*translatus*). « Ç'a esté certes une de mes peines, me trouvant sur un passage contourné ou *frelaté*, de l'exprimer en telle sorte, qu'il quadrast sortablement, s'il estoit possible, à la composition originaire et à l'application. » La D^{lle} DE GOURNAY, *Préf. des Essais.*

Son visage est tout neuf et n'est point *frelaté*.
REGNARD.

« La vie *frelatée* de Paris. » VOLTAIRE.

FRÊLE, *adj.* du latin *fragilis* (qui se brise aisément).

« Les Tyriens furent les premiers qui osèrent se mettre dans un *frêle* vaisseau, à la merci des vagues et des tempêtes. » *Télémaque.*

Voltaire a dit dans l'*Henriade* :

De l'Etat ébranlé douce et *frêle* espérance.

Et Rousseau : « Notre *frêle* raison. »

Pour empêcher qu'un *frêle* chalumeau
Ne languisse accablé sous son riche fardeau.
DELILLE.

« *Frêle*, synonyme de demoiselle, dit Mercier dans sa *Néologie*. » C'est une mauvaise équivoque. On appelle en Allemagne *freule*, ce qu'on appelait autrefois en France demoiselle, c'est-à-dire, fille d'une extraction noble.

FRELON, *s. m.* « Son nom, dit Roquefort, *Dict. étym. de la langue franç.* a été pris du bourdonnement de ses ailes. »

La défense est de droit, et d'un coup d'aiguillon,
L'abeille en tous les temps repoussa le *frelon*.
VOLTAIRE.

FRELUCHE, FRELUQUE, *s. f.*

FRELUQUET, *s. m.* Le premier se trouve dans le *Dict. de Trévoux*, où il est défini petit ornement en manière de houppe sortant d'un bouton, d'une ganse, etc. Il se dit aussi figurément de tous les petits fils qui volent en l'air au cœur de l'été.

J'entreprendrois plustôt en un temps chaud et clair.
Le vain calcul des *freluches* de l'air.
SAINT-AMANT.

Freluque se trouve dans le *Glossaire de la langue romane*, par M. Roquefort, qui le traduit par bouquet, flocon, petit paquet de cheveux, d'où *freluquet*, homme qui n'a pour tout mérite que sa parure.

Car aujourd'hui de deux *freluques*
De cheveux d'ung petit monceau,
Il semble qu'il y en ait jusques
Au collet et plain un boisseau.
Poésies de G. Coquillart.

« Ce petit *freluquet* de Moncade avec ses airs impertinens. » BARON, *l'Homme à bonne fortune*, act. III, sc. I.

Un sot, un *freluquet*,
Qui fait le bel esprit et n'a que du caquet.
DESTOUCHES, *le Glorieux*, act. III, sc. 9.

FRÉMIR, *v.* du latin *fremere*, venu du grec βρέμειν (*bréméin*), qui a la même signification. D'ailleurs, ces trois mots sont probablement des onomatopées.

La lime mord l'acier, et l'oreille en *frémit*.
L. RACINE.

Delille, en parlant de l'étalon :

Tantôt vers la fraîcheur d'un bain voluptueux,
Fier, relevant ses crins que le zéphir déploie,
Vole et *frémit* d'orgueil, de jeunesse et de joie.
L'Homme des champs, ch. IV.

« L'esprit est comme la corde qui *frémit* à l'unisson. » HELVÉTIUS.

Le Franc de Pompignan dit des impies :

Un éclair seul les fait trembler ;
Ils blasphèment, mais ils *frémissent*.

FRÉQUENCE, *s. f.* du latin *frequentia* (grand nombre, concours). On lit dans le *Dict. gramm.* que *fréquence* ne se dit qu'en médecine, en parlant du pouls. Un célèbre académicien souhaitait qu'on pût dire : la *fréquence des visites* m'importune. Ses souhaits ont été remplis, l'Académie admet cette locution ; elle ajoute les suivantes : la *fréquence de ses lettres*, dont Voltaire s'était servi, d'après Cicéron, qui a dit *frequentia epistolarum* ; la *fréquence* de ses rechutes.

« Chaque langue a son génie déterminé par la nature de la construction de ses phrases, par *la fréquence* de ses voyelles ou de ses consonnes, etc. » VOLTAIRE, Préface d'*Œdipe*.

« La *fréquence* des voyelles dont elle (la langue italienne) est composée, et par lesquelles sont terminés tous les mots, semble la rendre trop uniforme. » *Variétés littéraires*, par Arnaud et Suard, page 12, tome I, in-12, Paris, 1768.

FRÈRE, *s. m.*

Un *frère* est un ami donné par la nature.
CHAMFORT.

Les rois s'appellent *frères*, ce sont apparemment les *frères ennemis*.

L'évêque de Soissons (Berwick) fut le premier peut-être qui osa dire, dans un mandement publié en 1757 : « Turcs et Chrétiens, tous les hommes sont *frères*. »

Enfans du même Dieu, vivons du moins en *frères*.
VOLTAIRE.

Frère chapeau, moine subalterne, qui accompagnait un père, et par extension de sens, vers oiseux qui n'est bon que pour la rime. C'est Boileau qui lui a appliqué cette dénomination.

FRESSURADE, *s. f.* On appelait autrefois les complimens outrés des *fressurades*.

FRÉTELÉ, ÉE, *adj.* vieux mot que quelques-uns expliquent par ceux de *rompu*, *déchiré*, *mis en lambeaux*, etc. On pourrait peut-être l'expliquer aussi bien par ceux de *marqué*, *taché*, *gâté*, etc. On en jugera par ces vers du *Roman de la Rose* :

Qui ont ces larges robes grises
Toutes *frételées* de crottes,
Houseaulx froncis et larges bottes.

Dictionnaire de *Trévoux*.

FRÉTILLANT, ANTE, *adj.* qui frétille.

« Pour estrangler et chasser toutes passions et volontés dereiglées et *fretillantes*, qui tant expressément nous mangent et tourmentent. » *Contes d'Eutr.* tom. II.

« Le vulgaire préfère ceux qui ont la teste chaude et les mains *frétillantes*, à ceux qui ont le sens rassis et qui poisent les affaires. » CHARRON, liv. I, ch. 48.

On trouve ces deux vers curieux dans la *Guisiade*, trag. de P. Mathieu.

Un cœur hault et chrestien jamais ne s'abandonne
Aux *frétillans* déduits que le monde lui donne.

FRÉTILLARD, ARDE, *adj.* proprement qui frétille souvent ; au figuré enjoué, lascif.

Le gentil rossignolet,
Doucelet,
Découpe dessous l'ombrage
Mille fredons babillards,
Frétillards,
Au doux son de son ramage.
BELLEAU.

Penchant sur moi son bel ivoire blanc,
Et me tirant sa langue *frétillarde*.
Les Amours de Ronsard, CLXXXV^e sonnet.

Pourquoi n'avoir pas conservé ce joli mot ?

FRETTÉ, ÉE, *adj.* terme de blason, couvert de bâtons en sautoir, formant des losanges. « Un fin *freté* regnard (renard). RABELAIS, *Nouveau Prologue* du IVe livre.

« *Freté* signifie rompu à toutes sortes de malices et de ruses, et ce mot vient de *fractatus*, fait de *fractare*, augmentatif de *frangere* : d'où vient qu'en terme de blason, *freté* signifie des bâtons rompus. Quoique *freté* ne se trouve pas en ce sens dans nos vieux dictionnaires, pas même dans ceux qui ont suivi immédiatement le temps de Rabelais, on n'a pas laissé de l'employer encore plusieurs années depuis notre auteur. A Metz, on appelle *fratins* les échalas rompus de vieillesse, et il n'est pas jusqu'au *fretin*, en terme de marée, qui originairement regarde le seul merlus, que les Allemands appellent *stokfisch*, et qu'ils n'appellent de la sorte que parce que tout merlus, en l'état qu'on le vend, est sans tête, et une espèce de *tronc*. De là vient même qu'on appelle *fretin* le menu peuple destitué de chef. » LE DUCHAT, note 34 sur Rabelais, à l'endroit cité.

Lances *frettées* ou *mornées*. Ces lances (du temps de la chevalerie) étaient des lances qui avaient une *frette*, *morne* ou anneau au bout.

FRIAND, DE, adj. (*frigens* de *frigere*, frire).

Ayant trouvé telle de nos Rémoises
Friande assez pour la bouche d'un roi.
LA FONTAINE, *les Rémois.*

FRIANDER, *v.* pour dire être friand, manger des friandises, s'est dit anciennement ; il nous en reste encore le composé *affriander*, proprement rendre friand.

Si ne crains-je avoir despendu (dépensé)
Par *friander* ne par lescher.
VILLON, *le Grand Testament.*

FRIANDISE, *s. f.* Mézerai appelait les nouvelles dévotions « des *friandises* spirituelles. »

FRICASSÉE, s. f. (*frigere*, frire). « Toute cette *fricassée* que je barbouille icy, n'est qu'un registre des essays de ma vie. » MONTAIGNE, l. III, ch. 13.

FRICHE, s. f. de *friscum*, dans la basse latinité, en friche, sans culture. Laisser une terre en friche. « Jeanne 1re (reine de Naples) ne pouvant demourer en *friche*, se remaria en troisièmes nopces... » PASQ. *Recherches*, liv. v, c. 25.

« Il y a beaucoup plus d'esprits que de terres en *friche*. » LA BRUYÈRE.

FRILEUX, EUSE, adj. abréviation de *froidilleux*, *euse*, qui s'est dit en même temps que *frilleux* qui a survécu à son rival. Ces deux mots s'employaient également bien sous les règnes de François 1er et de Henri II. « La vieillesse, dit Montaigne, nous fait passer des passions ardentes aux passions *frileuses*. »

Et déjà les tristes Hyades
Forcent les *frileuses* Dryades
De chercher l'abri des rochers.

FRIMAIRE, *s. m.* Ce mot dérivé de *frimas*, désignait le troisième mois de l'année dans le calendrier de la république française; il commençait le 21 novembre et finissait le 20 décembre.

L'âpre *frimaire* appelle la froidure,
Le gel s'attache aux branches des buissons ;
Dans les beaux jours un reste de verdure
S'échappe encore aux gorges des vallons.

FRIME, s. f. (*forma*, par transposition). Ce mot était noble autrefois, témoin ce passage de Charron : « Le page d'Alexandre se laissa brusler d'un charbon, sans faire *frime* aucune, ny contenance de se plaindre, pour ne troubler le sacrifice. » Liv. III, ch. 22.

Depuis long-temps il n'est plus que populaire : « Pourquoi toutes ces *frimes*?... » MOLIÈRE.

FRIMER, *v.* s'est dit anciennement pour faire froid, geler.

Au tel temps je vois *frimer*
Les arbres et blanchoier.
CASSE BRULEZ.

FRINGUER, *v.* du latin *fringultire* ou *frigutire* (frétiller de joie, se trémousser). Il a signifié sauter, remuer, agiter ; c'est en ce sens qu'on disait, il n'y a pas encore long-temps, *fringuer un verre*, pour dire le remuer en jetant de l'eau dessus pour le rincer.

« Le vin fait bonne bouche, embellit la parole, émerillonne l'œil et *fringue* le caractère. »

Il a signifié aussi danser, sautiller, d'où il nous reste le participe *fringant* qu'on emploie adjectivement dans le sens de vif, alerte, éveillé.

Fringant, dans le jargon du peuple signifie élégant, bien habillé.

On trouve, dans G. Coquillart, *fringuer*, pour se parer, s'habiller avec recherche, avec élégance ; *fringuerie* pour élégance, recherche dans la parure, et des habitz beaulx et *fringans* ;

Tisserans, mesureurs de plastre
Fringuent et font les capitaines.
Poésies de Coquillart.

Vadé, dans son jargon poissard, a cru pouvoir se servir encore de ce verbe en ce dernier sens :

La noce de Manon-la-Grippe

Mérite bien que la famille,
Pour lui faire honneur *fringue* et brille.
La Pipe cassée, chant IV.

FRIOLERIE, *s. f.* On trouve, dans les *Fabliaux* de Barbazan, *frio-*

lete, pour désigner une espèce de pâtisserie légère, et dans les *Epithètes de De la Porte*, Paris (1571), *friand, frigalet* et *friolet*, comme synonymes dans le sens de gourmand, gourmet, délicat, recherché dans les alimens, ce qui indique assez que *friolerie* signifie gourmandise, friandise.

« Aussi peu eussé-je pu vivre sans ces *frioleries*, à quoy j'avois pris goust. » *Guzman d'Alfar.* liv. III de la 1re partie, ch. 7.

Friolet, nom que l'on donne encore à un petit chien friand, accoutumé à ne vivre que de friandises, de gimblettes, paraît venir de là.

FRIPE, s. f. chiffon. « Il ne me vient point de *fripe* à la main que je ne fasse entrer dans mon ouvrage. » *Guzman d'Alfarache*, liv. IIe de la 2e partie.

FRIPER, v. chiffonner. Le Duchat dérive ce mot de l'allemand *werpen* (jeter). « Des hardes *fripées*, dit-il, sont proprement celles qui ne sont bonnes qu'à jeter. De là sont dérivés *friperie* et *fripier*.

FRIPERIE, s. f. dérivé de *friper*, proprement habits, meubles usés, le commerce qu'on en fait, le lieu où on les vend; il se dit, au figuré et en style critique, des ouvrages d'esprit. « Ce n'est pas assez de savoir coudre à son ouvrage des ornemens étrangers, et dont on connaît d'abord la *friperie*. L'abbé SABATIER, *Trois Siècles de Littér.*

« Et puis je me mets sur la *friperie* de Villebrune; j'assure que des capucins m'en ont parlé d'une étrange manière.» Mme DE SÉVIGNÉ, CCXXXVIIe lettre, 15 décembre 1675.

« J'ai vu l'heure qu'Isabelle allait sauter sur votre *friperie*, si vous n'eussiez gagné au pied au plus vite.» *Théâtre italien* de Ghérardi, tom. II, pag. 54, Paris, 1741.

« *Sauter sur la friperie de quelqu'un*, sauter sur lui pour le battre. *Friperie* se dit proprement des vieilles hardes, et par extension, des habits dont quelqu'un est revêtu. Ainsi on dit *tomber, sauter sur la friperie de quelqu'un*, comme on dirait au figuré *battre à quelqu'un son habit, rabattre les coutures de son habit*, pour le battre lui-même, le rosser. Car quand on frappe sur l'habit, celui qui est dessous, qui en est revêtu, sent les coups.

» On a dit autrefois aussi : tomber sur la *draperie* de quelqu'un.» *Gloss. de la langue romane.*

FRIPIER, s. m. dérivé de *friper*, proprement celui qui vend, qui rapetasse de vieux habits, de vieux meubles.

On trouverait encore à quelque vieux pilier
Son dernier habit vert pendu chez le *fripier*.
BOILEAU.

Item je laisse.....
Au savetier mes souliers vieulx
Et au *freppier* mes habitz tieulx (tels).
Le Petit Testament de Villon, 1456.

Freppier pour *frippier* à l'antique, dit Le Duchat, comme a lu Marot.

Fripier se dit au figuré comme *friperie*, en parlant des ouvrages d'esprit.

. . . . *Fripier d'écrits*, impudent plagiaire.
MOLIÈRE.

Cent fois plus malheureux, et plus infâme encore,
Est ce *fripier d'écrits* que l'intérêt dévore,
Qui vend au plus offrant son encre et ses fureurs.
VOLTAIRE, *Discours sur l'Envie.*

. . . . Les fables romancières
De ces *fripiers* d'impostures grossières.
J. B. ROUSSEAU.

FRIPON, s. m. FRIPONNE, s. f. (*rapo, onis*, de *rapere*, ravir, enlever). « Les hommes, *fripons* en détail, sont en gros de très-honnêtes gens. » MONT. liv. XXV, c. 2.

Mazarin disait : « Croyez tous les hommes honnêtes gens, et vivez avec tous comme s'ils étaient des *fripons*. »

Dans le *Démocrite amoureux* de Regnard, act. III, sc. 2, Thaler, à qui l'on a pris un bijou, dit au roi ce vers piquant :

Tous les honnêtes gens sont ici des *fripons*.

« Il y a un moyen sûr, mais un peu cher de faire prendre à un *fripon* toutes les apparences d'un honnête homme, c'est de lui donner 100 mille livres de rente. » Le duc DE LÉVIS.

Fripons. On a donné ce nom à deux petites tresses de cheveux en anneau que les femmes faisaient descendre sur leur front au-dessus des yeux.

FRIPONNEAU, s. m. diminutif de fripon.

.... Donnez-lui tant de coups,
Que le galant demeure sur la place.
Je suis d'avis que le *friponneau* fasse
Tel compliment à des femmes d'honneur.
LA FONTAINE.

FRIPONNER, v. faire une friponnerie. Montaigne, liv. III, ch. 23, lui a donné un sens tout particulier : « Y a-t-il quelque volupté qui me chatouille, je ne la laisse pas *friponner* aux sens ; j'y associe mon ame : non pas pour s'y engager, mais pour s'y agréer : non pas pour s'y perdre, mais pour s'y trouver. »

FRIQUE, adj. vieux mot qui se trouve assez souvent dans nos anciens poètes, et que la Curne de Sainte-Palaye traduit par *neuf*, *neuve*.

.... La mort à tout s'applique
Nulz advocats, pour quelconque réplique,
Ne scet (sait) plaidier sans passer ce passage,
Ne chevalier tant ait hermine *frique*.

De ce mot sont dérivés *friquenelle* que Bèze emploie dans le sens de jeune coquette ; et *friquette*, qui a la même signification dans Oudin, *Dict. des trois langues*.

FRIRE, v. « *Frit*, dit Est. Pasquier, dont nous avons fait *frire*, *fricasser* et *friture*, ne prend, selon mon avis, sa source que du son que le beurre ou la graisse faict dans les poisles, quand elle commence de se fondre. » *Recherches sur la France*, liv. VIII, ch. 6.

« *Frire*, du latin *frigere*, grec φρύγειν ; *frit*, *frixus*, *frictus*, *friture*, *fricasser*, *friquet* (écumoire), etc. La nature du son qui se fait dans les poëles, a enseigné ces façons de parler. » Le P. LABBE, *Etymologies des mots françois*.

A ces autorités nous joindrons celle non moins respectable de M. Ch. Nodier. « *Frire* vient, dit-il, du pétillement de l'huile bouillante quand on y plonge un corps froid pour le faire *frire*. Cette onomatopée se retrouve dans toutes les langues. Observez que le grec *frugho*, *frughios* (*torreo*, *torridus*), dont le son a tant d'analogie avec celui sur lequel ce mot est formé, a fourni le nom de l'*Afrique* et de la *Phrygie*, pays de feu. Je dois cette remarque à M. de Cambry, dont l'immense érudition a enrichi la science des langues de tant d'heureuses découvertes. » *Dictionnaire des Onomatopées françaises*.

Poisson, mon bel ami, qui faites le prêcheur,
Vous irez dans la poêle, et vous avez beau dire,
Dès ce soir on *vous fera frire*.
LA FONTAINE, liv. V, *fable* 3.

On dit proverbialement *qu'il n'y a rien à frire*, *qu'il n'y a pas de quoi frire*, pour dire il n'y a rien à manger, et, au figuré, il n'y a rien à faire, rien à gagner. « Lors même que n'ayants de quoi *frire*, nous le lui défendrions volontiers, l'appétit de manger et de boire ne laisse pas d'esmouvoir les parties qui lui sont subjettes. » *Essais de Montaigne*.

« Où il n'y a que *frire*, n'y a plaisir. » MEURIER, *Tresor des Sentences dorées*, Lyon, 1577.

Pourvu que ton épouse, en te manquant de foi,
Te donne *de quoi frire*,
Laisse-la faire, crois-moi ;
Combien, sans trop médire,
N'en font que rire
Qui valent mieux que toi.

Théâtre italien de Ghérardi.

FRISER, v. (feriser, passer au fer. HUET). *Friser la vérité*. Cette expression du P. du Cerceau paraît impropre : *friser*, en ce sens, semble ne pouvoir se prendre qu'en mauvaise part.

Cependant Voltaire a dit : « Non, je ne veux point du bonheur monotone des champs ; c'est le premier des plaisirs insipides. Moi, je veux *friser* les superficies ; or, où trouverai-je mieux qu'à Paris ? »

FRISQUE, adj. (ital. *fresco*, frais), ancien mot qui se trouve encore dans le *Dictionnaire* de Philibert Monet (1637) et dans celui de *Trévoux* (1743) signifiait gai, gaillard, dispos, fringant.

On lit dans Eustache Deschamps, poëte qui écrivait sous Charles V et Charles VI :

Les chevaliers estoient vertueux,
Et pour amours pleins de chevalerie,
Loyaulx, secrez (secrets), *frisques* et gracieux.

Frisques mignons, bruyans enfans.
Poésies de G. Coquillart, pag. 1, Paris, 1723.

Frisques, gaillardes, attrayantes.
LA FONTAINE, *Cordel. de Catal.*

Le diminutif *frisquet* se dit encore d'un petit chien vif et bruyant.

FRISSONNER, v. (φρίσσειν). « Vous avez *frissonné* de la fièvre de notre bon abbé. » Mme DE SÉVIGNÉ.

FRIVOLE, adj. du latin *frivolus* (fragile, de peu de valeur), qu'on dérive de *frio*, réduire en poudre, du grec πρίω, scier, mettre en pièces.

Entre nos deux marquis le choix est incertain
Gens de même acabit, personnages *frivoles*.
LA CHAUSSÉE, *le Préjugé à la mode*, act. IV, sc. 4.

Ils cultivoient entre eux, loin d'un monde *frivole*,
L'amitié qui conseille et surtout qui console.
FAYOLLE.

FRIVOLE, s. m. « L'orgueil des hommes est, dans le fond, d'assez bonne composition sur certains préjugés; il semble que lui-même en sente le *frivole*. » MARIVAUX.

C'est ici l'adjectif pris substantivement, comme on dit *le beau*, *l'utile*, *l'agréable*, etc.

Frivoles au pluriel, en latin *frivola*, anciennement substantif dans la signification de balivernes ou bagatelles. *La grant Nef des fous*, imprimée en 1499, au feuillet 43, tourné, où le traducteur déclame contre l'astrologie judiciaire : « ô vivant en ce monde, n'enterre pas ton entendement de ces *frivoles*; mais tes sens offusquez deslyes, et soyes vertueux. »

FRIVOLISER, v. Boissy s'est cru autorisé par le succès du verbe *pindariser*, à créer celui-ci, qui n'a pas eu le même succès.

Mercier, qui pense qu'il serait utile, apporte cet exemple : « Voilà trop de spectacles, trop de bals, trop de lieux de musique et de frivolité; ils *frivolisent* le peuple de Paris. » Cette expression, selon M. Laveaux, dirait quelque chose de plus que rendre frivole, elle serait plus concise. Jusqu'ici elle n'a pas été employée par les bons écrivains.

FRIVOLISTE, s. m. Les étrangers nommaient les Français *frivolistes*. Ces *frivolistes*-là ont battu toute l'Europe, qui rêve tous les jours qu'ils pourraient bien la battre encore.

FRIVOLITÉ, s. f. Ce mot a surpris, dans l'*Ecole des Mères*; cependant la Chaussée n'en était point l'inventeur. L'abbé Régnier Desmarais l'avait employé dans sa traduction *des vrais biens et des vrais maux* de Cicéron : « La langue doit donc ce mot à Régnier Desmarais. L'abbé Desfontaines le remarque comme un néologisme dans les *Essais de littérature* de l'abbé Trublet.

Depuis, il est suffisamment autorisé par l'usage « Nous ne pouvons manquer, dit assez impertinemment l'éditeur de *Trévoux* (1771), d'adopter un mot qui exprime le caractère de la moitié de notre nation. »

Les anciens appelaient *frivolarius* un marchand de joujoux, de babioles, etc.

FROC, s. m. habit de religieux, de *froccus*, mot de la basse latinité. On trouve dans un livre manuscrit des coutumes de l'abbaye de Cluny, c. 30 : *Inter alia conceduntur ad amictum duo frocci et duœ cucullœ*, etc. (entre autres vêtemens, on accorde aux moines deux *frocs*, deux coulles). Or, comme nous l'apprend le P. Mabillon, note c, sur la 1re *Epître* de saint Bernard, le mot *froccus* ou *floccus* a été dit du latin *floccus* (laine, flocon de laine), parce que les *frocs* étaient composés de cette matière.

C'est aussi le sentiment de Joachim Périou, dont nous allons rapporter les paroles : « Froc *dicitur à floccis ex quibus solita est confici* (*froc* est dit des *flocons de laine* dont on le fait ordinairement).

Dans la crasse du *froc* logea la vanité.
BOILEAU.

Jeter le froc aux orties, expression figurée, pour dire quitter la soutane, l'état ecclésiastique. « Ebroin trouva manière de saillir hors du monastère, et *jecta le froc aux orties*. » J. LE MAIRE DE BELGES, *Illustrations des*

Gaules, liv. III, feuillet 40 tourné, Paris, 1548.

« Rachis, roy moine, eut si grand despit, qu'il *eût jeté le froc aux orties*, si le pape ne lui eut conseillé de demourer dans son cloistre. » CL. FAUCHET, *Fleur de la Maison de Charlemaigne*, pag. 24, Paris, 1601.

« Je me trompe, ou ton *froc jeté aux orties* me fourniroit argumens suffisans pour t'imprimer sur le front une marque qu'aisément tu ne pourrois effacer. » RONSARD, *Epître en prose*.

Des moines avaient fait peindre des saints de leur ordre foulant aux pieds des crosses et des mitres. L'évêque Du Bellay fit représenter un saint évêque qui foulait aux pieds les différens *frocs* des religieux.

De *froc*, on a dérivé *frocard*, qui se trouve dans le *Traité de l'Orthographe française*, revu par Restaut, pour dire revêtu d'un froc, un moine : « Moi ! devenir *frocard*, » disait l'abbé de Rancé, avant de se jeter à la Trappe.

Il aperçut dans le fond d'un dortoir
Certain *frocard* moitié blanc, moitié noir.
VOLTAIRE.

FROID, s. m.

ÉPIGRAMME.

Un jour d'hiver, après l'office,
Entendu chez les capucins,
« Ces pauvres gens, que je les plains !
S'écriait la prude Clarice.
Le *froid* me glace jusqu'aux os ;
Jasmin, portez-leur des fagots,
Hélas ! ils ont la jambe nue !... »
Mais bientôt auprès d'un grand feu,
Elle dit : « Rendons grâce à Dieu ;
N'allez pas, le *froid* diminue. »

FROID, OIDE, adj. du latin *frigidus* qui a la même signification. On dit *battre froid à quelqu'un*, lui faire moins d'accueil.

.... *Metuo, et majorum ne quis amicus
Frigore te feriat.* ....
HORAC. Sat. 1, lib. II, v. 62.

Je crains que vous ne perdiez la faveur d'un grand seigneur (qu'un grand seigneur ne *vous fasse*, ne *vous batte froid*).

Sénèque, dit M. Dacier dans sa note sur l'endroit cité, a employé le mot *frigus*, froid, pour la disgrâce, la haine, dans l'*Epître* 122.

FROIDEMENT, adv. « Je pensay que s'il m'advenoit d'estre *froidement* en la grâce de la fortune, le plus seur estoit de me recommander de plus fort à la mienne. » MONTAIGNE, l. III, c. 12.

FROIDUREUX, EUSE, adj. dérivé de *froidure*.

Amour me brûle, et l'hiver *froidureux*.
Les Amours de Ronsard, CLXVIII sonnet.

Ce mot n'est plus français, et c'est à tort que l'abbé Féraud, qui suit trop servilement l'Académie, a répété, d'après elle, qu'on disait *froidureux* pour sujet à avoir froid ; cela ne se dit pas même en raillant.

On doit peut-être regretter que cet adjectif n'ait pas été conservé, non dans le sens de *frileux* que lui donnent l'Académie et l'abbé Féraud ; mais dans celui de rempli de froidure, qui amène la froidure, comme l'a employé Ronsard.

FROISSEMENT, s. m. C'est une onomatopée qui se dit proprement d'une étoffe qui fait entendre un certain bruit lorsqu'on la chiffonne.

« L'amour-propre est un tissu léger et délicat. Il est facile de le *froisser*, et difficile de faire disparaître le *froissement*. »

FROISSURE, s. f. impression qui demeure à une partie qui a été froissée. *Il sera bien difficile de guérir cette froissure*. Tels sont la définition et l'exemple qu'offre l'Académie.

Montaigne a donné à ce mot une autre acception : « Un mur est sans *froissure*, impénétrable à un corps solide. » Liv. II, ch. 12.

FROMAGE, s. m. M. de La Monnoye dit sur le mot *formage* pour *fromage*, qui se trouve dans la nouvelle 66e de Bonaventure Despériers, Amsterdam, 1735, *formage* est l'ancien mot ; et effectivement *formage* et *fourmage* se rencontrent seuls dans nos anciens auteurs. Badius, qui cite Ménage, dérive *formage* de *forma* ; il se trompe quand il dit que *formago* se trouve dans Apulée. Columelle semble partager le sentiment de Badius sur l'étymologie de ce mot : « *Caseus*, dit-il, *vel manu figuratur*, *vel buxeis* formis *exprimitur* (on donne avec les mains la forme au fromage, ou on le fait dans des *formes* de buis).

Le Père Labbe est du même avis; mais M. Morin en va chercher l'origine dans la langue grecque; selon lui, *fromage*, dit par métathèse pour *formage*, vient, non de *forma*, mais de φορμὸς (*phormos*) forme, espèce de tissu de jonc ou d'osier où on le met pour le faire égoutter.

« *Fromage*, suivant M. Roquefort, d'après Barbazan, vient de *foras missa aqua*, masse coagulée et dont on a tiré l'eau, la sérosité; et, à cette occasion, M. Roquefort remarque qu'on a dit *age* pour *aqua* (eau).

» *Laisser aller le chat au fromage*, se dit des bergerètes qui se laissent quelquefois tomber sur la feugère (fougère); dans l'auteur des *Mystères de la Religion*, en vers :

Bergères brunètes font raige,
Bergères ayment d'amour parfaite,
Et *laissent aller* de couraige,
Quand humainement on les traite,
Bien souvent *le chat au fromage.* »

DE BRIEUX, *Origines des coutumes anciennes et façons de parler*, pag. 59, Caen, 1672.

Faire des fromages, dans le style très-familier, signifie pirouetter de manière que le jupon, enflé par le vent, présente, en se baissant, une forme ronde semblable à un *fromage*.

« Légère et gaie, comme on l'est à quinze ans, dit Mme Campan, je m'amusais à tourner sur moi-même avec mon panier de grand habit, et je m'agenouillais tout à coup, pour voir ma jupe de soie rose, que l'air gonflait autour de moi. Pendant ce grave exercice, le roi entre; la princesse le suivait; je veux me lever, mes pieds s'embarrassent, je tombe au milieu de ma robe enflée par le vent. Ma fille, dit Louis XV, en éclatant de rire, je vous conseille de renvoyer au couvent une lectrice qui *fait des fromages.* » *Notice sur Mme Campan*, pag. VIII, en tête des *Mémoires sur la vie privée de Marie-Antoinette*, par Mme Campan, Paris, 1822.

FROMENTEUX, EUSE, adj. (*frumentum*, de *fruor*, jouir) abondant en froment, fertile en froment.

« Æschylus, fils d'Euphorion, natif d'Athènes, est soubs ce tombeau, captif inhumé près de Gèle la *fromenteuse.* » AMYOT, *Plut. Œuv. mor.* tom. XIV, pag. 324.

« Il n'estoit utile qu'une nation toute belliqueuse se mist en possession de terres si grasses, *fromenteuses* et larges. » CL. FAUCHET, *Antiquités gaul.* liv. I, ch. 15.

« M. Breghot du Lut observe que les agriculteurs des environs de Lyon désignent encore sous la dénomination de *terres fromenteuses*, les terres qui produisent du froment. Il ajoute, au reste, que ce mot est omis dans les dictionnaires. En effet, je ne l'ai point trouvé dans le *Cours d'Agriculture* de l'abbé Rozier. Toutefois, considéré comme terme technique, il me paraît nécessaire. » C. POUGENS, *Archéolog. française.*

FRONCER, v. (basse latin. *frontiare*, de *frons*).

« Les héritiers du défunt étoient contraints *froncer* le poignet des officiaux, archidiacres, et autres juges d'église. » EST. PASQUIER, *Recherch.* liv. III, ch. 17.

Saint-Simon a donné à ce verbe une acception bien hardie : « Il n'en falloit pas davantage, dit-il en parlant des soupçons d'empoisonnement répandus contre le Régent, pour *froncer* les courtisans à son égard. » Tom. VI, liv. XIII, ch. 15.

FRONDE, s. f. du latin *funda* : aussi nos pères ont-ils dit *fonde* pour *fronde*, le r interposé dans ce dernier, comme dans *trésor*, du latin *thesaurus*.

« Les Gaulois usoient de *fondes*, d'arcs et flesches envenimées, mesmes à la chasse. » CL. FAUCHET, *Ant. gaul.*, feuillet 13 tourné, 1599.

Mais à l'entrée de la ville,
Plus loin que ne giete une *fonde*,
Avoit une rue profonde.
Du Provoire qui mangea les meures,
conte ancien, vers 20.

FRO 639 FRO

(à l'entrée de la ville, plus loin que ne porte une *fronde*, il y avait une rue basse, un chemin creux).

FRONDERIE, *s. f.* mot inusité, forgé d'après *fronder* et *frondeur*.

« Six mois de paix et sans *fronderie* ne peuvent-ils pas remédier aux désordres ? » NAUDÉ.

« Il y a ici (en Bretagne) de grandes *fronderies* ; mais cela s'apaise en vingt-quatre heures. » SÉVIGNÉ.

FRONDEUR, *s. m.* Il nous reste de la guerre de la Fronde élevée pendant la minorité de Louis XIV, et des mouvemens de Paris de 1649, les mots de *fronder*, pour dire murmurer tout haut, critiquer la conduite de quelqu'un.

« On a *frondé* si rudement contre M. de Saint-Malo, que son neveu s'est trouvé obligé de se battre contre un gentilhomme de Basse-Bretagne. » Mme DE SÉVIGNÉ, CCXXXIX *Lettre*, 22 décembre 1675.

« J'ai voulu *fronder* sa conduite. » BARON, *l'Homme à bonne fortune*, act. 1, sc. 9.

Et celui de *frondeurs* qu'on a long-temps donné à ceux qui frondaient les actes du gouvernement.

« *Frondeurs*, nom de parti, en ces derniers troubles de l'année 1649. Ce nom a été donné à ce parti de cette sorte : M. le duc d'Orléans étant allé au parlement pour empêcher qu'on ne mit en délibération quelques propositions qu'il jugeait désavantageuses au ministère, M. le Coigneux de Bachaumont, conseiller au parlement, dit à quelques autres conseillers qui étaient près de lui, qu'il fallait remettre la délibération à un autre jour que M. le duc d'Orléans ne serait point au parlement, et il se servit de la comparaison des *frondeurs* qui ne frondent pas en présence des commissaires, mais qui frondent dès le lendemain, en leur absence, nonobstant leurs défenses. Quelques jours après, le même M. de Bachaumont, entendant opiner quelques-uns de Messieurs du parlement en faveur du ministère, se souvenant de sa comparaison, dit à ces conseillers dont je viens de parler, qu'il allait *fronder* cet avis. Ces mots ayant été reçus avec approbation par ces conseillers, et employés ensuite heureusement en vers, par M. de Marigny, on appela *frondeurs* ceux qui étaient contraires au ministère ; et on a dit ensuite *fronder quelqu'un*, pour dire *le pousser à bout*. Molière, dans sa préface de l'*Ecole des femmes*, dit : bien des gens ont *frondé* d'abord *cette comédie*. » MÉNAGE, *Dict. étymol.* édit. in-folio, Paris, 1750, au mot *Frondeurs*.

« Nous vivons dans un siècle *frondeur* et systématique, où l'esprit ne s'exerce qu'aux dépens de la raison. » *Année litt.*

Frondeur, au figuré et dans le sens de qui censure, qui contredit, se dit avec un régime indirect.

Des vices et des mœurs judicieux *frondeur*.
DESTOUCHES, *l'Homme singulier*, act. IV, sc. 5.

On discernait dans la joyeuse bande,
Maints beaux esprits *frondeurs de la légende*.
PALISSOT, *la Dunciade*, ch. 8.

FRONT, *s. m.* (*frons*). « Il faut avoir les reins bien fermes, pour entreprendre de marcher *front à front* avec ces gens-là. » MONT. liv. 1, c. 25, en parlant des anciens.

« Les simples et ouverts, qui portent, comme on dit, le cœur au *front*, ne sont aucunement propres à ce mestier de commander. » CHARRON, liv. III, ch. 2.

FRONTÉ, ÉE, *adj.* dérivé de *front*. « Voyez les bustes des grands hommes ; presque tous sont *frontés*. » MONTAIGNE. — Ont un grand front.

FRONTIÈRE, *s. f.* « Une femme aimable, sauvée des instances d'un amant aimé et pressant par l'arrivée d'un tiers, disait à une de ses amies : « Je n'ai pas été en péché mortel, mais j'étais sur la *frontière*. »

Un célèbre moraliste a dit que, si le monde était partagé entre deux hommes, ils se battraient encore pour les *frontières*.

FRONTISPICE, *s. m.* « Cet homme de bien donne à ce chapitre le *frontispice* de méchanceté. » EST. PASQUIER, en parlant de Machiavel et du chapitre de son *Prince*, intitulé : *De la scélératesse*, l. 9, lettr. 7.

Il paraît que *front* s'est dit autrefois dans le même sens.

« Vous trouverez leurs grandes et excessives histoires se rapporter plus à leurs religions et monastères, qu'à la déduction du subject qu'ils promettent *au front de leurs livres*. » EST. PASQ. *Rech. sur la France.*

FROTTADE, *s. f.* « Il n'y en avait pas un qui ne prît avantage sur le ministre, des *frottades* que nous lui donnions; c'était le mot du président de Bellièvre. » *Mém. du card. de Retz*, lettr. VIII.

FROTTEMENT, *s. m.* On demandait à Sterne s'il n'avait pas trouvé en France de caractère original. « Non, dit-il, les hommes y sont comme ces vieilles médailles dont l'empreinte est usée par le *frottement*. » Depuis, ces médailles en ont frotté d'autres.

FROTTER, *v.* du latin *frictum*, supin de *fricare*, qui a la même signification.

« On peut apprendre par conférences, avec les honnestes et habiles hommes, *frottant* et limant nostre cervelle contre la leur, comme le fer qui s'esclaircit, se nettoye et embellit par le frotter. » CHARRON, liv. III, chap. 14.

Jour de Dieu! je saurai vous *frotter* les oreilles.
MOLIÈRE.

Mme Geoffrin disait d'un personnage connu : « C'est une bête *frottée* d'esprit. »

FRUCTIDOR, *s. m.* C'était le douzième mois dans le calendrier de la république française; il commençait le 18 août et finissait le 16 septembre. Les jours appelés *complémentaires* remplissaient l'intervalle qui séparait le 16 septembre du 22 du même mois.

Dans les vergers Pomone, avec ses dons,
De *fructidor* a couronné la tête;
Et par cinq jours de triomphe et de fête,
Ferme avec lui le cercle des saisons.

FRUIT, *s. m.* (*fructus*, de *fruor*, jouir). « Quand les sauvages de la Louisiane veulent avoir du *fruit*, ils coupent l'arbre au pied et cueillent le *fruit*; voilà le gouvernement despotique! » MONTESQUIEU, *Esprit des Lois.*

FRUITAGE, *s. m.* abondance de fruits.

Car le premier qui porte bon *fruitage*,
Vaut mieux que cil qui ne porte que fleurs.
CL. MAROT.

FRUITION, *s. f.* jouissance.

Toutes avoyent sous vesture secrète,
Un teint vermeil, une mine safrète,
Sans point avoir d'amour *fruition*.
CL. MAROT.

Ces deux mots se retrouvent encore dans Oudin, *Dictionnaire des trois langues.*

FRUSQUIN. *Voy.* SAINT-FRUSQUIN.

FUGITIF, IVE, *adj.* du latin *fugitivus* (qui fuit). Nos pères ont dit aussi *fuitif, fuitive.*

Plus elle est courte, et plus elle est *fuitive.*
Les Amours de Ronsard, CLVI^e sonnet.

« On appelle pièce *fugitive* un ouvrage, soit manuscrit, soit imprimé, qui, par la petitesse de son volume, est sujet à se perdre aisément. Cet auteur a rassemblé beaucoup de pièces fugitives *très-curieuses*. Tels sont et la définition et l'exemple que donne l'Académie. Nous préférons la définition proposée par La Harpe : « Ces poésies sont appelées *fugitives*; parce qu'elles semblent s'échapper avec la même facilité, et de la plume qui les produit et des mains qui les recueillent. » LA HARPE, *Éloge de Voltaire, Œuvres complètes de Voltaire*, t. LXX, pag. 377, in-8°, Gotha, 1789.

Sous ce nom on comprend le conte, l'épigramme, le madrigal, le sonnet, le rondeau, la chanson, l'épitaphe, etc.

Voltaire colora de nuances plus vives
Ces poétiques fleurs qu'on nomme *fugitives.*
Que j'aime l'abandon mélancolique et vrai
De Chaulieu qui soupire aux bois de Fontenay.
Du vieillard de Téos (d'Anacréon) ressaisissant la
[lyre,
Lainez chante, inspiré par un triple délire;
Les Faunes et les Ris lui servent d'échansons,
Et les Grâces en chœur dansent à ses chansons.
. . . .
En fait d'aimables riens le goût français excelle;
Mais les aiguisant trop il affaiblit ses traits.
L'heureuse négligence a de plus doux attraits;
C'est ainsi qu'avec grâce autrefois Saint-Aulaire

D'une rose embellit son front octogénaire.
Il faut être léger dans un léger écrit :
Maints petits vers sont lourds; le bon sens est l'es-
[prit.

CHAUSSARD, *Poétique secondaire*, ch. III.

A ces judicieuses réflexions ajoutons la remarque non moins sage de Demandre : « Ce qu'on appelle aujourd'hui *poésies fugitives*, n'a plus ni forme ni dessein : elles sont libres, mais trop libres. La facilité, que suit la négligence, en fait produire avec une abondance qui ajoute encore au dégoût de leur insipidité. Des hommes de génie, dont ces poésies légères sont le délassement, y excelleront toujours; mais le génie est rare; et le talent médiocre, dans ces sortes de pièces, ne fera qu'enfiler des rimes communes, et des idées plus communes encore, sans aucune peine, il est vrai, mais aussi sans aucun mérite, ni du côté du goût, ni du côté de l'art. » *Dict. de l'Elocution française*, tom. 1, pag. 186. — Extrait du *Gradus français*.

FUIR, *v.* du latin *fugere* qui a la même signification. « Dès qu'un mot, ayant un *g* intermédiaire, passe dans une autre langue, on le contracte, dit le président De Brosses, et le *g* ne s'y trouve plus. » Cette assertion, peut-être un peu trop généralisée, trouve d'ailleurs ici son application.

Il faut avoir l'ame de Turenne ou de Condé, pour dire du même ton :
« Je *fuyais*, et nous les battimes. »
ROUBAUD.

Boileau disait de l'érudit mais pesant Dacier : « Il *fuit* les Grâces, et les Grâces le *fuient*. »

Danchet était assis sur un banc des Tuileries. Piron, dont il avait à se plaindre, ne l'apercevant pas, s'assied sur le même banc. Danchet se lève, et quitte brusquement la place. « Quoi! s'écrie Piron, je ferais *fuir* Danchet, qui fait *fuir* tout le monde! »

Fuir, laisser échapper un liquide. Une femme disait à une autre, dont le petit chien avait commis quelque incongruité : « Ma chère amie, ton carlin *fuit*. » C'est là un singulier euphémisme!

FUITE, *s. f.* action de *fuir*. « Ma *fuite* estoit esmeue, mais non pas estourdie, ny esperdue. Les grandes ames vont bien plus outre, et représentent des *fuites*, non rassises seulement et saines, mais fières. »
MONTAIGNE, liv. III, c. 6.

« Il est peut-estre aucun de ma complexion, qui m'instruit mieux par contrariété que par similitude, et par *fuite*, que par suite. » *Le même*, liv. III, ch. 7.

Et la *fuite* est permise à qui fuit son tyran.
RACINE.

« Les jeunes gens qui veulent toujours payer de courage, ne mettent point de différence entre la *fuite* et la retraite. » SAINT-ÉVREMONT.

Cette locution, *chercher son salut dans la fuite*, a été empruntée à la langue latine : *Salutem fugâ quæsivit* (il chercha son salut dans la *fuite*). JUSTIN. lib. XXVII, ch. 3.

Il en est de même de la suivante : *Méditer sa fuite*. Columelle a dit, liv. 19, ch. 8 : *fugam meditari*.

Je méditais ma *fuite* aux terres étrangères.
RACINE.

FULMINANT, ANTE, *adj.* L'abbé de Longuerue avait, plus que personne, la science des dates. Le cardinal d'Estrées, qui les regardait comme des preuves auxquelles il était impossible de résister, les appelait les dates *fulminantes*.

FUMÉE, *s. f.* du latin *fumus*, venu du grec φυμὸς (*phumos*) éolique, pour θυμὸς (*thumos*), vapeur, odeur.

« Qui se pourroit disner de la *fumée* du rôt feroit-il pas une belle espargne? » MONT. liv. III, ch. 5.

Il en est des actions comme des viandes, les meilleures ne valent rien quand elles sentent la *fumée*.

Comines, livre VII, appelle les expéditions des Français en Italie : « des *fumées*. »

On trouve cette phrase énergique dans un pamphlet de 1604, intitulé *le Politique françois* : « Ces palais, autrefois tant superbes, que l'insolence du soldat a ruinés, exhalent de dessous les masures je ne sçais quelles *fumées* qui crient vengeance. »

Boileau dit que les poètes vendent au poids de l'or une once de *fumée*.

La cour est un séjour plein de *fumée*; on n'en sort que les larmes aux yeux.

Le duc de Saint-Simon a fait un singulier usage de ce mot dans le portrait du cardinal Dubois : « Malgré un bégayement affecté, auquel il s'étoit accoutumé, pour se donner le temps de pénétrer les autres, sa conversation instructive, ornée, insinuante, l'auroit fait rechercher, si tout cela n'eût été obscurci par une *fumée* de fausseté, qui faisoit que sa gaîté attristoit. »

On a dit des grands :

Leur puissance si renommée
Se perd en s'élevant comme fait la *fumée*

Un président au parlement, ayant fait donner des coups de bâton à un procureur : « Voilà bien de quoi crier, dit un autre président, il n'y a qu'à brûler le bâton, cela s'en ira en *fumée*. »

FUMER, *v.* jeter de la fumée, du latin *fumare*, qui a la même signification.

« Je me sens *fumer* en l'ame par fois aucunes tentations vers l'ambition : mais je me bande et obstine au contraire. » MONT. liv. III, ch. 9.

Dans Rome les autels *fumaient* de sacrifices.
RACINE, *Britannicus*, act. IV, sc. 2.

Tous les temples ouverts *fument* en votre nom.
Le même, *Bérénice*, act. IV, sc. 6.

Si de sang et de morts le Ciel est affamé,
Jamais de plus de sang ses autels n'ont *fumé*.
Le même, *Iphigénie*, act. V, sc. 2.

FUMER, *v.* amender avec du fumier.

La précieuse Mme de Grignan avait fort mésallié son fils, pour raccommoder leurs affaires délabrées. « Il faut bien, disoit-elle, quelquefois *fumer* ses terres. » Jamais la famille de sa belle-fille ne lui pardonna.

FUMET, *s. m.* vapeur agréable qui s'exhale du vin et de certaines viandes.

Deux jeunes marcassins, avec quatre faisans,
Le tout est couronné de soixante ortolans;
Et des perdrix, morbleu ! d'un *fumet* admirable.
REGNARD, *le Bal*, sc. 2.

Je vis libre, en repos, au-dessus de l'effroi;
Ainsi que Dieu, ma misère est immense;
Les plus hardis voleurs s'éloignent tous de moi.
J'ai le *fumet* de l'indigence.
Mot d'un homme de lettres connu.

FUMEUX, EUSE, *adj.* du latin *fumosus* (qui jette de la fumée). L'Académie et l'abbé Féraud ne le disent que du vin et des liqueurs qui envoient des fumées, des vapeurs à la tête.

La *fumeuse* liqueur frémit, monte et bouillonne.
ROSSET, *l'Agriculture*, ch. 2.

Regnier lui a donné un autre sens dans sa satire X :

Le pédant tout *fumeux* de vin et de doctrine.

Les poètes le disent généralement de tout ce qui répand de la fumée, les poètes ont raison, et c'est un mot utile que la prose soutenue devrait emprunter à la poésie.

Et qu'enfin tout ce bois, éprouvé par les feux,
Se durcisse à loisir sur ton foyer *fumeux*.
DELILLE, trad. des *Géorgiques*, liv. 1.

L'onde frémit, s'agite et bondit dans le vase;
Et, dans l'air exhalant des tourbillons *fumeux*,
S'enfle, monte et répand des bouillons écumeux.
Le même, trad. de l'*Enéide*, liv. VII.

FUMIER, *s. m.* du latin *fimarium* qui a la même signification dans Columelle.

Et des sels du *fumier* se forment en secret
Le parfum de la rose et le teint de l'œillet.
DELILLE.

« Ma maison a mérité assez d'affection populaire, et seroit bien mal-aisé de me gourmander sur mon *fumier*. » MONT. liv. III, ch. 9.

« Le soleil esclaire sur les *fumiers*, sans en rien tenir ny sentir. » CHARR. liv. 1, ch. 24, pour justifier la liberté de son discours en parlant de l'amour charnel.

Je rêvais cette nuit que de mal consumé,
Côte à côte d'un pauvre on m'avait inhumé;
Mais ne pouvant souffrir ce fâcheux voisinage,
En mort de qualité je lui tins ce langage :
Retire-toi, coquin, va pourrir loin d'ici;
Il ne t'appartient pas de m'approcher ainsi.
—Coquin ! ce m'a-t-il dit d'une arrogance extrême,
Va chercher tes coquins ailleurs, coquin toi-même.
Ici tous sont égaux, je ne te dois plus rien;
Je suis sur mon *fumier*, comme toi sur le tien.
PATRICE.

« Le cultivateur, méprisé, chargé d'impôts nécessaires à l'entretien du luxe; et condamné à passer sa vie entre le travail et la faim, abandonne ses champs qui restent en friche, pour aller chercher dans les villes le pain qu'il y devait porter ; les grands chemins sont inondés de malheureux citoyens devenus mendians, destinés à finir leurs jours sur la roue ou sur un *fumier*. » J. J. ROUSSEAU.

« En vain la fortune couvre un *fumier* du plus riche tapis ; une certaine odeur perce toujours. »

« L'argent ressemble an *fumier*, qui ne profite que quand il est répandu... » BACON.

Les grands seigneurs appelaient autrefois les filles de financiers qu'ils épousaient à cause de leurs richesses, le *fumier* dont ils engraissaient leurs terres. Voyez à FUMER, l'expression dont se servait Mme de Grignan.

FUR, s. m. dont on ne se sert que dans cette locution adverbiale, *au fur et à mesure*, anciennement *feur*.

« Nous disons quelquefois *au feur*, c'est-à-dire *au prix*, et peu de personnes savent pourquoy. Mais le mot d'*affeurer* signifioit acheter : dedans le vieux *Coustumier* de Normandie, chap. XX, titre *des Usuriers : tel a affeuré son cheval au feur*, c'est-à-dire qu'il a acheté son cheval au prix, etc. » PASQUIER, *Recherches de la France*, liv. VIII, ch. 50.

Tel feur, telle vente : cet ancien proverbe, qui se trouve dans les *Quinze Joyes du mariage*, signifie tel est le cours du marché, telle est la vente.

Feur et ensuite *fur* viennent du latin *forum* (marché, place publique, lieu où l'on plaide).

« *Feur, for*, lieu à exercer jugement : *hoc forum*, » lit-on dans le *Dict.* de Phil. Monet (1637).

« *Fur*, dit Ménage, vient incontestablement du mot *forum*. Forum sumitur pro pretio rerum quod commune est in foro. »

« *Feur*, estime du prix, taux, *œstimatio pretii. Mercis œstimatio, pretii constitutio*; *au feur*, pro rei proportione. » *Dict.* de Pomey, in-4°, 1716.

Feurs s'emploie encore aujourd'hui au pluriel, pour dire les frais faits pour la culture des terres. *Rembourser les feurs, labours et semences.* Acad.

FURETER, v. dérivé de *furet*, proprement, chasser au furet; au figuré, chercher avec soin à la manière des furets.

« L'action de l'esprit est tousiours guester, *fureter*, tournoyer sans cesse, comme affamé de sçavoir, enquérir et rechercher. » CHARR. l. I, c. 16.

« Jamais homme, dit Montaigne en parlant de lui, l. II, c. 4, né s'enquit moins, et ne *fureta* moins ès affaires d'autruy. »

Regnard lui a donné un complément direct :

De gens qui *furetant* les clés du coffre-fort,
Me détendront mon lit peut-être avant ma mort.
Le Légataire, act. 1, sc. 3.

FUREUR, s. f. On a défini la *fureur* une aliénation d'esprit sans fièvre.

Mais déjà la *fureur* dans vos yeux étincelle.
BOILEAU, *le Lutrin*, ch. III.

On appelle aussi *fureur* un transport qui élève l'esprit au-dessus de lui-même et lui fait faire ou dire des choses extraordinaires ; c'est en ce sens qu'on dit *fureur prophétique, fureur bachique, fureur martiale. Il fut saisi d'une fureur divine.*

Du sein d'un prêtre ému d'une divine horreur,
Apollon par des vers exhala sa *fureur*.
BOILEAU, *Art poétique*, ch. IV.

Si d'un beau mouvement l'agréable *fureur*
Souvent ne nous remplit d'une douce terreur,
Ou n'excite en notre ame une pitié charmante,
En vain vous étalez une scène savante.
Le même.

La *fureur* sainte qui m'anime
M'inspire un cantique sublime.
L. RACINE, *Ode tirée du psaume* XLIV.

Un dieu vient échauffer mon ame
D'une prophétique *fureur*.
J. B. ROUSSEAU.

Fureurs se dit, mais seulement au pluriel, des imprécations, des discours véhémens que la colère inspire à un personnage tragique. La Harpe a dit, en parlant de l'acteur Mondory : « Il pensa périr des efforts qu'il faisait dans *les fureurs d'Hérode.* » *Les Fureurs d'Oreste.*

Échappé aux recherches que fait Égisthe pour le perdre, Oreste arrive enfin à Argos, et venge la mort d'Agamemnon, en tuant Égisthe et Clytemnestre. Aussitôt il croit voir l'ombre de sa mère accompagnée des furies, et exhale en ces mots les transports de sa *fureur* :

Mais quelle épaisse nuit tout à coup m'environne?
De quel côté sortir? d'où vient que je frissonne?
Quelle horreur me saisit? Grâce au ciel, j'entrevoi...
Dieux! quels ruisseaux de sang coulent autour de
[moi!
....
Eh bien! filles d'enfer! vos mains sont-elles prêtes?
Pour qui sont ces serpens qui sifflent sur vos têtes?
A qui destinez-vous l'appareil qui vous suit?
Venez-vous m'enlever dans l'éternelle nuit?
Venez, à vos *fureurs* Oreste s'abandonne.
RACINE.

FURIE, s. f. « Le poète, dit Platon, assis sur le trépied des Muses, verse de *furie* tout ce qui lui vient à la bouche, comme la gargouille d'une fontaine, sans le ruminer et poiser. » MONT. l. III, c. 9.

FURIEUSEMENT, *adv.* d'une manière furieuse. On l'emploie familièrement dans le sens de beaucoup, fort. Un mauvais usage a pu seul donner cours à cette expression; c'est ainsi que le peuple dit depuis quelque temps *joliment*, et qu'une personne disait dans une société en parlant d'une femme : *elle est joliment laide*, pour dire *fort laide*.

Vino et lucernis Medus acinaces
Immane quantùm discrepat.
HORACE, l. I, Ode XXVIIIe, v. 5.

mot à mot (combien grandement, *furieusement*, le cimeterre des Mèdes est différent du vin et des flambeaux).

« Immane quantum. *Ità loquuntur Græci* :

Θαυμαϛὸν ὅσον, ἀμήχανον ὅσον :

et ab iis Latini mirum, nimiùm, immanè quantum, pro summopere, *mirum in modum.* ». Remarque du P. Jouvency à l'endroit cité.

« *Immanè quantum. Immanis est* pris quelquefois pour *grand*, comme *sævus* et le grec μανικός. Et *immanè quantum* est pris au pied de la lettre dans Aristophane, μανικὸν ὅσον. Comme aussi les Latins ont dit *immanè quantum*, c'est ainsi que nous disons *furieusement grand.* » Remarque de M. Dacier.

« La cavalerie des Perses se mit à charger *furieusement* l'aile gauche. »

VAUGELAS, traduction de *Quinte-Curce*, in-4°, 1653, p. 246.

Racine, dans ses *Remarques* sur quelques phrases de cette traduction, a souligné *furieusement*. *Manuscrits de J. Racine*, déposés à la Bibliothèque royale.

FUSEAU, s. m. (*fusus*). « C'est un *fuseau* bien meslé, qui sera fort à dévider. » EST. PASQ. l. IV, lett. 5.

Enfin j'ai vu de mes jeunes années
L'astre pâlir au midi de son cours;
Depuis long-temps la main des destinées
Tourne à regret le *fuseau* de mes jours.
COLARDEAU.

FUSÉE, s. f. C'est proprement la quantité de filasse ou de fil qui est autour du *fuseau*.

Le cours de nos ans est borné;
Et quand notre heure aura sonné,
Clothon ne voudra plus grossir nostre *fusée*.
C'est une loy, non pas un chastiment,
Que la nécessité qui nous est imposée
De servir de pasture aux vers du monument.
MAYNARD.

Montaigne, liv. II, c. 10, en parlant de la vanité de la gloire, après avoir dit qu'il y a en France d'autres familles de son nom, ajoute : « Le remuement d'une seule syllabe meslera nos *fusées*, de façon que j'auray part à leur gloire, et eux à l'adventure à ma honte. »

Démêler la fusée, métaphore empruntée de la filature où l'on est obligé de démêler la *fusée* ou la filasse qui est autour du fuseau en filant.

« Philippus, roi de Macédoine, celui qui *eut tant de fusées à demesler avec le peuple romain*, etc. » MONT. liv. II, c. 27.

« Il s'estoit vanté qu'il en sçavoit toute la *fusée.* » *Contes d'Eutrapel*, tom. I.

« Et pensoit-il pouvoir vivre, ayant achevé sa *fusée?* » (sa vie). D'ABLANCOURT.

On appelle, par ressemblance, *fusée* une pièce d'artifice.

Vers la voûte étoilée où son orgueil aspire,
Une *fusée*, en longs rayons de feux
Traçait un soir sa course dans les cieux;
Monte, brille; elle éclate; on la suit, on l'admire;
Soudain elle va s'arrêter;
Mais l'imprudente, en cessant de monter,
Retombe. Ah! voilà bien l'image de la vie....
M. E. DUPATY.

« Les desseins de l'homme ressemblent aux *fusées* qui montent dans l'air avec rapidité, et réjouissent quelques momens la vue des spectateurs, mais qui, venant à s'éteindre, ne leur renvoient que les baguettes auxquelles elles étoient attachées. » OXENSTIERN.

« Je n'aime point la morale en *fusées* : toutes ces comédies, ces livres, ces conversations qui sont toutes à l'esprit, font le même effet que les feux d'artifice; on en sort toujours triste. » LE PRINCE DE LIGNE.

« Son rire quelquefois part comme une *fusée* et de ressouvenir. » *Le même*.

FUSIL, s. m. Ce mot, dans sa première acception, a signifié un morceau d'acier propre à faire sortir des étincelles d'une pierre à feu ; il vient du latin *fugillus*, dans la basse latinité, formé probablement sur le diminutif *foculus* (petit foyer). On s'est servi ensuite du mot *fusil* pour exprimer soit la partie de la platine du *fusil* appelée batterie, soit la platine entière ; « et l'on a fini en France, dit de Marolles, par appliquer cette dénomination à l'arme même, en cessant de l'appeler *arquebuse*, lorsque les platines à rouet ou à mèche ont été tout-à-fait abandonnées. » *La Chasse au fusil*, pag. 47, Paris, 1788.

FUSILIER, s. m. Ce mot, dérivé de *fusil*, a d'abord été le nom d'un corps de milice ou régiment créé en 1671, et qui était armé d'un fusil, d'une baïonnette et d'une épée. Il n'y avait alors que les grenadiers des bataillons qui portassent des fusils, les autres soldats avaient des piques. Depuis le commencement du dernier siècle, que toute l'infanterie a été armée du fusil, *fusilier* a désigné un simple soldat.

FUSTIGER, *v. Fustis*, en latin, signifie un *bâton*; nos pères ont dit *fuster* pour battre avec un bâton ou battre de verges : cette expression se trouve dans le *Roman du Renard* (13e siècle). Les Latins ont dit *fustigatus* (fustigé, qui a reçu la bastonnade); ce qui suppose le verbe *fustigare* (donner des coups de verges ou de bâton), dont nous avons fait *fustiger*.

FÛT, s. m. que nos pères ont écrit *fust*, du latin *fustis* (bâton), s'est pris généralement pour *arbre*, *arme*, et même pour *vaisseau*. De là *futaie*, arbre de haute futaie.

« Il n'y a pas seulement là de quoi faire une comtesse, mais même une nymphe de *haute futaie*. » *Don Quichotte*.

Futé, au physique, pointu, bien appointé : au figuré, fin, rusé, qui a l'esprit pénétrant; *affût* d'un canon ; *affuter*, au physique, rendre pointu. *Re-futer*, au figuré, repousser un trait, une objection.

Dans le glossaire du *Roman de la Rose*, *fust* est traduit par *bateau* ou *vaisseau* fait de bois ; c'est en ce dernier sens que nous le prenons, quand nous disons du vin qu'*il sent le fût*, c'est-à-dire le vaisseau, le tonneau qui le renfermait ; *vendre fût et jus*, c. à d. le tonneau avec la liqueur.

FUTAINE, s. f. (*Fustat*, l'ancienne Memphis, ville d'Égypte, où il y a quantité de coton, et d'où cette étoffe a été apportée).

FUTILE, adj., du latin *futilis*, ce qui se dit proprement d'un vase qui laisse échapper ce qu'on met dedans.

« *Futiles*, dit Festus, *dicuntur qui silere tacenda nequeunt, sed ea effundunt, sic et vasa* futilia *à fundendo vocata*. SCHEFFER. Futile *autem hoc vasis genus dicebatur, auctore Donato, latissimi oris, ex alterâ parte arctum, quod statim positum effundebatur. Utebantur eo in sacrificiis Vestæ: quia aqua ad sacra hausta, in terrâ, non ponitur : quòd si fiat, piaculum est; undè excogitatum hoc vas est, quod stare non posset, sed statim effunderetur. A quo futiles homines dicuntur.* » *Phædri fabulæ in lucem editæ à Johanne Laurentio, cum notis*, pag. 295, Amstelodami, 1667.

FY, interj. corruption du mot *foi*, introduite par le scrupule de ceux qui disent : *par ma fy!* craignant de dire: *par ma foi!*

G, *s. m.* septième lettre de notre alphabet; il se prononçait *gé* dans l'ancienne appellation :

Un jet de voix suffit pour engendrer le g (*gé*),
Il gémit quelquefois dans la gorge engagé.
PIIS.

et se prononce *ge* ou *gue* dans la nouvelle.

Nos pères mettaient souvent un *g* dans le cours ou à la fin des mots; on trouve dans le *Dit des rues de Paris*, par Guillot de Paris, qui écrivait dans le treizième siècle, ils maignent, pour ils mainent ou manent (*manent* ils *demeurent*); je ving, pour je vins (*veni*); Saint-Severing, pour Saint-Severin; elle ving, pour elle vint; je reving, pour je revins.

On rencontre constamment dans les éditions gothiques *ung, loing, soing, gaing*, pour *un, loin, soin, gain*, etc. Ce *g* se retrouve dans les dérivés *gagner, éloigner, soigner*, etc.

« Les anciens étymologistes, dit Latour d'Auvergne, *Origines gauloises*, pag. 188, n'admettent qu'une légère différence dans la prononciation des lettres *c, g, k* et *q*. » Il résulte de cette légère différence que les poètes font rimer sang avec flanc, rang avec banc, long avec tronc, joug avec bouc, etc.

GAB, *s. m.* (GABE, *s. f.* dans les *Chroniques* de Monstrelet) vieux mot qui signifiait raillerie, plaisanterie. Il vient de l'allemand *gabberen*, qui signifie *badiner*, comme dit Ménage après Vossius. Dès avant 1588, Jean Lefèvre disait dans son *Dict. des rimes* que *gab* était vieilli. On en a dérivé *gaber*, qui signifiait autrefois *railler*, se moquer, et *gabatine*. Les Italiens en ont fait leur verbe *gabbare*.

« Par manière de *gabois*. » *Chroniques* de Monstrelet, liv. 1, c. 239 (par manière de raillerie, de moquerie).

GABATINE, *s. f.* tromperie, promesse ambiguë, dérivé de *gab*. Il n'est guère d'usage que dans cette locution du style familier, *donner de la gabatine à quelqu'un*, pour dire le tromper, lui en faire accroire.

« Tu m'as bien baillé de la *gabatine* et fait un tour de femme, etc. » *La comédie des Proverbes*, act. II, sc. 1.

Galans fieffés, donneurs de *gabatine*,
J'ai beau prêcher qu'on risque à vous ouïr.
MME DESHOULIÈRES.

GABEGIE, *s. f.* Dans le *Dict. du bas langage*, Paris, 1808, on lit : « *Gabegie*, micmac, intrigue, pratique secrète. *Il y a là-dessous de la gabegie*, pour dire quelque chose qui n'est pas naturel, quelque manége. »

M. Charles Nodier, dans son *Examen critique des dictionnaires de la langue française*, traduit ce mot par ruse, fascination, etc.

« Ce mot trivial, dit ce savant et judicieux critique, est d'un usage si commun dans le peuple, qu'il n'est presque pas permis de l'omettre dans les dictionnaires, et qu'il est du moins curieux d'en chercher l'étymologie. Il est évident qu'il nous a été apporté par les Italiens du temps des Médicis, et que c'est une des compensations de peu de valeur que nous avons reçues d'eux en échange des innombrables altérations que leur prononciation efféminée a fait subir à notre langue. *Gabgie* ou *gabbegie* est fait de *gabbo* et de *bugia*, ruse et mensonge. »

GABELEUR, *s. m.* « Encore que nostre vie soit si courte, ce somme, comme un publicain et *gabeleur*, nous en oste la moitié. » BOUCHET, XVIe *Sérée*.

GABELLE, *s. f.* impôt sur le sel. Les avis sont partagés sur l'étymologie de ce mot : les uns le tirent de l'hébreu, d'autres du saxon *gabel* (tribut), d'autres de *garbelle* (javelle) ; on en prenait une de chaque tas, selon Ragneau ; Jean Limnée, de l'italien : « Gabelle, *vox italica, in nativo solo indictionem omnem et præstationem pro rebus mobilibus, aut se moventibus, significans, in Galliâ verò accipitur pro vectigali salinario. De origine non satis constat. Sunt qui Philippum Longum, sunt qui Philippum Pulchrum hujus vectigalis auctorem faciant.* » (*Gabelle.*, mot italien qui, dans le pays où il a pris naissance, signifie tout impôt extraordinaire et redevance pour les choses mobiles ou qui se meuvent elles-mêmes, mais en France il est dit d'un impôt qui se lève sur le sel. On n'est pas certain de son origine. Il en est qui regardent Philippe-le-Long comme l'auteur de cet impôt, que d'autres attribuent à Philippe-le-Bel). *Notitia regni Franciæ* à Johanne Limnæo., pag. 643, in-4°, 1655.

Philippe de Valois fut le premier qui introduisit en France le droit par lequel on paie l'eau de la mer et les rayons du soleil. Le roi d'Angleterre appelait plaisamment ce prince l'auteur de la loi *salique*.

On a proposé aussi *gab* ; mais cette dernière étymologie a été repoussée avec raison : en effet, il n'y a pas le mot pour rire dans cette sorte d'impôt. N'est-il pas plus probable qu'il vient du mot hébreux *gab*, signifiant *tribut*.

GABER ou GABBER, *v.* dérivé de *gab*. *Voy.* ce mot (se moquer, railler). Quelques dictionnaires le portent encore, mais en indiquant qu'il est vieux.

« Dame, dit-il, vous me *gabbez* » (vous me trompez). *Lancelot du Lac*.

« Les dames qui de lui se *gaboient*, disant qu'il ressembloit mieulx à un chareton (charretier) qu'à un gentilhomme. » *Les Neuf Preux*.

« Nous *gabasmes* enfin les gausseurs. » Préface du *Dict. des rimes* de Jean Lefèvre, par le seigneur des Accords, Paris, 1588.

« Socrates beuvant d'aultant à ung chascun, toujours *se guabelant*, etc. »
Œuvres de Rabelais, prologue du liv. 1er.

« *Se guabelant.* Ci-dessous encore, liv. 1, c. 34 : *Ce Gaultier ici se guabele de nous*, c'est-à-dire plaisante et se moque de nous. *Gaber*, dans les chapitres VII et VIII du *Roman de Galien* restauré, se prend pour railler et dire des sornettes. *Gabeler* est ici un diminutif de cet ancien mot. » *Note* de Le Duchat sur Rabelais, à l'endroit cité.

GABIONNER, *v.* proprement couvrir avec des gabions, qui sont des paniers remplis de terre qui dans les sièges couvrent les travailleurs. Un auteur s'en est servi au figuré :

« Et ainsi Eutrapel, avec deux ou trois doigts de liberté, dont il idolâtre, se *gabionne*. » *Contes d'Eutrapel*, t. II.

GÂCHER, *v.* GÂCHIS, *s. m.* (allem. *wasser*, eau).

GAGER, *v.* (*vas, vadis*, caution ; *guadiare*, gager) se trouve dans le *Dictionnaire Latin-Français* tiré d'un ancien manuscrit, et rapporté par le P. Labbe dans ses *Etymologies des mots françois*, pag. 506, Paris, 1661.

« Vous voudriez que Pauline fût parfaite ? avait-elle *gagé* de l'être au sortir du couvent ? » Mme DE SÉVIGNÉ.

« A-t-on donc *gagé* d'être parfait ? disait Mme de La Fayette. Non, répondait Mme de Sévigné, il y aurait trop de risque à faire cette *gageure*-là. »

GAI, GAILLARD, GAYETÉ, GAILLARDISE, S'ÉGAYER, S'AGAILLARDIR, etc. viennent, suivant le P. L'abbe, du latin *gaudeo* (je me réjouis), *gaudium* (joie) ; d'autres font venir *gaillard* de l'anglo-saxon *gal* (lubrique, libertin) ; et Borel observe que tous les mots terminés en *ard* sont composés du gaulois *ard*, qui signifiait *naturel*. Ainsi *gaillard* veut dire naturel gai. On peut dire la même chose de *babillard, couard, pillard, paillard*, etc. Du Cange dérive ce mot de *galiardus*, qu'on a dit dans la basse latinité pour signifier un *bouffon*, un *jongleur.* Scaliger le fait venir à *gallia audacia* (intrépidité française).

L'homme *gai* dans le monde est un vrai bienfai-
[teur.
IMBERT.

Aussi la main chaude est charmante.
Jouant donc à ce jeu dans un cercle d'amis,
Où les propos *gaillards* les rébus sont permis,
J'avais le dos courbé, la main sur le derrière,
Et la tête cachée entre les deux genoux
De la plus aimable fermière,
Quand, par la grosse main de son benêt d'époux,
Je me sentis frappé d'une rude manière.
Qui t'a touché, me dit le sot?
—Morbleu! c'est un cocu, m'écriai-je en colère.
—Holà, reprit-il à ce mot,
Je ne suis plus du jeu, vous y voyez, compère.
FABIEN PILLET.

Voyez COQUETTERIE, GALA, GALANT, GOLIARD.

GAÎTÉ, *s. f.* « On trouve dès Turin, une *gaîté* mélancholique, sournoise et concentrée, une *gaîté* de chat, une *gaîté* tout à soi et qui ne sait point se répandre dans la société. » *Voyage en Italie.*

Les riches, presque toujours avares ou prodigues, n'ont qu'une *gaîté* qui va et vient comme leur argent.

A mon sens la *gaîté* vaut presque la sagesse.
IMBERT.

Voltaire la définit ainsi :

C'est là qu'on trouve la *Gaîté*,
Cette sœur de la Liberté,
Jamais aigre dans la satire,
Toujours vive dans les bons mots,
Se moquant quelquefois des sots,
Et très-souvent, mais à propos,
Permettant au sage de rire.

Quelques vieillards sont à côté
Qui, dans leurs cœurs sentant renaître
Des étincelles de *gaîté*,
Comme en hiver on voit paraître
Quelques heures d'un jour d'été,
Racontent ce qu'ils ont été,
Oubliant qu'ils vont cesser d'être.
DESMAHIS, *Voyage d'Eponne.*

GALA, *s. m.* fête, festin, réjouissance.

Il ne menoit jeux, ris, feste ne *gale*,
Mais sembloit bien sa douleur dure et male.
Œuvres *d'Alain Chartier*, pag. 566, in-4°.
Paris, 1617.

« Il est aisé de voir icy que le mot *gale* signifie réjouissance et bonne chère : comme aussi au livre des *Quatre Dames*, en ces termes :

Soit l'aventure bonne ou male,
Rire, plorer, courroux ou *gale*.

Et en une ballade ancienne imprimée dans le *Jardin de Plaisance* :

Mais en quel lieu, ou en feste, ou en *gales*?

» De là les noms *galier, galand, galiard* et *galiardise*. Et pour sçavoir d'où en vient l'origine, il convient recourir à Nonius Marcellus, qui dit *gallare est bacchari*, boire d'autant et mener grand joie, à la mode des prestres de Cybelle appellez *galli*; si plustost on ne veut le déduire à *galeolis*, qui estoient certaines coupes ou tasses à boire, faites en forme de galées; car Varron le prend, en ce sens, au liv. 1er de la Vie ancienne du peuple romain : *ubi erat vinum in mensâ positum, aut galea, aut sinum.* Et Nonius Marcellus, *Galeola, vasa sinuosa.* » *Annotation sur Alain Chartier, ibidem,* pag. 862.

Voyez GALANT.

C'est du vieux verbe *galer*, se réjouir, dit M. Ch. Nodier que vient *gala* qu'il a défini par fête, festin à la cour, et il ajoute : « L'on se réjouit partout, au moins comme à la cour. Malgré son noble emploi, ce mot a cessé d'être noble. »

GALANT, ANTE, *adj.* Plusieurs le dérivent, comme le mot *vaillant*, du latin *valens* (qui a de la force, de la santé): n'est-ce pas plutôt le participe de l'ancien verbe *galer*?

Le Père du Cerceau, dans une lettre sur Villon, lettre qui se trouve à la fin des Œuvres de ce poète, édit. de 1742, in-12, La Haye, dit sur le mot *galer* employé par Villon : « C'est apparemment de cet ancien mot gaulois *galer*, qui signifie *se donner du bon temps*, que nous est resté le terme de *galant*. »

« Ce mot, dit Voltaire, vient de *gal*, qui d'abord signifia *gaieté* et *réjouissance*, ainsi qu'on le voit dans Alain Chartier et dans Froissart : on trouve même, dans le *Roman de la Rose*, *galandé*, pour signifier *orné, paré* :

La belle fut bien atornée,
Et d'un filet d'or *galandée*.

» Il est probable que le *gala* des Italiens et le *galan* des Espagnols sont dérivés du mot *gal*, qui paraît originairement celtique ; de là se forma insensiblement *galant*, qui signifie *un homme empressé à plaire*. Ce mot reçut une signification plus noble dans les temps de la chevalerie, où ce désir de plaire se signalait par des combats. *Se conduire galamment, se retirer d'affaire galamment*, veut même encore dire, *se conduire en homme de cœur. Un galant homme*, chez les Anglais, signifie *un homme de courage*; en France il veut dire de plus, *un homme à nobles procédés. Un homme galant* est tout autre chose qu'*un galant homme*; celui-ci tient plus de l'honnête homme, celui-là se rapproche plus du petit-maître, de l'homme à bonnes fortunes. *Etre galant*, en général, c'est chercher à plaire par des soins agréables, par des empressemens flatteurs. *Il a été très-galant avec ces dames*, veut dire seulement *il a montré quelque chose de plus que de la politesse*. Mais, *être le galant d'une dame*, a une signification plus forte; cela signifie être son amant : ce mot n'est presque plus d'usage que dans les vers familiers. Un *galant* est non-seulement un homme à bonnes fortunes, mais ce mot porte avec soi quelque idée de hardiesse, et même d'effronterie ; c'est en ce sens que La Fontaine a dit :

Mais un *galant* chercheur de pucelage.

» Ainsi, le même mot se prend en plusieurs sens. Il en est de même de *galanterie*, qui signifie tantôt *coquetterie* dans l'esprit, paroles flatteuses ; tantôt présens de petits bijoux ; tantôt intrigue avec une femme ou plusieurs ; et même depuis peu il a signifié ironiquement *faveurs de Vénus* : ainsi, *dire des galanteries, donner des galanteries, avoir des galanteries, attraper une galanterie*, sont des choses toutes différentes. Presque tous les termes qui entrent fréquemment dans la conversation reçoivent ainsi beaucoup de nuances, qu'il est difficile de démêler. » *Dict. philosoph.* au mot *Galant.*

Grimm (*Corresp. litt.* janvier 1772) en traçant du caractère d'Helvétius, un portrait dont ses contemporains se sont plu à reconnaître la vérité, a donné une définition de ce qu'on doit entendre par *galant* homme.

« Si le terme de *galant homme*, dit-il, n'existait pas dans la langue française, il aurait fallu l'inventer pour Helvétius ; il en était le prototype. Juste, indulgent, sans humeur, sans fiel, d'une grande égalité dans le commerce, il avait toutes les vertus de la société, et il les tenait en partie de l'idée qu'il avait prise de la nature humaine ; il ne lui paraissait pas plus raisonnable de se fâcher contre un méchant homme qu'on trouve dans son chemin, que contre une pierre qui n'est pas *rangée* *. L'habitude qu'il avait contractée de généraliser ses idées, et de n'en voir jamais que les grands résultats, en le rendant quelquefois indifférent sur le bien, l'avait rendu aussi le plus tolérant des hommes ; mais cette tolérance ne s'étendait que sur les vices particuliers de la société ; car, pour les auteurs des maux publics, il les pendait ou les brûlait sans miséricorde. »

Voyez COQUETTERIE et GALA.

GALANT, *s. m.* celui qui rend à une femme les soins qui procèdent d'un amour vrai ou simulé.

« En ma jeunesse, dit M. Patru, on disoit : *c'est son ami* ; témoin la chanson :

Car un mari, sans un ami,
Ce n'est rien faire qu'à demi.

Depuis, *galant* prit sa place, et maintenant *ami* est revenu à la mode. *Galant* se dit pourtant encore, ayant paru dire les choses un peu trop ouvertement ; au lieu qu'*ami*, qui est équivoque, parle plus couvertement. » PATRU, sur *Vaugelas*, ch. 449 des *Remarques sur la langue françoise.*

Quelques écrivains, et l'abbé Dubos entr'autres, ont écrit *galand* avec un *d*, et La Fontaine a dit *galande* au féminin dans la fable de *la Belette*,

La *galande* fit chère lie,
Mangea, rongea, Dieu sait la vie.

* Allusion à la bizarrerie de Rousseau qui prétendait que les pierres qu'il rencontrait dans son chemin, avaient été placées là par son ennemi pour le faire tomber.

Dans celle de *la Grenouille et le Rat* :
Déjà dans son esprit la galande le croque.

Et dans un de ses *Contes* :
A tous ces discours la galande
Ne s'arrêtoit aucunement.
L'Anneau d'Hans Carvel.

GALANT, *s. m.* Le *Roman comique* de Scarron, tom. III, pag. 131, édit. de Paris, 1757, nous apprend que, du temps de son auteur, un nœud de ruban, en termes de toilette, s'appelait un *galant*. C'est en ce sens que Molière a dit :
Tiens, tiens, sans y chercher tant de façon, voilà
Ton beau *galant* de neige, avec ta nompareille,
Il n'aura plus l'honneur d'être sur mon oreille.
Le Dépit amoureux, act. IV, sc. 4.

A galante *italico, gallicum* galant *vel* galand, dit M. Guyet. C'étoit en Italie, selon le *Dict. della Crusca*, un ornement que les femmes portoient sur la poitrine. Le mot *galant* exprimoit des rubans. Voyez la *Galerie du Palais*, comédie de Corneille jouée en 1634 :
Si tu fais ce coup-là, que ton pouvoir est grand!
Viens, je te veux donner tout à l'heure un *galant*.

Une Agnès qui ne connoissoit ce mot que dans cette acception, entendant parler de *galans* d'une autre espèce, dit avec naïveté : Vraiment, j'en ai une boîte pleine dans ma chambre.

GALANTERIE, *s. f.* politesse aisée, fine et de bon ton. En voici un exemple : Mlle de.... doutait encore de son mariage avec le prince de.... « Mademoiselle, lui dit un homme *galant*, si, comme on l'assure, le prince est né heureux, vous êtes sûre de l'épouser. »

Il signifie aussi soins rendus aux femmes.

« La *galanterie*, dit Montesquieu, n'est pas l'amour, mais le délicat, mais le léger, mais le perpétuel mensonge de l'amour. »

« La *galanterie* dans une femme semble ajouter quelque chose à la coquetterie. » LA BRUYÈRE.

« On peut trouver des femmes qui n'aient jamais eu de *galanterie*; mais il est rare d'en trouver qui n'en aient jamais eu qu'une. » LA ROCHEFOUCAULD.

« Le mot *galanterie* est commun aux quatre langues française, italienne, espagnole et anglaise, quoiqu'on n'ait pu en reconnaître avec certitude l'origine. Dans ces langues il désigne également, en son acception générale, un mélange de politesse et de franchise dans le ton et dans les manières, de déférence, d'égards et de respect pour les femmes. Anciennement il s'y joignait l'idée de bravoure, et les Anglais ont conservé cette nuance : *the gallantry of our seamen*, signifie la bravoure de nos matelots. Cette acception s'est perdue dans notre mot de *galanterie*; mais il en a acquis d'autres qui sont exclusivement propres à notre langue. Non seulement il y désigne encore cet attachement général pour les femmes, qui formait le caractère distinctif de l'ancienne *galanterie*; mais il exprime aussi un commerce d'amour, où les sens ont plus de part que le sentiment. Ainsi les passions parmi nous, sont devenues fort rares, et les *galanteries* sont très-communes. De cette altération des mots produite par la dégénération des mœurs, il est résulté que les mots de *galant* et *galanterie* ont été appliqués aux femmes comme aux hommes, ce qui ne se trouve dans aucune autre langue. Nous dirons une femme *galante*; cette femme a eu beaucoup de *galanteries*. Nous avons même prostitué ce mot jusqu'à lui faire signifier une des punitions du libertinage. Ce sont autant de gallicismes. On ne peut donc traduire dans aucune langue, sans avoir recours à des équivalens, cette pensée, aussi juste que profonde, de La Bruyère : *le moindre défaut d'une femme galante, c'est la galanterie.* » PANCKOUCKE, *Gramm.* pag. 322.

GALANTIR, *v.* rendre galant, souple, dispos. « Et pour se *galantir* les nerfs. » RABELAIS, liv. II.

GALANTISE, *s. f.* GALANTISER, *v.* Ce sont deux anciens termes qui, comme le remarque l'abbé Féraud, ne peuvent plus être employés que dans le bas comique.

T. Corneille, dans ses *Remarques sur Vaugelas*, chap. 449, nous fait connaître que déjà de son temps *galantiser*, pour signifier faire la cour aux dames, était un terme bas, dont on ne se servait plus, et Patru ajoute à cette remarque qu'on disait autrefois *mugueter* en ce sens-là.

« Elle le pria de *galantiser* une fille qu'elle avoit à son service. » *C. de la R. de Nav.* n. XVIII.

« Je trouvai ma femme (dit Ulysse) *galantisée* par des gens qui mangeoient mon bien. » D'ABLANCOURT, *Dial. de Lucien.*

GALATINE, *s. f.* ancien mot qui n'est plus en usage.

On dit proverbialement, lit-on dans le *Dict.* de Moréri, supplément à l'édit. de 1732, *faire d'une chose une galatine, et payer ensuite chèrement cette galatine.* Jean-Pierre Camus, évêque de Bellei, s'est servi de cette expression dans un ouvrage contre le ministre Drelincourt : *Si vous ne venez à résipiscence*, dit-il, *vous payerez la galatine (c'est-à-dire les railleries) que vous faites des Saints. Faire d'une chose une galatine*, c'est proprement *faire à une chose une mauvaise sauce,* en faire de froides railleries, et payer dans la suite bien chèrement ces mauvaises plaisanteries. Dans le *Roman de la Rose,* au feuillet 130 de l'édition de 1531, la *galatine* est une sorte d'assaisonnement où entre une espèce de poudre appellée *galatine* dans le *Luminare majus,* ou *gelatine*, car c'est la même chose : on dit aussi *gallantine,* comme dans le roman du *Petit-Jean de Saintré.* On lit ces vers dans le *Roman de la Rose* :

> Ainsi que fait le bon lescheur,
> Qui des morceaux est connoisseur,
> Et de maintes viandes taste,
> En post, en rost, en sausse, en paste,
> En friture, en *galatine,*
> Quand entrer peut en la cuisine.

Nous n'avons trouvé ce mot dans aucun de nos dictionnaires.

GALBANUM, *s. m.* mot emprunté du latin ; formé sur le grec χαλβανή (*chalbané*), et les Grecs, eux-mêmes, l'avaient pris de l'hébreu, où *chelbenah* signifie une espèce de gomme. On dit qu'un homme *donne du galbanum* lorsqu'il promet beaucoup pour tenir peu.

« *Bailler le galbanum*, c'est, dit de Brieux, tromper, duper. Notre peuple se sert fort de cette façon de parler, qui peut avoir été prise de ce que pour faire tomber les renards dans le piége, on y met des rôties frottées de *galbanum*, dont l'odeur plaist extrêmement aux renards, et les attire au lieu où ils en sentent. » *Origines de quelques coutumes et façons de parler,* pag. 769, Caen, 1672.

GALBE, *s. m.* de l'italien *garbo* (bonne grâce). *Voy.* CARBE.

GALEFRETER, *v.* Il paraît que ce verbe s'employait dans le sens de *calfeutrer*, qu'il a en effet dans le *Glossaire de la langue romane.*

« Croyez-vous en vostre foy, qu'oncques Homère, escrivant l'*Iliade* et l'*Odyssée*, pensast ès allégories, lesquelles de luy ont *galefreté* Plutarque, Héraclide, Pontique, Estathée ? » RABELAIS, *Prologue* du liv. I.

« Mais ceste response vous contentera, ou j'ai le sens mal *gallefreté.* » *Le même,* liv. II, c. 1.

GALEFRETIER, *s. m.* pauvre hère, homme mal vêtu. Henri Estienne l'a pris dans le sens de pauvre diable de moine, et a dit *galefrottier : à scabie fricandâ.* « Quelque povre *galefrottier* de moine. » *Apologie pour Hérodote,* tom. I, pag. 550, La Haye, 1735.

« Rabelais, v, 11, a dit *gallefretier,* et l'usage est encore pour ce mot, que M. Frich, savant berlinois, dérive de l'allemand *wahl farter* qui désigne proprement un *pélerin*, en tant que le pélerin dirige son voyage vers le *tombeau* de quelque saint. Les pélerins, gens de néant, pour la plupart, passent pour de bons compagnons. » LE DUCHAT.

Galefretier pourrait être originairement un ouvrier qui travaille au *calfat* des vaisseaux. C'est l'étymologie qu'en donne l'éditeur de Rabelais, édit. Desoer, 1820. *Gallefretier, galfatier,* dit-il, gaudronneur de vaisseaux ; *gallefreté* est dit aussi pour *callefreté, calfeutré,* enduit de chaux; de *calx* et *fricare*; *galle-fretier* est aussi, dans le style familier, un terme d'injure, pour dire un homme de néant. »

GALER, *v.* Ce mot, chez nos aïeux, signifiait se divertir, employer son bien en folles dépenses.

Il y aura beu et *gallé*
Chez moy, ains que vous en aillez.
PATHELIN.

Je plains le temps de ma jeunesse,
Auquel j'ai, plus qu'autre, *galé*.
VILLON.

Gallare, dans Nonius Marcellus, signifie *bacchari more Gallorum*. *Voy.* GALA.

On trouve *galer* le bon temps dans Montaigne, liv. 1, ch. 25, pour se réjouir. Ce verbe signifie aussi *battre*. « Le diable de pape Figuières menaçoit un laboureur de le bien *galer* et étriller. » RABELAIS.

GALERIE, *s. f.* (*Galer*, se divertir, parce que, dans l'origine, les *galeries* étaient faites pour se promener à couvert; ou *allerie*, du verbe *aller*, suivant Nicot.) Nous ne suivrons pas ce mot dans toutes ses acceptions, dont l'une lui fait signifier une allée longue, ou le pourtour qu'occupent les spectateurs à certains jeux, et, par extension, les spectateurs eux-mêmes.

De combien d'hommes ne peut-on pas dire avec plus de justice que le Prince de Ligne ne le dit en parlant de sa valeur, qu'ils travaillent trop pour la *galerie* !

Longue pièce ou corridor où sont exposés les tableaux de famille et autres.

« Sage, profonde, raisonnée, et cependant inspirée dans ses attitudes, sa superbe personne est la plus belle *galerie* que j'aye vue. » LE PRINCE DE LIGNE.

GALERNE, *s. f.* « vent entre le nord et le couchant. Nous avons fait le mot *gallerne*, nom du vent du nord-ouest, qui est très-pernicieux, très-mauvais, du breton *gwallarn* qui a la même signification, et qui est composé de *gwall*, mauvais, et d'*arne*, *arneu* ou *arnef*, temps d'orage, *argne*, comme on l'appelle encore en Sologne. En effet, ce vent, que quelques dictionnaires appellent le *vent de la gelée*, parce qu'il fait geler les vignes, donne une grêle très-nuisible aux biens de la terre, et surtout aux vignes, selon le P. Lepelletier, qui en donne la même étymologie que moi, et qui, pour la justifier, cite ce vers de la *Maison rustique* :

Væ tibi, galerna, per quem fit clausa taberna.

D'où l'on peut juger combien sont ridicules les deux étymologies que Ménage propose de ce mot, en s'appuyant de ce même vers. Dans la première, un certain M. Parfait, qu'il dit très-versé dans les étymologies, fait venir *galerne* de *gelare*, en cette manière, *gelare*, *gelarinus*, *gelarina*, *gelarna*, *galerna*, GALERNE, en sous-entendant *aura*.

» Je ferai observer d'abord que le mot *gelarinus* n'a jamais existé, au moins dans le sens de *gelare*, et ne peut pas avoir existé, puisqu'il n'y a pas d'exemple en latin qu'un adjectif se soit formé d'un infinitif; et qu'on ne peut pas sous-entendre *aura*, qui est un vent doux du matin, quand il s'agit d'un vent très-froid et très-impétueux. Dans la seconde étymologie, qui est de l'invention de Ménage lui-même, le vent de *gallerne* aurait été ainsi appelé de *Wallia*, nom de la principauté de *Galles*, parce qu'il souffle de ce côté; et de *wallia*, l'on aurait fait *gallia*, *galliarna*, *galierne*, *galerne*, en sous-entendant *aura* également. Cette seconde étymologie est aussi absurde que la première, si elle ne l'est pas davantage, parce que la finale *arna* ne peut pas plus avoir été ajoutée au mot *wallia* qu'au mot *gelare*, pour en former un adjectif; que cette étymologie n'est qu'une pure supposition qu'il suffit de nier pour la détruire; et que dans ce cas ce vent aurait plutôt pris son nom de la *Cornouaille* d'Angleterre que du pays de Galles, qui est au-delà de cette province par rapport à la France.

» Je ferai remarquer aussi à cette occasion que Ménage se trompe en core, ainsi que Borel, quand il dit que le vent de *galerne* est un vent du septentrion : et que M. Roquefort se trompe également, dans son Glossaire, quand il assure, en voulant redresser ces deux auteurs, que c'est un vent du couchant. Il est certain que dans les contrées de la France où ce mot est en usage, le vent de *gallerne* est un vent du *nord-ouest*, et non pas un vent du septentrion ou du couchant.

» Il suit de l'étymologie que je viens de donner de *gallerne*, qu'il faut écrire ce mot, comme je l'écris ici, par deux *l* et non par une seule. » ELOI JOHANNEAU, *Manuel des Amateurs de la langue française*, p. 23, n° 1, année 1814.

« La *galerne*, dit-on, attire à soy toutes les nuées, et la vanité assemble tout ce qui est léger et frivole. » NIC. PASQUIER, liv. III, *lettr*. 3.

GALETAS, *s. m.* grenier à l'étage le plus haut d'une maison, où l'on ne peut monter qu'en *haletant*. L'étymologie proposée par Ménage est curieuse. *Valestastasium*, dit-il, pour *valetorum statio*.

GALIFRE, *s. m.* vieux mot qui signifie glouton. « Ce mot, dans *le Verger d'honneur*, est une corruption de *calife*, en tant que le nom de *grand calife*, dans nos vieux romans, donne l'idée d'une manière de géant, grand mangeur. »

On en avait fait le verbe *galiffrer*, manger gloutonnement.

GALIMAFRÉE, *s. f.* fricassée composée de restes de viande.

« Quelque diversité d'herbes qu'il y ait, tout s'enveloppe sous le nom de *potage*. De même, sous la considération des noms, je m'en vais faire ici une *galimafrée* de divers articles. » MONT. liv. I, c. 46.

« On lui servit une *galimafrée* mal cuite, et plus mal cuisinée encore, de la plus coriace merluche qu'il y eût dans toute la Manche. » *Don Quichotte*, traduction de Bouchon Dubournial, t. I, p. 32, Paris, 1807.

GALIMATHIAS, *s. m.* discours embrouillé et confus.

L'Académie, Trévoux et Richelet l'écrivent sans *h*; mais, selon M. Huet, il doit avoir un *h*, et même deux *l*, parce qu'il vient du quiproquo d'un avocat, qui, plaidant en latin pour le *Coq de Matthias*, à force de répéter *Gallus et Matthias*, et voulant dire *Gallus Matthiæ*, vint à dire *Galli Matthias* ; ce qui fit rire tout l'auditoire; de manière que l'expression se conserva pour signifier un discours embrouillé.

Ce mot est ancien dans la langue. On le voit dans une satire en latin macaronique contre l'évêque de Paris, sous la date de 1611 : « *Est verè quid vulgò dicunt du galimathias*. »

En voici un exemple curieux : Mascaron (*Oraison funèbre d'Anne d'Autriche*), parlant de la bataille de Rocroy, dit : « On demande si ce jour fut le dernier miracle de la vie du père, ou le premier de la vie du fils... Tenons le milieu et disons que, comme le sang du fils uni au fils fait son courage, le fils vivant, par sa force, anime la mort du père, et que, par des communications réciproques, si le roi vivant s'enrichit des victoires du roi mort, le roi mort avait triomphé dans ses cendres par la félicité et le courage de son fils. »

Après cette période, on est tenté de dire avec Molière : « Et voilà justement pourquoi votre fille est muette. »

« La profondeur donne à penser; l'obscurité donne à deviner; le *galimathias* est une attrape dont souvent l'auteur est la première dupe. » LE DUC DE LÉVIS.

Mme de Sévigné appelle plaisamment le Labyrinthe des Rochers son *galimathias*.

GALION, *s. m.* du latin *galeo-onis*; mot, de la basse latinité, dérivé du latin *galea* (casque). *Voy.* GALIOTE. *Galeo*, pour désigner cette espèce de vaisseau, se trouve dans le Recueil de Muratori, t. VII, p. 607, *Rerum italicarum Scriptores*. Ce mot *galion* a pris naissance dans notre langue vers le milieu du 16e siècle.

GALIOTTE, *s. f.* qu'on a dit autrefois *galéote*, qui se trouve dans le

Dictionnaire de Monet, est un diminutif de *galée*, qui s'est dit anciennement pour *galère*.

« Une manière de navires qu'on dict *gallées* ou *galleres*. » J. LE MAIRE DE BELCES, *les Illustrations des Gaules*, liv. I, ch. 3.

« Il arma quatre *gallées*, et s'en alla, par mer, faire la guerre aux Sarrazins. » ALAIN CHARTIER, *Histoire de Charles* VII, pag. 6.

Tenant la rame, et tournant l'eau salée
Qui escumoit autour de la *galée*.
RONSARD, *Poëmes*, l. I, p. 130, Paris, 1617.

Galée vient du latin *galea* (casque) à cause de la figure d'un casque qu'on représentait ordinairement sur la proue de ces sortes de vaisseaux, comme le témoigne Ovide, liv. I des *Tristes*, élég. XI.

Ce mot *galée* est encore aujourd'hui un terme d'imprimerie qui désigne une petite planche à rebord, où le compositeur met les lignes à mesure qu'il les ôte du composteur; cette planche est ainsi nommée à cause de l'espèce de ressemblance qu'elle a avec une galée ou galère.

GALLICAN, ANE, *adj.* du latin *Gallicanus* dans Cicéron (de Gaule, de France); ce mot n'est d'usage que dans des expressions consacrées; on dit : le *rit gallican*, l'*Église gallicane* : Les Français, ennemis *des libertés de l'Eglise gallicane*, ne sont ni chrétiens, selon l'esprit de l'Evangile, ni citoyens, selon l'esprit de la Charte. Voltaire s'est servi avantageusement de cet adjectif dans le style badin, ainsi que du mot *gallique*, du latin *gallicus*, qui a la même signification que *gallican*.

Elle affermit de ses pucelles mains
Des fleurs de lis la tige *gallicane*;
Sauva le roi de la rage anglicane.
P. ch. I.

Le confesseur du monarque *gallique*
Etait un fils du bon saint Dominique.
Ibid. ch. XII.

Des *Gallicans* ainsi parlait l'apôtre
De maudissons lardant sa patenôtre.
Ibid. ch. I.

Dans ce dernier exemple *Gallicans* est pris comme nom.

GALLICISME, *s. m.* mot dérivé de *gallique*, en latin *gallicus* (de Gaule, de France). *Voy.* GALLICAN. Le *gallicisme* est un idiotisme propre à la langue française, c'est-à-dire un tour, une locution que cette langue admet, quoiqu'elle soit rejetée par la grammaire générale.

« Il y a, dit Thomas, dans toutes les langues, des manières de parler qui sont hors de toutes les règles connues, et qu'il est impossible de ramener aux principes généraux ; il faut, pour les expliquer, avoir recours à des ellipses souvent forcées et très-insuffisantes : notre langue en a peut-être plus qu'aucune autre. Les grammairiens les connaissent sous le nom de *gallicismes*. On les rencontre surtout dans la langue familière, ce qui semble indiquer que ce sont, pour ainsi dire, d'anciennes formes altérées par la conversation, où l'esprit aime à se communiquer rapidement, et quelquefois sans règle connue, par des signes abrégés. » *Œuvres posthumes*, t. II, p. 50, Paris, 1802.

Les *gallicismes* sont donc ce que l'on appelle *germanismes*, lorsque les locutions contraires aux règles de la grammaire générale, sont conformes au génie de la langue allemande ; ce qu'on nomme *anglicisme*, lorsque ces mêmes locutions sont reçues dans la langue anglaise ; *latinisme* ou *hellénisme*, selon qu'elles rentrent dans le génie particulier des langues latine ou grecque.

Il y a des hommes, je vais sortir, je viens d'écrire sont de vrais *gallicismes*.

Je ne sais qui m'arrête et retient mon courroux,
Que par un prompt avis de tout ce qui se passe,
Je ne coure des Dieux divulguer la menace.
RACINE, *Iphigénie*, act. IV, sc. I.

» *Je ne sais qui m'arrête, que je courre.* « Voilà encore un *gallicisme*, dit l'abbé d'Olivet. Après l'exemple de Racine, douterons-nous, ajoute-t-il, que plusieurs de ces irrégularités ne puissent avoir place en toute sorte de styles, puisqu'elles ne départent point le tragique ? » Il pense à ce sujet comme Vaugelas, qui disait : « Tant s'en faut que ces phrases extraordinaires soient vicieuses, qu'au contraire elles ont d'autant plus de grâce, qu'elles sont particulières à chaque langue : tellement que lorsqu'une façon de parler est usitée à la cour et des bons auteurs, il ne faut pas s'amuser à en faire l'anatomie, ni à pointiller dessus, comme font une infinité de gens; mais il faut se laisser aller au torrent, et parler comme les autres, sans daigner écouter ces éplucheurs de phrases. »

« Les expressions figurées qui forment des *gallicismes*, dit M. Panckoucke, sont tirées plus généralement d'anciens usages qui nous étaient vraisemblablement plus familiers qu'aux autres nations : comme les tournois, la chasse, le jeu de paume, etc. Ainsi on dit *rompre en visière* à quelqu'un, pour dire l'attaquer, le contredire sur ses opinions, ses prétentions. Anciennement il n'était pas permis dans les joûtes et dans les tournois, de frapper à la visière de son adversaire.

» *Etre à bout*, *à bout de voie*, sont des termes de chasse.

» *Servir sur les deux toits*, *donner dans le travers*, *friser la corde*, sont des termes de la paume. C'est de ce jeu que sont venues aussi ces locutions : *il me la donne belle; vous me la baillez bonne*. C'est une ellipse, où le mot *balle* est sous-entendu. *Empaumer* quelqu'un, *empaumer* une affaire, vient de la même source.

» Quelle insolence dans cette expression : *un homme de rien*, pour désigner un homme de naissance commune? » *Gramm. raison.* pag. 328.

GALOCHE, s. f. en latin, *gallicæ* (chaussures gauloises).

« *Galoches* : espèce de souliers ou chaussures dont la semelle était de bois, et dont l'usage était passé des Gaulois aux Romains ; *gallicæ calones*. » ROQUEFORT, *Gloss. de la lang. romane.*

« Le docte Baïf, dit Pasquier, dans ses *Rech. sur la France*, liv. VIII. ch. 2, remarque que *gallicæ* estoient une espèce de souliers dont les Gaulois usoient pendant la pluye, nous l'appelons encore aujourd'hui *galloches*. » Ce mot n'était pas autrefois aussi trivial qu'il l'est de nos jours, puisqu'il se trouve déjà dans les *Illustrations des Gaules*, ouvrage du commencement du 16e siècle, et que l'auteur donne cette chaussure aux déesses.

GALOIS, OISE, adj. ancien mot qui signifiait léger, vif, éveillé, fringant. Il vient probablement, comme *gaillard* et *galant*, de l'ancien verbe français *galer*. *Voy*. ce mot.

« Jeunesse est impatiente de faim, mesmement si elle est vivace, alaigre, brusque, mouvante, *galoise*. » RABELAIS, tom. III, pag. 15, édit. de 1732.

Galoise se prenait souvent en mauvaise part, pour dire une courtisane.

Et puis s'en vont pour faire les *galoises*,
Lorsque devroient vaquer en oraison.
Les Pardons de saint Trotet.

GALOP, s. m. (καλπᾶν, aller à cheval à petits bonds). « L'hoste faisoit tourner et remuer broches au grand *galop*. » *Contes d'Eutr.* t. I.

Charron, liv. II, ch. 3, en parlant de ceux qui n'ont pas de principes fixes et arrêtés : « En mesme faict ils feront divers jugemens, et se porteront tout de diverse façon, tantost le petit pas, tantost le grand *galop*. »

GALOPER, v. dérivé de *galop*, qui pourrait être aussi une onomatopée.

« Advocats, greffiers, procureurs, et autres personnes illustres et d'honneur, qui fouettent, trainent et *galoppent* la justice à toutes mains. » *Contes d'Eutr.* tom. II.

« On le *galoppe* ensuite du reproche de foiblesse. » La D^{lle} DE GOURNAY, *Préf. des Essais.*

. . . . . Un marquis de même caractère,
Grand épouseur aussi, la *galoppe* et la flaire.
REGNARD, *le Joueur*, act. 1, sc. 6.

GALOPIN, s. m. proprement celui qui *galope*, dans le sens de courir de côté et d'autre, comme les petits clercs d'étude, les marmitons, etc.

Et souvenez-vous bien, vous et vos *galopins*,
(garçons rôtisseurs),
De mieux, à l'avenir, enfermer vos lapins.
REGNARD, *le Bal*, sc. II.

On appelait aussi de ce nom, le

GAN   656   GAN

demi-septier de vin qu'on servait au déjeûner des écoliers et des clercs.

Pris adjectivement : « Les dames de Paris aiment les airs *galopins*, et elles s'habillent déja un peu à la *galopine* ou à la gourgandine, c'est tout un. Elles aiment les airs débraillés et la parure négligée. » *Arlequin, défenseur du beau sexe*, act. 1, sc. 7, comédie représentée en 1694. — *Théâtre italien* de Ghérardi.

GALVAUDER, *v.* maltraiter de paroles (*caballicare*, galoper). Ce mot qui était bas, a repris faveur depuis quelques années, et s'est employé dans la bonne compagnie dans le sens de faire de mauvaise besogne, de gâter tout ce qu'on fait.

Le sens en a bien changé, car le *Gloss. de lang. rom.* l'interprète par poursuivre une chose avec ardeur; mais il n'en cite aucun exemple.

GAMBADE, *s. f.* italien *gamba* (jambe). Montaigne a écrit son livre à bâtons rompus, dit-il, à sauts et à *gambades*.

GAMBIT, *s. m.* terme du jeu d'échecs. Ce mot vient de l'italien *gambetto*, qui veut dire croc-en-jambe; il s'emploie lorsqu'après avoir poussé le pion du roi ou celui de la dame deux pas, on pousse celui de leur fou deux pas. Donner le pion de *gambit*.

GAMME, *s. f.* (Γαμμα, lettre grecque ajoutée par Gui Aretin aux premières lettres de l'alphabet A, B, C, D, E, F, qui lui servirent à noter ses tons ou intervalles, pour témoigner que les Grecs étaient les premiers inventeurs de la musique.)

Une beauté, qui n'est pas des plus sottes,
A dit de moi : Quand on mettrait des nottes
A double *gamme* aux contes que je fais,
On ne pourrait les retrouver jamais.

On sait que Bois-Robert, auteur de ces vers, contait avec un art qui n'était qu'à lui.

GANT, *s. m.* Plusieurs, et entr'autres, Jacques Sylvius, M. Roquefort et M. Monteil, dans son *Histoire des Français*, le dérivent du latin *vagina* dont nous avons fait *gaîne*; d'autres de l'allemand *wante*. « *Guant* ou *want*, du vieil mot *wantus*, qui se trouve dans l'addition aux *Capitulaires de Louis le Débonnaire*, tit. 22, et en plusieurs autres endroits. » Le P. LABBE, *Etymologie des mots françois*, Paris, 1661.

Vous n'en aurez point les gants, dit-on à celui qui apporte une nouvelle qu'on savait déjà, ou qui propose un expédient proposé avant lui par un autre... Allusion à l'ancien usage de donner une paire de gants à ceux qui apportaient les premiers une nouvelle. Dans le *Roman de la Rose*, la vieille parlant à l'amant :

Viens-je, dist-elle, à temps aux *gans*,
Si je vous dis bonnes nouvelles,
Toutes fraisches, toutes nouvelles?
   Tom. II, pag. 158, édit. de Dufresnoy.

Et dans le *Roman de Perceforest*, le roi dit au valet, qui lui amène un cheval de la part de sa maîtresse : « Passavant, je vous doibs vos *gants*. »

L'histoire nous apprend que les grands faisaient présent de choses plus précieuses que des *gants*. Un prince se dépouillait, et donnait son habit au héraut qui lui apportait une nouvelle agréable. La reine, épouse de Charles VIII, étant accouchée d'un fils, le 4 février 1435, le duc de Bourgogne, à qui on en porta la nouvelle, donna au héraut cent riders d'or, et une robe brodée dont il était alors vêtu. Louis XIV donna, en 1676, le gouvernement de Guyenne au duc de Roquelaure, et envoya un de ses gardes-du-corps le chercher. Lorsque le duc apprit la grâce que le roi lui faisait, il présenta au garde une épée d'or qu'il avait à son côté, et prit celle du garde à sa place... Selon Le Duchat, cet usage de donner des *gants* nous vient d'Espagne où il s'appelle *la paraguante*. Ce mot qui signifie proprement *pour des gants*, a été employé par Molière dans l'*Etourdi*. Mascarille se promet de faire emprisonner, sur un soupçon frivole, le rival de son maître, et dit à ce sujet :

Je sais des officiers de justice altérés,
Qui sont pour de tels coups de vrais délibérés.
Dessus l'avide espoir de quelque *paraguante*,
Il n'est rien que leur art avidement ne tente;

Et du plus innocent, toujours à leur profit,
La bourse est criminelle, et paye son délit.

Le Sage s'exprime ainsi, en parlant de don Rodrigue, premier secrétaire du duc de Lerme : « On dirait qu'il partage avec lui l'autorité de premier ministre, puisqu'il fait donner des charges et des gouvernemens à qui bon lui semble. Le public en murmure souvent ; mais c'est de quoi il ne se met guère en peine ; pourvu qu'il tire des *paraguantes* d'une affaire, il se soucie fort peu des épilogueurs. » *Gil-Blas*, liv. VIII, ch. 2.

« *Paraguantes*, pour gants, parce qu'on ne donnait d'abord pour un présent honnête qu'une paire de gants. C'est ce qu'on appelle ailleurs le pot-de-vin, le pour-boire. » FRANÇOIS DE NEUFCHATEAU, *Note sur Gil-Blas*, édit. de 1825.

De cet usage de donner des *gants* pour présent et par reconnaissance d'un service rendu, est venue l'expression figurée : *se donner les gants de quelque chose*, *s'en donner les gants*, pour dire s'attribuer la gloire de quelque chose, s'en donner le mérite, la récompense.

Je vous rapporte, pour vous plaire,
Vos gants que je vous avais pris :
De cette conduite exemplaire
Nos jeunes gens seront surpris.
Mais je brave les épigrammes
De tous ces pantins élégans,
Qui, n'ayant pas le cœur des dames,
Prétendent s'en donner les gants.

« *Jeter le gant*, autrement jeter le gage de bataille, c'est, dit de Bricux, proposer le combat, et maintenir ce que l'on a dit véritable. Ce qui est pris d'une des solennités pratiquées lorsque les affaires soit civiles, soit criminelles, se vidoient par les armes, et en champ clos. Les deux champions ou combattans se présentoient devant les juges, et là le demandeur ou l'accusateur faisoit sa demande ou sa plainte, sur laquelle le défendeur ou l'accusé niant le fait, l'autre lui donnoit un démenti et jetoit son *gant* à terre, que l'accusé ou quelqu'un de ses amis recueilloit aussitôt pour marque qu'il acceptoit le combat........ On jetoit le *gant* plustost que quoyque ce fust, parce qu'il estoit sans doute plus en main, qu'il en estoit mème le symbole, et que l'on vouloit par là signifier que l'on estoit prest de maintenir et défendre son bon droict à main armée. » *Les Origines de quelques coutumes et façons de parler*, pag. 1, Caen, 1672.

On voit que l'expression figurée, *ramasser le gant*, pour dire accepter un combat, un défi qu'on nous propose, a la même origine.

GARANT, s. m. du celte ou tudesque, *warren*, *war* (garder), mot conservé dans l'anglais et l'allemand. On trouve dans nos anciens auteurs *wairentir* pour *garantir*. Voyez GARENNE.

« *Garant*, est celui qui se rend responsable de quelque chose envers quelqu'un, et qui est obligé de l'en faire jouir. Le mot *garant* vient du celte et du tudesque *warrant*. Nous avons changé en g tous les doubles w des termes que nous avons conservés de ces anciens langages. *Warrant* signifie encore chez la plupart des nations du nord *assurance*, *garantie*; et c'est en ce sens qu'il veut dire en anglais *édit du roi*, comme signifiant *promesse du roi*. » VOLTAIRE, *Dict. philosophique*, au mot *Garant*.

Le prince Eugène disait : « Deux cent mille soldats sont un plus sûr *garant* pour un prince, que toutes les *garanties* des princes ses voisins. »

GARBE, GUERBE ou GALBE, s. f. de l'italien *garbo*, signifiait air, mine, apparence.

« *Cela a bon garbe*, c'est-à-dire, il a bonne grâce, bonne façon. Le mot est italien, mais reçu entre nous et usité. Au reste, la pluspart prononcent et escrivent *galbe* avec *l*, mais ils se trompent. On escrit *garbo* en italien, d'où cestuy-cy est mutué. » DE LA NOUE, *Dict. des rimes*, p. 22, 1596.

« Certes sa conduite a plus de *galbe*, quand elle est meslée d'inadvertance et de trouble. » MONT. *Essais*, t. VII, p. 279, Paris, 1791.

« *Plus de grâce*. — *Galbe* ou *garbe*, bonne grâce, agrément : Nicot et Borel. *Galbe* ou *galba*, dans la signification de *gros* et *gras*, est un mot de l'ancien gaulois, comme on peut voir dans Suétone, qui dit que le premier des Sulpice, qu'on surnomma *Galba*, fut ainsi nommé parce qu'il étoit ce que les Gaulois appelloient *galba*, c'est-à-dire *fort gras*. *Quòd præpinguis fuerit visus, quem* Galbam *Galli vocant.* SUET. *in Galba*, ff. 3. » COSTE, *sur Montaigne*, note au bas de la page.

> Turban en tête et large barbe,
> Gaillard, frais et de bonne garbe.
> *Divert. de sc.*

Ce mot nouveau dans le temps de Pasquier, et depuis devenu vieux, s'est conservé dans la langue italienne, où l'on dit *uomo di garbo*, pour galant homme.

« On disoit sous Henri II le *garbe* françois, pour la bonne grâce du François. » *Mém. de Vieilleville*, l. VI, p. 148.

Scarron l'a fait féminin dans cette parodie du *Si forte virum quem....* liv. 1er :

> Si quelqu'un à la grande barbe,
> A la majestueuse garbe,
> Sans craindre pierre ni bâton,
> Vient haranguer comme un Caton ;

et masculin dans cet autre passage du *Virg. trav.*

> Par ses longs cheveux et sa barbe
> Et par le reste de son garbe,
> Il fut de nous Grec reconnu.

On disait aussi *garbé* ou *guerbé*, de l'italien *garbato*, qui a bonne grâce; et *garber*, pour habiller.

Montaigne, liv. I, c. 46, se plaint des historiens latins qui métamorphosent les noms modernes pour les *garber* (habiller) à la grecque ou à la romaine.

GARBOUILLE, de l'italien *garbuglio*.

« On disoit autrefois être en *garbouille* avec quelqu'un, pour être brouillé avec lui. » *Sat. Ménip.*

GARCÈTE, *s. f.* sorte de coiffure de femme; c'était peut-être celle que prenait une jeune fille, lorsqu'elle était nubile. Selon Ménage, c'étaient des cheveux rabattus sur le front, mode venue d'Espagne avec la reine Anne d'Autriche; car les Espagnols appelaient ces cheveux *garcetas*, diminutif de *garça*, oiseau qu'on nomme l'aigrette, ou le petit héron.

GARÇON, *s. m.* Ce mot est un diminutif de *gars*; « mais le temps, dit Régnier Desmarais, lui a tellement ôté cette acception, qu'il se dit presque indifféremment de tout homme qui n'est pas marié. »

> Innocent ce gars si refait
> Qui dit toujours plus qu'il ne sçait.
> MALLEVILLE.

> Le povre (pauvre) gars estoit banny de France.
> CL. MAROT, p. 280, édit. de 1571.

Le féminin de *gars* est *garse* ou *garce*, comme on l'écrit maintenant, et ce mot, dont les honnêtes gens évitent de se servir, signifiait anciennement une fille majeure : témoin ces vers des *Dits moraux* de Montfaucon, Toulousain :

> Ainsi nivelle est le temps,
> Le masle est gars à quatorze ans,
> Et la femelle est garce à douze,
> Sans venaison et sans pelouse ;

ou une jeune fille en général.

« Dionysius le tyran lui ayant présenté trois belles *garses*, afin qu'il en fist chois : il répondit qu'il les choisissoit toutes trois, etc. » MONTAIGNE, *Essais*.

« Minos octroya la paix aux Athéniens, sous condition que l'espace de neuf ans durant ils seroient tenus d'envoyer chacun an en Candie sept jeunes garçons et autant de jeunes *garces*. » AMYOT, *Vie de Thésée*, c. VI.

Garce, qui est un terme de souverain mépris à Paris, dans quelques provinces de France, signifie simplement une *fille* par opposition à garçon ; il ne s'y prend point en mauvaise part, et n'y passe nullement pour un terme malhonnête. Un père, dans le Maine et en Normandie, dira bien : *j'ai deux garçons et deux garces*, pour deux garçons et deux filles.

Garcette, diminutif de *garce*, s'est dit pour jeune fille, vierge.

« Quel contraste dans la signification de ce mot! le nom de jeune fille descendu aux prostituées, tandis que le mot *garçon*, qui, chez nos pères, désignoit en général un mauvais sujet, un vaurien, est à présent celui d'un homme dans le célibat, quelqu'il soit, et quelqu'âge qu'il ait; il n'y a que le mariage qui fait cesser d'être *garçon*. C'est en ce sens que Colin-d'Harleville a dit :

Quand on est vieux *garçon*, l'on n'a plus d'avenir.

» Dans l'Anjou, le Maine, une *garce* est une fille en général, et une *garcette* est une fille au-dessous de douze ans.....

» Borel dérive les mots *garce* et *garçon* du grec γάσαυρα. Borel dit encore qu'il pourroit venir de l'espagnol *varo*, qui a été formé de *viro*, ablatif de *vir* (homme), et cela paroit probable; et Juste-Lipse, de *garsonastasium*, lieu destiné à Constantinople pour élever les jeunes enfans mâles et les faire eunuques. » ROQUEFORT, *Gloss. de la langue romane*.

Nous remarquerons en passant que *garciones*, pour *famuli*, se trouve dans saint Bernard.

Garçon, qui n'est pas passé maître.

Pour convive je suis d'une assez bonne étoffe,
Suivant de Démocrite, et *garçon* philosophe.
n. *Dém. am.* act. II, sc. 7.

Garçaille, s. f. Ce mot s'employait autrefois en Bretagne pour troupe de petits enfans, garçons ou filles.

De *garçon* nos pères avaient dérivé le diminutif *garçonnet*, *garçonnement*, *garçonner*, *garçonnaille*, *garçonnerie*, *garçonnière*, tous mots aujourd'hui hors d'usage.

« Un simple *garçonnet* de Lacédémone ayant desrobé un renard, etc. » MONT. *Essais*.

GARÇONNEMENT, s. m. Brantôme : airs, manières, déportement de garçon, messéans à une femme.

GARÇONNAILLE, s. f. rassemblement de garçons, de valets, de mauvais sujets, dit M. Pougens qui rapporte les exemples suivans :

Moult truva qui lui fist annuy,
Garchonaille, male mesnie,
Moult mal duite et mal enseignie.
Vie de saint Alexis.

« Disant qu'ils n'estoient que merdailles et *garçonnailles*. » *Lettr. de rémiss.* année 1396, *Trés. des chartr.* reg. 150, chap. 252.

GARÇONNER, v. appeler garçon, c'est-à-dire fripon, vaurien. Jusqu'au 18e siècle ce mot a presque toujours été pris en mauvaise part.

Nicot lui donne une autre signification : « *Garsonner* la femme d'autrui, *attractare uxorem alterius* » (jouir de la femme d'autrui). Neutre, ce verbe a signifié mener une vie de garçon, une vie déréglée, avoir une conduite peu mesurée :

« Et que mal-aisément, ayant pratiqué les gens de guerre, et qu'elle s'estoit tant accoustumée à *garçonner* avec eux parmi les armes, tentes et pavillons, elle se pouvoit contenir qu'elle ne *garçonnast* aussi entre les courtines, comme cela se voit souvent. » BRANTÔME.

Garçonner (se); dans Brantôme, s'habiller en garçon; et dans Oudin, vivre en garçon.

GARÇONNERIE, s. f. conduite de garçon, vie déréglée, dans Perceval :

Si avez fait *garçonnerie*,
Ma suer par force avez honie.

GARÇONNIER, IÈRE, adj. qui appartient aux garçons, qui aime, qui fréquente les garçons. Ce mot est assez ancien dans notre langue.

Je n'ai pas le cueur *garçonnier*,
Pour amer feme *garçonnière*.
Amour et Jalousie, ms. de S. Germain, fol. III, verso, col. 1re.

Il s'est conservé au féminin et comme substantif : on appelle, dans le style familier, *garçonnière*, une petite fille qui aime à hanter les garçons.

GARDE-COTILLON, s. m. « Je reste condamné à gouverner un affreux sérail de cinq femmes... *Garde-cotillon*, et chargé de la nourriture et des soins d'une famille. » GALIANI.

GARDE-DERRIÈRE, s. f. arrière-pensée. EST. PASQUIER, l. VI, lett. 1.

GARDE-FOU, s. m. (Par corruption, pour *garde-faux*, en suppléant du corps, parce que cette sorte de balustrade couvre et garantit le corps

GAR 660 GAR

jusqu'au *faux*, ou pli qu'il fait au défaut des côtes).

ÉPIGRAMMES.

Certain intendant de province,
Qui menait avec lui l'équipage d'un prince,
En passant sur un pont, parut fort en courroux.
« Pourquoi, demanda-t-il au maire de la ville,
A ce pont étroit et fragile,
N'a-t-on pas mis de *garde-fous* ? » —
Le maire, craignant son murmure :
« Pardonnez, monseigneur, lui dit-il assez haut,
Notre ville n'était pas sûre
Que vous y passeriez sitôt. »

On fait tant de faux pas dans la jurisprudence,
Que, pour en garantir ceux qui sont du métier,
On a fait, au Palais, sur le grand escalier,
Un *garde-fou* de conséquence.

Un père qui avait beaucoup d'enfans, dont la conduite lui donnait de grands embarras, disait qu'il était le *garde-fou* de ses enfans.

GARDOIRE, *s. m.* Montaigne, qui a forgé ce mot, s'en est servi, au propre, pour désigner un lieu où l'on garde du poisson, un vivier.

« J'ai vu, dit-il, liv. II, ch. 12, des *gardoires* assez où les poissons accourent pour manger, à certain cry de ceux qui les traictent. »

Et au figuré, dans le sens de mémoire : « Je m'en vay, avait-il déjà dit, liv. I, ch. 24, escornifflant, par-cy par-là des livres, les sentences qui me plaisent, non pour les garder, car je n'ai point de *gardoire*. »

GARE, que nos grammatistes regardent comme une interjection, est l'impératif du verbe *garer*, qui vient de l'allemand *wahren* (garantir, garder); aussi nos pères ont-ils dit : *warder* et *vuarder*, pour *garder* et *warer* pour *garer*.

« La raison fait de grands progrès parmi nous ; mais *gare* qu'un jour le jansénisme ne fasse autant de mal que les jésuites en ont fait. » VOLTAIRE, *lettre à M. de la Chalotais*, 3 novembre 1762.

« Elle se refuse au plaisir ; mais elle l'aime ; *gare* qu'elle n'y cède ! » MARIVAUX.

Sans dire gare, expression proverbiale et familière, pour dire, brusquement, sans façon. « Le valet du tripot qui avoit battu le charretier sans dire *gare*. » SCARRON, *le Roman Comique*.

GARENNE, *s. f.* lieu où l'on conserve les lapins.

« On disait autrefois, *garenne* ou *varenne*, témoin le nom de la rue de *Varenne* à Paris, et le mot anglais *warren* qui a la même signification.

» *Garenne* ou *varenne*, en vieux français, *warenne*, dérive du bas-latin *warenna*, mot de même signification, et formé de l'allemand *wahren*, garder, dérivé lui-même de *warten*, qui a la même signification, d'où nous avons fait aussi *garer* et *garder*, et en vieux français *gwarder*, *guarder* et *garer*, *werder* et *warer*. La *garenne* fut ainsi appelée, parce qu'on y *garde*, on y conserve des lapins pour la chasse ; ce qui le prouve, c'est qu'autrefois le mot *garenne* signifiait lieu où l'on *garde*, où l'on *gare* quelque chose, lieu de réserve ; que l'on disait *garenne à connils*, *garenne à eau* ; et que l'on dit encore une *gare*, pour un lieu de retraite sur une rivière, où l'on *gare* les bateaux. » ÉLOY JOHANNEAU, *Manuel des Amateurs de la lang. franç.* p. 22, n° 1, année 1814.

GARGANTUA, *s. m.* Ce nom que Rabelais a donné à son géant, dans son ingénieux roman, est devenu nom commun pour désigner un homme d'un appétit extraordinaire, un homme qui avale tout. « Les Espagnols, dit M. Ch. Nodier, ont appelé le gosier *garganta*. Rabelais n'a fait que transporter en espagnol le nom de son *grandgousier*, pour en faire celui de *Gargantua*, qu'il s'amuse à expliquer autrement par un quolibet. Le nom même de *gargamelle* se prend pour la gorge ou le gosier, dans la langue du peuple, et Hauteroche l'a employé à cet usage dans l'*Amant qui trompe* :

Je vais me rafraîchir un peu la gargamelle. »

Onomatopées françaises.

GARGARISER, *v.* du latin *gargarizare*, pris du grec γαργαρίζειν (*gargarizein*); mais tous ces mots, nés l'un de l'autre, paraissent formés du bruit de la liqueur qui lave le gosier, lorsqu'on se gargarise.

On a dit d'un hypocrite, il se *gargarise* la bouche avec les mots de vertu, etc.; mais il se garde bien de les avaler.

GARIEMENT ou **GARIMENT**, *s. m.* vieux terme de coutume, qui signifie *garantie*, dit Th. Corneille, dans son *Dict. des Arts.* Selon Cotgrave, qui le prend dans le même sens que Corneille, c'est un terme gascon.

« Ce m'est plaisir d'estre désintéressé des affaires d'autrui, et d'estre dégagé de leur *gariement.* » MONT.

GARNEMENT, *s. m.* (*garnir*). Vieux mot qui signifiait : ornement, ajustement.

Belle robe et beau *garnement*
Amendent les gens rarement.
Roman de la Rose.

Garnement, libertin, mauvais sujet. *Ganeo* ou *garniment* comme qui dirait mauvais meuble; ou du verbe *garnir*, parce que, disent Sylvius, Nicot, Huet et Ménage, les fainéans et gens inutiles ne servent qu'à *garnir*, c'est-à-dire, à faire nombre.

Et j'ai prédit cent fois à mon fils votre père,
Que vous prenez tout l'air d'un mauvais *garne-*
[*ment.*
MOLIÈRE, *Tartufe*, act. I, sc. I.

GARNISAIRE, *s. m.* mot nouveau, dit M. Ch. Nodier, mais consacré. C'est un homme qu'on met en garnison chez les contribuables en retard. La profession, ajoute-t-il, n'est pas nouvelle comme le mot. On appelait ces gens-là *comestores*, dans la basse latinité, et *mangeurs* dans le plus ancien usage de notre langue; mais elle a beaucoup gagné en délicatesse depuis cette époque.

Garnisaire est une abréviation de *garnisonnaire*, qui s'est pris dans le même sens, et qui est dérivé de *garnison*. Ce dernier s'est dit et se dit encore pour le sergent ou pour le nombre de sergens ou recors envoyés chez un contribuable où ils s'établissent, à ses frais, jusqu'à ce qu'il ait payé.

GARNISONNER, *v.* On prétend qu'il y a eu des gens assez mauvais citoyens, pour désirer voir les étrangers *garnisonner* plus long-temps la France; mais c'est sans doute une calomnie, et le mot n'est pas français.

GARONNE, *s. f.* rivière de France. Calypso, dans l'*Elève de Minerve*, chant VII, parodie quelquefois ingénieuse de *Télémaque*, se repentant d'avoir juré par le Styx, dit assez plaisamment :

Pourquoi n'ai-je pas, en effet,
Juré plutôt par la *Garonne*,
Dont les eaux n'engagent personne?

GARROTTER, *v.* Les emballeurs se servent, pour serrer plus fortement les cordes, de bâtons qu'ils appellent *garrots*. (latin, *verutum*, de *veru* broche) d'où l'on a fait *garrotter*, pour dire lier étroitement quelqu'un, l'attacher fortement. Il se prend aussi au figuré.

« Je ne suis pas homme qui me laisse guère *garrotter* le jugement par préoccupation. » MONT. liv. III, ch. 11.

« L'esprit humain a besoin d'un frein pour le retenir, c'est pourquoi on le bride et on le *garrotte* de religions et de lois. » *Le même.*

GARS. *Voyez* GARÇON.

GASCON, ONNE, *adj. et s.* proprement, celui, celle qui est de Gascogne; figurément, hâbleur, fanfaron.

« Nous avons eu en France, dit François de Neufchâteau, dans ses *Notes sur Gil-Blas*, liv. I, ch. 11, dans les temps des grands fiefs, des appellations de *Champenois*, de *Gascon*, de *Normand*, etc., qui n'étaient rien moins que flatteuses, et qui sont restées dans la langue, si bien que La Fontaine a l'air de commencer bonnement une de ses fables par ce vers doublement malin :

Certain renard *gascon*, d'autres disent *normand*. »

GASCONISME, *s. m.* locution gasconne. Le poète Théophile est plein de *gasconismes*.

Les *gasconismes corrigés*, ouvrage utile d'un professeur de Toulouse.

Il en a paru une 2e édit. in-12, 1801.

GASCONNADE, s. f. vanterie, hâblerie, fanfaronnade. En voici une de Montaigne : « Ores que le faire soit plus naturel aux *Gascons* que le dire, si est-ce qu'ils s'arment quelquefois autant de la langue que du bras, et de l'esprit que du cœur. »

On citait avec éloge dans une compagnie, la bravoure de deux officiers. Un *Gascon* dit : « Leur valeur n'a rien qui étonne; l'un est de Gascogne, et l'autre mérite d'en être. »

Un Gascon, chez un cardinal,
Exaltait sa Garonne avec persévérance;
C'était non seulement un fleuve d'importance,
C'était un fleuve sans égal.
A ce compte, monsieur, lui dit son éminence,
Le Tibre près de lui ne serait qu'un ruisseau?
Le Tibre, monseigneur, sandis, belle merveille !
S'il osait se montrer au pied de mon château,
Je le ferais mettre en bouteille.

M. GUILLEMARD.

Un officier gascon était à la table du grand Condé, qui lui demanda une *gasconnade*; il s'en défendit, mais le prince insistant : « Ne m'en pressez pas, dit-il, monseigneur; car, si j'en faisais une, je vous ferais trembler tous. » Tout le monde convint qu'on n'en pouvait faire une plus forte.

« On racontait à un Gascon une chose extraordinaire; il souriait. Quoi ! monsieur, lui dit-on, vous ne me croyez pas? Pardonnez-moi; mais je ne répéterai pas votre histoire, à cause de mon accent. »
Mme NECKER.

GASCONNER, v. escamoter; expression qu'on pourrait croire nouvelle, mais qui se trouve dans Brantôme. Le *Gloss. de la lang. rom.* lui donne le même sens.

GASPILLAGE, s. m. (vieux saxon, *gespillen*; Le Duchat le dérive de *vespa*, guêpe). « Le *gaspillage* des matières, qui servent à la nourriture des hommes, suffit seul pour rendre le luxe odieux à l'humanité. »
J. J. ROUSSEAU.

GASTADOUR, s. m. qu'on disait autrefois *vastadour*, du latin *vastator* (qui gâte, qui dévaste). *Voy.* GÂTER. Cl. Fauchet, dans son livre *de l'Origine de la milice et des armes*, feuillet 33 tourné, Paris, 1600, dit qu'à la suite d'une armée il y a des *gastadours* ou pionniers, ainsi appelés, parce qu'ils *gâtaient* et détruisaient tout.

GASTER, s. m. mot emprunté du grec γαςὴρ (*ventre*), et qui se prend aussi pour l'estomac. C'est Rabelais qui le premier a introduit ce mot dans notre langue :

« Ils touts (tous les gastrolâtres) tenoient *Gaster* pour leur grand dieu, l'adoroient comme dieu, lui sacrifioient comme à leur dieu omnipotent. » *Pantagruel*, liv. IV, ch. 57.

La Fontaine s'en est servi après Rabelais, dans sa fable intitulée *les Membres et l'Estomac* :

Je devais par la royauté
Avoir commencé mon ouvrage;
A la voir d'un certain côté
Messer *Gaster* en est l'image.

De ce mot, reçu dans le style badin ou familier, sont dérivés *gastrolâtre*, que nous devons également à Rabelais, et les néologismes *gastronomie*, *gastronome*; car nous ne parlons pas ici des termes techniques, où le mot *gaster* entre en composition.

GASTROLÂTRE, s. m. du grec γαςὴρ (*ventre*), et de λάτρις (*esclave*, *serviteur*), qui est esclave de son ventre, qui fait un dieu de son ventre. Et sous ce nom, qu'il a forgé, Rabelais désigne les moines qui, de tous temps, ont, à tort ou à raison, été taxés de gourmandise.

GASTRONOME, s. m. du grec γαςὴρ (*gaster*), ventre, estomac, et νόμος (*nomos*) loi. Le *gastronome* connaît ou observe les règles, les préceptes que prescrit la *gastronomie*, ou l'art de faire bonne chère.

« Quoique le substantif *gastronome* n'existe point dans le *Diction. de l'Académie française*, édit. de 1762, on sait qu'il est admis de nos jours dans le langage usuel. Je crois devoir faire observer que les mots *gastrolâtre* et *gastronome* offrent deux sens différens, qu'il me parait inutile de spécifier ici. » CH. POUGENS, *Archéologie française*, tom. I, p. 227.

GASTRONOMIE, s. f. Voyez GASTRONOME, pour l'étymologie. C'est, comme nous l'avons dit, l'art de faire bonne chère. M. Berchoux a donné ce titre à un poëme fort joli qu'il a composé, il y a vingt-cinq ans, sur les plaisirs de la table et sur l'art de la cuisine.

GÂTE-PAPIER, s. m. Nous disons gâte-métier, gâte-pâte, gâte-sauce, etc. Nos pères avaient encore gâte-papier, qui se disait par plaisanterie d'un mauvais auteur, d'un homme dont les travaux littéraires ne valaient pas le papier qu'il employait.

« Je ne puis appeler gâste-papiers, ceux qui fidèlement recueillent les choses de marque. » CL. FAUCHET, *de l'Origine de la langue et poésie françoise*, pag. 209, in-4°, Paris, 1581.

« Le semblable advint-il vers le même temps à nostre poésie françoise, pour le nombre effréné d'un tas de gaste-papiers qui s'estoient meslez de ce mestier. » PASQUIER, *Recherches sur la France*, tom. 1, pag. 695, Amsterdam, 1723.

GÂT ou GAST, s. m. dont il nous reste le composé dégât. Voyez ce mot.

GÂTER, v. que nos pères écrivaient gaster, vient, comme dévaster, du latin vastare (détruire, ravager), par la mutation très-fréquente de v en g. On a même dit gâter, dégâter, dans le sens de dévaster.

Ses chevaliers mande et assemble
Ses chastiaux fist lost en forchier,
Fossez parer, murs redrechier,
Le plain païs lairra gaster
S'il peut bien les chastiaux garder.
ROB. WACE. *Roman du Rou*, du 12ᵉ siècle.

Gi bouterai le fu ens une matinée,
Et sera de par moi celle ville gastée.
Le Voeu du Héron, poëme du 14ᵉ siècle.

(J'y mestrai le feu dans une matinée, et cette ville sera par moi dévastée).

« Après avoir mis en route (en déroute) les Gots qui gastoient tout le pays de Mésie, etc. » CL. FAUCHET, *Antiquitez gauloises*, fol. 57, 1599.

« Vous entrerez en la cité en laquelle vous proyerez et dégasterez. » *Les Neuf Preux*, roman imprimé gothique, Paris, 1507.

On s'est aussi servi de dégaster pour le simple gâter, qui seul nous est resté, dans le sens de salir, corrompre.

« Ce qu'il fait (le singe) est tout conchier et dégaster. » RABELAIS.

Campistron et Colasse avaient fait l'un les paroles, l'autre la musique de l'opéra d'*Achille*, qui tomba tout à plat. Cette chute donna lieu à l'épigramme suivante :

Lully près du trépas, Quinault sur le retour,
Abjurent l'Opéra, renoncent à l'amour,
Pressés de la frayeur que le remords leur donne
D'avoir gâté de jeunes cœurs
Avec des vers touchans et des sons enchanteurs :
Colasse et Campistron ne gâteront personne.

Une femme à tout âge est un enfant gâté.
LA CHAUSSÉE.

Un auteur gâte tout, lorsqu'il veut trop bien faire.
LA FONTAINE.

Louis XII, à la vue du penchant que François Iᵉʳ, alors duc de Valois, avait pour les plaisirs et la prodigalité, s'écriait en soupirant : « Ah ! nous avons beau faire, ce gros garçon gâtera tout. »

On disait du maréchal de Clérambault, qui n'était pas savant, mais qui était un des plus beaux esprits de son temps, qu'il gâtait la cour.
MÉNAGE.

GÂTERIE, s. f. « Les douces gâteries des femmes. » Ce mot est d'une femme, et exprime bien les petits soins, les douces attentions dont ce sexe seul est capable.

GÂTE-TOUT, s. m. Est. Pasquier, liv. VIII, ch. 43, appelle gaste-tout, ceux qui ont altéré le vieux langage du *Roman de la Rose*, du sire de Joinville, de Froissart, etc.

GÂTINOIS, s. m. (wastinœ) lieux incultes, de vastus. Ce pays tire son nom des petites collines sablonneuses qui y sont, et que les paysans appellent gâtines.

GAUCHE, adj. ce qui est opposé au côté droit. Ce mot, selon Borel, est dérivé de guencher, vieux mot français qui signifie se détourner, éviter, tourner ; et, selon d'autres, du grec γαυσός (gausos) oblique, tortu.

« Je fus bien étonné de voir qu'il

eût pris avec la main *gauche*, ce que je lui avais donné avec *la droite*. » C'est-à-dire de travers. *Mémoires de Bassompierre.*

Ce mot est originairement du philosophe Théodorus, surnommé l'*Athée*, parce qu'on croyait que ses raisonnemens philosophiques tendaient à nier l'existence de Dieu. Il n'en convenait pas et disait : « Ce n'est pas ma faute ; je donne mes raisonnemens de la main droite ; mais on les prend de la main gauche. »

Gauche au figuré, mal tourné, maladroit.

Ce mot en ce sens était nouveau du temps de Boursault, qui le place pour le critiquer dans ses *Mots à la mode*, sc. IV :

Au lieu que les amans dont vous faites l'ébauche,
Ont un esprit si *louche*! un entretien si *gauche*!

A gauche, expression adverbiale opposée à *à droite*.

« Que vous raisonnez *à gauche* sur le sujet de ma mélancolie ! » MOLIÈRE.

Les voyageurs sans guide assez souvent s'égarent ;
L'un, *à droit*, l'autre, *à gauche*......
BOILEAU.

On dit maintenant *à droite, à gauche*.

GAUCHERIE, s. f. C'est proprement une action faite *à gauche*, ou faite de la main *gauche*. L'abbé Tuet, dans ses *Matinées Sénonoises*, pag. 154, in-8°, Paris, an IIIe de la république, emploie ce mot en ce sens : « Chez nous, dit-il, la civilité interdit l'usage de la main *gauche*, pour présenter quelque chose, couper son pain, etc. Toutes ces fonctions appartiennent à la droite. »

« Ce point gothique de notre première éducation est observé si scrupuleusement, qu'une mère passerait à son fils une action vicieuse, plutôt qu'une *gaucherie*. »

Au figuré, *gaucherie* signifie une action, une entreprise maladroite, mal concertée, et se prend dans le sens moral : « C'est une grande *gaucherie* que de vouloir faire sa cour à un homme, en dépréciant ses ouvrages. » « L'homme vraiment honnête...

dont l'ame est élevée à la roideur et à la *gaucherie*, qui vont avec les grandes tailles en tout genre...... »
LINGUET.

GAUCHIR, *v.* peut-être de l'ancien mot français *guencher* (se détourner, éviter), *voyez* GAUCHE, ou dérivé de *gauche*.

« Qu'est-il plus aysé à un homme practic, que de *gauchir* aux dangers, et de contrefaire le mauvais, ayant le cœur plein de mollesse ? MONT. liv. II, ch. 16.

« Je n'ay pas l'esprit assez souple pour *gauchir* à une prompte demande, et pour en eschapper par quelque détour. » *Le même*, liv. II, ch. 17.

« Il y a tant de contradictions entre les droits de la nature, et nos lois sociales, que pour les concilier, il faut *gauchir* et tergiverser sans cesse. » ROUSSEAU, *Emile.*

Contre son insolence il ne faut pas *gauchir*.
MOLIÈRE.

Ecartons, ont-ils dit, ce censeur intraitable,
Que des plus beaux dehors l'attrait inévitable
Ne fit jamais *gauchir* contre la vérité.
J. B. ROUSSEAU.

Gauchir contre n'est guère français, et ce terme est trop familier pour être employé dans une ode.

Quelques auteurs ont donné à ce verbe un complément direct.

« Il manda à leur roi force reproches pour le voir tousjours reculant devant lui, et *gauchissant* la meslée. » *Essais de Montaigne*. (*Gauchissant la mêlée*, en évitant d'en venir aux mains).

« L'étude immodérée engendre une crasse dans son esprit, et *gauchit* (rend gauches) tous ses sentimens. »
SAINT-ÉVREMONT.

GAUDIR (se), *v.* se divertir et aussi se railler, du latin *gaudere* (se réjouir). C'est un ancien mot qui n'est plus que du style badin :

Il eût mieux fait, certes, le pauvre sire,
De *se gaudir* avec sa Margoton.
VOLTAIRE.

De là, *gaudisserie* et *gaudisseur*.

GAUDISSERIE, s. f. parole gaie, raillerie ; vieux mot.

« Auguste César gaudissoit volontiers, et prenoit les *gaudisseries* en jeu. » DESPÉRIERS, n. 17.

« Et de ces viles ames de bouffons, il s'en est trouvé qui n'ont voulu abandonner leur *gaudisserie*, en la mort mesme. » MONT. liv. 1, ch. 40.

GAUDISSEUR, s. m. qui se réjouit, qui se gaudit, et encore railleur. « Grand diseur, grand *gaudisseur*. » *Essais de Montaigne*.

« Grand *railleur*. — Gaudir, c'est, dit Nicot, *se mocquer par jeu et en riant*. Au IIIe livre d'*Amadis*, ch. 4, reprindrent leur chemin *gaudissants* l'un l'autre d'avoir esté ainsi deceus (déçus) par la malice des femmes. » *Note* de Coste sur *Montaigne*, au bas de la page.

« Nous estions au souper ung grand tas de vrais compaignons, et bons *gaudisseurs* et frères de l'ordre. » *Cent nouvelles Nouvelles*, N. LXV.

GAUDRIOLE, s. f. propos facétieux, gai, et même un peu libre. C'est un dérivé de *gaudir* comme *gaudisserie*, *gaudisseur*; ou peut-être vient-il du latin *gaudiolum*, diminutif de *gaudium* (joie, réjouissance). Nos dictionnaires, sans en excepter celui de l'Académie, ont omis ce mot dont l'usage est assez fréquent dans le discours familier : *dire, conter des gaudrioles*. M. Mercier s'en est servi dans son *Tableau de Paris*.

> C'était la régence alors,
> Et, sans hyperbole,
> Grâce aux plus drôles de corps,
> La France était folle.
> Tous les hommes plaisantaient,
> Et les femmes se prêtaient
> A la *gaudriole*,
> O gué!
> A la *gaudriole*.

La Gaudriole, chanson par M. Béranger.

GAUDRIOLISTE, s. m. qui aime la gaudriole, qui conte des gaudrioles. « La Fontaine, si *gaudrioliste* dans ses *Contes*, avait des mœurs pures. » RÉTIF.

Cela n'est pas trop exact; le bonhomme convient lui-même qu'il ne haïssait pas les Jeannetons.

GAUFRE, s. f. (allem. *wafre*).

GAUFRIER, s. m. moule à gaufre.

On a dit d'un poète : « C'est un *gaufrier* à vers Alexandrins. »

GAULE, s. f. longue perche, houssine pour faire aller un cheval, de l'ancien mot celtique, *gualt*, *gault* ou *gaule*. Gualt serait le même que le *walt* (forêt) en allemand. « Il fit appeler, dit Cl. Fauchet, *Charolie* le pays qui est entre Seine et Loire, en ce temps nommé *Gaudine*, je croy, pour les bois, qui en gaulois se nommoient *gault*, comme encore, en bas-breton, *goy* signifie bois ou faurest. » *Antiquitez françoises*, feuillet 147 tourné, Paris, 1599.

« Les forêts, en général, étoient jadis appelées *gaules*, et un bois en particulier *gaul*, un seul arbre haut et droit *gaule*, mot dont nous usons encore à présent pour signifier une houssine ou une perche; c'est pourquoi les Bretons, qui sont les plus anciens peuples des *Gaules*, étant issus de Gomerus, surnommé *Gallus*, parce qu'il fut le premier qui fit bâtir des navires, ont retenu jusqu'à présent le nom de *goy*, pour un bois et forêt. » *L'Etymologie des Proverbes françois* par Bellingen, pag. 98, édit. in-8°, à La Haye, 1656.

Une étymologie plus simple et plus naturelle est *caulis* (tige).

GAULER, v. frapper à coups de gaules.

ÉPITAPHE DU CARDINAL MAZARIN.

> Cy gît que la goutte accabla
> Depuis les pieds jusqu'aux épaules ;
> Non Jules qui vainquit les Gaules,
> Mais bien Jules qui les *gaula*.

GAULÉ, ÉE, apparemment dérivé de *gaulois*, s'est pris dans le sens de passé de mode, suranné. « La galanterie est tout-à-fait *gaulée*. » SARRAZIN.

GAULOIS, OISE, adj. et subst. nom des peuples qui habitaient les Gaules. On n'est point d'accord sur l'origine de ce mot; mais ce qu'il y a de certain, c'est que ce nom n'a été donné à notre nation que par les Romains, car les anciens habitans de nos contrées se nommaient *Celtes* entre eux. L'usage de les appeler *Gaulois* s'introduisit même assez tard.

« Les Romains, dit Latour-d'Auvergne, ne donnaient le nom de *Gaulois* qu'aux peuples dont le pays était placé entre les Alpes, les monts Pyrénées, le Rhin, la mer d'Allemagne, celle de Bretagne, l'Océan aquitanique et la mer Méditerranée; ces peuples s'appelaient *Celtes* entre eux, et étaient nommés *Gaulois* par les Romains : *Qui ipsorum linguâ* Celtæ, *nostrâ verò* Galli *vocantur.* cæs. lib. I (ceux que nous nommons *Gaulois* dans notre langue s'appellent *Celtes* dans leur propre langue). *Origines gauloises*, Avant-Propos, pag. VI.

Si nous en croyons Voltaire (*Dict. philos.* au mot *Franc*), « les *Gaulois* sont presque les seuls peuples d'Occident qui aient perdu leur nom. Ce nom était celui de *walch* ou *wuelch*; les Romains substituaient toujours un *g* au *w* qui est barbare; de *Welche* ils firent *Galli, Gallia*. On distingua la Gaule celtique, la belgique, l'aquitanique, qui parlaient chacune un jargon différent. »

Nous nous garderons bien de rappeler toutes les étymologies données sur ce mot *gaulois;* nous nous contenterons de rapporter celle que présente Rabelais, non que nous la croyions plus sûre, mais parce qu'elle nous a paru gaie et ingénieuse : « C'est, dit-il, la cause pourquoi *Galli*, les *Gaulois* (ce sont les François ainsi appelez, parce que blancs sont naturellement comme laict, que les Grecs nomment γάλα, *gala*), voulontiers portent plumes blanches sur leurs bonnets; car par nature ilz sont joyeulx, candides, gracieux et *bien esmés;* et pour leur symbole et enseigne ont la fleur plus que nulle autre blanche, c'est le lys. » RABELAIS, liv. I, ch. 10.

M. Le Duchat, sur Rabelais, à l'endroit cité, a expliqué *bien esmés* par bien disposés, bien intentionnés, de bonne volonté.

Saint-Foix, qui semble partager l'opinion de Rabelais sur l'étymologie du mot *Gaulois*, ajoute qu'ils furent ainsi nommés du mot grec γάλα (lait), parce qu'ils avaient la peau extrêmement blanche.

GAUPE, *s. f.* femme malpropre, salope. Ce mot trivial vient du latin *gausapa*, pris chez les Romains dans le sens de natte de paille sur laquelle couchaient les soldats dans les camps. C'est dans le même sens que Vadé fait appeler une femme d'une vertu plus qu'équivoque *paillasse de corps-de-garde.*

« Les anciens Gaulois appelaient les paillardes *gaupes*, lequel mot je recherche de *gausape* et ainsi *gaupe*, diction prinse des couvertes où couchaient en guerre les paillardes. » TRIPPAULT, au mot *Paillarde*.

GAURE, GAURIÈRE, GORE, *s. f.* « On nommait, au 15ᵉ siècle, les courtisanes élégantes *gaures, gores*, ou *gaurières*, et les robes décoletées, les *robes à la grant gore.* » DULAURE, *des Divinités génératrices*, pag. 291.

GAUSSER, *v.* railler, se moquer, vient, comme *gaudir*, du latin *gaudere* (se gaudir), ou de son participe *gavisus*. *Se gausser*, qui est trivial aujourd'hui, s'employait bien autrefois dans le style familier et même soutenu. On en trouve des exemples dans les *Lettres* de Pasquier, écrivain du 16ᵉ siècle et dans les *Recherches sur la France*. « Les amis *gaussans* et *gaudissans* plaisamment et vifvement les uns les autres. » *Essais de Montaig.* t. VII, p. 402, Paris, 1791.

« *Gausser* et *gaudir*, termes à peu près synonymes qui signifient *rire, se mocquer, se railler les uns des autres. Gausser* trouve encore sa place dans le burlesque. *Gaudir*, dans le sens de *gausser*, est tout-à-fait inconnu. COSTE, *sur Montaigne*, note au bas de la page.

Que cent nouveautés on pratique,
J'en *gausseray* les mal-contens.
OEuvres de Saint-Amant, in-4°, 1651.

« Montpesat vouloit *gausser* tout le monde, et même la reine de Navarre. » *Scaligeriana*, pag. 230, édit. de 1666.

Un jour ces gens raisonneurs et mutins
Se *gausseront* des saintes décrétales.
VOLTAIRE.

GAUSSEUR, *s. m.* comme *gaudisseur*

dont il est une abréviation, vient de l'ancien verbe *gaudir*. *Rigoleur*, c'est-à-dire *gausseur* ou *gaudisseur*, lit-on dans les *Epithètes* de De la Porte (1571).

Dans l'épître liminaire des *Propos rustiques*, Rabelais et des Accords sont appelés « scientifiques *gausseurs*. »

GAUTIER, s. m. Bon *gautier*, bon compagnon, réjoui, par allusion à *gaudir*. « A moy n'est qu'un honneur d'estre réputé bon *gautier*. »
RABELAIS.

GAUTIER ET GARGUILLE. *Se moquer de Gautier et de Garguille*, expression proverbiale pour dire se moquer de tout le monde. Dans le recueil des *Proverbes dramatiques* de Carmontel, il y a une comédie intitulée le *Chevalier errant*, où Gautier, faux brave et espèce de Don-Quichotte, se trouve provoqué par Garguille, son épouse, qui s'est armée de toutes pièces, et qu'il prend pour un chevalier : ce qui semblerait indiquer que cette expression pourrait venir de deux spadassins fameux de quelque roman. Ces spadassins s'étant rendus redoutables, on aurait dit *je me moque de Gautier et de Garguille*. Mais on donne à cette locution, beaucoup plus ancienne que les *Proverbes dramatiques* que nous venons de citer, une tout autre origine. On trouve *Gautier et Garguille* dans le premier des *Contes* imprimez sous le nom de Bonaventure Despériers, dont la permission d'imprimer est de l'an 1557. *Riez seulement*, dit-il, *et ne vous chaille si ce fut Gaultier ou si ce fut Garguille*.

« Je ne pense pas, dit, à l'occasion de ce passage, M. de La Monnoye, que cette façon de parler se trouve dans un livre plus ancien que celui-ci, c'est-à-dire avant 1558. »

L'auteur du *Moyen de parvenir* a dit, au même sens : *Venez, mes amis, mais ne m'amenez ni Gautier ni Guillaume*. La première façon de parler est la plus ancienne, comme nous venons de le voir, et la seule qui soit restée.

Coquillart, gêné probablement par la rime, a substitué à *Garguille* le mot *Sybille*, qu'il écrit avec une capitale comme nom propre :

.... Nos mignons
Vont quelque bourgeoise hanter,
Et la tiennent si bien sur fons,
Qu'ils parviennent à habiter (avoir des habitudes).
Quant (quand) ilz ont faict, s'en vont vanter
Par tout à *Gaultier*, à *Sybille* :
Et s'on (si l'on) ne les veult escouter
Aux champs, ils le crient en la ville.
Poésies, pag. 63, Paris, 1723.

Au reste, n'épargnez ni *Gautier*, ni *Garguille*.
RÉGNIER, *Satire* XIII, v. 205.

(c'est-à-dire n'épargnez personne.)

« *Gautier-Garguille* (dont le véritable nom était Hugues Guérin), Gros Guillaume et Turlupin étaient, dit Tuet, garçons boulangers au fauxbourg Saint-Laurent à Paris. Liés par la gaité qui les caractérisait, ils se mirent en tête de jouer la comédie, et composèrent des pièces ou des fragmens comiques, qu'on a nommés depuis des *turlupinades*. » *Matinées Sénonaises*, pag. 459, Paris, an III de la république.

GAVACHE, s. f. de l'espagnol *gavascho* ; le dicton espagnol est *gavascho puerco*, qui signifie un homme lâche et sans honneur. Au propre, les *Gábali* de Jules César, qui habitaient les monts entre la France et l'Espagne, le Gévaudan. « Les peuples montagnards du Gévaudan, dit Ménage, dans son *Dict. étymolog.* sont appelés *gavasches* par les Espagnols ; et, comme ces peuples vont en Espagne pour gagner leur vie, où ils exercent les métiers les plus vils, on y a appelé de leur nom les personnes sans cœur et mal vêtues. Et c'est de ce mot espagnol que le mot françois (*gavache*) a été fait. »

GAVOTTE, s. f. air de danse vif et gai, danse faite sur cet air. Ce sont les *Gavots*, montagnards du pays de Gap, qui ont donné le nom à la danse que nous appelons *gavotte*.

GAZ, s. m. fluide aériforme. Ce mot, inventé par Van-Helmont et d'un usage si fréquent aujourd'hui, n'a été consigné dans nos dictionnaires que depuis peu d'années ; la première édition du *Dictionnaire* de l'Académie où il se trouve porté est celle de 1802, et il y est désigné comme terme nouveau.

GAZE, s. f. Du Cange croit que ce tissu a été ainsi nommé de la ville de Gaza en Syrie, d'où il prétend qu'il est originairement venu. Ce mot se prend au figuré dans le sens de voile, qui cache ce qu'une expression aurait de trop libre, d'adoucissement qui tempère ce qu'une raillerie, ce qu'un reproche aurait de trop amer.

Tout y sera voilé, mais de gaze et si bien,
Que je crois qu'on n'en perdra rien.
LA FONTAINE, le Tableau.

Quoi qu'il en soit, ma Minerve sévère
Adoucira ces grotesques portraits,
Et, les voilant d'une gaze légère,
Ne montrera que la moitié des traits.
GRESSET.

C'est un aigle dans une cage de gaze, dit Voltaire d'une femme aimable et capable de s'élever à la hauteur des discussions philosophiques.

GAZER, v. dérivé de gaze, proprement couvrir d'une gaze. Il s'emploie plus souvent au figuré, où il signifie adoucir, voiler ce qu'un mot, une expression, un conte, une histoire auraient de trop libre, de trop indécent.

Aujourd'hui l'on a la manie
De clouer sur tous les sujets
Le mot pour rire à chaque phrase.
On gaze, dit-on, les objets,
Mais on éclaircit trop la gaze.
DEMOUSTIER.

Ce mot n'est pas ancien dans notre langue; on ne le trouve ni dans le *Dict.* de Philibert Monet de 1637, ni dans celui de *Trévoux* de 1743.

On a hasardé le substantif en disant que La Fontaine est un bien aimable *gazeur*; mais nous doutons qu'il se soit accrédité.

GAZETTE, s. f. Les gazettes ont pris leur nom d'une petite monnaie de Venise, nommée *gazetta*, prix ordinaire pour la lecture des nouvelles manuscrites. On donna le nom de la monnaie au cahier même des nouvelles, et depuis, ce nom a passé par extension à la plupart des nouvelles périodiques imprimées en Europe, en Asie et en Amérique.

Ce fut Théophraste Renaudot, médecin de Paris, qui, en 1631, entreprit le premier de donner la *Gazette* de France; on ajoute que ce fut d'abord pour récréer ses malades.

D'éloges on regorge, à la tête on les jette,
Et mon valet de chambre est mis dans la *Gazette*.
MOLIÈRE, le *Misanthrope*.

GAZOUILLEMENT, s. m. petit bruit agréable que font les oiseaux, les ruisseaux en gazouillant.

GAZOUILLER, v. faire un petit bruit doux et agréable, tel que celui que font de petits oiseaux.

« *Gazouillement*, *gazouiller* sont tirés, dit M. Ch. Nodier, du chant des oiseaux, dont ils expriment assez bien l'harmonieux babillage, qui est le *susurrus*, le *garritus*, le *lene murmur* des Latins. Mais employés jusqu'à satiété par nos poètes pastoraux, et cousus depuis deux siècles, aux plus misérables bouts-rimés de la langue, ils ont perdu toute leur grâce et toute leur fraîcheur, et sont tombés dans la classe des lieux communs les plus fastidieux. » *Dictionnaire des Onomatopées françaises*.

« On entend le soir les oiseaux qui *gazouillent*. » *Acad.*

On le dit aussi du bruit que font les petits ruisseaux en coulant sur des cailloux : « Ce ruisseau *gazouille* agréablement. » *Acad.*

D'après le privilége accordé à la poésie de rendre transitifs plusieurs verbes qui, de leur nature, sont intransitifs, M. Demoustier a donné à *gazouiller* un complément direct :

Les oiseaux *gazouillant* leurs aimables concerts.
Lettre IVe sur la *Mythologie*.

GAZOUILLIS, s. m. le même que *gazouillement*. La poésie a conservé ce mot familier, qui est vieux en prose.

D'autres oiseaux de différent plumage,
Divers de goût, d'instinct et de ramage,
En sautillant font entendre à la fois
Le *gazouillis* de leurs confuses voix.
VOLTAIRE, Epître LXIVe à *Mad. Denis*.

Comme *gazouillement*, il peut se dire aussi du doux murmure de l'eau.

Ni bal de nymphe au *gazouillis* de l'eau.
RONSARD, LXIe sonnet.

Turcs d'approcher, tendrons d'entrer en danse
Au *gazouillis* des ruisseaux de ces bois.
LA FONTAINE.

GEAI, s. m. (*gaius*).

ÉPIGRAMME.

Quel est cet animal de qui chacun se joue?
De grâce apprenez-moi son nom.
— Ce n'est qu'un *geai* qui fait la roue,
Paré des plumes d'un... dindon.
LANOS.

GÉANT, s. m. du latin *gigante*, ablatif de *gigas*, venu du grec γίγας pour γηγενής de γῆ (*gé*), terre, et de γείνομαι (*géinomai*), naître, comme qui dirait *né de la terre*, parce que, selon la fable, les *géants* étaient fils de la terre; aussi Florus les appelle-t-il *terrigenas* (nés de la terre), et Horace *telluris juvenes* (enfans de la terre).

C'est lui (Bacchus) qui, *des fils de la terre*
Châtiant la rébellion,
Sous la forme d'un fier lion,
Vengea le maître du tonnerre.
J. B. ROUSSEAU.

Que tout dans un *géant* soit vaste, monstrueux;
Et sa large poitrine, et son front sourcilleux,
Ses grands bras, ses grands os, sa stature imposante.
J. F. BARRAU, traduction de *la Poétique de Vida*, ch. III.

« *Géant* se prend quelquefois figurément, surtout en poésie, pour signifier ce qu'il y a de plus grand dans son espèce; en ce sens, on pourrait appeler l'éléphant le *géant des quadrupèdes*; l'aigle, le *géant des oiseaux*. Delille a dit, en parlant de la baleine : *le géant des mers*.

Ce mot est quelquefois employé adjectivement au figuré.

Si, sous d'affreux glaçons, les Alpes sourcilleuses
Sont de leurs monts *géants* justement orgueilleuses.
DUREAU-DELAMALLE fils.

De la servile Égypte on vante les tombeaux,
Les lacs, les *murs géants*, le tortueux dédale.
CERUTTI, pièce insérée dans l'*Almanach des Muses* (1791).

« Les *murs géants*, voilà, dit Domergue, deux mots un peu surpris de se trouver ensemble. *Géant* ne se dit que des hommes qui excèdent de beaucoup la stature ordinaire. Ce mot réveille l'idée d'un homme que soutiennent des jambes énormes, qui agite des bras énormes, dont la tête énorme s'élève au-dessus de toutes les têtes; il rappelle Polyphème passant à gué les mers profondes; Encelade entassant les montagnes et les lançant au ciel : toutes ces idées ne peuvent s'appliquer à des murs immobiles; la métaphore est fausse, parce qu'elle manque d'analogie.

» On ne pourrait pas dire des *arbres géants*, quoiqu'on dise des *arbres nains*, et la raison en est que l'immobilité des arbres écarte toutes les idées que réveille le mot *géant*. *Nain*, qui exprime la petitesse sans autre idée accessoire, convient mieux à un petit arbre, et l'usage a consacré la métaphore. » *Solutions grammaticales*, pag. 149.

Nous avouons que l'esprit ne voit pas des rapports assez rapprochés entre des murs essentiellement immobiles et les *géants* qui sont des êtres animés, pour saisir l'analogie entre deux choses d'une nature entièrement différente, et que par conséquent la métaphore manque de justesse. Mais il nous semble aussi que le grammairien renferme dans des bornes trop étroites l'acception du mot *géant*. En accordant aux arbres des bras, une tête, une chevelure, les poètes ne les ont-ils pas comparés au corps humain? Ils naissent, ils croissent, ils vieillissent comme nous; comme nous la mort les frappe de sa faux; ils ont leur enfance, leur virilité, leur vieillesse : tous ces rapprochemens suffisent pour faire dire d'un arbre monstrueux ce qu'on dirait d'un homme d'une taille énorme, et nous n'hésiterions pas plus à dire des *arbres géants* que des *arbres nains*; *arbres nains* est, comme le dit Domergue, une métaphore consacrée; elle est même de tous les styles; hé bien! par analogie, le style soutenu, et surtout la langue poétique, réclament *arbres géants* : c'est le même point de vue de l'esprit, c'est toujours une comparaison du corps humain, pris dans ses deux extrêmes de petitesse et de grandeur. Nous trouvons cet exemple dans un de nos poètes :

Il (Renaud) s'éloigne, et son œil au détour d'un
[sentier
Que bordent le cyprès, le cèdre et le palmier,

Voit un myrte *géant* dont les feuillages sombres
Sur toute la forêt jettent leurs vastes ombres.
BAOUR-LORMIAN, *Jérusalem délivrée*, ch. XVIII.

Des *monts géants* me paraît également juste, et d'autant plus juste, que souvent les poëtes et les peintres se sont représenté les monts comme d'énormes *géants*, que la fable même voit dans quelques uns de ces monts des hommes qui ont éprouvé cette métamorphose.

En parlant d'une de ces tours mobiles dont on se servait autrefois dans les siéges des villes, M. Baour-Lormian a dit :

Ce colosse terrible, au front dominateur,
Des remparts ennemis égalant la hauteur,
Marche comme un *géant* vers la ville infidèle.
Jérusalem délivrée, ch. II.

De *géant*, nos pères en avaient formé les mots :

GÉANTERIE, *s. f.* race de géants.

GÉANTIN, INE, *adj.* qui tient du géant.

GÉANTISER, *v.* faire le géant.

GEHENNE, GEHENNER. *Voyez* GÊNE, GÊNER.

GEL, *s. m.* (OUDIN, *Dict. des trois langues*). Ce mot, qui n'est admis que comme terme de botanique, pour signifier une maladie des arbres produite par la gelée, et qu'on chercherait en vain dans la plupart de nos dictionnaires, en commençant par celui de l'Académie, n'est-il pas d'un usage trop circonscrit ? ne pourrait-on pas, par exemple, dire avec un poëte de la fin du dernier siècle :

L'âpre frimaire appelle la froidure,
Le *gel* s'attache aux branches des buissons ?

Le *gel* n'est pas tout-à-fait la même chose que la *gelée*.

GELER, *v.* du latin *gelare*, qui a la même signification.

Un jour d'hiver trop rigoureux,
Un vieux courtisan très-frileux,
Au coin de la place Dauphine,
Avisant un jeune aigrefin
Couvert, ainsi qu'au mois de juin,
De la plus légère étamine,
S'en approche et lui dit : Comment,
Avec ce mince vêtement,
Et cette bise si cruelle,
Comment faites-vous donc ? — Je *gèle*.

Sa médisante humeur, grand obstacle aux faveurs,
Avait de ce galant souvent *gelé* l'espoir.
LA FONTAINE, *F. du R. de Garbes*.

GÉLINE, *s. f.* (*gallina*). Nous avons perdu ce mot, qui pourtant était plus poétique et plus harmonieux que *poule*. Qui nous le rendra ?

« Il semble que les hommes soient de la race des *gélines* ; car, si nous voulons faire quelque bien, c'est en criant et caquetant comme elles. » *Lazarille de Tormes*.

GÉMEAU, *s. m.* (*gemellus*). « Ces deux beaux astres qui sont placés dans le ciel de son visage, font un nouveau signe des *Gémeaux*. » SOREL, *le Berger extravagant*, dont cette phrase est bien digne.

GÉMONIES, *s. f. pl.* terme d'antiquité ; lieu chez les Romains où l'on exécutait les criminels et où l'on exposait leurs corps. Les *gémonies* étaient à Rome ce qu'étaient en France les fourches patibulaires. Ce mot est pris du latin *gemoniæ*, qu'on fait venir du verbe *gemere* (gémir).

Gouvernans, qui gouvernez en sens contraire des intérêts de votre nation, regardez les annales de l'histoire comme des *gémonies* qui vous attendent !

GENCIVE, *s. f.* du latin *gengiva*, qui a la même signification : aussi trouve-t-on *gengive* dans nos anciens auteurs.

« Les *gengives* lui estoient enflées et pourries. » MONTAIGNE.

« Souliers à doubles *gencives*. » TABOUROT, Prologue des *Escraignes dijonnoises*.

GENDARME, *s. m.* que nos pères ont écrit *gent-d'armes* au singulier, *gens d'armes*, *gens-darmes*, *gensdarmes*, au pluriel, vient donc des trois mots *gens d'armes*, terme composé, qui ne doit pas paraître étonnant à ceux qui savent qu'on disait autrefois des *hommes d'armes*, et même des *anges d'armes*, dans l'opinion où l'on était que Dieu avait une armée d'anges.

« Les capitaines des pays seront tenuz de venir à tout (avec) ce que ilz pourront avoir de *genz d'armes*, etc. » *Ordonn. de Charles*, régent de France, mai 1358.

« Qui seroit faict à porter valeureusement les accidens de la vie commune, n'auroit point à grossir son courage pour se rendre *gendarme*. » MONTAIGNE, liv. III, ch. 13. *Vivere*; dit Sénèque, *militare est* (Vivre, c'est combattre).

Autrefois, on entendait par *gendarme* un homme armé de toutes pièces, qui avait sous lui deux autres cavaliers, enfin, un homme pesamment armé. Sous Henri IV et Louis XIII, ce nom a été particulièrement donné à une cavalerie qui portait des grèves ou genouillettes dans la botte, une cuirasse à l'épreuve, une escopette, des pistolets à l'arçon, et l'estoc ou l'épée longue sans tranchant. Dans la suite, on en a fait un corps de cavalerie distingué, qui a subi différens changemens.

Aujourd'hui, c'est un corps composé de cavalerie et d'infanterie, particulièrement affecté au service de la police et des tribunaux, qui remplace ce qu'on appelait, avant la révolution, la maréchaussée et le guet.

GENDARMER (se), *v.* dérivé de *gendarme*, se révolter, s'emporter mal à propos.

« A quoi faire nous allons-nous *gendarmer* par ces efforts de la science? » MONTAIGNE, l. III, c. 12.

Le même, que l'on croit l'avoir employé le premier, l'a mis activement et dans le sens de braver:

« Et si l'on y prend bien garde, l'on trouvera parmi les païsans et autres povres gens, des exemples de patience, constance, equanimité plus purs que tous ceux que l'eschole enseigne. Les autres montent sur leurs grands chevaux, se *gendarment*, se bandent et tiennent toujours en cervelle et agitation. » CHARR. l. III, ch. 2.

« Vénus mesme *gendarme* le tendre cœur des pucelles au giron de leurs mères. » Liv. II, ch. 1. Ce que Pasquier blâme.

GÊNE, *s. f.* qu'on écrivait autrefois *géhenne*, du latin *gehenna*. *Gehenna ignis* (la gêne du feu, de l'enfer), lit-on dans saint Mathieu, chap. v, vers. 22, et chap. 10, vers. 28.

Ce mot, hébreu d'origine, vient de *gehennon* (vallée d'Enna): c'était une vallée près de Jérusalem, où l'on avait brûlé des victimes humaines, et qui devint ensuite une voirie. C'est un terme de l'Ecriture, qui se trouve en plusieurs endroits du Nouveau-Testament. *Qui dira à son frère racha, sera punissable par le conseil; qui lui dira fol, sera punissable par la gehenne du feu.* M. Simon remarque que le mot de *gehenne* signifie l'Enfer; mais que, comme il a quelque chose de particulier, il a été à propos de le conserver. Les autres traducteurs modernes, au lieu de *gehenne*, mettent ordinairement l'enfer..............

Voyez le *Dict. étymol.* de Ménage, édit. in-fol. Paris, 1750, au mot *Gehenne*.

Tout homme a sa *gehenne* en ce monde, fût-il roi, consul ou pape.

Il s'est dit pour la torture, la question qu'on donnait autrefois aux prévenus.

« La *gehenne* est plustost un essai de patience que de vérité. » MONT.

Charron a répété cette phrase, liv. 1, ch. 4.

Gêne s'est dit encore dans le sens de souci, malaise, inquiétude.

C'est le Seigneur qui nous nourrit,
C'est le Seigneur qui nous guérit.
Il prévient nos besoins, il adoucit *nos gênes*.
J. B. ROUSSEAU, liv. 1, Ode 9.

GÉNÉALOGIE, *s. f.* du grec γένος (*génos*), race, et λόγος (*logos*), discours, c'est-à-dire, histoire ou dénombrement de la race, des aïeux.

« Sénantes, fort en *généalogie*, comme tous les sots qui ont de la mémoire. » HAMILTON, *Mémoires de Gramont*.

Le P. Bouhours se plaisait à retrouver, dans les anciens, l'origine des pensées des modernes, et à en montrer les progrès; il appelait cela la *généalogie* des pensées.

GÉNÉALOGISTE, *s. m.* dérivé de *généalogie*, celui qui fait, qui dresse des généalogies.

Mons du Blazon, grand *généalogiste*,
Disait un jour à certain gros hutor,
Bien lourd, bien plat et bien chamarré d'or,
De vos aïeux, monsieur, voici la liste :
Vous y voyez trois barons, six marquis,
Qui tous auront maints villages conquis :
Item, dix-sept gouverneurs de province,
Trente baillis, cent chevaliers errans....
Somme totale, en voilà pour cent francs :
Cent francs de plus, demain vous serez prince.

J. B. Rousseau, dans sa comédie des *Ayeux chimériques*, fait dire à un *généalogiste* :

. . . ., Sans me flatter,
J'ai quelque connaissance, et puis bien me vanter
Qu'il n'est point de noblesse antique ni moderne,
Titrée ou non titrée, illustre ou subalterne,
Dont je ne fasse voir, du premier coup d'essai,
Et le fort et le faible, et le faux et le vrai.

GÊNER, *v.* qu'on a dit d'abord *gehenner*, parce qu'il est dérivé de *gehenne* (*voyez* ce mot), a signifié tourmenter, torturer, comme *gehenne* a signifié torture.

« Et le lendemain fut interrogé et examiné très-rigoureusement sur la mort du duc d'Orléans défunct, et de fait fut *gehainé* (mis à la torture) pour savoir s'il en avoit été complice ou consentant. » *Chroniques* de Monstrelet, liv. 1, ch. 74.

« Frédégonde fit *gehenner*, brusler et attacher sur la roüe aucunes femmes, après leur avoir fait rompre les os. » CL. FAUCHET, *Antiq. gauloises*, liv. IV, feuillet 11, Paris, 1599.

Dames, oyez un conte lamentable
D'un povre amant, et d'une impitoyable,
Qui, pour n'avoir voulu le secourir,
Sentit combien on doit craindre encourir
L'ire des dieux, en se moustrant cruelles
Contre la foy des serviteurs fidèles.
De cet exemple, ô dames, apprenez
De faire grâce à ceux que vous *gennes*.
BAÏF, *Amour vengeur*, poème.

Il paraît qu'il avait encore conservé cette signification du temps de Corneille, puisqu'il dit, dans sa *Médée* :

Filles de l'Achéron, ...
Sortez de vos cachots avec les mêmes flammes
Et les mêmes tourmens *dont vous gênez les ames.*

On n'a peut-être rien dit contre la question de plus énergique que ce passage de Montaigne, liv. II, ch. 5 :

« D'où il advient que celui que le juge a *gehenné* pour ne le faire mourir innocent, il le face mourir et innocent et *gehenné*. » Charron a répété cette phrase, liv. 1, ch. 4.

Au figuré, « *gehennant* ses paroles et les destournant de leur sens naturel. » NIC. PASQUIER, l. X, *lettr.* 4.

Mais *gêner*, comme l'a observé Geoffroy, dans ses *Remarques sur Racine*, n'est plus en usage dans le sens de tourmenter ; il est même devenu un terme trivial, qu'on emploie dans la conversation pour exprimer un embarras léger, des contrariétés ordinaires.

Mon cœur, je le vois bien, trop prompt à *se gêner*,
Devait mieux vous connaître. . . . .
RACINE, *Andromaque*, act. IV, sc. 5.

« *Se gêner*, du temps de Racine, signifiait *se tourmenter*, et c'était un terme noble. Aujourd'hui, *se gêner*, veut dire seulement s'incommoder, se contraindre ; c'est une façon de parler très-familière. » GEOFFROY, *Œuvres de J. Racine*, au lieu cité.

Ce n'est pas la faute de Racine, comme l'a remarqué La Harpe, si, dans la langue usuelle, *gêner* ne signifie plus qu'*incommoder*. Toutes les langues éprouvent de ces sortes de variations.

Le P. Ségaud a dit encore, et fort bien : « Dans chaque état on ne voit de loin que ce qui plaît, et de près que ce qui *gêne*. »

GÉNÉRALISSIME, *s. m.* général suprême, celui qui commande aux autres généraux.

Le cardinal de Richelieu, selon le témoignage de M. de Balzac, fit pour lui-même le mot de *généralissime*, lorsqu'il commandait en Italie l'armée de Louis XIII, en 1630.

GÉNÉRATEUR, GÉNÉRATRICE, *adj.* Pourquoi ce mot est-il resté dans le domaine de la géométrie, lorsqu'il répond si bien à son réduplicatif *régénérateur*, *régénératrice*, celui, celle qui engendre de nouveau, substantifs formés de *régénérer*. Ce mot, dont M. Mercier s'était servi dans son *Nouveau Paris*, tom. 1, ch. 12, avait paru un néologisme, quoique Montaigne l'eût employé long-temps avant lui : « La jurisprudence, dit-il, liv. III, ch. 13, est science de sa nature *génératrice* d'altercation et de division. »

GÉNÉREUX, EUSE, *adj.* du latin *generosus*, dérivé de *genus* (naissance), *généreux*, proprement ce qui appartient à une extraction noble, à une race illustre. Phèdre a dit :

Aper cùm vellet facere generosum impetum

(le sanglier sur le point de s'élancer sur l'âne, comme il convenait à un animal *de noble extraction*). Sur ce passage, le commentateur de *Phèdre* (Johannes Laurentius), exprime ainsi le mot *generosum* : « *Dignum genere et ortu suo* » (généreux, c'est-à-dire, digne de sa race et de son origine).

Par la même raison, *générosité* s'est pris pour source, naissance, origine.

« Adolescent royal, de progéniture illustre, de très-antique *générosité*. » J. LE MAIRE DE BELGES, *Illustrations des Gaules*, liv. I, ch. 31, Paris, 1548.

« La plupart de ceux qui passent pour *généreux*, acquièrent cette réputation à bon marché. Consultez leurs créanciers. » Le duc DE LÉVIS.

Il n'y a que les hommes économes qui aient le droit d'être *généreux*.

Le pauvre qui se montre reconnaissant d'un bienfait, laisse croire que s'il eût été riche, il eût été *généreux*.

Nous disons un vin *généreux*, pour dire un vin de bonne qualité. Horace a dit de même *generosum vinum* (un vin généreux). *Épître* XV, liv. I, v. 18,

Ad mare quum veni, generosum et lene requiro

(quand je suis près de la mer, il me faut du vin *généreux* et doux).

Il paraît que du temps de Corneille, *généreux* se prenait substantivement, comme nous disons encore des braves, des lâches, des perfides, etc.

L'État, qui dans leur mort voyait trop sa ruine,
Avait des *généreux* autres que Léontine.
P. CORNEILLE, *Héraclius*, act. III, sc. 3.

Je sais qu'aux *généreux* ils doivent faire horreur.
Le même, ibid. act. III, sc. 5.

GÉNIE, *s. m.* du latin *genius*, dont la racine est l'ancien verbe latin *genere*, qui s'est dit pour *gignere* (engendrer, faire naître). « Genius dicebatur à priscis Deus naturæ, qui omnium rerum gignendarum vim haberet » (les anciens appelaient *génie* le Dieu de la nature, dont la puissance s'exerçait sur tout ce qui devait naître). HERMANNUS TORRENTINUS, *Dictionarium poeticum*.

Le *génie* était donc le Dieu de la nature, la divinité qui donnait l'être et le mouvement à tout. Les empires, les provinces, les villes et les lieux particuliers, avaient leur *génie* tutélaire. A Rome, on adorait le *génie* public, c'est-à-dire la divinité protectrice de l'empire. On jurait par le *génie* des empereurs, et le jour de leur naissance on lui faisait des libations. Chaque homme avait aussi son *génie* :

*Postquam cœpit . . . . . vinoque diurno
Placari genius festis impunè diebus.*
HORACE, *Art poétique*, vers 210.

M. Dacier traduit ce passage mot à mot dans sa note sur ce vers : « Et qu'on commença à apaiser son *génie*. les jours de fête, en buvant impunément en plein jour. » Quelques-uns même prétendaient que les hommes en avaient deux : un bon, qui portait au bien, et un mauvais, qui inspirait le mal. Chacun, le jour de sa naissance, sacrifiait à son *génie* : on lui offrait du vin, des fleurs, de l'encens; mais on ne répandait point de sang dans ces sortes de sacrifices

« La *doctrine des génies, des fées*, dit M. l'abbé de Cournand, dans son *Tableau de la littérature ancienne et moderne*, ch. X, était partout mêlée dans les livres des Arabes. C'est d'eux que l'Europe l'a reçue. »

« Les esprits que l'on appelait *génies*, dit Mirabeau, dans sa traduction des *Élégies de Tibulle*, tom. I, pag. 142, in-8°, Paris, 1798, présidaient, dans le paganisme, à la naissance des hommes, les accompagnaient dans le cours de leur vie, veillaient sur leur conduite, et étaient commis à leur garde jusqu'à leur mort. Cette tradition des *génies* habitant le monde, subsiste encore, et est la plus universelle et la plus ancienne qui ait jamais été. De plus, on pensait qu'il y avait un bon et un mauvais *génie* attaché à chaque personne. » C'est d'après cette idée, que les anciens nous ont transmise, que nous disons encore aujourd'hui : *C'est son bon* génie *qui lui a suggéré ce moyen; son bon* génie *l'a conduit dans cette affaire; c'est son mauvais* génie *qui l'a poussé à ce crime.* Quelques-uns ont remplacé les *génies* par les *anges*, et disent, dans le même sens, *son bon ange, son mauvais ange. C'est mon bon ange qui m'a inspiré cette pensée*, etc.

Voyez qu'un bon *génie* à propos nous l'envoie.
CORNEILLE, *Horace*, act. 1, sc. 1.

« Ce tour a vieilli; c'est un malheur pour la langue; il est vif et naturel, et mérite, je crois, d'être imité. » VOLTAIRE, *Remarques sur Corneille*, au lieu cité.

Génie se prend encore pour talent naturel, humeur naturelle.

« Lorsque j'ai dit, à la fin du chapitre précédent, que *l'esprit devenoit commun quand le* génie *devenoit rare*, je n'ai rien dit qui ne soit avoué de ceux qui sçavent la différence qu'on doit mettre entre *l'esprit* et le *génie*. C'est cette différence que je vais tâcher d'expliquer à ceux qui ne la sentent pas assez.

» Nous attachons quelquefois dans notre langue les mêmes idées à ces deux mots. Nous disons également qu'un homme *a peu d'esprit*, ou qu'*il a un foible génie*, qu'*il est un petit génie*. Lorsque nous disons qu'il faut étudier le *génie d'une nation*, nous entendons alors, par ce mot, l'humeur de la nation, son caractère et son goût. Quelquefois, par ce même mot, nous entendons seulement la facilité qu'on a pour quelque chose, et Boileau s'en sert en ce sens, lorsqu'il veut persuader que pour louer il ne peut trouver une rime, au lieu qu'il n'a pas besoin de les chercher pour médire. *Alors*, dit-il, *je sens que mon esprit travaille de génie*.

» L'auteur de *Britannicus* donne à ce même mot une signification toute particulière, quand, pour exprimer la crainte de Néron devant Agrippine, il lui fait dire :

Mon *génie* étonné tremble devant le sien,

dans ce vers plus heureux que n'eût été celui-ci :

Mon esprit étonné, etc.

» L'auteur, plein de la lecture des anciens, fait allusion à ce que rapporte Plutarque dans la Vie d'Antoine. Le jeune Octave, dans tous les jeux, remportoit l'avantage sur Antoine, qui en étoit très-mortifié, et qui le fut encore davantage, lorsqu'un devin lui dit : *Evitez, le plus que vous pourrez, ce jeune homme; votre* génie *redoute le sien*. Les anciens croyoient que chaque empire, chaque ville, et chaque homme avoit son *génie* tutélaire.

» Ce mot n'avoit pas dans leur langue le sens qu'il a dans la nôtre, et dans lequel je l'examine maintenant; mais les anciens sentoient, comme nous, cette supériorité de talens que nous appelons *génie*.....

» En parlant des talens de l'esprit, nous attachons aussi des idées différentes à ces mots *esprit* et *génie*. Par l'un, nous entendons seulement une imagination vive, heureuse, brillante, qui rend capable de réussir jusqu'à un certain point ; par l'autre, nous entendons cette force divine, cette inspiration secrète, appelée par Horace *mens divinior, vis insita*. Le *génie* est une lumière de l'ame qui rend celui qui s'applique à un art, si supérieur à tous ceux qui ont cultivé le même art, qu'on ne lui dispute point la première place, etc. » L. RACINE, tom. IV, p. 176 de ses *Œuvres*, édit. in-12, Paris, 1747.

« Ce qu'un homme, né avec du *génie*, fait de mieux, est ce que personne ne lui a montré à faire. » L'abbé DUBOS.

Nous nommons *génie* d'une langue le caractère propre et distinctif de cette langue.

« On appelle *génie* d'une langue son aptitude à dire de la manière la plus courte et la plus harmonieuse ce que les autres langues expriment moins heureusement.

» Le *latin*, par exemple, est plus propre au style lapidaire que les langues modernes, à cause de leurs verbes auxiliaires qui alongent une inscription et qui l'énervent.

» Le *grec*, par son mélange mélodieux de voyelles et de consonnes, est plus favorable à la musique que l'*allemand* et le *hollandais*.

» L'*italien*, par des voyelles plus répétées, sert peut-être encore mieux la musique efféminée.

» Le *latin* et le *grec*, étant les seules langues qui aient une vraie quantité, sont plus faites pour la poésie que toutes les autres langues du monde.

» Le *français*, par la marche naturelle de toutes ses constructions, et aussi par sa prosodie, est plus propre qu'aucune autre à la conversation. Les étrangers, par cette même raison, entendent plus aisément les livres français que ceux des autres peuples. Ils aiment dans les livres philosophiques français une clarté de style qu'ils trouvent ailleurs assez rarement.

» C'est ce qui a donné enfin la préférence au français sur la langue italienne même qui, par ses ouvrages immortels du 16e siècle, était en possession de dominer dans l'Europe. »
VOLTAIRE, *Dict. philosophique,* au mot *Langues*, article intitulé *Génie des langues.*

« On demande souvent, dit Rivarol, *de l'Universalité de la langue françoise*, p. 28, ce que c'est que le *génie* d'une langue? et il est difficile de le dire. Ce mot tient à des idées trop composées, et a l'inconvénient des idées abstraites et générales. On craint, en le définissant, de le généraliser encore ; mais, afin de mieux rapprocher cette expression de toutes les idées qu'elle embrasse, on peut dire que la douceur ou l'âpreté des articulations, l'abondance ou la rareté des voyelles, la prosodie et l'étendue des mots, leurs filiations, et enfin le nombre et la forme des tournures et des constructions qu'ils prennent entre eux, sont les causes les plus évidentes du *génie* d'une langue, et ces causes se lient au climat et au caractère de chaque peuple en particulier. »

GÉNITEUR, *s. m.* GÉNITRICE, *s. f.* celui, celle qui a engendré. Cet ancien mot, au masculin, se trouve déjà dans un *testament* de l'an 1137, cité par Ménage.

Jupiter est mon *géniteur* et père.
CL. MAROT.

Voltaire a dit, dans le style badin, *géniteur* pour père :

Le jour qu'il eut quatorze ans accomplis,
Son *géniteur,* descendant de la sphère,
Lui dit : « Enfant, tu me dois la lumière. »
Ch. IV.

« On trouve, dit M. Pougens, dans Jean Marot, *Poésies*, pag. 125, le substantif féminin *génitrice*, qui au reste ne me paraît pas susceptible d'être restitué au langage moderne. » *Archéologie française.*

GÉNITURE, *s. f.* du latin *genitura* (génération, race, lignée, enfant). Ce mot, qui se trouve déjà dans Marot, est assez fréquent dans La Fontaine :

Il rendit le fer au marchand
Qui lui rendit sa *géniture.*
Liv. IX, *fable* 1re.

Il avint qu'au hibou Dieu donna *géniture.*
Liv. V, *fable* 18.

Un père eut pour toute lignée
Un fils qu'il aima trop, jusques à consulter
Sur le sort de sa *géniture*
Les diseurs de bonne aventure.
Livre VIII, *fable* 16.

Quoique depuis long-temps ce mot ne soit que du style plaisant ou marotique, Louis Racine a encore dit dans sa traduction du *Paradis perdu*, tom. 1, p. 152 (1754) : « Je me vois environné de peines, de craintes et de clameurs qu'élève ma propre *géniture.* »

Son dérivé *progéniture* est toujours d'usage.

GENOU, *s. m.* du latin *geniculum* ; aussi nos pères ont-ils dit *genouil* et *genoil*, d'où les dérivés *genouillère*, *agenouiller*, l'ancien mot *genouillade*, etc.

« Ma raison n'est pas duicte à se courber et fléchir : ce sont mes *genoux.* » MONT. liv. III, c. 8.

« N'ouyr la messe que d'un *genou*. »
Sat. Ménip.

GENOUILLADE, *s. f.* prosternement. Vieux mot.

Le grand Amphitryoniade
Lui fit profonde *genouillade*.
SCARRON, *Typhon*, ch. IV.

« La *genouillade* bien estoffée d'un mouvement alternatif de toutes les parties du corps. » *Contes d'Eutr.* t. 1.

GENRE, *s. m.* terme de grammaire; propriété qu'ont les mots de représenter le sexe masculin et le sexe féminin. Il ne faut pas croire que tous nos mots aient constamment conservé le même *genre*, quelques-uns sont masculins aujourd'hui qui autrefois étaient féminins, tandis que d'autres qui étaient masculins, sont devenus féminins; par exemple *doute*, *duché*, anciennement féminins, sont aujourd'hui masculins; et *dot*, *affaire*, qui étaient masculins, sont aujourd'hui du *genre* féminin, etc.

GENT, *s. f.* dont le pluriel est *gens*, plus usité, vient du latin *gente*, ablatif de *gens* (nation) qui s'est dit, aussi dans la basse latinité pour homme, personne quelconque. Aussi C. Fauchet, dans ses *Antiquités françoises*, traduit-il ces deux vers de Fortunat :

Cùm sis progenitus clarâ de gente Sicamber,
Floret in eloquio lingua latina tuo.

Combien que tu sois nay (né) de *gent* sicambrienne,
Le langage latin coule en la bouche tienne.
Feuillet 63, Paris, 1599.

« Il fut si bien festoyé de tous qu'il dist bien que en tout le monde n'avoit si courtoise *gent* comme ceulx de l'hostel au roi Artus. » *Tristan, chevalier de la Table ronde*, roman imprimé dans le 16e siècle.

Vivez, heureuse *gent*, sans peine et sans souci.
RONSARD, *Poëmes*, liv. II, pag. 162, Paris, 1617.

Gent, nation, Ronsard adresse ici la parole aux peuplades de l'Amérique :

O combien lors aura de veufves
La *gent* qui porte le turban !
MALHERBE, *Ode à la Reine sur sa bien-venue en France*, année 1600, *Poésies*, liv. III.

« Les poètes du temps de Malherbe usaient fort de ce mot de *gent*. Le cardinal du Perron, dans sa traduction du liv. 1er de l'*Enéide* :

Car elle avoit appris de la bouche des Parques,
Que du haut sang troyen, semence des monarques,
Descendroit une *gent*, invincible aux combats, etc.

Tant c'étoit un grand faix de fonder l'origine
De l'empire romain et de *la gent* latine, etc.

» Aujourd'hui on ne s'en sert plus guère au singulier (car il est toujours en usage au pluriel), si ce n'est en vers burlesques, comme a fait Scarron qui a dit, en parlant des pages, *la gent à grègue retroussée*. Il y a pourtant tel lieu où il a bonne grâce dans des vers sérieux, comme en celui-ci de M. de Segrais, qui est du livre 1er de son *Enéide* :

De cette *gent* farouche adoucira les mœurs.

» Je crois qu'on a cessé de dire *la gent*, à cause de l'équivoque de *l'agent*. » MÉNAGE, *Observations sur les poésies de Malherbe*, p. 367, édit. in-8º, Paris, 1666.

Le mot *gent*, de nos jours, est entièrement banni du style sérieux; il ne trouve place que dans le style badin ou marotique, où l'on dit fort bien : *la gent qui porte le turban*, pour les Turcs; *la gent circoncise*, pour les Juifs; *la gent moutonnière*, pour les moutons; *la gent marécageuse*, pour les grenouilles; *la gent qui porte crête*, pour les coqs; *la gent trotte-menu* (La Fontaine), pour les rats, etc.

Et cette *gent* de qui Dieu se moquait
Se sépara, laissant là son ouvrage.
VOLTAIRE.

Le chef sanglant de *la gent* sacrilège.
Le même.

Le travail, les soins et la peine
Furent faits pour *la gent* humaine.
VADÉ, *la Pipe cassée*, ch. III.

Avis à *la gent* moutonnière :
On doit moins craindre un loup qu'un renard débonnaire.
Mme JOLIVAU, *la Brebis sauvée*, fable.

Il maudit *la gent* moucheronné
Qui ne sait rien de rien et nargue la grandeur.
DORAT.

Le pluriel *gens* s'est long-temps écrit avec un *t*, selon son étymologie.

« Ce sont *gents* qui se jouent de

leurs testamens. » MONT. *Essais*, t. IV, p. 43, Paris, 1789.

« Cicero s'informa qui il estoit à l'un de ses *gents*. » *Le même*, p. 97.

On trouve ce mot écrit avec *ts* dans Mézeray et ailleurs.

« Ce mot de *gens*, tout seul, est, dit le P. Bouhours, un vieux mot que nous avons renouvelé. Je me connais un peu en *gens*; vous n'avez guère de charité pour les *gens*. » *Entretiens d'Ariste et d'Eugène*, 2ᵉ Ent.

« Les *gens* d'épée et les *gens* d'église, les *gens* de robe et les *gens* de finance, les *gens* de plume et de palais, etc. tous ces *gens*-là sont des *gens* qui s'arrogent pour l'ordinaire des droits fort opposés au droit des *gens*. » VOLTAIRE.

Gens comme il faut, voy. FALLOIR.

On appelle des *gens de sac et de corde* des scélérats qui méritent les châtimens de la justice, parce que les genres de supplice les plus communs étaient autrefois la *corde* pour attacher les criminels à la potence, ou le *sac* dans lequel on les enfermait quand on les jetait à la rivière.

On appelait, avant la suppression des parlemens, les *gens du roi*, les procureurs et avocats généraux dans les cours souveraines, les procureurs et avocats du roi dans les autres cours.

Ce titre paraît venir du latin *agentes nostri* (nos agents, ceux qui agissent pour nous, en notre nom), qui était le titre que les empereurs et, après eux, nos rois donnaient aux ducs et aux comtes, dont l'office s'appelait *agere comitatum*.

Du mot *agentes* on a fait, par abréviation, *gentes regis*, et, en français, *gens du roi*.

GENT, ENTE, adj. du latin *gens, gentis* (race, famille, nation), d'où *gentil* dans *gentilhomme*, et de là *gent* a été pris dans nos anciens auteurs pour aimable, joli, gracieux, mignon. Ce mot se trouve déjà dans le *Roman de la Rose*.

Entre nous autres pauvres *gens*
Qui estions si mignons et *gens*.
Les Ténèbres du mariage, Paris, 1587, 11ᵉ leçon.

Femmes qui sont belles et *gentes*
Doivent-elles estre laissées?
Poésies de G. Coquillart.

On l'emploie encore aujourd'hui dans le style marotique, où il ne manque pas de grâce, surtout au féminin.

Vous cajoloit la jeune bachelette
Aux blanches dents, aux pieds nus, au corps *gent*.
LA FONTAINE, *la Clochette*, conte.

.... Peins-toi la plus *gente* corbeille,
Des cerises, Églé, d'un goût, d'un goût si fin !
Puis une rose si vermeille.
BERQUIN, *la Bergère au bain*, idylle.

Si *gente* nymphe est mobile et fantasque.
LE BRUN, *Epigramme* LXVII, liv. I.

GENTIL, ILLE, adj. joli, mignon, agréable, du latin *gentilis*. Les Romains appelaient *gentiles* les ingénus (*ingenui*), c'est-à-dire ceux qui étaient d'une condition libre; ceux qui avaient *gentem et familiam*, qui étaient d'une ancienne famille.

« Du mot grec γένος, qui signifie *naissance, extraction, noblesse*, les Latins ont fait *gens* dans la même signification ; et de *gens, gentis*, ils ont dit ensuite *gentilis*, pour dire un homme de naissance, εὐγενής (*qui gentem habet*). *Gens* se trouve en cette signification de *noblesse* dans cet endroit d'Horace, qui est la satire 2ᵉ du liv. II :

Qui quamvis perjurus erit, sine gente, cruentus
Sanguine fraterno ; fugitivus, ne tamen illi
Tu comes exterior, si postulet, ire recuses.

Sine gente, c'est-à-dire *sans noblesse*....

» Et comme les personnes de naissance sont plus polies et plus élégantes que les autres, le mot de *gentil* a signifié ensuite *poli, élégant*. » MÉNAGE, *Observations sur la langue française*, 2ᵉ partie, c. XXXV.

Nos pères ont dit effectivement *un gentil exercice, une gentille action*, pour dire un noble exercice, une action glorieuse. *Voy*. GENTILHOMME.

GENTILHOMMAILLE, s. f.

Suffit d'être enrôlé dans la *gentilhommaille*,
Pour être convaincu de n'avoir pas la maille.
BOURSAULT, *les Mots à la mode*, sc. XII.

Ce mot expressif, et peut-être utile, semblerait avoir été créé dans la révolution.

GENTILHOMME, *s. m.* composé de l'adjectif *gentil* et du substantif *homme*. On a même dit *gentil* seul pour *noble*, opposé à *vilain*, à *roturier*.

C'est en ce sens qu'on le trouve dans un huitain apposé en tête des premières éditions des *Œuvres* d'Alain Chartier :

Hommes mortels, tant villains que *gentilz*,
Qui chariez au monde en main cartier,
Aprenez tous, autant grands que petiz,
A charier en cestuy *Charretier*.

Suivant la même composition, on a dit anciennement *gentille-femme* et *gentifemme*, pour femme noble de race, ou pour épouse d'un *gentilhomme*. On lit souvent *gentil fame* dans les ordonnances de saint Louis.

« Toutes les *gentifemmes* la royne les print par la main, et Mme la dauphine fit pareillement. » *Les Honneurs de la cour.*

« Il ne voulut condescendre à plus douces conditions que de permettre aux *gentils femmes* qui étoient assiégées avec le duc, de sortir leur honneur sauve, etc. » MONT. *Essais*; l. I, chap. I.

« Pétrarque se choisit pour maîtresse la Laura *gentille-femme* provençale. » PASQUIER, *Recherches sur la France.*

Les Italiens disent encore, dans ce même sens, *gentil donna*.

« Le terme de *gentilhomme*, selon l'opinion qui paraît la mieux fondée, vient du latin *gentis homines*, qui signifiait *les gens dévoués au service de l'Etat*, tels qu'étaient autrefois les Francs, d'où est venue la première noblesse d'extraction. Pasquier croit que les noms de *gentils* et d'*écuyers* nous sont restés de la milice romaine, parce que c'était aux *gentils* et aux écuyers, comme aux plus braves soldats, que l'on distribuait les principaux bénéfices et les meilleures portions de terre qu'on donnait pour récompense aux gens de guerre. Les Gaulois qui avaient vu, durant l'empire des Romains, les *gentils* et les écuyers, entre les autres soldats, emporter sur les frontières les plus belles pièces de terres, commencèrent à appeler *gentilshommes* et *écuyers* ceux qu'ils virent être pourvus par nos rois de semblables bénéfices. » *Nouveau Dict. des Origines*, t. I, p. 520, Paris, 1827.

Voyez GENTIL.

Mayenne en ce péril pressant,
Se pendroit s'il étoit décent
Qu'un *gentilhomme* mourût comme
On fait mourir un vilain homme.
(Vilain homme veut dire ici
Un homme du néant sorti :
Car à la lettre un *gentilhomme*
N'est pas plus *gentil* qu'un autre homme,
Et j'en ai connu plus de cent
Très-vilains; soit dit en passant.)
HENR. trav. ch. IV.

Jean Bail, prêtre anglais, étant à Blancheu, suivi de dix mille hommes et prêchant contre la noblesse, commença sa prédication par ces vers :

Quand Adam mangea la pomme,
Où étoit le *gentilhomme* ?
NATHIEU, *Vie de Louis XI.*

« Si Adam, disoit Arlequin, avoit voulu acheter une charge de secrétaire du roi, nous serions tous *gentilshommes*. »

« Un noble, entêté de sa naissance, n'appeloit jamais Dieu que le *gentilhomme* de là haut. »

Balzac, *Entretien* XL, parle d'un docteur allemand, qui prétendait que l'empereur des Turcs, quelque grand seigneur qu'il soit, n'était pas *gentilhomme* du côté de sa mère.

On parlait un jour de la Saint-Barthélemi chez le duc de la Vrillière, une duchesse dit naïvement : « Mais je ne vois pas pourquoi on crie tant contre cette Saint-Barthélemi ; il n'y eut presque pas de *gentilshommes* de tués. »

Un auteur ascétique, qui n'est pas très-ancien, appelle le Nicodème de l'Evangile, « un saint *gentilhomme*. »

Je t'ai jà dit que j'étais *gentilhomme*,
Né pour chommer et pour ne rien savoir.
LA FONTAINE, *Contes.*

A UN FAUX NOBLE, FORT LAID.

Vous n'êtes pas *gentil*, à peine êtes-vous *homme* :
En vain prétendez-vous passer pour *gentilhomme*.
C. G. T.

GENTILHOMMEAU, *s. m.* petit *gentilhomme*.

Tant de *gentilhommeaux* à nourrir embarrassent.
HAUTEROCHE.

GENTILHOMMER, *v. act.* C'est un mot de notre bon Henri. Jean Delorme exerçait la médecine avec tant de désintéressement que ce prince dit un jour : « Que le jeune Delorme *gentilhommait* la médecine. »

Corneille l'a employé neutralement dans le vers suivant, pour dire *faire le gentilhomme.*

Car comment sans argent pouvoir *gentilhommer?*

GENTILHOMMERIE, *s. f.* qualité de *gentilhomme.* « Et la *gentilhommerie* vous tient les bras liés. » MOLIÈRE. *Georges Dandin.*

GENTILHOMMESQUE, *s. f.* manière, façon d'agir de gentilhomme.

« Quelqu'un qui aura bien que mal vescu à la *gentilhommesque.* » *Big.* du seigneur des Accords, l. IV, c. 2.

GENTILHOMMIÈRE, *s. f.* habitation champêtre de *gentilhomme* :

On voit dans la *gentilhommière,*
Qui tient un peu de la chaumière,
Sur la porte on voit d'un loup gris
La tête, et deux chauve-souris.
PERRAULT.

GENTILHOMMISÉ, ÉE, *part.* qui a supposé le verbe *gentilhommiser,* faire, rendre gentilhomme, anoblir. « Enivrez d'un beau surnom *gentilhommisé.* » *Bigar.* du seigneur des Accords, liv. IV, ch. 2.

GENTILLESSE, *s. f.* vient, comme *gentilité,* quoique pris dans une autre acception, du latin *gentilitas* (race, parenté, extraction); aussi ce mot, qui signifie aujourd'hui *grâce, agrément,* a-t-il autrefois signifié, dans le sens propre, *noblesse,* dans la même acception que *gentil* dans *gentilhomme* et ses composés.

« De *gentillesse* a-t-il assez : car il est de la lignée du roi David. » *Lancelot du Lac,* édit. de 1520.

« L'empereur prit si grand plaisir à voir la *gentillesse* de leur courage, qu'il en pleura d'aise. » *Les Essais de Montaigne,* liv. I, ch. 1.

On emploie le mot *gentillesses* au propre, pour dire de petites choses jolies, de petits ouvrages délicats : *il a acheté mille gentillesses à la foire.* T. CORNEILLE, *sur Vaugelas,* c. 421.

GENTIMENT, *adv.* agréablement.

« J'ai été fort aise de savoir.... que le petit discours a été bien et *gentiment* prononcé. » Mme DE SÉVIGNÉ.

— Doucement, facilement. « Tant que les femelles ne vous ont point gâté le timbre, je vous ai gouverné assez *gentiment.* » *Théâtre ital.* de Ghérardi.

GÉOGRAPHIE, *s. f.* du grec γεωγραφία (*geographia*), composé de γῆ (*gé*) terre, et de γράφειν (*graphéin*) décrire, description de la terre.

« Il y a, dit plaisamment le Prince de Ligne, sous le nom du prince Eugène de Savoie, en parlant de la maison d'Autriche, des souverains à qui la *géographie* ne permet pas d'être honnêtes gens. »

Quelques personnes pensent que les détails géographiques se prêtent difficilement à l'harmonie des vers; c'est une erreur à laquelle l'impuissance et la paresse ont donné naissance, mais que les efforts heureux de nos poètes auraient dû détruire depuis long-temps. Notre langue, comme les langues grecque et latine, se prête aux descriptions géographiques, lorsqu'elle est maniée par un génie heureux, qui sait joindre, à ces descriptions, les traits, les monumens consacrés par la fable ou par l'histoire; peindre les productions du sol, le caractère, les mœurs des habitans, faire ressortir les contrastes qui doivent résulter de la différence des climats, et des diverses institutions. C'est ainsi que M. Delille a su faire passer dans notre langue les détails géographiques, qui se trouvent dans les *Géorgiques* de Virgile, sans rien perdre de leur richesse et de leur pompe poétique :

Le Tmole est parfumé d'un safran précieux;
Dans les champs de Saba l'encens croît pour les
 [dieux;
L'Euxin voit le castor se jouer dans ses ondes;
Le Pont s'enorgueillit de ses mines fécondes;
L'Inde produit l'ivoire; et dans ses champs guer-
 [riers,
L'Epire pour l'Elide exerce ses coursiers.
De là partent le Phase et le vaste Lycus,
Le père des moissons, le riche Caïcus,
L'Enipée orgueilleux d'orner la Thessalie,
Le Tibre encor plus fier de baigner l'Italie,
L'Hypanis se brisant sur des rochers affreux,
Et l'Anio paisible et l'Éridan fougueux.

C'est même dans nos tragédies que ces sortes de descriptions sont ordinairement les plus riches et les plus poétiques, précisément parce qu'étant dépourvues de tout intérêt dramatique, elles ont plus besoin de la pompe épique.

Déjà pour satisfaire à votre juste crainte,
J'ai couru les deux mers que sépare Corinthe,
J'ai demandé Thésée aux peuples de ces bords
Où l'on voit l'Achéron se perdre chez les morts ;
J'ai visité l'Elide, et, laissant le Tenare,
Passé jusqu'à la mer qui vit tomber Icare.
RACINE, *Phèdre*.

Ces deux mers que sépare Corinthe, ces bords où l'on voit l'Achéron se perdre chez les morts, cette mer qui vit tomber Icare : voilà bien ce mélange de beautés géographiques et historiques ou mythologiques dont nous avons parlé.

Dans *Mithridate*, voyez comment la route politique et militaire de ce prince est tracée :

Doutez-vous que l'Euxin ne me porte en deux jours
Aux lieux où le Danube y vient finir son cours ?
Que du Scythe avec moi l'alliance jurée
De l'Europe en ces lieux ne me livre l'entrée ?
. . . .
Daces, Pannoniens, la fière Germanie,
Tous n'attendent qu'un chef contre la tyrannie.

Quelle richesse de poésie dans ces vers d'*Alzire* où l'astronomie est si heureusement jointe à la *géographie* :

J'ai consumé mon âge au sein de l'Amérique ;
Je montrai le premier aux peuples du Mexique
L'appareil inouï pour ces mortels nouveaux,
De nos châteaux ailés qui volaient sur les eaux.
Des mers de Magellan jusqu'aux astres de l'Ourse,
Les vainqueurs Castillans ont dirigé ma course.
. . . .
De la zône brûlante, et du milieu du monde,
L'astre du jour a vu ma course vagabonde
Jusqu'aux lieux où cessant d'éclairer nos climats,
Il ramène l'année et revient sur ses pas.

GEÔLE, *s. f.* de *gabiola*, dans la basse latinité, formé de *cavea* (cage).

Dans le vaste pourpris de cette grande geole,
Chacun a son cachot de l'un à l'autre pole,
Et tous qui plus qui moins y vivons engagés
Dans des fers que souvent nous même avons forgés.
PATRIX.

. . . . L'aimable violon,
Qui doit sa gloire au savant Apollon,
En préludant d'une manière folle,
Ressemble au bruit des verroux d'une geole.
GRÉCOURT.

GÉOMÈTRE, *s. m.* du grec γῆ (*gé*) terre, μέτρον (*métron*) mesure.

Platon appelle Dieu *l'éternel géomètre*. Fontenelle, présentant un *géomètre* à un grand personnage, lui dit : « Voilà, Monsieur, un grand *géomètre*, qui cependant est un homme d'esprit. »

« Il est rare, dit Pascal, que les grands *géomètres* soient fins, et que les gens fins soient de grands *géomètres*. » D'Alembert et d'autres ont donné un assez bon démenti à cette assertion.

GÉOMÉTRIE, *s. f.* « La *géométrie* est la fille de l'intérêt. » FONTENELLE. Cette science ne peut-elle avoir une plus noble origine ?

GERMAIN, AINE, *adj.* du latin *germanus, a,* dérivé de *germen* (germe). Les *germains* (cousins germains) sont ceux qui sortent de la même race, de la même semence, du même germe, *ex eodem germine*, soit du côté du père, soit du côté de la mère.

Ce mot qui n'est plus usité que dans quelques locutions consacrées comme *cousin germain, cousin issu de germain*, s'employait autrefois généralement comme substantif et comme adjectif ; on disait *il est mon germain, nous sommes germains*. « Les mariages se pouvaient faire entre *germains*. » BOSSUET.

Les gens de Cornélie, entre qui vos Romains
Ont déjà reconnu des frères, des germains.
P. CORNEILLE, *Pompée*, act. IV, sc. I.

« La naïveté n'est-elle pas, selon nous, *germaine* à la sottise ? » MONT.

GERMAINS, *s. m. pl.* ancien nom des Allemands, en latin *Germani* ; mais c'est dans la propre langue de ce peuple qu'il faut aller chercher l'origine de ce mot. Dans la langue tudesque ou germanique *ger* signifie *guerre*, et *man*, *homme*, ainsi *german* veut dire *homme de guerre, guerrier, homme belliqueux*. Strabon donne au nom des Germains une origine différente : *Germani tum formâ, tum moribus et victu, Celtis seu Gallis sunt similes : rectè itaque mihi videntur Romani hoc nomen eis im-*

posuisse, cùm eos fratres Gallorum vellent ostendere. Romani etiam suâ linguâ geminos fratres vocant germanos. Lib. IV. (Les Germains ressemblent aux Celtes ou Gaulois par l'extérieur, par la manière de vivre, par leurs mœurs, c'est donc avec raison que les Romains me paraissent leur avoir donné ce nom, voulant les désigner comme frères des Gaulois. Les Romains appellent encore *Germains*, dans leur langue les frères jumeaux).

GERMANISER, *v*. Le *Journal de Trévoux* en a fait un verbe neutre. « Le style de la lettre est d'un Français qui *germanise*. » Année 1756.

GERMER, *v*. du latin *germinare* (jeter des bourgeons, produire des rejetons). Il se prend bien au figuré. « C'est le temps où *germent* les erreurs et les vices. » J. J. ROUSSEAU.

Tous les meurtres bientôt deviendront légitimes,
Et *d'un crime* impuni *germeront mille crimes.*
CLÉMENT, *Jérusalem délivrée*, chant V.

« Pour engendrer l'amour, intelligence corporelle et spirituelle, la présence et la veuë sont autant requises que le discours; mais la bienveillance ou amitié, comme estant une intelligence toute spirituelle, doit *germer* spirituellement par le pur discours et la cognoissance. » La Dlle DE GOURNAY. *Pr. des Essais.*

On le trouve quelquefois actif dans nos anciens auteurs : « Tous ces enflez et bouffis d'arrogance, qui n'ont d'autre objet en l'entendement, que de *germer* de funestes conseils pour s'aggrandir. » NIC. PASQUIER, liv. VI, lettr. 16.

GERMINAL, *s. m.* septième mois du calendrier de la république française. Il commençait le 21 mars, et finissait le 19 avril. Il était ainsi nommé, parce que c'est le mois où la nature développe le germe de la semence qui lui a été confiée.

De l'Hiver le courroux expire;
L'Aquilon fuit devant Zéphire :
Naissez, beaux jours, voici le riant *Germinal;*
Il calme les airs qu'il épure,
Et du réveil de la Nature
Son souffle caressant a donné le signal.
PARNY, *Hymne pour la fête de la jeunesse.*

L'hiver fuit, le printemps renaît,
La glace fond, le ruisseau coule,
La terre agit, l'herbe paraît,
Et la nature se déroule :
Germinal qui s'épanouit,
Du jeune âge paraît l'emblême;
Oui, l'âge comme lui s'enfuit;
Mais, hélas! revient-il de même?

GÉSINE, *s. f.* de *jacina* dans la basse latinité; racine *jacere* (être couché), dont nous avons fait *gésir*. Ce mot *gésine* qui ne se dit plus qu'au Palais, était autrefois d'un usage fréquent pour signifier les couches d'une femme, le temps qu'elle était en couche.

« Touttes fois Mme de Charrolois fit tout tel estat dans sa *gésine*, que Mme la duchesse de Bourgongne. » *Les Honneurs de la cour*, ouvrage composé vers la fin du 14e siècle.

Gésine a la même racine que *gésir*, qui se disait alors des femmes qui étaient en couches, ainsi qu'on le voit par ce passage extrait du même ouvrage : « J'ai ouy dire à madame ma mère, que Mme de Namur disoit à la duchesse Isabelle que les roynes de France souloient (avoient coutume) *gésir* (être en couches) tout en blanc; mais que la mère du roi Charles, grand père de cestuy (celui) à présent, print (prit) à *gésir* en verd, et depuis toutes l'ont fait. »

La terre, tout ainsi qu'une femme en *gésine*,
Ses fruits avec travail nous produit tous les ans.
RONSARD, 11e *Hymne du liv.* 2.

La Fontaine s'est encore servi de ce mot :

La perfide descend tout droit
à l'endroit
Où la laie *était* en *gésine.*
Liv. III, *fable* 6.

GÉSIR, *v.* du latin *jacere* (être couché).

Allez tost, ne vous ennuit mie (ne vous déplaise),
Avec ce chevalier *gésir* (coucher).
Fabliaux, mss. du roi, n° 7715, f° 210, verso.

« Furent moult (bien) las et travaillés tant qu'il les convint *gésir* (coucher) emmy le bois. » *Les Neuf Preux*, roman imprimé en 1507.

« Je soulois (j'avois coutume) *gésir* avec toy parmy les forêts là où j'estois plus digne de coucher en lit de pourpre. » J. LE MAIRE DE BELGES,

Illustration des Gaules, liv. II, c. 13, Paris, 1548.

Gésir se disait aussi pour être en couches, accoucher.

L'autre faict semblant d'estre ensaincte (enceinte)
Disant qu'elle est preste à *gésir*.
O. COQUILLART, ses *Poésies.*

Lorsque ta mère estoit preste à *gésir* de toi.
RONSARD, IIe liv. des *Poëmes.*

Voyez GÉSINE.

L'infinitif *gésir* n'est plus usité que dans le style marotique, mais de cet ancien verbe on a conservé au présent, il *gît*, nous *gisons*, vous *gisez*, ils *gisent*. Imparfait, je *gisais*, tu *gisais*, il *gisait*, nous *gisions*, vous *gisiez*, ils *gisaient*. *Part. gisant.*

Force vous est pourtant à la parfin
Sur lit *gésir* en piteuse parade.
A. HAMILTON, *Mémoires du comte de Gramont,*
Epître à ce comte, en tête de l'ouvrage.

Nos deux Anglais lassés, sanglans, rendus,
Gisaient tous deux sur la terre étendus.
VOLTAIRE, *Chant de Corisandre.*

Ils marchent aussitôt aux portes des enfers
Là *gît* la sombre Envie à l'œil timide et louche.
Le même, la Henriade, ch. VII.

Nul ne plaint son trépas, et, sans être honoré,
Sur des bords inconnus, son corps *gît* ignoré.
DELILLE, trad. de l'*Énéide,* liv. XI.

Approche; un tombeau va t'apprendre
Le prix de cet or corrupteur :
Là *gît* un vil Crésus né sous un toit rustique.
ROUCHER.

Il est beau au figuré :

Peuples, rois, vous mourrez, et vous, villes, aussi.
Là *gît* Lacédémone, Athènes fut ici.
L. RACINE.

Tel un pin, roi des monts, par la hache abattu,
Roule, et *gît* sans honneur dans la plaine étendu.
DE GUERLE.

Son plus fréquent usage est à la troisième pers. du sing. du prés. *Ci-gît* (*hic jacet*), formule ordinaire par laquelle on commence les épitaphes :

Ci-gît ma femme, ah! qu'elle est bien,
Pour son repos et pour le mien!

GESTE, *s. m.* du latin *gestus* qui a la même signification. Nous entendons ici par *geste*, les mouvemens extérieurs et les attitudes du corps : *gestus*; dit Cicéron, *est conformatio quædam et figura totius oris et corporis.*

Les langues parlées n'ont point fait cesser l'usage de la langue naturelle, ou le langage des *gestes*, dans le commerce de la vie : l'air du visage, les yeux, les divers mouvemens ont beaucoup de part à la conversation : ils suppléent à l'indigence du langage proprement dit; ils en éclaircissent les équivoques; ils remédient à l'infidélité de la mémoire, à l'imperfection des organes : ils servent surtout à confirmer la vérité du discours, et à le rendre plus touchant et plus animé. Le *geste* est à la parole, ce que la parole est à la pensée.

GESTICULATEUR, *s. m.* qui fait trop de gestes. L'abbé Desfontaines a hasardé *gesticuleur*, qui n'a pas réussi.

GIBBOSITÉ, *s. f.* (*gibbosus,* en latin, bossu). La *gibbosité,* dit M. Dionis, est une courbure de l'épine.

« S'il est vrai que la compression du corps est cause de la *gibbosité,* etc. » LAURENT JOUBERT, *les Erreurs populaires.*

Pourquoi avoir abandonné ce terme qui exprime l'état même de celui qui est bossu? Les médecins l'ont conservé, ainsi que celui de *gibbeux;* mais ce dernier n'est pas à regretter, puisque *bossu* nous donne un synonyme.

GIBELET, *s. m.* instrument dont on se sert pour percer un tonneau ou autre chose, c'est ce qu'on nomme autrement un foret. Ainsi, *avoir un coup de gibelet,* c'est avoir en quelque sorte la tête percée, fêlée, comme on dit encore, en sorte que la cervelle s'évente. On dit dans le même sens qu'*un homme a un coup de marteau.*

GIBET, *s. m.* (arabe, *gibel,* montagne, élévation). Les *gibets* sont ordinairement placés sur les hauteurs.

« Anciennement en France, les exécutions, dit Saint-Foix, se faisaient sur des lieux élevés, afin que l'exemple fût vu de plus loin. » *Essais hist. sur Paris.*

« Le *gibet* est une flatterie pour le genre humain; on fait mourir trois

ou quatre personnes, pour persuader aux autres qu'elles sont vertueuses. »
DU BUCQ.

GIBIER, s. m. du latin *cibaria* (provision de vivres). Il se dit proprement des animaux pris à la chasse, et bons à manger. Il se prend au figuré : « Ostez aux courtisans, dit Montaigne, liv. III, ch. 9, les entretiens des mystères de la cour, ils sont hors de leur *gibier*. »

« Nous ne sommes ingénieux qu'à nous mal mener ; c'est le vray *gibier* de la force de nostre esprit. » CHARR. liv. I, ch. 6.

« Le monde est une escole d'inquisition, l'agitation et la chasse est proprement de nostre *gibier* : prendre ou faillir à la prinse, c'est autre chose. » *Le même*, liv. I, ch. 16.

« Que l'on détale de chez moi, maitre juré filou, vrai *gibier de potence*. » MOLIÈRE, *l'Avare*, act. 1, sc. 3.

Perfide ! scélérat ! vrai *gibier de galère* !
Cartouche, poëme par Grandval, ch. VIII.

Ici Vert-Vert, en vrai *gibier de grève*,
L'apostropha d'un *la peste te crève* !
CRESSET, *Vert-Vert*, ch. IV.

Si vous la prenez trop jeunette,
Vous en aurez peu d'entretien :
Pour durer prenez-la brunette,
En bon poinct d'asseuré maintien.
Tel bien
Vaut bien
Qu'on fasse
La chasse
Du plaisant *gibier* amoureux.
CL. MAROT, pag. 417, édit. de 1571.

Elle fait la sucrée et veut passer pour prude ;
Mais je puis en parler avecque certitude.
Vous savez que je suis quelque peu du métier
A me devoir connoître en un pareil *gibier*.
MOLIÈRE, *l'Etourdi*, act. III, sc. 2.

COLOMBINE.

« Apparemment Monsieur nous prend pour *du gibier à commissaire*. » *La Femme vengée*, act. III, sc. 4. *Théâtre italien* de Ghérardi, tom. II, Paris, 1741.

Du gibier à commissaire, telles sont les filles de mauvaise vie.

GIBOULÉE, s. f. (γηβολη, *ghébolé*) trait lancé subitement. Ménage en donne cette étymologie vraiment curieuse : *nimbus, nimbulus, nimbulata, gnim-bulata, ghimbulata, ghibulata, giboulée*.

GIGANTERIE, s. f.
Et décrivons bien la furie
De toute la *giganterie*.
SCARRON, *Typhon*, ch. I.

Voyez GIGANTOSITÉ.

GIGANTESQUE, adj. qui tient du géant, du grec γίγαντος (*gigantos*), génitif de γίγας (*gigas*) composé de γῆ (*gé*), terre, et de γείνομαι (*geinomai*), naitre. Les géans, selon la fable, étaient nés de la terre, étaient fils de la terre. *Une taille gigantesque* ; au figuré, on dit *une expression, un style gigantesque*, pour dire une expression, un style d'une grandeur démesurée, au-dessus des proportions de l'idée que l'on a, ou du sujet que l'on traite. Scarron a dit *gigantin, gigantine* :

Ce prodigieux animal
Parut au haut d'une colline,
Avec sa taille *gigantine*.

Et le Père Lemoine, pour éviter la consonnance de l'hémistiche avec la rime, a dit *géantin, géantine* :

On voit un chevalier de façon barbaresque,
De taille *géantine* et d'armure moresque.

GIGANTOSITÉ, s. f.
Et comme il étoit député
Devers la *gigantosité*.
SCARRON, *Typhon*, ch. I.

GILLERIE, s. f. niaiserie, sottise, mot de la création de Beaumarchais : il n'est guère de mise que dans le style familier et critique, si toutefois il est admis. M. Roquefort lui a donné place dans son Dictionnaire.

GIMBLETTE, s. f.

Un coup d'œil, un geste, un sourire,
Un propos, un badin délire,
Du dieu d'amour sont les soutiens :
C'est l'arsenal de nos coquettes,
On nous amuse avec des riens,
On nous attire avec des miettes,
Et semblables aux petits chiens,
Nous courons après les *gimblettes*.
M. 1782.

GINGUET, ETTE, adj. *Voyez* GUINGUETTE.

GIRON, s. m. du latin *gyrus*, fait sur le grec γῦρος (*guros*), tour, circuit. Il s'est dit aussi pour vêtement de dessus, ceinture. Voyez le *Glossaire* à la suite des *Fabliaux* de Barbazan, par M. Méon.

Ce mot, dont l'usage est très-borné, se prenait bien autrefois au figuré.

« Au *giron* même de la jouissance. » MONT. liv. I, c. 2.

« Il y a quelque ombre de friandise et délicatesse qui nous rit et qui nous flatte, au *giron* mesme de la mélancholie. » *Le même*, l. II, c. 20.

« Qui ne peut atteindre à cette noble impassibilité stoïque, qu'il se sauve au *giron* de cette mienne stupidité populaire. » *Le même*.

De ce mot, on a dérivé le verbe *gironner*, qui signifie donner de la rondeur à un ouvrage d'orfévrerie; *gironné*, adj. terme de blason; *engironner*, v. pour dire rendre enceinte, qui se trouve dans le *Glossaire de la langue romane*.

GIROUETTE, *s. f.* du latin *gyrare* (tourner, virer), parce que, comme dit Le Laboureur (*de l'Origine des armes*, pag. 193), elles virent à l'entour de l'aiguille sur laquelle elles sont plantées.

« Servir de jouet à la fortune et de *girouette* au vent de son inconstance. » *Cens. de Garasse*.

Le duc de Choiseul, apprenant que Voltaire avait transporté à son successeur les vers qu'il avait faits à sa louange avant sa disgrâce, fit placer sur son château de Chanteloup une *girouette* surmontée d'une tête modelée sur celle du poëte, avec cette inscription : *Je tourne à tout vent*.

Les femmes ressemblent aux *girouettes*; elles ne se fixent que quand elles se rouillent.

L'inconstante Chloé demandait pourquoi Dieu,
Lorsqu'il avait créé le monde,
Avait formé la dame en dernier lieu?
« Qué voulez-vous qu'on vous réponde,
Repartit un Gascon railleur;
Les desseins du suprême auteur,
Nous sont cachés, il veut qu'on les respecte.
Peut-être a-t-il pensé comme un bon architecte,
Qué nous voyons dans tous les temps,
Pour qué son œuvre soit parfaite,
Asseoir d'abord les fondemens,
Et, quand tout est fini, placer la *girouette*. »

On a tort de comparer les femmes aux *girouettes*, pour prouver leur inconstance. Jamais la *girouette* n'a changé avant le vent.

GIROUETTERIE, *s. f.* mobilité d'humeur, faiblesse de caractère, légèreté d'un esprit inquiet et incertain, semblable à une girouette qui tourne à tout vent. « Mon aversion pour tout ce qui avait la moindre apparence de *girouetterie*. » Le card. DE RETZ, l. III.

Ce mot est ancien dans la langue et dans la nation; car il se trouve dans le *Gloss. de la langue romane*. Ce vieux terme mériterait bien d'être rajeuni, à cause de la chose.

GÎTE, *s. m.* qu'on trouve écrit *giste* dans la *Grammaire française* de Robert Estienne, du latin *gistum* dans la basse latinité où il signifie le lieu où l'on couche, où l'on demeure. « On trouveroit si peu d'art en la pluspart de telles choses, dit Montaigne, liv. III, c. 11, en parlant de quelques miracles de son temps, si on les recognoissoit en leur *giste*. »

GLACE, *s. f.* du latin *glacies* (eau congelée). Juvénal a dit :

Hibernum fractâ glacie *descendet in amnem.*

(En hiver elle descendra dans le fleuve après en avoir fait casser la glace).

Rompre la glace à quelqu'un, expression figurée pour dire lui frayer le chemin, lever les premières difficultés qui l'arrêtent. Métaphore empruntée de la marine, comme le dit Erasme dans ses *Adages*, où l'on envoie des marins en avant sur un fleuve gelé, pour fendre la glace et ouvrir le chemin à ceux qui suivent.

Un critique malin a dit d'un poëme (*la Grandeur de Dieu dans les merveilles de la nature*, par Dulard), que c'était de la *glace* faite au feu.

Glace, au figuré, flegme, air de froideur. « La cabale qui obsédait monseigneur, regardait la fonte de ses *glaces* (la cessation de ses froideurs) comme trop dangereuse etc. pour souffrir que la fille de la maison (la duchesse de Bourgogne) se remît en grâces.... » SAINT-SIMON, tom. V, liv. XII, c. 7.

« Ni la parenté, ni le commerce

continuel et indispensable d'affaires n'avait pu fondre les glaces qui s'étaient mises entre eux. » *Le même*, tom. v, liv. xii, c. 7.

GLACE. *Voyez* MIROIR.

GLACER, *v.* du latin *glaciare*, qui a la même signification. « Ils leur font *glacer* à toute heure l'ame dans le corps. » *Bigarr.* du Seigneur des Accords, liv. iv, c. 2.

Quelle heureuse hardiesse dans ce vers de Racine !

Ses froids embrassemens ont glacé ma tendresse.

« C'étoit un homme d'un sérieux, non pas à *glacer*, car ce sérieux-là est naturel et vient du caractère d'esprit ; mais le sien *glaçoit* moins qu'il n'humilioit. » MARIVAUX.

GLACIÈRE, *s. f.* Le Prince de Ligne dit d'une femme qui veut être froide en dépit de sa tête et de son cœur : « De volcan qu'elle doit être elle se fait *glacière*. »

GLADIATEUR, *s. m.* De *gladius*, mot qui, chez les Latins, signifiait une sorte d'épée courte, on a dérivé le terme de *gladiator*, dont nous avons fait gladiateur, parce que les gladiateurs se servaient de cette arme meurtrière dans les combats qu'ils se livraient entre eux.

Gladiateur, au figuré, bretteur, querelleur. « Voilà une belle matière qui se présente aux *gladiateurs* de plume. » MAUCROIX.

GLADIATOIRE, *adj.* du latin *gladiatorius* (de gladiateur) ; nous avions cet adjectif que nous avons laissé perdre.

Frappez donc tant de main gladiatoire,
Qu'après leur mort et défaite totale,
Vous rapportiez la palme de victoire
Sur les climats de France occidentale.

GLAISE, *s. f.* et *adj.* dans *terre glaise*. « Le même auteur (Suétone) dit que *galba* ès Gaules signifiait un homme gras : voyez s'il ne sera pas meilleur de rapporter la *terre glase* à ce mot, par une corruption de langage, que de dire que *gras* vienne de *crassus*, ainsi que de *gras* nous ayons fait *glas*. » EST. PASQUIER, *Recherch. de la France*, liv. viii, ch. 2.

« La terre *glaise* n'est point une terre grasse, comme le dit Pasquier ; au contraire c'est une terre très-stérile et qui ne produit rien. Elle n'a ce nom de *glaise* que parce qu'elle est glissante lorsqu'elle est mouillée, et le mot *glaise*, qu'on a dit *glis* dans la basse latinité, comme celui de *glicer* ou *glisser*, vient du latin *glacies* (glace) ; on disait autrefois *glacier* pour *glisser*. » BARBAZAN, *Dissert. sur l'origine de la langue franç.* pag. 22, Paris, 1759.

GLAIVE, *s. m.* du latin *gladius* (épée). « Prêtres de Jésus-Christ, prenez *le glaive de la parole*, et coupez sagement jusqu'aux racines de l'erreur que la naissance et l'éducation avaient fait croître dans son ame. » FLÉCHIER.

GLANER, *v.* « Ce mot, dit M. Roquefort, dans son *Gloss. de la langue romane*, vient de *glans* (gland) dont on a fait *glandée*, *glander* et *glaner*, ramasser du *gland* ; signification qu'on a dans la suite adaptée à l'action de ramasser le grain resté dans un champ moissonné. Ce mot est très-ancien dans notre langue ; le reclus de Moliens l'a employé au 12e siècle, dans son *roman de Charité*. »

. . . Les grains oubliés que glane la misère.
CASTEL.

Glaner, au figuré, faire de petits gains dans une affaire où un autre en a déjà fait de grands, ou traiter une matière après d'autres qui paraissent l'avoir déjà épuisée.

Antigone, roi de Macédoine, est le premier que nous trouvons avoir mis ce terme en usage. Ce prince exigeant avec grande âpreté de l'argent de ses sujets, comme on lui représentait que son prédécesseur Alexandre-le-Grand ne s'était pas comporté de la sorte, repartit : que ce n'était pas sans raison, « d'autant, ajouta-t-il, qu'il moissonnait l'Asie, et moi je n'en recueille que les restes. » *Meritò ; nam ille Asiam metebat, ego culmos lego.*

Lire Homère, Aristote, et, disciple nouveau,
Glaner ce que les Grecs ont de riche et de beau.
RÉGNIER, *Sat.* III.

GLA   686   GLO

. . . . Pourquoi,
Singe de Juvénal, d'Horace et de Lucile,
Glaner après Boileau, sur un terrain stérile?
GINGUENÉ.

« Il n'y a pas de quoi *glaner* après ma fille; en vérité, elle a tout dit. »
Mme DE SÉVIGNÉ.

GLAPIR, *v.* C'est proprement le bruit que fait le renard en chassant. Il vient de l'allemand *klappern*, qui signifie la même chose.

Je les vois toutes deux, l'une aisée à confondre
A trente questions ne saura que répondre;
Et l'autre, pour l'aider, haussant vite la voix,
Glapira brusquement vingt choses à la fois.
BARTHE, *la Mère jalouse.*

. Et l'on n'entend point là *glapir*
Ce cruel démon en soutane,
Qu'on appelle ici la chicane.
LA JONCHÈRE, *l'Elève de Minerve*, ch. VIII.

J'ai reconnu le soir le coq infortuné
Qui m'avait le matin, à l'aurore naissante,
Réveillé brusquement de sa voix *glapissante*.
BERCHOUX, *Gastronomie*, ch. III, p. 71.

Voyez GLATIR.

GLAS, *s. m.* tintement *glapissant* d'une cloche qu'on tinte pour une personne qui vient d'expirer. Le grec κλάζειν (*klazein*), crier, le latin *classicum* (sonnerie) paraissent autant d'onomatopées. « On a attaché à la syllabe *cla*, dit le Prote de Poitiers dans le *Traité de l'Orthographe franç.* l'idée d'un grand bruit; de là vient qu'on dit d'un grand tonnerre, qu'il a fait des *clas-clas*. *Glais* pour *glas* s'est dit aussi. A grand *glais* pour à grand *bruit*, se trouve dans le *Dit des rues de Paris*, par Guillot de Paris, écrivain du 13e siècle.

L'horloge du château frappait alors minuit :
Le son lugubre roule et meurt dans l'étendue.
Mais au faîte sacré la cloche suspendue
D'elle-même s'ébranle, et semble avec effort
Tinter les cris du meurtré et le *glas de la mort.*
BAOUR DE LORMIAN.

GLATIR, *v.* comme *glapir*, se trouvent dans le *Dict.* de Philibert Monet (1637) où ils sont traduits par crier en chien ou en renard. « Car il ne fut pas sitost sailly de l'hostel, que le gentilhomme qui ne *glatissoit* après aultre beste, et sans faire long séjour, incontinent exécuta ce pourquoy il venoit. » *Cent nouvelles Nouvelles*, N. LXXII. *Voyez* GLAPIR.

GLISSER, *v.* (γλίσχρος, glissant; *glacies*; ou, selon Du Cange, par onomatopée). « Ceste aisance et lasche facilité de faire tout baisser soubs soy, est ennemie de toutes sortes de plaisirs. C'est *glisser* cela, ce n'est pas aller : c'est dormir, ce n'est pas vivre. » MONTAIGNE, liv. III, c. 7, en parlant des princes.

« Petronius et Tigellinus, engagés à se donner la mort, l'ont faicte couler et *glisser* parmy la laschete de leurs passe-temps accoustumez... » *Le même*, liv. III, c. 9.

« Je *glisse* insensiblement, dit une femme d'esprit, pour me trouver où la raison et les années doivent amener. » *Lettres* de Bussy-Rabutin.

Crois-tu que toujours ferme au bord du précipice
Elle pourra marcher sans que le pied lui *glisse* ?
BOILEAU.

A UN PATINEUR.

Sur un mince cristal l'hiver conduit vos pas;
Le précipice est sous la glace.
Telle est de vos plaisirs la légère surface ;
Glissez, mortels, n'appuyez pas.

Voici comment Scarron exprime l'*et vera incessu patuit Dea*, dans le chant IV de son *Typhon :*

Je le connais à son allure,
Car il ne va pas comme nous,
Mais seulement *glisse* tout doux,
Comme l'on fait dessus la glace.

GLISSANT, E, *adj.* « Pour moy, je loue une vie *glissante*, sombre et muette. » MONTAIGNE, liv. III, c. 10.

. « Dans cette carrière *glissante*, (la cour) où tous les prétendans se pressent, se coudoyent, se débusquent sans scrupule et sans pitié. »
LINGUET.

GLOIRE, *s. f.* « Ceux mesme qui écrivent contre la *gloire*, veulent que les livres où ils la combattent portent leur nom ; ils sont glorieux d'avoir méprisé la *gloire*. » MONTAIGNE.

« La *gloire* est quelquefois une courtisane de mauvaise compagnie, qui attaque en passant des gens qui ne pensaient point à elle. » LE PRINCE DE LIGNE.

GLORIEUSET, un peu glorieux. M. de Guilleragues disait que tous les Grignans étaient *glorieux* : on lui dit : mais Adhémar l'est-il? — Il répondit : *glorieuset*, et depuis on l'appela le *petit glorieux*.

GLORIEUSETÉ, *s. f.* Ce mot, qui se rencontre dans Monstrelet (*Chroniques*, liv. I, ch. 101) : « Ils crioient souvent à hauts cris : *Gloria in excelsis Deo*, comme s'ils voulsissent (voulussent) dire : *loué soit la glorieuseté des cieux*, » a été employé par Vadé, dans son style poissard, dans le sens d'orgueil.

GLORIEUX, EUSE, *adj.* de *gloriosus*, que les Latins ont pris comme nous en bonne et en mauvaise part : *honores gloriosi* (emplois honorables). CORN. NEPOS ; dans le sens de *vain*, *orgueilleux*, *fanfaron* : *Prænestium opinor esse, ità erat gloriosus* (Je crois qu'il est de Préneste, tant il était *vain*, *fanfaron*). PLAUTE.

« *Glorieux*, quand il est l'épithète d'une chose inanimée, est toujours une louange : *bataille, paix, affaire glorieuse*. » — *Rang glorieux* signifie rang élevé, et non pas rang qui donne de la gloire, mais dans lequel on peut en acquérir. — *Homme glorieux*, *esprit glorieux* est toujours une injure ; il signifie celui qui se donne à lui-même ce qu'il devrait mériter des autres : ainsi on dit un *règne glorieux*, et non pas un *roi glorieux*. Cependant ce ne serait pas une faute de dire au pluriel : les plus *glorieux conquérans* ne valent pas un prince bienfaisant ; mais on ne dira pas les princes *glorieux*, pour dire les princes illustres.

» Le *glorieux* n'est pas tout-à-fait le *fier*, ni l'*avantageux*, ni l'*orgueilleux*.

» Le *fier* tient de l'arrogant et du dédaigneux, et se communique peu.

» L'*avantageux* abuse de la moindre déférence qu'on a pour lui.

» L'*orgueilleux* étale l'excès de la bonne opinion qu'il a de lui-même.

» Le *glorieux* est plus rempli de vanité ; il cherche plus à s'établir dans l'opinion des hommes ; il veut réparer par les dehors ce qui lui manque en effet.

» L'*orgueilleux* se croit quelque chose ; le *glorieux* veut paraître quelque chose. Les nouveaux parvenus sont d'ordinaire plus *glorieux* que les autres.

» On a appelé quelquefois les saints et les anges, *les glorieux*, comme habitans du séjour de la gloire. » VOLTAIRE, *Dict. philos.* au mot *Gloire*.

Vers le milieu du dernier siècle, le bruit se répandit à la cour que le maréchal de Belle-Isle avait demandé au roi l'honneur d'être enterré à Saint-Denis, apparemment à côté de Turenne. Piron dit à cette occasion, on mettra cette inscription sur sa tombe :

Cy gît le *glorieux* à côté de la *gloire*.

GLORIOLE, *s. f.* du latin *gloriola* (faible gloire), diminutif de *gloria* (gloire). C'est à l'abbé de Saint-Pierre que nous devons ce mot si bien adapté à cette vanité puérile qui se nourrit de la vapeur la plus légère et la plus prompte à s'exhaler. D'ALEMBERT.

Nos pères avaient dit avant lui *gloriolette* (voyez *Gloss. de la langue romane*) et *gloriosette*.

On trouve *glorieuseté* dans Oudin, *Dict. des trois langues*.

De *gloriole*, un auteur moderne a dérivé se *glorioler*, pour dire avoir de la gloriole, et il s'est servi de ce verbe dans une pièce badine :

Mais présomptueux que nous sommes,
Nous nous *gloriolons* pour rien.
ARMAND CHARLEMAGNE.

GLOSE, *s. f.* (γλῶσσα, langue, ou *glos*, sœur du mari, la *glose* étant comme la sœur du texte. De là

GLOSER, *v.* critiquer.

Mais pour un maigre auteur que je *glose* en passant.
BOILEAU.

Il prend droit de *gloser* sur tous tant que nous
[sommes.
MOLIÈRE, *Tartufe*.

GLOSEUR, EUSE, censeur, critique.

Lecteur ou *gloseur*, c'est tout un.
SCARRON.

GLOSSAIRE, *s. m.* du latin *glossarium*, qui a la même signification, et qui est dérivé du latin *glossa*, venu lui-même du grec γλῶσσα (*glossa*), qui originairement signifie *langue*, mais qui depuis a signifié non seulement toute locution obscure, étrangère, inusitée; mais ce qui est assez singulier, l'interprétation même de ces sortes de locutions, d'où il résulte que par *glossaire* on doit entendre un recueil de termes difficiles, barbares, hors d'usage, accompagnés de l'explication dont ils ont besoin, laquelle de là est appelée *glose*.

GLOUGLOTTER. *v.* « On a inventé ce mot pour exprimer le chant du coq d'Inde, et cette innovation paraît d'autant plus naturelle, que les langues anciennes ne pouvaient fournir de terme qui présentât la même idée. Je ne vois pas cependant qu'il ait été mis en usage par aucun écrivain considéré. » CH. NODIER, *Dict. des Onomatopées françaises.*

Ce mot ne se trouve que dans *Trévoux.* Il a depuis été inséré dans le *Dict.* de l'Acad. franç. édit. de 1802.

GLOU-GLOU, *s. m.* onomatopée ou mot factice qui imite à merveille le bruit que fait une liqueur qui s'échappe par un goulot étroit.

Qu'ils sont doux,
Bouteille jolie!
Qu'ils sont doux
Vos petits gloux-gloux!
Mon sort ferait bien des jaloux,
Si vous étiez toujours remplie;
Ah! bouteille, ma mie,
Pourquoi vous videz-vous?
MOLIÈRE, *le Médecin malgré lui.*

Je ne te quitte plus, ô ma chère bouteille!
Par tes mélodieux *gloux-gloux,*
Autant que mon palais, tu flattes mon oreille.
Je ne te quitte plus, ton empire est trop doux.
Anonyme.

Glouglou est une onomatopée, dit Ménage qui ajoute : Les Latins ont dit de même *glut glut.*

Un poète ancien anonyme, parlant d'un paysan ivre :

*Percutit, et frangit vas; vinum defluit, ansa
Stricta fuit,* glut glut *murmurat unda sonans.*

Remarquez que les Romains prononçaient *glout glout.*

Bilbit amphora (la bouteille fait *glouglou*). NÆVIUS.

GLOUTON, ONNE, *adj.* C'est un diminutif de *glout, oute,* qui s'est dit anciennement, et qui vient du latin *gluto* (gourmand). « Je saouleray ton gosier maigre et *glout.* » J. LE MAIRE DE BELGES, VIIe *Epistre de l'Amant verd,* 16e siècle.

Ils ont ouvert dessus moy languissant
Leur gueule *gloute.*
CL. MAROT, pag. 842, édit. de 1571.

Pour moi, satisfaisant mes appétits *gloutons,*
J'ai dévoré force moutons.
LA FONTAINE, liv. VII, *fable* 1.

GLOUTONNERIE, *s. f.* a succédé à *gloutonnie,* dérivé de *glouton. Gloutonnie* se disait encore en 1728, *voy.* Richelet; mais le *Dict. de Trévoux,* édit. de 1743, prévient déjà qu'il est vieux.

GLU, *s. f.* du latin *glus,* venu probablement de grec γλοιός (*gloios*), onctueux, gluant.

Sur vos rameaux la *glu* perfide
Trahit la tourterelle avide,
La grive, le rusé moineau.
N. ch. de vers.

Il se prend au figuré :

Ce n'est que maroquin perdu,
Que les livres que l'on dédie,
Depuis que Montauron mendie;
Montauron, dont le quart d'écu
S'attrappoit si bien à la *glu*
De l'Ode et de la Comédie.
SCARRON.

« Il meurt d'envie de partir, à ce qu'il dit; mais ces courtisans ont bien de la *glu* autour d'eux. » Mme DE SÉVIGNÉ.

« Voici la *glu* à laquelle tenait l'aile de votre pigeon, » c'est-à-dire du cordon du Saint-Esprit qu'on n'avait pu envoyer à M. de Grignan, faute de quelques formalités. *La même.*

GLUÉ, ÉE, *adj.* et *part.* du verbe *gluer,* enduire de *glu.* « Se voyant prins et *glué.* » *Contes d'Eutrapel,* tom. II.

GNACARE, *s. f.*

On trouve, dans la nomenclature des personnages chantans et dansans, dans la Pastorale comique composée par Molière pour la fête de Saint-Germain : Quatre Egyptiens jouant des *gnacares.*

Ce mot (*gnacares*), dit M. Bret, ne se trouve point dans nos dictionnaires, et est purement italien. *Gnaccara* ou *gnacchera*, cymbale, instrument fort connu chez les anciens, et surtout parmi les Hébreux. *Œuvres de Molière*, t. IV, p. 306, note au bas de la page, éd. de Paris, 1786.

GO (*tout de*), locution adverbiale, qui signifie sans façon, d'un seul coup, sans hésiter. Quelques-uns le font venir de l'anglais *go* (aller); d'autres du latin *gaudio* (gaîment, sans résistance, sans obstacle), qui aurait la même racine que *se gaudir*.

M. de La Monnoye, sur la 74e nouvelle de Bonaventure Despériers, interprète le mot *gobeaux* par *morceaux*, du mot *gob*, dit-il, d'où *gobeau* et *gobet* sont les diminutifs. *Tout de gobe*, qu'on prononce *tout de go*, signifie *tout d'un coup*.

> Jadis tout *allait plus de gô*,
> Une main mise l'une en l'autre,
> Sans curé, ni sans *conjungo*,
> Fit leur hymen et rompt le nôtre.
> On se mariait *in petto*,
> Quelquefois même incognito,
> Sans cierges ni sans patenôtre.

GOBE-AFFRONT, *s. m.*

> Car toujours les princes on flatte,
> Un prince eût-il la face platte,
> Et le nez au niveau du front,
> Un courtisan, un *gobe-affront*,
> Aura l'ame assez mercenaire,
> Pour lui dire, afin de lui plaire,
> Qu'il a le nez comme Cyrus,
> Dont le nez fut des plus membrus.
> SCARRON, liv. VII.

GOBELINS, *s. m. pl.* nom d'une manufacture de teinture et de tapisserie à Paris. Dès le 14e siècle, avons-nous dit, dans notre *Nouveau Dictionnaire des Origines*, tom. I, page 535, il existait, dans le faubourg Saint-Marcel et sur la rivière de Bièvre, des drapiers et des teinturiers en laine. Un de ces teinturiers, nommé *Jean Gobelin*, y demeurait en 1450. Philibert, son fils, et Denise Lebret, son épouse, continuèrent la profession de leur père et accrurent sa fortune. Leurs successeurs travaillèrent avec le même succès, et donnèrent de la célébrité au nom de *Gobelin*, que le public appliqua au quartier où se trouvait leur établissement, et même à la rivière de Bièvre qui le traversait.

> Ces beaux tissus où l'art des *Gobelins*,
> En longs tableaux fait ondoyer la laine.
> M. CAMPENON.

« Le nom de *Gobelin*, dit M. Dulaure, dans son *Histoire de Paris*, appartient à la Mythologie gauloise, et s'applique à un démon, un lutin, ou esprit follet, qui apparaissait dans les temps où l'on croyait plus qu'on ne savait. Ce nom était évidemment un sobriquet donné à la famille dont il est question. »

« Le Pape fut un petit (un peu) surpris, pensant qu'il allast tirer le *Gobelin* de sa manche. » *Contes de Despériers*, tom. I, page 90, Amsterdam, 1735.

« Le mot *Gobelin* est ici employé fort à propos, étant usité de toute ancienneté en Normandie, dans la signification d'*esprit folet*............ Les Normands venus du Nord en apportèrent avec eux le mot *kobolt*, lutin, d'où il est aisé de voir que s'est formé le diminutif *gobelin*. » DE LA MONNOYE, note au bas de la page citée.

M. Roquefort le dérive de κοβαλος (fourbe, malfaisant). Les anciens mythologistes appellent *cobales* des génies malins et trompeurs, de la suite de Bacchus, dont ils étaient à la fois les gardes et les bouffons. Ne serait-ce pas là l'origine des *kobolt* du Nord?

GOBE-MOUCHES, *s. m.* homme qui reçoit sans examen toutes les nouvelles. Le nom de *gobe-mouche* donné à un des personnages d'une petite pièce de Favart, représentée au Théâtre italien en 1759, est devenu commun et proverbial dans le sens que nous venons d'indiquer.

GOBER, *v.* (basse latin., *cupare*, de *cupa*, coupe).

> Payez les rois d'agréables mensonges,
> Quelque indignation dont leur cœur soit rempli,
> Ils *goberont* l'appât, vous serez leur ami.
> LA FONTAINE.

GOBEUR, *s. m.* mot de La Fontaine, dans la fable de l'*Huître et des Plaideurs*:

> Celui qui le premier a pu l'appercevoir,
> En sera le *gobeur*, l'autre le verra faire.

GODAILLER, *v. gaudere* ou *go-*

dale, vieux mot français, *good ale*, bonne bière; de *gogue*, mot qui signifiait autrefois raillerie, plaisanterie, nous avons fait *goguettes*, propos joyeux, et *gogailler*, tenir des propos joyeux, se réjouir, d'où, par corruption, *godailler*, boire avec excès, parce que le vin met en belle humeur et fait tenir de tels propos.

GODELUREAU, *s. m. Voyez* LURON.

GODENOT, *s. m.* petite marionnette d'escamoteur. Un auteur burlesque a dit d'Enée qu'il avait emporté son père et ses *godenots*, ses idoles. L'emploi de ce terme dans cette occasion, ne nous mènerait-il pas à la véritable étymologie, et *godenot* ne serait-il pas un diminutif de *god*, dieu, statue d'un dieu?

GODRONNÉ, ÉE, et GODERONNÉ, ÉE, *adj.* se disaient autrefois pour paré, ajusté.

Montaigne, liv. II, ch. 8, dit de *Théagène et Chariclée*, roman d'Héliodore, qu'il appelle fille d'un bon évêque : « Fille qui dure encore bien gentille, mais à l'adventure pourtant un peu trop curieusement et mollement *goderonnée* pour fille ecclésiastique et sacerdotale, et de trop amoureuse façon. »

« Adressez-vous aux mieux *goderonnées* et atintées filles d'entre seize et vingt ans. » *Bigarrures* du seigneur des Accords.

GOGUES, *s. f. pl.* (bas-breton, satire, raillerie). On disait autrefois : « Il est en ses *gogues*, » c'est-à-dire en belle humeur. « Et ne disait jamais une parole, puisqu'*il estoit en ses gogues*, qu'elle n'apportast avec elle sousris. » *Cent nouvelles Nouvelles*, N. XXIX.

On ne dit plus que être en *goguettes*.

GOGUENARD, ARDE, *adj.* (*gogue*, voyez plus haut; en flamand, *goochelaer*, jongleur), mauvais plaisant, d'où

GOGUENARDERIE, *s. f.* « Oui, mais je l'enverrais promener avec ses *goguenarderies*. » MOLIÈRE.

GOÎTRE ou GOUÊTRE, *s. m.*
C'est une tumeur qui vient à la gorge de la plupart des habitans des Alpes. L'Académie n'admet que *goître*, quoique l'autre manière d'écrire se trouve aussi dans de très-bons livres. Ce mot parait venir de *guttur*, le gosier; c'est l'avis du Prote de Poitiers et de M. Sylvain Maréchal, opinion qui trouve un nouvel appui dans le diminutif *goîtron*, traduit par *gorge*, *gosier*, dans le *Glossaire des Fabliaux* de Barbazan.

GOLIARD, DE, *adj.* bouffon. Il y a des canons contre les clercs *goliards*, et la glose reconnait que ce mot est français et qu'il nous appartient. M. Du Cange dérive de là l'italien *galiardo*, et notre français *gaillard*.

GOND, *s. m.* du grec γόμφος (*gomphos*), clou.

« Ce qui est hors des *gonds* de la coustume, nous le croyons hors des *gonds* de la raison. » MONTAIGNE.

On dit au figuré *être hors des gonds*, *sortir des gonds*, pour dire s'emporter, se livrer sans mesure aux mouvemens de l'impatience et de la colère, métaphore empruntée d'une porte qui, comme le dit Le Duchat, note 2 au bas de la page 60 du tome III des *Œuvres* de Rabelais, édit. de 1732, « tant qu'elle pose sur ses *gonds*, ne se meut que comme il faut, et ne peut s'emporter. »

GONFLER, *v.* italien *gonfiare*, du latin *conflare* (souffler ensemble).

« *Gonfler*, dit M. de La Monnoye dans son *Glossaire alphabétique sur les Noëls bourguignons*, n'a pas un siècle d'usage dans la langue. »

Nous sommes dans un siècle où chacun veut s'enfler,
D'une vanité sotte ou cherche à, se *gonfler*.
BOURSAULT, *Esope à la cour*.

GONIN, *s. m.* C'est un *maître gonin*, c'est-à-dire un rusé fripon.

Pour s'assurer si c'est, ou laine, ou soye, ou lin,
Il faut en devinaille estre *maistre Gonin*.
RÉGNIER, satire X, v. 206.

Brantôme, sur la fin du premier volume de ses *Dames galantes*, parle d'un *maître Gonin*, fameux magicien ou soi-disant tel, qui, par des tours merveilleux de son art, divertissoit la cour de François 1er. Un autre *maître Gonin*, petit-fils du précédent, mais beaucoup moins habile, si l'on en croit Brantôme, vivoit sous Charles IX. Delrio, tome II de ses *Disquisitions magiques*, en rapporte un fait par où, s'il étoit véritable, le petit-fils ne cédoit en rien au grand-père. » BROSSETTE, *sur Régnier*, édit. in-4°, 1730.

« *Maître Gonin*, habile joueur de gobelets, avait établi sa boutique sur le Pont-Neuf, dans les premières années du règne de Louis XIII. Sa dextérité sans exemple, qui ravissait les Parisiens en admiration, a rendu immortel son nom, sous lequel on désigne encore proverbialement les fourbes habiles. » DULAURE, *Histoire de Paris*, tome VI, page 190 (2e édit.).

« Il leur va jouer quelque tour de *maître Gonin*. » DANCOURT, *la Maison de campagne*, sc. 22.

GONTIER ou FRANC GONTIER, s. m.

Item à maistre Andry Courault,
Les contredits *Franc Gontier* mande.
VILLON, *le Grand Testament*, pag. 79, édition de 1533.

Je mande, c'est-à-dire, j'envoie, je donne à Andry Courault les *Contredits de Franc Gontier*. Les *Contredits de Franc Gontier* étaient un ouvrage qui fut fait du temps de Villon, en réponse à un autre ouvrage fait dans le même temps, intitulé *les Dits de Franc Gontier*, où l'on met en estime la vie pastorale. Cl. Marot, dans une note sur ce passage, nous apprend que *Franc Gontier* est le nom du berger mis en scène dans l'ouvrage; aussi *Gontier* est-il écrit avec une capitale comme nom propre; de là sûrement *Gontier*, *Franc Gonthier*, pour dire l'amant, le galant, le berger d'une femme, *son Gontier*, *son Franc Gontier*, se trouve dans les *Cent nouvelles Nouvelles* (ouvrage composé en 1455) pour son amant, son galant (*le Grand Testament de Villon* fut fait en 1461).

GORDIEN, adj. qui n'est d'usage que dans cette expression figurée, *nœud gordien*, pour le point d'une difficulté qu'il paraît impossible de résoudre, un obstacle qui semble insurmontable.

L'oracle, consulté par les Phrygiens, leur ayant répondu que le seul moyen de voir finir les malheurs auxquels les exposaient journellement leurs dissensions, était de se nommer un roi, et de faire tomber leur choix sur le premier qu'ils rencontreraient se rendant au temple de Jupiter, trouvèrent aussitôt Gordius qui, monté sur sa charrette, se dirigeait vers le temple. Aussitôt ils proclamèrent roi cet homme qui, en mémoire de son élévation, consacra à ce dieu la charrette sur laquelle il était monté. Le nœud qui en attachait le joug au timon était si artistement fait, qu'on ne pouvait découvrir ni où il commençait, ni où il finissait. C'est ce nœud si connu dans l'antiquité sous le nom de *nœud gordien*, et dont l'expression proverbiale est venue jusqu'à nous. Ce nœud, si l'on en croit Plutarque, était fait d'écorce de cornouiller, et le temple où on le gardait était dans la ville de *Gordium*, qui avait été la demeure du roi Midas, fils de Gordius.

Il parut aux oiseaux qu'ils vivraient plus à l'aise,
S'ils en choisissaient un qui régnât sur eux tous.
. . . .
Restait à convenir qui d'entre eux serait digne
De donner aux autres la loi;
C'était *le nœud gordien*.
PIRON, *le Roitelet*, fable.

GORE, s. f. *Voyez* GAURE.

GORET (*rime goret*), sorte de rime fort ancienne et depuis long-temps hors d'usage. Sebilet, qui écrivait vers le milieu du 16e siècle, disait déjà, dans son *Art poétique français* : « Ce que les resveurs du temps passé ont appelé la *rime goret*, et j'appelle rime de village, ne mérite d'estre nombrée entre les espèces de rime. »

Elle en sort bien, mais point n'y entre,
Car il est bien antidoté de *pampre*.

« *Entre* et *pampre* font cette espèce de rime que nos anciens appelloient *boutechouque*, et plus communément *rime goret*. » LE DUCHAT, note XVI, à la page 299, tome I des *Œuvres* de Rabelais, édition de 1732.

GORGE, *s. f.* du latin *gurges* (gouffre).

« Le soin et la crainte tiennent un empereur à la *gorge* au milieu de ses armées. » MONT. liv. 1, ch. 42.

« Toute commodité me tiendroit à la *gorge*, de laquelle seule j'aurois à despendre. » *Le même*, liv. III, ch. 9.

« Il me semble que la mort du roi d'Angleterre (Charles II) est plus philosophe et angloise que chrétienne et catholique. « Adieu, roi », me fait quasi *un nœud à la gorge*. Je trouve bien des pensées dans ce mot et une fermeté peu commune. » Mme DE SÉVIGNÉ.

Eh bien ! ne voilà pas votre tendre maudit
Qui vous prend à la *gorge* ?
REGNARD, *le Joueur*, act. III, sc. 11.

La Fontaine dit du grand Condé, impétueux dans la dispute : « Il prend la victoire et la raison à la *gorge* pour les mettre de son côté. » *Lettre* au prince de Conti.

« Officiers de justice et de finance, par une reversion secrète, juste et cachée du jugement de ce haut Dieu, rendent après leur *gorge* et revomissent leurs pilleries et concussions au fisque. » *Contes d'Eutr.* t. I.

Gorge, en terme de fauconnerie, se prend pour la mangeaille de l'oiseau de proie. De là cette expression *faire rendre gorge*, faire rejeter de la *gorge* ce qu'on a mangé, et, au figuré, faire rendre ce qu'on a pris illicitement.

Dans les marais entrés, notre bonne commère
S'efforce de tirer son hôte au fond de l'eau,
Contre le droit des gens, contre la foi jurée,
Prétend qu'elle en fera *gorge-chaude* et curée.
LA FONTAINE, liv. IV, *fable* 11.

Gorge chaude se dit en terme de chasse, par opposition à *gorge froide*. On entend par *gorge chaude*, la viande du gibier vivant ou récemment tué que l'on donne aux chiens ou aux oiseaux de proie ; et *gorge froide* la viande des animaux morts, et comme les oiseaux de proie sont très-friands de *gorges chaudes*, on a dit figurément *faire une gorge chaude de quelque chose*, pour s'en réjouir, et même s'en moquer.

C'est un ris de boucher, il ne passe point le nœud de la gorge. « Ce proverbe, dit M. de Brieux dans ses *Origines de quelques coutumes anciennes*, est commun parmi le peuple de la Haute-Normandie, et vient, ou de ce que d'ordinaire les bouchers tiennent leurs couteaux à leur bouche, ce qui leur fait montrer les dents, et faire une contorsion de lèvres imitant le ris, comme on dit qu'il arrive à ceux qui avaient mangé une certaine herbe de Sardaigne, ainsi qu'il se voit dans Erasme, à l'endroit où il parle du ris sardonique ; ou bien cette façon de parler a pour fondement une fausse plaisanterie et allusion au mot de bouche ; et ainsi le *ris de boucher* ne voudrait dire autre chose, sinon le ris d'un homme qui ne rit que de la bouche, et, comme on dit autrement, du bout des lèvres. On se sert de l'un et de l'autre, quand on voit quelqu'un témoigner à l'extérieur qu'il a beaucoup de joie et de satisfaction, quoiqu'en effet il ne soit pas trop content. » *Dictionn. étymol.* de Ménage, édition in-folio, Paris, 1750, au mot *Gorge*.

On dit simplement aujourd'hui d'un ris forcé, qu'*il ne passe pas le nœud de la gorge*.

Nous disons *gorge* pour un lieu resserré entre des montagnes. Les Latins disaient *fauces*, qui signifie également *gorge*, gosier, dans le même sens : « *Castra sunt in Italiâ contra rempublicam, in Etruriæ* faucibus *collocata*, » CICÉRON, 1re Catilinaire, §. 2, 5, (Il y a des camps en Italie contre la république ; ils sont placés dans les *gorges* de l'Etrurie).

GORGER (se), *v.* C'est proprement se remplir jusqu'à la *gorge* de nourriture ou de liqueur.

« Le vin et les viandes dont il s'était *gorgé* la veille. » DELILLE, *Remarques* sur le IIIe liv. trad. de l'*Enéide*.

Et tel qu'un fier lion. . . . .
Mort, déchire et dévore, et *se gorge* de sang.
Le même, trad. de l'*Enéide*, liv. x.

Au figuré, avoir en grande quantité ce qu'on recherche avidement : *se gorger* d'or, d'argent, etc.

GORGÉ, ÉE, *adj.* et *part*. « Un courage plein et *gorgé* d'un commencement de bonheur, perd le goust de l'accroistre, désià par trop empesché à digérer ce qu'il en a. » MONT. liv. I, ch. 47.

GORGERETTE, *s. f.* collerette dont se servaient les femmes. C'est un diminutif de *gorgère*, espèce de collet dont les femmes se couvraient anciennement la gorge et le cou. D'ailleurs il est aisé de voir que *gorgère* et *gorgerette* dérivent du mot *gorge*.

Si je vois votre *gorgère*
S'entr'ouvrir, je prends plaisir
De guigner à la légère,
Avec un peu de loisir,
Ce qui se monstre à mes yeux.
Les Bigarrures de Des Accords, page 474, Paris, 1662.

L'Académie prévient que *gorgerette* est vieux. C'est un joli diminutif qu'on doit regretter.

GORGIAS, *s. m.* ancien mot qui signifiait une espèce de collet dont les femmes couvraient leur gorge ; ce qui indique assez que ce mot venait de *gorge*. *Gorgias*, dit Philib. Monet, dans son *Abrégé de parallèle des langues franç. et lat.* Rouen, 1637 : « bande richement estofée, à parer le bas de la gorge des femmes. *Splendidius mamillare, elegantius strophium pectoris.*

GORGIAS, ASE. « Cet ancien adjectif, dit Le Duchat sur Rabelais, vient de *gorge*, et ce mot se dit d'une personne galamment habillée, parce qu'au temps dont parle Rabelais, les Français, hommes et femmes, qui suivaient la mode, portaient des habits fort décolletés. Voyez H. ESTIENNE, ch. 38, de l'*Apologie d'Hérodote*. »

Gorgias, comme épithète, se trouve joint au mot *amoureux*, dans le sens de paré, fringant, dans les *Epithètes* de l)e la Porte, Paris, 1571.

« Epaminondas eust (eût) volontiers consenti d'eschanger celles-là aux plus *gorgiaises* de toute la Grèce. » *Essais* de Montaigne, tome IV, page 58, Paris, 1789.

« Aux plus *gorgiaises*, aux plus belles, plus aimables ; *gorgias*, mignon, propre. NICOT. — *Gorgiase* ou *gorgiasse*, agréable, belle : *Rosier amoureux*, cité par Borel.

Hélas ! ami, et penses-tu pourtant,
Se ne suis belle et *gorgiasse* autant
Que ceste-là que maintenant chéris. »

Note de Coste sur *Montaigne*, au lieu cité.

Je fais mes *gorgias* (mes amans) courir,
Fringuer, pomper, chanter, saulter.
Poésies de G. Coquillart.

« Les dames à plains eschaffauds y estoient aussi, tant *gorgiases*, que c'estoit une droite fayerie (féerie). » D'AUTON. *Histoire de Louis* XII, en 1507, page 270.

La Curne de Sainte-Palaye traduit ce mot *gorgiases* par *parées*.

GORGIASER (se), *v.* dérivé de *gorgias*, se parer, se pavaner, se glorifier.

« Ainsi me suis-je accoustré, non pour me *gorgiaser* et pomper, mais pour le gré du malade. » RABELAIS, tome IV, *Epître au cardinal de Chastillon*.

« Pourvu qu'ils *se gorgiasent* en la nouvelleté, il ne leur chaut de l'efficace », dit Montaigne, liv. III, ch. 5, en parlant des écrivains de son siècle.

GORIÈRE, *s. f.*
Les femmes ont porté anciennement des robes garnies de grandes manches ; on nommait ces robes des robes *à la grand-gore*, et celles qui les portaient, des *dames gorières*.

GOSIER, *s. m.*
« Pensez qu'il enfloit bien le gosier, c'est-à-dire qu'il parloit avec emphase. » *Contes d'Eutr.* tome I.

« Vous vous devez abstenir d'un ris à plein *gosier*. » NIC. PASQ. l. III, lett. 9.

« L'hôte se lassa d'abreuver tant de *gosiers* altérés. » LE SAGE, *Gil-Blas*.

Desaintange a dit, en parlant du dragon de Mars que Cadmus a tué :

De son vaste *gosier* la profonde caverne,
Exhale en noirs poisons les vapeurs de l'Averne.
Les Métamorphoses, chant III.

GOTHS, *s. m. pl.* anciens peuples du nord de l'Italie.

« Les Goths, dit M. Sablier, qui

étaient les mêmes que les Gètes sortis du nord de l'Europe lors de l'incursion qu'ils firent dans les provinces de l'Empire romain, furent connus sous deux noms différens. Ceux qui occupèrent les Espagnes prirent le nom de *Visigots* ou *Goths* occidentaux ; ceux qui entrèrent en Italie furent nommés *Ostrogots* ou *Goths* orientaux. » *Essai sur les langues en général*, pag. 88, Paris, 1777.

Enfans demi-polis des Normands et des *Goths*,
La rime est nécessaire à nos jargons nouveaux.
VOLTAIRE.

GOTHICITÉ. Ce mot a été hasardé par La Curne de Sainte-Palaye, qui a eu soin de le mettre en italique pour exprimer le caractère de ce qui est gothique. En parlant de la partie de notre histoire qui nous retrace les mœurs et les usages de nos pères : « Ce sont, dit-il, de vieux portraits de famille sur lesquels on se plaît toujours à jetter les yeux. La *gothicité* du costume, l'habillement bizarre, le maintien roide et empesé des personnages qu'ils représentent, nous paroissent tout-à-fait plaisans, etc. » *Mémoires sur l'ancienne chevalerie*, préface du tome III, Paris, 1781.

GOTHIQUE, adj. du latin *gothicus*, qui a rapport, qui est conforme aux mœurs, aux usages, au goût des Goths : écriture *gothique*, architecture *gothique*.

L'écriture *gothique* ne diffère point, au fond, de la romaine. Les manuscrits en caractères *gothiques* ne sont pas anciens. Godefroi de Viterbe prétend que ces caractères ont été inventés vers l'an 375, par Ulphilas, évêque des Goths, qui s'en servit pour traduire la *Bible* en langue *gothique*.

GOTHISME, s. m. « Convenons, de bonne foi, que nous sommes retombés dans l'ignorance, la barbarie et le *gothisme*. » *Ann. littér.*

Ce mot ne paraît pas s'être accrédité.

GOUFFRE, s. m. L'origine de ce mot est incertaine.

« *Gouffre*, dit M. Butet, pourrait bien être une variété lexique de *golfe*, par l'intermédiaire de ces deux altérations *golfre*, *goulfre*, et primitivement du grec κόλπος (*kolpos*), de même signification, dont on regarde *golfe* comme dérivé. *Gouffre* pourrait bien se déduire de l'italien *gallofaro*, dont il serait contracté par six formes intermédiaires : *gallofare*, *gallofre*, *galfre*, *gaulfre*, *golfre*, *goulfre*. Au rapport de Wachter, *gouffre* pourrait venir du teuton *goffen*, de l'anglo-saxon *geapan*, du belge *gaapen*, ou du scandinave *gapa*. Furetière, dont le tact est fin et délicat en étymologie, penche pour une origine toute latine : *gouffre* serait l'homologue du binôme *gulivorum*, signifiant, ajoute-t-il, *goulu* et *vorace* ; les formes intermédiaires seraient *gulivore*, *golivore*, *golivre*, *golifre*, *golfre*, *goulfre*. *Fre* pour *vre*, contracté de *vore*, se trouve dans les binômes *goinfre*, *bafre*, dans lesquels ce terme final marque une idée de voracité : ce qui donnerait à cette étymologie un air de vraisemblance.

» Somme toute, je suis cependant tenté de croire que *gouffre* est la variété lexique de *golfe*. » *Manuel des Amateurs de la langue française*, 2ᵉ année, n° VIII, p. 255.

GOUGE, s. f. « Dans nos anciens auteurs, se dit d'une femme ou d'une fille, quoique proprement ce soit la garce d'un soldat, comme *goujat* en est le valet. En Languedoc, tout garçon, valet ou non, s'appelle *goujat*, comme toute fille, servante ou non, s'appelle *gouge* ; mais *gouge*, dans l'usage le plus commun, se dit d'une fille ou d'une femme de mauvaise vie. *Goujat*, autrefois *goujart*, vient de *galearius*, qu'on écrivait aussi *galiarius* ; de *goujat* (voyez ce mot) on a fait *gouge*, de *gouge* le diminutif *gouine*, et *goier* l'amant d'une *gouge* : *gougier*, *gouier*, *goier*. » LE DUCHAT, sur Rabelais, *Œuvres de Rabelais*.

Dans la comédie de la *Fausse Coquette*, Arlequin appelle Apollon :

Franc goyer de neuf jouvencelles.
Théât. italien.

Borel prétend qu'en Languedoc *gouge* signifie simplement une servante.

« Il trouva plusieurs et subtiles façons, que le compagnon mary de ladite *gouge* fut son ami privé et familier. » *Les Cent nouvelles Nouvelles*, Nouvelle 1re, ouvrage du 15e siècle.

Une qui aura les yeulx rouges,
Les lave au matin d'une eau blanche,
Tellement que sur toutes *gouges*,
Elle semblera la plus blanche.
Poésies de G. Coquillart, p. 49, Paris, 1723.

Là dessus une perdrix rouge,
Des pieds de la céleste *gouge*,
Partit. . . . .
SCARRON, *Virgil. trav.*

La belle dame devint rouge,
De honte qu'on l'estimât *gouge*;
Mais l'être par nécessité,
Ce n'est qu'un peu l'avoir été;

dit plaisamment le même, en parlant d'Andromaque.

GOUJAT, *s. m.* qu'on disait autrefois *goujart*, vient, comme le prétendent Le Duchat et Ménage, du latin *galearius*, dérivé de *galea* (casque) : *quòd galeam portarent* (parce qu'ils portaient le casque), dit Ménage, c'était celui qui portait le casque de l'homme d'arme, comme l'écuyer portait l'écu.

GOULE, *s. f.* du latin *gula* (gosier). Nous disons *goule* et *gueule* pour gourmandise, mais le premier est familier et le second est bas; les Latins ont dit *gula* dans le même sens. Tacite, en parlant du scare, nouvelle espèce de poissons transportée en Italie et fort recherchée des gourmands, a dit : « *sic satis piscibus, datus mari novus incola, aucta novis saporibus gula.* » (Par ces poissons ainsi semés (multipliés), un nouvel habitant est donné à la mer, la *gourmandise* (gula) est enrichie de nouvelles saveurs (de nouvelles jouissances.)

GOUPIL, vieux mot français, qui s'est dit pour renard et qu'on trouve aussi écrit *werpil* et *golpil*, vient du latin *vulpes*, ou plutôt de son diminutif *vulpecula*, le *v* a été changé en *g*, comme dans *guêpe*, du latin *vespa*. Avant Jacquemart Gielée, qui composa, à la fin du 13e siècle, le *Roman du Renard*, je n'ai vu, dit Barbazan, dans aucun auteur le mot *renard*, c'est toujours *goupil*, *voupil* et *verpil*.

De *goupil* nos pères avaient fait *goupillage*, pour subtilité, finesse, et *goupiller*, pour se cacher, fuir, faire le poltron. *Gloss. de la langue romane.*

GOUPILLON, *s. m.* Du latin *vulpillus*, diminutif de *vulpes* (renard), nos pères, selon l'abbé Tuet, ont fait *voulpil* et *goupil*, qui signifiait la même chose, et de *goupil* ils ont dérivé *goupillon* (aspersoir), à cause de la ressemblance qu'a le *goupillon* avec la queue du renard.

« Périsse plutôt encore un million d'hommes, dira une vieille comtesse de province, que je ne perde l'eau bénite de mon curé au bout de son *goupillon*. » LE PRINCE DE LIGNE.

GOURD, DE, *adj.* du latin *gurdus*, dont le peuple de Rome se servait pour signifier *sot*, *stupide*, du temps de Quintilien, qui avait ouï-dire que ce mot était originairement espagnol. Il s'exprime ainsi dans ses *Instit. orat.*, liv. I, c. V. « *Gurdos, quos pro stolidis accepit vulgus, ex Hispaniâ duxisse originem audivi...* »

Ce mot a été pris ensuite par les Latins, comme nous le prenons en français, pour celui qui a les membres engourdis. Les *Gloses* d'Isidore : *gurdus, lentus, inutilis*; et c'est de ce mot, en cette signification, que nous avons fait l'ancien verbe *gourdir*, qui se trouve dans Philib. Monet, et ses composés *engourdir*, *dégourdir*.

« Les mains, je les ai si *gourdes*, que je ne sçai pas escrire seulement pour moi. » *Essais de Montaigne.*

Battre sa femme et dire au peintre rage,
Et témoigner qu'il n'avait les bras *gourds*.
LA FONTAINE, *les Rémois.*

GOURDE, *s. f.* du latin *cucurbita* (courge), selon Joachim Périon, du temps duquel on a dit *gougourde*.

GOURDIN, *s. m.* (ital. *cordino*, corde qui sert à châtier la chiourme). Bâton gros et court.

Il a pris un *gourdin* d'une taille... ah! l'épaule!
HAUTEROCHE.

GOURGANDINE, *s. f.* Ce mot a

servi à désigner un ancien habillement à l'usage des femmes. C'est en ce sens que Regnard fait dire à Agathe, dans sa comédie intitulée *Attendez-moi sous l'orme*, représentée en 1694 : lequel aimera-t-il mieux de l'*innocente* (autre nom de parure de femme) ou de la *gourgandine*?

Boursault, dans sa comédie des *Mots à la mode*, sc. 15, en donne la description :

Enfin la *gourgandine* est un riche corset,
Entr'ouvert par-devant à l'aide d'un lacet;
Et comme il rend la taille et moins belle et
[moins fine,
On a cru lui devoir le nom de *gourgandine*.

Ce vêtement, qui laissait voir la chemise, portait encore ce nom vers 1738.

GOURMAND, DE, *adj*. L'ame d'un *gourmand*, dit J. J. Rousseau, est toute dans son palais.

GOURMANDEMENT. C'est un adverbe de la façon de Montaigne. « L'amitié conjugale, dit-il, est une intelligence qui se refroidit par une continuelle assistance, et que l'assiduité blesse. Et ne doit une femme avoir les yeux si *gourmandement* fichés sur le devant de son mari, qu'elle n'en puisse voir le derrière, quand besoin est. » Liv. III, c. 9.

GOURMANDER, *v*. parait avoir la même origine que *gourme* et *gourmette*. On dit, au propre, que *le frein gourmande la bouche d'un cheval*.

En parlant des chevaux offerts en présens aux Troyens par le vieux roi Latinus, Delille dit :

L'or couvre leurs harnois, et leur fierté farouche
Obéit au *frein* d'or qui *gourmande* leur bouche.
Trad. de l'Enéide, liv. VII.

Voyez GOURMER.

« L'avare est aux richesses, non elles à lui, et il est dit avoir des biens, comme la *fièvre*, laquelle tient et *gourmande* l'homme, non luy elle. » CHARRON, liv. I, c. 23.

« Arcade et Honorius, commandez, ou, pour mieux dire, *gourmandés*, pendant leur minorité, par Rufin et Stilicon, leurs gouverneurs. » PASQUIER, *Recherches*, etc., liv. I, c. 7.

Moi, la plume à la main, je *gourmande* les vices.
BOILEAU.

Delille a dit aussi hardiment qu'heureusement :

Gourmander sans relâche un terrain paresseux.

Nos pères disaient *gourmander* dans le sens de manger avidement, gloutonnement, *escas vorare*, dit Philib. Monet. « Il aiguisoit ma faim, dit Montaigne de son gouverneur, ne me laissant qu'à la dérobée *gourmander* mes livres. » Liv. I, c. 25.

« Prélats, qui, gorgez de richesses, *gourmandent* le pain de Dieu. » NIC. PASQUIER, liv. VII, lett. 4.

GOURMANDEUR, *s. m*. corruption plaisante du mot *commandeur*, imaginée par Rabelais.

GOURMANDILLER, *v*. faire une petite mercuriale, de légers reproches. « Je lui ai fait écrire une lettre par mon commis, pour la faire *gourmandiller*. » *Théat. ital*.

GOURME, *s. f*. (gallois, *gorme*, coup, pus) jeter sa *gourme*; se dit métaphoriquement d'un jeune homme qui fait des folies en entrant dans le monde.

« *Gourme* se dit proprement des chevaux qui bavent, et de là on dit la *gourmette*, qui fait une partie du frein ; et se *gourmer*, *gourmade*, bon *gourmeur*, de ceux qui se donnent des coups de poings dans la bouche et dans les joues. » Le P. LABBE, *Etymologies des mots français*.

Gourme s'est dit aussi dans le sens de gravité affectée, et ne se dirait plus guères.

Vous avez pris la *gourme* et les airs de Caton.
DESTOUCHES.

GOURMER, *v*. au propre, *gourmer* un cheval, c'est lui mettre la *gourmette*, qui est une chainette de fer attachée à la branche de la bride.

D'où naquirent les loix, les bourgs et les citez,
Pour servir de *gourmette* à leurs meschancetez.
RÉGNIER, Satire III.

« Je cherche, à la vérité, plus la fréquentation de ceux qui me *gourment*, que de ceux qui me craignent. » MONTAIGNE, liv. III, c. 8.

« Pourtant n'est-ce pas à dire que

je n'aye eu affaire souvent à *gourmer* et brider mes passions. » *Le même*, liv. III, c. 10.

GOURMER, *v. n* et *récipr.* affecter un maintien grave et fier.

Viens, et sans *te gourmer* avec moi de la sorte,
Laisse, en entrant chez nous, ta grandeur à la porte.
DESTOUCHES, *le Glorieux*.

Les deux partis, plus fous qu'à l'ordinaire,
S'alloient *gourmer*, n'ayant plus rien à faire.
VOLTAIRE, *la Guerre civile de Genève*, chant V.

GOURMÉ, ÉE, *part.*

Il est toujours *gourmé*, renfermé dans lui-même,
Toujours portant au vent, fier comme un Écossais.
DESTOUCHES, *le Glorieux*, sc. 1.

. . . . . . Un grand toujours *gourmé*,
D'un limon précieux se présumant formé.
Ibidem, act. III, sc. 4.

GOURMET, *s. m.* Ce mot, à ce qu'il paraît, a signifié d'abord marchand de vin, car il est traduit par *vinarius mercator*, dans le *Dict.* de Philib. Monet. « *Gourmet*, est-il dit dans les *Épithètes* de De la Porte (1571), c'est celui auquel le marchand de vin commet la garde de sa marchandise, quand elle vient par eau. »

La signification de ce mot s'est un peu détournée de son origine, puisqu'il se dit aujourd'hui d'un homme qui sait bien connaître et goûter le vin.

Choisissez, me dit-on, du vieux ou du nouveau :
Je croyais qu'on parlait d'un vin qu'on boit sans eau,
Et qu'on examinait si les *gourmets* de France,
D'une vendange heureuse avaient quelqu'espérance.
VOLTAIRE, petite pièce intitulée *les Cabales*.

GOURRER, *v.* tromper, dérober avec adresse. Ce mot est encore usité dans le langage familier. GUILL. BOUCHET, *Sérées*, liv. II, pag. 90; id. ibid., pag. 109. — CH. POUGENS, *Archéologie française*, tom. I, p. 240.

GOUSSET, *s. m.* petite poche de culotte, où l'on met de l'argent. Cette définition, exacte aujourd'hui, n'aurait pas été bonne il y a cent ans et moins. On trouve encore, dans le *Dict. de Trévoux*, que « *gousset* signifie une petite bourse ou petite poche qu'on attache à présent au haut-de-chausses, et qu'on mettoit autrefois sous l'aisselle, comme font encore aujourd'hui les paysans. »

« J'estime, dit Le Laboureur, d'après Ménage, dans ses *Origines*, que le *gousset* est ainsi dit à cause du rapport qu'il peut avoir avec les *cosses*, *gousses*, ou *goussets* de légumes ; et d'autant que ces *gousses* de légumes sont comme les bourses et estuis dans lesquels leurs fruits sont serrés. Il semble que le nom de *gousset*, que nous donnons à nos bourses, en auroit plustôt esté dérivé que de la coustume de mettre la bourse dessous l'aisselle, qu'on appelle aussi le *gousset*. » *De l'Origine des armes*, p. 167, Lyon, 1658.

Sentir le gousset. « Nos étymologistes, dit M. de La Monnoye, ont cherché avec beaucoup de peine l'origine de *gousset* dans cette signification. Rien n'étoit plus facile à trouver. Ce morceau de toile nommé *gousset*, qui sert à faire tenir le corps de la chemise avec la manche, à l'endroit de l'aisselle, ne pouvant manquer de contracter l'odeur de cette aisselle qu'il touche, on a dit de là *sentir le gousset*, pour exhaler une odeur semblable à celle qu'exhale ce *gousset*. » Il ne paroit pas que ce mot, en cette signification, soit ancien dans la langue. Il ne se trouve ni dans Rabelais, ni dans Marot, il est fréquent dans Scarron, qui, dans son *Typhon*, a plaisamment imaginé un *gousset* particulier pour les dieux et les déesses, auquel on reconnoissoit qu'un de ces immortels avoit passé.

Leur *gousset* ne faisoit que plaire,
Et leur aisselle n'exhaloit
Qu'odeur qui les nez consoloit. »

GOÛT, *s. m.* que nos pères écrivaient *goust*, du latin *gustus* (celui de nos sens qui distingue les saveurs.

De son *goût* délicat la finesse agréable
Faisait, sans nous gêner, les honneurs de sa table.
VOLTAIRE.

Le *goût* qui, au propre, se dit du sens qui vous donne la faculté de connaître les choses, quant à leur saveur, comme les alimens, s'est dit par extension de ce discernement qui nous fait apprécier les productions de l'esprit ; ce qui se fait sentir par le jugement, comme on sentirait des alimens par le palais, suivant l'expression de Quintilien : *Quod sentitur latente judicio velut palato*, l. 6, c. 3.

« Le *goût*, dit Voltaire, ce sens, ce don de discerner nos alimens, a produit dans toutes les langues connues, la métaphore qui exprime, par le mot *goût*, le sentiment des beautés et des défauts dans tous les arts. C'est un discernement prompt, comme celui de la langue et du palais, et qui prévient, comme lui, la réflexion ; il est, comme lui, sensible et voluptueux à l'égard du bon ; il rejette, comme lui, le mauvais avec soulèvement ; il est souvent, comme lui, incertain et égaré, ignorant même si ce qu'on lui présente doit lui plaire, et ayant quelquefois besoin, comme lui, d'habitude pour se former. »

« Le *goût*, tel que nous le considérons ici, c'est-à-dire, par rapport à la lecture des auteurs et à la composition, est un discernement délicat, vif, net et précis de toute la beauté, la vérité et la justesse des pensées et des expressions qui entrent dans le discours, etc. » ROLLIN, *de la manière d'enseigner et d'étudier*, etc., tom. I, *Réflexions sur le goût*.

« Entre le bon sens et le bon *goût*, il y a la différence de la cause à l'effet. » LA BRUYÈRE.

« Le bon *goût* d'Horace consistoit principalement à trouver ridicule celui des autres. » SAINT-ÉVREMONT.

« Souvent les gens qui ont la prétention d'avoir le *goût* fin, ne sont que dégoûtés. » BELLEGARDE.

PORTRAIT DU BON GOUT.

Par la main des Grâces orné,
Ce Dieu toujours est couronné
Du diadême qu'au Parnasse
Composa jadis Apollon
Du laurier du divin Maron,
Du lierre et du myrte d'Horace
Et des roses d'Anacréon.

Sur son front règne la sagesse ;
Le sentiment et la finesse
Brillent tendrement dans ses yeux ;
Son air est vif, ingénieux :
Il vous ressemble enfin, Sylvie,
A vous que je ne nomme pas,
De peur des cris et des éclats
De cent beautés que vos appas
Font dessécher de jalousie.

PORTRAIT DU MAUVAIS GOUT.

Il sait qu'à vos yeux éclairés
Le faux *Goût* tremble de paraître.
Si jamais vous le rencontrez,
Il est aisé de le connaître :
Toujours accablé d'ornemens,
Composant sa voix, son visage,
Affecté dans ses agrémens,
Et précieux dans son langage,
Il prend mon nom, mon étendard ;
Mais on voit assez l'imposture,
Car il n'est que le fils de l'art,
Moi, je le suis de la nature.
VOLTAIRE, *le Temple du Goût*.

« Lorsque les passions meurent, les *goûts* en héritent. » Le duc DE LÉVIS.

M. de Caillères nous apprend que de son temps le mot *goût* était employé par les courtisans dans le sens de ce que nous appelons aujourd'hui *un caprice*, c'est-à-dire, pour me servir de ses propres termes : « une simple inclination, et un amusement passager, qui ne détruit point une véritable passion. » *Les Mots à la mode*, pag. 15, Paris, 1692.

Nous disons encore en ce sens, *cet homme a du goût pour cette femme*, c'est-à-dire, de l'inclination, qu'il se sentirait disposé à l'aimer.

GOUTER, v. du latin, *gustare* (savourer).

Le mot *goûter* qui, au propre, signifie juger par le palais des alimens, s'est dit ensuite au figuré des objets dont juge l'esprit, *goûter les plaisirs*. Cicéron a dit de même : *Nec sequitur, ut cui cor sapiat, ei non sapiat palatum*.

« Les princes, d'ordinaire, ne peuvent *goûter* la raison si elle ne leur est délicatement apprêtée. » BALZAC, *Mécén*. Ve Disc.

Rousseau dit dans son *Emile*, en parlant des enfans : « Faites qu'en quelque temps que Dieu les appelle, ils ne meurent point, sans avoir *goûté la vie*. » Mme Necker critique cette expression et y substitue les *douceurs de la vie*. Il nous semble que cette dernière phrase a quelque chose de trop explicite, et qui indique une plus longue existence. *Goûter la vie* exprime bien la courte apparition d'un enfant enlevé sitôt au monde.

Nous disons figurément *goûter du pouvoir* pour en essayer, en jouir quelque temps. Tacite a dit dans le même sens : « *Et tu, Galba, quandoquè degustabis imperium, seram ac brevem potentiam significans.* » (Toi aussi, Galba, tu *goûteras* quelque jour *à l'empire*, désignant ce pouvoir d'un moment qu'il obtint si tard.) » *Annales*, liv. vi, ch. 20.

GOUTER, *v. n.* faire un léger repas entre le dîner et le souper ; il vient de même de *gustare*, qui se trouve en ce sens dans Pline, *lettr.* v, liv. 3 : « *Post solem plerumque frigidâ lavabatur, deinde* gustabat *dormiebatque minimùm, mox quasi alio die studebat in cœnæ tempus* » (Après le soleil levé, il se baignait le plus souvent dans l'eau froide, et après quoi il *goûtait* et dormait un peu, et ensuite, comme si le jour eût recommencé, il se remettait à l'étude jusqu'au souper).

GOUTER, *s. m.* repas léger entre le dîner et le souper. Ce mot est l'infinitif pris substantivement, et répond au latin *gustarium* qui, chez les Romains, signifiait un léger repas que l'on prenait quelquefois vers midi, pour se soutenir en attendant le souper (*cœna*) qui avait lieu sur les quatre heures du soir.

« Les anciens, dit M. Dacier, dans sa *Remarque* sur le 22ᵉ vers de la ivᵉ *satire* du 2ᵉ liv. d'Horace, ne faisoient qu'un repas ; et ceux qui ne pouvoient attendre le souper sans manger, prenoient le matin du pain sec, ou des raisins, ou des figues, ou des meures, etc., et ce repas étoit appelé *gustarium.* »

« *Le gouster, quod à gustando venit, quasi levi degustatione peragi debeat, non multo pastu.* » *Notitia regni Franciæ, à Johanne Limnæo*, pag. 712, in-4°, 1655. (Ce repas est appelé *goûter* parce qu'étant moins copieux, on ne parait, en quelque sorte, que *goûter* les alimens, au lieu de s'en rassasier.)

Dans la *Satire Ménippée*, l'auteur de la harangue du cardinal de Pellevé, grand ligueur (Florent Chrétien), lui fait dire : « Le pape vient d'assurer que l'ame de Henri iv va servir de *gouster* à Lucifer. » *Et animam ejus prope diem servituram Lucifero pro merendâ pomeridianâ.*

GOUTTELETTE, *s. f.* petite goutte, joli diminutif qu'il ne faut pas laisser perdre.

GOUTTIÈRE, *s. f.* probablement dérivé de *goutte*, canal par où les eaux de la pluie s'écoulent des toits.

Et quel fâcheux démon, durant les nuits entières,
Rassemble ici les chats de toutes les *gouttières*.
BOILEAU.

A un certain âge, chacun a sa *gouttière*, sa maladie qui finit par être mortelle. C'est un mot de Montaigne, liv. iii, ch. 13. « Les bastimens de mon âge ont naturellement à souffrir quelque *gouttière*. Il est temps qu'ils commencent à se lascher ou desmentir. »

« Ces ordinaires *gouttières* me mangent et m'ulcèrent. » Mot aussi précis qu'énergique, par lequel le même auteur, liv. iii, ch. 9, exprime ces petits inconvéniens domestiques, qui viennent, pour ainsi dire, *goutte à goutte*, et n'en sont que plus insupportables.

GOUVERNAIL, *s. m.* Nos pères ont dit *gubernacle*, du latin *gubernaculum*, qui signifie proprement une grande pièce de bois fixée à la poupe du vaisseau, et à l'aide de laquelle le pilote gouverne (*gubernat*) la marche du vaisseau.

GOUVERNER, *v.* du latin *gubernare*, venu du grec κυβερνᾶν (*kubernán*), proprement conduire un vaisseau ; au figuré, conduire, administrer les affaires publiques ou privées. Ceux qui gouvernent sont comme les corps célestes, qui ont beaucoup d'éclat et peu de repos.

« Il est plus difficile de s'empêcher d'être *gouverné*, que de *gouverner* les autres. » LA ROCHEFOUCAULD.

« Il y a bien des gens qui se croient le talent de *gouverner*, uniquement parce qu'ils *gouvernent*. » *Le Prisonnier de Sainte-Hélène.*

Le pape Urbain viii disait : « *Che a dominare non bisognava altrimenta tanto ingegno, perchè il mondo si governa in certa maniera da se stesso.* »

Le Prince de Ligne a dit de Joseph II « qu'il *gouvernoit* trop et ne régnoit pas assez. »

Louis XIV poussa jusqu'à la faiblesse la prétention de *gouverner* personnellement tout, et de *gouverner* seul, et l'on n'a pas dit sans raison qu'il fut *gouverné* lui-même par la peur de le paraître.

« *Gouverner*, c'est choisir. » Le duc DE LÉVIS.

GOUVERNEUR, *s. m.* du latin *gubernator* (celui qui gouverne); *gubernateur*, pour *gouverneur*, se lit dans Jean de Meung, continuateur du *Roman de la Rose*.

Balzac appelle les *gouverneurs* des enfans des rois, « des pièces oisives de la cour et des témoins inutiles de leur enfance. »

GOUVERNEUSE, *s. f.* « Je n'étais pas assez bien pour me passer des soins de la *gouverneuse*; il fut décidé qu'elle serait du voyage. » J. J. ROUSSEAU.

GRABELER, *v.* (*gravellare*, de *gravia*, gravier, fait de *glarea*), débattre, contester sur des misères, sur des inutilités.

« Nous rencontrâmes un jour neuf gros esquifs chargés de moines, de penaillons, de patte-pelues, qui, s'étant rassemblés, se rendoient au fameux concile de Trantran (Trente), afin d'y *grabeler* des points métaphysiques, et contre les novateurs, et contre tous les chiens d'hérétiques, devant le grand mitré de Latran. » RABELAIS.

« Après avoir de l'une et de l'autre part examiné la matière, et au long *grabelé* la querelle. » *Prop. Rust.*

Grabeau, dans le sens d'examen minutieux, discussion, se trouve dans Rabelais, liv. III, ch. 16.

« Ce mot, dit M. Ch. Pougens, est encore en usage à Genève, pour désigner une certaine loi émanée du petit conseil, et instituée sous l'influence d'un célèbre magistrat de cette ville. Voyez J. J. Rousseau, *Lettr. de la Montagne*. Id., *Lettre à M. d'Ivernois*, 8 mars 1768. »

On trouve aussi dans Rabelais, *Prolog.* du liv. III, « *grabeleurs* de corrections, » éplucheurs de syllabes.

GRABUGE, *s. m.* noise, débat, querelle; de l'italien *garbuglio*. « Ce mot, dit M. de La Monnoye, qu'on croit vieux dans notre langue, n'y étoit pas connu il y a cent ans. »

GRÂCE, *s. f.* dans toutes ses acceptions, vient du latin *gratia*. Dans le sens d'agrément dans la personne, Virgile avait dit :

Quæ gratia vultûs !

(Quelle *grâce* dans ses traits !)

Et la *grâce* plus belle encor que la beauté.
LA FONTAINE.

Ce front si plein de *grâce* et si cher à ses yeux.
VOLTAIRE, *la Henriade*, ch. VIII.

Une *grâce* modeste animait ses attraits.
DULARD, *la Fondation de Marseille*, ch. IV.

Dans le sens de faveur, d'amitié, Cicéron a dit : Gratia *magna mihi cum illâ est* (je suis fort avant dans ses bonnes *grâces*); et Phèdre :

Mecum facilè redeo in gratiam.
Liv. V, fable 3.

(Je rentre facilement en *grâce* avec moi-même.)

Nous disons encore *rendre grâce à quelqu'un*, pour dire le remercier; les Latins disaient, dans le même sens, *gratias agere alicui*; et comme nous disons *actions de grâce*, dans une lettre de Plancus à Cicéron, on trouve l'expression *gratiarum actionem*.

Faire grâce, pour pardonner, est une expression empruntée aux Latins; on trouve dans Salluste, *in Jugurth.* c. 104 : *Boccho delicti* gratiam *facit* (il fait *grâce* à Bocchus de son crime).

Nous disons faire quelque chose *de bonne grâce*, *de mauvaise grâce*; et on lit *cum bonâ gratiâ*, *cum malâ gratiâ* dans Térence.

Il n'est pas rare de voir un homme puissant accorder des *grâces* et refuser de rendre justice.

La plupart des hommes sont actifs à poursuivre une *grâce*, et paresseux à la mériter.

« *Avoir de la grâce*, dit Voltaire,

s'entend de la chose et de la personne : cet ajustement, cet ouvrage, cette femme *a de la grâce.*

» La *bonne grâce* appartient à la personne seulement : elle se présente *de bonne grâce;* il a fait *de bonne grâce* ce qu'on attendait de lui. *Avoir des grâces :* cette femme *a des grâces* dans son maintien, dans ce qu'elle dit, dans ce qu'elle fait.

» *Obtenir sa grâce,* c'est, par métaphore, obtenir son pardon, comme *faire grâce* est pardonner.

» On *fait grâce d'une chose* en s'emparant du reste : les commis lui prirent tous ses effets, et *lui firent grâce de son argent.*

» *Faire des grâces, répandre des grâces,* est le plus bel apanage de la souveraineté : c'est faire du bien, c'est plus que justice.

» *Avoir les bonnes grâces de quelqu'un* ne se dit que par rapport à un supérieur.

» *Avoir les bonnes grâces d'une dame,* c'est être son amant favorisé.

» *Etre en grâce* se dit d'un courtisan qui a été en disgrâce. » *Dict. philosop.* au mot *Grâce.*

« On disait, il n'y a pas long-temps, *votre bonne grâce;* maintenant on dit, en pluriel, vos bonnes *grâces.* »
H. ESTIENNE.

Rivarol remarque qu'on n'aurait pas trop osé dire sous Louis XIV, *la grâce du langage,* par respect pour la grâce théologique; mais qu'on disait *les grâces du langage,* par allusion aux trois *Grâces.* Aujourd'hui, ajoute cet écrivain, par je ne sais quelle révolution arrivée dans les esprits, notre littérature a reconquis cette expression.

GRACES (les), les trois déesses compagnes de Vénus, du latin *Gratiæ,* qu'on employait comme synonyme de *Charites* :

Junctæque Nymphis Gratiæ decentes.
HORACE, liv. 1, ode IV.

(et les *Grâces* décentes unies aux Nymphes).

Les *Grâces* sont vierges, dit Hésiode; il n'y a que les courtisanes qui donnent du plaisir afin qu'on leur en rende.

Les anciens disaient qu'un homme n'avait point sacrifié aux *Grâces,* c'est-à-dire qu'il était grossier, de mauvais air.

Cette expression s'est conservée chez les artistes, mais dans un autre sens; chez eux, *sacrifier aux Grâces* s'appelle être attentif aux attitudes et aux actions des figures qu'ils représentent.

« Nous n'apercevons les *Grâces* que pointues, bouffies et enflées d'artifice : celles qui coulent sous la naïveté et la simplicité eschappent aisément à une veue grossière comme est la nostre. » MONT. l. III, c. 12.

La finesse sans fausseté,
La sagesse sans pruderie,
L'enjoûment sans étourderie;
Enfin la douce volupté
Et la touchante rêverie,
Un geste, un sourire, un regard,
Ce qui plaît sans peine et sans art,
Sans excès, sans airs, sans grimaces,
Sans gêne et comme par hasard,
Est l'ouvrage charmant des *Grâces.*

. . . .

Les *Grâces* seules embellissent
Nos esprits ainsi que nos corps;
Et nos talens sont des ressorts
Que leurs mains légères polissent.
Les *Grâces* entourent de fleurs
Le sage compas d'Uranie,
Donnent le charme des couleurs
Au pinceau brillant du génie,
Enseignent la route des cœurs
A la touchante mélodie,
Et prêtent des charmes aux pleurs
Que fait verser la tragédie.
DE BERNIS, *Épître* X, *aux Grâces.*

GRACIEUSER, *v.* « Il se *gracieusa* sur tous les tons. » SAINT-SIMON.

« On commence, dit Voltaire, à se servir du mot *gracieuser,* qui signifie *recevoir, parler obligeamment;* mais ce mot n'est pas encore employé par les bons écrivains dans le style noble.

» Telle femme, ajoute cet auteur, grasseye, qui ne *gracieuse* pas. »

« Je *gracieusai* toute la famille. »
LE SAGE, *Gil-Blas,* l. IX, c. 3.

Là d'un petit souris un peu *gracieusé.*
LE GRAND.

M. Laveaux remarque que, depuis Voltaire, ce mot a été entièrement abandonné, et que l'Académie aurait bien fait de ne pas le mettre dans son Dictionnaire, même en avertissant qu'il est familier. Selon ce grammairien il n'est plus aujourd'hui que populaire.

GRACIEUSETÉ, s. f. petite gratification, civilité. Ce mot était encore peu usité vers 1727.

GRACIEUX, EUSE, adj. Ce terme a manqué long-temps à notre langue; on en doit l'invention à Ménage. Il signifie plus qu'agréable, et indique l'envie de plaire. Le P. Bouhours, après avoir dit malignement que Ménage en avait fait l'emploi le plus juste en disant (dans son *Eglogue* pour la reine de Suède) :

Pour moi de qui les vers n'ont rien de gracieux,

a prétendu qu'on ne pouvait s'en servir sérieusement que quand il s'agit de peinture ou de poésie. Mais heureusement l'usage ne s'est pas conformé à cette décision, et l'Académie a sanctionné l'usage en donnant à ce mot le droit de bourgeoisie.

La plupart des peuples du Nord disent notre *gracieux* souverain, apparemment qu'ils attachent à ce mot (*gnaedig*, qui répond à *gracieux*, bienveillant) l'idée de *bienfaisant*. De *gracieux* on a fait *disgracieux*, comme de *grâce* on a fait *disgrâce*.

GRADIN, s. m. (*gradus*, degré). « Ce monde est un vaste amphithéâtre, où chacun est placé tant bien que mal sur son *gradin*. On croit que la suprême félicité est sur les *gradins* les plus élevés; c'est une erreur. » Mme DE MAINTENON.

GRAIN, s. m. (*granum*). « Les arbres qui jettent force feuilles ont peu de fruict; force paille, peu de *grain*. » CHARRON, l. III, c. 43.

Grain, sorte de poids. « Nostre françois, mis en balance avec le grec ou le latin, se trouve foible et léger de quelques *grains*. » EST. PASQUIER, l. 1, lett. 2.

GRAINDORGE, toile ainsi nommée du nom de son inventeur, habile ouvrier de Caen, qui trouva le moyen de faire de ces toiles de table à carreaux et à fleurs qui ont retenu son nom.

GRAINE, s. f. « On ne rapporte de la cour que quelques espèces de faveurs en *graine*, qui ne viennent qu'en terre bien fumée et en temps bien serein, ainsi que les melons aux Orcades. » *Sat. Ménip.*

GRAISSER, v (*crassus*). « Par tels argumens et forts et foibles, j'essaye d'endormir et amuser mon imagination et *graisser* ses playes. » MONT. l. III, c. 13.

GRAMMAIRE, s. f. du grec γραμματική (*grammatikè*), véritable adjectif, qui signifie *de lettre*, qui regarde les lettres, et qui laisse sous-entendre τέχνη (*technè*), *l'art, la science*. *Grammaire* signifie donc proprement *la science des lettres*, et par extension, la science qui apprend à écrire et à parler une langue.

« Tout le domaine de la pensée, dit l'abbé Sicard, est aussi le domaine de l'art de la parole. Cet art est à l'art oratoire et à la poésie, ce qu'est à la peinture l'art si nécessaire du dessin. Toutes les vues de l'esprit, toutes les affections du cœur, ses désirs et ses craintes, enfin notre ame tout entière ne passe dans une autre ame que grâce à la faveur de la magie de l'art grammatical.

» L'obscurité des phrases, l'équivoque des mots, tout disparaît à son flambeau. C'est la *grammaire* qui classe tous les élémens de la parole, qui les unit, qui les dispose au gré des idées, lesquelles ne sont justes qu'autant que le sont les mots qui servent à les exprimer; elle fournit à chaque idée l'habit qui lui est propre, et sans lequel l'éloquence et la poésie prodigueraient en vain les richesses de leur parure. Il faut donc être grammairien avant tout; il faut l'être partout. » *Art de la parole*, séances des écoles normales, t. II, p. 89.

« C'est une observation singulière que l'état d'imperfection dans lequel la logique et la *grammaire* sont long-temps demeurées, il tenait à deux principes directement opposés ; je veux dire que l'une a été retardée par l'abus qu'elle a fait de la métaphysique, pendant que l'autre au contraire négligeait trop de la consulter. En effet, les logiciens crurent que pour donner des lois à la pensée, il suffisait d'étudier le mécanisme secret du raisonnement, et d'apprendre à bien lier entre elles les propositions dont il était formé. En se renfermant ainsi dans une méditation purement abstraite, en négligeant le secours de l'observation, ils n'aperçurent pas combien les circonstances extérieures, la disposition de l'esprit, le vice de nos instrumens, peuvent influer sur les erreurs de nos jugemens. Ainsi, toutes leurs maximes, malgré leur exactitude géométrique, se trouvèrent insuffisantes, ils n'apprirent qu'à déraisonner en bonne forme. Les grammairiens, au contraire, ne s'attachèrent d'abord qu'à la forme du langage ; ils exposèrent ses lois sans en expliquer le principe; ils ne firent de l'art de parler qu'un art mécanique; ils ne purent donc établir que des règles aussi sèches que multipliées, difficiles à classer dans la mémoire, plus difficiles encore à appliquer. Mais lorsque la logique, moins restreinte dans ses bases, a voulu embrasser les opérations de l'esprit dans tout l'ensemble des moyens qu'elles emploient, et des causes qui les influencent ; lorsque la *grammaire* a voulu remonter à l'origine des lois du langage, ces deux arts se sont rencontrés, se sont prêté un mutuel secours, et désormais leur association leur promet à tous deux de nouveaux progrès. » *Des Signes de l'art de penser* par Dégérando.

« Il est, dans l'étude de la *grammaire*, comme dans celle du corps humain, une espèce d'anatomie comparée : c'est par l'examen, et, pour ainsi dire, par la dissection de certains tours, de certaines expressions, de certaines constructions usitées dans une langue étrangère, que les philosophes peuvent s'éclairer sur les bizarreries de leur langue, soit réelles, soit apparentes. » Mme NECKER.

GRAMMAIRIEN, *s. m.* On l'a défini un homme dont la tête est un vaste arsenal de mots, et un désert d'idées.

GRAMMAIRIEN, ENNE, *adj.* « Nos troubles sont presque tous *grammairiens*. » MONT. l. II, c. 12; c'est-à-dire qu'on ne se dispute, que faute de s'entendre.

GRAMMATISTE, *s. m.* « celui qui se borne à montrer les premiers élémens des lettres. » BEAUZÉE.

Nous retrouvons ce mot, mais souligné, et pris en mauvaise part, dans cette phrase de M. B. Jullien : « Ce n'est point parmi les *grammatistes*, qui fourmillent sur tous les points de la France, qu'il faudra chercher le professeur (de grammaire générale). » Analyse de l'*Essai sur l'universalité de la langue française*, par M. Allou. *Revue encyclop.* Mars, 1829, pag. 697.

Domergue s'était aussi servi de ce mot dans le même sens.

GRAMMATISTIQUE, *s. f.* M. Noblot distingue, avec les anciens, la grammaire et la *grammatistique*. « Celle-ci, dit-il, apprend seulement à lire et à écrire; mais la *grammatistique* n'est point cela : elle consiste à chicaner sottement sur l'ordre et l'usage des termes ; c'est l'abus de la grammaire. »

GRAMME, *s. m.* qui vient du grec γράμμα (*gramma*), désigne, dans le nouveau système des poids et mesures, un poids égal à celui de l'eau pure sous le volume du cube de la centième partie du mètre. Les Grecs avaient un poids qu'ils appelaient ainsi : les Latins lui donnaient le nom de *scrupule*; sa valeur était d'environ 21 grains, ce qui ne s'éloigne pas beaucoup de notre *gramme*, qui en pèse près de 19.

GRAND, ANDE, *adj.* du latin *grandis*, qui a la même signification.

On a dit du pape Alexandre VII, qu'il était *grand* dans les petites choses, et petit dans les *grandes*.

« L'empereur de Turquie est appelé *le Grand-Seigneur*, voire par nous-mêmes qui italianisons en cela, sans y penser. Car les Italiens lui ont faict les premiers cest honneur comme j'ai entendu, et comme aussi est vraisemblable. » H. ESTIENNE, *Dialogues du nouveau langage françois italianisé.*

GRAND'CHAMBRE, s. f. Ce nom fut donné à cette chambre, parce que, lors de la division du Parlement en deux chambres (la grand'chambre et la chambre des enquêtes) sous Louis-le-Hutin, celle appelée la *grand'-chambre* étoit chargée des plus grandes causes. *Voyez* Est. Pasquier, *Recherches sur la France*, l. II, c. 3.

La langue romane primitive avait beaucoup d'adjectifs communs qui restaient invariables pour le genre.

La nouvelle édition du *Roman de la Rose* (donnée par Méon) offre ces vers :

Qu'il ont lor *naturel* franchise
A *vil* servitude soumise.

(qu'ils ont leur *naturelle* franchise à *vile* servitude soumise).

Et la povreté vont preschant
Et les *grans* richesses peschant.

Grand, comme on voit, était de ce nombre, et cet usage de dire *grand* au féminin comme au masculin, s'est long-temps conservé.

Dont gratuits et *grands* munificences.
RABELAIS, *Epître du Limousin.*

La *grand* faveur qu'à vertu vous portez.
SAINT-GELAIS.

Puis çà et là les *grands* mers espandit.
CL. MAROT.

« Qu'on me permette, dit à cette occasion M. Raynouard, de faire remarquer que ce n'est pas en corrompant la langue que nous employons encore parfois l'adjectif *grand* sans e muet devant quelques substantifs féminins; au contraire, c'est en conservant l'ancienne règle, que nous disons, *grand mère, grand messe, grand chambre, grand chère, grand pitié*, etc.

» Les grammairiens ne devraient donc pas attacher à cet adjectif ainsi employé le signe (') qui annonce une élision qui n'a jamais pu exister. » *Journal des Savans*, octobre 1816, pag. 85.

GRANDS, s. m. pl. « Les *grands* et les petits ont mêmes accidens, mêmes fâcheries et mêmes passions : mais les uns sont au haut de la roue, et les autres près du centre, et ainsi moins agités par les mêmes mouvemens. » PASCAL.

« Il faut voir les *grands* comme ami, et jamais comme protégé. » Mme DE MAINTENON.

Quelle différence y a-t-il entre les statues et les *grands*? — Plus on approche des statues, plus elles paraissent grandes; plus on approche des *grands*, plus ils paraissent petits.

GRANDELET, ETTE, *adj.* joli diminutif bon à conserver.

Le temps coule; on n'est pas sitôt à la bavette,
Qu'on trotte, qu'on raisonne, on devient *grande-*
[*lette.*
Puis grande tout-à-fait, et puis le serviteur.
LA FONTAINE, *la Coupe enchantée.*

GRANDEUR, s. f. « Puisque nous ne pouvons parvenir à la *grandeur*, vengeons-nous à en médire. » MONT. l. III, c. 7.

« La *grandeur* est comme certains verres qui grandissent tous les objets. » FÉNÉLON.

« La *grandeur* a besoin d'être quittée, pour être sentie. » PASCAL.

A la plupart des grands que le hasard a rendus tels, la nature a refusé la *grandeur* du génie, la *grandeur* des idées, la *grandeur* des sentimens; et néanmoins il faut les traiter de *grandeur*, parce qu'ils ont un grand pouvoir de faire du mal.

« Sa *grandeur*, son *altesse*, sa *hautesse*, son *excellence*, métaphores honorifiques empruntées, dit M. Ch. Nodier, de la taille humaine. Voilà, ajoute-t-il, une singulière tradition de l'origine des suprématies civiles.

» Tout cela est fort bien dans les rapports sociaux de l'homme, parce que cela est indispensable; mais dans les rapports de l'homme avec lui-même et avec la morale naturelle, les titres pompeux dont s'affuble cette débile créature, ont bien leur côté ridicule. On parle d'un prélat agonisant qui s'écriait sur son lit de mort : ô mon Dieu! ayez pitié de ma *gran-*

deur! » *Examen critique des dictionnaires*, etc.

GRANDI, IE, adj. et part. du verbe *grandir*. « Depuis que je lis Homère, disait Bouchardon, tous les objets dans la nature me semblent *grandis* de dix pieds. »

GRAND-MERCY. Oh! que Montaigne a raison, quand il s'écrie : « Combien je supplie instamment sa sainte miséricorde, que jamais je ne doive un essentiel *grand-mercy* à personne! » Liv. III, c. 9.

GRAPPILLER, v. C'est proprement prendre les petites grappes, c'est un diminutif de *grapper*, mot qu'on voit dans un sens figuré au commencement du *Grand Coustumier de France*, imprimé à Paris en 1513, où l'on trouve ce plaisant dicton :

Le baillif vandange, le prevost *grappe*,
Le procureur prend, le sergent happe,
Le seigneur n'a rien, s'il ne leur échappe.

BRIGANDEAU *(à Sang-sue)*.
On *grappille* chez nous, et l'on pille chez toi.
BOURSAULT, *le Mercure galant*.

« Je suis assurée que vous n'avez jamais lu les *Provinciales* qu'en courant et *grappillant* les endroits plaisans. » Mme DE SÉVIGNÉ.

GRAPPIN, s. m. de l'allemand *greifen* (saisir), instrument dont on se sert pour accrocher un vaisseau, soit pour l'aborder, soit pour y attacher un brûlot. Il se prend aussi au figuré : « Mes premiers services, dit J. J. Rousseau, n'étaient aux yeux de ceux qui les recevaient que les arrhes de ceux qui les devaient suivre, et dès que quelque infortuné avait jeté sur moi le *grappin* d'un bienfait reçu, c'en était fait désormais, et ce premier bienfait, libre et volontaire, devenait un droit indéfini à tous ceux dont il pouvait avoir besoin dans la suite, sans que l'impuissance même suffit pour m'en affranchir. » *Rêv.* VIe Prom.

Cela est aussi vrai que fortement exprimé. Craignons donc de fatiguer la bienfaisance, et, de notre côté, ne laissons pas échapper l'occasion de rendre service.

GRAS, GRASSE, adj. du latin *crassus* (gros, épais); on le trouve écrit *cras*, *crasse*, dans le *Roman du Renard* (13e siècle).

Plus *gras* qu'abbé, ne que prieurs.
Le Roman de la Rose, v. 2583.

« C'est, dit l'éditeur du *Roman de la Rose*, dans ses notes, pag. 413, tom. II, édit. de Paris, 1735, un des attributs que l'on donnait jadis aux abbés, aux prieurs et aux moines. Aussi Clément Marot dit-il :

Un *gros* prieur son petit-fils baisoit.

» Il nous en est resté le proverbe : *gras comme un moine*. »

GRAT, s. m. mot peu usité, et qui ne s'emploie guère que dans cette locution populaire *envoyer quelqu'un au grat*, comme on dirait l'*envoyer paître*: « Le *grat*, est-il dit, dans le *Ducatiana*, c'est l'endroit où *gratte* la volaille.

Il sait parler latin, il sait parler gascon,
Grave, sentencieux, disert, *nunquam errat*,
Jusque là qu'il vainquit, disputant dans Macon,
Un docteur maconnais, et l'*envoya au grat*
Chercher son calepin pour se prendre à Conrat.

NEUFGERMAIN, 2e partie de ses *Poésies et Rencontres*, pag. 102 et 103, à M. de Conrat.

« Furetière, au mot *Grat*, nous apprend qu'*envoyer au grat* signifie rebuter, chasser, envoyer promener. » BAYLE, *Dictionnaire historique*, au mot *Neufgermain*.

GRATIFIER, v. du latin *gratificari* (accorder une grâce, une faveur).

« Ils déposoient les empereurs de leur siège, *gratifians de la couronne* de l'empire à autres de leurs chefs qui leur estoient plus agréables. » ESTIENNE PASQUIER, *Recherches sur la France*, liv. II, fol. 151 tourné, Paris, 1569.

Gratifier de quelque chose à quelqu'un. C'est ainsi que parle toujours Pasquier. On dirait aujourd'hui *gratifier quelqu'un de quelque chose*.

« Il est peu d'hommes adonnés à la poésie, qui ne se *gratifiassent* plus d'estre père de l'*Enéide* que du plus beau garçon; car, selon Aristote, de tous les ouvriers, le poète est nommément le plus amoureux de son ouvrage. » MONTAIGNE.

GRATITUDE, *s. f.* reconnaissance d'un bienfait reçu. C'est Montaigne qui a mis ce mot en vogue. « Il me semble, disait-il en l'employant dans ses *Essais*, l. II, ch. 12, que nous avons besoin de mettre ce mot en crédit. » M. Coste, après avoir dit que le mot de *gratitude* est à présent tout-à-fait autorisé par l'usage, ajoute cette judicieuse remarque : « Montaigne se faisoit une affaire d'enrichir la langue, et nous avons vu des écrivains qui ont pris à tâche de l'appauvrir. C'est à l'Académie françoise à s'opposer à ces faux puristes, qui, avant de se mêler de proscrire des mots, devroient examiner *si ce sont les choses qui ont été faites pour les mots, ou les mots pour les choses.* »

Il paraît que ce mot éprouvait encore de l'opposition du temps de l'abbé de Choisy :

« On a dit d'abord que le mot *gratitude* étant nouveau venu du pays latin, et sentant encore le terroir, ne se doit employer que dans le style soutenu, dans un sermon, dans une oraison funèbre, afin qu'il puisse passer à la faveur des grands mots, des mots savans parmi lesquels il se trouvera. Et c'est par la même raison, a dit celui qui a parlé le second, que je suis de l'avis contraire. Un mot qui n'est pas encore bien en usage ne doit pas avoir d'ambition : il doit se familiariser avec le public, et faire ses efforts pour entrer dans la conversation, avant que de s'élever plus haut.....

» Tout le monde est convenu qu'il faut toujours se servir du mot de *reconnaissance*, et n'employer que le moins qu'on peut celui de *gratitude.* » *Journal de l'Académie française*, par M. l'abbé de Choisy. *Opuscules sur la langue française*, p. 251, Paris, 1754.

GRATTE-CUL, *s. m.* fruit de l'églantier, espèce de rosier sauvage.

« La graine de ces roses contenue dans ces boutons (dans les boutons qui restent des roses qui ont perdu leurs feuilles), est entourée, suivant M. Ménage, d'une bourre piquante, mais presque imperceptible, de laquelle on se sert, par malice, pour mettre dans les draps, afin de piquer les fesses de ceux qui s'y couchent ; lesquels se sentant ainsi piqués, se grattent les fesses, et c'est ce qui a donné le nom de *gratte-cul* à ces boutons. » *Dictionn. étymolog.*

GRATTER, *v.* Ce mot, selon Du Cange, tire son étymologie de *gratare*, qu'on a dit dans la basse latinité ; ou selon Ménage, de l'allemand *graten*, ou de *gratare*, qu'il dit avoir été fait du vieux mot *cratare*, qui se trouve en ces termes dans la loi des Bourguignons, tit. III, § 44. *Si quis alium unguibus crataverit.*

Selon M. Nodier, c'est une onomatopée qui vient du bruit des griffes ou des ongles contre les corps dont ils attaquent la superficie.

« Ils savent au vray, et sans sophisterie, discourir et *gratter* le fond de toutes disciplines. » *Contes d'Eutrapel*, tom. II.

« Il luy faut en une si grande nécessité (dans les derniers momens de la vie) une main douce et accoustumée à son sentiment, pour le *gratter* justement où il luy cuit, ou qu'on ne le *gratte* point du tout. » MONT. liv. III, ch. 9.

On raillait un poète de ce qu'il se *grattait* la tête quand il faisait des vers. « Il fallut bien, répondit-il, la fendre à Jupiter pour en faire sortir Minerve. »

GRATUIT, E, *adj.* « Les princes, espuisez par leurs liberalitez, sont réduits après à faire leurs emprunts sur les subjects incognus, et plus tost sur ceux à qui ils ont fait du mal que sur ceux à qui ils ont fait du bien, et n'en reçoivent aides, où il y ait rien de *gratuit* que le nom. » MONTAIGNE, liv. III, ch. 6.

GRATUITÉ, *s. f.* Port-Royal s'est servi de ce mot pour exprimer une chose qui n'est pas due. « La *gratuité* de l'amour de Dieu. » Il n'a pas fait fortune.

GRAVE, *adj.* du latin *gravis* (pesant, lourd) ; au figuré, qui a acquis du poids, de l'autorité, de la considération par sa sagesse, par ses emplois, etc.

« *Grave*, au sens moral, tient toujours du physique; il exprime quelque chose de poids; c'est pourquoi on dit : *un homme, un auteur, des maximes de poids*, pour *homme, auteur, maximes graves*. Le *grave* est au sérieux ce que le plaisant est à l'enjoué : il a un degré de plus, et ce degré est considérable. On peut être sérieux par humeur, et même faute d'idées. On est *grave* ou par bienséance, ou par l'importance des idées qui donnent de la gravité. Il y a de la différence entre être *grave* et être un *homme grave*. C'est un défaut d'être *grave* hors de propos. Celui qui est *grave* dans la société est rarement recherché. Un homme *grave* est celui qui s'est concilié de l'autorité plus par sa sagesse que par son maintien.

...*Pietate gravem ac meritis si fortè virum quem*.

» *Affaire grave, cas grave* se dit plutôt d'une cause criminelle que d'un procès civil. *Maladie grave* suppose du danger. » VOLTAIRE, *Dict. philos.* au mot *Grave*.

GRAVELEUX, EUSE, *adj.* Conte trop libre, dont le récit doit causer autant d'embarras que si l'on avait du gravier dans la bouche. « Elle ne sait ni sourire ni rougir aux histoires les plus *graveleuses*. » MARIN, *l'Amante ingénue*, comédie.

GRAVELLE, *s. f.* Ce mot qui paraît venir de la même source que *grève* ou *gravier*, et par conséquent de *greva* ou *gravaria* dans la basse latinité, et dont la signification est depuis longtemps restreinte, et n'exprime qu'une maladie qui provient du gravier qui séjourne dans les reins et dans la vessie, s'est dit anciennement du menu gravier, du sable d'une fontaine, d'un ruisseau.

Je m'approchai de la fontaine
Pour l'eaue voir très-claire et saine,
Et la *gravelle* belle et nette,
Qui au fond étoit très-parfaite.
Le Roman de la Rose.

. Et ruisselets et fontanelles
Bruyre et frémir sur les *gravelles*.
Le même, v. 21251.

GRAVITÉ, *s. f.* du latin *gravitas* (poids, pesanteur); au figuré, crédit, considération. *Voy.* GRAVE.

» La *gravité*, dit La Rochefoucauld, est un mystère du corps inventé pour cacher les défauts de l'esprit. »

GRÉ, *s. m.* du latin *gratum* (ce qui est agréable, chose dont on a de l'obligation).

Item (je laisse). . . . .
Et à Pierre, le basannier,
Le *gré* du seigneur qui attainct
Troubles, forfaictz, sans épargner, etc.
VILLON, *le Petit Testament*, pag. 6, édit. de 1533.

« Le *gré* du seigneur, etc. la faveur du lieutenant criminel, etc. » CL. MAROT, note à la marge de ce passage.

« Elle est assez raisonnable pour prendre en *gré* tous les lieux où son mari et son devoir la réduiront. » Mme DE GRIGNAN.

GRÉCIE, *s. f.* « Quand on voit la *grécie* de plusieurs Anglais, et la *gothie* de M. Walpole, on est tenté de croire que c'est le délire d'un mauvais rêve qui a conduit leur ouvrage. » LE PRINCE DE LIGNE.

GRÉCISER, *v.* affecter dans la conversation de se servir de mots et de locutions empruntés de la langue grecque.

« Mais est-il permis de dithyrambiser et *gréciser* tout ensemble? » H. EST. *Lang. franç. ital.* dial. II.

Ce mot a été employé aussi à la forme active par nos écrivains modernes, et a signifié donner à un nom propre ou à un mot quelconque, qui appartient à une langue étrangère, la terminaison grecque. « C'est pour ne point tomber dans cet inconvénient qu'ils avoient, s'il est permis d'user de ce terme, *grécisé* le mot *rex*, en lui donnant une terminaison grecque. » L'abbé DUBOS, *Hist. de l'établ. de la mon. franç.*

« Ils (les Romains) n'ont pas imaginé que le bœuf sauvage, décrit par Aristote, sous le nom de *bonasus*, pouvait être l'un ou l'autre de ces bœufs, dont ils venaient de latiniser et de *gréciser* les noms germains. » BUFFON, *Hist. nat.* art. *Buffle.* Extrait de l'*Archéol. franç.* par Ch. Pougens, Paris, 1821.

GRÉCITÉ, *s. f.* « Toute la *grécité*, pour. ainsi dire, se trouve fondue dans cet ouvrage (*le Voyage du jeune Anacharsis*), qui réunit à l'agrément du plan et aux charmes du style, l'érudition la plus profonde. » JULES BERGER DE XIVREY, *Recherches sur les sources antiques de la littérat. franç.* pag. 262, 1829.

GREFFE, *s. m.* du grec γράφειν (*graphéin*), écrire. H. Estienne dit assez plaisamment que les mots *greffe* et *greffier* des tribunaux viennent de ce que ceux qui exercent ces fonctions, les rendent aussi fructueuses pour eux que la *greffe* l'est pour les jardiniers.

Il faut user de diligence extrême
En pareil cas; car le *greffe* tient bon,
Quand une fois il est saisi des choses.
C'est proprement la caverne au lion;
Rien n'en revient : là les mains ne sont closes
Pour recevoir, mais pour prendre trop bien :
Fin celui-là qui n'y laisse du sien !
LA FONTAINE, *Orais. de Saint-Julien.*

C'était aux *greffiers* de ce temps,
Qu'il eût fallu cent mains, et non pas aux Titans.
CAILLY.

Greffe, ancien mot qui signifiait *poinçon* ou *poignard.* Au chap. IV du 5ᵉ vol. de Perceforest, il est dit que Jules César fut tué à coups de *greffes*, c'est-à-dire, à coups de poignards.

GREFFER, *v.* Dancourt en a fait un usage plaisant. « Tout le monde veut que des chenapans, que nous avons, dit-on, trouvés en chemin, nous ont, vous et moi, *greffés* sur quelque vieux chêne. » *Le Galant Jardinier*, sc. VI.

GRÉGEOIS (feu), *adj.* Nous disions autrefois *grégeois* pour *grec*, et ce feu a été ainsi nommé parce qu'il fut inventé par les Grecs.

Violent comme un feu *grégeois*,
Et malin comme un villageois.
SCARRON.

GRÉGORIEN (Calendrier), *adj.* Le pape Grégoire XIII ayant présidé à la réformation du calendrier Julien, donna son nom au calendrier *Grégorien*.

GRÈGUES, *s. f. pl.* haut de chausses, ainsi nommé, suivant Ménage, dont MM. de La Monnoye et Coste partagent l'opinion, du latin *græca* (grecque), comme qui dirait culotte à la grecque.

« Si nous étions nés avec conditions (avec le besoin) de cotillons et de *grègues*ques. » *Ess. de Montaigne.*

Ce mot n'est pas encore tout-à-fait hors d'usage, car il se trouve dans La Fontaine et dans Voltaire.

. . . Le galant aussitôt
Tire ses *grègues*, gagne au haut.
LA FONTAINE, liv. II, *fabl.* XV.

La voilà donc de *grègues* affublée.
Ayant sur soi ce nouveau couvre-chef.
Le même, *le Psautier*, conte.

Lorsque tu vis cette nymphe si belle
A tes côtés, et tes *grègues* sur elle.
VOLTAIRE.

GRÊLE, *adj.* (*gracilis*). « Les plus menus et *graisles* empeschemens sont les plus perçans.) MONT. liv. III, ch. 9.

GRÊLER, *v.* au figuré «L'éloquence a persuadé, quoique la persuasion n'ait pas produit le fruit que raisonnablement elle en attendait, et qu'il ait *grêlé* sur son labourage. » BALZAC, *de la grande Éloquence.*

Sa médisante humeur, grand obstacle aux faveurs,
Avait de ce galant souvent *grêlé* l'espoir.
LA FONTAINE, *la Fiancée du roi de Garbes.*

GRÊLÉ, ÉE, *part.*
On le disait autrefois des prédicateurs qui n'étaient pas suivis, c'est-à-dire, dit Richelet, du très-grand nombre.

LISIMON (*parlant de Lycandre qui est mal vêtu, et que le Glorieux veut faire passer pour son intendant*).

Il a l'air bien *grêlé*! Selon toute apparence,
Cet homme n'a pas fait fortune à l'intendance.
DESTOUCHES, *le Glorieux*, act. IV, sc. 7.

GRELOT, *s. m.* (*crotatum*). Trembler le *grelot*, grelotter de froid. *Contes d'Eutr.* tom. 1.

GRELUCHON, *s. m.* « Entre les femmes d'une conduite libre, qu'on appelle, dans ce siècle, maitresses entretenues, il entre dans l'idée de *greluchon*, d'être favorisé gratis, tandis qu'elles se font payer par un autre. » *Manuel lexique*, Paris, 1755.

Le *Dictionnaire de Trévoux* le définit par « freluquet, jeune étourdi, ou petit gueux, en prenant *greluchon* pour diminutif de *grelu* (qui aurait signifié gueux). »

Ou bien, serait-ce une corruption du nom propre *Guerlichou*, par corruption pour *grelichon*, comme ce saint est nommé par Pierre Viret, dans son *Traité de la vraie et de la fausse religion*, liv. VII, ch. 35.

« Saint *Guerlichou**, dit Henri Estienne, dans son *Apologie pour Hérodote*, tom. II, pag. 253, La Haye, 1735, qui est une abbaye de la ville du Bourg-de-Dieu, en tirant à Rommorantin, se vante d'engrosser autant de femmes qu'il en vient, pourvu que pendant le temps de leur neuvaine, ne faillent à s'estendre, par dévotion, sur la benoiste idole qui est gisante de plat, et non point debout, comme les autres. »

Si cette étymologie de saint *Guerlichou* n'est pas sûre, du moins est-elle plaisamment tirée.

Mon aimable moitié m'aimait très-tendrement,
Et me garda deux mois la foi fidèlement;
Ensuite me planta très-proprement des cornes.
Sitôt que je le sus, ma fureur fut sans bornes :
Je voulus la tuer, elle et son *greluchon*.
Poëme de Cartouche, ch. IV.

C'est d'ailleurs un terme bas et fort trivial.

GRENADE, s. f. (*granatum*). « Elle fut transportée d'une colère si violente, qu'il crut lui voir une *grenade* allumée dans chaque œil, quand elle les tourna sur lui. » HAMILTON, *Mém. de Gramont*.

GRENADIER, s. m. soldats d'élite qui forment la première compagnie d'un bataillon.

Les *grenadiers* furent créés, dans l'infanterie française, pour jeter des *grenades* parmi les ennemis au moment de l'action. Leur nom est dérivé de ce service primitif : aussi ont-ils des grenades aux retroussis

de leurs habits, et c'est ce qu'on appelle *porter la grenade*.

GRENIER, s. m. du latin *granarium* dérivé de *granum* (grain), lieu où l'on renferme le grain. « *Granarium ubi granum frumenti condebat*, dit Varron. On dit qu'une province, qu'un pays est le *grenier* d'un Etat, pour dire qu'il nourrit cet Etat par sa grande fertilité. Cicéron a dit de même *Capua* horreum *agri Campani* (Capoue le *grenier* de la Campanie).

On dit familièrement d'un mauvais sujet qu'il faut continuellement frapper, que *c'est un grenier à coups de poings*. Plaute a dit dans le même sens *flagri gymnasium* (grenier à coups de fouet).

Swift dit de l'esprit anglais, extrême en tout, que, lorsqu'il ne montait point au *grenier*, il descendait à la cave.

GRENOUILLE, s. f. (*ranula*). » Il y a un marais au pied du Parnasse, qui produit toutes les *grenouilles* poétiques dont nous sommes persécutés. » SARRAZIN.

GRENOUILLER, v. dérivé de *grenouille*; se débattre dans l'eau comme une grenouille. « Cependant Jacquin tombé à plomb *grenouilloit* au profond de l'eau, chargé de ses armes.... » EST. PASQUIER, liv. VII, c. 39.

Il paraît que ce verbe qui se dit encore pour ivrogner, boire avec excès, était nouveau en ce sens du temps de de Caillères, puisqu'il le souligne : « Je voudrois donc, continua le commandeur, qu'ils apprissent . . . . . . à connoître combien il est indécent à des gens de qualité d'aller, comme on dit, *grenouiller* dans des cabarets. » *Des Mots à la mode*, p. 189, Paris, 1692.

GRÈS, s. m. qu'on a aussi écrit *grais* et *cray*, vient, selon de Brieux, du vieux mot celtique ou breton *craig* qui signifie *pierre* ou *roche*.

Le même auteur s'exprime ainsi sur cette locution populaire et métaphorique, *casser du grais* : « c'est-à-dire, déguiser les choses, donner lustre à ses mensonges, pour tâcher de tromper quelqu'un. Peut-estre

---

* De *gracilis* on a appelé *grelots* cette espèce de sonnettes de forme ronde, qu'on attache au cou des mulets; et c'est de là que vient le nom de ce bon saint. LE DUCHAT, note au bas de la page.

cette métaphore est-elle prise de ce qu'on lustre et qu'on donne le poli aux tableaux avec le *grais* cassé menu et passé par un sas et empasté avec l'eau. » *Origines de quelques coutumes et façons de parler*, p. 175, Caen, 1672.

GRÉSILLER, *v.* pétiller, griller d'impatience. « Je grésille d'être marié. » *Panurge* dans Rabelais, liv. III, ch. 7. Métaphore prise du bruit et des bonds que fait le grésil en donnant contre les vitres et en tombant sur le pavé. LE DUCHAT.

GRÈVES, *s. f. pl.* s'est dit d'une espèce de bottes et d'armures de jambe des anciens chevaliers. « Item trois paires de *grèves* d'acier, etc. » Tiré d'un inventaire de Philippe-le-Long en 1316. Monstrelet l'emploie souvent dans le sens de bottes.

GREVER, *v.* du latin *gravare* (charger, peser sur).

De tumbel (tombeau), rien, je n'en ay cure,
Car il greveroit le plancher.
VILLON, *le Grand Testament*, pag. 97, édit. de 1533.

Grever, charger, imposer, faire sentir un poids, un fardeau, c'est la vraie signification de ce mot. Il se prend aujourd'hui dans une acception éloignée, pour apporter du dommage ; cependant, en terme de palais, il signifie encore imposer une charge, et se rapproche de sa première signification. *Aggraver*, son composé, s'en rapproche encore davantage. Nos pères en faisaient un fréquent usage dans le sens de tourmenter, inquiéter, chagriner.

Or est aaise (à son aise) et aséur (en sûreté)
Se ne fust la faim qui le grieve.
Le Roman du Renard, publié par M. Méon, vers 5543.

On cabale, on suscite
Accusateurs et gens grevés par ses arrêts.
LA FONTAINE.

GRIECHE, *adj.* que l'on a écrit *griesche*. Il ne se dit qu'avec les mots *pie* et *ortie*.

Les auteurs ne sont pas d'accord sur l'étymologie de cet adjectif.

« La plupart des femmes sont des paons dans les promenades ; quelques unes sont des pies-*grièches* dans leur domestique et des colombes dans le tête-à-tête. » FONTENELLE.

GRIEF, ÈVE, *adj.* du latin *gravis* (lourd, pesant). C'est effectivement dans ce sens que nos anciens écrivains ont pris ce mot, qui ne signifie aujourd'hui que *fort*, *grand*, *grave*. On trouve dans Nicot, au mot *Ahan* : « Ceux qui lèvent quelque *grief* (lourd) et pesant fardeau. »

« Chilpéric, pour fournir à sa despence, commanda de lever de nouvelles et *griefves* impositions. » CL. FAUCHET, *Antiq. franç.* Paris, 1599.

GRIÈVEMENT, *adv.* GRIÈVETÉ, *s. f.*

« On dit un *grief*, des *griefs*, être *grièvement* malade ; mais on ne dit point la *grièveté* du mal. On disoit autrefois la *grièveté* du péché, la *grièveté* d'un crime ; et quelques casuistes antiquaires parlent encore de la sorte ; mais, dans le beau style, ce mot est tout-à-fait hors d'usage, On dit : la grandeur du péché, l'*énormité*, l'*atrocité* d'un crime. » MÉNAGE, *Observations sur la lang. franç.* 11e partie, ch. 66.

Grièvement, *grièveté*, dit l'abbé Féraud, ne sont pas anciens dans la langue. Au commencement du siècle (du 18e), La Touche remarquait qu'ils n'étaient pas généralement reçus, quoique de bons auteurs s'en fussent servis. Il avouait pourtant que l'Académie les approuvait. Ils sont aujourd'hui très-bien établis.

GRIFFADE, *s. f.* proprement coup de *griffe*, blessure que les oiseaux onglés font avec leurs griffes.

Il y a des journalistes dont on peut dire ce que Mercier disait injustement de tous : « Ce sont des chats qui se battent tous les matins, et qui se donnent des *griffades*. »

GRIFFE, *s. f.* du grec γρυψ (*grups*), griffon, espèce de vautour. « Les Latins, dit M. Morin (*Dictionnaire des mots français dérivés du grec*), ont formé *gryps* et *griphus*, par lequel ils désignaient un animal fabuleux, moitié aigle, moitié lion, que nous appelons aussi *griffon*. Il est probable, ajoute-t-il, que c'est du même mot grec qu'est dérivé l'allemand *greifen*, qui veut dire *saisir*, *accrocher*, d'où est venu le mot *griffe*, ongle crochu de certains animaux ou des oiseaux de proie, et *griffonner*, écrire mal, comme si l'on écrivait avec les *griffes* d'un oiseau. » Mais les mots *grups* en grec, *gryphus* en latin, *greif* ou *greff* en allemand, qui signifie *griffon*, d'où le verbe *greifen* paraît dérivé, ne sont-ils pas des onomatopées ? « De *griffe*, dit M. Ch. Nodier, qui est pris de l'éraillement d'un corps plus ou moins solide, et particulièrement d'une étoffe sous les ongles pointus et recourbés d'un animal, on a composé :

Griffer, saisir quelque chose avec les *griffes*.

Griffer, déchirer d'un coup de *griffe*.

Griffade, blessure que les oiseaux onglés font avec leurs serres.

Griffon, oiseau de proie fabuleux.

Griffonner, écrire mal, dessiner grossièrement.

Griffonnage, écriture incorrecte et illisible. » *Dictionn. des Onomatopées françaises*.

Dans le style familier, *griffe* se prend au figuré et en mauvaise part.

« Socrate s'est veu vingt et sept ans de pareil visage, porter la faim, la pauvreté, l'indocilité de ses enfans et les *griffes* de sa femme. » MONT. L. III, ch. 13.

Régnier, *Sat.* VI, appelle les gens d'affaires, dont Sully réprima les concussions,

Ces avares oiseaux, dont les *griffes* gourmandes,
Du bon roy des François ravissoient les viandes.

« L'honneur des prudes est armé de *griffes* et de dents. » MOLIÈRE.

« Vos louanges ont des ongles et des *griffes*. » G. BOILEAU, *Avis à Ménage*.

« Je sens le plaisir de vous *griffonner* quelques lignes, que vous ne pourrez peut-être pas lire. » Mme DE COULANGES.

Un papier *griffonné* d'une telle façon,
Qu'il faudroit, pour le lire, être pis qu'un démon.
MOLIÈRE.

GRIFFONNER, *v.*

. . . . . Et ma plume inégale
Va *griffonnant* de son bec affilé,
Ce qu'il inspire à mon cerveau brûlé.
VOLTAIRE.

Boileau a exprimé plaisamment le contrat de mariage.

Et déjà le notaire a, d'un style énergique,
Griffonné de ton joug l'instrument authentique.

GRIFFONNIE, *s. f.* mauvaise écriture, mot de conversation. Nos jolies femmes ont été long-temps atteintes de *griffonnie* ; c'était un privilége que les évêques leur disputaient.

GRIFFONNIER, *s. m.* mauvais écrivain. C'est un néologisme dont nous sommes redevables à Voltaire.

GRILLER, *v.* brûler d'impatience.

L'autre *grille* déjà d'en conter la nouvelle.
LA FONTAINE.

GRIMACE, *s. f.* allem. *grimen* (mine réfrognée).

Le P. Labbe donne à ce mot cette autre étymologie : « *Grimace*, c'est-à-dire *petite grime*, et j'estime que faire la *grime* ou la moue à quelqu'un, est venu, par un abrégé assez joli, de faire la grise mine, et *grimacer* de *griseminacer*. » *Etymologie des mots françois*, Paris, 1661.

« Pline même se mocque de cette *grimace* rébarbative et prudente, de leur port et contenance. » MONTAIGNE, liv. II, ch. 37, en parlant des médecins.

Un écrivain, comparant les fables de La Mothe avec celles de La Fontaine, a dit : « La Mothe vouloit rire comme La Fontaine, mais n'ayant pas la bouche faite comme lui, il faisoit la *grimace*. »

GRIMACER, *v.* faire des *grimaces*.

Molière de son art eût remporté le prix,
Si, moins ami du peuple, en ses doctes peintures,
Il n'eût pas fait souvent *grimacer* ses figures
BOILEAU.

Régnier et Buffon lui ont donné un régime direct :

Qui par les carrefours vont leurs vers *grimassant*.
Satire II.

« L'illusion se dissipe, le prestige s'évanouit, et l'on voit à nu toutes les difformités du vice *grimaçant* la vertu. » *Morceaux choisis* de Buffon, page 327, Paris, 1812.

Scarron l'a fait substantif :

Ensuite marchaient des dévotes.
Qui tiennent que le grimacer
Peut tous les péchés effacer.

Ce substantif ne se trouve que dans ce poète, mais il est si bien placé, qu'on oublie qu'il a été inventé pour la rime.

GRIMACERIE, s. f. action de faire des *grimaces*. Ce mot, recueilli dans le *Dictionnaire de Trévoux*, édit. de 1743, et par quelques lexicographes, ne se trouve pas dans le *Dictionnaire de l'Académie* : il est vrai qu'il n'est guère usité. La Fontaine, à qui nous le devons peut-être, l'a employé comme synonyme de *grimace*.

Il fit autour force *grimaceries*,
Tours de souplesse et mille singeries.
Liv. VI, *fable* 6.

GRIMAUD s. m. « Qui ne rirait en voyant Ménage citer à cet article le mot italien *grimaldello*, instrument chéri des voleurs, sous le nom de rossignol, lequel mot, dit-il, est dérivé de *rimari*. L'opinion la moins déraisonnable est que *grimaud* vient de l'italien *grimo* (ridé), d'où nous avons formé *grimace* et *grime*. Bochart appelle à son secours le mot arabe *kermas*, qui signifie aussi se rider. » *Gloss.* de Rabelais, édition Desoër, 1820. L'Académie le définit seulement par *écolier des basses classes*. Cependant il s'est pris, par extension, dans le sens d'ignorant, de mauvais littérateur, de pédant. Boileau a dit :

Mais bien que ses vers durs, d'épithètes enflés,
Soient des moindres *grimauds* chez Ménage siflés.
Satire IV.

Quoiqu'un tas de *grimauds* vante notre éloquence,
Le plus sûr est pour nous de garder le silence,
Satire IX.

TRISSOTIN (à *Vadius*).

Allez, petit *grimaud*, barbouilleur de papier.
MOLIÈRE, *les Femmes savantes*, act. III, sc. 5.

GRIMAUDERIE, s. f. Il est comme *grimauder*, dérivé de *grimaud*.

« Un homme de labeur assez aysé, avoit mené deux siens fils à Poitiers pour estudier en *grimaulderie*. » DES-PÉRIERS, n. 73.

GRIMOIRE, s. m. de l'italien *rimario*, par l'addition du *g* paragogique, comme dans grenouille venu du latin *ranuncula*. De l'italien *rimario*, qui signifie un livre de rimes, nous avons donc fait *grimoire*, mais en prenant, selon l'opinion de M. Le Duchat, ce mot italien dans la signification d'un recueil de versets de la Bible, servant à exorciser les démons. On regarde le *Grimoire* comme le bréviaire des prétendus sorciers et des enchanteurs. « Ce qu'il y a d'assez singulier, c'est que le pape Honorius III, qui vivait au commencement du 13e siècle, ait fulminé une bulle d'excommunication contre les sorciers et les enchanteurs, et qu'il ait fait imprimer un livre d'enchantemens et de sortiléges, sous le titre de *Grimoire*. » *Mélanges tirés d'une grande bibliothèque*.

Il n'est besoin d'aucun *grimoire*,
Pour être au fait de l'avenir ;
Il suffit de nous souvenir
Chacun de notre propre histoire.

Voltaire, dans le style plaisant, a employé ce mot dans le sens de liste, registre, kirielle :

Tout pénitent qui veut, en ce saint jour,
De ses péchés détaillant le *grimoire*,
Se dérober au gentil purgatoire, etc.

GRIMPANT, E, adj. (repere). La Fontaine appelle la chèvre un animal *grimpant*.

Le peuple appelle par ironie les domestiques *des chevaliers grimpans*, parce qu'ils montent ou grimpent derrière les carrosses.

GRINGALET, s. m. Ce mot se trouve dans Perceval.

Il se prend aujourd'hui pour un homme sans aveu, sans consistance, sans considération.

GRINGOTTER, v. du latin *fringultire* (fredonner).

« Gringoter une chanson. » BOU-CHET, *Sér.* IV.

« J'entendis un de ces meneurs qui *gringotait* un joli couplet de chanson. » *France mourante*.

« Voix artificielles et de guet-à-pens *gringottées*. » *Contes d'Eutr.* tome I.

Notre vicaire un jour de fête,
Chantoit un *agnus gringotté*,
Tant qu'il pouvoit, à pleine tête,
Pensant d'Annette être écouté.
M. DE SAINT-GELAIS.

GRIOT (*pain de*), s. m. On dit par abus *pain de gruau*, ainsi que l'a démontré un judicieux critique dont nous allons rapporter les propres paroles :

« *Gruau*, dit M. Ch. Nodier (*Examen critique des Dictionnaires de la langue française*, page 198), signifie de l'orge ou de l'avoine mondés, et *griot* signifie une *issue de blé* qui, suivant toutes les définitions que j'ai pu recueillir, contient la partie la plus nourricière et la plus *féculeuse* du grain. Fait-on du pain d'orge mondé ou d'avoine mondée, c'est-à-dire dont la base s'appelle *gruau* ? Non.

» Peut-on faire du pain d'une farine dont l'issue s'appelle *griot* ? Oui, et c'est même de cette farine qu'on fait le pain dit de *gruau*. La difficulté me paraît décidée. *Gruau* et *griot* étant français dans deux acceptions, je n'hésiterais pas à appeler pain de *griot* notre prétendu pain de *gruau*, quand ce ne serait que pour éviter une ambiguïté de sens qui trompe l'esprit. Les grammairiens qui ont prêté, sans le savoir, leur autorité à l'opinion contraire, l'ont si bien senti, qu'ils disent toujours *gruau* de froment. Cependant il y a déception dans le terme, puisqu'on ne monde pas le froment.

» On peut nous opposer deux argumens assez spécieux :

» 1°. *Griot* n'a jamais signifié autre chose que *issues de blé*, *fleurage*, *remoulage*, *recoupures*, en un mot, *grossière farine de son*; *pain de griot* signifierait donc *pain de son*.

» Mais *bran* en anglais signifie *son*; *brandy*, *eau-de-vie*; *brandevin* signifierait donc le *son du vin*, comme *griot*, *le pain du son*, et ce rapprochement équivaut à une démonstration, car le *brandevin* est exactement au vin ce que le *pain de griot* est au pain commun, c'est-à-dire l'extrait le plus pur que l'on serve sur la table du riche. Ces deux mots nous ayant été donnés en même temps, par le même peuple, leur parenté ne peut être révoquée en doute.

» 2°. Le mot *griot* est nouveau dans les dictionnaires, et les anciens lexicographes n'en parlent point.

» Mais le pain de *gruau* est-il d'un usage ancien dans les boulangeries ? Il est nouveau comme le mot *griot*.

» Et comment un mot nouveau s'introduit-il dans les dictionnaires ?

» Parce qu'il est consacré par un nouvel usage.

» Et comment un mot s'accrédite-t-il dans l'usage ?

» Par la nécessité d'exprimer une nouvelle idée ou un nouveau produit.

» Or, voici deux choses qui sont exactement contemporaines, savoir : un produit et un mot. S'il y a analogie évidente entre le produit et le mot, il est incontestable que le mot a été fait ou employé pour le produit. Donc il faut dire *pain de griot*. »

GRIPPER, v. de l'allemand *grifen* (prendre avec les griffes ; au figuré, prendre, saisir).

Chatte alerte et subtile à *gripper* les souris.
Esope, comédie, acte 1, sc. 6.

D'où le composé *grippe-sou*; *grippe-fromage*, se lit dans La Fontaine, liv. VIII, *fable* 22.

Grippeminaud, nom propre employé par Rabelais, sur lequel mot M. Le Duchat fait la remarque suivante : « *Grippeminaud*, minon à robe d'ermine, et duquel les *griffes* sont plus fortes que celles des simples chats-fourrez. » LE DUCHAT, *sur Rabelais*.

GRIPPÉ, ÉE. Son participe s'est longtemps conservé dans diverses acceptions, particulièrement dans celle d'entêté, d'entiché :

« Mme la marquise, notre maîtresse, est aussi un peu *grippée* de philosophie. » LE SAGE, *Gil-Blas*, t. II, page 44, édit. de 1826.

Dans celle de fâché :

« Tout ce qu'il a écrit l'a tellement *grippé*, que... » Mme DE SÉVIGNÉ.

. . . . . Quel diable de travers !
Votre esprit est *grippé* contre tout l'univers.
BARTHE.

Comme *grippe* s'est dit long-temps d'une espèce de rhume : « Je suis fort fâché d'apprendre que la *grippe* vous ait si fort abattu »; écrivait Frédéric-le-Grand à Voltaire, sous la date du 6 avril 1743.

M. Sallentin de l'Oise en a fait le participe *grippé* en ce sens :

Est-on *grippé* ? C'est conséquent.
On tousse, on souffre en conséquence,
Vient un docteur très-conséquent,
Lequel vous traite en conséquence, etc.

Avis sur la mauvaise acception du mot *conséquent*, à certains électeurs qui nomment certains députés qui devraient apprendre leur langue avant de paraître à la tribune de la Chambre élective.

GRIS, E, *adj.* (allemand *grijs*), nom d'une couleur.

GRIS, à demi-ivre, peut-être par allusion à *grive*; ou bien parce qu'on est entre deux vins, et que le *gris* tient de deux couleurs, du blanc et du noir. *Ducatiana*.

GRIS-BRUN, *adj.* d'un gris qui tire sur le brun, sur le foncé, presque noir.

« Si les pensées n'y sont pas tout-à-fait noires, elles y sont tout au moins *gris-brun*. » Mme DE SÉVIGNÉ.

« Quand on se couche, on a des pensées qui ne sont que *gris-brun*, comme dit M. de La Rochefoucauld, et la nuit, elles deviennent toutes noires. » *La même.*

« Tu verras les maris sourire avec un visage *gris-brun*, et les femmes n'oseront seulement se défendre. » D'ALLAINVAL, *l'École des Bourgeois*, act. III, sc. 12.

GRISETTE, *s. f.* Ce mot a d'abord signifié une étoffe *grise* et de peu de valeur, et ensuite des robes faites de cette étoffe.

« Son pourpoint estoit une casaque de *grisette*, ceinte avec une courroie. » SCARRON, *le Roman Comique*, première partie, chap. 1.

« Voyez cette coquette illustre : pendant qu'elle s'appeloit Toinette, à peine ses charmes naissans lui produisoient-ils de quoi se vêtir d'une simple *grisette*, et à présent qu'on l'appelle Mme la marquise de la Noble Aventure, la rue des Bourdonnais ne fournit point d'étoffe assez riche pour elle. » *Pasquin et Marforio*, act. III, sc. 3, *Théâtre italien* de Ghérardi. (Cette comédie fut mise sur la scène en 1697).

« Le futur entend que la future soit toujours habillée modestement et de la même façon, c'est-à-dire d'un bon cadis pour les jours ouvriers, et d'une *grisette* honnête les dimanches et les jours de fête. » *Ibidem*, *le Bel-Esprit*, act. I, sc. 6 (représenté en 1694.)

MACINE.

« J'ai ouï dire à une madame de Paris, qu'une procureuse de ses amies avoit un habit de velours, dont elle retiroit cinq cents bonnes livres de rente, bon an mal an.

ARLEQUIN.

» Et j'ai connu, moi, une femme qui faisoit valoir de simples *grisettes* à un denier bien plus haut. » *Arlequin misantrope*, act. III, sc. 7.

Comme on avait dit une *grisette* pour une robe faite de l'étoffe appelée de ce nom, on a appelé *grisettes* les jeunes filles que leur condition et leur peu de fortune condamnaient à porter cette étoffe.

« On appelle *grisettes*, dit M. Mercier dans son *Tableau de Paris*, t. II, ch. 22, les filles qui peuplent les boutiques de marchandes de modes, de lingères, de couturières. »

Comme il devait arriver à plusieurs de ces jeunes filles de succomber aux séductions dont les environnaient les gens que l'on appelait comme il faut, il entrait dans le langage de ces derniers d'appeler *grisettes* non seulement les jeunes personnes d'une condition médiocre, mais aussi celles dont la vertu était suspecte.

. . . . . Laissons la qualité,
Sous les cotillons des *grisettes*
Peut loger autant de beauté,
Que sous les jupes des coquettes.
LA FONTAINE, *Joconde*.

Faites bien vos marchés, *grisettes*,
Avant qu'aimer les grands seigneurs.
Divertissement à la suite des Vendanges de Surène, comédie de Dancourt.

GRISON, s. m. dérivé de *gris*. Ce mot, peu usité aujourd'hui, était fréquemment employé autrefois pour désigner un valet à qui l'on faisait quitter la livrée et qu'on revêtissait d'habillement *gris* ou du moins d'une couleur brune et qui ne pouvait être reconnue, pour l'employer à quelque message secret, à quelque intrigue amoureuse. Il était synonyme d'*entremetteur*, ou, si l'on veut, d'un autre mot.

LAURETTE (*au marquis qui vient de s'affubler d'un manteau gris*).

Pourquoi s'envelopper de ce grand *manteau gris*?

LE MARQUIS.

Ah! si de ce manteau tu savais tout le prix....

LAURETTE.

Quel prix?

LE MARQUIS.

C'est, quoique simple et d'étoffe commune,
Un manteau de mystère et de bonne fortune;
Manteau pour un galant utile en cent façons;
Manteau propre surtout à donner des soupçons;
Et c'est assez qu'Acanthe en cet état me voie,
Pour lui persuader tout ce qu'on veut qu'il croie.
QUINAULT, *la Mère coquette*, act. IV, sc. 3.

« Il fit partir un de ses *grisons*. » A. HAMILTON, *Mémoires de Gramont*, chap. IV.

« Bientôt *grisons* furent en campagne, lettres et présens trottèrent. » *Ibidem*, chap. VI.

« Le *grison* d'Araminte est dans un cabaret, qui attend que vous soyez éveillé. » BARON; *l'Homme à bonne fortune*, act. I, sc. 6.

« Tenez, voilà une lettre et une montre qu'elle (Cidalise) vous envoie; son *grison* va venir pour prendre la réponse. » *Ibidem*.

GRIVELÉE, s. f. petit profit illicite et secret. Elle est personnifiée dans une satire du temps de Louis XIII, où la France mourante représente ses médecins qui s'amusent à attirer une belle dame de ce temps, nommée *Grivelée*, autour de laquelle ils bubailloient tous comme vieux mulets. *Pièces contre le connét. de Luynes*, page 519.

GRIVELER, v. faire de petits profits illicites dans un emploi. *Cribellare*, ou bien de *griper*, on aura fait *gripeler*, puis *griveler*.

GRIVELERIE, s. f. action de *griveler*, paraît être le seul de cette famille qui ait survécu.

GRIVOIS, OISE, adj. Ce mot, qui n'était point du goût de M. de Caillères, se prend aussi substantivement, au masculin, pour désigner un soldat éveillé, un bon compagnon, un ami de la joie. Dans ce sens, il était encore nouveau du temps de Boursault. Voyez *les Mots à la mode*, sc. XI.

Quand ils ont à leur tête un joli général,
Il n'est pour le *grivois* point de plaisir égal.

Le féminin se prend substantivement, et signifie une femme libre et hardie, qui vit avec les *grivois*, avec les soldats.

Et la *grivoise* est avec eux.
Vivent les gueux.

GROBIS, adj. et subst. (*gravis*) faire du *grobis*, prendre un air de gravité affectée, faire l'important, le gros. « Et en faisant du *grobis*, leur donnoit sa bénédiction. » RABELAIS, liv. II, ch. 20.

Faites-vous ici du *grobis*?
Vous viendrez par devers nobis.

GROGNER, v. (*grunnire*) a donné *grognard*, *grogneur* et *grognon*, qui a les deux genres, mais qui s'emploie plus souvent au féminin. « Cette voisine, bonne femme, au demeurant, était bien la vieille la plus *grognon* que j'aie connue de ma vie. » J. J. R.

Grognard est plus fort que *grogneur*, parce qu'il désigne une habitude, comme les termes qui ont cette désinence.

GROGNONERIE, s. f. dérivé de *grognon*.

« Dieu vous fasse la grâce de n'avoir jamais d'autre chagrin que les *grognoneries* de l'avarice de votre père. » *Lettres* de Mme de Graffigny.

GROIN, s. m. le museau du cochon.

Quel animal immonde allonge son *groin*,
Ah! c'en est trop, recule et va grogner plus loin.
PIIS, *Harmonie imitative*.

L'Académie écrit *groin*, des auteurs écrivent *grouin*. Ce qu'il y a de certain, c'est qu'autrefois on disait *grouiner*, d'après le latin *grunnire*, et ce mot, dit Mercier, après Voltaire, exprimait très-bien le cri du porc.

On disait autrefois être en *groin* avec quelqu'un, le bouder, le quereller. « Car Xantippe estoit tousiours en *groin* avec luy. » *Contes* de Cholières, tome I.

« Elle ne luy en doibt point getter les *groings*, ne faire aucun semblant qu'elle en soit courroucée. » *Arresta Amorum*, arr. XII.

GROMMELER, *v.* (bas-breton *gromellaat*, allemand *grumelen*, et flamand *gromelen*). On a dit dans le même sens *grumeler*.

> Je me dis mère sainte église,
> Je veux bien qu'un chacun le note,
> Je mauldis, anathématise;
> Mais sous l'habit pour ma devise
> Porte l'habit de mère sote,
> Bien scay qu'on dit que je radote,
> Et que suis folle en ma vieillesse;
> Mais *grumeler* vueil à ma porte
> Mon fils le prince en telle sorte
> Qu'il diminue sa foiblesse.
>
> *Farce de Gringore.*

Et *rommeler* :

« Ceux que nous oyons (entendons) *rommeller* et rendre parfois des soupirs trenchans. » *Essais de Montaigne*, tome III, page 367, Paris, 1789.

Il y a, comme le remarque Coste, *rommeler* dans les plus anciennes éditions, au lieu de *grommeler* qu'on a mis dans les plus nouvelles; et *rommeler* se trouve dans le *Dictionnaire français et anglais* de Cotgrave.

« Je vais prendre du thé et lire *Facardin*, pour me distraire de ma triste humeur et de ma colique qui *grommelle* encore. » *Lettres* de Mme de Graffigny.

GRONDABLE, *adj.* On rencontre ce mot dans une *Lettre* de Mme de Montmorenci, tome V des *Lettres* de Bussy.

« Je suis ravie que vous me grondiez, quoique je ne sois point *grondable*. »

GRONDER, *v.* C'est une onomatopée. Il en est dérivé *gronderie* et *grondement*, dont l'un, du style familier, signifie l'action de réprimander avec humeur; et l'autre, du style soutenu, désigne un bruit sourd et lointain, *le grondement du tonnerre*.

On trouve aussi dans nos anciens auteurs *grondelement* qui exprime un murmure moins sourd que *grondement*.

> Le fleuve court si joliment,
> Et meine tel *grondelement*,
> Qu'il résonne, taboure et tymbre
> Plus souëf que tabour ne tymbre.
>
> JEAN DE MEUNG, *Rom. de la Rose.*

« Les serviteurs fidèles *grondent* souvent, disait le maréchal de Villars, et les courtisans approuvent toujours. »

« Souvenez-vous bien de venir avec cet air qu'on nomme le bel air, peignant votre perruque, et *grondant* une petite chanson entre vos dents. » MOLIÈRE, *l'Impromptu de Versailles*, sc. 3.

On n'écrirait point aujourd'hui *gronder une chanson*. Ce verbe, lorsqu'il est actif, a un autre sens, et ne se dit point des choses,

GRONDEUR, EUSE, *adj.* « Les femmes sont coquettes quand elles sont belles, et *grondeuses* quand elles sont sages. » M. SCUDERY.

Tout le monde connaît la jolie comédie du *Grondeur*.

GROS, OSSE, *adj.* de *grossus*, dans la basse latinité, qui a la même signification, et vient de *crassus* (gros, épais).

De Caillères nous apprend que de son temps le mot *gros* s'était glissé dans le langage des courtisans et y avait pris la place du mot *grand*, qu'ainsi on disait *un gros seigneur, un gros crédit, une grosse qualité, un gros honneur, un gros mérite, un gros esprit, une grosse vertu*, etc.

C'est pourquoi il fait dire à son sage commandeur : « D'où vient que ce qu'un usage universel a toujours fait appeler *grand* s'est métamorphosé en *gros*, et qu'on se sert de ce terme avec si peu de raison? Que veut dire *un gros seigneur*, sinon un seigneur qui est gros, c'est-à-dire de grosse taille? Faut-il, pour parler à la mode, que nous disions *le gros Turc*, *le gros visir*, *le gros maître de Malte*, *le gros maître de la maison du roi*, et ainsi des autres dignités auxquelles on a attaché le terme de *grand*? Quand quelqu'un se rendra illustre par ses belles actions, faudra-t-il l'appeler *un gros homme*, au lieu d'*un grand homme*; et Alexandre qui est en possession du titre *grand* depuis tant de siècles, deviendra-t-il *le gros Alexandre*? » DE CAILLÈRES, *les Mots à la mode*, page 20, Paris, 1692.

Ménage remarque (*Dict. étymol.*, au mot *Surtout*), que cette façon de parler que M. de Caillères regardoit comme nouvelle, est très-ancienne dans notre langue. Guillaume du Bellay, dans une de ses lettres au connétable de Montmorency, s'exprime ainsi : « Encore qu'il m'ait dit des paroles que le *plus gros seigneur* de la chrétienté ne voudroit dire à homme. »

Boursault, dans sa jolie comédie des *Mots à la mode*, plaisante agréablement ceux qui faisaient un usage si ridicule de ce mot :

Mme JOSSE.

Je vous veux un *gros* mal d'une si *grosse* absence.
Depuis quinze *gros* jours ne m'avoir point écrit!
Vous qui passez partout pour un si *gros* esprit.
A peine un *gros* seigneur, que son rang autorise,
Se seroit-il permis cette *grosse* sottise.

M. BRICE.

Quoi! ma sœur, votre erreur dure jusqu'à présent?
Laissez mourir en paix un mot agonisant.
Hors chez quelques laquais qu'il est en étalage,
En aucun lieu du monde il n'est plus en usage.
Laissez encore un coup, mourir le mot en paix.
Me trouver l'esprit *gros*, c'est le trouver épais.
A moins qu'un *gros* seigneur n'ait la taille fort
[*grosse*,
Est-il expression plus bizarre et plus fausse?
Qui diable a jamais dit depuis quinze *gros* jours?
Scène VI.

Quelque temps avant la publication des *Mots à la mode*, il avait déjà couru, sur l'acception abusive de ce terme, un couplet que nous aimons à rapporter :

Une *grosse* beauté dérange la cervelle,
  Et fait pousser de *gros* soupirs;
La *grosse* qualité peut flatter nos désirs,
On se donne des airs et l'on s'entête d'elle;
Mais avec un *gros* bien l'on a ce qui s'appelle,
  Un *gros* bonheur, de *gros* plaisirs.

Comme on se moquait un jour de cette affectation d'employer le mot *gros* à la place du mot *grand*, en présence de Louis XIV, qui la condamnait comme les autres, Despréaux, qui était présent, observa que *gros* et *grand* n'étaient pas la même chose, et que, par exemple, il y avait bien de la différence entre Louis *le Gros* et Louis *le Grand*.

De l'abus de ce mot, il nous est encore resté ces expressions : un *gros rhume*, une *grosse fièvre*, un *gros marchand*, un *gros fermier*, un *gros bénéficier*, une *grosse somme*, jouer *gros jeu*.

A l'attrayante sœur *d'un gros bénéficier*.
Un amant huguenot pourra se marier.
VOLTAIRE, *Epître* XCVII.

Le cœur *gros* de soupirs qu'il n'a point écoutés.
RACINE, *Phèdre*, act. III, sc. 3.

« *Avoir le cœur gros de soupirs* est une expression familière, mais le second hémistiche *qu'il n'a point écoutés*, relève le premier. C'est un des grands secrets du style, et un art particulier de Racine de donner de la dignité aux expressions les plus communes, et de mêler le naturel avec la noblesse. » GEOFFROY, *Œuvres de Racine*, au lieu cité.

Quand ce colosse altier, apportant le trépas,
Entrait *gros* de malheurs, d'armes et de soldats.
DELILLE, traduct. de l'*Enéide*, liv. VI.

GROSSIR, *v.* rendre *gros*.

De leur dépouille enfin *grossissez* vos trésors.
RACINE, *Esther*, act. II, sc. 1.

« Si j'eusse eu des fils, dit Montaigne, liv. II, c. 8, j'eusse aymé à leur *grossir* le cœur d'ingénuité et de franchise. »

« Ils (les gens en place) enflent et *grossissent* leur ame et leurs discours naturels, selon la haulteur de leur siège magistral. » *Le même*, liv. III, c. 10.

« Notre imagination nous *grossit* tellement le temps, à force d'y faire des réflexions continuelles, et nous *moindrit* tellement l'éternité, manque d'y faire attention, que nous faisons de l'éternité un néant, et d'un néant une éternité. » PASCAL.

Cette belle pensée, dit M. Racine

le fils, n'a pu faire vivre ces deux verbes dans ce sens.

GROSSISSANT, E, adj. « Guillaume chargea la nation d'une dette toujours *grossissante*. » TARGE.

L'abbé Féraud, qui signale ce participe comme un néologisme, fait des vœux pour que l'usage l'adopte, et nous sommes de son avis.

GROTESQUE, adj. et s. dérivé de *grotte*, en italien *grotta*, fait sur le latin *crypta* (grotte), venu lui-même du grec κρύπτειν (*kruptéin*), cacher. Les Italiens ont dit aussi *grottesche*, d'où vient directement notre adjectif *grotesque*, pour désigner d'abord les peintures trouvées à Rome dans des grottes souterraines. Philander *sur Vitruve*, liv. VII, c. 5, s'exprime ainsi : *Picturæ genus, Italis dictas grottescas credo, quòd in terrâ, obrutis veterum ædificiorum fornicibus, quas grottas, quasi cryptas, vocant, primùm invenerint.*

Le Morto, peintre célèbre, natif de Feltri en Italie, fut le premier qui peignit des *grotesques* à l'imitation de ces peintures trouvées dans les grottes anciennes.

Ces ornemens de pur caprice, composés de figures variées d'animaux, de feuillages, de fleurs, de fruits, etc. ont donc été ainsi nommés, parce qu'ils sont une imitation de certaines peintures anciennes, découvertes dans des grottes souterraines.

Nous avons dit ensuite, suivant l'opinion de Ménage, *grotesque* figurément, pour quelque chose de ridicule et d'extravagant dans le discours et dans les personnes.

Montaigne écrit ce mot avec un *c*, au lieu d'un *g* : « Il le remplit de *crotesques* qui sont peintures fantasques, n'ayant grâce qu'en la variété et estrangeté. » *Essais*, tom. II, pag. 144, 1789.

Dacier appelait les opéras les *grotesques* de la poésie.

Et Raphaël peignit, sans déroger,
Plus d'une fois maint *grotesque* léger.
J. B. ROUSSEAU.

Folâtrant quelquefois sous un habit *grotesque*,
Une muse descend au faux goût du burlesque.
VOLTAIRE.

GROUINER, *v.* ancien mot qui exprimait très-bien le cri d'un porc. VOLTAIRE. *Voyez* GROIN.

GRUAU (*pain de*). *Voyez* GRIOT.

GRUE, s. f. du latin *grue*, abl. de *grus*, qui a la même signification. « Cet oiseau, dont le nom est formé d'après son cri, est, dit M. Ch. Nodier, le *ghéranos* des Grecs et le *grus* des Latins. Les Italiens l'appellent *gru* et *grua*; les Espagnols *grulla* et *gruz*; les Allemands *krane* et *kranich*; les Anglais *crane*; les Anglo-Saxons *crane* ou *croene*; les Suisses *krie*; les Suédois *trana*; les Danois *trane*; les Illyriens *gerzab*; en gallois, c'est *garan*, et en celtique, *gru*. Bochart pense que c'est l'*agur* de Jérémie; et la ressemblance de ce nom avec presque tous les noms de la *grue*, semble confirmer cette idée, quoiqu'il soit exprimé autrement dans la Vulgate.

» L'excellent traducteur Legros a partagé l'opinion de Bochart. « La cigogne, dit-il, connaît dans le ciel quand son temps est venu. La tourterelle, l'hirondelle et la *grue* savent discerner la saison de leur passage, mais mon peuple n'a point connu le temps du jugement du Seigneur. »

» Une observation pleine d'intérêt et qui prouve que les articulations de la voix de la *grue* ont toujours passé pour avoir quelques rapports avec celle de la voix humaine, c'est que les commentateurs pensent que si certains poètes ont appelé cet oiseau l'oiseau de Palamède, cela vient de ce qu'outre l'ordre de bataille et le mot du guet, Palamède en avait appris quatre lettres grecques. » *Onomatopées franç.*

« L'opinion commune suit toujours ceux qui vont devant comme les *grues*. » MONTAIGNE, liv. I, c. 25.

Au figuré, sot, aisé à duper.

Maître Gonin est mort, le monde n'est plus *grue*.
La Comédie des Proverbes, act. II, sc. 2.

Que ferez-vous d'un pauvre auteur,
Dont la taille et le *cou de grue*,
Et la mine très-peu joufflue
Feront rire le connaisseur?
VOLTAIRE.

Faire le pied de grue, expression figurée, pour dire rester long-temps debout en attendant comme font les grues qui restent long-temps fixées sur une patte et comme en sentinelle. *Voyez* GRUERIE.

Je ne puis. . . . .
Faire sus un des pieds en la sale la grue.
RÉGNIER, *Satiro* III.

« Ils ne font autre chose que *faire le pied de grue* autour des grands, pour avoir une repue franche ou quelque lippée. » *Deffense pour Estienne Pasquier*, pag. 5, Paris, 1624.

Je fais, malgré mes dents, ici *le pied de grue*.
QUINAULT, *la Comédie sans comédie*, sc. I.

Grues, ces machines de bois qui servent à élever de grosses pierres, ont été ainsi nommées de la ressemblance qu'elles ont avec le long cou de la *grue*.

« Jusqu'où ne peut-on point porter un bâtiment, quand on trouve de telles *grues* ? » dit le P. Labat, en parlant du couvent des Théatins, bâti aux frais du cardinal Paul Caraffe, depuis pape sous le nom de Paul IV.

Des moines viennent demander à un grand seigneur une somme d'argent pour les aider à finir leurs bâtimens. « Combien y avez-vous mis de *grues* ? — Il y en a deux, Monseigneur. — Eh bien ! je ne veux pas être la troisième. »

GRUERIE, *s. f.* GRUYER, *s. m.* « Tout le monde sait, dit l'auteur d'un traité *de la Culture*, *de l'Amélioration et de la Conservation des bois* (Paris, 2 vol. in-12, 1782), que la *grue* est un oiseau qui fait le guet pendant la nuit, soutenu sur un pied seulement, tandis que de l'autre il tient un caillou, lequel venant à tomber pendant que l'oiseau dort, l'avertit, en le réveillant, de son abandon au sommeil, et lui fait prêter attention à une garde plus exacte, ou de lui-même, ou de ses petits. C'est donc du nom de cet oiseau que l'on a appelé *gruyers* les officiers chargés du soin de la conservation des bois, et par suite *gruerie*, la propriété du fonds, et la justice qui s'exerce sur lesdits bois. »

Nous pensons avec H. Estienne (*Lang. franç. italianisé*, pag. 37, 1579) que ces mots viennent du grec δρῦς (*drus*), chêne, par le changement du *d* en *g*.

GRUGER, *v.* (grec γρύειν, manger ; en allem. *gruzen*, écraser, piler).

Au lieu qu'on nous mange, on nous *gruge*,
On nous mine par des longueurs.
LA FONTAINE, en parlant des chicanes du palais.

GRUYER. *Voyez* GRUERIE.

GUÉ, *s. m.* qu'on trouve écrit *vé*, *wé* et *vaide* dans nos anciens auteurs, du latin *vadum*, qui a la même signification, et que le Père de La Rue dérive avec raison du verbe *vadere* (marcher). « *Vadum*, dit-il, *quia pedibus illàc facile est* vadere, *difficile* navibus. » Sur le 16e v. du 1er liv. de l'*Enéide* (*gué*, parce que, dans cet endroit il est facile d'*aller à pied*, et par conséquent, difficile aux vaisseaux d'y passer). D'ailleurs le changement du *v* en *g* est fréquent : de *vagina* l'on a fait *gaîne*, de *vespa*, *guêpe*, etc.

GUÉABLE, *adj.* qu'on peut passer à *gué*, participe formé de l'ancien verbe *guéer* ou *gayer* ; ce dernier se trouve dans le *Dict. des rimes*, de J. Lefevre ; du latin *vadare* (passer à gué ; abreuver, laver dans un gué, baigner).

Tantost après on vint tirer
De l'eaue (eau) pour *gayer* les chevaux.
Poésies de G. Coquillart, pag. 162, Paris, 1723.

Va *guéant* ou nageant, court, gravit, vole ou rampe.
DELILLE, trad. du *Paradis perdu*, ch. II.

GUÉDER, *v.* soûler, faire manger avec excès. Ce mot, dans cette acception, comme dans l'acception plus ancienne, d'enfler, de boursoufler, paraît dérivé du substantif *guède*, plante appelée autrement *pastel*, et qui sert dans la teinture.

Guède de *guastum* ou *guasdum*, qui signifie la même chose, et qui est un vieux mot gaulois, comme on infère du passage de Pline où *glastum* est pris en ce sens.

Notre vaillant guerrier tout rempli d'allégresse,
Rhabillé, bien *guédé* (rassasié), content de son hô-
[tesse

GUÊ

S'en allait cheminant et par vaux et par monts,
Et courait à Paris chercher ses compagnons.
Poème de Cartouche.

« L'Académie dit qu'il est bas. Cependant Voltaire a écrit : Si je n'étais pas *guédé* de vers, je crois que j'en ferais pour M. de Laudon qui vient de prendre Shweidnitz. Il est *guédé* de gloire et de plaisir, dit-il ailleurs du maréchal de Richelieu. Il n'est guère usité. » LAVEAUX, *Dict. des difficultés de la lang. franç.* Nous le croyons tout-à-fait hors d'usage.

GUÉMENTER, *v. Voyez* GUERMENTER.

GUENILLE, *s. f.* haillon, vieilles hardes usées. On aura dit d'abord *gonille*, par corruption de *gonnelle*, dans Joinville et dans le *Roman du Renard*, mot recueilli dans le *Dict. de Trévoux*, où il est défini vieux mot français qui signifiait une *casaque d'homme* et un *cotillon de femme*; et *gonille*, comme *gonelle*, est un diminutif de *gone* ou *gonne*, en latin barbare *gonna*, qui signifiait autrefois une sorte d'habillement.

En vous auroit bèle personne,
S'aviés vetue la *gonne*.
Roman du Renard.

PHILAMINTE.

Le corps, cette *guenille*, est-il d'une importance,
D'un prix à mériter seulement qu'on y pense?
Et ne devons-nous pas laisser cela bien loin?

CHRYSALE.

Oui, mon corps est moi-même, et j'en veux prendre
[soin ;
Guenille, si l'on veut; ma *guenille* m'est chère.
MOLIÈRE, *Femm. savant.* act. II, sc. 7.

GUENILLEUX, EUSE, *adj.* couvert de guenilles. Diderot dit, en parlant d'une esquisse de Carle Vanloo, qui représente saint Grégoire vendant son bien et le distribuant aux pauvres : « C'est ici qu'il faut voir comment on peint la mendicité, comment on la rend intéressante, sans la montrer hideuse; jusqu'où il est permis de la vêtir, sans la rendre opulente ni *guenilleuse*. »

GUÊPE, *s. f.* (*vespa*). Le chevalier de Boufflers comparait le comte de Tressan qui s'efforçait de déguiser son esprit caustique sous une apparence doucereuse, à une *guêpe* qui se noie dans du miel.

Guêpes, gens de palais. *Pièces contre le connét. de Luynes*, p. 209.

Guêpes, papillons, parures de femmes.

Ce qu'on nomme aujourd'hui *guêpes* et papillons,
Ce sont les diamans du bout de nos poinçons,
Qui, remuant toujours et jetant mille flammes,
Paroissent voltiger dans les cheveux des dames.
BOURSAULT, *les Mots à la mode*, sc. 15.

GUERDON, *s. m.* ancien mot qui signifie salaire, récompense. Nicot le dérive du grec κέρδος (*kerdos*), gain. Il vient, selon Borel, de l'allemand *werdung*. Selon Caseneuve, au contraire, ce mot vient de *guerredon*, comme écrivaient autrefois nos ancêtres; témoin ces vers du *Roman de la Rose* de Jean de Meung :

Je n'appelle pas vente don ;
Vente ne doit nul *guerredon*.

On lit de même *guerredon* dans le *Roman du Renard* et dans les *Fabliaux* de Barbazan.

« Originairement *guerredon* étoit le don ou prix dont on récompensoit les gens de *guerre*. » *Remarque* de l'éditeur des *Œuvres* de Villon, pag. 228, in-12, La Haye, 1742.

GUERDONNABLE, *adj.* digne de guerdon, dans Eust. Deschamps, *Poésies manuscrites*, fol. 17, col. 3.

GUERDONNEMENT, *s. m.* euphémisme du 16ᵉ siècle. « Les intrigues s'excusaient sous le nom d'aventures, et les bonnes fortunes sous le nom de récompenses et de *guerdonnemens*. » SAINT-MARC-GIRARDIN, *Tableau du 16ᵉ siècle*, pag. 38.

GUERDONNER, *v.* vieux mot qui, comme le précédent, dérive de *guerdon*, et signifie récompenser, remercier. « Aucunesfois celui qui mieulx sert est le pis *guerdonné*. » *Les Neuf Preux*, roman imprimé en 1507.

GUERDONNEUR, EUSE, *s.* celui, celle qui guerdonne, qui récompense, dans Al. Chartier et dans Cl. Marot.

GUÈRE ou **GUÈRES**, *adv.* Selon l'Académie, il signifie *peu*, *pas beaucoup*. Ce mot complète la négation et fait supprimer *pas* et *point*. Quelques étymologistes le font venir de l'impératif latin *gere*, qui signifie porter ; d'autres le tirent de l'italien *guari*, adjectif pluriel qui ne s'emploie qu'avec la négation, *guari non sono*, il n'y en a *guères* ; et de là vient peut-être qu'on le trouve écrit avec une *s*. D'autres le font venir de l'allemand *gar* qui signifie *tout-à-fait*. *Gar nicht schœn* (pas tout-à-fait beau).

Quelle que soit l'origine de notre mot *guère*, c'est avec la négative qu'il signifie *peu*.

« *Guère*, dit Roubaud, vient de *ger*, *gar*, et signifie *amas*, *tas* ; de là notre mot *gerbe*, etc. Ainsi le mot *guère* n'a pas la signification de *peu*. Il est clair que l'expression, *je n'en ai guère*, signifiant *je n'en ai pas beaucoup*, le mot *guère* signifie beaucoup. Si *guère* étoit synonyme de *peu*, on diroit *j'en ai guère*, et non pas *je n'en ai guère*. »

Ces deux phrases *je n'en veux guère*, *je n'en veux pas beaucoup*, que l'on donne pour synonymes, ont des parties communes ; en les supprimant de part et d'autre, on trouve que *guère* est équivalent à *pas beaucoup*.

Nous employons le mot *guère* dans des phrases elliptiques, comme nous employons *peu*, *pas beaucoup* ; mangez du fruit, mais *guère*, *peu*, *pas beaucoup*.

Enfin il en est du mot *guère* comme du mot *aucun* qui s'employait autrefois pour *quelque*, et qui ne s'emploie presque plus qu'avec la négation et dans le sens de *pas un*.

« *Guère* ou *gaire*, dit Robert Estienne, dans sa *Grammaire*, pag. 87 (1569), signifie beaucoup ou moult, soit de temps ou autre chose, et ne se met jamais sans négation précédente : comme *il n'y a guère qu'il est venu*, pour *il n'y a pas moult de temps*, *il n'y a guère de vin*. Les Savoyens en usent sans négation en interrogant, *guère cela ?* comme s'ils disoyent, *cela coustera-il beaucoup ?* »

GUÉRET, *s. m.* (*vervactum*). Regnard, dans une de ses *Épîtres*, dit poétiquement d'un homme qui possède de vastes domaines :

Avec peine un milan traverse ses *guérets*.

Cérès s'enfuit éplorée
De voir en proie à Borée
Ses *guérets* d'épis chargés,
Et, sous les urnes fangeuses
Des Hyades orageuses,
Tous ses trésors submergés.
BOILEAU, *Ode sur la prise de Namur*.

GUÉRIR, *v.* que nos pères ont dit *guarir*, de *guarire*, avec la même signification dans la basse latinité. Mais quelle est l'origine de ce mot *guarire* ?

Ménage le tire de l'allemand *wahren* (garder, conserver), et M. Eloy Johanneau est du même avis ; Jacques Sylvius, qui écrit *garir*, le fait venir du latin *variare* (changer, varier), parce que l'état du malade change quand on le guérit : « *Morbo pulsato, valetudinem* variat *ac commutat in melius quisquis alium persanat.* » *Isagoge in linguam gallicam*, pag. 87.

M. Huet le dérive du latin *curare*, qui a la même signification.

Un seul moment *guariroit* ma langueur.
Les Amours de Ronsard, CLVIe sonnet.

GUÉRISON, *s. f.* On disait anciennement *guarison*.

Garison, se lit encore dans Ronsard.

On dit qu'il (le vin) nuit aux yeux : mais seront-ils
[les maîtres ?
Le vin est *guarison*
De mes maux : j'aime mieux perdre les deux fenêtres
Que toute la maison.
OLIVIER BASSELIN, qui mourut au commencement du 15e siècle, et à qui l'on attribue l'invention du vau-de-vire, ou vaudeville.

Feraient naître des maladies
Qui n'auraient jamais *guérison*.
MALHERBE, *Ode à la Reine sur les heureux succès de sa régence*, *Poésies*, liv. III.

« Cette façon de parler *avoir guérison* est remarquable, car elle n'est pas ordinaire. Malherbe s'en sert encore dans le sonnet au cardinal de Richelieu :

Puisque par vos conseils la France est gouvernée,
Tout ce qui la travaille *aura sa guérison*.

» Il est dit ailleurs : *rendre la guérison*, ce qui n'est pas français. » MÉNAGE, *Observations sur les poésies de*

Malherbe, pag. 379, édit. in-8°, Paris, 1666.

Sur cette locution *rendre la guérison*, M. de Wailly, dans sa *Grammaire*, fait cette remarque fort juste : On dit bien *rendre la santé, l'embonpoint*, parce qu'on avait la santé, l'embonpoint auparavant ; mais on ne dit point *rendre la guérison*, parce qu'on n'avait point la guérison avant d'être malade. » *Voyez* MAL.

GUÉRISSEUR, *s. m.* celui qui guérit. « Je ne suis pas un médecin, grâce à Dieu, je suis un *guérisseur* : quand on suit mes ordonnances, je *délite* tout un hôpital. » *Le docteur Sacroton*, comédie.

Ce mot est encore bon dans le style familier ou critique ; Le Sage s'en est servi dans son *Gil-Blas*, où il appelle les empiriques des *guérisseurs de hasard*.

GUERMENTER ou GUÉMENTER, *v.* se plaindre, s'inquiéter. Vieux mot encore en usage dans quelques provinces.

> Mais moult y brait et se *guermente*
> Le chat-huant à la grant huse,
> Prophète de male adventure,
> Hideux messager de douleur,
> En sa voix, en forme et couleur.
>   JEAN DE MEUN, *Roman de la Rose.*

> De pouvreté (pauvreté) me *guémentant.*
>   VILLON, *le Grand Testament.*

« Toujours se *guermente* à tous estrangiers (étrangers) de la venue des coquesigrues. » RABELAIS, tom. 1, pag. 346, édit. de 1732.

« On a dit premièrement *guémenter* et ensuite *guémenter*, de l'italien *guai à me*, et par abréviation *guai me* (malheur à moi) ; de *guementer* par l'insertion d'un *r*, on a dit *guermenter* ; et comme se plaindre, se lamenter est une marque d'inquiétude, on a dit aussi se *guémenter* et *guermenter*, pour se tourmenter, s'inquiéter, témoigner qu'on est en peine de quelque chose, et c'est en ce sens que Rabelais l'a employé. Alain Chartier, dans son discours intitulé l'*Espérance, ou Consolation des trois Vertus*, entendement... se print à *guermenter, disant haa.* » LE DUCHAT, *sur Rabelais*, note au bas de la page.

GUERPIR, *v.* quitter, abandonner, dans les *Fabliaux* de Barbazan. Il nous reste le composé *déguerpir.*

GUERRE, *s. f.* de *guerra*, mot de la basse latinité, qui a la même signification, et qui se trouve dans saint Bernard, *Épître* 220, et dans Martène, *Veterum Scriptorum Collectio*. Ce mot *guerra* ou *vuerra* vient de l'ancien tudesque *war, wer* ou *ger*, qui a la même signification.

Nos pères ont dit *mener guerre à quelqu'un*, pour dire lui faire la guerre ; et cette locution est empruntée des Latins qui disaient *movere bellum alicui.*

« La *guerre* est un procès qui ruine ceux mêmes qui le gagnent. » ÉLISABETH ; reine d'Angleterre.

Boileau avait dit d'abord :

L'ours *fait-il* dans les bois *la guerre* avec les ours ?

La Fontaine, Racine et d'autres amis du poète remarquèrent qu'on ne dit pas *faire la guerre avec quelqu'un*, mais à quelqu'un. Boileau corrigea ce vers de cette manière :

L'ours a-t-il dans les bois *la guerre* avec les ours ?

« Il est vrai, comme le remarque M. Laveaux (*Dict. des difficultés de la lang. franç.* tom. 1, p. 579), que dans ce sens, on ne dit pas *faire la guerre avec quelqu'un* ; mais il ne faut pas en conclure, comme semble l'avoir fait Féraud, que *faire la guerre avec quelqu'un* ne soit pas une expression française. On dit qu'on a *fait la guerre avec quelqu'un*, pour dire qu'on a servi avec lui en temps de guerre dans les armées du même souverain ou du même parti. J'ai fait avec lui la *guerre* d'Italie ; nous avons fait la *guerre* ensemble.

GUERROYER, *v.* faire la guerre. Vieux mot qui n'est pas tout-à-fait hors d'usage, et qu'on ne devrait pas perdre, puisqu'il épargne une circonlocution. « Les rois et leurs ministres n'ont cessé d'attiser les inimitiés réciproques, parce qu'en faisant *guerroyer* les hommes, on est dispensé de les bien gouverner. » MIRABEAU.

GUET. *s. m. vacta* ou *wacta* dans la basse latinité, venu de l'allemand *wacht* (veille, garde). « Me tenant au *guet* de ces grandeurs extraordinaires, ay trouvé que ce sont pour le plus des hommes comme les autres. » MONTAIGNE, liv. III, c. 8.

Mot du guet, c'est proprement le mot donné au guet, à ceux qui guettent, qui veillent pour la sûreté d'une ville, d'une place, *le mot d'ordre* au moyen duquel ils peuvent se reconnaître. Il se dit aussi au figuré : *entendre, avoir le mot du guet.*

Gardez-vous, sur votre vie,
D'ouvrir que l'on ne vous die,
Pour enseigne et *mot du guet.*
Foin du loup et de sa race.
LA FONTAINE, liv. IV, *fable* 15.

GUET-APENS, *s. m. Guet-apens* se dit, lorsque, après avoir pensé, prémédité quelque attaque, quelque assassinat, on guette les personnes pour l'exécuter. Il vient de l'ancien mot *aguet*, qui signifiait embûche. « Ils conspirèrent ung grand nombre ensemble de s'en venger par quelque *aguet* et moyen subtil. » J. LE MAIRE DE BELGES, *les Illustrations des Gaules*, liv. 1, ch. 23, Paris, 1548.

Ores que (à présent que).......
Que, sans peur du larron, trafique le marchand ;
Que l'innocent ne tombe aux *aguets* du meschant.
RÉGNIER, *Satire* I.

Et du mot *appens*, par corruption ou abréviation, pour *appensé*, participe de l'ancien verbe *appenser*, qui se rencontre souvent dans les *Grandes Chroniques de France*, dans le *Roman du Renard*, pour méditer, réfléchir, délibérer.

On trouve, dans les *Chroniques de Monstrelet*, liv. 1, ch. 37, *aguet appensé*, pour embûche *méditée* ; et, dans les *Poésies* de G. Coquillart, qui écrivait au 15e siècle, *de faict apensée*, pour *de guet-apens.*

L'Académie qui, au mot *Guet-apens*, écrit *apens* par un seul *p*, écrit plus haut *appens*, en renvoyant à *guet-apens*.

On trouve, dans le *Dict* de Monet, *appens, appensé, délibéré, pourpensé, animo deliberatum. Guet-appens, guet-appensé,* animo destinatæ insidiæ, consultò structæ insidiæ.

On y trouve plus bas *appenser, méditer, penser,* cogitare, meditari.

Apensement est rendu dans le Glossaire du *Roman de la Rose*, par pensée, réflexion.

GUÊTRE, *s. f.* (γειτρον, vêtement ; ou celt. *guetroust*). Fulvie, femme de Marc-Antoine, disait par mépris des troupes, qu'Octave avait prises pour arbitres entre son rival et lui, que c'était un sénat *guêtré.*

« Il semble, avec leur orgueil, qu'on en soit encore bien tenu à leurs *guêtres*, » dit plaisamment Guzman d'Alfarache, en parlant des gentillâtres de son temps. Liv. IIIe de la seconde partie.

GUETTER, *v.* est dérivé de *guet*, proprement faire le guet, épier. « On se plaist, dit Montaigne, à *guetter* les grands hommes aux petites choses qu'ils font. C'est le vrai moyen de les mieux connaître. »

GUEULE, *s. f. (gula).* Montaigne appelle l'art de la cuisine « la science de la *gueule*. »

GUEULÉE, *s. f.* terme bas qui, au propre, signifie une grosse bouchée. Au figuré, *dire des gueulées*, c'est proférer des paroles sales, déshonnêtes. « Et moi, Messieurs, dit don Alexo Ségiar, j'ai soupé chez une comédienne, chez Arsenic. Nous étions six à table.... Nous avons passé la nuit à *dire des gueulées.*» *Gil-Blas*, liv. III, ch. 3, pag. 249, édit. de 1825.

Des *gueulées*, des propos bas et obscènes. « Cette expression est digne de ce qu'elle peint et de l'époque édifiante où elle a été mise à la mode. » FRANÇOIS DE NEUFCHATEAU, note au bas de la page.

Cette époque peut être le commencement du 18e siècle, puisque la première édition de *Gil-Blas* est de 1715.

GUEULES, *s. m.* terme de blason qui signifie couleur rouge en armoirie. « De certaines peaux rouges qu'on appeloit *gueules*, à cause vraisemblablement de la rougeur des gueules des animaux. Saint Bernard, dans une épistre à Henri, archevesque de Sens : *Horreant et murium rubricatas pelliculas, quas gulas vocant, manibus circumdare.* » MÉNAGE, *Origines de la langue française.*

Sur ce passage de saint Bernard, qui se trouve dans son *Traité sur le devoir des évêques*, ch. 11, n° 4, et dont nous allons donner la traduction : « Les évêques doivent regarder comme une coutume horrible dont ils doivent s'abstenir, celle de s'entourer les mains de la peau d'une espèce d'hermine, peau qu'on rougit avec du vermillon, et à laquelle on a donné le nom de *gueule*, » le P. Mabillon fait la remarque suivante : « *Gulæ, pelles arte rubricatæ, undè gallicum*, gueule, *in arte symbolicâ ad designandum rubeum colorem. Pelles istæ erant plurimùm Armeniæ, id est murium ponticorum.*» (Gueules, peaux teintes en rouge, d'où les Français ont emprunté le mot *gueules* dans la science héraldique, pour désigner le *rouge*. Ces peaux étaient pour la plupart tirées de l'Arménie et provenaient d'une espèce d'hermine).

« Ce mot, selon Le Laboureur (de *l'Origine des armes*, pag. 127, in-4°. Lyon, 1658), vient du latin *conchylium*, d'où *vestes conchyliatæ*, c'est-à-dire, *purpureæ*. Ainsi la plus éclatante des couleurs est appelée des Latins *conchylium*, pour ce qu'elle se faisoit principalement du sang d'un petit poisson duquel on laisse le nom propre pour lui donner celui de l'écaille en laquelle ce poisson et ce précieux suc sont enfermés.

» Les Latins ont donc appelé l'escarlatte rouge, car il y en a d'autre couleur, *conchylium* par métonymie, duquel nos vieux Gaulois ont fait ce mot *gueulles*, en changeant le c en g, comme ils pratiquent en *acer, acutus* et autres, pour lesquels nous disons *aigre, aigu*. Ils ont aussi changé les deux lettres suivantes o, n en e, u, ce qu'ils font assez souvent ailleurs, comme au verbe *consuere*, pour lequel nous disons *coudre* ou *ceudre*, en idiome picard. Enfin ils ont retranché la syllabe *chi* de *conchylium*, ce qui n'est pas nouveau dans les termes latins habillés à nostre mode. »

GUEUSER, *v.* dérivé de *gueux.* Molière a su ennoblir ce verbe par la manière dont il l'a placé.

. . . Je ne vois rien de plus sot à mon sens,
Qu'un auteur qui partout va *gueuser* de l'encens.

GUEUSERIE, *s. f.* On voyait autrefois, dans l'église de Saint-Germain-l'Auxerrois, à Paris, cette épitaphe que l'abbé Bignon en fit ôter, lorsqu'il en était doyen.

Cy gît, qui en son temps faisait
Quatre métiers de *gueuserie* :
Il peignait, rimait et soufflait,
Et cultivait philosophie.

GUEUX, EUSE, *adj.* et *s.* Les avis sont partagés sur l'étymologie de ce mot, qu'on s'accorde assez généralement à faire venir du *coquus* (cuisinier), parce que les *gueux*, dit Borel, suivent volontiers les cuisines pour y attraper quelques bribes. Ne viendrait-il pas de *geusii* dans la basse latinité? On lit dans Martène, *veterum scriptorum Collectio*, tom. IV, pag. 694, ce mot *geusii* donné comme épithète aux hérétiques :

« *Verùm quia putei à* geusiis *illis hæriticis obturati fuerant.* » (Mais parce que les puits avaient été bouchés par ces hérétiques.)

« Je ne voudrois point dire les *gueux*, comme on faisoit au Pays-Bas, au commencement des troubles de la religion. » *Œuvres* de Balzac, tom. II, pag. 246, in-fol°.

Ce sobriquet de *gueux* avait déjà été donné aux Gantois. *Voy*. Monstrelet, tom. III, fol° 210, *b*. édit. de 1512.

Amyot disoit que notre langue étoit une *gueuse* fière, à laquelle il falloit faire l'aumône malgré elle.

« Si Votre Majesté voulait m'aider, nous pourrions faire l'aumône à cette langue française, à cette *gueuse* pincée, dédaigneuse, qui se complaît dans son indigence. » VOLTAIRE.

Godeau, pour obtenir le dégrèvement de la Provence, à qui le ministère demandoit une somme considérable qu'elle étoit hors d'état de payer, dit, entre autres choses, dans sa harangue à la régente, que la Provence étoit fort pauvre, et que, comme elle ne portoit que des jasmins et des oranges, on la pouvoit appeler : « une *gueuse* parfumée. »

Scarron appelle les Muses :

O doctes *gueuses* du Parnasse,
Vieilles filles de bonne race !

« L'homme riche dit souvent qu'il est *gueux*, et l'homme indigent craint souvent de l'avouer. » CARACCIOLI.

Voyez MISÉRABLE.

GUI, *s. m.* du latin *viscum*, le *v* changé en *g*, comme dans *gâter* de *vastare*, et *viscum* est venu du grec ϐισκός (*biskos*) éolique, pour ἰξός (*ixos*) glu, parce que du *gui* on en fait de la glu.

Quale solet sylvis brumali frigore viscum
Fronde virere novâ, quod non sua seminat arbos.
VIRGILE, *Enéid.* liv. VI, v. 205.

(Tel dans les forêts le *gui* de chêne, que l'arbre qui le porte n'a pas produit, a coutume de pousser des rameaux verts au milieu des rigueurs de l'hiver).

Les Gaulois avaient pour le *gui* de chêne une vénération toute particulière et leurs prêtres n'auraient point offert un sacrifice sans avoir de cette plante. *Nulla sine* visco *sacra, Gallorum sacerdotes, druidæ faciebant,* PLIN. lib. 16-44.

Voici d'après le même auteur l'ordre qu'on observait dans la recherche de cette plante à laquelle on rendait une espèce de culte. Le sixième jour de la première lune qui commençait l'année des Gaulois, c'est-à-dire vers le solstice d'hiver, la nation se rendait en foule dans les forêts qui s'étendaient entre Chartres et Dreux, pour assister au grand sacrifice du *gui*. Le souverain pontife en avait auparavant indiqué le jour par la voie des vacies ou prêtres qui s'étaient répandus dans toutes les provinces, en criant *au gui l'an neuf*. La cérémonie s'ouvrait par une procession solennelle. Les bardes dont l'emploi était de chanter des hymnes dans les sacrifices et d'immortaliser par leurs vers les faits héroïques de la nation, marchaient d'abord, et formaient tous ensemble un seul chœur. Les eubages ou augures suivaient; après eux deux taureaux blancs destinés au sacrifice. Le hérault d'armes, vêtu de blanc, couvert d'un chapeau avec deux ailes, et portant en main une branche de verveine entourée de deux serpens, tel qu'on peint Mercure, conduisait les novices. Les trois plus anciens druides, dont l'un portait le pain qu'on devait offrir, l'autre un vase plein d'eau, et le troisième une main d'ivoire attachée au bout d'une verge, symbole du pouvoir suprême, qui existe encore parmi nous, et que nous appelons *la main de justice*, précédaient le *pontife-roi*. Celui-ci marchait à pied, vêtu d'une robe blanche et d'une tunique par-dessus, entouré du reste des druides que suivaient la noblesse et le peuple.

La procession arrivée au pied du chêne, où l'on devait couper le *gui*, le grand prêtre prononçait une prière, brûlait du pain, faisait une libation de vin, distribuait de l'un et de l'autre à l'assemblée, montait ensuite sur l'arbre, coupait le *gui* avec une serpette d'or, le jetait dans la tunique de l'un des prêtres qui l'exposait sur l'autel à la vénération publique.

Sur un chêne orgueilleux, des peuples adoré ;
Les druides sanglans cueillaient le gui sacré ;
Les autels exposaient, au culte du vulgaire,
De la faveur des cieux ce gage imaginaire.

ROSSET, *l'Agriculture,* chant III.

Le pontife descendait ensuite, priait le ciel de bénir le présent qu'il venait de leur faire, en lui donnant la vertu de tout féconder, et terminait la solennité par le sacrifice des deux taureaux.

Si l'on en croit M. Anquetil, le chef des druides, après avoir coupé le *gui* avec une serpe d'or, comme nous avons déjà dit, le laissait tomber sur une nappe neuve de lin, qui ne servait plus à aucun autre usage. La plante desséchée était mise en poudre, et distribuée aux dévots, comme un antidote sûr contre les maladies et les maléfices. La cérémonie était annoncée par cette formule : *au gui l'an neuf*, qui était criée solennellement; ce qui fait croire que la fête était destinée à annoncer le commencement de l'année, époque qui a toujours été accompagnée d'allégresse chez tous les peuples. *Hist. de France*, Paris, 1822, tom. 1, pag. 10.

GUICHET, *s. m.* qu'on trouve écrit *guischet*, dans le *Roman de la Rose*, est dit pour *huisset*, ou *uisset*, ce dernier dans le *Gloss. des Fabliaux* de Barbazan, par M. Méon; et est un diminutif de l'ancien mot *huis*, qui s'est dit pour *porte*; ainsi *guichet* veut dire autant que petite porte.

GUIDE, *s. m.* celui qui guide, qui montre le chemin. « Montaigne est un *guide* qui égare, mais qui mène en des pays plus agréables qu'il n'a promis. » SAINT-ÉVREMONT.

Ce mot, tant au propre qu'au figuré, en ce sens, était féminin autrefois.

Saincte guide de tant de dieux
Qui sur les modèles des cieux
Donnez des règles à la terre.
THÉOPHILE, *Requeste à M. le premier Président.*

« Le gentil chevalier, comme des autres *la guide* et meneur, se mist en front, etc. » *Les Cent nouvelles Nouvelles*, ouvrage du 15e siècle.

Ce mot, en ce sens, n'était déjà plus féminin du temps de La Fontaine; il a donc fait une faute en disant de la queue du serpent, liv. VII, fable 17 :

. . . . *Et la guide nouvelle,*
Qui ne voyoit au grand jour,
Pas plus clair que dans un four,
Donnoit tantôt contre un arbre, etc.

On doit dire, même en parlant à une femme : Madame, soyez *mon guide.*

Guide est encore féminin lorsqu'il signifie une lanière de cuir qui sert à conduire les chevaux : *les guides sont rompues ;* ou dans les titres des vieux livres, comme *la guide des chemins, la guide des arts et des sciences, la guide des pécheurs.*

Elle lict saint Bernard, *la guide des pécheurs.*
RÉGNIER, Satire XIII.

GUIGNER, *v.* proprement regarder du coin de l'œil. Il vient, selon M. de La Monnoye, de *cuigner*, en écrivant *cuin*, à la picarde, pour *coin*. On trouve dans les *Epithètes* de De la Porte, Paris, 1571, *visée guignante.*

Et d'une œillade obliquement rouillée,
Tant que voudras, guigne-moi de travers.
Les Amours de Ronsard, CLe sonnet.

« Plutarque *guigne* seulement du doigt par où nous irons, s'il nous plaist, et se contente quelquefois de ne donner qu'une atteinte dans le plus vif d'un propos. MONTAIGNE, liv. 1, c. 25.

« Il y a de la consolation à escheṿer (esquiver) tantost l'un, tantost l'autre des maux qui nous *guignent* de suicte. » *Le même*, liv. III, c. 12.

Si je vois vostre gorgere (gorgerette)
S'entr'ouvrir, je prends plaisir
De guigner à la légère,
Avec un peu de loisir,
Ce qui se montre à mes yeux.
Les Bigarrures de Des Accords, pag. 474, Paris, 1662.

« GUIGNON, *s. m.* malheur. Qui dit *guignon*, dit travers; *guignon*, en effet, vient de *guigner*, qu'on aurait dû écrire *cuigner*, regarder du *cuin*, c'est-à-dire du *coin* de l'œil. Cette manière de regarder du coin de l'œil, attribuée à l'envie, a de tout temps passé pour une espèce de fascination qui portoit malheur. Horace, 1, *Epist.* 14 :

Non istic obliquo oculo mea commoda quisquam
Limat......

(Ici l'*œil oblique* de l'envie ne vient pas troubler mon bonheur.)

» La même superstition règne encore aujourd'hui en Espagne. » DE LA MONNOYE, *Gloss. sur les Noëls bourguignons*, pag. 335, Dijon, 1720.

GUILÉE, *s. f.* pluie qui *guille*, qui trompe, parce qu'elle survient inopinément par un beau soleil.

Ou bien à ces promptes guilées,
Qu'on voit de grêle entremêlées,
Cheoir précipitamment des cieux.
Continuateur du *Virgile travesti*, de Scarron.

GUILLE, *s. f.* mot fort ancien dans notre langue, puisqu'il se trouve dans les *Fabliaux* de Barbazan, dans le *Roman de la Rose* et dans celui *du Renard*, où il signifie ruse, finesse, fourberie, fausseté.

Claude Fauchet rend le mot *guille*, qui se trouve dans une chanson de

Jean Moniot d'Arras, qui pouvait vivre vers le 13e siècle, par *tromperie*.

« On est redevable, dit Barbazan, à l'auteur judicieux du *Journal des Savans*, de l'origine du mot *guille* (qui signifie ruse, tromperie, finesse), qui a tant fait faire d'anachronismes par nos auteurs sur ce mot, en le faisant venir du poète Villon (Villon était un mauvais garnement, en bon français un fripon), qui n'a vécu que plus de deux cents ans après que ce mot a été dans notre langue. J'ai cherché en vain son origine dans la langue latine, et j'observerai que j'ai trouvé ce mot dans un exemplaire du *Roman de la Rose* de la Bibliothèque Royale, n° 1901, écrit *ghile*, conforme à l'orthographe des Arabes. »

Riche femme qui sert
De barat et de *guille*,

a dit un de nos anciens poètes.

GUILLEDOU, s. m. Il ne se dit guère que dans cette locution familière *courir le guilledou*, pour dire aller souvent, et surtout de nuit, dans des lieux de débauche.

« *Guilledou* peut-être de *gildonia*, qui était une sorte de confrérie....... Or, comme ces assemblées pouvaient être licencieuses, ou bien qu'au lieu d'aller à ces confréries, les jeunes gens allaient à la débauche, il y a bien de l'apparence que ce mot *gildonia* a été pris pour la débauche même. » MÉNAGE, *Dict. étymologiq.* édit. in-fol., Paris, 1750, au mot *Guilledou*.

Guilledou ou *guildrou* vient, selon M. El. Johanneau, du celtique *kildro*, errant, vagabond, composé de *kil*, dos, et de *tro*, qui tourne; qui tourne le dos, qui fuit; comme notre *juif errant*, autre fable moins ancienne, mais toute semblable et qui a la même origine. *Voyez* encore, pour l'étymologie de ce mot, au mot AIGUILLETTE (*courir l'aiguillette*).

GUILLER OU GUILER, v. dérivé de *guille*, tromper. Il n'est plus d'usage.

Il dist, sire, guilé m'avez,
Le Roman du Renard 13e siècle).
Il eu *guilla* plus de cent mille.
La Bible Guyot.

Un ancien proverbe dit : *qui croit guiller Guillot, Guillot le guille*, pour dire qu'un trompeur trouve quelquefois un plus fin que lui.

GUILLOCHER, v. mot, selon Ménage, dérivé d'un ouvrier nommé Guillot, inventeur de ce genre d'ornement. Collé se plaint des grands seigneurs pour qui il composait ses parades, lesquels dans un souper l'avaient *guilloché* de ridicules. L'expression est bizarre, mais énergique.

GUILLOTINE, s. f. instrument adopté en France pour trancher la tête à ceux qui sont condamnés à la peine capitale. Cette machine tire son nom du docteur Guillotin qui n'en fut pas positivement l'inventeur, puisqu'une machine à peu près pareille, et destinée au même usage, était connue depuis long-temps en Ecosse, sous le nom de *maiden*, et qu'on la voyait avant la révolution à l'Ambigu-Comique dans la pantomime des *Quatre fils Aymon*. Nous l'avons trouvé aussi dans les gravures des vieilles chroniques.

En substituant la *guillotine* aux autres instrumens de supplice, tels que la potence et la roue, en usage auparavant, cet estimable citoyen n'était mu que par un sentiment d'humanité, et n'avait en vue que d'abréger et de rendre moins douloureux le supplice des condamnés. Le décret qui supprime les autres genres de supplices et les remplace par la *guillotine* est du 21 janvier 1790. Voilà la date de l'adoption de ce mot et de son dérivé *guillotiner* pour dire faire mourir par la *guillotine*.

GUIMPE, s. f. qu'on trouve écrit *gimple* dans les *Fabliaux* de Barbazan, et *guimple* dans le *Dict.* de Monet, vient de *wimpla*, mot de la basse latinité, qui a donné l'adjectif *wimplatæ* (couvertes, ornées de *guimpes*) adjectif qui se trouve dans l'épître 114 de S. Bernard. « *Wimpla* gallicè *guimpe*, feminarum quondam ornamentum. » (*wimpla* en français *guimpe*, ornement autrefois à l'usage des femmes). Le P. MABILLON, Note (c) à l'endroit cité. Ménage dans ses *Ori-*

gines de la langue française, écrit *guimple*, et nous apprend que les Anglais ont traduit ce mot par *wimple*. Le latin *wimpla* et l'anglais *wimple* viennent de l'allemand *wimpel* qui signifie un voile.

Souvent l'essaim des folâtres Amours,
Essaim qui sait franchir grilles et tours,
Donne aux bandeaux une grâce piquante,
Un air galant à la *guimpe flottante*.
GRESSET, *Vert-vert.*

GUIMPER, *v.* cloîtrer. « Que ne la *guimpez*-vous? » HAUTEROCHE.

GUINDAGE, *s. m.* action d'élever des fardeaux au moyen d'une machine.

« M. Perrault, s'étant servi du mot de *guindage*, à la page 320 de sa traduction de Vitruve, n'a point fait de difficulté de dire dans ses notes, que ce mot était de sa façon. J'ai forgé, dit-il, ce nom qui n'est point en usage, mais qui vient de *guinder*, c'est-à-dire élever en haut par le moyen d'une machine. » MÉNAGE, *Observations sur la langue française.*

GUINDER, *v.* au propre élever à l'aide d'une machine, de l'allemand *winden.*

« Les autres s'estudient à eslancer et *guinder* leur esprit: moy à le baisser et coucher. » MONT. l. III, c. 3.

GUINDERIE, *s. f.* au figuré, caractère de ce qui est guindé; mot plaisant et heureux de Mme de Sévigné, et qu'on pourrait admettre dans la conversation. « Que dites-vous de l'habile personne qui ne put du tout deviner quel jour c'est que le lendemain de la veille de Pâques! Sa naïveté et sa jolie petite figure nous délassent de la *guinderie* et de l'esprit fichu de Melle du Plessis. »

GUINÉE, *s. f.* monnaie d'or d'Angleterre. On prétend que cette monnaie s'appelle ainsi parce qu'elle fut fabriquée, dans son origine, avec l'or que les Anglais avaient apporté de cette contrée de l'Afrique qui porte ce nom. « Il n'eût pas pris mille *guinées* de cette rencontre. » *Mémoires de Gramont.*

GUINGOIS, *s. m.* de travers. « C'est, dit La Monnoye, comme si l'on disait *guignois.* » Il a la même racine que *guigner. Voyez* ce mot.

GUINGUETTE, *s. f.* petit cabaret où l'on boit du petit vin appelé *guinguet*, du mot *ginguet*, étroit, serré, mince: un habit *ginguet*. On a dit d'abord du vin *ginguet* pour du petit vin, du mauvais vin, et même substantivement du *ginguet*, pour du mauvais vin. Le Duchat, dans ses notes sur les *Quinze Joyes du mariage*, écrit *guinguet* en ce sens; et c'est de ce mot *guinguet*, pour *ginguet*, que nous vient le mot *guinguette* qui était inconnu avant 1554.

Voltaire écrit aussi *guinguet* pour *ginguet*. « On a représenté *Sémiramis* sur mon théâtre; j'avais perdu de vue cet ouvrage: il m'a fait sentir que les *Scythes* sont un peu *guinguets* en comparaison. »

« Il y a des mots qui naissent entre nous par hasard, et auxquels le peuple donne cours sans savoir pourquoi. En l'an 1554, nous eûmes des vins infiniment verds, que l'on appela *ginguets*. En l'an 1557, il survint un mal de tête, accompagné d'une perpétuelle fluxion de pituite par le nez, que l'on nomma *coqueluche*. Et nous pratiquons encore ces deux mots en même matière quand les occasions s'y présentent. Toutefois il est impossible de rendre raison de l'un et de l'autre. Il suffit de montrer au doigt quand ces mots furent mis en usage. J'ai rendu raison du mot *Coqueluche* au mot *Coqueluche*. Pour ce qui est de *ginguet* je ne puis dire autre chose, si ce n'est qu'à Laval, et aux environs de Laval, et dans la Basse-Normandie, et même à Paris, on dit *un habit ginguet* pour dire un habit trop court ou trop étroit. » *Dict. étym. de Ménage.*

GUIORANT, TE, *adj.* se disait du cri naturel des rats et des souris.

Les rats qui craignent leur patte
D'une *guiorante* voix
A regret quittent les noix.

Pourquoi avoir laissé perdre ce mot? On le voit encore dans le *Dict. de Trévoux*, édit. de 1743.

GUIPURE, *s. f.* sorte de dentelle faite avec de la soie tortillée. « Dans toutes les *guipures*, il y avoit beaucoup de mouches, et l'ouvrage même étoit moucheté, c'est-à-dire que les lisières étoient d'une soie velue, comme le corps des mouches-guêpes. Ce qui me persuade que ce mot pourroit bien venir de guêpe. » LE DUCHAT.

Je voudrois bien qu'on fît de la coquetterie,
Comme de la *guipure* et de la broderie.
MOLIÈRE, l'*Ecole des Maris*.

GUIRLANDE, *s. f.* chapeau, couronne, feston de fleurs. Ce mot nous vient de *ghirlanda*, qu'on a dit dans la basse latinité, et qu'on dit encore en italien.

Cueillir une guirlande, pour dire cueillir les fleurs qui doivent former une *guirlande*, se dit, comme cueillir un bouquet; cependant il paraît que cette expression avait trouvé des contradicteurs du temps de Ménage.

Comme en *cueillant une guirlande*
L'homme est d'autant plus travaillé,
Que le parterre est émaillé
D'une diversité plus grande.
MALHERBE, *Poésies*, liv. IV, ode au duc de Bellegarde.

« Malherbe a dit *cueillir des guirlandes*, pour dire cueillir des fleurs dont on fait des *guirlandes*, qui est une façon de parler très-belle et très-poétique, et dont plusieurs autres poètes se sont servis devant et après Malherbe.... » MÉNAGE, *Observations sur les Poésies de Malherbe*, p. 249, édit. in-8°, Paris, 1666.

« *Cueillant une guirlande*. Cette façon de parler est fort belle et fort poétique, et ceux qui y trouvent à dire, parce qu'on ne cueille point de *guirlandes*, mais seulement des fleurs dont on fait ensuite des *guirlandes*, ne savent ce que c'est que de poésie. M. de Gombaud, dans un de ses sonnets amoureux, pag. 70 :

Allons parmi les fleurs *cueillir une guirlande*.

» J'ai dit aussi dans mon *Oiseleur* :

Sylvie en ses jardins cueillait une *guirlande*
Pour en faire à Palès une agréable offrande. »
MÉNAGE, *ibid.*, p. 414.

GUIRLANDÉ, ÉE, *part.* qui suppose le verbe *guirlander*, dérivé de *guirlande*, entourer, orner de guirlandes.

Les taureaux *guirlandés* tombent en sacrifice.
DESPORTES.

Ces rameaux dépouillés et flétris aujourd'hui,
Je les ai vus tous *guirlandés de fleurs*.
Traduct. nouvelle de l'*Art d'aimer* d'Ovide, ch. III, in-18, Paris, 1802.

J'ai hasardé ce mot (*guirlandés*), qui, je crois, n'a pas la sanction requise, mais qui pourrait la mériter : il me paraît riche, expressif, harmonieux à l'oreille, et rendant d'une manière satisfaisante l'idée qu'il veut présenter. Au surplus, je n'en suis pas l'inventeur; il est dû au feu maréchal de Brissac, et je me rappelle l'avoir lu dans une de ses lettres qui fait partie de la collection de celles de la chevalière, autrefois le chevalier d'Eon. *Note de l'auteur.*

Quelques auteurs croient créer des mots qu'ils ne font que réhabiliter; mais il faut louer leurs heureuses hardiesses; s'ils ne nous donnent pas, ils nous rendent ce que nous avions perdu.

Beaumarchais a forgé, ou peut-être nous a-t-il rendu le verbe *guirlander* dans un de ses *Mémoires* :

« Pour en *guirlander* son mémoire. » Ce verbe n'a point prévalu, et ne pourrait appartenir qu'au style plaisant et satirique.

GUISARME, *s. f.* Ce mot se trouve dans des auteurs anciens pour désigner une sorte d'arme, une hache à deux tranchans.

Skinner dérive ce mot du latin *bis arma* (arme double), probablement à cause des deux tranchans. De *bis arma* on a fait, selon Skinner, *visarma*, et ensuite *guisarme*.

Dans le glossaire du *Roman de la Rose*, *guisarme* est traduit par espèce de sabre ou d'épée.

« *Guisarme*, arme, pertuisane : *arma acuta*, arme aiguë. Dans la tragédie de la *Vengeance de Jésus-Christ* :

Soit de *guisarme* ou d'espée
Un home ne porroit morir,
S'il a du basme (baume) pour garir
La plaie qui lui sera faite. »

BARBAZAN, *Dissertation sur l'origine*

HAB 750 HAB

de la langue franç. p. 82, Paris, 1759.

GUITARERIE, *s. f.* mot forgé par Hamilton, dans ses *Mémoires de Gramont* : « Toute la *guitarerie* de la cour se mit à l'apprendre (cette sarabande), et Dieu sait la *râclerie* universelle que c'était! »

GUITARISER, *v.* pincer la guitare.

Je pense, quand la nuit il a *guitarisé*,
Que j'en ai tout le jour le cœur martyrisé.
SCARRON.

GUZMANESQUE, *adj.* « Un de ces héros *guzmanesques*, » gueux bohémiens. La Fontaine a fait cet adjectif de *Guzman d'Alfarache*, roman espagnol, traduit par le fameux Chapelain, dont celui de Le Sage est une imitation plutôt qu'une traduction.

GYMNASE, *s. m.* du latin *gymnasium* (lieu d'exercice), formé sur le grec γυμνάσιον (*gumnasion*), dérivé de γυμνὸς, *nudus*, parce que les anciens se livraient, dans le gymnase, aux exercices de corps, nus ou presque nus, afin d'être plus libres dans leurs mouvemens.

On a donné de nos jours le nom de *gymnases* à des maisons d'éducation, à des sociétés littéraires, et même à des théâtres.

GYRIE, *s. f.* (γῦρος, tour) tour de bateleur, et aussi, grimace, douleur feinte. Comme, dans ce dernier sens, ce terme est tout-à-fait populaire, ne serait-ce pas une corruption de *singerie*?

H

HA! interjection admirative.

J'ai de l'esprit assez pour faire du fracas
A tous les beaux endroits qui demandent des *has*!
MOLIÈRE.

Au 17ᵉ siècle, un prédicateur de Bordeaux, voulant prouver toute la reconnaissance des trépassés envers ceux qui donnent de l'argent aux moines, afin qu'on prie pour eux, débitait gravement en chaire qu'au seul son de l'argent tombant dans le bassin, et qui fait *tin, tin, tin,* toutes les ames du purgatoire se prennent à rire, et font *ha, ha, ha, hi, hi, hi*.

Un astrologue italien, nommé l'abbé Damascène, s'exprima ainsi dans une brochure de six feuillets, qu'il débitait à Orléans, en 1662 : « *S'affaticano, per conoscer le complessioni i periti, e per mezzo di questa fatica, l'hanno assotigliata in modo, che dicono, quando ride l'huomo, e fa* hi, hi, hi, *è malinconica ; se* he, he, he, *è collerica ; se* ha, ha, ha, *è flematica ; se* ho, ho, ho, *è sanguigna*. » *Glossaire des Noëls bourguignons.*

HABILE, *adj.* (*habere*). « On a dit de deux hommes célèbres, que l'un savait bien les siècles passés, l'autre le siècle présent ; c'est dire que l'un était fort savant et l'autre fort *habile*. » BOUHOURS.

HABILETÉ, *s. f.* qualité de celui qui est habile, du latin *habilitas*; aussi a-t-on dit anciennement *habilité*, qui n'est pas tout-à-fait hors d'usage, puisqu'on s'en sert encore au barreau, où l'on dit *habilité à succéder*, comme on dit *habile à succéder*, dans le sens d'aptitude, de reconnu capable par la loi.

« *Habileté*. Ce mot est à *capacité*, ce qu'*habile* est à *capable* : *habileté* dans une science, dans un art, dans la conduite. On exprime une qualité acquise en disant : il a de l'*habileté*. On exprime une action en disant : il a conduit cette affaire avec *habileté*. » VOLT. *Dict. philos.* au mot *Habile*.

« C'est, dit La Rochefoucauld, une grande *habileté* de savoir cacher son *habileté*. »

Il y a des crimes qui deviennent innocens et presque glorieux par leur éclat, leur nombre et leur excès : de là vient que les voleries publiques sont des *habiletés* ; et que prendre des provinces injustement s'appelle faire des conquêtes.

HABILLER, *v.* vient d'*habit*.

« *Habiller; vulgo parare est, et vestimentis indui : ab* habitibus *pendet quos vocamus* habitz. » CH. BOUILLES, *de Orig. dict. gallicanarum.*

« *Habillé* en livre. » MONT.

Tous ceux qui par ambition
Professent la dévotion,
Et sont *habillés* à la prude.
SCARRON.

« Elle trouve bien plus honnête d'*habiller* son visage ; et, parce que vous montrez celui que Dieu vous a donné, vous lui paraissez toute déshabillée. » Mme DE SÉVIGNÉ.

« La réflexion de M. de Grignan est admirable : on l'a pensée quelquefois, mais vous l'avez *habillée* pour paraître devant le monde. » *La même.*

Souvent j'*habille* en vers une maligne prose.
BOILEAU.

Le temps n'est plus, mes vers, où ma muse en sa [force
De si riches couleurs *habilloit* ses leçons.
Le même.

J. B. Rousseau exhorte à fuir ces esprits téméraires qu'on voit

En argumens *habiller* tous leurs doutes.

« L'histoire s'*habille* en roman. » L'abbé COYER.

« *Habillez* galamment la raison. » J. J. ROUSSEAU.

La bienséance est de tous les pays, mais elle n'est pas partout *habillée* de même.

HABIT, *s. m.* du latin *habitus* (vêtement, habit).

Si l'*habit* du pauvre a toujours eu des trous, l'*habit* du riche a souvent eu des taches.

L'abbé Desfontaines, trouvant un jour dans un cercle Piron avec un très-bel *habit*, en souleva la basque et dit : « Quel *habit* pour un tel homme ! — Et, riposta vivement Piron en faisant le même geste, quel homme pour un tel *habit*! »

La reine Élisabeth comparait un juge à un *habit*; quand il est neuf, il est si juste qu'on a peine à le vêtir ; mais à l'user il devient trop large.

L'Euripide français a fait, dans *Athalie*, un heureux emploi de ce mot, qui appartient exclusivement au style familier :

Laissez là cet *habit*, quittez ce vil métier.

La simplicité du terme, qui cadre si bien avec *métier*, ne peint que mieux le mépris que cette reine avait pour le sacerdoce des Juifs.

L'habit ne fait pas le moine. « Par ce proverbe, dit Nicot, nous sommes enseignez que le vestement et autres choses externes donnent bien quelque tesmoignage de la profession que les personnes font en apparence, mais que pour cela ils ne sont toujours par le dedans tels qu'ils doivent estre. De fait tel porte un froc, un capuchon, et quelque robe de couleur usitée aux moynes, qui pourtant n'est pas moyne, c'est-à-dire duquel la vie et conversation n'a aucune conformité au vrai état monacal. Aussi S. Hiérome disoit de son temps : *Ecce undique mundus fervet monachis et sacerdotibus, et tamen jam sunt rarissimi sacerdotes et monachi, cùm vix de centum unus reperiatur* (le monde est rempli de moines et de prêtres, et cependant les moines et les prêtres sont fort rares, puisqu'à peine en trouve-t-on un sur cent). »

Cette façon de parler est prise des auteurs du droit canon, en parlant de la capacité ou incapacité de posséder des bénéfices. Voici ce qu'en dit Godefroy sur la *Coutume de Normandie*, au titre *de Jurisc.* pag. 61 : « Il y a des bénéfices séculiers, il y en a de réguliers. J'appelle réguliers ceux qui sont destinés aux moines et religieux profès : car c'est une maxime générale à tous bénéfices que *regularia regularibus, sæcularia sæcularibus sunt conferenda* ; et partant les réguliers ne peuvent être conférés qu'aux religieux du même ordre. De la règle prédite on a pris occasion de douter si, pour obtenir lesdits bénéfices, il suffit du noviciat et de l'*habit*, ou s'il faut être profès. Mais enfin il a été conclu que *l'habit ne fait pas le moine*, et partant qu'il faut être profès pour posséder lesdits bénéfices. »

Ce proverbe, ainsi que la remarque en a été faite par Est. Pasquier, est fort ancien dans notre langue, puisque Jean de Meung l'a employé dans son *Roman de la Rose* :

Tel ha robe religieuse,
Doncques il est religieux :
Cet argument est vitieux
Et ne vault une vieille gaine,
Car *la robe ne fait le moine.*

HABITACLE, *s. m.* du latin *habitaculum* (habitation, demeure). Suivant l'Académie, il ne se dit que dans quelques phrases de l'Écriture, et dans le style soutenu : *l'habitacle du Très-Haut, les habitacles éternels.* Cela ne se dit plus. *Habitacle* est un vieux mot qui appartiendrait plutôt au style marotique ou critique.

Gens barbares, gens durs, *habitacle* d'impies.
LA FONTAINE. liv. XII, *fable* 28.

Non loin de l'armorique plage,
Il est une île, affreux rivage,
Habitacle marécageux.
GRESSET.

Scarron avait employé ce mot dans une acception remarquable :

Darès a peur qu'on ne lui fêle
L'habitacle de la raison.

HÂBLER, *v.* de l'espagnol *hablar*, venu du lat. *fabulari* (parler, converser). Parler beaucoup et avec vanterie, exagération et ostentation ; mentir.

« Quand il m'entendrait parler de la sorte, dirait-il que *je hâble ?* M'arguërait-il de trop de babil, d'une jactance excessive ? car c'est ainsi que nous entendons le mot *hâbler*, emprunté de l'espagnol *hablar*, qui, pris en sa vraie signification, signifie parler beaucoup. » *Etymologie des proverbes français* par Bellingen.

« Ce mot, dit Ménage, a été introduit en France, sous François Ier, à l'occasion d'une ambassade espagnole en France, dans laquelle les Espagnols qui parlaient leur langue, en demandant ce qui leur faisait besoin, disaient toujours *habla, habla.* »

HÂBLEUR, *s. m.* EUSE, *s. f.* de l'espagnol *hablador*, fait du lat. *fabulator* (grand parleur).

Dans Florence jadis vivait un médecin,
Savant *hâbleur*, dit-on, et célèbre assassin.
BOILEAU, *Art poétique*, ch. IV.

« Le *hâbleur* et la pie se ressemblent parfaitement ; tous deux ont la voix, et rien de plus. » OXENSTIERN.

« Le *hâbleur* et le tambour semblent également faits pour étourdir. » *Le même.*

Loin de nous des cafés l'insipide *hâbleur !*
Mais sachons du bavard distinguer le craqueur.
Au bord de la Garonne, il en est qu'on révère,
Et qui ment avec grâce est toujours sûr de plaire.
Les Craqueurs, petite pièce insérée dans un recueil ayant pour titre *Propos de table*, Paris, 1807.

HAGARD, E, *adj.* (*agrestis*, selon Huet, de l'allem. *hag*, clôture, lieu fortifié, propre à rendre fier celui qui l'a pour défense ; ce qui paraît un peu tiré ; ou mieux, de l'allemand *hager*; maigre, décharné).

Toujours ces sages *hagards*,
Maigres, hideux et blafards,
Sont souillés de quelqu'opprobre.
A. B. ROUSSEAU.

HAHA, *s. m.* formé de *ha* répété, exclamation de surprise à la vue d'un obstacle inattendu ; ouverture faite au mur d'un jardin, avec un fossé en dehors, afin de laisser la vue libre.

« On prétend que le fils de Louis XIV a fait donner ce nom à cette sorte d'ouverture qu'il aperçut pour la première fois dans les jardins de Meudon, et au sujet de laquelle, dans sa surprise, il s'écria : *Ha, ha !* » A. BONIFACE.

. . . . Je gage mes oreilles
Qu'il est dans quelqu'allée à bayer aux corneilles,
S'approchant pas à pas d'un *haha* qui l'attend,
Et qu'il n'apercevra qu'en s'y précipitant.
PIRON, *Métromanie*, sc. 1.

HAIE, *s. f.* (allem. *hag*, clôture). Un pamphlet de 1604 (*le Politique*) appelle « garnisons de *hayes* et de buissons, » les voleurs de grands chemins.

HAIM. *Voyez* HAMEÇON.

HAINE, *s. f.* Le Misanthrope de Molière veut que l'on ait pour les méchans

ces *haines* vigoureuses
Que doit donner le vice aux ames vertueuses.

« La *haine* est d'ordinaire plus ingénieuse à nuire, que l'amitié à servir. » SAINT-ÉVREMONT.

Il y a moins loin de la *haine* à l'amour, que de la *haine* à l'indifférence.

> En mon cœur la *haine* abonde;
> J'en regorge à tout propos,
> Depuis que je hais les sots,
> Je hais presque tout le monde.
> D'ACEILLY.

HAINEUSEMENT, *adv.* avec haine, s'est dit anciennement, ou du moins se trouve dans les *Poésies* de J. Tahureau.

HAINEUX, EUSE, *adj.* enclin à la haine. Ce mot avait vieilli du temps de La Bruyère, qui le regrette. Il a repris faveur, et Voltaire l'a rajeuni dans ces vers connus :

> Je tâcherais avec le moliniste
> D'apprivoiser le *haineux* janséniste.

« Je sens dans mes malheurs que je n'ai point l'ame *haineuse*. » J. J. ROUSSEAU.

M. Féraud remarque qu'anciennement on le disait substantivement pour *ennemi*.

Dans un sonnet sur le chien de Henri IV, d'Aubigné dit :

> Mais il fût redoutable
> A vos *haineux*, aux siens par sa dextérité.

HAÏR, *v.* « Quelque haine qu'on ait pour les tyrans, on s'aime encore plus qu'on ne *hait* les autres. » SAINT-RÉAL.

Lé Régent, fatigué des remontrances d'un député des Etats d'une province qui réclamait contre une surcharge d'impositions, lui dit vivement : « Eh! quelles sont vos forces, pour vous opposer à mes volontés? Que pouvez-vous faire? — Obéir et *haïr*. »

Un Anglais disait : « Je *hais* les Français jusqu'à la mort. » Un Français, présent, répondit : « C'est peut-être de la crainte que mylord prend pour de la haine? »

HAIRE, *s. f.* de l'allem. *haar* (poil).

« Les haires de nos aïeux étoient faites d'une matière tissue de poil de cheval, de quoi les uns d'entr'eux faisoient des chemises, et d'autres, des ceintures à gehenner leurs reins. » *Essais de Montaigne.* Cet auteur nous fait voir dans cet endroit que l'on portait ces haires pour amortir les feux de la concupiscence, par l'application de ces étoffes dures et froides ; mais, ajoute-t-il, « l'expérience nous apprend qu'une telle esmotion (de la chair) se maintient bien souvent sous des habits rudes et marmiteux, et que les *haires* ne rendent pas toujours *hères* ceux qui les portent. »

> Laurent, serrez ma *haire* avec ma discipline,
> Et priez que toujours le ciel vous illumine.
> MOLIÈRE, *Tartufe*.

HAÏSSEUR, *s. m.* celui qui hait. « Timon, cet insigne et beau *haysseur* d'hommes, qui tant envieusement mangea son pain seulet. » *Contes d'Eutr.* tom. II.

HAIT, *s. m.* vieux mot qui signifiait santé, bonne volonté, promptitude à faire quelque chose. On disait autrefois : je ne puis rien faire à ton *hait*. Son composé *souhait* a pris sa place ; on dit à présent : selon ton *souhait*.

« Et maistre Pierre eschappe de *hait*, qui estoit un petit mieux en équipage que le jour de devant. » DESPÉRIERS, *Contes*, tom. I, p. 269, in-12, Amsterdam, 1735.

« Les étymologies de Ménage, aux mots *hait*, *haiter*, font pitié. *Hait* vient de *habitus*, dans le sens de *disposition*. Faire quelque chose de bon *hait*, chez nos anciens, c'est la faire volontiers. Depuis, on a dit simplement *de hait*, comme *de cœur* signifie *de bon cœur*; comme *affectionné*, bien affectionné, etc. » DE LA MONNOYE, sur *Despériers*, au lieu cité.

« En bonne santé toussez ung bon coup, beuvez-en trois, secouez *de hait* vos oreilles, etc. » RABELAIS, *Nouveau Prologue du 4e liv.*

> Pourveu qu'à l'ombre des chopines
> Je me trouve sain et *de hait*.
> OEuvres de Saint-Amant, p. 109, 2e partie, in-4°, 1651.

De *hait* sont dérivés l'ancien verbe *haiter* (plaire, être agréable.) et l'ancien adjectif *haitié* (gai, joyeux, bien portant), qui se trouve dans la *Chronique rimée*, par Godefroy de Paris, et dans le *Glossaire des Fabliaux* de Barbazan, par M. Méon.

HALBRÉNÉ, ÉE. *adj.* au propre,

terme de fauconnerie, qui se dit d'un oiseau qui a des plumes rompues. Il est dérivé de *halbran*, mot par lequel on désigne un jeune canard sauvage, et qui vient, selon Le Duchat, de l'allemand *halbrente*, composé de *halber* (demi) et de *ente* (canard), comme qui dirait *demi-canard*; d'autres le dérivent du grec ἅλς (*hals*) mer, et de βρένθος (*brenthos*) oiseau, canard ; ce qui reviendrait à *oiseau de mer*, *oiseau aquatique* : au figuré, *halbrené*, dans le style familier, signifie en mauvais état, mouillé, déguenillé, homme dont les affaires sont dérangées.

« Harassés et *halbrenés* qu'ils sont de travail et de faim. » MONTAIGNE, liv. III, c. 5.

HALENER, *v.* du latin *anhelare* (être hors d'haleine, répandre une odeur, respirer l'*haleine*, une odeur).

Gratis anhelans, multa agendo nihil agens.
PHÈDRE, liv. II, *fable* 5.

(Se mettant gratuitement *hors d'haleine*, se donnant beaucoup de mouvement pour ne rien faire.)

« Richelet et Danet, dit le Prote de Poitiers, dans le *Traité de l'orthographe française*, écrivent *haleiner* et *halener*. L'Académie, Furetière, Dupuys, Baudouin et Monet n'écrivent que *halenée*, *halener* : il semble que *haleinée* et *haleiner* seraient plus conformes au mot *haleine*, dont ces deux derniers sont composés ; mais alors l'*e* se prononcerait comme il se prononce nécessairement dans *haleine*, à cause de l'*e* muet qui le suit ; au lieu que dans les deux autres il devient muet, *halenée*, *halener* ; et, lorsque dans celui-ci il se trouve suivi d'un autre *e* muet, il se prononce, mais en prenant simplement l'accent : *il halène*, *ils halènent*. »

Ce mot, qui ne se dit plus, au propre, que des chiens de chasse qui sentent la bête, et, au figuré, que très-rarement, et encore dans le style très-familier, était autrefois d'un usage assez fréquent.

« Je ne vey jamais de grand seigneur accompagné de plus grande preud'hommie que luy (le mar. de Montmorency sous Charles IX) et en ay *halené* plusieurs. » EST. PASQUIER, *Rech.* liv. V, c. 12.

« Après avoir par trois et quatre venues *haleiné* la France. » *Le même*, liv. X, *lett.* 6.

« En peu de temps leur imposture fut *haleinée*, c'est-à-dire découverte. » *Le même*, liv. 1, *lett.* 8.

Or moi qui suis tout flamme et de nuit et de jour,
Qui n'*haleine que feu*, ne respire qu'amour.
REGNIER, *Satire* VII.

« Un soir que l'ogresse rôdoit à son ordinaire dans les cours et basses-cours du château pour y *halener* quelque viande fraîche, etc. » CH. PERRAULT, *la Belle au bois dormant*.

HALETER, *v.* « Que votre ame n'*halète* après ni l'or ni l'argent. » NIC. PASQUIER, liv. VII, *lett.* 6.

HALLE, *s. f.* Ce mot sur lequel les étymologistes ne sont pas d'accord, paraît venir du celtique ou de l'allemand *hall*, un lieu couvert, une maison, un portique. On donnait autrefois ce nom aux grands édifices de charpente, couverts de tuiles et entourés de murs, où se tenaient plusieurs foires de France ; entr'autres la foire Saint-Germain, à Paris, et celle de Caën sont ainsi désignées dans les titres de leur établissement ; et c'est de deux de ces bâtiments destinés aux anciennes foires de Paris, que les principaux marchés de cette ville ont été appelés *halles*.

On appelle le *langage des halles*, le langage bas et grossier que parlent les harengères et autres femmes des *halles*.

On ne vit plus en vers que pointes triviales,
Le Parnasse parla le *langage des halles*.
BOILEAU.

Cicéron a dit, dans le même sens, *maledictum ex trivio* (injure de carrefour, de place publique). Et nous disons encore *des complimens de la place Maubert*, pour les injures les plus grossières.

HAMEÇON, *s. m.* de *hamicio*, dans la basse latinité, dérivé de *hamus* (croc, crochet), qui a d'abord donné le mot *haim* dans les *Epi-*

thètes de De la Porte, dans Philibert Monet, etc.

« Ne pensez pas qu'il y ait nul oiseau qui se prenne mieux à la pipée, ny poisson aucun qui pour la friandise s'accroche plustost dans le *haim*, que tous les peuples s'allèchent vistement à la servitude. » LA BOÉTIE, *de la Servitude volontaire*, à la suite des *Essais de Montaigne*.

Ce ne sont qu'*haims*, qu'amorces et qu'apas.
    Les Amours de Ronsard, cxxx[e] sonnet.

A l'heureux *hameçon* du Père Polycarpe,
Tantôt pend un brochet et tantôt une carpe.
    LE NOBLE.

S'exposer à de grands dangers pour peu de chose, c'est, disait Auguste, pêcher avec un *hameçon* d'or.

« Presque toujours les présens de Mars sont ses *hameçons*, et ses favoris sont ses victimes. » BALZAC, *Disc. à la Reine rég.*

ISABELLE.

« J'emploie tout mon esprit pour attirer quelque amant dans le filet conjugal ; mais les hommes sont des pestes de poissons rusés qui viennent badiner autour de l'appât, et qui mordent rarement à l'*hameçon*. » *Théâtre italien* de Ghérardi.

HANAP, *s. m.* probablement de l'anglo-saxon *hnæp* (calice, vase à boire). Ce vieux mot est fort ancien dans notre langue ; on le voit souvent dans les *Fabliaux* de Barbazan, dans Perceforest, dans le *Roman des Neuf Preux*, etc.

« Un grand *hanap* plein de vin vermeil. » RABELAIS.

J'aime mieux les Turcs en campagne
Que de voir nos vins de Champagne
Profanés par des Allemands :
Ces gens ont des *hanaps* trop grands ;
Notre nectar veut d'autres verres.

Tous les vrais Français seront de l'avis du bon La Fontaine.

Et cil qui chanson ne balade
Onc ne rima sans *hanap* de bon vin.
    A. HAMILTON, *Mémoires du comte de Gramont*,
    Épître à ce comte, en tête de l'ouvrage.

HANICROCHE, *s. f.* arme dont le fer était recourbé en crochet ; d'où l'expression métaphorique et populaire de *hanicroche*, pour dire accroc, retardement ; Rabelais se sert en ce sens du mot *hanicrochement*. *Gloss. de Rabelais*, édit. Desoër.

HANNETON, *s. m.* du latin *alis tonans*, à cause du bruit que cet insecte fait avec ses ailes quand il vole. « *Aneton* pour *alleton*, dit Jacques Bourgoing, *quòd alis tanquàm factitio sono intonet, et ut alitonans.* » *De Origine et usu vulgarium vocum*, p. 59, in-4°, 1583.

Ce rimailleur à tête folle
Fait des vers et se croit favori d'Apollon ;
Il est semblable au *hanneton*,
Qui se croit oiseau, quand il vole.

HANTER, *v.* de l'allemand *hanse* (société), ou *hand* (main), vivre avec quelqu'un comme avec un compagnon, un associé, un ami. « On a tort, dit Roubaud, de laisser vieillir ce mot dont se sont servis les écrivains les plus délicats. *Hanter* ajoute à *fréquenter*, l'idée d'une habitude ou d'une fréquentation familière qui influe sur les mœurs, sur la conduite, sur la réputation, sur les principes, etc. »

Qui *hante* grands, oncques ne fut certain
Qu'ils soient le soir ce qu'ils sont le matin.
    DE VILLIERS.

Naguère des esprits *hantaient* chaque village.
    DELILLE.

HANTISE, *s. f.* fréquentation ; ce mot se prend en mauvaise part. On peut ajouter qu'il est bas et populaire. « Pour que la *hantise* des femmes fût sans danger, il faudrait que les hommes fussent des anges. » P. SENAULT, *Traité des passions*.

Et qu'après les douceurs d'une longue *hantise*
Ou l'a seul dans sa chambre avec elle trouvé.
    P. CORNEILLE, *le Menteur*, act. v, sc. 1.

Isabelle pourrait perdre dans ses *hantises*
Les semences d'honneur qu'avec nous elle a prises.
    MOLIÈRE, *l'École des Maris*, act. 1, sc. 4.

HAPPELOURDE, *s. f.* proprement, pierre fausse qui a l'éclat d'une pierre précieuse, ainsi appelée parce qu'elle *happe*, elle surprend la personne *lourde*, stupide, qui n'y fait pas attention.

Happe, 3e personne du verbe *happer*, entre également en composition dans *happechair*, *happelopin*.

Tout est fin diamant aux mains d'un habile homme,
Tout devient *happelourde* entre les mains d'un sot.
LA FONTAINE.

Au figuré, ce mot signifie personne ou chose qui a plus d'éclat que de valeur.

« *Happelourde* se dit de celui qui prend et attrape les lourdauds, quoy qu'en discours vulgaire on dise aussi une grosse *happelourde* pour un niais, un lourdaut qui se laisse aisément tromper. » Le P. LABBE, *Etymologies des mots françois*.

HAPPER, *v.* selon Joach. Perion, vient, comme *harper*, prendre, du grec ἁρπάζειν. Il est plus probable que *happer* est une onomatopée, et vient du bruit (*happe*) que fait un chien ou un autre animal qui ferme promptement la gueule pour saisir.

Happer pour *prendre* se trouve déjà dans un petit poème intitulé *le Dit des rues de Paris* par Guillot de Paris, écrivain du 13e siècle.

On les asperge, hélas! le tout en vain :
Aux pieds du lit se tapit le malin,
Ouvrant la griffe, et lorsque l'âme échappe
Du corps chétif, au passage il la *happe*,
Et vous la porte au fin fond des enfers,
Digne séjour de ces esprits pervers.
VOLTAIRE.

HAQUET, *s. m.* s'est pris anciennement pour un petit cheval ; un cheval de petite taille, comme on dit encore *haquenée* pour cheval ou cavale de médiocre taille. Ce mot *haquet*, en ce sens, paraît venir du latin *equus* (cheval), avec la forme diminutive (petit cheval), comme *haquenée* vient du latin *equina*, dérivé d'*equus*.

Sus, sus, allez-vous-en, Jaquet,
Et pansez le petit *haquet*,
Et lui faites bien sa litière.
COQUILLART.

Par extension ou métonymie on aura donné par la suite le nom de *haquet* à une espèce de charrette à laquelle on attelait un petit cheval, un *haquet*.

HARANGUER, *v.* (en allemand, *hearing*, audience).

Louis XIII disait que c'étaient les longues *harangues* qui l'avaient fait grisonner de bonne heure.

HARANGUEUR, *s. m.* celui qui harangue.

Oui, vous êtes, Drancès, fécond en beaux discours,
Il faut que j'en convienne ; et l'on vous voit toujours,
Tranquille *harangueur* au sein de nos murailles,
Le premier au conseil, le dernier aux batailles.
DELILLE, trad. de l'*Enéide*, liv. XI.

— Il se prend ordinairement en mauvaise part dans le sens de déclamateur :

Des *harangueurs* du temps l'ennuyeuse éloquence.
BOILEAU.

Après le créancier, est-il quelque visage
Plus maussade qu'un *harangueur*!
ROY.

La Harpe a donné un féminin à ce substantif :

« Une *harangueuse* se lève, et rappelle tous les outrages que son sexe a reçus du poète. » *Cours de littérature*, chap. VI, sect. I.

HARAUDER. *Voyez* HARO.

HARCELER, *v.* (en allemand, *harck*, râteau). « Qui essaye d'abréger impérieusement les maladies, par force, au travers de leur course, il les allonge et multiplie : et les *harcelle*, au lieu de les appaiser. » MONT. l. III, c. 13.

HARCÈLERIE, *s. f.* vieux mot à regretter.

Loyauté ne tant ne quant
N'y a point hébergerie,
Car dame *Harcèlerie*
La reboute isnellement (vite)
En ce monde.

HARDEAU. *Voy.* HART.

HARDIMENT, *s. m.* s'est dit pour *hardiesse*. « Maintien gaillard de femme donne *hardiment* à couard de parler. » *Quinze Joyes du mariage*, 11e Joye.

HARENG, *s. m.* (*areo*, devenir sec). De là *harengère*, femme qui vend des harengs. « C'était une grosse vilaine *harengère* dans son tonneau. » SAINT-SIMON, *Hommes illust.* t. II.

Et par suite, femme criailleuse et grossière dans ses paroles, dans ses injures.

On trouve dans Oudin, *Dict. des trois langues*, *harengeries*, pour propos, injures de harengères.

HARGNERIE, *s. f.* dérivé de *hargne*.

« Le véritable respect que l'on doit au public est de lui épargner, non de tristes vérités qui peuvent lui être utiles, mais bien toutes les petites *hargneries* d'auteurs dont on remplit les écrits polémiques. » J. J. ROUSSEAU.

HARGNEUX, EUSE, *adj.* du latin *herniosus* (qui a une hernie), dérivé de *hernia* (hernie, descente), que Scaliger fait venir du grec ἔρνος (branche, rameau).

« On a nommé ainsi, dit M. Morin dans son *Dict. des mots franç. dérivés du grec*, une *hernie*, parce que la partie qui se déplace semble former une *branche* en s'alongeant. »

Hergne ou *hargne* s'est dit d'abord pour hernie, et ensuite au figuré, pour humeur fâcheuse, chagrine.

« Il y a donc de la *hargne* dans les plus grands plaisirs. » CHOL. *Contes*, tom. I.

« Pour montrer que leurs *hergnes* et leur malignité passent outre la couche nuptiale. » MONTAIGNE.

« *Hergne*, qui veut dire ici *humeur chagrine*, *acariâtre*, *rioteuse*, ne signifie plus aujourd'hui qu'une certaine incommodité du corps qu'on nomme *hargne* ou *hergne*. Mais *hargneux* pour *querelleux* est encore d'usage. » COSTE, *sur Montaigne*, note au bas de la page.

Hargneux ou *hergneux*, car il semble, suivant Nicot, qu'il vienne de *herniosus*; *herniosi enim sunt admodum morosi ob acrem dolorem quo sæpe cruciantur*. (Car ceux qui sont incommodés d'une hernie sont d'humeur chagrine, à cause des douleurs fréquentes qu'ils éprouvent.)

« Je fuis les complexions tristes et les hommes *hargneux*, comme les empestez. » MONT. liv. III, ch. 10.

« Il y a des mots *hargneux*, dit Régnier, le satirique, en parlant de Remi Belleau; » expression aussi plaisante que vraie.

HARMONICA, *s. m.* instrument de musique composé de verres de différens timbres. Cet instrument est dû au célèbre Franklin qui l'inventa en 1760 ; il a été perfectionné depuis. Ce nom est donc nouveau dans notre langue, puisque l'invention n'est pas ancienne.

HARMONIE, *s. f.* du latin *harmonia* fait sur le grec ἁρμονία (*harmonia*), concert, liaison, accord de plusieurs parties qui forment un tout. *Voyez* HARMONIEUX. L. Racine l'appelle *enchanteresse de nos sens*.

L'orgue divine exhale un son religieux,
Et de sa voix sonore, à nos voix réunie,
Verse dans le lieu saint *des torrens d'harmonie*.
DELILLE, *les Trois Règnes de la Nature*, c. II.

M. de Bridel a dit avec une heureuse hardiesse, en parlant du chant du rossignol :

Que j'aime ces accords si doux, si variés,
. . . .
Et ce silence enfin si plein de volupté,
De langueur, d'abandon pour l'ame recueillie,
Qui pense encor nager dans *des flots d'harmonie*!
Le Printemps et Lina.

« Si la poésie a son *harmonie* particulière qui la caractérise, la prose, dans toutes les langues, a aussi la sienne : les anciens l'avaient bien vu; ils appelaient ῥυθμός le nombre pour la prose, et μέτρον celui du vers. Quoique notre poésie et notre prose soient moins susceptibles de mélodie, que ne l'étaient la prose et la poésie des anciens, cependant elles ont chacune une mélodie qui leur est propre. » D'ALEMBERT, *Œuvres posthumes*, tom. II.

« On ne peut trouver que deux sortes d'*harmonie* dans le style, disait Diderot, celle qui imite les phénomènes de la nature, et celle qui peint les sentimens ou les passions : c'est la juste *harmonie* qui fait souvent ce charme inconnu et inexplicable, attaché à des vers ou à des morceaux de prose, qui ne contiennent d'ailleurs que des idées communes. Il citait ces vers de Voltaire :

Et montrer les langueurs de son ame *abattue*
A des amis *ingrats* qui détournent la vue.

» Ce mot *abattue* traîne et semble peindre la faiblesse ; *ingrats* est ingrat à l'oreille. Les vers sont charmans; cependant l'idée est commune. » *Mélanges de Mme de Necker*, tom. I, pag. 25.

« L'*harmonie* du discours, dit L. Racine, consiste en deux choses : dans l'arrangement des mots, que j'appellerai l'*harmonie mécanique*; et dans le rapport de cet arrangement avec les pensées, ce que j'appellerai l'*harmonie imitative.* » *Réflexions sur la poésie*, ch. IV.

On entend plus particulièrement par *harmonie imitative*, cette *harmonie* qui peint les objets par les sons des mots.

Quels qu'ils soient, aux objets conformez votre ton :
Ainsi que par les mots, exprimez par le son.
Peignez en vers légers l'amant léger de Flore.
Qu'un doux ruisseau murmure en vers plus doux
[encore.
Entend-on d'un torrent les ondes bouillonner,
Le vers tumultueux en roulant doit tonner.
Que d'un pas lent et lourd le bœuf fende la plaine,
Chaque syllabe pèse, et chaque mot se traîne.
Mais si le daim léger bondit, vole et fend l'air,
Le vers vole et le suit aussi prompt que l'éclair.
Ainsi de votre chant la marche cadencée
Imite l'action et note la pensée.
DELILLE, *Géorgiques françaises*, ch. IV.

« L'*harmonie* imitative, dans le langage, achève et perfectionne la description d'un objet, parce qu'elle rend à l'oreille l'impression que l'objet fait sur les sens. Elle se trouve dans le nom même de la chose, ou dans le verbe qui exprime l'action. Quand le nom et le verbe n'ont pas d'*harmonie* qui imite, on ne parvient à la créer que par le choix des épithètes et la coupe des phrases. Le nom qu'on appelle *substantif* doit avoir son *harmonie*, quand l'objet qu'il exprime a toujours une même manière d'être : ainsi *tonnerre*, *grêle*, *tourbillon* sont des mots chargés d'*r*, parce qu'ils ne peuvent exister sans produire une sensation bruyante. L'eau, par exemple, est indifférente à tel ou tel état; aussi, sans aucune sorte d'*harmonie* par elle-même, elle en acquiert au besoin par le concours des épithètes et des verbes : *l'eau turbulente frémit, l'eau paisible coule*. Il y a dans notre langue beaucoup de mots sans *harmonie*, ce qui la rend peu traitable pour la poésie qui voudrait réunir tous les genres de peinture. » RIVAROL, *Œuvres complètes*, tom. II, pag. 87, in-8º, Paris, 1808.

HARMONIER, *v.* mettre en harmonie. Ce mot est de la création de Bernardin de Saint-Pierre, qui en avait besoin dans ses *Harmonies de la nature*, pour éviter les périphrases.

« Une large lisière de gazon d'un beau vert gris..... s'*harmonie* d'un côté avec la verdure des bois, et de l'autre avec l'azur des flots. » *Études de la nature*.

Il est difficile d'*harmonier* deux caractères si opposés. On dit aussi s'*harmonier*. J'ai fait mon possible pour m'*harmonier* avec eux. Il est peu usité; mais Laveaux observe qu'il est utile.

HARMONIEUX, EUSE, *adj.* L'Académie ne dit *harmonieux* que des choses, cependant on le dit quelquefois des personnes : « C'est ainsi que sous la plume du plus *harmonieux* des poètes, les sons deviennent des couleurs, et les images des vérités. » BARTHÉLEMY.

« Le mot *harmonie*, est-il dit dans les *Variétés sur la langue française*, pag. 28, signifie, par extension, des moyens et des efforts qui tendent au même but; et je crois que, dans ce sens, il ne peut avoir de qualificatif. On dit l'*harmonie* des corps célestes; dira-t-on qu'ils sont *harmonieux*? Les deux généraux durent la victoire à l'*harmonie* de leurs opérations; pourra-t-on dire à leurs opérations *harmonieuses*? Je dis bien il y a de l'*harmonie* dans ce tableau, les parties de ce tableau sont en *harmonie*; dirai-je également : ce tableau est *harmonieux*, les parties de ce tableau sont *harmonieuses*? Non, sans doute. Il y a donc une faute dans ce vers de M. l'abbé Delille :

D'un buste *harmonieux* les rondeurs élégantes. »
L'Homme des Champs, ch. IV.

Sachons gré au poète qui a étendu l'acception du mot *harmonieux* à la signification du mot *harmonie* dans le sens figuré d'accord, correspondance; c'est ainsi que, sans augmenter le nombre des termes, on enrichit la langue poétique. Disons plus, Delille ne se trouvait-il pas autorisé à parler ainsi, par l'Académie elle-même, qui appelle *couleurs harmonieuses*, celles qui font un bel effet, et qui concourent à une même fin. Le Mierre avait dit avant lui, en parlant de chimie :

Tes mains savent encor, pour le plaisir des yeux,
Préparer des couleurs l'accord *harmonieux.*
    Poëme de la *Peinture*, ch. 11.

L'autorité de M. Baour-Lormian vient à l'appui de cette opinion ; il a dit, dans sa traduction de la *Jérusalem délivrée*, ch. IV :

Son sein demi-voilé négligemment étale
L'*harmonieux* contour de ses globes de lis.

HARMONISER, *v.* « La lune se lève, cette belle lune d'Asie, si bien décrite par Homère, et elle *harmonise* encore plus le paysage, en y répandant ses teintes veloutées. » *Scènes de la Propontide et du Bosphore.— Revue britannique*, avril 1829.

M. Michaud a risqué *harmoniser* comme terme de peinture ; il a eu soin de l'adoucir par un correctif. « *Harmoniser*, si l'on peut ainsi dire, les tons les plus disparates. » *Tableau du Sacre*, par M. Gérard.

HARMONISTE, *s. m.* savant dans l'harmonie.

C'est un mot dont nous sommes redevables à J. J. Rousseau, et que l'Académie a porté pour la première fois dans son *Dictionnaire*, édition de Smits.

« *Durante est le plus grand harmoniste de l'Italie, c'est-à-dire du monde.* » J. J. ROUSSEAU, *Diction. de musique.*

« Rameau créa véritablement l'orchestre français, y mit de l'accord, de la précision, etc. Le génie de ce savant *harmoniste* soutenait donc l'ancien édifice avec quelques embellissemens, etc. » LA HARPE, *Cours de littér.* tom. XII, pag. 166.

J. B. Rousseau a employé le mot *harmoniqueur* :

Et s'avez los de bon poétiqueur,
Aussi l'avez de bon *harmoniqueur.*

mais ces vers du style marotique ne peuvent faire autorité.

HARNAIS et HARNOIS, *s. m.* de l'italien *arnese*. Le second se dit de l'armure complète d'un homme d'armes, et n'est plus d'usage que dans quelques façons de parler figurées, qui nous sont restées des anciennes coutumes, comme *endosser le harnois*, pour dire embrasser la profession des armes ; *blanchir sous le harnois*, pour dire vieillir dans le métier des armes, et, par extension, dans toute autre profession.

Sire, ainsi ces cheveux *blanchis sous le harnois*
Descendaient au tombeau tout chargés d'infamie.
    P. CORNEILLE, *le Cid*, act. II, sc. 7.

Ce grand tragique dit encore, act. V, sc. 3 :

. . . . C'est la première fois
Que ce jeune seigneur *endosse le harnois.*

« L'observateur (M. de Scudéry) ne devait pas reprendre cette phrase, qui n'est point hors d'usage, comme les termes qu'il allègue. (M. de Scudéry dit, dans ses *Observations*, que cette expression *endosser le harnois* est du temps de *Moult*, de *Piéça* et d'*Ainçois*). » *Sentimens de l'Académie sur le Cid.*

« On endossait effectivement le harnois. Les chevaliers portaient cinquante livres de fer au moins. Cette mode ayant fini, *endosser le harnois* a cessé d'être d'usage. Boileau a dit : *Dormir en plein champ le* harnois *sur le dos* ; mais c'est dans une satire. » VOLTAIRE, *Remarques sur Corneille.*

Jean de Saint-Gelais, dans son *Histoire de Louis* XII, dit, en parlant d'un seigneur, déjà d'un âge avancé, qui s'était distingué dans une course de lance, et avait renversé un cavalier avec son cheval : « Il envoya son heaume à une dame de Paris, en la priant qu'elle le gardât, lui faisant savoir que, quant à lui, il avoit clos le pas, et que jamais il n'avoit intention de se trouver en joustes ny en tournois où il falloit porter le *harnois.* »

« Cet archiduc n'est point *harnois* qui nous soit duisant. » *Sat. Ménip.*

Harnois ou plutôt *harnais*, comme on l'écrit aujourd'hui, signifie aussi l'équipage d'un cheval de selle, et tout ce qui sert à atteler des chevaux de carrosse ou de charrette.

« De nos jours, dit M. Duclos, *Charolois* est devenu *Charolès* ; et *harnois* s'est prononcé *harnès.* »

Ces casques, ces *harnois*, ce pompeux appareil.
VOLTAIRE, *la Henriade*, ch. VIII.

Autour du timon d'or, du joug et du *harnois*,
La perle aux diamans se mélange avec choix.
DESAINTANGE, trad. des *Métamorph*. liv. II.

« Chapons, poulets, jambons, et autres *harnois* de gueule. » *Guzm. d'Alf*. liv. II de la 2e part.

Ce mot ne se prononce *harnoa* que dans le discours soutenu, soit en vers soit en prose; dans la conversation il se prononce *harnè*.

HARO, *s. m.* terme d'ancienne pratique, et aussi cris tumultueux.

A ces mots on cria *haro* sur le baudet.
LA FONTAINE.

M. Blanchard, dans ses *Beautés de l'Histoire de France*, pag. 98, Paris, 1813, dit, d'après Mézeray, que « sous le règne de Charles-le-Simple, Rol ou Raoul, un des chefs les plus renommés des aventuriers qu'on appelait Normands (hommes du Nord), parvint à s'établir dans la Neustrie. Après s'être livré aux plus grands excès, il gouverna ses sujets avec beaucoup de sagesse, de justice et de bonté. Long-temps après sa mort, son nom seul, prononcé, était un ordre aux magistrats d'accourir pour réprimer la violence. De là est venu cet usage de la *clameur de haro*, si connue en Normandie, mot qui dérive de *ha* et *Raoul* ou *Rol*, exclamation usitée pour invoquer le secours du prince contre un ennemi trop puissant.

Cette origine est rejetée par Caseneuve et par M. Ch. Nodier; ce dernier prétend que ce mot est un mimologisme des deux voyelles les plus pleines de la langue; et il ajoute : « Aussi, est-ce non-seulement une clameur de guerre, mais un cri d'équitation et de vénerie. »

« Les procureurs et les avocats qui, en public, font semblant de se vouloir entre-manger l'un l'autre, en criant *harol* pour le droit de leurs parties : mais au sortir de là se prennent par la main et s'en vont boire ensemble. » HENRI ESTIENNE, *Apologie pour Hérodote*, tom. II, pag. 339. La Haye, 1735.

« *En criant harol*. Henri Estienne, comme beaucoup d'autres, a pris le mot de *haro* pour une corruption de *ha Raoul!* mais c'est une erreur. *Haro* vient de l'allemand *heer*, armée; et *crier haro*, c'est appeler à son aide tout le peuple d'une ville. Les Bretons, dans le 12e siècle, appeloient *harelle*, c'est-à-dire *petite armée*, l'armée de l'évêque de Nantes, dans les guerres de ce prélat, pour distinguer de l'armée du comte de Nantes cette *harelle*, qui n'étoit composée que des sujets du temporel de l'évêché. » *Voyez* Lobineau, *Histoire de Bretagne*, tom. II, pag. 204. Ainsi dans cette exclamation du poète Villon, dans son *Grand Testament :*

Haro, le grand et le mineur.

» *Haro le grand*, c'est proprement l'armée du prince; et *haro le mineur*, la *harelle*, en tant que composée de communes et des seuls habitans du pays. C'étoit une espèce de *cohüe*, comme la fameuse *harelle* de Rouen, convoquée sans autorité, au lieu que l'*ost* ou l'armée du souverain se formoit par une légitime convocation du ban et de l'arrière-ban. » LE DUCHAT, note au bas de la page.

Selon M. Jault, *haro* vient de *haren*, ancien verbe teutonique qui signifie *crier*, *appeler*.

HARAUDER, *v.* crier *haro*. « Vous le *haraudez*. » CROLIÈRES, *Cont*. tom. I.

HARPADE, *s. f.* querelle, discord, combat.

« Les violentes *harpades* de la drogue et du mal, sont toujours à nostre perte, puisque la querelle se desmesle chez nous et que la drogue est un secours infiable. » MONT. liv II, ch. 37.

HARPAGON, *s. m.* Ce nom, que Molière a donné à son avare, dans sa pièce de *l'Avare*, est devenu nom commun, et on dit tous les jours *c'est un Harpagon*, pour *c'est un avare*.

« C'est, dit M. Bret, *Observations sur l'Avare*, le supplément de la comédie de *l'Avare* de Plaute, par Codrus Urceus, qui a fourni à Molière le nom d'*Harpagon*. Les maîtres de ce temps-ci sont avares, dit Strobile, sc. III, de l'acte 5 : nous les appelons des *Harpagons*, des harpies, etc.

» *Tenaces nimium dominos nostra ætas tulit, quos* Harpagones, harpigias, *et Tantalos vocare soleo.* »

Harpagon vient du grec ἁρπάζειν (*harpazéin*), prendre, piller.

HARPAILLE, *s. f.* en vieux langage, troupe de brigands et de maraudeurs. *Voy.* HARPE.

HARPAILLER (se), *v.* se quereller.

« Que reste-t-il à faire après s'être bien *harpaillé ?* à mener une vie douce, tranquille, et à rire. » VOLT. *Lettres.*

HARPAILLEUR, *s. m.* On appelait ainsi autrefois un gueux qui volait les gens de la campagne.

HARPE, *s, f.* du latin barbare *harpa*, qui paraît venir de l'allemand *herp* qui a la même signification; aussi a-t-on dit *herpe* pour *harpe*, comme le témoigne Le Duchat sur Rabelais.

« Je conjecture, dit M. Ch. Nodier, que ce mot est fait par onomatopée du son des cordes de la *harpe*, rassemblées en grand nombre sous les doigts, et ébranlées simultanément.

» Quoi qu'il en soit, le nom de la *harpe* a très-peu varié dans les langues modernes. Les Anglo-Saxons l'ont appelée *hearpa*, les Allemands *herp* et *harf*, les Anglais *arp*, et les Italiens *arpa*.

» On disait *harpaille* en vieux langage, d'une troupe de brigands et de maraudeurs, comme dans ces vers tirés des *Vigiles* de Charles VII :

Illecques et à saincte Ermine
Appartenant à feu Tremouille,
Avoit grande *harpaille* et vermine,
Ne n y demeuroit coq ne poule. »

Dictionn. des Onomat. franç.

HARPER, *v.* du grec ἁρπάζειν (*harpazéin*), prendre, ravir; cet ancien mot n'est pas tout-à-fait hors d'usage dans le sens de prendre, de saisir avec les mains, mais il était autrefois moins trivial.

« La fièvre qu'il *harpa* au tournoy des Neuf Preux, en présence de Germanicus. » *Menagii Miscellanea, liber adoptivus*, Table des chapitres de la grande chronique du noble Vetturius. » ch. 12.

« *Harper* est un vieux terme encore employé par Molière et par Sarrazin, pour *prendre, saisir, dérober.* Il semble que le peuple, dont toutes les expressions présentent d'ordinaire des images vives et singulières, s'est emparé de cette racine pour l'appliquer aux actions qui exigent un grand développement de la main; comme dans les exemples auxquels je renvoie. L'*arpax* des Grecs, dont le *rapax* des Latins est le parfait équivalent, à une petite transposition près, et tous les mots qui en dérivent, n'ont pas dû être autrement construits, quel que soit l'instrument ou l'objet qui en a fourni le son radical. » *Dictionn. des Onomat. franç.*

Harper (se), se prendre, s'accrocher à quelque chose.

« Je me *harpe* avec grande faim aux accointances qui sont de mon goût. » MONT. liv. III, ch. 3.

« Aucuns sages n'ont pas craint de se *harper* et engager jusques au vif, et à plusieurs objets. » *Le même*, liv. III, ch. 10.

Quelques anciens auteurs ont dit *harper* pour dire *pincer la harpe.*

Dès le vieux temps qu'Orphée *harpa*.
VOITURE.

Le beau Pâris appuyé sur un tronc
Harpoit alors qu'il vit parmi les nues
Venir à lui les trois déesses nues.
RONSARD, *Gaîtés*, les Plaisirs rustiques.

Voy. HARPE.

HARPEUR, et HARPISTE, *s. m.*
Nos pères ont dit *harpeur* pour joueur de harpe; on dit maintenant *harpiste*. « Je laisse, dit M. Pougens (*Archéologie française*, t. I, p. 252), aux bons écrivains et surtout aux poètes, à décider lequel on doit préférer, de l'ancien français *harpeur*, ou du mot très-moderne *harpiste*, emprunté de l'espagnol *harpista*. »

HARPIE, *s. f.* (ἁρπάζειν, ravir). Le Sage dit de deux aventurières fort affamées : « Les deux *harpies* dévoraient chacune un poulet. »

Régnier, *sat.* vi, appelle les gens d'affaires dont Sully réprima les voleries :

Ces avares oiseaux dont les griffes gourmandes
Du bon roi des François ravissoient les viandes.

HART, *s. f.* Ce terme, qui n'est plus guère employé que dans quelques expressions, comme *falourde de hart*, *sentir la hart*, pour dire mériter la corde, ou d'être pendu, était autrefois d'un usage très-fréquent.

Selon les auteurs du *Dictionnaire de Trévoux*, ce mot vient, par corruption de *éré*, mot celtique ou bas-breton qui signifie *lien*. Il vient, suivant M. de La Monnoye, du latin barbare *hardes* pour *virgæ* (verges), les *hards* sont proprement de petites branches vertes avec lesquelles on lie les fagots, de là dérivent *hardè*, lien qui sert à attacher les chiens de chasse, et le verbe *harder*, attacher les chiens plusieurs ensemble, et encore, suivant M. de La Monnoye, *hardes*, dans la signification de *linge*, *habits*, parce que, dit-il, on lie ensemble les *hardes*.

« Il eut ung fils nommé Tenot Dendin, grand *hardeau*, etc. » RABELAIS, t. III, p. 264, édit. de 1732.

« On appelle *hard* ou *hardeau* de petites branches vertes qu'on tortille pour en faire des liens de fagot, et on les appelle de la sorte de *fero*, parce que c'est par ces liens qu'on soulève les fagots. Ce que nous appelons *hardes*, s'appelle en Languedoc *fardes*, d'où *fardeau* qui a produit *hardeau* dans la signification d'un enfant qui, par ses mauvaises inclinations, étoit à charge à ses parens (*puer malæ indolis*, comme l'explique Ch. de Bouvelles, au mot *Hardi*), et *grand hardeau*, pour désigner ces garnemens qui, croissant toujours comme la mauvaise herbe, sont enfin destinés à la *hard*, comme dignes *fardeaux* d'un gibet. » LE DUCHAT, *sur Rabelais*, note au bas de la page.

Travers l'avoit à une *hart*,
Au tref de sa meson pendu.
Fabliaux de Barbazan.

(Travers avoit pendu le lard à la solive de sa maison, à une *hart*).

« Il le lia à un arbre à quatre fortes *hars*. » *Les Neuf Preux*.

Si le bacon (lard) ne vos puis rendre,
A une *hart* me fetes (faites-moi) pendre.
Roman du Renard, vers 7854 (13e siècle).

« Le bourreau fist ses préparatoires (préparatifs) pour lui bouter la *hart* (la corde) au col, pour le despecher. » *Les Cent nouvelles Nouvelles*.

Marot achève ainsi le portrait du valet qui l'avait volé :

Sentant la *hart* à cent pas à la ronde,
Au demeurant le meilleur fils du monde.
LONGUEMAIN.

Si je suis, par vos soins, à l'abri de la *hart*,
Au butin que j'ai fait vous aurez votre part.
BOURSAULT, *Mercure galant*, act. II, sc. 4.

Ces expressions viennent de ce qu'on attachait autrefois les criminels au gibet avec ces sortes de liens de bois menus et plians. On écrivait autrefois *hard*, d'où vient le diminutif *hardeau*, qu'on trouve encore dans quelques auteurs, pour signifier ou un petit lien de fagot, ou un arbrisseau propre à faire de ces sortes de liens.

HASARD, *s. m.* Ménage le dérive de *as*, point unique au jeu de dés.

« Le *hasard* est le premier auteur de presque toutes les découvertes » FONTENELLE.

ÉPITAPHE.

Le bon Prélat, qui gît sous cette pierre,
Aima le jeu plus qu'homme de la terre;
Quand il mourut, il n'avait pas un liard,
Et comme perdre était chez lui coutume,
S'il a gagné Paradis, on présume
Que ce doit être un grand coup de *hasard*.
LA MONNOYE.

« Le *hasard*, associé toujours désavoué et toujours puissant dans les affaires humaines. » LE MONTEY, *Monarchie de Louis* XIV.

« Le *hasard* est la divinité des aveugles, servie par l'irréflexion. » DE PRADT, *Préface des Colonies*, 1817.

A la guerre, la mort et la vie logent ensemble à l'enseigne du *hasard*.

HASARDÉMENT, *adv.* par hasard.

Un homme par la main *hasardément* me prit.
RÉGNIER, *Satire* x.

On disait autrefois *de fortune* adverbialement, pour *par hasard*; on en trouve beaucoup d'exemples dans l'*Astrée*. Il peut encore se dire dans le style très-familier ou badin.

> Comme elle disoit ces mots,
> Le loup *de fortune* passe.
> LA FONTAINE, liv. IV, *fable* 15.

HASARDER, *v.* « La raison même hasarde, la passion risque. » L'abbé ROUBAUD.

HÂTER, *v.* HÂTEREAU, HÂTELETTE, HÂTEUR, HÂTIER, etc.

« *Hâter*, autrefois *haster*, selon Ménage, vient du latin *festinare*, ou mieux de l'allem. *hasten*, hâter. Les Anglais disent *haste* (hâte), et *fast* (vite), où le *f* reparaît ; mais, ne trouvant point le *s* dans un mot de la famille de *hâte*, j'ai consulté M. Butet sur l'origine de ce mot. Il croit que *hâter*, autrefois *haster*, vient du mot français *hast*, lance, trait ; ainsi *haster* ou *hâter* signifie proprement aller comme un trait. C'est par la même figure que de *jaculum* (trait), les Latins ont fait *jaculari* (lancer, darder) ; de *lance*, *dard*, les Français ont fait *lancer*, *darder*, verbes d'action dont le mouvement est vif et rapide. » A. BONIFACE, *Manuel des Amat. de la langue franç.* p. 299.

On trouve dans le *Roman du Renard* (ouvrage du 13ᵉ siècle), vers 8772, édition de 1826 :

> Mal dahez aït cil *hateriaus*.

(Malheur ait ce marmiton.)

Hâteriau est traduit dans le *Glossaire* de M. Méon par « Terme d'injure équivalent à *marmiton*, de l'ancien mot *hasteur*, rôtisseur. »

Hasteur, comme *hasteriau*, paraît avoir pour racine *hasta* (lance, broche), et de la même racine nous viennent *hâteur*, officier des cuisines royales, qui avait soin que les viandes fussent cuites à propos, parce que ces viandes étaient probablement cuites à la broche (*hastâ*) ; alors ces officiers étaient ce que nous appelons des rôtisseurs ; *hâtier*, grand chenet de cuisine à crochets, où l'on met plusieurs broches à la fois ; *hâtereau*, tranche de foie saupoudrée de poivre et de persil, parce que ces tranches se faisaient peut-être cuire avec des brochettes, comme on fait cuire encore les rognons ; peut-être *hâter* viendrait-il aussi de là, parce que la manière la plus prompte de cuire les viandes est de les mettre à la broche (*hastâ*) : par conséquent, *hâtif*, *hâtiveau*, *hâtivement*, *hâtiveté* auraient la même origine ; et nous sommes de l'avis de Ch. Bouilles qui dit : « Haster, *id est festinare, quia quæ in veruto sive* hastâ *carnes assantur, citiùs coquuntur, quàm quæ in ollâ elixantur.* » (*Hâter*, c'est-à-dire *faire aller vite*, parce que les viandes que l'on fait rôtir à la broche (*hastâ*) sont plus tôt cuites que celles que l'on fait bouillir dans un pot) ; pourquoi *hasten* des Allemands ne viendrait-il pas aussi du radical *hasta*, que ce mot *hasta* ait une origine celtique ou latine ?

Il est certain que *haste* s'est dit pour *broche*, d'où le verbe *enhaster* pour embrocher, dans les *Fabliaux* de Barbazan, et encore aujourd'hui le diminutif *hâtelette*, petite broche, pour préparer certains mets.

« *Hâte*, en diverses provinces du royaume est une broche, et l'on appelle de là en françois *hâtier* un grand chenet de cuisine à faire tourner plusieurs broches. Il est aisé de voir, par la ressemblance d'une broche à une lance, que *hâte* vient du latin *hasta* (lance), quoiqu'il aspire son h, contre la règle générale qui veut qu'on n'aspire pas l'*h* initiale dans les mots françois, lorsqu'ils viennent de mots latins qui commencent aussi par *h*. » DE LA MONNOYE, *Glossaire*, à la suite des *Noëls bourguignons*, au mot *Hâte*.

> Des assassins trop lents il veut *hâter* les coups.
> VOLTAIRE, *la Henriade*.

> Que l'on coure avertir et *hâter* la princesse.
> RACINE, *la Thébaïde*, sc. I.

« On dit *se hâter*, mais *hâter* quelqu'un n'est pas d'un usage élégant, quoique l'Académie l'autorise : *hâter* s'applique mieux aux choses. Je crois qu'il faudrait permettre aux poètes de l'appliquer aussi aux personnes. » GEOFFROY, note au lieu cité, *Œuvres de Racine*.

Hâtez-vous lentement, quelqu'ordre qui vous
[presse.
BOILEAU.

ÉPITAPHE D'UN CENTENAIRE.

Ci gît Paul qui, docile à cet avis du sage :
« Dans tout ce que tu fais *hâte-toi lentement*, »
Pour gagner l'autre monde alla tout doucement,
Et mit cent ans à faire le voyage.

HÂTIVETÉ, s. f. « La *hastiveté* se donne elle-mesme la jambe (se donne un croc-en-jambe, s'enchevêtre), s'entrave et s'arreste. » MONT. liv. III, ch. 10.

« Une longue et utile repentance sera le salaire de leur *hastiveté*. » NIC. PASQUIER, liv. VIII, *lettr.* 14.

HAUBERT, s. m. cotte de mailles qui descendait jusqu'aux genoux. Suivant l'usage, les étymologistes ne s'accordent pas sur ce mot : les uns le font dériver d'*albus*, parce que le fer poli a des reflets *blanchâtres*; les autres le forment plus probablement de l'allemand *haut ber*, haut baron, parce que cette armure appartenait spécialement à la noblesse.

HAUSSER (se), v. « Le prince n'avoit pas besoin de *se hausser*, pour paroître grand. » BOSSUET.

HAUT, TE, adj. du lat. *altus* (élevé); aussi s'est-il écrit autrefois *hault* et même *halt*.

« Avec ces deux contes (comtes) se croisèrent deux mult halt baron de France. » GEOFFROY DE VILLE-HARDOUIN, *de la Conqueste de Constantinople*, p. 1, in-f°.

HAUT, s. m. On dit d'un savant orgueilleux qu'il regarde les autres du *haut* de son esprit.

« Les juifs, fermiers des gentils-hommes polonais, ne parlent aux paysans que le fouet à la main, et du *haut* de leur vilaine petite taille. » LE PRINCE DE LIGNE.

« Songeant en soy-mesme qu'il falloit porter la pénitence de la folie qu'il avoit faite d'avoir, sur le *hault* de son âge, pris une fille si jeune d'ans. » DESPÉRIERS, *nouv.* VI.

HAUT, adv. hautement.

Et sembloit que la gloire, en ce petit assault,
Fût à qui porteroit, non pas mieux, mais plus *hault*.

Ces vers de Régnier, *sat.* X, n'ont que trop souvent leur application.

Haut la main, expression adverbiale, avec autorité : *agir haut la main*; et encore d'emblée, sans difficulté.

« M. le duc de Choiseul me fit avoir *haut la main*, de la part de Clément XIII, des reliques pour l'autel de ma paroisse. » VOLTAIRE, *Lettre au cardinal de Bernis*, 12 juin 1769.

On a dit d'abord *haut à la main*, et cette expression figurée est venue, dit la Curne de Sainte-Palaye, de la contenance fière avec laquelle un écuyer, accompagnant le chevalier, en portait le heaume élevé sur le pommeau de la selle.

HAUTAIN, AINE, adj. dérivé de *haut*.

« Ce mot ne se dit que de l'espèce humaine; on peut dire en vers

Un coursier plein de feu, levant sa tête *altière*.
....

J'aime mieux ces forêts *altières*
Que ces jardins plantés par l'art.

Mais on ne peut pas dire *forêt hautaine*, *tête hautaine* d'un coursier. On a blâmé dans Malherbe, et il paraît que c'est à tort, ces vers si connus :

Et dans ces grands tombeaux où leurs ames *hau-*
[*taines*
Font encore les vaines,
Ils sont mangés des vers.
....

» *Hautain* est toujours pris en mauvaise part. C'est l'orgueil qui s'annonce par un extérieur arrogant.... On peut être *haut* dans l'occasion avec bienséance. Un prince peut et doit rejeter avec une *hauteur* héroïque des propositions humiliantes, mais non pas avec des airs *hautains*, un ton *hautain*, des paroles *hautaines*.

» L'ame *haute* est l'ame grande; la *hautaine* est la superbe. On peut avoir le cœur *haut* avec beaucoup de modestie; on n'a point l'humeur *hautaine* sans un peu d'insolence : l'*insolent* est, à l'égard du *hautain*, ce que le *hautain* est à l'*impérieux*. Ce sont des nuances qui se suivent, et ces nuances sont ce qui détruit les synonymes. » VOLTAIRE, *Dict. phil.* au mot *Hautain*.

HAU 745 HAU

Cet adjectif s'est pris autrefois en bonne part, et s'est dit des personnes et des choses.

> Les Muses *hautaines* et braves
> Tiennent le flatter odieux.
> MALHERBE, *Ode au duc de Bellegarde.*

> Venez, son mignon, Borderie,
> Grand espoir des Muses *hautaines.*
> MAROT, *Epître à Sagon.*

M. de Gombaud a dit dans un de ses sonnets amoureux :

Voilà bien les forêts dont les cimes *hautaines,* etc.

Les poètes de nos jours craindraient sans doute d'employer ainsi ce mot, et M. Desorgues a peut-être eu tort de dire :

> O Sparte, applaudis au Parnasse ;
> Tyrtée, enflammant ton audace,
> Vient fixer le sort des combats.
> Tout cède, et sa lyre *hautaine*
> Sur les murs vaincus de Messène
> Bénit les neuf sœurs et Pallas !
> *Le Pouvoir de la Poésie,* ode.

Et Delille, en parlant de l'orang-outang :

> En vain nous étalant sa forme presque humaine,
> Et sa large poitrine, et sa taille *hautaine,*
> Et ses adroites mains, l'homme inculte des bois
> Sur nous des animaux revendique les droits.
> *Les Trois Règnes de la Nature,* ch. VIII.

HAUTAINETÉ, *s. f.* élévation. « Il semble que, comme les orages et tempestes se piquent contre l'orgueil et *hautaineté,* il y ait aussi là haut des esprits envieux des grandeurs d'ici bas. » MONT. liv. 1, ch. 18.

Il s'est pris aussi au moral, tant en bonne qu'en mauvaise part, dans le sens de noblesse, élévation dans les sentimens, et dans celui d'orgueil, fierté, arrogance.

HAUT-DE-CHAUSSES, *s. m.* Du temps que l'on appelait *chausses* la partie du vêtement qui couvrait les hommes depuis la ceinture jusqu'aux pieds, on divisait cet habillement en deux parties : la première, appelée *haut-de-chausses,* commençait à la ceinture et finissait aux genoux, et a été remplacée par ce que nous appelons encore une *culotte ;* la seconde, qui couvrait les jambes, était appelée *bas-de-chausses* par opposition à *haut-de-chausses.* Par le *haut-de-chausses* on entendait donc le vêtement qui était au haut des *chausses,* ou, si l'on veut, du *bas-de-chausses.*

« Les hommes, dit Rabelais, estoient habillés à leur mode : *chausses* pour le *bas* (bas-de-chausses), d'estamet ou sarge drapée ; les *haults* de velours. » Tom. 1, pag. 387, édit. de 1732.

Un *haut-de-chausses* fait justement pour ma cuisse.
MOLIÈRE, *l'Ecole des Maris,* sc. 1.

Porter le haut-de-chausses. Cette expression populaire se dit d'une femme qui maîtrise son mari.

Hue Piancelle, un de nos anciens poètes, a composé le *Fabliau de sire Hans et de dame Avieuse, sa femme,* lesquels combattirent long-temps, dit l'auteur, à qui porteroit le *haut-de-chausses ;* mais la femme, après une vigoureuse résistance, fut enfin contrainte de céder. L'abbé Massieu soupçonne que ce poème a donné occasion à cette expression figurée : « Féliante est une maîtresse femme, et elle a la mine de porter le *haut-de-chausses.* » HAUTEROCHE, *Crispin médecin,* sc. 1.

HAUTE-LICE, *s. f.* Cette sorte de tapisserie, avons-nous déjà dit dans notre *Diction. des Origines,* tom. 1, pag. 588, est ainsi nommée de la disposition des lices, ou plutôt de la chaîne qui sert à travailler, et qui est tendue perpendiculairement de haut en bas ; ce qui la distingue de la *basse-lice,* dont la chaîne est mise sur un métier placé horizontalement.

« Les songes survenans aux grands sur le finissement de la nuict, se résolvent volontiers en quelque aventure de *haute-lice.* » *Contes d'Eutr.* tom. 1.

HAUTESSE, *s. f.* C'est aujourd'hui un terme consacré et un titre qu'on donne au Grand Seigneur.

« J'ai vu, dit le P. Bouhours, dans des livres fort estimés, *hautesse* en un certain sens qui met en peine. »

« Toute la *hautesse* et l'éclat du monde, estant comparé à votre éternelle gloire, n'est que folie et que vanité. » *Imitation de J. C.* trad. par Du Beuïl, prieur de Saint-Val, pag. 294, in-12, 1663.

« Quoique la vue de l'ennemi, si

proche, l'eût rendu un peu plus modéré, pour écouter les conseils qu'on lui donnait, elle n'avait néanmoins diminué en aucune sorte la *hautesse* et la fermeté de son cœur. » *Vie de Barthélemy des Martyrs*, pag. 418, 1663.

« Hors *Sa Hautesse*, quand il s'agit du Grand-Seigneur, *hautesse* me déplaist et me choque étrangement. » Le P. BOUHOURS, *Doutes sur la langue française*, pag. 8, Paris, 1674.

HAUTEUR, *s. f.* étendue d'un corps en tant qu'il est haut.

« Si *hautain* est pris en mal, *hauteur* est tantôt une bonne, tantôt une mauvaise qualité, selon la place qu'on tient, l'occasion où l'on se trouve, et ceux avec qui l'on traite. Le plus bel exemple d'une *hauteur* noble et bien placée, est celui de Popilius qui trace un cercle autour d'un puissant roi de Syrie, et lui dit : vous ne sortirez pas de ce cercle sans satisfaire à la république ou sans attirer sa vengeance. Un particulier qui en userait ainsi serait un impudent. Popilius qui représentait Rome, mettait toute la grandeur de de Rome dans son procédé, et pouvait être un homme modeste........

» On a souvent employé le mot *hauteur* au pluriel, dans le style relevé, *les hauteurs de l'esprit humain*, et on dit dans le style simple : il a eu *des hauteurs*, il s'est fait des ennemis par ses *hauteurs*. » VOLTAIRE, *Dict. philosoph.* au mot *Hauteur*.

Grand Dieu, c'est toi que je réclame,
Lève ton bras, lance ta flamme,
Abaisse la *hauteur* des cieux !
J. B. ROUSSEAU, trad. du *Ps.* CXLVIII.

« *Abaisse la hauteur des cieux* est d'une beauté frappante. Voltaire l'a transporté dans sa *Henriade* :

Viens, des cieux enflammés abaisse la *hauteur*.

Mais *enflammés* n'ajoute rien à l'idée, et le petit vers de Rousseau est d'un plus grand effet que l'hexamètre de Voltaire, parce qu'il n'y a rien d'inutile, et qu'il a eu soin de commencer le vers par le mot essentiel, *abaisse*. » LA HARPE, *Cours de littér.* tom. VI, pag. 182, ch. IX, de l'ode et de Rousseau.

« *Hauteur* peut se dire d'une science, d'un art :

C'est en vain qu'au Parnasse un téméraire auteur
Pense de *l'art des vers* atteindre la *hauteur*.
BOILEAU.

et les critiques, qui ont condamné *hauteur*, en cet endroit, sont, si je ne me trompe, de mauvais critiques. » Le P. BOUHOURS.

HAUT-LOUER, expression vive et précise de Montaigne, liv. I, ch. 41, pour dire donner de grands éloges. Elle a été répétée par Est. Pasquier. Il écrit à Ronsard (liv. I, *lettr.* 8) : « Je souhaiterois que ne fissiez si bon marché de votre plume à *hault-louer* quelques-uns, que nous sçavons notoirement n'en estre dignes. »

HAYER, *v.* entourer d'une *haie*, enclorre.

« Je suis celuy, possible, qui regarde autant de près à les bien clorre et *hayer*. » *Prop. rust.*

Dans la nouvelle Coutume de Bretagne, ce mot, est-il dit, dans le *Dict. de Trévoux*, signifie mettre une terre en défense. Dans la Coutume de Franche-Comté, il signifie chasser.

HEAUME, *s. m.* du latin *helmus*, que les lois ripuaires emploient dans le sens de casque, et *helmus* vient de l'allemand *helm* qui a la même signification. On lit dans Cl. Fauchet, *heaulme* ou *elme*, et dans le *Roman du Chevalier au lion*, par Chrestien de Troyes, qui vivait du temps de Philippe Auguste, on trouve *hiaulme*. C'était une espèce de casque élevé en pointe, qui couvrait la tête, le visage et le chignon du cou. De là le *heaume* à la halle et la rue de la *haulmerie*. En ce temps-là, dit le même Fauchet, les guerriers pensoient que les meilleurs *haulmes* venoient de Paris où encores y a une rue de la *haulmerie*. »

Le peuple prononce, par abus, le *hiaume* et la rue de la *hiaumerie*, c'est-à-dire qu'il prononce comme on prononçait du temps de Philippe Auguste.

HEBDOMADAIRE, *adj.* du latin *hebdomas* (semaine), venu du grec ἑπτά (*hepta*) sept.

On tient que Sarrazin est le créateur de ce mot, en appelant nouvelles *hebdomadaires* des gazettes qui se distribuaient toutes les semaines. *Ouvrage, feuille, journal hebdomadaire.*

Voltaire en a fait un substantif :

Je m'engageai, sous l'espoir d'un salaire,
A travailler à son *hebdomadaire*,
Qu'*aucuns* nommaient alors patibulaire.
Le Pauvre Diable.

HÉBERGEMENT, *s. m.* action d'héberger, et aussi lieu où on loge, et où l'on est hébergé.

Mais lui fera *hébergement*
Toutes les fois qu'il luy plaira.
Repues Franches, à la suite des *OEuvres* de Franç. Villon.

« Tout ainsi que les monarchies, aussi les sciences et disciplines changent de domicile et d'*hébergement*, selon la diversité des saisons. » EST. PASQ. liv. I, *lettr.* 5.

HÉBERGER, *v.* de *heribergare* dans la basse latinité; on trouve *herberger*, dans le *Roman du Renard*, dans Villehardouin *herbergier* et *herberger*, loger, recevoir chez soi. Il n'est que du style familier.

« Il ne sera point dit que je t'hébergerai dans mon cœur. » *Th. ital.*

Quelques auteurs l'ont employé au neutre dans le sens de demeurer.

« Partout où nous avons *hébergé*, nos hôtes n'ont point fait de difficulté de prendre de l'argent de nous. » VOITURE, *lettr.* 85.

Au figuré. « Quelque sage conduite que l'on die avoir *hébergé* en lui. » EST. PASQ. liv. V, *lettr.* II.

HÉBERGERIE, *s. f.* lieu où l'on est hébergé, auberge.

Ce vieux mot pourrait se rajeunir avec grâce dans le style badin.

HÉBÉTÉ, ÉE, *adj. et subst.* C'est le participe de *hébéter*, du latin *hebetare* (émousser, énerver, engourdir), dont la racine est *hebes* (sans pointe, sans tranchant), ce qui se dit proprement d'une arme.

Hébété ne se prend qu'au figuré pour stupide.

Quintilien a dit en ce sens : « Hebetes *verò et indociles non magis secundum naturam hominis eduntur, quàm prodigiosa corpora et monstris insignia.* » Liv. I, ch. I.

« Quand M. de La Popelinière demandait à Mlle Quinault comment elle lui conseillait de se faire peindre, à coté de sa femme peinte en Hébé, et qu'elle l'engageait à se faire peindre en *hébété*, Mlle Quinault dérivait sans doute ce verbe du mot *bête*, comme la plupart des grammairiens, qui font *abêtir* et *hébéter* synonymes.

» Il n'y a aucun rapport entre le verbe latin *hebesco* et le substantif *bestia*; en traduction française, le rapport de consonnance a déterminé celui d'acceptions. *Hebetatus* latin, ne signifie littéralement qu'*affaibli*, *usé* ou *stupéfait*, ce qui fait souvent qu'un homme d'esprit ressemble à une bête; mais ce qui ne prouve pas qu'il en soit une. » CH. NODIER, *Examen critique des Dict. de la langue française.*

Montaigne a employé ce mot au propre, dans le sens d'émoussé, affaibli : « Il est possible que l'action de la vue *s'estoit hébétée*, pour avoir été si long-temps sans exercice. » Cicéron avait dit : *hebes acies oculorum* (vue affaiblie).

HÉBRAÏSME, *s. m.* façon de parler propre à la langue hébraïque.

Nous avons dans notre langue quelques-unes de ces façons de parler. Nous disons *un homme de Dieu*, *du vin de Dieu, une maison de Dieu*, pour dire un très-honnête homme, du vin très-bon, une maison où tout se trouve en abondance. Les Hébreux indiquaient la perfection par le nom de Dieu, qui est le modèle et la source de toute perfection. C'est une espèce d'*hébraïsme* qui se trouve au *psaume* XXXV, v. 7, *montes Dei* (les montagnes de Dieu), pour *montes altissimi* (les plus hautes montagnes), *flumen Dei* (le fleuve de Dieu), pour *flumen maximum* (le plus grand fleuve).

« Le manège du monde est un *hébraïsme* qu'il faut lire de travers ; les choses y sont à rebours. » BOYER, *Nouveau Démocrite.*

HECTO, qui entre dans la composition de plusieurs mots, comme *hectogramme*, *hectolitre*, *hectomètre*, vient du grec ἑκτὸν (*hékton*) contracté de ἑκατὸν (*hékaton*) cent : ainsi *hectogramme* désigne un poids de cent grammes ; *hectolitre*, une nouvelle mesure de capacité cent fois plus grande que le litre ; *hectomètre*, une nouvelle mesure linéaire de cent mètres ; *hectare*, une nouvelle mesure de superficie qui contient cent ares.

« On doit à ceux qui trouveront étrange qu'on ait employé pour signifier *cent* un mot qui en grec, signifie *sixième* (ἑκτὸν, *hekton*), de leur faire connaître les motifs qui ont déterminé les auteurs de la nouvelle nomenclature à s'écarter de la véritable étymologie : « A la vérité,
» ἑκτὸν (*hekton*) signifie en grec,
» sixième, et, par cette raison, on eût
» préféré ἑκατὸν, (*hékaton*) en son en-
» tier ; mais outre qu'il était trop
» long pour les composés, il sonnait
» mal en français, soit qu'on eût dit
» *hécato* ou *hécaton*, et c'était un
» grand inconvénient pour des termes
» qui doivent être d'un usage aussi
» familier. » Les savans sauront donc que *hecto* est ici une abréviation de ἑκατὸν (*hecaton*) ; les autres ne s'en embarasseront guère. » *Dict.* de Lunier.

HEIDUQUE, s. m. Ce nom qui appartient aux soldats de l'infanterie hongroise, est aussi celui d'un domestique ou valet-de-pied, qui va vêtu, chaussé, coiffé et armé comme un fantassin hongrois, et marche ordinairement à côté d'un carrosse.

Quelques Hongrois s'étaient attachés à des seigneurs allemands, et leur habit ayant paru propre à orner le cortége des grands du pays, la mode est venue, surtout dans les cours d'Allemagne, d'avoir des *heiduques* à son service.

HÉLAS, exclam. composé de l'exclamation *hé* et de l'adjectif *las*, qui s'est dit pour malheureux, et qui vient du latin *lassus* (fatigué).

Ha! *las*, dist-il, dolent, chaitis (malheureux)
Con (comme) convoitise m'a surpris.
Le *Roman du Renard*, v. 7437 (13e siècle).

« Quant (quand) le chevalier a mené une pièce (un espace de temps) son deuil, si dist : haa *las*, je suis mort. » *Tristan, chevalier de la Table ronde*, roman imprimé dans le 16e siècle.

L'adjectif *las*, *lasse*, dans le *Gloss. du Roman du Renard* par M. Méon, est rendu par malheureux, infortuné :

Le *las*! mar les engraissa.
v. 10005.

(Le *malheureux*! mal à propos les engraissa).

Et la dame amont (en haut) regardoit,
En disant *lasse* que ferai?
Car mon estournel (étourneau) perdu ai.
GASSE DE LA BIGNE, *Poème sur la chasse*.

Las s'est même dit autrefois comme exclamation dans tous les styles.

Ils se verront au temple en hommes généreux ;
Mais *las*! ils se verront, et c'est beaucoup pour eux.
CORNEILLE, *Polyeucte*, act. III, sc I.

Corneille offre plusieurs exemples de l'emploi de cette exclamation, dont Régnier et Ronsard ont fait un fréquent usage.

On ne s'en sert depuis long-temps que dans le style familier ou dans le genre marotique.

Las! nous pensons ; le bon Dieu sait comment.
VOLTAIRE.

Grand Jupiter, disait dans son émoi
Une brebis au maître du tonnerre ;
Las! tout ce qui peuple la terre
De tous les temps s'est ligué contre moi.
MONVEL, *Jupiter et la Brebis*, fable.

Ménandre dit qu'il avait cru long-temps que le mot *hélas* ne sortait jamais de la bouche des riches, mais qu'il s'était bien désabusé.

Hélas se prend aussi substantivement dans le style plaisant ou familier :

Voyez le bel *hélas* qu'elle nous donne ici.
MOLIÈRE, *le Cocu imaginaire*, sc. 1.

Un jour se passe, et deux, sans autre nourriture
Que ses profonds soupirs, que *ses fréquens hélas*.
LA FONTAINE, *la Matrone d'Ephèse*.

Sa voix se mêle (la voix de Sylvie)
Aux doux hélas
De Philomèle.
BERNARD, *le Hameau*.

HÉLENE, nom propre. La Fontaine a dit poétiquement : •

Plus d'une *Hélène* au beau plumage
Fut le prix du vainqueur.....

Mais il faut remarquer que cette expression gracieuse est bien amenée par cet hémistiche :

Amour, tu perdis Troie !

HEMI, mot grec qui signifie demi et qui entre dans la composition de quelques termes des sciences et des arts, comme *hémi*sphère, *hémi*stiche, etc.

HERBAGEUX, EUSE, *adj.*

« Des tourbillons de fumée et de flammes coururent le long d'un lac fangeux d'Azof, et furent se perdre dans les plaines *herbageuses* du Kouban. » VOLNEY.

Les poètes doivent regretter ce mot.

HERBE, *s. f.*

Bayle a dit un peu hardiment : « Je souhaiterais qu'on ruinât en *herbe* les mensonges, et qu'un démenti public les arrêtât, aussitôt qu'ils paraissent. »

On dit proverbialement *manger son bien en herbe* pour dire manger par anticipation, et, par conséquent, aller à sa ruine, comme un homme qui vendrait son bled en *herbe* avant d'attendre, pour le vendre, qu'il fût monté en épis, et même qu'il eût atteint sa maturité.

Au sort d'être cocu son ascendant l'expose ;
Et ne l'être qu'*en herbe* est pour lui douce chose.
MOLIÈRE, *l'Ecole des Maris*, act. III, sc. 10.

Nos pères comparaient celui qui médit des gens de bien et qui flatte les méchans, à un fou qui arrache les bonnes *herbes* et plante les mauvaises.

« La princesse D..., haute par delà l'insolence à l'ordinaire de sa vie, et plus basse que l'*herbe* devant quiconque elle avoit ou pouvoit avoir affaire. » SAINT-SIMON.

Couper l'herbe sous le pied à quelqu'un, le supplanter. « Un homme met le pied sur une touffe d'*herbe* qu'il destine à son usage. Un autre a la subtilité de la lui couper sous le pied, et de se l'approprier. De là le proverbe. » *Ducatiana*, t. II, p. 508, Amsterdam, 1738.

Est. Pasquier a dit, *Recherches*, liv. V, c. 33 : « Faucher l'*herbe* sous les pieds à ses successeurs, pour dire diminuer leur autorité. »

Mauvaise herbe croît trop vite.
Méchante herbe croît toujours.

Ces expressions proverbiales sont fort anciennes dans notre langue. On trouve dans le Codicille de Jean de Meung, continuateur du *Roman de la Rose*, v. 1369 :

Mal *herbe* croist tantost, ce dit l'en en proverbe.

(Mauvaise herbe croit promptement, ce dit-on en proverbe).

« Autant en dit l'italien : *la mala herba cresce presto*. L'espagnol en use pareillement. Et que ce proverbe ait été aussi le temps passé en usage entre les Latins, il appert par ce vers d'Ovide

Et mala radicis fortiùs arbor agit.

» Quant au grec pareillement, j'ai bonne souvenance de l'y avoir leu. » HENRI ESTIENNE, préface du *Traicté de la conformité du langage français avec le grec*.

Herbe à la Reine, herbe de Sainte-Croix. *Voy.* TABAC.

HERBORISER, *v.* **HERBORISTE**, *s. m.*

« Des bêches, tranches et aultres instrumens requis à bien *arboriser*. » RABELAIS, tom. I, pag. 192, édition de 1732.

« *La grand Nef des Fous*, au chap. des fous et insavans médecins, fol. 36 tourné de l'édition de 1499 : « Les ars de Polidore, de Galien et d'Hypocras ne querent point telz gens, mais ung grant tas de livres d'*arboriste* en françois. » C'est cependant *arboriste* qui est l'ancien mot, d'où il est visible qu'*arboriste* et *herboriste* ont été faits par corruption. *Herboriste*, qui est aujourd'hui, et même depuis long-temps, le seul mot d'usage, ne s'est introduit que par la réflexion qu'on a faite que puisque c'étoient les herbes qu'on cherchoit, et non pas les arbres, on devoit écrire *herboriste* et non pas *arboriste*. En quoi l'on n'a pas pris garde que les deux dernières syllabes du mot sont des preuves convaincantes de l'ancienne orthographe. » LE DUCHAT, sur *Rabelais*, au lieu cité.

HÉRÉDITÉ, *s. f.* Nos pères ont dit *hireté*, et lui ont substitué, vers le règne de François 1er, *hérédité*, qui pourtant se rapproche plus du latin *hæreditas*.

HÉRÉSIE, *s. f.* du grec αἵρεσις (*hairésis*, choix). « Ce mot, dit M. Laveaux d'après Moréri, qui se prend à présent en très-mauvaise part, et qui signifie une erreur opiniâtre, fondamentale contre la religion, ne désignait dans son origine qu'un simple choix, une secte bonne ou mauvaise. C'est le sens du mot grec dont il dérive. On disait *hérésie péripatéticienne*, *hérésie stoïcienne*, et l'*hérésie chrétienne* était la secte de Jésus-Christ. Il ne faut pas croire cependant que l'usage de ce mot soit restreint aux matières de religion ; il se dit bien au figuré des erreurs en politique ou en littérature : croire que le gouvernement représentatif puisse se passer de publicité, c'est une *hérésie* politique. »

« Les *hérésies littéraires* que j'ai déjà combattues dans ce Cours. » LA HARPE, *Cours de littérature*, t. VIII, p. 337.

HÉRÉTICITÉ, *s. f.* qualité d'une proposition opposée à la foi catholique et condamnée par l'Église. Mot de la création de Fénélon, et admis dans la langue.

HÉRÉTIQUE, *adj.* et *subst.* Un ancien évêque appelait *faiseurs d'hérétiques* ceux qui multipliaient trop le nombre des *hérésies*, et disait qu'ils exerçaient sur les opinions une tyrannie sacrée.

HERGNE. *Voyez* HARGNEUX.

HÉRITER, *v.*

Votre oncle est mort. — D'hier. — C'est affreux.
[—J'en conviens.
— Je l'estimais, il avait du mérite.
— Oui, beaucoup. — Et de l'ordre. — Il laisse de
[grands biens.
— Que je vous plains, hélas ! — Rassurez-vous,
[j'hérite.

HÉRITIER, **IÈRE**, *s.* du latin *hæres*, qui a la même signification.

Les *héritiers* qui succèdent à la fortune de leurs parens, et qui ont des goûts entièrement opposés à ceux de leurs pères, peuvent se comparer à ces pièces de monnaie où chaque prince regarde du côté opposé à celui de son prédécesseur.

Le poète Le Brun a employé ce mot avec beaucoup de hardiesse :

Tu fus Lisbonne, ô sort barbare !
Tu n'es plus que dans nos regrets !
Un gouffre est l'*héritier* avare
De ton peuple et de tes palais.

HERMANDADE, *s. f.* de l'espagnol *hermano* (frère) formé lui-même du latin *germanus*. L'*hermandade* ou la *sainte-hermandade*, comme on l'appelle plus communément, signifie *confrérie* ou *société de frères*, et désigne une troupe, une espèce de gendarmerie établie en Espagne contre les voleurs de grands chemins et autres malfaiteurs, et affectée plus particulièrement au service de l'Inquisition.

« Il suffirait que tu pusses me persuader qu'il y a une certaine apparence de danger à ne pas quitter cette place, pour me déterminer à y attendre seul, l'épée au poing, non seulement ta terrible sainte-*hermandad*, mais toutes les confréries possibles, saintes ou non saintes. » *Don-Quichotte*, traduction de Bouchon-Dubournial.

HERMAPHRODITE, *s. m.* du latin *Hermaphroditus*, venu du grec Ἑρμῆς (*Hermés*) Mercure, et Ἀφροδίτη (*Aphrodité*) Vénus. Ce mot est un nom propre qui dans le principe a signifié le fils de Mercure et de Vénus.

Mercurio puerum divâ Cithereïde natum
Naïdes Idæis enutrivére sub antris ;
Cujus erat facies, in quâ materque paterque
Cognosci possent : nomen quoque traxit ab illis.
OVID. *Metamorph.* c. IV.

Aux forêts de l'Ida, verts palais des Dryades,
Un enfant fut jadis nourri par les Naïades :
Tendre fruit des amours d'Aphrodite et d'Hermès,
Il en avait les noms, il en avait les traits.
DESAINTANGE, trad. des *Métamorph.*

Hermaphrodite n'était pas né avec les deux sexes, il ne les posséda qu'après s'être uni avec la nymphe Salmacis.

Salmacis ayant supplié les dieux de la rendre inséparable d'Hermaphrodite qu'elle n'a pu rendre sensible à son amour, voit sa prière exaucée : bientôt leurs deux corps n'en forment plus qu'un d'une beauté parfaite, mais d'un sexe un peu équivoque.

> Leurs charmes douteux réunis
> D'Amour excitent la surprise.
> Le berger enflammé croit brûler pour Cypris,
> La bergère pour Adonis,
> Et rougissent de leur méprise.
>
> DEMOUSTIER, *lettre* xc, *sur la Mythologie*.

Ce nom, devenu commun, se dit des animaux et des plantes qui réunissent les deux sexes. Plusieurs auteurs l'ont employé figurément soit en parlant des personnes, soit en parlant des choses, et non seulement comme substantif, mais même comme adjectif.

Une satire du temps de Louis XIII, intitulée : *La France mourante*, appelle *hermaphrodites d'État* ceux qui gouvernent par l'organe de leurs femmes. *Pièces c. Luynes*, pag. 516.

> Du langage français bizarre *hermaphrodite*,
> De quel genre te faire, équivoque *maudite*
> Ou *maudit*? car sans peine aux rimeurs hasardeux
> L'usage encor, je crois, laisse le choix des deux.
>
> BOILEAU.

> Belle Thémire, à voir en vous
> Tant de grâce et tant de mérite,
> Je vous crois, soit dit entre nous,
> Une espèce d'*hermaphrodite*.
>
> Le terme pourrait vous choquer,
> Je n'ai dessein que de vous plaire.
> J'ai donc besoin, pour m'expliquer,
> D'un petit mot de commentaire.
>
> Vous avez tous les agrémens
> Dont brille une femme adorable ;
> Vous y joignez les sentimens
> Et tout l'esprit d'un homme aimable, etc.
>
> M. DE LATTAIGNANT.

« Langage *hermaphrodite* qui se sépare de la prose, sans pouvoir atteindre à la poésie. » CHÉNIER, *Tableau de la littérature française*.

Un ancien auteur s'est servi du participe *hermaphrodisé*, qui laisse supposer le verbe *hermaphrodiser*. « Il semble, dit-il, que la beauté du nom masculin soit *hermaphrodisée* parmi nous. Aussi ne parle-t-on plus masle aujourd'hui : on dit souleil pour soleil, chouse pour chose, couton pour coton, tant nos courtisans parlent mollement françois. » *Le Diog. françois.*

Une jeune fille étant arrêtée dans sa lecture par ce mot *hermarphrodite*, en demanda la signification à sa mère. Celle-ci surprise par cette question, répondit que c'était une personne qui n'était ni belle ni jolie. A quelques jours de là, comme on parlait de la beauté assez relative de quelqu'un, la jeune fille questionnée sur ce qu'elle en pensait, se souvint de la leçon de sa mère et dit : mais elle est *hermaphrodite*.

HERMÈS, *s. m.* buste supporté par une gaine. Ce nom a d'abord été donné aux statues de Mercure, parce qu'elles avaient cette forme. Il vient du grec Ἑρμῆς (*Hermés*), Mercure, rendu chez les Latins par *Hermes*, qui se trouve dans Cicéron : *Hermes tuos et signa megarica exspecto* (j'attends vos *Hermès* et vos statues de Mégare). « La postérité s'arrêtera involontairement devant ce grand règne, placé sur les routes de l'histoire, comme un *Hermès* à deux faces, dont l'une offre toutes les séductions, et l'autre tous les dégoûts du pouvoir absolu. » LE MONTEY, *Monarchie de Louis* XIV.

HERMINE, *s. f.* petit quadrupède dont la peau procure une fourrure très-précieuse. Ce mot est dit pour *arménienne*, parce que ces peaux nous sont venues d'abord de cette contrée d'Asie appelée *Arménie*. Villehardouin nomme les peuples de l'Arménie *Hermins* et *Hermines*.

« L'hermine, dit Le Laboureur, *de l'Origine des armes*, pag. 141, Lyon, 1658, est un petit animal de la grandeur d'une belette, le nom propre duquel nous estant inconnu, on luy a donné celui de son origine, pource qu'il venoit principalement des montagnes d'Arménie, où les voyages de Terre-Saincte nous donnoient autrefois autant ou plus d'habitude, que nous n'en avons aujourd'hui avec les Polonais et les Moscovites. Tous nos anciens escrivains appellent cette contrée l'*Herménie*, et ceux qui l'habitent *Hermins*; et cette petite bête *hermine*, comme qui diroit *Arménienne*. Les Italiens, pour la mesme raison, l'ont nommée *Armeline*, ce qui exprime mieux le lieu de la naissance de ce petit animal, car il n'y a que la lettre *n* de changé en *l*, comme ils font en ce mot Bononia, pour lequel ils disent *Bologna*.

HÉROÏ-COMIQUE, *adj.* Ce mot qui se dit des poèmes, des pièces de théâtre ou autres ouvrages d'esprit qui tiennent de l'héroïque et du comique, n'est pas fort ancien, on ne le trouve pas dans le *Dictionnaire de Trévoux*, édition de 1743; mais le modèle du genre existait long-temps avant ce mot, puisque nous avions le *Lutrin* :

La badine Epopée, en son tour ironique,
Suit l'inspiration d'un caprice comique :
Art finement léger, qui, dans ses jeux plaisans,
Renverse des objets la figure et le sens.
Tel sur l'orbe incliné d'une glace magique
Voltige ce rayon dont la lumière oblique
Par d'imprévus reflets, aux regards étonnés,
Alonge le visage, ou raccourcit le nez :
Tel est l'esprit moqueur; il se rit du sublime,
Prête à de vains objets une maligne estime,
Du sujet le plus grave abaisse la hauteur,
Et se joue à la fois de l'art et du lecteur.
CHAUSSARD, *Poétique secondaire*, ch. III.

Le poème héroï-comique a le grand avantage de la variété, et souvent le charme de la surprise; il s'élève par moment à la pompe héroïque, pour retomber par une chute inattendue dans le comique du sujet; mais cette chute doit être inattendue, sans disparate, et c'est là la grande difficulté de ce genre de poème. Les quatre premiers vers du *Lutrin* en sont un modèle parfait :

Je chante les combats, et ce prélat terrible
Qui, par ses longs travaux et sa force invincible,
Dans une illustre église exerçant son grand cœur,
Fit placer à la fin un lutrin dans le chœur.

Les trois premiers sont dignes de l'épopée sérieuse; le quatrième ramène le lecteur étonné au comique du sujet. Cette composition est une sorte d'espièglerie, si l'on ose parler ainsi, et de moquerie continuelle, par laquelle le poète trompe à la fois et amuse notre curiosité.

Il se rit de son art, du lecteur, de lui-même.
DELILLE, *l'Imagination*, ch. V.

HÉROÏQUE, *adj.* qui appartient aux héros : *Des vertus, des actions, des sentimens* héroïques.

Les vers alexandrins, hexamètres ou de six pieds, sont appelés vers *héroïques*, lorsqu'ils paraissent particulièrement destinés à chanter les actions des héros. Aussi les poèmes épiques sont-ils presque tous composés en vers héroïques ou de six pieds. Il en est de même de nos tragédies, parce qu'on y met des héros en scène. C'est toujours dans le même sens qu'on dit poème *héroïque*, poésie *héroïque*.

« On appelle *héroïques* les vers consacrés à la louange des *héros*. Dans les autres sujets où les vers ont la même mesure, ils prennent le nom d'*hexamètres*. Théocrite écrivit ses *Pastorales*, Hésiode ses *Travaux* et ses *Jours*, en vers hexamètres; Homère son *Iliade* et son *Odyssée*, en vers héroïques. Ces deux sortes de vers ne diffèrent ni par la cadence, ni par l'étendue : ils ont une marche semblable. C'est à la majesté du style, au choix, à la dignité des personnages, à l'importance des objets et des événemens, à l'intervention des dieux, que ce genre se distingue.

Versibus undè etiam nomen fecère minores.
Vidæ *Poeticorum liber primus*, vers. 35.

(Du nom de son objet nommé par nos aïeux.)
Traduction de *la Poétique de Vida*, par M. Barrau.

On appelle encore *médicamens héroïques* des remèdes dont les effets produisent des changemens considérables et prompts dans l'économie animale.

HÉROÏSME, *s. m.* Ce mot était nouveau du temps du P. Rapin, qui ne l'emploie qu'en ajoutant : « s'il est permis d'user de ce terme. » Cependant La Bruyère avait dit : « Les stoïciens ont tracé aux hommes une idée de perfection et d'un *héroïsme* dont ils ne sont pas capables. »

« La grandeur d'âme est comprise dans l'*héroïsme* : on n'est point un héros avec un cœur bas et rampant; mais l'*héroïsme* diffère de la simple grandeur d'âme, en ce qu'il suppose des vertus d'éclat, qui excitent l'étonnement et l'admiration. Quoique pour vaincre ses penchans vicieux, il faille faire de généreux efforts, qui coûtent à la nature, les faire avec succès, est, si l'on veut, grandeur d'âme; mais ce n'est pas toujours ce qu'on appelle *héroïsme*. Le *héros*, dans le sens auquel ce terme est déterminé par l'usage, est un homme ferme contre les difficultés, intrépide dans les périls, et vaillant dans les combats. » *Encyclopédie.*

HÉROS, *s. m.* du latin *heros*, venu du grec ἥρως (*hérós*) héros, demi-dieu.

Suivant Saint-Evremont, les dieux de Virgile ne valent pas des *héros*, et dans Lucain, les *héros* valent des dieux.

« La plupart des *héros*, dit La Rochefoucauld, sont comme de certains tableaux; pour les estimer, il ne faut pas les regarder de trop près. »

J. B. Rousseau, piqué contre le prince Eugène, qui lui avait retiré sa protection, fit cette épigramme :

Est-on *héros* pour avoir mis aux chaînes,
Un peuple ou deux? Tibère eut cet honneur.
Est-on *héros* en signalant ses haines
Par la vengeance? Octave eut ce bonheur.
Est-on *héros* en régnant par la peur?
Séjan fit tout trembler jusqu'à son maître.
Mais de son ire éteindre le salpêtre,
Savoir se vaincre, et réprimer les flots
De son orgueil, c'est ce que j'appelle être
Grand par soi-même, et voilà mon *héros*.

HÉSITER, *v.* du latin *hæsitare*, fréquentatif de *hærere* (rester fixe, s'arrêter), et par conséquent rester en suspens sans oser agir ou parler. Térence a dit : *In eodem hæsitas luto* (vous vous arrêtez, vous êtes enfoncé dans le même bourbier).

L'*h* était encore aspirée dans ce mot du temps de Corneille.

Il y faut promptitude, esprit, mémoire, soins,
Ne *hésiter* jamais, et rougir encor moins.
Le Menteur, acte III, sc. 4.

« Quoique nos auteurs les plus exacts aient toujours aspiré l'*h* dans *hésiter*, cependant, dit M. Dubroca dans son *Art de lire à haute voix*, pag. 261, la négligence de la conversation a tellement prévalu, que ce n'est plus une faute d'écrire j'*hésite*, je n'*hésite* pas avec élision. »

Cependant elle *hésite*, elle approche en tremblant.
VOLTAIRE, *Gertrude*, conte.

Elle *hésite*, se tait,
Et balançant encor sur ce qu'elle va faire.
DESAINTANGE.

HÉTAIRE, *s. f.* (ἑταίρα, courtisane, d'ἑταῖρος, compagnon, camarade, ami). Quelques archéologues modernes ont substitué ce mot à celui de *courtisane*, qui, d'après le sens que nos mœurs actuelles y attachent, ne leur paraît pas pouvoir s'appliquer à cette classe de femmes d'Athènes, de Corinthe, etc., à qui il avait été donné jusqu'alors.

HÉTÉROCLITE, *adj.* (ἕτερος, autre; κλίνειν, pencher, détourner), incliné d'une autre manière, irrégulier; bizarre, dans son humeur, dans ses manières. « Mon oncle est l'oncle le plus bizarre et le plus *hétéroclite* qu'on ait jamais vu. » PALAPRAT.

« Ils parcouraient mon *hétéroclite* figure. » MARIVAUX.

HEU! interjection qui sert à exprimer une sorte d'admiration. « *Heu!* voilà ce que c'est que d'avoir étudié! » MOLIÈRE.

HEUR, *s. m.* du latin *hora* (heure), parce que les astrologues faisaient dépendre le bonheur ou le malheur du moment, de l'*heure* de la naissance : « *Quià quondàm astrologi prosperam vel sinistram fortunam singulis ab horâ nativitatis prævidebant* », comme dit Ch. Bouilles. *Voyez* BONHEUR. Ce mot, qui n'était plus guère en usage du temps de Ménage, est vieux aujourd'hui, et si l'on en excepte le style marotique, où il peut encore entrer, il n'est plus usité que dans ces phrases proverbiales : *Il n'est qu'heur et malheur dans ce monde*, pour dire que la même chose qui fait la fortune des uns, cause la ruine des autres; *Il a plus d'heur que de science*, il est plus heureux qu'habile.

« L'*heur* et le malheur sont, à mon gré, deux souveraines puissances. » MONT. liv. III, ch. 8.

Nombre tous les succès où ta fatale main,
Sous l'appui du bon droit aux batailles conduite,

De tes peuples mutins la malice a détruite
Par un *heur* éloigné de tout penser humain.
MALHERBE, ode II, *sur la Prise de Marseille*.

Mais, au moins, dites-moi, Madame, par quel sort
Votre Clitandre a l'*heur* de vous plaire si fort?
MOLIÈRE, *le Misanthrope*, act. II, sc. 1.

Tourne ailleurs les efforts de tes bras triomphans,
Sa joie éclatera dans l'*heur* de ses enfans.
CORNEILLE, *les Horaces*, sc. 1.

« Ce mot *heur*, qui favorisait la versification, et qui ne choque pas l'oreille, est aujourd'hui banni de notre langue. Il serait à souhaiter que la plupart des termes dont Corneille s'est servi fussent en usage. Son nom devrait consacrer ceux qui ne sont pas rebutans. » VOLTAIRE, *Remarques sur Corneille*, au lieu cité.

La Bruyère avait déjà témoigné le regret que lui fesait éprouver la perte de ce mot. « *Heur*, dit-il, se plaçait où *bonheur* ne saurait entrer, il a fait *heureux* qui est si français, et il a cessé de l'être. »

HEURE, s. f. qu'on trouve écrit *ore* et *hore* dans les *Fabliaux* de Barbazan et dans le *Roman du Renard*, vient du latin *hora* fait sur le grec ὥρα (*hóra*) qui signifiait temps, saison, âge, heure. Dans une de ses remarques sur le XXIe livre de sa Traduction de l'*Iliade*, Mme Dacier observe que le mot *heure* (ὥρα), dans Homère, est toujours mis pour saison. Ce ne fut qu'après ce poète que les Grecs se servirent du mot *heure* pour dire une partie du jour, et Anacréon est un des premiers qui l'aient employé en ce sens-là. « Comme on n'avait pas encore divisé le jour par heures, ajoute cette dame, *ibid.* tome III, pag. 80, on en marquait les différentes parties par des opérations fixes et connues, comme par ce qui se passait dans les marchés, dans le barreau, dans les temples; on disait : *Quand on revient du marché; quand les juges se lèvent de leurs siéges; quand on offre tel ou tel sacrifice*. L'agriculture a aussi donné des dates très-certaines : *A l'heure que le laboureur dîne; à l'heure que le laboureur délie ses bœufs*; et ces dernières dates ont même duré après l'établissement des heures. »

« La bonne fille entendit tantost quelle *heure* il estoit » (ce qu'on vouloit lui dire). *Cent nouv. Nouv.*, N. XXII.

Le Temps est, dit-on, le roi des *Heures*, et chacune de celles qui passent l'enrichit. Il lève sur elles un tribut imperceptible, qui lui constitue un revenu immense.

Chaque lourde syllabe est une *heure* à passer.
SANLECQUE.

Que pour le malheureux l'*heure* lentement fuit!
SAURIN.

Heures. . . . .
Vous, diverses de traits, mais semblables par l'âge,
Qui, tantôt vous parant d'une écharpe de fleurs,
Et tantôt le front pâle, et l'œil mouillé de pleurs,
Des biens, des maux, pour nous, éternisez l'échange,
Et de nos jours mortels composez le mélange.
CHÊNEDOLLÉ, *le Génie de l'Homme*, ch. I.

ARLEQUIN.

« Les femmes sont des horloges charmantes qui marquent quelquefois l'*heure du berger*.

COLOMBINE.

» Cette *heure*-là ne sonnera pas sitôt pour vous. » *Attendez-moi sous l'orme*, sc. II. *Théâtre italien* de Ghérardi.

La reine ayant demandé quelle *heure* il était, le duc d'Usez, son chevalier d'honneur, lui répondit : « Madame, l'*heure* qu'il plaira à Votre Majesté. »

INSCRIPTION
Pour le portrait d'une horlogère aimable.

Chez elle on apprend l'*heure*, auprès d'elle on l'oublie.

Dans un cabaret, rue de la Perle, à Paris, était une horloge, au bas de laquelle on a lu long-temps ces deux vers:

Que j'aille bien ou mal, il ne t'importe pas,
Puisque céans toute *heure* est l'*heure* du repas.

Nous disons *il est deux heures, il est trois heures*, etc.; *il est six heures qui sonnent, qui vont sonner, qui viennent de sonner*. C'est ainsi qu'on trouve quelquefois chez les Grecs le premier verbe au singulier avec un nominatif pluriel : Ἔστιν οἵ τίνες τρέχουσι (il en *est* qui courent), ἐστὶ (il *est*) pour εἰσὶ (ils *sont*). *Il est*, dans ces phrases et dans les semblables, serait donc une locution grecque ou imitée des Grecs.

A l'heure que, s'est dit pour *lorsque*. « Peut-être que tout cela se démêlera *à l'heure* que nous y penserons le moins. » Mme DE SÉVIGNÉ.

HEURES, *s. f. pl.* On appelle ainsi un livre où les prières du Bréviaire sont divisées selon les *heures* où on a coutume de les réciter, comme les *matines* qui se disent le matin; les *vêpres* le soir; *prime*, *tierce*, *sexte*, *none*, qui se récitent à une *heure*, à trois, à six, à neuf.

Ces dénominations de *prime*, *tierce*, *sexte*, et *none* rappellent la division du jour artificiel des Juifs et des Romains; ils distinguaient dans le jour artificiel, pris du lever au coucher, quatre parties principales : *prime* qui commençait au lever du soleil; *tierce*, trois heures après, *sexte*, à midi, et *none*, trois heures après midi; mais cette division était loin d'être toujours exacte, et variait selon que le soleil était plus ou moins de temps sur l'horizon.

« Plût à Dieu que ceci fût dire ses *heures!* » Exclamation d'une vieille lisant les *Contes* de Bocace.

HEUREUSETÉ, *s. f.* L'abbé de Vauxcelles s'est moqué, dans le *Mercure*, des *heureusetés* que le néologue Mercier voulait introduire dans la langue, et des pensées *fécondatrices* de sa longue préface.

HEUREUX, EUSE, *adj.* est évidemment dérivé de l'ancien mot *heur* dans le sens de *bonheur*, dont la racine est *heure*. *Voyez* HEUR et BONHEUR. Conduits par les préjugés plus anciens qu'eux, nos pères admettaient des heures favorables et des heures funestes; de là ces expressions *à la bonne heure*, dont nous nous servons encore adverbialement, et *à la male heure*, aujourd'hui hors d'usage.

« *Nos*, dit Jacques Sylvius, dans sa *Grammaire latine-française*, ab horarum *bonarum multitudine*, felicem horosum, *heureus*, *vocamus*. »

Nos pères ont même dit *bien heuré* et *bien heurté* (*benè horatus*) dans le sens de *bonheur* et d'*heureux*.

Compte à part soi les biens qu'amour envoye,
Et se maintient sur toute *bien heurée*.
Quatrains au bas des vitraux déposés au Musée des monumens français (16e siècle).

« Puisque les dieux m'ont baillé le *bien heurté* de te trouver. » J. LE MAIRE DE BELGES, *les Illustrations des Gaules*, liv. 1, ch. 24, Paris, 1548.

« Tout est bon à ceux qui sont *heureux*. » Mme DE SÉVIGNÉ.

« La plupart des hommes ne connaissent de mérite qu'à celui qui est *heureux*. » BUSSY-RABUTIN.

« Je ne suis pas de ceux qui ne croient être *heureux* qu'autant que les autres le croient. » *Le même*.

« On est souvent malheureux de vouloir être trop *heureux*. » D'AGUESSEAU.

Crois-moi, Cénie, il est, ma chère,
Deux sortes d'*heureux* ici-bas,
L'homme dont on ne parle guère,
La femme qu'on ne cite pas.

« Qu'est-ce *qui est heureux?* quelque misérable, » disait d'Alembert, et c'est un trait dont Diogène eût été jaloux.

« On peut dire *heureux dans mon malheur*, l'exact et l'élégant Racine l'a dit. » VOLTAIRE, *Remarques sur Corneille*, *Cinna*, act. 1, sc. 4.

« Un esprit prompt à concevoir les matières les plus élevées, et *heureux à les exprimer*, quand il les avait une fois conçues. » FLÉCHIER.

« Quoique vous soyez l'homme du monde le plus *heureux à être* aimé, » dit Mme de Sévigné à son gendre.

Que leur fable est *heureuse* à soumettre les cœurs!
L. RACINE, *la Religion*, ch. v, v. 392.

On appelle vers *heureux*, terme *heureux*, etc., dit l'abbé Batteux, tout ce qui paroit être moins l'ouvrage de la réflexion que du hasard, ce qui paroit trouvé plutôt que fait. Ceux qui écrivent savent qu'au bout de la plume il se trouve quelquefois des expressions et des tours qu'on ne cherche point, dont on n'avoit point d'idées, qu'on n'auroit pu désirer; cela s'appelle tours, pensées, expressions *heureuses*.

HEURT, *s. m.* onomatopée qui provient, selon M. Ch. Nodier, du choc de deux corps durs qui se rencontrent et qui se frappent.

« Il s'en va *heurter* bien rudement à l'huis du marchant, de bonne adventure sa dame vint à ce *heurt* qui ouvre l'huis. » Les Cent Nouvelles Nouvelles, N. XXII.

« Rome reprint (*reprit*) son ancienne majesté, et revint de tant de *heurts* endurez l'espace d'environ cinquante ans. » CL. FAUCHET, *Antiquitez gauloises*.

Sur cette agréable pensée,
Un *heurt* survient : adieu le char.
LA FONTAINE, liv. VII, *fable* II.

HEURTEMENT, s. m. Ce mot, employé par Voltaire et d'Alembert, n'a pas fait fortune.

« Je fais une grande différence entre le concours des voyelles et le *heurtement* des voyelles. Il y a longtemps que je vous aime : cet *il y a*, est fort doux ; *il alla à Arles*, est un *heurtement* affreux. » VOLTAIRE, *Lettre à d'Alembert*, 19 mars 1770.

« Mille autres *heurtemens* semblables......

» Je conviens qu'*il alla à Arles* est affreux ; mais je voudrais qu'on ne fît pas plus de grâce aux autres *heurtemens* que j'ai cités, etc. » D'ALEMBERT, *Lettre à Voltaire*, 26 mars 1770.

HEURTER, v. « Je me dérobe aux occasions de me fascher... et si ne puis tant faire qu'à toute heure je ne *heurte* en quelque rencontre, qui me desplaise. » MONT. l. III, ch. 9.

« Il n'y a qu'à *heurter* à la porte sur tout ce qu'on veut, il y répond parfaitement. » Mme DE SÉVIGNÉ.

Gardons-nous de *heurter* ses préjugés de front.
VOLTAIRE, *le Dépositaire*, act. IV, sc. 2.

HIATUS, s. m. Ce mot est emprunté du latin, où il signifie une grande ouverture de bouche, comme *hiare* signifie ouvrir la bouche fort grande.

« On regarde assez communément, dit Beauzé dans sa *Grammaire générale*, les deux termes d'*hiatus* et de *bâillement* comme synonymes ; mais je suis persuadé qu'il en est de ceux-là comme de tous les autres, et qu'avec une relation commune à une suite non interrompue de voix simples, ces mots désignent des idées accessoires différentes qui en font les caractères spécifiques. Ainsi le *bâillement* exprime spécialement l'état de la bouche, et l'*hiatus* énonce l'espèce de cacophonie qui en résulte ; de manière que l'*hiatus* est l'effet du *bâillement*. Le *bâillement* est pénible pour celui qui parle, l'*hiatus* est désagréable pour celui qui écoute : la théorie de l'un appartient à l'anatomie, celle de l'autre est du ressort de la grammaire. »

Les *hiatus* n'étaient pas interdits à nos anciens poètes : Saint-Gelais, Théophile, Regnier, Marot ne prennent aucun soin de les éviter, on en trouve même encore dans Malherbe.

Que froidement reçu on l'écoute à grand'peine.
REGNIER, *satire* II.

Estant en celle troupe
Où amour est comme feu en estoupe.
SAINT-GELAIS.

La Garde, tes doctes écrits
Montrent les soins que tu as pris.
MALHERBE, *Ode à M. de la Garde*.

La langue, en se perfectionnant, a dû beaucoup faire pour l'oreille, et comme celle-ci était fréquemment offensée de la rencontre des voyelles, les *hiatus* ont été généralement bannis, non seulement des vers, mais même de la prose ; on a été jusqu'à interposer entre les voyelles des lettres purement explétives, le plus souvent un *t*, exemple : Pense-*t*-il, viendra-*t*-on ; quelquefois un *s* : V*as*-y, donnes-y tes soins ; jusqu'à séparer le *n* des voyelles nasales pour le joindre à la voyelle du mot suivant, comme dans *bon enfant, bon ami*, qu'on prononce *bo nenfant, bo nami*, etc.

Cependant l'*hiatus* n'est pas tellement banni de notre poésie qu'on ne puisse employer dans le style familier des phrases faites, des locutions proverbiales et des noms propres composés où il se rencontre des *hiatus*.

Le juge prétendait qu'à *tort et à travers*
On ne saurait manquer, condamnant un pervers.
LA FONTAINE.

Le premier passe, aussi fait le deuxième,
Au tiers il dit : *Que le diable y ait part*.
Le même

Tant y a qu'il n'est rien que votre chien ne prenne.
RACINE, *les Plaideurs*, act. III, sc. 3.

« Je dirais hardiment dans une comédie du bas comique :
« *Il y a* plus d'un mois que je ne vous ai vu. » VOLTAIRE, *lettre à d'Alembert*, 19 mars 1770.

Paris voit tous les jours de ces métamorphoses;
Dans tout le *Pré-aux-Clercs* tu verras mêmes choses.
CORNEILLE, *le Menteur*, act. II, sc. 5.

Cher Ménage et cher de Rinci,
Je suis à *Fontenay-aux-Roses*.
SCARRON.

HIBERNATION, *s. f.* « On nomme *hibernation*, en histoire naturelle, cet état d'engourdissement ou de léthargie dans lequel quelques mammifères de nos climats, comme les marmottes, par exemple, passent presque tout le temps que dure la saison froide. On en a fait le verbe *hiberner*, c'est-à-dire être dans cet état d'engourdissement. » FLOURENS. *Expérience sur quelques effets de l'action du froid sur les animaux*. Mémoire lu dans la séance publique de l'Académie royale des Sciences, du 15 juin 1829.

HIBERNOIS, OISE, *adj.* et *subst.* terme déprisant, pour Irlandois. « Je m'adressois quelquefois à des figures *hibernoises* qui ne demandoient pas mieux, et il falloit alors nous voir disputer. » LE SAGE, *Gil-Blas*.

HIBRIDE. *Voyez* HYBRIDE.

HIC, *s. m.* mot pris du latin, et qui ne se dit que dans cette locution triviale et populaire : *C'est le hic*, qui revient à c'est là le point de la difficulté, c'est l'objet dont il s'agit. Cette locution paraît empruntée du latin où *hic est* (c'est là) signifie la même chose. C'est ainsi qu'Horace a dit, vers 38, épître 17, liv. I :

*Qui pervenit, fecitne viriliter? Atqui
Hic est, aut nusquam, quod quærimus.*

(celui qui en est venu à bout, s'est-il comporté en homme de cœur? car le point de la question que nous agitons *est là* (*hic est*) ou il n'est nulle part).

OCTAVE.

Il connoît mon bien et ma famille;
il me préféreroit à un François pour sa fille Isabelle...

ARLEQUIN.

Tout cela est bon; mais *ce n'est pas là le hic*, il faut vous bien assurer de sa fille. *Arlequin défenseur du beau sexe*, act. I, sc. 7. *Théâtre Italien* de Ghérardi.

LUCAS.

Oh! v'là *le hic*, j'y vois clair.
DUFRESNY, *la Coquette de Village*, ac. II, sc. 8.

Un sien voisin s'offrit de le guérir;
Mais cependant pourvu que de sa belle
Il s'éloignât, quand elle eût dû mourir
De n'avoir pas son cher époux près d'elle.
C'étoit le hic. Il y topa pourtant...
GRÉCOURT.

HIC ET NUNC, mots empruntés du latin, et qui signifient *ici et à l'instant*. On s'en sert pour dire qu'une chose doit être faite sur le champ et sans sortir du lieu, *sans déport*, comme disent les praticiens.

HIDALGO; *s. m.* mot espagnol francisé. Il signifie proprement *fils de quelqu'un*, « parce que, dit Smollet dans les notes de *Gil-Blas* traduit en anglois, un vilain n'est le fils de personne. » Il répond à notre *hobereau*. *Voyez* ce mot. En Espagne, on tient pour *hidalgos* ceux qui peuvent montrer n'être pas descendus des Maures; et c'est le titre que prennent les nobles qui descendent d'anciennes races chrétiennes, sans mélange de sang juif ou maure.

HIDEUR, *s. f.* chose hideuse, mot expressif, qu'il eût fallu conserver. « Ne se voulant ressouvenir des *hideurs* à quoy un champ de bataille l'avoit contraint. » EST. PASQUIER, liv. XIV, lettr. 10. Ce mot se trouve déjà dans Froissart, dans Perceforest et dans Monstrelet.

Ant. Arnauld, dans son *Plaidoyer contre les Jésuites*, appelle l'inquisition : « Boutique sanglante de toute cruauté, eschafaud de toutes les *hideurs* et horreurs tragiques qui se peuvent excogiter au monde. »

HIÉRARCHIE, *s. f.* (ἱερὸς) sacré; (ἀρχή, prééminence).
Il y a dans notre langue une *hiérarchie* de style, parce que les mots y sont classés comme dans une monarchie.

HILARITÉ, *s. f.* joie douce, gaîté calme, du latin *hilaritas* (gaîté), venu du grec ἱλαρὸς (*hilaros*) gai. « Ja n'est besoing de vous conter la chère que nous feimes ; car il est assez à conjecturer que le soûper fut plein d'*hilarité*. » CARTHENY, *Voyage du Chevalier errant*, fol. 39.

« Ce mot, sur lequel l'abbé Desfontaines s'est efforcé de jeter de la défaveur, en le plaçant dans son *Dict. néologique*, n'en a pas moins été employé assez heureusement par nos écrivains modernes. » CH. POUGENS.

« Contentez-vous de lui souhaiter, du fond du cœur, prospérité, *hilarité*, succès en tout, et jamais de gravelle. » VOLTAIRE, *Lettre à Mme la duchesse de Choiseul*.

« L'*hilarité* peinte sur votre visage en couleurs plus vives que celles du mal, vous me dites : Je suis sauvé, et mon exemple en sauvera bien d'autres. » BUFFON, *Rép. à M. de Chastellux*, tom. x, pag. 44.

Hilarité a pris de nos jours une tout autre acception, et notamment dans le langage parlementaire.

Il est en mauvaise part dans les vers suivans :

Arrive un gros rieur, dont la stupidité,
En tous lieux promenant sa triste *hilarité*,
Pense, à force de bruit, racheter sa bêtise.
  J. DELILLE, *la Conversation*, chant 1.

HIPPOMANE, *s. m.* du latin *hippomanes*, venu du grec ἵππος (*hippos*) cheval, et μανία (*mania*) fureur, liqueur qui coule des parties naturelles d'une jument en chaleur. On nomme encore ainsi une excroissance de chair que quelques poulains ont sur le front en naissant.

Hinc demùm, hippomanes vero quod nomine di-
          [cunt
Pastores, lentum distillat ab inguine virus :
Hippomanes quod sæpè malæ legere novercæ,
Miscueruntque herbas et non innoxia verba.
  VIRGIL. *Georg.* lib. III, v. 280.

(Enfin il s'écoule des parties génitales des jumens une liqueur visqueuse que ceux qui les soignent appellent par un nom spécial *hippomane* ; l'*hippomane* que les marâtres ont souvent recueilli, et auquel elles ont joint des herbes vénéneuses et le pouvoir malfaisant des paroles magiques).

Daubanton a prouvé que l'*hippomanes*, sur lequel on a débité tant de contes, n'était que le sédiment de la liqueur placée entre l'amnios et l'allantoïde. On le trouve non seulement dans la jument, mais encore dans l'ânesse et dans la vache.

HIRONDELLE, *s. f.* du latin *hirundo*, qui a la même signification. On a dit premièrement *aronde*, et on appelle encore, en termes de menuiserie, queue d'aronde, une certaine pièce de liaison taillée en queue d'*hirondelle*. D'*aronde*, le diminutif *arondille* qui se lit dans les *Epithètes* de De la Porte (1571), et le verbe *arondiller* (murmurer) dans le *Glossaire de la langue romane*, parce que le chant de cet oiseau est une espèce de murmure. On a dit ensuite *herondelle* et *hirondelle*. « Ce dernier, dit le P. Bouhours, a gagné le dessus, et c'est ainsi que tout le monde parle maintenant. »

Il y avait dans certaines provinces de France, une congrégation assez étendue, connue sous le nom de Sainte-Claire. Les maisons de cette espèce d'ordre étaient dans l'usage d'envoyer dans toute la France, et surtout à Paris (pendant le carême), des sœurs converses, quêter pour leurs couvens. Tous les hivers on voyait ces religieuses ambulantes courir dans la capitale, sous le nom d'*hirondelles de carême*.

On les a célébrées gaîment dans ces vers :

Qu'il était beau de voir une jeune *hirondelle*,
A la garde de Dieu, seule, timide et belle,
La candeur sur le front, le rosaire à la main,
Aller édifier les gens du grand chemin,
Avec nos saint Mathieu marcher de compagnie,
Exiger d'un soldat, même d'un capucin,
D'un petit air fripon, ou la bourse ou la vie;
Chez un chanoine aller demander à coucher,
Et sortant de chez lui plus intacte et plus pure,
Mettre son innocence au coche de voiture,
Partager quelquefois le siège du cocher,
Ou bien, pour exalter sa vertu virginale,
Et gagner tout d'un coup le ciel à peu de frais,
Au mépris des regards et des vents indiscrets,
Grimper, comme à l'assaut, jusqu'à l'impériale !

HISTOIRE, *s. f.* du latin *historia*, mot que les Romains avaient emprunté du grec ἱστορία (*historia*), signifie recherche, connaissance, et par extension, récit des faits dont on avait connaissance, dont on avait pu être témoin. « Ôter la vérité de l'*histoire*, c'est, dit Polybe, arracher les yeux d'un beau visage. »

Fontenelle appelait l'*histoire* une fable convenue.

« Ce qui me dégoûte de l'*histoire*, disait Mme de Sévigné, c'est de penser que ce que je vois aujourd'hui sera de l'*histoire* un jour. »

« L'*histoire* est la ressource des peuples, contre les erreurs des rois; elle craint moins un roi dans le tombeau, qu'un paysan dans sa chaumière. » LE DAUPHIN, père de Louis XVI.

« L'*histoire* des lois et de la constitution d'un État est', à proprement parler, l'*histoire* de la sagesse des hommes; au lieu que celle des batailles et des sièges, n'est que l'*histoire* de leur folie. » Le chevalier TEMPLE.

« L'*histoire* ancienne me semble, à l'égard de la moderne, ce que sont les vieilles médailles en comparaison des monnaies courantes; les premières restent dans les cabinets, les deuxièmes circulent dans l'univers pour le commerce des hommes. » VOLTAIRE.

« Quand on a eu les profits de la vie publique, on a couru les dangers de l'*histoire*. » M. DE PRADT.

HISTORIEN, *s. m.* dérivé d'*histoire*.

« Tout *historien* est menteur de bonne foi. » NICOLE.

Un P. Bourgoing, général de l'Oratoire, qui faisait plus de cas de la théologie que de l'histoire, disait, pour désigner un ignorant : « C'est un *historien*. »

« L'*historien* doit être philosophe. » VOLTAIRE.

« Un historien trop rapide lasse et se lasse lui-même, comme un voyageur qui court, sans s'arrêter, aux points de vue qu'il rencontre sur sa route. » LE PRINCE DE LIGNE.

Mlle L'Héritier a fait le féminin *historienne* : « Je suis *historienne*, et une *historienne*, aussi bien qu'un *historien*, ne doit point prendre de parti. » Pourquoi ne point admettre ce féminin?

HISTORIER, *v.* décrire, dépeindre.
Mais sous *historier* le tout par le menu.
RÉGNIER, satire X.

HISTORIETTE, *s. f.* diminutif d'*histoire*.

« Nous avons fait, dit le P. Bouhours, depuis quelques années *historiette*, qui ne se disoit point, que je sache, du temps de Ronsard, et qui se dit présentement. »

« C'est grand signe que je vieillis, puisque je deviens-conteur d'*historiettes*. » SAINT-ÉVREMONT.

HISTORIOGRAPHE, *s. m.* celui qui est chargé d'écrire l'histoire d'un prince ou d'un pays, du grec ἱστορία (*historia*), γράφειν (*graphein*) écrire l'histoire.

« Il est rare que l'*historiographe* d'un prince ne soit pas un menteur; il est rare aussi que l'*historiographe* d'une république dise toutes les vérités. »

Voltaire en a dérivé *historiographer* et *historiographerie* :

« Votre *historiographe* n'a pu vous faire sa cour comme il le désire; il passe son temps à souffrir et à *historiographer*. »

« Au lieu de la pension attachée à cette *historiographerie*, je ne demande qu'un rétablissement de 400 liv. »

Ces deux mots ne sont admissibles que dans le style plaisant.

HISTORIQUE, *adj.* des 2 genres.

« La langue française est *historique* et non pittoresque; c'est au génie à la rendre telle. » L'abbé ARNAUD.

HISTRION, *s. m.* du latin *histrio* (bouffon, baladin), dont la racine est *hister*, mot toscan.

« *Histrio, propriè est genus, cui subsunt, comœdi, tragœdi, mimi, pantomimi. Fit à voce thuscâ,* hister, *quæ significat saltatorem seu ludionem; à Thuscis enim et rem et nomen Romani accepere.* » LIVIUS, VII, 2. (*Histrion* est proprement un genre qui comprend sous lui les comédiens, les tragédiens, les mimes, les pantomimes. Il vient du mot toscan *hister*, qui signifie danseur, baladin; car c'est des Toscans que les Romains ont reçu le nom et la chose).

HISTRIONNER, v. dérivé d'histrion.

« Quand j'ai quelques rogatons tragiques ou comiques dans mon portefeuille, je me garde de les envoyer à votre parterre. C'est mon vin du cru, je le bois avec mes amis. J'*histrionne* pour mon plaisir, sans avoir ni cabale à craindre, ni caprice à essuyer. »
VOLTAIRE.

HISTRIONIQUE, adj. d'histrion.

« Tous les jeunes gens qui ont la rage des vers, font des tragédies dès qu'ils sortent du collège, ce qui me fait croire que l'Aréopage *histrionique* n'est pas riche en comédies. » VOLT.

HO ou HOHO! interjection qui marque étonnement, admiration.

Monsieur Tartufe, *hoho!* n'est-ce rien qu'on pro-
[pose?
MOLIÈRE, *Tartufe*.

HOBEREAU, s. m. gentilhomme pauvre et campagnard. Richelet prétend qu'il faut écrire *hautbereau*, qu'il dérive de l'allemand *hauther*, grand seigneur. Mais tout gentillâtre étant grand chasseur, ne peut-on pas dire qu'on a donné à cette sorte de personnes le nom d'un oiseau de leurre, connu pour suivre les chasseurs, afin d'attraper les alouettes et autres petits oiseaux que les chiens font lever.

C'est l'opinion d'Henri Estienne qui ajoute que, de son temps, on disait : C'est un *hobreau*, de celui qui, ayant peu de moyens, faisait montre d'en avoir beaucoup.

Belleau, dans une de ses comédies, a donné à ce mot le même sens :

L'amoureux est dessus les erres
De ne pouvoir tirer des serres
Et des pinces de ce *hobreau*
Les plumes de ce jeune oiseau.

Suivant Furetière, il vient de *hober*, terme picard, qui, joint avec la négation, signifie ne bouger d'un lieu, parce que ces sortes de gentilshommes étaient autrefois casaniers, n'avaient vu ni le monde, ni la guerre, et qu'ils piquaient la table de leurs voisins.

Buffon dit qu'on donnait autrefois ce nom aux petits seigneurs qui tyrannisaient leurs paysans, et surtout aux gentilshommes à lièvres, qui allaient chasser chez leurs voisins, sans en être priés, et qui, n'ayant pas le moyen d'entretenir un faucon, ou un épervier, portaient sur le poing un *hobereau*, et s'en servaient pour chasser.

Et des francs *hobereaux* conservant les manières.
HAUTEROCHE, *Nobles de Province*.

HOC, s. m. sorte de jeu de cartes.

« Je ne scay ni le *hoc*, ni la prime, ni le trictrac. » BALZAC, *lettre* du 1er août 1645.

Il nous a donné cette expression : cela m'est *hoc* pour dire cela m'est dû, m'est assuré; parce qu'à ce jeu on dit *hoc* en jetant sur le tapis certaines cartes qui font gagner ceux qui les jouent.

. . . . Mon congé cent fois me fût-il *hoc*,
La poule ne doit point chanter devant le coq.
MOLIÈRE, *les Femmes savantes*.

Un loup, dis-je, au sortir des rigueurs de l'hiver,
Aperçut un cheval qu'on avait mis au vert.
Je laisse à penser quelle joie.
Bonne chasse, dit-il, qui l'aurait à son croc.
Eh! que n'es-tu mouton! car *tu me serais hoc*.
LA FONTAINE, liv. V, *fable* 8.

HOCA, s. m. Les uns prétendent que ce jeu vient de Catalogne ; d'autres disent qu'il vient de Rome. « Ce qu'il y a de sûr, disent les auteurs du *Dict. de Trévoux*, c'est que ce sont des Italiens, que le cardinal Mazarin avait amenés avec lui, qui l'introduisirent à Paris ; mais peut-être avait-il passé de Catalogne à Rome. Quoi qu'il en soit, il y causa tant de désordre, que le pape chassa tous ceux qui le tenaient et qui y jouaient. L'abbé Genest écrit *hocca* dans les divertissemens de Sceaux. M. Delamarre, dans son *Traité de Police*, et deux arrêts du parlement, qu'il produit contre ce jeu, écrivent aussi *hocca*. » Ce jeu, introduit chez nous par les Italiens, fut la cause de la ruine d'une infinité de particuliers ; ce qui détermina le parlement à le défendre, sous des peines très-rigoureuses.

Voltaire a dit, en parlant du jeu de biribi :

Il est au monde une aveugle déesse
Dont la police a brisé les autels ;
C'est du *hocca* la fille enchanteresse,
Qui, sous l'appât d'une feinte caresse,
Va séduisant tous les cœurs des mortels.

HOCHE-BRIDE, *s. m. Sat. Mén.* Il est là dans le sens de boute-feu, d'instigateur.

HOCHER, *v.* ne vient-il pas du latin *occare* (briser avec la herse), secouer, agiter ? Montaigne a dit, liv. 1, c. 50, que Diogène *hochait* du nez le grand Alexandre ; c'est la traduction littérale du *naso suspendere adunco* des Latins. Cette expression a paru trop hardie et n'a point fait fortune. Et ailleurs, liv. 1, c. 25, en parlant des imitations des anciens : « Les gens d'entendement *hochent* du nez cette incrustation empruntée. »

Il paraît que ce verbe n'était pas banni autrefois du style élevé.

Mais quel Dieu ! le Dieu roi des dieux,
Qui des plus hauts temples de cieux
Hoche le plus orgueilleux faîte
D'un seul éclat de sa tempête.
BAÏF.

HOCHET, *s. m.* Il vient de *hocher*, parce que l'on secoue, on agite le hochet pour divertir les enfans par le bruit que font les grelots qui y sont attachés.

Ce mot se dit au figuré de tous les jouets d'enfant, et par extension des bagatelles, des choses futiles. « Il faut des *hochets* aux enfans, selon Aristote, pour les empêcher de briser les meubles de la maison. » *Politiques !* à l'application !

De ses *hochets* perdus, son unique trésor,
Seul, leur plus jeune enfant se désolait encor.
DELILLE, *le Malheur et la Pitié*, chant 1.

Les femmes, parmi nous, sont de grands enfans qu'il faut amuser avec deux *hochets*, la vanité et la galanterie.

HODER, *v.* vieux mot qui n'est plus en usage que parmi le peuple ; lasser, fatiguer. Un paysan picard, après avoir beaucoup marché, dit : je suis *hodé*, et ne se doute guère qu'il parle grec.

HODÉ, ÉE, *part.* « Très-vieux mot français, dit M. Ch. Nodier, encore aujourd'hui patois de Picardie et de Champagne. Il signifie *lassé du chemin, fatigué du voyage.* Par quelle étrange bizarrerie, ajoute l'auteur de l'*Examen critique des Dictionn.* etc. les Grecs ont-ils jeté leur ὁδός (*hodos*), voyage, leur ὁδεύω (*hodeuó*), je chemine, dans la langue antique de nos provinces ? En quelques parties de la Savoie *oder* veut dire partir : je m'*ode*, je m'en vas. »

On le trouve dans la xve des *Cent nouvelles Nouvelles*. « Ses gens tout *hodez* et travaillez et leurs chevaux aussi... »

HOLA, *interj.* qui sert à appeler. « *Holà* hô ! cocher, petit laquais. » MOLIÈRE.

Il se prend aussi adverbialement pour c'est assez. « *Holà, holà*, il faut avoir pitié des gens. » SCARRON.

COUPLET BACHIQUE.

Holà ! verse moins plein, je veux boire à la ronde,
Disait Lubin, quoiqu'assez bon buveur.
Qu'entends-tu par *holà ?* dit Grégoire en colère :
Foible cerveau ! que Bacchus te confonde !
Holà, quand je te verse, est un mot plein d'horreur :
Il ne faut dire *holà* que quand ta femme gronde.

Il s'emploie encore pour faire taire une personne qui fait du bruit.

Un clerc, pour quinze sous, sans craindre le *holà*,
Peut aller au parterre attaquer *Attila*.
BOILEAU.

HOLOCAUSTER, *v.* mot forgé par Scarron.

Comme s'ils se fussent doutés
Qu'ils devoient être *holocaustés*.

HOMBRE, *s. m.* sorte de jeu de cartes, de l'espagnol *hombre* (homme) comme qui dirait le jeu de l'homme. Ce jeu nous vient de l'Espagne. « Je leur dis que je veux apprendre le cartésianisme comme l'*ombre*, non pour jouer, mais pour voir jouer. » Mme DE SÉVIGNÉ.

HOMÉRIQUE, *adj.* dans le goût d'Homère. « De même qu'Homère a été appelé le poëte par excellence, l'expression de beautés *homériques*, passée en proverbe, est devenue, chez tous les peuples lettrés, le nom par excellence du grand et du beau poétique. » AMAR DU RIVIER.

Boileau l'a employé dans le sens d'ami, partisan d'Homère :

Tout le trouble poétique
A Paris s'en va cesser.
Perrault l'anti-pindarique
Et Despréaux l'*homérique*
Consentent à s'embrasser.

HOMMAGE, s. m. de *hommagium* dans la basse latinité, dérivé de *homo* (homme). « Ce terme, dit Chantereau Lefèvre, *Traité des Fiefs*, pag. 56, Paris, 1662, signifie que celui qui rend la foi (foi et hommage), devient *homme* de son seigneur, à cause qu'il est obligé de le servir de sa puissance, toutefois et quantes il en aura besoin, et lui doit être fidèle en toutes choses. » Le passage suivant vient à l'appui de l'opinion de Chantereau Lefèvre : « Le peuple dist à Lancelot : Sire, *retenez-nous à hommes*, et soyez sire de ce pays. » *Tristan, chevalier de la Table ronde*, fol. 123 recto, col. 1.

HOMMAGER, ère, adj. « Le droit des princes n'est pas *hommager* du temps. » *Le Politique françois*, 1604.

HOMMASSE, adj. Il se dit, suivant Régnier Desmarais, d'une femme qui a trop l'air d'un homme.

Ciel, que je hais ces créatures fibres,
Soldats en jupe, *hommasses* chevalières !
VOLTAIRE.

HOMMASSER (s'), v. « La femme qui s'*hommasse* n'a pas plus d'empire sur les hommes, que l'homme qui s'efféminé n'en a sur les femmes. » BERNARDIN DE SAINT-PIERRE, *Harmonies de la nature*, 3e vol. pag. 242.

HOMME, s. m. que nos pères ont écrit *koms*, *hom*, *hon*, dont il nous reste encore *on*, dans *on dit*, *on croit*, etc., vient du latin *homo*, qui a la même signification.

Chascuns *homs* s'en devroit merveiller.
Le Codicille de Jean de Meung, v. 1896.

« La folie de tels *homs* seroit à bon droit jugée inexcusable. » *Préface sur les Quinze Joies du mariage*, pag. 2, in-12, La Haye, 1734.

« *Homs*, monosyllabe avec une *s* finale, pour le singulier *homme*, est un vieux mot, dont il ne reste de vestige que dans *ons a dit*, *ons a fait*, etc. comme prononcent encore quelques personnes du Languedoc qui ont cela de commun avec le petit peuple de Metz. Alain Chartier, dans son début du *Réveil-matin* :

Cela ne soit pas d'une pomme
A ce de quoy *homs* a besoin.
Note de Le Duchat, au bas de la page.

« Barbazan dit qu'il ne sait pourquoi on a écrit le mot *homme* avec deux *m*, n'en ayant qu'un au latin *homo* ; cela vient probablement de ce que tous les noms, pris de ceux de la troisième déclinaison, se sont formés de l'ablatif, et que dans l'ablatif *homine* l'on a fait de l'*i* et de l'*n*, le second *m* ; de même le mot femme, de *femina* ; nommer, de *nominare*, etc. » ROQUEFORT, *Gloss. de la langue romane*.

« La vraye science et le vray estude de l'*homme* c'est l'*homme*. » CHARRON, liv. 1, c. 1.

« Pour les femmes du monde, un jardinier est un jardinier, un maçon est un maçon. Pour quelques autres plus retirées, un maçon est un *homme*, un jardinier est un *homme* ; tout est tentation à qui la craint. » LA BRUYÈRE.

« Il n'y a, dit Voltaire, écrivant à Maupertuis, que le roi de Prusse que je mets de niveau avec vous, parce que c'est de tous les rois le moins roi et le plus *homme*. »

« Sous la forme bipède de l'*homme* il n'y a aucune bête innocente ou malfaisante dans l'air, au fond des forêts, dans les eaux, que vous ne puissiez reconnaître ; il y a l'*homme* loup, l'*homme* tigre, l'*homme* renard, l'*homme* taupe, l'*homme* pourceau.

» Il y a l'*homme* mouton, et celui-ci est le plus commun ;

» L'*homme* anguille ; serrez-le tant qu'il vous plaira, il trouvera moyen de vous échapper ;

» L'*homme* serpent qui se replie en cent façons diverses ;

» L'*homme* ours, qui ne me déplait point ;

» L'*homme* aigle, qui plane au haut des cieux ;

» L'*homme* corbeau, l'*homme* épervier, l'*homme* de proie ;

HOM 765 HON

» Rien de plus rare qu'un *homme* qui soit *homme* de toutes pièces ;

» Aucun de nous qui ne tienne un peu de son analogue animal. » DIDEROT.

En Espagne, on demande est-ce un grand de la première classe? En Allemagne, peut-il entrer dans les chapitres? En France, est-il bien à la cour? En Hollande, combien a-t-il d'or? En Angleterre, quel *homme* est-ce?

Une coquette disait qu'il fallait bien aimer l'*homme* pour aimer son mari.

Dans un cercle, une femme, qui avoit de la barbe au menton, ne déparloit pas de la soirée. Cette femme est *homme*, dit Rivarol, à parler jusqu'à demain matin.

Quelques auteurs ont employé *hommeau*, *hommenet*, *hommet*, *hommelet*, *homelin*, comme diminutifs d'*homme*.

Hommenet, diminutif employé par Montaigne, liv. III, c. 5. « Que devons-nous faire, nous autres *hommenets* (en comparaison d'un sage de la Grèce)? »

On trouve *hommeau* dans Estienne de la Boétie, dans le *Dict.* de Cotgrave et dans celui de *Trévoux*. La Fontaine s'en est aussi servi :

Messire Bon eût voulu que le zèle
De son valet n'eût été jusque-là ;
Mais le voyant si sage et si fidèle,
Le bon *hommeau* des coups se consola.

Ce mot n'est pas tout-à-fait perdu, du moins pour le style familier.

Hommet et *hommelet* se trouvent dans le *Dict.* de Nicot. C'est sûrement par corruption de ce dernier que le peuple appelle *hommelette*, mot qui est recueilli dans le *Dict. du bas langage*, Paris, 1808, un homme de petite taille, de faible complexion, sans force, sans caractère, sans énergie.

« C'estoit un bon *homelin*, rond et sans malice, tout du meilleur temps, fait à la bonne foy. » *Guzman d'Alfarache*, liv. III de la 1re partie, c. 8.

HOMMERIE, *s. f.* On trouve ce mot forgé dans un dictionnaire, où on lui fait signifier passion humaine. Il ne s'est point accrédité. Cependant Montaigne avait dit : « Tout doit tribut à l'*hommerie*. »

HONGNART, *s. m.* « Le plus suspeçonneux *hongnart* qui jamais femme accointast. » *Cent nouvelles Nouvelles*, N. XI.

HON HON, *interj.* propre à marquer la surprise, l'irrésolution, et qu'on emploie quelquefois par raillerie. « *Hon hon!* vous êtes un méchant diable. » MOLIÈRE. « *Hon hon!* il a remis là à payer ses créanciers. » *Le même.*

HONNÊTE, *adj.* du latin *honestus* (conforme à l'honneur, honorable). « L'étude commence un *honnête* homme, et le commerce du monde l'achève. » SAINT-ÉVREMONT.

Bautru disait qu'il est aussi difficile de passer pour *honnête* homme quand on est gueux, qu'il est aisé de l'être quand on est riche.

« Il faut être *honnête* (poli) pour soi, quoique souvent ceux à que l'on parle ne méritent pas qu'on le soit pour eux.

Pris substantivement. « L'*honnête* du vieux temps est le ridicule de celui-ci. » BALZAC, *de la Gloire*.

HONNEUR, *s. m.* « Ce terme, dit Voltaire, nous a paru susceptible de plusieurs acceptions différentes, ainsi que tous les termes qui expriment des idées métaphysiques et morales.

Mais je sais ce qu'on doit de bonté et d'*honneur*
A son sexe, à son âge, et surtout au malheur.

» *Honneur* signifie là *égard, attention*.

L'amour n'est qu'un plaisir, l'*honneur* est un devoir.

» *Honneur* signifie dans cet endroit c'est un devoir de venger son père.

» *Il a été reçu avec beaucoup d'honneur*, cela veut dire avec des marques de respect.

» *Soutenir l'honneur du corps*, c'est soutenir les prééminences, les priviléges de son corps, de sa compagnie, et quelquefois ses chimères.

» *Se conduire en homme d'hon-*

neur, c'est agir avec justice, franchise et générosité.

» *Avoir des honneurs*, *être comblé d'honneur*, c'est avoir des distinctions, des marques de supériorité. » *Dictionnaire philosophique*, au mot *Honneur*.

Un pauvre homme était toujours ivre à midi : « Comment faites-vous ? lui disait-on, vous gagnez si peu. — Ah ! répondit-il, je bois chaque matin pour deux sous d'eau-de-vie : cela me fait le même *honneur* que si j'avais bu quatre bouteilles de vin. »

Il faut convenir que voilà un *honneur* singulièrement placé.

« *Honneur* au singulier signifie l'estime, la gloire qui résulte des actions de vertu ; et, au pluriel, il signifie les dignités, les emplois éclatans qui élèvent un homme au-dessus des autres, et qui le mettent en état et en droit d'exiger des déférences et des respects extérieurs. » *Journal de l'Académie française*, par l'abbé de Choisy, § XVIII.

« Toute personne d'*honneur* choisit plustost de perdre son *honneur* que de perdre sa conscience. » MONTAIGNE, liv. II, c. 16.

« L'*honneur* ressemble à l'œil. Il ne sauroit souffrir la moindre impureté, sans s'altérer entièrement. » OXENSTIERN.

L'*honneur* est comme la vie, quand on le perd, c'est pour toujours.

Il en est de l'*honneur* comme de la neige, qui ne peut jamais reprendre son éclat dès qu'elle l'a perdu.

« L'*honneur* acquis est caution de celui qu'on doit acquérir. » LA ROCHEFOUCAULD.

« L'*honneur* est la conscience du devoir et la partie la plus exquise de la délicatesse. » SAINT-PROSPER, *l'Observateur au 19e siècle*. 1819.

« On rencontre des braves sans *honneur*, mais jamais des gens d'*honneur* sans bravoure. » *Ibid.*

« Le mot *honneur*, dit la Curne de Sainte-Palaye, dans ses *Mémoires sur l'ancienne chevalerie*, tom. 1, p. 43, Paris, 1781, signifiait proprement le cérémonial d'une cour. L'épée d'*honneur* était celle qui se portait dans les cérémonies ; le trône d'*honneur*, le heaume d'*honneur*, le cheval d'*honneur*, le manteau d'*honneur*, la table d'*honneur*, et autres phrases semblables s'employaient dans le même sens. Les chevaliers et écuyers d'*honneur* ou du corps étaient ceux qui, attachés plus particulièrement à la personne de leurs maîtres, les accompagnaient presque partout, et étaient spécialement chargés de faire les *honneurs* de leurs cours ou de leurs maisons, principalement dans les assemblées d'éclat et de solennité. »

C'est conformément à ces usages et à la valeur donnée au mot *honneur* que nous nommons encore *filles*, *demoiselles d'honneur* les demoiselles qui accompagnent une mariée, *garçons d'honneur* les jeunes gens qui font les *honneurs* à une noce. *Faire les honneurs d'une table, d'une maison*, sont encore des expressions qui ont la même origine.

S'il est un rôle noble et bien digne d'envie
Un agréable emploi dans le cours de la vie,
C'est celui d'un mortel qui fait en sa maison
Les *honneurs* de la table en digne Amphitryon.
   BERCHOUX, *Gastronomie*, chant III.

« Toutes filles d'*honneur*, comme il plaisoit à Dieu. » HAM. *Mém. de Gramont*.

A la cour où le plus habile
N'a pas toujours un grand bonheur,
La charge la plus difficile
Est celle de fille d'*honneur*.

On trouve dans un ouvrage du 15e siècle, intitulé *les Honneurs de la cour*, *faire honneur*, *faire un pareil honneur*, *faire un troisième honneur*, pour faire un salut, faire la révérence, faire une pareille révérence, faire une troisième révérence.

Sans honneur, dans le style noble, et surtout en poésie, devient quelquefois synonyme de *sans gloire*, *sans éclat*, et même de *honteusement*; *ignominieusement*.

Dois-je oublier Hector privé de funérailles,
Et traîné *sans honneur* autour de nos murailles ?
   RACINE, *Andromaque*, act. III, sc. 8.

« *Sans honneur*, dit ici Geoffroy dans son *Commentaire* sur Racine, est une figure latine qui affaiblit à dessein l'expression, pour faire entendre beaucoup plus qu'elle ne dit. *Sans honneur* signifie ici *ignominieusement*; c'est ainsi que le mot latin *inglorius*, sans gloire, signifie souvent la honte. »

. . . . *Patriam remeabo* inglorius *urbem.*
VIRGIL. *Æneid.* lib. XI, v. 793.

(Je retournerai *sans gloire* dans la ville qui m'a vu naître).

Nous disons *sans gloire* dans le même sens :

A la fleur de mes ans je suis tombé *sans gloire*,
Et mon premier combat a flétri ma mémoire.
BAOUR-LORMIAN, *Poésies d'Ossian.*

Jeune esclave, il (Hélénor) courut, s'armant contre
[les lois,
Des héros d'Ilion partager les exploits,
N'ayant pour lui ni rang, ni titre, ni victoire.
Ses armes n'ont encor nulle marque de gloire ;
Et son simple pavois, son glaive *sans honneur*,
Sans illustrer son nom, ont armé sa valeur.
DELILLE, traduct. de l'*Enéide*, liv. IX.

Regnard l'a employé poétiquement dans sa *Satire contre les maris* :

Où de fougueux torrens inondant ses vallons,
Ont noyé sans pitié l'*honneur* de ses sillons.

C'est une heureuse imitation de ce passage de Virgile (2 *Georg.* v. 404),

. . . *Silvis Aquilo decussit* honorem.

Voyez LÉGION-D'HONNEUR.

HONNIR, *v.* allem. *hohn* (moquerie). C'est un vieux mot qui ne se dit plus que par plaisanterie et au passif. « Quoique *honnir*, autrefois si usité, et *vilipendé*, fort négligé aujourd'hui, ne soient que du style comique ou du moins familier, il me semble, dit l'abbé Roubaud, que ces mots employés dans les circonstances ou avec les accessoires propres à faire ressortir et sentir leur énergie, produiraient un effet particulier qu'aucun terme n'obtiendra. *Honnir* mériterait surtout d'être favorisé des bons écrivains. »

HONNISSEMENT, *s. m.* action de *honnir.* « Défend iceux que mesnez sont à mort, et ne cesser à ceux délivrer que truit sont à *honissement.* » Traduct. de la *Bible*, Prov. c. XXIV, v. 11.

HONNISSEUR, *s. m.* qui déshonore les gens, qui aime à les perdre de réputation.

Ce mot a un autre sens dans l'ancienne traduction de *Don-Quichotte.* « Par ma foi! ce géant est un grand *honnisseur* de pucelles. »

HONORAIRE, *s. m.* du latin *honorarium* (don gratuit qu'on faisait aux magistrats). Les Romains appelaient *frumentum honorarium* le présent en grains qu'on était dans l'usage de faire au gouverneur de la province.

« D'*honneur* on a fait *honoraire*, Pour honorer une profession au-dessus des arts mécaniques, on donne à un homme de cette profession un *honoraire* au lieu de salaire et de gages qui offenseraient son amour-propre. Ainsi *honoraire*, *faire honneur*, *honorer*, signifient faire accroire à un homme qu'il est quelque chose, qu'on le distingue. » VOLTAIRE, *Dict. philosoph.* au mot *Honneur.*

Il me vola, pour prix de mon labeur,
Mon *honoraire*, en me parlant d'honneur.
Le même, *le pauvre Diable.*

Richelet prétend que ce précepte, *honora medicum*, etc. veut dire qu'il faut reconnaître les soins des médecins par un *honoraire* raisonnable.

HONORAIRE, *adj.* « Une femme se fait quelquefois à elle-même des reproches *honoraires*, et sa foiblesse s'en augmente. » Cette expression de Marivaux est charmante. Le pesant abbé Desfontaines la réprouve, parce qu'il n'était pas né pour la sentir.

HONTE, *s. f.* On lit *hontaige* dans quelques anciens auteurs ; *hontage*, dans le *Roman de la Rose.*

Si vos proi ne voilliés *accontier*
Fols losengiers dont vos aiés *hontaige*
Mᵉ GILLES DE VIÉS-MAISONS, poét. ms. t. III, pag. 1071.

« La *honte* sert d'aiguillon et d'allumette aux voluptés charnelles. » CHARR. liv. I, c. 24.

« L'art humain en fait un grand guare, guare, plante à la porte la *honte*, pour en desgouster. » *Le même.*

« La *honte* est comme la lisse du tisserand ; s'en rompt-il un filet, elle est toute desfaite. » *Guzman d'Alfarache*, liv. II de la 1ʳᵉ partie, c. 1.

« Jamais la faim et la *honte* n'ont peu durer ensemble amis. » *Ibid.*

« Nous supportons le malheur et ne saurions supporter la *honte*. » LA FONTAINE.

Les grammairiens s'accordent à dire que *honte* n'a point de pluriel. Il paraît qu'autrefois on lui en donnait un.

« La plus brillante fortune ne mérite point ni le tourment que je me donne, ni les humiliations, ni les *hontes* que j'essuie. » LA BRUYÈRE.

Nous sommes loin de blâmer ici l'emploi du pluriel; il nous parait même beaucoup plus expressif que le singulier.

Corneille a dit dans *Pompée* :

Pour réserver sa tête aux *hontes* d'un supplice;

et dans *Rodogune* :

. . . Vous avez dû perdre le souvenir
Des *hontes* que pour vous j'avais su prévenir.

Voltaire dit, au sujet de ce dernier vers : « La *honte* n'a point de pluriel, du moins dans le style noble. » Ainsi, comme le remarque M. Laveaux, il ne le condamne pas expressément dans le langage ordinaire.

Nos pères employaient ce mot au pluriel, pour exprimer les parties que la pudeur ordonne de voiler. A la tête d'une ancienne édition de Charron est une estampe représentant la sagesse debout sur un cube, et nue, « mais sans que ses *hontes* paroissent, » est-il dit dans l'interprétation de cet emblème.

HONTOYER, *v.* avoir honte, rougir. « Ce que, en *hontoyant*, elle accorda. » *Contes d'Eutrapel*, tom. I.

HONTOYER (s') *v.* « Le roy (Louis XI) commença de se *hontoyer*.... » PASQ. *Recherches*, liv. v, c. 13.

M. Pougens, dans son *Archéologie française*, cite un assez grand nombre d'ouvrages anciens où l'on trouve ce verbe *hontoyer*; il nous apprend encore que *honter*, à la forme neutre, a aussi été employé.

HOP. Grotius appelait ses gens par *hop*; Ménage en usait de même, en sorte que bien des gens croyaient que *Hop* est le nom de son valet.
« Quand on appelle quelqu'un de si loin, qu'il ne peut discerner les paroles, on crie *houpe*, et faire ce cry, c'est *houper*. » LA NOUE, *Dict. de rimes*.

HÔPITAL, *s. m.* qu'on écrivait anciennement *hospital*, du latin *hospitale*, sous-entendu *œdificium* (proprement lieu, bâtiment où l'on reçoit les étrangers), et par extension une maison destinée à recevoir, à soigner les pauvres, les malades, etc.

Les *hôpitaux* sont des hôtelleries que la Providence a placées sur le chemin des misères humaines.

Nicolas Raulin, chancelier de Bourgogne, ayant fait bâtir l'*hôpital* de Beaune, Louis XI dit, en voyant ce superbe *hôpital*, qu'il était juste que Raulin, qui avait fait tant de pauvres durant sa vie, fît, avant de mourir, une maison pour les loger.

Scarron s'appelle lui-même :

Hôpital allant et venant,
Des jambes d'autrui cheminant,
Des siennes n'ayant plus l'usage.

Naudé, dans son *Mascurat*, cite cette épitaphe qui peut, à certains égards, figurer dans l'histoire de plus d'un savant :

Hic jacet Jodocus,
Qui fuit Romæ coquus,
Magister in artibus
Et doctor in partibus,
Et de gratiâ speciali
Mortuus in hospitali.

« Dans la guerre de la Succession figure un marquis de Rhodes, dont on disait qu'il s'était ruiné dans les mines d'or, et enrichi dans les *hôpitaux*. » MONTESQUIEU, *Esprit des Lois*, liv. XXI, c. 11.

« A Rome, les *hôpitaux* font que tout le monde est à son aise, excepté ceux qui travaillent, excepté ceux qui ont de l'industrie, excepté ceux qui cultivent les arts, excepté ceux qui ont des terres, excepté ceux qui font le commerce. » *Le même, ibid.* liv. XXIII, c. 29.

Un poète anglais a dit que la Grande-Bretagne loge ses pauvres dans des palais, et ses rois dans les *hôpitaux*; allusion à la magnificence de l'Hôtel des Invalides de la marine établi à Greenwich, comparée au palais de Saint-James, qui lui-même, par un hasard singulier, fut autrefois un *hôpital*.

Ce mot se dit au figuré pour la pauvreté même.

Le luxe, l'ouvrage de la mollesse et de la vanité, nous conduit à l'*hôpital* par des chemins tapissés d'or et de pourpre.

Un magistrat disait un jour que si l'on fondait un *hôpital* pour les gens de lettres qui meurent de faim, il faudrait l'appeler l'*hôpital* des incurables, parce que la pauvreté est un mal dont les gens de lettres ne guérissent presque jamais.

Mon ami, si tu crains de porter la besace,
Fuis le métier des vers comme un métier fatal;
Qui prend le chemin du Parnasse,
Prend le chemin de l'*hôpital*.

« C... est mort fort chrétiennement. On demanda au coucher du roi s'il n'avait point fait de testament. Oui, répondit le comte de Gramont, il a fondé un *hôpital* pour les ducs ruinés qui se disposent à y aller. » Mme DE SÉVIGNÉ.

« Ma maison est l'*hôpital* des partis vaincus » disait Mme de Staël, en faisant allusion aux personnes si divisées d'opinion, qu'elle seule savait réunir.

HOQUET, *s. m.* mouvement convulsif du diaphragme, qui détermine l'air contenu dans les poumons à sortir par la glotte avec bruit et rapidité.

Ce mot paraît être une onomatopée. « Les Latins, dit M. Ch. Nodier, ont dit *singultus*, les Anglais *hicket* et *hiccough*, les Flamands *hick*, les Celtes *hak*, et *hic* ou *ig*, rapportés par Lepelletier et Davies.

» Un étymologiste cherche l'origine de ce mot dans l'hébreu *enka*, qui veut dire *sanglot*. Il est probable que ces différentes expressions sont de la même racine. »

Souvent tous ces dépits sont des *hoquets* d'amour.
REGNARD, *le Joueur*, act. II, sc I.

« Une si grande flotte, après ce premier coup de Dieu, s'estant sans rien faire esvanouye comme une fumée, tira presque le dernier *hoquet* aux bourses françoises. » *Le Politique françois*, 1604.

Voyez HOQUETER.

HOQUETER, *v.* avoir le *hoquet*.

Monsieur Ulysse à ce banquet
Prit un très-important *hoquet*,
Et comme il est fort malhonnête
De *hoqueter* dans une fête,
Il but à la santé du dieu,
Fit un *hoc*, et puis dit adieu.
MARIVAUX, *Iliad trav.* liv. I.

On a dit aussi *hoqueter* dans le sens de secouer fortement, et La Fontaine, liv. V, *fabl.* 2, a donné celui de *heurt* au mot *hoquet* :

Mes gens s'en vont à trois pieds,
Clopin, clopant, comme ils peuvent,
L'un contre l'autre jetés
Au moindre *hoquet* qu'ils treuvent.

HOQUETON, *s. m.* sorte de casaque que portaient les archers du grand-prévôt, et les gardes de la manche.

Vesti ung pourpoinct d'*auqueton*
A noiseau d'or tout environ.

Entre les diverses étymologies qu'on a données de ce mot, nous nous rangeons de l'opinion de Huet et de Le Duchat, qui le regardent comme un diminutif de *hoque* et *houque*, qui se trouvent dans Monstrelet, et qui se sont dits pour *huque*. Ce dernier se lit dans Villon et dans Coquillart.

Item, je laisse en beau pur don
Mes gands et ma *hucque* de soye,
A mon ami, Jacques Cardon.
Le Petit Testament de Villon (1456).

« *Hucque* de soie, sorte de robe : c'est le simple de *hoqueton*. Coquillart, dans ses *Droits nouveaux*, infol. mss. 8, où il parle des conseillers du Parlement vêtus de leurs robes rouges, dit :

Ces grands clercs à ces rouges *hucques*. »
Remarques de Le Duchat.

La Fontaine s'est servi du mot *hoqueton* dans le sens de casaque de paysan, de berger :

Il s'habille en berger, endosse un *hoqueton*,
Fait sa houlette d'un bâton,
Sans oublier la cornemuse.
Liv. III, *fable* 3.

Il se disait, au figuré, de l'archer qui portait le *hoqueton*.

Hoqueton diapré de mon maître la Trousse,
Je le suivais à pied quand il marchait en housse.
Rec. de vers.

HORACE, *n. pr. m.* Un homme, ami des plaisirs de la table, disait : « Toutes les fois qu'on parle d'*Horace*, on boit un coup de plus. »

J'étois pour Ovide à quinze ans,
Je suis pour *Horace* à quarante.
LE MAÎTRE DE CLAVILLE.

HORDE, *s. f.* signifie proprement une troupe de peuple errant, comme sont les Arabes et les Tartares qui n'ont point de demeures fixes. *Horde* est un mot de la langue des Tartares, qui signifie *multitude*.

Des prêtres d'Apamée
Une *horde* nombreuse, inquiète, alarmée.
VOLTAIRE, *les Guèbres*, act. I, sc. 2.

En parlant des Harpies, M. de la Tresne a dit :

Déjà dans les forêts prompte à se replier,
La *horde* de ses cris remplissait la colline,
Quand Misène, placé sur la roche voisine,
Donne aux accens du cor le signal convenu.

« Voltaire fit entendre pour la première fois, dans l'*Orphelin de la Chine*, un mot peu usité jusqu'alors, et qui a fait depuis une grande fortune : c'est celui de *hordes*, affecté originairement aux tribus errantes des Tartares. Ce mot était parfaitement à sa place dans cette pièce, et peut s'appliquer aussi à toute peuplade guerrière ou nomade : on en a fait depuis un abus ridicule en le mettant partout, même dans le langage familier, à la place de *tourbe* qui serait le mot convenable. C'est ainsi que la multitude ignorante confond et dégrade les expressions réservées pour le style noble, qui en devient tous les jours plus difficile. » LA HARPE, *Cours de littérature*, tom. X, pag. 333.

HORE, *s. f.* terme de mépris, commun en Normandie, où l'on dit : vieille *hôre* pour vieille garce. Allem. *hur* (prostituée), du verbe *huren*, souiller.

HORION, *s. m.* Selon Borel, dans ses *Antiquités gauloises*, *horion* a d'abord signifié un casque, et de là vient, ajoute-t-il, qu'on dit un *horion* pour un coup à la tête.

« Lors, dit Bertrand aux siens : Enfans, vela (voilà) les marchands à qui nous devons acheter, à force de *horions* leurs chevaulx au lieu des nostres qui sont foullés. » *Les Neuf Preux*, ouvrage imprimé en 1507.

Horion est défini dans le *Dict.* de Philibert Monet par coup asséné sur la tête ou sur le col.

Mimas d'un puissant *horion*
Fit sauter la rondache à Mars.
SCARRON.

Et courant vers Pallas la sage,
Lui fit tomber un *horion*
Justement sur le croupion.
Le même, *Typhon*.

Ce mot s'est encore conservé dans le style badin :

George indigné lui fait tomber en bref
Trois *horions* sur son malheureux chef.
VOLTAIRE.

HORIZON, *s. m.* (ὁρίζων, participe présent d'ὁρίζειν, borner ; parce que l'*horizon* naturel est un cercle qui termine, qui borne notre vue, lorsqu'élevés sur une éminence nous portons nos regards autour de nous.

« En quelque lieu que nous soyons au découvert, il semble, dit Muret, que nous voyons comme un cercle qui, de tous côtés, arrête et borne notre vue. Tels cercles sont nommés en grec *horizons*. Cicéron : *Orbes qui cœlum quasi medium dividunt, et aspectum nostrum definiunt, qui à Græcis* ὁρίζοντες *nominantur ; à nobis finientes rectissimè vocari possunt.* » *Commentaires sur les Amours de Ronsard.*

« Vous êtes toujours sur l'*horizon*. » Mme DE SÉVIGNÉ ; c'est-à-dire : Vous êtes toujours condamnée aux ennuis de la représentation.

« Le bonheur est comme l'*horizon* ; on l'aperçoit toujours, jamais on ne peut l'atteindre. » M. D'ORDRE.

HORIZONTAL, E, *adj.* Il manquait de pluriel masculin, quoique J. J. Rousseau eût dit, il y a soixante ans :

« Les lignes de musique sont ces traits *horizontaux* et parallèles qui composent la portée, et sur lesquels on place les notes, etc. »

Et Delille, il n'y a pas trente ans :

Ces lits *horizontaux* des collines nouvelles,
C'est la mer qui forma leurs couches parallèles.
Les Trois Règnes de la Nature, ch. IV.

Malgré des autorités aussi respectables, nos lexicographes, si l'on en excepte les auteurs du *Nouveau Dict. de la langue française*, Paris (1828), n'avaient fait aucune mention de l'existence de ce pluriel, qui ne trouve aujourd'hui aucun contradicteur, et dont tout le monde reconnaît l'utilité. Cette omission étonne dans le *Dictionnaire des Difficultés de la langue française*.

HORLOGE, s. f. Ce mot était autrefois masculin, ce qui paraissait plus conforme à son étymologie, *horologium* qui est neutre en latin, et qui vient du grec ὥρα (*hôra*) heure, et de λέγειν (*légein*) dire, annoncer.

L'univers m'embarrasse, et je ne puis songer
Que cette *horloge* existe et n'ait pas d'horloger.
VOLTAIRE.

Notre corps est une espèce d'*horloge*; les poumons, qui font la respiration, marquent les minutes de la vie, et lorsqu'ils achèvent le temps pour lequel elle était montée, tout est fini; elle sonne l'heure du départ.

« Le besoin des peuples est *l'horloge* des souverains. » CLÉMENT XIV.

HORMIS, que l'on qualifie de préposition, est composé de *hors* ou *fors*, du latin *foris* et de *mis*, en latin *missus*, participe du verbe *mettre*; *hormis* que nos pères ont écrit *hors mis* de deux mots, *horsmis*, et que nous écrivons *hormis*, est donc la même chose que *mis hors*, *mis dehors*.

HORREUR, s. f. du latin *horror*, qui a la même signification.

Il dit : et moi, de joie et d'*horreur* pénétrée,
Je cours, etc.
RACINE, *Esther*, act. 1, sc. 1.

« *Horreur* est ici un terme très-énergique qui signifie un effroi religieux mêlé de crainte et de respect. C'est dans ce sens que Racine a dit dans *Iphigénie* :

Jette une *sainte horreur* qui nous rassure tous.
Act. V, sc. 6.

« M. de La Harpe approuve le vers d'*Iphigénie*, parce que le sens est modifié par l'épithète *sainte*, et il condamne celui d'*Esther*, parce qu'*horreur* n'a point d'épithète; mais l'union de *joie* avec *horreur* est une modification encore plus forte que celle d'une épithète. » GEOFFROY, *Œuvres de Racine*, au lieu cité.

HORRIBLE, adj. Montaigne nous peint un guerrier avec trois mots : « *horrible* de fer et de sang. » L. III, ch. 1.

Horrifique pour horrible, se trouve dans Rabelais, liv. 1, ch. 41; et *horribleté*, pour qualité de ce qui est horrible, dans Froissart, *Chroniques*, vol. IV, ch. 23.

HORRIBLER, v. mot inventé sans succès par Ronsard pour dire *rendre horrible*.

Le marinier ne conte (compte) tant de flots,
Quand plus Borée *horrible* son haleine.
Les Amours de Ronsard, sonnet CCV.

HORS, prép. du latin *foris*, qui a la même signification : aussi a-t-on dit d'abord *fors* et ensuite *hors*, par le changement assez fréquent du *f* en *h* ou aspiration.

« Quant ils furent *de fors* la porte. » VILLEHARDOUIN, *de la Conquête de Constantinople*. (Quand ils furent dehors la porte.)

Je me rendré dedens enclos,
Et tu te tiengues par *defors*.
Roman du Renard, vers 8044 (13e siècle).

... Va fermer cel huis derrière,
Que Tysbé n'isse *fors* l'uis.
Fabliaux de Barbazan, Pyrame et Thisbé.

Cet ancien mot *fors* se retrouve dans les composés *forclore*, *forfaire*, *forligner*. *Voy.* FORS.

HORTICULTEUR, s. m. mot nouveau et qui désigne celui qui cultive les jardins, tandis qu'*agriculteur* marque celui qui cultive les champs, un laboureur. Jardinier ne présente que l'idée d'un homme de peine, d'un journalier qui a soin d'un jardin, *horticulteur* désigne de plus un homme qui tend à perfectionner ce genre de culture.

HORTICULTURE, s. f. terme nouveau, comme le précédent, qui non seulement désigne l'art de cultiver les jardins, mais qui emporte encore avec lui l'idée des soins et des connaissances nécessaires pour perfectionner cet art.

M. le chevalier Soulange-Bodin, dans son *Discours sur l'importance de l'horticulture*, etc., Paris, 1827, in-8°, la définit : « La culture du champ clos et des jardins, l'agriculture du manoir, chargée de pourvoir à des besoins plus délicats, l'exploitation plus recherchée de l'enceinte où la demeure de l'homme est placée. »

HORTOLAGE, *s. m.* Le *Dictionnaire* de l'Académie dit que c'est la partie du potager où sont les couches et les plantes basses. A ce premier sens, les vocabulaires qui l'ont suivi ont joint celui de toutes sortes d'herbes potagères. C'est dans ce dernier sens qu'Ant. Oudin le place dans son *Dict. des trois langues*, en le marquant d'un astérisque, ce qui indique qu'en 1674, année où parut la deuxième édition de ce Dictionnaire, ce mot n'était pas encore entièrement adopté. C'est aussi le sens qu'il a dans les marchés et dans les environs d'Amiens.

HOSPICE, *s. m.* du latin *hospitium* (droit d'hospitalité, et ensuite le lieu où l'on reçoit l'hospitalité). L'Académie, comme le remarque Laveaux, ne le dit que d'une maison religieuse établie pour recevoir les religieux du même ordre qui voyagent, ou d'une maison bâtie dans une grande ville, pour y retirer, pendant la guerre, les religieux ou les religieuses des couvens bâtis dans la campagne.

Ce mot se dit aujourd'hui de certaines maisons de charité, où l'on nourrit et entretient des indigens, ou des gens hors d'état de gagner leur vie, à cause de leur âge ou de leurs infirmités. On distingue les *hospices* des *hôpitaux* ; les derniers sont particulièrement destinés à la guérison des malades. *Bicêtre est un hospice ; l'Hôtel-Dieu est un hôpital.*

HOSPITALIER, IÈRE, *adj.* qui exerce l'hospitalité, où s'exerce l'hospitalité.

M. Dacier est le premier qui ait hasardé le mot *hospitalier* dans notre langue, et qui l'ait transporté des personnes aux choses, dans sa traduction de ces beaux vers d'Horace :

Quà pinus ingens albaque populus
Umbram hospitalem consociare amant
Ramis.
Od. III, lib. II, v. 10.

(Dans ce beau lieu où de grands pins et de grands peupliers joignent amoureusement leur *ombre hospitalière*).

« Je sais qu'il y a eu des personnes trop délicates qui ont été choquées de cette expression ; mais je prendrai la liberté de leur dire qu'elles ne paraissent pas avoir beaucoup étudié l'usage qu'on peut faire des figures, ni les bornes qu'on y doit garder. Celle-ci est très-belle et très-heureuse, et il n'y a rien de plus ordinaire, surtout dans la poésie, que de transporter ainsi les expressions et de la personne à la chose et de la chose à la personne. Les exemples en sont infinis. » Mme DACIER, Trad. de l'*Odyssée*, Remarques sur le liv. XIV, tom. III, pag. 196, Paris, 1756.

« Je crois, dit M. Dacier, sur cette expression *umbram hospitalem*, que Horace a emprunté des Grecs cette épithète *hospitalis*, et je l'ai trouvée si belle que j'ai voulu la conserver et la hasarder dans la traduction, quoiqu'elle ne soit pas en usage dans notre langue, qui ne l'applique jamais qu'aux personnes. » *Remarques sur le 10e vers de la IIIe ode du liv. 2.*

O Dieux *hospitaliers*, que vois-je ici paraître !
LA FONTAINE.

« C'est au milieu de ces fêtes *hospitalières* que nous avons parcouru les villes de la pauvre Finlande. »
SAINT-PIERRE.

Aux dieux *hospitaliers* je rends un juste honneur.
DELILLE, trad. de l'*Enéide*, liv. III.

Il n'a pas oublié les services d'Evandre,
Sa table *hospitalière* et son accueil si tendre.
Le même, liv. X.

L'oiseau s'élève et s'enhardit ;
Et sur la branche *hospitalière*,
Des brins d'une mousse légère
Forme le tissu de son nid.
DUAULT, *Vue du Printemps*.

HOSPITALISER, *v.* forgé sans succès par Mercier. « Il vaut mieux s'exposer à *hospitaliser* le diable, que de fermer sa porte aux malheureux. »

HOST ou OST. *Voy.* ost.

HOSTIE, s. f. du latin *hostia* (victime), dont la racine est *hostis* (ennemi), parce que dans les siècles de barbarie on sacrifiait des captifs aux dieux avant ou après la victoire.

Hostibus à victis hostia nomen habet.
OVIDIUS.

(Le nom d'*hostie* vient des ennemis (*hostibus*) vaincus).

« Peut-être commença-t-on par des bêtes nuisibles à ensanglanter les autels. On immola des victimes après la victoire, et le nom d'*hostie* le prouve assez, selon la remarque d'Ovide. » MIRABEAU, trad. des *Elégies de Tibulle*.

Ce mot se disait autrefois pour victime.

Du céleste courroux tous furent les hosties.
LA FONTAINE, *Philémon et Baucis*.

Père barbare, achève, achève ton ouvrage,
Cette seconde hostie est digne de ta rage.
CORNEILLE, *Polyeucte*, act. v. sc. 5.

De tous les combattans a-t-il fait des hosties?
Le même, *Horace*, act. III, sc. 2.

« *Hostie* ne se dit plus, et c'est dommage; il ne reste plus que le mot de *victime*. Plus on a de termes pour exprimer la même chose, plus la poésie est variée. » VOLTAIRE, *Remarques sur Corneille*.

« *Hostie*, dit M. Ch. Nodier, était très-beau dans le sens de *victime*, mais son acception liturgique lui a fait perdre l'autre. Quand on joua le *Séjanus* de Cyrano, que Mirabeau appelle un cours d'athéisme avec privilége du roi, des chrétiens, plus zélés qu'instruits, inondèrent le théâtre, déterminés à troubler par un grand éclat la représentation de cette pièce impie. Mais il y fallait un prétexte; les vers les plus hardis passèrent cependant sans être remarqués, et le mécontentement des spectateurs ne se manifesta qu'à ces mots de la catastrophe, qu'on prit pour une provocation au plus affreux des sacriléges :

Frappe ! Voilà l'hostie. »

Examen critique des Dictionnaires de la langue française, p. 219.

HOSTILE, adj. « La France comprit, en invoquant le Dieu vengeur, que ses ennemis avoient pu la préserver, pour l'accabler à moins de frais et plus sûrement sous le fardeau d'une paix hostile. » SALVANDY, *de la Coalition et de la France*, ch. 2.

HÔTE, s. m. qu'on écrivait autrefois hoste, du latin *hospite*, ablatif de *hospes*, en syncopant *pi*. Hôte se dit également de celui qui donne l'hospitalité et de celui qui la reçoit. Il en était de même chez les Latins du mot *hospes*, comme l'a observé M. Dacier dans sa remarque sur le 2ᵉ vers de la XVᵉ ode du Iᵉʳ livre d'Horace. Mais ce mot *hospes* signifiait celui qui remplissait le devoir religieux de l'hospitalité, ou celui qui était reçu chez quelqu'un sous les droits sacrés de l'hospitalité ; tandis que le mot *hôte*, ainsi que l'a remarqué M. Duclos, ne réveille communément dans notre langue que l'idée de celui qui loge chez les autres, ou qui loge les autres à prix d'argent.

Comme l'agonie d'une mort violente est peinte dans ces vers de La Fontaine, *Captivité de Saint-Malc* :

La cruelle moitié du monstre de Libye
Traîne en ses magasins ces deux corps où la vie
Cherche encore un refuge, et quitte en gémissant
Les hôtes que du Ciel elle obtint en naissant !

Et ces agréables séjours
Chassent le Soin, hôte des villes,
Et la Crainte, hôtesse des cours.
Le même, fragm. du *Songe de Vaux*.

Qu'il est peu de beaux corps, hôtes d'une belle ame !
Le même.

Houstil, qui a la même racine, et qui, selon Le Duchat, signifiait autrefois une personne en tant qu'elle était actuellement dans son hôtel, dans son logis, se lit dans Rabelais :

De Civilité
Cy sont les houstils,

tom. I, pag. 371, édit. de 1732. (Les *houstils*, les *hôtes* et les inséparables compagnons de la courtoisie.)

HÔTELER, v. loger quelqu'un dans une hôtellerie. Ce verbe est tout-à-fait oublié, si jamais il a été bien établi. Oudin lui a donné place dans son *Dictionn. des trois langues*, ainsi qu'au mot *hôtelage*, dans le sens d'*hôtellerie*.

HÔTELIER, ÈRE, s. celui, celle qui tient une hôtellerie.

> Hôtelliers, vos hôtes passans
> De ces droits-ci sont jouissans :
> Ils peuvent, en toute saison,
> Besongner en votre maison, etc.
> SAINT-GELAIS, *Folie aux hostelliers*.

Ce mot *hôtelier* a vieilli, et on doit le regretter.

HÔTELLERIE, s. f. Ce mot a été remplacé par celui d'*auberge* qui est presque le seul en usage aujourd'hui.

Hôtel, auberge, hôtellerie. Jusqu'au 14e siècle, dit M. Roquefort, on donna indifféremment ces noms à toutes les maisons en général; mais ensuite on désigna particulièrement ainsi celles des grands seigneurs, ou les endroits où on loge en voyage.

Gui-Patin disait que la cour était une mauvaise *hôtellerie* pour un honnête homme.

HOTTÉE, s. f. ce que contient une hotte (allem. *hutten*, cacher.). « Une longue *hottée* de chicaneries. » *Contes d'Eutr.* tom. II.

HOUHOU, s. f. Oudin, *Dict. des trois langues*, le traduit par *vecchia strega*, vieille sorcière. Chapelain, dans sa traduction de *Guzman d'Alfarache*, liv. III de la 2e partie, lui donne un sens moins odieux. « Elles sont plus noires que des taupes, plus laides que des guenons, plus sottes que des *houhou*. »

Ce mot ne signifie plus que le cri par lequel on montre le sanglier aux chiens.

HOULETTE, s. f. Ce mot a eu originairement un sens fort différent de celui qu'il a aujourd'hui : « En la cité de Metz avoit une bonne bourgeoise qui estoit toute oultre de la confrérie de la *Houlette*. » *Cent nouv. Nouvelles*, N. XCII.

Ce terme venait probablement de l'allemand *hur* (prostituée) ainsi que ceux de *houleur, houlier, houillier*, qui fréquente les femmes de mauvaise vie, et de *houlière*, femme débauchée. « Ah! dit-il, maistre *houlier*, vous m'aurez bien celé cette bonne chière. » *Ibid.* N. I.

Houlette, dans le sens actuel, vient, selon M. Roquefort, de *agulum*, dérivé lui-même de *agere*: terme propre pour conduire des troupeaux. On dit que Voiture aima depuis le sceptre jusqu'à la *houlette*.

> Et le sort prend plaisir d'une chaîne secrète
> D'allier quelquefois le sceptre et la *houlette*.
> REGNARD, *Dém. amoureux*, act. III, sc. I.

HOUPELANDE, s. f. Ce mot est ancien dans notre langue; il se trouve dans l'inventaire des meubles de Charles V.

M. Huet croit que nous avons appelé *houpelande* cette sorte de casaque, parce qu'elle nous était venue de la province de Suède appelée *Up-land*.

Ce qu'il y a de certain, c'est que *hopulanda* s'est dit dans la basse latinité. Saint Vincent Ferrier, en son *Sermon de S. Jean-Baptiste*, dit, en parlant de sainte Elisabeth et de sa grossesse : « *Cogito ego quòd fecit sibi amplas* hopulandas, *sive vestes, ut absconderet partum*, » c'est-à-dire je crois qu'elle se fit de larges *houpelandes*, ou des vêtemens pour cacher sa grossesse.

« Une *houppelande* ténue et déliée telle que les nymphes et fées ont accoustumé de porter, c'est à sçavoir de fine cotonine tissue à diverses figures de florettes (petites fleurs) et d'oyselets (petits oiseaux), froncée et labourée (travaillée) par hault et sur les lisières, à lettre d'or, etc. » J. LE MAIRE DE BELGES, *Illustrations des Gaules*, liv. I, ch. 24, Paris, 1548.

La Fontaine, en parlant d'un ermite, dit :

> Sous sa *houpelande*
> Logeait le cœur d'un dangereux paillard.

HOURD, HOURT, s. m. (allem. *hurd*, claie) échafauds, particulièrement « des *hours*, ceux qui étoient dressés autour de la carrière où se donnoient les tournois. » LA CURNE DE SAINTE-PALAYE, *Mémoires sur l'ancienne chevalerie*.

« Lesdits *hourts* estoient de la haulteur d'un homme et clos de draperie, etc. » *Honneurs de la Cour*, ouvrage composé vers la fin du 15e siècle.

Hourdage, *hourder*, *hourdis*, encore usités en termes de maçonnerie, en sont les dérivés, et paraissent avoir eu anciennement une autre signification que celle que nous leur donnons. « Les murailles, dit Le Laboureur, sont *hourdées*, quand elles ont à leur cime un corridor qui déborde dedans et dehors, pour les rendre plus deffensables. » *De l'Origine des armes*, pag. 253, Lyon, 1658.

HOURDER, *v.* dans le *Dict.* de Ph. Monet, enduire, plâtrer de terre, *luto illinire*; au figuré, charger et comme enduire tout autour de quelque chose : *hourder* ses hôtes de présens (*hospites muneribus* infercire); les troupes s'en vont au camp plus *hourdées* de provisions que d'armes (*militares copiæ adeunt ad castra commeatu quàm armis* onustiores).

On trouve de même, dans les *Cent nouvelles Nouvelles*, *se hourder* pour se charger, s'embarrasser. « La chambrière *se hourde* de cet escuyer, et à son col le charge. » Nouvelle XVIII.

HOURDÉ, ÉE, *part.* « Par la mort Dieu! dit-il, j'en suis si *hourdé*, que plus n'en puis. » *Ibid.* Nouv. X.

HOUSEAUX ou HEUSES, *s. m. pl.* espèce de bottes que portaient nos ancêtres.

House, et le latin barbare *hosa*, qui se trouve dans Paul Diacre, viennent, suivant de Bricux, de l'allemand *hose*; le mot *hosen* signifie encore haut-de-chausses en Allemagne.

Chevauchant à quatre chevaulx,
Sans estrivières ne *houseaulx*.
Poésies de G. Coquillart.

Il faut avoir robbes, chaprons,
Houseaulx, pantoufles, esperons, etc.
Les Ténèbres du Mariage, 2º leçon.

Cet ancien mot *houseaux* est encore en usage dans cette locution proverbiale : *il y a laissé ses houseaux*, comme on dit plus communément : *il y a laissé ses bottes*, pour dire il y est mort.

Mais le pauvret, ce coup, *y laissa ses houseaux*,
Tant il est vrai qu'il faut changer de stratagème.
LA FONTAINE, liv. XII, *fable* 23.

De *heuses* ou *houses* nos pères ont fait les verbes *houser* et *déhouser* qui signifiaient *botter* et *débotter*.

« Il demanda ses *houseaux* (bottes), si se fit *houser*; puis monta à cheval, etc. » *Chroniques* de Monstrelet, liv. 1, ch. 117.

Et vont *housés* parmi la ville,
Pour dire qu'ils ont des chevaux.
COQUILLART.

HOUSÉ, ÉE, *part.* a aussi signifié *crotté*, comme sont ordinairement les voyageurs qui arrivent *housés* ou tout bottés.

HOUSER. *Voyez* HOUSEAUX.

HOUSPILLON, *s. m.* On appelle familièrement ainsi, dit Richelet, édit. de 1759, un doigt de vin ou d'autre liqueur, qu'on verse dans le verre d'un homme qui a déjà bu un grand coup.

Ce mot, si jamais il s'est dit, ne se trouve point ailleurs.

HOUSSÉE ou HOUSÉE, *s. f.* vieux mot, qui veut dire grosse pluie, pluie d'orage qui ne dure guère. On lit dans Rabelais : « Passants une grande campaigne, furent saisis d'une grosse *housée* de pluye. » Sur ce terme *housea*, Le Duchat donne la note suivante : « Au lieu du mot *housée*, on lit *horée* dans Nicod, pour une pluie d'une heure ou environ, *pluviosa tempestas ad* HORAM *durans, vel circiter*. On a dit aussi *houssée* dans la même signification, et tous ces mots viennent de *horata*, par corruption et par le changement de la lettre r en s, si familier au menu peuple de Paris, d'Orléans et de quelques autres villes du royaume. » LE DUCHAT, *sur Rabelais*, note au bas de la page 8 du tome 1 des *Œuvres* de Rabelais, in-8º, 1732.

HOUSSEPAILLIER, *s. m.* homme si misérable, que n'ayant pas même de foin pour s'en faire des bottes au besoin, il est obligé de *se houser*, ou botter de *paille*. Dans Rabelais, liv. II, c. 50, c'est un marmiton.

HOUX, *s. m.* du grec ὀξύς (*oxus*), aigu, à cause de ses feuilles pointues. De là les dérivés : *houssage*, action de *housser*;

Houssaie, lieu planté de houx;

Housser, nettoyer avec un *houssoir*.

Houssine, branche, baguette de *houx*.

Houssoir, balai fait d'abord de branches de *houx* et ensuite de plumes.

HUAILLE, *s. f.* Ce mot, omis dans le *Dict.* de l'Académie, et porté dans celui de l'abbé Féraud et dans le *Nouveau Diction. de la langue française*, Paris, 1828, est défini, dans le *Gradus français*, par multitude, canaille qui *hue*. M. Ch. Nodier, après avoir adopté cette définition, ajoute, dans son *Examen critique des Dict. de la langue française* : « Il me parait équivalent à *cohue*, qui signifie une assemblée où l'on *hue* ensemble. Nous convenons, avec ce sage critique, qu'il est bas et même burlesque.

Le roi cornu de la *huaille* noire
Se déridait entouré de ses pairs.
VOLTAIRE.

« La *huaille* philosophique. » LINGUET.

HUBIR, *v. a.* venir à bout, achever, selon Borel ; mais selon Monet, Nicod et Oudin, qui écrivent *hubir* et *ubir*, c'est gouverner si bien une chose qu'on en puisse venir à bout ; et bien nourrir, en sorte que le nourrisson croisse et profite. « Et de faict, soudainement furent les homes joyeux, contents, sains, gays, drus, *hubiz*.... » DESPÉRIERS, *Nouvelle* XV.

Furetière, édit. de 1727, après avoir rapporté les définitions précédentes, donne un autre sens à ce verbe : « Se *hubir*, dit-il, signifioit hérisser le poil ou la plume, comme les oiseaux et les autres animaux en colère. Voyez ce chat, comme il se *hubit* ! On disoit figurément, il faut se *hubir* comme on pourra, c'est-à-dire, se contenter de ce qu'on a. »

HUCHER, *v.* C'est un vieux mot qui signifiait appeler à haute voix ; on en a dérivé *huchet*, cornet avec lequel on appelle de loin.

Dieu préserve. . . . .
D'un porteur de *huchet*, qui mal à propos sonne.
MOLIÈRE, *les Fâcheux.*

Le verbe *hucher*, dont se servent encore les chasseurs, dans son ancienne acception, vient, suivant Ménage et Le Duchat, du latin *vocare* (appeler). Du Cange prétend qu'on a dit, dans la basse latinité, *hucciare*, d'où les Picards ont fait *huquer*, appeler à grands cris.

« Ils trouvèrent le pont levé, et la demoiselle *hucha* (appela) le portier, et cil (celui-ci), qui bien la cognoissoit, issit hors tout en chemise, si *avalla* le pont. » *Lancelot du Lac*, édit. de 1520.

« Il plut à l'Université et au Roi que les prélats soient *huchés* (appelés) par le royaume pour deux choses. » *Chroniques* de Monstrelet, liv. I, chap. 73.

Se hucher, ancien terme, qui, d'après l'interprétation de la Curne de Sainte-Palaye, dans ses notes sur *les Honneurs de la Cour*, ouvrage composé vers la fin du 15ᵉ siècle, signifiait, dans les représentations de la cour, où les rangs étaient observés, s'appeler pour s'inviter mutuellement à se prendre par la main, et à marcher sur la même ligne.

Le réduplicatif *rehuscher* (rappeler) se lit dans les *Fabliaux* de Barbazan.

HUCQUE, *s. f.* ancien mot qui signifiait un bonnet ou un habillement du temps.

Item, je laisse en beau pur don,
Mes gands et ma *hucque* de soie,
A mon ami Jacques Cardon.
VILLON, *le Petit Testament*, p. 4, édit. de 1523.

Combien que tous ces grands docteurs,
Ces grands clercs à ces rouges *hucques*,
Sont fort embesognez ailleurs,
Touchant le faict de ses perruques.
Poésies de G. Coquillart, pag. 8, Paris, 1723.

HUÉE, *s. f.* onomatopée du cri *hu*, *heu*, *hue* (tous les trois sont rapportés dans le *Gloss. de la langue romane*), que l'on pousse pour faire lever le gibier.

« Il chassoit les sangliers, les panthères, etc. Ses compagnons avoient la charge des toilles des hayes, des *huées* et des fumées et autres offices de chasse. » J. LE MAIRE DE BELGES, *les Illustrations des Gaules*, liv. I, chap. 23, Paris, 1548.

C'était aussi le cri qu'on était obligé de faire autrefois sur les malfaiteurs, afin qu'on arrêtât le criminel. La *huée* était ce qu'on a appelé en Normandie *clameur de haro*.

Enfin, ce mot a signifié et signifie encore les cris de dérision ou d'improbation poussés par la multitude.

> Alors se fit une *huée*,
> Dont mainte oreille fut tuée.
> SCARRON.

> Et Socrate autrefois, dans un chœur de nuées,
> D'un vil amas de peuple attira les *huées*.
> BOILEAU.

HUEGES, *s. f. pl.* vieux mot qui se lit dans Villehardouin, dans le sens de bottes, bottines. *Voyez* HOUSEAUX.

HUER, *v.* dérivé de *huée*. « *Huer* quelqu'un, dit Barbazan, c'est crier après lui, c'est l'exciter; ce que font les charretiers en excitant leurs chevaux par ce cri, *hu*. »

Scarron fait dire à Énée de sa femme Creüse :

> Je l'appellai, je la *huai*,
> Si fort que je m'en enrouai.

> A la Cour, à la ville on l'a tant blasonné,
> *Hué*, sifflé, berné, brocardé, chansonné.
> LA CHAUSSÉE, *Préjugé à la mode*, act. II, sc. 4.

> Se plaignant fort que même leur mépris
> N'eût, qu'en secret, *hué* ses plats écrits.
> LE BRUN.

On a risqué en conversation *huoter*, pour exprimer une improbation qui se tient entre le murmure et les *huées*.

HUERIE, *s. f.* dérivé de *huer*. On appelle ainsi, en quelques villes de Champagne, la coutume établie en France, de crier le roi boit la veille de l'Épiphanie.

Huerie, cri de plusieurs personnes, est dans le *Dict.* de Cotgrave, et c'est le seul livre où on le trouve.

HUET, *s. m.* On appelait de ce nom un sot, un nigaud, un homme qu'on *hue*. ROQUEFORT, *Dict. de la langue romane*.

HUGUENOT, *s. m.* Ce nom, que l'on donne en France aux calvinistes, vient de l'allemand *eid-gnossen*, qui signifie *alliés en la foi*. Les protestans de Genève se l'étaient approprié. On a fait par corruption *huguenot*; et ce sobriquet, auquel les catholiques de ce temps avaient attaché une note d'infamie, n'est plus employé aujourd'hui, hors de l'histoire, que par quelques fanatiques. Il en est de même de son dérivé *huguenotisme*.

HUGUENOTERIE, *s. f.* « Les violences des Guises furent généralement regardées comme la cause de la conjuration d'Amboise, où il n'entra pas, dit Brantôme, moins de mécontentement que d'*huguenoterie*. »

HUIAU, *s. m.* terme picard, qu'on entendra suffisamment par l'épitaphe ci-jointe :

> Ici gît Nicolas Tayau,
> Qui de trois femmes fut *huiau* :
> Il étoit né sous chel platème (*planète*),
> Qu'il l'eût été dell' quatriéme.

Ménage croit que ce mot a été fait de *huer*, à cause de la huée que l'on fait aux hommes qui supportent les infidélités de leurs femmes.

HUILE, *s. f.* du latin *oleum*, qui a la même signification. Il est écrit *ole* dans Ch. Bouilles; l'o s'est ensuite changé en *ui*, comme dans *huit*, venu du latin *octo*; *cuisse*, de *coxa*, etc.

Huile était anciennement masculin, et les Français du Midi le font encore de ce genre. C'est une faute contre l'usage. « Mais *huile* venant d'*oleum*, c'est-à-dire d'un neutre latin, d'un de ces mots qui presque toujours produisent un masculin en français, pourrait-on blâmer un poète qui ferait *huile* masculin ? Les droits de l'analogie, rendus plus sacrés par le charme de la mesure et de la rime, me paraissent devoir être respectés dans ces vers du traducteur des *Satires* d'Horace, le tribun Daru.

> Que l'*huile* sur le feu rissole en pétillant,
> S'élève en pyramide, et soit *servi brûlant*. »
> DOMERGUE, *Man. des Etrang.* p. 109.

Nous disons proverbialement : *vouloir tirer de l'huile d'un mur*. Les Latins disaient, dans le même sens, *vouloir tirer de l'eau d'une pierre ponce*. *Aquam à pumice postulare*. PLAUT.

« Les hommes ont faict de la raison, comme les parfumiers de l'*huile*; ils l'ont sophistiquée de tant d'argumentations et de discours appelez du dehors, qu'elle en est devenue variable et particulière à chacun, et a perdu son propre visage constant et universel. » MONTAIGNE, liv. III, c. 12.

Charron, liv. III, c. 10, appelle les flatteurs, « des vendeurs d'*huyle*. »

HUILEUX, EUSE, *adj.* « Pauvre, crasseux et *huileux* à merveille. » SAINT-SIMON, *Hommes illustres*, tom. 1.

HUIS, *s. m.* de l'italien *uscio*, venu du latin *ostium* (porte). C'est un ancien mot qu'on retrouve encore dans cette locution : *à huis clos*, c'est-à-dire les portes fermées.

. . Va fermer cel *huis* derrière,
Que Tysbé n'isse fors de l'*uis*.
Pirame et Tysbé, Fabliaux de Barbazan.

« Æmilius Lepidus mourut pour avoir heurté du pied contre le seuil de son *huis*. » *Essais de Montaigne*.

Hombre. . . . .
Qui pauvre, d'*huis* en *huis* ses poêmes chantoit.
RONSARD, IIe liv. des *Hymnes*, hymne 7.

De *huis*, nous avons formé *huissier*, *huisserie*, et l'ancien diminutif *huisset* qu'on lit dans le *Glossaire des Fabliaux* de Barbazan, et dans les *Epithètes* de De la Porte. *Huisset* ou *uisset* (petite porte) nous a donné le mot *guichet*.

HUISSIER, *s. m.* dérivé de *huis*. Les *huissiers* sont ainsi appelés, parce qu'une de leurs fonctions est de garder l'*huis* ou la porte du tribunal.

. . . . C'est un premier *huissier*
Qui garde les *huys* et fenestres.
Poésies de G. Coquillart, pag. 19, Paris, 1723.

Valet souple au logis, fier *huissier* à l'église.
BOILEAU, *le Lutrin*, c. IV.

HUIT, *adj.* qu'on trouve écrit, dans nos anciens auteurs, *huit*, *ouict*, *oct*, vient du latin *octo*, qui désigne le même nombre, et a été formé du grec ὀκτώ (*oktô*), qui a la même signification.

HUITAINE, *s. f.*

ÉPIGRAMME.

Dans une ville, un jour, certain escroc gascon,
Avoit à la sourdine ouvert un pharaon.
Le galant, dès le soir, avoit fait mainte dupe ;
Encore une séance, il faisoit maint fripon.
Le gouverneur le mande : « Oh ! çà, maître larron,
A dresser ton gibet, par mon ordre, on s'occupe :
Dans deux heures sorti, sinon dans trois hissé ! »
— Eh ! Monseigneur, donnez-moi la semaine ;
On m'a toujours accordé la *huitaine*. »
Dans les lieux dont on m'a chassé. »
1798.

HUITIÈME, *adj.*

L'AMOUR A LA MODE.

Le premier jour, d'un aveu l'on s'amuse ;
Le deuxième, on se plaint de l'importunité ;
Le troisième, on écoute avec moins de fierté ;
Le quatrième, en tremblant, on refuse :
Le cinquième, on se trouble, on résiste à demi ;
Le sixième, en chemin, à regret on s'arrête,
Le septième, l'on perd la tête,
Le *huitième*, tout est fini.
1793.

HUÎTRE, *s. f.* du latin *ostrea* ou *ostreum*, pris du grec ὄστρεον (*ostréon*), qui a la même signification. Aussi, a-t-on dit d'abord *oistre*, *ouystre*, *huistre*, et enfin *huître*.

« Un homme d'esprit, mais difforme, ne ressemble pas mal à une *huître* : l'écaille a quelque chose qui choque la vue ; mais ce qu'elle cache est d'un goût exquis. » OXENSTIERN.

Voltaire, en exposant le système de Maillet, qui veut que la mer ait été le berceau du genre humain, et que l'homme ait commencé par être un poisson, ajoute gaîment : « Quoi qu'en dise M. Maillet, il ne me persuadera jamais que je descends d'une *huître*. »

On nous mange, on nous gruge,
On nous mine par des longueurs ;
On fait tant, à la fin, que l'*huître* est pour le juge,
Les écailles pour les plaideurs.
LA FONTAINE.

HULULER « est un verbe que des écrivains, en petit nombre, ont cru pouvoir tirer du gémissement de la *hulotte*, pour une foule d'acceptions auxquelles le verbe *hurler* paraît moins propre. Cette onomatopée, singulièrement précieuse, n'a pas été dédaignée dans la langue latine, et enrichirait la nôtre. » CH. NODIER, *Onomatopées françaises*.

HUMANISER, *v.* rendre plus familier. « *Humanisez* votre discours. » MOLIÈRE. (Parlez comme les autres hommes.)

S'*humaniser*, devenir traitable, entendre raison.

La dédaigneuse enfin, s'est-elle *humanisée?*
PIRON, *la Métromanie*, act. III, sc. 2.

Il présente un autre sens dans les exemples suivans :

Ces dieux alors, souverains corrupteurs,
S'humanisaient pour des beautés mortelles.
BERNARD, *Léda*.

. . . . . De l'un de ces génies,
Des vastes cieux habitans éternels,
De qui souvent les grandeurs infinies
S'humanisaient chez les faibles mortels.
VOLTAIRE.

HUMANITÉS, *s. f. pl.* ce qu'on apprend, dans les colléges, jusqu'à la rhétorique inclusivement.

Les *humanités* ou *lettres humaines*, ont été ainsi nommées, suivant Estienne Pasquier, dans son *Pourparler du prince*, parce qu'elles polissent les hommes, les rapprochent par les charmes de la conversation ; et enfin, pour nous servir de ses propres termes, parce qu'elles appellent les hommes à une due *humanité*.

Adde quód ingenuas didicisse fideliter artes
Emollit mores, nec sinit esse feros.
OVID. Pont. II, IX, 47.

« *Humanitatem* veteres appellaverunt id propemodum quod Græci παιδείαν (éducation, étude des beaux arts) : nos eruditionem institutionemque in bonas artes dicimus. » A. GELLIUS, XIII. 16.

HUMBLE, *adj.* du latin *humilis*, dont la racine est *humus* (terre). *Humble* signifie donc proprement, qui touche, qui rampe à terre.

Humilesque myricæ.
VIRG.

(Et les *humbles* bruyères.)

Au figuré, qui a de l'humilité. « Force gens veulent être dévots ; fort peu veulent être *humbles*. » LA ROCHEFOUCAULD.

Modeste, médiocre.

Heureux qui satisfait de son *humble* fortune.
RACINE.

A ces mots...... il se lève.............
Présente son hommage à ces *humbles* foyers,
Immole cinq brebis aux dieux hospitaliers.
DELILLE, trad. de *l'Enéide*, liv. VIII.

HUMBLET, *adj.* qui a toujours quelque marché à part, dans Comines, est là, suivant Le Duchat, pour *humelaict*, dans la signification de *dou-*

cereux. Ne serait-ce pas tout bonnement un diminutif de *humble?* Cela n'est pas douteux, car il est question ici de ces agens obscurs que Louis XI employait volontiers dans ses intrigues, en opposition avec les courtisans, qui veulent s'attribuer le mérite du succès.

HUMECTER. *v.* du latin *humectare* (rendre humide).

Mais bientôt le baigneur céleste,
Sur nous trois travailla de reste;
Et malgré notre gros manteau,
Nous *humecta* jusqu'à la peau.
MALET.

« La soirée étoit charmante, la rosée *humectoit* l'herbe flétrie. « J. J. ROUSSEAU, *Confess.* liv. IV.

On a dit que J. J. Rousseau avait eu toute sa vie les lèvres *humectées* de la ciguë qui termina les jours de Socrate.

Le fer moissonna tout, et la terre *humectée*,
But à regret le sang des neveux d'Érechthée.

M. de Buffon critiquait ces deux vers, parce que, disait-il, le mot *humectée* ne devait pas précéder celui de *boire*. « Il est vrai, ajoute Mme Necker, qu'on n'est *humecté* que pour avoir *bu*; mais la poésie, qui est toujours dans le délire, peut se permettre de confondre les temps. »

Mme Necker n'a-t-elle pas ici raison contre M. de Buffon? Cet homme célèbre, si grand poète en prose, n'avait, dit-on, nullement le sentiment de la poésie.

HUMER, *v.* du latin *humere* (être humide, devenir humide), que nous prenons activement en français, et dans le sens d'avaler un breuvage, *quia sorbitione corpus humescit* (parce que le corps s'humecte par le breuvage), dit Jacques Sylvius, dans sa *Grammaire latine-françoise*, pag. 115, Paris, 1531.

« Il n'est air qui se *hume* si goulument, qui s'espande èt pénètre, comme faict la licence. » MONTAIGNE, liv III, c. 12.

« Les Gaulois, s'estant habituez en Asie, avoient par une longue traite de temps, avecques l'air, *humé* aussi la mollesse et délicatesse des mœurs de ce pays là. » EST. PASQ. liv. 1, lettr. 12.

Le néologue Mercier a voulu faire revivre cette locution *humer l'air*. « On lui conseilla, dit-il, d'aller *humer l'air* de la campagne ; et il ajoute, *humer* ne vaut-il pas mieux en ce sens que prendre ? »

Haletant sous le poids d'une chaleur cruelle,
Loin de son maître, ici, voyez le chien fidèle
Dans la plaine au hasard péniblement courir,
Humer un air impur, palpiter et mourir.
BAOUR-LORMIAN, *Jérusalem délivrée*.

M. Lavaux ne partage pas l'opinion de M. Mercier : *humer l'air* lui paraît avoir quelque chose de bas : « d'ailleurs, dit-il, nous avons aussi *respirer l'air de la campagne* qui est l'expression la plus naturelle. Quand on dit *prendre l'air*, on regarde cette action relativement à la santé ; *on prend l'air de la campagne*, comme on prend les eaux pour se guérir. »

« Et se verra un songe-creux bien accoustré, curant ses dents, ne respondant que par gestes et contenances, qui *humera* et engloutira par telle sourcilleuse taciturnité tous les bonheurs et prérogatives d'un pays. » *Contes d'Eutrapel*.

HUMERIE, *s. f.* forgé par Rabelais. « Page, à la *humerie*, » c'est-à-dire verse-nous à boire. Liv. 1, ch. 39.

HUMEUR, *s. f.* du latin *humor* venu du grec χύμος (*chumos*) humeur, substance fluide d'un corps organisé ; au figuré, disposition de l'esprit, du tempérament, fantaisie, caprice.

« Les Anglais ont pris leur *humour*, qui signifie chez eux plaisanterie naturelle, de notre mot *humeur* employé en ce sens dans les premières comédies de Corneille, et dans toutes les comédies antérieures. Nous dîmes ensuite *belle humeur*. D'Assouci donna son *Ovide en belle humeur* ; et ensuite on ne se servit de ce mot que pour exprimer le contraire de ce que les Anglais entendent. *Humeur* aujourd'hui signifie chez nous chagrin. » VOLTAIRE, *Dict. philosophique*, au mot *Langues*, article intitulé *d'un système sur les langues*.

« Non seulement, dit M. Ch. Nodier, nous avons perdu l'acception de ce mot dans le sens de gaîté, de caractère vif et plaisant ; mais nous l'avons remplacée par une acception toute contraire. Ce n'est pas tout : la valeur qui est propre à ce mot, quand on le prend absolument, ne l'empêche pas de prendre un adjectif qui ne la détermine pas mieux. Quoique *humeur* ne signifie en soi-même, dans ce sens, qu'une fâcheuse et mauvaise disposition de l'esprit, on dit, sans pléonasme, *fâcheuse et mauvaise humeur* ; et, enfin, comme si cette valeur n'était point identique, mais amovible et uniquement déterminée par l'attribut, on la change tout-à-fait en changeant celui-ci : une *belle*, une *agréable humeur*, ce qui signifie à l'analyse une *belle*, une *agréable disposition chagrine*. »

« On désireroit de ceux qui ont un bon cœur, qu'ils pussent se défendre de l'*humeur*, qu'ils fussent toujours plians, faciles, complaisans, et qu'il fût moins vrai quelquefois que ce sont les méchans qui nuisent, et les bons qui font souffrir. » LA BRUYÈRE.

« L'*humeur* est comme la mauvaise herbe qui mange tout, et empêche tout ce qui est bon, en plantes et en semences, de se produire, et par conséquent de se reproduire et de profiter. » LE PR. DE LIGNE.

La bonne *humeur* est la santé de l'ame.

HUME-VENT, *s. m.* « J'allois essuyant le pavé de Rome, devenu vagabond et *hume-vent*. » *Guzm. d'Alf.* liv. III de la 2ᵉ partie, c. 10.

HUMIDIFIER, *v.* rendre ou devenir humide ; mot forgé par Scarron.

Je sens mon cœur tendrifier,
Et mes yeux *humidifier*.

HUMILIER, *v.* du lat. *humiliare* ; racine, *humus* (terre), proprement abaisser jusqu'à terre : au figuré, mortifier, rendre confus, dégrader.

« Nous ne faisons guère d'actions agréables sans nous *humilier*. Pour ne rien dire des plus voluptueuses, nous ne saurions dormir doucement sans nous coucher ; on s'assied pour se reposer, et le plaisir de la table ne peut bien se prendre debout. »

LA MOTHE LE VAYER, *Nouvelles de la Cour*, lettre LXVI.

Peindre les souverains *humiliant* leur tête.
L. RACINE, *la Religion*, ch. IV.

Le chaume des hameaux
N'est plus *humilié* par l'orgueil des créneaux.
DESAINTANGE, *la Suppression des Cloîtres*.

HUMILIER (S'), *v. réc.*

La belle, l'arrêtant,
S'humilia, pour être contredite ;
C'est une adresse, à mon sens, non petite,
LA FONTAINE, *Oraison de Saint-Julien*.

« On s'aperçut que toutes les paroles qu'il lui chantoit ne faisoient mention que de blondes, et que, prenant toujours la chose pour elle, ses paupières *s'en humilioient* par reconnoissance et par pudeur. » HAM. *Mémoires de Gramont*.

HUMILITÉ, *s. f.* « Il est certaine façon d'*humilité* subtile, qui nait de la présomption. » MONT. liv. II, c. 37.

« Souvent l'*humilité* sert de voile à la lâcheté et de prétexte à la nonchalance. » Le Père SEGAUD.

On peut souhaiter l'*humilité* par orgueil.

HUMORISTE. Cet adjectif, qui n'est pas ancien dans notre langue, est dérivé d'*humeur*, et signifie qui prend aisément de l'humeur.

. . . . Cet *humoriste*
Dont la hargneuse déraison
Dans la société vient verser son poison.
Parlez, ne parlez pas, soyez gai, soyez triste,
Blâmez, louez, il se fâche d'autant ;
C'est sa nature, il est né mécontent.
Encore enfant, ses caprices farouches
Tourmentaient les oiseaux, persécutaient des mouches
Au lieu d'apprivoiser ses mœurs,
L'âge n'a fait qu'aigrir ses sauvages humeurs.
Son cœur souffre quand on l'oblige,
Il souffre lorsqu'on le néglige ;
Il se plaint des oublis, s'offense des égards ;
Chicane vos discours ; vos gestes, vos regards,
Jamais sur son visage un rayon d'allégresse.
Dans son périlleux entretien
Malheur à qui s'engage ! il s'afflige d'un rien ;
Un rien l'offusque, un rien le blesse ;
Pour mieux évacuer la bile qui l'oppresse,
Son humeur vagabonde a partout des relais :
Après sa femme, il gronde ses valets ;
C'est pour vous gronder qu'il vous aime,
Laissez-le seul, il se gronde lui-même :
Objet de crainte et de pitié,
Dans ses chagrins visionnaires,
Il donne à tout des torts imaginaires ;
Par un éloge il est injurié
Par un consentement il est contrarié.
Tout s'enlaidit au gré de ses humeurs chagrines :

Il se fâche de rien, il gourmande les pleurs,
Et le Ciel lui ferait une route de fleurs,
Qu'il les changerait en épines.
Aussi parmi les siens il demeure étranger ;
Sa rencontre est un choc, sa visite un danger.
On l'évite avec soin, on l'aborde avec crainte ;
Tout lui semble impoli, tout lui semble indiscret ;
Et quand il meurt, au lieu d'exprimer un regret,
Ses derniers mots sont une plainte.
J. DELILLE, *la Conversation*, ch. II.

ÉPITAPHE D'UN HUMORISTE.

Cy gît, qui toujours se fâcha,
En santé comme en maladie,
Qui la soixantaine approcha ;
Sans avoir souri de sa vie,
Et qu'on vit terminer son sort,
En se fâchant contre la mort.

Humoral s'est, suivant l'abbé Féraud, employé dans le même sens. On ne le dit plus qu'en parlant des humeurs.

HUPPE, *s. f.* du latin *upupa*, oiseau qu'on appelle *huppe* en français, et qui a sur la tête une touffe de plumes.

Telle fille à brillante *huppe*,
Que son mérite préoccupe,
En voulant tendre ses gluaux,
De ses ruses reste la dupe.
LE NOBLE.

De là l'adjectif *huppé, ée*, pour apparent, qualifié. Autrefois on reconnaissait les personnes de distinction à une *houppe* de plumes, de soie, et même de fil, qu'elles portaient par honneur sur leurs chapeaux.

Combien en as-tu vu, je dis des plus *huppés*,
A souffler dans leurs doigts dans ma cour occupés !
RACINE, *les Plaideurs*, act. 1, sc. 4.

HURLEMENT, *s. m.* cri du loup ; *ullement* dans Rabelais : « Le grand effroi et vacarme principal provient du deuil et *ullement* des diables, qui là guettans pêle mêle les paovres ames des blessez, recoipvent coups d'épées à l'improviste, et pastissent solution en la continuité de leurs substance aérée et invisible, ... puis crient et *ullent* comme diables. »

Voyez HURLER et HURLERIE.

HURLER, *v.* pousser des hurlemens. Du latin *ululare* (hurler comme font les chiens et les loups), on a d'abord dit *uler* et *huller*. Le premier se trouve dans le *Gloss. de la lang. romane* par M. Roquefort, et le second dans le *Roman du Renard* et dans Rabelais.

« Les chiens *hullent* et font ennui et presse. » AL. CHARTIER, pag. 566, in-4°, Paris, 1617.

En préposant l'aspiration et changeant *l* en *r*, comme dans *orme* de *ulmus*, on a eu *hurler*.

Vous avez, sur la scène,
En vers bouffis fait *hurler* Melpomène.
J. B. ROUSSEAU.

Ce verbe fait un bel effet dans cette phrase de Voltaire : « Tandis que la raison parle, le fanatisme *hurle*. »

Ce verbe est encore du nombre de ceux que les poètes ont la faculté d'employer transitivement, et alors il peut acquérir de la noblesse et figurer dans le style élevé.

Tel un loup furieux, de butin affamé,
Qu'on chasse, encore à jeun, d'un bercail alarmé,
Hurle les longs regrets de sa rage impuissante.
LALANNE, *les Oiseaux de la Ferme*.

Des héros de son sexe un essaim frémissant
Qui, frappant à grand bruit ses armes colorées,
Hurle son chant barbare aux monts hyperborées.
DELILLE, trad. de l'*Enéide*, liv. XI.

Les prêtres de Pluton, de Cybèle et de Mars,
Les membres déchirés, et les cheveux épars,
Tout sanglans, agités de fureurs prophétiques,
Hurlent, en chants de morts, leurs funèbres cantiques.
LEGOUVÉ, trad. d'un morceau du 1er ch. de la *Pharsale*.

Autant il frémissait quand des voix infidèles
Hurlaient à l'Opéra ses chansons immortelles.
FR. DE NEUFCHATEAU.

L'affreux Oldar, de fureur écumant,
Sur lui se jette, en *hurlant* le blasphème.
PARNY, *les Rosecroix*, chant II.

HURLERIE, *s. f.* mot forgé par Scarron :

Enfin après mainte *hurlerie*,
Mainte risée et raillerie,
Qui ne valoit pas grand argent.

HURLUBERLU ou HURLUBRELU, *s. et adj.* terme populaire qui signifie brusque, étourdi, inconsidéré. C'est une onomatopée. On dit d'un homme que c'est un *hurluberlu*, c'est-à-dire un homme qui agit étourdiment, qui ne prend point garde à ce qu'il fait. « Car je vous jure, mon grand *hurluburlu*, que si aultrement ne m'aidez à la solution du problème susdict, je me repens de vous l'avoir proposé. » RABELAIS, *Prologue* du Ve livre.

« L'aleman *ehrlich, warlich*, c'est à peu près foi d'homme d'honneur, en vérité. *Hurluburlu*, jurement burlesque pourroit bien être une corruption de ces mots alemans. » A. F. JAULT.

Hurlubrelu a été aussi le nom d'une sorte de coiffure à la mode en 1671. « Les coiffures *hurlubrelu* m'ont fort divertie. Il y en a qu'on voudrait souffleter. » Mme DE SÉVIGNÉ.

HURTIBILIS, *s. m.* tintamarre, grand fracas. « Et lors y eut beau *hurtibilis* de canons, vulgaires, serpentines, coulevrines, etc. » *Les Chroniques du roi Louis* XI.

M. Roquefort a oublié ce mot dans son *Glossaire*.

HUTIN, *s. m.* « En vieil langage françois, dit Estienne Pasquier, dans ses *Recherches sur la France*, ne signifiait autre chose que *mutin*. »

Cet ancien mot, selon M. Roquefort, signifiait emporté, querelleur, opiniâtre, obstiné. En basse latinité, *hutinus*. Mézeray rapporte que Louis X fut surnommé *Hutin*, parce que, dès son enfance, il aimait à quereller et à se battre, et que ce surnom lui fut donné par allusion à un petit maillet dont se servent les tonneliers, appelé *hutinet*, parce qu'il fait beaucoup de bruit.

Hutin s'est pris aussi pour noise, colère, querelle. « Le *hutin* lui monta à la tête, » lit-on dans la 78e des *Cent nouvelles Nouvelles*, en parlant d'un mari jaloux.

A. Hamilton l'a employé dans le sens de querelle, débat :

.... Maint et maint camarade,
Qui menant feste et moult joyeux *hutin*.
Mémoires du comte de Gramont, Epître à ce comte, en tête des *Mémoires*.

De *hutin*, on avait dérivé le verbe *hutiner* qui se trouve dans Pasquier, pour quereller, disputer, et l'adjectif *hutineux, euse* : La noise *hutineuse*, dans les *Epithètes* de De la Porte, c'est-à-dire *quereleuse*, comme l'explique cet auteur.

HUTTE, *s. f.* de l'allemand *hute*, qui paraît être un diminutif de *haus* qui, dans cette langue, signifie une maison.

L'habitant de Torno, dans sa *hutte* enfumée,
Chante aussi son pays dont il est seul charmé.
   LA HARPE, *Epître à M. le comte de Schowaloff.*

On en a dérivé se *hutter*, faire des huttes pour s'y loger. « Peut-être que quelques uns se *huttèrent* en quelque coin de la Thrace. » LE LABOUREUR, *de l'Origine des Armes.*

HYACINTHE ou JACINTHE, *s. f.* du grec ὑάκινθος (*huakinthos*), qui a la même signification. « *Jacinthe* est féminin, mais *hyacinthe*, présentant matériellement le nom du jeune homme aimé d'Apollon et de Zéphyre, est masculin.

. . . . . N'aime-t-on pas à voir
La noire violette et l'*hyacinthe* noir?

DOMERGUE, *Manuel des Etrangers*, pag. 81.

« *Hyacinthe*. Et pourquoi ce mot ne serait-il pas masculin? Que *jacinthe* soit féminin, cela est naturel, c'est l'expression des jardiniers; ils ont dû lui donner le genre du mot fleur, sous-entendu *la* fleur *jacinthe*, la *jacinthe*. Mais le poète qui, à travers la métamorphose, voit un beau jeune homme dans la fleur, donne à la fleur le genre du jeune homme, et comme on dit *le narcisse doré*, il ne craint pas de dire le *doux hyacinthe*. Le féminin n'éveille que l'idée commune de fleur; le masculin poétise l'expression. » *Ibid.* p. 84.

Un Italien disait que l'amitié d'Apollon était dangereuse, et qu'il traitait ordinairement les poètes comme *Hyacinthe* qu'il aimait éperdument, et à qui il cassa la tête. Le même Italien avait donné pour devise au Tasse, la fleur d'*Hyacinthe*, avec ce mot : *Sic me Phœbus amat.*

HYBRIDE, ou HIBRIDE, selon l'étymologie qu'on lui donne, *adj.* du latin *hybrida*, engendré d'animaux d'espèce différente, ou dont le père est d'un pays et la mère d'un autre. On dit en botanique, une *plante hybride* pour signifier celle qui doit ou paraît devoir son origine à deux plantes d'espèce différente.

On dit encore *un mot hybride*, à l'exemple des Latins, *vox hybrida*, pour exprimer celui qui est formé de deux mots de langues différentes.

M. Dacier, dans ses *Remarques* sur le 2ᵉ vers de la 7ᵉ *Satire* du 1ᵉʳ livre d'Horace, dit : « *Ibrida* est un mot purement latin. Dans l'Etrurie, on appelait *umbros* les étrangers, ceux qui n'étaient pas du pays. Car *umber* signifiait *spurium*, bâtard. Au lieu d'*umber*, on disait *imber* et *iber*, d'où l'on a fait *ibris*, *ibrida*, *spurius*, métis, qui est né de deux différentes espèces, ou d'un père étranger et d'une mère étrangère, comme ce Persius, dont la mère était Romaine, et le père était Grec. De là, les Romains appelaient *ibrides* ceux qui, à cause de leur naissance équivoque, n'étaient pas reconnus pour citoyens. »

M. Daru, dans sa traduction d'Horace, semble partager l'opinion de M. Dacier sur l'origine de ce mot. M. Morin fait venir *hybride* du grec ὑβρίδος, génitif de ὕβρις, animal dont le père et la mère sont de différentes espèces. La racine est ὕβρις (*hubris*), injure, affront; comme si ces sortes de naissances étaient un outrage fait à la nature.

HYDRAULIQUE, *s. f.* et *adj.* du grec ὑδραυλὶς, composé de ὕδωρ (*hudór*), eau, et de αὐλὸς (*aulos*) flûte. Cette étymologie vient de ce que l'*hydraulique*, chez les anciens, consistait uniquement à construire des jeux d'orgue, et que dans la première origine des orgues, où l'on ne savait pas encore appliquer des soufflets, c'était une chute d'eau qui y faisait entrer le vent et les faisait sonner.

HYMEN ou HYMÉNÉE, *s. m.* Ce mot, comme synonyme de mariage, n'est guère usité qu'en poésie ou dans le style noble. Il vient du grec ὑμήν (*humén*), qui signifie proprement une membrane. L'*hymen* ou l'*hyménée* était chez les anciens le dieu qui présidait au mariage; les poètes se sont emparés de cette fiction, et les mots *hymen* et *hyménée* ont signifié chez eux soit le dieu du mariage, soit le mariage même.

« *Hymen*, dit un docte enfant d'Esculape, est un mot grec qui signifie pellicule. C'est pour lui un mot de la langue savante, et il prononce *hymen*, comme il prononce *abdomen*, qui certes n'est guère usité dans nos cercles. Nos poètes, voyant dans *hymen* tantôt un mot grec, tantôt un mot français, prononcent tantôt *hymen*, tantôt *hymain*. Nos jeunes demoiselles, formant naturellement des vœux pour le lien conjugal, et trouvant dans le mot mariage une expression trop vulgaire, parlent souvent d'*himain*, expression plus noble, et prononcent un mot grec à la française, comme elles habillent une taille française à la grecque.

» Il résulte de là qu'il y a pour *examen* et *hymen* deux usages, que je crois important de conserver, parce que ni l'un ni l'autre n'offensent la raison, parce que l'un et l'autre peuvent être de quelque utilité. Le poète commence-t-il un vers par cet hémistiche : *un hymen étranger?* l'innasalité donnera une prononciation plus coulante, plus amie de l'oreille que le son nasal ; il vaut mieux dire un *hymen* étranger, qu'un *himain* étranger. Dans *hymen* étranger, les sons s'unissent avec grâce et avec force, il n'y a pas le plus léger heurtement ; dans *himain* étranger, il y a un véritable hiatus, et si cet hiatus est toléré dans notre versification, une oreille délicate ne se le permet qu'avec des ménagemens qui le font pardonner. *Hymen*, dans votre phrase poétique se trouve-t-il à la fin d'un vers? rien ne s'oppose à ce que vous le rimiez avec *chemin*, avec *romain* :

Plus loin, on voit un cirque et le peuple romain,
Des Sabines en pleurs l'involontaire *hymen*. »
DELILLE.

DOMERGUE, *Manuel des Etrangers*, p. 452.

A mon avis, l'*hymen* et ses liens
Sont les plus grands ou des maux ou des biens ;
Point de milieu, l'état de mariage
Est des humains le plus cher avantage,
Quand le rapport des esprits et des cœurs,
Des sentiments, des goûts et des humeurs,
Serre les nœuds tissus par la nature,
Que l'amour forme et que l'honneur épure.
Un tel *hymen*, une union si chère,
Si l'on en voit, c'est le ciel sur la terre.
Mais tristement vendre par un contrat
Sa liberté, son nom et son état
Aux volontés d'un maître despotique,
Dont on devient le premier domestique ;

Se quereller ou s'éviter, le jour
Sans joie à table, et la nuit sans amour ;
Trembler toujours d'avoir une faiblesse ;
Y succomber ou combattre sans cesse ;
Tromper son maître, ou vivre sans espoir,
Dans les langueurs d'un importun devoir ;
Gémir, sécher dans sa douleur profonde :
Un tel *hymen* est l'enfer de ce monde.
VOLTAIRE, *l'Enfant Prodigue*, act. II, sc. 7.

PORTRAIT DE L'HYMEN.

En robe de palais c'est la gravité même.
En costume de cour, un sourire apprêté
   Déride son visage blême,
   Qui s'alonge avec dignité.
En habit de traitant, d'abord il se recueille,
Puis, ayant bien compté, nombré, multiplié,
Il prend en souriant, la main de sa moitié,
   Comme l'on prend un portefeuille.
En seigneur campagnard, il est fort chatouilleux
   Sur le point d'honneur et se pique
De conserver intact le sang de ses aïeux,
Il joue, en cheveux gris, la pastorale antique.
   Sur ses tours et sur ses créneaux,
Il enlace les noms de sa douairière étique,
Et fait, à soixante ans, l'amour en madrigaux ;
En perruque bourgeoise, il est fort débonnaire ;
Brusque chez le marchand, froid chez le financier,
Grave chez le docteur, fier chez le marguillier,
   Et souple chez l'apothicaire.
Actif ou nonchalant, il se plaît à jouir
   Ou du repos ou du loisir ;
Près des vieux il s'endort ; près des jeunes il veille ;
Près de vous il attend, comme au matin l'abeille
   Guette la fleur qui va s'épanouir.
DEMOUSTIER, *Lettre* XXVIIIe *sur la Mythologie*.

Il est toujours au singulier, quand il est pris pour la divinité qui préside à l'union conjugale ; mais, quand il signifie le mariage même, il peut être employé au pluriel :

J'ai vu beaucoup d'*hymens* : aucun d'eux ne me [tente.
LA FONTAINE.

L'auteur de *Télémaque* a dit, dans sa prose poétique : « Les chansons des bergers et des laboureurs qui célébraient leurs *hyménées*. »

De l'amour à l'*hymen* telle est la différence,
Que le premier finit quand le second commence.

L'*hymen* avec la joie a tant d'antipathie,
Qu'il n'a que deux bons jours, l'entrée et la sortie.
SAINT-ÉVREMONT.

La Fontaine dit que la Discorde cherchant à se loger, comme il n'y avait point alors de couvent de filles,

L'auberge enfin de l'*hyménée*
Lui fut pour demeure assignée.

L'*hymen*, le seul *hymen*, contracté sans sottise,
C'est l'*hymen* annuel du doge de Venise,

(qui épousait tous les ans la Mer Adriatique, ce qui faisait dire à un empereur turc qu'il lui ferait consommer son mariage).

Hymen au figuré. « Toute l'année n'est qu'un heureux *hymen* du printemps et de l'automne, qui semblent se donner la main. » FÉNÉLON, *Télémaque*, description de la Bétique.

Cette image est gracieuse ; mais apparemment que dans cet exemple et le suivant automne est du féminin.

L'automne et le printemps qu'un doux *hymen* enchaîne,
De présens confondus enrichissent la plaine.
BAOUR-LORMIAN.

Chénier appelle une alliance hardie de mots,

Des termes rapprochés l'*hymen* inattendu.
Essai sur les principes des arts, ch. I.

Une plume exercée habilement rassemble
Des termes qui, surpris et charmés d'être ensemble,
D'un *hymen* favorable empruntant le secours,
Fécondent la pensée, échauffent le discours.
MILLEVOYE.

HYMÉNÉAL, ALE, *adj.* qui a rapport à l'hyménée. On aurait dû conserver ce mot qu'on lit dans Brantôme, *Dames galantes*, t. 1, p. 100. *Le flambeau, le lit hyménéal* n'aurait rien de dur ; il est vrai qu'on a *conjugal*, mais multiplier les synonymes, c'est favoriser les écrivains, et surtout les poètes.

HYPER, prép. grecque qui entre dans la composition de quelques mots français dérivés du grec. Elle se dit en grec ὑπέρ (*huper*), et signifie *au-dessus*, *au-delà*, et ajoute à l'expression une idée d'excès : *hyperbole*, expression qui va au-delà de la vérité, *hyperborée*, qui est au-delà de Borée, au-delà du nord, *hypercritique*, censeur outré.

HYPERBOLE, *s. f.* (ὑπερβάλλειν, jeter au-delà), figure familière aux Gascons et aux charlatans.

Sans la métaphore à deux faces,
Sans l'*hyperbole* et ses échasses,
Ses vers ramperaient languissans.
LA MOTHE.

Un auteur a appelé les longues queues des habits des femmes « des *hyperboles* de drap. »

HYPERBOLISER, *v.* dérivé d'*hyperbole*, user d'hyperboles en parlant, exagérer. « Savoir si la licence qu'ont ceux-ci de mentir et d'*hyperboliser*, les peut égaler aux autres. » FURETIÈRE, *Roman Bourgeois*.

Hésiterait-on d'employer ce terme, surtout dans le style critique et familier ?

HYPERBORÉE, *adj.* du latin *hyperboreus*, venu du grec ὑπέρ (*huper*), au-delà ; Βορέας (*Boreas*), Borée, qui est au-delà de Borée, tout-à-fait au septentrion. C'est Voltaire qui, le premier, dans l'*Orphelin de la Chine*, a francisé l'adjectif latin *hyperboreus*, pour en faire le mot *hyperborée*, plus nombreux qu'*hyperboréen*, seul usité auparavant, et qui n'a pas cessé d'être français.

Les pâles habitans de ces froides contrées
Qu'assiégent de glaçons les mers *hyperborées*.
VOLTAIRE, *la Henriade*, ch. VII.

Des héros de son sexe un essaim frémissant
Qui, frappant à grand bruit ses armes colorées,
Hurle son chant barbare aux monts *hyperborées*.
DELILLE, trad. de l'*Énéide*, liv. XI.

Le fier dominateur des mers *hyperborées*
Vient de se déchaîner dans nos froides contrées.
RIVAROL.

Vers les champs *hyperboréens*
J'ai vu des rois dans la retraite
Qui se croyaient des Antonins.
VOLTAIRE.

HYPERCRITIQUE, *s. m.* du grec ὑπέρ (*huper*), au-delà, et κριτικός (*criticos*), censeur, censeur outré, qui passe les bornes d'une critique sage et judicieuse.

A nosseigneurs académiques
Nosseigneurs les *hypercritiques*,
Souverains arbitres des mots.
MÉNAGE, *Req. des Dictionn.*

HYPO, prép. grecque qui entre dans la composition de plusieurs mots français dérivés du grec, comme dans *hypothèque, hypothèse, hypotypose*, etc. Elle vient du grec ὑπό (*hupo*), *sous, dessous*. *Hypothèque* signifie ce qui est placé *sous* une dette, et en assure le paiement ; *hypothèse*, ce qui est placé *sous* une opinion pour l'appuyer, *supposition* ; *hypotypose*, figure de rhétorique, par laquelle les objets sont peints d'après nature, sont peints *sous* le modèle.

HYPOCRISER, *v.* « Tous les philosophes anciens furent hommes.... conséquemment *hypocrisans* et desguisans leurs passions ; selon qu'ils estoient plus discrets. » EST. PASQUIER, *Pourparler de la loy.*

« *Hypocriser* devant le monde une austérité superficielle. » NIC. PASQ. liv. x, *lett.* 4.

Il est aussi pris neutralement dans Oudin , *Dict. des trois langues.*

HYPOCRISIE, *s. f.* du latin *hypocrisis* fait sur le grec ὑπόκρισις (*hupocrisis*), déguisement. L'*hypocrisie* est l'affectation d'une dévotion, d'une vertu qu'on n'a pas.

« Un hermite, lequel soubz umbre du doux manteau d'*hypocrisie*, faisoit des choses merveilleuses. » *Cent nouvelles Nouvelles*, N. XIV.

« L'*hypocrisie* est un hommage que le vice rend à la vertu. » LA ROCHEFOUCAULD.

Dame Vénus et dame *Hypocrisie*,
Font quelquefois ensemble de bons tours.
LA FONTAINE, *l'Hermite.*

La tendre *Hypocrisie* aux yeux pleins de douceur,
Le ciel est dans ses yeux, l'enfer est dans son cœur.
VOLTAIRE, *la Henriade*, ch. VII.

. . . . L'*Hypocrisie*
Qui, les regards baissés, l'encensoir à la main,
Distille en soupirant sa rage et son venin.
Ibid.

Vois-tu? l'*hypocrisie* est un vice à la mode,
Et quand de ses couleurs le vice est revêtu,
Sous l'appui de la mode il passe pour vertu.
. . . .
C'est un art grimacier dont les détours flatteurs
Cachent sous un beau voile un amas d'imposteurs.
. . . .
Ah ! combien j'en connais qui, par ce stratagême,
Après avoir vécu dans un désordre extrême,
S'armant du bouclier de la religion,
Ont rhabillé sans bruit leur dépravation,
Et pris droit, au milieu de tout ce que nous sommes,
D'être sous ce manteau les plus méchans des hommes.
On a beau les connaître, et savoir ce qu'ils sont,
Trouver lieu de scandale aux intrigues qu'ils ont,
Toujours même crédit. Un maintien doux, honnête,
Quelques roulemens d'yeux, des baissemens de tête,
Trois ou quatre soupirs mêlés dans un discours
Sont, pour tout rajuster, d'un merveilleux secours.
TH. CORNEILLE, *Festin de Pierre*, act. V, sc. 2.

PORTRAIT DE L'HYPOCRISIE.

Humble au-dehors, modeste en son langage,
L'austère honneur est peint sur son visage,
Dans ses discours règne l'humanité,
La bonne foi, la candeur, l'équité;
Un miel flatteur sur ses lèvres distille;

Sa cruauté paraît douce et tranquille;
Ses vœux au ciel semblent tous adressés;
Sa vanité marche les yeux baissés;
Le zèle ardent masque ses injustices,
Et sa mollesse endosse les cilices.
Jadis la Fraude et l'Orgueil fastueux
Mirent au jour cet être monstrueux,
Et se voyant sans espoir de famille,
Le vieux Satan l'adopta pour sa fille.
On dit qu'alors tout l'enfer s'assembla,
Et que par choix le conseil l'appela
Torticolis, figure symbolique
De son cou tors et de sa tête oblique.
J. B. ROUSSEAU, *Torticolis*, allégorie.

HYPOCRITE, *s.* et *adj.* du latin *hypocrita*, venu du grec ὑποκριτής (*hupokritès*), celui qui feint, qui déguise, histrion, *hypocrite*. L'*hypocrite* n'aime de la dévotion que le produit.

On compare l'*hypocrite* qui publie une bonne action, dès qu'il l'a faite, à la poule qui chante dès qu'elle a pondu.

Le Dante fait descendre les *hypocrites* aux enfers après leur mort. Là, ils sont chargés et couverts de lourds manteaux de plomb, dorés à l'extérieur, avec lesquels ils sont forcés de se promener sans cesse, sans pouvoir se reposer.

Laurent dont le zèle feint
Passe pour un vrai mérite,
Croit être devenu saint,
A force d'être *hypocrite*.
GOMBAUD.

Honneurs, plaisirs, richesses; les *hypocrites* s'approchent de tout cela, en faisant semblant de s'en éloigner.

Scarron les place dans les enfers, et leur assigne un genre de supplice très-convenable. *Virg. trav.* liv. VI :

Tous ceux qui par ambition
Professent la dévotion,
Et sont habillés à la prude....
Sont condamnés, sans qu'on les voye,
A faire de leur peau courroye,
De plus à vivre en gens de bien,
Sans que personne en sache rien.

L'*hypocrite*, en fraude fertile,
Dès l'enfance est pétri de fard;
Il sait colorer avec art
Le fiel que sa bouche distille;
Et la morsure du serpent
Est moins aiguë et moins subtile
Que le venin caché que sa langue répand.
J. B. ROUSSEAU.

PORTRAIT DE L'HYPOCRITE.

De tous ces faux Catons la gravité m'irrite;
Je les ai trop connus. Voyez cet *hypocrite*

Qui fronde sans pitié les modernes erreurs :
D'une vertu rigide empruntant les couleurs,
Il pense en imposer par ses dehors sauvages :
Mais l'enfer n'y perd rien ; et malgré ses clameurs,
 Il tient plus aux anciens usages
 Qu'il ne croit aux anciennes mœurs.
Eclairez sa conduite, épluchez son langage ;
L'infâme calomnie infecte ses discours ;
Il souille le laurier qui brille au front du sage,
Et l'indigence en vain réclame ses secours.
Le feu des passions dans ses regards pétille ;
Et lorsque vers le ciel il semble les porter,
C'est sur le sein naissant de cette jeune fille
 Que furtifs ils vont s'arrêter.
L'étalage imposant d'une conduite austère
De l'aimable vertu n'est pas le caractère.
   DE BRIDEL, *Epître à Amynte*.

« La dévotion est chez l'*hypocrite* un masque ; chez le cafard, un leurre ; chez le cagot, un métier ; chez le bigot, une livrée. » L'abbé ROUBAUD.

HYPOCRITÉ, ÉS, *adj.* « Elles portent de gros culs *hypocritez* et rembourrez contre les lois de leur fessine. » *Contes d'Eutrapel*, tom. 1.

On ne cite ce mot barbare que pour remarquer que la mode des ver-tugades, des *paniers*, des *bouffans*, des *culs de Paris*, est plus ancienne qu'on ne le croit communément. Noel du Faïl, seigneur de la Hérissaye, gentilhomme breton, conseiller au parlement de Rennes, auteur de cet ouvrage, vivait peu de temps après Rabelais.

HYPOTHÉQUER, *v.* dérivé d'*hypothèque*, du grec ὑπό (*hupo*), sous, et τίθημι (*tithémi*), placer, ce qui est placé sous une dette pour en garantir le paiement.

« Il faut ménager la liberté de notre ame, et ne l'*hypothéquer* qu'aux occasions justes, lesquelles sont en bien petit nombre, si nous jugeons sainement. » MONTAIGNE, l. III, c. 10.

« A telle ou telle opinion, à telle ou telle secte, ils se trouvent *hypothéquez*, asservis et collez, comme à une prise qu'ils ne peuvent desmordre. » *Le même*, liv. II, c. 12.

FIN DU TOME PREMIER.

www.ingramcontent.com/pod-product-compliance
Lightning Source LLC
Chambersburg PA
CBHW052033290426
44111CB00011B/1496